Becker/Kingreen

SGB V
Gesetzliche Krankenversicherung

SGB V

Gesetzliche Krankenversicherung

Kommentar

von

Prof. Dr. Ulrich Becker, LL.M. (EHI)
MPI für ausländisches und internationales Sozialrecht München
Ludwig-Maximilians-Universität München

Prof. Dr. Thorsten Kingreen
Universität Regensburg

Bearbeitet von den Herausgebern und von

Prof. Dr. Peter Axer, Universität Trier
Prof. Dr. Hermann Butzer, Universität Hannover
Dr. Dirk Göpffarth, Bundesversicherungsamt
Prof. Dr. Stefan Huster, Universität Bochum
Prof. Dr. Jacob Joussen, Universität Jena
Katrin Just, Landessozialgericht Rheinland-Pfalz
Dr. Jutta Kaempfe, AOK-Bundesverband
Prof. Dr. Markus Kaltenborn, Universität Bochum
Prof. Dr. Heinrich Lang, Universität Rostock
Jürgen Michels, Bayerisches Landessozialgericht
Dr. Karl-Heinz Mühlhausen, AOK-Bundesverband
Dirk Niggehoff, Rechtsanwalt, Düsseldorf
Andreas Pfohl, Bundesversicherungsamt
Prof. Dr. Stephan Rixen, Universität Kassel
Prof. Dr. Reimund Schmidt-De Caluwe, Universität Halle-Wittenberg
Dr. Karsten Scholz, Ärztekammer Niedersachsen
Dr. Markus Sichert, Bundesversicherungsamt
Prof. Dr. Astrid Wallrabenstein, Universität Bielefeld
Prof. Dr. Felix Welti, Hochschule Neubrandenburg

Verlag C. H. Beck München 2008

Verlag C. H. Beck im Internet:
beck.de

ISBN 978 3 406 57087 2

© 2008 Verlag C. H. Beck oHG
Wilhelmstr. 9, 80801 München

Satz: ottomedien, Marburger Straße 11, 64289 Darmstadt

Druck: CPI books, Birkstraße 10, 25917 Leck

Gedruckt auf säurefreiem, alterungsbeständigem Papier
(hergestellt aus chlorfrei gebleichtem Zellstoff)

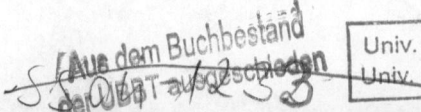

Vorwort

Die deutsche gesetzliche Krankenversicherung wird im Laufe des Jahres 2009 125 Jahre alt. Erst ihren 20. Geburtstag feiert am 1.1.2009 ihre heute wichtigste Rechtsquelle, das Sozialgesetzbuch V (SGB V). Zu jung, um ihm eine Festschrift zu widmen, aber doch alt genug für eine rechtswissenschaftliche Würdigung seines prägenden Einflusses auf das öffentliche Gesundheitswesen in Deutschland. Autoren und Herausgeber des vorliegenden Kommentars gratulieren in Gestalt eines Wegweisers durch ein Rechtsgebiet, das inmitten eines rasanten, in seiner 125-jährigen Geschichte zweifellos einmaligen Veränderungsprozesses steht. Alle Teilbereiche des SGB V, vom Leistungs- über das Organisations- und das Beitragsrecht bis hin zum Leistungserbringungsrecht, befinden sich in einer scheinbar permanenten Bewegung. Der Gesetzgeber benötigt dabei immer mehr Worte, um allen Beteiligten gerecht zu werden, das große Ganze aber gleichwohl nicht völlig aus dem Auge zu verlieren. Er leistet damit seinen Beitrag zu einer wachsenden Komplexität, deren Verarbeitung in der Folge wieder neuer Regeln bedarf. Diese Probebohrungen auf unbekanntem Terrain produzieren Normen, die geändert oder gestrichen werden, bevor sie überhaupt in Kraft getreten, die jahrelang im Gesetz stehen, ohne rechtliche Wirkungen zu entfalten, die Querverweise enthalten, die ins Leere führen oder die mehr Worte enthalten als der gesamte Grundrechtsabschnitt des Grundgesetzes.

Das Unterfangen, das SGB V in einem gebundenen Band zu kommentieren, mag daher durchaus gewagt erscheinen. Notwendig ist es gleichwohl. Denn das SGB V bildet die normative Mitte des Gesundheitsrechts, das sich in den vergangenen Jahren als eigenständiges Rechtsgebiet etabliert hat: als zentraler Baustein für das Fundament sozialer Sicherheit in einer alternden Gesellschaft ebenso wie als Rahmenordnung für den wachsenden Gesundheitsmarkt. Es bedarf aus diesem Grunde rechtswissenschaftlicher Vergewisserung und eines Wegweisers, der das Rechtsgebiet zugänglich macht. Unser Kommentar legt daher Wert auf eine Systematik der Normen erschließende Darstellung, die über die Rechtsprechung des Bundessozialgerichts ebenso informiert wie über dasjenige Schrifttum, das für eine weitere Vertiefung hilfreich ist. Dieser systematische Zugriff hilft, spätere Änderungen der Norm zu verstehen, die oftmals nur Anpassungen bedeuten, aber die Grundstrukturen unberührt lassen. Wo sich hingegen Strukturen ändern, ist es wichtig, Verbindungen zur allgemeinen Sozial-, Verfassungs- und Verwaltungsrechtsdogmatik aufzuzeigen. Ebenso unverzichtbar wie selbstverständlich ist die durchgängige Einbeziehung des europäischen Gemeinschaftsrechts und des Völkerrechts. Alle Kommentierungen verfolgen zudem das Ziel, Verbindungslinien zu anderen Rechtsquellen des Gesundheitsrechts herzustellen. Die wichtigsten haben wir in der von uns herausgegebenen dtv-Textausgabe „SGB V. Öffentliches Gesundheitswesen" zusammengetragen, die daher eine hilfreiche Ergänzung für die Arbeit mit diesem Kommentar ist.

Das einbändige Format zwingt zwar zur knappen Darstellung, aber es regt auch dazu an, Wichtiges von Unwichtigem zu trennen. Wir danken allen Autoren und Autorinnen, allesamt noch jüngere, fachlich ausgewiesene Wissenschaftler und Praktiker, sehr herzlich für ihr großes Engagement und die hervorragende Koope-

Vorwort

ration. Dazu, dass der Kommentar zu einem Gemeinschaftsprojekt geworden ist, hat auch der Verlag einen bedeutenden Beitrag geleistet. Stellvertretend danken wir Frau Elena Boettcher und Herrn Dr. Johannes Wasmuth für die umsichtige Betreuung, für ihr Verständnis und ihre Flexibilität. Unsere Mitarbeiter und Mitarbeiterinnen im Münchener Institut und am Regensburger Lehrstuhl haben uns mit großer Geduld und einem teilweise überobligatorischen Einsatz unterstützt. Ganz besonders möchten wir dafür Herrn Markus Schön (München) sowie Frau Maria Mayer und Frau Barbara Plutz (jeweils Regenburg) danken.

Nach der Erstauflage ist vor der Zweitauflage. Wir freuen uns daher über Hinweise zu Ergänzungen und Verbesserungen (am einfachsten an: becker@mpisoc.mpg.de und/oder thorsten.kingreen@jura.uni-regensburg.de).

München und Regensburg im Juli 2008

Ulrich Becker
Thorsten Kingreen

Inhaltsverzeichnis

Vorwort V
Bearbeiterverzeichnis XXV
Abkürzungsverzeichnis XXIX
Literaturverzeichnis XLVII

Erstes Kapitel. Allgemeine Vorschriften

§ 1	Solidarität und Eigenverantwortung	1
§ 2	Leistungen	12
§ 2a	Leistungen an behinderte und chronisch kranke Menschen	14
§ 3	Solidarische Finanzierung	18
§ 4	Krankenkassen	19
§ 4a	Sonderregelungen zum Verwaltungsverfahren	25

Zweites Kapitel. Versicherter Personenkreis

Erster Abschnitt. Versicherung kraft Gesetzes

§ 5	Versicherungspflicht	26
§ 6	Versicherungsfreiheit	46
§ 7	Versicherungsfreiheit bei geringfügiger Beschäftigung	56
§ 8	Befreiung von der Versicherungspflicht	59

Zweiter Abschnitt. Versicherungsberechtigung

§ 9	Freiwillige Versicherung	64

Dritter Abschnitt. Versicherung der Familienangehörigen

§ 10	Familienversicherung	72

Drittes Kapitel. Leistungen der Krankenversicherung

Erster Abschnitt. Übersicht über die Leistungen

§ 11	Leistungsarten	86

Zweiter Abschnitt. Gemeinsame Vorschriften

§ 12	Wirtschaftlichkeitsgebot	95
§ 13	Kostenerstattung	99
§ 14	Teilkostenerstattung	114
§ 15	Ärztliche Behandlung, Krankenversichertenkarte	115
§ 16	Ruhen des Anspruchs	121

Inhaltsverzeichnis

§ 17	Leistungen bei Beschäftigung im Ausland	125
§ 18	Kostenübernahme bei Behandlung außerhalb des Geltungsbereichs des Vertrages zur Gründung der Europäischen Gemeinschaft und des Abkommens über den Europäischen Wirtschaftsraum	127
§ 19	Erlöschen des Leistungsanspruchs	130

Dritter Abschnitt. Leistungen zur Verhütung von Krankheiten, betriebliche Gesundheitsförderung und Prävention arbeitsbedingter Gesundheitsgefahren, Förderung der Selbsthilfe

§ 20	Prävention und Selbsthilfe	132
§ 20 a	Betriebliche Gesundheitsförderung	136
§ 20 b	Prävention arbeitsbedingter Gesundheitsgefahren	138
§ 20 c	Förderung der Selbsthilfe	140
§ 20 d	Primäre Prävention durch Schutzimpfungen	143
§ 21	Verhütung von Zahnerkrankungen (Gruppenprophylaxe)	145
§ 22	Verhütung von Zahnerkrankungen (Individualprophylaxe)	147
§ 23	Medizinische Vorsorgeleistungen	149
§ 24	Medizinische Vorsorge für Mütter und Väter	154
§ 24 a	Empfängnisverhütung	157
§ 24 b	Schwangerschaftsabbruch und Sterilisation	158

Vierter Abschnitt. Leistungen zur Früherkennung von Krankheiten

§ 25	Gesundheitsuntersuchungen	163
§ 26	Kinderuntersuchung	166

Anhang: Leistungen bei Schwangerschaft und Mutterschaft

§ 195 RVO	[Umfang der Leistungen]	168
§ 196 RVO	[Ärztliche Betreuung, Hebammenhilfe, Versorgung mit Arznei-, Verband- und Heilmitteln]	169
§ 197 RVO	[Stationäre Entbindung]	171
§ 198 RVO	[Häusliche Pflege]	172
§ 199 RVO	[Haushaltshilfe]	173
§ 200 RVO	[Mutterschaftsgeld]	175

Fünfter Abschnitt. Leistungen bei Krankheit

Erster Titel. Krankenbehandlung

§ 27	Krankenbehandlung	178
§ 27 a	Künstliche Befruchtung	193
§ 28	Ärztliche und zahnärztliche Behandlung	201
§ 29	Kieferorthopädische Behandlung	218
§§ 30, 30 a *(aufgehoben)*		223
§ 31	Arznei- und Verbandmittel	223
§ 32	Heilmittel	235

Inhaltsverzeichnis

§ 33	Hilfsmittel	243
§ 33a	*(aufgehoben)*	260
§ 34	Ausgeschlossene Arznei-, Heil- und Hilfsmittel	260
§ 34a	*(aufgehoben)*	266
§ 35	Festbeträge für Arznei- und Verbandmittel	267
§ 35a	Rechtsverordnung zu Festbeträgen für Arzneimittel	272
§ 35b	Bewertung des Nutzens und der Kosten von Arzneimitteln	274
§ 35c	Zulassungsüberschreitende Anwendung von Arzneimitteln in klinischen Studien	279
§ 36	Festbeträge für Hilfsmittel	280
§ 37	Häusliche Krankenpflege	284
§ 37a	Soziotherapie	289
§ 37b	Spezialisierte ambulante Palliativversorgung	292
§ 38	Haushaltshilfe	296
§ 39	Krankenhausbehandlung	298
§ 39a	Stationäre und ambulante Hospizleistungen	310
§ 40	Leistungen zur medizinischen Rehabilitation	315
§ 41	Medizinische Rehabilitation für Mütter und Väter	324
§ 42	Belastungserprobung und Arbeitstherapie	327
§ 43	Ergänzende Leistungen zur Rehabilitation	328
§ 43a	Nichtärztliche sozialpädiatrische Leistungen	330
§ 43b	Zahlungsweg	331

Zweiter Titel. Krankengeld

§ 44	Krankengeld	335
§ 45	Krankengeld bei Erkrankung des Kindes	342
§ 46	Entstehen des Anspruchs auf Krankengeld	345
§ 47	Höhe und Berechnung des Krankengeldes	347
§ 47a	Krankengeldübergangsregelung	351
§ 47b	Höhe und Berechnung des Krankengeldes bei Beziehern von Arbeitslosengeld, Unterhaltsgeld oder Kurzarbeitergeld	352
§ 48	Dauer des Krankengeldes	354
§ 49	Ruhen des Krankengeldes	356
§ 50	Ausschluss und Kürzung des Krankengeldes	359
§ 51	Wegfall des Krankengeldes, Antrag auf Leistungen zur Teilhabe	362

Dritter Titel. Leistungsbeschränkungen

§ 52	Leistungsbeschränkung bei Selbstverschulden	364
§ 52a	Leistungsausschluss	367

Sechster Abschnitt. Selbstbehalt, Beitragsrückzahlung

§ 53	Wahltarife	368
§ 54	*(aufgehoben)*	374

Inhaltsverzeichnis

Siebter Abschnitt. Zahnersatz

§ 55	Leistungsanspruch	375
§ 56	Festsetzung der Regelversorgungen	382
§ 57	Beziehungen zu Zahnärzten und Zahntechnikern	387
§§ 58, 59	*(aufgehoben)*	393

Achter Abschnitt. Fahrkosten

§ 60	Fahrkosten	393

Neunter Abschnitt. Zuzahlungen, Belastungsgrenze

§ 61	Zuzahlungen	401
§ 62	Belastungsgrenze	405
§ 62a	*(aufgehoben)*	414

Zehnter Abschnitt. Weiterentwicklung der Versorgung

§ 63	Grundsätze	415
§ 64	Vereinbarungen mit Leistungserbringern	421
§ 65	Auswertung der Modellvorhaben	424
§ 65a	Bonus für gesundheitsbewusstes Verhalten	424
§ 65b	Förderung von Einrichtungen zur Verbraucher- und Patientenberatung	426
§ 66	Unterstützung der Versicherten bei Behandlungsfehlern	429
§ 67	Elektronische Kommunikation	430
§ 68	Finanzierung einer persönlichen elektronischen Gesundheitsakte	432

Viertes Kapitel. Beziehungen der Krankenkassen zu den Leistungsbringern

Erster Abschnitt. Allgemeine Grundsätze

§ 69	Anwendungsbereich	434
§ 70	Qualität, Humanität und Wirtschaftlichkeit	451
§ 71	Beitragssatzstabilität	451

Zweiter Abschnitt. Beziehungen zu Ärzten, Zahnärzten und Psychotherapeuten

Erster Titel. Sicherstellung der vertragsärztlichen und vertragszahnärztlichen Versorgung

§ 72	Sicherstellung der vertragsärztlichen und vertragszahnärztlichen Versorgung	454
§ 72a	Übergang des Sicherstellungsauftrags auf die Krankenkassen	456
§ 73	Kassenärztliche Versorgung	458
§ 73a	Strukturverträge	463

Inhaltsverzeichnis

§ 73 b	Hausarztzentrierte Versorgung	466
§ 73 c	Besondere ambulante ärztliche Versorgung	473
§ 73 d	Verordnung besonderer Arzneimittel	475
§ 74	Stufenweise Wiedereingliederung	479
§ 75	Inhalt und Umfang der Sicherstellung	483
§ 76	Freie Arztwahl	491

Zweiter Titel. Kassenärztliche und Kassenzahnärztliche Vereinigungen

§ 77	Kassenärztliche Vereinigungen und Bundesvereinigungen	498
§ 77a	Dienstleistungsgesellschaften	501
§ 78	Aufsicht, Haushalts- und Rechnungswesen, Vermögen, Statistiken	503
§ 79	Organe	505
§ 79 a	Verhinderung von Organen; Bestellung eines Beauftragten	508
§ 79 b	Beratender Fachausschuss für Psychotherapie	508
§ 79 c	Beratender Fachausschuss für hausärztliche Versorgung; weitere beratende Fachausschüsse	509
§ 80	Wahlen	510
§ 81	Satzung	512
§ 81a	Stellen zur Bekämpfung von Fehlverhalten im Gesundheitswesen	514

Dritter Titel. Verträge auf Bundes- und Landesebene

§ 82	Grundsätze	515
§ 83	Gesamtverträge	519
§ 84	Arznei- und Heilmittelvereinbarung; Richtgrößen	521
§ 85	Gesamtvergütung	529
§§ 85 a, 85 b	*(aufgehoben)*	545
§ 85 c	Vergütung ärztlicher Leistungen im Jahr 2006	545
§§ 85 d, 86	*(aufgehoben)*	546
§ 87	Bundesmantelvertrag, einheitlicher Bewertungsmaßstab, bundeseinheitliche Orientierungswerte	546
§ 87 a	Regionale Euro-Gebührenordnung, Morbiditätsbedingte Gesamtvergütung, Behandlungsbedarf der Versicherten	559
§ 87 b	Vergütung der Ärzte (arzt- und praxisbezogene Regelleistungsvolumina)	563
§ 87 c	Vergütung vertragsärztlicher Leistungen in den Jahren 2009 und 2010	567
§ 87 d	Zahlungsanspruch bei Mehrkosten	570

Vierter Titel. Zahntechnische Leistungen

§ 88	Bundesleistungsverzeichnis, Vergütungen	570

Fünfter Titel. Schiedswesen

§ 89	Schiedsamt	574

Inhaltsverzeichnis

Sechster Titel. Landesausschüsse und Gemeinsamer Bundesausschuss

§ 90	Landesausschüsse	583
§ 91	Gemeinsamer Bundesausschuss	588
§ 92	Richtlinien des Gemeinsamen Bundesausschusses	598
§ 92a	*(aufgehoben)*	620
§ 93	Übersicht über ausgeschlossene Arzneimittel	621
§ 94	Wirksamwerden der Richtlinien	622

Siebter Titel. Voraussetzungen und Formen der Teilnahme von Ärzten und Zahnärzten an der Versorgung

§ 95	Teilnahme an der vertragsärztlichen Versorgung	626
§ 95a	Voraussetzung für die Eintragung in das Arztregister für Vertragsärzte	634
§ 95b	Kollektiver Verzicht auf die Zulassung	637
§ 95c	Voraussetzung für die Eintragung von Psychotherapeuten in das Arztregister	639
§ 95d	Pflicht zur fachlichen Fortbildung	641
§ 96	Zulassungsausschüsse	643
§ 97	Berufungsausschüsse	646
§ 98	Zulassungsverordnungen	648

Achter Titel. Bedarfsplanung, Unterversorgung, Überversorgung

§ 99	Bedarfsplan	650
§ 100	Unterversorgung	654
§ 101	Überversorgung	657
§ 102	*(aufgehoben)*	662
§ 103	Zulassungsbeschränkungen	662
§ 104	Verfahren bei Zulassungsbeschränkungen	668
§ 105	Förderung der vertragsärztlichen Versorgung	669

Neunter Titel. Wirtschaftlichkeits- und Abrechnungsprüfung

§ 106	Wirtschaftlichkeitsprüfung in der vertragsärztlichen Versorgung	671
§ 106a	Abrechnungsprüfung in der vertragsärztlichen Versorgung	685

Dritter Abschnitt. Beziehungen zu Krankenhäusern und anderen Einrichtungen

§ 107	Krankenhäuser, Vorsorge- oder Rehabilitationseinrichtungen	690
§ 108	Zugelassene Krankenhäuser	698
§ 108a	Krankenhausgesellschaften	706
§ 109	Abschluss von Versorgungsverträgen mit Krankenhäusern	708

Inhaltsverzeichnis

§ 110 Kündigung von Versorgungsverträgen mit Krankenhäusern 712
§ 111 Versorgungsverträge mit Vorsorge- oder Rehabilitationseinrichtungen 716
§ 111a Versorgungsverträge mit Einrichtungen des Müttergenesungswerks oder gleichartigen Einrichtungen 719
§ 111b *(aufgehoben)* 720
§ 112 Zweiseitige Verträge und Rahmenempfehlungen über Krankenhausbehandlung 720
§ 113 Qualitäts- und Wirtschaftlichkeitsprüfung der Krankenhausbehandlung 725
§ 114 Landesschiedsstelle 728

Vierter Abschnitt. Beziehungen zu Krankenhäusern und Vertragsärzten

§ 115 Dreiseitige Verträge und Rahmenempfehlungen zwischen
Krankenkassen, Krankenhäusern und Vertragsärzten 731
§ 115a Vor- und nachstationäre Behandlung im Krankenhaus 736
§ 115b Ambulantes Operieren im Krankenhaus 739
§ 115c Fortsetzung der Arzneimitteltherapie nach Krankenhausbehandlung . 744
§ 116 Ambulante Behandlung durch Krankenhausärzte 745
§ 116a Ambulante Behandlung durch Krankenhäuser bei Unterversorgung . 750
§ 116b Ambulante Behandlung im Krankenhaus 752
§ 117 Hochschulambulanzen 757
§ 118 Psychiatrische Institutsambulanzen 761
§ 119 Sozialpädiatrische Zentren 763
§ 119a Ambulante Behandlung in Einrichtungen der Behindertenhilfe 765
§ 119b Ambulante Behandlung in stationären Pflegeeinrichtungen 766
§ 120 Vergütung ambulanter Krankenhausleistungen 769
§ 121 Belegärztliche Leistungen 773
§ 121a Genehmigung zur Durchführung künstlicher Befruchtungen 777
§§ 122, 123 *(aufgehoben)* 780

Fünfter Abschnitt. Beziehungen zu Leistungserbringern von Heilmitteln

§ 124 Zulassung 780
§ 125 Rahmenempfehlungen und Verträge 786

Sechster Abschnitt. Beziehungen zu Leistungserbringern von Hilfsmitteln

§ 126 Versorgung durch Vertragspartner 792
§ 127 Verträge 799
§ 128 *(aufgehoben)* 809

Inhaltsverzeichnis

Siebter Abschnitt. Beziehungen zu Apotheken und pharmazeutischen Unternehmern

§ 129	Rahmenvertrag über die Arzneimittelversorgung	809
§ 129a	Krankenhausapotheken	818
§ 130	Rabatt	818
§ 130a	Rabatte der pharmazeutischen Unternehmer	820
§ 131	Rahmenverträge mit pharmazeutischen Unternehmern	827

Achter Abschnitt. Beziehungen zu sonstigen Leistungserbringern

§ 132	Versorgung mit Haushaltshilfe	830
§ 132a	Versorgung mit häuslicher Krankenpflege	831
§ 132b	Versorgung mit Soziotherapie	835
§ 132c	Versorgung mit sozialmedizinischen Nachsorgemaßnahmen	838
§ 132d	Spezialisierte ambulante Palliativversorgung	839
§ 132e	Versorgung mit Schutzimpfungen	841
§ 133	Versorgung mit Krankentransportleistungen	842
§ 134	*(aufgehoben)*	848
§ 134a	Versorgung mit Hebammenhilfe	848

Neunter Abschnitt. Sicherung der Qualität der Leistungserbringung

§ 135	Bewertung von Untersuchungs- und Behandlungsmethoden	851
§ 135a	Verpflichtung zur Qualitätssicherung	862
§ 136	Förderung der Qualität durch die Kassenärztlichen Vereinigungen	866
§§ 136a, 136b	*(aufgehoben)*	867
§ 137	Richtlinien und Beschlüsse zur Qualitätssicherung	868
§ 137a	Umsetzung der Qualitätssicherung und Darstellung der Qualität	873
§ 137b	Förderung der Qualitätssicherung in der Medizin	877
§ 137c	Bewertung von Untersuchungs- und Behandlungsmethoden im Krankenhaus	878
§ 137d	Qualitätssicherung bei der ambulanten und stationären Vorsorge oder Rehabilitation	880
§ 137e	*(aufgehoben)*	882
§ 137f	Strukturierte Behandlungsprogramme bei chronischen Krankheiten	882
§ 137g	Zulassung strukturierter Behandlungsprogramme	889
§ 138	Neue Heilmittel	891
§ 139	Hilfsmittelverzeichnis, Qualitätssicherung bei Hilfsmitteln	892
§ 139a	Institut für Qualität und Wirtschaftlichkeit im Gesundheitswesen	899
§ 139b	Aufgabendurchführung	906
§ 139c	Finanzierung	912

Inhaltsverzeichnis

Zehnter Abschnitt. Eigeneinrichtungen der Krankenkassen

§ 140 Eigeneinrichtungen 912

Elfter Abschnitt. Beziehungen zu Leistungserbringern in der integrierten Versorgung

§ 140a Integrierte Versorgung 914
§ 140b Verträge zu integrierten Versorgungsformen 920
§ 140c Vergütung 926
§ 140d Anschubfinanzierung, Bereinigung 928

Zwölfter Abschnitt. Beziehungen zu den Leistungserbringern in Staaten, in denen die Verordnung (EWG) Nr. 1408/71 anzuwenden ist

§ 140e Verträge mit Leistungserbringern in Staaten, in denen die Verordnung (EWG) Nr. 1408/71 anzuwenden ist 930

Dreizehnter Abschnitt. Beteiligung von Patientinnen und Patienten, Beauftragte oder Beauftragter der Bundesregierung für die Belange der Patientinnen und Patienten

§ 140f Beteiligung von Interessenvertretungen der Patientinnen und Patienten 932
§ 140g Verordnungsermächtigung 936
§ 140h Amt, Aufgabe und Befugnisse der oder des Beauftragten der Bundesregierung für die Belange der Patientinnen und Patienten ... 937

Fünftes Kapitel. Sachverständigenrat zur Begutachtung der Entwicklung im Gesundheitswesen

§ 141 *(aufgehoben)* 939
§ 142 Unterstützung der Konzertierten Aktion; Sachverständigenrat 939

Sechstes Kapitel. Organisation der Krankenkassen

Erster Abschnitt. Arten der Krankenkassen

Erster Titel. Ortskrankenkassen

§ 143 Bezirk der Ortskrankenkassen 941
§ 144 Freiwillige Vereinigung 942
§ 145 Vereinigung innerhalb eines Landes auf Antrag 946
§ 146 Verfahren bei Vereinigung innerhalb eines Landes auf Antrag 947
§ 146a Schließung 950

Inhaltsverzeichnis

Zweiter Titel. Betriebskrankenkassen

§ 147	Errichtung	951
§ 148	Verfahren bei Errichtung	952
§ 149	Ausdehnung auf weitere Betriebe	957
§ 150	Freiwillige Vereinigung	958
§ 151	Ausscheiden von Betrieben	960
§ 152	Auflösung	961
§ 153	Schließung	962
§ 154	(aufgehoben)	962
§ 155	Abwicklung der Geschäfte, Haftung für Verpflichtungen	962
§ 156	Betriebskrankenkassen öffentlicher Verwaltungen	968

Dritter Titel. Innungskrankenkassen

§ 157	Errichtung	969
§ 158	Verfahren bei Errichtung	969
§ 159	Ausdehnung auf weitere Handwerksinnungen	971
§ 160	Vereinigung von Innungskrankenkassen	972
§ 161	Ausscheiden einer Handwerksinnung	973
§ 162	Auflösung	974
§ 163	Schließung	974
§ 164	Auseinandersetzung, Abwicklung der Geschäfte, Haftung bei Verpflichtungen, Dienstordnungsangestellte	974

Vierter Titel. Seekrankenkassen

§ 165	(aufgehoben)	978

Fünfter Titel. Landwirtschaftliche Krankenkassen

§ 166	Landwirtschaftliche Krankenkassen	978

Sechster Titel. Deutsche Rentenversicherung Knappschaft-Bahn-See

§ 167	Deutsche Rentenversicherung Knappschaft-Bahn-See	979

Siebter Titel. Ersatzkassen

§ 168	Ersatzkassen	981
§ 168a	Vereinigung von Ersatzkassen	982
§ 169	(aufgehoben)	984
§ 170	Schließung	984
§ 171	Auseinandersetzung, Abwicklung der Geschäfte, Haftung für Verpflichtungen	984
§ 171a	Kassenartenübergreifende Vereinigung von Krankenkassen	985
§ 171b	Einführungsregelung zur Insolvenzfähigkeit von Krankenkassen	991

Inhaltsverzeichnis

Achter Titel. Kassenartenübergreifende Regelungen

§ 172 Anhörungs- und Informationsrechte der Verbände 1000

Zweiter Abschnitt. Wahlrechte der Mitglieder

§ 173 Allgemeine Wahlrechte 1003
§ 174 Besondere Wahlrechte 1008
§ 175 Ausübung des Wahlrechts 1010
§§ 176–185 *(aufgehoben)* 1017

Dritter Abschnitt. Mitgliedschaft und Verfassung
Erster Titel. Mitgliedschaft

§ 186 Beginn der Mitgliedschaft Versicherungspflichtiger 1017
§ 187 Beginn der Mitgliedschaft bei einer neu errichteten Krankenkasse . . 1024
§ 188 Beginn der freiwilligen Mitgliedschaft 1024
§ 189 Mitgliedschaft von Rentenantragstellern 1025
§ 190 Ende der Mitgliedschaft Versicherungspflichtiger 1026
§ 191 Ende der freiwilligen Mitgliedschaft 1032
§ 192 Fortbestehen der Mitgliedschaft Versicherungspflichtiger 1033
§ 193 Fortbestehen der Mitgliedschaft bei Wehrdienst oder Zivildienst . . 1035

Zweiter Titel. Satzung, Organe

§ 194 Satzung der Krankenkassen 1037
§ 195 Genehmigung der Satzung 1039
§ 196 Einsichtnahme in die Satzung 1041
§ 197 Verwaltungsrat 1041
§ 197a Stellen zur Bekämpfung von Fehlverhalten im Gesundheitswesen . . 1042
§ 197b Aufgabenerledigung durch Dritte 1044

Vierter Abschnitt. Meldungen

§ 198 Meldepflicht des Arbeitgebers für versicherungspflichtig Beschäftigte 1045
§ 199 Meldepflichten bei unständiger Beschäftigung 1045
§ 200 Meldepflichten bei sonstigen versicherungspflichtigen Personen . . 1046
§ 201 Meldepflichten bei Rentenantragstellung und Rentenbezug 1047
§ 202 Meldepflichten bei Versorgungsbezügen 1049
§ 203 Meldepflichten bei Bezug von Erziehungsgeld oder Elterngeld . . . 1051
§ 203a Meldepflichten bei Bezug von Arbeitsgeld, Arbeitslosengeld II oder Unterhaltsgeld 1051
§ 204 Meldepflichten bei Einberufung zum Wehrdienst oder Zivildienst . 1052
§ 205 Meldepflichten bestimmter Versicherungspflichtiger 1053
§ 206 Auskunfts- und Mitteilungspflichten der Versicherten 1053

Inhaltsverzeichnis

Siebtes Kapitel. Verbände der Krankenkassen

§ 207	Bildung und Vereinigung von Landesverbänden	1055
§ 208	Aufsicht, Haushalts- und Rechnungswesen, Vermögen, Statistiken	1059
§ 209	Verwaltungsrat der Landesverbände	1061
§ 209a	Vorstand bei den Landesverbänden	1063
§ 210	Satzung der Landesverbände	1065
§ 211	Aufgaben der Landesverbände	1067
§ 211a	Entscheidungen auf Landesebene	1070
§ 212	*[Fassung bis 31.12.2008]* Bundesverbände, Deutsche Rentenversicherung Knappschaft-Bahn-See, Verbände der Ersatzkassen	1070
§ 213	*[Fassung bis 31.12.2008]* Spitzenverbände	1071
§ 214	*[Fassung bis 31.12.2008]* Aufsicht	1072
§ 215	*[Fassung bis 31.12.2008]* Selbstverwaltungsorgane der Bundesverbände	1072
§ 216	*[Fassung bis 31.12.2008]* Satzung der Bundesverbände	1072
§ 217	*[Fassung bis 31.12.2008]* Aufgaben der Bundesverbände	1072
§ 212	*[Fassung ab 1.1.2009]* Bundesverbände, Deutsche Rentenversicherung, Knappschaft Bahn-See, Verbände der Ersatzkassen	1076
§ 213	*[Fassung ab 1.1.2009]* Rechtsnachfolge, Vermögensübergang, Arbeitsverhältnisse	1080
§ 214	*[Fassung ab 1.1.2009]* Aufgaben	1084
§§ 215–217	*[Fassung ab 1.1.2009]* (aufgehoben)	1084
§ 217a	Errichtung des Spitzenverbandes Bund der Krankenkassen	1085
§ 217b	Organe	1087
§ 217c	Wahl des Verwaltungsrates und des Vorsitzenden der Mitgliederversammlung	1091
§ 217d	Aufsicht, Haushalts- und Rechnungswesen, Vermögen, Statistiken	1096
§ 217e	Satzung	1097
§ 217f	Aufgaben des Spitzenverbandes Bund der Krankenkassen	1100
§ 217g	Errichtungsbeauftragter	1102
§ 218	Regionale Kassenverbände	1104
§ 219	Arbeitsgemeinschaften	1105
§ 219a	Deutsche Verbindungsstelle Krankenversicherung Ausland	1107
§§ 219b–219d	*(aufgehoben)*	1110

Achtes Kapitel. Finanzierung

Erster Abschnitt. Beiträge

Erster Titel. Aufbringung der Mittel

§ 220	Grundsatz	1111
§ 221	Beteiligung des Bundes an Aufwendungen	1117
§ 222	Befristete Ausnahme vom Verbot der Finanzierung durch Aufnahme von Darlehen	1119
§ 223	Beitragspflicht, beitragspflichtige Einnahmen, Beitragsbemessungsgrenze	1125

Inhaltsverzeichnis

§ 224	Beitragsfreiheit bei Krankengeld, Mutterschaftsgeld oder Erziehungsgeld oder Elterngeld	1125
§ 225	Beitragsfreiheit bestimmter Rentenantragsteller	1127

Zweiter Titel. Beitragspflichtige Einnahmen der Mitglieder

§ 226	Beitragspflichtige Einnahmen versicherungspflichtig Beschäftigter	1127
§ 227	Beitragspflichtige Einnahmen versicherungspflichtiger Rückkehrer in die gesetzliche Krankenversicherung und bisher nicht Versicherter	1129
§ 228	Rente als beitragspflichtige Einnahmen	1129
§ 229	Versorgungsbezüge als beitragspflichtige Einnahmen	1130
§ 230	Rangfolge der Einnahmearten versicherungspflichtig Beschäftigter	1132
§ 231	Erstattung von Beiträgen	1132
§ 232	Beitragspflichtige Einnahmen unständig Beschäftigter	1133
§ 232a	Beitragspflichtige Einnahmen der Bezieher von Arbeitslosengeld, Unterhaltsgeld oder Kurzarbeitergeld	1134
§ 233	Beitragspflichtige Einnahmen der Seeleute	1136
§ 234	Beitragspflichtige Einnahmen der Künstler und Publizisten	1137
§ 235	Beitragspflichtige Einnahmen von Rehabilitanden, Jugendlichen und Behinderten in Einrichtungen	1138
§ 236	Beitragspflichtige Einnahmen der Studenten und Praktikanten	1139
§ 237	Beitragspflichtige Einnahmen versicherungspflichtiger Rentner	1140
§ 238	Rangfolge der Einnahmearten versicherungspflichtiger Rentner	1141
§ 238a	Rangfolge der Einnahmearten freiwillig versicherter Rentner	1141
§ 239	Beitragsbemessung bei Rentenantragstellern	1141
§ 240	Beitragspflichtige Einnahmen freiwilliger Mitglieder	1142

Dritter Titel.
Beitragssätze [ab 1.1.2009:] **Beitragssätze, Zusatzbeitrag**

§ 241	Allgemeiner Beitragssatz	1147
§ 241a	*[Fassung bis 31.12.2008]* Zusätzlicher Beitragssatz	1149
§ 241a	*[Fassung ab 1.1.2009] (aufgehoben)*	1149
§ 242	*[Fassung bis 31.12.2008]* Erhöhter Beitragssatz	1150
§ 242	*[Fassung ab 1.1.2009]* Kassenindividueller Zusatzbeitrag	1150
§ 243	Ermäßigter Beitragssatz	1152
§ 244	Ermäßigter Beitrag für Wehrdienstleistende und Zivildienstleistende	1153
§ 245	Beitragssatz für Studenten und Praktikanten	1154
§ 246	Beitragssatz für Bezieher von Arbeitslosengeld II	1154
§ 247	Beitragssatz aus der Rente	1155
§ 248	Beitragssatz aus Versorgungsbezügen und Arbeitseinkommen	1155

Vierter Titel. Tragung der Beiträge

§ 249	Tragung der Beiträge bei versicherungspflichtiger Beschäftigung	1156
§ 249a	Tragung der Beiträge bei Versicherungspflichtigen mit Rentenbezug	1159

Inhaltsverzeichnis

§ 249b Beitrag des Arbeitgebers bei geringfügiger Beschäftigung 1160
§ 250 Tragung der Beiträge durch das Mitglied 1162
§ 251 Tragung der Beiträge durch Dritte 1164

Fünfter Titel. Zahlung der Beiträge
[Erster Abschnitt. Beitragszahlung]

§ 252 Beitragszahlung 1166
§ 253 Beitragszahlung aus dem Arbeitsentgelt 1167
§ 254 Beitragszahlung der Studenten 1168
§ 255 Beitragszahlung aus der Rente 1170
§ 256 Beitragszahlung aus Versorgungsbezügen 1173

Zweiter Abschnitt. Beitragszuschüsse

§ 257 Beitragszuschüsse für Beschäftigte 1174
§ 258 Beitragszuschüsse für andere Personen 1182

Dritter Abschnitt. Verwendung und Verwaltung der Mittel

§ 259 Mittel der Krankenkasse 1183
§ 260 Betriebsmittel 1187
§ 261 Rücklage 1188
§ 262 Gesamtrücklage 1190
§ 263 Verwaltungsvermögen 1191
§ 263a Rechtsträgerabwicklung 1192
§ 264 Übernahme der Krankenbehandlung für nicht Versicherungspflichtige gegen Kostenerstattung 1192

Vierter Abschnitt. Finanz- und Risikostrukturausgleiche
[ab 1.1.2009: Finanzausgleiche und Zuweisungen aus dem Gesundheitsfonds*]*

§ 265 Finanzausgleich für aufwendige Leistungsfälle 1195
§ 265a *[Fassung bis 30.12.2008]* Finanzielle Hilfen in besonderen Notlagen, zur Erhaltung der Wettbewerbsfähigkeit und zur Entschuldung ... 1197
§ 265a *[Fassung ab 31.12.2008] (aufgehoben)* 1198
§ 266 *[Fassung bis 31.12.2008]* Risikostrukturausgleich 1198
§ 266 *[Fassung ab 1.1.2009]* Zuweisungen aus dem Gesundheitsfonds (Risikostrukturausgleich) 1201
§ 267 Datenerhebungen zum Risikostrukturausgleich 1211
§ 268 Weiterentwicklung des Risikostrukturausgleichs 1217
§ 269 Solidarische Finanzierung aufwändiger Leistungsfälle (Risikopool) 1220
§§ 270, 271 *[Fassung bis 31.12.2008] (aufgehoben)* 1223
§ 270 *[Fassung ab 1.1.2009]* Zuweisungen aus dem Gesundheitsfonds für sonstige Ausgaben 1223
§ 271 *[Fassung ab 1.1.2009]* Gesundheitsfonds 1225

Inhaltsverzeichnis

§ 272 Übergangsregelungen zur Einführung des Gesundheitsfonds 1230
§ 273 *(aufgehoben)* 1232

Fünfter Abschnitt. Prüfung der Krankenkassen und ihrer Verbände

§ 274 Prüfung der Geschäfts-, Rechnungs- und Betriebsführung....... 1232

Neuntes Kapitel. Medizinischer Dienst der Krankenversicherung

Erster Abschnitt. Aufgaben

§ 275 Begutachtung und Beratung................................ 1237
§ 275 a *(aufgehoben)* 1246
§ 276 Zusammenarbeit 1246
§ 277 Mitteilungspflichten....................................... 1251

Zweiter Abschnitt. Organisation

§ 278 Arbeitsgemeinschaft 1252
§ 279 Verwaltungsrat und Geschäftsführer 1254
§ 280 Aufgaben des Verwaltungsrats............................. 1256
§ 281 Finanzierung und Aufsicht 1257
§ 282 Medizinischer Dienst des Spitzenverbandes Bund der Krankenkassen 1259
§ 283 Ausnahmen 1260

Zehntes Kapitel. Versicherungs- und Leistungsdaten, Datenschutz, Datentransparenz

Erster Abschnitt. Informationsgrundlagen

Erster Titel. Grundsätze der Datenverwendung

§ 284 Sozialdaten bei den Krankenkassen 1262
§ 285 Personenbezogene Daten bei den Kassenärztlichen Vereinigungen.. 1266
§ 286 Datenübersicht... 1267
§ 287 Forschungsvorhaben 1269

Zweiter Titel. Informationsgrundlagen der Krankenkassen

§ 288 Versichertenverzeichnis................................... 1270
§ 289 Nachweispflicht bei Familienversicherung 1271
§ 290 Krankenversichertennummer 1271
§ 291 Krankenversichertenkarte 1273
§ 291a Elektronische Gesundheitskarte........................... 1277
§ 291b Gesellschaft für Telematik 1286
§ 292 Angaben über Leistungsvoraussetzungen 1292
§ 293 Kennzeichen für Leistungsträger und Leistungserbringer 1292

Inhaltsverzeichnis

Zweiter Abschnitt. Übermittlung und Aufbereitung von Leistungsdaten, Datentransparenz

Erster Titel. Übermittlung von Leistungsdaten

§ 294	Pflichten der Leistungserbringer	1296
§ 294a	Mitteilung von Krankheitsursachen und drittverursachten Gesundheitsschäden	1297
§ 295	Abrechnung ärztlicher Leistungen	1299
§ 296	Auffälligkeitsprüfungen	1303
§ 297	Zufälligkeitsprüfungen	1306
§ 298	Übermittlung versichertenbezogener Daten	1308
§ 299	Datenerhebung, -verarbeitung und -nutzung für Zwecke der Qualitätssicherung	1309
§ 300	Arzneimittelabrechnung	1311
§ 301	Krankenhäuser	1313
§ 301a	Abrechnung der Hebammen und Entbindungspfleger	1317
§ 302	Abrechnung der sonstigen Leistungserbringer	1318
§ 303	Ergänzende Regelungen	1319

Zweiter Titel. Datentransparenz

§ 303a	Arbeitsgemeinschaft für Aufgaben der Datentransparenz	1321
§ 303b	Beirat	1322
§ 303c	Vertrauensstelle	1323
§ 303d	Datenaufbereitungsstelle	1325
§ 303e	Datenübermittlung und -erhebung	1326
§ 303f	Datenverarbeitung und -nutzung	1328

Dritter Abschnitt. Datenlöschung, Auskunftspflicht

§ 304	Aufbewahrung von Daten bei Krankenkassen, Kassenärztlichen Vereinigungen und Geschäftsstellen der Prüfungsausschüsse	1329
§ 305	Auskünfte an Versicherte	1331
§ 305a	Beratung der Vertragsärzte	1334
§ 305b	Rechenschaft über die Verwendung der Mittel	1335

Elftes Kapitel. Straf- und Bußgeldvorschriften

§ 306	Zusammenarbeit zur Verfolgung und Ahndung von Ordnungswidrigkeiten	1337
§ 307	Bußgeldvorschriften	1338
§ 307a	Strafvorschriften	1340

Zwölftes Kapitel. Überleitungsvorschriften aus Anlass der Herstellung der Einheit Deutschlands

§ 308	(aufgehoben)	1342
§ 309	Versicherter Personenkreis	1342

Inhaltsverzeichnis

§ 310 Leistungen 1343
§ 311 Beziehungen der Krankenkasse zu den Leistungserbringern 1344
§§ 311a–313 *(aufgehoben)* 1345
§ 313a Risikostrukturausgleich 1345

Dreizehntes Kapitel. Weitere Übergangsvorschriften

§ 314 Beitragszuschüsse für Beschäftigte 1347
§ 315 Standardtarif für Personen ohne Versicherungsschutz 1348

Sachverzeichnis 1355

Bearbeiterverzeichnis

I. Nach Paragraphen

§ 1	Becker/Kingreen
§ 2	Scholz
§ 2a	Welti
§ 3	Rixen
§ 4	Mühlhausen
§ 4a	Göpffarth
§§ 5–10	Just
§ 11	Becker/Kingreen
§ 12	Scholz
§§ 13, 14	Kingreen
§ 15	Lang
§§ 16–18	Kingreen
§ 19	Michels
§§ 20–24b	Welti
§§ 25, 26	Kingreen
§§ 27, 27a, 28 Abs. 1 und 3	Lang
§ 28 Abs. 1 und 3	Lang
§ 28 Abs. 2	Niggehoff
§ 28 Abs. 4	Sichert
§ 29	Niggehoff
§ 31	Axer
§§ 32, 33	Butzer
§§ 34–35c	Axer
§ 36	Butzer
§§ 37–38	Rixen
§ 39	Becker
§ 39a	Kingreen
§§ 40–43a	Welti
§ 43b	Sichert
§§ 44–51	Joussen
§§ 52–53	Lang
§§ 55–58	Niggehoff
§ 60	Kingreen
§§ 61, 62	Sichert
§§ 63–65	Huster
§ 65a	Welti
§ 65b	Kaempfe
§ 66	Lang
§§ 67, 68	Michels
§ 69	Becker/Kingreen
§§ 70, 71	Scholz
§§ 72–73c	Huster

Bearbeiterverzeichnis

§ 73d	Axer
§ 74	Sichert
§ 75	Huster
§ 76	Lang
§§ 77–83	Scholz
§ 84	Axer
§§ 85–87d	Scholz
§ 88	Niggehoff
§ 89	Kingreen
§§ 90–92	Schmidt-De Caluwe
§ 93	Axer
§ 94	Schmidt-De Caluwe
§§ 95–98	Joussen
§§ 99–105	Kaltenborn
§§ 106, 106a	Scholz
§§ 107–110	Becker
§§ 111, 111a	Welti
§§ 112–115b	Becker
§ 115c	Axer
§§ 116–118	Becker
§§ 119–119b	Welti
§§ 120–121a	Becker
§§ 124–127	Butzer
§§ 129–131	Axer
§§ 132–132b, 132d	Rixen
§§ 132c, 132e	Welti
§ 133	Kingreen
§ 134a	Welti
§ 135	Schmidt-De Caluwe
§ 135a	Becker
§ 136	Scholz
§§ 137–137c	Becker
§ 137d	Welti
§§ 137f, 137g	Huster
§§ 138, 139	Butzer
§§ 139a–139c	Wallrabenstein
§ 140	Kaempfe
§§ 140a–140d	Huster
§ 140e	Kingreen
§§ 140f–140h	Kaempfe
§ 142	Huster
§§ 143–172	Mühlhausen
§§ 173–175	Just
§§ 186–193	Michels
§§ 194–197b	Kaempfe
§§ 198–206	Sichert
§§ 207–219a	Mühlhausen
§§ 220–258	Rixen
§§ 259–265a	Pfohl
§§ 266–272	Göpffarth

Bearbeiterverzeichnis

§ 274 . . . . Pfohl
§§ 275–283 . . . . Sichert
§§ 284–305b . . . . Michels
§§ 306, 307 . . . . Becker
§ 307a . . . . Michels
§ 309 . . . . Just
§§ 310, 311 . . . . Lang
§ 313a . . . . Göpffarth
§§ 314, 315 . . . . Rixen

§§ 195–197 RVO . . . . Welti
§§ 198, 199 RVO . . . . Rixen
§ 200 RVO . . . . Joussen

II. In alphabetischer Ordnung

Axer	§§ 31, 34–35c, 73d, 84, 93, 115c, 129–131
Becker	§§ 1, 11, 39, 69, 107–110, 112–115b, 116–118, 120–121a, 135a, 137–137c, 306, 307
Butzer	§§ 32, 33, 36, 124–127, 138, 139
Göpffarth.	§§ 4a, 266–272, 313a
Huster	§§ 63–65, 72–73c, 75, 137f, 137g, 140a–140d, 142
Joussen	§§ 44–51, 95–98
	§ 200 RVO
Just	§§ 5–10, 173–175, 309
Kaempfe	§§ 65b, 140, 140f–140h, 194–197b
Kaltenborn.	§§ 99–105
Kingreen.	§§ 1, 11, 13, 14, 16–18, 25, 26, 39a, 60, 69, 89, 133, 140e
Lang	§§ 15, 27, 27a, 28 Abs. 1 und 3, 52–53, 66, 76, 310, 311
Michels.	§§ 19, 67, 68, 186–193, 284–305b, 307a
Mühlhausen	§§ 4, 143–172, 207–219a
Niggehoff	§§ 28 Abs. 2, 29, 55–58, 88
Pfohl	§§ 259–265a, 274
Rixen.	§§ 3, 37–38, 132–132b, 132d, 220–258, 314, 315
	§§ 198, 199 RVO
Schmidt-De Caluwe	§§ 90–92, 94, 135
Scholz	§§ 2, 12, 70, 71, 77–83, 85–87d, 106, 106a, 136
Sichert	§§ 28 Abs. 4, 43b, 61, 62, 74, 198–206, 275–283
Wallrabenstein . . .	§§ 139a–139c
Welti	§§ 2a, 20–24b, 40–43a, 65a, 111, 111a, 119–119b, 132c, 132e, 134a, 137d
	§§ 195–197 RVO

Abkürzungsverzeichnis

1. ATG	Gesetz zur Förderung eines gleitenden Übergangs älterer Arbeitnehmer in den Ruhestand (Altersteilzeitgesetz)
2. ATG	Gesetz zur Förderung eines gleitenden Übergangs in den Ruhestand
AA	Arbeitsagentur
aA.	anderer Ansicht
AABG	Arzneimittelausgaben-Begrenzungsgesetz
AAG	Aufwendungsausgleichgesetz
aaO.	am angegebenen Ort
AAÜG	Anspruchs- und Anwartschaftsüberführungsgesetz
ABAG	Gesetz zur Ablösung des Arznei- und Heilmittelbudgets
Abg.	Abgeordneter
abgedr.	abgedruckt
ABl.	Amtsblatt
abl.	ablehnend
Abs.	Absatz
Abschn.	Abschnitt
ADAC	Allgemeiner Deutscher Automobilclub
aE.	am Ende
ähnl.	ähnlich
ärztl.	ärztlich
AEV	Arbeiterersatzkrankenkassenverbände
aF.	alte Fassung
AF	Arbeitsförderung
AfG	Ausschuss für Gesundheit
AFG	Arbeitsförderungsgesetz
AFRG	Arbeitsförderungs-Reformgesetz
AG	Amtsgericht
AiB	Arbeitsrecht im Betrieb
AKG	Allgemeines Kriegsfolgengesetz
AktG	Aktiengesetz
ALG	Gesetz über die Alterssicherung der Landwirte
Alg	Arbeitslosengeld
Alg II	Arbeitslosengeld II
Alhi	Arbeitslosenhilfe
Allg.M.	Allgemeine Meinung
Allg.VV	Allgemeine Verwaltungsvorschriften
Alt.	Alternative
allg.	allgemein
AMG	Arzneimittelgesetz
AMPreisVO	Arzneimittelpreisverordnung
AM-RL	Arzneimittel-Richtlinie
amtl.	amtlich

Abkürzungsverzeichnis

Amtl. Mitt.	Amtliche Mitteilungen
AN	Amtliche Nachrichten
ANBA	Amtliche Nachrichten der Bundesagentur für Arbeit
Änd.G.	Änderungsgesetz
Anh.	Anhang
Anl.	Anlage
anlässl.	anlässlich
Anm.	Anmerkung
AnO	Anordnung
AnpG	Anpassungsgesetz
AnwHSR	Anwaltshandbuch Sozialrecht
Anz.	Anzeiger
AO	Abgabenordnung
AöR	Archiv des öffentlichen Rechts
AOK	Allgemeine Ortskrankenkasse
AP	Nachschlagewerk des Bundesarbeitsgerichts
ApoG	Gesetz über das Apothekenwesen
AppOA	Approbationsordnung für Apotheker
AppOÄ	Approbationsordnung für Ärzte
AppOZ	Approbationsordnung für Zahnärzte
ApoR	Apotheke & Recht
ArbA	Arbeitsamt
ArbBl	Arbeitsblatt
ArbG	Arbeitsgericht
ArbGeb	Arbeitgeber
ArbGem	Arbeitsgemeinschaft
ArbGG	Arbeitsgerichtsgesetz
ArbKrankhG	Gesetz zur Verbesserung der wirtschaftlichen Sicherung der Arbeiter im Krankheitsfall
ArbN	Arbeitnehmer
ArbnErfG	Gesetz über Arbeitnehmererfindungen
ArbPlSchG	Arbeitsplatzschutzgesetz
ArbSchG	Arbeitsschutzgesetz
ArbSozPol.	Arbeits- und Sozialpolitik
ArEV	Arbeitsentgeltverordnung
arg.	argumentum
ARSP	Archiv für Rechts- und Sozialphilosophie
Art.	Artikel
ArVNG	Arbeitnehmerrentenversicherungs-Neuregelungsgesetz
ArztuR	Der Arzt und sein Recht
ASMK	Arbeitsministerkonferenz
AsylbLG	Asylbewerberleistungsgesetz
AT	Allgemeiner Teil
AU	Arbeitsunfähigkeit
AÜG	Arbeitnehmerüberlassungsgesetz
AufenthG	Aufenthaltgesetz
aufgr.	Aufgrund
Aufl.	Auflage
AuR	Arbeit und Recht
AuS	Arbeit und Sozialpolitik

Abkürzungsverzeichnis

ausdrückl.	ausdrücklich
ausf.	ausführlich
ausschl.	ausschließlich
AV	Vertrag von Amsterdam
AVG	Angestelltenversicherungsgesetz
AVWG	Gesetz zur Verbesserung der Wirtschaftlichkeit in der Arzneimittelversorgung Arzneimittelversorgungs-Wirtschaftlichkeitsgesetz
AZ.	Aktenzeichen
B90/GRÜNE	Bündnis 90/Die Grünen
BA	Bundesagentur für Arbeit
BABl.	Bundesarbeitsblatt
Bad.-Württ., B-W	Baden-Württemberg
BÄO	Bundesärzteordnung
BAföG	Bundesausbildungsförderungsgesetz
BAG	Bundesarbeitsgericht
BAGE	Entscheidungen des Bundesarbeitsgerichts
BAG, AP	Bundesarbeitsgericht, Nachschlagewerk
BAnz.	Bundesanzeiger
BAT	Bundes-Angestelltentarifvertrag
Bay, bay	Bayern, bayerisch
BayDSG	Bayerisches Datenschutzgesetz
BayObLG	Bayerisches Oberstes Landesgericht
BB	Der Betriebsberater
BBesG	Bundesbesoldungsgesetz
BBG	Bundesbeamtengesetz, Beitragsbemessungsgrenze
BBiG	Berufsbildungsgesetz
B-Brdbg	Berlin-Brandenburg
BBSichG	Beitragssatzsicherungsgesetz
Bd.	Band
BDSG	Bundesdatenschutzgesetz
BeamtVG	Beamtenversorgungsgesetz
Bearb.	Bearbeiter
BeArbThG	Beschäftigungs- und Arbeitstherapeutengesetz
BeckRS	Beck-Rechtsprechung (Beck-Online)
bedenkl.	bedenklich
BEG	Bundesentschädigungsgesetz
Begr.	Begründung
Beih.	Beiheft
Beil.	Beilage
Beitr.	Beitrag
BeitrEntlG	Beitragsentlastungsgesetz
BeitrBemGrdl	Beitragsbemessungsgrundlage
bej.	bejahend
Bek.	Bekanntmachung
BEL	Bundeseinheitliches Leistungsverzeichnis
Bem.	Bemerkung
Bema	Bewertungsmaßstab zahnärztlicher Leistungen
BErzGG	Bundeserziehungsgeldgesetz

Abkürzungsverzeichnis

berufl.	beruflich
bes.	besondere
Besch.	Bescheid
Beschl.	Beschluss
Bespr.	Besprechung
best.	bestimmt
betr.	betrifft
betriebl.	betrieblich
Bez.	Bezirk
BfAEG	Gesetz über die Errichtung der Bundesversicherungsanstalt für Angestellte
BFH	Bundesfinanzhof
BFHE	Entscheidungen des Bundesfinanzhofs
BFH-N	Nachrichten des Bundesfinanzhofs
BG	Die Berufsgenossenschaft
BGB	Bürgerliches Gesetzbuch
BGBl.	Bundesgesetzblatt
BGH	Bundesgerichtshof
BGHE	Entscheidungen des Bundesgerichtshofs
BGHSt	Entscheidungen des Bundesgerichtshofs in Strafsachen
BGHZ	Entscheidungen des Bundesgerichtshofs in Zivilsachen
BGSG	Bundesgrenzschutzgesetz
BHO	Bundeshaushaltsordnung
BhV	Beihilfeverordnung
BioStoffV	Verordnung über Sicherheit und Gesundheitsschutz bei Tätigkeiten mit biologischen Arbeitsstoffen
BKGG	Bundeskindergeldgesetz
BKK	Die Betriebskrankenkasse
BliwaG	Blindenwarenvertriebsgesetz
BlStSozArbR	Blätter für Steuer- Sozialversicherungs- und Arbeitsrecht
BMA	Bundesministerium für Arbeit
BMAS	Bundesministerium für Arbeit und Soziales
BMF	Bundesministerium der Finanzen
BMG	Bundesministerium für Gesundheit
BMGS	Bundesministerium für Gesundheit und Soziale Sicherung
BMI	Bundesministerium des Inneren
BMJ	Bundesministerium der Justiz
BMV	Bundesmantelvertrag
BMV-Ä	Bundesmantelvertrag – Ärzte
BMVg	Bundesministerium der Verteidigung
BMV-Z	Bundesmantelvertrag – Zahnärzte
BMWA	Bundesministerium für Wirtschaft und Arbeit
BPflV	Bundespflegesatzverordnung
br	Behindertenrecht
BR	Bundesrat
BR-Drs.	Bundesratsdrucksache
BReg.	Bundesregierung
Breith.	Breithaupt, Sammlung von Entscheidungen der Sozialversicherung, Versorgung und Arbeitslosenversicherung

Abkürzungsverzeichnis

BRKG	Bundesreichskostengesetz
BRRG	Beamtenrechtsrahmengesetz
BSeuchG	Bundes-Seuchengesetz
BSG	Bundessozialgericht
BSGE	Entscheidungen des Bundessozialgerichts
BSHG	Bundessozialhilfegesetz
bspw.	beispielsweise
BSSichG	Beitragssatzsicherungsgesetz
BT	Bundestag
BT-Drs.	Bundestagsdrucksache
BtMan	Betreuungsmanagement
BU	Berufsunfähigkeit
Buchholz	Sammel- und Nachschlagewerk der Rechtsprechung des Bundesverwaltungsgerichts
Buchst.	Buchstabe
BVA	Bundesversicherungsamt
BVBl.	Bundesversorgungsblatt
BVerfG	Bundesverfassungsgericht
BVerfGE	Entscheidungen des Bundesverfassungsgerichts
BVerfGG	Bundesverfassungsgerichtsgesetz
BVerwG	Bundesverwaltungsgericht
BVerwGE	Entscheidungen des Bundesverwaltungsgerichts
BVFG	Gesetz über die Angelegenheiten der Vertriebenen und Flüchtlinge (Bundesvertriebenengesetz)
BVG	Bundesversorgungsgesetz
BVV	Beitragsverfahrensverordnung
BVZI	Bundesverband Deutscher Zahntechniker Innungen
bzw.	beziehungsweise
ca.	cirka (zirka)
CDU	Christlich Demokratische Union
CSU	Christlich Soziale Union
d.	der, die, das
DÄBl	Deutsches Ärzteblatt
DAK PR	DAK Praxis und Recht
DAngVers	Die Angestelltenversicherung
DAV	Deutscher Apothekerverein
DB	Der Betrieb
DDB	Der Deutsche Beamte
DDR	Deutsche Demokratische Republik (frühere)
Def.	Definition
dergl.	dergleichen
ders.	Derselbe
DEÜV	Datenerfassungs- und -übermittlungsverordnung
DEVO	Datenerfassungsverordnung
dgl.	desgleichen
dh.	das heißt
Diss.	Dissertation
DJZ	Deutsche Juristenzeitung

XXXIII

Abkürzungsverzeichnis

DKG	Deutsche Krankenhausgesellschaft
DKH	Das Krankenhaus
DLA	Der leitende Angestellte
DM	Deutsche Mark
DMP	Disease-Management-Programme (strukturierte Behandlungsprogramme nach § 37 f SGB V)
DMW	Deutsche Medizinische Wochenschrift
DO	Dienstordnung, dienstordnungsmäßig
DOK	Die Ortskrankenkasse (jetzt G + G)
DÖV	Die öffentliche Verwaltung
DPWV	Deutscher Paritätischer Wohlfahrtsverband
DRGs	diagnosis related groups
DRiG	Deutsches Richtergesetz
DRiZ	Deutsche Richterzeitung
DRK	Deutsches Rotes Kreuz
Drs.	Drucksache
DRV	Die Rentenversicherung
DRV Bund	Deutsche Rentenversicherung Bund
DRV KBS	Deutsche Rentenversicherung Knappschaft-Bahn-See
DÜVO	Datenübermittlungs-Verordnung
DVBl	Deutsches Verwaltungsblatt
DV(O)	Durchführungsverordnung
DVR	Datenverarbeitung im Recht
DVZ	Deutsche Versicherungszeitschrift
E	Entscheidung
ebda.	ebenda
EBM	Einheitlicher Bewertungsmaßstab für ärztliche Leistungen
EDV	Elektronische Datenverarbeitung
EEK	Entscheidungssammlung zur Entgeltfortzahlung im Krankheitsfall
EFZG	Entgeltfortzahlungsgesetz
EG	Europäische Gemeinschaft
EGBGB	Einführungsgesetz zum Bürgerlichen Gesetzbuch
EGInsO	Einführungsgesetz zur Insolvenzordnung
EGRKG	Einführungsgesetz zum Reichknappschaftsgesetz
EGV	Vertrag zur Gründung der Europäischen Wirtschaftsgemeinschaft
EheG	Ehegesetz
EhfG	Entwicklungshelfergesetz
einheitl.	einheitlich
einschl.	einschließlich
EK	Ersatzkasse
EKVÄ	Ersatzkassenvertrag – Ärzte
EKVZ	Ersatzkassenvertrag – Zahnärzte
entgeltl.	entgeltlich
entspr.	entsprechend
erforderl.	erforderlich
erhebl.	erheblich
Erl.	Erläuterung, Erlass

Abkürzungsverzeichnis

Ersk.	Die Ersatzkasse
EStG	Einkommensteuergesetz
EStDV	Einkommensteuer-Durchführungsverordnung
ET	Embryotransfers
etc.	et cetera
EU	Europäische Union
EuGH	Gerichtshof der Europäischen Gemeinschaften
EuGRZ	Europäische Grundrechte Zeitschrift
EuR	Europarecht ; Europarat
EuroAS	Informationsdienst Europäisches Arbeits- und Sozialrecht
EUV	Vertrag über die Europäische Union
EuZW	Europäische Zeitschrift für Wirtschaftsrecht
e.V.	eingetragener Verein
EWG	Europäische Wirtschaftsgemeinschaft
EWR	Europäischer Wirtschaftsraum
f.	folgende (Seite etc.)
FAG	Fremdrenten- und Auslandsrentengesetz
FamRZ	Familienrechtszeitschrift
FDP	Freie Demokratische Partei Deutschlands
FELEG	Gesetz zur Förderung der Einstellung der landwirtschaftlichen Erwerbstätigkeit
FEVS	Fürsorgerechtliche Entscheidungen der Verwaltungs- und Sozialgerichte
ff.	folgende (Seiten etc.)
FGG	Gesetz über die Angelegenheiten der freiwilligen Gerichtsbarkeit
FGO	Finanzgerichtsordnung
Fn.	Fußnote
förml.	förmlich
FP	Fallpauschale
fragl.	fraglich
FRES	Entscheidungssammlung zum gesamten Bereich von Ehe und Familie
FRG	Fremdenrentengesetz
FrühV	Verordnung zur Früherkennung und Frühförderung behinderter und von Behinderung bedrohter Kinder
frw.	freiwillig
FuR	Familie und Recht
FS	Festschrift
FZR	Freiwillige Zusatzrentenversicherung
G	Gesetz, gesetzlich
GA	Gutachten
GAL	Gesetz über eine Altershilfe für Landwirte
G-BA	Gemeinsamer Bundesausschuss
GBl.	Gesetzblatt
GBO	Grundbuchordnung
GbR	Gesellschaft bürgerlichen Rechts
GdB	Grad der Behinderung

Abkürzungsverzeichnis

GE	Gesetzentwurf
geistl.	geistlich
gem.	gemäß
gesetzl.	gesetzlich
GesR	Gesundheitsrecht (Zeitschrift)
Gew(erbe)O	Gewerbeordnung
GG	Grundgesetz
G+G	Gesundheit und Gesellschaft
ggf.	gegebenenfalls
GGW	Gesundheit und Gesellschaft Wissenschaft
GKG	Gerichtskostengesetz
GKV	gesetzliche Krankenversicherung
GKVdR	Gesetz über die Krankenversicherung der Rentner
GKVFG	GKV-Finanzstärkungsgesetz
GKV-GRG 2000	GKV-Gesundheitsreformgesetz 2000
GKV-NOG (1. und 2.)	Gesetz zur Neuordnung von Selbstverwaltung und Eigenverantwortung in der gesetzlichen Krankenversicherung (1. und 2.)
GKV-SolG	GKV- Solidaritätsstärkungsgesetz
GKV-WSG	GKV-Wettbewerbsstärkungsgesetz
GmbH	Gesellschaft mit beschränkter Haftung
GMG	Gesetz zur Modernisierung der gesetzlichen Krankenversicherung (GKV-Modernisierungsgesetz)
GMBl.	Gemeinsames Ministerblatt
GmS-OGB	Gemeinsamer Senat der obersten Gerichtshöfe des Bundes
GOÄ	Gebührenordnung für Ärzte
GOZ	Gebührenordnung für Zahnärzte
GPflegeV	Gesetzliche Pflegeversicherung
grds.	grundsätzlich
GRG	Gesundheitsreformgesetz v. 20. 12. 1988 (BGBl. I 1988, 2477)
GRUR	Gewerblicher Rechtsschutz und Urheberrecht
GRV	Gesetzliche Rentenversicherung
GS	Großer Senat
GSG	Gesundheitsstrukturgesetz
GuS	Gesundheits- und Sozialpolitik
GUV	Gesetzliche Unfallversicherung
GVBl.	Gesetz- und Verordnungsblatt
GVG	Gerichtsverfassungsgesetz
GWB	Gesetz gegen Wettbewerbsbeschränkungen
häusl.	häuslich
Habil.	Habilitation
Haftpfl.G	Haftpflichtgesetz
HAG	Heimarbeitsgesetz
HandwO	Handwerkerordnung
Handwerkervers.G	Handwerkerversicherungsgesetz
HBeglG	Haushaltsbegleitgesetz
HebG	Hebammengesetz

Abkürzungsverzeichnis

HebAPrO	Ausbildungs- und Prüfungsordnung für Hebammen und Entbindungspfleger
HG	Haushaltsgesetz
HeilbG	Heilberufsgesetz
HeimG	Heimgesetz
Hess, hess	Hessen, hessisch
HEZG	Hinterbliebenen- und Erziehungszeiten-Gesetz
HGB	Handelsgesetzbuch
HHG	Häftlingshilfegesetz
HilfeG	Hilfegesetz
HKP	Häusliche Krankenpflege
HLU	Hilfe zum Lebensunterhalt
hM.	herrschende Meinung
HBFG	Hochschulbauförderungsgesetz
HPfl.G	Haftpflichtgesetz
HRG	Hochschulrahmengesetz
Hrsg., hrsg.	Herausgeber, herausgegeben
Hs.	Halbsatz
HstruktG	Haushaltsstrukturgesetz
HVM	Honorarverteilungsmaßstab
HVV	Honorarverteilungsvertrag
HWO	Handwerksordnung
HwVG	Handwerkerversicherungsgesetz
IAO	Internationale Arbeitsorganisation
ICD	Internationale Klassifikation der Krankheiten
idF.	in der Fassung durch
idR.	in der Regel
idS.	in diesem Sinne
iE.	im Einzelnen
iErg.	im Ergebnis
ieS.	im engeren Sinne
IfSG	Gesetz zur Verhütung und Bekämpfung von Infektionskrankheiten beim Menschen – Infektionsschutzgesetz
IGeL	individuelle Gesundheitsleistung
IKK	Innungskrankenkasse
InEK-GmbH	Institut für das Entgeltsystem im Krankenhaus
Info	Information(en)
InfoAuslR	Informationsdienst Ausländerrecht
insb.	insbesondere
InsO	Insolvenzordnung
IPR	Internationales Privatrecht
Iprax	Praxis des internationalen Privat und Verfahrensrecht
IQWiG	Institut für Qualität und Wirtschaftlichkeit im Gesundheitswesen
iRd.	im Rahmen des/der
iS.	im Sinne
iSd./v.	im Sinne des/von
iÜ.	im Übrigen

Abkürzungsverzeichnis

iVm.	in Verbindung mit
iVF.	In-vitro-Fertilisation
iwS.	im weiteren Sinne
JA	Juristische Arbeitsblätter
JArbSchG	Jugendarbeitsschutzgesetz
JAE	Jahresarbeitsentgelt
JAV	Jahresarbeitsverdienst
JbSozR	Jahrbuch des Sozialrechts der Gegenwart
Jg.	Jahrgang
JGG	Jugendgerichtsgesetz
JR	Juristische Rundschau
Jura	Juristische Ausbildung
juris	Juristisches Informationssystem für die Bundesrepublik Deutschland (Datenbank)
JuS	Juristische Schulung
JVBl.	Justizverwaltungsblatt
JW	Juristische Wochenschrift
JWG	Jugendwohlfahrtsgesetz
JZ	Juristenzeitung
KA	Konzertierte Aktion im Gesundheitswesen
KAL	Knappschaftsausgleichsleistung
Kap.	Kapitel
KBV	Kassenärztliche Bundesvereinigung
KdÖR	Körperschaft des öffentlichen Rechts
KFPV	Fallpauschalenverordnung für Krankenhäuser
Kfz	Kraftfahrzeug
KG	Kommanditgesellschaft
KH	Das Krankenhaus
KHA	Der Krankenhausarzt
KHG	Krankenhausfinanzierungsgesetz
KHKG	Krankenhaus-Kostendämpfungsgesetz
KHEntG	Krankenhausentgeltgesetz
KHNG	Gesetz zur Neuordnung der Krankenhausfinanzierung
KJHG	Kinder- und Jugendhilfegesetz
KK	Krankenkasse
KLG	Kindererziehungsleistungs-Gesetz
Kn	Knappschaft
KnVNG	Knappschaftsversicherungs-Neuregelungsgesetz
KO	Konkursordnung
Komm	Kommentar
KostO	Kostenordnung
KOV	Kriegsopferversorgung
KOV-AnpG	Kriegsopferversorgungs-Anpassungsgesetz
KOVVerfG	Gesetz über das Verwaltungsverfahren in der Kriegsopferversorgung
Krg	Krankengeld
KrHilfe	Krankenhilfe
krit.	kritisch/er
KrPflege	Krankenpflege

Abkürzungsverzeichnis

KrPflG	Krankenpflegegesetz
KrV	Die Krankenversicherung
KSchG	Kündigungsschutzgesetz
KSK	Künstlersozialkasse
KStG	Körperschaftssteuergesetz
KSVG	Künstlersozialversicherungsgesetz
KSVwV	Allgemeine Verwaltungsvorschriften über die Statistik in der gesetzlichen Krankenversicherung
KT-RL	Krankentransport-Richtlinie
KV	Kassenärztliche Vereinigung
KVÄG	Krankenversicherungsänderungsgesetz
KVdA	Krankenversicherung der Arbeitslosen
KVdL	Krankenversicherung der Landwirte
KVdR	Krankenversicherung der Rentner
KVdS	Krankenversicherung der Studenten
KVEG	Kostendämpfungs-Ergänzungsgesetz
KVers.	Krankenversicherung
KVKG	Krankenversicherungs-Kostendämpfungsgesetz
KVLG	Gesetz über die Krankenversicherung der Landwirte
KVMG	Gesetz über die Verwaltung der Mittel der Träger der Krankenversicherung
KVNG	Krankenversicherungs-Neuregelungsgesetz
KVRS	Die Krankenversicherung in Rechtsprechung und Schrifttum
KVSG	Gesetz über die Krankenversicherung der Studenten
KVuSR	Krankenversicherung- & Sozialrecht
KVTr	Krankenversicherungsträger
KVWG	Krankenversicherungs-Weiterentwicklungsgesetz
KZBV	Kassenzahnärztliche Bundesvereinigung
KZV	Kassenzahnärztliche Vereinigung
LAG	Lastenausgleichsgesetz. Landesarbeitsgericht
LAH	Landwirtschaftliche Altershilfe
LAK	Landwirtschaftliche Alterskasse
landw.	landwirtschaftlich
LAV	Lohnabzugsverordnung
LBFG	Lebensmittel-, Bedarfsgegenstände- und Futtermittelgesetzbuch
lfd.	laufend(e)
ledigl.	lediglich
LFZG	Lohnfortzahlungsgesetz
LG	Landgericht
lit.	Buchstabe
Lit.	Literatur
LKG	Landeskrankenhausgesellschaft
LKK	landwirtschaftliche Krankenkasse
LKV	Landes- und Kommunalverwaltung (Zeitschrift)
LM	Lindenmaier-Möhring, Nachschlagewerke des Bundesgerichtshofs
LogAPrO	Ausbildungs- und Prüfungsordnung für Logopäden

Abkürzungsverzeichnis

Loseblattslg.	Loseblattsammlung
LPartG	Lebenspartnerschaftsgesetz
LReg	Landesregierung
LS	Leitsatz
LSchA	Landesschiedsamt
LSG	Landessozialgericht
LSDV	Lohnsteuer-Durchführungs-Verordnung
LStR	Lohnsteuerrichtlinien
LuftVG	Luftverkehrsgesetz
LV	Landesverband
LVA	Landesversicherungsanstalt
m.	mit
maßgebl.	maßgeblich
Mat.	Materialien
maW.	mit anderen Worten
MBl.	Ministerialblatt
MBO-Ä	Musterberufsordnung Ärzte
MD	Medizinischer Dienst
MdE	Minderung der Erwerbsfähigkeit
MDK	Medizinischer Dienst der Krankenversicherung
MDR	Monatsschrift für Deutsches Recht
mE.	Meines Erachtens
MedR	Medizinrecht
MedSach	Der medizinische Sachverständige
Melde-FV	Meldeverfahren zur Durchführung der Familienversicherung
MGW	Müttergenesungswerk
mind.	mindestens
missbräuchl.	missbräuchlich
Mitt.	Mitteilungen
mN.	mit Nachweisen
mögl.	möglich
monatl.	monatlich
MPG	Gesetz über Medizinprodukte
MPBetreibV	Medizinprodukte-Betreiberverordnung v. 21. 8. 2002 (BGBl. I, 3396)
MTB	Manteltarifvertrag für Arbeiter des Bundes
mündl.	mündlich
MuSchG	Mutterschutzgesetz
MuUrl	Mutterschaftsurlaub
MVZ	Medizinisches Versorgungszentrum
mwN.	mit weiteren Nachweisen
mWv.	mit Wirkung vom
mWz.	mit Wirkung zum
Nds, nds	Niedersachsen, niedersächsisch
NDV	Nachrichtendienst des Deutschen Vereins für öffentliche und private Fürsorge
nF.	neue Fassung

Abkürzungsverzeichnis

NJOZ	Neue Juristische Online-Zeitschrift
NJW	Neue Juristische Wochenschrift
NJW-RR	NJW-Rechtsprechungsreport
Nr.	Nummer
NUB-RL	Richtlinien des Bundesausschusses der Ärzte und Krankenkassen über die Einführung neuer Untersuchungs- und Behandlungsmethoden
nützl.	nützlich
NV	Vertrag von Nizza
nv.	nicht veröffentlich
NVwZ	Neue Zeitschrift für Verwaltungsrecht
NW	Nordrhein-Westfalen, nordrhein-westfälisch
NZA	Neue Zeitschrift für Arbeitsrecht
NZBau	Neue Zeitschrift für Bau- und Vergaberecht
NZS	Neue Zeitschrift für Sozialrecht
o.	oder
oa.	oben angeführt (e, er, es)
oä.	oder ähnliche (r, s)
OEG	Gesetz über die Entschädigung der Opfer von Gewalttaten
öff./öffentl.	Öffentlich (e, er, es)
og.	oben genannte (r, s)
OHG	Offene Handelsgesellschaft
OKK	Ortskrankenkassen
OLG	Oberlandesgericht
OPC	Operationen- und Prozedurenschlüssel
ordentl.	ordentlich
OVA	Oberversicherungsamt
OVG	Oberverwaltungsgericht
OVGE	Amtliche Sammlung der Oberverwaltungsgerichte Lüneburg und Münster
OWiG	Gesetz über Ordnungswidrigkeiten
PatBV	Patientenbeteiligungsverordnung
PBefG	Personenbeförderungsgesetz
Pers.	Person
persönl.	persönlich
PersV	Die Personalvertretung
PersVG	Personalvertretungsgesetz
PflegeVG	Pflege-Versicherungsgesetz
PflV	Pflegeversicherung
PflVers.G. (PflichtversG)	Pflichtversicherungsgesetz
PfWG	Pflege-Weiterentwicklungsgesetz
PharmInd	pharmazeutische Industrie
PharmR	Pharma Recht
PID	Präimplantationsdiagnostik
PKR	Pflege- und Krankenhausrecht
PKV	Private Krankenversicherung

Abkürzungsverzeichnis

Post-VerfG	Postverfassungsgesetz
Pr, pr	Preußen, preußisch
PrVBl	Preußisches Verwaltungsblatt
Prot	Protokolle
PsychThG	Psychotherapeutengesetz
RABl.	Reichsarbeitsblatt
RBerG	Rechtsberatungsgesetz
rd.	rund
RdA	Recht der Arbeit
RDG	Rettungsdienstgesetz
RdLH	Rechtsdienst der Lebenshilfe
Rn.	Randnummer
RdErl.	Runderlass
RdSchr.	Rundschreiben
rechtl.	rechtlich
Reg.E.	Regierungsentwurf
Reha	Rehabilitation
RehaAngl.G	Gesetz über die Angleichung der Leistungen zur Rehabilitation
RettG	Rettungsgesetz
RGBl	Reichsgesetzblatt
RGZ	Entscheidungen des Reichsgerichts in Zivilsachen
RhPf	Rheinland-Pfalz
RKG	Reichsknappschaftsgesetz
RL	Richtlinie
Rn.	Randnummer
RRG	Rentenreformgesetz
RSA	Risikostrukturausgleich
RSAV	Risikostruktur-Ausgleichsverordnung
RsDE	Beiträge zum Recht der sozialen Dienste und Einrichtungen
Rs.	Rechtssache
Rspr.	Rechtsprechung
RÜG	Renten-Überleitungsgesetz
RV	Rentenversicherung
RVA	Reichsversicherungsamt
RV-Träger	Rentenversicherungsträger
RVO	Reichsversicherungsordnung
S.	Seite oder Satz
s.	siehe
Saarl, saarl	Saarland, saarländisch
SachbezV	Sachbezugsverordnung
SAE	Sammlung arbeitsrechtlicher Entscheidungen
sachl.	sachlich
SchA	Schiedsamt
schädl.	schädlich
SchAO	Schiedsamtverordnung
SchfG	Schornsteinfegergesetz

Abkürzungsverzeichnis

SchlH	Schleswig-Holstein
Schr.	Schreiben
schriftl.	schriftlich
SchVO	Verordnung über die Schiedsämter für die vertragsärztliche (vertragszahnärztliche) Versorgung
SchwbG	Schwerbehindertengesetz
SdL	Soziale Sicherheit in der Landwirtschaft
SDSRV	Schriftenreihe des Deutschen Sozialrechtsverbands
See-BG	See-Berufsgenossenschaft
SeeKK	Seekrankenkasse
SeemG	Seemannsgesetz
SF	Sozialer Fortschritt
SG	Sozialgericht
SGA	Sondergutachten
SGb	Die Sozialgerichtsbarkeit
SGB	Sozialgesetzbuch (mit römischen Ziffern für die einzelnen Bücher)
SGG	Sozialgerichtsgesetz
SH	Sozialhilfe
Slg.	Sammlung
so.	siehe oben
sog.	sogenannte (r)
SOG, SoldatenG	Soldatengesetz
SozArb	Soziale Arbeit
SozDiG	Gesetz zur Förderung eines freiwilligen sozialen Jahres
SozEntsch	Sozialrechtliche Entscheidungssammlung
SozLeist.Tr.	Sozialleistungsträger
SozMin.	Sozialminister(ium)
SozOrd	Soziale Ordnung
SozR	Sozialrecht, Rechtsprechung, bearbeitet von den Richtern des Bundessozialgerichts
SozSich.	Soziale Sicherheit
SozVers.	Die Sozialversicherung
Sp.	Spalte
SPD	Sozialdemokratische Partei Deutschlands
SpiBuKK	Spitzenverband Bund der Krankenkassen
SpiKK	Spitzenverbände der Krankenkassen
SpiV	Spitzenverband
SpivBKKWV2007	Wahlverordnung für die erste Mitgliederversammlung und Verwaltungsratswahl Spitzenverband Bund der Krankenkassen
SpStr.	Spiegelstrich
SRVwV	Allgemeine Verwaltungsvorschrift über das Rechnungswesen in der Sozialversicherung
st.	ständig(e)
Staat	Der Staat. Zeitschrift für Staatslehre und Verfassungsgeschichte, deutsches und europäisches Recht
StGB	Strafgesetzbuch
STK-DGS	Schmerztherapeutisches Kolloquium – Deutsche Gesellschaft für Schmerztherapie

Abkürzungsverzeichnis

StPO	Strafprozessordnung
StR	Staat und Recht
str.	strittig
StREG	Strafrechtsreform-Ergänzungsgesetz
st. Rspr.	ständige Rechtsprechung
STVG	Straßenverkehrsgesetz
StVollzG	Strafvollzugsgesetz
su.	siehe unten(r)
SuP	Sozialrecht und Praxis
SV	Die Sozialversicherung
SVA	Sozialversicherungsanordnung
SV-Abkommen	Sozialversicherungsabkommen
SV-Beamte	Der Sozialversicherungs-Beamte und -Angestellte
SVBG	Gesetz über die Sozialversicherung Behinderter in geschützten Einrichtungen
SVFAng	der Sozialversicherungsfachangestellte
SVG	Soldatenversorgungsgesetz
SV-Gesundheit (1985 ff.)	Sachverständigenrat zur Begutachtung der Entwicklung im Gesundheitswesen
SVHV	Verordnung über das Haushaltswesen in der Sozialversicherung
SVR	Sachverständigenrat (gemäß § 142 Abs. 2 SGB V)
SVRV	Sozialversicherungs-Rechnungsverordnung
SVRechGrV	Sozialversicherungs-Rechengrößenverordnung
SVTr	Sozialversicherungsträger
SVwG	Selbstverwaltungsgesetz
SVWO	Wahlordnung für die Sozialversicherung
tarifl.	tariflich
tatsächl.	tatsächlich
TOP	Tagesordnungspunkt
TPG	Transplantationsgesetz
TTH	Therapien und technische Hilfen
TVG	Tarifvertragsgesetz
TuP	Theorie und Praxis der Sozialen Arbeit
Tz.	Teilziffer
ua.	unter anderem
uA.	und Andere
uä.	und ähnliche
UAbs	Unterabsatz
UHG	Unterhaltsgeld
umstr.	umstritten
unstr.	unstrittig
UnterhVG	Unterhaltsvorschussgesetz
urspr.	ursprünglich
Urt.	Urteil
USG	Unterhaltssicherungsgesetz
USK	Urteilssammlung für die gesetzliche Krankenversicherung

Abkürzungsverzeichnis

UStG	Umsatzsteuergesetz
usw.	und so weiter
uU.	unter Umständen
UV	Unfallversicherung
UVNG	Unfallversicherungs-Neuregelungsgesetz
UVTr	Unfallversicherungsträger
UWG	Gesetz gegen den unlauteren Wettbewerb
v.	vom
VA	Verwaltungsakt
va.	vor allem
VAG	Versicherungsaufsichtsgesetz
VÄndG	Vertragsarztrechtsänderungsgesetz
VBG	Vorschrift der Berufsgenossenschaften
VBL	Versorgungsanstalt des Bundes und der Länder
VdAK	Verband deutscher Angestelltenkrankenkassen
VDR	Verband Deutscher Rentenversicherungsträger
verantwortl.	verantwortlich
VerfO	Verfahrensordnung
Vers.	Versicherung
VersR	Versicherungsrecht
VG	Verwaltungsgericht
VGH	Verwaltungsgerichtshof
vgl.	vergleiche
VgV	Verordnung für die Vergabe öffentlicher Aufträge
v.H.	von Hundert
VO	Verordnung
VOBl.	Verordnungsblatt
Voraufl.	Vorauflage
Vorauss.	Voraussetzungen
Vorbem.	Vorbemerkung
VRG	Vorruhestandsgesetz
VSSR	Vierteljahresschrift für Sozialrecht
VVDStRL	Veröffentlichungen der Vereinigung der Deutschen Staatsrechtslehrer
VVG	Versicherungsvertragsgesetz
VwGO	Verwaltungsgerichtsordnung
VwVfG	Verwaltungsverfahrensgesetz
VwVG	Verwaltungs-Vollstreckungsgesetz
VwZG	Verwaltungs-Zustellungsgesetz
WBO	Weiterbildungsordnung der Ärzte/Zahnärzte-Kammern
wesentl.	wesentlich
WGSVG	Gesetz zur Wiedergutmachung nationalsozialistischen Unrechts in der Sozialversicherung
WiPrüfV	Wirtschaftlichkeitsprüfungsverordnung
wirtschaftl.	wirtschaftlich
wissenschaftl.	wissenschaftlich
wöchentl.	wöchentlich
WoGG	Wohnungsgeldgesetz

Abkürzungsverzeichnis

Wo-Sozialvers.	Wahlordnung für die Sozialversicherung
WpflG	Wehrpflichtgesetz
WRV	Weimarer Verfassung
WzS	Wege zur Sozialversicherung
WzW	Wählerverband Zahnärzte Westfalen
ZAR	Zeitschrift für Ausländerrecht und Ausländerpolitik
ZAS	Zeitschrift für Arbeitsrecht und Sozialrecht
zB.	zum Beispiel
ZESAR	Zeitschrift für europäisches Sozial und Arbeitsrecht
ZDG	Zivildienstgesetz
zeitl.	zeitlich
ZfF	Zeitschrift für das Fürsorgewesen
ZfS	Zentralblatt für Sozialversicherung
ZfSH/SGB	Zeitschrift für Sozialhilfe und Sozialgesetzbuch
ZfV	Zeitschrift für das Versicherungswesen
ZHG	Gesetz über die Ausübung der Zahnheilkunde
ZI	Zahntechniker Innung
ZIAS	Zeitschrift für ausländisches und internationales Arbeits- und Sozialrecht
Ziff.	Ziffer
zit.	zitiert
ZLR	Zeitschrift für das gesamte Lebensmittelrecht
ZM	Zahnärztliche Mitteilungen
ZMGR	Zeitschrift für das gesamte Medizin- und Gesundheitsrecht
ZPO	Zivilprozessordnung
ZRP	Zeitschrift für Rechtspolitik
ZSR	Zeitschrift für Sozialreform
ZStW	Zeitschrift für die gesamte Strafrechtswissenschaft
zT.	zum Teil
zul.	zuletzt
ZV-Ärzte	Zulassungsverordnung für Ärzte
ZV-Zahnärzte	Zulassungsverordnung für Zahnärzte
ZVers.Wiss	Zeitschrift für die gesamte Versicherungswissenschaft
ZWeR	Zeitschrift für Wettbewerbsrecht
ZZP	Zeitschrift für Zivilprozess
zZt.	zur Zeit

Annex: Zitierweise Landessozialgerichte

BayLSG	LSG NRW
HessLSG	LSG Rhld-Pf
LSG B-Brdbg	LSG S-A
LSG B-W	LSG Saarl
LSG HH	SächsLSG
LSG M-V	S-H LSG
LSG Nieders-Bremen	ThürLSG

Literaturverzeichnis

Aichb.	Aichberger, Sozialgesetzbuch, Loseblattslg.
AK-GG	Alternativ-Kommentar zum GG
Beck-OK	Beck'scher Online-Kommentar Sozialrecht
Beck-OKArbR . .	Beck'scher Online-Kommentar Arbeitsrecht
BK-GG	R. Dolzer/K. Vogel (Hrsg.), Bonner Kommentar zum Grundgesetz, Loseblattslg.
Bley/Kreikebohm .	H. Bley/R. Kreikebohm, Sozialrecht, 9. Aufl. 2007
Deutsch/Spickhoff .	E. Deutsch/A. Spickhoff, Medizinrecht, 6. Aufl. 2008
Dreier (I-III)	Dreier (Hrsg.), Grundgesetz. Kommentar: Band I, 2. Aufl. 2004; Band II, 2. Aufl. 2006; Bd. III, 2. Aufl. 2008
Eichenhofer	E. Eichenhofer, Sozialrecht, 6. Aufl. 2007
Eicher/Spellbrink .	W. Eicher/W. Spellbrink (Hrsg.), SGB II Kommentar, 2. Aufl. 2008
ErfK	T. Dieterich/P. Hanau/G. Schaub, Erfurter Kommentar zum Arbeitsrecht, 7. Aufl. 2006
Erlenkämper/Fichte	A. Erlenkämper/W. Fichte, Sozialrecht, 5. Aufl. 2003
Fastabend/Schneider	K. Fastabend/E. Schneider, Das Leistungsrecht der gesetzlichen Krankenversicherung, 2004
Fichtner/Wenzel . .	O. Fichtner/G. Wenzel, Kommentar zur Grundsicherung, 3. Aufl. 2005
Fuchs	M. Fuchs (Hrsg.), Europäisches Sozialrecht, 4. Aufl. 2005
Fuchs/Preis	M. Fuchs/U. Preis, Sozialversicherungsrecht, 2005
Gitter/Schmitt . . .	W. Gitter/J. Schmitt, Sozialrecht, 5. Aufl. 2001
GK-SGB V	Behr/Orlowski/Rau/Schermer/Wasem/Zipperer (Hrsg.) oder B. v. Maydell (Hrsg.), Gemeinschaftskommentar zum Sozialgesetzbuch – Gesetzliche Krankenversicherung (GK-SGB V), Loseblattslg.
GKV-Komm	T. Clemens u. a., Sozialgesetzbuch, Fünftes Buch – Gesetzliche Krankenversicherung. Kommentar, Loseblattslg.
H/K	Hänlein/Kruse (Hrsg.), Lehr- und Praxiskommentar. Gesetzliche Krankenversicherung, 2. Aufl. 2003
H/N	K. Hauck/W. Noftz (Hrsg.), Sozialgesetzbuch. Kommentar, Loseblattslg.
HS-KV	B. Schulin (Hrsg.), Handbuch des Sozialversicherungsrechts Bd. 1 (Krankenversicherungsrecht), 1994
HS-PV	B. Schulin (Hrsg.), Handbuch des Sozialversicherungsrechts Bd. 4 (Pflegeversicherungsrecht), 1997
HS-RV	B. Schulin (Hrsg.), Handbuch des Sozialversicherungsrechts Bd. 3 (Rentenversicherungsrecht), 1999
HS-UV	B. Schulin (Hrsg.), Handbuch des Sozialversicherungsrechts Bd. 2 (Unfallversicherungsrecht), 1996
H-SV	F. E. Schnapp (Hrsg.), Handbuch des sozialrechtlichen Schiedsverfahrens, 2003
HStR (I-X)	J. Isensee/P. Kirchhof (Hrsg.), Handbuch des Staatsrechts:

Literaturverzeichnis

	Band I, 3. Aufl. 2003; Band II, 3. Aufl. 2004; Band III, 3. Aufl. 2005; Band IV, 2. Aufl. 1999; Band V, 2. Aufl. 2000; Band VI, 2. Aufl. 2001; Band VII, 1. Aufl. 1993; Band VIII, 1995; Band IX, 1997; Band X, 2000
HAR	A. Laufs/W. Uhlenbruck, Handbuch des Arztrechts, 3. Aufl. 2002
HVAR	F. E. Schnapp/P. Wigge (Hrsg.), Handbuch des Vertragsarztrechts, 2. Aufl. 2006
Igl/Welti	G. Igl/F. Welti, Sozialrecht, 8. Aufl. 2006
Ignor/Rixen	A. Ignor/S. Rixen (Hrsg.), Handbuch Arbeitsstrafrecht. Personalverantwortung als Strafbarkeitsrisiko, 2. Aufl. 2008
Jäger/Braun	H. Jäger/H. D. Braun (Hrsg.), Einführung in die Sozialversicherung, 13. Aufl. 2003
Jahn/Jansen	K. Jahn/J. Jansen (Hrsg.): SGB, Sozialgesetzbuch für die Praxis, SGB V/SGB XI, Loseblattslg.
Jarass/Pieroth	B. Pieroth/H. D. Jarass, Grundgesetz. Kommentar, 9. Aufl. 2007
JurisPK	R. Schlegel/T. Voelzke (Hrsg.), Juris Praxiskommentar SGB V, 2008
KK	Kasseler Kommentar, Loseblattslg.
Kopp/Ramsauer	F. O. Kopp/Ramsauer, Verwaltungsverfahrensgesetz. Kommentar, 9. Aufl. 2008
Kopp/Schenke	F. O. Kopp/W. R. Schenke, Verwaltungsgerichtsordnung. Kommentar, 15. Aufl. 2007
Krasney/Udsching	O. E. Krasney/P. Udsching, Handbuch des sozialgerichtlichen Verfahrens, 3. Aufl. 2002
Krauskopf	D. Krauskopf, Soziale Krankenversicherung: SGB V und Nebengesetze, Kommentar, Loseblattslg.
Kreßel/ Wollenschläger	E. Kreßel/M. Wollenschläger, Leitfaden zum Sozialversicherungsrecht, 2. Auflage 1996
Laufs/Uhlenbruck	A. Laufs/W. Uhlenbruck, Handbuch des Arztrechts, 3. Aufl. 2002
LdA	H.-J. Rieger, Lexikon des Arztrechts, Loseblattslg.
LPK-SGB X	B. Diering/H. Timme/D. Waschull, SGB X, Lehr- und Praxiskommentar, 2. Aufl. 2007
Maunz/Dürig	T. Maunz/G. Dürig (Begr.), Grundgesetz. Kommentar, Loseblattslg.
Maurer	H. Maurer, Allgemeines Verwaltungsrecht, 16. Aufl. 2006
Meyer-Ladewig	J. Meyer-Ladewig, Sozialgerichtsgesetz. Kommentar, 8. Aufl. 2005
Muckel	S. Muckel, Sozialrecht, 2. Aufl. 2007
Niesel	K. Niesel, Der Sozialgerichtsprozess, 4. Aufl. 2004
Ost/Mohr/ Estelmann	W. Ost/G. Mohr/M. Estelmann, Grundzüge des Sozialrechts, 2. Aufl. 1998
Palandt	O. Palandt, Bürgerliches Gesetzbuch. Kommentar, 67. Aufl. 2008
Peters, KV	H. Peters (Hrsg.), Handbuch der Krankenversicherung, Loseblattslg.

Literaturverzeichnis

Pieroth/Schlink	B. Pieroth/B. Schlink, Grundrechte Staatsrecht II, 24. Aufl. 2008
Pulverich	G. Pulverich, Psychotherapeutengesetz. Kommentar, 3. Aufl. 1999
Quaas/Zuck	M. Quaas/R. Zuck, Medizinrecht, 2005
Rüfner	W. Rüfner, Einführung in das Sozialrecht, 2. Aufl. 1991
Sachs	M. Sachs (Hrsg.), Grundgesetz. Kommentar, 4. Aufl. 2007
Schaub	G. Schaub, Arbeitsrechtshandbuch, 11. Aufl. 2005
Schellhorn	W. Schellhorn/H. Schellhorn/K.-H. Hohm, Kommentar zum SGB XII, 17. Aufl. 2006
Schirmer	H. D. Schirmer, Vertragsarztrecht kompakt, 2006
Schmehl/Wallrabenstein (I-III)	A. Schmehl/A. Wallrabenstein (Hrsg.), Steuerungsinstrumente im Recht des Gesundheitswesens: Bd. I, 2005; Bd. II, 2006; Bd. III, 2007
Schnapp	F. E. Schnapp, Sozialversicherungsrecht, in: N. Achterberg/G. Püttner (Hrsg.), Besonderes Verwaltungsrecht Bd. II, 2. Auflage 2000
SRH	B. v. Maydell/F. Ruland/U. Becker (Hrsg.), Sozialrechtshandbuch, 4. Aufl. 2008
Stelkens/Bonk/Sachs	P. Stelkens/H. J. Bonk/M. Sachs, Verwaltungsverfahrensgesetz. Kommentar, 6. Auflage 2001
Thomas/Putzo	H. Thomas/H. Putzo, Zivilprozessordnung. Kommentar, 27. Aufl. 2005
Udsching	P. Udsching, SGB XI: Soziale Pflegeversicherung, 2. Aufl., 2000
vM/K/Starck (I-III)	H. v. Mangoldt/F. Klein/C. Starck (Hrsg.), Grundgesetz. Kommentar Bd. I-III, 5. Aufl. 2005
Münch/Kunig (I-III)	I. v. Münch/P. Kunig (Hrsg.), Grundgesetz-Kommentar: Band I, 3. Aufl. 2000; Band II, 3. Aufl. 2001; Band III, 3. Aufl. 2003
Waltermann	R. Waltermann, Sozialrecht, 7. Aufl. 2008
W/E	G. Wannagat/E. Eichenhofer (Hrsg.), Kommentar zum Sozialgesetzbuch, Loseblattslg.
Wenner	U. Wenner, Vertragsarztrecht nach der Gesundheitsreform, 2008
Wenzel	F. Wenzel (Hrsg.), Handbuch des Fachanwalts Medizinrecht, 2007
Wiegand	D. Wiegand, Kassenarztrecht. Kommentar, 3. Aufl. 1995
Wolff/Bachof/Stober (II-III)	H. J. Wolff/O. Bachof/R. Stober, Verwaltungsrecht Band II, 6. Auflage 2000; Band III, 5. Aufl. 2004
Wolff/Bachof/Stober/Kluth	H. J. Wolff/O. Bachof/R. Stober/W. Kluth, Verwaltungsrecht Band I, 12. Aufl. 2007
Wulffen	M. v. Wulffen (Hrsg.), SGB X. Kommentar, 4. Aufl. 2005
Zacher	H. F. Zacher, Einführung in das Sozialrecht, 3. Aufl. 1985
Zuck, ZahnTR	R. Zuck, Kommentar zum Zahntechnikrecht im SGB V, 2005

Sozialgesetzbuch (SGB)
Fünftes Buch (V)
– Gesetzliche Krankenversicherung –

Vom 20. Dezember 1988 (BGBl. I S. 2477)
FNA 860-5

Zuletzt geändert durch Art. 6 Gesetz zur strukturellen Weiterentwicklung der Pflegeversicherung
(Pflege-Weiterentwicklungsgesetz) vom 28. Mai 2008 (BGBl. I S. 874)

Erstes Kapitel. Allgemeine Vorschriften

§ 1 Solidarität und Eigenverantwortung

Die Krankenversicherung als Solidargemeinschaft hat die Aufgabe, die Gesundheit der Versicherten zu erhalten, wiederherzustellen oder ihren Gesundheitszustand zu bessern. Die Versicherten sind für ihre Gesundheit mitverantwortlich; sie sollen durch eine gesundheitsbewusste Lebensführung, durch frühzeitige Beteiligung an gesundheitlichen Vorsorgemaßnahmen sowie durch aktive Mitwirkung an Krankenbehandlung und Rehabilitation dazu beitragen, den Eintritt von Krankheit und Behinderung zu vermeiden oder ihre Folgen zu überwinden. Die Krankenkassen haben den Versicherten dabei durch Aufklärung, Beratung und Leistungen zu helfen und auf gesunde Lebensverhältnisse hinzuwirken.

Schrifttum: *P. Axer*, Verfassungsrechtliche Fragen einer Bürgerversicherung, in: GS für Heinze, 2005, 1; *U. Becker*, Rechtliche Fragen im Zusammenhang mit dem Risikostrukturausgleich – unter Berücksichtigung der integrierten Versorgung, VSSR 2001, 277; *ders.*, Sozialpolitische Geschichte Deutschlands – normative Grundlagen, in: *E. Carigiet u. a.* (Hrsg.), Wohlstand durch Gerechtigkeit, 2006, 59; *ders.*, Das Wettbewerbsstärkungsgesetz – eine verfassungsrechtliche Bewertung, ZMGR 2007, 101; *ders.*, Sozialrecht in der europäischen Integration – eine Zwischenbilanz, ZFSH/SGB 2007, 134; *K.-J. Bieback*, Die Garantiehaftung des Bundes für die Sozialversicherung, VSSR 1993, 1 ff.; *ders.*, Rechtsnatur und Zuordnung der Alterungsrückstellungen in der PKV, ZVersWiss 2006, 471; *A. Goertz*, Die Gesetzmäßigkeit der Verwaltung im Rahmen des sozialrechtlichen Herstellungsanspruchs, 2007; *F. Hase*, Versicherungsprinzip und sozialer Ausgleich, 2000; *H. Heinig*, Hüter der Wohltaten?, NVwZ 2006, 771; *S. Huster*, Verfassungsunmittelbarer Leistungsanspruch gegen die gesetzliche Krankenversicherung?, JZ 2006, 466; *J. Isensee*, „Bürgerversicherung" im Koordinatensystem der Verfassung, NZS 2004, 393; *T. Kingreen*, Das Sozialstaatsprinzip im europäischen Verfassungsverbund, 2003; *ders.*, Rechtliche Gehalte sozialpolitischer Schlüsselbegriffe: Vom daseinsvorsorgenden zum aktivierenden Sozialstaat, SDSRV 52 (2004), 7; *ders.*, Verfassungsrechtliche Grenzen der Rechtsetzungsbefugnis des Gemeinsamen Bundesausschusses im Gesundheitsrecht, NJW 2006, 877; *F. Kirchhof*, Verfassungsrechtliche Probleme einer umfassenden Kranken- und Renten–"Bürgerversicherung", NZS 2004, 1; *C. Matthäus*, Schadensminderungspflichten im Haftpflicht- und Sozialrecht Deutschlands, Österreichs und der Schweiz, 2008; *S. Muckel*, Verfassungsrechtliche Grenzen der Reformvorschläge zur Krankenversicherung, SGb 2004, 583 u. 670; *H. Peters*, Die Geschichte der sozialen Versicherung, 1978; *L. Richter*, Sozialversicherungsrecht, 1931; *Riech*, Zur Frage der gesetzlichen Regelung des Verhältnisses zwischen Krankenkassen und Ärzten, Monatsschrift für Arbeiter-

und Angestellten-Versicherung 1922, Sp. 225; *R. Rosenbrock/T. Gerlinger*, Gesundheitspolitik, 2. Aufl. 2006; *E. Schmidt-Aßmann*, Verfassungsfragen der Gesundheitsreform, NJW 2004, 1689; *F. Stier-Somlo*, Sozialgesetzgebung – geschichtliche Grundlagen und Krankenversicherungsrecht, 1906; *ders.*, Kommentar zur RVO, 1. Bd. 1915; *M. Stolleis*, Geschichte des Sozialrechts in Deutschland, 2003; *M. Wallerath*, Der Sozialstaat in der Krise, JZ 2004, 949; *G. Wannagat*, Lehrbuch des Sozialversicherungsrechts, I. Bd., 1965; *R. Werner*, Die wirtschaftliche Leistungsfähigkeit im Beitragsrecht der gesetzlichen Krankenversicherung, 2004.

Inhaltsübersicht

	Rn.
A. Überblick	1
B. Aufgaben und Verantwortlichkeiten	3
I. Zweck und Anlage der GKV, S. 1	3
II. Verantwortungsteilung, S. 2 und 3	7
1. Eigenverantwortung	7
2. Unterstützung durch die Krankenkassen	9
C. Geschichte und normative Einbettung der GKV	12
I. Entwicklung	12
1. Überblick	12
2. Wichtige Reformgesetze zum SGB V	21
II. Verfassungsrechtliche Vorgaben	33
III. Die GKV in der Europäischen Union	36

A. Überblick

1 § 1 legt in S. 1 die **Ziele der GKV** fest, hebt in S. 2 die Mitverantwortung der Versicherten hervor und regelt in S. 3, auf welchen Wegen die Träger der GKV, die Krankenkassen, die Versicherten unterstützen. Rechte und Pflichten der Angesprochenen werden damit aber nicht begründet, vielmehr dient § 1 nur einer **allgemeinen Aufgabenumschreibung.**

2 Die Vorschrift ist durch das GRG **eingeführt** worden. Der RVO waren entsprechende einleitende Vorschriften noch fremd. Ihre Aufnahme entspricht dem mit der Kodifizierung durch das SGB verfolgten Ansatz, nicht nur die Rechtsgrundlagen zu ordnen, sondern auch die Funktion der Sozialversicherungen zu erklären.

B. Aufgabe und Verantwortlichkeiten

I. Zweck und Anlage der GKV, S. 1

3 Die GKV dient drei **Zielen:** der Erhaltung der Gesundheit der Versicherten, deren Wiederherstellung und der Besserung des Gesundheitszustands. Diesen Zielen entsprechen drei Grundtypen von Leistungen: die Prävention, die Krankenbehandlung und die Rehabilitation. Im Leistungsrecht (§§ 11 ff.) werden die den Versicherten zustehenden Leistungen etwas anders gruppiert. Insb. werden dort die Rehabilitations- den Behandlungsleistungen zugeordnet. Unabhängig davon entspricht die Dreiteilung einer allg. Kategorisierung, wie sie sich auch im UV-Recht findet. Vom Umfang und finanziellen Aufwand her steht die medizinische Behandlung einschließlich der Versorgung mit den erforderlichen Arznei-, Heil- und Hilfsmitteln klar im Mittelpunkt der Leistungsgewährung. Bezugspunkt der GKV ist dennoch nach S. 1 die **Gesundheit** und nicht die Krankheit. Gewählt wird damit ein positiv und möglichst weit gefasster Begriff, wenn sich auch über dessen Definition trefflich streiten lässt. Jedoch ist dies rechtlich gesehen nicht ergiebig. Denn der durch die GKV gewährte Schutz wird erst durch die im Einzelnen festgeschriebenen Leistungsansprüche konkretisiert (vgl. auch Rn. 10), die zum Teil der Gesundheitsförderung dienen, überwiegend aber der Krankheitsbehandlung. Zudem werden die Leistungen der GKV durch Leistungen anderer Versicherungszweige und der Sozialhilfe (§§ 47 ff. SGB XII) ergänzt, die ebenfalls in einem weit gefassten Sinn der Gesundheit dienlich sind: inhaltlich umfassend, aber bezogen auf die Verursachung speziell durch die UV (näher zum Verhältnis zwischen beiden Zweigen § 11 Rn. 32), ferner mit Bezug auf die Erwerbsfähigkeit durch Rehabilitationsleistungen der RV. Soweit es um die funktionale Abgrenzung zwischen den Zweigen (auch ggü. der PflV) geht, besteht das Charakteristikum der GKV darin, dass ihre Leistungen **Funktionsstörungen** verhindern, lindern oder beheben sollen, nicht aber darüber hinausgehende Ziele (wie insb. Erhalt der Selbstständigkeit, Wiedererlangung der Erwerbsfähigkeit) verfolgen.

§ 1 S. 1 spricht von der **GKV als Solidargemeinschaft**. Solidarität ist ein vorrechtlicher Begriff, der zunächst allg. die Bereitschaft meint, füreinander einzustehen, also notwendigerweise gemeinschaftsbezogen ist. Er stellt zugleich, zumeist in der Zusammenfügung von Solidarität mit Gemeinschaft, einen oft anzutreffenden sozialrechtlichen Grundbegriff dar. Das darf aber nicht darüber hinwegtäuschen, dass rechtlich fassbare Solidarität durch Rechtsnormen geschaffen werden muss (*Kingreen*, Sozialstaatsprinzip, 253 ff.). Sie besteht im Sozialversicherungsrecht aus der (maßgeblich zwangsweisen) Schaffung eines Personenkreises von Versicherten, zwischen denen ein (mehr oder weniger umfangreicher) finanzieller Ausgleich stattfindet. In der GKV beruht dieser Ausgleich auf mehreren Entscheidungen: Die Finanzierung ist in erster Linie beitragsbezogen (vgl. §§ 2, 200 ff.), die Beiträge wiederum werden nach Einkommen, nicht nach Risiko oder nach Person berechnet, während die Leistungen weder der Höhe noch dem Grunde nach von der Beitragszahlung abhängen. Risikoausschlüsse existieren nicht. Die Finanzierung erfolgt im Umlageverfahren, nicht durch Ansparung individueller Mittel, womit auch im Längsschnitt gesehen altersbedingte Lasten von der Versichertengemeinschaft insgesamt aufgefangen werden. 4

Angesichts dieser Ausgestaltung gewinnt die Frage nach dem **rechtfertigenden Grund** für die Solidarität und die Abgrenzung der sog. Solidargemeinschaft besondere Bedeutung. Er liegt weder in der Zusammenfassung vorfindlicher, in sich homogener Gemeinschaften noch allein in einer Reaktion auf eine Schutzbedürftigkeit (vgl. aber *Hase*, Versicherungsprinzip, 349 ff.). Wenn auch der Gesetzgeber zunächst nur für den dringendsten Schutz sorgte, wird er durch das Sozialstaatsprinzip (Art. 20 Abs. 1 GG) zu einer umfassenden Absicherung gegen das Krankheitsrisiko verpflichtet (vgl. Rn. 33). Entscheidet er sich dafür, Gesundheitsschutz durch eine Sozialversicherung sicherzustellen (zu den Wahlmöglichkeiten BVerfGE 39, 102/314), darf er den Kreis der Einbezogenen auch so fassen, dass das System selbst leistungsfähig ist (BVerfGE 113, 167/220; krit. *Wallerath*, JZ 2004, 949/960 f.). Damit hängt allerdings auch die Akzeptanz des Systems von dessen Leistungsfähigkeit ab und kann sich nur noch sehr eingeschränkt auf außerrechtliche Verbundenheitsgefühle stützen (vgl. hingegen dazu und zur „ethisch wechselseitigen Verantwortlichkeit" *Wannagat*, 175). Insofern ist die in § 1 enthaltene Aussage, dass alle Krankenversicherten zur Solidarität im genannten Sinn verpflichtet sind, mit Art. 2 Abs. 1 und Abs. 1 GG ebenso vereinbar wie die Umsetzung durch den RSA (§§ 266 ff.; dazu schon *Becker*, VSSR 2001, 277/293 ff.). Dass ein funktionsfähiges System auch anders angelegt und der finanzielle Ausgleich über Steuermittel hergestellt werden könnte, schränkt schon deswegen den ge- 5 setzgeberischen Gestaltungsspielraum nicht ein, weil jedes System mit spezifischen Vor- und Nachteilen verbunden ist.

6 Im geltenden Recht wird der finanzielle Ausgleich nicht nur durch die Beitragsbemessungsgrenzen innerhalb der Versichertengemeinschaft (vgl. § 223), sondern auch dadurch begrenzt, dass besser verdienende Arbeitnehmer versicherungsfrei sind (§ 6 Abs. 1 Nr. 1). Diese Regelung, die schon immer im deutschen KV-Recht angelegt war (Rn. 18), ist die Grundlage der weltweit einmaligen, sog. dualen oder bipolaren Versicherung, weil die **PKV** weder allein Versicherungsträger noch auf eine Rolle als Anbieter von Zusatzleistungen beschränkt ist, sondern zugleich eine ersetzende (substitutive) KV anbietet (mit entspr. zusätzlicher Regulierung durch das VAG und das VVG). Durch das GKV-WSG sind zwar GKV und PKV weiter einander angenähert worden (*Kingreen,* ZESAR 2007, 139/142 ff.), jedoch findet eine Einebnung der Unterschiede ihre Grenze an den die jeweilige Versicherung konstituierenden Grundprinzipien (vgl. *Becker*, ZMGR 2007, 101/102 ff.).

II. Verantwortungsteilung, S. 2 und 3

1. Eigenverantwortung

7 S. 2 stellt fest, die Versicherten seien für ihre Gesundheit „mitverantwortlich". Damit wird eine **Grundregel** der sozialstaatlichen Intervention aufgenommen, nämlich die, dass in einer freiheitlich verfassten, marktwirtschaftlich orientierten Gesellschaft jeder Einzelne zunächst selbst dafür verantwortlich ist, den Lebensunterhalt für sich und evtl. seine Angehörigen zu bestreiten (vgl. zum Vorrang der Eigenvorsorge als Ausfluss der Subsidiarität auch BVerfG v. 13. 2. 2008, 2 BvL 1/06). Andererseits geht S. 2 von einer Verantwortungsteilung aus. Denn zumindest eine rechtlich zugeschriebene Verantwortung setzt auch voraus, dass Handlungsalternativen bestehen, der Gesundheitszustand einer Person zugerechnet werden kann. Daran fehlt es aber nicht selten. Die Gesundheit wird nicht nur durch individuelles Verhalten, sondern auch durch genetische und soziale Faktoren wesentlich beeinflusst. Ohne diese Multikausalität aufzuschlüsseln, bietet der Staat den Hilfebedürftigen Schutz und stellt eine Gesundheitsversorgung zur Verfügung, erwartet aber dennoch, dass jeder das ihm Mögliche tut, um die eigene Gesundheit zu erhalten oder zu verbessern.

8 Konkret genannt als Maßnahmen zur Wahrnehmung der Eigenverantwortung werden „eine gesundheitsbewusste Lebensführung", eine „frühzeitige Beteiligung an gesundheitlichen Vorsorgemaßnahmen" und die „aktive Mitwirkung an Krankenbehandlung und Rehabilitation". Allerdings statuiert § 1 **keine rechtlichen Obliegenheiten** der Versicherten. Auch die übrigen Vorschriften des SGB V sind in dieser Hinsicht zurückhaltend, einerseits aus Prinzip, andererseits aber auch, um auf die oft schwierige Ermittlung der Ursachen von Krankheiten zu verzichten. Leistungsbeschränkungen sind nur für einige wenige Fallgestaltungen vorgesehen (§ 52). Im Übrigen bleibt es bei den allg. Mitwirkungspflichten der §§ 60 ff. SGB I, die Obliegenheiten enthalten, deren Verletzung zu einer Leistungsversagung führen kann (§ 66 SGB I; näher dazu *Matthäus*, Schadensminderungspflichten, passim).

2. Unterstützung durch die Krankenkassen

9 Die **Aufgaben der KKen** (§ 4) werden in S. 3 recht blumig umschrieben. Zum einen sollen diese den Versicherten „helfen", obwohl es sich um Behörden

1. Kapitel §1

handelt, deren Zuständigkeiten im Einzelnen gesetzlich geregelt sind und auf deren Handeln die Versicherten weitgehend individuell durchsetzbare Ansprüche haben. Zum anderen sollen die Versicherungsträger „auf gesunde Lebensverhältnisse hinwirken", was jenseits der Aufgabenwahrnehmung ein nur schwer einlösbares Versprechen darstellt.

Eine knappe Zuständigkeitsbeschreibung durch Nennung der drei in S. 3 enthaltenen **konkreten Aufgaben** (Aufklärung, Beratung, Leistungen) wäre präziser und ausreichend gewesen. Im Hintergrund einer solchen Beschreibung stehen der in § 31 SGB I festgeschriebene Vorbehalt des Gesetzes sowie § 30 SGB IV, der die Tätigkeit („Geschäfte") der VersTr ausdrücklich auf die „gesetzlich vorgeschriebenen oder zugelassenen Aufgaben" begrenzt. Schon deshalb können als **Leistungen** nur die im SGB V vorgesehenen erbracht werden, wobei den einzelnen Kassen immerhin einige Spielräume verbleiben (vgl. insb. § 53). 10

Aufklärung und Beratung sind im SGB V nur ausnahmsweise näher geregelt. Es gelten aber die §§ 13 und 14 SGB I. Danach müssen die KKen die Bevölkerung über deren Rechte und Pflichten nach dem SGB V aufklären, und sie müssen die einzelnen Versicherten im Rahmen des Sozialleistungsverhältnisses beraten. Bei beiden Verpflichtungen handelt es sich um drittgerichtete Amtspflichten, deren schuldhafte Verletzung eine Haftung nach § 839 BGB iVm. Art. 34 GG zur Folge haben kann. Ferner können Beratungsfehler zu einem Herstellungsanspruch führen (näher *Goertz*, Gesetzmäßigkeit der Verwaltung 2007; zum Verhältnis zu § 13: BSG, NZS 2007, 84/86). Anlass für eine Beratung kann jedes anhängige Antrags- oder andere Verwaltungsverfahren sein, auch wenn dieses nicht auf eine Beratung abzielt, aber die nicht unwahrscheinliche Möglichkeit eines Rechtsverlustes besteht. Zu beraten ist über alle offensichtlichen Gestaltungsmöglichkeiten, deren Wahrnehmung zweckmäßig ist und die ein verständiger Bürger nutzen würde. KKen können ausnahmsweise auch für Fehler eines anderen Sozialleistungsträgers haften. Das gilt nach der Rspr. des BSG für Fallgestaltungen, (1) in denen der fehlerhaft handelnde Leistungsträger mit dem zur Leistung verpflichteten Träger zur gemeinsamen Erfüllung einer Verwaltungsaufgabe verbunden ist, (2) bei denen eine Mitwirkung und Zusammenarbeit erfordernde Verknüpfung verschiedener Leistungsbereiche oder eine arbeitsteilige Aufteilung einer Aufgabenerfüllung auf mehrere Verwaltungsträger iSe. Funktionseinheit gegeben ist oder (3) bei denen sich aus einem konkreten Verwaltungskontakt zwischen dem Bürger und einem Leistungsträger ein Beratungsbedarf für einen Leistungsbereich außerhalb der Zuständigkeit dieses Leistungsträgers ergibt (vgl. im Verhältnis zwischen KV und RV: BSG, SozR 4-2600 § 4 Nr. 2). 11

C. Geschichte und normative Einbettung der GKV

I. Entwicklung

1. Überblick

Das **Gesetz betreffend die Krankenversicherung der Arbeiter** (KVG) vom 15. 6. 1883 (RGBl. 1983, S. 73) war das erste der grundlegenden drei Sozialversicherungsgesetze, mit denen unter dem maßgeblichen Einfluss *Bismarck*s die deutsche Sozialversicherung geschaffen wurde. Es war als Ergänzung des Unfallversicherungsgesetzes gedacht, dessen Erlass aber länger dauerte als zunächst geplant (zur Entstehung *Stolleis*, Geschichte, 76 ff.). 12

13 a) Die Krankenversicherung knüpfte an bestehende Einrichtungen an, überformte diese durch die Zwangsversicherung und schuf darüber hinaus auch neue Organisationsformen. Von Anfang an bestanden sieben **verschiedene Kassenarten**, als sog. organisierte Kassen die Orts-, Betriebs-, Bau-, Innungskrankenkassen sowie die auf Landesrecht fußenden Knappschafts- und die freien Hilfskassen, daneben die Gemeindeversicherung. Mit der Schaffung der Reichsversicherungsordnung (RVO) im Jahr 1911 (RGBl. 509) wurden die Baukrankenkassen beseitigt, und die Gemeindekrankenversicherung wurde geschlossen, dafür Landkrankenkassen neu gegründet. Aus den Hilfskassen, deren Mitglieder von der Versicherungspflicht befreit werden konnten, entstanden die meisten der noch heute bestehenden Ersatzkassen. Diese wurden während der nationalsozialistischen Herrschaft den anderen Kassen angeglichen und erhielten im Zuge der sog. Aufbaugesetzgebung (wie auch die Spitzenverbände aller Kassen) den Status von Körperschaften des öffentlichen Rechts, in einer Zeit, die, der faschistischen Ideologie folgend, durch die Verstaatlichung gesellschaftlicher Einrichtungen und der Selbstverwaltung geprägt war.

14 b) Von Beginn an war die Krankenversicherung in erster Linie (abgesehen von sog. Reservefonds und Eintrittsgeldern) **beitragsfinanziert.** Die Beiträge und sonstigen Einnahmen sollten die Ausgaben der einzelnen Kasse für ihre gesetzmäßigen Aufgaben, die Verwaltungskosten und Rücklagen decken. Sie wurden seit dem KVG lange Zeit zu zwei Dritteln von den versicherungspflichtigen Personen, zu einem Drittel von den Arbeitgebern getragen (zunächst § 52, dann § 51 KVG, § 381 RVO). Die Änderung hin zur paritätischen Beitragslast war zwar schon im Entwurf der RVO vorgesehen (*Stier-Somlo*, § 381 Anm. 2), ist aber erst nach dem Zweiten Weltkrieg durch Besatzungsrecht eingeführt worden. Schon seit jeher werden aber die gesamten Beiträge vom Arbeitgeber an die KK abgeführt. Hatte sich nach den Debatten zur Einführung und der Durchsetzung des Versicherungsmodells der Staat zunächst nicht an der Finanzierung der GKV beteiligt, so änderte sich dies mit der Zeit – allerdings ausgehend von der Vorstellung, dass bestimmte Kosten nicht nur von der Versichertengemeinschaft getragen werden sollten. In diesem Sinne wurden Zuzahlungen des Reichs ab den 1920er Jahren zu den Kosten der Familienwochenhilfe vorgesehen (*Richter*, Sozialversicherungsrecht, 114).

15 c) Ursprünglich erstreckte sich der Versicherungszwang auf fast alle in gewerblichen Betrieben beschäftigten Personen. Noch in den achtziger und neunziger Jahren des vorletzten Jahrhunderts sowie zu Beginn des 20. Jahrhunderts wurde der **Kreis der Versicherten** ausgedehnt: zunächst auf die Beschäftigten der Transportanstalten, Marine- und Heeresverwaltung, dann auf die in Betrieben anderer Zweige Beschäftigten, mit der Schaffung der Reichsversicherungsordnung (RVO) im Jahr 1911 auch auf die Arbeiter in der Land- und Forstwirtschaft.

16 Dieser Ausgangspunkt prägt in gewisser Weise noch heute den persönlichen Schutzumfang der GKV, sowohl was die Anknüpfung an eine Beschäftigung (1) als auch an eine vermutete Schutzbedürftigkeit (2) angeht.

17 Zu (1): Bis heute sehr unvollständig geblieben ist die Absicherung von selbstständig Erwerbstätigen. Früh geschützt wurden, wenn auch zunächst nur als sog. „relativ Versicherungspflichtige" (d. h. nur gem. Satzung der Versicherungspflicht Unterliegende), die Hausgewerbetreibenden. In den 30er Jahren des letzten Jahrhunderts wurde der Grundstein gelegt für die Einbeziehung von Artisten. In gewisser Weise wird diese Linie durch die Schaffung der Künstlersozialversicherung 1981 fortgeführt. Im Übrigen erfuhr der geschützte Personenkreis va. aus sozial-

1. Kapitel **§ 1**

politischen Gründen eine Erweiterung. Im Jahre 1923 wurde eine Krankenfürsorge für Sozialrentner, Kleinrentner, Arbeits- und Erwerbslose eingeführt. Die zunächst als freiwillige Mehrleistung konzipierte Familienhilfe entwickelte sich 1930 zur Regelleistung. 1941 wurde die Krankenversicherung der Rentner (KVdR) eingeführt. 1975 wurden behinderte Menschen und Studierende in die GKV aufgenommen. Bereits drei Jahre zuvor kamen mit den Landwirten weitere Selbstständige zur Krankenversicherung, die als Zweig der landwirtschaftlichen Sozialversicherung allerdings Sondervorschriften kennt (vgl. nur *Becker*, Sozialpolitische Geschichte, 59, 62 ff. mwN.). Auf diese Art und Weise ist der Anteil der in der GKV versicherten Personen von gut 10 % (1885) über etwas mehr als 50 % (1924/25) auf beinahe 90 % der Wohnbevölkerung (1975) angestiegen (*Rosenbrock/Gerlinger*, Gesundheitspolitik, 35).

Zu (2): Auch die Unterscheidung von schutzbedürftigen und nicht schutzbedürftigen Beschäftigten hat Tradition: Von Beginn an waren „Betriebsbeamte" nur versicherungspflichtig, wenn ihr Arbeitsverdienst sechszweidrittel Mark nicht überstieg (§ 1 Abs. 2, später § 2b KVG). Daraus wurde dann im Laufe der Zeit die noch heute bekannte Jahresarbeitsentgeltgrenze. **18**

d) Die gesetzliche Krankenversicherung diente bei ihrer Entstehung in erster Linie der Deckung des Entgeltausfalls, Geldleistungen mit Lohnersatzfunktion standen im Vordergrund. Krankenbehandlung („freie ärztliche Behandlung, Arzenei, sowie Brillen, Bruchbänder und ähnliche Hilfsmittel", KH-Behandlung fakultativ anstelle der Behandlungsleistung) und Krankengeld („Hälfte des ortsüblichen Tageslohns" ab dem dritten Tage nach Beginn der Krankheit) wurden zunächst unter dem Begriff der „Krankenunterstützung" (§ 6 KVG), dann dem der **„Krankenhilfe"** (§ 182 RVO) zusammengefasst. Diese Leistung endete mit Ablauf der dreizehnten Woche nach Beginn der Krankheit, ab 1903 dann mit Ablauf der 26. Woche. Der Bezugszeitraum für ärztliche Behandlungen konnte knapp die doppelte Zeit umfassen, sofern die Erwerbsunfähigkeit erst am Ende des ersten 26-Wochen-Zeitraums eintrat, weil Sachleistungen auch während des Bezugs von Krankengeld gewährt wurden (*Stier-Somlo*, Sozialgesetzgebung, 286 f.). Weitere Mindestleistungen waren Wochengeld und Sterbegeld. Im Übrigen durften satzungsgemäße Mehrleistungen (Erhöhung oder Verlängerung der Mindestleistungen, Haushaltshilfe, Gewährung weiterer Hilfsmittel etc.) vorgesehen werden. Die Entkoppelung von Lohnersatz- und Sachleistungen mit der Folge einer unbefristeten Gewährung von Krankenpflege erfolgte 1941 (*Peters*, Geschichte, 114). Nach dem zweiten Weltkrieg erfuhren viele Leistungen vor dem Hintergrund wirtschaftlicher Prosperität und sozialpolitischem Gestaltungsoptimismus zunächst Ausweitungen (*Kingreen*, SDSRV 52 [2004], 7/13 ff.). Insb. wurden in den 70er Jahren Präventions- und Rehabilitationsleistungen neu in den Leistungskatalog aufgenommen, d. h. zu einer Zeit, in der es bereits erste Bemühungen um Kostendämpfung gab, die in die 1988 beginnende Epoche der Gesundheitsreformgesetze (Rn. 21 ff.) führten. **19**

e) Das **Leistungserbringungsrecht** war zunächst nicht gesetzlich geregelt, die Kassen hatten die Möglichkeit, den Versicherten entweder freie Arztwahl einzuräumen oder diese Wahl auf bestimmte Ärzte („Kassenarztsystem"), Apotheker und Krankenhäuser zu beschränken, wobei die Versicherten bei der Aufsichtsbehörde im Falle einer nicht gesicherten Leistungsgewährung eine Erweiterung verlangen konnten (§ 56a KVG). Die Vertragsschlussfreiheit der Kassen führte zu Spannungen, die organisierte Ärzteschaft war bemüht, Ärzte zweier Klassen, nämlich mit und ohne Vertrag, zu vermeiden. Diese Situation sollte das Berliner **20**

Abkommen von 1913 lösen, mit dem die Kassen auf einseitige Festlegungen verzichteten; stattdessen wurden gemeinsame Gremien gebildet, die gemeinsame Selbstverwaltung entstand, zunächst auf privatrechtlicher Grundlage. Ein Zeitgenosse sah aber noch keine ausreichende Befriedung und stellte fest, „das Verhältnis der Ärzte zu den Krankenkassen ... dem Verhalten feindlicher Heere vergleichbar, von denen jedes bei Nachlassen der Aufmerksamkeit einen Überfall des anderen befürchten zu müssen glaubte" (*Riech*, Monatsschrift für Arbeiter- und Angestellten-Versicherung 1922, Sp. 225). 1923 wurde der Inhalt des Abkommens in die RVO übernommen. Die ärztliche Tätigkeit beruhte auf Kassenarztverträgen, die als Einzel- oder Gesamtverträge die Zulassung bestimmten und deren Inhalt seit 1930 gesetzlich vorgeschrieben war, sowie Kollektivverträgen zwischen Kassen bzw. ihren Verbänden und den ärztlichen Vereinigungen zur Regelung der allgemeinen Tätigkeitsbedingungen. Durch 1931 und 1932 erfolgte Änderungen und die Errichtung der Kassenärztlichen Vereinigungen mit Sicherstellungsauftrag wurde die Grundlage für das heutige korporatistische Vertragsarztrecht geschaffen, das 1955 zwar den geänderten Verhältnissen angepasst, aber in der Anlage aufrechterhalten und durch Einführung einer obligatorischen Schlichtung ergänzt wurde (zum Ganzen *Peters*, Geschichte, 85 ff., 159 f.).

2. Wichtige Reformgesetze zum SGB V

21 Seit der Einfügung der GKV in das SGB V durch das Gesetz zur Strukturreform im Gesundheitswesen (Gesundheitsreformgesetz – **GRG**) v. 20.12.1988 (BGBl. I, 2477), mit dem zugleich neue Leistungen zur Prävention und bei Schwerpflegebedürftigkeit eingeführt worden waren, und der Erstreckung der Sozialversicherung auf das Gebiet der ehemaligen DDR durch den **Einigungsvertrag** und die zugehörige Durchführungsgesetzgebung mit Wirkung ab dem 1.1.1991, ist das Krankenversicherungsrecht durch eine Reihe von Reformgesetzen zum Teil einschneidend geändert worden. Abgesehen von bereichsspezifischen, insb. in den letzten Jahren die Arzneimittelversorgung betreffenden, Gesetzen sind die wichtigsten:

22 • Gesetz zur Sicherung und Strukturverbesserung der gesetzlichen Krankenversicherung **(GSG)** v. 21.12.1992 (BGBl. I, 2266): umfassende Neuorganisation durch Einführung des Kassenwettbewerbs;

23 • Beitragsentlastungsgesetz **(BeitrEntlG)** v. 1.11.1996 (BGBl. I, 1631): Festschreibung der Beitragssätze; Erhöhung der Selbstbeteiligung von Versicherten; Reduzierung des Krankengeldanspruchs und von Maßnahmen zur Gesundheitsförderung;

24 • 1. und 2. GKV-Neuordnungsgesetze **(GKV-NOG 1 und 2)** v. 23.6.1997 (BGBl. I, 1518 u. 1520): Einführung von Modellprojekten und des außerordentlichen Kündigungsrechts von Versicherten; Erhöhung der Selbstbeteiligung der Versicherten;

25 • Gesetz zur Stärkung der Solidarität in der GKV **(GKV-SolG)** v. 19.12.1998 (BGBl. I, 3853): Rücknahme erhöhter Zuzahlungen und von aus der PKV übernommenen Instrumenten;

26 • Gesetz zur Reform der GKV ab dem Jahr 2000 **(GKV-RefG 2000)** v. 22.12.1999 (BGBl. I, 2626): Einführung der integrierten Versorgung; Änderung des Vergütungssystems für stationäre Leistungen; Betonung der Qualitätssicherung; Deckelung der Gesamtvergütung;

27 • Gesetz zur Reform des RSA in der GKV **(RSA-RefG)** v. 10.12.2001 (BGBl. I, 3465): Einführung eines Risikopools und strukturierter Behandlungsprogramme;

- Gesetz zur Sicherung der Beitragssätze in der GKV und in der GRV (**BSSichG**) 28
v. 23.12. 2002 (BGBl. I, 4637): Anhebung der Jahresarbeitsentgeltgrenze; Staffelung der Apothekenrabatte;
- Gesetz zur Modernisierung der GKV (**GMG**) v. 14.11. 2003 (BGBl. I, 2190): 29
Ausbau der hausarztzentrierten und integrierten Versorgung und damit selektiver Verträge; verstärkte Überprüfung von Wirtschaftlichkeit und Qualität; Herausnahme nicht verschreibungspflichtiger Arzneimittel aus dem Leistungskatalog; Einführung der Praxisgebühr und eines Zusatzbeitrags zu Lasten der Versicherten; Neuordnung der Versorgung mit Zahnersatz; Erweiterung der Wahlmöglichkeiten von Versicherten;
- Gesetz zur Änderung des Vertragsarztrechts und anderer Gesetze (**VÄndG**) v. 30
22.12. 2006 (BGBl. I, 3439): Reform der vertragsärztlichen Vergütung; Aufhebung einiger Beschränkungen der vertragsärztlichen Tätigkeit;
- Gesetz zur Stärkung des Wettbewerbs in der GKV (**GKV-WSG**) v. 26.3. 31
2007 (BGBl. I, 378): Ausdehnung der Versicherungspflicht; Ausbau der Präventions- und der Palliativleistungen; Einführung von Wahltarifen; Zulassung kassenartübergreifender Fusionen; Einführung des Spitzenverbands Bund (ab 2008) und des Gesundheitsfonds (ab 2009); Erhöhung des Bundeszuschusses; Einführung eines Basistarifs und der begrenzten Übertragbarkeit von Altersrückstellungen in der PKV;
- Gesetz zur strukturellen Weiterentwicklung der Pflegeversicherung (**PflWeitG**) 32
v. 28. 5. 2008 (BGBl. I, 874): Verbesserung der Abstimmung zwischen Krankenbehandlung, Rehabilitation und Pflege; Einbeziehung stationärer Pflegeeinrichtungen in die ambulante Versorgung.

II. Verfassungsrechtliche Vorgaben

Das Grundgesetz enthält – anders als die Weimarer Reichsverfassung, viele andere nationale und einige Verfassungen der Länder sowie jetzt auch die Europäische Grundrechtecharta – keine sozialen Rechte. **Staatliche Aufgaben** können sich aber aus der Verpflichtung zum Schutz der Grundrechte und dem Sozialstaatsprinzip (Art. 20 Abs. 1, 28 Abs. 1 GG) ergeben. In diesem Sinne fordert das BVerfG als ein Kernelement „die soziale Hilfe für Mitbürger ein, die wegen körperlicher oder geistiger Gebrechen an ihrer persönlichen und sozialen Entfaltung gehindert sind" (BVerfGE 44, 353/375). Allgemeiner zur KV hat das Gericht festgestellt: „Der Schutz in Fällen von Krankheit ist in der sozialstaatlichen Ordnung des GG eine der Grundaufgaben des Staates", und weiter, dass der Gesetzgeber dieser Aufgabe nachgekommen ist, „in dem er durch Einführung der gesetzlichen Krankenversicherung als öffentl.-rechtl. Pflichtversicherung für den Krankenschutz eines Großteils der Bevölkerung Sorge getragen und die Art und Weise der Durchführung dieses Schutzes geregelt hat" (BVerfGE 68, 193/209). Allerdings lässt sich daraus weder entnehmen, wie das KV angelegt, noch welche Leistungen sie im Einzelnen zu gewähren hat. Zu Recht wird ferner aus Art. 120 Abs. 1 S. 4 GG kein Recht einzelner Kassen auf Zuschüsse abgeleitet; ob die Vorschrift aber nur eine Zuständigkeit des Bundes regelt (so BVerfGE 113, 167/211 f.), erscheint fraglich (für eine Finanzgarantie *Bieback*, VSSR 1993, 14 ff.), wenn auch einleuchtet, dass die Verpflichtungen zum sozialen Schutz der Bürger inhaltlich aus dem Sozialstaatsprinzip folgen. 33

Die **Konkretisierung** der allgemein aus dem Sozialstaatsprinzip folgenden Verpflichtungen obliegt dem **Gesetzgeber**, der seinerseits die existierenden Sys- 34 teme und ihre Organisationsprinzipien ändern kann (BVerfGE 39, 102, 314 zur Auflösung von Ortskrankenkassen). Diese verfassungsrechtliche Zurückhaltung hat ihren guten Grund, weil die Einführung und Ausgestaltung sozialer Sicherungssysteme angesichts deren elementarer Bedeutung und der mit diesen verbundenen finanziellen Auswirkungen besonderer demokratischer Legitimation bedarf. **Ausnahmen** davon sind nur in besonders gelagerten Fällen möglich. So hat das BVerfG einen Leistungsanspruch aus der Art. 2 Abs. 2 GG entnommenen Schutzpflicht iVm. Art. 2 Abs. 1 und 20 Abs. 1 GG abgeleitet, mit dem Argument, eine Pflichtversicherung müsse mindestens die Leistungen gewähren, die zur Behandlung einer lebensbedrohlichen oder regelmäßig tödlichen Erkrankung erforderlich sind (BVerfGE 115, 25/49 ff.; zur Kritik u. a. *Heinig*, NVwZ 2006, 771; *Huster*, JZ 2006, 466; *Kingreen*, NJW 2006, 877 ff.; vgl. die Folgeentscheidungen: BSG, NZS 2007, 144, und SozR 4–2500 § 31 Nr. 8 – Arzneimittelversorgung; NZS 2007, 534 – Nachweis hinreichender Erfolgsaussicht; v. 27. 3. 2007, B 1 KR 17/06 R – lebensbedrohliche Krankheit).

35 Da das konkret bestehende System keinen Schutz genießt und insb. auch die KKen keine Grundrechtsträger, sondern Teil der Staatsverwaltung sind, ergeben sich aus Art. 20 Abs. 1 GG keine verfassungsrechtlichen **Vorgaben für einen Umbau** der GKV. Zulässig wäre (gemessen an Art. 2 Abs. 1 und 3 Abs. 1 GG sowie Art. 74 Abs. 1 Nr. 12, zu den Kompetenzen *Muckel*, SGb 2004, 583 ff.) insb. auch die Einführung eines umfassenden Versicherungszwangs (in diesem Sinn, wenn auch sehr beiläufig, BVerfGE 113, 167, 219 f. vgl. Rn. 5; krit. *Isensee*, NZS 2004, 393/398 ff.). Schranken für eine Reform könnten sich aber unter dem Gesichtspunkt des grundrechtlichen Schutzes bestehender Rechte ergeben. Soweit es um die Leistungsansprüche der Versicherten geht, ist das nur für das Krankengeld denkbar (offen gelassen von BVerfGE 97, 378, 385; vgl. auch BSG v. 14. 2. 2007, B 1 KR 16/06 R), da bei der Änderung von Sachleistungen regelmäßig weder der allgemeine Vertrauensschutz (Art. 2 Abs. 1 GG) noch Eigentumsrechte (Art. 14 Abs. 1 GG) berührt werden. Größere Rücksicht verlangt die Existenz einer ersetzenden (vgl. Rn. 6) PKV (vgl. *Axer*, GS-Heinze, 1 ff.). Zum einen berührt die Schaffung eines vollständigen Versicherungsmonopols die Berufsfreiheit (Art. 12 Abs. 1 GG) der Versicherungsunternehmen. Zum anderen kann nicht ohne weiteres in bestehende Verträge eingegriffen werden. Sind diese mit der Ansammlung von Rückstellungen verbunden, ist uU. der Eigentumsschutz (vgl. aber auch *Bieback*, ZVersWiss 2006, 471), in jedem Fall aber der Vertrauensschutz zu beachten. Was die Beitragsgestaltung angeht, verfügt der Gesetzgeber über weite Spielräume. Weder ist eine Anknüpfung an die gesamte wirtschaftliche Leistungsfähigkeit ausgeschlossen (vgl. BVerfGE 102, 68/93 f.; zum Gesichtspunkt der Systemkonsistenz aber *Werner*, Die wirtschaftliche Leistungsfähigkeit, 157 ff.) noch würde ein von allen Einwohnern zu zahlender Sozialversicherungsbeitrag eine Steuer darstellen (vgl. aber auch *Schmidt-Aßmann*, NJW 2004, 1689/1692 und *F. Kirchhof*, NZS 2004, 1/6). Denn für die rechtliche Qualifizierung des Krankenversicherungsbeitrags ist nicht die Zahl der Beitragszahler, sondern allein entscheidend, dass dem Beitrag unabhängig vom sozialen Ausgleich (vgl. Rn. 4) Leistungsansprüche gegenüberstehen, er also eine Vorzugslast darstellt.

III. Die GKV in der Europäischen Union

36 In den Mitgliedstaaten der Europäischen Union lassen sich im Wesentlichen **zwei Grundformen** öffentlicher Gesundheitsversorgung unterscheiden (Überblick zu finden bei http://ec.europa.eu/employment.social/spsi/missoc.de.htm): staatliche Gesundheitsdienste einerseits, die (zumindest weitgehend) steuerfinanziert sind und regelmäßig die gesamte Bevölkerung mit Gesundheitsleistungen versorgen, manchmal, aber keinesfalls im Regelfall, durch eigene Einrichtungen; Versicherungssysteme andererseits, die (auch insofern zumindest überwiegend) beitragsfinanziert und schon deshalb tendenziell selektiv sind. Die genaue Zuordnung ist wegen der Komplexität der existierenden Systeme nicht immer eindeutig, zumal in einigen Ländern umfassende Reformen geplant sind.

Staatliche Gesundheitsdienste wurden in allen südeuropäischen (Portugal, Spanien, Italien, Zypern und Griechenland) und allen skandinavischen Ländern (Dänemark, Finnland, Schweden) errichtet, ferner im Vereinigten Königreich und in Irland; nur wenige osteuropäische Länder haben ein entsprechendes System beibehalten (Lettland, für die Notfallversorgung Litauen). Sie erbringen regelmäßig nur Sach- und Dienstleistungen und werden deshalb ebenso regelmäßig durch Versicherungssysteme ergänzt, welche die Aufgabe übernehmen, im Krankheitsfall Entgeltersatzleistungen (also Geldleistungen) zu gewähren. 37

Über **Versicherungssysteme** verfügen neben Deutschland noch Belgien, Frankreich, Luxemburg, die Niederlande und Österreich, ferner mittlerweile einige osteuropäischen Staaten (Polen, Slowakei, Slowenien, Ungarn), wenn auch vor allem dort zurzeit zum Teil gemischte Systeme mit überwiegendem Vorsorgecharakter existieren (Bulgarien, Estland, Rumänien, Tschechien, ferner in Malta). Auch innerhalb der meisten Versicherungssysteme wird ein universeller Schutz angestrebt, insb. die Einbeziehung von selbstständig Tätigen ist dort die Regel. Hingegen ist ein Wettbewerb zwischen Trägern nur ausnahmsweise vorgesehen, neben Deutschland noch in den Niederlanden. 38

Auch wenn die Zuständigkeit für die Errichtung sozialer Sicherungssysteme nach wie vor bei den Mitgliedstaaten liegt (vgl. Art. 136 ff., 152 Abs. 5 EGV), wirkt doch das **europäische Gemeinschaftsrecht** punktuell und in zunehmender Weise auf die Ausgestaltung dieser Systeme ein. Zum einen sorgen die Koordinierungsverordnungen (VO 1408/71 mit VO 574/72, künftig VO 883/2004) dafür, dass alle von einem Gesundheitssystem erfassten Personen EU-weit zumindest Notfallbehandlungen erhalten oder sich genehmigt in anderen EU-Mitgliedstaaten behandeln lassen können (vgl. dazu und zur Entwicklung nur *Becker*, ZfSH/SGB 2007, 134, 142 f.). Zum anderen enthalten die Grundfreiheiten und das europäische Wettbewerbsrecht nicht-sozialrechtsspezifische Regeln, die unabhängig von der Kompetenzverteilung von allen Mitgliedstaaten zu beachten sind (vgl. *Kingreen*, Sozialstaatsprinzip, 311 ff.). Sie führen zum Teil, vermittelt durch Freizügigkeitsrechte und Diskriminierungsverbote, zu einer räumlichen und personellen Erweiterung sozialer Rechte. So können Patienten und Leistungserbringer grenzüberschreitend die Dienstleistungsfreiheit in Anspruch nehmen (näher § 13 Rn. 30 ff.; § 39 Rn. 10). Wenn auch dadurch keine neuen Rechte auf Behandlungsleistungen geschaffen werden, ist doch eine Internationalisierung von Leistungsstandards nicht zu übersehen. Dazu trägt auch der Ansatz bei, die sozialen Sicherungssysteme auf europäischer Ebene im Rahmen der sog. offenen Methode der Koordinierung zu beobachten (vgl. Gemeinschaftsprogramm „Progress", ABl. 2006 L 315, 1). Ferner nötigen Kartell-, Missbrauchs-, Beihilfeverbote und Vergaberecht, wenn auch deren Anwendbarkeit im Einzelfall zu prüfen ist, zumindest zu einer gemeinschaftsrechtlich angestoßenen Überprüfung der Gestaltungsspielräume im Leistungserbringungsrecht (vgl. § 69 Rn. 40 ff. und etwa § 108 Rn. 13 ff.). 39

§ 2 Leistungen

(1) ¹Die Krankenkassen stellen den Versicherten die im Dritten Kapitel genannten Leistungen unter Beachtung des Wirtschaftlichkeitsgebots (§ 12) zur Verfügung, soweit diese Leistungen nicht der Eigenverantwortung der Versicherten zugerechnet werden. ²Behandlungsmethoden, Arznei- und Heilmittel der besonderen Therapierichtungen sind nicht ausgeschlossen. ³Qualität und Wirksamkeit der Leistungen haben dem allgemein anerkannten Stand der medizinischen Erkenntnisse zu entsprechen und den medizinischen Fortschritt zu berücksichtigen.

(2) ¹Die Versicherten erhalten die Leistungen als Sach- und Dienstleistungen, soweit dieses oder das Neunte Buch nichts Abweichendes vorsehen. ²Die Leistungen können auf Antrag auch als Teil eines trägerübergreifenden Persönlichen Budgets erbracht werden; § 17 Abs. 2 bis 4 des Neunten Buches in Verbindung mit der Budgetverordnung und § 159 des Neunten Buches finden Anwendung. ³Über die Erbringung der Sach- und Dienstleistungen schließen die Krankenkassen nach den Vorschriften des Vierten Kapitels Verträge mit den Leistungserbringern.

(3) ¹Bei der Auswahl der Leistungserbringer ist ihre Vielfalt zu beachten. ²Den religiösen Bedürfnissen der Versicherten ist Rechnung zu tragen.

(4) Krankenkassen, Leistungserbringer und Versicherte haben darauf zu achten, daß die Leistungen wirksam und wirtschaftlich erbracht und nur im notwendigen Umfang in Anspruch genommen werden.

Schrifttum: *M. Estelmann/W. Eicher*, Die Leistungspflicht der gesetzlichen Krankenkassen vor dem Hintergrund der Pluralität ärztlicher Therapien, SGb 1991, 247; *R. Zuck*, Die Behandlungsmethoden, Arznei- und Heilmitteltherapien der (anerkannten) Besonderen Therapierichtungen, NZS 1999, 313.

1   Die Norm enthält als Einweisungsbestimmung **Grundprinzipien des Leistungsrechts** (§§ 11 ff.), die für dessen Auslegung bedeutsam sind. Es werden durch sie aber weder Leistungsansprüche begründet noch eingeschränkt (BT-Drs. 11/2237, 157).

A. Leistungen in Eigenverantwortung der Versicherten, Abs. 1 S. 1

2   Die GKV versichert nicht alle der Gesundheit dienenden, sondern nur die in § 11 und § 195 RVO genannten Leistungen. Innerhalb des Leistungskatalogs sieht das Gesetz Leistungsausschlüsse (§ 34) und -beschränkungen (§ 52), Festbeträge (§§ 12 Abs. 2, 35, 36) und **Zuzahlungen** (§§ 28 Abs. 4, 61) sowie freiwillige Selbstbehalte (§ 53) vor.

B. Qualität und Wirksamkeit der Leistungen, Abs. 1 S. 3

3   Die Vorschrift zeigt auf, dass nicht ausreichend erprobte Verfahren oder Außenseitermethoden, die sich nicht bewährt haben, keine GKV-Leistung sind und medizinische Forschung – mit Ausnahme des § 35 c – nicht finanziert wird (BT-Drs. 11/2237, 157). Das schützt die Versicherten und sichert die Finanzierbarkeit der GKV. Wirksam ist eine Leistung, wenn sie generell geeignet ist, bei bestimmten

1. Kapitel   **§ 2**

Indikationen klinisch relevante Wirkungen zu erzielen. Das bestimmt sich wie die Qualität, also das Niveau der Leistung, nach dem allgemein anerkannten, d. h. von der deutlichen Mehrheit der Ärzte akzeptierten Erkenntnisstand (*Noftz*, H/N, § 2 Rn. 62). Dabei ist Maßstab neuerdings der internationale Standard (§ 139 a Abs. 4 S. 1). Der Leistungskatalog ist für neue Behandlungsansätze offen, wobei insofern zunächst ein Beurteilungs- und Gestaltungsspielraum besteht (BSG, SozR 3-2500, § 92 Nr. 7 S. 60). Wer hingegen an einer **lebensbedrohlichen Erkrankung** leidet, für die bewährte Behandlungsmethoden nicht vorliegen, hat Anspruch auf eine auf Indizien gestützte, nicht ganz fern liegende Aussicht auf Heilung oder eine spürbare positive Einwirkung auf den Krankheitsverlauf versprechende Behandlung (BVerfG, NZS 2006, 84/88).

C. Leistungen der besonderen Therapierichtungen, Abs. 1 S. 2

Unter einer besonderen Therapierichtung ist das umfassende, zur Behandlung 4 verschiedenster Erkrankungen bestimmte therapeutische Konzept zu verstehen, das auf der Grundlage eines sich von der naturwissenschaftlich geprägten Schulmedizin abgrenzenden, weltanschaulichen Denkansatzes größere Teile der Ärzteschaft und weite Bevölkerungskreise für sich eingenommen hat (BSG, NZS 1998, 331/337). Dazu gehören die **Phytotherapie**, die **Homöopathie** und die **anthroposophische Medizin** (§ 34 Abs. 2 S. 3), nicht jedoch die Naturheilkunde als Sammelbegriff für natürliche Heilweisen (BSG, SozR 4-2400, § 89 Rn. 47 ff.).

Das Verhältnis der Sätze 2 und 3 ist unklar. Das BSG hat noch nicht entschie- 5 den, ob für besondere Therapierichtungen leistungsrechtliche Besonderheiten gelten (BSG, SozR 4–2400, § 89 Rn. 29), z. B. weil sie sich wegen ihrer besonderen Wirkungsweise den üblichen wissenschaftlichen Bewertungsmethoden entziehen. Dagegen spricht seit dem GKV-WSG § 139 a Abs. 4 S. 1, der die Neutralität des Staates gegenüber unterschiedlichen wissenschaftlichen Ansätzen (BSG, NZS 1998, 331/336) aufgibt.

D. Naturalleistungsprinzip, Abs. 1 S. 1, Abs. 2

Grundsätzlich haben die KKen den Versicherten Sach- und Dienstleistungen 6 zu verschaffen. Dies geschieht, indem sie die Versorgung, soweit sie nicht nach §§ 132 Abs. 1 S. 1, 132 a Abs. 2 S. 10 und 140 Eigeneinrichtungen betreiben, nach Maßgabe der §§ 69 ff. durch Verträge mit sog. Leistungserbringern sicherstellen und den Inhalt und insbesondere die Honorierung des Leistungsgeschehens steuern. Dadurch wird die freie Leistungserbringerwahl eingeschränkt; andererseits muss der Versicherte wegen der Unmittelbarkeit der Bedarfsbefriedigung (BSGE 55, 188/193) nicht in Vorleistung treten, was ihn vor mangelnder ärztlicher Versorgung schützt (BSG, MedR 2002, 47/49). **Kostenerstattung** erfolgt nur in den Fällen der §§ 13 f., 17 f., 37 Abs. 4, 38 Abs. 4, 53 Abs. 4, 64 Abs. 4 S. 2 und §§ 9 Abs. 2, 15 Abs. 1 SGB IX (§ 13 Abs. 1). Das Kranken- und Mutterschaftsgeld, §§ 44 und 200 RVO, sind Geldleistungen. Behinderte Versicherte, die längerfristige, regelmäßig wiederkehrende Leistungen, wie häusliche Krankenpflege oder Heil- oder Hilfsmittel, benötigen, können statt dieser Sach- und Dienstleistungen eine trägerübergreifende regelmäßige Geldleistung als persönliches Gesamtbudget verlangen, um in eigener Verantwortung ein möglichst selbstbestimmtes Leben führen zu können. Einzelheiten regeln § 17 SGB IX und die Budgetverordnung (BGBl. I 2004, 1055).

E. Leistungserbringervielfalt, Abs. 3

7 Sofern, wie meist, kein Rechtsanspruch auf Teilnahme an der Leistungserbringung besteht, soll als Ausdruck des freien Wettbewerbs unter den Leistungserbringern auf deren Vielfalt hingewirkt werden (iE. §§ 109 Abs. 2 S. 2, 121 a Abs. 3 S. 2, 132 Abs. 2 S. 2). Ein Auswahlrecht ist entscheidende Voraussetzung für ein **Vertrauensverhältnis** zwischen Versichertem und Leistungserbringer. Über S. 2 hinaus sind deren Wünsche nach § 33 S. 2 SGB I umfassend zu beachten. Religiöse Bedürfnisse können ein zwingender Grund nach § 39 Abs. 2 sein.

F. Wirtschaftlichkeitsgebot, Abs. 1 S. 1, Abs. 4

8 Abs. 4 beschreibt den Adressatenkreis des durch Abs. 1 S. 1 in die Leistungspflicht eingebundenen Wirtschaftlichkeitsgebots (§ 12). Es zielt im Interesse der Solidargemeinschaft auf eine **Rationalisierung** ab und will das Notwendige und Zweckmäßige im Versicherteninteresse keiner Rationierung unterwerfen. Für den Versicherten handelt es sich um eine Nebenpflicht aus dem Sozialversicherungsverhältnis (BSG, NZS 1994, 507/513).

§ 2 a Leistungen an behinderte und chronisch kranke Menschen

Den besonderen Belangen behinderter und chronisch kranker Menschen ist Rechnung zu tragen.

Schrifttum: *R. Bieritz-Harder,* Leistungen zur medizinischen Rehabilitation, H-SGB IX, § 10; *J. Castendiek,* Zusammenarbeit der Rehabilitationsträger, H-SGB IX, § 8; *U. Davy,* Das Verbot der Diskriminierung wegen einer Behinderung im deutschen Verfassungsrecht und im Gemeinschaftsrecht, SDSRV 49 (2002), 7; *H. Fuchs/F. Welti,* Leistungserbringungsrecht der Leistungen zur Teilhabe nach dem SGB IX, Die Rehabilitation 2007; *W. Heine,* SGB IX und Akutbehandlung, ZSR 2004, 462; *G. Igl,* Das SGB IX und seine Wirkungen auf das System des Sozialrechts, ZSR 2004, 365; *D. Liebold,* Auswirkungen des SGB IX auf die gesetzliche Krankenversicherung, Diss. Kiel 2007; *B. Lüßenhop,* Chronische Krankheit im Recht der medizinischen Rehabilitation und der gesetzlichen Krankenversicherung, Diss. Kiel 2007; *R. Mattern,* Chronisch krank – chronisch vergessen? – Kommunikation, Mobilität, Alltag, GesWes 2007, 195; *V. Neumann,* Gegliedertes System und Vereinheitlichung, H-SGB IX, § 4; *ders.,* Selbstbestimmung des Leistungsberechtigten, H-SGB IX, § 6; *W. Schütte,* Selbstbestimmung, Sicherstellung und Leistungserbringung im Rehabilitationsrecht des SGB IX, NDV 2003, 416; *M. Seidel,* Kriterien der Leistungsgewährung für Menschen mit Behinderung, DÄBl 2005, 1654; *R. Shafaei,* Die gemeinsamen Servicestellen nach dem SGB IX, Diss. Kiel 2006; *B. Teichert/P. Köster/H. Raspe/F. Welti,* Chronische Krankheit im Recht der medizinischen Rehabilitation und der Gesetzlichen Krankenversicherung, SGb 2005, 610/671; *F. Welti/C. Sulek,* Die Ordnungsfunktion des SGB IX für das Recht der Rehabilitation und Teilhabe, RsDE 49 (2001), 40; *F. Welti,* Die individuelle Konkretisierung von Teilhabeleistungen und das Wunsch- und Wahlrecht behinderter Menschen, SGb 2003, 379; *ders.,* Behinderung und Rehabilitation im sozialen Rechtsstaat, 2005; *ders.,* Planung individueller Teilhabeleistungen durch Rehabilitationsträger, RsDE 60 (2006), 50; *ders.,* Das Recht auf Teilhabe behinderter Menschen in seinem verfassungs- und europarechtlichen Rahmen und im Spannungsfeld der neueren Sozialgesetzgebung, RsDE 62 (2006), 1; *ders.,* Das Persönliche Budget – Herausforderung an soziale Dienste, Einrichtungen und Berufe, Betreuungsmanagement 2007, 117; *H. Zacher,* Der soziale Rechtsstaat in der Verantwortung für Menschen mit Behinderung, in: *G. Igl/F. Welti,* Die Verantwortung des sozialen Rechtsstaats für Personen mit Behinderung und die Rehabilitation, 2001, 1.

1. Kapitel § 2a

Inhaltsübersicht

	Rn.
A. Überblick	1
B. Gesetzgebung	2
C. Behinderte Menschen	3
I. Begriff	3
II. Besondere Belange	4
III. SGB V	6
IV. SGB IX	8
V. SGB I, SGB X	15
D. Chronisch kranke Menschen	16
I. Begriff	16
II. Besondere Belange	17
III. SGB V	18
IV. SGB IX	19

A. Überblick

Die Norm ist als **Prinzip** bei der Auslegung des gesamten Krankenversicherungsrechts zu beachten. **Sinn und Zweck** ist, die Interessen einer Minderheit der Versicherten zu wahren, die besonders auf Leistungen der gesetzlichen Krankenversicherung angewiesen ist. Behinderte Menschen sind im **sozialen Rechtsstaat** (Art. 20 Abs. 1 GG) zu berücksichtigen (BVerfGE 40, 121/133) und vor Benachteiligung geschützt (Art. 3 Abs. 3 S. 2 GG). Dies ist besonders dort zu beachten, wo öffentliches Recht die **Teilhabe an Grundrechtsvoraussetzungen** regelt (BVerfGE 33, 303/330; BVerfGE 96, 288; *Davy*, SDSRV 49, 7; *Welti*, RsDE 62, 1; *Zacher*, Der soziale Rechtsstaat, 1). 1

B. Gesetzgebung

Die Vorschrift wurde mit dem GMG in das SGB V aufgenommen und trat am 1.1.2004 in Kraft. Zur Begründung BT-Drs. 15/1525, 29. 2

C. Behinderte Menschen

I. Begriff

Behindert sind Menschen, wenn ihre körperliche Funktion, geistige Fähigkeit oder seelische Gesundheit mit hoher Wahrscheinlichkeit länger als sechs Monate von dem für das Lebensalter typischen Zustand abweichen und daher ihre Teilhabe am Leben in der Gesellschaft beeinträchtigt ist (§ 2 Abs. 1 S. 1 SGB IX; § 11 Rn. 14). Der Behinderungsbegriff orientiert sich an der International Classification of Disability, Functioning and Health (**ICF**) der WHO (*Welti*, Behinderung, 63 ff.). Eine Anerkennung als **schwerbehindert** (§ 2 Abs. 2 SGB IX) ist nicht erforderlich. Behinderte Menschen sind nicht immer krank und bedürfen nicht immer der Krankenbehandlung. 3

II. Besondere Belange

Besondere Belange behinderter Menschen ergeben sich aus der Beeinträchtigung ihrer Teilhabe. Sie sind auf **Barrierefreiheit** (§ 3 BGG) und Sozialleistungen zur Sicherung ihrer **Teilhabe** und **Selbstbestimmung** und zum **Schutz ge-** 4 gen **Benachteiligungen** (§ 10 SGB I, § 1 SGB IX) angewiesen. Behinderte Menschen dürfen von KKen bei der Inanspruchnahme sozialer Rechte nicht wegen ihrer Behinderung benachteiligt werden (§ 33 c SGB I). Dies gilt vor allem im Bereich von Ermessensleistungen und bei der Ausgestaltung sozialer Rechte (§ 33 SGB I). Die im Sozialrecht zu beachtenden Belange behinderter Menschen können allgemein aus §§ 10, 17, 33 c SGB I entnommen werden.

5   Zu den besonderen Belangen behinderter Menschen gehört, dass sie im gegliederten Sozialleistungssystem meist auf Leistungen mehrerer Leistungsträger und damit auf deren **Kooperation** angewiesen sind. Diese wird durch §§ 8–25, 30 SGB IX geregelt, die für die KKen verbindlich sind.

III. SGB V

6   Nach § 33 Abs. 1 sind **Hilfsmittel zum Behinderungsausgleich** zu leisten. Der Leistungszweck geht über die Krankenbehandlung hinaus. §§ 40–43 a sind besondere Anspruchsgrundlagen der **medizinischen Rehabilitation,** die zugleich allgemeiner Bestandteil der Krankenbehandlung ist (§§ 27 Abs. 1 S. 2 Nr. 6, 39 Abs. 1 S. 3, 73 Abs. 3).

7   Der **Gemeinsame Bundesausschuss** muss beim Beschluss von Richtlinien den besonderen Erfordernissen der Versorgung behinderter oder von Behinderung bedrohter Menschen Rechnung tragen (§ 92 Abs. 1 S. 1). Daher ist auch das Verfahren entsprechend auszugestalten. Besondere Erfordernisse der Versorgung können sich aus Barrieren in der Regelversorgung und aus besonderen gesundheitlichen Dispositionen ergeben. Nach § 140 f Abs. 1 sind die Organisationen der **Selbsthilfe behinderter Menschen** im G-BA zu beteiligen. Dies dient der auf die besonderen Belange bezogenen Verfahrensgerechtigkeit.

IV. SGB IX

8   Das SGB IX – Rehabilitation und Teilhabe behinderter Menschen – (*Welti/Sulek*, RSDE 49, 40; *Neumann*, H-SGB IX, § 4) gilt für die KKen als **Rehabilitationsträger** (§ 11 Abs. 2 S. 3; §§ 6 Abs. 1 Nr. 1, 7 SGB IX), soweit im SGB V nichts explizit Abweichendes bestimmt ist. Sie erbringen Leistungen der **medizinischen Rehabilitation** (§ 26 SGB IX; § 11 Abs. 2 S. 1; *Bieritz-Harder*, H-SGB IX, § 10). Dabei handelt es sich nicht nur um Leistungen nach §§ 40–43 a, sondern um alle Leistungen nach § 26 Abs. 2 und 3 SGB IX, die mit der Zielsetzung nach § 26 Abs. 1 SGB IX und § 11 Abs. 2 erbracht werden (*Liebold*, Auswirkungen, 240). Daher können Leistungen der Krankenbehandlung beim Vertragsarzt (§§ 27 Abs. 1 S. 1 Nr. 6, 73 Abs. 3) und im Krankenhaus (§§ 27 Abs. 1 S. 1 Nr. 6, 39 Abs. 1 S. 3) Rehabilitation umfassen und deren Ziele verfolgen (§ 27 SGB IX; *Heine*, ZSR 2004, 462). Das SGB IX ist also nicht nur auf §§ 40–43 a SGB V anzuwenden, sondern bei allen vor- und nachstehend aufgezählten Leistungen zur Teilhabe.

9   Besonders auf Kooperation der Leistungsträger medizinischer Rehabilitation und der Leistungen zur Teilhabe am Leben in der Gemeinschaft angewiesen sind **behinderte Kinder.** Für sie gilt die **Komplexleistung Früherkennung und Frühförderung** (§ 30 SGB IX), an der sich die KKen durch die **sozialpädiatrischen Zentren** (§ 119; § 4 FrühV) beteiligen. Näheres regelt die **Frühförderungsverordnung.**

10 Die KKen erbringen weiter **unterhaltssichernde und ergänzende Leistungen** (§§ 44 ff. SGB IX): Krankengeld (§ 44) während der Behandlung in einer

Rehabilitationseinrichtung und während der stufenweisen Wiedereingliederung (§ 28 SGB IX; § 74), **Rehabilitationssport** (§ 44 Abs. 1 Nr. 3 SGB IX), **Funktionstraining** (§ 44 Abs. 1 Nr. 4 SGB IX), Reisekosten (§ 53 SGB IX) und Haushaltshilfe (§ 54 SGB IX).

Die KKen sind an die **Verfahrensnormen** gebunden, insbesondere zum **Vorrang der Leistungen zur Teilhabe** vor Geldleistungen und Pflege (§ 8 SGB IX), zum **Wunsch- und Wahlrecht** (§ 9 Abs. 1 SGB IX; *Welti*, SGB 2003, 379; *Schütte*, NDV 2003, 416; *Neumann*, H-SGB IX, § 4), zur fortlaufenden **Bedarfsfeststellung** und **Teilhabeplanung** (§§ 10, 11 SGB IX; *Welti*, RsDE 60, 50), Vereinbarung und Beachtung **gemeinsamer Empfehlungen** (§§ 12, 13 SGB IX; *Castendiek*, H-SGB IX, § 8), fristgebundene Bedarfsfeststellung und **Zuständigkeitsklärung** (§ 14 SGB IX) und **Kostenerstattung** (§ 15 SGB IX). **11**

Weiterhin gilt das **Leistungserbringungsrecht,** namentlich die Leistung durch **Persönliches Budget** (§§ 17 Abs. 2–6 SGB IX; § 11 Abs. 1 Nr. 5; *Welti*, BtMan 2007, 117; § 11 Rn. 28). Auf die Leistung als Budget besteht außerhalb der vertragsärztlichen Versorgung seit 1. 1. 2008 ein Rechtsanspruch (§ 159 Abs. 5 SGB IX). In ein Budget können alle Leistungen zur Teilhabe einbezogen werden (§ 17 Abs. 2 S. 1 SGB IX), außerdem die neben ihnen erforderlichen Leistungen der KKen, die sich auf alltägliche und regelmäßig wiederkehrende Bedarfe beziehen (§ 17 Abs. 2 S. 4 SGB IX), z. B. häusliche Krankenpflege, Soziotherapie, Heilmittel und Hilfsmittel. Näheres regeln § 17 Abs. 2–6 SGB IX und die Budgetverordnung. **12**

Die KKen haben sich an den **Gemeinsamen örtlichen Servicestellen** der Rehabilitationsträger (§ 22 SGB IX) zu beteiligen. Diese werden von einem oder mehreren Rehabilitationsträgern getragen und erbringen Beratungs- und Unterstützungsleistungen für alle Rehabilitationsträger (*Shafaei*, Servicestellen). **13**

Die Rehabilitationsträger sind verpflichtet, gemeinsam dafür zu sorgen, dass **Dienste und Einrichtungen der Rehabilitation** in ausreichender Zahl und Qualität bedarfsgerecht zur Verfügung stehen (§ 19 Abs. 1 SGB IX), ihre Qualität gesichert und entwickelt wird (§ 20 Abs. 1 SGB IX), Einrichtungen zertifiziert werden (§ 20 Abs. 2a SGB IX) und gemeinsame Grundsätze für das **Vertragsrecht** mit den Diensten und Einrichtungen angewandt werden, insbesondere durch gemeinsame Rahmenverträge (§ 21 Abs. 2 SGB IX; *Fuchs/Welti*, Die Rehabilitation 2007, 111 ff.). **14**

V. SGB I, SGB X

§ 17 Abs. 1 Nr. 4 SGB I verpflichtet die KKen, ihre Verwaltungs- und Dienstgebäude frei von **Zugangs- und Kommunikationsbarrieren** zu halten und darauf hinzuwirken, dass Sozialleistungen in **barrierefreien Räumen** ausgeführt werden. § 17 Abs. 2 SGB I und § 19 Abs. 1 S. 2 SGB X verpflichten sie, die Kosten von **Gebärdensprachdolmetschern** bei der Ausführung von Sozialleistungen und im Verwaltungsverfahren zu übernehmen. **15**

D. Chronisch kranke Menschen

I. Begriff

Chronisch kranke Menschen sind für lange, zumeist unabsehbare Zeit krank. **16**

II. Besondere Belange

17 Besondere Belange chronisch kranker Menschen ergeben sich aus ihrer dauernden Behandlungsbedürftigkeit und der daraus folgenden Last (*Lüßenhop*, Chronische Krankheit; *Teichert/Köster/Raspe/Welti*, SGb 2005, 610/671).

III. SGB V

18 **Psychisch Kranke** sind oft auch chronisch krank und (seelisch) behindert. Auf sie wird in § 27 Abs. 1 S. 3 Bezug genommen. Für chronisch kranke Menschen ist die **Belastungsgrenze für Zuzahlungen** ermäßigt (§ 62 Abs. 1 S. 2). Für sie sind **Patientenschulungsmaßnahmen** (§ 43 Abs. 1 Nr. 2) und **strukturierte Behandlungsprogramme** zu entwickeln (§ 137 f, g). Die Organisationen ihrer **Selbsthilfe** sind im G-BA zu beteiligen (§ 140 f). Chronisch kranke Menschen besonders zu berücksichtigen, ist nur möglich, wenn sie nicht als „schlechte Risiken" unerwünschte Versicherte der KKen sind. Daher wird der **Risikostrukturausgleich** so weiterentwickelt, dass die Morbidität der Versicherten berücksichtigt wird (§ 268) und aufwändige Leistungsfälle solidarisch finanziert werden (§ 269).

IV. SGB IX

19 Chronisch kranke Menschen sind zumeist von Behinderung betroffen oder bedroht. Chronische Krankheiten sind daher Gegenstand der Prävention (§ 3 SGB IX) und medizinischen Rehabilitation (§ 26 Abs. 1 SGB IX).

§ 3 Solidarische Finanzierung

¹**Die Leistungen und sonstigen Ausgaben der Krankenkassen werden durch Beiträge finanziert. Dazu entrichten die Mitglieder und die Arbeitgeber Beiträge, die sich in der Regel nach den beitragspflichtigen Einnahmen der Mitglieder richten.** ²**Für versicherte Familienangehörige werden Beiträge nicht erhoben.**

A. Überblick

1 Die Vorschrift statuiert **Finanzierungsgrundsätze der GKV.** Sie konkretisiert das Solidaritätsprinzip (Begr. zum GRG, BT-Drs. 11/2237, 158), wobei sich „Solidarität" nach seiner juristischen Bedeutungsgeschichte gerade auch auf die Verteilung von finanziellen Lasten bezieht (*Rixen*, Sozialrecht aktuell H. 2/2008). Es handelt sich um eine Einweisungsnorm, die überwiegend symbolisch-appellativen und kaum juristisch-operablen Gehalt hat (s. aber Rn. 5).

B. Grundsätze der solidarischen Beitragsfinanzierung

2 In S. 1 stellt die Vorschrift die **grundsätzliche Beitragsfinanzierung der GKV** heraus (§ 220 Rn. 1). Dieses Kernelement der Finanzierungsordnung soll unmittelbar zu Beginn des Gesetzeswerks in Erinnerung gerufen werden; im Übrigen sind die §§ 220 ff. einschlägig. S. 2 benennt nicht abschließend, wer **Beiträge** zu zahlen hat, allerdings wird der praktisch häufigste Fall der Beitragszahlung im Rahmen eines versicherungspflichtigen Beschäftigungsverhältnisses ge-

nannt. Andere Stellen, etwa die RV-Träger oder die BA, kommen als Beitragszahler hinzu (s. dazu auch die Begr. zum GRG, BT-Drs. 11/2237, 158).

Weiter wird in S. 2 als praktisch häufigster Fall die Situation genannt, dass die Beitragsberechnung bei den **beitragspflichtigen Einnahmen** der Mitglieder als finanziellem Referenzpunkt anknüpft. Damit soll deutlich werden, dass die wirtschaftliche Leistungsfähigkeit des einzelnen Mitglieds ausschlaggebend ist (BT-Drs. 11/2237, 158, auch zur denkbaren **Beitragsinäquivalenz,** die entsteht, wenn Teilzeit-Arbeitsverhältnisse zu relativ niedrigen Beiträgen vollen Versicherungsschutz auslösen). Versicherte mit höheren beitragspflichtigen Einnahmen und entsprechend höheren Beiträgen finanzieren unter sonst gleichen Verhältnissen, dh. bei sonst gleichem Risiko, Versicherte mit niedrigeren Einnahmen und entsprechend niedrigen Beiträgen (*Peters*, KK, § 3 Rn. 5). 3

Anknüpfungspunkt für die Beteiligung an der Finanzierung der GKV ist nicht wie in der PKV das versicherte Risiko bzw. ein risikobegründender Faktor, etwa Gesundheitszustand, Alter oder Geschlecht (*Peters*, KK, § 3 Rn. 2, 4). Irrelevant ist auch die Unterscheidung nach Pflicht- und freiwillig Versicherten (*Peters*, KK, § 240 Rn. 4 aE). Insoweit bestehen (auch) von § 3 S. 2 implizierte **Differenzierungsverbote** (vgl. *Peters*, KK, § 243 Rn. 8). Die GKV ist jedoch nur im Ansatz **differenzierungsindifferent,** denn auf einer nachgelagerten Ebene kann die zunächst bestehende Risikoblindheit der GKV punktuell modifiziert bzw. korrigiert werden (vgl. § 52 Abs. 2 zu nachträglichen Kostenforderungen, § 52a zum Anspruchsverlust bei missbräuchlicher Inanspruchnahme von Leistungen sowie § 53 zu Wahltarifen bei Nichtinanspruchnahme von Leistungen als Indikator für geringe Risiken). 4

S. 3 stellt im Sinne eines greifbaren juristischen Verbots klar, dass für versicherte **Familienangehörige** (§ 10) keine Beiträge erhoben werden dürfen; sie zahlen „keine eigenen Beiträge" (BT-Drs. 11/2237, 158). Dh. unter sonst gleichen Verhältnissen, also bei gleich hohem Risiko in der Person des Mitglieds und bei gleich hohem Beitrag, finanzieren die Mitglieder ohne Ehegatten und Angehörige iSd. § 10 Abs. 1 S. 1 die Leistungen an beitragsfrei versicherten Familienangehöriger anderer Mitglieder mit (*Peters*, KK, § 3 Rn. 7). Schon die Begr. zum GRG meint hierzu: „Problematisch erscheint dies insbesondere bei nicht erwerbstätigen Ehegatten, die keine Kinder erziehen oder betreuen" (BT-Drs. 11/2237, 158). Diese Aussage widerspricht dem positiven Recht, denn § 10 macht die Familienversicherung nicht davon abhängig, dass Erziehungsaufgaben erfüllt werden; der Status als Ehegatte reicht (vgl. § 10 Abs. 1 S. 1). Der Sache nach angesprochen wird das Problem der sog. **versicherungsfremden Leistungen** (§ 221 Rn. 3 f.). Dessen gesundheits- bzw sozialpolitische Brisanz vermag an der geltenden Familienversicherung gemäß § 10 jedoch nichts zu ändern. 5

§ 4 Krankenkassen

(1) **Die Krankenkassen sind rechtsfähige Körperschaften des öffentlichen Rechts mit Selbstverwaltung.**

(2) **Die Krankenversicherung ist in folgende Kassenarten gegliedert:**

Allgemeine Ortskrankenkassen,
Betriebskrankenkassen,
Innungskrankenkassen,
Landwirtschaftliche Krankenkassen,

die Deutsche Rentenversicherung Knappschaft-Bahn-See als Träger der Krankenversicherung (Deutsche Rentenversicherung Knappschaft-Bahn-See), Ersatzkassen.

(3) Im Interesse der Leistungsfähigkeit und Wirtschaftlichkeit der gesetzlichen Krankenversicherung arbeiten die Krankenkassen und ihre Verbände sowohl innerhalb einer Kassenart als auch kassenartübergreifend miteinander und mit allen anderen Einrichtungen des Gesundheitswesens eng zusammen.

(4) [1]Die Krankenkassen haben bei der Durchführung ihrer Aufgaben und in ihren Verwaltungsangelegenheiten sparsam und wirtschaftlich zu verfahren und dabei ihre Ausgaben so auszurichten, dass Beitragserhöhungen ausgeschlossen werden, es sei denn, die notwendige medizinische Versorgung ist auch nach Ausschöpfung von Wirtschaftlichkeitsreserven nicht zu gewährleisten. [2]Die Verwaltungsausgaben der einzelnen Krankenkasse dürfen sich im Jahr 2003 gegenüber dem Jahr 2002 nicht erhöhen; Veränderungen der jahresdurchschnittlichen Zahl der Versicherten im Jahr 2003 können berücksichtigt werden. [3]Satz 2 gilt nicht, soweit Mehrausgaben aufgrund der Entwicklung, Zulassung, Durchführung und Evaluation von strukturierten Behandlungsprogrammen entstehen und sie nicht im Rahmen der vorgegebenen Höhe der Verwaltungsausgaben ausgeglichen werden können. [4]In den Jahren 2004 bis 2007 dürfen die jährlichen Verwaltungsausgaben der Krankenkassen je Versicherten im Vergleich zum Vorjahr die sich bei Anwendung der für das gesamte Bundesgebiet geltenden Veränderungsrate nach § 71 Abs. 3 ergebenden Ausgaben nicht überschreiten. [5]Gliedern Krankenkassen Ausgaben aus, deren Kosten bei Durchführung durch die Krankenkassen den Verwaltungsausgaben zuzurechnen wären, sind auch diese Kosten Verwaltungsausgaben nach Satz 4. [6]Liegen in den Jahren 2003, 2004, 2005 oder 2006 die Verwaltungsausgaben je Versicherten einer Krankenkasse um mehr als jeweils 10 vom Hundert über den entsprechenden durchschnittlichen Verwaltungsausgaben je Versicherten aller Krankenkassen, so ist eine Erhöhung der Verwaltungsausgaben je Versicherten im Folgejahr ausgeschlossen. [7]Verliert eine Krankenkasse in dem Zeitraum nach Satz 4 während eines Kalenderjahres jeweils mehr als 1 vom Hundert ihres jahresdurchschnittlichen Versichertenbestandes im Vergleich zum Vorjahr, so kann sie die durch diesen Versichertenverlust erforderliche, 1 vom Hundert übersteigende Anpassung ihrer Verwaltungsausgaben nach Satz 4 im Folgejahr vornehmen. [8]Die Sätze 4 bis 7 gelten nicht, soweit Erhöhungen der Verwaltungsausgaben auf der Übertragung von Personalkosten des Arbeitgebers auf die Krankenkasse beruhen oder im Jahr 2005 darauf beruhen, dass vom 1. Januar 2006 an die Aufgaben nach dem Aufwendungsausgleichsgesetz wahrzunehmen sind. [9]In dem nach Satz 4 genannten Zeitraum dürfen die jährlichen Ausgaben der Verbände der Krankenkassen im Vergleich zum Vorjahr die sich bei Anwendung der für das gesamte Bundesgebiet geltenden Veränderungsrate nach § 71 Abs. 3 ergebenden Ausgaben nicht überschreiten.

Schrifttum: *P. Axer*, Finanzierung und Organisation der gesetzlichen Krankenversicherung nach dem GKV-WSG, GesR 2007, 193–200; *ders.*, Europäisches Kartellrecht und nationales Krankenversicherungsrecht, NZS 2002, 57–65; *U. Becker*, Wettbewerb zwischen öffentlichen Versicherungen in der gesetzlichen Krankenversicherung, ZSR 2000, 329–352; *K. Hauck*, Entwicklungsperspektiven der gesetzlichen Krankenversicherung, SGb 2007, 203–209; *F. Knieps*, Später Abschied vom Feudalsystem, FS Kirch, 2003, 46–53; *K.-H. Mühlhausen*, Der Mitgliederwettbewerb innerhalb der gesetzlichen Krankenversicherung, 2000; *ders.*, NZS 1999, 120–126; *H. Stapf-Fine*, Organisationsreform der gesetzlichen Krankenversicherung, SozSich. 2007, 176–179; *S. Weber*, Die Organisation der gesetzlichen Krankenversicherung, 1995.

1. Kapitel § 4

Inhaltsübersicht
                                                                              Rn.
A. Überblick 1
B. Regelungszusammenhang 2
C. Regelungsinhalt 3
   I. Körperschaften und Selbstverwaltung der Krankenkassen 3
   II. Die Kassenarten 5
   III. Das Gebot der Zusammenarbeit 7
   IV. Die wirtschaftliche Haushaltsführung 11

A. Überblick

§ 4 wurde durch das GRG vom 20. 12. 1988 eingeführt (§ 1 Rn. 21) und statuiert ein wesentliches Organisationsprinzip für das System der gesetzlichen Krankenversicherung, wonach die Aufgaben der gesetzlichen Krankenversicherung durch **Körperschaften des öffentlichen** Rechts wahrgenommen werden. Weitere prägende Strukturmerkmale der gesetzlichen Krankenversicherung sind das Prinzip der **Selbstverwaltung** (Abs. 1), die Gliederung in **Kassenarten** (Abs. 2) und die Zusammenfassung von Interessen in **Kooperations- und Verbandsstrukturen** (Abs. 3). Die beiden letztgenannten Strukturmerkmale sind im Zuge des GKV-WSG zwar geschwächt, jedoch nicht überwunden worden (zum Ziel der Überwindung von zergliederten Strukturen *Knieps*, FS Kirch, 46/52). Vor diesem Hintergrund ist bislang **keine gesetzliche Systementscheidung** weder zu Gunsten einer dezentralen und zergliederten Struktur der Krankenversicherungsträger noch zu einer staatlich gelenkten Einheitsversicherung erkennbar (zum durch das GKV-WSG aufgebauten Widerspruch unter dem Gesichtspunkt des verfassungsrechtlichen Willkürgebots *Axer*, GesR 2007, 193/200 mwN.). Um die Nachteile eines gegliederten Systems zu vermeiden, sieht Abs. 3 ein Gebot der (kassenartbezogenen) Zusammenarbeit innerhalb der GKV vor. Hierdurch soll insbesondere eine Ungleichbehandlung von Versicherten vermieden werden. Abs. 4 konkretisiert für den Bereich der Haushaltsführung das Wirtschaftlichkeitsgebot durch eine dynamisierte Begrenzung der Verwaltungsausgaben. **1**

B. Regelungszusammenhang

Über die Zusammenfassung allgemeiner Grundsätze hinaus (Rechtscharakter der Krankenkassen, § 29 SGB IV; Gebot zur engen Zusammenarbeit, § 86 SGB X; Wirtschaftlichkeit, § 69 SGB IV) fasst die Vorschrift **Organisationsprinzipien der GKV** zusammen, die im Hinblick auf den weiteren Kontext des SGB V – insbesondere zu § 171 a (kassenartenübergreifende Vereinigung von Krankenkassen) und das Wettbewerbskonzept des § 173 – einen inneren Widerspruch aufweisen. Dies betrifft insbesondere die nach Kassenarten gegliederte Organisationsstruktur sowie die (verbandsgelenkte) Zusammenarbeit. **2**

C. Regelungsinhalt

I. Körperschaften und Selbstverwaltung der Krankenkassen

Abs. 1 wiederholt die in § 29 SGB IV getroffene Regelung, dass die Krankenkassen rechtsfähige Körperschaften des öffentlichen Rechts mit Selbstverwaltung sind. Die gesetzliche Krankenversicherung ist somit **keine staatsunmittelbare** **3**

Aufgabe. Sie wird stattdessen von rechtlich selbstständigen Organisationen (einschließlich ihrer Verbände) wahrgenommen. Diese bestehen aus einem **mitgliedschaftlich** verfassten Personenkreis und sind mit hoheitlicher Gewalt ausgestattet. Der Wechsel von Mitgliedern – insbesondere durch das **wettbewerblich** implizierte Wahlrecht (vgl. § 173) – berührt ihren rechtlichen Bestand nicht (vgl. *Wolff-Bachof*, Verwaltungsrecht II, § 84 II mwN.). Die Krankenkassen sind fachweisungsfrei und nehmen die ihnen gesetzlichen zugewiesenen Aufgaben im eigenen Namen wahr. Innerhalb der Zugehörigkeit zur mittelbaren Staatsverwaltung (hierzu BVerwGE 39, 302/302 ff.) steht ihnen die Befugnis zum Erlass autonomer Rechtsvorschriften durch **Satzungsrecht** zu (vgl. §§ 194 bis 196).

4 Konstitutiv für die Rechtsstellung der Krankenkassen ist die in Abs. 1 formulierte **Selbstverwaltung.** Hierbei handelt es sich um eine politische Selbstverwaltung, dh. die Durchführung aller wesentlichen Angelegenheiten wird durch gewählte Vertreter der Versicherten und – zumindest bei einzelnen Kassenarten – Vertreter der Arbeitgeber ausgeübt. Eine Selbstverwaltung durch die angestellten Bediensteten der Krankenkassen findet nicht statt (vgl. § 29 Abs. 2 SGB IV). Wesensmerkmal der Selbstverwaltung ist auch die **staatliche Rechtsaufsicht** (vgl. § 87 SGB IV).

II. Die Kassenarten

5 § 4 Abs. 2 gliedert die Krankenversicherung nach **Kassenarten.** Danach wird die gesetzliche Krankenversicherung von Allgemeinen Ortskrankenkassen, Betriebskrankenkassen, Innungskrankenkassen, landwirtschaftlichen Krankenkassen, Ersatzkassen und der Deutschen Rentenversicherung Knappschaft-Bahn-See durchgeführt. Letztgenannte ist seit dem 1. 4. 2007 auch von Personen außerhalb des Bergbaus wählbar (vgl. § 173 Abs. 2 S. 1 Nr. 4 a). Die See-Krankenkasse wurde im Hinblick auf deren organisatorische Eingliederung in die Deutsche Rentenversicherung Knappschaft-Bahn-See durch das „Gesetz zur Änderung des Vierten Buches Sozialgesetzbuch und anderer Gesetze" (SGB IV-ÄndG v. 19. 12. 2007; BGBl. I 2007, 3024/3030) als eigene Kassenart gestrichen.

6 Die Vorschrift wurde bislang als *„eine Absage an eine Einheitskrankenversicherung"* interpretiert (*Noftz*, H/N, § 4 Rn. 5; ebenso: *Hänlein*, LPK, § 4 Rn. 12). Ein entsprechender verfassungsrechtlich ableitbarer Grundsatz existiert jedoch nicht (vgl. BSGE 58, 134/141; BVerfGE 89, 365/777, vgl. auch BVerfGE 36, 383/393; 39, 302/ 315; zusammenfassende Darstellung bei *Hauck*, SGb 2007, 203/206). Unter den seit 1996 bestehenden wettbewerblichen Bedingungen wird jedoch zunehmend die **Rechtfertigung** einer Gliederung nach **Kassenarten in Zweifel** gezogen (*Weber*, Organisation, 125 f.; *Knieps*, FS Kirch, 46). Auch innerhalb des Gesetzgebungsverfahrens zum GKV-WSG ist der Wille zum Ausdruck gebracht worden, die bestehenden Strukturen der Kassenarten überwinden zu wollen (vgl. Begründung zu § 171 a in BT-Drs. 16/3100, 156. Siehe auch: BT-Drs. 16/4247, 4 und 38). Am deutlichsten dürfte dieses Anliegen durch die Einführung des § 171 a geworden sein, der seit dem 1. 4. 2007 die Möglichkeit **kassenartenübergreifender freiwilliger Vereinigungen** (Fusionen) einräumt. Eine tatsächliche Durchbrechung des Prinzips der Kassenarten hat das GKV-WSG jedoch nicht erreicht. Denn insbesondere die andauernde Zusammenfassung der jeweiligen Kassenarten in **Haftungsverbünde** für nahezu sämtliche Verpflichtungen (vgl. § 155 Abs. 4 und 5 iVm. den jeweiligen Verweisungsvorschriften für die einzelnen Kassenarten) führt zu einem – zumindest „virtuellen" – **Fortbestand der Kassenarten.** Folge-

richtig ist in § 171 a Abs. 1 eine Pflicht zur Festlegung vorgesehen, welche der bisher für die Vereinigungspartner bestehende Kassenartzugehörigkeit aufrechterhalten bleiben soll. Diese Regelung soll – bei Fortbestand von Verpflichtungen aus der bisherigen Kassenart – die Zugehörigkeit zu einem kassenartbezogenen Haftungsverband sichern. Den Kassenarten kommt somit verstärkt die Rolle von **Haftungsgemeinschaften** zu (vgl. auch Begründung zu § 155 Abs. 5 in BT-Drs. 16/4247, 71).

III. Das Gebot der Zusammenarbeit

Nicht zuletzt die Zusammenfassung der Kassenarten zu Haftungsgemeinschaften (vgl. § 155), aber auch die **Aufrechterhaltung deren Funktionsfähigkeit** im Allgemeinen macht eine enge Zusammenarbeit der Krankenkassen und ihrer Verbände (vgl. §§ 207 bis 219) notwendig. Ziel der Zusammenarbeit ist die Leistungsfähigkeit und Wirtschaftlichkeit der Krankenversicherung insgesamt. Dieses Interesse ist als Systemziel und weniger als **unternehmerische Ausprägung** einer einzelnen Krankenkasse zu verstehen. Aus diesem Grund ist die Zusammenarbeit dem Grunde nach in nahezu allen Tätigkeitsbereichen denkbar. Sie reicht von der gegenseitigen Abstimmung über die Vereinbarung von federführenden Wahrnehmungen und gemeinsamen Vertragsverhandlungen mit Dritten bis hin zu konkreten vertraglichen Vereinbarungen und Projektdurchführungen. Vor dem Hintergrund des im GKV-System angelegten Wettbewerbskonzepts kann eine sachlich gerechtfertigte Ausprägung der Zusammenarbeit eine **Bereichsausnahme zu kartellrechtlichen Aufgriffstatbeständen** darstellen (eingehender *Mühlhausen*, Mitgliederwettbewerb, 87 ff.). 7

Ein Spannungsverhältnis zwischen dem Wettbewerb innerhalb der GKV (vgl. als auslösende Vorschrift § 173) und dem öffentlich-rechtlich geprägten Gebot der Zusammenarbeit ist dennoch unübersehbar. Dies wird augenscheinlich, wenn den Krankenkassen im – zT. scharf geführten Mitgliederwettbewerb – **rechtliche Rücksichtnahmen** auferlegt werden, die in vergleichbaren privatwirtschaftlichen Wettbewerbsverhältnissen unangemessen erscheinen. Das ist der Fall, wenn zeitnahe Unterlassungsansprüche oder Schadensersatzansprüche wegen unlauteren Wettbewerbsverhaltens unter Verweis auf das sozialrechtliche Gebot zur Zusammenarbeit abgelehnt werden (vgl. BSGE 82, 78/79; dazu *Mühlhausen*, NZS 1999, 120/125 f.). Daher ist das Kooperationsgebot auch nur in sachlich gerechtfertigten Fällen als eine **Bereichsausnahme zu den Vorschriften des UWG** anzusehen. Insofern erscheint eine Differenzierung nicht ausreichend, die lediglich auf die rechtliche Qualifikation der Anspruch begründenden Vorschriften abstellt (so jedoch: BGH v. 9.11.2006, I ZB 28/06 – Gesamtzufriedenheit, Rn. 13, NJW 2007, 1819 f.). 8

Struktureller Ausdruck der stetigen Kooperation ist die Verringerung der Zahl der Krankenkassen von 1029 im Jahre 1991 auf 237 im Jahre 2007 (Quelle: www.g-k-v.de). Dadurch hat sich der Prozess einer **Bildung dauerhaft wettbewerbs- und leistungsfähiger Einheiten** beschleunigt. Dass sich dieser Prozess auf der Grundlage des § 171 a kassenartenübergreifend fortsetzt, scheint angesichts der nach wie vor kassenartzentrierten Haftungssystematik (vgl. insb. § 155 einschl. jeweiliger Verweisungsvorschriften) zweifelhaft (andere Einschätzung *Stapf-Fine*, SozSich. 2007, 176/177). 9

Das Gebot zur Zusammenarbeit gilt darüber hinaus auch für die Zusammenarbeit mit anderen **Einrichtungen des Gesundheitswesens** (BT-Drs 11/2237, 10

158). Bei diesen Einrichtungen handelt es sich ganz überwiegend um die Leistungserbringer und deren Vertretungen (vgl. § 69 Rn. 25 ff.), aber auch um die anderen Sozialleistungsträger sowie die staatlichen Gesundheitsbehörden.

IV. Die wirtschaftliche Haushaltsführung

11 § 4 Abs. 4 schreibt den Krankenkassen eine wirtschaftliche und sparsame Verfahrensweise bei der Durchführung ihrer Verwaltungsangelegenheiten und Aufgaben vor. Inhaltlich wiederholt die Vorschrift den **§ 69 Abs. 2 SGB IV** und kann daher im Sinne einer Erstreckung auf den **gesamten Tätigkeitsbereich der GKV** verstanden werden. Die Gesetzesbegründung lässt jedoch erkennen, dass der Gesetzgeber im besonderen Maße einen Blick auf die Errichtung und Ausstattung von Dienstgebäuden, die Durchführung von Veranstaltungen und die Öffentlichkeitsarbeit der Krankenkasse hatte (vgl. BT-Drs. 11/2237, 158).

12 Die mit dem GKV-WSG vollzogene Ersetzung des Wortes „Beitragssatzerhöhung" durch „Beitragserhöhung" in Abs. 4 S. 1 ist lediglich eine durch die Neuordnung der GKV-Finanzierung (vgl. §§ 220 ff.) bedingte Folgeänderung. Denn zukünftig legen nicht mehr die Krankenkassen den allgemeinen Beitragssatz fest. Dieser wird stattdessen nach § 241 durch Rechtsverordnung normiert. Allerdings gilt der Grundsatz der Beitragssatzstabilität auch im neuen Finanzierungssystem unverändert. So können wettbewerblich schädliche Auswirkungen auf die Höhe des **kassenindividuellen Zusatzbeitrags** (vgl. § 242) und überhöhte Ausgaben zu Lasten des allgemeinen Beitragssatzes vermieden werden (BT-Drs. 16/3100, 93).

13 Der Grundsatz der Wirtschaftlichkeit und Sparsamkeit ist ein sozialgesetzlicher Programmsatz und verlangt, dass – vor dem Hintergrund einer Priorisierung der **Beitragssatzstabilität** gegenüber der Ausgabenerhöhung – unnötige Ausgaben vermieden werden. Bei der konkreten Einzelfallbetrachtung dürfen allerdings das Ziel und der angestrebte Nutzen einer Maßnahme nicht außer Acht gelassen werden. Die Beurteilung, ob eine Maßnahme wirtschaftlich ist, lässt sich deshalb nicht aus einem rein mathematischen Vorgang ableiten. Stattdessen müssen zusätzlich Zielsetzung und Nutzen einer Maßnahme betrachtet werden. Die rechtliche Bewertung der Umsetzung im Einzelfall ist durch umfassende Rechtsprechung konkretisiert worden (vgl. nur BSGE 67, 85 und 86, 203). Praktische Bedeutung hat die Vorschrift darüber hinaus auch im Rahmen **der aufsichtsrechtlichen Prüfung der Geschäfts-, Rechnungs- und Betriebsführung** der Krankenkassen nach § 274.

14 In diesem Zusammenhang ist auch die sog. **Deckelung der Verwaltungsausgaben** durch Abs. 4 S. 2 und 3 für das Jahr 2003 einschließlich deren Begrenzung bis zum Jahre 2007 durch Abs. 4 S. 4 bis 9 von praktischer Bedeutung. Diese stark haushaltsrechtlich geprägte Ausrichtung des Wirtschaftlichkeitsgebots ist in mehreren Schritten – erstmals durch das 12. SGB V-ÄndG (vgl. BT-Drs. 15/27, 4) – eingefügt worden. Die dynamische Begrenzung der Verwaltungsausgaben für die Jahre 2004 bis 2007 koppelt die Höhe der zulässigen Verwaltungsausgaben maßgeblich an die **Versichertenentwicklung** der jeweiligen Krankenkasse. Die schrittweise Einfügung von Ergänzungsvorschriften sollte die sachgerechte Umsetzung sicherstellen, etwa dass die Zielrichtung der Vorschrift nicht durch Tätigkeitsauslagerungen unterlaufen wird (vgl. Abs. 4 S. 5). Auch die jeweiligen Kassenverbände wurden zu Normadressaten, indem Abs. 4 S. 9 von ihnen einen Beitrag zur Stärkung des finanziellen Gleichgewichts der GKV verlangt. Für den Zeitraum ab dem 1.1.2008 ist für die Krankenkassen mangels zeitlicher Fortschreibung allein wieder der Grundsatz der Sparsamkeit und Wirtschaftlichkeit nach § 4 Abs. 4 S. 1 maßgeblich. Für die jeweiligen **Verbände** ist zusätzlich **S. 9** einschlägig, der zur Konkretisierung auf die Veränderungsrate nach § 71 Abs. 3 als Obergrenze abstellt.

§ 4a Sonderregelungen zum Verwaltungsverfahren

Abweichungen von den Regelungen des Verwaltungsverfahrens gemäß den §§ 266, 267 und 269 durch Landesrecht sind ausgeschlossen.

Schrifttum: *J. Ipsen,* Die Kompetenzverteilung zwischen Bund und Ländern nach der Föderalismusnovelle, NJW 2006, 2801.

Die Vorschriften für die Durchführung des Risikostrukturausgleichs, des Risikopools sowie für die dafür erforderlichen Datenerhebungen einschließlich Verordnungsregelungen in der RSAV müssen auf bundes- und landesunmittelbare Krankenkassen einheitlich Anwendung finden. Diese Regelung wurde erforderlich aufgrund der im Rahmen der „Föderalismusreform" (BGBl. I 2006, 2034) eingeführten Abweichungskompetenz im Verwaltungsverfahren bei Landesbehörden (Art. 84 Abs. 1 GG). 1

Zweites Kapitel. Versicherter Personenkreis

Erster Abschnitt. Versicherung kraft Gesetzes
§ 5 Versicherungspflicht

(1) Versicherungspflichtig sind
1. Arbeiter, Angestellte und zu ihrer Berufsausbildung Beschäftigte, die gegen Arbeitsentgelt beschäftigt sind,
2. Personen in der Zeit, für die sie Arbeitslosengeld oder Unterhaltsgeld nach dem Dritten Buch beziehen oder nur deshalb nicht beziehen, weil der Anspruch ab Beginn des zweiten Monats bis zur zwölften Woche einer Sperrzeit (§ 144 des Dritten Buches) oder ab Beginn des zweiten Monats wegen einer Urlaubsabgeltung (§ 143 Abs. 2 des Dritten Buches) ruht; dies gilt auch, wenn die Entscheidung, die zum Bezug der Leistung geführt hat, rückwirkend aufgehoben oder die Leistung zurückgefordert oder zurückgezahlt worden ist,
2a. Personen in der Zeit, für die sie Arbeitslosengeld II nach dem Zweiten Buch beziehen, soweit sie nicht familienversichert sind, es sei denn, dass diese Leistung nur darlehensweise gewährt wird oder nur Leistungen nach § 23 Abs. 3 Satz 1 des Zweiten Buches bezogen werden; dies gilt auch, wenn die Entscheidung, die zum Bezug der Leistung geführt hat, rückwirkend aufgehoben oder die Leistung zurückgefordert oder zurückgezahlt worden ist,
3. Landwirte, ihre mitarbeitenden Familienangehörigen und Altenteiler nach näherer Bestimmung des Zweiten Gesetzes über die Krankenversicherung der Landwirte,
4. Künstler und Publizisten nach näherer Bestimmung des Künstlersozialversicherungsgesetzes,
5. Personen, die in Einrichtungen der Jugendhilfe für eine Erwerbstätigkeit befähigt werden sollen,
6. Teilnehmer an Leistungen zur Teilhabe am Arbeitsleben sowie an Abklärungen der beruflichen Eignung oder Arbeitserprobung, es sei denn, die Maßnahmen werden nach den Vorschriften des Bundesversorgungsgesetzes erbracht,
7. behinderte Menschen, die in anerkannten Werkstätten für behinderte Menschen oder Blindenwerkstätten im Sinne des § 143 des Neunten Buches oder für diese Einrichtungen in Heimarbeit tätig sind,
8. behinderte Menschen, die in Anstalten, Heimen oder gleichartigen Einrichtungen in gewisser Regelmäßigkeit eine Leistung erbringen, die einem Fünftel der Leistung eines voll erwerbsfähigen Beschäftigten in gleichartiger Beschäftigung entspricht; hierzu zählen auch Dienstleistungen für den Träger der Einrichtung,
9. Studenten, die an staatlichen oder staatlich anerkannten Hochschulen eingeschrieben sind, unabhängig davon, ob sie ihren Wohnsitz oder gewöhnlichen Aufenthalt im Inland haben, wenn für sie auf Grund über- oder zwischenstaatlichen Rechts kein Anspruch auf Sachleistungen besteht, bis zum Abschluß des vierzehnten Fachsemesters, längstens bis zur Vollendung des dreißigsten Lebensjahres; Studenten nach Abschluß des vierzehnten Fach-

semesters oder nach Vollendung des dreißigsten Lebensjahres sind nur versicherungspflichtig, wenn die Art der Ausbildung oder familiäre sowie persönliche Gründe, insbesondere der Erwerb der Zugangsvoraussetzungen in einer Ausbildungsstätte des Zweiten Bildungswegs, die Überschreitung der Altersgrenze oder eine längere Fachstudienzeit rechtfertigen,
10. Personen, die eine in Studien- oder Prüfungsordnungen vorgeschriebene berufspraktische Tätigkeit ohne Arbeitsentgelt verrichten, sowie zu ihrer Berufsausbildung ohne Arbeitsentgelt Beschäftigte; Auszubildende des Zweiten Bildungswegs, die sich in einem förderungsfähigen Teil eines Ausbildungsabschnitts nach dem Bundesausbildungsförderungsgesetz befinden, sind Praktikanten gleichgestellt,
11. Personen, die die Voraussetzungen für den Anspruch auf eine Rente aus der gesetzlichen Rentenversicherung erfüllen und diese Rente beantragt haben, wenn sie seit der erstmaligen Aufnahme einer Erwerbstätigkeit bis zur Stellung des Rentenantrags mindestens neun Zehntel der zweiten Hälfte des Zeitraums Mitglied oder nach § 10 versichert waren,
11a. Personen, die eine selbständige künstlerische oder publizistische Tätigkeit vor dem 1. Januar 1983 aufgenommen haben, die Voraussetzungen für den Anspruch auf eine Rente aus der Rentenversicherung erfüllen und diese Rente beantragt haben, wenn sie mindestens neun Zehntel des Zeitraums zwischen dem 1. Januar 1985 und der Stellung des Rentenantrags nach dem Künstlersozialversicherungsgesetz in der gesetzlichen Krankenversicherung versichert waren; für Personen, die am 3. Oktober 1990 ihren Wohnsitz im Beitrittsgebiet hatten, ist anstelle des 1. Januar 1985 der 1. Januar 1992 maßgebend,
12. Personen, die die Voraussetzungen für den Anspruch auf eine Rente aus der gesetzlichen Rentenversicherung erfüllen und diese Rente beantragt haben, wenn sie zu den in § 1 oder § 17a des Fremdrentengesetzes oder zu den in § 20 des Gesetzes zur Wiedergutmachung nationalsozialistischen Unrechts in der Sozialversicherung genannten Personen gehören und ihren Wohnsitz innerhalb der letzten 10 Jahre vor der Stellung des Rentenantrags in das Inland verlegt haben,
13. Personen, die keinen anderweitigen Anspruch auf Absicherung im Krankheitsfall haben und
   a) zuletzt gesetzlich krankenversichert waren oder
   b) bisher nicht gesetzlich oder privat krankenversichert waren, es sei denn, dass sie zu den in Absatz 5 oder den in § 6 Abs. 1 oder 2 genannten Personen gehören oder bei Ausübung ihrer beruflichen Tätigkeit im Inland gehört hätten.

(2) ¹Der nach Absatz 1 Nr. 11 erforderlichen Mitgliedszeit steht bis zum 31. Dezember 1988 die Zeit der Ehe mit einem Mitglied gleich, wenn die mit dem Mitglied verheiratete Person nicht mehr als nur geringfügig beschäftigt oder geringfügig selbständig tätig war. ²Bei Personen, die ihren Rentenanspruch aus der Versicherung einer anderen Person ableiten, gelten die Voraussetzungen des Absatzes 1 Nr. 11 oder 12 als erfüllt, wenn die andere Person diese Voraussetzungen erfüllt hatte.

(3) Als gegen Arbeitsentgelt beschäftigte Arbeiter und Angestellte im Sinne des Absatzes 1 Nr. 1 gelten Bezieher von Vorruhestandsgeld, wenn sie unmittelbar vor Bezug des Vorruhestandsgeldes versicherungspflichtig waren und das Vorruhestandsgeld mindestens in Höhe von 65 vom Hundert des Bruttoarbeitsentgelts im Sinne des § 3 Abs. 2 des Vorruhestandsgesetzes gezahlt wird.

Just

§ 5 Versicherungspflicht

(4) Als Bezieher von Vorruhestandsgeld ist nicht versicherungspflichtig, wer im Ausland seinen Wohnsitz oder gewöhnlichen Aufenthalt in einem Staat hat, mit dem für Arbeitnehmer mit Wohnsitz oder gewöhnlichem Aufenthalt in diesem Staat keine über- oder zwischenstaatlichen Regelungen über Sachleistungen bei Krankheit bestehen.

(4 a) [1]Auszubildende, die im Rahmen eines Berufsausbildungsvertrages nach dem Berufsbildungsgesetz in einer außerbetrieblichen Einrichtung ausgebildet werden, stehen den Beschäftigten zur Berufsausbildung im Sinne des Absatzes 1 Nr. 1 gleich. [2]Als zu ihrer Berufsausbildung Beschäftigte im Sinne des Absatzes 1 Nr. 1 gelten Personen, die als nicht satzungsmäßige Mitglieder geistlicher Genossenschaften oder ähnlicher religiöser Gemeinschaften für den Dienst in einer solchen Genossenschaft oder ähnlichen religiösen Gemeinschaft außerschulisch ausgebildet werden.

(5) Nach Absatz 1 Nr. 1 oder 5 bis 12 ist nicht versicherungspflichtig, wer hauptberuflich selbständig erwerbstätig ist.

[Abs. 5 a in der ab 1. 1. 2009 geltenden Fassung]

(5 a) [1]Nach Absatz 1 Nr. 2 a ist nicht versicherungspflichtig, wer unmittelbar vor dem Bezug von Arbeitslosengeld II privat krankenversichert war oder weder gesetzlich noch privat krankenversichert war und zu den in Absatz 5 oder den in § 6 Abs. 1 oder 2 genannten Personen gehört oder bei Ausübung seiner beruflichen Tätigkeit im Inland gehört hätte. [2]Satz 1 gilt nicht für Personen, die am 31. Dezember 2008 nach § 5 Abs. 1 Nr. 2 a versicherungspflichtig waren, für die Dauer ihrer Hilfebedürftigkeit.

(6) [1]Nach Absatz 1 Nr. 5 bis 7 oder 8 ist nicht versicherungspflichtig, wer nach Absatz 1 Nr. 1 versicherungspflichtig ist. [2]Trifft eine Versicherungspflicht nach Absatz 1 Nr. 6 mit einer Versicherungspflicht nach Absatz 1 Nr. 7 oder 8 zusammen, geht die Versicherungspflicht vor, nach der die höheren Beiträge zu zahlen sind.

(7) [1]Nach Absatz 1 Nr. 9 oder 10 ist nicht versicherungspflichtig, wer nach Absatz 1 Nr. 1 bis 8, 11 oder 12 versicherungspflichtig oder nach § 10 versichert ist, es sei denn, der Ehegatte, der Lebenspartner oder das Kind des Studenten oder Praktikanten ist nicht versichert. [2]Die Versicherungspflicht nach Absatz 1 Nr. 9 geht der Versicherungspflicht nach Absatz 1 Nr. 10 vor.

(8) [1]Nach Absatz 1 Nr. 11 oder 12 ist nicht versicherungspflichtig, wer nach Absatz 1 Nr. 1 bis 7 oder 8 versicherungspflichtig ist. [2]Satz 1 gilt für die in § 190 Abs. 11 a genannten Personen entsprechend. [3]Bei Beziehern einer Rente der gesetzlichen Rentenversicherung, die nach dem 31. März 2002 nach § 5 Abs. 1 Nr. 11 versicherungspflichtig geworden sind, deren Anspruch auf Rente schon an diesem Tag bestand und die bis zu diesem Zeitpunkt nach § 10 oder nach § 7 des Zweiten Gesetzes über die Krankenversicherung der Landwirte versichert waren, aber nicht die Vorversicherungszeit des § 5 Abs. 1 Nr. 11 in der seit dem 1. Januar 1993 geltenden Fassung erfüllt hatten und deren Versicherung nach § 10 oder nach § 7 des Zweiten Gesetzes über die Krankenversicherung der Landwirte nicht von einer der in § 9 Abs. 1 Nr. 6 genannten Personen abgeleitet worden ist, geht die Versicherung nach § 10 oder nach § 7 des Zweiten Gesetzes über die Krankenversicherung der Landwirte der Versicherung nach § 5 Abs. 1 Nr. 11 vor.

(8 a) [1]Nach Absatz 1 Nr. 13 ist nicht versicherungspflichtig, wer nach Absatz 1 Nr. 1 bis 12 versicherungspflichtig, freiwilliges Mitglied oder nach § 10 versichert ist. [2]Satz 1 gilt entsprechend für Empfänger laufender Leistungen nach

dem Dritten, Vierten, Sechsten und Siebten Kapitel des Zwölften Buches und für Empfänger laufender Leistungen nach § 2 des Asylbewerberleistungsgesetzes. ³Satz 2 gilt auch, wenn der Anspruch auf diese Leistungen für weniger als einen Monat unterbrochen wird. ⁴Der Anspruch auf Leistungen nach § 19 Abs. 2 gilt nicht als Absicherung im Krankheitsfall im Sinne von Absatz 1 Nr. 13, sofern im Anschluss daran kein anderweitiger Anspruch auf Absicherung im Krankheitsfall besteht.

(9) ¹Kommt eine Versicherung nach den §§ 5, 9 oder 10 nach Kündigung des Versicherungsvertrages nicht zu Stande oder endet eine Versicherung nach den §§ 5 oder 10 vor Erfüllung der Vorversicherungszeit nach § 9, ist das private Krankenversicherungsunternehmen zum erneuten Abschluss eines Versicherungsvertrages verpflichtet, wenn der vorherige Vertrag für mindestens fünf Jahre vor seiner Kündigung ununterbrochen bestanden hat. ²Der Abschluss erfolgt ohne Risikoprüfung zu gleichen Tarifbedingungen, die zum Zeitpunkt der Kündigung bestanden haben; die bis zum Ausscheiden erworbenen Alterungsrückstellungen sind dem Vertrag zuzuschreiben. ³Wird eine gesetzliche Krankenversicherung nach Satz 1 nicht begründet, tritt der neue Versicherungsvertrag am Tag nach der Beendigung des vorhergehenden Versicherungsvertrages in Kraft. ⁴Endet die gesetzliche Krankenversicherung nach Satz 1 vor Erfüllung der Vorversicherungszeit, tritt der neue Versicherungsvertrag am Tag nach Beendigung der gesetzlichen Krankenversicherung in Kraft. ⁵Die Verpflichtung nach Satz 1 endet drei Monate nach der Beendigung des Versicherungsvertrages, wenn eine Versicherung nach den §§ 5, 9 oder 10 nicht begründet wurde. ⁶Bei Beendigung der Versicherung nach den §§ 5 oder 10 vor Erfüllung der Vorversicherungszeiten nach § 9 endet die Verpflichtung nach Satz 1 längstens zwölf Monate nach der Beendigung des privaten Versicherungsvertrages. ⁷Die vorstehenden Regelungen zum Versicherungsvertrag sind auf eine Anwartschaftsversicherung in der privaten Krankenversicherung entsprechend anzuwenden.

(10) **(nicht belegt)**

(11) ¹Ausländer, die nicht Angehörige eines Mitgliedstaates der Europäischen Union, Angehörige eines Vertragsstaates des Abkommens über den Europäischen Wirtschaftsraum oder Staatsangehörige der Schweiz sind, werden von der Versicherungspflicht nach Absatz 1 Nr. 13 erfasst, wenn sie eine Niederlassungserlaubnis oder eine Aufenthaltserlaubnis mit einer Befristung auf mehr als zwölf Monate nach dem Aufenthaltsgesetz besitzen und für die Erteilung dieser Aufenthaltstitel keine Verpflichtung zur Sicherung des Lebensunterhalts nach § 5 Abs. 1 Nr. 1 des Aufenthaltsgesetzes besteht. ²Angehörige eines anderen Mitgliedstaates der Europäischen Union, Angehörige eines anderen Vertragsstaates des Abkommens über den Europäischen Wirtschaftsraum oder Staatsangehörige der Schweiz werden von der Versicherungspflicht nach Absatz 1 Nr. 13 nicht erfasst, wenn die Voraussetzung für die Wohnortnahme in Deutschland die Existenz eines Krankenversicherungsschutzes nach § 4 des Freizügigkeitsgesetzes/ EU ist. ³Bei Leistungsberechtigten nach dem Asylbewerberleistungsgesetz liegt eine Absicherung im Krankheitsfall bereits dann vor, wenn ein Anspruch auf Leistungen bei Krankheit, Schwangerschaft und Geburt nach § 4 des Asylbewerberleistungsgesetzes dem Grunde nach besteht.

Schrifttum: *F. Beske/M. Thiede,* Krankenversicherung von Rentnern, 1998; *D. Bress,* Ausgewählte Fragen zur Versicherungspflicht/-freiheit der Praktikanten, WzS 1995, 263; *ders.* Kranken-/Pflegeversicherung der Rentenantragsteller und Rentner, 1999; *ders.,* Versicherung der Studenten und Praktikanten, 4. Aufl. 2006; *J. Erdmann,* Der Ausschluss von der Krankenversicherungspflicht bei hauptberuflich selbständiger Erwerbstätigkeit, ZfS 1997, 300;

§ 5 Versicherungspflicht

D. Felix, Studenten und gesetzliche Krankenversicherung, NZS 2000, 477; *S. Füsser*, Ausweitung der Sozialversicherungspflicht auf Selbständige in der gesetzlichen Renten- und Krankenversicherung unter verfassungsrechtlichem und europarechtlichem Blickwinkel, 2004; *M. Geiken*, Die Versicherung der Arbeitnehmer, 2004; *B. Grüner*, Kündigung privater Kranken- und Pflegeversicherungsverträge wegen des Eintritts von gesetzlicher Versicherungspflicht, FS Wiegand, 2003, 225; *M. Hammel*, „Veto-Recht" für Krankenkassen bei der Begründung eines Pflichtversicherungsverhältnisses durch Bezieher/-innen von Arbeitslosengeld II?, ZfSH/SGB 2006, 328; *J. Joussen*, Krankenversicherung zwischen Ende des Arbeitsverhältnisses und Arbeitslosigkeit, ZfSH/SGB 2003, 259; *ders.*, Die sozialversicherungsrechtliche Absicherung im Ausland tätiger Freiwilliger, NZS 2003, 288; *W. Klose*, Die Krankenversicherungspflicht der Auszubildenden des Zweiten Bildungswegs (§ 5 Abs. 1 Nr. 10 SGB V), ZfS 1998, 257; *H.-J. Kretschmer*, Der versicherte Personenkreis in der gesetzlichen Krankenversicherung – Problematische Fragen, Öffentliche und private Sicherung gegen soziale Risiken 2000, 13; *U. Kruse/S. Kruse*, Gesundheitsreform – Die neue allgemeine Pflicht zur Versicherung, WzS 2007, 161; *V. Neumann*, Auswirkungen neuer Arbeitszeitmodelle auf die Versicherungspflicht, NZS 2001, 14; *D. Marburger*, Die Versicherungspflicht, 1992; *ders.*, Die soziale Absicherung der selbständigen Künstler und Publizisten, ZfS 2001, 225; *ders.*, Praktikanten, Die Beiträge 2004, 513; *S. Roller*, Studenten, Studierende, Hochschulen, Fachhochschulen – zum Verständnis der Begriffe im Sozialversicherungsrecht nach der höchstrichterlichen Rechtsprechung, SGb 2000, 349; *A. Sailer*, Die Stellung der Ordensangehörigen im staatlichen Sozialversicherungs- und Vermögensrecht, 1996; *ders.*, Die Krankenversicherungspflicht der Postulanten und Novizen von Ordensgemeinschaften, NZS 1998, 464; *K. Schäfer*, Behinderte Menschen in geschützten Einrichtungen, Die Beiträge 2001, 705; *J. Schaller*, Die studentische Krankenversicherung nach der Gesundheitsreform, ZfS 1990, 33; *M. Schmalor*, Die Versicherung der Praktikanten, WsZ 1999, 136; *M. Schulz*, Kranken- und Pflegeversicherung der Empfänger von Arbeitslosengeld, Arbeitslosenhilfe und Unterhaltsgeld, Die Beiträge 1998, 257; *ders.*, Krankenversicherung der Studenten, Die Beiträge 1999, 705; *ders.*, Teilzeitbeschäftigte Rentner im Wechselspiel zwischen Pflichtversicherung und freiwilliger Mitgliedschaft in der gesetzlichen Krankenversicherung, NZS 2002, 567; *W. Volbers*, Zum Begriff der hauptberuflich selbständigen Erwerbstätigkeit iSd § 10 Abs. 1 S. 1 Nr. 4 SGB V, WzS 1999, 161; *U. Winkler*, Krankheit bei Arbeitslosigkeit, info also 2000, 11.

Inhaltsübersicht

	Rn.
A. Überblick	1
B. Versicherungspflichttatbestände, Abs. 1	4
I. Beschäftigte gegen Arbeitsentgelt, Abs. 1 Nr. 1, Abs. 3–4 a	4
1. Versicherter Personenkreis	4
2. Sonderregelungen für bestimmte Beschäftigte	9
a) Vorruhestandsgeldbezieher, Abs. 3, 4	9
b) Besondere Ausbildungen, Abs. 4 a	12
3. Konkurrenzen	14
II. Arbeitslose, Nr. 2, 2 a	15
1. Versicherungspflicht begründende Leistungen	15
2. Leistungsbezug	17
3. Ausnahmen bei Nr. 2 a	20
4. Konkurrenzen	23
III. Landwirtschaftliche Krankenversicherung, Nr. 3	25
1. Versicherter Personenkreis	25
2. Konkurrenzen	26
IV. Künstler und Publizisten, Nr. 4	27
1. Versicherter Personenkreis	27
2. Konkurrenzen	28
V. Personen in Einrichtungen der Jugendhilfe, Nr. 5	29
1. Versicherter Personenkreis	29
2. Konkurrenzen	30
VI. Teilnehmer an Leistungen zur Teilhabe am Arbeitsleben, Nr. 6	31
1. Versicherter Personenkreis	31
2. Konkurrenzen	32

VII. Behinderte Menschen in Werkstätten und in sonstigen Einrichtungen, Nr. 7, 8 33
    1. Versicherter Personenkreis 33
    2. Konkurrenzen 35
VIII. Studenten, Nr. 9 37
    1. Versicherter Personenkreis 37
    2. Zeitliche Grenzen 38
    3. Konkurrenzen 40
IX. Praktikanten, Nr. 10 42
    1. Versicherter Personenkreis 42
    2. Konkurrenzen 46
X. Rentner, Abs. 1 Nr. 11, 11 a, Abs. 2 48
    1. Versicherter Personenkreis 48
      a) Vorversicherungszeit 48
      b) Voraussetzungen im Übrigen 52
    2. Sonderregelung für Künstler und Publizisten nach Aufgabe
       ihrer Tätigkeit, Nr. 11a 54
    3. Konkurrenzen 55
XI. Fremdrentner, Nr. 12 57
    1. Versicherter Personenkreis 57
    2. Konkurrenzen 58
XII. Auffangtatbestand des Abs. 1 Nr. 13 59
    1. Versicherter Personenkreis 60
      a) Keine Absicherung im Krankheitsfall 61
      b) Personen, die zuletzt in der GKV waren 65
      c) Personen ohne früheren Krankenversicherungsschutz 67
      d) Sonderregelungen für Ausländer, Abs. 11 68
    2. Konkurrenzen 70
C. Hauptberuflich selbständige Tätigkeit, Abs. 5 71
D. Verhältnis von GKV und PKV, Abs. 9 75
  I. Kündigung der PKV, § 205 Abs. 2 VVG 75
  II. Rückkehr zur PKV, Abs. 9; bis 31. 12. 2007: Abs. 10 76

A. Überblick

Die Vorschrift regelt den Kreis der in der GKV **versicherungspflichtigen** 1
Pers., d. h. der Personen, die der Gesetzgeber hinsichtlich einer Absicherung des
Risikos Krankheit für **schutzbedürftig** hält. Abs. 1 enthält den Katalog der Versicherungspflichttatbestände mit Ergänzungen in den Abs. 2–4 a, 5 a (ab 1. 1. 2009)
und 11. Abs. 5 schließt hauptberufl. Selbständige von der Versicherungspflicht
aus; systematisch gehört die Regelung in § 6. Abs. 6–8 a regeln Konkurrenzen,
wenn mehrere Versicherungspflichttatbestände erfüllt sind. Abs. 9 und 10 behandeln Fragen des Wechsels zwischen GKV und PKV.

Versicherungspflicht tritt bei Vorliegen der Tatbestandsvoraussetzungen unab- 2
hängig vom Willen des Betroffenen o. einer Feststellung per VA durch die zuständige KK ein. Der Versicherte kann lediglich iRd. §§ 173 ff. die zuständige KK
wählen. Ggf. besteht aber Versicherungsfreiheit nach §§ 6, 7 o. ein Befreiungstatbestand nach § 8.

Durch das GKV-WSG wurde nunmehr **für alle Einwohner** ohne Absicherung 3
im Krankheitsfall ein **Versicherungsschutz** in der GKV o. in der PKV eingeführt.
Während der neue Versicherungspflichttatbestand des Abs. 1 Nr. 13 Pers. erfasst,
die der Sphäre der GKV zugeordnet werden können, unterliegen die übrigen Personen ab dem 1. 1. 2009 der Pflicht zur Versicherung in der PKV (vgl. Rn. 59). Die
Versicherungspflicht dient somit nur noch der Abgrenzung zwischen GKV und
PKV (*Baier*, Krauskopf, § 5 Rn. 4).

B. Versicherungspflichttatbestände, Abs. 1

I. Beschäftigte gegen Arbeitsentgelt, Abs. 1 Nr. 1, Abs. 3–4a

1. Versicherter Personenkreis

4   Arbeiter und Angestellte und zu ihrer Berufsausbildung Beschäftigte, die gegen Arbeitsentgelt beschäftigt sind, sind in der GKV pflichtversichert. Auf die Dauer der Beschäftigung und den Gesundheitszustand des Betroffenen kommt es nicht an; die Rechtsfigur des **„missglückten Arbeitsversuchs"** hat das BSG mit In-Kraft-Treten des SGB V aufgegeben (BSG, NZS 1998, 234 ff.). Versicherungspflicht beginnt bei Eintritt in das Beschäftigungsverhältnis (§ 186 Abs. 1), dh. idR. bei tatsächlicher Aufnahme der Arbeit (BSG, SozR 3-2500, § 186 Nr. 2 S. 6).

5   § 7 Abs. 1 SGB IV definiert **Beschäftigung** als **nichtselbständige Arbeit**, insb. in einem Arbeitsverhältnis. Anhaltspunkte hierfür sind eine Tätigkeit nach Weisung und eine Eingliederung in die Arbeitsorganisation des Weisungsgebers (BSG, SozR 3-2400, § 7 Nr. 13 S. 31 f.). Maßgebend ist stets das Gesamtbild der Arbeitsleistung (zu den Einzelheiten der Abgrenzung vgl. Seewald, KK, SGB IV, § 7 Rn. 45 ff.). In Zeiten der **Freistellung** von der Arbeitsleistung bei flexiblen Arbeitszeitregelungen wird der Fortbestand der Beschäftigung gegen Arbeitsentgelt fingiert (§ 7 Abs. 1 a SGB IV).

6   § 7 Abs. 2 SGB IV dehnt den Begriff der Beschäftigung auf den Erwerb von Kenntnissen, Fertigkeiten o. Erfahrungen im Rahmen der **betriebl. Berufsbildung** aus. Der Begriff der Berufsbildung ist weiter als der in Abs. 1 Nr. 1 verwendete Begriff der **Berufsausbildung;** letzterer erfasst nur die betriebl. Grundausbildung für einen Beruf (vgl. § 1 Abs. 1 und 3 BBiG). Durch die Gleichstellung mit einer Beschäftigung in § 7 Abs. 2 SGB IV löst jedoch jeglicher Erwerb von Kenntnissen, Fertigkeiten o. Erfahrungen im Rahmen betriebl. Berufsausbildung Versicherungspflicht nach Nr. 1 aus (*Baier*, Krauskopf, § 5 Rn. 9; vgl. auch BSG, SozR 3-2600, § 1 Nr. 7 S. 12). Eine berufl. Eingliederungsmaßnahme im Arbeitstrainingsbereich einer Werkstatt für behinderte Menschen ist keine Beschäftigung iSd. § 7 Abs. 2 SGB IV, da keine spezifischen berufsbezogenen Kenntnisse vermittelt werden (BSG, SozR 3-2500, § 44 Nr. 8 S. 20).

7   Auch ein gegen Entgelt ausgeübtes **Praktikum** kann unter Nr. 1 fallen, während das unentgeltliche Praktikum in Nr. 10 geregelt ist. Eine Ausbildung im betriebl. Bereich iSd. Nr. 1 liegt nicht vor, wenn ein Praktikum im Wesentlichen außerbetriebl. (durch die Hochschule) geregelt und gelenkt wird und deshalb als Teil des Studiums anzusehen ist (BSG, SozR 3-2500, § 5 Nr. 15 S. 49; zu außerbetriebl. Einrichtungen vgl. aber Rn. 12).

8   Versicherungspflicht setzt eine Beschäftigung gegen **Arbeitsentgelt** voraus. Der Begriff des Arbeitsentgelts ist in § 14 SGB IV legal definiert. Für **einen Monat,** nachdem der Anspruch auf Arbeitsentgelt bei fortbestehendem Beschäftigungsverhältnis erloschen ist, wird auch der Fortbestand der Beschäftigung gegen Arbeitsentgelt fingiert (§ 7 Abs. 3 S. 1 SGB IV; vgl. auch § 192 zum Fortbestehen der Mitgliedschaft Versicherungspflichtiger).

2. Kapitel. 1. Abschnitt **§ 5**

2. Sonderregelungen für bestimmte Beschäftigte

a) Vorruhestandsgeldbezieher, Abs. 3, 4. Bezieher von Vorruhestandsgeld 9
gelten nach Abs. 3 als gegen Entgelt beschäftigte Arbeitnehmer iSd. Abs. 1 Nr. 1,
wenn das Vorruhestandsgeld eine best. Höhe erreicht und sie unmittelbar vor dem
Leistungsbezug versicherungspflichtig waren. Eine frw. Mitgliedschaft ist nicht
ausreichend. Nur laufende Leistungen stellen **Vorruhestandsgeld** dar. Voraussetzung ist zudem, dass die Arbeitgeberleistung gezahlt wird, weil der Arbeitnehmer
aus dem Erwerbsleben ausscheidet (BSG, SozR 3-4100, § 118 b Nr. 1 S. 6). Nicht
hierzu gehören Leistungen, die als Arbeitsentgelt aus beendetem Beschäftigungsverhältnis anzusehen sind, Zahlungen als Zuschüsse zum Alg o. als Ersatz für nicht
in Anspruch genommene Leistungen nach dem SGB III sowie Versorgungsbezüge
iSd. § 229 (Gerlach, H/N, § 5 Rn. 473).

Das VRG gilt nur noch für vor dem 1. 1. 1989 eingetretene Vorruhestandsfälle. 10
Dies berührt jedoch nur die staatl. Förderung des Vorruhestandes; Versicherungspflicht besteht unabhängig von der Zuschussgewährung durch die BA auch nach
Auslaufen des VRG (*Baier*, Krauskopf, § 5 Rn. 83; *Peters*, KK, § 5 Rn. 18). Als
Nachfolgeregelung des VRG können das 1. und 2. ATG angesehen werden. Eine
besondere Regelung für den betroffenen Personenkreis im SGB V konnte unterbleiben, da Arbeitnehmer in **Altersteilzeit** wie Arbeitnehmer versichert bleiben
(vgl. Gerlach, H/N, § 5 Rn. 143).

Nicht versicherungspflichtig sind Vorruhestandsgeldbezieher mit gewöhnl. 11
Aufenthalt im **Ausland** (Abs. 4); allerdings geht über- und zwischenstaatliches
Recht auch hier vor (§ 6 SGB IV). Soweit Abs. 4 selbst nur auf Staaten Bezug
nimmt, mit denen keine über- o. zwischenstaatl. Regelungen über Sachleistungen
bei Krankheit besteht, greift er zu kurz, da auch eine Gleichstellung der Staatsgebiete in einem solchen Abkommen ausreichen würde.

b) Besondere Ausbildungen, Abs. 4 a. Die Vorschrift stellt seit dem 1. 1. 12
2002 in ihrem S. 1 Pers., die in einer **außerbetriebl. Einrichtung** im Rahmen eines Berufsausbildungsvertrages nach dem BBiG ausgebildet werden, den Beschäftigten zur Berufsausbildung nach Abs. 1 Nr. 1 gleich. Sie wurde als Reaktion auf
BSG, SozR 3-2600, § 1 Nr. 7 eingeführt. Dort hatte das BSG entschieden, dass
eine Umschulung in einer nicht einem Betrieb angegliederten Bildungseinrichtung keine Beschäftigung zur Berufsausbildung sei. Mit der ausdrückl. Einbeziehung sollten Unklarheiten über die Versicherungspflicht dieser Pers. beseitigt werden (BT-Drs. 14/6944, 52).

MWv. 1. 1. 2000 hat der Gesetzgeber in S. 2 **Postulanten** und **Novizen** den 13
zu ihrer Berufsausbildung Beschäftigten nach § 5 Abs. 1 Nr. 1 gleichgestellt. Anlass für diese Ergänzung gab BSG, SozR 3-2500, § 6 Nr. 14, das für eine Versicherungspflicht dieser Personen eine eindeutige gesetzl. Grundlage vermisste. Da
diese in der Zeit ihrer Ausbildung für den Dienst in der geistl. Genossenschaft
noch keine satzungsmäßigen Mitglieder der Gemeinschaft sind, sah der Gesetzgeber sie als sozial schutzbedürftig an und wollte ihre Einbeziehung in die GKV sicherstellen (BT-Drs. 14/1245, 59). Versicherungspflichtig sind auch Angehörige
ähnl. religiöser Gemeinschaften während der Zeit ihrer Ausbildung für den Dienst
in der Gemeinschaft.

3. Konkurrenzen

Die Versicherungspflicht nach Nr. 1 ist grds. ggü. allen anderen Versicherungs- 14
pflichttatbeständen vorrangig. Ggü. den in Nr. 5–12 geregelten Tatbeständen er-

§ 5 Versicherungspflicht

gibt sich dies aus Abs. 6–8. Nicht geregelt ist die Konkurrenz zu Nr. 2 bzw. 2 a. Insofern bestehen beide Tatbestände nebeneinander (*Felix*, jurisPK-SGB V, § 5 Rn. 23; *Peters*, KK, § 5 Rn. 199). Für die KVdL vgl. aber § 3 Abs. 2 Nr. 1 und 1 a KVLG 1989 und Rn. 26.

II. Arbeitslose, Nr. 2, Nr. 2 a

1. Versicherungspflicht begründende Leistungen

15 Empfänger von **Alg** nach dem SGB III und (seit dem 1. 1. 2005) **Alg II** nach dem SGB II sind während des Leistungsbezugs versicherungspflichtig (Nr. 2 bzw. Nr. 2 a). Nr. 2 nennt neben Alg auch **UHG**, das allerdings zum 1. 1. 2005 aufgehoben und durch den Bezug von Alg auch während der Teilnahme an einer berufl. Weiterbildungsmaßnahme ersetzt wurde (§ 117 Abs. 1 Nr. 2 SGB III). Versicherungspflicht begründete darüber hinaus der Bezug von Eingliederungshilfe (§§ 418, 421 SGB III aF.) o. Altersübergangsgeld (§ 429 SGB III iVm. § 249 e AFG aF.), nicht dagegen von Leistungen im Rahmen einer Maßnahme der freien Förderung nach § 10 SGB III (BSG, SozR 4-2500, § 5 Nr. 2 Rn. 5). Auch andere Leistungen nach dem SGB III lösen keine Versicherungspflicht aus (*Peters*, KK, § 5 Rn. 39).

16 Ob auch das neben einem iSd. SGB III versicherungspflichtigen Beschäftigungsverhältnis gezahlte Teil-Alg (§ 150 SGB III) Versicherungspflicht nach Nr. 2 auslöst ist, umstr. (so *Gerlach*, H/N § 5 Rn. 194, *Sommer*, Peters, KV, § 5 Rn. 158; aA. *Baier*, Krauskopf, § 5 Rn. 15 unter Hinweis auf die ungeregelte Konkurrenz zwischen der Versicherungspflicht nach Nr. 1 und Nr. 2). Da für das Teil-Alg die Vorschriften über das Alg entspr. gelten (§ 150 Abs. 2 S. 1 SGB III), spricht einiges für Versicherungspflicht.

2. Leistungsbezug

17 Entscheidend ist der tatsächl. Bezug von Leistungen. Dabei werden Beginn und Ende des Versicherungsverhältnisses nicht durch den Zahlungszeitpunkt, sondern durch die von der Arbeitsverwaltung getroffene Bestimmung über den Bewilligungszeitraum (vgl. den Wortlaut von Nr. 2 und 2 a: „für") bestimmt (BSG v. 22. 5. 2003, B 12 KR 20/02 R). Ob ein materiell-rechtl. Anspruch besteht, ist unerhebl. Dementsprechend ordnen Nr. 2 Hs. 2 und Nr. 2 a Hs. 2 an, dass die **rückwirkende Aufhebung,** Rückforderung o. Rückzahlung der Leistung ohne Einfluss auf den Versicherungsschutz ist. Umgekehrt liegt ein KV-Schutz begründender Bezug von Alg auch in dem Zeitraum vor, für den es durch besonderen VA zuerkannt worden ist, selbst wenn der anerkannte Anspruch nicht erfüllt wird. Mit dem Erlass eines derartigen VA steht für den gesamten Bewilligungszeitraum fest, dass auch die KVdA besteht (BSG v. 22. 5. 2003, B 12 KR 20/02 R; vgl. auch BSG, SozR 4100, § 159 Nr. 5 S. 11 zum Recht des AFG). Unschädlich ist auch, wenn die Leistungen wegen Aufrechnung, Übertragung, Verpfändung o. Pfändung (§§ 51–55 SGB I) nicht zur Auszahlung kommt (*Peters*, KK, § 5 Rn. 41; *Wollenschläger*, W/E, § 5 Rn. 36).

18 Ausnahmsweise besteht nach Nr. 2 Versicherungspflicht **ohne Leistungsbezug,** wenn die Leistung nach dem SGB III wegen einer **Sperrzeit** o. (seit 1. 1. 2002) wegen einer **Urlaubsabgeltung ruht,** und zwar ab Beginn des zweiten Monats bis zum Ende des Ruhenszeitraums. Damit soll verhindert werden, dass in Fällen, in denen eine AU nach Ablauf der KV-rechtl. Nachwirkung von einem

Monat (§ 19 Abs. 2) eintritt, kein Versicherungsschutz und insb. kein Anspruch auf Krg besteht (BT-Drs. 14/6944, 52). Der Gesetzgeber hat damit für Versicherungspflichtige die Lücke im Versicherungsschutz beseitigt, die § 19 Abs. 2 nicht abdeckt (vgl. BSG v. 26. 6. 2007, B 1 KR 19/06 R, dort auch zur Situation frw. Versicherter).

Besteht **Streit** über die Versicherungspflicht, hat hierüber die KK, nicht die BA zu entscheiden (BSG, SozR 4-2500, § 5 Nr. 2 Rn. 4, 6 ff.). **19**

3. Ausnahmen bei Nr. 2 a

Versicherungspflicht besteht nicht für Personen, die Alg II nur **darlehensweise** erhalten (vgl. §§ 7 Abs. 5 S. 2, 16 Abs. 4, 23 Abs. 1 und 22 Abs. 5 SGB II). Auch Leistungen für die Erstausstattungen für Wohnung, Kleidung und für mehrtägige Klassenfahrten nach § 23 Abs. 3 S. 1 SGB II begründen keine Versicherungspflicht. **20**

Eine **Familienvers.** nach § 10 ist nach Nr. 2 a vorrangig. In diesem Fall besteht kein Bedarf für den Vorrang einer eigenständigen Versicherungspflicht in der GKV (BT-Drs. 15/1516, 7; vgl. § 10 Rn. 8). **21**

Nach dem durch das GKV-WSG mWv. **1. 1. 2009** eingefügten Abs. 5 a S. 1 sind Bezieher von Alg II nicht nach Abs. 2 a versicherungspflichtig, wenn sie unmittelbar vor dem Leistungsbezug in der PKV o. als selbständige Erwerbstätige (Abs. 5) bzw. nach § 6 Abs. 1 o. 2 versicherungsfrei waren, dh. wenn sie nicht der **Sphäre der GKV** zuzurechnen sind. Für Personen, die am 31. 12. 2008 versicherungspflichtig sind, wird die Versicherung aus Vertrauensschutzgründen bis zum Ende der Hilfebedürftigkeit fortgesetzt (S. 2). Es handelt sich um eine Folgeänderung zur Neuordnung des Verhältnisses von GKV und PKV. Da die PKV künftig einen bezahlbaren Basistarif im Umfang der Leistungen der GKV anbieten müssen, erscheint es nicht mehr erforderlich, Hilfebedürftige auch dann in die GKV einzubeziehen, wenn sie zuvor privat versichert waren o. zumindest dem Kreis der Privatversicherten zuzuordnen sind (BT-Drs. 16/3100, 94 f.). **22**

4. Konkurrenzen

Die Versicherungspflicht nach Nr. 2 und 2 a geht einer Versicherungspflicht als Student, Praktikant o. Rentner nach Nr. 9–12 vor (Abs. 7 S. 1 und Abs. 8 S. 1). Zur Familienvers. vgl. Rn. 21; die Versicherungspflicht als Alg-Bezieher ist vorrangig (§ 10 Abs. 1 S. 1 Nr. 2). **23**

Die Konkurrenz zu den übrigen Versicherungspflichttatbeständen sowie die Konkurrenz der 2 und 2 a untereinander ist nicht geregelt. Zum Vorrang der KVdL vgl. § 3 Abs. 2 Nr. 6 KVLG 1989. **24**

III. Landwirtschaftliche Krankenversicherung, Nr. 3

1. Versicherter Personenkreis

Gemäß Nr. 3 sind Landwirte, ihre mitarbeitenden Familienangehörigen und Altenteiler nach Maßgabe des KVLG 1989 in der GKV versichert (vgl. §§ 2, 7 KVLG 1989 für die Versicherungspflicht und die Familienvers.). Sonstige Beschäftigte in der Landwirtschaft sind nach dem SGB V versichert. Die KVdL ist ein **besonderer Teil der GKV,** der ledigl. im Hinblick auf den Kreis der Versicherten und im originären Leistungsbereich berufsspezifische Besonderheiten aufweist. Sie wird durch die LKK als besonderen Träger durchgeführt (§§ 20, 21 KVLG 1989). **25**

2. Konkurrenzen

26 Die landw. Unternehmervers. ist grds. ggü. anderen Versicherungspflichttatbeständen in der GKV nachrangig (§ 3 Abs. 1 Nr. 1 KVLG 1989). Dies wird allerdings in § 3 Abs. 2 KVLG 1989 für best. Personengruppen modifiziert, insb. für mitarbeitende Familienangehörige (Nr. 1 a) und Rentner und Rentenantragsteller (Nr. 2; vgl. auch Abs. 7 S. 1). Die einzelnen Abweichungen werden bei den konkurrierenden Tatbeständen behandelt. Zudem ist bei einer entgeltl. (Neben-)Beschäftigung des Landwirts stets zu prüfen, ob eine Versicherungspflicht nach Abs. 1 Nr. 1 nicht an Abs. 5 (hauptberufl. selbständige Erwerbstätigkeit) scheitert (vgl. BSG, SozR 3-5420, § 3 Nr. 1 S. 2). Zur Übergangsregelung in Abs. 8 S. 2 und 3 vgl. Rn. 55.

IV. Künstler und Publizisten, Nr. 4

1. Versicherter Personenkreis

27 Künstler und Publizisten sind nach näherer Bestimmung des KSVG versicherungspflichtig (Nr. 4). Erfasst werden nur **selbständige** Künstler und Publizisten (zu den Begriffen vgl. § 2 KSVG), die nicht mehr als einen Arbeitnehmer beschäftigen (§ 1 Nr. 2 KSVG); Personen, die in einem abhängigen Beschäftigungsverhältnis stehen, fallen unter Abs. 1 Nr. 1. Anders als bei der KVdL gibt es keine besonderen Träger, sie wird durch die KKen des SGB V durchgeführt; jedoch entscheidet allein die **Künstlersozialkasse** (vgl. § 37 KSVG), die selbst keine KK ist, über die Versicherungspflicht.

2. Konkurrenzen

28 Die Versicherungspflicht nach § 1 KSVG geht der als Student, Praktikant o. Rentner (Nr. 9–12) vor (Abs. 7 S. 1, Abs. 8 S. 1). Weitere Konkurrenzregelungen enthält § 5 KSVG. Danach ist ua. nach dem KSVG versicherungsfrei, wer nach Abs. 1 Nr. 1, 2 und 2 a versichert ist (§ 5 Abs. 1 Nr. 1 KSVG).

V. Personen in Einrichtungen der Jugendhilfe, Nr. 5

1. Versicherter Personenkreis

29 Wer in einer Einrichtung der Jugendhilfe nach dem SGB VIII durch Beschäftigung für eine Erwerbstätigkeit befähigt werden soll, ist nach Nr. 5 versicherungspflichtig. Auf welche Art diese Befähigung erfolgt, ist nicht festgelegt. Unerhebl. ist auch, ob Entgelt gezahlt wird.

2. Konkurrenzen

30 Ggü. einer Versicherungspflicht aus Beschäftigung ist Nr. 5 nachrangig (Abs. 6 S. 1); der als Student, Praktikant o. Rentner (Nr. 9–12) geht sie vor (Abs. 7 S. 1, Abs. 8 S. 1). Eine Regelung im Verhältnis zu den Versicherungspflichten nach Nr. 6–8 besteht nicht; aus tatsächl. Gründen dürfte eine Konkurrenz jedoch nicht auftreten, da sich ein Jugendlicher kaum zugleich in einer Einrichtung der Jugendhilfe und daneben in einer Reha-Einrichtung o. einer Werkstatt für Behinderte befinden dürfte (vgl. *Peters*, KK, § 5 Rn. 69).

VI. Teilnehmer an Leistungen zur Teilhabe am Arbeitsleben, Nr. 6

1. Versicherter Personenkreis

Teilnehmer an Maßnahmen zur Teilhabe am Arbeitsleben (§ 5 Nr. 2 SGB IX; zu den mögl. Trägern vgl. § 6 Abs. 1 Nr. 2–7 SGB IX) sowie an Abklärungen der berufl. Eignung und Arbeitserprobung (§ 33 Abs. 4 S. 2 SGB IX) sind nach Nr. 6 versicherungspflichtig, es sei denn, die Maßnahmen werden nach den Vorschriften des BVG (vgl. § 26 BVG) erbracht. **31**

2. Konkurrenzen

Ggü. einer Versicherungspflicht aus Beschäftigung ist Nr. 5 nachrangig (Abs. 6 S. 1); der als Student, Praktikant o. Rentner (Nr. 9–12) geht sie vor (Abs. 7 S. 1, Abs. 8 S. 1). Bei einem Zusammentreffen der Versicherungspflicht nach Nr. 6 mit einer Versicherungspflicht nach Nr. 7 o. 8 geht die Versicherungspflicht vor, nach der die höheren Beiträge zu zahlen sind (Abs. 6 S. 2; vgl. Rn. 36). Die KVdL ist vorrangig, wenn der Rehabilitand als landw. Unternehmer o. mitarbeitender Familienangehöriger (§ 2 Abs. 1 Nr. 1, 2 o. 3 KVLG 1989) nicht nach dem BVG berechnetes Übergangsgeld bezieht (§ 3 Abs. 2 Nr. 3 KVLG 1989). **32**

VII. Behinderte Menschen in Werkstätten und in sonstigen Einrichtungen, Nr. 7, 8

1. Versicherter Personenkreis

Nr. 7 sieht Versicherungspflicht für behinderte Menschen vor, die in einer nach dem SGB IX anerkannten **Werkstatt für behinderte Menschen** o. einer anerkannten **Blindenwerkstatt** tätig sind. Dies gilt auch, wenn die Tätigkeit für die Werkstatt in Heimarbeit erfolgt. Für den Begriff des behinderten Menschen kann auf § 2 Abs. 1 S. 1 SGB IX zurückgegriffen werden. Die Werkstatt für behinderte Menschen steht nach § 136 Abs. 2 S. 1 SGB IX allen behinderten Menschen unabhängig von Art o. Schwere der Behinderung offen, sofern erwartet werden kann, dass sie spätestens nach Teilnahme an Maßnahmen im Berufsbildungsbereich wenigstens ein Mindestmaß wirtschaftl. verwertbarer Arbeitsleistung erbringen werden. Das Gesetz differenziert nicht danach, ob die Beschäftigung im Produktions- bzw. **Arbeitsbereich** o. im **Berufsbildungsbereich** (früher: Arbeitstrainingsbereich) der Werkstatt erfolgt (BSG, SozR 3-2500, § 44 Nr. 8 S. 18). Es kommt allein auf die tatsächl. Aufnahme in die Werkstatt an. Nicht von Nr. 7 erfasst werden solche Personen, die lediglich zum Zwecke einer **medizinischen, therapeutischen Behandlung** (z. B. zur Belastungserprobung) in die Werkstatt aufgenommen werden (BSG, SozR 3-2500, § 5 Nr. 19 S. 73). Auch die Betreuung nicht werkstattfähiger Personen in einer der Werkstatt angegliederten Einrichtung löst keine Versicherungspflicht nach Nr. 7 aus (BSG, SozR 5085, § 1 Nr. 4). **33**

Nr. 8 erweitert die Versicherungspflicht behinderter Menschen auf solche Personen, die in Anstalten, Heimen o. ähnl. Einrichtungen in gewisser Regelmäßigkeit eine Leistung – einschl. Dienstleistungen für den Einrichtungsträger – erbringen, die einem Fünftel der Leistung eines voll erwerbsfähigen Beschäftigten in gleichartiger Beschäftigung entspricht. Im Gegensatz zur Nr. 7 genügt damit die reine Aufnahme und Beschäftigung in der Einrichtung nicht; vielmehr ist eine gewisse Kontinuität und ein gewisser wirtschaftl. Wert der Tätigkeit erforderl. **34**

Entspricht die Tätigkeit diesen Voraussetzungen, kommt es nicht darauf an, ob Entgelt gezahlt wird.

2. Konkurrenzen

35 Eine Versicherungspflicht nach Nr. 1 ist stets vorrangig (Abs. 6 S. 1). Bei einem Zusammentreffen der Versicherungspflicht nach Nr. 6 mit einer Versicherungspflicht nach Nr. 7 o. 8 geht die Versicherungspflicht vor, nach der die höheren Beiträge zu zahlen sind (Abs. 6 S. 2). Trotz der Vergleichbarkeit der Arbeitstrainingsmaßnahmen mit berufsfördernden Rehabilitationsmaßnahmen bei Nichtbehinderten führt allein die Tätigkeit im Arbeitstrainingsbereich einer Werkstatt für behinderte Menschen noch nicht zu einer Konkurrenzsituation iSd. Abs. 6 S. 2. Diese Regelung greift nur ein, wenn bei dem Betroffenen zwei zur Versicherungspflicht führende Tatbestände zusammentreffen, indem er etwa im Produktionsbereich einer Werkstatt für behinderte Menschen beschäftigt ist und zeitl. getrennt davon noch eine berufl. Reha-Maßnahme durchläuft. Dagegen kann ein und derselbe Sachverhalt nicht gleichzeitig mehrere Versicherungspflichttatbestände erfüllen (BSG, SozR 3-2500, § 44 Nr. 8 S. 18).

36 Einer Versicherungspflicht als Student, Praktikant o. Rentner nach Nr. 9–12 gehen die Nr. 7 und 8 vor (Abs. 7 S. 1, Abs. 8 S. 1). Die KVdL ist vorrangig, wenn der behinderte Mensch als landwi. Unternehmer o. mitarbeitender Familienangehöriger versicherungspflichtig ist (§ 3 Abs. 2 Nr. 4 iVm. § 2 Abs. 1 Nr. 1, 2 o. 3 KVLG 1989).

VIII. Studenten, Nr. 9

1. Versicherter Personenkreis

37 Erfasst werden Studenten, die an staatl. o. staatl. anerkannten Hochschulen eingeschrieben sind. Erforderl. ist eine **Immatrikulation als Student,** dh. im Rahmen eines anerkannten Studiengangs einschl. eines evt. Aufbau- o. Erweiterungsstudiums. Eine Einschreibung als Doktorand ist nicht ausreichend (BSG, SozR 3-2500, § 5 Nr. 10 S. 35 f.). Auch Gasthörer und Teilnehmer an studienvorbereitenden Sprachkursen o. eines Studienkollegs (vgl. BSG, SozR 3-2500, § 5 Nr. 2 und 3) gehören nicht zu den Studenten iSd. Nr. 9. Ob der Betreffende sein Studium ernsthaft betreibt, wird dagegen nicht geprüft; einer rechtsmissbräuchl. Inanspruchnahme der KVdS wird allein durch die zeitl. Grenzen und die Konkurrenzregelung in Abs. 7 entgegengewirkt. Unerhebl. ist, ob der Student seinen Wohnsitz o. gewöhnl. Aufenthalt im In- o. Ausland hat, sofern er nicht aus über- o. zwischenstaatl. Recht einen Anspruch auf Sachleistungen hat.

2. Zeitliche Grenzen

38 Die KVdS endet mit dem 14. Fach-(nicht Studien-)semester o. mit Vollendung des 30. Lebensjahres (Nr. 9 Hs. 1). Nach Hs. 2 können die Art der Ausbildung o. familiäre sowie persönl. Gründe, insb. der Erwerb der Zugangsvorauss. in einer Ausbildungsstätte des Zweiten Bildungswegs, ein Überschreiten der Grenzen rechtfertigen. Diese Ausnahmeregelung ist eng auszulegen. Als **persönl.** oder **familiäre Gründe** nennt die Gesetzesbegründung z. B. Erkrankung, Behinderung, Schwangerschaft, Nichtzulassung zur gewählten Ausbildung im Auswahlverfahren, Eingehen einer insgesamt mind. achtjährigen Dienstverpflichtung als Soldat o. Polizeivollzugsbeamter im Bundesgrenzschutz auf Zeit bei einem Dienstbeginn vor Vollendung des 22. Lebensjahres, Betreuung von Behinderten o. aus anderen

Gründen auf Hilfe angewiesenen Kindern (BT-Drucks 11/2237, 159). Die Gründe müssen von solcher Art und solchem Gewicht sein, dass sie bei objektiver Betrachtungsweise die Aufnahme o. den Abschluss des Studiums verhindern o. als unzumutbar erscheinen lassen (BSG, NZS 1993, 111/112). Sie müssen zudem für das Studium noch nach Vollendung des 30. Lebensjahres **ursächlich** sein; es erfolgt nicht etwa eine Anhebung der Altersgrenze, um die Zeit, für die nach dem Abitur Hinderungsgründe vorgelegen haben (BSG, SozR 3-2500, § 5 Nr. 6). Bei Absolventen des Zweiten Bildungswegs ist zu verlangen, dass bei ihnen in der Zeit zwischen etwa der Vollendung des 20. Lebensjahres und dem Beginn des Zweiten Bildungsweges sowie zwischen dem Abitur im Zweiten Bildungsweg und dem Studienbeginn **durchgehend** beachtliche **Hinderungsgründe** vorgelegen haben (BSG, SozR 3-2500, § 5 Nr. 8 S. 31). Dabei sind Zeiten der Berufstätigkeit, sofern sie nicht Vorauss. für den Zweiten Bildungsweg sind, grds. keine Hinderungszeiten, selbst wenn sie mit Zeiten der Kindererziehung zusammenfallen (BSG, SozR 3-2500, § 5 Nr. 13 S. 42 ff.).

Zweifelhaft ist, ob die **Art der Ausbildung** zu einer Versicherungspflicht nicht 39 nur nach Überschreiten der Höchstdauer der Fachstudienzeit, sondern auch nach Überschreiten der Altersgrenze führen kann (BSG, SozR 3-2500, § 5 Nr. 7 S. 25). Zumindest muss sich aus Rechtsvorschriften o. autonomem Recht ergeben, dass eine Ausbildung nicht vor Erreichen der Altersgrenze abgeschlossen werden kann; allein der späte Beginn des Studiums in der Praxis ist nicht ausreichend, auch wenn es sich um einen neu eingerichteten Studiengang handelt (BSG, SozR 3-2500, § 5 Nr. 32 S. 125 f.).

3. Konkurrenzen

Die Versicherungspflicht nach Nr. 9 ist ggü. fast allen anderen Versicherungstat- 40 beständen nachrangig, auch ggü. der Familienvers. (Abs. 7 S. 1 Hs. 1). Lediglich der Versicherungspflicht als Praktikant nach Nr. 10 geht sie vor (Abs. 7 S. 2). Diese Regelung soll der bes. sozialen Situation dieses Personenkreises gerecht werden (BT-Drs. 7/2993, zu § 175 RVO aF.); sie berücksichtigt, dass Studenten und Praktikanten im Allg. kein eigenes regelmäßiges Erwerbs- o. Erwerbsersatzeinkommen haben und Beiträge letztlich durch Unterhaltsleistungen der Eltern aufzubringen wären (BSG, SozR 2200, § 165 Nr. 93 S. 156 f.). Allerdings tritt die Versicherungspflicht nach § 5 Abs. 1 Nr. 9 dann nicht hinter eine Familienvers. zurück, wenn der Ehegatte, der Lebenspartner o. das Kind des Studenten nicht versichert ist (Abs. 7 S. 1 Hs. 2; vgl. auch § 10 Rn. 9).

Zum Vorrang der KVdL vgl. § 3 Abs. 2 Nr. 5 KVLG 1989. 41

IX. Praktikanten, Nr. 10

1. Versicherter Personenkreis

Von der Versicherungspflicht nach Nr. 10 werden **drei Personengruppen** er- 42 fasst: Pers., die eine in Studien- oder Prüfungsordnungen vorgeschriebene berufspraktische Tätigkeit verrichten (**„Praktikanten"**), Auszubildende des **zweiten Bildungswegs,** die sich in einem förderungsfähigen Teil eines Ausbildungsabschnitts nach dem BAföG befinden und Praktikanten gleichgestellt sind. Außerdem die zu ihrer Berufsausbildung ohne Arbeitsentgelt Beschäftigten, womit insb. **Lehrlinge** gemeint sind.

Allen drei Gruppen ist gemeinsam, dass sie nur unter Nr. 10 fallen, wenn sie 43 **unentgeltlich** tätig sind. Nach der früheren Rspr. des BSG schloss die Entgeltlichkeit des Praktikums die Anwendbarkeit des Nr. 10 nicht aus (BSG, SozR 3-2500, § 5 Nr. 15 S. 52 f.). Dies hat der Gesetzgeber durch Einfügung der Wörter „ohne Arbeitsentgelt" auch bei der berufspraktischen Tätigkeit mWv. 1. 1. 2000 durch das GKV-GRG 2000 geändert (vgl. BT-Drs. 14/1245, 59). Ein Praktikum o. eine Berufsausbildung gegen Arbeitsentgelt wird dagegen von Nr. 1 erfasst (Rn. 7). Nicht Praktikant, sondern Beschäftigter ist daher, wer seinen juristischen Vorbereitungsdienst außerhalb eines Beamtenverhältnisses absolviert (so schon BSG, SozR 3-2500, § 8 Nr. 2 S. 8 ff. mit anderer Begr.). Nr. 10 schließt somit die **Lücke** zwischen einer Versicherungspflicht wegen entgeltl. Beschäftigung nach Nr. 1 und der KVdS nach Nr. 9.

44 **Praktikanten** iSd. Nr. 10 sind nur solche Pers., die eine berufspraktische Tätigkeit im Rahmen einer Ausbildung an einer **Hochschule** verrichten. Hiervon abzugrenzen ist die **betriebl.** Berufsausbildung (vgl. die Legaldef. in § 2 Abs. 1 Nr. 1 BBiG; vgl. BSG, SozR 3-2500, § 8 Nr. 2 S. 9). Auch ein Praktikum, das ledigl. für die spätere Berufstätigkeit nützl., von der Hochschule aber nicht vorgeschrieben ist, fällt nicht unter Nr. 10 (*Peters,* KK, § 5 Rn. 110). Auf den Zeitpunkt der Ableistung (vor, nach o. während des Studiums) kommt es nicht an.

45 Praktikanten gleichgestellt werden nur Absolventen eines Ausbildungsgangs des **Zweiten Bildungswegs** iSd. BAföG. Dabei handelt es sich um Ausbildungen an Abendhauptschulen, Berufsaufbauschulen, Abendrealschulen, Abendgymnasien o. Kollegs, die einen sonst an allgemeinbildenden Schulen zu erreichenden Ausbildungsabschluss vermitteln und den Zugang zu einer berufsqualifizierenden Ausbildung erst eröffnen. Berufsfachschulen, die eine berufsbildende Ausbildung vermitteln, fallen nicht hierunter (BSG, SozR 3-2500, § 5 Nr. 23 S. 81 ff.).

2. Konkurrenzen

46 Die Versicherungspflicht nach Nr. 10 ist grds. ggü. allen anderen Versicherungstatbeständen nachrangig, auch ggü. der KVdS (Abs. 7 S. 1 und 2) und der Familienvers; sie tritt nur dann nicht zurück, wenn der Ehegatte, der Lebenspartner o. das Kind des Praktikanten nicht versichert ist (Abs. 7 S. 1 Hs. 2; vgl. Rn. 40). Zur Familienvers. vgl. § 10 Rn. 9.

47 Zum Vorrang der KVdL vgl. § 3 Abs. 2 Nr. 5 KVLG 1989.

X. Rentner, Abs. 1 Nr. 11, 11 a, Abs. 2

1. Versicherter Personenkreis

48 **a) Vorversicherungszeit.** Nr. 11 begründet für Pers., die die Voraussetzungen für den Anspruch auf Rente aus der GRV erfüllen und diese Rente beantragt haben, Versicherungspflicht in der GKV, wenn sie die – wiederholt geänderten – Vorversicherungszeiten erfüllen. Zur Entwicklung der KVdR bis 1989 vgl. *Peters,* KK, § 5 Rn. 117 ff. Das SGB V idF. des GRG verlangte als **Vorversicherungszeit** eine **Neun-Zehntel-Belegung der zweiten Hälfte des Erwerbslebens** mit Zeiten der Mitgliedschaft o. der Familienvers. Durch das GSG wurden die Vorauss. mWv. 1. 1. 1993 insofern verschärft, als nunmehr nur noch Zeiten einer **Pflichtmitgliedschaft** als Vorversicherungszeit galten; Zeiten der frw. Versicherung reichten nicht mehr aus. Diese Regelung hat das BVerfG für mit Art. 3 GG unvereinbar erklärt (NZS 2000, 450 ff.). Da der Gesetzgeber die vom BVerfG gesetzte Frist zur Neuregelung nicht eingehalten hat, galt ab dem 1. 4. 2002 wieder Nr. 11 idF. des GRG. Mit dem GKV-WSG hat der Gesetzgeber den Wortlaut der

2. Kapitel. 1. Abschnitt **§ 5**

Vorschrift der materiell-rechtl. Rechtslage angepasst. Auch nach dem Gesetzeswortlaut reichen daher wieder Zeiten der frw. Versicherung. Mit Zeiten der **Nachversicherung** in der GRV kann die Vorversicherungszeit nicht erfüllt werden (BSG, SozR 4-2500, § 5 Nr. 4).

Die Rahmenfrist für die Vorversicherungszeit umfasst das **gesamte Erwerbs-** 49 **leben.** Eine Aufnahme einer Erwerbstätigkeit iSd. Abs. 1 Nr. 11 liegt auch dann vor, wenn diese nicht zur Versicherungspflicht führt. Eine Dienstverpflichtung steht dagegen einer Erwerbstätigkeit nur dann gleich, wenn sie Versicherungspflicht begründet (BSG, SozR 3-2500, § 5 Nr. 45 S. 203). Auch in einer entgeltl. Beschäftigung zur wissenschaftl. Ausbildung für den zukünftigen Beruf (Praktikum) vor dem Studium liegt die erstmalige Aufnahme einer Erwerbstätigkeit (BSG, NZS 1996, 524/525). Das Ende der Rahmenfrist markiert den Rentenantrag. Zur Rahmenfrist, wenn ein ablehnender Rentenbescheid auf einen Überprüfungsantrag hin aufgehoben und auf den ursprüngl. Rentenantrag hin Rente bewilligt wird vgl. BSG, SozR 3-2500, § 5 Nr. 33 S. 130 f.

Nach Abs. 2 S. 1 kann die Vorversicherungszeit auch mit **Zeiten der Ehe bis** 50 **zum 31. 12. 1988** mit einem Mitglied erfüllt werden, wenn der Rentner nicht mehr als nur geringfügig erwerbstätig war. Damit soll kompensiert werden, dass vor 1989 keine Familienvers., sondern lediglich Anspruch auf Familienhilfe existierte (vgl. § 10 Rn. 1). Dass tatsächl. ein Anspruch auf Familienhilfe bestand, ist nicht erforderl.

Für **Hinterbliebene,** die ihren Rentenanspruch aus der Vers. des Verstorbenen 51 ableiten, genügt es nach Abs. 2 S. 2, wenn dieser die Vorauss. der Nr. 11 erfüllt hat. Ob diese auch mit eigenen Zeiten die Vorversicherungszeit erfüllen können, ist fragl., da bei Hinterbliebenen der Rentenbezug nicht zwingend ein Ausscheiden aus dem Erwerbsleben bewirkt, so dass zweifelhaft wäre, wie die Rahmenfrist zu bestimmen wäre.

b) Voraussetzungen im Übrigen. Die Anspruchsvorauss. für eine Rente aus 52 der GRV müssen erfüllt sein; auf die tatsächl. Zahlung von Rente kommt es aufgrund des eindeutigen Gesetzeswortlauts nicht an. Es muss sich um eine Rente aus der **inländischen Rentenversicherung** handeln, eine Rente aus der RV eines anderen Staates begründet nur dann eine Versicherungspflicht in der GKV, wenn dies in über- oder zwischenstaatl. Recht bestimmt ist.

Nach der Rspr. des BSG bleibt Pflichtversicherter in der KVdR, wer als Bezie- 53 her ausschl. deutscher Rente in einen anderen **Mitgliedstaat der EU** verzieht, so dass sich sein Leistungsanspruch bei vorübergehendem Deutschlandaufenthalt nach deutschem Recht richtet (BSG, SozR 4-2400, § 3 Nr. 2 Rn. 9 ff mwN.; krit. hierzu Bieback, ZESAR 2006, 85/86 ff.).

2. Sonderregelung für Künstler und Publizisten nach Aufgabe ihrer Tätigkeit, Nr. 11 a

Um Künstlern und Publizisten den Zugang zur KVdR zu erleichtern, bestimmt 54 sich bei ihnen die Rahmenfrist für die Vorversicherungszeit nicht nach dem gesamten Erwerbsleben, sondern beginnt erst am 1. 1. 1985 zu laufen, bei Pers., die am 3. 10. 1990 ihren Wohnsitz im Beitrittsgebiet hatten, sogar erst am 1. 1. 1992. Die Neun-Zehntel-Belegung muss allerdings mit Zeiten nach dem KSVG erfüllt sein.

3. Konkurrenzen

Die Versicherung in der KVdR geht jedem anderen Versicherungspflichttatbe- 55 stand bis auf die Versicherungspflicht als Student o. Praktikant (Nr. 9, 10) und dem

Just

§ 5

Auffangtatbestand nach Nr. 13 nach (Abs. 7 S. 1, Abs. 8 S. 1; Abs. 8a S. 1). Allerdings geht die KVdR einem nur nachwirkenden KV-Schutz nach § 19 Abs. 2 vor (BSG v. 26. 6. 2007, B 1 KR 8/07 R). Für Rentner, die **frw. versichert** waren und aufgrund der Entscheidung des **BVerfG** zur Vorversicherungszeit zum 1. 1. 2002 wieder versicherungspflichtig wurden (vgl. Rn. 49), trifft Abs. 8 S. 2. und 3 eine Sonderregelung. Haben diese sich für den Verbleib in der frw. Vers. entschieden (vgl. § 9 Rn. 22), wird die KVdR hierdurch dauerhaft verdrängt.

56 Für den Vorrang der KVdL vgl. § 3 Abs. 2 Nr. 2.

XI. Fremdrentner, Nr. 12

1. Versicherter Personenkreis

57 Nach Nr. 12 sind auch Personen versicherungspflichtig, die die Vorauss. für den Anspruch auf eine Rente aus der GRV erfüllen und diese Rente beantragt haben, wenn sie zu den in § 1 oder § 17a FRG o. zu den in § 20 WGSVG genannten Personen gehören und ihren Wohnsitz innerhalb der letzten 10 Jahre vor der Stellung des Rentenantrages ins Inland verlegt haben. Eine Wohnsitzverlegung nach Stellung des Rentenantrages reicht nicht aus (BSG, SozR 3-2500, § 5 Nr. 18 S. 65 f.). Zwingende Vorauss. für die Erfüllung des § 1 FRG ist die Anerkennung als Vertriebener o. Spätaussiedler nach dem BVFG durch die dafür zuständige Landesbehörde (BSG, SozR 3–5050, § 1 Nr. 4 S. 10). Anders als bei Nr. 1 wird eine Vorversicherungszeit nicht verlangt. Für Hinterbliebene vgl. Abs. 2 S. 2.

2. Konkurrenzen

58 Es gilt das zu den Rentnern Gesagte entspr. (vgl. Rn. 56).

XII. Auffangtatbestand des Abs. 1 Nr. 13

59 Nach dem Willen des Gesetzgebers soll in Zukunft in Deutschland niemand ohne KV-Schutz sein. Er reagierte damit auf die gestiegene Zahl der Personen ohne Versicherung von geschätzten 105.000 im Jahr 1995 auf über 150.000 im Jahr 1999 und auf 188.000 im Jahr 2003 (BT-Drucks 16/3100, 94). Abs. 1 Nr. 13 nimmt dabei die Zuweisung der Personen ohne anderweitige Absicherung im Krankheitsfall zur GKV vor. Für alle hiervon nicht erfassten Personen ohne KV-Schutz wird zum 1. 1. 2009 eine Verpflichtung zum Abschluss eines privaten KV-Vertrages eingeführt (§ 178a Abs. 5 VVG). Bereits ab 1. 7. 2007 muss die PKV ihre ehemaligen Versicherten, die jetzt ohne KV-Schutz sind, zu einem Standardtarif ohne Risikozuschläge wieder aufnehmen (§ 315). Einschränkungen gelten für Ausländer (Abs. 11).

1. Versicherter Personenkreis

60 Erfasst werden alle Nichtversicherten, die ihren Wohnsitz und gewöhnlichen Aufenthalt im Inland haben (§ 3 Nr. 2 SGB IV; zu den Begriffen vgl. § 30 Abs. 3 SGB I). Der GKV zugeordnet werden sie, wenn sie entweder zuletzt in der GKV versichert waren o. zu keiner Zeit krankenversichert waren, aber dem Grunde nach der GKV zuzuordnen sind.

61 **a) Keine Absicherung im Krankheitsfall.** Nr. 13 greift nur, wenn aktuell eine anderweitige Absicherung fehlt. Dies kann eine Absicherung in der GKV selbst, also eine Pflicht- o. frw. Versicherung o. eine Familienvers. nach § 10 sein (vgl. auch die Konkurrenzregelung in Abs. 8 a S. 1, Rn. 71). Dies dürfte auch bei einer Formalvers. des Rentenantragstellers nach § 189 und einer erhaltenen Mitgliedschaft nach §§ 192, 193 der Fall sein (*Peters,* KK, § 5 Rn. 161). Eine Vollvers. in der PKV stellt ebenfalls eine anderweitige Absicherung dar, nicht jedoch eine Teilvers. (*Peters,* KK, § 5 Rn. 162) o. eine Beihilfeberechtigung ohne ergänzende Vers. für den nicht von der Beihilfe übernommenen Anteil (BT-Drs. 16/3100, 94).

Eine Absicherung muss nicht zwingend in Form einer Vers. vorliegen. Nach der Gesetzesbegr. scheiden auch Personen aus, die Anspruch auf Krankenhilfe im Rahmen der Jugendhilfe (§ 40 SGB VIII), der Sozialhilfe (§ 48 SGB XII, § 264; vgl. hierzu BSG v 13.6.2007, B 12 KR 39/06 R), des Strafvollzugs (§§ 56 ff. StVollzG), des § 4 AsylbLG (vgl. auch Rn. 69), der freien Heilfürsorge o. auf Krankenbehandlung nach dem BVG, dem BEG oder vergleichbaren Regelungen haben (vgl. BT-Drs. 16/3100, 94). Auch nimmt Abs. 8 a S. 2 die Bezieher von laufenden Leistungen nach dem Dritten, Vierten, Sechsten und Siebten Kapitel des SGB XII und nach § 2 AsylbLG von der Versicherungspflicht nach Nr. 13 aus. Dies gilt nach Abs. 8 a S. 3 auch dann, wenn der Anspruch auf diese Leistungen für weniger als einen Monat unterbrochen wird. Damit soll ein Wechsel für eine unverhältnismäßig kurze Zeit verhindert werden (BT-Drs. 16/4247, 29). 62

Nach Abs. 8 a S. 4 gilt der **nachgehende KV-Schutz** aus § 19 Abs. 2 nicht als Absicherung im Krankheitsfall, sofern im Anschluss hieran kein anderweitiger Anspruch auf Absicherung im Krankheitsfall besteht. Die Versicherungspflicht schließt sich somit unmittelbar an das Ende der Vers. in der GKV an. Hierdurch soll eine Ungleichbehandlung frw. Mitglieder, für die kein nachgehender Leistungsanspruch besteht und deren Mitgliedschaft mit dem Tag des Ausscheidens aus der früheren Vers. beginnt, verhindert werden (BT-Drs. 16/4247, 29 f.). 63

Zu Personen, die über eine Absicherung nach über- o. zwischenstaatl. Recht verfügen, vgl. Rn. 68. 64

b) Personen, die zuletzt in der GKV waren. Nichtversicherte sollen zu ihrem früheren Versicherer zurückkehren (Nr. 13 Buchst. a). Dies gilt unabhängig davon, worauf das Fehlen einer Vers. zurückzuführen ist, also auch wenn der Betreffende von der Möglichkeit einer Weiterers. keinen Gebrauch gemacht hat o. eine frw. Vers. wegen Zahlungsverzugs beendet wurde (§ 191 Nr. 3 aF.; *Baier,* Krauskopf, § 5 Rn. 80). Typischerweise waren die meisten heute Nichtversicherten einmal versichert, konnten aber die Prämien nicht aufbringen (*U. Kruse/S. Kruse,* WzS 2007, 161/162 und 164). 65

Das Gesetz stellt auf die letzte Vers. vor der Zeit der Nichtabsicherung ab, egal wie lange diese zurückliegt. Wer zwischenzeitl. in der PKV war, ist nicht versicherungspflichtig nach Nr. 13 (*Baier,* Krauskopf, § 5 Rn. 80), auch wenn es sich nur um eine Teilvers. gehandelt hat, wenn sie nur wesentl. Teile der Vollvers. umfasste (vgl. *Peters,* KK, § 5 Rn. 166). Eine vorübergehende andere Absicherung (vgl. Rn. 62) ist dagegen unschädlich. Ebenso ist es – anders als bei Nr. 13 Buchst. b – unerheblich, ob der Betreffende in der Zwischenzeit als hauptberufl. selbst. Erwerbstätiger (Abs. 5) o. nach § 6 Abs. 1 o. 2 versicherungsfrei war. Selbst eine ggf. Jahrzehnte zurückliegende Familienvers. kann Versicherungspflicht in der GKV auslösen; es ist zweifelhaft, ob dies sachgerecht ist (vgl. *Baier,* Krauskopf, § 5 Rn. 80). 66

c) Personen ohne früheren Krankenversicherungsschutz. Pers., die zu keinem Zeitpunkt in der GKV o. PKV versichert waren, sind nach Nr. 13 Buchst. b versicherungspflichtig, es sei denn, sie gehören zu den hauptberufl. Selbständigen 67 nach Abs. 5 o. den nach § 6 Abs. 1 o. 2 versicherungsfreien Pers. Bei Auslandsrückkehrern, insb. im Rentenalter, richtet sich die Zuordnung zur GKV o. PKV nach dem Status, den sie aufgrund ihrer **zuletzt** im Ausland ausgeübten Berufstätigkeit im Inland gehabt hätten (vgl. BT-Drs. 16/3100, 94). Diese Formulierung in der Gesetzesbegr. legt es nahe, auch bei den übrigen Pers. auf den letzten berufl. Status abzustellen. Damit kommt es – entgegen der Benutzung des Präsens im Gesetzeswortlaut – nicht auf die aktuelle Zugehörigkeit zu den in Abs. 5 o. § 6 Abs. 1 o. 2 genannten Pers. an, wenn das Erwerbsleben mittlerweile beendet wurde. Ob allerdings stets auf die zuletzt ausgeübte Erwerbstätigkeit abzustellen ist, ist zweifelhaft (abl. *Baier,* Krauskopf, § 5 Rn. 81).

68 **d) Sonderregelungen für Ausländer, Abs. 11.** Abs. 11 enthält eine von § 30 Abs. 3 SGB I abweichende Regelung (§ 37 SGB I) für Ausländer mit Wohnsitz o. gewöhnl. Aufenthalt in Deutschland. Nach S. 1 werden Ausländer, die nicht Angehörige eines EU-Staates, eines gleichgestellten Vertragsstaates des EWR o. der Schweiz sind, nur dann in die Versicherungspflicht einbezogen, wenn sie über eine **Niederlassungserlaubnis** o. eine **Aufenthaltserlaubnis** mit einer Befristung von **mehr als 12 Monate** verfügen und für die Erteilung des Aufenthaltstitels keine Verpflichtung zur Sicherung des Lebensunterhalts nach § 5 Abs. 1 Nr. 1 AufenthG besteht. Damit sollte eine leicht handhabbare Feststellung der Vorauss. ermöglicht und Missbrauch ausgeschlossen werden (BT-Drs. 16/3100, 94). Da die Erteilung eines Aufenthaltstitels idR. voraussetzt, dass der Lebensunterhalt gesichert (und damit auch ein KV-Schutz vorhanden) ist (vgl. §§ 5 Abs. 1 Nr. 1, 9, Abs. 2 S. 1 Nr. 2 AufenthG), wird auch bei einer längerfristigen Aufenthaltserlaubnis idR. keine Versicherungspflicht nach Abs. 1 Nr. 13 eintreten. Auch EU-Ausländer und Angehörige der gleichgestellten Staaten werden nach S. 2 von Abs. 1 Nr. 13 nicht erfasst, wenn sie nur über ein Aufenthaltsrecht nach § 4 FreizügG/EU verfügen, welches ebenfalls das Bestehen eines KV-Schutzes voraussetzt.

69 S. 3 schließt Leistungsberechtigte nach dem AsylbLG, die dem Grunde nach einen Anspruch nach § 4 AsylbLG besitzen, der aber wegen eigenen Einkommens o. Vermögens nach § 7 AsylbLG, ruht von der Versicherungspflicht aus (BT-Drs. 16/3100, 95).

2. Konkurrenzen

70 Die Versicherungspflicht aus Abs. 1 Nr. 13 ist als Auffangtatbestand nachrangig ggü. allen anderen Formen der Vers. einschl. der frw. und der Familienvers. (Abs. 8 a S. 1). S. 2–4 stellen eigentl. keine Konkurrenzregelungen dar, sondern präzisieren die anderweitige Absicherung iSd. Abs. 1 Nr. 13 (hierzu Rn. 61 ff.). Zum Vorrang der KVdL vgl. § 3 Abs. 2 Nr. 7 KVLG 1989.

C. Hauptberuflich selbständige Tätigkeit, Abs. 5

71 Nach Abs. 1 Nr. 1 o. 5–12 ist nicht versicherungspflichtig, wer hauptberufl. eine selbständige Erwerbstätigkeit ausübt. Nicht ausgeschlossen ist eine Versicherungspflicht als Arbeitsloser (Nr. 2 und 2 a), Landwirt (Nr. 3), Künstler o. Publizist (Nr. 4) und der Auffangtatbestand der Nr. 13. Allerdings werden hauptberufl. Selbständige, die nie in der GKV waren, nach Nr. 13 Buchst. b ausgeschlossen (vgl. Rn. 67). Es handelt sich um einen Fall der **absoluten Versicherungsfreiheit**. In einigen Fällen führt die Regelung allerdings dazu, dass sich eine anderweitige Versicherungspflicht gegen die Nr. 1 o. 5–12 durchsetzt und stellt insofern eine Regelung der Konkurrenz dar (vgl. zur KVdL Rn. 26). Einfluss hat eine

hauptberufl. ausgeübte selbständige Tätigkeit auch auf das Bestehen einer Familienvers. (§ 10 Abs. 1 S. 1 Nr. 4) und auf die Beitragshöhe (§ 240 Abs. 4 S. 2).

Ziel der gesetzl. Regelung ist die **Missbrauchsabwehr;** es soll vermieden werden, dass ein nicht versicherungspflichtiger Selbständiger durch die Aufnahme einer niedrig vergüteten, aber versicherungspflichtigen Beschäftigung den umfassenden Schutz der GKV erhält, obwohl er weder zu dem des Solidarschutzes bedürftigen Personenkreis gehört noch seiner wirtschaftl. Leistungsfähigkeit entspr. Beiträge zahlt (BT-Drs. 11/2237, 159; BSG, SozR 3-5420, § 3 Nr. 1 S. 4).   72

Im Gegensatz zur nichtselbständigen Arbeit wird die **selbstständige Erwerbstätigkeit** vornehmlich durch das eigene Unternehmerrisiko, das Vorhandensein einer eigenen Betriebsstätte, die Verfügungsmöglichkeit über die eigene Arbeitskraft und die im Wesentl. frei gestaltete Tätigkeit und Arbeitszeit gekennzeichnet (vgl. BSG, SozR 2200, § 1227 Nr. 8 S. 16). Sie muss auf **Gewinnerzielung** gerichtet sein, auch wenn ggf. kein Gewinn erwirtschaftet wird (BSG, SozR 3-2500, § 240 Nr. 27 S. 111). Bei der Abgrenzung von anderen auf die Erzielung von Einnahmen gerichteten Handlungen (z. B. Vermietung, Verpachtung) stellt die Rspr. des BSG entscheidend auf § 15 SGB IV ab. Der Begriff der „selbstständigen Tätigkeit" in § 15 SGB IV umfasst alle typischerweise mit **persönlichem Einsatz** verbundenen Einkunftsarten (BSG, SozR 3-2400, § 15 Nr. 6 S. 16). Dabei erfolgt die Einordnung idR. anhand der Feststellungen der Finanzverwaltung, es sei denn, der Betroffene erhebt gegen deren Richtigkeit schlüssige und erhebl. Einwendungen (BSG, SozR 4-5420, § 2 Nr. 1 Rn. 30).   73

Eine selbständige Erwerbstätigkeit ist dann als **hauptberuflich** anzusehen, wenn sie von der wirtschaftl. Bedeutung und dem zeitl. Aufwand her die übrigen Erwerbstätigkeiten zusammen deutlich übersteigt und den Mittelpunkt der Erwerbstätigkeit darstellt. Dabei ist für die wirtschaftl. Bedeutung auf den Reingewinn iSd. § 15 Abs. 1 SGB IV abzustellen. Der Zeitaufwand von mithelfenden Familienangehörigen o. Arbeitnehmern ist nicht zu berücksichtigen, wohl aber der zeitl. Aufwand für die Betriebsführung (BSG, NZS 1998, 30/31 f.).   74

D. Verhältnis von GKV und PKV, Abs. 9

I. Kündigung der PKV, § 205 Abs. 2 VVG

Tritt Versicherungspflicht ein, besteht die Gefahr der Doppelvers., wenn zuvor bereits ein Vertrag mit der PKV bestand. § 205 Abs. 2 VVG (bis 31. 12. 2007: Abs. 9) sieht daher für diesen Fall ebenso wie für den Eintritt einer Familienvers. ein Kündigungsrecht vor.   75

II. Rückkehr zur PKV, Abs. 9; bis 31. 12. 2007: Abs. 10

Seit dem 1. 1. 2000 können Pers., die ihren Versicherungsvertrag oder ihre Anwartschaftsversicherung bei der PKV (vgl. S. 7) im Hinblick auf eine Vers. in der GKV nach §§ 5, 9 o. 10 gekündigt haben, von ihrer PKV den erneuten Abschluss eines Vertrages ohne Risikoprüfung, zu gleichen Tarifbedingungen und unter Zuschreibung der zuvor erworbenen Alterungsrückstellungen verlangen, wenn eine solche Vers. nicht zustande kommt o. vor Erfüllung der Vorversicherungszeit nach § 9 endet (S. 1, 2). Vorauss. ist allein, dass der frühere Vertrag vor seiner Kündigung mind. **5 Jahre** ununterbrochen bestanden hat. In Grenzfällen kann es daher weiterhin zu einem Verlust des Versicherungsschutzes kommen.   76

§ 6 Versicherungsfreiheit

77 Der neue Vertrag tritt am Tag nach der Beendigung des vorherigen Vertrages in Kraft (S. 3), wenn eine Vers. nicht zustande kommt; anderenfalls mit der Beendigung der GKV (S. 4). Das Rückkehrrecht endet drei Monate bzw. – wenn eine Vers. in der GKV zunächst bestand – 12 Monate nach Beendigung des Vertrages (S. 5 und 6). Aufgrund der **Übergangsregelung** in Art. 21 § 2 GKV-GRG 2000 gilt Abs. 9 nicht für Verträge, die vor dem 1. 1. 2000 endeten.

§ 6 Versicherungsfreiheit

(1) **Versicherungsfrei sind**

1. **Arbeiter und Angestellte, deren regelmäßiges Jahresarbeitsentgelt die Jahresarbeitsentgeltgrenze nach den Absätzen 6 oder 7 übersteigt und in drei aufeinander folgenden Kalenderjahren überstiegen hat;** *[bis 31. 12.08: dies gilt nicht für Seeleute];* **Zuschläge, die mit Rücksicht auf den Familienstand gezahlt werden, bleiben unberücksichtigt,**
1a. **abweichend von Nummer 1 nicht-deutsche Besatzungsmitglieder deutscher Seeschiffe, die ihren Wohnsitz oder gewöhnlichen Aufenthalt nicht im Geltungsbereich dieses Gesetzbuchs haben,**
2. **Beamte, Richter, Soldaten auf Zeit sowie Berufssoldaten der Bundeswehr und sonstige Beschäftigte des Bundes, eines Landes, eines Gemeindeverbandes, einer Gemeinde, von öffentlich-rechtlichen Körperschaften, Anstalten, Stiftungen oder Verbänden öffentlich-rechtlicher Körperschaften oder deren Spitzenverbänden, wenn sie nach beamtenrechtlichen Vorschriften oder Grundsätzen bei Krankheit Anspruch auf Fortzahlung der Bezüge und auf Beihilfe oder Heilfürsorge haben,**
3. **Personen, die während der Dauer ihres Studiums als ordentliche Studierende einer Hochschule oder einer der fachlichen Ausbildung dienenden Schule gegen Arbeitsentgelt beschäftigt sind,**
4. **Geistliche der als öffentlich-rechtliche Körperschaften anerkannten Religionsgesellschaften, wenn sie nach beamtenrechtlichen Vorschriften oder Grundsätzen bei Krankheit Anspruch auf Fortzahlung der Bezüge und auf Beihilfe haben,**
5. **Lehrer, die an privaten genehmigten Ersatzschulen hauptamtlich beschäftigt sind, wenn sie nach beamtenrechtlichen Vorschriften oder Grundsätzen bei Krankheit Anspruch auf Fortzahlung der Bezüge und auf Beihilfe haben,**
6. **die in den Nummern 2, 4 und 5 genannten Personen, wenn ihnen ein Anspruch auf Ruhegehalt oder ähnliche Bezüge zuerkannt ist und sie Anspruch auf Beihilfe im Krankheitsfalle nach beamtenrechtlichen Vorschriften oder Grundsätzen haben,**
7. **satzungsmäßige Mitglieder geistlicher Genossenschaften, Diakonissen und ähnliche Personen, wenn sie sich aus überwiegend religiösen oder sittlichen Beweggründen mit Krankenpflege, Unterricht oder anderen gemeinnützigen Tätigkeiten beschäftigen und nicht mehr als freien Unterhalt oder ein geringes Entgelt beziehen, das nur zur Beschaffung der unmittelbaren Lebensbedürfnisse an Wohnung, Verpflegung, Kleidung und dergleichen ausreicht,**
8. **Personen, die nach dem Krankheitsfürsorgesystem der Europäischen Gemeinschaften bei Krankheit geschützt sind.**

(2) Nach § 5 Abs. 1 Nr. 11 versicherungspflichtige Hinterbliebene der in Absatz 1 Nr. 2 und 4 bis 6 genannten Personen sind versicherungsfrei, wenn sie ihren Rentenanspruch nur aus der Versicherung dieser Personen ableiten und

nach beamtenrechtlichen Vorschriften oder Grundsätzen bei Krankheit Anspruch auf Beihilfe haben.

(3) ¹Die nach Absatz 1 oder anderen gesetzlichen Vorschriften mit Ausnahme von Absatz 2 und § 7 versicherungsfreien oder von der Versicherungspflicht befreiten Personen bleiben auch dann versicherungsfrei, wenn sie eine der in § 5 Abs. 1 Nr. 1 oder 5 bis 12 genannten Voraussetzungen erfüllen. ²Dies gilt nicht für die in Absatz 1 Nr. 3 genannten Personen, solange sie während ihrer Beschäftigung versicherungsfrei sind.

(3a) ¹Personen, die nach Vollendung des 55. Lebensjahres versicherungspflichtig werden, sind versicherungsfrei, wenn sie in den letzten fünf Jahren vor Eintritt der Versicherungspflicht nicht gesetzlich versichert waren. ²Weitere Voraussetzung ist, dass diese Personen mindestens die Hälfte dieser Zeit versicherungsfrei, von der Versicherungspflicht befreit oder nach § 5 Abs. 5 nicht versicherungspflichtig waren. ³Der Voraussetzung nach Satz 2 stehen die Ehe oder die Lebenspartnerschaft mit einer in Satz 2 genannten Person gleich. ⁴Satz 1 gilt nicht für *[bis 31.12.2008: Bezieher von Arbeitslosengeld II und für]* Personen, die nach § 5 Abs. 1 Nr. 13 versicherungspflichtig sind.

(4) ¹Wird die Jahresarbeitsentgeltgrenze in drei aufeinander folgenden Kalenderjahren überschritten, endet die Versicherungspflicht mit Ablauf des dritten Kalenderjahres, in dem sie überschritten wird. ²Dies gilt nicht, wenn das Entgelt die vom Beginn des nächsten Kalenderjahres an geltende Jahresarbeitsentgeltgrenze nicht übersteigt. ³Rückwirkende Erhöhungen des Entgelts werden dem Kalenderjahr zugerechnet, in dem der Anspruch auf das erhöhte Entgelt entstanden ist. ⁴Ein Überschreiten der Jahresarbeitsentgeltgrenze in einem von drei aufeinander folgenden Kalenderjahren liegt vor, wenn das tatsächlich im Kalenderjahr erzielte regelmäßige Jahresarbeitsentgelt die Jahresarbeitsentgeltgrenze überstiegen hat. ⁵Für Zeiten, in denen bei fortbestehendem Beschäftigungsverhältnis kein Arbeitsentgelt erzielt worden ist, insbesondere bei Arbeitsunfähigkeit nach Ablauf der Entgeltfortzahlung sowie bei Bezug von Entgeltersatzleistungen, ist ein regelmäßiges Arbeitsentgelt in der Höhe anzusetzen, in der es ohne die Unterbrechung erzielt worden wäre. ⁶Für Zeiten des Bezugs von Erziehungsgeld oder Elterngeld oder der Inanspruchnahme von Elternzeit oder Pflegezeit, für Zeiten, in denen als Entwicklungshelfer Entwicklungsdienst nach dem Entwicklungshelfergesetz geleistet worden ist, sowie im Falle des Wehr- oder Zivildienstes ist ein Überschreiten der Jahresarbeitsentgeltgrenze anzunehmen, wenn spätestens innerhalb eines Jahres nach diesen Zeiträumen eine Beschäftigung mit einem regelmäßigen Arbeitsentgelt oberhalb der Jahresarbeitsentgeltgrenze aufgenommen wird; dies gilt auch für Zeiten einer Befreiung von der Versicherungspflicht nach § 8 Abs. 1 Nr. 1a, 2, 2a oder 3.

(5) (weggefallen)

(6) ¹Die Jahresarbeitsentgeltgrenze nach Absatz 1 Nr. 1 beträgt im Jahr 2003 45.900 Euro. ²Sie ändert sich zum 1. Januar eines jeden Jahres in dem Verhältnis, in dem die Bruttolöhne und -gehälter je Arbeitnehmer (§ 68 Abs. 2 Satz 1 des Sechsten Buches) im vergangenen Kalenderjahr zu den entsprechenden Bruttolöhnen und -gehältern im vorvergangenen Kalenderjahr stehen. ³Die veränderten Beträge werden nur für das Kalenderjahr, für das die Jahresarbeitsentgeltgrenze bestimmt wird, auf das nächsthöhere Vielfache von 450 aufgerundet. ⁴Die Bundesregierung setzt die Jahresarbeitsentgeltgrenze in der Rechtsverordnung nach § 160 des Sechsten Buches Sozialgesetzbuch fest.

(7) ¹Abweichend von Absatz 6 Satz 1 beträgt die Jahresarbeitsentgeltgrenze für Arbeiter und Angestellte, die am 31. Dezember 2002 wegen Überschreitens

der an diesem Tag geltenden Jahresarbeitsentgeltgrenze versicherungsfrei und bei einem privaten Krankenversicherungsunternehmen in einer substitutiven Krankenversicherung versichert waren, im Jahr 2003 41.400 Euro. [2]Absatz 6 Satz 2 bis 4 gilt entsprechend.

(8) Der Ausgangswert für die Bestimmung der Jahresarbeitsentgeltgrenze für das Jahr 2004 beträgt für die in Absatz 6 genannten Arbeiter und Angestellten 45.594,05 Euro und für die in Absatz 7 genannten Arbeiter und Angestellten 41.034,64 Euro.

(9) [1]Arbeiter und Angestellte, die nicht die Voraussetzungen nach Absatz 1 Nr. 1 erfüllen und die am 2. Februar 2007 wegen Überschreitens der Jahresarbeitsentgeltgrenze bei einem privaten Krankenversicherungsunternehmen in einer substitutiven Krankenversicherung versichert waren oder die vor diesem Tag die Mitgliedschaft bei ihrer Krankenkasse gekündigt hatten, um in ein privates Krankenversicherungsunternehmen zu wechseln, bleiben versicherungsfrei, solange sie keinen anderen Tatbestand der Versicherungspflicht erfüllen. [2]Satz 1 gilt auch für Arbeiter und Angestellte, die am 2. Februar 2007 nach § 8 Abs. 1 Nr. 1 a, 2 oder 3 von der Versicherungspflicht befreit waren. [3]Arbeiter und Angestellte, die freiwillige Mitglieder einer gesetzlichen Krankenkasse sind, und nicht die Voraussetzungen nach Absatz 1 Nr. 1 erfüllen, gelten bis zum 31. März 2007 als freiwillige Mitglieder.

Schrifttum: *J. Erdmann,* Die Versicherungsfreiheit von Soldaten in Beschäftigungen während des Dienstverhältnisses und danach, WzS 2000, 321; *D. Felix,* Das Werkstudentenprivileg in der Sozialversicherung, SozVers 2002, 116; *H. Kemper,* Versicherungsfreiheit in Beschäftigungen, die während des Studiums ausgeübt werden, ErsK 1992, 192, 239; *A. Nappert/D. Bress,* Die Versicherungsfreiheit, 1994; *M. Schulz,* Versicherungsrechtliche Beurteilung von beschäftigten Studenten, Die Beiträge 2006, 705; *R. Tillmanns,* Die Krankenversicherungspflicht der Mitglieder von geistlichen Genossenschaften, SGb 1999, 450; *M. Wollenschläger,* Zur Verfassungsmäßigkeit der Erhöhung der Versicherungspflichtgrenze in der gesetzlichen Krankenversicherung durch das Beitragssatzsicherungsgesetz, NZS 2005, 237.

Inhaltsübersicht

	Rn.
A. Überblick	1
B. Tatbestände der Versicherungsfreiheit	3
I. Überschreiten der JAE-Grenze, Abs. 1 Nr. 1, Nr. 1 a, Abs. 4–9	3
1. Maßgebliche JAE-Grenze, Abs. 6–8	4
2. Anzurechnendes Arbeitsentgelt	6
3. Ende der Versicherungspflicht	9
4. Wiedereintritt der Versicherungspflicht	15
5. Sonderregelungen für Seeleute und Bergleute, Abs. 1 Nr. 1, Nr. 1 a, Abs. 5 aF.	16
6. Übergangsregelung, Abs. 9	19
II. Beamte, Richter, Soldaten, Abs. 1 Nr. 2	21
III. Studenten, Abs. 1 Nr. 3	23
IV. Geistliche, Abs. 1 Nr. 4	26
V. Lehrer an Ersatzschulen, Abs. 1 Nr. 5	27
VI. Bezieher von Ruhegehalt, Abs. 1 Nr. 6	28
VII. Mitglieder geistlicher Genossenschaften, Abs. 1 Nr. 7	30
VIII. Beschäftigte der EG, Abs. 1 Nr. 8	32
IX. Beihilfeberechtigte Bezieher von Hinterbliebenenrente, Abs. 2	33
X. Ältere, bisher nicht versicherungspflichtige Personen, Abs. 3 a	34
C. Absolute Versicherungsfreiheit, Abs. 3	37

A. Überblick

Die Vorschrift regelt zusammen mit § 7 (geringfügige Beschäftigung) die Versicherungsfreiheit in der GKV. Versicherungsfreiheit nimmt grds. versicherungspflichtige Beschäftigungs- oder Rechtsverhältnisse **kraft Gesetzes** von der Versicherungspflicht aus. IdR. ist eine Pflichtversicherung entbehrlich, sei es, weil eine Sicherung in einem anderen System besteht, sei es, weil der betreffende Personenkreis wegen der Höhe des erzielten Entgelts nicht schutzbedürftig ist. Bei dem neu eingefügten Abs. 3 a steht die Missbrauchsabwehr im Vordergrund (vgl. BT-Drs. 14/1245, 59 f.). 1

Für die KVdL vgl. § 3 a KVLG 1989; für Künstler und Publizisten § 5 Abs. 1 KSVG. 2

B. Tatbestände der Versicherungsfreiheit

I. Überschreiten der JAE-Grenze, Abs. 1 Nr. 1, Nr. 1 a, Abs. 4–9

Versicherungsfrei sind nach Abs. 1 Nr. 1 Angestellte und Arbeiter, wenn ihr JAE die maßgebl. Grenzen überschreitet. Zu den Sonderregeln für best. Berufsgruppen vgl. Rn. 16. Für Bezieher von Vorruhestandsgeld gilt Nr. 1 aufgrund der Fiktion des § 5 Abs. 3 entspr. (*Peters*, KK, § 6 Rn. 7). 3

1. Maßgebliche JAE-Grenze, Abs. 6–8

Die **Versicherungspflichtgrenze** lag bis Ende 2002 einheitlich bei 75 v. H. der Beitragsbemessungsgrenze der GRV, d. h. 2002 bei 40.500 €/Jahr. Durch das BSSichG wurde diese ab dem **1. 1. 2003** auf 45.900 € **angehoben (Abs. 6).** Damit wollte der Gesetzgeber Abwanderungstendenzen günstiger Versicherungsrisiken zur PKV entgegenwirken (BT-Drs. 15/28, 14). Aus **Vertrauensschutzgründen** legt **Abs. 7** die Einkommensgrenze für Beschäftigte, die am 31. 12. 2002 wegen Überschreitens der bisherigen JAE-Grenze bereits versicherungsfrei und in der PKV versichert waren, entspr. der allg. Lohn- und Gehaltsentwicklung auf 41.400 € jährlich fest. Diese Ausgangswerte werden für das Jahr **2004** nach **Abs. 8** auf 45.594,05 € und 41.034,64 € fortgeschrieben (zur Verfassungsmäßigkeit der Anhebung der JAE-Grenze: BVerfG, NZS 2005, 479). Seit 2003 ist die **JAE-Grenze** somit **aufgespalten** (zur Beitragsbemessungsgrenze vgl. § 223 Abs 3 S 1). In den Folgejahren werden beide Grenzen entspr. der allg. Lohn- und Gehaltsentwicklung fortgeschrieben (vgl. Abs. 6 S. 2–4, Abs. 7 S. 2). 2007 betrugen die Grenzen 47.700 € bzw. 42.750 €, 2008 48.150 € bzw. 43.200 €. 4

Die „**substitutive KV**" iSd. Abs. 7 muss geeignet sein, die GKV ganz o. teilweise zu ersetzen. Das Bestehen einer bloßen Zusatzvers. reicht nicht aus (BT-Drs. 15/28, 14). Dagegen ist für die Befreiung nach § 8 Abs. 1 Nr. 1 a eine PKV gefordert, deren Vertragsleistungen nach Art und Umfang den Leistungen der GKV entsprechen; der Auffangtatbestand des § 5 Abs. 1 Nr. 13 wiederum stellt keine Vorauss. auf. Ob sachl. Unterschiede gewollt sind, ist fraglich (vgl. *Peters*, KK, § 6 Rn. 13). 5

2. Anzurechnendes Arbeitsentgelt

Maßgebend ist das **Arbeitsentgelt** iSd. **§ 14 Abs. 1 SGB IV.** Steuern und Arbeitnehmeranteile am Gesamtsozialversicherungsbeitrag sind Bestandteil des Arbeitsentgelts (**Bruttoarbeitsentgelts;** zur Berechnung, wenn ein **Nettoar-** 6

beitsentgelt vereinbart ist vgl. BSG, SozR 3-2500, § 6 Nr. 10 S. 21 f.). Auch der Arbeitgeberanteil an den vermögenswirksamen Leistungen ist Arbeitsentgelt in diesem Sinne (LSG B-Brdbg v. 19. 4. 2005, L 24 KR 41/03). **Zuschläge,** die mit Rücksicht auf den **Familienstand** gezahlt werden, bleiben nach Abs. 1 Nr. 1 Hs. 3 unberücksichtigt.

7 Nach früherem Recht war das **geschuldete,** nicht das tatsächl. gezahlte Arbeitsentgelt maßgebl., z. B. bei untertarifl. Bezahlung (HessLSG v. 9. 12. 2004, L 4 KR 780/02). Abs. 4 S. 4 spricht jetzt zwar ausdrückl. vom **tatsächl.** im Kalenderjahr erzielten JAE. Die Gesetzesbegr. nimmt aber allein auf den Fall Bezug, dass trotz des nicht nahtlosen Anschlusses zweier Beschäftigungsverhältnisse die JAE-Grenze überschritten wird (BT-Drs. 16/4247, 30). Gemeint ist wohl, dass es bei fehlender Nahtlosigkeit nicht auf ein potentielles, für den Fall der durchgehenden Beschäftigung hochgerechnetes, sondern allein auf das in den zwei Beschäftigungsverhältnissen tatsächl. verdiente Entgelt ankommt. Eine Akzeptanz untertarifl. o. hinter dem geschuldeten Entgelt zurückbleibender Bezahlung kann der Neuregelung nicht entnommen werden (vgl. auch *Peters,* KK, § 6 Rn. 24).

8 Entscheidend ist grds. das Arbeitsentgelt aus der Beschäftigung, um deren Versicherungspflicht es geht. Zusätzlich ist das Arbeitsentgelt aus einer gleichzeitigen anderen Beschäftigung zu berücksichtigen. Arbeitseinkommen aus einer selbständigen Tätigkeit ist nicht hinzuzurechnen (*Baier,* Krauskopf, § 6 Rn. 12; *Peters,* KK, § 6 Rn. 16, dieser, wenn selbständige Tätigkeit nicht zur Versicherungspflicht führen kann; a. noch BSG, SozR Nr. 65 zu § 165 RVO). Weitere, nicht aus einer gegenwärtig ausgeübten eigenen Beschäftigung o. Tätigkeit herrührende Einnahmen wie z. B. Versorgungsbezüge o. eine Hinterbliebenenrente der GRV sind unbeachtlich (BSG, SozR 3-2500, § 6 Nr. 6 S. 9). Dies ist verfassungsrechtl. nicht zu beanstanden (BVerfG, SozR 4-2500, § 6 Nr. 5 Rn. 18 ff.). Mutterschaftsgeld einschließlich des Arbeitgeberzuschusses und Erziehungsgeld (jetzt: Elterngeld) sind keine Einnahmen aus einer Beschäftigung iSd. § 14 SGB V (BSG, SozR 3-2500, § 257 Nr. 1 S. 4), ebenso Kindergeld (BSG, SozR 4-2500, § 10 Nr. 3 Rn. 9).

3. Ende der Versicherungspflicht

9 Seit dem 2. 2. 2007 sind abhängig Beschäftigte erst dann versicherungsfrei, wenn ihr regelmäßiges JAE in drei aufeinander folgenden Jahren die JAE-Grenze überstiegen hat (Abs. 1 Nr. 1), es sei denn, die JAE-Grenze des folgenden Jahres wird nicht überschritten (Abs. 4 S. 2). Sinkt das JAE während des Dreijahreszeitraums in einem Jahr auf o. unter die Grenze, beginnt die Frist in dem Jahr, in dem die Grenze wieder überschritten wird, erneut zu laufen (vgl. aber die Sonderregelungen in Abs. 4 S. 5 und 6, Rn. 12 ff.). Nach früherem Recht war das Überschreiten in einem Jahr ausreichend (Abs. 1 Nr. 1 aF.). Mit der Neuregelung soll – ähnlich wie mit der Anhebung der JAE-Grenze 2003 – der Wechsel in die PKV erschwert und die Funktionsfähigkeit der GKV gewährleistet werden (BT-Drs. 16/3100, 95 f.).

10 Nach Abs. 1 Nr. 1 muss das **„regelmäßige"** JAE die Grenze überschreiten (vgl. auch Abs. 4 S. 1). Nach der früheren Rspr. war eine **vorausschauende Betrachtung** erforderlich (BSG, SozR 3-2500, § 8 Nr. 4 S. 19; SozR 2200, § 165 Nr. 65 S. 89 f.). Grds. sollte so ein häufiger Wechsel zwischen Versicherungspflicht und -freiheit vermieden werden (BSG, SozR 2200, § 165 Nr. 97 S. 170). Dem dient jetzt das Erfordernis eines dreimaligen Überschreitens der JAE-Grenze. Auch trat Versicherungsfreiheit nach Abs. 1 Nr. 1 aF. mit sofortiger Wirkung ein, wenn eine Beschäftigung mit einem Entgelt über der JAE-Grenze aufgenommen wurde; dies ist nach neuem Recht nicht mehr möglich. Da eine Beurteilung

erst zum Ende des 3. Kalenderjahres erfolgt, kann eine zuverlässigere rückschauende Betrachtung erfolgen; eine vorausschauende Sichtweise ist nur noch für die Beurteilung des 4. Kalenderjahres (Abs. 4 S. 2) erforderlich (*Peters*, KK, § 6 Rn. 19).

Abs. 4 S. 1 schiebt die Wirkung des **Überschreitens** der Grenze grundsätzlich auf das Ende des dritten Kalenderjahres hinaus. Wurde die Erhöhung des JAE **rückwirkend** vereinbart, wird die Erhöhung dem Kalenderjahr zugerechnet, in dem der Anspruch entstanden ist (Abs. 4 S. 3), um eine rückwirkende Änderung des Versicherungsverhältnisses zu vermeiden. 11

Sonderregelungen für den **Lauf der Dreijahresfrist** enthalten die erst im Gesetzgebungsverfahren eingefügten S. 5 und 6 des Abs. 4, so dass bei einem Wegfall o. Absinken des Arbeitsentgelts die Dreijahrsfrist nicht erneut vollständig zurückgelegt werden muss. Dies gilt zum einen, wenn im Rahmen eines **fortbestehenden Beschäftigungsverhältnisses** vorübergehend kein Arbeitsentgelt bezogen wird (S. 5); als Beispiel nennt das Gesetz AU ohne Entgeltfortzahlung o. den Bezug von Entgeltersatzleistungen. Für die Beurteilung der Versicherungspflicht wird dann ein JAE in der Höhe angesetzt, wie es ohne die Unterbrechung bezogen worden wäre. Hinsichtlich der Dauer spricht die Gesetzesbegr. von kurzfristig bzw. kurzzeitig (BT-Drs. 16/4247, 30). Da das Gesetz selbst aber keine zeitl. Grenze enthält, dürfte auch eine längere Unterbrechung unschädl. sein. 12

Nach S. 6 Hs. 1 wird für Zeiten des Bezugs von Erziehungsgeld o. Elterngeld, der Inanspruchnahme von Elternzeit oder der zum 1. 7. 2008 eingeführten Pflegezeit, des Entwicklungsdienstes nach dem EntwicklungshelferG sowie im Falle des Wehr- o. Zivildienstes das Überschreiten der JAE-Grenze fingiert, wenn spätestens innerhalb eines Jahres nach diesen Zeiträumen eine Beschäftigung mit einem regelmäßigen JAE oberhalb der JAE-Grenze aufgenommen wird. Es reicht nicht aus, wenn solche privilegierten Zeiten im gesamten Dreijahreszeitraum vorgelegen haben und danach eine Beschäftigung oberhalb der Versicherungspflichtgrenze aufgenommen wird (aA. *Peters*, KK, § 6 Rn. 26). Nach Sinn und Zweck der Regelung, einen begonnenen Dreijahreszeitraum zu erhalten (vgl. BT-Drs. 16/4247, 30 „erneut beginnt"), muss in jedem Fall vor dem Dreijahreszeitraum die Grenze überschritten worden sein. 13

S. 6 Hs. 2 erstreckt der Privilegierung des Hs. 1 auf Zeiten einer Befreiung von der Versicherungspflicht nach § 8 Abs. 1 Nr. 1 a (Alg-Bezieher), Nr. 2 (nicht volle Erwerbstätigkeit nach § 2 BErzGG); Nr. 2 a (Herabsetzung der regelmäßigen Wochenarbeitszeit während der Pflege eines Angehörigen) o. Nr. 3 (Verringerung der Arbeitszeit auf die Hälfte o. weniger). Solche Zeiträume sollen sich nicht nachteilig auf die Erfüllung des Dreijahreszeitraums auswirken, da sonst der Zweck der Befreiung, eine PKV fortzusetzen, durch die Versicherungspflicht konterkariert würde (BT-Drucks 16/4247, 30). 14

4. Wiedereintritt der Versicherungspflicht

Überschreitet das Entgelt **nach Eintritt von Versicherungsfreiheit** die JAE-Grenze nicht mehr, tritt sogleich Versicherungspflicht ein (ggf. mit dem Befreiungsrecht nach § 8 Abs. 1 Nr. 1). Eine Abs. 4 S. 1 entspr. Regelung fehlt (vgl. BSG, NZS 1994, 21/22). Auch die Sonderregelungen des Abs. 4 S. 5 und 6 gelten nicht. S. 6 spricht ausdrücklich vom Überschreiten der JAE-Grenze und in Bezug auf S. 5 verweist die Gesetzesbegr. auf die Dreijahresfrist für den Wechsel in die PKV (BT-Drs. 16/4247, 30). 15

5. Sonderregelungen für Seeleute und Bergleute, Abs. 1 Nr. 1, Nr. 1 a, Abs. 5 aF.

16 Nach Abs. 1 Nr. 1 Hs. 2 gilt die JAE-Grenze nicht für **Seeleute** (Legaldef. in § 13 Abs 1 S. 2 SGB IV). Diese Regelung ist mWv. 1. 1. 2009 durch das GKV-WSG gestrichen worden, so dass ab diesem Zeitpunkt auch Seeleute versicherungsfrei werden können. Es handelt sich um eine Folgeregelung zur Öffnung der See-KK für Versicherte außerhalb der Seeschiffahrt. Damit war die Beibehaltung der Sonderregelung nicht mehr sachgerecht (BT-Drs. 16/3100, 177).

17 Abweichend von Abs. 1 Nr. 1 sind **nicht-deutsche Besatzungsmitglieder** eines deutschen Seeschiffes (vgl. § 13 Abs. 2 SGB IV) unabhängig von der Höhe ihres Verdienstes versicherungsfrei, wenn sie weder ihren Wohnsitz noch ihren gewöhnl. Aufenthalt im Inland haben (Abs. 1 Nr. 1 a). Damit sollte der Trend zur Ausflaggung deutscher Seeschiffe gestoppt werden; über- und zwischenstaatl. Recht geht nach § 6 SGB IV vor (BT-Drucks 15/1749, 26).

18 Bis zum 31. 3. 2007 konnte für Versicherte der **knappschaftlichen KV** kraft Satzung Versicherungspflicht auch oberhalb der JAE-Grenze begründet werden (Abs. 5 aF.); von dieser Ermächtigung war auch Gebrauch gemacht worden. Als Folge der Öffnung der DRV Kn-Bahn-See für Versicherte außerhalb des Bergbaus (vgl. § 173 Rn. 12) wurde diese Regelung durch das GKV-WSG aufgehoben (BT-Drs. 16/3100, 96).

6. Übergangsregelung, Abs. 9

19 Aus Gründen des Vertrauensschutzes gilt die Neuregelung des Abs. 1 Nr. 1 nach Abs. 9 S. 1 nicht für Beschäftigte, die am **2. 2. 2007** (dem Tag der 3. Lesung des GKV-WSG) wegen Überschreitens der JAE-Grenze in der PKV versichert waren o. vor diesem Tag die Mitgliedschaft bei ihrer KK gekündigt haben, um zur PKV zu wechseln (vgl. auch § 175 Abs. 4 S. 8 für eine spätere Kündigung). Als „substitutive KV" iSd. S. 1 gilt nur eine Krankheitskostenvollversicherung, keine reine Zusatzversicherung (BT-Drs. 16/3100, 96). Nach dem im Gesetzgebungsverfahren eingefügten S. 2 gilt S. 1 auch für Beschäftigte, die am Stichtag nach § 8 Abs. 1 Nr. 1 a, 2 und 3 von der Versicherungspflicht **befreit** waren (vgl. BT-Drucks 16/4247, 30).

20 Nach S. 3 gelten frw. Versicherte, die nicht (mehr) die Vorauss. der Versicherungsfreiheit nach Abs. 1 Nr. 1 erfüllen, bis zum 31. 3. 2007 als frw. Mitglieder. Dies soll den Verwaltungsaufwand für Arbeitgeber und KK reduzieren (BT-Drucks 16/4247, 30).

II. Beamte, Richter, Soldaten, Abs. 1 Nr. 2

21 Beamte, Richter, Soldaten auf Zeit und Berufssoldaten der Bundeswehr sind versicherungsfrei, wenn sie nach beamtenrechtl. Vorschriften o. Grundsätzen bei Krankheit Anspruch auf Fortzahlung der Bezüge und auf Beihilfe o. Heilfürsorge haben, ebenso **sonstige Beschäftigte** im Öff. Dienst, wenn sie über eine GKV-ähnl. Absicherung verfügen. Das Erfordernis einer Anwartschaft auf Ruhegehalt und Hinterbliebenenversorgung (§ 169 RVO aF.) wurde aufgegeben. Die in Frage kommenden Dienstherren zählt Nr. 2 auf; auch **privatrechtl.** organisierte **Spitzenverbände** gehören hierzu (BT-Drs. 11/2237, 160). Beamte und Richter eines **ausländischen Staates** fallen nicht unter Nr. 2 (BSG, SozR 3-5420, § 2 Nr. 2 S. 15; vgl. aber Abs. 1 Nr. 8 für EG-Bedienstete).

Ist die Fortzahlung der Bezüge bei Krankheit lediglich befristet (vgl. BSG, 22
SozR 3-4100, § 169 Nr. 7 S. 10 zum Notarassessor) o. bleibt die Beihilfe nennenswert hinter der beamtenrechtl. zurück, liegt keine **GKV-ähnl. Absicherung** vor (*Peters,* KK, § 6 Rn. 33). Auch eine andere Absicherung, z. B. über die PKV, reicht nicht (BSG, SozR 4-4100, § 169 Nr. 1 Rn. 9).

III. Studenten, Abs. 1 Nr. 3

Studenten, die während ihres Studiums gegen Entgelt eine Beschäftigung aus- 23
üben (sog. **Werkstudenten),** sind in dieser Beschäftigung versicherungsfrei. Im Übrigen verbleibt es bei der KVdS nach § 5 Abs. 1 Nr. 9. Absolute Versicherungsfreiheit besteht nicht (Abs. 3 S. 2). Zum Begriff des Studenten vgl. § 5 Rn. 37. Anders als in § 5 Abs. 1 Nr. 9 werden auch Studenten an **privaten** Universitäten o. Hochschulen erfasst; Nr. 3 erfordert keine staatl. o. staatl. anerkannte Einrichtung. Die Regelung kennt **keine** nach Semestern o. Lebensjahren festgelegte **Höchstdauer**; die Grenzen für die KVdS können nicht entspr. herangezogen werden (BSG, NZS 2000, 298). Selbst der Absolvent, der immatrikuliert bleibt, um das Examen zur Notenverbesserung zu wiederholen, ist als Werkstudent versicherungsfrei (BSG, SozR 4-2500, § 6 Nr. 4 Rn. 8 ff.).

Neben dem förml. Status des Studenten (Immatrikulation) muss das Studium 24
Zeit und Arbeitskraft des Studenten überwiegend in Anspruch nehmen; er muss trotz Ausübung einer entgeltl. Beschäftigung seinem **Erscheinungsbild** nach Student bleiben. Die Beschäftigung muss dem Studium nach Zweck und Dauer untergeordnet sein (BSG, SozR 3-2500, § 6 Nr. 16 S. 54 f.). Daran fehlt es, wenn sie während des Semesters wöchentl. 20 Stunden übersteigt. Ein Überschreiten der Grenze in den Semesterferien ist idR. unschädlich, es sei denn, es wird insgesamt eine weit mehr als halbschichtige Beschäftigung ausgeübt. Unerhebl. ist, ob die Beschäftigung erstmals während des Studiums aufgenommen o. eine bisher ausgeübte Beschäftigung verringert wird. Nur wenn zwischen der fortgeführten Berufstätigkeit und dem Studium ein enger innerer Zusammenhang besteht, misst das BSG dem für die Feststellung des Erscheinungsbildes eine größere Bedeutung bei als der zeitl. Inanspruchnahme und verneint Versicherungsfreiheit (vgl. zu dem Ganzen BSG, SozR 4-2500, § 6 Nr. 3 Rn. 10 f. mwN.).

In der GRV ist das Werkstudentenprivileg abgeschafft worden. Auch in der 25
GKV wird dies diskutiert (vgl. *Felix*, SozVers 2002, 116 ff.; *Peters,* KK, § 6 Rn. 43). Nach der Anhebung der Geringfügigkeitsgrenze auf 400 € im Monat sowie der Einführung einer Gleitzone bei den Beiträgen (§ 20 Abs. 2 SGB IV) ist das Bedürfnis nach einem Werkstudentenprivileg fragl. (BSG, SozR 4-2500, § 6 Nr. 3 Rn. 15).

IV. Geistliche, Abs. 1 Nr. 4

Geistliche der als öff.-rechtl. Körperschaften anerkannten Religionsgemein- 26
schaften (vgl. Art. 140 GG iVm. Art. 137 Abs. 5 WRV) sind versicherungsfrei, wenn sie nach beamtenrechtl. Vorschriften o. Grundsätzen bei Krankheit Anspruch auf Fortzahlung der Bezüge und Beihilfe haben (hierzu Rn. 22). Auf nichtgeistl. Bedienstete ist Nr. 4 nicht entspr. anwendbar (aA. BSG, SozR 2200, § 169 Nr. 12 S. 23). Da das SGB V in Kenntnis der Rspr. an der Beschränkung auf Geistliche festhält, fehlt eine planwidrige Regelungslücke; nichtgeistl. Bedienstete fallen unter Nr. 2 (*Peters,* KK, § 6 Rn. 44; *Wollenschläger,* W/E, § 6 Rn. 34).

V. Lehrer an Ersatzschulen, Abs. 1 Nr. 5

27 Auch Lehrer an privaten genehmigten Ersatzschulen sind versicherungsfrei, wenn sie nach beamtenrechtl. Vorschriften o. Grundsätzen bei Krankheit Anspruch auf Fortzahlung der Bezüge und Beihilfe haben (vgl. Rn. 22). Erfasst werden nur **hauptamtl.** tätige Lehrer, d. h. Pers., die ihre Arbeitskraft überwiegend der Schule zur Verfügung stellen (*Gerlach,* H/N, § 6 Rn. 58; *Wollenschläger,* W/E, § 6 Rn. 36); dies ist auch bei einer Teilzeitbeschäftigung der Fall, wenn daneben keine andere berufl. Tätigkeit ausgeübt wird (*Peters,* KK, § 6 Rn. 45).

VI. Bezieher von Ruhegehalt, Abs. 1 Nr. 6

28 Diese Regelung erhält die Versicherungsfreiheit der während ihres Berufslebens nach Nr. 2, 4 o. 5 versicherungsfreien Pers. während des Ruhestandes, um einen nicht gerechtfertigten **Wechsel** zur GKV zu **vermeiden** (BT-Drs. 11/2237, 160). Vorauss. ist, dass eine entspr. Altersversorgung bezogen wird und Anspruch auf Beihilfe besteht. Für ausgeschiedene **Soldaten** auf Zeit, die **Übergangsgebührnisse** nach § 11 SVG beziehen, besteht keine Versicherungsfreiheit; Ruhegehaltähnl. Bezüge liegen nur vor, wenn diese auf Dauer, d. h. bis zum Lebensende o. bis zum Ende des Versorgungsfalls bezogen werden (BSG v. 13. 6. 2007, B 12 KR 14/06 R).

29 Da Ruheständler keinen Versicherungspflichttatbestand des § 5 erfüllen, wird die Befreiung nur relevant, wenn aus einem anderen Grund (Rente der GRV, Nebenbeschäftigung) Versicherungspflicht eintritt (BSG, SozR 3-2500, § 257 Nr. 3 S. 17, Nr. 4 S. 22). **Hinterbliebene** der betroffenen Pers. sind nur unter der Voraussetzung des Abs. 2 versicherungsfrei (BSG, SozR 3-2500 § 6 Nr. 6 S. 10).

VII. Mitglieder geistlicher Genossenschaften, Abs. 1 Nr. 7

30 Mitglieder geistl. Genossenschaften, Diakonissen o. ähnl. Pers., die sich mit Krankenpflege, Unterricht o. anderen gemeinnützigen Tätigkeiten beschäftigen, sind versicherungsfrei, wenn sie dies aus überwiegend religiösen o. sittlichen Beweggründen tun und hierfür lediglich freien Unterhalt o. ein geringes Entgelt beziehen. **Gering** ist nach der Legaldef. der Nr. 7 ein **Entgelt**, das nur zur Beschaffung der unmittelbaren Lebensbedürfnisse an Wohnung, Verpflegung, Kleidung und dergl. ausreicht. Grds. wird von einer Grenze von $1/8$ der Beitragsbemessungsgrenze ausgegangen (*Wollenschläger,* W/E, § 6 Rn. 41).

31 Die Versicherungsfreiheit ist seit In-Kraft-Treten des SGB V auf **satzungsmäßige** Mitglieder (ab der ersten Profess) beschränkt, um den Versicherungsschutz von Postulanten und Novizen zu gewährleisten (BT-Drs. 11/2237, 160). Zur Frage der **Versicherungspflicht** von Mitgliedern vgl. BSG, SozR 3-2500, § 6 Nr. 14 S. 36. MWv. 1. 1. 2000 sind Postulanten und Novizen ausdrücklich den zu ihrer Berufsausbildung Beschäftigten nach § 5 Abs. 1 Nr. 1 gleichgestellt (§ 5 Abs. 4 a S. 2).

VIII. Beschäftigte der EG, Abs. 1 Nr. 8

32 Nicht schutzbedürftig und daher versicherungsfrei sind Pers., die nach dem Krankheitsfürsorgesystem der EG geschützt sind. Dies sind Bedienstete, deren Familienangehörige sowie ehemalige Bedienstete (vgl. Art. 72 des Statuts der Beam-

ten der EG iVm. der Regelung zur Sicherstellung der Krankheitsfürsorge für die Beamten der EG).

IX. Beihilfeberechtigte Bezieher von Hinterbliebenenrente, Abs. 2

Versicherungspflichtige Hinterbliebene sind versicherungsfrei, wenn sie ihren Rentenanspruch allein von einer der in Abs. 1 Nr. 2 und 4–6 aufgezählten Pers. ableiten und auch sie nach beamtenrechtl. Vorschriften o. Grundsätzen bei Krankheit Anspruch auf Fortzahlung der Bezüge und Beihilfe haben (vgl. Rn. 22). Die Versicherungsfreiheit erstreckt sich **nicht** auf eine **Rente** aus **eigener Versicherung** o. eine versicherungspflichtige Beschäftigung (BSG, SozR 3-2500, § 6 Nr. 6 S. 10; vgl. auch BVerfG, SozR 4-2500, § 6 Nr. 5 Rn. 22 ff.). Abs. 2 ist in Abs. 3 (absolute Versicherungsfreiheit, vgl. Rn. 37) ausdrückl. ausgenommen. Es besteht ein Befreiungsrecht (§ 8 Abs. 1 Nr. 4). 33

X. Ältere, bisher nicht versicherungspflichtige Personen, Abs. 3 a

Das GKV-GRG 2000 hat mWv. 1. 7. 2000 die Versicherungsfreiheit von Pers. eingeführt, die nach **Vollendung** des **55. Lebensjahres** versicherungspflichtig werden, wenn diese zuvor 5 Jahre nicht als Mitglied o. Familienangehöriger in der GKV versichert und sie selbst o. ihr Ehegatte bzw. Lebenspartner (vgl. S. 3) mindestens die Hälfte dieser Zeit versicherungsfrei, von der Versicherungspflicht befreit o. wegen hauptberufl. Selbständigkeit nicht versicherungspflichtig (§ 5 Abs. 5) waren. Hierdurch soll Pers., die sich frühzeitig für die PKV entschieden haben, der Wechsel in die GKV verwehrt und die Solidargemeinschaft vor hohen Leistungsausgaben für ältere Versicherte, denen idR. nur niedrige Beiträge gegenüberstehen, geschützt werden. Parallel hierzu wurde die Altersgrenze für den durch die PKV anzubietenden Standardtarif nach § 257 a (vgl. § 257) auf 55 Jahre abgesenkt (vgl. BT-Drs. 14/1245, 59 f.). 34

S. 2 und 3 sollen sicherstellen, dass nur versicherungsfrei ist, wer der Sphäre der PKV zugeordnet werden kann. Ehemalige Sozialhilfeempfänger, Rückkehrer aus dem Ausland sowie Ausländer, die weder der PKV noch der GKV zugeordnet werden können, sollen nicht erfasst werden (vgl. BT-Drs. 14/1245, 60). Die Gleichstellung der Verhältnisse des Ehegatten o. Lebenspartners mit denen des Betroffenen (S. 3) soll verhindern, dass Ehegatten von Beamten, Selbständigen und versicherungsfreien Arbeitnehmern nach dem 55. Lebensjahr versicherungspflichtig würden (BT-Drs. 14/1245, 60). Diese Pers. sollen aufgrund der Versicherungssituation des Ehegatten der Sphäre der PKV zuzuordnen sein. Die Gleichstellung gilt nach ihrem Wortlaut nur für S. 2, nicht für S. 1. 35

Ausgenommen von der Versicherungsfreiheit nach Abs. 3 a sind nach S. 4 **Bezieher** von **Alg II** und (mWv. 1. 4. 2007) die nach § 5 Abs. 1 Nr. 13 Versicherungspflichtigen. Mit In-Kraft-Treten des Basistarifs der PKV zum 1. 1. 2009 entfällt die Versicherungspflicht für Alg II-Bezieher, die nicht der Sphäre der GKV zuzuordnen sind (§ 5 Abs. 5 a). Zugleich entfällt auch die Ausnahme in S. 4. 36

C. Absolute Versicherungsfreiheit, Abs. 3

Mit In-Kraft-Treten des SGB V wurde erstmals eine absolute Versicherungsfreiheit eingeführt, d. h. die Versicherungsfreiheit erfasst auch solche Sachverhalte, die an sich Versicherungspflicht auslösen würden (S. 1), jedoch nur solange die 37

Just

Vorauss. der Versicherungsfreiheit erfüllt sind (BSG, NZS 1998, 76/77). Hierdurch sollen Missbräuche verhindert werden (BT-Drs. 11/2237, 160). Auch eine **Befreiung** von der Versicherungspflicht (§ 8) wird von Abs. 3 erfasst. Dies gilt nicht für die Befreiung von einer nachrangigen Versicherungspflicht (z. B. als Rentner o. Student, vgl. *Peters,* KK, § 6 Rn. 69).

38 Der Vorrang gilt nicht für die Versicherungsfreiheit nach Abs. 2 (Hinterbliebene) oder bei geringfügiger Beschäftigung (§ 7). Ausgenommen sind nach S. 2 auch gegen Entgelt beschäftigte **Studenten** (Abs. 1 Nr. 3), da sich ihre Versicherungsfreiheit nur auf die während des Studiums ausgeübte Beschäftigung erstrecken soll (BT-Drs. 11/2237, 160).

§ 7 Versicherungsfreiheit bei geringfügiger Beschäftigung

(1) [1]**Wer eine geringfügige Beschäftigung nach § 8, 8 a des Vierten Buches ausübt, ist in dieser Beschäftigung versicherungsfrei; dies gilt nicht für eine Beschäftigung**

1. im Rahmen betrieblicher Berufsbildung,
2. nach dem Gesetz zur Förderung eines freiwilligen sozialen Jahres,
3. nach dem Gesetz zur Förderung eines freiwilligen ökologischen Jahres.
[2]**§ 8 Abs. 2 des Vierten Buches ist mit der Maßgabe anzuwenden, daß eine Zusammenrechnung mit einer nicht geringfügigen Beschäftigung nur erfolgt, wenn diese Versicherungspflicht begründet.**

(2) **Personen, die am 31. März 2003 nur in einer Beschäftigung versicherungspflichtig waren, die die Merkmale einer geringfügigen Beschäftigung nach den §§ 8, 8 a des Vierten Buches erfüllt, und die nach dem 31. März 2003 nicht die Voraussetzungen für eine Versicherung nach § 10 erfüllen, bleiben in dieser Beschäftigung versicherungspflichtig. Sie werden auf ihren Antrag von der Versicherungspflicht befreit. § 8 Abs. 2 gilt entsprechend mit der Maßgabe, dass an die Stelle des Zeitpunkts des Beginns der Versicherungspflicht der 1. April 2003 tritt. Die Befreiung ist auf die jeweilige Beschäftigung beschränkt.**

Schrifttum: *K. Buddemeier,* Geringfügige Beschäftigung in der Praxis, 2. Aufl. 2006; *C. Hofmann,* Sozialversicherungsfreiheit geringfügiger Beschäftigungsverhältnisse, DAngVers 1998, 474; *I. Palsherm,* Geringfügige Beschäftigung nach den Änderungen der sog. Hartz-Gesetze, ZfS 2003, 358; *C. Rolfs,* Verfassungs- und europarechtliche Probleme der Geringfügigkeitsreform, SGb 1999, 611; *ders./W. Bütefisch,* Der Ausschluss geringfügig Beschäftigter von der Sozialversicherungspflicht im Lichte der Richtlinie 79/7/EWG, VSSR 1998, 1; *S. Sieben/U. Albert/F. Dahlbender/K. Müller,* Geringfügige Beschäftigung und Scheinselbständigkeit, 1999.

A. Überblick

1 Die Vorschrift regelt ebenso wie § 6 einen Tatbestand der **Versicherungsfreiheit kraft Gesetzes.** Ein geringfügig Beschäftigter gilt als **nicht schutzbedürftig,** da dessen Lebensunterhalt idR. auf andere Weise sichergestellt ist. Zudem würden niedrige Entgelte zu Lasten der Versichertengemeinschaft zu vollen Leistungsansprüchen führen. Die Regelung ist mit Europarecht vereinbar (EuGH, NZS 1996, 119/120).

2 Ausnahmen von der Versicherungsfreiheit nach Abs. 1 S. 1 enthält Hs. 2. Abs. 1 S. 2 modifiziert die Regelungen des SGB IV über die Zusammenrechnung von Beschäftigungen. Abs. 2 enthält eine Übergangsregelung.

Versicherungsfrei in einer geringfügigen Beschäftigung sind grds. nur Beschäftigte nach § 5 Abs. 1 Nr. 1. Keine Anwendung findet Abs. 1 S. 1 auf Beschäftigungen nach § 5 Abs. 1 Nr. 5–8 (*Baier,* Krauskopf, § 7 Rn. 7; *Peters,* KK, § 7 Rn. 11). Die Versicherungsfreiheit ist – anders als bei § 6 Abs. 3 S. 1 – **nicht absolut,** d. h. sie erstreckt sich nicht auf andere Versicherungspflichttatbestände. Für geringfügig Beschäftigte zahlt der Arbeitgeber gem. § 249 b einen **Pauschalbeitrag.** 3

B. Geringfügige Beschäftigung, S. 1 Hs. 1

S. 1 verweist auf § 8 Abs. 1 SGB IV, der zwei Arten von Geringfügigkeit kennt: **Entgeltgeringfügigkeit** (Arbeitsentgelt, das regelmäßig 400 € im Monat nicht übersteigt, Nr. 1) und **Zeitgeringfügigkeit** (kurzfristige Beschäftigung, d. h. zeitl. auf zwei Monate o. 50 Kalendertage im Kalenderjahr begrenzt und keine berufsmäßige Ausübung, Nr. 2). Ob diese Voraus. erfüllt sind, ist vorausschauend zu ermitteln (vgl. § 6 Rn. 10 zur JAE-Grenze). Maßgebl. ist stets das tarifl. geschuldete, nicht das tatsächl. gezahlte Entgelt (BSG, NZS 2005, 538/539). 4

Der ebenfalls zitierte § 8 a SGB IV bestimmt ledigl. deklaratorisch die Anwendung von § 8 S. 1 SGB IV auf geringfügige Beschäftigungen in Privathaushalten, während § 8 S. 2 SGB IV deren Legaldef. enthält (*Baier,* Krauskopf, § 8 SGB IV Rn. 2). 5

C. Keine Zusammenrechnung, S. 2

Auch bei Vorliegen von Geringfügigkeit der einzelnen Beschäftigung tritt Versicherungsfreiheit nur ein, wenn keine Zusammenrechnung erfolgt. Nach § 8 Abs. 2 S. 1 Alt. 1 und 2 SGB IV sind mehrere geringfügig entlohnte Beschäftigungen zusammenzurechnen, ebenso mehrere kurzfristige Beschäftigungen; eine entgelt- und eine zeitgeringfügige Beschäftigung werden dagegen nicht addiert. Ferner werden entgeltgeringfügige Beschäftigung grds. mit einer nicht geringfügigen Beschäftigung zusammengerechnet (3. Alt.). Allerdings wurde mWv. 1. 4. 2003 der Zusatz „mit Ausnahme einer geringfügigen Beschäftigung nach Nr. 1" eingefügt. Eine Zusammenrechnung erfolgt daher nicht, wenn nur **eine einzige entgeltgeringfügige Beschäftigung** neben der Hauptbeschäftigung ausgeübt wird (*Baier,* Krauskopf, § 8 SGB IV Rn. 24; *Seewald,* KK, § 8 SGB IV Rn. 28 a). Unklar ist, ob darüber hinaus bei mehreren geringfügigen Beschäftigungen immer eine unbeachtlich ist und ob mehrere Beschäftigungen unbeachtlich sind, wenn das erzielte Entgelt insgesamt unter 400 € bleibt (*Baier,* Krauskopf, § 8 SGB IV Rn. 25 f.; *Seewald,* KK, § 8 SGB IV Rn. 28 d ff.). Nach 2.1.2.2. der GeringfügigkeitsRL der Spitzenverbände der KKen v. 25. 2. 2003 wird stets die zuerst aufgenommene geringfügig entlohnte Beschäftigung nicht hinzugerechnet und bleibt versicherungsfrei. Alle **bei einem Arbeitgeber** ausgeübten Beschäftigungen sind sozialversicherungsrechtl. als einheitl. Beschäftigungsverhältnis zu werten; eine geringfügige Nebenbeschäftigung kann nicht bei dem Arbeitgeber der Hauptbeschäftigung ausgeübt werden (BSG, SozR 2200, § 168 Nr. 7 S. 13). 6

Nach S. 2 erfolgt in der GKV keine Zusammenrechnung, wenn die nicht geringfügige **Hauptbeschäftigung** keine Versicherungspflicht begründet. Auch in einer geringfügigen Nebenbeschäftigung versicherungsfrei ist (§ 6 Abs. 3 S. 1), für wen nach § 6 Abs. 1 Nr. 1 wegen Überschreitens der JAE-Grenze in der Hauptbeschäftigung Versicherungsfreiheit besteht (BSG, SozR 4-2500, § 249 b Nr. 2 Rn. 13). Da 7 bei nur einer geringfügigen Beschäftigung auch nach § 8 Abs. 2 SGB IV eine Zusammenrechnung unterbleibt, ist die Bedeutung des S. 2 gering.

D. Ausnahmen, S. 1 Hs. 2

8 Von der Versicherungsfreiheit ausgenommen sind Beschäftigungen im Rahmen einer betriebl. Ausbildung (Nr. 1), nach dem Gesetz zur Förderung eines frw. sozialen Jahres (Nr. 2) bzw. eines frw. ökologischen Jahres (Nr. 3). Hier ist das geringe Entgelt durch die Art der Beschäftigung bedingt; es kann nicht unterstellt werden, dass der Lebensunterhalt auf andere Art und Weise gesichert ist. Betriebl. Ausbildung ist jede Art nichtschulischer Aus-, Fort- und Weiterbildung einschl. berufspraktischer Tätigkeiten iSd. § 5 Abs. 1 Nr. 10 (*Baier*, Krauskopf, § 7 Rn. 6; *Wollenschläger*, W/E, § 7 Rn. 9).

9 Die Beschäftigung zur **stufenweisen Wiedereingliederung** ist in der GKV – anders als in der GRV (§ 5 Abs. 2 S. 3 SGB VI) und im Rahmen der Arbeitsförderung (§ 27 Abs. 2 Nr. 3 SGB III) – nicht gesondert geregelt, eine geringfügige Beschäftigung ist auch dann versicherungsfrei, wenn sie der Eingliederung ins Erwerbsleben dient. Da während der Wiedereingliederung idR. Krg gezahlt wird, welches die Mitgliedschaft erhält (§ 192 Abs. 1 Nr. 2), ist ein solche Regelung auch verzichtbar (*Baier*, Krauskopf, § 7 Rn. 8).

E. Übergangsregelung, Abs. 2

10 MWv. 1. 4. 2003 entfiel die frühere Zeitgrenze von 15 Wochenstunden für entgeltgeringfügige Beschäftigungen, und die Entgeltgrenze stieg von 325 € auf 400 €. Beschäftigten, die vor dem 31. 3. 2003 versicherungspflichtig waren und durch die Neuregelung nach Abs. 1 versicherungsfrei würden, erhält S. 1 die **Versicherungspflicht,** es sei denn, sie erfüllen nun die Vorauss. der Familienversicherung nach § 10 (deren Entgeltgrenze ebenfalls angehoben wurde). Nicht anwendbar ist die Vertrauensschutzregelung, wenn nicht wegen der Neufassung des § 8 SGB IV, sondern wegen einer Änderung des Beschäftigungsverhältnisses Versicherungsfreiheit eintritt. Mit der Formulierung „in einer Beschäftigung" scheint S. 1 Versicherte auszuschließen, die mehrere versicherungspflichtige Beschäftigungen ausüben, die ab dem 1. 4. 2003 versicherungsfrei wurden. Eine Unterscheidung nach der Anzahl der Beschäftigungsverhältnisse war aber ersichtlich nicht gewollt. Nach dem Besprechungsergebnis der Spitzenverbände der KKen v. 2. 6. 2003 ist Abs. 2 S. 1 daher auch auf mehrere Beschäftigungsverhältnisse anzuwenden.

11 Nach S. 2 kann sich der von der Übergangsregelung Begünstigte von der Versicherungspflicht **befreien** lassen. Das Befreiungsrecht war bis zum 30. 6. 2003 auszuüben und wirkte ab dem 1. 4. 2003 bzw. – bei Inanspruchnahme von Leistungen – ab dem auf die Antragstellung folgenden Kalendermonat (S. 3 iVm. § 8 Abs. 2). Die Befreiung ist gem. S. 4 auf das jeweilige Beschäftigungsverhältnis beschränkt.

§ 8 Befreiung von der Versicherungspflicht

(1) Auf Antrag wird von der Versicherungspflicht befreit, wer versicherungspflichtig wird

1. wegen Änderung der Jahresarbeitsentgeltgrenze nach § 6 Abs. 6 Satz 2 oder Abs. 7,

[Nr. 1 a in der bis 31. 12. 2008 geltenden Fassung:]

1a. durch den Bezug von Arbeitslosengeld, Unterhaltsgeld (§ 5 Abs. 1 Nr. 2) oder Arbeitslosengeld II (§ 5 Abs. 1 Nr. 2 a) und in den letzten fünf Jahren vor dem Leistungsbezug nicht gesetzlich krankenversichert war, wenn er bei einem Krankenversicherungsunternehmen versichert ist und Vertragsleistungen erhält, die der Art und dem Umfang nach den Leistungen dieses Buches entsprechen,

[Nr. 1 a in der ab 1. 1. 2009 geltenden Fassung:]

1a. durch den Bezug von Arbeitslosengeld oder Unterhaltsgeld (§ 5 Abs. 1 Nr. 2) und in den letzten fünf Jahren vor dem Leistungsbezug nicht gesetzlich krankenversichert war, wenn er bei einem Krankenversicherungsunternehmen versichert ist und Vertragsleistungen erhält, die der Art und dem Umfang nach den Leistungen dieses Buches entsprechen,

2. durch Aufnahme einer nicht vollen Erwerbstätigkeit nach § 2 des Bundeserziehungsgeldgesetzes oder nach § 1 Abs. 6 des Bundeselterngeld- und Elternzeitgesetzes während der Elternzeit; die Befreiung erstreckt sich nur auf die Elternzeit,

2a. durch Herabsetzung der regelmäßigen Wochenarbeitszeit während der Pflegezeit nach § 3 des Pflegezeitgesetzes; die Befreiung erstreckt sich nur auf die Dauer der Pflegezeit,

3. weil seine Arbeitszeit auf die Hälfte oder weniger als die Hälfte der regelmäßigen Wochenarbeitszeit vergleichbarer Vollbeschäftigter des Betriebes herabgesetzt wird; dies gilt auch für Beschäftigte, die im Anschluß an ihr bisheriges Beschäftigungsverhältnis bei einem anderen Arbeitgeber ein Beschäftigungsverhältnis aufnehmen, das die Voraussetzungen des vorstehenden Halbsatzes erfüllt; Voraussetzung ist ferner, daß der Beschäftigte seit mindestens fünf Jahren wegen Überschreitens der Jahresarbeitsentgeltgrenze versicherungsfrei ist,

4. durch den Antrag auf Rente oder den Bezug von Rente oder die Teilnahme an einer Leistung zur Teilhabe am Arbeitsleben (§ 5 Abs. 1 Nr. 6, 11 oder 12),

5. durch die Einschreibung als Student oder die berufspraktische Tätigkeit (§ 5 Abs. 1 Nr. 9 oder 10),

6. durch die Beschäftigung als Arzt im Praktikum,

7. durch die Tätigkeit in einer Einrichtung für behinderte Menschen (§ 5 Abs. 1 Nr. 7 oder 8).

(2) Der Antrag ist innerhalb von drei Monaten nach Beginn der Versicherungspflicht bei der Krankenkasse zu stellen. Die Befreiung wirkt vom Beginn der Versicherungspflicht an, wenn seit diesem Zeitpunkt noch keine Leistungen in Anspruch genommen wurden, sonst vom Beginn des Kalendermonats an, der auf die Antragstellung folgt. Die Befreiung kann nicht widerrufen werden.

Schrifttum: *V. Wirges,* Krankenversicherungspflicht wegen fehlender Anrechnung einer geringfügigen Beschäftigung und Befreiung nach § 8 Abs. 1 Nr. 1 SGB V, DB 2003, 1170; *ders.,* Einzelprobleme der Reichweite der Befreiung von der Versicherungspflicht gemäß § 8 SGB V, SGb 2005, 14; *ders.,* Versicherungsbefreiung wegen Elternzeit und Teilzeitbeschäftigung, SGb 2006, 595.

§ 8 Befreiung von der Versicherungspflicht

Inhaltsübersicht

Rn.
- A. Überblick 1
- B. Befreiungstatbestände, Abs. 1 4
  - I. Änderung der JAE-Grenze, Nr. 1 4
  - II. Arbeitslose, Nr. 1a 5
  - III. Erwerbstätige während der Elternzeit, Nr. 2 oder der Pflegezeit, Nr. 2a 8
  - IV. Reduzierung der Arbeitszeit, Nr. 3 9
  - V. Rentenantragsteller, Rentner und Rehabilitanden, Nr. 4 11
  - VI. Studenten und Praktikanten, Nr. 5 12
  - VII. Arzt im Praktikum, Nr. 6 13
  - VIII. Behinderte Menschen, Nr. 7 14
- C. Befreiungsverfahren, Abs. 2 15
  - I. Befreiungsantrag und -frist, S. 1 15
  - II. Wirkung und Umfang der Befreiung, S. 2 und 3 18

A. Überblick

1 Die Vorschrift räumt bestimmten Pers. bei Eintritt der Versicherungspflicht zeitl. befristet die Möglichkeit ein, sich hiervon befreien zu lassen. IdR. handelt es sich dabei um Personen, die zuvor **privat versichert** waren. Sie sollen eigenverantwortl. entscheiden, ob sie in der PKV verbleiben o. den Schutz der GKV in Anspruch nehmen. Ein der GKV vergleichbarer Versicherungsschutz wird – außer im Fall der Leistungsbezieher nach Abs. 1 Nr. 1a – nicht verlangt, obwohl die Befreiung nicht widerrufen werden kann.

2 Bestand bereits Versicherungspflicht aus einem anderen Grund, ist eine Befreiung nach dem Wortlaut des Abs. 1 S. 1 („versicherungspflichtig wird") nicht mögl. (*Wollenschläger*, W/E, § 8 Rn. 6). Hat ein Hinterbliebener anlässl. des Bezugs einer Hinterbliebenenrente von der Befreiungsmöglichkeit keinen Gebrauch gemacht, wird diese daher durch den Bezug einer Rente aus eigener Versicherung nicht erneut eröffnet (LSG Rhld-Pf v. 8. 2. 2007, L 5 KR 141/06; vgl. auch BSG v. 24. 6. 2008, B 12 KR 28/07 R; aA. *Peters*, KK, § 8 Rn. 17). Eine kraft Gesetzes eintretende Versicherungsfreiheit geht einer Befreiung vor (BSG, SozR Nr. 14 zu § 1232 RVO).

3 Die Aufzählung der Befreiungstatbestände ist für die GKV **abschließend**. Weitere Befreiungstatbestände finden sich in §§ 4 und 5 KVLG 1989 und in §§ 5–7 KSVG.

B. Befreiungstatbestände, Abs. 1

I. Änderung der JAE-Grenze, Nr. 1

4 Wer bisher wegen Überschreitens der JAE-Grenze nach § 6 Abs. 6 S. 2 o. nach der Übergangsregelung des § 6 Abs. 7 versicherungsfrei war, kann sich befreien lassen, wenn er versicherungspflichtig würde, weil die im folgenden Jahr für ihn geltende JAE-Grenze aufgrund einer **Anpassung** an die **Entwicklung der Bruttolohn- und Gehaltssumme** höher sein wird als sein zu erwartendes JAE. Die Erhöhung aus einem anderen Grund ist nicht ausreichend. Bisher frw. Versicherte, bei denen durch die Anhebung der JAE-Grenze nach § 6 Abs. 6 S. 1 Versicherungspflicht eintritt, sollten dieser nicht ausweichen können (BT-Drs. 15/28, 15). Tritt Versicherungspflicht wegen eines Absinkens des JAE ein, kommen nur die Nr. 2 und 3 in Betracht (*Baier*, Krauskopf, § 8 Rn. 4; *Peters*, KK, § 8 Rn. 5c).

II. Arbeitslose, Nr. 1 a

Seit 1998 besteht ein Befreiungsrecht für Arbeitslose (zum früheren Ausschluss 5 vgl. BT-Drs. 13/8653, 28; BSG, NZS 1998, 76/77 f.). Nach § 5 Abs. 1 Nr. 2 oder 2 a versicherungspflichtige Bezieher von **Alg** (§ 117 SGB III) oder (bis 31. 12. 2008; vgl. § 5 Rn. 22) **Alg II** (§§ 19 ff. SGB II) können sich befreien lassen, wenn sie in den letzten 5 Jahren nicht in der GKV waren und einen der GKV gleichwertigen KV-Schutz nachweisen. Die Erwähnung des UHG (§§ 153 ff. SGB III aF.) geht ins Leere; zum 1. 1. 2005 ist bei berufl. Weiterbildung der Bezug von Alg an die Stelle des UHG getreten (§ 117 Abs. 1 Nr. 2 SGB III). Der Gesetzesentwurf hatte zunächst ein uneingeschränktes Befreiungsrecht vorgesehen (BT-Drs. 13/8653, 12); im Gesetzgebungsverfahren wurde es jedoch von einer fehlenden Versicherung in der GKV in den letzten 5 Jahren abhängig gemacht, da nur dann nennenswerte Altersrückstellungen in der PKV vorlägen (BT-Drs. 13/8994, 68). Schädl. ist jede Art von Versicherung in der GKV, also auch eine frw. o. eine Familienvers.

Seit 2000 ist eine Befreiung nur noch mögl., wenn der Arbeitslose über eine an- 6 derweitige Vers. verfügt, die ihrer **Art** und ihrem **Umfang** nach der GKV entspricht. Insofern hat das GKV-GRG 2000 Nr. 1 a um den Hs. 2 ergänzt. Nach dem früheren Recht konnten sich auch Alg-Bezieher von der Versicherungspflicht befreien lassen, die erst ab der 27. Woche Anspruch auf Krg hatten; da Alg bei AU nur für sechs Wochen fortgezahlt wird, konnte so eine Versorgungslücke entstehen (vgl. BT-Drs. 14/1245, 60). Die PKV muss die Leistungen der GKV, einschl. der Familienvers. für Angehörige, im Wesentlichen abdecken (*Baier,* Krauskopf, § 8 Rn. 6; *Peters,* KK, § 8 Rn. 9). Es muss sich um eine eigene Vers. handeln; nicht ausreichend ist eine „Mitversicherung" bei einem Angehörigen (BSG, SozR 2200, § 173 a Nr. 1 S. 2).

Die Regelungen betreffend eine die GKV ersetzende PKV sind nicht deckungs- 7 gleich, vgl. § 6 Abs. 7 S. 1 „substitutive KV" und § 257 Abs. 2 S. 1 „der Art nach" entspr. Leistungen. Ob damit unterschiedl. Vorauss. aufgestellt werden sollten, ist fraglich (vgl. *Peters,* KK, § 6 Rn. 8 c und § 8 Rn. 9).

III. Erwerbstätige während der Elternzeit, Nr. 2 oder der Pflegezeit, Nr. 2 a

Befreien lassen können sich Erwerbstätige, die während der Elternzeit (vorher: 8 Erziehungsurlaub) eine nach § 2 BErzGG erlaubte Tätigkeit (bis zu 30 Wochenstunden o. Beschäftigung zur Berufsausbildung) ausüben und hierdurch versicherungspflichtig werden. Hiermit sind vor allem Arbeitnehmer gemeint, die vorher wegen Überschreitens der JAE-Grenze versicherungsfrei waren (vgl. BT-Drs. 10/3792, 22 zu § 173 e RVO aF.). Entsprechendes gilt für Erwerbstätige, die sich wegen der Pflege eines nahen Angehörigen ganz o. teilweise freistellen lassen (vgl. § 3 des zum 1. 7. 2008 in Kraft getretenen Pflegezeitgesetzes). Die Befreiung gilt nur für die Dauer der Eltern- bzw. Pflegezeit (jeweils Hs. 2). Wird die Tätigkeit auch im Anschluss hieran im verringerten Umfang fortgeführt, entsteht Versicherungspflicht. Die Vorauss. der Nr. 3 können aufgrund des Zeitablaufs seit der Reduzierung der Arbeitszeit nicht mehr erfüllt werden.

IV. Reduzierung der Arbeitszeit, Nr. 3

9 Wer seine Arbeitszeit auf die Hälfte oder weniger als die Hälfte der regelmäßigen Arbeitszeit eines Vollbeschäftigten vermindert und dadurch versicherungspflichtig wird, hat Anspruch auf Befreiung von der Versicherungspflicht. Vergleichsmaßstab ist nicht die individuelle Arbeitszeit des Betroffenen, sondern die eines Arbeitnehmers mit vergleichbarer Qualifikation in vergleichbarer Stellung im Betrieb bzw. – bei größeren Betrieben – in der Abteilung (vgl. *Wollenschläger,* W/E, § 8 Rn. 14). Nach Hs. 2 ist ausreichend, wenn die Reduzierung durch einen Arbeitsplatzwechsel erfolgt. Vergleichsmaßstab sind dann die Verhältnisse im neuen Betrieb (vgl. *Wollenschläger,* W/E, § 8 Rn. 14f.). Die Regelung will die Aufnahme von Teilzeitarbeit (va. Altersteilzeit) zur Entlastung des Arbeitsmarktes erleichtern (vgl. *Peters,* KK, § 8 Rn. 12).

10 Der Eintritt der Versicherungspflicht muss gerade Folge der Herabsetzung der Arbeitszeit sein, da nunmehr die JAE-Grenze nicht mehr überschritten wird. Dies ist nur der Fall, wenn der Fünfjahreszeitraum unmittelbar vor der Herabsetzung liegt und wenn die Versicherungsfreiheit gerade auf § 6 Abs. 1 Nr. 1 beruhte (BSG, NZS 2000, 551/552). Es reicht nicht, dass Versicherungsfreiheit für 5 Jahre irgendwann einmal o. zwar unmittelbar zuvor, aber aus einem anderen Grund bestanden hat.

V. Rentenantragsteller, Rentner und Rehabilitanden, Nr. 4

11 Rentenantragsteller und Rentner, die nach § 5 Abs. 1 Nr. 11 oder 12 sowie Rehabilitanden, die nach § 5 Abs. 1 Nr. 6 versicherungspflichtig werden, werden auf Antrag befreit. Die Befreiung gilt auch für nach § 5 Abs. 1 Nr. 11a versicherungspflichtige Rentner, obwohl Nr. 4 insofern nicht ergänzt worden ist (*Peters,* KK, § 8 Rn. 13). Die Befreiung erfasst auch eine Beschäftigung neben dem Rentenbezug (*Baier,* Krauskopf, § 8 Rn. 10; *Wollenschläger,* W/E, § 8 Rn. 17).

VI. Studenten und Praktikanten, Nr. 5

12 Auf Antrag wird von der Versicherungspflicht befreit, wer durch die Einschreibung als Student oder durch eine berufspraktische Tätigkeit versicherungspflichtig wird (§ 5 Abs. 1 Nr. 9, 10). Durch den allg. Verweis auf § 5 Abs. 1 Nr. 10 werden aber nicht nur Praktikanten, sondern alle dort genannten Gruppen erfasst (*Peters,* KK, § 8 Rn. 20).

VII. Arzt im Praktikum, Nr. 6

13 Der Arzt im Praktikum war ein angehender Arzt, der nach Ablegung seiner ärztl. Prüfung als letzten Teil seiner Ausbildung aufgrund einer Erlaubnis zur vorübergehenden Ausübung des ärztl. Berufs nach § 10 BÄO eine in der früheren **Approbationsordnung** für Ärzte (idF. v. 21. 12. 1989, BGBl. I, 2529) näher geregelte achtzehnmonatige ärztl. Tätigkeit ausübte. Diese Tätigkeit wurde nicht in einem öff.-rechtl. Dienstverhältnis abgeleistet; sie stellte vielmehr grds. eine versicherungspflichtige Beschäftigung iSd. § 5 Abs. 1 Nr. 1 dar. Nr. 6 sieht ein Recht auf Befreiung vor, weil der betroffene Personenkreis idR. anderweitig gegen Krankheitsrisiken abgesichert war und nach der Approbation nicht mehr versicherungspflichtig beschäftigt wurde (vgl. BSG, SozR 3-2500, § 8 Nr. 2 S. 10). Die aktuelle Approbationsordnung vom 27. 6. 2002 (BGBl. I, 2405) sieht eine Tätigkeit als Arzt im Praktikum nicht mehr vor, so dass Nr. 6 nunmehr ins Leere geht.

VIII. Behinderte Menschen, Nr. 7

Behinderte Menschen können sich ebenfalls befreien lassen, wenn aufgrund einer Tätigkeit in einer Einrichtung für Behinderte nach § 5 Abs. 1 Nr. 7 o. 8 Versicherungspflicht entsteht. 14

C. Befreiungsverfahren, Abs. 2

I. Befreiungsantrag und -frist, S. 1

Der Antrag auf Befreiung von der Versicherungspflicht ist eine empfangsbedürftige Willenserklärung (BSG, SozR 5486, Art. 4 § 2 Nr. 2 S. 3); er kann bei jeder KK gestellt werden, die nach § 173 Abs. 2 wählbar ist (BSG, NZS 2000, 551/551). § 36 SGB I gilt nicht; Minderjährige müssen durch einen gesetzl. Vertreter vertreten werden. Anders als für die Wahl einer KK (vgl. § 175 Rn. 3) hat es der Gesetzgeber hier beim Minderjährigenschutz belassen. Die Rücknahme des Antrags ist mögl., solange über ihn noch nicht abschließend entschieden ist. 15

Die Antragsfrist beträgt einheitl. **drei Monate** und beginnt mit dem **Eintritt der Versicherungspflicht.** Für die Berechnung der Frist gilt § 26 Abs. 1 SGB X iVm. §§ 187 Abs. 1, 188 Abs. 2 BGB. Bei einem **Studenten** wird die Frist einmalig ab dem Beginn des Studiums (vgl. Abs. 1 Nr. 5 „durch die Einschreibung") berechnet und beginnt nicht mit jedem Semester erneut zu laufen. Auf den Beginn der Mitgliedschaft, der beim Studenten auch durch Rückmeldung eintreten kann (§ 186 Abs. 6), kommt es nicht an (BSG, NZS 1995, 321; anders noch BSG, SozR 2200, § 173 d Nr. 2 S. 5 zur RVO). Fragl. ist, ab welchem Zeitpunkt die Frist berechnet wird, wenn der zur Befreiung berechtigende Versicherungspflichttatbestand (z. B. Rentenbezug) zunächst von einer **vorrangigen Versicherungspflicht** (z. B. nach § 5 Abs. 1 Nr. 1) verdrängt wird. Da in diesem Fall die KVdR nicht wirksam wird, bis die versicherungspflichtige Beschäftigung aufgegeben wird, beginnt die Frist auch erst dann zu laufen (*Peters*, KK, § 8 Rn. 31). 16

Gegen die Versäumung der Frist ist grds. **Wiedereinsetzung** in den vorigen Stand (§ 27 SGB X) möglich; allerdings liegt Verschulden vor, wenn der Betroffene die Frist aus Unkenntnis verstreichen lässt (BSG NZS 1993, 543/544). Hat ein **Rentner** die Frist zur Befreiung von der Versicherungspflicht in der KVdR verstreichen lassen, so erwirbt er dieses Recht auch durch einen (vorübergehenden) **Verzicht** auf Rentenzahlungen nicht erneut. Denn die tatsächl. Zahlung der Rente ist zur Begründung der Versicherungspflicht in der KVdR nicht erforderl. (BSG, NZS 2004, 479/480 f.). Stellt der Rentenantragsteller keinen Befreiungsantrag, ist allerdings eine Befreiung nach erfolgter Rentenbewilligung nicht ausgeschlossen (*Peters*, KK, § 8 Rn. 15). 17

II. Wirkung und Umfang der Befreiung, S. 2 und 3

Grds. wirkt die Befreiung vom Beginn der Versicherungspflicht an; ledigl. dann, wenn schon Leistungen in Anspruch genommen wurden, wirkt sie erst von Beginn des auf die Antragstellung folgenden Kalendermonats an (S. 2). Beim Vorliegen einer vorrangigen Versicherungspflicht, die nicht zur Befreiung berechtigt, 18

Just

tritt die Wirkung erst mit dem Ende dieser Versicherungspflicht ein (vgl. Rn. 17). Eine Befreiung, um eine **frw. Vers.** in der GKV **fortzuführen,** ist nicht mögl.; denn ein Antrag auf frw. Vers. setzt nach § 9 Abs. 1 Nr. 1 eine vorherige Versicherungspflicht voraus (vgl. LSG B-W v. 19. 8. 2005, L 4 KR 1533/05; vgl. aber § 9 Abs. 1 Nr. 6 und hierzu LSG B-W v. 14. 2. 2006, L 11 KR 4223/05).

19 Die Befreiung ist zeitl. jeweils auf den Versicherungspflichttatbestand beschränkt, für den sie ausgesprochen wurde (anders nur Abs. 1 Nr. 2, 2 a Hs. 2: Ende mit Ablauf der Elternzeit bzw. der Pflegezeit). Nach § 6 Abs. 3 S. 1 (absolute Versicherungsfreiheit, vgl. § 6 Rn. 37) werden nur **zeitgleich** hinzutretende Tatbestände verdrängt (vgl. BSG, NZS 1998, 76/77). Die Befreiung nach Abs. 1 **Nr. 1** bleibt demnach erhalten, solange das **Beschäftigungsverhältnis** fortdauert, selbst wenn in der Folge die JAE-Grenze wieder überschritten wird. Sinkt das JAE erneut unter die maßgebl. Grenze, tritt keine Versicherungspflicht ein (BSG, SozR 3-2500, § 8 Nr. 4 S. 20 f.). Str. ist, ob dies auch bei einem Wechsel des Arbeitgebers gilt (ablehnend LSG B-W v. 12. 7. 2006, L 5 KR 4868/05; *Baier,* Krauskopf, § 8 Rn. 18; *Peters,* KK, § 8 Rn. 6).

20 Fragl. ist, ob die Befreiung nach Nr. 4 als **Rentenantragsteller** auch für die KVdR gilt. In beiden Fällen läuft die Antragsfrist ab Rentenantragstellung (vgl. § 186 Abs. 9, § 189 Abs. 2 S. 1; anders noch § 315 b RVO aF.). *Peters* schlägt daher vor, die Frist erst ab der Zustellung des Rentenbescheides laufen zu lassen (KK, § 8 Rn. 15). Die Befreiung von der KVdR gilt grds. umfassend, somit auch für einen sich unmittelbar anschließenden Rentenbezug aus einem anderen Rechtsgrund (differenzierend *Peters,* KK, § 8 Rn. 16 f.; vgl. auch Rn. 2)

21 **Werkstudenten,** die sich nach Abs. 1 Nr. 5 von der Versicherungspflicht haben befreien lassen, sind für die Dauer des Studiums versicherungsfrei; nach dem Überschreiten der entspr. Semester- und Altersgrenzen folgt dies aus § 5 Abs. 1 Nr. 9 (vgl. BSG, NZS 2000, 298/299; zur Versicherungsfreiheit einer Nebenbeschäftigung vgl. § 6 Rn. 23).

22 Nach S. 3 ist die Befreiung **unwiderruflich.** Eine Überprüfung nach §§ 44 ff. SGB X ist aber mögl. Die **Rücknahme** eines **rechtswidrigen Befreiungsbescheides** erfolgt nach der Rspr. des BSG jedoch nur für die Zukunft, wobei das BSG offen lässt, ob einschlägige Rechtsgrundlage § 44 SGB X o. § 45 SGB X ist (BSG, SozR 3-2500, § 8 Nr. 4 S. 21). Eine Rücknahme wegen Änderung der Verhältnisse nach § 48 SGB X ist dagegen ausgeschlossen (*Baier,* Krauskopf, § 8 Rn. 19; *Wollenschläger,* W/E, § 8 Rn. 30).

Zweiter Abschnitt. Versicherungsberechtigung

§ 9 Freiwillige Versicherung

(1) ¹**Der Versicherung können beitreten**

1. **Personen, die als Mitglieder aus der Versicherungspflicht ausgeschieden sind und in den letzten fünf Jahren vor dem Ausscheiden mindestens vierundzwanzig Monate oder unmittelbar vor dem Ausscheiden ununterbrochen mindestens zwölf Monate versichert waren; Zeiten der Mitgliedschaft nach § 189 und Zeiten, in denen eine Versicherung allein deshalb bestanden hat, weil Arbeitslosengeld II zu Unrecht bezogen wurde, werden nicht berücksichtigt,**
2. **Personen, deren Versicherung nach § 10 erlischt oder nur deswegen nicht besteht, weil die Voraussetzungen des § 10 Abs. 3 vorliegen, wenn sie oder der**

Elternteil, aus dessen Versicherung die Familienversicherung abgeleitet wurde, die in Nummer 1 genannte Vorversicherungszeit erfüllen,
3. (weggefallen)
4. schwerbehinderte Menschen im Sinne des Neunten Buches, wenn sie, ein Elternteil, ihr Ehegatte oder ihr Lebenspartner in den letzten fünf Jahren vor dem Beitritt mindestens drei Jahre versichert waren, es sei denn, sie konnten wegen ihrer Behinderung diese Voraussetzungen nicht erfüllen; die Satzung kann das Recht zum Beitritt von einer Altersgrenze abhängig machen,
5. Arbeitnehmer, deren Mitgliedschaft durch Beschäftigung im Ausland endete, wenn sie innerhalb von zwei Monaten nach Rückkehr in das Inland wieder eine Beschäftigung aufnehmen,
6. innerhalb von sechs Monaten nach dem Eintritt der Versicherungspflicht Bezieher einer Rente der gesetzlichen Rentenversicherung, die nach dem 31. März 2002 nach § 5 Abs. 1 Nr. 11 versicherungspflichtig geworden sind, deren Anspruch auf Rente schon an diesem Tag bestand, die aber nicht die Vorversicherungszeit nach § 5 Abs. 1 Nr. 11 in der seit dem 1. Januar 1993 geltenden Fassung erfüllt hatten und die deswegen bis zum 31. März 2002 freiwillige Mitglieder waren,
7. innerhalb von sechs Monaten nach ständiger Aufenthaltnahme im Inland oder innerhalb von drei Monaten nach Ende des Bezugs von Arbeitslosengeld II Spätaussiedler sowie deren gemäß § 7 Abs. 2 Satz 1 des Bundesvertriebenengesetzes leistungsberechtigte Ehegatten und Abkömmlinge, die bis zum Verlassen ihres früheren Versicherungsbereichs bei einem dortigen Träger der gesetzlichen Krankenversicherung versichert waren,
8. innerhalb von sechs Monaten ab dem 1. Januar 2005 Personen, die in der Vergangenheit laufende Leistungen zum Lebensunterhalt nach dem Bundessozialhilfegesetz bezogen haben und davor zu keinem Zeitpunkt gesetzlich oder privat krankenversichert waren.

²Für die Berechnung der Vorversicherungszeiten nach Satz 1 Nr. 1 gelten 360 Tage eines Bezugs von Leistungen, die nach § 339 des Dritten Buches berechnet werden, als zwölf Monate.

(2) Der Beitritt ist der Krankenkasse innerhalb von drei Monaten anzuzeigen

1. im Falle des Absatzes 1 Nr. 1 nach Beendigung der Mitgliedschaft,
2. im Falle des Absatzes 1 Nr. 2 nach Beendigung der Versicherung oder nach Geburt des Kindes,
3. (weggefallen)
4. im Falle des Absatzes 1 Nr. 4 nach Feststellung der Behinderung nach § 68 des Neunten Buches,
5. im Falle des Absatzes 1 Nr. 5 nach Rückkehr in das Inland.

(3) Kann zum Zeitpunkt des Beitritts zur gesetzlichen Krankenversicherung nach Absatz 1 Nr. 7 eine Bescheinigung nach § 15 Abs. 1 oder 2 des Bundesvertriebenengesetzes nicht vorgelegt werden, reicht als vorläufiger Nachweis der vom Bundesverwaltungsamt im Verteilungsverfahren nach § 8 Abs. 1 des Bundesvertriebenengesetzes ausgestellte Registrierschein und die Bestätigung der für die Ausstellung einer Bescheinigung nach § 15 Abs. 1 oder 2 des Bundesvertriebenengesetzes zuständigen Behörde, dass die Ausstellung dieser Bescheinigung beantragt wurde.

Schrifttum: *D. Bress,* Ausgewählte Fragen zum versicherungsberechtigten Personenkreis in der Sozialversicherung, WzS 1993, 321; *ders.,* Freiwillige Versicherung, 2005; *ders.,* Versi-

§ 9 Freiwillige Versicherung

cherungsberechtigte Personen in der Sozialversicherung, WzS 2005, 263, 296 und 350; *J. Erdmann,* Gleichstellung von in EWR-Mitgliedstaaten zurückgelegten Versicherungszeiten zur Begründung einer freiwilligen Mitgliedschaft, WzS 2002, 257; *H. Töns,* Die Frist für den Beitritt, DOK 1990, 567; *W. Volbers,* Die neuen Fristen nach dem GRG im Zusammenhang mit der freiwilligen Versicherung in der GKV, WzS 1989, 193; *ders.,* Vorversicherungszeiten zur freiwilligen Versicherung in der GKV, WzS 2005, 289.

Inhaltsübersicht

	Rn.
A. Überblick	1
B. Versicherungsberechtigte, Abs. 1 S. 1	5
I. Ehemalige Mitglieder, Nr. 1	5
1. Allgemeines	5
2. Die Vorversicherungszeit	7
II. Ehemalige Familienversicherte, Nr. 2	12
III. Erstmals Beschäftigte mit JAE über der JAE-Grenze, Nr. 3 aF.	14
IV. Schwer behinderte Menschen, Nr. 4	15
V. Arbeitnehmer nach Rückkehr aus dem Ausland, Nr. 5	18
VI. Rentner, Nr. 6	21
VII. Spätaussiedler, Nr. 7, Abs. 3	23
VIII. Frühere Sozialhilfebezieher, Nr. 8	24
C. Beitrittsanzeige	26
I. Allgemeines	26
II. Die Beitrittsfrist	27
III. Wirkung der Beitrittserklärung	31

A. Überblick

1 Mit der Regelung in § 9 über die frw. Versicherung öffnet sich die GKV für Personen, die nicht so schutzbedürftig sind, dass sie der Versicherungspflicht o. der beitragsfreien Familienvers. bedürften. Vorwiegend geht es um den Erhalt eines bestehenden Versicherungsschutzes **(Weiterversicherung).** Denn der Wechsel in die PKV kann wegen Alters o. wegen Erkrankungen kostenintensiv o. gar unmögl. sein, wenn die Versicherungspflicht in der GKV endet. Daneben wird aber auch der **erstmalige Zugang** zur GKV eröffnet (vgl. die Legaldef. der Versicherungsberechtigung in § 2 Abs. 1 SGB IV). Eine Pflichtmitgliedschaft hat Vorrang vor der frw. Versicherung (§ 191 Nr. 2; vgl. aber Abs. 1 S. 1 Nr. 6, dazu Rn. 21).

2 Das Beitrittsrecht ist innerhalb einer best. Frist auszuüben, idR. innerhalb von drei Monaten. Dies entspricht der Befreiungsfrist des § 8 Abs. 2 S. 1. Ein Recht der KK, den Versicherten **zurückzuweisen,** o. ein Leistungsausschluss für Vorerkrankung besteht nicht. Die frw. Versicherung kann jederzeit beendet werden (vgl. § 191 Nr. 4).

3 Durch das GRG wurden die früheren **Beitrittsmöglichkeiten** (§§ 176–176c RVO und § 313 RVO) in § 9 zusammengefasst und erheblich **eingeschränkt.** Insb. wurden die Versicherungsberechtigung Selbständiger (§ 176 Abs. 1 S. 1 Nr. 3 RVO aF.) und das generelle Beitrittsrecht für Rentner (§ 176 Abs. 1 S. 1 Nr. 9 RVO aF.) als mit dem Solidarprinzip und dem eingeschränkten Zugang zur KVdR unvereinbar abgeschafft (vgl. BT-Drs. 11/2237, 160).

4 Eine Versicherungsberechtigung besteht nur in den gesetzl. geregelten Fällen **(Numerus clausus** der Beitrittsrechte, vgl. *Peters,* KK, § 9 Rn. 9). Allerdings kann unter bestimmten engen Voraussetzungen ein Beitrittsrecht aufgrund eines **sozialrechtl. Herstellungsanspruches** bestehen (BSG, SozR 2200, § 313 Nr. 6; BSG, SozR 2200, § 313 Nr. 7; vgl. hierzu *Peters,* KK, § 9 Rn. 49).

B. Versicherungsberechtigte, Abs. 1 S. 1

I. Ehemalige Mitglieder, Nr. 1

1. Allgemeines

Nach Abs. 1 S. 1 Nr. 1 können der GKV alle Personen frw. beitreten, die als 5
Mitglieder aus der Versicherungspflicht bei einer inländischen KK ausgeschieden sind und die Vorversicherungszeit erfüllen. Das Ausscheiden bei einem **ausländischen Versicherungsträger** ist nicht ausreichend (BT-Drs. 11/2237, 160), es sei denn etwas anderes ergibt sich aus über- o. zwischenstaatl. Vorschriften wie z. B. Art. 9 Abs. 2 VO 1408/71 (zur Sonderregelung für Rückkehrer aus dem Ausland vgl. Abs. 1 S. 1 Nr. 5, Rn. 18 ff.). Seit dem 1. 1. 2005 besteht zudem ein bes. Beitrittsrecht für Spätaussiedler (Abs. 1 S. 1 Nr. 7, Rn. 23).

Aus welchem Grund die Pflichtmitgliedschaft endete, ist ohne Belang. Selbst 6
ein Beitritt nach einer **Befreiung** von der **Versicherungspflicht** nach § 8 ist denkbar, da § 9 insofern, anders als § 6 Abs. 3 S. 1 („absolute Versicherungsfreiheit", vgl. § 6 Rn. 37) und § 10 Abs. 1 S. 1 Nr. 3, keine anderweitige Regelung trifft (*Peters*, KK, § 9 Rn. 16; vgl. auch *Gerlach*, H/N, § 9 Rn. 29; aA. *Bloch*, HS-KV, § 17 Rn. 50; *Wollenschläger*, W/E, § 9 Rn. 6; *Zipperer*, M/S/W, § 9 Rn. 3). Zur Fortsetzung der Pflichtmitgliedschaft als frw. Versicherung beim Überschreiten der JAE-Grenzen vgl. § 190 Abs. 3.

2. Die Vorversicherungszeit

Die Vorversicherungszeit wird mit Zeiten der Pflicht-, der frw. o. der Familien- 7
vers. (aA. *Töns*, BKK 1989, 322/326) erfüllt (hM; *Baier*, Krauskopf, § 9 Rn. 8; *Bloch*, HS-KV, § 17 Rn. 47; *Gerlach*, H/N, § 9 Rn. 33; *Mengert*, Peters, KV, § 9 Rn. 31; *Zipperer*, M/S/W, § 9 Rn. 7). War der Berechtigte zuletzt familienversichert, ist aber Nr. 2 einschlägig. Nicht ausreichend sind Zeiten, in denen zwar eine Mitgliedschaft nach §§ 192 ff., aber keine Versicherung bestand (*Wollenschläger*, W/E, § 9 Rn. 11; *Mengert*, Peters, KV, § 9 Rn. 31; aA. *Bloch*, HS-KV, § 17 Rn. 49 f.; *Zipperer*, M/S/W, § 9 Rn. 7). Auch Zeiten verwirkter Ansprüche (§ 19 Abs. 2, 3) sind nicht einzuberechnen (*Gerlach*, H/N, § 9 Rn. 34; *Peters*, KK, § 9 Rn. 17).

Eine **Formalmitgliedschaft** als Rentenantragsteller nach § 189 wird nicht be- 8
rücksichtigt (Nr. 1 Hs. 2), da anderenfalls ein unbegründeter Rentenantrag den Zugang zur GKV eröffnete (BT-Drs. 11/2237, 160). Auch Versicherungszeiten, die auf zu Unrecht bezogenen Leistungen nach dem SGB II beruhen (§ 5 Abs. 1 Nr. 2 a), sind seit der Ergänzung des Nr. 1 Hs. 2 durch das Fünfte Gesetz zur Änderung des Dritten Buches Sozialgesetzbuch und anderer Gesetze vom 22. 12. 2005 (BGBl. I 3676) mWv. 31. 12. 2005 unbeachtl. Ein wegen fehlender Erwerbsfähigkeit rechtswidriger Bezug von Alg II soll keine dauerhafte frw. Mitgliedschaft in der GKV begründen (BT-Drs. 16/245, 9). Jedoch steht der KK kein eigenes Prüfungsrecht zu; sie ist bei der Prüfung der Vorversicherungszeit an eine bestandskräftige Bewilligung von SGB II-Leistungen gebunden (BSG v. 24. 6. 2008, B 12 KR 29/07 R). Hat der Betroffene bereits vor dem **rechtswidrigen Alg II-Bezug** die Vorversicherungszeit erfüllt, kann er nach dem Ende des Leistungsbezugs innerhalb von drei Monaten beitreten; anderenfalls würde er schlechter gestellt als er ohne Bezug von Alg II gestanden hätte (BT-Drs. 16/245, 10). Entspr. muss für den Rentenantragsteller gelten (*Baier*, Krauskopf, § 9 Rn. 8; *Peters*, KK, § 9 Rn. 18 a). Bestand vor der Rentenantragstellung eine frw. Mitgliedschaft, kann

diese nach Ablehnung des Rentenantrags aus Gründen der Besitzstandswahrung ohne Rücksicht auf die Vorversicherungszeit fortgesetzt werden (*Bress*, WzS 1993, 321/324; *Zipperer*, M/S/W, § 9 Rn. 8).

9 Die Anforderungen an die **Vorversicherungszeit** sind stufenweise verschärft worden. Seit 1989 konnte nur beitreten, wer in den letzten fünf Jahren vor dem Ausscheiden mind. 12 Monate o. unmittelbar vor dem Ausscheiden ununterbrochen mind. sechs Monate versichert war (zur verfassungsrechtl. Unbedenklichkeit vgl. BSG, SozR 3-2500, § 9 Nr. 2 S. 4 ff.). Durch das GSG wurde die Vorversicherungszeit erneut ab 1993 verlängert. Beitreten können nur noch Personen, die in den letzten fünf Jahren vor dem Ausscheiden mind. 24 Monate (Alt. 1) oder unmittelbar vor dem Ausscheiden ununterbrochen mind. 12 Monate (Alt. 2) versichert waren. Dies sollte das Solidaritätsprinzip stärken und die Versichertengemeinschaft vor unzumutbaren Belastungen schützen (BT-Drs. 12/3608, 76; zur Übergangsregelung vgl. Art. 33 § 4 GSG).

10 Die **Fristen** für die Vorversicherungszeit sind nach § 26 Abs. 1 SGB X iVm. §§ 188 Abs. 2, 187 Abs. 2 BGB zu berechnen. Die Vorversicherung ist auch dann verfehlt, wenn nur ein Tag fehlt (BSG, SozR 3-2500, § 9 Nr. 3 S. 10). Problematisch war dies insb. beim Bezug von **Alg**, da für die Leistungsberechnung der Monat mit 30 Tagen berechnet wird (§ 339 SGB III). Die Vorversicherungszeit von 12 Monaten konnte somit auch mit einem Leistungsanspruch von 12 Monaten verfehlt werden (BSG, SozR 3-2500, § 9 Nr. 3 S. 9). Abs. 1 wurde daher mWv. 4. 1. 2004 S. 2 angefügt. Danach gelten bei dem Bezug von Leistungen, die nach § 339 SGB III berechnet werden, 360 Tage als 12 Monate. Vgl. auch § 5 Rn. 76 zur erleichterten Fortführung der PKV.

11 Die Vorversicherungszeit von 12 Monaten muss **zusammenhängend** verlaufen; mehrere Versicherungsverhältnisse müssen nahtlos aneinander anschließen. Unschädlich ist eine Unterbrechung von einzelnen Tagen, weil zwischen zwei Beschäftigungsverhältnissen arbeitsfreie Tage lagen (*Baier*, Krauskopf, § 9 Rn. 6; *Volbers*, WzS 1989, 193/197; *Zipperer*, M/S/W, § 9 Rn. 11).

II. Ehemalige Familienversicherte, Nr. 2

12 Ein Beitrittsrecht besteht, wenn eine Familienversicherung nach § 10 erlischt oder wegen § 10 Abs. 3 gar nicht erst entsteht. Ein Erlöschen in diesem Sinne liegt auch vor, wenn der Stammversicherte aus der Mitgliedschaft ausscheidet (*Baier*, Krauskopf, § 9 Rn. 9; *Peters*, KK, § 9 Rn. 20; aA *Töns*, BKK, 1989, 322/326).

13 Seit dem 1. 1. 2000 ist auch für das Beitrittsrecht eines bisher Familienversicherten eine **Vorversicherungszeit** erforderlich. Die Neuregelung will rechtsmissbräuchl. Gestaltungsmöglichkeiten bei kurzfristiger Familienvers. ausschließen (vgl. BT-Drs. 14/1245, 60). Für Kinder ist die Erfüllung der Vorversicherungszeit durch einen Elternteil ausreichend; dies muss nicht zwingend der Elternteil sein, dessen Versicherung bei einem Wahlrecht nach § 10 Abs. 5 gewählt wurde (*Gerlach*, H/N, § 9 Rn. 37 b; *Peters*, KK, § 9 Rn. 21). Insofern ist weiterhin eine Weiterversicherung trotz nur kurzfristiger Familienvers. mögl. Zeiten der Familienvers. und eigene Versicherungszeiten können addiert werden. Nicht ausreichend ist es, wenn die Vorversicherungszeit nur gemeinsam mit eigenen Zeiten und Versicherungszeiten des Stammversicherten erfüllt wird (*Baier*, Krauskopf, § 9 Rn. 11).

III. Erstmals Beschäftigte mit JAE über der JAE-Grenze, Nr. 3 aF.

Beitrittsberechtigt waren bis zum 31. 3. 2007 **Berufsanfänger,** die bereits mit 14 dem Einkommen aus ihrer ersten Beschäftigung die JAE-Grenze überschritten und daher in dieser Beschäftigung nach § 6 Abs. 1 Nr. 1 aF. versicherungsfrei waren. Aufgrund der Neuregelung des § 6 Abs. 1 Nr. 1 (vgl. § 6 Rn. 9 ff.) ist diese Regelung obsolet geworden. Nach Ende der dreijährigen Versicherungspflicht sind in jedem Fall die Vorauss. für den Beitritt als frw. Mitglied nach Abs. 1 S. 1 Nr. 1 erfüllt (vgl. BT-Drs. 16/3100, 96).

IV. Schwer behinderte Menschen, Nr. 4

Schwer behinderten Menschen iSd. § 2 Abs. 2 SGB IX wird unter bestimmten 15 Voraussetzungen die frw. Versicherung eröffnet. Der Gesetzgeber trägt damit dem Umstand Rechnung, dass diese häufig nicht in der Lage sind, einen finanziell tragbaren Versicherungsschutz zu erlangen, z. B. durch Aufnahme einer Beschäftigung. Jedoch verlangt das Gesetz eine gewisse Beziehung des Schwerbehinderten, eines Elternteils o. des Ehegatten bzw. Lebenspartners zur GKV (vgl. *Peters,* KK, § 9 Rn. 27). Eine Ausdehnung der Beitrittsmöglichkeit auf **gleichgestellte** behinderte Menschen (§ 2 Abs. 3 SGB IX) ist abzulehnen (*Mengert,* Peters, KV, § 9 Rn. 47; *Zipperer,* M/S/W, § 9 Rn. 24; aA. *Baier,* Krauskopf, § 9 Rn. 13), da die Gleichstellung wesentl. von der individuellen Konkurrenzfähigkeit des Betroffenen abhängt (vgl. *Götze,* H/N, SGB IX, § 2 Rn. 52 ff.) und eine Belastung der GKV daher nicht gerechtfertigt erscheint. Die **vorherige Feststellung** der Schwerbehinderung ist nicht erforderlich (vgl. BSGE 48, 167/169; aA. *Baier,* Krauskopf, § 9 Rn. 13), allerdings genügt die Behinderung allein nicht, wenn keine Feststellung erfolgt (*Wollenschläger,* W/E, § 9 Rn. 18).

Entweder der Schwerbehinderte selbst, ein Elternteil o. sein Ehegatte bzw. (seit 16 1. 8. 2001) Lebenspartner muss in den letzten fünf Jahren vor dem Beitritt mindestens drei Jahre (365 x 3 = 1095 Tage; vgl. § 26 Abs. 1 SGB X iVm. § 191 BGB) versichert gewesen sein. Eine Kumulation der Zeiten ist nicht mögl. (*Zipperer,* M/S/W, § 9 Rn. 25; aA. *Mengert,* Peters, KV, § 9 Rn. 57). Die Vorversicherungszeit kann mit allen Versicherungszeiten, auch mit Zeiten einer Versicherung als Rentenantragsteller (§ 189) erfüllt werden (*Zipperer,* M/S/W, § 9 Rn. 25). Keine Vorversicherungszeit wird verlangt, wenn der Antragsteller aufgrund seiner Behinderung in den letzten 5 Jahren keine Versicherungszeiten zurücklegen, insb. keine Beschäftigung ausüben o. die Vorauss. des § 5 Abs. 1 Nr. 7, 8 erfüllen konnte. Auf weiter zurückliegende Versicherungsmöglichkeiten kommt es nicht an (BSG, SozR 2200, § 176 c Nr. 8 S. 18 f.).

Die KKen sind berechtigt, durch Satzung eine **Altersgrenze** für die Beitritts- 17 berechtigung einzuführen. Dabei kann es sich um ein Höchst- o. ein Mindestalter handeln. Da das schwer behinderte Kind eines ges. Versicherten idR. familienversichert ist bzw. nach Abs. 1 Nr. 2 beitreten kann, verhindert ein Mindestalter allein den Beitritt schwer behinderter Kinder von privat Versicherten (vgl. *Gerlach,* H/N, § 9 Rn. 42).

V. Arbeitnehmer nach Rückkehr aus dem Ausland, Nr. 5

Arbeitnehmern, die **wegen** einer Beschäftigung im Ausland ihren Versiche- 18 rungsschutz verloren haben, wird ein Beitrittsrecht eingeräumt, wenn die nach der Rückkehr ausgeübte Beschäftigung keinen Zugang zur GKV erlaubt. Beim Wegzug ins Ausland muss kein Recht zur frw. Versicherung bestanden haben (*Baier,* Krauskopf, § 9 Rn. 14).

19 Ein **Verlust** der **Mitgliedschaft** tritt nicht ein, wenn die Vorauss. der Ausstrahlung (§ 4 SGB IV) vorliegen. Kündigt ein Arbeitnehmer bei Entsendung ins Ausland dennoch seine frw. Versicherung, kann er bei seiner Rückkehr nicht nach Nr. 5 erneut beitreten (*Baier,* Krauskopf, § 9 Rn. 14; *Zipperer,* M/S/W, § 9 Rn. 30). Entspr. gilt, wenn die Mitgliedschaft durch über- o. zwischenstaatl. Recht o. durch eine Anwartschaftsversicherung (§ 240 Abs. 4a) erhalten wird (*Peters,* KK, § 9 Rn. 34).

20 Innerhalb von **zwei Monaten nach Rückkehr** muss eine Beschäftigung aufgenommen werden, die selbst keine Versicherungspflicht auslöst. Unerhebl. ist, aus welchen Gründen (z. B. Krankheit) ggf. eine Beschäftigungsaufnahme innerhalb der Frist unterbleibt (*Peters,* KK, § 9 Rn. 35; *Zipperer,* M/S/W, § 9 Rn. 32; aA. *Mengert,* Peters, KV, § 9 Rn. 69: ggf. Wiedereinsetzung in den vorigen Stand).

VI. Rentner, Nr. 6

21 Die Übergangsregelung des Nr. 6 erlaubt Beziehern einer Rente der GRV, die aufgrund der Entscheidung des BVerfG zur Verfassungswidrigkeit der Zugangsvorauss. zur KVdR (BVerfG, NZS 2000, 450/454) in der **KVdR versicherungspflichtig** wurden, die **Wahl** der frw. Vers. (krit. *Peters,* KK, § 9 Rn. 39). IdR. wird aber die Pflichtversicherung günstiger sein. Interessant war die Abwahl der Pflichtversicherung vor allem, wenn einem Angehörigen nach § 190 Abs. 11a die beitragsfreie Familienversicherung erhalten werden sollte.

22 **Beitrittsberechtigt** sind Rentner, die am 31. 3. 2002 Anspruch auf eine Rente der GVR hatten, auch wenn diese noch nicht bewilligt war (BT-Drs. 14/8384, 8), wegen der ab dem 1. 1. 1993 geltenden Vorversicherungszeit nur mit Pflichtversicherungszeiten keinen Zugang zur KVdR hatten und aufgrund der ab dem 1. 4. 2002 erneut geltenden Zugangsvorauss. idF. des GRG versicherungspflichtig wurden, soweit sie wegen des fehlenden Zugangs zur KVdR frw. Mitglied der GKV geworden waren. Scheiterte die Versicherungspflicht in der KVdR vor dem 1. 4. 2002 an anderen Gründen, z. B. wegen einer vorrangigen Versicherungspflicht (§ 5 Abs. 8 S. 1), bestand kein Wahlrecht (BT-Drs. 14/8384, 8). Unschädl. waren solche Gründe dagegen ab dem 1. 4. 2002, wenn etwa wegen einer an diesem Tag beginnenden Beschäftigung die Versicherungspflicht als Rentner erst zu einem späteren Zeitpunkt eintrat (*Baier,* Krauskopf, § 9 Rn. 17). Die Entscheidung für die frw. Vers. ist endgültig (§ 5 Abs. 8 S. 2).

VII. Spätaussiedler, Nr. 7, Abs. 3

23 Seit dem 1. 1. 2005 können Spätaussiedler und ihre nach § 7 BVFG leistungsberechtigte Ehegatten o. Abkömmlinge innerhalb von sechs Monaten nach ständiger Aufenthaltnahme im Inland der GKV beitreten, wenn sie bis zum Verlassen ihres früheren Versicherungsbereichs bei dem dortigen KV-Träger versichert waren. Die Neuregelung ist Folge der Aufhebung der Vorschriften über die Eingliederungshilfe für Spätaussiedler, die zuvor sicher gestellt hatte, dass Spätaussiedler zumind. für sechs Monate in der GKV waren und so einen Teil der Vorversicherungszeit erfüllten. Zudem war in der Rspr. str., ob die Vorgängervorschrift des § 10 FAG noch anwendbar war (vgl. BT-Drs. 15/1749, 35 f.). Kann der Spätaussiedler noch

keine Statusbescheinigung nach § 15 BVFG vorlegen, genügt als **vorläufiger Nachweis** der Registrierschein (§ 8 BVFG) in Verbindung mit der Bestätigung der zuständigen Behörde, dass die Ausstellung der Bescheinigung beantragt wurde (Abs. 3). Wird die Ausstellung abgelehnt, endet die frw. Vers. nur mit Wirkung für die Zukunft (*Baier,* Krauskopf, § 9 Rn. 22; *Peters,* KK, § 9 Rn. 45).

VIII. Frühere Sozialhilfebezieher, Nr. 8

Im Zuge der **Zusammenlegung** v. **Sozialhilfe** und **Alhi** hat der Gesetzgeber ehemaligen Sozialhilfebeziehern, die vor dem Leistungsbezug zu keinem Zeitpunkt in der GKV o. PKV waren, ein einmaliges, auf den Zeitraum v. 1.1.–30.6.2005 befristetes Beitrittsrecht zur GKV eingeräumt. Da erwerbsfähige Hilfebedürftige ab dem 1.1.2005 aufgrund des Alg II-Leistungsbezugs versicherungspflichtig wurden, erschien dem Gesetzgeber eine **Gleichstellung** der ehemaligen Hilfebedürftigen, die zu keinem Zeitpunkt eine Zugangsmöglichkeit zur GKV hatten, geboten (BT-Drs. 15/1749, 36). Das BSG hat nun klargestellt, dass beitrittsberechtigt nur ist, wer ab dem 1.1.2005 **keine Leistungen** nach dem **SGB XII** bezieht. Es sollte nur eine Gleichstellung der Personen, die vor dem In-Kraft-Treten des SGB II Leistungen nach dem BSHG bezogen hatten, inzwischen aber wegen (versicherungsfreier) **Erwerbstätigkeit** aus dem Leistungsbezug ausgeschieden waren, mit den erwerbsfähigen Leistungsbeziehern nach dem SGB II erfolgen. Dagegen sollten nicht alle Leistungsempfänger nach dem BSHG bzw. (ab dem 1.1.2005) dem SGB XII der GKV beitreten können. Bedenken gegen die zeitl. Befristung des Beitrittsrechts bestehen wegen der mWV. 1.4.2007 neu geschaffenen Versicherungspflicht nach § 5 Abs. 1 Nr. 13 nicht mehr (BSG, SozR 4-2500 § 9 Nr. 1). 24

Einen Bezug von laufender Hilfe zum Lebensunterhalt nach dem BSHG unmittelbar vor dem 1.1.2005 verlangt das Gesetz nicht (*Baier,* Krauskopf, § 9 Rn. 23; *Peters,* KK, § 9 Rn. 48). Schädlich ist nach dem Gesetzeswortlaut jedes frühere Bestehen einer KV. Anders als die Gesetzesbegr. ausführt, kommt es somit nicht darauf an, ob eine Zugangsmöglichkeit zur GKV bestand. Eine kurze Zeit der Mitgliedschaft in der GKV schließt auch dann den Beitritt aus, wenn eine Weiterversicherung nicht mögl. war (aA. *Baier,* Krauskopf, § 9 Rn. 24). 25

C. Beitrittsanzeige

I. Allgemeines

Der Beitritt erfolgt durch einseitige, empfangsbedürftige Willenserklärung. Gemäß § 188 Abs. 3 ist für die Beitrittserklärung die **Schriftform** erforderlich. Eine Befugnis des **Sozialhilfeträgers** aufgrund des § 95 SGB XII, den Beitritt zu erklären, besteht nicht (BSG, SozR 3-5910, § 91a Nr. 1 S. 6f. zu § 91a BSHG). Allenfalls wäre an eine Vertretung ohne Vertretungsmacht (§ 180 BGB) zu denken, allerdings muss die Genehmigung dann innerhalb der Beitrittsfrist erfolgen (BSG, SozR 3-2200, § 313 Nr. 1 S. 5f.). 26

II. Die Beitrittsfrist

Der Beitritt zur frw. Versicherung ist grds. innerhalb von **3 Monaten** der KK anzuzeigen. Abweichend hiervon läuft für die Abwahl der Versicherungspflicht in der KVdR (Abs. 1 S. 1 Nr. 6) und den Beitritt von Spätaussiedlern und ehemaligen 27

§ 10 Familienversicherung

Sozialhilfebeziehern (Abs. 1 S. 1 Nr. 7, 8) eine Sechsmonatsfrist. Es handelt sich um eine **gesetzl. Ausschlussfrist** (BSG, SozR 3-2200, § 313 Nr. 1 S. 5). Es ist **Wiedereinsetzung** in den vorigen Stand mögl. (BSG, NZS 2003, 210/211). Für die Berechnung der Frist gilt § 26 Abs. 1 SGB X iVm. §§ 187–193 BGB.

28 Abs. 2 regelt für die einzelnen Versicherungsberechtigten, ab welchem **Ereignis** die Frist zu laufen beginnt. Für **frühere Mitglieder** ist dies die Beendigung der Mitgliedschaft (vgl. § 190). Beruhte die Versicherungspflicht auf dem Bezug von Leistungen (z. B. Alg), endet diese aber nicht schon mit der Einstellung der Zahlungen, sondern erst mit dem Ende des **Bewilligungszeitraums**, d. h. dem Zeitraum, für den die Leistung durch VA zuerkannt wurde (BSG v. 22. 5. 2003, B 12 KR 20/02 R).

29 Für **ehemalige Familienversicherte** läuft die Dreimonatsfrist ab dem Ende der Vers. (Nr. 2). In den Fällen der **rückwirkenden** Beendigung der Familienvers. beginnt die Dreimonatsfrist erst mit der Bekanntgabe des entspr. Bescheides, nicht zum Zeitpunkt des Beginns der Rückwirkung. Bei Erlass eines die Versicherung beendenden VA hat die KK den Betroffenen auf die Möglichkeit des Beitritts hinzuweisen, anderenfalls steht dem Betroffenen uU. der sozialrechtl. Herstellungsanspruch zur Seite (BSG, SozR 3-2500, § 10 Nr. 19 S. 84). Ist ein neugeborenes Kind wegen § 10 Abs. 3 von Anfang an von der Familienvers. ausgeschlossen, ist der Zeitpunkt der Geburt maßgebl.

30 Bei Rückkehr ins Inland nach einer Auslandsbeschäftigung läuft die Frist ab diesem Zeitpunkt (Nr. 5); bei schwer behinderten Menschen ab der Feststellung der Behinderung nach dem SGB IX (Nr. 4). Die **Sechsmonatsfrist** für Rentner läuft ab Beginn der Versicherungspflicht in der KVdR (Abs. 1 S. 1 Nr. 6).

III. Wirkung der Beitrittserklärung

31 Die frw. Mitgliedschaft beginnt grds. mit dem Beitritt (§ 188 Abs. 1). Nur bei Versicherungsberechtigten nach Abs. 1 S. 1 Nr. 1 und 2 wirkt die Erklärung auf das Ende der früheren Mitgliedschaft bzw. Familienvers. zurück, so dass ein lückenloser Versicherungsschutz besteht (§ 188 Abs. 2 S. 1). Nachgehende Ansprüche aus der früheren Vers. werden verdrängt (BSG, SozR 2200, § 214 Nr. 2 S. 2). Für beitrittsberechtigte Rentner nach Abs. 1 S. 1 Nr. 6 beginnt die frw. Vers. mit dem Eintritt der Versicherungspflicht, die ersetzt werden soll (§ 188 Abs. 2 S. 2).

Dritter Abschnitt. Versicherung der Familienangehörigen

§ 10 Familienversicherung

(1) [1]Versichert sind der Ehegatte, der Lebenspartner und die Kinder von Mitgliedern sowie die Kinder von familienversicherten Kindern, wenn diese Familienangehörigen

1. ihren Wohnsitz oder gewöhnlichen Aufenthalt im Inland haben,
2. nicht nach § 5 Abs. 1 Nr. 1, 2, 3 bis 8, 11 oder 12 oder nicht freiwillig versichert sind,
3. nicht versicherungsfrei oder nicht von der Versicherungspflicht befreit sind; dabei bleibt die Versicherungsfreiheit nach § 7 außer Betracht,
4. nicht hauptberuflich selbständig erwerbstätig sind und
5. kein Gesamteinkommen haben, das regelmäßig im Monat ein Siebtel der monatlichen Bezugsgröße nach § 18 des Vierten Buches überschreitet; bei

Renten wird der Zahlbetrag ohne den auf Entgeltpunkte für Kindererziehungszeiten entfallenden Teil berücksichtigt; für geringfügig Beschäftigte nach § 8 Abs. 1 Nr. 1, § 8 a des Vierten Buches beträgt das zulässige Gesamteinkommen 400 Euro. [2]Eine hauptberufliche selbständige Tätigkeit im Sinne des Satzes 1 Nr. 4 ist nicht deshalb anzunehmen, weil eine Versicherung nach § 1 Abs. 3 des Gesetzes über die Alterssicherung der Landwirte vom 29. Juli 1994 (BGBl. I S. 1890, 1891) besteht. [3]Ehegatten und Lebenspartner sind für die Dauer der Schutzfristen nach § 3 Abs. 2 und § 6 Abs. 1 des Mutterschutzgesetzes sowie der Elternzeit nicht versichert, wenn sie zuletzt vor diesen Zeiträumen nicht gesetzlich krankenversichert waren.

(2) Kinder sind versichert

1. bis zur Vollendung des achtzehnten Lebensjahres,
2. bis zur Vollendung des dreiundzwanzigsten Lebensjahres, wenn sie nicht erwerbstätig sind,
3. bis zur Vollendung des fünfundzwanzigsten Lebensjahres, wenn sie sich in Schul- oder Berufsausbildung befinden oder ein freiwilliges soziales Jahr oder ein freiwilliges ökologisches Jahr im Sinne des Jugendfreiwilligendienstegesetzes leisten; wird die Schul- oder Berufsausbildung durch Erfüllung einer gesetzlichen Dienstpflicht des Kindes unterbrochen oder verzögert, besteht die Versicherung auch für einen der Dauer dieses Dienstes entsprechenden Zeitraum über das fünfundzwanzigste Lebensjahr hinaus,
4. ohne Altersgrenze, wenn sie als behinderte Menschen (§ 2 Abs. 1 Satz 1 des Neunten Buches) außerstande sind, sich selbst zu unterhalten; Voraussetzung ist, daß die Behinderung zu einem Zeitpunkt vorlag, in dem das Kind nach Nummer 1, 2 oder 3 versichert war.

(3) Kinder sind nicht versichert, wenn der mit den Kindern verwandte Ehegatte oder Lebenspartner des Mitglieds nicht Mitglied einer Krankenkasse ist und sein Gesamteinkommen regelmäßig im Monat ein Zwölftel der Jahresarbeitsentgeltgrenze übersteigt und regelmäßig höher als das Gesamteinkommen des Mitglieds ist; bei Renten wird der Zahlbetrag berücksichtigt.

(4) [1]Als Kinder im Sinne der Absätze 1 bis 3 gelten auch Stiefkinder und Enkel, die das Mitglied überwiegend unterhält, sowie Pflegekinder (§ 56 Abs. 2 Nr. 2 des Ersten Buches). [2]Kinder, die mit dem Ziel der Annahme als Kind in die Obhut des Annehmenden aufgenommen sind und für die die zur Annahme erforderliche Einwilligung der Eltern erteilt ist, gelten als Kinder des Annehmenden und nicht mehr als Kinder der leiblichen Eltern. [3]Stiefkinder im Sinne des Satzes 1 sind auch die Kinder des Lebenspartners eines Mitglieds.

(5) Sind die Voraussetzungen der Absätze 1 bis 4 mehrfach erfüllt, wählt das Mitglied die Krankenkasse.

(6) [1]Das Mitglied hat die nach den Absätzen 1 bis 4 Versicherten mit den für die Durchführung der Familienversicherung notwendigen Angaben sowie die Änderung dieser Angaben an die zuständige Krankenkasse zu melden. [2]Der Spitzenverband Bund der Krankenkassen legt für die Meldung nach Satz 1 ein einheitliches Verfahren und einheitliche Meldevordrucke fest.

Schrifttum: *F. Beske/M. Thiede*, Beitragsfreie Mitversicherung von Familienangehörigen in der gesetzlichen Krankenversicherung, 1998; *H. Dräther/H. Rothgang*, Die Familienversicherung für Ehepaare in der Gesetzlichen Krankenversicherung, 2004; *D. Felix*, Die Familienversicherung auf dem Prüfstand, NZS 2003, 624; *W. Gerlach*, Die Familienversicherung, 6. Aufl. 2004; *W. Klose*, Ausschluss der Familienversicherung wegen Überschreitens der

Jahresarbeitsentgeltgrenze, NZS 2005, 576; *H. Marburger,* Auswirkungen der Familienversicherung nach § 10 SGB V auf die Versicherungs- und Beitragspflicht, Die Beiträge 1999, 1; *H. Töns,* Die Familienversicherung nach § 10 SGB 5, BKK 1989, 322; *W. Volbers,* Zur Ermittlung des Gesamteinkommens iSd. § 10 Abs. 1 Nr. 5 SGB V, WzS 2001, 33; *ders.,* Zum Begriff der hauptberuflich selbständigen Erwerbstätigkeit iSd. § 10 Abs. 1 Satz 1 Nr. 4 SGB V, WzS 1999, 161.

Inhaltsübersicht

	Rn.
A. Überblick	1
B. Die sachlichen Voraussetzungen der Familienversicherung, Abs. 1	4
I. Wohnsitz oder gewöhnlicher Aufenthalt im Inland, Nr. 1	5
II. Kein vorrangiger Versicherungsschutz in der GKV, Nr. 2	6
1. Vorrangige Versicherungspflicht in der GKV	6
2. Vorrangige freiwillige Versicherung	11
III. Keine Versicherungsfreiheit oder Befreiung, Nr. 3	12
IV. Keine hauptberuflich selbständige Erwerbstätigkeit, Nr. 4	15
V. Einkommensgrenze, Nr. 5	17
C. Die persönlichen Voraussetzungen der Familienversicherung	26
I. Ehegatten und Lebenspartner	28
II. Kinder	30
1. Leibliche Kinder und Adoptivkinder	31
2. Stiefkinder und Enkel, Abs. 4 S. 1 und S. 3	34
3. Pflegekinder	36
4. Altersgrenzen, Abs. 2	38
5. Zuordnung des Kindes zur GKV, Abs. 3 Hs. 1	42
D. Verfahren	45
I. Beginn und Ende der Familienversicherung	45
II. Kassenzuständigkeit	47
III. Meldungen, Abs. 6	48
E. Prozessuales	49

A. Überblick

1 Die beitragsfreie Versicherung von Familienangehörigen des Versicherten ist ein wesentl. Element des sozialen Ausgleichs (Familienlastenausgleich), das die GKV prägt (vgl. BVerfG, SozR 2200, § 205 Nr. 18 S. 37). Bereits § 205 RVO sah unter bestimmten Vorauss. Leistungen an Familienangehörige (Familienhilfe) vor. Anders als die Familienhilfe begründet die Familienvers. des SGB V eigene Leistungsrechte des mitversicherten Angehörigen. Dessen Status als Versicherter ist aber in Bezug auf die Dauer der Versicherung und die Kassenzuständigkeit (§ 173 Abs. 6; vgl. aber Abs. 5, Rn. 47) akzessorisch zur Mitgliedschaft (§§ 186 ff.) des sog. Stammversicherten. Eigene Mitgliedschaftsrechte des Familienversicherten werden nicht begründet.

2 **Beitragsfreiheit** bedeutet, dass der Familienversicherte selbst keine Beiträge entrichtet (§ 3 S. 3) und keine Abstufung der Beiträge des Mitglieds nach der Zahl der mitversicherten Angehörigen erfolgt (§ 243 Abs. 2 S. 2). Nur bei geringfügiger Beschäftigung des Familienversicherten sind pauschale Beiträge vom Arbeitgeber zu tragen (§ 249 b).

3 Wesentl. Inhalt der Norm ist die **Abgrenzung** des Personenkreises, der als schutzwürdig angesehen wird. Die Def. des begünstigten Personenkreises geschieht einerseits über die Nähe zum Mitglied; daneben kommen aber auch andere Kriterien zum Tragen, wie das Bestehen einer eigenen Absicherung, finanzielle Aspekte (Einkommensgrenzen) o. – bei Kindern – Altersgrenzen. Die **Leis-**

tungsvorschriften gelten idR. auch für die Familienversicherten. Eine wichtige Ausnahme bildet § 44 Abs. 1 S. 2, der den **KrG-Anspruch** ausschließt. Zur Familienvers. in der KVdL vgl. § 7 Abs. 1 S. 1 KVLG 1989.

B. Die sachlichen Voraussetzungen der Familienversicherung, Abs. 1

Die Vorauss. des Abs. 1 Nr. 1 bis 5 müssen kumulativ erfüllt sein. 4

I. Wohnsitz oder gewöhnlicher Aufenthalt im Inland, Nr. 1

Der Angehörige muss seinen Wohnsitz o. gewöhnl. Aufenthalt (zur Legaldef. 5 vgl. § 30 Abs. 3 SGB I) im Inland haben, es sei denn zwischen- o. überstaatl. Recht bestimmt etwas anderes. Für den Bereich der Familienvers. genügt es, wenn der Aufenthalt des Stammversicherten und des Angehörigen ausländerrechtl. gestattet ist; ein hinreichend beständiger, zukunftsoffener Aufenthalt ist nicht zu verlangen (BSG, SozR 3-2500, § 10 Nr. 12 S. 52 f.; anders § 1 Abs. 3 BKGG).

II. Kein vorrangiger Versicherungsschutz in der GKV, Nr. 2

1. Vorrangige Versicherungspflicht in der GKV

Fast alle Versicherungspflichttatbestände des § 5 Abs. 1 schließen eine Familien- 6 vers. aus. Dies gilt auch für den Erhalt der Mitgliedschaft (§ 192) und für den nachgehenden KV-Schutz (§ 19 Abs. 2 S. 2; a. noch BSG, NZS 2003, 429). Ohne Einfluss auf den anderweitigen Versicherungsschutz bei Bezug von Leistungen ist es, wenn diese rechtswidrig gewährt und später entzogen werden (§ 5 Abs. 1 Nr. 2 und Nr. 2a jeweils Hs. 2; BSG SozR 3-4100, § 157 Nr. 2 S. 11 f.). Auch Rentenantragsteller, die nur über eine Formalmitgliedschaft nach § 189 verfügen, sind nicht nach § 10 versichert (*Gerlach*, H/N, § 10 Rn. 63; *Peters,* KK, § 10 Rn. 9).

Eigener Versicherungsschutz bewirkt **keinen endgültigen Ausschluss;** sobald 7 der vorrangige Versicherungstatbestand endet, lebt die Familienvers. wieder auf (BSG, SozR 4-2500, § 10 Nr. 4 Rn. 8 f.). Allerdings kann bei einem behinderten Kind die Beschäftigungsaufnahme ein Indiz dafür sein, dass dieses in der Lage ist, für seinen eigenen Unterhalt zu sorgen (Abs. 2 Nr. 4).

Ausnahmen vom Vorrang der Versicherungspflicht sind in § 5 geregelt. **Be-** 8 **zieher von Alg II** sind nur pflichtversichert, wenn keine Familienvers. besteht (§ 5 Abs. 1 Nr. 2 a). Da es sich beim Alg II um eine subsidiäre staatl. Leistung handelt, die wie die Sozialhilfe bedürftigkeitsorientiert ist, sah der Gesetzgeber bei einer Familienvers. keinen Bedarf für eine eigenständige Versicherungspflicht (BT-Drs. 15/1516, 7). Die Regelung soll ersichtlich die finanziellen Folgen der mit In-Kraft-Treten des SGB II eingeführten KV-Pflicht für erwerbsfähige Hilfeempfänger begrenzen. Faktisch werden die Kosten vom Bund (vgl. § 251 Abs. 4) auf die Solidargemeinschaft der Versicherten abgewälzt; dies ist verfassungsrechtl. vertretbar. Durchgreifende Bedenken gegen den Ausschluss der Familienangehörigen von einem eigenständigen Schutz bestehen auch wegen der gestaffelten Familienvers. (Rn. 33) nicht (vgl. aber *Peters,* KK, § 5 Rn. 48, der sich zumindest eine § 5 Abs. 7 S. 1 entspr. Regelung wünscht). Für den Hilfebedürftigen selbst besteht eine Einschränkung ohnehin nur insoweit, als sein Kassenwahlrecht entfällt (§ 173 Abs. 6; vgl. LSG S-A v. 22. 3. 2006, L 4 KR 52/05).

Just

§ 10 Familienversicherung

9   Auch die Pflichtversicherung für **Studenten** und **Praktikanten** (§ 5 Abs. 1 Nr. 9 und 10) ist grds. gegenüber der Familienvers. nachrangig (vgl. § 5 Rn. 41). Dies gilt trotz Abs. 1 Nr. 3 auch dann, wenn eine nach § 6 Nr. 3 **versicherungsfreie** Nebenbeschäftigung ausgeübt wird (*Baier,* Krauskopf, § 10 Nr. 33; *Zipperer,* M/S/W, § 10 Rn. 33). Allerdings tritt die Versicherungspflicht nach § 5 Abs. 1 Nr. 9 o. 10 nicht zurück, wenn der Ehegatte, der Lebenspartner o. das Kind des Studenten o. des Praktikanten nicht versichert ist (§ 5 Abs. 7 S. 1 Hs. 2), um dem Familienmitglied den Schutz der Familienvers. zu eröffnen. Da der familienversicherte Student o. Praktikant seit dem 30. 5. 2005 seinem Kind selbst eine Familienvers. vermitteln kann (Abs. 1 S. 1; vgl. Rn. 31), verbleibt es insofern bei der Subsidiarität der Vers. nach § 5 Abs. 1 Nr. 9 und 10 gegenüber der Familienvers. (*Baier,* Krauskopf, § 10 Rn. 30 a).

10 Auch der mit Wirkung zum 1. 4. 2007 eingeführte Auffangtatbestand des § 5 Abs. 1 Nr. 13 (Versicherungspflicht für **Pers. ohne KV-Schutz**) ist gegenüber der Familienvers. nachrangig (§ 5 Abs. 8 a S. 1).

2. Vorrangige freiwillige Versicherung

11 Besteht eine **frw. Versicherung,** ist eine Familienvers. ebenfalls ausgeschlossen. Es genügt dagegen nicht, dass eine frw. Versicherung begründet werden könnte. Da nach Auslaufen der Familienvers. erneut ein Beitrittsrecht zur frw. Versicherung besteht (§ 9 Abs. 1 S. 1 Nr. 2), kann der Angehörige entscheiden, ob er zunächst die beitragsfreie, aber von ihrem Leistungsumfang beschränkte Familienvers. in Anspruch nimmt o. unmittelbar eine eigene frw. Versicherung begründet (vgl. BSG, SozR 2200, § 165 Nr. 93 S. 158 ff.). Ein frw. Versicherter kann eine bestehende frw. Versicherung beenden (vgl. § 191 S. 1 Nr. 4), um den Eintritt der Familienvers. herbeizuführen (BSG, NZS 1994, 21/22).

III. Keine Versicherungsfreiheit oder Befreiung, Nr. 3

12 Keine Familienvers. besteht für Angehörige, die versicherungsfrei o. von der Versicherungspflicht befreit (§ 8) sind, da diese nicht schutzbedürftig sind bzw. aufgrund eigener Entscheidung der Solidargemeinschaft nicht mehr angehören. **Versicherungsfreiheit** ist nicht ledigl. das Nichtbestehen von Versicherungspflicht. Vielmehr ist ein entspr. gesetzl. Tatbestand (vgl. § 6 und § 5 KSVG) erforderl. (BSG, NZS 1994, 21/22). Ausdrückl. ausgenommen ist Versicherungsfreiheit nach § 7 (geringfügige Beschäftigung); dies gilt entspr. für § 3 KSVG (*Peters,* KK, § 10 Rn. 12). Für die nach § 6 Abs. 1 Nr. 3 versicherungsfreie Beschäftigung eines Studenten vgl. Rn. 9.

13 Die Versicherungsfreiheit der **Beamten** knüpft allein an den Beamtenstatus und nicht an den Bezug von Dienstbezügen an. Auch während der **Elternzeit** bleibt daher der Vorrang des anderen Sicherungssystems bestehen; etwaige Sicherungsdefizite im Beamtenrecht während der Elternzeit müssen dort ausgeglichen werden, nicht im Recht der GKV (BSG, SozR 3-2500, § 10 Nr. 3 S. 10 ff.). Eine Regelung im Beamtenrecht, die in dieser Zeit den Beihilfeanspruch bei Bestehen eines Anspruchs auf Familienvers. entfallen lässt, geht daher ins Leere (BSG, NZS 2000, 32/33 f.; SozR 3-2500, § 10 Nr. 18 S. 17 ff.). Erst bei einem im Anschluss an die Elternzeit genommenen weiteren Urlaub aus familiären Gründen besteht nach Auffassung des BSG die Zugehörigkeit zum bisherigen Sicherungssystem nicht mehr fort und kann eine Familienvers. begründet werden (BSG, SozR 3-2500, § 10 Nr. 8).

2. Kapitel. 3. Abschnitt **§ 10**

Dies gilt seit dem 1.1.2000 auch für **Angestellte,** die bisher wegen Über- 14
schreitens der **JAE-Grenze** nach § 6 Abs. 1 Nr. 1 versicherungsfrei waren und deren Beschäftigungsverhältnis während der Elternzeit ohne Entgeltzahlung fortbesteht. Nach der früheren Rspr. des BSG waren diese während der Elternzeit über ihren Ehegatten familienversichert (BSG, NZS 1994, 21/22 f.; NZS 1994, 179/180). Als Reaktion hierauf hat der Gesetzgeber Abs. 1 einen S. 3 eingefügt, demzufolge **Ehegatten** und **Lebenspartner,** die **zuletzt** vor den Schutzfristen des MuSchG sowie der Elternzeit **nicht versichert** waren, dies auch während dieser Zeiträume nicht sind. Damit sollte ein **Wettbewerbsnachteil der GKV** gegenüber der PKV beseitigt werden (vgl. BT-Drs. 14/1245, 61). Kinder sind von dem Ausschluss nicht betroffen.

IV. Keine hauptberuflich selbständige Erwerbstätigkeit, Nr. 4

Bereits die Rspr. zur früheren Familienhilfe schloss Ansprüche für einen haupt- 15
berufl. selbständig erwerbstätigen Familienangehörigen aus (BSG, SozR 2200, § 205 Nr. 13; BSG, SozR 2200, § 205 Nr. 33 S. 80 ff.). Dem hauptberufl. Selbständigen ist Eigenvorsorge zumutbar (*Baier,* Krauskopf, § 10 Rn. 34). Mit dem In-Kraft-Treten des SGB V wurden daher die Versicherungspflicht best. Selbständiger (§ 166 RVO aF.) und das vorversicherungsfreie Beitrittsrecht für best. Gewerbetreibende (§ 176 Abs. 1 Nr. 3 RVO aF.) aufgehoben. Der Ausschluss von der Familienvers. besteht auch, wenn aus der selbständigen Tätigkeit **nur geringe o. keine Einnahmen** erzielt werden (*Baier,* Krauskopf, § 10 Rn. 34; *Gerlach,* H/N, § 10 Rn. 67 i, 69 a; *Peters,* KK, § 10 Rn. 13; aA. LSG B-W v. 31.10.2003, L 9 KR 157/02). Zu den Vorauss. einer hauptberufl. selbständigen Tätigkeit vgl. § 5 Rn. 74 f.

Zum 1.1.1995 führte das ALG eine eigenständige Versicherungspflicht für 16
Landwirtsehegatten ein. Diese setzt keine Mitarbeit voraus; vielmehr wird der Ehegatte im Wege der Fiktion wie ein landwirtschaftlicher Unternehmer behandelt (vgl. § 1 Abs. 3 ALG). Allerdings sollte die Versicherungspflicht nicht zu negativen Auswirkungen im Anwendungsbereich des SGB V führen (vgl. § 1 Abs. 3 S. 2 ALG; hierzu BT-Drs. 12/5700, 64, 69 f.). Abs. 1 S. 2 bestimmt daher seit 1.1. 1995, dass eine hauptberufl. selbständige Tätigkeit nicht deshalb anzunehmen ist, weil Versicherungspflicht als Landwirtsehegatte nach § 1 Abs. 3 ALG besteht. Nur wenn tatsächl. eine hauptberufl. landw. Tätigkeit ausgeübt wird, ist die Familienvers. ausgeschlossen. Schon der Gesetzgeber des GRG ging davon aus, dass Ehegatten von **Nebenerwerbslandwirten** aufgrund der Bewirtschaftung des landw. Anwesens nicht aus der Familienvers. ausscheiden (vgl. BT-Drs. 11/3480, 49).

V. Einkommensgrenze, Nr. 5

Der Anspruch auf Familienvers. ist von der **wirtschaftl. Leistungsfähigkeit** 17
des Angehörigen abhängig. Ein beitragsfreier KV-Schutz ist nur für diejenigen Familienangehörigen des Versicherten gerechtfertigt, denen eine eigene Beitragslast wirtschaftl. nicht zugemutet werden kann (BSG, SozR 2200, § 205 Nr. 22 S. 44).

Eine gesetzl. Einkommensgrenze wurde erstmals 1977 eingeführt (vgl. aber 18
BSG, SozR Nr. 27 zu § 205 RVO; SozR 2200, § 205 Nr. 8; SozR 2200, § 205 Nr. 15; Nr. 66 zum früheren Recht). Zur Verfassungsmäßigkeit der Einkommensgrenze vgl. BVerfG, SozR 2200, § 205 Nr. 18 und Nr. 19. Seit der Einführung des SGB V beträgt die Einkommensgrenze ein **Siebtel** der **Bezugsgröße** nach § 18 SGB IV. Dies entsprach damals der Geringfügigkeitsgrenze des § 8

Just 77

§ 10

Abs. 1 Nr. 1 Buchst. a SGB IV. Zum 1. 4. 2003 wurde die **Geringfügigkeitsgrenze** auf 400 € angehoben und ist seitdem festgeschrieben; sie gilt für geringfügig Beschäftigte auch im Rahmen des Zugangs zur Familienvers. (Nr. 5 Hs. 3) und zwar auch dann, wenn daneben weiteres Einkommen erzielt wird, das die Grenze des Abs. 1 S. 1 Nr. 5 Hs. 1 übersteigt (*Baier*, Krauskopf, § 10 Nr. 36). Demgegenüber betrug die Einkommensgrenze für die Familienvers. 2004 und 2005 monatlich 345 €; 2006 und 2007 monatlich 350 €. Ob die Ungleichbehandlung von Einkommen des Familienangehörigen sachl. gerechtfertigt und damit verfassungsrechtl. zulässig ist, ist zweifelhaft (vgl. *Baier*, Krauskopf, § 10 Nr. 36 a; *Gerlach*, H/N, § 10 Rn. 73). In den alten und neuen Bundesländern gelten für das Recht der GKV seit dem 1. 1. 2001 dieselben Bezugsgrößen (§ 309 Abs. 1 Nr. 1).

19 Maßgebend ist das **Gesamteinkommen** des Angehörigen, d. h. die Summe der Einkünfte iSd. Einkommensteuerrechts (§ 16 SGB IV). Hierauf wurde bereits nach dem Recht der RVO abgestellt. Nach dem Entwurf eines GRG sollte der durch steuerliche Besonderheiten geprägte Begriff des Gesamteinkommens durch den am Bruttoprinzip orientierten Begriff „Einkommen zum Lebensunterhalt" ersetzt werden (vgl. BT-Drs. 11/2237, 161). Während der Ausschussberatungen kehrte man jedoch zum Begriff des Gesamteinkommens zurück (vgl. BT-Drs. 11/3320, 9). Denn der Bezug steuerfreier Sozialleistungen (vgl. hierzu § 3 EStG) soll nicht zum Ausscheiden aus der Familienvers. führen (BT-Drs. 11/3480, 49). Bei der Ermittlung des Gesamteinkommens sind daher Kindergeld (§ 3 Nr. 24 EStG; BSG, SozR 4-2500, § 10 Nr. 3 Rn. 9), Mutterschaftsgeld (§ 3 Nr. 2 Buchst. d EStG), Erziehungsgeld und (seit 1. 1. 2007) Elterngeld (§ 3 Nr. 67 EStG) nicht zu berücksichtigen (BSG, NZS 1994, 179/180). Zur Berücksichtigung von Unterhaltsleistungen bei getrennt lebenden Ehegatten vgl. BSG, SozR 3-2500, § 10 Nr. 4.

20 Auch eine monatl. gezahlte **Abfindung** des Arbeitgebers nach ordentl. Kündigung des Arbeitsverhältnisses zählt – anders als die in einem Betrag ausgezahlte Abfindung (vgl. BSG v. 9. 10. 2007, B 5b/8 KN 1/06 KR R) – zum Gesamteinkommen (BSG, SozR 4-2500, § 10 Nr. 6 Rn. 20). Der früher in § 3 Nr. 9 EStG geregelte Freibetrag für Abfindungen wurde zum 1. 1. 2006 aufgehoben.

21 Bei der Ermittlung des Gesamteinkommens sind bei nichtselbständiger Arbeit lediglich **Werbungskosten** (§§ 9, 9 a EStG) abzuziehen (BSG v. 25. 8. 2004, B 12 KR 36/03 R; BSG SozR 3-2500, § 10 Nr. 19 S. 78), nicht dagegen Sonderausgaben, außergewöhnliche Belastungen (§ 33 EStG), Kinderfreibeträge (§ 32 Abs. 6 EStG) und Haushaltsfreibetrag (früher § 32 Abs. 7 EStG; vgl. BSG v. 25. 8. 2004, B 12 KR 36/03 R). Bei Kapitalvermögen ist der **Sparer-Freibetrag** (§ 2 Abs. 1 S. 1 Nr. 5, § 20 Abs. 4 EStG) abzuziehen (BSG, SozR 4-2500, § 10 Nr. 2 Rn. 5 ff.; anders noch zur Rechtslage bis 31. 12. 2004 BSG, SozR 3-2500, § 10 Nr. 19 S. 78).

22 Ohne Bedeutung ist nach der Rspr. des BSG, dass sich die Höhe der durch das Ausscheiden aus der Familienvers. entstehenden **Beitragsbelastung** für eine frw. Versicherung an anderen Maßstäben orientiert. Als beitragspflichtige Einnahmen gilt hier gemäß § 240 Abs. 4 S. 1 mind. der 90. Teil der monatlichen Bezugsgröße. Hier liege keine andere Beurteilung der Leistungsfähigkeit vor; vielmehr sei die Beitragsbemessung aus dem Mindesteinkommen Ausdruck des von den frw. Mitgliedern mind. zu tragenden Versicherungsrisikos (BSG, SozR 3-2500, § 10 Nr. 5 S. 25 f.; zu den Ungereimtheiten der Regelung der Einkommensgrenze und des Beitragsrechts vgl. BSG, SozR 4-2500, § 10 Nr. 2 Rn. 11 ff. sowie *Peters*, KK, § 10 Rn. 20 f.).

Die grds. Verweisung auf das Steuerrecht ist für **Renten** außer Kraft gesetzt. 23
Hier wird der **Zahlbetrag** ohne den auf Entgeltpunkte für Kindererziehungszeiten entfallenden Anteil berücksichtigt (Abs. 1 S. 1 Nr. 5 Hs. 2). Im Steuerrecht wird demgegenüber regelmäßig allein der Ertragsanteil der Rente angerechnet (zur Leibrente vgl. § 2 Abs. 1 Nr. 7 iVm. § 22 Nr. 1 S. 3 Buchst. a EStG). Die Sonderregelung für Renten soll die Gleichbehandlung von Rentnern bei der Beurteilung ihrer wirtschaftl. Leistungsfähigkeit im Rahmen der Familienvers. und im Beitragsrecht gewährleisten (BSG, SozR 3-2500, § 10 Nr. 5 S. 23 f.; vgl. auch BT-Drs. 11/3480, 49). Die Berücksichtigung des Bruttobetrags nur bei Renten führt nicht zu einer verfassungswidrigen Ungleichbehandlung verschiedener Einnahmearten (BSG, SozR 3-2500, § 10 Nr. 5 S. 26 f.).

Nr. 5 Hs. 2 erfasst alle Renten, die zu den Einkünften iSd. EStG gehören, also 24
auch **Betriebsrenten**, nicht allein Renten der GRV (BSG, SozR 3-2500, § 10 Nr. 5 S. 22 f.; SozR 4-2500, § 10 Nr. 5 Rn. 11 ff.). Kein Gesamteinkommen sind die steuerfreien Renten aus der GUV sowie aus den Versorgungsgesetzen (vgl. *Töns*, BKK 1989, 322/332 und die alphabetische Auflistung im Gem. RdSchr. der Spitzenverbände der KKen v. 14. 3. 2002, abgedruckt bei *Zipperer*, M/S/W, § 10 Rn. 41 a; aA. *Zipperer*, M/S/W, § 10 Rn. 39). Eine **rückwirkend** zugebilligte Rente wird erst berücksichtigt, wenn sie laufend gezahlt wird (Besprechungsergebnis der Spitzenverbände der KKen v. 16. 12. 1993, DOK 1994, 225). Nicht berücksichtigt wird ein Beitragszuschuss (*Gerlach*, H/N, § 10 Rn. 72 l). Eine Aufrechnung, Verrechnung, Abtretung o. Pfändung (§§ 51–54 SGB I) o. die Abführung der KVdR-Beiträge vermindern den Zahlbetrag nicht (*Gerlach*, H/N, § 10 Rn. 72 l; *Zipperer*, M/S/W, § 10 Rn. 39).

Die Beurteilung der Einkommensgrenzen erfolgt aufgrund einer **Prognose** 25
unter Einbeziehung der mit hinreichender Sicherheit zu erwartenden Veränderungen, damit der Betreffende beim Entfallen der Familienvers. für eine andere Vers. sorgen kann. Das gewonnene Ergebnis bleibt auch dann verbindlich, wenn die Entwicklung später anders verläuft als angenommen. Eine Änderung kann – auch bei rückblickenden Entscheidungen – lediglich Anlass für eine neue Prüfung und vorausschauende Beurteilung sein (vgl. BSG, 3-2500, § 10 Nr. 19 S. 81 f.; SozR 2200, § 205 Nr. 41 S. 102 f.). Bei **schwankendem Einkommen** ist für die Frage, ob ein Gesamteinkommen „regelmäßig im Monat" überschritten wird, vom gezwölftelten Jahreseinkommen auszugehen (BSG, SozR 2200, § 205 Nr. 41 S. 104 f.). Einmalige, nicht wiederkehrende Einkünfte, z. B. Jubiläumszuwendungen, bleiben unberücksichtigt (*Baier*, Krauskopf, § 10 Nr. 39; *Zipperer*, M/S/W, § 10 Rn. 42 a will sogar alle Einkünfte von bis zu zwei Monaten im Jahr als unregelmäßig ausnehmen). Das Ausscheiden aus der Familienvers. erfolgt mit dem Monat, in dem die Einnahmen die Grenze übersteigen; § 6 Abs. 4 ist nicht anwendbar.

C. Die persönlichen Voraussetzungen der Familienversicherung

Versichert nach § 10 sind der Ehegatte, der Lebenspartner und die Kinder des 26
Mitgliedes. Die bis 1989 bestehende Möglichkeit, auch andere Angehörige einzubeziehen (§ 205 Abs. 3 RVO aF.), ist entfallen; diesem Personenkreis ist es zuzumuten, sich selbst zu versichern (BT-Drs. 11/2237, 161; vgl. aber § 7 Abs. 2 KVLG 1989). Seit dem In-Kraft-Treten des LPartG v. 16. 2. 2001 (BGBl. I 266) am 1. 8. 2001 sind Lebenspartner dem Ehegatten gleichgestellt; damit sind nicht nur der Lebenspartner selbst, sondern auch dessen überwiegend von dem Stammversicherten unterhaltene Kinder (Abs. 4 S. 1 und 3) in die Familienvers. einbezogen.

27 Grds. ist nicht erforderlich, dass die Angehörigen mit dem Stammversicherten in einem **Haushalt** leben (Ausnahme: Abs. 4). Denn Anknüpfungspunkt für die Familienvers. ist die gesetzl. Unterhaltspflicht des Stammversicherten (vgl. BT-Drs. 14/3751, 69 zum LPartG).

I. Ehegatten und Lebenspartner

28 **Ehegatte** ist, wer mit dem Stammversicherten verheiratet ist (zur Vielehe vgl. *Gerlach*, H/N, § 10 Rn. 15 a ff.). Für eine nach ausländischem Recht geschlossene Ehe (**„hinkende Ehe"**) kann auf die v. BVerfG zur RV entwickelten Grundsätze (BVerfG, SozR 2200, § 1264 Nr. 6 S. 16 ff.) zurückgegriffen werden (*Baier, Krauskopf*, § 10 Rn. 21; *Zipperer*, M/S/W, § 10 Rn. 17 a, die eine polygame Ehe genügen lassen wollen). **Lebenspartner** ist, wer mit dem Stammversicherten eine eingetragene Lebenspartnerschaft nach dem LPartG eingegangen ist (vgl. § 33 b SGB I). Dies gilt aus Gründen der Rechtssicherheit für den Angehörigen auch, wenn die geschlossene Ehe o. Lebenspartnerschaft **nichtig** ist (ebenso *Baier, Krauskopf*, § 10 Rn. 23; *Peters*, KK, § 10 Rn. 25; *Zipperer*, M/S/W, § 10 Rn. 17 b; ebenso § 176 b RVO aF.). Im Fall der Scheidung, Aufhebung der Lebenspartnerschaft o. Nichtigkeitserklärung endet der Versicherungsschutz mit der Rechtskraft des Urteils (BSG, NZS 2003, 210; vgl. auch § 176 b RVO aF.). Während des Getrenntlebens der Ehegatten o. Lebenspartner besteht der Versicherungsschutz fort (BSG, SozR 3-2500, § 10 Nr. 22 S. 107). Der ausgeschiedene Ehegatte o. Lebenspartner kann ggf. der GKV frw. beitreten (§ 9 Abs. 1 Nr. 2).

29 Eine **eheähnliche Gemeinschaft** ist nicht geeignet, eine Familienvers. zu vermitteln (BSG, SozR 3-2200, § 205 Nr. 1 S. 3 ff.). An dieser Auffassung ist trotz der mittlerweile fortgeschrittenen Verbreitung nichtehelicher Partnerschaften im Interesse der Rechtsklarheit und -sicherheit festzuhalten.

II. Kinder

30 Für Kinder des Stammversicherten iwS. (vgl. Abs. 4) enthält § 10 weitere Anforderungen wie die Altersgrenzen des Abs. 2 und den Ausschlusstatbestand des Abs. 3.

1. Leibliche Kinder und Adoptivkinder

31 Kinder des Stammversicherten im Rechtssinne sind sowohl seine **leiblichen** (vgl. §§ 1591 ff. BGB) als auch **adoptierte Kinder** (vgl. § 1754 BGB). Unerheblich soll sein, ob die Kinder **verheiratet** sind (*Bloch*, HS-KV, § 18 Rn. 3). Denn gem. § 5 Abs. 7 S 1 könnten auch verheiratete Studenten familienversichert sein (*Peters*, KK, § 10 Rn. 24). Da maßgebender Gesichtspunkt für die Einbeziehung in die Familienvers. das Bestehen einer gesetzl. Unterhaltspflicht ist (vgl. Rn. 27), sollte Versicherungsschutz jedoch nur bejaht werden, wenn keine vorrangige Unterhaltspflicht des leistungsfähigen (aber keine Familienvers. vermittelnden) Ehegatten besteht (vgl. § 1608 BGB).

32 Kinder, die mit dem Ziel der Adoption (das Gesetz spricht v. **„Annahme als Kind"**) in die Obhut des Annehmenden aufgenommen werden, gelten für die Familienvers. schon zu diesem Zeitpunkt und nicht erst mit dem Wirksamwerden der Adoption als Kinder des Annehmenden (Abs. 4 S. 2). Vor der Adoption eines Kindes erfolgt eine Probezeit (§ 1744 BGB), während der bereits eine vorrangige gesetzl. Unterhaltspflicht des Annehmenden besteht (§ 1751 Abs. 4 BGB). Unter

Obhut iSd. Abs. 4 S. 2 ist idR. die Aufnahme in den **Haushalt** zu verstehen; verbleibt das Kind aber wegen Krankheit o. Behinderung noch einige Zeit in einem Krankenhaus o. Heim, genügt es, wenn der Annehmende die Verantwortung für das Kind übernimmt (BT-Drs. 7/5087, 14).

Versichert sind neben eigenen Kindern auch die **Kinder von familienversi-** 33 **cherten Kindern** (sog. **gestaffelte Familienvers.**). Dies war zunächst streitig; die Praxis der KK war uneinheitl. Durch eine Ergänzung des Abs. 1 S. 1 zum 30. 3. 2005 durch das Verwaltungsvereinfachungsgesetz v. 21. 3. 2005 (BGBl. I S. 818) wurde dies jedoch nunmehr klargestellt (vgl. BT-Drs. 15/4751, 45). Damit wird die vom Mitglied abgeleitete Familienvers. auf das Enkelkind erweitert, ohne dass die Vorauss. des Abs. 4 S. 1 erfüllt sein müssen; Bindeglied ist hier die Familienvers. des Kindes des Mitglieds. Abs. 1 S. 1 ist somit lex specialis zu Abs. 4 S. 1 (*Peters*, KK, § 10 Rn. 31 a). Wegen der Gleichstellung mit leiblichen Kindern in Abs. 4 können auch familienversicherte Adoptiv-, Enkel-, Pflege- o. Stiefkinder sowie Kinder des Lebenspartners ihren Kindern eine Familienvers. vermitteln.

2. Stiefkinder und Enkel, Abs. 4 S. 1 und S. 3

Der Begriff „**Stiefkinder**" ist gesetzl. nicht definiert. Es sind die v. Mitglied 34 nicht abstammenden leiblichen Kinder seines Ehegatten (BSG, NZS 1995, 132/ 133) o. seines Lebenspartners. Sie sind ebenso wie die **Enkel** (laut *Bloch*, HS-KV, § 18 Rn. 3 auch die **Urenkel**) des Stammversicherten nur dann in die Familienvers. einbezogen, wenn sie von diesem **überwiegend unterhalten** werden (vgl. aber Abs. 1 S. 1 und Rn. 33 zu den Kindern familienversicherter Kinder). Das Erfordernis des überwiegenden Unterhalts grenzt – wie die Regelung in Abs. 3 Hs. 1 für leibliche Kinder (Rn. 42 ff.) – den Verantwortungsbereich der GKV von anderen Systemen ab: Wird die Familienvers. nicht bereits durch ein Elternteil vermittelt, z. B. weil beide privat versichert sind, soll sie über die Großeltern bzw. ein Stiefelternteil nur dann entstehen, wenn diese den Unterhalt des Kindes überwiegend sicherstellen. Überwiegend heißt, dass der Stammversicherte **mehr als die Hälfte** des Unterhaltsbedarfs deckt (BSG, SozR Nr. 5 zu § 2 BKGG), wobei für die Ermittlung des Unterhalts auf das **Familienrecht**, insbesondere § 1610 Abs. 2 BGB, zurückzugreifen ist. Dabei sind nicht nur Geld- und Sachleistungen, sondern auch Betreuungsleistungen zu berücksichtigen (vgl. BSG, NZS 1995, 132/134 f.; SozR 2200, § 1267 Nr. 35 S. 81 f.).

Die Familienvers. als Enkel o. Stiefkind erfordert nach dem Wortlaut des 35 Abs. 4 S. 1 nicht die Aufnahme in den **Haushalt** des Stammversicherten. Auch aus der Gesetzesbegr. folgt nichts anderes (vgl. BT-Drs. 11/2237, 161). Ein Widerspruch zur Regelung bei Pflege- und angenommenen Kindern besteht nicht (so aber *Peters*, KK, § 10 Rn. 29). Denn während bei Stiefkindern und Enkeln die familiäre Nähe zum Stammversicherten durch ein Elternteil des Kindes vermittelt wird, wird diese Nähe bei Pflege- und angenommenen Kindern regelmäßig erst durch die Aufnahme in den Haushalt hergestellt.

3. Pflegekinder

Pflegekinder gelten im Rahmen der Familienvers. als Kinder des Stammversi- 36 cherten. Nach Abs. 4 S. 1 iVm. § 56 Abs. 2 Nr. 2 SGB I sind Pflegekinder Pers., die mit dem Stammversicherten durch ein **auf** längere **Dauer** angelegtes **Pflegeverhältnis** mit häusl. Gemeinschaft wie Kinder mit Eltern verbunden sind. Pflegeeltern sind Pers., denen infolge des Pflegeverhältnisses wesentl. Teile der elterlichen

Rechte und Pflichten eingeräumt worden sind, wie das Recht und die Pflicht zur Aufsicht, Betreuung und Erziehung des Kindes (BSG, NZS 1995, 132/134). An einer familienähnlichen Eltern-Kind-Beziehung fehlt es, wenn die Pflegschaft aus wirtschaftl. Beweggründen übernommen wurde (*Gerlach*, H/N, § 10 Rn. 30). Ein **Stiefkind** des Stammversicherten ist nicht zugleich Pflegekind, wenn der leibliche Elternteil ebenfalls im Haushalt lebt (vgl. BSG, NZS 1995, 132/133 f.).

37   Fraglich ist, ob die Familienvers. eines Pflegekindes endet, wenn dieses vor Überschreiten der Altersgrenzen des Abs. 2 einen **eigenen Haushalt** begründet. Dies ist zu verneinen. Sind die Voraussetzungen des § 56 Abs. 2 Nr. 2 einmal erfüllt, sollte die Familienvers. innerhalb der Altersgrenzen erhalten bleiben, wenn die Aufgabe des gemeinsamen Haushalts nicht im Zusammenhang mit der Begr. einer neuen Pflegschaft steht. Eine Unterbrechung des häuslichen Zusammenlebens für einen überschaubaren Zeitraum, z. B. durch Ableistung des Wehr- oder Zivildienstes, lässt die häusliche Gemeinschaft jedenfalls nicht entfallen (*Gerlach*, H/N, § 10 Rn. 57; *Zipperer*, M/S/W, § 10 Rn. 22).

4. Altersgrenzen, Abs. 2

38   Für die Familienvers. von Kindern bestehen **gestaffelte Altersgrenzen**. Mit Erreichen der Altersgrenze stehen diese idR. finanziell auf eigenen Füßen und bedürfen des durch den Stammversicherten vermittelten Schutzes nicht mehr (vgl. *Peters*, KK, § 10 Rn. 32). Etwas anderes gilt für behinderte Kinder, die nicht in der Lage sind, sich selbst zu unterhalten (Abs. 2 Nr. 4).

39   Grds. endet die Familienvers. von Kindern mit Vollendung des 18. Lebensjahres (Nr. 1). Bis zur Vollendung des 23. Lebensjahres sind Kinder versichert, wenn sie nicht erwerbstätig sind (Nr. 2), d. h. keine mehr als geringfügige Beschäftigung und keine selbständige Tätigkeit ausüben. Auf den Grund der fehlenden Erwerbstätigkeit kommt es nicht an (*Gerlach*, H/N, § 10 Rn. 36; *Zipperer*, M/S/W, § 10 Rn. 46). Eine Familienvers. bis zur Vollendung des 25. Lebensjahres besteht, wenn das Kind sich in Schul- o. Berufsausbildung befindet o. ein frw. soziales o. ökologisches Jahr leistet (Nr. 3 Hs. 1). Dabei umfasst die Schul- und Berufsausbildung auch unvermeidbare Übergangszeiten zwischen zwei Ausbildungsabschnitten o. Unterbrechungen wie Schul- o. Semesterferien (*Baier*, Krauskopf, § 10 Nr. 53; *Gerlach*, H/N, § 10 Rn. 39 ff.; *Zipperer*, M/S/W, § 10 Rn. 53). Eine Verlängerung über das 25. Lebensjahr hinaus erfolgt, wenn die Schul- o. Berufsausbildung durch die Erfüllung einer gesetzl. Dienstpflicht des Kindes unterbrochen o. verzögert wird und zwar für einen der Dauer des Dienstes entspr. Zeitraum (Nr. 3 Hs. 2). Das Ableisten eines frw. sozialen o. ökologischen Jahres verlängert die Familienvers. dagegen nicht über das 25. Lebensjahr hinaus (HessLSG v. 28. 2. 2002, L 14 KR 506/00).

40   Eine Altersgrenze besteht nicht bei Kindern, die als **behinderte Menschen** nach § 2 Abs. 1 S. 1 SGB IX außerstande sind, sich selbst zu unterhalten (Nr. 4 Hs. 1), wenn eine **Vorversicherung** bestand. Die Behinderung muss zu einem Zeitpunkt vorgelegen haben, als ein Versicherungsschutz als Familienangehöriger nach Abs. 2 Nr. 1, 2 o. 3 bestand (Nr. 4 Hs. 2; vgl. auch BSG, SozR 2200, § 205 Nr. 30). Das Eintreten der Behinderung während eines nachgehenden Leistungsanspruches (§ 19 Abs. 2) reicht nicht aus (*Gerlach*, H/N, § 10 Rn. 55).

41   Das Kind ist unfähig, sich selbst zu unterhalten, wenn es seinen eigenen Lebensunterhalt einschl. notwendiger Aufwendungen infolge der Behinderung nicht selbst bestreiten kann (BSG, SozR 3100, § 45 Nr. 8), insb. wenn es infolge der Behinderung nicht in der Lage ist, eine Erwerbstätigkeit in gewisser Regelmä-

ßigkeit auszuüben und mehr als nur geringe Einkünfte zu erzielen. Insoweit ist der Begriff des Außerstandeseins mit dem der **Erwerbsunfähigkeit** iSd. GRV vergleichbar (vgl. BSG, SozR 5870, §2 Nr. 35 S. 120 f. zu §2 Abs. 2 S. 1 Nr. 3 BKKG). Es muss ein kausaler Zusammenhang zwischen der Behinderung und der Unmöglichkeit, sich selbst zu unterhalten, bestehen, auch wenn dies die aktuelle Gesetzesfassung nicht mehr ausdrücklich verlangt (vgl. *Gerlach,* H/N, § 10 Rn. 52).

5. Zuordnung des Kindes zur GKV, Abs. 3 Hs. 1

Abs. 3 Hs. 1 dient der **Systemabgrenzung** zwischen GKV und PKV. Er löst die Frage, welchem Elternteil ein Kind versicherungsrechtl. zuzuordnen ist, wenn nur ein Elternteil in der GKV ist. Zunächst kommt es darauf an, ob die JAE-Grenze überschritten wird. Anwendbar ist die JAE des § 6 Abs. 6, es sei denn das Elternteil ist nach § 6 Abs. 7 versicherungsfrei (*Peters,* KK, § 10 Rn. 35 a). Ein Ausschluss erfolgt aber auch dann nur, wenn das Gesamteinkommen des privat versicherten Elternteils regelmäßig höher ist als das Gesamteinkommen des Mitglieds. Das Gesetz geht in typisierender Betrachtungsweise davon aus, dass der höher verdienende Elternteil den Barunterhalt des Kindes und damit auch dessen KV sicherzustellen hat (BSG, SozR 3-2500, § 10 Nr. 21 S. 99). Der Ausschluss gilt auch, wenn der mit dem Kind verwandte Lebenspartner die Einkommensgrenze überschreitet. 42

Zum **Gesamteinkommen** vgl. Rn. 19 ff. Ausgenommen sind im Wege einer verfassungskonformen Auslegung Zuschläge, die mit Rücksicht auf den Familienstand gezahlt werden, wie **Familienzuschläge** bei Beamten, auch wenn eine ausdrückl. Regelung wie in § 6 Abs. 1 Nr. 1 fehlt (BSG, SozR 4-2500, § 10 Nr. 3 Rn. 10 ff.). Der Ausschluss von der beitragsfreien Familienvers. steht mit **Verfassungsrecht** (Art. 6 Abs. 1 und Art. 3 Abs. 1 GG) in Einklang (BSG, SozR 3-2500, § 10 Nr. 21 S. 98 ff., 102 ff.; vgl. auch BVerfG, SozR 4-2500 § 10 Nr. 1 Rn. 39 ff. zur Verschiedenbehandlung von Ehen und nichtehelichen Lebensgemeinschaften und BSG, SozR 3-2500, § 10 Nr. 22 S. 114 zur Ungleichbehandlung von getrennt lebenden und geschiedenen Eltern). 43

Ein von der Familienvers. ausgeschlossenes Kind kann der GKV **frw. beitreten** (§ 9 Abs. 1 Nr. 2). Eine Höchstgrenze für die Beiträge der Kinder o. unter Berücksichtigung des Beitrages des gesetzl. versicherten Elternteils ist verfassungsrechtl. nicht erforderl. (BSG, SozR 3-2500, § 240 Nr. 36 S. 181). 44

D. Verfahren

I. Beginn und Ende der Familienversicherung

Die Familienvers. beginnt bei Bestehen einer Stammvers. **kraft Gesetzes** mit dem Tag, an dem die Vorauss. erstmals erfüllt o. Hinderungsgründe weggefallen sind (*Baier,* Krauskopf, § 10 Rn. 10) und endet entspr., wenn die Vorauss. nicht mehr erfüllt sind o. wenn Hinderungsgründe eintreten. Wegen ihrer **Akzessorietät** endet sie auch, wenn die Stammvers. endet (§§ 190 ff.), nicht jedoch, wenn die Leistungsansprüche des Stammversicherten nur ruhen (*Gerlach,* H/N, § 10 Rn. 6; *Baier,* Krauskopf, § 10 Rn. 13). § 19 Abs. 2 erhält nur die Leistungsansprüche, nicht die Mitgliedschaft des Stammversicherten; allerdings erhält § 19 Abs. 2 auch die Leistungsansprüche des Angehörigen für die Dauer eines Monats (BSG, SozR 3-2500, § 38 Nr. 3 S. 21). 45

46 Einer Verwaltungsentscheidung über das Ende der Versicherung bedarf es nicht (vgl. BSG, SozR 3-2550, § 10 Nr. 19 S. 82). Ist ein **VA** über den Status im Versicherungsverhältnis ergangen, sind die Grundsätze der §§ 45, 48 ff. SGB X entspr. anwendbar (vgl. auch SG Hamburg v. 19. 1. 2004, S 28 KR 44/02). Allein in dem Aushändigen einer Krankenversicherungskarte o. von Krankenscheinen ist ein solcher feststellender VA aber nicht zu sehen (BSG, SozR 3-2550, § 10 Nr. 19 S. 82).

II. Kassenzuständigkeit

47 Nach § 173 Abs. 6 gilt für den Familienversicherten die Wahlentscheidung des Mitglieds. Nur wenn eine Familienvers. nach mehreren Vorschriften besteht (z. B. Vater und Mutter bei verschiedenen KKen versichert sind), sieht das Gesetz ein **Wahlrecht** vor, das aber von den Stammversicherten („Mitglied") ausgeübt wird (Abs. 5). Es besteht die Gefahr, dass keiner der Stammversicherten eine Wahl trifft o. diese sich für unterschiedl. KKen entscheiden; dann ist die zuerst getroffene Entscheidung maßgebl. (*Baier,* Krauskopf, § 10 Rn. 74). Eine konkludente Wahl per Leistungsantrag (so *Zipperer,* M/S/W, § 10 Rn. 69) ist nur mögl., wenn dieser vom Stammversicherten gestellt wird. Eine Regelung durch den Gesetzgeber wäre daher wünschenswert. Fragl. ist auch, ob und ggf. wann eine **erneute Ausübung** des Wahlrechts zulässig ist. Notwendig wird dies z. B., wenn die Stammversicherung bei der gewählten KK endet (vgl. *Baier,* Krauskopf, § 10 Rn. 75; *Gerlach,* H/N, § 10 Rn. 104; *Peters,* KK, § 10 Rn. 38). Ein beliebiger Wechsel ohne sachl. Grund ist abzulehnen (*Baier,* Krauskopf, § 10 Rn. 76; *Zipperer,* M/S/W, § 10 Rn. 70).

III. Meldungen, Abs. 6

48 Im Interesse der Verlässlichkeit der Versichertendatei der KK (vgl. BT-Drs. 12/3608, 76) ist der Stammversicherte verpflichtet, die familienversicherten Angehörigen mit allen für die Durchführung der Familienvers. notwendigen Angaben sowie die Änderung dieser Angaben der KK zu melden (Abs. 6 S. 1). Vgl. auch §§ 288, 289 zur Führung eines **Versichertenverzeichnisses** und zur Feststellung der Familienvers. bei deren Beginn durch die KK. Für die Meldung sind ein einheitl. Verfahren und einheitl. Vordrucke zu entwickeln (S. 2). Dies ist durch die Vereinbarung über ein einheitl. Meldeverfahren zur Durchführung der Familienvers. (Meldeverfahren-FV) vom 28. 9. 1993 (DOK 1993, 741) geschehen.

E. Prozessuales

49 Das Bestehen der Familienversicherung dem Grunde nach ist im Wege der **Feststellungsklage** zu klären (BSG, NZS 1994, 21; aA. BSG, SozR 3-5405, Art. 59 Nr. 1 S. 2: Verpflichtungsklage). Dem **Stammversicherten** steht ein **eigenes Klagerecht** nur insoweit zu, als das Bestehen o. Nichtbestehen der Familienvers. als solches betroffen ist; der Familienangehörige ist notwendig beizuladen (BSG, NZS 1994, 21/22). Dagegen ist der Stammversicherte nicht berechtigt, Leistungsansprüche eines Angehörigen aus der Familienvers. im eigenen Namen geltend zu machen (BSG, SozR 3-2500, § 10 Nr. 16 S. 65 ff.). Wegen der Drittwirkung des an den Stammversicherten gerichteten, eine Familienversicherung ablehnenden Bescheides ist auch der Angehörige klagebefugt; Voraus. ist jedoch, dass auch ihm gegenüber ein Vorverfahren durchgeführt wurde. Der Stammversicherte ist dann – anders als bei einem Rechtsstreit über Leistungsansprüche des Angehörigen – notwendig beizuladen (BSG, NZS 1999, 498 ff.)

Eine Statusklärung durch den **Sozialhilfeträger** ist nicht mögl.; Entscheidungen gegenüber dem Mitglied o. dem Familienversicherten haben ihm gegenüber Tatbestandswirkung. Liegt noch keine Entscheidung vor, besteht kein Bedürfnis für ein eigenes Klagerecht des Sozialhilfeträgers. Dieser kann eine Klärung durch die Geltendmachung konkreter Leistungsansprüche nach § 95 SGB XII (früher: § 91 a BSHG) herbeiführen (BSG, SozR 3-5910, § 91 a Nr. 6 S. 26 ff.).

Drittes Kapitel. Leistungen der Krankenversicherung

Erster Abschnitt. Übersicht über die Leistungen

§ 11 Leistungsarten

(1) Versicherte haben nach den folgenden Vorschriften Anspruch auf Leistungen:
1. (weggefallen)
2. zur Verhütung von Krankheiten und von deren Verschlimmerung sowie zur Empfängnisverhütung, bei Sterilisation und bei Schwangerschaftsabbruch (§§ 20 bis 24 b),
3. zur Früherkennung von Krankheiten (§§ 25 und 26),
4. zur Behandlung einer Krankheit (§§ 27 bis 52),
5. des Persönlichen Budgets nach § 17 Abs. 2 bis 4 des Neunten Buches.

(2) [1]Versicherte haben auch Anspruch auf Leistungen zur medizinischen Rehabilitation sowie auf unterhaltssichernde und andere ergänzende Leistungen, die notwendig sind, um eine Behinderung oder Pflegebedürftigkeit abzuwenden, zu beseitigen, zu mindern, auszugleichen, ihre Verschlimmerung zu verhüten oder ihre Folgen zu mildern. [2]Leistungen der aktivierenden Pflege nach Eintritt von Pflegebedürftigkeit werden von den Pflegekassen erbracht. [3]Die Leistungen nach Satz 1 werden unter Beachtung des Neunten Buches erbracht, soweit in diesem Buch nichts anderes bestimmt ist.

(3) Bei stationärer Behandlung umfassen die Leistungen auch die aus medizinischen Gründen notwendige Mitaufnahme einer Begleitperson des Versicherten.

(4) [1]Versicherte haben Anspruch auf ein Versorgungsmanagement, insbesondere zur Lösung von Problemen beim Übergang in die verschiedenen Versorgungsbereiche. [2]Dazu haben die Krankenhäuser ein Entlassungsmanagement zur Gewährleistung des nahtlosen Übergangs von der Krankenhausbehandlung in die ambulante Versorgung, zur Rehabilitation oder Pflege einzurichten. [3]Die Durchführung erfolgt durch hierfür qualifiziertes Personal, insbesondere Pflegefachkräfte, die koordinierend mit den behandelnden Krankenhausärzten, den stationär Pflegenden, dem sozialen Dienst, der jeweiligen Krankenkasse, den Angehörigen und den Vertragsärzten oder den aufnehmenden Einrichtungen zusammenwirken. [4]In das Versorgungsmanagement sind die Pflegeeinrichtungen einzubeziehen; dabei ist eine enge Zusammenarbeit mit Pflegeberatern und Pflegeberaterinnen nach § 7a des Elften Buches zu gewährleisten. [5]Eine entsprechende Verpflichtung gilt auch für die stationären Rehabilitationseinrichtungen hinsichtlich einer erforderlichen Anschlussversorgung. [6]Ergänzend dazu haben die Krankenkassen im Zusammenwirken mit den jeweiligen Einrichtungen für die unmittelbare Anschlussversorgung ihrer Versicherten Sorge zu tragen. [7]Das Versorgungsmanagement und eine dazu erforderliche Übermittlung von Daten darf nur mit Einwilligung und nach vorheriger Information des Versicherten erfolgen.

(5) Auf Leistungen besteht kein Anspruch, wenn sie als Folge eines Arbeitsunfalls oder einer Berufskrankheit im Sinne der gesetzlichen Unfallversicherung zu erbringen sind.

3. Kapitel. 1. Abschnitt **§ 11**

Schrifttum: *K. Fastabend/E. Schneider,* Das Leistungsrecht der gesetzlichen Krankenversicherung, 2004; *F. Welti,* Behinderung und Rehabilitation im sozialen Rechtsstaat, 2005.

Inhaltsübersicht

	Rn.
A. Überblick	1
B. Der Leistungsanspruch des Versicherten	6
I. Tatbestand	6
1. Anspruchsgrundlagen	6
2. Anspruchsvoraussetzungen	9
a) Persönliche Anspruchsvoraussetzungen	9
b) Sachliche Anspruchsvoraussetzungen	12
3. Anspruchsinhalt	15
a) Leistungsbeschreibung	16
aa) Parlamentsgesetzlicher Rahmen	16
(1) Hauptleistungsansprüche	16
(2) Nebenleistungsansprüche	18
bb) Untergesetzliche Konkretisierung	20
b) Leistungsbeschränkungen und Kostenbeteiligungen	23
c) Leistungsabwicklung	26
II. Rechtsfolge	29
C. Verhältnis zu anderen Leistungssystemen und -trägern	30
I. Leistungs- und Trägerkonkurrenzen	31
1. Pflegeversicherung, Abs. 2. S. 2	31
2. Unfallversicherung, Abs. 5	32
II. Verzahnung von Leistungssektoren und -systemen, Abs. 4	33

A. Überblick

Die Vorschrift steht an der Spitze des 3. Kapitels, das in den nachfolgenden §§ 12–68 die **Leistungen der Krankenversicherung** näher ausgestaltet. Der Leistungsanspruch des Versicherten ist, neben der durch die Mitgliedschaft (§§ 5, 9,186 ff.) begründeten Verpflichtung zur Zahlung von Beiträgen (§§ 223 ff.), Wesensmerkmal des **Mitgliedschafts-/Versicherungsverhältnisses** zwischen Krankenkasse und Mitglied/Versichertem. § 11 ist daher normativer Anknüpfungspunkt für die Erarbeitung **allgemeiner Lehren des Leistungsrechts,** die gegenüber den spezifischen Auslegungsfragen der einzelnen Bestimmungen des Leistungsrechts die einheitliche Struktur des Leistungsanspruchs betonen. Er steht damit auch in einem engen Zusammenhang mit § 69, der Parallelnorm für das Leistungserbringungsverhältnis (§ 69 Rn. 1), dessen Ausgestaltung auf den Leistungsanspruch zurückwirkt. 1

Die Bedeutung der Vorschrift für die einzelnen Prüfungspunkte des Leistungsanspruches ist unterschiedlich: Sie benennt zwar den Anspruchsinhaber („Versicherte"), ist aber selbst keine Anspruchsgrundlage. Sie regelt nicht die Anspruchsvoraussetzungen und lässt, auf der Rechtsfolgenseite, auch nicht erkennen, ob es sich um Rechtsansprüche oder Ermessensleistungen handelt. Sie beschränkt sich aber, entgegen der zu engen amtlichen Überschrift, auch nicht auf die Bestimmung der Leistungsarten, sondern enthält eine Vielzahl von Regelungen zum Leistungsinhalt und zum Verhältnis zu anderen Sozialleistungsbereichen: 2

– Abs. 1 Nr. 2–4 hat den Charakter einer Einweisungsvorschrift. Die dort aufgezählten Leistungsarten enthalten eine an Leistungszielen orientierte **Leistungsbeschreibung** (Rn. 16): Die Leistungen dienen der Prävention und der Verhinderung bzw. dem Abbruch einer Schwangerschaft (Nr. 2), der Früherkennung von Krankheiten (Nr. 3) und, als bedeutendste Leistungsart, der Behandlung 3 einer Krankheit (Nr. 4). Abs. 2 S. 1 stellt klar, dass auch Leistungen der medizinischen Rehabilitation in die Zuständigkeit der GKV fallen (Rn. 14, 17) und grundsätzlich nach Maßgabe des SGB IX erbracht werden (Abs. 2 S. 3). Diese Leistungsarten werden in den Abschnitten 3–5 des 3. Kapitels zu Ansprüchen verdichtet und näher ausgestaltet. Abs. 3 hat hingegen nicht nur einweisenden Charakter, sondern begründet leistungsrechtliche Nebenansprüche (Rn. 18 f.).

4 – Das in Abs. 1 Nr. 5 genannte **Persönliche Budget** betrifft demgegenüber die **Leistungsabwicklung** bei der Inanspruchnahme medizinischer Rehabilitationsleistungen (Rn. 28).

5 – Das **Verhältnis zu anderen Leistungssystemen und -trägern** regeln Abs. 2 S. 2, Abs. 4 und Abs. 5, Abs. 2 S. 2 und Abs. 5 regeln Fälle der Leistungs- und Trägerkonkurrenz: Während Abs. 2 S. 2 nur einen Teilaspekt des Verhältnisses zwischen GKV und Pflegeversicherung betrifft (aktivierende Pflege, Rn. 31), schreibt Abs. 5 umfassend den Nachrang der GKV gegenüber der Unfallversicherung bei Arbeitsunfällen und Berufskrankheiten vor (Rn. 32). Abs. 4 hingegen soll mit der Etablierung eines Versorgungsmanagements zur Verzahnung zwischen Krankenversorgung, Rehabilitation und Pflege beitragen (Rn. 33 f.).

B. Der Leistungsanspruch des Versicherten

I. Tatbestand

1. Anspruchsgrundlagen

6   § 11 selbst ist keine Anspruchsgrundlage, sondern verweist lediglich auf Ansprüche „nach den folgenden Vorschriften". Gemeint sind primär die in den §§ 20 ff. genannten **Leistungsansprüche:** In diesen Vorschriften sind Anspruchsgrundlagen alle Bestimmungen, die dies ausdrücklich festschreiben („Versicherte haben Anspruch auf", vgl. §§ 20 d, 23, 24, 24 a, 24 b, 25, 26, 27, 29, 31, 32, 33, 37 a, 37 b, 39 a, 41, 42, 43 a, 44, 45, 55 sowie §§ 196, 197, 198 und 199 RVO) oder die im Indikativ vorschreiben, dass die Versicherten bestimmte Leistungen erhalten (§ 38 sowie § 200 RVO), die Leistungen erbracht werden (§§ 39, 40) oder die Krankenkassen die Kosten übernehmen (§ 60). Anspruchsgrundlagen enthalten schließlich auch diejenigen Bestimmungen, die vorsehen, dass die Krankenkassen Leistungen erbringen können (§ 43). Sie beinhalten aber nicht den Anspruch auf die Leistung selbst, sondern auf eine ermessensfehlerfreie Entscheidung der Krankenkasse über die Leistungsgewährung (Rn. 29). Keine Anspruchsgrundlagen sind hingegen Normen, die die Krankenkassen zur Bestimmung von Satzungsleistungen ermächtigen (§§ 20 Abs. 1, 38 Abs. 2); in diesem Fall folgt ein Anspruch aber ggf. unmittelbar aus Art. 3 Abs. 1 GG.

7   Wenn die Krankenkassen die Leistungen, auf die die Versicherten einen Anspruch haben, nicht rechtzeitig oder zu Unrecht nicht erbringen, wandelt sich der originäre Leistungsanspruch in einen **Herstellungsanspruch** nach § 13 Abs. 3 (§ 13 Rn. 18–29). Dieser setzt voraus, dass die Tatbestandsvoraussetzungen des Leistungsanspruchs erfüllt sind, beinhaltet aber anders als dieser einen Kostenerstattungs- und keinen Sachleistungsanspruch (Rn. 26).

8   Eine **verfassungsrechtliche Pflicht des Gesetzgebers,** bestimmte Leistungen in den Leistungskatalog aufzunehmen, besteht grundsätzlich nicht. Die Gestaltung des Leistungsrechts der Gesetzlichen Krankenversicherung hat sich jedoch an der objektiv-rechtlichen Pflicht des Staates zu orientieren, sich schützend und

fördernd vor die Rechtsgüter des Art. 2 Abs. 2 S. 1 GG zu stellen. Darüber hinaus ist es auch mit Art. 2 Abs. 1 GG iVm. Art. 20 Abs. 1 GG (Sozialstaatsprinzip) nicht vereinbar, „den Einzelnen [...] einer Versicherungspflicht in der GKV zu unterwerfen und für seine an der wirtschaftlichen Leistungsfähigkeit ausgerichteten Beiträge die notwendige Krankheitsbehandlung gesetzlich zuzusagen, ihn andererseits aber, wenn er an einer lebensbedrohlichen oder sogar regelmäßig tödlichen Erkrankung leidet, für die schulmedizinische Behandlungsmethoden nicht vorliegen, von der Leistung einer bestimmten Behandlungsmethode durch die Krankenkasse auszuschließen und ihn auf eine Finanzierung der Behandlung außerhalb der Gesetzlichen Krankenversicherung zu verweisen" (BVerfGE 115, 25/49).

2. Anspruchsvoraussetzungen

a) Persönliche Anspruchsvoraussetzungen. Anspruchsberechtigt sind nach Abs. 1 **Versicherte,** d. h. Personen, die unter einen der in §§ 5–10 genannten Tatbestände fallen. Das Gesetz differenziert zwischen Mitgliedschaft und Versicherung: Versichert sind danach zunächst alle **Mitglieder** der GKV. Die Mitgliedschaft entsteht entweder kraft gesetzlicher Anordnung einer Versicherungspflicht (§§ 5, 186 Abs. 1), von der durch die Tatbestände der Versicherungsfreiheit (§§ 6 und 7) und der Befreiung von der Versicherungspflicht (§ 8) dispensiert wird, oder durch Beitrittserklärung (freiwillige Versicherung, §§ 9 Abs. 2, 188). Versichert sind aber nicht nur Mitglieder, sondern auch die in § 10 aufgeführten Familienangehörigen von Mitgliedern (Familienversicherung). Sie sind zwar selbst nicht Mitglieder, sondern genießen einen vom Stammmitglied abgeleiteten Versicherungsschutz. Doch sind sie Inhaber originärer Leistungsansprüche, die sie selbst und in eigenem Namen geltend machen können. Ausnahmsweise kommen zwar auch **Leistungen an Nichtversicherte** in Betracht, wenn die Krankenbehandlung eines Versicherten medizinische Maßnahmen bei anderen Personen erforderlich macht (Organspende, vgl. BSGE 35, 102/103; 79, 53/54) oder bei der Mitaufnahme von Begleitpersonen nach § 11 Abs. 3 (unten Rn. 19). Inhaber des Leistungsanspruches bleibt aber insoweit der Versicherte (*Noftz,* H/N, § 11 Rn. 27; aA. *Zipperer,* GKV-Komm, § 11 Rn. 9).

Der Leistungsanspruch entsteht mit Beginn der Mitgliedschaft bzw. des Versicherungsverhältnisses; es gibt, anders als in der Arbeitslosen-, Renten- und Pflegeversicherung (vgl. §§ 117 Abs. 1 Nr. 3, 123 SGB III, 50 SGB VI, 33 Abs. 2 SGB XI), keine Wartezeiten (Ausnahme: § 27 Abs. 2). Der **Beginn der Mitgliedschaft** richtet sich nach den §§ 186–189. Maßgebend ist also etwa bei Beschäftigten der Tag des Eintritts in das Beschäftigungsverhältnis (§ 186 Abs. 1), nicht aber, wie im Privatversicherungsrecht (§§ 38 Abs. 2, 39 Abs. 2 VVG), die Zahlung von Beiträgen.

Mit dem **Ende der Mitgliedschaft** (§§ 190, 191) erlischt nach § 19 Abs. 1 grundsätzlich auch der **Leistungsanspruch.** Er bleibt aber unter den Voraussetzungen von § 19 Abs. 2 oder 3 noch für längstens einen Monat nach dem Ende der Mitgliedschaft bestehen. Die §§ 192 und 193 ordnen zudem für wichtige Fallgestaltungen den **Fortbestand der Mitgliedschaft** an, insbesondere während eines rechtmäßigen Arbeitskampfes, bei Bezug von Krankengeld und bei Inanspruchnahme der Elternzeit. Zudem gilt nach § 7 Abs. 3 S. 1 SGB IV eine Beschäftigung gegen Arbeitsentgelt für die Dauer von einem Monat als fortbestehend, wenn das Beschäftigungsverhältnis ohne Anspruch auf Arbeitsentgelt fortdauert.

b) Sachliche Anspruchsvoraussetzungen. Die sachlichen Anspruchsvoraussetzungen sind abhängig von den in Abs. 1 und 2 aufgeführten Leistungsarten.

Die Ansprüche auf Leistungen zur Prävention (§§ 20–24), zur Empfängnisverhütung, zum Schwangerschaftsabbruch und zur Sterilisation (§§ 24 a, 24 b), zur Früherkennung (§§ 25, 26) sowie bei Schwangerschaft und Mutterschaft (§§ 195 ff. RVO) bestehen **unabhängig vom Versicherungsfall Krankheit**. Gleiches gilt, trotz der systematischen Stellung, für medizinische Maßnahmen zur Herbeiführung einer Schwangerschaft (§ 27 a).

13 Bei Leistungen zur Behandlung einer Krankheit (§§ 27–52) muss der **Versicherungsfall Krankheit** vorliegen. Damit ist ein regelwidriger Körper- oder Geisteszustand gemeint, der die Notwendigkeit einer ärztlichen Behandlung und/oder Arbeitsunfähigkeit zur Folge hat (BSGE 35, 10/12; 39, 167/168; 59, 119/121). Dieser sog. juristische Krankheitsbegriff umfasst also sowohl den medizinischen Tatbestand des regelwidrigen Zustandes als auch seine möglichen Folgen (Behandlungsbedürftigkeit/Arbeitsunfähigkeit). Das Leitbild des gesunden Menschen ist funktional zu bestimmen, d. h. es kommt darauf an, ob eine Person die als normal geltenden psychophysischen Funktionen ausüben kann. Ursache und Dauer der Regelwidrigkeit sind grundsätzlich unerheblich (näher § 27 Rn. 11 ff.). Von diesem die GKV beherrschenden **Finalitätsprinzip** bestehen zwei Ausnahmen: zum einen, wenn die Krankheit auf einem Arbeitsunfall beruht (§ 11 Abs. 5, vgl. Rn. 32), zum anderen bei Selbstverschulden (§ 52, vgl. Rn. 23).

14 **Leistungen der medizinischen Rehabilitation** (Abs. 2 S. 1) setzen eine drohende oder bereits eingetretene Behinderung oder Pflegebedürftigkeit voraus. Der Begriff der **Behinderung** ist in § 2 Abs. 1 S. 1 SGB IX legaldefiniert. Er ist ebenso wie der Krankheitsbegriff zweistufig aufgebaut: Auf der ersten Stufe ist die Abweichung von dem für das Lebensalter typischen Zustand festzustellen. Auf der zweiten Stufe ist sodann zu prüfen, ob diese Abweichung so erheblich ist, dass sie die Teilhabe am Leben in der Gesellschaft beeinträchtigt (*Höfler*, KK, § 11 Rn. 9 b-e; ausführlich: *Welti*, Behinderung und Rehabilitation, 84 ff.). Die in § 14 Abs. 1 SGB XI legaldefinierte **Pflegebedürftigkeit** ist der für die Pflegeversicherung relevante Versicherungsfall. Sie erfasst durch Krankheit und/oder Behinderung verursachte Funktionsstörungen, die die Fähigkeit zur Vornahme der gewöhnlichen und regelmäßig wiederkehrenden Verrichtungen (§ 14 Abs. 3 SGB XI) erheblich (§ 15 SGB XI) beeinträchtigen.

3. Anspruchsinhalt

15 Der Inhalt des Leistungsanspruchs wird durch eine Vielzahl von Rechtsquellen konkretisiert. Das sind primär die § 11 nachfolgenden gesetzlichen Vorschriften (§§ 12–68), die allerdings eine zumeist eher allgemein gehaltene **Leistungsbeschreibung** (Rn. 16–22) enthalten. Diese wird sodann in allen Leistungsbereichen durch die untergesetzliche Rechtsetzung der Gemeinsamen Selbstverwaltung und der Krankenkassen weiter konkretisiert. Die § 11 nachfolgenden Vorschriften enthalten zudem einzelne **Leistungsbeschränkungen,** vor allem diverse Regelungen zur **Kostenbeteiligung** (Rn. 23-25), und regeln schließlich auch die **Leistungsabwicklung** (Rn. 26–28).

16 a) Leistungsbeschreibung. aa) Parlamentsgesetzlicher Rahmen. (1) **Hauptleistungsansprüche.** § 11 Abs. 1 Nr. 2–4 vermittelt eine einweisende Übersicht über den Katalog der **Hauptleistungsansprüche** des Versicherten. Diese werden zunächst durch die in den §§ 20 ff. enthaltenen Anspruchsgrundlagen (Rn. 6) sowie ggf. durch die diesen nachfolgenden Normen (z. B. § 28) konkretisiert. Regelmäßig wird dabei in allgemeiner Form geregelt, welche Leistungen Gegenstand des Leistungskataloges sind. Die Aufstellung in § 11 Abs. 1 Nr. 2–4 ist allerdings

nicht abschließend und auch aus diesem Grunde nicht sonderlich aussagekräftig. Der Leistungsanspruch umfasst nämlich auch die Leistungen des Zahnersatzes (*Zipperer*, GKV-Komm, § 11 Rn. 28), die früher in § 30 enthalten waren, nunmehr aber in einem eigenständigen Abschnitt (§§ 55, 56) aufgeführt sind, auf den § 11 Abs. 1 Nr. 4 aber ohne erkennbaren Grund nicht verweist. Auch die Leistungen bei Schwangerschaft und Mutterschaft, die nach wie vor außerhalb des SGB V in den §§ 195 ff. RVO geregelt sind, führt § 11 Abs. 1 nicht auf, obwohl sie zum Leistungskatalog gehören (*Joussen*, Beck-OK, § 11 Rn. 6).

Abs. 2 S. 1 macht deutlich, dass auch (aber auch nur) **medizinische und ergänzende Leistungen zur Rehabilitation** (vgl. § 43 sowie §§ 26 ff., 44 SGB IX) zu den krankenversicherungsrechtlichen Hauptleistungsansprüchen gehören. Das sind solche Leistungen, die unmittelbar auf die Krankheit Einfluss nehmen, nicht aber solche Maßnahmen, die die beruflichen und sozialen Folgen der Krankheit bewältigen sollen, etwa berufsfördernde und allgemeine soziale Wiedereingliederungsmaßnahmen (vgl. § 29 Abs. 1 Nr. 2 und 3 SGB I; näher zur Abgrenzung *Noftz*, H/N, § 11 Rn. 41, 53). In Übereinstimmung mit § 7 SGB IX legt Abs. 2 S. 3 fest, dass diese Leistungen von den Krankenkassen grundsätzlich unter Beachtung des SGB IX erbracht werden. Das hat zur Folge, dass Versicherte ein Wunsch- und Wahlrecht nach § 9 SGB IX haben (*Höfler*, KK, § 11 Rn. 9 h). 17

(2) Nebenleistungsansprüche. Nicht in Abs. 1 aufgeführt sind zudem die sog. **akzessorischen Nebenleistungsansprüche,** die in einem Funktionszusammenhang mit einer Hauptleistung stehen (*Noftz*, H/N, § 11 Rn. 43 a). Dazu zählen, neben dem Anspruch auf Fahrkosten (§ 60), vor allem die in § 11 Abs. 3 und 4 aufgeführten Leistungen: 18

Gem. § 11 Abs. 3 beinhaltet der Leistungsanspruch des Versicherten bei stationärer Behandlung auch die aus medizinischen Gründen notwendige Aufnahme einer **Begleitperson**. **Stationäre Behandlung** ist nicht nur die voll-, sondern ggf. auch die teilstationäre Behandlung (*Joussen*, Beck-OK, § 11 Rn. 12); nicht erfasst sind aber die vor- und nachstationäre (§ 115 a) sowie die ambulante Behandlung (§ 115 b) im Krankenhaus. Die Aufnahme muss **medizinisch notwendig** sein. Das ist insbesondere bei (Klein-)Kindern zu bejahen, die für den Genesungsprozess regelmäßig auf die Nähe zumindest eines Elternteils angewiesen sind. Auch kann eine Mitaufnahme aus medizinischen Gründen notwendig sein, wenn und soweit die Begleitperson in ein therapeutisches Konzept eingebunden werden soll (dazu *Noftz*, H/N, § 11 Rn. 59). **Aufnahme** einer Begleitperson bedeutet die Unterbringung in der Einrichtung selbst. Leistungsbestandteil soll darüber hinaus auch die Übernahme der Kosten für den Verdienstausfall der Begleitperson sein (so *Kruse*, H/K, § 11 Rn. 6 und *Wagner*, Krauskopf, § 11 Rn. 10 mit Hinweis auf eine Vereinbarung der Spitzenverbände). Diese Praxis ist indes durch den Gesetzeswortlaut nicht gedeckt. Aufwendungsersatzansprüche für Begleitpersonen bedürfen eigenständiger Rechtsgrundlagen (§ 31 SGB I), die sich in § 45 und, für den Bereich der medizinischen Rehabilitation, in § 53 Abs. 1 SGB IX finden (*Joussen*, Beck-OK, § 11 Rn. 14; *Noftz*, H/N, § 11 Rn. 60). 19

bb) Untergesetzliche Konkretisierung. Die §§ 20 ff. enthalten nur allgemeine Umschreibungen des Anspruchsinhalts, die noch nicht zu konkreten Leistungen verdichtet werden. Ergänzt werden diese durch die ihrerseits eher allgemeinen Vorgaben, dass die Leistungen dem **„Stand der medizinischen Erkenntnisse"** (§ 2 Abs. 1 S. 3) entsprechen und **„ausreichend, zweckmäßig und wirtschaftlich"** (§ 12 Abs. 1 S. 1) sein müssen. Diese sollen keine Leistungsrechte 20

§ 11 Leistungsarten

im Vollsinne sein, sondern **ausfüllungsbedürftige Rahmenrechte** (BSGE 73, 271/279 ff.; 78, 70/75 ff.; 81, 54/59 ff.; 81, 73/76 ff). Die Ausfüllung dieses Rahmens erfolgt durch untergesetzliche Rechtsetzung, allerdings weitgehend nicht in den üblichen Handlungsformen der staatlichen Verwaltung (Rechtsverordnungen/Verwaltungsvorschriften), sondern durch die Gemeinsame Selbstverwaltung von Krankenkassen und Leistungserbringern und die Selbstverwaltung der Krankenkassen. Diese korporatistische Rechtsetzung ermöglicht eine fortlaufende und flexible Anpassung des Leistungskataloges, ist allerdings auch legitimatorischen Bedenken ausgesetzt (§ 92 Rn. 9 ff.):

21 Der wichtigste Konkretisierungsmechanismus sind die **Richtlinien des Gemeinsamen Bundesausschusses** (§ 92 sowie entsprechende Bezugnahmen, z. B.: §§ 25 Abs. 5, 27 Abs. 4, 34 Abs. 1 S. 2–4, 35 Abs. 1). Sie verdichten das gesetzliche Rahmenrecht zum durchsetzbaren Einzelanspruch (BSGE 81, 54/61) und vermitteln zugleich den „unmittelbar sachlogischen Zusammenhang" (BSGE 78, 70/77) zwischen Leistungs- und Leistungserbringungsrecht: Denn der Umfang der zu gewährenden Krankenversorgung kann im Verhältnis der Versicherten zu den Krankenkassen kein anderer sein als im Verhältnis der ärztlichen Leistungserbringer zu den Krankenkassen. Die Richtlinien haben also die Funktion, die Verpflichtung der Leistungserbringer zu einer medizinisch ausreichenden, zweckmäßigen und wirtschaftlichen Behandlungs- und Verordnungsweise mit den Ansprüchen der Versicherten zu koordinieren. Bereits aus der gesetzlichen Ermächtigung in § 92 Abs. 1 S. 1 soll daher folgen, dass die Richtlinien nicht nur die im Bundesausschuss vertretenen Parteien binden, sondern verbindliches außenwirksames Recht enthalten (BSGE 81, 54/63). Leistungen, die in den Richtlinien nicht anerkannt sind, darf der Arzt daher grundsätzlich nicht erbringen/verordnen und der Versicherte grundsätzlich nicht beanspruchen. Ausnahmen gelten beim indikationsüberschreitenden Einsatz von Arzneimitteln (BSGE 89, 184/184 ff.), bei einzigartigen Erkrankungen, zu denen der Bundesausschuss mangels generalisierbarer Erkenntnisse nicht Stellung nehmen kann (BSG, NZS 2005, 589/593), bei einer, trotz Erfüllung der für eine Überprüfung notwendigen formalen und inhaltlichen Voraussetzungen, nicht zeitgerechten Entscheidung (BSG, NZS 2004, 99/101) und schließlich bei schweren Krankheiten, für die keine schulmedizinischen Behandlungsmethoden existieren, wenn eine nicht ganz fern liegende Aussicht auf Heilung oder spürbar positive Einwirkung auf den Krankheitsverlauf besteht (BVerfGE 115, 25/49 ff.).

22 Eine erhebliche, im Vergleich mit den Richtlinien des G-BA gleichwohl eher untergeordnete Bedeutung für die Konkretisierung des Leistungsanspruchs haben darüber hinaus die kollektivvertraglichen Vereinbarungen zwischen Krankenkassen und Leistungserbringern (insb. **Bundesmantelvertrag, Gesamtverträge**, vgl. § 69 Rn. 14 ff.) und die rechtlich unverbindlichen, faktisch aber einflussreichen **Rahmenempfehlungen** (z. B. §§ 125 Abs. 1, 132 a Abs. 1). Hinzu tritt die **autonome Rechtsetzung der Krankenkassen,** etwa in Gestalt der Festsetzung von Festbeträgen (§§ 35 Abs. 3, 36) und der Erstellung eines Hilfsmittelverzeichnisses (§ 139).

23 **b) Leistungsbeschränkungen und Kostenbeteiligungen.** In der GKV gilt grundsätzlich das Final-, nicht, wie etwa in der Unfallversicherung, das Kausalprinzip. Der Leistungsanspruch des Versicherten ist daher grundsätzlich unabhängig von der Krankheitsursache. Eine Ausnahme ist die **Leistungsbeschränkung** bei Selbstverschulden in § 52. Einen Leistungsausschluss verfügt § 52 a für den Fall einer missbräuchlichen Leistungsinanspruchnahme. Zu beachten ist darüber hin-

aus, dass die Realisierung des Anspruchs gehemmt ist, wenn der **Anspruch auf Leistungen ruht** (§§ 16, 49).

Praktisch bedeutsamer sind Verpflichtungen der Versicherten, sich an den **Kosten** der Leistung zu **beteiligen** (z. B. §§ 23 Abs. 6, 24 Abs. 3, 28 Abs. 4, 31 Abs. 3 und 4, 32 Abs. 2, 33 Abs. 8). Kostenbeteiligungen haben, anders als Leistungsbeschränkungen, eine Steuerungsfunktion. Sie sollen die Versicherten dazu anhalten, Gesundheitsleistungen nur in Anspruch zu nehmen, wenn dies notwendig ist. Kostenbeteiligungen berühren die Leistungspflicht nicht. Vielmehr wird ein selbständiger Rückgriffsanspruch der Krankenkasse gegen den Versicherten begründet, der allerdings aus Praktikabilitätsgründen regelmäßig über den Leistungserbringer abgewickelt wird. § 61 regelt die Höhe der Zuzahlungen, § 62 die Belastungsgrenzen. 24

Eine Verpflichtung zur Kostenbeteiligung kann über die gesetzlichen Bestimmungen hinaus auch aus der Vereinbarung eines **Selbstbehaltes** (§ 53 Abs. 1) folgen. 25

c) **Leistungsabwicklung.** Die Versicherten erhalten die Leistungen vorbehaltlich abweichender Bestimmungen im SGB V oder SGB IX grundsätzlich als Sach- und Dienstleistungen (**Sachleistungsprinzip,** §§ 2 Abs. 2 S. 1 und 13 Abs. 1). Der Anspruch des Versicherten gegen die Krankenkasse richtet sich also grundsätzlich nicht auf die Erstattung von Kosten für die Inanspruchnahme von Leistungserbringern, sondern auf die Verschaffung von Dienstleistungen (z. B. ärztliche und zahnärztliche Behandlung) und Sachleistungen (Arznei- und Verbandsmittel, Hilfsmittel), vgl. § 13 Rn. 1–6. Anders ist es nur bei den wenigen **Geldleistungen,** die von den Krankenkassen unmittelbar erbracht werden (Krankengeld, §§ 44 ff.; Mutterschaftsgeld, § 200 RVO). 26

Zur Koordination des Leistungs- und Leistungserbringungsrecht schließen die Krankenkassen nach § 2 Abs. 2 S. 3 Verträge mit den Leistungserbringern (Rn. 22). Grundsätzlich können daher auch **nur zugelassene Leistungserbringer** in Anspruch genommen werden. Anders ist es nur, wenn sich die Versicherten Leistungen zulässigerweise außerhalb des Sachleistungssystems selbst verschaffen (§ 13 Rn. 2). 27

Gem. § 2 Abs. 2 S. 2 ist auch das **Persönliche Budget** (§ 17 Abs. 2–4 SGB IX) als Ausnahme zum Sachleistungsprinzip konzipiert. Entgegen der systematischen Einordnung in § 11 Abs. 1 Nr. 5 handelt es sich also nicht um eine eigenständige Leistung (so aber *Noftz,* H/N, § 11 Rn. 41 a), sondern, wie es in der amtlichen Überschrift von Kapitel 2 von Teil 1 des SGB IX heißt, um eine Regelung „zur Ausführung von Leistungen der Teilhabe". Sie besagt, dass die Krankenkassen in ihrer Eigenschaft als Rehabilitationsträger (§ 5 Nr. 1 SGB IX) alltägliche und regelmäßig wiederkehrende Leistungen zur Teilhabe (etwa häusliche Krankenpflege nach § 37 oder die Erbringung von Heil- und Hilfsmitteln gem. den §§ 32, 33, vgl. BT-Drs. 15/1514, 72) nicht als Sachleistungen erbringen müssen, sondern auch als Geldleistungen bzw. ausnahmsweise durch Gutscheine (§ 17 Abs. 3 S. 1 und 2 SGB IX) ausführen können, um den Leistungsberechtigten in eigener Verantwortung ein möglichst selbstbestimmtes Leben zu ermöglichen (§ 17 Abs. 2 S. 1 SGB IX). 28

II. Rechtsfolge

Gem. § 38 SGB I haben Versicherte bei Erfüllung der Anspruchsvoraussetzungen grundsätzlich einen Anspruch auf die im Rahmen des Anspruchsinhalts konkretisierte Leistung. Soweit das Gesetz ausnahmsweise Ermessensleistungen vor- 29 sieht, besteht gem. § 39 Abs. 1 S. 2 SGB I ein Anspruch auf ermessensfehlerfreie Entscheidung, für die § 33 SGB I gilt. Ermessensleistungen sind selten, sie finden sich z. B. in den §§ 37 Abs. 1 S. 5, 40 Abs. 2 S. 2 Hs. 2 und 43. Teilweise wird den Krankenkassen zwar kein Entschließungs-, wohl aber ein Auswahlermessen hinsichtlich der konkreten Ausführung einer Leistung eingeräumt (z. B. §§ 23 Abs. 5, 40 Abs. 3).

C. Verhältnis zu anderen Leistungssystemen und -trägern

30   Abs. 2 S. 2, Abs. 4 und Abs. 5 regeln das Verhältnis der GKV zu anderen Zweigen der Sozialversicherung. Dabei geht es teils um die **Auflösung von Konkurrenzen**, teils um die **Verpflichtung zur Kooperation**: Abs. 2 S. 2 und Abs. 5 grenzen die Zuständigkeiten der Leistungsträger und damit zugleich die Leistungsansprüche der GKV ab von den Trägern der Pflege- und der Unfallversicherung (Rn. 31 f.). Abs. 4 hingegen verpflichtet die Krankenhäuser zur Etablierung eines Entlassungsmanagements, das die Versorgungsbereiche Krankenversorgung, Rehabilitation und Pflege durch eine umfassende Kooperationsverpflichtung aller Beteiligten miteinander verzahnt (Rn. 33 f.).

I. Leistungs- und Trägerkonkurrenzen

1. Pflegeversicherung, Abs. 2 S. 2

31   Für medizinische und ergänzende Leistungen der Rehabilitation sind nach § 11 Abs. 2 S. 1 die Krankenkassen zuständig (vgl. Rn. 14, 17), und zwar grundsätzlich auch **nach Eintritt der Pflegebedürftigkeit**. Die Pflegekassen haben insoweit nach § 5 Abs. 1 SGB XI nur eine Prüfungs-, Beratungs- und Vermittlungspflicht (*Noftz*, H/N, § 11 Rn. 54). Abs. 2 S. 2 stellt aber klar, dass **Leistungen der aktivierenden Pflege** nach Eintritt der Pflegebedürftigkeit durch die Pflegekassen erbracht werden; vor Eintritt der Pflegebedürftigkeit fallen sie daher in den Leistungskatalog der GKV, wenn sie zum Inhalt einer von der GKV zu erbringenden Leistung gehören (*Zipperer*, GKV-Komm, § 11 Rn. 48). Zur aktivierenden Pflege zählen nach § 28 Abs. 4 S. 1 SGB XI alle pflegerischen Maßnahmen, die das Ziel verfolgen, vorhandene Fähigkeiten zu erhalten und verlorene Fähigkeiten möglichst zurückzugewinnen.

2. Unfallversicherung, Abs. 5

32   Ein Leistungsanspruch gegen die GKV ist ausgeschlossen, wenn Leistungen aufgrund eines **Arbeitsunfalls** oder einer **Berufskrankheit** (§§ 8–13 SGB VII) zu erbringen sind. Damit ist die Kumulation von Leistungen und eine Doppelzuständigkeit von Kranken- und Unfallversicherungsträgern ausgeschlossen; insbesondere besteht kein Anspruch auf den das Verletztengeld (§ 45 SGB VII) übersteigenden Krankengeldspitzbetrag (so bereits BSG, NZS 2003, 479/480 f. zu § 49 Abs. 1 Nr. 3 a SGB VII aF.). Nach § 11 Abs. 5 Hs. 2 sind Leistungen der GKV aber nur ausgeschlossen, wenn sie von den Trägern der Gesetzlichen Unfallversicherung auch tatsächlich zu erbringen sind (*Joussen*, Beck-OK, § 11 Rn. 15). Die GKV bleibt daher für Krankheiten zuständig, die nicht unmittelbar auf den Arbeitsunfall oder die Berufskrankheit zurückzuführen sind. Neben dem Anspruch auf Verletztengeld (§ 45 SGB VII) kann insb. ein Krankengeldanspruch bestehen, wenn der Versicherte wegen dieser Krankheit arbeitsunfähig ist oder aus anderen

Gründen kein Arbeitsentgelt erhält (zu den möglichen Konsequenzen für das Verhältnis zwischen Verletzten- und Krankengeld *Berchtold,* Beck-OK, § 49 Rn. 19). Für das Verhältnis zu **ausländischen Unfallversicherungsträgern** gilt § 16 Abs. 2 (§ 16 Rn. 12).

II. Verzahnung von Leistungssektoren und -systemen, Abs. 4

Abs. 4 etabliert ein umfassendes **Versorgungsmanagement**, das zur Lösung 33 von Problemen beim Übergang in die verschiedenen Versorgungsbereiche beitragen soll (S. 1). Hintergrund dieses Anspruchs, der durch eine Vielzahl von leistungserbringungsrechtlichen Regelungen begleitet wird (insb. die integrierte Versorgung, § 140 a), sind Kommunikations- und Koordinationsprobleme an den Schnittstellen zwischen den einzelnen Versorgungsbereichen. Diese führen zu einer Segmentierung von Behandlungsprozessen, die den ganzheitlichen Bedürfnissen von Patienten nicht gerecht werden, insbesondere bei chronischen Erkrankungen und multimorbiden Verläufen (*Knieps,* HVAR, § 12 Rn. 2). Eine besonders wichtige Schnittstelle bildet der Übergang von der stationären Krankenhausversorgung in eine weitergehende medizinische, rehabilitative oder pflegerische Versorgung. S. 2 verpflichtet daher die Krankenhäuser (§ 107 Abs. 1) und S. 5 die stationären Rehabilitationseinrichtungen (§ 107 Abs. 2) zur Einrichtung eines **Entlassungsmanagements.** Das ist ungewöhnlich, weil § 11, ebenso wie das nachfolgende Leistungsrecht, als Bestandteil des Dritten Kapitels („Leistungen der Krankenversicherung") lediglich das Verhältnis zwischen Versicherten und Krankenkassen regelt, aber nicht die Kooperation im Leistungserbringungsverhältnis.

Im Zentrum des Entlassungsmanagements sollen nach S. 3 besonders qualifi- 34 zierte Pflegefachkräfte stehen (BT-Drs. 16/7439, 95 f.): Diese sollen die Aufgaben eines **Case-Managers** übernehmen, der die Qualität und Effizienz der Aufgabenabwicklung durch Abstimmung mit allen Beteiligten (Ärzte, Pflegende, sozialer Dienst, Krankenkasse und Angehörige) und damit die Kontinuität der Versorgung, Beratung und Begleitung sicherstellen soll. Dabei sieht S. 4 eine Einbeziehung der Pflegeeinrichtungen (BT-Drs. 16/8525, 138) und eine enge Kooperation mit den neu installierten Pflegeberatern und Pflegeberaterinnen (§ 7 a SGB IX) vor. S. 6 verpflichtet die Krankenkassen zu einem ergänzenden Versorgungsmanagement. Die Beteiligung der Versicherten an einem Versorgungsmanagement ist nach S. 7 freiwillig. Insbesondere dürfen Behandlungsdaten nur mit ihrer Einwilligung übermittelt werden.

Zweiter Abschnitt. Gemeinsame Vorschriften

§ 12 Wirtschaftlichkeitsgebot

(1) ¹**Die Leistungen müssen ausreichend, zweckmäßig und wirtschaftlich sein; sie dürfen das Maß des Notwendigen nicht überschreiten.** ²**Leistungen, die nicht notwendig oder unwirtschaftlich sind, können Versicherte nicht beanspruchen, dürfen die Leistungserbringer nicht bewirken und die Krankenkassen nicht bewilligen.**

(2) **Ist für eine Leistung ein Festbetrag festgesetzt, erfüllt die Krankenkasse ihre Leistungspflicht mit dem Festbetrag.**

(3) **Hat die Krankenkasse Leistungen ohne Rechtsgrundlage oder entgegen geltendem Recht erbracht und hat ein Vorstandsmitglied hiervon gewußt oder**

hätte es hiervon wissen müssen, hat die zuständige Aufsichtsbehörde nach Anhörung des Vorstandsmitglieds den Verwaltungsrat zu veranlassen, das Vorstandsmitglied auf Ersatz des aus der Pflichtverletzung entstandenen Schadens in Anspruch zu nehmen, falls der Verwaltungsrat das Regreßverfahren nicht bereits von sich aus eingeleitet hat.

Inhaltsübersicht

	Rn.
A. Überblick	1
B. Funktion und systematische Stellung	2
I. Verfassungsrechtliche Einordnung	2
II. Andere einschlägige Normen	3
III. Gerichtliche Kontrolle	4
IV. Wirtschaftlichkeitsgebot und Haftungsrecht	5
C. Kriterien des Wirtschaftlichkeitsgebots, Abs. 1 S. 1	6
D. Festbeträge, Abs. 2	9
E. Bindung der Krankenkassen – Regress gegen Vorstandsmitglieder, Abs. 1 S. 2 und Abs. 3	10

A. Überblick

1   Die Vorschrift erklärt das Wirtschaftlichkeitsgebot als **Grundprinzip der GKV** (§ 2 Abs. 1 S. 1 und Abs. 4) im Leistungsrecht für verbindlich (Abs. 1 S. 1) und stellt in Abs. 1 S. 2 klar, dass das Gesetz von einem einheitlichen Wirtschaftlichkeitsbegriff im Leistungs- und Leistungserbringerrecht (dort § 70 Abs. 1 S. 2) ausgeht. Zugleich wird verstärkt durch die Regelung zur Rechtsaufsicht in Abs. 3 wird die gemeinsame Verantwortung aller Beteiligten für ein effizientes Gesundheitssystem betont. Das Wirtschaftlichkeitsgebot wird vom BSG als komplexer, alle in Abs. 1 S. 1 genannten Elemente umfassender (BSGE 17, 79/84; BSG, SozR, Nr. 12 zu § 368 n RVO) Oberbegriff verstanden.

B. Funktion und systematische Stellung

I. Verfassungsrechtliche Einordnung

2   Das Wirtschaftlichkeitsgebot fand sich erstmals in der Notverordnung zur Behebung finanzieller, wirtschaftlicher und sozialer Notstände vom 26. 7. 1930 (RGBl. I 1930, 321). In den beiden Halbsätzen des Abs. 1 S. 1 kommt **sowohl** seine **leistungsbegründende als auch** seine **leistungsbegrenzende Funktion** zum Ausdruck. Während Letztere mit Blick auf die begrenzte Leistungsfähigkeit der Volkswirtschaft (BVerfG, NZS 1997, 225/226) die Stabilität der GKV sichert und die Grenze markiert, bis zu deren Finanzierung Bürger im Rahmen einer öffentlich-rechtlichen Pflichtversicherung zumutbarerweise herangezogen werden können, kommt der Staat mit der Gewährung der notwendigen Behandlung seiner Schutzpflicht zugunsten des Lebens und der körperlichen Unversehrtheit nach. Er schafft zugleich einen nach Art. 2 Abs. 1 GG gebotenen angemessenen Ausgleich für die nicht unerhebliche Beitragsbelastung (BVerfG, NZS 2006, 84) und schützt den Versicherten vor unnötigen Leistungen.

II. Andere einschlägige Normen

3   Das Wirtschaftlichkeitsgebot ist Tatbestandsmerkmal jedes Leistungsanspruchs nach § 11 und § 195 RVO (*Höfler*, KK, § 12 Rn. 3), sofern es nicht in einzelnen

Normen des Leistungsrechts (vor allem §§ 27 Abs. 1 S. 1, 27a Abs. 1 Nr. 2, 28 Abs. 1 S. 1 und Abs. 2 S. 1, 33 Abs. 1 S. 1, 60 Abs. 1 S. 1) oder durch die Festbetragsregelung des Abs. 2 konkretisiert wird. Abgesehen von letzterem Fall wird damit jedoch nur ein Rahmenrecht begründet, das sich durch die Festlegung und Konkretisierung seitens des Leistungserbringers für den Versicherten zu einem Einzelanspruch verdichtet. Daraus resultiert ein **Vorrang des Leistungserbringerrechts** (vgl. § 69 Rn. 36 f.), auf das sich deshalb zunehmend Steuerungsinstrumente zur Einhaltung des Wirtschaftlichkeitsgebots verlagern. Mittelbar wirkende Instrumente sind z. B. die Begrenzung der Zahl der Leistungserbringer (§§ 103, 109) oder der für ihre Vergütung zur Verfügung stehenden Summe (§ 71). Unmittelbare Wirkung entfalten der Leistungserbringung nachgelagerte Wirtschaftlichkeits- (§ 106) oder Fehlbelegungsprüfungen (§§ 112 Nr. 2 Nr. 2 und 3, 275 Abs. 1 Nr. 1 und § 17 c KHG) und ihr vorgelagerte normativ wirkende Verträge (§§ 72 Abs. 2, 84 Abs. 6 S. 3, 115b Abs. 1) sowie Richtlinien des G-BA nach § 92 (vgl. § 91 Abs. 6). Letztere zielen darauf ab, die Konkretisierung des Leistungsanspruchs soweit wie möglich vom einzelnen Behandlungsfall auf eine davon unabhängige Ebene zu verlagern und damit eine Gleichbehandlung der Versicherten zu gewährleisten.

III. Gerichtliche Kontrolle

Soweit der G-BA Richtlinien erlassen hat, unterliegen diese als Rechtsnorm **4** nur eingeschränkter richterlicher Kontrolle (§ 92 Rn. 16 ff.), und Leistungen können auch dann nicht bewilligt werden, wenn sie im Einzelfall zu einer Heilung führen (BT-Drs. 11/2237, 157 zu neuen Methoden; BSG, SozR 3-2500, § 135 Nr. 4 S. 20). Anderes gilt, wenn bei einer lebensbedrohlichen oder regelmäßig tödlichen Erkrankung keine allgemein anerkannte Standardbehandlung zur Verfügung steht und andere angewandte Methoden eine gewisse Erfolgsaussicht haben (BVerfG, NZS 2006, 84/88). Fehlt es an untergesetzlichen Rechtsnormen, unterliegt das Wirtschaftlichkeitsgebot als **unbestimmter Rechtsbegriff** uneingeschränkter gerichtlicher Kontrolle (BSG, SozR 2200, § 182 Nr. 93 S. 194), und es kommt nicht darauf an, ob die Leistung allgemein, sondern im konkreten Einzelfall wirtschaftlich ist (BSG, SozR 2200, § 182 Nr. 76 S. 146 f.; § 257 a Nr. 10 S. 22). Leistungserbringer müssen in allen Teilbereichen ihrer Tätigkeit und nicht nur insgesamt wirtschaftlich handeln (BSG, SozR 3-2500, § 106 Nr. 15 S. 91; SozR 4-2500, § 106 Nr. 3 Rn. 9).

IV. Wirtschaftlichkeitsgebot und Haftungsrecht

Das Wirtschaftlichkeitsgebot zielt auf eine Rationalisierung ab und will das **5** Notwendige und Zweckmäßige keiner Rationierung unterwerfen. Mit dem GKV-GRG 2000 wurde klargestellt, dass die Pflicht zur Leistungserbringung in fachlich gebotener Qualität (§ 135 a Abs. 1 S. 2) mit ihm auf gleicher Stufe steht und damit die **Einheit der Rechtsordnung** gewahrt ist. Soweit das Wirtschaftlichkeitsprinzip durch Richtlinien des G-BA oder Normsetzungsverträge konkretisiert wird, hinkt die Beschlussfassung wegen der einzuhaltenden Verfahrensschritte zwangsläufig vorrübergehend dem medizinischen Fortschritt hinterher. Die sog. „Zweiklassenmedizin" ist daher zT. systembedingt; der Leistungserbringer muss den Patienten auf sog. „Individuelle Gesundheitsleistungen" hinweisen, wenn ernsthafte Stimmen in der Fachliteratur eine noch nicht zum Leistungskatalog der GKV gehörende Leistung für indiziert halten. Hat der G-BA negativ entschieden, besteht eine Aufklärungsberechtigung des Vertragsarztes. Die Privatbehandlung, über die unter Hinweis auf die Kostentragungspflicht ein schriftlicher Behandlungsvertrag abzuschließen ist (§§ 3 Abs. 1 S. 3, 18 Abs. 8 Nr. 3 BMV-Ä), muss vom Versicherten ausdrücklich verlangt werden (§ 1 Abs. 2 S. 2 GOÄ).

C. Kriterien des Wirtschaftlichkeitsgebots, Abs. 1 S. 1

6   Unter den wirksamen (§ 2 Abs. 4) hat der Versicherte Anspruch auf die unter Berücksichtigung der Besonderheiten des Einzelfalls (Rn. 4) wirtschaftlichste Leistung zur Erreichung des Behandlungsziels. Dabei sind die in Abs. 1 S. 1 genannten Kriterien in eine **Gesamtbilanz** (BSG, SozR 2200, § 182 Nr. 76 S. 147) einzubeziehen, von der abhängt, ob und in welchem Umfang ein Leistungsanspruch besteht.

7   Die **Notwendigkeit** bestimmt sich vornehmlich nach dem medizinischen Zweck der Leistung (BSG, SozR 2200, § 182 Nr. 93 S. 195), der Indikation (§ 106 Abs. 2a Nr. 1); sie muss unvermeidlich, zwangsläufig und unentbehrlich sein (BSG, SozR 2200, § 182b Nr. 26 S. 68) und zu einer nicht nur unwesentlichen Verbesserung des den Versicherungsfall auslösenden Ereignisses führen (BSG, SozR 2200, § 182b Nr. 25 S. 66; SozR 3-2500, § 33 Nr. 4 S. 9). **Zweckmäßigkeit** bedeutet Effektivität, d. h. die ex ante betrachtete objektive medizinische Eignung der Leistung zur Erreichung des therapeutischen oder diagnostischen Ziels (§ 106 Abs. 2a Nr. 2). Die Leistung ist **ausreichend,** wenn sie den Grad des Genügenden weder über- noch unterschreitet, nicht qualitativ mangelhaft ist und nach Umfang und Qualität hinreichende Chancen für einen Heilerfolg bietet (BSG, SozR 2200, § 257a Nr. 10 S. 22).

8   **Wirtschaftlich ieS.** ist nicht die billigste zweier notwendiger Leistungen, sondern diejenige mit der besten Kosten-Nutzen-Relation (BSG, SozR 2200, § 182 Nr. 72 S. 125). Die Kosten dürfen nicht unangemessen hoch sein, also nicht völlig außer Verhältnis zur Kostendifferenz stehen (*Stellpflug,* HMR, C 4000 Rn. 21); der Nutzen bestimmt sich nach dem Behandlungsziel (§ 106 Abs. 1 Nr. 4) unter Einbeziehung der Nachhaltigkeit des Heilerfolgs (BSG, SozR 2200, § 182 Nr. 72 S. 125), der Lebensqualität des Versicherten (§ 70 Abs. 2) sowie der in anderen Leistungsbereichen und Sozialversicherungszweigen vermiedenen bzw. bewirkten Kosten.

D. Festbeträge, Abs. 2

9   Soweit für Arznei-, Verbands- und Hilfsmittel Festbeträge festgesetzt sind (§§ 35, 35a, 36, 133 Abs. 2), trägt die KK die Kosten bis zur Höhe dieses Betrages (§§ 31 Abs. 2 S. 1, 33 Abs. 7); die **Mehrkosten,** auf die ihn der Vertragsarzt bei der Arzneimittelverordnung hinzuweisen hat (§ 73 Abs. 5 S. 3), zahlt der Versicherte selbst, auch wenn dadurch seine Belastungsgrenze (§ 62) durchbrochen wird (*Zipperer,* GKV-Komm, § 12 Rn. 8). Eine Verordnung auf Festbetragsniveau kann gleichwohl unwirtschaftlich sein.

E. Bindung der Krankenkassen – Regress gegen Vorstandsmitglieder, Abs. 1 S. 2 und Abs. 3

Der an die Aufsichtsbehörden gerichtete Abs. 3 will, ohne selbst Anspruchsgrundlage zu sein, der Abs. 1 S. 2 widersprechenden Praxis begegnen, dass KK aus Wettbewerbsgründen oder Kulanz Leistungen zusprechen, die nicht zum Leistungskatalog gehören (§ 31 Abs. 1 SGB I) oder die Leistungserbringer als unwirtschaftlich eingestuft haben; deren Anstrengungen sollen nicht durch die gesetzeswidrige Genehmigung von Leistungen, etwa Arzneimittelverordnungen (§ 29 Abs. 1 S. 2 BMV-Ä; vgl. BSGE 19, 270/273), desavouiert werden (BT-Drs. 12/3608, 76). Der Vorstand der KK hat deshalb rechtswidrige Leistungszusagen dem Grunde oder der Höhe nach durch entsprechende **Dienstanweisungen** und organisatorische Maßnahmen zu unterbinden und deren Einhaltung zu kontrollieren. Die Aufsichtsbehörde hat den Verwaltungsrat zunächst zu beraten (§ 78 Abs. 3 S. 1 iVm. § 89 Abs. 1 S. 1 SGB IV), dann jedoch auch bei geringfügigen Schäden kein Ermessen, ob sie einschreitet.

10

§ 13 Kostenerstattung

(1) Die Krankenkasse darf anstelle der Sach- oder Dienstleistung (§ 2 Abs. 2) Kosten nur erstatten, soweit es dieses oder das Neunte Buch vorsieht.

(2) [1]Versicherte können anstelle der Sach- oder Dienstleistungen Kostenerstattung wählen. [2] Hierüber haben sie ihre Krankenkasse vor Inanspruchnahme der Leistung in Kenntnis zu setzen. [3]Der Leistungserbringer hat die Versicherten vor Inanspruchnahme der Leistung darüber zu informieren, dass Kosten, die nicht von der Krankenkasse übernommen werden, von dem Versicherten zu tragen sind. [4]Der Versicherte hat die erfolgte Beratung gegenüber dem Leistungserbringer schriftlich zu bestätigen. [5]Eine Einschränkung der Wahl auf den Bereich der ärztlichen Versorgung, der zahnärztlichen Versorgung, den stationären Bereich oder auf veranlasste Leistungen ist möglich. [6]Nicht im Vierten Kapitel genannte Leistungserbringer dürfen nur nach vorheriger Zustimmung der Krankenkasse in Anspruch genommen werden. [7]Eine Zustimmung kann erteilt werden, wenn medizinische oder soziale Gründe eine Inanspruchnahme dieser Leistungserbringer rechtfertigen und eine zumindest gleichwertige Versorgung gewährleistet ist. [8]Die Inanspruchnahme von Leistungserbringern nach § 95b Abs. 3 Satz 1 im Wege der Kostenerstattung ist ausgeschlossen. [9]Anspruch auf Erstattung besteht höchstens in Höhe der Vergütung, die die Krankenkasse bei Erbringung als Sachleistung zu tragen hätte. [10]Die Satzung hat das Verfahren der Kostenerstattung zu regeln. [11]Sie hat dabei ausreichende Abschläge vom Erstattungsbetrag für Verwaltungskosten und fehlende Wirtschaftlichkeitsprüfungen vorzusehen und eine bestimmte Mindestzeit festzulegen, für deren Dauer die Versicherten an die Wahl der Kostenerstattung gebunden sind sowie vorgesehene Zuzahlungen in Abzug zu bringen. [12]Die Versicherten sind an ihre Wahl der Kostenerstattung mindestens ein Jahr gebunden. [13]Der Spitzenverband Bund der Krankenkassen legt dem Deutschen Bundestag über das Bundesministerium für Gesundheit bis zum 31. März 2009 einen Bericht über die Erfahrungen mit den durch das Gesetz zur Stärkung des Wettbewerbs in der gesetzlichen Krankenversicherung in dieser Vorschrift bewirkten Rechtsänderungen vor.

(3) [1]Konnte die Krankenkasse eine unaufschiebbare Leistung nicht rechtzeitig erbringen oder hat sie eine Leistung zu Unrecht abgelehnt und sind dadurch

Versicherten für die selbstbeschaffte Leistung Kosten entstanden, sind diese von der Krankenkasse in der entstandenen Höhe zu erstatten, soweit die Leistung notwendig war. ²Die Kosten für selbstbeschaffte Leistungen zur medizinischen Rehabilitation nach dem Neunten Buch werden nach § 15 des Neunten Buches erstattet.

(4) ¹Versicherte sind berechtigt, auch Leistungserbringer in anderen Staaten, in denen die Verordnung (EWG) 1408/81 des Rates vom 14. Juni 1971 zur Anwendung der Systeme der sozialen Sicherheit auf Arbeitnehmer und deren Familien, die innerhalb der Gemeinschaft zu- und abwandern (ABl. EG Nr. L 149 S. 2), in ihrer jeweils geltenden Fassung anzuwenden ist, anstelle der Sach- oder Dienstleistung im Wege der Kostenerstattung in Anspruch zu nehmen, es sei denn, Behandlungen für diesen Personenkreis im anderen Staat sind auf der Grundlage eines Pauschbetrages zu erstatten oder unterliegen auf Grund eines vereinbarten Erstattungsverzichts nicht der Erstattung. ²Es dürfen nur solche Leistungserbringer in Anspruch genommen werden, bei denen die Bedingungen des Zugangs und der Ausübung des Berufes Gegenstand einer Richtlinie der Europäischen Gemeinschaft sind oder die im jeweiligen nationalen System der Krankenversicherung des Aufenthaltsstaates zur Versorgung der Versicherten berechtigt sind. ³Der Anspruch auf Erstattung besteht höchstens in Höhe der Vergütung, die die Krankenkasse bei Erbringung als Sachleistung im Inland zu tragen hätte. ⁴Die Satzung hat das Verfahren der Kostenerstattung zu regeln. ⁵Sie hat dabei ausreichende Abschläge vom Erstattungsbetrag für Verwaltungskosten und fehlende Wirtschaftlichkeitsprüfungen vorzusehen sowie vorgesehene Zuzahlungen in Abzug zu bringen. ⁶Ist eine dem allgemein anerkannten Stand der medizinischen Erkenntnisse entsprechende Behandlung einer Krankheit nur in einem anderen Mitgliedstaat der Europäischen Union oder einem anderen Vertragsstaat des Abkommens über den Europäischen Wirtschaftsraum möglich, kann die Krankenkasse die Kosten der erforderlichen Behandlung auch ganz übernehmen.

(5) ¹Abweichend von Absatz 4 können in anderen Staaten, in denen die Verordnung (EWG) 1408/71 des Rates vom 14. Juni 1971 zur Anwendung der Systeme der sozialen Sicherheit auf Arbeitnehmer und deren Familien, die innerhalb der Gemeinschaft zu- und abwandern (ABl. EG Nr. L 149 S. 2), in ihrer jeweils geltenden Fassung anzuwenden ist, Krankenhausleistungen nach § 39 nur nach vorheriger Zustimmung durch die Krankenkasse in Anspruch genommen werden. ²Die Zustimmung darf nur versagt werden, wenn die gleiche oder eine für den Versicherten ebenso wirksame, dem allgemein anerkannten Stand der medizinischen Erkenntnisse entsprechende Behandlung einer Krankheit rechtzeitig bei einem Vertragspartner der Krankenkasse im Inland erlangt werden kann.

(6) § 18 Abs. 1 Satz 2 und Abs. 2 gilt in den Fällen der Absätze 4 und 5 entsprechend.

Schrifttum: *U. Becker,* Gesetzliche Krankenversicherung im Europäischen Binnenmarkt, NJW 2003, 2272; *ders./C. Walser,* Stationäre und ambulante Krankenhausleistungen im grenzüberschreitenden Dienstleistungsverkehr – Von Entgrenzungen und neuen Grenzen in der EU, NZS 2005, 449; *K.-J. Bieback,* Etablierung eines Gemeinsamen Marktes für Krankenbehandlung durch den EuGH, NZS 2001, 561; *S. Devetzi,* Die Kollisionsnormen des Europäischen Sozialrechts, 2000; *M. Fuchs,* Das neue Recht der Auslandskrankenbehandlung, NZS 2004, 225; *S. Fuhrmann/W. Heine,* Medizinische Rehabilitation im europäischen Ausland und Qualitätssicherung, NZS 2006, 341; *R. Giesen,* Die Vorgaben des EG-Vertrages für das internationale Sozialrecht, 1999; *B. M. Harich,* Das Sachleistungsprinzip in der Gemeinschaftsrechtsordnung, 2006; *G. Haverkate/S. Huster,* Europäisches Sozialrecht, 1999; *S. Huster,* Grundfragen der Exportpflicht im europäischen Sozialrecht, NZS 1999, 10; *T. Kingreen,* Zur Inanspruchnahme von Gesundheitsleistungen im europäischen Binnenmarkt, NJW 2001, 3382; *ders.,* Das Sozialstaatsprinzip im europäischen Verfassungsverbund, 2003, 500–541; *ders.* Ein neuer rechtlicher Rahmen für einen Binnenmarkt für Gesundheitsleistungen, NZS 2005, 505; *ders.,* Doppelbelastung und Doppelbefreiung im grenzüberschreitenden Sozialrecht; *U. Becker/W. Schön,* Steuer- und Sozialstaat im europäischen Systemwettbewerb, 2005, 239; *ders.,* Die Universalisierung sozialer Rechte im europäischen Gemeinschaftsrecht, EuR Beiheft 1/2007, 43; *B. v. Maydell,* Sach- und Kollisionsnormen im internationalen Sozialversicherungsrecht, 1967; *S. Rixen,* Das europäisierte SGB V – Zur Rezeption EG-rechtlicher Vorgaben für das Leistungs(erbringer)recht der gesetzlichen Krankenversicherung durch das GKV-Modernisierungsgesetz (GMG), ZESAR 2004, 24; *E. Roos,* Kostenerstattung und Sachleistung in der gesetzlichen Krankenversicherung, NZS 1997, 464; *R. Schuler,* Das Internationale Sozialrecht der Bundesrepublik Deutschland, 1988; *P. Udsching/B. M. Harich,* Die Zukunft des Sachleistungsprinzips im europäischen Binnenmarkt, EuR 2006, 784; *J. Wasem,* Kostenerstattung und Sachleistung aus ökonomischer Sicht, MedR 2000, 472.

Inhaltsübersicht

	Rn.
A. Überblick	1
B. Wahl der Kostenerstattung durch den Versicherten, Abs. 2	7
I. Das Wahlrecht	7
II. Besondere Rechtsfolgen der Ausübung des Wahlrechts	10
1. Inanspruchnahme nicht zugelassener Leistungserbringer	11
2. Erstattungsverfahren und -umfang	13
III. Berichtspflicht, Abs. 2 S. 13	16
IV. Verhältnis zu § 53 Abs. 4	17
C. Kostenerstattung bei Systemversagen, Abs. 3	18
I. Dogmatische Einordnung und Abgrenzung	18
II. Anspruchsvoraussetzungen	21
1. Selbst beschaffte Leistung	21
2. Berechtigung zur Selbstbeschaffung	22
a) Leistungsanspruch	23
b) Nichterfüllung	25
aa) Nicht rechtzeitige Leistungserbringung, Abs. 3 S. 1 Alt. 1	25
bb) Unrechtmäßige Leistungsablehnung, Abs. 3 S. 1 Alt. 2	27
III. Rechtsfolge	29
D. Kostenerstattung bei Inanspruchnahme von Leistungserbringern in anderen Mitgliedstaaten der Europäischen Union, Abs. 4–6	30
I. Typologie	30
II. Das duale leistungsrechtliche Rechtsregime für die grenzüberschreitende Inanspruchnahme von Gesundheitsleistungen	34
1. Kollisionsrecht	35
2. Sachrecht	37
a) Personale Anspruchsvoraussetzungen	38
b) Sachliche Anspruchsvoraussetzungen	40
aa) Art. 19, 22 VO 1408/71	40
bb) § 13 Abs. 4–6	42
c) Anspruchsinhalt	46
aa) Art. 19, 22 VO 1408/71	46
bb) § 13 Abs. 4–6	49
d) Anspruchsabwicklung	50

A. Überblick

Die Vorschrift regelt die **Abwicklung von Leistungen der GKV** (§ 11 Rn. 26–28, vgl. auch Rn. 3). Sie knüpft in ihrem Abs. 1 zunächst an den in § 2 Abs. 2 S. 1 enthaltenen Grundsatz an, dass die Versicherten die Leistungen **grund-**

1

sätzlich als **Sach- und Dienstleistungen** erhalten, wenn das SGB V oder das SGB IX nicht etwas anderes bestimmen. Das **Sach- und Dienstleistungsprinzip** besagt, dass die KKen medizinische Sachleistungen (= Abgabe von Gegenständen, Bereitstellung von Einrichtungen) und Dienstleistungen (= Tätigkeiten von Personen) als Naturalleistungen bereitstellen (§ 2 Rn. 6). Da sie diese aber nicht selbst vorhalten (§ 140), bedienen sie sich zu ihrer Erbringung dritter Personen und/oder Institutionen (Leistungserbringer) und schließen mit diesen aufgrund ihrer aus dem Leistungsrecht folgenden Leistungsverschaffungspflicht (BSGE 69, 170/173; 88, 20/26) Verträge über die Erbringung der Leistungen (§ 2 Abs. 2 S. 3, vgl. zur Typologie des Vertragsrechts § 69 Rn. 9–20). Diese Vereinbarungen regeln auch die finanzielle Abwicklung der Leistungsinanspruchnahme, mit der Folge, dass die Leistungserbringer Vergütungsansprüche grundsätzlich nur gegen die KKen, nicht aber gegen die Versicherten haben (BGH, NJW 1999, 858/859 f.).

2   **Kostenerstattung** bedeutet demgegenüber, dass die Versicherten sich medizinische Sach- und Dienstleistungen selbst beschaffen müssen und sie Vergütungsansprüchen der Leistungserbringer ausgesetzt sind, die sie dann im Wege des Rückgriffs bei ihrem Krankenversicherungsträger liquidieren. **Kostenerstattung anstelle von Sach- und Dienstleistungen** ist insb. in den drei in **Abs. 2–6** geregelten Fällen vorgesehen: bei der Wahl der Kostenerstattung durch den Versicherten (Abs. 2, Rn. 7–17), bei Vorliegen eines Systemversagens (Abs. 3, Rn. 18–29) und bei der Inanspruchnahme von Leistungserbringern in einem anderen Mitgliedstaat der Europäischen Union (Abs. 4–6, Rn. 30–50). **Weitere** iSv. Abs. 1 **abweichende Bestimmungen** enthalten die §§ 14, 17 Abs. 2 (Kostenerstattung nicht gegen die KK, sondern unmittelbar gegen den Arbeitgeber), 18 Abs. 1 und 3 (Kostenerstattung möglich, aber nicht zwingend, vgl. § 18 Rn. 7), ferner die §§ 37 Abs. 4, 38 Abs. 4, 53 Abs. 4 und 64 Abs. 4 SGB V sowie § 9 Abs. 2 SGB IX. Keine Fälle der Kostenerstattung sind Zuschüsse der KK (z. B. nach § 39 a Abs. 1 S. 1), weil diese nicht „anstelle der Sach- oder Dienstleistung" (Abs. 1), sondern als Geldleistungen (§ 11 S. 1 SGB I) erbracht werden (aA. *Noftz*, H/N, § 13 Rn. 21).

3   Der **konzeptionelle Unterschied** zwischen Sach-/Dienstleistungs- auf der einen und Kostenerstattungsprinzip auf der anderen Seite wird häufig **überschätzt**. Tatsächlich beschränkt er sich auf den Modus der Leistungsabwicklung (Rn. 1), wird aber gleichwohl oft über diesen hinaus ausgedehnt und dadurch überhöht, dass **fragwürdige Zusammenhänge** zwischen dem **Sachleistungsprinzip** und **anderen rechtlichen Phänomenen des Krankenversicherungsrechts** hergestellt werden:

4   – **Verknüpfung des Sachleistungs- mit dem sozialen Schutzprinzip.** Während das Sachleistungsprinzip Ausdruck des sozialen Schutzgedankens sein soll, soll das Kostenerstattungssystem auf dem Bild eines eigenverantwortlichen und kostenbewussten Patienten gründen (vgl. Sachverständigenrat BT-Drs. 12/3774, 220; *Höfler*, KK, § 13 Rn. 2; *Sodan*, NZS 1998, 305/312). Dieser Gegensatz existiert indes so nicht: Auf der einen Seite ist das Sachleistungsprinzip kein immanenter Bestandteil einer Sozialversicherung (problematisch daher BSGE 69, 170/173: „übernormatives Grundprinzip"), weil solidarischer Schutz nicht durch die Abwicklung von Leistungen, sondern durch das vom versicherungsrechtlichen Äquivalenzprinzip abweichende Verhältnis von Beitragsgestaltung und Leistungsinhalt bewirkt wird (*Kingreen*, Sozialstaatsprinzip, 268 ff., 509 ff.); das belegen auch soziale Krankenversicherungen mit Kostenerstattung (etwa in Luxemburg und Frankreich). Daher gehört insb. die Freistellung von der Vor-

finanzierungspflicht nicht zum sozialen Schutzauftrag, zumal diese auch in Kostenerstattungssystemen durch längere Fristen bei den Zahlungszielen realisiert werden könnte und teilweise auch wird. Auf der anderen Seite ist auch der Zusammenhang zwischen Kostenerstattungsprinzip und Kostenbewusstsein zweifelhaft (*Wasem,* MedR 2000, 472/474 f.). Im Übrigen können, wie § 305 Abs. 2 zeigt, Nachweise über die erbrachten Behandlungen und die entstandenen Kosten auch im Sachleistungssystem erstellt werden, bringen indes dort vermutlich genauso wenig wie in der PKV.

- **Verknüpfung des Sachleistungsprinzips mit dem Kollektivvertragsrecht.** Ferner überzeugt es nicht, die Existenz von Rechtsbeziehungen zwischen KKen und Leistungserbringern (§ 69) in einen Kausalzusammenhang mit dem Sachleistungsprinzip zu stellen (so etwa *Joussen,* Beck-OK, § 2 Rn. 8). Zwar sind die Rechtsbeziehungen das Medium zur Realisierung des Leistungsversprechens. Doch muss auch in Kostenerstattungssystemen das, was der Versicherte beanspruchen und das, was der Leistungserbringer erbringen und liquidieren darf, normativ oder vertraglich aufeinander abgestimmt (§ 69 Rn. 36) und müssen Vereinbarungen zur Qualität und Wirtschaftlichkeit der Leistungserbringung getroffen werden. Daher **berührt die Art und Weise der Abwicklung des Leistungsanspruchs den Anspruchsinhalt nicht** (Rn. 10, 23 f., 49), weshalb Bestimmungen wie § 53 Abs. 4, die zur Umstellung auf das Kostenerstattungsverfahren berechtigen, keine Ermächtigung für die freie Ausgestaltung des Leistungskataloges sind (§ 53 Rn. 15). 5

- **Verknüpfung des Sachleistungsprinzips mit der Rechtsnatur des Erfüllungsvertrages.** Schließlich wird als Besonderheit des Kostenerstattungsprinzips herausgestellt, dass der Versicherte insoweit privatrechtliche Verträge abschließe (*Noftz,* H/N, § 13 Rn. 13, 34; *Wagner,* Krauskopf, § 13 Rn. 9). Eine Besonderheit gegenüber dem Sachleistungsprinzip wäre das aber nur, wenn die Erfüllungsverträge zwischen Versicherten und Leistungserbringern unter der Geltung des Sachleistungsprinzips als öffentlich-rechtliche Verträge zu qualifizieren wären. Vertreten wird dies im Wesentlichen nur beim Arztvertrag (vgl. *Schmidt-De Caluwe,* VSSR 1998, 207/218 ff.), während Verträge etwa mit Apotheken, Heil- und Hilfsmittelerbringern nach allgemeiner Ansicht zivilrechtlicher Natur sind. Aber auch der Arztvertrag verliert seine zivilrechtliche Rechtsnatur, ebenso wie der durch den Tarifvertrag überformte Arbeitsvertrag, nicht durch die öffentlich-rechtliche Vorprägung (*Deutsch/Spickhoff,* Rn. 79, vgl. zum Streitstand § 76 Rn. 22 f.). Durch das Kostenerstattungsprinzip ändert sich lediglich der Anspruchsgegner und nur aus diesem Grunde auch die Rechtsnatur des Vergütungsanspruchs, der im Sachleistungssystem Bestandteil des Leistungserbringungs- und nicht des Erfüllungsverhältnisses ist. Das Erfüllungsverhältnis zwischen Leistungserbringer und Versicherten hingegen ist unabhängig von der Geltung des Kostenerstattungs- oder des Sachleistungsprinzips stets zivilrechtlicher Natur. 6

B. Wahl der Kostenerstattung durch die Versicherten, Abs. 2

I. Das Wahlrecht

Nach Abs. 2 S. 1 können Versicherte Kostenerstattung anstelle von Sach- oder Dienstleistungen wählen. Wahlberechtigt sind alle Versicherten, also Pflichtversicherte, freiwillig Versicherte und Familienversicherte. Das Wahlrecht muss nicht 7

§ 13 Kostenerstattung

einheitlich ausgeübt werden, d. h. Familienversicherte können sich anders entscheiden als der jeweilige Stammversicherte (*Noftz*, H/N, § 13 Rn. 23). Die mittlerweile recht kryptische Vorschrift unterscheidet **zwei Entscheidungsstadien:**

8 Der Versicherte muss seine KK **in Kenntnis setzen,** dass er von seinem Wahlrecht Gebrauch gemacht hat oder zu machen gedenkt, Abs. 2 S. 2 („hierüber"). Daraus folgt, dass das Wahlrecht gegenüber der KK nicht ausgeübt wird (so aber *Noftz*, H/N, § 13 Rn. 31), sondern diese lediglich über dessen Ausübung gegenüber dem Leistungserbringer (Rn. 9) informiert wird. Die Information der KK muss zwingend vor Inanspruchnahme der Leistung, nicht aber unbedingt vor Ausübung des Wahlrechts geschehen. An diese Erklärung, die er gem. Abs. 2 S. 5 gegenständlich auf bestimmte Leistungsarten beschränken kann, ist der Versicherte nach Abs. 2 S. 12 ein Jahr lang gebunden. Eine spezielle Pflicht der KKen, den Versicherten vor der Entscheidung zu beraten, besteht nicht mehr und muss auch nicht mehr bestehen, nachdem erst die Ausübung des Wahlrechts (Rn. 9) die Ersetzung des Sachleistungs- durch das Kostenerstattungsprinzip auslöst. Die KK hat daher nur noch die allgemeinen Auskunfts- und Beratungspflichten (§§ 13–15 SGB I, vgl. BT-Drs. 16/3100, 97).

9 Die eigentliche **Ausübung des Wahlrechts** erfolgt erst durch Erklärung gegenüber dem Leistungserbringer **im Einzelfall.** Abs. 2 S. 3–4 verlagert daher die bislang den KKen obliegende Pflicht zur Beratung (vgl. § 13 Abs. 2 S. 2 aF.) auf den Leistungserbringer. Dieser muss den Versicherten darüber informieren, dass Kosten, die nicht von der KK übernommen werden, von diesem selbst zu tragen sind (Abs. 2 S. 3). Er darf dabei den Versicherten nicht in die Kostenerstattung drängen und muss alle im Leistungskatalog enthaltenen Leistungen erbringen (BT-Drs. 16/3100, 97: „kein Wahlrecht des Arztes, sondern des Versicherten"). Der Versicherte muss dem Leistungserbringer schriftlich bestätigen, dass die Beratung erfolgt ist (Abs. 2 S. 4). Für diese konkrete Entscheidung soll die Mindestbindungsfrist des Abs. 2 S. 12 nach dem Willen des Gesetzgebers nicht gelten (BT-Drs. 16/3100, 97), was allerdings im Wortlaut der Norm nicht zum Ausdruck kommt.

II. Besondere Rechtsfolgen der Ausübung des Wahlrechts

10 Die Ausübung des Wahlrechts wirkt sich nur partiell auf den Anspruchsinhalt (§ 11 Rn. 15–28) aus: Der durch das SGB V und die untergesetzlichen Normen gebildete Leistungskatalog verändert sich nicht (BSG, SozR 3-2500, § 13 Nr. 23 S. 108 f.; *Joussen*, Beck-OK, § 13 Rn. 10), gesetzlich vorgesehene Leistungsbeschränkungen und Kostenbeteiligungen bleiben nach Abs. 2 S. 11 Hs. 2 gleichfalls unberührt. Allerdings können unter bestimmten Voraussetzungen **nicht zugelassene Leistungserbringer** in Anspruch genommen werden (Abs. 2 S. 6–8, Rn. 11–12). Einfluss hat die Ausübung des Wahlrechts zudem auf die **Leistungsabwicklung** (Abs. 2 S. 9–11, Rn. 13–15):

1. Inanspruchnahme auch nicht zugelassener Leistungserbringer

11 Abweichend von den allgemeinen Regeln dürfen nach Abs. 2 S. 6 auch „nicht im 4. Kapitel genannte Leistungserbringer" nach vorheriger Zustimmung der KK in Anspruch genommen werden. Das ist der **einzige wirkliche Vorteil des Kostenerstattungsverfahrens,** das für den Versicherten ansonsten nur Nachteile (Vorfinanzierung, Unsicherheiten bei der Erstattungshöhe etc.) bringt. Für die

KKen ist hingegen gerade dieses Recht wegen der fehlenden Verrechnungsmöglichkeit mit der Gesamtvergütung ein Nachteil (Rn. 14).

Die **Zustimmung** ist eine **Ermessensentscheidung** der KK, die vor der Leistungsinanspruchnahme einzuholen ist. Die Ermessensausübung wird gem. Abs. 2 S. 7 durch **medizinische** und **soziale** Erwägungen gesteuert. Der Gesetzgeber hat dabei vor allem an den Fall gedacht, dass ein zugelassener Leistungserbringer mit der erforderlichen indikationsbezogenen Qualifikation in angemessener Nähe nicht zur Verfügung steht (BT-Drs. 15/1525, 80). Zudem muss nach Abs. 2 S. 7 eine **gleichwertige** Versorgung gewährleistet sein, was bei Berufsgruppen, die nicht im 4. Kapitel aufgeführt sind (etwa Heilpraktiker), trotz des insoweit missverständlichen Wortlauts von Abs. 2 S. 6 („nicht genannte Leistungserbringer", vgl. auch *Noftz*, H/N, § 13 Rn. 35 b) nicht der Fall sein soll (BT-Drs. 15/1525, 80). **Nicht** in Anspruch genommen werden dürfen Ärzte, die auf ihre **Zulassung verzichtet** haben (Abs. 2 S. 8 iVm. § 95 b Abs. 3 S. 1). 12

2. Erstattungsverfahren und -umfang

Die Ausübung des Wahlrechts **verlagert den Vergütungsanspruch vom Leistungserbringungs- in das Erfüllungsverhältnis:** Während der Leistungserbringer im Sachleistungssystem einen öffentlich-rechtlichen Anspruch gegen die KK hat (ggf. vermittelt durch kollektivvertragliche Vereinbarungen und Abwicklungen), hat er im Kostenerstattungssystem einen privatrechtlichen Anspruch (§ 611 oder § 631 BGB) unmittelbar gegen den Versicherten. Der Vergütungsanspruch ist also im **Sachleistungssystem** Bestandteil des **öffentlich-rechtlichen Leistungserbringungsverhältnisses** zwischen Leistungserbringer und KK, im **Kostenerstattungssystem** hingegen Teil des **privatrechtlichen Erfüllungsverhältnisses** zwischen Leistungserbringer und Versichertem, der dann einen öffentlich-rechtlichen Aufwendungsersatzanspruch gegen die KK hat, für den Abs. 2 S. 9–11 gilt: 13

Für den privatrechtlichen Erfüllungsvertrag zwischen Leistungserbringer und KK gilt **nicht das vergütungsrechtliche Regime der Sachleistungskonstellation,** sondern, soweit vorhanden, das privatversicherungsrechtliche Preis- und Vergütungsrecht; insb. ist daher im vertragsärztlichen Bereich nicht der EBM (§ 87), sondern die GOÄ maßgebend (*Joussen*, Beck-OK, § 13 Rn. 8). Da es insoweit zu Unterschieden kommen kann, begrenzt Abs. 2 S. 9 den Aufwendungsersatzanspruch des Versicherten auf die Höhe derjenigen Vergütung, die die KK im Sachleistungssystem zu tragen hätte. Das Preisrisiko trägt damit der Versicherte. Die Orientierung am Vergütungsrahmen des Sachleistungssystems ist dort, wo Vergütungen nicht nach Maßgabe der erbrachten Einzelleistungen, sondern durch Festbeträge, Kopf- oder Fallpauschalen oder eine Mischung aus diesen ermittelt werden (vgl. § 85 Abs. 2 S. 2 Hs. 2 im Vertragsarztrecht), mit erheblichen praktischen Schwierigkeiten verbunden (*Höfler*, KK, § 13 Rn. 25). Zum Schutz der KK vor zusätzlichen Ausgaben werden die entstandenen Kosten aber **mit der Gesamtvergütung verrechnet**; eine **Ausnahme** besteht nach § 85 Abs. 2 S. 8 nur bei **Inanspruchnahme nicht zugelassener Leistungserbringer,** die nicht Mitglieder der KVen sind und daher nicht am kollektivvertraglichen Vergütungssystem teilnehmen. 14

Die KKen müssen in ihren **Satzungen** Näheres zum Verfahren der Kostenerstattung regeln (Abs. 2 S. 10). Dazu gehört insb., dass **Abschläge** für Verwaltungskosten und fehlende Wirtschaftlichkeitsprüfungen vorzusehen sind; auch sind vorgesehene Zuzahlungen (§ 61) in Abzug zu bringen (Abs. 2 S. 11). Während Letzte- 15 res aufgrund der Orientierung am Leistungsinhalt des Sachleistungssystems selbstverständlich ist, bürden die Abschläge dem Versicherten eine weitere Belastung auf, die die Ausübung des Wahlrechts unattraktiv macht (krit. daher *Wagner,* Krauskopf, § 13 Rn. 15). Hinzu kommt, dass ungeachtet der pauschalen Abzüge nach Abs. 2 S. 11 weitergehende Kürzungen wegen nachgewiesener Unwirtschaftlichkeit nicht ausgeschlossen sind (BSG, SozR 3-2500, § 13 Nr. 23 S. 109 f.).

III. Berichtspflicht, Abs. 2 S. 13

16 Der Spitzenverband Bund muss dem BMG bis zum 31. 3. 2009 einen Bericht über die Erfahrungen mit der Bestimmung vorlegen. Dieser dürfte aufgrund geringer praktischer Bedeutung kurz ausfallen: Für die KKen ist die Bestimmung durchweg unattraktiv, weil mit bürokratischem Aufwand und für den Fall der Inanspruchnahme nicht zugelassener Leistungserbringer auch mit Zusatzkosten verbunden (Rn. 14). Für Versicherte ist die Vorschrift hingegen gerade nur in diesem Fall überhaupt interessant; im Übrigen werden sie von ihr schon wegen des Kostenrisikos und der Notwendigkeit der Vorfinanzierung kaum Gebrauch machen.

IV. Verhältnis zu § 53 Abs. 4

17 Anstatt von seinem Wahlrecht nach Abs. 2 Gebrauch zu machen, kann der Versicherte nach § 53 Abs. 4 Kostenerstattung auch in Gestalt eines **Wahltarifes** wählen. Die KK kann den Wahltarif in ihrer Satzung vorsehen, muss dies aber nicht. Wenn sie ihn aber anbietet, kann der Versicherte zwischen beiden Möglichkeiten wählen. Die KK darf ihn also auch bei bestehendem Wahltarif nicht daran hindern, sein ihm in Abs. 2 gesetzlich eingeräumtes Wahlrecht auszuüben. Es bestehen einige Unterschiede: Für den Wahltarif gilt die Beratungspflicht nach Abs. 2 S. 2–4 nicht. Auch ist das Regelwerk für die Höhe der Kostenerstattung flexibler als bei Abs. 2.

C. Kostenerstattung bei Systemversagen, Abs. 3

I. Dogmatische Einordnung und Abgrenzung

18 Der Versicherte hat nach Abs. 3 Anspruch auf Kostenerstattung, wenn die KK eine Leistung trotz bestehender Leistungspflicht nicht erbringt und der Versicherte sich diese daher selbst beschafft. Abs. 3 unterscheidet zwei Fälle des sog. **Systemversagens:** die nicht rechtzeitige Erbringung einer Leistung (Alt. 1) und die rechtswidrige Leistungsablehnung (Alt. 2).

19 Abs. 3 ist eine **Ausprägung des sozialrechtlichen Herstellungsanspruches** (BSGE 79, 125/126; NZS 2007, 84/86) und eine **Anspruchsgrundlage:** Er verpflichtet die KK zur Vornahme einer Rechtshandlung zur Herstellung desjenigen Zustandes (= Kostenerstattung), der bestehen würde, wenn sie ihrer Leistungspflicht systemgemäß nachgekommen wäre (vgl. BSGE 65, 21/26), d. h. rechtzeitig geleistet (Alt. 1) oder die Leistung nicht zu Unrecht verweigert hätte (Alt. 2). Der Anspruch aus Abs. 3 tritt also an die Stelle des originären, aus den §§ 27 ff. ableitbaren, aber nicht erfüllten Leistungsanspruches.

20 Abs. 3 enthält eine **abschließende** Regelung der auf dem Herstellungsgedanken beruhenden Kostenerstattungsansprüche im GKV-Recht. Ein **allgemeiner,**

auf Kostenerstattung gerichteter sozialrechtlicher Herstellungsanspruch ist daher neben Abs. 3 ebenso wenig anwendbar (BSGE 73, 271/273, BSG, NZS 2007, 84/86 und BSG v. 2. 11. 2007, B 1 KR 14/07 R, Rn. 12, 17) wie ein **Amtshaftungsanspruch** (*Noftz*, H/N, § 13 Rn. 48). Anwendbar sind beide Anspruchsgrundlagen aber, wenn und soweit sie nicht auf Kostenerstattung für eine selbst beschaffte Leistung gerichtet sind, sondern auf Ersatz des Schadens für fehlerhafte Beratung und Betreuung (idS. wohl *Höfler*, KK, § 13 Rn. 29). Eine Sondervorschrift enthält § 15 SGB IX für selbst beschaffte **Rehabilitationsleistungen** (Abs. 3 S. 2).

II. Anspruchsvoraussetzungen

1. Selbst beschaffte Leistung

Der Versicherte muss sich eine Gesundheitsleistung selbst beschafft haben, 21
d. h. außerhalb des für Sach- und Dienstleistungen gesetzlich vorgesehenen Beschaffungsweges (BSGE 82, 158/159; *Höfler*, KK, § 13 Rn. 30). Keine Selbstbeschaffung liegt vor, wenn die Behandlung sowohl von Seiten des Leistungserbringers als auch von Seiten des Versicherten erkennbar als Sachleistung durchgeführt werden soll und lediglich bei der Abwicklung gegen Grundsätze des Leistungsrechts verstoßen wird (BSGE 82, 158/159 f.).

2. Berechtigung zur Selbstbeschaffung

Der Versicherte ist zur Selbstbeschaffung berechtigt, wenn eine von der KK ge- 22
schuldete notwendige (Abs. 3 S. 1 Hs. 2) Leistung infolge eines Mangels im Leistungssystem der GKV nicht als Sach- oder Dienstleistung erbracht werden kann (BSG v. 2. 11. 2007, B 1 KR 14/07, Rn. 22) und der Versicherte sich diese daher selbst beschafft. Es muss also ein **Kausalzusammenhang** zwischen dem die Haftung der KK begründenden Umstand und dem Nachteil des Versicherten (Kostenlast) bestehen. Dieser wird bejaht (vgl. BSG, SozR 3-2500, § 13 Nr. 11 S. 51 f.; SozR 3-2500, § 13 Nr. 15 S. 74), wenn die KK
(1) die betreffende Leistung im Sachleistungssystem hätte erbringen müssen (Rn. 23-24) und
(2) sie ihrer Leistungspflicht nicht rechtzeitig (Alt. 1) oder zu Unrecht nicht nachgekommen ist (Alt. 2), dazu Rn. 25-28.

a) Leistungsanspruch. Der Kostenerstattungsanspruch ist grundsätzlich ak- 23
zessorisch zum originären Sachleistungsanspruch. Beide Tatbestände des Systemversagens setzen daher voraus, dass „die selbst beschaffte Leistung zu den Leistungen gehört, welche die KK allgemein in Natur als Sach- oder Dienstleistung zu erbringen hat" (BSG, NZS 2005, 589/590). Es sind daher stets die Voraussetzungen des originären Sachleistungsanspruchs (§ 11 Rn. 6 ff.) zu prüfen. Daher scheidet ein Anspruch auf Kostenerstattung für vom System ausgeschlossene Leistungserbringer (BSGE 80, 181/182 ff.) ebenso aus wie die Übernahme für die Kosten für Behandlungsmethoden, die im Sachleistungssystem ausgeschlossen sind (*Noftz*, H/N, § 13 Rn. 44).

Abs. 3 hat sich in jüngster Zeit gleichwohl zu einem **Vehikel zur Ausdehnung** 24
des Leistungskataloges entwickelt, z. B. beim indikationsüberschreitenden Einsatz von Arzneimitteln (BSGE 89, 184/184 ff.; sog. off label use), bei einzigartigen Erkrankungen, zu denen der G-BA mangels generalisierbarer Erkenntnisse nicht Stellung nehmen kann (BSG, NZS 2003, 589/593), bei einer nicht zeitgerechten

Entscheidung des G-BA (BSG, NZS 2004, 99/101) sowie bei schweren Krankheiten, für die keine schulmedizinischen Behandlungsmethoden existieren, wenn eine nicht ganz fernliegende Aussicht auf Heilung oder spürbar positive Einwirkung auf den Krankheitsverlauf besteht (BVerfGE 115, 25/49 ff.). Doch sind das keine Ausnahmen vom Grundsatz der Akzessorietät zwischen Kostenerstattungs- und Sachleistungsanspruch. Anspruchserweiterungen werden zwar regelmäßig mit Hilfe von Abs. 3 durchgesetzt, gelten aber dann für den Sachleistungsanspruch gleichermaßen.

25 **b) Nichterfüllung. aa) Nicht rechtzeitige Leistungserbringung, Abs. 3 S. 1 Alt. 1.** Nichterfüllung liegt zum einen vor bei einer **unaufschiebbaren, aber nicht verfügbaren Leistung.** Eine Leistung ist iSv. Abs. 3 S. 1 Alt. 1 unaufschiebbar, wenn sie im Zeitpunkt ihrer tatsächlichen Ausführung so dringlich war, dass aus medizinischer Sicht ein zeitlicher Aufschub nicht in Betracht kommt (BSG, SozR 3-2500, § 13 Nr. 22 S. 105) oder mit einer zunächst nicht eilbedürftigen Behandlung so lange gewartet wurde, bis Dringlichkeit eingetreten ist (BSGE 73, 271/287). Die Fähigkeit der KK, auch unaufschiebbare Leistungen rechtzeitig zu erbringen, bestimmt sich grundsätzlich nach objektiven Kriterien. Bei objektiver Leistungsfähigkeit der KK ist es daher unerheblich, ob der Versicherte von der konkreten Leistungsmöglichkeit des Systems Kenntnis hat. Denn der Versicherte muss **vor der Leistungsinanspruchnahme** grundsätzlich zunächst **Kontakt mit der KK** aufnehmen, damit diese die objektive Verfügbarkeit prüfen und dem Versicherten mitteilen kann (BSG v. 2. 11. 2007, B 1 KR 14/07 R, Rn. 26). Tut er dies nicht, besteht grundsätzlich kein Anspruch. Dieser wird aber nicht schon dadurch ausgeschlossen, dass sich der Versicherte gegenüber dem Leistungserbringer bereits vor der Entscheidung der KK zur Zahlung der Vergütung verpflichtet hat, falls die KK die Bewilligung als Sachleistung ablehnen sollte (BSG, SGb 2007, 292/295).

26 Nur **ausnahmsweise** darf die Unfähigkeit zur rechtzeitigen Leistungserbringung unterstellt werden, wenn die Inanspruchnahme der Leistung so dringlich ist, dass gerade der durch die Kontaktaufnahme mit der KK bedingte zeitliche Aufschub unzumutbar ist (BSG, SozR 3-2500, § 13 Nr. 22 S. 105 f.; *Höfler*, KK, § 13 Rn. 29). Das dürfte aber selten gegeben sein, zumal der praktisch wichtigste Fall, die Inanspruchnahme eines nicht zugelassenen Vertragsarztes im **Notfall**, gerade nicht im Wege der Kostenerstattung nach Abs. 3 S. 1 Alt. 1, sondern gem. § 76 Abs. 1 S. 2 im Sachleistungssystem abgewickelt wird (*Wagner*, Krauskopf, § 13 Rn. 25). Ein möglicher Anwendungsfall ist die Behandlung in einem nicht iSv. § 108 zugelassenen Krankenhaus.

27 **bb) Unrechtmäßige Leistungsablehnung, Abs. 3 S. 1 Alt. 2.** Zum anderen ist Nichterfüllung gegeben, wenn die KK die Erbringung einer Leistung zu Unrecht **ablehnt**. Anders als Alt. 1 setzt Alt. 2 schon begrifflich („abgelehnt") und daher ausnahmslos voraus, dass der Versicherte vor der Inanspruchnahme der Leistung die Entscheidung der KK einholt und dieser damit die Möglichkeit gibt, über ihre Leistungspflicht zu entscheiden. Der Antrag muss allerdings erst gestellt werden, nachdem der Versicherte (etwa bei Hilfsmitteln) von seinem Wahlrecht Gebrauch gemacht hat und damit den Leistungsantrag seiner Wahl entsprechend konkretisieren kann (BSGE 90, 220/231). Eines Antrages soll es selbst dann bedürfen, wenn die Ablehnung der KK von vornherein feststeht (BSG, SozR 3-2500, § 13 Nr. 15 S. 74 f.; aA. *Wagner*, Krauskopf, § 13 Rn. 29). Ein Widerspruchsverfahren muss der Versicherte aber nicht abwarten (*Joussen*, Beck-OK, § 13 Rn. 19).

Die Leistung ist zu **Unrecht** abgelehnt worden, wenn ein Rechtsanspruch auf 28
die Leistung bestand, Ermessen fehlerhaft oder gar nicht ausgeübt oder ein Versicherungsverhältnis fälschlicherweise verneint wurde (*Wagner*, Krauskopf, § 13
Rn. 30).

III. Rechtsfolge

Anders als bei gewählter Kostenerstattung (Abs. 2 S. 9) und bei grenzüber- 29
schreitender Inanspruchnahme einer Gesundheitsleistung (Abs. 4 S. 3) besteht Anspruch nicht nur auf die Erstattung der Kosten, die die KK für den Fall der Erbringung als Sachleistung hätte aufwenden müssen, sondern auf die **Kosten in der
entstandenen Höhe**, Abs. 3 S. 1. Auch eine auf der Grundlage eines Sozialversicherungsabkommens geschlossene Verbindungsstellen-Vereinbarung kann davon
nicht zu Lasten des Versicherten abweichen (BSG SGB 2008, 305/309). Zuzahlungen und Kostenanteile sind allerdings abzuziehen, da die Versicherten nur so gestellt werden sollen, wie sie bei systemgerechter Leistungserbringung gestanden
hätten (*Noftz*, H/N, § 13 Rn. 58).

D. Kostenerstattung bei Inanspruchnahme von Leistungserbringern in anderen Mitgliedstaaten der Europäischen Union, Abs. 4–6

I. Typologie

Das Anspruchssystem für die grenzüberschreitende Inanspruchnahme von Ge- 30
sundheitsleistungen besteht aus **drei Rechtsschichten**, die jeweils in den **europäischen Grundfreiheiten** gründen (*Kingreen*, EuR Beiheft 1/2007, 43/44 ff.):
– Die **Wanderarbeitnehmerverordnung VO 1408/71** koordiniert die Sozial- 31
rechtsordnungen der Mitgliedstaaten, indem sie bei transnationalen Sachverhalten das anwendbare Recht bestimmt und Sachregeln aufstellt, die verhindern, dass die Inanspruchnahme der **Personenverkehrsfreiheiten** (Arbeitnehmerfreizügigkeit, Art. 39 EGV, Niederlassungsfreiheit, Art. 43 EGV) zu leistungsrechtlichen Nachteilen führt. Sie ist funktional auf die Sicherung grenzüberschreitender Erwerbstätigkeit beschränkt, nimmt den Unionsbürger als
Sozialbürger also nur wahr, soweit er auch Marktbürger ist. Daher gewährleistet sie lediglich **akzessorische**, d. h. von den Funktionsbedingungen des Binnenmarktes abhängige und auf diesen bezogene **Rechte**. Die wichtigsten
Anspruchsgrundlagen sind Art. 19 VO 1408/71, der Personen berechtigt, die
sich dauerhaft in einem anderen als dem Versicherungsstaat aufhalten, und
Art. 22 VO 1408/71, der Ansprüche bei einem nur vorübergehenden Aufenthalt
regelt.
– **Abs. 4–6** hingegen ziehen die Folgerungen aus der **Rechtsprechung des EuGH** 32
zu den **Produktverkehrsfreiheiten** (Warenverkehrsfreiheit, Art. 28 EGV,
Dienstleistungsfreiheit, Art. 49 EGV). Diese bilden die Grundlage für das Recht
aller Versicherten auf diskriminierungsfreie grenzüberschreitende Inanspruchnahme von Gesundheitsleistungen (EuGH, Rs. C-120/95, Slg. 1998, I-1831,
Rn. 35 f. – Decker; Rs. C-158/96, Slg. 1998, I-1931, Rn. 34 f. – Kohll; Rs. C-157/
99, Slg. 2001, I-5473, Rn. 68 f. – Smits und Peerboms; Rs. C-385/99, Slg. 2003,
I-4509, Rn. 44 – Müller-Fauré/van Riet; Rs. C-8/02, Slg. 2004, I-2641, Rn. 37
– Leichtle). Konzeptionelle Grundlage dieser Rechtsprechung ist die Konstruk-

§ 13   Kostenerstattung

tion einer passiven Freiheit bei den Produktverkehrsfreiheiten (Art. 28, 49 EGV), die mithin auch den jeweiligen Empfänger einer Ware/Dienstleistung und damit jedermann unabhängig von seinem sozioökonomischen Status schützen. Die daraus abgeleiteten **universalistischen,** d. h. vom Gebrauch der Personenverkehrsfreiheiten unabhängigen transnationalen **Rechte** folgen nunmehr unmittelbar aus Abs. 4–6.

33   – Einen dritten Weg der Inanspruchnahme von Leistungserbringern in einem anderen Mitgliedstaat der EU eröffnet **§ 140 e**. Dieser enthält keine Anspruchsgrundlage, ermächtigt aber die KK, das **Sachleistungsprinzip** durch den Abschluss von Einzelverträgen **auf die grenzüberschreitende Leistungserbringung auszuweiten.** Der Versicherte kann die in diesem Rahmen erbrachten Leistungen dann als Sachleistungen in Anspruch nehmen. Vgl. dazu die Kommentierung von § 140 e.

II. Das duale leistungsrechtliche Rechtsregime für die grenzüberschreitende Inanspruchnahme von Gesundheitsleistungen

34   Die beiden leistungsrechtlichen Rechtsregime (Rn. 31–32) für die grenzüberschreitende Inanspruchnahme von Gesundheitsleistungen sind grundsätzlich nebeneinander anwendbar. Sie enthalten jeweils **Kollisionsnormen** und **Sachnormen:** Kollisionsnormen (Rn. 35 f.) ordnen bei mehreren einschlägigen Rechtsordnungen an, nach welcher Rechtsordnung der Fall rechtlich zu beurteilen ist. Sie befinden hingegen nicht darüber, wie die Staaten mit in anderen Staaten gründenden Rechtsverhältnissen und Ereignissen umzugehen haben (EuGH, Rs. C-2/89, Slg. 1990, I-1755, Rn. 12, 19 – Kits van Heijningen). Das ist Gegenstand der Sachnormen (Rn. 37–50), die nach Feststellung des anzuwendenden Rechts die entsprechende inhaltliche Regelung treffen, also insb. die Frage beantworten, welche Besonderheiten sich bei Erfüllung eines Tatbestandsmerkmals im Ausland ergeben (*Giesen,* Internationales Sozialrecht, 33 ff.; *v. Maydell,* Sach- und Kollisionsnormen, 22 ff., 37 ff., 55 ff.; *Schuler,* Internationales Sozialrecht, 216 ff.).

1. Kollisionsrecht

35   Die **VO 1408/71** enthält **mehrseitige Kollisionsnormen.** Mehrseitige Kollisionsnormen entscheiden über den kollidierenden Geltungsanspruch mehrerer Rechtsordnungen, d. h. sie enthalten Bestimmungen hinsichtlich der Anwendung des eigenen oder des fremden Rechts. Das ist deshalb erforderlich, weil die Krankenversicherungssysteme der Mitgliedstaaten der EU für den Tatbestand der Versicherung teils am Wohnort, teils am Beschäftigungsort des Versicherten anknüpfen (*Devetzi,* Kollisionsnormen, 114 ff.; *Kingreen,* Doppelbelastung und Doppelbefreiung, 240 ff.). Das kann entweder zu einer doppelten Versicherung mit doppelter Abgabenlast (sog. **Normenhäufung),** aber auch dazu führen, dass in keinem Land Versicherungsschutz besteht **(Nomenmangel).** Nach Art. 13 Abs. 1 VO 1408/71 unterliegen Personen, für die diese Verordnung gilt, daher den Rechtsvorschriften nur eines Mitgliedstaates. Das ist gem. Art. 13 Abs. 2 lit. a) und b) VO 1408/71 vorbehaltlich abweichender Regelungen in den Art. 14–17 der **Beschäftigungsort.**

36   **Abs. 4–6** hingegen enthalten lediglich **einseitige Kollisionsnormen.** Einseitige Kollisionsnormen bestimmen bei einem Sachverhalt mit ausländischem Bezug lediglich den Anwendungsbereich des nationalen Rechts, ohne eine Entscheidung zwischen der Anwendung des eigenen oder des fremden Rechts zu

treffen. Dabei ist zwischen **Ausstrahlung** (Geltung des deutschen Sozialversicherungsrechts auch für entsandte Versicherte, § 4 SGB IV) und **Einstrahlung** (Nichtgeltung des Sozialversicherungsrechts für Personen, die im Rahmen eines außerhalb des Geltungsbereichs des deutschen Sozialversicherungsrechts bestehenden Beschäftigungsverhältnisses entsandt werden, § 5 SGB IV) zu unterscheiden. Abs. 4–6 regeln einen Fall der Ausstrahlung des deutschen Krankenversicherungsrechts: Es gilt grds. auch, wenn Leistungen bei Leistungserbringern in anderen Mitgliedstaaten der EU in Anspruch genommen werden.

2. Sachrecht

Die beiden Regelungsregime unterscheiden sich teilweise auch hinsichtlich 37
der sachrechtlichen Regelungen. Diese Unterschiede betreffen zwar im Ergebnis nicht die personalen (Rn. 38–39), wohl aber die sachlichen (Rn. 40–45) Anspruchsvoraussetzungen, den Anspruchsinhalt (Rn. 46–49) und die Anspruchsabwicklung (Rn. 50):

a) **Personale Anspruchsvoraussetzungen.** Der personale Anwendungsbe- 38
reich der **Wanderarbeitnehmerverordnung** erstreckt sich gem. Art. 2 Abs. 1 VO 1408/71 auf Arbeitnehmer, Selbstständige und Studierende, die Unionsbürger sind oder als Staatenlose oder Flüchtlinge im Gebiet eines Mitgliedstaates wohnen, sowie auf deren Familienangehörige und Hinterbliebene, unabhängig von ihrer Staatsangehörigkeit. Sie gilt aufgrund des Abkommens über den Europäischen Wirtschaftsraum auch im Verhältnis zu Norwegen, Liechtenstein und Island sowie mittlerweile auch zu der Schweiz (*Noftz*, H/N, § 13 Rn. 68 f.). Gem. Art. 1 lit. a) VO 1408/71 kommt es nicht auf den arbeits-, sondern den sozialversicherungsrechtlichen Status an (*Eichenhofer*, Fuchs, Art. 1 Rn. 12): Entscheidend ist die Versicherung **als** Arbeitnehmer/Selbstständiger und damit, ob eine Person die Voraussetzungen für den Anschluss an ein Sozialversicherungssystem erfüllt; deshalb sind etwa Arbeitslose Arbeitnehmer iSv. Art. 1 lit. a) VO 1408/71, weil sie nach § 5 Abs. 1 Nr. 2 pflichtversichert sind.

Abs. 4–6 enthalten zwar wegen ihrer Wurzeln in den Produktverkehrsfreihei- 39
ten keine über den Anwendungsbereich der §§ 5 ff. hinausgehenden Beschränkungen des personalen Anwendungsbereiches: Berechtigt sind alle Versicherten. Weil aber Art. 1 lit. a), 2 Abs. 1 VO 1408/71 ebenfalls an den sozialversicherungsrechtlichen Status in den Mitgliedstaaten anknüpft, sind die personalen Anwendungsbereiche praktisch deckungsgleich. Ausgenommen sind nach Abs. 4 S. 1 Hs. 2 lediglich die sog. **Residenten,** für deren Behandlung die KKen den Leistungsträgern der Gastländer eine pauschalierte Abrechnung der Kosten für die Leistungsaushilfe schulden oder bei denen ein Verzicht auf die Erstattung von Kosten vereinbart ist (näher *Noftz*, H/N, § 13 Rn. 66 f.; *Schiffner*, ZESAR 2006, 304/304 ff.)

b) **Sachliche Anspruchsvoraussetzungen. aa)** Art. 19, 22 VO 1408/71. 40
Die Wanderarbeitnehmerverordnung unterscheidet hinsichtlich der sachlichen Anspruchsvoraussetzungen zwischen einem dauerhaften und einem nur vorübergehenden Aufenthalt (Art. 1 lit. i) VO 1408/71) außerhalb des Versicherungsstaates: Nach Art. 19 VO 1408/71 haben diejenigen Versicherten, die im Gebiet eines anderen als dem des Versicherungsstaates wohnen (= **dauerhafter Aufenthalt),** einen im Wesentlichen uneingeschränkten Anspruch auf Inanspruchnahme eines Leistungserbringers im Wohnsitzstaat.

Bei einem nur **vorübergehenden Aufenthalt** unterliegt der Anspruch hinge- 41
gen den Beschränkungen des Art. 22 VO 1408/71. Dieser unterscheidet **drei Fälle**

der Leistungsinanspruchnahme in einem anderen als dem Versicherungsstaat (näher *Bieback*, Fuchs, Art. 22 Rn. 7 ff., 14 f., 16 ff.):
- Wenn sich der Versicherte vorübergehend in einem anderen Mitgliedstaat aufhält (etwa als Tourist) und dort krank wird, hat er nach Art. 22 Abs. 1 lit. a) VO 1408/71 nur einen Anspruch auf Leistungen, die unverzüglich erforderlich sind.
- Wenn der Versicherungsfall im Versicherungsstaat eintritt, der Versicherte sich gleichwohl nicht dort, sondern in einem anderen Mitgliedstaat behandeln lassen will (in dem er wohnt oder in den er umziehen will), benötigt er nach Art. 22 Abs. 1 lit. b) VO 1408/71 eine Genehmigung des zuständigen Trägers, die dieser allerdings gem. Art. 22 Abs. 2 S. 1 VO 1408/71 nur aus medizinischen Gründen verweigern darf.
- Begibt sich der Versicherte nur deshalb in einen anderen Mitgliedstaat, um dort eine Gesundheitsleistung in Anspruch zu nehmen, sind die Voraussetzungen sehr streng: Er benötigt eine Genehmigung des zuständigen Trägers, die Art. 22 Abs. 2 S. 2 VO 1408/71 von zwei Voraussetzungen abhängig macht: Die in Anspruch zu nehmende Gesundheitsleistung muss erstens zum Katalog der Leistungen gehören, auf die der Versicherte nach dem Recht seines Wohnstaates (also regelmäßig des Versicherungsstaates) einen Anspruch hat. Zweitens wird verlangt, dass der Betroffene die Leistung in seinem Wohnsitzstaat unter Berücksichtigung seiner Erkrankung nicht innerhalb des dort üblichen Zeitraums erlangen kann. Insbesondere diese Voraussetzung dürfte zumindest in Deutschland regelmäßig kaum zu erfüllen sein.

42 bb) § 13 Abs. 4–6. Die Voraussetzungen des Kostenerstattungsanspruches aus Abs. 4–6 sind, mit Ausnahme der Inanspruchnahme von Krankenhausleistungen (Abs. 5), weniger streng:

43 Abs. 4 S. 1 berechtigt die Versicherten, grds. alle Leistungserbringer im Geltungsbereich der VO 1408/71 in Anspruch zu nehmen. Ebenso wie bei Art. 19, aber anders als bei Art. 22 Abs. 1 VO 1408/71, bedarf es dazu **keiner Genehmigung** der KK und ist auch **keine Beschränkung auf medizinisch notwendige Leistungen** vorgesehen. Abs. 4 S. 2 ist damit Ausdruck des unmittelbar auf die Grundfreiheiten zurückzuführenden Grundsatzes **gegenseitiger Anerkennung:** Er enthält qualitative, in der Rechtsprechung des EuGH angelehnte Anforderungen an die Person des Leistungserbringers: Entweder muss es sich um einen Leistungserbringer handeln, bei dem Berufszulassung und -ausübung Gegenstand einer Richtlinie der EG zur Anerkennung beruflicher Befähigungsnachweise sind (Aufzählung bei *Noftz*, H/N, § 13 Rn. 74) oder es muss sich um einen Leistungserbringer handeln, der im Leistungsstaat zur Versorgung der Versicherten berechtigt ist.

44 **Krankenhausleistungen** dürfen hingegen nach Abs. 5 nur nach **vorheriger Genehmigung** durch die KK in Anspruch genommen werden. Das knüpft an die Rechtsprechung des EuGH an, der das Genehmigungserfordernis mit dem besonderen Planungsbedarf im Krankenhaussektor begründet (Rs. C-157/99, Slg. 2001, I-5473, Rn. 76 ff. – Smits und Peerboms; *Kingreen*, NJW 2001, 3382/3383 f.). Die Zustimmung darf versagt werden, wenn die gleiche oder eine für den Versicherten ebenso wirksame, dem allgemein anerkannten Stand der medizinischen Erkenntnisse entsprechende Behandlung einer Krankheit rechtzeitig bei einem Vertragspartner der KK im Inland erlangt werden kann; insoweit besteht also eine Parallele zu Art. 22 Abs. 1 lit. c) VO 1408/71 (Rn. 41). Offen ist, ob der Genehmigungsvorbehalt für alle im Krankenhaus erbrachten Leistungen gilt (so

Höfler, KK, § 13 Rn. 63; *Noftz*, H/N, § 13 Rn. 88a) oder ob es auf die Eigenart der erbrachten Leistungen ankommt; erfasst wären dann nur diejenigen Leistungen, die aus medizinisch-logistischen Gründen nur im Krankenhaus erbracht werden können. Dafür spricht, dass nur in diesem Fall „eine physische und organisatorische Eingliederung des Patienten in das spezifische Versorgungssystem des Krankenhauses" (BSGE 92, 223/229) erfolgt, die den die Ausnahme begründenden Planungsbedarf auslöst (*Becker/Walser*, NZS 2005, 449/450, 452 f.; *Kingreen*, GesR 2006, 193/194).

Abs. 6 enthält einen Rechtsfolgenverweis auf § 18 Abs. 1 S. 2 und Abs. 2, setzt also keine Versorgungslücke nach § 18 Abs. 1 S. 1 voraus. Der Verweis auf § 18 Abs. 1 S. 2 stellt klar, dass auch der Anspruch auf **Krankengeld** bei der Inanspruchnahme von Leistungen nach Abs. 4 und 5 entgegen § 16 Abs. 1 Nr. 1 nicht ruht (§ 18 Abs. 1 S. 2). Wegen des Verweises auf § 18 Abs. 2 steht es zudem im Ermessen der KK, weitere Kosten für den Versicherten und für eine erforderliche Begleitperson ganz oder teilweise zu übernehmen. **45**

c) Anspruchsinhalt. aa) Art. 19, 22 VO 1408/71. Für den Inhalt der nach Art. 19 und 22 VO 1408/71 in Anspruch genommenen Leistungen kommt es vor allem auf die Unterscheidung zwischen Sachleistungen und Geldleistungen (Art. 19 Abs. 1, 22 Abs. 1 lit. c) VO 1408/71) an. Sie werden nicht nach der Form, sondern nach Inhalt und Funktion abgegrenzt (*Bieback*, Fuchs, Art. 19 Rn. 16 ff.): **46**

Sachleistungen iSd. Art. 19 Abs. 1, 22 Abs. 1 lit. c) VO 1408/71 sind persönliche Dienstleistungen sowie Arznei-, Heil- und Hilfsmittel. Aufgrund des funktionalen Ansatzes ist es unerheblich, ob diese als Sachleistungen oder im Wege der Kostenerstattung erbracht werden (EuGH, Rs. C-160/96, Slg. 1998, I-843, Rn. 31 – Molenaar). Sachleistungen werden nicht exportiert, sondern nach dem Grundsatz der **Leistungsaushilfe** vom Träger des Wohn- bzw. Aufenthaltsortes so erbracht, als ob der Erwerbstätige bei diesem Träger leistungsberechtigt ist (Art. 19 Abs. 1 lit. a), 22 Abs. 1 lit. c) i) VO 1408/71). Sachleistungen erbringt also nicht der an sich zuständige Träger des Beschäftigungsstaates, sondern der Träger des Wohn- bzw. Aufenthaltsstaates **nach seinen eigenen Vorschriften, aber auf Rechnung des zuständigen Trägers.** Der zuständige Staat ist dabei allein für die Feststellung zuständig, ob überhaupt ein Versicherungsverhältnis und damit Leistungsansprüche dem Grunde nach bestehen. Der eigentliche Anspruchsinhalt richtet sich dann aber allein nach den Bestimmungen des Wohnsitzstaates. Dieser entscheidet also etwa darüber, ob überhaupt ein Leistungsfall vorliegt, ob Kostenbeteiligungen des Versicherten vorgesehen sind und erbringt die konkrete Leistung nach Maßgabe seiner Vorschriften. **47**

Geldleistungen haben meist Lohnersatzfunktion oder betreffen reine Geldleistungspflichten; im Recht der GKV sind das im Wesentlichen nur das Kranken- und das Mutterschaftsgeld. Sie sind grds. unabhängig vom Wohn- oder Aufenthaltsort des Berechtigten vom zuständigen Träger zu gewähren und folglich, wenn nichts anderes vereinbart wurde, ggf. zu exportieren, Art. 19 Abs. 1 lit. b), 22 Abs. 1 lit. c) ii) VO 1408/71. **48**

bb) § 13 Abs. 4–6. Während für die Inanspruchnahme von Sachleistungen im Rahmen der VO 1408/71 grds. das Recht des ausländischen aushelfenden Krankenversicherungsträgers maßgebend ist, gilt für die nach Abs. 4 und 5 in Anspruch genommenen Leistungen gem. Abs. 4 S. 3 der **deutsche Leistungskatalog** (vgl. zu Abs. 2 S. 9–11 Rn. 10, 14), wobei allerdings auch hier das praktisch kaum lösbare Problem besteht, die Höhe der Kosten zu ermitteln, die bei der Inanspruchnahme als Sachleistung entstanden wären (*Udsching/Harich*, EuR 2006, 794/805 f.). **49**

Ausnahmsweise kann die KK für den Fall einer **Versorgungslücke** in Deutschland die Kosten der erforderlichen Behandlung auch ganz übernehmen (§ 18 Rn. 5). Im Gegensatz zu den nach Abs. 2 erbrachten Leistungen erfolgt keine Anrechnung auf die Gesamtvergütung (Umkehrschluss aus § 85 Abs. 2 S. 8; vgl. auch § 140 e Rn. 3); die Leistungsinanspruchnahme nach Abs. 4–6 ist daher für die KK mit Zusatzkosten verbunden.

50   **d) Anspruchsabwicklung.** Schließlich besteht ein **verfahrensmäßiger** Unterschied zwischen den beiden Regelungsregimen: Nimmt der Versicherte nach Art. 19, 22 VO 1408/71 zulässigerweise einen Leistungserbringer in einem anderen Mitgliedstaat in Anspruch und hält er dabei das in den Art. 17 ff. VO 774/72 vorgesehene Verfahren ein (insb.: Nachweis der Versicherung), so erfolgt die Abrechnung grds. unter den beteiligten Trägern, Art. 36 Abs. 1 VO 1408/71. Allerdings hat der Versicherte nach Art. 34 Abs. 1 VO 574/72 ausnahmsweise einen Kostenerstattungsanspruch gegen den zuständigen Träger, wenn er den Nachweis der Leistungsberechtigung nicht erbracht und daher die Leistung im Ausland vorfinanziert hat. Beim Anspruch nach Abs. 4 und 5 muss der Versicherte hingegen stets in Vorleistung treten und die vorgestreckte Vergütung nachträglich liquidieren. Anders ist es wegen § 13 Abs. 4 S. 1 Hs. 2 (Rn. 39), wenn nach Art. 36 Abs. 3 VO 574/72 zwischen den beteiligten Mitgliedstaaten andere Erstattungsformen oder ein Erstattungsverzicht vereinbart wurden.

§ 14 Teilkostenerstattung

(1) ¹**Die Satzung kann für Angestellte der Krankenkassen und ihrer Verbände, für die eine Dienstordnung nach § 351 der Reichsversicherungsordnung gilt, und für Beamte, die in einer Betriebskrankenkasse oder in der knappschaftlichen Krankenversicherung tätig sind, bestimmen, dass an die Stelle der nach diesem Buch vorgesehenen Leistungen ein Anspruch auf Teilkostenerstattung tritt.** ²**Sie hat die Höhe des Erstattungsanspruchs in Vomhundertsätzen festzulegen und das Nähere über die Durchführung des Erstattungsverfahrens zu regeln.**

(2) ¹**Die in Absatz 1 genannten Versicherten können sich jeweils im voraus für die Dauer von zwei Jahren für die Teilkostenerstattung nach Absatz 1 entscheiden.** ²**Die Entscheidung wirkt auch für ihre nach § 10 versicherten Angehörigen.**

1   Die Vorschrift ermächtigt die KKen, in ihrer Satzung für einige ihrer Angestellten und Beamten Teilkostenerstattung vorzusehen. Sie enthält damit eine Ausnahme von dem Grundsatz (§§ 2 Abs. 2 S. 1, 13 Abs. 1), dass die KKen die Leistungen als Sachleistungen erbringen (§ 13 Rn. 1).

2   Die Vorschrift soll die besondere Situation derjenigen bei den KKen beschäftigten Angestellten und Beamten berücksichtigen, die nach beamtenrechtlichen Grundsätzen Ansprüche auf **Beihilfe im Krankheitsfall** haben. Diese genießen nach § 6 Abs. 1 Nr. 2 Versicherungsfreiheit. Sie können sich zwar unter den Voraussetzungen des § 9 freiwillig versichern, erhalten jedoch keinen Beitragszuschuss nach § 257 Abs. 1, 2, da sie nicht nur wegen des Überschreitens der Jahresarbeitsentgeltgrenze oder aufgrund von § 6 Abs. 3 a versicherungsfrei sind (*Höfler*, KK, § 14 Rn. 6). Sie müssten also ihren Beitrag in voller Höhe zahlen und könnten ihren Anspruch auf Beihilfe im Krankheitsfall nicht verwirklichen. Dieses Problem haben zwar alle Beihilfeberechtigten, die sich aus diesem Grunde privat gegen Krankheit versichern. Den betroffenen Mitarbeitern der KKen möchte der Gesetzgeber aber eine Mitgliedschaft in der PKV nicht zumuten, „weil dieser Per-

sonenkreis in besonderem Maße für die Belange der GKV eintritt und deshalb die Möglichkeit erhalten soll, bei seiner KK einen Versicherungsschutz zu erhalten, der seinen besonderen Verhältnissen Rechnung trägt" (BT-Drs. 11/2237, 164, vgl. auch BSGE 55, 67/74).

Der Kreis der **Begünstigten** orientiert sich an diesem Zweck des Gesetzes. Erfasst sind nach Abs. 1 S. 1 nur Angestellte der KKen und ihrer Verbände, für die eine Dienstordnung nach § 351 RVO gilt (**DO-Angestellte**), sowie Beamte, die in einer Betriebskrankenkasse oder in der knappschaftlichen Krankenversicherung tätig sind, mithin derjenige Personenkreis, der (1) Anspruch auf Beihilfe im Krankheitsfall nach beamtenrechtlichen Grundsätzen hat (Rn. 4) und bei dem (2) ein Loyalitätskonflikt im Falle der Versicherung in der PKV auftritt (Rn. 5). 3

Die praktische Bedeutung der Vorschrift nimmt ab, weil die **Zahl der beihilfeberechtigten Personen abnimmt**. Seit dem 1. 1. 1993 dürfen gem. § 358 RVO keine neuen Verträge mit DO-Angestellten mehr abgeschlossen werden. Die separate Nennung der **Betriebskrankenkassen** erklärte sich aus dem Umstand, dass deren Angestellte nicht „von der KK besoldet" (§ 351 RVO), sondern vom Arbeitgeber „auf seine Kosten" bestellt wurden (§ 362 RVO bzw. § 147 Abs. 2 S. 1 aF.). Seit der Öffnung der BKKen (§ 173 Abs. 2 S. 1 Nr. 4) ist dieser Unterschied allerdings bedeutungslos und werden daher auch in den BKKen keine beihilfeberechtigten Personen mehr eingestellt. 4

Ein **Loyalitätskonflikt** besteht nur für die Beamten und Angestellten selbst sowie ihre nach § 10 beitragsfrei mitversicherten Familienangehörigen (§ 14 Abs. 2 S. 2). Sie erfasst nicht Hinterbliebene und Versorgungsempfänger (*Joussen*, BeckOK, § 14 Rn. 2; *Noftz*, H/N, § 14 Rn. 3 b; aA. *Krauskopf*, Krauskopf, § 14 Rn. 1). Berechtigt sind außerdem nicht alle bei der Bundesknappschaft tätigen Beamten, sondern nur die in der knappschaftlichen Krankenversicherung Beschäftigten. 5

Die Einführung der Teilkostenerstattung liegt im **Ermessen** der KK, Abs. 1 S. 1. Wenn sie sich dafür entscheidet, muss sie in der Satzung die **Höhe** und das **Verfahren** der Teilkostenerstattung regeln, Abs. 1 S. 2. Sie wird sich dabei an der gestaffelten Höhe der Beihilfeansprüche orientieren (BT-Drs. 11/2237, 164). Die Begünstigten können diesen Tarif dann für die Dauer von **zwei Jahren** wählen, müssen das aber nicht, Abs. 2 S. 1. 6

Rechtspolitisch wird eine **Ausweitung des berechtigten Personenkreises** insbesondere auf **Beamte** vorgeschlagen (*Kruse*, H/K, § 14 Rn. 5). Tatsächlich wäre das ein weiterer Baustein im Rahmen der Aktivierung des Wettbewerbs zwischen gesetzlichen KKen und privaten Krankenversicherungsunternehmen (BT-Drs. 16/3100, 1 f.). 7

§ 15 Ärztliche Behandlung, Krankenversichertenkarte

(1) ¹Ärztliche oder zahnärztliche Behandlung wird von Ärzten oder Zahnärzten erbracht, soweit nicht in Modellvorhaben nach § 63 Abs. 3 c etwas anderes bestimmt ist. ²Sind Hilfeleistungen anderer Personen erforderlich, dürfen sie nur erbracht werden, wenn sie vom Arzt (Zahnarzt) angeordnet und von ihm verantwortet werden.

(2) Versicherte, die ärztliche oder zahnärztliche Behandlung in Anspruch nehmen, haben dem Arzt (Zahnarzt) vor Beginn der Behandlung ihre Krankenversichertenkarte zum Nachweis der Berechtigung zur Inanspruchnahme von Leistungen (§ 291 Abs. 2 Satz 1 Nr. 1 bis 10) oder, soweit sie noch nicht eingeführt ist, einen Krankenschein auszuhändigen.

(3) ¹Für die Inanspruchnahme anderer Leistungen stellt die Krankenkasse den Versicherten Berechtigungsscheine aus, soweit es zweckmäßig ist. ²Der Berechtigungsschein ist vor der Inanspruchnahme der Leistung dem Leistungserbringer auszuhändigen.

(4)¹In den Berechtigungsscheinen sind die Angaben nach § 291 Abs. 2 Satz 1 Nr. 1 bis 9, bei befristeter Gültigkeit das Datum des Fristablaufs, aufzunehmen.²Weitere Angaben dürfen nicht aufgenommen werden.

(5) In dringenden Fällen kann die Krankenversichertenkarte oder der Kranken- oder Berechtigungsschein nachgereicht werden.

(6) ¹Jeder Versicherte erhält die Krankenversichertenkarte bei der erstmaligen Ausgabe und bei Beginn der Versicherung bei einer Krankenkasse sowie bei jeder weiteren, nicht vom Versicherten verschuldeten erneuten Ausgabe gebührenfrei. ²Die Krankenkassen haben einem Missbrauch der Karten durch geeignete Maßnahmen entgegenzuwirken. ³Muss die Karte auf Grund von vom Versicherten zu vertretenden Umständen neu ausgestellt werden, wird eine Gebühr von 5 Euro erhoben; diese Gebühr ist auch von den nach § 10 Versicherten zu zahlen. ⁴Die Krankenkasse kann die Aushändigung der Krankenversichertenkarte vom Vorliegen der Meldung nach § 10 Abs. 6 abhängig machen.

Schrifttum: *B. Diering/H. Timme/D. Waschull,* Sozialgesetzbuch X, Sozialverwaltungsverfahren und Sozialdatenschutz, Lehr- und Praxiskommentar, 2. Auflage 2007; *P. Peikert,* Persönliche Leistungserbringungspflicht, MedR 2000, 352; *D. Pfeiffer,* Telematik im Gesundheitswesen, ErsK 2004, 121; *M. Riemer,* Vergütungsanspruch trotz ungültiger Versicherungskarte? DMW 2006, 1178; *U. Simon,* Delegation ärztlicher Leistungen, 2000; *A. Spickhoff/M. Seibl,* Die Erstattungsfähigkeit ärztlicher Leistungen bei Delegation an nichtärztliches Personal, NZS 2008, 57.

Inhaltsübersicht

	Rn.
A. Überblick und Ratio	1
B. Die Kommentierung im Einzelnen	3
I. Der sog. Arztvorbehalt, Abs. 1	3
1. Begriff, Bedeutung und Reichweite	3
2. Der Grundsatz persönlicher Leistungserbringung	8
3. Die Einschaltung von Hilfspersonen	11
II. Die Nachweis- und Verfahrensregelungen der Absätze 2 bis 6	17
1. Vorlage von Krankenversicherungskarte bzw. -schein	18
2. Berechtigungsscheine	20
3. Notbehandlung	21
4. Gebührenregelungen	22

A. Überblick und Ratio

1 Abs. 1 steht im Ersten Abschnitt des Dritten Kapitels – also des sog. Leistungsrechts. Der Abschnitt trägt die Überschrift „Übersicht über die Leistungen". Abs. 1 S. 1 ist aber nicht allein für den Zweiten Abschnitt von Belang, sondern beansprucht angesichts des Standorts als allgemeine Regelung darüber hinaus auch für andere Leistungsbereiche Geltung (vgl. *Auktor,* H/K, § 15 Rn. 4 für den 3.–5. und 10. Abschnitt; s. auch *Höfler,* KK, § 15 Rn. 12, auch bei Kostenerstattung). Die Vorschrift, Nachfolgerin der §§ 122, 123 RVO, verfolgt eine doppelte Zwecksetzung. Zum einen lässt sich die Regelung in § 15 als spezifischer Ausdruck des Wirtschaftlichkeitsgebots und der Qualitätssicherung begreifen (*Jörg,* HVAR, § 11 Rn. 61). Zum anderen geht es in Abs. 1 darum, Strukturprinzipien der GKV zu konkretisieren. Angesprochen ist damit der Sachleistungsgrundsatz, wie er in den §§ 2 Abs. 2 S. 1, 13 zum Ausdruck kommt. In diesem Zusammenhang regelt Abs. 1 zunächst, wer die zu Lasten der GKV abrechnungsfähigen Leistungen erbringen darf; daneben tritt die genannte Funktion der Qualitätssicherung medizinischer Behandlungen, wie sie namentlich durch den sog. Arztvorbehalt sichergestellt wird. Die Abrechnungsfähigkeit im Rahmen der GKV wird weiterhin ergänzt durch die verfahrensrechtlichen Nachweisregelungen des Abs. 2 (dazu auch *Noftz*, H/N, § 15 Rn. 2 b „... Schlüssel zum Eintritt in das Sachleistungssystem").

Ärztliche und zahnärztliche Behandlung wird nach der Konzeption des Abs. 1 **2** S. 1 von Ärzten und Zahnärzten grundsätzlich persönlich erbracht (zu Inhalt und Reichweite des sog. Arztvorbehalts vgl. unten Rn. 3 ff.). Durch die Einschaltung von (nicht-)ärztlichen Hilfspersonen bewirkte Ausnahmen vom Grundsatz persönlicher Leistungserbringung lösen nur nach Maßgabe des Abs. 1 S. 2 eine Einstandspflicht der GKV aus (zur Einschaltung von Hilfspersonen vgl. unten Rn. 11 ff.). Daneben ist eine Übertragung bei Modellvorhaben nach § 63 Abs. 3 c möglich. Die in § 15 Abs. 1 nur angesprochene, in § 28 dagegen umfassend und abschließend umschriebene ärztliche Behandlung kann dabei für einen ersten Zugriff wie folgt grob skizziert werden. Unterscheiden lässt sich die „klassische" ärztliche Behandlung mit ihren drei auf die Verhütung, die Früherkennung und die Behandlung bezogenen Bausteinen. Hinzu tritt als gleichsam vierter Aspekt die ärztliche Veranlassung sonstiger Krankenbehandlung wie sie etwa in der Versorgung mit Arznei-, Verband-, Heil- und Hilfsmitteln, der häuslichen Krankenpflege, der Krankenhausbehandlung oder bei der Zurverfügungstellung von Rehabilitationsleistungen zum Ausdruck kommt (*Höfler*, K/K, § 15 Rn. 4). Schließlich nimmt § 15 mit ärztlicher Behandlung auch die Heilbehandlung durch Psychologische Psychotherapeuten in Bezug. Allerdings erstreckt sich – wie §§ 28 Abs. 3 S. 1 und 92 zeigen – der Arztvorbehalt auch auf die Behandlung psychischer Erkrankungen (zur Rechtslage vor Einbeziehung der Psychologischen Psychotherapeuten in die vertragsärztliche Versorgung etwa BSG SozR 3-2500, § 15 Nr. 2 S. 15). Damit bestehende Reibungsflächen zur Tätigkeit nichtärztlicher psychologischer Heilbehandler, die Gegenstand zahlreicher Verfahren war, sind durch die Einbeziehung der Psychologischen Psychotherapeuten in die vertragsärztliche Versorgung zumindest partiell entschärft worden.

B. Die Kommentierung im Einzelnen

I. Der sog. Arztvorbehalt, Abs. 1

1. Begriff, Bedeutung und Reichweite

Abs. 1 S. 1 stellt eine Vorschrift dar, die ungeachtet terminologischer Unsicher- **3** heiten – es wird der hier verwandte Begriff des Arztvorbehalts ebenso verwendet wie die Termini Arztmonopol, -primat, -privileg, -präponderanz, vgl. *Noftz*, H/N, § 15 Rn. 11 – eine eindeutige Stoßrichtung erkennen lässt. Es geht um die Zuweisung des Behandlungsmonopols und die damit zugleich verbundene Ab- und Ausgrenzung gegenüber den Tätigkeiten anderer in den heilenden Berufen tätiger Personen. Ärztliche und zahnärztliche Behandlung, wie sie sodann in § 27 Abs. 1 umschrieben wird, ist durch Abs. 1 S. 1 grundsätzlich den Ärzten vorbehalten. Andere heilberufliche Professionen – namentlich Heilpraktiker etc. – sind damit a limine von einer Behandlung zu Lasten der GKV ausgeschlossen.

Die verfassungsrechtliche Zulässigkeit dieses einfachrechtlich durch das SGB V **4** begründeten und berufsrechtlich (vgl. etwa die Regelungen in § 2 BÄO) weiter abgesicherten Arztmonopols hat die Rechtsprechung mehrfach beschäftigt. Verfassungsrechtliche Bedenken haben sich im Ergebnis dabei zu Recht nicht durchsetzen können (vgl. etwa BVerfGE 78, 155 LS, Ausschluss der Heilpraktiker von Teilnahme an der kassenärztlichen Versorgung mit Art. 12 Abs. 1 und Art. 3 Abs. 1 GG vereinbar). Derartige Zulassungsbeschränkungen stellen in einer freiheitlichen Rechts- und Berufsordnung als Berufszulassungsregelungen (anders das BVerfGE 78, 155/161, es handele sich um Berufsausübungsregelungen, allerdings mit dem die Stufentheorie letztlich konterkarierenden Zusatz, um solche Berufsausübungsregelungen, die im Ergebnis wie Berufszulassungsregelungen wirkten) zwar enge Ausnahmen dar, sie sind aber wegen der Gewährleistung einer, wie es das BVerfG ausdrückte, „tunlichst rasche(n) und sichere(n) Heilung" sowie dem Interesse der in der GKV zusammengeschlossenen Versichertengemeinschaft an einer möglichst effektiven und sparsamen Verwendung der öffentlichen Mittel gerechtfertigt (so BVerfGE 78, 155/162). Die fachgerichtliche Rechtsprechung hat diese Entscheidung vorbereitet (vgl. die st. Rspr. des BSG, etwa BSGE 48, 258/260 f.) und später – wenngleich mit leicht veränderter Akzentuierung – bestätigt (BSG SozR 3-2500, § 15 Nr. 2 S. 16, Gewährleistung einer effektiven und auf hohem medizinisch-wissenschaftlichen Niveau stehenden Krankenbehandlung).

5   Der Arztvorbehalt ist für das System der GKV von wesentlicher Bedeutung. Er reserviert die ärztliche respektive, zahnärztliche Behandlung dem Arzt. Die dort beschriebene zentrale Position des Vertragsarztes, die nicht nur für die Heilbehandlung, sondern auch für die Hilfs- und Heilmittelversorgung Bedeutung besitzt, hat das BSG veranlasst, vom Vertragsarzt als der „Schlüsselfigur" der Heil-, Hilfs- und Arzneimittelversorgung zu sprechen (BSGE 73, 271/283; BSG, SozR 3-2500, § 19 Nr. 2 S. 5). Diese Schlüsselstellung wird im System der GKV noch dadurch verstärkt, dass dem Vertragsarzt neben den auf die Erkrankung bezogenen Entscheidungen diagnostischer, therapeutischer oder rehabilitativer Art auch die Entscheidung darüber zusteht, ob Arbeitsunfähigkeit vorliegt. Arzt ist derjenige, der die für diesen Beruf vorgeschriebene staatliche Approbation erhalten hat (vgl. ua. die Approbationsordnungen der Ärzte bzw. Zahnärzte).

6   Weitere Voraussetzung dafür, dass ein Arzt Leistungen zu Lasten der GKV erbringen kann, ist sodann im Grundsatz (Ausnahmen bei der vertragsärztlichen oder vertragszahnärztlichen Notfallversorgung) die vertragsärztliche Zulassung (§§ 95 ff.), deren Leitbild der persönlich verantwortliche, freiberuflich niedergelassene Arzt darstellt (*Schnath*, HVAR, § 5 Rn. 3 unter Hinweis auf § 311 Abs. 10 in der bis zum 31. 12. 2000 geltenden Fassung). Ärztliche Behandlung iSv. Abs. 1 wird daneben aber auch in den Medizinischen Versorgungszentren, in Krankenhäusern sowie durch Psychologische Psychotherapeuten erbracht.

7   Die ärztliche Behandlung stellt einen zentralen Bestandteil der Krankenbehandlung (§ 27 Abs. 2 S. 1 Nr. 1) dar, die sachgerecht nur durchgeführt werden kann, wenn sie auf Grundlage der Erkenntnisse der medizinischen Wissenschaft beruht. Dies wird im Rahmen der GKV auf zweifache Weise gesichert. An der vertragsärztlichen Versorgung kann im Grundsatz nur teilnehmen, wer die Approbation als Arzt und eine entsprechende Zulassung als Vertragsarzt (§ 95) besitzt.

2. Der Grundsatz persönlicher Leistungserbringung

8   Dass Abs. 1 S. 1 die Ärzte und Zahnärzte zur persönlichen Leistungserbringung verpflichtet, entspricht der hM. (vgl. BSGE 39, 288/289; LSG NRW, MedR 1997, 94; *Auktor*, H/K, § 15 Rn. 6; *Peikert*, MedR 2000, 352). Diese Auslegung ist durch den Wortlaut der Vorschrift ebenso geboten wie durch die Ratio der Rege-

lung, die hinreichende Professionalität der heilenden Berufe und die Effizienz der medizinischen Versorgung sicherzustellen; verfassungsrechtlich ist hiergegen nichts zu erinnern. Auch das hat die Rechtsprechung vollkommen zu Recht herausgearbeitet; insbesondere gebieten die Grundrechte der Leistungserbringer keine andere Auslegung; verfassungsrechtlich gesicherte Rechtspositionen der Versicherten aus Art. 2 Abs. 2 GG streiten ohnedies für die herrschende Auffassung (BVerfGE 78, 155/161 ff.; BSGE 48, 47/51 ff.; aus dem Schrifttum etwa *Noftz*, H/N, § 15 Rn. 11; *Igl/Welti*, VSSR 1999, 21/27 ff.).

Der Grundsatz der persönlichen Leistungserbringung weist neben Abs. 1 zahlreiche weitere normative Grundlagen auf (vgl. etwa § 613 BGB, § 19 MBO-Ä, § 4 Abs. 2 GOÄ, § 22 BPflV, § 15 BMV-Ä), ist aber weder legaldefiniert noch gilt er ausnahmslos (vgl. *Wigge*, HVAR, § 2 Rn. 25). So lässt Abs. 1 S. 1 bereits die Ausnahme zu, dass qualifizierte Pflegefachkräfte ohne vorherige ärztliche Veranlassung bestimmte ärztliche Leistungen erbringen können.

Inhaltlich wird er einerseits berufsrechtlich und andererseits anhand der freiberuflichen Stellung des Arztes angereichert. Als ärztliche Leistungen (auch iSv. § 28 Abs. 1) sind sämtliche Verrichtungen anzusehen, die üblicherweise in der Praxis von einem Arzt ausgeführt werden. Folge des Grundsatzes persönlicher Leistungserbringung ist zunächst, dass sich Vertragsärzte in der Praxis nur unter eingeschränkten Voraussetzungen vertreten lassen können. Durch nichtärztliches Hilfspersonal (Helferinnen) dürfen sodann nur die Leistungen erbracht werden, die delegierbar sind, die also nicht den direkten persönlichen Einsatz des Arztes voraussetzen, sondern eine ärztliche Überwachung ausreichen lassen (z. B. bei Injektionen).

3. Die Einschaltung von Hilfspersonen

Bei der Einschaltung von Hilfspersonen sind zwei Konstellationen auseinanderzuhalten. Zunächst die Einschaltung von Hilfspersonen, bei der nichtärztliche Personen ärztliche Leistungen erbringen (die dann auch als solche zu Lasten der GKV abgerechnet werden) und sodann die Einschaltung sonstiger Personen, die die ärztliche Tätigkeit unterstützen und dabei eine eigene Professionalität einbringen (z. B. Optiker). Der Grundsatz persönlicher Leistungserbringung gilt also nicht ausnahmslos. Er differenziert sich vielmehr zum einen in die persönliche Leistungserbringung an sich; zum anderen in die Aufsicht sowie die fachliche Leitung und Weisung bei der Einschaltung nichtärztlicher Hilfspersonen.

Die Einschaltung von Hilfspersonen ist wie Abs. 1 S. 2 zeigt durch den Arztvorbehalt nicht ausgeschlossen. Jede andere Regelung verfehlte die Praxis der ärztlichen und zahnärztlichen Behandlung, die auf die Mithilfe anderer Personen angewiesen ist. S. 2 des § 15 Abs. 1 trägt dem Rechnung, bindet eine derartige Mitwirkung aber an die Voraussetzung der Erforderlichkeit und verlangt zugleich, dass die in Rede stehende Tätigkeit vom Arzt angeordnet und verantwortet wird. Das schließt eigenmächtiges Handeln des nichtärztlichen Personals aus, lässt aber Raum für nachträgliche „Genehmigungen" – vor allem in „Notsituationen unterhalb der Schwelle des § 76 Abs. 1 S. 2 – derartiger Handlungen durch den Arzt. Hinzu treten moderne Herausforderungen, die das klassische Bild des freiberuflich tätigen Arztes verändern (vgl. zu den damit angesprochenen innovativen Kooperationen im Gesundheitswesen etwa die nunmehr durch §§ 32, 32b ZV-Ärzte-/-Zahnärzte eröffnete Möglichkeit, Ärzte [teilzeitbeschäftigt] anzustellen; eingehend zum Problemkreis *Steinhilper*, Persönliche Leistungserbringung in der ambulanten vertragsärztlichen Versorgung, Halbe/Schirmer, Handbuch Kooperationen im Gesundheitswesen, 2005).

§ 15 Ärztliche Behandlung, Krankenversichertenkarte

13 Eine derartige Einschaltung anderer ist aber nur zulässig bzw. ist nur dann als ärztliche Leistung anzusehen und demzufolge abrechenbar, wenn eine Delegationsfähigkeit besteht (typischerweise etwa gegeben beim Wechsel einfacher Verbände, einzelfallbezogene Betrachtung ist demgegenüber beispielsweise bei Injektionen und Blutentnahmen geboten) und der Arzt verantwortlich an der Leistungserbringung durch eine je nach Lage des Falles mehr oder weniger intensive persönliche Anleitung oder Beaufsichtigung der Hilfsperson mitwirkt (vgl. dazu BSGE 29, 288/289; LSG NRW, NZS 1997, 195/195; *Wigge,* HVAR, § 2 Rn. 25). Entscheidend ist, dass bei der Erbringung ärztlicher beruflicher Leistungen unter Inanspruchnahme von Dritten die leitende und eigenverantwortliche Mitwirkung des Arztes erhalten bleibt und damit das persönliche Gepräge der so erbrachten „ärztlichen" Leistung nicht verloren geht.

14 Nicht delegationsfähig ist der „Kernbereich" ärztlicher Behandlung.

15 Der Grundsatz persönlicher Leistungserbringung ist nicht nur für die Arzt-Patienten-Beziehung von Relevanz, sondern entfaltet namentlich im vertragsärztlichen Abrechnungssystem Wirkung. Der Verstoß gegen den Grundsatz persönlicher Leistungserbringung kann bei entsprechendem Abrechnungsverhalten sogar strafrechtlich relevant sein (§ 263 StGB zum Nachteil der GKV, näher *Volk,* NJW 2000, 3385/3385 ff.; zum Fragenkreis *Peikert,* MedR 2000, 352 mwN.; *Lang/ Schäfer/Stiel/Vogt,* GOÄ-Kommentar, 1996, § 4 Rn. 6.).

16 Ausnahmen vom Grundsatz persönlicher Leistungserbringung sind neben den gesetzlich festgeschriebenen auch bei der Einschaltung anderer Ärzte denkbar und in der Praxis gang und gäbe, z. B. bei der Beschäftigung angestellter Ärzte (vgl. Rn. 12) oder bei Leistungserbringergemeinschaften sowie im Rahmen von Medizinischen Versorgungszentren und bei Krankenhausbehandlungen (vgl. zu den mit Blick auf den Arztvorbehalt Chefärzten auferlegten Verpflichtungen etwa *Biermann/Ulsenheimer/Weißauer,* MedR 2000, 107/110; *Kuhla,* NJW 2000, 841/842 mwN. in Fn. 19; *Andreas,* Arztrecht 2000, 240/242; *AG Hamburg,* MedR 2001, 47/ 48 mwN.; *OLG Hamm,* NJW 1995, 2420/2421; *LG Bonn,* MedR 1997, 81/82; *OLG Celle,* NJW 1982, 2129/2130).

II. Die Nachweis- und Verfahrensregelungen der Absätze 2 bis 6

17 § 15 kennt mit der Krankenversicherungs- bzw. Gesundheitskarte, dem (überkommenen) Krankenschein und den sog. Berechtigungsscheinen unterschiedliche Formen, mit denen Versicherte ihre Berechtigung, Leistungen der GKV nachzufragen, nachweisen können. Abs. 2 bis 6 enthält Verfahrens- und Nachweisregelungen. Vor allem die Abs. 2 und 3 enthalten Verpflichtungen des Versicherten, seine im Rahmen der GKV bestehende Anspruchsberechtigung nachzuweisen. Den dort normierten Aushändigungsverpflichtungen korrespondieren auf Seiten des Versicherten schlüssige Erklärungen.

1. Vorlage von Krankenversicherungskarte bzw. -schein

18 Die Krankenversicherungskarte, die den „klassischen" Krankenschein abgelöst hat, dient einerseits dem schnellen und leicht handhabbaren Nachweis der Anspruchsberechtigung (*Noftz,* H/N, § 15 Rn. 18), soll aber gleichzeitig durch einen schnellen Datentransport in den Praxen den Verwaltungsaufwand reduzieren (zum Inhalt der Karte vgl. § 291 Abs. 2 S. 1 Nr. 1 bis 9). Die Krankenversicherungskarte ist für den höchstpersönlichen Gebrauch bestimmt und nicht übertragbar; im Rahmen des § 10 mitversicherte Kinder erhalten ebenfalls eine eigene

Karte. Ziel der im Jahre 1995 eingeführten Karte soll die Verhinderung von sog. Ärzte-Hopping und Krankenkartentourismus sein, wobei allerdings die Problemwahrnehmung des Gesetzgebers nicht unstrittig ist.

Bei Missbrauch der Karte kann der jeweiligen Krankenkasse unter Umständen ein Schadensersatzanspruch gegen den Karteninhaber zustehen. Zugleich bewirkt die Karte einen Vertrauensschutz zugunsten des Arztes (*Noftz,* H/N, § 15 Rn. 18 a), der allerdings erschüttert wird, wenn der Vertragsarzt einen offensichtlichen Kartenmissbrauch hätte erkennen können (BSG, NZS 1997, 76/77 f.; BSG, NZS 2004, 590/592 f.). 19

2. Berechtigungsscheine

Die Ausstellung sog. Berechtigungsscheine nach § 15 Abs. 3 erfolgt nach Zweckmäßigkeitsgesichtspunkten bei sog. anderen Leistungen, d. h. solchen, die nicht ärztliche oder zahnärztliche Behandlung sind, also nicht bereits von Abs. 2 erfasst sind (vgl. auch *Noftz,* H/N, § 15 Rn. 27). Berechtigungsscheine werden auch bei Auslandsreisen gesetzlich Krankenversicherter ausgestellt, beinhalten mit Blick auf die Kostenerstattung allerdings Risiken. 20

3. Notbehandlung

Nach Abs. 5 können die an sich erforderlichen Berechtigungsnachweise in dringenden Fällen nachgereicht werden. Das Gesetz konkretisiert das Tatbestandsmerkmal „dringend" weder in inhaltlicher noch zeitlicher Hinsicht, entscheidend sind damit ganz die Umstände des Einzelfalles. Um Kollisionen mit dem Sachleistungsgrundsatz zu vermeiden, gehen untergesetzliche Rechtsnormen von einer Zehntagesfrist aus. Werden die erforderlichen Berechtigungsnachweise nicht vorgelegt, können privatrechtliche Rechtsbeziehungen zwischen behandelndem Arzt und einem an sich gesetzlich versicherten Patienten entstehen. 21

4. Gebührenregelungen

Gemäß § 64 SGB X, § 37 Abs. 1 S. 1 SGB I besteht an sich Gebührenfreiheit für alle Sozialleistungsbereiche; sie soll garantieren, dass ein Bürger nicht wegen der Kosten von der Beantragung einer Sozialleistung abgehalten werden soll (*Timme,* in: Diering/Timme/Waschull, LPK-SGB X, 2. Aufl. 2007, § 64 Rn. 2). Die letztlich aus dem Sozialstaatsgebot resultierenden Regelungen finden in Abs. 1 eine Ausnahme, die ungeachtet der verwandten Terminologie („zu vertretende Umstände") an ein als im technischen Sinne zu verstehendes Verschulden anknüpft (*Noftz,* H/N, § 15 Rn. 32), mithin Vorsatz und Fahrlässigkeit erfasst. 22

§ 16 Ruhen des Anspruchs

(1) **Der Anspruch auf Leistungen ruht, solange Versicherte**
1. **sich im Ausland aufhalten, und zwar auch dann, wenn sie dort während eines vorübergehenden Aufenthalts erkranken, soweit in diesem Gesetzbuch nichts Abweichendes bestimmt ist,**
2. **Dienst auf Grund einer gesetzlichen Dienstpflicht oder Dienstleistungen und Übungen nach dem Vierten Abschnitt des Soldatengesetzes leisten,**
3. **nach dienstrechtlichen Vorschriften Anspruch auf Heilfürsorge haben oder als Entwicklungshelfer Entwicklungsdienst leisten,**
4. **sich in Untersuchungshaft befinden, nach § 126 a der Strafprozessordnung einstweilen untergebracht sind oder gegen sie eine Freiheitsstrafe oder frei-**

heitsentziehende Maßregel der Besserung und Sicherung vollzogen wird, soweit die Versicherten als Gefangene Anspruch auf Gesundheitsfürsorge nach dem Strafvollzugsgesetz haben oder sonstige Gesundheitsfürsorge erhalten.

(2) Der Anspruch auf Leistungen ruht, soweit Versicherte gleichartige Leistungen von einem Träger der Unfallversicherung im Ausland erhalten.

(3) ¹Der Anspruch auf Leistungen ruht, soweit durch das Seemannsgesetz für den Fall der Erkrankung oder Verletzung Vorsorge getroffen ist. ²Er ruht insbesondere, solange sich der Seemann an Bord des Schiffes oder auf der Reise befindet, es sei denn, er hat nach § 44 Abs. 1 des Seemannsgesetzes die Leistungen der Krankenkasse gewählt oder der Reeder hat ihn nach § 44 Abs. 2 des Seemannsgesetzes an die Krankenkasse verwiesen.

(3 a) ¹Der Anspruch auf Leistungen für nach dem Künstlersozialversicherungsgesetz Versicherte, die mit einem Betrag in Höhe von Beitragsanteilen für zwei Monate im Rückstand sind und trotz Mahnung nicht zahlen, ruht nach näherer Bestimmung des § 16 Abs. 2 des Künstlersozialversicherungsgesetzes. ²Satz 1 gilt entsprechend für Versicherte dieses Buches, die mit einem Betrag in Höhe von Beitragsanteilen für zwei Monate im Rückstand sind und trotz Mahnung nicht zahlen, ausgenommen sind Leistungen, die zur Behandlung akuter Erkrankungen und Schmerzzustände sowie bei Schwangerschaft und Mutterschaft erforderlich sind; das Ruhen endet, wenn alle rückständigen und die auf die Zeit des Ruhens entfallenden Beitragsanteile gezahlt sind oder wenn Versicherte hilfebedürftig im Sinne des Zweiten oder Zwölften Buches werden.

(4) Der Anspruch auf Krankengeld ruht nicht, solange sich Versicherte nach Eintritt der Arbeitsunfähigkeit mit Zustimmung der Krankenkasse im Ausland aufhalten.

Inhaltsübersicht

	Rn.
A. Überblick	1
B. Ruhenstatbestände	3
I. Aufenthalt im Ausland, Abs. 1 Nr. 1	3
II. Zuständigkeit eines anderen Trägers, Abs. 1 Nr. 2–4, Abs. 2, 3	8
III. Nichtzahlung von Beiträgen, Abs. 3 a	14

A. Überblick

1 Die Vorschrift fasst die meisten Tatbestände des Ruhens von Leistungsansprüchen zusammen. Sie gilt für alle Leistungen der GKV, auch für das Krankengeld. Für dieses enthält § 49 allerdings noch weitere Ruhenstatbestände. Das **Ruhen** eines Leistungsanspruches bedeutet, dass ein dem Grunde nach **bestehender Anspruch** wegen eines Leistungshindernisses nicht realisiert werden kann. Die Ruhenswirkung tritt jeweils nur bei dem Versicherten ein, der in seiner Person die tatbestandsmäßigen Voraussetzungen erfüllt (*Noftz*, H/N, § 16 Rn. 17).

2 Systematisch ist die Vorschrift verunglückt. Ihre Gliederung verschleiert, dass es **drei Gründe für das Ruhen von Ansprüchen** gibt:
– ein Aufenthalt im Ausland (Rn. 3–7),
– die Zuständigkeit eines anderen Trägers (Rn. 8–13),
– die Nichtzahlung von Beiträgen (Rn. 14–16).

B. Ruhenstatbestände

I. Aufenthalt im Ausland, Abs. 1 Nr. 1

Bei einem, auch nur vorübergehenden, Aufenthalt im Ausland ruht der Leistungsanspruch, weil Sachleistungen (§ 2 Abs. 2 S. 1) grundsätzlich nur im Inland erbracht werden können. Das gilt nach Abs. 1 Nr. 1 Hs. 2 nicht, soweit im Sozialgesetzbuch **Abweichendes** bestimmt ist. Dabei muss es sich um Abweichungen von der Regel handeln, dass ein Leistungsanspruch ruht. **Keine** abweichende Bestimmung iSv. Abs. 1 Nr. 1 Hs. 2 enthalten daher **versicherungsrechtliche** Regelungen mit Auslandsbezug (etwa § 5 Abs. 1 Nr. 9 und Abs. 4; § 6 Abs. 1 Nr. 8; § 9 Abs. 1 Nr. 5), weil diese nicht den Leistungsanspruch betreffen (aA. *Peters*, KV, § 16 Rn. 18); ferner nicht § 60 Abs. 4, weil dieser den Anspruch auf Fahrkosten für den Rücktransport aus dem Ausland nicht nur ruhend stellt, sondern ausschließt (§ 60 Rn. 25–27). 3

Ausnahmen von der Ruhensanordnung sind aber die folgenden Bestimmungen des inner-, über- und zwischenstaatlichen Rechts: 4

- Abs. 1 Nr. 1 gilt nicht, wenn zulässigerweise Leistungserbringer im Ausland in Anspruch genommen werden. Art. 19, 22 VO/EWG 1408/71 sowie § 13 Abs. 4, 5 enthalten Ansprüche auf Inanspruchnahme von Gesundheitsleistungen in einem **anderen Mitgliedstaat der Europäischen Union, des Europäischen Wirtschaftsraums** (Norwegen, Liechtenstein, Island) und in der **Schweiz** (§ 13 Rn. 30 ff.). Nach § 30 Abs. 2 SGB I bleiben auch sonstige Regelungen des über- und zwischenstaatlichen Rechts unberührt. Die Ruhensanordnung des Abs. 1 Nr. 1 gilt daher auch nicht, wenn und soweit einschlägige zwischenstaatliche Vereinbarungen existieren (dazu *Noftz*, H/N, § 16 Rn. 28). Darüber hinaus können unter den Voraussetzungen des § 13 Abs. 2 S. 6, 7 **(Wahl der Kostenerstattung,** § 13 Rn. 11 f.) Leistungserbringer auch in denjenigen ausländischen Staaten in Anspruch genommen werden, die nicht unter die vorgenannten Bestimmungen fallen. 5
- Nicht anwendbar ist Abs. 1 Nr. 1 nach Abs. 4 **hinsichtlich des Krankengeldanspruches**, wenn sich der Versicherte nach Eintritt der Arbeitsunfähigkeit mit Zustimmung der KK im Ausland aufhält. 6
- Schließlich findet Abs. 1 Nr. 1 keine Anwendung im Falle der **Beschäftigung im Ausland** (§ 17), bei einer **nur im Ausland möglichen Krankenbehandlung** (§ 18 Abs. 1, 2) sowie bei **nicht anderweitig versicherbaren Krankheitskosten** (§ 18 Abs. 3). 7

II. Zuständigkeit eines anderen Trägers, Abs. 1 Nr. 2–4, Abs. 2, 3

Abs. 1 Nr. 2–4, Abs. 2 und 3 ordnen das Ruhen des Leistungsanspruches jeweils an, weil der genannte Personenkreis vorrangige Ansprüche gegen andere Leistungsträger hat. Folgende Fälle sind erfasst: 8

- **Gesetzliche Dienstpflicht**, Abs. 1 Nr. 2. Erfasst sind Wehrdienstleistende (§ 4 WPflG), Zivildienstleistende (§ 1 ZDG) und der Grenzschutzdienstpflicht unterliegende Personen (§ 49 Abs. 1 BGSG), da diese nach § 30 Abs. 1 SoldatenG/ § 35 Abs. 1 ZDG/§ 59 Abs. 1 S. 1 BGSG Anspruch auf Heilfürsorge haben. Ihre Mitgliedschaft in der GKV bleibt, zu ermäßigten Beiträgen (§ 244), aufrechterhalten (§ 193). Ebenfalls erfasst sind nach Hs. 2 die in den §§ 59 ff. SoldatenG aufgeführten **Dienstleistungen und Übungen.** 9
- **Dienstrechtlicher Anspruch auf Heilfürsorge**, Abs. 1 Nr. 3. Die Vorschrift betrifft die Angehörigen des öffentlichen Dienstes, die Anspruch auf Heilfür- 10

sorge haben. Das sind Berufs- und Zeitsoldaten der Bundeswehr sowie Polizeivollzugsbeamte des Bundes und der Länder, nicht aber sonstige Angehörige des öffentlichen Dienstes, die lediglich einen Anspruch auf Beihilfe gegen den Dienstherrn haben (*Kruse,* H/K, § 16 Rn. 9). Die gleichfalls genannten **Entwicklungshelfer** haben nach den §§ 7–9 EhfG einen Anspruch auf Krankenversorgung und Gesundheitsfürsorge.

11 − **Freiheitsentziehung,** Abs. 1 Nr. 4. Wer einer der in Nr. 4 genannten freiheitsentziehenden Maßnahmen unterworfen ist, hat nach den §§ 57–59 StVollzG Anspruch auf Gesundheitsfürsorge, allerdings nicht auf Krankengeld. Die Vorschrift gilt nach § 62a StVollzG nicht für Freigänger, die einer freien Beschäftigung (§ 39 Abs. 1 StVollzG) nachgehen. Dabei handelt es sich um ein Beschäftigungsverhältnis iSv. § 7 SGB IV (BSG, NZA 1991, 282), das einen Anspruch auf Leistungen der GKV unter Einschluss des Krankengeldes begründet. Für dessen Auszahlung gelten die §§ 49, 50 SGB I.

12 − **Leistungen von einem Träger der Unfallversicherung im Ausland,** Abs. 2. Während bei einem Anspruch gegen inländische Unfallversicherungsträger der krankenversicherungsrechtliche Anspruch nach § 11 Abs. 5 ausgeschlossen ist (§ 11 Rn. 32), ordnet Abs. 2 lediglich ein Ruhen an, soweit vom ausländischen Träger gleichartige Leistungen erbracht werden. Gleichartige Leistungen liegen vor, **soweit** sie ihrer Art nach (§ 11 Abs. 1, 2) einander entsprechen; inhaltlich oder gar vollständige Kongruenz ist nicht erforderlich (*Noftz,* H/N, § 16 Rn. 48). Der darüber hinausgehende **Spitzbetrag** wird dann von den KKen geleistet, weil der Anspruch insoweit mangels Gleichartigkeit nicht ruht.

13 − **Leistungen aufgrund des Seemannsgesetzes,** Abs. 3. Der Anspruch ruht nach Abs. 3 S. 1, weil Besatzungsmitglieder iSv. § 3 SeeMG für die Dauer des Heuerverhältnisses nach den §§ 42 und 43 SeeMG Anspruch auf Krankenfürsorge auf Kosten des Reeders haben. Dieser Anspruch entfällt und die GKV-Leistungen ruhen daher nicht (Abs. 3 S. 2), wenn **entweder** das Schiff in einem Hafen im Geltungsbereich des GG liegt, der Seemann an Bord bleibt und sich für Leistungen der GKV anstelle der Krankenfürsorge nach § 43 SeeMG entscheidet (§ 44 Abs. 1 SeeMG), **oder** der Reeder das Besatzungsmitglied unter den Voraussetzungen des § 44 Abs. 2 SeeMG (Unmöglichkeit der Behandlung durch Schiffsarzt/Vertragsarzt bzw. an Bord) an die KK verweisen kann.

III. Nichtzahlung von Beiträgen, Abs. 3a

14 Nach Abs. 3a ruhen die Leistungsansprüche für bestimmte Versicherte, die mit der Zahlung ihrer Beiträge im Verzug sind:

15 Abs. 3a S. 1 betrifft die in der **Künstlersozialversicherung** Versicherten. Für diese ist die Künstlersozialkasse nach § 251 Abs. 3 S. 1 Beitragsschuldnerin gegenüber den KKen und damit zur Zahlung der Beiträge auch dann verpflichtet, wenn die Versicherten ihre Beitragsanteile nicht geleistet haben. Um das „unbillige Ergebnis" (BT-Drs. 11/2964, 20) zu vermeiden, dass Versicherte ohne Beitragszahlungen Leistungen beanspruchen können, hat die KK sie nach Maßgabe von § 16 Abs. 2 KSVG zunächst zu mahnen und muss dann ggf. das Ruhen der Leistung feststellen. Dadurch entfällt dann nach § 251 Abs. 3 S. 2 Hs. 1 ihre Beitragspflicht, während durch den Verweis in Abs. 3a S. 1 die Leistungspflicht der KK gehemmt wird.

16 Abs. 3a S. 2 betrifft **sonstige Versicherte,** die gegenüber ihrer KK **beitragspflichtig** sind. Nach der Gesetzesbegründung handelt es sich um eine Folgeänderung zur Einführung der Versicherungspflicht für alle Personen, die keinen an-

deren Versicherungsschutz im Krankheitsfall haben (§ 5 Abs. 1 Nr. 13), und der damit zusammenhängenden Aufhebung von § 191 Abs. 1 Nr. 3 aF., der ein Ende der freiwilligen Mitgliedschaft im Falle des Zahlungsverzuges vorgesehen hatte. Da das Ende der Mitgliedschaft im Falle des Zahlungsverzuges sozialpolitisch unerwünscht ist, sollen die Leistungen zumindest ruhen, um den Druck auf säumige Beitragszahler zu erhöhen (vgl. BT-Drs. 16/4247, 31). Obwohl sich die Begründung auf die nach § 5 Abs. 1 Nr. 13 Versicherten beschränkt, gilt die Vorschrift letztlich für alle Versicherten, die Beitragsschuldner der KKen sind (näher *Noftz*, H/N, § 16 Rn. 65; *Wagner*, Krauskopf, § 16 Rn. 20). Sie gilt damit nur für diejenigen Versicherten nicht, deren Beiträge nicht vom Zahlungsverpflichteten (§ 252 S. 1), sondern von Dritten getragen werden (§ 28e Abs. 1 S. 1 SGB IV iVm. § 253 SGB V, §§ 255, 256 SGB V). Von der **Ruhensanordnung ausgenommen** sind nach Abs. 3a S. 2 Hs. 2 Akutbehandlungen sowie Leistungen bei Schwangerschaft und Mutterschaft. Das **Ruhen endet** mit dem Ende des Verzuges oder im Falle der Hilfebedürftigkeit nach dem SGB II/XII. Es ist nicht erkennbar, warum entsprechende Regelungen für die in der Künstlersozialversicherung Versicherten fehlen.

§ 17 Leistungen bei Beschäftigung im Ausland

(1) ¹**Mitglieder, die im Ausland beschäftigt sind und während dieser Beschäftigung erkranken, erhalten die ihnen nach diesem Kapitel und nach den Vorschriften des Zweiten Abschnitts des Zweiten Buches der Reichsversicherungsordnung zustehenden Leistungen von ihrem Arbeitgeber.** ²**Satz 1 gilt entsprechend für die nach § 10 versicherten Familienangehörigen, soweit sie das Mitglied für die Zeit dieser Beschäftigung begleiten oder besuchen.**

(2) **Die Krankenkasse hat dem Arbeitgeber die ihm nach Absatz 1 entstandenen Kosten bis zu der Höhe zu erstatten, in der sie ihr im Inland entstanden wären.**

(3) **Die See-Krankenkasse hat dem Reeder die Aufwendungen zu erstatten, die ihm nach § 48 Abs. 2 des Seemannsgesetzes entstanden sind.**

Schrifttum: *J. Joussen*, Sozialrechtliche Probleme der Arbeitnehmerentsendung; *U. Becker/ W. Schön*, Steuer- und Sozialstaat im europäischen Systemwettbewerb, 2005, 257; *H.-D. Steinmeyer*, Das nationale Recht grenzüberschreitender Sachverhalte, SRH, D. 31.

A. Überblick

Als Ausnahme von dem Grundsatz, dass Leistungen beim Aufenthalt im Ausland ruhen, enthält die Vorschrift einen Leistungsanspruch des im Ausland beschäftigten Versicherten. Sie ist ungewöhnlich insofern, als sie eine krankenversicherungsrechtliche **Drittwirkung** anordnet. Der Anspruch richtet sich nämlich nicht gegen die KK, sondern unmittelbar gegen den Arbeitgeber, der den Versicherten ins Ausland entsendet. Der Arbeitgeber ist allerdings **kein Verwaltungshelfer** (so aber *Noftz*, H/N, § 17 Rn. 7). Denn er handelt nicht für die KK, sondern an deren Stelle, und zwar in Ausübung seiner arbeitsrechtlichen Fürsorgepflicht gegenüber seinem Arbeitnehmer (vgl. BSG, SozR 4-2500, § 17 Nr. 1 Rn. 16), der durch die Auslandsbeschäftigung keine finanziellen Nachteile erleiden soll. 1

Die Vorschrift ist nur anwendbar, wenn und soweit **keine über- und zwischenstaatlichen Regelungen** zur Inanspruchnahme von Leistungen bei Aus- 2 landsbeschäftigung existieren (§§ 30 Abs. 2 SGB I, 6 SGB IV). Sie gilt daher insbesondere nicht im Verhältnis zu den Mitgliedstaaten der EU und des EWR sowie der Schweiz, weil insoweit das europarechtliche bzw. europarechtlich veranlasste Regelungsregime der Art. 19 ff. VO/EWG 1408/71 und des § 13 Abs. 4–6 maßgeblich ist (§ 13 Rn. 30–50).

B. Anspruchsvoraussetzungen

3   **Anspruchsberechtigt** sind nach Abs. 1 S. 1 Mitglieder sowie nach Abs. 1 S. 2 ihre mitversicherten Familienangehörigen, soweit sie das Mitglied für die Dauer der Beschäftigung begleiten.

4   Voraussetzung ist darüber hinaus eine **Beschäftigung im Ausland,** die die Mitgliedschaft im Inland nicht berührt. Abs. 1 regelt daher einen Fall der **Ausstrahlung:** Soweit nämlich Vorschriften über die Versicherungspflicht und Versicherungsberechtigung eine Beschäftigung voraussetzen, gelten sie nach § 4 SGB IV auch für ins Ausland entsandte Personen, wenn die Entsendung infolge der Eigenart der Beschäftigung oder vertraglich im Voraus zeitlich begrenzt ist (vgl. auch Art. 14 Abs. 1 a) VO/EWG 1408/71: 12 Monate). Voraussetzung ist daher eine zeitlich begrenzte **Entsendung** im Rahmen eines inländischen Beschäftigungsverhältnisses (*Auktor,* H/K, § 17 Rn. 7; *Fastabend/Schneider,* Rn. 384; *Wagner,* Krauskopf, § 17 Rn. 7; etwas diffus BSG, SozR 4-2500, § 17 Nr. 1 Rn. 22: ausreichend auch „entsendungsähnlicher Sachverhalt"). Nur dann ist nämlich auch die intensive Inpflichtnahme des Arbeitgebers zu rechtfertigen, dem die Verantwortung dafür übertragen wird, vor Ort auf die Behandlung und ihre Kosten Einfluss zu nehmen. Die Vorschrift ist daher **unanwendbar,** wenn ein Versicherter bereits vor Beschäftigungsbeginn im ausländischen Beschäftigungsstaat wohnt und dort seinen Lebensmittelpunkt hat **(Ortskräfte),** vgl. BSG, SozR 4-2500, § 17 Nr. 1 Rn. 26; *Steinmeyer,* SRH, D. 31 Rn. 83). Leistungen können dann allenfalls nach § 18 in Anspruch genommen werden.

5   Die Erkrankung muss schließlich nach Abs. 1 S. 1 **während des Aufenthalts** eingetreten sein. Es soll aber auch ausreichend sein, wenn der Arbeitgeber das Mitglied in Kenntnis seiner Erkrankung entsendet (*Auktor,* H/K, § 17 Rn. 8; *Peters,* KV, § 17 Rn. 5).

C. Anspruchsinhalt

6   Grundsätzlich wird der Inhalt des Anspruchs durch die Beschäftigung im Ausland nicht berührt: Der Arbeitgeber schuldet die dem Versicherten nach den §§ 27 ff. SGB V, §§ 195 ff. RVO zustehenden Leistungen, Abs. 1 S. 1. Er kann den Versicherten aber darauf verweisen, Leistungserbringer im Wege der Kostenerstattung in Anspruch zu nehmen, wenn er alles Zumutbare unternommen hat, um eine Inanspruchnahme des Leistungserbringers im Ausland zu ermöglichen (*Auktor,* H/K, § 17 Rn. 8; *Peters,* KV, § 17 Rn. 7).

D. Rückgriff des Arbeitgebers, Abs. 2

7   Abs. 2 begrenzt den Rückgriffsanspruch des Arbeitgebers gegen die KK auf die tatsächlich entstandenen Kosten und die Höhe, in der diese im Inland entstanden wären. Darüber hinausgehende Kosten muss der Arbeitgeber selbst tragen, was damit gerechtfertigt werden kann, dass er die Beschäftigung im Ausland ver-

anlasst hat und von dieser profitiert. Absichern kann er sich durch den Abschluss einer privaten Zusatzversicherung zugunsten des Arbeitnehmers (*Fastabend/Schneider*, Rn. 384).

E. Der Erstattungsanspruch von Reedern, Abs. 3

Besatzungsmitglieder haben während der Dauer des Heuerverhältnisses grundsätzlich einen Anspruch (§§ 42, 43 SeemG) auf Krankenfürsorge gegen den Reeder. Ihr Anspruch gegen die KK ruht daher (§ 16 Rn. 13); diese ist nicht zum Ersatz der Aufwendungen verpflichtet. Nach § 48 Abs. 2 SeemG ist der Reeder allerdings auch verpflichtet, einem erkrankten oder verletzten Seemann, der außerhalb des Geltungsbereiches des GG das Schiff verlassen und **keinen Anspruch mehr auf Heuer** hat, für die Dauer der Arbeitsunfähigkeit oder des Aufenthalts in einem ausländischen Krankenhaus und solange er Anspruch auf kostenfreie Krankenfürsorge hat, die Beträge zu zahlen, die ihm im Falle der Erkrankung im Inland zustehen würden. Diese Beträge sind dem Reeder nach Abs. 3 von der KK zu erstatten.

8

§ 18 Kostenübernahme bei Behandlung außerhalb des Geltungsbereichs des Vertrages zur Gründung der Europäischen Gemeinschaft und des Abkommens über den Europäischen Wirtschaftsraum

(1) ¹Ist eine dem allgemein anerkannten Stand der medizinischen Erkenntnisse entsprechende Behandlung einer Krankheit nur außerhalb des Geltungsbereichs des Vertrages zur Gründung der Europäischen Gemeinschaft und des Abkommens über den Europäischen Wirtschaftsraum möglich, kann die Krankenkasse die Kosten der erforderlichen Behandlung ganz oder teilweise übernehmen. ²Der Anspruch auf Krankengeld ruht in diesem Fall nicht.

(2) **In den Fällen des Absatzes 1 kann die Krankenkasse auch weitere Kosten für den Versicherten und für eine erforderliche Begleitperson ganz oder teilweise übernehmen.**

(3) ¹Ist während eines vorübergehenden Aufenthalts außerhalb des Geltungsbereichs des Vertrages zur Gründung der Europäischen Gemeinschaft und des Abkommens über den Europäischen Wirtschaftsraum eine Behandlung unverzüglich erforderlich, die auch im Inland möglich wäre, hat die Krankenkasse die Kosten der erforderlichen Behandlung insoweit zu übernehmen, als Versicherte sich hierfür wegen einer Vorerkrankung oder ihres Lebensalters nachweislich nicht versichern können und die Krankenkasse dies vor Beginn des Aufenthalts außerhalb des Geltungsbereichs des Vertrages zur Gründung der Europäischen Gemeinschaft und des Abkommens über den Europäischen Wirtschaftsraum festgestellt hat. ²Die Kosten dürfen nur bis zu der Höhe, in der sie im Inland entstanden wären, und nur für längstens sechs Wochen im Kalenderjahr übernommen werden. ³Eine Kostenübernahme ist nicht zulässig, wenn Versicherte sich zur Behandlung ins Ausland begeben. ⁴Die Sätze 1 und 3 gelten entsprechend für Auslandsaufenthalte, die aus schulischen oder Studiengründen erforderlich sind; die Kosten dürfen nur bis zu der Höhe übernommen werden, in der sie im Inland entstanden wären.

Schrifttum: vgl. Schrifttum zu § 13.

§ 18 Behandlungen außerhalb der EG

Inhaltsübersicht

Rn.
- A. Überblick 1
- B. Medizinisch notwendige Auslandsbehandlung, Abs. 1, 2 3
  - I. Anspruchsvoraussetzungen 3
  - II. Anspruchsinhalt 7
- C. Auslandsaufenthalt ohne Möglichkeit privaten Versicherungsschutzes, Abs. 3 8

A. Überblick

1 Die Vorschrift enthält zwei weitere Ausnahmen von dem Grundsatz, dass Leistungen der GKV als Sachleistungen und daher grundsätzlich im Inland erbracht werden. Unter den Voraussetzungen von **Abs. 1** und 2 hat ein Versicherter Anspruch auf Kostenerstattung, wenn er sich **zu einer medizinisch notwendigen Behandlung** ins **Ausland** begibt. Abs. 3 hingegen enthält einen Kostenerstattungsanspruch für den Fall der Erkrankung während eines **Auslandsaufenthaltes**, für den **privater Versicherungsschutz nicht erlangt werden kann.**

2 Aufgrund des **Vorrangs über- und zwischenstaatlichen Rechts** ist der Anwendungsbereich der Vorschrift im Wesentlichen auf das vertragslose Ausland beschränkt (weitergehend *Noftz,* H/N, § 18 Rn. 46; *Peters,* KV, § 18 Rn. 9: „ungeschriebene Tatbestandsvoraussetzung", zweifelhaft, weil es nicht um die Voraussetzungen der Norm geht, sondern um deren Anwendbarkeit im Verhältnis zu anderen Regeln). Der Vorrang folgt, soweit es um die Inanspruchnahme von Leistungen in **anderen Mitgliedstaaten der EU** und im **EWR** geht, aus Abs. 1 und 3; insoweit gelten die Art. 19 ff. VO/EWG 1408/71 und § 13 Abs. 4–6 (§ 13 Rn. 30–50). Vorrang genießen aber nach § 30 Abs. 2 SGB I auch **zwischenstaatliche Abkommen,** etwa im Verhältnis zur Schweiz.

B. Medizinisch notwendige Auslandsbehandlung, Abs. 1, 2

I. Anspruchsvoraussetzungen

3 Abs. 1 knüpft die Leistungsinanspruchnahme an insgesamt drei Voraussetzungen: Die im Ausland angebotene Behandlung muss dem **allgemein anerkannten Stand der medizinischen Erkenntnisse** entsprechen (Rn. 4), es darf **im Inland keine diesem Standard entsprechende Behandlung** möglich sein **(Versorgungsdefizit;** Rn. 5), und schließlich muss der Versicherte vor der Leistungsinanspruchnahme einen **Antrag** stellen (Rn. 6).

4 Eine Behandlungsmethode entspricht dem **allgemein anerkannten Stand der medizinischen Erkenntnisse** (§ 2 Abs. 1 S. 3), wenn sie von der großen Mehrheit der einschlägigen Fachleute befürwortet wird; vereinzelte Gegenstimmen sind unschädlich (BSG, SozR 3-2500, § 18 Nr. 4 S. 18 f. und SozR 4-2500, § 18 Nr. 5 Rn. 22). Als Erkenntnisquellen kommen insoweit in Betracht (BSG, SozR 4-2500, § 18 Nr. 5 Rn. 31 ff.): Stellungnahmen des IQWiG (§ 139 a) und einschlägiger Fachgesellschaften, ferner ärztliche Leitlinien und Gutachten aus anderen Verwaltungs- und Gerichtsverfahren. Maßgebend sind ferner die **allgemeinen Prinzipien des Leistungsrechts:** Nicht dem allgemeinen Stand der medizinischen Erkenntnisse entspricht daher eine im Inland verbotene Behandlung (BSG, SozR 3-2500, § 18 Nr. 2 S. 7 ff. und SozR 4-2500, § 18 Nr. 2 Rn. 13 ff.: Transplantation unter Umgehung des im TPG vorgesehenen Beschaffungsweges;

ferner BSG, SozR 3-2500, § 18 Nr. 8 S. 32: ambulante Jodtherapie [Verstoß gegen deutsches Strahlenschutzrecht]). Wenn die Methode nur im Ausland angeboten wird, ist der Erlaubnisvorbehalt des § 135 Abs. 1 nicht anwendbar, weil sich das **Anerkennungsverfahren durch den G-BA** auf Leistungen beschränkt, die im Geltungsbereich des SGB V erbracht werden (BSG, SozR 3-2500, § 18 Nr. 4 S. 18; *Bieback,* NZS 2001, 561/566); wird sie aber auch in Deutschland praktiziert, gelten die allgemeinen Vorschriften (BSG, SozR 4-2500, § 18 Rn. 15 für § 138).

Ein **Versorgungsdefizit** liegt vor, wenn eine ausreichende und rechtzeitige 5 Behandlung im Inland nicht möglich ist. Das ist nicht erst dann der Fall, wenn die konkrete medizinische Behandlungsmaßnahme im Inland überhaupt nicht zu erlangen ist. Eine Versorgungslücke besteht vielmehr auch, wenn eine Behandlung zwar im Inland mit den hier verfügbaren personellen und sächlichen Mitteln erfolgen kann, der im Ausland praktizierten Methode jedoch ein qualitativer Vorrang gegenüber den in Deutschland angewandten Methoden gebührt (BSG, SozR 4-2500, § 18 Nr. 2 Rn. 9). Dabei kommt es auf den einzelnen Versicherten und das konkrete Krankheitsbild an. Ein qualitativer Vorrang der Auslandsbehandlung besteht daher auch, wenn die Behandlung im Inland zwar generell möglich ist, aber im konkreten Fall keinen individuellen Erfolg verspricht (BSG, SozR 3-2500, § 18 Nr. 1 S. 2) oder wegen mangelnder Kapazitäten und dadurch bedingter Wartezeiten nicht rechtzeitig erreichbar ist (BT-Drs. 11/2237, 166).

Vor der Inanspruchnahme muss der Versicherte schließlich einen **Antrag** stel- 6 len (§ 19 SGB IV), um der KK Gelegenheit zur Prüfung und Entscheidung zu geben (BSG, SozR 4-2500, § 18 Nr. 1 Rn. 8).

II. Anspruchsinhalt

Die KK hat nach § 18 Abs. 1 S. 1, Abs. 2 ein umfassendes **Entschließungs-** 7 **und Auswahlermessen.** Maßgebend sind insoweit nach den §§ 33, 39 SGB I die persönlichen Verhältnisse des Versicherten, sein Bedarf und seine Leistungsfähigkeit sowie die örtlichen Verhältnisse. Nach Abs. 2 kann die KK auch weitere Kosten übernehmen, also etwa Unterbringungs- und Verpflegungskosten, auch für eine erforderliche Begleitperson (vgl. § 11 Rn. 19). Auch Transportkosten können nach § 60 Abs. 4 S. 2 iVm. § 18 übernommen werden (§ 60 Rn. 27). Auch steht es im Ermessen der KK, ob sie Kosten erstattet oder die Leistung wie eine Sachleistung erbringt, indem sie den Versicherten von der Zahlung an den ausländischen Leistungserbringer freistellt (*Wagner,* Krauskopf, § 18 Rn. 7).

C. Auslandsaufenthalt ohne Möglichkeit privaten Versicherungsschutzes, Abs. 3

Abs. 3 enthält Ansprüche auf Kostenübernahme bei Auslandsaufenthalten, für 8 die Versicherte **keinen privaten Versicherungsschutz erlangen können.** Erfasst sind dabei zum einen vorübergehende Auslandsaufenthalte (Abs. 3 S. 1–3), zum anderen Aufenthalte zu Schul- und Studienzwecken, für die Abs. 3 S. 4 auf S. 1 und 3 verweist.

Der Kostenübernahmeanspruch nach Abs. 3 **setzt voraus:** 9

(1) Es muss sich um einen Aufenthalt im Ausland handeln, das unter § 18 fällt (Rn. 2). Dieser Aufenthalt darf grundsätzlich nur **vorübergehender** Natur sein (Abs. 3 S. 1). Bei Aufenthalten **zu Schul- oder Studienzwecken** ist der An-

spruch auf den für die Schul-/Hochschulausbildung erforderlichen Zeitraum (dazu *Noftz,* H/N, § 18 Rn. 43) beschränkt.

(2) Der Versicherte kann sich für diesen Auslandsaufenthalt **wegen einer Vorerkrankung oder wegen des Lebensalters nachweislich nicht privat versichern.** Der Versicherte kann sich auch dann nicht versichern, wenn eine Versicherungsprämie für den Versicherten ausnahmsweise untragbar ist (*Auktor,* H/K, § 18 Rn. 13; *Zipperer,* GKV-Komm, § 18 Rn. 10; aA. *Noftz,* H/N, § 18 Rn. 35; *Wagner,* Krauskopf, § 18 Rn. 11); andererseits liefe der Anspruch wegen der grundsätzlich immer möglichen Versicherung eines Krankheitsrisikos weitgehend leer. Andere Risiken, die den Versicherungsschutz ausschließen könnten, sind aber irrelevant (*Noftz,* H/N, § 18 Rn. 35).

(3) Die KK muss vor dem Auslandsaufenthalt informiert werden und **das Fehlen der Versicherungsmöglichkeit feststellen.**

(4) Eine **Behandlung** muss während des Auslandsaufenthaltes **unverzüglich erforderlich** sein.

(5) Der Versicherte darf sich nach Abs. 3 S. 3 **nicht zum Zwecke der Behandlung ins Ausland** begeben.

10 Der **Anspruchsinhalt** folgt für den vorübergehenden Aufenthalt aus Abs. 3 S. 2 und für den Aufenthalt zu Schul- und Studienzwecken aus Abs. 3 S. 4: Der Versicherte hat einen, in der **Höhe** (Inlandskosten) und bei vorübergehendem Aufenthalt iSv. Abs. 3 S. 1 auch **zeitlich beschränkten** (sechs Wochen), **Anspruch** auf Übernahme der Kosten für die Behandlung.

§ 19 Erlöschen des Leistungsanspruchs

(1) **Der Anspruch auf Leistungen erlischt mit dem Ende der Mitgliedschaft, soweit in diesem Gesetzbuch nichts Abweichendes bestimmt ist.**

(2) [1]**Endet die Mitgliedschaft Versicherungspflichtiger, besteht Anspruch auf Leistungen längstens für einen Monat nach dem Ende der Mitgliedschaft, solange keine Erwerbstätigkeit ausgeübt wird.** [2]**Eine Versicherung nach § 10 hat Vorrang vor dem Leistungsanspruch nach Satz 1.**

(3) **Endet die Mitgliedschaft durch Tod, erhalten die nach § 10 versicherten Angehörigen Leistungen längstens für einen Monat nach dem Tode des Mitglieds.**

Schrifttum: *J. Sinnigen,* Familienversicherung, SF-Medien Nr. 145 (2004), 77; *W. Volbes,* Zur Berechnung der Monatsfrist nach § 19 Abs. 2 und 3 SGB V, WzS 1996, 97.

A. Überblick

1 § 19 regelt das **Ende des Leistungsanspruchs** für alle Mitglieder (Abs. 1). Der **nachgehende Leistungsanspruch** für Versicherungspflichtige (Abs. 2) und Familienversicherte (Abs. 3) ermöglicht diesen, durch rechtzeitige Begründung eines neuen Versicherungsverhältnisses oder einer anderweitigen Absicherung im Krankheitsfall (vgl. § 5 Abs. 1 Nr. 13) einen nahtlosen Versicherungsschutz sicherzustellen. An die Mitgliedschaft **freiwillig Versicherter** schließt, sofern sie nicht durch Tod endet, regelmäßig ein anderweitiger Versicherungsschutz an (§§ 191, 5 Abs. 1 Nr. 13). Zu Konkurrenzen und zum Günstigkeitsprinzip vgl. *Höfler,* KK, § 19 Rn. 26 ff. mwN.

B. Grundregel, Abs. 1

Der Anspruch der **Mitglieder** und ihrer **familienversicherten Angehörigen** (§ 10; vgl. § 186 Rn. 2) endet vorbehaltlich Abs. 2 und 3 mit dem Ende der Mitgliedschaft. Auch für bereits eingetretene Versicherungsfälle sind ab diesem Zeitpunkt keine Leistungen mehr zu erbringen. Vgl. zur Leistungspflicht bei begonnenen Leistungen BSG, SozR 3-2500, § 19 Nr. 3 S. 12 (Zahnersatz), zum Fortbestehen der Leistungspflicht für rechtswidrig versagte Leistungen BSG, NZS 2004, 38/43. Abs. 1 ist auf **Statusänderungen** entsprechend anzuwenden (vgl. zur Umstufung eines freiwillig Versicherten in eine Versicherungsklasse ohne Anspruch auf Krankengeld BSG, SozR 4-2500, § 44 Nr. 2 Rn. 18, zum Kassenwechsel BSG, SozR 3-2500, § 19 Nr. 4 S. 18 f.). Da die Mitgliedschaft versicherter Rentenbezieher bei **Umzug in einen EU-Staat** nicht endet, bleibt auch deren Leistungsanspruch bestehen (BSG, SozR 4-2400, § 3 Nr. 2 Rn. 9 mit abl. Anm. *Bauer*, SGb 2006, 237 f.; *Bieback*, ZESAR 2006, 85 f.; zust. *Schiffner*, SGb 2006, 239 ff.).

Abweichende Bestimmungen iSd. Hs. 2 enthalten z. B. § 29 Abs. 3 S. 2 (Rückzahlung des Eigenanteils bei kieferorthopädischer Behandlung) und § 48 (Dauer des Krankengeldes; dazu näher *Höfler*, KK § 19 Rn. 8 ff.). Wegen des nachgehenden Leistungsanspruchs Versicherungspflichtiger nach Abs. 2 betrifft Abs. 1 im Ergebnis **nur freiwillig Versicherte**.

C. Nachgehender Leistungsanspruch für Versicherungspflichtige, Abs. 2

Dazu zählen auch **Rentenantragsteller** (§ 189). Ihre Formalversicherung unterscheidet sich nur beitragsrechtlich von der Pflichtversicherung der Rentenbezieher (BSG, SozR, Nr. 3 zu § 315 a RVO). Auf **freiwillig Versicherte** (§ 9) findet Abs. 2 keine Anwendung (BSG v. 26. 6. 2007, B 1 KR 19/06 R, Rn. 13).

Liegt nach dem Ende der Mitgliedschaft (§ 186) oder fortbestehenden Mitgliedschaft (§§ 192, 193) keine anderweitige Mitgliedschaft und keine **Familienversicherung** (S. 2; vgl. zum früheren Nachrang der Familienversicherung BSG, SozR 3-2500, § 19 Nr. 5 S. 24) vor, besteht der Leistungsanspruch für die Dauer eines Monats (zur Berechnung s. § 26 SGB X und *Höfler*, KK, § 19 Rn. 34 ff.) fort, solange **keine Erwerbstätigkeit** ausgeübt wird (S. 1). Ob die Erwerbstätigkeit wegen Geringfügigkeit (aA. *Höfler*, KK, § 19 Rn. 37), Versicherungsfreiheit, Befreiung von der Versicherungspflicht oder als selbstständige Tätigkeit keine Mitgliedschaft vermittelt, ist unerheblich. Endet die Erwerbstätigkeit vor Ablauf der Monatsfrist, besteht für die restlichen Tage erneut ein Leistungsanspruch (ebenso *Höfler*, KK, § 19 Rn. 38).

Besteht nach Ablauf der Monatsfrist kein anderweitiger Anspruch auf Absicherung im Krankheitsfall, wird der nachgehende Leistungsanspruch durch eine (rückwirkende) **Versicherungspflicht nach § 5 Abs. 1 Nr. 13** verdrängt (s. § 5 Abs. 8 a S. 4).

D. Nachgehender Leistungsanspruch für Familienversicherte, Abs. 2

Neben dem Mitglied selbst haben auch dessen **familienversicherte Angehörige** während der Frist des Abs. 2 weiterhin Anspruch auf Leistungen, solange die Voraussetzungen des § 10 (z. B. Einhaltung der Alters- und Einkommensgrenzen) erfüllt sind. Die Familienversicherung muss bereits bei Ende der Mitgliedschaft bestanden haben, da ab diesem Zeitpunkt keine sie (erstmals oder erneut) begründende Stammversicherung mehr vorliegt. Der Leistungsanspruch besteht auch für **Versicherungsfälle,** die erst innerhalb der Monatsfrist eintreten.

E. Nachgehender Leistungsanspruch für familienversicherte Hinterbliebene, Abs. 3

8 Die Regelung ergänzt Abs. 2 für den Fall, dass die **Mitgliedschaft des Stammversicherten** durch **Tod** endet (§§ 190 Abs. 1, 191 Nr. 1). Sie umfasst auch die von einem freiwillig Versicherten (§ 9) oder Formalversicherten (§ 189) abgeleitete **Familienversicherung.** Der Leistungsanspruch familienversicherter Angehöriger besteht ebenfalls für die Dauer eines Monats fort, solange die weiteren Voraussetzungen der Familienversicherung erfüllt sind (vgl. Rn. 7).

Dritter Abschnitt. Leistungen zur Verhütung von Krankheiten, betriebliche Gesundheitsförderung und Prävention arbeitsbedingter Gesundheitsgefahren, Förderung der Selbsthilfe

§ 20 Prävention und Selbsthilfe

(1) [1]Die Krankenkasse soll in der Satzung Leistungen zur primären Prävention vorsehen, die die in den Sätzen 2 und 3 genannten Anforderungen erfüllen. Leistungen zur Primärprävention sollen den allgemeinen Gesundheitszustand verbessern und insbesondere einen Beitrag zur Verminderung sozial bedingter Ungleichheit von Gesundheitschancen erbringen. [2]Der Spitzenverband Bund der Krankenkassen beschließt gemeinsam und einheitlich unter Einbeziehung unabhängigen Sachverstandes prioritäre Handlungsfelder und Kriterien für Leistungen nach Satz 1, insbesondere hinsichtlich Bedarf, Zielgruppen, Zugangswesen, Inhalten und Methodik.

(2) **Die Ausgaben der Krankenkassen für die Wahrnehmung ihrer Aufgaben nach Absatz 1 und nach den §§ 20 a und 20 b sollen insgesamt im Jahr 2006 für jeden ihrer Versicherten einen Betrag von 2,74 Euro umfassen; sie sind in den Folgejahren entsprechend der prozentualen Veränderung der monatlichen Bezugsgröße nach § 18 Abs. 1 des Vierten Buches anzupassen.**

Schrifttum: *U. Becker,* Prävention in Recht und Politik der Europäischen Gemeinschaften, ZSR 2003, 355; *K.-J. Bieback,* Gesundheitsförderung, Herausforderung des § 20 SGB V, DOK 1990, 77; *ders.,* Prävention als Prinzip und Anspruch im Sozialrecht, ZSR 2003, 403; *T. Faltermeier,* Gesundheitsbildung als präventives Handlungsfeld für Kinder, Jugendliche und Erwachsene, ZSR 2003, 507; *A. Forster,* Umsetzung der Primärprävention im Spannungsfeld von Recht und Wirklichkeit, ZSR 2003, 520; *F. Lehmann/M. Meyer-Nürnberger,* Gesundheitsförderung bei sozial Benachteiligten, Ersk. 2006, 24; *B. Metzinger,* Sport auf Kassenrezept?, KrV 2006, 167; *A. Mielck,* Sozial bedingte Ungleichheit von Gesundheitschancen, ZSR 2003, 370; *R. Rosenbrock,* Prävention und Gesundheitsförderung als Elemente des Gesundheitswesens, ZSR 2003, 342; *ders.,* Der neue § 20 SGB V als Gestaltungsherausforderung für die Selbstverwaltung der GKV, BKK 2001, 22; *Schneider,* Gesundheitsförderung, Krankheitsverhütung und Früherkennung, HS-KV, § 21; *O. Seewald,* Prävention durch Krankenkassen nach dem SGB V, DOK 1998, 316; *Voß,* Gesundheitsförderung in der Sozialversicherung, SDSRV 42 (1997), 51.

3. Kapitel. 3. Abschnitt **§ 20**

Inhaltsübersicht

	Rn.
A. Überblick	1
B. Gesetzgebung	2
C. Normzweck	3
D. Leistungen zur primären Prävention	6
I. Begriff und Ziele	6
1. Primäre Prävention	6
2. Sozial bedingte Ungleichheit von Gesundheitschancen	8
II. Pflicht der Krankenkassen	11
III. Leistungen	12
IV. Leistungserbringung	13
E. Prioritäre Handlungsfelder	14
F. Kosten	16

A. Überblick

§ 20 enthält Pflichten der KKen und ihrer Verbände zur Bereitstellung, zur Koordination und zu den Zielen **primärer Prävention**. Die in der Überschrift genannte **Selbsthilfe** wird im Wesentlichen nach § 20 c gefördert. — 1

B. Gesetzgebung

Krankheitsverhütung war schon in §§ 187, 364 Abs. 1 Nr. 1 RVO geregelt. — 2
Mit dem GRG wurde sie als **Gesundheitsförderung** in § 20 geregelt und ausgeweitet (vgl. auch BT-Drs. 11/3267, 1/13/48 ff./57 ff.; *Bieback,* DOK 1990, 77). Die Norm wurde durch das GSG um die **Selbsthilfeförderung** (jetzt § 20 c) ergänzt. Durch das BEntlG 1996 wurde sie auf die betrieblichen Leistungen und Schutzimpfungen eingeschränkt und der Begriff der Gesundheitsförderung wurde gestrichen. Durch das GKV-GRG 2000 wurde die Norm wieder erweitert, jetzt unter der Überschrift **Prävention** neu gefasst. Das eigenständige **Präventionsgesetz** (Gesetz zur Stärkung der gesundheitlichen Prävention) ist bislang nicht zustande gekommen (Entwurf: BT-Drs. 15/4833, 1). Mit dem GKV-WSG wurden bisherige Inhalte von § 20 in den §§ 20 a–d geregelt und einige Regelungen dieses Präventionsgesetzes (vgl. BT-Drs. 15/4833, 16/53 ff.) aufgegriffen. Die Verpflichtung des Spitzenverbandes Bund in § 20 Abs. 1 S. 3 (ab 1. 7. 2008) lag zuvor seit 1. 1. 2000 bei den Spitzenverbänden einheitlich und gemeinsam.

C. Normzweck

Prävention soll Lebensqualität verbessern, Krankheits- und Krankheitsfolgekosten senken (BT-Drs. 15/4833, 24). § 20 konkretisiert die Aufgabe, die Gesundheit der Versicherten zu erhalten, wiederherzustellen oder ihren Gesundheitszustand zu bessern (§ 1 S. 1). Die Versicherten sind für ihre Gesundheit mitverantwortlich (§ 1 S. 2). Der rechtlichen Einbindung dieser Verantwortung (vgl. §§ 51, 52; §§ 62, 63 SGB I) entspricht, dass die KKen den Versicherten schon vor Eintritt einer Krankheit durch Aufklärung, Beratung und Leistungen helfen und auf gesunde Lebensverhältnisse hinwirken (§ 1 S. 3). — 3

Alle Rehabilitationsträger (§ 3 SGB IX) und namentlich die Unfallversicherung (§§ 14 ff. SGB VII) sowie der landesrechtlich geregelte öffentliche Gesundheitsdienst, die Gemeinden und Kreise betreiben gesundheitliche Prävention.

§ 20 Prävention und Selbsthilfe

4   Die Bundesrepublik Deutschland ist den Grundsätzen der **Ottawa-Charta der Weltgesundheitsorganisation (WHO)** (DOK 1988, 117) verpflichtet. Danach ist Gesundheitsförderung als ein Prozess zu verstehen, in dessen Verlauf Menschen in zunehmendem Maße befähigt werden, ihre gesundheitliche Situation selbst zu bestimmen und zu verbessern.

5   Die Vertragsparteien der **Europäischen Sozialcharta** haben sich in Art. 11 ESC zu geeigneten Maßnahmen verpflichtet, die Ursachen von Gesundheitsschäden zu beseitigen, Beratungs- und Schulungsmöglichkeiten zur Verbesserung der Gesundheit zu schaffen und soweit wie möglich Krankheiten vorzubeugen. Das Recht jeder Person auf Zugang zur Gesundheitsvorsorge wird in Art. 35 der **Charta der Grundrechte der EU** geschützt. Im Bereich der Gesundheitsvorsorge ergänzt die Tätigkeit der **Europäischen Gemeinschaft** die Politik der Mitgliedstaaten und fördert deren Zusammenarbeit (Art. 152 EGV; vgl. *Becker*, ZSR 2003, 355).

D. Leistungen zur primären Prävention

I. Begriff und Ziele

1. Primäre Prävention

6   **Gesundheitliche Prävention** ist ein Oberbegriff für vorbeugende Maßnahmen zur Erhaltung der Gesundheit und Verhütung von Krankheit, Behinderung, Erwerbsminderung und Pflegebedürftigkeit. Sie kann unterteilt werden in **Gesundheitsförderung,** die allgemein gesundheitsförderliche Lebensbedingungen, Fähigkeiten, Strukturen und Kontextfaktoren schafft und dabei nicht zwingend am Individuum ansetzt, **primäre Prävention,** die individuell an Risikofaktoren ansetzt, **sekundäre Prävention,** die auf eine möglichst frühzeitige Erkennung und Behandlung konkret drohender Krankheiten abzielt und **tertiäre Prävention,** um Verschlimmerung, Folgeschäden für Gesundheit und Teilhabe und Rückfälle aus bereits bestehenden, oft chronischen Krankheiten abzuwenden oder zu mildern (vgl. BT-Drs. 15/4833, 4/29 f.; *Rosenbrock*, ZSR 2003, 342). Tertiäre Prävention überschneidet sich stark mit **Rehabilitation.**

7   Indem als allgemeines Ziel der Leistungen zur Primärprävention formuliert wird, den **allgemeinen Gesundheitszustand zu verbessern,** wird in § 20 Abs. 1 S. 2 deutlich, dass diese einen Überschneidungsbereich mit Gesundheitsförderung hat und von dieser nicht strikt abgegrenzt werden soll. Der Entwurf zum Präventionsgesetz hatte in diesen Kontext die Begriffe **Verhaltensprävention** (§ 15 PrävG; BT-Drs. 15/4833, 37) und **Prävention und Gesundheitsförderung in Lebenswelten** (§ 17 PrävG; BT-Drs. 15/4833, 37) gestellt.

2. Sozial bedingte Ungleichheit von Gesundheitschancen

8   Als besonderes Ziel der primären Prävention wird genannt, die **sozial bedingte Ungleichheit von Gesundheitschancen zu vermindern.** Damit ist ein bedeutender gesundheitlicher Risikofaktor vom Gesetz besonders herausgehoben. Ungleichheit von Einkommen, Vermögen, Arbeits-, Wohn-, Ernährungs- und Lebensbedingungen und der ungleiche Zugang zu Bildung, Informationen und sozialen Netzwerken führen zu ungleichen Gesundheitschancen, höherer Krankheits- und niedrigerer Lebenserwartung, die oft schon in Kindheit und Jugend angelegt werden (BT-Drs. 50/5015, 111; *Mielck*, ZSR 2003, 370).

Aktivitäten der Gesundheitsförderung und Primärprävention werden vor allem 9
von Personen in Anspruch genommen, die in einer bereits privilegierten sozialen
Situation besonderes Augenmerk auf eine gesunde Lebensweise legen. Sozial Benachteiligte nehmen diese Leistungen zu selten in Anspruch. Dem sollen die KKen durch veränderte und gezielte Angebote entgegenwirken.

Der **Kassenwettbewerb** führt dazu, dass KKen sich vor allem um gesunde 10
und wohlhabende Versicherte bemühen. Eine einzelne KK würde sich im Wettbewerb ruinieren, wenn sie ihre Angebote auf soziale und gesundheitliche Risikogruppen ausrichtet. Dies hat bisher dazu geführt, dass viele KKen primäre Prävention eher nach Wettbewerbs- und Marketinggesichtspunkten angeboten haben (*Bieback*, ZSR 2003, 403/422; *Rosenbrock*, BKK 2001, 22/26). Dem soll die gesetzliche Zielbestimmung ebenso entgegenwirken wie die Pflicht zur Beachtung gemeinsamer Prioritäten. Sport für Gesunde soll nicht dazugehören (*Metzinger*, KrV 2006, 167/168).

II. Pflicht der Krankenkassen

Die KKen sind zu einer **Satzungsregelung** (§§ 194–197) verpflichtet (BT- 11
Drs. 14/1977, 160). Damit ist die Prävention ein wichtiges und verpflichtendes Arbeitsfeld der **Selbstverwaltung** (*Rosenbrock*, BKK 2001, 22). Das „soll" trägt lediglich der Abhängigkeit von äußeren Faktoren Rechnung, etwa der Einigung nach § 20 Abs. 1 S. 3. Nach § 195 Abs. 3 kann die **Aufsichtsbehörde** die erforderliche Satzungsänderung selbst vornehmen, wenn die KK einer Anordnung hierzu nicht nachkommt. Ob die Satzungsregelung mit den Vorgaben aus § 20 übereinstimmt, ist von der Aufsichtsbehörde bei der Genehmigung (§ 195 Abs. 1) zu prüfen. Ein **individueller Anspruch** auf Zugang zu den Leistungen der primären Prävention kann sich nur aus entsprechenden Satzungsnormen ergeben oder auf fehlerfreie – etwa gleichmäßige oder benachteiligungsfreie – Ermessensausübung gerichtet sein.

III. Leistungen

Die Leistungen nach § 20 sind nicht im Einzelnen bestimmt. Sie müssen von 12
den KKen nach Maßgabe der Kriterien des Spitzenverbandes in der Satzung und in deren Umsetzung durch die Verwaltung konkretisiert werden.

IV. Leistungserbringung

Die Leistungen nach § 20 erbringt die KK selbst oder durch andere. Sie unter- 13
liegen nicht dem Leistungserbringungsrecht des vierten Kapitels, soweit sie nicht als vertragsärztliche Leistungen in Gesamtverträge oder in Vertragsbeziehungen mit anderen Leistungserbringern einbezogen sind. § 140 gilt nicht.

E. Prioritäre Handlungsfelder

Seit 2000 waren die Spitzenverbände der KKen zur gemeinsamen und einheit- 14
lichen **Bestimmung prioritärer Handlungsfelder** der primären Prävention unter **Einbeziehung unabhängigen Sachverstands** verpflichtet. Diese Verpflichtung ist nun auf den Spitzenverband Bund übergegangen. Sie hat das Ziel, Wirksamkeit und Wirtschaftlichkeit und den anerkannten Stand der medizini-

schen Erkenntnisse (§§ 2, 12) für Präventionsleistungen zu sichern (BT-Drs. 14/ 1245, 62; 15/4833, 53).

15 Zuletzt war die Verpflichtung ausgefüllt durch das Papier „Gemeinsame und einheitliche Handlungsfelder und Kriterien der Spitzenverbände der KKen zur Umsetzung von § 20 Abs. 1 und 2 SGB V vom 21. Juni 2000 in der Fassung vom 12. September 2003".
Für die Zielgruppen und Zugangswege beschreibt das Papier den Setting-Ansatz und den individuellen Ansatz. Mit dem **Setting-Ansatz** sollen Zielgruppen erreicht werden, die sozial bedingt ungünstigere Gesundheitschancen aufweisen. Sie sollen am Arbeitsplatz und im Betrieb, in der Gemeinde, in der Familie, der Schule oder im Kindergarten erreicht werden. Dabei ist Kooperation mit Institutionen und dem öffentlichen Gesundheitsdienst erforderlich. Mit dem **individuellen Ansatz** sollen vor allem Personen erreicht werden, für die präventive Interventionen gegen Risikofaktoren für Herz-Kreislauf-Erkrankungen (Rauchen, Alkohol, Übergewicht, Bewegungsmangel, Dystress), Muskel- und Skeletterkrankungen (Übergewicht, Verletzungsanfälligkeit), Krebs (ballaststoffarme, fettreiche Ernährung, Rauchen), Asthma und Allergien wirksam sein können.

F. Kosten

16 Die von den KKen jährlich aufzuwendenden Beträge für die Aufgaben nach §§ 20–20 b sind durch § 20 Abs. 2 rechnerisch auf **2,74 € pro Versicherten** festgelegt und sind jährlich entsprechend § 18 Abs. 1 SGB IV anzupassen. Diese Begrenzung ist eine **Ober- und Untergrenze.** Der Wettbewerb soll um eine effektive und effiziente Prävention geführt werden, die eingesetzten Geldmittel und angestrebten Ziele sollen vergleichbar sein. Es soll verhindert werden, dass unter dem Titel Prävention am Gesetzeszweck vorbei Mitgliederwerbung betrieben wird oder dass Kassen zur Senkung des Beitrags primäre Prävention unterlassen.

17 **Verwaltungskosten** für die Planung primärer Prävention sind nicht mitzuzählen. Sind in der Satzung Ansprüche verankert, gehen diese der Kostenregelung in § 20 Abs. 2 vor. Die **Übertragungsregelung** in § 23 Abs. 8 ist entsprechend anzuwenden.

§ 20 a Betriebliche Gesundheitsförderung

(1) [1]**Die Krankenkassen erbringen Leistungen zur Gesundheitsförderung in Betrieben (betriebliche Gesundheitsförderung), um unter Beteiligung der Versicherten und der Verantwortlichen für den Betrieb die gesundheitliche Situation einschließlich ihrer Risiken und Potenziale zu erheben und Vorschläge zur Verbesserung der gesundheitlichen Situation sowie zur Stärkung der gesundheitlichen Ressourcen und Fähigkeiten zu entwickeln und deren Umsetzung zu unterstützen.** [2]**§ 20 Abs. 1 Satz 3 gilt entsprechend.**

(2) [1]**Bei der Wahrnehmung von Aufgaben nach Absatz 1 arbeiten die Krankenkassen mit dem zuständigen Unfallversicherungsträger zusammen.** [2]**Sie können Aufgaben nach Absatz 1 durch andere Krankenkassen, durch ihre Verbände oder durch zu diesem Zweck gebildete Arbeitsgemeinschaften (Beauftragte) mit deren Zustimmung wahrnehmen lassen und sollen bei der Aufgabenwahrnehmung mit anderen Krankenkassen zusammenarbeiten.** [3]**§ 88 Abs. 1 Satz 1 und Abs. 2 des Zehnten Buches und § 219 gelten entsprechend.**

3. Kapitel. 3. Abschnitt **§ 20a**

Schrifttum: *W. Bödeker,* Aufspüren arbeitsbedingter Erkrankungen mit Daten von Betriebskrankenkassen, AiB 2005, 29; *W. Bödeker/J. Wolters/U. Waschau,* Ein Kooperationsmodell zur Verhütung arbeitsbedingter Gesundheitsgefahren, BKK 2007, 144; *W. Heine,* Rehabilitation und Teilhabe – Blinder Fleck der Gesundheitsreformen?, ZSR-Sonderheft 2005, 151; *B. Höldke/L. Szych,* Entwicklung der Betrieblichen Gesundheitsförderung, SozSich. 2006, 230; *A. Hollederer,* Betriebliche Gesundheitsförderung in Deutschland – Ergebnisse des IAB-Betriebspanels, GesWes 2007, 63; *W. Kohte,* Die Verantwortung für Prävention im Arbeitsleben von Arbeitgebern, Rehabilitationsträgern und Integrationsamt, ZSR 2003, 443; *S. Mühlenbruch,* Betriebliche Gesundheitsförderung und Prävention als Gemeinschaftsaufgabe der Betrieblichen Akteure und der Sozialleistungsträger, ZSR-Sonderheft 2005, 87; *R. Müller/G. Marstedt,* Gesundheitsrisiken am Arbeitsplatz im Wandel der Arbeitsformen, ZSR-Sonderheft 2005, 338; *M. Niehaus,* Chancen und Barrieren der Teilhabe gesundheitlich beeinträchtigter und behinderter Menschen im Betrieb, ZSR-Sonderheft 2005, 73; *A. Schröer/R. Sochert,* Betriebliche Gesundheitsförderung in Deutschland, BKK 2005, 140; *F. Welti,* Das betriebliche Eingliederungsmanagement nach § 84 Abs. 2 SGB IX – sozial- und arbeitsrechtliche Aspekte, NZS 2006, 623.

A. Überblick

§ 20a regelt die Aufgaben der KKen bei der **Betrieblichen Gesundheitsförderung.** Hierzu gehören eigene Leistungen, die Analyse von Handlungsmöglichkeiten und die Kooperation mit Akteuren innerhalb und außerhalb der Betriebe. Die **Kooperationspflicht** (Abs. 2) soll diese Leistungen dem Wettbewerb entziehen. Die Maßnahmen können ein Beitrag zu **angemessenen Vorkehrungen** für behinderte Menschen (Art. 5 RL 2000/78 EG) sein. 1

B. Gesetzgebung

Ursprungsnorm war § 343 RVO. Danach war die Regelung in § 20 enthalten. § 20a wurde mit dem GKV-WSG zum 1. 4. 2007 in das SGB V aufgenommen (Begründung: BT-Drs. 16/3100, 98; 16/4247, 31) und inhaltlich erweitert, insbesondere durch Abs. 2. 2

C. Betriebliche Gesundheitsförderung

Betriebliche Gesundheitsförderung dient den Zielen aus § 20 Abs. 1 und muss insbesondere bei belastenden Arbeitsbedingungen einen Beitrag zur Verminderung sozialer Ungleichheit von Gesundheitschancen leisten. Sie umfasst auch **eigene Leistungen** der KKen (BT-Drs. 16/4247, 31). Die einzelnen KKen haben dies entsprechend § 20 Abs. 1 in der **Satzung** zu regeln. Die Kostenregelung in § 20 Abs. 2 gilt. Die von den KKen erhobenen Daten können im Rahmen von §§ 67 ff. SGB X genutzt werden (*Bödeker,* AiB 2005, 29). 3

D. Beteiligung der Versicherten und Verantwortlichen

Zur Beteiligung der Versicherten und Arbeitgeber können diese durch Satzungsregelung einen **Bonus** erhalten (§ 65a Abs. 2). Die betriebliche Gesundheitsförderung liegt in der primären Verantwortung der **Arbeitgeber.** Der **Betriebsrat** hat mitzubestimmen (§ 87 Abs. 1 Nr. 7 BetrVG). Die Beschäftigten haben ein **Vorschlags- und Beschwerderecht** (§ 17 ArbSchG). Soweit schwerbehinderte Menschen betroffen sind, hat die **Schwerbehindertenvertretung** eine Wach- und Initiativfunktion (§ 95 Abs. 1 S. 2 SGB IX). Gesundheitsförderung 4 kann Gegenstand einer **Integrationsvereinbarung** sein (§ 83 Abs. 2 a Nr. 5 SGB IX). Sie steht in einem Zusammenhang mit der Pflicht der Arbeitgeber zu einem **betrieblichen Eingliederungsmanagement** (§ 84 Abs. 2 SGB IX; dazu *Welti*, NZS 2006, 623) für alle Beschäftigten, die länger als sechs Wochen innerhalb eines Jahres ununterbrochen oder wiederholt arbeitsunfähig sind.

E. Kooperation der Krankenkassen mit den Unfallversicherungsträgern und weiteren Rehabilitationsträgern

5   Die KKen haben mit dem jeweils zuständigen **Unfallversicherungsträger** zusammenzuarbeiten, der für die Verhütung von Arbeitsunfällen, Berufskrankheiten und arbeitsbedingten Gesundheitsgefahren zuständig ist (§ 14 SGB VII). Zur **Prävention von Behinderung im Arbeitsleben** besteht eine Kooperationspflicht auch mit den Rentenversicherungsträgern, der Bundesagentur für Arbeit und den Trägern der Kriegsopferversorgung (§§ 3, 10, 11, 12, 13 Abs. 2 Nr. 8 und 9 SGB IX) sowie mit dem Integrationsamt (§ 101 SGB IX) und im Rahmen der **Gemeinsamen Servicestellen** (§ 22 Abs. 1 SGB IX).

F. Kooperation der Krankenkassen untereinander

6   Betriebliche Gesundheitsförderung soll nicht länger dadurch behindert und kompliziert werden, dass Versicherte verschiedener KKen betroffen sind. Daher sollen die Leistungen im Grundsatz **nur in Zusammenarbeit** mehrerer Kassen erbracht werden (BT-Drs. 16/3100, 98). Die KKen sind zudem auf die **gemeinsamen Prioritäten** nach § 20 Abs. 1 S. 3 verpflichtet („Setting Betrieb").

G. Arbeitsgemeinschaften

7   Die KKen sollen **Arbeitsgemeinschaften** (§ 219; § 94 Abs. 2 SGB X) bilden und können diese Arbeitsgemeinschaften oder andere KKen oder Kassenverbände mit den Aufgaben der betrieblichen Gesundheitsförderung beauftragen (§§ 88–92 SGB X). An diesen Arbeitsgemeinschaften können Leistungserbringer und der öffentliche Gesundheitsdienst (§ 219) sowie andere Träger der Sozialversicherung und die Bundesagentur für Arbeit (§ 94 Abs. 1 a SGB X) beteiligt sein. Sie können mit den regionalen Arbeitsgemeinschaften der Rehabilitationsträger (§ 12 Abs. 2 SGB IX) verknüpft werden.

§ 20b Prävention arbeitsbedingter Gesundheitsgefahren

(1) [1]**Die Krankenkassen unterstützen die Träger der gesetzlichen Unfallversicherung bei ihren Aufgaben zur Verhütung arbeitsbedingter Gesundheitsgefahren.** [2]**Insbesondere unterrichten sie diese über die Erkenntnisse, die sie über Zusammenhänge zwischen Erkrankungen und Arbeitsbedingungen gewonnen haben.** [3]**Ist anzunehmen, dass bei einem Versicherten eine berufsbedingte gesundheitliche Gefährdung oder eine Berufskrankheit vorliegt, hat die Krankenkasse dies unverzüglich den für den Arbeitsschutz zuständigen Stellen und dem Unfallversicherungsträger mitzuteilen.**

(2) [1]**Zur Wahrnehmung der Aufgaben nach Absatz 1 arbeiten die Krankenkassen eng mit den Trägern der gesetzlichen Unfallversicherung zusammen.** [2]**Dazu**

sollen sie und ihre Verbände insbesondere regionale Arbeitsgemeinschaften bilden. ³§ 88 Abs. 1 Satz 1 und Abs. 2 des Zehnten Buches und § 219 gelten entsprechend.

Schrifttum: vgl. § 20 a.

A. Überblick

§ 20 b regelt die allgemeine (Abs. 1 S. 1), auf Erkenntnisse bezogene (Abs. 1 S. 2) und auf den Versicherten bezogene (Abs. 1 S. 3) Pflicht der KKen zur Mitwirkung bei der Verhütung arbeitsbedingter Gesundheitsgefahren und statuiert eine Kooperationspflicht (Abs. 2). **1**

B. Gesetzgebung

Ursprungsnorm war § 343 RVO. Danach war die Prävention arbeitsbedingter Gesundheitsgefahren in § 20 Abs. 2 geregelt. § 20 b wurde mit dem GKV-WSG zum 1. 4. 2007 in das SGB V aufgenommen und um die allgemeine Hinwirkungspflicht in Abs. 1 S. 1 und um die Regelung in Abs. 2 erweitert (Begründung: BT-Drs. 16/3100, 98). **2**

C. Allgemeine Pflichten, Abs. 1 S. 1 und 2

In der gesundheitsförderlichen Gestaltung der Arbeitswelt liegt ein **wesentliches präventives Potenzial** (BT-Drs. 16/3100, 98). Die Verantwortung hierfür liegt primär bei den **Arbeitgebern** (§ 618 BGB; §§ 3, 4 ArbSchG; BT-Drs. 14/1245, 62). Sie werden dabei von den zuständigen Landesbehörden überwacht (§ 21 ArbschG) und von den Unfallversicherungsträgern unterstützt (§§ 14, 17 SGB VII). Die Erfüllung dieser Aufgaben können die KKen mit Maßnahmen der betrieblichen Gesundheitsförderung (§ 20 a) und insbesondere mit **Erkenntnissen über das Krankheitsgeschehen** (BT-Drs. 16/3100, 98; vgl. *Bödeker,* AiB 2005, 29) unterstützen, die aus der Auswertung der bescheinigten **Arbeitsunfähigkeit** (vgl. §§ 73 Abs. 2 Nr. 9, 91 Abs. 2 Nr. 7, 275 Abs. 1, 294 a), der **stufenweisen Wiedereingliederung** (§ 74; § 28 SGB IX), aus der Beratung der Versicherten und Leistungserbringer und anderen Erkenntnisquellen gewonnen werden. **3**

D. Versichertenbezogene Erkenntnisse

Die **Meldepflicht** nach § 20 b Abs. 1 S. 3 geht über die Abgrenzung der Leistungspflichten nach § 11 Abs. 5 zu **Berufskrankheiten** (§ 9 SGB VII) hinaus und umfasst auch alle Fälle, in denen die Leistungspflicht der KK und Hinweise auf **berufsbedingte gesundheitliche Gefährdungen** bestehen. Diese sind nach dem Arbeitsschutzgesetz zu beurteilen (vgl. BT-Drs. 16/3100, 98). In allen diesen Fällen hat die KK unverzüglich den zuständigen Unfallversicherungsträger und die zuständige Arbeitsschutzbehörde zu informieren. Die Pflicht nach Abs. 1 S. 3 ist versichertenbezogen, so dass ihre Verletzung eine Amtshaftung auslösen kann, wenn die gesundheitliche Gefährdung wegen der Säumigkeit der KK nicht abgestellt wurde. Die **Datenweitergabe** unterliegt § 67 d SGB X. **4**

Die KKen sind auch verpflichtet, bei jedem Leistungsfall einer betrieblichen Gesundheitsförderung und bei anderen Leistungen wegen oder unter Berücksich- **5** tigung einer Behinderung zu prüfen, ob ein **Rehabilitationsbedarf** besteht (§ 8 Abs. 1 SGB IX) und in diesem Fall den zuständigen Rehabilitationsträger einzuschalten (§ 14 Abs. 1 SGB IX).

E. Kooperationspflicht, Abs. 2

6   Die KKen sind verpflichtet, zur Gewinnung allgemeiner und individueller Erkenntnisse über betriebliche Gesundheitsgefahren miteinander zusammenzuarbeiten, um insbesondere einen Überblick über das betriebliche Krankheitsgeschehen zu erhalten. Sie sind weiter zu einer engen Kooperation mit den Unfallversicherungsträgern verpflichtet (wie auch umgekehrt, § 14 Abs. 2 SGB VII).

Die **Kooperationspflicht zur Bildung regionaler Arbeitsgemeinschaften** umfasst daher sowohl die KKen wie die Unfallversicherungsträger. Diese Arbeitsgemeinschaften sollen mit der Erfüllung von Pflichten nach § 20b Abs. 1 beauftragt werden (§ 88 SGB X). Für die **Arbeitsgemeinschaften** gelten § 219 und § 94 SGB X. Sie können zweckmäßig mit den nach § 20a Abs. 2 sowie mit den nach § 12 Abs. 2 SGB IX zu bildenden Arbeitsgemeinschaften verbunden werden. Die Mitarbeit weiterer Akteure – etwa der Rentenversicherungsträger – ist nicht ausgeschlossen. Werden private Akteure – etwa Leistungserbringer – nach § 219 in die Arbeitsgemeinschaften einbezogen, ist besonders auf Vorschriften des Datenschutzes zu achten.

§ 20 c Förderung der Selbsthilfe

(1) ¹Die Krankenkassen und ihre Verbände fördern Selbsthilfegruppen und -organisationen, die sich die gesundheitliche Prävention oder die Rehabilitation von Versicherten bei einer der im Verzeichnis nach Satz 2 aufgeführten Krankheiten zum Ziel gesetzt haben, sowie Selbsthilfekontaktstellen im Rahmen der Festlegungen des Absatzes 3. ²Der Spitzenverband Bund der Krankenkassen beschließt ein Verzeichnis der Krankheitsbilder, bei deren gesundheitlicher Prävention oder Rehabilitation eine Förderung zulässig ist; er hat die Kassenärztliche Bundesvereinigung und die Vertretungen der für die Wahrnehmung der Interessen der Selbsthilfe maßgeblichen Spitzenorganisationen zu beteiligen. ³Selbsthilfekontaktstellen müssen für eine Förderung ihrer gesundheitsbezogenen Arbeit themen-, bereichs- und indikationsgruppenübergreifend tätig sein.

(2) ¹Der Spitzenverband Bund der Krankenkassen beschließt Grundsätze zu den Inhalten der Förderung der Selbsthilfe und zur Verteilung der Fördermittel auf die verschiedenen Förderebenen und Förderbereiche. ²Die in Absatz 1 Satz 2 genannten Vertretungen der Selbsthilfe sind zu beteiligen. ³Die Förderung kann durch pauschale Zuschüsse und als Projektförderung erfolgen.

(3) ¹Die Ausgaben der Krankenkassen und ihrer Verbände für die Wahrnehmung der Aufgaben nach Absatz 1 Satz 1 sollen insgesamt im Jahr 2006 für jeden ihrer Versicherten einen Betrag von 0,55 Euro umfassen; sie sind in den Folgejahren entsprechend der prozentualen Veränderung der monatlichen Bezugsgröße nach § 18 Abs. 1 des Vierten Buches anzupassen. ²Für die Förderung auf der Landesebene und in den Regionen sind die Mittel entsprechend dem Wohnort der Versicherten aufzubringen. ³Mindestens 50 vom Hundert der in Satz 1 bestimmten Mittel sind für kassenartübergreifende Gemeinschaftsförderung aufzubringen. ⁴Über die Vergabe der Fördermittel aus der Gemeinschaftsförderung beschließen die Krankenkassen oder ihre Verbände auf den jeweiligen För-

derebenen gemeinsam nach Maßgabe der in Absatz 2 Satz 1 genannten Grundsätze und nach Beratung mit den zur Wahrnehmung der Interessen der Selbsthilfe jeweils maßgeblichen Vertretungen von Selbsthilfegruppen, -organisationen und -kontaktstellen. ⁵Erreicht eine Krankenkasse den in Satz 1 genannten Betrag der Förderung in einem Jahr nicht, hat sie die nicht verausgabten Fördermittel im Folgejahr zusätzlich für die Gemeinschaftsförderung zur Verfügung zu stellen.

Schrifttum: *B. Borgetto,* Selbsthilfe als bürgerschaftliches Engagement, ZSR 2003, 474; *K. Niederbühl,* Einflussnahme der pharmazeutischen und medizinischen Industrie auf die Selbsthilfe, Ersk. 2007, 69.

A. Überblick

Die Norm regelt das Verfahren der **Förderung von Selbsthilfegruppen, -organisationen, und -kontaktstellen** durch Krankenkassen und Krankenkassenverbände.   1

B. Gesetzgebung

Mit dem GSG wurde die Förderung der Selbsthilfe in § 20 Abs. 3 a erstmalig   2
geregelt, ab dem BEntlG mit einer Koordinationspflicht in § 20 Abs. 3, ab dem GKV-GRG 2000 in § 20 Abs. 4, zuletzt seit 1. 4. 2007 in Abs. 3. § 20 c wurde mit dem GKV-WSG in das SGB V aufgenommen, zur Förderverpflichtung und insbesondere um den Inhalt von § 20 c Abs. 3 S. 2–5 zur kassenartübergreifenden wohnortbezogenen Förderung erweitert und trat zum 1. 1. 2008 in Kraft (Begründung BT-Drs. 16/3100, 98).

C. Begriffe

Selbsthilfe ist die Aktivität von Personen, die von einer Gefährdung der Gesundheit oder Teilhabe selbst oder als Angehörige betroffen sind. **Selbsthilfegruppen und -organisationen** sind Zusammenschlüsse der gemeinschaftlichen und gesellschaftlichen Selbsthilfe außerhalb der Familie. **Selbsthilfekontaktstellen** sind meist professionelle Beratungseinrichtungen, die für Gruppen und Organisationen Dienste leisten und auf die Unterstützung von Selbsthilfe abzielen. Nach Abs. 1 S. 3 müssen sie **themen-, bereichs- und indikationsgruppenübergreifend** tätig sein.   3

D. Verzeichnis der Krankheitsbilder

Der Spitzenverband Bund muss ein **Verzeichnis von Krankheitsbildern** aufstellen, bei deren Prävention oder Rehabilitation eine Förderung möglich ist (Abs. 1 S. 2). Bisher gilt ein von den Spitzenverbänden aufgestelltes Verzeichnis vom 14. 2. 1997, in dem Erkrankungen von Herz-Kreislauf, Muskel-Skelett, der Verdauungsorgane, der Leber, der Haut, des Nervensystems, des Blutes und Immunsystems, der Sinnesorgane, der Ernährung und des Stoffwechsels, Tumore, Allergien und Asthma, Sucht, Hirnschäden, Infektionskrankheiten, psychische Krankheiten, angeborene Fehlbildungen, Deformitäten und Behinderungen sowie Organtransplantationen genannt sind. Die Spitzenverbände selbst bezeichneten die Liste als exemplarisch. Die Orientierung an Krankheitsbildern erscheint   4

§ 20 c

für eine auch an Rehabilitation und Teilhabe zu orientierende Selbsthilfeförderung insgesamt unpassend.

5 Bei der Aufstellung eines künftigen Verzeichnisses sind die **Kassenärztliche Bundesvereinigung** und die Vertretungen der für die Wahrnehmung der Interessen der Selbsthilfe maßgeblichen **Spitzenorganisationen** zu beteiligen. Als solche gelten nach Auffassung der Krankenkassen die BAG Selbsthilfe, der DPWV, die Deutsche Arbeitsgemeinschaft Selbsthilfegruppen und die Deutsche Hauptstelle für Suchtfragen.

E. Grundsätze der Förderung

6 Der Spitzenverband Bund beschließt **Grundsätze der Förderung** (Abs. 2). Bislang gelten die gemeinsamen und einheitlichen Grundsätze der Spitzenverbände zur Förderung der Selbsthilfe in der Fassung vom 11. 5. 2006. Darin ist festgehalten, dass Selbsthilfegruppen und -organisationen nicht auf **materielle Gewinnerzielung** ausgerichtet sein dürfen. Bundesorganisationen der Selbsthilfe werden vom Spitzenverband, Landesorganisationen und Selbsthilfekontaktstellen von den landesweiten Krankenkassen, Landesverbänden und Landesgeschäftsstellen und örtliche Selbsthilfegruppen von den regionalen Geschäftsstellen gefördert.

7 Als **Voraussetzungen der Förderung** gelten die Bereitschaft zur Kooperation mit den Krankenkassen, die Interessenwahrnehmung durch Betroffene, die Offenheit für neue Mitglieder, die neutrale Ausrichtung und Unabhängigkeit von wirtschaftlichen Interessen (vgl. *Niederbühl,* Ersk. 2007, 69/69) und die wirtschaftliche Transparenz. Auf Bundesebene wird die Rechtsform des e.V. verlangt. Ausgeschlossen sind nach Auffassung der Krankenkassen Wohlfahrtsverbände, Sozialverbände, Verbraucherverbände, Stiftungen, Hospizdienste, Patientenberatungsstellen, krankheitsspezifische Beratungsstellen, sowie von Professionellen geleitete Gruppen. Zum Teil dienen diese Voraussetzungen der Abgrenzung zu anderen Leistungen und Fördertatbeständen. Ob sie im Einzelfall von der Ermächtigung in § 20 c Abs. 2 gedeckt sind oder willkürlich Teile der Selbsthilfe ausschließen, könnte gerichtlich überprüft werden. Ein Grund für den Ausschluss von Selbsthilfe im Rahmen anderer Verbände, insbesondere der freien Wohlfahrtspflege, ist nicht ersichtlich (vgl. § 17 Abs. 3 S. 1 SGB I).

8 **Adressaten** sind ausschließlich die Selbsthilfegruppen, -organisationen und -kontaktstellen, nicht die einzelnen Versicherten. Die Förderung kann durch **pauschale Zuschüsse** erfolgen (Abs. 2 S. 3). Diese dienen dem allgemeinen Finanzbedarf und sind im Regelfall keine Vollfinanzierung. Letzteres gilt nicht für **projektbezogene** Finanzierung. Es können Anträge bei den Krankenkassen und deren Verbänden gestellt werden. Widerspruch und Klage sind möglich. Es besteht **kein Anspruch auf Förderung** (BT-Drs. 16/3100, 98), aber auf ermessensfehlerfreie Entscheidung. Die Förderung der Selbsthilfeorganisationen auf Landes- und Bundesebene soll auch deren funktionale Repräsentanz etwa im G-BA (§ 140 f) ermöglichen (BT-Drs. 16/3100, 98).

F. Umfang der Förderung

9 Die Förderung jeder Krankenkasse soll rechnerisch **0,55 € jährlich** für jeden Versicherten umfassen (Abs. 3 S. 1). Dieser Betrag wird angepasst. Es handelt sich um eine **Untergrenze** und **Obergrenze**. Wird diese nicht erreicht, fließt der

Restbetrag im Folgejahr in den Gemeinschaftsfonds (Abs. 3 S. 5). Wird sie überschritten, ist § 23 Abs. 8 entsprechend anzuwenden.

G. Regionalbezug

Die Förderung auf der Landesebene und in den Regionen ist von den einzelnen Kassen entsprechend dem **Wohnort der Versicherten** aufzubringen. Hierzu wird die Statistik KM6 zu Grunde gelegt (BT-Drs. 16/3100, 99). 10

H. Gemeinschaftsförderung

Mit dem GKV-WSG sind die Kassen zur **Gemeinschaftsförderung** in Höhe von mindestens 50 % der gesamten Fördermittel verpflichtet worden (Abs. 3 S. 3 und 4; vgl. § 4 Abs. 3). Diese Förderung wird kassenartübergreifend und landesweit oder regional ausgestaltet. Ziel ist es, den Selbsthilfegruppen einen einheitlichen Ansprechpartner zu schaffen (BT-Drs. 16/3100, 99) und die Selbsthilfeförderung dem Wettbewerb zu entziehen. Die Gemeinschaftsförderung kann über Gemeinschaftsfonds oder durch koordiniertes Handeln der Kassen erfolgen („virtuelle Fonds", BT-Drs. 16/3100, 99). Bei der Mittelvergabe ist der Rat der regionalen Interessenvertretungen der Selbsthilfe einzuholen (Abs. 3 S. 4). Kassen, die den Förderbetrag nicht ausschöpfen, zahlen den Restbetrag im folgenden Jahr für die Gemeinschaftsförderung (Abs. 3 S. 5). 11

Selbsthilfeförderung erfolgt auch durch die Unfallversicherung und Rentenversicherung als **Träger der medizinischen Rehabilitation** (§ 29 SGB IX). Sie ist geregelt in der Gemeinsamen Empfehlung zur Förderung der Selbsthilfe gemäß § 13 Abs. 2 Nr. 6 SGB IX vom 22. 3. 2004. Die Träger der Sozialhilfe und der Jugendhilfe sollen sich daran orientieren (§ 13 Abs. 5 S. 2 SGB IX). 12

§ 20 d Primäre Prävention durch Schutzimpfungen

(1) [1]**Versicherte haben Anspruch auf Leistungen für Schutzimpfungen im Sinne des § 2 Nr. 9 des Infektionsschutzgesetzes.** [2]**Ausgenommen sind Schutzimpfungen, die wegen eines durch einen nicht beruflichen Auslandsaufenthalt erhöhten Gesundheitsrisikos indiziert sind, es sei denn, dass zum Schutz der öffentlichen Gesundheit ein besonderes Interesse daran besteht, der Einschleppung einer übertragbaren Krankheit in die Bundesrepublik Deutschland vorzubeugen.** [3]**Einzelheiten zu Voraussetzungen, Art und Umfang der Leistungen bestimmt der Gemeinsame Bundesausschuss in Richtlinien nach § 92 auf der Grundlage der Empfehlungen der Ständigen Impfkommission beim Robert Koch-Institut gemäß § 20 Abs. 2 des Infektionsschutzgesetzes unter besonderer Berücksichtigung der Bedeutung der Schutzimpfungen für die öffentliche Gesundheit.** [4]**Abweichungen von den Empfehlungen der Ständigen Impfkommission sind besonders zu begründen.** [5]**Bei der erstmaligen Entscheidung nach Satz 3 muss der Gemeinsame Bundesausschuss zu allen zu diesem Zeitpunkt geltenden Empfehlungen der Ständigen Impfkommission einen Beschluss fassen.** [6]**Die erste Entscheidung soll bis zum 30. Juni 2007 getroffen werden.** [7]**Zu Änderungen der Empfehlungen der Ständigen Impfkommission hat der Gemeinsame Bundesausschuss innerhalb von drei Monaten nach ihrer Veröffentlichung eine Entscheidung zu treffen.** [8]**Kommt eine Entscheidung nach den Sätzen 5 bis 7 nicht termin- oder fristgemäß zustande, dürfen insoweit die von der**

§ 20 d

Ständigen Impfkommission empfohlenen Schutzimpfungen mit Ausnahme von Schutzimpfungen nach Satz 2 erbracht werden, bis die Richtlinie vorliegt.

(2) Die Krankenkasse kann in ihrer Satzung weitere Schutzimpfungen vorsehen. Bis zum Vorliegen einer Richtlinie nach Absatz 1 Satz 5 gelten die bisherigen Satzungsregelungen zu Schutzimpfungen fort.

(3) ¹Die Krankenkassen haben außerdem im Zusammenwirken mit den Behörden der Länder, die für die Durchführung von Schutzimpfungen nach dem Infektionsschutzgesetz zuständig sind, unbeschadet der Aufgaben anderer, gemeinsam und einheitlich Schutzimpfungen ihrer Versicherten zu fördern und sich durch Erstattung der Sachkosten an den Kosten der Durchführung zu beteiligen. ²Zur Durchführung der Maßnahmen und zur Erstattung der Sachkosten schließen die Landesverbände der Krankenkassen und die Verbände der Ersatzkassen des Landes gemeinsam Rahmenvereinbarungen mit den in den Ländern dafür zuständigen Stellen.

A. Überblick

1   Die Norm regelt den **Anspruch auf Schutzimpfungen** (Abs. 1 S. 1, 2), seine Konkretisierung durch den G-BA (Abs. 1 S. 1–8), zusätzliche **Satzungsregelungen** (Abs. 2) und eine **Förderverpflichtung** der Krankenkassen (Abs. 3). Die **Leistungserbringung** ist in § 132 e geregelt.

B. Gesetzgebung

2   Schutzimpfungen waren Gegenstand der allgemeinen Krankheitsverhütungsleistungen in §§ 187, 364 RVO/§ 20. Durch das BEntlG wurden sie als Satzungsleistungen ausgestaltet und mit dem GKV-GRG 2000 in § 23 Abs. 9 geregelt. Durch das GKV-WSG wurde § 20 d zum 1. 4. 2007 in das SGB V aufgenommen (Begründung: BT-Drs. 16/3100, 100; 16/4247, 31).

C. Anspruch auf Schutzimpfungen

3   **Schutzimpfung** ist die Gabe eines Impfstoffs, mit dem Ziel, vor einer übertragbaren Krankheit zu schützen (§ 2 Nr. 9 IfSG). Auf Schutzimpfungen besteht für Versicherte ein Anspruch nach Maßgabe von Abs. 1. Ziel ist der individuelle und kollektive Schutz vor Infektionskrankheiten und ihren Folgen (BT-Drs. 16/3100, 100).

D. Konkretisierung durch G-BA

4   Der G-BA konkretisiert den Anspruch in einer **Schutzimpfungs-Richtlinie (SiR)** (§ 92 Abs. 1 S. 2 Nr. 15). Grundlage hierfür sind die Empfehlungen der **Ständigen Impfkommission (STIKO)** beim Robert-Koch-Institut (§ 20 Abs. 2 IfSG). **Abweichungen** von diesen Empfehlungen hat der G-BA besonders zu begründen und dabei den Nutzen für die öffentliche Gesundheit und die Kriterien nach § 92 Abs. 1 S. 1 zu beachten. Hierüber wacht das Bundesministerium für Gesundheit (§ 94). Der Entwurf einer SiR vom 21. 6. 2007 liegt vor. Ausgenommen sind darin Schutzimpfungen, für die vorrangig der **Arbeitgeber** nach § 15 a Abs. 3 S. 2 BioStoffV verantwortlich ist.

E. Ausnahme für Reiseschutzimpfungen, Abs. 1 S. 2

Seit dem GSG dürfen die Kassen Leistungen zur Verhütung von Krankheiten während eines **nicht beruflich bedingten Auslandsaufenthalts** nicht mehr übernehmen, weil der Gesetzgeber diese Kosten dem privaten Risiko zuordnet (BT-Drs. 12/3608, 77). Schutzimpfungen bei **beruflich bedingten Auslandsaufenthalten** müssen nach Maßgabe von Abs. 1 und 2 übernommen werden. Dies gilt auch für Familienangehörige, die an einem beruflich bedingten Auslandsaufenthalt teilnehmen.

Soweit sich Versicherte in anderen Ländern der Europäischen Gemeinschaft aufhalten, ist fraglich, ob die Leistungsbegrenzung mit **Europäischem Recht** vereinbar ist. Die **Freizügigkeit der Unionsbürgerinnen und Unionsbürger** ist auch über beruflich bedingte Reisen hinaus auch gegen mittelbare Beeinträchtigungen geschützt (Art. 12, 17, 18 EGV). Jedenfalls müsste Impfschutz gegeben werden, wenn er für einen in Deutschland arbeitenden Unionsbürger zur Reise in sein Herkunftsland empfohlen ist.

F. Satzungsregelungen, Abs. 2

Die Krankenkassen können weitere als die in Abs. 1 festgelegten Schutzimpfungen in ihrer Satzung (§§ 194–197) vorsehen. Dies können nach Abs. 1 S. 2 ausgeschlossene und weitere, etwa regional sinnvolle Impfungen sein.

G. Förderpflicht

Die Länder regeln die Zuständigkeit des **Öffentlichen Gesundheitsdienstes** für die Aufgaben nach dem IfSG durch Landesrecht. Die Krankenkassen sind verpflichtet, mit den zuständigen Behörden zusammenzuwirken und hierzu einheitlich und gemeinsam durch ihre Landesverbände (§ 207) und die Verbände der Ersatzkassen mit den zuständigen Stellen **Rahmenvereinbarungen** zu schließen. Ziel ist, den Impfschutz der Bevölkerung durch **aufsuchendes Impfen** z. B. in Schulen, Kindergärten und Senioreneinrichtungen zu verbessern. Die Krankenkassen sollen dabei die Sachkosten, der öffentliche Gesundheitsdienst soll die Personalkosten übernehmen (BT-Drs. 16/3100, 100).

§ 21 Verhütung von Zahnerkrankungen (Gruppenprophylaxe)

(1) ¹**Die Krankenkassen haben im Zusammenwirken mit den Zahnärzten und den für die Zahngesundheitspflege in den Ländern zuständigen Stellen unbeschadet der Aufgaben anderer gemeinsam und einheitlich Maßnahmen zur Erkennung und Verhütung von Zahnerkrankungen ihrer Versicherten, die das zwölfte Lebensjahr noch nicht vollendet haben, zu fördern und sich an den Kosten der Durchführung zu beteiligen.** ²Sie haben auf flächendeckende Maßnahmen hinzuwirken. ³In Schulen und Behinderteneinrichtungen, in denen das durchschnittliche Kariesrisiko der Schüler überproportional hoch ist, werden die Maßnahmen bis zum 16. Lebensjahr durchgeführt. ⁴Die Maßnahmen sollen vorrangig in Gruppen, insbesondere in Kindergärten und Schulen, durchgeführt werden; sie sollen sich insbesondere auf die Untersuchung der Mundhöhle, Erhebung des Zahnstatus, Zahnschmelzhärtung, Ernährungsberatung und

§ 21 Verhütung von Zahnerkrankungen (Gruppenprophylaxe)

Mundhygiene erstrecken. ⁵Für Kinder mit besonders hohem Kariesrisiko sind spezifische Programme zu entwickeln.

(2) ¹Zur Durchführung der Maßnahmen nach Absatz 1 schließen die Landesverbände der Krankenkassen und die Verbände der Ersatzkassen mit den zuständigen Stellen nach Absatz 1 Satz 1 gemeinsame Rahmenvereinbarungen. ²Der Spitzenverband Bund der Krankenkassen hat bundeseinheitliche Rahmenempfehlungen insbesondere über Inhalt, Finanzierung, nicht versichertenbezogene Dokumentation und Kontrolle zu beschließen.

(3) Kommt eine gemeinsame Rahmenvereinbarung nach Absatz 2 Satz 1 nicht bis zum 30. Juni 1993 zustande, werden Inhalt, Finanzierung, nicht versichertenbezogene Dokumentation und Kontrolle unter Berücksichtigung der bundeseinheitlichen Rahmenempfehlungen des Spitzenverbandes Bund der Krankenkassen durch Rechtsverordnung der Landesregierung bestimmt.

Schrifttum: *R. Saekel,* Zahngesundheit, Trends und Konsequenzen bis 2020, BKK 2002, 135; *M. Schneider/D. Knappe,* Zahnmedizinische Prävention, Ersk. 1999, 639.

A. Überblick

1 § 21 regelt die Pflichten der Krankenkassen und ihrer Verbände in Bezug auf die zahnmedizinische Gruppenprophylaxe für Kinder und Jugendliche. Dies wird ergänzt durch die Individualprophylaxe für Kinder, Jugendliche und Erwachsene (§ 22) und die zahnmedizinischen Früherkennungsuntersuchungen für Kinder (§ 26 S. 2 und 3).

B. Gesetzgebung

2 Die Vorschrift wurde mit dem GRG eingeführt (BT-Drs. 11/2237, 167; 11/2493, 11, 58; 11/3480, 31, 51), mit dem GSG (BT-Drs. 12/3608, 77) und dem GKV-GRG 2000 (Abs. 1 S. 2 und 3; BT-Drs. 14/1245, 63) neu gefasst.

C. Gruppenprophylaxe

3 Gegenstand der Norm ist die vom Gesetzgeber als besonders wirksam und wirtschaftlich erkannte **zahnmedizinische Prophylaxe in Gruppen,** insbesondere in Kindergärten und Schulen. Diese wird primär vom **öffentlichen Gesundheitsdienst** nach Landesrecht durchgeführt. Zweck ist die Förderung der Mundhygiene und **Verhütung von Zahnerkrankungen. Prophylaxe** umfasst hier primäre, sekundäre und tertiäre Prävention. Die Gruppenprophylaxe wird als **aufsuchendes Angebot** ausgestaltet, um vor allem diejenigen Kinder zu erreichen, die individuelle Maßnahmen der Zahnpflege und Prophylaxe nicht hinreichend entwickeln und wahrnehmen. Sinn und Zweck der Gruppenprophylaxe verbieten es, schematisch auf das in § 21 genannte Alter abzustellen. Vielmehr kommt es auf das in der Gruppe (z. B. Schulklasse) überwiegende Alter an.

4 **Kindertageseinrichtungen** (§ 22 SGB VIII und Landesrecht) werden von den Trägern der öffentlichen Jugendhilfe (§ 69 SGB VIII und Landesrecht) betrieben oder finanziert. Diese sind zur **Kooperation** mit dem öffentlichen Gesundheitsdienst und den Krankenkassen verpflichtet (§ 81 Nr. 3, 5 SGB VIII). Bei Schulen richtet sich diese Pflicht nach Landesrecht. **Behinderteneinrichtungen** sind **Heime,** die verpflichtet sind, die gesundheitliche Betreuung der Bewohner zu sichern (§ 11 Abs. 1 Nr. 3 HeimG) oder Tageseinrichtungen.

D. Besondere Betroffenheit

Für Kinder mit **besonders hohem Kariesrisiko** sind spezielle Förderprogramme zu entwickeln (Abs. 1 S. 5). In Schulen und Einrichtungen, in denen diese Kinder überproportional vertreten sind, sind die Maßnahmen **bis zum 16. Lebensjahr** durchzuführen (Abs. 1 S. 3). Dieser Schwerpunkt entspricht dem Ansetzen an der sozial bedingten Ungleichheit von Gesundheitschancen (§ 20 Abs. 1 S. 2).

E. Gemeinsame Förderpflicht

Die Verpflichtung der Krankenkassen ist **definitiv** ausgestaltet („haben .. zu"). Sie gestaltet den **Leistungsanspruch** der Versicherten aus. Zugleich ist sie objektivrechtliche **Pflicht und Infrastrukturverantwortung der Krankenkassen**. Diese ist dem Wettbewerb entzogen.

Die Zusammenarbeit mit dem öffentlichen Gesundheitsdienst und anderen Stellen soll in **Landesarbeitsgemeinschaften** und **regionalen Arbeitsgemeinschaften** erfolgen, in denen die Landesverbände der Krankenkassen und die Ersatzkassen mitwirken. Ihr Dachverband ist die Deutsche Arbeitsgemeinschaft für Jugendzahnpflege (DAJ).

Die Krankenkassen sind nur zur **Beteiligung** verpflichtet, dies schließt ihre Alleinverantwortung aus. Die Kosten der Gruppenprophylaxe sind nicht Bestandteil der zahnärztlichen Gesamtvergütung. § 71 gilt nicht.

F. Rahmenvereinbarungen

Die Krankenkassen haben auf Landesebene mit den Zahnärzten und den für die Zahngesundheitspflege in den Ländern zuständigen Stellen **Rahmenvereinbarungen** über die Durchführung (Inhalt, Finanzierung, nicht versichertenbezogene Dokumentation, Kontrolle) der Gruppenprophylaxe zu schließen (Abs. 2 S. 1). Als Vertragspartner für die Zahnärzte kommen die Kassenzahnärztlichen Vereinigungen (§ 77) und die Zahnärztekammern in Betracht. Zuständige Stellen sind zumeist die Behörden des Öffentlichen Gesundheitsdienstes nach Landesrecht. Kommen die Rahmenvereinbarungen nicht zustande, sind die Landesregierungen ermächtigt, an ihrer Stelle Rechtsverordnungen zu erlassen (Abs. 3).

G. Rahmenempfehlung

Die Rahmenvereinbarungen auf Landesebene oder die sie ersetzenden Verordnungen sind unter Beachtung einer **bundesweiten Rahmenempfehlung** zu vereinbaren. Bisher besteht eine solche der Spitzenverbände der Krankenkassen (Abdruck bei *Steinbicker,* BKK 1989, 282/284), künftig ist sie vom Spitzenverband Bund zu beschließen.

§ 22 Verhütung von Zahnerkrankungen (Individualprophylaxe)

(1) Versicherte, die das sechste, aber noch nicht das achtzehnte Lebensjahr vollendet haben, können sich zur Verhütung von Zahnerkrankungen einmal in jedem Kalenderhalbjahr zahnärztlich untersuchen lassen.

(2) Die Untersuchungen sollen sich auf den Befund des Zahnfleisches, die Aufklärung über Krankheitsursachen und ihre Vermeidung, das Erstellen von

§ 22 Verhütung von Zahnerkrankungen (Individualprophylaxe)

diagnostischen Vergleichen zur Mundhygiene, zum Zustand des Zahnfleisches und zur Anfälligkeit gegenüber Karieserkrankungen, auf die Motivation und Einweisung bei der Mundpflege sowie auf Maßnahmen zur Schmelzhärtung der Zähne erstrecken.

(3) Versicherte, die das sechste, aber noch nicht das achtzehnte Lebensjahr vollendet haben, haben Anspruch auf Fissurenversiegelung der Molaren.

(4) (aufgehoben)

(5) Der Gemeinsame Bundesausschuss regelt das Nähere über Art, Umfang und Nachweis der individualprophylaktischen Leistungen in Richtlinien nach § 92.

A. Überblick

1   Die Norm regelt den Anspruch von Kindern und Jugendlichen zwischen dem sechsten und achtzehnten Lebensjahr auf **zahnärztliche Leistungen der individuellen Prophylaxe**. Bis zum sechsten Lebensjahr richtet sich der Anspruch nach § 26, für Erwachsene können entsprechende Leistungen Teil der zahnärztlichen Behandlung (§ 28 Abs. 2) sein. Die Norm ist rechtlich unabhängig von der Gruppenprophylaxe für Kinder und Jugendliche (§ 21), gesundheitspolitisch besteht ein Ergänzungsverhältnis (BT-Drs. 12/7608, 77). Ihr Ziel ist, durch Früherkennung und primäre Prävention (Abs. 1 und 2) sowie sekundäre Prävention (Abs. 3) Zahnerkrankungen zu vermeiden. Die Inanspruchnahme der Untersuchung nach § 22 Abs. 1 erhöht die **Festzuschüsse für Zahnersatz** (§ 55 Abs. 1 S. 3–6).

B. Gesetzgebung

2   Die Vorschrift wurde mit dem GRG eingeführt. Sie trat zum 1.1.1989 in Kraft. Mit dem GSG (BT-Drs. 12/3608, 77) wurde die Altersuntergrenze von zwölf auf sechs Jahre gesenkt. Mit dem 2. GKV-NOG wurde die Altersgrenze für jugendspezifische Leistungen von 20 auf 18 Jahre gesenkt und altersunspezifische Maßnahmen eingeführt, die mit dem GKV-GRG 2000 (BT-Drs. 14/1245, 64) wieder gestrichen wurden.

C. Anspruch auf Individualprophylaxe

I. Allgemeines

3   In Abs. 1 und 2 sowie Abs. 3 werden **Rechtsansprüche der Versicherten** geregelt. Die Leistungserbringung erfolgt durch **Vertragszahnärzte.** Sie wird als **Pauschale** vergütet (§ 85 Abs. 2 S. 5). Die gleichen Leistungen können auch im Rahmen der Gruppenprophylaxe (§ 21) erbracht werden. Dort kann auch auf die Individualprophylaxe, insbesondere nach § 22 Abs. 3, hingewiesen werden.

II. Untersuchung

4   Der Anspruch auf eine halbjährliche prophylaktische Untersuchung ist in Abs. 1 geregelt und in Abs. 2 näher beschrieben. Die Untersuchung umfasst Elemente der Früherkennung und der primären Verhaltensprävention. Der Anspruch auf anlassabhängige weitere Untersuchungen bleibt davon unberührt.

III. Fissurenversiegelung

Nach Abs. 3 besteht ein Anspruch auf die Versiegelung von Rissen (Fissuren) 5
der bleibenden Backenzähne (Molaren).

D. Konkretisierung durch den G-BA

Der G-BA konkretisiert den Anspruch nach § 22 durch Richtlinien. Zurzeit 6
gelten die Richtlinien über Maßnahmen zur Verhütung von Zahnerkrankungen
in der Fassung vom 4. 6. 2003, in Kraft getreten zum 1. 1. 2004.

§ 23 Medizinische Vorsorgeleistungen

(1) **Versicherte haben Anspruch auf ärztliche Behandlung und Versorgung mit Arznei-, Verbands-, Heil- und Hilfsmitteln, wenn diese notwendig sind,**
1. **eine Schwächung der Gesundheit, die in absehbarer Zeit voraussichtlich zu einer Krankheit führen würde, zu beseitigen,**
2. **einer Gefährdung der gesundheitlichen Entwicklung eines Kindes entgegenzuwirken,**
3. **Krankheiten zu verhüten oder deren Verschlimmerung zu vermeiden oder**
4. **Pflegebedürftigkeit zu vermeiden.**

(2) ^{1}Reichen bei Versicherten die Leistungen nach Absatz 1 nicht aus, kann die Krankenkasse aus medizinischen Gründen erforderliche ambulante Vorsorgeleistungen in anerkannten Kurorten erbringen. ^{2}Die Satzung der Krankenkasse kann zu den übrigen Kosten, die Versicherten im Zusammenhang mit dieser Leistung entstehen, einen Zuschuss von bis zu 13 Euro täglich vorsehen. ^{3}Bei ambulanten Vorsorgeleistungen für versicherte chronisch kranke Kleinkinder kann der Zuschuss nach Satz 2 auf bis zu 21 Euro erhöht werden.

(3) In den Fällen der Absätze 1 und 2 sind die §§ 31 bis 34 anzuwenden.

(4) ^{1}Reichen bei Versicherten die Leistungen nach Absatz 1 und 2 nicht aus, kann die Krankenkasse Behandlung mit Unterkunft und Verpflegung in einer Vorsorgeeinrichtung erbringen, mit der ein Vertrag nach § 111 besteht. ^{2}Die Krankenkasse führt statistische Erhebungen über Anträge auf Leistungen nach Satz 1 und Absatz 2 sowie deren Erledigung durch.

(5) ^{1}Die Krankenkasse bestimmt nach den medizinischen Erfordernissen des Einzelfalls Art, Dauer, Umfang, Beginn und Durchführung der Leistungen nach Absatz 4 sowie die Vorsorgeeinrichtung nach pflichtgemäßem Ermessen. ^{2}Leistungen nach Absatz 4 sollen für längstens drei Wochen erbracht werden, es sei denn, eine Verlängerung der Leistung ist aus medizinischen Gründen dringend erforderlich. ^{3}Satz 2 gilt nicht, soweit der Spitzenverband Bund der Krankenkassen gemeinsam und einheitlich nach Anhörung der für die Wahrnehmung der Interessen der ambulanten und stationären Vorsorgeeinrichtungen auf Bundesebene maßgeblichen Spitzenorganisationen in Leitlinien Indikationen festgelegt und diesen jeweils eine Regeldauer zugeordnet haben; von dieser Regeldauer kann nur abgewichen werden, wenn dies aus dringenden medizinischen Gründen im Einzelfall erforderlich ist. ^{4}Leistungen nach Absatz 2 können nicht vor Ablauf von drei, Leistungen nach Absatz 4 können nicht vor Ablauf von vier Jahren nach Durchführung solcher oder ähnlicher Leistungen erbracht werden, deren Kosten auf Grund öffentlich-rechtlicher Vorschriften getragen

§ 23

oder bezuschusst worden sind, es sei denn, eine vorzeitige Leistung ist aus medizinischen Gründen dringend erforderlich.

(6) [1]Versicherte, die eine Leistung nach Absatz 4 in Anspruch nehmen und das achtzehnte Lebensjahr vollendet haben, zahlen je Kalendertag den sich nach § 61 Satz 2 ergebenden Betrag an die Einrichtung. [2]Die Zahlung ist an die Krankenkasse weiterzuleiten.

(7) Medizinisch notwendige stationäre Vorsorgemaßnahmen für versicherte Kinder, die das 14. Lebensjahr noch nicht vollendet haben, sollen in der Regel für vier bis sechs Wochen erbracht werden.

Inhaltsübersicht

		Rn.
A.	Überblick	1
B.	Gesetzgebung	2
C.	Zwecke der Vorsorgeleistungen	3
	I. Stärkung der Gesundheit	4
	II. Gesundheitliche Entwicklung von Kindern	5
	III. Verhütung von Krankheiten	7
	IV. Vermeidung der Verschlimmerung	8
	V. Vermeidung von Pflegebedürftigkeit	10
D.	Ärztliche Behandlung, Abs. 1	12
E.	Ambulante Vorsorgeleistungen in Kurorten, Abs. 2 S. 1	13
F.	Zuschuss, Abs. 2 S. 2	16
G.	Behandlung in einer Vorsorgeeinrichtung, Abs. 4	18
	I. Voraussetzungen	18
	II. Leistung und Leistungserbringung	19
	III. Entscheidung der Krankenkasse, Abs. 5, Abs. 7	20
	IV. Zuzahlung, Abs. 6	22
H.	Statistik, Abs. 4 S. 2	23

A. Überblick

1   Die Norm regelt die Ansprüche von Versicherten auf **individuelle medizinische Vorsorgeleistungen**, soweit diese nicht in den spezielleren §§ 20, 20 d, 22, 24-26 enthalten sind. In Abs. 1 S. 1 Nr. 1-4 sind die für alle Leistungsarten nach § 23 verbindlichen **Leistungszwecke** genannt. Abs. 1 enthält den Anspruch auf **Vorsorgeleistungen im Rahmen der vertragsärztlichen Behandlung**. In Abs. 2 ist der Anspruch auf **ambulante Vorsorgeleistungen** in Kurorten und die Möglichkeit eines **Zuschusses** zu den sonstigen Kosten als Satzungsleistung geregelt. Abs. 4 S. 1 enthält den Anspruch auf **Leistungen in Vorsorgeeinrichtungen** (§ 107 Abs. 2 Nr. 1 a). Abs. 6 enthält die Zuzahlungsregelung hierzu. Abs. 4 S. 2, Abs. 5 und 7 enthalten an die KKen adressierte Verfahrensregeln zum Anspruch nach Abs. 4 S. 1. Abs. 1, Abs. 2 und 4 stehen in einem **Stufenverhältnis** von ambulanter und stationärer Leistung (vgl. § 39 für die Krankenbehandlung, § 40 für die Rehabilitation).

B. Gesetzgebung

2   Die Vorschrift wurde mit dem GRG eingeführt und trat zum 1.1.1989 in Kraft. Zuvor waren Vorsorgeleistungen in §§ 187 Abs. 1 S. 1 Nr. 1 und 2, 364 Abs. 1 Nr. 1 RVO geregelt. Mit dem GSG wurde erstmalig die Ausgabenbegrenzung (jetzt Abs. 8) eingeführt und die Zuzahlung an diejenige für Krankenhausbehandlung angepasst. Mit dem BeitrEntlG wurde die Regeldauer der Maßnahmen

von vier auf drei Wochen gesenkt (BT-Drs. 13/4615, 9) und das Regelintervall für die Inanspruchnahme auf vier Jahre erhöht. Die Zuzahlung wurde nun an den Maßnahmen der medizinischen Rehabilitation orientiert. Mit dem GKV-GRG 2000 wurde Abs. 1 Nr. 3 eingefügt (BT-Drs. 14/1245, 61, 64). Die bisherige Leistungsbezeichnung „ambulante Vorsorgekur" in Abs. 2 wurde durch „ambulante Vorsorgeleistung in anerkannten Kurorten" ersetzt. Für Kinder wurde ein abweichendes Regelintervall in Abs. 7 aufgenommen. Die Budgetierung wurde in Abs. 8 neu geregelt. Schutzimpfungen waren vom GKV-GRG 2000 bis zum GKV-WSG in § 23 Abs. 9 geregelt (jetzt § 20 d). Durch Gesetz vom 26. 7. 2002 (BGBl. I, 2873) wurden in Abs. 2 S. 2 8 € durch 13 € und in Abs. 2 S. 3 16 € durch 21 € ersetzt. Das Regelintervall für Leistungen nach Abs. 4 wurde auf drei Jahre verkürzt. Mit dem GMG wurde die Zuzahlung durch Verweis auf § 61 S. 2 neu geregelt. Durch das GKV-WSG wurde die Statistikverpflichtung in Abs. 4 S. 2 neu aufgenommen.

C. Zwecke der Vorsorgeleistungen

Die in Abs. 1 S. 1 Nr. 1–4 genannten **fünf Zwecke der Vorsorgeleistungen** sind gemeinsame Voraussetzungen für alle Leistungsarten in § 23. Es genügt, wenn die Leistung **geeignet** (§ 2 Abs. 1 S. 3) und **notwendig** (§ 12 Abs. 1) ist, um einen der genannten Zwecke zu erfüllen. Dies wird individuell als **Vorsorgebedürftigkeit, Vorsorgefähigkeit** und positive **Vorsorgeprognose** geprüft. Die Norm nennt keinen Prognosemaßstab, so dass dieser nach dem allgemein anerkannten Stand der medizinischen Erkenntnisse zu bestimmen ist. Die Notwendigkeit wird bei den Leistungen nach § 23 Abs. 1 durch den Vertragsarzt, bei den Leistungen nach Abs. 2 und Abs. 4 in dem in § 275 Abs. 2 Nr. 1 genannten Rahmen durch den **Medizinischen Dienst** geprüft.

I. Stärkung der Gesundheit

Ist der **Gesundheitszustand** einer versicherten Person so geschwächt, dass voraussichtlich in absehbarer Zeit eine Krankheit eintritt, besteht Vorsorgebedürftigkeit. **Krankheit** auch im Sinne der Vorsorge ist ein regelwidriger Gesundheitszustand, der Behandlungsbedürftigkeit oder Arbeitsunfähigkeit zur Folge hat. Kann im Einzelfall die Krankheit voraussichtlich abgewendet werden, besteht eine positive Vorsorgeprognose.

II. Gesundheitliche Entwicklung von Kindern

Kinder im Sinne von § 23 sind entgegen § 7 Abs. 1 Nr. 1 SGB VIII alle Versicherten bis zur Vollendung des 18. Lebensjahrs (BT-Drs. 11/2237, 168). Die Vorsorge bei Kindern bezieht sich vor allem auf die **gesundheitliche Entwicklung,** für die ein eigener Maßstab anzulegen ist. Ist sie gefährdet, besteht Vorsorgebedürftigkeit.

Rein soziale und familiäre Entwicklungsprobleme sind Aufgabe der **Kinder- und Jugendhilfe** (§§ 1 Abs. 3, 27 Abs. 1 SGB VIII). Im Übrigen sind Leistungen der KK vorrangig zur Jugendhilfe (§ 10 Abs. 1 SGB VIII), wenn sie sich überschneiden. Leistungen der **Früherkennung und Frühförderung** behinderter und von Behinderung bedrohter Kinder sind Leistungen der medizinischen Rehabilitation (§§ 27 Abs. 1 S. 1 Nr. 6, 40, 43 a; §§ 26 Abs. 1, Abs. 2 Nr. 2, 30 SGB IX;

§ 23 Medizinische Vorsorgeleistungen

Frühförderungsverordnung). Eingliederungshilfe für **seelisch behinderte** und von seelischer Behinderung bedrohte Kinder und Jugendliche wird von der Kinder- und Jugendhilfe erbracht (§ 35 a SGB VIII), Eingliederungshilfe für **geistig und körperlich behinderte** oder von geistiger oder körperlicher Behinderung bedrohte Kinder und Jugendliche von der Sozialhilfe (§§ 53, 54 SGB XII).

III. Verhütung von Krankheiten

7   Die **Verhütung von Krankheiten** ist ein Ziel der sekundären Prävention, die an individuellen **Risikofaktoren** ansetzt. Vorsorgebedürftigkeit setzt hier das Bestehen von gesundheitlichen Risikofaktoren voraus. Krankheitsverhütung durch Schutzimpfungen ist in § 20 d geregelt.

IV. Vermeidung der Verschlimmerung

8   Leistungen, die vermeiden sollen, dass sich eine bestehende Krankheit verschlimmert, gehören zur **tertiären Prävention.** Sie richtet sich vor allem – aber nicht ausschließlich – an **chronisch kranke** Menschen (vgl. § 2a). Vorsorgebedürftigkeit liegt vor, wenn eine Krankheit besteht und sich voraussichtlich verschlimmert.

9   Das Leistungsziel wird auch bei der Krankenbehandlung verfolgt (§ 27 Abs. 1 S. 1). Im vertragsärztlichen Bereich ist eine Abgrenzung nicht wichtig. Im stationären Bereich wird sie an Hand der Leistungsmittel Krankenhaus (§ 107 Abs. 1) oder Vorsorgeeinrichtung (§ 107 Abs. 2 Nr. 1 a) vorgenommen. Richtet sich die Leistung darauf, bei bestehender Krankheit eine **Behinderung** (Teilhabestörung, § 2 Abs. 1 SGB IX) zu vermeiden, liegt medizinische Rehabilitation vor (§§ 27 Abs. 1 S. 2 Nr. 6, 40; § 26 Abs. 1 SGB IX). Leistungserbringungsrechtlich hat der Gesetzgeber dieses Ziel der Rehabilitation zugeordnet (§ 107 Abs. 2 Nr. 1 b) und damit zum Ausdruck gebracht, dass Tertiärprävention von Krankheiten typischerweise Rehabilitation von Behinderung ist.

V. Vermeidung von Pflegebedürftigkeit

10   **Pflegebedürftigkeit** ist die Angewiesenheit auf Hilfe bei Verrichtungen des täglichen Lebens (§ 14 Abs. 1 SGB XI). Die Einschränkung des leistungsrechtlichen Pflegebedürftigkeitsbegriffs in §§ 14 Abs. 3 und 4, 15 SGB XI ist für die Vorsorge nicht relevant (vgl. § 61 Abs. 1 S. 2 SGB XII), weil jede Form von Pflegebedürftigkeit zu vermeiden ist.

11   Pflegebedürftigkeit zu vermeiden ist auch Ziel der **medizinischen Rehabilitation** (§ 11 Abs. 2; §§ 4 Abs. 1 Nr. 2, 26 Abs. 1 Nr. 2 SGB IX). Die Verschlimmerung von Pflegebedürftigkeit zu vermeiden, ist immer Rehabilitation. Die Abgrenzung ist von Bedeutung für die Geltung des SGB IX. Im Zweifel hat der Versicherte ein Wahlrecht. Bei stationären Leistungen richtet sich die Abgrenzung nach der geeigneten Einrichtung (§ 107 Abs. 2 Nr. 1 a oder 1 b); typischerweise liegt Rehabilitation vor.

D. Ärztliche Behandlung, Abs. 1

12   Der Anspruch nach § 23 Abs. 1 ist gerichtet auf die für die Leistungszwecke notwendigen Leistungen (dazu BSGE 85, 132/132 ff.) der ärztlichen Behandlung

(§ 28 Abs. 1 und 4), Arznei- und Verbandsmittel (§§ 31, 34), Heilmittel (§§ 32, 34) und Hilfsmittel (§ 33). §§ 35–36 (Festbeträge) gelten. Es gilt das für diese Leistungsarten allgemeine Leistungserbringungsrecht. Die generelle Konkretisierung liegt beim G-BA (§ 92 Abs. 1 S. 2 Nr. 1, 5, 6). Die Erbringung oder Verordnung liegt beim Vertragsarzt.

E. Ambulante Vorsorgeleistungen in Kurorten, Abs. 2 S. 1

Voraussetzung der Leistung nach Abs. 2 ist, dass mindestens einer der Leistungszwecke verfolgt wird und Leistungen nach Abs. 1 nicht ausreichen. Die Voraussetzungen sind vom **MDK** (§ 275 Abs. 2) zu beurteilen. Die Entscheidung liegt im **Ermessen** der KK (§ 39 SGB I). Das Stufenverhältnis zwischen Abs. 1, 2 und 4 zeigt, dass es sich um **Auswahlermessen** und nicht um ein Ermessen dem Grunde nach handelt. Dabei ist das **Wunsch- und Wahlrecht** nach § 33 SGB I zu beachten. Eine Regeldauer besteht für Abs. 2 nicht. Das **Regelintervall** von mindestens drei Jahren (Abs. 5 S. 4) ist zu beachten. 13

Ambulante Vorsorgeleistungen werden als Komplexleistung unter ärztlicher Verantwortung nach einem Vorsorgeplan erbracht (BT-Drs. 11/2237, 168). Soweit die Leistungen durch Vertragsärzte erbracht werden, gilt seit 1. 4. 2005 der Kurarztvertrag der Spitzenverbände der KK mit der KBV. Die Anerkennung von **Kurorten** und **Heilbädern** erfolgt nach Landesrecht. Das Bundesministerium des Inneren führt ein **Heilkurorteverzeichnis** (Anhang 2 zu § 8 Abs. 6 BhV). 14

Leistungen in der EG sind nach § 13 Abs. 4 möglich, wenn gleichwertige Qualität und Wirksamkeit gesichert ist. Die Anerkennung ausländischer Kurorte ist diskriminierungsfrei nach dem jeweiligen nationalen Recht zu beurteilen, wenn es gleiche Zwecke verfolgt. Für das übrige **Ausland** gilt § 18. 15

Entgeltfortzahlung und Krankengeld werden nicht geleistet.

F. Zuschuss, Abs. 2 S. 2

Die KK kann durch **Satzung** (§§ 194–197) einen Zuschuss von **bis zu 13 € täglich** zu den übrigen Kosten im Zusammenhang mit der Leistung im Kurort (z. B. Unterkunft, Verpflegung, Kurtaxe, Fahrkosten) vorsehen. **Fahrkosten** können darüber hinaus nach § 60 übernommen werden. 16

Chronisch kranke Kleinkinder sind Kinder bis zur Einschulung, die auf unabsehbare Zeit krank sind. Für sie kann der Zuschuss bis 21 € täglich betragen. 17

G. Behandlung in einer Vorsorgeeinrichtung, Abs. 4

I. Voraussetzungen

Voraussetzung für die Leistung nach Abs. 4 ist, dass mindestens einer der Vorsorgezwecke verfolgt wird und dass Leistungen nach Abs. 1 und nach Abs. 2 nicht ausreichen, diesen Zweck zu erreichen. 18

II. Leistung und Leistungserbringung

Die Leistung besteht aus **Behandlung, Unterkunft und Verpflegung** in einer Vorsorgeeinrichtung (§ 107 Abs. 2 Nr. 1 a). Behandlung ist eine **Komplexleistung** aus den der Vorsorgeeinrichtung zur Verfügung stehenden Mitteln unter 19 ärztlicher Verantwortung. Die KKen schließen mit den Einrichtungen Verträge (§ 111).

III. Entscheidung der Krankenkasse, Abs. 5, Abs. 7

20 Die Entscheidung der KK steht im **Ermessen** (§ 39 SGB I). Dieses erstreckt sich auf Art, Dauer, Beginn und Umfang der Leistungen (Abs. 5 S. 1), nicht auf das Vorliegen der Leistungsvoraussetzungen. Dabei ist das **Wunsch- und Wahlrecht** (§ 33 SGB I) zu beachten. Die **Regeldauer** beträgt längstens drei Wochen (Abs. 5 S. 2), soweit nicht eine abweichende Regeldauer durch den Spitzenverband Bund festgelegt ist (Abs. 5 S. 3). **Abweichungen** im Einzelfall sind aus dringenden medizinischen Gründen möglich. Für versicherte **Kinder**, die das 14. Lebensjahr noch nicht vollendet haben, beträgt die Regeldauer vier bis sechs Wochen (Abs. 7). Eine Abweichung ist möglich.

21 Das **Regelintervall** (Abs. 5 S. 4) ist kein Tatbestandsausschluss, sondern reduziert das Ermessen. **Ähnliche Leistungen** sind Vorsorgeleistungen nach §§ 23 Abs. 2 oder 4, 24 oder andere Vorsorgeleistungen auf öffentlich-rechtlicher, z. B. beamtenrechtlicher Grundlage, nicht jedoch Rehabilitationsleistungen. Es ist auf den letzten Tag der ähnlichen Leistung abzustellen. Eine **Abweichung** ist aus dringenden medizinischen Gründen möglich und jedenfalls geboten, wenn die Vorsorgeleistung voraussichtlich eine schwere oder dauerhafte Erkrankung, längere Arbeitsunfähigkeit, Krankenhausbehandlung oder Pflegebedürftigkeit vermeiden kann.

IV. Zuzahlung, Abs. 6

22 Die **Zuzahlung** für volljährige Versicherte bemisst sich nach § 61 S. 2 auf 10 € täglich. Die Belastungsgrenze ist nach § 62 festgelegt. Für den Zahlungsweg gilt § 43 b.

H. Statistik, Abs. 4 S. 2

23 Die KKen haben über Anträge auf Leistungen nach Abs. 2 und Abs. 4 sowie deren Erledigung eine gesonderte Statistik zu führen.

§ 24 Medizinische Vorsorge für Mütter und Väter

(1) ¹**Versicherte haben unter den in § 23 Abs. 1 genannten Voraussetzungen Anspruch auf aus medizinischen Gründen erforderliche Vorsorgeleistungen in einer Einrichtung des Müttergenesungswerks oder einer gleichartigen Einrichtung; die Leistung kann in Form einer Mutter-Kind-Maßnahme erbracht werden.** ²Satz 1 gilt auch für Vater-Kind-Maßnahmen in dafür geeigneten Einrichtungen. ³Vorsorgeleistungen nach den Sätzen 1 und 2 werden in Einrichtungen erbracht, mit denen ein Versorgungsvertrag nach § 111 a besteht. § 23 Abs. 4 Satz 1 gilt nicht; § 23 Abs. 4 Satz 2 gilt entsprechend.

(2) § 23 Abs. 5 gilt entsprechend.

(3) ¹Versicherte, die das achtzehnte Lebensjahr vollendet haben und eine Leistung nach Absatz 1 in Anspruch nehmen, zahlen je Kalendertag den sich nach § 61 Satz 2 ergebenden Betrag an die Einrichtung. ²Die Zahlung ist an die Krankenkasse weiterzuleiten.

3. Kapitel. 3. Abschnitt   § 24

A. Überblick

§ 24 regelt den **Anspruch auf Vorsorgeleistungen** in Einrichtungen des Müt- 1
tergenesungswerks oder gleichartigen Einrichtungen und ist Spezialnorm zu § 23
Abs. 4. Sinn und Zweck ist, durch besondere Leistungen den gesundheitlichen Belastungen gerecht zu werden, die aus der familiären Sorge für Kinder entstehen
können.

Das **Leistungserbringungsrecht** ist in §§ 107, 111a enthalten. **Haushalts-** 2
hilfe während einer Leistung nach § 24 kann nach § 38 beansprucht werden.
Fahrkosten können nach § 60 getragen werden. **Krankengeld** wird nach § 44
Abs. 1 gewährt. **Entgeltfortzahlung** ist in § 9 Abs. 1 S. 1 EFZG geregelt. Medizinische **Rehabilitationsleistungen** in entsprechenden Einrichtungen sind in § 41
geregelt.

B. Gesetzgebung

Die Vorschrift wurde mit dem GRG eingeführt und trat zum 1.1.1989 in 3
Kraft. Vorgängernorm war § 187 Abs. 1 S. 1 Nr. 3 RVO. Dort waren nur Zuschüsse
zu Kuren geregelt. Mit dem GKV-GRG 2000 wurde der Titel der Vorschrift von
„**Vorsorgekuren für Mütter**" in „**Medizinische Vorsorge für Mütter**" geändert
und klargestellt, dass die Leistung in Form einer Mutter-Kind-Maßnahme erbracht werden kann. Durch das Gesetz zur Verbesserung der Vorsorge und Rehabilitation für Mütter und Väter vom 26. 7. 2002 (BGBl. I, 2874) wurde der Titel in
„**Medizinische Vorsorge für Mütter und Väter**" geändert und die Vater-Kind-
Maßnahme aufgenommen (BT-Drs. 14/9611, 2). Die bis dahin bestehende Wahlmöglichkeit der Krankenkassen, durch Satzung vorzusehen, entweder die Leistung insgesamt zu erbringen oder einen Zuschuss zu gewähren, wurde aufgehoben
(BT-Drs. 14/9035, 4). Eine Berichtspflicht für die Spitzenverbände der Krankenkassen bis zum Jahre 2005 wurde festgelegt (vorgelegt als BT-Drs. 16/1150).

Durch das GKV-WSG wurden die Leistungen nach § 24 als **Pflichtleistungen** 4
kenntlich gemacht und Abs. 1 S. 1 entsprechend neu gefasst, um die Leistungsgewährung zu verstetigen und den rechtlichen Stellenwert der Leistung, auch im
Hinblick auf den Risikostrukturausgleich, zu erhöhen (BT-Drs. 16/3100, 101; vgl.
§ 266 Abs. 4; zum tatsächlichen und politischen Hintergrund: BT-Drs. 16/1150,
3, 9ff., 32). Klargestellt wurde, dass ein Vorrang ambulanter Maßnahmen hier
nicht gilt (Abs. 1 S. 4 Hs. 1; BT-Drs. 16/3100, 101). Weiter wurde die Statistik-Verpflichtung in Abs. 1 S. 4 Hs. 2 aufgenommen (BT-Drs. 16/4247, 31).

C. Anspruchsberechtigte

Nach Auffassung des BSG sind **ausschließlich Mütter und Väter** anspruchs- 5
berechtigt (Nichtzulassungsbeschluss v. 18. 7. 2006, B 1 KR 62/06 B). Das BSG begründet dies mit dem Wortlaut der amtlichen Überschrift.

Die Auffassung des BSG ist angesichts der Umstände des entschiedenen Falles
nicht zu verallgemeinern. Aus dem weiteren Wortlaut sowie aus systematischen
und teleologischen Erwägungen und dem Gebot der Gleichbehandlung ergibt
sich, dass auch andere Versicherte anspruchsberechtigt sind, wenn ihre Gesundheit
im Sinne von § 23 Abs. 1 gefährdet ist, weil sie dauerhaft Erziehungspflichten für
Kinder übernommen haben, also **funktionelle oder soziale Eltern** sind (ebenso:
Höfler, KK, § 24 Rn. 4). Im Gesetzestext sind **Versicherte** als Anspruchsberech-

tigte genannt. Die personelle Abgrenzung ergibt sich aus dem Leistungsangebot des Müttergenesungswerks und vergleichbarer Einrichtungen, das auf die soziale und nicht auf die biologische oder rechtliche Elternschaft abstellt. Gegen eine zweckwidrige Ausdehnung dieses Angebots wären die Krankenkassen durch § 111a geschützt. § 24 ist eine **gesundheitliche Vorsorgeleistung,** keine Familienleistung.

6   Wenn zur Abgrenzung ein rechtlicher Beleg der nicht nur vorübergehenden Erziehungsverantwortung benötigt werden sollte, kann dieser nicht alleine in der **Elternschaft** (§§ 1591, 1592, 1741 BGB), sondern auch im persönlichen **Sorgerecht** (§ 1626 BGB) gefunden werden, das ebenso **Ehegatten und Lebenspartner von Eltern** (§ 1687b BGB; § 9 LPartG) sowie **Pflegepersonen der Kinder** (§ 1688 BGB; § 44 SGB VIII) haben.

7   Ein sozialrechtlich adäquater Anknüpfungspunkt sind auch die kindergeldrechtlichen Regelungen (§ 2 Abs. 1 BKGG/§ 63 EStG), wodurch neben den genannten Personen auch **Großeltern** begünstigt werden, die ihr Enkelkind im Haushalt aufgenommen haben. Dem Kindergeldrecht ist der Gedanke zu entnehmen, dass anstelle einer strikten Altersgrenze auf die tatsächliche Belastung, insbesondere bei den Eltern **behinderter Kinder,** abzustellen ist (vgl. § 2 Abs. 2 S. 1 Nr. 3 BKGG). Nach Sinn und Zweck der Norm sollten solche vielfach belasteten Familienkonstellationen nicht ausgeschlossen werden.

8   **Nicht verheiratete Partner von Eltern** auszuschließen, erscheint ebenfalls zweckwidrig, denn die Norm dient dem Schutz der Gesundheit aller an der Familienkonstellation Beteiligten. Die Ungleichbehandlung sozial vergleichbarer Sachverhalte wäre rechtfertigungsbedürftig (vgl. BVerfGE 106, 166 ff.).

D. Voraussetzungen

9   Die **gesundheitlichen Voraussetzungen** für eine Leistung nach § 24 ergeben sich aus § 23 Abs. 1 (§ 23 Rn. 3). Sie müssen bei dem (sozialen) Elternteil vorliegen. Gesundheitliche Probleme allein des Kindes berechtigen nicht zu einer Leistung nach § 24, der Anspruch des Kindes richtet sich dann nach § 23 Abs. 4, eines Elternteils auf Mitaufnahme ggf. nach § 11 Abs. 3. Oft liegen aber psychische oder psychosomatische Erkrankungen gerade in der familiären Konstellation begründet und betreffen die Gesundheit von Eltern und Kindern.
Der Anspruch nach § 24 Abs. 1 besteht, wenn bei Vorliegen der Voraussetzungen von § 23 Abs. 1 das Leistungsangebot des Müttergenesungswerks oder einer vergleichbaren Einrichtung wirksam, am besten geeignet und notwendig ist (§§ 2, 12), um zu einer **positiven Vorsorgeprognose** (§ 23 Rn. 3) zu gelangen. Ein **Vorrang vertragsärztlicher und ambulanter Leistungen** besteht nicht. Kann das Leistungsziel aber mit ambulanten Maßnahmen besser erreicht werden, besteht regelmäßig kein Anspruch. Die Voraussetzungen werden vom **MDK** geprüft (§ 275 Abs. 2 Nr. 1), die Krankenkasse entscheidet auf dieser Grundlage.

E. Leistung und Leistungserbringung

10   Die Leistung ist eine **Komplexleistung** der Einrichtung. Ihr liegen **Verträge nach § 111a** zugrunde. Die **Mutter-Kind-Maßnahme** oder **Vater-Kind-Maßnahme** bezieht beide Beteiligten in die Leistung ein und wird damit der spezifischen familiären Gesundheitskonstellation gerecht. Liegt Vorsorgebedürftigkeit

3. Kapitel. 3. Abschnitt § 24 a

alleine des Elternteils vor, ist dessen Krankenkasse für die gesamte Eltern-Kind-Maßnahme zuständig. Ist auch das Kind vorsorgebedürftig, hat dessen Kasse die Leistung anteilig zu erbringen.

Zur **Konkretisierung der Leistung** durch die Krankenkasse nach Ermessen (§ 39 SGB I) gilt § 23 Abs. 5 mit den Regelungen zur **Regeldauer** von drei Wochen (§ 23 Rn. 20) und zum **Regelintervall** von vier Jahren (§ 23 Rn. 21). Gleichartige Leistungen sind Leistungen nach §§ 23, 24, nicht jedoch Leistungen zur Rehabilitation. Das **Wunsch- und Wahlrecht** (§ 33 SGB I) ist zu berücksichtigen. 11

F. Zuzahlung

Die **Zuzahlung** beträgt 10 € kalendertäglich. Die **Belastungsgrenze** richtet sich nach § 62. Der Zahlungsweg ist in § 43 b geregelt. 12

G. Statistik

Die Krankenkassen müssen eine gesonderte Statistik über Leistungen nach § 24 erstellen (Abs. 1 S. 4 Hs. 2 mit § 23 Abs. 4 S. 2). 13

§ 24 a Empfängnisverhütung

(1) ¹**Versicherte haben Anspruch auf ärztliche Beratung über Fragen der Empfängnisregelung.** ²**Zur ärztlichen Beratung gehören auch die erforderliche Untersuchung und die Verordnung von empfängnisregelnden Mitteln.**

(2) **Versicherte bis zum vollendeten 20. Lebensjahr haben Anspruch auf Versorgung mit empfängnisverhütenden Mitteln, soweit sie ärztlich verordnet werden; § 31 Abs. 2 bis 4 gilt entsprechend.**

A. Überblick

Die Norm regelt den Anspruch aller Versicherten auf ärztliche Beratung über und ärztliche Verordnung von **empfängnisregelnden Mitteln** (Abs. 1) sowie den Anspruch von bis zu 20 Jahre alten Versicherten auf Versorgung mit ärztlich verordneten **empfängnisverhütenden Mitteln** (Abs. 2). 1

Sie ist systematisch richtig als gesundheitliche Vorsorgeleistung eingeordnet, weil sie den gesundheitlichen Gefahren entgegenwirken soll, die aus unsachgemäßem Umgang mit empfängnisverhütenden Mitteln und aus ungewollten Schwangerschaften entstehen. Die Empfängnisverhütung ist dem Schwangerschaftsabbruch vorzugswürdig. Die vorgelagerte Entscheidung für oder gegen Schwangerschaft und Elternschaft selbst ist keine Aufgabe der Krankenkasse oder des Staates, sondern liegt in der Privatsphäre.

B. Gesetzgebung

Die Vorschrift wurde durch das Schwangeren- und Familienhilfegesetz vom 27. 7. 1992 (BGBl. I, 1398) in das SGB V aufgenommen und trat zum 5. 8. 1992 in Kraft (BT-Drs. 12/2605, 16 zu Abs. 1; BT-Drs. 12/2875, 100 zu Abs. 2). Eine frühere Regelung war in § 200 e RVO enthalten. 2

C. Anspruch auf Beratung und Verordnung, Abs. 1

3 Diese Leistungen erfolgen durch **Vertragsärzte** (§ 73 Abs. 2 Nr. 11) im Rahmen von Richtlinien des G-BA (§ 92 Abs. 1 S. 2 Nr. 11). Es gelten die Richtlinien zur Empfängnisregelung und zum Schwangerschaftsabbruch (früher: Sonstige-Hilfen-RL), zuletzt geändert am 1. 12. 2003 (BAnz. 53, 5026).

4 Der Beratungsanspruch richtet sich auf die **allgemeine Beratung** über alle Fragen und Methoden der Empfängnisregelung, um eine Schwangerschaft zu ermöglichen oder zu verhüten, sowie auf notwendige Untersuchungen und auf Gesundheitsrisiken im Zusammenhang mit einer Schwangerschaft einschließlich möglicher Prävention.

5 Anspruch besteht weiter auf die **Verordnung verordnungspflichtiger empfängnisregelnder Mittel,** soweit Letzterer keine medizinischen Gründe entgegenstehen.

D. Anspruch auf Versorgung mit empfängnisverhütenden Mitteln, Abs. 2

6 Mit dem Anspruch für **Versicherte bis zur Vollendung des 20. Lebensjahres** auf **Versorgung mit verordnungspflichtigen empfängnisverhütenden Mitteln** soll verhindert werden, dass diese Versicherten nur deswegen ungewollt schwanger werden oder unsachgemäß verhüten, weil sie die Kosten nicht aufbringen können (BT-Drs. 12/2605, 20). Vom achtzehnten bis zum zwanzigsten Lebensjahr ist eine **Zuzahlung** zu leisten (§§ 31 Abs. 3, 62). Für Versicherte ab dem 21. Lebensjahr gehören empfängnisverhütende Mittel zum allgemeinen Lebensbedarf.

7 Empfängnisverhütende Mittel sind nach Auffassung des BSG **keine Arzneimittel** im Sinne von § 31. Die Regelungen über Festbeträge sind nicht anwendbar (BSGE 87, 95).

8 Die Regelung erscheint nur bedingt geeignet, ihren Zweck zu erfüllen. Gesundheitspolitisch unsachgemäß erscheint, dass der begünstigte Personenkreis nur verordnungspflichtige Mittel erhält, nicht jedoch z. B. **Kondome** (zur Verfassungsmäßigkeit: LSG Berlin, Breithaupt 1997, 4). Sozialpolitisch könnte die Abgrenzung des begünstigten Personenkreises nach der **Bedürftigkeit** sinnvoller sein als nach dem Alter (vgl. *Deutscher Verein,* NDV 2005, 402), zumal die Beschränkung des Personenkreises über §§ 52 Abs. 1 S. 1, 49 SGB XII auch im **Sozialhilferecht** gelten soll (so die überwiegende Ansicht: *Birk/Bieritz-Harder,* LPK-SGB XII, § 49 Rn. 5; *Schellhorn/Schellhorn,* SGB XII, § 49 Rn. 8; dagegen: *Wenzel,* Fichtner/Wenzel, § 49 Rn. 6).

§ 24 b Schwangerschaftsabbruch und Sterilisation

(1) [1]**Versicherte haben Anspruch auf Leistungen bei einer durch Krankheit erforderlichen Sterilisation und bei einem nicht rechtswidrigen Abbruch der Schwangerschaft durch einen Arzt.** [2]**Der Anspruch auf Leistungen bei einem nicht rechtswidrigen Schwangerschaftsabbruch besteht nur, wenn dieser in einer Einrichtung im Sinne des § 13 Abs. 1 des Schwangerschaftskonfliktgesetzes vorgenommen wird.**

(2) **Es werden ärztliche Beratung über die Erhaltung und den Abbruch der Schwangerschaft, ärztliche Untersuchung und Begutachtung zur Feststellung**

der Voraussetzungen für eine durch Krankheit erforderliche Sterilisation oder für einen nicht rechtswidrigen Schwangerschaftsabbruch, ärztliche Behandlung, Versorgung mit Arznei-, Verbands- und Heilmitteln sowie Krankenhauspflege gewährt. Anspruch auf Krankengeld besteht, wenn Versicherte wegen einer durch Krankheit erforderlichen Sterilisation oder wegen eines nicht rechtswidrigen Abbruchs der Schwangerschaft durch einen Arzt arbeitsunfähig werden, es sei denn, es besteht ein Anspruch nach § 44 Abs. 1.

(3) Im Falle eines unter den Voraussetzungen des § 218a Abs. 1 des Strafgesetzbuches vorgenommenen Abbruchs der Schwangerschaft haben Versicherte Anspruch auf die ärztliche Beratung über die Erhaltung und den Abbruch der Schwangerschaft, die ärztliche Behandlung mit Ausnahme der Vornahme des Abbruchs und der Nachbehandlung bei komplikationslosem Verlauf, die Versorgung mit Arznei-, Verbands- und Heilmitteln sowie auf Krankenhausbehandlung, falls und soweit die Maßnahmen dazu dienen,

1. die Gesundheit des Ungeborenen zu schützen, falls es nicht zum Abbruch kommt,
2. die Gesundheit der Kinder aus weiteren Schwangerschaften zu schützen oder
3. die Gesundheit der Mutter zu schützen, insbesondere zu erwartenden Komplikationen aus dem Abbruch der Schwangerschaft vorzubeugen oder eingetretene Komplikationen zu beseitigen.

(4) [1]Die nach Absatz 3 vom Anspruch auf Leistungen ausgenommene ärztliche Vornahme des Abbruchs umfasst

1. die Anästhesie,
2. den operativen Eingriff oder die Gabe einer den Schwangerschaftsabbruch herbeiführenden Medikation,
3. die vaginale Behandlung einschließlich der Erbringung von Arzneimitteln in die Gebärmutter,
4. die Injektion von Medikamenten,
5. die Gabe eines wehenauslösenden Medikamentes,
6. die Assistenz durch einen anderen Arzt,
7. die körperliche Untersuchung im Rahmen der unmittelbaren Operationsvorbereitung und der Überwachung im direkten Anschluss an die Operation.

[2]Mit diesen ärztlichen Leistungen im Zusammenhang stehende Sachkosten, insbesondere für Narkosemittel, Verbandsmittel, Abdecktücher, Desinfektionsmittel fallen ebenfalls nicht in die Leistungspflicht der Krankenkassen. [3]Bei vollstationärer Vornahme des Abbruchs übernimmt die Krankenkasse nicht den allgemeinen Pflegesatz für den Tag, an dem der Abbruch vorgenommen wird.

Schrifttum: *Brocke,* Sozialrechtliche Aspekte des Schwangerschaftsabbruchs, SGb 1994, 157; *G. Hermes/S. Walther,* Schwangerschaftsabbruch zwischen Recht und Unrecht – Das zweite Abtreibungsurteil des BVerfG und seine Folgen, NJW 1993, 2337; *K.-R. Quessel,* Regelungen zum Schutz des ungeborenen Lebens nach der Wiedervereinigung Deutschlands, KrV 1995, 327; *P. Schnelle,* Neuregelungen im Recht des Schwangerschaftsabbruchs, BKK 1996, 78.

Inhaltsübersicht

	Rn.
A. Überblick	1
B. Gesetzgebung	5
C. Ansprüche bei Sterilisation	6
I. Voraussetzungen	6
II. Inhalt	7

D.	Ansprüche bei nicht rechtwidrigem Schwangerschaftsabbruch	9
	I. Voraussetzungen	9
	II. Inhalt	13
E.	Ansprüche bei anderen nicht strafbaren Schwangerschaftsabbrüchen	14
	I. Voraussetzungen	14
	II. Leistungen	15
F.	Leistungen nach dem Schwangerschaftshilfegesetz	17

A. Überblick

1   Die Norm enthält Ansprüche für den Fall einer durch Krankheit erforderlichen **Sterilisation** (Abs. 1 und 2; C.), eines **nicht rechtswidrigen Abbruchs einer Schwangerschaft** durch einen Arzt (Abs. 1 und 2; D.) und eines **sonstigen straffreien Abbruchs einer Schwangerschaft** (Abs. 3 und 4; E.). Die Differenzierung folgt den Vorgaben, die das BVerfG (BVerfGE 88, 203 ff.; vgl. *Hermes/Walther,* NJW 1993, 2337/2347) aus dem Grundgesetz ableitet.

2   Weitere Ansprüche bei einem Schwangerschaftsabbruch können sich aus dem Gesetz zur Hilfe bei Schwangerschaftsabbrüchen in besonderen Fällen **(Schwangerenhilfegesetz, SchwHG)** ergeben, das von den Krankenkassen durchgeführt wird. Ansprüche bei einer Sterilisation können nach § 51 SGB XII bestehen.

3   Näheres wird durch den G-BA konkretisiert (§ 92 Abs. 1 S. 2 Nr. 11). Hierzu gelten die **Richtlinien zur Empfängnisregelung und zum Schwangerschaftsabbruch** (früher: Sonstige Hilfen-RL), zuletzt geändert am 1.12. 2003 (BAnz. 53, 5026).

4   Die Norm gehört systematisch zur **gesundheitlichen Vorsorge.** Sterilisation und Schwangerschaftsabbruch nach Abs. 1 und 2 werden aus Gründen der Gesundheitsvorsorge vorgenommen. Beim Schwangerschaftsabbruch nach Abs. 3 und 4 soll verhindert werden, dass durch einen Abbruch Leben und Gesundheit der Schwangeren mehr als unvermeidbar gefährdet werden. Diese Sorge ist aus der historischen Erfahrung mit dem rechtlich nicht geduldeten aber gleichwohl durchgeführten Schwangerschaftsabbruch hinreichend begründet.

B. Gesetzgebung

5   Eine frühere Regelung enthielt § 200f RVO. § 24b wurde durch das Schwangeren- und Familienhilfegesetz vom 27. 7. 1992 (BGBl. I, 1398) in das SGB V aufgenommen und trat zum 5. 8. 1992 in Kraft (BT-Drs. 12/2605, 20). Mit Gesetz vom 21. 8. 1995 (BGBl. I, 1050) wurde Abs. 1 S. 2 Hs. 2 dahin geändert, dass ein Schwangerschaftsabbruch nur noch in einer Einrichtung iSd. § 13 Abs. 1 des Schwangerschaftskonfliktgesetzes vorgenommen werden konnte. Es wurden außerdem Abs. 3 und 4 angefügt, um das Urteil des BVerfG umzusetzen. Mit dem GKV-GRG 2000 wurde Abs. 4 S. 1 Nr. 2 geändert. Danach wurde auch eine den Schwangerschaftsabbruch herbeiführende Medikation vom Anspruch auf Leistungen ausgenommen. Mit dem GMG wurde der Anspruch auf Sterilisation auf aufgrund von Krankheit erforderliche Maßnahmen (vormals: nicht rechtswidrige) eingeschränkt (BT-Drs. 15/1525, 82).

§ 24 b

C. Ansprüche bei Sterilisation

I. Voraussetzungen

Sterilisation ist ein medizinischer Eingriff, der einen Menschen unfruchtbar macht. Ein Anspruch auf Sterilisation besteht nicht, wenn sie nur Mittel der Familienplanung ist. **Durch Krankheit erforderlich** ist die Sterilisation insbesondere bei einer Frau, wenn eine Schwangerschaft gesundheitsschädlich wäre und eine andere Form der Verhütung nicht möglich oder nicht zuverlässig wäre. 6

II. Inhalt

Der Anspruch ist gerichtet auf **ärztliche Untersuchung und Begutachtung** zur Feststellung der Voraussetzungen einer medizinisch erforderlichen Sterilisation und auf die geeignete, wirksame und notwendige (§§ 2, 12) **ärztliche Behandlung** (§ 28) und Versorgung mit **Arznei- und Verbandsmitteln, Heilmitteln sowie Krankenhauspflege.** Nach Auffassung der Spitzenverbände der Krankenkassen sind hierfür die **Zuzahlungs- und Ausschlussregelungen** der §§ 27–39, 61, 62 entsprechend anzuwenden, obwohl das Gesetz dies – anders als etwa in § 24a Abs. 2 – nicht ausdrücklich anordnet (kritisch: *Gerlach,* H/N, § 24b Rn. 17). Zur Rechtsklarheit wäre eine gesetzliche Regelung, mindestens aber eine Konkretisierung in den Richtlinien angebracht. 7

Anspruch auf **Krankengeld** nach § 24b Abs. 2 S. 2 besteht nur, wenn die Arbeitsunfähigkeit allein durch die Sterilisation und nicht durch ihre als Krankheit einzuordnenden Folgen besteht. Liegt **Krankheit** vor, richtet sich der Anspruch nach § 44. 8

D. Ansprüche bei nicht rechtswidrigem Schwangerschaftsabbruch

I. Voraussetzungen

Schwangerschaftsabbruch im Sinne der Vorschrift ist die medizinisch unterstützte und überwachte vorzeitige Beendigung einer Schwangerschaft mit dem Ziel, die Geburt eines Kindes zu verhindern. 9

Voraussetzung für die Übernahme von Leistungen nach § 24b ist, dass ein Schwangerschaftsabbruch **nicht rechtswidrig** ist. Das ist jedenfalls dann der Fall, wenn der Abbruch von einem Arzt vorgenommen wird und unter Berücksichtigung der gegenwärtigen und zukünftigen Lebensverhältnisse der Schwangeren nach ärztlicher Erkenntnis angezeigt ist, um eine Gefahr für das Leben oder die Gefahr einer schwerwiegenden Beeinträchtigung des körperlichen oder seelischen Gesundheitszustands der Schwangeren abzuwenden, und die Gefahr nicht auf eine andere, für sie zumutbare Weise abgewendet werden kann (§ 218a Abs. 2 StGB; **medizinisch-soziale Indikation**). Einen eigenständigen Rechtfertigungsgrund wegen einer erwarteten Gesundheitsstörung des Kindes (embryopathische Indikation) gibt es nicht (BT-Drs. 13/1850, 25 f.). 10

Weiterhin ist der Abbruch nicht rechtswidrig, wenn nach ärztlicher Erkenntnis der Schwangerschaftsabbruch auf einer Vergewaltigung, einem sexuellen Missbrauch oder einer sexuellen Nötigung (§§ 176–179 StGB) beruht und seit der Empfängnis nicht mehr als zwölf Wochen vergangen sind (§ 218a Abs. 3 StGB; **kriminologische Indikation**). 11

12 Der Abbruch muss in einer **Einrichtung** nach § 13 Schwangerschaftskonfliktgesetz vorgenommen werden. Dort und im Landesrecht sind die berufsrechtlichen Voraussetzungen enthalten. Die **Leistungserbringung** wird nach § 75 Abs. 9 durch Verträge der Einrichtungen mit den Kassenärztlichen Vereinigungen geregelt.

II. Inhalt

13 Der Anspruch ist gerichtet auf die **ärztliche Beratung** über die Erhaltung und den Abbruch der Schwangerschaft, **ärztliche Untersuchung** und Feststellung der Voraussetzungen für einen nicht rechtswidrigen Schwangerschaftsabbruch sowie auf die notwendige (§ 12) **ärztliche Behandlung** und **Versorgung mit Arznei-, Verbands- und Heilmitteln** sowie **Krankenhauspflege**. Zur Anwendung der Einschränkungen und **Zuzahlungen** in §§ 28–39, 61, 62 vgl. oben Rn. 7. Zum **Krankengeld** oben Rn. 8.

E. Ansprüche bei anderen nicht strafbaren Schwangerschaftsabbrüchen

I. Voraussetzungen

14 Ein Schwangerschaftsabbruch ist **straflos,** wenn die Schwangere ihn verlangt und dem Arzt durch eine Bescheinigung einer anerkannten Schwangerschaftskonfliktberatungsstelle nachgewiesen hat, dass sie sich mindestens drei Tage vor dem Eingriff hat **beraten** lassen, der Schwangerschaftsabbruch **von einem Arzt** vorgenommen wird und seit der Empfängnis nicht mehr als **zwölf Wochen** vergangen sind (§ 218 a Abs. 1 StGB).

II. Leistungen

15 Im Fall des nach § 218 a Abs. 1 straflosen Abbruchs ist der Anspruch auf die Leistungen beschränkt, die den in § 24 b Abs. 3 genannten Zwecken dienen. In Abs. 4 ist beschrieben, welche Leistungen vom Anspruch ausgenommen sind.

16 Die Leistungen sollen die **Gesundheit des Ungeborenen** schützen, falls es nicht zum Abbruch kommt (Abs. 3 Nr. 1). Diese Zielrichtung kann vor allem bei der Beratung verwirklicht werden. Die Leistungen sollen die **Gesundheit der Kinder aus weiteren Schwangerschaften** schützen (Abs. 3 Nr. 2). Dieses Ziel ist vor allem durch eine Vor- und Nachbehandlung zu verwirklichen, die die **Gesundheit der Mutter** schützt. Diese ist eigenständiges Ziel der Leistungen (Abs. 3 Nr. 3). Da die Abgrenzung von Abbruchshandlungen zu Maßnahmen der Gesundheitsvorsorge nur schwer vorzunehmen ist, hat sie der Gesetzgeber in Abs. 4 festgeschrieben.

F. Leistungen nach dem Schwangerenhilfegesetz

17 Für Frauen, die einen straflosen Abbruch nach § 218 a Abs. 1 StGB vornehmen, können bei **Bedürftigkeit** (insbesondere Leistungsbezug nach SGB II, SGB XII, BAföG, AsylbLG, § 1 Abs. 3 SchwHG) auch die **Kosten des Abbruchs,** die nach § 24 b Abs. 4 ausgeschlossen sind, nach dem SchwHG übernommen werden. Das Gesetz wird von den Krankenkassen durchgeführt (§ 3

Abs. 1 SchwHG). Sie erhalten die Kosten von den Ländern erstattet (§ 4 SchwHG). Ärzte und Einrichtungen werden entsprechend § 24b vergütet (§ 3 Abs. 2 SchwHG; BSG, NZS 2002, 611).

Vierter Abschnitt. Leistungen zur Früherkennung von Krankheiten

§ 25 Gesundheitsuntersuchungen

(1) Versicherte, die das fünfunddreißigste Lebensjahr vollendet haben, haben jedes zweite Jahr Anspruch auf eine ärztliche Gesundheitsuntersuchung zur Früherkennung von Krankheiten, insbesondere zur Früherkennung von Herz-Kreislauf- und Herz-Kreislauf- und Nierenerkrankungen sowie der Zuckerkrankheit.

(2) Versicherte haben höchstens einmal jährlich Anspruch auf eine Untersuchung zur Früherkennung von Krebserkrankungen, Frauen frühestens vom Beginn des zwanzigsten Lebensjahres an, Männer frühestens vom Beginn des fünfundvierzigsten Lebensjahres an.

(3) Voraussetzung für die Untersuchungen nach den Absätzen 1 und 2 ist, dass
1. es sich um Krankheiten handelt, die wirksam behandelt werden können,
2. das Vor- oder Frühstadium dieser Krankheiten durch diagnostische Maßnahmen erfassbar ist,
3. die Krankheitszeichen medizinisch-technisch genügend eindeutig zu erfassen sind,
4. genügend Ärzte und Einrichtungen vorhanden sind, um die aufgefundenen Verdachtsfälle eingehend zu diagnostizieren und zu behandeln.

(4) ¹Die Untersuchungen nach Absatz 1 und 2 sollen, soweit berufsrechtlich zulässig, zusammen angeboten werden. ²Der Gemeinsame Bundesausschuss bestimmt in den Richtlinien nach § 92 das Nähere über Art und Umfang der Untersuchungen sowie die Erfüllung der Voraussetzungen nach Absatz 3. ³Er kann für geeignete Gruppen von Versicherten eine von Absatz 1 und 2 abweichende Altersgrenze und Häufigkeit der Untersuchungen bestimmen.

(5) ¹In den Richtlinien des Gemeinsamen Bundesausschusses ist ferner zu regeln, dass die Durchführung von Maßnahmen nach den Absätzen 1 und 2 von einer Genehmigung der Kassenärztlichen Vereinigung abhängig ist, wenn es zur Sicherung der Qualität der Untersuchungen geboten ist, dass Ärzte mehrerer Fachgebiete zusammenwirken oder die teilnehmenden Ärzte eine Mindestzahl von Untersuchungen durchführen oder besondere technische Einrichtungen vorgehalten werden oder dass besonders qualifiziertes nichtärztliches Personal mitwirkt. ²Ist es erforderlich, dass die teilnehmenden Ärzte eine hohe Mindestzahl von Untersuchungen durchführen oder dass bei der Leistungserbringung Ärzte mehrerer Fachgebiete zusammenwirken, legen die Richtlinien außerdem Kriterien für die Bemessung des Versorgungsbedarfs fest, so dass eine bedarfsgerechte räumliche Verteilung gewährleistet ist. ³Die Auswahl der Ärzte durch die Kassenärztliche Vereinigung erfolgt auf der Grundlage der Bewertung ihrer Qualifikation und der geeigneten räumlichen Zuordnung ihres Praxissitzes für die Versorgung im Rahmen eines in den Richtlinien geregelten Ausschreibungsverfahrens. ⁴Die Genehmigung zur Durchführung der Früherkennungsuntersuchungen kann befristet und mit für das Versorgungsziel notwendigen Auflagen erteilt werden.

§ 25 Gesundheitsuntersuchungen

Schrifttum: *P. Herder-Dorneich/A. Schuller,* Vorsorge zwischen Versorgungsstaat und Selbstbestimmung, 1982; *W. Kirch/B. Badura/H. Pfaff,* Prävention und Versorgungsforschung, 2007; *U. Kruse/S. Kruse,* Leistungen zur Verhütung und Früherkennung von Krankheiten, SozVers. 2003, 143; *H. E. Schroeder/C. Bormann/P. Potthoff,* Inanspruchnahme und Effekte der Gesundheitsuntersuchungen nach § 25 SGB V, AuS 3–4/1996, 40; vgl. ferner die Nachweise zu § 20.

Inhaltsübersicht

	Rn.
A. Übersicht	1
B. Leistungsansprüche	4
I. Früherkennung von Zivilisationskrankheiten, Abs. 1	4
II. Früherkennung von Krebserkrankungen, Abs. 2	6
III. Qualitätsanforderungen, Abs. 3	8
C. Leistungserbringung, Abs. 4 S. 1, Abs. 5	9

A. Übersicht

1   Die Vorschrift enthält, ebenso wie der nachfolgende § 26, Ansprüche auf Gesundheitsuntersuchungen. Diese sollen „die **Früherkennung** und damit auch eine **frühzeitige Behandlung,** insbesondere der am häufigsten auftretenden ‚**Volkskrankheiten**' ermöglichen" (BT-Drs. 11/2237, 170). Früherkennungsuntersuchungen sind gem. der Typologie des bislang nicht realisierten **Präventionsgesetzes** (§ 20 Rn. 2) Maßnahmen der **sekundären Prävention,** die im Krankheitsvor- und -frühstadium ansetzen. Sie setzen, anders als die Krankenbehandlung (§§ 27 ff.), keine Krankheit voraus, sondern sind rein diagnostischer Natur (BSGE 51, 115/117 f.). Sie sind zu unterscheiden von Maßnahmen der **primären Prävention,** die der Vorbeugung des erstmaligen Auftretens von Krankheiten dienen (§ 20 Abs. 1 S. 2) und der **tertiären Prävention,** die die Verschlimmerung von Erkrankungen und Behinderungen verhüten sowie Folgeerkrankungen vorbeugen soll. Letztere sind regelmäßig Bestandteile kurativer Leistungen, die als Leistungen der Krankenbehandlung nach Maßgabe der §§ 27 ff. erbracht werden (*Adelt,* H/K, § 20 Rn. 10).

2   Im Einzelnen enthält die Vorschrift Regelungen des Leistungs- und des Leistungserbringungsrechts:
– Abs. 1 und 2 enthalten **Ansprüche** auf Früherkennungsleistungen: Abs. 1 regelt die Früherkennung von Zivilisationskrankheiten (Rn. 4 f.), Abs. 2 die Früherkennung von Krebskrankheiten (Rn. 6 f.). Für beide Ansprüche enthält Abs. 3 bestimmte **qualitative Anforderungen** (Rn. 8).
– Abs. 4 und Abs. 5 enthalten ferner, systematisch verunglückt, **leistungserbringungsrechtliche** Bestimmungen über die Erbringung von Früherkennungsleistungen (Rn. 9–11).

3   Nach Abs. 4 S. 2 und 3 und Abs. 5 S. 1 und 2 konkretisiert der **G-BA** sowohl die leistungs- als auch die leistungserbringungsrechtlichen Regelungen. Die entsprechende Ermächtigung findet sich in § 92 Abs. 1 S. 2 Nr. 3, für die die inhaltlichen Vorgaben des § 92 Abs. 4 gelten. Der G-BA hat von der Ermächtigung im Bereich von § 25 durch die **Gesundheitsuntersuchungs-Richtlinien** (GesundU-RL) und die **Krebsfrüherkennungs-Richtlinien** (KÜ-RL) Gebrauch gemacht (§ 92 Rn. 34).

B. Leistungsansprüche

I. Früherkennung von Zivilisationskrankheiten, Abs. 1

Der in Abs. 1 enthaltene Anspruch auf Maßnahmen der Früherkennung der 4
sog. Zivilisationskrankheiten **setzt voraus,** dass der Versicherte das 35. Lebensjahr vollendet hat. Er entsteht daher nach § 26 Abs. 1 SGB X iVm. den §§ 187 Abs. 2 S. 2, 188 Abs. 2 BGB an dem Tage, der dem Geburtstag vorausgeht (*Wagner,* Krauskopf, § 25 Rn. 3). Von der Möglichkeit, eine davon abweichende Altersgrenze vorzusehen (Abs. 4 S. 3), hat der G-BA bislang keinen Gebrauch gemacht.

Der Anspruch **beinhaltet** nach Abs. 1 Maßnahmen zur Früherkennung von 5
Herz-, Kreislauf- und Nierenerkrankungen. Die ärztlichen Leistungen umfassen dabei nach Abschnitt B. der GesundU-RL die Anamnese, klinische Untersuchungen, Laboratoriumsuntersuchungen, die Information über die Ergebnisse und die Beratung über ggf. erforderliche diagnostische und therapeutische Maßnahmen (vgl. näher *Gerlach,* H/N, § 25 Rn. 16). Die Aufzählung der Erkrankungen ist nicht abschließend („insbesondere"), so dass die Früherkennung grundsätzlich auf weitere Krankheiten ausgedehnt werden könnte, wobei es sich schon wegen des Wirtschaftlichkeitsgebotes (*Kruse/Kruse,* KrV 2003, 143/145) um häufig vorkommende Krankheiten handeln muss (*Zipperer,* GKV-Komm, § 25 Rn. 4). Der Anspruch besteht **jedes zweite Jahr;** auch insoweit hat der G-BA die Ermächtigung zur Abweichung (Abs. 4 S. 3) bislang nicht genutzt.

II. Früherkennung von Krebserkrankungen, Abs. 2

Der in Abs. 2 enthaltene Anspruch auf Untersuchungen zur Früherkennung 6
von Krebserkrankungen **setzt voraus,** dass versicherte Frauen das 20. Lebensjahr und versicherte Männer das 45. Lebensjahr vollendet haben; zur Berechnung vgl. Rn. 2. Aus dem Wort „frühestens" sowie aus Abs. 4 S. 3 folgt, dass Differenzierungen nach den einzelnen Krebsarten zulässig sind. Dazu enthalten die KÜ-RL detaillierte Vorschriften.

Der **Anspruchsinhalt** wird weitgehend durch die Abschnitte B. (Frauen) und 7
C. (Männer) der KÜ-RL konkretisiert. Bei Frauen sind danach insbesondere Früherkennungsuntersuchungen im Hinblick auf Erkrankungen des Genitales, der Brust, der Haut, des Rektums und des übrigen Dickdarms vorgesehen; bei Männern Maßnahmen zur Früherkennung von Krebserkrankungen des Dickdarms, der Prostata, des äußeren Genitales und der Haut. Der Anspruch besteht **einmal jährlich;** eine nach Abs. 4 S. 3 mögliche abweichende Regelung besteht nicht.

III. Qualitätsanforderungen, Abs. 3

Die Ansprüche nach Abs. 1 und 2 setzen jeweils voraus, dass die in **Abs. 3** ge- 8
nannten Anforderungen an die **Feststellungs- und Behandlungsfähigkeit** erfüllt sind; auch insoweit ist der G-BA zur Konkretisierung befugt (Abs. 4 S. 2 Hs. 2).

C. Leistungserbringung, Abs. 4 S. 1, Abs. 5

Nach Abs. 4 S. 1 sollen die Untersuchungen **zusammen angeboten** werden, 9
um die Bereitschaft zur Inanspruchnahme der Leistungen zu steigern. Allerdings muss diese Paketlösung berufsrechtlich zulässig sein, was wegen der Gebietsgren-

zen der medizinischen Fachgebiete regelmäßig problematisch ist; zudem erschweren die unterschiedlichen Zeitintervalle (Rn. 5, 7) eine Zusammenfassung (*Hess,* KK, § 92 Rn. 17).

10 Abs. 5 ermächtigt in seinem S. 1 den G-BA, Qualitätsstandards für die Ausführung der Früherkennungsuntersuchungen durch die Vertragsärzte festzusetzen. Die Notwendigkeit einer solchen Regelung soll insbesondere beim **Mammographie-Screening** bestehen. Die hierfür maßgeblichen europäischen Leitlinien verlangen, dass in Abhängigkeit von der Anzahl der Bewohner so genannte Screening-Einheiten (nach B. 4. b) (2) S. 2 KÜ-RL ein Einzugsbereich von 800.000– 1..000.000 Einwohnern) gebildet werden, die qualitätsgesichert den Ablauf der gesamten Screening-Kette – beginnend von der Einleitung der teilnahmeberechtigten Frauen bis hin zur notwendigen Abklärungsdiagnostik – garantieren. Dabei ist vorgesehen, dass ein in einer Screening-Einheit tätiger Arzt mindestens 3.000 Frauen unter Supervision oder 5.000 Frauen ohne Supervision befundet. Um diese Qualitätsanforderungen gewährleisten zu können, kann die Berechtigung der Leistungserbringung auf eine bestimmte Anzahl von Ärzten oder Kooperationseinheiten beschränkt werden (BT-Drs. 15/1525, 83). Für die danach notwendige **Auswahl unter den Vertragsärzten** ist ein **zweistufiges Verfahren** vorgesehen: Nach S. 2 legt der **G-BA** in den Richtlinien die **Kriterien** für die **Bemessung des Versorgungsbedarfs** fest, wobei er sich am Ziel einer bedarfsgerechten räumlichen Verteilung zu orientieren hat. Die eigentliche Auswahl und die Erteilung der Genehmigung fallen in die Zuständigkeit der **KV,** die sich nach S. 3 an **qualitativen** und **räumlichen Kriterien** orientieren muss. Die Genehmigung kann nach S. 4 befristet und mit Auflagen versehen werden, vgl. § 32 Abs. 1 SGB X („durch Rechtsvorschrift zugelassen").

11 Die nach Abs. 1 und 2 erbrachten Leistungen werden nach § 85 Abs. 2 S. 4 **pauschal außerhalb der Gesamtvergütung honoriert** (vgl. BSG, MedR 2003, 466/468).

§ 26 Kinderuntersuchung

(1) ¹**Versicherte Kinder haben bis zur Vollendung des sechsten Lebensjahres Anspruch auf Untersuchungen sowie nach Vollendung des zehnten Lebensjahres auf eine Untersuchung zur Früherkennung von Krankheiten, die ihre körperliche oder geistige Entwicklung in nicht geringfügigem Maße gefährden.** ²**Zu den Früherkennungsuntersuchungen auf Zahn-, Mund- und Kieferkrankheiten gehören insbesondere die Inspektion der Mundhöhle, die Einschätzung oder Bestimmung des Kariesrisikos, die Ernährungs- und Mundhygieneberatung sowie Maßnahmen zur Schmelzhärtung der Zähne und zur Keimzahlsenkung.** ³**Die Leistungen nach Satz 2 werden bis zur Vollendung des 6. Lebensjahres erbracht und können von Ärzten oder Zahnärzten erbracht werden.**

(2) **§ 25 Abs. 3 und Abs. 4 Satz 2 gilt entsprechend.**

Schrifttum: *D. Dietz,* Früherkennung von Kindesmisshandlung, KrV 2007, 120; vgl. ferner Nachweise zu § 25.

1 Die Vorschrift etabliert, ebenso wie § 25, Leistungsansprüche der **sekundären Prävention** (§ 25 Rn. 1). Einzelheiten zu den Anspruchsvoraussetzungen und zum Anspruchsinhalt ergeben sich jeweils aus den Richtlinien des G-BA, Abs. 2 iVm. § 23 Abs. 3 und Abs. 4 S. 2. Im Einzelnen sind **zwei Leistungsansprüche** zu unterscheiden:

3. Kapitel. 4. Abschnitt **§ 26**

Kinder haben nach Abs. 1 S. 1 Hs. 1 **bis zur Vollendung des 6. Lebensjahres** 2 einen Anspruch auf **regelmäßige Vorsorgeuntersuchungen.** Einzelheiten ergeben sich aus den auf § 92 Abs. 1 S. 3 Nr. 3 beruhenden **Kinder-Richtlinien** (Kinder-RL, vgl. § 92 Rn. 34). Untersucht werden danach Störungen in der Neugeborenenperiode, angeborene Stoffwechselstörungen, endokrine Störungen, Vitaminosen, Entwicklungs- und Verhaltensstörungen, das Nervensystem, die Sinnesorgane sowie Skelett und Muskulatur. Vorgesehen sind insgesamt neun Untersuchungen (U1–9) und das erweiterte Neugeborenen-Screening (Anlage 2 zur Kinder-RL). Ein flächendeckendes **Screening zur Früherkennung von Kindesmisshandlungen** ist nach wie vor nicht vorgesehen. Allerdings bestehen in einzelnen Ländern entsprechende Verpflichtungen (Hessen, Saarland), bzw. wird die Gewährung von Landessozialleistungen und der Zugang zu Kindertagesstätten von der Teilnahme an bestimmten Kinderuntersuchungen abhängig gemacht (Bayern). Die Untersuchungen beinhalten nach Abs. 1 S. 2 zudem Früherkennungsuntersuchungen auf **Zahn-, Mund- und Kieferkrankheiten.** Näheres enthalten die auf § 92 Abs. 1 S. 3 Nr. 3 beruhenden **Richtlinien über die Früherkennungsuntersuchungen auf Zahn-, Mund- und Kieferkrankheiten** (ZahnFrühE, vgl. § 92 Rn. 34). Daneben besteht auch ein Anspruch auf gruppenprophylaktische Zahnuntersuchungen (§ 21).

Nach Vollendung des 10. Lebensjahres haben darüber hinaus Kinder/ 3 Jugendliche gem. Abs. 1 S. 1 Hs. 2 einen Anspruch auf eine **Jugendgesundheitsuntersuchung.** Die auf § 92 Abs. 1 S. 3 Nr. 3 beruhenden **Richtlinien zur Jugendgesundheitsuntersuchung** (Jugendges-RL, vgl. § 92 Rn. 34) konkretisieren das zulässigerweise dahingehend, dass der Anspruch erst zwischen dem vollendeten 13. und dem vollendeten 14. Lebensjahr besteht, allerdings mit einer Toleranzzeit von jeweils zwölf Monaten vor Vollendung des 13. Lebensjahres und nach Vollendung des 14. Lebensjahres. Hintergrund der Regelung ist weniger der bevorstehende Übertritt in eine weiterführende Schule (so aber *Wagner*, Krauskopf, § 26 Rn. 2), sondern die beginnende Pubertät. Diese flexiblen Grenzen berücksichtigen die unterschiedlichen Verläufe der körperlichen und seelischen Entwicklung (*Gerlach*, H/N, § 26 Rn. 18). Die ärztlichen Maßnahmen richten sich im Rahmen der Anamnese auf körperliche, seelische und schulische Auffälligkeiten. Hinzu kommen klinisch-körperliche Untersuchungen (Erhebung der Körpermaße, Pubertätsentwicklung, arterielle Hypertonie, Erkrankungen der Hals-, Brust-, Bauchorgane, Auffälligkeiten des Skelettsystems). Ferner wird der Impfstatus erhoben und auf eine ausreichende Jodzufuhr geachtet. Ein Anspruch auf prophylaktische Zahnuntersuchungen nach Abs. 1 S. 2 besteht nicht; bis zum 12., ggf. bis zum 16. Lebensjahr besteht aber ein Anspruch auf Gruppenprophylaxe nach Maßgabe von § 21.

Beide Ansprüche setzen nach Abs. 2 voraus, dass die in § 25 Abs. 3 genannten 4 Anforderungen an die **Feststellungs- und Behandlungsfähigkeit** gegeben sind (vgl. § 25 Rn. 8).

Anders als § 25 Abs. 5 enthält § 26 keine Ermächtigung, die **Leistungserbringung** 5 von einer Genehmigung der KV abhängig zu machen. Grundsätzlich können die Leistungen daher von allen nach Maßgabe des Berufsrechts berechtigten Ärzten erbracht werden. Das sind vor allem Allgemeinärzte und Kinderärzte (§ 73 Abs. 1 a Nr. 1 und 2), für die in Abs. 1 S. 2 genannten Leistungen auch Zahnärzte, Abs. 1 S. 3. Die Leistungen werden außerhalb der Gesamtvergütung pauschal **honoriert** (BSG, MedR 2005, 466/468).

Kingreen

Anhang: Leistungen bei Schwangerschaft und Mutterschaft

§ 195 RVO [Umfang der Leistungen]

(1) Die Leistungen bei Schwangerschaft und Mutterschaft umfassen
1. ärztliche Betreuung und Hebammenhilfe,
2. Versorgung mit Arznei-, Verband- und Heilmitteln,
3. stationäre Entbindung,
4. häusliche Pflege,
5. Haushaltshilfe,
6. Mutterschaftsgeld.

(2) ¹Für die Leistungen nach Absatz 1 gelten die für die Leistungen nach dem Fünften Buch Sozialgesetzbuch geltenden Vorschriften entsprechend, soweit nichts Abweichendes bestimmt ist. ²§ 16 Abs. 1 des Fünften Buches Sozialgesetzbuch gilt nicht für den Anspruch auf Mutterschaftsgeld. ³Bei Anwendung des § 65 Abs. 2 des Fünften Buches Sozialgesetzbuch bleiben die Leistungen nach Absatz 1 unberücksichtigt.

A. Überblick

1   § 195 Abs. 1 RVO ist eine **Einweisungsnorm** zu §§ 196–200 RVO ohne eigenen Regelungsgehalt. Auf diese Normen wird in § 15 MuSchG verwiesen. Durch Abs. 2 S. 1 werden die genannten Leistungen in das SGB V eingeordnet. Abs. 2 S. 2 und 3 enthalten zwei Sonderregelungen.

2   Schwangerschaft und **Geburt** sind **keine Krankheit**. Zum **Schutz der Gesundheit** der Schwangeren und Mutter sowie des Kindes sind jedoch Gesundheitsleistungen erforderlich. Es handelt sich insofern um **Vorsorgeleistungen,** die systematisch an die §§ 20–24 b anschließen. Darüber hinaus verwirklicht das Leistungsrecht den **verfassungsrechtlichen Schutzauftrag** aus Art. 6 Abs. 4 GG. Für Mütter ohne Krankenversicherung gilt § 50 SGB XII.

B. Gesetzgebung

3   Die Norm wurde mit dem GRG neu gefasst und trat am 1. 1. 1989 in Kraft. Durch das GMG wurde das bis dahin in § 195 Abs. 1 Nr. 6 erwähnte und in § 200 b RVO geregelte **Entbindungsgeld** gestrichen.

C. Geltung des SGB V

4   Einen systematischen oder politischen Grund für den formellen Verbleib der §§ 195–200 RVO außerhalb des SGB V gibt es nicht mehr. Abs. 2 S. 1 ordnet die Vorschriften **materiell in das SGB V** ein, das damit in vollem Umfang für die darin geregelten Leistungen gilt.

D. Kein Ruhen des Anspruchs auf Mutterschaftsgeld

5   Der Anspruch auf Mutterschaftsgeld nach § 200 RVO ruht nicht bei Auslandsaufenthalt (§ 16 Abs. 1 Nr. 1), Wehr- und Zivildienst oder Wehrübungen (§ 16 Abs. 1 Nr. 2), bei Anspruch auf Heilfürsorge, im Entwicklungsdienst (§ 16 Abs. 1 Nr. 3) oder bei Inhaftierung (§ 16 Abs. 1 Nr. 4).

E. Keine Anwendung bei Prämienzahlung nach § 53 Abs. 2

Als § 195 Abs. 1 S. 3 RVO beschlossen wurde, war in § 65 Abs. 2 eine Regelung 6
zu **Beitragsrückzahlungen** bei Nichtinanspruchnahme von Leistungen enthalten. Zum gebotenen Schutz der Mutter und Familie sollte diese Regelung nicht auf Mutterschaftsleistungen angewendet werden. Die zwischenzeitlich durch das 2. GKV-NOG in § 54 geregelte Beitragsrückzahlung wurde durch das GKV-SolG aufgehoben. Die Regelung in § 195 Abs. 1 S. 3 blieb erhalten. Durch das GMG wurde der Selbstbehalt für freiwillige Mitglieder (§ 53) wieder eingeführt, durch das GKV-WSG wurde in § 53 **Abs. 2** eine Ermächtigung der Krankenkassen aufgenommen, eine **Prämienzahlung für Nichtinanspruchnahme** von Leistungen in ihrer Satzung aufzunehmen. Der Ausschluss in § 195 Abs. 1 S. 3 ist nun teleologisch auf diese Regelungen zu beziehen, die inhaltlich der früheren Norm § 65 Abs. 2 entsprechen. Diese Ausnahme ist auch durch Art. 6 Abs. 1 und 4 GG geboten, da dem Gesetzgeber Anreize gegen Geburten verboten wären.

§ 196 RVO [Ärztliche Betreuung, Hebammenhilfe, Versorgung mit Arznei-, Verband- und Heilmitteln]

(1) ¹Die Versicherte hat während der Schwangerschaft, bei und nach der Entbindung Anspruch auf ärztliche Betreuung einschließlich der Untersuchungen zur Feststellung der Schwangerschaft und zur Schwangerenvorsorge sowie auf Hebammenhilfe. ²Die ärztliche Betreuung umfaßt auch die Beratung der Schwangeren zur Bedeutung der Mundgesundheit für Mutter und Kind einschließlich des Zusammenhangs zwischen Ernährung und Krankheitsrisiko sowie die Einschätzung oder Bestimmung des Übertragungsrisikos von Karies.

(2) Bei Schwangerschaftsbeschwerden und im Zusammenhang mit der Entbindung gelten die § 31 Abs. 3, § 32 Abs. 2, § 33 Abs. 7 Satz 2 und Abs. 8 und § 127 Abs. 4 des Fünften Buches Sozialgesetzbuch nicht.

Schrifttum: *A. Schmidt-Recla*, Pränataldiagnostik und Arztpflichten im Schwangerschaftsbetreuungsvertrag, GesR 2003, 138; *F. Welti*, Behinderung und Rehabilitation im sozialen Rechtsstaat, 2005.

A. Überblick

§ 196 RVO regelt den Anspruch auf **vertragsärztliche Leistungen** und **Leis-** 1
tungen von Hebammen wegen **Schwangerschaft, bei und nach der Geburt**. § 196 RVO ist in das SGB V eingeordnet (§ 195 Abs. 2 S. 1 RVO). § 196 Abs. 2 RVO enthält Ausnahmen von der gesetzlichen **Zuzahlung**. Die Nichtanrechnung bei Prämien wegen Nichtinanspruchnahme ordnet § 195 Abs. 2 S. 3 RVO an. Für die Leistungserbringung durch Vertragsärzte gelten die **Mutterschafts-Richtlinien** des G-BA (zuletzt geändert am 24. 3. 2003) auf der Grundlage von § 92 Abs. 2 S. 2 Nr. 4. Für die Leistungserbringung durch Hebammen werden **Verträge mit den Verbänden der Hebammen** geschlossen (§ 134a).

B. Gesetzgebung

§ 196 RVO wurde mit dem GRG neu gefasst und trat am 1. 1. 1989 in Kraft. 2
Durch das 2. GKV-NOG wurde in Abs. 1 S. 2 zur Zahnprophylaxe angefügt. Durch das 9. ÄndG wurde der Hinweis zur Zuzahlungsfreiheit für Hilfsmittel

§ 196 RVO Ärztliche Betreuung u. a.

(§ 33 Abs. 2) aufgenommen. Durch das GKV-WSG wurde die Bezugnahme auf §§ 33 Abs. 7 S. 2 und Abs. 8 sowie auf § 127 Abs. 4 ergänzt.

C. Ärztliche Betreuung und Schwangerenvorsorge

3   Die vertragsärztliche Betreuung während der Schwangerschaft und nach der Entbindung soll Gefahren für Leben und Gesundheit von Mutter und Kind abwenden sowie Risiken möglichst rechtzeitig erkennen. Ihr Zweck ist es nicht, in **eugenischer Absicht** durch **Pränataldiagnostik** das Risiko möglicher Gesundheitsschäden des Kindes vorherzusagen. Eine auf den Schwangerschaftsabbruch bei erwarteter Behinderung des Kindes gerichtete Pränataldiagnostik ist durch § 196 RVO nicht gedeckt und wird durch das Fehlen einer embryopathischen Indikation in § 218 a StGB und das Benachteiligungsverbot wegen einer Behinderung (Art. 3 Abs. 3 S. 2 GG) begrenzt (*Welti,* Behinderung, 565 ff.; zur Diskussion auch BT-Drs. 14/9020, 67 ff.). Auch die haftungsrechtliche Rechtsprechung ist entsprechend auszurichten (einen Maßstab gibt BGH, NJW 2003, 3411 ff.; problematisch bei heutiger Rechtslage: BGH, NJW 1987, 2923 ff.; zur verfassungsrechtlichen Diskussion: BVerfGE 96, 375 ff.; BVerfGE 96, 409 ff. zur Divergenz zwischen dem ersten und dem zweiten Senat über das „**Kind als Schaden**"; vgl. *Schmidt-Recla,* GesR 2003, 138/139).

4   Der Umfang der vertragsärztlichen Leistungen wegen Schwangerschaft und Geburt ist in den **Mutterschafts-RL** konkretisiert. Umfasst sind Untersuchungen und Beratungen während der Schwangerschaft einschließlich der Früherkennung und Untersuchung von Risikofaktoren und der Betreuung von Risikoschwangerschaften, prophylaktische Maßnahmen, Untersuchungen und Beratungen der Wöchnerin, medikamentöse Maßnahmen und die Verordnung von Verband- und Heilmitteln sowie Aufzeichnungen und Bescheinigungen (Mutterpass).

5   Gesetzlich vorgesehen ist die individualprophylaktische Beratung der Schwangeren zur **Mund- und Zahngesundheit für Mutter und Kind** als Ergänzung von § 22 (§ 195 Abs. 1 S. 2 RVO).

D. Hebammenhilfe

6   Die **Hebammenhilfe** umfasst die berufsrechtlich nach dem Gesetz über den Beruf der Hebamme und des Entbindungspflegers (Hebammengesetz) zu erbringenden Leistungen während der Schwangerschaft einschließlich der Geburtsvorbereitungskurse, die Geburtshilfe bei der Entbindung, die Überwachung des Wochenbettverlaufs, die Betreuung nach der Geburt und die Rückbildungsgymnastik. Eine häusliche Entbindung oder eine ambulante Entbindung in einer von Hebammen geleiteten Einrichtung fällt unter § 196 RVO. Näheres haben die Spitzenverbände im Gemeinsamen Rundschreiben zu den Leistungen bei Schwangerschaft und Geburt vom 23. 2. 2005 ausgeführt.

7   Die **Leistungserbringung** richtete sich bis zum 1. 1. 2007 nach § 134 und der Hebammenhilfe-Gebührenverordnung. Nach § 134 a werden **Verträge** zwischen dem Spitzenverband Bund und den Verbänden der Hebammen geschlossen.

E. Ausschluss von Zuzahlungen

Durch § 196 Abs. 2 RVO sind **Zuzahlungen** bei Arznei- und Verbandmitteln, 8
Heilmitteln und Hilfsmitteln sowie die Leistungserbringung nach § 33 Abs. 7 und
§ 127 Abs. 4 bei Hilfsmitteln nicht anzuwenden. Die **Leistungsausschlüsse** nach
§ 34 gelten. Die **Praxisgebühr** entfällt nach § 28 Abs. 4 S. 2 bei Leistungen nach
§ 196 RVO.

§ 197 RVO [Stationäre Entbindung]

[1]**Wird die Versicherte zur Entbindung in ein Krankenhaus oder eine andere Einrichtung aufgenommen, hat sie für sich und das Neugeborene auch Anspruch auf Unterkunft, Pflege und Verpflegung.** [2]**Für diese Zeit besteht kein Anspruch auf Krankenhausbehandlung. § 39 Abs. 2 des Fünften Buches Sozialgesetzbuch gilt entsprechend.**

A. Überblick

Die Norm regelt den Anspruch von Mutter und Kind auf **Unterkunft, Pflege** 1
und Verpflegung bei einer Aufnahme in ein Krankenhaus oder eine andere Einrichtung zur Entbindung. Sie ist durch § 195 Abs. 2 S. 1 RVO in das SGB V eingeordnet. Die **Nichtanrechnung bei Prämien wegen Nichtinanspruchnahme** ordnet § 195 Abs. 2 S. 3 RVO an.

B. Gesetzgebung

Die aktuelle Fassung von § 197 RVO ist auf das GRG zurückzuführen und trat 2
am 1.1.1989 in Kraft. Ursprungsnorm war § 199 Abs. 1 aF. RVO (BT-Drs. 11/
2237, 185). S. 1 wurde mit dem GKV-WSG zum 1.4.2007 geändert. Die ursprüngliche Begrenzung der stationären Behandlung für die Zeit nach der Entbindung auf längstens sechs Tage fiel damit weg (BT-Drs. 16/4247, 61).

C. Inhalt des Anspruchs

Die Leistungen von Ärzten und Hebammen vor, bei und nach der Entbindung 3
sind in § 196 RVO geregelt. § 197 RVO enthält den Anspruch der Mutter für sich
und das Kind auf die Leistungen der **Unterkunft und Verpflegung** sowie **Pflegeleistungen** bei stationärer Aufnahme aus Anlass der Entbindung vor, bei und
nach dieser. Der Anspruch gilt seit der Änderung durch das GKV-WSG solange,
wie der Aufenthalt von Mutter und Kind im Krankenhaus wegen der Entbindung
erforderlich ist. In dieser Zeit richtet sich der Anspruch nicht nach § 39. Ist noch
in Folge der Entbindung wegen Komplikationen eine Behandlung der Mutter
oder von Mutter und Kind in einem anderen Krankenhaus oder einer anderen Abteilung erforderlich, bleibt § 197 RVO anwendbar. Wird nur das Kind nach der
Entbindung in einer anderen Abteilung eigenständig behandelt, liegt ein Leistungsfall nach § 39 vor.

S. 2 verweist auf § 39 Abs. 2, wonach Versicherten, die ein anderes als das in 4
der Einweisung genannte Krankenhaus wählen, die **Mehrkosten** auferlegt werden können. Für die stationäre Entbindung ist jedoch eine vertragsärztliche Ein-

weisung nach § 73 Abs. 2 Nr. 7 nicht vorgesehen. § 39 Abs. 2 bezieht sich auf § 73 Abs. 4, wo die Prüfung der Erforderlichkeit von Krankenhausbehandlung verfahrensmäßig konkretisiert ist. Eine solche Prüfung ist in § 197 RVO nicht vorgesehen. Vielmehr kann jede Frau, die eine stationäre Entbindung für erforderlich hält, diese in Anspruch nehmen. Die Verweisung in S. 2 **geht daher ins Leere**. In ihr kann auch keine Verweisung auf die beiden nächst erreichbaren geeigneten Krankenhäuser oder Einrichtungen entsprechend § 73 Abs. 4 S. 3 erkannt werden (so aber: Gemeinsames Rundschreiben der Spitzenverbände, Ziffer 3.5.; *J. Kruse*, H/K, § 197 RVO Rn. 15), denn die Wahl eines anderen geeigneten Krankenhauses oder einer anderen geeigneten Einrichtung muss der Krankenkasse keine Mehrkosten verursachen, zumal unter Geltung des Fallpauschalen-Systems. Die Selbstbestimmung bei der Wahl des Krankenhauses oder der Einrichtung einzuschränken, bedürfte vielmehr eines sachlichen Grundes und einer klaren gesetzlichen Grundlage.

D. Leistungserbringung

5   Die Leistungen werden in zugelassenen **Krankenhäusern** (§§ 107 Abs. 1, 108) oder anderen Einrichtungen erbracht. Die Leistungen werden mit einer Fallpauschale vergütet. Nach Auffassung des BSG sind **andere Einrichtungen** Krankenhäuser, die nach § 107 Abs. 1 Nr. 1 ausdrücklich der Geburtshilfe dienen. Damit sind Leistungen nach § 197 RVO in von Hebammen geleiteten Einrichtungen ausgeschlossen (BSG, NZS 2006, 648 ff.).

6   Nach einer Gegenansicht können **andere Einrichtungen** auch von Hebammen geleitete Einrichtungen sein, wenn in ihnen die Leistungen nach § 197 RVO und die notwendige medizinische Betreuung gewährleistet sind (*J. Kruse*, H/K, § 197 RVO Rn. 7) und sie gewerberechtlich nach § 30 GewO zugelassen sind (vgl. BSG, SozR, 3–2200, § 197 Nr. 2, 1 ff.). Die Auffassung des BSG wird vor allem mit dem historischen Willen des Gesetzgebers zu § 199 RVO aF. begründet. Der Wortlaut von § 197 RVO lässt sich – entgegen der Auffassung des BSG – kaum für eine Beschränkung auf ärztlich geleitete Krankenhäuser in Anspruch nehmen, weil er diesen gerade andere Einrichtungen gegenüberstellt. Angesichts der Systematik des Gesetzes, des Fortschritts der geburtshelferischen Berufe und Einrichtungen und der Berufsfreiheit der Hebammen und von ihnen geleiteten Einrichtungen müsste Hebammen, welche Entbindungen im Haushalt der Versicherten jedenfalls durchführen dürfen, auch die Möglichkeit offen stehen, andere Einrichtungen nach § 197 RVO zu leiten und deren Eignung im Einzelfall überprüfen zu lassen.

Da die Entbindung in anderen Einrichtungen leistungsrechtlich vorgesehen ist, müssten die Krankenkassen daher andere Einrichtungen durch Verwaltungsakt oder Vertrag zur Leistungserbringung zulassen, wenn sie geeignet sind.

E. Zuzahlung

7   Eine **Zuzahlung** ist nicht zu leisten.

§ 198 RVO [Häusliche Pflege]

[1]**Die Versicherte hat Anspruch auf häusliche Pflege, soweit diese wegen Schwangerschaft oder Entbindung erforderlich ist.** [2]**§ 37 Abs. 3 und 4 des Fünften Buches Sozialgesetzbuch gilt entsprechend.**

A. Überblick

Die Vorschrift, die § 195 Abs. 1 Nr. 4 konkretisiert, regelt die **häusliche Pflege** im Interesse der Schonung werdender Mütter während der Schwangerschaft sowie, nach der Entbindung, im Interesse der Regenerierung der Wöchnerin (*Höfler,* KK, § 198 RVO Rn. 2).

B. Anspruchsvoraussetzungen und -inhalt

Die Vorschrift entspricht der Sache nach § 37 (zur Übernahme begrifflicher 2 Unterscheidungen auch ohne explizite Verweise s. § 199 Rn. 6; zu den Begriffen Schwangerschaft und Entbindung § 199 RVO Rn. 2 ff., zum Kausalzusammenhang § 199 RVO Rn. 5). Allerdings wird § 37 nicht vollumfänglich in Bezug genommen, sondern nur hinsichtlich der Pflege durch eine im Haushalt lebende Person (vgl. § 37 Rn. 5) sowie hinsichtlich der Kostenerstattung für eine selbstbeschaffte Pflegekraft.

In sachlicher Anlehnung an § 37 sind **Grund- und Behandlungspflege** 3 (*Höfler,* KK, § 198 RVO Rn. 6) gemeint (s. auch § 37 Rn. 6, 8 f.). Die hauswirtschaftliche Versorgung ist nicht umfasst (*Höfler,* KK, § 198 RVO Rn. 6). Sie wird in § 37 Abs. 1 S. 3 gesondert neben der Pflege aufgeführt, so dass die normtextliche Differenzierung auf ein engeres Verständnis von „häuslicher Pflege" (**ohne hauswirtschaftliche Versorgung**) hindeutet. Das ist auch unschädlich, weil neben die Leistung des § 198 die Haushaltshilfe nach § 199 treten kann, denn § 198 RVO verlangt nicht, wie § 38, als zusätzliche Bedingung, dass ein Kind iSd. § 38 Abs. 1 S. 2 im Haushalt zu versorgen ist (*Höfler,* KK, § 198 RVO Rn. 6; s. auch *Padé,* jurisPK, § 37 Rn. 14).

§ 199 RVO [Haushaltshilfe]

¹**Die Versicherte erhält Haushaltshilfe, soweit ihr wegen Schwangerschaft oder Entbindung die Weiterführung des Haushalts nicht möglich ist und eine andere im Haushalt lebende Person den Haushalt nicht weiterführen kann.**²**§ 38 Abs. 4 des Fünften Buches Sozialgesetzbuch gilt entsprechend.**

A. Überblick

Die Vorschrift regelt für die besondere Situation der Schwangerschaft bzw. 1 der Entbindung den Rechtsanspruch auf **Haushaltshilfe** (s. auch § 195 Abs. 1 Nr. 5 RVO).

B. Anspruchsvoraussetzungen und -inhalt

Die Bestimmung ergänzt die allgemeine, für Krankheiten (Schwangerschaft 2 und Entbindung sind als solche keine Krankheiten) geltende Leistungsnorm des § 38 (*Höfler,* KK, § 199 RVO Rn. 3), auf die sie sich der Sache nach, zT. auch ausdrücklich, jedenfalls partiell, bezieht (§ 199 S. 2 RVO). **Schwangerschaft** wird der Zustand einer Frau von der Beendigung der Empfängnis (Einnistung des befruchteten Eis in der Gebärmutter, Nidation) bis zum Beginn der Entbindung, einer Fehl- bzw. Totgeburt sowie eines Schwangerschaftsabbruchs bezeichnet (*Höfler,* KK, § 196 RVO Rn. 6).

§ 199 RVO

3 Was mit **Entbindung** gemeint ist, wird im Gesetz nicht definiert. Gemeinhin wird unter der Entbindung (Niederkunft) der Vorgang verstanden, bei dem das Kind mit dem Ziel einer eigenen biologischen Lebensführung vom Organismus der Mutter abgetrennt wird; die Entbindung beginnt mit den Eröffnungswehen und endet mit der Abnabelung des Kindes (*Höfler,* KK, § 196 RVO Rn. 8). Auf der Grundlage veralteter medizinischer Unterscheidungen zwischen Früh- und Totgeburt und unter nicht hinreichend differenzierter Anlehnung an normative Kategorien des Personenstandsrechts (*Rixen,* FamRZ 1994, 417 ff.; *ders.,* FamRZ 1999, 265 ff.; *Spranger,* NVwZ 1999, 856 ff.; s. auch *Spranger,* MedR 1999, 210 ff.; *Hanke,* Nachsorgender Schutz menschlichen Lebens, 2002; *Riedel/Vetter,* Frauenarzt 2007, 747 ff.), die ohne Prüfung ihrer Geeignetheit für das Sozialrecht herangezogen werden, wird die Auffassung vertreten, die **Fehlgeburt** bewirke keine Entbindung, während dies offenbar bei der **Totgeburt** der Fall sein soll (vgl. *Höfler,* KK, § 196 Rn. 9 f.).

4 Richtigerweise ist davon auszugehen, dass auch bei vorgeburtlich verstorbenen nascituri (in der neueren Terminologie des Bestattungsrechts der Länder wird zwischen Fehlgeborenen/Fehlgeburten sowie Totgeborenen/Totgeburten unterschieden, s. etwa *Spranger,* NWVBl. 2004, 9 ff.; *Horn,* NdsVBl 2007, 321/321 f.; *Beckmann,* NdsVBl 2007, 327 ff.) eine Niederkunft möglich ist, denn die Geburt muss häufig eingeleitet bzw. durchgeführt werden, damit der tote Körper des nasciturus den Körper der Frau verlassen kann. Diesen Vorgang nicht Entbindung zu nennen, verkennt die **Erlebensperspektive der Frauen,** um die es (auch) bei der Leistungsgewährung gemäß § 199 RVO gehen muss. Hinzu kommt, dass zahlreiche „Frühchen", also extrem früh zur Welt kommende Frühgeburten, zwar geboren werden, allerdings teilweise recht bald nach der Geburt versterben. Angesichts solch mehr oder weniger zufälliger Abläufe erscheint es nicht überzeugend, die Frage der Lebensfähigkeit bzw. des Überlebens zum Kriterium für eine „Entbindung" zu machen.

5 Selbst wenn man dem nicht folgt, sollte man erwägen, ob nicht ein **Kausalzusammenhang** zur Schwangerschaft besteht, denn die Schwangerschaft hat im Sinne der Lehre von der rechtlich wesentlichen Ursache (vgl. *Höfler,* KK, § 44 Rn. 9), wesentlich an der späteren Fehl- bzw. Totgeburt mitgewirkt. Der Hinweis, bei einer Fehlgeburt käme Krankenbehandlung gemäß §§ 27 ff., mithin auch § 38, in Betracht (*Höfler,* KK, § 196 RVO Rn. 10), übersieht, dass das Ende einer Schwangerschaft durch eine Fehlgeburt nicht zwingend zu psychischen oder physischen Krankheitszuständen führen muss, die über die üblichen physischen oder mentalen Folgewirkungen eines solchen Schwangerschaftsendes hinausgehen.

6 Im Übrigen kann grundsätzlich auf die **begrifflichen Unterscheidungen** des § 38 verwiesen werden (§ 38 Rn. 1 ff.), die § 199 RVO übernimmt:
– zum Status der Versicherten § 38 Rn. 2,
– zu den Leistungen der Haushaltshilfe s. § 38 Rn. 5,
– zum Umfang § 38 Rn. 6, zur Unmöglichkeit der Weiterführung des Haushalts (einschl. des Kausalzusammenhangs – hier: zwischen Schwangerschaft bzw. Entbindung und Haushaltsweiterführung) § 38 Rn. 2,
– zur Nichtweiterführung des Haushalts durch eine andere Person § 38 Rn. 3, zur entsprechenden Anwendbarkeit der besonderen Kostenerstattungsregelung des § 38 Abs. 4 s. § 38 Rn. 8.

7 **Nicht anwendbar,** weder entsprechend noch durch eine sachgleiche, in § 199 RVO enthaltene Regelung, ist § 38 Abs. 2, d. h., die Leistungen gemäß § 199 RVO können nicht durch Satzung modifiziert bzw. erweitert werden (vgl.

§ 38 Rn. 7). Ebensowenig verlangt § 199 RVO, dass im Haushalt ein Kind iSd § 38 Abs. 1 S. 2 lebt (§ 38 Rn. 4; *Höfler,* KK, § 199 RVO Rn. 4).

§ 200 RVO [Mutterschaftsgeld]

(1) Weibliche Mitglieder, die bei Arbeitsunfähigkeit Anspruch auf Krankengeld haben oder denen wegen der Schutzfristen nach § 3 Abs. 2 und § 6 Abs. 1 des Mutterschutzgesetzes kein Arbeitsentgelt gezahlt wird, erhalten Mutterschaftsgeld.

(2) Für Mitglieder, die bei Beginn der Schutzfrist nach § 3 Abs. 2 des Mutterschutzgesetzes in einem Arbeitsverhältnis stehen oder in Heimarbeit beschäftigt sind oder deren Arbeitsverhältnis während ihrer Schwangerschaft oder der Schutzfrist nach § 6 Abs. 1 des Mutterschutzgesetzes nach Maßgabe von § 9 Abs. 3 des Mutterschutzgesetzes aufgelöst worden ist, wird als Mutterschaftsgeld das um die gesetzlichen Abzüge verminderte durchschnittliche kalendertägliche Arbeitsentgelt der letzten drei abgerechneten Kalendermonate vor Beginn der Schutzfrist nach § 3 Abs. 2 des Mutterschutzgesetzes gezahlt. Es beträgt höchstens 13 Euro für den Kalendertag. Einmalig gezahltes Arbeitsentgelt (§ 23a des Vierten Buches Sozialgesetzbuch) sowie Tage, an denen infolge von Kurzarbeit, Arbeitsausfällen oder unverschuldeter Arbeitsversäumnis kein oder ein vermindertes Arbeitsentgelt erzielt wurde, bleiben außer Betracht. Ist danach eine Berechnung nicht möglich, ist das durchschnittliche kalendertägliche Arbeitsentgelt einer gleichartig Beschäftigten zugrunde zu legen. Übersteigt das Arbeitsentgelt 13 Euro kalendertäglich, wird der übersteigende Betrag vom Arbeitgeber oder vom Bund nach den Vorschriften des Mutterschutzgesetzes gezahlt. Für andere Mitglieder wird das Mutterschaftsgeld in Höhe des Krankengeldes gezahlt. Für Mitglieder, deren Arbeitsverhältnis während der Mutterschutzfristen vor oder nach der Geburt beginnt, wird das Mutterschaftsgeld von Beginn des Arbeitsverhältnisses an gezahlt.

(3) Das Mutterschaftsgeld wird für die letzten sechs Wochen vor der Entbindung, den Entbindungstag und für die ersten acht Wochen, bei Mehrlings- und Frühgeburten und sonstigen vorzeitigen Entbindungen für die ersten zwölf Wochen nach der Entbindung gezahlt. Bei Frühgeburten verlängert sich die Bezugsdauer um den Zeitraum, der nach § 3 Abs. 2 des Mutterschutzgesetzes nicht in Anspruch genommen werden konnte. Für die Zahlung des Mutterschaftsgeldes vor der Entbindung ist das Zeugnis eines Arztes oder einer Hebamme maßgebend, in dem der mutmaßliche Tag der Entbindung angegeben ist. Das Zeugnis darf nicht früher als eine Woche vor Beginn der Schutzfrist nach § 3 Abs. 2 des Mutterschutzgesetzes ausgestellt sein. Bei Geburten nach dem mutmaßlichen Tag der Entbindung verlängert sich die Bezugsdauer vor der Geburt entsprechend.

(4) Der Anspruch auf Mutterschaftsgeld ruht, soweit und solange das Mitglied beitragspflichtiges Arbeitsentgelt oder Arbeitseinkommen erhält. Dies gilt nicht für einmalig gezahltes Arbeitsentgelt.

Schrifttum: *H. Buchner/U. Becker,* MuSchG, 7. Auflage 2003 (§ 13); *H. Dalheimer,* Die Leistungen der GKV bei Schwangerschaft und Mutterschaft, 6. Auflage 2002, 75; *B. Friese,* Das neue Mutterschutzrecht, NJW 2002, 3208; *C. Rolfs,* ErfK, § 200 RVO; *M. Schlachter,* ErfK, § 13 MuSchG; *M. Wolterhoff,* Neuregelungen im Bereich der Mutterschaft, SF-Medien 157/2006, 71; *dies.,* Neufassung des Mutterschutzgesetzes aus Sicht der Krankenkassen, SF-Medien 138/2003, 95; *J. Zmarzlik/M. Zipperer/H. P. Viethen/G. Vieß,* Mutterschutzgesetz, 9. Auflage 2005.

§ 200 RVO

A. Überblick

1 Nach § 200 RVO steht werdenden/jungen Müttern unter bestimmten Voraussetzungen ein Anspruch auf Mutterschaftsgeld zu. Diese Leistung ist Teil einer mischfinanzierten Förderung, die die KK, der Arbeitgeber sowie der Bund gemeinsam tragen; sie geht anderen Leistungen, insb. derjenigen auf Krankengeld vor (dieses ruht während der Zahlung von Mutterschaftsgeld, § 49 Abs. 1 Nr. 3, vgl. § 49 Rn. 5; BAG, NZA 1997, 763). Die Vorschrift, die eng mit den Leistungen aus dem MuSchG verknüpft ist, soll va. eine Lohnersatzfunktion einnehmen und die wirtschaftliche Versorgung berufstätiger Mütter sicherstellen (BSG, SozR 2200, § 200 Nr. 6 Rn. 18; BAG, NZA 2004, 537/539). Zudem soll die Möglichkeit gefördert werden, dass die Mutter das Kind betreuen kann (BSG, SozR 3–7833, § 7 Nr. 1 Rn. 34). Eine volle Zielerreichung ist jedoch nur zusammen mit den Leistungen des MuSchG möglich (BSG, SozR 4–2200, § 200 Nr. 2 Rn. 12). Die Vorschrift regelt die Anspruchsberechtigung (Abs. 1), die Höhe des Mutterschaftsgeldes (Abs. 2) und die Dauer (Abs. 3). Schließlich ist in Abs. 4 ein Ruhenstatbestand enthalten.

B. Anspruchsberechtigung, Abs. 1

2 Der Anspruch steht nur Frauen zu; verfassungsrechtlich ist dies nicht beanstandet worden (BVerfG SozR 2200, § 200 Nr. 9 Orientierungssatz; BSG SozR 2200, § 200 Nr. 6). Zudem ist der Anspruch auf die leibliche Mutter (nicht: Adoptivmutter) beschränkt (BSG SozR 2200, § 200 Nr. 6 Rn. 16). Die **Anspruchsberechtigung** ist an zwei Voraussetzungen geknüpft. Zum einen muss die Frau **Mitglied einer KK** sein, ansonsten greift § 13 MuSchG; die Mitgliedschaft kann sich dabei va. aus §§ 5–9 ergeben, aber auch aus §§ 192 f. Die Mitgliedschaft muss regelmäßig zum Zeitpunkt des Versicherungsfalls bestehen, der mit der besonderen Schutzbedürftigkeit der Frau als werdender Mutter verbunden ist, also idR. sechs Wochen vor der Entbindung gem. der Schutzfrist des § 3 Abs. 2 MuSchG beginnt (st. Rspr., jüngst BSG, NZS 2005, 147/148; *Rolfs*, ErfK, § 200 RVO, Rn. 2). Beginnt das Arbeitsverhältnis und damit die Mitgliedschaft in der KK erst später, ist dies für den Anspruch indes unschädlich. § 13 MuSchG hat für Frauen, die Mitglieder der KK sind, lediglich deklaratorische Bedeutung, ihr Anspruch folgt allein aus § 200 RVO (BT-Drucks. 4/3652, 7; *Schlachter*, ErfK, § 13 MuSchG Rn. 1).

3 Zum anderen muss eine **zweite Voraussetzung** gegeben sein, die in Abs. 1 alternativ vorgesehen ist. Die Frau muss entweder Anspruch auf Krankengeld haben; dies richtet sich nach § 44 (krankheitsbedingte Arbeitsunfähigkeit oder stationäre Behandlung auf Kosten der KK, vgl. § 44 Rn. 7, 14). Alternativ ist Voraussetzung, dass es bei der Frau um ein Mitglied geht, dem wegen der Schutzfristen des MuSchG kein Arbeitsentgelt gezahlt wird, etwa um eine Studentin. Hier soll das Arbeitsentgelt ersetzt werden, das wegen und während der Beschäftigungsverbote des MuSchG ausfällt (BSG, SozR 3–2200, § 200 Nr. 1 Rn. 17). Entscheidend ist dann aber, dass die Versicherte in einem privatrechtlichen Arbeitsverhältnis steht (BSG, SozR 4–2200, § 200 Nr. 2 Rn. 28) und eine Kausalität zwischen Schutzfrist und Entgeltausfall besteht (BSG, NZS 1995, 459/460; BSG, NZS 2005, 147/148). Beamte fallen daher aus dem Anwendungsbereich heraus (zu Problemen beim Wechsel ins Angestelltenverhältnis *Friese*, NJW 2002, 3208/3210); Heimarbeiterinnen sind indes auch hier gleichgestellt (näher zu den Anspruchsvoraussetzungen *Wolterhoff*, SF-Medien 138/2003, 95/109).

C. Höhe des Mutterschaftsgeldes, Abs. 2

Abs. 2 enthält ausführliche Regelungen zur **Höhe** des Mutterschaftsgeldes (ausführlich zur Berechnung *Wolterhoff,* SF-Medien 157/2006, 71/87). Dieses wird für den Fall, dass ein Arbeitsverhältnis oä. besteht bzw. bestand, unter Rekurs auf einen in der Vorschrift genannten Bezugszeitraum berechnet, der sich regelmäßig aus den letzten drei abgerechneten Kalendermonaten vor dem Beginn der Schutzfrist nach § 3 Abs. 2 MuSchG ergibt. Dann wird nach Abs. 2 S. 1 als Mutterschaftsgeld regelmäßig das um die gesetzlichen Abzüge verminderte durchschnittliche kalendertägliche Nettoarbeitsentgelt gewährt. Höchstens kommen jedoch 13 € zur Auszahlung. Das Arbeitsentgelt ist also entscheidender Anknüpfungspunkt, ggf. wird dasjenige einer gleichartig Beschäftigten zugrunde gelegt (Abs. 2 S. 4). Den Unterschiedsbetrag zwischen der Höchstsumme von 13 € sowie dem auf den unterschiedlichen Wegen der Sätze 1 bis 4 berechneten Nettoarbeitsentgelt trägt der Arbeitgeber oder der Bund im Wege eines Zuschusses zum Mutterschaftsgeld nach § 14 MuSchG.

Bei anderen Mitgliedern der KK, bei denen Arbeitsentgelt nicht vorhanden ist, es sich also nicht um Arbeitnehmerinnen oder in Heimarbeit Beschäftigte handelt, knüpft Abs. 2 S. 7 an das Krankengeld an. Hier geht es um Versicherte, die zwar die Voraussetzungen des Abs. 2 S. 1 bzw. 5, wie etwa Geschäftsführerinnen einer GmbH oder freiwillig versicherte Selbstständige (BSG SozR 4–2200 § 200 Nr. 2 Rn. 19). Eine Begrenzung auf 13 € erfolgt hier nicht.

D. Dauer des Mutterschaftsgeldes, Abs. 3

Abs. 3 regelt die **Dauer** des Mutterschaftsgeldes. Es wird gewährt, solange die Voraussetzungen gegeben sind. Im Ergebnis lässt sich ein Anspruch aus der Norm regelmäßig (zu den Ausnahmen bei späteren Arbeitsbeginn s. Abs. 3 Satz 5) herleiten für die letzten sechs Wochen vor der Entbindung (bei Arbeitsbeginn während dieser Zeit: ab diesem Zeitpunkt, Abs. 2 S. 5), den Entbindungstag (S. 1) sowie für die ersten acht (ggf. zwölf, Abs. 3 S. 1 2. HS) Wochen nach der Entbindung. Für die Fristberechnung gelten die §§ 187 Abs. 1, 188 Abs. 2 BGB (§ 26 Abs. 1 SGB X).

E. Ruhen des Anspruchs, Abs. 4

Der Anspruch **ruht,** soweit und solange die Frau ein beitragspflichtiges Arbeitsentgelt oder -einkommen erhält. Hintergrund der Vorschrift ist, dass während der Schutzfristen des MuSchG zwar das Arbeitsverhältnis zwischen den Parteien nicht ruht (BAG NZA 1989, 759/760), der Arbeitgeber aber zur Entgeltzahlung nicht verpflichtet ist. Einmalig gezahltes Entgelt bleibt unberücksichtigt. Dies ist angesichts der Lohnersatzfunktion (vgl. Rn. 1) konsequent. Die Ruhenswirkung nach Abs. 4 entspricht derjenigen nach § 49 beim Krankengeld.

Fünfter Abschnitt. Leistungen bei Krankheit
Erster Titel. Krankenbehandlung

§ 27 Krankenbehandlung

(1) ¹Versicherte haben Anspruch auf Krankenbehandlung, wenn sie notwendig ist, um eine Krankheit zu erkennen, zu heilen, ihre Verschlimmerung zu verhüten oder Krankheitsbeschwerden zu lindern. ¹Die Krankenbehandlung umfasst
1. Ärztliche Behandlung einschließlich Psychotherapie als ärztliche und psychotherapeutische Behandlung,
2. zahnärztliche Behandlung,
2a. Versorgung mit Zahnersatz einschließlich Zahnkronen und Suprakonstruktionen,
3. Versorgung mit Arznei-, Verband-, Heil- und Hilfsmitteln,
4. häusliche Krankenpflege und Haushaltshilfe,
5. Krankenhausbehandlung,
6. Leistungen zur medizinischen Rehabilitation und ergänzende Leistungen.

³Bei der Krankenbehandlung ist den besonderen Bedürfnissen psychisch Kranker Rechnung zu tragen, insbesondere bei der Versorgung mit Heilmitteln und bei der medizinischen Rehabilitation. ⁴Zur Krankenbehandlung gehören auch Leistungen zur Herstellung der Zeugungs- oder Empfängnisfähigkeit, wenn diese Fähigkeit nicht vorhanden war oder durch Krankheit oder wegen einer durch Krankheit erforderlichen Sterilisation verlorengegangen war.

(2) Versicherte, die sich nur vorübergehend im Inland aufhalten, Ausländer, denen eine Aufenthaltserlaubnis nach § 25 Abs. 4 bis 5 des Aufenthaltsgesetzes erteilt wurde, sowie
1. asylsuchende Ausländer, deren Asylverfahren noch nicht unanfechtbar abgeschlossen ist,
2. Vertriebene im Sinne des § 1 Abs. 2 Nr. 2 und 3 des Bundesvertriebenengesetzes sowie Spätaussiedler im Sinne des § 4 des Bundesvertriebenengesetzes, ihre Ehegatten, Lebenspartner und Abkömmlinge im Sinne des § 7 Abs. 2 des Bundesvertriebenengesetzes haben Anspruch auf Versorgung mit Zahnersatz, wenn sie unmittelbar vor Inanspruchnahme mindestens ein Jahr lang Mitglied einer Krankenkasse (§ 4) oder nach § 10 versichert waren oder wenn die Behandlung aus medizinischen Gründen ausnahmsweise unaufschiebbar ist.

Schrifttum: *J. Becker,* Off-Label-Use: Arzneimittelversorgung in der gesetzlichen Krankenversicherung nur bei Todesgefahr?, SGb 2004, 594; *E. Eichenhofer,* Krankheit und Behandlungsbedürftigkeit im Recht der gesetzlichen Krankenversicherung, SGb 1994, 501; *W. Eicher,* Die Praktikabilität des Krankheitsbegriffes in der gesetzlichen Krankenversicherung, KV 1987, 153; *K. Fastabend,* Zum Begriff der notwendigen Krankenbehandlung im SGB V, NZS 2002, 299; *R. Francke/D. Hart,* Off label use. Arzneimittelrechtliche, haftungsrechtliche, berufsrechtliche und sozialrechtliche Fragen, SGb 2003, 653; *R. Francke,* Richtlinien, Normsetzungsverträge und neue Behandlungsmethoden in der Rechtskonkretisierungskonzept des BSG, SGb 1999, 5; *G. Glaeske/C. Dierks,* Off-Lable-Use, Weichenstellung nach dem BSG-Urteil, 2002; *E. Hauck,* Gestaltung des Leistungsrechts der gesetzlichen Krankenversicherung durch das Grundgesetz?, NJW 2007, 1320; *ders.,* Medizinischer Fortschritt im Dreieck IQWiG, GBA und Fachgesellschaften: Wann wird eine innovative Therapie zur notwendigen Maßnahme?, NZS 2007, 461; *P. Hinz,* Verfassungsrecht und Leistungsrecht in der gesetzlichen Krankenversicherung, ZfS 2006, 141; *T. Kingreen,* Verfassungsrechtliche Grenzen der Rechtssetzungsbefugnis des Gemeinsamen Bundesausschusses im Gesundheitsrecht: Besprechung von BVerfG, Beschl. v. 6.12.2005 − 1 BvR 347/98, NJW 2006, 891, 877; *ders.,* Gerichtliche Kontrolle von Kriterien und Verfahren im Gesundheitsrecht, MedR 2007, 457;

3. Kapitel. 5. Abschnitt. 1. Titel **§ 27**

H. Lang, Recht auf Leben und körperliche Unversehrtheit – Recht auf Gesundheit?, Traditio et Innovatio 2006, 30; *J. Langhals,* Umfang des Behandlungsanspruchs bei lebensbedrohlichen oder regelmäßig tödlich verlaufenden Erkrankungen, NZS 2007, 76; *H. Marburger,* Das Leistungsrecht der Krankenversicherung, WzS 2005, 1; *V. Neumann,* Das medizinische Existenzminimum, NZS 2006, 393; *ders.,* Anspruch auf Krankenbehandlung nach Maßgabe der Richtlinien des Bundesausschusses?, NZS 2001, 515; *ders.,* Der Anspruch auf Krankenbehandlung – ein Rahmenrecht?, SGb 1998, 609; *S. Rixen,* Seltene Erkrankungen als Problem des Gesundheitssozialrechts, ZEFQ 2008, 31; *V. Saalfrank/S. Weser,* Die Pflicht der gesetzlichen Krankenversicherung zur Leistung neuer Behandlungsmethoden, NZS 2008, 17; *F. E. Schnapp,* Aktuelle Rechtsquellenprobleme im Vertragsarztrecht – Am Beispiel von Richtlinien und Einheitlichem Bewertungsmaßstab, SGb 1999, 62; *G. Schwerdtfeger,* Die Leistungsansprüche der Versicherten im Rechtskonkretisierungskonzept des SGB V, NZS 1998, 49; *M. Seidel,* Kriterien der Leistungsgewährung für Menschen mit Behinderung, DÄBl 2005, A 1654; *M. v. Wulffen,* Rechtsprechung des Bundessozialgerichts zu noch nicht anerkannten Behandlungsmethoden, GesR 2006, 385.

Inhaltsübersicht

	Rn.
A. Überblick und Bedeutung der Regelung	1
I. Bedeutung der Regelung	1
II. Überblick über den Regelungsgehalt	5
B. Anspruch auf Krankenbehandlung	9
I. Voraussetzungen des Anspruchs	9
1. Krankheit im krankenversicherungsrechtlichen Sinne	10
a) Definition	10
b) Die einzelnen Tatbestandsmerkmale	11
aa) Regelwidrigkeit	11
(1) Begriffliche Vergewisserungen	11
(2) Problemfelder	13
(a) Anatomische Abweichungen und Entstellungen	14
(b) Adipositas	18
(c) Altersgemäße Beschränkungen	19
(d) Aus psychischen Motiven verlangte Operationen am gesunden Körper	20
bb) Behandlungsbedürftigkeit	24
cc) Behandlungsfähigkeit	26
dd) Arbeitsunfähigkeit	27
2. Zugehörigkeit zur GKV (Versicherteneigenschaft)	28
II. Anspruchsinhalt, S. 2	29
1. Enumerative Aufzählung in S. 2	29
2. Behandlungsformen	31
a) Ärztliche Behandlung einschließlich Psychotherapie	31
b) Zahnärztliche Behandlung einschließlich der Behandlung mit Zahnersatz	32
c) Versorgung mit Arznei-, Verband-, Heil- und Hilfsmitteln	33
d) Häusliche Krankenpflege und Haushaltshilfe	41
e) Krankenhausbehandlung	42
f) Leistungen zur medizinischen Rehabilitation und ergänzende Leistungen	43
3. Sonderfälle, S. 3 und 4	44
a) Psychisch Kranke	44
b) Medizinische Behandlung im Kontext von Zeugungs- und Gebärfähigkeit	45
III. Konkretisierung des Anspruchs auf Krankenbehandlung (Rahmenrecht)	46
1. Anspruchskonturierung	46
2. Systemversagen	49
3. Verbleibende verfassungsrechtliche Bedenken	64
IV. Ziele der Krankenbehandlung	65
C. Leistungsbeschränkung bei Zahnersatz, Abs. 2	66

A. Überblick und Bedeutung der Regelung

I. Bedeutung der Regelung

1 § 27 wurde mit dem GRG in das SGB V aufgenommen und trat an die Stelle der bisherigen Regelung in § 182 Abs. 1 Nr. 1 RVO. Zugleich ersetzte der Gesetzgeber den bis dahin verwandten Begriff der „Krankenpflege" durch den Begriff der Krankenbehandlung. § 27 stellt nach der gesetzgeberischen Intention zugleich eine Zusammenfassung der Zielrichtung und Zweckbestimmung der Krankenbehandlung dar (vgl. BT-Drs. 11/2237, 170). Das hatte und hat nicht zuletzt deshalb Bedeutung, weil der Gesetzgeber in Abkehr von der bisherigen Rechtslage mit dem GRG den Leistungsinhalt bei einer Krankenbehandlung in § 27 enumerativ aufgezählt hat (Wegfall des in § 182 RVO verwandten Wortes „insbesondere", zum Enumerativcharakter noch unten Rn. 5 f., 29 f.). Zugleich stellen schon die Gesetzesmaterialien zum GRG klar, dass der Anspruch auf die Leistung bereits vom Beginn der Krankheit an besteht (vgl. BT-Drs. 11/2237, 170).

2 § 27 Abs. 1 S. 1 lässt sich als Grundnorm des sog. Leistungsrechtes des SGB V qualifizieren, wird doch in ihr der Anspruch auf Krankenbehandlung begründet. Wegen dieses Grundnormcharakters (vgl. BSGE 45, 11/15, Bezeichnung des eigentlichen Risikos des Versicherungszweiges) kommt der Regelung übergreifende Bedeutung vor allem in dem Sinne zu, dass mit dem Bestehen eines Versicherungsverhältnisses, dem Vorliegen einer Krankheit sowie der Notwendigkeit ihrer Behandlung zur Erreichung bestimmter Behandlungsziele allgemeine Leistungsvoraussetzungen benannt werden, die stets gegeben sein müssen (dazu BT-Drs. 11/2237, 170 sowie etwa *Schmidt*, Peters, KV, § 27 Rn. 10).

3 Wie zuvor verzichtete auch der Gesetzgeber des GRG, mit dem die Krankenversicherung als Buch V in das SGB aufgenommen wurde, auf eine Definition des Begriffes Krankheit. Das wird als sachgerecht angesehen, weil der Inhalt des Krankheitsbegriffes ständig Änderungen unterworfen sei, die eine in der Handhabung relativ starre Legaldefinition nicht geboten erscheinen lassen (BT-Drs. 11/2237, 170). Der in § 27 geregelte Anspruch auf Krankenbehandlung ist auch verfassungsrechtlich im Sinne eines Anspruchs auf das medizinische Existenzminimum verankert, wobei die verfassungsnormative Basis unterschiedlich in Art. 1 Abs. 1 oder Art. 2 Abs. 2 GG (dazu etwa *Neumann*, NZS 2006, 393/393 ff.; *Lang*, Traditio et Innovatio 2006, 30/31 ff.) gesucht wird.

4 Auch wenn die Rechtsprechung Art. 2 Abs. 2 GG in Bezug auf originäre subjektiv-rechtlich ausgedeutete Ansprüche auf Krankenbehandlung weitgehend als weißen Fleck behandelt, räumt sie doch ein, dass es vor Art. 2 Abs. 1 iVm. dem Sozialstaatsprinzip einer besonderen Rechtfertigung bedürfe, wenn dem Versicherten Leistungen für die Behandlung einer Krankheit und insbesondere einer lebensbedrohlichen oder regelmäßig tödlichen Erkrankung durch gesetzliche Bestimmungen oder durch deren fachgerichtliche Auslegung und Anwendung vorenthalten würden (vgl. BVerfG, SozR 4–2500, § 27 Nr. 5 Rn. 22; zur Frage eines originären Leistungsanspruchs aus Art. 2 Abs. 2 S. 1 vgl. auch *Schmidt-Aßmann*, Grundrechtspositionen und Legitimationsfragen im öffentlichen Gesundheitswesen, 2001, 23 ff. mwN.).

II. Überblick über den Regelungsgehalt

5 In § 27 Abs. 1 werden zunächst die Anspruchsvoraussetzungen für die Gewährung einer Krankenbehandlung angesprochen. § 27 Abs. 1 S. 2 enthält eine enu-

merative Aufzählung dessen, was zur Krankenbehandlung gehört. Aufgabe der Vorschrift ist also die inhaltliche Festlegung der Krankenbehandlung, während es den §§ 28 bis 33 und 37 bis 43 vorbehalten ist, Voraussetzungen und Umfang der einzelnen in § 27 Abs. 1 S. 2 aufgezählten Leistungen festzulegen.

Aus dem Enumerativcharakter der Aufzählung in S. 2 ergibt sich, dass nur solche Leistungen zu Lasten der GKV erbracht werden dürfen, die im Katalog des § 27 Abs. 1 S. 2 enthalten sind (BSGE 81, 245/248), andere als die in S. 2 genannten Behandlungen sollen dem Bereich der Eigenverantwortung der Versicherten zuzuordnen sein (BSGE 81, 245/248 f.; 93, 252/255). Ob allerdings diese Interpretation des § 27 Abs. 1 S. 2 tatsächlich das „notwendige Korrektiv zur sachgerechten Abgrenzung des von der GKV zu tragenden Risikos" darstellt (so explizit BSGE 81, 245/248 f.; 93, 252/255; aus dem Schrifttum *Schmidt*, Peters, KV, § 27 Rn. 16), vermag schon wegen des früheren anders lautenden Gesetzeswortlauts in § 182 Abs. 1 Nr. 1 RVO nicht ohne weiteres zu überzeugen.

6

In den S. 3 und 4 wird sodann (eingefügt auf Betreiben des Bundesrates, vgl. BT-Drs. 11/2493, 12) zwei spezifischen Sonderfällen (psychische Erkrankungen und Leistungen im Kontext von Zeugungs- und Empfängnisunfähigkeit) Rechnung getragen. Abs. 2 wurde mit dem GSG angefügt; die Regelung macht den Anspruch der dort genannten Personengruppen auf Zahnersatz vom Ablauf einer Wartefrist abhängig.

7

Da das Krankenversicherungsrecht vom Finalitätsgrundsatz beherrscht ist (dazu *Igl/Welti*, § 2 Rn. 4), kommt es auf die Ursache einer Erkrankung nicht an. Auch Eigenverschulden des Versicherten oder unvernünftige Lebensführung schränken den Leistungsanspruch nach § 27 grundsätzlich nicht ein (zu Ausnahmen vgl. die Kommentierung bei § 52).

8

B. Anspruch auf Krankenbehandlung

I. Voraussetzungen des Anspruchs

Nach § 27 Abs. 1 S. 1 haben nur Versicherte Anspruch auf Krankenbehandlung. Das Bestehen eines Versichertenverhältnisses ist mithin Leistungsvoraussetzung (dazu BT-Drs. 11/2237, 166). Daneben hängt der Anspruch auf Krankenbehandlung vom Vorliegen einer Krankheit ab. Diese scheinbar selbstverständliche Klarstellung bezieht ihre Berechtigung daraus, dass der Begriff der Krankheit im Sinne des SGB V nicht allein anhand medizinischer Kriterien fixiert werden kann, sondern in spezifisch sozialversicherungsrechtlicher Weise zu konturieren ist. Das zeigt nicht zuletzt die herrschende Interpretation des krankenversicherungsrechtlichen Krankheitsbegriffs (dazu sogleich in Rn. 10 ff.).

9

1. Krankheit im krankenversicherungsrechtlichen Sinne

a) Definition. Die herrschende Rechtsprechung und Literatur versteht unter Krankheit im Sinne der gesetzlichen Krankenversicherung einen regelwidrigen Körper- oder Geisteszustand, dessen Eintritt entweder allein die Notwendigkeit von Heilbehandlung oder zugleich oder ausschließlich Arbeitsunfähigkeit zur Folge hat (aus der umfangreichen Rechtsprechung des BSG etwa BSGE 26, 240/242; 35, 10/12; 62, 83/83; 85, 36/38; 90, 289/290; aus dem Schrifttum vgl. nur *Schmidt*, Peters, KV, § 27 Rn. 50; sa. die Definition des Gesetzgebers in BT-Drs. 11/2237, 170).

10

b) Die einzelnen Tatbestandsmerkmale. aa) Regelwidrigkeit. (1) Begriffliche Vergewisserungen. Die Definition knüpft zunächst an die Unregel-

11

mäßigkeit des in Rede stehenden Krankheitszustandes an. Sie wird mit einer körperlichen oder seelischen Verfassung umschrieben, die vom Leitbild des gesunden Menschen abweicht, wobei der abweichende Körper- oder Geisteszustand ärztlicher Behandlung bedarf und/oder den Betroffenen arbeitsunfähig macht (st.Rspr. etwa BSGE 90, 289/290; 85, 36/38; 72, 96/98; 59, 119/121; BSG, SozR 4–2500, § 27 Nr. 2 Rn. 6; die Einbeziehung von Behinderungen bzw. drohender Behinderungen, § 33 Abs. 1, wird dabei nur als eine andere Akzentsetzung verstanden, BSG, SozR 4–2500, § 27 Nr. 2 Rn. 6).

12 Die damit angesprochene Orientierung am Leitbild des gesunden Menschen ist nicht ohne Missverständnispotential. Rekurriert wird damit aber weder auf ein auf Äußerlichkeiten bezogenes gesundes Volksempfinden noch auf eine Idealnorm, die jede noch so kleine Abweichung im Erscheinungsbild als behandlungsbedürftig pathologisiert. Das Leitbild „gesunder Mensch" fungiert mithin nicht als Ideal, sondern wird als Normalbild des Menschen in Bezug genommen (vgl. BSGE 26, 240/242; 39, 167/168; 59, 119/121; *Waltermann,* § 8 Rn. 172; *Muckel,* § 8 Rn. 90; *Gitter/Schmitt,* § 9 Rn. 32).

13 **(2) Problemfelder.** Dass insoweit erforderlichen Abgrenzungen zu nicht vom krankenversicherungsrechtlichen Krankenbegriff erfassten Unregelmäßigkeiten notwendig ein gewisser Dezisionismus innewohnt, liegt auf der Hand. So wurde versucht, das Kriterium der Regelwidrigkeit des Körper- und Geisteszustandes mit weiteren materiellen Kriterien (erhebliche, schwere Abweichung) anzureichern, um so den Begriff operationabel zu halten. Namentlich die Rechtsprechung hat im Laufe der Zeit insbesondere in den nachfolgenden Problemfeldern Gelegenheit gehabt, die Grundvoraussetzung für die krankenversicherungsrechtliche Leistungspflicht zu präzisieren.

14 **(a) Anatomische Abweichungen und Entstellungen.** Es liegt auf der Hand, dass angesichts der Bandbreite menschlichen Aussehens Abweichungen im Aussehen nicht per se Regelwidrigkeiten iSd. Krankheitsbegriffes darstellen können. Das BSG hat aus der Konzeption des SGB V, das Teilaspekte der Gesundheitssorge, wie etwa die Ernährung und Körperpflege, der Eigenverantwortung der Versicherten zuweise (vgl. dazu etwa BSGE 81, 240/243 f.), abgeleitet, dass Krankheit keinen undifferenzierten Bedarf an Sozialleistungen auslöse, sondern dass der Begriff der Krankenbehandlung iSv. § 27 Abs. 1 S. 2 in einem enger umrissenen Sinne zu verstehen sei. Insoweit müsse der sozialversicherungsrechtliche Krankheitsbegriff bei körperlichen Anomalitäten durch die „Korrektive" damit verbundener Fehlfunktionen bzw. dem Erfordernis einer Entstellung sachgerecht gehalten werden. Mit diesen Korrekturerfordernissen hat das BSG versucht, einen objektivrechtlich verstandenen Krankheitsbegriff durchzusetzen.

15 Einigkeit besteht deshalb, dass eine Krankheit nur vorliegt, wenn der Versicherte in seinen Körperfunktionen beeinträchtigt wird oder wenn die anatomische Abweichung entstellend wirkt (vgl. etwa BSG, NZS 2005, 421/424; sowie *Knispel,* Beck-OK, § 27 Rn. 9). Zum Teil wird dabei die Entstellung auch als Unterfall eines Funktionsdefizits aufgefasst (etwa von BSG, SozR 3–2500, § 33 Nr. 45 S. 253 f.). Auf dieser Linie hat das BSG (BSG, SozR 3–2500, § 33 Nr. 45 S. 253 f.) eine Behandlungsbedürftigkeit bei der Entstellung einer Frau ohne natürliches Kopfhaar bejaht (zur gegenteiligen Entscheidung bei einem männlichen Patienten vgl. BSG, SozR 2200, 182 b Nr. 18 S. 50 f.). Als entstellend in diesem Sinne wurden auch diskutiert die Wangenatrophie (LSG Rhld-P, KRS 02.021; *Knispel,* Beck-OK, § 27 Rn. 10) und Narben im Lippenbereich (BSG, SozR 3–1750, § 372 Nr. 1; zur damit angesprochenen Fallgruppe Behandlungs-

3. Kapitel. 5. Abschnitt. 1. Titel § 27

bedürftigkeit bei Entstellung vgl. zusammenfassend BSG, SozR 4–2500, § 27 Nr. 3 Rn. 6).

Aus der unübersehbaren Rechtsprechung seien folgende Fälle erwähnt, die die 16 Rechtsprechung in der Abgrenzungsproblematik zwischen einerseits Krankheit und andererseits hinnehmbarer Unregelmäßigkeit beschäftigt haben: Vollständige Haarlosigkeit einer Frau (dazu BSG, SozR 3–2500, § 33 Nr. 45 S. 253 f.), Dauerpigmentierung von Gesichtspartien zur Darstellung krankheitsbedingt fehlender Augenbrauen und Wimpern (keine notwendige Krankenbehandlung, es fehle bereits das Merkmal der Behandlungsbedürftigkeit, das seinerseits die Behandlungsfähigkeit voraussetze, weil die Dauerpigmentierung der Patientin keine Augenbrauen oder Augenwimpern zu verschaffen vermöge, BSG, SozR 4–2500, § 27 Nr. 2 Rn. 7); zur Bewertung großflächiger Hautveränderungen etwa BSG NZS 2005, 421/424; Hodenprothese (BSGE 82, 158/163 f.), Gaumenspalte (BSG, SozR 2200, § 182 Nr. 11), als anomal empfundene Größe der weiblichen Brust sowohl in Form einer zu stark entwickelten als auch hinsichtlich des Begehrens nach Brustvergrößerungen (dazu BSG, SozR 4–2500, § 27 Nr. 3 Rn. 5 ff.; kein Anspruch auf Brustvergrößerung, weil die begehrte Behandlung auch im Erfolgsfall nur ein anderes Aussehen und keine natürlich gewachsenen funktionsgerechten Organe schaffen würde), Ausstattung mit einem Toupet (vgl. BSG, SozR 2200, § 182 b Nr. 18); besonders tief greifende Formen der Transsexualität können eine behandlungsbedürftige Krankheit im Sinne der GKV darstellen und einen Anspruch auf eine geschlechtsangleichende Operation auslösen (vgl. BSGE 62, 83/84 sowie referierend BSG, SozR 4–2500, § 27 Nr. 3 Rn. 11; zum Fragenkreis weiter BSG, SozR 4–2500, § 27 Nr. 3 Rn. 11 sowie BSGE 81, 240/244). Allerdings sind nicht sämtliche Arten von geschlechtsangleichenden operativen Maßnahmen im Falle der Transsexualität zu Lasten der GKV erstattungsfähig bzw. abrechenbar. Die sozialgerichtlichen Berufungsgerichte haben etwa eine besondere Penisplastik zwecks Urinierens im Stehen bei einer „Frau zu Mann" Transsexualität nicht als erstattungsfähig angesehen (vgl. LSG Sachs v. 3. 2. 1999, L 1 KR 31/98; LSG Bay v. 30. 10. 2003, L 4 KR 2003/01). Mit dem GMG wurde die Behandlung krankheitsbedingter erektiler Dysfunktionen (anders als bis zur Ende 2003 geltenden Rechtslage) von der Versorgung durch die KKen – nach Auffassung des BSG ohne Verfassungsverstoß – ausgeschlossen (vgl. dazu BSG, SozR 4–2500, § 27 Nr. 4).

Konfliktreich gestaltet sich weiterhin die Bestimmung des Verhältnisses von 17 Krankheit und Behinderung; bei beiden können nur bei medizinisch feststellbaren Abweichungen von der normalen körperlichen, geistigen oder seelischen Verfassung Leistungspflichten auslösende Tatbestände gegeben sein (BSGE 48, 258/264). Jenseits dessen liegen sog. ungünstige Persönlichkeitsmerkmale; sie stellen weder eine Behinderung noch eine Krankheit dar (BSGE 48, 82/83; 48, 258/265; *Schmidt,* Peters, KV, § 27 Rn. 125).

(b) Adipositas. Zunehmend an Bedeutung gewinnen Fälle der Adipositas 18 (Übergewicht), die vom BSG jedenfalls dann als Krankheit angesehen wird, wenn durch das Übergewicht Folgeerkrankungen aufgetreten sind oder das Übergewicht so erheblich ist, dass aufgrund des Übergewichtes mit negativen Begleiterscheinungen bzw. Folgeerkrankungen gerechnet werden muss (BSG, NZS 2004, 140/141; *Knispel,* Beck-OK, § 27 Rn. 12).

(c) Altersgemäße Beschränkungen. Zuordnungsfragen werden weiterhin 19 durch altersgemäße Beschränkungen der Funktionsfähigkeit, die für sich genommen nicht regelwidrig, sondern noch gerade regelgerecht, nämlich alterstypisch sind, aufgeworfen. Das BSG hat hierzu ausgeführt, dass als Krankheit auch solche behandlungsbedürftigen Regelwidrigkeiten des Körper- oder Geisteszustandes anzusehen sind, die auf einen Alterungsprozess zurückzuführen sind (vgl. BSGE 85, 36/38; *Schmidt,* Peters, KV, § 27 Rn. 66). Allerdings darf die Reichweite derartiger Einbeziehung alterstypischer Veränderungen in den Krankheitsbegriff des § 27 Abs. 1 S. 1 als nach wie vor ungeklärt angesehen werden.

20 **(d) Aus psychischen Motiven verlangte Operationen am gesunden Körper.** Besondere Schwierigkeiten bereiten schließlich Fälle, in denen Versicherte eine Operation am gesunden Körper zur Behebung einer psychischen Störung begehren. Das BSG hat sich hier außerordentlich zurückhaltend gezeigt und derartige Ansprüche nur in extremen Ausnahmefällen gewährt (ablehnend etwa BSG, NZS 1999, 242/245; NZS 2004, 140/141; BSGE 85, 56/60). Zum einen dürfte dabei folgende Überlegung Pate gestanden haben: Lösten auf körperliche „Verschönerungen" bezogene Erwartungshaltungen der GKV-Versicherten leistungsrechtliche Ansprüche aus, würde der Krankheitsbegriff über Gebühr relativiert, weil damit ein Körperzustand ohne objektiven Krankheitswert rechtlich als körperlich regelwidrig behandelt würde, also so, wie ihn der ggf. psychisch erkrankte Versicherte subjektiv empfinde, indem daraus derselbe Behandlungsanspruch abgeleitet würde wie bei tatsächlich vorhandenen Körperfehlfunktionen oder Entstellungen (zu dieser Interpretation und Abgrenzung vgl. BSG, SozR 4–2500, § 27 Nr. 3 Rn. 9).

21 Zum anderen stellt sich die Abgrenzung zwischen einem regelwidrigen Gesundheitszustand aufgrund körperlicher Anomalien und bloß als Belastungen empfundenen Abweichungen vom Normalfall gerade bei der Behandlung solcher Krankheiten, bei denen psychische Schwierigkeiten körperlich behandelt werden sollen, als besonders konfliktträchtig dar, weil hier die Abgrenzung zu bloßen, nicht von der GKV erstattungsfähigen, Schönheitsoperationen in Rede steht (dazu etwa BSG, SozR 3–2200, § 182 Nr. 14, Körpergröße von 154 cm eines 19-jährigen Jungen, dem durch gezielte Knochenbrüche „geholfen" werden sollte; hstl. der damit angesprochenen Abgrenzungsfragen zu von der GKV grundsätzlich nicht zu tragenden kostspieligen Schönheitsoperationen vgl. *Schmidt,* Peters, KV, § 27 Rn. 69 mw. Rechtsprechungsnachweisen).

22 Als außerordentlich schwierig gestaltet sich zudem die Einordnung etwa von Suchterkrankungen. Nach der Rspr. besteht Abrechnungsfähigkeit von Behandlungen zu Lasten der GKV nur, wenn ein Verlust der Selbstkontrolle eintritt, dem nicht ohne ärztliche Hilfe begegnet werden kann (BSGE 28, 114/115 f.; 46, 41/ 41 f.; 78, 70/86 ff.); auf das Fehlen von Selbstheilungskräften stellt die Rspr. auch bei psychischen Krankheiten (Neurosen) ab (dazu etwa BSGE 18, 173/173 ff.; 21, 189/191; 31, 279/281; vgl. weiter *Muckel,* § 8 Rn. 91). Bei Kieferanomalien und Zahnfehlstellungen soll es darauf ankommen, ob sie eine Fehlfunktion des Kauens, Beißens, Sprechens oder Atmens bewirken (BSGE 35, 10/12; 35, 105/106).

23 Wird ausnahmsweise aus psychischen Gründen doch ein Eingriff in intakte Körperfunktionen bejaht, bedürfen derartige mittelbare Behandlungen einer besonderen Rechtfertigung; bei der gebotenen Abwägung ist vor allem zu bedenken, dass sich wegen der unsicheren Prognose derartiger Operationen an funktionell intakten Organen respektive deren Konsequenzen für die Behandlung seelischer Störungen nur eine recht unsichere Erfolgsprognose begründen lässt (vgl. BSG, NZS 1999, 242/245). Anzumerken ist zudem, dass in psychologischer Perspektive von der Ursache zur Wirkung einer Krankheit, also zu deren Symptomen, nicht immer ein gerader Weg führt. Auch ist die Rspr. nicht ohne Ambivalenz. Sie führt einerseits dazu, dass pekuniäre Folgeerwägungen außer Betracht bleiben, etwa wenn zu erwarten ist oder bereits feststeht, dass eine körperliche Anomalität

zur psychischen Erkrankung führt oder geführt hat und eine darauf bezogene langwierige psychiatrische bzw. psychotherapeutische Behandlung rein monetär betrachtet unwirtschaftlicher ist als die Erstattung der Operationskosten (vgl. zu diesem vom BSG zurückgewiesenen Argument BSG, SozR 4–2500, § 27 Nr. 3 Rn. 8). Auf der anderen Seite weist das BSG zu Recht darauf hin, dass die Erstattungsfähigkeit von Operationen am gesunden Körper zur Behebung von psychischen Störungen schon wegen der Schwierigkeiten einer Vorhersage der psychischen Wirkungen von körperlichen Veränderungen und der damit verbundenen grundsätzlich unsicheren Erfolgsprognose zu verneinen sei (dazu zusammenfassend BSG, NZS 2004, 140/141; BSG, SozR 4–2500, § 27 Nr. 3 Rn. 9).

bb) Behandlungsbedürftigkeit. Als weitere, neben der Regelwidrigkeit des Körper- oder Geisteszustandes bestehende, Tatbestandsmerkmale erfordert der krankenversicherungsrechtliche Begriff der Krankheit, dass der regelwidrige Körper- oder Geisteszustand entweder Behandlungsbedürftigkeit oder Arbeitsunfähigkeit oder beides zur Folge hat. Namentlich mit diesen beiden Tatbestandsmerkmalen wird dem sozialversicherungsrechtlich konturierten Krankheitsbegriff im Unterschied zum medizinischen Krankheitsbegriff (dazu bereits oben Rn. 9, 10) Rechnung getragen. Behandlungsbedürftigkeit (gebräuchlich sind auch die Begriffe Behandlungsnotwendigkeit und Erforderlichkeit der Heilbehandlung) liegt vor, wenn die körperlichen, geistigen oder seelischen Funktionen über eine bestimmte Bandbreite individueller Verschiedenheit hinaus in solchem Maße eingeschränkt sind, dass ihre vollständige oder doch teilweise Wiederherstellung ohne ärztliche Hilfe nicht erreichbar erscheint (BSGE 57, 227/228 f.; 48, 258/265; 47, 47/50 f.; 26, 288/290; zur Behandlungsbedürftigkeit als gerichtlicher Kontrolle voll geöffnetem unbestimmtem Rechtsbegriff *Waltermann,* § 8 Rn. 178 mwN. in Fn. 65). 24

Dabei hängt die Beurteilung der krankenversicherungsrechtlichen Notwendigkeit einer Behandlung auch von einer Abwägung ab, bei der die Vorteile, die sich aus der begehrten Behandlung ergeben, in ein angemessenes Verhältnis zu den damit verbundenen Nachteilen, Belastungen und Kosten gestellt werden müssen (vgl. BSG, SozR 4–2500, § 27 Nr. 2 Rn. 10). 25

cc) Behandlungsfähigkeit. Nach der Rspr. und der überwiegenden Auffassung im Schrifttum muss die Krankheit, um Leistungspflichten der GKV auszulösen, mit Mitteln der Krankenbehandlung beeinflusst werden können (vgl. BSGE 47, 83/85 f.; 39, 167/168; 35, 10/13; 26, 240/243; *Schmidt,* Peters, KV, § 27 Rn. 187; *Knispel,* Beck-OK, § 27 Rn. 21), was bei Körperbehinderungen und Dauerleiden, die therapeutischen Maßnahmen nicht mehr zugänglich sind, teilweise verneint wurde (etwa BSG, SozR 2200, § 184 Nr. 27). Das darf nicht zu dem Fehlschluss verleiten, dass Behandlungen bei infauster Prognose oder Sterbenden nicht vom Leistungsumfang der GKV umfasst sind (vgl. dazu *Muckel,* § 8 Rn. 94 unter Bezugnahme auf BSGE 47, 83/85). 26

dd) Arbeitsunfähigkeit. Arbeitsunfähigkeit ist gegeben, wenn der Versicherte wegen des regelwidrigen Körper- oder Geisteszustandes nicht oder nur unter der Gefahr einer Verschlimmerung seines Zustandes der bisher ausgeübten Erwerbstätigkeit oder einer sonst vertraglich geschuldeten Tätigkeit nachgehen kann (BSGE 26, 288/290; 57, 227/228 f.; BAG, NJW 1984, 199/200; *Waltermann,* § 8 Rn. 176). 27

2. Zugehörigkeit zur GKV (Versicherteneigenschaft)

Neben dem Eintritt des Versicherungsfalles der Krankheit wird der Leistungsfall Krankenbehandlung nur ausgelöst, wenn das Begehren des Antragstellers auf einer Mitgliedschaft in der GKV beruht (zu den Einzelheiten vgl. §§ 5 ff.). 28

II. Anspruchsinhalt, S. 2

1. Enumerative Aufzählung in S. 2

29 Worauf der Inhalt der Krankenbehandlung (abstrakt) gerichtet ist, wird in § 27 Abs. 1 S. 2 enumerativ aufgezählt (zum abschließenden Charakter der Aufzählung vgl. BSGE 81, 240/244; 81, 245/248 f.). Neue Leistungen dürfen deshalb nicht vom Richter oder der Verwaltungspraxis zugebilligt werden, sondern müssen vom Gesetzgeber eingeführt werden (*Schmidt,* Peters, KV, § 27 Rn. 252). Die Aufzählung in Abs. 1 S. 2 umfasst die ärztliche Behandlung einschließlich der Psychotherapie (Nr. 1), die zahnärztliche Behandlung (Nr. 2), die die Behandlung von Zahn-, Mund- und Kieferkrankheiten umfasst, ebenso den Zahnersatz (Nr. 2 a), auch er stellt Krankenbehandlung iSv. § 27 Abs. 1 dar (BT-Drs. 15/1525, 83), die Versorgung mit Arznei-, Verband-, Heil- und Hilfsmitteln (Nr. 3), die häusliche Krankenpflege (§ 37) sowie die ebenfalls in Nr. 4 angesprochene Gewährung einer Haushaltshilfe (zu deren Leistungsinhalt vgl. § 38), die in § 39 näher ausgestaltete Krankenhausbehandlung (Nr. 5) sowie die in Nr. 6 erwähnten Leistungen zur medizinischen Rehabilitation und ergänzende Leistungen.

30 In § 27 Abs. 1 S. 3 sind sodann Sonderregelungen enthalten, die zum einen die Bedürfnisse psychisch Kranker besonders berücksichtigen und sich zum anderen auf Maßnahmen zur Herstellung der Zeugungs- und Gebärfähigkeit beziehen. Neben der Enumerativaufzählung in § 27 Abs. 1 S. 2 ist in diesem Kontext noch § 27 a zu beachten, der einen eigenständigen Versicherungsfall schafft.

2. Behandlungsformen

31 a) **Ärztliche Behandlung einschließlich Psychotherapie.** Ärztliche Behandlung umfasst alle Maßnahmen der ambulanten medizinischen Versorgung und der Psychotherapie der Versicherten (zu den Einzelheiten vgl. § 28 Rn. 3 ff., 24 ff.).

32 b) **Zahnärztliche Behandlung einschließlich der Behandlung mit Zahnersatz.** Bei der zahnärztlichen Behandlung, die nach § 29 auch die kieferorthopädische und nach § 30 die Versorgung mit Zahnersatz erfasst, geht es um die Behandlung von Zahn-, Mund- und Kieferkrankheiten.

33 c) **Versorgung mit Arznei-, Verband-, Heil- und Hilfsmitteln.** Nach § 27 Abs. 1 S. 1 umfasst die Krankenbehandlung neben der ärztlichen Behandlung auch die Versorgung der Versicherten mit Arznei-, Verbands-, Heil- und Hilfsmitteln.

34 Hinsichtlich des Arzneimittelbegriffs arbeitet die Rspr. mit einem Rückgriff auf die Definitionen des AMG. Danach sind unter Arzneimitteln ua. solche Stoffe und Zubereitungen aus Stoffen zu verstehen, die gerade dazu bestimmt sind, durch ihre Anwendung im menschlichen Körper Krankheiten, Leiden, Körperschäden oder krankhafte Beschwerden zu heilen, zu lindern, zu verhüten oder zu erkennen (BSG, SozR 4–2500, § 27 Nr. 7 Rn. 15; BSGE 81, 240/242; 46, 179/182; zur europarechtlichen Unterscheidung zwischen Präsentationsarzneimittel und Funktionsarzneimittel vgl. BVerwG, A&R 2008, 43/44; zu Einzelheiten vgl. die Kommentierung zu § 31). Dieser Rückgriff auf das AMG wird mit der gleichen Zielsetzung von AMG und SGB V begründet (BSGE 72, 252/255). Das BSG erkennt in st. Rspr., dass die vom SGB V gestellten Anforderungen an Pharmakotherapien mit Medikamenten, die nach den Vorschriften des Arzneimittelrechtes der Zulassung bedürfen, nur erfüllt sind, wenn sie eine solche Zulassung besitzen (vgl. BSGE 82, 233/235 f.; 89, 184/185; 93, 236/239 f.). Denn ohne die erforderliche arz-

neimittelrechtliche Zulassung fehle es an der krankenversicherungsrechtlichen Zweckmäßigkeit und Wirtschaftlichkeit der in Rede stehenden Arzneimitteltherapie (vgl. dazu BSG, SozR 4–2500, § 27 Nr. 7 Rn. 22 mwN.).

Die Abrechnungsfähigkeit einer medikamentösen Krankenbehandlung zu Lasten der GKV macht die Rspr. neben der arzneimittelrechtlichen Zulassung von einer entsprechenden Empfehlung des G-BA (§ 135) abhängig (vgl. dazu etwa BSGE 86, 54/58; BSG, SozR 4–2500, § 27 Nr. 1 Rn. 12; zur Bewertung sog. neuer Medikamentenbehandlung vgl. etwa BSGE 81, 54/58; BSG, SozR 4–2500, § 27 Nr. 1 Rn. 15). 35

Ausnahmen kommen allerdings in Betracht, wenn seltene Erkrankungen behandelt werden, deren systematische Erforschung praktisch ausscheidet. Das BSG sieht in diesen Fällen ein Systemversagen, wenn die Behandlung einer Krankheit allein deshalb ausgeschlossen sein soll, weil der G-BA dafür keine Empfehlung abgegeben hat. Ergänzend ist aber anzumerken, dass die Medikamenten- und Behandlungsgabe auch in Fällen praktisch unerforschter Krankheiten eine Erstattungspflicht zu Lasten der GKV nur dann auslösen kann, wenn ein Mindestmaß an Arzneimittel- und Behandlungsqualität eingehalten wurde (BSG, SozR 4–2500, § 27 Nr. 1 Rn. 25). 36

Bisweilen ist die zu Lasten der GKV abrechnungsfähige Behandlung mit Medikamenten vom Einsatz (leistungssteigernder) Lebensmittel abzugrenzen. Lebensmittel stellen nach § 2 Abs. 3 Nr. 1 AMG keine Arzneimittel dar. Lebensmittel sind nach § 1 Abs. 1 LMBG Stoffe, die dazu bestimmt sind, in unverändertem, zubereitetem oder verarbeitetem Zustand von Menschen verzehrt zu werden; ausgenommen sind Stoffe, die überwiegend dazu bestimmt sind, zu anderen Zwecken als zur Ernährung oder zum Genuss verzehrt zu werden (BSG, SozR 4–2500, § 27 Nr. 7 Rn. 16), wobei für die Abgrenzung der überwiegende Zweck des Mittels entscheidend sein soll (BSG, SozR 3–2500, § 27 Nr. 10 S. 34). Diese Abgrenzung hat vor allem Bedeutung für die Einnahme leistungssteigernder Mittel im Sportbereich. Die Versorgung mit Lebensmitteln gehört grundsätzlich nicht zum Aufgabenbereich der GKV (BSG, SozR 4–2500, § 27 Nr. 7 Rn. 24); dies soll sogar gelten, wenn Versicherte mehr Aufwendungen geltend machen, die dadurch entstehen, dass die Versicherten anstelle haushaltsüblicher Lebensmittel aus Krankheitsgründen eine Diät- oder Krankenkost verwenden müssen (vgl. BSGE 81, 240/242 f.). 37

Verbandsmittel dienen der Bedeckung von Wunden, Verbrennungen und anderen Verletzungen sowie der Stützung verletzter Gliedmaßen (*Schmidt*, Peters, KV, § 27 Rn. 368, zu Einzelheiten vgl. § 31). 38

Heilmittel (Massagen, Krankengymnastik, Bewegungstherapie) sind alle ärztlich verordneten Dienstleistungen, die einem Heilzweck dienen oder einen Heilerfolg sichern und nur von entsprechend ausgebildeten Personen erbracht werden dürfen (BSG, SozR 4–2500, § 27 Nr. 7 Rn. 26; *Muckel*, § 8 Rn. 112 ff.; zur Einordnung von Maßnahmen der physikalischen Therapie sowie der Sprach- und Beschäftigungstherapie vgl. BSGE 88, 204/206). 39

Hilfsmittel (wie etwa Prothesen, Rollstühle etc.) sind alle ärztlich verordneten Sachen, die den Erfolg der Heilbehandlung sichern oder Folgen von Gesundheitsschäden mildern oder ausgleichen, insbesondere etwa Körperersatzstücke, orthopädische ua. Hilfsmittel (BSG, SozR 4–2500, § 27 Nr. 7 Rn. 27). Während die frühere Rspr. zur Abgrenzung von Hilfs- und Heilmitteln auf den im Rahmen der Krankenbehandlung verfolgten Maßnahmezweck abgestellt hat, nimmt das BSG die Abgrenzung nunmehr allein nach der Art der veranlassten Maßnahme und 40 nicht mehr nach der funktionalen Beziehung der Krankenbehandlung vor. Daher sieht das BSG nun sämtliche medizinische Leistungen als Hilfsmittel an, während als Heilmittel allein Dienstleistungen in Frage kommen (dazu BSGE 88, 204/206 ff.; s. auch BSG, SozR 4–2500, § 27 Nr. 2 Rn. 3).

41 **d) Häusliche Krankenpflege und Haushaltshilfe.** Der in § 27 Abs. 1 S. 1 normierte Anspruch auf Krankenbehandlung kann – wenn von einem Arzt verordnet – auch die Versorgung mit häuslicher Krankenpflege und einer Haushaltshilfe umfassen; Einzelheiten ergeben sich aus den §§ 37 und 38. Häusliche Krankenpflege, d. h. Maßnahmen der Grund- und Behandlungspflege, der hauswirtschaftlichen Versorgung oder Behandlungspflege und der Haushaltshilfe, die den Zweck haben, anderweitig durchgeführte Behandlungen zu ermöglichen oder zu sichern, werden in § 27 Abs. 1 S. 2 Nr. 4 ebenfalls als Maßnahmen der Krankenbehandlung bezeichnet (zu den Begriffen Krankenpflege und Haushaltshilfe vgl. *Schmidt,* Peters, KV, § 27 Rn. 375 ff.).

42 **e) Krankenhausbehandlung.** Die Voraussetzungen für eine Krankenhausbehandlung, die im Rahmen des § 115 b auch ambulant, sonst aber (teil-)stationär erbracht wird, ergeben sich aus § 39.

43 **f) Leistungen zur medizinischen Rehabilitation und ergänzende Leistungen.** Leistungen der medizinischen Rehabilitation betreffen Fälle, in denen sich die ambulante Krankenbehandlung nicht als ausreichend erwiesen hat (§ 40 Abs. 1); daneben stehen Ansprüche auf Krankenbehandlung in Form von medizinischer Rehabilitation für Mütter und Väter (etwa Müttergenesungswerk) und auf Maßnahmen nach § 42 im Zusammenhang mit Arbeitstherapien uä.

3. Sonderfälle, S. 3 und 4

44 **a) Psychisch Kranke.** Nach S. 3 ist bei der Krankenbehandlung den besonderen Bedürfnissen psychisch Kranker Rechnung zu tragen, insbesondere bei der Versorgung mit Heilmitteln und bei der medizinischen Rehabilitation. Dem Gesetzgeber ging es darum, die noch primär auf somatische Erkrankungen fokussierende RVO durch eine Regelung zu ersetzen, die dem Nachholbedarf der psychiatrischen (und psychotherapeutischen) Versorgung sowie dem Grundsatz der Gleichstellung psychisch Kranker mit somatisch Erkrankten besser Rechnung trägt (vgl. BT-Drs. 11/2493, 12). Die hier zu beobachtenden Besonderheiten entziehen sich einer schematischen Beurteilung, in welcher Form das zu geschehen hat (wichtige Beispiele bei *Hauck,* H/N, § 27 Rn. 11)

45 **b) Medizinische Behandlung im Kontext von Zeugungs- und Gebärfähigkeit.** Durch Abs. 1 S. 4 wird der Anspruch auf Krankenbehandlung auch auf solche Maßnahmen erstreckt, die der Herstellung der Zeugungs- oder Empfängnisfähigkeit dienen. Durch die Regelung stellt der Gesetzgeber im Wesentlichen dasjenige klar, was das BSG zuvor als Krankenbehandlung im Kontext von Zeugungs- und Gebärunfähigkeit anerkannt hatte (dazu BSGE 26, 240/242; 59, 119/121 f.). In Betracht kommen insoweit nur Leistungen, die dem Katalog des Abs. 1 S. 2 entnommen und dazu bestimmt sind, Zeugungs- oder Empfängnisunfähigkeit selbst zu beheben (*Schmidt,* Peters, KV, § 27 Rn. 409). Leistungen zur künstlichen Befruchtung, die nicht auf Herstellung der Zeugungs- und Empfängnisfähigkeit, sondern auf deren Kompensation gerichtet sind, sind in § 27 a einer eigenen Regelung zugeführt. Der Anspruch auf Refertilisierungsmaßnahmen setzt nach dem Gesetzeswortlaut voraus, dass die Zeugungs- oder Empfängnisfähigkeit nicht vorhanden war oder durch Krankheit oder wegen einer durch Krankheit erforderlichen Sterilisation verloren gegangen ist. Das hat insbesondere

Bedeutung für die Frage, welchen Stellenwert eine „gewollte" Kinderlosigkeit hat (zu den Einzelheiten vgl. § 27 a Rn. 6 ff.).

III. Konkretisierung des Anspruchs auf Krankenbehandlung (Rahmenrecht)

1. Anspruchskonturierung

Das Gesetz nimmt sich in § 27 Abs. 1 – so jedenfalls die herrschende Interpretation – darauf zurück, den grundsätzlichen Anspruch des Versicherten auf Krankenbehandlung in S. 1 zu benennen und in S. 2 (abstrakt) zu beschreiben. Welche einzelnen Behandlungsleistungen dann aber unter die in S. 2 verwandten Oberbegriffe subsumiert werden können und welchen Inhalt der Anspruch des Versicherten konkret hat, wird nach der hM. normativ durch ein eigentümliches Zusammenspiel unterschiedlicher Rechtssetzungen und -ebenen beantwortet. Neben der gesetzlichen Vorsteuerung durch die §§ 28 bis 51 und entsprechenden Rechtsverordnungen nebst Satzungen der KKen kommt namentlich den vom G-BA zu erlassenden Richtlinien überragende Bedeutung zu (vgl. auch *Fuchs/Preis,* § 20 III, 278). 46

Nach dem vom BSG vertretenen Rechtskonkretisierungskonzept enthält § 27 nur ein Teilelement eines gesetzlichen Anspruchs, nämlich einen Anspruch dem Grunde nach, ein subjektiv-öffentliches Rahmenrecht. Das Gesetz habe die Konkretisierung dieses Rahmenrechts der kassenärztlichen Versorgung in einem in sich geschlossenen, als abschließend konzipierten Rechtskonkretisierungskonzept übertragen (vgl. BSGE 73, 271/280 f. sowie die Darstellung und Kritik bei *Neumann,* HVAR, § 13 Rn. 13). Dabei seien Verwaltung und Gerichte im Grundsatz an die Entscheidungen des G-BA ebenso gebunden, als wenn die Entscheidung vom Gesetzgeber selbst getroffen worden wäre (vgl. BSG, SozR 4–2500, § 27 Nr. 8 Rn. 22 unter Hinweis auf BSGE 86, 54/56). 47

Der einzelne Vertragsarzt kann damit nur innerhalb dieses normativen Rahmens seine aus medizinisch-fachlicher Sicht begründeten Diagnose- und Therapieentscheidungen realisieren. Versicherte können nicht alles von der GKV beanspruchen, was ihrer Ansicht nach oder objektiv der Behandlung einer Krankheit dient, Ärzte sind trotz grundsätzlich bestehender Therapiefreiheit nicht befugt, jede Behandlung zu Lasten der GKV zu erbringen, die sie für geboten halten; vielmehr gilt: Nur das, was in den vom G-BA geschaffenen Leistungskatalog fällt, hat die GKV ihren Versicherten zu leisten (so jedenfalls BSG, SozR 4–2500, § 27 Nr. 7 Rn. 29). 48

2. Systemversagen

Dieses sog. Rechtskonkretisierungskonzept wirft nicht unerhebliche – auch verfassungsrechtliche (dazu Rn. 64) – Probleme auf. 49

Fraglich ist zunächst, wie zu verfahren ist, wenn die Behandlung mit einer „neuen" Behandlungsmethode in Rede steht oder Arzt und Patient auf eine Behandlung zurückgreifen wollen, die als Außenseiter- oder alternative Behandlungsmethode angesehen wird. 50

Im Grundsatz gilt, – entsprechend auch der gesetzgeberischen Motive – dass neue Verfahren, die nicht ausreichend erprobt sind, oder Außenseitermethoden (paramedizinische Verfahren), die zwar bekannt sind, aber sich nicht bewährt haben, keine Leistungspflicht der KKen auslösen (so bereits BT-Drs. 11/2237, 157). Dabei versteht man unter „neuen" Verfahren solche, die bisher nicht in den 51

Richtlinien des G-BA positiv bewertet sind. Das BSG vertritt insoweit eine rein formelle Sichtweise. Es besteht mithin das Erfordernis einer vorherigen positiven Empfehlung des G-BA über den diagnostischen und therapeutischen Nutzen einer Untersuchungs- und Behandlungsmethode (vgl. etwa BSG, SozR 4–2500, § 27 Nr. 10 Rn. 15). Diese Grundsätze gelten nicht nur für die Untersuchung und Behandlung durch Vertragsärzte, einschließlich der von ihnen nach § 15 Abs. 1 S. 2 eingeschalteten unselbständigen Hilfspersonen (§ 92 Abs. 1 S. 2 Nr. 1 iVm. § 135 Abs. 1), sondern ebenso gem. §§ 72 Abs. 1 S. 2, 92 Abs. 6 a für den Bereich der nichtärztlichen Psychotherapie durch nicht selbständige psychologische Psychotherapeuten und für die Versorgung mit Arznei- und Heilmitteln. Das BSG sieht für die Beurteilung, ob eine Methode „neu" sei, das gegliederte Sozialleistungssystem als unerheblich an, so dass es nicht darauf ankomme, ob die Anwendung der streitigen Methode in anderen Sozialleistungsbereichen vorgesehen sei, bzw. rechtmäßig erbracht werden dürfe (BSG, SozR 4–2500, § 27 Nr. 10 Rn. 18 unter Hinweis auf BSGE 86, 223/235). Ob eine Methode neu sei, könne nur aus Sicht des Krankenversicherungsrechts als demjenigen Recht beurteilt werden, aus dem der Versicherte seine Leistungsansprüche herleitet.

52 Sind derartige Behandlungsmethoden nicht Gegenstand einer positiven Empfehlung des G-BA, kommt ihre Erstattungsfähigkeit zu Lasten der GKV nur bei einem sog. Systemversagen in Betracht. Ein solcher Systemmangel liegt vor, wenn das Verfahren vor dem Bundesausschuss von den antragsberechtigten Stellen bzw. dem Bundesausschuss selbst überhaupt nicht, nicht zeitgerecht oder nicht ordnungsgemäß durchgeführt wurde (BSG, SozR 4–2500, § 27 Nr. 8 Rn. 28; zur Rechtsprechung des BSG zum so genannten Systemversagen bzw. darauf bezogenen Klarstellungen seitens des BVerfG vgl. auch BVerfG (K), NZS 2004, 527/528). Die damit angesprochene Durchbrechung der Regel, dass nur eine zuvor vom G-BA positiv beschiedene Behandlungsmethode Ansprüche zu Lasten der GKV auslösen kann, beruht darauf, dass in solchen Fällen die in § 135 Abs. 1 vorausgesetzte Aktualisierung der Richtlinie rechtswidrig unterblieben ist und deshalb die Möglichkeit bestehen muss, das Anwendungsverbot erforderlichenfalls auf andere Weise zu überwinden (BSGE 81, 54/65 f.; BSG, SozR 3–2500, § 92 Nr. 12 S. 70).

53 Diese Rechtsprechung hat zu unbilligen Härten zum einen deshalb geführt, weil das BSG sie auch auf Fälle erstreckt hat, in denen der G-BA weder positiv noch negativ, sondern überhaupt noch nicht entschieden hat (vgl. dazu auch § 28 Rn. 16 f.). Zum anderen entstanden Wertungsprobleme, wenn es sich um extrem seltene Erkrankungen handelte, deren Erforschung naturgemäß auf keiner oder einer nur eine geringe Zahl erfassenden empirischen Grundlage beruhte, oder wenn der Gesundheitsbedrohung existenzielle Bedeutung zukam, ohne dass die Schulmedizin bzw. die auf den Richtlinien basierende Medizin dagegen mit Aussicht auf Erfolg eingesetzt werden konnte.

54 Das BSG hat aus den in § 2 Abs. 1 und § 12 Abs. 1 enthaltenen Beschränkungen abgeleitet, dass für einen Leistungsanspruch des Versicherten nicht genügen könne, dass die in Rede stehende Therapie im Falle des Versicherten nach Einschätzung des behandelnden Arztes positiv verlaufen sei oder einzelne Ärzte sie befürwortet hätten; erforderlich sei vielmehr, dass der Erfolg einer Behandlung in einer für eine sichere Beurteilung ausreichenden Zahl von Behandlungsfällen durch wissenschaftlich einwandfrei geführte Statistiken nachgewiesen sei (so etwa BSGE 76, 194/198 f.; BSG, SozR 4–2500, § 27 Nr. 1 Rn. 11).

55 Von diesem gleichsam auch quantitativ gedachten Wirksamkeitserfordernis macht das BSG allerdings dann Ausnahmen, wenn eine sehr seltene Krankheit

vorliegt, die sich wegen ihrer Seltenheit der systematischen wissenschaftlichen Untersuchung entzieht und für die deshalb keine wissenschaftlich auf ihre Wirkung überprüfte Behandlungsmethode zur Verfügung stehen kann (zu dieser nicht nur durch den sog. Nikolausbeschluss des BVerfG angestoßenen, sondern bereits zuvor vom BSG angedachten Interpretation vgl. etwa BSGE 89, 184/185; 82, 233/235 f.; sowie deutlich im Sinne der Rspr. des BVerfG dann BSG, SozR 4–2500, § 27 Nr. 1 Rn. 12). In derartigen Fällen kommt eine Leistungsgewährung auch dann in Betracht, wenn es an einem positiven Votum des G-BA zur in Frage stehenden Methode (§ 135 Abs. 1 S. 1) fehlt (vgl. BSGE 82, 233/237; 88, 51/60; BSG, SozR 4–2500, § 27 Nr. 1 Rn. 22). Ein seltenes Leiden idS. liegt vor, wenn nicht mehr als fünf von 10.000 Personen daran erkranken (vgl. dazu Art. 3 Abs. 1 EWGV 141/2000 vom 16. 12. 1999, Abl. EG 2000 L 18/1; zu Recht hebt das BSG allerdings hervor, dass bei lebensbedrohlichen, zu schwerer Invalidität führenden bzw. schweren und chronischen Leiden dieser Schwellenwert auch überschritten werden könne, BSG, SozR 4–2500, § 27 Nr. 1 Rn. 32).

Das BSG sieht in der Leistungsgewährung in den beschriebenen Fällen trotz fehlender Entscheidung des G-BA nicht die Gefahr ausufernder Leistungsgewährungen. Diese Gefahr, der grundsätzlich mit dem Erfordernis einer positiven Entscheidung des G-BA und dem Erfordernis einer signifikanten Anzahl von Erfolgsfällen begegnet werde, könne sich angesichts der geringfügigen Anzahl von Erkrankungen und damit von Leistungsfällen von vornherein nicht realisieren (vgl. dazu BSG, SozR 4–2500, § 27 Nr. 1 Rn. 23). **56**

Als problematisch erwies sich aber die Rspr., wonach eine Leistungspflicht der GKV auch in den Fällen verneint wurde, in denen Versicherte lebensbedrohlich erkrankt waren, eine allgemein anerkannte, dem medizinischen Standard entsprechende Behandlung aber nicht zur Verfügung stand und Arzt und Patient sich daher auf eine andere Behandlungsmethode verständigten, die nach Einschätzung des behandelnden Arztes im Einzelfall den Krankheitsverlauf positiv zugunsten des Versicherten beeinflussen konnte. **57**

Im sog. Nikolausbeschluss (BVerfG, SozR 4–2500, § 27 Nr. 5) hat das BVerfG diese Rspr. korrigiert. Sie stehe mit Art. 2 Abs. 1 GG iVm. dem Sozialstaatsprinzip nicht im Einklang. Einschränkend fügt das BVerfG allerdings hinzu, die vom Versicherten gewählte andere Behandlungsmethode müsse eine auf Indizien gestützte, nicht ganz fernliegende Aussicht auf Heilung oder wenigstens auf eine spürbare positive Wirkung auf den Krankheitsverlauf versprechen (vgl. BVerfG, SozR 4–2500, § 27 Nr. 5 Rn. 33). **58**

Anders als das BSG rekurriert das BVerfG auf eine durch Art. 2 Abs. 2 S. 1 GG gebotene Mindestversorgung; übernehme der Staat mit dem System der GKV Verantwortung für Leben und körperliche Unversehrtheit der Versicherten, gehöre die Vorsorge in Fällen einer lebensbedrohlichen oder regelmäßig tödlichen Erkrankung unter den genannten Voraussetzungen zum Kernbereich der Leistungspflicht und eben jene durch Art. 2 Abs. 2 S. 1 GG geforderte Mindestversorgung (BVerfG, SozR 4–2500, § 27 Nr. 5 Rn. 17 ff.). **59**

Das BSG hat im weiteren Verlauf und in Reaktion auf diese Rspr. die Ausführungen des BVerfG so akzentuiert, als habe das Verfassungsgericht eine ausnahmsweise Erstattungsfähigkeit nicht anerkannter Behandlungsmethoden davon abhängig gemacht, dass eine lebensbedrohliche oder regelmäßig tödlich verlaufende Erkrankung vorliege (BSG, SozR 4–2500, § 27 Nr. 1 Rn. 27; BSG, SozR 4–2500, § 27 Nr. 8 Rn. 36). Die in der Fachgerichtsbarkeit häufig aufgegriffene Formulierung „nur in diesen Fällen" findet sich in der Entscheidung des BVerfG nicht ex- **60** pressis verbis (vgl. dazu insbesondere BVerfG, SozR 4–2500, § 27 Nr. 5 Rn. 34). Einzuräumen ist aber, dass das BVerfG es in späteren Entscheidungen nicht in Betracht gezogen hat, die im Nikolausbeschluss für lebensbedrohliche bzw. tödlich verlaufende Krankheiten entwickelten Grundsätze auf minderschwere Erkrankungen zu erstrecken (vgl. BVerfG, SozR 4–2500, § 27 Nr. 6 für die sog. extrakorporale Stoßwellentherapie zur Behandlung eines nicht verheilten Knochenbruchs in der Hüfte).

61 Anerkannt hat das BSG allerdings, dass die entwickelten Grundsätze sinngemäß auch für die Versorgung mit Arzneimitteln gelten (BSG, SozR 4–2500, § 27 Nr. 9). Versicherte könnten deshalb in „notstandsähnlichen" Situationen die Versorgung mit arzneimittelrechtlich in Deutschland bzw. EU-weit nicht zugelassenen Importfertigarzneimitteln beanspruchen. Das BSG hat es aber abgelehnt, die Grundsätze des Nikolausbeschlusses in Fällen einer nachhaltigen, die Lebensqualität auf Dauer beeinträchtigenden Krankheit auszudehnen (vgl. BSG, SozR 4–2500, § 27 Nr. 10 Rn. 34).

62 Das vermag nicht zu überzeugen. Das BSG arbeitet insoweit mit pejorativen Bildern, etwa wenn es formuliert, es sehe keinen Anlass, die Rechtsgedanken der Entscheidung des BVerfG auf „weitläufigere Bereiche" auszudehnen, in denen der Gesetzgeber aus wohl erwogenen Gründen den Leistungsumfang der GKV durch Schaffung besonderer Verfahren und mit besonderem Sachverstand ausgestatteter Institutionen bewusst begrenzt habe (BSG, SozR 4–2500, § 27 Nr. 10 Rn. 34). Die vom BVerfG herangezogenen Kriterien würden bei „weiter Auslegung sinnentleert", weil nahezu jede schwere Krankheit ohne therapeutische Einwirkung „irgendwann einmal" lebensbedrohende Konsequenzen nach sich ziehen würde (so BSG, SozR 4–2500, § 27 Nr. 10 Rn. 34).

63 Unklar bleibt zunächst, ob das BSG in derartigen Fallkonstellationen dann tatsächlich eine Heranziehung der Grundsätze des Nikolausbeschlusses verneinen würde. Immerhin hat es das Gericht für möglich gehalten, den lebensbedrohlichen oder regelmäßig tödlich verlaufenden Erkrankungen den Fall akut drohender Erblindung eines Kindes gleichzustellen (dazu BSG, SozR 4–2500, § 27 Nr. 1 Rn. 27 sowie BSG, SozR 4–2500, § 27 Nr. 10 Rn. 34). Es fragt sich zudem, weswegen der Fall drohender Erblindung eines Kindes als notstandsähnliche Extremsituation qualifiziert wird, eine schwere Erkrankung mit lebensbedrohenden Konsequenzen demgegenüber als sinnentleerte weite Auslegung der Grundsätze des Nikolausbeschlusses angesehen wird.

3. Verbleibende verfassungsrechtliche Bedenken

64 Nicht zuletzt deshalb sind verfassungsrechtliche Bedenken im Bereich des Leistungsrechts noch nicht ausgeräumt. Hinzu treten Bedenken gegen das so genannte Rechtskonkretisierungskonzept des BSG sowohl in inhaltlicher als auch in formeller Hinsicht. Weder sind hier Fragen der demokratischen Legitimation des G-BA zur Normsetzung noch die Vereinbarkeit mit der Rechtsschutzgarantie hinreichend geklärt. Dass nach der Rechtsprechung des BSG (vgl. BSGE 81, 73/85) die Entscheidungen des G-BA einer nur sehr begrenzten inhaltlichen Kontrolle seitens der Gerichte zugeführt sein sollen, dürfte kaum mit der Garantie effektiven Rechtsschutzes aus Art. 19 Abs. 4 GG vereinbar sein (zu diesen Fragenkreisen etwa *Kingreen,* NJW 2006, 877/877 ff. sowie *Neumann,* HVAR, § 13 Rn. 16, Rn. 21 ff. mwN. sowie *Muckel,* § 8 Rn. 108; vertiefend *Axer,* Normsetzung der Exekutive in der Sozialversicherung, 117 ff. mwN.).

IV. Ziele der Krankenbehandlung

Nach der gesetzlichen Konzeption des § 27 Abs. 1 S. 1 besteht der Anspruch auf Krankenbehandlung aber nur, wenn die Krankenbehandlung notwendig ist, um eine Krankheit zu erkennen, zu heilen, ihre Verschlimmerung zu verhüten oder Krankheitsbeschwerden zu lindern. 65

C. Leistungsbeschränkung bei Zahnersatz, Abs. 2

Durch § 27 Abs. 2, dessen Normzweck es ist, die Beitragszahler im bestimmten Umfang von den Kosten des Zahnersatzes freizustellen, wenn die Versicherten sich erst seit kurzem oder nur vorübergehend im Bundesgebiet aufhalten (zu diesem Normzweck vgl. BT-Drs. 12/3608, 78), wird die Versorgung mit Zahnersatz im Regelfall vom Ablauf einer einjährigen Wartefrist abhängig gemacht. Ausnahmsweise kann allerdings nach § 27 Abs. 2 die Versorgung mit Zahnersatz ohne Rücksicht auf die Dauer der Vorversicherung gewährt werden, wenn die Behandlung aus medizinischen Gründen ausnahmsweise unaufschiebbar ist. Das dürfte insbesondere in Fällen der Schmerzbehandlung der Fall sein. 66

§ 27a Künstliche Befruchtung

(1) **Die Leistungen der Krankenbehandlung umfassen auch medizinische Maßnahmen zur Herbeiführung einer Schwangerschaft, wenn**
1. diese Maßnahmen nach ärztlicher Feststellung erforderlich sind,
2. nach ärztlicher Feststellung hinreichende Aussicht besteht, daß durch die Maßnahmen eine Schwangerschaft herbeigeführt wird; eine hinreichende Aussicht besteht nicht mehr, wenn die Maßnahme drei Mal ohne Erfolg durchgeführt worden ist,
3. die Personen, die diese Maßnahmen in Anspruch nehmen wollen, miteinander verheiratet sind,
4. ausschließlich Ei- und Samenzellen der Ehegatten verwendet werden und
5. sich die Ehegatten vor Durchführung der Maßnahmen von einem Arzt, der die Behandlung nicht selbst durchführt, über eine solche Behandlung unter Berücksichtigung ihrer medizinischen und psychosozialen Gesichtspunkte haben unterrichten lassen und der Arzt sie an einen der Ärzte oder eine der Einrichtungen überwiesen hat, denen eine Genehmigung nach § 121a erteilt worden ist.

(2) [1]Absatz 1 gilt auch für Inseminationen, die nach Stimulationsverfahren durchgeführt werden und bei denen dadurch ein erhöhtes Risiko von Schwangerschaften mit drei oder mehr Embryonen besteht. [2]Bei anderen Inseminationen ist Absatz 1 Nr. 2 zweiter Halbsatz und Nr. 5 nicht anzuwenden.

(3) [1]**Anspruch auf Sachleistungen nach Absatz 1 besteht nur für Versicherte, die das 25. Lebensjahr vollendet haben;** der Anspruch besteht nicht für weibliche Versicherte, die das 40. und für männliche Versicherte, die das 50. Lebensjahr vollendet haben. [2]Vor Beginn der Behandlung ist der Krankenkasse ein Behandlungsplan zur Genehmigung vorzulegen. [3]Die Krankenkasse übernimmt 50 vom Hundert der mit dem Behandlungsplan genehmigten Kosten der Maßnahmen, die bei ihrem Versicherten durchgeführt werden.

(4) **Der Gemeinsame Bundesausschuss bestimmt in den Richtlinien nach § 92 die medizinischen Einzelheiten zu Voraussetzungen, Art und Umfang der Maßnahmen nach Absatz 1.**

§ 27a

Schrifttum: *A. Backhaus,* Kostenübernahme bei In-vitro-Fertilisation auch in der gesetzlichen Krankenversicherung, VersR 1996, 564; *R. Brandts,* Die künstliche Befruchtung nach § 27 a SGB V und ihre Schnittstelle zur privaten Krankenversicherung, 20 Jahre Arbeitsgemeinschaft Sozialrecht 2007, 135; *T. Helms/U. Wanitzek,* Die Entscheidung des Bundesverfassungsgerichts zur Kostenübernahme der Krankenkassen bei künstlicher Befruchtung – Verfassungsrechtlicher Stellenwert der Ehe aus familienrechtlicher Sicht, FamRZ 2007, 685; *S. Marlow/U. Spuhl,* Künstliche Befruchtung und kein Ende, VersR 2006, 1193; *dies.,* Zur Erstattungsfähigkeit von Kosten für Maßnahmen der künstlichen zweiten Befruchtung, VersR 2005, 1675; *C. Padé,* An den Grenzen der Sozialmedizin – rechtliche Regeln und Urteile des Bundessozialgerichts zur künstlichen Befruchtung, SozSich. 2006, 304; *B. Schmeilzl/M. Krüger,* Künstliche Befruchtung: Wer trägt die Kosten? – Eine Übersicht nach Fallgruppen, NZS 2006, 630; *H. Sodan,* Künstliche Befruchtung und gesetzliche Krankenversicherung – Zur Verfassungsmäßigkeit des § 27a SGB V nach dem GKV-Modernisierungsgesetz, 2006; *G. Vogel,* Künstliche Befruchtung als Leistung der GKV, WzS 1990, 208; *U. Wenner,* Nur Ehepaaren stehen Kassen-Leistungen zur künstlichen Befruchtung zu, SozSich. 2007, 155; *V. Wirges,* Kostenerstattungspflicht für künstliche Befruchtung bei gesetzlich krankenversicherter Ehefrau und privat krankenversichertem Ehemann, VersR 2004, 261.

Inhaltsübersicht

	Rn.
A. Überblick und Ratio	1
B. Anspruchsvoraussetzungen	3
I. Verhältnis zur Krankenbehandlung iSv. § 27 Abs. 1 S. 4	3
II. Die einzelnen Anspruchsvoraussetzungen	4
1. Erforderlichkeit der Maßnahmen	5
a) Zeugungs- oder Gebärunfähigkeit	5
b) Ungewollte Kinderlosigkeit als ungeschriebenes Tatbestandsmerkmal	6
2. Hinreichende Erfolgsaussicht	11
3. Bestehende Ehe und Beschränkung auf homologe Befruchtung	13
4. Vorherige Unterrichtungspflicht und Überweisung	15
5. Altersgrenzen, Abs. 3	17
III. Anspruchsinhalt und -umfang	18
1. Medizinische Maßnahmen zur künstlichen Befruchtung	18
2. Differenzierungen	21
3. Konkretisierung durch Richtlinien	27
4. Begrenzung des Anspruchsumfangs	28
IV. Sonderregelung bei erhöhten Gesundheitsrisiken, Abs. 2	29
V. Genehmigung, Abs. 3 S. 2	30

A. Überblick und Ratio

1 § 27a wurde durch Art. 2 Nr. 2 KOV-AnpG eingefügt und der Leistungskatalog der GKV um Leistungen zur künstlichen Befruchtung damit ergänzt. Mit der Indikation zur künstlichen Befruchtung knüpft der Gesetzgeber – anders als der systematische Zusammenhang zu § 27 und die Teilimplementierung in § 27 nahelegen könnten – nicht an den krankenversicherungsrechtlichen Krankheitsbegriff an (vgl. BSGE 88, 62/64 f.); vielmehr wurde mit § 27a ein eigenständiger Versicherungsfall geschaffen. Dies hat vor allem Bedeutung für die Verfassungsmäßigkeit der Regelung in § 27a Abs. 1 Nr. 3 (dazu und zur entsprechenden Entscheidung des BVerfG unten Rn. 14).

2 Der künstlichen Befruchtung kommt in Deutschland nicht unerhebliche Bedeutung zu. In den Jahren 2003 wurden rund 105.000, 2004 rund 60.000 und 2005 rund 56.000 Behandlungen zur künstlichen Befruchtung durchgeführt. Allerdings besteht insoweit nur eine sehr eingeschränkte Erfolgswahrscheinlichkeit. So kam im Jahr 2003 als Folge der rund 105.000 durchgeführten künstlichen Befruchtungsmaßnahmen etwa 16.000 künstlich gezeugte Kinder zur Welt (DÄBl 2005, A-398).

B. Anspruchsvoraussetzungen

I. Verhältnis zur Krankenbehandlung iSv. § 27 Abs. 1 S. 4

§ 27 a beinhaltet einen eigenständigen Versicherungsfall, setzt also nicht voraus, 3 dass bei dem Mitglied der jeweiligen KK ein regelwidriger Körper- oder Geisteszustand vorliegt (BSGE 88, 51/55). Anknüpfungspunkt der Regelung ist vielmehr die ungewollte (zu diesem ungeschriebenen Tatbestandsmerkmal des § 27 a vgl. noch Rn. 6 ff.) Kinderlosigkeit bzw. Unfruchtbarkeit des Ehepaares (BSGE 88, 62/64). Die Schaffung eines eigenständigen Versicherungsfalles durch § 27 a hat vor allem Bedeutung, wenn ansonsten gesunde Ehepartner die im Zusammenhang mit Befruchtungsmaßnahmen entstehenden Kosten geltend machen. Wäre der Anspruch auf Maßnahmen zur künstlichen Befruchtung an einen regelwidrigen Gesundheitszustand gebunden, müssten diese Ehepartner die auf sie entfallenden Kosten selbst tragen (*Schmidt*, Peters, KV, § 27 a Rn. 32 b). Anspruch auf Maßnahmen zur künstlichen Befruchtung bestehen erst, wenn die Unfruchtbarkeit nicht mit hinreichender Aussicht auf Erfolg durch Krankenbehandlung zu beheben ist (so BSGE 88, 51/56; 88, 62/65; *Schmidt*, Peters, KV, § 27 a Rn. 33). Das Verhältnis der Regelungen von § 27 Abs. 1 S. 4 und § 27 a lässt sich so umschreiben, dass, soweit die Sonderregelung in § 27 a reicht, von einem Vorrang (lex specialis) der Sonderregelung gegenüber § 27 auszugehen ist (klargestellt durch BSG, SozR 3–2500, § 27 a Nr. 4 S. 38).

II. Die einzelnen Anspruchsvoraussetzungen

Das Gesetz macht in Abs. 1 den Anspruch auf Maßnahmen zur künstlichen Be- 4 fruchtung von sechs Voraussetzungen abhängig: (1) Die Maßnahmen müssen nach ärztlicher Feststellung erforderlich sein, (2) es muss eine hinreichende Erfolgsaussicht auf Herbeiführung einer Schwangerschaft prognostiziert sein, (3) die Partner müssen verheiratet sein, (4) es muss sich um eine homologe Insemination handeln, (5) die Ehegatten müssen sich vorher von einem Arzt über medizinische und psychologische Gesichtspunkte unterrichten lassen, und (6) der unterrichtende Arzt muss die Eheleute an eine bestimmte Einrichtung überwiesen haben. Hinzu tritt als ungeschriebenes, in der Rechtsprechung entwickeltes Tatbestandsmerkmal das Erfordernis ungewollter Kinderlosigkeit.

1. Erforderlichkeit der Maßnahmen

a) Zeugungs- oder Gebärunfähigkeit. Maßnahmen zur künstlichen Be- 5 fruchtung setzen zunächst voraus, dass diese nach ärztlicher Feststellung erforderlich ist (§ 27 a Abs. 1 Nr. 1). Die Indikation zur künstlichen Befruchtung wird vom Arzt gestellt, die Rahmendaten geben dabei die Richtlinien des G-BA vor (vgl. die „Richtlinien über künstliche Befruchtung" des G-BA, s. § 92 Rn. 34). Erforderlichkeit iSv. § 27 a Abs. 1 Nr. 1 besteht nur, wenn Behandlungsmaßnahmen nach § 27 keine hinreichende Aussicht auf Erfolg bieten, nicht möglich oder nicht zumutbar sind (so bereits BT-Drs. 11/6760, 14 f. sowie *Schmidt*, Peters, KV, § 27 a Rn. 70 unter Hinweis auf die Richtlinien zur künstlichen Befruchtung). Maßnahmen nach § 27 a stellen somit gewissermaßen die ultima ratio dar, um Sterilität zu überwinden.

6   b) Ungewollte Kinderlosigkeit als ungeschriebenes Tatbestandsmerkmal. Nach der Rechtsprechung folgt aus der Gesetzessystematik (§ 27a einerseits und § 27 Abs. 1 S. 4 andererseits) und aus der Entstehungsgeschichte des § 27a, dass der Kinderwunsch „ungewollt" nicht auf natürlichem Wege verwirklicht werden kann (BSGE 88, 51/57; BSG, SozR 4–2500, § 27a Nr. 1 Rn. 20 ff.; zu den Motiven des Gesetzgebers vgl. BR-Drs. 535/88, 1; BT-Drs. 11/1856, 1 f.). Insoweit wird § 27a um ein nicht ausdrücklich aus dem Wortlaut folgendes Tatbestandsmerkmal „ungewollter Kinderlosigkeit" angereichert (ausführlich begründet in BSG, SozR 4–2500, § 27a Nr. 1 Rn. 24).

7   Tragend hierfür waren die folgenden Erwägungen: An der in § 27a Abs. 1 Nr. 1 vorausgesetzten Erforderlichkeit fehle es, wenn die in der Vorschrift vorausgesetzte Unfruchtbarkeit des Ehepaares auf der Zeugungsunfähigkeit oder der Empfängnisunfähigkeit eines oder beider Ehepartner beruhe und insoweit die Möglichkeit einer Behandlung zur Herstellung der Zeugungs- oder Empfängnisfähigkeit bestehe. Denn anders als für Maßnahmen nach § 27a, mit denen der Gesetzgeber einen eigenständiger Versicherungsfall geschaffen hat (bestätigt durch BSGE 88, 62/64 f. und BVerfG v. 28. 2. 2007, 1 BvL 5/03, Rn. 34), gehören Leistungen zur Herstellung der Zeugungs- oder Empfängnisfähigkeit, wenn diese Fähigkeit nicht vorhanden war oder „durch Krankheit oder wegen einer durch Krankheit erforderlichen Sterilisation verloren gegangen war", zur Krankenbehandlung iSv. § 27 Abs. 1. Die Maßnahmen des § 27a Abs. 1 sind wegen dieser Gesetzessystematik mithin nur erforderlich, wenn mit vorrangigen Maßnahmen nach § 27 Abs. 1 S. 4 die Schwangerschaft nicht erreicht und die Unfruchtbarkeit des Ehepaares nicht behoben werden kann (vgl. BT-Drs. 11/6760, 14; *Schmidt,* Peters, KV, § 27a Rn. 69 f.). Anders ausgedrückt ist nach der Systematik des Gesetzes die künstliche Befruchtung ultima ratio und gegenüber einer Behandlung zur Herstellung der natürlichen Zeugungs- bzw. Empfängnisfähigkeit subsidiär (so ausdrücklich BSG, SozR 4–2500, § 27a Nr. 1 Rn. 20, vgl. auch *Vogel,* WzS 1990, 208/209).

8   Dabei gilt die dargestellte Subsidiarität der Maßnahmen zur künstlichen Befruchtung nach § 27a gegenüber Maßnahmen nach § 27 Abs. 1 S. 4 auch dann, wenn Zeugungsunfähigkeit durch eine freiwillige, nicht krankheitsbedingte Sterilisation herbeigeführt worden ist und die Refertilisierung daher nicht auf Kosten der GKV durchgeführt werden kann (BSG, SozR 4–2500, § 27a Nr. 1 Rn. 22).

9   Derartige Fallkonstellationen spielen unter Berücksichtigung der Fallgruppe schädigenden Vorverhaltens vor allem dann eine Rolle, wenn Versicherte Maßnahmen nach § 27a erbracht haben wollen, die ihre zuvor bestehende Zeugungs- und Empfängnisfähigkeit aufgrund eigenverantwortlichen Handelns beseitigt haben. Maßnahmen zur Herstellung der Zeugungs- und Empfängnisfähigkeit sollen dann ausgeschlossen sein, wenn die Sterilisation andere als die in § 27 Abs. 1 S. 4 genannten Gründe hatte, wie dies insbesondere bei einer als Teil der Familienplanung erfolgten Sterilisation der Fall ist (vgl. BSG, SozR 4–2500, § 27a Nr. 1 Rn. 25). Insoweit könne nicht von ungewollter Kinderlosigkeit gesprochen werden. Nachträgliche Änderungen im Familienplanungskonzept, die mit dem früheren Verhalten zumindest eines Ehegatten kollidierten, seien der Eigenverantwortung der Ehegatten zuzurechnen und lösten keine Einstandspflicht der Solidargemeinschaft aus (vgl. BSG, SozR 4–2500, § 27a Nr. 1 Rn. 25).

10   In leistungsrechtlicher Perspektive zusätzlich restriktiv wirkt das Tatbestandsmerkmal „ungewollter" Kinderlosigkeit noch dadurch, dass es auf das betroffene Ehepaar bezogen wird. Ungewollt ist nach der Rechtsprechung die Kinderlosig-

keit deshalb nur dann, wenn *keiner* der Ehepartner sich frei gegen ein eigenes Kind entschieden hat. An ungewollter Kinderlosigkeit fehlt es nach dieser Rechtsprechung hingegen, wenn auch nur einer der beiden Ehegatten – und sei es auch im Rahmen einer früheren Beziehung mit einem anderen Lebenspartner – freiwillig eine Sterilisation habe vornehmen lassen (BSG, SozR 4–2500, § 27a Nr. 1 Rn. 27). In diesen Fällen fällt die aus der Sterilisation folgende Unfruchtbarkeit also in die Eigenverantwortung der Versicherten (BSG, SozR 4–2500, § 27a Nr. 2 Rn. 8). Klargestellt sei aber noch einmal, dass diese Grundsätze dann nicht gelten, wenn es sich um eine „durch" Krankheit erforderliche Sterilisation gehandelt hat. In der Eigenverantwortung der Versicherten bleiben deshalb ausschließlich die Sterilisationen, die als Methode der Empfängnisverhütung gewählt wurden.

2. Hinreichende Erfolgsaussicht

§ 27a Abs. 1 Nr. 2 macht Leistungen zur künstlichen Befruchtung weiterhin **11** von einer hinreichenden Erfolgsaussicht abhängig, wobei eine Berücksichtigung aller Gesamtumstände erfolgen muss. Bedeutsam ist nicht nur die Zahl der Behandlungsversuche, sondern auch das Alter der Ehegatten (dazu auch Abs. 3) und die zugrunde liegende Störung (BT-Drs. 11/6760).

Es hat sich gezeigt, dass die Erfolgsaussichten zur Herbeiführung einer auf **12** künstlichem Wege erzeugten Schwangerschaft nach vier Versuchen von zunächst 47 % auf unter 7 % absinken. Die Richtlinien über die künstliche Befruchtung tragen dem in Ziff. 8 durch eine maßnahmenbezogene Differenzierung hinsichtlich der Erfolgsaussicht Rechnung. Auch der Gesetzestext in § 27a Abs. 1 Nr. 2 Hs. 2 spiegelt diese medizinische Erfahrung allerdings erfolgsbezogen wider, weil nach der gesetzlichen Vermutung eine hinreichende Aussicht nicht mehr besteht, wenn die Maßnahme dreimal ohne Erfolg durchgeführt worden ist. Die früher bestehende Möglichkeit, danach weitere ein bis zwei Befruchtungsversuche zu Lasten der GKV zuzulassen, dürfte nach der Neufassung des § 27a Abs. 1 Nr. 2 und der Streichung der Formulierung „in der Regel" grds. nicht mehr bestehen (ebenso *Höffler*, KK, § 27a Rn. 15). Damit sieht das Gesetz auch keine Ausnahmen für atypische Fälle mehr vor.

3. Bestehende Ehe und Beschränkung auf homologe Befruchtung

§ 27a Abs. 1 Nr. 3 verlangt weiterhin eine bestehende – nach den Bestimmun- **13** gen des Familienrechts gültige – Ehe zwischen den beiden Partnern, die sich Maßnahmen zur künstlichen Befruchtung unterziehen wollen. Initiativen im Gesetzgebungsverfahren zur Erstreckung der Maßnahmen künstlicher Befruchtung auf Personen, die zwar nicht verheiratet sind, aber „in fester Partnerschaft miteinander leben", haben sich nicht durchsetzen können (vgl. BT-Drs. 11/7097, 12, 23 f., die Begrenzung auf Ehepaare ist zwischenzeitlich vom BVerfG als verfassungsgemäß angesehen worden, näher dazu Rn. 14). Im Rahmen der GKV sind weiterhin nur solche Maßnahmen der künstlichen Befruchtung erstattungsfähig, bei denen ausschließlich Ei und Samenzellen von miteinander verheirateten Personen verwendet werden (Zur Vereinbarkeit der Regelung mit dem GG vgl. BSG, SozR 3–2500, § 27a Nr. 4 sowie *Höffler*, KK, § 27a Rn. 17; zur Verneinung einer Kostenübernahme bei heterologer Insemination vgl. BSGE 66, 248.). Regelungszweck des § 27a Abs. 1 Nr. 4 ist vor allem, die sog. heterologe Insemination als Methode der künstlichen Befruchtung von der Finanzierung durch die GKV auszuschließen (vgl. BSG, SozR 3–2500, § 27a Nr. 4; BVerfG v. 28. 2. 2007, 1 BvL 5/03, Rn. 27).

§ 27 a

14 Das BVerfG hat die Beschränkung auf Ehepaare, ua. vor dem Hintergrund des Art. 3 Abs. 1 GG, damit gerechtfertigt, dass es sich bei den Maßnahmen nach § 27 a nicht um medizinische Maßnahmen der Beseitigung einer Krankheit iSv. § 11 Abs. 1 Nr. 4 und § 27 Abs. 1 S. 1 handele. Der Gesetzgeber habe medizinische Maßnahmen zur Herbeiführung einer Schwangerschaft nach § 27 a nicht als Behandlung einer Krankheit angesehen, sondern sie nur den für Krankheiten geltenden Regelungen des SGB V unterstellt (BT-Drs. 11/6760, 14). Es liege im Rahmen der grundsätzlichen Freiheit des Gesetzgebers, die Voraussetzungen für die Gewährungen von Leistungen der gesetzlichen Krankenversicherung näher zu bestimmen. Der Gesetzgeber könne hinreichende sachliche Gründe vorweisen, die Gewährung der Leistung nach § 27 a daran zu knüpfen, dass die Personen, die diese Maßnahmen in Anspruch nehmen wollen, miteinander verheiratet seien. Insbesondere habe der Gesetzgeber in typisierender Betrachtung die Ehe wegen ihres besonderen rechtlichen Rahmens als eine Lebensbasis für ein Kind ansehen können, die den Kindeswohlbelangen mehr Rechnung trage als eine nichteheliche Partnerschaft (vgl. BVerfG v. 28. 2. 2007, 1 BvL 5/03, Rn. 38). Auch das BSG vertritt die Auffassung, dass durch § 27 a ein eigenständiger Versicherungsfall geschaffen worden sei, so dass keine ungerechtfertigte Ungleichbehandlung im Rahmen einer Krankenbehandlung vorliege (BSGE 88, 62/64 f.).

4. Vorherige Unterrichtungspflicht und Überweisung

15 Die in § 27 a Abs. 1 Nr. 5 angesprochene Unterrichtung muss sich auf die medizinischen und psychosozialen Aspekte der künstlichen Befruchtung erstrecken (*Höffler*, KK, § 27 a Rn. 19). Im Zentrum dieser Unterrichtung steht nicht zuletzt die Aufklärung der Befruchtungswilligen über die relativ geringe Erfolgsaussicht der Maßnahmen. Daneben sind die allgemeinen Aufklärungspflichten, wie sie bei jeder invasiven Maßnahme zu beachten sind, relevant, sie werden hier angereichert durch eine Aufklärung über die spezifischen Risiken einer künstlichen Befruchtung. Nach den Richtlinien (Ziff. 14) ist das das Ehepaar weiterhin darauf hinzuweisen, dass bei Kindern nach In-Vitro-Fertilisation und der Intracytoplasmatischen Spermieninjektion erhöhte Fehlbildungsraten beobachtet wurden. Eine Risikoerhöhung auch bei anderen Verfahren kann nicht ausgeschlossen werden. Die Ursachen hierfür können sowohl in den verwendeten Verfahren als auch in der Unfruchtbarkeit selbst liegen.

16 Abrechnungsfähigkeit zu Lasten der GKV setzt weiterhin voraus, dass eine Überweisung durch den beratenden Arzt an eine berechtigte Einrichtung erfolgte.

5. Altersgrenzen, Abs. 3

17 § 27 a Abs. 3 S. 1 Hs. 2 wurde mit Wirkung zum 1. 1. 2004 (Art. 37 GMG) durch Art. 1 Nr. 14 GMG eingefügt. Seitdem besteht der Anspruch auf Leistungen der künstlichen Befruchtung nicht, wenn männliche Versicherte das 50. Lebensjahr bzw. weibliche Versicherte das 40. Lebensjahr bereits vollendet haben. Tragend für diese gesetzliche Regelung dürfte die exorbitante Abnahme der Erfolgsaussichten einer künstlichen Befruchtung ab einem bestimmten Alter sein. Die Wahrscheinlichkeit, dass es durch eine Behandlung nach der ICSI-Methode zu einer künstlichen Schwangerschaft kommt, liegt für unter 35-jährige Frauen über 30 %, für über 40-Jährige dagegen nur noch bei etwa 12 % (vgl. zu diesem Zahlenmaterial Deutsches IVF-Register, Jahrgang 2005, S. 12).

III. Anspruchsinhalt und -umfang

1. Medizinische Maßnahmen zur künstlichen Befruchtung

Als künstliche Befruchtung lässt sich jede Befruchtung bezeichnen, die nicht durch Geschlechtsverkehr herbeigeführt wird und zu deren Erreichung technische Hilfsmittel eingesetzt werden (vgl. zu dieser Definition BT-Drs. 11/5460, 8 sowie *Schmidt,* Peters, KV, § 27 a Rn. 36). 18

Techniken der extrakorporalen Befruchtung stellen insbesondere die intrazervikale, intrauterine oder intratubare Insemination, die In-vitro-Fertilisation mit Embryo-Transfer, der intratubare Gameten-Transfer sowie die Intracytoplasmatische Spermieninjektion und im Zusammenhang damit die Kryokonservierung von Sperma, Eizellen und Embryonen dar; all diese Techniken werden unter dem Schlagwort der Fortpflanzung und Reproduktionsmedizin zusammengefasst (vgl. zu den Einzelheiten die Richtlinien des G-BA). 19

Es liegt auf der Hand, dass zu Lasten der GKV nur solche Befruchtungsmaßnahmen abrechnungsfähig sind und vorgenommen werden dürfen, die rechtlich zulässig, d. h. nicht verboten sind (BSGE 82, 233/236), wobei diese Grundsätze auch dann gelten, wenn die verbotene Maßnahme im Ausland durchgeführt wird, wo sie nicht verboten ist (vgl. *Schmidt,* Peters, KV, § 27 a Rn. 48). 20

2. Differenzierungen

Maßnahmen zur künstlichen Befruchtung lassen sich im Wesentlichen in drei Behandlungsbereiche einteilen, die unterschiedlichen Rechtsfolgen unterliegen (vgl. dazu BSG, SozR 4–2500, § 27 a Nr. 1 Rn. 11): 21
– Maßnahmen unmittelbar am Körper der Ehefrau,
– Maßnahmen unmittelbar am Körper des Ehemannes und schließlich
– extrakorporale Maßnahmen.

§ 27 a umfasst zunächst alle Maßnahmen, die beim Versicherten, d. h. unmittelbar an bzw. in seinem Körper, erforderlich sind (BSGE 88, 51/54; BSG, SozR 4–2500, § 27 a Nr. 1 Rn. 11). 22

Zu den Maßnahmen unmittelbar am Körper der Ehefrau gehören die Hormonbehandlung der Frau mit Ziel der Heranreifung mehrerer Eizellen, die operative Eizellgewinnung mittels Folikelpunktion und der Embryotransfer nach Beendigung der Befruchtung, die sämtlich vom Leistungskatalog der GKV erfasst werden. 23

Zu den Maßnahmen unmittelbar am Körper des Ehemannes gehört die operative Samengewinnung mittels Hodenbiopsie. 24

Zu den extrakorporalen Maßnahmen gehören die Entfernung des Eizellkumulus von den gewonnenen Eizellen, die Aufbereitung des gewonnenen Spermas, die Injektion des Spermas in die Eizelle und die Kultur zur Aufbewahrung der befruchteten Eizelle bis zur Teilung eines Mehrzellers (zu dieser Unterscheidung BSG, SozR 4–2500, § 27 a Nr. 1 Rn. 10). Maßnahmen, die über die künstliche Befruchtung hinausgehen – wie etwa die Kryokonservierung von Samenzellen (dazu BSG, SozR 4–2500, § 27 a Nr. 1 Rn. 9; BSGE 86, 174/178 f.), imprägnierten Eizellen oder noch nicht transferierten Embryonen – dürfen nicht zu Lasten der GKV erbracht werden (vgl. auch Ziff. 4 der Richtlinien über künstliche Befruchtung des G-BA; anders bei den gem. § 27 Abs. 3 begründeten Leistungspflichten, dort erstreckt sich die Leistungspflicht der KKen auch auf die extrakorporalen Behandlungsmaßnahmen, dazu BSGE 88, 62/67 f.; BSG, SozR 4–2500, § 27 a Nr. 2 Rn. 6). 25

26   In der Praxis können – insbesondere, wenn die Eheleute unterschiedlichen Versicherungen zugeordnet sind – Abgrenzungsprobleme hinsichtlich der Leistungspflicht und des Leistungsumfangs der jeweiligen KK auftreten. Die Richtlinien enthalten dazu differenzierende Regelungen (vgl. Ziff. 3 der Richtlinien über die künstliche Befruchtung des G-BA, ein Hin- und Herschieben der Eheleute, die ggf. bei unterschiedlichen KKen versichert sind, ist dabei zu vermeiden, BSG SozR 4–2500, § 27a Nr. 1 Rn. 12, BSGE 88, 51/57). Im Ergebnis lässt sich jedenfalls konstatieren, dass die Ehegatten von der GKV die Übernahme der zur Herbeiführung der Schwangerschaft notwendigen medizinischen Leistungen beanspruchen können (BSG SozR 4–2500, § 27a Nr. 1 Rn. 14). Nicht zuletzt aus Persönlichkeitsschutzgründen, aber auch weil es sich um einen Anspruch auf eine nicht personenbezogene Leistung handelt, kommt es für diese Betrachtung nicht darauf an, bei wem die Ursache für die Kinderlosigkeit zu suchen ist (BSGE 88, 51/56 f.).

3. Konkretisierung durch Richtlinien

27   Einzelheiten zu Voraussetzungen, Art und Umfang der Maßnahmen nach § 27a Abs. 1 werden nach § 27a Abs. 4 durch die vom G-BA gem. § 92 zu erlassenden Richtlinien bestimmt.

4. Begrenzung des Anspruchsumfangs

28   Seit dem 1.1.2004 tragen die KKen nur noch 50 v.H. der mit dem Behandlungsplan genehmigten Kosten. Die andere Hälfte der Kosten, bei der es sich um einen Eigenanteil handelt, trägt der Versicherte selbst. Da auch diese Beschränkung im Gestaltungsspielraum des Gesetzgebers liegt – es handelt sich bei Maßnahmen der künstlichen Befruchtung um Leistungen außerhalb des Kernbereichs der GKV –, verstößt eine solche Beschränkung nicht gegen das GG, insbesondere vor dem Hintergrund begrenzter finanzieller Mittel (BSG, FamRZ 2007, 2066/2066). Auch ergibt sich aus Art. 6 Abs. 1 GG keine Verpflichtung des Gesetzgebers, die Entstehung neuen Lebens zur Begründung einer Familie durch Maßnahmen der künstlichen Befruchtung mit Mitteln der GKV zu fördern (BSG, FamRZ 2007, 2066/2066).

IV. Sonderregelung bei erhöhten Gesundheitsrisiken, Abs. 2

29   § 27 Abs. 2 und die dort angestellte Differenzierung ist vor dem Hintergrund unterschiedlicher Gesundheitsrisiken für die Frau zu sehen. Die an sich in Abs. 1 genannten Leistungsvoraussetzungen gelten demnach nur unbeschränkt, wenn es sich um Inseminationen handelt, die nach Stimulationsverfahren durchgeführt werden, weil nur insoweit ein erhöhtes Risiko für die Gesundheit der Frau besteht. Bei anderen Behandlungen wird auf die Erfordernisse des Abs. 1 Nr. 2 (Beschränkung auf vier Versuche) sowie auf die in Nr. 5 angesprochene vorherige ärztliche Beratung verzichtet.

V. Genehmigung, Abs. 3 S. 2

30   Vor Beginn der Behandlung muss nach Abs. 3 S. 2 der KK ein Behandlungsplan zur Genehmigung vorgelegt werden. Es handelt sich hierbei um eine Voraussetzung für den Leistungsanspruch. Der Behandlungsplan ist von dem behandelnden Arzt für den Versicherten kostenfrei zu erstellen.

31   Da die Genehmigung des Behandlungsplans und deren Ablehnung Verwaltungsakte sind, ist der Anspruch im Klageverfahren durch eine kombinierte Anfechtungs- und Leistungsklage (§ 54 Abs. 4 SGG) geltend zu machen.

§ 28 Ärztliche und zahnärztliche Behandlung

(1) [1]Die ärztliche Behandlung umfasst die Tätigkeit des Arztes, die zur Verhütung, Früherkennung und Behandlung von Krankheiten nach den Regeln der ärztlichen Kunst ausreichend und zweckmäßig ist. [2]Zur ärztlichen Behandlung gehört auch die Hilfeleistung anderer Personen, die von dem Arzt angeordnet und von ihm zu verantworten ist.

(2) [1]Die zahnärztliche Behandlung umfasst die Tätigkeit des Zahnarztes, die zur Verhütung, Früherkennung und Behandlung von Zahn-, Mund- und Kieferkrankheiten nach den Regeln der zahnärztlichen Kunst ausreichend und zweckmäßig ist; sie umfasst auch konservierend-chirurgische Leistungen und Röntgenleistungen, die im Zusammenhang mit Zahnersatz einschließlich Zahnkronen und Suprakonstruktionen erbracht werden. [2]Wählen Versicherte bei Zahnfüllungen eine darüber hinausgehende Versorgung, haben sie die Mehrkosten selbst zu tragen. [3]In diesen Fällen ist von den Kassen die vergleichbare preisgünstigste plastische Füllung als Sachleistung abzurechnen. [4]In Fällen des Satzes 2 ist vor Beginn der Behandlung eine schriftliche Vereinbarung zwischen dem Zahnarzt und dem Versicherten zu treffen. [5]Die Mehrkostenregelung gilt nicht für Fälle, in denen intakte plastische Füllungen ausgetauscht werden. [6]Nicht zur zahnärztlichen Behandlung gehört die kieferorthopädische Behandlung von Versicherten, die zu Beginn der Behandlung das 18. Lebensjahr vollendet haben. [7]Dies gilt nicht für Versicherte mit schweren Kieferanomalien, die ein Ausmaß haben, das kombinierte kieferchirurgische und kieferorthopädische Behandlungsmaßnahmen erfordert. [8]Ebenso gehören funktionsanalytische und funktionstherapeutische Maßnahmen nicht zur zahnärztlichen Behandlung; sie dürfen von den Krankenkassen auch nicht bezuschusst werden. [9]Das Gleiche gilt für implantologische Leistungen, es sei denn, es liegen seltene vom Gemeinsamen Bundesausschuss in Richtlinien nach § 92 Abs. 1 festzulegende Ausnahmeindikationen für besonders schwere Fälle vor, in denen die Krankenkasse diese Leistung einschließlich der Suprakonstruktion als Sachleistung im Rahmen einer medizinischen Gesamtbehandlung erbringt. [10]Absatz 1 Satz 2 gilt entsprechend.

(3) [1]Die psychotherapeutische Behandlung einer Krankheit wird durch Psychologische Psychotherapeuten und Kinder- und Jugendlichenpsychotherapeuten (Psychotherapeuten), soweit sie zur psychotherapeutischen Behandlung zugelassen sind, sowie durch Vertragsärzte entsprechend den Richtlinien nach § 92 durchgeführt. [2]Spätestens nach den probatorischen Sitzungen gemäß § 92 Abs. 6a hat der Psychotherapeut vor Beginn der Behandlung den Konsiliarbericht eines Vertragsarztes zur Abklärung einer somatischen Erkrankung sowie, falls der somatisch abklärende Vertragsarzt dies für erforderlich hält, eines psychiatrisch tätigen Vertragsarztes einzuholen.

(4) [1]Versicherte, die das 18. Lebensjahr vollendet haben, leisten je Kalendervierteljahr für jede erste Inanspruchnahme eines an der ambulanten ärztlichen, zahnärztlichen oder psychotherapeutischen Versorgung teilnehmenden Leistungserbringers, die nicht auf Überweisung aus demselben Kalendervierteljahr erfolgt, als Zuzahlung den sich nach § 61 Satz 2 ergebenden Betrag an den Leistungserbringer. [2]Satz 1 gilt nicht für Inanspruchnahmen nach § 20 d, § 25, zahnärztliche Untersuchungen nach § 55 Abs. 1 Satz 4 und 5 sowie Maßnahmen zur Schwangerenvorsorge nach § 196 Abs. 1 der Reichsversicherungsordnung und § 23 Abs. 1 des Gesetzes über die Krankenversicherung der Landwirte. [3]Soweit Versicherte Kostenerstattung nach § 13 Abs. 2 gewählt haben, gelten die

Sätze 1 und 2 mit der Maßgabe, dass die Zuzahlung gemäß § 13 Abs. 2 Satz 9 von der Krankenkasse in Abzug zu bringen ist.

Schrifttum zu Abs. 1 und 3: *J. Baltzer*, Das Sozialrecht als Wettbewerbsordnung, SGb 2007, 573; *E. Behnsen*, Die Definitionsmacht des Bundesausschusses der Ärzte und Krankenkassen, KrV 1999, 264; *K. J. Bieback*, Prävention als Prinzip und Anspruch im Sozialrecht, insbesondere in der gesetzlichen Krankenversicherung, Gesundheitliche Prävention im Sozialrecht 2003, 67; *I. Ebsen*, Die ambulante ärztliche Versorgung als Sachleistung der GKV im Überschneidungsfeld von Sozialversicherung und ärztlichem Berufsrecht sowie von Bundes- und Länderkompetenz zur Gesetzgebung, Fiat iustitia – Recht als Aufgabe der Vernunft, FS Krause 2006, 97; *ders.*, Die Neuordnung der ambulanten psychotherapeutischen Versorgung und das Leistungsrecht in der gesetzlichen Krankenversicherung, VSSR 2000, 277; *R. Francke*, Die Bewertung von Untersuchungs- und Behandlungsmethoden sowie Arzneimitteln nach dem SGB V – rechtliche Bindung und gerichtliche Kontrolle., FS Laufs, 2006, 793; *ders./D. Hart*, Die Leistungspflicht der gesetzlichen Krankenversicherung für Heilversuche. Zugleich eine Besprechung der Entscheidung des BVerfG vom 6.12.2005 und die Skizzierung eines Regulierungsmodells, MedR 2006, 131; *J. W. Gleiniger*, Zur Anerkennung von Psychotherapieverfahren als Richtlinienverfahren, MedR 2007, 152; *P. Gödicke*, Erweiterte Leistungsansprüche auf Kosten der Erforschung künftiger Behandlungsmöglichkeiten?, NVwZ 2006, 774; *ders.*, Leistungsanspruch des gesetzlich Krankenversicherten bei schwerwiegenden, schulmedizinisch nicht therapierbaren Erkrankungen, ArztuR 2006, 28; *K. Goecke*, Dürfen Krankenkassen die Finanzierung erfolgversprechender Arzneimitteltherapien zur Behandlung von lebensbedrohlichen oder schweren Krankheiten ablehnen?: Verfassungsrechtliche Beurteilung der neueren Rechtsprechung zum zulassungsüberschreitenden Einsatz von Arzneimitteln, FS Raue, 2006, 27; *Y. v. Harder*, Off-Label-Use – Eine praxisnahe Darstellung der Rechtslage, A&R 2007, 99; *E. Hauck*, Gestaltung des Leistungsrechts der gesetzlichen Krankenversicherung durch das Grundgesetz? – Auswirkungen des Beschlusses des BVerfG vom 6.12.2005, NJW 2007, 1320; *ders.*, Medizinischer Fortschritt im Dreieck IQWiG, GBA und Fachgesellschaften: Wann wird eine innovative Therapie zur notwendigen medizinischen Maßnahme? – Rechtsgrundlagen und Rechtsprechung, NZS 2007, 461; *B. R. Kern*, Das Spannungsverhältnis von Haftungsrecht und Kassenarztrecht, MedR 2004, 300; *J. Isensee*, Wahltarif „Krankenhauskomfort" – Chefarztbehandlung und Ein-/Zweibettzimmer als Wahlleistungen der Kassen – Sicht des Sozial- und des Verfassungsrechts, NZS 2007, 449; *T. Kingreen*, Legitimation und Partizipation im Gesundheitswesen – Verfassungsrechtliche Kritik und Reform des Gemeinsamen Bundesausschusses, NZS 2007, 113; *ders.*, Verfassungsrechtliche Grenzen der Rechtssetzungsbefugnis des Gemeinsamen Bundesausschusses im Gesundheitsrecht: Besprechung von BVerfG, Beschl. v. 6.12.2005 – 1 BvR 347/98, NJW 2006, 891, 877; *E. Koch*, Anmerkung zu BVerfG, Beschluss des ersten Senats vom 6. Dezember 2005, Az.: 1 BvR 347/98. Leistungspflicht der gesetzlichen Krankenversicherung – Alternative Behandlungsmethoden, A&R 2006, 85; *E. Krauskopf*, Die gesetzliche Krankenversicherung (GKV) in der sozialrechtlichen Rechtsprechung und Literatur, JbSozR 22 (2000), 63; *H. J. Kretschmer*, 50 Jahre BSG – Rechtsprechung zum Krankenversicherungsrecht, SozSich. 2004, 308; *J. Langhals*, Umfang des Behandlungsanspruchs bei lebensbedrohlichen oder regelmäßig tödlich verlaufenden Erkrankungen, NZS 2007, 76; *S. D. Leopold*, Akupunktur wird eine Leistung der gesetzlichen Krankenkassen, RV 2006, 107; *M. Löffler*, Alternativmedizin nur in Ausnahmefällen auf GKV-Kosten, SoP 2007, 261; *Ch. Padé*, Anspruch auf Leistungen der gesetzlichen Krankenversicherung bei Lebensgefahr und tödlich verlaufenden Krankheiten – Umsetzung des „Nikolaus"-Beschlusses des Bundesverfassungsgerichts durch die Rechtsprechung des Bundessozialgerichts, NZS 2007, 352; *H. Plagemann*, Die Aufnahme der Psychotherapeuten in das System der vertragsärztlichen Versorgung, Brennpunkte des Sozialrechtes 2000/2001, 140; *R. Schmidt-De Caluwe*, Anmerkung zu BVerfG, Beschl. v. 6.12.2005 – 1 BvR 347/98 (Leistungsanspruch/lebensbedrohliche Krankheit), SGb 2006, 619; *U. Simon*, Delegation ärztlicher Leistungen, 2000; *W. Spellbrink*, Die Rechtsstellung des Psychotherapeuten nach dem Psychotherapeutengesetz – zugleich eine Einführung in das Psychotherapeutengesetz, NZS 1999, 1;*E. Tießler-Marenda*, Das GKV-Modernisierungsgesetz und seine Auswirkungen auf Migranten, ZAR 2004, 237; *F. Welti*, Der sozialrechtliche Rahmen ärztlicher Therapiefreiheit, GesR 2006, 1; *U. Wenner*, Kassen müssen jetzt bei Schwerstkranken auch für nicht anerkannte Behandlungsverfahren aufkommen, SozSich. 2006, 174; *ders.*, Schwachstellen und Reformbedarf im Leistungs- und Leistungserbringerrecht der Krankenversicherung – Trennung der Versorgungsbereiche und Leistungsansprüche der Versicherten, GesR 2003, 129; *ders.*, Nach folgenschwerem Urteil des Bundesverfassungsgerichts: Kassen müssen jetzt bei Schwerstkranken für nicht anerkannte Behandlungsverfahren aufkommen. Das BSG orientierte sich nun erstmals am Karlsruher Urteil, SozSich. 2006, 174; *ders.*, Bundessozialgericht antwortet auf Bundesverfassungsgericht – Grenzen der Leistungspflicht der Kassen für nicht anerkannte Behandlungsverfahren und nicht zugelassene Arzneimittel, SozSich. 2007, 75.

Schrifttum zu Abs. 2: *D. Krauskopf*, Anmerkung zu BSG – B 1 KR 4/00 R –, SGb 2002, 396; *T. Muschallik*, Die Mehrkostenvereinbarung in der Füllungstherapie im Detail, ZM 1996, 22; *P. Mrozynski*, Leistungsausschlüsse bei schwerwiegenden Gesundheitsstörungen am Beispiel der Kieferanomalie, SGb 1999, 209; *B.Tiemann*, Privatversicherungsrechtliche Elemente in der gesetzlichen Krankenversicherung, dargestellt am Beispiel der Zahnersatzregelung, ZMGR 2005,14.; *J. Weitkamp/S. Ziller/R. Krousky*, Finanzierung der GKV und Umgestaltung des Leistungsrechtes in der Zahnmedizin insbesondere unter dem Aspekt der Kostenerstattung einschließlich der europarechtlichen Perspektiven, ZfGWiss 2003, 54; *A.Wahl*, Anmerkung zu BSG – B 1 KR 23/00 R -, MedR 2002,536 ff; *U. Wenner*, Schwachstellen und Reformbedarf im Leistungs- und Leistungserbringerrecht der Krankenversicherung: Trennung der Versorgungsbereiche und Leistungsansprüche der Versicherten, GesR 2003, 129.

Schrifttum zu Abs. 4: *M. Hagedorn*, Die Praxisgebühr ist mit dem Grundgesetz unvereinbar!, SGb 2004, 404; *T. Linke*, Praxisgebühr auf dem Prüfstand, NZS 2004, 186; *H. Marburger*, Die Praxisgebühr – Mittel zur Stärkung der Eigenverantwortung oder zur Kostendämpfung, ZfS, 65; *S. Rixen*, Der Leistungserbringer als Inkassobüro, SGb 2004, 2; *R. Schimmelpfeng-Schütte*, Gesundheitsmodernisierungsgesetz (GMG) und Gestaltungsspielraum des Gesetzgebers, GesR 2004, 1; *A.Weimar/B. Elsner*, Offene Fragen zum Kostenersatz des Arztes für die Einbehaltung der „Praxisgebühr", GesR 2004, 120.

Inhaltsübersicht

	Rn.
A. Überblick und Ratio der Abs. 1 und 3	1
B. Die ärztliche Behandlung, Abs. 1	3
I. Tätigkeit des Arztes	3
1. Inhalt und Ziele der ärztlichen Behandlung	3
2. Grundsatz der Therapiefreiheit	7
3. Bindungen und Begrenzungen	8
a) Regeln der ärztlichen Kunst	9
b) Ausreichende, zweckmäßige und wirksame Behandlung	11
4. Problemfelder	14
a) Behandlung mit sog. neuen Behandlungsmethoden	14
b) Behandlung mit sog. Außenseitermethoden	18
II. Hilfeleistung anderer Personen	19
1. Anordnung des Arztes	22
2. Verantwortung des Arztes	23
C. Überblick über den Leistungsanspruch des Abs. 2	24
D. Begriff der zahnärztlichen Behandlung, Abs. 2	25
I. Zahnarztbegriff	26
1. Begriff des ZHG	26
2. Vertragszahnärzte	27
II. Nichtzahnärztliche Hilfskräfte	28
E. Umfang der vertragszahnärztlichen Behandlung, Abs. 2	29
I. Richtlinien des G-BA	29
II. Gesetzliche Leistungsausschlüsse	31
1. Erwachsenenkieferorthopädie	31
2. Funktionsanalytische und funktionstherapeutische Leistungen	32
3. Implantate	33
III. Mehrkostenvereinbarung	41
1. Zulässigkeit	42
2. Schriftform	45

	Rn.
3. Ausschluss bei Wunsch-Füllungstherapie	47
4. Abrechnung von Mehrkosten	49
F. Die psychotherapeutische Behandlung, Abs. 3	50
I. Überblick	50
II. In Frage kommende Therapeuten	51
1. Psychologische Psychotherapeuten	52
2. Kinder- und Jugendlichenpsychotherapeuten	53
3. Vertragsärzte	54
III. Psychologischer Krankheitsbegriff und Behandlungsmethoden	55
IV. Verfahrensregelungen	58
1. Probatorische Sitzungen	58
2. Ausschluss rein somatischer Erkrankungen/Konsiliarbericht	59
3. Konsiliarbericht eines psychiatrisch tätigen Vertragsarztes	60
G. Überblick über die Praxisgebühr, Abs. 4	61
H. Verpflichtung zur Zuzahlung in Form der sog. Praxisgebühr, Abs. 4 S. 1	65
I. Voraussetzungen	65
II. Entrichtung der Praxisgebühr	71
I. Gesetzliche Ausnahmen von der Verpflichtung zur Zuzahlung, Abs. 4 S. 2	72
J. Optionale Zuzahlungsermäßigung	74
K. Kostenerstattung, Abs. 4 S. 3	75

A. Überblick und Ratio der Abs. 1 und 3

1 In § 28 Abs. 1 wird die ärztliche Tätigkeit angesprochen, mit der Schaffung des PsychThG wird seit 1999 diesen ärztlichen Tätigkeiten in Abs. 3 nunmehr die Krankenbehandlung durch Psychologische Psychotherapeuten gleichgesetzt.

2 Mit der Regelung in Abs. 1 bezweckt der Gesetzgeber ein Dreifaches: Erstens wird die ärztliche Leistung definiert, zweitens die Einschaltung von Hilfspersonen bei den Ärzten zugerechneten Leistungen geregelt und schließlich wird drittens mit der Formulierung, dass die ärztliche Leistung nach den Regeln der ärztlichen Kunst ausreichend und zweckmäßig sein soll, das in § 12 verankerte Wirtschaftlichkeitsgebot bereichsspezifisch wiederholt und präzisiert. Welche Behandlungsmethoden konkret in den Leistungskatalog der GKV einzubeziehen sind, ergibt sich nach Auffassung des BSG nicht aus dem Verfassungsrecht, sondern soll der gesetzgeberischen Entscheidungsprärogative zugeordnet sein (BSG, SozR 3-2500, § 28 Nr. 5 S. 29; BSGE 75, 40/42f.; vgl. aber die durch den sog. Nikolausbeschluss des BVerfG [BVerfG, SozR 4-2500, § 27 Nr. 5] ausgelöste Kontroverse; dazu etwa *Francke*, FS-Laufs, 793; *Francke/Hart*, MedR 2006, 131/131 ff.; *Goecke*, FS-Raue, 27; *Kingreen*, NJW 2006, 877/877 ff.; *Koch*, A&R 2006, 85/85 f.; *Schmidt-De Caluwe*, SGb 2006, 619/619 ff.; *Wenner*, SozSich. 2006, 174/174 ff.; *Hauck*, NJW 2007, 1320/1320 ff.; *Langhals*, NZS 2007, 76/76 ff.; *Padé*, NZS 2007, 352/352 ff.; *Wenner*, SozSich. 2007, 75/75 ff.; zur Übertragung der Rechtsprechung des BVerfG auf die Arzneimittelversorgung vgl. BSG v. 4. 4. 2006, B 1 KR 7/05 R; zu Konsequenzen für den sog. off label use auch *Gödicke*, NVwZ 2006, 774/775).

B. Die ärztliche Behandlung, Abs. 1

I. Tätigkeit des Arztes

1. Inhalt und Ziele der ärztlichen Behandlung

Die ärztliche Behandlung umfasst alle Maßnahmen der ambulanten medizinischen Versorgung der Versicherten. Hierher gehören etwa Beratungen, Untersuchungen, Bestrahlungen, Operationen. Reicht die „normale" ärztliche Behandlung in den psychotherapeutischen Bereich, wobei die Abgrenzung nach beiden Seiten voller Probleme steckt, soll sie nach Abs. 3 durch Psychotherapeutische Therapeuten bzw. spezifisch qualifizierte Vertragsärzte erfolgen. Grundsätzlich (Ausnahmen sind nach Maßgabe des § 76 Abs. 1 S. 2 in Notfällen möglich) dürfen nur die nach §§ 95 ff. zugelassenen Vertragsärzte tätig werden. Wie § 39 SGB I zeigt, besteht auf diese Tätigkeiten ein Rechtsanspruch, der allerdings nach der nicht unumstrittenen Rechtsprechung des BSG nur noch als Rahmenrecht konzipiert ist (dazu unten Rn. 7 ff.; aus dem Schrifttum etwa *Muckel*, § 8 Rn. 66, 107). Inhaltlich konturiert wird der Behandlungsanspruch in einem eigentümlichen Zusammenwirken von Arzt, KKen und den Richtlinien des G-BA, §§ 92, 135. In medizinischer Hinsicht konkretisieren zunächst die Diagnose- und Therapieentscheidungen des Vertragsarztes den Behandlungsanspruch des Versicherten. Die verbindliche Entscheidung über den Leistungsanspruch resp. dessen Reichweite trifft aber die KK (BSGE 65, 94/97), die dabei an die Beachtung des Wirtschaftlichkeitsgebots („ausreichend und zweckmäßig" in § 28 Abs. 1 S. 1, allgemein § 12) und die sich aus §§ 92, 135 Abs. 1 ergebenden Beschränkungen gebunden ist. 3

Dabei hat § 28 Abs. 1 S. 1 zunächst die Tätigkeit vor Augen, die der Arzt selbst, also in eigener Person erbringt; Leistungen von Hilfspersonen sind nur nach Maßgabe des § 28 Abs. 1 S. 2 als ärztliche Leistungen zu Lasten der GKV abrechnungsfähig (BSG, Soz-R 3-2500, § 28 Nr. 2 S. 2). Die Vorschrift ergänzt und wiederholt insoweit die Regelung in § 15 Abs. 1 (zur Abgrenzungsfrage etwa *Höfler*, KK, § 28 Rn. 3; vgl. auch *v. Maydell*, GK-SGB V, § 28 Rn. 6, der § 28 als inhaltliche Regelung ansieht, während Funktion des § 15 die Bestimmung des leistungsberechtigten Personenkreises sei). 4

Nach der gesetzlichen Formulierung in § 28 Abs. 1 S. 1 dient die ärztliche Behandlung dem gleichen Zweck (nämlich der Gesundheit) in gleichsam unterschiedlichen Stadien bzw. Stufen und reicht von der Verhütung und Früherkennung bis zur Behandlung von Krankheiten, die auch die Nachsorge erfassen kann. Die der Verhütung und Früherkennung von Krankheiten dienenden Handlungen werden im Einzelnen in den §§ 21-25 (Verhütung) und 25f. (Früherkennung) konkretisiert (zur besonderen Akzentuierung von Prävention und Früherkennung, Verbesserung der gesundheitlichen Versorgung und Kostensenkung vgl. etwa die Begründung zum GRG, BT-Drs. 11/2237, 143; sa. *Fuchs/Preis*, 218). 5

Ausreichend ist ausweislich des Wortlauts, aber auch der Ratio entsprechend, dass die ärztliche Tätigkeit auf eines der genannten Behandlungsziele gerichtet ist; gesetzlich nicht durch § 28 Abs. 1 – ggf. aber aufgrund Haftungsrechts – erzwungen ist, dass die ärztliche Tätigkeit diese Ziele auch erreicht. Wollte man anders entscheiden, würde die ärztliche Initiative, die eine wichtige Grundlage gelungener therapeutischer Einflussnahme darstellt, erstickt oder jedenfalls unnötig beschnitten. 6

2. Grundsatz der Therapiefreiheit

7 Die ärztliche Tätigkeit unterliegt im Grundsatz der sog. Behandlungsfreiheit. Sie beinhaltet (neben der in der GKV allerdings begrenzten Freiheit, frei darüber zu entscheiden, ob ein Behandlungsfall übernommen wird) das dem Arzt eingeräumte Recht, eine übernommene Behandlung nach einer vom Arzt bestimmten Methode durchzuführen (das hat das BVerfG jüngst noch einmal deutlich herausgestellt vgl. dazu BVerfG, SozR 4-2500, § 27 Nr. 5 Rn. 26 unter Hinweis auf BSGE 82, 158/161f.; zur sog. Therapiefreiheit, vgl. allgemein *Uhlenbruck/Laufs,* HAR, § 52 Rn. 4).

3. Bindungen und Begrenzungen

8 Damit ist aber nur gleichsam der Grundfall bezeichnet, weil die ärztliche Tätigkeit im Rahmen der GKV zahlreichen Bindungen und Begrenzungen unterworfen ist, die teils aus dem Gesetzeswortlaut erkennbar, zum Teil aber aus den durchaus deutungsoffenen Begriffen Funktion und Funktionsfähigkeit der GKV abgeleitet werden. Abgrenzungsschwierigkeiten ergeben sich dabei namentlich mit Blick auf sog. neue Behandlungsmethoden und ärztliche Außenseitertherapien.

9 **a) Regeln der ärztlichen Kunst.** Die ärztliche Behandlung muss unter Beachtung der Regeln der ärztlichen Kunst erfolgen und zudem ausreichend und zweckmäßig sein. Die Verweisung auf die Regeln der ärztlichen Kunst entzieht den Begriff nicht der juristischen Deutung, auch wenn damit zunächst gemeint ist, dass eine Behandlung auf medizinisch-wissenschaftlichen Erkenntnissen beruht (BSGE 63, 102/104). Sie muss dem anerkannten Stand der medizinischen Erkenntnisse entsprechen (zu § 122 RVO vgl. bereits BSGE 48, 47/52; 38, 73/76). Das setzt, wie das BSG klargestellt hat, auch eine hinreichende Dokumentation der Behandlung und die Vornahme von Kontrollen und gebotenen Sicherheitsvorkehrungen voraus (zB. durch Überwachung geeigneter medizinischer Parameter oder Verordnung von stationärer Behandlung bei Realisierung von Gefahren), um das Risiko für den Patienten gering zu halten und bei Bedarf schnell reagieren zu können (vgl. BSG, NZS 2007, 144/149, sa. *Hart,* MedR 1994, 94/96).

10 Als allgemein anerkannt wird aber eine Heilmethode nur dann angesehen, wenn die medizinische Wissenschaft mit breiter Mehrheit von der Wirksamkeit der in Rede stehenden Behandlungsmethode ausgeht (vgl. BSGE 70, 24/26; BSG, SozR 3-2500, § 38 Nr. 4 S. 19; aus dem Schrifttum etwa *Muckel,* § 8 Rn. 74). Damit ist, wie § 2 Abs. 1 S. 2 zeigt, keine Beschränkung auf die sog. Schulmedizin gemeint (*Muckel,* § 8 Rn. 74), da damit eine unzulässige Beschränkung der Therapiefreiheit des Arztes verbunden wäre (vgl. *Höfler,* KK, § 28 Rn. 8; *Adelt,* H/K, § 28 Rn. 12; *Laufs,* NJW 1984, 1383/1384); dass die genannte Definition aber schwierige Abgrenzungsfragen aufwirft, liegt auf der Hand (zu Abgrenzungsfragen unten Rn. 14 ff.).

11 **b) Ausreichende, zweckmäßige und wirksame Behandlung.** Nach § 12 Abs. 1 S. 1 müssen die in der GKV abrechenbaren Leistungen ausreichend, zweckmäßig und wirtschaftlich sein. Die Tatbestandsmerkmale „ausreichend" und „zweckmäßig" verweisen daher auf die Erfordernisse des Wirtschaftlichkeitsgebots, so dass im Engeren auf die dortige Kommentierung zu verweisen ist und hier nur ergänzend auf Folgendes aufmerksam gemacht werden soll.

12 Das Tatbestandsmerkmal „ausreichend" versteht die Rechtsprechung im Sinne von medizinisch notwendig und markiert damit gleichsam eine Untergrenze (vgl.

Muckel, § 8 Rn. 73). Erforderlich ist lediglich eine solche Behandlung, die nach Qualität und Umfang hinreichende Chancen für einen Heilungserfolg bietet (BSGE 55, 188/193; *Adelt,* H/K, § 28 Rn. 11). Die Zweckmäßigkeit, die gegeben ist, wenn, die Leistung geeignet ist, das Behandlungsziel zu erreichen (BSGE 52, 70/75), ist darin in gewisser Weise mitenthalten.

Die Aufgabe, den therapeutischen Nutzen einer zu Lasten der GKV abrechen- 13 baren Leistung zu konkretisieren, obliegt den Richtlinien des G-BA nach § 135 Abs. 1. Nur dann ist nach den Maßstäben der GKV von einer hinreichenden Wirksamkeit der betreffenden Leistung auszugehen (vgl. auch BSG, SozR 3-2500, § 28 Nr. 4 S. 19; BSGE 70, 24/26 ff.).

4. Problemfelder

a) Behandlung mit sog. neuen Behandlungsmethoden. Die ärztliche Tä- 14 tigkeit unter Zuhilfenahme sog. neuer Untersuchungs- und Behandlungsmethoden (gemeint sind Methoden, die nicht ausreichend erprobt sind, vgl. *Muckel*, § 8 Rn. 76) gehört zu den umstrittenen Fragen des Leistungsrechts. Im Grundsatz gilt nach § 135 Abs. 1 S. 1, dass eine derartige Behandlung nur dann zu Lasten der GKV erbracht werden darf, wenn der G-BA in Richtlinien entsprechende (positive) Empfehlungen abgegeben hat.

Weder in § 135 noch an anderer Stelle definiert das Gesetz allerdings, was unter 15 einer „neuen" Behandlungsmethode zu verstehen ist. Das BSG differenziert unter Berufung auf den Normzweck danach, ob die in Rede stehende Untersuchungs- oder Behandlungsmethode im Zeitpunkt der Behandlung als abrechnungsfähige Leistung im EBM für vertragsärztliche Leistungen aufgeführt ist oder nicht (BSGE 81, 54/58; 81, 73/75f.; 94, 221 Rn. 24). Als neu in diesem Sinne gelten weiterhin solche Leistungen, die zwar als ärztliche Leistungen im EBM aufgeführt sind, deren Indikation aber wesentliche Änderungen oder Erweiterungen erfahren hat (BSGE 81, 54/58; vertiefend zur Frage, wann neue Behandlungsmethoden und innovative Therapien in den Leistungskatalog der GKV fallen etwa *Hauck*, NZS 2007, 461/463).

Nach der die Regelung in § 2 Abs. 1 S. 3 sowie die Gesetzesbegründung zum 16 GRG in Bezug nehmenden Rechtsprechung des BSG können mithin nur hinreichend wirksame, dh. ausreichend erprobte Behandlungsmethoden eine Leistungspflicht der GKV begründen. Dabei setze der Nachweis der hinreichenden Wirksamkeit voraus, dass die Erprobung abgeschlossen sei und über die Qualität und Wirksamkeit der neuen Methode zuverlässige, wissenschaftlich nachprüfbare Aussagen gemacht werden könnten. Erforderlich sei ein Erfolg der Behandlungsmethode in einer für die sichere Beurteilung ausreichenden Zahl von Behandlungsfällen. Dabei müsse sich der Erfolg aus wissenschaftlich einwandfrei geführten Statistiken über die Zahl der behandelten Fälle und die Wirksamkeit der neuen Methode ablesen lassen. Der Erfolg einer Methode im Einzelfall sei demnach nicht ausreichend (BSGE 76, 194/199). Die „Härte" dieser Rechtsprechung wurde noch dadurch verstärkt, dass das BSG den Leistungsausschluss auch in solchen Fallkonstellationen bejahte, in den der G-BA überhaupt noch nicht (also auch nicht ablehnend) entschieden hatte (BSGE 81, 54/65f.).

Diese Rechtsprechung ist im Schrifttum nicht unwidersprochen geblieben 17 und durch den sog. Nikolausbeschluss des BVerfG vom 6. 12. 2005 relativiert worden. Danach ist in den Fällen einer lebensbedrohlichen oder vorhersehbar tödlich verlaufenden Krankheit, für deren Behandlung eine dem allgemein anerkannten medizinischen Standard entsprechende Methode nicht existiert (vgl. zu diesen

Kriterien auch BSGE 86, 54/66), der behandelnde Arzt jedoch eine Methode zur Anwendung bringt, die nach seiner Einschätzung im Einzelfall den Krankheitsverlauf positiv zu Gunsten des Versicherten beeinflusst, der Ausschluss der Übernahme von Kosten durch die GKV nicht mit den Grundrechten Versicherter aus Art. 2 Abs. 1 GG in Verbindung mit dem Sozialstaatsprinzip und Art. 2 Abs. 2 Satz 1 GG vereinbar (BVerfG, SozR 4-2500, § 27 Nr. 5 Rn. 33). Die Entscheidung hat eine lebhafte Kontroverse ausgelöst, in deren Zentrum neben der (bestrittenen) Existenz eines Verfassungsrechts auf Gesundheit (dazu bereits *Seewald*, Zum Verfassungsrecht auf Gesundheit, 1981 sowie etwa *Lang*, Traditio et Innovatio 2006, 30/31) nicht zuletzt die vom BVerfG erneut offen gelassene Frage der hinreichenden demokratischen Legitimation der Rechtsetzungstätigkeit des Bundesausschusses steht (vgl. dazu etwa *Kingreen*, NJW 2006, 877/877 ff.; zweifelnd im Hinblick auf die Tauglichkeit der vom BVerfG entwickelten Abgrenzungskriterien auch *Muckel*, § 8 Rn. 78; sa. bereits oben § 27 Rn. 64).

18 **b) Behandlung mit sog. Außenseitermethoden.** Als Außenseitermethoden werden Behandlungsmethoden bezeichnet, die zwar bekannt sind, sich aber nicht hinreichend bewährt haben (BT-Drs. 11/2237, 157), deren Untersuchung jedenfalls bisher zu keinem objektiv verwertbaren Ergebnis geführt hat (*Muckel*, § 8 Rn. 75).

II. Hilfeleistung anderer Personen

19 Ärztliche Behandlung iSv. § 28 Abs. 1 meint nicht nur die Behandlung durch den Arzt selbst. Denkbar ist auch die Einschaltung von Hilfspersonen. Als Hilfspersonen idS. kommen in erster Linie die unmittelbaren Mitarbeiter des Arztes (in der Praxis) in Betracht; daneben aber auch andere, auf eigene Rechnung arbeitende qualifizierte Fachkräfte.

20 Werden diese Personen selbständig und eigenverantwortlich tätig, stellt dies keine ärztliche Behandlung iSd. § 28 Abs. 1 dar (vgl. dazu bereits BSG, NJW 1979, 2363/2364 zu § 122 RVO; BSGE 29, 27/29; 39, 288/289 sowie etwa BGH, NJW 1977, 1103/1103). Erfasst werden von § 28 deshalb nur solche Tätigkeiten von Hilfspersonen, die ihrer Natur nach unmittelbar zur ärztlichen Behandlung zählen und die der Arzt aufgrund seines Fachwissens verantworten kann.

21 Setzt der Arzt Hilfspersonen ein, entsteht eine Anordnungs- und Überwachungspflicht seitens des die Hilfstätigkeit verantwortenden Arztes. Nur dann können Leistungen von Hilfspersonen als ärztliche Behandlungsleistungen im System der GKV abrechnungsfähig sein.

1. Anordnung des Arztes

22 Anordnung in diesem Sinne bedeutet die unmittelbare Weisung zum Tätigwerden (*Muckel*, § 8 Rn. 103). Sie erfordert im Ansatz, dass der Arzt die Hilfstätigkeit persönlich anordnet und beaufsichtigt, eine stete Anwesenheit des Arztes ist aber ebenso wenig geboten wie eine ins Detail reichende Anweisung. Es genügt eine das Wesentliche klärende und verantwortende Entscheidung des Arztes.

2. Verantwortung des Arztes

23 Verantworten in diesem Sinne bedeutet, dass der Arzt die in Frage stehende Tätigkeit überwachen und leiten kann. Es muss sich mithin um eine Tätigkeit handeln, die der ärztlichen Berufsausübung zuzurechnen ist (BSG, SozR 3-2500, § 28 Nr. 1 S. 2 mwN.). Erfordert das Handeln der Hilfspersonen demgegenüber ein

ganz anderes Fachwissen, liegt keine ärztliche Tätigkeit iSv. § 28 Abs. 1 S. 2 mehr vor (vgl. BSG, SozR 3-2500, § 28 Nr. 1 S. 3; vgl. zu den Einzelheiten auch die Kommentierung bei § 15).

C. Überblick über den Leistungsanspruch des Abs. 2

Die Regelung definiert den Leistungsanspruch des Versicherten für die zahnärztliche in Ergänzung zur ärztlichen Behandlung (Rn. 3) und die Konkretisierung des Bereiches der kieferorthopädischen Behandlung (Rn. 31). Der Leistungsumfang umfaßt auch die Versorgung mit Zahnersatz einschließlich Zahnkronen und Suprakonstruktionen, wobei die generelle Ausgestaltung dieser Leistungen den Regelungen des 7. Abschnitts (§ 55 Rn. 1 ff.) unterliegt. 24

D. Begriff der zahnärztlichen Behandlung

Unter den Leistungsanspruch des Versicherten fällt die Tätigkeit des (approbierten) Zahnarztes unter gleichzeitiger Einbeziehung nichtzahnärztlicher Hilfskräfte durch die Verweisung über S. 10 auf Abs. 1 S. 2 (Rn. 28). 25

I. Zahnarztbegriff

1. Begriff des ZHG

Die Ausübung zahnärztlicher Tätigkeit ist nach Maßgabe des **Zahnheilkundegesetzes** (ZHG) approbierten Zahnärzten vorbehalten. Die ärztliche Approbation berechtigt nicht zur dauerhaften Ausübung der Zahnheilkunde (BVerwG, GesR 2003, 239f. zum ZHG aF.); deren Ausschluss ist mit der Richtlinie 78/687/EWG vereinbar (EuGH, Rs. C-35/02, Rec. 2003, p. I-12229 – Vogel). 26

2. Vertragszahnärzte

An der vertragszahnärztlichen Versorgung nehmen idR. zugelassene Zahnärzte (§ 95 Rn. 2) sowie sog. „vollermächtigte" Kieferorthopäden teil (BSG, SGb 2007, 488/489.). 27

II. Nichtzahnärztliche Hilfskräfte

Ebenso wie der Arzt ist der Zahnarzt berechtigt, Hilfeleistungen durch andere, nicht approbierte Personen erbringen zu lassen, welche er überwacht und verantwortet (vgl. den nicht abschließenden Katalog für Zahnärzte in § 1 Abs. 5 ZHG und für Kieferorthopäden in § 1 Abs. 6 ZHG; s. auch „Bundeskonsens-Einsatzrahmen Zahnarzthelferinnen", ZM 1993, 34f.). 28

E. Umfang der vertragszahnärztlichen Behandlung, Abs. 2

I. Richtlinien des G-BA

Der Leistungsanspruch ist ebenso abstrakt und allumfassend formuliert wie im Bereich der ärztlichen Behandlung, vgl. Rn. 24. Während die Versorgung mit Zahnersatz und Zahnkronen gesondert im 7. Abschnitt (§ 55 Rn. 3 ff.) geregelt ist, stellt S. 1 Hs. 2 klar, daß auch Begleitleistungen bei der Versorgung mit Zahnersatz 29

§ 28 Ärztliche und zahnärztliche Behandlung

und Zahnkronen wie konservierend-chirurgische Leistungen und Röntgenleistungen dem Sachleistungsanspruch unterliegen. Insofern gelten die Spezialregelungen der §§ 55 ff. nicht.

30 Die Konkretisierung der Leistungsansprüche folgt aus den Richtlinien des G-BA (§ 92 Rn. 1) nach § 92 Abs. 1, 1a, (vgl. zB. Behandlungsrichtlinie [BANZ 2006, 446], § 92 Rn. 34). Die Richtlinien zu § 21 (§ 92 Rn. 34) – Individualprophylaxe, wie zu § 26 Abs. 1 S. 2 – Früherkennung - sind zu beachten.

II. Gesetzliche Leistungsausschlüsse

1. Erwachsenenkieferorthopädie

31 Die sog. „**Erwachsenenkieferorthopädie**" hat der Gesetzgeber aus dem Leistungskatalog ausgeschlossen, vgl. S. 6. Diese alterabhängige Anspruchsbegrenzung ist bereits durch das GSG (§ 1 Rn. 22) mit Wirkung ab 1.1.1993 eingeführt worden. Der Ausschluss der Erwachsenenkieferorthopädie verletzt kein Verfassungsrecht (BSG, SGb 1999, 255/257). Im Ausnahmefall besteht ein Leistungsanspruch auch über das 18. Lebensjahr hinaus, wenn **Ausnahmeindikationen** nach Maßgabe der Richtlinien vorliegen, die der G-BA gemäß S. 7 für Fälle schwerer Kieferanomalien festzulegen hat. Erfasst sind schwere Anomalien, welche kombinierte kieferorthopädische und kieferchirurgische Behandlungsmaßnahmen erfordern, wie zB. angeborene Missbildungen, skelettale Dysgnathien und verletzungsbedingte skelettale Feststellungen. Die genannten Ausnahmen sind abschließend, auch wenn die Maßnahmen zur Behandlung einer anderweitig aufgetretenen Erkrankung erforderlich sind (BSG, SGb 1999, 255/256). Maßgeblich für den Leistungsanspruch ist nicht das Ausstellen des Behandlungsplanes, sondern der Behandlungsbeginn durch den Zahnarzt (BSGE 91, 32/35).

2. Funktionsanalytische und funktionstherapeutische Leistungen

32 Diese besonderen Behandlungsmethoden unterfallen nicht der Leistungspflicht der GKV. Durch das BeitrEntlG vom 1.11.1996 (§ 1 Rn. 23) wurde dieser Leistungsausschluss konkretisiert. Der Gesetzgeber wollte bekannt gewordene rechtswidrige Kostenübernahmen durch gesetzliche Krankenkassen unterbinden (vgl. *Wagner*, Krauskopf, § 28 Rn. 31). Entsprechend der Rechtslage und Rechtsprechung zu anderen Ausschlüssen im Rahmen des § 28 Abs. 2 ist auch die Leistungspflicht für FAL/FTL unabhängig davon, ob der behandelnde Zahnarzt keine Alternative im zahnmedizinischen Bereich zu erkennen vermag (LSG NRW v. 11.8.2005, L 5 KR 72/04); auch **andere Ursachen** als zahnmedizinische Erkrankungen führen nicht zu einem Leistungsanspruch (LSG NRW v. 22.11.2006, L 11 KR 29/05).

3. Implantate

33 Implantatversorgungen unterliegen bis auf **Ausnahmeindikationen**, welche der G-BA (§ 92 Rn. 34) festlegt, nicht dem Sachleistungsanspruch. In den Ausnahmefällen unterliegt sowohl die implantologische Leistung als auch die Suprakonstruktion, welche den Regelungen über Zahnersatz im 7. Abschnitt folgt dem Leistungsanspruch gegenüber der Krankenkasse.

34 Während implantologische Leistungen ursprünglich im Gesetz nicht erwähnt waren, folgte durch das Beitragsentlastungsgesetz (§ 1 Rn. 33) zum 1. Januar 1997 die gesetzliche Klarstellung zum Leistungsausschluss. Durch das 2. GKV-NOG

mit Wirkung zum 1. 7. 1997 wurde Ausnahmeindikationen, jetzt in S.9, eingefügt. Bei fehlender Indikationen für die Implantatversorgung als Sachleistung ist die Suprakonstruktion in keinem Falle Kassenleistung (BSG, NZS 2002, 312/314). Der Gesetzgeber ist berechtigt, auch bei grundsätzlicher Bereitstellung einer Leistung bestimmte aufwendige und teuere Maßnahmen auszuschließen. Das BSG definiert somit im Leistungsrecht den – weiteren – Grundsatz der Bedarfsgerechtigkeit (so *Wahl*, MedR 2002, 536/538).

Auch wenn die zahntechnische Versorgung (**Suprakonstruktion**) grundsätzlich Bestandteiles Leistungskataloges der GKV ist, führt die Nichtaufnahme bestimmter implantologischer Leistungen zu einem Leistungsausschluss für letztere (BSGE 88, 166/168; kritisch: *Wenner*, GesR 2003, 129/133). 35

Verfassungsgrundsätze sind nach Auffassung des BSG nicht verletzt, wenn der Gesetzgeber die Konkretisierung des Leistungsanspruchs dem untergesetzlichen Normgeber (G-BA) überläßt. Selbst die Tatsache, daß im Falle einer Kieferatrophie keine zahnmedizinische Alternative besteht, führt nicht zur gebotenen Lückenfüllung (vgl. *Krauskopf*, SGb 2002, 396/396). 36

Die Ausnahmeindikation der „generalisierten Nichtanlage von Zähnen" verlangt das mehrheitliche Fehlen von Zähnen, das der vollständigen Nichtanlage gleichkommt (BSG, SGb 2004, 547). 37

Ein Anspruch auf Übernahme einer Implantatversorgung inklusive der vorgehenden Deckenkammtransplantation folgt jedoch nicht aus einem Gesamtbehandlungszusammenhang, wenn eine Ausnahmeindikation fehlt (LSG NRW v. 10. 10. 2007, L 11 KR 87/06). 38

Der Anspruch auf den Festzuschuss nach Maßgabe der §§ 55 ff. besteht auch, wenn für die Implantatversorgung eine Ausnahmeindikation nicht vorliegt (Bay. LSG v. 24. 2. 2005, L 4 KR 176/03). 39

Auch wenn die Implantatversorgung grundsätzlich keine GKV-Leistung ist, besteht durch die Neuregelungen des GMG (§ 1 Rn. 29) nunmehr ein Anspruch auf den Festzuschuss für die Suprakonstruktion (vgl. § 56, Rn. 6). 40

III. Mehrkostenvereinbarung

Versicherte verlieren den Leistungsanspruch nicht, wenn mit dem behandelnden Zahnarzt darüber hinausgehende Mehrleistungen als privatzahnärztliche Leistungen vereinbart werden. 41

1. Zulässigkeit

Mehrkostenvereinbarungen sind grundsätzlich zulässig und berühren den Leistungsanspruch nicht. Durch die Regelung in S. 2 und 3 ist klargestellt, daß entgegen der Rechtslage vor dem 1. 1. 1997 in jedem Falle ein Leistungsanspruch besteht. Dieser reduziert sich auf die Kosten, welche die Krankenkasse fiktiv bei Bezuschussung der **preiswertesten Füllungstherapie** aufgebracht hätte. 42

Auch beim Fehlen von expliziten Regelungen zur Mehrkostenvereinbarungen zB. bei der Versorgung von Angehörigen der freien Heilfürsorge gemäß § 75 Abs. 3 (§ 75 Rn. 9) bleiben Vereinbarungen mit den Versicherten über von diesen zu tragende Kosten zulässig (BSG v. 8. 9. 1993, 14 a R Ka 13/92). 43

Für den Bereich der **kieferorthopädischen** Versorgung gemäß § 29 sind Mehrkostenvereinbarungen ebenfalls zulässig (so auch SG Reutlingen v. 25. 6. 2003, S 1 KA 1371/01). 44

§ 28 Ärztliche und zahnärztliche Behandlung

2. Schriftform

45 In S. 4 ist ein gesetzliches Schriftformerfordernis für Mehrkostenregelungen bei Füllungstherapien vorgesehen. Die Nichtbeachtung führt wegen Verstoßes gegen ein entsprechendes gesetzliches **Formerfordernis** gem. §§ 125,126 BGB zur Nichtigkeit der Vereinbarung (LG Freiburg v. 12. 10. 2006, 3 S 206/06; aA. LG Saarbrücken v. 15. 9. 2005, 16 S 11/04).

46 Die Schriftform ist in den Bundesmantelverträgen (§ 82 Rn. 2) in §§ 4 Abs. 5 lit. b) BMV-Z, 7 Abs. 7 EKV-Z nachvollzogen.

3. Ausschluss bei Wunsch-Füllungstherapie

47 Erfolgt ein Austausch intakter Zahnfüllungen auf Wunsch der Versicherten gilt die Mehrkostenregelung des S. 2 nicht. Dem Wortlaut nach bliebe der Leistungsanspruch erhalten, wenn keine Mehrkosten vereinbart würden. Tatsächlich will der Gesetzgeber den Austausch auf Wunsch des Patienten ohne medizinische Indikation von der Leistungspflicht ausschließen (s. BT-Drs. 13/3695, 4).

48 Der Austausch von **Amalgam-Füllungen** kann eine Indikation zum Austausch darstellen, der von der Krankenkasse zu bezuschussen ist; die Ursächlichkeit des Füllungsmaterials für gesundheitliche Beschwerden muss jedoch nachgewiesen sein (BSGE 85, 56/58).

4. Abrechnung von Mehrkosten

49 Die aufgrund einer individuellen Vereinbarung dem Patienten in Rechnung gestellten Mehrkosten sind keine vertragszahnärztlichen Leistungen. Dementsprechend ist der Einheitliche BEMA (§ 87 Rn. 5) nicht anwendbar. Für die Berechnung gilt die privatzahnärztliche **GOZ**. Bis zum Inkrafttreten der entsprechenden Beschlüsse des G-BA hatte der Gesetzgeber eine Begrenzung des Schwellenwertes vorgesehen, vgl. § 87d.

F. Die psychotherapeutische Behandlung, Abs. 3

I. Überblick

50 Nach Abs. 3 obliegt die psychotherapeutische Behandlung einer seelischen Krankheit (dazu unten Rn. 55) den Psychologischen Psychotherapeuten, also Angehörigen bestimmter Heilberufe, die nach §§ 2, 12 PsychThG approbiert sind und zur Versorgung zugelassen (§ 95 Abs. 10) oder ermächtigt (§ 95 Abs. 11) sind. Gegenüber dem bis zur Schaffung des PsychThG geltenden Recht besteht die wesentlichste Änderung in dem den Versicherten damit zugebilligten Erstzugangsrecht. Versicherten steht aufgrund der Inkorporation der Psychotherapeuten in die vertragsärztliche Versorgung das Recht zu, den Psychotherapeuten ohne vorherigen Besuch eines Arztes direkt aufzusuchen (*Behnsen/Bernhardt,* Psychotherapeutengesetz, 1999, 81). § 28 Abs. 3 S. 2 verknüpft jenes Erstzugangsrecht des Versicherten aber mit einer Verpflichtung des Psychotherapeuten, vor Beginn der Behandlung (spätestens nach Ende der probatorischen Sitzungen) den Konsiliarbericht eines Vertragsarztes zur Abklärung einer eventuell vorliegenden somatischen Erkrankung einzuholen. Zudem muss der Psychotherapeut, falls dies der eine eventuelle somatische Erkrankung abklärende Vertragsarzt für erforderlich hält, das Konsilium eines psychiatrisch tätigen Vertragsarztes veranlassen.

3. Kapitel. 5. Abschnitt. 1. Titel § 28

II. In Frage kommende Therapeuten

Der Gesetzgeber des PsychThG hat in § 1 Abs. 1 S. 3 eine Titelschutzregelung 51
eingeführt. Die Berufsbezeichnungen Psychologischer Psychotherapeut, Kinder-
und Jugendlichenpsychotherapeut oder Psychotherapeut darf nur führen, wer aufgrund des PsychThG approbiert (gemeint ist damit die staatliche Erlaubnis zur
Ausübung eines akademischen Heilberufes, vgl. *Spellbrink*, NZS 1999, 1/4) ist. Die
drei Heilberufe stehen im Rahmen der hier in Rede stehenden therapeutischen
Behandlung gleichberechtigt nebeneinander.

1. Psychologische Psychotherapeuten

Anders als bei den Kinder- und Jugendlichenpsychotherapeuten (dazu Rn. 53) 52
existiert bei den Psychologischen Psychotherapeuten keine Altersgrenze; diese
dürfen also auch Kinder und Jugendliche behandeln.

2. Kinder- und Jugendlichenpsychotherapeuten

Die Behandlungsmöglichkeiten der Kinder- und Jugendlichenpsychotherapeu- 53
ten werden durch § 1 Abs. 2 PsychThG begrenzt, behandelt werden dürfen grundsätzlich nur solche Patienten, die das 21. Lebensjahr noch nicht vollendet haben
(Ausnahmen sind möglich, wenn zur Sicherung des Therapieerfolges eine gemeinsame psychotherapeutische Behandlung mit Erwachsenen erforderlich ist, dazu
Pulverich, PsychThG, 3. Aufl. 1999, 53.).

3. Vertragsärzte

Psychotherapeutische Leistungen zu Lasten der GKV können auch von spezi- 54
fisch qualifizierten Vertragsärzten erbracht werden, wenn diese über eine entsprechende fachliche Befähigung verfügen (vgl. dazu im Einzelnen § 5 der Vereinbarung über die Anwendung von Psychotherapie in der vertragsärztlichen Versorgung [Psychotherapie-Vereinbarung], Anlage zum Bundesmantelvertrag-Ärzte,
BMV-Ä).

III. Psychologischer Krankheitsbegriff und Behandlungsmethoden

Voraussetzung für die Durchführung einer psychotherapeutischen Behandlung 55
ist das Vorliegen einer seelischen Krankheit (auch geistige oder seelische Behinderung, bei der Rehabilitationsmaßnahmen notwendig sind, vgl. Psychotherapie-
Richtlinien, A. Zif. 1). Darunter wird allgemein jeder regelwidrige Körper- oder
Geisteszustand verstanden, der Behandlungsbedürftigkeit und/oder Arbeitsunfähigkeit zur Folge hat (vgl. dazu bereits BSGE 26, 240/242). Als psychische Störung
mit Krankheitswert (§ 1 Abs. 3 S. 1 PsychThG) lassen sich dabei die vom Normal-
zustand eines gesunden Menschen abweichenden und behandlungsbedürftigen
Leiden bezeichnen (vgl. *Pulverich*, PsychThG, 3. Aufl. 1999, 54). Es geht um eine
krankhafte Störung der Wahrnehmung, des Verhaltens, der Erlebnisverarbeitung,
der sozialen Beziehungen und der Körperfunktionen (vgl. Psychotherapie-Richtlinien, A. Ziff. 2); sie indiziert eine Psychotherapie. Letztere wird vom Gesetz als
jede mittels wissenschaftlich anerkannter psychotherapeutischer Verfahren vorgenommene Tätigkeit zur Feststellung, Heilung oder Linderung von Störungen mit
Krankheitswert bezeichnet (§ 1 Abs. 3 S. 1 PsychThG). Weder im PsychThG noch
im SGB V findet sich dabei eine abschließende Aufzählung der zulässigen (dh. ab-

rechnungsfähigen) psychotherapeutischen Verfahren. Abs. 3 begrenzt die psychotherapeutische Tätigkeit allerdings auf die Regelungen der Psychotherapie-Richtlinie nach § 92, so dass nur eine Behandlung nach den dort genannten Verfahren eine Leistungspflicht der GKV begründet. In den Richtlinien werden als abrechnungsfähige psychotherapeutische Behandlungsformen die tiefenpsychologisch fundierte Psychotherapie, die analytische Psychotherapie und die Verhaltenstherapie genannt (vgl. Psychotherapie-RL, B. Ziff. I, dort erfolgt auch eine inhaltliche Beschreibung der Verfahren).

56 Die Sinnhaftigkeit und Praktikabilität eines Ausschlusses solcher Behandlungsformen, die der G-BA nicht in den Richtlinien gem. § 92 Abs. 6a iVm. § 135 Abs. 1 geregelt hat und die nicht in den EBM aufgenommen worden sind (so § 12 Abs. 3 BMV-Ä; ähnlich *Knipsel,* Beck-OK, § 28 Rn. 41 unter Hinweis auf die Rechtsprechung zur allgemeinen vertragsärztlichen Versorgung zu § 135 Abs. 1 [dazu oben Rn. 13 ff.]), dürfte davon abhängen, ob sich tatsächlich die unterschiedlichen Formen psychologischer Therapien hinreichend dicht von den anerkannten drei Behandlungsmethoden abgrenzen lassen.

57 Die psychotherapeutische Behandlung ist grundsätzlich ebenfalls den Behandlungszielen des Abs. 1 verpflichtet, begrenzt sich aber auf Leistungen, die der Heilung oder Besserung einer Krankheit bzw. der medizinischen Rehabilitation dienen (Psychotherapie-Richtlinien, A. Ziff. 1), umfasst also keine Maßnahmen zur Früherkennung von Krankheiten, keine Verordnungen von medizinischen Leistungen der Rehabilitation oder etwa die Anordnung der Hilfeleistung anderer Personen (*Behnsen/Bernhardt,* Psychotherapeutengesetz, 1999, 89).

IV. Verfahrensregelungen

1. Probatorische Sitzungen

58 Als probatorische Sitzungen bezeichnet man Sitzungen, die Psychologische Psychotherapeuten mit dem Ziel abhalten, abzuklären, ob eine Krankheit vorliegt, die psychotherapeutisch zu behandeln ist (*Adelt,* H/K, § 28 Rn. 34; *Pulverich,* PsychThG, 3. Aufl. 1999, 138). Ihre Anzahl ist gesetzlich nicht festgelegt, nach den Richtlinien des G-BA sind zwischen fünf und acht derartige Sitzungen zur Abklärung einer Behandlungsbedürftigkeit abrechnungsfähig (vgl. Psychotherapie-Richtlinien, E. Ziff. 1. 1. 1).

2. Ausschluss rein somatischer Erkrankungen/Konsiliarbericht

59 Das Gesetz verlangt in Abs. 3 S. 2 die Abklärung einer somatischen Erkrankung. Damit soll festgestellt werden, ob eine somatische oder gar psychiatrische Erkrankung Ursache der Behandlungsbedürftigkeit ist (*Pulverich,* PsychThG, 3. Aufl. 1999, 139). Dazu ist ein Vertragsarzt einzuschalten, der zur Frage einen sog. Konsiliarbericht vorlegt. Unter einem Konsiliarbericht, der grundsätzlich von jedem Vertragsarzt (zum Ausschluß bestimmter Arztgruppen, etwa Laborärzten, Radiologen etc. vgl. Psychotherapie-Richtlinien, F. Ziff. 2) abgefasst werden kann, versteht man die Besprechung einer Diagnose oder einer Indikation einschließlich des Behandlungsplans unter Angehörigen der Heilberufe (*Pulverich,* PsychThG, 3. Aufl. 1999, 139; zum Inhalt eines derartigen Konziliums vgl. Psychotherapie-Richtlinien, F. Ziff. 1).

3. Konsiliarbericht eines psychiatrisch tätigen Vertragsarztes

Sieht der Konsiliararzt Anzeichen für eine psychiatrische Erkrankung, kann er 60
die Verpflichtung des Psychotherapeuten begründen, eine weitere psychiatrische
Abklärung seitens eines psychiatrisch tätigen Vertragsarztes einzuholen.

G. Überblick über die Praxisgebühr, Abs. 4

Ausweislich der Begründung des Fraktionsentwurfs zum GMG dient die hier- 61
nach neu eingefügte Bestimmung, durch die mWv. 1. 1. 2004 „eine Rechtsgrundlage für die Erhebung einer sog. Praxisgebühr geschaffen" wurde, dem Ziel, „die
Eigenverantwortung des Versicherten zu stärken" (BT-Drs. 15/1525, 83). Wie
„alle relevanten Beteiligten" soll auch er mit einem „Beitrag zur Konsolidierung
der Finanzen" „in die Neuordnung der Finanzierung... eingebunden" werden (BT-Drs. 15/1525, 76f., 83). Im Einklang mit dem Leitgedanken des effizienten Einsatzes der Ressourcen und der Sicherstellung der notwendigen medizinischen Versorgung sollen die Zahl ärztlicher Konsultationen auf das Notwendige reduziert
und Fachärzte nur nach Maßgabe einer Überweisung aufgesucht werden.

Die „sog. Praxisgebühr" (Terminologie der Gesetzesbegründung, Rn. 1) ist 62
keine Gebühr im abgaberechtlichen Sinne (*Rixen*, SGb 2004, 2), sondern Zuzahlung (§ 28 Abs. 4 S. 1, 3; § 43b Abs. 2 S. 1), und wie bei anderen Zuzahlungspflichten handelt es sich um **eine zur Kostensenkung beitragende Form der Selbstbeteiligung der Versicherten** (BSG, SozR 4-2500, § 33 Nr. 14 S. 85), nicht um
einen vom Solidarprinzip abweichenden oder das Sachleistungsprinzip durchbrechenden Sonderbeitrag (BSG, aaO.; aA. *Schimmelpfeng-Schütte*, GesR 2004, 3). Der
Gesetzgeber verfolgt kein bestimmtes „Grundprinzip" einer Zuzahlungsart und
ist dazu angesichts des weiten Gestaltungsspielraums im Bereich der Sozialgesetzgebung auch nicht verpflichtet (BSG, aaO., S. 87).

Vor diesem Hintergrund treten Zweifel an der **Verfassungsmäßigkeit** der 63
Norm zurück (ohne Bedenken BSG, SozR 4-2500, § 33 Nr. 14 S. 87, 89), sowohl
im Hinblick auf die Inpflichtnahme der Ärzte (*Weimar/Elsner*, GesR 2004, 120/
122; aA. *Hagedorn*, SGb 2004, 405 ff.; krit. *Linke*, NZS 2004, 186/188 ff.) als auch
die Grundrechte der Versicherten (*Linke*, aaO., 187; aA. *Schimmelpfeng-Schütte*,
GesR 2004, 1/3; *Hagedorn*, SGb 2004, 404/405; dagegen zuletzt Bay. LSG v. 13. 12.
2007, L 4 KR 297/05 unter Verneinung einer Verletzung von Art. 3 und 14 GG sowie des Sozialstaatsprinzips [unter www.sozialgerichtsbarkeit.de]; anhängig beim
BSG, B 3 KR 3/08 R).

S. 1 normiert eine Pflicht zur Zuzahlung für volljährige Versicherte, die im 64
Falle jeder ersten Inanspruchnahme (zahn-)ärztlicher oder psychotherapeutischer
Leistungen vierteljährlich an den Leistungserbringer zu entrichten ist; Ausnahmen
von der Zahlungspflicht bei Vorsorgeleistungen sind in S. 2 verankert, und nach
S. 3 gelten beide Bestimmungen auch bei der Wahl der Kostenerstattung mit Besonderheiten hinsichtlich der Zahlung. Die Norm steht im **Regelungszusammenhang** mit § 61 S. 2 (Höhe der Zuzahlung), § 62 (Belastungsgrenze) sowie –
betreffend den Zahlungsweg – § 43b Abs. 2 (vgl. zur Abrechnungsprüfung § 106a
Abs. 3 Nr. 4). Gem. § 43b Abs. 2 S. 8 ist das Nähere zum Verfahren maßgeblicher
Aspekte der Zahlung in den Bundesmantelverträgen (s. dazu va. die Änderungen
mWv. 1. 7. 2007, DÄBl. 2007, A 1689 f., A 1696 u. A 1770 ff.) zu vereinbaren.

H. Verpflichtung zur Zuzahlung in Form der sog. Praxisgebühr, Abs. 4 S. 1

I. Voraussetzungen

65 Die Pflicht zur Entrichtung der Zuzahlung trifft Versicherte, die das 18. Lebensjahr vollendet haben, für jede erste Inanspruchnahme eines an der ambulanten ärztlichen, zahnärztlichen oder psychotherapeutischen Versorgung teilnehmenden Leistungserbringers. Von der **ärztlichen Versorgung** umfaßt sind die Leistungen der Vertragsärzte, Medizinischer Versorgungszentren (§ 95 Abs. 1 S. 2-7) sowie der ermächtigten Ärzte und ärztlich geleiteten Einrichtungen (§ 95 Abs. 1 S. 1, Abs. 4). Einbezogen sind ferner die an der ambulanten ärztlichen Versorgung teilnehmenden Krankenhausärzte und Krankenhäuser (§§ 116-116b) sowie die an der integrierten (§ 140b), der hausarztzentrierten (§ 73b) und der besonderen ambulanten ärztlichen Versorgung beteiligten Leistungserbringer (BT-Drs. 15/1525, 84; § 73c Abs. 3). Die Teilnahme der Versicherten an besonderen Versorgungsformen (s. § 53 Abs. 3 S. 2) lässt die allgemeine Zuzahlungspflicht nicht entfallen (s. Rn. 74; § 61 Rn. 4). Dies gilt auch im **Bereich der zahnärztlichen** (vgl. § 8a BMV-Z/§ 13 EKVZ) sowie der **psychotherapeutischen Versorgung** durch Psychotherapeuten (vgl. § 28 Abs. 3, § 95 Abs. 10 ff.) und befugte Ärzte. In Reaktion auf die Fortentwicklung der Kooperationsformen durch das VÄndG knüpfen BMV-Ä (§ 18 Abs. 1) und EKVÄ (§ 21 Abs. 1) auch an die Inanspruchnahme „einer Arztpraxis (Vertragsarzt, Vertragspsychotherapeut, Berufsausübungsgemeinschaft, Medizinisches Versorgungszentrum)" an.

66 Die Praxisgebühr ist unabhängig von der Anzahl der Konsultationen desselben Leistungserbringers einmal je Kalendervierteljahr zu entrichten, gleich, ob es sich um die Behandlung verschiedener Krankheiten innerhalb eines Quartals oder die Fortsetzung der Behandlung derselben Krankheit über mehrere Kalendervierteljahre hinweg handelt (BT-Drs. 15/1525, 84). Wird im Quartal nach der Erstinanspruchnahme eines Vertragsarztes dessen **Vertreter** konsultiert, darf die Zuzahlung nicht erneut erhoben werden; umgekehrt erhebt und quittiert der erstmalig aufgesuchte Vertreter ohne erneute Verpflichtung zur Zahlung gegenüber dem Vertretenen im selben Quartal (§ 18 Abs. 1 BMV-Ä/§ 21 Abs. 1 EKVÄ).

67 Die Inanspruchnahme liegt im Beginn der Behandlung, kann telefonisch erfolgen und muss auf die Erbringung solcher Leistungen gerichtet sein, auf die ein Anspruch besteht (*Schmidt*, Peters, KV, § 28 Rn. 142). Individuelle Gesundheitsleistungen gehören nicht dazu (*Rixen*, SGb 2004, 5). Keine die Verpflichtung auslösende **Inanspruchnahme** besteht darin, dass einem Leistungserbringer oder einer KK gegenüber ausschließlich ein Bericht abgegeben wird (§ 18 Abs. 1 BMV-Ä, § 21 Abs. 1 EKVÄ).

68 Erfolgt die Inanspruchnahme aufgrund einer **Überweisung** aus demselben Quartal, liegen die Voraussetzungen für eine Inpflichtnahme zur Zahlung nicht vor (s. jedoch § 18 Abs. 1 BMV-Ä/§ 21 Abs. 1 EKVÄ: „Zuzahlung entfällt"; *Höfler*, KK, § 28 Rn. 33: „Ausnahme"). Die Überweisung aus dem vorherigen Quartal löst auch bei Weiterbehandlung der Krankheit eine Praxisgebühr erneut aus (BT-Drs. 15/1525, 1/84), es sei denn, die „Inanspruchnahme" betrifft gem. BMV-Ä/EKVÄ ausnahmsweise Auftragsleistungen ohne Arzt-Patienten-Kontakt (zB. Probeeinsendungen). Wird die Überweisung im selben Quartal beim Vertreter des (Fach-)Arztes eingesetzt, bedarf es zur weiteren Inanspruchnahme des Vertretenen in diesem Zeitraum keiner erneuten Überweisung.

Bereits der Wortlaut (S. 1) legt eine Betrachtung nahe, der zufolge die Praxis- 69
gebühr **gesondert je Quartal und Versorgungsbereich** (Rn. 5) zu erheben
ist (*Schmidt*, Peters, KV, § 28 Rn. 142). Entscheidend aber kommt es auf die (va.
für Überweisungen maßgeblichen) Regelungen der Mantelverträge an (§ 24
BMV-Ä/§ 27 EKVÄ). Danach sind Überweisungen an Zahnärzte nicht zulässig
(Abs. 9). Nichtärztliche Psychotherapeuten können (nur) im Rahmen des Konsi-
liarverfahrens (Abs. 11) überweisen. Gem. Abs. 6 des § 18 BMV-Ä/§ 21 EKVÄ
tritt die Quittung eines zuerst in Anspruch genommenen Psychotherapeuten
ebenso wie die eines Leistungserbringers im Rahmen der ambulanten Behandlung eines Krankenhauses an die Stelle der Überweisung, und die Praxisgebühr
darf nicht erneut erhoben werden; ein anders lautender Beschluß des Bundesschiedsamtes wird derzeit nicht umgesetzt; allerdings werden dazu für den Fall
einer (der) bis zum 30. 6. 2008 nicht erfolgten gesetzlichen Klarstellung Beratungen aufgenommen (vgl. Protokollnotiz der Verträge).

Eine auf die erste und quittierte Notfallbehandlung folgende zweite sowie wei- 70
tere **Notfallbehandlunge(n)** im Quartal lösen die Praxisgebühr nicht erneut
aus, wohl aber die anschließende Behandlung im Rahmen der Regelversorgung,
es sei denn, sie erfolgt bei demselben Vertragsarzt oder auch arztpraxisübergreifend
(§ 18 Abs. 1 BMV-Ä/§ 21 Abs. 1 EKVÄ)

II. Entrichtung der Praxisgebühr

Den sich nach § 61 S. 2 ergebenden Betrag und damit **€ 10** hat der zahlungs- 71
pflichtige Versicherte **an den Leistungserbringer** zu entrichten; dieser muss die
geleistete Zahlung quittieren, § 61 S. 4. Gem. § 62 Abs. 1 Hs. 1 sind Zuzahlungen
bis zur Belastungsgrenze (näher bei § 62) zu leisten. Wird diese innerhalb eines Kalenderjahres erreicht, hat die KK eine von weiteren Zuzahlungen für den Rest
des Jahres befreiende Bescheinigung zu erteilen. Die Zuzahlung ist grundsätzlich
vor jeder ersten Inanspruchnahme zu leisten, es sei denn, es besteht akuter Behandlungsbedarf bzw. es liegt eine Inanspruchnahme nicht persönlicher Art vor; die
nachträgliche Vorlage einer Überweisung, einer (ersetzenden) Quittung oder eines
Befreiungsausweises begründet keinen Rückzahlungsanspruch, § 18 BMV-Ä/
§ 21 EKVÄ, Abs. 1 und 3 sowie § 8 a BMV-Z/§ 13 EKVZ, Abs. 3 und 7.

I. Gesetzliche Ausnahmen von der Verpflichtung zur Zahlung, Abs. 4 S. 2

Die Inanspruchnahme bestimmter **Vorsorgeleistungen** – ebenfalls Ausdruck 72
der Eigenverantwortung – wird von der Verpflichtung zur Zahlung der Praxisgebühr **ausgenommen**. Im Einzelnen handelt es sich um Schutzimpfungen gem.
§ 20 d (vormals § 23 Abs. 9 aF., s. BGBl. I 2007, 1066/1094), Leistungen zur Früherkennung von Krankheiten nach § 25, zahnärztliche Untersuchungen nach § 55
Abs. 1 Satz 4 und 5 sowie Maßnahmen zur Schwangerenvorsorge nach § 196
Abs. 1 RVO und § 23 Abs. 1 KVLG.

Im Einklang mit dem Gesetzeszweck, aus Gründen der Gleichbehandlung 73
(*Höfler*, KK, § 28 Rn. 33) sowie gem. § 18 Abs. 1 BMV-Ä/§ 21 Abs. 1 EKVÄ
kommt die Ausnahme nur zum Tragen, wenn die **Inanspruchnahme** des Leistungserbringers **ausschließlich für Vorsorgeleistungen** erfolgt.

J. Optionale Zuzahlungsermäßigung

74 Gem. § 53 Abs. 3 S. 2 kann die KK neben Prämienzahlungen auch Zuzahlungsermäßigungen mit speziellen Tarifen für Versicherte verbinden (BT-Drs. 16/3100, 108), die an besonderen Versorgungsformen (§§ 63, 73b, 73c, 137f oder 140a) teilnehmen. Die mit Blick auf die Anreizfunktion gegenüber den Versicherten vielfach ausgeschöpfte Regelung über Boni für die Teilnahme (§ 65a Abs. 2 aF.) wurde im Zeichen der Einführung der Wahltarife durch das GKV-WSG überflüssig (BT-Drs. 16/3100, 111).

K. Kostenerstattung, Abs. 4 S. 3

75 Zahlungsverpflichtung und Ausnahmeregelung gelten grundsätzlich auch für Versicherte, die Kostenerstattung nach § 13 Abs. 2 gewählt haben. Bereits gem. 13 Abs. 2 S. 11 (S. 9 aF.) bringt die KK Zuzahlungen bei der Erstattung in Abzug. Danach ist es unschädlich, dass der Gesetzgeber neben S. 2 iVm. Art. 23 Abs. 9 aF. (s. Rn. 72) auch die zweite redaktionell erforderliche Anpassung, den Verweis durch S. 3 auf Art. 13 Abs. 2 S. 11 (anstatt S. 9), versäumt hat und dies – anders als bei § 20 d – auch nicht zeitnah korrigiert wurde.

§ 29 Kieferorthopädische Behandlung

(1) **Versicherte haben Anspruch auf kieferorthopädische Versorgung in medizinisch begründeten Indikationsgruppen, bei denen eine Kiefer- oder Zahnfehlstellung vorliegt, die das Kauen, Beißen, Sprechen oder Atmen erheblich beeinträchtigt oder zu beeinträchtigen droht.**

(2) [1]**Versicherte leisten zu der kieferorthopädischen Behandlung nach Absatz 1 einen Anteil in Höhe von 20 vom Hundert der Kosten an den Vertragszahnarzt.** [2]**Satz 1 gilt nicht für im Zusammenhang mit kieferorthopädischer Behandlung erbrachte konservierend-chirurgische und Röntgenleistungen.** [3]**Befinden sich mindestens zwei versicherte Kinder, die bei Beginn der Behandlung das 18. Lebensjahr noch nicht vollendet haben und mit ihren Erziehungsberechtigten in einem gemeinsamen Haushalt leben, in kieferorthopädischer Behandlung, beträgt der Anteil nach Satz 1 für das zweite und jedes weitere Kind 10 vom Hundert.**

(3) [1]**Der Vertragszahnarzt rechnet die kieferorthopädische Behandlung abzüglich des Versichertenanteils nach Absatz 2 Satz 1 und 3 mit der Kassenzahnärztlichen Vereinigung ab.** [2]**Wenn die Behandlung in dem durch den Behandlungsplan bestimmten medizinisch erforderlichen Umfang abgeschlossen worden ist, zahlt die Kasse den von den Versicherten geleisteten Anteil nach Absatz 2 Satz 1 und 3 an die Versicherten zurück.**

(4) [1]**Der Gemeinsame Bundesausschuss bestimmt in den Richtlinien nach § 92 Abs. 1 befundbezogen die objektiv überprüfbaren Indikationsgruppen, bei denen die in Absatz 1 genannten Voraussetzungen vorliegen.** [2]**Dabei sind auch einzuhaltende Standards zur kieferorthopädischen Befunderhebung und Diagnostik vorzugeben.**

3. Kapitel. 5. Abschnitt. 1. Titel **§ 29**

Schrifttum: *T. Muschallik*, Kostenerstattung – Die überlegene Alternative im Bereich der vertragszahnärztlichen Versorgung, MedR 2000, 213; *ders.*, Die Zukunft des Sicherstellungsauftrages durch die Kassenzahnärztlichen Vereinigungen unter Berücksichtigung neuer Versorgungsformen – aus Sicht der Kassenzahnnärztlichen Vereinigungen, MedR 2003, 139; *W. Noftz*, Leistungsrecht und Leistungserbringungsrecht nach Inkrafttreten des 2. GKV-Neuordnungsgesetzes, VSSR 1997, 393; *H. Plagemann*, Anmerkung zu BSG – 1 RK 22/95 –, SGb 1997, 126; *F. Schnapp/R. Düring*, Die Rechtsbeziehung zwischen Kassenzahnarzt und sozialversichertem Patienten nach dem Gesundheitsreformgesetz, NJW 1989, 2913; *B. Tiemann/T. Muschallik*, Zur Kostenerstattung nach dem Gesundheitsstrukturgesetz, NJW 1990, 743; *J. Weitkamp/S. Ziller/R. Krousky*, Finanzierung der GKV und Umgestaltung des Leistungsrechtes in der Zahnmedizin, insbesondere unter dem Aspekt der Kostenerstattung einschließlich der europarechtlichen Perspektiven, ZfGWiss 2003, 54; *U. Wenner*, Schwachstellen und Reformbedarf im Leistungs- und Leistungserbringungsrecht der Krankenversicherung: Trennung der Versorgungsbereiche und Leistungsansprüche der Versicherten, GesR 2003, 129; *M. Zipperer*, Wichtige strukturelle Änderungen für Ärzte, Zahnärzte und Versicherte im Gesundheitsstrukturgesetz, NZS 1993, 95.

Inhaltsübersicht

	Rn.
A. Überblick	1
B. Leistungsanspruch	6
I. Versorgungsumfang	7
1. Zugelassene Leistungserbringer	8
2. Ermächtigte Leistungserbringer	9
3. Kieferorthopädische Versorgung	12
II. Indikationsgruppen des G-BA	20
C. Abrechnung	23
I. Eigenbeteiligung	24
1. Grundsätzliche Zuzahlung	25
2. Ermäßigung bei weiteren Kindern	26
3. Rückzahlungsanspruch	27
II. Mehrkostenvereinbarungen in der Kieferorthopädie	30

A. Überblick

§ 29 definiert den Leistungsanspruch gesetzlich Krankenversicherter im Bereich **kieferorthopädischer Versorgung**, soweit nicht an anderer Stelle bereits Einschränkungen vorgenommen wurden (vgl. § 28 Rn. 31). **1**

In wenigen Regelungen des SGB V sind an der Entstehungsgeschichte unterschiedliche Gestaltungsmodelle des Gesetzgebers so zu erkennen wie im § 29 in der jeweils maßgeblichen Fassung. **2**

Zum 31. Dezember 1988 war die kieferorthopädische Versorgung in vollem Umfang vom **Sachleistungsanspruch** der Versicherten umfaßt. Zum 1. 1. 1989 führte das GRG (BGBl. I, 2477) das **Kostenerstattungsprinzip** ein. Die Leistungserbringer rechneten im Rahmen der sog. **Direktabrechnung** mit dem Patienten ab. Die Krankenkassen erstatteten diesen zunächst 80 % der Kosten und nach erfolgreichem Abschluss die weiteren 20 %, welche die Versicherten übergangsweise selbst zu zahlen hatten.

Bereits zum 1. 1. 1993 änderte der Gesetzgeber durch das **GSG** (BGBl. I, 2226) den Zahlungsweg. Zwar blieb es beim System der Kostenerstattung; der von der Krankenkasse von Beginn an zu übernehmende Anteil von 80 % war jedoch nicht mehr im Wege der Direktabrechnung, sondern von den Leistungserbringern (vertragszahnärztlich tätige Kieferorthopäden) über die Kassenzahnärztliche Vereinigung abzurechnen. **3**

§ 29 Kieferorthopädische Behandlung

4   Das 2. GKV-NOG (BGBl. I, 1520) stellte erneut den Abrechnungsweg auf ein System der direkten **Kostenerstattung** um. Wiederum hatte der Vertragszahnarzt eine Abrechnung gegenüber dem Versicherten vorzunehmen; die Krankenkasse erstattete dem Versicherten zunächst 80 % der Kosten direkt. Nach erfolgreichem Abschluss erfolgte eine Erstattung der restlichen Kosten.

5   Das GKV-SolG (BGBl. I, 3853) führte das Sachleistungsprinzip wieder ein. Lediglich die vorübergehende **Eigenbeteiligung** des Patienten, welche nach erfolgreichem Behandlungsabschluss zurückgezahlt wird, wurde beibehalten.

B. Leistungsanspruch

6   Der Versicherte hat Anspruch auf kieferorthopädische Versorgung im Bereich der **Sachleistung**. Der Umfang des Leistungsanspruches definiert sich nach Abs. 1 und 4 i.V. m. den Richtlinien des Gemeinsamen Bundesausschusses über befundbezogene **Indikationsgruppen** (Richtlinien des Bundesausschusses der Zahnärzte und Krankenkassen – nunmehr: Gemeinsamer Bundesausschuß – BAnz. Nr. 226 v. 3. 12. 2003).

I. Versorgungsumfang

7   Der Versorgungsumfang (Sachleistungsanspruch) des Versicherten besteht auf Zurverfügungstellung der erforderlichen kieferorthopädischen Behandlungen durch zugelassene Leistungserbringer im Rahmen des gesetzlich definierten Leistungsanspruches.

1. Zugelassene Leistungserbringer

8   Der Anspruch besteht auf Erbringung durch zugelassene Vertragszahnärzte und/oder an der Versorgung aufgrund Ermächtigung teilnehmende Fachzahnärzte für **Kieferorthopädie** (vgl. § 28, Rn. 27).

2. Ermächtigte Leistungserbringer

9   Insbesondere im kieferorthopädischen Bereich nehmen zahlreiche niedergelassene Kieferorthopäden nicht kraft Zulassung (vgl. § 95 Rn. 6) teil, sondern insbesondere auch für die ambulante Leistungserbringung ermächtigte Zahnärzte und Kieferorthopäden (vgl. § 10a BMV-Z, § 5 Abs. 1 Nr. 2 EKVZ iVm. § 31 Abs. 2 ZV-Zahnärzte).

10 Verzichtet der Leistungserbringer (zugelassener oder ermächtigter Zahnarzt oder Kieferorthopäde) während der Behandlung auf seine Zulassung/Ermächtigung, kann der Patient die Behandlung zu Lasten der GKV nur bei einem anderen Vertragszahnarzt/Ermächtigten fortführen lassen; eine Leistungspflicht der gesetzlichen Krankenkassen für die Übergangszeit besteht ggf. nach Maßgabe des § 13 Abs. 3 SGB V (BSGE 77, 227/232).

11 Eine Berechtigung, Zahnärzte in Anspruch zu nehmen, die in einem mit anderen Angehörigen ihrer Berufsgruppe abgestimmten Verhalten auf ihre Zulassung oder Ermächtigung verzichtet haben, besteht grundsätzlich nicht; dies gilt auch für die Inanspruchnahme im Wege der Kostenerstattung (BSG, SGb 2007, 488/489).

3. Kieferorthopädische Versorgung

12 Der Sachleistungsanspruch für gesetzlich Krankenversicherte auf kieferorthopädische Versorgung ist kraft Gesetzes nach Vollendung des 18. Lebensjahres ausgeschlossen (vgl. § 28 Rn. 31).

Kraft bundesmantelvertraglicher Regelungen (vgl. § 82 SGB V, Rn. 2) hat der die Behandlung durchführende Vertragszahnarzt/Kieferorthopäde vor Beginn der Behandlung einen **Behandlungsplan** (Abs. 3 S. 2 iVm. §§ 1 Abs. 1 S. 1 Anl. 6 zum BMV-Z, 14 Abs. 3 S. 1) zu erstellen. Dieser ist von der Krankenkasse zu prüfen und – ggf. nach gutachterlicher Prüfung – zu bescheiden. Die Genehmigung des kieferorthopädischen Behandlungsplanes stellt ggü dem Vertragszahnarzt keinen **VA** dar (vgl. LSG NRW v. 27. 11. 1985, L 11 Ka 72/84).

13

Die Genehmigung des Behandlungsplanes begründet insoweit für den Zahnarzt keinen konkreten Vergütungsanspruch (BSG v. 26. 9. 1984, 6 RKa 19/83) oder **Vertrauensschutz** bezüglich einer bestimmten Honorarhöhe (BSG, ArztR 2007, 247).

14

Der genehmigte Behandlungsplan hat, wenn mit der Behandlung noch nicht begonnen wird, Bindungswirkung für maximal ein Jahr (Bay. LSG v. 10. 3. 2006, L 5 KR 163/05).

Maßgebend für den Zeitpunkt der Antragstellung bei zwischenzeitlicher Vollendung des 18. Lebensjahres, sondern der Beginn der Behandlung (BSG, SGb 2003, 335).

15

Auch eine etwaige **Fehlbehandlung** begründet keinen Sachleistungsanspruch über das 18. Lebensjahr hinaus (LSG S-H v. 14. 12. 2005, L 4 KR 59/04).

Von der Genehmigung der Krankenkasse ist neben der Übernahme des vertragszahnärztlichen Honorars auch ein Schätzbetrag der entstehenden **Material- und Laborkosten** umfaßt. Eine unwesentliche Überschreitung ist nicht anspruchsvernichtend, bei wesentlicher Überschreitung ist indessen die Krankenkasse zu benachrichtigen (LSG NRW v. 9. 5. 1990, L 11 Ka 98/86).

16

Der Leistungsanspruch besteht notwendigerweise nur für die Dauer der Mitgliedschaft in der jeweiligen gesetzlichen Krankenkasse; ein Wechsel zu einem Unternehmen der privaten Krankenversicherung führt nicht zu einem Verlust des (Sachleistungs-) Anspruches hinsichtlich der bis zu diesem Zeitpunkt entstandenen Kosten einschließlich der **Eigenbeteiligung** (BSGE 76, 45/46).

17

Da die beabsichtigte Leistungserbringung im Vorfeld von der Krankenkasse geprüft und genehmigt wird, scheidet eine nachträgliche Überprüfung der **Wirtschaftlichkeit** der Behandlung nach Maßgabe des § 106 SGB V (vgl. § 106 Rn. 19) aus. Durch das 2. GKV-NOG ist die gesetzliche Ermächtigungsgrundlage für mögliche nachträgliche Wirtschaftlichkeitsprüfungen entfallen.

18

Da eine vorherige Prüfung bundesmantelvertraglich vorgesehen und der Ausschluß der **Wirtschaftlichkeitsprüfung** ebenfalls vertraglich vereinbart wird, ist dieser reduzierte Prüfmaßstab zulässig (vgl. iE. § 2 Abs. 3 der Anl. 6 zum BMV-Z und § 14 Abs. 6 EKVZ; in diesem Sinne auch: *Engelhard*, H/N, § 106 SGB V Rn. 81).

19

II. Indikationsgruppen des G-BA

Der Behandlungsanspruch besteht gemäß Abs. 1 bei Vorliegen medizinisch begründeter **Indikationsgruppen.**

20

In Umsetzung der gesetzlichen Anforderungen nach Abs. 4 hat der Bundesausschuss der Zahnärzte und Krankenkassen als Rechtsvorgänger des Gemeinsamen Bundesausschusses in Anl. 1 zu den „Richtlinien des Bundesausschusses der Zahnärzte und Krankenkassen für die kieferorthopädische Behandlung in der ab 1. Januar 2004 geltenden Fassung" diese befundbezogenen Indikationsgruppen **(KIG)** festgelegt.

21

§ 29 Kieferorthopädische Behandlung

Nach Maßgabe der Richtlinien besteht ein Sachleistungsanspruch nur dann, wenn eine Einstufung zumindest in den Behandlungsbedarfsgrad 3 der jeweiligen Indikationsgruppe erfolgt (vgl. Abschnitt B 2. der Richtlinien).

22 Sinn der gesetzlichen Vorgabe in Abs. 1 und Abs. 4 ist, eine objektive Überprüfbarkeit der befundbezogenen Einordnung in den Sachleistungskatalog zu ermöglichen. Durch die Definition in Abs. 1 haben allen Indikationsgruppen gemeinsam, dass eine **Kiefer- oder Zahnfehlstellung** vorliegen muß, die das Kauen, Beißen, Sprechen oder Atmen erheblich beeinträchtigt oder zu beeinträchtigen droht.

Die weitere Eingrenzung des Sachleistungsanspruchs der Versicherten erfolgt insoweit über den hierzu legitimierten Gemeinsamen Bundesausschuss (vgl. § 91 Rn. 31 ff.).

C. Abrechnung

23 Aufgrund des definierten Zahlungsweges bei der Abrechnung kieferorthopädischer Leistungen erfolgt die Abrechnung des von der Krankenkasse zu übernehmenden Anteils durch den Leistungserbringer über die zuständige Kassenzahnärztliche Vereinigung, vgl. Abs. 3 S. 1. Die Leistungen unterliegen der sog. Punktwertdegression nach § 85 Abs. 4 b (Rn. 36)

I. Eigenbeteiligung

24 Den Versicherten wird eine grundsätzliche Eigenbeteiligung in Höhe von 20 % der Kosten (Honorar sowie Material- und Laborkosten) abverlangt.

Das Honorar bemisst sich nach Maßgabe des **Einheitlichen Bewertungsmaßstabes** für zahnärztliche Leistungen (vgl. § 87, Rn. 5) iVm. den jeweiligen gesamtvertraglichen Regelungen über die Honorarhöhe (vgl. § 85 Rn. 2).

Die abzurechnenden Material- und Laborkosten orientieren sich an den entsprechenden Vereinbarungen nach Maßgabe des § 83 und § 88 Abs. 2 und 3 (Rn. 8).

1. Grundsätzliche Zuzahlung

25 Der Versicherte hat bis zum Abschluss der Behandlung eine Eigenbeteiligung von 20 % der Kosten zu leisten. Diese ist unmittelbar im **Zahlungsweg** zwischen Vertragszahnarzt und Patient zu begleichen.

2. Ermäßigung bei weiteren Kindern

26 Um eine wirtschaftliche Überforderung der Versicherten (vgl. § 6 ff.) zu vermeiden, ist eine Erhöhung des Sachleistungsanspruches auf 90 % vorgesehen.

Voraussetzung ist, dass zumindest zwei Kinder unter 18 Jahren sich zeitgleich in kieferorthopädischer Behandlung befinden und mit dem Erziehungsberechtigten in einem gemeinsamen Haushalt leben.

3. Rückzahlungsanspruch

27 Nach der Novellierung durch 2. GKV-NOG ist in Abs. 3 S. 2 nicht mehr von Erstattung, sondern **Rückzahlung** die Rede.

Abs. 3 definiert einen Anspruch eigener Art des Versicherten auf Rückzahlung der Eigenbeteiligung. Voraussetzung ist, dass die Behandlung in dem medizinisch erforderlichen Umfang abgeschlossen ist. Das Ergebnis der kieferorthopädischen Behandlung soll also mit dem im Behandlungsplan definierten Behandlungsziel übereinstimmen. Voraussetzung des Rückzahlungsanspruches ist, dass der behandelnde Vertragszahnarzt/Kieferorthopäde durch eine entsprechende **Abschlussbescheinigung** das Erreichen des Behandlungszieles attestiert.

Ein Abbruch der Behandlung, dem durch diese vorübergehende Beteiligung entgegengewirkt werden soll, steht der Rückzahlung der Eigenbeteiligung entgegen. Auf ein Verschulden des Versicherten/Patienten oder einen „verständigen" Grund kommt es nicht an (BSGE 56, 272/274). 28

Die Rückzahlung des Eigenanteils hat auch anteilig zu erfolgen, wenn der Versicherte das gesetzliche Krankenversicherungssystem verlässt (BSG, SGb 1995, 615 m. zustimmender Anm. *Meydam,* SGb 1995, 617). 29

II. Mehrkostenvereinbarungen in der Kieferorthopädie

Vielfach streitig diskutiert wird die Frage, ob auch im Bereich der kieferorthopädischen Behandlung nach § 29 vom Versicherten zu tragende **Mehrkosten** zulässig sind. 30

Eine gesetzliche Regelung wie in § 28 Abs. 2 S. 2 (Rn. 41) fehlt.

Gründe, die eine vereinbarte **Mehrkostenregelung** verbieten, sind nicht ersichtlich (vgl. § 28 Rn. 44). 31

Eine gesetzliche Vorgabe der Schriftform für **Mehrkostenvereinbarungen** fehlt. Dessen ungeachtet sollten entsprechende Vereinbarungen schriftlich erfolgen, zumal eine Bezugnahme auf die Regelung in § 28 Abs. 2 S. 4 bei einer gerichtlichen Überprüfung naheliegt.

Ergänzend sind zwischenzeitlich in einigen KZV-Bereichen gesamtvertragliche Regelungen nach Maßgabe des § 83 SGB V (Rn. 2) vereinbart, die im Einzelfall das **Schriftformerfordernis** festlegen. Darüber hinaus enthält § 7 Abs. 7 S. 3 EKV-Z eine Sollvorschrift für schriftliche Vereinbarungen. 32

§§ 30, 30a *(aufgehoben)*

§ 31 Arznei- und Verbandmittel

(1) [1]**Versicherte haben Anspruch auf Versorgung mit apothekenpflichtigen Arzneimitteln, soweit die Arzneimittel nicht nach § 34 oder durch Richtlinien nach § 92 Abs. 1 Satz 2 Nr. 6 ausgeschlossen sind, und auf Versorgung mit Verbandmitteln, Harn- und Blutteststreifen.** [2]**Der Gemeinsame Bundesausschuss hat in den Richtlinien nach § 92 Abs. 1 Satz 2 Nr. 6 festzulegen, in welchen medizinisch notwendigen Fällen die in die Arzneimittelversorgung einbezogen werden:**

1. **Aminosäuremischungen, Eiweißhydrolysate, Elementardiäten und Sondennahrung,**
2. **Stoffe und Zubereitungen aus Stoffen, die als Medizinprodukte nach § 3 Nr. 1 oder 2 des Medizinproduktegesetzes zur Anwendung am oder im menschlichen Körper bestimmt sind; § 34 Abs. 1 Satz 5, 7 und 8 sowie Abs. 6 und § 35 gelten entsprechend.** [3]**Für verschreibungspflichtige und nicht verschreibungspflichtige Medizinprodukte nach Satz 2 gilt § 34 Abs. 1 Satz 6 entsprechend.** [4]**Der Vertragsarzt kann Arzneimittel, die aufgrund der Richtlinien nach § 92 Abs. 1 Satz 2 Nr. 6 von der Versorgung ausgeschlossen sind, ausnahmsweise in medizinisch begründeten Einzelfällen mit Begründung verordnen.** [5]**Für die Versorgung nach Satz 1 können die Versicherten unter den Apotheken, für die der Rahmenvertrag nach § 129 Abs. 2 Geltung hat, frei wählen.**

(2) [1]**Für ein Arznei- oder Verbandmittel, für das ein Festbetrag nach § 35 oder § 35a festgesetzt ist, trägt die Krankenkasse die Kosten bis zur Höhe dieses Be-**

trages, für andere Arznei- oder Verbandmittel die vollen Kosten, jeweils abzüglich der vom Versicherten zu leistenden Zuzahlung und der Abschläge nach den §§ 130, 130 a und dem Gesetz zur Einführung von Abschlägen der pharmazeutischen Großhändler. ²Hat die Krankenkasse mit einem pharmazeutischen Unternehmen, das ein Festbetragsarzneimittel anbietet, eine Vereinbarung nach § 130 a Abs. 8 abgeschlossen, trägt die Krankenkasse abweichend von Satz 1 den Apothekenverkaufspreis dieses Mittels abzüglich der Zuzahlungen und Abschläge nach den §§ 130 und 130 a Abs. 1, 3 a und 3b. ³Diese Vereinbarung ist nur zulässig, wenn hierdurch die Mehrkosten der Überschreitung des Festbetrages ausgeglichen werden. ⁴Die Krankenkasse übermittelt die erforderlichen Angaben einschließlich des Arzneimittel- und des Institutionskennzeichens der Krankenkasse an die Vertragspartner nach § 129 Abs. 2; das Nähere ist in den Verträgen nach § 129 Abs. 2 und 5 zu vereinbaren. ⁵Versicherte und Apotheken sind nicht verpflichtet, Mehrkosten an die Krankenkasse zurückzuzahlen, wenn die von der Krankenkasse abgeschlossene Vereinbarung den gesetzlichen Anforderungen nicht entspricht.

(2 a) ¹Für Arzneimittel, die nicht in eine Festbetragsgruppe nach § 35 einzubeziehen sind, setzt der Spitzenverband Bund der Krankenkassen einen Höchstbetrag fest, bis zu dem die Krankenkassen die Kosten tragen. ²Den pharmazeutischen Unternehmern ist vor der Entscheidung Gelegenheit zur Stellungnahme zu geben. ³Der Höchstbetrag ist aufgrund einer Bewertung nach § 35 b Abs. 1 Satz 3 festzusetzen. ⁴Dabei sind die Entwicklungskosten angemessen zu berücksichtigen. ⁵Abweichend von Satz 3 kann der Höchstbetrag auch im Einvernehmen mit dem pharmazeutischen Unternehmer festgelegt werden. ⁶§ 31 Abs. 2 Satz 1 gilt entsprechend. ⁷Arzneimittel, deren Kosteneffektivität erwiesen ist oder für die eine Kosten-Nutzer-Bewertung nur im Vergleich zur Nichtbehandlung erstellt werden kann, weil eine zweckmäßige Therapiealternative fehlt, sind von der Festsetzung eines Höchstbetrages auszunehmen. ⁸Eine Kosten-Nutzen-Bewertung kann als Grundlage für die Festsetzung eines Höchstbetrages erst erstellt werden, wenn hinreichende Erkenntnisse über die Wirksamkeit des Arzneimittels nach den Grundsätzen der evidenzbasierten Medizin vorliegen können.

(3) ¹Versicherte, die das achtzehnte Lebensjahr vollendet haben, leisten an die abgebende Stelle zu jedem zu Lasten der gesetzlichen Krankenversicherung verordneten Arznei- und Verbandmittel als Zuzahlung den sich nach § 61 Satz 1 ergebenden Betrag, jedoch jeweils nicht mehr als die Kosten des Mittels. ²Satz 1 findet keine Anwendung bei Harn- und Blutteststreifen. ³Satz 1 gilt auch für Mittel und Medizinprodukte, die nach Absatz 1 Satz 2 und 3 in die Versorgung mit Arzneimitteln einbezogen worden sind. ⁴Der Spitzenverband Bund der Krankenkassen kann durch Beschluss nach § 213 Abs. 2 Arzneimittel, deren Apothekeneinkaufspreis einschließlich Mehrwertsteuer mindestens um 30 vom Hundert niedriger als der jeweils gültige Festbetrag ist, der diesem Preis zugrunde liegt, von der Zuzahlung freistellen, wenn hieraus Einsparungen zu erwarten sind. ⁵Für andere Arzneimittel, für die eine Vereinbarung nach § 130 a Abs. 8 besteht, kann die Krankenkasse die Zuzahlung um die Hälfte ermäßigen oder aufheben, wenn hieraus Einsparungen zu erwarten sind. ⁶Absatz 2 Satz 4 gilt entsprechend.

(4)¹Das Nähere zu therapiegerechten und wirtschaftlichen Packungsgrößen bestimmt das Bundesministerium für Gesundheit durch Rechtsverordnung ohne Zustimmung des Bundesrates. ²Ein Fertigarzneimittel, dessen Packungsgröße die größte der aufgrund der Verordnung nach Satz 1 bestimmte Packungsgröße übersteigt, ist nicht Gegenstand der Versorgung nach Absatz 1 und darf nicht zu Lasten der gesetzlichen Krankenversicherung abgegeben werden.

3. Kapitel. 5. Abschnitt. 1. Titel **§ 31**

Schrifttum: *A. Becker,* Die Steuerung der Arzneimittelversorgung im Recht der GKV, 2006; *H.-U. Dettling,* Zur Abgrenzung von Arzneimitteln und Medizinprodukten, PharmR 2006, 578; *P. Dieners/M. Heil,* Das GKV-Wettbewerbsstärkungsgesetz – Stärkung oder Einschränkung des Wettbewerbs im Arzneimittelmarkt, PharmR 2007, 89, 142; *R. Francke,* Die regulatorischen Strukturen der Arzneimittelversorgung nach dem SGB V, MedR 2006, 683; *E. Hauck,* „Off-Label-Use" in der Rechtsprechung des Bundessozialgerichts, ApoR 2006, 147; *ders.,* Gestaltung des Leistungsrechts der gesetzlichen Krankenversicherung durch das Grundgesetz?, NJW 2007, 1320; *R.-G. Müller,* Grundfragen zur Abgrenzung der Arzneimittel von den Lebensmitteln, NVwZ 2007, 543; *P. Wigge/M. Wille,* Die Arzneimittelversorgung im Vertragsarztrecht, HVAR, § 19; *M. Wille,* Die Bedeutung der arzneimittelrechtlichen Verkehrsfähigkeit eines Fertigarzneimittels für das Leistungsrecht der gesetzlichen Krankenversicherung, SdL 2006, 379; *dies./E. Koch,* Gesundheitsreform 2007, 2007.

Inhaltsübersicht
Rn.
- A. Überblick 1
- B. Gegenstände des Anspruchs nach Abs. 1 – Der Arzneimittelbegriff ... 5
- C. Voraussetzungen des Anspruchs auf Versorgung mit Arzneimitteln ... 11
    - I. Verordnung durch einen Vertragsarzt 11
    - II. Die arzneimittelrechtliche Zulässigkeit – zur Vorgreiflichkeit des Arzneimittelrechts 13
    - III. Erlaubnispflicht nach § 135 Abs. 1 als Bestandteil einer Behandlungsmethode 17
    - IV. Apothekenpflicht 18
    - V. Grundsätzlich: Verschreibungspflicht 19
    - VI. Kein Ausschluss durch Gesetz, Rechtsverordnung oder Richtlinie . 20
- D. Ausweitungen des Anspruchs 21
    - I. Off-Label-Use und Seltenheitsfall 21
    - II. Verfassungskonforme Auslegung bei lebensbedrohlichen Krankheiten 23
- E. Umfang der Leistungspflicht in finanzieller Hinsicht 25
    - I. Festbetragsregelung, Abs. 2 25
    - II. Höchstbetragsregelung, Abs. 2a 28
    - III. Zuzahlungen, Abs. 3 30
- F. Packungsgrößen, Abs. 4 33

A. Überblick

§ 31 bildet die Rechtsgrundlage für den Anspruch des Versicherten auf Versorgung mit Arzneimitteln zu Lasten der GKV. Die Vorschrift konkretisiert im Rahmen des auch für die Arzneimittelversorgung geltenden allgemeinen **Wirtschaftlichkeitsgebots** (§ 2 Abs. 1, § 12 Abs. 1) den Anspruch des Versicherten nach § 27 Abs. 1 S. 1 „auf Krankenbehandlung, wenn sie notwendig ist, um eine Krankheit zu erkennen, zu heilen, ihre Verschlimmerung zu verhüten oder Krankheitsbeschwerden zu lindern" für die Versorgung mit Arzneimitteln (§ 27 Abs. 1 S. 2 Nr. 3). Arzneimittel sind durch die KKen grundsätzlich als **Sachleistung** zu erbringen (vgl. BSG, SozR 4–2500, § 129 Nr. 2 Rn. 20), so dass sich das SGB V in den §§ 129 ff. auch mit der Leistungserbringung durch Apotheker sowie durch pharmazeutische Unternehmer und Großhändler befasst. 1

Im Zentrum des Anspruchs nach § 31 steht die **Versorgung mit Arzneimitteln.** Einbezogen in die Arzneimittelversorgung sind zudem ausdrücklich die Versorgung mit Verbandmitteln, Harn- und Blutteststreifen (Abs. 1 S. 1) und, soweit ein vom G-BA in Richtlinien festzulegender medizinisch notwendiger Fall ausnahmsweise vorliegt, die Versorgung mit Aminosäuremischungen, Eiweißhydrolysate, Elementardiäten und Sondennahrung (Abs. 1 S. 2 Nr. 1). Entspre- 2 chendes gilt für die Versorgung mit Medizinprodukten im Sinne von § 3 Nr. 1 oder Nr. 2 MPG, die zur Anwendung am oder im menschlichen Körper bestimmt sind (Abs. 1 S. 2 Nr. 2, S. 3).

3   Der Versicherte hat einen Anspruch auf Versorgung mit ärztlich verordneten Arzneimitteln nur, sofern diese **apothekenpflichtig** (§§ 43 ff. AMG) sind (Abs. 1 S. 1). Ferner darf kein **Ausschluss** von der Leistungspflicht durch Gesetz nach § 34, durch Rechtsverordnungen des BMG nach § 34 Abs. 2, 3 oder durch Richtlinien des G-BA nach § 92 Abs. 1 S. 2 Nr. 6 bestehen. Insoweit sind etwa nicht verschreibungspflichtige Arzneimittel, unwirtschaftliche Arzneimittel, sog. Lifestyle-Präparate oder Arzneimittel bei bestimmten Bagatellerkrankungen von der Versorgung regelmäßig ausgeschlossen.

4   In finanzieller Hinsicht ist der Anspruch der Versicherten gegen die KK der Höhe nach beschränkt durch die Möglichkeit, **Festbeträge** festzusetzen (Abs. 2) und **Erstattungshöchstbeträge** festzulegen (Abs. 2 a), bei deren Überschreiten der Versicherte die Mehrkosten trägt. Zudem verpflichtet Abs. 3 volljährige Versicherte zu **Zuzahlungen,** deren Höhe sich aus § 61 bis zum Erreichen der Belastungsgrenze nach § 62 ergibt. Deutlich wird bereits im Rahmen der leistungsrechtlichen Regelungen, dass der Gesetzgeber bei der Arzneimittelversorgung angesichts hoher Kosten (dazu: *Wille/Koch,* Gesundheitsreform 2007, Rn. 167) in besonderem Maße durch Leistungsausschlüsse und Preisgestaltung auf Kostensenkung zielt, um die finanzielle Stabilität der GKV zu gewährleisten.

B. Gegenstände des Anspruchs nach Abs. 1 – Der Arzneimittelbegriff

5   Das SGB V definiert den Begriff des Arzneimittels nicht. Dieser wird heute regelmäßig unter Rückgriff auf die **Legaldefinition in § 2 AMG** bestimmt (BSG, SozR 4–2500, § 27 Nr. 7 Rn. 15). Nach § 2 Abs. 1 AMG sind Arzneimittel Stoffe und Zubereitungen aus Stoffen, die dazu bestimmt sind, durch Anwendung am oder im menschlichen oder tierischen Körper Krankheiten, Leiden, Körperschäden oder krankhafte Beschwerden zu heilen, zu lindern, zu verhüten oder zu erkennen (Nr. 1), die Beschaffenheit, den Zustand oder die Funktionen des Körpers oder seelische Zustände erkennen zu lassen (Nr. 2), vom menschlichen oder tierischen Körper erzeugte Wirkstoffe zu ersetzen (Nr. 3), Krankheitserreger, Parasiten oder körperfremde Stoffe abzuwehren, zu beseitigen oder unschädlich zu machen (Nr. 4) oder die Beschaffenheit, den Zustand oder die Funktionen des Körpers oder seelische Zustände zu beeinflussen (Nr. 5). Im Weiteren nennt § 2 AMG bestimmte Gegenstände und Stoffe, die als Arzneimittel gelten (Abs. 2), und schließt einzelne Gegenstände, etwa Lebensmittel und kosmetische Mittel, aus (zum Arzneimittelbegriff nach § 2 AMG vgl. etwa: *Lippert,* Deutsch/Lippert, § 2 Rn. 1 ff.).

6   Die Anknüpfung an den Arzneimittelbegriff im AMG rechtfertigt sich daraus, dass der krankenversicherungsrechtliche Gesetzgeber in den letzten Jahren zunehmend mit der Verwendung arzneimittelrechtlicher Begrifflichkeiten bei der Bestimmung des Leistungsumfangs, etwa mit der **Apothekenpflicht** (§§ 43 ff. AMG) oder der **Verschreibungspflicht** (§ 48 AMG) als Anspruchsvoraussetzungen, Bezug auf das AMG genommen hat. Vor diesem Hintergrund kommt einem vom AMG abweichenden Arzneimittelbegriff für die Bestimmung von Inhalt und Umfang des Leistungsanspruchs auf Versorgung mit Arzneimitteln nach § 31 heute letztlich keine Relevanz mehr zu (vgl.: *Becker,* Steuerung der Arzneimittel-

versorgung, 21 f.; *Schmidt,* Peters, KV, § 31 Rn. 83 ff.; die Eigenständigkeit des krankenversicherungsrechtlichen Arzneimittelbegriffs dagegen betonend: *Wigge/Wille,* HVAR, § 19 Rn. 2 ff.). Insoweit ist es verständlich, wenn das BSG die Entscheidung, ob Einfachzucker (D-Ribose) zu Lasten der GKV beansprucht werden kann, im Hinblick auf die Frage, ob ein Arznei- oder Lebensmittel vorliegt, offen lässt (BSG, SozR 4–2500, § 27 Nr. 7 Rn. 14 ff.).

Durch die Anknüpfung des Arzneimittelbegriffs an die Begriffsbildung im AMG strahlen arzneimittelrechtliche Abgrenzungsschwierigkeiten auf Umfang und Inhalt des krankenversicherungsrechtlichen Leistungsanspruchs aus. Kein Arzneimittel sind insbesondere **Lebensmittel,** die dazu bestimmt sind, in unverändertem, zubereitetem oder verarbeitetem Zustand vom Menschen verzehrt zu werden; ausgenommen sind insoweit Stoffe, die überwiegend dazu bestimmt sind, zu anderen Zwecken als zur Ernährung oder zum Genuss verzehrt zu werden (zur gemeinschaftsrechtlich geprägten Definition von Lebensmitteln in § 2 LFGB und der Abgrenzung gegenüber Arzneimitteln: BVerwG, ZLR 2007, 368/372 ff. sowie BVerwG, ZLR 2007, 378/382 ff., mit Anm. *Meisterernst,* ZLR 2007, 387/387 ff.; *Dettling,* ZLR 2007, 256/256 ff.; *Groß,* EuZW 2006, 172/172 ff.; *Gutzler,* SGB 2008, 341/341 ff.; *Müller,* NVwZ 2007, 543/543 ff.; siehe auch: *Hüttebräuker/Müller,* PharmR 2008, 38/39 ff.). Für die Abgrenzung ist der überwiegende Zweck des Mittels entscheidend (BSG, SozR 4–2500, § 27 Nr. 7 Rn. 16), der anhand objektiver Kriterien zu ermitteln ist. Das BSG lässt es insoweit offen, ob die Kriterien, die der BGH für die Qualifikation als Lebensmittel im Rahmen wettbewerbsrechtlicher Unterlassungsansprüche heranzieht, auch für das SGB V maßgebliche Bedeutung haben (BSG, SozR 4–2500, § 27 Nr. 7 Rn. 19), doch ist gerade angesichts der europarechtlichen Vorprägung des Lebensmittelbegriffs dieser grundsätzlich einheitlich zu bestimmen. 7

Die Versorgung mit Lebensmitteln sowie sonstigen Gegenständen des täglichen Gebrauchs, etwa mit **Kosmetikpräparaten** oder **Körperpflegemitteln,** gehört grundsätzlich nicht zu den Aufgaben der GKV. Soweit Lebensmittel von der krankenversicherungsrechtlichen Leistungspflicht erfasst sein sollen, bedarf es einer ausdrücklichen gesetzlichen Regelung, vergleichbar Abs. 1 S. 2 für Sondennahrung oder Elementardiäten (zum Hintergrund der Regelung: BSG, SozR 4–2500, § 27 Nr. 7 Rn. 25; *Wigge/Wille,* HVAR, § 19 Rn. 10; siehe auch: SG Köln, GesR 2007, 519/524 f.). Aufgrund des Ausnahmecharakters steht Abs. 1 S. 2 einer analogen Ausweitung auf andere Mittel entgegen. In Nr. 15 AM-RL (§ 92 Rn. 34) hat der G-BA die medizinisch notwendigen Fälle bestimmt, in denen die genannten Mittel ausnahmsweise zu Lasten der GKV erbracht werden können. 8

Abgrenzungsschwierigkeiten bestehen auch gegenüber **Medizinprodukten** nach § 3 MPG, die dadurch gekennzeichnet sind, dass sie ihren Zweck vorwiegend auf physikalischem Weg erreichen, während Arzneimittel auf pharmakologischem Weg wirken (zur Abgrenzung: *Dettling,* PharmR 2006, 578/578 ff.; *Wigge/Wille,* HVAR, § 19 Rn. 6). Medizinprodukte sind grundsätzlich keine Arzneimittel, doch hat der Gesetzgeber, auch weil eine eigenständige Leistungsart „Medizinprodukte" im SGB V nicht existiert, durch Abs. 1 S. 2 Nr. 2, S. 3 Medizinprodukte, die nach § 3 Nr. 1 oder 2 MPG zur Anwendung am oder im menschlichen Körper bestimmt sind, einbezogen, sofern der G-BA diese in Richtlinien festgelegt hat. Zudem ordnet der Gesetzgeber ausdrücklich die entsprechende Anwendung einzelner Vorschriften des § 34 sowie die Anwendung des § 35 an (zu den Änderungen im Hinblick auf Medizinprodukte durch das Gesetz zur Änderung medizinprodukterechtlicher und anderer Vorschriften vom 14. 6. 2007: BT-Drs. 16/5280, 13). 9

10 Arzneimittel sind krankenversicherungsrechtlich abzugrenzen gegenüber **Heil- und Hilfsmitteln** (dazu § 32 Rn. 1 ff.; § 33 Rn. 1 ff.). Während als Heilmittel ärztlich verordnete Dienstleistungen gelten, die einem Heilzweck dienen oder einen Heilerfolg sichern und nur von entsprechend ausgebildeten Personen erbracht werden dürfen, sind Hilfsmittel alle ärztlich verordneten Sachen, die den Erfolg der Heilbehandlung sichern oder Folgen von Gesundheitsschäden mildern oder ausgleichen (BSG, SozR 4–2500, § 27 Nr. 7 Rn. 26 f.). Ausdrücklich in die Versorgung mit Arzneimitteln einbezogen ist die Versorgung mit **Verbandmitteln,** wozu etwa Wund- und Heftpflaster, Kompressen, Mull- und Fixierbinden sowie Gipsverbände zählen, die dazu bestimmt sind, oberflächengeschädigte Körperteile zu bedecken oder deren Körperflüssigkeit aufzusaugen (zum Begriff in Abgrenzung gegenüber Hilfsmitteln: BSG, SGb 2007, 489/491 f. mit Anm. *Joussen*, SGb 2007, 494/494 ff.), sowie die Versorgung mit Harn- und Blutteststreifen (Abs. 1 S. 1).

C. Voraussetzungen des Anspruchs auf Versorgung mit Arzneimitteln

I. Verordnung durch einen Vertragsarzt

11 Die **Verordnung von Arzneimitteln** gehört nach § 73 Abs. 2 S. 1 Nr. 7 zur vertragsärztlichen Versorgung. Der Anspruch des Versicherten auf Versorgung mit Arzneimitteln im Krankheitsfall als Sachleistung setzt daher die Verordnung auf „Kassenrezept" (BSG, SozR 3–2500, § 129 Nr. 1 S. 7) durch einen Vertragsarzt voraus (*Schmidt*, Peters, KV, § 31 Rn. 130 ff.). Der Vertragsarzt entscheidet kraft der ihm durch das Vertragsarztrecht verliehenen Kompetenzen als Vertreter der KK (BSG, SozR 4–2500, § 129 Nr. 2 Rn. 20; zum für das Bestehen des Anspruchs irrelevanten Überschreiten der Fachgebietsgrenzen: BSG, SozR 3–2500, § 12 Nr. 2 S. 6 ff.), ob ein Arzneimittel zu Lasten der GKV im Rahmen der gesetzlichen Voraussetzungen zu erbringen ist, und konkretisiert insoweit den Anspruch nach § 31 im Einzelfall. Der Vertragsarzt ist damit die „Schlüsselfigur" in der Arzneimittelversorgung (vgl. BSG, SozR 4–2500, § 129 Nr. 2 Rn. 20).

12 Die Verschaffung des Arzneimittels erfolgt aufgrund der Vorlage der Verordnung grundsätzlich durch den **Apotheker** auf Kosten der KK (zu den Rechtsbeziehungen zwischen Versichertem, KK und Apotheker: BSG, SozR 4–2500, § 129 Nr. 2 Rn. 20). Hat der Arzt ein Arzneimittel nur unter seiner Wirkstoffbezeichnung verordnet oder schließt er seine Ersetzung durch ein wirkstoffgleiches Arzneimittel nicht aus, so sind die Apotheken gemäß § 129 Abs. 1 Nr. 1 zur Abgabe eines preisgünstigen Arzneimittels verpflichtet (sog. aut-idem-Regelung). Der Versicherte kann zwischen Apotheken, für die der Rahmenvertrag nach § 129 Geltung hat, frei wählen (Abs. 1 S. 5), wobei das Recht des Versicherten unberührt bleibt, sich gegenüber seiner KK freiwillig zur Inanspruchnahme bestimmter Apotheken zu verpflichten.

II. Die arzneimittelrechtliche Zulässigkeit – zur Vorgreiflichkeit des Arzneimittelrechts

13 Das SGB V verzichtet bei Arzneimitteln im Unterschied zu anderen Leistungen weitgehend auf eine eigenständige Prüfung der Qualität durch ein eigenes Zulassungsverfahren. Das Arzneimittelrecht als Gefahrenabwehrrecht verlangt dagegen für Fertigarzneimittel, die im Unterschied zu Rezepturarzneimitteln im Voraus hergestellt und in einer zur Abgabe an den Verbraucher bestimmten Packung in den Verkehr gebracht werden (§ 4 Abs. 1 AMG), nach den §§ 21 ff. AMG eine **Zulassung,** deren Erteilung vom Nachweis der pharmazeutischen Qualität, der medizinischen Wirksamkeit und der Unbedenklichkeit des Arzneimittels abhängt. Nach st. Rspr. des BSG bedarf ein Fertigarzneimittel der arzneimittelrechtlichen Zulassung für das Indikationsgebiet, in dem es angewendet wird, um zum Leistungskatalog der GKV zu gehören, denn bei nicht vorhandener arzneimittelrechtlicher Zulassung fehlt es an der nach §§ 2 Abs. 1, 12 Abs. 1 erforderlichen Zweckmäßigkeit und Wirtschaftlichkeit (vgl. nur: BSG, SozR 4–2500, § 27 Nr. 7 Rn. 22).

Die arzneimittelrechtliche Zulässigkeit einer Arzneimittelanwendung stellt ein **14** „**Mindestsicherheits- und Qualitätserfordernis**" dar (vgl. BSG, SozR 4–2500, § 31 Nr. 3 Rn. 23). Wenn die arzneimittelrechtlichen Zulässigkeitsvoraussetzungen nicht beachtet werden, wäre eine Leistungserbringung in der GKV mit einem inakzeptablen unkalkulierbaren Risiko etwaiger Gesundheitsschäden behaftet, dessen Auswirkungen gerade der Versichertengemeinschaft nicht aufgebürdet werden dürfen, die die Behandlungen aufgrund der Versicherungspflicht typischerweise zwangsweise finanziert (vgl. BSG, SozR 4–2500, § 31 Nr. 3 Rn. 25). Ein nach deutschem Recht oder nach Gemeinschaftsrecht nicht zugelassenes Fertigarzneimittel (zu den einzelnen Zulassungsverfahren: *Anker,* Deutsch/Lippert, Vorbem. vor §§ 21 ff. Rn. 1 ff.) darf nicht zu Lasten der GKV verordnet werden, selbst wenn es in einem anderen EU-Mitgliedsstaat zugelassen ist (BSG, SozR 4–2500, § 31 Nr. 1 Rn. 8 ff.). Ausgeschlossen ist es auch dann, wenn eine abschlägige Zulassungsentscheidung bei Verabreichung noch nicht bestandskräftig ist (BSG, SozR 4–2500, § 31 Nr. 3 Rn. 15), das Zulassungsverfahren zwar eingeleitet, aber noch nicht abgeschlossen ist (BSG, SozR 4–2500, § 31 Nr. 3 Rn. 15) oder die Zulassung noch nicht bestandskräftig ist (vgl. zu den möglichen Konstellationen und zur Problematik der Nachzulassung: *Wille,* SdL 2006, 379/381 ff.).

Die Entscheidung über die Zulassung durch die nach dem AMG zuständige **15** Bundesbehörde bindet die KKen und bestimmt Inhalt und Umfang des Leistungsanspruchs des Versicherten. Die Zulassung ist **„negativ vorgreiflich"** (BSG, SozR 4–2500, § 31 Nr. 3 Rn. 23; zur verfassungsrechtlichen Zulässigkeit: BVerfG, NJW 1997, 3085), denn eine nicht vorhandene arzneimittelrechtliche Zulassung schließt einen Leistungsanspruch aus (zum Grundsatz der Vorgreiflichkeit der Arzneimittelzulassung: *Franke,* MedR 2006, 683/684 ff.; *Wille,* SdL 2006, 379/380 ff.). Mit der Zulassung verfügen die KKen über ein eindeutiges und zugängliches Kriterium für die Entscheidung über die Leistung von Arzneimitteln (BVerfG, NJW 1997, 3085). Das BSG schließt auch eine eigenständige Sachüberprüfungsbefugnis der Sozialgerichte in Bezug auf die arzneimittelrechtliche Zulassung aus, weil es ansonsten zu einem Eingriff in die Befugnisse der für die Überprüfung arzneimittelrechtlicher Entscheidungen zuständigen Verwaltungsgerichtsbarkeit käme (BSG, SozR 4–2500, § 31 Nr. 3 Rn. 22). Der Zulassungspflicht nach dem AMG unterfallen jedoch nicht alle Arzneimittel; so sind Rezepturarzneimittel, die für den jeweiligen Behandlungsfall individuell hergestellt werden, nicht zulassungspflichtig nach dem AMG, so dass für sie keine Vorgreiflichkeit besteht (vgl. dazu: *Höfler,* KK, § 31 Rn. 13; *Schmidt,* Peters, KV, § 31 Rn. 119 f.).

Die durch Zulassung begründete arzneimittelrechtliche Verkehrsfähigkeit al- **16** lein rechtfertigt noch keinen Anspruch des Versicherten auf Versorgung mit einem zugelassenen Arzneimittel in der GKV (BSG, SozR 4–2500, § 31 Nr. 3 Rn. 23

mwN. zur Diskussion um eine sog. „vierte Hürde" neben Qualität, Wirksamkeit und Unbedenklichkeit für die Arzneimittelversorgung in der GKV), denn das SGB V normiert mit dem **Wirtschaftlichkeitsgebot**, aber auch mit den gesetzlich geregelten bzw. vom Gesetzgeber zugelassenen untergesetzlichen Leistungskonkretisierungen in Form von Beschränkungen und Ausschlüssen zusätzliche Anforderungen an die Versorgung auch mit zugelassenen Arzneimitteln (vgl. BSG, SozR 4–2500, § 31 Nr. 3 Rn. 24). Aus der Vorgreiflichkeit der Arzneimittelzulassung, damit letztlich des Arzneimittelrechts, für den praktisch bedeutsamen Fall der Fertigarzneimittel resultiert kein Verbot einer weitergehenden Prüfung auf der Grundlage des SGB V, insbesondere im Hinblick auf die Vereinbarkeit mit dem Wirtschaftlichkeitsgebot. Die versorgungsrechtliche Beurteilung zur Gewährleistung einer therapeutisch und wirtschaftlich möglichst sinnvollen Arzneimittelversorgung nach dem SGB V stellt einen gegenüber der sicherheitsrechtlichen Beurteilung nach dem AMG abweichenden und darüber hinausgehenden Prüfungsmaßstab dar. Nicht alles, was arzneimittelrechtlich erlaubt und statthaft ist, führt automatisch zur Leistungspflicht der KKen (BSG, SozR 4–2500, § 31 Nr. 3 Rn. 24). Der Leistungsanspruch des Versicherten umfasst nur solche Leistungen, die auch zweckmäßig und wirtschaftlich sind und deren Qualität dem allgemein anerkannten Stand der wissenschaftlichen Erkenntnisse entspricht, was grundsätzlich zuverlässige wissenschaftlich nachprüfbare Aussagen in dem Sinne verlangt, dass der Erfolg der Behandlungsmethode in einer für die sichere Beurteilung ausreichenden Anzahl von Behandlungsfällen belegt ist (vgl. BSG, SozR 4–2500, § 31 Nr. 3 Rn. 25). Mit diesen Anforderungen geht das SGB V über das AMG hinaus und verlangt letztlich für Wirksamkeit und Nutzen von Arzneimitteln vergleichbare Nachweise wie bei neuen Untersuchungs- und Behandlungsmethoden nach § 135 Abs. 1 S. 1, allerdings fehlt es an einem speziellen krankenversicherungsrechtlichen Zulassungsverfahren, es sei denn, das Verfahren nach § 135 ist auch bei Arzneimitteln anwendbar.

III. Erlaubnispflicht nach § 135 Abs. 1 als Bestandteil einer Behandlungsmethode

17   Ein spezielles krankenversicherungsrechtliches Zulassungsverfahren besteht, wenn die Versorgung mit Arzneimitteln Teil eines ärztlichen Behandlungskonzepts als **neue Untersuchungs- und Behandlungsmethode** ist, über deren Zulässigkeit der G-BA in Richtlinien nach § 135 Abs. 1 zu entscheiden hat. Neue, d. h. bislang nicht als abrechnungsfähige ärztliche Leistung im EBM enthaltene Untersuchungs- und Behandlungsmethoden (BSG, SozR 4–2500, § 27 Nr. 8 Rn. 20) dürfen in der vertragsärztlichen Versorgung nur erbracht werden, wenn der G-BA Empfehlungen über den diagnostischen und therapeutischen Nutzen sowie die medizinische Notwendigkeit und Wirtschaftlichkeit abgegeben hat, es sei denn, es liegt der Ausnahmefall des sog. Systemversagens, etwa wegen nicht zeitgerechter Durchführung des Verfahrens (zum Systemversagen: BSG, SozR 4–2500, § 27 Nr. 8 Rn. 27 ff.), oder ein sog. Seltenheitsfall vor (dazu: BSG, SozR 4–2500, § 27 Nr. 1 Rn. 21 ff.; siehe auch unten Rn. 22). Behandlungsmethoden sind medizinische Vorgehensweisen, denen ein eigenes theoretisch-wissenschaftliches Konzept zugrunde liegt, das sie von anderen Therapieverfahren unterscheidet und das ihre systematische Anwendung in der Behandlung bestimmter Krankheiten rechtfertigen soll (BSG, SozR 4–2500, § 27 Nr. 8 Rn. 17). **Neue Arzneimitteltherapien** unterliegen dem Erlaubnisvorbehalt, soweit ihnen ein eigenes theo-

retisch-wissenschaftliches Konzept zugrunde liegt und sie als Rezepturarzneimittel zulassungsfrei sind. Fertigarzneimittel unterfallen dem § 135 Abs. 1, soweit sie nicht bloß verabreicht werden, sondern ihre bestimmungsgemäße Anwendung besondere medizinisch-technische Verfahren verlangt, so dass sie selbst wegen ihres Aufwandes eine Behandlungsmethode darstellen (vgl. dazu: BSG, SozR 4–2500, § 27 Nr. 1 Rn. 22; *Höfler*, KK, § 31 Rn. 26; siehe auch: *Wille*, SdL 2006, 379/400 ff., mit Hinweisen zur Überprüfungskompetenz im Hinblick auf besondere Therapierichtungen, insbesondere die phytotherapeutische, homöopathische und anthrophosophische Therapierichtung).

IV. Apothekenpflicht

Der Anspruch nach Abs. 1 erstreckt sich nur auf Arzneimittel, die apothekenpflichtig sind. Die **Apothekenpflicht**, d. h. die Pflicht, bestimmte Arzneimittel nur über Apotheken oder bei Vorliegen im Einzelnen geregelter Voraussetzungen über den Versandhandel abzugeben, wird in den §§ 43 ff. AMG näher geregelt (zu Inhalt und Umfang der Apothekenpflicht: *Lippert*, Deutsch/Lippert, § 43 Rn. 2 ff.). **18**

V. Grundsätzlich: Verschreibungspflicht

Ein Anspruch auf apothekenpflichtige Arzneimittel besteht nach § 34 Abs. 1 S. 1 grundsätzlich nur, wenn diese nach § 48 AMG verschreibungspflichtig sind (zur Verschreibungspflicht nach § 48 AMG iVm. der Arzneimittelverschreibungsverordnung: *Lippert*, Deutsch/Lippert, § 48 Rn. 1 ff.). Allerdings lässt § 34 Abs. 1 Ausnahmen vom Erfordernis der **Verschreibungspflicht** zu, so dass ausnahmsweise auch nicht verschreibungspflichtige Arzneimittel verordnet werden können. Die Verordnung ist schon deshalb vom Erfordernis der Verschreibungspflicht zu unterscheiden (vgl. *Schmidt*, Peters, KV, § 31 Rn. 138). **19**

VI. Kein Ausschluss durch Gesetz, Rechtsverordnung oder Richtlinie

Von der Leistungspflicht der KKen nicht umfasst sind nach § 34 von Gesetzes wegen oder durch Rechtsverordnung **ausgeschlossene Arzneimittel**. Ebenso umfasst die Leistungspflicht nicht durch Richtlinien des G-BA nach § 92 Abs. 1 S. 2 Nr. 6 ausgeschlossene unzweckmäßige und unwirtschaftliche Arzneimittel (vgl. § 92 Abs. 1 S. 1 Hs. 3), wobei der Vertragsarzt in medizinisch begründeten Einzelfällen unter Angabe der Gründe davon abweichen kann (Abs. 1 S. 4). **20**

D. Ausweitungen des Anspruchs

I. Off-Label-Use und Seltenheitsfall

Ein für ein bestimmtes Indikationsgebiet arzneimittelrechtlich zugelassenes Arzneimittel kann im Einzelfall auch über seine Zulassung hinaus bei anderen Indikationen zu Lasten der GKV zu gewähren sein. Der zulassungsüberschreitende Einsatz von Arzneimitteln (**Off-Label-Use**) bewegt sich im Spannungsfeld zwischen Arzneimittelsicherheit und der Gewährleistung einer ausreichenden Arzneimittelversorgung (zum Off-Label-Use: *Goecke*, NZS 2006, 291/291 ff.; *Hauck*, ApoR 2006, 147/147 ff.; *Kozianka/Hußmann*, PharmR 2006, 457/457 ff., **21**

487/487 ff.; siehe auch: Nr. 24 ff. AM-RL [§ 92 Rn. 34]). Die Arzneimittelversorgung in einem von der Zulassung nicht umfassten Bereich kommt in Betracht, „wenn es 1. um die Behandlung einer schwerwiegenden (lebensbedrohlichen oder die Lebensqualität auf Dauer nachhaltig beeinträchtigenden) Erkrankung geht, 2. keine andere Therapie verfügbar ist und 3. aufgrund der Datenlage die begründete Aussicht besteht, dass mit dem betreffenden Präparat ein Behandlungserfolg (kurativ oder palliativ) erzielt werden kann" (BSG, SozR 4–2500, § 31 Nr. 6 Rn. 10). Da der Off-Label-Use zur Folge hat, dass Arzneimittel eingesetzt werden ohne die arzneimittelrechtlich vorgesehene Kontrolle der Sicherheit und Qualität, die in erster Linie Patienten vor inakzeptablen unkalkulierbaren Risiken für die Gesundheit schützen soll, ist der Off-Label-Use nur in engen Grenzen aufgrund einer Güterabwägung zulässig, die der Gefahr einer krankenversicherungsrechtlichen Umgehung arzneimittelrechtlicher Zulassungserfordernisse entgegenwirkt, die Anforderungen des Rechts der GKV an Qualität und Wirksamkeit der Arzneimittel beachtet und den Funktionsdefiziten des Arzneimittelrechts in Fällen eines unabweisbaren, anders nicht zu befriedigenden Bedarfs Rechnung trägt (BSG, SozR 4–2500, § 31 Nr. 6 Rn. 11).

22 Eine Versorgung zu Lasten der GKV mit nicht zugelassenen Arzneimitteln kann auch ausnahmsweise zur Behandlung seltener Krankheiten in Betracht kommen, wobei sich die Voraussetzungen an denen des Off-Label-Use orientieren können, allerdings sind bei vollständigem Fehlen einer Zulassung besonders hohe Anforderungen zu stellen (dazu im Einzelnen: BSG, SozR 4–2500, § 27 Nr. 1 Rn. 21 ff., wo von einer gewissen Parallele gesprochen, allerdings auch auf Unterschiede zum Off-Label-Use hingewiesen wird; zur Problematik der sog. orhan drugs, d. h. Arzneimittel für seltene Krankheiten, bzw. des sog. compassionate-use: *Fastabend/Schneider*, Rn. 123; *Wigge/Wille*, HVAR, § 19 Rn. 67; *Wille*, SdL 2006, 379/412 f.). Es muss sich insoweit um Krankheiten handeln, die sich durch ihre **Seltenheit** vom Durchschnitt der Erkrankungen abheben (BSG, SozR 4–2500, § 31 Nr. 6 Rn. 11) und einer systematischen Erforschung entziehen (BSG, SozR 4–2500, § 31 Nr. 5 Rn. 17).

II. Verfassungskonforme Auslegung bei lebensbedrohlichen Krankheiten

23 Ein Anspruch des Versicherten auf Versorgung mit Arzneimitteln in der GKV besteht von Verfassungs wegen vor dem Hintergrund der Entscheidung des BVerfG v. 6. 12. 2005 (NZS 2006, 84/86 ff.; zum sog. „Nikolausbeschluss" vgl. etwa: *Axer*, FS-Isensee 2007, 965/972 ff.; *Heinig*, NVwZ 2006, 771/771 ff.; *Huster*, JZ 2006, 463/463 ff.; *Kingreen*, NJW 2006, 877/877 ff.) auch in Fällen **lebensbedrohlicher oder regelmäßig tödlich verlaufender Krankheiten.** Aus Art. 2 Abs. 1 GG iVm. dem Sozialstaatsprinzip und Art. 2 Abs. 2 S. 1 GG folgt für das BVerfG eine Pflicht zur verfassungskonformen Auslegung der leistungsrechtlichen Bestimmungen des SGB V, wenn 1. eine lebensbedrohliche oder regelmäßig tödlich verlaufende Erkrankung vorliegt, 2. bezüglich dieser Krankheit eine allgemein anerkannte, medizinischem Standard entsprechende Behandlungsmethode nicht zur Verfügung steht und 3. bezüglich der beim Versicherten ärztlich angewandten (neuen, nicht allgemein) anerkannten Behandlungsmethode eine auf Indizien gestützte nicht ganz fernliegende Aussicht auf Heilung oder wenigstens auf eine spürbare positive Einwirkung auf den Krankheitsverlauf besteht (zur Auslegung der Kriterien in der Rechtsprechung des BSG: *Hauck*, NJW 2007, 1320/1321 ff.).

24 Die auch für die Arzneimittelversorgung maßgeblichen Vorgaben der Entscheidung des BVerfG (vgl. BSG, SozR 4–2500, § 31 Nr. 4 Rn. 22; siehe dazu auch:

Hauck, NJW 2007, 1320/1321 ff.) werden vom BSG (SozR 4–2500, § 31 Nr. 4 Rn 27 f.) für die **Gewährung von Arzneimitteln** dahingehend konkretisiert, dass neben den verfassungsgerichtlichen Erfordernissen folgende Voraussetzungen erfüllt sein müssen: 1. es darf kein Verstoß gegen Arzneimittelrecht vorliegen, 2. unter Berücksichtigung des gebotenen Wahrscheinlichkeitsmaßstabs überwiegt bei der vor der Behandlung erforderlichen sowohl abstrakt als auch speziell auf den Versicherten bezogenen konkreten Analyse und Abwägung von Chancen und Risiken der voraussichtliche Nutzen, 3. muss die – in erster Linie – fachärztliche Behandlung im Übrigen den Regeln der ärztlichen Kunst entsprechend durchgeführt und ausreichend dokumentiert werden und 4. muss sichergestellt sein, dass der Versicherte nach der erforderlichen ärztlichen Aufklärung ausdrücklich in die beabsichtigte Behandlung eingewilligt hat (vgl. zur Anwendung dieser Kriterien: BSG, SozR 4–2500, § 31 Nr. 4 Rn. 29 ff.; BSG, SozR 4–2500, § 31 Nr. 5 Rn. 26 ff.).

E. Umfang der Leistungspflicht in finanzieller Hinsicht

I. Festbetragsregelung, Abs. 2

Durch das GRG wurde die **Festsetzung von Festbeträgen** ermöglicht (zur Verfassungsmäßigkeit: BVerfGE 106, 275/294 ff., ergangen auf Vorlagebeschluss des BSG, NZS 1995, 502/502 ff.). Während Art und Weise der Festsetzung sowie deren Umfang in §§ 35, 35 a geregelt werden, normiert Abs. 2 die Rechtsfolgen der Festbetragsfestsetzung. Nach S. 1 tragen die KKen bei Festbetragsarznei- und -verbandmitteln nur die Kosten bis zur Höhe des Festbetrags; für andere Arzneimittel sind dagegen die vollen Kosten zu tragen (vgl. aber Abs. 2 a). In beiden Fällen erfolgt die Kostentragung allerdings nur abzüglich der vom Versicherten zu zahlenden Zuzahlung nach Abs. 3 sowie der Apothekerrabatte und Rabatte der pharmazeutischen Unternehmer nach §§ 130, 130 a. 25

Im Falle der Festbetragsfestsetzung ist somit der Sachleistungsanspruch gegenüber der KK der Höhe nach auf die **Zahlung des Festbetrags** beschränkt (zur Beibehaltung des Sachleistungsprinzips: BVerfGE 106, 275/309 f.), darüber hinausgehende Kosten sind vom Versicherten selbst zu zahlen. Die Festbetragsfestsetzung zielt darauf, einen Anreiz zur Verwendung preisgünstiger Arzneimittel zu schaffen, den Preiswettbewerb zwischen den Herstellern zu stärken und damit letztlich die Kosten der Arzneimittelversorgung zu senken. 26

Nach den durch das AVWG angefügten S. 2–5 (vgl. dazu: BT-Drs. 16/691, 15) trägt, soweit Rabattverträge nach § 130 a Abs. 8 existieren, die KK statt den Kosten bis zum Festbetrag die Kosten des höheren, allerdings um die Zuzahlung und der in S. 2 genannten Abschläge verminderten Apothekenverkaufspreises für das jeweilige Arzneimittel, so dass der Versicherte von den Mehrkosten über dem Festbetrag entlastet wird. Dies gilt allerdings nur, wenn durch die **Rabattvereinbarung** die durch Überschreitung des Festbetrags verursachten Mehrkosten ausgeglichen werden, wobei der Ausgleich nur durch Rabatte auf das betroffene Arzneimittel erfolgen darf, nicht dagegen durch Rabatte für andere Arzneimittel des Unternehmens (vgl. *Höfler,* KK, § 31 Rn. 49; *Schmidt,* Peters, KV, § 31 Rn. 68 a). Nach S. 4 müssen die KKen an die Vertragspartner nach § 129 Abs. 2 die erforderlichen Angaben zu den durch Mehrkosten verursachten Rabattvereinbarungen übermitteln. Da nach S. 5 Versicherte und Apotheken nicht verpflichtet sind, Mehrkosten an die KK zurückzuzahlen, trägt diese das Risiko für die Übereinstimmung der Rabattvereinbarungen mit den gesetzlichen Vorgaben. 27

II. Höchstbetragsregelung, Abs. 2a

28 Die durch das GKV-WSG (§ 1 Rn. 31) eingefügte Regelung eröffnen dem Spitzenverband Bund der KKen die Möglichkeit, für Nicht-Festbetragsarzneimittel einen **Erstattungshöchstbetrag** festzulegen, bis zu dem sie die Kosten tragen (vgl. dazu: *Koch/Wille,* Gesundheitsreform 2007, Rn. 214 ff.; *Wille,* PharmR 2007, 503/505 f.). Übersteigt der Preis des Arzneimittels den Erstattungshöchstbetrag, hat der Versicherte die Mehrkosten zu tragen. Ziel der Regelung ist es, die Kostenbelastung bei Markteinführung neuer, innovativer Arzneimittel in ein angemessenes Verhältnis zu dem medizinischen Zusatznutzen dieser Arzneimittel zu stellen (vgl. BT-Drs. 16/3100, 101 f.; krit. zur Neuregelung etwa: *Dieners/Heil,* PharmR 2007, 89/90 f.). Der Erstattungshöchstbetrag kann nach S. 5 einvernehmlich mit dem pharmazeutischen Unternehmer oder nach S. 3 auf der Grundlage einer Kosten-Nutzen-Bewertung durch das IQWiG nach § 35b Abs. 1 S. 3 erfolgen, wobei die Entwicklungskosten angemessen zu berücksichtigen sind (S. 4; vgl. dazu: BT-Drs. 16/3100, 101 f., BT-Drs. 16/4020, 2; BT-Drs. 16/4247, 44; kritisch: Stellungnahme des BR, BT-Drs. 16/3950, 9 f.; *Dieners/Heil,* PharmR 2007, 89/90; siehe auch die europa- und verfassungsrechtliche Kritik an der ursprünglich vorgesehenen Regelung im GKV-WSG [§ 1 Rn. 31], nach der die anteiligen Entwicklungskosten für die im Geltungsbereich dieses Gesetzes angewendeten Arzneimittel während der Dauer des Unterlagenschutzes zu berücksichtigen sein sollten: *Lorz,* PharmR 2007, 20/26 ff.).

29 Von der Festlegung eines Erstattungshöchstbetrages schließt das Gesetz (S. 7) kosteneffektive sowie alternativlose Arzneimittel aus, was regelmäßig anzunehmen ist, wenn bei einem Verzicht auf die Anwendung des innovativen Arzneimittels regelmäßig keine andere zweckmäßige Therapie zur Verfügung steht, etwa bei Arzneimitteln zur Behandlung seltener Krankheiten (BT-Drs. 16/4247, 44). Nach S. 8 kann eine **Kosten-Nutzen-Bewertung** erst erstellt werden, wenn hinreichende Erkenntnisse über die Wirksamkeit des Arzneimittels nach den Grundsätzen der evidenzbasierten Medizin vorliegen können; damit soll dem Unternehmer genügend Zeit gegeben werden, aussagekräftige Studien zu erstellen (BT-Drs. 16/4247, 44). Die Erstattungsfähigkeit wird durch Abs. 2a nicht zurückgestellt, bis eine Kosten-Nutzen-Bewertung vorliegt, so dass neue Arzneimittel nach Zulassung und Markteinführung grundsätzlich zu Lasten der GKV verordnungsfähig sind (vgl. BT-Drs. 16/3100, 102).

III. Zuzahlungen, Abs. 3

30 Die Verpflichtung zur Zuzahlung für jedes einzelne verordnete Arznei- und Verbandmittel sowie Nahrungsmittel nach Abs. 1 S. 2 und arzneimittelähnliche Medizinprodukte nach Abs. 1 S. 3 stellt eine Form der Selbstbeteiligung an den Kosten durch den Versicherten dar, um das Preisbewusstsein zu stärken, das Leistungsverhalten zu beeinflussen und einen überhöhten Verbrauch von Arzneimitteln zu verhindern (zur langen Tradition von Kostenbeteiligungsregelungen bei Arzneimitteln seit 1923: *Gerlach,* H/N, § 31 Rn. 56 f.; *Schmidt,* Peters, KV, § 31 Rn. 75 ff.). Die **Zuzahlungspflicht** lässt den Sachleistungscharakter unberührt; sie durchbricht nicht das Sachleistungsprinzip, sondern „ergänzt" es – so das BSG (GesR 2007, 327/330) – inhaltlich durch die Pflicht zur partiellen Eigenbeteiligung iSv. wirtschaftlichem Verhalten. Nach Ansicht des BSG (GesR 2007, 327/330) handelt es sich bei den Zuzahlungen um keine Sonderbeiträge und keine Abweichung vom Solidarprinzip des § 1.

Zuzahlungsverpflichtet ist jeder volljährige Versicherte (S. 1), wobei entscheidend der Zeitpunkt der Abgabe des Mittels ist (*Höfler*, KK, § 31 Rn. 62). Zahlungsempfänger ist die das Arzneimittel abgebende Stelle, welche die Zuzahlung mit ihrem Vergütungsanspruch gegenüber der KK zu verrechnen hat, so dass letztlich die KK Inhaber und Gläubiger des Anspruchs auf Zuzahlung ist (*Höfler*, KK, § 31 Rn. 59 f.). Das Verfahren der Zuzahlung richtet sich im Einzelnen nach § 43 b. 31

Nach § 61 Abs. 1 S. 1 beträgt die **Höhe der Zuzahlung** 10 v. H. des Abgabepreises für jedes Arzneimittel, wobei mindestens 5 €, höchstens jedoch 10 €, allerdings nicht mehr als die Kosten des Mittels zu zahlen sind. Die Zuzahlungspflicht entfällt, wenn die **Belastungsgrenze** nach § 62 überschritten wird. Keine Zuzahlungspflicht besteht für Harn- und Blutteststreifen (S. 2). Der Spitzenverband Bund der KKen kann Arzneimittel, deren Apothekeneinkaufspreis einschließlich Mehrwertsteuer mindestens um 30 v. H. niedriger als der jeweils gültige Festbetrag ist, der diesem Preis zugrunde liegt, von der Zuzahlung freistellen, wenn hieraus Einsparungen zu erwarten sind (S. 4). Dies soll der Fall sein, wenn die begründete Aussicht besteht, dass die Freistellung zu einer Erhöhung des Versorgungsanteils der preisgünstigen Arzneimittel führt, woraus sich Einsparungen ergeben, die höher sind als der Einnahmeverlust aufgrund der Freistellung von der Zuzahlung (BT-Drs. 16/691, 15). Für Arzneimittel, für die ein Rabattvertrag nach § 130 a Abs. 8 besteht, kann die KK die Zuzahlungen um die Hälfte ermäßigen oder aufheben, wenn hieraus Einsparungen zu erwarten sind (S. 5). Damit sollen Anreize geschaffen werden, dass Arzneimittel, deren Wirtschaftlichkeit aufgrund von Rabattvereinbarungen gesichert ist, besonders berücksichtigt werden. Die gesetzliche Vorgabe des Reduktionsumfangs soll eine handhabbare Umsetzung durch die Apotheken gewährleisten (BT-Drs. 16/3100, 102). Die KK ist zur Übermittlung der erforderlichen Daten verpflichtet (S. 6). 32

F. Packungsgrößen, Abs. 4

Abs. 4 ermächtigt das BMG zur Festlegung therapiegerechter und wirtschaftlicher Packungsgrößen durch Rechtsverordnung und schließt größere Verpackungen von der Versorgung aus (zur Entwicklung und den Gründen für diese Regelung: BT-Drs. 15/1525, 84; *Höfler*, KK, § 31 Rn. 71 f.). Die auf dieser Grundlage ergangene **Packungsgrößenverordnung** legt mit den Bezeichnungen N 1, N 2, N 3 Packungsgrößen fest und regelt die Anbringung von Packungsgrößenkennzeichen. 33

§ 32 Heilmittel

(1) ¹**Versicherte haben Anspruch auf Versorgung mit Heilmitteln, soweit sie nicht nach § 34 ausgeschlossen sind.** ²**Für nicht nach Satz 1 ausgeschlossene Heilmittel bleibt § 92 unberührt.**

(2) ¹**Versicherte, die das achtzehnte Lebensjahr vollendet haben, haben zu den Kosten der Heilmittel als Zuzahlung den sich nach § 61 Satz 3 ergebenden Betrag an die abgebende Stelle zu leisten.** ²**Dies gilt auch, wenn Massagen, Bäder und Krankengymnastik als Bestandteil der ärztlichen Behandlung (§ 27 Satz 2 Nr. 1) oder bei ambulanter Behandlung in Krankenhäusern, Rehabilitations- oder anderen Einrichtungen abgegeben werden.** ³**Die Zuzahlung für die in Satz 2 genannten Heilmittel, die als Bestandteil der ärztlichen Behandlung ab-**

§ 32 Heilmittel

gegeben werden, errechnet sich nach den Preisen, die für die Krankenkasse des Versicherten nach § 125 für den Bereich des Vertragsarztsitzes vereinbart sind. ⁴Bestehen insoweit unterschiedliche Preisvereinbarungen, hat die Krankenkasse einen durchschnittlichen Preis zu errechnen. ⁵Die Krankenkasse teilt die anzuwendenden Preise den Kassenärztlichen Vereinigungen mit, die die Vertragsärzte darüber unterrichten.

Schrifttum: *K.W. Freigang,* Die neuen Heilmittel-Richtlinien des Bundesausschusses der Ärzte und Krankenkassen, KrV 2001, 129; *J. Müller,* Bei Heil- und Hilfsmitteln Wirtschaftlichkeit verbessert, BArbBl 4/1989, 20; *R. Saekel,* Strukturwandel im Heilmittelsektor, KrV 1997, 107; *H. Sodan,* Leistungsausschlüsse im System der gesetzlichen Krankenversicherung und Grundrechtsschutz von Leistungsanbietern, SGb 1992, 200; *P. Wigge,* Anm. zu LSG NW v. 6. 10. 1993, MedR 1994, 460.

Inhaltsübersicht

	Rn.
A. Überblick	1
B. Begriff des Heilmittels	4
I. Entwicklung der Norminterpretation	4
II. Abgrenzungen und Ausgrenzungen	7
III. Konkretisierung durch Heilmittel-Richtlinien	11
C. Anspruch auf Versorgung mit Heilmitteln, Abs. 1	13
I. Anspruchsvoraussetzungen	14
II. Ausgeschlossene Heilmittel	15
III. Inhalt und Umfang des Leistungsanspruchs	19
1. Anspruch auf das Heilmittel als Sachleistung	19
2. Positivkatalog: Verordnungsfähige Heilmittel	20
D. Zuzahlungen, Abs. 2	21

A. Überblick

1 § 32 konkretisiert in **Abs. 1 S. 1 Hs. 1** den **Rechtsanspruch** des Versicherten **auf Versorgung mit Heilmitteln** (näher Rn. 14). „Heilmittel" sind nach neuerem Normverständnis (dazu Rn. 6) ärztlich verordnete Dienstleistungen, die einem Heilzweck dienen oder einen Heilerfolg sichern und nur von entsprechend ausgebildeten Personen erbracht werden dürfen.

2 Von erheblicher Bedeutung sind abschließende Regelungen zum **Ausschluss** des Leistungsanspruchs. Im Einzelnen sind dies **§ 32 Abs. 1 S. 1 Hs. 2** (Rn. 16), der auf § 34 verweist, und ergänzend („für nicht nach Satz 1 ausgeschlossene Heilmittel") **§ 32 Abs. 1 S. 2** (Rn. 17), der auf § 92 verweist und damit den G-BA ermächtigt, durch Richtlinien bestimmte Heilmittel auszuschließen. Insoweit liegen „Richtlinien über die Verordnung von Heilmitteln in der vertragsärztlichen Versorgung – **Heilmittel-Richtlinien**" idF. v. 1. 12. 2003/16. 3. 2004 vor (s. BAnz. 2004 Nr. 106 S. 2, zul. geänd. am 21. 12. 2004, BAnz. 2005, Nr. 61 S. 4995 = www.g-ba.de/informationen/richtlinien/RL-Heilmittel-04–12–21.pdf). Ausgeschlossen sind schließlich nach § 138 neue Heilmittel (Rn. 18).

3 § 32 **Abs. 2 S. 1** sieht eine **Zuzahlung** des Versicherten, wenn er das 18. Lebensjahr vollendet hat, zu den Kosten der Heilmittel vor, für deren Umfang auf die allgemeine Regelung in § 61 S. 3 verwiesen wird (Rn. 22). Zur Vermeidung von Wettbewerbsverzerrungen erstreckt **§ 32 Abs. 2 S. 2** die Zuzahlungspflicht auch auf Massagen, Bäder und Krankengymnastik, die als Bestandteil der ärztlichen Behandlung abgegeben werden (Rn. 23). **§ 32 Abs. 2 S. 3–5** enthalten nähere Bestimmungen zur Errechnung des Zuzahlungsbetrages (Rn. 24).

B. Begriff des Heilmittels

I. Entwicklung der Norminterpretation

Dem Inhalt nach gewährt § 32 einen Anspruch auf „Versorgung mit Heilmitteln". Die **Definition von „Heilmittel"** hat dabei mehrere **Richtungsänderungen** durchgemacht (dazu ausf. *Schmidt,* in: Peters, KV, § 32 Rn. 40 ff.), weshalb ältere Rechtsprechung zu § 32 (bzw. zu § 182 RVO) immer nur unter Berücksichtigung dieser Interpretationswechsel einzuordnen ist. Unter der Geltung von § 182 Abs. 1 Nr. 1 b RVO sah man als Heilmittel überwiegend solche **sächlichen medizinischen Mittel** an, die zu Heilzwecken eingesetzt wurden und deren Anwendung im Unterschied zu den Arzneimitteln vorwiegend äußerlich erfolgte (vgl. BSGE 28, 158/159). Eingeschlossen sein sollten ferner persönliche Dienstleistungen, wenn jedenfalls auch sächliche Mittel eingesetzt wurden (vgl. BSGE 42, 16/17; 48, 258/263). 4

Unter dem **SGB V** blieb zwar das Kriterium der Verwendung sächlicher Mittel (zunächst) weiterhin das zentrale Charakteristikum für Heilmittel, doch mussten mit Blick auf § 124 Abs. 1, wonach Heilmittel auch (nur) als Dienstleistung abgegeben werden können (etwa Leistungen der physikalischen Therapie, der Sprachoder Ergotherapie; vgl. auch § 127 Abs. 2 Nr. 2), dem Heilmittelbegriff **auch persönliche Dienstleistungen** ganz ohne Verwendung sächlicher Mittel zugeordnet werden. Soweit – jenseits reiner persönlicher Dienstleistungen – für die Zuordnungsentscheidung immer noch auf den Einsatz sächlicher Mittel abgestellt werden konnte, blieb zudem das bereits unter § 182 RVO vorhandene Abgrenzungsproblem erhalten, wann die Leistung den Heilmitteln und wann den Hilfsmitteln nach § 33 zugeordnet werden musste. Zur Abgrenzung half hier nur der mit dem Mittel verfolgte Zweck: Ging es um Krankheitsbekämpfung, sollte es sich um ein Heilmittel handeln, ging es um den bloßen Ausgleich eines körperlichen Defizits, sollte ein Hilfsmittel vorliegen (ausf. BSGE 88, 204/211). 5

Diese definitorischen Schwierigkeiten, einerseits infolge der faktischen Aufgabe des unter § 182 RVO für maßgeblich gehaltenen Erfordernisses der Verwendung sächlicher medizinischer Mittel, andererseits infolge der fortbestehenden Abgrenzungsprobleme zwischen Heilmitteln und Hilfsmitteln, initiierten ein **neues Begriffsverständnis,** welches spätestens seit 2001 in Rechtsprechung (s. etwa BSG, NZS 2001, 532/533; BSGE 86, 223/233; 88, 204/211 ff.; BSG, SGb 2007, 489/491), in Literatur (s. etwa KK/*Höfler* § 32 Rn. 7; Krauskopf/*Wagner* § 32 Rn. 4) und in Praxis (vgl. II. Ziff. 6 Heilmittel-Richtlinien [Nachw. in Rn. 2]; s. erstmals bereits A. I. Ziff. 1 Heilmittel- und Hilfsmittel-Richtlinie des Bundesausschusses der Ärzte und Krankenkassen v. 17. 6. 1992, BAnz. 1992 Nr. 183 b, S. 13; vgl. auch § 30 SGB VII idF. des Unfallversicherungs-Einordnungsgesetzes – UEVG v. 7. 8. 1996 [BGBl. I, 1254]) als etabliert gelten kann. Das neue Verständnis nimmt die sächlichen Mittel vollständig aus dem Heilmittelbegriff heraus und ordnet sie den Hilfsmitteln nach § 33 zu. Damit lassen sich **Heilmittel als** von den Vertragsärzten verordnete, nur von entsprechend ausgebildeten, berufspraktisch erfahrenen und nach § 124 zugelassenen Personen **persönlich und eigenverantwortlich zu erbringende medizinische Dienstleistungen** definieren, die einem Heilzweck dienen oder einen Heilerfolg sichern (heute hM.). Unmittelbare Heilwirkung ist also nicht verlangt. Vielmehr genügt es, wenn das Heilmittel in Bezug auf eine bestimmte Gesundheitsstörung schädigende Einflüsse vom Körper abhält und somit die konkrete Erkrankung zwar nur mittelbar, aber gezielt be- 6 kämpft (vgl. BSG, NZS 1995, 457/458). Die therapeutische Beeinflussbarkeit der Gesundheitsstörung darf andererseits aber auch nicht ausgeschlossen sein (Krauskopf/*Wagner* § 32 Rn. 5 mwN.).

II. Abgrenzungen und Ausgrenzungen

7   **Heilmittel und Hilfsmittel** iSd. § 33 sind somit heutiger Ansicht zufolge nach der konkreten Zweckbestimmung zu unterscheiden. Heilmittel sind auf persönliche Dienstleistungen beschränkt; die früher zumeist den Heilmitteln zugeordneten sächlichen Mittel (z. B. orthopädische Einlagen; Bruchbänder; Kompressionsstrümpfe; Leibbinden und Stützkorsette; antiallergene Kissen- und Matratzenbezüge [vgl. BSG, SozR 3–2500 § 33 Nr. 15 S. 62/64]) gelten jetzt als Hilfsmittel. Jedoch darf die auf den ersten Blick klar wirkende Zweiteilung in Dienstleistungen (§ 32) und sächliche Mittel (§ 33) nicht darüber hinwegtäuschen, dass die von § 32 erfassten Dienstleistungen tatsächlich sehr oft einen sächlich-technischen Anteil haben werden, der sie begleitet oder sogar erst ermöglicht. Deswegen hat es die Rechtsprechung für die Einordnung als Heilmittel richtigerweise genügen lassen, dass der Charakter einer Dienstleistung nur überwiegt (BSGE 86, 223/233 f., zur Reittherapie).

8   Bei anderen sächlichen Mitteln, die früher mit Hilfe weiterer Kriterien, z. B. demjenigen des (fehlenden) therapeutischen Zwecks, aus dem Heilmittelbegriff herausdefiniert wurden, muss diese Begründung nunmehr in § 33 herübergenommen werden; weil diese Gegenstände allesamt sächliche Mittel sind, scheiden sie nämlich ohnehin aus dem Heilmittelbegriff aus. Das betrifft vor allem **Gebrauchsgegenstände des täglichen Lebens** (s. § 33 Abs. 1 S. 1, Hs. 2), etwa Kleidung (s. BSG, SozR 2200, § 182 RVO Nr. 60 S. 113/114 – Angorawäsche), Mittel zur Hygiene sowie zur üblichen Reinigung und Pflege wie Haarwaschmittel (BSGE 65, 154/155 f.) oder Heilwasser zur oralen Einnahme (BSG, DOK 1996, 562/562).

9   Kaum je Abgrenzungsprobleme werden sich zwischen **Heilmitteln und Arzneimitteln** (§ 31) ergeben. Letztere haben keinen Dienstleistungscharakter, sondern wirken als sächliche Mittel/Substanzen idR. von innen auf den menschlichen Organismus ein. Heilmittel wirken dagegen äußerlich auf den Körper ein (BSGE 28, 158/159 f.; 42, 16/17). Schwieriger verhält es sich hingegen – wie auch § 32 Abs. 2 S. 2 verdeutlicht – bei **Heilmitteln und ärztlichen Behandlungen** iSd. § 28: Medizinische Maßnahmen, die im Rahmen des § 32 ein Heilmittel sind, können im Gesamtbild gleichwohl § 28 unterfallen, wenn sie nach den Maßstäben des § 28 Abs. 1 S. 1, S. 2 von Ärzten ausgeführt, beaufsichtigt oder verantwortet werden (vgl. Rn. 23). Bei der Abgrenzung von **Heilmitteln und Maßnahmen ohne Heilmittelcharakter** iSd. § 32 stellt die Rechtsprechung darauf ab, ob ein eindeutiger Krankheitsbezug vorliegt, die Maßnahme also der Krankheitsbekämpfung dient, und ob sie von einer medizinischen Fachkraft ausgeführt werden muss. Daran fehlt es z. B. bei allgemeiner Gymnastik, Sport, bestimmter Ernährung oder Sauna (s. aber BSGE 85, 132/138 ff. – Fußpflege als Heilmittel).

10 Vom Begriff „Heilmittel" **nicht erfasst** werden **Vorbereitungs- und Nachbereitungshandlungen**, etwa der Transport zum Behandlungsort und die notwendige Begleitung (s. insoweit aber die Sondervorschriften in §§ 11 Abs. 3, 60), Hilfen beim Umkleiden vor und nach Massagen oder Bädern (dazu BSG, SozR 4–2500, § 32 Nr. 1 S. 2) oder die Verständigung mit dem Therapeuten mit Hilfe eines (Gebärden-)Dolmetschers (BSGE 76, 109/112). Ebenso wenig erfasst sind

Leistungen von Chiro-/Heilpraktikern. Da diese nicht zur ärztlichen Behandlung zugelassen sind (vgl. § 15 Abs. 1), können ihre Leistungen weder unmittelbar noch durch ärztliche Versorgung als Heilmittel iSd. § 32 angesehen werden (vgl. BSGE 86, 223/233). Auch **psychotherapeutische Leistungen** können keine „Heilmittel" sein, weil die entsprechende Behandlung gem. § 28 Abs. 3 eigenständig durch zugelassene Psychotherapeuten erbracht wird.

III. Konkretisierung durch Heilmittel-Richtlinien

Als wesentliche Anwendungsbereiche für den Einsatz von Heilmitteln kommen die in **§ 124 Abs. 1** genannten Leistungen der physikalischen Therapie, der Stimm-, Sprech- und Sprachtherapie sowie der Beschäftigungs-/Ergotherapie in Betracht. Konkretisiert wird dies durch die zum 1. 7. 2004 in Kraft getretenen, auf § 92 Abs. 1 S. 2 Nr. 6 gestützten und durch Satzungsbestimmungen der KVen für die Vertragsärzte verbindlichen (s. § 81 Abs. 3 Nr. 2) **Heilmittel-Richtlinien** (Nachw. in Rn. 2; zur Fassung von 2001: *Freigang*, KrV 2001, 129 ff.). Diese enthalten (vgl. auch § 92 Abs. 6 S. 1) in ihrem **Ersten Teil (= Richtlinientext)** va. Grundsätze der Heilmittelverordnung (unter II., Ziff. 6–16). Es folgt unter III. – V. ein **Katalog verordnungsfähiger Heilmittel bzw. Dienstleistungen** in den drei von § 124 Abs. 1 genannten Maßnahmengruppen, nämlich „Physikalische" und „Podologische Therapie", „Stimm-, Sprech- und Sprachtherapie" und „Ergotherapie" (ausf. Rn. 20). Anschließend kommen Angaben zu Inhalt und Durchführung der Verordnung (unter VI., Ziff. 21–25) und zu Inhalt und Umfang der Zusammenarbeit des verordnenden Vertragsarztes mit dem jeweiligen Heilmittelerbringer (Teil VII., Ziff. 26–29).

11

Teil VIII. (Ziff. 30) verweist sodann auf den **Zweiten Teil** der Richtlinien („Zuordnung der Heilmittel zu Indikationen – **Heilmittel-Katalog**"), in dessen **Anlage** (www.g-ba.de/downloads/38-254-29/RL-Heilmittel-Anlage-2004-12-21.pdf; vgl. auch Erster Teil, unter IV, Ziff. 31–32) ein **Katalog von Heilmitteln bzw. Dienstleistungen** aufgelistet werden, die nach der Richtlinie zu Untersuchungs- und Behandlungsmethoden der vertragsärztlichen Versorgung (Richtlinie-Methoden vertragsärztliche Versorgung) **nicht verordnungsfähig** sind (vgl. auch § 30 BMV-Ä; ausf. Rn. 17).

12

C. Anspruch auf Versorgung mit Heilmitteln, Abs. 1

§ 32 dient der **weiteren Konkretisierung** des Sachleistungsanspruchs auf Krankenbehandlung, den § 27 Abs. 1 S. 1 vorsieht und in seinem S. 2 Nr. 3 auf Heilmittel erstreckt. Auch bei einer Gesamtschau von § 32, § 27 Abs. 1 S. 1, S. 2 und § 12 Abs. 1 fehlt es aber immer noch an einer kompletten Anspruchsgrundlage. Vielmehr ist diesen Normen lediglich ein Anspruchsrahmen zu entnehmen, innerhalb dessen durch weitere Schritte, insbesondere durch Richtlinien nach § 92 Abs. 1 S. 2 Nr. 6 und durch Entscheidungen des behandelnden Vertragsarztes, näher umrissen werden muss, welche Leistung dem jeweiligen Versicherten im konkreten Einzelfall zusteht (vgl. BSGE 73, 271/278).

13

I. Anspruchsvoraussetzungen

Versorgung iSv. §§ 27 Abs. 1 S. 2 Nr. 3, 32 Abs. 1 S. 1 Hs. 1 bedeutet Verschaffung eines Heilmittels auf Rechnung der KK. Einen Anspruch auf Versorgung in diesem Sinne besitzt der Versicherte (§§ 5 bis 10), wenn – außer in Notfällen – ein Arzt,

14

§ 32

der an der vertragsärztlichen Versorgung teilnimmt (s. § 95 Abs. 1, Abs. 3), den Eintritt des Versicherungsfalles durch Diagnose einer Krankheit (s. § 11 Abs. 1 Nr. 4) festgestellt und in Verfolgung eines der Behandlungsziele des § 27 Abs. 1 S. 1 das Heilmittel verordnet hat (s. § 73 Abs. 2 S. 1 Nr. 7; zu diesem Erfordernis: BSGE 73, 271/278) und wenn das verordnete Heilmittel verordnungsfähig ist. In den Fällen der Eigenabgabe, die durch § 32 Abs. 2 S. 2 – S. 4 in die Zuzahlungsregelung einbezogen ist, tritt an die Stelle der Verordnung die Anordnung (vgl. § 15 Abs. 1 S. 2).

II. Ausgeschlossene Heilmittel

15   Regelungen zum Ausschluss eines Anspruchs auf Versorgung mit Heilmitteln enthalten zunächst § 32 Abs. 1 S. 1 Hs. 2 durch die Verweisung auf § 34 (Rn. 16), sodann § 32 Abs. 1 S. 2 (Rn. 17) und schließlich § 138 für neue Heilmittel (Rn. 18). Hinter den beiden Ausschlussmöglichkeiten nach § 32 steht die gesetzgeberische Wertung, dass die Übernahme der Kosten für Bagatellmittel oder für Heilmittel von geringem oder umstrittenem medizinischem Nutzen in den Bereich der zumutbaren Eigenvorsorge zu rechnen ist (vgl. BT-Drs. 11/2237, 174 f.). Weitere Ausschlussregelungen oder -ermächtigungen gibt es nicht (wie hier: KK/ *Höfler* § 32 Rn. 23: „abschließende Regelung"). Pauschale **Verfassungsbedenken** gegen die Regelungen, die uU. Leistungserbringer in ihrer Berufsfreiheit nach Art. 12 Abs. 1 GG betreffen können, sind **iE. nicht durchgreifend** (näher BSGE 67, 251/254 ff., das – wenig überzeugend – bereits den Grundrechtseingriff ablehnt; hiergegen *Sodan,* SGb 1992, 200/201 ff.; zust. *Wigge,* MedR 1994, 460/ 461 f.). Im Einzelfall kann aber eine Grundrechtsverletzung vorliegen (s. BSGE 86, 223/236 – ausbleibende Entscheidung über Aufnahme der Diättherapie in die seinerzeitige Heilmittel- und Hilfsmittelrichtlinie).

16   **§ 32 Abs. 1 S. 1 Hs. 2** regelt durch seine Bezugnahme auf § 34 einen Leistungsausschluss entweder unmittelbar durch Gesetz (über §§ 34 Abs. 5, Abs. 1) oder durch Rechtsverordnung (über § 34 Abs. 4 S. 1). **Gesetzlich ausgeschlossen** sind zunächst nicht verschreibungspflichtige Mittel, ferner sog. Bagatellmittel, etwa bei Erkältungskrankheiten und grippalen Infekten (z. B. medizinische Bäder), und schließlich solche Mittel, bei denen im Vordergrund die Erhöhung der Lebensqualität steht (z. B. Mittel zur Regulierung des Körpergewichts, zur Raucherentwöhnung, Abmagerung oder Zügelung des Appetits, zur Behandlung der erektilen Dysfunktion, zur Anreizung oder Steigerung der sexuellen Potenz oder zur Verbesserung des Haarwuchses). § 34 Abs. 4 S. 1 ermächtigt das BMG, durch eine mit Zustimmung des Bundesrates erlassene **Rechtsverordnung** Heilmittel von geringem oder umstrittenem therapeutischem Nutzen oder geringem Abgabepreis von der Leistungspflicht der KKen auszuschließen. Von dieser Ermächtigung ist bislang nicht Gebrauch gemacht worden; die insoweit im älteren Schrifttum gelegentlich genannte RVO v. 13. 12. 1989 (BGBl. I, 2237; geändert durch VO v. 17. 1. 1995 [BGBl. I, 44], zu ihr § 34 Rn. 12) betrifft nach heutiger Begriffsbestimmung (vgl. Rn. 6, 7) nur noch Hilfsmittel iSd. § 33.

17   Gem. **§ 32 Abs. 1 S. 2**, um den § 32 Abs. 1 aF. durch Art. 1 Nr. 19 GMG v. 14. 11. 2003 (BGBl. I, 2190) mWv. 1. 1. 2004 ergänzt wurde, besteht ein Leistungsausschluss ferner hinsichtlich solcher Heilmittel, die der G-BA als Richtliniengeber (§ 92) von der Versorgung der Versicherten ausgeschlossen hat. Nach Anl. 2 der **Heilmittel-Richtlinien** (Nachw. in Rn. 2) gehören zu den Maßnahmen, deren therapeutischer Nutzen nicht nachgewiesen ist, etwa Hippotherapie (hierzu: BSG, SozR 3–2500 § 138 Nr. 2, S. 26; G-BA, Beschl. v. 20. 6. 2006 [BAnz. Nr. 182, S. 6499]), isokinetische Muskelrehabilitation, Höhlentherapie, Magnetfeldthera-

pie, Musik- und Tanztherapie, Fußreflexzonenmassage, Akupunkturmassage, Atlas-Therapie nach Arlen, Mototherapie, Zilgrei-Methode, Atemtherapie nach Middendorf sowie die konduktive Förderung nach Petö (hierzu: BSG, SozR 4–2500, § 18 Nr. 1 S. 6; G-BA, Beschl. v. 21. 12. 2004 [BAnz. 2004, Nr. 61, S. 4995]). Des Weiteren werden in Anl. 2 Indikationen genannt, bei denen der Einsatz von Maßnahmen, deren therapeutischer Nutzen nachgewiesen ist, nicht anerkannt ist (z. B. Lese- und Rechtschreibschwäche, Lernstörungen). Schließlich sind dort Maßnahmen aufgeführt, die der persönlichen Lebensführung zugerechnet werden (z. B.: Massagen, Sauna, Schwimmen und Baden, Bodybuilding, Fitness-Training).

Ausgeschlossen sind schließlich nach § 138 solche Heilmittel, die noch nicht Gegenstand der vertragsärztlichen Versorgung sind. Diese **sog. „neuen Heilmittel"** dürfen nach § 138 nur verordnet werden, wenn zuvor deren therapeutischer Nutzen durch den G-BA anerkannt wurde und dieser Empfehlungen für die Sicherung der Qualität bei der Leistungserbringung abgegeben hat. Es gilt also ein präventives Verbot mit Erlaubnisvorbehalt (BSG, SozR 3–2500, § 138 Nr. 2 S. 29). „Neu" ist ein Heilmittel, das bisher nicht Gegenstand der vertragsärztlichen Versorgung war, d. h. in erster Linie nicht nach früheren Beschlüssen des G-BA in die Versorgung einbezogen war (vgl. § 138 Rn. 1). 18

III. Inhalt und Umfang des Leistungsanspruchs

1. Anspruch auf das Heilmittel als Sachleistung

Heilmittel sind nach heutiger Interpretation (s. Rn. 6, 7) des § 32 **Sachleistungen** (vgl. § 2 Abs. 2) in Form persönlicher Dienstleistungen. Die Zuzahlungspflicht nach Abs. 2 S. 1 ändert nichts am Sachleistungsanspruch, denn die Zuzahlung stellt eine spezielle Form der Selbst- oder Eigenbeteiligung des Versicherten dar, die den Anspruchsinhalt unberührt lässt (BSGE 42, 229/229 f.). Kosten für selbstbeschaffte Heilmittel können folglich nur nach Maßgabe der §§ 13, 14 erstattet werden. 19

2. Positivkatalog: Verordnungsfähige Heilmittel

Die Heilmittel-Richtlinien (Nachw. in Rn. 2) enthalten einen **Katalog verordnungsfähiger Heilmittel bzw. Dienstleistungen** in den drei von § 124 Abs. 1 genannten Maßnahmengruppen, nämlich „Physikalische" und „Podologische Therapie" (unter III. A., Ziff. 17. A. 1–9; III. B., Ziff. 17. B. 1–4), „Stimm-, Sprech- und Sprachtherapie" (unter IV., Ziff. 18–19) und „Ergotherapie" (unter V., Ziff. 20). Verordnungsfähig sind danach folgende Heilmittel: 20

a) Maßnahmen der physikalischen Therapie, konkret Massagen, Bewegungstherapie, Krankengymnastik, Traktionsbehandlungen, Elektrotherapie und -stimulation, Kohlensäure- und Kohlensäuregasbäder, Inhalationstherapie, Thermotherapie (Wärme-, Kältetherapie);

b) Podologische Therapie (nur) bei diabetischem Fußsyndrom (Hautabtragung und Nagelbearbeitung);

c) Stimm-, Sprech- und Sprachtherapie durch Kassenärzte, staatlich anerkannte Logopäden sowie staatlich anerkannte Sprachtherapeuten, die der Wiederherstellung, der Besserung oder dem Erhalt der Kommunikationsfähigkeit sowie des Schluckvorgangs dient. Als Indikationen in Frage kommen insbesondere Stimmstörungen organischer, funktioneller, hormoneller oder psychischer Ursache sowie Sprech- und Sprachstörungen z. B. verzögerte Sprachentwicklung, Stammeln, Näseln, Dysgrammatismus, Aphasien, Dysphasien, Dysarthrien, Stottern, Poltern oder Sprachstörungen bei späterer Ertaubung;

d) **Beschäftigungs- und Arbeitstherapie (Ergotherapie)** einschließlich Belastungserprobung zur Behandlung krankheitsbedingter motorischer, sensorischer, psychischer und kognitiver Funktionseinschränkungen und Behinderungen.

D. Zuzahlungen, Abs. 2

21 § 32 Abs. 2 hält für Versicherte ab Vollendung des 18. Lebensjahrs an der **Zuzahlungspflicht** zu den Kosten der Heilmittel fest. Die nach § 32 Abs. 1 S. 1 geschuldete Leistung wird dem Versicherten also nicht „voll-", sondern lediglich „teilkostenfrei" verschafft (vgl. BSGE 73, 271/285). Der Verschaffungsanspruch ist indes nicht von der vorherigen Erfüllung der Zuzahlungspflicht abhängig (BSGE 73, 271/285). Mit dieser Eigenbeteiligung sollen die Versicherten zu einer ökonomisch sinnvollen Inanspruchnahme von Heilmitteln und damit auch die Vertragsärzte zu entsprechendem Verordnungsverhalten angehalten werden (BT-Drs. 12/3608, 67 f.; s. auch *Saekel*, KrV 1997, 107 ff.).

22 Die Höhe der Zuzahlung wurde in den letzten beiden Jahrzehnten mehrfach geändert: In § 32 Abs. 2 S. 1 SGB V idF. des GRG v. 8. 12. 1988 (BGBl. I, 2477) zunächst mit 10 v. H. angesetzt, erhöhte sie Art. 1 Nr. 9 des 2. GKV-NOG v. 23. 6. 1997 (BGBl. I, 1520) mWv. 1. 7. 1997 auf 15 v. H. Seit 2004 verweist aber § 32 Abs. 2 S. 1 idF. des Art 1 Nr. 19 GMG v. 14. 11. 2003 [BGBl. I, 2190] auf die allgemeine Regelung in § 61 S. 3. Als Kompensation (vgl. BT-Drs. 15/1525, 84) für die damit wieder von 15 v.H auf **10 v.H.** abgesenkte Zuzahlung, die sich am Preis des Heilmittels sowie etwaigen Hausbesuchskosten im Einzelfall bemisst, fallen nunmehr zusätzlich **zehn Euro je Verordnung des Arztes** an (Einzelheiten bei § 61).

23 Nach Abs. 2 S. 2 besteht die **Zuzahlungspflicht auch,** wenn Massagen, Bäder und Krankengymnastik **als „Bestandteil der ärztlichen Behandlung",** d. h. ärztlich angeordnet und verantwortet (vgl. § 28 Abs. 1 S. 2), abgegeben werden. Diese Regelung bewirkt die Gleichstellung von Heilmitteln mit gleichartigen Maßnahmen, die im Rahmen der ärztlichen Behandlung ergriffen werden und die daher – weil das Heilmittel und seine Bedeutung hier gegen die persönliche Tätigkeit des Arztes so sehr zurücktritt, dass die ganze therapeutische Leistung einheitlich als ärztliche Behandlung zu beurteilen ist – rechtlich keine Heilmittel sind. Nach altem Recht war für derartige Maßnahmen keine Zuzahlung – in Form einer Verordnungsblattgebühr (§ 182 a Abs. 1 Nr. 1 b RVO) – zu entrichten. Die Beibehaltung einer unterschiedlichen Handhabung hätte deshalb zu Wettbewerbsverzerrungen (vgl. BT-Drs. 12/3608, 81) gegenüber Heilmittelerbringern führen können, weil die Zuzahlung seit 1989 nicht mehr einheitlich auf seinerzeit 4,– DM je Mittel beschränkt ist, sondern einen Prozentsatz von (derzeit) 10 v.H. der Kosten des Heilmittels ausmacht und damit wettbewerbsrelevante Größenordnungen erreichen kann (vgl. *Müller*, BArbBl 4/1989, 20/22). Die Beschränkung auf die drei Leistungen **„Massagen", „Bäder"** und **„Krankengymnastik"** erfolgte, um unnötigen Verwaltungsaufwand und Rechtsstreitigkeiten zu vermeiden (BT-Drs. 12/3608, 81). Die Zuzahlungspflicht gilt auch, wenn die genannten drei Leistungen bei ambulanter Behandlung in Krankenhäusern, Rehabilitations- oder anderen Einrichtungen abgegeben werden.

24 Durch die mit Art. 1 Nr. 19 GSG v. 21. 2. 1992 (BGBl. I, 2266) mWv. 1. 1. 1993 in § 32 Abs. 2 angefügten **Sätze 3 bis 5** regeln die **Berechnung der Zuzahlung,**

wenn das Heilmittel als Bestandteil der ärztlichen oder ambulanten Behandlung abgegeben wird. Im Interesse der Gleichbehandlung der Versicherten errechnet sich die Zuzahlung hier nach den Preisen, die für die KK des Versicherten nach § 125 für den Bereich des betreffenden Vertragsarztsitzes vereinbart sind. Dadurch werden unterschiedlich hohe Zuzahlungen gegenüber der Versorgung durch andere Leistungserbringer vermieden. Soweit unterschiedliche Preisvereinbarungen bestehen, hat die KK einen durchschnittlichen Preis zu errechnen (S. 4). Die Mitteilungspflichten der KKen und der KVen nach S. 5 sollen sicherstellen, dass die betroffenen Ärzte über die maßgebenden Preise jeweils aktuell informiert sind und sie anwenden können. Insofern soll ein einheitlich für alle Kassenarten im Bereich des Vertragsarztsitzes geltender Durchschnittspreis für die betreffenden Heilmittel mitgeteilt werden (Anwendungsempfehlung der SpiVe der KKen sowie der KBV, unter II. 1., abgedr.: BKK 1993, 184/185).

§ 33 Hilfsmittel

(1) ¹Versicherte haben Anspruch auf Versorgung mit Hörhilfen, Körperersatzstücken, orthopädischen und anderen Hilfsmitteln, die im Einzelfall erforderlich sind, um den Erfolg der Krankenbehandlung zu sichern, einer drohenden Behinderung vorzubeugen oder eine Behinderung auszugleichen, soweit die Hilfsmittel nicht als allgemeine Gebrauchsgegenstände des täglichen Lebens anzusehen oder nach § 34 Abs. 4 ausgeschlossen sind. ²Der Anspruch auf Versorgung mit Hilfsmitteln zum Behinderungsausgleich hängt bei stationärer Pflege nicht davon ab, in welchem Umfang eine Teilhabe am Leben der Gemeinschaft noch möglich ist; die Pflicht der stationären Pflegeeinrichtungen zur Vorhaltung von Hilfsmitteln und Pflegehilfsmitteln, die für den üblichen Pflegebetrieb jeweils notwendig sind, bleibt hiervon unberührt. ³Für nicht durch Satz 1 ausgeschlossene Hilfsmittel bleibt § 92 Abs. 1 unberührt. ⁴Der Anspruch umfasst auch die notwendige Änderung, Instandsetzung und Ersatzbeschaffung von Hilfsmitteln, die Ausbildung in ihrem Gebrauch und, soweit zum Schutz der Versicherten vor unvertretbaren gesundheitlichen Risiken erforderlich, die nach dem Stand der Technik zur Erhaltung der Funktionsfähigkeit und der technischen Sicherheit notwendigen Wartungen und technischen Kontrollen. ⁵Wählen Versicherte Hilfsmittel oder zusätzliche Leistungen, die über das Maß des Notwendigen hinausgehen, haben sie die Mehrkosten und dadurch bedingte höhere Folgekosten selbst zu tragen.

(2) ¹Versicherte haben bis zur Vollendung des 18. Lebensjahres Anspruch auf Versorgung mit Sehhilfen entsprechend den Voraussetzungen nach Absatz 1. ²Für Versicherte, die das 18. Lebensjahr vollendet haben, besteht der Anspruch auf Sehhilfen, wenn sie auf Grund ihrer Sehschwäche oder Blindheit, entsprechend der von der Weltgesundheitsorganisation empfohlenen Klassifikation des Schweregrades der Sehbeeinträchtigung, auf beiden Augen eine schwere Sehbeeinträchtigung mindestens der Stufe 1 aufweisen; Anspruch auf therapeutische Sehhilfen besteht, wenn diese der Behandlung von Augenverletzungen oder Augenerkrankungen dienen. ³Der Gemeinsame Bundesausschuss bestimmt in Richtlinien nach § 92, bei welchen Indikationen therapeutische Sehhilfen verordnet werden. ⁴Der Anspruch auf Versorgung mit Sehhilfen umfaßt nicht die Kosten des Brillengestells.

(3) ¹Anspruch auf Versorgung mit Kontaktlinsen besteht für anspruchsberechtigte Versicherte nach Absatz 2 nur in medizinisch zwingend erforderlichen Ausnahmefällen. ²Der Gemeinsame Bundesausschuss bestimmt in den Richt-

§ 33

linien nach § 92, bei welchen Indikationen Kontaktlinsen verordnet werden. ³Wählen Versicherte statt einer erforderlichen Brille Kontaktlinsen und liegen die Voraussetzungen des Satzes 1 nicht vor, zahlt die Krankenkasse als Zuschuß zu den Kosten von Kontaktlinsen höchstens den Betrag, den sie für eine erforderliche Brille aufzuwenden hätte. ⁴Die Kosten für Pflegemittel werden nicht übernommen.

(4) Ein erneuter Anspruch auf Versorgung mit Sehhilfen nach Absatz 2 besteht für Versicherte, die das vierzehnte Lebensjahr vollendet haben, nur bei einer Änderung der Sehfähigkeit um mindestens 0,5 Dioptrien; für medizinisch zwingend erforderliche Fälle kann der Gemeinsame Bundesausschuss in den Richtlinien nach § 92 Ausnahmen zulassen.

(5) ¹Die Krankenkasse kann den Versicherten die erforderlichen Hilfsmittel auch leihweise überlassen. ²Sie kann die Bewilligung von Hilfsmitteln davon abhängig machen, daß die Versicherten sich das Hilfsmittel anpassen oder sich in seinem Gebrauch ausbilden lassen.

(6) ¹Die Versicherten können alle Leistungserbringer in Anspruch nehmen, die Vertragspartner ihrer Krankenkasse oder nach § 126 Abs. 2 versorgungsberechtigt sind. ²Hat die Krankenkasse Verträge nach § 127 Abs. 1 über die Versorgung mit bestimmten Hilfsmitteln geschlossen, erfolgt die Versorgung durch einen Vertragspartner, der den Versicherten von der Krankenkasse zu benennen ist. 3Abweichend von Satz 2 können Versicherte ausnahmsweise einen anderen Leistungserbringer wählen, wenn ein berechtigtes Interesse besteht; dadurch entstehende Mehrkosten haben sie selbst zu tragen.

(7) ¹Die Krankenkasse übernimmt die jeweils vertraglich vereinbarten Preise. ²Erfolgt die Versorgung auf der Grundlage des § 126 Abs. 2 durch einen Leistungserbringer, der nicht Vertragspartner der Krankenkasse ist, trägt die Krankenkasse die Kosten in Höhe des niedrigsten Preises, der für eine vergleichbare Leistung mit anderen Leistungserbringern vereinbart wurde, bei Hilfsmitteln, für die ein Festbetrag festgesetzt wurde, höchstens bis zur Höhe des Festbetrags.

(8) ¹Versicherte, die das 18. Lebensjahr vollendet haben, leisten zu jedem zu Lasten der gesetzlichen Krankenversicherung abgegebenen Hilfsmittel als Zuzahlung den sich nach § 61 Satz 1 ergebenden Betrag zu dem von der Krankenkasse zu übernehmenden Betrag an die abgebende Stelle. ²Der Vergütungsanspruch nach Absatz 7 verringert sich um die Zuzahlung; § 43 b Abs. 1 Satz 2 findet keine Anwendung. ³Die Zuzahlung bei zum Verbrauch bestimmten Hilfsmitteln beträgt 10 vom Hundert des insgesamt von der Krankenkasse zu übernehmenden Betrags, jedoch höchstens 10 Euro für den gesamten Monatsbedarf.

Schrifttum: *G. Dörr,* Anmerkung zu BSG, Urteil v. 6. 6. 2002, SGb 2003, 184; *K. Gunder,* Familienselbsthilfe – Äquivalent der Familienversicherung, ErsK 1996, 211; *H.-M. v. Heinz,* Zur Kostentragungspflicht für Pflegehilfsmittel bei vollstationärer Pflege, SGb 2003, 20; *O. E. Krasney,* Hilfsmittel im Krankenversicherungs- und Pflegeversicherungsbereich – zwei Problemfelder, FS für Peter Krause, 2006, S. 137; *D. Krauskopf,* Hilfsmittel versus Pflegehilfsmittel – eine problematische Schnittstelle, SGb 2001, 419; *B. Baron v. Maydell/U. Kötter,* Zur Aufgabenverteilung zwischen Hilfsmittelerbringern und Ärzten bei der Versorgung mit Hörgeräten, 1994; *E. Meuthen/P. Hartmann,* Das sogenannte Rollstuhlurteil des 3. Senats des BSG – ein Pyrrhus-Sieg für die KK, NZS 2002, 26; *J. Schroeder-Printzen,* Die Begrenzung des Ausschlusses von Hilfsmitteln nach § 34 Abs. 4 SGB V, NZS 1992, 137; *A. Slachmuylders,* Heilmittel und Hilfsmittel in der gesetzlichen Krankenversicherung. Begriffsbestimmung und Abgrenzung, Diss. iur., Bonn 1992; *H. Töns,* Gebrauchsgegenstände als Heil- oder Hilfsmittel?, DOK 1983, 274; *ders.,* Hilfsmittel, DOK 1984, 432 ff. Siehe ferner: Gemeinsames Rund-

3. Kapitel. 5. Abschnitt. 1. Titel **§ 33**

schreiben der Spitzenverbände der Krankenkassen – zugleich handelnd als Spitzenverbände der Pflegekassen – zur Versorgung mit Hilfsmitteln und Pflegehilfsmitteln vom 18. Dezember 2007 (download unter: www.ikk.de/ikk/generator/ikk/fuer-medizinberufe/hilfs-und-pflegemittel/3382,i=l.html; dort auch alle anderen einschlägigen Rechtsquellen, Verlautbarungen und Rundschreiben).

Inhaltsübersicht

	Rn.
A. Überblick	1
B. Begriff des Hilfsmittels	4
I. Allgemeines Begriffsverständnis	4
II. Konkretisierung durch Hilfsmittelverzeichnis und Hilfsmittel-Richtlinien	5
C. Anspruch auf Versorgung mit Hilfsmitteln, Abs. 1	7
I. Anspruchsvoraussetzungen, Abs. 1 S. 1	7
1. Erforderlichkeit im Einzelfall	9
2. Sicherung des Erfolges der Krankenbehandlung, Alt. 1	12
3. Vorbeugung einer drohenden Behinderung, Alt. 2	13
4. Ausgleich einer Behinderung, Alt. 3	15
II. Anspruchshinderungsgrund sowie Ausschlüsse	25
1. Allgemeine Gebrauchsgegenstände des täglichen Lebens, Abs. 1 S. 1	25
2. Ausgeschlossene Hilfsmittel (durch KVHilfsmV)	30
3. Weitere ausgeschlossene Hilfsmittel, durch Hilfsmittel-Richtlinie nach § 92	31
4. Irrelevanz des Eintrags in das Hilfsmittelverzeichnis	32
III. Inhalt und Umfang des Leistungsanspruchs	33
1. Anspruch auf das Hilfsmittel als Sachleistung	33
2. Anspruch auf Nebenleistungen, Abs. 1 S. 3	34
IV. Abgrenzung zu anderen Leistungsansprüchen	38
1. Ansprüche gegen stationäre Pflegeeinrichtungen, Abs. 1 S. 2	38
2. Ansprüche gegen andere Versicherungsträger und Versorgungsbehörden	42
D. Anspruch auf Versorgung mit Sehhilfen, Abs. 2–Abs. 4	44
I. Anspruch auf Sehhilfen, Abs. 2	46
II. Anspruch auf Kontaktlinsen, Abs. 3	50
III. Erneuter Versorgungsanspruch, Abs. 4	51
E. Weitere Regelungen	53
I. Leihweise Überlassung; Nebenbestimmungen, Abs. 5	53
II. Benennung des Leistungserbringers durch KK, Abs. 6	55
III. Höhe der Leistungsverpflichtung der KK, Abs. 7	57
IV. Zuzahlungen, Abs. 8	59

A. Überblick

§ 33 konkretisiert in **Abs. 1 S. 1 Hs. 1** den **Rechtsanspruch** des Versicherten **1 auf Versorgung mit Hilfsmitteln einschließlich Sehhilfen und Kontaktlinsen** (s. auch § 27 Abs. 1 S. 2 Nr. 3). „Hilfsmittel" sind Sachen, die durch ersetzende, unterstützende oder entlastende Wirkung den Erfolg der Krankenbehandlung sichern oder eine Behinderung ausgleichen bzw. ihr vorbeugen (Rn. 4). Die Regelung des § 33 wird nicht von Art. 3 Abs. 3 S. 2 GG überspielt, da sich aus der grundgesetzlichen Vorschrift nicht unmittelbar konkrete Leistungsansprüche auf Hilfsmittel ableiten lassen (s. BSG, SozR 4–2500, § 33 Nr. 6 Rn. 17, mwN.).

Abs. 1 S. 1 regelt allgemein die Voraussetzungen des Anspruchs auf Hilfsmittel **2** (Rn. 7 ff.) und auf notwendige Nebenleistungen (S. 4; Rn. 34 ff.), benennt aber auch einen Anspruchshinderungsgrund und ermächtigt zu Regelungen über den

Ausschluss des Leistungsanspruchs. Von der Versorgung ausgeschlossen sind zunächst Hilfsmittel, die als **allgemeine Gebrauchsgegenstände des täglichen Lebens** anzusehen sind (§ 33 Abs. 1 S. 1 Hs. 2; Rn. 25 ff.), ferner Hilfsmittel, die nach § 34 **Abs. 4 iVm. §§ 1, 2 KVHilfsmV** ausgeschlossen sind (s. erneut § 33 Abs. 1 S. 1 Hs. 2; Rn. 30), schließlich solche Hilfsmittel, die ergänzend („für nicht nach Satz 1 ausgeschlossene Hilfsmittel") durch RL des G-BA ausgeschlossen werden (§ 33 Abs. 1 S. 3; Rn. 31). Insoweit liegen „Richtlinien über die Verordnung von Hilfsmitteln in der vertragsärztlichen Versorgung – **Hilfsmittel-Richtlinien**" idF. v. 17. 6. 1992 vor (s. BAnz. 1992, Nr. 183 b v. 29. 9. 1992, zul. geänd. am 19. 10. 2004, BAnz. 2005, Nr. 2, S. 89 = www.g-ba.de/downloads/62-492-66/RL-Hilfsmittel-2004-10-19.pdf).

3   Die Ansprüche auf **Sehhilfen und Kontaktlinsen** werden in Abs. 2, Abs. 3 und Abs. 4 besonders ausgeformt (Rn. 44 ff.). Speziell bei diesen Ansprüchen ist ersichtlich, dass das Abs. 1 S. 1 zu entnehmende grundsätzliche Ziel einer Vollversorgung der Versicherten durch das dynamische Wachstum des Hilfsmittelbereichs und die dadurch verursachten Sparzwänge sowie wegen der allgemeinen Mittelknappheit der GKV erhebliche Einschränkungen erfahren hat (vgl. BT-Drs. 13/4615, 7). Die **weiteren Absätze des § 33** enthalten Regelungen zur leihweisen Überlassung des Hilfsmittels und zu Nebenbestimmungen (Abs. 5; Rn. 52 f.), zur Benennung des Leistungserbringers durch die KK (Abs. 6; Rn. 54 f.), zur Höhe der Leistungsverpflichtung der KK (Abs. 7; Rn. 56 f.) und zu Zuzahlungen (Abs. 8; Rn. 58).

B. Begriff des Hilfmittels

I. Allgemeines Begriffsverständnis

4   Unter „Hilfsmittel" werden seit jeher **sächliche Mittel** verstanden, die durch ersetzende, unterstützende oder entlastende Wirkung den Erfolg einer Krankenbehandlung sichern oder eine Behinderung ausgleichen bzw. ihr vorbeugen (BSG, NZS 2001, 532/533). Wie ausf. bei § 32 Rn. 4 ff. dargestellt, wird die **Abgrenzung von Hilfs- und Heilmitteln** heute danach vorgenommen, ob es sich um sächliche Mittel (dann: Hilfsmittel) oder um persönliche Dienstleistungen (dann: Heilmittel) handelt. § 33 nennt in Abs. 1 S. 1, der dem früheren § 182 b RVO folgt, beispielhaft Hörhilfen, Körperersatzstücke, orthopädische und andere Hilfsmittel, Abs. 2 und Abs. 3 ergänzen dies um Sehhilfen, Brillengestelle und Kontaktlinsen. Wohl mit Blick auf § 31 Abs. 1 SGB IX (Hilfsmittel ..., „die von den Leistungsempfängern getragen oder mitgeführt oder bei einem Wohnungswechsel mitgenommen werden können") wird auch bei § 33 davon ausgegangen, dass unter dem Blickwinkel des Hilfsmittelanspruchs die behindertengerechte Anpassung von **Immobilien** ausscheidet, z. B. die Gestaltung von Zufahrtswegen oder der Einbau eines Treppenliftes (BSG, SozR 3–2500, § 33 Nr. 30 S. 181; vgl. auch BSGE 91, 60/62 f.; BSG, SozR 4–2500, § 33 Nr. 13 Rn. 12).

II. Konkretisierung durch Hilfsmittelverzeichnis und Hilfsmittel-Richtlinien

5   Weiter konkretisiert wird der Begriff „Hilfsmittel" vor allem durch das vom SpiBuKK erstellte **Hilfs- und Pflegehilfsmittelverzeichnis** (s. § 139 Abs. 1), in dem von der Leistungspflicht der KK umfasste Hilfsmittel aufzuführen sind (download des Gesamtverzeichnisses unter: www.ikk.de/ikk/generator/ikk/fuer-

medizinberufe/hilfs-und-pflegehilfsmittel/3382,i=l.html; Nachweise zu den aktuellen Nachträgen und Fortschreibungen unter www.internet.ikk.de/himi/). Dieses Verzeichnis, das kontinuierlich dem medizinisch-technischen Fortschritt sowie den Preisfestsetzungen angepasst wird, listet derzeit etwa 24.000 Hilfsmittel in 33 Produktgruppen sowie sechs Gruppen von Pflegehilfsmitteln. Federführend ist bislang der IKK-Bundesverband gewesen.

Gewisse Präzisierungen für Seh- und Hörhilfen nehmen auch die auf § 92 Abs. 1 S. 2 Nr. 6 gestützten und durch Satzungsbestimmungen der KVen für die Vertragsärzte verbindlichen (s. § 81 Abs. 3 Nr. 2) **Hilfsmittel-Richtlinien** (Nachw. in Rn. 2) vor. Diese enthalten (vgl. auch § 92 Abs. 6 S. 1) in ihrem Teil A Begriffsbestimmungen, Voraussetzungen für die Verordnung von Hilfsmitteln, Allgemeine Verordnungsgrundsätze, Vorgaben zum Inhalt der Verordnung, Festlegungen zu Informationspflichten gegenüber den Versicherten und Verfahrensregelungen zur Feststellung der Verordnungsfähigkeit von Hilfsmitteln und über die Information der Leistungserbringer. Teile B.–D. sind entfallen, Teil E. trifft nähere Bestimmungen zu Sehhilfen (s. etwa E. 59.) und Teil F. zu Hörhilfen. Teil E. erklärt auch verschiedene Sehhilfen (s. etwa E. 57.1–14, 58.6.1–4, 60.4) für **nicht verordnungsfähig** (ausf. Rn. 48).

6

C. Anspruch auf Versorgung mit Hilfsmitteln, Abs. 1

I. Anspruchsvoraussetzungen, Abs. 1 S. 1

Versorgung iSv. §§ 27 Abs. 1 S. 2 Nr. 3, 33 Abs. 1 S. 1 Hs. 1 bedeutet Verschaffung eines Hilfsmittels auf Rechnung der KK. Einen Anspruch auf Versorgung idS. besitzt der Versicherte (§§ 5 bis 10), wenn das Hilfsmittel einem der Behandlungsziele des § 27 Abs. 1 S. 1 bzw. des § 33 Abs. 1 S. 1 dient, also im Einzelfall erforderlich (Rn. 9 ff.) ist, um entweder den Erfolg der Krankenbehandlung zu sichern (Abs. 1 S. 1, 1. Alt., dazu Rn. 12), einer drohenden Behinderung vorzubeugen (Abs. 1 S. 1, 2. Alt., dazu Rn. 13 f.) oder eine Behinderung auszugleichen (Abs. 1 S. 1, 3. Alt., dazu Rn. 15 ff.).

7

Kein Anspruchserfordernis ist das Vorliegen einer **vertragsärztlichen Verordnung** (§ 73 Abs. 2 Nr. 7). Deren Fehlen schließt den Leistungsanspruch auf ein Hilfsmittel nicht aus, sofern es im Einzelfall zur Erreichung eines der Behandlungsziele erforderlich ist (BSG, SozR 3–2500, § 33 Nr. 25 S. 148; Nr. 27 S. 156; Nr. 28 S. 171; Nr. 31 S. 184; BSGE 84, 266/267), ebenso wie es umgekehrt nicht genügt, dass ein Vertragsarzt ein Hilfsmittel verordnet hat, wenn es an der Erforderlichkeit fehlt (BSG SozR 3–2500, § 33 Nr. 25 S. 148; Nr. 27 S. 156 f.; Nr. 28 S. 171; vgl. auch BSGE 88, 204/206/215).

8

1. Erforderlichkeit im Einzelfall

Das Hilfsmittel muss „im Einzelfall erforderlich" sein, um eine oder mehrere der in Abs. 1 S. 1 genannten drei möglichen Zweckbestimmungen allein oder mit anderen Bedingungen zusammen zu erreichen (vgl. BSG, SozR 2200, § 182 b RVO Nr. 33 S. 90 – Klingelleuchte; BSG, Nr. 37 S. 101 – Baby-Rufanlage für taube Mutter; s. ferner BSG, SozR 3–2500, § 33 Nr. 3 S. 4; Nr. 27 S. 158). Die Anspruchsvoraussetzung **„erforderlich"** iSd. § 33 bedeutet, dass das Hilfsmittel unter Berücksichtigung der individuellen Verhältnisse des Betroffenen **geeignet, notwendig** und – im Vergleich zu anderen Behandlungsmöglichkeiten – **wirtschaftlich** ist, um entweder den Erfolg der Krankenbehandlung zu sichern, einer

9

drohenden Behinderung vorzubeugen oder eine Behinderung auszugleichen (BSG, SozR 3–2500, § 33 Nr. 25 S. 141; Nr. 27 S. 157; Nr. 28 S. 165; Nr. 31 S. 184; Nr. 33 S. 197).

10 **„Geeignet"** ist ein Hilfsmittel, wenn mit seiner Hilfe der gewünschte Erfolg wesentlich gefördert werden kann. Das Hilfsmittel muss aber nicht das bestmögliche oder geeignetste sein; es genügt, dass es einen wesentlichen Beitrag zur Zielerreichung leistet. **„Notwendig"** meint, dass das Hilfsmittel unter Berücksichtigung der individuellen Verhältnisse „zwangsläufig, unentbehrlich oder unvermeidlich" ist (st. Rspr., s. BSG, SozR 2200, § 182 b RVO Nr. 25 S. 66; Nr. 26 S. 68; Nr. 33 S. 92; vgl. BSG, SozR 3–2500, § 33 Nr. 7). Der Gesichtspunkt **„wirtschaftlich"** (vgl. § 12 Abs. 1) zielt auf die Abwägung zwischen Kosten des Hilfsmittels und Wirksamkeit. Es geht darum, die günstigste Kosten-Nutzen-Relation zu erreichen: Die erforderliche – ausreichende und zweckmäßige – Leistung soll mit dem kostengünstigsten Hilfsmittel erbracht werden. Das Wirtschaftlichkeitsgebot kann aber mangels gesetzlicher Regelung (anders etwa §§ 37 Abs. 3, 38 Abs. 3, 45 Abs. 1) **keinen allgemein-pauschalen Nachrang** der Leistungen nach § 33 **gegenüber familiärer Selbsthilfe** begründen (BSG, SozR 3–2500, § 33 Nr. 16 S. 76 f.; Nr. 18 S. 93 f.; H/K/*Adelt* § 33 Rn. 13; *Gunder,* ErsK 1996, 211/ 213 f.), und zwar auch nicht, wenn für die Angehörigen eine kostenfreie Familienversicherung nach § 10 besteht (str., wie hier *Gunder,* ErsK 1996, 211/214; KK/ *Höfler* § 33 Rn. 18 c). Nur im Einzelfall, insbes. bei zumutbaren Hilfeleistungen eher kleineren Umfangs, kann eine Leistungspflicht der KK – entsprechend den Maßstäben zu §§ 37 Abs. 3, 38 Abs. 3 – ausscheiden.

11 Mit Blick auf diese Maßgaben sind **besondere Wünsche des Versicherten** ohne Abwälzung der Mehrkosten und etwaiger Folgekosten nur zu berücksichtigen, wenn mehrere Arten und Formen von Hilfsmitteln gleichermaßen geeignet und wirtschaftlich sind (vgl. § 33 SGB I, § 9 Abs. 12 SGB IX; s. auch BSG, SozR 3–2500, § 33 Nr. 23 S. 133; BSG, SozR 4–2500, Nr. 12 Rn. 19–20; BSG, SozR 3–1200, § 33 SGB I Nr. 1 S. 6: Entscheidung zwischen Elektromobil und Elektrorollstuhl). Ein **Wahlrecht** besteht nach **Abs. 1 S. 5** (vgl. § 31 Abs. 3 SGB IX) ferner dann, wenn das gewünschte, aber über das Maß des Notwendigen hinausgehende Hilfsmittel zwar Mehrkosten und evtl. auch dadurch bedingte höhere Folgekosten verursacht, diese Zusatzkosten aber vom Versicherten getragen werden **(Abs. 1 S. 5)**. Im Rahmen ihrer Aufklärungspflicht hat die KK den Versicherten in diesem Fall auf aufzahlungsfreie Alternativen hinzuweisen. Allerdings meint Abs. 1 S. 5 seit dem GKV-WSG nur noch eine **Versorgung,** die **durch** einen von der KK benannten **Vertragspartner iSd.** § 127 **Abs. 2** erfolgt. Im Falle eines Vertragspartners iSd. § 127 Abs. 1 (Ausschreibungsgewinner) darf dagegen ein anderer Leistungserbringer nur gewählt werden, wenn dafür ein berechtigtes Interesse vorliegt (§ 127 Abs. 3 S. 3; vgl. u. Rn. 56 und § 127 Rn. 26). Gibt es mehrere Vertragspartner (Ausschreibungsgewinner), besteht allerdings ein Wahlrecht zwischen diesen.

2. Sicherung des Erfolges der Krankenbehandlung, Alt. 1

12 Hilfsmittelversorgung kommt – *erstens* – in Frage, wenn das Hilfsmittel zur **Sicherung des Erfolgs der Krankenbehandlung** (vgl. § 27 Abs. 1 S. 1) erforderlich (= geeignet, notwendig und wirtschaftlich) ist. In Betracht kommen alle Mittel, die der Krankheitsbekämpfung dienen und spezifisch im Rahmen der Krankenbehandlung eingesetzt werden. Es muss nicht um die Sicherung eines schon eingetretenen Heilerfolges gehen. Vielmehr genügt, wenn der therapeu-

tische Erfolg erst angestrebt wird (s. BSGE 93, 176/179). Nicht ausreichend ist aber, wenn das Hilfsmittel die Behandlung erst ermöglichen soll, etwa durch den Transport zum Arzt (s. BSGE 93, 176/180 − schwenkbarer Autositz für Wachkoma-Patientin).

3. Vorbeugung einer drohenden Behinderung, Alt. 2

Ein Hilfsmittelversorgungsanspruch kommt − *zweitens* − in Frage, wenn das Hilfsmittel erforderlich ist, um einer drohenden Behinderung vorzubeugen (s. auch § 11 Abs. 2 S. 1). Unter einer **Behinderung** versteht man eine Abweichung von der für das Lebensalter typischen körperlichen Funktion, geistigen Fähigkeit oder seelischen Gesundheit, die mit hoher Wahrscheinlichkeit länger als sechs Monate andauert und daher die Teilhabe am Leben in der Gesellschaft beeinträchtigt (§ 2 Abs. 1 S. 1 SGB IX). Im Rahmen des § 33 kommen vor allem der Verlust von Gliedmaßen und sonstigen Körperteilen sowie andere Beschädigungen und Funktionsdefizite in Betracht. Eine Beschränkung auf rein körperliche Funktionen wird aber nicht (mehr) vorgenommen; es sind auch Funktionen mit weitgehender Beteiligung seelischer und geistiger Schichten ausgleichsfähig (s. BSG, SozR 2200, § 182 b RVO Nr. 25). Es muss sich um eine erhebliche oder wesentliche Beeinträchtigung handeln (hM; s. BSG, SozR 2200, § 182 b RVO Nr. 18 mwN.: bloßer Haarausfall begründet bei erwachsenen Männern idR. keinen Anspruch auf Ausstattung mit Toupet). 13

Der Tatbestand einer **„drohenden" Behinderung**, der einen Anspruch auf vorbeugenden Hilfsmitteleinsatz begründen kann, ist gegeben, wenn eine körperliche, geistige oder seelische Behinderung zu erwarten ist (vgl. § 2 Abs. 1 S. 2 SGB IX), d. h., wenn sie sich bereits ankündigt bzw. wenn sie aufgrund konkreter Anhaltspunkte mit hinreichender Wahrscheinlichkeit zu erwarten ist. 14

4. Ausgleich einer Behinderung, Alt. 3

Ein Hilfsmittelversorgungsanspruch kommt − *drittens* − in Betracht, wenn das Hilfsmittel erforderlich ist, um eine Behinderung auszugleichen (s. nochmals § 11 Abs. 2 S. 1). Der Einsatz von Hilfsmitteln, die auch bei angeborenen Leiden zu gewähren sind (BSGE 30, 151/152 ff.), ist dabei zunächst einmal auf Ausgleich der Behinderung selbst gerichtet, also auf den **Ausgleich der ausgefallenen Funktionen oder** auf die **Ergänzung eines nicht voll funktionsfähigen Körperorgans,** indem fehlende oder beeinträchtigte Körperteile (Arme, Beine, Auge) wiederhergestellt, ermöglicht, ersetzt, erleichtert oder ergänzt werden (st. Rspr., s. etwa BSGE 37, 138/139/141; BSG, SozR 3–2500, § 33 Nr. 7 S. 28; Nr. 18 S. 90; BSGE 93, 176/180). Die Funktion muss dabei nicht unmittelbar ersetzt oder verbessert werden. Vielmehr genügt der indirekte Ausgleich über eine andere Körperfunktion (bei Gehunfähigkeit etwa die Herstellung einer begrenzten Beweglichkeit durch Treppenraupe, Badhelfer oder Krankenlifter [s. BSG, SozR 2200, § 182 b RVO Nr. 20; Nr. 29; BSG, SozR 2200, § 183 RVO Nr. 3]). Auch reicht es, wenn durch das Mittel die Pflege des Versicherten durch Hilfspersonen möglich oder jedenfalls erleichtert wird (BSG, SozR 4–2500, § 33 Nr. 13 Rn. 12 f.). 15

Der Ausgleich der Behinderung kann des Weiteren auch auf den **Ausgleich von Folgen des fehlenden Körperteils** gerichtet sein. Ein Mittel ist daher in einer erweiternden Interpretation von „Behinderungsausgleich" ebenfalls Hilfsmittel iSd. § 33, wenn es die Wirkungen der Behinderung nicht nur in einem bestimmten Lebensbereich (Beruf/Gesellschaft/Freizeit), sondern im gesamten 16

§ 33 Hilfsmittel

täglichen Leben beseitigt oder mildert und damit ein **Grundbedürfnis des täglichen Lebens** betrifft (st. Rspr.; s. etwa BSG, SozR 2200, § 182 b RVO Nr. 34 S. 95; BSG, SozR 4–2500, § 33 Nr. 6 Rn. 12; Nr. 11 Rn. 18). Zu derartigen lebensnotwendigen (elementaren) Grundbedürfnissen rechnet die Rspr. die allgemeinen Verrichtungen des täglichen Lebens wie Gehen, Stehen, Greifen, Sehen, Hören, Nahrungsaufnahme, Ausscheidung, elementare Körperpflege, das selbstständige Wohnen, ferner die Erschließung eines gewissen körperlichen und geistigen Freiraums. Umfasst ist auch die Aufnahme von Informationen, die Kommunikation mit Anderen zur Vermeidung der Vereinsamung sowie das Erlernen eines lebensnotwendigen Grundwissens (Schulwissens), d. h. der Erwerb der Befähigung, überhaupt einen Beruf auszuüben und zu erlernen.

17   Dagegen können durch Hilfsmittel iSd. § 33 **Folgen und Auswirkungen** der Behinderung, die in **über die Grundbedürfnisse hinausgehende** berufliche, gesellschaftliche oder private Bereiche hineinwirken, **nicht ausgeglichen** werden (st. Rspr., s. BSG, SozR 2200, § 182 b RVO Nr. 5 S. 14; BSG, SozR 3–2500, § 33 Nr. 22 S. 126; BSG, SozR 4–2500, § 33 Nr. 11 Rn. 18). Entscheidend ist jeweils, ob das Mittel dem medizinischen Ausgleich der Behinderung dient oder ob der Versicherte es ausschließlich für (einzelne) Verrichtungen bei bestimmten Berufen oder Berufsausbildungen benötigt (wie hier KK/*Höfler* § 33 Rn. 14).

18   Aus der nahezu unüberschaubaren **Kasuistik** (verschiedene ABC der anerkannten und nicht anerkannten Hilfsmittel finden sich etwa bei H/K/*Adelt* § 33 Rn. 4–5.; KK/*Höfler* § 33 Rn. 32–47; Krauskopf/*Wagner* § 33 Rn. 25–30) seien hier genannt:

19   – **Körperpflege** – anerkannt wurden: BSG, SozR 2200, § 187 RVO Nr. 3 – Badhelfer; BSG, SozR 2200, § 182 b RVO Nr. 10 – WC-Automatik clos-o-mat; BSG, SozR 2200, § 182 b RVO Nr. 25 – Windeln bei mongoloider Harn- und Stuhlinkontinenz; BSG, SozR 4–2500, § 33 Nr. 4 Rn. 7, 9 – Toilettenrollstuhl wegen Berücksichtigung der Selbstständigkeit.

20   – **Information und Kommunikation** – anerkannt wurden: BSG, SozR 2200, § 182 b RVO Nr. 34 – Lesegerät; BSG, SozR 2200, § 182 b RVO Nr. 12 – Fernseh-Lesegerät; BSGE 50, 77/77 = SozR 2200, § 182 b Nr. 17 – Blattwendegerät; BSG, SozR 3–2500, § 33 Nr. 16 – Elektronisches Lese-Sprechgerät; BSG, SozR 2200, § 182 b RVO Nr. 25 – Kopfschreiber bei Lähmung der Gliedmaßen; BSG, SozR 3–2500, § 33 Nr. 22, S. 126 – behinderungsgerecht ausgestatteter PC bei fehlender Sprach- und manueller Schreibfähigkeit; BSG, SozR 2200, § 182 b RVO Nr. 33 – Klingelleuchte; BSGE 77, 209/219 – Telefax-Gerät als Ersatz für Standardtelefon; BSG, SozR 3–2500, § 33 Nr. 5 S. 14 – Schreibtelefon.

21   – **Geistige Betätigung/Bildung** – anerkannt wurden: BSG, SozR 2200, § 182 b RVO Nr. 36 S. 99; BSG, SozR 3–2500, § 33 Nr. 34 S. 200; Nr. 40 S. 224 – alle betr. Mittel zum Besuch der Regel- bzw. ggf. Sonderschule. Nicht anerkannt wurden hingegen Mittel für die Schulbildung an Realschulen und Gymnasien (BSG, SozR 4–2500, § 33 Nr. 6 S. 37 f.), die Ausbildung zu qualifizierten Berufen (BSG, SozR 3–2500, § 33 Nr. 40 S. 225 – Jurastudium) oder zur Wahrnehmung von Ehrenämtern (BSG, SozR 3–2500, § 33 Nr. 34 S. 201).

22   – **Teilnahme am gesellschaftlichen Leben** – anerkannt wurden: BSG, SozR 3–2500, § 33 Nr. 17 – Schreibtelefon für Gehörlose; BSG, SozR 3–2500, § 33 Nr. 45, S. 254 – Perücke gegen Haarlosigkeit bei Frauen; BSGE 66, 245/245 – Einmalwindeln gegen Harninkontinenz; KK/*Höfler* § 33 Rn. 12 c – Mittel zur Verbringung eines allgemeinen Jahresurlaubs an einem anderen als dem Wohnort. Nicht anerkannt wurden Mittel zur Benutzung einer eigenen Ferienwoh-

nung (BSG, SozSich 1991, 94/94) oder für einen Urlaub dort, wo sonst übliche Stromanschlüsse nicht bestehen (BSG, SozR 3–2500, § 33 Nr. 23 – Spannungsumwandler für Druckbeatmungsgerät).

- **Mobilität (im Nahbereich)** – anerkannt wurden: BSGE 51, 206/207 – Blindenführhund; BSG, SozR 2200, § 182b RVO Nr. 29 – Treppenraupe; BSG, SozR 3–2500, § 33 Nr. 7 S. 26 – Rollstuhlboy; BSG, SozR 3–2500, § 33 Nr. 25; BSG, SozR 4–2500, § 33 Nr. 2 S. 15 – beide zu Tandem-Therapie-Fahrrad; BSGE 93, 176/181 – schwenkbarer Autositz; BSG, SozR 4–2500, § 33 Nr. 10 – Reha-Kinderwagen; BSG, SozR 2200, § 182 RVO Nr. 73 – Sportbrille zwecks Teilnahme am Sportunterricht bei sehbehindertem Schüler; BSG, SozR 2200, § 182 RVO Nr. 55 – Schwimmprothese zur Ermöglichung der Teilnahme am Schwimmunterricht für einen Unterschenkel-Amputierten; BSG, SozR 3–2500, § 33 Nr. 46 – behindertengerechtes Dreirad für etwa zehnjähriges Kind. 23

- **Mobilität, umfassend** – Das Grundbedürfnis der Erschließung eines gewissen körperlichen Freiraums wird nur im Sinne eines Basisausgleich der Behinderung selbst und nicht im Sinne des vollständigen Gleichziehens mit den letztlich unbegrenzten Mobilitätsmöglichkeiten eines Gesunden verstanden (BSG, SozR 3–2500, § 33 Nr. 29 S. 173; BSG, SozR 4–2500, § 33 Nr. 2 Rn. 7; abweichend BSGE 93, 183/184 – nach dem Stand der Medizintechnik möglicher Behinderungsausgleich im Sinne des Gleichziehens mit gesunden Menschen). Abgestellt wird von der Rspr. (BSGE 91, 60/63; BSG, SozR 4–2500, § 33 Nr. 11 Rn. 19; Nr. 14 Rn. 14 ff.) auf diejenigen Entfernungen, die ein Gesunder zu Fuß zurücklegt (Nahbereich). Folgerichtig wurden **nicht anerkannt:** das eigenständige Führen eines Kfz und die Benutzung öffentlicher Verkehrsmittel (BSG, SozR 3–2500, § 33 Nr. 29 S. 175); das Zurücklegen längerer Wegstrecken durch Radfahren, Laufen oder Wandern (BSG, SozR 3–2500, § 33 Nr. 31 S. 186); das Radfahren für einen nicht geh-, aber geistig behinderten Sechzehnjährigen mit krankhaft übersteigertem Bewegungsdrang (BSG, SozR 4–2500, § 33 Nr. 2: Therapie-Tandem) oder das Autofahren für eine mit elektrogetriebenem Faltrollstuhl ausgestattete Behinderte (BSGE 91, 60/63 ff. – Ladevorrichtung). Soweit die **Frage eines größeren Radius** als Vitalfunktion aufgeworfen worden ist, sind zusätzliche qualitative Momente verlangt worden, die ausschließlich Jugendliche und deren Integration betrafen (BSG, SozR 3–2500, § 33 Nr. 27; BSG, SozR 4–2500, § 33 Nr. 3). Eine Ausnahme bei Erwachsenen wurde jedoch für das Bedürfnis anerkannt, bei Krankheit oder Behinderung Ärzte und Therapeuten aufzusuchen. Die notwendige medizinische Versorgung sei grundlegende Voraussetzung, um die elementaren Bedürfnisse des täglichen Lebens befriedigen zu können (s. BSGE 93, 176/181 – behindertengerechter Umbau eines Pkw für Wachkoma-Patienten; s. auch LSG RhPf, Breith. 2006, 108/110 f). 24

II. Anspruchshinderungsgrund sowie Ausschlüsse

1. Allgemeine Gebrauchsgegenstände des täglichen Lebens, Abs. 1 S. 1

Nach Abs. 1 S. 1, Hs. 2, 1. Alt. sind **allgemeine Gebrauchsgegenstände des täglichen Lebens** von der Leistungspflicht der KK ausgeschlossen. Diese Regelung, die an eine st. Rspr. (s. nur BSG, SozR 2200, § 182b Nr. 18 S. 50 mwN.) und an den dieser Rspr. folgenden § 182b S. 1 Hs. 2 RVO anknüpft, beruht auf dem Leitgedanken, dass die GKV nur für medizinische Mittel einer gezielten Krankheitsbekämpfung aufzukommen hat, nicht aber für solche Mittel, die der Eigen- 25

§ 33

verantwortung der Versicherten zuzurechnen sind (BSG, NZS 1997, 467/468; BSGE 84, 266/268).

26 Die Rechtsprechung hat „allgemeine Gebrauchsgegenstände des täglichen Lebens" als **Typusbegriff** gedeutet, für den nicht – wie bei einem zu definierenden Begriff – jeweils unverzichtbare Einzelmerkmale konstitutiv sind, sondern die Gesamtwürdigung verschiedener „typischer" Merkmale (s. *Butzer,* Fremdlasten in der Sozialversicherung, 2001, S. 159 ff.). Als derartige **Merkmale** hat die Rspr. die praktische Bedeutung des Gegenstandes für die Lebensführung der Menschen und ihre alltäglichen Lebensbetätigungen, die Verbreitung des Gegenstandes in Privathaushalten, den (niedrigen) Preis und schließlich den Aspekt herausgestellt, ob das Mittel für die speziellen Bedürfnisse kranker oder behinderter Menschen entwickelt sowie hergestellt worden ist (s. etwa BSG, SozR 3–2500, § 33 Nr. 19 S. 100 f.; Nr. 20 S. 110; zur Entwicklung der Rspr. s. *Krasney,* FS-Krause, 133/135 ff.). Ein **Gebrauchsgegenstand** liegt insbesondere vor, wenn der Gegenstand für alle oder wenigstens die Mehrzahl der Menschen unabhängig von Krankheit oder Behinderung unentbehrlich ist (z. B. Bettwäsche). Anderes gilt (vgl. BSGE 77, 209/214), wenn die Primärfunktion medizinisch geprägt ist und lediglich eine Sekundär- bzw. Nebenfunktion auf einen Gebrauchsgegenstand hindeutet (z. B. Gummiunterlage für Bettwäsche bei Inkontinenz). In Zweifelsfällen sollte der betroffene behinderte Mensch zum Ausgangspunkt der Beurteilung genommen und gefragt werden, ob der maßgebende Gegenstand für diesen ein Hilfsmittel oder ein Gebrauchsgegenstand ist (so zu recht *Krasney,* FS-Krause, 133/142 f.).

27 **Als Gebrauchsgegenstand angesehen** wurden etwa: normaler Autokindersitz (BSG, SozR 2200, § 182 b RVO Nr. 6; BSGE 77, 209/217); grds. Baby-Rufanlage (aber anders bei Taubheit der Mutter; vgl. BSG, SozR 3–2500, § 182 b RVO Nr. 37); elektrisches Heizkissen (KK/*Höfler* § 33 Rn. 23); Rechner/PC in üblicher Ausstattung (BSG, SozR 3–2500, § 33 Nr. 16); elektrisch verstellbarer Sessel aus einem Möbelprospekt (BSG, SozR 3–2500, § 33 Nr. 42); Standardtelefon (BSG, SozR 3–2500, § 33 Nr. 5).

28 Verneint wurde die Einordnung als Gebrauchsgegenstand in folgenden Fällen: Fahrrad-Ergometer, das zur gezielten körperlichen Belastung verwendet wird (BSG, SozR 2200, § 182 RVO Nr. 86, str.); geeichte Personen-Standwaage zur Selbstüberwachung einer Dauererkrankung (BSG, SozR 2200, § 182 RVO Nr. 97 S. 204); behindertengerecht gestaltetes Kranken- oder Kinderbett (BSG, SozR 3–2500, § 33 Nr. 13 S. 52); Tandem-Therapie-Fahrrad (BSG, SozR 3–2500, § 33 Nr. 28, S. 168). Der Leistungsausschluss soll auch nicht Zusatzteile, Zubehör und Betriebsmittel von Hilfsmitteln umfassen, auch wenn es sich bei ihnen um Gebrauchsgegenstände handelt (BSG, SozR 3–2500, § 33 Nr. 23 S. 133).

29 Gegenstände mit Doppelfunktion, die Gebrauchsgegenstand und Hilfsmittel sind (etwa orthopädische Schuhe, Behindertenklosett, Fernseh-Lesegerät), verbleiben in der Leistungspflicht der KK, wenn der auf die Hilfsmittelfunktion entfallende Teil der Herstellungskosten überwiegt, oder wenn bei besonders aufwändigen Geräten die absolute Höhe der auf die Hilfsmittelfunktion entfallenden anteiligen Kosten den Versicherten übermäßig belasten würde; die Beschaffungskosten sind in solchen Fällen anteilig von Versichertem und KK zu tragen (BSG, SozR 3–2500, § 33 Nr. 16 S. 71).

2. Ausgeschlossene Hilfsmittel (durch KVHilfsmV)

30 Weitere negative Anspruchsvoraussetzung ist, dass es sich nicht um ein nach § 34 Abs. 4 ausgeschlossenes Hilfsmittel handelt **(Abs. 1 S. 1, Hs. 2, 2. Alt.).** Von

der dort in S. 1 erteilten Ermächtigung ist mit der „Verordnung über Hilfsmittel von geringem therapeutischem Nutzen oder geringem Abgabepreis in der gesetzlichen Krankenversicherung" – KVHilfsmV – v. 13. 12. 1989 (BGBl. I, 2237, geänd. durch VO vom 17. 1. 1995, BGBl. I, 44) Gebrauch gemacht worden. Wegen ihres geringen oder umstrittenen therapeutischen Nutzens sind nach **§ 1 KV HilfsmV** z. B. Kompressionsstücke, Leibbinden, Applikationshilfen für Wärme und Kälte, Mundsperrer oder Rektophore von der Leistungspflicht der KK ausgeschlossen. Die andere Ermächtigungsvoraussetzung „geringer Abgabepreis" ist erfüllt, wenn die Kosten allgemein, d. h. nicht aus der Sicht der einzelnen Versicherten, als wirtschaftlich nicht ins Gewicht fallend anzusehen sind, mithin nur wenige Euro betragen (BSG, SozR 3–2500, § 34 Nr. 2; § 34 Nr. 4 S. 19; beide zu DM). Als Mittel mit geringem Abgabepreis schließt **§ 2 KVHilfsmV** etwa Alkoholtupfer, Augenklappen, Brillenetuis, Fingerlinge oder Gummihandschuhe aus, ferner Batterien für Hörgeräte (vgl. Rn. 34; zur Ermächtigungs- und Verfassungskonformität dieses letztgenannten Ausschlusses s. BSGE 74, 232/234 ff.; allg.: *Schroeder-Printzen*, NZS 1992, 137 f., mN. zur Rspr.; s. auch § 34 Abs. 4 S. 3 als argumentum e silentio). **§ 3 KVHilfsmV** schließlich verfügt, dass die KK auch nicht die Kosten der Instandsetzung von Brillengestellen einschließlich der Aufarbeitung einer vorhandenen Fassung übernehmen, es sei denn, der Versicherte hat das 18. Lebensjahr noch nicht vollendet. Nicht von der Versorgung ausgeschlossen, obwohl dies nach § 34 Abs. 4 S. 2 für über 18-Jährige (s. S. 3) zulässig wäre, ist die Instandsetzung von Hörgeräten.

3. Weitere ausgeschlossene Hilfsmittel, durch Hilfsmittel-Richtlinie nach § 92

Gem. **§ 33 Abs. 1 S. 3,** um den § 33 Abs. 1 aF. durch Art. 1 Nr. 19 GMG v. 14. 11. 2003 (BGBl. I, 2190) mWv. 1. 1. 2004 ergänzt wurde, besteht über die als allgemeine Gebrauchsgegenstände des täglichen Lebens zu qualifizierenden (und damit ausgeschlossenen) und über die nach § 34 Abs. 4 iVm. §§ 1, 2 KVHilfsmV ausgeschlossenen Hilfsmittel hinaus noch ein Leistungsausschluss hinsichtlich solcher Hilfsmittel, die der G-BA als Richtliniengeber (§ 92) von der Versorgung der Versicherten ausgeschlossen hat. § 92 Abs. 1 S. 1, S. 2 Nr. 6, Abs. 6 S. 1 Nr. 1 ermächtigen insoweit den G-BA die Erbringung und Verordnung von Hilfsmitteln einzuschränken oder auszuschließen, wenn nach dem allgemein anerkannten Stand der medizinischen Erkenntnisse der diagnostische oder therapeutische Nutzen, die medizinische Notwendigkeit oder die Wirtschaftlichkeit des Hilfsmittelns nicht nachgewiesen sind. Der G-BA hat von dieser von allgemeine Hilfsmittel betreffenden Ermächtigung **keinen Gebrauch** gemacht, wohl aber von seinen Ermächtigungen in Abs. 2 S. 3 (Sehhilfen; Rn. 49) und Abs. 3 S. 2 (Kontaktlinsen; Rn. 50).

31

4. Irrelevanz des Eintrags in das Hilfsmittelverzeichnis

Kein Ausschlussgrund ist hingegen, dass ein Hilfsmittel nicht im **Hilfsmittelverzeichnis** des SpiBuKK gemäß § 139 Abs. 1 enthalten ist (BSGE 77, 209/213; BSG, SozR 4–2500, § 33 Nr. 12 Rn. 18; Nr. 13 Rn. 11; *Krauskopf*, SGb 2001, 419/420; *Meuthen/Hartmann*, NZS 2002, 26/26). Denn der SpiBuKK hat **keine gesetzliche Ermächtigung** erhalten, durch das Hilfsmittelverzeichnis seine Leistungspflicht gegenüber den Versicherten iSe. „Positivliste" abschließend festzulegen. Der Gesetzgeber des GKV-WSG hat diesen Gesetzesinhalt iÜ. ggü. der früheren Gesetzesfassung in § 139 Abs. 1 S. 2 durch Streichung des best. Artikels (vgl.

32

§ 128 S. 2 aF.) zu verdeutlichen versucht (vgl. § 139 Rn. 3). Die Hilfsmittel-Richtlinien (Nachw. in Rn. 2), die unter Nr. 8 dem Vertragsarzt nach wie vor verbieten, Hilfsmittel zu Lasten der KK zu verordnen, soweit sie nicht im Hilfsmittelverzeichnis aufgeführt sind, widersprechen somit der Gesetzeslage. Insgesamt dient das Verzeichnis folglich nicht der Einschränkung des Versorgungsanspruchs, sondern allein als Richtschnur für die KK und als unverbindliche Auslegungshilfe für die Gerichte.

III. Inhalt und Umfang des Leistungsanspruchs

1. Anspruch auf das Hilfsmittel als Sachleistung

33 Die KK hat dem Versicherten das Hilfsmittel als Sachleistung (§ 2 Abs. 2) zu verschaffen, was idR. (vgl. BSGE 79, 257/259) dadurch geschieht, dass der Versicherte gegen Übergabe der vertragsärztlichen Hilfsmittelverordnung (s. § 73 Abs. 2 Nr. 7) vom zugelassenen Leistungserbringer (§ 126) das Hilfsmittel – ggf. gegen Mehrkostenersatz (Abs. 6 S. 3) oder Zuzahlung (Abs. 8) – erhält. Ausnahmsweise kann **eine mehrfache Ausstattung** notwendig sein, wenn das Hilfsmittel nicht dauernd eingesetzt werden kann (BSGE 37, 252/254 – Überbrückungsmieder). Ein Anspruch auf Versorgung mit einem **optimalen Hilfsmitteltyp** besteht **nicht;** es reicht prinzipiell ein preiswerterer Typ, soweit dieser funktional geeignet ist. Die Versorgung mit einem technisch weiter entwickelten Hilfsmittel kann aber in Frage kommen, wenn dieses nach ärztlicher Einschätzung im Alltagsleben **deutliche Gebrauchsvorteile** bietet. Wegen des Sachleistungsprinzips, an dem Mehrkostentragungs- und Zuzahlungspflicht nichts ändern (vgl. BSGE 42, 229/229 f.; BSG, SozR 4–2500, § 33 Nr. 14 Rn. 21; s. auch § 32 Rn. 19), ist eine Kostenerstattung für vom Versicherten selbst beschaffte Hilfsmittel nur im Rahmen der §§ 13, 14 möglich.

2. Anspruch auf Nebenleistungen, Abs. 1 S. 3

34 Der Anspruch nach § 33 Abs. 1 verpflichtet die KK nicht nur, das Hilfsmittel selbst zur Verfügung zu stellen. Die KK muss auch **andere (Zusatz-)Teile** und **Zubehör** liefern, wenn sie zum Gebrauch oder Betrieb des Hilfsmittels erforderlich sind, z. B. Batterien oder Akuzellen mit Ladegerät, ggf. auch einen Geräteschrank. Sonderregelungen (keine Kostentragung) gelten hinsichtlich von Pflegemitteln von Kontaktlinsen (Abs. 3 S. 4) und hinsichtlich der Energiekosten bei Hörgeräten (Batterien) für Erwachsene (§ 2 Nr. 11 KVHilfsmV v. 13. 12. 1989 [Nachw. in Rn. 30]; dazu BSG, SozR 3–2500, § 33 Nr. 9).

35 Ferner ist die KK, da die Versicherten in der Lage sein müssen, das Hilfsmittel bestimmungsgemäß zu gebrauchen, ggf. auch zur **Tragung etwaiger Betriebs- bzw. Folgekosten** des Hilfsmittels verpflichtet (BSGE 51, 206/208 – Futter- und Tierarztkosten für Blindenführhund; BSG, SozR 3–2500, § 33 Nr. 11 – Kosten einer gesetzlich vorgeschriebenen Haftpflichtversicherung für Elektro-Straßenrollstuhl). Eine Pauschalierung ist zulässig (BSGE 80, 93/96).

36 Überdies umfasst der Hilfsmittelversorgungsanspruch auch verschiedene **Nebenleistungsansprüche**. Abs. 1 S. 4 nennt insoweit ausdrücklich zunächst den Anspruch auf Vornahme notwendiger **Änderungen,** auf **Instandsetzung** und auf **Ersatzbeschaffung.** Erleidet das gelieferte Hilfsmittel also einen Defekt oder einen Verschleiß oder entspricht es nicht mehr den Anforderungen, was idR. vor Ablauf einer evtl. angegebenen Mindestgebrauchszeit nicht gegeben ist, so muss es die KK als Sachleistung reparieren bzw. ändern oder durch ein anderes oder neues

ersetzen. Altersabhängig ausgeschlossen ist aber die Instandsetzung von Brillengestellen einschließlich der Aufarbeitung einer vorhandenen Fassung (vgl. Rn. 30, 46, 51). Ein Ersatz (nur) wegen einer **Innovation** oder technischen Verbesserung, die nicht die Funktionalität, sondern in erster Linie die Bequemlichkeit und den Komfort bei der Nutzung des Hilfsmittels betrifft, ist nicht geboten. Bei vorsätzlicher oder grob fahrlässiger Beschädigung, Zerstörung oder Verlust kann die KK nach dem Grundsatz von Treu und Glauben die Leistungen nach Abs. 1 S. 4 verweigern (BSGE 62, 85/89 f.; BSG SozR 3–2200, § 182b Nr. 3; KK/*Höfler* § 33 Rn. 52). Seit dem GKV-WSG 2007 gewährt Abs. 1 S. 4 ferner ausdrücklich auch den Anspruch auf die nach dem Stand der Technik zur Erhaltung der Funktionsfähigkeit und der technischen Sicherheit notwendigen **Wartungen und technischen Kontrollen**, soweit diese zum Schutz des Versicherten vor unvertretbaren gesundheitlichen Risiken erforderlich sind. Mit der expliziten Feststellung dieser Leistungspflicht der KK reagierte der Gesetzgeber auf ein Urteil des BVerwG (NZS 2004, 528 ff.), wonach die KK in Bezug auf die von ihr den Versicherten verschafften Hilfsmittel keine Betreibereigenschaft innehat und somit nicht bereits durch § 5 der MPBetreibV zu entsprechenden Sicherheitsmaßnahmen verpflichtet ist.

Von der KK „geschuldet" sind schließlich auch **hilfsmittelnahe Dienstleistungen**. Neben der in § 33 ausdrücklich erwähnten „Ausbildung in ihrem Gebrauch" (Abs. 1 S. 4), die auch die Ausbildung von Hilfspersonen umfassen kann (H/K/*Adelt* § 33 Rn. 28), sind das z. B. die Beratung, die Auswahl, die Anpassung, die Abdrucknahme (z. B. Ohrabdruck bei Hörgeräten), die Einweisung und die technische Beratung (v. Maydell/Kötter, 1994, S. 15 ff.; H/K/*Adelt* § 33 Rn. 25; aA. HS-KV/*Schneider* § 22 Rn. 271 unter Hinweis auf BSGE 67, 97/98 f.). Diese Dienstleistungen sind dann Bestandteil der einheitlichen Leistung Hilfsmittel. 37

IV. Abgrenzung zu anderen Leistungsansprüchen

1. Ansprüche gegen stationäre Pflegeeinrichtungen, Abs. 1 S. 2

Wegen des Nachrangs der Leistungen der Pflegeversicherung gegenüber denjenigen nach dem SGB V (s. § 40 Abs. 1 S. 1, Hs. 2 SGB XI) kann ein Hilfsmittelversorgungsanspruch nach § 33 auch für **(Kranken-)Versicherte** bestehen, die **vollstationär zur Pflege in einem Pflegeheim** untergebracht sind. Gegenstand des Anspruchs ist allerdings nicht das zur sachgerechten Durchführung der gewöhnlich anfallenden Pflegeleistungen notwendige Inventar der Pflegeeinrichtung; diese Hilfsmittel und Pflegemittel muss der Heimträger bereithalten (Abs. 1 S. 2, Hs. 2). Sache des Heimträgers ist also etwa das Vorhalten von Hilfsmitteln, die in Fällen von Verwirrtheitszuständen, Lähmungserscheinungen und sonstigen Funktionseinschränkungen benötigt werden, etwa bei Altersdemenz, Morbus Alzheimer, Schlaganfällen, multipler Sklerose und Querschnittslähmungen (z. B. eine Dekubitus-Matratze, soweit sie allein zur Prophylaxe von Durchliege- oder Druckgeschwüren dient, vgl. BSG, SozR 3–2500, § 33 Nr. 47 S. 264 f.). 38

Die diffizile Abgrenzung zwischen der **Vorhaltepflicht der Pflegeeinrichtungen** und dem **Leistungsanspruch** des Versicherten **nach § 33 Abs. 1 S. 1** gegen die KK (dazu umfassend *v. Heinz*, SGb 2003, 184 ff.; *Krasney*, FS-Krause, 133/144 ff.; *Krauskopf*, SGb 2001, 419 ff.) wird von der Rechtsprechung *einerseits* anhand des jeweiligen Versorgungsauftrags des Heimträgers, der sich ggf. auch aus der Leistungs- und Qualitätsvereinbarung nach § 80a SGB XI erschließt, vorge- 39

§ 33

nommen, *andererseits* danach, ob noch eine Krankenbehandlung und ein Behinderungsausgleich iS. medizinischer Rehabilitation stattfindet oder ganz überwiegend die (Grund-)Pflege im Vordergrund steht. Indizien hierfür sind ua., ob bei dem jeweiligen Heimbewohner die Möglichkeit der Wiedergesundung besteht bzw. – anders gelagert – ob es sich um ein individuell angepasstes medizinisches oder um ein serienmäßiges, von den Heimbewohnern gemeinsam beanspruchtes (Pflege-)Hilfsmittel handelt oder ob der Gegenstand wesentlich oder ggf. sogar hauptsächlich außerhalb der Sphäre des Heimes genutzt wird (s. zu den Abgrenzungsfragen und -kriterien: BSGE 85, 287/291 f. – Schieberollstuhl für Ausflüge; BSGE 89, 271/273 ff. – Ernährungspumpe; BSG, SozR 4–2500, § 33 Nr. 4 – Toiletten-Rollstuhl).

40 Für die **Praxis** ist relevant der **„Abgrenzungskatalog** der SpiKK – zugleich handelnd als SpiVe der Pflegekassen – zur Hilfsmittelversorgung in stationären Pflegeeinrichtungen (Pflegeheimen)" vom 26. 3. 2007 in der Beschlussfassung des Gremiums nach § 213 SGB V vom 7. 5. 2007 (www.ikk.de/ikk/generator/ikk/fuer-medizinberufe/hilfs–und-pflegehilfsmittel/84734.pdf). Indiziell ist auch das **Hilfs- und Pflegehilfsmittelverzeichnis:** Die hier in den Produktgruppen 50–54 gelisteten Produkte decken im Regelfall die Grundpflege ab und fallen folglich nicht in die Finanzierungszuständigkeit der GKV. Die SpiKK (jetzt SpiBuKK) haben ihre Position in einer „Gemeinsamen Verlautbarung" zur Umsetzung des GKV-WSG im Hilfsmittelbereich v. 27. 3. 2007 niedergelegt (s. S. 4 ff. – download unter: www.ikk.de/ikk/generator/ikk/fuer-medizinberufe/hilfs–und-pflegehilfsmittel/84288.pdf).

41 Der vom GKV-WSG 2007 **neu eingefügte S. 2 des Abs. 1** konkretisiert den Hilfsmittelversorgungsanspruch schwerstbehinderter, vollstationär untergebrachter Versicherter dahingehend, dass dieser nicht davon abhängig sein soll, in welchem Umfang ein Behinderungsausgleich (Rn. 15 ff.) und damit eine Teilhabe am Leben der Gemeinschaft noch möglich ist. Mit dieser Regelung hat der Gesetzgeber eine von verschiedenen KK genutzte **Entscheidung des BSG** v. 28. 5. 2003 (SozR 4–2500, § 33 Nr. 5, insbes. Ls. 1, Rn. 9 f.; dazu *Dörr,* SGb 2003, 184 ff.; *v. Heinz,* SGb 2003, 20 ff.; *Krasney,* FS-Krause, 137/143 ff.; *Krauskopf,* SGb 2001, 419 ff.; *Meuthen/Hartmann,* NZS 2002, 27 ff.) **korrigiert.** Das BSG hatte in diesem Fall, in dem für das Hilfsmittel (spezieller Lagerungsrollstuhl) heimvertraglich keine Vorhaltungspflicht des Pflegeheims bestand (vgl. nochmals Abs. 1 S. 2, Hs. 2), entschieden, dass eine schwerstbehinderte Heimbewohnerin, der gegenüber ein Behinderungsausgleich iSe. medizinischen Rehabilitation nicht (mehr) möglich war, (auch) keinen Versorgungsanspruch nach § 33 Abs. 1 S. 1 besitze. Diese unter dem Blickwinkel des § 27 an sich konsequente, abersozialpolitisch zu einem unvertretbaren Ergebnis führende Sichtweise bedeutete, dass Hilfsmittel für diese Personen – soweit sie nicht vom Pflegeheim vorzuhalten sind – nur auf eigene Kosten oder über die Sozialhilfe beschafft werden konnten, was wiederum angesichts des Versicherungsstatus des betroffenen Personenkreises in der GKV widersprüchlich war.

2. Ansprüche gegen andere Versicherungsträger und Versorgungsbehörden

42 Der Anspruch nach § 33 Abs. 1 S. 1 tritt hingegen zurück hinter denjenigen nach § 27 Abs. 1 Nr. 4 iVm. § 31 Abs. 1 SGB VII. Insoweit bestimmt § 11 Abs. 5 einen **Vorrang der Aufgaben der Unfallversicherung.** Selbiges gilt hinsichtlich etwaiger Ansprüche aus dem Versorgungsrecht (BVG, SVG, OEG, InfSchG): § 10 Abs. 1 BVG iVm. §§ 11 Abs. 1 S. 1 Nr. 8 und §§ 13, 18 c BVG verdrängen, weil die

soziale Entschädigung als spezielle Aufgabe Vorrang genießt (vgl. §§ 18 c Abs. 1, 19 BVG), etwaige Ansprüche nach § 33.

Die Abgrenzung von Ansprüchen nach § 33 von solchen nach § 9 Abs. 1 iVm. **43** § 15 Abs. 1 SGB VI, § 26 Abs. 2 Nr. 4 SGB IX sowie von solchen nach § 97 Abs. 1 SGB III richten sich nach dem jeweiligen Rehabilitationsziel. Im Gegensatz zur GKV liegen die Ziele der **Rentenversicherung** und der **Arbeitsförderung** nämlich nicht in medizinischer Rehabilitation, sondern in Erhalt, Herstellung oder Wiederherstellung der Erwerbsfähigkeit des Versicherten (§§ 9, 10 SGB VI; § 97 Abs. 1 SGB III).

D. Anspruch auf Versorgung mit Sehhilfen, Abs. 2 – Abs. 4

Sehhilfen werden unter dem SGB V zwar ausdrücklich den Hilfsmitteln zuge- **44** rechnet, haben jedoch stets eine von den übrigen Hilfsmitteln **separate Regelung** erfahren. Das GKV-WSG 2007 hat dabei die zuvor in § 33 Abs. 1 S. 4–6 aF. enthaltenen Vorschriften zum Anspruch auf Versorgung mit Sehhilfen von den allgemeinen Regelungen zu Hilfsmitteln in Abs. 1 getrennt und in einen gesonderten Absatz (§ 33 Abs. 2 nF.) überführt. Die Inhalte des § 33 Abs. 2 aF. sind nunmehr (in modifizierter Form) in die neu geschaffenen Abs. 7 und 8 eingeflossen. Die SpiKK haben die Inhalte der jetzigen Abs. 2–4 in einer „Gemeinsamen Verlautbarung" zur Umsetzung des GMG im Hilfsmittelbereich v. 25.11.2003 kommentiert (s. S. 4 ff. – download unter: www.ikk.de/ikk/generator/ikk/fuer-medizinberufe/ hilfs-und-pflegehilfsmittel/3398.pdf).

Der **Begriff „Sehhilfen"** umfasst neben Brillen ua. auch Lupen, Leselupen, **45** Fernrohrbrillen, Fernrohrlupenbrillen oder Bildschirm-Lesegeräte (s. E. 59. Hilfsmittel-Richtlinien [Nachw. in Rn. 2]). *Seh*hilfen sind dabei zu unterscheiden von *Les*ehilfen, z. B. Bettlesegerät, Blattwendegerät. Obwohl beides Hilfsmittel iSd. § 33 sind und obwohl der Begriff „Sehhilfen" extensional auch Kontaktlinsen erfasst, sind gesetzessystematisch Sehhilfen (Abs. 2, Abs. 4) und Kontaktlinsen (Abs. 3, Abs. 4) voneinander getrennt.

I. Anspruch auf Sehhilfen, Abs. 2

Versorgung iSv. §§ 27 Abs. 1 S. 2 Nr. 3, 33 Abs. 2 S. 1 bedeutet Verschaffung ei- **46** ner Sehhilfe auf Rechnung der KK. Einen **Anspruch auf Versorgung** idS. besitzt der Versicherte (§§ 5 bis 10), wenn die Sehhilfe einem der Behandlungsziele des § 27 Abs. 1 S. 1 bzw. des § 33 Abs. 1 S. 1 dient (vgl. Rn. 7 ff.) und wenn der Versicherte außerdem entweder das 18. Lebensjahr noch nicht vollendet hat (Abs. 2 S. 1; Rn. 47), eine schwere Sehbeeinträchtigung aufweist (Abs. 2 S. 2, Hs. 1; Rn. 48) oder die Seehilfe der Behandlung von Augenverletzungen oder Augenerkrankungen dient (Art. 2 S. 2, Hs. 2; Rn. 49). Ein Anspruch auf Brillengestelle besteht generell nicht mehr (Abs. 2 S. 4). Dieser Leistungsausschluss gilt für Normalbrillen ebenso wie für alle Spezialgestelle, z. B. Kinder-, Sport- oder Schielbrillen (KK/*Höfler* § 33 Rn. 54 g mwN.).

Aus finanziellen Gründen (vgl. BT-Drs. 15/1525, 71/85 f.) ist der Anspruch auf **47** Leistung von Sehhilfen seit dem GMG 2003 (BGBl. I, 2190) grundsätzlich auf Versicherte bis zum **18. Lebensjahr** beschränkt (§ 33 Abs. 2 S. 1 nF.). Dass Versicherte bis zu diesem Alter weiterhin anspruchsberechtigt sind, beruht auf der Erwägung des Gesetzgebers, dass Sehfehler, die in früher Kindheit nicht korrigiert werden, später auch hinsichtlich der Folgeschäden meist nur noch unvollständig behoben werden können (vgl. BT-Drs. 15/1525, 85).

48 Für Versicherte, die das 18. Lebensjahr vollendet haben, ist der Versorgungsanspruch auf zwingende, medizinisch notwendige Ausnahmefälle beschränkt. Derartige **Ausnahmen** liegen **nach Abs. 2 S. 2, Hs. 1** vor, wenn der Versicherte aufgrund seiner Sehschwäche oder Blindheit entsprechend der von der WHO empfohlenen Klassifikation auf beiden Augen eine schwere Sehbeeinträchtigung mindestens der Stufe 1 aufweist. Diese liegt vor, wenn die Sehschärfe bei bestmöglicher Korrektur mit einer Brillen- oder möglichen Kontaktlinsenversorgung auf dem besseren Auge maximal 0,3 beträgt und das beidäugige Gesichtsfeld $\geqslant 10$ Grad bei zentraler Fixation ist (vgl. E. 53.1. Hilfsmittel-Richtlinien [Nachw. in Rn. 2]).

49 **Abs. 2 S. 2, Hs. 2** bestimmt als **weitere Ausnahme** vom Grundsatz des Abs. 2 S. 1, dass für Erwachsene auch dann Anspruch auf therapeutische Sehhilfen besteht, wenn diese der Behandlung von Augenverletzungen oder Augenerkrankungen dienen. Einzelheiten zu den hier erforderlichen Indikationen regeln – basierend auf der **Regelungsermächtigung in Abs. 2 S. 3** – E. 60.1. – 15. Hilfsmittel-Richtlinien (Nachw. in Rn. 2).

II. Anspruch auf Kontaktlinsen, Abs. 3

50 Abs. 3 trifft Regelungen für **Kontaktlinsen**. Danach besteht für Versicherte, die gem. Abs. 2 S. 1 oder S. 2 Anspruch auf eine Versorgung mit Sehhilfen besitzen, ein Anspruch auf Kontaktlinsen (wiederum) nur in medizinisch zwingend erforderlichen Ausnahmefällen (Abs. 3 S. 1). Die hierfür erforderlichen **Indikationen** bestimmt – gemäß der in Abs. 3 S. 2 erteilten Ermächtigung – der G-BA in RL nach § 92 (s. insoweit E. 58.1. der Hilfsmittel-Richtlinien [Nachw. in Rn. 2]). Abs. 3 S. 3 enthält eine besondere Regelung für Fälle, in denen nur eine Brille erforderlich ist, die Versicherten aber gleichwohl Kontaktlinsen wählen. Sie erhalten dann nur einen Zuschuss zu den Kosten der Kontaktlinsen bis höchstens zu dem Betrag, den sie für eine erforderliche Brille hätten aufwenden müssen (Abs. 3 S. 3). Verbleibende **Mehrkosten** trägt ausschließlich der Versicherte; insoweit handelt es sich nicht um eine Zuzahlung. Abs. 3 S. 4 schließt bei Kontaktlinsen ausdrücklich die Übernahme der Kosten für Pflegemittel (etwa Präparate zur Desinfektion, Neutralisierung oder Proteinentfernung; Benetzungsflüssigkeit zum Einsetzen der Linsen etc.) aus, und zwar sowohl für nicht notwendige Kontaktlinsen (S. 3) als auch für medizinisch indizierte Kontaktlinsen (S. 1, S. 2).

III. Erneuter Versorgungsanspruch, Abs. 4

51 Ein erneuter Anspruch auf Versorgung mit einer Brille (Abs. 2 S. 1) oder Kontaktlinse (Abs. 3 S. 1) bzw. auf einen Zuschuss (Abs. 3 S. 3) besteht für Versicherte, die das 14. Lebensjahr vollendet haben, erst bei einer **Änderung der Sehfähigkeit** um mindestens 0,5 Dioptrien (Abs. 4, Hs. 1). Ausnahmen in medizinisch zwingend erforderlichen Fälle sind möglich und können in RL des G-BA festgesetzt werden (Abs. 4, Hs. 2; s. insoweit E. 55.2. der Hilfsmittel-Richtlinien [Nachw. in Rn. 2]).

52 Von der in Abs. 4 geregelten erneuten Beschaffung sind die **Instandsetzung** einer beschädigten Sehhilfe und die **Ersatzbeschaffung** zu unterscheiden. Instandsetzung der Sehhilfe und Ersatzbeschaffung richten sich nach Abs. 2 S. 1 iVm. Abs. 1 S. 4 (vgl. Rn. 36) und hängen daher nicht von den in Abs. 4 genannten Anspruchsvoraussetzungen ab.

E. Weitere Regelungen

I. Leihweise Überlassung; Nebenbestimmungen, Abs. 5

Zur Erfüllung des Sachleistungsanspruchs ist es nicht erforderlich, dass der Versicherte Eigentum am Hilfsmittel erwirbt. Vielmehr erlaubt Abs. 5 S. 1 die **leihweise Überlassung** von Hilfsmitteln (dazu BSG, SozR 3–2500, § 33 Nr. 18 S. 95); diese Überlassung verletzt die Leistungserbringer nicht in ihrem Grundrecht nach Art. 12 Abs. 1 GG (BSGE 64, 260/263). Es handelt sich um eine an Wirtschaftlichkeitsgesichtspunkten (vgl. § 12 Abs. 1) zu orientierende Ermessensentscheidung der KK (BSG, SozR 4–2500, § 33 Nr. 11 Rn. 25). Leihweises Überlassen kommt etwa bei haltbaren Gegenständen, z. B. bei Krücken, oder bei teuren Hilfsmitteln in Betracht, z. B. bei Rollstühlen.

Abs. 5 S. 2 berechtigt die KK, die Bewilligung iSe. **Nebenbestimmung** (vgl. § 32 Abs. 1 SGB X) davon abhängig zu machen, dass der Versicherte sich das Hilfsmittel anpassen oder sich in seinem Gebrauch ausbilden lässt.

II. Benennung des Leistungserbringers durch KK, Abs. 6

Bei Abs. 6 handelt es sich um eine mit dem GKV-WSG 2007 neu in das SGB V gekommene Vorschrift, die mit den Vorgaben in § 126 Abs. 1 S. 1, Abs. 2 korrespondiert. Nach **S. 1** müssen die Versicherten für ihren Versorgungsanspruch einen Leistungserbringer in Anspruch nehmen, der **Vertragspartner** ihrer KK iSd. § 127 Abs. 1, Abs. 2 oder Abs. 3 ist. Nur übergangsweise bis zum 31. 12. 2008 genießen die Versicherten ferner noch **Wahlfreiheit**, ob sie das Hilfsmittel von diesem Vertragspartner ihrer KK oder von einem Leistungserbringer beziehen wollen, der auf Grund der Übergangsregelung in § 126 Abs. 2 bis zum 31. 12. 2008 ebenfalls noch versorgungsberechtigt ist. **S. 2** bringt in der hier vertretenen, allerdings streitigen Norminterpretation (ausf. § 126 Rn. 15 ff.) auch dann keine Beschränkung dieses noch im Übergangszeitraum bis zum 31. 12. 2008 bestehenden Wahlrechts, wenn es sich um **ausgeschriebene Verträge nach § 127 Abs. 1** handelt: Auch hier muss sich der Versicherte nicht obligatorisch bei dem vertraglich mit der KK verbundenen Hilfsmittellieferanten, also dem Gewinner der Ausschreibung, versorgen.

Die **Ausnahmeregelung** in Satz 3 trägt der Tatsache Rechnung, dass im Einzelfall ein berechtigtes Interesse des Versicherten bestehen kann, einen anderen Leistungserbringer als den Vertragspartner der KK nach § 127 Abs. 1 zu wählen, wenn der benannte Vertragspartner das aus berechtigten Gründen begehrte Hilfsmittel nicht vorhält. Liegt ein solches **berechtigtes Interesse** vor, was individuell (und mit einer grundsätzlich engen Auslegung des Begriffes „berechtigtes Interesse") zu beurteilen ist, aber etwa bejaht werden kann, wenn eine Zusatzausstattung gewünscht ist, die vom Vertragspartner der KK nicht angeboten wird (vgl. § 127 Rn. 23 a. E.), muss der Versicherte im Blick auf das Wirtschaftlichkeitsgebot des § 12 jedoch etwa entstehende Mehrkosten der aufwändigeren Versorgung selbst tragen (vgl. auch § 127 Abs. 3 S. 3). Fehlt es dagegen an einem berechtigten Interesse, ist eine Versorgung ausschließlich durch einen von der KK benannten Vertragspartner iSd. § 127 Abs. 1 möglich, selbst wenn der Versicherte bereit ist, die im Einzelfall entstehenden Mehrkosten selbst zu tragen (vgl. Abs. 1 S. 5; Rn. 11).

III. Höhe der Leistungsverpflichtung der KK, Abs. 7

57 Abs. 7 ersetzt die Regelungen in § 33 Abs. 2 S. 1 – S. 4 aF. zur Höhe der Leistungsverpflichtung der KK unter Berücksichtigung der Änderungen in §§ 126, 127. Da ab 1. 1. 2009 nur noch Vertragspartner der KK zur Versorgung berechtigt sind, müssen die jeweils für das Hilfsmittel **vertraglich vereinbarten Preise maßgeblich** sein (Abs. 7 S. 1). Dies gilt auch für Hilfsmittel, für die gem. § 36 ein Festbetrag festgesetzt wurde; dieser Festbetrag ist dann die Obergrenze für die vertraglich zu vereinbarenden Preise (vgl. § 127 Abs. 4).

58 Für den noch bis zum 31. 12. 2008 möglichen Fall der Versorgung durch einen nach § 126 Abs. 2 versorgungsberechtigten Leistungserbringer, der nicht Vertragspartner der KK ist, enthält Abs. 7 S. 2 eine **Übergangsregelung.** Da sich insoweit die bisherige Regelung in § 127 Abs. 3 aF., die – falls für das Hilfsmittel kein Festbetrag festgesetzt war – den Durchschnittspreis des unteren Preisdrittels aus Verträgen der KK mit Leistungserbringern als Leistungsobergrenze vorsah, als wenig praktikabel erwiesen hat, sieht Abs. 7 S. 2 nunmehr vor, dass die Leistungsverpflichtung der KK auf den niedrigsten Preis begrenzt wird, der in Verträgen der KK mit anderen Leistungserbringern über vergleichbare Leistungen vereinbart wurde. Soweit es sich um Hilfsmittel handelt, für die ein Festbetrag festgesetzt wurde, gilt jedoch dieser Festbetrag weiterhin als Obergrenze.

IV. Zuzahlungen, Abs. 8

59 Die **Zuzahlung der Versicherten** ist nunmehr in Abs. 8 geregelt, wobei die Regelung weitgehend § 33 Abs. 2 S. 5 aF. entspricht. Zuzahlungsverpflichtet sind immer nur Versicherte, die das 18. Lebensjahr vollendet haben (S. 1). Da die KK nicht in allen Fällen auf einer vertragsärztlichen Verordnung notwendiger Hilfsmittel bestehen müssen (vgl. Rn. 8), ist in S. 1 bezüglich der Zuzahlung „auf die zu Lasten der gesetzlichen Krankenversicherung abgegebenen Hilfsmittel" abgestellt. Für die **Höhe der Zuzahlung** wird auf die allgemeine Regelung in § 61 S. 1 verwiesen. Durch eine entsprechende Ergänzung in S. 2 wird wegen in der Praxis aufgetretener Auslegungsprobleme klargestellt, dass abweichend von § 43b Abs. 1 S. 2 der Leistungserbringer die Zuzahlung einzuziehen hat und folglich das Inkassorisiko trägt. Schließlich wird in Abs. 8 S. 3 zur **Vermeidung einer Überforderung** betroffener Versicherter die Zuzahlung für zum Verbrauch bestimmte Hilfsmittel (etwa Einmalwindeln oder Stomabeutel; genaue Auflistung unter: www.ikk.de/ikk/generator/ikk/fuer-medizinberufe/hilfs-und-pflegemittel/3382,i=1.html) auf insgesamt höchstens 10 € für den gesamten Monatsbedarf an solchen Hilfsmitteln begrenzt.

§ 33 a *(aufgehoben)*

§ 34 Ausgeschlossene Arznei-, Heil- und Hilfsmittel

(1) [1]Nicht verschreibungspflichtige Arzneimittel sind von der Versorgung nach § 31 ausgeschlossen. [2]Der Gemeinsame Bundesausschuss legt in den Richtlinien nach § 92 Abs. 1 Satz 2 Nr. 6 erstmals bis zum 31. März 2004 fest, welche nicht verschreibungspflichtigen Arzneimittel, die bei der Behandlung schwerwiegender Erkrankungen als Therapiestandard gelten, zur Anwendung bei die-

sen Erkrankungen mit Begründung vom Vertragsarzt ausnahmsweise verordnet werden können. ³Dabei ist der therapeutischen Vielfalt Rechnung zu tragen. ⁴Der Gemeinsame Bundesausschuss hat auf der Grundlage der Richtlinie nach Satz 2 dafür Sorge zu tragen, dass eine Zusammenstellung der verordnungsfähigen Fertigarzneimittel erstellt, regelmäßig aktualisiert wird und im Internet abrufbar sowie in elektronisch weiterverarbeiteter Form zur Verfügung steht. ⁵Satz 1 gilt nicht für:

1. versicherte Kinder bis zum vollendeten 12. Lebensjahr,
2. versicherte Jugendliche bis zum vollendeten 18. Lebensjahr mit Entwicklungsstörungen.

⁶Für Versicherte, die das achtzehnte Lebensjahr vollendet haben, sind von der Versorgung nach § 31 folgende verschreibungspflichtige Arzneimittel bei Verordnung in den genannten Anwendungsgebieten ausgeschlossen:

1. Arzneimittel zur Anwendung bei Erkältungskrankheiten und grippalen Infekten einschließlich der bei diesen Krankheiten anzuwendenden Schnupfenmittel, Schmerzmittel, hustendämpfenden und hustenlösenden Mittel,
2. Mund- und Rachentherapeutika, ausgenommen bei Pilzinfektionen,
3. Abführmittel,
4. Arzneimittel gegen Reisekrankheit.

⁷Von der Versorgung sind außerdem Arzneimittel ausgeschlossen, bei deren Anwendung eine Erhöhung der Lebensqualität im Vordergrund steht. ⁸Ausgeschlossen sind insbesondere Arzneimittel, die überwiegend zur Behandlung der erektilen Dysfunktion, der Anreizung sowie Steigerung der sexuellen Potenz, zur Raucherentwöhnung, zur Abmagerung oder zur Zügelung des Appetits, zur Regulierung des Körpergewichts oder zur Verbesserung des Haarwuchses dienen. ⁹Das Nähere regeln die Richtlinien nach § 92 Abs. 1 Satz 2 Nr. 6.

(2) ¹Das Bundesministerium für Gesundheit kann im Einvernehmen mit dem Bundesministerium für Wirtschaft und Technologie durch Rechtsverordnung mit Zustimmung des Bundesrates von der Versorgung nach § 31 weitere Arzneimittel ausschließen, die ihrer Zweckbestimmung nach üblicherweise bei geringfügigen Gesundheitsstörungen verordnet werden. ²Dabei ist zu bestimmen, unter welchen besonderen medizinischen Voraussetzungen die Kosten für diese Mittel von der Krankenkasse übernommen werden. ³Bei der Beurteilung von Arzneimitteln der besonderen Therapierichtungen wie homöopathischen, phytotherapeutischen und anthroposophischen Arzneimitteln, ist der besonderen Wirkungsweise dieser Arzneimittel Rechnung zu tragen.

(3) ¹Das Bundesministerium für Gesundheit kann im Einvernehmen mit dem Bundesministerium für Wirtschaft und Technologie durch Rechtsverordnung mit Zustimmung des Bundesrates von der Versorgung nach § 31 unwirtschaftliche Arzneimittel ausschließen. ²Als unwirtschaftlich sind insbesondere Arzneimittel anzusehen, die für das Therapieziel oder zur Minderung von Risiken nicht erforderliche Bestandteile enthalten oder deren Wirkungen wegen der Vielzahl der enthaltenen Wirkstoffe nicht mit ausreichender Sicherheit beurteilt werden können oder deren therapeutischer Nutzen nicht nachgewiesen ist. ³Absatz 2 Satz 3 gilt entsprechend. ⁴Für nicht durch Rechtsverordnung nach Satz 1 ausgeschlossene Arzneimittel bleibt § 92 unberührt.

(4) ¹Das Bundesministerium für Gesundheit kann durch Rechtsverordnung mit Zustimmung des Bundesrates Heil- und Hilfsmittel von geringem oder umstrittenem therapeutischem Nutzen oder geringem Abgabepreis bestimmen, deren Kosten die Krankenkasse nicht übernimmt.²Die Rechtsverordnung kann auch bestimmen, inwieweit geringfügige Kosten der notwendigen Änderung,

§ 34 Ausgeschlossene Arznei-, Heil- und Hilfsmittel

Instandsetzung und Ersatzbeschaffung sowie der Ausbildung im Gebrauch der Hilfsmittel von der Krankenkasse nicht übernommen werden. [3]Die Sätze 1 und 2 gelten nicht für die Instandsetzung von Hörgeräten und ihre Versorgung mit Batterien bei Versicherten, die das achtzehnte Lebensjahr noch nicht vollendet haben. [4]Absatz 2 Satz 3 gilt entsprechend. [5]Für nicht durch Rechtsverordnung nach Satz 1 ausgeschlossene Heil- und Hilfsmittel bleibt § 92 unberührt.

(5) Die Absätze 1 bis 3 gelten entsprechend für Heilmittel nach § 32, wenn sie im Anwendungsgebiet der ausgeschlossenen Arzneimittel verwendet werden.

(6) [1]Pharmazeutische Unternehmer können beim Gemeinsamen Bundesausschuss Anträge zur Aufnahme von Arzneimitteln in die Zusammenstellung nach Absatz 1 Satz 2 und 4 stellen. [2]Die Anträge sind ausreichend zu begründen; die erforderlichen Nachweise sind dem Antrag beizufügen.[3]Sind die Angaben zur Begründung des Antrags unzureichend, teilt der Gemeinsame Bundesausschuss dem Antragsteller unverzüglich mit, welche zusätzlichen Einzelangaben erforderlich sind. [4]Der Gemeinsame Bundesausschuss hat über ausreichend begründete Anträge nach Satz 1 innerhalb von 90 Tagen zu bescheiden und den Antragsteller über Rechtsmittel und Rechtsmittelfristen zu belehren. [5]Eine ablehnende Entscheidung muss eine auf objektiven und überprüfbaren Kriterien beruhende Begründung enthalten. [6]Für das Antragsverfahren sind Gebühren zu erheben. [7]Das Nähere, insbesondere zur ausreichenden Begründung und zu den erforderlichen Nachweisen, regelt der Gemeinsame Bundesausschuss.

Schrifttum: *A. Becker,* Die Steuerung der Arzneimittelversorgung im Recht der GKV, 2006; *P. Dieners/M. Heil,* Das GKV-Wettbewerbsstärkungsgesetz – Stärkung oder Einschränkung des Wettbewerbs im Arzneimittelmarkt, PharmR 2007, 89, 142; *R. Francke,* Die regulatorischen Strukturen der Arzneimittelversorgung nach dem SGB V, MedR 2006, 683.; *C. Jäkel,* Anwendbarkeit der Transparenzrichtlinie auf Entscheidungen zur Verordnungsfähigkeit von Arzneimitteln, GesR 2007, 57; *H. Kortland,* Entscheidungen des Gemeinsamen Bundesausschusses (G-BA), zukünftig an Transparenzrichtlinie zu messen, PharmR 2006, 496; *A. Philipp,* Arzneimittellisten und Grundrechte, 1995; *P. Wigge/M. Wille,* Die Arzneimittelversorgung im Vertragsarztrecht, HVAR, § 19.

Inhaltsübersicht

	Rn.
A. Überblick	1
B. Ausschluss nicht verschreibungspflichtiger Arzneimittel, Abs. 1 S. 1–5	2
C. Ausschluss verschreibungspflichtiger Bagatellarzneimittel, Abs. 1 S. 6, Abs. 2	6
D. Ausschluss sog. Lifestyle-Präparate, Abs. 1 S. 7–9	8
E. Ausschluss unwirtschaftlicher Arzneimittel, Abs. 3	9
F. Ausschluss von Heil- und Hilfsmitteln, Abs. 4, 5	11
G. Antragsbefugnis pharmazeutischer Unternehmer, Abs. 6	14
H. Rechtsschutz	16

A. Überblick

1 § 34 begrenzt die Leistungsansprüche des Versicherten auf Versorgung mit Arzneimitteln (§ 31), Heilmitteln (§ 32) und Hilfsmitteln (§ 33). Der Gesetzgeber nimmt in § 34 selbst **Leistungsausschlüsse** vor oder ermächtigt dazu das BMG durch Rechtsverordnung und lässt zudem Ausschlüsse durch den G-BA mittels Richtlinien nach § 92 zu. Die Ausschlüsse betreffen einerseits Mittel, deren Verordnung dem Wirtschaftlichkeitsgebot (§§ 2 Abs. 1, 12 Abs. 1) zuwiderlaufen würde, anderseits Mittel, bei denen die Kostentragung dem Versicherten zumut-

bar ist und seiner Eigenverantwortung obliegt. Der Gesetzgeber bestimmt den Kreis der zu Lasten der GKV zu verordnenden Mittel „negativ", indem er Einzelne ausschließt. Eine **Positivliste**, welche die zu Lasten der GKV verordnungsfähigen Arzneimittel „positiv" auflistet, ist nach zwei vergeblichen gesetzlichen Anläufen durch das GSG (§ 1 Rn. 22) und das GKV-GRG 2000 zurzeit nicht vorgesehen (zur Positivliste vgl.: *Axer*, NZS 2001, 225/225 ff.; *Becker*, Steuerung der Arzneimittelversorgung, 200 ff., jeweils mwN.). Die durch Gesetz und Rechtsverordnung ausgeschlossenen Arzneimittel sollen vom G-BA nach § 93 in einer Übersicht zusammengestellt werden.

B. Ausschluss nicht verschreibungspflichtiger Arzneimittel, Abs. 1 S. 1–5

Sofern Versicherte das zwölfte Lebensjahr überschritten haben oder bis zum vollendeten 18. Lebensjahr keine Entwicklungsstörungen vorliegen (S. 5; zu den Gründen und Voraussetzungen für diese Ausnahmen: BT-Drs. 15/1525, 86), besteht nach S. 1 grundsätzlich kein Anspruch auf Versorgung mit nicht verschreibungspflichtigen (zur Verschreibungspflicht: § 43 AMG), apothekenpflichtigen Arzneimitteln, sog. **OTC-Präparate**, d. h. Arzneimittel, die „over the counter" abgegeben werden. Da es sich bei den nicht verschreibungspflichtigen Arzneimitteln regelmäßig um solche im unteren Preisbereich handelt, hat der Gesetzgeber ihre Herausnahme für sozial vertretbar erachtet (BT-Drs. 15/1525, 86). Zudem werden entsprechende Arzneimittel regelmäßig nur bei geringfügigen Gesundheitsstörungen verordnet oder vom Versicherten typischerweise im Weg der Selbstmedikation besorgt. 2

Nach S. 2 ist die Verordnung nicht verschreibungspflichtiger apothekenpflichtiger Arzneimittel ausnahmsweise zulässig, wenn diese bei der Behandlung schwerwiegender Erkrankungen als Therapiestandard gelten und vom **G-BA** in **Richtlinien** als Standardtherapeutika zur Behandlung bestimmter als schwerwiegend zu qualifizierende Erkrankungen aufgenommen worden sind (vgl. die Definition der Begriffe „schwerwiegende Erkrankung" und „Therapiestandard" sowie die Auflistung entsprechender Mittel in Nr. 16 AM-RL [§ 92 Rn. 34] und die Entscheidungsgrundlage des Unterausschusses Arzneimittel des G-BA [dazu: *Wille*, PharmR 2007, 503/504 f]; zum Aufnahmeverfahren in die sog. OTC-Ausnahmeliste: Abs. 6). In der Gesetzesbegründung werden beispielhaft für entsprechende Ausnahmen die Onkologie, die Nachsorge nach einem Herzinfarkt und die Behandlung des Klimakteriums genannt (BT-Drs. 15/1525, 86). Bei der Aufnahme ist der therapeutischen Vielfalt Rechnung zu tragen (S. 3), so dass die speziellen Wirkungsweisen der besonderen Therapierichtungen bei der Listenerstellung durch den G-BA besonders zu beachten und zu berücksichtigen sind. 3

Die Verordnung zu Lasten der GKV durch den Vertragsarzt bedarf einer entsprechend zu dokumentierenden Begründung (S. 2) mit Angabe der Indikation für die Verordnung des jeweiligen Mittels (*Hess*, KK, § 34 Rn. 3). Auf der Grundlage der Richtlinie hat der G-BA zur verbesserten Transparenz für die verordnenden Ärzte (BT-Drs. 16/4247, 45) dafür Sorge zu tragen, dass eine **Zusammenstellung der verordnungsfähigen Arzneimittel** erstellt, regelmäßig aktualisiert und im Internet abrufbar sowie in elektronisch weiterverarbeiteter Form zur Verfügung steht (S. 4), wobei es zulässig sein soll, damit Dritte zu beauftragen (BT-Drs. 16/4247, 45; zur Neuregelung im Hinblick auf ihre Praktikabilität skeptisch: *Dieners/Heil*, PharmR 2007, 89/92). 4

5 Der gesetzliche Ausschluss nicht verschreibungspflichtiger apothekenpflichtiger Arzneimittel ist auch angesichts der Ausnahmeregelungen vor dem Hintergrund der Festbetragsentscheidung des BVerfG (E 106, 275/294 ff.) dem Grunde nach **verfassungsrechtlich zulässig,** solange der Kreis der nicht verschreibungspflichtigen Arzneimittel den als Begründung für ihren Ausschluss genannten Gründen im Wesentlichen entspricht (vgl. dazu: *Wigge/Wille,* HVAR, § 19 Rn. 14; zu grundrechtlichen Fragen des Ausschlusses allgemein: *Philipp,* Arzneimittellisten, 81 ff.). Der Gesetzgeber ist von Verfassungs wegen nicht verpflichtet, für jedes zugelassene Arzneimittel die Verordnungsfähigkeit zu Lasten der GKV zu garantieren (BVerfG, NJW 1992, 735/736).

C. Ausschluss verschreibungspflichtiger Bagatellarzneimittel, Abs. 1 S. 6, Abs. 2

6 Von Gesetzes wegen sind für volljährige Versicherte die aufgelisteten verschreibungspflichtigen Arzneimittel von der Leistungspflicht der GKV ausgeschlossen, etwa Arzneimittel zur Anwendung bei Erkältungskrankheiten und grippalen Infekten (im Einzelnen: Abs. 1 S. 6 Nr. 1–4; siehe auch Nr. 17 AMR-RL [§ 92 Rn. 34]). Der Ausschluss betrifft Arzneimittel, die üblicherweise bei geringfügigen Gesundheitsstörungen verordnet werden und bei denen wegen der geringen medizinischen Bedeutung Eigenvorsorge zumutbar ist (sog. **Bagatellarzneimittel).** Der Ausschluss ist vom Sinn und Zweck der Regelung auf Bagatellerkrankungen beschränkt, so dass etwa Abführmittel (Abs. 1 S. 6 Nr. 3) dann nicht ausgeschlossen sind, wenn beispielsweise eine schwere Erkrankung die Darmmotorik beeinträchtigt.

7 Durch **Rechtsverordnung** kann das BMG weitere verschreibungspflichtige Arzneimittel, die von ihrer Zweckbestimmung her üblicherweise bei geringfügigen Gesundheitsstörungen verordnet werden, von der Leistungspflicht ausnehmen (Abs. 2). Der Gesetzgeber verpflichtet den Verordnungsgeber, Ausnahmen vom Leistungsausschluss zu bedenken und gegebenenfalls bei besonderen medizinischen Voraussetzungen eine Kostentragung durch die KKen vorzusehen (Abs. 2 S. 2) sowie der besonderen Wirkungsweise von Arzneimitteln der besonderen Therapierichtungen Rechnung zu tragen (Abs. 2 S. 3).

D. Ausschluss sog. Lifestyle-Präparate, Abs. 1 S. 7–9

8 Der Ausschluss nach Abs. 1 S. 7–9 bezieht sich auf Arzneimittel, bei denen die Erhöhung der Lebensqualität im Vordergrund steht (sog. **Lifestyle-Präparate;** siehe dazu auch: BT-Drs. 15/1525, 86 f.). Ausgeschlossen sind Arzneimittel, bei denen die individuelle Bedürfnisbefriedigung im Vordergrund steht oder es um kosmetische Befunde geht (vgl. im Einzelnen Nr. 18 AM-RL [§ 92 Rn. 34]). Entscheidend für die Beurteilung ist insoweit die überwiegende Zweckbestimmung des Arzneimittels. Der Gesetzgeber zählt beispielhaft einzelne Zwecke auf, bei denen entsprechende Arzneimittel ausgeschlossen sind (S. 8; zum Ausschluss von Mitteln zur Behandlung der erektilen Dysfunktion: BSG, SozR 4–2500, § 34 Nr. 2), und ermöglicht es dem G-BA, in Richtlinien das Nähere zu regeln (S. 9; siehe dazu: Nr. 18 AM-RL [§ 92 Rn. 34]). Der Leistungsausschluss von Arzneimitteln, die in erster Linie einer Steigerung der Lebensqualität jenseits lebensbedrohlicher Zustände dienen, verstößt nach Ansicht des BSG nicht gegen Art. 2 Abs. 1, 2 GG (BSG, SozR 4–2500, § 34 Nr. 2 Rn. 25).

E. Ausschluss unwirtschaftlicher Arzneimittel, Abs. 3

Das BMG kann im Einvernehmen mit dem BMWA **unwirtschaftliche Arzneimittel** von der Leistungspflicht der GKV ausschließen, wobei allerdings der besonderen Wirkungsweise von Arzneimitteln der besonderen Therapierichtungen Rechnung zu tragen ist (S. 3). Was unwirtschaftlich meint, wird vom Gesetzgeber beispielhaft („insbesondere") normiert (S. 2). Neben dem Verordnungsgeber besitzt auch der G-BA nunmehr ausdrücklich die Kompetenz, durch Richtlinien unwirtschaftliche Arzneimittel auszuschließen (S. 4; zum Hintergrund der Regelung: *Wagner,* Krauskopf, § 34 Rn. 15). 9

Der Ausschluss unwirtschaftlicher Arzneimittel stellt keinen Verstoß gegen das **Grundrecht der Berufsfreiheit** dar und verletzt weder Art. 14 GG noch Art. 3 GG (BVerfG, NJW 1992, 735/736 f.; siehe auch: BSG, SozR 3–2500, § 34 Nr. 5 S. 34 ff.). Die Regelung erweist sich nach Ansicht des BVerfG als zur Sicherung der finanziellen Stabilität in der GKV geeignet, erforderlich und angemessen (BVerfG, NJW 1992, 735/736 f.). Die ausgeschlossenen Arzneimittel sollen in einer Übersicht nach § 93 zusammengestellt werden, wobei die Ausschlusswirkung bereits mit Inkrafttreten der Rechtsverordnung eintritt (BVerfG, NJW 1992, 735/735; BSG, SozR 3–2500, § 34 Nr. 5 S. 30). 10

F. Ausschluss von Heil- und Hilfsmitteln, Abs. 4, 5

Durch Rechtsverordnung kann das BMG Heil- und Hilfsmittel von geringem oder umstrittenem therapeuthischem Nutzen oder geringem Abgabepreis von der Leistungspflicht ausschließen sowie Bestimmungen treffen, inwieweit geringfügige Kosten der notwendigen Änderung, Instandsetzung und Ersatzbeschaffung sowie der Ausbildung im Gebrauch der Hilfsmittel von den KKen nicht übernommen werden. Die **Geringfügigkeit** ist dabei nach objektiven Kriterien und nicht nach der individuellen Leistungsfähigkeit zu bestimmen, wobei die durchschnittlichen Kosten maßgebend sind (zur Berechnung: BSG, SozR 3–2500, § 34 Nr. 4 S. 18 ff.). Von Gesetzes wegen unzulässig ist ein Ausschluss für die Instandsetzung von Hörgeräten und ihre Versorgung mit Batterien bei nicht volljährigen Versicherten (zum – auch verfassungsrechtlich – zulässigen Ausschluss von Hörgerätebatterien bei den übrigen Versicherten: BSG; SozR 3–2500, § 33 Nr. 9 S. 31 ff.; BSG, SozR 3–2500, § 34 Nr. 4 S. 16 ff.). 11

Von der **Rechtsverordnungsermächtigung** wurde durch die Verordnung über Hilfsmittel von geringem therapeutischen Nutzen oder geringem Abgabepreis Gebrauch gemacht. Daneben kommt subsidiär zur Befugnis des Verordnungsgebers nunmehr ausdrücklich auch dem G-BA die Befugnis zu, durch Richtlinien nach § 92 Heil- und Hilfsmittel auszuschließen (S. 5; zum Hintergrund der Regelung: *Wagner,* Krauskopf, § 34 Rn. 20). 12

Für **Heilmittel** soll durch die Regelung in Abs. 5 ausgeschlossen werden, dass es bei von der Versorgung ausgeschlossenen Arzneimitteln zu einer Substitution durch Heilmittel kommt, die vergleichbar einem Arzneimittel angewendet werden. 13

G. Antragsbefugnis pharmazeutischer Unternehmer, Abs. 6

Zur Umsetzung der **EG-Transparenzrichtlinie** 89/105 (vgl. BT-Drs. 16/4247, 45) sowie im Anschluss an das Urteil des EuGH (Rs. C-317/05, Slg 2006 I – 14

10611 ff – Pohl-Boskamp), ergangen auf Vorlagebeschluss des SG Köln, NZS 2006, 147/147 f.; dazu etwa: *Gassner,* PharmR 2006, 545/545 ff.; *Jäkel,* GesR 2007, 57/57 ff.; *Kortland,* PharmR 2006, 496/496 ff.) normiert das GKV-WSG (§ 1 Rn. 31) ein Antragsverfahren für pharmazeutische Unternehmer zur Aufnahme von Arzneimitteln in die sog. OTC-Liste nach § 34 Abs. 1 S. 2, 4 durch den G-BA. Auf der Grundlage des EuGH-Urteils wird ein der nach Ansicht des EuGH unmittelbar wirkenden Regelung in Art. 6 der Transparenzrichtlinie entsprechendes und mit Abs. 6 in nationales Recht umgesetztes vergleichbares Beteiligungsverfahren auch für weitere im SGB V vorgesehene Preis- und Erstattungsentscheidungen im Hinblick auf Arzneimittel gefordert (vgl. etwa: *Jäkel,* GesR 2007, 57/57 ff.; *Kortland,* PharmR 2006, 496/496 ff.).

15 Der **Antrag auf Aufnahme** ist ausreichend zu begründen, was Unterlagen verlangt, aus denen einwandfrei, methodisch und inhaltlich nachvollziehbar hervorgeht, dass ein Arzneimittel die erforderlichen Kriterien zur Aufnahme erfüllt (vgl. BT-Drs. 16/4247, 45). Bei unzureichender Begründung hat der G-BA dem Antragsteller unverzüglich mitzuteilen, welche zusätzlichen Einzelangaben erforderlich sind (S. 3). Über den Antrag hat der G-BA innerhalb von 90 Tagen zu entscheiden und zugleich über Rechtsmittel und Rechtsmittelfristen zu belehren (S. 4). Eine ablehnende Entscheidung muss eine auf objektiven und überprüfbaren Kriterien beruhende Begründung enthalten (S. 5). Das Antragsverfahren ist gebührenpflichtig (S. 6). Der Gesetzgeber ermächtigt den G-BA, das Nähere „insbesondere" zu den Begründungsanforderungen und zu den Nachweisen zu regeln.

H. Rechtsschutz

16 Soweit der Ausschluss von Arzneimitteln durch Rechtsverordnung des BMG oder Richtlinien des G-BA – damit durch untergesetzliche Rechtsnormen – erfolgt, können die betroffenen Unternehmer sozialgerichtlichen Rechtsschutz vor dem Hintergrund des in Art. 19 Abs. 4 GG garantierten effektiven Rechtsschutzes im Wege der **Feststellungsklage** erreichen (vgl. BSG, SozR 4–2500, § 92 Nr. 5 Rn. 27). Da das BVerfG (NJW 1992, 735/736; vgl. auch NZS 1999, 338/338 ff.) durch den Ausschluss unwirtschaftlicher Arzneimittel das Grundrecht der Berufsfreiheit als berührt ansieht, dürfte das Feststellungsinteresse auch vor dem Hintergrund der späteren, hinsichtlich der Berufung auf Art. 12 GG durch pharmazeutische Unternehmer sehr und zu restriktiven Festbetragsentscheidung des BVerfG (E 106, 275/299 ff.) zu bejahen sein (zum Problem der Berufung auf Art. 12 GG am Beispiel von Therapiehinweisen in Richtlinien: BSG, SozR 4–2500, § 92 Nr. 5 Rn. 27 ff.; vgl. auch im Hinblick auf einen Arzneimittelausschluss durch Richtlinien: SG Köln, NZS 2006, 147/148). Da die ablehnende Entscheidung auf Aufnahme nach Abs. 6 als Verwaltungsakt anzusehen ist, kommen insoweit die entsprechenden, auf den Verwaltungsakt bezogenen sozialgerichtlichen Klagen in Betracht. Versicherte können gegenüber einem Ausschluss bestimmter Arzneimittel inzident Rechtsschutz (vgl. BVerfG, SozR 4–2500, § 34 Nr. 2 Rn. 6 ff.) im Wege einer sozialgerichtlichen Klage gegen den ablehnenden Bescheid ihrer KK auf Leistung erlangen. Für den Vertragsarzt soll die Möglichkeit bestehen, Verordnungsausschlüsse im Rahmen eines Regressverfahrens wegen Verordnung ausgeschlossener Arzneimittel sozialgerichtlich überprüfen zu lassen (*Hess,* KK, § 34 Rn. 19).

§ 34 a *(aufgehoben)*

3. Kapitel. 5. Abschnitt. 1. Titel § 35

§ 35 Festbeträge für Arznei- und Verbandmittel

(1) ¹Der Gemeinsame Bundesausschuss bestimmt in den Richtlinien nach § 92 Abs. 1 Satz 2 Nr. 6, für welche Gruppen von Arzneimitteln Festbeträge festgesetzt werden können. ²In den Gruppen sollen Arzneimittel mit
1. denselben Wirkstoffen,
2. pharmakologisch-therapeutisch vergleichbaren Wirkstoffen, insbesondere mit chemisch verwandten Stoffen,
3. therapeutisch vergleichbarer Wirkung, insbesondere Arzneimittelkombinationen,

zusammengefasst werden; unterschiedliche Bioverfügbarkeiten wirkstoffgleicher Arzneimittel sind zu berücksichtigen, sofern sie für die Therapie bedeutsam sind. ³Die nach Satz 2 Nr. 2 und 3 gebildeten Gruppen müssen gewährleisten, dass Therapiemöglichkeiten nicht eingeschränkt werden und medizinisch notwendige Verordnungsalternativen zur Verfügung stehen; ausgenommen von diesen Gruppen sind Arzneimittel mit patentgeschützten Wirkstoffen, deren Wirkungsweise neuartig ist oder die eine therapeutische Verbesserung, auch wegen geringerer Nebenwirkungen, bedeuten. ⁴Als neuartig gilt ein Wirkstoff, solange derjenige Wirkstoff, der als erster dieser Gruppe in Verkehr gebracht worden ist, unter Patentschutz steht. ⁵Der Gemeinsame Bundesausschuss ermittelt auch die nach Absatz 3 notwendigen rechnerischen mittleren Tages- oder Einzeldosen oder anderen geeigneten Vergleichsgrößen. ⁶Für die Vorbereitung der Beschlüsse nach Satz 1 durch die Geschäftsstelle des Gemeinsamen Bundesausschusses gilt § 106 Abs. 4 a Satz 3 und 7 entsprechend. ⁷Soweit der Gemeinsame Bundesausschuss Dritte beauftragt, hat er zu gewährleisten, dass diese ihre Bewertungsgrundsätze und die Begründung für ihre Bewertungen einschließlich der verwendeten Daten offenlegen. ⁸Die Namen beauftragter Gutachter dürfen nicht genannt werden.

(1 a) ¹Für Arzneimittel mit patentgeschützten Wirkstoffen kann abweichend von Absatz 1 Satz 4 eine Gruppe nach Absatz 1 Satz 2 Nr. 2 mit mindestens drei Arzneimitteln gebildet und ein Festbetrag festgesetzt werden, sofern die Gruppenbildung nur für Arzneimittel erfolgt, die jeweils unter Patentschutz stehen. ²Ausgenommen von der Gruppenbildung nach Satz 1 sind Arzneimittel mit patentgeschützten Wirkstoffen, die eine therapeutische Verbesserung, auch wegen geringerer Nebenwirkungen, bedeuten. ³Die Sätze 1 und 2 gelten entsprechend für Arzneimittelkombinationen, die Wirkstoffe enthalten, die in eine Festbetragsgruppe nach Absatz 1 oder 1 a Satz 1 einbezogen sind oder die nicht neuartig sind.

(1 b) ¹Eine therapeutische Verbesserung nach Absatz 1 Satz 3 zweiter Halbsatz und Absatz 1 a Satz 2 liegt vor, wenn das Arzneimittel einen therapierelevanten höheren Nutzen als andere Arzneimittel dieser Wirkstoffgruppe hat und deshalb als zweckmäßige Therapie regelmäßig oder auch für relevante Patientengruppen oder Indikationsbereiche den anderen Arzneimitteln dieser Gruppe vorzuziehen ist. ²Bewertungen nach Satz 1 erfolgen für gemeinsame Anwendungsgebiete der Arzneimittel der Wirkstoffgruppe. ³Ein höherer Nutzen nach Satz 1 kann auch eine Verringerung der Häufigkeit oder des Schweregrads therapierelevanter Nebenwirkungen sein. ⁴Der Nachweis einer therapeutischen Verbesserung erfolgt aufgrund der Fachinformationen und durch Bewertung von klinischen Studien nach methodischen Grundsätzen der evidenzbasierten Medizin, soweit diese Studien allgemein verfügbar sind oder gemacht werden und ihre Methodik internationalen Standards entspricht. ⁵Vorrangig sind klinische

§ 35

Studien, insbesondere direkte Vergleichsstudien mit anderen Arzneimitteln dieser Wirkstoffgruppe mit patientenrelevanten Endpunkten, insbesondere Mortalität, Morbidität und Lebensqualität, zu berücksichtigen. [6]Die Ergebnisse der Bewertung sind in der Begründung zu dem Beschluss nach Absatz 1 Satz 1 fachlich und methodisch aufzubereiten, sodass die tragenden Gründe des Beschlusses nachvollziehbar sind. [7]Vor der Entscheidung sind die Sachverständigen nach Absatz 2 auch mündlich anzuhören. [8]Vorbehaltlich einer abweichenden Entscheidung des Gemeinsamen Bundesausschusses aus wichtigem Grund ist die Begründung des Beschlusses bekannt zu machen, sobald die Vorlage nach § 94 Abs. 1 erfolgt, spätestens jedoch mit Bekanntgabe des Beschlusses im Bundesanzeiger. [9]Ein Arzneimittel, das von einer Festbetragsgruppe freigestellt ist, weil es einen therapierelevanten höheren Nutzen nur für einen Teil der Patienten oder Indikationsbereiche des gemeinsamen Anwendungsgebietes nach Satz 1 hat, ist nur für diese Anwendungen wirtschaftlich; das Nähere ist in den Richtlinien nach § 92 Abs. 1 Satz 2 Nr. 6 zu regeln.

(2) [1]Sachverständigen der medizinischen und pharmazeutischen Wissenschaft und Praxis sowie der Arzneimittelhersteller und der Berufsvertretungen der Apotheker ist vor der Entscheidung des Gemeinsamen Bundesausschusses Gelegenheit zur Stellungnahme zu geben; bei der Beurteilung von Arzneimitteln der besonderen Therapierichtungen sind auch Stellungnahmen von Sachverständigen dieser Therapierichtungen einzuholen. [2]Die Stellungnahmen sind in die Entscheidung einzubeziehen.

(3) [1]Der Spitzenverband Bund der Krankenkassen setzt den jeweiligen Festbetrag auf der Grundlage von rechnerischen mittleren Tages- oder Einzeldosen oder anderen geeigneten Vergleichsgrößen fest. [2]Der Spitzenverband Bund der Krankenkassen kann einheitliche Festbeträge für Verbandmittel festsetzen. [3]Für die Stellungnahmen der Sachverständigen gilt Absatz 2 entsprechend.

(4) (weggefallen)

(5) [1]Die Festbeträge sind so festzusetzen, dass sie im allgemeinen eine ausreichende, zweckmäßige und wirtschaftliche sowie in der Qualität gesicherte Versorgung gewährleisten. [2]Sie haben Wirtschaftlichkeitsreserven auszuschöpfen, sollen einen wirksamen Preiswettbewerb auslösen und haben sich deshalb an möglichst preisgünstigen Versorgungsmöglichkeiten auszurichten; soweit wie möglich ist eine für die Therapie hinreichende Arzneimittelauswahl sicherzustellen. [3]Die Festbeträge sind mindestens einmal im Jahr zu überprüfen; sie sind in geeigneten Zeitabständen einer veränderte Marktlage anzupassen. [4]Der Festbetrag für die Arzneimittel in einer Festbetragsgruppe nach Absatz 1 Satz 2 Nr. 1 sowie erstmals zum 1. April 2006 auch nach den Nummern 2 und 3 soll den höchsten Abgabepreis des unteren Drittels des Intervalls zwischen dem niedrigsten und dem höchsten Preis einer Standardpackung nicht übersteigen. [5]Dabei müssen mindestens ein Fünftel aller Verordnungen und mindestens ein Fünftel aller Packungen zum Festbetrag verfügbar sein; zugleich darf die Summe der jeweiligen Vomhundertsätze der Verordnungen und Packungen, die nicht zum Festbetrag erhältlich sind, den Wert von 160 nicht überschreiten. [6]Bei der Berechnung nach Satz 4 sind hochpreisige Packungen mit einem Anteil von weniger als 1 vom Hundert an den verordneten Packungen in der Festbetragsgruppe nicht zu berücksichtigen. [7]Für die Zahl der Verordnungen sind die zum Zeitpunkt des Berechnungsstichtages zuletzt verfügbaren Jahresdaten des Arzneimittelindexes der gesetzlichen Krankenversicherung zugrunde zu legen.

(6) Für das Verfahren zur Festsetzung der Festbeträge gilt § 213 Abs. 2 und 3.

(7) ¹Die Festbeträge sind im Bundesanzeiger bekannt zu machen. ²Klagen gegen die Festsetzung der Festbeträge haben keine aufschiebende Wirkung. ³Ein Vorverfahren findet nicht statt. ⁴Eine gesonderte Klage gegen die Gruppeneinteilung nach Absatz 1 Satz 1 bis 3, gegen die rechnerischen mittleren Tages- oder Einzeldosen oder anderen geeigneten Vergleichsgrößen nach Absatz 1 Satz 4 oder gegen sonstige Bestandteile der Festsetzung der Festbeträge ist unzulässig.

(8) ¹Bis zum 31. Dezember 2003 finden die Absätze 1 bis 7 mit Ausnahme der Verweisung in § 36 Abs. 3 und zur Vorbereitung der Festsetzung von Festbeträgen, die ab dem 1. Januar 2004 gelten sollen, keine Anwendung. ²Die nach Absatz 7 und § 35a Abs. 5 bekannt gemachten Festbeträge für verschreibungspflichtige Arzneimittel sind entsprechend den geänderten Handelszuschlägen der Arzneimittelpreisverordnung, zuletzt geändert durch Artikel 24 des Gesetzes vom 14. November 2003 (BGBl. I S. 2190), umzurechnen; die umgerechneten Festbeträge finden ab dem 1. Januar 2004 Anwendung. ³Für die Umrechnung sind keine Stellungnahmen von Sachverständigen einzuholen. ⁴Die Spitzenverbände der Krankenkassen machen die Umrechnung der Festbeträge bis zum 1. Dezember 2003 bekannt; § 35a Abs. 5 Satz 1 gilt entsprechend. ⁵Die umgerechneten Festbeträge nach Satz 2 sowie die aufgrund der §§ 35 und 35a bekannt gemachten Festbeträge für nicht verschreibungspflichtige Arzneimittel in der zuletzt gültigen Fassung bleiben so lange gültig, bis sie neu bestimmt, angepasst oder aufgehoben werden.

Schrifttum: *A. Becker*, Die Steuerung der Arzneimittelversorgung im Recht der GKV, 2006; *U. Reese/H. Posser*, Festbeträge für patentgeschützte Wirkstoffe im GKV-Modernisierungsgesetz, NZS 2005, 245; *P. Wigge/M. Wille*, Die Arzneimittelversorgung im Vertragsarztrecht, HVAR, § 19.

Inhaltsübersicht

	Rn.
A. Überblick	1
B. Bildung der Festbetragsgruppen, Abs. 1, 1a, 1b, 2	3
C. Festsetzung der Festbeträge, Abs. 3, 5, 6	7
D. Rechtsschutz und Übergangsregelung, Abs. 7, 8	9

A. Überblick

Die durch das GRG eingeführte Festbetragsregelung soll eine qualitativ hochwertige Arzneimittelversorgung auf niedrigem Preisniveau durch Preiswettbewerb zwischen den Herstellern bei vergleichbaren Arzneimitteln bewirken und damit zu einer Kostensenkung führen, indem die KKen nach § 31 Abs. 2 die Kosten für Arzneimittel nur bis zur Höhe des Festbetrages tragen und darüber hinausgehende Kosten dem Versicherten obliegen. Die Festbetragsregelung soll zudem **Transparenz** auf dem Arzneimittelmarkt schaffen, indem die für bestimmte Indikationen zur Verfügung stehenden Arzneimittel zusammengestellt und zugleich hinsichtlich Wirksamkeit und **Wirtschaftlichkeit** bewertet werden (BSG, SozR 4–2500, § 35 Nr. 3 Rn. 26). Voraussetzung für die Festsetzung durch den Spitzenverband Bund der KKen ist die Bildung von Festbetragsgruppen durch den G-BA.

Mit der Festbetragsregelung hatten sich aufgrund einer Vorlage des BSG (NZS 1995, 502/502 ff.) sowohl das **BVerfG** im Jahre 2002 (E 106, 275/294 ff.) als auch der EuGH im Jahre 2004 (Rs. C-264/01 ua., Slg. 2004 I – 2493 ff. – AOK Bundesverband; zu den Vorlagen zum EuGH: *Axer,* NZS 2002, 57/57 ff.) zu befassen. Das BVerfG sah in der Festbetragsfestsetzung keinen Verstoß gegen die Allgemeine Handlungsfreiheit der Versicherten (Art. 2 Abs. 1 GG) und gegen die Berufsfreiheit (Art. 12 GG) der Ärzte, während es im Hinblick auf die Pharmahersteller noch nicht einmal den Schutzbereich des Art. 12 GG als berührt ansah. Der EuGH verneinte die Unternehmenseigenschaft der KKen bei der Festsetzung und damit einen Verstoß gegen das EG-Wettbewerbsrecht (Art. 81 EG).

B. Bildung der Festbetragsgruppen, Abs. 1, 1 a, 1 b, 2

3   Nach Abs. 1 hat der G-BA in Richtlinien nach § 92 Abs. 1 S. 2 Nr. 6 **Festbetragsgruppen** für Arzneimittel nach drei Gruppen zu bilden (zu den gebildeten Festbetragsgruppen: Anlage 2 AM-RL [§ 92 Rn. 34]; zu verfassungsrechtlichen Vorgaben für die Gruppenbildung, gerade im Hinblick auf den Gleichbehandlungsgrundsatz [Art. 3 Abs. 1 GG]: *Sodan,* PharmR 2007, 485/489 ff.). Nach Abs. 1 S. 2 Nr. 1 sind wirkstoffgleiche Arzneimittel zusammenzufassen, wozu Arzneimittel mit chemisch identischen Wirkstoffen sowie Kombinationspräparate mit identischer Kombination zählen (vgl. *Hess,* KK, § 35 Rn. 4); dabei sind unterschiedliche Bioverfügbarkeiten zu berücksichtigen, d. h. die Geschwindigkeit und das Ausmaß, mit der ein chemischer Wirkstoff freigesetzt und resorbiert wird und im Körper seine Wirkung entfaltet, sofern sie für die Therapie bedeutsam sind (dazu BSG, SozR 4–2500, § 35 Nr. 3 Rn. 27 ff.). Nach Abs. 1 S. 2 Nr. 2 sind Arzneimittel mit pharmakologisch-therapeutisch vergleichbaren Wirkstoffen zusammenzufassen (dazu: *Hess,* KK, § 35 Rn. 5; *Sodan,* PharmR 2007, 485/486 ff.; *Wigge/Wille,* HVAR, § 19 Rn. 45); nach Abs. 1 S. 2 Nr. 3 sind Arzneimittel mit therapeutisch vergleichbarer Wirkung in einer Gruppe zusammenzustellen (dazu: *Hess,* KK, § 35 Rn. 8). Bei den Gruppenbildungen nach Nr. 2 und Nr. 3 ist zu gewährleisten, dass Therapiemöglichkeiten nicht eingeschränkt werden und medizinisch notwendige Verordnungsalternativen zur Verfügung stehen.

4   Dem **G-BA** obliegt nach Abs. 1 S. 5 auch die Ermittlung der notwendigen rechnerischen mittleren Tages- oder Einzeldosen oder anderer geeigneter Vergleichsgrößen zur Vorbereitung der Festsetzungsentscheidung nach Abs. 3 (dazu: *Hess,* KK, § 35 Rn. 9). Die Umsetzung der Festbetragsregelung soll durch den Einsatz hauptamtlicher Mitarbeiter zur Vorbereitung der Beschlüsse beschleunigt werden (Abs. 1 S. 6; vgl. BT-Drs. 16/194, 7). Die Möglichkeit, Dritte zu beauftragen (Abs. 1 S. 7 f.), ändert nichts an der Letztverantwortung des G-BA (dazu: BT-Drs. 16/691, 15).

5   Von der Gruppenbildung ausgenommen sind nach Abs. 1 S. 3 **patentgeschützte Wirkstoffe** (zur Festsetzung bei patentgeschützten Arzneimitteln allgemein: *Becker,* Steuerung der Arzneimittelversorgung, 250 ff.; *Reese/Posser,* NZS 2005, 244/244 ff.; *Schwerdtfeger,* PharmInd 1995, 828/828 ff.; *Schulin,* Patentschutz und Festbeträge für Arzneimittel, 1993; *Wigge/Wille,* HVAR, § 19 Rn. 49 ff.), deren Wirkungsweise neuartig ist, wobei „neuartig" im Gesetz definiert wird (Abs. 1 S. 4), „oder" (zur Ersetzung des Wortes „und" durch „oder": BT-Drs. 16/194, 7; BT-Drs. 16/691, 15) die eine therapeutische Verbesserung, auch wegen geringerer Nebenwirkung, bedeuten, was in dem durch das AVWG eingefügten Abs. 1 b näher bestimmt wird (zu Sinn und Zweck der Einfügung: BT-Drs. 16/194, 7 ff.; siehe zu Abs. 1 b auch: BT-Drs. 16/691, 16; BT-Drs. 16/930, 1). Abs. 1 a

ermöglicht, als im Verhältnis zu Abs. 1 speziellere Norm, unter den im Einzelnen genannten Voraussetzungen die Bildung von Festbetragsgruppen, in denen nur patentgeschützte, neuartige Arzneimittel enthalten sind (vgl. dazu: BT-Drs. 16/194, 7; BT-Drs. 16/691, 15).

Nach Abs. 2 ist vor der Entscheidung des G-BA den in S. 1 genannten Sachverständigen die Gelegenheit zur **Stellungnahme** zu geben (dazu: *Hess,* KK, § 35 Rn. 19), die schriftlich oder mündlich erfolgen kann. Die Stellungnahmen sind in die Entscheidung einzubeziehen (S. 2), was vom G-BA auch deutlich gemacht werden muss. Die Abgabe und Einbeziehung von Stellungnahmen sind vom G-BA in einer **Verfahrensordnung** geregelt worden (§§ 31 ff. der Verfahrensordnung G-BA). 6

C. Festsetzung der Festbeträge, Abs. 3, 5, 6

Der Spitzenverband Bund der KKen setzt die Festbeträge für Arzneimittel (zur Unzulässigkeit, Festbeträge für oral einzunehmende empfängnisverhütende Mittel festzusetzen: BSG, SozR 3–2500, § 35 Nr. 1) auf der Grundlage der vom G-BA ermittelten Vergleichsgrößen (Abs. 3) und der Festbetragsgruppenbildung (vgl. dazu: *Hess,* KK, § 35 Rn. 26) fest. Festbeträge können auch für Verbandmittel festgesetzt werden (Abs. 3 S. 2). Vor der Festsetzung sind die Stellungnahmen von Sachverständigen entsprechend Abs. 2 einzuholen. Vor dem Hintergrund der Entscheidung des EuGH zur Umsetzung der EG-Transparenzrichtlinie 89/105 (EuGH, Rs. 317/05, Slg. 2006 I – 10611 ff. – Pohl-Boskamp, ergangen auf Vorlagebeschluss des SG Köln, NZS 2006, 147/147 f.; dazu etwa: *Gassner,* PharmR 2006, 545/545 ff.; *Jäkel,* GesR 2007, 57/57 ff; *Kortland,* PharmR 2006, 496/496 ff.) wird auch für die Festbetragsfestsetzung eine Ausweitung der Beteiligungsrechte und Begründungspflichten gefordert (vgl. *Kortland,* PharmR 2007, 190/190 f.). Allerdings hat das BSG (SozR 4–2500, § 35 Nr. 3 Rn. 36 ff.) in einem Urt. aus dem Jahre 2004 keinen Verstoß gegen die nach der Transparenzrichtlinie bestehenden Begründungspflichten angenommen. Das **Festbetragsfestsetzungsverfahren** richtet sich im Übrigen nach Abs. 6. Die Festsetzung wird vom BVerfG (E 106, 275/307 f.) als Allgemeinverfügung qualifiziert und ist im Bundesanzeiger bekannt zu machen (Abs. 7 S. 1). 7

Die Kriterien für die Bestimmung der **Höhe des Festbetrages** ergeben sich aus Abs. 5. Zu beachten ist, dass einerseits im Allgemeinen eine ausreichende zweckmäßige und wirtschaftliche sowie in der Qualität gesicherte Versorgung gewährleistet bleibt und soweit wie möglich eine für die Therapie hinreichende Arzneimittelauswahl sichergestellt ist, andererseits sind Wirtschaftlichkeitsreserven auszuschöpfen und haben sich die Festbeträge daher an möglichst preisgünstigen Versorgungsmöglichkeiten auszurichten. Nach Abs. 5 S. 3 soll der Festbetrag den höchsten Abgabepreis des unteren Drittels des Intervalls zwischen dem niedrigsten und dem höchsten Preis einer Standardpackung nicht übersteigen, wobei der Gesetzgeber für die Berechnung in den S. 5 ff. weitere Vorgaben macht (zum Hintergrund dieser Regelungen: BT-Drs. 16/194, 9; BT-Drs. 16/691, 16; BT-Drs. 16/930, 1). Trotz der gesetzgeberischen Präzisierungen zur Bestimmung der Festbetragshöhe ist diese nach wie vor von unbestimmten Rechtsbegriffen geprägt (zur ausreichenden Bestimmtheit der gesetzlichen Regelung: BVerfGE 106, 275/307 ff.). Bei der Festsetzung besteht insoweit ein gerichtlich nur beschränkt überprüfbarer Beurteilungsspielraum (so auch *Hess,* KK, § 35 Rn. 31; *Wigge/Wille,* HVAR, § 19 Rn. 46; aA. *Hauck,* Peters, KV, § 35 Rn. 46). 8

§ 35 a

D. Rechtsschutz und Übergangsregelung, Abs. 7, 8

9 Da es sich bei der Festsetzung nach Ansicht des BVerfG (E 106, 275/307 f.) um eine Allgemeinverfügung handelt, kommt als Klageart die **Anfechtungsklage** in Betracht (BSG, SozR 3–2500, § 35 Nr. 1 S. 2; zur Zulässigkeit der Fortsetzungsfeststellungsklage bei Erledigung: BSG, SozR 4–2500, § 35 Nr. 3 Rn. 8 ff.). Problematisch ist vor dem Hintergrund der sehr und zu restriktiven Rechtsprechung des BVerfG (E 106, 275/298 ff.) zum Grundrecht der Berufsfreiheit der Pharmahersteller, das als nicht berührt angesehen wird, die Klagebefugnis. Das BSG lässt eine Klage des Herstellers zu, wenn das Arzneimittel durch eine unzutreffende Einstufung seiner Wirksamkeit im Wettbewerb benachteiligt wird (BSG, SozR 4–2500, § 35 Nr. 3 Rn. 9 ff.) bzw. wenn behauptet wird, das hergestellte Arzneimittel habe wegen seiner therapeutischen Sonderstellung bei der Festbetragsfestsetzung nicht in eine Gruppe von Arzneimitteln mit vergleichbaren Wirkstoffen einbezogen werden dürfen (BSG, SozR 4–2500, § 35 Nr. 3 Rn. 12 ff.).

10 Die Klage gegen die Festbetragsfestsetzung (zu Fragen der Beiladung: *Wagner*, Krauskopf, § 35 Rn. 22) hat keine aufschiebende Wirkung (Abs. 7 S. 2; zur Zulässigkeit einer einstweiligen Anordnung: *Hess*, KK, § 35 Rn. 33). Ein Vorverfahren findet nicht statt (Abs. 7 S. 3). Eine gesonderte Klage gegen die **Festbetragsgruppenbildung**, gegen die Vergleichsgrößenbestimmung sowie gegen sonstige Bestandteile der Festsetzung ist unzulässig (Abs. 7 S. 4); diese Teilschritte zur Festsetzung werden im Rahmen einer Klage gegen die Festbetragsfestsetzung inzident überprüft (BSG, SozR 4–2500, § 35 Nr. 3 Rn. 11 für die Festbetragsgruppenbildung).

11 Abs. 8 regelt für die Festsetzung den Übergang – und die Rückkehr – von der Zuständigkeit des BMG durch Rechtsverordnung nach § 35 a in die **Selbstverwaltungszuständigkeit**. Angesichts der seit Mitte der neunziger Jahre bestehenden Rechtsunsicherheit (vgl. BSG, NZS 1995, 502/502 ff.) hinsichtlich der dann im Jahre 2002 vom BVerfG bejahten Zulässigkeit der Festsetzung durch die Selbstverwaltung erfolgte diese aufgrund des Festbetrags-Anpassungsgesetzes v. 27. 7. 2001 bis zum 31. 12. 2003 durch Rechtsverordnung (vgl. dazu *Hess*, KK, § 35 Rn. 35; siehe auch § 35 a).

§ 35 a Rechtsverordnung zu Festbeträgen für Arzneimittel

(1) ¹Abweichend von § 35 wird das Bundesministerium für Gesundheit bis zum 31. Dezember 2003 ermächtigt, im Einvernehmen mit dem Bundesministerium für Wirtschaft und Technologie durch Rechtsverordnung ohne Zustimmung des Bundesrates

1. einmalig die Festbeträge für Arzneimittel anzupassen,
2. im Ausnahmefall bei sachlich gebotenem Änderungsbedarf, insbesondere bei neuem wissenschaftlichem Erkenntnisstand oder infolge gerichtlicher Entscheidungen, Gruppen von Arzneimitteln neu zu bestimmen und für diese Festbeträge festzusetzen.

²Der Gemeinsame Bundesausschuss übermittelt dem Bundesministerium für Gesundheit auf dessen Verlangen Stellungnahmen zu Fragen der Gruppenbildung nach Satz 1 Nr. 2.

(2) ¹Die Festbeträge sind so anzupassen und festzusetzen, dass sie im Allgemeinen eine ausreichende, zweckmäßige und wirtschaftliche sowie in der

3. Kapitel. 5. Abschnitt. 1. Titel **§ 35 a**

Qualität gesicherte Versorgung gewährleisten. ²Sie haben Wirtschaftlichkeitsreserven auszuschöpfen, sollen einen wirksamen Preiswettbewerb auslösen und haben sich deshalb an möglichst preisgünstigen Versorgungsmöglichkeiten auszurichten. ³Dabei müssen mindestens ein Drittel aller Verordnungen und mindestens ein Viertel aller Packungen einer Gruppe zum Festbetrag verfügbar sein; zugleich darf die Summe der jeweiligen Vomhundertsätze der Verordnungen und Packungen, die nicht zum Festbetrag erhältlich sind, den Wert von 100 nicht überschreiten. ⁴Bei der Anpassung nach Absatz 1 Satz 1 Nr. 1 dürfen die Festbeträge höchstens um 27,5 vom Hundert abgesenkt werden. ⁵Berechnungsstichtag für die Anpassung der Festbeträge nach Absatz 1 Satz 1 Nr. 1 ist der 1. Juli 2000. ⁶Es sind die Verordnungsdaten des Arzneimittelindex der gesetzlichen Krankenversicherung des Jahres 1999 zugrunde zu legen; sie sind im Rahmen der Anhörung zu der Rechtsverordnung zur Verfügung zu stellen.

(3) ¹Sofern Gruppen nach Absatz 1 Satz 1 Nr. 2 gebildet werden, sollen Arzneimittel mit
1. denselben Wirkstoffen,
2. pharmakologisch-therapeutisch vergleichbaren Wirkstoffen, insbesondere mit chemisch verwandten Stoffen,
3. therapeutisch vergleichbarer Wirkung, insbesondere Arzneimittelkombinationen,

zusammengefasst werden; unterschiedliche Bioverfügbarkeiten wirkstoffgleicher Arzneimittel sind zu berücksichtigen, sofern sie für die Therapie bedeutsam sind. ²Dabei sind auch die notwendigen rechnerischen mittleren Tages- oder Einzeldosen oder andere geeignete Vergleichsgrößen festzulegen. ³Die nach Satz 1 Nr. 2 und 3 gebildeten Gruppen müssen gewährleisten, dass Therapiemöglichkeiten nicht eingeschränkt werden und medizinisch notwendige Verordnungsalternativen zur Verfügung stehen. ⁴Für Arzneimittel mit patentgeschützten Wirkstoffen, die nach dem 31. Dezember 1995 zugelassen worden sind, werden Festbeträge der Gruppen nach Satz 1 Nr. 2 und 3 nicht gebildet. ⁵Ausgenommen von der Gruppenbildung nach Satz 1 Nr. 2 und 3 sind ferner Arzneimittel mit patentgeschützten Wirkstoffen, deren Wirkungsweise neuartig ist und die eine therapeutische Verbesserung, auch wegen geringerer Nebenwirkungen, bedeuten. ⁶Als neuartig gilt ein Wirkstoff, solange derjenige Wirkstoff, der als erster dieser Wirkstoffklasse in Verkehr gebracht worden ist, unter Patentschutz steht.

(4) Der Spitzenverband Bund der Krankenkassen, der Gemeinsame Bundesausschuss, die pharmazeutischen Unternehmer und die für die Wahrnehmung der wirtschaftlichen Interessen gebildete maßgebliche Spitzenorganisation der Apotheker sind verpflichtet, dem Bundesministerium für Gesundheit die zur Wahrnehmung seiner Aufgaben nach Absatz 1 Satz 1 erforderlichen Informationen zu übermitteln und auf Verlangen notwendige Auskünfte zu erteilen.

(5) ¹Der Spitzenverband Bund der Krankenkassen erstellt und veröffentlicht Übersichten über sämtliche Festbeträge und die betroffenen Arzneimittel und übermittelt diese im Wege der Datenübertragung dem Deutschen Institut für medizinische Dokumentation und Information zur abruffähigen Veröffentlichung im Internet. ²Die Übersichten sind vierteljährlich zu aktualisieren.

(6) Die bisher festgesetzten Festbeträge und gebildeten Gruppen gelten bis zu ihrer Änderung durch Rechtsverordnung nach Absatz 1 Satz 1 fort.

(7) ¹Über die Gültigkeit einer Verordnung nach Absatz 1 Satz 1 entscheidet auf Antrag das Landessozialgericht Berlin. ²Den Antrag kann jede natürliche oder

juristische Person, die geltend macht, durch die Rechtsvorschrift oder deren Anwendung in ihren Rechten verletzt zu sein oder in absehbarer Zeit verletzt zu werden, innerhalb von zwei Jahren nach Bekanntmachung der Rechtsvorschrift stellen. [3]Er ist gegen die Bundesrepublik Deutschland, vertreten durch das Bundesministerium für Gesundheit, zu richten. [4]Das Gericht entscheidet durch Urteil. [5]Kommt das Gericht zu der Überzeugung, dass die Rechtsvorschrift ganz oder teilweise ungültig ist, so erklärt es sie in entsprechendem Umfang für nichtig; in diesem Fall ist die Entscheidung allgemein verbindlich und die Entscheidungsformel vom Antragsgegner ebenso zu veröffentlichen, wie die Rechtsvorschrift bekannt gemacht wurde.[6]Das Gericht kann auf Antrag eine einstweilige Anordnung erlassen, wenn dies zur Abwehr schwerer Nachteile oder aus anderen wichtigen Gründen dringend geboten ist. [7]Die Klage hat keine aufschiebende Wirkung. [8]§ 160 des Sozialgerichtsgesetzes findet Anwendung.

(8) **Die durch Rechtsverordnung bestimmten Gruppen und angepassten oder festgesetzten Festbeträge werden gegenstandslos, wenn nach dem 31. Dezember 2003 eine Neubestimmung, Anpassung oder Festsetzung von Gruppen oder Festbeträgen nach dem dann geltenden Verfahren erfolgt.**

Schrifttum: *A. Becker,* Die Steuerung der Arzneimittelversorgung im Recht der GKV, 2006.

1   Die Vorschrift wurde durch das Festbetragsanpassungsgesetz v. 27. 6. 2001 eingefügt und sollte angesichts der seit Mitte der neunziger Jahre bestehenden Rechtsunsicherheit im Hinblick auf die Zulässigkeit der Festbetragsfestsetzung durch die Selbstverwaltung (vgl. BSG, NZS 1995, 502/502 ff.) die Festsetzung auf eine rechtssichere Grundlage stellen, indem diese bis Ende des Jahres 2003 durch ministerielle **Rechtsverordnung** erfolgte (vgl. dazu: *Becker,* Steuerung der Arzneimittelversorgung, 238 mwN.). Nach Klärung der Verfassungsmäßigkeit der Festsetzung durch die Selbstverwaltung durch das BVerfG (E 106, 275 ff.; zur europarechtlichen Zulässigkeit im Hinblick auf Art. 81 EG, EuGH Rs. C – 264/01 ua., Slg. 2004 I – 2493 ff. – AOK Bundesverband) ist die Kompetenz ab dem 1. 1. 2004 wieder auf die **Selbstverwaltung** zurückgegangen (s. § 35 Abs. 8). Die durch Rechtsverordnung bestimmten Gruppen und angepassten oder festgesetzten Festbeträge bleiben bis zu einer Neubestimmung nach den Regeln des dann geltenden Rechts in Kraft (Abs. 8; vgl. dazu: *Hess,* KK, § 35 a Rn. 2 ff.).

§ 35 b Bewertung des Nutzens und der Kosten von Arzneimitteln

(1)[1]**Das Institut für Qualität und Wirtschaftlichkeit im Gesundheitswesen kann nach § 139 b Abs. 1 und 2 beauftragt werden, den Nutzen oder das Kosten-Nutzen-Verhältnis von Arzneimitteln zu bewerten.** [2]Bewertungen nach Satz 1 können für jedes erstmals verordnungsfähige Arzneimittel mit patentgeschützten Wirkstoffen sowie für andere Arzneimittel, die von Bedeutung sind, erstellt werden. [3]Die Bewertung erfolgt durch Vergleich mit anderen Arzneimitteln und Behandlungsformen unter Berücksichtigung des therapeutischen Zusatznutzens für die Patienten im Verhältnis zu den Kosten.[4]Beim Patienten-Nutzen sollen insbesondere die Verbesserung des Gesundheitszustandes, eine Verkürzung der Krankheitsdauer, eine Verlängerung der Lebensdauer, eine Verringerung der Nebenwirkungen sowie eine Verbesserung der Lebensqualität, bei der wirtschaftlichen Bewertung auch die Angemessenheit und Zumutbarkeit einer

Kostenübernahme durch die Versichertengemeinschaft angemessen berücksichtigt werden. [5]Das Institut bestimmt auftragsbezogen über die Methoden und Kriterien für die Erarbeitung von Bewertungen nach Satz 1 auf der Grundlage der in den jeweiligen Fachkreisen anerkannten internationalen Standards der evidenzbasierten Medizin und der Gesundheitsökonomie.[6]Das Institut gewährleistet bei der auftragsbezogenen Erstellung von Methoden und Kriterien und der Erarbeitung von Bewertungen hohe Verfahrenstransparenz und eine angemessene Beteiligung der in § 35 Abs. 2 und § 139 a Abs. 5 Genannten. [7]Das Institut veröffentlicht die jeweiligen Methoden und Kriterien im Internet.[8]Die Sätze 3 bis 7 gelten auch für bereits begonnene Nutzenbewertungen.

(2) [1]Die Bewertungen nach Absatz 1 werden dem Gemeinsamen Bundesausschuss als Empfehlung zur Beschlussfassung nach § 92 Abs. 1 Satz 2 Nr. 6 zugeleitet. [2]Sie sind in geeigneten Abständen zu überprüfen und erforderlichenfalls anzupassen.[3]Bei Vorliegen neuer wissenschaftlicher Erkenntnisse ist die Bewertung auf Antrag der Hersteller zu überprüfen.

(3)[1]Für die Abgabe von Bewertungen zum Stand der wissenschaftlichen Erkenntnis über die Anwendung von zugelassenen Arzneimitteln für Indikationen und Indikationsbereiche, für die sie nach dem Arzneimittelgesetz nicht zugelassen sind, beruft das Bundesministerium für Gesundheit Expertengruppen beim Bundesinstitut für Arzneimittel und Medizinprodukte. [2]Absatz 2 Satz 1 gilt entsprechend. [3]Eine entsprechende Bewertung soll nur mit Zustimmung des pharmazeutischen Unternehmens erstellt werden.

(4) Gesonderte Klagen gegen Bewertungen nach den Absätzen 1 und 3 sind unzulässig.

Schrifttum: *A. Becker,* Die Steuerung der Arzneimittelversorgung im Recht der GKV, 2006; *K. Engelmann,* Die Kontrolle medizinischer Standards durch die Sozialgerichtsbarkeit, MedR 2006, 245; *R. Francke/D. Hart,* Bewertungskriterien und -methoden nach dem SGB V, MedR 2008, 2; *U. M. Gassner,* Legitimitätsprobleme der Kosten-Nutzen-Bewertung von Arzneimitteln, PharmR 2007, 441; *T. Kingreen/S. Henck,* Prozedurale Anforderungen an die Arzneimittelbewertung durch das Institut für Qualität und Wirtschaftlichkeit im Gesundheitswesen und dem Gemeinsamen Bundesausschuss, PharmR 2007, 353; *J.W. Kügel,* Beteiligung und Rechtsschutz der Arzneimittelhersteller bei der Nutzenbewertung von Arzneimitteln durch das IQWiG, NZS 2006, 232, 297; *B. M. Maassen/D. Uwer,* Verfahrensrechtliche Fragen zum Methodenpapier des Instituts für Qualität und Wirtschaftlichkeit im Gesundheitswesen vom 1. März 2005, MedR 2006, 32; *R. Pitschas,* Information der Leistungserbringer und Patienten im rechtlichen Handlungsrahmen von G-BA und IQWiG: Voraussetzungen und Haftung, MedR 2008, 34; *S. Rixen,* Verhältnis von IQWiG und G-BA: Vertrauen oder Kontrolle? – Insbesondere zur Bindungswirkung der Empfehlungen des IQWiG, MedR 2008, 24; *D. Roters,* Die Bewertung medizinischer Methoden nach der Verfahrensordnung des G-BA, NZS 2007, 176; *R. Schlegel,* Gerichtliche Kontrolle von Kriterien und Verfahren, MedR 2008, 30; *M. Wille/E. Koch,* Gesundheitsreform 2007, 2007.

Inhaltsübersicht

	Rn.
A. Überblick	1
B. Nutzen- und die Kosten-Nutzen-Bewertung von Arzneimitteln, Abs. 1	2
C. Bedeutung der Bewertungen, Abs. 2	6
D. Bewertungen zum Off-Label-Use, Abs. 3	8
E. Rechtsschutz, Abs. 4	9

A. Überblick

1   Die durch das GMG mit § 35 b eingeführte **Nutzenbewertung** wurde durch das GKV-WSG (§ 1 Rn. 31) um die Möglichkeit einer **Kosten-Nutzen-Bewertung** erweitert. Zuständig für die Bewertungen ist das nach § 139 a vom G-BA in Rechtsform einer privaten Stiftung errichtete **IQWiG**, das, wenn und weil es hoheitliche Aufgaben wahrnimmt, als Beliehener handelt. Dessen Bewertungen erlangen Verbindlichkeit in der GKV erst durch entsprechende Richtlinienbeschlüsse des G-BA (Abs. 2), so dass Klagen wegen fehlerhafter Bewertung gegen ihn zu richten sind (Abs. 4). Nach Abs. 3 kann der G-BA auf der Grundlage der Bewertungen einer Expertengruppe bei der nach Arzneimittelrecht zuständigen Behörde in Richtlinien den Off-Label-Use zulassen.

B. Nutzen- und die Kosten-Nutzen-Bewertung von Arzneimitteln, Abs. 1

2   Nach Abs. 1 kann das **IQWiG** (§ 139a; dazu § 139a Rn. 1 ff.) durch den G-BA gemäß § 139b Abs. 1 (zur Zusammenarbeit von IQWiG und G-BA vgl. §§ 38 ff.) der Verfahrensordnung des G-BA; zu haftungsrechtlichen Fragen beim Handeln des IQWiG: *Pitschas*, MedR 2008, 34/37 ff.) oder durch das BMG gemäß § 139b Abs. 2 beauftragt werden, den Nutzen und das Kosten-Nutzen-Verhältnis von Arzneimitteln zu bewerten. Die Nutzenbewertung ist auf die Bewertung des diagnostischen und therapeutischen Nutzens gerichtet und hat den Nutzen eines Arzneimittels im Vergleich zu bereits vorhandenen Therapiemöglichkeiten zu bewerten (vgl. zur Nutzenbewertung: BT-Drs. 15/1525, 88 f. mit einem Drei-Stufen-Modell, differenziert nach Wirkstoffen mit neuem Wirkprinzip und verbesserter Wirkung [Stufe A], Wirkstoffen mit einem bereits zugelassenen Arzneimittel entsprechendem Wirkprinzip mit verbesserter Wirkung [Stufe B] und Wirkstoffen mit neuem oder entsprechendem Wirkprinzip, aber ohne verbesserte Wirkung [Stufe C]; s. dazu auch: *Becker*, Steuerung der Arzneimittelversorgung, 179 ff.; allgemein zur Nutzenbewertung medizinischer Methoden: *Francke/Hart*, MedR 2008, 2/2 ff.; *Roters*, NZS 2007, 176/176 ff.). Die Bewertung des therapeutischen Nutzens ist nach Ansicht des LSG NRW dem IQWiG nicht ausschließlich übertragen worden, so dass § 35 b im Hinblick auf die Veröffentlichung einer Me-Too-Liste auf der Grundlage von § 84 Abs. 1 keine Sperrwirkung zeitigt (PharmR 2007, 285/289).

3   Durch die mit dem GKV-WSG (§ 1 Rn. 31) eingefügte Erweiterung der Bewertungsmöglichkeiten um eine **Kosten-Nutzen-Bewertung** soll der medizinische Nutzen auch wirtschaftlich bewertet werden (vgl. BT-Drs. 16/3100, 103). Für die Bewertung des Verhältnisses zwischen Nutzen und Kosten wird der therapeutische Zusatznutzen für den Patienten in Relation auch zu den Kosten gesetzt, die für die Versichertengemeinschaft entstehen, wobei die Zumutbarkeit und Angemessenheit der Kosten zu bewerten sind (S. 4). Bei der Bewertung des Patientennutzens sind insbesondere eine Verbesserung des Gesundheitszustandes, die Verkürzung der Krankheitsdauer, die Verlängerung der Lebensdauer, die Verringerung der Nebenwirkungen und die Verbesserung der Lebensqualität zu berücksichtigen (S. 4; vgl. dazu auch BT-Drs. 16/4247, 45), wobei auch diese Kriterien bereits wirtschaftliche Aspekte einschließen.

4   Die **Methoden und Kriterien**, die das IQWiG zugrundelegt, sind im Internet zu veröffentlichen (S. 7) und transparent zu machen, wobei der Gesetzgeber aus-

drücklich eine „hohe Verfahrenstransparenz" verlangt (S. 6). Zudem muss eine angemessene Beteiligung der in § 35 Abs. 2 und § 139a Abs. 5 genannten Sachverständigen, Arzneimittelhersteller und Patientenvertreter gewährleistet sein (vgl. zu den verfahrensrechtlichen Anforderungen an die Bewertung: *Kingreen/Henck,* PharmR 2007, 353/355 ff.). Deren Stellungnahmen sind nach § 35 Abs. 2 S. 2, § 139a Abs. 5 S. 2 in die Entscheidung einzubeziehen, was eine erkennbare und fundierte Auseinandersetzung mit den Stellungnahmen erfordert. Selbst wenn der Gesetzgeber im Gesetzgebungsverfahren zum GKV-WSG (§ 1 Rn. 31) die Kriterien für die Kosten-Nutzen-Bewertung noch präzisiert hat (vgl. dazu BT-Drs. 16/3950, 10 f.; BT-Drs. 16/4020, 1 f.) und er in S. 6 (vgl. auch § 139a Abs. 4) eine Bewertung auf der Grundlage der in den jeweiligen Fachkreisen anerkannten internationalen Standards der evidenzbasierten Medizin und der Gesundheitsökonomie fordert, ist nicht zu übersehen, dass dem IQWiG und dem G-BA noch ein sehr weiter Gestaltungsspielraum verbleibt (zum Methodenpapier des IQWiG, in dem Verfahren und Methoden der Bewertung näher bestimmt werden: *Maassen/ Uwer,* MedR 2006, 32/32 ff.; *Wille/Koch,* Gesundheitsreform, 2007, Rn. 226 ff.).

Nutzen- und Kosten-Nutzen-Bewertungen können für jedes erstmals verordnungsfähige Arzneimittel mit patentgeschützten Wirkstoffen sowie für andere Arzneimittel, die von Bedeutung sind, erstellt werden (S. 2). Von Bedeutung ist ein Arzneimittel etwa dann, wenn es einen hohen Marktanteil oder eine besondere Wichtigkeit für eine bestimmte medizinische Indikation besitzt (vgl. *Hess,* KK, § 35b Rn. 20). Vor der **Kosten-Nutzen-Bewertung** wird regelmäßig erst eine **Nutzenbewertung** stehen, weil eine Kosten-Nutzen-Bewertung nur Sinn macht, wenn das jeweilige Arzneimittel einen höheren Nutzen erwarten lässt (vgl. *Rostalski,* Ersk. 2007, 224/226), so dass sich ein zweistufiges Verfahren anbietet. Soweit Bewertungen am 31.3.2007 noch nicht abgeschlossen waren, sind diese nach den Neuregelungen in den S. 3 bis 7 durchzuführen (S. 8; vgl. dazu: *Kingreen/ Henck,* PharmR 2007, 353/354 ff.; *Rostalski,* Ersk. 2007, 224/226). 5

C. Bedeutung der Bewertungen, Abs. 2

Die Bewertungen durch das IQWiG sind als **Empfehlungen** an den G-BA zur Beschlussfassung in Form von **Richtlinien** gerichtet (S. 1). Als gutachterliche Stellungnahme (*Hess,* KK, § 35b Rn. 29) binden die Empfehlungen den G-BA nicht und entfalten unmittelbar keine rechtlichen Wirkungen nach außen (vgl. BSG, SozR 4–2500, § 92 Nr. 5 Rn. 72). Der G-BA entscheidet autonom und kann von den Empfehlungen abweichen, was allerdings einen erheblichen Begründungs- und Rechtfertigungsaufwand nach sich ziehen dürfte (zur Bedeutung der Empfehlungen vgl. *Kügel,* NZS 2006, 232/233; *Rixen,* MedR 2008, 24/27 ff.; zu den verfahrensrechtlichen Anforderungen an die Entscheidung des G-BA: *Kingreen/Henck,* PharmR 2007, 353/362 f.). Die rechtliche und inhaltliche Verantwortung für die Bewertungen trägt allein der G-BA in dem Umfang, wie er sie in Richtlinien beschließt und ihnen damit normative Wirkung nach außen gibt, so dass sich etwa Klagen wegen fehlerhafter Bewertung (vgl. dazu auch Abs. 4) gegen ihn zu richten haben. Durch den Beschluss sind die Bewertungen als Hinweise zu Indikation und therapeutischem Nutzen in die Information für Vertragsärzte nach § 73 Abs. 8 aufzunehmen, bilden einen Maßstab für die Wirtschaftlichkeitsprüfung nach § 106 Abs. 5b, wirken auf die Festbetragsgruppenbildung nach § 35 ein und vermögen Verordnungsausschlüsse nach § 34 zu rechtfertigen (vgl. dazu: *Hess,* KK, § 35a Rn. 30; siehe auch: *Becker,* Steuerung der Arzneimittelversor- 6 gung, 182 f.). Die Kosten-Nutzen-Bewertung ermöglicht zudem die Festsetzung eines Erstattungshöchstbetrages nach § 31 Abs. 2 a. IQWiG und G-BA haben mit der Kosten-Nutzen-Bewertung aufgrund der damit verbundenen Rechtsfolgen weit reichende Befugnisse (verfassungsrechtliche Kritik bei *Gassner,* PharmR 2007, 441/442 ff.).

7 Die Bewertungen sind durch das IQWiG in geeigneten Abständen zu überprüfen und gegebenenfalls zu aktualisieren (S. 2, vgl. dazu: *Hess,* KK, § 35 b Rn. 31). Bei Vorliegen neuer wissenschaftlicher Erkenntnisse ist die Bewertung auch auf **Antrag des Herstellers** an den G-BA durch das IQWiG zu überprüfen (S. 3 vgl. dazu: *Hess,* KK, § 35 b Rn. 31).

D. Bewertungen zum Off-Label-Use, Abs. 3

8 Abs. 3 ermöglicht die Abgabe von Bewertungen zum Stand der wissenschaftlichen Erkenntnisse über die Anwendung von an sich zugelassenen Arzneimitteln für Indikationen und Indikationsbereiche, in denen sie nach dem AMG nicht zugelassen sind (sog. **Off-Label-Use**), um damit die Voraussetzungen für einen entsprechenden Anspruch des Versicherten auf Versorgung zu schaffen (BT-Drs. 15/1525, 88 f.; kritisch zu der Regelung: *Becker,* Steuerung der Arzneimittelversorgung, 184). Zuständig für die Bewertung sind bei der nach Arzneimittelrecht zuständigen Behörde angesiedelte, vom BMG berufene Expertengruppen. Die Bewertung soll nach S. 4 aus Gründen der arzneimittelrechtlichen Haftung des Unternehmers (dazu: *Hess,* KK, § 35 a Rn. 32, 35) nur mit Zustimmung des jeweiligen pharmazeutischen Unternehmens erstellt werden (S. 4). Die Bewertungen durch die Expertengruppen sind dem G-BA als Empfehlungen zur Beschlussfassung in Richtlinien zuzuleiten (S. 3; vgl. dazu Nr. 24 ff. AM-RL [(§ 92 Rn. 34] sowie die Entscheidungsgrundlage des Unterausschusses Arzneimittel des G-BA).

E. Rechtsschutz, Abs. 4

9 Abs. 4 schließt gesonderte Klagen gegen die Bewertungen durch das IQWiG (Abs. 1) und durch die Expertengruppen (Abs. 3) aus, da die Bewertungen als solche noch keine unmittelbaren Wirkungen nach außen besitzen, diese besteht erst nach **Beschluss durch den G-BA** (vgl. dazu auch: *Maassen/Uwer,* MedR 2006, 32/37 f.; kritisch zum Ausschluss: *Kügel,* NZS 2006, 297/301 f.). Klagen sind daher gegen den G-BA zu richten, wobei das IQWiG beizuladen sein soll (vgl. *Hess,* KK, § 35 b Rn. 36). Als Klageart gegen die Richtlinienregelung kommt die **Feststellungsklage** in Betracht (vgl. zur Zulässigkeit der Feststellungsklage allgemein: BSG, SozR 4–2500, § 92 Nr. 5 Rn. 27 f.; für Anfechtungsklage: *Kügel,* NZS 2006, 297/302). Für das Feststellungsinteresse des pharmazeutischen Unternehmers gelten die Ausführungen zur Klagebefugnis beim Rechtsschutz gegen die Festbetragsfestsetzung nach § 35 entsprechend (siehe die Kommentierung zu § 35 Rn. 9 f.). Angesichts der unbestimmten Rechtsbegriffe und der erforderlichen vorzunehmenden „Bewertung" kommt dem G-BA bei der Normsetzung mittels Richtlinie ein nicht der vollen gerichtlichen Kontrolle unterliegender Gestaltungsspielraum zu (vgl. allgemein zur gerichtlichen Kontrolldichte: *Engelmann,* MedR 2006, 245/249 ff.; *Schlegel,* MedR 2008, 30/31 ff.; siehe auch: BSG, SozR 4–2500, § 92 Nr. 5 Rn. 67 ff.).

§ 35 c Zulassungsüberschreitende Anwendung von Arzneimitteln in klinischen Studien

¹Außerhalb des Anwendungsbereichs des § 35 b Abs. 3 haben Versicherte Anspruch auf Versorgung mit zugelassenen Arzneimitteln in klinischen Studien, sofern hierdurch eine therapierelevante Verbesserung der Behandlung einer schwerwiegenden Erkrankung im Vergleich zu bestehenden Behandlungsmöglichkeiten zu erwarten ist, damit verbundene Mehrkosten in einem angemessenen Verhältnis zum erwarteten medizinischen Zusatznutzen stehen, die Behandlung durch einen Arzt erfolgt, der an der vertragsärztlichen Versorgung oder an der ambulanten Versorgung nach den §§ 116 b und 117 teilnimmt, und der Gemeinsame Bundesausschuß der Arzneimittelverordnung nicht widerspricht. ²Eine Leistungspflicht der Krankenkasse ist ausgeschlossen, sofern das Arzneimittel aufgrund arzneimittelrechtlicher Vorschriften vom pharmazeutischen Unternehmen kostenlos bereitzustellen ist. ³Der Gemeinsame Bundesausschuss ist mindestens zehn Wochen vor dem Beginn der Arzneimittelverordnung zu informieren; er kann innerhalb von acht Wochen nach Eingang der Mitteilung widersprechen, sofern die Voraussetzungen nach Satz 1 nicht erfüllt sind. ⁴Das Nähere, auch zu den Nachweisen und Informationspflichten, regelt der Gemeinsame Bundesausschuss in den Richtlinien nach § 92 Abs. 1 Satz 2 Nr. 6. ⁵Leisten Studien nach Satz 1 für die Erweiterung einer Zulassung einen entscheidenden Beitrag, hat der pharmazeutische Unternehmer den Krankenkassen die Verordnungskosten zu erstatten. ⁶Dies gilt auch für eine Genehmigung für das Inverkehrbringen nach europäischem Recht.

Schrifttum: *M. Wille/E. Koch,* Gesundheitsreform 2007, 2007.

Mit der durch das GKV-WSG (§ 1 Rn. 31) eingefügten Regelung wird erstmals für die ambulante Versorgung unter engen Voraussetzungen die Möglichkeit eröffnet, Arzneimittel außerhalb ihrer Zulassung zu Lasten der GKV zu gewähren, sofern dies im Zusammenhang mit **klinischen Studien** (zu den Anforderungen an die klinischen Studien: BT-Drs. 16/4247, 46) erfolgt und eine therapierelevante Verbesserung in der Behandlung einer schwerwiegenden Erkrankung gegenüber den vorhandenen therapeutischen Alternativen zu erwarten ist. Durch die Neuregelung soll die Versorgung in den Fällen verbessert werden, in denen durch die Versorgung mit zugelassenen Arzneimitteln im zugelassenen Anwendungsbereich allein keine ausreichende Versorgung sichergestellt und für die deshalb eine rationale Therapie im Rahmen von klinischen Prüfungen entwickelt wird (zu Zweck und Inhalt der Regelung: BT-Drs. 16/4247, 45 ff.; siehe auch: *Wille/Koch,* Gesundheitsreform 2007, Rn. 190 ff.). In der Gesetzesbegründung wird beispielhaft auf die Kinderonkologie verwiesen (BT-Drs. 16/4247, 45 f.), in der oftmals nur Präparate zur Verfügung stünden, die für diese Altersgruppe nicht zugelassen sind, so dass die Behandlung im Rahmen von klinischen Prüfungen durchgeführt werden müsse. 1

Die klinischen Studien sind mindestens zehn Wochen vor ihrem Beginn beim **G-BA** zu melden, der innerhalb von acht Wochen nach Eingang der Mitteilung unter Angabe nachvollziehbarer und objektiver Kriterien widersprechen kann (vgl. BT-Drs. 16/4247, 46), wenn aus seiner Sicht die Voraussetzungen nach S. 1 nicht gegeben sind (zum Prüfungsumfang durch den G-BA: BT-Drs. 16/4247, 46). Erforderlich für den Beginn der Verordnung im Rahmen der klinischen Studie ist weiterhin das Vorliegen der entsprechenden arzneimittelrechtlichen Geneh- 2 migung (BT-Drs. 16/4247, 46). Der Gesetzgeber ermächtigt den G-BA in Richtlinien das Nähere, auch zu den Nachweisen und Informationspflichten, zu regeln (S. 4). S. 5, 6 betreffen die Kostentragung. Kein Leistungsanspruch besteht, wenn das entsprechende Arzneimittel nach arzneimittelrechtlichen Vorschriften kostenlos bereitzustellen ist (S. 2).

§ 36 Festbeträge für Hilfsmittel

(1) [1]Der Spitzenverband Bund der Krankenkassen bestimmt Hilfsmittel, für die Festbeträge festgesetzt werden. [2]Dabei sollen unter Berücksichtigung des Hilfsmittelverzeichnisses nach § 139 in ihrer Funktion gleichartige und gleichwertige Mittel in Gruppen zusammengefasst und die Einzelheiten der Versorgung festgelegt werden. [3]Den Spitzenorganisationen der betroffenen Hersteller und Leistungserbringer ist unter Übermittlung der hierfür erforderlichen Informationen innerhalb einer angemessenen Frist vor der Entscheidung Gelegenheit zur Stellungnahme zu geben; die Stellungnahmen sind in die Entscheidung einzubeziehen.

(2) [1]Der Spitzenverband Bund der Krankenkassen setzt für die Versorgung mit den nach Absatz 1 bestimmten Hilfsmitteln einheitliche Festbeträge fest. [2]Absatz 1 Satz 3 gilt entsprechend. [3]Die Hersteller und Leistungserbringer sind verpflichtet, dem Spitzenverband Bund auf Verlangen die zur Wahrnehmung der Aufgaben nach Satz 1 und nach Absatz 1 Satz 1 und 2 erforderlichen Informationen und Auskünfte, insbesondere auch zu den Abgabepreisen der Hilfsmittel, zu erteilen.

(3) § 35 Abs. 5 und 7 gilt entsprechend.

Schrifttum: *J. Beck,* Festsetzung von Festbeträgen in GKV. Nach dem Urteil aus Karlsruhe, SozSich 2003, 50; *W. Kaesbach,* Arneimittel-Festbeträge – die Erfolgsgeschichte geht weiter, BKK 2004, 530; *U. Knispel,* Krankenkassen als Adressaten des Kartellrechts, NZS 1998, 563; *P. Kraftberger,* Verfassungsrichter bestätigen Festbeträge, BKK 2003, 38; *H. Posser/ R.-G. Müller,* Arzneimittelmarkt 2004 – EuGH, Nutzenbewertung und Leistungsausschlüsse, NZS 2004, 247; *St. Rixen,* Wettbewerb im Gesundheitswesen zwischen Gewährleistungsstaat und Grundrechtsschutz, Schmehl/Wallrabenstein I, S. 109; *K.-P. Schultz,* Krankenkassen als Adressaten des Kartellrechts, NZS 1998, 269; *R. Weber,* Festbeträge für Hörgeräte im Sinne des SGB V, SGb 2003, 440.

Inhaltsübersicht

	Rn.
A. Überblick	1
B. Normzweck und Rechtmäßigkeit der Regelung	3
I. Steuerungsziele	3
II. Verfassungsmäßigkeit des § 36	4
III. Kartellrechtliche Einwände	5
C. Die Verfahrensschritte der Festbetragsfestsetzung	6
I. Bildung von Festbetragsgruppen, Abs. 1	6
II. Ermittlung und Festsetzung der Festbeträge, Abs. 2, 3	8
III. Publikation und regelmäßige Überprüfung	9
IV. Rechtsschutz	10

A. Überblick

1 Nach § 36 Abs. 1 S. 1, S. 2 legt der SpiBuKK für Hilfsmittel gleichartiger und gleichwertiger Funktionen bundesweite Festbeträge fest. Diese Festsetzung, deren **Rechtmäßigkeit** von BVerfG und EuGH gegen verfassungs- und kartellrecht-

liche Kritik **bejaht** worden ist (Rn. 4, 5), begrenzt den Erstattungshöchstbetrag der KK: Kostet ein zu Lasten der GKV abgegebenes Hilfsmittel mehr, als der Festbetrag vorsieht, so erfüllt die KK ihre Leistungspflicht mit dem Festbetrag (§ 12 Abs. 2); höhere Kosten sind dann vom Versicherten selbst zu tragen (Aufzahlung), ohne dass er auf die Härtefallregelungen für Zuzahlungen (§§ 61, 62) ausweichen könnte. Die Festbeträge werden in einem **zweistufigen Verfahren** bestimmt, bei dem zuerst festbetragsfähige Hilfsmittelbereiche ausgewählt (Abs. 1; Rn. 6 f.) und sodann für diese Bereiche nach Untergruppen einheitliche Festbeträge ermittelt und anschließend festgesetzt werden (Abs. 2 S. 1; Rn. 8).

Derzeit sind nach Beschlüssen v. 23. 10. 2006 und v. 3. 12. 2007 (download unter: www.ikk.de/ikk/generator/ikk/fuer-medizinberufe/hilfs-und-pflegemittel/ 3382,i=1.html) **für sechs Hilfsmittelarten** untergruppenbezogene **Festbeträge** festgesetzt: Hörhilfen (PG 13; gültig seit 1. 1. 2007), Inkontinenzhilfen (PG 15; gültig seit 1. 1. 2007), Stomaartikel (PG 29; gültig seit 1. 1. 2007), Einlagen (PG 08; gültig seit 1. 3. 2008), Sehhilfen (PG 25; Brillengläser, Kontaktlinsen, Brillenglasbestimmung [Refraktionierung]; gültig seit 1. 3. 2008) und Hilfsmittel zur Kompressionstherapie (PG 17; gültig seit 1. 1. 2008). Nach früherem Recht (vgl. § 36 Abs. 2 S. 1 aF.) bestehende landesweite Festbeträge für Rollstühle, Krankenbetten und Bandagen sind mWv. 1. 1. 2005 fortgefallen.

B. Normzweck und Rechtmäßigkeit der Regelung

I. Steuerungsziele

Wegen des Sachleistungsprinzips besteht in der GKV weder für Versicherte noch für Ärzte ein Anreiz für eine kostengünstige Versorgung mit Hilfsmitteln. In der Vergangenheit hat das zu teilweise erheblichen Preisspannen zwischen Hilfsmitteln mit gleichartiger und gleichwertiger Wirkung geführt. Deswegen soll durch die Bildung von Festbeträgen für bestimmte Hilfsmittelgruppen den Versicherten – bei Beibehaltung des Ziels einer qualitativ hochwertigen Versorgung sowie der Freiheit, sich teurere Mittel verordnen zu lassen – ein **Anreiz für die Wahl kostengünstiger Hilfsmittel** gegeben werden. Das wiederum soll zu Transparenz, zur Ausschöpfung von Wirtschaftlichkeitsreserven und zur Auslösung eines wirksamen Preiswettbewerbs unter den Anbietern beitragen (BT-Drs. 11/2237, 139; 11/3480, 73 f.).

II. Verfassungsmäßigkeit des § 36

Das **BVerfG** hat mit Urteil vom 17. 12. 2002 (BVerfGE 106, 275 ff.) festgestellt, dass § 36 **mit dem Grundgesetz vereinbar** sind. Gegenüber den Herstellern fehle es bereits an einem Eingriff in Art. 12 Abs. 1 GG, weil die Festbetragsfestsetzung keine objektiv berufsregelnde Tendenz besitze; es handele sich nur um eine Beeinträchtigung der Marktchancen als Reflex der auf das System der GKV bezogenen Regelung (S. 298 ff.; dieser Sicht – wegen § 31 Abs. 1 BVerfGG – folgend: BSG, SozR 4–2500, § 36 Nr. 1 Rn. 7 f.; zust. ferner *Beck*, SozSich 2003, 50 ff.; *Kaesbach*, BKK 2004, 530 ff.; *Kraftberger*, BKK 2003, 38 ff.; aA. BSG, NZS 1995, 502/504 ff.; *J. Fahlbusch*, SGb 2003, 464 ff.; *Rixen*, Sozialrecht als öffentliches Wirtschaftsrecht, 2005, S. 235; *ders.*, Schmehl/Wallrabenstein I, S. 109/115 ff.). In die Grundrechte der Versicherten nach Art. 2 Abs. 1 GG (Einengung der Wahlfreiheit) und der Ärzte nach Art. 12 Abs. 1 GG (Therapieverantwortung und Informationspflicht gegenüber den Versicherten) werde zwar eingegriffen, doch sei dieser Eingriff gerechtfertigt. Anders als das BSG in seiner Vorlage (NZS 1995, 502/508 ff.) wertete das BVerfG die Festbetragsfestsetzung dabei als **Allgemeinverfügung.** Den Spitzenverbänden sei keine über die Konkretisierung des § 12 hinausgehende neue Aufgabe übertragen worden, und es sei auch hinreichend genau festgelegt, an welchen Tatsachen sich die Verbände bei der Gruppenbildung auszurichten hätten und welchen Drittbetroffenen Gehör zu gewähren sei (BVerfGE 106, 275/300). Die Deutung als Verwaltungsakt habe zudem den **Vorteil unmittelbaren Rechtsschutzes der Versicherten,** während bei Annahme einer Rechtsverordnung deren direkte richterliche Kontrolle nicht möglich sei (BVerfGE 106, 275/307 ff.). Wegen der Eigenart des zu ordnenden Sachbereichs wahre § 36 auch das rechtsstaatliche **Bestimmtheitsgebot** (BVerfGE 106, 275/308 f.). Die Anforderungen des § 12 seien ständig im Fluss, so dass die hierfür maßgebenden unbestimmten Rechtsbegriffe einer ständigen typisierenden Konkretisierung durch die Selbstverwaltung zur Gewährleistung der Gleichbehandlung der Versicherten bedürften.

III. Kartellrechtliche Einwände

5   Streitig war auch, ob das Festbetragssystem mit Wettbewerbsrecht vereinbar ist. **BGH** (NZS 2002, 147; dazu *Axer,* NZS 2002, 57/57 ff.) und **OLG Düsseldorf** (EuZW 1999, 188 ff.; zust. *Schultz,* NZS 1998, 269 ff.; abl. *Knispel,* NZS 1998, 563 ff.) hatten die Spitzenverbände als Unternehmensvereinigungen eingestuft, die als Nachfrager bei der als mittelbare Festsetzung von Ankaufspreisen qualifizierten Festbetragsfestsetzung eine wirtschaftliche Tätigkeit ausübten und dabei ihre marktbeherrschende Stellung missbrauchten („Nachfragekartell"). Der **EuGH** hat demgegenüber (U. v. 16. 3. 2004, Rs. C-264/01 ua. – AOK-Bundesverband, SozR 4–6035 Art. 81 Nr. 1; krit. *Posser/Müller,* NZS 2004, 247 ff.; zust. *W. Kaesbach,* BKK 2004, 530 ff.; s. auch *Kingreen,* Sozialstaatsprinzip im europäischen Verfassungsverbund, 2003, S. 548 ff.) angenommen, dass der G-BA bzw. die KK-Verbände bei der Festbetragsfestsetzung hoheitliche Entscheidungen träfen und deshalb als **Unternehmen iSd. Art. 86 Abs. 2 S. 1 Hs. 2 EG** nicht Art. 81, 82 EG unterworfen seien. Flankierend urteilte das BSG (SozR 3–2500, § 35 Nr. 1), dass § 69 durch abschließende Zuordnung der Rechtsbeziehungen zwischen KK und Leistungserbringern zum öffentlichen Recht die Anwendung des GWB auf Festbetragsfestsetzungen ausschließe (vgl. § 69 Rn. 43 f.).

C. Die Verfahrensschritte der Festbetragsfestsetzung

I. Bildung von Festbetragsgruppen, Abs. 1

6   Abs. 1 S. 1 gibt – abweichend von § 35 – nicht dem G-BA, sondern dem Spi-BuKK die Kompetenz, Festbeträge für Hilfsmittel festzusetzen. Vorauszugehen hat eine **Auflistung festbetragsfähiger Hilfsmittelgruppen;** hierfür sollen die Hilfsmittel in Untergruppen funktionell gleichartiger und gleichwertiger Funktionen zusammengefasst werden (in der Gruppe „Hörhilfen" etwa: Einkanalige Geräte, mehrkanalige Geräte, Tinnitusgeräte, Knochenleitungshörbügel, Taschengeräte; s. z. B. *Weber,* SGb 2003, 440 ff.). Da in Abs. 1 S. 2 bezüglich dieser Gruppenbildung auf § 139 verwiesen wird, nehmen am Festbetragssystem nur Hilfsmittel teil, die die im Hilfsmittelverzeichnis festgelegten Qualitätsstandards und Produkteigenschaften erfüllen. **Festbetragsfähig** sind neben den Hilfsmitteln selbst

auch sämtliche Kosten, die im Zusammenhang mit der Bereitstellung der Produkte entstehen, z. B. Unterweisung oder Ausbildung im Gebrauch, ggf. notwendige Nacharbeiten, auch Brillenglasbestimmung (vgl. BSG, SozR 3–2500, § 33 Nr. 12 S. 48; BayLSG, NZS 1994, 369/370). Neben der Gruppenbildung sind daher auch die Einzelheiten der Versorgung festzulegen, was sicherstellen soll, dass alle Leistungsinhalte und Rahmendienstleistungen, die durch den Festbetrag abgedeckt sind, klar und transparent beschrieben sind.

Diese der eigentlichen Festsetzung vorausgehende Auflistung fällt wie die Festsetzung der Festbeträge selbst in die Zuständigkeit des SpiBuKK; unter den bisherigen Spitzenverbänden der KK war der Bundesverband der IKK federführend. Vor der Entscheidung über die Bildung der einzelnen Funktionsgruppen ist nach Abs. 1 S. 3 den Spitzenorganisationen der betroffenen Leistungserbringer und – seit dem GKV-WSG – auch denjenigen der Hersteller innerhalb einer angemessenen Frist vor der Entscheidung Gelegenheit zur **Stellungnahme** zu geben; diese Stellungnahme ist dann wiederum in die Entscheidung einzubeziehen. Sowohl bei der Bestimmung der Festbetragsgruppen wie auch bei der Festsetzung der Festbeträge mitwirkungsberechtigt (vgl. § 140f Abs. 4) sind ferner Organisationen, die Interessen der Patientinnen und Patienten wahrnehmen, sowie Selbsthilfeorganisationen chronisch kranker und behinderter Menschen (vgl. § 140f Abs. 1), soweit diese **Organisationen** in § 2 Abs. 1 PatBeteiligungsV (Rechtsverordnung nach § 140g) ausdrücklich benannt oder nach § 3 PatBeteiligungsV anerkannt sind. Zudem wird festgelegt, dass den in die Anhörung einzubeziehenden Organisationen die für die Abgabe einer Stellungnahme benötigten Informationen zur Verfügung zu stellen sind.

II. Ermittlung und Festsetzung der Festbeträge, Abs. 2, 3

Abs. 2 enthält Regelungen **allein** zur **Handlungskompetenz** und zum **Verfahren.** Nach S. 1 setzt der SpiBuKK für die nach Abs. 1 als festbetragsfähig bestimmten Hilfsmittel die Festbeträge fest. Zuvor ist nach Abs. 2 S. 2 ein erneutes Anhörungsverfahren der Spitzenorganisationen der Hersteller und Leistungserbringer sowie Patientenorganisationen vorgeschrieben. Da eine sachgerechte Festbetragsgruppenbildung und Festsetzung Informationen voraussetzt, die nur von Herstellern und Leistungserbringern geliefert werden können, werden in S. 3 entsprechende Mitwirkungspflichten festgelegt. **Inhaltliche Vorgaben** für die Festbetragsfestsetzung macht hingegen **Abs. 3,** der eine sinngemäße Anwendung des § 35 Abs. 5 anordnet (vgl. § 35 Rn. 8). Unter Beachtung der dort genannten Kriterien werden die Festbeträge für Hilfsmittel grundsätzlich anhand von Preisvergleichen, ggf. auch anhand von Marktanalysen, ermittelt. Ob ausnahmsweise zur Festpreisermittlung eine Ausschreibung zweckmäßig ist, hat die KK abzuwägen. Ermittlungsprobleme ergeben sich typischerweise bei Sonderanfertigungen oder bei hohem Dienstleistungsanteil, weil hier Typisierung der Leistungen und Vergleich der Preise schwierig sind.

III. Publikation und regelmäßige Überprüfung

Die Festbeträge sind im **Bundesanzeiger** bekannt zu machen (§ 36 Abs. 3 iVm. § 35 Abs. 7 S. 1). Sie sind in geeigneten Zeitabständen der Marktlage anzupassen und mindestens **jährlich zu überprüfen** (§ 36 Abs. 3 iVm. § 35 Abs. 5 S. 3).

IV. Rechtsschutz

10 Nach der zu engen Rspr. des BVerfG (Rn. 4), die für Pharmahersteller vom BSG (SozR 4–2500, § 35 Nr. 3 Rn. 9 ff.) gelockert worden ist (s. § 35 Rn. 9), besteht Klagebefugnis nur für die Versicherten. Da die Festsetzung ein Verwaltungsakt (§ 31 S. 2 SGB X; Allgemeinverfügung) ist, muss **Anfechtungsklage** (§ 54 Abs. 1 S. 1, 1. Alt SGG) im Sozialgerichtsweg erhoben werden. Die Klage ist – ohne dass ein Vorverfahren durchzuführen wäre (§ 36 Abs. 3 iVm. § 35 Abs. 7 S. 3) – nur gegen die Festsetzung des Festpreises selbst möglich, nicht aber gegen die vorherige Zuordnung eines Hilfsmittels zu einer bestimmten Untergruppe, etwa mit dem Argument, das Hilfsmittel sei nicht gleichartig oder gleichwertig mit den anderen in dieser Gruppe gelisteten Hilfsmitteln (vgl. § 36 Abs. 3 iVm. § 35 Abs. 7 S. 2, S. 4). Diese negative Zulässigkeitsvoraussetzung, die § 44 a S. 1 VwGO entspricht (vgl. BSG, SozR 4–2500, § 36 Nr. 1 Rn. 13), dient der Verfahrensökonomie und weist enge Berührungspunkte mit dem Rechtsschutzbedürfnis auf. § 36 Abs. 3 iVm. § 35 Abs. 7 S. 2 bestimmt, dass eine Klage gegen die Festsetzung der Festbeträge **keine aufschiebende Wirkung** besitzt. Der Gesetzgeber hat das mit der Erwägung gerechtfertigt, dass die Anwendung der Festbeträge die Funktionsfähigkeit der GKV erhalten solle und daher im öffentlichen Interesse liege (BT-Drs. 11/3480, 54). Die aufschiebende Wirkung kann indes im Wege der einstweiligen Anordnung nach § 86 b Abs. 1 Nr. 2 SGG gerichtlich wiederhergestellt werden, wenn das Individualinteresse des Leistungsanbieters im Einzelfall höher zu bewerten sein sollte.

§ 37 Häusliche Krankenpflege

(1) ¹Versicherte erhalten in ihrem Haushalt, ihrer Familie oder sonst an einem geeigneten Ort, insbesondere in betreuten Wohnformen, Schulen und Kindergärten, bei besonders hohem Pflegebedarf auch in Werkstätten für behinderte Menschen neben der ärztlichen Behandlung häusliche Krankenpflege durch geeignete Pflegekräfte, wenn Krankenhausbehandlung geboten, aber nicht ausführbar ist, oder wenn sie durch die häusliche Krankenpflege vermieden oder verkürzt wird. ²§ 10 der Werkstättenverordnung bleibt unberührt. ³Die häusliche Krankenpflege umfaßt die im Einzelfall erforderliche Grund- und Behandlungspflege sowie hauswirtschaftliche Versorgung. ⁴Der Anspruch besteht bis zu vier Wochen je Krankheitsfall. ⁵In begründeten Ausnahmefällen kann die Krankenkasse die häusliche Krankenpflege für einen längeren Zeitraum bewilligen, wenn der Medizinische Dienst (§ 275) festgestellt hat, daß dies aus den in Satz 1 genannten Gründen erforderlich ist.

(2) ¹Versicherte erhalten in ihrem Haushalt, ihrer Familie oder sonst an einem geeigneten Ort, insbesondere in betreuten Wohnformen, Schulen und Kindergärten, bei besonders hohem Pflegebedarf auch in Werkstätten für behinderte Menschen als häusliche Krankenpflege Behandlungspflege, wenn diese zur Sicherung des Ziels der ärztlichen Behandlung erforderlich ist; der Anspruch umfasst verrichtungsbezogene krankheitsspezifische Pflegemaßnahmen auch in den Fällen, in denen dieser Hilfebedarf bei der Feststellung der Pflegebedürftigkeit nach den §§ 14 und 15 des Elften Buches zu berücksichtigen ist. ²§ 10 der Werkstättenverordnung bleibt unberührt. ³Der Anspruch nach Satz 1 besteht über die dort genannten Fälle hinaus ausnahmsweise auch für solche Versicherte in zugelassenen Pflegeeinrichtungen im Sinne des § 43 des Elften Buches, die

auf Dauer, voraussichtlich für mindestens sechs Monate, einen besonders hohen Bedarf an medizinischer Behandlungspflege haben. ⁴Die Satzung kann bestimmen, dass die Krankenkasse zusätzlich zur Behandlungspflege nach Satz 1 als häusliche Krankenpflege auch Grundpflege und hauswirtschaftliche Versorgung erbringt. ⁵Die Satzung kann dabei Dauer und Umfang der Grundpflege und der hauswirtschaftlichen Versorgung nach Satz 4 bestimmen. ⁶Leistungen nach den Sätzen 4 und 5 sind nach Eintritt von Pflegebedürftigkeit im Sinne des Elften Buches nicht zulässig. ⁷Versicherte, die nicht auf Dauer in Einrichtungen nach § 71 Abs. 2 oder 4 des Elften Buches aufgenommen sind, erhalten Leistungen nach Satz 1 und den Sätzen 4 bis 6 auch dann, wenn ihr Haushalt nicht mehr besteht und ihnen nur zur Durchführung der Behandlungspflege vorübergehender Aufenthalt in einer Einrichtung oder in einer anderen geeigneten Unterkunft zur Verfügung gestellt wird.

(3) Der Anspruch auf häusliche Krankenpflege besteht nur, soweit eine im Haushalt lebende Person den Kranken in dem erforderlichen Umfang nicht pflegen und versorgen kann.

(4) Kann die Krankenkasse keine Kraft für die häusliche Krankenpflege stellen oder besteht Grund, davon abzusehen, sind den Versicherten die Kosten für eine selbstbeschaffte Kraft in angemessener Höhe zu erstatten.

(5) Versicherte, die das 18. Lebensjahr vollendet haben, leisten als Zuzahlung den sich nach § 61 Satz 3 ergebenden Betrag, begrenzt auf die für die ersten 28 Kalendertage der Leistungsinanspruchnahme je Kalenderjahr anfallenden Kosten an die Krankenkasse.

(6) ¹Der Gemeinsame Bundesausschuss legt in Richtlinien nach § 92 fest, an welchen Orten und in welchen Fällen Leistungen nach den Absätzen 1 und 2 auch außerhalb des Haushalts und der Familie des Versicherten erbracht werden können. ²Er bestimmt darüber hinaus das Nähere über Art und Inhalt der verrichtungsbezogenen krankheitsspezifischen Pflegemaßnahmen nach Absatz 2 Satz 1.

A. Überblick

Die Vorschrift regelt die **häusliche Krankenpflege** als eine die ärztliche Behandlung flankierende Leistung (**Nebenleistung zur Krankenbehandlung**), und zwar in der Form der sog. (Krankenhaus-)Vermeidungspflege bzw. krankenhausersetzenden Pflege (Abs. 1) sowie in der Form der sog. (Behandlungs-)Sicherungspflege bzw. behandlungssichernden Pflege (Abs. 2). Der Vorschrift korrespondiert in leistungserbringerrechtlicher Hinsicht § 132 a (s. dort auch zur **Eignung** der „geeigneten Pflegekräfte", Abs. 1 S. 1, § 132 a Rn. 7). Zum Verhältnis von § 37 und § 37 b, die nach ihren Anwendungsbereichen parallel anwendbar sind, s. § 37 b Rn. 2 aE. 1

B. Anspruchsvoraussetzungen und -inhalt

Anspruchsinhaber sind Stamm- und Familienversicherte (vgl. § 38 Rn. 2). Anspruchsvoraussetzung ist zunächst, dass ein **qualifizierter Leistungserbringungsort** vorliegt (Abs. 1 S. 1, Abs. 2 S. 1). Das sind der **Haushalt** (zum Begriff vgl. § 38 Rn. 5), der sich z. B. auch in einem Seniorenheim befinden kann, wenn dort lebende Senioren eigenständig haushaltstypische Verrichtungen vornehmen. Entsprechendes gilt für eine Wohngemeinschaft (*Padé*, jurisPK; § 37 Rn. 24). Rele- 2 vanter Ort ist auch die **„Familie"**, was im Lichte des Optimierungsgebots aus § 2 Abs. 2 SGB I weit zu verstehen ist (*Padé*, jurisPK, § 37 Rn. 26), und zwar im Sinne familienhafter Bindungen, die durch Verwandtschaft bzw. Schwägerschaft (§ 38 Rn. 9), aber auch durch Lebenspartnerschaft iSd. Lebenspartnerschaftsgesesetzes (*Padé*, jurisPK, § 37 Rn. 26) sowie durch nichteheliche Lebensgemeinschaften (aA. *Höfler*, KK, § 37 Rn. 16) geprägt sind.

3 **„Sonstige geeignete Orte"** sind beispielhaft, aber nicht abschließend betreute Wohnformen, Schulen und Kindergärten sowie bei besonderem Pflegebedarf auch Werkstätten für behinderte Menschen. Die Aufzählung ist nicht abschließend, „beispielsweise können auch Arbeitsstätten geeignete Orte sein" (BT-Drs. 16/4247, 33). Das können im Einzelfall auch **Behinderteneinrichtungen** sein (vgl. die Begr. zum Beschluss des G-BA vom 10.4.2008 zur Änderung von Nr. 6 der HKP-RL, www.g-ba.de). Hinter dieser vom GKV-WSG intendierten „vorsichtigen Erweiterung des Haushaltsbegriffs" steht die Absicht, „Lücken im Zwischenbereich von ambulanter und stationärer Versorgung" zu vermeiden, was „notwendige Flexibilität bei der Bestimmung der geeigneten Erbringungsorte" verlangt (BT-Drs. 16/3100, 104). Diese zusätzlich genannten (oder durch den G-BA zu definierenden, Abs. 6 S. 1) Orte sind Haushalt und Familie äquivalent, sie müssen also nicht etwa zusätzlich noch als Haushalt oder Familie qualifiziert werden können (SG Lübeck, Beschl. v. 11.9.2007 – S 1 KR 422/07 ER –, Rn. 29; *Roßbruch*, PflR 2007, 500; *Padé*, jurisPK, § 37 Rn. 25). Die gesetzlichen definierten „sonstigen Orten" sind auch ohne Konkretisierung durch RL des G-BA unmittelbar vollziehbare Rechtsbegriffe (SG Lübeck, Beschl. v. 11.9.2007 – S 1 KR 422/07 ER –, Rn. 30 f.); zum G-BA s. auch Rn. 15.

4 Die **Vermeidungspflege** (Abs. 1 S. 1) verlangt die Notwendigkeit, aber Nichtausführbarkeit (z. B. wegen Transportunfähigkeit) oder die Substituierbarkeit („ambulant vor stationär") von Krankenhausbehandlung. Die **Sicherungspflege** (Abs. 2 S. 1) verlangt einen das Ziel der ärztlichen Behandlung sichernden Effekt. In beiden Fällen geht es um medizinische Dia- und Prognosen, die dementsprechend eine **vertragsärztliche Verordnung** (§ 73 Abs. 2 S 1 Nr. 8) voraussetzen (vgl. § 37 a Rn. 2). In den HKP-RL (Nr. 19 ff., § 92 Rn. 34) hat der G-BA als weitere Anspruchsvoraussetzung ein **Genehmigungserfordernis** der KK normiert. Ob das von der Ermächtigungsgrundlage des Abs. 6 iVm. § 92 gedeckt ist, ist zweifelhaft. Allenfalls wird man von einer deklaratorischen Ausgestaltung des Antragserfordernisses gemäß § 19 Abs. 1 Hs. 1 SGB IV ausgehen können (vgl. § 38 Rn. 6; idS. auch BSG, SozR 3–2500, § 132a Nr. 3, wonach grds. das Antragsprinzip auch bei der häuslichen Krankenpflege gilt).

5 Der Anspruch aus § 38 besteht zudem nur, soweit eine **im Haushalt lebende Person** (vgl. § 38 Rn. 3) den Kranken in dem erforderlichen Umfang nicht pflegen und versorgen kann (Abs. 3; zur Qualifikation dieser Person § 132a Rn. 7 aE.). „Erforderlich" kann nur sein, was psychophysisch möglich (§ 38 Rn. 3) und subjektiv **zumutbar** ist. So kann es für den Versicherten oder die Person unerträglich sein, die Pflege an sich vornehmen zu lassen bzw. sie vorzunehmen; insofern ist ein Einverständnis zwischen Pflegendem und Gepflegtem geboten (BSGE 86, 101 = NZS 2001, 89/91; *Höfler*, KK, § 37 Rn. 18 a; *Padé*, jurisPK, § 37 Rn. 59).

6 Die **Vermeidungspflege** (Abs. 1) umfasst die im Einzelfall erforderliche **Grundpflege** (Grundverrichtungen des täglichen Lebens: insb. Betten, Lagern, Körperpflege, Körperhygiene, Nahrungsaufnahme, Körpertemperaturmessung, Beobachten der psychischen Verfassung), **Behandlungspflege** (krankheitsspezifische, nicht allgemein auf Verbesserung des Gesundheitszustands abzielende Pfle-

gemaßnahmen, BSG, NZS 2006, 32/34) sowie **hauswirtschaftliche Versorgung** des Versicherten (vgl. § 38 Rn. 5; s. außerdem Nr. 2 der HKP-RL). Der Anspruch besteht (so Abs. 1 S. 4) bis zu vier Wochen je Krankheitsfall (zur Abgrenzung vom Versicherungsfall § 37 a Rn. 3; *Höfler,* KK, § 37 Rn. 25). In begründeten **Ausnahmefällen** (z. B. fehlende Bettenkapazitäten im avisierten Krankenkaus) kann die KK nach Stellungnahme des MDK und auf Antrag des Versicherten (*Padé*, jurisPK, § 37 Rn. 41 aE.) einen längeren Leistungszeitraum bewilligen (Abs. 1 S. 5).

Abs. 1 S. 2 (wie auch Abs. 2 S. 2, Rn. 8 aE.) stellt klar, dass § 10 **Werkstätten-verordnung** (WVO) gilt. Dh., die dort geregelten begleitenden (insb. medizinischen) Dienste, die den Alltag in der Werkstatt flankieren, müssen dem Versicherten ungeachtet seines Anspruchs nach § 37 zugute kommen und vor allem Vorrang vor den Leistungen nach § 37 haben, die nur bei besonderem Bedarf in Frage kommen, also bei Bedarf, der durch die in der Werkstatt zur Verfügung stehenden Pflegekräfte nicht gedeckt werden kann (BT-Drs. 16/4247, 33 aE.). Das verlangt im Interesse der behinderten Menschen, rechtzeitige Abstimmungen zwischen KK und dem zuständigen Reha-Träger (vgl. § 6 Abs. 1 SGB IX) über die Zahl und das Aufgabenprofil der „erforderlichen" (Pflege-)Fachkräfte (§ 10 Abs. 2 WVO). Hierbei ist zu beachten, dass die begleitenden Dienste „den Bedürfnissen der behinderten Menschen gerecht werden" müssen (§ 10 Abs. 1 S. 1 WVO), allerdings nur im Rahmen des gesetzlichen Auftrags (vgl. § 1 Abs. 1 WVO), der die Sicherstellung häuslicher Krankenpflege iSd. § 37 als solche nicht umfasst (vgl. § 136 Abs. 1 SGB III). 7

Die **Sicherungspflege** gilt gemäß Abs. 2 S. 1 grundsätzlich nur für Behandlungspflege (Rn. 6), sie kann aber von der KK durch Satzungsregelung auf Grundpflege sowie hauswirtschaftliche Versorgung erstreckt werden (Abs. 2 S. 4, 5), allerdings (um Abgrenzungsschwierigkeiten zum SGB XI vermeiden) nicht nach Eintritt der Pflegebedürftigkeit (Abs. 2 S. 6). Wie in Abs. 1 bleibt auch bei der Sicherungspflege § 10 WVO unberührt (Rn. 7). 8

Im Hinblick auf die schwierige **Abgrenzung zum SGB XI (insb. zur Grundpflege iSd. § 14 Abs. 4 SGB XI)**, die ein im Detail kompliziertes Dauerthema des § 37 ist (*Rixen*, Sozialrecht als öffentliches Wirtschaftsrecht, 480), gilt Folgendes: Die Behandlungspflege umfasst auch **verrichtungsbezogene krankheitsspezifische Pflegemaßnahmen** (Abs. 2 S. 1 Hs. 2), und zwar auch für den Fall, dass sie bei der Feststellung der Pflegebedürftigkeit nach den §§ 14, 15 SGB XI zu berücksichtigen sind (Abs. 2 S. 1 Hs. 2). Zu diesen **Pflegemaßnahmen** gehören insb. (BT-Drs. 16/3100, 104 unter Verweis ua. auf BSGE 94, 192 = NZS 2006, 91): 9

– das An- und Ausziehen von Kompressionsstrümpfen ab Klasse 2,
– eine oro-/traceale Sekretabsaugung,
– das Einreiben mit Dermatika,
– die Verabreichung eines Klistiers bzw. eines Einlaufs,
– die Einmalkatheterisierung,
– das Wechseln einer Sprechkanüle gegen eine Dauerkanüle bei einem Tracheostomapatienten zur Ermöglichung des Schluckens,
– Maßnahmen zur Sekretelimination bei Mukoviszidose oder Erkrankungen mit vergleichbarem Hilfebedarf (s. hierzu auch BSGE 83, 254 = NZS 2000, 27/30).

Sondenernährung, die unter ärztlicher Kontrolle erfolgt und von geschultem Personal ausgeführt wird, ist Teil der Behandlungspflege (*Höfler,* KK, § 37 Rn. 23b aE.), ansonsten Teil der Grundpflege (vgl. *Padé*, jurisPK, § 37 Rn. 51). Ebenfalls Behandlungspflege ist die krankheitsspezifische **Medikamentengabe;** 10

§ 37

sie ist nicht (als Aspekt der Nahrungsaufnahme) Grundpflege iSd. § 14 Abs. 4 SGB XI), weil Medikamente keine Nahrung sind (BSGE 94, 192 = BSG, NZS 2006, 91/93, wonach ggf. eine andere Bewertung in Betracht kommt, wenn das Medikament dazu dient, die Aufnahme der Nahrung durch Mund und Speiseröhre zu erleichtern).

11   Als **Abgrenzungskriterium** gilt allgemein (weitere Einzelfälle bei *Höfler*, KK, § 37 Rn. 23 b), dass krankheitsspezifische Pflegemaßnahmen nur dann zur Grundpflege nach § 14 Abs. 4 SGB XI zählen, wenn eine solche Maßnahme entweder untrennbarer Bestandteil einer Katalogverrichtung des § 14 Abs. 4 SGB XI ist oder mit einer solchen Verrichtung objektiv notwendig in einem unmittelbaren zeitlichen und sachlichen Zusammenhang durchzuführen ist (BSGE 94, 192 = BSG, NZS 2006, 91/93 mwN.). Der Pflegebedürftige hat laut BSG ein **Wahlrecht** (BSG, NZS 2006, 91/96): Da die Zuordnung nur dann ihrem Zweck, die häusliche Pflege durch Familienmitglieder, Nachbarn oder Freunde zu fördern und diese ehrenamtliche Pflege mit der Möglichkeit einer finanziellen Anerkennung zu stärken, voll gerecht werden kann, wenn sie nicht gleichzeitig zu Nachteilen im Fall der Inanspruchnahme von Sachleistungen führt, ist den Pflegebedürftigen ein Wahlrecht zuzugestehen, ob sie eine solche Zuordnung der Behandlungspflege zur Grundpflege wünschen oder nicht (BSG, NZS 2006, 91/96). Dieses Wahlrecht übt der Pflegebedürftige bei der ersten Antragstellung gegenüber der Pflegekasse aus, indem er Pflegegeld (§ 37 SGB XI), Pflegesachleistungen (§ 36 SGB XI) oder Kombinationsleistungen (§ 38 SGB V) beantragt, es kann aber auch bei einem ggf. später erforderlichen Wechsel vom Pflegegeld zur Sachleistung (oder umgekehrt) geltend gemacht werden (BSG, NZS 2006, 91/96). Das **Pflege-Weiterentwicklungsgesetz** (BT-Drs. 16/7439, 16/7486, 16/8525) lässt das Wahlrecht unberührt.

12   Sicherungspflege **(Behandlungspflege)** gilt auch für die in Abs. 2 S. 3 genannten Menschen. Für sie (laut Gesetzesbegr., BT-Drs. 16/3100, 105, z. B. **Wachkomapatienten** oder **Dauerbeatmete**) fallen im Rahmen der vollstationären Dauerpflegeversorgung (§ 43 SGB XI) hohe Kosten für den behandlungspflegerischen Aufwand an. Da diese bisher von der Pflegeversicherung nur im Rahmen ihrer gedeckelten Leistungsbeträge (§ 43 Abs. 2 SGB XI) übernommen wurden, verblieben bei den Pflegebedürftigen und ihren Angehörigen hohe Eigenanteile, die häufig die Finanzkraft der Betroffenen überforderten und zur Sozialhilfeabhängigkeit führten (BT-Drs. 16/3100, 105). Abs. 2 S. 3 hat demnach in erster Linie einen sozialpolitischen Hintergrund: Für bestimmte Verrichtungen wird ein Finanzierungsvorrang der GKV geschaffen, obgleich die Leistungen der Sache nach der Pflegeversicherung zugeordnet werden könnten.

13   Abs. 2 S. 7 stellt sicher, dass alleinstehende **Wohnungslose** ohne eigenen Haushalt Behandlungspflege erhalten; die Möglichkeit der ambulanten Behandlungspflege soll verfrühte Einweisungen der Betroffenen in ein Krankenhaus vermeiden helfen (Begr. zum GMG, BT-Drs. 15/1525, 90). Entscheidend ist, dass sie nicht auf Dauer in Einrichtungen nach § 71 Abs. 2, 4 SGB XI aufgenommen worden sind, sondern ihnen nur vorübergehender Aufenthalt zur Durchführung der Behandlungspflege gewährt wird.

14   Abs. 4 sieht **Kostenerstattung** bei selbstbeschafften Krankenpflegekräften vor (vgl. § 38 Rn. 8; zur Qualifikation dieser Kräfte § 132 a Rn. 7 aE.). Abs. 5 regelt eine **Zuzahlungspflicht** des volljährigen Versicherten gemäß § 61 Abs. 3, begrenzt auf die für die ersten 28 Kalendertage der Leistungsinanspruchnahme je Kalenderjahr anfallenden Kosten (zum damit verfolgten Schutz der Versicherten vor finanzieller Überforderung s. BT-Drs. 15/1525, 90).

Abs. 6 iVm. § 92 Abs. 1 betrifft die **Konkretisierungskompetenz des G-** 15
BA, der hinsichtlich der „sonst geeigneten Orte" die gesetzlichen Beispiele (Abs. 6
S. 1, dazu Rn. 3) und hinsichtlich der verrichtungsbezogenen krankheitsspezifischen Pflegemaßnahmen (Abs. 6 S. 2) die Vorstellungen des Gesetzgebers als **Leitfaden** für die Richtliniengebung berücksichtigen muss (Rn. 8). Die nach Intensität gestaffelten Verordnungsmöglichkeiten (vgl. Nr. 9 ff. HKP-RL) wird man als Vorschrift zur Gewähr der wirtschaftlichen Versorgung iSd. § 92 Abs. 1 S. 1 bewerten können. Die **HKP-RL** (§ 92 Rn. 34) müssen gesetzeskonform sein (vgl. § 37 a Rn. 5; BSG, GesR 2007, 90 mwN.); sie dürfen insb. nicht medizinisch notwendige Maßnahmen ausschließen (BSG, NZS 2006, 534/537).

§ 37 a Soziotherapie

(1) [1]**Versicherte, die wegen schwerer psychischer Erkrankung nicht in der Lage sind, ärztliche oder ärztlich verordnete Leistungen selbständig in Anspruch zu nehmen, haben Anspruch auf Soziotherapie, wenn dadurch Krankenhausbehandlung vermieden oder verkürzt wird oder wenn diese geboten, aber nicht ausführbar ist.** [2]**Die Soziotherapie umfasst im Rahmen des Absatzes 2 die im Einzelfall erforderliche Koordinierung der verordneten Leistungen sowie Anleitung und Motivation zu deren Inanspruchnahme.** [3]**Der Anspruch besteht für höchstens 120 Stunden innerhalb von drei Jahren je Krankheitsfall.**

(2) **Der Gemeinsame Bundesausschuss bestimmt in den Richtlinien nach § 92 das Nähere über Voraussetzungen, Art und Umfang der Versorgung nach Absatz 1, insbesondere**
1. **die Krankheitsbilder, bei deren Behandlung im Regelfall Soziotherapie erforderlich ist,**
2. **die Ziele, den Inhalt, den Umfang, die Dauer und die Häufigkeit der Soziotherapie,**
3. **die Voraussetzungen, unter denen Ärzte zur Verordnung von Soziotherapie berechtigt sind,**
4. **die Anforderungen an die Therapiefähigkeit des Patienten,**
5. **Inhalt und Umfang der Zusammenarbeit des verordnenden Arztes mit dem Leistungserbringer.**

(3) **Versicherte, die das 18. Lebensjahr vollendet haben, leisten als Zuzahlung je Kalendertag der Leistungsinanspruchnahme den sich nach § 61 Satz 1 ergebenden Betrag an die Krankenkasse.**

Schrifttum: *Rixen,* Sozialrecht als öffentliches Wirtschaftsrecht – am Beispiel des Leistungserbringerrechts der gesetzlichen Krankenversicherung, 2005.

A. Überblick

Die Vorschrift regelt den **Leistungsanspruch auf Soziotherapie.** Es handelt 1
sich um eine flankierende Assistenzleistung, die zur Vermeidung von Krankenhausbehandlung („Enthospitalisierung") die Realisierung von ambulanten ärztlichen Behandlungen sowie anderen ärztlicher Leistungen im Interesse schwer psychisch erkrankter Menschen ermöglichen soll (Begr. zum GKV-GRG 2000, BT-Drs. 14/1245, 66; *Rixen,* Sozialrecht als öffentliches Wirtschaftsrecht, 488). Der Vorschrift korrespondiert in leistungserbringerrechtlicher Hinsicht § 132 b.

§ 37a Soziotherapie

B. Anspruchsvoraussetzungen und -inhalt

2 **Inhaber des Anspruchs** auf Gewährung von Leistungen der Soziotherapie sind GKV-Versicherte, die an einer therapiefähigen schweren psychischen Erkrankung leiden (BT-Drs. 14/1245, 66) und gerade deswegen nicht in der Lage sind, ärztliche bzw. ärztlich verordnete Leistungen selbständig, also ohne zugangsermöglichende Unterstützung, in Anspruch zu nehmen (Abs. 1 S. 1). Außerdem muss Krankenhausbehandlung durch die Soziotherapie vermieden oder verkürzt oder zwar indiziert, aber nicht realisierbar sein. Ob diese Tatbestandsvoraussetzungen vorliegen, hängt von **ärztlicher Expertise** ab. Das äußert sich sich darin, dass Soziotherapie vertragsärztlich verordnet (§ 73 Abs. 2 S. 1 Nr. 12, dazu BT-Drs. 14/1245, 69), also (Anspruchsvoraussetzung) vom Vertragsarzt gegenüber der KK legitimiert werden muss (allg. zur Legitimationswirkung der Verordnung *Rixen,* Sozialrecht als öffentliches Wirtschaftsrecht, 285). Die vom Gesundheitsausschuss vorgeschlagene Genehmigung durch die KK als weitere Anspruchsvoraussetzung (BT-Drs. 14/1977, 16, 162) ist durch den Vermittlungsausschuss wieder gestrichen (BT-Drs. 14/2369, 6), also nicht Gesetz geworden.

3 **Anspruchsinhalt** (Rechtsfolge) ist die im Einzelfall erforderliche Koordinierung der verordneten Leistungen sowie Anleitung und Motivation zu deren Inanspruchnahme (Abs. 1 S. 2). Auf der Grundlage des vom Vertragsarzt unter Beteiligung des Leistungserbringers der Soziotherapie (§ 132b) und des Patienten erarbeiteten Behandlungplans leistet der Soziotherapeut Hilfestellung bei der Wahrnehmung der einzelnen Leistungen (BT-Drs. 14/1245, 66). Die Leistung ist zeitlich befristet auf maximal 120 Stunden innerhalb von drei Jahren je **Krankheitsfall,** also derselben Erkrankung (BT-Drs. 14/1245, 66). Krankheitsfall heißt nicht **Versicherungsfall,** also die evtl. mehrmals auftauchende Notwendigkeit der Behandlung trotz ggf. selber Ursache (vgl. § 27 SGB V, allg. dazu *Rixen,* Sozialrecht als öffentliches Wirtschaftsrecht, 155 ff.). Nach dem Zweck von Abs. 1 S. 2, die Leistungspflicht mengenmäßig zu begrenzen, ist nicht jede Verordnung oder jeder einzelne Fall der neuerlichen Behandlungsbedürftigkeit gemeint, sondern die gesamte Erkrankung wegen derselben Erkrankung innerhalb von drei Jahren (*Padé,* jurisPK, § 37 a Rn. 29; Nr. 17 Soziotherapie-RL: „Phase der Behandlungsbedürftigkeit bei einer der ... aufgeführten Indikationen von bis zu drei Jahren"). Wegen derselben schweren psychischen Erkrankung (Indikation) dürfen demnach innerhalb von drei Jahren nur 120 Stunden Soziotherapie erbracht werden. Das schließt nicht aus, dass wegen anderer Erkrankungen (Indikationen), die ggf. parallel zeitgleich oder später diagnostiziert werden, eigenständige Leistungsansprüche entstehen können.

4 Die Anspruchskonkretisierung nach Tatbestand und Rechtsfolge erfolgt durch Richtlinien des G-BA **(Soziotherapie-RL,** § 92 Rn. 34). Die konkretisierende Bedeutung der Richtlinien wird in Abs. 1 S. 2 für den Anspruchsinhalt („im Rahmen des Absatzes 2") sowie in Abs. 2 für die Anspruchsvoraussetzungen betont und durch § 92 Abs. 1 S. 2 Nr. 6 bestätigt. Da der Leistungsanspruch des Versicherten ein Anspruch auf rahmenrechtsgemäße Konkretisierung des Leistungsinhalts impliziert (*Rixen,* Sozialrecht als öffentliches Wirtschaftsrecht, 179 ff.), haben die Soziotherapie-RL nur insoweit Bestand, als sie dem (durch Auslegung präzisierten) Normprogramm des § 37 Abs. 1 entsprechen. Die Gesetzesbegr. bestätigt dies, wenn es dort heißt, dass die Richtlinien nur „das Nähere" (Abs. 2), d. h. die „Einzelheiten des Leistungsinhalts" (BT-Drs. 14/1245, 66) des dem Grunde nach bereits umfassend kraft Parlamentsgesetzes gewährten Anspruchs regeln können.

3. Kapitel. 5. Abschnitt. 1. Titel **§ 37a**

Nicht nur die Soziotherapie-RL (*Rixen,* Sozialrecht als öffentliches Wirtschaftsrecht, 490), sondern auch die Begutachtungs-RL des MDK zur ambulanten Soziotherapie (www.mdk.de) müssen dem gesetzlichen Rahmen entsprechen und dürfen ihn nicht überschreiten (*Rixen,* Sozialrecht als öffentliches Wirtschaftsrecht, 491 f.; vgl. auch § 37 Rn. 15). Bei fehlender **Gesetzeskonformität** sind die Soziotherapie-Richtlinien gesetzeskonform zu handhaben, ggf. zu korrigieren bzw. nicht anzuwenden. Vor diesem Hintergrund kann die Auflistung der Krankheitsbilder in Nr. 8 der Soziotherapie-RL sowie die Ankopplung des Schweregrades auf den ausnahmslos gültigen Wert 40 auf der „Global Assessment of Functioning Scale" (GAF-Skala, Nr. 11 Soziotherapie-RL) nicht abschließend gemeint sein. Das Gesetz spricht − bewusst semantisch weit und damit entwicklungsoffen − ganz allgemein von „schweren psychischen Erkrankungen" (*Rixen,* Sozialrecht als öffentliches Wirtschaftsrecht, 491). Das können auch andere als die in der Soziotherapie-RL genannten Erkrankungen aus den Bereichen des schizophrenen Formenkreises und der affektiven Störungen sein (*Rixen,* Sozialrecht als öffentliches Wirtschaftsrecht, 491), und ebenso kann der Wert 40 auf der GAF-Skala nur eine Orientierung abgeben. Das Gesetz selbst fokussiert auf der Ebene der Therapie den „Einzelfall" (Abs. 1 S. 2), was die einzelfallgerechte Einschätzung des Behandlungsbedarfs auf der diagnostischen Ebene voraussetzt 5

Der **Konkretisierungsauftrag** des Abs. 2 ist zwar nicht abschließend („insbesondere"), muss sich aber die aufgeführten Gegenstände (Nr. 1–5) und im Wege des Ähnlichkeitsvergleichs zu bestimmende verwandte Materien beziehen. Die Richtlinien müssen erkennen lassen, dass sie dem allgemein anerkannten Stand der medizinischen Erkenntnisse entsprechen, den medizinischen Fortschritt reflektieren (dazu *Rixen,* Sozialrecht als öffentliches Wirtschaftsrecht, 488 mwN.) und auch offen für besondere Therapierichtungen sein (§ 2 Abs. 1 S. 2, 3). Auf die **Qualitätssicherung** bezogene Aspekte der Soziotherapie kann der G-BA auf § 92 Abs. 1 S. 2 Nr. 13 stützen; zur Frage, ob bzw. inwieweit Qualitätssicherung in den Verträgen nach § 132b geregelt werden kann, § 132b Rn. 8. 6

Der dem G-BA als normsetzendem Organ der Sache nach mitgegebene **Einschätzungs- und Bewertungsprärogative** (vgl. SG Köln, GesR 2007, 519/523; hierzu auch § 92 Rn. 18) gibt ihm ua. das Recht, die ärztliche Verordnung aus fachlichen Gründen z. B. nach Probestunden und Therapieeinheiten, zu staffeln (Abs. 2 Nr. 3 iVm. Nr. 17 Soziotherapie-RL) oder die Krankheitsbilder zu definieren, in denen ausnahmsweise keine Soziotherapie erforderlich ist (Abs. 2 Nr. 1 [„im Regelfall"] iVm. Nr. 12 Soziotherapie-RL [zur fehlenden Therapiefähigkeit]). Allerdings ist gerade bei der Annahme fehlender Therapiefähigkeit insb. infolge von mangelnder Compliance (Mitwirkungsbereitschaft) des Patienten (Nr. 10 Soziotherapie-RL) Vorsicht angezeigt, weil bei Patienten, die Soziotherapie benötigen können, gerade Fähigkeitsstörungen vorliegen, wozu z. B. auch Einschränkungen der Kontaktfähigkeit gehören (Nr. 10 Soziotherapie-RL). **Kunstgerechte Diagnose** muss hier zwischen krankheitstypischer Kontaktunfähigkeit und therapieresistenter mangelnder Compliance unterscheiden. 7

Abs. 3 statuiert eine **Zuzahlungspflicht** gem. § 61 S. 1 für Patienten ab vollendetem 18. Lebensjahr. Mit Blick auf die krankheitstypischen Fähigkeitsstörungen erscheint es zweifelhaft, ob bei den betroffenen Patienten der mit der Zuzahlung verfolgte Sinn, die Eigenverantwortung einzufordern, erreicht werden kann (*Rixen,* Sozialrecht als öffentliches Wirtschaftsrecht, 373 mwN.). Hier wird einzelfallbedingt und damit diagnoseabhängig eine **teleologische Reduktion** von Abs. 3 zu prüfen sein. Sie ist von der Regelung des § 62 abzuschichten, die der in- 8 dividuellen wirtschaftlichen Leistungsfähigkeit des Versicherten Rechnung trägt (vgl. BT-Drs. 15/1525, 95).

§ 37b Spezialisierte ambulante Palliativversorgung

(1) ¹**Versicherte mit einer nicht heilbaren, fortschreitenden und weit fortgeschrittenen Erkrankung bei einer zugleich begrenzten Lebenserwartung, die eine besonders aufwändige Versorgung benötigen, haben Anspruch auf spezialisierte ambulante Palliativversorgung.** ²**Die Leistung ist von einem Vertragsarzt oder Krankenhausarzt zu verordnen.** ³**Die spezialisierte ambulante Palliativversorgung umfasst ärztliche und pflegerische Leistungen einschließlich ihrer Koordination insbesondere zur Schmerztherapie und Symptomkontrolle und zielt darauf ab, die Betreuung der Versicherten nach Satz 1 in der vertrauten häuslichen Umgebung zu ermöglichen.** ⁴**Dabei sind die besonderen Belange von Kindern zu berücksichtigen.**

(2) ¹Versicherte in stationären Pflegeeinrichtungen im Sinne von § 72 Abs. 1 des Elften Buches haben in entsprechender Anwendung des Absatzes 1 einen Anspruch auf spezialisierte Palliativversorgung. ²Die Verträge nach § 132d Abs. 1 regeln, ob die Leistung nach Absatz 1 durch Vertragspartner der Krankenkassen in der Pflegeeinrichtung oder durch Personal der Pflegeeinrichtung erbracht wird; § 132d Abs. 2 gilt entsprechend.

(3) Der Gemeinsame Bundesausschuss bestimmt in den Richtlinien nach § 92 bis zum 30. September 2007 das Nähere über die Leistungen, insbesondere

1. die Anforderungen an die Erkrankungen nach Absatz 1 Satz 1 sowie an den besonderen Versorgungsbedarf der Versicherten,
2. Inhalt und Umfang der spezialisierten ambulanten Palliativversorgung einschließlich von deren Verhältnis zur ambulanten Versorgung und der Zusammenarbeit der Leistungserbringer mit den bestehenden ambulanten Hospizdiensten und stationären Hospizen (integrativer Ansatz); die gewachsenen Versorgungsstrukturen sind zu berücksichtigen,
3. Inhalt und Umfang der Zusammenarbeit des verordnenden Arztes mit dem Leistungserbringer.

Schrifttum: *E. Aulbert/E. Klaschik/T. Schindler* (Hrsg.), Palliativmedizin im ambulanten Sektor, 2004; *A. Di Gallo/D. Bürgin,* Begleitung schwer kranker und sterbender Kinder, Bundesgesundheitsblatt 2006, 1142; *S. Dreßke,* Sterbebegleitung und Hospizkultur, Aus Politik und Zeitgeschichte H. 4/2008, 14; *Europarat,* Empfehlungen Rec (2003) 24 des Ministerkomitees an die Mitgliedsstaaten zur Strukturierung der palliativmedizinischen und -pflegerischen Versorgung, 2004; *G. Göckenjan,* Sterben in unserer Gesellschaft – Ideale und Wirklichkeiten, Aus Politik und Zeitgeschichte H. 4/2008, 7; *W. Höfling/E. Brysch* (Hrsg.), Recht und Ethik der Palliativmedizin, 2007; *G. Kukla,* Spezialisierte ambulante Palliativversorgung, KrV 2008, 53; *J.-C. Student/A. Mühlum/U. Student,* Soziale Arbeit und Hospiz und Palliative Care, 2. Aufl. 2007; *F. Welti,* Der sozialrechtliche Behandlungsanspruch und die Grenzen des Lebens, SGb 2007, 210.

A. Überblick

1 § 37b, der durch das GKV-WSG eingeführt wurde und Anregungen der Enquetekommission „Ethik und Recht der modernen Medizin" (BT-Drs. 15/5858) sowie internationalen Reformtendenzen Rechnung trägt (*Europarat*), regelt Rechtsansprüche der Versicherten auf eine bestimmte ambulante Versorgung, die es vorher in der GKV nicht gab: eine **spezialisierte ambulante Palliativversorgung**

(SAPV), die der Todesnähe und den mit ihr einhergehenden Versorgungsnotwendigkeiten Rechnung trägt (Abs. 1), und zwar auch, soweit die soziale Pflegeversicherung berührt ist (Abs. 2). Da auch der Anspruch gemäß § 37 b Abs. 1 ein sog. Rahmenrecht gewährt (vgl. § 37 a Rn. 4), sieht Abs. 3 Konkretisierungskompetenzen des G-BA vor. Der G-BA hat eine Richtlinie zur SAPV (SAPV-RL) v. 20. 12. 2007 erlassen (§ 92 Rn. 34); in dem zugrundeliegenden Beschluss (BAnz. Nr. 39 v. 11. 3. 2008, 911) hat er sie als **"Erstfassung"** bezeichnet, was baldigen Anpassungsbedarf signalisieren dürfte.

B. Regelung im Einzelnen

Abs. 1 umschreibt **Anspruchsvoraussetzungen und -inhalt.** S. 1 definiert 2 den in Betracht kommenden Patientenkreis. Es geht um Menschen mit Erkrankungen (zum Krankheitsbegriff § 27 Rn. 10), die kurativ nicht behandelbar („unheilbar"), sondern nur noch palliativ (lindernd) behandelbar sind und die sich anhaltend verschlechtern („fortschreitend"), wobei der Verschlechterungsprozess sich nicht mehr am Anfang befindet („weit fortgeschritten"). Gerade vor diesem Hintergrund muss die Lebenserwartung begrenzt, also ein Versterben in wenigen Tagen, Wochen oder Monaten absehbar sein (näher § 3 SAPV-RL). Die besonderen Belange von Kindern (S. 4), die in der Praxis der Palliativversorgung bekannt sind (*Di Gallo/Bürgin*), geben dem Rechtsanspruch ein eigenes Gepräge. Dem Anspruch steht nicht entgegen, dass **Palliativversorgung im Rahmen besonderer Versorgungsformen** angeboten wird (Beispiel für pädiatrische Palliativversorgung im Rahmen einer IV bei *Janßen,* Kinder- und Jugendarzt 2007, 804 f.), und zwar allein schon deshalb, weil die Teilnahme an besonderen Versorgungsformen **freiwillig** ist (s. für die IV § 140 a Abs. 2 S. 1), was im Falle einwilligungsunfähiger Personen (etwa bei Kleinkindern) die Erklärungen des oder der Vertretungsberechtigten (Sorgeberechtigten) voraussetzt. Aus dem Versorgungsanspruch aus Abs. 1 S. 1 folgt als **Nebenrecht** auch ein Anspruch des Versicherten gegen die KK, alles zu unterlassen, was den effektiven Zugang zur SAPV erschwert, verzögert oder sonst in einer mit den Vorgaben des § 2 Abs. 1, 4 und § 12 Abs. 1 unvereinbaren Weise schwächt (zur Sanktion vgl. insb. § 13 Abs. 3). In diesem Sinne gilt auch für die Freiheit, sich gegen eine Palliativversorgung im Rahmen z. B. einer IV entscheiden zu können, nicht beeinträchtigt werden. Ebenso wenig schließt eine (vor Inkrafttreten des § 37 b geschaffene) spezialisierte häusliche Krankenpflege iSd. § 37, die insb. **schwerkranken Kindern** gilt (dazu *Seitz/Kern,* Die BKK H. 1/2008, 20 ff.), den Anspruch nach 37 b in dessen Anwendungsbereich aus (s. auch § 37 Rn. 1 a E.).

Zudem muss diese Lage eine besonders aufwändige Versorgung bedingen, die 3 durch die sonstige **allgemeine (Palliativ-)Versorgung** in der GKV nicht gewährleistet ist (vgl. Rn. 10 f.). Was damit im Einzelnen gemeint ist, legt das Gesetz nicht fest. Es wird aber plausibel, wenn man die Erfahrungen von Modellprojekten berücksichtigt, die dem Gesetzgeber bekannt waren, als er die neue Vorschrift geschaffen hat. Dh., dass die gesetzliche Regelung zwar **entwicklungsoffen** ist, aber bei den medizinischen Erfahrungen ansetzt, die bei Erlass des Gesetzes aus der Praxis der (ambulanten) Palliativversorgung bekannt waren (vgl. *Aulbert/Klaschik/Schindler; Höfling/Brysch*; außerdem die Beiträge im Bundesgesundheitsblatt H. 11/2006 sowie in MDK-Forum H. 1/2008).

Die Orientierung am Vorbild der Praxis gilt auch für die aufeinander abge- 4 stimmten ärztlichen und pflegerischen Leistungen, die Ausrichtung insb. auf

§ 37 b

Schmerztherapie und Symptomkontrolle (z. B. Schluckbeschwerden, Verdauung) und die Ausrichtung am Ziel des Verbleibens in der häuslichen Umgebung (S. 3). Die SAPV stellt sich als spezifische **„Gesamtleistung"** (BT-Drs. 16/3100, 105) bzw. **„Komplexleistung"** (BT-Drs. 16/3100, 144) im ambulanten Versorgungssektor dar. Sie mag im Ansatz „primär medizinisch" (BT-Drs. 16/3100, 105) ausgerichtet sein, was allerdings insb. auch pflegewissenschaftliche Expertise nicht ausschließt, sondern fordert (BT-Drs. 16/3100, 105) und überhaupt „fachlich verständige Konkretisierung" (*Welti*, SGb 2007, 210/216) durch den G-BA verlangt, die Fachlichkeit nicht auf medizinische Aspekte reduziert.

5   Akzessorisch zum medizinischen sowie pflegerischen Leistungsaspekt sind diesen dienende psychosoziale, spirituelle und organisatorisch-koordinierende Aspekte (BT-Drs. 16/3100, 105). Daneben denkbare **Begleitleistungen** (z. B. Sterbebegleitung und Begleitung der Angehörigen) sind weiterhin ergänzend, z. B. durch ambulante Hospizdienste, zu erbringen (BT-DRs. 16/3100, 105). Allerdings bleiben solche Dienstleistungen als Teil der SAPV zulässig, wenn sie nicht den Schwerpunkt bilden, sondern sozusagen nur bei Gelegenheit miterbracht werden.

6   Die Leistung ist **verordnungspflichtig,** wobei nicht nur der Vertragsarzt bzw. ein zur vertragsärztlichen Versorgung gehörender Arzt verordnen darf, sondern auch ein **Krankenhausarzt** (zu praktischen Fragen der Verordnung als Thema der Richtlinien Rn. 8). Das Gesetz gewährt jedem Krankenhausarzt uneingeschränkt die Verordnungsbefugnis, was sinnvoll ist, soll der bruchlose Übergang von der stationären in die ambulante Versorgung gelingen. Diese weite Betrachtungsweise, von der auch die amtl. Begr. ausgeht (vgl. BT-Drs. 16/3100, 105), entspricht § 11 Abs. 4 S. 2, demgemäß die Leistungserbringer für eine **sachgerechte Anschlussversorgung** sorgen (vgl. BT-Drs. 16/3100, 96 f.).

7   § 7 Abs. 1 S. 2 SAPV-RL gestattet dem Krankenhausarzt grundsätzlich nur Verordnungen, wenn es um von ihm im Zeitpunkt der Verordnung ambulant versorgte Patienten geht. Damit wären nur die Bereiche erfasst, in denen Krankenhäuser ambulant behandeln dürfen. Nur für eine Übergangszeit von sieben Tagen darf jeder Krankenhausarzt verordnen (§ 7 Abs. 1 S. 3 SAPV-RL). Vom **Konkretisierungsauftrag** des Abs. 3 ist das **nicht** mehr **gedeckt,** weil dort bewusst nur von der „Zusammenarbeit des verordnenden Arztes" (Vertrags- oder Krankenhausarzt) die Rede ist (Nr. 3), was im Umkehrschluss bedeutet, dass die Verordnungskompetenzen als solche nicht modifiziert werden können, wohl aber darf ihre Ausübung koordiniert werden.

8   Die (wirksame) **Verordnung** durch einen verordnungsberechtigten Arzt ist Anspruchsvoraussetzung. Die Verordnung entfaltet **Bindungswirkung** hinsichtlich aller Tatbestandsvoraussetzungen, die (vertrags-)ärztlichen Sachverstand voraussetzen. Die KK ist zwar im Rechtssinne Entscheidungsträger (BT-Drs. 16/4247, 34), muss sich aber die Verordnung des Arztes zurechnen lassen. Das gilt zunächst im Interesse des Versicherten, für den eine wirksam zustande gekommene Verordnung, funktional betrachtet, wie eine Art abstraktes Schuldversprechen wirkt, das insb. die Krankenkasse, zu deren Lasten verordnet wird, für die in der Verordnung angegebene Dauer (vgl. § 7 Abs. 2 SAPV-RL) bindet.

9   Etwaige **Fehlverordnungen** kann die KK nur gegenüber dem verordnenden Arzt bzw. Krankenhaus, etwa im Rahmen von Wirtschaftlichkeitsprüfungen (soweit sie zulässigerweise auch den Krankenhausarzt betreffen), geltend machen. In diesem Lichte ist § 8 SAPV-RL über die Prüfung der Leistungsansprüche durch die KK auszulegen und anzuwenden. Hierbei ist auch zu bedenken, dass die ur-

sprünglich geplante Genehmigungsbefugnis der KK gestrichen wurde (vgl. BT-Drs. 16/4200, 22 iVm. BT-Drs. 16/4247, 34).

Angesichts der faktischen Berührungspunkte der Palliativversorgung mit der **sozialen Pflegeversicherung** erweitert Abs. 2 den Rechtsanspruch der (Pflege-) Versicherten auf spezialisierte Palliativversorgung gegen die Träger stationärer Pflegeeinrichtungen. Die Umsetzung auf der Ebene der Leistungserbringer ist durch Verträge gemäß § 132 d sicherzustellen (§ 132 d Rn. 5). Die Abgrenzung von der allgemeinen Palliativversorgung (vgl. Rn. 2), die Pflegeheimbewohner entweder über die sonstige vertragsärztliche Versorgung oder gegenüber dem Pflegeheim nach SGB XI beanspruchen dürfen, wird man, sachverständig beraten, darauf abstellen müssen, ob ein derart **komplexes Symptomgeschehen** vorliegt, dass hierauf mit den im Pflegeheim zur Verfügung stehenden Versorgungsangeboten nicht adäquat reagiert werden kann (*Kukla,* KrV 2008, 53/55); insoweit muss ein den Versorgungsstandards der SAPV entsprechendes **„Expertenwissen erforderlich"** sein (*Kukla,* KrV 2008, 53/55).

10

Abs. 3 gewährt dem G-BA eine **Konkretisierungskompetenz**; diese hat er verspätet ausgeübt (vgl. Rn. 1), was die Rechtsaufsicht (vgl. § 91 Abs. 8), soweit ersichtlich, nicht ernstlich beunruhigt hat. Das „Nähere über die Leistungen" ist „insbesondere" (nicht abschließend) hinsichtlich der in Nr. 1–3 aufgeführten Gesichtspunkte zu normieren. Die gegenwärtige „Erstfassung" (Rn 1 aE.) der SAPV-RL wiederholt zT. nur das Gesetz (vgl. §§ 1, 2 SAPV-RL), zT. bleibt sie unscharf, wenn es um die Definition des „besonderen" Versorgungsniveaus geht (vgl. § 4 SAPV-RL). Allerdings verdeutlichen die RL das multiprofessionelle (vgl. Rn. 4 f.) Profil der SAPV (vgl. § 5 SAPV-RL), was z. B. auch Sozialarbeiter etwa für die Aufgabe des Schnittstellen- bzw Case Management erfasst. Der „integrative Ansatz" (Abs. 3 Nr. 2), also Vernetzung mit den ambulanten Hospizdiensten bzw. den stationären Hospizen, bleibt konturenlos (vgl. insb. § 6 Abs. 1 S. 3 SAPV-RL). Hinsichtlich der Zusammenarbeit wird, zeitgeistsynchron, „vernetztes Arbeiten" eingefordert (§ 6 Abs. 5 S. 1 SAPV-RL), ohne dass deutlich würde, was das konkret heißen soll.

11

Das Argument, starre Regeln verböten sich, weil es um sterbende Menschen gehe (so der Vorsitzende des G-BA, *Hess,* zit. bei *Braun,* MDK-Forum H. 1/2008, 2), könnte auch bedeuten, dass der G-BA sich gescheut hat, den Konkretisierungsauftrag ernstzunehmen, weil dies in einem ethischen Grenzbereich Festlegungen verlangt, über die nicht leicht Konsens zu erzielen ist. So aber sind die gegenwärtigen Richtlinien der Sache nach zu oft gerade **keine operablen Direktiven,** die auch und gerade beim Umgang mit todkranken Menschen wünschenswert sind und vom Gesetzgeber gewünscht werden. Das bedeutet, dass die RL bisher weithin nichts „Näheres" geregelt hat, also nur der Form nach Richtlinie ist. **Defizite im Normprogramm** der RL sind in direkter Anwendung des materiell-rechtlichen Programms des Abs. 1 zu kompensieren. Im Lichte des Abs. 1 ist auch die dienende leistungserbringerrechtliche Korrespondenznorm des § 132 d zu handhaben (dazu § 132 d Rn. 1); zur **Qualitätssicherung** § 132 d Rn. 5. Es ist dem RL-Geber gestattet, kritischen Stimmen Rechnung zu tragen, die befürchten, mittels der SAPV werde möglicherweise ein **einseitiges Bild vom gelingenden Sterben** etabliert (*Dreßke; Göckenjan*).

12

§ 38 Haushaltshilfe

(1) ¹Versicherte erhalten Haushaltshilfe, wenn ihnen wegen Krankenhausbehandlung oder wegen einer Leistung nach § 23 Abs. 2 oder 4, §§ 24, 37, 40 oder § 41 die Weiterführung des Haushalts nicht möglich ist. ²Voraussetzung ist ferner, daß im Haushalt ein Kind lebt, das bei Beginn der Haushaltshilfe das zwölfte Lebensjahr noch nicht vollendet hat oder das behindert und auf Hilfe angewiesen ist.

(2) ¹Die Satzung kann bestimmen, daß die Krankenkasse in anderen als den in Absatz 1 genannten Fällen Haushaltshilfe erbringt, wenn Versicherten wegen Krankheit die Weiterführung des Haushalts nicht möglich ist. ²Sie kann dabei von Absatz 1 Satz 2 abweichen sowie Umfang und Dauer der Leistung bestimmen.

(3) Der Anspruch auf Haushaltshilfe besteht nur, soweit eine im Haushalt lebende Person den Haushalt nicht weiterführen kann.

(4) ¹Kann die Krankenkasse keine Haushaltshilfe stellen oder besteht Grund, davon abzusehen, sind den Versicherten die Kosten für eine selbstbeschaffte Haushaltshilfe in angemessener Höhe zu erstatten. ²Für Verwandte und Verschwägerte bis zum zweiten Grad werden keine Kosten erstattet; die Krankenkasse kann jedoch die erforderlichen Fahrkosten und den Verdienstausfall erstatten, wenn die Erstattung in einem angemessenen Verhältnis zu den sonst für eine Ersatzkraft entstehenden Kosten steht.

(5) Versicherte, die das 18. Lebensjahr vollendet haben, leisten als Zuzahlung je Kalendertag der Leistungsinanspruchnahme den sich nach § 61 Satz 1 ergebenden Betrag an die Krankenkasse.

Schrifttum: *Rixen*, Sozialrecht als öffentliches Wirtschaftsrecht – am Beispiel des Leistungserbringerrechts der gesetzlichen Krankenversicherung, 2005.

A. Überblick

1 Die Vorschrift regelt den Rechtsanspruch auf **Haushaltshilfe** als akzessorische Nebenleistung (begeitende Maßnahme) zu den in Abs. 1 S. 1 aufgeführten Behandlungen. Der Anspruch auf Haushaltshilfe soll die behandlungsbedingt ausfallende Haushalts(mit)verantwortung des Versicherten kompensieren. Der Vorschrift korrespondiert in leistungserbringerrechtlicher Hinsicht § 132.

B. Anspruchsvoraussetzungen und -inhalt

2 **Anspruchsinhaber** ist jeder Versicherte (Stamm- oder Familienversicherter), der wegen Krankenhausbehandlung iSd. § 39 (*Höfler*, KK, § 38 Rn. 5) oder bei Kur- bzw. Vorsorgeaufenthalten (§ 23 Abs. 2, 4, § 24), bei häuslicher Krankenpflege (§ 37) oder Reha-Maßnahmen (§§ 40, 41) den Haushalt objektiv nicht weiterführen kann (Abs. 1 S. 1). Ob die Krankenhausbehandlung stationär oder ambulant erfolgt (vgl. *Padé*, jurisPK, § 38 Rn. 17), ist irrelevant, weil § 39 ausdrücklich nicht nur die herkömmliche stationäre Krankenhausbehandlung erfasst. Behandlungszustand und/oder Ortsabwesenheit müssen die Unmöglichkeit der (teilweisen) Haushaltsweiterführung bedingen **(Kausalzusammenhang,** *Padé,* jurisPK, § 38 Rn. 23; zum Umfang der Haushaltshilfe Rn. 6).

Daran fehlt es, wenn eine **im Haushalt lebende Person** diesen weiterführen 3
kann (Abs. 3), dh, wenn eine Person an der den Haushalt konstituierenden gemeinsamen Lebensführung (Wirtschaftseinheit, aufeinander abgestimmte Alltagsorganisation) teilhat; das kann ggf. auch ein nicht-volljähriges Geschwisterkind sein (*Padé,* jurisPK, § 38 Rn. 34). Ein **Besuch** reicht nicht aus, um im Haushalt zu leben (vgl. BSG, SozR 2200, § 185 b Nr. 11 für ca. 1–2 Wochen Besuch), vorübergehende Abwesenheit beendet das Leben im Haushalt nicht (vgl. BSGE 25, 109/111). Die Person muss nach ihren **persönlichen Voraussetzungen** (Alter, psychophyische Konstitution, Pflichten, z. B. Schulpflicht) fähig sein, den konkret in Rede stehenden Haushalt zu führen. Das schließt Erwägungen zur **Zumutbarkeit** ein (vgl. § 37 Rn. 5), so dass während eines Urlaubs oder der (Schul-)Ferien oder in der arbeits- bzw. schulfreien Zeit die Haushaltsführung in der Regel möglich ist (vgl. BSG, SozR 2200, § 185 b Nr. 3), nicht aber z. B. um den Preis der Inanspruchnahme unbezahlten Sonderurlaubs (*Padé,* jurisPK, § 38 Rn. 36; BSGE 43, 236 = NJW 1978, 288; BSGE 87, 149).

Tatbestandsvoraussetzung ist auch, dass im Haushalt ein (nicht zwingend in 4
der Familienversicherung, § 10, versichertes) **Kind** (zur Orientierung § 10 Abs. 4) lebt (vgl. Rn. 2 aE.), das bei Beginn der Haushaltshilfe (Beginn der Leistungsgewährung) noch nicht zwölf Jahre alt ist oder das behindert (§ 2 Abs. 1 SGB IX) und auf Hilfe angewiesen ist. Auf Hilfe angewiesen ist ein Kind, wenn bei der Lebensführung objektiv Hilfe erforderlich ist, z. B. für Ernährung, Körperpflege oder seelische Betreuung (*Padé,* jurisPK, § 38 Rn. 30). Dass das Kind auf Hilfe angewiesen ist, wird um so eher anzunehmen sein, je jünger es ist (und umgekehrt); maßgeblich sind immer die Umstände des Einzelfalls.

„Weiterführen" bezieht sich auf den Haushalt, also nicht auf die Frage, ob 5
der Versicherte den Haushalt vorher überhaupt oder allein geführt hat, was nicht erforderlich ist (BSGE 87, 149; *Padé,* jurisPK, § 38 Rn. 22). **Haushalt** ist die private Wirtschafts- und Lebensführung (einschließlich der Kinderbetreuung) im Sinne eines organisatorischen Lebensschwerpunkts, mit der Grundbedürfnisse wie Ernährung, Kleidung, Körperpflege, Hygiene, Ruhe und Schlaf befriedigt werden (*Padé,* jurisPK, § 38 Rn. 21). **Haushaltshilfe** meint die entsprechenden hauswirtschaftlichen Aufgaben sowie haushaltsbezogenen Erziehungsaufgaben, insb. Beschaffen von Lebensmitteln, Zubereiten von Mahlzeiten, Kleiderpflege, Säubern der Wohnung, Betreuung der Kinder (*Rixen,* Sozialrecht als öffentliches Wirtschaftsrecht, 475; *Höfler,* KK, § 38 Rn. 28); sie ist von der **Grundpflege** (§ 37 Rn. 6) abzugrenzen. § 38 bezieht sich nur auf die hauswirtschaftliche Versorgung der übrigen Haushaltsangehörigen, während zumindest § 37 Abs. 1 S. 3 auch die hauswirtschaftliche Versorgung des Versicherten als Teil der häuslichen Krankenpflege einordnet (*Padé,* jurisPK, § 37 Rn. 14; anders aber § 198 RVO Rn. 2).

Art und Ausmaß der Haushaltshilfe hängt vom **Hilfebedarf im Einzelfall** 6
ab (vgl. § 33 SGB I iVm. § 12 Abs. 1). § 38 Abs. 1 definiert nicht den sächlichen oder zeitlichen Leistungsumfang (*Höfler,* KK, § 38 Rn. 29; *Padé,* jurisPK, § 38 Rn. 38). Bei der Konkretisierung ist darauf abzustellen, inwieweit der Versicherte an der Haushaltsführung Anteil hat bzw. haben soll, d. h. ob auch andere den Haushalt (mit)führen (*Padé,* jurisPK, § 38 Rn. 39; BSGE 51, 78 = SGb 1982, 557). Deshalb richtet sich der Hilfeumfang nicht nach dem Hilfebedarf einer idealtypisch modellierten „Normalfamilie" und auch nicht auf einen Acht-Stunden-Tag als vermeintlich „normale" Bedarf an Haushaltsführung (*Höfler,* KK, § 38 Rn. 29). Die Haushaltshilfe muss (und kann) nicht verordnet werden (vgl. § 73 Abs. 2 S. 1),

sondern ist von der Krankenkasse auf **Antrag** zu gewähren (§ 19 S. 1 Hs. 1 SGB IV; *Rixen,* Sozialrecht als öffentliches Wirtschaftsrecht, 474 iVm. 203 ff./ 206 ff.),

7 Die KK kann durch **Satzung** weitergehende Ansprüche auf Haushaltshilfe schaffen (Abs. 2). Hierbei kann die KK z. B. eine höhere Altersgrenze (Abs. 2 S. 2 iVm. Abs. 1 S. 1) sowie zusätzlich andere Fälle als die in Abs. 1 S. 1 definierten Konstellationen benennen (Abs. 2 S. 1), z. B. Hilfebedürftigkeit des Kindes, unabhängig von einer Behinderung. Hinsichtlich (nur) dieser zusätzlichen Anprüche kann die KK Umfang und Dauer bestimmen (Abs. 2 S. 2). Abweichungen von den Abs. 3 und 4 sind nicht gestattet, ebensowenig ist es zulässig, aus dem Rechtsanspruch auf Haushaltshilfe einen Ermessensanspruch zu machen; dergleichen gestattet Abs. 2 nicht (*Padé,* jurisPK, § 38 Rn. 33).

8 **Abs. 4,** der anstelle der Sachleistung, ausnahmsweise **Kostenerstattung** zulässt und insoweit neben § 13 tritt (*Höfler,* KK, § 38 Rn. 33; *Rixen,* 369), unterscheidet nach zwei Varianten: Kann die KK z. B. nicht schnell genug eine Haushaltshilfe stellen (Var. 1) oder kann der Versicherte z. B. eine preiswertere Kraft (*Höfler,* KK, § 38 Rn. 34) organisieren (Var. 2), so hat der Versicherte Anspruch auf „angemessene", ortsübliche Entgelte (*Padé,* jurisPK, § 38 Rn. 42) widerspiegelnde Kostenerstattung für eine **selbstbeschaffte Haushaltshilfekraft** (Abs. 4 S. 1), was tatsächlich entstandene Kosten voraussetzt (*Höfler,* § 38 Rn. 35). Die Festlegung fester Sätze durch die KK ist nicht ausgeschlossen; diese binden die Gerichte nicht (vgl. BSGE 43, 170/173). Allerdings ist grundsätzlich ein vorheriger Antrag (Rn. 6 aE.) auf Gewährung von Haushaltshilfe an die KK nötig, es sei denn, der Versicherte weiß insb. um Kapazitätsprobleme der KK (vgl. BSGE 77, 102 = NZS 1996, 323; s. auch BSG, SozR 3–2500, § 38 Nr. 2).

9 Für **Verwandte und Verschwägerte** bis zum zweiten Grad (§§ 1589 f. BGB) – Eltern, Kinder, Großeltern, Enkel und Geschwister; Schwiegereltern, Schwiegerkinder, Geschwister des Ehegatten und Ehegatten von Geschwistern (*Höfler,* KK, § 38 Rn. 38) – ist eine Vergütung ausgeschlossen, allerdings die Erstattung erforderlicher Fahrtkosten und des Verdienstausfalls zulässig (Abs. 4 S. 2). Abs. 4 S. 2 wird auf den getrennt lebenden bzw. **geschiedenen Ehegatten** des Versicherten analog angewandt (BSG, NZS 2000, 300).

10 Für volljährige Versicherte gilt unabhängig von der konkret verrichteten Haushaltshilfeleistung (vgl. BT-Drs. 15/1525, 90) je Kalendertag der Leistungsinanspruchnahme gemäß Abs. 5 eine **Zuzahlungspflicht** nach § 61 Abs. 1.

§ 39 Krankenhausbehandlung

(1) ¹**Die Krankenhausbehandlung wird vollstationär, teilstationär, vor- und nachstationär (§ 115 a) sowie ambulant (§ 115 b) erbracht.** ²**Versicherte haben Anspruch auf vollstationäre Behandlung in einem zugelassenen Krankenhaus (§ 108), wenn die Aufnahme nach Prüfung durch das Krankenhaus erforderlich ist, weil das Behandlungsziel nicht durch teilstationäre, vor- und nachstationäre oder ambulante Behandlung einschließlich häuslicher Krankenpflege erreicht werden kann.** ³**Die Krankenhausbehandlung umfasst im Rahmen des Versorgungsauftrags des Krankenhauses alle Leistungen, die im Einzelfall nach Art und Schwere der Krankheit für die medizinische Versorgung der Versicherten im Krankenhaus notwendig sind, insbesondere ärztliche Behandlung (§ 28 Abs. 1), Krankenpflege, Versorgung mit Arznei-, Heil- und Hilfsmitteln, Unterkunft und Verpflegung; die akutstationäre Behandlung umfasst auch die im**

3. Kapitel. 5. Abschnitt. 1. Titel **§ 39**

Einzelfall erforderlichen und zum frühestmöglichen Zeitpunkt einsetzenden Leistungen zur Frührehabilitation.

(2) Wählen Versicherte ohne zwingenden Grund ein anderes als ein in der ärztlichen Einweisung genanntes Krankenhaus, können ihnen die Mehrkosten ganz oder teilweise auferlegt werden.

(3) [1]Die Landesverbände der Krankenkassen, die Ersatzkassen und die Deutsche Rentenversicherung Knappschaft-Bahn-See gemeinsam erstellen unter Mitwirkung der Landeskrankenhausgesellschaft und der Kassenärztlichen Vereinigung ein Verzeichnis der Leistungen und Entgelte für die Krankenhausbehandlung in den zugelassenen Krankenhäusern im Land oder in einer Region und passen es der Entwicklung an (Verzeichnis stationärer Leistungen und Entgelte). [2]Dabei sind die Entgelte so zusammenzustellen, dass sie miteinander verglichen werden können. [3]Die Krankenkassen haben darauf hinzuwirken, dass Vertragsärzte und Versicherten das Verzeichnis bei der Verordnung und Inanspruchnahme von Krankenhausbehandlung beachten.

(4) [1]Versicherte, die das achtzehnte Lebensjahr vollendet haben, zahlen vom Beginn der vollstationären Krankenhausbehandlung an innerhalb eines Kalenderjahres für längstens 28 Tage den sich nach § 61 Satz 2 ergebenden Betrag je Kalendertag an das Krankenhaus, das diesen Betrag an die Krankenkasse weiterleitet. [2]Die innerhalb des Kalenderjahres bereits an einen Träger der gesetzlichen Rentenversicherung geleistete Zahlung nach § 32 Abs. 1 Satz 2 des Sechsten Buches sowie die nach § 40 Abs. 6 Satz 1 geleistete Zahlung sind auf die Zahlung nach Satz 1 anzurechnen.

Schrifttum: *U. Becker/C. Walser,* Stationäre und ambulante Krankenhausleistungen im grenzüberschreitenden Dienstleistungsverkehr – von Entgrenzungen und neuen Grenzen in der EU, NZS 2005, 449; *R. Beeretz,* Klinikbehandlung von Kassenpatienten setzt nicht die vorherige Genehmigung der gesetzlichen Krankenkasse voraus, PatR 2003, 122; *L. Eul,* Die Rechtsnatur der Zuzahlung des Versicherten, DOK 1992, 311; *K. Grünenwald,* Die Formen der Krankenhausbehandlung nach dem SGB V '93, WzS 1994, 78; *M. Ossege,* BSG entscheidet zu Kostentragungspflicht der Krankenkasse von Krankenhausbehandlung bei Fehlen ambulanter Behandlungsalternativen, BKK 2004, 502; *U. Degener-Hencke,* Rechtliche Möglichkeiten der ambulanten Leistungserbringung durch Krankenhäuser, VSSR 2006, 93; *T. Ganse,* Krankenversicherung – Zweifel an Notwendigkeit der Krankenhausbehandlung – Anforderung an MDK-Gutachten im Fehlbelegungsverfahren, KH 2004, 201; *I. Heberlein,* Die Überprüfung von Vergütungsansprüchen des Krankenhauses, KHuR 2004, 33; *U. Hesse ua.,* Adipositaschirurgie – Ablehnung der Kostenübernahme trotz ärztlicher Gutachten, DMW 2006, 258; *R. Heß/M. Burmann,* Die Heilbehandlungskosten, NJW-Spezial 2006, 207; *J. Kaempfe,* Krankenversicherung – stationäre Krankenhausbehandlung – Versicherte mit schweren psychiatrischen Leiden, G+G 2005, Nr. 4, 43; *W. Leber,* Ambulante Operationen mit anschließendem stationärem Aufenthalt, KH 2005, 341; *G. Nösser,* Krankenversicherung – Vorliegen einer vollstationären Krankenhausbehandlung bei vorzeitigem Abbruch aus medizinischen Gründen, KH 2005, 682; *ders.,* Krankenversicherung – Abgrenzung – stationäre Krankenhausbehandlung – medizinische Rehabilitation, KH 2005, 880; *M. Quaas,* Nochmals: Zur Abgrenzung von stationärer zur ambulanten Behandlung im Krankenhaus, PKR 2005, 14; *R. Ratzel,* Schnittstelle Vertragsarzt – Krankenhaus – Vertragsarzt: Übergabe- und Übernahmeprobleme (ohne Rehabilitation und Anschlussheilbehandlung), ZMGR 2006, 132; *S. Rixen,* Das europäisierte SGB V – Zur Rezeption EG-rechtlicher Vorgaben für das Leistungs(erbringer)recht der gesetzlichen Krankenversicherung durch das GKV-Modernisierungsgesetz (GMG), ZESAR 2004, 24; *U. Roths/F. Volkmer/U. Korthus,* Erbringung und Abrechnung von ambulanten Operationen im Krankenhaus, KH 2005, 571; *M. Sieper,* Die konkrete ambulante Behandlungsalternative, GesR 2005, 62; *U. Thier,* Teilstationäre Krankenhausleistungen, KH 2006, 969; *U. Thier/R. Flasbarth,* Zur Vertretbarkeit der Aufnahmeentscheidung des Krankenhausarztes – Rechte und Pflichten an der Schnittstelle zwischen Leistungsrecht und Leistungserbringerrecht, GesR 2006, 481; *W. Pilz,* Die „Schlüsselstellung" des Krankenhausarztes − Der Vergütungsanspruch des Krankenhausträgers bei umstrittener Fehlbelegung in der Rechtsprechung des BSG, NZS 2003, 350; *M. Ulmer,* Krankes Abrechnungsverfahren der Kliniken?, NZS 2005, 456; *C. Walser,* Qualitätssicherung bei grenzüberschreitenden Krankenhausleistungen, ZESAR 2004, 365; *I. Weddehage,* Krankenversicherung − Krankenhaus − Zahlungsverpflichtung für Behandlungskosten −, KH 2006, 49; *F. Wölk,* ZMGR 2008, 104.

Inhaltsübersicht

	Rn.
A. Überblick	1
B. Grundsätze der Krankenhausbehandlung	4
I. Begriff	4
II. Formen, Abs. 1 S. 1	8
1. Abgrenzung	8
2. Vollstationäre Behandlung	11
3. Teilstationäre Behandlung	15
4. Ambulante Operationen	17
C. Tatbestand und Rechtsfolge des Anspruchs auf Krankenhausbehandlung	19
I. Voraussetzungen	19
1. Allgemeines	19
2. Subsidiarität, Abs. 1 S. 2	21
II. Anspruchsinhalt	24
1. Umfang der Krankenhausbehandlung, Abs. 1 S. 3	24
2. Verzeichnis stationärer Leistungen und Entgelte, Abs. 3	27
III. Verfahren und Vergütung	29
IV. Beteiligung des Versicherten	34
1. Wahlrecht, Abs. 2	34
2. Zuzahlungen, Abs. 4	36

A. Überblick

1 § 39 enthält die leistungsrechtliche Regelung der **KH-Behandlung** und bestimmt daher wo, wie und in welchem Umfang diese erbracht werden kann (BT-Drs. 11/2237, 177). Sie wird aber nicht definiert (vgl. zu dem Begriff Krankenhaus § 107 Rn. 6), sondern nur in Abs. 1 S. 1 und S. 3 in ihren verschiedenen Erbringungsformen (vgl. nur §§ 115 f., 115 b) und ihrem Umfang umschrieben. Eine Hervorhebung erfährt die vollstationäre Behandlung: Sie ist einerseits subsidiär und darf nach Abs. 1 S. 2 nur dann erbracht werden, wenn teilstationäre, vor- und nachstationäre oder ambulante Behandlung nicht ebenso zum Behandlungsziel führt. Darin kommt der allg. Grundsatz des **Vorrangs ambulanter Behandlungen** zum Ausdruck, der allerdings in seiner Allgemeinheit dem Effizienzgebot widersprechen kann (pauschal die Ansicht des Gesetzgebers, dass die ambulante Behandlung „preisgünstig" sei, BT-Drs. 11/2237, 177). Der Vorrang verlangt, dass eine KH-Behandlung im Einzelfall erforderlich sein muss (BSG [GS] NJW 2008, 1980/1983; näher Rn. 22 f.). Die Versicherten haben ein subjektives Recht auf eine stationäre Behandlung, die alle medizinisch notwendigen Leistungen des KH umfasst und über die der KH-Arzt entscheidet (zum Anspruch Rn. 19 ff.).

2 Dem **Gebot der Wirtschaftlichkeit und Transparenz** tragen Abs. 2 und 3 Rechnung: Zum einen wird der Versicherte verpflichtet, Mehrkosten (Rn. 34 f.) aufgrund einer unbegründeten Wahl eines anderen als in der Einweisung benannten KH zu tragen. Zum anderen müssen die Beteiligten an der Organisation und der Ausgestaltung des KH-Wesens (Kranken- und Ersatzkassenverbände, Deutsche Rentenversicherung, Landeskrankenhausgesellschaften, Kassenärztliche Vereinigungen) durch die Aufstellung von Leistungs- und Entgeltkatalogen für eine transparente Leistungs- und Kostenstruktur sorgen (zur Finanzierung der KH § 107 Rn. 24). Abs. 4 ergänzt diese Reglungen durch eine Zuzahlungspflicht für Volljährige.

Die Vorschrift ist zuletzt durch das Gesetz zur Änderung des Vierten Buches Sozialgesetzbuch und anderer Gesetze v. 19. 12. 2007 (BGBl. I, 3024, 3305) **geändert** worden. Dabei wurden Besonderheiten der See-KK in Abs. 3 S. 1 und Abs. 5 gestrichen. In beiden Fällen handelt es sich um eine Folgeänderung zur Eingliederung der See-KK in die Deutsche RV Knappschaft-Bahn-See (vgl. BT-Drs. 16/6986, 38). 3

B. Grundsätze der Krankenhausbehandlung

I. Begriff

Der Begriff der KH-Behandlung wird weder im Leistungs- noch im Vergütungsrecht des SGB V definiert. Stattdessen hat der Gesetzgeber deren verschiedene Erbringungsformen umschrieben (vgl. BSG, NZS 2005, 93/94; Rn. 8 ff.). Die KH-Behandlung ist demnach nur institutionell zu fassen. Sie stellt eine Sach- und Dienstleistung (§ 2 Abs. 2 S. 1) dar, die **in einem KH** erbracht wird. Das schließt ambulante Behandlungen ein, für die aber Sondervorschriften gelten, die sich nicht nur auf die Vergütung, sondern auch auf den Anspruch des Versicherten auswirken und die zudem in § 39 nur unvollständig genannt sind (vgl. zum gemeinschaftsrechtl. Begriff Rn. 10). Was unter einem KH zu verstehen ist, ergibt sich dabei aus der leistungserbringungsrechtl. Definition in § 107. Da auch im stationären Sektor Leistungs- und Leistungserbringungsrecht miteinander verknüpft sind (zur Wechselwirkung zwischen KH-Begriff und KH-Behandlung BSG, SozR 4–2500, § 39 Nr. 7), muss ein KH zudem grds. zugelassen sein (§ 108; zur Ausnahme in Notsituationen BSG, NZS 2002, 371/372). 4

KH-Behandlung besteht nach st. Rspr. in einer apparativen Mindestausstattung, geschultem Pflegepersonal und jederzeit präsenten oder rufbereiten Ärzten (vgl. BSG, SozR 2200, § 184 Nr. 28; NZS 2005, 366/368; SozR 4–2500, § 39 Nr. 4). Dies ist in jedem einzelnen Behandlungsfall im Wege einer Gesamtbetrachtung festzustellen, bei der einzelne Elemente überwiegen bzw. in den Hintergrund treten können (vgl. BSG, SozR 2200, § 184 Nr. 28; NZS 2005, 366/368; SozR 4–2500, § 39 Nr. 7: „komplexe Gesamtleistung"; zur verstärkten Inanspruchnahme von Medikamenten und medizinischem Personal bei psychiatrischen Erkrankungen BSG, SozR 4–2500, § 39 Nr. 4; SozR 4–2500, § 112 Nr. 4). 5

Besonders die **apparative Mindestausstattung** (vgl. auch § 107 Rn. 11) kann eine KH-Behandlung begründen (vgl. Rn. 14). Umgekehrt kann auch schon der notwendige Einsatz von Ärzten, **therapeutischen Hilfskräften und Pflegepersonal** sowie die Art der Medikation die Möglichkeit einer ambulanten Behandlung ausschließen (BSG, SozR 4–2500, § 39 Nr. 4). Das Erfordernis von **jederzeit präsenten oder rufbereiten Ärzten** (vgl. § 107 Rn. 10) verlangt mehr, als dass in unvorhersehbaren Situationen sofort ein Arzt zugezogen werden muss. Vielmehr ist gemeint, dass der jederzeit rufbereite Arzt im Rahmen der laufenden Behandlung benötigt wird. Ist das nicht der Fall, reichen schon ein ambulanter Notfalldienst oder eine kurzfristige KH-Einweisung aus (BSG, SozR § 184 Nr. 28; SozR 1500, § 75 Nr. 71; v. 12. 3. 1985, 3 RK 15/84). 6

Keine KH-Behandlung liegt mehr vor, wenn die ärztliche Behandlung nur noch einen die stationäre Versorgung und die **sonstigen Maßnahmen** (pflege- 7 rischer und pädagogischer Art) **begleitenden Charakter** hat (BSG, SozR § 184 Nr. 28). In diesem Zusammenhang ist häufig die Behandlung psychischer Erkrankungen problematisch (näher *Höfler*, KK, § 39 Rn. 20 f.). Deren Behandlungsfähigkeit kann bei dauerhaften Zuständen ausscheiden, womit die Voraussetzungen für eine KH-Behandlung nicht mehr vorliegen (vgl. BSG, SozR 2200, § 184 Nr. 28). Zur Abgrenzung von stationärer KH-Behandlung und medizinischer Rehabilitation bei psychischen Erkrankungen, die bereits über einen längeren Zeitraum bestehen, vgl. BSG, SozR 4–2500, § 112 Nr. 4.

II. Formen, Abs. 1 S. 1

1. Abgrenzung

8   Abs. 1 S. 1 zählt die Formen der KH-Behandlung abschließend auf. **Systematisch** ist dabei die stationäre Behandlung, die als voll- oder teilstationäre erfolgen kann, von der ambulanten zu unterscheiden. Die ambulante Behandlung im KH wird anstelle der Behandlung durch Vertragsärzte erbracht. Das bedarf einer gesonderten gesetzlichen Regelung, wobei einerseits ein typischerweise besonderer Behandlungsaufwand (§§ 115 b, 116 b), andererseits der Zusammenhang mit einer regulären stationären Behandlung (vor- und nachstationäre Behandlung, § 115 a) die Tätigkeit des KH rechtfertigen kann.

9   Nach der neueren Rspr. des BSG müssen für eine stationäre Behandlung **zwei Voraussetzungen** vorliegen: (1) Die Aufnahme durch einen KH-Arzt und (2) eine bestimmte Aufenthaltsdauer (Rn. 12 ff.) oder das Erfordernis einer besonderen Behandlungsinfrastruktur. Früher war lediglich die Aufnahme entscheidend, gemeint als „physische und organisatorische Eingliederung des Patienten in das spezifische Versorgungssystem des Krankenhauses" (BT-Drs. 12/3608, 82). Nachdem aber mit der Verbreitung des ambulanten Operierens durch niedergelassene Ärzte und der Einführung dieser Behandlungsmöglichkeit in KH (vgl. § 115 b Rn. 1) auch bei ambulanten Behandlungen im KH eine Eingliederung iS. dieser Definition stattfinden kann, genügt die Aufnahme allein nicht mehr als Kriterium, um eine klare Abgrenzung von der ambulanten Behandlung zu ermöglichen (grundl. BSG, NZS 2005, 93 ff.; fortführend BSG, NZS 2006, 88; 2007, 657 ff.). Keinerlei Bedeutung hat hingegen der Abschluss eines Aufnahmevertrags zwischen KH und Patient, weil in diesem Rechtsverhältnis (dem Erfüllungsverhältnis) nicht über das Leistungserbringerverhältnis disponiert werden kann.

10   Die Definition der KH-Behandlung ist auch für **grenzüberschreitende Behandlungen innerhalb der EU** von Bedeutung. Denn nach der Rspr. des EuGH besteht trotz Dienstleistungsfreiheit (Art. 49 EGV) für stationäre Behandlungen weiterhin ein Genehmigungsvorbehalt (EuGH Rs. C-157/99, Smits und Peerbooms, Slg. 2001, I-5473; Rs. C-385/99, van Riet und Müller-Fauré, Slg. 2003, I-4509; näher § 13 Rn. 32). Das gilt allerdings nicht für ambulante Behandlungen im KH (näher *Becker/Walser*, NZS 2005, 449/451).

2. Vollstationäre Behandlung

11   Vollstationäre Behandlung ist eine sich über mindestens **einen Tag und eine Nacht** erstreckende physische und organisatorische Eingliederung des Patienten in das spezifische Versorgungssystem des KH, also eine „Rund-um-die-Uhr-Versorgung" (BSG, NZS 2005, 93/96; zust. *Noftz*, H/N, § 39 Rn. 46; *Schmidt*, Peters-KV, § 39 Rn. 134; *Grünenwald*, WzS 1994, 78/79; *Tuschen/Quaas*, BPflV, 5. Aufl. 2001, § 1 BPflV Erl zu Abs 1).

Entscheidend ist jedenfalls bei operativen Eingriffen die **geplante, uU. die** 12
tatsächliche Dauer des Aufenthalts. Zunächst kommt es auf den der Aufnahme
zugrundeliegenden Plan iSe. konkreten Behandlungskonzepts an. Eine ambulante
Behandlung mit sich anschließendem, nicht notwendigem stationärem Aufenthalt
gilt als einheitlich stationär, ohne dass den ambulant tätigen Vertragsärzten ein
Vergütungsanspruch zustünde (BSG, SozR 4–2500, § 39 Nr. 3). Verlässt der Patient
von sich aus das KH vor der geplanten Übernachtung, bleibt es bei einer stationären Behandlung (sog. „abgebrochene" stationäre Behandlung, BSG, NZS 2006,
88/90; NZS 2006 93/96). Wird umgekehrt zunächst nur ein ambulanter Eingriff
geplant, dann aber infolge einer Komplikation eine weitere Behandlung mit
Übernachtung erforderlich, so handelt es sich um eine einheitliche Behandlung,
die insgesamt als stationäre anzusehen ist, auch wenn der Entschluss zum längeren
Aufenthalt erst nach der Aufnahme gefasst worden ist (BSG, NZS 2005, 93/96 unter Hinweis auf § 6 I 2 des Vertrags nach § 115 b v. 22. 3. 1993 = § 7 Abs. 2 des ab
1. 1. 2004 gültigen Vertrags). Entsprechende Operationen sind dann nach dem
KHEntgG bzw. der BPflV zu vergüten.

Wiederkehrende Leistungen sind nach den nun anzulegenden Kriterien 13
grds. nicht mehr ohne weiteres als stationäre Leistungen anzusehen, insb. auch
nicht als teilstationäre (Rn. 15 f.), selbst wenn sie mehrmals in der Woche in einem
KH erbracht werden (vgl. zur Dialyse BSG, NZS 2005, 93/96; § 2 Abs. 2 S. 3
KHEntgG, § 2 Abs. 2 S. 3 BPflV).

Nicht nur die Aufenthaltsdauer (Rn. 11), sondern auch das **Erfordernis einer** 14
besonderen Behandlungsinfrastruktur kann die Qualifizierung einer Behandlung als stationäre begründen. Das gilt für Notfallbehandlungen, die mit der Aufnahme auf einer Intensivstation verbunden sind. Demnach sind Behandlungen
„einer meist lebensbedrohlichen Erkrankung in der besonderen medizinisch-organisatorischen Infrastruktur eines hoch entwickelten Klinikbetriebes" als vollstationäre anzusehen (BSG, NZS 2007, 657/659).

3. Teilstationäre Behandlung

Eine **teilstationäre Behandlung** findet vor allem bei der Unterbringung 15
von Patienten in Tages- (Behandlung tagsüber, die Nacht wird zu Hause verbracht) und Nachtkliniken (Behandlung abends und nachts, tagsüber Aufenthalt
im gewohnten Umfeld) auf den Feldern der Psychiatrie, somatischen Erkrankungen, bei krankhaften Schlafstörungen (Schlafapnoe) und der Geriatrie statt (vgl.
Schmidt, Peters-KV, § 39 Rn. 133; *Noftz*, H/N, § 39 Rn. 49 f.). Bei der Abgrenzung
zu ambulanten Leistungen kommt es damit weniger auf die Aufenthaltsdauer als
vielmehr auf das Erfordernis einer besonderen Behandlungsinfrastruktur an (vgl.
BSG, NZS 2007, 657/658; Rn. 14).

Weil bei teilstationärer Behandlung auch ein Tag und eine Nacht in einem KH 16
verbracht werden können, stellt sich die Frage der **Abgrenzung zur vollstationären Behandlung**. Diese kann trotz verbleibender Unschärfen, bezogen auf die
im Vordergrund stehenden Krankheitsbilder, anhand des Grundsatzes erfolgen,
nach dem die teilstationäre Behandlung eine (1) sich über einen längeren Zeitraum
erstreckende Behandlung (2) bei gleichzeitiger Notwendigkeit der medizinisch-organisatorischen Infrastruktur des KH und (3) ohne zwingende ununterbrochene
Anwesenheit des Patienten im KH ist (vgl. BSG NZS 2005, 93/96). Wesentlich ist
auch hier der konkrete Behandlungsplan. Nur wenn dieser im Vorhinein eine zeitliche Begrenzung vorsieht, handelt es sich um eine teilstationäre Behandlung
(BSG, NZS 2007, 657/659).

4. Ambulante Operationen

17 Eine Behandlung findet nach der vorgenannten Definition dann ambulant iSd. § 115 b statt, wenn der Patient die **Nacht vor** und die **Nacht nach** dem Eingriff nicht im KH verbringt (BSG, NZS 2005, 93/96; vgl. *Kern*, NJW 1996, 1561; *Tuschen/Quaas*, BPflV, 5. Aufl. 2001, § 1 BPflV Erl zu Abs 1, S. 171; *Grünenwald*, WzS 1994, 78/81).

18 Ambulante Operationen umfassen ein **breites Spektrum** von Eingriffen, das von einfachen Operationen unter örtlicher Betäubung bis hin zu aufwändigen, mehrstündigen operativen Eingriffen reicht. Da entscheidend auf die fehlende Übernachtung abzustellen ist, stehen weder eine Vollnarkose noch eine postoperative Lagerung und Überwachung des Patienten in einem Ruhebett der Qualifizierung als ambulanter Behandlung entgegen (BSG, NZS 2005, 93/95).

C. Tatbestand und Rechtsfolge des Anspruchs auf Krankenhausbehandlung

I. Voraussetzungen

1. Allgemeines

19 Obwohl Abs. 1 S. 2 nur von einem Anspruch auf vollstationäre Behandlung spricht, haben Versicherte bei Vorliegen der Voraussetzungen (Rn. 20) doch einen Anspruch auf die Gewährung **aller Formen der KH-Behandlung** (Rn. 8 ff.). Das folgt bereits aus § 27 Abs. 1 (ausf. *Noftz*, H/N, § 39 Rn. 12), zudem aus dem Zweck des Abs. 1 S. 2, der dazu dient, den Vorrang ambulanter Leistungen sicherzustellen (vgl. zur Subsidiarität Rn. 21 ff.).

20 Allgemeine leistungsrechtliche **Tatbestandsvoraussetzungen** für einen Anspruch auf KH-Behandlung sind neben der Behandlung im KH (Rn. 4) die Versicherteneigenschaft (vgl. § 5), die Mitgliedschaft (außer im Fall des nach § 10 abgeleiteten Anspruchs, vgl. § 19) und das Vorliegen einer behandlungsbedürftigen Krankheit (vgl. § 27 Rn. 24).

2. Subsidiarität, Abs. 1 S. 2

21 Der Anspruch auf vollstationäre KH-Behandlung ist ggü. teilstationärer und ambulanter Behandlung, einschließlich vor- und nachstationärer Behandlung und häuslicher Krankenpflege, subsidiär. Das wird dadurch zum Ausdruck gebracht, dass die stationäre Behandlung **erforderlich** sein muss. Richtigerweise ist darüber hinaus auch die teilstationäre Behandlung als Unterfall der stationären ggü. den übrigen Behandlungsformen subsidiär (*Höfler*, KK, § 39 Rn. 15). Wonach sich die Subsidiarität richtet und wie diese zu prüfen ist, war einige Zeit zwischen dem 1. und dem 3. Senat des BSG str., ist mittlerweile aber durch eine Entscheidung des GS des BSG weitgehend geklärt (BSG, NJW 2008, 1980), und zwar im Bemühen darum, die stationäre Versorgung in ihrem eigentlichen Kern zu fassen.

22 Entscheidend ist zunächst **objektiv betrachtet,** dass gerade die Behandlung im KH, die sich durch eine besondere apparative Ausstattung, ständige Präsenz von Ärzten und pflegerische Betreuung auszeichnet (näher § 107 Rn. 6 ff. und Rn. 5 ff.), aufgrund der behandlungsbedürftigen Krankheit notwendig ist. Insofern kommt es allein auf den **Gesundheitszustand des Patienten** an: Lässt dieser es zu, dass das Behandlungsziel mittels anderer Maßnahmen, insb. durch eine ambulante Behandlung, erreicht werden kann, so besteht kein Anspruch auf stationäre Behandlung. Entscheidend ist allein der medizinische Bedarf, nicht aber sind es sonstige Gründe (vgl. hingegen Rspr. des 3. Senats, BSG, SozR 4–2500, § 39 Nr. 2; SozR 4–2500, § 112 Nr. 4; GesR 2005, 558 m. Anm. *Weddehage,* KH 2006, 49/50). Dementsprechend ist KH-Behandlung auch dann nicht notwendig, wenn ein Patient, der an sich ambulant behandelt werden könnte, wegen der Art der Erkrankung oder aus anderen Gründen eine Betreuung durch hinreichend geschulte medizinische Hilfskräfte in geschützter Umgebung benötigt und andere bedarfsgerechte Einrichtungen als ein KH weder flächendeckend vorhanden sind noch im Einzelfall konkret zur Verfügung stehen (krit. *Korthus,* KH 2008, 155).

Über die Erforderlichkeit der KH-Behandlung **entscheiden die KH-Ärzte.** 23 Sie müssen diese, ungeachtet vom grds. Erfordernis der ärztlichen Verordnung („Einweisung", Abs. 2), prüfen (vgl. Abs. 1 S. 2: „nach Prüfung durch das KH"), und sie müssen ein konkretes Behandlungskonzept erstellen (Rn. 12). Jedoch ist ggü. den Versicherten die **KK als VersTr.** letztendlich für die Gewährung des Anspruchs **zuständig.** Insofern stellt sich die Frage, ob dann, wenn die KK nicht vorab durch VA über die Vorauss. des Anspruchs entschieden hat (vgl. zur Kostenübernahmeerklärung Rn. 33), die KH-Ärzte bei der Beurteilung der Erforderlichkeit einer KH-Behandlung eine Einschätzungsprärogative genießen (in diesem Sinne Rspr. des 3. Senats, BSG, SozR 4–2500, § 112 Nr. 6; v. 3. 8. 2006, B 3 KR 1/06 S), oder ob ihre Entscheidung in vollem Umfang (gerichtlich) überprüfbar ist. Der GS hat sich für die **volle Überprüfbarkeit** entschieden (BSG, NJW 2008, 1980/1984; zust. *Heberlein,* GesR 2008, 113/117). Grund dafür ist die genannte Zuständigkeitsverteilung, die einen Vorrang des KH im Entscheidungsprozess ausschließt. Deshalb kann auch rückwirkend, evtl. ab einem bestimmten Zeitpunkt, die Erforderlichkeit der KH-Behandlung in Frage gestellt werden. Kommt es aber zu Nachweisschwierigkeiten, kann „in Grenz- oder Zweifelsfällen bei einer nachträglichen Prüfung der Beurteilung des behandelnden Arztes besonderes Gewicht zukommen" (BSG [GS], NJW 2008, 1980/1984; zur Rolle der Gutachter *Wölk,* ZMGR 2008,104). Entscheidend für die Beurteilung bleibt aber der **Zeitpunkt der Diagnose,** evtl. der einer späteren Überprüfung nach Aufnahme. Stellen sich Behandlungsmaßnahmen erst rückschauend als unnötig heraus, besteht der Vergütungsanspruch des KH selbst dann, wenn der Versicherte objektiv keinen Leistungsanspruch hatte (BSG, SozR 3–2500, § 76 Nr. 2).

II. Anspruchsinhalt

1. Umfang der Krankenhausbehandlung, Abs. 1 S. 3

Abs. 1 S. 3 beschreibt den Inhalt der KH-Behandlung und soll verdeutlichen, 24 dass der Schwerpunkt der KH-Behandlung auf der ärztlichen Behandlung und weniger auf der Pflege sowie der Heilmittelanwendung liegt (BT-Drs. 11/2237, 177; vgl. auch Rn. 5 ff., und zur Abgrenzung des KH von der Vorsorge-/Reha-Einrichtung § 107 Rn. 18). Die **Aufzählung** ist nicht abschließend („insbesondere", „auch"). Zu gewähren sind insb. auch Vor- und Nebenleistungen (vgl. § 11 Rn. 18 ff.). Betont wird aber auch hier noch einmal mit der „medizinischen Notwendigkeit" das Wirtschaftlichkeitsgebot (allg. §§ 2 Abs. 1, 12 Abs. 1). Hinsichtlich der **Dauer** sieht § 39 keine Beschränkungen vor. Gerade in diesem Zusammenhang ist aber zu beachten, dass Behandlungsbedürftigkeit gegeben sein muss (§ 27 Abs. 1 S. 1) und ein Aufenthalt zu anderen Zwecken als denen der Krankenbehandlung (etwa zu rein pflegerischen) nicht umfasst ist, was auch die Länge des KH-Aufenthalts begrenzen kann (vgl. nur BSG, SozR 4–2500, § 112 Nr. 6; SozR 4–2500, § 39 Nr. 7; vgl. zur Erforderlichkeit der Behandlung Rn. 21 ff.).

25 Der Umfang der KH-Behandlung bestimmt sich im Einzelfall nach **Art und Schwere der Krankheit** und dem **Versorgungsauftrag** des KH (vgl. § 109 Rn. 3; dazu auch BSG v. 24. 1. 2008, B 3 KR 17/07 R). KH-spezifisch sind Krankenpflege, Unterkunft und Verpflegung. Daneben erhalten die Versicherten ärztliche Behandlung (§ 28 Abs. 1), Arznei-, Heil- und Hilfsmittel (§§ 31 ff.), und zwar entsprechend den jeweils geltenden Bestimmungen (zu klinischen Studien BSG, SozR 4–2500, § 137 c Nr. 2), aber evtl. ohne die nur für die vertragsärztliche Versorgung vorgesehenen Begrenzungen. Arzneimittel können durch (arzneimittelrechtlich privilegierte) KH-Apotheken abgegeben werden (dazu und zu den Grenzen BSG, SozR 4–2500, § 39 Nr. 7). Die allgemeinen KH-Leistungen (im Unterschied zu sog. Wahlleistungen) werden durch § 2 Abs. 2 KHEntgG (vgl. auch § 2 Abs. 2 BPflV) näher umschrieben. Das betrifft zwar unmittelbar den Vergütungsanspruch des KH (Rn. 32), aber auch in der stationären Versorgung **konkretisiert das Leistungserbringungsrecht zugleich den Leistungsanspruch.** Der Standard für Unterkunft und Verpflegung richtet sich dementsprechend nach den vereinbarten Pflegeklassen; sind Abweichungen nicht medizinisch indiziert, müssen die Versicherten Mehrkosten selbst zahlen. Zu den Leistungen des KH gehören auch die von diesem veranlassten Leistungen Dritter, die ergänzender Art sind, während bei einer Verlegung die Verantwortung für die Gesamtbehandlung auf ein anderes KH übergeht (vgl. zur Unterscheidung zw. „Verlegung" und „Verbringung" BSG, NZS 2007, 657/660).

26 Der mit G v. 19. 6. 2001 (BGBl. I, 1046) neu angefügte Hs. 2 über die **Frührehabilitation** beruht auf der Überzeugung, dass Rehabilitationserfolg und Rehabilitationschancen umso größer sind, je frühzeitiger und umfassender Rehabilitationsmaßnahmen einsetzen. Zugleich sollen nicht nur die Wiedereingliederungschancen der Betroffenen optimiert, sondern die durchschnittlichen Gesamtkosten pro Fall deutlich verringert werden (BT-Drs. 14/5074, 135). Vorrangiges Ziel der frühen Rehabilitation im KH ist die Wiederherstellung der Basisfähigkeiten, wozu neben der Mobilität die weitgehende Unabhängigkeit in den einfachen Aktivitäten des täglichen Lebens gehört sowie die Kommunikation mit und die Orientierung in der Umwelt; hinzu kommen die frühzeitige Auseinandersetzung mit Fähigkeitsstörungen in der Folge von Erkrankungen/Unfällen und der frühzeitige Einstieg in das Erlernen von Bewältigungsstrategien.

2. Verzeichnis stationärer Leistungen und Entgelte, Abs. 3

27 Abs. 3 regelt das Verfahren für die **Erstellung** eines Verzeichnisses stationärer Leistungen und Entgelte durch die Selbstverwaltungspartner. Zweck des Verzeichnisses ist es, den Beteiligten einen Überblick über die im Einzelfall in Betracht kommenden KHer zu geben. Dadurch sollen verstärkt preisgünstige KH (inkl. Beleg-KH und Beleg-Abteilungen, BT-Drs. 11/2237, 178) in Anspruch genommen werden. IdR. sollen regionale Verzeichnisse ausreichen, bundesweite Verzeichnisse nur bei ungewöhnlichen oder sehr schwierigen KH-Behandlungen erstellt werden (BT-Drs. 11/2237, 178). Entsprechende Verzeichnisse existieren aber nicht überall.

28 Der Anweisung an die KK in S. 3 entspricht die **Verpflichtung der Ärzte** zur Berücksichtigung des Verzeichnisses bei der **Verordnung** stationärer Behandlungen nach § 73 Abs. 4 S. 3. Für Versicherte spielt die Kenntnis eine Rolle, wenn

3. Kapitel. 5. Abschnitt. 1. Titel **§ 39**

Fremdleistungen abgerechnet werden sollen; sofern sich der Charakter dieser Leistungen erkennen lässt, kann sich kein Vertrauen auf die Übernahme der Kosten durch die KK bilden (vgl. Rn. 31). Vor dem Hintergrund des neuen Entgeltsystems (§ 107 Rn. 27) ist zwar denkbar, dass das Verzeichnis an Bedeutung verliert (so *Schmidt,* Peters-KV, § 39 Rn. 262 a; zustimmend *Knispel,* Beck-OK, § 39 Rn. 71). Jedenfalls hinsichtlich der aus dem FP-System herausgenommenen psychiatrischen Leistungen (vgl. § 107 Rn. 35) wird es seine Funktion behalten, auch wenn Zweifel an der Praktikabilität der groben Vergleichskriterien bestehen (vgl. *Wagner,* Krauskopf, § 39 Rn. 26).

III. Verfahren und Vergütung

Als Leistung der GKV muss die KH-Behandlung grds. beantragt werden, § 19 S. 1 SGB IV. Der Antrag ist aber nur formelle Leistungsvoraussetzung. Es bestehen verschiedene Möglichkeiten, den Anspruch geltend zu machen. Dabei ist **Ausgangspunkt,** dass der Anspruch des Versicherten im Sozialleistungsverhältnis ggü. der KK besteht, diese dementspr. für die Entscheidung zuständig ist. Der Vergütungsanspruch des KH richtet sich nach dem Leistungserbringungsrecht; er folgt unmittelbar als Gegenleistungsanspruch aus der Leistungsverpflichtung des KH nach § 109 Abs. 4 S. 2, wobei das KH in Vorleistung tritt (vgl. nur BSG, SozR 4–2500, § 39 Nr. 7; näher Rn. 32 f.). **29**

Denkbar ist, dass ein Versicherter zunächst **die KK** um Entscheidung über den Leistungsanspruch bittet, auch wenn ein solches Verfahren nicht vom SGB V gefordert wird. In diesen Fällen entscheidet die KK im Wege eines **VA** über das Vorliegen der Voraussetzungen für die KH-Behandlung. Möglich ist auch, dass die KK nur über das Vorliegen der Voraussetzungen einer weiteren Behandlung entscheidet (BSG, SozR 4–2500, § 39 Nr. 2; krit: *Ulmer,* NZS 2005, 456/458; *Noftz,* SGb 2005, 290/291 f.). Lehnt die KK eine Leistung ab, kann der Versicherte gegen die Ablehnung vorgehen oder bei zu Unrecht erfolgter Ablehnung die Leistungen auf eigene Kosten in Anspruch nehmen und Kostenerstattung für die kausal selbst beschafften Leistungen nach § 13 Abs. 3 S. 1 verlangen. Dieser Sekundäranspruch geht inhaltlich nicht weiter als der primäre Anspruch auf die Sach- und Dienstleistung selbst (vgl. etwa zur ambulanten Behandlung im KH BSG, NZS 2008, 147). **30**

Regelmäßig allerdings wird ein Vertragsarzt die **stationäre Behandlung verordnen** (§ 73 Abs. 2 S. 1 Nr. 7, Abs. 4). Dabei gibt er das oder die geeignete(n) KH an (sog. Einweisung, Abs. 2). Der Versicherte macht dann seinen Behandlungsanspruch ggü. dem KH durch Vorlage der Verordnung geltend. In Notfällen ist aber auch eine Einlieferung durch den Rettungsdienst oder eine sog. Selbsteinweisung durch die eine Untersuchung vornehmende KH möglich. Die KH-Ärzte müssen ihrerseits in jedem Fall die Erforderlichkeit der Behandlung prüfen (Rn. 23). Zumeist wird die **KK** die nicht rechtsverbindlichen fachlich-medizinischen Entscheidungen der Ärzte **gegen sich gelten lassen,** und die Versicherten dürfen ein schutzwürdiges Vertrauen in die Rechtmäßigkeit der Handlungen der im Auftrag der KK handelnden Leistungserbringer haben (BSG, NZS 1999, 242/244; zust. *Schmidt,* Peters-KV, § 39 Rn. 318), weil sie zwar einerseits nur die im SGB V vorgesehenen Leistungen erhalten sollen, andererseits aber selbst den Leistungskatalog nicht im Einzelnen kennen können. Wenn auch die KK, die die Ausübung ihrer Zuständigkeit an die beurteilenden Ärzte überträgt, rechtlich gesehen nur an eine ordnungsgemäße Beurteilung gebunden ist (BSG, NZS 1994, 507/510), kann **31** ihr unter dem Gesichtspunkt des sog. Systemversagens auch das Verhalten eines Arztes zugerechnet werden, der den Versicherten nicht darauf hinweist, dass er Fremdleistungen erbringt (BSG, NZS 1997, 322, 324).

32 Liegen die Voraussetzungen des Leistungs- und Leistungserbringungsrechts vor, haben die KH einen **Vergütungsanspruch** gegen die KKen (dazu näher § 107 Rn. 27 ff.). Zuständig ist die KK, bei der ein Versicherter im Zeitpunkt der Behandlung Mitglied ist (zur Aufteilung der Fallpauschale beim KK-Wechsel BSG v. 19. 9. 2007, B 1 KR 39/06 R). Die KKen können aber ggü. den KH auch prüfen, ob die KH-Behandlung erforderlich war (zur Prüfung durch den MDK § 275, vgl. BSG, NZS 2007, 653/654 f.; zum Prüfverfahren BSG, SozR 4–2500, § 112 Nr. 6), im Streitfall ist die Entscheidung der KH-Ärzte voll überprüfbar (Rn. 23; näher zu der rechtlichen Konstruktion *Becker,* SGb 2001, 447 ff.). Dann ist es denkbar, dass ein KH keine Vergütung erhält bzw. die KK die Vergütung auf der Grundlage eines öffrechtl. Erstattungsanspruchs zurückfordert (dazu und zur vierjährigen Verjährungsfrist BSG, NZS 2007, 653/656), obwohl das KH einen Versicherten behandelt hat. Da es zur Beurteilung auf den Zeitpunkt der Diagnoseerstellung ankommt, muss eine KK umgekehrt selbst bei Fehlen eines Leistungsanspruchs für die einem Versicherten gewährte Behandlung zahlen, wenn sich das Fehlen des Anspruchs erst nachträglich herausstellt (Rn. 23).

33 In der Praxis verbreitet sind sog. **Kostenübernahmeerklärungen** der KK an das KH, nachdem dieses der KK die Diagnose und die geschätzte Behandlungsdauer mitgeteilt hat. Entsprechende Erklärungen besitzen nach der Rspr. des BSG keine konstitutive Wirkung und stellen keine VA, sondern deklaratorische verwaltungsrechtl. Schuldanerkenntnisse dar (BSG, NZS 2001, 316/318; aA. *Höfler,* KK, § 39 Rn. 42). Die Erklärung führt zu einer Beweislastumkehr zugunsten des KH, sofern dieses seiner Dokumentationspflicht ordnungsgemäß nachgekommen ist.

IV. Beteiligung des Versicherten

1. Wahlrecht, Abs. 2

34 Abs. 2 ermächtigt die KK, demjenigen Versicherten, der ohne zwingenden Grund ein anderes als das in der ärztlichen Einweisung (§ 73 Abs. 2 Nr. 7, Abs. 4) genannte KH wählt, die Mehrkosten ganz oder teilweise aufzuerlegen. Damit steht dem Versicherten ein Wahlrecht bei der Inanspruchnahme von KH-Behandlung zu, auch wenn es mit dem **Risiko einer Eigenbeteiligung** behaftet und damit beschränkt ist. Die Beschränkung ist Ausfluss des Wirtschaftlichkeitsgebots (vgl. BT-Drs. 11/2237, 177; allg. dazu § 2 Rn. 2 und § 12 Rn. 9). Aus ihr kann auch folgen, dass Nebenleistungen nicht zu gewähren sind (vgl. zu Fahrkosten § 60 und BSG v. 2. 11. 2007, B 1 KR 11/07 R).

35 Im Gegensatz zur früheren Regelung in § 184 Abs. 2 RVO steht die Auferlegung der Mehrkosten an den Versicherten seit dem GRG im **Ermessen** der KKen, damit diese den Verhältnissen des Einzelfalles gerecht werden können (BT-Drs. 11/2237, 177). Auch wenn Abs. 2 die ermessensleitenden Gesichtspunkte nicht nennt, ist entscheidend, ob der Versicherte **ohne zwingenden Grund** ein anderes als das in der ärztlichen Einweisung genannte KH gewählt hat. In der Sache müssen die Interessen des Versicherten mit den Interessen der Versichertengemeinschaft an einer wirtschaftl. Leistungserbringung (§ 12 Rn. 2) abgewogen werden (*Schmidt,* Peters-KV, § 39 Rn. 243). Dabei kann es eine Rolle spielen, in welchem Umfang von der ärztlichen Einweisung abgewichen worden ist (vgl. BT-Drs.

11/2237, 177). Als objektiver Grund für eine abweichende Wahl ist etwa die Nähe eines KH zum Wohnort naher Angehöriger anzusehen (BSG, SozR 2200, § 194 Nr. 10). Anzuerkennende Gründe können aber auch subjektiver Natur sein, wenn sich diese auf nachvollziehbare Tatsachen stützen, wie zB. Erfahrungen des Versicherten oder seiner Angehörigen mit der Behandlung in einem bestimmten KH (vgl. BT-Drs. 11/2237, 177). Das SGB V verlangt daneben grds., den religiösen Bedürfnissen des Versicherten (§ 2 Abs. 3 S. 2) Rechnung zu tragen, was aber nur bedeutet, diese Bedürfnisse in die Abwägung angemessen einzustellen, nicht aber die KKen zwingt, alle Kosten für religiös motiviertes Verhalten zu übernehmen (vgl. auch BSG v. 2.11.2007, B 1 KR 11/07 R, Rn. 17 f.).

2. Zuzahlungen, Abs. 4

Ab Vollendung des 18. Lebensjahres müssen alle Versicherten (§ 5 Rn. 1 ff.; **36** § 10 Rn. 1 ff.) nach Abs. 4 eine Eigenbeteiligung leisten. Die vorgeschriebene Zuzahlung (€ **10/Kalendertag**, § 61 Abs. 1 S. 2) beruht allein auf finanziellen Erwägungen (BT-Drs. 11/2237, 178) und entspricht der Vorgängerregelung des § 184 Abs. 3 RVO. Ihr Zweck liegt in der Stabilisierung der Beitragssätze (BT-Drs. 9/2074, 99 zu § 184 RVO). Sie ist als **verfassungsgemäße Selbstbeteiligung** zu qualifizieren (BSG, SozR 2200, § 184 Nr. 32; aA zu Unrecht *Eul*, DOK 1992, 311/312: „Sonderbeitrag"). Durch die Bestellung des KH zum Empfänger (zuvor war der Betrag an die KK zu leisten, vgl. BT-Drs. 9/2290, 20) des vom Versicherten aufzubringenden Kostenanteils wird weder der Anspruch des Versicherten auf die Sachleistung (vgl. die Bedenken in BT-Drs. 9/2290, 17) noch der Vergütungsanspruch des KH gemindert (BT-Drs. 9/2290, 21). Vielmehr überlagert die sich aus Abs. 4 ergebende Leistungspflicht des Versicherten nur die Verpflichtung der KK zur Vergütung der KH-Leistung (BSG, SozR 2200, § 372 Nr. 1).

Aus der früheren Regelung (so.) und § 43 b Abs. 1 S. 2 ergibt sich, dass **Gläubi-** **37** **ger** des Anspruchs die KK ist. Zum Einzug der Forderung und der **Verrechnungspflicht** des KH § 43 b Abs. 1 S. 1. Die ausdrücklich (BT-Drs. 15/1600, 13) aufrechterhaltene Anrechnung von Zuzahlungen für eine Anschlussrehabilitation an den jeweiligen Träger der RV erfolgt nach Abs. 4 S. 2 iVm. § 32 Abs. 1 S. 2 SGB VI.

Gegenstand der Zahlungspflicht sind nur **vollstationäre** Behandlungen (vgl. **38** Rn. 11 ff.). Die Zuzahlungen sind für höchstens 28 Kalendertage zu leisten und darüber hinaus seit dem GMG in die **Belastungsgrenze** nach § 62 einbezogen (vgl. hierzu BT-Drs. 15/1525, 90). Erfolgen in einem Kalenderjahr mehrere vollstationäre Behandlungen, so werden die Zahlungen zusammengerechnet. Erstreckt sich eine vollstationäre KH-Behandlung über den Jahreswechsel hinaus und sind die 28 Tage bereits vor dem Jahreswechsel überschritten, dann löst der Beginn des neuen Jahres keine neue Zahlungspflicht aus (ebenso *Höfler*, KK, § 39 Rn. 57 a; *Schmidt*, Peters-KV; § 39 Rn. 425; *Wagner*, Krauskopf, § 39 Rn. 33; *Zipperer*, GKV-Komm, § 39 Rn. 103; **aA:** *Noftz*, H/N, § 39 Rn. 140; *Knispel*, Beck-OK, § 39 Rn. 75). Werden die 28 Kalendertage erst im neuen Jahr überschritten, so soll nach allen genannten Ansichten eine neue Frist von 28 Tagen anlaufen. Das ist zwar grds. richtig und entspricht dem Sinn der Regelung. Jedoch enthält der Wortlaut, der an den „Beginn der Behandlung" anknüpft, durch den Bezug auf die Behandlung eine zusätzliche Grenze, die nicht völlig dem „Kalenderjahr" untergeordnet ist (so aber *Noftz*, H/N, § 39 Rn. 140). Deshalb kann im neuen Jahr nur noch für die Tage eine Zuzahlung verlangt werden, die im alten Jahr seit Beginn einer ununterbrochenen Behandlung noch nicht aufgebraucht worden sind;

wurde zB. im alten Jahr schon für 20 Tage gezahlt, muss im neuen Jahr für die fortgesetzte Behandlung für maximal acht weitere Tage weitergezahlt werden, selbst wenn die Behandlung länger andauert. In jedem Fall ist als Kalendertag auch der Aufnahme- und Entlassungstag anzusehen, selbst wenn die gesamte Behandlung nur wenige oder gar nur zwei Tage in Anspruch nimmt (ebenso *Noftz*, H/N, § 39 Rn. 139; *Knispel*, Beck-OK, § 39 Rn. 74).

§ 39 a Stationäre und ambulante Hospizleistungen

(1) [1]Versicherte, die keiner Krankenhausbehandlung bedürfen, haben im Rahmen der Verträge nach Satz 4 Anspruch auf einen Zuschuss zu stationärer oder teilstationärer Versorgung in Hospizen, in denen palliativ-medizinische Behandlung erbracht wird, wenn eine ambulante Versorgung im Haushalt oder der Familie des Versicherten nicht erbracht werden kann. [2]Die Höhe des Zuschusses ist in der Satzung der Krankenkasse festzulegen. [3]Er darf kalendertäglich 6 vom Hundert der monatlichen Bezugsgröße nach § 18 Abs. 1 des Vierten Buches nicht unterschreiten und unter Anrechnung der Leistungen anderer Sozialleistungsträger die tatsächlichen kalendertäglichen Kosten nach Satz 1 nicht überschreiten. [4]Der Spitzenverband Bund der Krankenkassen vereinbart mit den für die Wahrnehmung der Interessen der stationären Hospize maßgeblichen Spitzenorganisationen des Nähere über Art und Umfang der Versorgung nach Satz 1. [5]Dabei ist den besonderen Belangen der Versorgung in Kinderhospizen ausreichend Rechnung zu tragen und in der Rahmenvereinbarung nach Satz 4 vorzusehen, dass Kinderhospize mit nicht mehr als 5 vom Hundert der zuschussfähigen Kosten nach Satz 1 belastet bleiben. [6]Der Kassenärztlichen Bundesvereinigung ist Gelegenheit zur Stellungnahme zu geben. [7]In den über die Einzelheiten der Versorgung nach Satz 1 zwischen Krankenkassen und Hospizen abzuschließenden Verträgen ist zu regeln, dass im Falle von Nichteinigung eine von den Parteien zu bestimmende unabhängige Schiedsperson den Vertragsinhalt festlegt. [8]Einigen sich die Vertragspartner nicht auf eine Schiedsperson, so wird diese von der für die vertragschließende Krankenkasse zuständigen Aufsichtsbehörde bestimmt. [9]Die Kosten des Schiedsverfahrens tragen die Vertragspartner zu gleichen Teilen.

(2) [1]Die Krankenkasse hat ambulante Hospizdienste zu fördern, die für Versicherte, die keiner Krankenhausbehandlung und keiner stationären oder teilstationären Versorgung in einem Hospiz bedürfen, qualifizierte ehrenamtliche Sterbebegleitung in deren Haushalt, der Familie oder stationären Pflegeeinrichtungen erbringen. [2]Voraussetzung der Förderung ist außerdem, dass der ambulante Hospizdienst
1. mit palliativ-medizinisch erfahrenen Pflegediensten und Ärzten zusammenarbeitet sowie
2. unter der fachlichen Verantwortung einer Krankenschwester, eines Krankenpflegers oder einer anderen fachlich qualifizierten Person steht, die über mehrjährige Erfahrung in der palliativ-medizinischen Pflege oder über eine entsprechende Weiterbildung verfügt und eine Weiterbildung als verantwortliche Pflegefachkraft oder in Leitungsfunktionen nachweisen kann.

[3]Der ambulante Hospizdienst erbringt palliativ-pflegerische Beratung durch entsprechend ausgebildete Fachkräfte und stellt die Gewinnung, Schulung, Koordination und Unterstützung der ehrenamtlich tätigen Personen, die für die Sterbebegleitung zur Verfügung stehen, sicher. [4]Die Förderung nach Satz 1 erfolgt durch einen angemessenen Zuschuss zu den notwendigen Personalkosten,

der sich insbesondere nach dem Verhältnis der Zahl der qualifizierten Ehrenamtlichen zu der Zahl der Sterbebegleitungen bestimmt. ⁵Die Ausgaben der Krankenkassen für die Förderung nach Satz 1 sollen insgesamt im Jahr 2002 für jeden ihrer Versicherten 0,15 Euro umfassen und jährlich um 0,05 Euro bis auf 0,40 Euro im Jahr 2007 ansteigen; dieser Betrag ist in den Folgejahren entsprechend der prozentualen Veränderung der monatlichen Bezugsgröße nach § 18 Abs. 1 des Vierten Buches anzupassen. ⁶Der Spitzenverband Bund der Krankenkassen vereinbart mit den für die Wahrnehmung der Interessen der ambulanten Hospizdienste maßgeblichen Spitzenorganisationen das Nähere zu den Voraussetzungen der Förderung sowie zu Inhalt, Qualität und Umfang der ambulanten Hospizarbeit. ⁷Dabei ist den besonderen Belangen der Versorgung von Kindern durch ambulante Hospizdienste ausreichend Rechnung zu tragen.

Schrifttum: vgl. § 37 b.

Inhaltsübersicht

	Rn.
A. Übersicht	1
B. Stationäre Hospizleistungen, Abs. 1	4
I. Der Leistungsanspruch des Versicherten, Abs. 1 S. 1–3	4
1. Anspruchsvoraussetzungen	5
2. Anspruchsinhalt	7
3. Verfahren	10
II. Rahmenvereinbarung, Abs. 1 S. 4–9	11
C. Ambulante Hospizleistungen, Abs. 2	14
I. Förderungsvoraussetzungen, Abs. 2 S. 1–3	15
II. Inhalt der Förderung, Abs. 2 S. 4–7	17

A. Übersicht

Die Vorschrift enthält eine Rechtsgrundlage für die Versorgung unheilbar Kranker in Hospizen (Abs. 1) sowie durch ambulante Hospizdienste (Abs. 2). Abweichend von der sonst üblichen Trennung zwischen Leistungs- und Leistungserbringungsrecht (§ 69 Rn. 25) enthält Abs. 1 in seinen S. 1–3 leistungsrechtliche und in S. 4–9 leistungserbringungsrechtliche Regelungen. Abs. 2 passt hingegen systematisch gar nicht ins Leistungsrecht, weil er keinen Leistungsanspruch, sondern nur einen leistungserbringungsrechtlichen Anspruch von ambulanten Hospizdiensten auf Förderung enthält. 1

Hintergrund der mit dem 2. GKV-NOG 1997 (§ 1 Rn. 24) eingeführten Regelung ist die in Deutschland seit etwa Anfang der 70er Jahre des vergangenen Jahrhunderts wachsende Hospizbewegung (BT-Drs. 13/7264, 60), deren Anliegen es ist, sterbenden Menschen ein selbstbestimmtes Leben und Sterben zu ermöglichen (Zwischenbericht der Enquête-Kommission Ethik und Recht der Medizin. Verbesserung der Versorgung Schwerstkranker und Sterbender in Deutschland durch Palliativmedizin und Hospizarbeit, BT-Drs. 15/5858, 7 f., 29 ff.). Dieses Anliegen teilt sie zwar mit der Palliativmedizin. Gleichwohl haben sich Hospizarbeit und Palliativmedizin in Deutschland weitgehend unabhängig voneinander entwickelt, was vor allem daran lag, dass die eher spirituell ausgerichtete Hospizbewegung jedenfalls ursprünglich vor allem das Ziel verfolgte, das Sterben der vielfach kritisierten Medikalisierung zu entziehen, während die Palliativmedizin eher an der ärztlichen Versorgung orientiert war (Enquête-Kommission, BT-Drs. 15/5858, 9). 2

§ 39 a Stationäre und ambulante Hospizleistungen

3   Diese trotz gemeinsamer Zielsetzung und zunehmender Kooperation unterschiedliche Grundorientierung ist auch der Grund dafür, dass **Hospizleistungen und palliativmedizinische Leistungen teilweise unterschiedlichen** und nicht optimal aufeinander abgestimmten leistungs- und leistungserbringungsrechtlichen **Regelungsregimen** unterworfen werden:
– **Stationäre palliativ-medizinische Leistungen** werden grundsätzlich als Krankenhausbehandlung nach § 39 erbracht und unterliegen als solche dem Sachleistungsprinzip (§ 13 Abs. 1). Versicherte, die die ärztliche Versorgung im Krankenhaus nicht (mehr) benötigen, können allerdings unter den Voraussetzung von § 39 a Abs. 1 auch in einem Hospiz palliativ-medizinisch betreut werden, haben dort aber keinen Sachleistungsanspruch, sondern nur einen Anspruch auf einen Zuschuss der KK, d. h. auf eine Geldleistung (Rn. 8).
– **Ambulante Palliativversorgung** wird seit dem GKV-WSG (§ 1 Rn. 31) auf der Grundlage einer ärztlichen Verordnung (§ 37 b Abs. 1 S. 2) und von Einzelverträgen mit geeigneten Leistungserbringern (§ 132 d) im Sachleistungssystem erbracht. Unklar ist hingegen das Verhältnis zu dem bereits durch das 2. GKV-NOG (§ 1 Rn. 24) eingeführten § 39 a Abs. 2. Die Vorschrift enthält, anders als § 37 b Abs. 1 S. 1, keinen Leistungsanspruch des Versicherten, sondern nur einen Anspruch ambulanter Hospizdienste auf Förderung. Allerdings können Leistungen nach § 37 b auch von ambulanten Hospizdiensten, dann auf der Grundlage eines öffentlich-rechtlichen Vertrages nach § 132 d, erbracht werden (BT-Drs. 16/3100, 144). Da dieser Vertrag auch Vergütungsfragen abschließend regelt (§ 132 d Abs. 1 S. 1), dürfte in diesem Fall für den durch VA zu konkretisierenden Förderanspruch nach § 39 a Abs. 2 kein Raum mehr sein.

B. Stationäre Hospizleistungen, Abs. 1

I. Der Leistungsanspruch des Versicherten, Abs. 1 S. 1–3

4   Anspruchsvoraussetzungen und -inhalt ergeben sich aus Abs. 1 S. 1–3, die in verfassungsrechtlich zulässiger Weise (BSG, SozR 4–2500, § 39 a Nr. 1 Rn. 15) durch Vereinbarungen zwischen dem SpiBuKK und den für die Wahrnehmung der Interessen der stationären Hospize maßgeblichen Spitzenorganisationen (Abs. 1 S. 4–9) konkretisiert werden **(Rahmenvereinbarung** nach § 39 a S. 4 über Art und Umfang sowie zur Sicherung der Qualität der stationären Hospizversorgung vom 13. 3. 1998 idF. v. 9. 2. 1999; im Folgenden: **RV-1).**

1. Anspruchsvoraussetzungen

5   Leistungsberechtigt sind **Versicherte, die palliativ-medizinischer Versorgung** bedürfen. Das sind nach § 2 Abs. 1 S. 1 RV-1 Patienten, die
a) an einer Erkrankung leiden, die progredient verläuft und bereits ein weit fortgeschrittenes Stadium erreicht hat und
b) bei der eine Heilung ausgeschlossen und eine palliativ-medizinische Behandlung notwendig und vom Patienten erwünscht ist und
c) die lediglich eine begrenzte Lebenserwartung von Wochen oder wenigen Monaten erwarten lässt.
Das ist nach § 2 Abs. 1 S. 2 RV-1 regelmäßig nur der Fall bei einer fortgeschrittenen Krebserkrankung, dem Vollbild von AIDS, einer Erkrankung des Nervensystems mit unaufhaltsam fortschreitenden Lähmungen und dem Endzustand einer chronischen Nieren-, Herz-, Verdauungstrakt- oder Lungenerkrankung.

Die teil- oder vollstationäre palliativ-medizinische **Versorgung in einem** 6
Hospiz ist **nachrangig** gegenüber der Versorgung durch andere Einrichtungen und Personen:
- Der Versicherte darf **keiner Krankenhausbehandlung bedürfen.** Maßgebend sind insoweit die in § 27 Abs. 1 S. 1 aufgeführten Behandlungsziele: Wenn diese nur mit den besonderen Mitteln des Krankenhauses erreicht werden können (BSGE 86, 166/168 sowie § 39 Rn. 5 f.), erfolgt die Behandlung im Krankenhaus und wird in diesem Rahmen auch die palliativ-medizinische Versorgung erbracht. Besteht das Behandlungsziel nur noch in der Linderung, so ist Krankenhausbehandlung iSv. § 39 nur erforderlich, wenn auch die Linderung die spezifischen Mittel des Krankenhauses erfordert (*Höfler,* KK, § 39 a Rn. 9); regelmäßig wird dies nicht der Fall sein und kann Linderung daher auch in Hospizen verwirklicht werden.
- Die Versorgung darf **nicht im Haushalt oder der Familie des Versicherten** erbracht werden können. Das ist der Fall, wenn der palliativ-medizinische oder palliativ-pflegerische Versorgungsbedarf die Möglichkeiten des privaten Umfeldes und der ergänzenden ambulanten Versorgungsformen übersteigt (vgl. § 2 Abs. 1 S. 3 RV-1).
- Nicht erforderlich ist die stationäre Hospizversorgung auch, wenn der Versicherte bereits in einer **stationären Pflegeeinrichtung** (§ 71 Abs. 2 SGB XI) versorgt wird (vgl. § 2 Abs. 2 RV-1).

2. Anspruchsinhalt

Die stationäre Versorgung in einem Hospiz wird nicht als Sach- und Dienst- 7
leistung gewährt. Vielmehr haben die Versicherten einen Anspruch auf einen Zuschuss. Daraus folgt, dass die KKen die **Kosten** der stationären Hospizversorgung **nicht vollständig übernehmen,** sondern die Finanzierung auch durch Eigenleistungen der Versicherten, Spenden und ehrenamtliches Engagement aufgebracht werden soll (BT-Drs. 13/7264, 61). Der Zuschuss bezieht sich allerdings auch nur auf die vom Hospiz zu erbringenden Leistungen (dazu § 3 RV-1); die ärztliche Behandlung einschließlich der Versorgung mit Arznei-, Heil- und Hilfsmitteln wird nach allgemeinen Grundsätzen als Sachleistung erbracht (*Knispel,* Beck-OK, § 39 a Rn. 14).

In der Typologie der Leistungsarten (§ 11 SGB I) ist der Zuschuss kein Kosten- 8
erstattungsanspruch, der an die Stelle einer Sach-/Dienstleistung tritt (§ 13 Abs. 1 SGB V), sondern eine **Geldleistung** (*Adelt,* H/K, § 39 a Rn. 2, str. vgl. § 13 Rn. 2). **Zuschussfähig** sind nach § 7 Abs. 6 S. 1 RV-1 90 % des tagesbezogenen Bedarfssatzes, der die im Hospiz zu erbringenden Leistungen abdeckt; bei Kinderhospizen dürfen es nach Abs. 1 S. 5 wegen der gegenüber anderen Hospizen höheren Personal- und Infrastrukturkosten (BT-Drs. 16/3100, 106) nur 5 % sein. So lange es keine entsprechend angepasste Rahmenvereinbarung gibt, folgt die diesbezügliche Verpflichtung unmittelbar aus dem Gesetz.

Die Höhe des Zuschusses legt die KK nach Abs. 1 S. 2 in ihrer Satzung fest. 9
Abs. 1 S. 3 setzt dabei Unter- und Obergrenzen fest: Der Zuschuss darf **kalendertäglich** 6 % der monatlichen Bezugsgröße (§ 18 Abs. 1 SGB IV; 2008: 2485 € West, 2100 € Ost) nicht unterschreiten, d. h. er muss 2008 mindestens 149,10 € (West) bzw. 126 € (Ost) täglich betragen (Abs. 1 S. 3 Hs. 1). Nach Abs. 1 S. 3 Hs. 2 darf er unter Anrechnung der Leistungen anderer Sozialleistungsträger die tatsächlichen kalendertäglichen Kosten aber auch nicht überschreiten (dazu BSG, SozR 4–2500, § 39 a Nr. 1 Rn. 17 ff.), d. h. Leistungen anderer Träger (insbes. der Pflege-

kassen) werden nur angerechnet, wenn und soweit diese gemeinsam mit den Leistungen der KK die Obergrenze überschreiten würden. Maßgebend für deren Ermittlung sind die nach § 7 Abs. 6 RV-1 zuschussfähigen Kosten, d. h. der Eigenanteil (§ 7 Abs. 6 S. 2 RV-1) ist auf jeden Fall vom Träger selbst aufzubringen (*Knispel,* Beck-OK, § 39 a Rn. 12). Nicht berücksichtigt werden solche Leistungen, die, wie die Sozialhilfe, gegenüber denjenigen der GKV subsidiär sind (BSG, SozR 4–2500, § 39 a Nr. 1 Rn. 17).

3. Verfahren

10   Die Notwendigkeit einer stationären Hozpizversorgung muss nach § 2 Abs. 3 durch einen Vertrags- oder Krankenhausarzt **bestätigt** (d. h. nicht iSv. § 73 Abs. 2 verordnet) werden. Die Leistung ist dabei zunächst auf vier Wochen zu befristen. Das ist keine Anspruchseinschränkung, die, weil im Gesetz nicht vorgesehen, unzulässig wäre, sondern eine allein verfahrensrechtliche Regelung. Wenn daher die Anspruchsvoraussetzungen auch nach vier Wochen noch vorliegen, besteht der Zuschussanspruch weiter.

II. Rahmenvereinbarung, Abs. 1 S. 4–9

11   Die öffentlich-rechtliche Rahmenvereinbarung nach Abs. 1 S. 4–9 konkretisiert nicht nur den Leistungsanspruch des Versicherten, sondern regelt auch das Verhältnis zwischen den KKen und den stationären Hospizeinrichtungen. Vertragspartner sind der SpiBuKK und die für die Wahrnehmung der Interessen der stationären Hospize maßgeblichen Spitzenorganisationen. Das ist neben den Wohlfahrtsverbänden der Deutsche Hospiz- und Palliativverband (früher: Bundesarbeitsgemeinschaft Hospiz). An der derzeit gültigen Rahmenvereinbarung (Rn. 4) ist die Caritas nicht beteiligt. Der KBV ist Gelegenheit zur Stellungnahme zu geben (Abs. 1 S. 6), weil die ambulante ärztliche Behandlung in Hospizen Teil der vertragsärztlichen Versorgung ist (Rn. 7).

12   Abs. 1 S. 7–9 verpflichten die Vertragsparteien zur Etablierung eines von beiden Seiten anteilig zu finanzierenden (S. 9) **Schiedsverfahrens,** insbesondere zur Einigung auf eine unabhängige Schiedsperson (S. 7), die im Falle der Nichteinigung von der für den SpiBuKK zuständigen Aufsichtsbehörde (= BMG, vgl. § 217 d S. 1 Hs. 1) zu bestimmen ist (S. 8). Näheres ist in der Rahmenvereinbarung (Rn. 4) zu regeln.

13   Die derzeit gültige Rahmenvereinbarung bedarf im Hinblick auf die Besonderheiten der Kinderhospize (Abs. 1 S. 5) und die Etablierung des Schiedsverfahrens (Abs. 1 S. 7–9) dringend einer **Anpassung an die gesetzlichen Vorgaben.** Zu weiteren Reformempfehlungen vgl. Enquête-Kommission BT-Drs. 15/5858, 72 f.

C. Ambulante Hospizleistungen, Abs. 2

14   Abs. 2 regelt die Erbringung ambulanter Hospizleistungen. Er enthält, entgegen seiner systematischen Stellung im 3. Kapitel, keinen Leistungsanspruch des Versicherten, sondern eine leistungserbringungsrechtliche Pflicht zur **Förderung ambulanter Hospizdienste.** Sie ist Teil des gesetzgeberischen Konzepts, die ehrenamtliche Sterbebegleitung zu fördern. Voraussetzungen und Inhalt der Förderung ergeben sich aus Abs. 2 sowie aus der **Rahmenvereinbarung** nach § 39 a Abs. 2 Satz 6 SGB V zu den Voraussetzungen der Förderung sowie zu Inhalt, Qua-

lität und Umfang der ambulanten Hospizarbeit v. 3. 9. 2002 idF. v. 17. 1. 2006 (im Folgenden: **RV-2**).

I. Förderungsvoraussetzungen, Abs. 2 S. 1–3

Der ambulante Hospizdienst muss nach Abs. 2 S. 1 **ambulante ehrenamtliche** **15** **Sterbebegleitung** im Haushalt des Versicherten oder dessen Familie erbringen (vgl. § 2 Abs. 1 RV-2). **Sterbebegleitung** ist die den Versicherten und seine Familienangehörigen einschließende (§ 3 Abs. 1 S. 2 RV) geistig-seelische Betreuung nichtmedizinischer Art (*Höfler*, KK, § 39 a Rn. 18); die Behandlung körperlicher Beschwerden obliegt demgegenüber den zur vertragsärztlichen Versorgung zugelassenen Ärzten und den zugelassenen Pflegediensten (§ 3 Abs. 1 S. 3 RV-2). Mit der Begrenzung auf **ehrenamtliche** Tätigkeiten wird zum Ausdruck gebracht, dass eine berufsmäßige, zu Erwerbszwecken ausgeübte Sterbebegleitung nicht gefördert wird.

Abs. 1 S. 2 enthält qualitative Förderungsvoraussetzungen: Der ambulante Hos- **16** pizdienst muss mit **palliativ-medizinisch erfahrenen Pflegediensten** und **Ärzten zusammenarbeiten** (Nr. 1) und unter der **fachlichen Verantwortung** einer in der palliativ-medizinischen Pflege **qualifizierten Person** stehen (Nr. 2), deren Qualifikation den in § 5 RV-2 näher umschriebenen Voraussetzungen genügen muss. Dieser Fachkraft obliegt nach Abs. 2 S. 3 und dem diesen konkretisierenden § 3 Abs. 3 RV-2 vor allem die Koordination der Aktivitäten des ambulanten Hospizdienstes, die Gewinnung, Begleitung und Schulung ehrenamtlicher Mitarbeiter sowie die Herstellung von Kontakten mit den sterbenden Menschen.

II. Inhalt der Förderung, Abs. 2 S. 4–7

Die ambulanten Hospizdienste haben einen Anspruch auf Förderung, wenn **17** sie die gesetzlichen und vertraglichen Voraussetzungen erfüllen (*Adelt*, H/K, § 39 a Rn. 31; *Höfler*, KK, § 39 a Rn. 24; aA. *Knispel*, Beck-OK, § 39 a Rn. 16; *Noftz*, H/N, § 39 a Rn. 43).

Die Förderung umfasst nach Abs. 2 S. 4 einen angemessenen Zuschuss zu den **18** notwendigen Personalkosten, der sich insbesondere nach dem Verhältnis der Zahl der qualifizierten Ehrenamtlichen zu der Zahl der Sterbebegleitungen bestimmt. Es erfolgt also keine Vollfinanzierung, die sich mit dem Gedanken der Ehrenamtlichkeit nicht vertragen würde; insbesondere besteht auch kein Anspruch auf Zuschuss zu den Sachkosten. Nach Abs. 2 S. 5 sollte jede KK im Jahre 2007 für jeden Versicherten 0,40 € ausgeben; dieser Betrag ist an die prozentuale Veränderung der monatlichen Bezugsgröße nach § 18 Abs. 1 SGB IV anzupassen (zur Berechnung näher § 6 Abs. 2 und 3 RV-2).

Die RV-2 berücksichtigt noch nicht die in Abs. 2 S. 7 enthaltene Verpflichtung, **19** den **besonderen Belangen der Versorgung von Kindern** ausreichend Rechnung zu tragen; diese beeinflusst insb. die Bestimmung der Angemessenheit des Zuschusses iSv. S. 4.

§ 40 Leistungen zur medizinischen Rehabilitation

(1) ¹**Reicht bei Versicherten eine ambulante Krankenbehandlung nicht aus, um die in § 11 Abs. 2 beschriebenen Ziele zu erreichen, erbringt die Krankenkasse aus medizinischen Gründen erforderliche ambulante Rehabilitationsleis-**

§ 40   Leistungen zur medizinischen Rehabilitation

tungen in Rehabilitationseinrichtungen, für die ein Versorgungsvertrag nach § 111 besteht, oder, soweit dies für eine bedarfsgerechte, leistungsfähige und wirtschaftliche Versorgung der Versicherten mit medizinischen Leistungen ambulanter Rehabilitation erforderlich ist, durch wohnortnahe Einrichtungen. ²Leistungen nach Satz 1 sind auch in stationären Pflegeeinrichtungen nach § 72 Abs. 1 des Elften Buches zu erbringen.

(2) ¹Reicht die Leistung nach Absatz 1 nicht aus, erbringt die Krankenkasse stationäre Rehabilitation mit Unterkunft und Verpflegung in einer nach § 20 Abs. 2 a des Neunten Buches zertifizierten Rehabilitationseinrichtung, mit der ein Vertrag nach § 111 besteht. ²Wählt der Versicherte eine andere zertifizierte Einrichtung, mit der kein Versorgungsvertrag nach § 111 besteht, so hat er die dadurch entstehenden Mehrkosten zu tragen. ³Die Krankenkasse führt nach Geschlecht differenzierte statistische Erhebungen über Anträge auf Leistungen nach Satz 1 und Absatz 1 sowie deren Erledigung durch.

(3) ¹Die Krankenkasse bestimmt nach den medizinischen Erfordernissen des Einzelfalls Art, Dauer, Umfang, Beginn und Durchführung der Leistungen nach den Absätzen 1 und 2 sowie die Rehabilitationseinrichtung nach pflichtgemäßem Ermessen. ²Leistungen nach Absatz 1 sollen für längstens 20 Behandlungstage, Leistungen nach Absatz 2 für längstens drei Wochen erbracht werden, es sei denn, eine Verlängerung der Leistung ist aus medizinischen Gründen dringend erforderlich. ³Satz 2 gilt nicht, soweit der Spitzenverband Bund der Krankenkassen nach Anhörung der für die Wahrnehmung der Interessen der ambulanten und stationären Rehabilitationseinrichtungen auf Bundesebene maßgeblichen Spitzenorganisationen in Leitlinien Indikationen festgelegt und diesen jeweils eine Regeldauer zugeordnet haben; von dieser Regeldauer kann nur abgewichen werden, wenn dies aus dringenden medizinischen Gründen im Einzelfall erforderlich ist. ⁴Leistungen nach den Absätzen 1 und 2 können nicht vor Ablauf von vier Jahren nach Durchführung solcher oder ähnlicher Leistungen erbracht werden, deren Kosten auf Grund öffentlich-rechtlicher Vorschriften getragen oder bezuschusst worden sind, es sei denn, eine vorzeitige Leistung ist aus medizinischen Gründen dringend erforderlich. ⁵§ 23 Abs. 7 gilt entsprechend. ⁶Die Krankenkasse zahlt der Pflegekasse einen Betrag von 3072 Euro für pflegebedürftige Versicherte, für die innerhalb von sechs Monaten nach Antragstellung keine notwendigen Leistungen zur medizinischen Rehabilitation erbracht worden sind. ⁷Satz 6 gilt nicht, wenn die Krankenkasse die fehlende Leistungserbringung nicht zu vertreten hat. Die Krankenkasse berichtet ihrer Aufsichtsbehörde jährlich über Fälle nach Satz 6.

(4) Leistungen nach den Absätzen 1 und 2 werden nur erbracht, wenn nach den für andere Träger der Sozialversicherung geltenden Vorschriften mit Ausnahme des § 31 des Sechsten Buches solche Leistungen nicht erbracht werden können.

(5) Versicherte, die eine Leistung nach Absatz 1 oder 2 in Anspruch nehmen und das achtzehnte Lebensjahr vollendet haben, zahlen je Kalendertag den sich nach § 61 Satz 2 ergebenden Betrag an die Einrichtung. Die Zahlungen sind an die Krankenkasse weiterzuleiten.

(6) ¹Versicherte, die das achtzehnte Lebensjahr vollendet haben und eine Leistung nach Absatz 1 oder 2 in Anspruch nehmen, deren unmittelbarer Anschluss an eine Krankenhausbehandlung medizinisch notwendig ist (Anschlussrehabilitation), zahlen den sich nach § 61 Satz 2 ergebenden Betrag für längstens 28 Tage je Kalenderjahr an die Einrichtung; als unmittelbar gilt der Anschluss auch, wenn die Maßnahme innerhalb von 14 Tagen beginnt, es ei denn, die Einhaltung

dieser Frist ist aus zwingenden tatsächlichen oder medizinischen Gründen nicht möglich. ²Die innerhalb des Kalenderjahres bereits an einen Träger der gesetzlichen Rentenversicherung geleistete kalendertägliche Zahlung nach § 32 Abs. 1 Satz 2 des Sechsten Buches sowie die nach § 39 Abs. 4 geleistete Zahlung sind auf die Zahlung nach Satz 1 anzurechnen. ³Die Zahlungen sind an die Krankenkasse weiterzuleiten.

(7) ¹Der Spitzenverband Bund der Krankenkassen legt unter Beteiligung der Arbeitsgemeinschaft nach § 282 (Medizinischer Dienst der Spitzenverbände der Krankenkassen) Indikationen fest, bei denen für eine medizinisch notwendige Leistung nach Absatz 2 die Zuzahlung nach Absatz 6 Satz 1 Anwendung findet, ohne dass es sich um Anschlussrehabilitation handelt. ²Vor der Festlegung der Indikationen ist den für die Wahrnehmung der Interessen der stationären Rehabilitation auf Bundesebene maßgeblichen Organisationen Gelegenheit zur Stellungnahme zu geben; die Stellungnahmen sind in die Entscheidungen einzubeziehen.

Schrifttum: *H. Fuchs,* Rechtliche Rahmenbedingungen für die geriatrische Rehabilitation, SozSich 2007, 169; *ders.,* Pflege und Rehabilitation in: *Igl/Naegele/Hamdorf,* Reform der Pflegeversicherung – Auswirkungen auf die Pflegebedürftigen und die Pflegepersonen, 2007, 180; *K. Leistner/H.-M. Beyer,* Rehabilitation in der gesetzlichen Krankenversicherung, 2005; *A. Plate/M. Meinck,* Ambulante geriatrische Rehabilitation und ihre leistungsrechtliche Einordnung in die gesetzliche Krankenversicherung, Die Rehabilitation 2005, 215; *dies./ F. Welti,* Brauchen wir einen besonderen gesetzlichen Anspruch auf geriatrische Rehabilitation?, Gesundheitsökonomie und Qualitätsmanagement 2006, 344; *I. v. Törne/B. Hüllen,* Mehr ambulante Rehabilitation – aber keine „Reha light", BKK 2006, 576; *F. Welti,* Fünf Jahre Sozialgesetzbuch IX – eine Bilanz: Chancen und Gefahren für die medizinische Rehabilitation, SuP 2006, 275; *ders.,* Veränderungen im Leistungsrecht und Auswirkungen auf Menschen mit Pflegebedarf und ihren Angehörigen in: *Igl/Naegele/Hamdorf,* Reform der Pflegeversicherung – Auswirkungen auf die Pflegebedürftigen und die Pflegepersonen, 2007, 180; *ders./H. Raspe,* Der sozialrechtliche Rahmen der evidenzbasierten Rehabilitation, DRV 2005, 560; vgl. außerdem das Schrifttum zu § 2a.

Inhaltsübersicht

	Rn.
A. Überblick	1
B. Gesetzgebung	3
C. Ziele der medizinischen Rehabilitation	4
D. Anspruch auf ambulante medizinische Rehabilitation in und durch Einrichtungen, Abs. 1	7
I. Voraussetzungen	7
II. Inhalt	10
III. Leistungserbringung	13
E. Anspruch auf stationäre medizinische Rehabilitation, Abs. 2	16
I. Voraussetzungen	16
II. Inhalt	17
III. Leistungserbringung	18
F. Zuständigkeit der Krankenkasse, Abs. 4	19
G. Entscheidung der Krankenkasse	23
I. Verfahren	23
II. Auswahlermessen, Abs. 3	26
III. Regeldauer, Abs. 3 S. 2, 3	27
IV. Regelintervall, Abs. 3 S. 4	28
H. Vorrang der Rehabilitation vor Pflege, Abs. 3 S. 6–8	30
I. Allgemeines	30
II. Ausgleichszahlung bei unterlassener Rehabilitation	31
III. Zuzahlung, Abs. 5–7	32
I. Statistik, Abs. 2 S. 3	34

§ 40 Leistungen zur medizinischen Rehabilitation

A. Überblick

1 Die Norm regelt den **Anspruch der Versicherten auf Leistungen der medizinischen Rehabilitation,** soweit sie in und durch Einrichtungen ausgeführt werden. Besondere Regelungen für einzelne Leistungen der Rehabilitation enthalten die §§ 41–43 a. Vertragsärztliche und psychotherapeutische Leistungen zur Rehabilitation (§§ 27 Abs. 1 S. 1 Nr. 6, 73 Abs. 3), Arznei- und Verbandmittel (§ 31), Heilmittel (§ 32) und Hilfsmittel (§ 33) zur medizinischen Rehabilitation als einzelne Leistungen durch die jeweiligen Leistungserbringer sind in den jeweiligen Anspruchsnormen geregelt (vgl. § 2a Rn. 4 ff.). **Nebenansprüche** bestehen auf **Reisekosten** (§§ 44 Abs. 1 Nr. 5, 53 SGB IX), **Haushaltshilfe** (§§ 44 Abs. 1 Nr. 6, 54 SGB IX) und auf **Krankengeld** bei stationärer Rehabilitation (§ 44 Abs. 1; § 45 Abs. 1 Nr. 1 SGB IX). **Entgelt** wird nach § 9 Abs. 1 EFZG vom Arbeitgeber fortgeleistet.

2 Die **Ziele der medizinischen Rehabilitation** sind in § 11 Abs. 2 S. 1 bestimmt. Für die Leistungen der medizinischen Rehabilitation gilt das **SGB IX** (§ 2a Rn. 8; vgl. BSG v. 14. 12. 2006, B 4 R 19/06) mit seinen Verfahrensvorschriften (§§ 8–25 SGB IX; dazu § 2a Rn. 11) und dem begrifflichen und inhaltlichen Rahmen (§§ 1–4, 26–31; dazu § 2a Rn. 3–5). **Zuständigkeit und Voraussetzungen** (vgl. § 7 S. 2 SGB IX) regeln §§ 11 Abs. 2 und 5, 40 Abs. 4. Für die Leistungserbringung zu § 40 Abs. 2 ist § 111 zu beachten, für die Leistungserbringung nach § 40 Abs. 1 und 2 gelten §§ 17–21 SGB IX.

B. Gesetzgebung

3 Die Vorschrift wurde mit dem GRG eingeführt und trat zum 1. 1. 1989 in Kraft. Ursprungsnormen waren §§ 184 (stationär) und 187 Abs. 1 S. 1 Nr. 3 (ambulant) RVO. Mit dem BeitrEntlG wurde das Regelintervall auf vier Jahre heraufgesetzt. Mit dem GKV-GRG 2000 wurden ambulante Kuren alleine der Vorsorge (§ 23) zugeordnet (BT-Drs. 14/1245, 66). Mit dem GKV-WSG wurden in Abs. 1 die Wörter „in wohnortnahen" durch die Wörter „durch wohnortnahe" ersetzt. Das Wort „kann" wurde durch „erbringt" ersetzt, um die Rehabilitation als Anspruchsleistung zu kennzeichnen (vgl. BT-Drs. 16/5321, 3 f.). Es wurde die Möglichkeit der ambulanten Leistung in stationären Pflegeeinrichtungen eröffnet (Abs. 1 S. 2). Die Regelung zu zertifizierten Einrichtungen in Abs. 2 und die Statistikpflicht in Abs. 2 S. 3 wurden eingeführt. Durch das PflWG wurde die Ausgleichszahlung in Abs. 3 S. 6–8 zum 1. 7. 2008 eingeführt (BT-Drs. 16/7439, 96).

C. Ziele der medizinischen Rehabilitation

4 **Behinderung** ist eine gesundheitliche Funktionsstörung, durch die die Teilhabe am Leben in der Gesellschaft voraussichtlich länger als sechs Monate beeinträchtigt ist (§ 2 Abs. 1 SGB IX). Ziel der medizinischen Rehabilitation ist es, sie abzuwenden, zu beseitigen, zu mindern, auszugleichen, ihre Verschlimmerung zu verhüten oder ihre Folgen zu mindern. Medizinische Rehabilitation ist daher umfassend, auch **präventiv** (§ 3 SGB IX) ausgerichtet. Sie kann an der **gesundheitlichen Störung** und an ihrer **Wechselwirkung mit** ihren inneren und äußeren **Kontextfaktoren** ansetzen (vgl. § 2a Rn. 8 f.; *Leistner/Beyer,* Rehabilitation, 127 ff.). Medizinische Rehabilitation richtet sich auch gegen **chronische Krank-**

heiten (§ 2a Rn. 17) und ihre Folgen als typische Ursache von Behinderung (vgl. §§ 3, 26 Abs. 1 Nr. 1 SGB IX; vgl. BT-Drs. 16/4247, 34). Erbringt die KK Leistungen der medizinischen Rehabilitation, hat sie alle Ziele nach § 4 Abs. 1 SGB IX zu beachten. Die Aufgabe der medizinischen Rehabilitation der Krankenversicherung ist daher nicht nur die möglichst weitgehende Wiederherstellung der Gesundheit und der Organfunktion (so aber BSG v. 26. 6. 2007, B 1 KR 36/06 R).

Pflegebedürftigkeit ist Hilfsbedürftigkeit bei Verrichtungen des täglichen 5
Lebens. Ziel der medizinischen Rehabilitation ist es, sie abzuwenden, zu beseitigen, zu mindern, auszugleichen, ihre Verschlimmerung zu verhüten oder ihre Folgen zu mindern. Für die Rehabilitation geht der Begriff der Pflegebedürftigkeit über § 14 SGB XI hinaus, wie sich aus dem Leistungsanspruch in § 61 Abs. 1 S. 2 SGB XII und der präventiven Orientierung in § 11 Abs. 2 und §§ 3, 4 Abs. 1 Nr. 2, 26 Abs. 1 Nr. 1 SGB IX ergibt. Gerade dem Grundsatz „Rehabilitation vor und in der Pflege" sollte durch das GKV-WSG stärker Geltung verschafft werden (BT-Drs. 16/3100, 106).

Aktivierende Pflege ist ein Handlungsprinzip für alle pflegerischen Leistungen und keine medizinische Rehabilitation (§ 11 Abs. 2 S. 2; § 28 Abs. 4 SGB XI). 6

D. Anspruch auf ambulante medizinische Rehabilitation in und durch Einrichtungen, Abs. 1

I. Voraussetzungen

Voraussetzung für den Anspruch ist, dass Behinderung oder Pflegebedürftig- 7
keit (Rn. 5) vorliegt oder droht, so dass die **Ziele nach § 11 Abs. 2** zu verfolgen sind und dass die Leistung einer Einrichtung **wirksam, geeignet und notwendig** ist, dieses Ziel zu erreichen (§§ 2 Abs. 1, 12; § 26 Abs. 1 SGB IX; dazu *Welti/Raspe*, DRV 2005, 560/560 ff.)

Weitere Voraussetzung für den Anspruch nach § 40 Abs. 1 ist, dass die **ambu-** 8
lante Krankenbehandlung nach §§ 27 Abs. 1, 28 **nicht ausreicht,** um die Ziele zu erreichen. Die ambulante Krankenbehandlung ist nach § 27 SGB IX auch den Zielen der medizinischen Rehabilitation verpflichtet, verfolgt diese aber nicht spezifisch, sondern nur gemeinsam mit den allein auf Krankheit ausgerichteten Zielen nach § 27 Abs. 1 S. 1. Nicht gemeint ist eine Nachrangigkeit zu vertragsärztlichen Leistungen der Rehabilitation nach § 73 Abs. 3. Deren Verhältnis zur ambulanten Rehabilitation in und durch Einrichtungen wäre von den Rehabilitationsträgern gemeinsam zu klären (§ 12 Abs. 1 Nr. 1 SGB IX).

Klar gestellt wurde durch das GKV-WSG, dass die ambulante medizinische Re- 9
habilitation aufsuchend (mobil) **an jedem Ort** erbracht werden kann, der zweckmäßig ist, also in der Einrichtung, im Haushalt des Versicherten (BT-Drs. 16/3100, 106), in einer stationären Pflegeeinrichtung oder an einem anderen Ort.

II. Inhalt

Der Leistungsanspruch ist gerichtet auf eine regelmäßig multidisziplinäre, indi- 10
viduell ausgerichtete **komplexe Leistung aus Leistungsbestandteilen der medizinischen Rehabilitation** (§ 26 Abs. 2 und 3 SGB IX), die durch einen ärztlichen Behandlungsplan zusammengefasst werden. Sie kann insbesondere ärztliche und psychotherapeutische Leistungen, Arznei-, Verband-, Heil- und Hilfsmittel und medizinische, pädagogische und psychologische Hilfen umfassen. Sie soll bei

arbeitsunfähigen Versicherten mit der Zielsetzung der **stufenweisen Wiedereingliederung** erbracht werden (§ 28 SGB IX).

11 Eine inhaltliche Konkretisierung erfolgt durch trägerübergreifende gemeinsame Empfehlungen (§§ 12, 13 SGB IX) und Rahmenempfehlungen, die in der **Bundesarbeitsgemeinschaft für Rehabilitation** vereinbart werden.

12 Die Leistung ist **ambulant**. Darunter fallen hier alle nicht vollstationären, also auch teilstationäre Leistungen (BSGE 87, 14/14 ff.).

III. Leistungserbringung

13 Die Leistung erfolgt durch Einrichtungen der **ambulanten Rehabilitation**. Dies können zugleich stationäre Einrichtungen (§ 107 Abs. 2) oder andere **wohnortnahe Einrichtungen** sein. Spätestens seit der klarstellenden Öffnung durch das GKV-WSG für die Leistungserbringung außerhalb der Einrichtung wäre es systematisch sinnvoller, ambulante Leistungserbringer als **Dienste der Rehabilitation** zu bezeichnen (vgl. § 19 SGB IX).

14 Die **Anforderungen an Leistungserbringer** der ambulanten Rehabilitation sind nicht spezifisch geregelt. Es müssen nicht immer die Voraussetzungen nach § 107 Abs. 2 erfüllt sein (so aber: BSG, NZS 2006, 485/485 ff.; *Noftz*, H/K, K § 40 Rn. 25), weil diese Norm nur für die stationäre Leistungserbringung gilt. Der Analogieschluss des BSG war unzutreffend, weil das SGB IX die Anforderungen hinreichend regelt.

15 Die Einrichtungen müssen **geeignet** sein (§ 17 Abs. 1 S. 1 Nr. 3 SGB IX), ihre Leistungen möglichst **frei von Zugangs- und Kommunikationsbarrieren** auszuführen (§ 19 Abs. 1 S. 2 SGB IX), durch ein **Qualitätsmanagement** die Qualität der Versorgung gewährleisten und verbessern (§ 137d; § 20 SGB IX). Seit dem 1. 7. 2001 besteht mit § 21 SGB IX (vgl. *Fuchs/Welti*, Die Rehabilitation 2007, 111/ 111 ff.) auch die gesetzliche Grundlage für den Abschluss von **Verträgen mit den KKen**, so dass eine Zulassung durch Verwaltungsakt (BSGE 87, 14/14 ff.) nicht mehr vorgesehen ist.

E. Anspruch auf stationäre medizinische Rehabilitation, Abs. 2

I. Voraussetzungen

16 Voraussetzung für eine Leistung der **stationären medizinischen Rehabilitation** nach § 40 Abs. 2 ist, dass eines der Leistungsziele nach § 11 Abs. 2 verfolgt wird (Rn. 7) und dass Leistungen der Krankenbehandlung sowie Leistungen der ambulanten Rehabilitation (Rn. 8) nicht ausreichen. Der Vorrang der ambulanten Leistung (vgl. § 19 Abs. 2 SGB IX) ist immer auf Wirksamkeit und Notwendigkeit **im Einzelfall** zu beziehen.

II. Inhalt

17 Die Leistung nach § 40 Abs. 2 ist eine **komplexe Leistung** aus Inhalten der medizinischen Rehabilitation (Rn. 10), die in einer Einrichtung nach § 107 Abs. 2 erbracht wird und **Unterkunft und Verpflegung** umfasst. Es trifft aber nicht zu, dass der Leistungsanspruch nach § 40 Abs. 2 durch § 107 Abs. 2 Nr. 1 bestimmt und so im Ergebnis eingeengt wird (so aber: BSG v. 26. 6. 2007, B 1 KR 36/06 R).

III. Leistungserbringung

Die Leistung nach § 40 Abs. 2 darf nur in einer Einrichtung erbracht werden, mit der ein Vertrag nach § 111 besteht.

F. Zuständigkeit der Krankenkasse, Abs. 4

Die KK ist für Leistungen der medizinischen Rehabilitation durch Einrichtungen und in Einrichtungen zuständig, soweit nicht ein anderer Träger der medizinischen Rehabilitation vorrangig zuständig ist (Abs. 4).

Immer zuständig ist die gesetzliche **Unfallversicherung**, wenn die Rehabilitation durch einen **Arbeitsunfall** oder eine **Berufskrankheit** erforderlich ist (§ 11 Abs. 5; §§ 8, 9, 26, 27 SGB VII). Vorrangig sind die Leistungen der Kriegsopferversorgung, Kriegsopferfürsorge und anderer Träger der **sozialen Entschädigung.**

Der Vorrang der Träger der **Rentenversicherung** ergibt sich aus § 40 Abs. 4. Sie erbringen Leistungen der medizinischen Rehabilitation, um die Erwerbsfähigkeit von Versicherten zu erhalten oder wiederherzustellen (§§ 9, 10, 15 SGB VI), wenn die versicherungsrechtlichen Voraussetzungen (§ 11 SGB VI) erfüllt sind. Kein Vorrang besteht vor Leistungen der gesetzlichen Rentenversicherung nach § 31 SGB VI wie **onkologischen Nach- und Festigungskuren** und **Kinderheilbehandlung.** Diese Leistungen sind gleichrangig mit zweckgleichen Leistungen der Krankenversicherung, so dass immer der zuerst angegangene Träger zuständig ist.

Die KK ist vorrangig zuständig vor den Trägern der **Sozialhilfe** (§§ 2, 53, 54 Abs. 1 SGB XII) und der **Kinder- und Jugendhilfe** (§§ 10 Abs. 1, 35 a SGB VIII).

Regelungen zur einvernehmlichen Abgrenzung der Zuständigkeiten sind möglich (§ 12 Abs. 1 SGB IX), wie etwa die Vereinbarung über Abhängigkeitserkrankungen zwischen den KKen und den Rentenversicherungsträgern.

G. Entscheidung der Krankenkasse

I. Verfahren

Die Leistungen werden auf **Antrag** erbracht (§ 19 S. 1 SGB IV). Die **Verordnung des Vertragsarztes** im Rahmen der **Rehabilitations-Richtlinien** (BAnz. 63/2004, 6769; vgl. BT-Drs. 16/5321, 2) gem. §§ 73 Abs. 2 Nr. 7, 92 Abs. 1 S. 2 Nr. 8 ist wegen der Entscheidungskompetenz der KK eine Empfehlung bzw. Teil der Bedarfsfeststellung. Die **Rehabilitations-Richtlinien** des G-BA können legitimerweise nur die Vertragsärzte binden, nicht die Berufsausübung der im G-BA nicht vertretenen Rehabilitationseinrichtungen (anders aber: BSG, NZS 2006, 485/485 ff.).

Die KK hat **innerhalb von zwei Wochen** zu prüfen, ob sie zuständig ist und, soweit ein anderer Träger zuständig ist, den Antrag an diesen **weiterzuleiten** (§ 14 Abs. 1 S. 1 und 2 SGB IX). Wird der Antrag nicht weitergeleitet, hat die KK unverzüglich den **Rehabilitationsbedarf festzustellen** und über den Antrag zu entscheiden (§ 14 Abs. 2 S. 1 SGB IX). Wird kein Gutachten eingeholt, entscheidet sie innerhalb von drei Wochen nach Antragseingang (§ 14 Abs. 2 S. 2 SGB IX). Wird ein Gutachten eingeholt, ist dieses innerhalb von zwei Wochen zu erstellen

(§ 14 Abs. 5 S. 2 SGB IX), innerhalb von weiteren zwei Wochen ist zu entscheiden (§ 14 Abs. 2 S. 4 SGB IX).

25 Die KKen prüfen die Notwendigkeit der Leistungen unter Zugrundelegung eines ärztlichen Behandlungsplans nach Maßgabe von § 275 Abs. 2 Nr. 1 durch den **Medizinischen Dienst der Krankenversicherung.** Wird dieses Verfahren nicht gewählt und es ist ein Gutachten erforderlich, so gilt § 14 Abs. 5 S. 2 und 3 SGB IX. Die KK hat drei möglichst wohnortnahe Sachverständige vorzuschlagen, unter denen der Antragsteller auswählen kann.

II. Auswahlermessen, Abs. 3

26 Sind die Anspruchsvoraussetzungen erfüllt, so bestimmt die KK nach den Erfordernissen des Einzelfalls Art, Dauer, Umfang, Beginn und Durchführung der Leistungen sowie die Rehabilitationseinrichtung nach **Ermessen** (§ 39 SGB I). Dabei sind die **individuellen Verhältnisse** zu beachten (§ 33 S. 1 SGB I). Es gilt das **Wunsch- und Wahlrecht** (§ 9 Abs. 1 SGB IX) der leistungsberechtigten Person (*Welti*, SGb 2003, 379/379 ff.). Dieses besteht bei der Leistung nach § 40 Abs. 2 uneingeschränkt zwischen allen nach § 20 Abs. 2 a SGB IX zertifizierten Rehabilitationseinrichtungen, mit denen ein Vertrag nach § 111 besteht. Da eine zertifizierte Einrichtung geeignet ist, muss die KK mit ihr auch einen Vertrag abschließen (§ 111 Rn. 5). Ist eine Einrichtung zertifiziert, hat aber gleichwohl keinen Vertrag nach § 111, muss die leistungsberechtigte Person die Mehrkosten tragen. Damit wurde der Grundsatz der Entscheidung für den kostengünstigsten Anbieter bei gleich geeigneten Einrichtungen (BSGE 89, 294/294 ff.) für zertifizierte Einrichtungen aufgehoben.

III. Regeldauer, Abs. 3 S. 2, 3

27 Durch die **Regeldauer** nach § 40 Abs. 3 S. 2 und 3 ist das Ermessen in Bezug auf die Dauer der Leistung gebunden. Sie beträgt für die ambulante Leistung 20 Behandlungstage und für die stationäre Leistung drei Wochen, soweit nicht nach Abs. 3 eine abweichende Regeldauer festgelegt worden ist (bisher nicht geschehen). Für Kinder, die das vierzehnte Lebensjahr noch nicht vollendet haben, gilt die Regeldauer von **vier bis sechs Wochen** (§ 40 Abs. 3 S. 5 mit § 23 Abs. 7). In jedem Einzelfall ist zu prüfen, ob eine längere Dauer aus medizinischen Gründen dringend erforderlich ist. Dies ist anzunehmen, wenn das Ziel der Maßnahme in der Regeldauer nicht, bei längerer Dauer aber voraussichtlich erreicht werden kann. Eine kürzere Dauer ist möglich.

IV. Regelintervall, Abs. 3 S. 4

28 Durch das **Regelintervall** nach § 40 Abs. 3 S. 4 von **vier Jahren** ist das Ermessen in Bezug auf den Beginn der Leistung gebunden. Das Regelintervall steht in einem Spannungsverhältnis zur gesetzgeberischen Entscheidung, die Leistungen zur medizinischen Rehabilitation als Pflichtleistung auszuweisen. Im Lichte dieser Entscheidung ist das Erfordernis der dringenden medizinischen Gründe für eine Ausnahme vom Intervall zu prüfen. Kann durch die Rehabilitationsleistung voraussichtlich Behinderung oder Pflegebedürftigkeit verhindert oder deutlich gemindert werden, ist von dringenden Gründen auszugehen. Bei der Anschlussrehabilitation kann davon regelmäßig ausgegangen werden.

Ähnliche Leistungen sind jeweils vergleichbare Leistungen der medizinischen Rehabilitation durch einen der Rehabilitationsträger (vgl. § 6 SGB IX) oder nach beamtenrechtlichen Vorschriften. Keine ähnlichen Leistungen sind Vorsorgeleistungen und Krankenhausbehandlung.

H. Vorrang der Rehabilitation vor Pflege, Abs. 3 S. 6–8

I. Allgemeines

Rehabilitation hat **Vorrang vor Pflege.** Die KK hat soweit möglich den Eintritt von Pflegebedürftigkeit zu vermeiden und auch nach Eintritt von Pflegebedürftigkeit ihre Leistungen der medizinischen Rehabilitation in vollem Umfang einzusetzen und darauf hinzuwirken, die Pflegebedürftigkeit zu überwinden, zu mindern sowie eine Verschlimmerung zu vermeiden (§ 5 SGB XI). Werden bei der KK Sozialleistungen wegen oder unter Berücksichtigung von Pflegebedürftigkeit oder drohender Pflegebedürftigkeit beantragt oder erbracht, hat sie unabhängig von dieser Entscheidung zu prüfen, ob Leistungen zur Rehabilitation und Teilhabe voraussichtlich erfolgreich sind (§ 8 Abs. 1 und 3 SGB IX). Bei der **Pflegebegutachtung** durch den MDK sind Feststellungen darüber zu treffen, ob und in welchem Umfang Leistungen der medizinischen Rehabilitation geeignet, notwendig und zumutbar sind; insoweit haben die Versicherten einen Anspruch gegen den zuständigen Träger (§ 18 Abs. 1 Satz 3 SGB XI). Wenn eine Pflegekasse feststellt, dass im Einzelfall Leistungen zur medizinischen Rehabilitation angezeigt sind, informiert sie unverzüglich den Versicherten sowie mit dessen Einwilligung den behandelnden Arzt und leitet mit Einwilligung des Versicherten eine entsprechende Mitteilung dem zuständigen Rehabilitationsträger zu; diese Mitteilung gilt als Antrag im Verfahren nach § 14 SGB IX (§ 31 Abs. 3 SGB XI). Die Pflegekasse erbringt **vorläufige Leistungen** zur medizinischen Rehabilitation, wenn eine sofortige Leistungserbringung erforderlich ist (§ 32 Abs. 1 SGB XI). Sie hat zuvor den zuständigen Träger zu unterrichten und auf die Eilbedürftigkeit hinzuweisen; wird dieser nicht rechtzeitig, jedoch spätestens vier Wochen nach Antragstellung tätig, erbringt die Pflegekasse die Leistungen vorläufig (§ 32 Abs. 2 SGB XI).

II. Ausgleichszahlung bei unterlassener Rehabilitation

Trotz der eindeutigen Regelungen wird die Rehabilitation vor und bei Pflegebedürftigkeit vernachlässigt. Der Gesetzgeber hält die Ursachen für ungeklärt (BT-Drs. 16/7439, 96), sie sind in den Mechanismen des Kassenwettbewerbs zu finden (vgl. BT-Drs. 15/5670, Ziffer 574–578; 15/4125, 23, 68 f.). Die **Ausgleichszahlung** von 3072 € soll dem entgegenwirken. Die KK hat darzulegen, ob sie das Versäumnis zu vertreten hat (BT-Drs. 16/7439, 96). Dabei sind auch die **Beratungspflichten** der KKen (§ 15 SGB I, § 22 SGB IX) zu beachten. Die **Berichtspflicht** der KKen soll den **Aufsichtsbehörden** näheren Aufschluss geben. Zu dokumentieren sind mindestens die Anzahl der Fälle, die Gründe einer fehlenden Leistungserbringung und die Abwicklung der Zahlung (BT-Drs. 16/7439, 96). Dies ist wegen der Organidentität von KK und Pflegekasse (§ 46 Abs. 2 SGB XI) auch erforderlich, da die Pflegekasse ihre Interessen gegenüber der KK im Zweifel nicht durchsetzen kann, wie die bisherige Praxis zu §§ 31, 32 SGB XI gezeigt hat.

III. Zuzahlung, Abs. 5–7

32 Die **Zuzahlung** (Abs. 5) ab dem 18. Lebensjahr bemisst sich nach § 61 S. 2 (10 € täglich), es gilt der Überforderungsschutz nach § 62. Handelt es sich bei der Leistung um eine **Anschlussrehabilitation**, ist die Zuzahlung auf **längstens 28 Tage** im Kalenderjahr begrenzt (Abs. 6). Eine Anschlussrehabilitation liegt nach Abs. 6 S. 1 dann vor, wenn die Maßnahme innerhalb von vierzehn Tagen nach einer Krankenhausbehandlung beginnt, es sei denn, die Einhaltung dieser Frist ist aus zwingenden tatsächlichen oder medizinischen Gründen nicht möglich. Als zwingende **tatsächliche Gründe** müssen alle Gründe gelten, die in der Sphäre der Leistungsträger oder Leistungserbringer liegen und auf die der Leistungsberechtigte keinen Einfluss hat. Zuzahlungen wegen einer Krankenhausbehandlung (§ 39 Abs. 4) oder wegen einer Rehabilitationsleistung der Rentenversicherung (§ 32 Abs. 1 S. 2 SGB VI) innerhalb des gleichen Kalenderjahres sind anzurechnen, so dass insgesamt nur für 28 Tage Zuzahlung zu leisten ist.

33 Der Spitzenverband Bund legt in dem in § 40 Abs. 7 beschriebenen Verfahren weitere Indikationen fest, bei denen die Zuzahlung entsprechend Abs. 6 begrenzt ist. Maßstab muss der Normzweck sein, durch längere Behandlungsbedürftigkeit beschwerte Personen zu entlasten. Bisher und bis zur Neuregelung (§ 217f Abs. 5) gilt eine Vereinbarung der Spitzenverbände in der Fassung vom 1. 1. 2004. Die Befreiungsregelung gilt danach auch für die Leistung nach Abs. 1. Dies ist aus Gleichbehandlungsgründen auch erforderlich.

Der **Zahlungsweg** für die Zuzahlung richtet sich nach § 43 b.

I. Statistik, Abs. 2 S. 3

34 Die KKen sind verpflichtet, nach Geschlecht differenzierte **statistische Erhebungen** über Anträge auf Leistungen nach § 40 durchzuführen. Sie sind auch verpflichtet, die Verfahrensdauer und Einhaltung der Fristen nach § 14 SGB IX zu erheben (§ 15 Abs. 2 SGB IX).

§ 41 Medizinische Rehabilitation für Mütter und Väter

(1) [1]**Versicherte haben unter den in § 27 Abs. 1 genannten Voraussetzungen Anspruch auf aus medizinischen Gründen erforderliche Rehabilitationsleistungen in einer Einrichtung des Müttergenesungswerks oder einer gleichartigen Einrichtung; die Leistung kann in Form einer Mutter-Kind-Maßnahme erbracht werden.** [2]**Satz 1 gilt auch für Vater-Kind-Maßnahmen in dafür geeigneten Einrichtungen.** [3]**Rehabilitationsleistungen nach den Sätzen 1 und 2 werden in Einrichtungen erbracht, mit denen ein Versorgungsvertrag nach § 111a besteht.** [4]**§ 40 Abs. 2 Sätze 1 und 2 gelten nicht; § 40 Abs. 2 Satz 3 gilt entsprechend.**

(2) § 40 Abs. 3 und 4 gilt entsprechend.

(3) [1]**Versicherte, die das achtzehnte Lebensjahr vollendet haben und eine Leistung nach Absatz 1 in Anspruch nehmen, zahlen je Kalendertag den sich nach § 61 Satz 2 ergebenden Betrag an die Einrichtung.** [1]**Die Zahlungen sind an die Krankenkasse weiterzuleiten.**

A. Überblick

Die Norm regelt Ansprüche auf Rehabilitationsleistungen in Einrichtungen 1
des Müttergenesungswerks und vergleichbaren Einrichtungen. Sie ist Spezialnorm zu § 40. Für Vorsorgeleistungen in diesen Einrichtungen gilt § 24. Das Leistungserbringungsrecht ist in § 111 a geregelt. Annexansprüche können auf ergänzende und unterhaltssichernde Leistungen gerichtet sein (§ 40 Rn. 1).

B. Gesetzgebung

Die Vorschrift wurde mit dem GRG eingeführt. Ursprungsnorm war § 187 2
Abs. 1 S. 1 Nr. 3 RVO. Mit dem GKV-GRG 2000 wurde die Überschrift von **"Müttergenesungskuren"** in "Medizinische Rehabilitation für Mütter" geändert. Die Wörter "Maßnahmen in Form einer **Rehabilitationskur**" wurden durch die Wörter "Leistungen der Rehabilitation" geändert. Außerdem wurde der letzte Halbsatz angefügt, wonach die Leistung auch in Form einer Mutter-Kind-Maßnahme erbracht werden kann. Mit Gesetz vom 26. 7. 2002, BGBl. I, 2874, wurden in der Überschrift die Worte "und Väter" angefügt. Abs. 1 S. 2 wurde neu gefasst. Hiernach gilt S. 1 auch für Vater-Kind-Maßnahmen in geeigneten Einrichtungen. Es wurde außerdem S. 3 angefügt. In Abs. 3 S. 1 wurden die Wörter "deren Kosten voll von der Krankenkasse übernommen werden" gestrichen. Eine Berichtspflicht (Abs. 4) wurde festgeschrieben (vgl. BT-Drs. 16/1150). Mit dem GKV-WSG wurden die Leistungen nach § 41 als Pflichtleistungen ausgewiesen, und es wurde klar gestellt, dass ambulante Leistungen keinen Vorrang haben (BT-Drs. 16/3100, 107).

C. Voraussetzungen

I. Anspruchsberechtigte

Anspruchsberechtigt sind alle Personen, die aufgrund der Belastungen (funk- 3
tioneller) Elternschaft Bedarf an der in § 41 beschriebenen Leistung haben (§ 23 Rn. 1; ebenso: *Höfler*, KK, § 41 Rn. 4f.; *Wiemers*, juris-PK, § 41 Rn. 8). Der Anspruch von Kindern auf Teilnahme an Eltern-Kind-Maßnahmen ist akzessorisch in Verantwortung der Kasse des Elternteils, es sei denn, die Maßnahme dient eigenständig der Rehabilitation des Kindes (§ 23 Rn. 5).

II. Ziel der Rehabilitation, Verweis auf § 27

Leistungen der medizinischen Rehabilitation verfolgen das Ziel, **Behinderung** 4
zu beseitigen oder abzuwenden und ihre Folgen zu mindern (§ 11 Abs. 2; § 26 Abs. 1 SGB IX). Nach § 27 werden Leistungen erbracht, um **Krankheiten** zu heilen, zu lindern und ihre Verschlimmerung zu verhüten. Voraussetzung für eine Leistung nach § 41 ist, dass beide Ziele kumulativ verfolgt werden. Die zu einer Behinderung oder drohenden Behinderung führende Gesundheitsstörung muss bereits Krankheitswert erreicht haben. Diese Anforderung dient insbesondere der Abgrenzung zu den schon vor einer Krankheit einschlägigen Leistungen nach § 24 und verweist im Übrigen auf die gerade auf **chronische Krankheiten** gerichtete Zielsetzung der medizinischen Rehabilitation (vgl. § 26 Abs. 1 SGB IX). Im Ein-

zelfall kann die Leistung auch auf die Rehabilitation von **Pflegebedürftigkeit** gerichtet sein.

5 Auf eine Leistung nach § 41 besteht ein **Anspruch** (BT-Drs. 16/3100, 107; vgl. BT-Drs. 16/1150, 3, 9 ff., 32), wenn sie geeignet, wirksam und notwendig ist, um die Ziele aus §§ 11 Abs. 2, 27 Abs. 1 zu erreichen (§§ 2 Abs. 1, 12). Ein Vorrang ambulanter Leistung besteht nicht, weil keine nach Ziel und Mitteln identische ambulante Leistung zur Verfügung steht.

6 Die Krankenkasse ist **nachrangig** zu anderen Rehabilitationsträgern zuständig (§ 40 Abs. 4 Rn. 19). Da diese aber keine spezifische Leistungsnorm und Leistungserbringung für Eltern haben, kommt der Nachrang zu Renten- und Unfallversicherung typischerweise nicht zum Tragen.

D. Leistungsinhalt

7 Die Leistung ist eine **komplexe Leistung** aus Inhalten der medizinischen Rehabilitation (§ 26 Abs. 2 und 3 SGB IX; § 40 Rn. 10) durch eine Einrichtung des Müttergenesungswerks oder eine vergleichbare Einrichtung. Der spezifische Leistungsinhalt wird durch die in § 111a konkretisierten Anforderungen an den Leistungserbringer geprägt.

E. Entscheidung der Krankenkasse

8 Die Krankenkasse entscheidet auf **Antrag** (§ 19 SGB IV). Es gelten die Verfahrensregeln und **Fristen** aus § 14 SGB IX (§ 40 Rn. 24). Die ärztliche **Verordnung** (§ 73 Abs. 2 Nr. 7) ist Anregung und Teil der Bedarfsfeststellung. Die Voraussetzungen werden vom MDK geprüft (§ 275 Abs. 2 Nr. 1); falls nicht, gilt § 14 Abs. 5 SGB IX.

9 Es besteht **Ermessen** (§ 39 SGB I) über die Einrichtung. Die Entscheidung ist **individuell** auszurichten (§ 33 S. 1 SGB I). Es gilt das **Wunsch- und Wahlrecht** der Leistungsberechtigten (§ 9 Abs. 1 SGB IX). Das Ermessen über die Dauer der Leistung ist durch die **Regeldauer von drei Wochen** oder eine abweichend festgelegte Regeldauer (§ 40 Abs. 3 S. 2 und 3 Rn. 27) gebunden, soweit nicht eine Leistung mit anderer Dauer aus dringenden medizinischen Gründen geboten ist. Es gilt das **Regelintervall von vier Jahren** (§ 40 Abs. 3 S. 4 und 3 Rn. 28), soweit nicht eine frühere Leistung aus dringenden medizinischen Gründen geboten ist (§ 40 Rn. 28). Für das Regelintervall werden nur Leistungen der medizinischen Rehabilitation nach dem SGB V und beamtenrechtlichen Vorschriften berücksichtigt, nicht Leistungen nach § 24.

F. Zuzahlung

10 Die **Zuzahlung** beträgt 10 € kalendertäglich. Es gilt die Überforderungsregelung nach § 62. Der Zahlungsweg richtet sich nach § 43 b. Besteht eine Situation längerer Behandlungsbedürftigkeit durch Krankenhausbehandlung und Rehabilitation, sind die Krankenkassen berechtigt und aus Gleichbehandlungsgründen verpflichtet, die von den dort ermittelten Indikationen betroffenen Personen entsprechend § 40 Abs. 7 zu behandeln (vgl. § 40 Rn. 26).

G. Statistik

Die Krankenkassen sind verpflichtet, **Statistiken** zu führen (§ 40 Abs. 2 S. 3). **11**
§ 15 Abs. 2 SGB IX gilt ergänzend.

§ 42 Belastungserprobung und Arbeitstherapie

Versicherte haben Anspruch auf Belastungserprobung und Arbeitstherapie, wenn nach den für andere Träger der Sozialversicherung geltenden Vorschriften solche Leistungen nicht erbracht werden können.

A. Überblick

Die Norm regelt den Anspruch auf Belastungserprobung und Arbeitstherapie **1** (§ 26 Abs. 2 Nr. 7 SGB IX) als selbstständige Leistungen der medizinischen Rehabilitation.

B. Gesetzgebung

Die Vorschrift wurde mit dem Gesundheitsreformgesetz GRG eingeführt und **2** trat zum 1. 1. 1989 in Kraft. Ursprungsnorm war § 182 d RVO.

C. Voraussetzungen

Der Anspruch besteht, wenn die Leistung geeignet, wirksam und notwendig **3** ist (§§ 2 Abs. 1, 12), um die Ziele nach § 11 Abs. 2, § 26 Abs. 1 SGB IX zu erreichen (§ 40 Rn. 7).

D. Zuständigkeit

Die Krankenversicherung ist zuständig, soweit die Leistung nicht von einem **4** Träger der gesetzlichen Unfallversicherung oder Rentenversicherung zu erbringen ist (vgl. §§ 11 Abs. 5, 40 Abs. 4 Rn. 19).

E. Verfahren

Die Leistungen werden auf Antrag erbracht (§ 19 S. 1 SGB IV). Die Verordnung **5** des Vertragsarztes (§ 73 Abs. 2 Nr. 5) ist Anregung und Teil der Bedarfsfeststellung. Es gelten die Fristen und Verfahrensregeln in § 14 SGB IX (§ 40 Rn. 24).

F. Inhalt der Leistung

Bei der **Belastungserprobung** werden die gesundheitliche Belastbarkeit und, **6** soweit möglich, die inneren und äußeren Ressourcen der Versicherten, insbesondere im Hinblick auf die Voraussetzungen der Teilhabe am Arbeitsleben, erprobt. Die **Arbeitstherapie** dient der Verbesserung der Belastbarkeit und Ressourcen. Die Leistungsformen können Hilfen zur Unterstützung bei der Krankheits- und Behinderungsverarbeitung, Aktivierung von Selbsthilfepotenzialen, Information und Beratung von Partnern, Angehörigen, Vorgesetzten und Kollegen, die Ver-

§ 43   Ergänzende Leistungen zur Rehabilitation

mittlung von Kontakten zu örtlichen Selbsthilfe- und Beratungsmöglichkeiten, Hilfen zur seelischen Stabilisierung und zur Förderung der sozialen Kompetenz, das Training lebenspraktischer Fähigkeiten und die Anleitung und Motivation zur Inanspruchnahme von Leistungen der medizinischen Rehabilitation umfassen (§ 26 Abs. 3 SGB IX). Besonders zu beachten ist bei arbeitsunfähigen Versicherten das Ziel der **stufenweisen Wiedereingliederung** (§ 74; § 28 SGB IX), welches eine **ambulante und betriebsnahe Leistungserbringung** (§ 19 Abs. 2 SGB IX) nahelegt. Der Bedarf an Leistungen zur Teilhabe am Arbeitsleben ist während einer Leistung nach § 42 zu prüfen (§ 11 SGB IX).

G. Leistungserbringung

7   Zur Leistungserbringung schließt die Krankenkasse Verträge nach § 21 Abs. 1 SGB IX mit geeigneten Diensten und Einrichtungen der Rehabilitation (§§ 17 Abs. 1 S. 1 Nr. 3, 19 SGB IX). Die Anforderungen nach § 107 Abs. 2 SGB IX sind nicht zwingend zu erfüllen.

§ 43 Ergänzende Leistungen zur Rehabilitation

(1) **Die Krankenkasse kann neben den Leistungen, die nach § 44 Abs. 1 Nr. 2 bis 6 sowie nach §§ 53 und 54 des Neunten Buches als ergänzende Leistungen zu erbringen sind,**

1. solche Leistungen zur Rehabilitation ganz oder teilweise erbringen oder fördern, die unter Berücksichtigung von Art oder Schwere der Behinderung erforderlich sind, um das Ziel der Rehabilitation zu erreichen und zu sichern, aber nicht zu den Leistungen zur Teilhabe am Arbeitsleben oder den Leistungen zur allgemeinen sozialen Eingliederung gehören,
2. wirksame und effiziente Patientenschulungsmaßnahmen für chronisch Kranke erbringen; Angehörige und ständige Betreuungspersonen sind einzubeziehen, wenn dies aus medizinischen Gründen erforderlich ist,

wenn zuletzt die Krankenkasse Krankenbehandlung geleistet hat oder leistet.

(2) ¹**Die Krankenkasse kann aus medizinischen Gründen in unmittelbarem Anschluss an eine Krankenhausbehandlung oder stationäre Rehabilitation erforderliche sozialmedizinische Nachsorgemaßnahmen für chronisch kranke oder schwerstkranke Kinder, die das zwölfte Lebensjahr noch nicht vollendet haben, erbringen oder fördern, wenn die Nachsorge wegen der Art, Schwere und Dauer der Erkrankung notwendig ist, um den stationären Aufenthalt zu verkürzen oder die anschließende ambulante ärztliche Behandlung zu sichern.** ²**Die Nachsorgemaßnahmen umfassen die im Einzelfall erforderliche Koordinierung der verordneten Leistungen sowie Anleitung und Motivation zu deren Inanspruchnahme.** ³**Angehörige und ständige Betreuungspersonen sind einzubeziehen, wenn dies aus medizinischen Gründen erforderlich ist.** ⁴**Der Spitzenverband Bund der Krankenkasse bestimmt das Nähere zu den Voraussetzungen sowie zu Inhalt und Qualität der Nachsorgemaßnahmen.**

A. Überblick

1   Die Norm regelt den Anspruch auf **die im SGB IX genannten ergänzenden Leistungen** der Rehabilitation (§ 44 Abs. 1 Nr. 2–6 SGB IX) mit Ausnahme von Krankengeld (§ 44 Abs. 1 Nr. 1 SGB IX; § 44), auf **weitere ergänzende Leistun-**

gen zur Rehabilitation (Abs. 1 Nr. 1 und 2) sowie auf sozialmedizinische Nachsorge für Kinder (Abs. 2). Die Leistungen sind im Rahmen eines ärztlichen Behandlungsplans und eines Teilhabeplans (§ 10 Abs. 1 SGB IX) eigenständig. Das SGB IX gilt. Die **Leistungserbringung** zu Abs. 1 ist in §§ 17–21 SGB IX geregelt, zu Abs. 2 in § 132 c.

B. Gesetzgebung

Die Vorschrift wurde mit dem GRG eingeführt und trat zum 1. 1. 1989 in Kraft. Ursprungsnorm war § 193 RVO. Mit dem SGB IX 2001 wurde die Norm umgestaltet. Mit dem GMG wurde Abs. 2 angefügt. 2

C. Leistungsvoraussetzungen und Verfahren

Voraussetzung der Leistungen ist, dass sie **geeignet, wirksam und notwendig** sind (§§ 2 Abs. 1, 12), um die Ziele nach § 11 Abs. 2, 26 Abs. 1 SGB IX zu erreichen. Die Krankenkasse entscheidet **auf Antrag** (§ 19 S. 1 SGB IV) unter Berücksichtigung des Wunsch- und Wahlrechts (§ 9 Abs. 1 SGB IX). Die ärztliche Verordnung (§ 73 Abs. 2 Nr. 5) ist Anregung und Teil der Bedarfsfeststellung. Es gelten die **Fristen und Verfahrensregeln** nach § 14 SGB IX (§ 40 Rn. 24), auch zur **Begutachtung** (§ 14 Abs. 5 SGB IX). 3

Die Krankenkasse ist **zuständig**, soweit nicht ein anderer Rehabilitationsträger zuständig ist. Solange die Unfallversicherung (§ 11 Abs. 5) oder die Rentenversicherung (§ 40 Abs. 4) Leistungen zur Krankenbehandlung oder medizinischen Rehabilitation erbringen, sind diese auch für ergänzende Leistungen zuständig. 4

D. Leistungen

I. Leistungen nach dem SGB IX

§ 43 stellt klar, dass die Versicherten **Anspruch** („zu erbringen sind") auf die in § 44 Abs. 1 Nr. 2–6 SGB IX genannten Leistungen haben. Dies sind **Beiträge und Beitragszuschüsse** zu allen Zweigen der Sozialversicherung unter den Voraussetzungen von § 44 Abs. 2 SGB IX, ärztlich verordneter **Rehabilitationssport** einschließlich Übungen für behinderte und von Behinderung bedrohte Frauen und Mädchen zur Stärkung des Selbstbewusstseins, ärztlich verordnetes **Funktionstraining**, Reisekosten (§ 53 SGB IX), **Haushalts- und Betriebshilfe** und **Kinderbetreuungskosten** (§ 54 SGB IX). Die Rehabilitationsträger haben im Rahmen der Bundesarbeitsgemeinschaft für Rehabilitation (BAR) mit Leistungserbringern und Selbsthilfeverbänden die **Rahmenvereinbarung** über den Rehabilitationssport und das Funktionstraining vom 1. 1. 2007 geschlossen. 5

II. Weitere ergänzende Leistungen

Weiterhin erbringen die Krankenkassen weitere Leistungen zur **medizinischen Rehabilitation** (Abs. 1 Nr. 1). Bei Vorliegen der Voraussetzungen ist das Ermessen (§ 39 SGB I) auf das „wie" beschränkt (§ 11 Abs. 2: „Anspruch"). Da alle benannten Leistungen nach § 26 Abs. 2 SGB IX bereits anderen Anspruchsgrundlagen zuzuordnen sind, ist durch die Norm klargestellt, dass die Krankenkassen weitere Leistungen gewähren, mit denen die Ziele nach § 11 Abs. 2, § 26 Abs. 1 6

Welti

§ 43 a Nichtärztliche sozialpädiatrische Leistungen

SGB IX erreicht werden können. Dies ist in § 26 Abs. 2 SGB IX („insbesondere") angelegt. Es darf sich nicht um Leistungen zur Teilhabe am Arbeitsleben (§ 33 SGB IX) oder Leistungen zur Teilhabe am Leben in der Gemeinschaft (§ 55 SGB IX) handeln.

7 Zu diesen Leistungen gehören insbesondere **Patientenschulungsmaßnahmen** für **chronisch Kranke** (vgl. §§ 3, 26 Abs. 1 SGB IX; § 2 a Rn. 18; § 40 Rn. 4), in die deren Partner, Angehörige und Betreuungspersonen einbezogen werden können (vgl. § 26 Abs. 3 Nr. 3 SGB IX). Es bestehen gemeinsame Empfehlungen der Spitzenverbände vom 11. 6. 2001.

III. Sozialmedizinische Nachsorge, Abs. 2

8 Auf **sozialmedizinische Nachsorge** besteht nur ein Anspruch für versicherte **chronisch kranke oder schwerstkranke Kinder**, die das 12. Lebensjahr noch nicht vollendet haben. Nachsorge wird erbracht im Anschluss an eine stationäre Krankenhausbehandlung (§ 39) oder stationäre Rehabilitation (§ 40), auch wenn die Krankenkasse nicht deren Trägerin war. Die nach Ansicht der Krankenkassen umfassten Indikationen sind in der **Rahmenvereinbarung** der Spitzenverbände zu Voraussetzungen, Inhalten und zur Qualität von sozialmedizinischen Nachsorgemaßnahmen vom 1. 7. 2005 enthalten. Deren Inhalte regelt zukünftig der Spitzenverband Bund (Abs. 3; § 217 f).

9 Die Pflicht der Leistungserbringer zum **Versorgungsmanagement** (§ 11 Abs. 4) wird nicht eingeschränkt. Die Leistung umfasst die **Analyse des Versorgungsbedarfs**, die **Koordinierung** der verordneten Leistungen und die **Anleitung und Motivation** zu ihrer Inanspruchnahme. Die Nachsorge ersetzt keine anderen Leistungen, sondern koordiniert sie.

E. Leistungserbringung

10 Für die Leistungserbringung nach § 43 Abs. 1 schließen die Krankenkassen Verträge mit geeigneten Diensten und Einrichtungen (§§ 17–21 SGB IX). Die Leistungserbringung nach § 43 Abs. 2 richtet sich nach § 132 c.

§ 43a Nichtärztliche sozialpädiatrische Leistungen

Versicherte Kinder haben Anspruch auf nichtärztliche sozialpädiatrische Leistungen, insbesondere auf psychologische, heilpädagogische und psychosoziale Leistungen, wenn sie unter ärztlicher Verantwortung erbracht werden und erforderlich sind, um eine Krankheit zum frühestmöglichen Zeitpunkt zu erkennen und einen Behandlungsplan aufzustellen; § 30 des Neunten Buches bleibt unberührt.

A. Überblick

1 Die Norm regelt den Anspruch auf nichtärztliche sozialpädiatrische Leistungen und das Verhältnis zur Früherkennung und Frühförderung (§ 30 SGB IX). Die Leistungen sind Teil der ärztlichen Behandlung (§ 28). Früherkennung durch Ärzte selbst fällt unter § 26 oder § 28 Abs. 2. Nichtärztliche sozialpädiatrische Vorsorge, Therapie und Rehabilitation können nur im Rahmen von §§ 23, 24, 40, 41, 43 und von § 30 SGB IX erbracht werden.

B. Gesetzgebung

Die Vorschrift wurde mit dem 2. ÄndG aufgenommen und trat zum 1.1.1992 2
in Kraft (BT-Drs. 12/1154, 6). Mit dem SGB IX 2001 wurde klargestellt, dass
§ 30 SGB IX unberührt bleibt (BT-Drs. 14/5074, 118).

C. Voraussetzungen

Voraussetzung für nichtärztliche sozialpädiatrische Leistungen ist, dass sie ge- 3
eignet und notwendig (§§ 2 Abs. 1, 12) zur frühzeitigen Erkennung von Krankheiten und zur Erstellung eines Behandlungsplans sind.

D. Leistungen

Sozialpädiatrie ist Kinderheilkunde unter besonderer Beachtung des gesell- 4
schaftlichen Kontextes. Leistungen nach § 43 a dienen nur der Diagnostik und Be-
handlungsplanung.

E. Leistungserbringung

Die Leistungen können durch geeignete **Einrichtungen** (sozialpädiatrische 5
Zentren, § 119) oder **Fachkräfte**, wie Psychologen, Heilpädagogen, Logopäden,
Ergotherapeuten uA., erbracht werden.

F. Verhältnis zu § 30 SGB IX

Der Anspruch auf Frühförderung und Früherkennung durch interdisziplinäre 6
Frühförderstellen und sozialpädiatrische Zentren als Komplexleistungen der Trä-
ger der medizinischen Rehabilitation – insbesondere Krankenkassen – und der
Träger der Leistungen zur Teilhabe am Leben in der Gemeinschaft – insbesondere
Sozialhilfe – nach § 30 SGB IX und der Frühförderungsverordnung vom
24.3.2003 (BGBl. I, 998) bleibt unberührt. § 43 a enthält keine Einschränkung des
SGB IX.

§ 43 b Zahlungsweg

(1) [1]Leistungserbringer haben Zahlungen, die Versicherte zu entrichten haben, einzuziehen und mit ihrem Vergütungsanspruch gegenüber der Krankenkasse zu verrechnen. [2]Zahlt der Versicherte trotz einer gesonderten schriftlichen
Aufforderung durch den Leistungserbringer nicht, hat die Krankenkasse die
Zahlung einzuziehen.

(2) [1]Zuzahlungen, die Versicherte nach § 28 Abs. 4 zu entrichten haben, hat
der Leistungserbringer einzubehalten; sein Vergütungsanspruch gegenüber der
Krankenkasse, der Kassenärztlichen oder Kassenzahnärztlichen Vereinigung
verringert sich entsprechend. [2]Die nach § 83 zu entrichtenden Vergütungen verringern sich in Höhe der Summe der von den mit der Kassenärztlichen oder
Kassenzahnärztlichen Vereinigung abrechnenden Leistungserbringern nach
Satz 1 einbehaltenen Zuzahlungen. [3]Absatz 1 Satz 2 gilt nicht im Falle der Leistungserbringung und Abrechnung im Rahmen von Gesamtverträgen nach den

§ 43 b Zahlungsweg

§§ 82 und 83. ⁴In den Fällen des Satzes 3 haben die Kassenärztliche oder Kassenzahnärztliche Vereinigung im Auftrag der Krankenkasse die Einziehung der Zuzahlung zu übernehmen, wenn der Versicherte trotz einer gesonderten schriftlichen Aufforderung durch den Leistungserbringer nicht zahlt. ⁵Sie können hierzu Verwaltungsakte gegenüber den Versicherten erlassen. ⁶Klagen gegen Verwaltungsakte nach Satz 5 haben keine aufschiebende Wirkung. ⁷Ein Vorverfahren findet nicht statt. ⁸In den Bundesmantelverträgen kann ein von Satz 4 abweichendes Verfahren vereinbart werden; das Nähere zum Verfahren nach den Sätzen 1, 2 und 4 bis 7 ist in den Bundesmantelverträgen zu vereinbaren.

Schrifttum: S. § 28 Abs. 4.

Inhaltsübersicht

	Rn.
A. Überblick	1
B. Grundregel zur Einziehung und Verrechnung, Abs. 1	4
C. Einziehung und Abrechnung der Praxisgebühr, Abs. 2	9
I. Einziehung und Einbehalten	9
II. Abrechnung	13

A. Überblick

1   Die durch das GSG (iSd. heutigen Abs. 1) mWv. 1. 1. 1993 eingefügte Vorschrift regelt die **Pflicht der Leistungserbringer,** die von den Versicherten zu entrichtenden Zuzahlungen einzuziehen, sowie die (vergütungsspezifischen) **Beziehungen zur KK als Inhaberin des Anspruchs auf Zuzahlung,** Abs. 1 S. 1. Diese Gläubigerposition (Rn. 5) illustriert S. 2; danach geht die Pflicht zur Einziehung bei erfolgloser gesonderter Zahlungsaufforderung – sie konkretisiert die Mitwirkungspflicht des Leistungserbringers (*Schmidt,* Peters, KV, § 43 b Rn. 7) – auf die KK über (Rn. 8). Der durch das GMG mWv. 1. 1. 2004 angefügte und durch das VÄndG ergänzte Abs. 2 beinhaltet eine im Verhältnis zur „Grundregel" des Abs. 1 (BSG, SozR 4–2500, § 33 Nr. 14 S. 87) weithin besondere Bestimmung zum Einzug und zur Abrechnung der „Praxisgebühr" (Rn. 9 ff.).

2   Die Verpflichtung der Versicherten zur Zuzahlung dem Grunde nach folgt aus den einzelnen leistungsrechtlichen Vorschriften. Mit § 43 b sowie §§ 61 und 62 stehen diese in maßgeblichem **Regelungszusammenhang.** Betreffend die Praxisgebühr ist das Nähere zum Verfahren nach Abs. 2 S. 1, 2 und 4–7 in den Bundesmantelverträgen (obligatorisch) zu vereinbaren, die vertragliche Abweichung vom Verfahren nach Abs. 2 S. 4 hingegen fakultativ. Die Zuzahlung nach § 28 Abs. 4 und die Beachtung des damit verbundenen Verfahrens nach § 43 b Abs. 2 sind Gegenstand der Abrechnungsprüfung durch die KKen, § 106 a Abs. 3 S. 1 Nr. 4.

3   Eine **Beschränkung des Anwendungsbereiches** ergibt sich im Gefolge der spezifisch erfassten Zuzahlungen (bzgl. derer die KK Anspruchsinhaberin sein muss), der Unmaßgeblichkeit bei Kostenerstattung (mangels Vergütungsanspruchs gegenüber der KK) sowie in Abgrenzung zu solchen Zuzahlungen, die unmittelbar an die KK zu entrichten sind (s. § 37 Abs. 5, § 37 a Abs. 3, § 38 Abs. 5) oder von ihr eingezogen werden (§ 60 Abs. 2 S. 2). Wie für Eigenanteile (s. z. B. § 29 Abs. 2, § 55) insgesamt (*Noftz,* H/N, § 43 b Rn. 9) scheidet auch bei Kosten für nicht von Rettungsdiensten durchgeführte Fahrten eine Einzugsverpflichtung aus (*Höfler,*

KK, § 43 b Rn. 4). § 33 Abs. 8 S. 2 enthält eine weitgehende Sonderregelung; zwar ist eine Verrechnung bei Zuzahlungen zu Hilfsmitteln durch Verringerung des Vergütungsanspruchs nicht erforderlich (s. *Höfler*, KK, aaO.), allerdings wird eine Einbehaltungspflicht nicht explizit normiert (*Noftz*, H/N, § 43 b Rn. 6).

B. Grundregel zur Einziehung und Verrechnung, Abs. 1

Materiell der KK zustehende, durch Leistungserbringer einzuziehende und mit deren (exklusivem) Vergütungsanspruch gegenüber der KK zu verrechnende **Zuzahlungen iSd. Abs. 1 sind** solche zu Arznei- und Verbandmitteln (§ 31 Abs. 3), Heilmitteln (§ 32 Abs. 2), Krankenhausbehandlungen (§ 39 Abs. 4) sowie bei Leistungen zur medizinischen Rehabilitation (§ 40 Abs. 5 und 6) und zur medizinischen Rehabilitation für Mütter und Väter (§ 41 Abs. 3). Bei wortlaut- und zielkonformer (vgl. BT-Drs. 12/3608, 82), systematisch allerdings erweiternder Auslegung (*Noftz*, H/N, § 43 b Rn. 6) gilt die im fünften Abschnitt (§§ 27–43 b) verankerte Vorschrift (ohne weiteres *Höfler*, KK, § 43 b Rn. 2) auch für Zuzahlungen bei Vorsorgeleistungen (§ 23 Abs. 3, § 23 Abs. 6), bei Vorsorgeleistungen für Mütter und Väter (§ 24 Abs. 3) sowie für die Versorgung mit empfängnisverhütenden Mitteln (§ 24 a Abs. 2). Nach aA. kommt („zumindest") die analoge Anwendung in Betracht (*Krauskopf*, Krauskopf, § 43 b Rn. 2; *Schmidt*, Peters, KV, § 43 b Rn. 13; *Zipperer*, GKV-Komm, § 43 b Rn. 4). 4

Für Leistungserbringer, welche zuzahlungspflichtige (Rn. 4) Leistungen an die Versicherten abgeben, besteht eine **gesetzliche Einziehungspflicht** (vgl. BT-Drs. 12/3608, 82) und **-befugnis** (vgl. BT-Drs. 16/2474, 19), d. h. ein gesetzlicher Inkassoauftrag (*Höfler*, KK, § 43 b Rn. 6; BSG, SozR 4–2500, § 33 Nr. 14 S. 86) und keine Bevollmächtigung (*Schmidt*, Peters, KV, § 43 b Rn. 16). Die KK bleibt Inhaberin des Anspruchs auf Zuzahlung (BSG, SozR 3–2500, 31 Nr. 2 S. 3; BSG, SozR 4–2500, § 33 Nr. 14 S. 86; vgl. hingegen BSG, NZS 1994, 507/514); eine Legalzession findet nicht statt. 5

Die Zuzahlungen dürfen erst bei **Fälligkeit** der Entrichtung eingezogen werden. Den maßgeblichen Zeitpunkt markiert die Abgabe des Gegenstands der Leistung sowie bei Einheiten bzw. Dienstleistungen deren Beginn. Leistet der Versicherte die eingeforderte Zuzahlung nicht, muss er gesondert schriftlich zur Zahlung aufgefordert werden (S. 2). Diese Aufforderung darf nicht in unmittelbarem Zusammenhang mit der Erbringung der Leistung vorgenommen werden (BT-Drs. 12/3608, 82); ihrer Bedeutung nach kommt sie einer Verzug begründenden Mahnung gleich (vgl. bereits BSG, SozR 2200, § 371 Nr. 1 S. 4). 6

Anstelle einer gesonderten Abführung an die KK ziehen Leistungserbringer die entrichteten Zuzahlungen von ihrem Vergütungsanspruch gegenüber der KK ab und kommen damit der Pflicht zur **Verrechnung** nach. Dies gilt auch, soweit andere Vorschriften die Weiterleitung an die Krankenkasse vorsehen (§ 39 Abs. 4 S. 1); dem wird durch die Verrechnung entsprochen (BT-Drs. 12/3608, 82). Gemäß besonderer Ermächtigung können Einzelheiten der Verrechnung vertraglich fixiert werden (vgl. § 112 Abs. 2 Nr. 1 lit. b, § 125, § 129). 7

Bei nachweislich fruchtloser qualifizierter Zahlungsaufforderung (Rn. 6) erfolgt ein **Übergang der Einziehungspflicht auf die KK,** ohne Inkassorisiko für den Leistungserbringer (vgl. BSG, SozR 2200, § 371 Nr. 1 S. 2 f.); um dem nachzukommen, erlässt die KK einen auf Zahlung gerichteten VA, der ggf. zwangsweise (§ 66 SGB X) durchzusetzen ist (näher *Noftz*, H/N, § 43 b Rn. 44). 8

Sichert

§ 43 b Zahlungsweg

C. Einziehung und Abrechnung der Praxisgebühr, Abs. 2

I. Einziehung und Einbehalten

9 Sofern die Versicherten gem. § 28 Abs. 4 zur Zuzahlung verpflichtet sind und keine Kostenerstattung gewählt haben (§ 28 Rn. 15), hat der Leistungserbringer die geleistete und bereits nach Abs. 1 S. 1 einzuziehende (meist: entgegenzunehmende) Praxisgebühr **einzubehalten.** Der Verbleib bei diesem ist Grundlage einer Verringerung des Vergütungsanspruchs und die Gebühr funktional Teil desselben (vgl. *Rixen,* SGb 2004, 2/10; Rn. 14). Die Zuzahlung wird mit der jeweils ersten Inanspruchnahme der Behandlung im Quartal fällig.

10 Wenn der Versicherte die Zuzahlung nicht vor (bzw. zu Beginn) der Behandlung entrichtet, kommt eine über die Entgegennahme hinausgehende **(nachträgliche) Einziehung** zum Tragen; diese ist Teil der Regelung des Näheren zum Verfahren gem. Abs. 2 S. 8 Hs. 2 in den Bundesmantelverträgen (§ 18 Abs. 4 BMV-Ä/§ 21 Abs. 4 EKVÄ, § 8 a Abs. 11 BMV-Z/§ 13 Abs. 11 EKVZ, s. dort).

11 Soweit unmittelbar gegenüber der KK **Vergütungsansprüche** bestehen (§ 63, § 73 b, § 73 c, §§ 140 a ff.), bleibt es bei der von Abs. 2 S. 3 nicht tangierten Regel (Abs. 1 S. 2); bei erfolgloser gesonderter schriftlicher Aufforderung geht die Einziehungspflicht auf die KK über.

12 Erfolgen Leistungserbringung und Abrechnung **im Rahmen von Gesamtverträgen,** schließt Abs. 2 S. 3 einen Übergang der Einziehungspflicht auf die KKen aus. Zahlt der Versicherte trotz gesonderter schriftlicher Aufforderung des Leistungserbringers nicht, **geht** im Wege eines gesetzlich geregelten Falls der Forderungseinziehung (Abs. 2 S. 4) die **Einziehungsbefugnis auf die KÄV** bzw. KZV **über** (BT-Drs. 16/2474). Das Nähere ist iSv. Abs. 2 S. 8 Hs. 2 in § 18 Abs. 5 BMV-Ä bzw. § 21 Abs. 5 EKVÄ (abweichend § 8 a BMV-Z/§ 13 EKVZ, Abs. 13) geregelt. Dazu gehört die Ausübung der KÄV (und KZV) überantworteten **VA-Befugnis** (Abs. 2 S. 5). Klagen gegen einen solchen VA haben keine aufschiebende Wirkung (Abs. 2 S. 6); ein Vorverfahren findet nicht statt (Abs. 2 S. 7). Inhaber der Forderung gegenüber den Versicherten bleibt die KK, die der KÄV gem. § 18 Abs. 5 a BMV-Ä (§ 21 Abs. 5 a EKVÄ) je Verwaltungsverfahren die Portokosten sowie je 3,50 € erstattet.

II. Abrechnung

13 Durch Einbehalten (s. *Schmidt,* Peters, KV, § 43 b Rn. 64) der gem. § 28 Abs. 4 zu entrichtenden Praxisgebühr verringert sich der Vergütungsanspruch entsprechend der Zuzahlung, und zwar bei einzelvertraglich (Rn. 11) fundierten Vergütungsansprüchen gegenüber der KK (Abs. 2 S. 1 Hs. 2. Alt. 1), bei solchen auf der Grundlage der Gesamtverträge gegenüber KÄV und KZV (Alt. 2 und 3). Den Spezifika der Gesamtvertragssystematik Rechnung tragend bestimmt Abs. 2 S. 2 die **Verringerung der Vergütungen in Höhe der Summe der einbehaltenen Zuzahlungen.** Dies betrifft zuvorderst die Verringerung der durch die KK an KÄV und KZV (befreiend) zu entrichtenden Gesamtvergütung; für die Leistungserbringer geht es um die Verringerung in Höhe der einbehaltenen Gebühren (vgl. BT-Dr. 15/1525, 91).

14 Im Sinne der Ermächtigung nach Abs. 2 S. 8 erklären auch § 54 Abs. 1 S. 2 BMV-Ä und § 53 Abs. 1 S. 2 EKVÄ geleistete Zuzahlungen zum Bestandteil der Vergütung, und nach Abs. 2 S. 4 der Bestimmungen sind auch von der KÄV man-

gels Nichteinziehung durch den Leistungserbringer rechtwirksam einbehaltene Beträge (s. Abs. 7 a der §§ 18 BMV-Ä und 21 EKVÄ) von der Gesamtvergütung abzuziehen.

Zweiter Titel. Krankengeld

[Fassung § 44 bis 31. 12. 2008:]

§ 44 Krankengeld

(1) [1]Versicherte haben Anspruch auf Krankengeld, wenn die Krankheit sie arbeitsunfähig macht oder sie auf Kosten der Krankenkasse stationär in einem Krankenhaus, einer Vorsorge- oder Rehabilitationseinrichtung (§ 23 Abs. 4, §§ 24, 40 Abs. 2 und § 41) behandelt werden. [2]Die nach § 5 Abs. 1 Nr. 2 a, 5, 6, 9, 10 oder 13 sowie die nach § 10 Versicherten haben keinen Anspruch auf Krankengeld; dies gilt nicht für die nach § 5 Abs. 1 Nr. 6 Versicherten, wenn sie Anspruch auf Übergangsgeld haben, und für Versicherte nach § 5 Abs. 1 Nr. 13, soweit sie abhängig und nicht nach den §§ 8 und 8 a des Vierten Buches geringfügig beschäftigt sind.

(2) Die Satzung kann für freiwillig Versicherte den Anspruch auf Krankengeld ausschließen oder zu einem späteren Zeitpunkt entstehen lassen.

(3) Der Anspruch auf Fortzahlung des Arbeitsentgelts bei Arbeitsunfähigkeit richtet sich nach den arbeitsrechtlichen Vorschriften.

[Fassung § 44 ab 1. 1. 2009:]

§ 44 Krankengeld

(1) [1]Versicherte haben Anspruch auf Krankengeld, wenn die Krankheit sie arbeitsunfähig macht oder sie auf Kosten der Krankenkasse stationär in einem Krankenhaus, einer Vorsorge- oder Rehabilitationseinrichtung (§ 23 Abs. 4, §§ 24, 40 Abs. 2 und § 41) behandelt werden.

(2) [1]**Keinen Anspruch auf Krankengeld haben**

1. die nach § 5 Abs. 1 Nr. 2 a, 5, 6, 9, 10 oder 13 sowie die nach § 10 Versicherten; dies gilt nicht für die nach § 5 Abs. 1 Nr. 6 Versicherten, wenn sie Anspruch auf Übergangsgeld haben, und für Versicherte nach § 5 Abs. 1 Nr. 13, soweit sie abhängig und nicht nach den §§ 8 und 8 a des Vierten Buches geringfügig beschäftigt sind.
2. hauptberuflich selbstständig Erwerbstätige.
3. Versicherte nach § 5 Abs. 1 Nr. 1, die bei Arbeitsunfähigkeit nicht für mindestens sechs Wochen Anspruch auf Fortzahlung des Arbeitsentgelts oder auf Zahlung einer die Versicherungspflicht begründenden Sozialleistung haben; dies gilt nicht für Versicherte, die nach § 10 des Entgeltfortzahlungsgesetzes Anspruch auf Zahlung eines Zuschlags zum Arbeitsentgelt haben.
4. Versicherte, die eine Rente aus einer öffentlich-rechtlichen Versicherungseinrichtung oder Versorgungseinrichtung ihrer Berufsgruppe oder von anderen vergleichbaren Stellen beziehen, die ihrer Art nach den in § 50 Abs. 1 genannten Leistungen entspricht. Für Versicherte nach Satz 1 Nr. 4 gilt § 50 Abs. 2 entsprechend, soweit sie eine Leistung beziehen, die ihrer Art nach den in dieser Vorschrift aufgeführten Leistungen entspricht.

[2]Für die nach Nr. 2 und 3 aufgeführten Versicherten bleibt § 53 Abs. 6 unberührt.

(3) Der Anspruch auf Fortzahlung des Arbeitsentgelts bei Arbeitsunfähigkeit richtet sich nach den arbeitsrechtlichen Vorschriften.

§ 44 Krankengeld

Schrifttum: *S. Becker*, Konturen des Begriffs der Arbeitsunfähigkeit – Krankengeld und Arbeitslosigkeit, SozSich 2004, 134; *J. Berchtold*, Krankengeld, 2004; *W. Gerlach*, Das Krankengeld 1997; *S. Biehl*, Mindestkrankengeld für hauptberuflich selbstständig Erwerbstätige – systemkonform oder ein Verstoß gegen die Entgeltersatzfunktion des Krankengeldes?, SGb 2004, 678, 738; *J. Joussen*, Krankengeld und Arbeitslosigkeit, ZfSH/SGB 2002, 458; *A. May*, Die krankheitsbedingte Arbeitsunfähigkeit, SGb 1988, 477; *C. Padé*, Regelung(en) zur Nahtlosigkeit im Sozialgesetzbuch, ASR 2005, 102; *C. Roßmeißl/G. Krutzki*, 8-mal aktuelle Rechtsprechung zu dem Komplexen Krankengeld und Mitgliedschaft in der Gesetzlichen Krankenversicherung, ASR 2006, 120; *U. Steinwedel*, Verweisung bei Arbeitsunfähigkeit, SozVers 1988, 151; *C. Straub*, Krankengeld als Lohnersatzleistung, FuR 1995, 197; *H. Töns*, Arbeitsunfähigkeit im Sinne der Krankenversicherung, DOK 1968, 347; *ders.*, Die wirtschaftliche Sicherung der Arbeitnehmer bei Arbeitsunfähigkeit, Stuttgart 1970.

Inhaltsübersicht

	Rn.
A. Überblick	1
B. Anspruchsinhaber, Abs. 1 S. 1, 2	2
C. Voraussetzungen des Krankengeldanspruchs, Abs. 1 S. 1	6
I. Arbeitsunfähigkeit	7
II. Stationäre Behandlung in einem Krankenhaus oder in einer sonstigen Einrichtung	14
D. Rechtsfolge: Anspruch auf Krankengeld	16
E. Der Anspruch für freiwillig Versicherte, Abs. 2	18
F. Verhältnis zur Entgeltfortzahlung, Abs. 3	19
G. Neuregelung ab 1.1.2009	20

A. Überblick

1 Die auf den ersten Blick umständlich aufgebaute und daher nicht leicht verständliche Vorschrift enthält die einleitende Bestimmung für den Bezug von Krankengeld: Dieses soll dem Versicherten im Fall einer Arbeitsunfähigkeit das durch diese entgehende Arbeitsentgelt ersetzen (Entgeltersatzfunktion). Nähere Bestimmungen zur Anspruchshöhe und Anspruchsdauer finden sich in den nachfolgenden Vorschriften. Zusammenfassend beschreibt § 44 vorab die Anspruchsinhaber (Rn. 2–4), sowie zwei der drei möglichen Anspruchstatbestände (Rn. 5–14), aus denen sich bei Vorliegen als Rechtsfolge ein Anspruch auf Krankengeld ergibt (Rn. 15–16). Darüber hinaus enthält die Norm in einem gesonderten Absatz, die Möglichkeit für die KK, Sonderregelungen für einen besonderen Kreis von Anspruchsinhabern festzulegen (die freiwillig Versicherten (Rn. 17). Schließlich findet sich in Abs. 3 ein deklaratorischer Verweis auf die mit dem Krankengeld systematisch eng verbundenen Regelungen der arbeitsrechtlichen Entgeltfortzahlung (Rn. 18). Ab 1.1.2009 ist die Neuregelung in Kraft, die in erster Linie zu einer Umstrukturierung des Tatbestandes führt, aber auch inhaltliche Neuerungen mit sich bringt (Rn. 20).

B. Anspruchsinhaber, Abs. 1 S. 1, 2

2 Die zentrale Funktion des Krankengelds, der Ersatz des Arbeitsentgelts im Falle einer Arbeitsunfähigkeit, begrenzt systematisch den Kreis der potenziellen **Anspruchsinhaber**. Gesetzestechnisch führt dies zu einer etwas schwierig zu lesenden Bestimmung. Nach Abs. 1 S. 1 haben grundsätzlich „Versicherte" Anspruch auf Krankengeld; aufgr. der zuvor genannten Funktion dieser Leistung folgt jedoch in S. 2 (ab 1.1.2009: in Abs. 2) ein Ausschluss derjenigen Versicherten, die nicht in einem Erwerbsverhältnis stehen, sondern aufgr. einer anderen Erwägung in den Kreis der

Pflichtversicherten aufgenommen worden sind. Konsequenterweise schließt Abs. 1 S. 2 demnach bestimmte Versicherte nach § 5 bzw. § 10 vom Krankengeld aus.

Entspr. dieser Grunderwägung haben **„Versicherte"** Anspruch auf Krankengeld. Damit knüpft die Vorschrift va. an § 5 an. Anspruchsberechtigt ist demnach grundsätzlich jeder Versicherte, sofern nicht in S. 2 etwas anderes bestimmt ist oder Abs. 2 eingreift (ab 1. 1. 2009 nur noch Abs. 2). Nach dem Gesetzeswortlaut ist erforderlich, dass die Versicherteneigenschaft zu dem Zeitpunkt besteht, in dem die übrigen Voraussetzungen des Anspruchs gegeben sind. Es bedarf also der Gleichzeitigkeit. Das bedeutet, dass es für die Begründung eines Anspruchs auf Krankengeld wegen Arbeitsunfähigkeit genügend, aber auch erforderlich ist, dass die Versicherteneigenschaft zum Zeitpunkt des Eintretens der Arbeitsunfähigkeit gegeben ist – nichts anderes meint es, wenn die Rspr. verlangt, der Anspruch auf Krankengeld setze einen aktuellen Versicherungsschutz mit Krankengeldberechtigung voraus (BSG SozR 4–2500, § 44 Nr. 2 Rn. 11). 3

Die **Mitgliedschaft in der KV** kann sich va. daraus ergeben, dass die betreffende Person nach § 5 pflichtversichert ist. Im Hinblick auf die genannte Funktion des Krankengelds ist jedoch durch Abs. 1 S. 2 eine Beschränkung auf diejenigen Versicherten vorgenommen, deren Versicherung maßgeblich auf ihrer Erwerbstätigkeit beruht. Zu beachten ist dabei, dass die Mitgliedschaft in der Versicherung nicht durch den Eintritt der Arbeitsunfähigkeit endet: Nach § 192 Abs. 1 Nr. 2 bleibt für die Dauer des Anspruchs auf Krankengeld die bisherige Mitgliedschaft aufrechterhalten. Versicherte, die aus anderen Gründen als ihrer Erwerbstätigkeit gesetzlich krankenversichert sind, werden entsprechend der Funktion des Krankengeldes daher nicht vom Krankengeldanspruch erfasst. Wer eines Entgeltersatzes nicht bedarf, weil er ohnehin kein Arbeitsentgelt erzielt, ist auch nicht anspruchsberechtigt. Dabei handelt es sich ausweislich Abs. 1 S. 2 um Versicherte nach § 5 Abs. 1 Nr. 2 a, also Personen in der Zeit, für die sie Alg II nach dem SGB II beziehen; um Versicherte nach § 5 Abs. 1 Nr. 5, also Personen, die in Einrichtungen der Jugendhilfe für eine Erwerbstätigkeit befähigt werden sollen; um Versicherte nach § 5 Abs. 1 Nr. 6, also um Teilnehmer an berufsfördernden Maßnahmen zur Rehabilitation, es sei denn, die Maßnahmen werden nach den Vorschriften des Bundesversorgungsgesetzes erbracht; um Versicherte nach § 5 Abs. 1 Nr. 9, d. h. um Studenten; sowie um Versicherte nach § 5 Abs. 1 Nr. 10, also um Praktikanten im weitesten Sinne. Schließlich ebenfalls nicht angewiesen auf eine Lohnersatzleistung ist derjenige Versicherte, der nicht aufgr. seiner Erwerbstätigkeit Mitglied der KK ist, sondern als Familienmitglied mitversichert ist. Infolgedessen hat auch dieser Personenkreis gem. Abs. 1 S. 2 keinen Anspruch auf Krankengeld (zu Abs. 2 in der Fassung vom 1. 1. 2009 s. Rn. 20). 4

Nach § 5 **Abs. 1 Nr. 13** müssten vom Anspruch auf Krankengeld prinzipiell auch diejenigen erfasst werden, die nach dieser Vorschrift Mitglied der GKV sind. Doch nimmt Abs. 1 S. 2 diese Gruppe zunächst aus dem Anspruch auf Krankengeld heraus. Anders ist dies nur dann, wenn sie (zugleich) abhängig und nicht geringfügig beschäftigt sind – doch hat dies nur insofern klarstellende Funktion, als sie dann ohnehin nach Nr. 1 versichert sind und damit auch Anspruch auf Krankengeld erwerben können. 5

C. Voraussetzungen des Krankengeldanspruchs, Abs. 1 S. 1

Neben der Grundvoraussetzung der zum Krankengeld berechtigenden Versicherteneigenschaft ist zusätzlich Voraussetzung für das Entstehen des Anspruchs das Vorliegen eines **Versicherungsfalls,** d. h. einer Arbeitsunfähigkeit bzw. alter- 6 nativ einer stationären Behandlung in einem Krankenhaus oder einer sonstigen Einrichtung. Insb. der Begriff der Arbeitsunfähigkeit ist hier eigenständig zu verstehen, darf also nicht mit dem der Behandlungsbedürftigkeit vermengt werden (*Berchtold,* Krankengeld, Rn. 344; vorsichtiger hingegen *Höfler,* KK, § 44 Rn. 21). Ein dritter Versicherungsfall, der zu einem Anspruch auf Krankengeld führen kann, ist in § 45 geregelt (s. § 45 Rn. 1).

I. Arbeitsunfähigkeit

7 Nach st. Rspr. liegt **Arbeitsunfähigkeit** durch Krankheit als anspruchsbegründende Tatbestandsvoraussetzung gem. Abs. 1 S. 1 vor, wenn der Versicherte seine zuletzt ausgeübte Erwerbstätigkeit oder eine ähnlich geartete (gleichartige, vgl. Rn. 9) Tätigkeit nicht mehr verrichten kann oder nur auf die Gefahr hin, seinen Zustand zu verschlimmern (BSG SozR 2200, § 182 RVO Nr. 12; ausführlich *Becker,* SozSich 2004, 134). Der Maßstab für die Arbeitsunfähigkeit ergibt sich allein aus dem Umfang des Versicherungsschutzes im jeweils konkret bestehenden Versicherungsverhältnis (BSG SozR 3–2500, § 44 Nr. 10, 29/32). Beim Sonderfall der Mehrfachbeschäftigung ist die jeweils in Frage stehende Tätigkeit relevant; ist die Tätigkeit noch nicht aufgenommen, kommt es auf die vertraglich vorgesehene an (*Berchtold,* Beck-OK, § 44 Rn. 26).

8 Die Arbeitsunfähigkeit **endet** idR. mit Wiederaufnahme der bisherigen Tätigkeit. Das Gleiche gilt, wenn der Arbeitgeber den Arbeitnehmer im Rahmen des ihm zustehenden Direktionsrechts umsetzt, ihm also eine neue Arbeitsstelle zuweist; dann ist jedoch eine Gleichartigkeit auch in sozialversicherungsrechtlicher Hinsicht erforderlich (vgl. dazu die nachfolgende Rn.; BSG SozR 3–2200, § 182 Nr. 9 Rn. 22). Bei einem Auslandsaufenthalt des Versicherten endet zwar der Anspruch auf Krankengeld nicht, doch er ruht auch dann, wenn er dort während eines vorübergehenden Aufenthaltes erkrankt (vgl. § 16 Abs. 1 Nr. 1). Etwas anderes kann sich dann jedoch aus Sozialversicherungsabkommen ergeben.

9 **Zuletzt ausgeübt** ist diejenige Tätigkeit, die – bei fortbestehendem Arbeitsverhältnis – arbeitsvertraglich vom Versicherten zu erbringen war (näher hierzu *Töns,* Sicherung, S. 14). Diese bleibt während der Arbeitsunfähigkeit unabhängig von ihrer Dauer und auch von der Möglichkeit unberührt, den Lebensunterhalt möglicherweise durch den Wechsel zu einer anderen Tätigkeit zu sichern, die dem Gesundheitszustand und dem Restleistungsvermögen des Versicherten entsprechen würde – auf sie kommt es also an (BSG SozR 3–2200, § 182 Nr. 9 Rn. 22).

10 Den Schwierigkeiten der Bestimmung einer „**ähnlich gearteten**" **Tätigkeit** versucht das BSG mittlerweile dadurch zu entgehen, dass es stattdessen auf eine „**gleichartige**" **Tätigkeit** rekurriert (BSG SozR 3–2500, § 44 Nr. 9, 21/23). Ein Ausweichen auf eine solche „Ersatztätigkeit" ist erforderlich, wenn entweder (und va.) das Beschäftigungsverhältnis beendet ist oder bei fortdauerndem Beschäftigungsverhältnis sich infolge einer länger andauernden Arbeitsunfähigkeit die Frage stellt, ob möglicherweise eine stufenweise Wiedereingliederung in die zuletzt ausgeübte Tätigkeit oder eine Arbeitsplatzumbesetzung innerhalb des Betriebs auf eine andere zumutbare (d. h. gleichartige) Tätigkeit möglich ist. Da nämlich die Krankengeldleistung allein eine Entgeltersatzfunktion hat, ist entscheidend, dass eine Arbeitsunfähigkeit dann nicht vorliegt, wenn der Versicherte zwar nicht seine ursprüngliche, aber eine andere, ähnliche bzw. gleichartige Tätigkeit ausüben kann. Denn dann bedarf es nicht der Inanspruchnahme der Versicher-

tengemeinschaft. Liegt eine Verweisungsmöglichkeit auf eine „gleichartige" Tätigkeit vor, entfällt demnach der Anspruch auf Krankengeld.

Die Bestimmung dieser **„Ersatztätigkeit"** kann im Einzelfall schwierig sein; Übereinstimmung besteht insofern, als man nicht von einer allgemeinen Verweisbarkeit ausgeht (*May,* SGb 1988, 477/479 ff; *Steinwedel,* SozVers 1988, 151/155), die Rspr. behilft sich stattdessen unverändert mit Fallgruppen. Dabei lässt sie sich von der Überlegung leiten, welche Bedingungen die bisherige Tätigkeit im Wesentlichen mitgeprägt haben und welche dieser Beschäftigung gleichgearteten Tätigkeiten für den Versicherten in Betracht kommen. Entscheidende Kriterien sind etwa der erledigte Aufgabenbereich, die Art der Verrichtung, die erforderlichen Kenntnisse, die körperliche und nervliche Belastung sowie die wirtschaftliche Gleichwertigkeit (vgl. H/N § 44 Rn. 53). Dabei ist der Maßstab relativ eng. Hat etwa der Versicherte einen bestimmten anerkannten Ausbildungsberuf ausgeübt, kommt eine Verweisung auf außerhalb dieses Berufs liegende Tätigkeiten nicht in Betracht (BSG SozR 3–2500, § 44 Nr. 9, 21/23). Jedenfalls muss eine wirtschaftliche Vergleichbarkeit gewährleistet werden, die bei einer Einkommensreduktion von ca. 10 % aber als gegeben angesehen wird (BSG SozR 3–2500, § 44 Nr. 9, 21/25). Weitgehend ohne Belang ist die konkrete Lage auf dem Arbeitsmarkt. Ausreichend ist, dass derartige gleichartige Arbeitsstellen in nennenswerter Zahl vorhanden sind, die täglich zumutbar erreicht werden können, ohne dass eine solche Stelle dem tatsächlich Arbeitsuchenden konkret offenstehen muss. Insofern verlagert sich das Risiko ggf. auf die Arbeitslosenversicherung. 11

Der **Bezieher von Arlg** ist arbeitsunfähig, wenn er aus gesundheitlichen Gründen der Arbeitsvermittlung nicht zur Verfügung steht (BSG SozR 3–2500, § 44 Nr. 10, 29/34; *Becker,* SozSich 2004, 134). Dies ist der Fall, wenn der gem. § 5 Abs. 1 Nr. 2 versicherte Arbeitslose aufgr. gesundheitlicher Einschränkungen nicht in der Lage ist, Arbeiten in einem zeitlichen Umfang zu verrichten, für den er sich der Arbeitsverwaltung zwecks Vermittlung zur Verfügung gestellt hat (BSG NJOZ 2006, 2800/2802) und die ihm zumutbar sind (BSG NZS 2007, 150/152). Anders ist dies dann, wenn der zahlbare Anspruch auf Krankengeld bereits während der durch eine Beschäftigung begründeten Versicherung entstanden ist. Dann bleibt nach dem zuvor Gesagten die während dieser früheren Beschäftigung verrichtete Tätigkeit maßgeblich. 12

Die Arbeitsunfähigkeit muss **nachgewiesen** sein. Ein Anspruch auf Krankengeld besteht also nicht, wenn sich mit den zu Gebot stehenden Ermittlungsmöglichkeiten nicht nachweisen lässt, dass der Versicherte aus Krankheitsgründen nicht in der Lage ist, seine Arbeit zu verrichten (BSG SozR 3–2200, § 182 Nr. 12 Rn. 21). Diesbezüglich sind gem. § 275 die KK verpflichtet, zur Sicherung des Behandlungserfolges und zur Beseitigung von Zweifelsfällen eine gutachterliche Stellungnahme des medizinischen Dienstes der KV einzuholen. In diesem Zusammenhang bewirkt nach der Rspr. des BSG die Arbeitsunfähigkeitsbescheinigung des Vertragsarztes keine Beweiserleichterung bei Bejahung der Arbeitsfähigkeit durch den medizinischen Dienst; der Arbeitsunfähigkeitsbescheinigung des Vertragsarztes kommt lediglich die Bedeutung einer ärztlich-gutachterlichen Stellungnahme zu, die die Grundlage für den über den Krankengeldanspruch zu erteilenden Verwaltungsakt der KK bildet (BSG SozR 2200, § 182 RVO Nr. 12 Rn. 21). Insofern räumt das Gesetz dem medizinischen Dienst im Streitfall einen Vorrang ein (BSG SozR 4–2500, § 44 Nr. 7 Rn. 27). 13

II. Stationäre Behandlung in einem Krankenhaus oder einer sonstigen Einrichtung

14 Neben die Arbeitsunfähigkeit als Auslöser für einen Anspruch auf Krankengeld kann alternativ auch eine **stationäre Behandlung** in einem Krankenhaus oder in einer Vorsorge- oder Rehabilitationseinrichtung treten, Abs. 1 S. 1. Auch in diesen Fällen des Versicherungsfalls dient die Gewährung des Krankengelds durch die KK der wirtschaftlichen Absicherung des Versicherten. Dieser Versicherungsfall ist unabhängig von der ersten Tatbestandsvariante zu sehen. Voraussetzung ist also nicht, dass zusätzlich Arbeitsunfähigkeit gegeben ist. Im Ergebnis enthält Abs. 1 S. 1 2. Alt. einen eigenständigen Begründungstatbestand, dem zufolge für einen Anspruch allein die stationäre Behandlung in einer der genannten Einrichtungen genügt. Letztlich steht dahinter die Vorstellung einer unwiderleglichen Vermutung, dass nämlich die Durchführung der stationären Behandlung die Ausübung der Erwerbstätigkeit unzumutbar werden lässt (so *Berchtold,* Beck-OK § 44 Rn. 35).

15 Voraussetzung ist zum einen, dass eine **stationäre** Behandlung erfolgt, ambulante Heilbehandlungen reichen insofern nicht aus. Aufgr. des Wortlauts des § 39 genügt jede Form der stationären Behandlung, also die voll- wie die teilstationäre genauso wie die vor- und nachstationäre Behandlung. Wenn das Gesetz verlangt, die Behandlung müsse „auf Kosten der KK" erfolgen, liegt es aus systematischen Gründen nahe, dass auch ein tatsächlicher Rechtsanspruch auf die Behandlung bestehen muss (wie hier *Höfler,* KK, § 44 Rn. 23 a; *Kummer,* HS-KV, § 23 Rn. 23; aA. *Schmidt,* Peters KV § 44 Rn. 40). Zum anderen ist erforderlich, dass die Behandlung entweder in einem **Krankenhaus** oder in einer der **in Abs. 1 S. 1 genannten Einrichtungen** erfolgt. Inhaltlich geht es also um medizinische Vorsorgeleistungen, Vorsorgeleistungen für Mütter und medizinische Rehabilitationsleistungen (für Mütter).

D. Rechtsfolge: Anspruch auf Krankengeld

16 Liegen die genannten Voraussetzungen vor (zum besonderen Versicherungsfall der Erkrankung eines Kindes s. § 45), hat der Versicherte Anspruch auf Krankengeld. Diese Lohnersatzleistung bildet eine wenn auch nicht zahlungstechnisch, so doch systematisch **zentrale Leistungsvorschrift** des Krankenversicherungsrechts (H/N, § 44 Rn. 9). Das von den Kassen zu gewährende Krankengeld hat die maßgebliche, schon angesprochene Ausgleichsfunktion (s. Rn. 1), sofern nicht die vorrangigen (vgl. Abs. 3) Regelungen der arbeitsrechtlichen Entgeltfortzahlung eingreifen („Entgeltersatzfunktion des Krankengeldes", BSG NZS 2003, 429/431). Dabei muss diese Funktion richtig eingeordnet werden. Sie wird von der Rspr. nicht so weitgehend verstanden, dass für die Anspruchsentstehung zwingend ein konkret entgehender Lohn nachzuweisen ist (zur Anspruchshöhe s. § 47), doch wird sie als Kriterium in Zweifelsfällen herangezogen (s. va. BSG NZS 2002, 88; *Höfler,* KK, § 44 Rn. 2). Gem. § 19 Abs. 2 kann in Ausnahmefällen der Anspruch auf Krankengeld zeitlich begrenzt auch noch nach dem Mitgliedschaftsende Versicherungspflichtiger bestehen. Der nachgehende Anspruch endet jedoch jedenfalls mit Aufnahme einer Erwerbstätigkeit oder mit einer anderen vorrangigen Versicherung.

17 Der Anspruch entsteht auch in dem **Zeitraum,** in dem nur deshalb noch kein Anspruch auf Entgeltfortzahlung entstanden ist, weil insofern die vierwöchige

Wartezeit des § 3 Abs. 3 EFZG noch nicht erfüllt ist. Das bedeutet, ein Anspruch auf Krankengeld kann auch bereits in den ersten vier Wochen eines Arbeitsverhältnisses entstehen; gem. Abs. 3 endet er jedoch, sobald der Entgeltfortzahlungsanspruch gegen den Arbeitgeber entsteht. Insofern sind beide Ansprüche auch in dieser Hinsicht deutlich voneinander zu trennen. Liegt eine der beiden genannten Versicherungsfälle vor, so entsteht der Anspruch auf das Krankengeld gleichermaßen, die Höhe bemisst sich dann nach den folgenden Vorschriften.

E. Der Anspruch für freiwillig Versicherte, Abs. 2

Jede KK kann in ihrer Satzung bestimmen, dass (alle oder nur ein Teil der) freiwillig Versicherte(n) keinen oder nur einen eingeschränkten Anspruch auf Krankengeld haben sollen, Abs. 2 (vgl. hierzu insgesamt *Biehl,* SGb 2004, 678). Verfassungsrechtlich ist diese Ungleichbehandlung von der höchsten Rspr. durchweg gebilligt worden, dies gilt gleichermaßen im Hinblick auf Art. 14 GG (BSG NZS 1994, 176/178). Die Einschränkungsmöglichkeit ist allerdings auf diese Leistung beschränkt, sie ist nicht analogiefähig (BSG SozR 3–2500, § 47 Nr. 3, 2/7). Voraussetzung für eine zulässige Beschränkung des Anspruchs ist ein ordnungsgemäßer Satzungsbeschluss (näher hierzu *Berchtold,* Beck-OK, § 44 Rn. 7 ff.). Inhaltlich ist eine Beschränkung entsprechend dem eindeutigen Wortlaut der Vorschrift nur zulässig in zwei Richtungen: Es darf nur ein vollständiger Ausschluss oder ein späterer Beginn der Zahlung festgesetzt werden. In dem Zeitpunkt vor der Entstehung eines Anspruchs besteht dann nach zutreffender Ansicht des BSG kein Anwartschaftsrecht (BSG SozR 4–2500, § 19 Nr. 2, 2; aA. *Berchtold,* Beck-OK, § 44 Rn. 15; zur späteren Satzungsänderung BSG ZfS 2007, 116). **18**

F. Verhältnis zur Entgeltfortzahlung, Abs. 3

Abs. 3 enthält keine eigenständige materielle Regelung, sondern ist **deklaratorischer Natur:** Er informiert den versicherten Arbeitnehmer, dass er zunächst Anspruch auf Entgeltfortzahlung gem. den Bestimmungen des EFZG hat. Zusammen mit der Regelung in § 49 wird damit deutlich, dass dieser Anspruch vorrangig ist. Solange der Arbeitgeber Entgeltleistungen erbringt, ruht der Anspruch auf Krankengeld. Zahlt der Arbeitgeber aber nicht, entsteht ein Anspruch des Versicherten auf Krankengeld. Denn § 49 führt nur bei tatsächlich erhaltener Leistung zu einem Ruhen. In diesem Fall geht jedoch der Anspruch des versicherten Arbeitnehmers auf Entgeltfortzahlung gem. § 115 SGB X auf die KK im Wege der *cessio legis* über. **19**

G. Neuregelung ab 1. 1. 2009

§ 44 wird mit Wirkung vom 1. 1. 2009 **vollständig neu gefasst;** inhaltlich handelt es sich jedoch nur um eine Ergänzung. Abs. 1 S. 2 wird aufgehoben und nunmehr als Abs. 2 Nr. 1 geführt. Dieser Nr. 1 werden noch weitere Nummern angefügt. Die dort genannten Versicherten haben ebenfalls keinen Anspruch auf Krankengeld, bei ihnen kann das Krankengeld seine eigentliche Funktion ebenfalls nicht erfüllen. So werden auch nach Abs. 2 Nr. 2 hauptberuflich Selbstständige keinen Anspruch haben; Gleiches gilt für Versicherte, die eine Rente beziehen (Nr. 4) sowie Versicherte nach § 5 Abs. 1 Nr. 1, die schon keinen Anspruch auf Entgeltfortzahlung haben. **20**

§ 45 Krankengeld bei Erkrankung des Kindes

(1) [1]Versicherte haben Anspruch auf Krankengeld, wenn es nach ärztlichem Zeugnis erforderlich ist, dass sie zur Beaufsichtigung, Betreuung oder Pflege ihres erkrankten und versicherten Kindes der Arbeit fernbleiben, eine andere in ihrem Haushalt lebende Person das Kind nicht beaufsichtigen, betreuen oder pflegen kann und das Kind das zwölfte Lebensjahr noch nicht vollendet hat oder behindert und auf Hilfe angewiesen ist. [2]§ 10 Abs. 4 und § 44 Abs. 1 S. 2 gelten.

(2) [1]Anspruch auf Krankengeld nach Abs. 1 besteht in jedem Kalenderjahr für jedes Kind längstens für 10 Arbeitstage, für alleinerziehende Versicherte längstens für 20 Arbeitstage. [2]Der Anspruch nach Satz 1 besteht für Versicherte für nicht mehr als 25 Arbeitstage, für alleinerziehende Versicherte für nicht mehr als 50 Arbeitstage je Kalenderjahr.

(3) [1]Versicherte mit Anspruch auf Krankengeld nach Absatz 1 haben für die Dauer dieses Anspruchs gegen ihren Arbeitgeber Anspruch auf unbezahlte Freistellung von der Arbeitsleistung, soweit nicht aus dem gleichen Grund Anspruch auf bezahlte Freistellung besteht. [1]Wird der Freistellungsanspruch nach Satz 1 geltend gemacht, bevor die Krankenkasse ihre Leistungsverpflichtung nach Absatz 1 anerkannt hat, und sind die Voraussetzungen dafür nicht erfüllt, ist der Arbeitgeber berechtigt, die gewährte Freistellung von der Arbeitsleistung auf einen späteren Freistellungsanspruch zur Beaufsichtigung, Betreuung oder Pflege eines erkrankten Kindes anzurechnen. [3]Der Freistellungsanspruch nach Satz 1 kann nicht durch Vertrag ausgeschlossen oder beschränkt werden.

(4) [1]Versicherte haben ferner Anspruch auf Krankengeld, wenn sie zur Beaufsichtigung, Betreuung oder Pflege ihre erkrankten und versicherten Kindes der Arbeit fernbleiben, sofern das Kind das zwölfte Lebensjahr noch nicht vollendet hat oder behindert und auf Hilfe angewiesen ist und nach ärztlichem Zeugnis an einer Erkrankung leidet,

a) die progredient verläuft und bereits ein weit fortgeschrittenes Stadium erreicht hat,

b) bei der eine Heilung ausgeschlossen und eine palliativ-medizinische Behandlung notwendig oder von einem Elternteil erwünscht ist und

c) die lediglich eine begrenzte Lebenserwartung von Wochen oder wenigen Monaten erwarten lässt.

[2]Der Anspruch besteht nur für ein Elternteil. [3]Absatz 1 Satz 2 und Absatz 3 gelten entsprechend.

(5) Anspruch auf unbezahlte Freistellung nach den Absätzen 3 und 4 haben auch Arbeitnehmer, die nicht Versicherte mit Anspruch auf Krankengeld nach Absatz 1 sind.

Schrifttum: *E. Kießling/M. Jünemann,* Dienstbefreiung, Entgeltfortzahlung und Kündigung bei der Erkrankung von Kindern, DB 2005, 1684; *W. Kleinebrink,* Der Freistellungs- und Vergütungsanspruch des Arbeitnehmers bei Erkrankung des Kindes nach dem SGB V, ArbRB 2006, 303; *M. Löwisch,* Zum Anspruch auf bezahlte Arbeitsbefreiung bei Erkrankung eines Kindes, DB 1979, 209; *M. Schulz/E. Kießling,* Entgeltfortzahlung bei Erkrankung von Kindern von Arbeitnehmern, DB 2006, 838; *S. Wendt,* Wer pflegt mein krankes Kind?, dbr 2006, Nr. 7, 14.

§ 45

A. Überblick

Die Bestimmung in § 45 stellt inhaltlich zum einen eine **Ergänzung** zu § 44 dar. Sie enthält eine zusätzliche Voraussetzung, bei deren Vorliegen ein Anspruch auf Krankengeld entsteht. Auch hier steht die Entgeltersatzfunktion im Vordergrund. Diese dritte Möglichkeit ist geknüpft an die Erkrankung nicht des Versicherten selbst, sondern seines Kindes, das zu pflegen ist. Zum anderen enthält die Norm – inhaltlich eng damit verbunden (s. schon BSG SozR 2200, § 185 c RVO Nr. 2, 1/3; BSG NZS 1999, 29) – als arbeitsrechtliche Regelung einen besonderen Freistellungsanspruch in Abs. 3 und 5.

B. Anspruch auf Pflegekrankengeld, Abs. 1, 2

Der erste Regelungsinhalt der Vorschrift erstreckt sich auf das sog. „Pflegekrankengeld". Berechtigt ist vom Wortlaut her jeder **„Versicherte".** Aufgr. des Verweises in Abs. 1 S. 2 auf die parallele Vorschrift in § 44 sind jedoch die dort genannten Versicherten auch hier ausgenommen. Nach Ansicht der Rspr. ist darüber hinaus die Bestimmung des § 44 Abs. 2 mit hineinzulesen. Da § 45 lediglich allgemein den Krankengeldanspruch (bzw. eine bestimmte Voraussetzung hierzu) regelt, kann für freiwillig Versicherte auch das Pflegekrankengeld durch die Satzung der KK ausgeschlossen oder beschränkt werden (BSG NZS 1995, 363/365; ebenso *Höfler*, KK, § 44 Rn. 3). In zeitlicher Hinsicht gilt wie in § 44 (vgl. § 44 Rn. 3) auch hier das Erfordernis der Gleichzeitigkeit. Anspruchsberechtigt kann nur sein, wer zum Zeitpunkt des Versicherungsfalls, also des Fernbleibens von der Arbeit (BSG SozR 2200, § 185 c RVO Nr. 2, 1/2), Mitglied der KK ist. Für Bezieher von Leistungen nach dem SGB III gilt idR. vorrangig die Ruhensvorschrift nach § 49 Abs. 1 Nr. 3 bzw. 3 a, so dass zwar ein Anspruch auf Pflegekrankengeld grundsätzlich gegeben sein kann, sich *de facto* aber nicht realisiert.

Entscheidende Anspruchsvoraussetzung ist die Erkrankung eines von der Vorschrift erfassten **Kindes.** Erforderlich ist zunächst, dass das erkrankte Kind selbst versichert ist. In Betracht kommt eine Familienversicherung gem. § 10 Abs. 4 ebenso wie eine eigenständige Versicherung, etwa als Waisenrentner. Der Kindesbegriff ist nicht beschränkt auf leibliche Kinder. Der Verweis auf § 10 Abs. 4 stellt ausdrücklich klar, dass daneben auch Stiefkinder bzw. Enkel, die überwiegend von dem den Anspruch geltend machenden Versicherten unterhalten werden, sowie Pflegekinder nach § 56 Abs. 2 Nr. 2 SGB I erfasst sind. Das Kind darf zudem nicht das zwölfte Lebensjahr vollendet haben. Alternativ ist auch ein Kind erfasst, das zwar älter, aber hilfebedürftig behindert ist. Schließlich muss das Kind im Haushalt des Versicherten leben.

Weitere Voraussetzung für das Entstehen eines Anspruchs auf Krankengeld zugunsten des Versicherten ist, dass das Kind **krank** ist, wodurch eine Beaufsichtigung, Betreuung oder Pflege **erforderlich** ist. Es gilt der Krankheitsbegriff des SGB. Die Krankheit muss, im Sinne einer Kausalität, zudem zu der Notwendigkeit der Beaufsichtigung etc. geführt haben. Erfasst sind von diesem, inhaltlich kaum im Einzelnen zu trennenden Dreiklang jede erforderliche Fürsorge und Versorgung, der Schutz vor Gefahren und die Krankenpflege und sonstige Maßnahmen für das Wohlergehen des Kindes (*Höfler*, KK, § 45 Rn. 10). Hierzu gehört etwa auch die Fahrt zu einem Arzt (*Hochscheid*, J/J § 45 Rn. 10). Die Erforderlichkeit hinsichtlich der Beaufsichtigung, Betreuung bzw. Pflege muss durch ein **ärztliches Zeugnis** festgestellt sein. Der Arzt muss also nicht nur die Erkrankung des Kindes bescheinigen, sondern darüber hinaus auch noch feststellen, dass es wegen der Erkrankung der Betreuung etc. bedarf. Rechtlich gesehen handelt es sich bei der ärztlichen Bescheinigung, dies macht der Wortlaut deutlich, um eine Anspruchsvoraussetzung (*Berchtold,* Beck-OK § 45 Rn. 17). Negativ verlangt Abs. 1 zusätzlich, dass die bescheinigte erforderliche Beaufsichtigung nicht durch eine im Haushalt lebende Person gewährleistet werden kann. Wer dies ist, ist hier gleich wie in § 37 zu verstehen, insb. Verwandtschaft ist also nicht erforderlich.

5 Zur Anspruchsentstehung ist schließlich erforderlich, dass der Versicherte der Arbeit fernbleibt. Auch hier muss Kausalität bestehen, d. h. Krankheit und Betreuungsnotwendigkeit müssen das **Fernbleiben** verursachen.

6 Sind die Voraussetzungen gegeben, hat der Versicherte **Anspruch auf Krankengeld**. Es gelten grundsätzlich die allgemeinen Bestimmungen zum Krankengeld entsprechend (BSG NZS 1995, 363/364 f.). Ein inhaltlicher Unterschied besteht nur insofern, als das Pflegekrankengeld nach zutreffender Ansicht der Rspr. nicht nach Kalender-, sondern Arbeitstagen gewährt und berechnet wird. Hier wird die Funktion des Anspruchs deutlich, der nur die Krankheit des Kindes ausgleichen soll. Der Anspruch wird daher nur für die Tage gewährt, an denen der Versicherte auch tatsächlich gearbeitet hätte, daran aber durch die Erkrankung des Kindes verhindert war (BSG SozR 2200, § 185 c RVO Nr. 2, 1/3; *Vay,* Krauskopf, § 45 Rn. 13; *Schulz/Kießling,* DB 2006, 839). Der Anspruch **entsteht** mit dem ersten Tag des Fernbleibens. Ohne Karenztag ist das Krankengeld nach § 45 also von dem Tag an zu leisten, an dem die Notwendigkeit der Betreuung etc. durch die Krankheit des Kindes vorliegt und bescheinigt wird. Neben dem schon angesprochenen **Ruhen** des Anspruchs an Tagen, an denen der Versicherte ohnehin nicht gearbeitet hätte, kann der Anspruch auch nach der allgemeinen Vorschrift des § 49 zum Ruhen kommen, doch wird diese Vorschrift beim Pflegekrankengeld in praxi kaum zur Anwendung kommen. Die **Dauer** des Anspruchs richtet sich zum einen nach der Dauer der Erkrankung. Zum anderen ist in § 45 Abs. 2 zusätzlich eine Höchstdauer sowohl im Hinblick auf das erkrankte Kind als auch auf den Versicherten vorgesehen. Der Anspruch ist zusätzlich gestaffelt danach, in welcher Erziehungssituation sich der Versicherte befindet. Pro Kalenderjahr besteht ein Anspruch auf maximal zehn Arbeitstage für ein Kind. Ist der Versicherte alleinerziehend, verdoppelt sich die Dauer. Die zweite Komponente der Höchstdauer bezieht sich auf den Versicherten selbst, der maximal 25 Tage Pflegekrankengeld in Anspruch nehmen kann, auch hier erfolgt für alleinerziehende Versicherte eine Verdoppelung. **Alleinerziehend** im Sinne dieser Vorschrift sind alleinstehende Väter oder Mütter, die mit ihrem Kind, für das ihnen das Personensorgerecht zusteht, in einem Haushalt leben. Maßgebend ist diesbezüglich das alleinige Personensorgerecht nach § 1631 BGB (BSG, SozR 4-2500, § 45 Nr. 2 Rn. 13; *Vay,* Krauskopf, § 45 Rn. 16; H/N § 45 Rn. 15 b). Nicht „alleinerziehend" ist daher, wer mit einem Kind nicht in häuslicher Gemeinschaft lebt oder auch das Personensorgerecht innehat. Schon die historische Auslegung und der deutlich formulierte Wille des Gesetzgebers zeigen, dass grundsätzlich das alleinige Recht der Personensorge als das für die Auslegung des Begriffs „alleinerziehend" maßgebliche Kriterium anzusehen ist (BSG, SozR 4-2500, § 45 Nr. 2 Rn. 13).

7 Ausnahmsweise ist die Dauer des Krankengeldanspruchs nach Abs. 4 **unbefristet,** wenn bei dem Kind eine schwere und unheilbare Erkrankung vorliegt. In diesen Fällen tritt neben dem befristeten Anspruch aus Abs. 1, 2 für ein Elternteil ein eigenständiger, nicht befristeter Anspruch. Die in Abs. 4 genannten Vorausset-

C. Der arbeitsrechtliche Freistellungsanspruch, Abs. 3, 5

Neben dem Anspruch auf Pflegekrankengeld tritt ergänzend ein **arbeitsrecht-** 8
licher Anspruch auf unbezahlte Freistellung von der Arbeitspflicht hinzu
(BSG NZS 1999, 29). Dieser Anspruch ist (tarif- wie individual-)vertraglich nicht
abdingbar (Abs. 1 S. 3) und tritt neben andere Ansprüche, die eine bezahlte Freistellung vorsehen und damit inhaltlich weiter reichen und vorgehen. Zu denken ist
insb. an den Anspruch aus § 616 BGB, der tatbestandlich auf die Pflege eines erkrankten Kindes anwendbar ist (vgl. etwa BAG AP Nr. 49 zu § 616 BGB; *Löwisch,*
DB 1979, 209), jedoch nur wesentlich kürzer besteht und zudem abdingbar ist (vgl.
hierzu eingehend *Joussen,* Beck-OK ArbR § 616 BGB Rn. 13 ff.). Der Versicherte
soll auf diese Weise davor bewahrt werden, dass er durch die sozialversicherungsrechtlich abgesicherte Pflegeleistung arbeitsvertraglich eine Pflichtverletzung begeht – die Vorschrift dient somit der Harmonisierung beider Rechtsgebiete.

Da der **Freistellungsanspruch** an dieser Stelle mit dem sozialversicherungs- 9
rechtlichen Anspruch verbunden ist, muss der Versicherte einen Anspruch auf
Krankengeld nach Abs. 1 haben, dessen Voraussetzungen müssen also vorliegen.
Zudem darf der Versicherte keinen Anspruch auf Entgeltfortzahlung haben, insofern ist die unbezahlte Freistellung nachrangig – dies ergibt sich insb. auch aus der
Zusammenschau mit der Ruhensvorschrift des § 49 Abs. 1 Nr. 1. Eine besondere
Regelung trifft Abs. 3 S. 2 für den Fall, dass der Arbeitgeber eine vorzeitige Freistellung gewährt hat, ohne dass die KK ihrerseits den Anspruch auf Krankengeld
festgestellt hat. Lehnt sie in der Folge berechtigt einen entsprechenden Anspruch
ab, kann der in Vorleistung getretene Arbeitgeber dann eine später zu gewährende
unbezahlte Freistellung anrechnen.

Abs. 5 enthält eine noch **weitergehende Regelung** zur unbezahlten Freistel- 10
lung und dehnt den Anspruch auch auf Arbeitnehmer aus, die nicht Mitglied der
GKV sind bzw. keinen Anspruch auf Krankengeld haben. Inhaltlich entkoppelt
diese Vorschrift den Anspruch auf Freistellung von den beiden Voraussetzungen
Mitgliedschaft in der KK und Anspruch auf Krankengeld: Es haben somit alle Arbeitnehmer gleichermaßen den Anspruch auf Freistellung für die Zeit, die zur
Pflege bzw. Betreuung eines erkrankten Kindes erforderlich ist. Ziel war die
Gleichstellung aller Arbeitnehmer (BT-Drs. 14/9585, 4; s. auch *Kleinebrink,*
ArbRB 2006, 303). Rechtstechnisch wird auf diese Weise § 275 Abs. 3 BGB verdrängt (*Rolfs,* ErfK, § 45 SGB V, Rn. 9; s. jedoch auch *Schulz/Kießling,* DB 2006,
838). Nunmehr greift aber ohnehin das PflegeZG (vgl. *Joussen,* Beck-OK ArbR,
§ 3 PflegeZG, Rn. 1).

[Fassung § 46 bis 31. 12. 2008:]

§ 46 Entstehen des Anspruchs auf Krankengeld

¹Der Anspruch auf Krankengeld entsteht
1. **bei Krankenhausbehandlung oder Behandlung in einer Vorsorge- oder Rehabilitationseinrichtung (§ 23 Abs. 4, §§ 24, 40 Abs. 2 und § 41) von ihrem Beginn an,**
2. **im übrigen von dem Tag an, der auf den Tag der ärztlichen Feststellung der Arbeitsunfähigkeit folgt.**

²Für die nach dem Künstlersozialversicherungsgesetz Versicherten entsteht der Anspruch auf Krankengeld von der siebten Woche der Arbeitsunfähigkeit an. ³Der Anspruch auf Krankengeld für die in Satz 2 genannten Versicherten entsteht bereits vor der siebten Woche der Arbeitsunfähigkeit zu dem von der Satzung bestimmten Zeitpunkt, spätestens jedoch mit Beginn der dritten Woche der Arbeitsunfähigkeit, wenn der Versicherte gegenüber der Künstlersozialkasse eine entsprechende Erklärung abgibt und solange diese Erklärung nicht widerrufen wird. ⁴Die Erklärung kann nur mit Wirkung vom Beginn eines auf ihren Eingang folgenden Kalendermonats an abgegeben und nur zum Ende eines Kalendermonats widerrufen werden. ⁵Leistungen nach Satz 3 sind nicht für Versicherungsfälle zu erbringen, die vor dem Eingang der Erklärung bei der Künstlersozialkasse eingetreten sind.

[Fassung § 46 ab 1. 1. 2009:]

§ 46 Entstehen des Anspruchs auf Krankengeld

Satz 1, 2 (wie oben)

Satz 3: Der Anspruch auf Krankengeld für die in Satz 2 genannten Versicherten entsteht bereits vor der siebten Woche der Arbeitsunfähigkeit zu dem von der Satzung bestimmten Zeitpunkt, spätestens jedoch mit Beginn der dritten Woche der Arbeitsunfähigkeit, wenn der Versicherte bei seiner Krankenkasse einen Tarif nach § 53 Abs. 6 gewählt hat.

Schrifttum: S. § 44.

A. Überblick

1   § 46 enthält in **zwei Teilen** Regelungen zum Entstehen des Krankengeldanspruchs; S. 1 betrifft allgemein den Entstehungstatbestand, die Sätze 2 und 3 beziehen sich auf den Sonderfall der Versicherung in der Künstlersozialkasse. Ziel der Vorschrift ist va., Rechtssicherheit zu erreichen und Missbräuche zu verhindern, insb. durch eine rückwirkende Feststellung der Arbeitsunfähigkeit (BSG SozR 3–2500, § 44 Nr. 10, 29/34).

B. Entstehen des Anspruchs

2   S. 1 der Vorschrift regelt allgemein die Entstehung des Anspruchs. In **Abgrenzung zu § 44** regelt § 46 den Zeitpunkt, von dem an die Zahlungsanspruch selbst gegen die KK entsteht. Dieser wird abhängig davon bestimmt, welche der in § 44 aufgeführten Voraussetzungen zum Anspruch führen: die stationäre Behandlung einerseits oder die zur Arbeitsunfähigkeit führende Erkrankung andererseits. Für freiwillig Versicherte kann hier durch die Satzung Abweichendes bestimmt werden, vgl. § 44 Abs. 2.

3   Nach der ersten Alternative in S. 1 entsteht der Anspruch im Falle einer **stationären Behandlung** vom Beginn der Behandlung in einem Krankenhaus (§ 39) oder einer Vorsorge- oder Rehabilitationseinrichtung an (§ 23 Abs. 4, §§ 24, 40 Abs. 2, § 41). Dies gilt unabhängig davon, ob eine voll- oder teilstationäre Behandlung erfolgt.

4   Anders als bei der stationären Behandlung ordnet S. 1 Nr. 2 einen späteren Beginn des Anspruchs auf Krankengeld an. Hier ist eine Wartefrist von einem Tag angesetzt, der Anspruch entsteht also nicht bereits mit der **Arbeitsunfähigkeit**, sondern erst nach einer Karenzzeit von einem Tag nach der Feststellung der Ar-

beitsunfähigkeit durch einen Arzt (zum Arztbegriff *Berchtold,* Krankengeld Rn. 481; auch ausländische Ärzte, BSG SozR 3–2200, § 182 RVO Nr. 12). Auf diese Weise wird die Feststellung der Arbeitsunfähigkeit zum zentralen Auslöser des Anspruchs selbst, die ärztliche Feststellung ist eine besondere Entstehensvoraussetzung des ersten Anspruchs auf Krankengeld (BSG SozR 3–2500, § 44 Nr. 10; zur ärztlichen Feststellung und ihrer Funktion *Berchtold,* BeckOK, § 46 Rn. 13 ff.). Hierzu genügt es, dass der Arzt in einem formlosen Verfahren die Erkrankung feststellt und dass der Versicherte aufgr.dessen weder seine letzte noch eine ähnliche bzw. gleichgeartete Arbeit verrichten kann (BSG SozR 2200, § 182 RVO Nr. 12 Rn. 12; *Hochscheid,* J/J, § 46 Rn. 6). Im Ergebnis kommt es somit nicht auf den Beginn der Krankheit oder den „wirklichen" Beginn der Arbeitsunfähigkeit an, sondern allein auf die ärztliche Feststellung der Arbeitsunfähigkeit (BSG 16. 12. 2003 B 1 KR 24/02 nv.; zur Frage, wann Arbeitsunfähigkeit einen unbeschränkten oder einen beschränkten (nachgehenden) Anspruch auf Krankengeld auslöst BSG NZS 2001, 429).

C. Besonderheiten für Versicherte in der KSK

Für Versicherte nach dem KSVG enthalten § 46 S. 2 und 3 **Besonderheiten** 5 hinsichtlich des Entstehens des Anspruchs auf Krankengeld. Sie sind selbstständig, sodass sie keinen arbeitsrechtlichen Anspruch auf Entgeltfortzahlung haben. § 46 stellt nun fiktiv eine vergleichbare Situation her, indem er den Anspruch auf Krankengeld für diese Gruppe erst nach einer Karenzzeit von sechs Wochen entstehen lässt, also grundsätzlich erst von der siebten Woche der Arbeitsunfähigkeit an. Arbeitsunfähigkeit im Sinne dieser Vorschrift ist nach Ansicht der Rspr. weit zu verstehen. Sie umfasst beide Tatbestandsvarianten des § 44, also sowohl die Arbeitsunfähigkeit als auch die ebenfalls zu einem Anspruch auf Krankengeld führende stationäre Behandlung (BSG NZS 1995, 363/364; zustimmend *Höfler,* KK, § 46 Rn. 10). Ausnahmsweise kann der Anspruch auf Krankengeld auch schon vor Ablauf der sechswöchigen Karenzzeit entstehen, nämlich dann, wenn die Satzung der KK einen früheren Beginn festlegt und der Versicherte gegenüber der KSK eine entsprechende Erklärung abgibt. S. 4 und 5 regeln die näheren Einzelheiten, die aus dem Zusammenspiel von Erklärung und Wirkung der Erklärung bedeutsam werden können.

Nach der vom 1. 1. 2009 an geltenden Regelung entsteht der Anspruch des Versicherten dann schon vor Ablauf der Karenzzeit, wenn eine entsprechende Satzungsregelung besteht und der Versicherte bei seiner Versicherung einen Tarif nach § 53 Abs. 6 gewählt hat. In diesem Fall muss jedoch die Kasse zugleich auch entsprechend dieser Leistungserweiterung zugunsten des Mitglieds eigene Prämienleistungen vorsehen.

§ 47 Höhe und Berechnung des Krankengeldes

(1) **¹Das Krankengeld beträgt 70 vom Hundert des erzielten regelmäßigen Arbeitsentgelts und Arbeitseinkommens, soweit es der Beitragsberechnung unterliegt (Regelentgelt). ²Das aus dem Arbeitsentgelt berechnete Krankengeld darf 90 vom Hundert des bei entsprechender Anwendung des Absatzes 2 berechneten Nettoarbeitsentgelts nicht übersteigen. ³Für die Berechnung des Nettoarbeitsentgelts nach Satz 2 ist der sich aus dem kalendertäglichen Hinzurechnungsbetrag nach Absatz 2 Satz 6 ergebende Anteil am Nettoarbeitsentgelt mit dem**

§ 47 Höhe und Berechnung des Krankengeldes

Vomhundertsatz anzusetzen, der sich aus dem Verhältnis des kalendertäglichen Regelentgeltbetrages nach Absatz 2 Satz 1 bis 5 zu dem sich aus diesem Regelentgeltbetrag ergebenden Nettoarbeitsentgelt ergibt. [4]Das nach Satz 1 bis 3 berechnete kalendertägliche Krankengeld darf das sich aus dem Arbeitsentgelt nach Absatz 2 Satz 1 bis 5 ergebende kalendertägliche Nettoarbeitsentgelt nicht übersteigen. [5]Das Regelentgelt wird nach den Absätzen 2, 4, und 6 berechnet. [6]Das Krankengeld wird für Kalendertage gezahlt. [7]Ist es für einen ganzen Kalendermonat zu zahlen, ist dieser mit dreißig Tagen anzusetzen. Bei der Berechnung des Regelentgelts nach Satz 1 und des Nettoarbeitsentgelts nach den Sätzen 2 und 4 sind die für die jeweilige Beitragsbemessung und Beitragstragung geltenden Besonderheiten der Gleitzone nach § 20 Abs. 2 des Vierten Buches nicht zu berücksichtigen.

(2) [1]Für die Berechnung des Regelentgelts ist das vom Versicherten im letzten vor Beginn der Arbeitsunfähigkeit abgerechneten Entgeltabrechnungszeitraum, mindestens das während der letzten abgerechneten vier Wochen (Bemessungszeitraum) erzielte und um einmalig gezahltes Arbeitsentgelt verminderte Arbeitsentgelt durch die Zahl der Stunden zu teilen, für die es gezahlt wurde. [2]Das Ergebnis ist mit der Zahl der sich aus dem Inhalt des Arbeitsverhältnisses ergebenden regelmäßigen wöchentlichen Arbeitsstunden zu vervielfachen und durch sieben zu teilen. [3]Ist das Arbeitsentgelt nach Monaten bemessen oder ist eine Berechnung des Regelentgelts nach den Sätzen 1 und 2 nicht möglich, gilt der dreißigste Teil des im letzten vor Beginn der Arbeitsunfähigkeit abgerechneten Kalendermonat erzielten und um einmalig gezahltes Arbeitsentgelt verminderten Arbeitsentgelts als Regelentgelt. [4]Wenn mit einer Arbeitsleistung Arbeitsentgelt erzielt wird, das für Zeiten einer Freistellung vor oder nach dieser Arbeitsleistung fällig wird (Wertguthaben nach § 7 Abs. 1a des Vierten Buches), ist für die Berechnung des Regelentgelts das im Bemessungszeitraum der Beitragsberechnung zugrunde liegende und um einmalig gezahltes Arbeitsentgelt verminderte Arbeitsentgelt maßgebend; Wertguthaben, die nicht gemäß einer Vereinbarung über flexible Arbeitszeitregelungen verwendet werden (§ 23b Abs. 2 des Vierten Buches), bleiben außer Betracht. [5]Bei der Anwendung des Satzes 1 gilt als regelmäßige wöchentliche Arbeitszeit die Arbeitszeit, die dem gezahlten Arbeitsentgelt entspricht. [6]Für die Berechnung des Regelentgelts ist der dreihundertsechzigste Teil des einmalig gezahlten Arbeitsentgelts, das in den letzten zwölf Kalendermonaten vor Beginn der Arbeitsunfähigkeit nach § 23a des Vierten Buches der Beitragsberechnung zugrunde gelegen hat, dem nach Satz 1 bis 5 berechneten Arbeitsentgelt hinzuzurechnen.

(3) Die Satzung kann bei nicht kontinuierlicher Arbeitsverrichtung und -vergütung abweichende Bestimmungen zur Zahlung und Berechnung des Krankengeldes vorsehen, die sicherstellen, dass das Krankengeld seine Entgeltersatzfunktion erfüllt.

(4) [1]Für Seeleute gelten als Regelentgelt die beitragspflichtigen Einnahmen nach § 233 Abs. 1. [2]Für Versicherte, die nicht Arbeitnehmer sind, gilt als Regelentgelt der kalendertägliche Betrag, der zuletzt vor Beginn der Arbeitsunfähigkeit für die Beitragsbemessung aus Arbeitseinkommen maßgeblich war. [3]Für nach dem Künstlersozialversicherungsgesetz Versicherte ist das Regelentgelt aus dem Arbeitseinkommen zu berechnen, das der Beitragsbemessung für die letzten zwölf Kalendermonate vor Beginn der Arbeitsunfähigkeit zugrunde gelegen hat; dabei ist für den Kalendertag der dreihundertsechzigste Teil dieses Betrages anzusetzen. [4]Die Zahl dreihundertsechzig ist um die Zahl der Kalendertage zu vermindern, in denen eine Versicherungspflicht nach dem Künstler-

sozialversicherungsgesetz nicht bestand oder für die nach § 234 Abs. 1 Satz 3 Arbeitseinkommen nicht zugrunde zu legen ist. ⁵Die Beträge nach § 226 Abs. 1 Nr. 2 und 3 bleiben außer Betracht.

(5) (aufgehoben)

(6) **Das Regelentgelt wird bis zur Höhe des Betrages der kalendertäglichen Beitragsbemessungsgrenze berücksichtigt.**

Schrifttum: *J. Sinnigen,* Versicherungs-, beitrags- und melderechtliche Aspekte bei Bezug von Krankengeld, SF-Medien Nr. 151 (2006), 47; *B. Sip* Grundlagen der Krankengeldberechnung und Krankengeldzahlung – Teil 1, SF-Medien Nr. 155, 45 (2006); *ders.,* Grundlagen der Krankengeldberechnung und Krankengeldzahlung – Teil 2, SF-Medien Nr 156, 45; *W. Steinwedel,* Neuere Teilzeitarbeitsformen im Recht der Krankenversicherung, WzS 1986, 69.

A. Überblick

Die Vorschrift enthält **Grundsätze** zur Berechnung der Höhe des Krankengeldes für die unterschiedlichen Versichertengruppen. Im Vordergrund steht die Berechnung für abhängig Beschäftigte (Abs. 2, 3, 6), doch auch die übrigen Versichertengruppen werden erfasst (Abs. 4). Die Vorschrift verweist in Abs. 3 auf die „Entgeltersatzfunktion", und damit auf einen zentralen Grundsatz des Krankengeldrechts. Sämtliche Berechnungsmodalitäten orientieren sich an dieser Funktion, wobei durch die Vorgabe von Reduzierungen gegenüber dem sonst verdienten Entgelt zugleich gesichert wird, dass der Ersatz nicht dessen volle Höhe erreicht.

B. Allgemeine Berechnungsgrundsätze, Abs. 1

Die Höhe des Krankengelds, das zum Ausgleich eines durch die Arbeitsunfähigkeit eintretenden, nicht anders kompensierten Einkommensverlust gewährt wird (BSG SozR 3–2200, § 182 RVO Nr. 4 Rn. 24), ergibt sich nicht aus einer völlig deckungsgleichen Übernahme des Arbeitsentgelts; vielmehr werden unterschiedliche **Reduktionen** vorgenommen. Abs. 1 der Vorschrift bildet diese Reduktion durch den Rückgriff auf das „Regelentgelt" sowie die Festsetzung ab, dass sich der Krankengeldanspruch bei Arbeitsentgelt und -einkommen auf (nur) 70 v. H. des Regelentgelts bezieht. Die Höhe wurde mehrfach reduziert, die letzte Reduktion von 80 auf 70 v. H. ist verfassungsrechtlich nicht beanstandet worden (BVerfG NZS 1997, 226/227). Eine weitere Beschränkung erfolgt für Beschäftigte durch Abs. 1 S. 2, wonach das aus dem Arbeitsentgelt berechnete Krankengeld im Ergebnis 90 v. H. des Nettoarbeitsentgelts nicht überschreiten darf (zur Verfassungskonformität BVerfG NZS 1997, 226/227), wobei unter Nettoarbeitsentgelt das um gesetzliche Abzüge (also Steuern und Beiträge) verminderte Arbeitsentgelt zu verstehen ist. Besonderheiten hinsichtlich der Berechnung ergeben sich für Bezieher von Leistungen nach dem SGB III; hier ist § 47b einschlägig. Mit dem Rückgriff auf das Regelentgelt knüpft das Gesetz, anders als etwa im Entgeltfortzahlungsrecht mit seinem dortigen Entgeltausfallprinzip, nicht an das tatsächlich nicht erworbene Einkommen an, sondern blickt zurück auf vorherige Einkünfte. Es bedient sich also der **Referenzmethode**, so dass auch bei Eintritt der Arbeitsunfähigkeit bereits feststehende Veränderungen im Arbeitsverhältnis, etwa eine Verkürzung der zu leistenden Arbeitszeit, bei der Berechnung grundsätzlich nicht berücksichtigt werden (st. Rspr, s. etwa BSG SozR 3–2200, § 182 RVO Nr. 8, 29/32; BSG NZS 2007, 204).

3 **Im Übrigen** enthält Abs. 1 weitere Grundsätze zur Berechnung der Höhe des Krankengeldes, va. wird festgelegt, wie die Höhe des entscheidenden Regelentgelts zu berechnen ist (Abs. 1 S. 5) und dass das Krankengeld nach Kalendertagen gezahlt wird (Abs. 1 S. 6). Bei einer Leistung nach Monaten enthält die Vorschrift die Fiktion, dass jeder Monat aus dreißig Tagen besteht (Abs. 1 S. 7). Besonderheiten, die sich aus dem Vorliegen einer Gleitzone ergeben, werden nicht berücksichtigt (Abs. 1 S. 8). Als Entgeltersatzleistung ist das Krankengeld regelmäßig beitragspflichtig zur Renten-, Arbeitslosen- und Pflegeversicherung (*Hochscheid,* J/J, § 47 Rn. 4).

C. Das Regelentgelt abhängig Beschäftigter, Abs. 2, 3, 6

4 Der Begriff des **Regelentgelts** ist zentrale Bezugsgröße zur Bestimmung der Höhe des Krankengeldes. Er ist nach Abs. 1 S. 1 der gemeinsame Oberbegriff für das maßgebliche (Brutto-)Erwerbseinkommen aller Versicherten, d. h. der freiwillig wie pflichtversicherten Arbeitnehmer ebenso wie der Nicht-Arbeitnehmer. Abs. 2 enthält die maßgebliche Regelung zur Berechnung eben dieses Regelentgelts für abhängig Beschäftigte, Abs. 3 besondere Bestimmungen für den Fall der nichtkontinuierlichen Beschäftigung. Abs. 6 begrenzt die Höhe des Krankengeldes noch einmal. Das Regelentgelt wird nämlich nur bis zur Höhe des Betrages der kalendertäglichen Beitragsbemessungsgrenze (Höchstregelentgelt) berücksichtigt.

5 Abs. 2 enthält **Grundsätze zur Berechnung** des Regelentgelts bei abhängig Beschäftigten. Maßstab ist das von dem Versicherten im sog. „Bemessungszeitraum" erzielte (Brutto-)Arbeitsentgelt, wobei einmalig gewährte Leistungen an dieser Stelle unberücksichtigt bleiben (dazu jedoch Abs. 2 S. 6). Der Begriff des „Arbeitsentgelts" ist hier wie sonst auch im SGB zu verstehen (vgl. § 14 SGB IV, ArEV, dazu BSG SozR 2200, § 182 Nr. 49). Das Regelentgelt wird, entsprechend Abs. 1, in Höhe von 70 v. H. (abzüglich der Beiträge) als Krankengeld zur Auszahlung gebracht.

6 Für die Berechnung des Regelentgelts ist danach zu differenzieren, ob das Arbeitsentgelt nach Stunden (Abs. 2 S. 1, 2) oder nach Monaten (Abs. 2 S. 3) abgerechnet wird. Bei einer Bemessung nach Stunden wird der letzte vor Beginn der Arbeitsunfähigkeit tatsächlich abgerechnete Entgeltzeitraum zum **Bemessungszeitraum** (BSG SozR 2200, § 182 RVO Nr. 99 Rn. 13), mindestens jedoch die letzten vier Wochen (zur Arbeitsunfähigkeit vor Ablauf des Bemessungszeitraums BSG NZS 2007, 204: In diesem Fall bemisst sich die Krankengeldhöhe nach einer Schätzung, bei der die individuellen Verhältnisse zu berücksichtigen sind). Das gesamte in diesem Zeitraum konkret zugeflossene, also in die Verfügungsgewalt des Arbeitnehmers gelangte (BSG SozR 2200, § 1241 RVO Nr. 18, 61/64; BSG SozR 2200, § 1241 RVO 22, 77/78) Arbeitsentgelt, vermindert um Einmalbeiträge, ist dann durch die tatsächliche Zahl aller Stunden zu teilen, für die es erzielt wurde, so dass man auf einen Stundenlohn kommt. Bei der Bemessung nach Monaten gilt gem. Abs. 2 S. 3 der dreißigste Teil des im letzten vor Beginn der Arbeitsunfähigkeit abgerechneten Kalendermonat erzielten Arbeitsentgelts als Regelentgelt. Bei jedem Kalendermonat ist also das erzielte Arbeitsentgelt (abzüglich Einmalleistungen) durch 30 zu teilen. Dies ergibt dann das Regelentgelt, von dem 70 v. H. als Krankengeldanspruch dienen, wenn nicht die Beschränkung nach Abs. 1 S. 2 eingreift. Für die Berechnung des Regelentgelts bei **flexiblen Arbeitszeiten** sehen Abs. 1 S. 4 und 5 eine eigene Regelung vor, die die unterschiedlichen Modelle von Arbeitszeitkonten erfassen (näher hierzu *Höfler,* KK, § 47 Rn. 25b–

25 f). Einmalig gezahltes Entgelt wird nunmehr im Rahmen des Abs. 2 S. 6 berücksichtigt (in Folge von BVerfG NZS 1995, 312). Dieses wird zwar nicht bei Ermittlung des Regelentgelts berücksichtigt, wohl aber in einem zweiten Schritt hinzugerechnet. Die Bestimmung des Regelentgelts bei nichtkontinuierlicher Arbeit erfolgt nach Abs. 3, also insb. bei sämtlichen Arten nicht gleichförmiger, schwankender oder variabler Arbeitsverrichtung (dazu BSG USK 2006–56; s. *Steinwedel,* WzS 1986, 69).

D. Das Regelentgelt anderer Versichertengruppen, Abs. 4

Abs. 4 enthält eigene Regelungen zur Bestimmung des Regelentgelts bei Seeleuten (S. 1) sowie für Nicht-Arbeitnehmer, S. 2–5. Insb. für Selbstständige gilt als Regelentgelt der Betrag, der für die Beitragsbemessung aus **Arbeitseinkommen** maßgeblich war, wie es aus §§ 220, 226 ff. folgt. Die Höhe des Krankengeldes bemisst sich dabei nach dem tatsächlich erzielten Arbeitseinkommen, nicht nach dem zuletzt für die Bemessung der Krankenversicherungsbeiträge maßgebend gewesenen Mindesteinkommen (BSG SozR 4–2500, § 47 Nr. 1, LS, Rn. 7; BSG NZA 2005, 920).

§ 47a Krankengeldübergangsregelungen

(1) **Für Ansprüche auf Krankengeld, die vor dem 22. Juni 2000 entstanden sind und über die am 21. Juni 2000 noch nicht unanfechtbar entschieden war, ist § 47 in der ab dem 22. Juni 2000 geltenden Fassung für Zeiten nach dem 31. Dezember 1996 entsprechend anzuwenden.**

(2) ¹**Für Ansprüche, über die vor dem 22. Juni 2000 bereits unanfechtbar entschieden wurde, erfolgt die Erhöhung nach Absatz 1 nur für Zeiten vom 22. Juni 2000 an bis zum Ende der Leistungsdauer.** ²**Entscheidungen über Ansprüche auf Krankengeld, die vor dem 22. Juni 2000 unanfechtbar geworden sind, sind nicht nach § 44 Abs. 1 des Zehnten Buches zurückzunehmen.**

(3) ¹**Abweichend von § 266 Abs. 2 Satz 3 werden die Ausgaben der Krankenkassen nach Absatz 1 und Absatz 2 Satz 1 für die Zeit bis zum 31. Dezember 2000 bei der Ermittlung der standardisierten Leistungsausgaben nicht berücksichtigt.** ²**Der Beitragsbedarf nach § 266 Abs. 2 Satz 2 ist um die Ausgaben nach Satz 1 zu erhöhen.**

Schrifttum: S. § 47; *K. Lauterbach,* Berücksichtigung von Einmalzahlungen bei der Bemessung des Arbeitslosengeldes und der Arbeitslosenhilfe. Zur Umsetzung des Beschlusses des Bundesverfassungsgerichts vom 24. Mai 2000 durch die Bundesanstalt für Arbeit, NZS 2000, 541; *D. Waschull,* Die Erhebung von Sozialversicherungsbeiträgen aus sog. Einmalzahlungen – Sisyphos des Verfassungsrechts? Zur Entscheidung des Bundesverfassungsgerichts vom 24. 5. 2000, NZS 2001, 113.

Die Vorschrift enthält **Übergangsvorschriften** für die **Berücksichtigung von Einmalzahlungen** bei der Berechnung des Krankengelds. Nachdem die Vorgängerregelung durch eine Entscheidung des BVerfG zum damaligen § 47 Abs. 2 S. 1, die ihn für verfassungswidrig hielt, inhaltsleer geworden war (BVerfG NZS 2000, 345), wurde die jetzige Fassung mit Wirkung zum 22. 6. 2000 eingefügt. Das BVerfG hielt es mit Art. 3 GG für unvereinbar, dass einmalig gezahltes Arbeitsentgelt zwar zu Sozialversicherungsbeiträgen herangezogen wurde, ohne

§ 47 b Krankengeld bei Beziehern v. Arbeitslosen-, Unterhalts- oder Kurzarbeitergeld

dass es jedoch zugleich auch bei den verschiedenen Lohnersatzleistungen berücksichtigt wurde.

2 **Zentraler Inhalt** ist eine Übergangsregelung: Nach Abs. 1 ist § 47 für Ansprüche, über die am 21. 6. 2000 noch nicht rechtskräftig entschieden war, rückwirkend anzuwenden. Daraus folgt, dass einmalig gezahltes Arbeitsentgelt, gem. dem anzuwendenden § 47 Abs. 2 S. 6, bei der Berechnung von Krankengeld noch zu berücksichtigen ist.

3 Für **unanfechtbar entschiedene Altfälle** enthält Abs. 2 eine eigene Regelung, der zufolge eine Erhöhung des Anspruchs nur für die Zeiten vom 22. 6. 2000 an erfolgt, und zwar bis zum Ende des Leistungsanspruchs. Infolgedessen ist es konsequent, wenn Abs. 2 S. 2 bestimmt, die entsprechenden Verwaltungsakte über die Bescheidung seien nicht nach § 44 Abs. 1 SGB X zurückzunehmen. Diese Regelung verhindert, dass die zeitliche Begrenzung des S. 1 wirkungslos bleibt. Abs. 3 enthält eine *lex specialis* zu § 266 Abs. 2 S. 3, die als Folgeregelung für den Risikostrukturausgleich anzusehen ist: Unerwünschte Auswirkungen der durch die neue Rechtslage anfallenden Nachzahlungen von Krankengeld sollen sich nicht auf den Risikostrukturausgleich auswirken.

§ 47 b Höhe und Berechnung des Krankengeldes bei Beziehern von Arbeitslosengeld, Unterhaltsgeld oder Kurzarbeitergeld

(1) [1]**Das Krankengeld für Versicherte nach § 5 Abs. 1 Nr. 2 wird in Höhe des Betrages des Arbeitslosengeldes oder des Unterhaltsgeldes gewährt, den der Versicherte zuletzt bezogen hat.** [2]**Das Krankengeld wird vom ersten Tage der Arbeitsunfähigkeit gewährt.**

(2) [1]Ändern sich während des Bezuges von Krankengeld die für den Anspruch auf Arbeitslosengeld oder Unterhaltsgeld maßgeblichen Verhältnisse des Versicherten, so ist auf Antrag des Versicherten als Krankengeld derjenige Betrag zu gewähren, den der Versicherte als Arbeitslosengeld oder Unterhaltsgeld erhalten würde, wenn er nicht erkrankt wäre. [2]Änderungen, die zu einer Erhöhung des Krankengeldes um weniger als zehn vom Hundert führen würden, werden nicht berücksichtigt.

3) **Für Versicherte, die während des Bezuges von Kurzarbeitergeld arbeitsunfähig erkranken, wird das Krankengeld nach dem regelmäßigen Arbeitsentgelt, das zuletzt vor Eintritt des Arbeitsausfalls erzielt wurde (Regelentgelt), berechnet.**

(4) [1]Für Versicherte, die arbeitsunfähig erkranken, bevor in ihrem Betrieb die Voraussetzungen für den Bezug von Kurzarbeitergeld nach dem Dritten Buch erfüllt sind, wird, solange Anspruch auf Fortzahlung des Arbeitsentgelts im Krankheitsfalle besteht, neben dem Arbeitsentgelt als Krankengeld der Betrag des Kurzarbeitergeldes gewährt, den der Versicherte erhielte, wenn er nicht arbeitsunfähig wäre. [2]Der Arbeitgeber hat das Krankengeld kostenlos zu errechnen und auszuzahlen. [3]Der Arbeitnehmer hat die erforderlichen Angaben zu machen.

(5) **Bei der Ermittlung der Bemessungsgrundlage für die Leistungen der gesetzlichen Krankenversicherung ist von dem Arbeitsentgelt auszugehen, das bei der Bemessung der Beiträge zur gesetzlichen Krankenversicherung zugrunde gelegt wurde.**

(6) [1]In den Fällen des § 232 a Abs. 3 wird das Krankengeld abweichend von Absatz 3 nach dem Arbeitsentgelt unter Hinzurechnung des Winterausfallgeldes berechnet. [2]Die Absätze 4 und 5 gelten entsprechend.

3. Kapitel. 5. Abschnitt. 2. Titel **§ 47 b**

Schrifttum: S. § 44; *Pivit*, Höhe des Krankengeldes bei struktureller Kurzarbeit gem. § 175 SGB III, NZS 2003, 472.

§ 47 b enthält eine Sonderregelung zur Berechnung des Krankengeldes, die als 1
lex specialis der allgemeinen Berechnungsregelung in den Fällen vorgeht, in denen der Anspruchsinhaber eine der genannten Entgeltersatzleistungen bezieht. Gesetzessystematisch führt dies dazu, dass die Anspruchsvoraussetzungen somit auch für die hier genannten Gruppen die allgemeinen des Krankengeldanspruchs sind.

Die erste in der Vorschrift geregelte Gruppe bilden die Bezieher von Arbeitslo- 2
sengeld und Unterhaltsgeld. Für sie enthalten die Absätze 1 und 2 eigenständige Berechnungsregeln. Diese verdrängen die §§ 46 und 47 bezüglich der Anspruchsentstehung und Wertbemessung. Der Grundsatz für die Berechnung bestimmt, dass Leistungen **in Höhe der jeweiligen Unterstützungsleistung** gewährt werden („zuletzt bezogen"). Dies verhindert, dass die Gewährung von Krankengeld zu einer zweckwidrigen Erhöhung der Bezüge führt (70 v. H. des Brutto- statt 60 bzw. 67 v. H. des pauschalierten Nettoentgelts, vgl. §§ 129 ff., 157 SGB III). Erfasst von dieser Sonderregelung ist, wer in der der beiden Leistungen tatsächlich bezieht, unabhängig davon, ob zu Recht oder nicht (BSG SozR 4100, § 159 Nr. 5 LS, Rn. 12 f.). Maßgeblich ist der letzte Bewilligungsbescheid (BSG SozR 3–4100, § 44 Nr. 7 LS). Anders als nach dem verdrängten § 46 entsteht der Anspruch hier bereits mit dem ersten Tag der Arbeitsunfähigkeit; aufgr. der Ruhensregelung in § 49 iVm. § 126 SGB III beginnt die Zahlung idR. am Beginn der siebten Woche der Arbeitsunfähigkeit (vgl. *Berchtold*, Krankengeld, Rn. 874).

Kein Anspruch auf Krankengeld besteht während der Sperrzeit (vgl. § 49 3
Abs. 1 Nr. 3 a). Anders als früher wird der Anspruch auf Krankengeld nicht mehr dynamisiert. Nach Abs. 2 werden jedoch Änderungen in den Verhältnissen des Versicherten, die für den Anspruch auf das Arbeitslosen- oder Unterhaltsgeld entscheidend sind, berücksichtigt. Voraussetzung hierfür ist ein Antrag des Versicherten.

Die zweite von § 47 b erfasste Gruppe sind Bezieher von **Kurzarbeiter- bzw.** 4
Winterausfallgeld (§§ 169 ff. SGB III bzw. §§ 214 ff. SGB III). Die Regelung soll verhindern, dass es infolge von Kurzarbeit und witterungsbedingtem Arbeitsausfall zu einer Minderung des Krankengeldes kommt. Vielmehr soll dem arbeitsunfähigen Versicherten wirtschaftlich auch in solchen Fällen in etwa die gleiche Stellung eingeräumt werden, die er als gesunder Arbeitnehmer seines Betriebes hätte (BSG NZS 2007, 552/555; *Schmidt,* Peters, KV, § 47 b Rn. 6).

Das Gesetz unterscheidet **zwei Fallgruppen: Abs. 3** regelt die Situation, dass 5
Arbeitsunfähigkeit während des Bezugs einer der beiden Leistungen eintritt. Zur Erreichung des zuvor genannten Ziels gilt dann, dass das Krankengeld nach dem regelmäßigen Arbeitsentgelt vor Eintritt des Arbeitsausfalls berechnet wird, der zum Bezug von Kurzarbeiter- oder Winterausfallgeld geführt hat. Dabei kann die Situation eintreten, dass das Krankengeld höher wäre als die Summe von Kurzlohn und Kurzarbeiter- bzw. Winterausfallgeld. Dies wäre jedoch mit dem Sinn und Zweck des Krankengeldes unvereinbar, daher ist dann das Krankengeld entsprechend zu reduzieren (*Höfler,* KK, § 47 b Rn. 27; *Berchtold,* Beck-OK, § 47 b Rn. 12). Auf das sog. „strukturelle Kurzarbeitergeld", das bei einer Beschäftigung etwa in einer Auffanggesellschaft gezahlt wird, passt § 47 b Abs. 3 nicht, die Regelung gilt nur für Fälle, in denen das Kurzarbeitergeld dazu dient, den Verbleib Versicherter im bisherigen Betrieb abzusichern und engere Bindungen zu diesem aufrechtzuerhalten (BSG, 14. 12. 2006, B 1 KR 9/06 R, SozR 4–0000; *Pivit,* NZS 2003, 472).

Joussen

6 Demgegenüber enthält **Abs. 4** eine Regelung für den Fall, dass Versicherte arbeitsunfähig erkranken, **bevor** in ihrem Betrieb die Voraussetzungen für den Bezug von Kurzarbeiter-/Winterausfallgeld erfüllt sind. Dann erhält der Versicherte zunächst Entgelt unter den üblichen Voraussetzungen und im üblichen Umfang, ab Beginn des Kurzabeiter- bzw. Winterausfallgeldes jedoch, neben dem – geminderten – Arbeitsentgelt zusätzlich noch Krankengeld, wobei eine Begrenzung auf die Höhe des Betrags des Kurzarbeiter- bzw. Winterausfallsgelds erfolgt. Es ist nach Satz 2 Aufgabe des Arbeitgebers, dieses (Teil-)Krankengeld zu errechnen und auszuzahlen. Abs. 6 enthält eine Sonderregelung für Bezieher von Winterausfallgeld.

7 Die Vorschrift des Abs. 5 ist nicht verständlich: Die dort genannten **„Leistungen der GKV"** sind nämlich nicht klassifizierbar, da neben Krankengeld und Muttergeld (für das eine Sonderregelung in § 200 Abs. 2 RVO besteht) keine weiteren Leistungen der GKV nach dem Arbeitsentgelt berechnet werden.

§ 48 Dauer des Krankengeldes

(1) ¹**Versicherte erhalten Krankengeld ohne zeitliche Begrenzung, für den Fall der Arbeitsunfähigkeit wegen derselben Krankheit jedoch für längstens achtundsiebzig Wochen innerhalb von je drei Jahren, gerechnet vom Tage des Beginns der Arbeitsunfähigkeit an.** ²**Tritt während der Arbeitsunfähigkeit eine weitere Krankheit hinzu, wird die Leistungsdauer nicht verlängert.**

(2) **Für Versicherte, die im letzten Dreijahreszeitraum wegen derselben Krankheit für achtundsiebzig Wochen Krankengeld bezogen haben, besteht nach Beginn eines neuen Dreijahreszeitraums ein neuer Anspruch auf Krankengeld wegen derselben Krankheit, wenn sie bei Eintritt der erneuten Arbeitsunfähigkeit mit Anspruch auf Krankengeld versichert sind und in der Zwischenzeit mindestens sechs Monate**
1. **nicht wegen dieser Krankheit arbeitsunfähig waren und**
2. **erwerbstätig waren oder der Arbeitsvermittlung zur Verfügung standen.**

(3) ¹**Bei der Feststellung der Leistungsdauer des Krankengeldes werden Zeiten, in denen der Anspruch auf Krankengeld ruht oder für die das Krankengeld versagt wird, wie Zeiten des Bezugs von Krankengeld berücksichtigt.** ²**Zeiten, für die kein Anspruch auf Krankengeld besteht, bleiben unberücksichtigt.**

Schrifttum: K. *Peters,* Der Anspruch auf Krankengeld nach Ende der Mitgliedschaft in der GKV, SGb 1984, 229; M. *Schweitzer,* Dauer des Krankengeldanspruchs, SVFAng Nr. 91 (1995), 69.

A. Überblick

1 § 48 enthält die Grundlage für die Berechnung der (maximalen) **Dauer des Anspruchs** auf Krankengeld. Danach erhält der Versicherte Krankengeld prinzipiell ohne zeitliche Begrenzung. Etwas anderes gilt nur in den von der Vorschrift eigens aufgeführten Ausnahmetatbeständen, insb. bei derselben, lang andauernden Erkrankung. Die selbst in dem genannten Ausnahmefall sehr lange Bezugsdauer von bis zu 78 Wochen macht deutlich, dass es maßgeblich um die Wiederherstellung der Erwerbsfähigkeit des Versicherten geht.

B. Der Grundsatz der unbeschränkten Gewährung

Abs. 1 S. 1 enthält den **Grundsatz,** dass das Krankengeld regelmäßig unbegrenzt gewährt wird, um so die Wiederherstellung der Gesundheit und die während dieser Zeit gebotene finanzielle Absicherung zu garantieren. Über § 19 hinaus überdauert der Anspruch auch die Beendigung der Mitgliedschaft. Endet diese während des Bezugs von Krankengeld, steht den Versicherten das Krankengeld unverändert zu. § 19 wird von der spezielleren Vorschrift verdrängt (BSGE 45, 11/ 15). Unbegrenzt ist der Anspruch aber nicht in jeder Hinsicht. Er entfällt, wenn seine Voraussetzungen wegfallen, insb. die Arbeitsunfähigkeit bzw. der stationäre Aufenthalt. Unbegrenzt ist der Anspruch auf Krankengeld zudem nur in Bezug auf § 44, nicht hingegen auf § 45, insofern ist § 45 abschließend.

C. Begrenzter Anspruch bei derselben Krankheit

Der Grundsatz der unbegrenzten Anspruchsdauer ist indes **vielfach durchbrochen,** insb. deshalb, um hinsichtlich der Risikoabgrenzung zur RV noch eine sinnvolle Unterscheidung zu ermöglichen. Daher wird bei Vorliegen bestimmter Umstände das Krankengeld zeitlich begrenzt, um stattdessen ggf. Leistungen der RV Raum zu geben, die für derartige Dauersituationen vorgesehen sind (BSG SozR 2200, § 183 RVO, 11/12).

Eine erste Ausnahme sieht Abs. 1 S. 1 selbst vor. Danach hat der Versicherte bei einer Arbeitsunfähigkeit **wegen derselben Krankheit** einen Anspruch auf Krankengeld nur für längstens 78 Wochen innerhalb von je **drei Jahren.** Zwei Bestandteile führen demnach zu einer Begrenzung. Zum einen die Voraussetzung, dass dieselbe Krankheit vorliegt. Dazu kommt es nach der Rspr. des BSG allein auf das Krankheitsgeschehen selbst an. Sie liegt vor, wenn es sich um ein im ursächlichen Sinne einheitliches Krankengeschehen handelt. Dies ist der Fall, wenn und solange die Krankheit nicht ausgeheilt ist und immer wieder zu behandlungsbedürftigen oder bzw. und Arbeitsunfähigkeit bedingenden Krankheitserscheinungen bzw. -beschwerden kommt. Unerheblich ist demgegenüber, ob die Beschwerden in gleicher Weise oder ohne zeitliche Unterbrechung fortbestehen (BSG NZS 1993, 165; *Kummer,* HS-KV, § 23 Rn. 119). Entscheidend ist also die Krankheitsursache.

Dieselbe Krankheit führt aber zum anderen nur dann zu einer Begrenzung des Anspruchs auf 78 Wochen, wenn sie **innerhalb von drei Jahren** auftritt. Dies bedeutet zunächst, dass dann, wenn eine Erkrankung ununterbrochen 78 Wochen überschreitet, der Anspruch auf Krankengeld endet. Darüber hinaus ist eine Begrenzung auch gegeben, wenn verschiedene Ansprüche auf Krankengeld mit einer Gesamtdauer von 78 Wochen aufeinander folgen, sofern sie auf derselben Krankheit beruhen. Der Dreijahreszeitraum beginnt dabei entspr. der Formulierung in Abs. 1 S. 1 mit dem ersten Tag der ersten Arbeitsunfähigkeit wegen einer Krankheit. Dieser (und nicht die Feststellung der Arbeitsunfähigkeit) löst den Dreijahreszeitraum aus, der seinerseits nach der **Methode der starren Rahmenfrist** zu bestimmen ist. Das bedeutet, dass der erstmalige Eintritt der Arbeitsunfähigkeit wegen derselben Krankheit eine Kette aufeinanderfolgender Dreijahreszeiträume in Gang setzt (*Noftz,* H/N, § 48 Rn. 7 f.; zum Wiederaufleben bei weiteren Dreijahreszeiträumen s. Rn. 7). Innerhalb eines Dreijahreszeitraums wird bei derselben Krankheit Krankengeld maximal 78 Wochen gewährt. Anzurechnen sind dabei nicht nur Zeiten der vollen Anspruchsgewährung, sondern auch Zeiten des Bezugs, sofern der Anspruch zumindest teilweise besteht (BSG NZS 1993, 166/168), sowie Zeiten, in denen der Anspruch (va.) nach § 49 ruht (BSG NZS 1993, 166), also das Stammrecht noch besteht. Nähere Vorgaben hinsichtlich der Anrechnung enthält Abs. 3.

6 Besonderheiten ergeben sich hinsichtlich der Anspruchsdauer bei einer **hinzugetretenen Erkrankung** nach Abs. 1 S. 2. Die grundsätzlich unbegrenzte Anspruchsdauer ist danach auch dann auf 78 Wochen begrenzt, wenn während der Arbeitsunfähigkeit eine weitere Krankheit hinzutritt. Dann erfolgt also keine Verlängerung der Leistungsgewährung – dies ist anders, wenn keine zeitliche Überschneidung besteht, dann verbleibt es beim Grundsatz der unbegrenzten Anspruchsentstehung. Zwischen der ersten und jeder folgenden hinzugetretenen Krankheit wird demnach bei einer vorliegenden zeitlichen Überschneidung kein Unterschied gemacht: Beide Krankheiten, die erste sowie die hinzugetretene, bilden eine Einheit, die hinzugetretene setzt auch keinen neuen Dreijahreszeitraum in Gang (BSG SozR 3–2500, § 48 Nr. 3 Rn. 16). Dies gilt auch dann, wenn das „Hinzutreten" noch vor Anspruchsentstehung, also etwa in einer Karenzzeit, erfolgt (BSG v. 8. 11. 2005 B 1 KR 27/04 R).

D. Der Krankengeldanspruch bei weiteren Dreijahreszeiträumen

7 Der Anspruch auf Krankengeld kann auch dann, wenn 78 Wochen lang Leistungen gewährt wurden, ausnahmsweise erneut entstehen, es kommt zu einem sog. **Wiederaufleben.** Nach Abs. 2 setzt dies zunächst eine nach Abs. 1 eingetretene Anspruchserschöpfung voraus. Darüber hinaus muss für den Betroffenen eine Versicherung mit Krankengeldanspruch bestehen (Peters SGb 1982, 229/242). Schließlich muss zwischen der erneuten und dem Ende der vorherigen Arbeitsunfähigkeit (in dem letzten Dreijahreszeitraum, zur genauen Bestimmung des entscheidenden Dreijahreszeitraums s. BSG NZS 1999, 294/295) ein Zeitraum von mindestens sechs Monaten liegen. Innerhalb dieser sechs Monate muss der Versicherte (nicht notwendigerweise zusammenhängend) erwerbstätig gewesen sein oder der Arbeitsvermittlung zur Verfügung gestanden haben und darf nicht wegen derselben Krankheit arbeitsunfähig gewesen sein (ausreichend ist eine Beschäftigung mit Bezug von Übergangsgeld, BSG SozR 3–2500, § 48 Nr. 5 LS, 23/27). Sind diese Voraussetzungen gegeben, hat der Versicherte für neue 78 Wochen innerhalb dieser nun bestehenden drei Jahre Anspruch auf Krankengeld.

§ 49 Ruhen des Krankengeldes

(1) **Der Anspruch auf Krankengeld ruht,**
1. **soweit und solange Versicherte beitragspflichtiges Arbeitsentgelt oder Arbeitseinkommen erhalten; dies gilt nicht für einmalig gezahltes Arbeitsentgelt,**
2. **solange Versicherte Elternzeit nach dem Bundeselterngeld- und Elternzeitgesetz in Anspruch nehmen; dies gilt nicht, wenn die Arbeitsunfähigkeit vor Beginn der Elternzeit eingetreten ist oder das Krankengeld aus dem Arbeitsentgelt zu berechnen ist, das aus einer versicherungspflichtigen Beschäftigung während der Elternzeit erzielt worden ist,**
3. **soweit und solange Versicherte Versorgungskrankengeld, Übergangsgeld, Unterhaltsgeld oder Kurzarbeitergeld beziehen,**

3. Kapitel. 5. Abschnitt. 2. Titel **§ 49**

3a. solange Versicherte Mutterschaftsgeld oder Arbeitslosengeld beziehen oder der Anspruch wegen einer Sperrzeit nach dem Dritten Buch ruht,
4. soweit und solange Versicherte Entgeltersatzleistungen, die ihrer Art nach den in Nummer 3 genannten Leistungen vergleichbar sind, von einem Träger der Sozialversicherung oder einer staatlichen Stelle im Ausland erhalten,
5. solange die Arbeitsunfähigkeit der Krankenkasse nicht gemeldet wird; dies gilt nicht, wenn die Meldung innerhalb einer Woche nach Beginn der Arbeitsunfähigkeit erfolgt,
6. soweit und solange für Zeiten einer Freistellung von der Arbeitsleistung (§ 7 Abs. 1 a des Vierten Buches) eine Arbeitsleistung nicht geschuldet wird.

(2) ¹Absatz 1 Nr. 3 und 4 ist auch auf einen Krankengeldanspruch anzuwenden, der für einen Zeitraum vor dem 1. Januar 1990 geltend gemacht wird und über den noch keine nicht mehr anfechtbare Entscheidung getroffen worden ist. ²Vor dem 23. Februar 1989 ergangene Verwaltungsakte über das Ruhen eines Krankengeldanspruchs sind nicht nach § 44 Abs. 1 des Zehnten Buches zurückzunehmen.

(3) Auf Grund gesetzlicher Bestimmungen gesenkte Entgelt- oder Entgeltersatzleistungen dürfen bei der Anwendung des Absatzes 1 nicht aufgestockt werden.

(4) Erbringt ein anderer Träger der Sozialversicherung bei ambulanter Ausführung von Leistungen zur medizinischen Rehabilitation Verletztengeld, Versorgungskrankengeld oder Übergangsgeld, werden diesem Träger auf Verlangen seine Aufwendungen für diese Leistungen im Rahmen der nach § 13 Abs. 2 Nr. 7 des Neunten Buches vereinbarten gemeinsamen Empfehlungen erstattet.

Schrifttum: *O. Seewald,* Herstellungsanspruch bei unterlassener Zusammenarbeit, SGb 1986, 133; *G. Twesten,* Entgeltfortzahlung – Krankengeld – Konkurrenzprobleme?, ZfS 2000, 3.

A. Überblick

Die Vorschrift regelt das **Ruhen des Anspruchs auf Krankengeld** und soll die eigentliche Zielsetzung des Anspruchs unterstützen. Soweit dieser nämlich eine Entgeltersatzfunktion einnimmt, sollen Ruhenstatbestände eine Übererfüllung durch mehrfache Zahlungen von Entgelt und/oder Entgeltersatzleistungen verhindern. Das Ruhen führt nicht zu einer Beendigung der Mitgliedschaft in der GKV (§ 192 Abs. 1 Nr. 2), denn der Anspruch auf Krankengeld besteht in den unterschiedlichen Ruhensfällen grundsätzlich fort (näher zur Funktion *Berchtold,* Krankengeld, Rn. 802 ff.). Abs. 2 enthält Übergangsregelungen. 1

B. Die unterschiedlichen Ruhenstatbestände

Abs. 1 der Vorschrift enthält sieben verschiedene **Ruhenstatbestände;** allen gemeinsam ist die Rechtsfolge. Sind die Voraussetzungen des jeweiligen Tatbestands gegeben, besteht zwar ein Anspruch auf Krankengeld dem Grunde nach, er ist jedoch inhaltlich nicht durchsetzbar, weil er „ruht". Ruhen meint dabei, dass der Krankengeldanspruch zwar – zumindest für eine logische Sekunde – entsteht und auch fällig wird, er jedoch angesichts der vorrangigen Erfüllungsfiktion durch die KK nicht zusätzlich (zu einem anderen Entgelt(ersatz)tatbestand) erfüllt werden muss, respektive darf (BSG NZS 1995, 267/268; *Berchtold,* Beck-OK, § 49 2

Joussen

§ 49

Rn. 2). Ist irrtümlich das Krankengeld ausgezahlt worden, kommt ein Erstattungsanspruch der KK wie bei § 50 in Betracht.

3 Der Anspruch auf Krankengeld ruht nach Abs. 1 **Nr. 1,** soweit und solange der Versicherte beitragspflichtiges Arbeitseinkommen erhält. Dem Nachsatz zufolge bleibt jedoch einmalig gezahltes Arbeitsentgelt für das Ruhen außer Betracht. Arbeitsentgelt (vgl. § 14 SGB IV) meint dabei allgemein die Einnahmen aus einer Beschäftigung, also aus nichtselbstständiger Arbeit (BSG SozR 2200, § 189 Nr. 4 Rn. 12) inklusive möglicher Sachbezüge (§ 17 SGB IV). Beitragspflichtig ist ein erzieltes Einkommen unter den Voraussetzungen der §§ 220 ff., 226. Das Arbeitsentgelt muss „erhalten" sein; ein bloßer Anspruch auf Entgelt genügt demnach nicht. Unter „Arbeitsentgelt" fällt insb. auch das vom Arbeitgeber während der ersten sechs Wochen einer Erkrankung fortgezahlte Entgelt (vgl. auch § 44). Arbeitseinkommen ist gem. § 15 SGB IV der Gewinn, der nach dem Einkommensteuerrecht aus einer selbstständigen Tätigkeit ermittelt wird. Eine für die Zeit nach Beendigung des Beschäftigungsverhältnisses gewährte Urlaubsabgeltung führt indes nicht zum Ruhen des Anspruchs auf Krankengeld, weder nach Nr. 1 noch nach Nr. 3(a) analog (BSG NZS 2007, 153).

4 Nach Nr. 2 ruht der Anspruch auch, solange Versicherte **Elternzeit** nach dem BEEG in Anspruch nehmen. Dies gilt jedoch dann nicht, wenn ein Elternteil während der Elternzeit in Teilzeit beschäftigt ist. Ein Ruhen ist ebenfalls nicht gegeben, wenn die Arbeitsunfähigkeit vor dem Beginn der Elternzeit eingetreten ist.

5 Bestimmte, in Nr. 3 genannte **Entgeltersatzleistungen** führen ebenfalls zum Ruhen. Die entsprechende Leistung muss jedoch, ähnlich wie das Arbeitsentgelt nach Nr. 1, tatsächlich bezogen werden, auch hier genügt nicht ein bloßer Rechtsanspruch (BSGE 43, 68/70; *Seewald,* SGb 1986, 133/134). Der Umfang des Ruhens ist inhaltlich kongruent zum Umfang der bezogenen Sozialleistung (BSG SozR 2200, § 183 RVO Nr. 20, 49/50). Ist der Anspruch auf Krankengeld höher, muss von der Kasse der entspr. höhere Anteil ausgezahlt werden (sog. „Spitzbetrag"). Weitere zum Ruhen führende Entgeltersatzleistungen sind in Nr. 3a geregelt. Aufgr. der eindeutigen gesetzlichen Fassung können sich die dort genannten Sperrzeiten allein auf solche hinsichtlich des Arbeitslosengeldes beziehen. Sofern also zuvor verlangt worden ist, dass grundsätzlich der Anspruch nur dann ruht, wenn die Entgeltersatzleistung tatsächlich bezogen wird, liegt hier eine Ausnahme von diesem Grundsatz vor.

6 Beim Bezug von Entgeltersatzleistungen durch **ausländische** Sozialversicherungsträger ruht der Anspruch auf Krankengeld nach Nr. 4. Voraussetzung ist jedoch, dass diese Leistung dieselbe (Entgeltersatz-)Funktion wie das Krankengeld hat (BSG SozR 3–2400, § 18 a SGB IV Nr. 2 LS, 9/11; *Hochscheid,* J/J, § 49 Rn. 9).

7 Der Anspruch auf Krankengeld ruht zudem, solange keine **Meldung der Arbeitsunfähigkeit** erfolgt. Die Meldung ist rechtlich als Obliegenheit des Versicherten einzuordnen (BSG NZS 2000, 611/613). Durch die Ruhensregelung erhält sie eine weitreichende Bedeutung. Versäumt der Versicherte die Meldung, führt dies zu einem regelmäßig endgültigen Verlust eines entstandenen und fälligen Anspruchs. Dies gilt nach der Rspr. selbst dann, wenn die Voraussetzungen für die Krankengeldzahlung zweifelsfrei gegeben sind und den Versicherten kein Verschulden trifft (BSG NZS 2000, 611/613). Ausnahmsweise kann die Meldung noch nachgeholt werden; dann ruht der Krankengeldanspruch gem. Nr. 5 Hs. 2 nicht. Bei der Wochenfrist handelt es sich um eine Ausschlussfrist. Wird die Frist versäumt, kann ggf. nach § 27 SGB X Wiedereinsetzung gewährt werden (BSG

NZS 2000, 611/614). Für den Fall, dass die ärztliche Feststellung der Arbeitsunfähigkeit, die Entstehensvoraussetzung für den Anspruch ist (vgl. § 44 Rn. 7), unzutreffend war, entsteht die Meldeobliegenheit erst dann, wenn die ärztliche Feststellung nachgeholt wird. Die Wochenfrist beginnt dann auch konsequenterweise erst mit der nachträglichen ärztlichen Feststellung (BSG SozR 4–2500, § 46 Nr. 1, 1/7).

Der Anspruch auf Krankengeld ruht schließlich nach Nr. 6, soweit und solange **8** für Zeiten einer **Freistellung** eine Arbeitsleistung nicht geschuldet wird. Gemeint sind die Zeiträume, in denen ein Arbeitnehmer gem. § 7 Abs. 1a SGB IV auf Grund einer Vereinbarung über flexible Arbeitszeit von der Arbeitsleistung freigestellt ist. Wird der Arbeitnehmer während einer Freistellungsphase arbeitsunfähig krank, ruht der Anspruch auf Krankengeld.

C. Sonstige Regelungen

Abs. 3 enthält eine Einschränkung des Krankengeldanspruchs, die nicht das **9** vollständige Ruhen betrifft, sondern sicherstellen soll, dass gesetzliche Verminderungen von Entgelt- oder Entgeltersatzleistungen wie vorgesehen stattfinden und nicht ganz oder teilweise zulasten der KK ausgeglichen werden (BT-Drs. 13/5099, 17). Ist daher eine Leistung aufgr. gesetzlicher Bestimmungen gesenkt (s. etwa § 136 oder 151 Abs. 2 Nr. SGB III), dürfen bei der Anwendung des Abs. 1 die gesenkten Entgelt- oder Entgeltersatzleistungen nicht durch Krankengeld aufgestockt werden. Es darf also nicht zu einer Zahlung von Spitzbeträgen zum Ausgleich der Kürzungen kommen.

Abs. 4 regelt einen **Erstattungsanspruch** gegen die KK, sofern ambulante **10** (oder teilstationäre, BSG SozR 3–2500, § 40 Nr. 3, 3/10) Leistungen zur medizinischen Rehabilitation erbracht werden. Anspruchsinhaber ist dann der tatsächlich belastete Träger, der Verletztengeld, Versorgungskrankengeld oder Übergangsgeld erbracht hat.

§ 50 Ausschluss und Kürzung des Krankengeldes

(1) [1]Für Versicherte, die
1. **Rente wegen voller Erwerbsminderung, Erwerbsunfähigkeit oder Vollrente wegen Alters aus der gesetzlichen Rentenversicherung,**
2. **Ruhegehalt, das nach beamtenrechtlichen Vorschriften oder Grundsätzen gezahlt wird,**
3. **Vorruhestandsgeld nach § 5 Abs. 3,**
4. **Leistungen, die ihrer Art nach den in den Nummern 1 und 2 genannten Leistungen vergleichbar sind, wenn sie von einem Träger der gesetzlichen Rentenversicherung oder einer staatlichen Stelle im Ausland gezahlt werden,**
5. **Leistungen, die ihrer Art nach den in den Nummern 1 und 2 genannten Leistungen vergleichbar sind, wenn sie nach den ausschließlich für das in Artikel 3 des Einigungsvertrages genannte Gebiet geltenden Bestimmungen gezahlt werden, beziehen,**

endet ein Anspruch auf Krankengeld vom Beginn dieser Leistungen an; nach Beginn dieser Leistungen entsteht ein neuer Krankengeldanspruch nicht. [2]**Ist über den Beginn der in Satz 1 genannten Leistungen hinaus Krankengeld gezahlt worden und übersteigt dieses den Betrag der Leistungen, kann die Krankenkasse den überschießenden Betrag vom Versicherten nicht zurückfordern.**

§ 50 Ausschluss und Kürzung des Krankengeldes

³In den Fällen der Nummer 4 gilt das überzahlte Krankengeld bis zur Höhe der dort genannten Leistungen als Vorschuss des Trägers oder der Stelle; es ist zurückzuzahlen. ⁴Wird eine der in Satz 1 genannten Leistungen nicht mehr gezahlt, entsteht ein Anspruch auf Krankengeld, wenn das Mitglied bei Eintritt einer erneuten Arbeitsunfähigkeit mit Anspruch auf Krankengeld versichert ist.

(2) Das Krankengeld wird um den Zahlbetrag
1. der Altersrente, der Rente wegen Erwerbsminderung oder der Landabgaberente aus der Alterssicherung der Landwirte,
2. der Rente wegen teilweiser Erwerbsminderung, oder Berufsunfähigkeit oder der Teilrente wegen Alters aus der gesetzlichen Rentenversicherung,
3. der Knappschaftsausgleichsleistung oder der Rente für Bergleute oder
4. einer vergleichbaren Leistung, die von einem Träger oder einer staatlichen Stelle im Ausland gezahlt wird,
5. von Leistungen, die ihrer Art nach den in den Nummern 1 bis 3 genannten Leistungen vergleichbar sind, wenn sie nach den ausschließlich für das in dem in Artikel 3 des Einigungsvertrages genannten Gebiets geltenden Bestimmungen gezahlt werden,

gekürzt, wenn die Leistung von einem Zeitpunkt nach dem Beginn der Arbeitsunfähigkeit oder der stationären Behandlung an zuerkannt wird.

Schrifttum: *M. Lelle/R. Keller,* Zuerkennung von Renten – Auswirkungen auf den Krankengeldbezug, SF-Medien Nr. 153 (2005), 33; *E. Lekon,* Das Zusammentreffen von Krankengeld und Rente, Die Leistungen 1991, 121; *H. Marburger,* Wechselbeziehungen bei Anspruch auf Krankengeld, Rente und Arbeitsentgelt für Arbeitnehmer des öffentlichen Dienstes, DÖD 2004, 265; *C. Padé,* Regelung(en) zur Nahtlosigkeit im Sozialgesetzbuch, ASR 2005, 102.

A. Überblick

1   Die Vorschrift regelt zwei Bereiche: die Tatbestände, in denen ein Anspruch auf Krankengeld ausgeschlossen ist, sowie diejenigen, in denen zwar ein Anspruch besteht, dieser aber aus bestimmten Gründen zu kürzen ist. Auch § 50 soll den mehrfachen Bezug gleicher oder gleichgerichteter Leistungen verhindern, sofern sie jeweils eine Entgeltersatzfunktion zum Ziel haben (s. nur BSG NZS 1994, 316). Es geht bei dem **„Verbot der Doppelbegünstigung"** (BSG SozR 3–2500, § 50 Nr. 5, 18/20) inhaltlich um die Abgrenzung zwischen Leistungen des Krankengelds sowie solchen der RV. Je nach Rentenart kommt es dann zu einem Ausschluss (Abs. 1, Rn. 2) oder zu einer Kürzung (Abs. 2, Rn. 4) des Anspruchs auf Krankengeld. Die Rspr. hat die Verfassungsmäßigkeit dieser Einschränkungen des Krankengeldes bejaht (BVerfG SozR 2200, § 183 RVO Nr. 32, 83/84).

B. Ausschluss des Anspruchs auf Krankengeld

2   Nach Abs. 1 ist dann, wenn ein Anspruch auf die dort genannten Rentenleistungen besteht, ein gleichzeitiger Anspruch auf Krankengeld **ausgeschlossen.** Dies gilt va. auch, wenn alle anspruchsbegründenden Voraussetzungen gegeben sind, also unabhängig davon, ob ein solcher Anspruch entstanden bzw. fällig ist oder ob er sogar bereits gezahlt wurde. Das bedeutet, dass ein Versicherter, solange er nur eine der in Abs. 1 Nr. 1 bis 5 abschließend genannten, nicht analogiefähigen (BSG SozR 3–2500, § 50 Nr. 1, 1/2; BSG NZS 1996, 523) Leistungen beanspruchen kann und diese auch bewilligt sind, keinen Anspruch auf Krankengeld mehr

hat (BSG NZS 1995, 414/416). Anders als beim Ruhen des Anspruchs nach § 49 besteht hier nicht einmal mehr das Stammrecht (BSG NZS 1993, 166/167). Nach S. 4 kann jedoch nach Ende der vorrangigen Leistungen nach Nr. 1 bis 5 und damit nach Beendigung der Ausschlusswirkung ein Anspruch auf Krankengeld neu entstehen. Dies verlangt dann jedoch das Vorliegen der allgemeinen Voraussetzungen, also insb. die erneute Arbeitsunfähigkeit und die Mitgliedschaft in einer KK mit einem Anspruch auf Krankengeld. § 48 mit der dortigen Regelung des Fortbestands und Wiederentstehens des Krankengeldanspruchs ist gegenüber § 50 Abs. 1 S. 4 vorrangig (BSG SozR 3–2500, § 50 Nr. 5, 18/21; aA. *Berchtold,* Beck-OK, § 50 Rn. 22). S. 2 und 3 enthalten Bestimmungen zur Abwicklung in einzelnen Konkurrenzsituationen und ein Rückforderungsverbot für den **Spitzbetrag,** das heißt den Unterschiedsbetrag zwischen der Rente und dem höheren Krankengeld: Ist er bereits zugeflossen, darf ihn der Versicherte behalten, da er auf den rechtmäßigen Bezug von Krankengeld vertrauen durfte (dazu BSG NZS 1993, 166/167; zu der umgekehrten Situation, wenn also die Leistung nach Nr. 1 bis 5 festgestellt ist, die KK aber noch kein Krankengeld gezahlt hat, BSG SozR 2200, § 183 Nr. 24, 61/63: Versicherte haben keinen nachträglichen Anspruch auf den Spitzbetrag; s. auch *Höfler,* KK, § 50 Rn. 8 b). Wurde bereits Krankengeld geleistet und entfällt der diesbezügliche Anspruch aufgr. von § 50 Abs. 1 S. 1 nachträglich, hat die KK ggf. einen Erstattungsanspruch nach § 103 SGB X gegen den anderen Leistungsträger (BSG SozR 1300, § 103 Nr. 2 LS 1).

Als Leistungen, die zu einem Anspruchsausschluss führen, sind zuvorderst 3 gem. § 50 Abs. 1 S. 1 Nr. 1 **Renten aus der GRV** zu nennen, sofern sie ihrer Zweckbestimmung zufolge dazu dienen, bei einer eingetretenen Erwerbsminderung und Unzumutbarkeit von Erwerbsarbeit wegen Alters in vollem Umfang an die Stelle von Erwerbseinkommen zu treten. Es geht also u. a. um Erwerbsminderungsrenten nach §§ 33, 43 Abs. 2 SGB VI und Renten wegen Alters nach §§ 33 Abs. 2, 35, 36, soweit der Versicherte sie als Vollrente beansprucht (§ 42 SGB VI). In gleicher Weise zu einem Ausschluss führen auch **Ruhegehaltsansprüche** nach beamtenrechtlichen Vorschriften, Nr. 2 (vgl. *Marburger,* DÖD 2004, 265/267), sowie (mittlerweile ausgelaufene) **Vorruhestandszahlungen** nach § 5 Abs. 3. Nach Nr. 4 und 5 können zudem auch vergleichbare ausländische bzw. DDR-Leistungen den Anspruch auf Krankengeld ausschließen.

C. Kürzung des Anspruchs auf Krankengeld

Anders als nach Abs. 1 sieht Abs. 2 in den dort aufgeführten Situationen keinen 4 Ausschluss, sondern lediglich eine **Kürzung** des Anspruchs auf Krankengeld vor. Bezieht ein Versicherter eine der in den Nr. 1 bis 5 des Abs. 2 aufgelisteten Leistungen, die keine vollständige, sondern nur eine Teilsicherungsfunktion haben, mindert sich der Wert des ihm zustehenden Krankengeldes entspr. Entscheidend ist jedoch, dass sich allein das spätere Hinzutreten dieser Leistungen wertmindernd auswirkt (s. BSG SozR 3–2500, § 50 Nr. 1, 1/2; dazu ausführlich auch *Berchtold,* Beck-OK, § 50 Rn. 23 ff.), also das Hinzutreten nach Beginn der krankheitsbedingten Arbeitsunfähigkeit bzw. stationären Behandlung. Der gleichzeitige Beginn von Arbeitsunfähigkeit und Teilleistung genügt nicht (*Lekon,* Die Leistungen 1991, 121/128). Der Umfang der Kürzung richtet sich nach dem Zahlbetrag der jeweils nach Abs. 2 Nr. 1 bis 5 gewährten Teilleistung, sie beginnt mit dem Tag, an dem die Rente zuerkannt wird.

§ 51 Wegfall des Krankengeldes, Antrag auf Leistungen zur Teilhabe

(1) ¹Versicherten, deren Erwerbsfähigkeit nach ärztlichem Gutachten erheblich gefährdet oder gemindert ist, kann die Krankenkasse eine Frist von zehn Wochen setzen, innerhalb der sie einen Antrag auf Leistungen zur medizinischen Rehabilitation und zur Teilhabe am Arbeitsleben zu stellen haben. ²Haben diese Versicherten ihren Wohnsitz oder gewöhnlichen Aufenthalt im Ausland, kann ihnen die Krankenkasse eine Frist von zehn Wochen setzen, innerhalb der sie entweder einen Antrag auf Leistungen zur medizinischen Rehabilitation und zur Teilhabe am Arbeitsleben bei einem Leistungsträger mit Sitz im Inland oder einen Antrag wegen voller Erwerbsminderung bei einem Träger der gesetzlichen Rentenversicherung mit Sitz im Inland zu stellen haben.

(2) Erfüllen Versicherte die Voraussetzungen für den Bezug der Regelaltersrente oder Altersrente aus der Alterssicherung der Landwirte bei Vollendung des 65. Lebensjahres, kann ihnen die Krankenkasse eine Frist von zehn Wochen setzen, innerhalb der sie den Antrag auf diese Leistung zu stellen haben.

(3) ¹Stellen Versicherte innerhalb der Frist den Antrag nicht, entfällt der Anspruch auf Krankengeld mit Ablauf der Frist. ²Wird der Antrag später gestellt, lebt der Anspruch auf Krankengeld mit dem Tag der Antragstellung wieder auf.

Schrifttum: *A. Erlenkämper,* Krankengeld, Rehabilitation, Rente, MedSach 1995, 101; *N. Finkenbusch,* Aufforderung zum Antrag auf Leistungen zur Teilhabe, WzS 2004, 257; *E. Lekon,* Das Zusammentreffen von Krankengeld und Rente, Die Leistungen 1991, 81; *H. Marburger,* Aufforderung durch die Krankenkasse zur Stellung eines Rentenantrages oder eines Antrages auf Rehabilitationsmaßnahmen, Die Leistungen 2005, 449, 513; *H. Marburger,* Aufforderung zur Stellung eines Rehabilitations- oder Rentenantrages, Die Leistungen 1989, 171.

A. Überblick

1 § 51 stellt va. eine **Schutzvorschrift** (so auch *Höfler,* KK, § 51 Rn. 1) zugunsten der KK dar und dient als Ausgleich für den Umstand, dass das SGB V keinen automatischen Übergang vom Krankengeld zu einer Rente aus der GRV kennt. Die Vorschrift, insb. die Abs. 2, soll den sich aus § 50 ergebenden Grundsatz der Subsidiarität des Krankengeldes gegenüber einer Leistung der GRV garantieren, sofern der Versicherte (auch) die Voraussetzungen für den Bezug einer Regelaltersrente nach § 35 SGB VI erfüllt. Im Ergebnis enthält § 51 damit eine weitere Absicherung des krankengeldrechtlichen Grundsatzes der Entgeltersatzfunktion, die nicht erforderlich ist, wenn der primär zur Leistung verpflichtete Rentenversicherungsträger bzw. eine sonstige Alterskasse einzustehen hat (BSG NZS 2005, 645/647).

B. Aufforderung zum Antrag auf Rentenleistung

2 Zur Sicherung der Subsidiarität des Krankengeldanspruchs (vgl. Rn. 1) kann die KK den Versicherten unter bestimmten, in Abs. 1 bzw. Abs. 2 genannten Voraussetzungen auffordern, einen Antrag auf Leistungen nach dem SGB VI zu stellen (eingehend zum Verfahren *Finkenbusch,* WzS 2004, 257). Dabei erfasst Abs. 1 die Situation, in der die **Erwerbsfähigkeit** des Versicherten insgesamt erheblich **gefährdet oder gemindert** ist. Dies liegt vor, wenn durch konkretisierbare Funktionseinschränkungen als Folge von Krankheit oder Behinderung ohne Teil-

habeleistungen in absehbarer Zeit über die bloße Möglichkeit hinaus mit ihrer wesentlichen Minderung zu rechnen ist (BSG SozR 2200, § 1236 Nr. 31; *Noftz*, H/N § 51 Rn. 12). Inhaltlich entsprechen diese Voraussetzungen den Begrifflichkeiten des § 10 Nr. 1 SGB VI für Rehabilitationsmaßnahmen. Von einer „erheblichen" Gefährdung oder Minderung ist auszugehen, wenn ein gewisses Gewicht oder eine gewisse Dauer erreicht ist.

Die erhebliche Gefährdung oder Minderung der Erwerbsfähigkeit muss durch ein **ärztliches Gutachten** festgestellt worden sein. Allgemeine Atteste oder Bescheinigungen genügen nicht, erforderlich ist eine ausführliche Darstellung der Befunde sowie der durch diese festgestellten Funktionseinschränkungen, die zur Gefährdung bzw. Minderung führen (BSG SozR 3–2200, § 183 Nr. 2, 5/7). Das Gutachten muss aber nicht durch einen Vertragsarzt oder den Medizinischen Dienst erstellt sein, vielmehr genügt ein Gutachten eines jeden Arztes (BSG SozR 3–2200, § 183 Nr. 2, 5/7). Hat der Versicherte seinen Wohnsitz im Ausland, sieht Abs. 1 S. 2 Sonderregelungen vor, die eine Besserstellung dieser Versicherten verhindern sollen (*Berchtold*, Beck-OK § 51 Rn. 7). 3

Nach Abs. 2 kann die KK zudem dem Versicherten eine Frist zur Beantragung der **Regelaltersrente** (nach § 35 SGB VI) oder zur **Altersrente aus der Alterssicherung der Landwirte** setzen. Die beiden Tatbestandsvarianten sind abschließend und nicht analogiefähig. Das bedeutet, dass andere als die dort genannten Rentenleistungen nicht zu einem Antrag berechtigen, die KK kann also einen Versicherten insb. nicht auf beamtenrechtliche Versorgungsbezüge verweisen (BSG SozR 2200, § 183 RVO Nr. 45 LS 2, Rn. 17). 4

Die KK hat in beiden Fällen, also Abs. 1 wie Abs. 2, eine **Ermessensentscheidung** zu treffen. Sie „kann", muss aber dem Versicherten keine Frist zur Antragsstellung setzen (BSG SozR 2200, § 1248 Nr. 33, 72/74; BSG SozR 3–2200, § 183 Nr. 2, 5/8). Setzt sie eine Frist, so stellt diese Fristsetzung nach überwiegender Ansicht einen Verwaltungsakt dar (BSG SozR 2200, § 183 RVO Nr. 2, 5/8). Die Ermessensentscheidung (ausführlich zu den Kriterien *Noftz*, H/N, § 51 Rn. 18 ff.) muss sich va. an den von § 51 maßgeblich geschützten Schutzinteressen der Versicherung (vgl. Rn. 1) auf der einen sowie den berechtigten Interessen des Versicherten auf der anderen Seite orientieren (BSG SozR 2200, § 1248 Nr. 33, 72/77; BSG NZS 2005, 645/647). Der Versicherte wird seinerseits daran interessiert sein, die ihm vom Recht der RV eingeräumten Spielräume zu nutzen, etwa den Beginn seiner Rente nach eigenen Zweckmäßigkeitsvorstellungen festzusetzen (*Höfler*, KK, § 51 Rn. 3). Bei der Abwägung wird man im Regelfall dem Interesse der Solidargemeinschaft der KV einen Vorrang einzuräumen haben, so dass die KV idR. auf einen Antrag des Versicherten an die RV entscheiden muss. Als überwiegende Interessen des Versicherten können grundsätzlich nur solche angesehen werden, die nicht in erster Linie darauf ausgerichtet sind, die der KK zustehenden Befugnisse zu schmälern (BSG NZS 2005, 645/647 mit Beispielen). Insb. genügt nicht das bloße Interesse des Versicherten daran, seinen Rentenanspruch erhöhen zu wollen (BSG NZS 2005, 645/647; aA. indes BSG SozR 2200, § 1248 Nr. 33, 72/77). 5

C. Wegfall des Krankengeldanspruchs

Kommt der Versicherte der Fristsetzung der KK rechtzeitig nach, ist er nicht den nachteiligen Folgen des Abs. 3 ausgesetzt. Durch den Antrag auf Leistung zur Teilhabe bindet er sich jedoch. Er kann ihn nun nur noch mit Zustimmung der KK wirksam zurücknehmen oder beschränken (BSG NZS 2005, 645/649; *Finken*- 6 *busch*, WzS 2004, 257/263). Insofern ist seine **Dispositionsbefugnis** über seine eigenen Sozialleistungsansprüche eingeschränkt. Eine derartige Einschränkung wird sogar dann bejaht, wenn die KK bei bereits gestelltem Antrag die Aufforderung „nachschiebt" oder den Versicherten auffordert, seinen bereits gestellten Antrag nicht ohne ihre Zustimmung zurückzunehmen oder zu beschränken (BSG SozR 3–2500, § 50 Nr. 3, 5/11).

7 **Nachteilige Konsequenzen** ergeben sich nach Abs. 3, wenn der Versicherte eine Antragstellung unterlässt. Hat der Versicherte danach den Antrag auf Leistungen zur Rehabilitation nicht innerhalb der gesetzten Frist gestellt, kann das Krankengeld mit dem nächsten Tag wegfallen. Zugleich endet die Mitgliedschaft in der KK (s. § 192 Abs. 1 Nr. 2). Der Wegfall des Krankengeldes ist durch die KK auf dem Weg eines schriftlichen Verwaltungsakts zu bescheiden (*Hochscheid*, J/J, § 51 Rn. 9). Nach Abs. 3 lebt jedoch der Anspruch dann wieder auf, wenn der Versicherte einen Antrag nach Abs. 1 bzw. 2 später stellt. Eine Anrechnung der nicht gezahlten Krankengeldzeit auf die Höchstdauer der 78 Wochen findet nicht statt. Für ein Wiederentstehen des Anspruchs ist jedoch erforderlich, dass alle Voraussetzungen für die Entstehung des Anspruchs auf Krankengeld abermals erfüllt sind, denn die Mitgliedschaft in der KV war zuvor beendet worden (wie hier *Berchtold*, Beck-OK § 51 Rn. 10; *Lekon*, Die Leistungen 1989, 81/89; *Schmidt*, Peters, KV, § 51 Rn. 54; aA. *Höfler*, KK, § 51 Rn. 18).

Dritter Titel. Leistungsbeschränkungen

§ 52 Leistungsbeschränkungen bei Selbstverschulden

(1) **Haben sich Versicherte eine Krankheit vorsätzlich oder bei einem von ihnen begangenen Verbrechen oder vorsätzlichen Vergehen zugezogen, kann die Krankenkasse sie an den Kosten der Leistungen in angemessener Höhe beteiligen und das Krankengeld ganz oder teilweise für die Dauer dieser Krankheit versagen und zurückfordern.**

(2) **Haben sich Versicherte eine Krankheit durch eine medizinisch nicht indizierte ästhetische Operation, eine Tätowierung oder ein Piercing zugezogen, hat die Krankenkasse die Versicherten in angemessener Höhe an den Kosten zu beteiligen und das Krankengeld für die Dauer dieser Behandlung ganz oder teilweise zu versagen oder zurückzufordern.**

Schrifttum: *E. Künnell*, Leistungsbeschränkung nach § 52 SGB V, DOK 1990, 333; *ders.*, Zur Diskussion: Leistungsbeschränkung nach § 52 SGB V, Die Leistungen 1991, 41; *H. Marburger*, Gesetzliche Krankenversicherung: keine Leistungsgewährung bei Privatunfällen?, Die Leistungen 2006, 257; *K. Mihm*, Die Verschuldensrelevanz im Sozialleistungsrecht, NZS 1995, 7; *T. Rompf*, Selbstverschulden im Krankenversicherungsrecht, SGb 1997, 105; *J. Schwede*, Sportverletzungen im Sozialversicherungsrecht, NZS 1996, 562; *T. Voelzke*, Die Herbeiführung des Versicherungsfalls im Sozialversicherungsrecht, 2004.

A. Überblick

1 § 52 ermöglicht in tatbestandlich eng begrenztem Umfang die Beteiligung der Versicherten an den Kosten der Behandlung von Krankheiten, die sich diese vorsätzlich oder bei gefahrgeneigten bzw. risikoerhöhenden Handlungen zugezogen haben, und stellt damit eine Konkretisierung des Grundsatzes der Eigenverantwortung der Versicherten (vgl. § 1 Rn. 7 f.) dar. Jedenfalls der mit Wirkung zum

1. 4. 2007 eingefügte Abs. 2, der in der großkoalitionären Gesundheitsreform eines der wenigen Kostensenkungsinstrumente darstellte, dürfte mit Blick auf dieses Ziel in quantitativer Hinsicht eher symbolische Bedeutung haben.

B. Krankheit in Folge vorsätzlicher Handlung oder Straftat, Abs. 1

I. Tatbestandsvoraussetzungen

Abs. 1 greift zum einen ein, wenn sich der Versicherte eine Krankheit (§ 27 Rn. 10 ff.) vorsätzlich zugezogen hat. Nicht erforderlich ist, dass sich der Versicherte den Gesundheitsschaden selbst zugefügt hat (SächsLSG v. 9. 10. 2002, L 1 KR 32/02). Vorsatz setzt Wissen und Willen hinsichtlich der konkreten Handlung, dem Eintritt des Erfolges und der Kausalität zwischen Handlung und Erfolg voraus, wobei unwesentliche Abweichungen unschädlich sind (vgl. *Noftz*, H/N, § 52 Rn. 18). Eventualvorsatz genügt (SächsLSG v. 9. 10. 2002, L 1 KR 32/02). Der Vorsatz muss sich auf die Krankheit beziehen, nicht lediglich auf die Handlung, bei der sich der Versicherte die Krankheit zugezogen hat (zum Vorsatzexzeß *Rompf*, SGb 1997, 105/106). Deswegen wird es bei einer lediglich gesundheitsschädlichen Lebensführung (Rauchen uä.) am notwendigen Vorsatz fehlen (näher *Höfler*, KK, § 52 Rn. 5 b; *Noftz*, H/N, § 52 Rn. 22; *Rompf*, SGb 1997, 105/106 ff.). Gleiches gilt in der Regel auch für Sportverletzungen (vgl. BSG, NJW 1959, 2327/2327; *Schwede*, NZS 1996, 562/563). 2

Etwas anderes gilt hinsichtlich der zweiten Variante. Hier reicht es aus, dass der Versicherte ein Verbrechen (§ 11 Abs. 1 StGB) vorsätzlich oder fahrlässig oder ein Vergehen (§ 11 Abs. 2 StGB) vorsätzlich begangen hat. Fahrlässigkeit liegt vor bei Außerachtlassung der erforderlichen Sorgfalt. Vorsatz und Fahrlässigkeit müssen sich nicht auf die Entstehung der Krankheit, sondern nur auf die Straftat beziehen (BT-Drs. 11/2237, 182; SächsLSG v. 9. 10. 2002, L 1 KR 32/02; SG Aachen, Breith. 2007, 125). Verminderte Schuldfähigkeit schließt – anders als Schuldunfähigkeit – die Anwendbarkeit von § 52 Abs. 1 nicht aus, ist aber bei der Ermessensausübung (Rn. 6) zu berücksichtigen. 3

Zwischen Straftat und Krankheit muss ein Kausalzusammenhang nach Maßgabe der im Sozialversicherungsrecht geltenden Theorie der wesentlichen Bedingung bestehen. Danach werden als kausal und rechtserheblich nur solche Ursachen angesehen, die wegen ihrer besonderen Beziehung zum Erfolg an dessen Eintritt wesentlich mitgewirkt haben; welche Ursache wesentlich ist und welche nicht, muss aus der Auffassung des praktischen Lebens über die besondere Beziehung der Ursache zum Eintritt des Erfolges bzw. Gesundheitsschadens abgeleitet werden (eingehend BSG, NZS 2007, 212/214 f.). Anhand des gleichen Maßstabes sind auch Wieder- und Folgeerkrankungen zu beurteilen (vgl. *Rompf*, SGb 1997, 105/109). In zeitlich-räumlicher Hinsicht ist auf die strafrechtlichen Wertungen abzustellen, wobei sich der Versicherte eine Krankheit bei einem Verbrechen oder Vergehen mit der Folge der Anwendbarkeit des § 52 Abs. 1 ab Eintritt des Versuchsstadiums bzw. schon mit Beginn von Vorbereitungshandlungen, soweit diese strafbar sind, und nicht nur bis zu dessen Vollendung, sondern bis zu dessen Beendigung – also unter Umständen etwa auch noch auf der Flucht – zuziehen kann (vgl. *Rompf*, SGb 1997, 105/108 f.). 4

Da § 52 Abs. 1, anders als die Parallelvorschriften § 104 Abs. 1 SGB VI und § 101 Abs. 2 SGB VII, ein strafgerichtliches Urteil nicht als Voraussetzung für eine 5

Leistungseinschränkung benennt, steht den KKen ein von einem strafgerichtlichen Urteil unabhängiges Prüfungs- und Beurteilungsrecht zu (so auch SG Aachen, Breith. 2007, 125). Eine strafgerichtliche Verurteilung ist damit nicht Bedingung für die Anwendbarkeit von § 52 Abs. 1. Allerdings haben strafgerichtliche Entscheidungen jedenfalls Tatbestandswirkung für die sozialrechtliche Beurteilung (SächsLSG v. 9.10.2002, L 1 KR 32/02; *Noftz*, H/N, § 52 Rn. 27).

II. Rechtsfolgen

6   Liegen die aufgezeigten Voraussetzungen vor, ist die KK berechtigt, die Versicherten durch Verwaltungsakt an den Kosten der Leistungen in angemessener Höhe zu beteiligen und das Krankengeld ganz oder teilweise für die Dauer dieser Krankheit zu versagen und ggf. zurückzufordern. Die Kostenbeteiligung kann sich auf alle Leistungen iSd. SGB V erstrecken. Das Vorgehen der KK hinsichtlich der Kostenbeteiligung steht in deren pflichtgemäßen Ermessen (vgl. BSG, SozR 4–3200, § 81 Nr. 2 Rn. 13). Dabei hat sie unter Berücksichtigung der Umstände des Einzelfalles die Interessen des Versicherten mit denen der Versichertengemeinschaft abzuwägen. Kriterien sind insbesondere der Grad des Verschuldens, die Höhe der Aufwendungen der KK, die finanzielle Leistungsfähigkeit des Versicherten sowie dessen Unterhaltsverpflichtungen (so die Gesetzesbegründung, BT-Drs. 11/2237, 182). Zudem erfolgt die Beteiligung nur in angemessener Höhe, was eine vollständige Leistungsversagung aber nicht ausschließt (aA. *Höfler*, KK, § 52 Rn. 15). Hierbei handelt es sich um einen unbestimmten Rechtsbegriff, der gerichtlich voll überprüfbar ist (aA. *Noftz*, H/N, § 52 Rn. 32, der dies dem Auswahlermessen der KK zuordnet). Letzteres gilt auch für die Höhe, in der Krankengeld zu versagen bzw. zurückzufordern ist.

7   Die Norm statuiert nicht nur die Pflicht der KK, das Krankengeld zurückzufordern, sondern ist zugleich Ermächtigungsgrundlage. Als lex specialis verdrängt sie die §§ 44 ff. SGB X, die nicht anwendbar sind (SächsLSG v. 9.10.2002, L 1 KR 32/02; *Höfler*, KK, § 52 Rn. 17; *Noftz*, H/N, § 52 Rn. 31).

C. Krankheit in Folge medizinisch nicht indizierter Maßnahmen

I. Tatbestandsvoraussetzungen

8   Abs. 2 greift ein, wenn sich der Versicherte eine Krankheit durch eine dort genannte Maßnahme zugezogen hat, die medizinisch nicht indiziert war. Voraussetzung ist aber, dass die Maßnahme (ästhetische Operation, Tätowierung, Piercing) mit Einwilligung des Versicherten erfolgt. Bei Minderjährigen ist insoweit auf die gesetzlichen Vertreter abzustellen. Die Aufzählung medizinisch nicht indizierter Maßnahmen im Gesetz ist nunmehr abschließend geregelt (BT-Drs. 16/7439, 96). Durch diese Maßnahme muss bei dem Versicherten eine Krankheit (§ 27 Rn. 10 f.) kausal im Sinne der Theorie der wesentlichen Bedingung (Rn. 4) entstanden sein.

II. Rechtsfolgen

Liegen die aufgezeigten Voraussetzungen vor, ist die KK verpflichtet, die Versicherten an den Kosten zu beteiligen und das Krankengeld für die Dauer der Behandlung ganz oder teilweise zu versagen oder zurückzufordern. Ein Ermessen steht der KK dabei – anders als bei Abs. 1 – nicht zu. Die Beteiligung an den Kosten erfolgt allerdings lediglich in angemessener Höhe (Rn. 6). Hinsichtlich der Rückforderung bereits gezahlten Krankengeldes gelten die §§ 44 ff. SGB X nicht (Rn. 7). 9

§ 52 a Leistungsausschluss

¹Auf Leistungen besteht kein Anspruch, wenn sich Personen in den Geltungsbereich dieses Gesetzbuchs begeben, um in einer Versicherung nach § 5 Abs. 1 Nr. 13 oder auf Grund dieser Versicherung in einer Versicherung nach § 10 missbräuchlich Leistungen in Anspruch zu nehmen. ²Das Nähere zur Durchführung regelt die Krankenkasse in ihrer Satzung.

I. Zweck der Regelung

Mit der im Zuge des GKV-WSG eingefügten Regelung reagiert der Gesetzgeber in gewisser Weise auf sich selbst, weil sich § 52 a als Reaktion und gewisse Kompensation für die Änderung in § 5 Abs. 1 Nr. 13 verstehen lässt. Dessen gesetzgeberische Ratio zielt auf Beseitigung bisheriger Schutzlücken (vgl. BT-Drs. 16/3100, 94); im Schrifttum wird die Vorschrift als grundsätzliche Abkehr von dem bisherigen Ziel, missbräuchliche Inanspruchnahme auszuschließen und auch des Grundgedankens der Subsidiarität des gesetzlichen Krankenversicherungsschutzes verstanden (Ulmer, Beck-OK, § 1 Rn. 68 a). § 52 a will dadurch etwa entstehenden Gefahren begegnen. Die Regelung beinhaltet einen Leistungsausschluss für Personen, die ihren Wohnsitz oder ständigen Aufenthalt nur deshalb nach Deutschland verlegen, um als nunmehr durch § 5 Abs. 1 Nr. 13 erfasste ehedem „Nichtversicherte" in den Genuss von Leistungen zu kommen. 1

II. Tatbestandsmerkmale

Erfasst werden, so die Gesetzesbegründung ausdrücklich, Fälle, in denen der Wohnsitz oder der gewöhnliche Aufenthalt in Deutschland lediglich begründet wird, um Leistungen der gesetzlichen Krankenversicherung in Anspruch zu nehmen. In diesen Fällen sei es, so der Gesetzgeber weiter, nicht gerechtfertigt, dass z. B. aufwändige, hochtechnisierte Operationen wie Organtransplantationen zu Lasten der Versichertengemeinschaft zu erbringen seien (BT-Drs. 16/3100, 108). Die Absicht, rechtsmissbräuchlicher Inanspruchnahme erfordert dolus directus ersten Grades. Das Gesetz überantwortet in S. 2 das Nähere den Satzungsregelungen der Krankenkassen; dort werden meist Auskunftsverlangen, Wahrheits- und ggf. Untersuchungspflichten normiert, die mit Hinweisen auf etwaige Rückforderungen kombiniert werden. 2

Aus der gesetzlichen Ratio eines (bloßen) Missbrauchsausschlusses folgt, dass aufgrund akuter Erkrankungen und Schmerzzustände erforderliche ärztliche und zahnärztliche Behandlungen nicht vom Leistungsausschluss betroffen sind, sie 3 dürften kaum in der Absicht hergestellt werden, in Deutschland Sozialleistungen nachzufragen.

III. Bewertung

4   Der Sinn des § 52a ist zweifelhaft. Es liegt der Verdacht einer im Sozialrecht bisweilen zu findenden bloßen symbolischen Gesetzgebung nahe. Denn zum einen dürften in der Tat kaum massenhaft Menschen nach Deutschland strömen, um hier Leistungen der GKV nachzufragen, wie es die gesetzliche Regelung und die Gesetzesmotive insinuieren. Zum anderen erscheint die Regelung kaum praktikabel. Die geforderte Absicht im Sinne eines dolus directus ersten Grades ist mit den bei dieser Vorsatzform immer bestehenden Nachweisschwierigkeiten belastet. Jedenfalls dürfte der Nachweis, dass der Zuzug ausschließlich in der Absicht erfolgte, missbräuchlich Sozialleistungen in Anspruch zu nehmen, allenfalls gelingen, wenn er vom „Täter" ausdrücklich eingeräumt würde. Die in der Gesetzesbegründung angesprochene Möglichkeit der Krankenkasse vom Versicherten nach den allgemeinen Vorschriften (vgl. §§ 45, 50 SGB X) Ersatz für Leistungen zu fordern, die trotz des Leistungsausschlusses in Anspruch genommen wurden (vgl. BT-Drs. 16/3100, 108), vermag dieses Defizit nicht hinreichend zu kompensieren, da sie eine verwaltungsaufwändige Einbindung der Leistungserbringer erfordern. Sollten die Betroffenen bereits wieder in ihre Heimatländer zurückgekehrt sein, ist eine Rückforderung in aller Regel ohnedies nicht mehr zu realisieren (sa. die Bewertung der Regelung durch zahlreiche gesetzliche Krankenkassen, den Verband der PKV, die Bundesärztekammer sowie KBV und KBZV, einsehbar unter http://www.gkv.info/gkv/fileadmin/user.upload/Pressemitteilungen/Pressemitteilungen.2006/Pressekonferenz.21.11.2006/211106.Liste.pdf.

Sechster Abschnitt. Selbstbehalt, Beitragsrückzahlung

§ 53 Wahltarife

(1) ¹Die Krankenkasse kann in ihrer Satzung vorsehen, dass Mitglieder jeweils für ein Kalenderjahr einen Teil der von der Krankenkasse zu tragenden Kosten übernehmen können (Selbstbehalt). ²Die Krankenkasse hat für diese Mitglieder Prämienzahlungen vorzusehen.

(2) ¹Die Krankenkasse kann in ihrer Satzung für Mitglieder, die im Kalenderjahr länger als drei Monate versichert waren, eine Prämienzahlung vorsehen, wenn sie und ihre nach § 10 mitversicherten Angehörigen in diesem Kalenderjahr Leistungen zu Lasten der Krankenkasse nicht in Anspruch genommen haben. ²Die Prämienzahlung darf ein Zwölftel der jeweils im Kalenderjahr gezahlten Beiträge nicht überschreiten und wird innerhalb eines Jahres nach Ablauf des Kalenderjahres an das Mitglied gezahlt. ³Die im dritten und vierten Abschnitt genannten Leistungen mit Ausnahme der Leistungen nach § 23 Abs. 2 und den §§ 24 bis 24b sowie Leistungen für Versicherte, die das 18. Lebensjahr noch nicht vollendet haben, bleiben unberücksichtigt.

(3) ¹Die Krankenkasse hat in ihrer Satzung zu regeln, dass für Versicherte, die an besonderen Versorgungsformen nach § 63, § 73b, § 73c, § 137f oder § 140a teilnehmen, Tarife angeboten werden. ²Für diese Versicherten kann die Krankenkasse eine Prämienzahlung oder Zuzahlungsermäßigungen vorsehen.

(4) ¹Die Krankenkasse kann in ihrer Satzung vorsehen, dass Mitglieder für sich und ihre nach § 10 mitversicherten Angehörigen Tarife für Kostenerstattung

wählen. ²Sie kann die Höhe der Kostenerstattung variieren und hierfür spezielle Prämienzahlungen durch die Versicherten vorsehen. ³§ 13 Abs. 2 Satz 2 bis 4 gilt nicht.

(5) Die Krankenkasse kann in ihrer Satzung die Übernahme der Kosten für Arzneimittel der besonderen Therapierichtungen regeln, die nach § 34 Abs. 1 Satz 1 von der Versorgung ausgeschlossen sind, und hierfür spezielle Prämienzahlungen durch die Versicherten vorsehen.

[Abs. 6 und 7 in der ab 1. 1. 2009 geltenden Fassung:]

(6) ¹Die Krankenkasse hat in ihrer Satzung für die in § 44 Abs. 2 Nr. 2 und 3 sowie den in § 46 Satz 2 genannten Mitgliedern Tarife anzubieten, die einen Anspruch auf Krankengeld entsprechend § 46 Satz 1 oder zu einem späteren Zeitpunkt entstehen lassen, für die in § 46 Satz 2 genannten Versicherten nach dem Künstlersozialversicherungsgesetz, jedoch spätestens mit Beginn der dritten Woche der Arbeitsunfähigkeit. ²Sie hat hierfür entsprechend der Leistungserweiterung Prämienzahlungen des Mitglieds vorzusehen.

(7) Die Krankenkasse kann in ihrer Satzung für bestimmte Mitgliedergruppen, für die sie den Umfang der Leistungen nach Vorschriften dieses Buches beschränkt.

(8) ¹Die Mindestbindungsfrist für Wahltarife mit Ausnahme der Tarife nach Absatz 3 beträgt drei Jahre. ²Abweichend von § 175 Abs. 4 kann die Mitgliedschaft frühestens zum Ablauf der dreijährigen Mindestbindungsfrist gekündigt werden. ³Die Satzung hat für Tarife ein Sonderkündigungsrecht in besonderen Härtefällen vorzusehen. ⁴Die Prämienzahlung an Versicherte darf bis zu 20 vom Hundert, für einen oder mehrere Tarife einschließlich Prämienzahlungen nach § 242 30 vom Hundert der vom Mitglied im Kalenderjahr getragenen Beiträge mit Ausnahme der Beitragszuschüsse nach § 106 des Sechsten Buches sowie § 257 Abs. 1 Satz 1, jedoch nicht mehr als 600 Euro, bei einem oder mehreren Tarifen einschließlich Prämienzahlungen nach § 242 900 Euro jährlich betragen. ⁵Satz 4 gilt nicht für Versicherte, die Teilkostenerstattung nach § 14 gewählt haben. ⁶Mitglieder, deren Beiträge vollständig von Dritten getragen werden, können nur Tarife nach Absatz 3 wählen.

(9) ¹Die Aufwendungen für jeden Wahltarif müssen aus Einnahmen, Einsparungen und Effizienzsteigerungen, die durch diese Maßnahmen erzielt werden, finanziert werden. ²Die Krankenkassen haben regelmäßig, mindestens alle drei Jahre, über diese Einsparungen gegenüber der zuständigen Aufsichtsbehörde Rechenschaft abzulegen.

Schrifttum: *T. Blöß/S. Rabbata/S. Rieser*, Freiheit für Versicherte, Arbeit für Ärzte, DÄBl 2007, A-1059; *R. Daubenbüchel*, Wahltarife – Wettbewerbselement im Solidarsystem aus aufsichtsrechtlicher Sicht, RPG 2007, 95; *A. Freytag/M. Albrecht/S. Klein/B. Häussler*, Kostenerstattung in der GKV – Empirische Evidenz ihrer Effizienzwirkungen, Gesundheits- und Sozialpolitik (GSP) 2007, 7/8, 46; *J. Isensee*, Wahltarif „Krankenhauskomfort" – Chefarztbehandlung und Ein-/Zweibettzimmer als Wahlleistungen der Kassen – Sicht des Sozial- und des Verfassungsrechts, NZS 2007, 449; *T. Kingreen*, Soziale und private Krankenversicherung – Gemeinschaftsrechtliche Implikationen eines Annäherungsprozesses, ZESAR 2007, 139; *R. Richter*, Gesundheitsreform – Das GKV-Wettbewerbsstärkungsgesetz, DStR 2007, 810; *M. Rolfes*, GKV-Wahltarife – Fischen in fremden Gewässern, ZfV 2007, 619; *R. Schlegel*, GKV-Wettbewerbsstärkungsgesetz (GKV-WSG), jurisPR-SozR 4/2007 Anm. 4; *T. Schmidt*, GKV-WSG – Die Relativierung klassischer Sozialversicherungsmerkmale in der GKV durch veränderte Beitragsbemessung und Wahltarife, GesR 2007, 295; *H. Sodan*, Das GKV-Wettbewerbsstärkungsgesetz, NJW 2007, 1313; *G. W. Weber*, Kundenbindung durch Wahltarife – Neue Möglichkeiten im Krankenkassen-Marketing, GSP 2007, 54; *R. Winkel*, Die neuen Wahl-Tarife der gesetzlichen Kassen – Mehr Risiken als Chancen, SozSich. 2007, 110.

Lang

§ 53 Wahltarife

Inhaltsübersicht

	Rn.
A. Überblick	1
B. Strukturelle, kompetenzielle und grundrechtliche Schieflagen	2
C. Die einzelnen Tarife	4
I. Wahltarif „Selbstbehalt", Abs. 1	6
II. Wahltarif „Nichtinanspruchnahme von Leistungen", Abs. 2	10
III. Wahltarif „Besondere Versorgungsformen", Abs. 3	13
IV. Wahltarif „Kostenerstattung", Abs. 4	15
V. Wahltarif „Arzneimittel der besonderen Therapierichtungen", Abs. 5	19
VI. Wahltarif „Individueller Krankengeldanspruch", Abs. 6 und „Eingeschränkter Leistungsumfang bei Teilkostenerstattung", Abs. 7	20
D. Laufzeit und Mindestbindung	22
E. Höchstgrenzen	24
F. Finanzierung und Aufsicht	25

A. Überblick

1 Mit dem GKV-WSG wollte der Gesetzgeber die Beziehungen zwischen Patienten und Ärzten, Versicherten und Kassen, Kassen und Leistungserbringern transparenter, flexibler und noch stärker wettbewerbsbezogen ausgestalten, ua. durch die Ausweitung der Wahlfreiheiten des Versicherten (so jedenfalls BT-Drs. 16/3100, 2, 85 f. 108). Zur Zielerreichung bedient sich der Gesetzgeber im Rahmen des § 53 eines Mixes aus fakultativen (etwa bei den „besonderen Therapieformen", Abs. 3, bei der „Kostenerstattung", Abs. 4 und bei „besonderen Therapieeinrichtungen", Abs. 5) und obligatorischen Wahltarifen (so bei der Einführung des Wahltarifs „Krankengeld", Abs. 6). Mit der Einführung resp. Ausweitung der Wahltarife verbessert der Gesetzgeber aber nicht nur die Position der Versicherten im Wettbewerb, er installiert zugleich einen Wettbewerb zwischen der PKV und der GKV, da letztere im Bereich der Wahltarife nach den Abs. 3 bis 6 in Konkurrenz zu privaten Versicherungsunternehmen treten.

B. Strukturelle, kompetenzielle und grundrechtliche Schieflagen

2 Nicht nur verfassungsrechtlich bestehen Schieflagen. Zunächst stellt sich die Frage, auf welchem Kompetenztitel die Einführung eines „gesetzlich Privatversicherten" eigentlich beruhen soll. Gleichsam umgekehrt zu anderen Reformschritten des GKV-WSG, wo – wie vor allem bei dem der PKV oktroyierten Basistarif resp. dessen Ausgestaltung – Strukturelemente der GKV (keine Relevanz von Vorerkrankungen, Verbot von Risikozuschlägen und Leistungsausschlüssen, Prämiendeckelung, RSA etc.) in die PKV implementiert werden, werden mit den Wahltarifen bestimmte Elemente der Privatversicherung (Freiwilligkeit des Zugangs zum Versicherungsschutz, Vertragsfreiheit mit Disposition über Leistung und Gegenleistung, Leistungsäquivalenz des Beitrags und seiner Bemessung nach individuellem Risiko, dazu *Isensee*, NZS 2007, 449/449 ff.) in die Sozialversicherung übernommen; wichtige Abgrenzungskriterien zur PKV (Solidarität, Schutz bei fehlender Leistungsfähigkeit, Pflichtversicherung, dazu Schmidt, GesR 2007, 295/302) fehlen demgegenüber. Zudem ist nicht auszuschließen, dass mit den Wahltarifen eine Risikoselektion innerhalb der einzelnen gesetzlichen KKen entstehen kann. Außerdem werden von diesen Wahltarifen in erster Linie junge, gesunde und besser verdienende Versicherte profitieren (so auch *Isensee*, NZS 2007, 449/453).

Neben diesen kompetenziellen und strukturellen bestehen auch Bedenken in grundrechtlicher Perspektive. Jedenfalls gilt nach allgemeinen Regeln, dass eine Teilnahme des Staates am Wettbewerb dann nicht grundrechtlich neutral ist, wenn dabei spezifische Strukturvorteile, die mit der öffentlich-rechtlichen Funktion zusammenhängen (hier etwa erleichterter Zugriff auf „Kunden", denen eine Kombination von Grundversorgung und Zusatztarifen „aus einer Hand" angeboten werden kann), ausgenutzt und genau damit Wettbewerbsvorteile erzielt werden, die dem privaten Konkurrenten nicht zur Verfügung stehen. Es bleibt abzuwarten, ob und in welchem Umfang das BVerfG die durch das GKV-WSG installierten Mischformen zwischen Privatversicherung und gesetzlicher Krankenversicherung passieren lässt. Jedenfalls dürfte die mit der Reform erstrebte gerechtere Lastenverteilung zwischen GKV und PKV (so BT-Drs. 16/3100, 95) es nicht rechtfertigen, dass einerseits die Erfüllung im öffentlichen Interesse liegender Anliegen durch kompensationslose Indienstnahme Privater auf die PKV verschoben wird (Basistarif) und andererseits die GKV mit Momenten der Entsolidarisierung (Wahltarife) angereichert wird. 3

C. Die einzelnen Tarife

Grundsätzlich lassen sich die Wahltarife in zwei Gruppen einteilen: Die einen, bei denen Versicherte für ihre fehlende bzw. geringere Inanspruchnahme von Leistungen durch finanzielle Anreize – Prämienzahlungen – belohnt werden. Die anderen, bei denen die Versicherten den Leistungskatalog aufstocken können, dafür aber auch zusätzliche Prämien zahlen müssen. Bei der Prämienzahlung durch die Kasse handelt es sich zwar um eine Art Beitragsrückerstattung (*Schlegel*, jurisPR-SozR 4/2007 Anm. 4); dieser Begriff ist aber vom Gesetzgeber bewusst nicht übernommen worden; das Gesetz spricht stattdessen von Prämienzahlungen (BT-Drs. 16/3100, 108). 4

Die jeweiligen Tarife einschließlich ihrer Inhalte, wie Voraussetzungen, Höhe und Art der Prämien, sind durch die KKen in einer Satzung zu regeln. Dabei müssen die Satzungsbestimmungen dem rechtsstaatlichen Gebot der Normenklarheit genügen (vgl. BSG v. 19. 9. 2007, B 1 A 4/06 R). 5

I. Wahltarif „Selbstbehalt", Abs. 1

Die KKen können in ihrer Satzung einen Selbstbehalttarif des Versicherten vorsehen. Das heißt, der Versicherte trägt einen Teil der anfallenden Behandlungskosten selbst. Dafür erhält dieser von seiner KK eine vereinbarte Prämienzahlung. Die Begrenzung dieser Möglichkeit auf den Kreis freiwilliger Mitglieder, die Kostenerstattung in Anspruch zu nehmen, ist damit weggefallen. 6

§ 53 Abs. 1 enthält keinen ausdrücklichen Hinweis darauf, ob nur Leistungsinanspruchnahmen des Mitglieds selbst auf den Selbstbehalt anzurechnen sind oder auch Leistungen, die von Familienversicherten in Anspruch genommen wurden. Eine Anrechnung auf den Selbstbehalt wäre im Umkehrschluss zur Regelung in § 53 Abs. 2, wonach eine Prämienzahlung für den Fall vorgesehen werden kann, dass sowohl das Mitglied als auch die mitversicherten Angehörigen keine Leistungen in Anspruch nehmen, konsequent. 7

Dagegen haben Leistungen, die der Früherkennung und Prävention dienen sowie Leistungen für Versicherte, die das 18. Lebensjahr noch nicht vollendet haben, 8

§ 53

für den Selbstbehalt unberücksichtigt zu bleiben (so auch BVA, Schreiben v. 13. 3. 2007, AZ II 1–4927.6 – 3709/2006, 5), auch wenn dies nicht in § 53 Abs. 1 ausdrücklich geregelt wurde. Das gilt auch für die Zahnprophylaxe nach § 55 Abs. 1. Diese Praxis entspricht zum einen der Vorgängerregelung, zum anderen widerspräche die Anrechnung solcher Leistungen der Grundintention, Früherkennungs- und Präventionsmaßnahmen gerade zu fördern und nicht das Mitglied davon abzuhalten. Hierfür spricht auch die vergleichbare Regelung in § 53 Abs. 2 S. 3.

9   Die Höhe des Selbstbehalts und der Prämie kann sich nach dem Bruttoeinkommen des Mitglieds staffeln. Mit zunehmendem Einkommen würden dann auch Eigenanteil und Prämie steigen. Der Selbstbehalt muss aber im angemessenen Verhältnis zur Prämienrückzahlung stehen (BT-Drs. 16/3100, 109).

II. Wahltarif „Nichtinanspruchnahme von Leistungen", Abs. 2

10 Die gesetzlichen KKen können ihren Mitgliedern und deren Familienversicherten eine Prämienzahlung für „leistungsvermeidendes" Verhalten in Höhe von höchstens einem Zwölftel des Jahresbeitrags inklusive Arbeitgeberanteil (BVA, Schreiben v. 13. 3. 2007, AZ II 1 – 4927.6–3709/2006, 4) anbieten. Die Voraussetzung dafür ist, dass das Mitglied und die Familienversicherten ein Jahr lang keine Leistungen ihrer KK in Anspruch nehmen. Für chronisch Kranke wird dieser Wahltarif damit nicht in Betracht kommen, was letztendlich sozial diskriminierend wirkt.

11 Leistungen für Mitversicherte unter 18 Jahren oder aber die Inanspruchnahme medizinischer Vorsorgeleistungen sind nicht anzurechnen (Rn. 7).

12 Die Voraussetzungen für die Prämienzahlung sind durch die jeweilige KK zu prüfen, ohne dass hierfür ein Antrag vom Mitglied gestellt werden muss (BVA, Schreiben v. 13. 3. 2007, AZ II 1 – 4927.6–3709/2006, 3). Eine zweckgebundene Prämienzahlung darf nur dann in der Satzung vorgesehen werden, wenn der Versicherte wählen kann zwischen dieser und einer bedingungsfreien Prämienzahlung (BVA, Schreiben v. 13. 3. 2007, AZ II 1 – 4927.6–3709/2006, 3).

III. Wahltarif „Besondere Versorgungsformen", Abs. 3

13 Schon seit einiger Zeit können die gesetzlichen KKen unterschiedliche Versorgungsprogramme anbieten, die in erster Linie eine engere Kooperation unter Ärzten sowie teilweise auch über die Sektorengrenzen hinweg mit Krankenhäusern und Rehabilitationseinrichtungen fördern. Das betrifft vor allem die integrierte Versorgung (§ 140 a), die hausarztzentrierte Versorgung (§ 73 b) und die besondere ärztliche Versorgung (§ 73 c), aber auch die strukturierten Behandlungsprogramme für chronisch erkrankte Patienten (§ 137 f.), so genannte DMP, sowie Modellvorhaben (§ 63). Zukünftig müssen alle gesetzlichen KKen Versicherten, die an solchen selektiv-vertraglichen Programmen teilnehmen, einen Wahltarif anbieten (so auch *Sodan*, NJW 2007, 1313/1315). Dieser Wahltarif soll den Versicherten für seine Teilnahme an diesem speziellen Programm belohnen, etwa mit Prämien oder Zuzahlungsermäßigungen. Welche Bonifizierung erbracht wird, hat allein die KK zu entscheiden und in ihrer Satzung zu regeln (BVA, a.a.O. S. 5).

14 Mitglieder, deren Beiträge vollständig von Dritten getragen werden (z. B. Empfänger von Arbeitslosengeld I und II), können nur den Wahltarif für besondere Versorgungsformen wählen (BT-Drs. 16/3100, 109). So sind sie etwa von den Selbstbehalttarifen und Beitragsrückerstattungen ausgeschlossen.

IV. Wahltarif „Kostenerstattung", Abs. 4

Zu der Gruppe von Wahltarifen, die weitere Leistungen anbieten, dafür aber auch einen zusätzlichen Beitrag erheben, gehört der Wahltarif nach § 53 Abs. 4. Bei diesem speziellen Wahltarif ist es auch möglich, nur eine „Kostenerstattung" bei gleicher Leistung nach dem Leistungskatalog der gesetzlichen KK zu wählen. Ob damit auch Leistungen einbezogen werden können, die nicht im Leistungskatalog der GKV enthalten sind, geht aus dem Gesetzeswortlaut nicht eindeutig hervor. Das Bundesversicherungsamt hat im Schreiben v. 13. 3. 2007 (AZ II 1 – 4927.6–3709/2006, 5) mit Verweis auf § 13 Abs. 2 S. 1 klargestellt, dass dieser Tarif keine Leistungsausweitung beinhaltet, sondern nur die Höhe der Kostenerstattung betrifft. Trotz dieser Klarstellung sieht das Bundesversicherungsamt das Angebot eines Kostenerstattungstarifs für „Chefarztbehandlung und 2-Bett-Zimmer" nicht als Leistungsausweitung an. Das ist inkonsistent, weil ein derartiger Zusatztarif bisher nur durch die PKV zu erhalten war. Zudem ist festzuhalten, dass gerade eine Chefarztbehandlung zumeist nicht zu den medizinisch notwendigen Krankenhausbehandlungen gehört und deshalb auch nicht per se als Bestandteil einer Krankenhausbehandlung gesehen werden kann. Soweit hiervon Ausnahmen zu machen sind, nämlich in Fällen, in denen eine solche Leistung medizinisch indiziert ist, kann dies nicht zu einer pauschalen Aufnahme in den Leistungskatalog führen (so auch *Isensee*, NZS 2007, 449/450). 15

Mitglieder einer gesetzlichen KK und deren Familienversicherte können den Wahltarif der Kostenerstattung wählen. In diesem Fall werden dem Mitglied die Behandlungskosten wie einem Privatpatienten in Rechnung gestellt. 16

Die KK kann die Höhe der Kostenerstattung variabel gestalten. Das bedeutet, dass in einem Kostenerstattungstarif höhere Vergütungen vereinbart werden können, als normalerweise von den gesetzlichen KKen übernommen werden. BT-Drs. 16/3100, 108 nennt als Beispiel für die Variabilität die Möglichkeit, dem Versicherten den 2,3-fachen Satz nach GOÄ/GOZ zu erstatten. Dafür kann die KK eine Prämienzahlung des Versicherten vorsehen. 17

Die Kostenerstattung kann auf ausgewählte Versorgungsbereiche, wie den ambulanten, den stationären oder den zahnärztlichen Bereich, beschränkt werden. 18

V. Wahltarif „Arzneimittel der besonderen Therapierichtungen", Abs. 5

Für Arzneimittel der sog. besonderen Therapierichtungen (zu ihnen gehören insbesondere homöopathische, phytotherapeutische und anthroposophische Therapierichtungen), die von der Regelversorgung ausgeschlossen sind, können die KKen ihren Versicherten spezielle Tarife anbieten. Die Kosten für beispielsweise homöopathische Arzneimittel werden innerhalb eines solchen Tarifes von der KK getragen. Als Gegenleistung zahlt der Versicherte dafür eine Prämie an seine KK. 19

VI. Wahltarife „Individueller Krankengeldanspruch", Abs. 6 und „Eingeschränkter Leistungsumfang bei Teilkostenerstattung", Abs. 7

Ab 1. 1. 2009 müssen die gesetzlichen KKen darüber hinaus Mitgliedern, die keinen oder nur einen eingeschränkten Anspruch auf Krankengeld haben, etwa Selbstständigen, einen Wahltarif für den „individuellen Krankengeldanspruch" anbieten (hierzu *Sodan*, NJW 2007, 1313/1315). Für diese Leistungserweiterung erhalten die KKen Prämienzahlungen von ihren Mitgliedern. 20

§ 53

21 Gleichzeit entfällt zum 1.1.2009 mit der Einführung des Gesundheitsfonds für die gesetzlichen KKen die Möglichkeit, bei Teilkostenerstattung einen eigenen Beitrag festzulegen. Ersetzend dürfen die gesetzlichen KKen den Mitgliedergruppen, die die Teilkostenerstattung nach § 14 wählen können, beispielsweise Beamte, einen entsprechenden Wahltarif anbieten.

D. Laufzeit und Mindestbindung

22 Damit die gesetzlichen KKen für ihre angebotenen Wahltarife eine gewisse Planbarkeit haben, müssen sich die Versicherten mindestens für drei Jahre an ihren gewählten Wahltarif binden. Das bedeutet auch, dass etwa ein Sonderkündigungsrecht bei Beitragserhöhungen nicht für Versicherte gilt, die einen Wahltarif abgeschlossen haben. Nur in besonderen Härtefällen ist ein Sonderkündigungsrecht innerhalb dieser Dreijahresfrist in der jeweiligen Satzung vorzusehen. Hierbei dürfen Einzelfallentscheidungen nicht ausgeschlossen werden (BVA, Schreiben v. 13.3.2007, AZ II 1 – 4927.6–3709/2006, 6), folglich dürfen in der Satzung die für ein Sonderkündigungsrecht in Betracht gezogenen Härtefälle nicht enumerativ aufgezählt werden.

23 Wurde der Wahltarif auf unbestimmte Zeit abgeschlossen und sind drei Jahre abgelaufen oder erfolgt die Verlängerung bei auf bestimmte Zeit abgeschlossenen Verträgen nach drei Jahren automatisch, gilt ab diesem Zeitpunkt wieder das Sonderkündigungsrecht.

E. Höchstgrenzen

24 § 53 Abs. 8 S. 4 sieht neben Abs. 2 Höchstgrenzen für die möglichen Prämienzahlungen an Versicherte vor. Diese Höchstgrenzen gelten unabhängig davon, ob der Versicherte nur einen Tarif gewählt oder mehrere Tarife kombiniert hat (insoweit irreführend *Heberlein*, Beck-OK, § 53, 2, der nur bei einer Kombination von Tarifen die Höchstgrenzenregelung anwendet). Die Höchstgrenzenregelung soll nach dem Willen des Gesetzgebers einen möglichen Missbrauch, etwa bei Versicherten, die nur geringe Beiträge zahlen, verhindern (BT-Drs. 16/3100, 109). Prämienzahlungen dürfen deshalb nicht außer Verhältnis zu den gezahlten Beiträgen stehen. Von dieser Regelung werden Versicherte mit Teilkostentarifen nach § 14 ausgenommen, um aufgrund der neuen Gesetzeslage eine unbillige Schlechterstellung für diesen Personenkreis zu verhindern (BT-Drs. 16/3950, 15).

F. Finanzierung und Aufsicht

25 Die neuen Tarife müssen sich durch die erzielten Einsparungen selbst finanzieren und dürfen nicht aus den allgemeinen Beiträgen der Versichertengemeinschaft quersubventioniert werden (BT-Drs. 16/3100, 109). Deshalb muss die Aufsichtsbehörde diese Wahltarife genehmigen. Darüber hinaus ist jede gesetzliche KK verpflichtet, der zuständigen Aufsichtsbehörde über die erzielten Einsparungen regelmäßig Rechenschaft ablegen. Darüber hinaus ist für die erforderliche Nachweisführung die Einnahmen- und Ausgabesituation der Versicherten mit Wahltarifen gesondert aufzuschlüsseln (*Heberlein*, Beck-OK, § 53, 3). Die schon in § 65 a Abs. 4 bestehenden Regelungen einschließlich einer Berichtspflicht gegenüber der Aufsichtsbehörde wurden vom Gesetzgeber übernommen. Es besteht jedoch nunmehr eine Rechenschaftspflicht der KKen von drei Jahren (Abs. 9 S. 2).

§ 54 *(aufgehoben)*

Siebter Abschnitt. Zahnersatz

§ 55 Leistungsanspruch

(1) ¹Versicherte haben nach den Vorgaben in den Sätzen 2 bis 7 Anspruch auf befundbezogene Festzuschüsse bei einer medizinisch notwendigen Versorgung mit Zahnersatz einschließlich Zahnkronen und Suprakonstruktionen (zahnärztliche und zahntechnische Leistungen) in den Fällen, in denen eine zahnprothetische Versorgung notwendig ist und die geplante Versorgung einer Methode entspricht, die gemäß § 135 Abs. 1 anerkannt ist. ²Die Festzuschüsse umfassen 50 vom Hundert der nach § 57 Abs. 1 Satz 6 und Abs. 2 Satz 6 und 7 festgesetzten Beträge für die jeweilige Regelversorgung. ³Für eigene Bemühungen zur Gesunderhaltung der Zähne erhöhen sich die Festzuschüsse nach Satz 2 um 20 vom Hundert. ⁴Die Erhöhung entfällt, wenn der Gebisszustand des Versicherten regelmäßige Zahnpflege nicht erkennen lässt und der Versicherte während der letzten fünf Jahre vor Beginn der Behandlung

1. die Untersuchungen nach § 22 Abs. 1 nicht in jedem Kalenderhalbjahr in Anspruch genommen hat und
2. sich nach Vollendung des 18. Lebensjahres nicht wenigstens einmal in jedem Kalenderjahr hat zahnärztlich untersuchen lassen.

⁵Die Festzuschüsse nach Satz 2 erhöhen sich um weitere 10 vom Hundert, wenn der Versicherte seine Zähne regelmäßig gepflegt und in den letzten zehn Kalenderjahren vor Beginn der Behandlung, frühestens seit dem 1. Januar 1989, die Untersuchungen nach Satz 4 Nr. 1 und 2 ohne Unterbrechung in Anspruch genommen hat. ⁶Dies gilt nicht in den Fällen des Absatzes 2. ⁷Für Versicherte, die nach dem 31. Dezember 1978 geboren sind, gilt der Nachweis für eigene Bemühungen zur Gesunderhaltung der Zähne für die Jahre 1997 und 1998 als erbracht.

(2) ¹Versicherte haben bei der Versorgung mit Zahnersatz zusätzlich zu den Festzuschüssen nach Absatz 1 Satz 2 Anspruch auf einen Betrag in jeweils gleicher Höhe, angepasst an die Höhe der für die Regelversorgungsleistungen tatsächlich anfallenden Kosten, höchstens jedoch in Höhe der tatsächlich entstandenen Kosten, wenn sie ansonsten unzumutbar belastet würden; wählen Versicherte, die unzumutbar belastet würden, nach Absatz 4 oder 5 einen über die Regelversorgung hinausgehenden gleich- oder andersartigen Zahnersatz, leisten die Krankenkassen nur den doppelten Festzuschuss. ²Eine unzumutbare Belastung liegt vor, wenn

1. die monatlichen Bruttoeinnahmen zum Lebensunterhalt des Versicherten 40 vom Hundert der monatlichen Bezugsgröße nach § 18 des Vierten Buches nicht überschreiten,
2. der Versicherte Hilfe zum Lebensunterhalt nach dem Zwölften Buch oder im Rahmen der Kriegsopferfürsorge nach dem Bundesversorgungsgesetz, Leistungen nach dem Recht der bedarfsorientierten Grundsicherung, Leistungen zur Sicherung des Lebensunterhalts nach dem Zweiten Buch, Ausbildungsförderung nach dem Bundesausbildungsförderungsgesetz oder dem Dritten Buch erhält oder
3. die Kosten der Unterbringung in einem Heim oder einer ähnlichen Einrichtung von einem Träger der Sozialhilfe oder der Kriegsopferfürsorge getragen werden.

³Als Einnahmen zum Lebensunterhalt der Versicherten gelten auch die Einnahmen anderer in dem gemeinsamen Haushalt lebender Angehöriger und Angehöriger des Lebenspartners. ⁴Zu den Einnahmen zum Lebensunterhalt gehö-

ren nicht Grundrenten, die Beschädigte nach dem Bundesversorgungsgesetz oder nach anderen Gesetzen in entsprechender Anwendung des Bundesversorgungsgesetzes erhalten, sowie Renten oder Beihilfen, die nach dem Bundesentschädigungsgesetz für Schäden an Körper und Gesundheit gezahlt werden, bis zur Höhe der vergleichbaren Grundrente nach dem Bundesversorgungsgesetz. [5]Der in Satz 2 Nr. 1 genannte Vomhundertsatz erhöht sich für den ersten in dem gemeinsamen Haushalt lebenden Angehörigen des Versicherten um 15 vom Hundert und für jeden weiteren in dem gemeinsamen Haushalt lebenden Angehörigen des Versicherten und des Lebenspartners um 10 vom Hundert der monatlichen Bezugsgröße nach § 18 des Vierten Buches.

(3) [1]Versicherte haben bei der Versorgung mit Zahnersatz zusätzlich zu den Festzuschüssen nach Absatz 1 Satz 2 Anspruch auf einen weiteren Betrag. [2]Die Krankenkasse erstattet den Versicherten den Betrag, um den die Festzuschüsse nach Absatz 1 Satz 2 das Dreifache der Differenz zwischen den monatlichen Bruttoeinnahmen zum Lebensunterhalt und der zur Gewährung eines zweifachen Festzuschusses nach Absatz 2 Satz 2 Nr. 1 maßgebenden Einnahmegrenze übersteigen. [3]Die Beteiligung an den Kosten umfasst höchstens einen Betrag in Höhe der zweifachen Festzuschüsse nach Absatz 1 Satz 2, jedoch nicht mehr als die tatsächlich entstandenen Kosten.

(4) Wählen Versicherte einen über die Regelversorgung gemäß § 56 Abs. 2 hinausgehenden gleichartigen Zahnersatz, haben sie die Mehrkosten gegenüber den in § 56 Abs. 2 Satz 10 aufgelisteten Leistungen selbst zu tragen.

(5) Die Krankenkassen haben die bewilligten Festzuschüsse nach Absatz 1 Satz 2 bis 7, den Absätzen 2 und 3 in den Fällen zu erstatten, in denen eine von der Regelversorgung nach § 56 Abs. 2 abweichende, andersartige Versorgung durchgeführt wird.

Schrifttum: *P. Axer*, Abrechnungs- und Wirtschaftlichkeitsprüfungen im vertragszahnärztlichen Abrechnungssystem, NZS 2006, 225; *N. Bever-Breidenbach/G. Gabe*, Festzuschüsse für Zahnersatz – Mehr Patientensouveränität oder nur höhere Belastung?, BKK 2006, 292; *W. Boecken*, Festzuschüsse bei Zahnersatz – insbesondere zu den Fragen ihrer Einbeziehung in die Gesamtvergütung und ihrer Budgetierung, VSSR 2005, 1; *M. Kleinebrinker*, Festzuschuss-Studie der Spitzenverbände der Krankenkassen zum Zahnersatz, KrV 2006, 115; *T. Muschallik*, Inhalt und Bindungswirkung des Grundsatzes der Beitragsssatzstabilität in § 71 Abs. 1, § 141 Abs. 2 SGB V, NZS 1998, 7; *T. Muschallik*, Kostenerstattung – Die überlegene Alternative im Bereich der vertragszahnärztlichen Versorgung, MedR 2000, 213; *T. Muschallik*, Die Zukunft des Sicherstellungsauftrages durch die Kassenzahnärztlichen Vereinigungen unter Berücksichtigung neuer Versorgungsformen – aus Sicht der Kassenzahnärztlichen Vereinigungen, MedR 2003, 139; *W. Noftz*, Leistungsrecht und Leistungserbringungsrecht nach Inkrafttreten des 2. GKV-Neuordnungsgesetzes, VSSR 1997, 393; *H. Plagemann*, Zahnersatz – Umbau eines Versorgungsbereiches – Festzuschuss und Beitragssatzstabilität gem. § 71 SGB V GesR 2006, 488; *F. Schnapp/R. Düring*, Die Rechtsbeziehung zwischen Kassenzahnarzt und sozialversichertem Patienten nach dem Gesundheitsreformgesetz, NJW 1989, 2913; *G. Schwerdtfeger*, Die Leistungsansprüche der Versicherten im Rechtskonkretisierungskonzept des SGB V, NZS 1998, 97; *H. Sodan*, Zukunftsperspektiven der (vertrags)zahnärztlichen Versorgung – eine Einführung, Schriften zum Gesundheitsrecht Bd. 3 (2005), 9; *B. Tiemann/T. Muschallik*, Zur Kostenerstattung nach dem Gesundheitsstrukturgesetz, NJW 1990, 743; *B. Tiemann*, Privatversicherungsrechtliche Elemente in der gesetzlichen Krankenversicherung, dargestellt am Beispiel der Zahnersatzregelung, ZMGR 2005, 14; *J. Weitkamp/S. Ziller/R. Krousky*, Finanzierung der GKV und Umgestaltung des Leistungsrechtes in der Zahnmedizin, insbesondere unter dem Aspekt der Kostenerstattung einschließlich der europarechtlichen Perspektiven, ZfGWiss 2003, 54; *U. Wenner*, Schwachstellen und Reformbedarf im Leistungs- und Leistungserbringungsrecht der Krankenversicherung: Trennung der Versorgungsbereiche und Leistungsansprüche der Versicherten, GesR 2003, 129; *M. Zipperer*, Wichtige strukturelle Änderungen für Ärzte, Zahnärzte und Versicherte im Gesundheitsstrukturgesetz, NZS 1993, 95.

3. Kapitel. 7. Abschnitt **§ 55**

Inhaltsübersicht
Rn.
- A. Überblick 1
  - I. Anspruchsart 3
  - II. Anspruchsdefinition 5
- B. Systematik 9
  - I. Befundbezogene Festlegung 10
  - II. Berechnung der Zuschusshöhe 11
    1. Regelfall (50%) 11
    2. Bonusregelung 12
       a) 20%ige Erhöhung für Eigenbemühungen 12
       b) Ausschluss des Bonus 13
          aa) Individualprophylaxe 14
          bb) Regelmäßige Zahnuntersuchungen ab dem 18. Lebensjahr 15
       c) (Weitere) 10%ige Erhöhung bei Nachweis der Prophylaxe .. 16
- C. Härtefallregelungen 20
  - I. Unzumutbarkeit 23
    1. Einkommensgrenze 27
    2. Bezug von Sozialleistungen 28
  - II. Überforderungsklausel 29
- D. Gleichartige Versorgungen 33
- E. Andersartige Versorgungen 35

A. Überblick

Die Leistungsansprüche der gesetzlich Krankenversicherten umfassen im Bereich der zahnärztlichen Behandlung (vgl. § 28, Rn. 2) auch die Versorgung mit **Zahnersatz** einschließlich **Zahnkronen** und **Suprakonstruktionen**. 1

Die in § 30 aF. enthaltene Systematik einer grundsätzlichen Definition des Leistungsanspruchs der Versicherten im Gesetz und der Festlegung von **Ausnahmeindikationen** durch den G-BA wurde in § 55 aufgegeben. 2

Der Versicherte hat nunmehr grundsätzlich einen Anspruch auf die notwendige Versorgung im zahnprothetischen Bereich. Voraussetzung ist, dass es sich um eine nach § 135 Abs. 1 (Rn. 3) anerkannte **Behandlungsmethode** handelt. Weiterhin muss für die geplante Versorgung eine **Regelversorgung** durch den Gemeinsamen Bundesausschuss nach Maßgabe des § 56 festgesetzt worden sein. Die früheren Leistungsausschlüsse des § 30 Abs. 1 sind nunmehr als vom Bundesausschuss zu beachtender Katalog in § 56 Abs. 2 (Rn. 16) festgelegt.

I. Anspruchsart

Mit Wirkung zum 1.1.2005 ist der Versorgungsanspruch bei Zahnersatz und Zahnkronen auf das **Festzuschuss-System** umgestellt worden. Bis zu diesem Zeitpunkt hatte der Versicherte einen Anspruch gegenüber der Krankenkasse auf Leistung eines prozentualen Zuschusses zur medizinisch notwendigen Versorgung mit Zahnersatz und Zahnkronen. Den von der Krankenkasse zu tragenden prozentualen Anteil rechnete der Vertragszahnarzt nach Abschluss der Behandlung über die zuständige **KZV** ab. Bezüglich des vom Versicherten zu tragenden verbleibenden Anteils erfolgte eine Abrechnung unmittelbar gegenüber dem Patienten/Versicherten. 3

Nunmehr hat der Versicherte einen Anspruch auf einen Festzuschuss bei Berücksichtigung der Kriterien der §§ 135 Abs. 1, 56. 4

Auch der Festzuschuss, welchen die Krankenkasse zu leisten hat, wird über die Kassenzahnärztliche Vereinigung abgerechnet (vgl. § 87 Abs. 1 a S. 7, Rn. 3).

II. Anspruchsdefinition

5 Aufgrund der regelmäßigen Novellierung der Versorgung mit Zahnersatz ist die Definition des Anspruches auf Leistung eines Festzuschusses zweifelhaft. Unverkennbar ist, dass es sich um eine **Geldleistung** handelt. Der Einordnung als Kostenerstattungsanspruch steht jedoch die Formulierung des Gesetzestextes entgegen, dass die Versicherten einen Anspruch „auf **befundbezogene Festzuschüsse**" haben.

Sowohl der Abrechnungsweg, vgl. § 87 Abs. 1 a, als auch die **Ausnahmeregelung** in Abs. 5, wo für andersartige Versorgungen, die nicht dem Katalog der Regelversorgung unterfallen, eine Erstattung durch die Krankenkasse vorgesehen ist, sprechen jedoch weiterhin für einen **Sachleistungsanspruch** sui generis (so *Engelhard*, KK, § 55, Rn. 35; aA. *Axer*, § 231, der von einem „Mischssystem" zwischen Sachleistungs- und Kostenerstattungsprinzip spricht).

6 Unabhängig davon, ob man einen modifizierten Sachleistungsanspruch oder einen **Geldleistungsanspruch** zugrunde legt, ist die entsprechende Versorgung weiterhin Bestandteil des Leistungsanspruches gemäß § 27 Abs. 1 S. 2 Nr. 2 a (Rn. 32). Dementsprechend besteht auch weiterhin die **Gewährleistungspflicht** der Kassenzahnärztlichen Vereinigungen für etwaige Mängel der prothetischen Versorgung (BSG, GesR 2004, 397; aA. *Axer*, § 230).

7 Auch wenn der Versicherte insofern „keinen Anspruch" – mehr – auf die Versorgung mit Zahnersatz, sondern ausschließlich auf den befundbezogenen Festzuschuss hat (LSG Berlin-Brandenburg v. 24. 2. 2006, L 24 B 28/06 KR ER), findet die Rechtsprechung des Bundessozialgerichts zu den Regelungen der §§ 28, 30 SGB V uneingeschränkte Anwendung (LSG Hamburg v. 10. 5. 2006, L 1 KR 83/05).

8 Voraussetzung der Geltendmachung des Festzuschusses durch den Vertragszahnarzt über die Kassenzahnärztliche Vereinigung (vgl. § 87 Abs. 1 a, Rn. 3) wie durch den Versicherten ist jedoch, dass die Leistungen tatsächlich erbracht werden (SG Marburg v. 21. 3. 2007, S 12 KA 813/06).

B. Systematik

9 Der dem Versicherten zu gewährende Festzuschuss umfasst zahnärztliche wie zahntechnische Leistungen. Gewährt wird der Festzuschuss somit sowohl für die Tätigkeit des Zahnarztes (§ 28 Rn. 6) als auch für vom Zahnarzt erbrachte zahntechnische Leistungen (vgl. § 88 Abs. 3, Rn. 18) und auch für von diesem veranlasste zahntechnische Leistungen (vgl. § 88, Rn. 2).

I. Befundbezogene Festlegung

10 Während früher eine prozentuale Bezuschussung der Gesamtkosten (zahnärztliche und zahntechnische Kosten) erfolgte, orientiert sich die Voraussetzung einer Erstattung nunmehr an **befundbezogenen** Behandlungsabschnitten. Entscheidend ist also nicht, ob jeder Bestandteil einer geplanten vertragszahnärztlichen Versorgung medizinisch sinnvoll respektive notwendig ist. Die medizinische Versorgung muss grundsätzlich notwendig sein; werden Leistungen nach Maßgabe der befundbezogenen Festzuschüsse erbracht, kommt es jedoch auf die **zahnmedizinische Notwendigkeit** einzelner Abschnitte im Rahmen der Festzuschüsse nicht an.

II. Berechnung der Zuschusshöhe

1. Regelfall (50%) 11
Grundsätzlich beträgt der Zuschuss 50 % der festgesetzten Beträge für die Regelversorgung (für zahnärztliche und zahntechnische Leistungen). Dieser Zuschuss kann sich bei Vorliegen bestimmter subjektiver Voraussetzungen in der Person des Versicherten erhöhen.

2. Bonusregelung. a) 20 %ige Erhöhung für Eigenbemühungen. Zwecks 12 Förderung der Eigenbemühungen des Patienten um Durchführung von **Prophylaxemaßnahmen** respektive regelmäßige Kontrolle und Inanspruchnahme entsprechender Maßnahmen zur Erhaltung eines gesunden Gebisses erfolgt eine Erhöhung des Zuschusses um 20 % (Grundsatz: Zahnerhalt vor Zahnersatz).

b) Ausschluss des Bonus. Der **Bonus** von 20 %, um den sich der Festzuschuss 13 der Krankenkasse erhöht, entfällt, wenn der Versicherte diese Bemühungen innerhalb der letzten fünf Jahre vor Beginn der Behandlung nicht nachweisbar dokumentiert hat.

aa) Individualprophylaxe. Gemäß § 22 haben Versicherte zwischen dem 14 6. und 18. Lebensjahr einen halbjährlichen Anspruch auf Durchführung von **Individualprohylaxemaßnahmen** nach entsprechender Definition durch den Gemeinsamen Bundesausschuss (vgl. § 22, Rn. 6).

Wurde diese Vorsorgeuntersuchung nicht regelmäßig durchgeführt, sanktioniert der Gesetzgeber dieses durch Entfall des 20 %igen Bonus.

bb) Regelmäßige Zahnuntersuchungen ab dem 18. Lebensjahr. Mit Voll- 15 endung des 18. Lebensjahres wird verlangt, dass sich der Versicherte zumindest einmal im Kalenderjahr zahnärztlich untersuchen lässt.

Der Nachweis dieser regelmäßigen Zahnuntersuchungen ist neben den durchgeführten Individualprophylaxemaßnahmen kumulative Voraussetzung der Bonusgewährung (so auch *Engelhard*, KK, Rn. 57).

c) (Weitere) 10 %ige Erhöhung bei Nachweis der Prophylaxe. Der Festzu- 16 schuss erhöht sich um weitere 10 und damit auf insgesamt 80 %, wenn sowohl die regelmäßigen halbjährlichen Untersuchungen im Rahmen der Individualprophylaxe als auch die regelmäßigen jährlichen Untersuchungen ab dem 18. Lebensjahr ohne Unterbrechung dokumentiert sind.

Den Nachweis führt der Versicherte durch Vorlage des sogenannten „**Bonus-** 17 **heftes".**

Neben diesem durch den Gemeinsamen Bundesausschuss in den Individualprophylaxe-Richtlinien vorgesehenen Nachweis muss jedoch auch jede andere nachprüfbare Dokumentation genügen. Wechselt z. B. ein Versicherter später in den Bereich der gesetzlichen Krankenversicherung, dürften auch Auszüge aus der Behandlungsdokumentation eines Privatzahnarztes anzuerkennen sein (in diesem Sinne auch *Engelhard*, KK, Rn. 64).

Unter der Ägide des früheren Festzuschuss-Systems in der Zeit vom 1. 7. 1997 18 bis 31. 12. 1998, eingeführt durch das 2. **GKV-NOG,** waren Versicherte, die nach dem 1. 1. 1979 geboren wurden, ohne Leistungsanspruch. Dementsprechend musste der GMG-Normgeber diesem Rechnung tragen und hat in S. 7 eine gesetzliche Fiktion des Nachweises für die Jahre 1997 und 1998 aufgenommen.

Die grundsätzliche Begrenzung des Festzuschusses nach Abs. 1 S. 1 und Abs. 3 19 ist unter verfassungsrechtlichen Gesichtspunkten nicht zu beanstanden (so LSG NRW v. 20. 11. 2006, L 16 B 62/06 KR **NZB).** Die Bonusregelung von 20 bzw. 10 % gilt nicht für Härtefälle nach Abs. 3 (vgl. unter C.).

C. Härtefallregelungen

20 Mit den Härtefallregelungen in Abs. 2 bzw. Abs. 3 übernimmt der Gesetzgeber in Anpassung an das Festzuschuss-System die Inhalte der §§ 61, 62 SGB V a. F.

21 Zwar kann als Ausfluss aus Artikel 2 Abs. 2 GG ein Anspruch des Versicherten auf Versorgung mit Zahnersatz ohne Belastung mit einem **Eigenanteil** resultieren (BVerfG, NZS 1999, 136). Der Gestaltungsspielraum des Gesetzgebers, Zuschussleistungen oder Sachleistungsansprüche von Eigenbemühungen abhängig zu machen, ist unter Einsparungsgesichtspunkten von der Einschätzungsprärogative des Gesetzgebers gedeckt (BVerfG, NZS 2004, 650).

22 Der Fall, dass ein Versicherter beispielsweise wegen Materialunverträglichkeiten innerhalb kürzerer Zeit mehrfach mit Zahnersatz versorgt werden muss, lässt die Verpflichtung zur Zahlung des Eigenanteils auch nicht unter Härtefallaspekten entfallen (BSG, NZS 2001, 144).

Auch die Behandlungsnotwendigkeit aus anderen als zahnmedizinischen Gründen begründet keinen Anspruch auf eine hundertprozentige Übernahme der Kosten für eine Versorgung mit Zahnersatz (Bay. LSG v. 29. 6. 2006, L 4 KR 282/04).

I. Unzumutbarkeit

23 Zur Vermeidung einer unzumutbaren **Belastung** haben Versicherte bei Vorliegen bestimmter Voraussetzungen einen Anspruch, dass neben dem Festzuschuss gem. Abs. 1 ein weiterer Betrag von den KKen übernommen (an den Vertragszahnarzt gezahlt, vgl. § 87 Abs. 1 a), wird.

Es handelt sich nicht um eine schlichte Verdoppelung des Festzuschusses, sondern um die Zahlung eines Betrages, der den Betrag nach Abs. 1 S. 2 (50 % der Beträge, die die Vergütung des Zahnarztes nach § 57 Abs. 1 S. 6 und der Kosten für die zahntechnischen Leistungen nach § 57 Abs. 2 S. 6, 7, erbracht von Zahnärzten als Eigenlaborleistung oder von einem Labor, beinhalten) erhöht. Die Erhöhung stellt ab auf die Höhe der tatsächlich anfallenden Kosten. Diese stellen zugleich die Obergrenze dessen dar, was die KK zu übernehmen berechtigt (und verpflichtet) ist.

24 Neben der Regelversorgung im Rahmen nach § 56 bestehen die Möglichkeiten, daß der den Vertragszahnarzt eine sog. „gleichartigen" und/oder eine sog. „andersartigen" Versorgung erbringt.

Gleichartiger Zahnersatz beinhaltet eine Regelversorgung nach Maßgabe des Kataloges des GB-A sowie eine zusätzliche Leistung, die vom Versicherten selbst zu bezahlen ist.

25 Ein **andersartiger** Zahnersatz liegt vor, wenn eine Versorgung durchgeführt wird, die von den Befundbeschreibungen in den Regelversorgungen abweicht.

Für andersartigen Zahnersatz ist in Abs. 5 vorgesehen, dass die Festzuschüsse an den Versicherten „erstattet" werden. Eine Abrechnung des Vertragsarztes über die KZV (§ 87, Rn. 3) findet nicht statt.

26 Für gleich- und andersartige Versorgungsformen ist der Zuschuss der KK im Rahmen der Unzumutbarkeitsregelung nach Abs. 2 auf den doppelten Festzuschuss begrenzt.

1. Einkommensgrenze

Überschreiten die Einnahmen des Versicherten 40 % der monatlichen Bezugsgrenze nach § 18 SGB IV, wird eine unzumutbare **Belastung** unterstellt. Als monatliche Bruttoeinnahmen sind die dem Versicherten zur Verfügung stehenden persönlichen Einnahmen, welche dem tatsächlichen Lebensunterhalt dienen, zu verstehen. Einnahmen der in dem gemeinsamen Haushalt lebenden Angehörigen und Angehöriger des Lebenspartners des Versicherten sind gem. S. 3 hinzuzurechnen. 27

2. Bezug von Sozialleistungen

Über die abschließenden Aufzählungen in S. 2 Nr. 2 und 3 wird der Kreis der Berechtigten definiert anhand des Bezugs bestimmter Sozialleistungen. So wird bei dem Bezug der HLU nach SGB XII oder im Rahmen der Kriegsopferfürsorge nach dem BVG, sowie dem Bezug bedarfsorientierter Grundsicherung und Leistungsversicherung des Lebensunterhalts nach SGB II sowie dem Bezug von Ausbildungsförderungsleistungen nach dem BAföG oder SGB III die Unzumutbarkeit ebenso fingiert wie im Falle der Unterbringung in einem Heim oder einer ähnlichen Einrichtung, wenn die Kosten von einem Träger der Sozialhilfe oder der Kriegsopferfürsorge getragen werden. 28

II. Überforderungsklausel

Versicherte, welche nicht unter die Fiktion der Unzumutbarkeit nach Abs. 2 S. 2 Nr. 2 und 3 fallen, erhalten grundsätzlich auch bei geringem Überschreiten der Einkommensgrenzen nach Abs. 2 S. 2 Nr. 1 keinen erhöhten Festzuschuss. 29

Dieser Problematik wird unter Berücksichtigung der wirtschaftl. Leistungsfähigkeit durch Abs. 3 Rechnung getragen. 30

Die Kostenbeteiligung der Krankenkasse ist begrenzt auf eine maximale Verdoppelung des Festzuschusses, in jedem Fall jedoch durch die tatsächlich entstandenen Kosten. Im Unterschied zur Unzumutbarkeitsregelung des Abs. 2 erfolgt eine Einbeziehung der mögl. Bonus-Erhöhung nach Abs. 1 S. 3 und 5. 31

Zur Ermittlung der Voraussetzungen sind zunächst die monatlichen **Bruttoeinnahmen** des Versicherten in Relation zur Einnahme-Grenze nach Abs. 2 S. 2 Nr. 1 zu stellen. Die ermittelte Differenz wird mit drei multipliziert; übersteigt der Festzuschuss nach Abs. 1 S. 2, welcher dem Versicherten zu zahlen wäre, diesen Betrag, ist die Differenz dem Versicherten zu erstatten; begrenzt wird die Erstattung auf die in zweifacher Höhe des Festzuschusses respektive die tatsächlich entstandenen Kosten. 32

D. Gleichartige Versorgungen

Neben den sich aus der Definition durch den G-BA ergebenden Regelversorgungen sind Versorgungsformen denkbar, die neben den „Regelversorgungen", also Behandlungsmaßnahmen, welche exakt in den Festzuschussrichtlinien beschrieben sind, zusätzliche Versorgungselemente (z. B. drittes Verbindungselement) enthalten. Die Wahl einer über die Regelversorgung hinausgehenden Versorgungsform soll nicht dazu führen, dass der Versicherte seinen Festzuschussanspruch verliert. Dementsprechend wird in Abs. 4 klargestellt, dass sich der Leistungsanspruch gegen die Krankenkasse auf die Gewährung des Festzuschusses 33

§ 56 Festsetzung der Regelversorgungen

für die Regelversorgung beschränkt. Weitere Kosten für die zusätzlichen Leistungen sind unmittelbar im Zahlungsweg zwischen Vertragszahnarzt und Patient abzuwickeln. Für die Leistungen gilt insoweit die **GOZ**. Insoweit besteht kein Zahlungsanspruch des Vertragszahnarztes gegenüber der KV (vgl. § 87 Abs. 1 a, Rn. 3).

34 **Begleitleistungen** (konservierend-chirurgische Leistungen und Röntgenleistungen, vgl. § 28 Abs. 2 aE.) im Zusammenhang mit Zahnersatz sind als Sachleistungen abzurechnen.

Wenn jedoch im Rahmen einer gleichartigen Versorgung die Begleitleistungen für Teile des Zahnersatzes notwendig werden, die außerhalb der Regelversorgung liegen und diesen klar zuzuordnen sind, sind diese Begleitleistungen nicht Bestandteil der vertragszahnärztlichen Versorgung.

E. Andersartige Versorgungen

35 Leistungen im Bereich der Versorgung mit Zahnersatz und Zahnkronen, die von den Befundbeschreibungen des G-BA (Regelversorgung) abweichen, sind in Abs. 5 als andersartige Versorgung definiert. In den Fällen der Erbringung einer **andersartigen Versorgung** besteht keine Grundlage für den Vertragszahnarzt, den Festzuschuss über die Kassenzahnärztliche Vereinigung abzurechnen (§ 87 Abs. 1 a S. 7).

Dennoch behält der Versicherte seinen Festzuschussanspruch in der Form, dass er von der Krankenkasse unmittelbar eine Geldleistung fordern kann.

36 Die Abgrenzungen zwischen Regelversorgung, gleichartiger und andersartiger Versorgung erfolgen im Vorfeld im Rahmen des Antrags- und Bewilligungsverfahrens durch Erstellung eines Heil- und Kostenplanes (zu den Einzelheiten vgl. § 87 Abs. 1 a iVm. den Regelungen des BMV-Z bzw. EKV-Z).

37 Auch wenn die andersartigen Versorgungen nicht vom Vertragszahnarzt über die KZV abgerechnet werden und insoweit keine Zuständigkeit der entsprechenden Gremien für **Mängelregresse** besteht, ist zunächst bundesmantelvertraglich vorgesehen, dass die geplante Erbringung – auch – gleichartiger oder andersartiger Versorgungen eine Begutachtung im Auftrag der Krankenkasse nicht ausschließt.

38 In begründeten Einzelfällen kann darüber hinaus bei andersartigen Versorgungen und sog. Mischfällen, in denen sowohl gleich- als auch andersartige Versorgungen erbracht werden, eine Begutachtung der eingegliederten prothetischen Versorgung durch speziell benannte Gutachter erfolgen. Auf dieser Grundlage können die KZV oder die vertraglich eingerichteten Gremien (im Primärkassenbereich: **Prothetik-Einigungsausschuss**) aber wohl nur eine Empfehlung an den Vertragszahnarzt aussprechen, z. B. den Festzuschuss zurückzuzahlen, wenn der Gutachter die Versorgung als mangelhaft beurteilt. Eine Kompetenz bzw. Verpflichtung zur Rückforderung durch Verwaltungsakt dürfte anders als bei der Regelversorgung nicht bestehen.

§ 56 Festsetzung der Regelversorgungen

(1) **Der Gemeinsame Bundesausschuss bestimmt in Richtlinien, erstmalig bis zum 30. Juni 2004, die Befunde, für die Festzuschüsse nach § 55 gewährt werden und ordnet diesen prothetische Regelversorgungen zu.**

(2) [1]**Die Bestimmung der Befunde erfolgt auf der Grundlage einer internationalanerkannten Klassifikation des Lückengebisses.** [2]**Dem jeweiligen Befund**

wird eine zahnprothetische Regelversorgung zugeordnet. ³Diese hat sich an zahnmedizinisch notwendigen zahnärztlichen und zahntechnischen Leistungen zu orientieren, die zu einer ausreichenden, zweckmäßigen und wirtschaftlichen Versorgung mit Zahnersatz einschließlich Zahnkronen und Suprakonstruktionen bei einem Befund im Sinne von Satz 1 nach dem allgemein anerkannten Stand der zahnmedizinischen Erkenntnisse gehören. ⁴Bei der Zuordnung der Regelversorgung zum Befund sind insbesondere die Funktionsdauer, die Stabilität und die Gegenbezahnung zu berücksichtigen. ⁵Zumindest bei kleinen Lücken ist festsitzender Zahnersatz zu Grunde zu legen. ⁶Bei großen Brücken ist die Regelversorgung auf den Ersatz von bis zu vier fehlenden Zähnen je Kiefer und bis zu drei fehlenden Zähnen je Seitenzahngebiet begrenzt. ⁷Bei Kombinationsversorgungen ist die Regelversorgung auf zwei Verbindungselemente je Kiefer, bei Versicherten mit einem Restzahnbestand von höchstens drei Zähnen je Kiefer auf drei Verbindungselemente je Kiefer begrenzt. ⁸Regelversorgungen umfassen im Oberkiefer Verblendungen bis einschließlich Zahn fünf, im Unterkiefer bis einschließlich Zahn vier. ⁹In die Festlegung der Regelversorgung einzubeziehen sind die Befunderhebung, die Planung, die Vorbereitung des Restgebisses, die Beseitigung von groben Okklusionshindernissen und alle Maßnahmen zur Herstellung und Eingliederung des Zahnersatzes einschließlich der Nachbehandlung sowie die Unterweisung im Gebrauch des Zahnersatzes. ¹⁰Bei der Festlegung der Regelversorgung für zahnärztliche Leistungen und für zahntechnische Leistungen sind jeweils die einzelnen Leistungen nach § 87 Abs. 2 und § 88 Abs. 1 getrennt aufzulisten. ¹¹Inhalt und Umfang der Regelversorgungen sind in geeigneten Zeitabständen zu überprüfen und an die zahnmedizinische Entwicklung anzupassen. ¹²Der Gemeinsame Bundesausschuss kann von den Vorgaben der Sätze 5 bis 8 abweichen und die Leistungsbeschreibung fortentwickeln.

(3) Vor der Entscheidung des Gemeinsamen Bundesausschusses nach Absatz 2 ist dem Verband Deutscher Zahntechniker-Innungen Gelegenheit zur Stellungnahme zu geben; die Stellungnahme ist in die Entscheidung über die Regelversorgung hinsichtlich der zahntechnischen Leistungen einzubeziehen.

(4) Der Gemeinsame Bundesausschuss hat jeweils bis zum 30. November eines Kalenderjahres die Befunde, die zugeordneten Regelversorgungen einschließlich der nach Absatz 2 Satz 10 aufgelisteten zahnärztlichen und zahntechnischen Leistungen sowie die Höhe der auf die Regelversorgung entfallenden Beträge nach § 57 Abs. 1 Satz 6 und Abs. 2 Satz 6 und 7 in den Abstaffelungen nach § 55 Abs. 1 Satz 2, 3 und 5 sowie Abs. 2 im Bundesanzeiger bekannt zu machen.

(5) ¹§ 94 Abs. 1 Satz 2 gilt mit der Maßgabe, dass die Beanstandungsfrist einen Monat beträgt. ²Erlässt das Bundesministerium für Gesundheit und Soziale Sicherung die Richtlinie nach § 94 Abs. 1 Satz 5, gilt § 87 Abs. 6 Satz 4 zweiter Halbsatz und Satz 6 entsprechend.

Schrifttum: *N. Bever-Breidenbach/G. Gabe,* Festzuschüsse für Zahnersatz – Mehr Patientensouveränität oder nur höhere Belastung?, BKK 2006, 292; *W. Boecken,* Festzuschüsse bei Zahnersatz – insbesondere zu den Fragen ihrer Einbeziehung in die Gesamtvergütung und ihrer Budgetierung, VSSR 2005, 1; *J. Fedderwitz,* Festzuschüsse haben sich bewährt, G+G 2006, 52; *M. Kleinebrinker,* Zahnärztliche Versorgung – Vom individuellen Zuschuß zur Pauschale, KrV 2004, 282; *ders.,* Festzuschuss-Studie der Spitzenverbände der Krankenkassen zum Zahnersatz, KrV 2006, 115; *H. Plagemann,* Zahnersatz – Umbau eines Versorgungsbereiches – Festzuschuss und Beitragssatzstabilität gem. § 71 SGB V GesR 2006, 488; *M.Wessels/ D. Knappe,* VdAK – Erhebung zu den Auswirkungen befundorientierter Festzuschüsse beim Zahnersatz – eine Bestandsaufnahme, ErsK 2005, 468; *N. Zenga,* Festzuschuss-System für Zahnersatz ab 1. 1. 2005, Kompaß 5/62005, 7.

Inhaltsübersicht

	Rn.
A. Überblick	1
B. Befunderhebung und Zuordnung der Regelversorgungen	3
I. Grundsystematik	4
II. Einzelne Kriterien	8
III. Einbeziehung der Zahntechniker	12
C. Gesetzliche Vorgaben für Leistungsansprüche	15
I. Leistungsausschlüsse	16
II. Fortentwicklungsklausel	21
D. Veröffentlichungsvorgaben	22
E. Wirksamwerden/Aufsichtsrecht	25

A. Überblick

1   Der in § 55 dem Grunde respektive der Höhe nach definierte Leistungsanspruch der Versicherten wird nach Maßgabe der vom Gemeinsamen Bundesausschuss (§ 91, Rn. 7) festzulegenden **Befunde** und diesen zuzuordnenden **Regelversorgungen** in Richtlinien konkretisiert.

2   Der G-BA hat sowohl die Aufgabe, den Leistungsanspruch im Hinblick auf zahnmedizinische Notwendigkeit (bezüglich der Inanspruchnahme zahnärztlicher und auch zahntechnischer Leistungen) zu definieren, als auch die Beträge für zahnärztliche Leistungen und zahntechnische Kosten zu veröffentlichen, vgl. Abs. 4.

B. Befunderhebung und Zuordnung der Regelversorgungen

3   Dem G-BA obliegt zunächst eine Bestimmung der Befunde, für welche Festzuschüsse geleistet werden. Durch die Vorgabe in Abs. 2 S. 1, dass die Befunde auf Grundlage einer international anerkannten **Klassifikation des Lückengebisses** erfolgen sollen, will der Gesetzgeber eine wissenschaftlich abgesicherte Basis für die Bezuschussung sicherstellen (BT-Drs. 15/1525, 92).

I. Grundsystematik

4   Nach der Bestimmung der Befunde ist jedem Befund eine zahnprothetische Regelversorgung gegenüberzustellen. Diese Regelversorgung bildet eine **konkrete Versorgungform** ab, welche in der Mehrzahl der Fälle bei dem entsprechenden Befund unter Beachtung der gesetzlich genannten Kriterien als geeignete Behandlungsmaßnahme durchzuführen ist. Es wird somit abstrakt und pauschal der Versorgungsanspruch unter Vereinheitlichung möglicher individueller Krankheitsfälle definiert, um insbesondere die Inanspruchnahme weitergehender (gleichartiger und/oder andersartiger Zahnersatz) Versorgungsalternativen auch bei Zuzahlungen und **Mehrkostenvereinbarungen** zu Lasten der GKV zu ermöglichen.

5   Durch die Vorgabe in Abs. 2 S. 3, dass bei der Definition der Regelversorgungen auch die Leistungen einzubeziehen sind, die zu einer Versorgung mit Zahnersatz einschließlich Suprakonstruktion gehören, erfolgt eine Leistungsausweitung über den Anspruch in § 28 Abs. 2 hinaus. Ein Anspruch auf Versorgung mit implantologischen Leistungen inklusive der Suprakonstruktion besteht nach § 28 Abs. 2 S. 9 (Rn. 10) nur in den vom G-BA festgelegten Ausnahmefällen.

6   § 56 Abs. 2 S. 3 gewährt den Anspruch auf den befundbezogenen Festzuschuss folglich auch bei Suprakonstruktionen, selbst wenn ein Anspruch nach § 28 Abs. 2 wegen Nichtvorliegens von Ausnahmeindikationen nicht gegeben ist.

Diesem nur scheinbaren Widerspruch hat der G-BA dadurch Rechnung getragen, dass er in den Festzuschuss-Richtlinien auf die Definition in den Zahnersatz-Richtlinien verweist und somit eine systemwidrige Erweiterung ausgeschlossen ist.

II. Einzelne Kriterien

Zur Bestimmung der Regelversorgungen gibt der Gesetzgeber auf, dass in Umsetzung des **Wirtschaftlichkeitsgebots** nach § 12 Abs. 1 (Rn. 6) die notwendigen zahnärztlichen wie zahntechnischen Leistungen heranzuziehen sind, die nach dem allgemein anerkannten Stand zahnmedizinischer Erkenntnisse vorausgesetzt werden müssen.

Aufgegeben wird dem G-BA, bei der Zuordnung der Regelversorgungen insbesondere, und damit wohl nicht abschließend, Funktionsdauer, Stabilität und Gegenbezahnung der Versorgungen zu berücksichtigen. Der Gesetzgeber bringt zum Ausdruck, dass ihm an möglichst langfristigen Lösungen, sofern medizinisch vertretbar, gelegen ist.

Da an die Stelle des früheren prozentualen Zuschusses im Rahmen des vor Beginn erstellen Heil- und Kostenplanes nur bedingt abschätzbaren zahnärztlichen wie zahntechnischen Aufwandes die Festzuschüsse getreten sind, wird in Abs. 2 S. 9 klargestellt, welche ergänzenden insbesondere zahnärztlichen Leistungen in den Festzuschuss miteinbezogen werden. So werden Leistungen vor wie nach der Behandlung (Planung/Nachbehandlung und Unterweisung im Gebrauch des Zahnersatzes) ebenso aufgeführt, wie notwendige **„Begleitmaßnahmen"** (Vorbereitung des Restgebisses wie die Beseitigung von groben Okklusionshindernissen).

Die Regelversorgungen sollen unter getrennter Berücksichtigung der bei ihrer Durchführung notwendig werdenden zahnärztlichen Behandlungsmaßnahmen einerseits und erforderlich werdenden zahntechnischen Leistungen andererseits umschrieben werden. Die Vorgaben des Bewertungsausschusses nach § 87 Abs. 2 und der vertraglichen Vereinbarung über das bundeseinheitliche Leistungsverzeichnis nach § 88 Abs. 1 sind daher für den G-BA verbindlich.

III. Einbeziehung der Zahntechniker

Da die Versorgung mit Zahnersatz und Zahnkronen einschließlich Suprakonstruktionen neben der originär zahnärztlichen Tätigkeit auch die Erbringung zahntechnischer Leistungen (sei es durch beauftragte gewerbliche **Zahntechniker** o. durch Eigenleistungen des Zahnarztes) beinhalten, sind bei Festlegung der Regelversorgungen die Zahntechniker kraft Gesetzes gem. Abs. 3 einzubeziehen.

Diese Einbindungsregelung ist erforderlich, da die Zahntechniker, hier Verband Deutscher Zahntechniker-Innungen, nicht zu den Rechtsträgern des G-BA gemäß § 91 gehören. Daher wäre deren Einbeziehung ohne diese gesetzliche Vorgabe nicht sichergestellt.

Durch die klare gesetzliche Formulierung, dass die Gelegenheit zur Stellungnahme vor der Entscheidung des G-BA zu erfolgen hat, ist diese eher dem **Benehmen** wie z. B. in § 88 Abs. 1 S. 2 (§ 88, Rn. 6) gleichzusetzen als einer reinen Anhörung (in diesem Sinne auch *Engelhard*, H/N § 56 Rn. 34).

C. Gesetzliche Vorgaben für Leistungsansprüche

15 Ungeachtet der verhältnismäßig weiten Kompetenz des G-BA gibt der Gesetzgeber in Abs. 2 Leistungsausschlüsse vor, die sich im Wesentlichen am bis zum 31.12.2004 geltenden Recht (§ 30 Abs. 1 aF.) orientieren.

I. Leistungsausschlüsse

16 Für „zumindest kleine Lücken" wird festsitzender Zahnersatz als Normalfall in der Regelversorgung anerkannt, vgl. Abs. 2 S. 5.
17 Wie im früher geltenden Recht wird die **Brückenversorgung** auf den Ersatz von bis zu vier Zähnen je Kiefer und bis zu drei fehlenden Zähnen je Seitenzahngebiet eingegrenzt.
18 Kombinationsversorgungen umfassen auch nach neuem Recht im Regelfall (bei der Regelversorgung) nicht das dritte **Verbindungselement,** es sei denn, der Restzahnbestand hat sich auf drei Zähne je Kiefer reduziert.
19 Auch die Verblendgrenzen nach altem Recht werden fortgeschrieben. Der Anspruch Versicherter auf die Verblendung von Zähnen beinhaltet den Überzug eines überkronten o. durch ein Brückenglied ersetzten Zahnes mit Kunststoff o. insbesondere Keramikmaterial, um dem fehlenden o. überkronten Zahn ein natürliches Aussehen zu geben.
20 Die Grenze des Anspruchs auf **Verblendungen** (im Oberkiefer maximal bis Zahn 5, im Unterkiefer bis Zahn 4 (Sichtbereich)) ist in Abs. 1 S. 8 nunmehr gesetzlich vorgegeben, nachdem sie bis zum 31.12.2004 ausschließlich in den Zahnersatz-Richtlinien des (damaligen) Bundesausschusses der Zahnärzte und Krankenkassen definiert wurde.

II. Fortentwicklungsklausel

21 Durch die Vorgabe der international anerkannten Klassifikation des Lückengebisses hat der Gesetzgeber die wissenschaftliche Basis zur Festlegung der Befunde und Regelversorgungen festgeschrieben. Insoweit konsequent gestattet er in der Anpassungsklausel des Abs. 1 S. 11, eine entsprechende Fortentwicklung der Regelversorgungen unter Berücksichtigung des zahnmedizinischen Fortschritts. Nach dem Wortlaute des Abs. 1 S. 12 ist dem G-BA sogar die Kompetenz eingeräumt, von den vorstehenden Leistungsausschlüssen im Gesetz selbst abzuweichen.

D. Veröffentlichungsvorgaben

22 Der G-BA ist gehalten, jeweils bis zum 30.11. eines Kalenderjahres die Befunde, die ihnen zugeordneten Regelversorgungen sowie die Höhe der Kosten für zahnärztliche und zahntechnische Leistungen zu veröffentlichen.
23 Um diesen Transparenzgedanken ausreichend Rechnung zu tragen, sollen darüber hinaus die Abstaffelungen veröffentlicht werden, welche sich durch erhöhte Festzuschüsse bei Eigenbemühungen der Versicherten um Zahnerhalt und -pflege o. die einkommensabhängige Erhöhung der Zuschüsse ergeben.
24 Um die rechtzeitige Veröffentlichung der Festzuschuss-Richtlinien auch bezüglich der entstehenden Kosten zu gewährleisten, müssen sowohl der SpiBuKK und die KZBV über die zwischen diesen zu vereinbarenden Vergütungen für die

zahnärztlichen Leistungen (§ 57 Rn. 4) als auch die Verbände der KKen und EKen und die Innungsverbände der **Zahntechniker-Innungen** über die zwischen diesen zu vereinbarenden Höchstpreise für zahntechnische Leistungen bei Regelversorgungen (§ 57 Rn. 13) den GBA informieren (vgl. § 57 Abs. 1 S. 7, Abs. 2 S. 8).

E. Wirksamwerden/Aufsichtsrecht

Das Wirksamwerden der Festzuschuss-Richtlinien richtet sich nach § 94. Es bedarf somit zur Wirksamkeit der Festzuschuss-Richtlinien der Vorlage an das Bundesministerium für Gesundheit und der Nichtbeanstandung durch dieses. 25

Die zum 1.1.2005 in Kraft getretenen Regelungen über die Festzuschuss-Systematik folgen einem Grundgedanken des GMG, welches an vielen Stellen die aufsichtsbehördlichen Kompetenzen wie insbesondere die Möglichkeit der **Ersatzvornahme** durch die Aufsichtsbehörden verschärft hatte. Dementsprechend besteht auch bei einer unterbliebenen Beschlußfassung durch den G-BA die rechtliche Befugnis für das BMG, die Festzuschuss-Richtlinie in eigener Kompetenz zu erlassen. 26

§ 57 Beziehungen zu Zahnärzten und Zahntechnikern

(1) ¹Der Spitzenverband Bund der Krankenkassen und die Kassenzahnärztliche Bundesvereinigung vereinbaren jeweils bis zum 30. September eines Kalenderjahres für das Folgejahr, erstmalig bis zum 30. September 2004 für das Jahr 2005, die Höhe der Vergütungen für die zahnärztlichen Leistungen bei den Regelversorgungen nach § 56 Abs. 2 Satz 2. ²Für die erstmalige Vereinbarung ermitteln die Vertragspartner nach Satz 1 den bundeseinheitlichen durchschnittlichen Punktwert des Jahres 2004 für zahnärztliche Leistungen beim Zahnersatz einschließlich Zahnkronen gewichtet nach der Zahl der Versicherten. ³Soweit Punktwerte für das Jahr 2004 bis zum 30. Juni 2004 von den Partnern der Gesamtverträge nicht vereinbart sind, werden die Punktwerte des Jahres 2003 unter Anwendung der für das Jahr 2004 nach § 71 Abs. 3 maßgeblichen durchschnittlichen Veränderungsrate der beitragspflichtigen Einnahmen aller Mitglieder der Krankenkassen je Mitglied für das gesamte Bundesgebiet festgelegt. ⁴Für das Jahr 2005 wird der durchschnittliche Punktwert nach den Sätzen 2 und 3 unter Anwendung der für das Jahr 2005 nach § 71 Abs. 3 maßgeblichen durchschnittlichen Veränderungsrate der beitragspflichtigen Einnahmen aller Mitglieder der Krankenkassen je Mitglied für das gesamte Bundesgebiet festgelegt. ⁵Für die folgenden Kalenderjahre gelten § 71 Abs. 1 bis 3 sowie § 85 Abs. 3. ⁶Die Beträge nach Satz 1 ergeben sich jeweils aus der Summe der Punktzahlen der nach § 56 Abs. 2 Satz 10 aufgelisteten zahnärztlichen Leistungen, multipliziert mit den jeweils vereinbarten Punktwerten. ⁷Die Vertragspartner nach Satz 1 informieren den Gemeinsamen Bundesausschuss über die Beträge nach Satz 6. ⁸§ 89 Abs. 4 gilt mit der Maßgabe, dass auch § 89 Abs. 1 und 1a entsprechend gilt. ⁹Die Festsetzungsfristen nach § 89 Abs. 1 Satz 1 und 3 und Abs. 1a Satz 2 betragen für die Festsetzungen nach den Sätzen 2 bis 4 zwei Monate.

(2) ¹Die Landesverbände der Krankenkassen und der Ersatzkassen gemeinsam und einheitlich vereinbaren mit den Innungsverbänden der Zahntechniker-Innungen jeweils bis zum 30. September eines Kalenderjahres, erstmalig bis zum 30. September 2004 für das Jahr 2005, die Höchstpreise für die zahntechnischen Leistungen bei den Regelversorgungen nach § 56 Abs. 2 Satz 2; sie dürfen dabei die nach den Sätzen 2 bis 5 für das jeweilige Kalenderjahr ermittelten bun-

deseinheitlichen durchschnittlichen Preise um bis zu 5 vom Hundert unter- oder überschreiten. ²Hierzu ermitteln der Spitzenverband Bund der Krankenkassen und der Verband der Zahntechniker-Innungen die bundeseinheitlichen durchschnittlichen Preise des Jahres 2004 für zahntechnische Leistungen beim Zahnersatz einschließlich Zahnkronen und Suprakonstruktionen, gewichtet nach der Zahl der Versicherten. ³Sind Preise für das Jahr 2004 nicht vereinbart, werden die Preise des Jahres 2003 unter Anwendung der für das Jahr 2004 nach § 71 Abs. 3 maßgeblichen durchschnittlichen Veränderungsrate der beitragspflichtigen Einnahmen aller Mitglieder der Krankenkassen je Mitglied für das gesamte Bundesgebiet festgelegt. ⁴Für das Jahr 2005 werden die durchschnittlichen Preise nach den Sätzen 2 und 3 unter Anwendung der für das Jahr 2005 nach § 71 Abs. 3 maßgeblichen durchschnittlichen Veränderungsrate der beitragspflichtigen Einnahmen aller Mitglieder der Krankenkassen je Mitglied für das gesamte Bundesgebiet festgelegt. ⁵Für die folgenden Kalenderjahre gilt § 71 Abs. 1 bis 3. ⁶Die für die Festlegung der Festzuschüsse nach § 55 Abs. 1 Satz 2 maßgeblichen Beträge für die zahntechnischen Leistungen bei den Regelversorgungen, die nicht von Zahnärzten erbracht werden, ergeben sich als Summe der bundeseinheitlichen Preise nach den Sätzen 2 bis 5 für die nach § 56 Abs. 2 Satz 10 aufgelisteten zahntechnischen Leistungen. ⁷Die Höchstpreise nach Satz 1 und die Beträge nach Satz 6 vermindern sich um 5 vom Hundert für zahntechnische Leistungen, die von Zahnärzten erbracht werden. ⁸Die Vertragspartner nach Satz 2 informieren den Gemeinsamen Bundesausschuss über die Beträge für die zahntechnischen Leistungen bei Regelversorgungen. ⁹§ 89 Abs. 7 gilt mit der Maßgabe, dass die Festsetzungsfristen nach § 89 Abs. 1 Satz 1 und 3 und Abs. 1a Satz 2 für die Festsetzungen nach den Sätzen 2 bis 4 jeweils einen Monat betragen.

Schrifttum: *W. Boecken*, Festzuschüsse bei Zahnersatz – insbesondere zu den Fragen ihrer Einbeziehung in die Gesamtvergütung und ihrer Budgetierung, VSSR 2005, 1; *H. Plagemann*, Zahnersatz – Umbau eines Versorgungsbereiches – Festzuschuss und Beitragssatzstabilität gem. § 71 SGB V GesR 2006, 488; *B.Tiemann*, Privatversicherungsrechtliche Elemente in der gesetzlichen Krankenversicherung, dargestellt am Beispiel der Zahnersatzregelung, ZMGR 2005, 14; *E. Ullmann*, Einige rechtliche Aspekte zu dem Verteilungsmechanismus zwischen Zahnarzt und Zahntechniker, MedR 1996, 341; *M. Wessels/D. Knappe*, VdAK – Erhebung zu den Auswirkungen befundorientierter Festzuschüsse beim Zahnersatz – eine Bestandsaufnahme, ErsK 2005, 468.

Inhaltsübersicht

	Rn.
A. Überblick	1
B. Zahnarzthonoraranteil in der Regelversorgung	4
I. Vertragspartner	6
II. Vergütungsparameter	7
C. Zahntechnikkostenanteil in der Regelversorgung	13
I. Vertragspartner	16
1. Bundesebene	17
2. Landesebene	18
II. Vergütungsparameter	19
1. Bundesebene	19
2. Landesebene	23
D. Informationspflichten gegenüber dem G-BA	27
E. Wirksamwerden/Aufsichtsrecht	30

3. Kapitel. 7. Abschnitt **§ 57**

A. Überblick

Der Anspruch der Versicherten auf befundbezogene Festzuschüsse ist leistungsrechtlich in § 55 definiert. 1

Konkretisiert wird der Leistungsanspruch durch die vom G-BA nach § 56 Abs. 2 S. 2 festgesetzte **Regelversorgung,** welche entsprechenden Befunden zugeordnet sind. Die vom G-BA darüber hinaus im Rahmen seiner Veröffentlichungspflichten gem. § 56 Abs. 4 bekannt zu gebenden Beträge für zahnärztliche und zahntechnische Leistungen resultieren aus den entsprechenden Vergütungs- und Preisvereinbarungen nach § 57.

Während in Abs. 1 die Vergütung für die zahnärztlichen Leistungen 2 (Honorar) bei der Regelversorgung einer vertraglichen Einigung zugeführt wird, richten sich die Beträge für den Anteil der zahntechnischen Leistungen hinsichtlich ihres Zustandekommens und ihrer Vorgaben nach Abs. 2.

Die Festzuschuss-Systematik hat dazu geführt, dass hinsichtlich der zahnärztlichen Honoraranteile § 57 lex specialis gegenüber § 85 Abs. 2 hinsichtlich der ausschließlich im Einheitlichen Bewertungsmaßstab zu vereinbarende Leistungen ist. 3

§ 57 Abs. 2 regelt insoweit in Ergänzung von § 88 Abs. 2 aF. die Kosten für zahntechnische Leistungen bei der Versorgung mit Zahnersatz und Zahnkronen inklusive **Suprakonstruktionen.** Letztere sind ausdrücklich aus der Vertragskompetenz nach § 88 Abs. 2 S. 1 ausgenommen.

B. Zahnarzthonoraranteil in der Regelversorgung

Da der G-BA bei der Veröffentlichung neben den Befunden, den Regelversorgungen und Beträgen für dieselben auch die Höhe des hierauf entfallenden Zahnarzthonorars zu veröffentlichen hat (§ 56 Abs. 4), bedarf es entsprechender Vergütungsvereinbarungen. 4

Die vertragliche Regelung ist der Bundesebene zugeordnet und erfolgt zwischen dem Spitzenverband Bund der Krankenkassen einerseits und der KZBV andererseits. 5

I. Vertragspartner

Die Vertragspartner auf der Bundesebene haben die Beträge ausschließlich für Regelversorgungen zu vereinbaren. Zahnärztliche Kosten für gleich- und/oder andersartige Versorgungen werden nicht durch **BEMA** (§ 87, Rn. 5) und **BEL** (§ 88, Rn. 5) vorgegeben und nach deren Maßgabe abgerechnet. 6

II. Vergütungsparameter

Da die Regelversorgungen bundeseinheitlich durch den G-BA festgesetzt werden, hat der Gesetzgeber durch das GMG auch die Preisfestlegung/Honorarvereinbarung auf die Bundesebene verlagert. Die erstmalige Vereinbarung hatte durch Ermittlung eines bundeseinheitlichen durchschnittlichen **Punktwertes** für zahnärztliche Leistungen bei Zahnersatz einschließlich Zahnkronen anhand der vereinbarten Punktwerte für das Jahr 2004 zu erfolgen. 7

Um eine zeitnahe Umsetzung durch die Vertragspartner zu gewährleisten, war vorgesehen, dass bei Fehlen der Vereinbarung von Punktwerten auf der Bundes- 8

Niggehoff

ebene mit Inkrafttreten der Festzuschussregelungen zunächst die Punktwerte des Jahres 2003 erhöht um die durchschnittliche Veränderungsrate der beitragspflichtigen Einnahmen aller Mitglieder der Krankenkassen je Mitglied für das gesamte Bundesgebiet des Jahres 2004 nach § 71 Abs. 3 angewendet werden. Somit ist auch für die erstmalige Vereinbarung, die nicht der Gesetzgeber festgelegt hat, gewährleistet, dass der Grundsatz der sog. **Beitragssatzstabilität** (§ 71 Abs. 1 S. 1, Rn. 2) berücksichtigt wird.

9 Auch bei Fehlen von gesamtvertraglichen Regelungen auf der regionalen Ebene in den einzelnen KZV-Bereichen kann demnach ein bundeseinheitlicher Wert ermittelt werden kann. Im Ergebnis führt dies dazu, dass fehlende gesamtvertragliche Vereinbarungen ggf. zu Lasten dieser bundeseinheitlichen Punktwertes gehen, wenn die Vorläufer dieser gesamtvertraglichen Regelungen höhere Vergütungen vorsahen als die Durchschnittspunktwerte des Jahres 2003.

10 Nicht zu verkennen ist die Nivellierung durch die Ermittlung des bundeseinheitlichen Punktwertes. Die bundeseinheitliche Durchschnittswertermittlung führt dazu, dass sich die Honoraranteile in den neuen Bundesländern im Durchschnitt erhöhen und in den alten Bundesländern im Durchschnitt reduzieren. Ebenso folgt aus dieser Angleichung eine entsprechende Erhöhung der Versichertenanteile.

Im Ergebnis hat der Gesetzgeber somit die Eigenbeteiligung der Versicherten bei der Versorgung mit Zahnersatz und Zahnkronen einschließlich Suprakonstruktionen durch die Umstellung auf das Festzuschuss-System und die bundeseinheitliche Nivellierung mehrfach erhöht.

11 Ab dem Jahr 2006 ist der durchschnittliche Punktwert weiter zu entwickeln. Hierbei sind die Vorgaben des § 71 Abs. 3 (Beitragssatzstabilität) und des § 85 Abs. 3 (Anpassung von Gesamtvergütungen unter Berücksichtigung der **Praxiskosten**, Arbeitszeit, Art und Umfang der zahnärztlichen Leistungen) zu beachten.

Im Ergebnis bleibt es bei einer Fortschreibung der Durchschnittswerte des Jahres 2004.

12 Der Hinweis auf § 85 Abs. 3 (Berücksichtigung von Praxiskosten etc.) dürfte insoweit weitestgehend leerlaufen, da die maximale Anpassung der Gesamtvergütung durch die Ankopplung an die Entwicklung der beitragspflichtigen Einnahmen der Mitglieder (durchschnittliche **Veränderungsrate** ausweislich der Bekanntmachung des BMG) prozentual regelmäßig unterhalb der Entwicklung der Praxiskosten liegt.

C. Zahntechnikkostenanteil in der Regelversorgung

13 Anders als das anteilige zahnärztliche Honorar in der Regelversorgung folgt die Vereinbarung der Kosten für zahntechnische Leistungen zunächst noch den systematischen Vorgaben des § 88 Abs. 2 aF.

14 Abgestellt wird auf die von den Landesverbänden der Krankenkassen und der Ersatzkassen mit den Innungsverbänden der **Zahntechniker** vereinbarten Höchstpreise.

15 Die zeitliche Vorgabe folgt derjenigen für die zahnärztlichen Honoraranteile unter Berücksichtigung des Inkrafttretens der Festzuschuss-Regelung zum 1. 1. 2005. Die Höchstpreise für zahntechnische Leistungen waren erstmalig bis zum 30. 9. 2004 für das Jahr 2005 zu vereinbaren.

§ 57

I. Vertragspartner

Tatsächlich sind sowohl die Bundesebene als auch die Regionalebene in die Preisfindung eingebunden, welche für die Festsetzung der Beträge durch den G-BA maßgeblich ist. **16**

1. Bundesebene

Zunächst haben der SpiBuKK einerseits und der BVZI andererseits die Durchschnittspreise für das gesamte Bundesgebiet des Jahres 2004, wiederum gewichtet nach Zahl der Versicherten (vgl. Abs. 1), zu ermitteln. **17**

2. Landesebene

Unter Berücksichtigung der von der Bundesebene ermittelten Durchschnittspreise sind sodann die Landesverbände der KKen und der EKen verpflichtet, mit den Innungsverbänden der ZIen **Höchstpreise** auf Landesebene für Regelversorgungen zu vereinbaren. **18**

II. Vergütungsparameter

1. Bundesebene

Die Ermittlung der Durchschnittspreise auf der Bundesebene folgt einer vergleichbaren Systematik wie bei der Ermittlung des zahnärztlichen Durchschnittspunktwertes. **19**

Zugrunde gelegt werden sollen die durchschnittlichen Preise nach Maßgabe der Regionalvereinbarungen im Jahre 2004. Fehlt es an Vereinbarungen, gibt der Gesetzgeber auf, die Preise des Jahres 2003 zugrunde zu legen und diese unter Anwendung der vom BMG gem. § 71 Abs. 3 bekanntgegebenen Veränderungsrate zu erhöhen und festzulegen. **20**

Für das Jahr 2005, somit ab dem 1.1.2005 (Zeitpunkt des Inkrafttretens der Festzuschussregelung), ist sodann der Durchschnittswert beider vorgehender Ermittlungen heranzuziehen und wiederum unter Berücksichtigung der Veränderungsrate nach § 71 Abs. 3 zu erhöhen. **21**

Ab dem Jahr 2006 sind Anpassungen unter Berücksichtigung des § 71 Abs. 3 vorzunehmen; im Ergebnis ist somit eine Erhöhung der Durchschnittspreise des Jahres 2004 ausschließlich um die durchschnittliche Veränderungsrate der durchschnittlichen Einnahmen aller Mitglieder der Krankenkassen zulässig. **22**

2. Landesebene

Auf der Landesebene sind sodann die konkreten Höchstpreise zu vereinbaren. **23**

Diese Vereinbarungen dürfen innerhalb eines Korridors von 10 % von den Bundesdurchschnittspreisen abweichen. Die Höchstpreise sind so festzulegen, dass sie bis zu 5 % unterhalb respektive bis zu 5 % oberhalb der Durchschnittswerte des Bundes liegen.

Unabhängig von der tatsächlichen Entwicklung der Kosten ist festzuhalten, dass die Nivellierung des Preisgefälles zwischen den alten und neuen Bundesländern durch diesen Vereinbarungskorridor nicht oder nicht so deutlich eintritt wie im Bereich der zahnärztlichen Honoraranteile. **24**

Der Grundsatz, dass zahntechnische Leistungen, welche von Zahnärzten (sog. **„Eigenlaborleistungen"**) erbracht werden, mit einer Abstaffelung von 5 % zu **25** vergüten sind, wird wie in § 88 Abs. 2 aF. und auch in der aktuellen Regelung des § 88 Abs. 2 (für Leistungen ohne Zahnersatz und Zahnkronen) übernommen.

26 Im Ergebnis bleibt es hinsichtlich der Höchstpreisvereinbarungen bei der Kompetenz auf Landesebene; diese ist jedoch an die Preisvorgaben der Regelung des SpiBuKK mit dem BVZI gebunden.

D. Informationspflichten gegenüber den G-BA

27 Sowohl die Vertragspartner mit der Zuständigkeit für die Vereinbarung der zahnärztlichen Honoraranteile gem. Abs. 1. als auch die Vertragspartner auf Bundesebene für die zahntechnischen Leistungen haben den G-BA über die ermittelten Beträge zu informieren.

28 Dem Wortlaut nach ist die Regelung des Abs. 2 nicht frei von Widersprüchen. Währenddessen die Bundesebene Durchschnittspreise zu ermitteln hat, werden die tatsächlichen (Landes-)Kosten auf der regionalen Ebene ermittelt. Eine Informationspflicht gegenüber dem G-BA besteht für die Vertragspartner der regionalen Ebene jedoch nicht.

29 Im Ergebnis bedeutet dieses, dass unabhängig von Abweichungen auf der Landesebene und entsprechenden Preisdifferenzen die Beträge für die Festzuschüsse auch hinsichtlich des zahntechnischen Anteils bundeseinheitlich sein sollen. Anderenfalls macht die fehlende Information des G-BA durch die Regionalebene respektive eine Anpassungsregelung für einzelne Bundesländer keinen Sinn.

E. Wirksamwerden/Aufsichtsrecht

30 Auch in der Neufassung des § 57 findet sich hinsichtlich der Vertragskompetenzen die mit dem GMG verbundene Verschärfung aufsichtsbehördlicher Vorgaben, um sicherzustellen, dass vertragliche Regelungen im Selbstverwaltungssystem realisiert werden.

31 Insbesondere zur Überprüfung, ob die Vereinbarungen hinsichtlich der Beträge für zahnärztliche und zahntechnische Leistungen dem Grundsatz der Beitragssatzstabilität genügen, sind Vereinbarungen nach § 57 den zuständigen **Aufsichtsbehörden** vorzulegen, vgl. § 71 Abs. 4 S. 1.

32 Die Wirksamkeit der Regelungen steht unter der Voraussetzung, dass die Aufsichtsbehörden die Vereinbarungen nicht innerhalb von zwei Monaten nach Vorlage beanstanden. Zur Vermeidung eines „vertragslosen" Zustands ist die **Schiedsamtsfähigkeit** der Vereinbarungen nach Abs. 1 und Abs. 2 gegeben.

33 Die Vereinbarungen über den Zahnarzthonoraranteil sind vom SchA gem. § 89 Abs. 4 für die vertragszahnärztliche Versorgung zu entscheiden.

34 Für die Vereinbarung, betreffend den Zahntechnikkostenanteil in der Regelversorgung, gilt die Zuständigkeit des BSchA nach § 89 Abs. 7.

35 Um eine Umsetzung der Festzuschussregelung auch in zeitlicher Hinsicht zu realisieren, sind die Festsetzungsfristen durch das SchA von den üblichen drei Monaten auf zwei Monate bei den Vereinbarungen betreffend die zahnärztlichen Leistungen und auf einen Monat bei den Vereinbarungen betreffend zahntechnische Leistungen verkürzt.

§ 58, 59 *(aufgehoben)*

Die §§ 58, 59 SGB V in der durch das Gesetz zur Modernisierung der gesetzlichen Krankenversicherung vom 14. November 2003 (GKV-Modernisierungsgesetz – GMG), BGBl. I, S. 2190, eingeführten Fassung regelten Zahnersatz als Satzungsleistung der gesetzlichen Krankenkassen mit einem festen, kasseneinheitlichen Beitrag, die Möglichkeit der alternativen Absicherung dieses Leistungssegmentes bei einem privaten Versicherungsunternehmen sowie einen Finanzausgleich zwischen den Krankenkassen für Mehraufwendungen, welche diesen für sog. Härtefälle entstehen. 1

Durch das Gesetz zur Anpassung der Finanzierung von Zahnersatz 15. Dezember 2004 (BGBl. I 3445) sind diese Regelungen jeweils zum Zeitpunkt ihres im GMG beabsichtigten Inkrafttretens (§ 58 Abs. 3 zum 1. Januar 2004, §§ 58 Abs. 1, 2 und 4, 59 zum 1. Januar 2005) aufgehoben worden.

Damit bleibt die Versorgung mit Zahnersatz und Zahnkronen Teil des Leistungskataloges der gesetzlichen Krankenversicherung.

Die Versicherten haben seit 1. Juli 2005 einen (zusätzlichen) Beitragssatz von 0,4 % für die Versorgung mit Zahnersatz und Zahnkronen zu zahlen.

Dieser Beitrag ist im dem zusätzlichen Beitragssatz des § 241a SGB V (Rn. 2) von 0,9 % enthalten.

Achter Abschnitt. Fahrkosten

§ 60 Fahrkosten

(1) ¹**Die Krankenkasse übernimmt nach den Absätzen 2 und 3 die Kosten für Fahrten einschließlich der Transporte nach § 133 (Fahrkosten), wenn sie im Zusammenhang mit einer Leistung der Krankenkasse aus zwingenden medizinischen Gründen notwendig sind.** ²**Welches Fahrzeug benutzt werden kann, richtet sich nach der medizinischen Notwendigkeit im Einzelfall.** ³**Die Krankenkasse übernimmt Fahrkosten zu einer ambulanten Behandlung unter Abzug des sich nach § 61 Satz 1 ergebenden Betrages nur nach vorheriger Genehmigung in besonderen Ausnahmefällen, die der Gemeinsame Bundesausschuss in den Richtlinien nach § 92 Abs. 1 Satz 2 Nr. 12 festgelegt hat.**

(2) ¹**Die Krankenkasse übernimmt die Fahrkosten in Höhe des sich nach § 61 Satz 1 ergebenden Betrages je Fahrt übersteigenden Betrages**
1. **bei Leistungen, die stationär erbracht werden; dies gilt bei einer Verlegung in ein anderes Krankenhaus nur, wenn die Verlegung aus zwingenden medizinischen Gründen erforderlich ist, oder bei einer mit Einwilligung der Krankenkasse erfolgten Verlegung in ein wohnortnahes Krankenhaus,**
2. **bei Rettungsfahrten zum Krankenhaus auch dann, wenn eine stationäre Behandlung nicht erforderlich ist,**
3. **bei anderen Fahrten von Versicherten, die während der Fahrt einer fachlichen Betreuung oder der besonderen Einrichtungen eines Krankenkraftwagens bedürfen oder bei denen dies auf Grund ihres Zustandes zu erwarten ist (Krankentransport),**
4. **bei Fahrten von Versicherten zu einer ambulanten Krankenbehandlung sowie zu einer Behandlung nach § 115a oder § 115b, wenn dadurch eine an sich gebotene vollstationäre oder teilstationäre Krankenhausbehandlung (§ 39) vermieden oder verkürzt wird oder diese nicht ausführbar ist, wie bei einer stationären Krankenhausbehandlung.**

§ 60   Fahrkosten

²Soweit Fahrten nach Satz 1 von Rettungsdiensten durchgeführt werden, zieht die Krankenkasse die Zuzahlung in Höhe des sich nach § 61 Satz 1 ergebenden Betrages je Fahrt von dem Versicherten ein.

(3) Als Fahrkosten werden anerkannt
1. bei Benutzung eines öffentlichen Verkehrsmittels der Fahrpreis unter Ausschöpfen von Fahrpreisermäßigungen,
2. bei Benutzung eines Taxis oder Mietwagens, wenn ein öffentliches Verkehrsmittel nicht benutzt werden kann, der nach § 133 berechnungsfähige Betrag,
3. bei Benutzung eines Krankenkraftwagens oder Rettungsfahrzeugs, wenn ein öffentliches Verkehrsmittel, ein Taxi oder ein Mietwagen nicht benutzt werden kann, der nach § 133 berechnungsfähige Betrag,
4. bei Benutzung eines privaten Kraftfahrzeugs für jeden gefahrenen Kilometer den jeweils auf Grund des Bundesreisekostengesetzes festgesetzten Höchstbetrag für Wegstreckenentschädigung, höchstens jedoch die Kosten, die bei Inanspruchnahme des nach Nummer 1 bis 3 erforderlichen Transportmittels entstanden wären.

(4)¹Die Kosten des Rücktransports in das Inland werden nicht übernommen.²§ 18 bleibt unberührt.

(5) Im Zusammenhang mit Leistungen zur medizinischen Rehabilitation werden Fahr- und andere Reisekosten nach § 53 Abs. 1 bis 3 des Neunten Buches übernommen.

Schrifttum: C. *Abig,* Die Rechtsstellung nichtärztlicher Leistungserbringer in der gesetzlichen Krankenversicherung, 2003, 35–44, 212–223; K. *Fastabend/E. Schneider,* Das Leistungsrecht der gesetzlichen Krankenversicherung, 2004, Rn. 264–274; G. *Plute/J. Knopff/ W. Kellmer,* Krankenkassen, Rettungsdienst und Krankenfahrten, 2. Aufl. 2004, 35–66. Vgl. auch Schrifttum zu § 133.

Inhaltsübersicht

	Rn.
A. Überblick	1
B. Anspruchsvoraussetzungen	5
I. Zusammenhang mit einer Leistung der Krankenkasse, Abs. 1 S. 1	6
II. Erforderlichkeit der Fahrt	9
1. Privilegierte Beförderungsfälle	10
a) Zwingende medizinische Notwendigkeit der Fahrt, Abs. 1 S. 1	10
b) Vorliegen eines Privilegierungstatbestandes, Abs. 2 S. 1	12
aa) Stationär erbrachte Leistungen, Nr. 1	13
bb) Rettungsfahrten, Nr. 2	15
cc) Qualifizierte Krankentransporte, Nr. 3	16
dd) Vermeidung/Verkürzung einer stationären Krankenhausbehandlung, Nr. 4	17
c) Verfahren	19
2. Fahrten zur sonstigen ambulanten Behandlung, Abs. 1 S. 3	21
C. Anspruchsinhalt	23
I. Leistungsbeschreibung, Abs. 1 S. 2, Abs. 3	23
II. Leistungsbeschränkungen, Abs. 4	25
III. Kostenbeteiligungen, Abs. 1 S. 3, Abs. 2 S. 1	28
IV. Leistungsabwicklung	29
D. Fahr- und Reisekosten bei medizinischer Rehabilitation, Abs. 5	32

A. Überblick

Fahrkosten sind Kosten für Fahrten und Transporte zum Ort der Leistungserbringung (Abs. 1 S. 1). Um Fahrten handelt es sich, wenn der Versicherte Entfernungen durch Benutzung eines Verkehrsmittels selbst bewältigen kann, um Transporte, wenn er dazu medizinische Betreuungsleistungen benötigt (*Fastabend/ Schneider*, Rn. 265). Fahrkosten sind als Kosten der allgemeinen Lebensführung grundsätzlich vom Versicherten zu tragen. Nur ausnahmsweise werden sie nach Maßgabe von § 60 und den **Krankentransport-Richtlinien** des G-BA (KT-RL, vgl. § 92 Abs. 1 S. 2 Nr. 12, vgl. dort Rn. 34) durch die Krankenkassen erbracht. Die Korrespondenzvorschrift im Leistungserbringungsrecht ist § 133. § 60 ist wie folgt aufgebaut (zur **Struktur des Leistungsanspruchs:** § 11 Rn. 6 ff.): 1

– Er regelt in Abs. 1 S. 1 und 3 sowie in Abs. 2 S. 1 die **Anspruchsvoraussetzungen** (Rn. 5–22). Dabei unterscheidet er zwischen den in Abs. 2 S. 1 aufgeführten **privilegierten Beförderungsfällen** (Rn. 10–20), deren Kosten nach Abs. 1 S. 1 übernommen werden, wenn sie im Zusammenhang mit einer Leistung der Krankenkasse aus medizinischen Gründen erforderlich sind, und Fahrkosten zu einer sonstigen **ambulanten Behandlung** (Rn. 21 f.), die nach Abs. 1 S. 3 nur in besonderen Ausnahmefällen übernommen werden. 2

– Abs. 1 S. 2 sowie die Abs. 3–4 beziehen sich demgegenüber auf den **Anspruchsinhalt** (Rn. 23–31): Abs. 3 enthält die **Leistungsbeschreibung:** Er bestimmt, welche Fahrkosten anerkannt werden, wobei sich die Benutzung des konkreten Fahrzeuges gem. Abs. 1 S. 2 nach der medizinischen Notwendigkeit im Einzelfall richtet (Rn. 23 f.). Abs. 4 enthält eine gesetzliche **Anspruchsbeschränkung** (Rn. 25–27). **Kostenbeteiligungen** sehen Abs. 1 S. 3 und Abs. 2 S. 1 vor (Rn. 28). Abs. 2 S. 2 schließlich enthält eine Sonderregelung für die **Anspruchsabwicklung** (Rn. 29–31). 3

– Abs. 5 enthält eine Sonderregelung für Fahrkosten im Zusammenhang mit **Leistungen zur medizinischen Rehabilitation** (Rn. 32). 4

B. Anspruchsvoraussetzungen

Der Leistungsanspruch setzt nach Abs. 1 S. 1 erstens einen **Zusammenhang mit einer Leistung der Krankenkasse** (Rn. 6–8) voraus. Zweitens muss die Fahrt selbst aus dringenden medizinischen Gründen **erforderlich** sein (Rn. 9–22), wobei das Gesetz insoweit zwischen privilegierten Beförderungsfällen (Abs. 2 S. 1) und Fahrten zu einer ambulanten Behandlung (Abs. 1 S. 3) unterscheidet. 5

I. Zusammenhang mit einer Leistung der Krankenkasse, Abs. 1 S. 1

§ 60 enthält einen im Verhältnis zur Hauptleistung grundsätzlich **akzessorischen Nebenleistungsanspruch** (BSGE 47, 79/82 ff.; *Höfler*, KK, § 60 Rn. 2), der somit das rechtliche Schicksal der Hauptleistung teilt. Voraussetzung ist daher ein bestehender **Hauptleistungsanspruch** (§ 11 Rn. 16) und die Inanspruchnahme eines zugelassenen Leistungserbringers; das kann nach Maßgabe von § 13 Abs. 4 und S. 6 auch ein EG-ausländischer Leistungserbringer sein (vgl. unten Rn. 26 f.). Kein Hauptleistungsanspruch besteht, wenn die in Anspruch genommene Leistung medizinisch nicht notwendig oder unwirtschaftlich ist (BayLSG v. 23. 3. 2006, L 4 KR 53/04). 6

§ 60 gilt **nicht** für Fahrten, die der Verwirklichung von anderen Leistungsan- 7

§ 60   Fahrkosten

sprüchen als demjenigen der Hauptleistung dienen (etwa Informationsansprüche nach den §§ 14 ff. SGB I; vgl. *Plute/Knopf/Kellmer,* Krankenkassen, 36 f.) oder die aufgrund eines Verlangens der Krankenkasse (etwa Untersuchung durch den MDK, § 275 Abs. 1–3) erfolgen. Insoweit kommt aber ein Aufwendungsersatzanspruch nach § 65 a Abs. 1 SGB I in Betracht (*Zipperer,* GKV-Komm, § 60 Rn. 9 f.). Eine **tatsächliche Inanspruchnahme der Hauptleistung** ist nicht notwendig (*Abig,* Rechtsstellung, 43), was etwa von Bedeutung ist, wenn der Versicherte während eines Transportes verstirbt. Zur tatsächlichen Inanspruchnahme des Rettungsdienstes Rn. 11.

8   Im **Zusammenhang** mit einer Leistung der Krankenkasse stehen diejenigen Aufwendungen, die den Zweck verfolgen, den Versicherten an den Ort der Hauptleistung (Hintransport) oder von dort zurück an seinen Aufenthaltsort (Rücktransport) zu transportieren. Die Inanspruchnahme der Hauptleistung muss eine rechtlich wesentliche Bedingung für die Fahrt sein (BSGE 47, 79/82; ähnlich: BSGE 48, 139/142), wobei ein rechtlich untergeordneter Nebenzweck unerheblich ist (BSGE 55, 241/244).

II. Erforderlichkeit der Fahrt

9   Hinsichtlich der Erforderlichkeit der Fahrt ist zu differenzieren: Bei den in Abs. 2 aufgeführten privilegierten Beförderungsfällen muss die Fahrt aus zwingenden medizinischen Gründen notwendig sein (Abs. 1 S. 1, Rn. 10–20). Kosten für Fahrten zu einer ambulanten Behandlung werden hingegen nur in den in den KT-Richtlinien des G-BA aufgeführten Ausnahmefällen übernommen (Rn. 21 f.).

1. Privilegierte Beförderungsfälle

10   **a) Zwingende medizinische Notwendigkeit der Fahrt, Abs. 1 S. 1.** Notwendig sind alle Fahrten des Versicherten, die aus ausschließlich medizinischen Gründen zur Inanspruchnahme von Leistungen **unvermeidbar** sind (BSGE 55, 37/39) und nicht ohnehin angefallen wären (BSGE 55, 241/245). Auch Fahrten von Begleitpersonen sind erfasst, soweit dies aufgrund der Krankheit/Behinderung oder des Alters der betroffenen Person erforderlich ist (BSG, SozR 2200, § 194 Nr. 12 S. 36; *Zipperer,* GKV-Komm, § 60 Rn. 15). Notwendig sind grundsätzlich nur die direkten Fahrten zwischen Aufenthaltsort und der **nächst erreichbaren Behandlungsmöglichkeit** (BSGE 55, 241/245; *Höfler,* KK, § 60 Rn. 11 b); die Notwendigkeit ist dabei für Hin- und Rückweg gesondert zu prüfen (§ 3 Abs. 2 KT-RL). Nur in diesem Rahmen besteht nach § 76 Abs. 2 auch das Recht der freien Arztwahl, so dass dem Versicherten die Mehrkosten für die Inanspruchnahme einer weiter entfernten Behandlungsmöglichkeit aufzuerlegen sind (BayLSG v. 5. 7. 2007, L 4 KR 240/04, Rn. 25). Andere als medizinische Gründe begründen demgegenüber keine Notwendigkeit, also weder finanzielle Bedürftigkeit (BT-Drs. 15/1525, 77, 94; LSG NRW v. 23. 8. 2007, L 5 KR 15/07, BeckRS 2007 48760) noch religiöse Gründe (BSG, B 1 KR 11/07 KR v. 2. 11. 2007). Nicht notwendig ist grundsätzlich auch der Wechsel des Krankenhauses zur Erleichterung familiärer Beziehungen, wenn nicht ausnahmsweise die Trennung von einer Bezugsperson den Genesungsprozess gefährdet (BSG, SozR 3–2500, § 60 Nr. 6 S. 35 f.; *Heberlein,* Beck-OK, § 60 Rn. 8).

11   Für die Notwendigkeit soll ein **objektiver** Maßstab gelten. Der Leistungsanspruch soll daher voraussetzen, dass der Transport tatsächlich stattgefunden hat. **Fehlfahrten** sollen damit grundsätzlich keine Leistungsverpflichtung der Kran-

kenkasse auslösen (BSG, B 1 KR 4/07 R v. 2. 11. 2007, Rn. 12). Das ist problematisch (S-H LSG v. 15. 2. 2005, L 5 KR 122/04, BeckRS 2007 40965). Zwar ist richtig, dass die Krankenkassen nur Leistungen vergüten dürfen, die tatsächlich erbracht wurden. Doch ist die Fehlfahrt, die der Versicherte oder ein Dritter aus laienhafter Perspektive für erforderlich halten, durfte ebenso eine erbrachte Leistung wie eine Krankenbehandlung, die sich ex post als nicht notwendig iSv. § 27 Abs. 1 S. 1 erweist. Diese unterfällt indes ohne Frage der Leistungspflicht; anderenfalls müssten nämlich Versicherte stets das Risiko der Fehleinschätzung ihres eigenen Gesundheitszustandes oder fehlerhafter Prognosen von Dritten tragen. Die Notwendigkeit der Nebenleistung kann daher nicht anders beurteilt werden als die Notwendigkeit der Hauptleistung.

b) Vorliegen eines Privilegierungstatbestandes, Abs. 2 S. 1. In den in Abs. 2 S. 1 abschließend aufgezählten (BSG, NZS 1997, 420/420) Fällen werden Fahrkosten grundsätzlich übernommen, wenn sie im Zusammenhang mit der Erbringung der Hauptleistung stehen und medizinisch zwingend notwendig sind. Die Privilegierungstatbestände stellen entweder auf den Zweck der Fahrt (Nr. 1, 2, 4) oder ein besonderes Transportmittel (Nr. 3) ab (*Fastabend/Schneider*, Rn. 266): 12

aa) Stationär erbrachte Leistungen, Nr. 1. Stationär erbrachte Leistungen sind voll- wie teilstationäre Leistungen (*Höfler*, KK, § 60 Rn. 17). Dazu zählen (vgl. *Zipperer*, GKV-Komm, § 60 Rn. 25): stationäre Vorsorgeleistungen (§ 23 Abs. 4), die medizinische Vorsorge für Mütter (§ 24), Krankenhausbehandlung (§ 39), stationäre Hospizleistungen (§ 39a Abs. 1) und stationäre Entbindung (§ 197 RVO), nicht aber Leistungen zur medizinischen Rehabilitation (§§ 40 Abs. 2, 41), für die Abs. 5 gilt. 13

Grundsätzlich fallen auch Fahrten zur **Verlegung** in ein anderes, meist wohnortnahes Krankenhaus unter Nr. 1. Voraussetzung ist aber, dass auch die Verlegung selbst zwingend medizinisch erforderlich ist (nicht ausreichend sind daher allein wirtschaftliche oder organisatorische Erwägungen der beteiligten Krankenhäuser: BT-Drs. 15/1525, 94) oder die Krankenkasse zustimmt. 14

bb) Rettungsfahrten, Nr. 2. Rettungsfahrten sind Transporte mit einem qualifizierten Rettungsmittel (Rettungswagen, Notarztwagen, Rettungshubschrauber, vgl. § 5 KT-RL), die deshalb erforderlich sind, weil sich Personen infolge Verletzung oder Krankheit in unmittelbarer Lebensgefahr befinden oder ihr Gesundheitszustand in kurzer Zeit eine lebensbedrohende Verschlechterung erwarten lässt (BT-Drs. 11/3480, 56). Ziel der Rettungsfahrt muss ein Krankenhaus sein; die Behandlung muss aber nicht stationär erfolgen. 15

cc) Qualifizierte Krankentransporte, Nr. 3. Dieser Tatbestand knüpft daran an, dass der Versicherte ein besonderes Beförderungsmittel, nämlich den Krankentransport, benötigt (*Fastabend/Schneider*, Rn. 267). Krankentransporte werden sowohl zur stationären als auch zur ambulanten Behandlung durchgeführt. Anders als Rettungswagen werden Krankentransportwagen nicht für Notfallpatienten eingesetzt (§ 6 Abs. 1 S. 3 KT-RL), sondern für den Fall, dass der Versicherte während der Fahrt fachliche Betreuung, oder die besonderen Einrichtungen des Fahrzeugs benötigt (§ 6 Abs. 1 KT-RL) oder an einer ansteckenden Krankheit leidet (§ 6 Abs. 2 KT-RL). 16

dd) Vermeidung/Verkürzung einer stationären Krankenhausbehandlung, Nr. 4. Privilegiert sind schließlich Fahrten von Versicherten im Zusammenhang mit einer ambulanten Krankenbehandlung (bei einem niedergelassenen Vertragsarzt oder im Krankenhaus nach Maßgabe der §§ 116, 116a, 116b), einer vorstationären Behandlung (§ 115a Abs. 1 Nr. 1), einer nachstationären Behand- 17

§ 60

lung (§ 115a Abs. 1 Nr. 2) und einer ambulanten Operation im Krankenhaus (§ 115b), wenn dadurch eine an sich gebotene voll- oder teilstationäre Krankenhausbehandlung vermieden oder verkürzt wird oder diese nicht ausführbar ist.

18 Die Vorschrift bedarf der **Abgrenzung** insbesondere **zu Abs. 1 S. 3**, der die Übernahme der Fahrkosten im Zusammenhang mit ambulanten Behandlungen auf Ausnahmefälle beschränkt (Rn. 20 f.). Maßgebend ist insoweit das Ziel von Nr. 4, den Vorrang der ambulanten, vor- und nachstationären vor der voll- bzw. teilstationären Versorgung (§ 39 Abs. 1 S. 2) dadurch sicherzustellen, dass Schlechterstellungen bei der Fahrkostenerstattung vermieden werden (BT-Drs. 12/3608, 82 f.). **Ambulante Krankenbehandlungen** fallen daher nur unter Nr. 4, wenn sie dazu beitragen, die an sich erforderliche stationäre Krankenhausbehandlung zu ersetzen oder zu verkürzen (LSG Niedes-Bremen v. 18. 7. 2001, L 4 KR 188/00, BeckRS 9999 05275; *Baier,* Krauskopf, § 60 Rn. 21 f.). Auf regelmäßig ambulant durchgeführte Behandlungen ist Nr. 4 hingegen nicht anwendbar, insbesondere auch nicht auf Fahrten zur Dialyse (BSG, NZS 1997, 420/421, vgl. aber Rn. 21); ihre Übernahme kommt daher nur unter den Voraussetzungen von Abs. 1 Nr. 3 in Betracht. Die **vor- und nachstationäre Behandlung** muss grundsätzlich innerhalb der Fristen des § 115a Abs. 2 (*Kingreen,* Beck-OK, § 115a Rn. 4) erfolgen (*Baier,* Krauskopf, § 60 Rn. 21). Für Vor- oder Nachuntersuchungen, die im Zusammenhang mit **ambulanten Operationen** erforderlich werden, gibt es hingegen keine zeitliche Befristung (zutreffend *Plute/Knopff/Kellmer,* Krankenkassen, 55 gegen die Praxis der Krankenkassen, die § 115a Abs. 2 analog anwenden).

19 c) **Verfahren.** In den privilegierten Beförderungsfällen bedarf es **keiner Genehmigung** der Krankenkasse, also auch nicht bei den unter die Privilegierung fallenden ambulanten Krankentransporten (*Zipperer,* GKV-Komm, § 60 Rn. 24 d). Der anders lautende § 6 Abs. 3 KT-RL ist in Ermangelung einer parlamentsgesetzlichen Grundlage rechtswidrig (SG Neubrandenburg v. 30. 11. 2006, S 4 KR 25/06, Rn. 64, 68).

20 Krankentransportleistungen werden vom Vertragsarzt **verordnet** (§ 73 Abs. 2 S. 1 Nr. 7). Die Verordnung ist bei der Benutzung privater Fahrzeuge und öffentlicher Verkehrsmittel entbehrlich (§ 3 Abs. 3 KT-RL). In der Verordnung ist ua. die medizinische Notwendigkeit des Krankentransportes zu begründen (§ 3 Abs. 1 KT-RL; näher: Anlage 1 der KT-RL). Die Verordnung ist **keine materielle Anspruchsvoraussetzung,** bindet die Krankenkasse aber grundsätzlich im Verhältnis zum Versicherten. Bei ungerechtfertigter Verordnung ist ein Regress daher nur gegen den Vertragsarzt möglich (vgl. BSGE 82, 158/162 für stationäre Krankenhausleistungen).

2. Fahrten zur sonstigen ambulanten Behandlung, Abs. 1 S. 3

21 Fahrkosten im Zusammenhang mit sonstigen ambulanten Behandlungen, die nicht unter einen der Privilegierungstatbestände fallen, werden nur **ausnahmsweise** übernommen, Abs. 1 S. 3. Die Ausnahmen ergeben sich nicht aus dem Gesetz, sondern aus § 8 KT-RL. Nach § 8 Abs. 2 KT-RL liegt ein Ausnahmefall vor, wenn der versicherte Patient mit einem durch die Grunderkrankung **vorgegebenen Therapieschema** behandelt wird, das eine hohe Behandlungsfrequenz über einen längeren Zeitraum aufweist (d. h. idR. mehrmals wöchentliche Termine: LSG Rhld-Pf v. 17. 8. 2006, L 5 KR 65/06, Rn. 17), und diese Behandlung oder der zu dieser Behandlung führende Krankheitsverlauf den Patienten in einer Weise beeinträchtigt, dass eine **Beförderung** zur Vermeidung von Schaden an Leib und Leben **unerlässlich** ist. Solche Ausnahmefälle sind nach der nicht abschließenden (BSG, NJOZ 2006, 4317/4318) Aufstellung in Anlage 2 in der Regel Dialysebehandlung, onkologische Strahlen- und Chemotherapie (§ 8 Abs. 2 S. 2, 4 iVm. Anl. 2 KT-RL). Weitere Ausnahmefälle sind nach § 8 Abs. 3 KT-RL ein Schwerbehindertenausweis mit Merkzeichen „aG", „Bl" oder „H", ein pflegeversicherungsrechtlicher Einstufungsbescheid in die Pflegestufe 2 oder 3 oder die Erfüllung der entsprechenden Sachkriterien.

Verfahren: Anders als bei den privilegierten Beförderungsfällen (Rn. 19) bedarf es einer grundsätzlich vorherigen (*Baier,* Krauskopf, § 60 Rn. 12) **Genehmigung** der Krankenkasse (Abs. 1 S. 3 sowie § 9 KT-RL). Das Genehmigungserfordernis dient der Rechtssicherheit, weil das Bestehen eines Ausnahmefalles auch für den Versicherten rechtsverbindlich festgestellt wird. Sie ist allerdings **keine materielle Anspruchsvoraussetzung:** Entscheidend ist, dass die materiellen Voraussetzungen für die Übernahme der Fahrkosten vorliegen. 22

C. Anspruchsinhalt

I. Leistungsbeschreibung, Abs. 1 S. 2, Abs. 3

Als Fahrkosten (Begriff: Rn. 1) werden die in Abs. 3 näher spezifizierten Aufwendungen für die Benutzung der dort genannten Verkehrsmittel anerkannt. Abs. 3 stellt eine **Reihenfolge unter den Verkehrsmitteln** auf (vgl. Nr. 2 und 3: „nicht benutzt werden kann"). Systematisch verunglückt enthält Abs. 1 S. 2 mit der „medizinischen Notwendigkeit im Einzelfall" die Richtschnur für das konkret zu benutzende Verkehrsmittel. 23

Grundsätzlich sind **öffentliche Verkehrsmittel** zu benutzen und dabei zumutbare Fahrpreisermäßigungen auszuschöpfen; erstattungsfähig ist auch eine Bahncard, wenn ihr Erwerb dazu dient, die Kosten insgesamt zu senken. Bei **Taxis/ Mietwagen** (Nr. 2) sowie **Kranken- und Rettungswagen** (Nr. 3) bemisst sich die Höhe der anerkannten Kosten nach den leistungserbringungsrechtlichen Vereinbarungen (§ 133 Abs. 1) bzw. den einschlägigen landesrechtlichen Regelungen (§ 133 Abs. 2). Die Kostenermittlung nach Nr. 1–3 begrenzt auch die Höhe der nach Maßgabe des Bundesreisekostengesetzes anzuerkennenden Kosten für die Benutzung eines **privaten Kraftfahrzeugs** (Nr. 4). 24

II. Leistungsbeschränkungen, Abs. 4

Die Übernahme der Kosten des **Rücktransports aus dem Ausland in das Inland** ist nach Abs. 4 ausgeschlossen. Die Krankenkassen dürfen diese Kosten daher nicht übernehmen, insbesondere auch dann nicht, wenn der Versicherte einen Wahltarif nach § 53 Abs. 4 wählt, weil dieser nur zu einer abweichenden Leistungsabwicklung ermächtigt, nicht aber zu einer Ausweitung des Leistungskataloges (§ 53 Rn. 15). 25

Abs. 4 regelt nur den Rücktransport aus dem Ausland, **nicht** aber **Fahrten und Transporte ins Ausland,** die zu dem Zweck unternommen werden, einen ausländischen Leistungserbringer in Anspruch zu nehmen. Für die dabei entstehenden Kosten gelten die allgemeinen Regeln: Es muss ein Hauptleistungsanspruch bestehen (der hinsichtlich des grenzüberschreitenden Moments auf die Art. 19, 22 VO/EWG 1408/71 und/oder § 13 Abs. 4 und 5 gestützt werden kann, näher: § 13 Rn. 30–50), und die Fahrt/der Transport muss medizinisch zwingend notwendig sein. Gerade hieran wird es meist fehlen, weil die ausländische Einrichtung regelmäßig nicht die nächst erreichbare sein wird (Rn. 10). 26

Kingreen

§ 60 Fahrkosten

27   Abs. 4 betrifft hingegen den umgekehrten Fall, dass ein Versicherter im **Ausland erkrankt** und, nach einer medizinischen Erstversorgung, **ins Inland zurück transportiert** wird. In einem solchen Fall ist der kategorische Ausschluss der Übernahme der Transportkosten problematisch. Abs. 4 gilt jedenfalls nicht, wenn nach anderen Bestimmungen **zulässigerweise Leistungen im Ausland in Anspruch genommen werden.** Das ist anerkannt bei Leistungen im Rahmen einer Auslandsbeschäftigung (§ 17) sowie nach Abs. 4 S. 2 für den Fall, dass nach § 18 eine Behandlung im Ausland zulässig ist. Abs. 4 S. 1 gilt aber auch **nicht bei der zulässigen Inanspruchnahme von Gesundheitsleistungen in einem anderen Mitgliedstaat der Europäischen Union** nach § 13 Abs. 4, 5 oder Art. 22 VO/EWG 1408/71 (anders noch zum alten Recht BSG, NZS 1999, 607/608 ff.). Es verstößt gegen die Warenverkehrs- und Dienstleistungsfreiheit (Art. 28, 49 EGV), wenn der Rücktransport aus dem Ausland anders behandelt wird als der Rücktransport aus dem Inland (ebenso *Abig,* Rechtsstellung, 216 ff.; *Plute/Knopff/Kellmer,* Krankenkassen, 108). Diesen Schutz vor Ungleichbehandlungen genießt nach der allgemeinen Freizügigkeitsgarantie (Art. 18 EGV) auch, wer vor dem Rücktransport keinen ausländischen Leistungserbringer in Anspruch nimmt.

III. Kostenbeteiligungen, Abs. 1 S. 3, Abs. 2 S. 1

28   Von den notwendigen Kosten werden jeweils nur die die **Zuzahlung** nach § 61 S. 1 übersteigenden Aufwendungen übernommen, Abs. 1 S. 3, Abs. 2 S. 1. Hin- und Rückfahrt gelten dabei grundsätzlich als getrennte Fahrten, für die daher jeweils die Zuzahlung zu entrichten ist. Allerdings wird eine kombinierte vor-, voll- und teilstationäre Behandlung als Einheit behandelt, so dass der Eigenanteil nur für die erste und die letzte Fahrt zu entrichten ist (*Baier,* Krauskopf, § 60 Rn. 10). Zur Abwicklung der Zuzahlung: Rn. 31.

IV. Leistungsabwicklung

29   Die Rechtsnatur des Fahrkostenanspruchs ist umstritten. Rechtsprechung (BSGE 77, 119/128 f.; 85, 110/112; BGH, NJW 1999, 858/859 f.) und überwiegende Meinung (*Baier,* Krauskopf, § 60 Rn. 5; *Gerlach,* H/N, § 60 Rn. 8 ff.; *Zipperer,* GKV-Komm, § 60 Rn. 2) sehen in der Gewährung der Fahrkosten grundsätzlich eine **Sachleistung,** während im Schrifttum teilweise danach differenziert wird, ob die Fahrten und Transporte auf der Grundlage einer Vergütungsvereinbarung nach § 133 Abs. 1 (dann Sachleistung) oder aufgrund landesrechtlicher Vorschriften nach § 133 Abs. 2 (dann Kostenerstattung) erfolgen (*Abig,* Rechtsstellung, 61 ff.; *Eichenhofer,* JZ 1999, 363/364 f.; *Rixen,* Sozialrecht als öffentliches Wirtschaftsrecht, 2005, 525). Doch das überzeugt nicht, weil die Frage der Existenz von Leistungserbringungsverträgen zwischen Krankenkasse und Transportunternehmen mit dem Problem der Leistungsabwicklung (Sachleistung oder Kostenerstattung) nichts zu tun hat (§ 69 Rn. 36). Eine Krankenkasse erbringt Sachleistungen auch dann, wenn, wie im Krankenhausrecht, ihre Rechtsbeziehungen zum Leistungserbringer in erheblichem Umfang durch staatliche Behörden und nicht durch Kollektivverträge begründet und ausgestaltet werden.

30   Auch mutiert der Sachleistungsanspruch nicht zum Kostenerstattungsanspruch, wenn ein öffentliches Verkehrsmittel (Abs. 3 Nr. 1), ein Taxi (Nr. 2) oder das eigene Fahrzeug (Nr. 4) benutzt werden (so *Rixen,* Sozialrecht als öffentliches Wirtschaftsrecht, 2005, 525). Teilweise bestehen auch hier vertragliche Beziehun-

gen, etwa mit Taxiunternehmen (vgl. § 133 Abs. 3). Fehlt es daran (wie bei der Benutzung des eigenen Fahrzeugs), beschaffen Versicherte nicht eine Gesundheitsleistung selbst, deren Kosten erstattet werden könnten, sondern tätigen Aufwendungen, die Ansprüche auf **Aufwendungsersatz** gegen die Krankenkasse auslösen. Soweit also keine Vertragsbeziehungen bestehen, beinhalten Abs. 3 Nr. 1, 2 und 4 besondere Ausprägungen des Anspruches aus einer **öffentlich-rechtlichen Geschäftsführung ohne Auftrag** (vgl. allgemein *Maurer*, § 29 Rn. 10 ff.).

Hinsichtlich der **Abwicklung der Zuzahlung** ist zu differenzieren: Grundsätzlich hat nach § 43 b Abs. 1 (*Gerlach*, H/N, § 60 Rn. 54, aA. *Zipperer*, GKV-Komm, § 60 Rn. 35) der Unternehmer bzw. im Falle der Nichtleistung die Krankenkasse den Eigenanteil vom Versicherten einzuziehen. Für Rettungsfahrten iSv. Abs. 2 Nr. 2 ist hingegen § 60 Abs. 2 S. 2 lex specialis gegenüber § 43 b Abs. 1; zuständig für den Einzug ist daher stets die Krankenkasse. 31

D. Fahr- und Reisekosten bei medizinischer Rehabilitation, Abs. 5

Abs. 5 verweist hinsichtlich der Fahr- und anderen Reisekosten, die im Zusammenhang mit Leistungen der medizinischen Rehabilitation anfallen, auf § 53 Abs. 1–3 SGB IX. Damit wird verhindert, dass aufgrund der Vorbehalte in § 11 Abs. 2 S. 3 SGB V und § 7 SGB IX die Regelungen des § 60 Abs. 1–4 denjenigen des § 53 Abs. 1–3 SGB IX vorgehen. Im Zusammenhang mit Leistungen der medizinischen Rehabilitation werden daher nicht nur Fahrkosten iSv. § 60, sondern auch Reisekosten nach § 53 SGB IX übernommen und müssen keine Zuzahlungen geleistet werden. Der Verweis beschränkt sich aber auf Leistungen der medizinischen Rehabilitation (näher: *Gerlach*, H/N, § 60 Rn. 69) und erfasst nicht die ebenfalls in § 53 SGB IX geregelten Leistungen zur Teilhabe am Arbeitsleben. Auch verweist Abs. 5 nicht auf § 53 Abs. 4 SGB IX, um im GKV-Bereich eine unangemessene Ausweitung des Leistungsumfangs im Zusammenhang mit ambulanten Behandlungen zu verhindern (BT-Drs. 15/1749, 27). 32

Neunter Abschnitt. Zuzahlungen, Belastungsgrenze

§ 61 Zuzahlungen

¹**Zuzahlungen, die Versicherte zu leisten haben, betragen zehn vom Hundert des Abgabepreises, mindestens jedoch fünf Euro und höchstens zehn Euro; allerdings jeweils nicht mehr als die Kosten des Mittels.** ²**Als Zuzahlungen zu stationären Maßnahmen werden je Kalendertag 10 Euro erhoben.** ³**Bei Heilmitteln und häuslicher Krankenpflege beträgt die Zuzahlung zehn vom Hundert der Kosten sowie 10 Euro je Verordnung.** ⁴**Geleistete Zuzahlungen sind von dem zum Einzug Verpflichteten gegenüber dem Versicherten zu quittieren; ein Vergütungsanspruch hierfür besteht nicht.**

Schrifttum: *S. Rixen*, Der Leistungserbringer als Inkassobüro, SGb 2004, 2.

§ 61

Inhaltsübersicht

	Rn.
A. Überblick	1
B. Allgemeine Regel über die Höhe der Zuzahlung, S. 1	7
I. Inhalt	7
II. Bezugnahme durch leistungsrechtliche Vorschriften, Anwendungsfälle	9
C. Zuzahlungen zu stationären Maßnahmen, S. 2	12
D. Zuzahlungen für Heilmittel und häusliche Krankenpflege, S. 3	15
E. Pflicht, geleistete Zuzahlungen zu quittieren, S. 4	17

A. Überblick

1   Die durch das GMG mWv. 1. 1. 2004 neu gefasste Vorschrift regelt die **Höhe der Zuzahlung**, die Versicherte zu leisten haben. Die Verpflichtung dem Grunde nach folgt aus den leistungsrechtlichen Vorschriften, die auf § 61 Bezug nehmen, d. h. auf die allgemeine Regel des S. 1 oder die in S. 2 bzw. S. 3 für einzelne Leistungen der Krankenbehandlung speziell normierte Zuzahlungshöhe. Diese Systematik dient der Rechtsklarheit und vermeidet ständige Wiederholungen (BT-Drs. 15/1525, 95). Zur Leistung der Zuzahlung dem Grunde nach sind gem. der leistungsrechtlichen Vorschriften (mit Ausnahme des § 60) allein **Versicherte verpflichtet, die das achtzehnte Lebensjahr vollendet haben.** Der zum Einzug verpflichtete Leistungserbringer muss den Erhalt der Zuzahlungen ohne gesonderte Vergütung quittieren, S. 4.

2   § 61 ist Bestandteil der **Neugestaltung der Zuzahlungsregelungen** (BT-Drs. 15/1525, 71) und diese Teil der Neuordnung der Finanzierung durch das GMG (BT-Drs. 15/1525, 76 f.); die Norm blieb seither unverändert. Die nach Einführung durch das GRG bis zum 31. 12. 2003 geltende Fassung, die mehrfach Änderungen unterlag, enthielt Bestimmungen über die vollständige Befreiung der Versicherten von Zuzahlungen, Eigenanteilen und Fahrtkosten.

3   Die in Korrelation zur generellen Zuzahlungspflicht für Leistungen mit § 61 verfolgte **Zusammenfassung der Zuzahlungsregelungen** (vgl. BT-Drs. 15/1525, 77, 95) ist weithin, jedoch **nicht vollständig realisiert** worden: Sonderregelungen über Zuzahlungen sowohl dem Grunde als auch der Höhe nach finden sich (weiterhin) in § 32 Abs. 2 S. 3 und § 33 Abs. 8 S. 3 sowie mit Blick auf die Anrechnung bereits anderweitig geleisteter Zuzahlungen in § 39 Abs. 4 S. 2 und § 40 Abs. 6 S. 2. Zuzahlungen sind **von (Fest-)Zuschüssen zu unterscheiden** (vgl. zum Zahnersatz § 55 f.).

4   Die KK kann gem. § 53 Abs. 3 S. 2 an Stelle einer Prämienzahlung (auch) eine gem. § 61 der Höhe nach bestimmte Zuzahlung für Versicherte, die an besonderen Versorgungsformen nach § 63, § 73b, § 73c, § 137 f oder § 140 a teilnehmen, ermäßigen (vgl. Rn. 4, 14 zu § 28 Abs. 4) und diese **Zuzahlungsermäßigung** mit speziellen Tarifen verbinden, die für die Teilnahme an besonderen Versorgungsformen anzubieten sind, § 53 Abs. 3 S. 1. Des Weiteren können preisgünstige Festbetragsarzneimittel iSv. § 31 Abs. 3 S. 4 durch Beschluss des SpiBuKK **von der Pflicht zur Zuzahlung ausgenommen** werden, und für andere iSd. § 130a Abs. 8 rabattvertragsbelegte Arzneimittel hat die KK die Möglichkeit, die Zuzahlung um die Hälfte zu ermäßigen oder aufzuheben (§ 31 Abs. 3 S. 5).

5   Die Höhe der zusammengerechneten berücksichtigungsfähigen Zuzahlungen ist entscheidend für das Erreichen der auf das Kalenderjahr bezogenen **Belastungsgrenze**, § 62; wird sie erreicht, erfolgt eine Freistellung des betroffenen Versicherten von der Pflicht, die Zuzahlungen zu leisten.

Über die genannten Sonderregelungen (Rn. 3) und § 62 hinaus steht § 61 im **Regelungszusammenhang** auch mit § 43 b (Zahlungsweg) bzw. den Sonderbestimmungen zur Leistung an die KK (s. § 37 Abs. 5, § 37 a Abs. 3 und § 38 Abs. 5) bzw. die abgebende Stelle (s. näher zum Zuzahlungsempfänger *Gerlach*, H/N, § 31 Rn. 52 ff.) sowie § 13. 6

B. Allgemeine Regel über die Höhe der Zuzahlung, S. 1

I. Inhalt

Die in S. 1 verankerte allgemeine Regel besagt, dass die von den Versicherten 7 zu leistenden Zuzahlungen für den Erhalt bzw. die Inanspruchnahme von Leistungen der Höhe nach **„grundsätzlich"** (s. BT-Drs. 15/1525, 77) **10 v. H.** des „Abgabepreises" betragen, jedoch mindestens fünf und höchstens € 10 zu zahlen sind. Als **zusätzlicher**, qualifizierter **Höchstbetrag** sind die Kosten des Mittels anzusetzen (S. 1 Hs. 2), die mithin allein maßgeblich sind, wenn der Abgabepreis weniger als fünf Euro beträgt. Übersteigen die Kosten der Abgabe € 100, kommt die Höchstgrenze von 10 Euro zum Tragen, welche die Prozent-Regel insoweit verdrängt. Gegenüber S. 1 spezielle Regelungen enthalten S. 2 und S. 3.

Als maßgebliche Bezugsgröße legt der **„Abgabepreis"** eine „primäre" Zuordnung zu Arznei-, Verband- und Hilfsmitteln nahe (vgl. *Schmidt*, Peters, KV, § 61 Rn. 11; *Zipperer*, GKV-Komm, § 61 Rn. 10). Er ist indes sowohl nach allgemeinen Grundsätzen (s. BT-Drs. 15/1525, 77) als auch im Hinblick auf die Bezug nehmenden Vorschriften generell als der für die KKen im Verhältnis zum Versicherten zu tragende **Preis für die Leistung** zu verstehen, so etwa für die Soziotherapie (§ 37 a Abs. 3) als „Gesamtaufwand pro Tag der Leistungsinanspruchnahme" (BT-Drs. 15/1525, 90). 8

II. Bezugnahmen durch leistungsrechtliche Vorschriften, Anwendungsfälle

Infolge entsprechender Bezugnahme bestimmt § 61 S. 1 die Höhe der Zuzahlung **für folgende Leistungen:** Ärztlich verordnete empfängnisverhütende Mittel für Versicherte bis zum 20. Lebensjahr (§ 24 a Abs. 2 Hs. 2 i. V. m. § 31 Abs. 3 S. 1), Arznei- und Verbandmittel (§ 31 Abs. 3 S. 1; s. ferner § 23 Abs. 3), in die Versorgung mit Arzneimitteln einbezogene Mittel und Medizinprodukte (§ 31 Abs. 3 S. 1 iVm. S. 3, Abs. 1 S. 2), Hilfsmittel (§ 33 Abs. 8 S. 1), Soziotherapie (§ 37 a), Haushaltshilfe (§ 38 Abs. 5) sowie Fahrtkosten (§ 60 Abs. 1 S. 3, Abs. 2 S. 1; S. 2 betrifft die Einziehung). 9

Die qualifizierte Höchstgrenze der Kosten des Mittels kommt für verschreibungspflichtige Fertigarzneimittel unterhalb der € 5-Grenze nicht mehr in Betracht, da zur Berechnung des **Apothekenabgabepreises** grundsätzlich ein Festzuschlag von 3 Prozent zuzüglich 8,10 Euro sowie die Umsatzsteuer zu erheben sind, § 3 Abs. 1 S. 1. AMPreisVO. Ungeachtet der Zusammenfassung auf einem Rezept ist die Zuzahlung für Arznei-, Verband- und Hilfsmittel für jedes verordnete Mittel zu leisten (*Baier*, Krauskopf, § 61 Rn. 6). 10

Um Patienten nicht zu überfordern, die auf **zum Verbrauch bestimmte Hilfsmittel** angewiesen sind (speziell in größerer Zahl, z. B. bei Inkontinenz, oder wie Stoma-Patienten in Form von aus mehreren Packungen bestehenden Versorgungseinheiten, vgl. BT-Drs. 15/1525, 85), wird die Zuzahlung für diese Hilfs- 11

§ 61 Zuzahlungen

mittel nach der zuletzt durch das GKV-WSG geänderten Sonderregel des § 33 Abs. 8 S. 3 auf nunmehr € 10 für den gesamten Monatsbedarf an diesen Hilfsmitteln begrenzt (s. BT-Drs. 16/3100, 103); sie beträgt im übrigen 10 v. H. des insgesamt von der KK zu übernehmenden Betrags.

C. Zuzahlungen zu stationären Maßnahmen, S. 2

12   Nach der für Zuzahlungen zu stationären Maßnahmen besonderen Regel des S. 2 werden € 10 je Kalendertag erhoben. Gemäß spezifisch leistungsrechtlicher Bezugnahme gilt S. 2 für **folgende stationäre** (s. ferner Rn. 14) **Maßnahmen:** Stationäre Behandlung in einer Vorsorgeeinrichtung (§ 23 Abs. 6 S. 1 iVm. Abs. 4), medizinische Vorsorge für Mütter und Väter (§ 24 Abs. 3 S. 1 iVm. Abs. 1), vollstationäre Krankenhausbehandlung (§ 39 Abs. 4 S. 1), medizinische Rehabilitation (§ 40 Abs. 5 S. 1 iVm. Abs. 1 und 2), Anschlussrehabilitation (§ 40 Abs. 6 S. 1 iVm. Abs. 1 und 2) sowie medizinische Rehabilitation für Mütter und Väter (§ 41 Abs. 3 iVm. Abs. 1).

13   Die Zuzahlung zur stationären Behandlung ist je Kalendertag „**für jeden angefangenen Behandlungstag,** also auch für den Aufnahme- und Entlassungstag, zu entrichten" (BSG, NZS 2003, 31, LS). Die **Dauer der Entrichtung** der Zuzahlung folgt den Vorgaben der einzelnen leistungsrechtlichen Bestimmungen: Für längstens 28 Tage zu entrichten sind der Zuzahlungsbetrag für die vollstationäre Versorgung (§ 38 Abs. 4 S. 1) und für die Anschlussrehabilitation (§ 40 Abs. 6 S. 1). Ohne Höchstdauer müssen Zuzahlungen je Kalendertag für stationäre Versorgungsleistungen (s. § 23 Abs. 6 S. 1 und § 24 Abs. 3), für Rehabilitationsleistungen (§ 40 Abs. 5 S. 1) und für die medizinische Rehabilitation für Mütter und Väter (§ 41 Abs. 3) geleistet werden.

14   Über den Wortlaut hinaus (s. auch *Schmidt,* Peters, KV, § 61 Rn. 17) bestimmt § 61 S. 2 qua Bezugnahme durch § 28 Abs. 4 S. 1 auch die Höhe der Zuzahlung für jede auf das Kalendervierteljahr bezogene erste Inanspruchnahme eines an der vertragsärztlichen Versorgung teilnehmenden Arztes, Zahnarztes oder Psychotherapeuten, welche nicht auf Überweisung aus demselben Quartal erfolgt (**„Praxisgebühr"**), s. näher bei § 28 Abs. 4.

D. Zuzahlungen für Heilmittel und häusliche Krankenpflege, S. 3

15   Bei Heilmitteln (s. § 32 Abs. 2 S. 1) und häuslicher Krankenpflege (§ 37 Abs. 5) beträgt die Zuzahlung gem. S. 3 einheitlich **10 v. H. der Kosten** des Mittels bzw. der Pflege **sowie € 10 je Verordnung.** Der sich nach § 61 S. 3 ergebende Betrag für die häusliche Krankenpflege ist gem. § 37 Abs. 5 auf die ersten 28 Tage der Inanspruchnahme je Kalenderjahre begrenzt. Mangels Verweises auf § 37 Abs. 5 durch § 198 RVO gilt die Zuzahlungspflicht nicht für häusliche Pflege wegen Schwangerschaft oder Entbindung.

16   Werden der Menge (z. B. sechs Einheiten Krankengymnastik) oder Art nach **mehrere Heilmittel bzw. Maßnahmen auf einem Rezept** zusammengefasst, liegt lediglich eine Verordnung iSd. Zuzahlungsregelung vor (s. näher *Gerlach,* H/N, § 61 Rn. 46 f.).

E. Pflicht, geleistete Zuzahlungen zu quittieren, S. 4

Der zum Einzug Verpflichtete (Leistungserbringer) muss die geleistete Zuzahlung dem Versicherten quittieren, ohne dass dafür ein Vergütungsanspruch bestünde. Die Quittierungspflicht „betrifft" auch die KKen (*Zipperer*, GKV-Komm, § 61 Rn. 26), allerdings in teleologischer Extension der Norm, soweit gem. § 37 Abs. 5, § 37 a Abs. 3 und § 38 Abs. 5 „an die Krankenkasse" zu leisten ist (vgl. iÜ. § 43 b Abs. 1 S. 2). 17

Orientiert am Nachweiszweck, insbesondere im Hinblick auf § 62 (Belastungsgrenze), ist die Quittung in schriftlicher Form auszustellen (*Höfler*, KK, § 61 Rn. 7) und muß die insoweit mindestens erforderlichen Angaben enthalten (s. *Gerlach*, H/N, § 61 Rn. 56). 18

§ 62 Belastungsgrenze

(1) ¹Versicherte haben während jedes Kalenderjahres nur Zuzahlungen bis zur Belastungsgrenze zu leisten; wird die Belastungsgrenze bereits innerhalb eines Kalenderjahres erreicht, hat die Krankenkasse eine Bescheinigung darüber zu erteilen, dass für den Rest des Kalenderjahres keine Zuzahlungen mehr zu leisten sind. ²Die Belastungsgrenze beträgt zwei vom Hundert der jährlichen Bruttoeinnahmen zum Lebensunterhalt; für chronisch Kranke, die wegen derselben schwerwiegenden Krankheit in Dauerbehandlung sind, beträgt sie 1 vom Hundert der jährlichen Bruttoeinnahmen zum Lebensunterhalt. ³Abweichend von Satz 2 beträgt die Belastungsgrenze 2 vom Hundert der jährlichen Bruttoeinnahmen zum Lebensunterhalt

1. für nach dem 1. April 1972 geborene chronisch kranke Versicherte, die ab dem 1. Januar 2008 die in § 25 Abs. 1 genannten Gesundheitsuntersuchungen vor der Erkrankung nicht regelmäßig in Anspruch genommen haben,
2. für nach dem 1. April 1987 geborene weibliche und nach dem 1. April 1962 geborene männliche chronisch kranke Versicherte, die an einer Krebsart erkranken, für die eine Früherkennungsuntersuchung nach § 25 Abs. 2 besteht, und die diese Untersuchung ab dem 1. Januar 2008 vor ihrer Erkrankung nicht regelmäßig in Anspruch genommen haben.

⁴Für Versicherte nach Satz 3 Nr. 1 und 2, die an einem für ihre Erkrankung bestehenden strukturierten Behandlungsprogramm teilnehmen, beträgt die Belastungsgrenze 1 vom Hundert der jährlichen Bruttoeinnahmen zum Lebensunterhalt. ⁵Der Gemeinsame Bundesausschuss legt in seinen Richtlinien bis zum 31. Juli 2007 fest, in welchen Fällen Gesundheitsuntersuchungen ausnahmsweise nicht zwingend durchgeführt werden müssen. ⁶Die weitere Dauer der in Satz 2 genannten Behandlung ist der Krankenkasse jeweils spätestens nach Ablauf eines Kalenderjahres nachzuweisen und vom Medizinischen Dienst der Krankenversicherung, soweit erforderlich, zu prüfen. ⁷Die jährliche Bescheinigung darf nur ausgestellt werden, wenn der Arzt ein therapiegerechtes Verhalten des Versicherten, beispielsweise durch Teilnahme an einem strukturierten Behandlungsprogramm nach § 137 f, feststellt; dies gilt nicht für Versicherte, denen das Erfüllen der Voraussetzungen nach Satz 7 nicht zumutbar ist, insbesondere wegen des Vorliegens von Pflegebedürftigkeit der Pflegestufen II und III nach dem Elften Buch oder bei einem Grad der Behinderung von mindestens 60. ⁸Das Nähere regelt der Gemeinsame Bundesausschuss in seinen Richtlinien. ⁹Die Krankenkassen sind verpflichtet, ihre Versicherten zu Beginn eines Kalenderjahres auf die für sie in diesem Kalenderjahr maßgeblichen Untersuchungen

§ 62 Belastungsgrenze

nach § 25 Abs. 1 und 2 hinzuweisen. [10]Das Nähere zur Definition einer schwerwiegenden chronischen Erkrankung bestimmt der Gemeinsame Bundesausschuss in den Richtlinien[2] nach § 92.

(2) [1]Bei der Ermittlung der Belastungsgrenzen nach Absatz 1 werden die Zuzahlungen und die Bruttoeinnahmen zum Lebensunterhalt der mit dem Versicherten im gemeinsamen Haushalt lebenden Angehörigen des Versicherten und des Lebenspartners jeweils zusammengerechnet. [2]Hierbei sind die jährlichen Bruttoeinnahmen für den ersten in dem gemeinsamen Haushalt lebenden Angehörigen des Versicherten um 15 vom Hundert und für jeden weiteren in dem gemeinsamen Haushalt lebenden Angehörigen des Versicherten und des Lebenspartners um 10 vom Hundert der jährlichen Bezugsgröße nach § 18 des Vierten Buches zu vermindern. [3]Für jedes Kind des Versicherten und des Lebenspartners sind die jährlichen Bruttoeinnahmen um den sich nach § 32 Abs. 6 Satz 1 und 2 des Einkommensteuergesetzes ergebenden Betrag zu vermindern; die nach Satz 2 bei der Ermittlung der Belastungsgrenze vorgesehene Berücksichtigung entfällt. [4]Zu den Einnahmen zum Lebensunterhalt gehören nicht Grundrenten, die Beschädigte nach dem Bundesversorgungsgesetz oder nach anderen Gesetzen in entsprechender Anwendung des Bundesversorgungsgesetzes erhalten, sowie Renten oder Beihilfen, die nach dem Bundesentschädigungsgesetz für Schäden an Körper und Gesundheit gezahlt werden, bis zur Höhe der vergleichbaren Grundrente nach dem Bundesversorgungsgesetz. [5]Abweichend von den Sätzen 1 bis 3 ist bei Versicherten,
1. die Hilfe zum Lebensunterhalt oder Grundsicherung im Alter und bei Erwerbsminderung nach dem Zwölften Buch oder die ergänzende Hilfe zum Lebensunterhalt nach dem Bundesversorgungsgesetz oder nach einem Gesetz, das dieses für anwendbar erklärt, erhalten,
2. bei denen die Kosten der Unterbringung in einem Heim oder einer ähnlichen Einrichtung von einem Träger der Sozialhilfe oder der Kriegsopferfürsorge getragen werden

sowie für den in § 264 genannten Personenkreis als Bruttoeinnahmen zum Lebensunterhalt für die gesamte Bedarfsgemeinschaft nur der Regelsatz des Haushaltsvorstands nach der Verordnung zur Durchführung des § 28 des Zwölften Buches Sozialgesetzbuch (Regelsatzverordnung) maßgeblich. [6]Bei Versicherten, die Leistungen zur Sicherung des Lebensunterhalts nach dem Zweiten Buch erhalten, ist abweichend von den Sätzen 1 bis 3 als Bruttoeinnahmen zum Lebensunterhalt für die gesamte Bedarfsgemeinschaft nur die Regelleistung nach § 20 Abs. 2 des Zweiten Buches maßgeblich.

(3) [1]Die Krankenkasse stellt dem Versicherten eine Bescheinigung über die Befreiung nach Absatz 1 aus. [2]Diese darf keine Angaben über das Einkommen des Versicherten oder anderer zu berücksichtigender Personen enthalten.

(4) Bei der Versorgung mit Zahnersatz finden § 61 Abs. 1 Nr. 2, Abs. 2 bis 5 und § 62 Abs. 2a in der am 31. Dezember 2003 geltenden Fassung bis zum 31. Dezember 2004 weiter Anwendung.

(5) Die Spitzenverbände der Krankenkassen evaluieren für das Jahr 2006 die Ausnahmeregelungen von der Zuzahlungspflicht hinsichtlich ihrer Steuerungswirkung und legen dem Deutschen Bundestag hierzu über das Bundesministerium für Gesundheit spätestens bis zum 30. Juni 2007 einen Bericht vor.

Schrifttum: *A. Beraus,* Zuzahlung der Versicherten bei schwerwiegender chronischer Krankheit, br 2004, 171; *H. Schomburg,* Härtefallregelungen, SVFAng 2005, 21.

3. Kapitel. 9. Abschnitt **§ 62**

Inhaltsübersicht

Rn.
- A. Überblick 1
- B. Zuzahlungen bis zur Belastungsgrenze, Abs. 1, Abs. 2 S. 1 5
  - I. Berücksichtigungsfähige Zuzahlungen und Überschreitung der Belastungsgrenze 5
  - II. Höhe der Belastungsgrenze, Abs. 1 S. 2 ff. 8
    1. Allgemeine und reduzierte Belastungsgrenze 8
    2. Reduzierte Belastungsgrenze und eigenverantwortliches Verhalten, Abs. 1 S. 3–5, 9 12
- C. Ermittlung der Belastungsgrenze, Abs. 2 16
  - I. Bruttoeinnahmen zum Lebensunterhalt 16
  - II. Angehörige und Lebenspartner, Abs. 2 S. 1–3 20
  - III. Bezieher spezifischer Hilfeleistungen, Abs. 2 S. 5 und 6 24
- D. Bescheinigung, Abs. 1 S. 1 Hs. 2, Abs. 3 26
- E. Übergangsrecht, Abs. 4 27
- F. Evaluation der Ausnahmeregelungen, Abs. 5 28
- G. Erstattung 29

A. Überblick

Die in § 62 verankerten Regelungen über die Belastungsgrenze dienen der **sozialen Ausgewogenheit** der Zuzahlungspflicht, ohne deren **Steuerungswirkung** (Rn. 28) übermäßig zu beeinträchtigen (BT-Drs. 16/3100, 110). Die Vorschrift ist verfassungsgemäß (BSG v. 22. 4. 2008, B 1 KR 18/07 R; Rn. 25). 1

Die mWv. 1. 1. 2004 durch das GMG neu gefasste Bestimmung löste die Regelung über die teilweise Befreiung von Zuzahlungen ab. Sie ist weiterhin als **Überforderungsklausel** zu qualifizieren (BT-Drs. 15/1525, 95), die im Zeichen der Solidarität finanzielle Härten ausgleicht, die der in Eigenverantwortung zugewiesenen Zuzahlungspflicht entspringen. Zuzahlungen sind danach während jedes Kalenderjahres nur bis zur Belastungsgrenze zu leisten (Abs. 1 S. 1); diese beträgt grundsätzlich 2 v. H. und für chronisch Kranke 1 v. H. (S. 2). 2

Umfangreiche Ergänzungen durch das GKV-WSG (Abs. 1 S. 3–5, S. 7–9) knüpfen die **reduzierte Belastungsgrenze** an **gesundheitsbewußtes und eigenverantwortliches Verhalten** (vgl. BT-Drs. 16/3100, 110) der (später) chronisch kranken Versicherten; dazu gehören entsprechende verfahrens- bzw. organisationsrechtliche Bestimmungen. 3

Abs. 2 regelt, wie die Belastungsgrenze im Einzelnen zu **ermitteln** ist; er konkretisiert die Bestimmung des Härteausgleichs in Anbetracht sozialer Kriterien vis à vis der Eigenverantwortung (Rn. 16). Abs. 3 betrifft die Ausstellung und den Inhalt einer **Bescheinigung** über die Befreiung (Rn. 26). Abs. 4 enthält eine **Übergangsregelung** der vormaligen Härtefallregelungen für die Versorgung mit Zahnersatz bis zum 31. 12. 2004 (Rn. 27). Nach Abs. 5 (Rn. 28) wird der Selbstverwaltung aufgegeben, die Ausnahmeregelung im Zeichen der in Rn. 1 genannten Funktion zu **evaluieren** (oder evaluieren zu lassen, BT-Drs. 16/3100, 110). 4

B. Zuzahlungen bis zur Belastungsgrenze, Abs. 1, Abs. 2 S. 1

I. Berücksichtigungsfähige Zuzahlungen und Überschreitung der Belastungsgrenze

Während des Kalenderjahres haben Versicherte nur Zuzahlungen bis zur Belastungsgrenze zu leisten (Abs. 1 S. 1 Hs. 1). **Zuzahlungen** idS. sind solche qua leis- 5 tungsrechtlicher Vorschriften, welche auf § 61 Bezug nehmen (s. § 61 Rn. 9–15), einschließlich der Praxisgebühr nach § 28 Abs. 4 sowie die nach Grund und Höhe unmittelbar geregelten Zuzahlungen (s. § 61 Rn. 3). Nicht dazu zählen Kostenanteile bei Zahnersatz (vgl. Abs. 4, Rn. 26), ebenso wenig Mehrkosten (vgl. z. B. § 56 Abs. 2) und private Eigenanteile (näher *Gerlach,* H/N, § 62 Rn. 11, für eine Gesamtübersicht *Schomburg,* SVFAng 2005, 21/22).

6   Im Hinblick auf das Erreichen der Belastungsgrenze sind die Zuzahlungen des Versicherten und die GKV-spezifisch berücksichtigungsfähigen (BSG, NZS 2003, 257/258; krit und näher *Baier,* Krauskopf, § 62 Rn. 6) Zuzahlungen der mit dem Versicherten im gemeinsamen Haushalt lebenden Angehörigen und des Lebenspartners **zusammenzurechnen.** Bezugszeitpunkt ist unbeschadet des Datums der Verordnung das Kalenderjahr, in dem die Zuzahlung tatsächlich geleistet wurde.

7   Folge des Überschreitens der Belastungsgrenze ist die **Befreiung kraft Gesetzes** (vgl. Abs. 1 S. 1 Hs. 1) mit Wirkung bis zum Ablauf des Kalenderjahres, in dem die Grenze überschritten wurde (*Baier,* Krauskopf, § 62 Rn. 30). Der Bescheinigung kommt lediglich Nachweisfunktion gegenüber den zum Einzug Verpflichteten zu.

II. Höhe der Belastungsgrenze, Abs. 1 S. 2 ff.

1. Allgemeine und reduzierte Belastungsgrenze

8   Die Höhe der **allgemeinen Belastungsgrenze** beträgt gem. Abs. 1 S. 2 Hs. 1 grundsätzlich 2 v. H. des jährlichen Bruttoeinkommens zum Lebensunterhalt. Für chronisch Kranke, die wegen derselben schwerwiegenden Erkrankung in Dauerbehandlung sind, beträgt sie 1 v. H. (Hs. 2). In beiden Fällen orientiert sich die Überforderung am Familieneinkommen (Abs. 2, Rn. 16). Die Maßgeblichkeit der **reduzierten Belastungsgrenze (spezielle Überforderungsklausel)** knüpft an zahlreiche Voraussetzungen an (vgl. auch Rn. 3), bei deren Nichtvorliegen auch chronisch Kranke Zuzahlungen bis zu einer der allgemeinen entsprechenden Belastungsgrenze von 1 v. H. zu leisten haben (s. Rn. 11 ff.).

9   Die spezielle Überforderungsklausel in Form der reduzierten Belastungsgrenze (Abs. 1 S. 2 Hs. 2) setzt zunächst voraus, dass **chronisch Kranke wegen derselben schwerwiegenden Erkrankung in Dauerbehandlung** sind. Unbeschadet dessen gilt die Belastungsgrenze von 1 v. H. in diesem Falle nicht nur für Zuzahlungen zur Dauerbehandlung, sondern für alle Zuzahlungen des chronisch Kranken (s. BT-Drs. 13/5724, 5). Gem. Abs. 1 S. 10 iVm. § 92 Abs. 1 S. 2 bestimmt der G-BA in der (zuletzt mWv. 28. 3. 2008 geänderten) **„Chron-RL"** (BAnz Nr. 47 S. 1094, § 92 Rn. 34) das Nähere zur Definition von schwerwiegenden chronischen Krankheiten (sowie Ausnahmen von der Pflicht zur Beratung gem. Abs. 1 S. 5 und von der Notwendigkeit der Feststellung des therapiegerechten Verhaltens iSd. Abs. 1 S. 7 und 8).

10 Danach (§ 2 Abs. 2 Chron-RL) ist eine Krankheit **„schwerwiegend chronisch,** wenn sie wenigstens ein Jahr lang, mindestens einmal pro Quartal ärztlich behandelt wurde **(Dauerbehandlung)** und eines der folgenden Merkmale vorhanden ist":
a) Pflegebedürftigkeit der Pflegestufe 2 oder 3 gem. SGB XI;
b) ein nach den Maßstäben des § 30 Abs. 1 BVG oder eine nach denen des § 56 Abs. 2 SGB VII festgestellte(r) GdB bzw. MdE von mindestens 60 bzw. mindestens 60 %, die zumindest auch durch die Krankheit begründet sind (krit. *Beraus,* br. 2004, 171);

c) Erforderlichkeit einer kontinuierlichen medizinischen Versorgung, ohne die eine lebensbedrohliche Verschlimmerung, Verminderung der Lebenserwartung oder dauerhafte (krankheitsbedingte) Beeinträchtigung der Lebensqualität zu erwarten ist (s. iE. § 2 Abs. 2 lit. c Chron-RL).

Die **weitere Dauer** der genannten Behandlung ist der KK, welche die Feststellung trifft, dass Versicherte an einer schwerwiegenden chronischen Krankheit leiden (vgl. Abs. 1 S. 1 Chron-RL), jeweils spätestens nach Ablauf eines Kalenderjahres **nachzuweisen** (s. dazu § 3 der RL) und vom MDK, soweit erforderlich, zu prüfen, Abs. 1 S. 6. Im Einklang mit dem Leitgedanken der Eigenverantwortung darf die Bescheinigung über die Fortdauer der chronischen Erkrankung nur ausgestellt werden, wenn der Arzt ein **therapiegerechtes Verhalten,** z. B. in Form der Teilnahme an einem für die betreffende Krankheit bestehenden DMP gem. § 137 f, feststellt, Abs. 1 S. 7 Hs. 1. In anderen Fällen bestimmt der Arzt die geeignete Therapie (BT-Drs. 16/3100, 110). Mittels Ausstellung einer Bescheinigung nach § 3 Abs. 1 Chron-RL (ärztliche Bescheinigung mit Angabe der dauerbehandelten Krankheit) bescheinigt der Arzt die Verständigung mit dem Patienten „über das weitere Vorgehen in Bezug auf eine Therapie... und ein therapiegerechtes Verhalten des Patienten", § 3 Abs. 4 Chron-RL. **Ausgenommen** von der Notwendigkeit der Feststellung des therapiegerechten Verhaltens sind Versicherte, denen dies unzumutbar ist, insbesondere bei Pflegebedürftigkeit der Stufe 2 und 3 sowie bei einem GdB von mindestens 60, Abs. 1 S. 7 Hs. 2. Dieser Hs. war im ursprünglichen Entwurf nicht enthalten, ebenso wenig wie der letztlich gleichfalls eingefügte S. 8, mit welchem dem G-BA aufgegeben wurde, die Ausnahmefälle zu definieren (AfG, BT-Drs. 16/4247, 35). In Ergänzung der in S. 7 Hs. 2 genannten Tatbestände sind gem. § 3 Abs. 6 Chron-RL auch Kinder und Jugendliche unter 18 Jahren sowie Versicherte, bei denen eine MdE von mindestens 60% vorliegt, von der Notwendigkeit der Feststellung des therapiegerechten Verhaltens ausgenommen.

2. Reduzierte Belastungsgrenze und eigenverantwortliches Verhalten, Abs. 1 S. 3–5, 9

Nach dem Willen des Gesetzgebers sollen künftig „nur die Versicherten von der reduzierten Belastungsgrenze profitieren, die vor ihrer Erkrankung regelmäßig die für sie relevanten... **Vorsorgeuntersuchungen** in Anspruch genommen haben" (BT-Drs. 16/3100, 110). In diesem Sinne kommt, positiv formuliert, die reduzierte anstelle der allgemeinen Belastungsgrenze nur zum Tragen (s. aber S. 4, Rn. 15), wenn nach dem 1. 4. 1972 geborene chronisch kranke Versicherte (Frauen und Männer) vor der Erkrankung regelmäßig die in § 25 Abs. 1 genannten Untersuchungen **(„Check-Up")** in Anspruch genommen haben (Abs. 1 S. 3 Nr. 1). Dasselbe gilt für nach dem 1. 4. 1987 geborene weibliche sowie nach dem 1. 4. 1962 geborene männliche chronisch kranke Versicherte im Hinblick auf Vorsorgeuntersuchungen zur **Früherkennung von Krebs,** § 25 Abs. 2, soweit für die betreffende Krebsart eine Früherkennungsuntersuchung besteht (Abs. 1 S. 3 Nr. 2). Die Altersgrenzen stellen sicher, dass eine „Sanktion" in Form der allgemeinen Belastungsgrenze nur Versicherte trifft, die im Einklang mit den leistungsrechtlichen Vorschriften nach Inkrafttreten der Neuregelung erstmals entsprechende Vorsorgeleistungen in Anspruch nehmen konnten, d. h. solche des Check-Ups (§ 25 Abs. 1) ab dem vollendeten 35. Lebensjahr sowie solche nach § 25 Abs. 2 ab dem vollendeten 20. (Frauen) bzw. 45. Lebensjahr (Männer) (BT-Drs. 16/3100, 110). Die entgegen dem Entwurf erfolgte Verschiebung der **Koppelung** vom Zeit-

§ 62

punkt des Inkrafttretens des Gesetzes hin **zum 1. Januar 2008** sollte die rechtzeitige Regelung der Einzelheiten durch den G-BA sicherstellen (vgl. AfG, BT-Drs. 16/4247, 35).

13 Gem. Abs. 1 S. 5 hat der G-BA festzulegen, in welchen Fällen Gesundheitsuntersuchungen **ausnahmsweise nicht zwingend durchgeführt** werden müssen. In § 4 der Chron-RL hat er indes weitergehend bestimmt (vgl. die tragenden Gründe zum Beschluss v. 19. 7. 2007), dass der Nachweis einer – merkblattgestützten – **Beratung** über Chancen und Risiken der Untersuchungen zur Früherkennung (zunächst nur) des Brustkrebses, des Darmkrebses und des Zervix-Karzinoms (Gebärmutterhalskrebs) **als regelmäßige Inanspruchnahme** der Untersuchungen nach Abs. 1 S. 3 **gilt**. Vorbehaltlich anderer Regelungen ist die Beratung zeitnah nach Erreichen des Anspruchsalters, längstens jedoch in einem Zeitraum von zwei Jahren nach Anspruchsberechtigung wahrzunehmen (§ 4 Abs. 1 Chron-RL). IÜ. korrespondiert die regelmäßige Inanspruchnahme mit den nach § 25 Abs. 1 und 2 maßgeblichen Anspruchsintervallen. **Ausgenommen** von der Pflicht zur Beratung sind Versicherte mit schweren psychischen Erkrankungen oder schweren geistigen Behinderungen sowie bereits an der zu untersuchenden Erkrankung leidende Versicherte (§ 4 Abs. 3 Chron-RL).

14 Gem. Abs. 1 S. 9 sind die KKen verpflichtet, ihre Versicherten zu Beginn eines Kalenderjahres auf die für sie in diesem Kalenderjahr maßgeblichen Untersuchungen nach § 25 Abs. 1 und 2 **hinzuweisen.**

15 Selbst dann, wenn Versicherte nach Abs. 1 S. 3 Nr. 1 und 2 die **Vorsorgeuntersuchungen versäumt** haben (s. BT-Drs.16/3100, 110) gilt – gewissermaßen als Rückausnahme – wiederum die verminderte Belastungsgrenze, sofern chronisch kranke Patienten in Wahrnehmung ihrer Eigenverantwortung an DMP gem. § 137 f teilnehmen, Abs. 1 S. 4.

C. Ermittlung der Belastungsgrenze, Abs. 2

I. Bruttoeinnahmen zum Lebensunterhalt

16 Zur Ermittlung der Belastungsgrenze sind die (zusammengerechneten, Rn. 20) Bruttoeinnahmen zum Lebensunterhalt für dasjenige (laufende) **Kalenderjahr** („während") maßgeblich, für welches die Belastungsgrenze zu berechnen ist (BSG, SozR 4–2500, § 62 Nr. 4 S. 21). Das gilt auch für Landwirte (BSG, SozR 4–2500, § 62 Nr. 2 S. 4). Der qua Gesetz nicht umfassend geregelte **Rechtsbegriff der jährlichen Bruttoeinnahmen** umfaßt die persönlichen Einnahmen, die dem tatsächlichen Lebensunterhalt (zu) dienen (vgl. BSG, SozR 4–2500, § 62 Nr. 4 S. 19) geeignet sind (BSG, SozR 3–2500, § 61 Nr. 8 S. 39); siehe auch das gemeinsame RdSchr. der SpiVe „Einnahmen zum Lebensunterhalt" v. 22./23. 1. 2008.

17 Die Einkunftsquelle ist nicht entscheidend. Über das Verständnis der Summe der Einkünfte iSd. Einkommensteuerrechts hinaus sind entsprechend einer wirtschaftlichen Betrachtungsweise, bezogen auf die dem Versicherten zur Bestreitung seines Lebensunterhalts zur Verfügung stehenden Einnahmen, auch freigiebige Leistungen Dritter einzurechnen, selbst wenn diese zweckbezogen sind („Zuschüsse zu Besuchsfahrten", BSG, SozR 4–2500, § 62 Nr. 4 S. 22). Maßgeblich sind allerdings **nur die tatsächlichen Einnahmen;** fiktive Bruttoeinnahmen iSd. (Eck-)Regelsatzes der Sozialhilfe (s. iÜ. Rn. 24) dürfen nicht zugrunde gelegt werden (BSG, a.a.O.). Der (Eck-)Regelsatz ist auch dann **nicht als fiktives Mindesteinkommen** heranzuziehen, wenn die Berücksichtigung des Ehegatten und

der Kinder des Versicherten zu keinem positiven Einkommen führt; eine analoge Anwendung des Abs. 2 S. 5 scheidet aus (Bay. LSG v. 26. 4. 2007, jüngst bestätigt durch BSG v. 22. 4. 2008, B 1 KR 20/07 R, L 4 KR 276/05; and. und im Hinblick auf die vorgenannten Urt. krit. die VwV der SpiVe zu § 62 SGB V v. 22./23. 1. 2008, Ziff. 4.2.). Unbeschadet der Verwaltungspraktikabilität ist für die Bestimmung der Einnahmen nicht der steuerrechtlich relevante Veranlagungszeitraum, sondern der **Zeitpunkt** der tatsächlich erfolgten Einnahmen bzw. Ausgaben maßgeblich. Dies gilt auch für die jedenfalls bei Einnahmen aus Vermietung und Verpachtung neben der Absetzung für Abnutzung maßgebliche Berücksichtigung der **Werbungskosten** zur Ermittlung des Gewinnanteils (BSG, SozR 4–2500, § 62 Nr. 3 S. 13 f.; s. jedoch *Zipperer*, GKV-Komm, § 62 Rn. 62; allg. gegen die Abzugsfähigkeit von Werbungskosten ferner *Gerlach*, H/N, § 62 Rn. 25; ebenso das in Rn. 16 gen. RdSchr., Ziff. 14).

Die Bruttoeinnahmen umfassen grundsätzlich auch **Sozialleistungen** mit 18 Lohnersatzfunktion (s. *Zipperer*, GKV-Komm, § 62 Rn. 56; *Gerlach*, H/N, § 62 Rn. 22), ebenso einmalige **Abfindungen** des Arbeitgebers bei Verlust des Arbeitsplatzes (BSG, SozR 3–2500, § 61 Nr. 8 S. 39). Auch aufstockende Leistungen nach dem **AsylbLG** sind grundsätzlich als Bruttoeinnahmen anzusetzen (LSG B-W v. 14. 2. 2007, L 5 KR 4134/05), doch darf auch dann bei negativen Einnahmen der fiktive Regelsatz (Rn. 17) nicht angesetzt werden (BSG v. 22. 4. 2008, B 1 KR 5/07 R). Umschichtungen des eigenen Vermögens, zu denen auch **Beitragsrückerstattungen** zählen, können hingegen nicht als Bruttoeinnahmen gewertet werden (BSG, SozR 4–2500, § 62 Nr. 4 S. 21).

Öffentliche Zuwendungen (mit Zweckbindung) zur Abdeckung eines 19 Mehrbedarfs (z. B. Pflegegeld, Blindenzulage; näher *Zipperer*, GKV-Komm, § 62 Rn. 67) gehören nicht zu den Bruttoeinnahmen zum Lebensunterhalt (BSG, SozR 3–2500, § 61 Nr. 2 S. 9), ebenso wenig (sonstige) Einnahmen zur Deckung besonderer Bedürfnisse (s. *Höfler*, KK, § 62 Rn. 13). Das seit Umstellung des Systems des Familienlastenausgleichs (vgl. § 31 EStG) nicht mehr als zweckbestimmte Sozialleistung gewährte, sondern der Förderung der Familie in Anbetracht der Freistellung des Existenzminimums des Kindes dienende **Kindergeld** darf weiter unberücksichtigt bleiben (s. auch BSG, SozR 4–2500, § 61 Nr. 1 S. 7), allerdings nicht beiden nach § 32 Abs. 6 S. 1 und 2 EStG kumulierten Freibeträgen (s. Rn. 23) hinzuaddiert werden (BSG, SozR 4–2500, § 62 Nr. 1 S. 3, s. Rn. 23). Ausdrücklich nicht zu den Einnahmen zählen gem. **Abs. 2 S. 4 Grundrenten** für Beschädigte nach dem oder in entspr. Anwendung des BVG (s. z. B. § 80 SVG) sowie **Renten** oder Beihilfen nach dem BEG für Schäden an Körper oder Gesundheit bis zur Höhe der vergleichbaren Grundrente nach dem BEG.

II. Angehörige und Lebenspartner, Abs. 2 S. 1–3

Entsprechend der Orientierung der Überforderungsklausel am Familienein- 20 kommen (BT-Drs. 15/1525, 95) und wie schon für die Zuzahlung selbst (Rn. 6) gilt, dass die Bruttoeinnahmen des Versicherten und der mit ihm im gemeinsamen Haushalt lebenden Angehörigen und des Lebenspartners jeweils **zusammenzurechnen** sind **(Abs. 2 S. 1)**, und zwar unabhängig davon, ob sie gesetzlich krankenversichert sind oder nicht (BSG, NZS 2003, 257/258 f.). Details folgen aus S. 2 und 3; Sonderregelungen gegenüber S. 1–3 enthalten die S. 5 und 6.

Die neuere Rspr. (Rn. 20) spricht im Einklang mit dem „Gedanken der wirt- 21 schaftlichen Gemeinschaft" (vgl. BT-Drs. 11/2237, 187) und der Ausdehnung auf

§ 62 Belastungsgrenze

den Lebenspartner (der grundsätzlich als Familienangehöriger des anderen gilt, § 11 Abs. 1 LPartG) gegen eine restriktive Interpretation des Begriffs des **Angehörigen** (s. *Baier,* Krauskopf, § 62 Rn. 10; *Höfler,* KK, § 62 Rn. 17 a). Entgegen engerer aA. (vgl. Ziff. 4.1. der in Rn. 17 zitierten VwV), auch der Aufsichtsbehörden (vgl. *Zipperer,* GKV-Komm, § 62 Rn. 79; ausf. *Gerlach,* H/N, § 62 Rn. 41 ff.), sind Angehörige demnach solche nach §§ 1589, 1590 BGB sowie solche gem. § 11 Abs. 1 und 2 LPartG. Sonstige (nicht eingetragene bzw. verschiedengeschlechtliche) Lebenspartner sind keine Angehörigen iSd. Vorschrift (*Höfler,* KK, § 61 Rn. 17 a mwN.). Im **gemeinsamen Haushalt** lebend bedeutet räumliches Zusammenleben in wirtschaftlicher (bzw. Haushalts-) Gemeinschaft (vgl. BT-Drs. 11/2237, 187; ausf. *Gerlach,* H/N, § 62 Rn. 48 f.).

22 Bei der Zusammenrechnung gem. Abs. 2 S. 1 sind die jährlichen **Bruttoeinnahmen** für den ersten im gemeinsamen Haushalt lebenden Angehörigen des Versicherten um 15 v. H. und für jeden weiteren dort lebenden Angehörigen des Versicherten und des Lebenspartners um 10 v. H. der jährlichen Bezugsgröße nach § 18 SGB IV zu vermindern, **Abs. 2 S. 2.** Unter Bezugnahme auf die SVRechGrV 2008 (BGBl. I 2007, 2797), § 2 Abs. 1, ergeben sich damit **Verminderungsbeträge** von € 4473 für den ersten und € 7455 für zwei Angehörige (10 v. H. der Bezugsgröße = € 2982; maßgeblich auch für jeden weitern Angehörigen).

23 Nach der gegenüber Abs. 2 S. 2 speziellen Regelung des **S. 3** (vgl. dessen Hs. 3) sind für jedes **Kind** des Versicherten und des Lebenspartners die jährlichen Bruttoeinnahmen um den sich nach § 32 Abs. 6 S. 1 und 2 EStG ergebenden Freibetrag zu vermindern. Ohne teleologische Reduktion der Norm sind die **Freibeträge für jedes Kind** auch dann zu berücksichtigen, wenn sie nicht familienversichert sind (BSG, SozR 4–2500, § 62 Nr. 2 S. 6 ff.). Das BSG hat ausdrücklich offen gelassen, ob sich aus Abs. 2 S. 3 iVm. § 32 Abs. 6 S. 1 und 2 EStG ein **Gesamtminderungsbetrag** von (bei Veranlagung 2007 bzw. 2008) € 5.808 ergibt, der sich aus dem (ohne Notwendigkeit einer Zusammenveranlagung, s. u.) verdoppelten (§ 32 Abs. 6 S. 2 EStG) Kinderfreibetrag (€ 1.824) *und* dem Freibetrag für Betreuungs- und Erziehungs- oder Ausbildungsbedarf (€ 1.080) zusammensetzt (BSG, SozR 4–2500, § 62 Nr. 1 S. 3 f.). Für die Kumulation beider Freibeträge sprechen die grammatisch uneingeschränkte Bezugnahme auf § 32 Abs. 6 S. 1 und 2 EStG, wobei S. 2, auf den direkt verwiesen wird, die Addition der Beträge voraussetzt (idS. auch *Gerlach,* H/N, § 62 Rn. 51 ff.; SG Lübeck v. 19. 1. 2006, S 3 KR 1501/04; jeweils zu Recht gegen einen nachrangigen restriktiven Hinweis in der Gesetzesbegründung [BT-Drs. 15/1525, 95], der nur eine Momentaufnahme darstellt). Der isolierte Bezug auf den (Gesamt-)Betrag nach § 32 Abs. 6 S. 1 und 2 EStG für „jedes Kind des Versicherten und des Lebenspartners" spricht weiter gegen eine Inkorporation des steuerrechtlichen Tatbestandsbezugs der Zusammenveranlagung als Voraussetzung für die Verdoppelung gem. § 32 Abs. 6 S. 2 EStG (*Gerlach,* a.a.O., Rn. 52). Bei der Kumulation der Freibeträge schließlich ist eine Durchbrechung der grammatisch und systematisch eindeutig verankerten Spezialitätsfunktion des Abs. 2 S. 3 dadurch, dass dann, wenn „ein Ehegatte/Lebenspartner bzw. sonstiger Angehöriger nicht zu berücksichtigen [ist], für das erste berücksichtigungsfähige Kind ein Abzug in Höhe von 15 vH. der Bezugsgröße in Ansatz zu bringen" ist (VwV [Rn. 17], Ziff. 5.2.), nicht angezeigt. Legt man gem. S. 3 indes allein den verdoppelten Kinderfreibetrag (iHv. € 3.648 = 2 x € 1.824) zugrunde, bleibt dieser hinter dem Betrag iHv. 15 vH. der Bezugsgröße zurück, ohne dass Abs. 2 S. 2 Anwendung finden könnte. Werden beide Freibeträge herangezogen, ist überdies ge-

zahltes Kindergeld indes abzuziehen, vgl. § 31 EStG; s. auch BSG, SozR 4–2500, § 62 Nr. 1 S. 3 f.

III. Bezieher spezifischer Hilfeleistungen, Abs. 2 S. 5 und 6

Für die in Abs. 2 S. 5 genannten Personen wird abweichend von den Abs. 2 S. 1 bis 3 für die Ermittlung der Belastungsgrenze als Bruttoeinnahmen zum Lebensunterhalt für die gesamte Bedarfsgemeinschaft lediglich der Regelsatz des Haushaltsvorstandes nach der Regelsatzverordnung zugrunde gelegt. Dies betrifft Versicherte, die **HLU** nach dem SGB XII oder ergänzende HLU nach dem BVG (gem. § 27 a BVG) oder noch einem das BVG für anwendbar erklärenden G oder **Grundsicherung im Alter und bei Erwerbsminderung** nach SGB XII erhalten, Abs. 2 S. 5 Nr. 1. Die Regel gilt ferner für in einem Heim oder einer ähnlichen Einrichtung tatsächlich (s. *Höfler*, KK, § 62 Rn. 25) untergebrachte Versicherte, bei denen die Kosten der **Unterbringung** von einem Träger der Sozialhilfe oder der Kriegsopferfürsorge getragen werden, Abs. 2 S. 5 Nr. 2. Dritte in gleicher Weise begünstigte Gruppe ist der in § 264 genannte Personenkreis (s. dort). 24

Ebenfalls abweichend von S. 1–3 ist bei Versicherten, die **Leistungen** zur Sicherung des Lebensunterhaltes **nach dem SGB II** erhalten, hinsichtlich der Bruttoeinnahmen zum Lebensunterhalt für die gesamte Bedarfsgemeinschaft allein die Regelleistung nach § 20 Abs. 2 SGB II maßgeblich. Bei einer Regelleistung von derzeit € 347 (§ 20 Abs. 2 S. 1, Abs. 4 S. 3 SGB II, Bek. v. 18. 6. 2007, BGBl. I, 1139) beträgt die allgemeine Belastungsgrenze (ohne Eingriff in das Existenzminimum, s. BSG, Urt. v. 22. 4. 2008, B 1 KR 10/07 R; s. auch § 23 Abs. 1 SGB II [Darlehen]) damit € 83,28, die reduzierte € 41,64 (bei vormals € 345 waren es € 82,80 bzw. € 41,40). Gemessen am Maßstab der Menschenwürde und des Sozialstaatsprinzips liegen die Grenzen innerhalb des weiten Gestaltungsermessens, das dem Gesetzgeber jenseits des hier unangetasteten „physischen Existenzminimums" zusteht (BSG, aaO.). S. zu Abs. 2 S. 4 Rn. 19. 25

D. Bescheinigung, Abs. 1 S. 1 Hs. 2, Abs. 3

Durch eine „zeitgerecht erteilte Bescheinigung" kann der Versicherte nach der Vorstellung des Gesetzes eine Zuzahlung über die Belastungsgrenze hinaus vermeiden (BSG, SozR 4–2500, § 62 Nr. 4 S. 18). Wegen der Befreiung kraft Gesetzes ist sie indes nicht konstitutiv (Rn 7). Gem. Abs. 1 S. 1 Hs. 2 „hat" die KK iVm. Abs. 3 S. 1 „dem Versicherten" eine Bescheinigung über die Befreiung auszustellen. Auf die Bescheinigung – VA iSd. § 31 SGB X (*Höfler*, KK, § 62 Rn. 30; *Gerlach*, H/N, § 62 Rn. 62, auch zum KK-Wechsel) – besteht mithin ein **Anspruch**. Sie kann ggf. im Wege der **(kombinierten) Anfechtungs- und Verpflichtungsklage** gerichtlich erwirkt werden (BSG v. 19. 9. 2007, B 1 KR 1/07 R; s. ferner bereits BSG, SozR 3–2500, § 61 Nr. 7 S. 32). Die Bescheinigung, die nur für das laufende Kalenderjahr gilt, darf keine Angaben über das Einkommen des Versicherten oder anderer zu berücksichtigender Personen enthalten (Abs. 3 S. 2). 26

E. Übergangsrecht, Abs. 4

27 Für die Versorgung mit Zahnersatz enthält Abs. 4 eine Übergangsregelung zur Fortgeltung der gleitenden Belastungsgrenze nach § 61 Abs. 1 Nr. 2, Abs. 2 bis 5 und § 62 Abs. 2 a in der am 31. Dezember 2003 geltenden Fassung bis zum 31. Dezember 2004 (vgl. zu den Einzelheiten nach § 62 Abs. 2 a a. F. etwa *Zipperer,* GKV-Komm, § 62 Rn. 120 ff.). Dies trägt der Einführung der Härtefallregelung im Zusammenhang mit befundbezogenen Festzuschüssen, § 55 Abs. 2 und 3, erst zum 1. 1. 2005 (Art. 37 Abs. 8 des GMG) Rechnung.

F. Evaluation der Ausnahmeregelungen, Abs. 5

28 Gem. Abs. 5 war den Spitzenverbänden aufgetragen, die Ausnahmeregelungen bis zum 30. Juni 2007 zu evaluieren oder evaluieren zu lassen (BT-Drs. 16/3100, 110). Hintergrund ist die Möglichkeit zur Fortentwicklung der Regelung auf der Grundlage gesicherter Erkenntnisse unter weitgehender Aufrechterhaltung der Steuerungswirkung bei gleichzeitiger sozialer Ausgewogenheit. Aus dem (nach Fristverlängerung) mit Schreiben vom 29. 1. 2008 vorgelegten Bericht der SpiVe lassen sich aus Sicht des BMG indes „weder Schlussfolgerungen über Fehlsteuerung der Zuzahlungsregelungen ableiten, noch bestätigt der Bericht die gegenwärtige Ausgestaltung als einen sachgerechten Ansatz" (BT-Drs. 16/8652, 1). Nach Auffassung der SpiVe hingegen ist eine verlässliche Bewertung der Steuerungswirkung u. a. mangels Geeignetheit nicht befreiter Personen als Kontrollgruppe oder wegen der Einbeziehung der Krankenhaus-Zuzahlung, letztlich va. mangels eines „kontrollierten Studiendesigns", nicht möglich (aaO., S. 2, 9). Überdies werden vereinzelt grundsätzliche Zweifel an der Eignung der Steuerung von Inanspruchnahmeverhalten durch Zuzahlungsregelungen laut.

G. Erstattung

29 Der Rechtsanspruch auf Erstattung von Zuzahlungen (vgl. auch Zff. 3.1. f. der in Rn. 17 gen. VwV), die der Versicherte über die maßgebliche Belastungsgrenze hinaus geleistet hat, weil die KK die Grenze nicht (rechtzeitig) oder in zu großer Höhe bescheinigt hat, folgt aus § 62 iVm. dem allgemeinen öffentlich-rechtlichen **Erstattungsanspruch** (BSG, SozR 4–2500, § 62 Nr. 4 S. 19; zur analogen Anwendung der Vorschriften des SGB I *Baier,* Krauskopf, § 62 Rn. 32). Er ist im Wege der kombinierten Anfechtungs- und Leistungsklage durchzusetzen (BSG, SozR 4–2500, § 62 Nr. 4 S. 19; s. ferner bereits BSG, SozR 3–2500, § 61 Nr. 7 S. 32).

§ 62 a *(aufgehoben)*

3. Kapitel. 10. Abschnitt § 63

Zehnter Abschnitt. Weiterentwicklung der Versorgung

§ 63 Grundsätze

(1) Die Krankenkasse und ihre Verbände können im Rahmen ihrer gesetzlichen Aufgabenstellung zur Verbesserung der Qualität und der Wirtschaftlichkeit der Versorgung Modellvorhaben zur Weiterentwicklung der Verfahrens-, Organisations-, Finanzierungs- und Vergütungsformen der Leistungserbringung durchführen oder nach § 64 vereinbaren.

(2) Die Krankenkassen können Modellvorhaben zu Leistungen zur Verhütung und Früherkennung von Krankheiten sowie zur Krankenbehandlung, die nach den Vorschriften dieses Buches oder auf Grund hiernach getroffener Regelungen keine Leistungen der Krankenversicherung sind, durchführen oder nach § 64 vereinbaren.

(3) [1]Bei der Vereinbarung und Durchführung von Modellvorhaben nach Absatz 1 kann von den Vorschriften des Vierten und des Zehnten Kapitels dieses Buches, soweit es für die Modellvorhaben erforderlich ist, und des Krankenhausfinanzierungsgesetzes, des Krankenhausentgeltgesetzes sowie den nach diesen Vorschriften getroffenen Regelungen abgewichen werden; der Grundsatz der Beitragssatzstabilität gilt entsprechend. [2]Gegen diesen Grundsatz wird insbesondere für den Fall nicht verstoßen, dass durch ein Modellvorhaben entstehende Mehraufwendungen durch nachzuweisende Einsparungen auf Grund der in dem Modellvorhaben vorgesehenen Maßnahmen ausgeglichen werden. [3]Einsparungen nach Satz 2 können, soweit sie die Mehraufwendungen überschreiten, auch an die an einem Modellvorhaben teilnehmenden Versicherten weitergeleitet werden. [4]Satz 1 gilt mit der Maßgabe, dass von § 284 Abs. 1 Satz 5 nicht abgewichen werden darf.

(3a) [1]Gegenstand von Modellvorhaben nach Absatz 1, in denen von den Vorschriften des Zehnten Kapitels dieses Buches abgewichen wird, können insbesondere informationstechnische und organisatorische Verbesserungen der Datenverwendung, einschließlich der Erweiterungen der Befugnisse zur Erhebung, Verarbeitung und Nutzung von personenbezogenen Daten sein. [2]Von den Vorschriften des Zehnten Kapitels dieses Buches zur Erhebung, Verarbeitung und Nutzung personenbezogener Daten darf nur mit schriftlicher Einwilligung des Versicherten und nur in dem Umfang abgewichen werden, der erforderlich ist, um die Ziele des Modellvorhabens zu erreichen. [3]Der Versicherte ist vor Erteilung der Einwilligung schriftlich darüber zu unterrichten, inwieweit das Modellvorhaben von den Vorschriften des Zehnten Kapitels dieses Buches abweicht und aus welchen Gründen diese Abweichungen erforderlich sind. [4]Die Einwilligung des Versicherten hat sich auf Zweck, Inhalt, Art, Umfang und Dauer der Erhebung, Verarbeitung und Nutzung seiner personenbezogenen Daten sowie die daran Beteiligten zu erstrecken; die Einwilligung kann widerrufen werden. [5]Erweiterungen der Krankenversichertenkarte, die von § 291 abweichen, sind nur zulässig, wenn die zusätzlichen Daten informationstechnisch von den Daten, die in § 291 Abs. 2 genannt sind, getrennt werden. [6]Beim Einsatz mobiler personenbezogener Speicher- und Verarbeitungsmedien gilt § 6c des Bundesdatenschutzgesetzes entsprechend.

(3b) [1]Modellvorhaben nach Absatz 1 können vorsehen, dass Angehörige der im Krankenpflegegesetz und im Altenpflegegesetz geregelten Berufe
1. die Verordnung von Verbandsmitteln und Pflegehilfsmitteln sowie
2. die inhaltliche Ausgestaltung der häuslichen Krankenpflege einschließlich

deren Dauer vornehmen, soweit diese aufgrund ihrer Ausbildung qualifiziert sind und es sich bei der Tätigkeit nicht um selbständige Ausübung von Heilkunde handelt. ²Modellvorhaben nach Absatz 1 können vorsehen, dass Physiotherapeuten mit einer Erlaubnis nach § 1 Abs. 1 Nr. 2 des Masseur- und Physiotherapeutengesetzes die Auswahl und die Dauer der physikalischen Therapie und die Frequenz der Behandlungseinheiten bestimmen, soweit die Physiotherapeuten auf Grund ihrer Ausbildung qualifiziert sind und es sich bei der Tätigkeit nicht um selbständige Ausübung von Heilkunde handelt.

(3 c) ¹Modellvorhaben nach Absatz 1 können eine Übertragung der ärztlichen Tätigkeiten, bei denen es sich um selbständige Ausübung von Heilkunde handelt und für die die Angehörigen der im Krankenpflegegesetz geregelten Berufe aufgrund einer Ausbildung nach § 4 Abs. 7 des Krankenpflegegesetzes qualifiziert sind, auf diese vorsehen. ²Satz 1 gilt für die Angehörigen des im Altenpflegegesetz geregelten Berufes aufgrund einer Ausbildung nach § 4 Abs. 7 des Altenpflegegesetzes entsprechend. ³Der Gemeinsame Bundesausschuss legt in Richtlinien fest, bei welchen Tätigkeiten eine Übertragung von Heilkunde auf die Angehörigen der in den Sätzen 1 und 2 genannten Berufe im Rahmen von Modellvorhaben erfolgen kann. ⁴Vor der Entscheidung des Gemeinsamen Bundesausschusses ist der Bundesärztekammer sowie den maßgeblichen Verbänden der Pflegeberufe Gelegenheit zur Stellungnahme zu geben. ⁵Die Stellungnahmen sind in die Entscheidungen einzubeziehen.

(4) ¹Gegenstand von Modellvorhaben nach Absatz 2 können nur solche Leistungen sein, über deren Eignung als Leistung der Krankenversicherung der Gemeinsame Bundesausschuss nach § 91 im Rahmen der Beschlüsse nach § 92 Abs. 1 Satz 2 Nr. 5 oder im Rahmen der Beschlüsse nach § 137 c Abs. 1 keine ablehnende Entscheidung getroffen hat. ²Fragen der biomedizinischen Forschung sowie Forschungen zur Entwicklung und Prüfung von Arzneimitteln und Medizinprodukten können nicht Gegenstand von Modellvorhaben sein.

(5) ¹Ziele, Dauer, Art und allgemeine Vorgaben zur Ausgestaltung von Modellvorhaben sowie die Bedingungen für die Teilnahme von Versicherten sind in der Satzung festzulegen. ²Die Modellvorhaben sind im Regelfall auf längstens acht Jahre zu befristen. ³Verträge nach § 64 Abs. 1 sind vor den für die Vertragsparteien zuständigen Aufsichtsbehörden vorzulegen. ⁴Modellvorhaben nach Absatz 1, in denen von den Vorschriften des Zehnten Kapitels dieses Buches abgewichen werden kann, sind auf längstens fünf Jahre zu befristen; personenbezogene Daten, die in Abweichung von den Regelungen des Zehnten Kapitels dieses Buches erhoben, verarbeitet oder genutzt worden sind, sind unverzüglich nach Abschluss des Modellvorhabens zu löschen. ⁵Über Modellvorhaben nach Absatz 1, in denen von den Vorschriften des Zehnten Kapitels dieses Buches abgewichen wird, sind der Bundesbeauftragte für den Datenschutz oder die Landesbeauftragten für den Datenschutz, soweit diese zuständig sind, rechtzeitig vor Beginn des Modellvorhabens zu unterrichten.

(6) ¹Modellvorhaben nach den Absätzen 1 und 2 können auch von den Kassenärztlichen Vereinigungen im Rahmen ihrer gesetzlichen Aufgabenstellung mit den Krankenkassen oder ihren Verbänden vereinbart werden. ²Die Vorschriften dieses Abschnitts gelten entsprechend.

Schrifttum: *M. Dahlhoff,* Erprobungsregelungen sollen Experimentierfelder öffnen, BABl. 4/1989, 36; *D. Melchart ua.,* Akupunktur bei chronischen Schmerzen, DÄBl. 2006, A-187; *F. J. Oldiges,* Strukturverträge und Erprobungsregelungen, DOK 1997, 710; *U. Orlowski,* Modellvorhaben in der Gesetzlichen Krankenversicherung, BKK 1997, 110; *ders.,* Neue Versorgungs- und Vergütungsstrukturen aus Sicht des Gesetzgebers, VSSR 1998, 265; *B. Schauenburg,* Modellvorhaben für die Akupunktur, BKK 2003, 345; *H. D. Schirmer,* Das Kassenarztrecht m 2. GKV-Neuordnungsgesetz, MedR 1997, 431; *P. Wigge,* Erprobungsregelungen außerhalb des Budgets, MedR 1996, 172; *C. M. Witt ua.,* Wirksamkeit, Sicherheit und Wirtschaftlichkeit der Akupunktur, DÄBl. 2006, A-196.

Inhaltsübersicht

	Rn.
A. Überblick	1
I. Die Weiterentwicklung der Versorgung als gesundheitspolitischer Kontext	1
II. Entwicklung und Struktur der Regelung	2
B. Strukturmodelle, Abs. 1, 3, 3a, 3b und 3c	4
I. Modellvorhaben zur Weiterentwicklung der Formen der Leistungserbringung, Abs. 1	4
II. Suspendierung des Leistungserbringungs- und Datenschutzrechts, Abs. 3, 3a	5
1. Abweichungen vom Leistungserbringungsrecht und ihre Grenzen	5
2. Die besonderen Regelungen zur Datenverarbeitung, Abs. 3a und Abs. 5 S. 4 und 5	8
III. Nichtärztliche Heilberufe, Abs. 3b und 3c	9
C. Leistungsmodelle, Abs. 2 und 4	10
I. Inhalt	10
II. Einschränkungen	11
D. Satzungserfordernis und Befristung, Abs. 5 S. 1–3	13
E. Kompetenz der Kassenärztlichen Vereinigungen, Abs. 6	15

A. Überblick

I. Die Weiterentwicklung der Versorgung als gesundheitspolitischer Kontext

Die §§ 63 bis 65 geben einen allgemeinen Rahmen für die sog. **Weiterent-** 1 **wicklung der Versorgung** vor; sie stehen damit in einem engen Zusammenhang mit den spezielleren Regelungen über die besonderen Versorgungsformen (§§ 73a ff.), die strukturierten Behandlungsprogramme (§§ 137f und g) und die integrierte Versorgung (§§ 140a ff.). Das gesundheitspolitische Anliegen besteht darin, den KKen, ihren Verbänden und den KVen die Möglichkeit einzuräumen, Modellvorhaben zur Verbesserung der Qualität und Wirtschaftlichkeit der Versorgung zu entwickeln und zu erproben und damit die Innovationsfähigkeit der GKV zu verbessern (BT-Drs. 13/6087, 18).

II. Entwicklung und Struktur der Regelung

Im Kern gehen die §§ 63 bis 65 auf das 2. GKV-NOG von 1997 zurück, mit 2 dem sie an die Stelle der bereits zuvor seit dem GRG bestehenden **„Erprobungsregelungen"** (zu ihnen vgl. *Dahlhoff,* BABl. 4/1989, 36; *Wigge,* MedR 1996, 172) traten (vgl. dazu *Orlowski,* BKK 1997, 110; *ders.,* VSSR 1998, 265; *Schirmer,* MedR 1997, 431/434 ff.), die teils in der Praxis keine Bedeutung erlangt hatten, teils gestrichen, teils als Regelelemente ausgestaltet wurden (zur Entwicklung vgl. *Knieps,* HVAR, § 12 Rn. 7). Abs. 3b und 3c wurden durch das PfWG in § 63 aufgenommen.

Für das Verständnis der Regelung ist von zentraler Bedeutung, dass § 63 zwi- 3 schen **Strukturmodellen,** die die Art und Weise der Leistungserbringung modifizieren (Abs. 1, 3, 3a, 3b und 3c; vgl. unten Rn. 4 ff.), und **Leistungsmodellen,** die sich auf den Inhalt der Leistungen beziehen (Abs. 2 und 4; vgl. unten

Rn. 10 ff.), unterscheidet. Soweit die Leistungserbringer an den Modellvorhaben beteiligt sind, werden die KKen Vereinbarungen mit ihnen nach § 64 Abs. 1 schließen müssen; im Übrigen können sie aber – etwa in Eigeneinrichtungen, deren Errichtung aufgrund des Abs. 3 S. 1 insoweit nicht den Restriktionen des § 140 Abs. 2 unterliegt – die Modellvorhaben auch allein durchführen.

B. Strukturmodelle, Abs. 1, 3, 3a, 3b und 3c

I. Modellvorhaben zur Weiterentwicklung der Formen der Leistungserbringung, Abs. 1

4   Abs. 1 enthält keine nähere Beschreibung des Inhalts der **Strukturmodelle**, sondern beschränkt sich auf die allgemeine Vorgabe, dass sie der Weiterentwicklung der Verfahrens-, Organisations-, Finanzierungs- und Vergütungsformen dienen. Ausdrücklich erwähnt und detaillierter geregelt sind Modellvorhaben zur Verbesserung der Datenverwendung (Abs. 3a; vgl. unten Rn. 8), zur stärkeren Einbeziehung nichtärztlicher Heilberufe (Abs. 3b und 3c, vgl. unten Rn. 9) und zur Vermeidung einer Mehrfachinanspruchnahme von Vertragsärzten (§ 64 Abs. 4; vgl. § 64 Rn. 9). Insgesamt ergibt sich damit für die KKen und ihre Verbände, die das Gesetz primär als Modellträger im Auge hat (vgl. aber auch Abs. 6 S. 1, dazu Rn. 15), ein weites Handlungsfeld, das lediglich durch ihre gesetzliche Aufgabenstellung der Gesundheitsversorgung begrenzt ist. Strukturmodelle können daher auch als Rahmen für die Realisierung besonderer Versorgungsformen – etwa von strukturierten Behandlungsprogrammen nach §§ 137 f und g – dienen.

II. Suspendierung des Leistungserbringungs- und Datenschutzrechts, Abs. 3, 3a

1. Abweichungen vom Leistungserbringungsrecht und ihre Grenzen

5   Der eigentliche Sinn der gesetzlichen Verankerung von Strukturmodellen zeigt sich in Abs. 3 S. 1, der es erlaubt, im Rahmen der Erprobung dieser Modelle vom gesamten Leistungserbringungsrecht abzuweichen. Erst diese **Suspendierung** des geltenden Rechts räumt den KKen – insbesondere im Verhältnis zu den Leistungserbringern – den erforderlichen Handlungsspielraum für eine innovative Gestaltung der Leistungsformen und -strukturen ein.

6   Allerdings ist diese Gestaltungsfreiheit unter dem Gesichtspunkt des Vorbehalts des Gesetzes nicht unproblematisch (vgl. – zur Rechtslage vor dem 2. GKV-NOG – *Wigge*, MedR 1996, 172/173 f.). Rechtfertigen lässt sich dies nur, weil es sich um zeitlich befristete Erprobungsmodelle handelt (vgl. Rn. 14) und die Teilnahme der Versicherten und der Leistungserbringer an diesen Modellen **freiwillig** erfolgt. Letzteres ist zwar in § 63 – anders als etwa in §§ 73a Abs. 1 S. 5 und 140a Abs. 2 S. 1 – nicht ausdrücklich festgelegt; es ergibt sich aber aus dem Willen des Gesetzgebers (vgl. BT-Drs. 13/6087, 18) und ist hinsichtlich der Versicherten jedenfalls anerkannt, wenn in einem Modellvorhaben gesetzliche Ansprüche geändert werden (BSGE 90, 84/89 f.). Von der Freiwilligkeit der Teilnahme geht auch § 53 Abs. 3 aus, der die KKen verpflichtet, den Teilnehmern an Modellvorhaben besondere Tarife anzubieten.

7   Eine Grenze stellt ferner die entsprechende Geltung des **Grundsatzes der Beitragssatzstabilität** (Abs. 3 S. 1 Hs. 2) dar, der in § 71 verankert ist und damit an

sich in den Anwendungsbereich der Suspendierungsregel fiele. Allerdings darf nach Abs. 3 S. 2 eine Gesamtbetrachtung in dem Sinne vorgenommen werden, dass – etwa im Rahmen einer Anschubfinanzierung – zunächst entstehende Mehraufwendungen durch Einsparungen, die die Strukturmodelle durch eine verbesserte Wirtschaftlichkeit der Versorgung erreichen, kompensiert werden können; dabei wird man die gesamte Laufzeit des Modellvorhabens berücksichtigen müssen. Dass nach Abs. 3 S. 3 Netto-Einsparungen auch an die Versicherten weitergeleitet werden können, ermöglicht Bonus-Programme, die einen Anreiz setzen, an einem Modellvorhaben teilzunehmen. Ob derartige finanzielle Anreize damit auch zugunsten der Leistungserbringer zulässig sind (so *Orlowski,* GKV-Komm, § 63 Rn. 28; wohl auch *Knieps,* HVAR, § 12 Rn. 9), ist angesichts des eindeutigen Wortlauts eher zweifelhaft.

2. Die besonderen Regelungen zur Datenverarbeitung, Abs. 3 a und Abs. 5 S. 4 und 5

Bei der Durchführung von Modellvorhaben zur Verbesserung der Datenverwendung kann nach Abs. 3 S. 1 auch von den **datenschutzrechtlichen Regelungen** des SGB V – nicht aber des SGB I und X (vgl. Abs. 3 S. 4) – abgewichen werden (umfassend dazu vgl. *I. Heinemeyer,* Elektronische Datenverarbeitung in den neuen medizinischen Versorgungssystemen, 2005, 119 ff.). Für diese Vorhaben enthält Abs. 3 a konkretisierende Vorgaben, die für Abweichungen insbesondere eine schriftliche Einwilligung des Versicherten verlangt (Abs. 3 a S. 2). Für alle Strukturmodelle, die von den datenschutzrechtlichen Regelungen des SGB V abweichen, sieht Abs. 5 S. 4 und 5 zudem eine kürzere Befristung sowie Löschungs- und Unterrichtungspflichten vor. 8

III. Nichtärztliche Heilberufe, Abs. 3 b und 3 c

Die durch das PfWG eingefügten Abs. 3 b und 3 c öffnen die Strukturmodelle für eine intensivere Beteiligung **nichtärztlicher Heilberufe**. Abs. 3 b ermöglicht dabei die selbständige Verordnung und Ausgestaltung von Leistungen durch Krankenpfleger, Altenpfleger und Physiotherapeuten. Nach Abs. 3 c können bestimmte ärztliche Leistungen, die durch Richtlinien des G-BA festgelegt werden, Kranken- und Altenpflegern übertragen werden, die eine besondere Ausbildung nach § 4 Abs. 7 KrPflG bzw. AltPflG absolviert haben (vgl. dazu Art. 15 und 16 PfWG). 9

C. Leistungsmodelle, Abs. 2 und 4

I. Inhalt

Zur Durchführung bzw. Vereinbarung nach § 64 von **Leistungsmodellen** sind nach Abs. 2 lediglich die KKen, nicht aber deren Verbände befugt. Eine ausdrückliche Befugnis zum Abweichen von krankenversicherungsrechtlichen Vorschriften enthält das Gesetz für die Leistungsmodelle nicht; vielmehr erlaubt Abs. 2 selbst bereits eine Überschreitung des im Übrigen geltenden Rechts. Als Gegenstände von Leistungsmodellen kommen zum einen Leistungen zur Verhütung und Früherkennung von Krankheiten, zum anderen Leistungen zur Krankenbehandlung in Betracht. Als Beispiel für letzteres sei die Akupunktur genannt, die in Modellvorhaben erprobt und evaluiert worden ist (vgl. *Melchart ua.,* DÄBl. 2006, A-187; 10

§ 63

Schauenburg, BKK 2003, 345; *Witt ua.,* DÄBl. 2006, A-196) und schließlich 2006 für zwei Indikationen vom G-BA zur vertragsärztlichen Versorgung zugelassen wurde.

II. Einschränkungen

11 Die Leistungsmodelle stehen allerdings unter drei **Einschränkungen**. Ausgeschlossen sind zunächst Leistungen, die bereits im Leistungskatalog der GKV enthalten sind (Abs. 2); dies betrifft insbesondere die Leistungen, zu denen bereits eine positive Entscheidung des G-BA vorliegt. Unzulässig ist ferner die Erprobung aller Leistungen der ambulanten und stationären Behandlung, zu denen der G-BA eine ablehnende Richtlinie nach § 92 Abs. 1 S. 2 bzw. nach § 137 c Abs. 1 erlassen hat (Abs. 4 S. 1). In Betracht kommen somit nur Leistungen, über die der G-BA noch nicht entschieden hat; auch insoweit wird man aber verlangen müssen, dass bereits Erkenntnismaterial vorliegt, das in Aussicht stellt, dass die jeweilige Leistung in die Regelversorgung aufgenommen werden kann (vgl. dazu die Begründung zum 2. GKV-NOG, BT-Drs. 13/6087, 26).

12 Schließlich schließt Abs. 4 S. 2 Verfahren der **biomedizinischen sowie der Arzneimittel- und Medizinprodukteforschung** von den Modellvorhaben aus; dies entspricht dem allgemeinen Grundsatz, dass klinische Studien und Grundlagenforschung sowie deren Finanzierung grundsätzlich nicht zu den Aufgaben der GKV gehören (vgl. BSGE 93, 137/141 ff.). Dieser Ausschluss umfasst auch sog. Therapieoptimierungsstudien (*Orlowski,* GKV-Komm, § 63 Rn. 32).

D. Satzungserfordernis und Befristung, Abs. 5 S. 1–3

13 Neben den datenschutzrechtlichen Anforderungen an Strukturmodelle in S. 4 und 5 (vgl. oben Rn. 8) enthält Abs. 5 in S. 1 zunächst das Erfordernis, dass die KKen die Modellvorhaben in ihren wesentlichen Inhalten in ihren **Satzungen** festlegen. Dies dient sowohl der Beteiligung der Selbstverwaltungsorgane als auch der Kontrolle durch die Aufsichtsbehörden, die die Satzungen nach § 195 Abs. 1 genehmigen müssen. Ergänzt wird diese Kontrollfunktion nach S. 3 durch die Verpflichtung, auch die vertraglichen Vereinbarungen nach § 64 Abs. 1 den Aufsichtsbehörden vorzulegen.

14 Die **Befristung** der Modellvorhaben auf im Regelfall längstens acht Jahre (Abs. 5 S. 2) lässt nur in Ausnahmefällen eine längere Laufzeit zu. Hier zeigt sich der Erprobungscharakter der Modellvorhaben, während andere Instrumente der Weiterentwicklung der Versorgung (vgl. oben Rn. 1) eine derartige Befristung nicht kennen.

E. Kompetenz der Kassenärztlichen Vereinigungen, Abs. 6

15 Nach Abs. 6 können auch die **KVen** mit den KKen oder ihren Verbänden Modellvorhaben vereinbaren. Die KVen besitzen damit zum einen ein entsprechendes Initiativrecht und können als Modellträger auftreten; dies ermöglicht es aber nicht, dass sie sich ihrerseits mit Leistungserbringern zusammenschließen (vgl. S-H LSG, Breith. 2000, 995). Zum anderen bedeutet die Regelung, dass sie als Vereinbarungspartner nach § 64 Abs. 1 in Betracht kommen; die KKen sind aber nicht (mehr) gezwungen, diese Vereinbarungen mit den KVen zu schließen (vgl. § 64 Rn. 2). Unklar ist, ob die Grundzüge des Modellvorhabens gem. Abs. 6 S. 2 iVm.

Abs. 5 S. 1 in der Satzung der KV festzulegen sind, wenn diese Vereinbarungspartner ist (bejahend *Orlowski,* GKV-Komm, § 63 Rn. 33; aA. *Schirmer,* MedR 1997, 431/437).

§ 64 Vereinbarungen mit Leistungserbringern

(1) ¹Die Krankenkassen und ihre Verbände können mit den in der gesetzlichen Krankenversicherung zugelassenen Leistungserbringern oder Gruppen von Leistungserbringern Vereinbarungen über die Durchführung von Modellvorhaben nach § 63 Abs. 1 oder 2 schließen. ²Soweit die ärztliche Behandlung im Rahmen der vertragsärztlichen Versorgung betroffen ist, können sie nur mit einzelnen Vertragsärzten, mit Gemeinschaften dieser Leistungserbringer oder mit Kassenärztlichen Vereinigungen Verträge über die Durchführung von Modellvorhaben nach § 63 Abs. 1 oder 2 schließen.

(2) **(weggefallen)**

(3) ¹Werden in einem Modellvorhaben nach § 63 Abs. 1 Leistungen außerhalb der für diese Leistungen geltenden Vergütungen nach § 85 oder § 85 a, der Ausgabenvolumen nach § 84 oder der Krankenhausbudgets vergütet, sind die Vergütungen, die Ausgabenvolumen oder die Budgets, in denen die Ausgaben für diese Leistungen enthalten sind, entsprechend der Zahl und der Risikostruktur der am Modellversuch teilnehmenden Versicherten im Verhältnis zur Gesamtzahl der Versicherten zu verringern; die Budgets der teilnehmenden Krankenhäuser sind dem geringeren Leistungsumfang anzupassen. ²Kommt eine Einigung der zuständigen Vertragsparteien über die Verringerung der Vergütungen, Ausgabenvolumen oder Budgets nach Satz 1 nicht zustande, können auch die Krankenkassen oder ihre Verbände, die Vertragspartner der Vereinbarung nach Absatz 1 sind, das Schiedsamt nach § 89 oder die Schiedsstelle nach § 18a Abs. 1 des Krankenhausfinanzierungsgesetzes anrufen. ³Vereinbaren alle gemäß § 18 Abs. 2 des Krankenhausfinanzierungsgesetzes an der Pflegesatzvereinbarung beteiligten Krankenkassen gemeinsam ein Modellvorhaben, das die gesamten mit dem Budget nach § 12 der Bundespflegesatzverordnung oder nach § 3 oder § 4 des Krankenhausentgeltgesetzes vergüteten Leistungen eines Krankenhauses für Versicherte erfaßt, sind die vereinbarten Entgelte für alle Benutzer des Krankenhauses einheitlich zu berechnen.

(4) ¹Die Vertragspartner nach Absatz 1 Satz 1 können Modellvorhaben zur Vermeidung einer unkoordinierten Mehrfachinanspruchnahme von Vertragsärzten durch die Versicherten durchführen. ²Sie können vorsehen, daß der Vertragsarzt, der vom Versicherten weder als erster Arzt in einem Behandlungsquartal noch mit Überweisung noch zur Einholung einer Zweitmeinung in Anspruch genommen wird, von diesem Versicherten verlangen kann, daß die bei ihm in Anspruch genommenen Leistungen im Wege der Kostenerstattung abgerechnet werden.

Schrifttum: vgl. die Angaben zu § 63.

Inhaltsübersicht
	Rn.
A. Vereinbarungen mit Leistungserbringern, Abs. 1	1
I. Bedeutung und Entwicklung	1
II. Umfassende Vertragskompetenz der Krankenkassen	3
III. Rechtsnatur der Vereinbarungen und rechtliche Anforderungen	5
B. Finanzielle Folgewirkungen, Abs. 3	7

§ 64   Vereinbarungen mit Leistungserbringern

Rn.
  I. Budgetbereinigung, S. 1 und 2 7
 II. Sonderfall der einheitlichen Krankenhausentgelte, S. 3 8
C. Unkoordinierte Mehrfachinanspruchnahme von Vertragsärzten, Abs. 4 . 9

A. Vereinbarungen mit Leistungserbringern, Abs. 1

I. Bedeutung und Entwicklung

1   Die Durchführung der meisten Modellvorhaben nach § 63 setzt die Beteiligung der Leistungserbringer voraus und verlangt damit nach einer vertraglichen Vereinbarung zwischen den KKen und den Leistungserbringern. Dabei ist es für die ordnungspolitische Zukunft des Gesundheitswesens von zentraler Bedeutung, wem insoweit die **Vertragskompetenz** eingeräumt wird. Für die Modellvorhaben wird diese Frage in § 64 Abs. 1 beantwortet.

2   Dabei werden in der **Entwicklung** dieser Norm eine Ausweitung des Gestaltungsspielraums der KKen und eine entsprechende Schwächung der KV und ihres Sicherstellungsauftrags deutlich. § 64 Abs. 1 sah in seiner ursprünglichen Fassung des 2. GKV-NOG zunächst vor, dass Vereinbarungen, die die ärztliche Behandlung im Rahmen der vertragsärztlichen Versorgung betreffen, ausschließlich mit den KVen oder der KBV geschlossen werden können. Mit dem GKV-GRG 2000 entfiel diese Regelung; stattdessen sind seitdem auch Vereinbarungen der KKen mit einzelnen Leistungserbringern oder Gruppen von Leistungserbringern möglich, was durch die zwingende Beteiligung der KVen bzw. der KBV gerade verhindert werden sollte. Zuletzt wurde durch das GKV-WSG die bisher in § 64 Abs. 2 enthaltene Befugnis der Spitzenverbände der KKen und der KBV, Grundsätze zur Durchführung der Modellvorhaben zu vereinbaren, gestrichen; dies soll der Verschlankung der Aufgaben des neuen Spitzenverbandes und der Vergrößerung der Gestaltungsmöglichkeiten der KKen dienen (BT-Drs. 16/3100, 110 f.).

II. Umfassende Vertragskompetenz der Krankenkassen

3   Abs. 1 sieht nun in S. 1 eine **umfassende Vertragskompetenz** der KKen und ihrer Verbände vor: Sie können mit allen Leistungserbringern und Gruppen dieser Leistungserbringer Modellvereinbarungen schließen, soweit diese zur GKV-Versorgung zugelassen sind. Da eine § 140b Abs. 4 S. 3 entsprechende Regelung fehlt, kann der Zulassungsstatus eines Leistungserbringers durch die Modellvereinbarung nicht erweitert werden (zweifelnd *Knieps*, HVAR, § 12 Rn. 13).

4   Für die **ärztliche Behandlung im Rahmen der vertragsärztlichen Versorgung** enthält S. 2 allerdings nach wie vor eine Einschränkung des Kreises der Vertragspartner auf die Vertragsärzte, Gemeinschaften von Vertragsärzten und die KVen; damit soll insbesondere sichergestellt werden, dass die ambulante ärztliche Versorgung im Rahmen der Modellvorhaben nicht in die Krankenhäuser abwandert. Wie weit dieser Vorbehalt genau reicht, ist umstritten (vgl. dazu *Höfler*, KK, § 64 Rn. 3; *Kruse*, H/K, § 64 Rn. 1; *Orlowski*, GKV-Komm, § 64 Rn. 6). Er ändert aber jedenfalls nichts daran, dass die KKen nun auch im Bereich der vertragsärztlichen Versorgung an den KVen vorbei Einzelverträge mit den Vertragsärzten schließen können.

III. Rechtsnatur der Vereinbarungen und rechtliche Anforderungen

Die Vereinbarungen der KKen mit den Leistungserbringern sind **öffentlich-** 5
rechtliche Verträge iSd. §§ 53 ff. SGB X (S-H LSG v. 21. 1. 2003, L 6 KA 105/00
Rn. 55), so dass es sich bei der Entscheidung einer KK, einen zunächst zugelassenen Leistungserbringer von einem Modellvorhaben auszuschließen, nicht um
einen Verwaltungsakt, sondern um eine Vertragskündigung handelt (LSG NRW v.
10. 2. 2003, L 16 B 121/02 KR ER, Rn. 5; LSG NRW, GesR 2004, 528/529; SG
Detmold, GesR 2004, 371). Soweit Vertragsärzte Vertragspartner der KKen sind,
handelt es sich bei den entsprechenden Streitigkeiten – trotz der Stellung der
§§ 63, 64 im Dritten Kapitel des SGB V – um Angelegenheiten des Vertragsarztrechts, für die die Kammern bzw. Senate nach §§ 10 Abs. 2, 31 Abs. 2 SGG zuständig sind (LSG NRW, Breith. 2005, 74/75 ff.; LSG B-W, AZR 2007, 53/55).

Soweit im Rahmen von Modellvorhaben Verträge mit einzelnen Leistungser- 6
bringern geschlossen werden, kann sich die Frage nach der Anwendung von **wettbewerbs-, kartell- und vergaberechtlichen Vorschriften** stellen (vgl. dazu
§ 69 Rn. 40 ff.). Die **Grundrechte** der Art. 3 und 12 GG bieten in der Rechtsprechung der Sozialgerichte gegen die verweigerte Teilnahme an einem Modellvorhaben keinen effektiven Schutz (vgl. LSG NRW, Breith. 2005, 74/79 ff.).

B. Finanzielle Folgewirkungen, Abs. 3

I. Budgetbereinigung, S. 1 und 2

Mit Abs. 3 S. 1 soll verhindert werden, dass die Strukturmodelle – die Leis- 7
tungsmodelle werden hier ohne ersichtlichen Grund nicht erwähnt – zu einer
Überschreitung oder Ausweitung der einschlägigen Budgets führen. Dementsprechend müssen die Gesamtvergütung für die vertragsärztlichen Leistungen nach
§ 85, die Ausgabenvolumen für Arznei-, Verbands- und Heilmittel nach § 84 und
die Krankenhausbudgets nach §§ 3 und 4 KHEntG, 10 ff. BPflV um die Kosten der
Modellvorhaben verringert werden; dabei läuft der Verweis auf § 85 a ins Leere,
da diese Norm durch das GKV-WSG gestrichen wurde. Diese **Budgetbereinigung** wird – außer im Krankenhausbereich (vgl. dazu §§ 6 Abs. 1 S. 2 Nr. 4 BPflV,
3 Abs. 3 S. 3 Nr. 1 e, 4 Abs. 2 S. 1 Nr. 1 e KHEntgG) – unter Berücksichtigung
der Zahl und der Risikostruktur der Versicherten vorgenommen, die an einem
Modellversuch teilnehmen. Gelingt den dafür verantwortlichen Vertragsparteien
insoweit keine Einigung, können auch die an einem Modellvorhaben beteiligten
KKen das Schiedsamt bzw. die Schiedsstelle anrufen (S. 2).

II. Sonderfall der einheitlichen Krankenhausentgelte, S. 3

S. 3 regelt den Sonderfall, dass alle an der Pflegesatzvereinbarung nach 8
§ 18 KHG beteiligten KKen ein Modellvorhaben vereinbaren, das alle Budgetleistungen des Krankenhauses umfasst. Zum Schutz der bei anderen KKen versicherten Mitglieder und der Selbstzahler werden die vereinbarten Entgelte dann auf
alle Krankenhausbenutzer erstreckt (vgl. dazu *Quaas/Zuck,* § 11 Rn. 54 ff.).

C. Unkoordinierte Mehrfachinanspruchnahme von Vertragsärzten, Abs. 4

9 Eine Sanktionswirkung zu Lasten der Versicherten, um das sog. „Ärzte-Hopping" einzudämmen, sollen Modellvorhaben nach Abs. 4 entfalten, die es dem Vertragsarzt in den in Abs. 4 S. 2 beschriebenen Fällen erlauben, die Abrechnung seiner Leistungen im Wege der **Kostenerstattung** (vgl. § 13) durchzuführen; insoweit besteht eine inhaltliche Parallele zu § 76 Abs. 3 a, der die Partner der Gesamtverträge ebenfalls verpflichtet, Maßnahmen gegen diesen Missstand zu vereinbaren. Sind derartige Modellvorhaben vereinbart, erhält die KK die Möglichkeit, den Kostenerstattungsantrag des Versicherten zu überprüfen und wegen Unwirtschaftlichkeit (vgl. § 12) abzulehnen, wenn nicht außergewöhnliche Gründe für die Mehrfachinanspruchnahme vorliegen.

§ 65 Auswertung der Modellvorhaben

¹Die Krankenkassen oder ihre Verbände haben eine wissenschaftliche Begleitung und Auswertung der Modellvorhaben im Hinblick auf die Erreichung der Ziele der Modellvorhaben nach § 63 Abs. 1 oder Abs. 2 nach allgemein anerkannten wissenschaftlichen Standards zu veranlassen. ²Der von unabhängigen Sachverständigen zu erstellende Bericht über die Ergebnisse der Auswertung ist zu veröffentlichen.

Schrifttum: vgl. die Angaben zu § 63.

1 Die seit dem 2. GKV-NOG unveränderte Vorschrift will sicherstellen, dass aus den Modellvorhaben Erkenntnisse gewonnen werden, die Gesetzgeber und Selbstverwaltung für die Weiterentwicklung von Strukturen und Leistungen der GKV nutzen können. In diesem Sinne werden „hohe Anforderungen an die Validität der wissenschaftlichen Auswertung der Modellvorhaben" (BT-Drs. 13/6087, 27) gestellt, wenn eine unabhängige **wissenschaftliche Begleitung** und die Veröffentlichung ihrer Ergebnisse verlangt werden.

§ 65 a Bonus für gesundheitsbewusstes Verhalten

(1) Die Krankenkasse kann in ihrer Satzung bestimmen, unter welchen Voraussetzungen Versicherte, die regelmäßig Leistungen zur Früherkennung von Krankheiten nach den §§ 25 und 26 oder qualitätsgesicherte Leistungen der Krankenkasse zur primären Prävention in Anspruch nehmen, Anspruch auf einen Bonus haben, der zusätzlich zu der in § 62 Abs. 1 Satz 2 genannten abgesenkten Belastungsgrenze hinaus zu gewähren ist.

(2) Die Krankenkasse kann in ihrer Satzung auch vorsehen, dass bei Maßnahmen der betrieblichen Gesundheitsförderung durch Arbeitgeber sowohl der Arbeitgeber als auch die teilnehmenden Versicherten einen Bonus erhalten.

(3) ¹Die Aufwendungen für Maßnahmen nach Absatz 1 müssen mittelfristig aus Einsparungen und Effizienzsteigerungen, die durch diese Maßnahmen erzielt werden, finanziert werden. ²Die Krankenkassen haben regelmäßig, mindestens alle drei Jahre, über diese Einsparungen gegenüber der zuständigen Aufsichtsbehörde Rechenschaft abzulegen. ³Werden keine Einsparungen erzielt, dürfen keine Boni für die entsprechenden Versorgungsformen gewährt werden.

3. Kapitel. 10. Abschnitt § 65 a

Schrifttum: *W. Bödeker/H. Friedel/M. Friedrichs,* Können Bonusregelungen durch Einsparungen erwirtschaftet werden?, BKK 2006, 64.

A. Überblick

Die Vorschrift ermächtigt die Krankenkasse, in ihrer Satzung einen **Bonus** für Versicherte für die Inanspruchnahme von Früherkennung oder von Leistungen zur primären Prävention (Abs. 1) sowie für Arbeitgeber und Versicherte bei Maßnahmen der betrieblichen Gesundheitsförderung (Abs. 2) vorzusehen. Weiter werden Voraussetzungen für die Zulässigkeit von Satzungsregelungen (Abs. 3 S. 1 und 3) und das Verfahren zu ihrer Überprüfung durch die Aufsichtsbehörde (Abs. 3 S. 2) geregelt. 1

B. Gesetzgebung

Die Vorschrift wurde mit dem GKV-GRG 2000 in das SGB V aufgenommen und trat zum 1. 1. 2000 in Kraft. Die ursprüngliche Überschrift lautete „**Versichertenbonus in der hausärztlichen Versorgung**" (BT-Drs. 14/1245, 56, 67). Mit dem GMG wurde die Vorschrift komplett neu gefasst (BT-Drs. 15/1525, 95). Durch die Neufassung wurde für die Krankenkassen die Möglichkeit geschaffen, in ihrer Satzung Bonusregelungen für die Inanspruchnahme von Früherkennung und primärer Prävention (Abs. 1) und für betriebliche Gesundheitsförderung (Abs. 2; jetzt: Abs. 3) aufzunehmen und die zuvor nur knapp formulierte Orientierung an den Einsparungen präzisiert. Mit dem GKV-WSG wurde in Abs. 1 der Hinweis auf § 62 Abs. 1 S. 2 aufgenommen. Die bisherige Regelung für einen Bonus bei hausarztzentrierter Versorgung, strukturierten Behandlungsprogrammen und Integrierter Versorgung (Abs. 2) wurde gestrichen. 2

C. Bonus

Ein Bonus ist ein finanzieller Vorteil für ein bestimmtes Verhalten. Das Gesetz regelt nicht explizit, ob dieser als Prämie oder als Beitragsnachlass gewährt wird. Ein prozentualer Beitragsnachlass würde jedoch die gewollte Steuerungswirkung für viele Versicherte aufheben oder herabsetzen. Ein Bonus nach Abs. 1 kann danach nur als **Prämie** gezahlt werden, die für alle Versicherten gleich ist, die die Voraussetzungen erfüllen. Der Bonus nach Abs. 2 kann auch als **Beitragsermäßigung** für Arbeitgeber und Versicherte gewährt werden (BT-Drs. 15/1525, 96). 3

Weiterhin kann der Bonus als **Ermäßigung der Zuzahlung** gewährt werden, wie sich aus Abs. 1 ergibt. Die geltende Fassung ist sprachlich missglückt. Sie soll ausdrücken, dass die Bonusregelung unabhängig von der Regelung nach § 62 ist (BT-Drs. 16/3100, 111). 4

D. Voraussetzungen

Ein Bonus nach Abs. 1 kann gewährt werden für die regelmäßige **Inanspruchnahme** von Gesundheitsuntersuchungen (§ 25) und der Kinderuntersuchung (§ 26), von Satzungsleistungen der primären Prävention (§ 20), von Schutzimpfungen (§ 20 d) und von Gruppenprophylaxe gegen Zahnerkrankungen (§ 21). Die Leistungen müssen **qualitätsgesichert** sein. Andere Leistungen dürfen von den Krankenkassen ohnehin nicht erbracht werden (§ 2 Abs. 1 S. 3). Die **private** 5

Lebensführung darf nicht Gegenstand von Bonusregelungen sein (BT-Drs. 15/1525, 95).

6 Ein Bonus nach Abs. 2 für die Inanspruchnahme **betrieblicher Gesundheitsförderung** (§ 20a) kann an Versicherte und an Arbeitgeber gewährt werden. Eine Bonuszahlung an Arbeitgeber kann nicht gewährt werden für die Erfüllung gesetzlicher Pflichten nach SGB VII oder ArbSchG.

7 Voraussetzung ist, dass die Inanspruchnahme dieser Leistungen durch die Versicherten zu **Einsparungen** und **Effizienzsteigerungen** führt (vgl. *Bödeker/Friedel/Friedrichs*, BKK 2006, 64 ff.). Liegt hierüber bisher keine wissenschaftliche Evidenz vor, ist eine begründete Prognose erforderlich. Bezugsgröße muss im Regelfall das teilnehmende Versichertenkollektiv sein. Bei Schutzimpfungen und z. B. Gesundheitserziehung für Eltern können auch positive Wirkungen auf andere Personen einbezogen werden.

8 Der Bonus darf nicht höher sein als die auf den Versicherten berechnete durchschnittliche Einsparung von Kosten der Krankenkasse. Dieses Ziel muss erst **mittelfristig** erreicht werden. Da gesundheitliche Prävention kaum kurzfristige Wirkungen hat, ist die mittlere Frist auf einen Zeitraum von mindestens fünf Jahren zu beziehen (vgl. BT-Drs. 15/1525, 96).

E. Verfahren

9 Die Bonusregelung erfolgt – ggf. zusammen mit den Leistungen nach §§ 20, 20a – durch **Satzung** der Krankenkasse (§§ 194–197). Die Satzung ist von der Aufsichtsbehörde zu genehmigen (§ 195 Abs. 1). Bonusregelungen sind nach Maßgabe von Abs. 3 S. 2 von der Aufsichtsbehörde zu überprüfen.

F. Andere Bonusregelungen

1. Bonus bei betrieblichem Eingliederungsmanagement, § 84 Abs. 3 SGB IX

10 Die Krankenkasse als Rehabilitationsträgerin kann Arbeitgebern, die ein **betriebliches Eingliederungsmanagement** einführen, Prämien oder einen Bonus gewähren.

2. Wahltarif für besondere Versorgungsformen, § 53 Abs. 3

11 In Wahltarifen für **besondere Versorgungsformen** nach §§ 63, 73b, 73c, 137c oder 140a können Prämienzahlungen und Zuzahlungsermäßigungen vorgesehen werden. Dies war bisher in § 65a Abs. 2 geregelt.

3. Bonus beim Zahnersatz, § 55 Abs. 1 S. 3–4

12 Der häufig als Bonus-Regelung bezeichnete erhöhte Festzuschuss wegen eigener Bemühungen zur Gesunderhaltung der Zähne ist in § 55 Abs. 1 S. 3 und 4 geregelt.

§ 65b Förderung von Einrichtungen zur Verbraucher- und Patientenberatung

(1) [1]**Der Spitzenverband Bund der Krankenkassen fördert mit jährlich insgesamt 5.113.000 Euro je Kalenderjahr im Rahmen von Modellvorhaben Einrichtungen zur Verbraucher- oder Patientenberatung, die sich die gesundheitliche**

Information, Beratung und Aufklärung von Versicherten zum Ziel gesetzt haben und die von dem Spitzenverband Bund der Krankenkassen als förderungsfähig anerkannt wurden. ²Die Förderung einer Einrichtung zur Verbraucher- oder Patientenberatung setzt deren Nachweis über ihre Neutralität und Unabhängigkeit voraus. ³§ 63 Abs. 5 Satz 2 und § 65 gelten entsprechend.

(2) ¹Die Finanzierung der Fördermittel nach Absatz 1 Satz 1 erfolgt durch eine Umlage der Krankenkassen gemäß dem Anteil ihrer Mitglieder an der Gesamtzahl aller Mitglieder der Krankenkassen. ²Die Zahl der Mitglieder der Krankenkassen ist nach dem Vordruck KM6 der Statistik über die Versicherten in der gesetzlichen Krankenversicherung jeweils zum 1. Juli eines Jahres zu bestimmen. ³Das Nähere zur Vergabe der Fördermittel bestimmt der Spitzenverband Bund der Krankenkassen.

Schrifttum: *E. Dehlinger,* Unabhängige Patientenberatung in Deutschland, SozSich. 2005, 325; *R. Francke/S. Mühlenbruch,* Patientenberatung in Deutschland – Zum Ende der ersten Förderphase nach § 65 b, GesR 2004, 161.

A. Überblick

Die Norm verpflichtet den Spitzenverband Bund der KKen, Einrichtungen 1
zur Verbraucher- und Patientenberatung finanziell zu fördern. Der Gesetzgeber bezweckte mit der Einführung von § 65 b durch das GKV-GRG 2000 eine **Stärkung neutraler Beratungseinrichtungen.** Durch deren Tätigkeit soll die Patientensouveränität gefördert und letztlich die Qualität im Gesundheitswesen gesteigert werden (vgl. BT-Drs. 14/1245, 57). Zur Umsetzung von § 65 b in einer zweiten Förderphase seit dem Jahr 2006 vgl. www.unabhaengige-patientenberatung.de.

B. Normadressaten

Die Förderpflicht trifft seit dem 1. 7. 2008 gem. Abs. 1 S. 1 den Spitzenverband 2
Bund der KKen. Bis zum 30. 6. 2008 waren die Spitzenverbände der KKen gem. § 213 Abs. 1 gemeinsam und einheitlich (§ 213 Abs. 2) verpflichtet. Die Kosten wurden im Innenverhältnis der Spitzenverbände untereinander entsprechend dem Mitgliederanteil der Kassenart an der Gesamtzahl der Mitglieder der KKen umgelegt (Abs. 2 S. 1 aF.). Durch das GKV-WSG (Art. 1 Nr. 40 a) ist die Aufgabe auf den Spitzenverband Bund der KKen (§ 217 a) übergegangen (vgl. zur Finanzierung dann Art. 1 Nr. 40 b).

C. Inhalt der Förderung

Die Förderung besteht in der **Zahlung** von insgesamt 5.113.000 € im Kalen- 3
derjahr. Aus der Angabe, dass insgesamt die genannte Summe gezahlt werden muss, folgt, dass dies als Obergrenze der von den KKen zu tragenden Summe zu verstehen ist, d. h. einschließlich Nebenkosten und eventuell anfallender Steuern. Aufgrund der Ausgestaltung des § 65 b als Pflicht ist eine dauerhafte Unterschreitung des Förderbetrags unzulässig. Bereits die Höhe des gesetzlich vorgeschriebenen Betrages hat eine nicht zu unterschätzende fördernde Wirkung auf die ausgewählten Beratungseinrichtungen. Ein mindestens ebenso bedeutender Faktor für den Erfolg oder Misserfolg der Förderung nach § 65 b ist daneben in den Förderkriterien (vgl. Abs. 1 S. 2, Abs. 2 S. 2) und den damit verbundenen Strukturwirkungen zu sehen.

D. Voraussetzungen der Förderung

I. Allgemeines

4   In Bezug auf die förderfähigen Einrichtungen stellt das Gesetz drei zwingende Voraussetzungen als Rahmen der Förderung auf (vgl. Rn. 5 ff.). Diesen Rahmen füllt nun der Spitzenverband Bund der KKen, bei der bisherigen Gestaltung der Förderung die Spitzenverbände der KKen, durch die Bestimmung des Näheren über die Vergabe der Fördermittel aus (vgl. Rn. 8). Es ist nicht erforderlich, die Anforderungen an ein Modellvorhaben iSv. §§ 63, 64 zu erfüllen. Zwar bestimmt § 65 b, dass die Förderung „im Rahmen von Modellvorhaben" erfolgt. Allerdings ordnet Abs. 1 S. 3 ausdrücklich die Anwendbarkeit von § 63 Abs. 5 S. 2 und § 65 an. Dieser Verweis wäre nicht erforderlich, wenn bereits durch den allgemeinen Hinweis auf das Modellvorhaben alle Vorschriften über die Modellvorhaben in Bezug genommen wären. Deshalb ist die Formulierung „im Rahmen von Modellvorhaben" nur als ein Hinweis auf den erprobenden Charakter der Förderung nach § 65 b auszulegen. Die Förderung setzt die Anerkennung als förderfähige Einrichtung durch den Spitzenverband Bund voraus (bis zum 30. 6. 2008 durch die Spitzenverbände der KKen), Abs. 1. S. 1.

II. Gesetzlicher Rahmen der Förderung

5   Die Mittel dürfen **nur Einrichtungen zur Verbraucher- und Patientenberatung** mit einer bestimmten Zielsetzung erhalten. Das Gesetz enthält keine Vorgaben hinsichtlich der Rechtsform oÄ. (Vertretungsbefugnis, Haftung) der förderfähigen Einrichtungen. Deshalb hat der Spitzenverband unter diesen Gesichtspunkten eine umfassende Entscheidungsfreiheit. Es muss sich um Einrichtungen der Patienten- oder Verbraucherberatung handeln. Der an sich der gesetzlichen Krankenversicherung wesensfremde Bezug zur Verbraucherberatung verliert durch die Eingrenzung der Zweckbestimmung der förderfähigen Einrichtungen an Problematik. Zu den Einwänden der KKen im Gesetzgebungsverfahren vgl. *Dehlinger*, G+G 2005, 27.

6   Es können nur Einrichtungen gefördert werden, die sich die gesundheitliche Information, Beratung und Aufklärung von Versicherten **zum Ziel** gesetzt haben, Abs. 1 S. 1. Für die Auslegung der Begriffe der Beratung und Aufklärung kann sinngemäß auf die Erläuterungen zu den allgemeinen Vorschriften des SGB I (§§ 13, 14) zurückgegriffen werden. Durch die Hinzunahme der allgemeinen gesundheitlichen Information, der in den SGB I, IV und V kein bestimmter Bedeutungsgehalt zugewiesen ist, wird deutlich, dass ein zu enges Verständnis nicht gewollt sein kann. In jedem Fall aber müssen Beratung, Aufklärung oder Information unmittelbar auf dem Gebiet der Gesundheit bezweckt sein, da sonst ein Zusammenhang zu den Aufgaben der gesetzlichen Krankenversicherung (vgl. § 1) nicht hergestellt werden kann, und die Finanzierung durch die Solidargemeinschaft der gesetzlich Krankenversicherten nicht zu rechtfertigen ist. Nicht gefordert wird, dass die Einrichtungen ausschließlich die genannten Ziele verfolgen. Weitere Zwecke stehen der Förderung demnach nicht entgegen. Die Mittel dürfen jedoch nur für die in § 65 b genannten Zwecke verwendet werden. Die Zielsetzungen müssen kumulativ vorliegen. Die Einrichtung muss außerdem die Beratung etc. von gesetzlich Versicherten (§§ 5 ff.) zum Ziel haben.

7   Ferner können Fördermittel gem. § 65 b Abs. 1 S. 2 nur an Einrichtungen gezahlt werden, die ihre **Unabhängigkeit und Neutralität** nachweisen. Die Ein-

richtungen müssen bei ihrer Tätigkeit nach § 65b frei von inhaltlichen Weisungen von Interessengruppen oder -vertretern im Bereich des Gesundheitswesens sein. Sie dürfen nicht aufgrund ihrer rechtlichen Grundlagen, ihrer Finanzierung oder rein tatsächlich der Verfolgung von Interessen der Beteiligten des Gesundheitswesens dienen.

III. Ausfüllung des gesetzlichen Rahmens

Es obliegt dem Spitzenverband Bund der KKen (s. Rn.2) **das Nähere** über die Vergabe der Fördermittel zu vereinbaren und den geschilderten Rahmen (vgl. Rn. 5 ff.) auszufüllen. Damit sind z. B. die **inhaltlichen Kriterien** für die Auswahl der förderfähigen Einrichtungen oder die Festlegung der Anzahl der zu fördernden Einrichtungen gemeint. Die Förderung ist im Regelfall auf längstens acht Jahre zu befristen (Abs. 1 S. 3 iVm. § 63 Abs. 5 S. 2, s. § 63 Rn. 13f.). Des Weiteren mussten sich die Spitzenverbände bisher über eine Vorgehensweise zur Auswahl von Einrichtungen einigen. Zukünftig entscheidet hierüber der Spitzenverband Bund. Die Verwendung des Begriffs „Vergabe" der Fördermittel ist untechnisch und nicht als Verweis auf das Kartellvergaberecht (§§ 97 ff. GWB, VgV in Verbindung mit den Verdingungsordnungen) zu verstehen. Das **Auswahlverfahren** muss sich nicht nach den Vorgaben des Kartellvergaberechts richten, ua., da bei der Vergabe der Fördermittel mangels Gegenleistung der Einrichtungen zugunsten des Spitzenverbands kein entgeltlicher Auftrag iSv. § 99 GWB vorliegt. Es ist aufgrund der Grundrechtsbindung ein transparentes, diskriminierungsfreies und wettbewerbliches Verfahren eigener Art durchzuführen.

8

E. Evaluation

Der Spitzenverband Bund hat eine wissenschaftliche Begleitung der Förderung zu veranlassen. Die Ergebnisse sind zu veröffentlichen, Abs. 1 S. 3 iVm. § 65. Vgl. im Einzelnen die Kommentierung zu § 65. Der Bericht über die erste Förderphase wurde 2003 veröffentlicht (Evaluation der Modellprojekte zur Patienten- und Verbraucherberatung nach § 65b SGB V, Bielefeld 2003).

9

§ 66 Unterstützung der Versicherten bei Behandlungsfehlern

Die Krankenkassen können die Versicherten bei der Verfolgung von Schadensersatzansprüchen, die bei der Inanspruchnahme von Versicherungsleistungen aus Behandlungsfehlern entstanden sind und nicht nach § 116 des Zehnten Buches auf die Krankenkasse übergehen, unterstützen.

Schrifttum: *P. Eßer/S. Heinrich,* Unterstützung der Versicherten bei Behandlungsfehlern (§ 66 SGB V) – Ergebnisse Expertenanhörung, KrV 1994, 68f; *O. E. Krasney,* Leistungsverteilung im Gesundheitswesen, SGb 2003, 609; *W. Kuhla,* Übermittlung von Patientendaten durch das Krankenhaus an gesetzliche Krankenkassen gemäß § 66 SGB V bzw. § 116 SGB X, KH 2002, 474; *E. Künnell,* Schadensersatzansprüche – Unterstützung der Versicherten bei Behandlungsfehlern, Die Leistungen 1995, 289; *J. Loos,* Unterstützung der Versicherten und Haftung bei Behandlungsfehlern im Krankenhaus, KH 1992, 233; *H. Marburger,* Leistungen der Krankenkasse nach § 66 SGB V, ZfS 2007, 108; *M.-L. Tröbs,* Unterstützung bei vermuteten Behandlungsfehlern – nicht Konfrontation, sondern Kooperation ist die Lösung, KrV 2005, 134.

A. Tatbestandsvoraussetzungen

1   Der Anwendungsbereich von § 66 ist eröffnet, wenn dem Versicherten zivilrechtliche (vertragliche, quasivertragliche oder deliktische) Schadensersatzansprüche zustehen könnten, die aus Behandlungsfehlern resultieren, die bei der Inanspruchnahme von Versicherungsleistungen iSd. §§ 11 ff. entstanden sind. Behandlungsfehler liegen vor, wenn gegen die Regeln der ärztlichen Kunst verstoßen worden ist, wobei nicht nur Fehler von Ärzten, sondern auch von deren Hilfspersonen und anderen Personen, die bei der Bekämpfung einer Krankheit mit medizinischen Mitteln tätig werden, beachtlich sind (*Höfler*, KK, § 66 Rn. 4). Die Verfolgung der Schadensersatzansprüche kann gerichtlich oder außergerichtlich erfolgen (BayLSG v. 9. 7. 1998, L 4 KR 4/98).

2   Nicht anwendbar ist § 66 in den Fällen, in denen Schadensersatzansprüche gem. § 116 SGB X auf die KKen übergehen. In diesem Umfang steht dem Versicherten kein eigener Anspruch mehr zu, bei dessen Durchsetzung die KK sinnvollerweise Unterstützung leisten könnte. § 66 gewinnt damit insbesondere Bedeutung bei der Verfolgung von Schmerzensgeldansprüchen, die nach hM. nicht auf die KK übergehen (vgl. *Bieresborn*, Wulffen, § 116 SGB X Rn. 12).

B. Rechtsfolgen

3   Liegen die aufgezeigten Voraussetzungen vor, können die KKen den Versicherten bei der Verfolgung von Schadensersatzansprüchen unterstützen. Dabei steht den KKen sowohl Entschließungs- als auch Auswahlermessen zu. Ein Anspruch des Versicherten auf Unterstützung kann dementsprechend nur bestehen, wenn das Ermessen auf Null reduziert ist. Bei der pflichtgemäßen Ausübung des Ermessens wird die KK insbesondere zu berücksichtigen haben, ob und inwieweit der Versicherte auch ohne die Unterstützung in der Lage ist, seine Ansprüche zu verfolgen, sowie eine Prognose anzustellen haben, wie aussichtsreich – in rechtlicher wie tatsächlicher Hinsicht – die Geltendmachung und Verfolgung der Ansprüche ist (für die Unbeachtlichkeit der Erfolgsaussicht aber wohl BayLSG v. 9. 7. 1998, L 4 KR 4/98).

4   Die Unterstützung kann sich insbesondere auf die Beweisführung des Versicherten beziehen und in Gestalt von Auskünften (etwa über Diagnose und Therapie) erfolgen; auch beratende und begutachtende Unterstützung – etwa durch den MDK – kommt in Betracht. Dabei ermöglicht § 66 eine kontinuierliche Unterstützungsleistung über eine punktuelle Beratung hinaus (vgl. *Krasney*, SGb 2003, 609/610). Finanzielle Leistungen – namentlich die der Rechtsverfolgung – sollen dagegen nicht zulässig sein (BayLSG v. 9. 7. 1998, L 4 KR 4/98; *Höfler*, KK, § 66 Rn. 8), wobei dies allerdings nicht aus dem Normwortlaut gefolgert werden kann, aber aus der Entstehungsgeschichte (BT-Drs. 11/2237, 189; für einen Ausschluss aus haushaltsrechtlichen Gründen BayLSG v. 9. 7. 1998, L 4 KR 4/98).

§ 67 Elektronische Kommunikation

(1) **Zur Verbesserung der Qualität und Wirtschaftlichkeit der Versorgung soll die papiergebundene Kommunikation unter den Leistungserbringern so bald und so umfassend wie möglich durch die elektronische und maschinell verwertbare Übermittlung von Befunden, Diagnosen, Therapieempfehlungen und Be-**

handlungsberichten, die sich auch für eine einrichtungsübergreifende fallbezogene Zusammenarbeit eignet, ersetzt werden.

(2) Die Krankenkassen und Leistungserbringer sowie ihre Verbände sollen den Übergang zur elektronischen Kommunikation nach Abs. 1 finanziell unterstützen.

A. Überblick

Der mWv. 1. 1. 2004 eingefügte § 67 dient einem raschen Übergang von der papiergebundenen zur **elektronischen Kommunikation** der Leistungserbringer untereinander. Er steht in Zusammenhang mit der Einführung der elektronischen Gesundheitskarte durch § 291 a, der den Bundesverbänden der Krankenkassen, Ärzte, Zahnärzte und Psychotherapeuten, Krankenhäuser und Apotheker den Aufbau einer elektronischen Informations-, Kommunikations- und Sicherheitsinfrastruktur als gesetzliche Aufgabe zuweist.

Dagegen formuliert § 67 lediglich eine Aufforderung zur elektronischen Kommunikation (Abs. 1) und deren finanzieller Förderung (Abs. 2), aus der sich für die Adressaten **keine Verpflichtung** zur Schaffung geeigneter Standards und Strukturen und zur Teilnahme an einer elektronischen Kommunikation oder zur finanziellen Unterstützung des Übergangs zur elektronischen Kommunikation ergibt. Auch enthält das Gesetz weder konkrete zeitliche Vorgaben noch Sanktionsmöglichkeiten.

B. Adressaten

Adressaten des Abs. 1 sind abweichend von § 291 a Abs. 7 **alle Leistungserbringer,** also auch Angehörige nicht verkammerter Berufe. Adressaten des Abs. 2 sind daneben die **KK** sowie die **Verbände** der Leistungserbringer und der KK.

C. Übergang zur elektronischen Kommunikation, Abs. 1

Elektronische Kommunikation ist die **elektronische Übermittlung** von Daten (§ 67 Abs. 6 Nr. 3 SGB X) durch den Austausch elektronischer Datenträger oder die drahtgebundene oder drahtlose Übertragung von Daten, die auch über Vermittlungsstellen erfolgen kann (§ 67 d Abs. 4 Satz 1 SGB X). § 36 a SGB I, der nur den Austausch elektronischer Dokumente betrifft, findet keine Anwendung. Sowohl die Übermittlung als auch die im Vorfeld erforderliche Erhebung und Verarbeitung der Daten setzt eine entsprechende **datenschutzrechtliche Befugnis** des übermittelnden **und** des empfangenden Leistungserbringers voraus, die sich nicht aus § 67 selbst ergibt.

Die elektronische Kommunikation soll sich auf **Befunde, Diagnosen, Therapieempfehlungen und Behandlungsberichte** erstrecken. Die Auflistung entspricht dem Kreis der patientenbezogenen Daten, deren Speicherung für elektronische Arztbriefe oder eine elektronische Patientenakte auf der Gesundheitskarte möglich sein muss (vgl. § 291 a Abs. 3 S. 1 Nr. 2 und 4). Sie zählen zu den besonderen Arten personenbezogener Daten (§ 67 Abs. 12 SGB X) und können erhöhten datenschutzrechtlichen Beschränkungen unterliegen (vgl. zur Einwilligung in die Datenerhebung § 67 a Abs. 1 S. 4 SGB X, zur Einschränkung der Übermittlungsbefugnis bei vom Arzt übermittelten Sozialdaten § 76 SGB X).

§ 68 Persönliche elektronische Gesundheitsakte

6   Die Daten sollen iSe. automatisierten Verarbeitung nach § 67 Abs. 3 SGB X **maschinell verwertbar** und für eine **einrichtungsübergreifende fallbezogene Zusammenarbeit** der Leistungsträger geeignet sein. Dies entspricht den Anforderungen, die der Gesetzgeber an die Speicherung solcher Daten auf der Gesundheitskarte stellt (§ 291 a Absatz 3 S. 1 Nr. 2 und 4). Damit soll insb. ihre Verwendung in Desease-Management-Programmen und zur integrierten Versorgung des Versicherten (§ 140 a) ermöglicht werden (vgl. BT-Drs.15/1525, 96 zu § 67). Eine Verpflichtung der Leistungserbringer, sich bei der elektronischen Kommunikation an den für die Gesundheitskarte zu schaffenden Standards und Infrastrukturen zu orientieren, besteht nicht.

D. Finanzierungsbeitrag der KK, Abs. 2

7   Die Finanzierung des Übergangs zur elektronischen Kommunikation obliegt den Leistungserbringern. Es liegt im Ermessen der KK, Leistungserbringer sowie ihrer Verbände, ob, in welchem Umfang und in welcher Form sie durch finanzielle Zuwendungen die Schaffung notwendiger Standards und Infrastrukturen finanziell unterstützen.

§ 68 Finanzierung einer persönlichen elektronischen Gesundheitsakte

Zur Verbesserung der Qualität und der Wirtschaftlichkeit der Versorgung können die Krankenkassen ihren Versicherten zu von Dritten angebotenen Dienstleistungen der elektronischen Speicherung und Übermittlung patientenbezogener Gesundheitsdaten finanzielle Unterstützung gewähren. Das Nähere ist durch die Satzung zu regeln.

Schrifttum: *H. Hanika,* Bismarck geht online, MedR 2004, 149; *R. H. Kaiser,* Elektronische Patientenakten aus ärztlicher Sicht, Jäckel 2006, 184; *F. Warda,* Geschäftsmodelle für elektronische Gesundheitsakten in Deutschland, Jäckel 2006, 368.

A. Überblick

1   Neben Gesundheitskarte und elektronischen Dateien der KK und Leistungserbringer bietet die Speicherung und Übermittlung patientenbezogener Gesundheitsdaten durch einen Dritten **außerhalb der GKV** im Auftrag des Versicherten eine weitere Möglichkeit zur Anlage einer **elektronischen Patientenakte.** Der mit Wirkung vom 1. 1. 2004 eingefügte § 68 ermöglicht deshalb den KK die Förderung **persönlicher elektronischer Gesundheitsakten** durch finanzielle Unterstützung des Versicherten, um die in seinem Auftrag gesammelten Daten zur Verbesserung der Qualität und Wirtschaftlichkeit der Versorgung in die Behandlung einzubeziehen.

B. Persönliche elektronische Gesundheitsakte

2   Sie ist eine elektronische Sammlung von Gesundheitsdaten des Versicherten. Speicherung und Übermittlung der Daten erfolgen **privatrechtlich** durch einen nicht am Versicherungs- und Leistungsverhältnis beteiligten Dritten nach Maßgabe der zwischen ihm und dem Versicherten getroffenen Vereinbarung.

C. Abgrenzung zu anderen Datensammlungen

Die von Leistungserbringern der GKV aufgrund öffentlich-rechtlicher oder berufsrechtlicher Vorschriften zu führenden **Patientendokumentationen** und die **elektronische Patientenakte** nach § 291 a Abs. 3 S. 1 Nr. 4. sind keine Gesundheitsakte iSd. § 68. Dasselbe gilt für das **Patientenfach** nach § 291 a Abs. 3 S. 1 Nr. 5, in dem auf der elektronischen Gesundheitskarte vom Versicherten selbst oder für ihn zur Verfügung gestellte Daten gespeichert werden können, auch wenn diese Daten ggf. aus einer Gesundheitsakte übermittelt wurden (vgl. zu diesen Begriffen *Haas*, Medizinische Informationssysteme und elektronische Krankenakten, 2005, 188 ff.). 3

D. Speicherung und Übermittlung

Vorgaben hierzu, insb. zu Art und Umfang der gespeicherten Gesundheitsdaten, Form und Dauer der Speicherung oder der Form der Übermittlung, enthält § 68 nicht. Die Gesundheitsakte kann sowohl Gesundheitsdaten aus Behandlungsfällen der GKV (z. B. Arztberichte, Verordnungen), als auch aus sonstigen **öffentlich-rechtlichen und privaten Vorgängen** (z. B. aus dienstlichen oder zivilprozessualen Begutachtungen, privatärztlichen Behandlungen, privaten Kuren oder Auslandsbehandlungen) umfassen. Damit können über die persönliche elektronische Gesundheitsakte umfangreichere Informationen in die Behandlung des Versicherten einfließen, als über die Patientenakte nach § 291 a Abs. 3 S. 1 Nr. 4. 4

Es besteht **keine gesetzliche Verpflichtung,** der KK oder einem Leistungserbringer der GKV Gesundheitsdaten aus einer persönlichen elektronischen Gesundheitsakte **zu übermitteln.** Allein der Versicherte entscheidet, ob und in welchem Umfang eine Speicherung und Übermittlung erfolgt. Der **Dritte** ist keine der in § 35 SGB I oder § 69 Abs. 2 SGB X genannten speichernden Stellen. Eine Datenerhebung (Aufforderung zur Übermittlung) bei ihm könnte daher ohne Einwilligung des Versicherten nur unter den engen Voraussetzungen des § 67 a Abs. 2 Nr. 2 SGB X erfolgen. 5

E. Finanzielle Unterstützung

Sie ist eine **Ermessensleistung** der KK. Ein Anspruch der Versicherten, diese Leistung in den Leistungskatalog ihrer KK aufzunehmen, besteht nicht. Sieht die Satzung Leistungen nach § 68 vor, besteht ein Anspruch des Versicherten auf pflichtgemäße Ermessensausübung (§ 39 Abs. 1 SGB I). Die Leistung kann nur **Versicherten** (Pflicht- und freiwillig Versicherten, Familienversicherten), nicht aber den in § 264 genannten Personen gewährt werden. 6

Zuwendungsfähig sind nur Dienstleistungen Dritter. **Kosten** für eine Speicherung und Übermittlung durch den Versicherten selbst oder die Erhebung der Gesundheitsdaten (z. B. für ärztliche Bescheinigungen, private Vorsorgeuntersuchungen) werden von § 68 S. 1 nicht erfasst. Die Formulierung „Unterstützung" schließt eine **volle Kostenübernahme** aus (aA. *Höfler*, KK, § 68 Rn. 5). 7

Das Nähere über die finanzielle Unterstützung ist durch die **Satzung** der KK zu regeln (S. 2). Dazu gehören insbesondere Voraussetzungen, Art, Umfang und Dauer der Unterstützung sowie das Bewilligungsverfahren. Auch notwendige technische und qualitative Anforderungen an die Gesundheitsakte sowie Regelungen zu deren Überprüfung und die Einhaltung der für die Weiterverarbeitung der Daten notwendigen Standards können Inhalt der Satzung sein. 8

Viertes Kapitel. Beziehungen der Krankenkassen zu den Leistungsbringern

Erster Abschnitt. Allgemeine Grundsätze

§ 69 Anwendungsbereich

[1]Dieses Kapitel sowie die §§ 63 und 64 regeln abschließend die Rechtsbeziehungen der Krankenkassen und ihrer Verbände zu Ärzten, Zahnärzten, Psychotherapeuten, Apotheken sowie sonstigen Leistungserbringern und ihren Verbänden, einschließlich der Beschlüsse des Gemeinsamen Bundesausschusses und der Landesausschüsse nach den §§ 90 bis 94. [2]Die §§ 19–21 des Gesetzes gegen Wettbewerbsbeschränkungen gelten entsprechend; dies gilt nicht für Verträge von Krankenkassen oder deren Verbänden mit Leistungserbringern, zu deren Abschluss die Krankenkassen oder deren Verbände gesetzlich verpflichtet sind und bei deren Nichtzustandekommen eine Schiedsamtsregelung gilt. [3]Die Rechtsbeziehungen der Krankenkassen und ihrer Verbände zu den Krankenhäusern und ihren Verbänden werden abschließend in diesem Kapitel, in den §§ 63, 64 und in dem Krankenhausfinanzierungsgesetz, dem Krankenhausentgeltgesetz sowie den hiernach erlassenen Rechtsverordnungen geregelt. [4]Für die Rechtsbeziehungen nach den Sätzen 1 und 2 gelten im Übrigen die Vorschriften des Bürgerlichen Gesetzbuches entsprechend, soweit sie mit den Vorgaben des § 70 und den übrigen Aufgaben und Pflichten der Beteiligten nach diesem Kapitel vereinbar sind. [5]Die Sätze 1 bis 3 gelten auch, soweit durch diese Rechtsbeziehungen Rechte Dritter betroffen sind.

Schrifttum: *P. Axer,* Normsetzung der Exekutive in der Sozialversicherung, 2000; *U. Becker,* Hat die gemeinsame Selbstverwaltung noch eine Zukunft?, in: Münsterische Sozialrechtsvereinigung, Gesetzliche Krankenversicherung in der Krise – Von der staatlichen Regulierung zur solidarischen Wettbewerbsordnung, 2002, 122; *E. Bloch/K. Bruns,* Ausschreibungspflichten bei der Leistungserbringung in der GKV, SGb 2007, 645; *D. Boerner,* Die Neuregelung des § 69 SGB V und ihre Bedeutung für die Leistungserbringungsverträge, SGb 2000, 389; *ders.,* Normenverträge im Gesundheitswesen, 2003; *J. Byok,* Auftragsvergabe im Gesundheitssektor, GesR 2007, 553; *I. Ebsen,* Rechtsquellen, HS-KV, § 7; *K. Engelmann,* Sozialrechtsweg in Streitigkeiten zwischen Institutionen der gesetzlichen Krankenversicherung und Leistungserbringern bei wettbewerbs- und kartellrechtlichem Bezug, NZS 2000, 213; *ders.,* Keine Geltung des Kartellvergaberechts für Selektivverträge der Krankenkassen mit Leistungserbringern, SGb 2008, 133; *ders.,* Das selektive Vertragshandeln der Krankenkassen und Leistungserbringer im Lichte europäischen Vergaberechts, FS-Zuleeg, 2005, 439; *W. Frenz,* Krankenkassen im Wettbewerbs- und Vergaberecht, NZS 2007, 233; *M. Gabriel,* Vergaberechtliche Vorgaben beim Abschluss von Verträgen zur integrierten Versorgung (§§ 140a ff SGB V), NZS 2007, 344; *U. M. Gassner,* Kartellrechtliche Re-Regulierung des GKV-Leistungsmarkts, NZS 2007, 281; *T. Gerlinger,* Zwischen Korporatismus und Wettbewerb: Gesundheitspolitische Steuerung im Wandel, 2002; *A. Hänlein,* Rechtsquellen im Sozialversicherungsrecht, 2001; *N. Kaeding,* Vereinbarkeit von § 69 SGB V und Art. 86, 81 EG, ZESAR 2007, 409; *T. Kingreen,* Wettbewerbsrechtliche Aspekte des GKV-Modernisierungsgesetzes, MedR 2004, 188; *ders.,* Vergaberechtliche Anforderungen an die sozialrechtliche Leistungserbringung, SGb 2004, 659; *ders.,* Das Gesundheitsrecht im Fokus von Grundfreiheiten, Kartell- und Beihilfenrecht, GesR 2006, 193; *G. Kirchhoff,* Die Rechtsnatur von Verträgen zwischen gesetzlichen Krankenkassen und Leistungserbringern gemäß §§ 69 ff. SGB V, SGb 2005, 499; *O. Klöck,* Die Anwendbarkeit des Vergaberechts auf Beschaffungen durch die gesetzlichen Krankenkassen, NZS 2008, 178; *U. Knispel*, Neues zur Anwendung des Wettbewerbsrechts in der GKV nach dem GKV-WSG, GesR 2008, 181; *G. Lorff*, Unterliegen die gesetzlichen Krankenversicherungsleistungen der EU-Ausschreibungspflicht?, ZESAR 2007, 104; *W. Möschel*, Gesetzliche Krankenversicherung und das Kartellrecht, JZ 2007, 601; *H.-J. Papst*, Das Vierte Kapitel SGB V und sein Verhältnis zum Vertragsrecht nach SGB X, SGb 2002, 475; *S. Rixen*, Sozialrecht als öffentliches Wirtschaftsrecht, 2005; *W.-H. Roth*, Kartellrechtliche Aspekte der Gesundheitsreform nach deutschem und europäischem Recht, GRUR 2007, 645; *A. Schmehl/A. Wallrabenstein* (Hrsg.), Steuerungsinstrumente im Recht des Gesundheitswesens Bd. II, 2006; *J. Schmitt*, Leistungserbringung durch Dritte im Sozialrecht, 1990; *J. A. Sickor*, Normenhierarchie im Arztrecht, 2005; *L. Sormani-Bastian*, Sozialrecht und Vergaberecht, 2007; *A. Wahl*, Kooperationsstrukturen im Vertragsarztrecht, 2001.

Inhaltsübersicht

	Rn.
A. Überblick	1
B. Rechtsbeziehungen der Krankenkassen zu den Leistungserbringern	4
I. Rechtsbeziehungen	4
1. Typologie I: Rechtsbeziehungen im Gesundheitsrecht	4
2. Typologie II: Rechtsbeziehungen im Leistungserbringungsverhältnis	6
a) Gesundheitsrechtlicher Korporatismus	6
b) Leistungserbringungsverhältnis	9
aa) Begründungsebene	10
bb) Ausgestaltungsebene	14
(1) Kollektivverträge	14
(2) Einzelverträge	18
(3) Beschlüsse des Gemeinsamen Bundesausschusses und der Landesausschüsse	20
3. Rechtsbeziehungen und Leistungserbringungsrecht	21
II. Krankenkassen und ihre Verbände	22
III. Leistungserbringer und ihre Verbände	25
1. Leistungsarten und Leistungserbringer	25
2. Bedeutung der Verbände	27
a) Wahrnehmung öffentlicher Interessen durch Körperschaften des öffentlichen Rechts	28
b) Wahrnehmung wirtschaftlicher Interessen durch Berufsverbände	30
c) Semikorporatistische Strukturen im Krankenhausrecht	32
C. Anwendbares Recht	34
I. „Abschließend"	34
II. Verhältnis zum Leistungsrecht	36
III. Vertragsrecht, insbes.: §§ 53 ff. SGB X	38
IV. Wettbewerbs-, Kartell- und Vergaberecht	40
V. Rechtsweg	46

A. Überblick

Die Vorschrift leitet in das 4. Kapitel ein, das von den Rechtsbeziehungen **1** zwischen Krankenkassen und Leistungserbringern, dem sog. **Leistungserbringungsverhältnis**, handelt. Sie beinhaltet wesentliche Bausteine für die Erarbeitung **allgemeiner Lehren des Leistungserbringungsrechts** und ergänzt damit § 11 als die entsprechende Norm des Mitgliedschafts-/Versicherungsverhältnisses (§ 11 Rn. 1): In ihren S. 1–4 bestimmt sie das auf diese Rechtsbeziehungen anwendbare Recht, das auch gilt, wenn Rechte Dritter betroffen sind (S. 5). Im Einzelnen werden geregelt:

2 – der in S. 1 beschriebene **Anwendungsbereich der Vorschrift** („Rechtsbeziehungen der Krankenkassen und ihrer Verbände zu Ärzten, Zahnärzten, Psychotherapeuten, Apotheken sowie sonstigen Leistungserbringern und ihren Verbänden, einschließlich der Beschlüsse des Gemeinsamen Bundesausschusses und der Landesausschüsse nach den §§ 90 bis 94"; vgl. Rn. 4–33) und
3 – das **anwendbare Recht,** das in S. 1–4 positiv umschrieben und in S. 5 durch die Anordnung der subsidiären Geltung des bürgerlichen Rechts ergänzt wird (Rn. 34–46).

B. Rechtsbeziehungen der Krankenkassen zu den Leistungserbringern

I. Rechtsbeziehungen

1. Typologie I: Rechtsbeziehungen im Gesundheitsrecht

4 Ebenso wie weite Bereiche des übrigen Sozialrechts (*Schmitt*, Leistungserbringung durch Dritte, 2 ff.) ist das Recht der gesetzlichen Krankenversicherung als zentraler Teil des Gesundheitsrechts durch ein vertragliches **Beziehungsdreieck** gekennzeichnet. Das privatrechtliche Rechtsverhältnis zwischen Leistungsempfänger und Leistungserbringer, das sog. Erfüllungsverhältnis, wird durch zwei öffentlich-rechtliche Rechtsverhältnisse unter Beteiligung der Krankenkassen, nämlich das Mitgliedschafts- und das Leistungserbringungsverhältnis, überlagert und dadurch wesentlich mitgestaltet. Das **Versicherungs- und Mitgliedschaftsverhältnis** zwischen Krankenkassen und ihren Versicherten ist geprägt durch den Tatbestand der Versicherung, die neben Beitragspflichten der Mitglieder die im 3. Kapitel normierten Leistungspflichten der Krankenkassen auslöst (§ 11 Rn. 6 ff.). Das **Leistungserbringungsverhältnis** beinhaltet demgegenüber die Gesamtheit der Rechtsbeziehungen zwischen Krankenkassen und Leistungserbringern. Trotz der funktionalen Unterscheidung sind Leistungserbringungs- und Versicherungsverhältnis material eng aufeinander bezogen. Denn die Krankenkassen erfüllen ihre Leistungspflicht grundsätzlich nicht durch Eigeneinrichtungen (§ 140), sondern durch die Leistungserbringer. Die Rechtsbeziehungen zwischen Krankenkassen und Leistungserbringern haben daher vor allem (wenn auch nicht nur) die Funktion, die Leistungspflichten der Krankenkassen gegenüber den Mitgliedern zu realisieren und zu konkretisieren. Aus diesem Grunde sind sie weitgehend spiegelbildlich zu den Leistungsarten im 3. Kapitel aufgebaut: Einer Leistungsart im 3. Kapitel entsprechen jeweils Bestimmungen im Leistungserbringungsverhältnis im 4. Kapitel (Rn. 25).

5 Wegen der Verzahnung von Mitgliedschafts- und Leistungserbringungsverhältnis bilden die Rechtsbeziehungen der Krankenkassen zu Leistungserbringern zugleich den öffentlich-rechtlichen Überbau für das **Erfüllungsverhältnis** zwischen Mitglied und Leistungserbringer. Denn die Verknüpfung zwischen Leistungserbringungs- und Versicherungsverhältnis koordiniert die beiden gegen die Krankenkassen gerichteten Ansprüche: den Leistungsanspruch des Versicherten und den Vergütungsanspruch des Leistungserbringers. Im Erfüllungsverhältnis wird damit realisiert, was im Versicherungsverhältnis und im Leistungserbringungsverhältnis geregelt und vereinbart wird. Im Übrigen, d. h. außerhalb der durch das SGB V und das Leistungserbringungsverhältnis vorgegebenen Bestimmungen, ist das Erfüllungsverhältnis aber privatrechtlicher Natur (str., vgl. § 76 Rn. 22 f.) und daher nicht Gegenstand des SGB V.

4. Kapitel. 1. Abschnitt **§ 69**

2. Typologie II: Rechtsbeziehungen im Leistungserbringungsverhältnis

a) Gesundheitsrechtlicher Korporatismus. Rechtsbeziehungen zwischen 6
Krankenkassen und Leistungserbringern sind *das* Wesensmerkmal eines zwischen staatlich-administrativer Planung und wettbewerbsgesteuerter Allokation angesiedelten **korporatistischen Gesundheitssystems** (*Wahl*, Kooperationsstrukturen, 34 ff.). Der Korporatismus beschreibt eine Zwischenschicht zwischen Staat und Markt. Verbandlich organisierte Gruppen werden in die staatliche Aufgabenerfüllung einbezogen, die neben ihren eigenen Interessen auch Allgemeininteressen verfolgen sollen. Das korporatistische System wird von einem Geflecht stabilisierter Austauschbeziehungen zwischen Staat und Verbänden bzw. der Verbände untereinander getragen, das sich sowohl von einem pluralistischen Wettbewerbsmodell als auch von einem staatlich-hierarchischen Steuerungsmodell absetzt. Der Staat wird durch verbandliche Aushandlungsprozesse entlastet, weil er aus der Erfüllungsverantwortung entlassen wird und sich auf eine Gewährleistungsverantwortung zurückziehen kann; die Mechanismen des Marktes werden durch die Vereinbarung allgemeingültiger Regelungen weitgehend außer Kraft gesetzt.

Historisch beruht der Korporatismus im Gesundheitswesen auf der Notwendigkeit, ein Kräftegleichgewicht zwischen den Krankenkassen und Ärzten herbeizuführen (*Axer*, FS-BSG, 2004, 339/342 ff.; *Thiel*, Schmehl/Wallrabenstein II, 83 ff.). Das Verhältnis zwischen Krankenkassen und Ärzten war noch zu Beginn des 20. Jahrhunderts weitgehend durch Einzelverträge geprägt, die die seinerzeit bereits verbandlich organisierten Krankenkassen dazu genutzt hatten, die Vertragsbedingungen weitgehend zu diktieren. Die Ärzte hatten daher ein erhebliches Interesse an der Einführung von Kollektivverträgen, um den Krankenkassen die Möglichkeit zu nehmen, sie bei Vertragsverhandlungen wettbewerblich gegeneinander auszuspielen. Das aus den Erfahrungen mit Ärztestreiks und der Gefährdung der Versorgungssicherheit geborene **Berliner Abkommen** v. 23. 12. 1913 und die Gründung von Ärzteverbänden waren die Grundlagen für einen allmählichen Einstieg in das Kollektivvertragsrecht, das die Rechtsbeziehungen der Krankenkassen zu den Ärzten bis heute prägt (Rn. 14–17). Korporatismus ist daher vor allem ein Phänomen des Vertragsarztrechts. Die Zwangsmitgliedschaft in öffentlich-rechtlichen Körperschaften, den Kassenärztlichen Vereinigungen (Rn. 29), sichert die im Vergleich zu anderen Gruppen von Leistungserbringern exzeptionelle Stellung der Ärzte im Prozess der gemeinsamen Rechtsetzung ab. Außerhalb des Vertragsarztrechts haben sich hingegen nur teilweise und auch nicht in dieser Verdichtung korporatistische Strukturen entwickelt (Rn. 30–34); dementsprechend geringer ist der Einfluss anderer Verbände auf das Gesundheitssystem. 7

Erst in jüngerer Zeit deutet sich auch im Vertragsarztrecht eine allmähliche 8
Rückkehr zu Einzelverträgen an (Rn. 18 f.), nachdem der kollektivvertraglichen Steuerung wettbewerbsfeindliche Effekte und Fehlallokationen vorgehalten werden und die demokratische Legitimation der Entscheidungen gegenüber unbeteiligten Dritten in Frage gestellt wird (SV-Gesundheit 2005, Tz. 58 ff.). Ambitionierte Pläne, das Kollektivvertragssystem wieder flächendeckend durch einzelvertragliche Einkaufsmodelle zu ersetzen (BT-Drs. 15/1170, 57 f.), sind allerdings bislang nicht umgesetzt worden.

b) Leistungserbringungsverhältnis. § 69 regelt das auf das Leistungserbrin- 9
gungsverhältnis anwendbare Recht. Er gilt dabei sowohl für die Begründung als auch die inhaltliche Ausgestaltung der Rechtsbeziehungen zwischen Krankenkas-

sen und Leistungserbringern. § 69 ist hingegen **nicht anwendbar** auf das **Verhältnis der Krankenkassen** (insb. auch nicht auf Fusionen zwischen Kassen, vgl. § 171 a) oder der **Leistungserbringer untereinander** (OLG Düsseldorf, GesR 2007, 264/266; aA. *Roth*, GRUR 2007, 645/649); insoweit bleibt es bei den allgemeinen, für diese Rechtsbeziehung geltenden Regelungen (z. B. uneingeschränkte und nicht nur partielle Anwendbarkeit des Wettbewerbs- und Kartellrechts, vgl. OLG Düsseldorf, GesR 2007, 264/266 sowie Rn. 40 ff.). Im Leistungserbringungsverhältnis können damit zwei Ebenen unterschieden werden: die Begründungsebene (Rn. 10–13) und die Ausgestaltungsebene (Rn. 14–20).

10   **aa) Begründungsebene.** Auf der Begründungsebene geht es um die Frage, wie der Status des Leistungserbringers begründet wird, der entweder selbst oder durch seine Verbände zur Partei von Rechtsbeziehungen wird. Bereits dieser Begründungsakt ist Rechtsbeziehung iSd. 4. Kapitels und unterliegt daher den Vorgaben von § 69 über das anwendbare Recht.

11   Im Vertragsarzt- sowie im Heilmittelrecht wird der Status eines Leistungserbringers durch **Zulassung** begründet. Die Zulassung ist Verwaltungsakt (§ 31 SGB X) und berechtigt zur Erbringung von Leistungen zu Lasten der GKV (§§ 95 Abs. 3 S. 1, 124 Abs. 4 S. 2); im Vertragsarztrecht besteht aufgrund des Sicherstellungsauftrages der Kassenärztlichen Vereinigungen (Rn. 28 sowie § 72 Rn. 2 ff.) sogar eine diesbezügliche Verpflichtung (§ 95 Abs. 3 S. 1, 4). Zuständig sind im Vertragsarztrecht die Zulassungsausschüsse (§ 96), mithin Organe der Gemeinsamen Selbstverwaltung, im Heilmittelrecht hingegen die Landesverbände der Krankenkassen (§ 124 Abs. 5), also allein die Selbstverwaltung der Krankenkassen. Die Zulassungsvoraussetzungen sind überwiegend subjektiver Natur (§§ 95 Abs. 2, 95 a, 95 c, 124 Abs. 2), im Vertragsarztrecht wird zudem ein objektiver Bedarf (§ 101) gefordert. Bei Erfüllung der Zulassungsvoraussetzungen besteht ein Zulassungsanspruch. Einzelne Bereiche kennen darüber hinaus noch das Institut der **Ermächtigung** (§ 95 Abs. 4), das entweder dazu dient, eine bestehende oder unmittelbar bevorstehende Unterversorgung abzuwenden (§§ 116, 116 a, 119 a), oder die besonderen Kapazitäten von Einrichtungen für die ambulante Versorgung zu nutzen (§§ 118, 119).

12   In den anderen Sektoren erfolgt die Statusbegründung hingegen durch **Versorgungsvertrag** (§§ 111 Abs. 2, 111 a Abs. 1 S. 1, 126 Abs. 1 S. 2, 132 Abs. 1 S. 2, 132 a Abs. 2, 132 b Abs. 1, 132 c Abs. 1, 132 d Abs. 1, 132 e S. 1). Dabei handelt es sich um einen öffentlich-rechtlichen Vertrag, auf den grundsätzlich die §§ 53 ff. SGB X anwendbar sind (Rn. 38 f.). Vertragspartner sind auf Seiten der Krankenkassen zumeist die Landesverbände (Rn. 22 f.). Der Abschluss des Vertrages setzt eine im Gesetz zum Teil näher umschriebene Qualifikation und Leistungsfähigkeit voraus; bei der Erfüllung der Voraussetzungen besteht ein Anspruch auf Vertragsschluss (iE. str. vgl. die Kommentierungen zu den §§ 111, 111 a, 127, 132–132 e). Einen Sonderfall stellt das Krankenhausrecht dar. § 109 Abs. 1 S. 1 behandelt zwar den Versorgungsvertrag als Regelform für die Statusbegründung. Tatsächlich werden aber die meisten Krankenhäuser durch Aufnahme in den Krankenhausplan Leistungserbringer iSd. GKV. Der diesbezügliche Feststellungsbescheid (§ 8 Abs. 1 S. 3 KHG) ist zwar Verwaltungsakt (§ 108 Rn. 6), wird indes von § 109 Abs. 1 S. 2 als Abschluss eines Versorgungsvertrages fingiert.

13   Keine statusbegründenden Rechtsbeziehungen bestehen zu den einzelnen **Apotheken** (§ 129), **pharmazeutischen Unternehmern** (§ 131), **Trägern von Krankentransporten** (§ 133) und **Hebammen** (§ 134 a). Das bedeutet, dass sich die Begründung des Status allein nach dem einschlägigen Berufs- und Gewerbe-

recht (§ 2 ApoG, Rettungsdienstgesetze der Länder, § 2 HebG) richtet. Allerdings besteht teilweise die Möglichkeit, Rahmenvereinbarungen auf Verbandsebene abzuschließen (§§ 129 Abs. 2, 131 Abs. 1).

bb) Ausgestaltungsebene. (1) Kollektivverträge. Die Rechtsbeziehungen 14 der Krankenkassen zu den Leistungserbringern werden vor allem durch Kollektivverträge ausgestaltet. Kollektivverträge sind verbindliche **öffentlich-rechtliche Vereinbarungen** zwischen den Verbänden der Krankenkassen und der Leistungserbringer; sie sind zu unterscheiden von lediglich unverbindlichen Rahmenempfehlungen (*Axer*, Normsetzung, 101 ff.). Der Abschluss der Verträge wird zum Teil durch **spezifische Einrichtungen** unterstützt, so durch die Bewertungsausschüsse zur Festlegung des EBM (vgl. unten Rn. 15) oder in Form einer Schlichtung für den Fall fehlender Einigung durch die Schiedsämter (vgl. § 89) und Schiedsstellen (vgl. etwa § 129 Abs. 8).

Kollektivverträge werden in vielen Sektoren auf **mehreren Stufen** geschlos- 15 sen. Dahinter steht ein föderalistisches Konzept, bei dem auf Bundesebene die allgemeinen Vorgaben gesetzt und diese auf Landesebene ausgestaltet bzw. dort die Vergütungsfragen geregelt werden. Prototyp ist das Vertragsarztrecht: Im **Bundesmantelvertrag** vereinbaren die Kassenärztlichen Bundesvereinigungen und die Spitzenverbände der Krankenkassen auf Bundesebene die allgemeinen Grundsätze über die vertragsärztliche Versorgung (§ 82 Abs. 1 S. 1). Der Inhalt der Vereinbarungen erfasst das gesamte Spektrum der vertragsärztlichen Tätigkeit, vor allem die Pflichten der Vertragsärzte, das Verfahren der Überweisung, die belegärztliche Versorgung etc. (*Axer*, HVAR, § 8 Rn. 21 f.). Auch der Einheitliche Bewertungsmaßstab (EBM) ist Bestandteil des Bundesmantelvertrages (§ 87 Abs. 1 S. 1). Der Bundesmantelvertrag ist Bestandteil der **Gesamtverträge** zwischen den Kassenärztlichen Vereinigungen und den Landesverbänden der Krankenkassen (§ 83), in denen insbesondere die Gesamtvergütung vereinbart wird (§ 85 Abs. 1).

Auch im Krankenhausrecht sind Kollektivverträge anzutreffen, obwohl die be- 16 teiligten Krankenhausgesellschaften keinen öffentlich-rechtlichen Körperschaftsstatus besitzen (Rn. 32). Gemäß § 112 Abs. 1 schließen die zuständigen Verbände der Krankenkassen und die Landeskrankenhausgesellschaften **zweiseitige Verträge**, die die Krankenhausversorgung sicherstellen und näher ausgestalten. Diese Verträge sind mit den Gesamtverträgen im Vertragsarztrecht vergleichbar, regeln aber keine Vergütungsfragen (*Hänlein*, H/K, § 112 Rn. 2); diese sind Gegenstand eines selbstständigen Vereinbarungsverfahrens (§§ 9–15 KHEntgG). Inhaltlich orientieren sich die zweiseitigen Verträge iSv. § 112 Abs. 1 an den Rahmenempfehlungen, die die Spitzenverbände der Krankenkassen und der Krankenhausträger gemeinsam erarbeitet haben (§ 112 Abs. 5). Gemäß § 115 Abs. 1 sind zudem **dreiseitige Verträge** unter Einbeziehung der Kassenärztlichen Vereinigungen abzuschließen, um eine Verzahnung von ambulanter und stationärer Versorgung zu gewährleisten (Rn. 26). Grundlage sind wiederum Rahmenempfehlungen, die von allen drei beteiligten Verbänden erarbeitet werden (§ 115 Abs. 5).

Die Vertragsbeziehungen der Krankenkassen zu den übrigen Leistungserbrin- 17 gern sind hingegen durch eine wesentlich geringere Regelungsdichte gekennzeichnet. Kollektivverträge sind noch im Heil- und Arzneimittelrecht (§§ 125 Abs. 2, 129 Abs. 2–5, 131, 133 Abs. 1) anzutreffen. In anderen Leistungsbereichen beschränken sich die kollektiven Akteure auf die Erarbeitung von Rahmenempfehlungen (§ 132a Abs. 1) oder sind überhaupt nicht vorgesehen (zB. § 126, 132).

§ 69 Anwendungsbereich

18 **(2) Einzelverträge.** Einzelverträge gestalten die Rechtsbeziehungen in denjenigen Leistungsbereichen aus, in denen eine **kollektive Rechtsetzung nicht vorgesehen** ist (§§ 127, 132, 132 a–e, 133 Abs. 1 S. 1). Auch grenzüberschreitende Leistungserbringungsverträge (§ 140 e) müssen außerhalb des kollektivvertraglichen Rahmens abgeschlossen werden. In den übrigen Leistungsbereichen treten Einzelverträge **neben kollektivvertragliche Vereinbarungen,** ersetzen diese aber nicht. Im Rahmen der integrierten Versorgung können einzelne Krankenkassen mit einzelnen Ärzten, Krankenhäusern und Medizinischen Versorgungszentren Einzelverträge abschließen (§ 140 a), die insbesondere vergütungsrechtlich (§ 140 c) außerhalb des korporatistischen Systems (Rn. 6 f.) abgewickelt werden. Einzelverträge sind ferner etwa auch zur Sicherstellung der hausarztzentrierten Versorgung (§ 73 b Abs. 4) und zur besonderen ambulanten ärztlichen Versorgung (§ 73 c Abs. 4) vorgesehen. Gemäß § 129 Abs. 5 b können außerdem Apotheken an vertraglich vereinbarten Versorgungsformen beteiligt werden. Schließlich können die Krankenkassen und ihre Verbände mit pharmazeutischen Unternehmen Rabattverträge abschließen (§ 130 a Abs. 8).

19 Die Bedeutung von Einzelverträgen ist insgesamt noch gering. Ein Grund für die Zurückhaltung ist vor allem das Kräfteungleichgewicht gegenüber den Krankenkassen, das seinerzeit zur Einführung der Kollektivverträge im Vertragsarztrecht geführt hatte (Rn. 7). Dieses lässt sich durch horizontale Konzentrationsprozesse bei den Leistungserbringern lindern (etwa durch Gründung Medizinischer Versorgungszentren), aber vermutlich nicht beseitigen. Die Entfaltung dezentraler Wettbewerbsprozesse innerhalb des Kollektivvertragssystems setzt daher einen rechtlichen, fairen Wettbewerb gewährleistenden Rahmen voraus. Ein solches **Gesundheitswettbewerbsrecht** (*Kingreen*, GesR 2006, 193/196) ist im SGB V nur ansatzweise zu finden (vgl. §§ 73 b Abs. 4 S. 4, 73 c Abs. 3 S. 3, 127 Abs. 1: Öffentliche Ausschreibung); das **allgemeine Wettbewerbsrecht** wird nunmehr partiell durch § 69 S. 2 erschlossen (Rn. 40 ff.). Weitere normative Ansatzpunkte für eine Wettbewerbsordnung im Gesundheitswesen sind das Vergaberecht (Rn. 45), das Beihilferecht (Art. 87 EGV) und der allgemeine Gleichheitssatz (Art. 3 Abs. 1 GG).

20 **(3) Beschlüsse des Gemeinsamen Bundesausschusses und der Landesausschüsse.** S. 1 stellt klar, dass auch die Beschlüsse des Gemeinsamen Bundesausschusses und der Landesausschüsse die Beziehungen der Krankenkassen zu den Leistungserbringern betreffen. Insbesondere ist § 69 also auf die Rechtsetzung durch den Gemeinsamen Bundesausschuss (§ 92) anwendbar.

3. Rechtsbeziehungen und Leistungserbringungsrecht

21 Die Rechtsbeziehungen der Krankenkassen zu den Leistungserbringern (jeweils unter Einschluss der Verbände) sind ein wesentlicher Bestandteil des **Leistungserbringungsrechts,** aber nicht mit diesem gleichzusetzen (so aber die hM., vgl. etwa *Auktor*, H/K, § 69 Rn. 1). Denn das Recht der Leistungserbringung besteht nicht nur aus den Rechtsbeziehungen zwischen Krankenkassen und Leistungserbringern, sondern umfasst insgesamt die materiellen, verfahrens- und organisationsrechtlichen Regeln für die Erbringung von Gesundheitsleistungen. Dazu gehören insbesondere auch die aus dem krankenversicherungsrechtlichen Kontext gelösten berufsrechtlichen Vorschriften in den einzelnen Sektoren der Leistungserbringung, für die der Bundesgesetzgeber nur eingeschränkte Gesetzgebungskompetenzen besitzt (*Quaas/Zuck*, § 2 Rn. 27 ff.).

II. Krankenkassen und ihre Verbände

Parteien der Rechtsbeziehungen iSv. § 69 sind auf der Seite der Leistungsträger zum einen die einzelnen Krankenkassen, d. h. die Ortskrankenkassen (§§ 143–146a), die Betriebskrankenkassen (§§ 147–156), die Innungskrankenkassen (§§ 157–164), die landwirtschaftlichen Krankenkassen (§ 166), die Deutsche Rentenversicherung Knappschaft-Bahn-See (§ 167) und die Ersatzkassen (§§ 168–171). Zum anderen ist die Vorschrift auch auf die Rechtsbeziehungen unter Beteiligung der Verbände der Krankenkassen anwendbar. Das sind die in § 207 Abs. 1 genannten **Landesverbände** der Orts-, Betriebs- und Innungskrankenkassen sowie die Deutsche Rentenversicherung Knappschaft-Bahn-See, die auch die Funktion eines Landesverbandes wahrnimmt (§ 212 Abs. 3). Die Verbände der Ersatzkassen (§ 212 Abs. 5) sind privatrechtlich zusammengeschlossen und werden daher vom Gesetz stets gesondert aufgeführt, wenn sie Partei einer Rechtsbeziehung sind. Auf Bundesebene sind die Krankenkassen im **Spitzenverband Bund der Krankenkassen** (§ 217a) zusammengeschlossen.

Im Einzelnen bestimmen die Normen des 4. Kapitels jeweils die infrage kommenden Parteien auf Seiten der Leistungsträger: Die **Verbände,** ebenso wie Krankenkassen selbst Körperschaften des öffentlichen Rechts (§§ 207 Abs. 1 S. 2, 217a Abs. 2), sind die entscheidenden Akteure der Rechtsbeziehungen iSd. 4. Kapitels; darin kommt der vorherrschende gesundheitsrechtliche Korporatismus (Rn. 6f.) zum Ausdruck. Die **Landesverbände** (§ 207) und die **Verbände der Ersatzkassen** (§ 212 Abs. 5) haben nach § 211 Abs. 1 die ihnen gesetzlich zugewiesenen Aufgaben zu erfüllen. Sie sind etwa zuständig für die Zulassung von Leistungserbringern (§ 124 Abs. 5) und für den Abschluss von Versorgungsverträgen mit einzelnen Leistungserbringern (z. B. §§ 109 Abs. 1 S. 1, 115 Abs. 1 S. 1). Sie sind ferner Parteien der Gesamtverträge mit den Kassenärztlichen Vereinigungen (§§ 83, 85c), sie vereinbaren mit diesen Arznei- und Heilmittelbudgets (§ 84), bilden mit den Kassenärztlichen Vereinigungen Landesschiedsämter (§ 89 Abs. 2), Landesausschüsse (§ 90) und die Zulassungs- und Berufungsausschüsse (§§ 96 Abs. 1, 97 Abs. 1). Der **Spitzenverband Bund** (§ 217a) hat nach § 217f die ihm gesetzlich zugewiesenen Aufgaben zu erfüllen. Dazu zählen insbesondere diverse Kompetenzen zur Konkretisierung des Leistungsrechts (z. B. §§ 21 Abs. 2 S. 2, 23 Abs. 5, 36, 39a). Er erstellt ferner das Hilfsmittelverzeichnis (§ 139 S. 1), ist Partei des Rahmenvertrages über die Arzneimittelversorgung (§ 129 Abs. 2) und antragsberechtigt hinsichtlich neuer Untersuchungs- und Behandlungsmethoden (§ 137c Abs. 1 S. 1). Schließlich ist er Partei in Schiedsämtern (§ 89 Abs. 4 und 7) und stellt die Mitglieder der Krankenkassen im Gemeinsamen Bundesausschuss (§ 91 Abs. 1 S. 1).

Eher selten sind **einzelne Kassen** Parteien der Rechtsbeziehungen iSd. 4. Kapitels. Insbesondere für die Begründung von Rechtsbeziehungen sind sie nur ausnahmsweise und meistens auch nur neben ihren Verbänden zuständig (vgl. §§ 63 Abs. 1, 64 Abs. 1, 65 S. 1, 127, 132b Abs. 1, 132c Abs. 1, 133 Abs. 1). Eine exklusive Zuständigkeit besitzen sie nur im Rahmen neuer Versorgungsmodelle und -formen (§§ 73b Abs. 4, 73c Abs. 4, 140b Abs. 1). Darüber hinaus werden sie teilweise in die Abwicklung kollektivvertraglicher Vereinbarungen einbezogen, so bei der Entrichtung der Gesamtvergütung an die Kassenärztlichen Vereinigungen (§ 85) und der Durchführung der Wirtschaftlichkeits- und Abrechnungsprüfung (§§ 106, 106a).

III. Leistungserbringer und ihre Verbände

1. Leistungsarten und Leistungserbringer

25   Leistungserbringer erbringen diejenigen im SGB V vorgesehenen Leistungen, die die Krankenkassen nicht selbst erbringen. Das sind alle Leistungen mit Ausnahme der Geldleistungen (Krankengeld, §§ 44 ff.; Mutterschaftsgeld, § 200 RVO). Der Begriff des **Leistungserbringers** ist also grundsätzlich (vgl. aber Rn. 26) von den **Leistungsarten** her zu bestimmen. Die Vorschriften über die zur Vorsorge (§§ 20–26) und bei Krankheit (§§ 28–43a, 60) zu erbringenden Leistungen haben also grundsätzlich eine spiegelbildliche Entsprechung im Recht der Leistungserbringung. Wegen der untrennbaren Verknüpfung von Leistungs- und Leistungserbringungsrecht (Rn. 36 f.) müssen die jeweiligen Bestimmungen also immer zusammen gelesen werden: Der Leistungsanspruch des Mitglieds gegen die Krankenkasse kann ebenso nur auf der Grundlage der Rechtsbeziehungen der Krankenkassen zu den Leistungserbringern konkretisiert werden wie der Status des Leistungserbringers nur mit Blick auf die Leistungsarten bestimmt werden kann. Leider ist es dem Gesetzgeber bislang allerdings nicht gelungen, diese Zusammenhänge wenigstens durch eine koordinierte Nummerierung der Vorschriften klarzustellen. Die nachfolgende Aufstellung legt die leistungsrechtliche Reihung der Vorschriften zugrunde:

Leistungsart	Leistungsrecht	Leistungserbringungsrecht
Primäre Prävention durch Schutzimpfungen	§ 20 d	§ 132 e
Medizinische Vorsorgeleistungen	§ 23	§ 111
Stationäre medizinische Vorsorge und Rehabilitation für Mütter und Väter	§§ 24, 41	§ 111 a
Künstliche Befruchtung	§ 27 a	§ 121 a
Ärztliche Behandlung	§ 28 Abs. 1	§§ 72–106 a
Zahnärztliche/kieferorthopädische Behandlung	§§ 28 Abs. 2, 29	wie vor, vgl. § 72 Abs. 1 S. 2
Psychotherapeutische Behandlung	§ 28 Abs. 3	wie vor, vgl. § 72 Abs. 1 S. 2
Arznei- und Verbandmittel	§§ 31, 34 Abs. 1–3, 35–35 c	§§ 129–131
Heilmittel	§§ 32, 34 Abs. 4	§§ 124, 125, 138
Hilfsmittel	§§ 33, 34 Abs. 4, 36	§§ 126, 127, 139
Häusliche Krankenpflege	§ 37	§ 132 a
Soziotherapie	§ 37 a	§ 132 b
Spezialisierte ambulante Palliativversorgung	§ 37 b	§ 132 d
Stationäre und ambulante Hospizleistungen	§ 39 a Abs. 1 S. 1–6	§ 39 a Abs. 1 S. 7–9, Abs. 2
Haushaltshilfe	§ 38	§ 132

Leistungsart	Leistungsrecht	Leistungserbringungsrecht
Allgemeine Krankenhausbehandlung	§ 39	§§ 107–110, 112–114
Stationäre und ambulante Hospizleistungen	§ 39a Abs. 1 S. 1–6	§ 39a Abs. 1 S. 7–9, Abs. 2
Medizinische Rehabilitation	§§ 40, 40a	§ 111, § 21 SGB IX
Sozialmedizinische Nachsorgemaßnahmen	§ 43 Abs. 2	§ 132c
Sozialpädiatrische Leistungen	§ 43a	§ 119
Krankentransportleistungen	§ 60	§ 133
Hebammenleistungen	§§ 195 Abs. 1 Nr. 1, 196 Abs. 1 S. 1 RVO	§ 134a

Die vorstehende Aufstellung entspricht dem bislang noch vorherrschenden System **sektoral gegliederter Versorgungsbereiche** mit jeweils unterschiedlichen und daher nicht miteinander kompatiblen Zulassungs-, Planungs- und Vergütungssystemen. Ambulante und stationäre Versorgung, Akutversorgung und Rehabilitation, medizinische und pflegerische Versorgung sowie soziale Betreuung und schließlich haus- und fachärztliche Versorgung sind nur unzureichend untereinander verzahnt. Dieses Trennungssystem verhindert eine sektorenübergreifende Wahrnehmung von Versorgungsproblemen und produziert Brüche in den Behandlungsabläufen in Gestalt von Wartezeiten, Doppeluntersuchungen, Behandlungsdiskontinuitäten und Fehlentscheidungen, und zwar gerade an den Schnittstellen zwischen den einzelnen Versorgungsbereichen (vgl. bereits BT-Drs. 14/1245, 53 ff., 91 sowie *Knieps*, HVAR, § 12 Rn. 1 ff.). Der Gesetzgeber versucht seit einigen Jahren, diese Mängel durch **sektorenübergreifende Regelungen** zu überwinden. So soll eine Verzahnung der Versorgungsbereiche die „nahtlose ambulante und stationäre Behandlung" (§ 115 Abs. 1 S. 1) sicherstellen (z. B. §§ 115–116b), sind neue Versorgungsmodelle und -formen (§§ 63–66, 73a–c, 140a-d) entwickelt worden und ist schließlich mit den medizinischen Versorgungszentren (§ 95 Abs. 1 S. 2) ein neuer Typus des Leistungserbringers entwickelt worden, der jenseits der Sektoren medizinische Versorgung „aus einer Hand" gewährleisten soll (BT-Drs. 151/1525, 74). 26

2. Bedeutung der Verbände

Ebenso wie die Krankenkassen (Rn. 22–24) kennen grundsätzlich auch alle Leistungserbringer kollektive Willensbildung in Verbänden. Allerdings ist ihre Beteiligung an den Rechtsbeziehungen mit den Krankenkassen – als Spiegelbild der unterschiedlichen Verfestigung des gesundheitsrechtlichen Korporatismus (Rn. 6f.) – unterschiedlich stark ausgeprägt. Zu differenzieren ist zwischen Verbänden, die neben den Interessen ihrer Mitglieder Allgemeininteressen wahrnehmen (Rn. 28) und solchen Organisationen, die allein der Wahrnehmung wirtschaftlicher Interessen ihrer Mitglieder dienen (Rn. 30). Eine Zwitterstellung zwischen diesen beiden Typen nimmt das Krankenhausrecht ein (Rn. 32): 27

a) Wahrnehmung öffentlicher Interessen durch Körperschaften des öffentlichen Rechts. Zugelassene Ärzte, Zahnärzte und Psychotherapeuten sind 28

§ 69 Anwendungsbereich

qua gesetzlicher Anordnung (§ 95 Abs. 3) Mitglieder der **Kassenärztlichen Vereinigungen**. Als Körperschaften des öffentlichen Rechts (§ 77 Abs. 5) erfüllen sie die öffentliche Aufgabe der Sicherstellung der vertragsärztlichen Versorgung der Versicherten (§ 72 Abs. 1 S. 1). Sie basieren auf dem Prinzip der Zwangsmitgliedschaft, das sie in die Lage versetzt, für alle Mitglieder des Berufsstandes zu sprechen. All das erklärt die überragende Bedeutung der Kassenärztlichen Vereinigungen für die Steuerung des Versorgungsgeschehens. Die Kassenärztlichen Vereinigungen sind nämlich nicht nur Parteien der die vertragsärztliche Versorgung gestaltenden Kollektivverträge auf Landes- und Bundesebene (§§ 82–87a) und in diesem Rahmen auch zuständig für die Vereinbarung und Verteilung der Gesamtvergütung unter ihren Mitgliedern (§ 85). Ihre Aufgaben reichen vielmehr, basierend auf der Prämisse einer von Individualinteressen abgeschotteten, dem Gemeinwohl verpflichteten Körperschaft, weit über den vertrags-(zahn-)ärztlichen Bereich hinaus. Sie gestalten nämlich als Partner der Kassenverbände im Rahmen des Kollektivvertragsrechts (z. B. § 84) und der gemeinsamen Rechtsetzung in den Landesausschüssen und dem Bundesausschuss (§§ 90–94) praktisch alle Leistungsbereiche wesentlich mit. Rechtsbeziehungen zwischen Krankenkassen und Leistungserbringern sind also vor allem Rechtsbeziehungen zwischen den Verbänden der Krankenkassen und den Kassenärztlichen Vereinigungen. Nur innerhalb des durch diese beiden korporatistischen Akteure gesetzten Rahmens bewegen sich die Rechtsbeziehungen der Krankenkassen auch zu anderen Leistungserbringern.

29 **Einzelne Ärzte, Zahnärzte oder Psychotherapeuten** sind demgegenüber nur im Bereich der neuen Versorgungsformen Parteien der Rechtsbeziehungen, wobei auch insoweit zu differenzieren ist: Potenzielle Vertragspartner der Modellvorhaben (§§ 63–66) und der besonderen Versorgungsformen (§§ 73a–c) sind neben den einzelnen Leistungserbringern auch die Kassenärztlichen Vereinigungen. Nur im Bereich der integrierten Versorgung ist eine vertragliche Beteiligung der Kassenärztlichen Vereinigungen ausgeschlossen und wird auf jegliche Steuerung durch Rahmenempfehlungen, an denen wiederum die Kassenärztlichen Vereinigungen beteiligt wären, verzichtet.

30 **b) Wahrnehmung wirtschaftlicher Interessen durch Berufsverbände.** Das Gegenstück zu den Allgemeininteressen verpflichteten Körperschaften des öffentlichen Rechts bilden die „für die Wahrnehmung der wirtschaftlichen Interessen" (§§ 129 Abs. 2, 131 Abs. 1) gebildeten Organisationen in den anderen Leistungsbereichen. Sie beruhen auf dem Prinzip der Freiwilligkeit und können daher nicht für sich in Anspruch nehmen, alle Mitglieder ihres Berufsstandes zu repräsentieren. Als Parteien der Rechtsbeziehungen iSd. 4. Kapitels spielen sie daher eine allenfalls untergeordnete Rolle. Das kommt darin zum Ausdruck, dass sie nicht namentlich benannt, sondern nur unspezifisch bezeichnet werden. Mit den Bezeichnungen werden allerdings idR. unterschiedliche Funktionen verbunden: Während „Zusammenschlüsse der Leistungserbringer" (§ 127 Abs. 1) verbindliche Verträge mit den Verbänden der Krankenkassen abschließen, erarbeiten „maßgebliche Spitzenorganisationen" (z. B. §§ 111b S. 1, 125 Abs. 1 S. 1, 129 Abs. 2, 132a Abs. 1) gemeinsam mit den Verbänden meist nur unverbindliche Rahmenempfehlungen; anders ist das nur bei den Apotheken und den pharmazeutischen Unternehmen (§§ 129 Abs. 2, 131 Abs. 1). Als „Berufsorganisationen" (§ 134 Abs. 2) haben sie gar nur ein Anhörungsrecht.

31 In den übrigen Leistungsbereichen haben Verbände überhaupt keine krankenversicherungsrechtliche Funktion. Parteien der Vereinbarungen sind dann allein die Leistungserbringer selbst (§ 132a Abs. 2 S. 1); oftmals bezeichnet sie das Gesetz

auch als „geeignete Personen oder Einrichtungen" bzw. „geeignete Einrichtungen oder Unternehmen" (§§ 132 Abs. 1 S. 1, 132b Abs. 1, 133 Abs. 1 S. 1).

c) Semikorporatistische Strukturen im Krankenhausrecht. Eine Zwitterstellung zwischen diesen beiden Polen nimmt das Krankenhausrecht ein. Kollektive Akteure sind die **Landeskrankenhausgesellschaften** (§ 108a S. 1), die in der **Deutschen Krankenhausgesellschaft** zusammengeschlossen sind (§ 108a S. 2). Dabei handelt es sich aber, anders als bei den Kassenärztlichen Vereinigungen, nicht um Körperschaften des öffentlichen Rechts, sondern um privatrechtliche Vereinigungen ohne Zwangsmitgliedschaft (*Heinze,* HS-KV, § 38 Rn. 62). Pläne, diese nach dem Vorbild der Kassenärztlichen Vereinigungen zu Körperschaften des öffentlichen Rechts zusammenzufassen, sind bisher nicht realisiert worden (*Schlink,* RsDE 1990, 1/3). 32

Die Krankenhausgesellschaften sind gleichwohl Parteien krankenhausrechtlicher Verträge, die Drittwirkung entfalten (§§ 112 Abs. 2 S. 2, 115 Abs. 2 S. 2; zur verfassungsrechtlichen Problematik: § 112 Rn. 13) und bilden gemeinsam mit den Verbänden der Krankenkassen Landesschiedsstellen (§ 114), deren Entscheidungen gleichfalls Nichtmitglieder erfassen. Insbesondere entsenden sie Vertreter in den G-BA (§ 91 Abs. 1), der ua. über neue Untersuchungs- und Behandlungsmethoden im Krankenhaus entscheidet (§ 137c), durch den die Krankenhäuser aber auch über den Krankenhausbereich hinaus Einfluss auf das gesamte Versorgungsgeschehen nehmen können. Das Krankenhausrecht weist damit **semikorporatistische Strukturen** auf: Die Krankenhäuser werden insbesondere über den Bundesausschuss in die Wahrnehmung von Allgemeininteressen eingebunden, vertreten aber nicht alle zugelassenen Krankenhäuser. 33

C. Anwendbares Recht

I. „Abschließend"

Mit der Anordnung der „abschließenden" Geltung der in § 69 S. 1–4 aufgeführten Bestimmungen für das Leistungserbringungsrecht möchte der Gesetzgeber zum Ausdruck bringen, dass „die dort genannten Rechtsbeziehungen **allein sozialversicherungs- und nicht privatrechtlicher Natur** sind" (BT-Drs. 14/1245, 68). Daraus kann aber nicht gefolgert werden, dass nur das in § 69 genannte Recht gilt (*Krasney,* SGb 2006, 60/61). Genetische und teleologische Überlegungen sprechen vielmehr für eine einschränkende Auslegung des Merkmals „abschließend": Die Rechtsnatur der Rechtsbeziehungen der Krankenkassen zu den Leistungserbringern und davon betroffenen Dritten war seit langem umstritten (BSG, SGb 2006, 56/59). Mit Ausnahme des Vertragsarzt- und des Krankenhausrechts wurden sie überwiegend als zivilrechtliche Verträge angesehen. Zudem wurden Maßnahmen der Krankenkassen gegenüber den Leistungserbringern dem Wettbewerbsrecht unterworfen (BGHZ 36, 91/99ff.). Der Gesetzgeber ist indes der Ansicht, dass **Leistungs- und Leistungserbringungsrecht „eine sich notwendig ergänzende Einheit"** bilden (sog. **Einheitsthese**), weil die Krankenkassen die Leistungen nicht selbst, sondern durch Leistungserbringer erbringen (BT-Drs. 14/1245, 68), und daher auch rechtlich einheitlich, d. h. öffentlich-rechtlich, behandelt werden müssen. § 69 S. 1–3 zählen daher öffentlich-rechtliche Normen auf, die für die Rechtsbeziehungen der Kassen zu den Leistungserbringern maßgeblich sind. Das sind neben den Normen des 4. Kapitels (§§ 70–142) die §§ 63, 64. Zudem sind unter bestimmten Voraussetzungen die §§ 19–21 GWB an- 34 wendbar (§ 69 S. 2). Im Krankenhausbereich treten das KHG und das KHEntg mitsamt den dazu erlassenen Rechtsverordnungen hinzu (S. 3). Vorschriften des Bürgerlichen Gesetzbuches sind demgegenüber nur nach Maßgabe von § 69 S. 4 anwendbar. § 69 kann und soll also nicht insgesamt die Bindung der Parteien der Rechtsbeziehungen an die allgemeine Rechtsordnung aufheben, was schon deshalb wenig Sinn machen würde, weil das SGB V auch außerhalb des 4. Kapitels Rechtsbeziehungen zwischen Krankenkassen und Leistungserbringern regelt (§§ 291 Abs. 3, 295 Abs. 3). Im Ergebnis ist durch § 69 S. 1 nur die Anwendung desjenigen Rechts ausgeschlossen, die das Ziel der Koordinierung des Leistungs- und des Leistungserbringungsrechts gefährden würde.

35   Dieser partielle Ausschluss insbesondere des Privatrechts gilt nicht nur für die Rechtsbeziehungen selbst, sondern erfasst gemäß § 69 S. 5 auch die Rechtswirkungen auf **Dritte**. Die Tatsache, dass § 69 S. 5 trotz der Einfügung von § 69 S. 2 nach wie vor nur auf die S. 1–3 verweist, dürfte ein Redaktionsversehen sein; gemeint ist offensichtlich, dass die S. 1–4 auch gelten, soweit Dritte betroffen sind. In der Sache folgt daraus, dass auch im Hinblick auf den rechtlichen Status Dritter, die außerhalb des Leistungserbringungsverhältnisses stehen, öffentliches Recht maßgebend ist. Daher können sich etwa nicht beteiligte Leistungserbringer, die sich gegen Entscheidungen der Gemeinsamen Selbstverwaltung richten, nicht auf das Wettbewerbs- und Kartellrecht berufen (Rn. 40 ff.). Anders ist die Situation nur in Rechtsverhältnissen zu Dritten, die mit dem Leistungserbringungsrecht in keinem Zusammenhang stehen, etwa bei der Beschaffung der für die Verwaltungstätigkeit notwendigen Mittel (vgl. zu den sog. „Jedermannbeziehungen" *Roth*, GRUR 2007, 645/649).

II. Verhältnis zum Leistungsrecht

36   Aus dem vorgenannten Gesetzeszweck (Rn. 34) folgt, dass das parlamentsgesetzliche Leistungsrecht (§§ 27 ff.) grundsätzlich Maßstab für die Begründung und Ausgestaltung der Rechtsbeziehungen der Krankenkassen zu den Leistungserbringern sein soll. Die Existenz von Rechtsbeziehungen zwischen Krankenkassen und Leistungserbringern beruht nämlich auf dem Umstand, dass die Krankenkassen die Leistungen nicht selbst erbringen, sondern durch externe Leistungserbringer. Das, was der Versicherte von der Krankenkasse beanspruchen kann, darf keinen anderen Inhalt haben als das, was der Leistungserbringer gegenüber der Krankenkasse erbringen und abrechnen darf (*Ebsen*, FS-Krasney, 1997, 81/93; *Schnapp*, SGb 1999, 62/64). Der Inhalt der Rechtsbeziehungen zwischen Krankenkassen und Leistungserbringern hat daher Auswirkungen auf den gesetzlich normierten Leistungsanspruch des Versicherten gegenüber der Krankenkasse. Dieses Problem der **Kongruenz von Leistungs- und Leistungserbringungsrecht** müssen auch Kostenerstattungssysteme lösen, wenn sie das leistungs- bzw. vergütungsrechtliche Risiko nicht auf den Versicherten oder den Leistungserbringer überwälzen wollen. Die häufig zu findende Annahme, das Problem beruhe allein auf der Existenz des Sachleistungsprinzips (§ 2 Abs. 2 S. 1 Hs. 1; vgl. *Auktor*, H/K, § 69 Rn. 1; *Orlowski*, GKV-Komm, § 69 Rn. 1), ist deshalb unzutreffend.

37   Im Einzelnen ist der Einfluss des Leistungsrechts auf die Rechtsbeziehungen zwischen Krankenkassen und Leistungserbringern allerdings sehr umstritten. Das BSG hat in seiner früheren Rechtsprechung zunächst den Vorrang des parlamentsgesetzlichen Leistungsrechts betont, den auch die untergesetzlichen Vereinbarungen im Leistungserbringungsrecht zu achten haben (BSGE 63, 102/104; 67, 251/

264). Es hat diese Rechtsprechung aber mittlerweile relativiert. In den leistungsrechtlichen Ansprüchen der Versicherten sieht es bloße **Rahmenrechte,** die sich erst durch die leistungserbringungsrechtlichen Vereinbarungen zu durchsetzbaren Einzelansprüchen verdichteten (BSGE 81, 54/61). Die Rechtsbeziehungen iSv. § 69 haben also die wesentliche Funktion, den nur dem Grunde nach parlamentsgesetzlich geregelten Leistungsanspruch des Versicherten zu konkretisieren. Diese Konstruktion ist rechtsdogmatisch ebenso umstritten (*Neumann,* HVAR, § 13 Rn 14 ff.) wie verfassungsrechtlich prekär (*Butzer/Kaltenborn,* MedR 2001, 333 ff.; *Kingreen,* NZS 2007, 113/115 ff.). Sie stellt den (ohnehin selbstverständlichen, Art. 20 Abs. 3 GG) Vorrang des Leistungsrechts zwar nicht infrage (BSGE 78, 70/85), so dass etwa Richtlinien des G-BA nicht über den im Leistungsrecht bestimmten Krankheitsbegriff (§ 27 Abs. 1 S. 1) disponieren (BSGE 85, 36/43) oder medizinisch notwendige Maßnahmen (§ 27 Abs. 1 S. 1) der häuslichen Krankenpflege aus der Verordnungsfähigkeit nach § 37 ausnehmen dürfen (BSGE 94, 205/214). Allerdings reduziert das BSG das Leistungsrecht auf eine offene Rahmenvorgabe, die durch die Rechtsbeziehungen zwischen Kassen und Leistungserbringern ausgestaltet wird.

III. Vertragsrecht, insb.: §§ 53 ff. SGB X

Soweit die Rechtsbeziehungen der Krankenkassen zu den Leistungserbringern durch zwei- oder mehrseitige Vereinbarungen begründet werden (Rn. 12), handelt es sich um **öffentlich-rechtliche Verträge** (*Boerner,* SGb 2000, 389/389 f.). Umstritten ist, ob auf diese das **allgemeine Vertragsrecht,** insb. die §§ 53 ff. SGB X, anwendbar ist. Grundsätzlich gilt das SGB X gemäß § 37 S. 1 SGB I für alle Sozialleistungsbereiche, soweit sich aus den übrigen Büchern nichts Abweichendes ergibt. Im Schrifttum wird teilweise davon ausgegangen, § 69 S. 1 und 2 enthielten eine solche abweichende Regelung (*Boerner,* SGb 2000, 389/392; vgl. auch *Axer,* HVAR, § 8 Rn. 11 ff.). Das 4. Kapitel sei nämlich besonderes Vertragsrecht, das die §§ 53 ff. SGB X insgesamt verdränge. Genese und Telos der Norm (Rn. 34) sprechen allerdings dafür, dass § 69 die Anwendung nur solcher Normen ausschließen soll, die entweder von Regelungen im 4. Kapitel abweichen oder die Einheit von Leistungs- und Leistungserbringungsrecht infrage stellen, insb. also Normen des Zivilrechts (*Papst,* SGb 2002, 475/477; im Ergebnis ebenso *Auktor,* H/K, § 69 Rn. 2 a, 2 c).

Es ist daher stets im Einzelfall zu prüfen, ob einzelne Regelungen der §§ 53 ff. SGB X durch das spezielle Vertragsrecht des 4. Kapitels ersetzt werden. So entspricht etwa das **Schriftformerfordernis** (§ 56 SGB X) zwar der Regelung des § 72 Abs. 2, kann aber auf die nur fiktiven Versorgungsverträge in Krankenhausrecht (§ 109 Abs. 1 S. 2) keine Anwendung finden (*Papst,* SGb 2002, 475/478). Auch ist § 57 SGB X, der die Wirksamkeit eines in Rechte Dritter eingreifenden öffentlich-rechtlichen Vertrages von der **Zustimmung des Dritten** abhängig macht, nicht anwendbar. Denn die Verbindlichkeit der Vereinbarungen auch für Dritte folgt regelmäßig aus dem Anwendungsbefehl der das Vertragsrecht regelnden Normen (vgl. etwa §§ 112 Abs. 2 S. 2, 115 Abs. 2 S. 2), setzt also keine Zustimmung des Dritten mehr voraus (*Boerner,* Normenverträge, 118). Auch § 59 SGB X ist nur anwendbar, wenn und soweit das 4. Kapitel keine speziellen Tatbestände für die **Kündigung** von Verträgen enthält. Problematisch ist zudem der Verweis in § 61 S. 2 SGB X auf das **bürgerliche Recht.** Während nämlich § 61 S. 2 SGB X die Vorschriften des Bürgerlichen Gesetzbuches ohne weitere Einschränkung für entsprechend anwendbar erklärt, sieht § 69 S. 4 deren entsprechende Anwendung nur vor, soweit sie mit den Vorgaben des § 70 und den übrigen Aufgaben und Pflichten der Beteiligten nach dem 4. Kapitel vereinbar sind. § 69 S. 4 ist daher lex specialis gegenüber § 61 S. 2 SGB X, was allerdings nicht aus dem Tatbestandsmerkmal „abschließend" (§ 69 S. 1), sondern aus § 37 S. 1 SGB I folgt. Deshalb verdrängen etwa die speziellen Kündigungstatbestände des SGB V (z. B. § 110) die einschlägigen zivilrechtlichen Normen (*Papst,* SGb 2002, 475/480). Die Vorschriften des BGB sind darüber hinaus auch nicht anwendbar, wenn die §§ 69 ff. bereits abschließende Regelungen enthalten. So gilt etwa für Vergütungsvereinbarungen der Krankenkassen mit Leistungserbringern der Grundsatz der Beitragssatzstabilität (§ 71) und nicht etwa § 632 BGB. Auch soll für Vergütungsansprüche von Leistungserbringern gegen die Krankenkassen nicht das Verjährungsrecht des BGB, sondern eine allgemeine sozialrechtliche Verjährungsfrist von 4 Jahren gelten (BSG, SGb 2006, 56/57, 59 f.; BSG v. 28. 2. 2007, B 3 KR 12/06 R n. 12; *Müller,* NZS 2006, 583/584 f.; aA. *Krasney,* SGb 2006, 60/62). Die Regelungen über Verzugszinsen nach § 288 Abs. 2 BGB (BSG v. 19. 4. 2007, B 3 KR 10/06 R Rn. 12; *Hartmann/Hinkelmann,* SGb 2006, 756/758 f.) und Prozesszinsen (BSG, SGb 2006, 753/754 ff.) sind aber uneingeschränkt anwendbar.

IV. Wettbewerbs-, Kartell- und Vergaberecht

40 Die Anwendbarkeit des Wettbewerbsrechts (UWG), des allgemeinen Kartellrechts (GWB) und des Vergaberechts (§§ 97 ff. GWB) auf die Rechtsbeziehungen der Krankenkassen zu den Leistungserbringern wird durch das Zusammenspiel von § 69 S. 1 und S. 2 bestimmt. Als Grundsatz bestimmt § 69 S. 1 die abschließende Geltung der Regelungen des 4. Kapitels und die §§ 63, 64. Dieser Grundsatz fußt auf der Einheitsthese, aus der dann der Gesetzgeber auch ableitet, dass die Krankenkassen „**nicht als Unternehmen im Sinne des Privatrechts einschließlich des Wettbewerbs- und Kartellrechts**" (BT-Drs. 14/1245, 68) handeln. Der im Verhältnis zu S. 1 als Ausnahme konzipierte S. 2 ordnet aber unter bestimmten Voraussetzungen die Anwendbarkeit der §§ 19–21 GWB an. Mit der nur „entsprechenden Geltung" will der Gesetzgeber zum Ausdruck bringen, dass die Krankenkassen auch insoweit keine Unternehmen sind, die §§ 19–21 GWB aber in der Rechtsfolge auch die Krankenkassen betreffen (BT-Drs. 16/4247, 50).

41 Aus diesem Zusammenspiel von § 69 S. 1 und 2 folgt, dass das **Lauterkeitsrecht** (UWG) auf das Leistungserbringungsverhältnis überhaupt nicht anwendbar ist (BSG, NZS 2006, 647/648). Beim **allgemeinen Kartellrecht** ist hingegen sowohl hinsichtlich der erfassten Verträge (Rn. 42) als auch der **anwendbaren kartellrechtlichen Rechtsnormen** (Rn. 43) wie folgt zu differenzieren:

42 Die **Anwendbarkeit** kartellrechtlicher Bestimmungen **setzt voraus**, dass es sich nicht um Verträge handelt, zu deren Abschluss die Krankenkassen oder ihre Verbände gesetzlich verpflichtet sind und bei deren Nichtzustandekommen eine Schiedsamtsregelung gilt. Daraus ist zu folgern, dass die §§ 19–21 GWB **für den Abschluss von Kollektivverträgen** grundsätzlich nicht gelten. Denn Kollektivverträge müssen die beteiligten Parteien regelmäßig abschließen (vgl. etwa §§ 82, 83). Einzelvertragliche Vereinbarungen können die Vertragsparteien hingegen treffen, müssen dies aber zumeist nicht. Selbst dort, wo sie zum Abschluss von Einzelverträgen verpflichtet sind (z. B. §§ 73 b Abs. 4, 126 Abs. 1), fehlt es an der Regelungszuständigkeit eines Schiedsamtes, was konsequent ist, ist dieses doch seinerseits eine Institution des Korporatismus. Daher gilt § 69 S. 2 grundsätzlich für alle leistungserbringungsrechtlichen Einzelverträge und bindet dabei KKen und Leistungserbringer gleichermaßen (*Knispel,* GesR 2008, 181/182). Diese Auslegung entspricht dem europäischen Gemeinschaftsrecht (Rn. 44) und wird, außer durch die Genese der Bestimmung (BT-Drs. 16/4247, 50), auch teleologisch gestützt. Einzelverträge relativieren nämlich das durch die Kollektivierung der Vertragsbeziehungen entstandene stabile Kräfteverhältnis zwischen den Verbänden der Krankenkassen und der Leistungserbringer; an deren Stelle treten durch Wettbewerb gesteuerte Leistungsbeziehungen, für die es eines rechtlichen Rahmens bedarf, um den Missbrauch von Marktmacht zu verhindern (*Kingreen,* GesR 2006, 193/196). Im Einzelnen **gilt** § 69 S. 2 daher für Verträge zur hausarztzentrierten Versorgung (§ 73b Abs. 4), zur Umsetzung der besonderen ambulanten ärztlichen Versorgung (§ 73c Abs. 3), zur Hilfsmittelversorgung (§ 126), ferner für Verträge mit Apothekern (§ 129 Abs. 5b), Arzneimittel-Rabattvereinbarungen (§ 130a Abs. 8), Verträge zu integrierten Versorgungsformen (§ 140b) und Verträge mit Leistungserbringern im EU- oder EWR-Ausland (§ 140e). § 69 S. 2 gilt hingegen **nicht** für Versorgungsverträge im Krankenhausrecht iSv. S. 3 (aA. *Gassner,* NZS 2007, 281/283). Das folgt zum einen aus der systematischen Stellung von S. 2, der als Ausnahme zu S. 1, nicht aber zu S. 3 konzipiert ist, zum anderen aus teleologischen Erwägungen: Denn bei den in Betracht kommenden Bestimmungen (§§ 109 Abs. 1 S. 1, 111, 116b Abs. 1) handelt es sich nicht um alternative Modelle gegenüber der kollektivvertraglichen Steuerung, mit denen ein Vertragswettbewerb etabliert werden soll, sondern um Bausteine einer übergeordneten Krankenhausplanung. Die Krankenhäuser haben dabei, wenn die gesetzlichen Voraussetzungen erfüllt sind, jeweils einen Anspruch auf Abschluss eines Vertrages (BSGE 78, 233/238 f.), der gesetzlich in erheblichem Maße determiniert ist.

Auch hinsichtlich des anzuwendenden Kartellrechts ist zu differenzieren. § 69 **43** S. 2 eröffnet, im Wege einer **Rechtsfolgenverweisung,** nur den Anwendungsbereich des Missbrauchsverbots (§ 19 GWB), des Behinderungs- und Diskriminierungsverbots (§ 20 GWB) und des Boykottverbots (§ 21 GWB). Die praktisch vor allem bedeutsamen §§ 19 und 20 GWB gelten dabei nur für **marktbeherrschende** bzw. **marktstarke** Unternehmen, was man – entsprechend übertragen auf die Krankenkassen – wohl nur bei den größeren Krankenkassen wird annehmen können. § 1 GWB hingegen gilt nicht (*Möschel,* JZ 2007, 601/604). Bei Verstößen gegen die §§ 19–21 GWB sollen Unterlassungs- und Schadensersatzansprüche nach § 33 GWB in Betracht kommen (*Möschel,* JZ 2007, 601/604). Das ist problematisch, weil § 33 GWB in § 69 S. 2 nicht genannt ist (*Knispel,* GesR 2008, 181/183). Auch das Argument, aus der Anordnung der „entsprechenden Geltung" folge die Anwendbarkeit des § 33 GWB als zivilrechtliche Sanktion (so *Roth,* GRUR 2007, 645/655), ist nicht überzeugend, weil sich die Haftung nach öffentlichem Recht richtet. Denkbar sind deshalb aber Ansprüche aus Amtshaftung (Art. 34 GG, § 839 BGB) sowie ein öffentlich-rechtlicher Unterlassungsanspruch. Zu den prozeduralen und prozessualen Konsequenzen unten Rn. 46.

Das **europäische Kartellrecht** (Art. 81 ff. EGV) kann § 69 zwar wegen dessen **44** Anwendungsvorrang nicht ausschließen. Der EuGH sieht aber jedenfalls in der Festsetzung von Festbeträgen für Arzneimittel keine unternehmerische Tätigkeit der Krankenkassen (EuGH, Rs. C-264/01, Slg. 2004, I-2493, Rn. 63 – AOK-Bundesverband ua.). Die Festsetzung von Festbeträgen erfolgt allerdings als gesetzlich weitgehend determinierter Verwaltungsakt. Hingegen verfügen die Krankenkassen etwa bei der besonderen ambulanten ärztlichen Versorgung (§ 73c) und der integrierten Versorgung (§§ 140a ff.) über erhebliche Gestaltungsmöglichkeiten, die mit der Festsetzung von Festbeträgen nicht vergleichbar sind (*Kingreen,* GesR 2006, 193/196). Insbesondere auf **Einzelverträge** sollte daher, vergleichbar mit der in § 69 S. 2 getroffenen Regelung (Rn. 42), das europäische Kartellrecht grundsätzlich **anwendbar** sein (*Becker,* HVAR, § 25 Rn. 65; *Kaeding,* ZESAR 2007, 409/411 ff.; *Kingreen,* EuR Beih. 2/2007, 145/156 f.; aA. *Knispel,* GesR 2008, 181/183 f. sowie möglicherweise auch EuGH, Rs. C-205/03, Slg. 2006, I-6295, Rn. 26 – Fenin, wonach der Kauf eines Erzeugnisses nicht von dessen späterer Verwendung zu trennen sei, so dass der wirtschaftliche oder nichtwirtschaftliche Charakter der späteren Verwendung des erworbenen Erzeugnisses zwangsläufig den Charakter der Einkaufstätigkeit bestimme).

45   § 69 S. 1 schließt auch die Anwendbarkeit des **allgemeinen Vergaberechts** (§§ 97 ff. GWB) nicht aus. Adressat des Vergaberechts sind nämlich nicht Unternehmen, sondern öffentliche Auftraggeber (§ 98 GWB), die von der Gesetzesbegründung nicht erfasst sind (BT-Drs. 14/1245, 68). Im Übrigen ist das Vergaberecht weitgehend europarechtlich geprägt, so dass seine Anwendbarkeit ohnehin der Dispositionsbefugnis des deutschen Gesetzgebers entzogen ist (*Byok,* GesR 2007, 553/553 f.; *Gabriel,* NZS 2007, 344/345; *Kaltenborn,* VSSR 2006, 357/361 f.; *Kingreen,* MedR 2004, 188/192). Allerdings ist es fraglich, ob die Krankenkassen angesichts des relativ geringen Staatseinflusses öffentliche Auftraggeber iSv. § 98 Nr. 2 GWB sind (abl. BayObLG, NZS 2005, 26/27; *Kingreen,* SGb 2005, 659/661; anders die hM.: OLG Düsseldorf, NZBau 2007, 525/526 ff. [Vorlagebeschluss zum EuGH]; *Boldt,* NJW 2005, 3757/3759; *Jaeger,* ZWeR 2005, 31/56; *Rixen,* GesR 2006, 49/53). Grundsätzlich ist für im Wettbewerb untereinanderstehende Krankenkassen das Kartellrecht der sachnähere Maßstab als das Vergaberecht, das für öffentliche Auftraggeber einen sonst nicht vorhandenen Wettbewerb simuliert (*Pietzcker,* NVwZ 2007, 1225/1226 f.; für eine parallele Anwendung von Kartell- und Vergaberecht aber *Frenz,* NZS 2007, 233/236). Das ist auch der Grund dafür, dass sich im Einzelvertragsrecht teilweise spezifische Ausschreibungspflichten finden (§§ 73 b Abs. 4 S. 4, 73 c Abs. 4 S. 3), die überflüssig wären, wenn eine Ausschreibungspflicht bereits aus allgemeinem Vergaberecht folgen würde. Auch über diese ausdrücklichen Regelungen hinaus fordern aber sowohl die Grundrechte (BVerfGE 73, 280/296; 86, 28/41; BVerwGE 118, 270/271 f.) als auch die Grundfreiheiten (EuGH, Rs. C-231/03, Slg. 2005, I-7287, Rn. 17 f. – Coname) Transparenz beim Abschluss von Verträgen und damit zumindest grundsätzlich eine Ausschreibung wie auch eine gerichtliche Überprüfbarkeit der angewendeten Auswahlkriterien. Aus der Tatsache, dass etwa das Recht der integrierten Versorgung (§§ 140 a ff.) keine gesundheitsvergaberechtlichen Regelungen enthält, kann daher nicht geschlossen werden, dass insoweit auf Ausschreibungen verzichtet werden kann. Vielmehr folgt die Pflicht zur Ausschreibung regelmäßig schon aus allgemeinen verfassungsrechtlichen Vorgaben.

V. Rechtsweg

46   Bei Rechtsstreitigkeiten, die die Rechtsbeziehungen der Krankenkassen zu den Leistungserbringern betreffen, ist gem. § 51 Abs. 1 Nr. 2, Abs. 2 S. 1 SGG grundsätzlich der Rechtsweg zu den **Sozialgerichten** eröffnet. Ebenso wie im materiellen Recht (§ 69 S. 5) gilt dies auch, soweit Dritte betroffen sind (§ 51 Abs. 2 S. 2 SGG; §§ 87 Abs. 1 S. 3, 96 S. 2 GWB). Die Sozial- und nicht die Zivilgerichte sind daher auch zuständig, soweit vergaberechtliche Fragen betroffen sind (BSG, B 1 SF 1/08 R v. 22. 4. 2008; LSG BW, NZBau 2008, 265/271; aA. OLG

Düsseldorf, NZBau 2008, 194/195). Ausgeschlossen ist auch die Prüfungskompetenz der Kartellbehörden, insbes. nach § 32 GWB (*Möschel*, JZ 2007, 601/604; aA. *Gassner*, NZS 2007, 281/284 ff.).

Nur Streitigkeiten aufgrund einer Kündigung von Versorgungsverträgen mit Hochschulkliniken oder Plankrankenhäusern fallen in die Zuständigkeit der Verwaltungsgerichte (§ 51 Abs. 2 S. 2 Hs. 2 SGG). 47

§ 70 Qualität, Humanität und Wirtschaftlichkeit

(1) ¹**Die Krankenkassen und die Leistungserbringer haben eine bedarfsgerechte und gleichmäßige, dem allgemein anerkannten Stand der medizinischen Erkenntnisse entsprechende Versorgung der Versicherten zu gewährleisten.** ²**Die Versorgung der Versicherten muß ausreichend und zweckmäßig sein, darf das Maß des Notwendigen nicht überschreiten und muß in der fachlich gebotenen Qualität sowie wirtschaftlich erbracht werden.**

(2) **Die Krankenkassen und die Leistungserbringer haben durch geeignete Maßnahmen auf eine humane Krankenbehandlung ihrer Versicherten hinzuwirken.**

Die Vorschrift enthält allgemeine Vorgaben für die Vertragsgestaltung und Normsetzung im Leistungserbringungsrecht und hebt die gemeinsame Verantwortung der Krankenkassen und Leistungserbringer für die Versorgung der Versicherten hervor. Beide haben nach Abs. 1 S. 1 eine am tatsächlichen Bedarf und damit der Morbiditätsstruktur der Versicherten ausgerichtete und dem gesicherten medizinischen Erkenntnisstand entsprechende Versorgung auf einheitlichem Niveau im gesamten Bundesgebiet zu gewährleisten. Abs. 1 S. 2 ordnet an, dass sich nicht nur die einzelnen Leistungen (§ 12) sondern auch die Vertragsbeziehungen im Leistungserbringungsrecht und die Versorgungsstrukturen am **Wirtschaftlichkeitsgebot** auszurichten haben. Andernfalls könnte das Leistungserbringungsrecht seine Steuerungsfunktion, d. h. die Ausgestaltung der leistungsrechtlichen Rahmenrechte (§ 69 Rn. 37), nicht erfüllen. 1

Mit dem GKV-GRG 2000 wurde klargestellt, dass die Pflicht zur Leistungserbringung in **fachlich gebotener Qualität** (§ 135 a Abs. 1 S. 2) auf gleicher Stufe mit dem Wirtschaftlichkeitsgebot steht. Abs. 2 soll der besonderen Bedeutung einer humanen Krankenbehandlung als tragendem Prinzip der GKV Rechnung tragen. Das geschieht z. B. durch die Förderung der sog. sprechenden Medizin im EBM (§ 87 Abs. 2) oder das Sicherstellen einer sachgerechten Anschlussversorgung nach Krankenhausbehandlung (§ 11 Abs. 4 S. 2). 2

§ 71 Beitragssatzstabilität

(1) ¹**Die Vertragspartner auf Seiten der Krankenkassen und der Leistungserbringer haben die Vereinbarungen über die Vergütungen nach diesem Buch so zu gestalten, dass Beitragssatzerhöhungen [bis 31. 12. 2008:** *ohne Beitragserhöhungen*] **ausgeschlossen werden, es sei denn, die notwendige medizinische Versorgung ist auch nach Ausschöpfung von Wirtschaftlichkeitsreserven nicht zu gewährleisten (Grundsatz der Beitragssatzstabilität).** ²**Ausgabensteigerungen auf Grund von gesetzlich vorgeschriebenen Vorsorge- und Früherkennungsmaßnahmen oder für zusätzliche Leistungen, die im Rahmen zugelassener strukturierter Behandlungsprogramme (§ 137 g) auf Grund der Anforderungen der**

§ 71

Rechtsverordnung nach § 266 Abs. 7 erbracht werden, verletzen nicht den Grundsatz der Beitragssatzstabilität.

(2) ¹Um den Vorgaben nach Absatz 1 Satz 1 Halbsatz 1 zu entsprechen, darf die vereinbarte Veränderung der jeweiligen Vergütung die sich bei Anwendung der Veränderungsrate für das gesamte Bundesgebiet nach Absatz 3 ergebende Veränderung der Vergütung nicht überschreiten. ²Abweichend von Satz 1 ist eine Überschreitung zulässig, wenn die damit verbundenen Mehrausgaben durch vertraglich abgesicherte oder bereits erfolgte Einsparungen in anderen Leistungsbereichen ausgeglichen werden. ³Übersteigt die Veränderungsrate in dem Gebiet der in Artikel 1 Abs. 1 des Einigungsvertrages genannten Länder die Veränderungsrate für das übrige Bundesgebiet, sind abweichend von Satz 1 jeweils diese Veränderungsraten anzuwenden.

(3) ¹Das Bundesministerium für Gesundheit stellt bis zum 15. September eines jeden Jahres für die Vereinbarungen der Vergütungen des jeweils folgenden Kalenderjahres die nach den Absätzen 1 und 2 anzuwendenden durchschnittlichen Veränderungsraten der beitragspflichtigen Einnahmen aller Mitglieder der Krankenkassen (§ 267 Abs. 1 Nr. 2) je Mitglied getrennt nach dem gesamten Bundesgebiet, dem Gebiet der in Artikel 1 Abs. 1 des Einigungsvertrages genannten Länder und dem übrigen Bundesgebiet für den gesamten Zeitraum der zweiten Hälfte des Vorjahres und der ersten Hälfte des laufenden Jahres gegenüber dem entsprechenden Zeitraum der jeweiligen Vorjahre fest. ²Grundlage sind die vierteljährlichen Rechnungsergebnisse der Krankenkassen (KV 45). ³Die Feststellung wird durch Veröffentlichung im Bundesanzeiger bekannt gemacht. ⁴Die Veränderungsraten für den Zeitraum des zweiten Halbjahres 1998 und des ersten Halbjahres 1999 gegenüber dem entsprechenden Vorjahreszeitraum gelten für die Vereinbarungen für das Kalenderjahr 2000 und werden am 4. Januar 2000 im Bundesanzeiger veröffentlicht.

(3 a) ¹Abweichend von Absatz 3 gilt für das Jahr 2006 anstelle der vom Bundesministerium für Gesundheit festgestellten Veränderungsraten eine Rate von 0,63 vom Hundert. ²Für das Jahr 2007 gelten abweichend von den in Absatz 3 vorgesehenen Veränderungsraten je Mitglied die Veränderungsraten je Versicherten, die das Bundesministerium für Gesundheit bis zum 15. September 2006 feststellt und durch Veröffentlichung im Bundesanzeiger bekannt macht. ³Die Sätze 1 und 2 gelten nur für die Vergütung der Krankenhausleistungen nach dem Krankenhausentgeltgesetz und der Bundespflegesatzverordnung sowie für die Begrenzung der Verwaltungsausgaben der Krankenkassen nach § 4 Abs. 4.

(4) ¹Die Vereinbarungen über die Vergütung der Leistungen nach § 57 Abs. 1 und 2, §§ 83, 85, 85a, 125 und 127 sind den für die Vertragsparteien zuständigen Aufsichtsbehörden vorzulegen. ²Die Aufsichtsbehörden können die Vereinbarungen bei einem Rechtsverstoß innerhalb von zwei Monaten nach Vorlage beanstanden.

(5) Die Vereinbarungen nach Absatz 4 Satz 1 und die Verträge nach den §§ 73b, 73c und 140a bis 140d sind unabhängig von Absatz 4 auch den für die Sozialversicherung zuständigen obersten Verwaltungsbehörden der Länder, in denen sie wirksam werden, vorzulegen.

Schrifttum: *T. Muschallik,* Inhalt und Bindungswirkung des Grundsatzes der Beitragssatzstabilität in § 71 I, 141 II SGB V, NZS 1998, 7; *B. Tiemann/S. Tiemann,* Zur Bedeutung des Grundsatzes der Beitragssatzstabilität in der gesetzlichen Krankenversicherung, SGb 1998, 141.

4. Kapitel. 1. Abschnitt **§ 71**

A. Überblick

Die Vorschrift ist Ausdruck der **einnahmenorientierten Ausgabenpolitik** 1
der GKV und bezieht über § 4 Abs. 4 S. 1 hinausgehend auch die Leistungserbringer in die Steuerung der Ausgaben mit ein (*Orlowski*, GKV-Komm, § 71 Rn. 5, 13, 15). Die weitgehende Kappung von Vergütungsanpassungen entsprechend der Grundlohnsummenveränderung dient der dauerhaften Sicherung der Leistungsfähigkeit und Wirtschaftlichkeit der GKV sowie deren Finanzierung zu vertretbaren Beitragssätzen (BT-Drs. 11/2237, 191) und damit einem Gemeinwohlbelang von außerordentlich hoher Bedeutung (BVerfGE 82, 209/230). Die Norm geht auf das GRG zurück, hatte zunächst empfehlenden Charakter und wurde nach Scheitern des geplanten Globalbudgets im Bundesrat mit dem GKV-GRG 2000 im Sinne einer strikten Koppelung verschärft (*Orlowski*, GKV-Komm, § 71 Rn. 1 ff.). Ihre Einhaltung wird durch eine engmaschige Überprüfung seitens der Aufsichtsbehörden abgesichert (Abs. 4 und 5).

B. Grundsatz der Beitragssatzstabilität

Der Grundsatz der Beitragssatzstabilität mit seinen beiden kumulativen Aspek- 2
ten, der Sicherung der notwendigen medizinischen Versorgung der Versicherten und dem Ausschluss von Beitragssatzerhöhungen ist kein unverbindlicher Programmsatz sondern stellt eine **verbindliche rechtliche Obergrenze** für Vergütungsvereinbarungen dar (BSG, SozR 3–2500, § 85 Nr. 37 S. 296 f.). Sie darf nur durchbrochen werden, wenn trotz ausgeschöpfter Wirtschaftlichkeitsreserven die notwendige medizinische Versorgung ohne Beitragssatzanstieg nicht zu gewährleisten ist (BSG, SozR 3–2500, § 85 Nr. 37 S. 300). Durch die herausgehobene Stellung im Gesetz gilt der Grundsatz nicht nur für alle Vergütungs- und Preisvereinbarungen (BSG, SozR 4–2500, § 88 Nr. 1 Rn. 15 ff.), sondern hat auch Vorrang vor allen anderen dabei zu berücksichtigenden Gesichtspunkten (BSG, SozR 3–2500, § 85 Nr. 37 S. 296 ff.; SozR 4–2500, § 85 Nr. 16 Rn. 13; vgl. auch § 85 Rn. 14 f.). Die Begrenzung der Vergütungsanpassung erfasst auch für Einzelleistungen festgelegte Punktwerte (BSG, SozR 3–2500, § 85 Nr. 37 S. 303 f.) und bezieht über das Ausgabenvolumen die Mengenentwicklung bei auf Überweisung tätigen Leistungserbringern ein (BSG, SozR 4–2500, § 88 Nr. 1 Rn. 18 ff.).

Allenfalls bei erheblichen Veränderungen der Morbidität in der Versicherten- 3
struktur (vgl. § 87a Abs. 3 S. 2 Hs. 2), Kostenentwicklungen außerhalb der GKV oder Rückgängen der Beitragseinnahmen aufgrund schwacher Konjunktur wird die notwendige medizinische Versorgung ohne Beitragssatzerhöhung gefährdet sein (*Orlowski*, GKV-Komm, § 71 Rn. 14). Ansonsten müssen gleichzeitige – grundsätzlich nicht durch das GMG induzierte, § 220 Abs. 4 S. 1 – Einsparungen nachgewiesen oder vertraglich abgesichert sein, die aber auch in anderen Leistungssektoren liegen können (Abs. 2 S. 2); für neue Untersuchungs- und Behandlungsmethoden in der vertragsärztlichen Versorgung gilt abweichend § 85 Abs. 3 S. 3. **Sonderregelungen** gelten auch für Modellvorhaben, § 63 Abs. 3, und für den Gesamtbetrag der Krankenhauserlöse, § 6 Abs. 1 S. 4 BPflV (VGH B-W, MedR 2005, 533/534). Eine Durchbrechung des Grundsatzes gilt nach Abs. 1 S. 2 für gesetzlich vorgeschriebene, d. h. von Gesetzes wegen zum Leistungskatalog gehörende Vorsorge- und Früherkennungsmaßnahmen nach §§ 20 ff., 25 f. (Quaas/Zuck, § 2 Fn. 363). Durch deren vermehrte Inanspruchnahme sind ebenso

§ 72   Sicherstellung der Versorgung

Einsparungen wie durch Schulungen und zusätzliche Vorsorgeuntersuchungen im Rahmen strukturierter Behandlungsprogramme zu erwarten.

4   Bei der an § 10 KSVwV (Statistik nach dem Vordruck KV 45) ausgerichteten Berechnung der Veränderung der beitragspflichtigen Einnahmen nach Abs. 3 wird zusätzlich die **Mitgliederentwicklung** berücksichtigt. Daher dient Abs. 3 a dem Ausgleich der durch die Hartz-IV-Gesetzgebung (BGBl. I 2003, 2975 f.) mit Einfügung des § 5 Abs. 1 Nr. 2 a bewirkten und die Veränderungsrate statistisch verzerrenden Umwandlung von Mitgliedschaftsverhältnissen zu Familienversicherungen. Für die vertragsärztliche Versorgung greift kein Ausgleichsmechanismus, weil eine Kompensation durch höhere Zuwachsraten der beitragspflichtigen Einnahmen je Mitglied eintrat (BT-Drs. 16/194, 9). Liegt die Veränderungsrate in den neuen Bundesländern höher als im Bundesdurchschnitt, bildet sie die Obergrenze (Abs. 2 S. 3).

C. Rechtsaufsicht

5   Die Abs. 4 und 5 sind Spezialgesetz zu § 78 und wollen angesichts der erheblichen finanziellen Bedeutung für die GKV eine engmaschige und zeitnahe Rechtskontrolle sicherstellen. Sie umfasst, ob der Vergütungsvereinbarung zutreffend ermittelte Tatsachen, die Beachtung der Grenzen des weiten Beurteilungsspielraums und ein sachgerecht ausgeübtes Gestaltungsermessen zugrunde liegen (BSG, SozR 3–2500, § 85 Nr. 37 S. 295). Der mit dem GKV-WSG eingefügte Abs. 5 erfasst erstmals Einzelverträge und erweitert den Kreis der Aufsichtsbehörden, die unterrichtet werden.

Zweiter Abschnitt. Beziehungen zu Ärzten, Zahnärzten und Psychotherapeuten

Erster Titel. Sicherstellung der vertragsärztlichen und vertragszahnärztlichen Versorgung

§ 72 Sicherstellung der vertragsärztlichen und vertragszahnärztlichen Versorgung

(1) ¹Ärzte, Zahnärzte, Psychotherapeuten, medizinische Versorgungszentren und Krankenkassen wirken zur Sicherstellung der vertragsärztlichen Versorgung der Versicherten zusammen. ²Soweit sich die Vorschriften dieses Kapitels auf Ärzte beziehen, gelten sie entsprechend für Zahnärzte, Psychotherapeuten und medizinische Versorgungszentren, sofern nichts Abweichendes bestimmt ist.

(2) Die vertragsärztliche Versorgung ist im Rahmen der gesetzlichen Vorschriften und der Richtlinien des Gemeinsamen Bundesausschusses durch schriftliche Verträge der Kassenärztlichen Vereinigungen mit den Verbänden der Krankenkassen so zu regeln, daß eine ausreichende, zweckmäßige und wirtschaftliche Versorgung der Versicherten unter Berücksichtigung des allgemein anerkannten Standes der medizinischen Erkenntnisse gewährleistet ist und die ärztlichen Leistungen angemessen vergütet werden.

(3) Für die knappschaftliche Krankenversicherung gelten die Absätze 1 und 2 entsprechend, soweit das Verhältnis zu den Ärzten nicht durch die Deutsche Rentenversicherung Knappschaft-Bahn-See nach den örtlichen Verhältnissen geregelt ist.

Schrifttum: *P. Axer,* Der Grundsatz der Honorarverteilungsgerechtigkeit im Kassenarztrecht – Zur neuen Judikatur des Bundessozialgerichts, NZS 1995, 536; *E. Fiedler,* Angemessenheit der Vergütung – angemessenes Arzthonorar aus der Sicht der Krankenkassen, VSSR 1995, 355; *W. Funk,* Auswirkungen des GSG – Die angemessene Vergütung ärztlicher Leistungen – Quadratur des Kreises?, MedR 1994, 314; *R. Hess,* Angemessenheit der Vergütung und angemessenes Arzthonorar – aus der Sicht der ärztlichen Selbstverwaltung, VSSR 1995, 367; *J. Isensee,* Das Recht des Kassenarztes auf angemessene Vergütung, VSSR 1995, 321; *R. Maaß,* Die Angemessenheit der Vergütung der vertragsärztlichen Leistung, NZS 1998, 13; *W. Schmiedl,* Das Recht des Vertrags(zahn)arztes auf angemessene Vergütung in Zeiten der Budgetierung, MedR 2002, 116; *G. Schneider,* Handbuch des Kassenarztrechts, 1994; *ders.,* Die Angemessenheit der Vergütung im Kassenarztrecht, SGb 1995, 321; *W. Spoerr,* Haben Ärzte ein Recht auf angemessenes Honorar?, MedR 1997, 342; *A. Wahl,* Kooperationsstrukturen im Vertragsarztrecht, 2001.

A. Überblick

Die Norm benennt einleitend und programmatisch zentrale Elemente des **Vertragsarztrechts:** zum einen den Auftrag der KKen und der einschlägigen Leistungserbringer, die vertragsärztliche Versorgung im Zusammenwirken sicherzustellen (Abs. 1, vgl. Rn. 2 f.), zum anderen das Kollektivvertragssystem als wichtigstes Instrument zur Erfüllung dieser Aufgabe (Abs. 2, vgl. Rn. 4 ff.). Abs. 3 enthält eine Sonderregelung für die knappschaftliche Krankenversicherung (Rn. 7). 1

B. Allgemeiner Sicherstellungsauftrag, Abs. 1

I. Adressaten

Adressaten der Pflicht zur gemeinsamen Sicherstellung der vertragsärztlichen Versorgung sind nach S. 1 auf der einen Seite die **KKen,** auf der anderen Seite die an dieser Versorgung beteiligten Leistungserbringer. Zu diesen Leistungserbringern gehören neben den **Ärzten** und **Zahnärzten** seit 1999 auch die (nicht-ärztlichen) **Psychotherapeuten** (§ 95 c) und seit 2004 die **MVZs** (§ 95 Abs. 1 S. 2). Die Bestimmungen des Vertragsarztrechts, die in der Regel ausdrücklich nur die Ärzte ansprechen, gelten entsprechend auch für die anderen genannten Leistungserbringer, sofern nichts Abweichendes bestimmt ist (S. 2). Die Teilnahme an der vertragsärztlichen Versorgung setzt nach § 95 eine Zulassung oder Ermächtigung voraus. 2

II. Inhalt

Die vertragsärztliche Versorgung (vgl. § 73 Abs. 2) wird nach S. 1 von den KKen und den Leistungserbringern im **Zusammenwirken** sichergestellt. Justitiable Rechtsgebote und -pflichten lassen sich diesem allgemeinen Sicherstellungsauftrag allerdings nicht entnehmen; er wird erst durch die nachfolgenden Regelungen des Vertragsarztrechts konkretisiert und ist daher auch von dem besonderen Sicherstellungsauftrag des § 75 Abs. 1 S. 1, der den KVen zukommt, zu unterscheiden (zu deren Verhältnis vgl. *Schneider,* Handbuch, Rn. 310 ff.; *Wahl,* Kooperationsstrukturen, 223 ff.). Insbesondere wirken die KKen und die in S. 1 genannten Leistungserbringer nicht in dem Sinne zusammen, dass zwischen ihnen unmittelbare Rechtsbeziehungen entstünden; vielmehr ist es für das Vertragsarztrecht gerade charakteristisch, dass die sog. gemeinsame Selbstverwaltung von KKen und Ärzten kollektivrechtlich ausgestaltet ist (vgl. § 69 Rn. 6 ff.). 3

C. Kollektivvertragliche Regelung der Versorgung, Abs. 2

4 Ein prägendes Element des Vertragsarztrechts bilden die **Kollektivverträge**, die auf unterschiedlichen Ebenen zwischen den KKen und den KVen zur Sicherstellung der Versorgung geschlossen werden (§§ 82 ff.; zu einer Übersicht vgl. *Axer,* HVAR, § 8). Abs. 2 stellt insoweit die grundlegende Ermächtigungsnorm dar.

5 Zugleich werden in Abs. 2 für die Gestaltung der Verträge **inhaltliche Vorgaben** gemacht, die allerdings kaum eigenständigen Regelungsgehalt besitzen. Dass sich die Verträge im Rahmen der gesetzlichen Vorschriften halten müssen, ist eine rechtsstaatliche Selbstverständlichkeit. Die Beachtung der Richtlinien des G-BA ist bereits durch § 92 Abs. 8 gewährleistet. Die Anforderungen an die vertraglich zu gewährleistende Versorgung nehmen lediglich die Vorgaben der §§ 12 Abs. 1 und 70 wieder auf.

6 Darüber hinaus müssen die kollektivvertraglichen Regelungen schließlich eine **angemessene Vergütung** der ärztlichen Leistungen gewährleisten. Nach der Rspr. des BSG ergibt sich daraus jedoch im Regelfall kein Anspruch des einzelnen Vertragsarztes auf eine höhere Vergütung seiner Leistungen. Sinn und Zweck der Vorschrift sei es nicht, die Angemessenheit der Vergütung einzelner Leistungen oder der Leistungen eines einzelnen Arztes zu gewährleisten, sondern die Sicherstellung der vertragsärztlichen Versorgung zu gewährleisten, indem die Vergütungsregelungen den Ärzten einen hinreichenden Anreiz zur vertragsärztlichen Zulassung bieten. Ein Schutz individueller Rechte durch das Angemessenheitsgebot komme danach nur ausnahmsweise in Betracht, wenn durch eine zu niedrige Vergütung das vertragsärztliche Versorgungssystem als Ganzes oder zumindest in Teilbereichen und die berufliche Existenz der an diesem Versorgungssystem teilnehmenden ärztlichen Leistungserbringer gefährdet wären (BSG, SozR 3–2500, § 72 Nr. 5 S. 6 ff.; BSG, SozR 4–2500, § 72 Nr. 2 S. 45 ff.).

D. Knappschaftliche Krankenversicherung, Abs. 3

7 Die Regelung bezieht die **knappschaftliche Krankenversicherung** in das Vertragsarztrecht ein, ermöglicht der DRV KBS als deren Trägerin (vgl. § 167) aber gleichzeitig, partiell am traditionellen Knappschaftsarztsystem festzuhalten (vgl. dazu auch § 75 Abs. 5). Terminologisch ist die Vorschrift allerdings inzwischen unpräzise, weil das GKV-WSG allen Versicherten Zugang zur DRV KBS als Trägerin der Krankenversicherung verschafft (vgl. § 173 Abs. 2 S. 1 Nr. 4 a) und deshalb den Begriff der knappschaftlichen Krankenversicherung in § 4 Abs. 2 aufgegeben hat.

§ 72 a Übergang des Sicherstellungsauftrags auf die Krankenkassen

(1) **Haben mehr als 50 vom Hundert aller in einem Zulassungsbezirk oder einem regionalen Planungsbereich niedergelassenen Vertragsärzte auf ihre Zulassung nach § 95 b Abs. 1 verzichtet oder die vertragsärztliche Versorgung verweigert und hat die Aufsichtsbehörde nach Anhörung der Landesverbände der Krankenkassen, der Ersatzkassen und der Kassenärztlichen Vereinigung festgestellt, dass dadurch die vertragsärztliche Versorgung nicht mehr sichergestellt ist, erfüllen insoweit die Krankenkassen und ihre Verbände den Sicherstellungsauftrag.**

(2) An der Erfüllung des Sicherstellungsauftrags nach Absatz 1 wirkt die Kassenärztliche Vereinigung insoweit mit, als die vertragsärztliche Versorgung weiterhin durch zugelassene oder ermächtigte Ärzte sowie durch ermächtigte Einrichtungen durchgeführt wird.

(3) ¹Erfüllen die Krankenkassen den Sicherstellungsauftrag, schließen die Krankenkassen oder die Landesverbände der Krankenkassen und die Ersatzkassen gemeinsam und einheitlich Einzel- oder Gruppenverträge mit Ärzten, Zahnärzten, Krankenhäusern oder sonstigen geeigneten Einrichtungen. ²Sie können auch Eigeneinrichtungen gemäß § 140 Abs. 2 errichten. ³Mit Ärzten oder Zahnärzten, die in einem mit anderen Vertragsärzten aufeinander abgestimmten Verfahren oder Verhalten auf ihre Zulassung als Vertragsarzt verzichten (§ 95 b Abs. 1), dürfen keine Verträge nach Satz 1 abgeschlossen werden.

(4) ¹Die Verträge nach Absatz 3 dürfen mit unterschiedlichem Inhalt abgeschlossen werden. ²Die Höhe der vereinbarten Vergütung an Ärzte oder Zahnärzte soll sich an Inhalt, Umfang und Schwierigkeit der zugesagten Leistungen, an erweiterten Gewährleistungen oder eingeräumten Garantien oder vereinbarten Verfahren zur Qualitätssicherung orientieren. ³Ärzten, die unmittelbar nach der Feststellung der Aufsichtsbehörde nach Absatz 1 Verträge nach Absatz 3 abschließen, können höhere Vergütungsansprüche eingeräumt werden als Ärzten, mit denen erst später Verträge abgeschlossen werden.

(5) Soweit für die Sicherstellung der Versorgung Verträge nach Absatz 3 nicht ausreichen, können auch mit Ärzten und geeigneten Einrichtungen mit Sitz im Ausland Verträge zur Versorgung der Versicherten geschlossen werden.

(6) Ärzte oder Einrichtungen, mit denen nach Absatz 3 und 5 Verträge zur Versorgung der Versicherten geschlossen worden sind, sind verpflichtet und befugt, die für die Erfüllung der Aufgaben der Krankenkassen und die für die Abrechnung der vertraglichen Vergütung notwendigen Angaben, die aus der Erbringung, der Verordnung sowie der Abgabe von Versicherungsleistungen entstehen, aufzuzeichnen und den Krankenkassen mitzuteilen.

Schrifttum: *J. Andrés,* BKK stellt kieferorthopädische Versorgung in Niedersachsen sicher, BKK 2004, 312; *G. Gabe,* Das Ausstiegsszenario des „Freien Verbandes Deutscher Zahnärzte", BKK 1991, 400; *K. Schmidt,* Nürnberger Protestversammlung: Aufstand der bayerischen Hausärzte, DÄBl. 2008, A-249.

A. Entstehung, Normzweck und Bedeutung

Die Norm ist durch das GSG in das SGB V aufgenommen worden und regelt 1 für den Fall des kollektiven Zulassungsverzichts den **Übergang des Sicherstellungsauftrags** für die vertrags(zahn)ärztliche Versorgung von den KVen (vgl. § 75 Abs. 1 S. 1) auf die KKen. Ihr Zweck besteht darin, den KKen in dieser Situation ein geeignetes Instrumentarium zur Sicherstellung der Versorgung zur Verfügung zu stellen. Zudem soll sie gleichzeitig die Vertragsärzte von einem kollektiven Zulassungsverzicht abhalten; insoweit korrespondiert sie mit § 95 b (vgl. ferner § 13 Abs. 2 S. 8), der die individuellen vertragsarztrechtlichen Konsequenzen dieses Schrittes regelt (schwerlich durchgreifende verfassungsrechtliche Bedenken gegen diese Regelungen bei *Schinnenburg,* MedR 2005, 26/26 ff.). Der Gesetzgeber reagierte damit auf Bestrebungen zahnärztlicher Berufsverbände nach Erlass des GRG und während der Beratungen des GSG, auf die vertragszahnärztlichen Zulassungen in Form einer sog. „Korbaktion" zu verzichten (zum Vorgang vgl. *Gabe,* BKK 1991, 400/400 ff.).

2   Erstmals angewendet wurde die Norm im Jahre 2004 anlässlich des **kollektiven Zulassungsverzichts** von Kieferorthopäden in Niedersachsen (vgl. *Andrés,* BKK 2004, 312/312 f.). In Zukunft könnte sie angesichts aktueller Planungen des Bayerischen Hausärzteverbandes und weiterer Ärzteverbände, die Zulassungen nach einem „Korbmodell" zurückzugeben (vgl. *Schmidt,* DÄBl. 2008, A-249), an Bedeutung gewinnen.

B. Die Folgen des Zulassungsverzichts

3   Die bisherige juristische Diskussion hat sich anlässlich der Vorgänge in Niedersachsen (vgl. oben Rn. 2) auf die Frage konzentriert, ob die „Kollektivverzichtler" weiterhin zu Lasten der KKen Leistungen erbringen können. Nach einer uneinheitlichen Rspr. der Instanzgerichte (vgl. LSG Nieders-Bremen, MedR 2005, 179/179 ff.; LSG Nieders-Bremen v. 16. 3. 2005, L 3 KA 367/04 ER; SG Lüneburg v. 3. 6. 2005, S 16 KR 93/05 ER; LSG Nieders-Bremen, MedR 2005, 675/675 ff.; SG Hannover v. 13. 9. 2006, S 35 KA 878/06; SG Hannover v. 13. 9. 2006, S 35 KA 535/05; SG Stade v. 1. 2. 2007, S 1 KR 212/05) hat BSG, GesR 2008, 90/91 ff., nun entschieden, dass § 95 Abs. 3 einen derartigen Anspruch nur verschafft, wenn entweder ein Notfall iSd. § 76 Abs. 1 S. 2 vorliegt oder die Voraussetzungen des § 13 Abs. 3 gegeben sind, weil es aufgrund eines massiven Zulassungsverzichts zu einem **„Systemversagen"** des Versorgungssystems kommt.

4   Diese Rechtsprechung, der man schon deshalb wird zustimmen müssen, weil die Vorstellung geradezu abenteuerlich ist, der Gesetzgeber habe in § 95 Abs. 3 den „Kollektivverzichtlern" einen Dauerstatus mit Blick auf die Versorgung der gesetzlich Krankenversicherten schaffen wollen (vgl. BSG, GesR 2008, 90/93), hat zum **Verhältnis der §§ 72 a, 95 b Abs. 3 und 13 Abs. 3** zwei Punkte klargestellt. Zum einen kommt es für das Verbot in § 72 a Abs. 3 S. 3, mit den „Kollektivverzichtlern" einen Einzelvertrag abzuschließen, nicht auf die Situation im Planungsbereich des jeweiligen Arztes an; es reicht aus, dass sich der Arzt an einem kollektiven Verzicht iSd. § 95 b Abs. 1 beteiligt hat (BSG, GesR 2008, 90/93). Zum anderen führt die Feststellung der Aufsichtsbehörde nach § 72 a Abs. 1, dass in einem Planungsbereich die vertragsärztliche Versorgung nicht mehr gesichert ist, nicht automatisch zu einem „Systemversagen" iSd. § 13 Abs. 3; vielmehr liegt dieses Systemversagen nur vor, wenn den KKen die Sicherstellung der Versorgung tatsächlich nicht mehr möglich ist (BSG, GesR 2008, 90/96). Insgesamt stellt die Rspr. des BSG für das Eingreifen des § 95 Abs. 3 hohe Hürden auf, so dass die Vertragsärzte von einem Kollektivverzicht absehen, bzw. nur dann zu diesem Mittel greifen werden, wenn sie damit gleichzeitig ein „Systemversagen" herbeiführen können.

§ 73 Kassenärztliche Versorgung

(1) ¹**Die vertragsärztliche Versorgung gliedert sich in die hausärztliche und die fachärztliche Versorgung.** ²**Die hausärztliche Versorgung beinhaltet insbesondere**

1. **die allgemeine und fortgesetzte ärztliche Betreuung eines Patienten in Diagnostik und Therapie bei Kenntnis seines häuslichen und familiären Umfeldes; Behandlungsmethoden, Arznei- und Heilmittel der besonderen Therapierichtungen sind nicht ausgeschlossen,**
2. **die Koordination diagnostischer, therapeutischer und pflegerischer Maßnahmen,**

4. Kapitel. 2. Abschnitt. 1. Titel § 73

3. die Dokumentation, insbesondere Zusammenführung, Bewertung und Aufbewahrung der wesentlichen Behandlungsdaten, Befunde und Berichte aus der ambulanten und stationären Versorgung,
4. die Einleitung oder Durchführung präventiver und rehabilitativer Maßnahmen sowie die Integration nichtärztlicher Hilfen und flankierender Dienste in die Behandlungsmaßnahmen.

(1 a) [1]An der hausärztlichen Versorgung nehmen
1. Allgemeinärzte,
2. Kinderärzte,
3. Internisten ohne Schwerpunktbezeichnung, die die Teilnahme an der hausärztlichen Versorgung gewählt haben,
4. Ärzte, die nach § 95 a Abs. 4 und 5 Satz 1 in das Arztregister eingetragen sind und
5. Ärzte, die am 31. Dezember 2000 an der hausärztlichen Versorgung teilgenommen haben, teil (Hausärzte).

[2]Die übrigen Fachärzte nehmen an der fachärztlichen Versorgung teil. [3]Der Zulassungsausschuss kann für Kinderärzte und Internisten ohne Schwerpunktbezeichnung eine von Satz 1 abweichende befristete Regelung treffen, wenn eine bedarfsgerechte Versorgung nicht gewährleistet ist. [4]Kinderärzte mit Schwerpunktbezeichnung können auch an der fachärztlichen Versorgung teilnehmen. [5]Der Zulassungsausschuss kann Allgemeinärzten und Ärzten ohne Gebietsbezeichnung, die im Wesentlichen spezielle Leistungen erbringen, auf deren Antrag die Genehmigung zur ausschließlichen Teilnahme an der fachärztlichen Versorgung erteilen.

(1 b) [1]Ein Hausarzt darf mit schriftlicher Einwilligung des Versicherten, die widerrufen werden kann, bei Leistungserbringern, die einen seiner Patienten behandeln, die den Versicherten betreffenden Behandlungsdaten und Befunde zum Zwecke der Dokumentation und der weiteren Behandlung erheben. [2]Die einen Versicherten behandelnden Leistungserbringer sind verpflichtet, den Versicherten nach dem von ihm gewählten Hausarzt zu fragen und diesem mit schriftlicher Einwilligung des Versicherten, die widerrufen werden kann, die in Satz 1 genannten Daten zum Zwecke der bei diesem durchzuführenden Dokumentation und der weiteren Behandlung zu übermitteln; die behandelnden Leistungserbringer sind berechtigt, mit schriftlicher Einwilligung des Versicherten, die widerrufen werden kann, die für die Behandlung erforderlichen Behandlungsdaten und Befunde bei dem Hausarzt und anderen Leistungserbringern zu erheben und für die Zwecke der von ihnen zu erbringenden Leistungen zu verarbeiten und zu nutzen. [3]Der Hausarzt darf die ihm nach den Sätzen 1 und 2 übermittelten Daten nur zu dem Zweck verarbeiten und nutzen, zu dem sie ihm übermittelt worden sind; er ist berechtigt und verpflichtet, die für die Behandlung erforderlichen Daten und Befunde an die den Versicherten auch behandelnden Leistungserbringer mit dessen schriftlicher Einwilligung, die widerrufen werden kann, zu übermitteln. [4]§ 276 Abs. 2 Satz 1 Halbsatz 2 bleibt unberührt. [5]Bei einem Hausarztwechsel ist der bisherige Hausarzt des Versicherten verpflichtet, dem neuen Hausarzt die bei ihm über den Versicherten gespeicherten Unterlagen mit dessen Einverständnis vollständig zu übermitteln; der neue Hausarzt darf die in diesen Unterlagen enthaltenen personenbezogenen Daten erheben.

(1 c) **(weggefallen)**

(2) [1]Die vertragsärztliche Versorgung umfaßt die
1. ärztliche Behandlung,

Huster

§ 73

2. zahnärztliche Behandlung und kieferorthopädische Behandlung nach Maßgabe des § 28 Abs. 2,
2a. Versorgung mit Zahnersatz einschließlich Zahnkronen und Suprakonstruktionen, soweit sie § 56 Abs. 2 entspricht,
3. Maßnahmen zur Früherkennung von Krankheiten,
4. ärztliche Betreuung bei Schwangerschaft und Mutterschaft,
5. Verordnung von Leistungen zur medizinischen Rehabilitation,
6. Anordnung der Hilfeleistung anderer Personen,
7. Verordnung von Arznei-, Verband-, Heil- und Hilfsmitteln, Krankentransporten sowie Krankenhausbehandlung oder Behandlung in Vorsorge- oder Rehabilitationseinrichtungen,
8. Verordnung häuslicher Krankenpflege,
9. Ausstellung von Bescheinigungen und Erstellung von Berichten, die die Krankenkassen oder der Medizinische Dienst (§ 275) zur Durchführung ihrer gesetzlichen Aufgaben oder die die Versicherten für den Anspruch auf Fortzahlung des Arbeitsentgelts benötigen,
10. medizinische Maßnahmen zur Herbeiführung einer Schwangerschaft nach § 27a Abs. 1,
11. ärztlichen Maßnahmen nach den §§ 24a und 24b,
12. Verordnung von Soziotherapie.
[2]Die Nummern 2 bis 8, 10 bis 12 sowie 9, soweit sich diese Regelung auf die Feststellung und die Bescheinigung von Arbeitsunfähigkeit bezieht, gelten nicht für Psychotherapeuten.

(3) In den Gesamtverträgen ist zu vereinbaren, inwieweit Maßnahmen zur Vorsorge und Rehabilitation, soweit sie nicht zur kassenärztlichen Versorgung nach Absatz 2 gehören, Gegenstand der kassenärztlichen Versorgung sind.

(4) [1]Krankenhausbehandlung darf nur verordnet werden, wenn eine ambulante Versorgung der Versicherten zur Erzielung des Heil- oder Linderungserfolgs nicht ausreicht. [2]Die Notwendigkeit der Krankenhausbehandlung ist bei der Verordnung zu begründen. [3]In der Verordnung von Krankenhausbehandlung sind in den geeigneten Fällen auch die beiden nächsterreichbaren, für die vorgesehene Krankenhausbehandlung geeigneten Krankenhäuser anzugeben. [4]Das Verzeichnis nach § 39 Abs. 3 ist zu berücksichtigen.

(5) [1]Der an der kassenärztlichen Versorgung teilnehmende Arzt und die ermächtigte Einrichtung sollen bei der Verordnung von Arzneimitteln die Preisvergleichsliste nach § 92 Abs. 2 beachten. [2]Sie können auf dem Verordnungsblatt oder in dem elektronischen Verordnungsdatensatz ausschließen, dass die Apotheken ein preisgünstigeres wirkstoffgleiches Arzneimittel anstelle des verordneten Mittels abgeben. [3]Verordnet der Arzt ein Arzneimittel, dessen Preis den Festbetrag nach § 35 oder § 35a überschreitet, hat der Arzt den Versicherten über die sich aus seiner Verordnung ergebende Pflicht zur Übernahme der Mehrkosten hinzuweisen.

(6) Zur kassenärztlichen Versorgung gehören Maßnahmen zur Früherkennung von Krankheiten nicht, wenn sie im Rahmen der Krankenhausbehandlung oder der stationären Entbindung durchgeführt werden, es sei denn, die ärztlichen Leistungen werden von einem Belegarzt erbracht.

(7) (weggefallen)

(8) [1]Zur Sicherung der wirtschaftlichen Verordnungsweise haben die Kassenärztlichen Vereinigungen und die Kassenärztlichen Bundesvereinigungen sowie die Krankenkassen und ihre Verbände die Vertragsärzte auch vergleichend über preisgünstige verordnungsfähige Leistungen und Bezugsquellen, einschließlich

der jeweiligen Preise und Entgelte, zu informieren sowie nach dem allgemeinen anerkannten Stand der medizinischen Erkenntnisse Hinweise zu Indikation und therapeutischen Nutzen zu geben. ²Die Informationen und Hinweise für die Verordnung von Arznei-, Verband- und Heilmitteln erfolgen insbesondere auf der Grundlage der Hinweise nach § 92 Abs. 2 Satz 3, der Rahmenvorgaben nach § 84 Abs. 7 Satz 1 und der getroffenen Arzneimittelvereinbarungen nach § 84 Abs. 1. ³In den Informationen und Hinweisen sind Handelsbezeichnung, Indikationen und Preise sowie weitere für die Verordnung von Arzneimitteln bedeutsame Angaben insbesondere auf Grund der Richtlinien nach § 92 Abs. 1 Satz 2 Nr. 6 in einer Weise anzugeben, die unmittelbar einen Vergleich ermöglichen; dafür können Arzneimittel ausgewählt werden, die einen maßgeblichen Anteil an der Versorgung der Versicherten im Indikationsgebiet haben. ⁴Die Kosten der Arzneimittel je Tagesdosis sind nach den Angaben der anatomisch-therapeutisch-chemischen Klassifikation anzugeben. ⁵Es gilt die vom Deutschen Institut für medizinische Dokumentation und Information im Auftrage des Bundesministeriums für Gesundheit herausgegebene Klassifikation in der jeweils gültigen Fassung. ⁶Die Übersicht ist für einen Stichtag zu erstellen und in geeigneten Zeitabständen, im Regelfall jährlich, zu aktualisieren. ⁷Vertragsärzte dürfen für die Verordnung von Arzneimitteln nur solche elektronischen Programme nutzen, die die Informationen nach den Sätzen 2 und 3 sowie über das Vorliegen von Rabattverträgen nach § 130 a Abs. 8 enthalten und die von der Kassenärztlichen Bundesvereinigung für die vertragsärztliche Versorgung zugelassen sind. ⁸Das Nähere ist in den Verträgen nach § 82 Abs. 1 bis zum 31. Dezember 2006 zu vereinbaren.

Schrifttum: *I. Ebsen,* Das System der Gliederung in haus- und fachärztliche Versorgung als verfassungsrechtliches Problem, VSSR 1996, 351; *E. Herweck-Behnsen,* Das Gliederungsprinzip des § 73 in seiner gesetzlichen und untergesetzlichen Einzelausgestaltung unter Einbeziehung gesundheitspolitischer, berufsrechtlicher und kassenarztrechtlicher Aspekte, VSSR 1996, 375; *F. Hufen,* Zur verfassungsrechtlichen Beurteilung der Gebietsabgrenzung Hausarzt/Facharzt in § 73 SGB V, 1997; *G. Schneider,* Rechtsfragen zur Hausarzt- und Facharztregelung, MedR 1995, 175; *P. Wigge,* Wahlfreiheit oder Bindung des Versicherten, VSSR 1996, 399.

A. Entwicklung und Bedeutung der Norm

Die Norm regelt Gliederung, Inhalt und Teilnahme an der **vertragsärztlichen** 1 **Versorgung** sowie eine Reihe von damit zusammenhängenden Fragen. Die Vorschrift ist durch das GRG neu gefasst worden; von der Vielzahl der danach erfolgten Änderungen (vgl. *Hencke,* Peters, KV, § 73 Rn. 1 ff.) ist die gesetzliche Konkretisierung der Gliederung in haus- und fachärztliche Versorgung durch das GSG hervorzuheben. Das GKV-WSG hat insbesondere die in Abs. 1 c aF. geregelte Verpflichtung der Spitzenverbände der KKen und der KBV gestrichen, Näheres zur hausärztlichen Versorgung zu vereinbaren.

B. Hausärztliche Versorgung, Abs. 1–1 b

Mit der **Gliederung** der vertragsärztlichen Versorgung in die haus- und die 2 fachärztliche Versorgung (Abs. 1 S. 1) verfolgte der Gesetzgeber insbesondere das Ziel, die hausärztliche Tätigkeit zu stärken und eine Grundlage für eine entsprechende vertragsärztliche Bedarfsplanung (§§ 99 ff.) und die Vergütung der vertragsärztlichen Leistungen (vgl. § 85 Abs. 4 S. 1) zu schaffen, ohne aber ein echtes

Primärarztsystem einzurichten. Die kompetenz- und grundrechtlichen Bedenken gegen diese strikte Trennung (vgl. *Hufen,* Beurteilung, 1997) haben sich nicht durchgesetzt (BVerfG, SozR 3–2500, § 73 Nr. 3 S. 16 f.; BSG, SozR 3–2500, § 73 Nr. 1 S. 2 ff.). In Abs. 1 S. 2 findet sich eine erste Konkretisierung des **Inhalts** der hausärztlichen Versorgung; auffällig ist dabei in Nr. 1 die ausdrückliche Erwähnung der besonderen Therapierichtungen (vgl. § 2 Abs. 1 S. 2).

3 Die an der hausärztlichen Versorgung **teilnehmenden** Arztgruppen sind in Abs. 1 a abschließend aufgeführt. Die klare Zuordnung zur haus- und fachärztlichen Versorgung in S. 1 und 2 wird in den S. 3–5 für bestimmte Fallgruppen durchbrochen (vgl. dazu BSG, SozR 4–2500, § 73 Nr. 1 S. 2 ff.). Abs. 1 b schafft die **datenschutzrechtlichen** Voraussetzungen für die Tätigkeit des Hausarztes.

C. Umfang der vertragsärztlichen Versorgung, Abs. 2, 3 und 6

4 Abs. 2 S. 1 konkretisiert den **Umfang der vertragsärztlichen Versorgung,** an den auch der Sicherstellungsauftrag der KV anschließt (vgl. § 75 Abs. 1 S. 1). Die Tätigkeit des Vertragsarztes umfasst nicht nur die ärztliche Behandlung, sondern auch die Leistungsvermittlung und die medizinische Begutachtung und Dokumentation; für Psychotherapeuten bestehen nach Abs. 2 S. 1 allerdings erhebliche Einschränkungen. Die Abs. 3 und 6 enthalten Sonderregelungen zur Zugehörigkeit von Maßnahmen zur Vorsorge und Rehabilitation sowie zur Früherkennung zur vertragsärztlichen Versorgung.

D. Sonstiges

5 Die Abs. 4, 6 und 8 beziehen sich auf Einzelfälle der Leistungsvermittlung durch den Vertragsarzt. Dabei regelt Abs. 4 den Vorrang der ambulanten vor der stationären Behandlung (vgl. auch § 39 Abs. 1); die vertragsärztlichen Pflichten bei der Verordnung von **Krankenhausbehandlung** werden durch den Beschluss des Bundesausschusses der Ärzte und KKen: Richtlinien über die Verordnung von Krankenhausbehandlung (Krankenhausbehandlungs-Richtlinien) vom 24. 3. 2003 (DÄBl. 2004, A-214) konkretisiert.

6 Die Abs. 5 und 8 sichern die Wirtschaftlichkeit der vertragsärztlichen Verordnungen, insbesondere von Arzneimitteln. Nach Abs. 5 hat der verordnende Vertragsarzt die Preisvergleichsliste (§ 92 Abs. 2) zu beachten (S. 1) und bei der Verordnung von Arzneimitteln, deren Preis über dem Festbetrag nach §§ 35, 35 a liegt, den Versicherten zu informieren (S. 3). S. 2 ermöglicht es, den Regelfall der **„aut idem"**-Abgabe durch den Apotheker (vgl. § 129 Abs. 1 Nr. 1) im Einzelfall auszuschließen.

7 Abs. 8 ermächtigt und verpflichtet die KVen und KKen zur vergleichenden **Information** der Vertragsärzte über Kosten und Nutzen verordnungsfähiger Leistungen. Für die Verordnung von Arzneimitteln schreibt S. 7 den Gebrauch bestimmter Software-Programme vor, die dem Vertragsarzt diese Informationen zur Verfügung stellen.

4. Kapitel. 2. Abschnitt. 1. Titel § 73 a

§ 73 a Strukturverträge

¹Die Kassenärztlichen Vereinigungen können mit den Landesverbänden der Krankenkassen und den Ersatzkassen in den Verträgen nach § 83 Versorgungs- und Vergütungsstrukturen vereinbaren, die dem vom Versicherten gewählten Hausarzt oder einem von ihm gewählten Verbund haus- und fachärztlich tätiger Vertragsärzte (vernetzte Praxen) Verantwortung für die Gewährleistung der Qualität und Wirtschaftlichkeit der vertragsärztlichen Versorgung sowie der ärztlich verordneten oder veranlaßten Leistungen insgesamt oder für inhaltlich definierte Teilbereiche dieser Leistungen übertragen; § 71 Abs. 1 gilt. ²Sie können für nach Satz 1 bestimmte Leistungen ein Budget vereinbaren. ³Das Budget umfaßt Aufwendungen für die von beteiligten Vertragsärzten erbrachten Leistungen; in die Budgetverantwortung können die veranlaßten Ausgaben für Arznei-, Verband- und Heilmittel sowie weitere Leistungsbereiche einbezogen werden. ⁴Für die Vergütung der vertragsärztlichen Leistungen können die Vertragspartner von den nach § 87 getroffenen Leistungsbewertungen abweichen. ⁵Die Teilnahme von Versicherten und Vertragsärzten ist freiwillig.

Schrifttum: *E. v. Mickwitz,* Organisation und Haftung vernetzter Kooperationsformen in der gesetzlichen Krankenversicherung, 2006; *F. J. Oldiges,* Hausärztliche Versorgung und GKV-Neuordnungsgesetze, DOK 1997, 75; *ders.,* Strukturverträge und Erprobungsregelungen, DOK 1997, 710; *U. Orlowski,* Strukturverträge – Perspektiven und Grenzen, BKK 1997, 240; *H.-J. Rieger,* Vernetzte Praxen, MedR 1998, 75; *H. D. Schirmer,* Das Kassenarztrecht im 2. GKV- Neuordnungsgesetz, MedR 1997, 431; *ders.,* Rechtliche Ausgestaltung neuer Versorgungs- und Vergütungsstrukturen nach § 73 a SGB V in kassenarztrechtlicher, berufsrechtlicher und wettbewerbsrechtlicher Hinsicht, VSSR 1998, 279; *K.-H. Schönbach,* Globale, sektorale und kombinierte Budgets in der gesetzlichen Krankenversicherung, BKK 1999, 63.

Inhaltsübersicht

	Rn.
A. Überblick	1
B. Vertragsstruktur	3
C. Vertragsinhalt	5
I. Hausarztmodell und Praxisnetz	5
II. Umfang des Verantwortungsübergangs	8
III. Budget und Vergütung	9
1. Budgetvereinbarungen	10
2. Vergütungsvereinbarungen	12
D. Freiwilligkeit der Teilnahme	13

A. Überblick

§ 73 a wurde mit dem 2. GKV-NOG von 1997 eingeführt. Die Vorschrift blieb unverändert, bis sie durch das GKV-WSG an die neue Verbändestruktur angepasst und der bisherige Abs. 2, der den Vertragspartnern der Bundesmantelverträge (§ 82) die Befugnis zur Vereinbarung von Rahmenbedingungen für Strukturverträge verlieh, gestrichen wurde; dies soll der Verschlankung der Aufgaben des neuen Spitzenverbandes der KKen und der Vergrößerung der Gestaltungsmöglichkeiten der KKen dienen (BT-Drs. 16/3100, 111). Ebenso wie etwa die Regelungen über Modellvorhaben (§§ 63 ff.) und die Integrierte Versorgung (§§ 140 a ff.) dient § 73 a der **Weiterentwicklung der Versorgung,** insbesondere einer besseren Abstimmung der einzelnen Versorgungsschritte und -sektoren. Sie schließt an Pilotverfahren („Hausarzt-Abo", „Vernetzte Praxen") an, die bereits vor ihrem Inkrafttreten von einigen KVen und KKen erprobt wurden.

§ 73 a
Strukturverträge

2   Allerdings bewegt sich die Vorschrift innerhalb des **Kollektivvertragsystems**, ist sektoral auf die vertragsärztliche Versorgung beschränkt und sieht keine Möglichkeit der Suspendierung des Leistungserbringungs- oder des Leistungsrechts vor. Angesichts dieser Beschränkungen ist sie zwar bisher nicht – wie mehrfach geplant – gestrichen worden, hat aber an Bedeutung gegenüber den Regelungen verloren, die der Selbstverwaltung oder den KKen weitergehende Handlungsspielräume einräumen. Strukturverträge wurden im Wesentlichen zum ambulanten Operieren und zu Praxisnetzen abgeschlossen; zudem bilden Verträge nach § 73 a auch zum Teil die Grundlage von Vereinbarungen zur Durchführung von Strukturierten Behandlungsprogrammen (DMP, vgl. § 137 f Rn. 15).

B. Vertragsstruktur

3   Die Strukturverträge sind nach S. 1 Bestandteile der **Gesamtverträge** (§ 83). Anders als die Modellvorhaben (vgl. § 63 Abs. 5 S. 2) sind sie nicht befristet. Da sie fakultativ sind („können"), sind sie nicht nach § 89 schiedsamtsfähig, verleihen den Vertragspartnern ein besonders hohes Maß an Gestaltungsfreiheit und sind gerichtlich nur beschränkt überprüfbar (SG Dresden v. 22. 12. 2004, S 11 KA 369/03 ua., Rn. 29). Jedenfalls soweit sie Vergütungsregelungen nach S. 4 enthalten, müssen die Strukturverträge nach § 71 Abs. 4 den zuständigen Aufsichtsbehörden vorgelegt werden.

4   **Vertragspartner** der Strukturverträge können nur die KVen und die Landesverbände der KKen und die Ersatzkassen sein. § 73 a erlaubt den KKen also keine Vertragsschlüsse mit einzelnen Vertragsärzten oder Gruppen von Vertragsärzten; in diesem Sinne bleiben die Strukturverträge innerhalb des kollektivvertraglichen Systems und reformieren es „von innen". Somit spielen hier auch wettbewerbs- und vergaberechtliche Fragen keine Rolle.

C. Vertragsinhalt

I. Hausarztmodell und Praxisnetz

5   Der **Übergang der Verantwortung** für die Gewährleistung der Qualität und Wirtschaftlichkeit der Versorgung kann nach S. 1 in zwei Modellen erfolgen; weitere Ausgestaltungen lässt § 73 a nicht zu.

6   Nach dem **Hausarztmodell** kann der vom Versicherten gewählte Hausarzt (vgl. § 73 Abs. 1–1 b) nach der näheren Ausgestaltung in dem Strukturvertrag eine „gatekeeper"-Funktion für die Versorgung übernehmen. Die Regelung ist durch die – später eingeführte – Vorschrift über die hausarztzentrierte Versorgung (§ 73 b) weithin überholt.

7   Nach dem Modell des **Praxisnetzes**, Praxisverbundes oder – in der Terminologie des Gesetzes – der vernetzten Praxen geht die Versorgungsverantwortung auf einen vom Versicherten gewählten Verbund haus- und fachärztlich tätiger Vertragsärzte über, der fachrichtungsübergreifend die Versorgung leistet; dieses Modell nähert sich der Integrierten Versorgung (§§ 140 a ff.) an. Weitere Leistungserbringer – insbesondere die Krankenhäuser – können in einen Strukturvertrag nicht eingebunden werden (*Knieps*, HVAR, § 12 Rn. 21). In dem Vertrag sind auch die Datenübermittlung zwischen den beteiligten Ärzten und die damit verbundenen datenschutzrechtlichen Fragen zu regeln (vgl. *I. Heinemeyer*, Elektronische Datenverarbeitung in den neuen medizinischen Versorgungssystemen, 2005, 125 ff.).

Die Koordination unter den beteiligten Ärzten erfolgt gesellschaftsrechtlich, in der Regel nach den §§ 705 ff. BGB; der Gesellschaftsvertrag muss nach § 23 d Abs. 2 MBO-Ä der Ärztekammer vorgelegt werden (vgl. *Rieger,* MedR 1998, 75/ 76 ff.; umfassend *v. Mickwitz,* Organisation, passim).

II. Umfang des Verantwortungsübergangs

Der Strukturvertrag kann die Verantwortung für die gesamte Versorgung, aber auch nur für Teilbereiche oder einzelne Krankheiten übergehen lassen; ebenso kann er sich nur auf die vertragsärztlichen Leistungen, aber auch auf die ärztlich verordneten oder veranlassten Leistungen beziehen. Das genaue Verhältnis zum Sicherstellungsauftrag der KV (§ 75) ist umstritten (vgl. dazu *Orlowski,* GKV-Komm, § 73 a Rn. 8 ff. mwN.). 8

III. Budget und Vergütung

Die eigentliche Neuerung der Strukturverträge besteht in der Möglichkeit, die **finanziellen Rahmenbedingungen** der Übertragung des Versorgungsauftrages abweichend von den allgemeinen Regelungen zu gestalten (S. 2–4). 9

1. Budgetvereinbarungen

Die Strukturverträge müssen zwar den Grundsatz der Beitragssatzstabilität (§ 71 Abs. 1) beachten (vgl. S. 1, 2. Hs.), erlauben aber die Vereinbarung besonderer **Budgets** für die im Rahmen der Strukturvertragsmodelle erbrachten Leistungen (S. 2). Nach S. 3 können diese Budgets die vertragsärztlichen Leistungen erfassen, aber auch auf die veranlassten Ausgaben für weitere Leistungsbereiche erstreckt werden (sog. kombiniertes Budget, vgl. *Schönbach,* BKK 1999, 63/69 ff.). Die beteiligten Ärzte können dadurch aus Einsparungen, die sich aus einer besseren Koordination der Versorgungsbereiche ergeben, sowie aus einer sparsamen Behandlungs- und Verordnungspraxis finanzielle Vorteile generieren. Die sich daraus für die Versorgungsqualität möglicherweise ergebenden Fehlanreize werden dadurch gemildert, dass der Leistungsanspruch des Versicherten durch die Strukturverträge nicht berührt wird. 10

Eine Regelung zur **Budgetbereinigung,** also zum Verhältnis der besonderen Budgets für die Strukturvertragsmodelle mit der Gesamtvergütung (§ 85) und den Budgets für weitere Leistungsbereiche (im Falle des kombinierten Budgets), enthält § 73 a nicht; dies wirft etwa mit Blick auf die Budgets, die kassenartenübergreifend vereinbart werden, komplizierte Verrechnungsfragen auf (vgl. dazu *Orlowski,* GKV-Komm, § 73 a Rn. 13 ff.). Einnahmen aus Strukturverträgen müssen jedenfalls dann, wenn sie Bestandteil der Gesamtvergütung sind und von der KV gezahlt werden, bei der Prüfung der Angemessenheit der Vergütung der vertragsärztlichen Leistungen (§ 72 Abs. 2) berücksichtigt werden (BSG v. 23. 5. 2007, B 6 KA 85/06 B, Rn. 12). 11

2. Vergütungsvereinbarungen

Hinsichtlich der Vergütung der vertragsärztlichen Leistungen in den Strukturvertragsmodellen können die Vertragspartner nach S. 4 von den Bewertungen – nicht aber den Leistungsinhalten – des **EBM** abweichen, was dazu führen kann, dass für die gleiche Leistung innerhalb der Strukturvertragsmodelle höhere Vergütungen gezahlt werden. Dies ist nicht zu beanstanden, solange der Strukturvertrag 12

§ 73 b Hausarztzentrierte Versorgung

– etwa in Bezug auf die Auswahl der Ärztegruppen, die an den Modellen teilnehmen können – nicht sachwidrig ausgestaltet ist (vgl. BSG v. 22. 6. 2005, B 6 KA 20/05 B, Rn. 10 ff.).

D. Freiwilligkeit der Teilnahme

13   Nach S. 5 ist die Teilnahme sowohl der Versicherten als auch der Vertragsärzte an den durch die Strukturverträge eingeführten Versorgungsformen **freiwillig**.

14   Die Möglichkeit, den **Versicherten** einen finanziellen Anreiz zur Teilnahme einzuräumen, sieht das Gesetz nicht vor: Die Bonusregelung des § 65 a aF. erfasste Strukturverträge ebenso- wenig, wie dies die jetzige Regelung des § 53 Abs. 3 tut; allenfalls gelangt man in den Anwendungsbereich des § 53 Abs. 3, wenn man die Strukturverträge mit Modellvorhaben (§§ 63 ff.) kombiniert. Der Anreiz des Versicherten zur Teilnahme an einem Hausarzt- bzw. Praxisnetz-Modell mit den damit verbundenen Einschränkungen seiner freien Arztwahl liegt also allein in der Erwartung einer koordinierten und dadurch qualitativ besseren Versorgung.

15   Der Anreiz für die **Ärzte**, gegenüber der KV ihre Bereitschaft zur Teilnahme an den Modellen zu erklären, ergibt sich aus den besonderen Budget- und Vergütungsvereinbarungen (Rn. 9 ff.). Keine Regelung enthält § 73 a zur Frage, ob der einzelne Vertragsarzt einen Teilnahmeanspruch besitzt. Grundsätzlich muss jeder Vertragsarzt zu den im Strukturvertrag vereinbarten Modellen zugelassen werden; allerdings wird es zulässig sein, in dem Strukturvertrag qualitative Anforderungen aufzustellen. Besondere Probleme wirft ein Teilnahmeanspruch mit Blick auf ein bereits bestehendes Praxisnetz auf. § 23 d Abs. 1 MBO-Ä bestimmt insoweit, dass die Teilnahme an einem Praxisverbund allen dazu bereiten Ärzten ermöglicht werden soll und Beschränkungen durch den Versorgungsauftrag gerechtfertigt sein müssen und nicht diskriminierend sein dürfen.

§ 73 b Hausarztzentrierte Versorgung

(1) **Die Krankenkassen haben ihren Versicherten eine besondere hausärztliche Versorgung (hausarztzentrierte Versorgung) anzubieten.**

(2) **Dabei ist sicherzustellen, dass die hausarztzentrierte Versorgung insbesondere folgenden Anforderungen genügt, die über die vom Gemeinsamen Bundesausschuss sowie in den Bundesmantelverträgen geregelten Anforderungen an die hausärztliche Versorgung nach § 73 hinausgehen:**
1. **Teilnahme der Hausärzte an strukturierten Qualitätszirkeln zur Arzneimitteltherapie unter Leitung entsprechend geschulter Moderatoren,**
2. **Behandlung nach für die hausärztliche Versorgung entwickelten, evidenzbasierten, praxiserprobten Leitlinien,**
3. **Erfüllung der Fortbildungspflicht nach § 95 d durch Teilnahme an Fortbildungen, die sich auf hausarzttypische Behandlungsprobleme konzentrieren, wie patientenzentrierte Gesprächsführung, psychosomatische Grundversorgung, Palliativmedizin, allgemeine Schmerztherapie, Geriatrie,**
4. **Einführung eines einrichtungsinternen, auf die besonderen Bedingungen einer Hausarztpraxis zugeschnittenen, indikatorengestützten und wissenschaftlich anerkannten Qualitätsmanagements.**

(3) [1]**Die Teilnahme an der hausarztzentrierten Versorgung ist freiwillig.** [2]**Die Teilnehmer verpflichten sich schriftlich gegenüber ihrer Krankenkasse, nur einen von ihnen aus dem Kreis der Hausärzte nach Absatz 4 gewählten Hausarzt**

4. Kapitel. 2. Abschnitt. 1. Titel **§ 73 b**

in Anspruch zu nehmen sowie ambulante fachärztliche Behandlung mit Ausnahme der Leistungen der Augenärzte und Frauenärzte nur auf dessen Überweisung. ³Der Versicherte ist an diese Verpflichtung und an die Wahl seines Hausarztes mindestens ein Jahr gebunden; er darf den gewählten Hausarzt nur bei Vorliegen eines wichtigen Grundes wechseln. ⁴Das Nähere zur Durchführung der Teilnahme der Versicherten, insbesondere zur Bindung an den gewählten Hausarzt, zu weiteren Ausnahmen von dem Überweisungsgebot und zu den Folgen bei Pflichtverstößen der Versicherten, regeln die Krankenkassen in ihren Satzungen.

(4) ¹Zur flächendeckenden Sicherstellung des Angebots nach Absatz 1 haben Krankenkassen allein oder in Kooperation mit anderen Krankenkassen Verträge zu schließen. ²Die Verträge können abgeschlossen werden mit

1. vertragsärztlichen Leistungserbringern, die an der hausärztlichen Versorgung nach § 73 Abs. 1 a teilnehmen,
2. Gemeinschaften dieser Leistungserbringer,
3. Trägern von Einrichtungen, die eine hausarztzentrierte Versorgung durch vertragsärztliche Leistungserbringer, die an der hausärztlichen Versorgung nach § 73 Abs. 1 a teilnehmen, anbieten,
4. Kassenärztliche Vereinigungen, soweit Gemeinschaften nach Nummer 2 sie hierzu ermächtigt haben.

³Ein Anspruch auf Vertragsschluss besteht nicht. ⁴Die Aufforderung zur Abgabe eines Angebots ist unter Bekanntgabe objektiver Auswahlkriterien öffentlich auszuschreiben. ⁵Soweit die hausärztliche Versorgung der Versicherten durch Verträge nach Satz 1 durchgeführt wird, ist der Sicherstellungsauftrag nach § 75 Abs. 1 eingeschränkt. ⁶Die Krankenkassen können den der hausarztzentrierten Versorgung zuzurechnenden Notdienst gegen Aufwendungsersatz, der pauschalisiert werden kann, durch die Kassenärztlichen Vereinigungen sicherstellen lassen.

(5) ¹In den Verträgen nach Absatz 4 sind das Nähere über den Inhalt und die Durchführung der hausarztzentrierten Versorgung, insbesondere die Ausgestaltung der Anforderungen nach Absatz 2, sowie die Vergütung zu regeln. ²Eine Beteiligung der Kassenärztlichen Vereinigung bei der Ausgestaltung und Umsetzung der Anforderungen nach Absatz 2 ist möglich. ³Gegenstand der hausarztzentrierten Versorgung dürfen nur solche Leistungen sein, über deren Eignung als Leistung der gesetzlichen Krankenversicherung der Gemeinsame Bundesausschuss nach § 91 im Rahmen der Beschlüsse nach § 92 Abs. 1 Satz 2 Nr. 5 keine ablehnende Entscheidung getroffen hat. ⁴Die Einzelverträge können Abweichendes von den Vorschriften dieses Kapitels sowie den nach diesen Vorschriften getroffenen Regelungen regeln. ⁵§ 106 a Abs. 3 gilt hinsichtlich der arzt- und versichertenbezogenen Prüfung der Abrechnungen auf Rechtmäßigkeit entsprechend.

(6) Die Krankenkassen haben ihre Versicherten in geeigneter Weise umfassend über Inhalt und Ziele der hausarztzentrierten Versorgung sowie über die jeweils wohnortnah teilnehmenden Hausärzte zu informieren.

(7) ¹Die Vertragspartner der Gesamtverträge nach § 83 Abs. 1 haben die Gesamtvergütungen nach § 85 Abs. 2 in den Jahren 2007 und 2008 entsprechend der Zahl der an der hausarztzentrierten Versorgung teilnehmenden Versicherten sowie dem in den Verträgen nach Absatz 4 vereinbarten Inhalt der hausarztzentrierten Versorgung zu bereinigen, soweit der damit verbundene einzelvertragliche Leistungsbedarf den nach § 295 Abs. 2 auf Grundlage des einheitlichen Bewertungsmaßstabes für vertragsärztliche Leistungen abgerechneten Leistungs-

§ 73 b

bedarf vermindert. ²Ab dem 1. Januar 2009 ist der Behandlungsbedarf nach § 87 a Abs. 3 Satz 2 entsprechend der Zahl und der Morbiditätsstruktur der an der hausarztzentrierten Versorgung teilnehmenden Versicherten sowie dem in den Verträgen nach Absatz 4 vereinbarten Inhalt der hausarztzentrierten Versorgung zu bereinigen. ³Kommt eine Einigung über die Verringerung der Gesamtvergütungen nach Satz 1 oder des Behandlungsbedarfs nach Satz 2 nicht zustande, können auch die Krankenkassen, die Vertragspartner der Verträge nach Absatz 4 sind, das Schiedsamt nach § 89 anrufen. ⁴Die für die Bereinigungsverfahren erforderlichen arzt- und versichertenbezogenen Daten übermitteln die Krankenkassen den zuständigen Gesamtvertragspartnern.

(8) **Die Vertragsparteien nach Absatz 4 können vereinbaren, dass Aufwendungen für Leistungen, die über die hausärztliche Versorgung nach § 73 hinausgehen und insoweit nicht unter die Bereinigungspflicht nach Absatz 7 fallen, aus Einsparungen und Effizienzsteigerungen, die aus den Maßnahmen von Verträgen nach Absatz 4 erzielt werden, finanziert werden.**

Schrifttum: A. *Braun,* BKK Landesverband Hessen – Rahmenvertrag zu Hausarztzentrierter Versorgung, BKK 2007, 492; *D. Cassel uA.,* Vertragswettbewerb: zu kurz gesprungen, G+G 10/2006, 42; *H. Kamps,* Die hausarztzentrierte Versorgung gemäß § 73b SGB V, ZMGR 2004, 91; *U. Orlowski,* Ziele des GKV-Modernisierungsgesetzes (GMG), MedR 2004, 202; *ders./J. Wasem,* Gesundheitsreform 2007 (GKV-WSG), 2007; *M. Rehborn,* Erweiterte Vertragskompetenz der KKen unter besonderer Berücksichtigung der Verträge zur hausarztzentrierten und integrierten Versorgung – Vertragsgestaltungen aus der Sicht niedergelassener Vertragsärzte, VSSR 2004, 157; *S. Rixen,* Vergaberecht oder Sozialrecht in der gesetzlichen Krankenversicherung?, GesR 2006, 49; *M. v. Schwanenflügel,* Moderne Versorgungsformen im Gesundheitswesen, NZS 2006, 285; *T. Schulteis,* Hausarztzentrierte Versorgung, 2007; *J. Stock,* Der Hausarzt: Supermann im Medizinbetrieb?, G+G 5/2004, 34.

Inhaltsübersicht

	Rn.
A. Überblick	1
B. Angebot und Ausgestaltung der hausarztzentrierten Versorgung, Abs. 1 und 2	2
I. Obligatorischer Charakter	2
II. Ausgestaltung	3
C. Teilnahme der Versicherten, Abs. 3 und 6	4
D. Verträge zur Sicherstellung der hausarztzentrierten Versorgung, Abs. 4 und 5	7
I. Vertragspartner, Abs. 4 S. 1 und 2	7
II. Teilnahmeberechtigung der Leistungserbringer, Abs. 4 S. 3 und 4	13
III. Übergang des Sicherstellungsauftrags, Abs. 4 S. 5 und 6	15
IV. Vertragsinhalt, Abs. 5	16
E. Budgetbereinigung, Abs. 7 und 8	18

A. Überblick

1 Die Regelung über die **hausarztzentrierte Versorgung** dient sowohl der Steigerung der Qualität der hausärztlichen Versorgung als auch einer besseren Verzahnung der Versorgungssektoren, indem dem Hausarzt eine Lotsenfunktion zugewiesen wird. § 73 b wurde mit dem GMG eingeführt. Das GKV-WSG hat die Norm grundlegend reformiert und erweitert; insbesondere wurden die Vorgaben für die Ausgestaltung der hausarztzentrierten Versorgung konkretisiert, der obligatorische Charakter des Angebotes dieser Versorgungsform betont sowie den KKen erweiterte Vertragskompetenzen zugewiesen. Modelle der hausarztzentrier-

ten Versorgung sind allerdings auch in Verträgen zur Integrierten Versorgung (§§ 140 a ff.) vereinbart worden; dies führt zu Abgrenzungsschwierigkeiten (vgl. § 140 a Rn. 8).

B. Angebot und Ausgestaltung der hausarztzentrierten Versorgung, Abs. 1 und 2

I. Obligatorischer Charakter

Nach Abs. 1 sind die KKen verpflichtet, ihren Versicherten anstelle der hausärzt- 2 lichen Regelversorgung (vgl. § 73 Abs. 1) die hausarztzentrierte Versorgung anzubieten. Der **obligatorische Charakter** dieses Angebotes erstreckt sich auch darauf, dass die hausarztzentrierte Versorgung flächendeckend, also in allen Regionen des jeweiligen Kassenbezirks, zur Verfügung stehen muss (vgl. Abs. 4 S. 1). Ordnungspolitisch ist dieser obligatorische Charakter durchaus umstritten, weil die hausarztzentrierte Versorgung damit nur sehr begrenzt in einen Qualitäts- und Wirtschaftlichkeitswettbewerb mit anderen Versorgungsformen tritt (vgl. *Cassel uA.*, G+G 10/2006, 42/43).

II. Ausgestaltung

Abs. 2 enthält nun konkrete und über die für die hausärztliche Regelversorgung 3 geltenden Anforderungen hinausgehende Vorgaben für die **Ausgestaltung** der hausarztzentrierten Versorgung, die der Gesetzgeber im Sinne der Verbesserung der Versorgungsqualität und der Erschließung von Wirtschaftlichkeitsreserven für unverzichtbar hält (vgl. BT-Drs. 16/3100, 112); sie gehen auf ein Eckpunktepapier zurück, das der VdAK/AEV mit der KV Hessen für die hausärztliche Versorgung vereinbart hat (vgl. *Orlowski/Wasem*, Gesundheitsreform 2007, 102). In der Sache dienen sie der Verbesserung der Pharmakotherapie (Nr. 1), dem Einsatz wissenschaftlich begründeter und praxiserprobter hausärztlicher Leitlinien (Nr. 2), der Konzentration der ärztlichen Fortbildung (§ 95 d) auf hausarzttypische Probleme (Nr. 3) sowie der Verbesserung der Prozessqualität (Nr. 4); dabei geht der Gesetzgeber davon aus, dass durch die Vorgaben nach Nr. 3 und 4 den Hausärzten kein zusätzlicher Aufwand entsteht, da sie durch die Erfüllung dieser Anforderungen ihren ohnehin bestehenden Verpflichtungen zur Fortbildung und zum internen Qualitätsmanagement nachkommen (BT-Drs. 16/3100, 112). Die Sicherstellung der Erfüllung dieser Anforderungen obliegt den KKen, die daher in die nach Abs. 4 zu schließenden Verträge entsprechende Verpflichtungen für die Hausärzte aufzunehmen haben werden; Abs. 5 S. 1 bestimmt insoweit ausdrücklich, dass diese Verträge die Anforderungen des Abs. 2 zu konkretisieren haben.

C. Teilnahme der Versicherten, Abs. 3 und 6

Die Teilnahme der Versicherten an der hausarztzentrierten Versorgung ist nach 4 Abs. 3 S. 1 **freiwillig** und erfolgt durch schriftliche Erklärung gegenüber der KK (vgl. Abs. 3 S. 2), die nach Abs. 6 ihre Versicherten über die hausarztzentrierte Versorgung und die teilnehmenden Ärzte zu informieren hat. Mit dieser Einschreibung bindet sich der Versicherte für ein Jahr (vgl. Abs. 3 S. 3) in zweierlei Hinsicht (Abs. 3 S. 2): Zum einen verpflichtet sich der Versicherte, nur einen von ihm ge-

§ 73 b Hausarztzentrierte Versorgung

wählten und an der hausarztzentrierten Versorgung teilnehmenden Hausarzt in Anspruch zu nehmen; der Wechsel des Hausarztes ist dann nur noch bei Vorliegen eines wichtigen Grundes – etwa der Störung des Vertrauensverhältnisses – möglich (Abs. 3 S. 3 Hs. 2). Zum anderen nimmt der Versicherte in Kauf, fachärztliche Behandlung nur auf Überweisung seines Hausarztes in Anspruch zu nehmen; dies gilt allerdings nicht für Leistungen der Augen- und Frauenärzte, da diese ähnlich wie die Hausärzte Grundversorgungsfunktionen wahrnehmen (so die Beschlussempfehlung des Gesundheitsausschusses, vgl. BT-Drs. 16/4247, 36). Der Gesetzgeber hält die Selbstbindung des Versicherten für erforderlich, damit die hausarztzentrierte Versorgung ihre Steuerungsfunktion erfüllen kann und die KKen die erforderliche Planungssicherheit erhalten (BT-Drs. 16/3100, 112).

5 Eine weitere Konkretisierung dieser Pflichten hat nach Abs. 3 S. 4 in den **Satzungen der KKen** zu erfolgen. Zu regeln sind hier nach Vorstellung des Gesetzgebers insbesondere die Folgen eines Pflichtverstoßes des Versicherten; so sei bei unberechtigter Inanspruchnahme eines weiteren Hausarztes schon aufgrund der Budgetbereinigung nach Abs. 7 sicherzustellen, dass der Versicherte die Kosten der Einholung einer Zweitmeinung selbst zu tragen habe (BT-Drs. 16/3100, 112).

6 Ebenfalls in den Satzungen der KKen ist ein entsprechender **Hausarzttarif** nach § 53 Abs. 3 festzulegen, den der Versicherten durch Prämienzahlungen oder Zuzahlungsermäßigungen einen Anreiz zur Teilnahme an der hausarztzentrierten Versorgung bietet; diese Vorschrift hat die Bonusregelung des § 65 a aF. abgelöst.

D. Verträge zur Sicherstellung der hausarztzentrierten Versorgung, Abs. 4 und 5

I. Vertragspartner, Abs. 4 S. 1 und 2

7 Die flächendeckende hausarztzentrierte Versorgung ist nach Abs. 4 S. 1 durch Verträge sicherzustellen; diese sind nach § 71 Abs. 5 den für die Sozialversicherung zuständigen obersten Landesbehörden vorzulegen, damit die Länder einen Überblick über die vertraglichen Regelungen erhalten (vgl. Beschlussempfehlung des Gesundheitsausschusses, BT-Drs. 16/4247, 36). **Vertragspartner** sind dabei auf der einen Seite die **KKen,** die einzeln oder – wenn es sich etwa um sehr kleine KKen handelt, die allein zur Sicherstellung des Versorgungsangebotes nicht in der Lage wären – in Kooperation die Verträge schließen.

8 Den Kreis der möglichen Vertragspartner auf der anderen Seite der **Leistungserbringer** hat das GKV-WSG erweitert. In Betracht kommen nach Abs. 4 S. 2 nun Vertragsschlüsse der KKen mit:

9 – Nr. 1: einzelnen an der hausärztlichen Versorgung (§ 73 Abs. 1a) teilnehmenden vertragsärztlichen Leistungserbringern. Nach § 95 Abs. 1 können dies zugelassene Ärzte und MVZs sowie ermächtigte Ärzte und ärztlich geleitete Einrichtungen sein.

10 – Nr. 2: Gemeinschaften dieser Leistungserbringer. Dies können Gemeinschaftspraxen bis hin zu Verbänden der Hausärzte sein.

11 – Nr. 3: Trägern von Einrichtungen, die eine hausarztzentrierte Versorgung durch Hausärzte anbieten. Damit sind die sog. Managementgesellschaften gemeint, die aus der Integrierten Versorgung bekannt sind (vgl. § 140 b Abs. 1 Nr. 4, dazu § 140 b Rn. 5).

12 – Nr. 4: KV, soweit Gemeinschaften nach Nr. 2 sie hierzu ermächtigt haben. Ob die KV überhaupt noch als mögliche Vertragspartner im Rahmen der hausarzt-

zentrierten Versorgung aufgenommen werden sollen, war in der Diskussion um das GKV-WSG umstritten; die jetzige Regelung, die auf Empfehlung des Gesundheitsausschusses in das GKV-WSG gelangt ist, wurde daher von ihnen als politischer Erfolg betrachtet. Sie wirft mit der Voraussetzung der Ermächtigung durch „Gemeinschaften nach Nr. 2" allerdings die Frage auf, ob es – wie die KV für sich reklamieren – ausreicht, wenn diese Ermächtigung durch die Mitglieder der KV erfolgt, oder ob diese Ermächtigung – wie von den Verbänden der Hausärzte vorgebracht wird – von einer Gemeinschaft erteilt werden muss. Angesichts des klaren Gesetzeswortlauts und der Gesetzesbegründung (vgl. Beschlussempfehlung des Gesundheitsausschusses, BT-Drs. 16/4247, 36) wird man der zweiten Ansicht zustimmen müssen; allerdings ist der Kreis der Gemeinschaften im Sinne der Nr. 2 keineswegs auf die Verbände der Hausärzte begrenzt. Keinesfalls ergibt sich aus einem Vertragsschluss der KV eine Teilnahmeverpflichtung für die ihr angehörenden Hausärzte, die sie nicht ermächtigt haben.

II. Teilnahmeberechtigung der Leistungserbringer, Abs. 4 S. 3 und 4

Die Teilnahme der Leistungserbringer an der hausarztzentrierten Versorgung ist **freiwillig**. Ob dies bereits aus Abs. 3 S. 1 gefolgert werden kann, ist fraglich, weil diese Regelung systematisch allein die Stellung des Versicherten behandelt; es ergibt sich aber jedenfalls daraus, dass Abs. 4 S. 1 den Abschluss von Verträgen mit den Leistungserbringern voraussetzt. Die Teilnahme an der hausarztzentrierten Versorgung steht der Teilnahme an der vertragsärztlichen Versorgung im Übrigen nicht im Wege, wie § 20 Abs. 1 S. 2 Ärzte-ZV idF. des Art. 21 Nr. 7 GKV-WSG jetzt ausdrücklich klarstellt.

13

Angesichts der Auswahlfreiheit der KKen, von der Abs. 4 S. 2 ausgeht, stellt sich die umgekehrte Frage, ob der einzelne Leistungserbringer einen **Anspruch auf Beteiligung** an der hausarztzentrierten Versorgung besitzt. Einen derartigen Anspruch hat Abs. 4 in S. 3 ausdrücklich ausgeschlossen, verlangt aber in S. 4 eine öffentliche Ausschreibung der Aufforderung zur Abgabe eines Angebots unter Bekanntgabe objektiver Auswahlkriterien durch die KKen, um eine diskriminierungsfreie Auswahl zu gewährleisten. Die objektiven Auswahlkriterien ergeben sich insoweit zunächst aus den Anforderungen des Abs. 2; da diese nach Abs. 5 S. 1 in den Verträgen weiter zu konkretisieren sind, werden auch diese weitergehenden Anforderungen zulässiger Auswahlmaßstab für die KKen sein dürfen. Selbst bei Erfüllung aller Qualifikationsvoraussetzungen entsteht aber kein Anspruch gegen die KK auf Annahme des Angebotes; die Regelung des Abs. 4 S. 3 und 4 soll nach der Vorstellung des Gesetzgebers den KKen auch eine zahlenmäßige Begrenzung anhand des Bedarfs an hausarztzentrierter Versorgung ermöglichen (vgl. näher dazu *Hess*, KK, § 37 b Rn. 12 ff.). Die in Abs. 4 S. 4 normierte Ausschreibungspflicht führt nicht in das Vergaberecht (*Rixen*, GesR 2006, 49/56 f.; zur umstrittenen Anwendbarkeit wettbewerbs- und kartellrechtlicher Vorschriften vgl. § 69 Rn. 40 ff.).

14

III. Übergang des Sicherstellungsauftrags, Abs. 4 S. 5 und 6

Soweit die hausärztliche Versorgung in Form der hausarztzentrierten Versorgung auf vertraglicher Grundlage durchgeführt wird, ist nach Abs. 4 S. 5 der **Sicherstellungsauftrag** der KV (§ 75 Abs. 1) eingeschränkt; Träger des Sicherstellungsauftrags sind insoweit die KKen. Der vom Sicherstellungsauftrag umfasste

15

§ 73 b

Notdienst (vgl. § 75 Abs. 1 S. 2) kann von den KKen jedoch nach Abs. 4 S. 6 „aus Praktikabilitätsgründen" (BT-Drs. 16/3100, 112) gegen einen Aufwendungsersatz den KVen überantwortet werden; ob davon Gebrauch gemacht werden muss, wird wesentlich davon abhängen, welche Akzeptanz die hausarztzentrierte Versorgung bei Ärzten und Versicherten erlangt.

IV. Vertragsinhalt, Abs. 5

16 Abs. 5 regelt weitere Details zum **Inhalt der Versorgungsverträge.** Danach sind insbesondere die nähere Ausgestaltung und die Vergütung der hausarztzentrierten Versorgung vertraglich zu regeln (Abs. 5 S. 1). Auch die KV kann – selbst wenn sie nicht Vertragspartner ist (vgl. oben Rn. 12) – nach Abs. 5 S. 2 beteiligt werden; dies zielt nach der Vorstellung des Gesetzgebers insbesondere auf die Formulierung und Umsetzung der Qualitätsanforderungen (vgl. Beschlussempfehlung des Gesundheitsausschusses, BT-Drs. 16/4247, 36). Neue Untersuchungs- und Behandlungsmethoden, zu denen bereits eine negative Entscheidung des G-BA vorliegt, dürfen im Rahmen der hausarztzentrierten Versorgung nicht erbracht werden; abgewichen werden darf allerdings vom gesamten Leistungserbringerrecht. Diese Regelungen des Abs. 5 S. 3 und 4 bilden eine Parallele zu § 140 b Abs. 3 S. 4 und Abs. 4 S. 1 (vgl. dazu § 140 b Rn. 9 f.).

17 Nach Abs. 5 S. 5 gilt die Regelung des § 106 a Abs. 3 über die **Abrechnungsprüfungspflicht** der KKen entsprechend für die hausarztzentrierte Versorgung. Die KKen sollen damit die Möglichkeit erhalten, Fehlverhalten sowohl der hausärztlichen Leistungserbringer als auch der Versicherten, die an der hausarztzentrierten Versorgung teilnehmen, entgegenzuwirken (vgl. BT-Drs. 16/3100, 112 f.).

E. Budgetbereinigung, Abs. 7 und 8

18 Nach Abs. 7 S. 1 und 2 haben die Vertragspartner der Gesamtverträge (§ 83 Abs. 1) die Gesamtvergütungen um die Kosten der hausarztzentrierten Versorgung zu **bereinigen;** dies stellt eine Parallele zu den Bereinigungsvorschriften der §§ 73 c Abs. 6, 140 d Abs. 2 dar (zur ordnungspolitischen Bedeutung und Problematik der Bereinigungsvorschriften und ihrer Ausgestaltung vgl. *Cassel ua.,* G+G 10/2006, 42/43 f.). Durch die Umstellung der Vergütung ab dem 1. 1. 2009 (vgl. § 87 a) muss die Regelung zwischen den Jahren 2007 und 2008 (S. 1) und den Folgejahren (S. 2) unterscheiden. Zu bereinigen ist die Gesamtvergütung nur um solche Leistungsbereiche, die aus der vertragsärztlich organisierten hausärztlichen Versorgung in die selektivvertraglich organisierte hausarztzentrierte Versorgung übergehen. Bei der Verminderung der Gesamtvergütung bzw. bei der Bereinigung des morbiditätsbedingten Behandlungsbedarfs sind also nur Leistungen zu berücksichtigen, die in der vertragsärztlichen Versorgung ebenfalls abrechenbar sind (BT-Drs. 16/3100, 113). Kommt eine Einigung über die Verringerung nicht zustande, kann das Schiedsamt (§ 89) angerufen werden; dies gilt nach Abs. 7 S. 3 auch für die KKen, die Verträge zur hausarztzentrierten Versorgung abgeschlossen haben. Diese KKen müssen nach Abs. 7 S. 4 den Gesamtvertragspartnern die für das Bereinigungsverfahren erforderlichen Daten übermitteln; eine summarische Datengrundlage reicht insoweit nicht aus, weil für die hausarztzentrierte Versorgung – anders als für die Integrierte Versorgung, vgl. § 140 d Abs. 1 – keine pauschale Bereinigung in Form einer Anschubfinanzierung vorgesehen ist (vgl. BT-Drs. 16/3100, 113).

Für Leistungen im Rahmen der hausarztzentrierten Versorgung, die nicht unter 19
die Bereinigungspflicht des Abs. 7 fallen, weil sie über die Leistungen der hausärztlichen Versorgung hinausgehen, gibt Abs. 8 den Partnern der Versorgungsverträge die Möglichkeit, eine Finanzierung dieser Leistungen aus **Einsparungen und Effizienzsteigerungen** vorzunehmen, die Folge der hausarztzentrierten Versorgung sind.

§ 73c Besondere ambulante ärztliche Versorgung

(1) ¹Die Krankenkassen können ihren Versicherten die Sicherstellung der ambulanten ärztlichen Versorgung durch Abschluss von Verträgen nach Absatz 4 anbieten. ²Gegenstand der Verträge können Versorgungsaufträge sein, die sowohl die versichertenbezogene gesamte ambulante ärztliche Versorgung als auch einzelne Bereiche der ambulanten ärztlichen Versorgung umfassen. ³Für die personellen und sächlichen Qualitätsanforderungen zur Durchführung der vereinbarten Versorgungsaufträge gelten die vom Gemeinsamen Bundesausschuss sowie die in den Bundesmantelverträgen für die Leistungserbringung in der vertragsärztlichen Versorgung beschlossenen Anforderungen als Mindestvoraussetzungen entsprechend.

(2) ¹Die Versicherten erklären ihre freiwillige Teilnahme an der besonderen ambulanten ärztlichen Versorgung durch nach Absatz 3 verpflichtete Leistungserbringer, indem sie sich schriftlich gegenüber ihrer Krankenkasse verpflichten, für die Erfüllung der in den Verträgen umschriebenen Versorgungsaufträge nur die vertraglich gebundenen Leistungserbringer und andere ärztliche Leistungserbringer nur auf deren Überweisung in Anspruch zu nehmen. ²Der Versicherte ist an diese Verpflichtung mindestens ein Jahr gebunden. ³Das Nähere zur Durchführung der Teilnahme der Versicherten, insbesondere zur Bindung an die vertraglich gebundenen Leistungserbringer, zu Ausnahmen von dem Überweisungsgebot und zu den Folgen bei Pflichtverstößen der Versicherten, regeln die Krankenkassen in ihren Satzungen.

(3) ¹Die Krankenkassen können zur Umsetzung ihres Angebots nach Absatz 1 allein oder in Kooperation mit anderen Krankenkassen Einzelverträge schließen mit
1. vertragsärztlichen Leistungserbringern,
2. Gemeinschaften dieser Leistungserbringer,
3. Trägern von Einrichtungen, die eine besondere ambulante Versorgung nach Absatz 1 durch vertragsärztliche Leistungserbringer anbieten,
4. Kassenärztlichen Vereinigungen.

²Ein Anspruch auf Vertragsschluss besteht nicht. ³Die Aufforderung zur Abgabe eines Angebots unter Bekanntgabe objektiver Auswahlkriterien ist öffentlich auszuschreiben. ⁴Soweit die Versorgung der Versicherten durch Verträge nach Satz 1 durchgeführt wird, ist der Sicherstellungsauftrag nach § 75 Abs. 1 eingeschränkt. ⁵Die Krankenkassen können den diesen Versorgungsaufträgen zuzurechnenden Notdienst gegen Aufwendungsersatz, der pauschalisiert werden kann, durch die Kassenärztlichen Vereinigungen sicherstellen lassen.

(4) ¹In den Verträgen nach Absatz 3 sind das Nähere über den Inhalt, den Umfang und die Durchführung der Versorgungsaufträge, insbesondere die Ausgestaltung der Qualitätsanforderungen, sowie die Vergütung zu regeln. ²Gegenstand der Versorgungsaufträge dürfen nur solche Leistungen sein, über deren Eignung als Leistung der gesetzlichen Krankenversicherung der Gemeinsame Bundesausschuss nach § 91 im Rahmen der Beschlüsse nach § 92 Abs. 1 Satz 2

§ 73 c

Nr. 5 keine ablehnende Entscheidung getroffen hat. ³Die Verträge können Abweichendes von den Vorschriften dieses Kapitels sowie den nach diesen Vorschriften getroffenen Regelungen regeln. ⁴§ 106a Abs. 3 gilt hinsichtlich der arzt- und versichertenbezogenen Prüfung der Abrechnungen auf Rechtmäßigkeit entsprechend.

(5) Die Krankenkassen haben ihre Versicherten in geeigneter Weise umfassend über Inhalt und Ziele der besonderen ambulanten ärztlichen Versorgung nach Absatz 1 sowie der daran teilnehmenden Ärzte zu informieren.

(6) ¹Die Vertragspartner der Gesamtverträge nach § 83 Abs. 1 haben die Gesamtvergütungen nach § 85 Abs. 2 in den Jahren 2007 und 2008 entsprechend der Zahl der nach Absatz 3 teilnehmenden Versicherten sowie dem in einem Vertrag nach Absatz 3 vereinbarten Versorgungsauftrag zu bereinigen, soweit der damit verbundene einzelvertragliche Leistungsbedarf den nach § 295 Abs. 2 auf Grundlage des einheitlichen Bewertungsmaßstabes für vertragsärztliche Leistungen abgerechneten Leistungsbedarf vermindert. ²Ab dem 1. Januar 2009 ist der Behandlungsbedarf nach § 87a Abs. 3 Satz 2 entsprechend der Zahl und der Morbiditätsstruktur der nach Absatz 3 teilnehmenden Versicherten sowie dem in einem Vertrag nach Absatz 3 vereinbarten Versorgungsauftrag zu bereinigen. ³Kommt eine Einigung über die Verringerung der Gesamtvergütungen nach Satz 1 oder des Behandlungsbedarfs nach Satz 2 nicht zustande, können auch die Krankenkassen, die Vertragspartner der Verträge nach Absatz 3 sind, das Schiedsamt nach § 89 anrufen. ⁴Die für die Bereinigungsverfahren erforderlichen arzt- und versichertenbezogenen Daten übermitteln die Krankenkassen den zuständigen Gesamtvertragspartnern.

Schrifttum: vgl. die Angaben zu § 73b.

A. Überblick

1 § 73c wurde mit dem GMG eingeführt und regelte bisher die „Förderung der Qualität in der vertragsärztlichen Versorgung". Dazu sollten in den Gesamtverträgen (§ 83) **Versorgungsaufträge** vereinbart werden, deren Durchführung besondere qualitative oder organisatorische Anforderungen an die Vertragsärzte stellt; damit wurde eine „zweite Vertragsebene" oberhalb der normalen vertragsärztlichen Versorgung eingeführt. Ebenfalls sollte in den Gesamtverträgen geregelt werden, ob Vertragsärzte, die diese Anforderungen erfüllen, einen Anspruch auf Durchführung dieser besonderen Versorgungsaufträge besitzen. Nur wenn eine Einigung insoweit nicht zustande kam, besaßen die KKen die Befugnis, nach öffentlicher Ausschreibung entsprechende Versorgungsverträge mit einzelnen Vertragsärzten zu schließen; in der Praxis spielte diese Variante keine große Rolle.

2 Das GKV-WSG hat die Norm umbenannt und das bisherige Modell eines „Einzelvertragswettbewerbs unterhalb des Daches der Kollektivverträge" (*Orlowski*, MedR 2004, 202/204) zugunsten einer ausschließlich dezentralen, wettbewerblichen **Selektivvertragslösung** grundlegend umgestaltet (vgl. BT-Drs. 16/3100, 113). Die Vorschrift in ihrer jetzigen Fassung orientiert sich eng an der Regelung des § 73b zur hausarztzentrierten Versorgung, so dass hier nur auf Abweichungen und Besonderheiten einzugehen ist.

B. Regelungsgehalt

I. Gegenstand

Gegenstand der besonderen ambulanten ärztlichen Versorgung kann nach 3
Abs. 1 S. 2 zum einen die gesamte, sowohl haus- als auch fachärztliche ambulante
Versorgung sein. Zum anderen können sich die Versorgungsaufträge auch auf einzelne Bereiche der ambulanten Versorgung – etwa die Behandlung bestimmter
Krankheiten – beschränken; die Norm stellt dann insbesondere eine neue Rechtsgrundlage für die vertragliche Vereinbarung von strukturierten Behandlungsprogrammen (§§ 137 f und g) dar (vgl. *Orlowski/Wasem*, Gesundheitsreform 2007, 109
und § 137 f Rn. 15).

II. Angebot, Ausgestaltung und Teilnahme

Anders als bei der hausarztzentrierten Versorgung sind die KKen zur Schaffung 4
derartiger Versorgungsaufträge **nicht verpflichtet** (vgl. Abs. 1 S. 1: „können").
Für ihre **Ausgestaltung** macht das Gesetz keine näheren Vorgaben, sondern legt
nur fest, dass die Standards der Regelversorgung nicht unterschritten werden dürfen (Abs. 1 S. 3).

Die **Teilnahme der Versicherten** an der besonderen Versorgung ist freiwillig 5
und erfolgt durch Einschreibung (Abs. 2 S. 1); die KKen müssen ihnen insoweit
nach § 53 Abs. 3 besondere Tarife anbieten. Der teilnehmende Versicherte verpflichtet sich, generell oder bezogen auf einen bereichsspezifischen Versorgungsauftrag nur die beteiligten Leistungserbringer und andere Leistungserbringer nur
auf deren Überweisung in Anspruch zu nehmen (Abs. 2 S. 1).

III. Vertragliche Grundlagen

Die Vorschriften über die **(selektiv-)vertraglichen Grundlagen** der Durch- 6
führung der Versorgungsaufträge, die Vertragspartner und die Teilnahmeberechtigung der Leistungserbringer (Abs. 3 und 4) sowie über die Budgetbereinigung in
den Gesamtverträgen (Abs. 5) entsprechen den Regelungen des § 73 b. Abweichend können hier allerdings die KV auch ohne Ermächtigung der Leistungserbringer Vertragspartner der KKen sein (Abs. 3 S. 1 Nr. 4); schließt die KV einen
derartigen Vertrag, sind alle Vertragsärzte als Mitglieder dieser KV durch diesen
Vertrag gebunden (*Orlowski/Wasem*, Gesundheitsreform 2007, 111).

§ 73 d Verordnung besonderer Arzneimittel

(1) ¹Die Verordnung von Arzneimitteln, insbesondere von Spezialpräparaten
mit hohen Jahrestherapiekosten oder mit erheblichem Risikopotenzial, bei
denen aufgrund ihrer besonderen Wirkungsweise zur Verbesserung der Qualität
ihrer Anwendung, insbesondere hinsichtlich der Patientensicherheit sowie des
Therapieerfolgs besondere Fachkenntnisse erforderlich sind, die über das Übliche hinausgehen (besondere Arzneimittel), erfolgt durch den behandelnden
Arzt in Abstimmung mit einem Arzt für besondere Arzneimitteltherapie nach
Absatz 2 oder durch diesen Arzt. ²Der Gemeinsame Bundesausschuss bestimmt
in den Richtlinien nach § 92 Abs. 1 Satz 2 Nr. 6 das Nähere insbesondere zu
Wirkstoffen, Anwendungsgebieten, Patientengruppen, zur qualitätsgesicherten
Anwendung und zu den Anforderungen an die Qualifikation der Ärzte nach
Absatz 2 für die jeweiligen Arzneimittel. ³In den Richtlinien ist das Nähere zur

§ 73 d

Abstimmung des behandelnden Arztes mit einem Arzt nach Absatz 2 zu regeln. ⁴In den Richtlinien soll vorgesehen werden, dass die erstmalige Verordnung sowie eine Wiederholung der Verordnung nach Ablauf einer bestimmten Frist von einem Arzt nach Absatz 2 erfolgt, soweit dies zur Gewährleistung der Patientensicherheit, des Therapieerfolgs oder der Wirtschaftlichkeit erforderlich ist. ⁵In den Richtlinien sind angemessene Fristen für die Abstimmung des behandelnden Arztes mit einem Arzt für besondere Arzneimitteltherapie nach Satz 1 unter Berücksichtigung des indikationsspezifischen Versorgungsbedarfs vorzusehen sowie das Nähere zur Verordnung ohne vorherige Abstimmung nach Satz 1 in Notfällen.

(2) ¹Ärzte für besondere Arzneimitteltherapie sind im Rahmen der Versorgung der Versicherten tätige Ärzte, die die Voraussetzungen der nach Absatz 1 beschlossenen Richtlinien erfüllen; sie werden durch die Kassenärztliche Vereinigung im Einvernehmen mit den Landesverbänden der Krankenkassen und den Ersatzkassen bestimmt, sofern sie ihre Beziehungen zur pharmazeutischen Industrie einschließlich Art und Höhe von Zuwendungen offenlegen. ²Kommt eine Einigung nach Satz 1 zweiter Halbsatz nicht in angemessener Frist zustande und sind hierdurch bessere Ergebnisse für die Versorgung hinsichtlich der Patientenversorgung und der Wirtschaftlichkeit zu erwarten, kann die Krankenkasse nach vorheriger Ausschreibung durch Vertrag die Wahrnehmung der Aufgabe eines Arztes für besondere Arzneimitteltherapie auf einzelne der nach Satz 1 bestimmten Ärzte beschränken. ³Die Krankenkasse hat einen Vertrag nach Satz 2 der Kassenärztlichen Vereinigung spätestens zwei Monate vor Vertragsbeginn mitzuteilen. ⁴Verträge nach Satz 2 können jeweils mit Wirkung ab Beginn eines Kalenderjahres mit Gültigkeit von mindestens zwei Jahren vereinbart werden. ⁵Abweichend von Satz 1 zweiter Halbsatz kann die Krankenkasse nach den §§ 116 b und 117 tätige Ärzte mit deren Einvernehmen zu Ärzten für besondere Arzneimitteltherapie bestimmen. ⁶Ärzte des medizinischen Dienstes der Krankenversicherung können nicht zu Ärzten für besondere Arzneimitteltherapie bestimmt werden.

(3) ¹Arzneimittel, für die Richtlinien nach Absatz 1 gelten, sind bei der Prüfung der Wirtschaftlichkeit nach § 106 als Praxisbesonderheiten zu berücksichtigen, soweit diese nach Absatz 1 verordnet worden sind. ²Für die Verordnung von Arzneimitteln im Rahmen von Verträgen nach Absatz 2 Satz 2 und 5 ist die Einhaltung der Richtlinien nach Absatz 1 Satz 2 durch Vereinbarung in diesen Verträgen zu gewährleisten und nicht Gegenstand der Wirtschaftlichkeitsprüfungen nach § 106. ³Die Krankenkasse ist verpflichtet, der Prüfungsstelle die notwendigen Angaben für die Freistellung von der Wirtschaftlichkeitsprüfung zu übermitteln; die §§ 296 bis 298 gelten entsprechend.

(4) ¹Arzneimittel sind nach den Vorschriften des Absatzes 1 zu verordnen, sobald im Zuständigkeitsbereich einer Kassenärztlichen Vereinigung die Versorgung im Rahmen der auf Grund dieser Vorschrift vorgesehenen Verfahren sichergestellt ist; die Voraussetzungen hierfür sind von der Kassenärztlichen Vereinigung bis zum 31. Dezember 2008 zu schaffen. ²Die Kassenärztliche Vereinigung gibt den Zeitpunkt in ihrem Mitteilungsblatt bekannt, ab dem das Verfahren nach Absatz 1 Satz 1 gilt.

(5) **Die Absätze 1 bis 4 gelten für Diagnostika entsprechend.**

Schrifttum: *P. Dieners/M. Heil,* Das GKV-Wettbewerbsstärkungsgesetz – Stärkung oder Einschränkung des Wettbewerbs im Arzneimittelmarkt, PharmR 2007, 89, 142; *S. Schulz,* Die Verordnung innovativer Arzneimittel unter dem Regime des Arztes für besondere Arzneimitteltherapie, PharmR 2007, 177.

4. Kapitel. 2. Abschnitt. 1. Titel § 73 d

Inhaltsübersicht
Rn.
A. Überblick 1
B. Besondere Arzneimittel, Abs. 1, und Diagnostika, Abs. 5 2
C. Arzt für besondere Arzneimitteltherapie, Abs. 2 6
D. Verfahren, Abs. 1, und Besonderheiten, Abs. 3, 4, der Verordnung 9

A. Überblick

Aufgrund der durch das GKV-WSG (§ 1 Rn. 31) eingefügten Vorschrift dürfen 1 kostenintensive Arzneimittel sowie solche mit erheblichem Risikopotenzial nur in Abstimmung mit einem Arzt für besondere Arzneimitteltherapie, d. h. mit dessen Zustimmung (sog. **Zweitmeinungsverfahren**), oder allein durch diesen Arzt verordnet werden. Damit soll eine sichere und unter therapeutischen Gesichtspunkten optimale Versorgung erreicht (BT-Drs. 16/3100, 115) und unwirtschaftliche Verordnungen vermieden werden. Das Gesetz trifft zwar umfangreiche Vorgaben für die Bestellung der Ärzte, doch überantwortet es in weitem Umfang die Regelung des Näheren zu Wirkstoffen, Anwendungsgebieten, Patientengruppen und Qualifikation der Ärzte dem G-BA in Richtlinien.

B. Besondere Arzneimittel, Abs. 1, und Diagnostika, Abs. 5

Der Begriff der besonderen Arzneimittel, die der Verordnung durch einen nach 2 Abs. 2 besonders bestellten Arzt bedürfen, wird in Abs. 1 S. 1 normiert, wobei sich das Gesetz mit einer beispielhaften Nennung der erfassten Arzneimittel („insbesondere") begnügt. Erfasst werden zum einen Spezialpräparate mit **hohen Jahrestherapiekosten.** Eine vom Bundesrat insoweit vorgeschlagene gesetzliche Bestimmung eines Schwellenwertes von über 20.000 € Jahrestherapiekosten (BT-Drs. 16/3950, 17; vgl. dazu: *Dieners/Heil,* PharmR 2007, 89/94) fand jedoch keinen Eingang in das Gesetz. In der Sache war damit keine Abkehr von dem Erfordernis hoher Jahrestherapiekosten verbunden, sondern es wurde nur auf eine feste Vorgabe verzichtet (BT-Drs. 16/4020, 3). Vom Sinn und Zweck der Regelung her muss es sich um Kosten handeln, die den Durchschnitt der Jahrestherapiekosten weit übersteigen, denn das Verordnungsverfahren nach § 73 d bezieht sich auf besondere Arzneimittel und darf nicht zum Regelfall werden. In der Begründung (BT- Drs. 16/4247, 52) wird beispielsweise darauf hingewiesen, das die Jahrestherapiekosten von Immunsuppressiva bei Multipler Sklerose das 20fache in der Brustkrebsbehandlung und mehr als das 100fache bei der rheumatoiden Arthritis erreichen.

Eine restriktive, auf besondere Fälle beschränkte Auslegung ist auch für das an- 3 dere, das Verfahren nach § 73 d auslösende Kriterium des **erheblichen Risikopotenzials** geboten. Die Gesetzesbegründung nennt insoweit etwa gentechnisch entwickelte sowie biotechnologisch hergestellte und andere hochwirksame, neue Arzneimitteltherapien und Verfahren, die z. B. zur Behandlung von Autoimmun- oder Tumorerkrankungen eingesetzt werden: Zwar sei durch die arzneimittelrechtliche Zulassung die Wirksamkeit, Unbedenklichkeit und Qualität entsprechender neuer Wirkstoffe belegt, doch bestehe allein aus statistischen Gründen auch für diese Arzneimittel die Gefahr der nachträglichen Entdeckung seltener, schwerwiegender Nebenwirkungen (vgl. BT-Drs. 16/3100, 115). Das erhebliche Risikopotenzial muss belegbar sein und als solches auch benannt werden. Voraussetzung für das Erfordernis einer speziellen Verordnung ist weiterhin, dass sie aus

Gründen einer besonderen, über das Übliche hinausgehenden Fachkenntnis (dazu: *Schulz*, PharmR 2007, 177/179) hinsichtlich der Patientensicherheit und des Therapieerfolges geboten ist. Ursache für das Verordnungserfordernis ist das erhebliche Risikopotenzial, der Zweck liegt in der Verbesserung der Anwendungsqualität, und das Mittel dazu sind die besonderen, das Übliche übersteigenden Fachkenntnisse des Arztes (*Schulz*, PharmR 2007, 177/178).

4 Nach Abs. 1 S. 2–5 kommt dem **G-BA** die Befugnis zu, in Richtlinien das Nähere zum Erfordernis einer besonderen Verordnung, zum Verfahren und zu den Anforderungen an die Qualifikation der Ärzte festzulegen (zu den Beteiligungsmöglichkeiten und zum Rechtsschutz der betroffenen pharmazeutischen Unternehmer: *Schulz*, PharmR 2007, 177/181 f.).

5 Das Erfordernis einer speziellen Verordnung bezieht sich nach Abs. 5 auch auf hoch spezialisierte, besonders aufwändige **Diagnostika**, soweit die besondere Wirkungsweise oder die hohen Kosten dies rechtfertigen (vgl. BT-Drs. 16/3100, 116).

C. Arzt für besondere Arzneimitteltherapie, Abs. 2

6 Als **Arzt für besondere Arzneimitteltherapie** kommen die „im Rahmen der Versorgung der Versicherten tätigen Ärzte" in Betracht (S. 1), wozu insbesondere Vertragsärzte, Ärzte in medizinischen Versorgungszentren und in ärztlich geleiteten Einrichtungen zählen (BT-Drs. 16/3100, 115; siehe auch: *Wille*, PharmR 2007, 503/509 f.). Für Krankenhausärzte im Bereich der ambulanten Behandlung und der Hochschulambulanzen trifft S. 5 eine Sonderregelung (dazu: *Schulz*, PharmR 2007, 177/179); Ärzte des medizinischen Dienstes sind nach S. 6 ausgeschlossen (zu dieser Regelung: BT-Drs. 16/4247, 52). Fachlich müssen die Ärzte den in Richtlinien des G-BA normierten Anforderungen an die Qualifikation zur Verordnung des jeweiligen Arzneimittels genügen (S. 1 Hs. 1, Abs. 1 S. 2). Bei der Bestimmung der Qualifikationsanforderungen haben sich die Richtlinien am Sinn und Zweck des besonderen Verordnungsverfahrens zu orientieren und insbesondere die über das Übliche hinausgehenden besonderen Fachkenntnisse des Arztes zu bestimmen. Dem G-BA ist es damit möglich, berufsrechtliche Fragen zu regeln, die aber aufgrund ihres Zusammenhangs mit der Leistungserbringung im Krankenversicherungsrecht der Gesetzgebungskompetenz des Bundes für die Sozialversicherung nach Art. 74 Abs. 1 Nr. 12 GG unterliegen.

7 Die **Bestimmung der Ärzte für besondere Arzneimitteltherapie** kann auf mehreren Wegen erfolgen (dazu: *Schulz*, PharmR 2007, 179/180). Grundsätzlich sollen sich die KV und die Landesverbände der KKen über die jeweiligen Ärzte einigen (S. 1 Hs. 2). Die jeweiligen Ärzte müssen, vergleichbar der Regelung in § 139 a Abs. 6 für die Beschäftigten im IQWiG (vgl. dazu auch: BSG, SozR 4–2500, § 92 Nr. 5 Rn. 77 ff.), ihre Beziehungen zur pharmazeutischen Industrie einschließlich Art und Höhe ihrer Zuwendungen offen legen (S. 1 Hs. 2), was sich daraus rechtfertigt, dass ihnen eine Schlüsselstellung bei der Verordnung von Arzneimitteln zukommt. Allerdings schließt nicht bereits das Bestehen von Beziehungen die Bestellung als Arzt für besondere Arzneimitteltherapie aus (vgl. allgemein: BSG, SozR 4–2500, § 92 Nr. 5 Rn. 78 f.). Kommt eine Einigung nicht in angemessener Frist zustande, kann die KK nach vorheriger Ausschreibung durch Vertrag einzelne Ärzte zu Ärzten für besondere Arzneimitteltherapie bestimmen, wenn hierdurch bessere Ergebnisse für die Versorgung hinsichtlich der Patientenversorgung und der Wirtschaftlichkeit zu erwarten sind (S. 2; vgl. dazu: BT-Drs.

16/3100, 115). Der Vertrag ist den KV spätestens zwei Monate vor Vertragsbeginn mitzuteilen (S. 3) und kann jeweils mit Wirkung ab Beginn eines Kalenderjahres mit einer Laufzeit von mindestens zwei Jahren vereinbart werden (S. 4).

Die Bestimmung zum Arzt für Arzneimitteltherapie hat berufsregelnden Charakter und ist am **Grundrecht der Berufsfreiheit** (Art. 12 GG) zu messen, wobei es sich regelmäßig um eine Berufsausübungsregelung handeln wird. Außerdem ist der Gleichbehandlungsgrundsatz (Art. 3 Abs. 1 GG) bei der Entscheidung über die Bestimmung zu beachten. 8

D. Verfahren, Abs. 1, und Besonderheiten, Abs. 3, 4, der Verordnung

Nach Abs. 1 S. 4 soll in den Richtlinien des G-BA vorgesehen werden, dass die erstmalige Verordnung sowie eine Wiederholung der Verordnung nach Ablauf einer bestimmten Frist von einem Arzt für Arzneimitteltherapie erfolgt, soweit dies zur Gewährleistung der Patientensicherheit, des Therapieerfolges oder der Wirtschaftlichkeit erforderlich ist. Diese Zweckbestimmung lässt den Schluss zu, dass nicht jede Wiederholungsverordnung zwangsläufig der Entscheidung durch einen Arzt für Arzneimitteltherapie bedarf. **Zur Gewährleistung der Versorgungssicherheit** (BT-Drs. 16/4247, 52) sind nach Abs. 1 S. 5 in den Richtlinien angemessene Fristen für die Erteilung der Zweitmeinung zu regeln, wobei der Bundesrat eine Frist von 10 Tagen vorgesehen hatte, mit deren Ablauf die Abstimmung als erfolgt galt (BT-Drs. 16/3950, 17). Diese wurde allerdings nicht in das Gesetz aufgenommen. Weiterhin ist in Richtlinien das Nähere zur Verordnung ohne vorherige Abstimmung in Notfällen vorzusehen. 9

Der Arzt für Arzneimitteltherapie muss in zumutbarer Entfernung erreichbar sein (vgl. BT-Drs. 16/3100, 116). Bei der **Ausgestaltung des Verfahrens** sowie der Bestimmung des Kreises der besonderen Arzneimittel ist zu beachten, dass das Erfordernis eine Zweitmeinung einzuholen bzw. einen Arzt für Arzneimitteltherapie aufzusuchen, in die durch Art. 2 Abs. 1 GG geschützte Handlungsfreiheit des Versicherten in Bezug auf die freie Wahl des Arztes eingreift und der grundrechtliche Schutz des Lebens und der körperlichen Unversehrtheit (Art. 2 Abs. 2 S. 1 GG) iVm. dem Sozialstaatsprinzip den Gesetzgeber und den G-BA zu einer effektiven und den Gesundheitsschutz des Versicherten beachtenden Regelung verpflichtet. Im Hinblick auf den verordnenden ersten Arzt ist auch dessen durch Art. 12 GG geschützte Therapiefreiheit zu berücksichtigen. 10

Nach Abs. 3 kann die Einhaltung der Qualitätsanforderungen für die Verordnung von Arzneimitteln im Rahmen der **Wirtschaftlichkeitsprüfung** überprüft werden; die besonderen Arzneimittel sind als Praxisbesonderheiten zu berücksichtigen (vgl. dazu: *Schulz*, PharmR 2007, 177/181). Soweit die Versorgung vertraglich vereinbart wurde, ist die Einhaltung der Richtlinien vertraglich zu gewährleisten. Abs. 4 bezweckt eine zeitlich und regional flexible Umsetzung und zielt darauf, Versorgungsengpässe auszuschließen (BT-Drs. 16/3100, 116). 11

§ 74 Stufenweise Wiedereingliederung

Können arbeitsunfähige Versicherte nach ärztlicher Feststellung ihre bisherige Tätigkeit teilweise verrichten und können sie durch eine stufenweise Wiederaufnahme ihrer Tätigkeit voraussichtlich besser wieder in das Erwerbsleben eingegliedert werden, soll der Arzt auf der Bescheinigung über die Arbeitsun-

fähigkeit Art und Umfang der möglichen Tätigkeiten angeben und dabei in geeigneten Fällen die Stellungnahme des Betriebsarztes oder mit Zustimmung der Krankenkasse die Stellungnahme des Medizinischen Dienstes (§ 275) einholen.

Schrifttum: *I. Becker,* Arbeits- und sozialrechtliche Beurteilung der stufenweisen Wiedereingliederung in das Erwerbsleben gem. § 74 SGB V, Diss. Freiburg (Breisgau) 1995; *E. Brocke,* Die stufenweise Wiedereingliederung in den Arbeitsprozess, SGb 1990, 45; *U. Compensis,* Sozialrechtliche Auswirkungen der stufenweisen Wiedereingliederung arbeitsunfähiger Arbeitnehmer nach § 74 SGB V, NZA 1992, 631; *A. Gagel/M. Schian,* Stufenweise Wiedereingliederung in das Erwerbsleben (§ 74 SGB V/§ 28 SGB IX), br 2006, 53; *G. von Hoyningen-Huene,* Das Rechtsverhältnis zur stufenweisen Wiedereingliederung arbeitsunfähiger Arbeitnehmer (§ 74 SGB V), NZA 1992, 49; *W. Schimanski,* Die stufenweise Wiedereingliederung in das Erwerbsleben, br 2006, 49.

Inhaltsübersicht

	Rn.
A. Überblick	1
B. Ärztliche Feststellung und Bescheinigung	6
I. Voraussetzungen	6
II. Bescheinigung	11
III. Zusammenwirken der Beteiligten	14
C. Wiedereingliederungsverhältnis	17
I. Rechtnatur und -beziehungen	17
II. Bezug zum Arbeitsverhältnis	19
D. Sozialversicherungsrechtliche Folgen der stufenweisen Wiedereingliederung	21

A. Überblick

1 Zweck der Bestimmung ist die **Rehabilitation** in Form der beruflichen Wiedereingliederung, die unter medizinischen Gesichtspunkten stufenweise erfolgt und therapeutisch „hilfreich" sein kann (BT-Drs. 11/2237, 192).

2 Vor dem Hintergrund entsprechender Praxis der KKen (*Brocke,* SGb 1990, 45) wurde die Norm durch das GRG mWv. 1.1.1989 eingeführt und blieb seither unverändert. Ihr Regelungsgehalt ist begrenzt. Ergänzende Grundsätze in Form von Empfehlungen zur Ausgestaltung und Umsetzung beinhalten die **„Richtlinien des G-BA** über die Beurteilung der Arbeitsunfähigkeit und die Maßnahmen zur stufenweisen Wiedereingliederung" (ArbU-RL), § 92 Rn. 34 nach § 92 Abs. 1 S. 2 Nr. 7 (idF. vom 1.12.2003, BAnz. 2004, Nr. 61, 6501, zuletzt geändert am 19.9.2006, BAnz. Nr. 241, 7356).

3 Die zuvorderst **an den Arzt gerichtete Norm** verlangt dessen Feststellung, ob arbeitsunfähige Versicherte die bisherige Tätigkeit (s. Rn. 10) teilweise verrichten können, und bei positiver Eingliederungsprognose gemäß ihrem Charakter als Sollvorschrift die Angabe der Art und des Umfangs möglicher Tätigkeiten.

4 Die Bestimmung ist **keine leistungsrechtliche Vorschrift** (*Orlowski,* GKV-Komm, § 74 Rn. 2; vgl. jedoch *Krauskopf,* Krauskopf, § 74 Rn. 1), erschöpft sich indes nicht in einer schlichten Verhaltensnorm. Ohne dass ein entsprechender Anspruch bestünde, wird die stufenweise Wiedereingliederung als Maßnahme der Rehabilitation im Rahmen der Krankenbehandlung grundsätzlich verankert und erfährt im Zeichen der Anknüpfung durch § 27 Abs. 2 Nr. 3 SGB III und § 5 Abs. 2 S. 3 SGB VI allgemein Bedeutung (s. *Klückmann,* H/N, § 74 Rn. 5.).

5 Die **Realisierung** der Wiedereingliederung setzt das Zusammenwirken va. zwischen Arzt, Versichertem, ArbGeb und KK voraus. Dem Versicherten bleibt

überlassen, ob er seine Arbeitskraft teilweise einsetzen will (BT-Drs. 11/2237, 192). Ohne dass eine entsprechende Mitwirkungspflicht iSd. §§ 62–65 SGB I bestünde, soll er an der Rehabilitation eigenverantwortlich aktiv mitwirken, vgl. § 1 S. 2 Hs. 2 (näher *Becker,* Beurteilung, 68 ff.).

B. Ärztliche Feststellung und Bescheinigung

I. Voraussetzungen

In medizinischer Hinsicht setzt die Wiedereingliederung **drei Beurteilungsschritte** voraus: die Feststellung der Arbeitsunfähigkeit, die Feststellung, dass der Versicherte seine bisherige Tätigkeit teilweise verrichten kann, und die positive Prognose einer besseren Wiedereingliederung in das Erwerbsleben durch stufenweise Wiederaufnahme der Tätigkeit. 6

Gem. § 2 Abs. 1 S. 1 der ArbU-RL liegt **Arbeitsunfähigkeit** vor, „wenn der Versicherte auf Grund von Krankheit seine zuletzt vor der Arbeitsunfähigkeit ausgeübte Tätigkeit nicht mehr oder nur unter der Gefahr der Verschlimmerung der Erkrankung ausführen kann". Nicht ausgeschlossen ist eine stufenweise Wiedereingliederung auch zugunsten der mit Blick auf die Art der zuletzt ausgeübten Beschäftigung (BSG, SozR 3–2500, § 44 Nr. 10 S. 31) arbeitslosen arbeitsunfähigen Versicherten; angesichts der Vorgaben und der zu Beteiligenden sind jedoch weder § 74 noch die ArbU-RL (vgl. iÜ. § 2 Abs. 3) darauf zugeschnitten. Ohne Berufsschutz und in „koordinierte(r) Aktion" unter Beteiligung auch der BA kämen entsprechende Modifikationen zum Tragen (s. *Brocke,* SGb 1990, 45/49). Nach konkretisiertem Maßstab der krankheitsbedingten Arbeitsunfähigkeit eines Versicherten in der Krankenversicherung der Arbeitslosen sind auch in den ersten sechs Monaten der Arbeitslosigkeit alle Beschäftigungen, für die er sich zwecks Vermittlung zur Verfügung gestellt hat und die zumutbar sind, zugrunde zu legen (BSG, NZS 2007, 150). 7

Dass der Versicherte seine Arbeitskraft teilweise einsetzen will, ist keine Voraussetzung für die **Feststellung der Fähigkeit zur teilweisen Verrichtung** der bisherigen Tätigkeit (*Orlowski,* GKV-Komm, § 74 Rn. 6). Der Befund orientiert sich an quantitativen und qualitativen Anforderungen der Tätigkeit sowie an der Arbeitszeit (ArbU-RL, Anl., Ziff. 3). 8

Der Wille des Versicherten ist gleichwohl in die **Prognoseentscheidung** über die Eignung der stufenweisen Wiederaufnahme der Tätigkeit zur besseren beruflichen Wiedereingliederung einzustellen (weitergehend *Klückmann,* H/N, § 74 Rn. 10: „unerlässlich"; s. ferner *Schimanski,* br 2006, 49/52). Die volle Wiedererlangung der Befähigung muss dabei nicht erreicht werden (*Gagel/Schian,* br 2006, 53/55; s. auch BAG, NZA 2007, 91/93). 9

Feststellung (Rn. 6) und Prognose knüpfen an die Wiederaufnahme der bisherigen („ihrer") Tätigkeit der Versicherten an. Unbeschadet der Zustimmung zur Realisierung erfordert die **Einbeziehung anderer Tätigkeiten** bereits mit Blick auf die ärztlichen Bekundungen das Einverständnis des Versicherten (s. *Hencke,* Peters, KV, § 74 Rn. 3), sofern der Rahmen arbeitsvertraglicher Pflichten nicht eingehalten wird (vgl. *Orlowski,* GKV-Komm, § 74 Rn. 5; ohne Einschränkungen *Lindemann,* W/E, § 74 Rn. 4.). 10

II. Bescheinigung

11 Die Angaben über Art und Umfang der möglichen Tätigkeit auf dem Vordruck „Maßnahmen zur stufenweisen Wiedereingliederung in das Erwerbsleben (Wiedereingliederungsplan)" (vgl. § 87 Abs. 1 S. 2; hier: § 63 Abs. 3 Nr. 3 BMV-Ä bzw. § 6 Abs. 1 EKVÄ iVm. Anl. 2 BMV-Ä/EKVÄ, Abschn. 2.20, Muster 20) sind Teil der Empfehlung zur stufenweisen Wiedereingliederung. Für den Ablauf sollen die quantitativen und qualitativen **Anforderungen der noch möglichen Tätigkeit** sowie ggf. die Verkürzung der Arbeitszeit angegeben und die zu vermeidenden arbeitsbedingten Belastungen definiert werden (ArbU-RL, Anl., Ziff. 3).

12 Die (phasenweise) **Abstufung** der Maßnahmen ist ebenso wie die Angabe zum Zeitpunkt der Wiederherstellung der Arbeitsfähigkeit Ausdruck der Prognoseentscheidung; im Zuge regelmäßiger Untersuchungen muss ggf. eine Anpassung vorgenommen werden. Die Wiedereingliederungsphase soll idR. einen Zeitraum von sechs Monaten nicht überschreiten (ArbU-RL, Anl., Ziff. 1 S. 4).

13 Zumeist erfolgen die Angaben nicht „auf" der **AU-Bescheinigung** (vgl. zu den Vordrucken, hier Muster 2.1. [„Arbeitsunfähigkeitsbescheinigung"], Rn. 11), sondern im Zusammenhang mit der Feststellung der AU, ggf. aber auch zeitlich danach.

III. Zusammenwirken der Beteiligten

14 Das für die Realisierung der stufenweisen Wiedereingliederung maßgebliche Konsensprinzip strahlt bereits auf das **Verfahren** zur Bescheinigung der Feststellungen aus. Die an sich gebotene, meist vernachlässigte Unterscheidung bleibt in der Praxis weitgehend ohne Belang.

15 Die Anregung zur Teilarbeit kann seitens aller Beteiligten erfolgen, die **„vertrauensvoll zusammenarbeiten"** sollen (vgl. ArbU-RL, Anl., Ziff. 2). Bei grundsätzlichem Einverständnis des Versicherten können die für die Feststellungen erforderlichen Kenntnisse über die arbeitsbedingten Belastungen der bisherigen und möglicher Tätigkeiten vom ArbGeb sowie, prognoseorientiert und in geeigneten Fällen, in Form einer Stellungnahme des Betriebsarztes oder, mit Zustimmung der KK (vgl. BT-Drs. 11/3480, 58), des MDK (§§ 275 ff.) eingeholt werden. Daran schließt sich der Wiedereingliederungsplan an; auf dem Vordruck sind das Einverständnis des Versicherten und des ArbGeb konkret zu bekunden.

16 Der frühzeitig zu beteiligenden und ggf. initiativ tätigen **KK als zentrale Anlaufstelle** obliegt die Organisation und Koordination der stufenweisen Wiedereingliederung; sie regelt ferner die Umsetzung in finanzieller Hinsicht.

C. Wiedereingliederungsverhältnis

I. Rechtnatur und -beziehungen

17 Konstitutiv für das Wiedereingliederungsverhältnis als Rechtsverhältnis eigener Art (§§ 241, 311 Abs. 1 BGB) ist eine **Vereinbarung** über die stufenweise Wiederaufnahme der Tätigkeit zwischen ArbGeb und arbeitsunfähigem ArbN (BAG, NZA 1999, 1295 f.). Entsprechend der Orientierung an therapeutischen Zwecken wird keine Arbeitspflicht im ursprünglichen Sinne begründet (BAG, NZA 2007, 91/93); Gegenstand ist eine der beruflichen Rehabilitation dienende und bezüglich ihrer Wirkungen laufend medizinischer Beurteilung unterliegende Tätigkeit (*von Hoyningen-Huene*, NZA 1992, 49/52). Vorbehaltlich einer besonderen

Regelung (s. *Compensis,* NZA 1992, 631/633) folgt ein Anspruch auf Vergütung weder aus § 74 noch § 612 BGB oder § 812 BGB (BAG, NZA 1999, 1295/1296). Der ArbGeb ist weder verpflichtet, Teilleistungen der ArbN entgegenzunehmen (BAG, NZA 1999, 1295/1296) noch − anders als im Hinblick auf § 81 Abs. 4 S. 1 Nr. 1 SGB IX − „generell deren Teilhabe am Arbeitsleben zu fördern" (BAG, NZA 2007, 91/93).

Ob der letztgenannte Passus eine Öffnung der Rspr. des BAG dahingehend andeutet, dass im Zeichen der Fürsorgepflicht eine **Verpflichtung des Arbeitgebers** zur Eröffnung der Möglichkeit der Wiedereingliederung besteht (offen noch BAG, NZA 1992, 643/644; dafür *Gagel/Schian,* br 2006, 53/55), bleibt abzuwarten. 18

II. Bezug zum Arbeitsverhältnis

Das ursprüngliche Arbeitsverhältnis ruht in seinen Hauptleistungspflichten, strahlt in Form von **Nebenpflichten** jedoch in das Wiedereingliederungsverhältnis aus (BAG, NZA 1992, 643/644). 19

Gemäß **autonomer Bestimmung** steht es den Beteiligten frei, das ursprüngliche Arbeitsverhältnis zu modifizieren oder ein weiteres zu begründen (*Klückmann,* H/N, § 74 Rn. 17 mwN.). Entsprechend der Flexibilität der Wiedereingliederung i. S. einer „einvernehmlich zu findenden Lösung" (ArbU-RL, Anl., Ziff. 2) ist ebenso möglich, das Wiedereingliederungsverhältnis selbst im Sinne realer Leistungen zu gestalten (*Gagel/Schian,* br 2006, 53/55). 20

D. Sozialversicherungsrechtliche Folgen der stufenweisen Wiedereingliederung

Auch während der stufenweisen Wiederaufnahme der Tätigkeit besteht die **Arbeitsunfähigkeit des weiterhin Versicherten** fort (Anrechnungszeit iSv. § 58 Abs. 1 Nr. 1 SGB VI), ebenso der Anspruch auf Zahlung des Krankengeldes, wobei Arbeitsentgelt für Teilarbeit angerechnet wird (BT-Drs. 11/2237, 192; § 49 Abs. 1 Nr. 1 SGB V). 21

Das bisher aus Gründen der Überschreitung der **JAE-Grenze** freiwillig versicherte Mitglied wird nicht durch Erzielung eines unter der Grenze liegenden Teilarbeitsentgelts versicherungspflichtig (BT-Drs. 11/2237, 192). 22

Wer von der Möglichkeit der stufenweisen Wiederaufnahme einer nicht geringfügigen Beschäftigung Gebrauch macht, fällt durch vorübergehende Teilarbeit nicht unter den Kreis der wegen **geringfügiger Beschäftigung** versicherungsfreien Personen, § 27 Abs. 2 S. 2 Nr. 3 SGB III, § 5 Abs. 2 S. 3 SGB VI. 23

§ 75 Inhalt und Umfang der Sicherstellung

(1) ¹**Die Kassenärztlichen Vereinigungen und die Kassenärztlichen Bundesvereinigungen haben die vertragsärztliche Versorgung in dem in § 73 Abs. 2 bezeichneten Umfang sicherzustellen und den Krankenkassen und ihren Verbänden gegenüber die Gewähr dafür zu übernehmen, daß die vertragsärztliche Versorgung den gesetzlichen und vertraglichen Erfordernissen entspricht.** ²**Die Sicherstellung umfaßt auch die vertragsärztliche Versorgung zu den sprechstundenfreien Zeiten (Notdienst), nicht jedoch die notärztliche Versorgung im Rah-**

§ 75

men des Rettungsdienstes, soweit Landesrecht nichts anderes bestimmt. ³Kommt die Kassenärztliche Vereinigung ihrem Sicherstellungsauftrag aus Gründen, die sie zu vertreten hat, nicht nach, können die Krankenkassen die in den Gesamtverträgen nach § 85 oder § 87 a vereinbarten Vergütungen teilweise zurückbehalten. ⁴Die Einzelheiten regeln die Partner der Bundesmantelverträge.

(2) ¹Die Kassenärztlichen Vereinigungen und die Kassenärztlichen Bundesvereinigungen haben die Rechte der Vertragsärzte gegenüber den Krankenkassen wahrzunehmen. ²Sie haben die Erfüllung der den Vertragsärzten obliegenden Pflichten zu überwachen und die Vertragsärzte, soweit notwendig, unter Anwendung der in § 81 Abs. 5 vorgesehenen Maßnahmen zur Erfüllung dieser Pflichten anzuhalten.

(3) ¹Die Kassenärztlichen Vereinigungen und die Kassenärztlichen Bundesvereinigungen haben auch die ärztliche Versorgung von Personen sicherzustellen, die auf Grund dienstrechtlicher Vorschriften über die Gewährung von Heilfürsorge einen Anspruch auf unentgeltliche ärztliche Versorgung haben, soweit die Erfüllung dieses Anspruchs nicht auf andere Weise gewährleistet ist. ²Die ärztlichen Leistungen sind so zu vergüten, wie die Ersatzkassen die vertragsärztlichen Leistungen vergüten. ³Die Sätze 1 und 2 gelten entsprechend für ärztliche Untersuchungen zur Durchführung der allgemeinen Wehrpflicht sowie Untersuchungen zur Vorbereitung von Personalentscheidungen und betriebs- und fürsorgeärztliche Untersuchungen, die von öffentlich-rechtlichen Kostenträgern veranlaßt werden.

(3 a) ¹Die Kassenärztlichen Vereinigungen und die Kassenärztlichen Bundesvereinigungen haben auch die ärztliche Versorgung der in den brancheneinheitlichen Standardtarifen nach § 257 Abs. 2 a in Verbindung mit § 314 und nach § 257 Abs. 2 a in Verbindung mit § 315 [ab 1. 1. 2009: sowie dem brancheneinheitlichen Basistarif nach § 12 Abs. 1 a des Versicherungsaufsichtsgesetzes] Versicherten mit den in diesen Tarifen versicherten ärztlichen Leistungen sicherzustellen. ²Solange und soweit nach Absatz 3 b nichts Abweichendes vereinbart oder festgesetzt wird, sind die in Satz 1 genannten Leistungen einschließlich der belegärztlichen Leistungen nach § 121 nach der Gebührenordnung für Ärzte oder der Gebührenordnung für Zahnärzte mit der Maßgabe zu vergüten, dass Gebühren für die in Abschnitt M des Gebührenverzeichnisses der Gebührenordnung für Ärzte genannten Leistungen sowie für die Leistung nach Nummer 437 des Gebührenverzeichnisses der Gebührenordnung für Ärzte nur bis zum 1,16fachen des Gebührensatzes der Gebührenordnung für Ärzte, Gebühren für die in den Abschnitten A, E und O des Gebührenverzeichnisses der Gebührenordnung für Ärzte genannten Leistungen nur bis zum 1,38fachen des Gebührensatzes der Gebührenordnung für Ärzte, Gebühren für die übrigen Leistungen des Gebührenverzeichnisses der Gebührenordnung für Ärzte nur bis zum 1,8fachen des Gebührensatzes der Gebührenordnung für Ärzte und Gebühren für die Leistungen des Gebührenverzeichnisses der Gebührenordnung für Zahnärzte nur bis zum 2fachen des Gebührensatzes der Gebührenordnung für Zahnärzte berechnet werden dürfen. ³Für die Vergütung von in den §§ 115 b und 116 b bis 119 genannten Leistungen gilt Satz 2 entsprechend, wenn diese für die in Satz 1 genannten Versicherten im Rahmen der dort genannten Tarife erbracht werden.

(3 b) ¹Die Vergütung für die in Absatz 3 a Satz 2 genannten Leistungen kann in Verträgen zwischen dem Verband der privaten Krankenversicherung einheitlich mit Wirkung für die Unternehmen der privaten Krankenversicherung und im Einvernehmen mit den Trägern der Kosten in Krankheits-, Pflege- und Ge-

burtsfällen nach beamtenrechtlichen Vorschriften mit den Kassenärztlichen Vereinigungen oder den Kassenärztlichen Bundesvereinigungen ganz oder teilweise abweichend von den Vorgaben des Absatzes 3a Satz 2 geregelt werden. ²Für den Verband der privaten Krankenversicherung gilt § 12 Abs. 1 d des Versicherungsaufsichtsgesetzes entsprechend. ³Wird zwischen den Beteiligten nach Satz 1 keine Einigung über eine von Absatz 3a Satz 2 abweichende Vergütungsregelung erzielt, kann der Beteiligte, der die Abweichung verlangt, die Schiedsstelle nach Absatz 3c anrufen. ⁴Diese hat innerhalb von drei Monaten über die Gegenstände, über die keine Einigung erzielt werden konnte, zu entscheiden und den Vertragsinhalt festzusetzen. ⁵Die Schiedsstelle hat ihre Entscheidung so zu treffen, dass der Vertragsinhalt

1. den Anforderungen an eine ausreichende, zweckmäßige, wirtschaftliche und in der Qualität gesicherte ärztliche Versorgung der in Absatz 3a Satz 1 genannten Versicherten entspricht,
2. die Vergütungsstrukturen vergleichbarer Leistungen aus dem vertragsärztlichen und privatärztlichen Bereich berücksichtigt und
3. die wirtschaftlichen Interessen der Vertragsärzte sowie die finanziellen Auswirkungen der Vergütungsregelungen auf die Entwicklung der Prämien für die Tarife der in Absatz 3a Satz 1 genannten Versicherten angemessen berücksichtigt.

⁶Wird nach Ablauf einer von den Vertragsparteien nach Satz 1 vereinbarten oder von der Schiedsstelle festgesetzten Vertragslaufzeit keine Einigung über die Vergütung erzielt, gilt der bisherige Vertrag bis zur der Entscheidung der Schiedsstelle weiter. ⁷Für die in Absatz 3a Satz 1 genannten Versicherten und Tarife kann die Vergütung für die in den §§ 115b und 116b bis 119 genannten Leistungen in Verträgen zwischen dem Verband der privaten Krankenversicherung einheitlich mit Wirkung für die Unternehmen der privaten Krankenversicherung und im Einvernehmen mit den Trägern der Kosten in Krankheits-, Pflege- und Geburtsfällen nach beamtenrechtlichen Vorschriften mit den entsprechenden Leistungserbringern oder den sie vertretenden Verbänden ganz oder teilweise abweichend von den Vorgaben des Absatzes 3a Satz 2 und 3 geregelt werden; Satz 2 gilt entsprechend. ⁸Wird nach Ablauf einer von den Vertragsparteien nach Satz 7 vereinbarten Vertragslaufzeit keine Einigung über die Vergütung erzielt, gilt der bisherige Vertrag weiter.

(3c) ¹Die Kassenärztlichen Bundesvereinigungen bilden mit dem Verband der privaten Krankenversicherung je eine gemeinsame Schiedsstelle. ²Sie besteht aus Vertretern der Kassenärztlichen Bundesvereinigung oder der Kassenzahnärztlichen Bundesvereinigung einerseits und Vertretern des Verbandes der privaten Krankenversicherung und der Träger der Kosten in Krankheits-, Pflege- und Geburtsfällen nach beamtenrechtlichen Vorschriften andererseits in gleicher Zahl, einem unparteiischen Vorsitzenden und zwei weiteren unparteiischen Mitgliedern sowie je einem Vertreter des Bundesministeriums der Finanzen und des Bundesministeriums für Gesundheit. ³Die Amtsdauer beträgt vier Jahre. ⁴Über den Vorsitzenden und die weiteren unparteiischen Mitglieder sowie deren Stellvertreter sollen sich die Vertragsparteien einigen. ⁵Kommt eine Einigung nicht zu Stande, gilt § 89 Abs. 3 Satz 4 bis 6 entsprechend. ⁶Im Übrigen gilt § 129 Abs. 9 entsprechend. ⁷Die Aufsicht über die Geschäftsführung der Schiedsstelle führt das Bundesministerium der Finanzen; § 129 Abs. 10 Satz 2 gilt entsprechend.

(4) ¹Die Kassenärztlichen Vereinigungen und die Kassenärztlichen Bundesvereinigungen haben auch die ärztliche Behandlung von Gefangenen in Justiz-

§ 75

vollzugsanstalten in Notfällen außerhalb der Dienstzeiten der Anstaltsärzte und Anstaltszahnärzte sicherzustellen, soweit die Behandlung nicht auf andere Weise gewährleistet ist. 2Absatz 3 Satz 2 gilt entsprechend.

(5) Soweit die ärztliche Versorgung in der knappschaftlichen Krankenversicherung nicht durch Knappschaftsärzte sichergestellt wird, gelten die Absätze 1 und 2 entsprechend.

(6) Mit Zustimmung der Aufsichtsbehörden können die Kassenärztlichen Vereinigungen und Kassenärztlichen Bundesvereinigungen weitere Aufgaben der ärztlichen Versorgung insbesondere für andere Träger der Sozialversicherung übernehmen.

(7) ¹Die Kassenärztlichen Bundesvereinigungen haben
1. die erforderlichen Richtlinien für die Durchführung der von ihnen im Rahmen ihrer Zuständigkeit geschlossenen Verträge aufzustellen,
2. in Richtlinien bis spätestens 30. Juni 2002 die überbezirkliche Durchführung der vertragsärztlichen Versorgung und den Zahlungsausgleich hierfür zwischen den Kassenärztlichen Vereinigungen zu regeln, soweit nicht in Bundesmantelverträgen besondere Vereinbarungen getroffen sind, und
3. Richtlinien über die Betriebs-, Wirtschafts- und Rechnungsführung der Kassenärztlichen Vereinigungen aufzustellen.

²Die Richtlinie nach Satz 1 Nr. 2 muss sicherstellen, dass die für die erbrachte Leistung zur Verfügung stehende Vergütung die Kassenärztliche Vereinigung erreicht, in deren Bezirk die Leistung erbracht wurde; eine Vergütung auf der Basis bundesdurchschnittlicher Verrechnungspunktwerte ist zulässig. ³Die Richtlinie nach Satz 1 Nr. 2 kann auch Regelungen über die Abrechnungs-, Wirtschaftlichkeits- und Qualitätsprüfung sowie über Verfahren bei Disziplinarangelegenheiten bei überörtlichen Berufsausübungsgemeinschaften, die Mitglieder in mehreren Kassenärztlichen Vereinigungen haben, treffen, soweit hierzu nicht in den Bundesmantelverträgen besondere Vereinbarungen getroffen sind.

(7a) ¹Abweichend von Absatz 7 Satz 2 muss die für die ärztliche Versorgung geltende Richtlinie nach Absatz 7 Satz 1 Nr. 2 ab dem 1. Januar 2009 sicherstellen, dass die Kassenärztliche Vereinigung, in deren Bezirk die Leistungen erbracht wurden (Leistungserbringer-KV), von der Kassenärztlichen Vereinigung, in deren Bezirk der Versicherte seinen Wohnort hat (Wohnort-KV), für die erbrachten Leistungen jeweils die entsprechenden Vergütungen der in der Leistungserbringer-KV geltenden Euro-Gebührenordnung nach § 87a Abs. 2 erhält. ²Dabei ist das Benehmen mit dem Spitzenverband Bund herzustellen.

(8) Die Kassenärztlichen Vereinigungen und die Kassenärztlichen Bundesvereinigungen haben durch geeignete Maßnahmen darauf hinzuwirken, daß die zur Ableistung der Vorbereitungszeiten von Ärzten sowie die zur allgemeinmedizinischen Weiterbildung in den Praxen niedergelassener Vertragsärzte benötigten Plätze zur Verfügung stehen.

(9) Die Kassenärztlichen Vereinigungen sind verpflichtet, mit Einrichtungen nach § 13 des Schwangerschaftskonfliktgesetzes auf deren Verlangen Verträge über die ambulante Erbringung der in § 24b aufgeführten ärztlichen Leistungen zu schließen und die Leistungen außerhalb des Verteilungsmaßstabes nach den zwischen den Kassenärztlichen Vereinigungen und den Einrichtungen nach § 13 des Schwangerschaftskonfliktgesetzes oder deren Verbänden vereinbarten Sätzen zu vergüten.

4. Kapitel. 2. Abschnitt. 1. Titel **§ 75**

Schrifttum: *P. Axer,* Normsetzung der Exekutive in der Sozialversicherung, 2001; *T. Clemens,* Der Kassenarzt im Spannungsfeld zwischen der Meinungsfreiheit und beruflichen Sanktionen, FS 50 Jahre BSG, 2004, 373; *S. Huster,* Vergütungsvereinbarungen ohne Grundrechtsschutz?, VSSR 1993, 195; *W. Möschel,* Welche rechtlichen Rahmenbedingungen gelten für Krankenkassen, wenn der Sicherstellungsauftrag auf die Krankenkassen übergeht?, MedR 2003, 133; *T. Muschallik,* Die Zukunft des Sicherstellungsauftrages durch die Kassenzahnärztlichen Vereinigungen unter Berücksichtigung neuer Versorgungsformen – aus Sicht der Kassenzahnärztlichen Vereinigungen, MedR 2003, 139; *V. Neumann,* Solidarische Wettbewerbsordnung statt Vertragsarztrecht?, NZS 2002, 561; *H. Plagemann,* Der Schadensersatzanspruch der Krankenkasse gegen den Kassenarzt bei ärztlichem Kunstfehler, NJW 1984, 1377; *B. Schrinner,* Bedeutung, Umfang und Grenzen des Sicherstellungsauftrags der Kassenärztlichen Vereinigungen gemäß § 75 Abs. 1 SGB V, seine Defizite und deren mögliche Beseitigung, Diss. Bonn, 1996.

Inhaltsübersicht

	Rn.
A. Überblick	1
B. Sicherstellungsauftrag	2
I. Bedeutung und Umfang, Abs. 1	2
1. Bedeutung	2
2. Umfang	4
3. Maßnahmen und Rechtsfolgen	6
II. Erweiterungen des Sicherstellungsauftrags	8
1. Heilfürsorge und Personaluntersuchungen, Abs. 3	9
2. Privatversicherte in einem Standard- oder Basistarif, Abs. 3a–3c	10
3. Justizvollzugsanstalten, Abs. 4	11
4. Knappschaftliche Krankenversicherung, Abs. 5	12
5. Übernahme weiterer Sicherstellungsaufgaben, Abs. 6	13
C. Gewährleistungsauftrag	14
D. Rechtswahrnehmungsauftrag, Abs. 2 S. 1	15
E. Sonstige Aufgaben	17
I. Richtlinien der KBVen, Abs. 7, 7a	17
II. Plätze zur Ableistung der Vorbereitungszeit und der Weiterbildung, Abs. 8	20
III. Schwangerschaftsabbruch, Abs. 9	21

A. Überblick

Die Norm regelt grundlegend den **Sicherstellungsauftrag** (Rn. 2 ff.), den **1** **Gewährleistungsauftrag** (Rn. 14 ff.), den **Rechtswahrnehmungsauftrag** (Rn. 15 f.) sowie sonstige Aufgaben (Rn. 17 ff.) der KVen (und der KBVen) im Rahmen der ambulanten vertragsärztlichen Versorgung. Sie gehört zu den traditionellen und zentralen Vorschriften des Vertragsarztrechts. Durch das GKV-WSG wurde insbesondere in den neu eingefügten Abs. 3 a–3 c der Sicherstellungsauftrag auf die Versorgung der in einem Standard- bzw. Basistarif Privatversicherten ausgedehnt.

B. Sicherstellungsauftrag

I. Bedeutung und Umfang, Abs. 1

1. Bedeutung

Der Auftrag der KVen, die ambulante vertragsärztliche Versorgung sicherzu- **2** stellen, ist die Konsequenz der **kollektivvertraglichen Organisation** der GKV und des **Sachleistungsprinzips** (vgl. § 2 Abs. 2). Da es den KKen grundsätzlich verwehrt ist, selbst die Versorgung ihrer Versicherten sicherzustellen oder dazu in

Rechtsbeziehungen zu den einzelnen Ärzten zu treten, kommt diese Sicherstellungsaufgabe ausschließlich („Sicherstellungsmonopol", vgl. aber auch § 72 a) den KVen als Zusammenschlüssen der Vertragsärzte und Vertragspartnern der KKen zu (zum Verhältnis dieses besonderen Sicherstellungsauftrags zum allgemeinen Sicherstellungsauftrag des § 72 Abs. 1 S. 1 vgl. § 72 Rn. 3).

3   Dementsprechend ist der Sicherstellungsauftrag der KVen **eingeschränkt** (vgl. ausdrücklich §§ 73 b Abs. 4 S. 5, 73 c Abs. 3 S. 4, 140 a Abs. 1 S. 3), soweit – wie etwa nach §§ 63 ff., 73 b, 73 c, 140 a ff. – den KKen der Abschluss von Selektivverträgen mit einzelnen Vertragsärzten gesetzlich ermöglicht wird (vgl. dazu und zu den Folgen *Möschel,* MedR 2003, 133/133 ff.; *Muschallik,* MedR 2003, 139/139 ff.; *Neumann,* NZS 2002, 561/562; *Schiller,* HVAR, § 5A Rn. 119 ff.).

2. Umfang

4   Der **Umfang** des Sicherstellungsauftrages nach S. 1 ergibt sich aus dem Verweis auf § 73 Abs. 2 und den dort beschriebenen Umfang der vertrags(zahn)ärztlichen Versorgung, die nach § 73 Abs. 3 durch Regelungen in den Gesamtverträgen um Maßnahmen zur Vorsorge und Rehabilitation erweitert werden kann.

5   S. 2 stellt klar, dass die vertragsärztliche Versorgung und der Sicherstellungsauftrag auch den **Notdienst** umfassen, nicht jedoch den notärztlichen Rettungsdienst. Die Teilnahme am Notdienst ist Verpflichtung und Recht des Vertragsarztes, soweit er dazu geeignet ist. Die Organisation des Notdienstes können die KVen auch den Ärztekammern überlassen oder mit diesen gemeinsam durchführen (vgl. zu alldem BSGE 33, 165 ff.; 44, 252 ff.; 44, 260 ff.; BSG, MedR 2007, 504/504 ff.; *Hencke,* Peters, KV, § 75 Rn. 6 ff.; *Hess,* KK, § 75 Rn. 22 ff.).

3. Maßnahmen und Rechtsfolgen

6   Die KVen erfüllen ihren Auftrag zur Sicherstellung der vertragsärztlichen Versorgung durch die zugelassenen (Zahn-)Ärzte und MVZs, durch ermächtigte Ärzte und ärztlich geleitete Einrichtungen (vgl. § 95 Abs. 1 S. 1) sowie durch zugelassene oder ermächtigte Psychotherapeuten (vgl. § 95 Abs. 10 ff.). Daher haben sie eine ausreichende Anzahl von Leistungserbringern zuzulassen; dies geschieht gemeinsam mit den KKen durch die Zulassungsausschüsse (vgl. § 96). Zur Sicherstellung, Verbesserung und Förderung der Versorgung haben die KVen im Übrigen alle geeigneten **Maßnahmen** zu ergreifen (§ 105 Abs. 1 S. 1).

7   Seit dem GMG haben die KKen nach S. 3 die Möglichkeit, die vereinbarte **Gesamtvergütung** teilweise zurückzubehalten, wenn die KV aus von ihr zu vertretenden Gründen den Sicherstellungsauftrag nicht erfüllt; Einzelheiten dazu regeln nach S. 4 die Partner der Bundesmantelverträge (§ 82).

II. Erweiterungen des Sicherstellungsauftrags

8   Die Abs. 3–6 erweitern den Sicherstellungsauftrag über die vertragsärztliche Versorgung der gesetzlich Versicherten hinaus (zur Verfassungsmäßigkeit dieser Erweiterungen vgl. BVerfGE 62, 354/365 ff.).

1. Heilfürsorge und Personaluntersuchungen, Abs. 3

9   Nach S. 1 ist auch die Versorgung von Personen sicherzustellen, die – wie etwa Angehörige der Bundeswehr und Polizeibeamte – gegen ihren Dienstherrn einen Anspruch auf freie **Heilfürsorge** haben; die KBVen haben insoweit mit den zuständigen Bundes- und Landesministerien Verträge geschlossen (vgl. näher *Hess,*

KK, § 75 Rn. 37; zum Verhältnis von KV und Kostenträger vgl. BSG, SozR 3–2500, § 73 Nr. 11 S. 48 ff.). Die Vergütung der ärztlichen Leistungen erfolgt nach den Vergütungsregelungen der Ersatzkassen (S. 2). Dies gilt auch für die Durchführung bestimmter **Personaluntersuchungen,** die von öffentlich-rechtlichen Kostenträgern veranlasst werden (S. 3).

2. Privatversicherte in einem Standard- oder Basistarif, Abs. 3 a–3 c

Die Abs. 3a-c, die durch das GKV-WSG in das Gesetz aufgenommen wurden 10 und ihre jetzige Gestalt erst im Gesundheitsausschuss gefunden haben (vgl. die Begründung in BT-Drs. 16/4247, 37 f.), erstrecken den Sicherstellungsauftrag jetzt auch auf die (zahn-)ärztliche Versorgung der Privatversicherten, die in einem bereits bestehenden **Standardtarif,** in einem Standardtarif für Personen, die bisher ohne Versicherungsschutz waren (vgl. § 315), oder – mit Geltung ab dem 1. 1. 2009 – in einem **Basistarif** (§ 12 Abs. 1 a VVG) versichert sind (Abs. 3 a S. 1). Der Gesetzgeber hielt dies für erforderlich, um den Versorgungsanspruch dieser Personengruppen angesichts der fehlenden allgemeinen Behandlungspflicht im privatärztlichen Bereich zu gewährleisten (vgl. BT-Drs. 16/3100, 116).

Die **Vergütung** der entsprechenden ambulanten Leistungen der Ärzte und anderer Leistungserbringer ist in Abs. 3 a S. 2 und 3 geregelt. Allerdings können nach Abs. 3 b S. 1 der Verband der PKV und die KVen Verträge abschließen, die von den Vorgaben des Abs. 3 a S. 2 für die Vergütung der ärztlichen Leistungen abweichen; Entsprechendes gilt für die anderen Leistungserbringer, die ambulante ärztliche Leistungen erbringen (Abs. 3 b S. 7). Die KBV und die KZBV bilden jeweils nach Abs. 3 c mit dem Verband der PKV eine **Schiedsstelle,** die im Falle der Nichteinigung über den Inhalt der Vergütungsverträge entscheidet (vgl. Abs. 3 b S. 3–6).

3. Justizvollzugsanstalten, Abs. 4

Nach Abs. 4 ist sicherzustellen, dass die Gefangenen in **Justizvollzugsanstal-** 11 **ten** vom ärztlichen Notdienst erfasst werden.

4. Knappschaftliche Krankenversicherung, Abs. 5

Die Vorschrift ist aufgrund des § 72 Abs. 3 an sich überflüssig; ihre Funktion 12 liegt daher darin, das Sprengelarztsystem in der knappschaftlichen Krankenversicherung gegenüber dem Sicherstellungsauftrag der KV abzusichern (*Hess,* KK, § 75 Rn. 40).

5. Übernahme weiterer Sicherstellungsaufgaben, Abs. 6

Die **Übernahme weiterer Aufgaben** der ärztlichen Versorgung durch die 13 KVen, die Abs. 6 mit Zustimmung der Aufsichtsbehörden ermöglicht, ist durch eine Reihe von Verträgen – etwa mit den Berufsgenossenschaften zur Durchführung der Heilbehandlung nach § 34 SGB VII, mit der Krankenversorgung der Bundesbahnbeamten und mit der Postbeamtenkrankenkasse – erfolgt.

C. Gewährleistungsauftrag

Die Pflicht der KVen, gegenüber den KKen die Gewähr dafür zu übernehmen, 14 dass die vertragsärztliche Versorgung den gesetzlichen und vertraglichen Erfordernissen entspricht (Abs. 1 S. 1), ergänzt den Sicherstellungsauftrag. Ausdruck dieses **Gewährleistungsauftrags** ist die Überwachungspflicht nach Abs. 2 S. 2; die Einhaltung der Pflichten kann mit den nach § 81 Abs. 5 in der Satzung der KV vorzusehenden Disziplinarmaßnahmen durchgesetzt werden. Soweit die Pflichtverletzung eines Vertragsarztes in der fehlerhaften Behandlung eines Versicherten liegt und der KK dadurch ein Vermögensschaden entsteht, kann die KV aufgrund ihrer Gewährleistungspflicht verschuldensunabhängig gegenüber der KK für diesen Schaden haften (BSGE 55, 144/146 ff.; krit. dazu *Hess,* KK, § 75 Rn. 11; *Plagemann,* NJW 1984, 1377/1378 ff.). Von großer praktischer Bedeutung ist die Gewährleistungspflicht der KV mit Blick auf die Prüfung der ordnungsgemäßen **Leistungsabrechnung** (vgl. dazu auch §§ 106, 106 a; näher dazu *Hess,* KK, § 75 Rn. 15 ff.; zur Bedeutung des Gewährleistungsauftrags für die Erstattungspflicht der KV vgl. BSGE 61, 19/22 ff.).

D. Rechtswahrnehmungsauftrag, Abs. 2 S. 1

15 In einem gewissen Spannungsverhältnis zum Sicherstellungs- und Gewährleistungsauftrag (vgl. *Schiller,* HVAR, § 5A Rn. 140) steht die Aufgabe der KVen nach Abs. 2 S. 1, die **Rechte der Vertragsärzte** gegenüber den KKen – und fakultativ auch gegenüber anderen Institutionen – **wahrzunehmen.** Diese Aufgabenzuweisung spricht im Übrigen – gegen die hM. (vgl. BVerfGE 62, 354/369 f.; 70, 1/16) – dafür, den KVen insoweit **Grundrechtsfähigkeit** zuzugestehen (vgl. *Huster,* VSSR 1993, 195/213 ff.); die Argumentation, auch diese Aufgabe sei lediglich Ausdruck des Sicherstellungsauftrages, weil ohne eine abgesicherte Rechtsposition keine Ärzte für die vertragsärztliche Versorgung zu gewinnen seien (so etwa *Axer,* Normsetzung, 265), überzeugt kaum.

16 In der Sache erfüllen die KVen diese Aufgabe insbesondere durch die Vereinbarung der **Kollektivverträge** mit den KKen. Standespolitische öffentliche Äußerungen sind zulässig, wenn sie dem Gebot der Sachlichkeit genügen; ein allgemeinpolitisches Mandat kommt den KVen dagegen nicht zu (vgl. näher dazu LSG NRW, Breith. 1979, 393/401 ff.; LSG Berlin, NZS 2002, 386/387 ff.; *Clemens,* FS-BSG, 373 ff.; *Schiller,* HVAR, § 5A Rn. 135 f.). Ein Recht zur Information der Vertragsärzte über Nutzen und Kosten von medizinischen Behandlungsmaßnahmen ist den KVen jetzt ausdrücklich in § 73 Abs. 8 eingeräumt.

E. Sonstige Aufgaben

I. Richtlinien der KBVen, Abs. 7, 7 a

17 Die KBVen können gegenüber den KVen keine Einzelweisungen erteilen. Abs. 7 S. 1 ermächtigt und verpflichtet sie aber, auf drei Fragenkreisen **Richtlinien** zu erlassen, die nach § 81 Abs. 3 Nr. 2 in den Satzungen der KV für die KV und deren Mitglieder für verbindlich erklärt werden müssen.

18 Im Einzelnen handelt es sich zunächst um **Vertragsrichtlinien** (Abs. 7 S. 1 Nr. 1), die die einheitliche Durchführung der von den KBVen geschlossenen Kollektivverträge sicherstellen sollen; ob derartige Richtlinien erforderlich sind, obliegt der pflichtgemäßen Beurteilung der KBVen. Ferner sind **Richtlinien über die Betriebs-, Wirtschafts- und Rechnungsführung** der KVen (Abs. 7 S. 1 Nr. 3) zu erlassen, die die für die KVen entsprechend geltenden (vgl. § 78 Abs. 3 S. 3) haushaltsrechtlichen Regelungen des SGB IV ergänzen.

19 Eine ausführlichere Regelung in Abs. 7 S. 2 und 3 haben schließlich die Richtlinien zum **Fremdkassen(zahlungs)ausgleich** (Abs. 7 S. 1 Nr. 2) gefunden, der

erforderlich wird, wenn sich ein Versicherter von einem Arzt außerhalb der KV behandeln lässt, an den seine KK die Gesamtvergütung entrichtet (vgl. dazu näher *Hess,* KK, § 75 Rn. 44 f.). Der durch das GKV-WSG eingefügte Abs. 7 a stellt sicher, dass das Verfahren des Fremdkassenzahlungsausgleichs auch ab 1. 1. 2009 nach der Einführung des neuen Honorarsystems bei den KBVen verbleibt (vgl. BT-Drs. 16/4247, 38).

II. Plätze zur Ableistung der Vorbereitungszeit und der Weiterbildung, Abs. 8

Die Regelung erweitert den Sicherstellungsauftrag der KVen auf die Voraussetzungen der Ableistung der **Vorbereitungszeiten** und der **Weiterbildung,** die für die Eintragung in das Arztregister für Vertragsärzte (§ 95 a) von Bedeutung sind. Die KVen können die Vertragsärzte allerdings nicht verpflichten, Plätze in entsprechender Anzahl zur Verfügung zu stellen, sondern lediglich dafür werben und finanzielle Anreize bieten (näher dazu *Hess,* KK, § 75 Rn. 47). 20

III. Schwangerschaftsabbruch, Abs. 9

Abs. 9 regelt die Sicherstellung der ambulanten Erbringung von **Schwangerschaftsabbrüchen** (§ 24 b) durch besondere Verträge mit Einrichtungen nach § 13 des Schwangerschaftskonfliktgesetzes (vgl. näher dazu § 24 b Rn. 12). 21

§ 76 Freie Arztwahl

(1) ¹Die Versicherten können unter den zur vertragsärztlichen Versorgung zugelassenen Ärzten, den medizinischen Versorgungszentren, den ermächtigten Ärzten, den ermächtigten oder nach § 116 b an der ambulanten Versorgung teilnehmenden Einrichtungen, den Zahnkliniken der Krankenkassen, den Eigeneinrichtungen der Krankenkassen nach § 140 Abs. 2 Satz 2, den nach § 72 a Abs. 3 vertraglich zur ärztlichen Behandlung verpflichteten Ärzten und Zahnärzten, den zum ambulanten Operieren zugelassenen Krankenhäusern sowie den Einrichtungen nach § 75 Abs. 9 frei wählen. Andere Ärzte dürfen nur in Notfällen in Anspruch genommen werden. ²Die Inanspruchnahme der Eigeneinrichtungen der Krankenkassen nach § 140 Abs. 1 und 2 Satz 1 richtet sich nach den hierüber abgeschlossenen Verträgen. ³Die Zahl der Eigeneinrichtungen darf auf Grund vertraglicher Vereinbarung vermehrt werden, wenn die Voraussetzungen des § 140 Abs. 2 Satz 1 erfüllt sind.

(2) Wird ohne zwingenden Grund ein anderer als einer der nächsterreichbaren an der vertragsärztlichen Versorgung teilnehmenden Ärzte, Einrichtungen oder medizinische Versorgungszentren in Anspruch genommen, hat der Versicherte die Mehrkosten zu tragen.

(3) ¹Die Versicherten sollen den an der vertragsärztlichen Versorgung teilnehmenden Arzt innerhalb eines Kalendervierteljahres nur bei Vorliegen eines wichtigen Grundes wechseln. ²Der Versicherte wählt einen Hausarzt. ³Der Arzt hat den Versicherten vorab über Inhalt und Umfang der hausärztlichen Versorgung (§ 73) zu unterrichten; eine Teilnahme an der hausärztlichen Versorgung hat er auf seinem Praxisschild anzugeben.

(3 a) **Die Partner der Verträge nach § 82 Abs. 1 haben geeignete Maßnahmen zu vereinbaren, die eine unkoordinierte Mehrfachinanspruchnahme von Ver-**

§ 76 Freie Arztwahl

tragsärzten entgegenwirken und den Informationsaustausch zwischen vor- und nachbehandelnden Ärzten gewährleisten.

(4) **Die Übernahme der Behandlung verpflichtet die in Absatz 1 genannten Personen oder Einrichtungen dem Versicherten gegenüber zur Sorgfalt nach den Vorschriften des bürgerlichen Vertragsrechts.**

(5) [1]Die Versicherten der knappschaftlichen Krankenversicherung können unter den Knappschaftsärzten und den in Absatz 1 genannten Personen und Einrichtungen frei wählen. [2]Die Absätze 2 bis 4 gelten entsprechend.

Schrifttum: *P. Hinz,* Neue Versorgungsformen im Gesundheitsmodernisierungsgesetz (GMG) seit dem 1.1.2004, Die Leistungen 2004, 513; *A. Schmidt/T. Schöne,* Freie Arztwahl der freiwillig Versicherten in der GKV?, MDR 1994, 755; *E. Wälzig,* Die gesetzliche Krankenversicherung – ein Modell mit Zukunft. Freie Arztwahl – freier Zugang zu Leistungen, ErsK. 2003, 346; *P. Wigge,* Wahlfreiheit oder Bindung der Versicherten, VSSR 1996, 399; *M. Wilhelm,* Haftung der Krankenkassen im Zusammenhang mit strukturierten Behandlungsprogrammen, VSSR 2005, 469.

Inhaltsübersicht

	Rn.
A. Überblick	1
B. Freie Arztwahl	4
I. Inhaltlicher Grundsatz und verfassungsnormative Verankerung	4
II. Beschränkungen	5
1. Inhaltliche Beschränkungen, Abs. 1	5
a) Zugelassene Ärzte und Einrichtungen	6
b) Ermächtigte Ärzte und Einrichtungen	9
c) Sonstige Fallkonstellationen	13
2. Räumliche Beschränkungen, Abs. 2	16
3. Zeitlich wirkende Beschränkungen, Abs. 3	17
C. Notfallbehandlung, Abs. 1 S. 2	18
D. Vermeidung unkoordinierter Mehrfachinanspruchnahmen, Abs. 3 a	21
E. Versorgungs- und Vertragskonzeption, Abs. 4	22
F. Knappschaftliche Versicherung, Abs. 5	24
G. Änderungen durch das Pflege-Weiterentwicklungsgesetz	25

A. Überblick

1 § 76 wurde als Teil des GRG in das SGB V eingefügt; die Regelung übernahm die wesentlichen Grundsätze des bisherigen Rechts, wie sie zu § 368 d RVO entwickelt worden waren. Schon zu § 368 d Abs. 1 RVO bestand Einigkeit, dass die normierte freie Arztwahl ungeachtet der einfachrechtlichen Gesetzesformulierung und verfassungsrechtlichen Verankerung im Grunde nur eine recht beschränkte freie Arztwahl darstellt (vgl. zur Rechtslage nach § 368 d Abs. 1 RVO etwa *Heinemann-Liebold,* Kassenarztrecht, Bd. I, 4. Aufl., 1971, Rn. C 146). Auch im SGB wird der Grundsatz freier Arztwahl zwar zunächst in § 76 Abs. 1 S. 1 näher ausgestaltet, unterliegt aber sodann den räumlichen und zeitlichen Beschränkungen der Abs. 2 und 3 (BSGE 58, 18/24). Seitdem die psychologischen Psychotherapeuten durch das Psychotherapeutengesetz in die vertragsärztliche Versorgung eingebettet wurden, bezieht sich der Grundsatz freier Arztwahl in entsprechender Anwendung auch auf sie.

2 Neben der Notfallregelung in § 76 Abs. 1 S. 2 enthalten die Abs. 2–4 vor allem Bestimmungen, vermittels derer der Gesetzgeber (vermeintlichen oder tatsächlichen) Missbräuchen des Grundsatzes freier Arztwahl entgegenwirken will (Abs. 2 enthält eine Obliegenheit zur Vermeidung unnötiger Mehrkosten, Abs. 3 eine

Regelung zur sog. Quartalsbindung, Abs. 3 a versucht, unkoordinierte Mehrfachinanspruchnahmen zu unterbinden). Abs. 4 stellt eine der umstritteneren Bestimmungen des SGB V dar, weil nach wie vor unklar ist, welche Bedeutung dem dortigen Verweis auf die Vorschriften des bürgerlichen Vertragsrechts in Bezug auf die Rechtsbeziehungen zwischen Arzt und Patient zukommt. Abs. 5 bezieht die Arztwahlfreiheit auf Versicherte der knappschaftlichen Versicherung.

In der Rechtsprechung (SG Stade v. 1. 2. 2007, S 1 KR 212/05 sowie S 1 K 43/ **3** 05) wird zum Teil die Ansicht vertreten, dass das Recht auf freie Arztwahl keine abschließende Regelung darstelle. Begründet wird dies mit der systematischen Stellung der Vorschrift im Fünften Sozialgesetzbuch. Das Recht der Freien Arztwahl sei demnach in erster Linie ein (Schutz-)Recht der zugelassenen ambulanten Leistungserbringer, um zu verhindern, dass die gesetzlichen KKen für die Versicherten bei der notwendigen medizinischen Versorgung den oder die Leistungserbringer bestimmen und damit die vertragsärztliche Versorgung in ihrem Sinne steuern. Die Möglichkeit der Versicherten, ausnahmsweise auch Leistungserbringer außerhalb des vertragsärztlichen Versorgungssystems im Rahmen einer privatrechtlichen Entscheidung zu wählen, bleibe davon unberührt.

B. Freie Arztwahl

I. Inhaltlicher Grundsatz und verfassungsnormative Verankerung

Der Grundsatz freier Arztwahl bedeutet zunächst, dass sich die versicherten Patienten der GKV grundsätzlich von einem Arzt ihres Vertrauens behandeln lassen dürfen und diesen Arzt im Ansatz nach eigenem Gutdünken frei auswählen dürfen. Verfassungsrechtlich weist der Grundsatz freier Arztwahl unterschiedliche Verankerungen und Ausprägungen auf. Das Recht, einen Arzt des eigenen Vertrauens aufzusuchen und sich behandeln zu lassen, findet – akzentuiert man zunächst die Wahlfreiheit – seine verfassungsrechtliche Grundlage in der allgemeinen Verhaltensfreiheit, Art. 2 Abs. 1 GG und – soweit das besondere Vertrauensverhältnis zwischen Arzt und Patient in den Fokus gerät – im Allgemeinen Persönlichkeitsrecht. Grundrechtsdogmatisch steht beim Recht auf freie Arztwahl, ungeachtet der insoweit leicht missverständlichen Terminologie, das Abwehrrecht gegen reglementierende Eingriffe des Staates im Vordergrund (*Neumann,* NZS 2002, 561/562), es umfasst mithin keinen gegen den Arzt oder den Staat gerichteten Verschaffungsanspruch (*Wigge,* VSSR 1996, 399/413 f., „kein soziales Grundrecht"). Auf dieser Linie hat das BVerfG, das im Übrigen wie auch das BVerwG (BVerwGE 60, 367/370) die Frage einer ausdrücklichen Verankerung in Art. 2 Abs. 1 GG offen gelassen hat, entschieden, dass Versicherten der GKV nur ein Anspruch auf ausreichende ärztliche Versorgung zustehe und der Gesetzgeber deshalb das Recht der freien Arztwahl grundsätzlich auf den Kreis der zugelassenen Ärzte beschränken dürfe (BVerfGE 36, 286/303 f.). Tragender Grund der Beschränkung sei der Schutz der Solidargemeinschaft vor nicht finanzierbaren Ansprüchen (BVerwGE 60, 367/371).

II. Beschränkungen

1. Inhaltliche Beschränkungen, Abs. 1

Die in Abs. 1 gleichsam nur aufgezählten Beschränkungen des Grundsatzes **5** freier Arztwahl lassen sich vereinfachend drei Gruppen zuordnen: (1) Beschrän-

§ 76 Freie Arztwahl

kungen des Grundsatzes freier Arztwahl auf zugelassene Ärzte bzw. Einrichtungen, (2) Beschränkungen im Rahmen von Ermächtigungen und (3) sonstige Beschränkungen.

6 **a) Zugelassene Ärzte und Einrichtungen.** Die Arztwahlfreiheit bezieht sich zunächst auf die zugelassenen (§§ 95 ff.) Ärzte, ist aber insoweit auch bereits eingeschränkt, als die Kassenzulassung für eine bestimmte Gebiets- oder Teilgebietsbezeichnung das Leistungsangebot des jeweils gewählten Arztes begrenzt (*Auktor,* H/K, § 76 Rn. 6). Die Beschränkung auf das jeweilige Fachgebiet hat die Rechtsprechung nicht in Frage gestellt (BVerfGE 33, 125/168; BSGE 58, 18/22, Begrenzung eines Radiologen auf das Fachgebiet Radiologie).

7 Die freie Arztwahl bezieht sich weiter auf die sog. Medizinischen Versorgungszentren. Sie wurden durch das GMG mit dem Ziel der Versorgung der Versicherten aus „einer Hand" geschaffen. Sie stellen gemäß § 95 Abs. 1 S. 2 ambulante fachübergreifende, ärztlich geleitete Einrichtungen, in denen Ärzte, die in das Arztregister eingetragen sind, als Angestellte oder als Vertragsärzte tätig sind (zum Versuch, damit eine sektortranszendierende Versorgungsform zu etablieren vgl. *Lang,* VSSR 2008, 1/13 ff.) Sie nehmen – genau wie die zugelassenen Ärzte – an der vertragsärztlichen Versorgung teil (zur berufsgrundrechtlichen Problematik *Butzer,* NZS 2005, 344/344 ff.).

8 Der Gesetzgeber hat in den letzten Jahren die Möglichkeiten zur ambulanten Behandlung im Krankenhaus umfangreich erweitert. So können KKen oder ihre Landesverbände im Rahmen von DMPs mit Krankenhäusern schon seit 2004 Verträge über ambulante Behandlungen schließen. Nach § 116b Abs. 1 sind die ambulant durchführbaren Operationen und stationsersetzenden Eingriffe katalogmäßig zu erfassen. Nach § 116b Abs. 2 sind die Krankenhäuser zur ambulanten Durchführung der in dem Katalog genannten Operationen und stationsersetzenden Eingriffe zugelassen. § 76 Abs. 1 stellt klar, dass die Freiheit der Arztwahl auch bei einer solchen ambulanten Behandlung im Krankenhaus besteht. Das Recht des Patienten auf die freie Arztwahl gilt ebenso auch bei ambulanten Operationen.

9 **b) Ermächtigte Ärzte und Einrichtungen.** Nach § 31 der ZV-Ärzte können die Zulassungsausschüsse unter bestimmten dort näher bezeichneten Voraussetzungen über den Kreis der zugelassenen Ärzte weitere Ärzte, insbesondere in Krankenhäusern und Einrichtungen der beruflichen Rehabilitation, oder in besonderen Fällen Einrichtungen zur Teilnahme an der vertragsärztlichen Versorgung ermächtigen.

10 Dabei dient das Institut der Ermächtigung der Schließung von Versorgungslücken unter grundsätzlicher Wahrung des Vorrangs der vertragsärztlichen Versorgung (BSGE 73, 25/28 f.; *Hänlein,* H/K, § 116 Rn. 2). Gegenstand der Ermächtigung ist die Erlaubnis, an der vertragsärztlichen Versorgung der Versicherten teilzunehmen; er entspricht dann spiegelbildlich dem Anspruch der Versicherten auf freie Wahl unter den Ermächtigten.

11 Bei den danach ermächtigten Ärzten bestehen umfassende, der Rechtslage nach § 95 vergleichbare, Versorgungsfunktionen; bei allen übrigen ermächtigten Ärzten ist die Inanspruchnahme in der Regel auf Überweisung durch einen Vertragsarzt beschränkt (vgl. *Hess,* KK, § 76 Rn. 5). Nach § 76 Abs. 1 S. 1 besteht auch insoweit Arztwahlfreiheit. Besondere Probleme entstehen bei der Beschränkung einer Ermächtigung auf namentliche Überweisung. Das BSG hat insoweit im Ansatz der freien Arztwahl Vorrang zugebilligt und Ausnahmen zunächst dann zugelassen, wenn der in Rede stehende Arzt als einziger für die Leistung in Betracht kommt

(BSGE 60, 291/296). Als zulässig sieht das Gericht weiterhin die Beschränkung der Ermächtigung in Fällen konsiliarischer Beratung eines Vertragsarztes und zur ambulanten Nachbehandlung nach einer stationären Krankenhausbehandlung an (BSGE 60, 291/296 f.).

Einrichtungen wie etwa Polikliniken, Psychiatrische Institutsambulanzen, Sozialpädiatrische Zentren und Einrichtungen der Behindertenhilfe müssen bzw. können ähnlich wie Krankenhausärzte zur Teilnahme an der ambulanten Versorgung ermächtigt werden. Zumeist handelt es sich hierbei nur um Spezialuntersuchungen, wie etwa humangenetische Untersuchungen (*Hess*, KK, § 76 Rn. 6). 12

c) Sonstige Fallkonstellationen. Zu den in § 76 Abs. 1 S. 1 ebenfalls genannten ermächtigten Einrichtungen gehören weiterhin die Zahnkliniken und Eigeneinrichtungen der KKen nach § 140 Abs. 2 S. 2. Eigeneinrichtungen sind Behandlungseinrichtungen zur Versorgung der Versicherten wie etwa kasseneigene Ambulatorien, Röntgen- und medizinisch-diagnostische Institute. Zu den Eigeneinrichtungen der KKen zählen auch die Zahnkliniken. Die freie Arztwahl beschränkt sich in diesen Fällen nur auf die Wahl der Klinik, nicht auf einen bestimmten in ihr wirkenden Arzt (*Klückmann*, H/N, § 76 Rn. 16 a). 13

§ 73 a Abs. 3 enthält eine Regelung für den Fall, dass die KKen den Sicherstellungsauftrag erfüllen. Die KKen respektive deren Landesverbände bzw. die Verbände der Ersatzkassen schließen dann gemeinsam und einheitlich Einzel- oder Gruppenverträge mit Ärzten, Zahnärzten, Krankenhäusern oder sonstigen geeigneten Einrichtungen; auch in diesen Fällen bleibt der Grundsatz freier Arztwahl bestehen. 14

Besondere Bedeutung kommt dem Grundsatz freier Arztwahl schließlich auch in Fällen bestehender Schwangerschaftskonflikte zu. § 76 Abs. 1 trägt dem Rechnung und ordnet die Geltung des Grundsatzes freier Arztwahl auch bei in diesem Zusammenhang erbrachter Leistungen (§ 13 Schwangerschaftskonfliktgesetz, § 24 b) an. 15

2. Räumliche Beschränkungen, Abs. 2

§ 76 Abs. 2 verpflichtet den Versicherten dazu, einen der nächsterreichbaren Ärzte in Anspruch zu nehmen. Andernfalls muss er die Mehrkosten tragen, wenn nicht ein zwingender Grund die getroffene Arztwahl rechtfertigt. Die Vorschrift, Ausdruck des Wirtschaftlichkeitsgebots (BSG, NJW 1982, 1350/1350), hat kaum noch praktische Bedeutung, nachdem als Mehrkosten im genannten Sinne im Wesentlichen die Fahrtkosten angesehen werden können und eben jene ehedem durch § 194 RVO erstattungsfähigen Fahrtkosten ohnehin grundsätzlich keine Leistungen der GKV mehr darstellen. Werden ausnahmsweise doch Fahrtkosten geltend gemacht, soll einer der nächsterreichbaren Ärzte konsultiert werden; das ist wie die Gesetzesformulierung zeigt, nicht zwingend der nächsterreichbare Arzt, sondern derjenige, bei dessen Inanspruchnahme durch den Versicherten – gegenüber den durch die Inanspruchnahme des nächsterreichbaren Arztes entstehenden Fahrtkosten – nur geringfügige Mehrkosten entstehen (vgl. BSG, NJW 1982, 1350/1350, wonach siebenfache Mehrkosten jedenfalls nicht mehr als geringfügig anzusehen sind). 16

Ein zwingender Grund kann sich insbesondere aus einem bestehenden, besonderen Vertrauensverhältnis zum behandelnden Arzt ergeben. In derartigen Fallkonstellationen kann es sowohl im Interesse des Versicherten als auch im Interesse eines schnellen und gesicherten Heilungsverlaufs auch nach einem etwaigen Umzug geboten sein, den bisherigen, nunmehr nicht mehr zum Kreis der nächsterreichbaren Ärzte zu zählenden Arzt aufzusuchen. Jedenfalls für eine Übergangszeit kann dann die Versichertengemeinschaft mit etwaigen Mehrkosten belastet werden. Vergleichbar dürften Fälle zu bewerten sein, in denen die Art oder Dauer der Erkrankung respektive Behandlung eine Kontinuität des gewachsenen Arzt/Patientenverhältnisses erfordert.

3. Zeitlich wirkende Beschränkungen, Abs. 3

17   Abs. 3 S. 1 enthält eine zeitlich wirkende Beschränkung des Grundsatzes freier Arztwahl. Mit der Regelung sollte der Grundsatz der Quartalsbindung zur Geltung gebracht werden. Dieses Regelungsziel wird durch die Krankenversicherungskarte in gewisser Weise konterkariert. Nach S. 2 – nicht zu verwechseln mit dem medizinischen Notfallbegriff – soll (es besteht also keine Rechtspflicht, ebenso *Hess,* KK, § 76 Rn. 21) der Versicherte einen Hausarzt wählen. Im Rahmen der hausarztzentrierten Versorgung (§ 73 b), eingeführt durch das GMG, besteht die freie Arztwahl ebenfalls nur eingeschränkt, weil sich hier die Versicherten gegenüber ihrer KK für mindestens ein Jahr verpflichten, ärztliche Hilfe nur nach Überweisung durch einen Hausarzt in Anspruch zu nehmen (näher dazu § 73 b).

C. Notfallbehandlung, Abs. 1 S. 2

18   Es liegt auf der Hand, dass im System des SGB V die Behandlung außer in Notfällen nur durch zur Abrechnung zu Lasten der GKV zugelassene Leistungserbringer erfolgen darf. Ein solcher Notfall iSv. § 76 Abs. 1 S. 2 liegt nur vor, wenn aus medizinischen Gründen eine umgehende Behandlung des Patienten notwendig ist und ein Vertragsarzt nicht in der gebotenen Eile herbeigerufen oder aufgesucht werden kann (so die st. Rspr. des BSG vgl. etwa BSGE 19, 270/272; 34, 172/174; BSG, SozR 3–2500, § 76 Nr. 2 S. 4). Sind diese Kriterien nicht erfüllt, besteht für eine dennoch durchgeführte Behandlung grundsätzlich – anders als im nachfolgend zu behandelnden Irrtumsfall – kein Vergütungsanspruch.

19   Soweit andere als Vertragsärzte in Notfällen Versicherte der gesetzlichen KKen behandeln, werden sie im Bereich der kassenärztlichen Versorgung tätig und sind den insoweit geltenden Rechtsvorschriften unterworfen (vgl. BSGE 71, 117/118 f.). Diese Einbettung gilt auch für die Vergütungsansprüche. Deshalb erhält der Nichtvertragsarzt auch dann eine Erstattung der zur Klärung des Krankheitsbildes erforderlichen Untersuchungskosten, wenn sich herausstellt, dass objektiv kein Notfall vorgelegen hat (vgl. BSG, SozR 3–2500, § 76 Nr. 2 S. 5).

20   Eine Notbehandlung kommt nach Auffassung des BSG nur bei der Inanspruchnahme von Ärzten in Betracht, die nicht an der vertragsärztlichen Versorgung teilnehmen. Wendet ein Vertragsarzt bei einem Versicherten mit dessen Zustimmung eine nicht kassenübliche Therapie an, so vermag auch das Argument der Notwendigkeit der Behandlung keinen Anspruch auf Kostenerstattung nach § 13 Abs. 3 zu begründen (vgl. BSG, SozR 2200, § 368 d Nr. 3).

D. Vermeidung unkoordinierter Mehrfachinanspruchnahmen, Abs. 3 a

21   Nach der abschließenden Regelung in § 291 enthält die Krankenversicherungskarte keine Hinweise auf die ärztliche Inanspruchnahme. Deshalb kann derzeit einer unkoordinierten Inanspruchnahme von Ärzten durch Versicherte nur eingeschränkt entgegengewirkt werden. Bedeutung kommt Abs. 3 a aber im Zusam-

menhang mit Modellvorhaben nach § 64 Abs. 4 oder bei Wahl der hausarztzentrierten Versorgung durch Versicherte zu (*Hess,* KK, § 76 Rn. 22), weil in deren Rahmen Anreize zur „sparsamen" Inanspruchnahme ärztlicher Leistungen geschaffen werden können.

E. Versorgungs- und Vertragskonzeption, Abs. 4

In § 76 Abs. 4 spiegelt sich einer der umstrittensten Fragen des SGB V, wie näm- 22
lich die Rechtsbeziehungen zwischen Arzt und Kassenpatient rechtlich einzuordnen sind (Überblick über die Rechtsbeziehungen innerhalb des sog. offenen sozialrechtlichen Vierecks bei *H. Lang,* Die Vergütung der Vertragsärzte und der psychologischen Psychotherapeuten im Recht der gesetzlichen Krankenversicherung, 2001, 22 ff.; vertiefend *Krauskopf,* HAR, § 25 Rn. 5 f.; *Schnapp,* NZS 2001, 337 ff.; *Wigge,* HVAR, § 2 Rn. 86 ff.). Der Vorschrift wird ungeachtet ihres scheinbar eindeutigen Wortlauts keine streitbeendende Wirkung beigemessen. Nach der Gesetzesbegründung soll die Vorschrift lediglich eine klarstellende Funktion haben (zur Vorgängervorschrift des § 368 d IV RVO: BT-Drs. 1/3904, 20). In der Literatur wird sie dagegen zum Teil als Bestätigung einer bereits bestehenden bürgerlichen Rechtsbeziehung begriffen (*Eichenhofer,* Rn. 373; *Deutsch/Spickhoff,* Rn. 52; *G. Schneider,* Handbuch des Kassenarztrechts, 2007, Rn. 1163; *Tiemann,* NJW 1985, 2169/2170; nicht nur von einer deklaratorischen, sondern von einer privatrechtsbegründenden Wirkung des § 76 Abs. 4 gehen aus: *Staudinger/Richardi,* BGB, 12. Aufl. 1989, Vorbem. zu §§ 611 ff., Rn. 1612; *MüKo/Müller-Glöge,* BGB, 4. Aufl. 2005, § 611 Rn. 49). Gegenüber stehen sich im Wesentlichen also zwei Konzeptionen: Vertragskonzeption und Annahme eines gesetzlichen Schuldverhältnisses mit öffentlich-rechtlicher Natur. Nach der Vertragskonzeption, die hauptsächlich vom BGH (etwa BGHZ 89, 250) und der zivilrechtlichen Lehre (vgl. nur *Schulin,* VSSR 1994, 357/363) vertreten wird, kommt zwischen dem Arzt und dem gesetzlich krankenversicherten Patienten ein Behandlungsvertrag zustande, wie er für den selbstzahlenden privatversicherten Patienten charakteristisch ist. Für diese Sichtweise lässt sich das äußere Erscheinungsbild der Behandlungsanbahnung anführen, das sich kaum danach unterscheidet, ob ein privat- oder ein Versicherter der GKV einen Arzt zur Behandlung einer Krankheit aufsucht.

Allerdings bleibt bei einer solchen Sichtweise die öffentlich-rechtliche Überla- 23
gerung und vor allem das Fehlen spezifischer, an sich als essentialia negotii zu bezeichnender Bausteine eines Behandlungsvertrages (wie insbesondere die „ums Eck" bestehende Gegenleistungspflicht) außer Acht. Das BSG vertritt in st. Rspr. deshalb die Auffassung, dass das Rechtsverhältnis zwischen Vertragsarzt und Versicherten als öffentlich-rechtlich einzustufen sei (BSGE 59, 172; hierzu auch *Klückmann,* H/N, § 76 Rn. 24 ff.; vgl. auch *Schnapp/Düring,* NJW 1989, 2913/2916 f.). Wie bereits ausgeführt, kommt § 76 Abs. 4 keine streitbeendende Wirkung zu, weil die Vorschrift sich entweder als konstitutiv oder deklaratorisch qualifizieren lässt. Bedeutung hat der Streit vor allem für die Wahl des richtigen Rechtsweges. Materiellrechtlich werden die Dinge weitgehend – sieht man einmal vom Problem der dogmatischen Begründung einer Grundrechtsbindung des Arztes ab – dadurch entschärft, dass Abs. 4 die Beachtung der Maßstäbe des bürgerlichen Vertragsrechtes anordnet.

F. Knappschaftliche Versicherung, Abs. 5

24 Durch Abs. 5 werden die in Abs. 1 getroffenen Regelungen für die vertragsärztliche Versorgung auch in die knappschaftliche Versorgung übernommen (vgl. dazu BT-Drs. 12/3608, 84). Ungeachtet des insoweit leicht missverständlichen Wortlautes soll durch Abs. 5 aber nicht nur die freie Arztwahl auf die knappschaftliche Versorgung ausgedehnt werden, sondern sämtliche der in Abs. 1 getroffenen Regelungen entsprechende Anwendung finden (vgl. BT-Drs. 12/3608, 84). Deshalb erfasst die Verweisung in Abs. 5 S. 1 auch die Inanspruchnahme in Notfällen (*Klückmann*, H/N, § 76 Rn. 33).

G. Änderungen durch das Pflege-Weiterentwicklungsgesetz

25 In den vollstationären Pflegeeinrichtungen nach SGB XI bestand bisher keine von der Leitung der Einrichtung gestellte ärztliche Versorgung, wie dies im Rahmen der Krankenhausbehandlung der Fall ist (vgl. § 39 Abs. 1 S. 3). Krankenversicherte Personen von Pflegeeinrichtungen waren für die ärztliche Versorgung vielmehr auf die Realisierung ihres Anspruches auf Krankenbehandlung (§ 27) durch einen Vertragsarzt/-ärztin (§§ 72 ff.) angewiesen. Daraus folgte, dass es – aus krankenversicherungsrechtlicher Sicht – den „Heimarzt" nicht gab. Damit war gleichzeitig die Freiheit der Wahl unter verschiedenen Vertragsärzten gewährleistet. Nunmehr ist mit Einfügung des § 119 b die Möglichkeit der Bestellung eines sog. „Heimarztes" vorgesehen, um unter anderem die Erreichbarkeit in Krisen- und Notsituationen sicherzustellen. Hiermit korrespondiert die Streichung der Wörter „ärztlich geleitete" Einrichtungen. Um die Freiheit der Arztwahl zu gewährleisten, wurde gleichzeitig in § 12 Abs. 2 S. 3 SGB XI geregelt, dass die Pflegekassen auch das Instrument der integrierten Versorgung nach § 92 b nutzen und zur Sicherstellung der haus-, fach- und zahnärztlichen Versorgung der Pflegebedürftigen darauf hinwirken, dass die stationären Pflegeeinrichtungen Kooperationen mit niedergelassenen Ärzten eingehen oder § 119 b anwenden.

Zweiter Titel. Kassenärztliche und Kassenzahnärztliche Vereinigungen

§ 77 Kassenärztliche Vereinigungen und Bundesvereinigungen

(1) ¹Zur Erfüllung der ihnen durch dieses Buch übertragenen Aufgaben der vertragsärztlichen Versorgung bilden die Vertragsärzte für den Bereich jedes Landes eine Kassenärztliche und eine Kassenzahnärztliche Vereinigung (Kassenärztliche Vereinigungen). ²Soweit in einem Land mehrere Kassenärztliche Vereinigungen mit weniger als 10 000 Mitgliedern bestehen, werden diese zusammengelegt. ³Sind in einem Land mehrere Kassenzahnärztliche Vereinigungen mit weniger als 5000 Mitgliedern vorhanden, werden diese ebenfalls zusammengelegt.

(2) ¹Die zu vereinigenden Kassenärztlichen Vereinigungen führen die erforderlichen Organisationsänderungen im Einvernehmen mit den für die Sozialversicherung zuständigen obersten Verwaltungsbehörden der Länder durch. ²Die Kassenärztlichen Vereinigungen können längstens bis zum 31. Dezember 2006 für die bisherigen Zuständigkeitsbereiche der vereinigten Kassenärztlichen

Vereinigungen unterschiedliche Gesamtvergütungen gemäß § 85 Abs. 1 bis 3 e vereinbaren und unterschiedliche Verteilungsmaßstäbe gemäß § 85 Abs. 4 anwenden. ³Im Einvernehmen mit der zuständigen Aufsichtsbehörde können die Vertragspartner nach § 83 gemeinsam eine Verlängerung der in Satz 2 genannten Frist um bis zu vier Quartale vereinbaren, falls dies aus besonderen Gründen erforderlich ist.

(3) ¹Die zugelassenen Ärzte, die im Rahmen der vertragsärztlichen Versorgung in den zugelassenen medizinischen Versorgungszentren tätigen angestellten Ärzte, die bei Vertragsärzten nach § 95 Abs. 9 und 9 a angestellten Ärzte und die an der vertragsärztlichen Versorgung teilnehmenden ermächtigten Krankenhausärzte sind Mitglieder der für ihren Arztsitz zuständigen Kassenärztlichen Vereinigung. ²Voraussetzung der Mitgliedschaft angestellter Ärzte in der für ihren Arztsitz zuständigen Kassenärztlichen Vereinigung ist, dass sie mindestens halbtags beschäftigt sind.

(4) ¹Die Kassenärztlichen Vereinigungen bilden die Kassenärztliche Bundesvereinigung und die Kassenzahnärztliche Bundesvereinigung (Kassenärztliche Bundesvereinigungen). ²Die Kassenärztlichen Vereinigungen und Kassenärztlichen Bundesvereinigungen können die für sie zuständigen obersten Bundes- und Landesbehörden insbesondere in Fragen der Rechtsetzung kurzzeitig personell unterstützen. ³Dadurch entstehende Kosten sind ihnen grundsätzlich zu erstatten; Ausnahmen werden in den jeweiligen Gesetzen zur Feststellung der Haushalte von Bund und Ländern festgelegt.

(5) Die Kassenärztlichen Vereinigungen und die Kassenärztlichen Bundesvereinigungen sind Körperschaften des öffentlichen Rechts.

(6) § 94 Abs. 1 a bis 4 und § 97 Abs. 1 Satz 1 bis 4 des Zehnten Buches gelten entsprechend.

Schrifttum: *W. Kluth,* Kassenärztliche Vereinigungen − Körperschaften des öffentlichen Rechts, MedR 2003, 123.

A. Überblick

Die Vorschrift regelt die **Errichtung** der Kassenärztlichen Vereinigungen und Kassenärztlichen Bundesvereinigungen sowie die Mitgliedschaft in diesen Körperschaften des öffentlichen Rechts, wohingegen die Aufgaben der Vereinigungen vor allem in den §§ 72 Abs. 2 und 75 festgelegt sind. 1

B. Organisation der Kassenärztlichen Vereinigungen

Abs. 1 S. 1 erinnert durch seine Formulierung ebenso wie § 72 Abs. 1 S. 1 daran, dass die erstmals 1932 errichteten Kassenärztlichen Vereinigungen (RGBl. I 1931, 718; 1932, 2) aus dem 1900 als privatrechtlicher genossenschaftlicher Zusammenschluss gegründeten „Verband der Ärzte Deutschlands zur Wahrung ihrer wirtschaftlichen Interessen", als **Hartmannbund** bekannt (vgl. RGBl. I 1933, 567/ 568), hervorgegangen sind (*Schnapp,* HVAR, § 1 Rn. 5 und 18). Über den Kreis der Vertragsärzte hinaus bilden nach Abs. 3 heute auch andere Arztgruppen die (Personal-)Körperschaft öffentlichen Rechts (Abs. 3). Die Bildung bundesländerübergreifender KVen wäre gem. § 78 Abs. 2 möglich. 2

Das GMG hat die **Zusammenlegung** der Kassenärztlichen und Kassenzahnärztlichen Vereinigungen in Baden-Württemberg und Rheinland-Pfalz bewirkt, 3 so dass heute nur noch in Nordrhein-Westfalen mit der KV Nordrhein und der KV Westfalen-Lippe zwei Körperschaften bestehen. Die inzwischen außer Kraft getretenen Übergangsbestimmungen in Abs. 2 sollten gewährleisten, dass eine einheitliche Honorarverteilung erst zusammen mit einer bundesweiten Umstellung der vertragsärztlichen Vergütungsstruktur erfolgen musste (*Hess,* KK, § 77 Rn. 6).

4   Als Körperschaft des öffentlichen Rechts sind die KVen **Behörden,** für die das SGB X gilt. Sie sind keine Grundrechtsträger (BVerfG, NZS 1996, 237/237) und auf die ihnen kraft Gesetzes zugewiesenen Aufgaben, etwa nach § 13 SGB I, beschränkt. Gegenüber ihren Mitgliedern bestehen Disziplinarbefugnisse (§ 81 Abs. 5).

5   Abs. 6 gestattet den KVen ebenso wie § 219 insbesondere zur gegenseitigen Unterrichtung, Abstimmung, Koordinierung und Förderung der engen Zusammenarbeit die Gründung von Arbeitsgemeinschaften und regelt deren Aufsicht. Auch kann gem. § 94 Abs. 4 iVm. § 88 Abs. 1 S. 1 SGB X, wenn dies zweckmäßig ist, eine KV Aufgaben für eine andere KV übernehmen. Erfolgt eine Aufgabenverlagerung an Private (**"Outsourcing"**), die im Organisationsermessen der KVen liegt (§ 77 a Rn. 2), so sind gem. § 97 Abs. 1 SGB X vertragliche Regelungen über Kontroll- und Weisungsbefugnisse zu treffen.

C. Mitglieder

6   Während früher die Eintragung in das Arztregister (§ 95 Abs. 2 S. 3) zunächst eine außerordentliche Mitgliedschaft begründete und vor allem den noch in Krankenhäusern tätigen Fachärzten zur Wahrung ihrer Berufschancen Einfluss auf die Entscheidungen der KVen eröffnete, besteht seit dem GMG ein **einheitlicher Mitgliederstatus.** Pflichtmitglieder sind Vertragsärzte sowie Zahnärzte und Psychologische Psychotherapeuten (§ 72 Abs. 1 S. 2), und zwar ab dem Zeitpunkt ihrer bestandskräftigen Zulassung (§ 95 Abs. 3 S. 1), bei Vertragsärzten und in medizinischen Versorgungszentren oder Polikliniken (§ 311 Abs. 2 S. 2) angestellte Ärzte, sofern sie dort nicht ausschließlich privatärztlich oder als Weiterbildungs- oder Entlastungsassistenten (§ 32 Abs. 2 S. 2 ZV-Ärzte) tätig sind und ermächtigte Krankenhausärzte (§ 116), nicht jedoch andere ermächtigte Ärzte (§ 31 Abs. 1, 3 ZV-Ärzte) und Dienstleistungserbringer aus anderen Mitgliedstaaten der EU (§ 31 Abs. 5 ZV-Ärzte) sowie angestellte Ärzte in ermächtigten Einrichtungen (§§ 117 ff.).

7   Obgleich sie z. B. unmittelbar an der Honorarverteilung teilnehmen, sind die **Träger medizinischer Versorgungszentren** keine Mitglieder der KVen, sofern es sich nicht um zugelassene Vertragsärzte handelt. Sie können daher weder an den Wahlen teilnehmen, noch ist von Gesetzes wegen vorgesehen, dass sie einen beratenden Fachausschuss entsprechend §§ 79 b und 79 c bilden. Damit wird den Vorgaben des BVerfG für die funktionale Selbstverwaltung nicht genügt, welches ausreichende institutionelle Vorkehrungen für die angemessene Berücksichtigung betroffener Interessen fordert (BVerfGE 107, 59/93).

8   Mit Arztsitz ist in Abs. 3 entgegen § 95 Abs. 3 S. 2 nicht zwingend der Vertragsarztsitz, sondern im Fall des § 24 Abs. 3 S. 5 ZV-Ärzte der Ort gemeint, für den die Anstellung genehmigt wurde. Da es sich um eine statusgründende Norm handelt und mit der Mitgliedschaft Rechte und Pflichten verbunden sind, kann durch untergesetzliche Normen nicht unmittelbar konkretisiert werden, wann ein Arzt mindestens **halbtags** tätig ist. Die Gleichheit der Wahl ist jedoch nur ge-

währleistet, wenn der angestellte Arzt wie ein Vertragsarzt mit hälftigem Versorgungsauftrag (§ 95 Abs. 3 S. 1) unter Berücksichtigung der Teilnahmeverpflichtung an der Versorgung zu sprechstundenfreien Zeiten und der Vorgaben des § 17 Abs. 1 a S. 2 BMV-Ä mehr als zehn Wochenstunden ärztliche Tätigkeit schuldet.

D. Kassenärztliche Bundesvereinigungen

Die Kassenärztlichen Bundesvereinigungen werden von den KVen gebildet und haben daher 17 Mitglieder. Sie sind keine Aufsichtsbehörden über die KVen (§ 78 Abs. 1), sondern haben **Kompetenzen** zum Abschluss von Verträgen (§§ 82 Abs. 1, 87 Abs. 1, 115b Abs. 1, 135 Abs. 2, 291 Abs. 3, 295 Abs. 3), zur Bildung von Organen der Gemeinsamen Selbstverwaltung (§§ 89 Abs. 4, 91 Abs. 1), zum Erlass von Richtlinien (§§ 75 Abs. 7, 95 d Abs. 6, 295 Abs. 4) und zur Information über preisgünstige verordnungsfähige Leistungen und Bezugsquellen (§ 73 Abs. 8).

9

§ 77a Dienstleistungsgesellschaften

(1) **Die Kassenärztlichen Vereinigungen und die Kassenärztlichen Bundesvereinigungen können zur Erfüllung der in Absatz 2 aufgeführten Aufgaben Gesellschaften gründen.**

(2) **Gesellschaften nach Absatz 1 können gegenüber vertragsärztlichen Leistungserbringern folgende Aufgaben erfüllen:**
1. **Beratung beim Abschluss von Verträgen, die die Versorgung von Versicherten mit Leistungen der gesetzlichen Krankenversicherung betreffen,**
2. **Beratung in Fragen der Datenverarbeitung, der Datensicherung und des Datenschutzes,**
3. **Beratung in allgemeinen wirtschaftlichen Fragen, die die Vertragsarzttätigkeit betreffen,**
4. **Vertragsabwicklung für Vertragspartner von Verträgen, die die Versorgung von Versicherten mit Leistungen der gesetzlichen Krankenversicherung betreffen,**
5. **Übernahme von Verwaltungsaufgaben für Praxisnetze.**

(3) ¹**Gesellschaften nach Absatz 1 dürfen nur gegen Kostenersatz tätig werden.** ²Eine Finanzierung aus Mitteln der Kassenärztlichen Vereinigungen oder Kassenärztlichen Bundesvereinigungen ist ausgeschlossen.

A. Zweck

Die Vorschrift hat eine doppelte Funktion. Sie präzisiert und erweitert die **Verbandskompetenz** der KVen und gibt für die in Abs. 2 benannten freiwilligen Aufgaben vor, dass diese nur in der Organisationsform ausgegliederter Gesellschaften wahrgenommen werden dürfen. Dadurch soll gewährleistet werden, dass die KVen weiterhin die Interessen der gesamten Vertragsärzteschaft gegenüber den Krankenkassen vertreten (§ 75 Abs. 2 S. 1) und Unterstützung für Vertragsarztgruppen nur in einer organisatorisch und finanziell abgetrennten Organisationseinheit anbieten. Gleichzeitig hat das Kollektivvertragssystem dazu geführt, dass außerhalb der KVen auf Leistungserbringerseite keine Erfahrung bei Vertragsverhandlungen mit Krankenkassen sowie bei der Honorarverteilung und der Erfüllung von Gewährleistungspflichten besteht. Die Norm leistet daher einen Beitrag,

1

dieses strukturelle Defizit auszugleichen und Konkurrenten für sog. Managementgesellschaften nach §§ 73 c Abs. 3 S. 1 Nr. 3 und 140 b Abs. 1 Nr. 4 zu etablieren.

B. Formelle Privatisierung klassischer Aufgaben

2   Entgegen der insofern missverständlichen Gesetzesbegründung zum GKV-WSG (BT-Drs. 16/3100, 117) können privatrechtliche Gesellschaften weiterhin auch zur Erfüllung der klassischen Aufgaben der KVen gegründet werden. Mangels entgegenstehender gesetzlicher Regelungen folgt diese Befugnis aus der **Organisationsgewalt** der Körperschaft (BVerwGE 112, 69/76). Die Norm schließt daher nicht aus, dass Fortbildungsveranstaltungen (§ 81 Abs. 4), das Verlegen von Mitteilungsblättern (§ 81 Abs. 1 Nr. 9), Bürgerinformationen mittels Call-Center (§ 13 Abs. 1 SGB I) oder Einrichtung, Betrieb und Organisation von Notfallpraxen zur Sicherstellung der vertragsärztlichen Versorgung zu den sprechstundenfreien Zeiten (§ 75 Abs. 1 S. 2) über ausgegliederte Gesellschaften durchgeführt werden. Zum Betreiben oder zur Beteiligung an Einrichtungen, die der unmittelbaren medizinischen Versorgung der Versicherten dienen, bedürfen sie des Benehmens mit den KK (§ 105 Abs. 1 S. 2). Es ist ein **Beteiligungsmanagement** und ein Berichtswesen einzurichten, das mindestens den Anforderungen des § 97 Abs. 1 SGB X genügt und die Rechte der Vertreterversammlung wahrt (§§ 79 Abs. 3, 81 Abs. 1 Nr. 4); für das Rechnungswesen gilt § 19 SVRV.

C. Gründung und Finanzierung von Dienstleistungsgesellschaften

3   Abs. 1 gestattet, dass nicht nur jede KV allein, sondern auch mehrere gemeinsam Gesellschaften gründen. Ebenso wenig ist die Beteiligung privater Fachleute und/oder Kapitalgeber im Sinne **Öffentlich-Privater-Partnerschaften** ausgeschlossen, insbesondere wenn diese bereit sind, das maßgebliche wirtschaftliche Risiko zu übernehmen. Bestehende Gesellschaften genießen, sofern sie rechtmäßig gegründet wurden und nicht wesentlich erweitert werden sollen, Bestandsschutz (vgl. BSG, SozR 2200, § 182 Nr. 112 S. 242 f.; VerfGH Rhld-Pf, NVwZ 2000, 801/802).

4   Einschränkungen für die Rechtsformwahl ergeben sich sowohl aus Abs. 3 als auch aus den Grundsätzen der Wirtschaftlichkeit und Sparsamkeit (§ 78 Abs. 3 S. 2 iVm. § 69 Abs. 2 SGB IV). Danach muss eine **Rechtsform** gewählt werden, welche die Haftung und Nachschusspflichten der KV auf einen bestimmten Betrag begrenzt. Bevor eine Gesellschaft gegründet wird, sind Wirtschaftlichkeitsuntersuchungen durchzuführen; die geplante Gründung ist der Aufsichtsbehörde anzuzeigen (§ 78 Abs. 3 S. 2 iVm. §§ 69 Abs. 3, 85 Abs. 1 S. 2 SGB IV) und bedarf der Beschlussfassung durch die Vertreterversammlung (§ 79 Abs. 3 Nr. 3, 4).

5   Die KV muss sich nach Abs. 3 darauf beschränken, der Gesellschaft das Stammkapital zur Verfügung zu stellen. Es dürfen ihr auch keine Kredite gewährt oder Bürgschaftserklärungen abgegeben werden. Die Tätigkeit von Geschäftsführern und Mitarbeitern ist ausschließlich aus den Mitteln der Gesellschaft zu finanzieren.

D. Aufgaben der Dienstleistungsgesellschaften

Mit Ausnahme der Abwicklung von Verträgen können die Dienstleistungen 6
nur vertragsärztlichen Leistungserbringern (§ 72 Abs. 1 S. 2) und damit vor allem nicht Trägern von Hochschulambulanzen, psychiatrischen Institutsambulanzen und sozialpädiatrischen Zentren (§ 120 Abs. 2 S. 1) angeboten werden. **Verträge,** bei deren Abschluss die Gesellschaft beraten und deren Abwicklung sie übernehmen kann, sind diejenigen nach §§ 64 Abs. 1, 73 b Abs. 4, 73 c Abs. 3, 73 d Abs. 2 S. 2 und 140 b Abs. 1. Praxisnetze, denen Verwaltungsaufgaben abgenommen werden können, werden nach § 73 a in die Versorgung einbezogen.

Die Beratung in allgemeinen wirtschaftlichen Fragen muss im Zusammenhang 7
mit der Praxistätigkeit stehen und erfasst ua. individuelle gesellschaftsrechtliche, steuerrechtliche oder mietvertragsrechtliche Probleme des Vertragsarztes. Auch können über die Gesellschaft Empfehlungen zur Einführung bestimmter Qualitätsmanagementsysteme oder zum Kauf von Softwareprogrammen gegeben werden. Software darf die Gesellschaft jedoch nicht selbst abgeben oder warten (vgl. BGH, NJW 1993, 2680/2680). Einzelberatungen kann die KV als solche gleichwohl weiterhin in Fragen der Abrechnung, Qualitätssicherung oder wirtschaftlichen Verordnungsweise durchführen, weil sie insofern ihrem Gewährleistungsauftrag nachkommt (§ 75 Abs. 1 S. 1). Ihrem gesetzlichen Sicherstellungsauftrag kommt sie nach, wenn sie **niederlassungswillige Ärzte,** ohne dafür Gebühren zu erheben, in allgemeiner Form in allen damit zusammenhängenden Fragen berät. Gleiches gilt, wenn Ärzte in wirtschaftliche Schwierigkeiten geraten und einen Zulassungsverzicht erwägen.

§ 78 Aufsicht, Haushalts- und Rechnungswesen, Vermögen, Statistiken

(1) **Die Aufsicht über die Kassenärztlichen Bundesvereinigungen führt das Bundesministerium für Gesundheit, die Aufsicht über die Kassenärztlichen Vereinigungen führen die für die Sozialversicherung zuständigen obersten Verwaltungsbehörden der Länder.**

(2) ¹**Die Aufsicht über die für den Bereich mehrerer Länder gebildeten gemeinsamen Kassenärztlichen Vereinigungen führt die für die Sozialversicherung zuständige oberste Verwaltungsbehörde des Landes, in dem diese Vereinigungen ihren Sitz haben.** ²**Die Aufsicht ist im Benehmen mit den zuständigen obersten Verwaltungsbehörden der beteiligten Länder wahrzunehmen.**

(3) ¹**Die Aufsicht erstreckt sich auf die Beachtung von Gesetz und sonstigem Recht.** ²**Die §§ 88 und 89 des Vierten Buches gelten entsprechend.** ³**Für das Haushalts- und Rechnungswesen einschließlich der Statistiken gelten die §§ 67 bis 70 Abs. 1 und 5, §§ 72 bis 77 Abs. 1, §§ 78 und 79 a¹⁾ Abs. 1 und 2 in Verbindung mit Abs. 3 a, für das Vermögen die §§ 80 und 85 des Vierten Buches, für die Verwendung der Mittel der Kassenärztlichen Vereinigungen § 305 b entsprechend.**

Schrifttum: *F. E. Schnapp,* Staatsaufsicht über die Kassen(zahn)ärztlichen Vereinigungen, HVAR, § 24.

---

¹⁾ Es handelt sich wohl um ein Redaktionsversehen; gemeint ist § 79.

§ 78

Aufs., Haushalts- u. Rechnungswesen, Vermögen, Statistiken

A. Aufsicht

1   **Aufsichtsbehörden** sind das BMG und die Landesministerien, wobei die Prüfung der Geschäfts- und Rechnungsführung (§ 88 Abs. 1 SGB IV) sowie der Betriebsführung gem. § 274 Abs. 1 S. 3 auf öffentlich-rechtliche Prüfeinrichtungen übertragen werden kann. Abs. 2 ist zZt. ohne Bedeutung.

2   Es handelt sich um eine dem Opportunitätsprinzip verpflichtete (*Schnapp*, HVAR, § 24 Rn. 38) **Rechtsaufsicht** (Abs. 3 S. 1), so dass die Zweckmäßigkeit von Entscheidungen nicht Prüfungsgegenstand ist, wohl aber die Wirtschaftlichkeit (§ 274 Abs. 1 S. 3). Prüfungsmaßstab sind alle Gesetze im materiellen Sinne (*Schnapp*, HVAR, § 24 Rn. 9), demnach das GG, das SGB und die auf dessen Grundlage erlassenen Rechtsverordnungen, Richtlinien, Satzungen sowie geschlossenen Verträge und die gesicherte höchstrichterliche Rechtsprechung, das sonstige Gesundheitsrecht und das Berufsrecht.

3   Um ihrer Aufsichtsfunktion nachkommen zu können, kann die Aufsichtsbehörde anlassbezogen (§ 88 Abs. 2 SGB IV) und mindestens alle fünf Jahre (§ 274 Abs. 1) die **Vorlage aller Unterlagen** und die Erteilung aller Auskünfte verlangen und an den Sitzungen der Organe teilnehmen (*Wiegand*, GKV-Komm, § 78 Rn. 5). Vergütungsvereinbarungen sind nach § 71 Abs. 4 unaufgefordert vorzulegen. Die Satzung der KV muss ebenso wie der Erwerb und das Leasen von Grundstücken sowie die Errichtung und der Umbau von Gebäuden genehmigt werden (§ 81 Abs. 1 S. 2 und § 85 Abs. 1 S. 2 SGB IV).

4   Dem Verhältnismäßigkeitsprinzip folgend hat bei Rechtsverstößen zunächst eine nicht anfechtbare (BSG, SozR 7223, Art. 8 § 2 Nr. 3 S. 4 f.) **aufsichtsrechtliche Beratung** zu erfolgen (§ 89 Abs. 1 S. 1 SGB IV), von der nur ausnahmsweise, etwa wenn die Behebung keinen Aufschub duldet, abgesehen werden kann (*Schnapp*, HVAR, § 24 Rn. 40). Dabei sind der KV Möglichkeiten der Abhilfe aufzuzeigen (BSG, SozR 3–2400, § 89 Nr. 1 S. 4). Sodann sind nach angemessener Frist Beanstandungen (§ 71 Abs. 4 S. 2), das Anberaumen von Sitzungen (§ 89 Abs. 3 SGB IV) oder **Anordnungen** möglich, nach denen eine Maßnahme nicht vollzogen werden darf (§ 89 Abs. 1 S. 2 SGB IV). Diese Verwaltungsakte können mit den Mitteln der Verwaltungsvollstreckung, also mit Zwangsgeldern, unmittelbarem Zwang oder im Wege der Ersatzvornahme durchgesetzt (§ 89 Abs. 1 S. 3 SGB IV) und seitens der KV sozialgerichtlich angefochten werden (§ 54 Abs. 3 SGG).

B. Haushalts- und Rechnungswesen

5   Als Grundlage für die Haushalts- und Wirtschaftsführung ist jährlich ein Haushaltsplan vom Vorstand auf- und von der Vertreterversammlung festzustellen (§§ 67 Abs. 1, 70 Abs. 1 SGB IV). Gem. § 78 SGB IV gilt ergänzend die Verordnung über das Haushaltswesen in der Sozialversicherung (§ 34 SVHV). Bei der Aufstellung und Ausführung des Haushaltsplans sind die Grundsätze der **Wirtschaftlichkeit und Sparsamkeit** zu beachten (§ 69 Abs. 2 SGB IV), wobei die Aufsichtsbehörde nur einschreiten kann, wenn die KV ihren Einschätzungsspielraum eindeutig überschreitet (BSG, SozR 3–2500, § 80 Nr. 4 S. 33). Für alle finanzwirksamen Leistungen sind Wirtschaftlichkeitsuntersuchungen durchzuführen; in geeigneten Bereichen ist eine Kosten- und Leistungsrechnung einzuführen, und Stellen dürfen nur nach Personalbedarfsermittlungen ausgebracht werden (§ 69 Abs. 3, 4, 6 SGB IV). Honorarrückforderungen sollen nur gegen an-

gemessene Verzinsung und Sicherheitsleistung gestundet werden; Vergleichsabschlüsse stehen unter dem Vorbehalt der Wirtschaftlichkeit und Zweckmäßigkeit (§ 76 Abs. 2 S. 2, Abs. 4 S. 1 SGB IV). Über die Betriebs-, Wirtschafts- und Rechnungsführung der KVen hat die Kassenärztliche Bundesvereinigung **Richtlinien** aufzustellen (§ 75 Abs. 7 S. 1 Nr. 3). Gem. § 78 SGB IV gilt ergänzend die Verordnung über den Zahlungsverkehr, die Buchführung und die Rechnungslegung in der Sozialversicherung (§ 1 Abs. 1 SVRV). Allgemeine Verwaltungsvorschriften bestehen für das Rechnungswesen (§ 1 Abs. 1 S. 1 SRVwV) und Statistiken (§ 1 KSVwV). Im amtlichen Mitteilungsblatt ist jährlich in hervorgehobener Weise und gebotener Ausführlichkeit über die Mittelverwendung Rechenschaft abzulegen (§ 305 b).

§ 79 Organe

(1) **Bei den Kassenärztlichen Vereinigungen und den Kassenärztlichen Bundesvereinigungen werden eine Vertreterversammlung als Selbstverwaltungsorgan sowie ein hauptamtlicher Vorstand gebildet.**

(2) ¹Die Satzungen bestimmen die Zahl der Mitglieder der Vertreterversammlung der Kassenärztlichen Vereinigungen und Kassenärztlichen Bundesvereinigungen. ²Die Vertreterversammlung der Kassenärztlichen Vereinigungen hat bis zu 30 Mitglieder. ³Bei mehr als 5 000 Mitgliedern der Kassenärztlichen Vereinigung oder mehr als 2 000 Mitgliedern der Kassenzahnärztlichen Vereinigung kann die Zahl der Mitglieder auf bis zu 40, bei mehr als 10 000 Mitgliedern der Kassenärztlichen Vereinigung oder mehr als 5 000 Mitgliedern der Kassenzahnärztlichen Vereinigung auf bis zu 50 erhöht werden. ⁴Die Vertreterversammlung der Kassenärztlichen Bundesvereinigungen hat bis zu 60 Mitglieder.

(3) ¹Die Vertreterversammlung hat insbesondere
1. die Satzung und sonstiges autonomes Recht zu beschließen,
2. den Vorstand zu überwachen,
3. alle Entscheidungen zu treffen, die für die Körperschaft von grundsätzlicher Bedeutung sind,
4. den Haushaltsplan festzustellen,
5. über die Entlastung des Vorstandes wegen der Jahresrechnung zu beschließen,
6. die Körperschaft gegenüber dem Vorstand und dessen Mitgliedern zu vertreten,
7. über den Erwerb, die Veräußerung oder die Belastung von Grundstücken sowie über die Errichtung von Gebäuden zu beschließen.

²Sie kann sämtliche Geschäfts- und Verwaltungsunterlagen einsehen und prüfen.

(4) ¹Der Vorstand der Kassenärztlichen Vereinigungen und Kassenärztlichen Bundesvereinigungen besteht aus bis zu drei Mitgliedern. ²Die Mitglieder des Vorstandes vertreten sich gegenseitig. ³Sie üben ihre Tätigkeit hauptamtlich aus. ⁴Wird ein Arzt in den hauptamtlichen Vorstand gewählt, kann er eine ärztliche Tätigkeit als Nebentätigkeit in begrenztem Umfang weiterführen oder seine Zulassung ruhen lassen. ⁵Die Amtszeit beträgt sechs Jahre; die Wiederwahl ist möglich. ⁶Die Höhe der jährlichen Vergütungen der einzelnen Vorstandsmitglieder einschließlich Nebenleistungen sowie die wesentlichen Versorgungsregelungen sind in einer Übersicht jährlich zum 1. März, erstmalig zum 1. März

§ 79

2005, im Bundesanzeiger und gleichzeitig getrennt nach den kassenärztlichen und kassenzahnärztlichen Organisationen in den jeweiligen ärztlichen Mitteilungen der Kassenärztlichen Bundesvereinigungen zu veröffentlichen. [7]Die Art und die Höhe finanzieller Zuwendungen, die den Vorstandsmitgliedern im Zusammenhang mit ihrer Vorstandstätigkeit von Dritten gewährt werden, sind dem Vorsitzenden und den stellvertretenden Vorsitzenden der Vertreterversammlung mitzuteilen.

(5) [1]Der Vorstand verwaltet die Körperschaft und vertritt sie gerichtlich und außergerichtlich, soweit Gesetz oder sonstiges Recht nichts Abweichendes bestimmen. [2]In der Satzung oder im Einzelfall durch den Vorstand kann bestimmt werden, dass auch einzelne Mitglieder des Vorstandes die Körperschaft vertreten können.

(6) [1]§ 35 a Abs. 1 Satz 3 und 4, Abs. 2, 5 Satz 1, Abs. 7 und § 42 Abs. 1 bis 3 des Vierten Buches gelten entsprechend. [2]Die Vertreterversammlung hat bei ihrer Wahl darauf zu achten, dass die Mitglieder des Vorstandes die erforderliche fachliche Eignung für ihren jeweiligen Geschäftsbereich besitzen.

Schrifttum: *P. Hantel*, Dienstverhältnisse der hauptamtlichen Vorstandsmitglieder der ärztlichen Selbstverwaltung, NZS 2005, 580.

A. Überblick

1 Die Vorschrift regelt Strukturvorgaben und Aufgaben der nach Maßgabe des § 80 zu wählenden Organe der KVen und der KBV. Mit dem GMG erfolgte eine Anpassung an die mit dem GSG professionalisierte innere Organisation der KK; seither ist der Vorstand als Behördenleitung hauptamtlich tätig, und die Vertreterversammlung hat in erster Linie Rechtsetzungs- und Kontrollfunktionen. Weitere Organe können in der Satzung nicht vorgesehen werden. Das schließt die Bestellung von im Auftrag und nach Weisung des Vorstands handelnden **Geschäftsführern** sowie die Bildung von **Ausschüssen** der Vertreterversammlung mit beratender und zuarbeitender Funktion nicht aus (*Schiller,* HVAR, § 5 Rn. A 68).

B. Vorstand, Abs. 4

2 Der Vorstand besteht aus mindestens zwei (§ 80 Abs. 2 Nr. 3) und höchstens drei Personen; in den nach § 77 Abs. 1 S. 2 vereinigten KVen gelten Übergangsregelungen, Art. 35 § 3 S. 2 GMG. Im Außenverhältnis besteht grundsätzlich Gesamtvertretung; innerhalb der von der Vertreterversammlung festgelegten Geschäftsbereiche, die sich etwa auf die haus- und fachärztliche Versorgung oder den inneren Geschäftsbetrieb einschließlich des Finanzwesens und das Vertragsgeschäft beziehen können, gilt das **Ressortprinzip,** bei Meinungsverschiedenheiten das Kabinettsprinzip (Abs. 5, 6 iVm. § 35 a Abs. 1 S. 3, 4 SGB IV).

3 Die Rechte und Pflichten des Vorstands ergeben sich in den Grundzügen aus der Satzung (§ 81 Abs. 1 S. 4) und im Einzelnen aus ihrem **Dienstvertrag** (*Hantel,* NZS 2005, 580/581 f.); Ärzte können in Anlehnung an die Rechtsprechung zu § 20 Abs. 1 S. 1 ZV-Ärzte (BSG, SozR 3–5520, § 20 Nr. 3 S. 26) noch bis zu 13 Stunden vertragsärztlich tätig sein. Die Vergütungshöhe, die sich am Grundsatz der Sparsamkeit messen lassen muss (§ 78 Rn. 5), ist im Bundesanzeiger und Deutschen Ärzteblatt zu veröffentlichen (vgl. BSG, NZS 2008, 89/91; BVerfG v. 25. 2. 2008, 1 BvR 3255/07). Einkünfte aus Vorträgen, Gutachten oder Beratun-

gen, die im Hinblick auf die Vorstandstätigkeit gezahlt werden, sind den beiden Vorsitzenden der Vertreterversammlung anzuzeigen.

C. Aufgaben der Vertreterversammlung und des Vorstands, Abs. 3 und 5

Die Satzung im formellen Sinne (§ 81) ist ebenso wie Satzungsrecht im materiellen Sinne, etwa die Notfalldienst- oder Bereitschaftsdienstordnung, von der Vertreterversammlung zu beschließen. Die mit Akteneinsichts- und Prüfrechten sowie Berichtspflichten des Vorstandes (Abs. 6 iVm. § 35 a Abs. 2 SGB IV) verbundene **Überwachungsfunktion** (Abs. 3 Nr. 2 und S. 2) obliegt der Vertreterversammlung als Organ und nicht deren einzelnen Mitgliedern. Zur effizienten Aufgabenerfüllung kann sich die Versammlung nach Maßgabe der Satzung (§ 81 Abs. 1 Nr. 4) eines in kürzeren Abständen tagenden Ausschusses, häufig Hauptausschuss genannt, bedienen. Da dem Vorsitzenden der Vertreterversammlung nach Abs. 6 S. 1 iVm. § 35 a Abs. 2 S. 2 SGB IV seitens des Vorstands aus wichtigem Anlass zu berichten ist, obliegt ihm schon von Gesetzes wegen eine besondere Rolle bei der Aufgabenwahrnehmung; ihm kann daher die Kontrolle vertraulicher Dokumente allein übertragen werden (*Schirmer*, 566). Das gilt für die Vertretung der KVen gegenüber dem Vorstand in gleicher Weise. 4

Die Vertreterversammlung stellt den vom Vorstand aufgestellten (§ 78 Abs. 3 S. 3 iVm. § 70 Abs. 1 S. 1 SGB IV) **Haushalt** fest und beschließt über die Entlastung des Vorstands wegen der Jahresrechnung. Zur Vorbereitung und zur Entgegennahme des Berichts über die finanzielle Lage (§ 79 Abs. 6 iVm. § 35 a Abs. 2 S. 1 SGB IV) kann ein Finanzausschuss gebildet werden. 5

Der Vorstand verwaltet die KV im gesamten gesetzlichen und vertraglichen Aufgabenbereich und vertritt sie nach außen. Im Innenverhältnis bestehen Bindungen gegenüber Beschlüssen der Vertreterversammlung in nach § 78 Abs. 3 S. 3 weitgehend genehmigungspflichtigen Grundstückgeschäften und in allen **Angelegenheiten von grundsätzlicher Bedeutung** (Abs. 3 Nr. 3 und 7). Bezugspunkt der Regelung ist die Bedeutung der Entscheidung für die Körperschaft und nicht für einzelne Mitgliedergruppen, es sei denn, dies hätte wegen der erheblichen berufspolitischen Bedeutung Rückwirkung auf die KV. Da das GMG Verwaltung und Vertretung bewusst von der Selbstverwaltung abkoppeln wollte, dürfen Vertragsabschlüsse nicht generell von der Zustimmung der Vertreterversammlung abhängig gemacht werden; entsprechende Beschlüsse sind unverbindlich, wenn sie sich nicht auf Verträge bestimmter Art beziehen (*Schirmer*, 564). Nur Richtungsentscheidungen und allgemeine Grundsätze der Vertragspolitik, die Grundstrukturen des Vergütungssystems und der Versorgungsstrukturen, der Qualitätssicherung sowie der Verwaltungsorganisation haben grundsätzliche Bedeutung. Die Satzung als sonstiges Recht (Abs. 5 S. 1) kann die Zuständigkeitsverteilung konkretisieren und zugunsten der Vertreterversammlung ohne Veränderung der grundsätzlichen Aufgabenverteilung modifizieren (*Krauskopf*, Krauskopf, § 79 Rn. 32). 6

Mitglieder der Vertreterversammlung können bei vorsätzlicher oder grob fahrlässiger Verletzung der ihnen obliegenden Pflichten in **Haftungsregress** genommen werden (Abs. 6 iVm. § 42 Abs. 2 SGB IV). Das gilt nach der Begründung zum GMG (BT-Drs. 15/1525, 152) auch für die hauptamtlichen Vorstandsmitglieder; weitergehend haften sie nach §§ 84 Abs. 4 b, 106 Abs. 4 b S. 1 und 106 a Abs. 7. 7

§ 79a Verhinderung von Organen, Bestellung eines Beauftragten

(1) ¹Solange und soweit die Wahl der Vertreterversammlung und des Vorstandes nicht zustande kommt oder die Vertreterversammlung oder der Vorstand sich weigern, ihre Geschäfte zu führen, nimmt auf Kosten der Kassenärztlichen Vereinigung oder der Kassenärztlichen Bundesvereinigung die Aufsichtsbehörde selbst oder ein von ihr bestellter Beauftragter die Aufgaben der Kassenärztlichen Vereinigung oder der Kassenärztlichen Bundesvereinigung wahr. ²Auf deren Kosten werden die Geschäfte durch die Aufsichtsbehörde selbst oder durch den von ihr bestellten Beauftragten auch dann geführt, wenn die Vertreterversammlung oder der Vorstand die Funktionsfähigkeit der Körperschaft gefährden, insbesondere wenn sie die Körperschaft nicht mehr im Einklang mit den Gesetzen und der Satzung verwalten, die Auflösung der Kassenärztlichen Vereinigung betreiben oder das Vermögen gefährdende Entscheidungen beabsichtigen oder treffen.

(2) ¹Der Übernahme der Geschäfte durch die Aufsichtsbehörde selbst oder der Einsetzung eines Beauftragten hat eine Anordnung vorauszugehen, mit der die Aufsichtsbehörde der Kassenärztlichen Vereinigung aufgibt, innerhalb einer bestimmten Frist das Erforderliche zu veranlassen. ²Widerspruch und Klage gegen die Anordnung und die Entscheidung über die Bestellung des Beauftragten oder die Wahrnehmung der Aufgaben der Kassenärztlichen Vereinigung oder der Kassenärztlichen Bundesvereinigung durch die Aufsichtsbehörde selbst haben keine aufschiebende Wirkung. ³Die Aufsichtsbehörde oder die von ihr bestellten Beauftragten haben die Stellung des Organs der Kassenärztlichen Vereinigung, für das sie die Geschäfte führen.

Schrifttum: *M.-T. Gaßner/E. Mente,* Rechtliche Fragen der Einsetzung eines „Staatskommissars" bei Kassenärztlichen Vereinigungen, SGb 2005, 421.

1 Die Vorschrift ist eine Reaktion des Gesetzgebers auf Aktivitäten der Zahnärzte im Rahmen der Beratungen zum GSG und soll die **Funktionsfähigkeit der KVen** gewährleisten. Die KZVen erwogen damals die Beteiligung an und die Förderung des kollektiven Zulassungsverzichts nach § 95b, das Verleiten von Vertragszahnärzten zu Vertragsverletzungen durch Fehlinformationen und das Absenken der Verwaltungskostenpauschale. Da die Körperschaft dadurch handlungsunfähig geworden wäre (vgl. BT-Drs. 12/3608, 84), ermöglicht die Vorschrift, dass die Aufsichtsbehörde selbst oder ein von ihr eingesetzter Beauftragter an die Stelle der Organe der KZV tritt (Abs. 2 S. 3).

2 Der Anordnung, das Erforderliche zur Wiederherstellung der ordnungsgemäßen Verwaltung und Aufrechterhaltung der Funktionsfähigkeit der Körperschaft innerhalb einer bestimmten Frist zu veranlassen (Abs. 2 S. 1), hat als Ausfluss des Verhältnismäßigkeitsprinzips gem. § 78 Abs. 3 S. 2 iVm. § 89 Abs. 1 S. 1 SGB IV idR. eine **aufsichtsrechtliche Beratung** voranzugehen. Gefährdet ist die Funktionsfähigkeit der KV nur dann, wenn ein wesentlicher Aufgabenbereich betroffen ist und solange dafür konkrete Absichtserklärungen oder Handlungen sprechen (*Wiegand,* GKV-Komm, § 79a Rn. 4 und 6).

§ 79b Beratender Fachausschuss für Psychotherapie

¹Bei den Kassenärztlichen Vereinigungen und der Kassenärztlichen Bundesvereinigung wird ein beratender Fachausschuß für Psychotherapie gebildet.

4. Kapitel. 2. Abschnitt. 2. Titel § 79 c

²Der Ausschuß besteht aus fünf Psychologischen Psychotherapeuten und einem Kinder- und Jugendlichenpsychotherapeuten sowie Vertretern der Ärzte in gleicher Zahl, die von der Vertreterversammlung aus dem Kreis der Mitglieder ihrer Kassenärztlichen Vereinigung in unmittelbarer und geheimer Wahl gewählt werden. ³Für die Wahl der Mitglieder des Fachausschusses bei der Kassenärztlichen Bundesvereinigung gilt Satz 2 mit der Maßgabe, daß die von den Psychotherapeuten gestellten Mitglieder des Fachausschusses zugelassene Psychotherapeuten sein müssen. ⁴Abweichend von Satz 2 werden für die laufende Wahlperiode der Kassenärztlichen Vereinigungen und der Kassenärztlichen Bundesvereinigung die von den Psychotherapeuten gestellten Mitglieder des Fachausschusses auf Vorschlag der für die beruflichen Interessen maßgeblichen Organisationen der Psychotherapeuten auf Landes- und Bundesebene von der jeweils zuständigen Aufsichtsbehörde berufen. ⁵Dem Ausschuß ist vor Entscheidungen der Kassenärztlichen Vereinigungen und der Kassenärztlichen Bundesvereinigung in den die Sicherstellung der psychotherapeutischen Versorgung berührenden wesentlichen Fragen rechtzeitig Gelegenheit zur Stellungnahme zu geben. ⁶Seine Stellungnahmen sind in die Entscheidungen einzubeziehen. ⁷Das Nähere regelt die Satzung. ⁸Die Befugnisse der Vertreterversammlungen der Kassenärztlichen Vereinigungen und der Kassenärztlichen Bundesvereinigung bleiben unberührt.

Die Vorschrift stammt aus dem Psychotherapeutengesetz vom 16. 6. 1998, weshalb S. 4 überholt ist, und will der relativ kleinen Gruppe der Psychotherapeuten in der KV ein **besonderes Mitspracherecht** einräumen. Die in den Fachausschuss gewählten Ärzte müssen, sofern sich aus der Satzung nichts Gegenteiliges ergibt, nicht psychotherapeutisch tätig sein (*Vahldiek,* H/N, § 79 b Rn. 14). 1

Der Ausschuss hat von Gesetzes wegen **kein Initiativrecht,** sondern lediglich eine beratende Funktion. Vor Entscheidungen der Organe der KVen, welche die Gesamtheit oder an der Versorgung teilnehmenden psychotherapeutisch tätigen Ärzte und Psychotherapeuten unmittelbar betreffen, ist er vom Vorstand bzw. dem Vorsitzenden der Vertreterversammlung so rechtzeitig, dass eine gründliche Diskussion möglich ist, zur Stellungnahme aufzufordern. Die Organe haben sich damit ernsthaft auseinanderzusetzen und Gründe, wenn sie ihr nicht folgen, transparent zu machen. Die Entscheidungen müssen sich auf die Sicherstellung und nicht auf die Gewährleistung der Versorgung beziehen. Sie sind insbesondere dann wesentlich, wenn auf die Gruppe der Psychotherapeuten bezogene Sonderregelungen entweder für die Sicherstellung der bedarfsgerechten Versorgung oder für die Vergütung der Leistungen geplant sind oder alle Fachgruppen tangierende Regeln die Psychotherapeuten in besonderem Maße berühren. 2

Wird der Ausschuss **nicht beteiligt,** sind Verträge (*Vahldiek,* H/N, § 79 b Rn. 23) im Gegensatz zu Satzungsrecht (*Schirmer,* MedR 1998, 435/452) gleichwohl wirksam. 3

§ 79 c Beratender Fachausschuss für hausärztliche Versorgung; weitere beratende Fachausschüsse

¹Bei der Kassenärztlichen Bundesvereinigung wird ein beratender Fachausschuss für die hausärztliche Versorgung gebildet, der aus Mitgliedern besteht, die an der hausärztlichen Versorgung teilnehmen. ²Weitere beratende Fachausschüsse, insbesondere für rehabilitationsmedizinische Fragen, können gebildet werden. ³Die Mitglieder der beratenden Fachausschüsse sind von der Vertreterversammlung aus dem Kreis der Mitglieder der Kassenärztlichen Vereinigungen

§ 80

in unmittelbarer und geheimer Wahl zu wählen. ⁴Das Nähere über die beratenden Fachausschüsse und ihre Zusammensetzung regelt die Satzung. ⁵§ 79 b Satz 5 bis 8 gilt entsprechend.

1   Die Vorschrift betrifft nicht die KVen, weil das GKV-GRG 2000 nach damaliger Verfassungsrechtslage andernfalls zustimmungsbedürftig gewesen wäre. Die Regelung soll die **hausärztliche Versorgung stärken;** gleichwohl wurde bei der KBV auch ein beratender Fachausschuss für die fachärztliche Versorgung gebildet.

2   Die **Satzung der KBV** regelt, dass im Fachausschuss nach S. 1 die an der hausärztlichen Versorgung teilnehmenden Fachgruppen vertreten sein müssen (§ 73 Abs. 1 a S. 1). Dem Fachausschuss für die fachärztliche Versorgung gehören ein ermächtigter Krankenhausarzt sowie Vertreter der konservativen, operativen und medizinisch-technischen Medizin an. Im Ausschuss nicht vertretene Fachgruppen sollen als Sachverständige hinzugezogen werden. Außerdem wurde ein Fachausschuss für angestellte Ärzte eingerichtet. Es fehlt bislang an einem auch auf Ebene der KVen gebotenen Fachausschuss für Träger medizinischer Versorgungszentren (vgl. § 77 Rn. 7).

§ 80 Wahlen

(1) ¹Die Mitglieder der Kassenärztlichen Vereinigungen wählen in unmittelbarer und geheimer Wahl die Mitglieder der Vertreterversammlung. ²Die Wahlen erfolgen nach den Grundsätzen der Verhältniswahl auf Grund von Listen- und Einzelwahlvorschlägen. ³Die Psychotherapeuten wählen ihre Mitglieder der Vertreterversammlung entsprechend den Sätzen 1 und 2 mit der Maßgabe, dass sie höchstens mit einem Zehntel der Mitglieder in der Vertreterversammlung vertreten sind. ⁴Das Nähere zur Wahl der Mitglieder der Vertreterversammlung, einschließlich des Anteils der übrigen Mitglieder der Kassenärztlichen Vereinigungen, bestimmt die Satzung.

(1 a) ¹Der Vorsitzende und jeweils ein Stellvertreter des Vorsitzenden der Kassenärztlichen Vereinigungen sind Mitglieder der Vertreterversammlung der Kassenärztlichen Bundesvereinigungen. ²Die Mitglieder der Vertreterversammlungen der Kassenärztlichen Vereinigungen wählen in unmittelbarer und geheimer Wahl aus ihren Reihen die weiteren Mitglieder der Vertreterversammlung der Kassenärztlichen Bundesvereinigungen. ³Absatz 1 gilt entsprechend mit der Maßgabe, dass die Kassenärztlichen Vereinigungen entsprechend ihrem jeweiligen Anteil ihrer Mitglieder an der Gesamtzahl der Mitglieder der Kassenärztlichen Vereinigungen berücksichtigt werden.

(2) ¹Die Vertreterversammlung wählt in unmittelbarer und geheimer Wahl
1. aus ihrer Mitte einen Vorsitzenden und einen stellvertretenden Vorsitzenden,
2. die Mitglieder des Vorstandes,
3. den Vorsitzenden des Vorstandes und den stellvertretenden Vorsitzenden des Vorstandes.

²Der Vorsitzende der Vertreterversammlung und sein Stellvertreter dürfen nicht zugleich Vorsitzender oder stellvertretender Vorsitzender des Vorstandes sein.

(3) ¹Die Mitglieder der Vertreterversammlung der Kassenärztlichen Vereinigungen und der Kassenärztlichen Bundesvereinigungen werden für sechs Jahre gewählt. ²Die Amtsdauer endet ohne Rücksicht auf den Zeitpunkt der Wahl je-

weils mit dem Schluß des sechsten Kalenderjahres. ³Die Gewählten bleiben nach Ablauf dieser Zeit bis zur Amtsübernahme ihrer Nachfolger im Amt.

A. Überblick

Die Vorschrift regelt die Wahlen zu den Vertreterversammlungen der KVen (Abs. 1) und KBVen (Abs. 1 a) sowie zu deren Vorständen (Abs. 2) und legt die **Amtsdauer** der Vertreterversammlungen in Abs. 3 auf sechs Jahre fest. Die aktuelle Amtsperiode hat nach Art. 35 §§ 2 f. GMG am 1. 1. 2005 begonnen. 1

B. Wahlgrundsätze

Es gelten die Grundsätze der unmittelbaren und geheimen Wahl, was einen Wahlgang voraussetzt und anders als nach § 46 Abs. 2 SGB IV sog. Friedenswahlen (BSGE 23, 92/95) oder die Zwischenschaltung von Wahlmännern sowie offene Abstimmungen ausschließt, jedoch Briefwahlen zulässt. Seit dem GMG kann die Satzung der KV kein Mehrheitswahlrecht festlegen, was Minderheitsgruppen ebenso wie die Möglichkeit, Listen zu bilden, stärkt. Die Vorgabe einer **Verhältniswahl** darf durch Nachwahlen (aA. *Schirmer,* 558) oder den Zuschnitt zu kleiner Wahlkreise nicht unterlaufen werden, um den Stimmen neben gleichem Zählwert auch annähernd gleichen Erfolgswert zu verschaffen. Die Wahlordnung legt das Verteilungsverfahren nach d'Hondt, Sainte-Laguë/Schepers oder Hare/Niemeyer fest und kann vorsehen, dass diejenigen gewählt sind, die auf einer Liste die meisten Stimmen erhalten (personalisierte Listenwahl). Die Psychotherapeuten (vgl. § 28 Abs. 3 S. 1) führen eine Gruppenwahl durch; alle andere Arztgruppen einschließlich der ärztlichen Psychotherapeuten wählen grundsätzlich gemeinsam. 2

C. Wahlordnung

Die Wahlordnung als Bestandteil oder ausgegliederter Teil der Satzung (§ 81 Abs. 1 Nr. 2) regelt die Zahl der Mitglieder der Vertreterversammlung und zumindest die auf Psychotherapeuten entfallenden Mandate. Nach Abs. 1 S. 4 kann auch die Anzahl der Haus- und Fachärzten oder Vertragsärzten sowie angestellten und ermächtigten Ärzten zustehenden Sitze oder für Letztere eine Gruppenwahl festgeschrieben werden. Ferner sind Regelungen über die Zulassung von Wahlvorschlägen, Fristen und Stichtage, an denen eine Mitgliedschaft in der KV bestehen muss sowie die Abgrenzung von Wahlkreisen und die Bildung von Wahlausschüssen und Wahlprüfungsausschüssen (BVerfGE 85, 148/158) geboten. Eine **Wahlanfechtung** kann auf Fehler beschränkt werden, die auf die Verteilung der Mandate Einfluss gehabt haben könnten (BSG, NZS 1998, 585/586). 3

D. Vertreterversammlung der KBV

Der auf sechs Jahre gewählten Vertreterversammlung der KBV gehören 34 geborene, hauptamtliche **Mitglieder** und bis zu 26 (§ 79 Abs. 2 S. 4) gewählte, ehrenamtliche Mitglieder an. Die Satzung der KV regelt, ob der Vertreterversammlung der KBV neben ihrem Vorsitzenden des Vorstandes, sofern vorhanden, der erste oder zweite stellvertretende Vorsitzende des Vorstandes angehört sowie das Wahlverfahren für die weiteren von dieser KV entsandten Mitglieder. Die Sat- 4 zung der KBV kann den Anteil der Psychotherapeuten und ggf. den Anteil weiterer Arztgruppen regeln. Die Einbindung der hauptamtlichen Vorstände der KVen berücksichtigt die Bindung der KVen an die von der KBV be- und geschlossenen Richtlinien und Verträge, §§ 75 Abs. 7, 81 Abs. 1 S. 2 (*Hess,* KK, § 80 Rn. 7). Die Vertreterversammlung kann sich weder selbst auflösen noch seitens der Aufsichtsbehörde aufgelöst werden, § 79 a.

E. Wahl der Vorsitzenden der Vertreterversammlung sowie der Vorstände der KVen und der KBV

5 Die Wahlen haben in der in Abs. 2 S. 1 vorgesehenen Reihenfolge zu erfolgen, was sich aus der zu eng gefassten (*Hencke,* Peters, KV, § 80 Rn. 13) Inkompatibilitätsbestimmung des S. 2 sowie § 79 Abs. 6 iVm. § 35 a Abs. 5 S. 1 SGB IV ergibt. Als Vorstandsmitglied ist jede geeignete (§ 79 Abs. 6 S. 2) natürliche Person wählbar; nach § 9 Abs. 1 S. 3 der Satzung der KBV muss der Kandidat Arzt oder Psychotherapeut sein. Eine **Abberufung** ist nach § 79 Abs. 6 iVm. §§ 35 a Abs. 7, 59 Abs. 2 und 3 SGB IV insbesondere aus wichtigem Grund, bei gröblicher Verletzung von Amtspflichten oder bei Vertrauensentzug durch die Vertreterversammlung möglich, wenn das Vertrauen nicht aus offenbar unsachlichen Gründen entzogen worden ist; nach § 10 Abs. 5 S. 2 der Satzung der KBV bedarf der Beschluss einer Zweidrittelmehrheit.

§ 81 Satzung

(1) ¹Die Satzung muss insbesondere Bestimmungen enthalten über
1. **Namen, Bezirk und Sitz der Vereinigung,**
2. **Zusammensetzung, Wahl der Mitglieder der Organe,**
3. **Öffentlichkeit und Art der Beschlussfassung der Vertreterversammlung,**
4. **Rechte und Pflichten der Organe und der Mitglieder,**
5. **Aufbringung und Verwaltung der Mittel,**
6. **jährliche Prüfung der Betriebs- und Rechnungsprüfung und Abnahme der Jahresrechnung,**
7. **Änderung der Satzung,**
8. **Entschädigungsregelung für Organmitglieder,**
9. **Art der Bekanntmachungen,**
10. **die vertragsärztlichen Pflichten zur Ausfüllung des Sicherstellungsauftrags.**

²Die Satzung bedarf der Genehmigung der Aufsichtsbehörde.

(2) Sollen Verwaltungs- und Abrechnungsstellen errichtet werden, müssen die Satzungen der Kassenärztlichen Vereinigungen Bestimmungen über Errichtung und Aufgaben dieser Stellen enthalten.

(3) **Die Satzungen der Kassenärztlichen Vereinigungen müssen Bestimmungen enthalten, nach denen**
1. **die von den Kassenärztlichen Bundesvereinigungen abzuschließenden Verträge und die dazu gefaßten Beschlüsse sowie die Bestimmungen über die überbezirkliche Durchführung der vertragsärztlichen Versorgung und den Zahlungsausgleich zwischen den Kassenärztlichen Vereinigungen für die Kassenärztlichen Vereinigungen und ihre Mitglieder verbindlich sind,**
2. **die Richtlinien nach § 75 Abs. 7, § 92 und § 137 Abs. 1 und 4 für die Kassenärztlichen Vereinigungen und ihre Mitglieder verbindlich sind.**

§ 81

(4) **Die Satzungen der Kassenärztlichen Vereinigungen müssen Bestimmungen enthalten über die Fortbildung der Ärzte auf dem Gebiet der vertragsärztlichen Tätigkeit, das Nähere über die Art und Weise der Fortbildung sowie die Teilnahmepflicht.**

(5) ¹**Die Satzungen der Kassenärztlichen Vereinigungen müssen ferner die Voraussetzungen und das Verfahren zur Verhängung von Maßnahmen gegen Mitglieder bestimmen, die ihre vertragsärztlichen Pflichten nicht oder nicht ordnungsgemäß erfüllen.** ²**Maßnahmen nach Satz 1 sind je nach der Schwere der Verfehlung Verwarnung, Verweis, Geldbuße oder die Anordnung des Ruhens der Zulassung oder der vertragsärztlichen Beteiligung bis zu zwei Jahren.** ³**Das Höchstmaß der Geldbußen kann bis zu Zehntausend Euro betragen.** ⁴**Ein Vorverfahren (§ 78 des Sozialgerichtsgesetzes) findet nicht statt.**

Schrifttum: *A. Ehlers,* Disziplinarrecht und Zulassungsentziehung, 2001; *H. Schiller,* Erhebung von Beiträgen und Gebühren durch die Kassenärztlichen Vereinigungen, MedR 2004, 348; *J. Schroeder-Printzen,* Disziplinarverfahren, HVAR, § 18.

Die Vorschrift regelt den notwendigen Inhalt der von der Vertreterversammlung zu beschließenden (§ 79 Abs. 3 S. 1 Nr. 1) **Satzung im formellen Sinne.** Sie ist – ggf. auch alternativ in Rundschreiben (BSG, SozR 4–2500, § 72 Nr. 2 Rn. 38) – bekannt zu machen und bedarf im Gegensatz zu sonstigem Satzungsrecht wie der Notfalldienstordnung (BSG, SozR 2200, § 368n Nr. 12 S. 34) der Genehmigung der Aufsichtsbehörde. Die Satzung kann eine bloße Mitgliederöffentlichkeit der Vertreterversammlung vorsehen (BSG, SozR 3–2500, § 81 Nr. 3 S. 6 ff.). 1

Verwaltungs- und Abrechnungsstellen (Abs. 2) sind unselbstständige, im Auftrag des Vorstands tätige **weisungsgebundene Untergliederungen.** Dort von Mitgliedern gewählte Gremien wie Bezirksausschüsse können vom Vorstand abberufen werden (*Hencke,* Peters, KV, § 81 Rn. 17 f.) 2

Die KVen als Mitglieder der KBV sind nach §§ 13, 14 Abs. 2 der KBV-Satzung berechtigt, deren Rat und Unterstützung in Anspruch zu nehmen und müssen die von der KBV geschlossenen Verträge durchführen sowie Beiträge zahlen. Für Mitglieder der KV gelten mitgliedschaftsbezogene (z. B. Wahlrecht und Beitragspflicht) und die Teilnahme an der vertragsärztlichen Versorgung betreffende (z. B. Verbindlichkeit von Verträgen, Beschlüssen als authentischen Interpretationen der Verträge – *Wiegand,* GKV-Komm, § 81 Rn. 8 sowie Richtlinien der KBV und des G-BA – Abs. 3) **Rechte und Pflichten.** Abs. 1 Nr. 10 bezweckt, Praxisschließungen nur bei geregelter Vertretung zuzulassen. Die Fortbildung nach Abs. 4 kann sich mit der fachlichen Fortbildung nach § 95 d überschneiden, erfasst aber auch Fragen der wirtschaftlichen Leistungserbringung oder des Abrechnungswesens. 3

Die Satzung muss die grundlegenden Bestimmungen über die Aufbringung der Mittel enthalten, wie z. B. eine vorteilsbezogene und vom Honoraranspruch des Vertragsarztes einbehaltene **Verwaltungskostenpauschale** (§ 87b Abs. 5 S. 3), berechnet nach einem Prozentsatz des seitens der KVen verteilten Honorars (BSG, MedR 1985, 283/284) und erstatteter Sachkosten (BSG v. 28. 11. 2007, B 6 KA 1/07 R, Rn. 26) oder eine Sicherstellungsumlage (§ 87b Abs. 3 S. 5) zur Verbesserung der Notfallversorgung (BSG, SozR 2200, § 368m Nr. 4 S. 11 f.). Die Höhe der Pauschale, die auch Nichtmitglieder wie Krankenhäuser bei Notfallbehandlungen zahlen müssen (BSG, NZS 2004, 497/498 f.), kann von der Vertreterversammlung jährlich bei Feststellung des Haushaltsplans (§ 78 Rn. 5) festgelegt werden (BSG, SozR 2200, § 368m Nr. 4 S. 8) und in den einzelnen Verwaltungs- 4

§ 81a Stellen z. Bekämpfung v. Fehlverhalten im Gesundheitswesen

bezirken variieren (BSG, SozR 4–2500, § 72 Nr. 2 Rn. 94). Gebühren können grds. nicht erhoben werden, § 64 Abs. 1 SGB X. Mitgliedern der Vertreterversammlung werden Reisekosten und Sitzungsgelder gewährt.

5 Um Mitglieder und ermächtigte Einrichtungen (§ 95 Abs. 4 S. 3; dazu § 95 Rn. 6) erforderlichenfalls zur Erfüllung ihrer vertragsärztlichen Pflichten gegenüber Patienten oder der KV anzuhalten (§ 75 Abs. 2 S. 2), sind in der Satzung oder in einem ausgegliederten Teil, der **Disziplinarordnung,** das SGB X gem. § 37 SGB I ergänzende oder modifizierende Verfahrensregeln zur Verhängung von Disziplinarmaßnahmen zu treffen. Diese können wegen der anderen Zielrichtung auch neben eine strafrechtliche Verurteilung treten (BVerfGE 21, 391/400 ff.; 27, 180/184 ff.). Verstößt eine Pflichtverletzung auch gegen die Berufsordnung, haben sich KV und Ärztekammer abzustimmen, welcher Disziplinarweg beschritten wird (Gerichtshof für die Heilberufe Niedersachsen vom 3. 9. 1981 – 1 S 2/81). Die Sachverhalte bestandskräftiger Entscheidungen, etwa im Strafverfahren oder nach § 106, sind bindend (BSG, SozR, Nr. 36 zu § 368 a RVO). Eine Verfolgungsverjährung muss nicht vorgesehen werden (BSG, NZS 2003, 613/614 f.). Erweist sich die Pflichtverletzung als so schwer, dass die Eignung zur Ausübung vertragsärztlicher Tätigkeit entfällt, ist die Disziplinarmaßnahme nach Entziehung der Zulassung, § 95 Abs. 6 S. 1, ggf. ganz oder teilweise zurückzunehmen (BSG, SozR 2200, § 368a Nr. 16 S. 59 f.). Als Ausfluss der Selbstverwaltung und im Interesse objektiver und unbeeinflusster Entscheidungen können weisungsfrei entscheidende **Ausschüsse** unter Vorsitz eines Juristen gebildet werden (BSG, SozR, Nr. 3 zu § 368 m RVO), die nur (§ 60 Abs. 2 S. 1 BMV-Ä) auf Antrag des Vorstands oder in dessen Auftrag und Namen tätig werden.

6 Lehnt der Ausschuss die Verfahrenseröffnung ab, kann der Vorstand der KV dagegen einen sog. In-Sich-Prozess vor dem SG führen (BSG, SozR 4–1500, § 70 Nr. 1 Rn. 8 ff.). Gegen die Disziplinarmaßnahme als Verwaltungsakt der KV ist die **Anfechtungsklage** statthaft; bei Geldbußen muss die Berufung trotz § 144 Abs. 1 Nr. 1 SGG nicht zugelassen werden. Ob eine schuldhafte Pflichtverletzung vorliegt, unterliegt voller gerichtlicher Überprüfung; bei der Auswahl der Maßnahme trifft der Ausschuss unter Beachtung des Verhältnismäßigkeitsprinzips (BSG, SozR 2200, § 368 m Nr. 3 S. 3 ff.) eine Ermessensentscheidung. Beschlüsse mit Ausnahme von Verwarnungen sind zum Arztregister zu nehmen, § 6 Abs. 3 ZV-Ärzte.

§ 81a Stellen zur Bekämpfung von Fehlverhalten im Gesundheitswesen

(1) ¹**Die Kassenärztlichen Vereinigungen und die Kassenärztlichen Bundesvereinigungen richten organisatorische Einheiten ein, die Fällen und Sachverhalten nachzugehen haben, die auf Unregelmäßigkeiten oder auf rechtswidrige oder zweckwidrige Nutzung von Finanzmitteln im Zusammenhang mit den Aufgaben der jeweiligen Kassenärztlichen Vereinigung oder Kassenärztlichen Bundesvereinigung hindeuten.** ²**Sie nehmen Kontrollbefugnisse nach § 67c Abs. 3 des Zehnten Buches wahr.**

(2) ¹**Jede Person kann sich in den Angelegenheiten des Absatzes 1 an die Kassenärztlichen Vereinigungen und Kassenärztlichen Bundesvereinigungen wenden.** ²**Die Einrichtungen nach Absatz 1 gehen den Hinweisen nach, wenn sie auf Grund der einzelnen Angaben oder der Gesamtumstände glaubhaft erscheinen.**

(3) **Die Kassenärztlichen Vereinigungen und die Kassenärztlichen Bundesvereinigungen haben zur Erfüllung der Aufgaben nach Absatz 1 untereinander und mit den Krankenkassen und ihren Verbänden zusammenzuarbeiten.**

4. Kapitel. 2. Abschnitt. 3. Titel **§ 82**

(4) **Die Kassenärztlichen Vereinigungen und die Kassenärztlichen Bundesvereinigungen sollen die Staatsanwaltschaft unverzüglich unterrichten, wenn die Prüfung ergibt, dass ein Anfangsverdacht auf strafbare Handlungen mit nicht nur geringfügiger Bedeutung für die gesetzliche Krankenversicherung bestehen könnte.**

(5) ¹**Der Vorstand hat der Vertreterversammlung im Abstand von zwei Jahren, erstmals bis zum 31. Dezember 2005, über die Arbeit und Ergebnisse der organisatorischen Einheiten nach Absatz 1 zu berichten.** ²**Der Bericht ist der zuständigen Aufsichtsbehörde zuzuleiten.**

Schrifttum: *K. Ellbogen,* Die Anzeigepflicht der Kassenärztlichen Vereinigungen nach § 81 a V SGB V und die Voraussetzungen der Strafvereitelung gemäß § 258 I StGB, MedR 2006, 457; *S. Rixen,* Die Stellen zur Bekämpfung von Fehlverhalten im Gesundheitswesen, ZfSH/SGB 2005, 131; *G. Steinhilper,* Stellen zur Bekämpfung von Fehlverhalten im Gesundheitswesen, MedR 2005, 131.

Die parallel zu § 197a mit dem GMG eingeführte Vorschrift konkretisiert den 1
Gewährleistungsauftrag der KVen und KBVen (§ 75 Abs. 1 S. 1). Dem hinreichend substantiierten Verdacht auf z. B. **Falschabrechnungen,** unlautere Absprachen zwischen Vertragsärzten und Arznei- und Hilfsmittelanbietern („Kick-back-Zahlungen"), aber auch rechtswidrigen vermögenswirksamen Entscheidungen von Mitarbeitern oder Gremien der KV, haben verselbstständigte, im Rahmen der Gesamtverantwortung des Vorstandes **weisungsunabhängige,** ggf. durch Externe besetzte Stellen nachzugehen. Ihre Aufgabe endet mit der Weitergabe der verwertbaren Unterlagen an die für die Vollziehung, z. B. auch für Honorarrückforderungen zuständigen Stellen.

Es genügen anonyme Anzeigen oder solche von Mitarbeitern der KV; routine- 2
mäßige Stichprobenprüfungen sind nicht vorgesehen. In der KV vorhandene Daten können unabhängig vom ursprünglichen Erhebungszweck verwendet werden (§ 67c Abs. 3 SGB X); KKen dürfen **personenbezogene Daten** nur mit Einwilligung des Betroffenen übermitteln (BT-Drs. 15/1525, 99). Der Bericht nach Abs. 5 ist anonym abzufassen; die Aufsichtsbehörde kann die Unterlagen nach § 78 Abs. 3 S. 2 iVm. § 88 Abs. 2 SGB IV personenbezogen einsehen.

Ergeben sich zweckwidrige Mittelverwendungen, sollen Empfehlungen zur 3
Beseitigung des Missstandes gegeben werden. Bei rechtswidrigem Verhalten bleibt das Prüfungsrecht der Staatsanwaltschaft unberührt, ob ein **Anfangsverdacht** (zureichende tatsächliche Anhaltspunkte) nach § 152 Abs. 2 StPO besteht; andernfalls kann eine Strafvereitelung vorliegen. Abs. 4 legt nahe, der Staatsanwaltschaft die Unterlagen zunächst anonym zu übergeben. Für die Geringfügigkeit der Bedeutung für die GKV spielen die Schadenshöhe, die Tatbegehung und mögliche Disziplinarmaßnahmen nach § 81 Abs. 5 eine Rolle.

Dritter Titel. Verträge auf Bundes- und Landesebene

§ 82 Grundsätze

(1) ¹**Den allgemeinen Inhalt der Gesamtverträge vereinbaren die Kassenärztlichen Bundesvereinigungen mit dem Spitzenverband Bund der Krankenkassen in Bundesmantelverträgen.** ²**Der Inhalt der Bundesmantelverträge ist Bestandteil der Gesamtverträge.**

(2) ¹**Die Vergütungen der an der vertragsärztlichen Versorgung teilnehmenden Ärzte und Einrichtungen werden von den Landesverbänden der Kranken-**

§ 82

kassen und den Ersatzkassen mit den Kassenärztlichen Vereinigungen durch Gesamtverträge geregelt. ²Die Verhandlungen können auch von allen Kassenarten gemeinsam geführt werden.

(3) **Die Kassenärztlichen Bundesvereinigungen können mit nicht bundesunmittelbaren Ersatzkassen, der Deutschen Rentenversicherung Knappschaft-Bahn-See, der See-Krankenkasse und den landwirtschaftlichen Krankenkassen von § 83 Satz 1 abweichende Verfahren zur Vereinbarung der Gesamtverträge, von § 85 Abs. 1 und § 87 a Abs. 3 abweichende Verfahren zur Entrichtung der in den Gesamtverträgen vereinbarten Vergütungen sowie von § 291 Abs. 2 Nr. 1 abweichende Kennzeichen vereinbaren.**

Schrifttum: *K. Engelmann*, Untergesetzliche Normen im Recht der gesetzlichen Krankenversicherung durch Verträge und Richtlinien, NZS 2000, 1, 76; *T. Rompf*, Die Normsetzungsbefugnis der Partner der vertragsarztrechtlichen Kollektivverträge, VSSR 2004, 281; *H. D. Schirmer*, Verfassungsrechtliche Probleme der untergesetzlichen Normsetzung im Kassenarztrecht, MedR 1996, 404.

Inhaltsübersicht

	Rn.
A. Überblick	1
B. Vertragspartner	2
C. Vertragsinhalt	5
I. Bundesmantelvertrag	6
II. Gesamtverträge	8
D. Öffentlich-rechtliche Verträge	9

A. Überblick

1 Die Norm ist eine Einweisungsvorschrift, welche in Anknüpfung an das in § 72 Abs. 2 festgelegte Vertragsprinzip die beiden, seit dem GSG auch für die Ersatzkassen geltenden Ebenen des vertragsärztlichen Vertragswesens und die jeweiligen Vertragspartner benennt. Sie verschafft den KKen eine starke Verhandlungsposition und will deren kostentreibenden Leistungswettbewerb ausschließen, der sich aus dem Dualismus bundesweiter (Ersatzkassen) und regionaler (Primärkassen) Vergütungsverhandlungen ergab. Ferner soll sie eine kollektive **kassenartenübergreifende Vergütungs- und damit Leistungssteuerung** ermöglichen (BT-Drs. 12/3608, 84). Für den vertragsärztlichen Bereich tritt mWz. 1.1.2009 § 87 a Abs. 3 S. 1 an Stelle von Abs. 2 S. 2.

B. Vertragspartner

2 Vertragspartner des Bundesmantelvertrages sind die beiden KBVen (§ 77 Abs. 4 S. 1) und seit 1.7.2008 der Spitzenverband Bund der KKen (§ 217 a). Damit wird erreicht, dass die vertragsärztliche Versorgung in den Grundsätzen bundesweit gleichmäßig (§ 70 Abs. 1 S. 1) durchgeführt wird. Ist bis dahin kein Vertrag zu Stande gekommen, gelten die Bestimmungen der bisherigen, mit den Spitzenverbänden der KKen geschlossenen Verträge, das sind der **Bundesmantelvertrag** – Ärzte, der Bundesmantelvertrag Ärzte – Ersatzkassen, der Bundesmantelvertrag – Zahnärzte und der Zahnarzt – Ersatzkassenvertrag nach § 89 Abs. 1 S. 4 vorläufig weiter.

3 Vertragspartner der **Gesamtverträge** sind die KVen (§ 77 Abs. 1), die Landesverbände der KKen (§§ 207, 212 Abs. 3) und die Ersatzkassen. Letztere haben hier-

für einen Bevollmächtigten mit Abschlusskompetenz zu benennen, wobei dies auch ein Verband sein kann, zu dem sich die Ersatzkassen zur gemeinsamen Vertretung auf Landesebene zusammengeschlossen haben (§ 212 Abs. 5 S. 4, 5, 7). Dieser ist dann beliehener Unternehmer (*Orlowski,* GKV-Komm, § 82 Rn. 14). Liegt keine entsprechende Bevollmächtigung vor, schließen die KKen bzw. ihre Verbände auch bei gemeinsamen Verhandlungen (Abs. 2 S. 2) die Verträge getrennt ab.

Abs. 3 zählt KKen auf, die eine besondere oder auf einzelne Regionen konzentrierte Mitgliederstruktur haben. Daraus können sich in einem regionalisierten Vergütungssystem erhebliche organisatorische und finanzielle Probleme ergeben, weshalb der Gesetzgeber ihnen und der KBV das Recht zu **Sondervereinbarungen** eingeräumt hat (*Hess,* KK, § 82 Rn. 14). Wird statt des Wohnortprinzips das Kassensitzprinzip vereinbart (§ 83 S. 1; dazu *Krauskopf,* Krauskopf, § 82 Rn. 14) oder wird die Kompetenz zum Abschluss des Gesamtvertrags auf eine KV übertragen oder zieht die KBV diese an sich (§ 83 S. 1), gibt es einen anderen Empfangsberechtigten für die Auszahlung der Gesamtvergütung (§§ 85 Abs. 1, 87a Abs. 3) und müssen auf den Krankenversichertenkarten andere Angaben aufgenommen werden (§ 291 Abs. 2 Nr. 1). Nicht bundesunmittelbare Ersatzkassen sind solche, deren Bezirke sich über nicht mehr als drei Bundesländer hinaus erstrecken (§ 90 Abs. 3 SGB IV). 4

C. Vertragsinhalt

Die Verträge enthalten sowohl obligatorische, d. h. zwischen den Vertragspartnern wirkende als auch normative Bestandteile, die kraft spezieller gesetzlicher Anordnung Personen (Vertragsärzte) und Institutionen (KKen) binden, die nicht am Vertrag beteiligt sind (BSG, NZS 2006, 385/386). Die **Normsetzungsverträge** sind Mittel zur Erfüllung bzw. Konkretisierung des Sicherstellungsauftrages iwS. (§ 72 Abs. 2); dieser ist somit Grundlage und Grenze vertraglicher Vereinbarungen (*Orlowski,* GKV-Komm, § 82 Rn. 7). Der normative Teil steht in der Normenhierarchie unterhalb des Gesetzes und der Richtlinien des G-BA (§§ 72 Abs. 2, 92 Abs. 8), wobei der BMV das Prärogativ für den Gesamtvertrag ist (Abs. 1 S. 2). Nachrangig sind die Satzungen der KVen und der KKen (§§ 81 Abs. 3 Nr. 1, 210 Abs. 2). 5

I. Bundesmantelvertrag

Vorgegebener Inhalt des BMV sind die Richtlinien des G-BA (§ 92 Abs. 8), notwendiger Inhalt der durch (erweiterte) Bewertungsausschüsse beschlossene einheitliche Bewertungsmaßstab (**EBM**, § 87 Abs. 1 S. 1), Regelungen zur Organisation der vertragsärztlichen Versorgung (§§ 76 Abs. 3a, 87 Abs. 1 S. 2), zu Anforderungen und zur Zulassung von Softwareprogrammen (§ 73 Abs. 8 S. 8), zur Einführung und Gestaltung der Krankenversichertenkarte (§ 291 Abs. 3) sowie zur Abrechnung ärztlicher Leistungen (§ 295 Abs. 3), Voraussetzungen für die Ausführung und Abrechnung neuer Leistungen (§ 135 Abs. 2) und die Ermächtigung zur Erbringung bestimmter ärztlicher Leistungen ggf. auch ohne Bedürfnisprüfung (§ 31 Abs. 2 ZV-Ärzte; BSG, SozR 5520, § 31 Nr. 2 S. 3). Fakultativer Inhalt nach § 72 Abs. 2 sind Verträge über spezielle Versorgungsformen, etwa in der Schmerztherapie (BSG, SozR 4–2500, § 82 Nr. 1 Rn. 12), der Onkologie oder der sozialpsychiatrischen Versorgung von Kindern und Jugendlichen. 6

§ 82

7   Der BMV hat sich im Verhältnis zu den Gesamtverträgen auf deren **allgemeinen Inhalt** zu beschränken. Es darf nur das geregelt werden, was zur bundesweit gleichmäßigen Versorgung der Versicherten notwendig und/oder zweckmäßig ist, wie z. B. das Verfahren für die Anerkennung als Belegarzt (§ 40 BMV-Ä), und den Status der über § 81 Abs. 3 Nr. 1 betroffenen Vertragsärzte nicht beschränkt. Im Rahmen des weiten Gestaltungsspielraums dürfen neben grundsätzlichen Regelungen Komplexe auch detailliert, umfassend und abschließend normiert werden. Für regionale Besonderheiten der Versorgungsstruktur, wie etwa die Frage, ob das Interesse für Zweigpraxen eher in unter- oder in überversorgten Regionen besteht, müssen den Vertragspartnern der Gesamtverträge hinreichende eigene Vertragsspielräume verbleiben.

II. Gesamtverträge

8   Der Gesamtvertrag regelt die **Vergütung** der an der vertragsärztlichen Versorgung teilnehmenden Ärzte und Einrichtungen eines KV-Bezirks (Abs. 2), ist darauf aber nicht beschränkt. Er kann nach § 83 S. 1 Fragen aus dem gesamten Bereich der vertragsärztlichen Versorgung aufgreifen (*Hess,* KK, § 82 Rn. 9) oder Regelungen des BMV ergänzen. Über- oder Unterschreitungen des Ausgabenvolumens für Arznei- und Verbandmittel werden in den Gesamtverträgen aufgegriffen (§ 84 Abs. 3). In Gesamtverträgen finden sich Regelungen zur Kostenbeteiligung der KKen an Sicherstellungsmaßnahmen oder der Einrichtung von Qualitätszirkeln. Vereinbarungen, welche die Vertragsparteien aufgrund anderer Bestimmungen des SGB V exklusiv treffen dürfen (z. B. § 73a Abs. 1), können Bestandteil der Gesamtverträge sein.

D. Öffentlich-rechtliche Verträge

9   Die Verträge sind schriftlich abzuschließende (§ 72 Abs. 2), ggf. durch das Schiedsamt festzusetzende (§ 89) öffentlich-rechtliche Verträge, für die – mit Ausnahme des § 57 Abs. 1 SGB X (BSG, NZS 1996, 139/140) – ergänzend die **§§ 53 ff. SGB X** gelten. Dem steht nicht entgegen, dass es sich um nicht an Stelle von Verwaltungsakten tretende Normsetzungsverträge handelt (*Boerner,* SGb 2000, 389/390). Bei deren sog. normativer **Auslegung** ist nicht auf den subjektiven Willen der Beteiligten sondern auf die objektive Erklärungsbedeutung abzustellen, bei der – grds. anders als bei Vergütungsregelungen (§ 87 Rn. 5) – neben der Wortlautinterpretation auch eine systematische, teleologische und historische Auslegung in Betracht kommt (BSG, SozR 3-5555, § 10 Nr. 1 S. 4). Nichtigkeit ist nur bei qualifizierten Rechtsverstößen anzunehmen (*Engelmann,* Wulffen, § 58 Rn. 6).

10 Die Verträge unterliegen weder der abstrakten Normenkontrolle seitens der Sozialgerichtsbarkeit (BSG, SozR, Nr. 6 zu § 368g RVO) noch der konkreten Normenkontrolle durch das BVerfG nach Art. 100 GG. Beim BMV als Normsetzungsvertrag handelt es sich jedoch um **revisibles Recht** iSv. § 162 SGG; das BSG kann dessen Auslegung (BSG, SozR 3-5555, § 10 Nr. 1 S. 3 ff.) und Rechtmäßigkeit inzident (BSG, SozR 3-2500, § 87 Nr. 4 S. 19) überprüfen.

§ 83 Gesamtverträge

¹Die Kassenärztlichen Vereinigungen schließen mit den für ihren Bezirk zuständigen Landesverbänden der Krankenkassen und den Ersatzkassen Gesamtverträge über die vertragsärztliche Versorgung der Mitglieder mit Wohnort in ihrem Bezirk einschließlich der mitversicherten Familienangehörigen; die Landesverbände der Krankenkassen schließen die Gesamtverträge mit Wirkung für die Krankenkassen der jeweiligen Kassenart. ²Für die Deutsche Rentenversicherung Knappschaft-Bahn-See gilt Satz 1 entsprechend, soweit die ärztliche Versorgung durch die Kassenärztliche Vereinigung sichergestellt wird. ³§ 82 Abs. 2 Satz 2 gilt entsprechend.

A. Überblick

Die Vorschrift regelt die sich bereits aus § 82 Abs. 2 ergebende Verpflichtung, auf **regionaler Ebene** umfassende sog. Gesamtverträge zu schließen und bestimmt die zuständigen Vertragspartner sowie mit den KKen und den im Bezirk der KVen wohnenden Mitgliedern der Krankenkassen die vom Vertragsabschluss Betroffenen. 1

B. Vertragspartner

Vertragspartner der KV sind auch bei nach S. 3 zulässigen gemeinsamen Verhandlungen die **Landesverbände** der KKen (§ 207 Abs. 1), eine die Aufgaben eines Landesverbandes wahrnehmende KK (§ 207 Abs. 4) und seit 1. 7. 2008 die Ersatzkassen, sofern sie keine gemeinsame Vertretung auf Landesebene bevollmächtigt haben (§ 212 Abs. 5). Die Bahn-BKK als nur dem Bundesverband der BKKen angehörende BKK eines Dienstbetriebs des Bundes (§ 212 Abs. 1 S. 2) hat keine eigene Vertragsabschlusskompetenz. Vereinigen sich KK verschiedener Kassenarten, haben sie sich zu erklären, welche Kassenartenzugehörigkeit aufrechterhalten werden soll, § 171a Abs. 1 S. 3. 2

C. Wirkung für die Krankenkassen der jeweiligen Kassenart, S. 1 Hs. 2

Das Gesetz weist dem Landesverband die Rechtsmacht zu, die KKen, welche Mitglieder mit Wohnsitz in seinem Bezirk haben, zur Zahlung der auf sie entfallenden Gesamtvergütung an die KV zu verpflichten. Das gilt auch für die BKK der Dienstbetriebe des Bundes (*Hess*, KK, § 83 Rn. 9) sowie KKen, den diese Landesverband nicht angehören (sog. **einstrahlende Krankenkassen**), wobei deren Landesverband nach Maßgabe der vom Bundesverband getroffenen Verfahrensregeln zu beteiligen ist (§ 217 Abs. 5). Verstöße gegen die Regeln haben ebenso wie gegen Anhörungsrechte der einzelnen KKen nach den Satzungen der Landesverbände (§ 210) auf die Rechtswirksamkeit des Gesamtvertrages keinen Einfluss. 3

Die Regelung bewirkt, dass für alle Mitglieder einer Kassenart im Bezirk der KV die gleiche Vergütung gezahlt wird und die Zahl der Vertragspartner für die KV begrenzt ist. Das ist für die **Funktionsfähigkeit** des Gesamtvergütungssystems inzwischen unverzichtbar, weil nach Öffnung von Betriebs- und Innungs- 4 krankenkassen und Einführung des freien Kassenwahlrechts andernfalls praktisch jede KV mit jedem Landesverband Verträge schließen müsste (BSG, NZS 2006, 385/387).

D. Wohnortprinzip

5   Das Wohnortprinzip wurde mit Gesetz v. 11.12.2001 (BGBl. I, 3526) eingeführt; alle KKen zahlen danach die anteilige Gesamtvergütung an die KV, in deren Bezirk ihre Mitglieder wohnen. Bis dahin kam es bei den Primärkassen (Orts-, Betriebs- und Innungskrankenkassen) auf den Sitz der KK an. Das führte nach Einführung des freien Kassenwahlrechts dazu, dass nicht nur von Pendlern und Urlaubern vertragsärztliche Leistungen in KV-Bezirken in Anspruch genommen wurden, die dafür keine Gesamtvergütungsanteile erhielten und der sog. **Fremdkassenzahlungsausgleich** (§ 75 Abs. 7 S. 2) 16 % der vertragsärztlichen Gesamtvergütung erreichte (*Flintrop*, DÄBl. 2001, A-2989). Da in den Regionen unterschiedliche Kopfpauschalen vereinbart waren (§ 85 Rn. 10), wurde das Ziel einer leistungsgerechten Honorarverteilung insbesondere zu Lasten des Beitrittsgebiets trotz wiederholter Änderungen des Zahlungsausgleichs verfehlt sowie regionale Vereinbarungen zur Weiterentwicklung der Versorgungsstrukturen behindert (BT-Drs. 14/5960, 1; *Krauskopf,* Krauskopf, § 83 Rn. 4).

E. Sonderregelungen

6   Die DRV KBS nimmt den Sicherstellungsauftrag der KV nur insoweit in Anspruch, als sie die ärztliche Versorgung nicht in eigenen **knappschaftlichen Einrichtungen** sicherstellt (§§ 82 Abs. 3, 75 Abs. 5). Nach § 82 Abs. 3 kann sie, zumal der Bundesverband auch die Aufgaben eines Landesverbandes wahrnimmt (§ 212 Abs. 3), mit den KBVen abweichende Vereinbarungen treffen (§ 82 Rn. 4). Im Beitrittsgebiet können die ermächtigten Einrichtungen, insbesondere **Polikliniken**, und deren Verbände Gesamtvertragsparteien der Landesverbände der KKen sein, § 311 Abs. 5. Damit die an die KV gezahlte Gesamtvergütung entsprechend bereinigt werden kann, ist deren Einvernehmen erforderlich.

F. Vertragsinhalt

7   Den Gesamtvertrag bilden alle zwischen den Gesamtvertragspartnern geschlossenen Vereinbarungen zur Regelung der vertragsärztlichen Versorgung mit Ausnahme der auch Anderen offenstehenden Einzelvertragsoptionen (§§ 64 Abs. 1 S. 2, 73b Abs. 4 S. 2 Nr. 4, 73c Abs. 3 S. 1 Nr. 4; *Krauskopf,* Krauskopf, § 83 Rn. 3, 7). In den Verträgen finden sich z. B. Regelungen zu Versichertenbefragungen (§ 60 Abs. 3 BMV-Ä), zum **Sprechstundenbedarf**, zur Abgrenzung der stationären von der ambulanten Versorgung, z. B. wenn ein Belegarzt einen anderen Arzt hinzuzieht, zur Abgrenzung der Quartale, wenn z. B. Laborleistungen veranlasst werden, zu Sprechstundenzeiten, zur Überprüfung des Versichertenstatus beim Vertragsarzt, zu von der KV herauszugebenden Subspezialitätenverzeichnissen, zur Ausgestaltung des Vertragsarztstempels, zur Sammelerklärung (§ 35 BMV-Ä) und deren Aufbewahrung, zur Praxisabwicklung bei Tod des Vertragsarztes sowie dazu, dass die Qualifikation nachzuweisen ist, bevor Leistungen abgerechnet werden können. Ausschlussfristen können für die Einreichung der Abrechnungsunterlagen (§ 85 Rn. 35) vereinbart werden.

§ 84 Arznei- und Heilmittelvereinbarung, Richtgrößen

(1) ¹Die Landesverbände der Krankenkassen und die Ersatzkassen gemeinsam und einheitlich und die Kassenärztliche Vereinigung treffen zur Sicherstellung der vertragsärztlichen Versorgung mit Arznei- und Verbandmitteln bis zum 30. November für das jeweils folgende Kalenderjahr eine Arzneimittelvereinbarung. ²Die Vereinbarung umfasst

1. ein Ausgabenvolumen für die insgesamt von den Vertragsärzten nach § 31 veranlassten Leistungen,
2. Versorgungs- und Wirtschaftlichkeitsziele und konkrete, auf die Umsetzung dieser Ziele ausgerichtete Maßnahmen, auch zur Verordnung wirtschaftlicher Einzelmengen (Zielvereinbarungen), insbesondere zur Information und Beratung und
3. Kriterien für Sofortmaßnahmen zur Einhaltung des vereinbarten Ausgabenvolumens innerhalb des laufenden Kalenderjahres.

³Kommt eine Vereinbarung bis zum Ablauf der in Satz 1 genannten Frist nicht zustande, gilt die bisherige Vereinbarung bis zum Abschluss einer neuen Vereinbarung oder einer Entscheidung durch das Schiedsamt weiter. ⁴Die Landesverbände der Krankenkassen und die Ersatzkassen teilen das nach Satz 2 Nr. 1 vereinbarte oder schiedsamtlich festgelegte Ausgabenvolumen dem Spitzenverband Bund der Krankenkassen mit. ⁵Die Krankenkasse kann mit den Ärzten abweichende oder über die Regelungen nach Satz 2 hinausgehende Vereinbarungen treffen.

(2) Bei der Anpassung des Ausgabenvolumens nach Absatz 1 Nr. 1 sind insbesondere zu berücksichtigen

1. Veränderungen der Zahl und Altersstruktur der Versicherten,
2. Veränderungen der Preise der Arznei- und Verbandmittel,
3. Veränderungen der gesetzlichen Leistungspflicht der Krankenkassen,
4. Änderungen der Richtlinien des Gemeinsamen Bundesausschusses nach § 92 Abs. 1 Nr. 6,
5. der wirtschaftliche und qualitätsgesicherte Einsatz innovativer Arzneimittel,
6. Veränderungen der sonstigen indikationsbezogenen Notwendigkeit und Qualität bei der Arzneimittelverordnung auf Grund von getroffenen Zielvereinbarungen nach Absatz 1 Nr. 2,
7. Veränderungen des Verordnungsumfangs von Arznei- und Verbandmitteln auf Grund von Verlagerungen zwischen den Leistungsbereichen und
8. Ausschöpfung von Wirtschaftlichkeitsreserven entsprechend den Zielvereinbarungen nach Absatz 1 Nr. 2.

(3) ¹Überschreitet das tatsächliche, nach Absatz 5 Satz 1 bis 3 festgestellte Ausgabenvolumen für Arznei- und Verbandmittel das nach Absatz 1 Nr. 1 vereinbarte Ausgabenvolumen, ist diese Überschreitung Gegenstand der Gesamtverträge. ²Die Vertragsparteien haben dabei die Ursachen der Überschreitung, insbesondere auch die Erfüllung der Zielvereinbarungen nach Absatz 1 Nr. 2, zu berücksichtigen. ³Bei Unterschreitung des nach Absatz 1 Nr. 1 vereinbarten Ausgabenvolumens kann diese Unterschreitung Gegenstand der Gesamtverträge werden.

(4) Werden die Zielvereinbarungen nach Absatz 1 Nr. 2 erfüllt, entrichten die beteiligten Krankenkassen aufgrund einer Regelung der Parteien der Gesamtverträge auch unabhängig von der Einhaltung des vereinbarten Ausgabenvolu-

mens nach Absatz 1 Nr. 1 einen vereinbarten Bonus an die Kassenärztliche Vereinigung.

(4 a)¹Eine Vereinbarung nach Absatz 7 a findet keine Anwendung, wenn in einer Vereinbarung nach Absatz 1 bis zum 15. November für das jeweils folgende Kalenderjahr Maßnahmen bestimmt sind, die ebenso wie eine Vereinbarung nach Absatz 7 a zur Verbesserung der Wirtschaftlichkeit geeignet sind und die einen entsprechenden Ausgleich von Mehrkosten bei Nichteinhaltung der vereinbarten Ziele gewährleisten.²Eine Vereinbarung nach Satz 1 oder Absatz 7 a findet für einen Vertragsarzt keine Anwendung, soweit er zu Lasten der Krankenkasse Arzneimittel verordnet, für die eine Vereinbarung nach § 130 a Abs. 8 mit Wirkung für die Krankenkasse besteht; das Nähere ist in der Vereinbarung nach Absatz 1 Satz 5 zu regeln.

(4 b) Die Vorstände der Krankenkassenverbände sowie der Ersatzkassen, soweit sie Vertragspartei nach Absatz 1 sind und der Kassenärztlichen Vereinigungen haften für eine ordnungsgemäße Umsetzung der vorgenannten Maßnahmen.

(5) ¹Zur Feststellung des tatsächlichen Ausgabenvolumens nach Absatz 3 erfassen die Krankenkassen die während der Geltungsdauer der Arzneimittelvereinbarung veranlassten Ausgaben arztbezogen, nicht versichertenbezogen. ²Sie übermitteln diese Angaben nach Durchführung der Abrechnungsprüfung dem Spitzenverband Bund der Krankenkassen, der diese Daten kassenartenübergreifend zusammenführt und jeweils der Kassenärztlichen Vereinigung übermittelt, der die Ärzte, welche die Ausgaben veranlasst haben, angehören; zugleich übermittelt der Spitzenverband Bund der Krankenkassen diese Daten den Landesverbänden der Krankenkassen und den Ersatzkassen, die Vertragspartner der jeweiligen Kassenärztlichen Vereinigung nach Absatz 1 sind. ³Ausgaben nach Satz 1 sind auch Ausgaben für Arznei- und Verbandmittel, die durch Kostenerstattung vergütet worden sind. ⁴Zudem erstellt der Spitzenverband Bund der Krankenkassen für jede Kassenärztliche Vereinigung monatliche Berichte über die Entwicklung der Ausgaben von Arznei- und Verbandmitteln und übermitteln diese Berichte als Schnellinformationen den Vertragspartnern nach Absatz 1 insbesondere für Abschluss und Durchführung der Arzneimittelvereinbarung sowie für die Informationen nach § 73 Abs. 8. ⁵Für diese Berichte gelten Satz 1 und 2 entsprechend; Satz 2 gilt mit der Maßgabe, dass die Angaben vor Durchführung der Abrechnungsprüfung zu übermitteln sind. ⁶Die Kassenärztliche Bundesvereinigung erhält für die Vereinbarung der Rahmenvorgaben nach Absatz 7 und für die Informationen nach § 73 Abs. 8 eine Auswertung dieser Berichte. ⁷Die Krankenkassen sowie der Spitzenverband Bund der Krankenkassen können eine Arbeitsgemeinschaft nach § 219 mit der Durchführung der vorgenannten Aufgaben beauftragen. ⁸§ 304 Abs. 1 Satz 1 Nr. 2 gilt entsprechend.

(6) ¹Die Vertragspartner nach Absatz 1 vereinbaren bis zum 15. November für das jeweils folgende Kalenderjahr zur Sicherstellung der vertragsärztlichen Versorgung für das auf das Kalenderjahr bezogene Volumen der je Arzt verordneten Arznei- und Verbandmittel (Richtgrößenvolumen) arztgruppenspezifische fallbezogene Richtgrößen als Durchschnittswerte unter Berücksichtigung der nach Absatz 1 getroffenen Arzneimittelvereinbarung, erstmals bis zum 31. März 2002. ²Zusätzlich sollen die Vertragspartner nach Absatz 1 die Richtgrößen nach altersgemäß gegliederten Patientengruppen und darüber hinaus auch nach Krankheitsarten bestimmen. ³Die Richtgrößen leiten den Vertragsarzt bei seinen Entscheidungen über die Verordnung von Arznei- und Verband-

§ 84

mitteln nach dem Wirtschaftlichkeitsgebot. ⁴Die Überschreitung des Richtgrößenvolumens löst eine Wirtschaftlichkeitsprüfung nach § 106 Abs. 5a unter den dort genannten Voraussetzungen aus.

(7) ¹Die Kassenärztliche Bundesvereinigung und der Spitzenverband Bund der Krankenkassen vereinbaren bis zum 30. September für das jeweils folgende Kalenderjahr Rahmenvorgaben für die Inhalte der Arzneimittelvereinbarungen nach Absatz 1 sowie für die Inhalte der Informationen und Hinweise nach § 73 Abs. 8. ²Die Rahmenvorgaben haben die Arzneimittelverordnungen zwischen den Kassenärztlichen Vereinigungen zu vergleichen und zu bewerten; dabei ist auf Unterschiede in der Versorgungsqualität und Wirtschaftlichkeit hinzuweisen. ³Von den Rahmenvorgaben dürfen die Vertragspartner der Arzneimittelvereinbarung nur abweichen, soweit dies durch die regionalen Versorgungsbedingungen begründet ist. ⁴Die Vertragsparteien nach Satz 1 beschließen mit verbindlicher Wirkung für die Vereinbarungen der Richtgrößen nach Absatz 6 Satz 1 die Gliederung der Arztgruppen und das Nähere zum Fallbezug. ⁵Ebenfalls mit verbindlicher Wirkung für die Vereinbarungen der Richtgrößen nach Absatz 6 Satz 2 sollen sie die altersgemäße Gliederung der Patientengruppen und die Krankheitsarten bestimmen. ⁶Darüber hinaus können sie für die Vereinbarungen nach Absatz 6 Satz 1 Empfehlungen beschließen. ⁷Der Beschluss nach Satz 4 ist bis zum 31. Januar 2002 zu fassen.

(7a) ¹Die Vertragspartner nach Absatz 7 vereinbaren bis zum 30. September für das jeweils folgende Kalenderjahr jeweils als Bestandteil der Vereinbarungen nach Absatz 1 für Gruppen von Arzneimitteln für verordnungsstarke Anwendungsgebiete, die bedeutsam zur Erschließung von Wirtschaftlichkeitsreserven sind, Durchschnittskosten je definierter Dosiereinheit, die sich bei wirtschaftlicher Verordnungsweise ergeben. ²Bei der Festlegung der Durchschnittskosten je definierter Dosiereinheit sind Besonderheiten unterschiedlicher Anwendungsgebiete zu berücksichtigen. ³Definierte Dosiereinheiten können auf Grundlage der Klassifikation nach § 73 Abs. 8 Satz 5 festgelegt werden. ⁴Das Nähere ist in der Vereinbarung nach Satz 1 zu regeln; dabei können auch andere geeignete rechnerische mittlere Tages- oder Einzeldosen oder andere geeignete Vergleichsgrößen für die Kosten der Arzneimitteltherapie vereinbart werden, wenn der Regelungszweck dadurch besser erreicht wird. ⁵Richtlinien nach § 92 Abs. 1 sind zu beachten. ⁶Überschreiten die Ausgaben für die vom Arzt verordneten Arzneimittel die Kosten nach Satz 1, hat der Arzt einen Überschreitungsbetrag von mehr als 10 bis 20 vom Hundert entsprechend einem Anteil von 20 vom Hundert, von mehr als 20 vom Hundert bis 30 vom Hundert um 30 vom Hundert und eine darüber hinausgehende Überschreitung zur Hälfte gegenüber den Krankenkassen auszugleichen. ⁷Unterschreiten die Ausgaben der von den Ärzten einer Kassenärztlichen Vereinigung insgesamt verordneten Arzneimittel die Durchschnittskosten je definierter Dosiereinheit nach Satz 1, entrichten die Krankenkassen aufgrund der Vereinbarung nach Satz 1 einen Bonus an die Kassenärztliche Vereinigung. ⁸Der Bonus ist unter den Vertragsärzten zu verteilen, die wirtschaftlich verordnen und deren Verordnungskosten die Durchschnittskosten je definierter Dosiereinheit nach Satz 1 nicht überschreiten. ⁹Über- oder Unterschreitungen stellt die Prüfungsstelle nach § 106 Abs. 4 nach Ablauf eines Quartals auf der Grundlage der arztbezogenen Schnellinformationen nach Absatz 5 Satz 4 oder aufgrund der Abrechnungsdaten nach § 300 Abs. 2 Satz 4, die der Prüfungsstelle zu übermitteln sind, fest; für das weitere Verfahren gilt § 106 Abs. 5 und 5c entsprechend. ¹⁰Arzneimittel, für die die Regelungen dieses Absatzes Anwendung finden, unterliegen nicht der Wirtschaftlichkeitsprüfung nach § 106 Abs. 2; die Richtgrößen sind von den Vertragspartnern nach Absatz 1 entsprechend zu bereinigen. ¹¹Das Nähere ist in Verträgen nach § 106 Abs. 3 zu vereinbaren. ¹²Kommt eine Vereinbarung nach Satz 1 für das jeweils folgende Kalenderjahr bis zum 30. September nicht zustande, gilt für das Schiedsverfahren abweichend von § 89 Abs. 1 Satz 1 eine Frist von zwei Monaten.

(8) ¹Die Absätze 1 bis 4 und 4 b bis 7 sind für Heilmittel unter Berücksichtigung der besonderen Versorgungs- und Abrechnungsbedingungen im Heilmittelbereich entsprechend anzuwenden. ²Veranlasste Ausgaben im Sinne des Absatzes 5 Satz 1 betreffen die während der Geltungsdauer der Heilmittelvereinbarung mit den Krankenkassen abgerechneten Leistungen.

(9) Das Bundesministerium für Gesundheit kann bei Ereignissen mit erheblicher Folgewirkung für die medizinische Versorgung zur Gewährleistung der notwendigen Versorgung mit Arznei- und Verbandmitteln die Ausgabenvolumen nach Absatz 1 Nr. 1 durch Rechtsverordnung mit Zustimmung des Bundesrates erhöhen.

Schrifttum: *A. Becker,* Die Steuerung der Arzneimittelversorgung im Recht der GKV, 2006; *T. Clemens,* Der Kampf des Arztes gegen Arzneikostenregresse – Arzneizulassung, Off-Label-Use, Arzneimittel-Richtlinien, Wirtschaftlichkeitsprüfung, Richtgrößen, FS Küttner, 2006, 193; *P. Peikert,* Richtgrößen und Richtgrößenprüfungen nach dem ABAG, MedR 2003, 29; *J. Schickert/S. Schulz,* Leitsubstanzquoten statt Bonus-Malus, PharmR 2007, 492; *H. Sodan/S. Schlüter,* Die Bonus-Malus-Regelung als Verfassungsproblem, NZS 2007, 455.

Inhaltsübersicht

	Rn.
A. Überblick	1
B. Arzneimittelvereinbarungen, Abs. 1–4 b	2
C. Erfassungs-, Übermittlungs- und Informationspflichten, Abs. 5	8
D. Richtgrößen, Abs. 6	9
E. Vorgaben durch die Bundesebene, Abs. 7, 7a	11
F. Heilmittel, Abs. 8	16
G. Rechtsverordnungsermächtigung, Abs. 9	17

A. Überblick

1   Die Vorschrift bezweckt, die Ausgaben für Arznei- und Heilmittel durch Einflussnahme auf das Verordnungsverhalten der Ärzte zu senken, indem diese zu einer wirtschaftlichen Verordnung auf der Grundlage von **Arzneimittelvereinbarungen** und **Richtgrößen** veranlasst werden. Während die auf Landesebene unter Beachtung bundesrechtlicher Vorgaben zu schließenden Arzneimittelvereinbarungen das jährliche Ausgabenvolumen für alle Ärzte im Bezirk einer Kassenärztlichen Vereinigung kollektiv festlegen, stellen die Richtgrößen arztgruppenspezifische Individualbudgets dar, die das einem Arzt entsprechend seiner Arztgruppe für jeden einzelnen Behandlungsfall durchschnittliche für die Verordnung von Arznei- und Heilmitteln zustehende Ausgabenvolumen vorgeben und bei Überschreiten eine Wirtschaftlichkeitsprüfung nach § 106 Abs. 5a auslösen. Der Gesetzgeber hat die Vorschrift des Öfteren grundlegend geändert (zur Entstehungsgeschichte und zu den Änderungen: *Engelhard,* H/N, § 84 Rn. 1 ff.; *Sproll, Krauskopf,* § 84 Rn. 1 ff.), weil sich in der Praxis die auch angesichts von Umsetzungs- und Akzeptanzproblemen problematischen Regelungen im Vollzug oftmals nicht als effektiv erwiesen und die Ausgaben letztlich weiter gestiegen sind (zu den Ausgabensteigerungen vgl. etwa: BT-Drs. 16/194, 6). Um die Ausgabensteigerung zu begrenzen, wurde durch das AVWG mit Abs. 7a eine **Bonus-**

Malus-Regelung bei Abweichung von den Durchschnittskosten je definierter Dosiereinheit für bestimmte Gruppen von Arzneimitteln eingeführt, die aber inzwischen wegen verschiedener Neuregelungen durch das GKV-WSG nach Ansicht der Vertragspartner der Rahmenvorgaben nicht mehr umsetzbar sein soll und durch ein System der Leitsubstanzquoten ersetzt werden soll (dazu: *Schickert/ Schulz,* PharmR 2007, 492/492 ff.). Dies soll das „Aus" für die Bonus-Malus-Regelung seit dem 1.1.2008 bedeuten (*Wille,* PharmR 2007, 503/509).

B. Arzneimittelvereinbarungen, Abs. 1–4 b

Nach Abs. 1 schließen die Landesverbände der KKen und die Ersatzkassen gemeinsam und einheitlich (dazu: *Engelhard,* H/N, § 84 Rn. 34 f.) jährlich für das jeweils folgende Kalenderjahr mit der KV kassenartübergreifend eine **Arzneimittelvereinbarung.** Kommt keine Vereinbarung zustande, gilt nach Abs. 1 S. 3 die bisherige bis zum Abschluss einer neuen Vereinbarung oder einer Entscheidung durch das Schiedsamt weiter. In der Vereinbarung wird das jährliche Ausgabenvolumen für alle von den Vertragsärzten nach § 31 veranlassten Leistungen, d. h. auch für Verbandmittel, Harn- und Blutteststreifen etc., unter Berücksichtigung der in Abs. 2 beispielhaft („insbesondere") genannten Anpassungskriterien (zu den Anpassungskriterien im Einzelnen: *Becker,* Steuerung der Arzneimittelversorgung, 272 ff.; *Engelhard,* H/N, § 84 Rn. 51 ff.) arztbezogen auf der Grundlage der Rahmenvorgaben nach Abs. 7 festgelegt (Abs. 1 S. 4). Zudem sind Versorgungs- und Wirtschaftlichkeitsziele (vgl. dazu: *Sproll,* Krauskopf, § 84 Rn. 15) sowie konkrete Umsetzungsmaßnahmen als **Zielvereinbarungen** (vgl. dazu: *Becker,* Steuerung der Arzneimittelversorgung, 281 ff.) auch zur Verordnung wirtschaftlicher Einzelmengen (dazu: BT-Drs. 16/3100, 117) sowie zur Information und Beratung zu vereinbaren und Kriterien für Sofortmaßnahmen zur Einhaltung des vereinbarten Ausgabenvolumens vorzusehen (zur Zulässigkeit auf der Grundlage des Abs. 1 eine sog. Me-Too-Liste für Me-Too-Präparate, d. h. für Analogpräparate, zu veröffentlichen: LSG NRW, PharmR 2007, 285/289; zur Me-Too-Liste vgl. auch LSG NRW, MedR 2007, 374/376 f.).

Im Hinblick auf den Gegenstand von **Zielvereinbarungen** lässt es der Gesetzgeber nach Abs. 4 a zu, dass anstelle einer Vereinbarung nach Abs. 7 a auf Bundesebene über die Durchschnittskosten je definierter Dosiereinheit auf Landesebene vergleichbare Maßnahmen, die zur Verbesserung der Wirtschaftlichkeit geeignet sind und einen der Vereinbarung nach Abs. 7 a vergleichbaren Ausgleich von Mehrkosten bei Nichteinhaltung der vereinbarten Ziele vorsehen, vereinbart werden (vgl. dazu: BT-Drs. 16/691, 16; *Sproll,* Krauskopf, § 84 Rn. 25 ff.). Abs. 7 a kommt damit nur subsidiär, wenn keine vergleichbare Vereinbarung auf Landesebene geschlossen worden ist, zur Anwendung. Die Vereinbarungen nach Abs. 1 S. 1 oder nach Abs. 7 a finden gemäß der durch das GKV-WSG (§ 1 Rn. 31) eingefügten Bestimmung in Abs. 4 a S. 2 für Vertragsärzte keine Anwendung, soweit sie zu Lasten der GKV Arzneimittel verordnen, für die eine Vereinbarung nach § 130 a Abs. 8 mit Wirkung für die KKen besteht, was eine Freistellung von der Bonus-Malus-Regelung bedeutet (vgl. dazu: BT-Drs. 16/3100, 117).

Der durch das GKV-WSG (§ 1 Rn. 31) eingefügte Abs. 1 S. 5 lässt es nunmehr auch zu, dass ergänzende Vereinbarungen von KKen mit Ärzten von einer einheitlich und gemeinsam beschlossenen **Arzneimittelvereinbarung** abweichen oder darüber hinausgehen können (vgl. dazu: BT-Drs. 16/3100, 117). Dabei können sowohl Verträge zwischen einzelnen KKen und einzelnen Ärzten als auch zwischen Gruppen von KKen und Gruppen von Ärzten sowie der KV geschlossen werden.

5 Die Arzneimittelvereinbarungen lösen die bis zu ihrer Abschaffung durch das ABAG existierenden **Arznei- und Heilmittelbudgets** ab, die bei Budgetüberschreitung eine verfassungsrechtlich problematische Kollektivhaftung der Ärzte („Kollektivregress") vorsahen (vgl. dazu: *Becker,* Steuerung der Arzneimittelversorgung, 277 ff.; *Hess,* KK, § 84 Rn. 5). Mit den Arzneimittelvereinbarungen überträgt der Gesetzgeber die Verantwortlichkeit für eine wirtschaftliche Versorgung der Gemeinsamen Selbstverwaltung von KKen und Ärzten. Wird das tatsächliche Ausgabenvolumen überschritten (zur Feststellung vgl. Abs. 5), werden die Vertragsparteien des Gesamtvertrages nach Abs. 3 verpflichtet, die Überschreitung zum Gegenstand des Gesamtvertrages zu machen und die Ursachen für die Überschreitung zu untersuchen und zu thematisieren. Damit ist kein starrer und zwangsläufiger Ausgleichsmechanismus vorgeschrieben, sondern es ist den Gesamtvertragsparteien überlassen, ob sie überhaupt Konsequenzen ziehen und in welcher Form dies geschieht (vgl. *Engelhard,* H/N, § 84 Rn. 70). Für den Fall der Unterschreitung lässt Abs. 3 S. 3 die Vereinbarung einer Bonuszahlung an die KV zu, wobei die Verwendung des Bonus nicht zwingend vorgeschrieben wird und neben der Verwendung für Maßnahmen der Qualitätsverbesserung auch eine Erhöhung der Gesamtvergütung oder **Bonuszahlungen** an Vertragsärzte in Betracht kommen (*Engelhard,* H/N, § 84 Rn. 74). Bonuszahlungen müssen nach Abs. 4 (zum zwingenden Charakter: *Engelhard,* H/N, § 84 Rn. 76 a; *Hencke,* Peters, KV, § 84 Rn. 13; aA. *Sproll,* Krauskopf, § 84 Rn. 24) auch unabhängig von einem Unterschreiten aufgrund gesamtvertraglicher Regelung wegen Erfüllung der Zielvereinbarungen nach Abs. 1 S. 2 vereinbart werden, wobei eine bestimmte Verwendung nicht vorgeschrieben ist (*Sproll,* Krauskopf, § 84 Rn. 24), jedoch sollten sie im Hinblick auf ihren Zweck, nämlich der Erfüllung der Zielvereinbarung, verwendet werden.

6 Bei den Arzneimittelvereinbarungen handelt es sich um **öffentlich-rechtliche Normenverträge** (vgl. zum Begriff des Normenvertrages allgemein: *Axer,* HVAR, § 8 Rn. 10 ff.), auf die angesichts ihres Normcharakters die sich auf den öffentlich-rechtlichen Individualvertrag beziehenden Vorschriften der §§ 53 ff. SGB X entgegen weit verbreiteter Ansicht nicht anwendbar sind (*Axer,* HVAR, § 8 Rn. 11 f. mwN. auch zur Gegenansicht). Die Rechtmäßigkeit kann gerichtlich entweder inzident oder im Wege der Feststellungsklage bei Vorliegen der Zulässigkeitsvoraussetzungen einer Feststellungsklage gegen untergesetzliche Normen überprüft werden, wobei insbesondere das Feststellungsinteresse problematisch sein dürfte (zum Rechtsschutz vgl.: *Becker,* Steuerung der Arzneimittelversorgung, 287; *Engelhard,* H/N, § 84 Rn. 205 ff.). Im Falle eines Schiedsspruchs ist den Vertragsparteien die Anfechtungsklage möglich, da es sich ihnen gegenüber beim Schiedsspruch um einen Verwaltungsakt handelt (vgl. dazu: *P. Axer,* Normsetzung der Exekutive in der Sozialversicherung, 2000, 96 ff.; *Düring,* HVAR, § 9 Rn. 42).

7 Wird eine Arzneimittelvereinbarung nicht ordnungsgemäß umgesetzt, so sieht Abs. 4 b die **Haftung** der Vorstände der Krankenkassenverbände und der KV vor, um eine ordnungsgemäße und wirksame Umsetzung der Regelungen zu erreichen (vgl. dazu: *Engelhard,* H/N, § 84 Rn. 32 a ff.).

C. Erfassungs-, Übermittlungs- und Informationspflichten, Abs. 5

Abs. 5 verpflichtet die KK, das zur Umsetzung der Regelung in § 84 erforder- **8**
liche **Datenmaterial** arztbezogen zu erfassen (vgl. dazu: *Engelhard,* H/N, § 84
Rn. 80ff.) und an den Spitzenverband Bund der KKen zu übermitteln, der die
Daten kassenartübergreifend zusammenführt und an die in S. 2 genannten Stellen
übermittelt. Zudem wird der Spitzenverband Bund der KKen zur monatlichen
Berichterstattung über die Entwicklung der Ausgaben von Arznei- und Verbandmittel und zur Übermittlung dieser Berichte als Schnellinformation an die Vertragsparteien verpflichtet (S. 4). Mit der Durchführung der Aufgaben können die
KKen und der Spitzenverband Bund der KKen gemäß S. 7 eine Arbeitsgemeinschaft nach § 219 beauftragen. Im Hinblick auf die Löschung der Daten gilt § 304
Abs. S. 1 Nr. 2 entsprechend (S. 8).

D. Richtgrößen, Abs. 6

Die **Festlegung von Richtgrößen** durch Vertrag auf Landesebene bis zum **9**
15. November zwischen den Vertragspartnern nach Abs. 1 für das folgende Jahr
(zur Pflicht zur vorherigen Vereinbarung und Bekanntmachung sowie den Folgen
eines rückwirkenden Inkrafttretens: BSG, SozR 4–2500, § 106 Nr. 11 Rn. 41 ff.)
soll das Verordnungsverhalten der Vertragsärzte im Interesse einer Reduzierung
des Ausgabevolumens steuern (BSG, SozR 4–2500, § 106 Nr. 11 Rn. 43). In den
kassenartübergreifend einheitlich zu schließenden, schiedsamtsfähigen (*Engelhard,*
H/N, § 84 Rn. 113, 116f.) Verträgen, bei denen es sich um öffentlich-rechtliche
Normenverträge handelt (*Peikert,* HVAR, § 20 Rn. 52), sind arztgruppenspezifische fallbezogene Richtgrößen zu vereinbaren. Die Richtgröße ist ein fallbezogener Wert, dessen Ermittlung als Durchschnittswert nach Maßgabe der
Rahmenvorgaben auf Bundesebene (Abs. 7) und unter Berücksichtigung der
Arzneimittelvereinbarungen (Abs. 1) erfolgt; nach S. 2 soll sie zudem nach alters-
gemäß gegliederten Patientengruppen und nach Krankheitsarten differenziert ge-
bildet werden (zur Bildung von Richtgrößen: *Engelhard,* H/N, § 84 Rn. 122ff.).
Die Richtgröße dient als Berechnungsgrundlage für das Richtgrößenvolumen als
Produkt aus Richtgröße und Zahl der Behandlungsfälle eines Vertragsarztes im
Kalenderjahr.

Nach S. 3 leiten die Richtgrößen den Vertragsarzt bei seinen Entscheidungen **10**
über die Verordnung von Arznei- und Verbandmitteln nach dem **Wirtschaftlichkeitsgebot.** Sie bilden für ihn Orientierungsgrößen (BSG, SozR 4–2500, § 106
Nr. 11 Rn. 43) und steuern sein Verhalten, wenn und weil Entscheidungsspielräume bestehen, etwa bei der Auswahl zwischen wirkungsgleichen, im Preis aber
unterschiedlichen Mitteln. Allerdings darf die häufig verwendete Charakterisie-
rung als Orientierungsgröße nicht in dem Sinne verstanden werden, dass es sich
um unverbindliche Vorgaben handelt (vgl. *Engelhard,* H/N, § 84 Rn. 102ff.). Für
den Vertragsarzt führt eine Überschreitung des Richtgrößenvolumens zu einer
Wirtschaftlichkeitsprüfung nach § 106 Abs. 5a unter den dort genannten Voraussetzungen (S. 4; zur Richtgrößenprüfung: *Clemens,* FS-Küttner, 193/222ff.; *Peikert,* MedR 2003, 29/32ff.).

E. Vorgaben durch die Bundesebene, Abs. 7, 7a

11   Nach Abs. 7 S. 1 haben die KBV und der Spitzenverband Bund der KKen bis zum 30. September für das Folgejahr **Rahmenvorgaben** für sämtliche (*Engelhard*, H/N, § 84 Rn. 147) Inhalte der Arzneimittelvereinbarungen nach Abs. 1 und für die Inhalte der Informationen und Hinweise nach § 73 Abs. 8 zu treffen. Bei den Rahmenvorgaben (zum Inhalt siehe auch S. 2) handelt es sich aufgrund ihrer verbindlichen Wirkung für die Landesebene trotz des Abweichungsvorbehalts in Abs. 7 S. 4 um öffentlich-rechtliche Normenverträge. Die Regelungskompetenz des Bundes durch Rahmenvorgaben erstreckt sich auch auf die Gliederung der Arztgruppen und die Regelung des Näheren zum Fallbezug (S. 4) sowie die Bestimmung der altersgemäßen Gliederung der Patientengruppen und der Krankheitsarten (S. 5) für die auf Landesebene zu schließenden Richtgrößenvereinbarungen.

12   Der Gesetzgeber ermächtigt in Abs. 7 die Vertragspartner auf Bundesebene, für Vereinbarungen nach Abs. 6 **Empfehlungen** abzugeben. Diese können sich etwa auf Art und Weise der Berücksichtigung der Arzneimittelvereinbarungen beziehen (*Engelhard*, H/N, § 84 Rn. 157). Trotz fehlender strikter Verbindlichkeit für die Landesebene haben die Empfehlungen normativen Charakter, denn die Landesebene hat sie bei Vertragsabschluss zu berücksichtigen und sich mit ihnen auseinanderzusetzen (zum normativen Charakter von Empfehlungen allgemein: *Axer*, Normsetzung der Exekutive in der Sozialversicherung, 2000, 47 ff., 101 ff.).

13   Die durch das AVWG eingefügte **Bonus-Malus-Regelung** in Abs. 7a (zur Bonus-Malus-Regelung: *Sproll*, Krauskopf, § 84 Rn. 52 f.; *Wiedemann/Willascheck*, GesR 2006, 298/300 ff.; verfassungsrechtliche Kritik bei: *Sodan/Schlüter*, NZS 2007, 455/455 ff.; zur Problematik der Durchführung der Regelung nach den Änderungen des GKV-WSG (§ 1 Rn. 31) und der Ersetzung durch Leitsubstanzquoten für 2008: *Schickert/Schulz*, PharmR 2007, 492/492 ff.) verpflichtet die Vertragspartner auf Bundesebene für Gruppen von Arzneimitteln in Anwendungsbereichen mit einem starken Verordnungsvolumen, die bedeutsam zur Erschließung von Wirtschaftlichkeitsreserven sind, Durchschnittskosten je definierter Dosiereinheit, die sich bei wirtschaftlicher Verordnung ergeben, zu vereinbaren (zu den Kriterien für deren Festlegung vgl. S. 3, 4, 5; siehe auch: *Engelhard*, H/N, § 84 Rn. 167 ff.). Die bis zum 30. September für das folgende Jahr zu schließenden, schiedsamtsfähigen (vgl. Abs. 7a S. 12) Vereinbarungen sind nach Abs. 7a S. 1 Bestandteil der Arzneimittelvereinbarungen nach Abs. 1 und als öffentlich-rechtlicher Normenvertrag zu qualifizieren. Auf Landesebene kann nach Abs. 4a unter den dort geregelten Voraussetzungen durch Verträge mit vergleichbarer Wirkung die Anwendbarkeit der Vereinbarung nach Abs. 7a ausgeschlossen werden (zum Hintergrund der Regelung: BT-Drs. 16/691, 16; zu den Spielräumen auf regionaler Ebene s. auch: *Engelhard*, H/N, § 84 Rn. 197 ff.).

14   Übersteigen die Ausgaben für die vom jeweiligen Vertragsarzt verordneten Arzneimittel die vereinbarten **Durchschnittskosten je definierter Dosiereinheit**, ist dieser nach Abs. 7a S. 6 verpflichtet, die Überschreitung den KKen in dem dort bestimmten anteiligen Umfang zu erstatten. Unterschreiten demgegenüber die Kosten der insgesamt von allen Vertragsärzten einer KV verordneten Arzneimittel die Durchschnittskosten je definierter Dosiereinheit, so entrichten die KKen aufgrund der Vereinbarung nach Abs. 7a S. 1 gemäß Abs. 7a S. 7 einen Bonus an die KV, der nach Abs. 7 S. 8 unter den Vertragsärzten zu verteilen ist, allerdings nur unter denjenigen, die unter den Durchschnittskosten verordnet haben. Für die

Feststellung von Über- und Unterschreitungen ist gemäß Abs. 7 a S. 9 der Prüfungsausschuss nach § 106 Abs. 4 zuständig (vgl. dazu: BT-Drs. 16/691, 16).

Arzneimittel, auf welche die Bonus-Malus-Regelung Anwendung findet, unterliegen gemäß Abs. 7 a S. 10 Hs. 1 nicht der **Wirtschaftlichkeitsprüfung** nach § 106 Abs. 2 (dazu: *Engelhard*, H/N, § 84 Rn. 193 f.). Die Richtgrößen sind nach Abs. 7 a S. 10 Hs. 2 von den Vertragspartnern auf Bundesebene entsprechend zu bereinigen (dazu: *Engelhard*, H/N, § 84 Rn. 195 f.). Das Nähere ist in Verträgen nach § 106 Abs. 3 zu vereinbaren (Abs. 7 a S. 11). 15

F. Heilmittel, Abs. 8

Für die Verordnung von Heilmitteln ist unter Beachtung der besonderen Versorgungs- und Abrechnungsbedingungen im Heilmittelbereich, die sich etwa in einer verzögerten Inanspruchnahme und in langfristigen Behandlungsserien mit verspäteter Abrechnung zeigen (dazu: *Engelhard*, H/N, § 84 Rn. 31) in entsprechender Anwendung der Abs. 1 bis 4 und Abs. 4 b bis 7 eine, im Unterschied zum früheren Recht (vgl. *Engelhard*, H/N, § 84 Rn. 29 ff.), eigene **Heilmittelvereinbarung** und eine eigene **Richtgrößenvereinbarung** zu schließen. Keine Geltung für Heilmittel besitzen die gesetzlichen Regelungen zu den Durchschnittskosten je definierter Dosiereinheit (dazu: *Engelhard*, H/N, § 84 Rn. 31 a). 16

G. Rechtsverordnungsermächtigung, Abs. 9

Nach Abs. 9 kann das BMG bei Ereignissen mit erheblicher Folgewirkung für die medizinische Versorgung, wozu etwa Epidemien zu rechnen sind, zur Gewährleistung der notwendigen Versorgung mit Arznei- und Verbandmitteln das Ausgabenvolumen nach Abs. 1 S. 1 durch **Rechtsverordnung** erhöhen. Aufgrund des Wortlauts ist eine Festlegung durch Rechtsverordnung bei Heilmitteln nicht möglich. 17

§ 85 Gesamtvergütung

(1) **Die Krankenkasse entrichtet nach Maßgabe der Gesamtverträge an die jeweilige Kassenärztliche Vereinigung mit befreiender Wirkung eine Gesamtvergütung für die gesamte vertragsärztliche Versorgung der Mitglieder mit Wohnort im Bezirk der Kassenärztlichen Vereinigung einschließlich der mitversicherten Familienangehörigen.**

(2) **¹Die Höhe der Gesamtvergütung wird im Gesamtvertrag vereinbart; die Landesverbände der Krankenkassen treffen die Vereinbarung mit Wirkung für die Krankenkassen der jeweiligen Kassenart. ²Die Gesamtvergütung ist das Ausgabenvolumen für die Gesamtheit der zu vergütenden vertragsärztlichen Leistungen; sie kann als Festbetrag oder auf der Grundlage des Bewertungsmaßstabes nach Einzelleistungen, nach einer Kopfpauschale, nach einer Fallpauschale oder nach einem System berechnet werden, das sich aus der Verbindung dieser oder weiterer Berechnungsarten ergibt. ³Die Vereinbarung unterschiedlicher Vergütungen für die Versorgung verschiedener Gruppen von Versicherten ist nicht zulässig. ⁴Die Vertragsparteien sollen auch eine angemessene Vergütung für nichtärztliche Leistungen im Rahmen sozialpädiatrischer und psychiatrischer Tätigkeit vereinbaren. ⁵Die Vergütungen der Untersuchungen nach den §§ 22, 25 Abs. 1 und 2, § 26 werden als Pauschalen vereinbart. ⁶Beim Zahnersatz**

§ 85
Gesamtvergütung

sind Vergütungen für die Aufstellung eines Heil- und Kostenplans nicht zulässig. [7]Soweit die Gesamtvergütung auf der Grundlage von Einzelleistungen vereinbart wird, ist der Betrag des Ausgabenvolumens nach Satz 2 zu bestimmen sowie eine Regelung zur Vermeidung der Überschreitung dieses Betrages zu treffen. [8]Ausgaben für Kostenerstattungsleistungen nach § 13 Abs. 2 und nach § 53 Abs. 4 mit Ausnahme der Kostenerstattungsleistungen nach § 13 Abs. 2 Satz 6 und Ausgaben auf Grund der Mehrkostenregelung nach § 28 Abs. 2 Satz 3 sind auf das Ausgabenvolumen nach Satz 2 anzurechnen.

(2 a) Vertragsärztliche Leistungen bei der Substitutionsbehandlung der Drogenabhängigkeit gemäß den Richtlinien des Gemeinsamen Bundesausschusses werden von den Krankenkassen außerhalb der nach Absatz 2 vereinbarten Gesamtvergütungen vergütet.

(2 b) [1]Die am 31. Dezember 1992 geltenden Punktwerte für zahnärztliche Leistungen bei Zahnersatz einschließlich Zahnkronen und bei kieferorthopädischer Behandlung werden zum 1. Januar 1993 für die Dauer eines Kalenderjahres um 10 vom Hundert abgesenkt. [2]Ab 1. Januar 1994 erfolgt die Anpassung auf der abgesenkten Basis, wobei sich die Vergütungsanpassung in den Jahren 1994 und 1995 höchstens um den Vomhundertsatz verändern darf, um den sich nach den §§ 270 und 270 a zu ermittelnden beitragspflichtigen Einnahmen der Mitglieder der Krankenkassen je Mitglied verändern; die Vomhundertsätze sind für die alten und neuen Länder getrennt festzulegen. [3]Der Bewertungsausschuß (§ 87) kann anstelle der zum 1. Januar 1993 in Kraft tretenden Absenkung nach Satz 1 eine unterschiedliche Absenkung der Bewertungszahlen der einzelnen Leistungen vornehmen. [4]Dabei ist sicherzustellen, daß die Absenkung insgesamt 10 vom Hundert beträgt. [5]Die Angleichung des Vergütungsniveaus im Beitrittsgebiet gemäß § 311 Abs. 1 Buchstabe a bleibt hiervon unberührt.

(2 c) [1]Die Vertragspartner nach § 82 Abs. 1 können vereinbaren, daß für die Gesamtvergütungen getrennte Vergütungsanteile für die an der vertragsärztlichen Versorgung beteiligten Arztgruppen zugrunde gelegt werden; sie können auch die Grundlagen für die Bemessung der Vergütungsanteile regeln. [2]§ 89 Abs. 1 gilt nicht.

(3) [1]Die Vertragsparteien des Gesamtvertrages vereinbaren die Veränderungen der Gesamtvergütungen unter Berücksichtigung der Praxiskosten, der für die vertragsärztliche Tätigkeit aufzuwendenden Arbeitszeit sowie der Art und des Umfangs der ärztlichen Leistungen, soweit sie auf einer Veränderung des gesetzlichen oder satzungsmäßigen Leistungsumfangs beruhen. [2]Bei der Vereinbarung der Veränderungen der Gesamtvergütungen ist der Grundsatz der Beitragssatzstabilität (§ 71) in Bezug auf das Ausgabenvolumen für die Gesamtheit der zu vergütenden vertragsärztlichen Leistungen zu beachten. [3]Abweichend von Satz 2 ist eine Überschreitung der Veränderungsraten nach § 71 Abs. 3 zulässig, wenn Mehrausgaben auf Grund von Beschlüssen des Gemeinsamen Bundesausschusses nach § 135 Abs. 1 entstehen; dabei ist zu prüfen, inwieweit die Mehrausgaben durch Minderausgaben auf Grund eines Wegfalls von Leistungen, die auf Grund einer Prüfung nach § 135 Abs. 1 Satz 2 und 3 nicht mehr zu Lasten der Krankenkassen erbracht werden dürfen, ausgeglichen werden können.

(3 a) [1]Die nach Absatz 3 zu vereinbarenden Veränderungen der Gesamtvergütungen als Ausgabenvolumen für die Gesamtheit der zu vergütenden vertragsärztlichen Leistungen dürfen sich in den Jahren 1993, 1994 und 1995 höchstens um den Vomhundertsatz verändern, um den sich die nach den §§ 270 und 270 a zu ermittelnden beitragspflichtigen Einnahmen der Mitglieder aller Krankenkassen mit Sitz im Bundesgebiet außerhalb des Beitrittsgebiets je Mitglied ver-

4. Kapitel. 2. Abschnitt. 3. Titel **§ 85**

ändern. ²Die Veränderungen der Gesamtvergütungen im Jahr 1993 sind auf das entsprechend der Zuwachsrate der beitragspflichtigen Einnahmen nach Satz 1 im Jahr 1992 erhöhte Vergütungsvolumen im Jahr 1991 zu beziehen. ³Bei der Bestimmung der Gesamtvergütungen der Vertragszahnärzte werden zahnprothetische und kieferorthopädische Leistungen nicht berücksichtigt. ⁴Soweit nichtärztliche Dialyseleistungen im Rahmen der vertragsärztlichen Versorgung erbracht werden, werden sie außerhalb der Gesamtvergütungen nach Vergütungssätzen honoriert, die von den kassenärztlichen Vereinigungen und den Landesverbänden der Krankenkassen sowie den Ersatzkassen vereinbart werden; Satz 1 gilt entsprechend. ⁵Vergütungszuschläge nach § 135 Abs. 4 sowie Mehrausgaben auf Grund der gesetzlichen Leistungsausweitung in § 22 werden entsprechend der Zahl der erbrachten Leistungen zusätzlich berücksichtigt. ⁶Der Teil der Gesamtvergütungen, der auf die in dem einheitlichen Bewertungsmaßstab für Ärzte in den Abschnitten B VI und B VII aufgeführten Zuschläge für Leistungen des ambulanten Operierens sowie die damit verbundenen Operations- und Anästhesieleistungen entfällt, wird zusätzlich zu den in Satz 1 festgelegten Veränderungen im Jahr 1993 um 10 vom Hundert und im Jahr 1994 um weitere 20 vom Hundert erhöht. ⁷Der Teil der Gesamtvergütungen, der auf die ärztlichen Leistungen nach den §§ 25 und 26, die ärztlichen Leistungen der Schwangerschafts- und Mutterschaftsvorsorge im Rahmen des § 196 Abs. 1 der Reichsversicherungsordnung sowie die ärztlichen Leistungen im Rahmen der von den Krankenkassen satzungsgemäß übernommenen Schutzimpfungen entfällt, wird zusätzlich zu den in Satz 1 festgelegten Veränderungen in den Jahren 1993, 1994 und 1995 um jeweils 6 vom Hundert erhöht. ⁸Zusätzlich zu den nach Satz 1 zu vereinbarenden Veränderungen der Gesamtvergütungen werden die Gesamtvergütungen der Vertragsärzte des Jahres 1995 um einen Betrag erhöht, der 1,71 vom Hundert der Ausgaben der Krankenkassen für ambulante ärztliche Behandlung im Jahre 1993 entspricht; § 72 Abs. 1 Satz 2 gilt nicht.

(3b) ¹Für die Veränderungen der Gesamtvergütungen im Beitrittsgebiet sind die beitragspflichtigen Einnahmen der Mitglieder aller Krankenkassen im Beitrittsgebiet zugrunde zu legen. ²Die Veränderungen der Gesamtvergütungen für die vertragsärztliche Versorgung im Jahr 1993 sind auf das verdoppelte, um 4 vom Hundert erhöhte Vergütungsvolumen des ersten Halbjahres 1992 zu beziehen. ³In den Jahren 1993 und 1994 sind die nach Absatz 3 a Satz 1 erhöhten Vergütungsvolumina jeweils um weitere 3 vom Hundert, im Jahre 1995 die Vorvergütungsvolumina der Ärzte um weitere 4 vom Hundert zu erhöhen; § 72 Abs. 1 Satz 2 gilt für die Erhöhung im Jahre 1995 nicht. ⁴Die Gesamtvergütungen für die zahnärztliche Behandlung ohne Zahnersatz und Kieferorthopädie sind auf das um die Ausweitung der halben Leistungsmenge gegenüber dem Jahr 1991 bereinigte verdoppelte Vergütungsvolumen des ersten Halbjahres 1992 zu beziehen. ⁵Die Bereinigung erfolgt in der Weise, daß die halbierten Ausgaben des Jahres 1991 um die für das Jahr 1992 vereinbarte Punktwertsteigerung sowie um die Hälfte der Steigerung der Leistungsmenge erhöht werden. ⁶Zugrunde zu legen sind die jahresdurchschnittlichen Punktwerte.

(3c) ¹Weicht die bei der Vereinbarung der Gesamtvergütung zu Grunde gelegte Zahl der Mitglieder von der tatsächlichen Zahl der Mitglieder im Vereinbarungszeitraum ab, ist die Abweichung bei der jeweils folgenden Vereinbarung der Veränderung der Gesamtvergütung zu berücksichtigen. ²Die Krankenkassen, für die Verträge nach § 83 Satz 1 geschlossen sind, ermitteln hierzu monatlich die Zahl ihrer Mitglieder, gegliedert nach den Bezirken der Kassenärztlichen Vereinigungen, in denen die Mitglieder ihren Wohnsitz haben, und melden diese nach dem in § 79 des Vierten Buches Sozialgesetzbuch festgelegten Verfahren.

Scholz

§ 85

(3 d) ¹Zur Angleichung der Vergütung der vertragsärztlichen Leistungen je Vertragsarzt im Gebiet der in Artikel 1 Abs. 1 des Einigungsvertrages genannten Länder und dem übrigen Bundesgebiet werden die Gesamtvergütungen nach Absatz 2 im Gebiet der in Artikel 1 Abs. 1 des Einigungsvertrages genannten Länder in den Jahren 2004 bis 2006 zusätzlich zur Erhöhung nach Absatz 3 schrittweise um insgesamt 3,8 vom Hundert erhöht. ²Die Gesamtvergütungen nach Absatz 2 im übrigen Bundesgebiet werden in den Jahren 2004 bis 2006 schrittweise um insgesamt 0,6 vom Hundert abgesenkt. ³Die Veränderungen der Gesamtvergütungen der Kassenärztlichen Vereinigungen im Gebiet der in Artikel 1 Abs. 1 des Einigungsvertrages genannten Länder sind im Jahr 2005 auf die nach Satz 1 erhöhte Vergütungssumme des Jahres 2004 zu beziehen. ⁴Die Veränderungen der Gesamtvergütungen der Kassenärztlichen Vereinigungen im übrigen Bundesgebiet sind im Jahr 2005 auf die nach Satz 3 abgesenkte Vergütungssumme im Jahr 2004 zu beziehen. ⁵Die Regelungen nach den Sätzen 4 und 5 gelten für das Jahr 2006 entsprechend. ⁶Die Regelungen dieses Absatzes gelten nicht für das Land Berlin und nicht für die Vergütung vertragszahnärztlicher Leistungen.

(3 e) ¹Die Veränderungen der Gesamtvergütungen für die vertragsärztliche Versorgung nach Absatz 3 im Jahr 2004 sind auf das nach Satz 2 bereinigte Vergütungsvolumen des Jahres 2003 zu beziehen. ²Die Bereinigung umfasst den Anteil der Gesamtvergütungen, der auf Leistungen entfällt, auf die die Versicherten auf Grund der in den §§ 24 b und 27 a getroffenen Regelungen ab 1. Januar 2004 keinen Anspruch mehr haben.

(4) ¹Die Kassenärztliche Vereinigung verteilt die Gesamtvergütungen an die Vertragsärzte; in der vertragsärztlichen Versorgung verteilt sie die Gesamtvergütungen getrennt für die Bereiche der hausärztlichen und der fachärztlichen Versorgung (§ 73). ²Sie wendet dabei ab dem 1. Juli 2004 den mit den Landesverbänden der Krankenkassen und den Ersatzkassen gemeinsam und einheitlich zu vereinbarenden Verteilungsmaßstab an; für die Vergütung der im ersten und zweiten Quartal 2004 erbrachten vertragsärztlichen Leistungen wird der am 31. Dezember 2003 geltende Honorarverteilungsmaßstab angewandt. ³Bei der Verteilung der Gesamtvergütungen sind Art und Umfang der Leistungen der Vertragsärzte zu Grunde zu legen; dabei ist jeweils für die von den Krankenkassen einer Kassenart gezahlten Vergütungsbeträge ein Punktwert in gleicher Höhe zu Grunde zu legen. ⁴Im Verteilungsmaßstab sind Regelungen zur Vergütung der psychotherapeutischen Leistungen der Psychotherapeuten, der Fachärzte für Kinder- und Jugendpsychiatrie und -psychotherapie, der Fachärzte für Psychiatrie und Psychotherapie, der Fachärzte für Nervenheilkunde, der Fachärzte für psychotherapeutische Medizin sowie der ausschließlich psychotherapeutisch tätigen Ärzte zu treffen, die eine angemessene Höhe der Vergütung je Zeiteinheit gewährleisten. ⁵Der Verteilungsmaßstab hat sicherzustellen, dass die Gesamtvergütungen gleichmäßig auf das gesamte Jahr verteilt werden. ⁶Der Verteilungsmaßstab hat Regelungen zur Verhinderung einer übermäßigen Ausdehnung der Tätigkeit des Vertragsarztes entsprechend seinem Versorgungsauftrag nach § 95 Abs. 3 Satz 1 vorzusehen. ⁷Insbesondere sind arztgruppenspezifische Grenzwerte festzulegen, bis zu denen die von einer Arztpraxis erbrachten Leistungen mit festen Punktwerten zu vergüten sind (Regelleistungsvolumina). ⁸Für den Fall der Überschreitung der Grenzwerte ist vorzusehen, dass die den Grenzwert überschreitende Leistungsmenge mit abgestaffelten Punktwerten vergütet wird. ⁹Widerspruch und Klage gegen die Honorarfestsetzung sowie ihre Änderung oder Aufhebung haben keine aufschiebende Wirkung. ¹⁰Die vom Bewertungsausschuss nach Absatz 4 a Satz 1 getroffenen Regelungen sind Bestandteil der Vereinbarungen nach Satz 2. ¹¹Der Verteilungsmaßstab kann eine

4. Kapitel. 2. Abschnitt. 3. Titel **§ 85**

nach Versorgungsgraden unterschiedliche Verteilung vorsehen. [12]Die Kassenärztliche Vereinigung stellt den Landesverbänden der Krankenkassen und den Ersatzkassen die für die Vereinbarung des Verteilungsmaßstabes in der vertragsärztlichen Versorgung erforderlichen Daten nach Maßgabe der Vorgaben des Bewertungsausschusses nach Absatz 4 a Satz 4 unentgeltlich zur Verfügung. [13]Satz 11 gilt nicht für die vertragszahnärztliche Versorgung.

(4a) [1]Der Bewertungsausschuss (§ 87 Abs. 1 Satz 1) bestimmt Kriterien zur Verteilung der Gesamtvergütungen nach Absatz 4, insbesondere zur Festlegung der Vergütungsanteile für die hausärztliche und die fachärztliche Versorgung sowie für deren Anpassung an solche Veränderungen der vertragsärztlichen Versorgung, die bei der Bestimmung der Anteile der hausärztlichen und der fachärztlichen Versorgung an der Gesamtvergütung zu beachten sind; er bestimmt ferner, erstmalig bis zum 29. Februar 2004, den Inhalt der nach Absatz 4 Satz 4, 6, 7 und 8 zu treffenden Regelungen. [2]Bei der erstmaligen Bestimmung der Vergütungsanteile für die hausärztliche Versorgung nach Satz 1 ist der auf die hausärztliche Versorgung entfallende Anteil an der Gesamtheit des in einer Kassenärztlichen Vereinigung abgerechneten Punktzahlvolumens des Jahres 1996 zu Grunde zu legen; übersteigt in den Jahren 1997 bis 1999 der in einer Kassenärztlichen Vereinigung auf die hausärztliche Versorgung entfallende Anteil der abgerechneten Punkte am gesamten Punktzahlvolumen den entsprechenden Anteil des Jahres 1996, ist von dem jeweils höheren Anteil auszugehen. [3]Veränderungen in der Zahl der an der häuslichen Versorgung teilnehmenden Ärzte in den Jahren nach 1996 sind zu berücksichtigen. [4]Der Bewertungsausschuss bestimmt Art und Umfang, das Verfahren und den Zeitpunkt der Übermittlung der Daten nach Absatz 4 Satz 12.

(4b) [1]Ab einer Gesamtpunktmenge je Vertragszahnarzt aus vertragszahnärztlicher Behandlung einschließlich der kieferorthopädischen Behandlung von 262.500 Punkten je Kalenderjahr verringert sich der Vergütungsanspruch für die weiteren vertragszahnärztlichen Behandlungen im Sinne des § 73 Abs. 2 Nr. 2 um 20 vom Hundert, ab einer Punktmenge von 337.500 je Kalenderjahr um 30 vom Hundert und ab einer Punktmenge von 412.500 je Kalenderjahr um 40 vom Hundert; für Kieferorthopäden verringert sich der Vergütungsanspruch für die weiteren vertragszahnärztlichen Behandlungen ab einer Gesamtpunktmenge von 280.000 Punkten je Kalenderjahr um 20 vom Hundert, ab einer Punktmenge von 360.000 Punkten je Kalenderjahr um 30 vom Hundert und ab einer Punktmenge von 440.000 Punkten je Kalenderjahr um 40 vom Hundert. [2]Satz 1 gilt für ermächtigte Zahnärzte, für bei Vertragszahnärzten nach § 95 Abs. 9 Satz 1 angestellte Zahnärzte und für in medizinischen Versorgungszentren angestellte Zahnärzte entsprechend. [3]Die Punktmengengrenzen bei Berufsausübungsgemeinschaften richten sich nach der Zahl der zahnärztlichen Mitglieder. [4]Die Punktmengen erhöhen sich um 25 vom Hundert für Entlastungs-, Weiterbildungs- und Vorbereitungsassistenten. [5]Bei Teilzeit oder nicht ganzjähriger Beschäftigung verringert sich die Punktmengengrenze nach Satz 1 oder die zusätzlich zu berücksichtigende Punktmenge nach Satz 4 entsprechend der Beschäftigungsdauer. [6]Die Punktmengen umfassen alle vertragszahnärztlichen Leistungen im Sinne des § 73 Abs. 2 Nr. 2. [7]In die Ermittlung der Punktmengen sind die Kostenerstattungen nach § 13 Abs. 2 einzubeziehen. [8]Diese werden den Kassenzahnärztlichen Vereinigungen von den Krankenkassen mitgeteilt.

(4c) Die Kassenzahnärztliche Vereinigung hat die zahnprothetischen und kieferorthopädischen Rechnungen zahnarzt- und krankenkassenbezogen nach dem Leistungsquartal zu erfassen und mit den abgerechneten Leistungen nach

§ 28 Abs. 2 Satz 1, 3, 7, 9 und den gemeldeten Kostenerstattungen nach § 13 Abs. 2 und nach § 53 Abs. 4 zusammenzuführen und die Punktmengen bei der Ermittlung der Gesamtpunktmenge nach Absatz 4 b zugrunde zu legen.

(4 d) ¹Die Kassenzahnärztlichen Vereinigungen teilen den Krankenkassen bei jeder Rechnungslegung mit, welche Vertragszahnärzte, welche bei Vertragszahnärzten nach § 95 Abs. 9 Satz 1 angestellten Zahnärzte und welche in medizinischen Versorgungszentren angestellten Zahnärzte die Punktmengengrenzen nach Absatz 4 b überschreiten. ²Dabei ist für diese Zahnärzte die Punktmenge sowie der Zeitpunkt anzugeben, ab dem die Überschreitung der Punktmengengrenzen eingetreten ist. ³Die Zahl der Entlastungs-, Weiterbildungs- und Vorbereitungsassistenten einschließlich ihrer Beschäftigungsdauer sind, bezogen auf die einzelne Praxis, ebenfalls mitzuteilen.

(4 e) ¹Die Kassenzahnärztlichen Vereinigungen haben die Honorareinsparungen aus den Vergütungsminderungen nach Absatz 4 b an die Krankenkassen weiterzugeben. ²Die Durchführung der Vergütungsminderung durch die Kassenzahnärztliche Vereinigung erfolgt durch Absenkung der vertraglich vereinbarten Punktwerte ab dem Zeitpunkt der jeweiligen Grenzwertüberschreitungen nach Absatz 4b. ³Die abgesenkten Punktwerte nach Satz 2 sind den auf dem Zeitpunkt der Grenzwertüberschreitungen folgenden Abrechnungen gegenüber den Krankenkassen zugrunde zu legen. ⁴Überzahlungen werden mit der nächsten Abrechnung verrechnet. ⁵Weitere Einzelheiten können die Vertragspartner der Vergütungsverträge (§ 83) regeln.

(4 f) ¹Die Krankenkasse hat ein Zurückbehaltungsrecht in Höhe von 10 vom Hundert gegenüber jeder Forderung der Kassenzahnärztlichen Vereinigung, solange die Kassenzahnärztliche Vereinigung ihren Pflichten aus den Absätzen 4 c bis 4 e nicht nachkommt. ²Der Anspruch auf Auszahlung der nach Satz 1 einbehaltenen Beträge erlischt, wenn die Kassenzahnärztliche Vereinigung bis zur letzten Quartalsabrechnung eines Jahres ihre Verpflichtungen für dieses Jahr nicht oder nicht vollständig erfüllt.

Schrifttum: *P. Axer,* Der Grundsatz der Honorarverteilungsgerechtigkeit im Kassenarztrecht – zur neuen Judikatur des Bundessozialgerichts, NZS 1995, 536; *T. Clemens,* Honorierung und Honorarverteilung im Kassenarztrecht, Wenzel, Kap. 11 B; *C. Link/H. de Wall,* Verfassungsanforderungen an die Honorarverteilung im Vertragsarztrecht, VSSR 2001, 69.

Inhaltsübersicht

	Rn.
A. Überblick	1
B. Rechtsverhältnis Kassenärztliche Vereinigung – Krankenkassen, Abs. 1–3e	2
I. Zahlungsansprüche	2
II. Berechnungssystem der Gesamtvergütung, Abs. 2 S. 2	8
III. Veränderung der Gesamtvergütung, Abs. 3	14
C. Rechtsverhältnis Kassenärztliche Vereinigung – Vertragsarzt	17
I. Verteilung der vertragsärztlichen Gesamtvergütung, Abs. 4	17
1. Überblick	17
2. Honorarverteilungsvertrag, Abs. 4 S. 2, 10	21
3. Trennung der Gesamtvergütung, Abs. 4 S. 1 Hs. 2, Abs. 4 a	23
4. Vergütung psychotherapeutischer Leistungen, Abs. 4 S. 4	24
5. Gebot der leistungsproportionalen Honorarverteilung, Abs. 4 S. 3	25
6. Verhinderung übermäßiger Praxisausdehnung, Abs. 4 S. 6	26
7. Grundsatz der Honorarverteilungsgerechtigkeit	27
8. Honorarbescheid	32
II. Degressionsregelung im vertragszahnärztlichen Bereich, Abs. 4b–4f.	36

A. Überblick

Die Vorschrift ist zZt. das Kernstück der Vergütungsregelungen des Vertrags- 1
arztrechts und wird mWz. 1.1.2009 für den vertragsärztlichen Bereich durch die
§§ 87a, 87b ersetzt. Sie betrifft **zwei getrennte Rechtskreise,** nämlich die Berechnung und Anpassung der von den KKen an die KVen zu zahlenden Gesamtvergütung (Abs. 1–3e) sowie die Verteilung dieser Vergütung an die Vertrags(zahn)-
ärzte durch die KVen (Abs. 4ff.). Für den vertragsärztlichen Bereich gelten ab
1.1.2009 die §§ 87a–87c. Die weitgehend überholten Abs. 2b, 3a und 3b erinnern an die durch das GSG bewirkte 10%ige Absenkung der Punktwerte der damals im Verhältnis zu den übrigen zahnärztlichen Leistungen zu hoch bewerteten
Zahnersatzleistungen und kieferorthopädischen Behandlungen sowie die dreijährige strikte sektorale Ausgabenbudgetierung in Abhängigkeit von der Entwicklung der beitragspflichtigen Einnahmen. Seit dem GKV-GRG 2000 gibt es über
den Grundsatz der Beitragssatzstabilität (§ 71) wieder eine faktische Obergrenze
für die Anpassung der Gesamtvergütung. Mit dem GMG sind die KKen in die
Mitverantwortung für die innerärztliche Honorarverteilung genommen worden
(Abs. 4 S. 2), für die vor allem die Grundsätze der leistungsgerechten Vergütung
(Abs. 4 S. 3) und – vom BSG entwickelt – der Honorarverteilungsgerechtigkeit
gelten.

B. Rechtsverhältnis Kassenärztliche Vereinigung – Krankenkassen, Abs. 1–3e

I. Zahlungsansprüche

Die Gesamtvergütung ist das Ausgabenvolumen für die Gesamtheit der von ei- 2
ner KK zu vergütenden vertragsärztlichen Leistungen (Abs. 2 S. 2 Hs. 1) und wird
auf der Grundlage des Gesamtvertrages (§ 83) an die KVen ausgezahlt. Diese hat
gegenüber der einzelnen KK einen eigenständigen **Zahlungsanspruch,** der sich
um die Summe der von den Vertragsärzten einbehaltenen Praxisgebühr vermindert, (§ 43b Abs. 2 S. 2 iVm. § 28 Abs. 4 S. 1). Die Erfüllung hat **befreiende
Wirkung,** und zwar auch gegenüber den Leistungserbringern. Unabhängig vom
Berechnungssystem ist das für die Verteilung an die Vertragsärzte zur Verfügung
stehende Honorarvolumen damit stets abschließend vertraglich festgelegt; Nachforderungen können allenfalls nach Maßgabe des § 59 SGB X gegenüber den Vertragspartnern nach § 82 Abs. 2 erhoben werden, etwa wenn aufgrund eines Urteils
des BSG zur Honorierung psychotherapeutischer Leistungen (Rn. 24) die KVen
erheblichen Nachforderungen ausgesetzt sind. Auch bei einem Einzelleistungsvergütungssystem sind die berechneten Vergütungen nur Verrechnungsposten
(BSG, SozR, Nr. 31 zu § 75 SGG); ein Leistungsmengenanstieg begründet keinen
Nachzahlungsanspruch (anders für den ärztlichen Bereich ab 1.1.2009 gem. § 87a
Abs. 3 S. 4).

Im Gegenzug können die KKen wegen der Trennung der Rechtskreise öffent- 3
lich-rechtliche **Erstattungsansprüche** wegen unberechtigter oder unwirtschaftlicher Honorarforderungen der Vertragsärzte nur gegenüber den KVen geltend
machen, sofern ihnen diese nicht abgetreten werden (z. B. gegenüber ausgeschiedenen Vertragsärzten; § 52 Abs. 2 S. 2 BMV-Ä). Sie sind ausgeschlossen, wenn die
unberechtigte Abrechnung aufgrund des vereinbarten Vergütungssystems (z. B.

§ 85

Kopfpauschale; dazu: BSG, SozR 2200, § 368 f Nr. 16 S. 71) und der Berechnung der Ausgangspauschale, auf welche die Anpassung der Gesamtvergütung aufsetzt, zu keiner Erhöhung der Gesamtvergütung geführt hat (§ 53 BMV-Ä). Bei einer Einzelleistungsvergütung kann sich die KV aufgrund ihres Gewährleistungsauftrags (§ 75 Abs. 2 S. 1) nicht darauf berufen, ihr sei ein Rückgriff auf den Vertragsarzt unmöglich (BSG, SozR 3–5545, § 24 Nr. 1 S. 2).

4 Die gegenseitigen Ansprüche, z. B. auch Rückforderungen wegen falscher Berechnung der Gesamtvergütung, verjähren analog § 45 SGB I in vier Jahren (BSG, SozR 3–1300, § 113 Nr. 1 S. 4), wobei die **Verjährung**sfrist analog § 113 Abs. 1 SGB X mit Ablauf des Kalenderjahres beginnt, in dem der Erstattungsanspruch durch rechtsverbindliche Feststellung im Verhältnis Vertragsarzt – KV entstanden ist (BSG, SozR 3–5545, § 19 Nr. 2 S. 13). Verzugszinsen, etwa bei Nichteinhaltung von vereinbarten Fristen für Abschlagszahlungen, werden nur aufgrund gesamtvertraglicher Regelung, Prozesszinsen analog § 291 BGB bei nach dem 28. 9. 2005 anhängig gewordenen Klagen (BSG, NZS 2006, 385/389 ff.) geschuldet.

5 Die Gesamtvergütung wird für die **gesamte vertragsärztliche Versorgung** (§ 73 Abs. 2) durch die in § 95 Abs. 1 S. 1 genannten Leistungserbringer einschließlich der Sachkosten und der Tätigkeit der Belegärzte (§ 121 Abs. 3) gezahlt. Als Folge des sachbezogenen Sicherstellungsauftrags gilt die Gesamtvergütung auch für die Inanspruchnahme nicht zugelassener Privatärzte und Krankenhäuser im Notfall (BSG, SozR 2200, § 368 d Nr. 5 S. 7; *Hess*, KK, § 85 Rn. 4). Gesondert vergütet werden Substitutionsbehandlungen bei Drogenabhängigkeit (Abs. 2 a), nichtärztliche Dialyseleistungen (Abs. 3 a S. 4), die zahnärztliche Tätigkeit beim Zahnersatz (*Engelhard*, H/N, § 85 Rn. 32 j; *Tiemann*, ZMGR 2005, 14/19), Leistungen der Hochschulambulanzen, psychiatrischen Institutsambulanzen und sozialpädiatrischen Zentren (§ 120 Abs. 2) und die Durchführung von Schutzimpfungen (§ 132 e). Die im Krankenhaus durchgeführten ambulanten Operationen (§ 115 b) gehören zur stationären Versorgung.

6 Die Gesamtvergütung wird reduziert, soweit Leistungen bei zugelassenen Leistungserbringern im Wege der Kostenerstattung (Abs. 2 S. 8) oder auf der Grundlage von **Einzelverträgen** in Anspruch genommen werden (§§ 64 Abs. 3, 73 b Abs. 7, 73 c Abs. 6, 140 d Abs. 2).

7 Der Ausschluss von Vergütungen für den **Heil- und Kostenplan** beim Zahnersatz (Abs. 2 S. 6 und § 87 Abs. 1 a S. 3) bindet den Bewertungsausschuss und schließt, da das SGB V auch insofern Regelungsanspruch erhebt (vgl. § 87 d), Ansprüche des Vertragszahnarztes gegen den Versicherten selbst dann aus, wenn dieser einen anderen Zahnarzt wählt (*Engelhard*, H/N, § 85 Rn. 111; aA. *Hencke*, Peters, KV, § 85 Rn. 22).

II. Berechnungssystem der Gesamtvergütung, Abs. 2 S. 2

8 Im Gesamtvertrag ist, sofern kein Festbetrag vereinbart wird, ein Berechnungssystem für die Gesamtvergütung festzulegen, das von den Vertragsparteien maßgeblich danach ausgewählt wird, ob die KKen oder die KVen das Risiko steigender oder sinkender Morbidität, des Umfangs und des Aufwands der pro Behandlungsfall erbrachten Leistungen, der Häufigkeit der Leistungsinanspruchnahme, der Entwicklung der Zahl der Mitglieder bzw. der Leistungserbringer tragen sollen. Das Gesetz gibt keine Berechnungsart vor, sondern nennt die naheliegendsten Systeme, die auch miteinander kombiniert werden können **(Mischsysteme)**.

Die Berechnung muss auf den EBM zurückgreifen; weitergehende Regelungen zur Berechnung eines Basis-Ausgangsvolumens fehlen. Daher wird das aktuelle Volumen stets zur Ausgangsbasis für Veränderungen der Gesamtvergütung nach Maßgabe des Abs. 3 genommen.

Aufgrund des Kassenwahlrechts ist die Mitgliederentwicklung für beide Vertragspartner unkalkulierbar, so dass keine Festbetragsregelungen getroffen werden. Beim zwischen 1960 und 1970 im vertragsärztlichen (*Hess,* KK, § 85 Rn. 20) und noch heute, wenn auch durch Leistungskomplexe modifiziert, im vertragszahnärztlichen Bereich angewandten **Einzelleistungsvergütungssystem** wird ein Punktwert vereinbart, der mit der im EBM bzw. BEMA für die Leistung festgelegten Punktzahl multipliziert wird. Damit liegen alle in Rn. 8 benannten Risiken bei den KKen. Abs. 2 S. 7 verlagert das Risiko aber auf die KVen zurück, indem ein Ausgabenhöchstbetrag festgelegt werden muss. Überschreitungen werden durch HVV-Regelungen (Abs. 4 S. 2) vermieden, indem ein variabler, sog. floatender Punktwert gilt, der die Erbringung bestimmter Leistungen für alle oder einzelne Vertragsärzte unattraktiv macht und der Mengenausweitung (sog. Hamsterradeffekt) entgegenwirkt. Um keine Versorgungslücken entstehen zu lassen, können Substitutionsbehandlungen davon abweichend außerhalb des Budgets mit festen Punktwerten vergütet werden (Abs. 2 a). In Mischsystemen wird bei anderen förderungswürdigen Leistungen, wie ambulanten Operationen ebenso wie bei nichtärztlichen Dialyseleistungen (Abs. 3 a S. 4), in gleicher Weise verfahren. Die Herausstellung der angemessenen Vergütung für nichtärztliche Leistungen im Rahmen sozialpädiatrischer und psychiatrischer Tätigkeit (Abs. 2 S. 4) bezweckt, auch außerhalb von gesondert vergüteten Institutsambulanzen (§ 120 Abs. 2) ein vergleichbares Angebot zu schaffen.

Eine **Kopfpauschale** bemisst sich nach dem prospektiven durchschnittlichen Bedarf eines Versicherten an vertragsärztlichen Leistungen unter Einbeziehung des Bedarfs der Familienangehörigen (§ 10). Das Risiko der Mitgliederentwicklung liegt bei der KK, dasjenige der Leistungsmengenausweitung und der Morbidität im Abrechnungsquartal bei der KV. Das nach dem 2. Weltkrieg vorgeschriebene Berechnungssystem ist auch heute noch das tragende Prinzip in Mischsystemen. Da der Grundsatz der Beitragssatzstabilität die Veränderungsrate an die beitragspflichtigen Einnahmen koppelt, verliert der EBM die Funktion, den steigenden Leistungsbedarf für die Gesamtvertragsverhandlungen abzubilden; die Kopfpauschale mutiert zum Festbetragssystem. Der Ausgleich über den HVV mit sinkenden Punktwerten birgt die Gefahr von Qualitätseinbußen und/oder unwirtschaftlicher Mengenausweitungen zum Ausgleich von Einkommensverlusten (*Hess,* KK, § 85 Rn. 22). Abs. 2 S. 3 schließt die Vereinbarung unterschiedlicher Kopfpauschalen für die Versorgung verschiedener Versichertengruppen (z. B. Pflichtmitglieder und freiwillige Mitglieder) aus. Das sollte bis zur Einführung des Risikostrukturausgleichs die Praxis unterbinden, in der KVdR höhere Kopfpauschalen für Rentner durch andere KKen mitfinanzieren zu lassen (BT-Drs. 12/3608, 87).

Eine **Fallpauschale** bemisst sich nach dem durchschnittlichen Aufwand vertragsärztlicher Leistungen in einem Behandlungsfall. Als Behandlungsfall gilt die gesamte von derselben Arztpraxis innerhalb desselben Kalendervierteljahres an demselben Versicherten ambulant zu Lasten derselben Krankenkasse vorgenommene Behandlung (§ 1a Nr. 28 BMV-Ä). In Mischsystemen werden Fallpauschalen ua. eingesetzt, um Mengenentwicklungen zu beeinflussen. Sie gelten zT. für Sachkosten, vor allem aber für Früherkennungsuntersuchungen (Abs. 2 S. 5), weil der G-BA gem. § 91 Abs. 1 S. 2 Nr. 3 Untersuchungsprogramme beschlossen hat, die sich aus mehreren Leistungen zusammensetzen. Nicht alle Versicherten betreffende Untersuchungen werden in den Programmen daneben als Einzelleistung vergütet.

12 Das GMG sah die Einführung von **Regelleistungsvolumina** (Abs. 4 S. 7 und 8 und §§ 85 a ff. aF.) und damit die Vergütung des prognostizierten Behandlungsbedarfs mit festen Punktwerten vor. Weil morbiditätsbedingte, darüber hinausgehende Leistungsmengen mit einem auf 10 % abgesenkten Punktwert vergütet werden sollten, hätte das Ausgabenvolumen erst im Nachhinein festgestanden, so dass es in § 85 a aF. einer von Abs. 2 S. 7 abweichenden Regelung bedurfte (*Hess,* KK, § 85 Rn. 21). Die für 2006 (Erprobungsphase) und 2007 (Echtphase) vorgesehene Vergütungsreform scheiterte an der unterbliebenen Beschlussfassung seitens des Bewertungsausschusses (BT-Drs. 16/3100, 118 f.). Das GKV-WSG hat die Regelungen zum Regelleistungsvolumen unter Verzicht auf arztgruppenbezogene Regelleistungsvolumina modifiziert (§ 87 b).

13 Die Regelung des Abs. 2 c, wonach getrennte Vergütungsanteile für Arztgruppen und Grundlagen für deren Bemessung vorgesehen werden können, ist inzwischen bedeutungslos. Zum einen legt der Bewertungsausschuss nach Abs. 4 a Kriterien für einen Trennungsfaktor fest (Rn. 23), und zum anderen enthält der EBM eine facharztgruppenbezogene Gliederung (§ 87 Abs. 2 a S. 1 Hs. 2). 1997 diente Abs. 2 c der rechtlichen Absicherung der **Praxisbudgets,** welche die Höhe des Budgets einer Arztgruppe als EBM-Regelung von deren durchschnittlichen Praxiskosten abhängig machte und damit den Gruppen getrennte Vergütungsanteile zuwies (*KBV,* DÄBl. 1997, A-860).

III. Veränderung der Gesamtvergütung, Abs. 3

14 Die Gesamtvergütung wird nach Maßgabe des Abs. 3 jährlich fortgeschrieben. Dabei setzt die Grundlohnsummenentwicklung grundsätzlich eine rechtlich verbindliche Obergrenze (§ 71 Rn. 2 f.; ab 1. 1. 2009 anders für den ärztlichen Bereich: § 87 Abs. 3 S. 2 Hs. 2). Im Übrigen haben die Vertragspartner einen weiten **Beurteilungsspielraum,** bei dem sie die in S. 1 genannten Anpassungskriterien, den Grundsatz der Beitragssatzstabilität und das Gebot einer angemessenen Vergütung ärztlicher Leistungen (§ 72 Abs. 2) gegeneinander abzuwägen und einen Interessenausgleich herbeizuführen haben.

15 Zu den **Praxiskosten** werden Kostenstrukturanalysen vom Statistischen Bundesamt und vom Zentralinstitut für die vertragsärztliche Versorgung erstellt. In sie fließen Kosten für Personal, Verbrauchsgüter und Investitionen einschließlich Kreditzinsen ein. Mit Arbeitszeit ist die Gesamtarbeitszeit gemeint, die von den Ärzten und ihrem Assistenzpersonal für die vertragsärztliche Versorgung der Versicherten einschließlich Verwaltungsaufgaben und Fortbildungsmaßnahmen aufzuwenden ist. Einflussfaktoren sind medizinische Innovationen, neue Krankheiten oder die Veränderung der Altersstruktur der Versicherten. Veränderungen beim gesetzlichen oder satzungsmäßigen Leistungsumfang können auch Entlastungseffekte haben (BT-Drs. 15/1525, 100). Da bei einer Budgetierung ein Anreiz besteht, zu Mehrausgaben oder sinkenden Punktwerten führende Beschlüsse im G-BA zu verzögern, enthält S. 3 eine Ausnahme vom Grundsatz der Beitragssatzstabilität (BT-Drs. 15/1525, 100).

16 Die Abs. 3 a ff. enthalten zT. überholte Sonderregelungen für zurückliegende Jahre. Abs. 3 c S. 1 steht im Zusammenhang mit § 71 Abs. 3, ist aber bei der üblichen Vereinbarung von Kopfpauschalen bedeutungslos (*Hess,* KK, § 85 Rn. 43);

ohne die Meldung der Mitgliederzahl nach S. 2 ließe sich das Wohnortprinzip (§ 83 Rn. 5) nicht umsetzen. Abs. 3 d bewirkte eine Honorarverschiebung von den alten in die neuen Bundesländer, um die vertragsärztlichen Vergütungen anzugleichen. Aus der Gesamtvergütung herauszurechnen waren die Beträge, die Versicherte seit dem GMG für Sterilisationen und künstliche Befruchtungen selbst zu tragen haben (Abs. 3 e). Zur **Förderung der Integrierten Versorgung** haben die KKen bis 2008 jeweils bis zu 1 % der vertragsärztlichen Gesamtvergütung einzubehalten (§ 140 d Abs. 1). Soweit Versicherte an einer hausarztzentrierten, besonderen ambulanten oder integrierten Versorgung teilnehmen und der damit verbundene Leistungsbedarf den auf der Grundlage des EBM gegenüber der KV abgerechneten Leistungsbedarf vermindert, ist die Gesamtvergütung zu bereinigen (§§ 73 b Abs. 7, 73 c Abs. 4, 140 d Abs. 2).

C. Rechtsverhältnis Kassenärztliche Vereinigung – Vertragsarzt

I. Verteilung der vertragsärztlichen Gesamtvergütung, Abs. 4

1. Überblick

Die Vorschrift weist der KV in S. 1 die Aufgabe zu, die Gesamtvergütung an 17 die an der vertragsärztlichen Versorgung teilnehmenden Leistungserbringer zu verteilen und damit deren Anspruch auf angemessene Beteiligung an der Ausschüttung der Gesamtvergütung zu erfüllen. Dies geschieht nach den Vorgaben des Bewertungsausschusses (S. 10) auf der Grundlage von mit den Landesverbänden der KKen und den Ersatzkassen abgeschlossenen **Verteilungsmaßstäben** (S. 2). Diese sehen im Grundsatz bislang eine Einzelleistungsvergütung vor, bei der nur einige Leistungen, deren Erbringung besonders gefördert werden soll, mit einem im HVV festgelegten Punktwert vergütet werden. Alle anderen Leistungen, welche die Vertragsärzte im Abrechnungsquartal im Bereich der KV erbracht haben, werden auf der Grundlage der im EBM festgelegten Punktzahlen (§ 87 Rn. 6) zusammengezählt. Die nach Abzug der Festvergütung, der Verwaltungskostenpauschale der KV (§ 81 Rn. 4) und Zuführungen zum Sicherstellungsfonds (Rn. 30) noch zur Verfügung stehende Gesamtvergütung wird durch die Gesamtpunktzahl aller noch zu vergütenden Leistungen geteilt. Daraus errechnet sich ein Verteilungspunktwert, der mit der Gesamtpunktzahl aller vom Vertragsarzt im Abrechnungsquartal erbrachten Leistungen multipliziert wird. Da das Überprüfen der Abrechnungsunterlagen einige Zeit in Anspruch nimmt, leistet die KV auf Grundlage der als Satzung nach § 81 Abs. 1 Nr. 4 beschlossenen Abrechnungsanweisung Abschlagszahlungen, bis die Höhe des Honorars feststeht.

Bei einer begrenzten Gesamtvergütung und damit variablen Verteilungspunkt- 18 werten besteht der Anreiz, drohende Honorareinbußen durch eine Leistungsmengenausweitung auszugleichen. Daher sehen die HVV **Honorarbegrenzungsregelungen** vor, die den Punktwert stabilisieren und dem sog. Hamsterradeffekt entgegenwirken sollen. Sie geben dem einzelnen Vertragsarzt Kalkulationssicherheit, weil er das zu erwartende Honorar besser abschätzen kann und dienen somit auch insgesamt der Sicherstellung der Versorgung (§ 72 Abs. 1 S. 1). Diesem Ziel misst das BSG neben den gesetzlichen Vorgaben sowie dem aus Art. 12 Abs. 1 iVm. Art. 3 Abs. 1 GG hergeleiteten Grundsatz der Honorarverteilungsgerechtigkeit einen hohen Stellenwert bei (BSG, NZS 2006, 667/669). Der HVV verfolgt daher Steuerungszwecke, die in jedem Fall legitim sind, wenn sie im vertragsärztlichen

Vergütungssystem bzw. im SGB V angelegt sind. Insbesondere darf die faktische Budgetierung der Gesamtvergütung an die Vertragsärzte durch Begrenzungsregelungen möglichst gleichmäßig weitergegeben werden (BSG, SozR 4–2500, § 85 Nr. 17 Rn. 11).

19 Der HVV muss den **EBM** (§ 87) als höherrangiges Recht beachten und darf sich nicht in Widerspruch zu dessen verbindlichen Vergütungsvorgaben (BSG, NZS 2001, 107/110) oder Regelungszielen setzen. Er kann jedoch an ihn anknüpfend Vorgaben mit der Folge machen, dass in Bereichen mit erheblichem Mengenzuwachs der Vergütungspunktwert niedriger ist als bei anderen Leistungen, die im EBM mit vergleichbar hohen Punktzahlen bewertet sind (BSG, SozR 3–2500, § 85 Nr. 4 S. 22 f.). Arztgruppen oder Leistungen, die im EBM unbudgetiert sind, können im HVV, ggf. auch auf andere Weise, budgetiert werden (BSG, SozR 3–2500, § 85 Nr. 48 S. 409; SozR 4–2500, § 72 Nr. 2 Rn. 51). Im Interesse der Abstimmung der mengensteuernden Regelungen von EBM und HVV (BT-Drs. 14/1245, 73) hat der Bewertungsausschuss nach Abs. 4 a S. 1 Hs. 2, soweit erforderlich, bundesweite Regelungen vorzugeben, die dem HVV in gleicher Weise wie der EBM vorgehen (BSG, SozR 4–2500, § 85 Nr. 7 Rn. 6).

20 Da der HVV den verschiedenen Zielvorgaben nicht gleichermaßen gerecht werden kann, müssen diese in einen angemessenen Ausgleich im Sinne **praktischer Konkordanz** gebracht werden. Deshalb gibt es nicht nur eine richtige Kompromisslösung, sondern eine Bandbreite unterschiedlicher Möglichkeiten gleichermaßen rechtmäßiger Regelungen, aus denen die Vertragspartner als Ausfluss ihrer gemeinsamen Selbstverwaltungsautonomie unter Beachtung der vom Bewertungsausschuss vorgegebenen Regeln (Abs. 4 a) gestaltend (BSG, NZS 2006, 667/669 f.) und dabei typisierend und pauschalierend auswählen können. Dem Vorstand der KV können konkretisierende Regelungen, insbesondere auch für atypische Fallgestaltungen, als Geschäft der laufenden Verwaltung vorbehalten bleiben (BSG, SozR 3–2500, § 85 Nr. 31 S. 241).

2. Honorarverteilungsvertrag, Abs. 4 S. 2, 10

21 Seit dem GMG erfolgt die Honorarverteilung nicht mehr nach Maßgabe einer von der Vertreterversammlung zu beschließenden Satzung der KV, sondern eines vom Vorstand der KV mit den KKen gemeinsam und einheitlich abzuschließenden **Normsetzungsvertrages** (§ 82 Rn. 9), der entsprechend der Satzung der KV (§ 81 Abs. 1 Nr. 9) bekannt zu machen ist, aber nicht begründet werden muss (*Clemens*, Wenzel, Kap. 11 Rn. 295, 301). Durch Einbeziehung der KKen sollen kleinere Arztgruppen vor Benachteiligung durch die KVen geschützt werden (BT-Drs. 15/1525, 101). Den KKen sind für die Vertragsverhandlungen Daten zu Honorarumsätzen, Leistungsmengen und Punktwerten zu übermitteln (S. 12 und Abs. 4 a S. 4). Verstößt der HVV gegen die Vorgaben des Abs. 4 S. 3 ff. oder den Grundsatz der Honorarverteilungsgerechtigkeit, ist er gem. § 58 Abs. 1 SGB X iVm. § 134 BGB nichtig (*Clemens,* Wenzel, Rn. 203).

22 Der HVV kann grundsätzlich noch im laufenden Abrechnungsquartal geändert werden, soweit sich ein konkreter Honoraranspruch des Vertragsarztes erst nach Prüfung aller eingereichten Abrechnungen und der darauf basierenden Errechnung des Verteilungspunktwerts und nicht aufgrund einer Einzelleistungsvergütung mit festen Punktwerten ergibt (**unechte Rückwirkung;** BSG, NZS 2004, 553 f.).

3. Trennung der Gesamtvergütung, Abs. 4 S. 1 Hs. 2, Abs. 4 a

Um die Lotsenfunktion des Hausarztes und den Anreiz, sich als Hausarzt niederzulassen, durch die Festlegung eines angemessenen Anteils an der Gesamtvergütung zu stärken (BT-Drs. 14/1245, 56), schreibt die Norm seit dem GKV-GRG 2000 eine getrennte Verteilung der Gesamtvergütung für die haus- und fachärztliche Versorgung vor. Der Bewertungsausschuss hatte nach Abs. 4 a Kriterien zur Festlegung der Vergütungsanteile und deren Anpassung unter Berücksichtigung der Arztzahlentwicklung im hausärztlichen Bereich sowie bei der erstmaligen Festlegung im Jahr 2000 eine Berechnungsvorschrift zu beschließen, aus der sich ein sog. **regionaler Trennungsfaktor** ergibt (DÄBl. 2000, A-555 und A-1920; 2001, A-64 und A-3316; 2002, A-146). Dieser wurde aus dem Verhältnis des Gesamtleistungsbedarfs aller Vertragsärzte zum Gesamtleistungsbedarf der an der hausärztlichen Versorgung teilnehmenden Vertragsärzte jeweils für die Jahre 1996 bis 1999 ermittelt; der für die an der hausärztlichen Versorgung teilnehmenden Vertragsärzte günstigste Trennungsfaktor kam dann in der jeweiligen KV zur Anwendung, indem die im Gesamtvertrag festgelegte Gesamtvergütung des Jahres 2000 mit dem Trennungsfaktor multipliziert wurde. Selbst wenn eine Mengenentwicklung in einem fachärztlichen Bereich auf das Überweisungsverhalten der Hausärzte zurückzuführen ist, darf ihr Honorarkontingent nicht zur Stützung des Punktwerts jener Fachgruppe herangezogen werden (BSG, SozR 4–2500, § 85 Nr. 24 Rn. 12 ff.). Eine steigende Zahl von Fachärzten darf nur dann zu einer Verminderung des hausärztlichen Vergütungsanteils führen, wenn sie auf einem Wechsel von Hausärzten in den fachärztlichen Bereich beruht (BSG, GesR 2008, 199/200). 23

4. Vergütung psychotherapeutischer Leistungen, Abs. 4 S. 4

Die mit dem GMG eingefügte Vorschrift geht auf die Rechtsprechung des BSG (NZS 2000, 159; SozR 3–2500, § 85 Nr. 33; SozR 3–2500, § 85 Nr. 41) zurück, wonach es die Honorarverteilungsgerechtigkeit gebot, durch **garantierte Punktwerte** sicherzustellen, dass Psychotherapeuten, die ausschließlich oder ganz überwiegend zeitgebundene und genehmigungspflichtige Leistungen erbringen und Punktwertabsenkungen nicht durch Fallzahlsteigerungen ausgleichen können, ein angemessenes Honorar erzielen können. Das sei der Fall, wenn der erreichbare Honorarüberschuss dem durchschnittlichen Überschuss einer vergleichbaren Arztgruppe ungefähr entspricht. Das Gesetz erweitert den Kreis der begünstigten Fachgruppen und gilt auch, wenn der Vertragsarzt Psychotherapie nur ergänzend anbietet. Die ersten Beschlüsse des Bewertungsausschusses (DÄBl. 2000, A-556 und A-3291; jetzt DÄBl. 2004, A-2553 und A-3129; DÄBl. 2005, A-457) waren ua. rechtswidrig, weil sie an das tatsächliche und nicht an das nach Maßgabe der BSG-Rechtsprechung rechtmäßige Vergütungsniveau des Jahres 1998 anknüpften (BSG, SozR 4–2500, § 85 Nr. 8 Rn. 22 ff.). Die erneuten Beschlüsse sind nur insofern rechtswidrig, als bei der Vergleichsgruppe die Laborkosten in Abzug gebracht wurden (BSG v. 28. 5. 2008, B 6 KA 8107 ua.). Genehmigungsfreie probatorische Sitzungen können auch weiterhin mit dem für fachärztliche Leistungen maßgeblichen Durchschnittspunktwert vergütet werden (BSG v. 29. 8. 2007, B 6 KA 35/06 R); diese Unterscheidung entfällt zum 1. 1. 2009 (§ 87 Abs. 2 c S. 6). 24

5. Gebot der leistungsproportionalen Honorarverteilung, Abs. 4 S. 3

Das Gebot der leistungsproportionalen Honorarverteilung, nach dem ärztliche Leistungen prinzipiell gleichmäßig zu vergüten sind (BVerfGE 33, 171/184; BSG, 25

SozR 3–2500, § 85 Nr. 23 S. 152), bedeutet nicht, dass gleiche Leistungen stets gleich vergütet werden müssten; vielmehr ist es ein Grundsatz, von dem aus sachlichen bzw. billigenswerten Gründen abgewichen werden kann (BSG, NZS 2004, 612/613; NZS 2005, 665/667). Daher kann seit dem GKV-WSG ein Anreiz geschaffen werden, sich in unterversorgten oder von **Unterversorgung** bedrohten Gebieten niederzulassen (S. 11 und § 87 Abs. 2 e). S. 4 Hs. 2 will verhindern, dass bei einer ungünstigen Risikostruktur kleiner KKen ein unattraktiver Punktwert gezahlt wird. Üblicherweise wird nicht je Kassenart (§ 21 Abs. 2 SGB I) sondern für Primär- und Ersatzkassen jeweils ein einheitlicher Vergütungspunktwert ausgekehrt. Abs. 4 S. 5 beugt der Gefahr der Reduzierung des vertrags(zahn)ärztlichen Angebots zum Jahresende vor (BT-Drs. 14/24, 86). Es darf ein Teil des Honorars für mögliche Leistungsmengensteigerungen einbehalten werden (vgl. für den ärztlichen Bereich ab 1. 1. 2009 § 87 b Abs. 3 S. 5), und zwar auch mit dem Honorarvolumen des einzelnen Arztes progressiv ansteigend (BSG, SozR 4–2500, § 85 Nr. 28 Rn. 13 ff.). Ansonsten muss die Gesamtvergütung unverzüglich und vollständig ausgekehrt werden (BSG, NZS 2002, 552/555); Rückstellungen unerheblicher Teile der Gesamtvergütung für Zahlungsrisiken wegen laufender Rechtsbehelfe sind möglich (vgl. BSG, SozR 3–1300, § 44 Nr. 23 S. 52; *Hencke, Peters*, KV, § 85 Rn. 33). Die Finanzierung einer Altersversorgung aus der Gesamtvergütung (sog. erweiterte Honorarverteilung) kann nur noch in Hessen fortgeführt werden (BSG, SozR, Nr. 1 und 2 zu Art. 4 § 1 GKAR; BSG, SozR 4–2500, § 72 Nr. 2 Rn. 97 ff.).

6. Verhinderung übermäßiger Praxisausdehnung, Abs. 4 S. 6

26 Mit einer übermäßigen Ausdehnung der Vertragsarzttätigkeit, die das BSG erst beim Doppelten eines durchschnittlichen Praxisumfangs annimmt (BSG, SozR 3–2500, § 85 Nr. 8 S. 47; BSG, SozR 4–5520, § 32 Nr. 2 Rn. 12) und die auch in einer zu großen Zahl an Belegbetten liegen kann (BSGE 26, 164/165), ist die Gefahr verbunden, dass die Patienten durch den Vertragsarzt nicht persönlich sorgfältig und gründlich behandelt werden und **Qualitätsmängel** auftreten (BSG, SozR, Nr. 4 zu § 368 f RVO; BSG, SozR 3–2500, § 85 Nr. 45 S. 369). Die Regelung verfolgt damit andere Ziele als schon bei geringeren Überschreitungen ansetzende Honorarbegrenzungen zur Punktwertstabilisierung (Rn. 28). Die Beschäftigung eines Weiterbildungsassistenten dient dessen Anleitung und darf nach § 32 Abs. 3 ZV-Ärzte nicht der Vergrößerung der Kassenpraxis dienen. Analog Abs. 4 b S. 4 wird im Regelfall nur ein Praxiszuwachs bis zu 25 % akzeptiert (BSG, SozR 4–5520, § 32 Nr. 2 Rn. 15; BSG v. 16. 7. 2008, B 6 KA 38 und 39/07 R).

7. Grundsatz der Honorarverteilungsgerechtigkeit

27 Das BSG leitet aus Art. 12 Abs. 1 iVm. Art. 3 Abs. 1 GG den Grundsatz der Honorarverteilungsgerechtigkeit her (BSG, SozR 3–2500, § 85 Nr. 44 S. 266; Nr. 48 S. 408). Diese wird durch die anerkennenswerte Zielsetzung relativiert, den Vergütungspunktwert durch die Begrenzung des Anstiegs der zu vergütenden Leistungsmenge zu stabilisieren und den Vertragsärzten dadurch für einen Teil ihres Honorars Kalkulationssicherheit zu geben (BSG, NZS 2006, 667/669).

28 Bestimmte Anteile der Gesamtvergütung können innerhalb des fachärztlichen Bereichs bestimmten (Unter-)Fachgruppen, homogenen (fachgruppenübergreifenden) Leistungsbereichen oder ermächtigten Ärzten zugewiesen werden. Solche **Honorartöpfe,** welche Mengenentwicklungen innerhalb der Fachgruppe verhindern oder diese vor Mengenausweitungen in anderen Bereichen schützen sollen,

4. Kapitel. 2. Abschnitt. 3. Titel **§ 85**

führen legitimerweise dazu, dass gleiche Leistungen jeweils unterschiedlich vergütet werden. Nur sofern der Behandlungsbedarf in der Fachgruppe steigt, nicht aber wenn die Leistungsmehrung und Punktzahlminderung auf zusätzlich zugelassene Ärzte zurückgeht, darf der Topf zum Nachteil anderer Fachgruppen aufgestockt werden. Fremdkassenfälle (§ 75 Abs. 7 S. 2) können gesondert, und zwar nach dem Punktwert der KV am Wohnsitz des Versicherten vergütet werden.

Zulässig sind grundsätzlich auch **Fallwert-, Fallzahl- oder Punktzahlbegrenzungen,** bei denen nur bis zu einer bestimmten Grenze die Leistungen voll und darüber hinaus abgestaffelt vergütet werden. Wird eine große Zahl von Leistungen einer Fachgruppe voll vergütet, kann auf eine Vergütung des Restes sogar ganz verzichtet werden (BSG, SozR 3–2500, § 85 Nr. 23 S. 156; SozR 4–2500, § 85 Nr. 23 Rn. 31). Das bedeutet nicht, dass für diese Leistungen keine Vergütung mehr gewährt wird; vielmehr wird das Ausmaß der Vergütung insgesamt der Höhe nach begrenzt, so dass das auf die einzelne Leistung entfallende Honorar lediglich absinkt (BSG, SozR 3–2500, § 85 Nr. 48 S. 41). Isolierte Fallzahlzuwachsbegrenzungen müssen das Hinzugewinnen neuer Patienten in einem gewissen Ausmaß zulassen (BSG, NZS 2003, 440/442 ff.); wird für darüber hinausgehende Fälle eine abgestaffelte Vergütung gewährt, ist eine jährliche Zuwachsquote von 3 % ausreichend (BSG, SozR 4–2500, § 85 Nr. 9 Rn. 16). Die sog. Quotierung des Punktzahlvolumens, d. h. die Festlegung eines dem einzelnen Arzt maximal zur Verfügung stehenden Punktzahlvolumens entsprechend dem im jeweiligen Honorartopf zur Verfügung stehenden Honorarvolumen zur Gewährleistung eines festen Punktwerts, kann mit einem **Individualbudget** kombiniert werden und neben die früheren Praxisbudgets des EBM treten (BSG, NZS 2004, 612/614). 29

Individualbudgets, die das gesamte Leistungsvolumen eines Vertragsarztes umfassen können, werden nach früheren Abrechnungsergebnissen des Arztes bemessen, denn der bisherige Praxisumfang ist bei typisierender Betrachtungsweise ein maßgebliches Indiz für die Praxisausrichtung (BSG, NZS 2004, 612/614). Kleinere Praxen müssen über fünf Jahre gestreckt den Durchschnittsumsatz der Fachgruppe erreichen können (BSG, SozR 4–2500, § 85 Nr. 9 Rn. 18 f.). Praxen in der drei- bis fünfjährigen **Aufbauphase** können ihren Umsatz sofort bis zum Fachgruppendurchschnitt steigern, und bei später eingreifenden Begrenzungsregeln darf nicht auf die Aufbauphase abgestellt werden (BSG, NZS 2004, 612/616; SozR 4–2500, § 85 Nr. 9 Rn. 19). Diese typischen Konstellationen müssen im HVV geregelt werden; daneben bedarf es einer Härtefallklausel. Danach können zusätzliche Zahlungen erfolgen (Ermessensentscheidung), wenn kurzfristig die Patienten einer anderen Praxis mit übernommen werden müssen oder der Inhaber einer aus Sicherstellungsgründen erforderlichen Praxis in wirtschaftliche Schwierigkeiten gerät (*Clemens,* Wenzel, Kap. 11 Rn. 242 ff.). Dafür wird aus einem Anteil der Gesamtvergütung ein Sicherstellungsfonds gebildet. 30

Stützpunktwerte, d. h. Mindestpunktwerte für bestimmte Leistungen, sind zulässig, wenn am weiteren oder vermehrten Erbringen einer Leistung ein besonderes Versorgungsinteresse besteht. Kommt es bei bestehenden Honorartöpfen in einer Arztgruppe zu einem dauerhaften erheblichen Punktwertverfall, den diese nicht selbst zu verantworten hat und nicht durch Rationalisierungseffekte kompensieren kann, muss im HVV durch eine Aufstockung des Honorartopfs reagiert werden (BSG, SozR 3–2500, § 85 Nr. 26 S. 186 f.). Bei einer kleinen Fachgruppe, die in besonderem Maße von Leistungsausweitungen durch medizinisch-technischen Fortschritt betroffen ist, besteht eine gesteigerte Beobachtungspflicht, da- 31 mit diese nicht unverschuldet einen dauerhaften Punktwertabfall bis deutlich unter andere Punktwerte erleidet (BSG, NZS 2005, 665/669).

8. Honorarbescheid

32 Der Vergütungsanspruch entsteht nach § 35 Abs. 3 S. 1 BMV-Ä nur, wenn der Vertragsarzt eine im Wortlaut zwischen den Partnern des Gesamtvertrages abgestimmte Sammelerklärung abgibt, worin er ua. bestätigt, alle abgerechneten Leistungen ordnungsgemäß und persönlich erbracht zu haben. Auf dieser Grundlage erstellt die KV einen bis zum Anschluss von Prüfungen der Wirtschaftlichkeit und sachlich-rechnerischen Richtigkeit **vorläufigen Honorarbescheid** (BSG, SozR 3–2500, § 106 Nr. 4 S. 10 f.). Dieser kann, wenn die spätere Überprüfung nach §§ 106, 106a sachlich-rechnerische Fehler oder eine unwirtschaftliche Behandlungsweise ergibt, korrigiert, d. h. ganz oder teilweise geändert, zurückgenommen oder ggf. neu erlassen werden. Wegen der Besonderheiten des vertragsärztlichen Vergütungssystems, nämlich dem Vertrauen auf die Angaben des Arztes und einer erst nachgelagerten Prüfung, wird § 45 SGB X als Rechtsgrundlage insoweit (BSG, NZS 2005, 549/550) von §§ 45 Abs. 2 S. 1 BMV-Ä, 34 Abs. 4 S. 1 und 2 EKVÄ, 19 lit. a BMV-Z, 12 Abs. 1 EKVZ iVm. § 37 S. 1 SGB I verdrängt (BSG, SozR 3–1300, § 45 Nr. 21 S. 64 ff; SozR 3–2500, § 82 Nr. 3 S 6 f; SozR 3–2500, § 106 Nr. 3 S. 11). Die binnen einer vierjährigen Ausschlussfrist, die mit dem Tag nach der Bekanntgabe des ersten für das Abrechnungsquartal maßgeblichen Bescheides beginnt (BSG, GesR 2007, 461/462) und ggf. unterbrochen oder gehemmt werden kann (BSG, SozR 3–2500, § 106 Nr. 30 S. 169 ff.), mögliche Rückforderung löst nach § 50 Abs. 1 S. 1 SGB X einen Erstattungsanspruch aus (BSG, SozR 4–2500, § 85 Nr. 22 Rn. 11). Dieser wird in einem ggf. mit dem Änderungsbescheid verbundenen Rückforderungsbescheid festgesetzt und nach Maßgabe der Abrechnungsanweisung (vgl. Rn. 17) uU. mit den nächsten Honorarforderungen verrechnet. Dabei haben Widerspruch und Klage keine aufschiebende Wirkung (Abs. 4 S. 9). Die Aufrechnung des Honoraranspruchs einer Berufsausübungsgemeinschaft mit Erstattungsansprüchen gegen einen Praxispartner ist mangels Gegenseitigkeit ausgeschlossen (BSG, ZMGR 2007, 92/95).

33 Der Korrektur des Honorarbescheids steht ein **Vertrauenstatbestand** entgegen, wenn die KV die Fehlerhaftigkeit der Abrechnung kennt und längere Zeit gegenüber dem Arzt duldet oder die Frage in früheren Quartalen Gegenstand einer Prüfung ohne honorarrechtliche Konsequenzen war (BSG, SozR 4–2500, § 85 Nr. 22 Rn. 15) und sich die Zweifel an der Korrektheit der Abrechnung nicht neu ergeben oder verstärkt haben (BSG, SozR 3–2500, § 82 Nr. 3, S. 14 f.). Das Vertrauen muss dann zunächst durch eine entsprechende Ankündigung und ggf. unter Zubilligung einer Auslauffrist (BSG, SozR 4–2500, § 95 Nr. 1 Rn. 16) beseitigt werden. Nach Durchführung einer Prüfung kann die nochmalige Richtigstellung nur unter den Voraussetzungen des § 45 Abs. 2 S. 3 iVm. Abs. 4 S. 1 SGB X erfolgen, es sei denn, eine KK stellt danach erstmals einen Antrag auf sachlich-rechnerische Richtigstellung (BSG, SozR 3–2500, § 82 Nr. 3 S. 11).

33a Bestehen Unklarheiten über tatsächliche oder rechtliche Umstände (Höhe der Gesamtvergütung; erkennbare Softwarefehler; umstrittene Auslegung einer Rechtsnorm), kann die KV den Honorarbescheid mit einem **Vorläufigkeitsvermerk** versehen (BSG, NZS 2002, 552/556), der sich aber nur auf bis zu 15 % des festgesetzten Honorars beziehen darf (BSG, SozR 4–2500, § 85 Nr. 22 Rn. 21). Dem Regelungscharakter des Honorarbescheids steht entgegen, die Rücknahmemöglichkeit auch auf Umstände zu stützen, die außerhalb des eigentlichen Bereichs der sachlich-rechnerischen Berichtigung liegen. Sofern eine KV nicht nahegelegt hat, auf Rechtsmittel zu verzichten, muss sie bestandskräftige Honorarbescheide bei für sie ungünstigen Gerichtsurteilen nicht zurücknehmen (BSG, NZS 2006, 332/334).

Erweist sich in der Sammelerklärung im Nachhinein eine einzige Angabe als 34 falsch und beruht das jedenfalls auf grober Fahrlässigkeit des Vertragsarztes, entfällt die **Garantiefunktion der Sammelerklärung** mit der Folge, dass der Honorarbescheid rechtswidrig ist (BSG, SozR 3–5550, § 35 Nr. 1 S. 5) und gem. § 45 Abs. 2 S. 3 Nr. 2, Abs. 4 S. 2 SGB X auch nach Ablauf der in Rn. 32 benannten Ausschlussfrist binnen eines Jahres nach Kenntnis zurückgenommen werden kann. Wenn die KV weitere unrichtige Abrechnungen vermutet, kann sie das Ausmaß der Falschabrechnung schätzen und das Honorar im Wege einer Ermessensentscheidung z. B. in Höhe des Fachgruppendurchschnitts neu festsetzen.

Von der Honorarverteilung können auf der Grundlage des HVV **verspätet** 35 **eingereichte Abrechnungsscheine,** sofern das nicht auf einem Versehen oder Softwarefehlern beruht, unter Beachtung des Verhältnismäßigkeitsprinzips ausgeschlossen und ansonsten mit prozentualen Vergütungsabschlägen belegt werden (BSG, SozR 4–2500, § 85 Nr. 19 Rn. 13 ff.). Erweisen sich bestandskräftige Honorarbescheide aufgrund späterer rechtskräftiger Entscheidungen als rechtswidrig, gilt § 44 Abs. 2 S. 2 SGB X (vgl. BSG, SozR 4–1300, § 44 Nr. 6 Rn. 6).

II. Degressionsregelung im vertragszahnärztlichen Bereich, Abs. 4b–4f

Die mit dem GKV-SolG wieder aufgenommene und früher vom BSG gebil- 36 ligte Regelung (BSG, NZS 1998, 194/195; jetzt BSG, SozR 4–2500, § 85 Nr. 27 Rn. 13) schreibt für den vertragszahnärztlichen Bereich einen **degressiven Punktwert** fest, indem sich der Vergütungsanspruch ab einer bestimmten Gesamtpunktmenge je Vertragszahnarzt für die darüber hinausgehend erbrachten Leistungen um vorgegebene Prozentzahlen verringert. Sie dient denselben Zwecken wie Abs. 4 S. 6, so dass auf die angeforderte Punktzahl vor sachlich-rechnerischer Berichtigung abzustellen ist (*Engelhard*, H/N, § 85 Rn. 282), weil sie die Rationalisierungsgewinne und Kostenvorteile im Interesse der Stabilisierung der Ausgaben der GKV ausschließlich den KKen zuweisen. Diese können nach Abs. 4f ggf. Teile der Gesamtvergütung einbehalten. Die Regelung schließt Abstaffelungen im HVV zum Zweck der Honorarverteilung unter den Vertragszahnärzten nicht aus (BSG, NZS 2006, 667/671) und ist auch insofern rechtmäßig, als sie keine Sonderregelung für Oralchirurgen trifft (BSG, SozR 4–2500, § 85 Nr. 27 Rn. 18).

§§ 85a, 85b *(aufgehoben)*

§ 85c Vergütung ärztlicher Leistungen im Jahr 2006

¹**Für Krankenkassen, die im Jahr 2006 die Gesamtvergütung erstmalig nach dem Wohnortprinzip gemäß § 83 Satz 1 vereinbaren, ergibt sich der Ausgangsbetrag für die Vereinbarung der Gesamtvergütung jeweils durch die Multiplikation folgender Faktoren:**

1. **des Betrages, der sich bei der Teilung der für das Jahr 2005 geltenden Gesamtvergütung durch die Zahl der Mitglieder der Krankenkasse ergibt,**

2. der Zahl der Mitglieder der Krankenkasse mit Wohnort im Bezirk der vertragschließenden Kassenärztlichen Vereinigung.
²Die Zahl der Mitglieder der Krankenkasse ist nach dem Vordruck KM 6 der Statistik über die Versicherten in der gesetzlichen Krankenversicherung zum 1. Juli 2005 zu bestimmen.

1 Bis Ende 2005 sahen §§ 83, 85 vor, dass KKen, deren Bezirk sich nicht über mehr als ein Bundesland erstreckte, insbesondere die Orts- und einige Betriebs- und Innungs-KKen, die Gesamtvergütung ausschließlich an die KV ihres Bundeslandes entrichteten – sog. Kassensitzprinzip. An dessen Stelle musste auch für diese KKen im Zuge der mit dem GMG geplanten Reform des vertragsärztlichen Vergütungssystems das **Wohnortprinzip** (§ 83 Rn. 5) treten, weil die erstmals für das Jahr 2006 vorgesehenen arztgruppenbezogenen Regelleistungsvolumina (§ 85 a) am Behandlungsbedarf der Versicherten im Bezirk der KV anknüpften. Um die maximal zulässige Veränderungsrate von 0,63 % einhalten zu können, § 71 Abs. 3 a S. 1, bedurfte es der Neuberechnung des Ausgangsbetrags der Gesamtvergütung. Dazu wurde die Gesamtvergütung 2005 durch die Mitgliederzahl geteilt und mit der Zahl der Mitglieder multipliziert, die im Bereich der vertragsschließenden KV wohnten.

§§ 85 d, 86 *(aufgehoben)*

§ 87 Bundesmantelvertrag, einheitlicher Bewertungsmaßstab, bundeseinheitliche Orientierungswerte

(1) ¹Die Kassenärztlichen Bundesvereinigungen vereinbaren mit dem Spitzenverband Bund der Krankenkassen durch Bewertungsausschüsse als Bestandteil der Bundesmantelverträge einen einheitlichen Bewertungsmaßstab für die ärztlichen und einen einheitlichen Bewertungsmaßstab für die zahnärztlichen Leistungen. ²In den Bundesmantelverträgen sind auch die Regelungen, die zur Organisation der vertragsärztlichen Versorgung notwendig sind, insbesondere Vordrucke und Nachweise, zu vereinbaren. ³Bei der Gestaltung der Arzneiverordnungsblätter ist § 73 Abs. 5 zu beachten. ⁴Die Arzneiverordnungsblätter sind so zu gestalten, daß bis zu drei Verordnungen je Verordnungsblatt möglich sind. ⁵Dabei ist für jede Verordnung ein Feld für die Auftragung des Kennzeichens nach § 300 Abs. 1 Nr. 1 sowie ein weiteres Feld vorzusehen, in dem der Arzt seine Entscheidung nach § 73 Abs. 5 durch Ankreuzen kenntlich machen kann. ⁶Spätestens bis zum 1. Januar 2006 ist auf der Grundlage der von der Gesellschaft für Telematik nach § 291 a Abs. 7 Satz 2 und § 291 b getroffenen Regelungen der Telematikinfrastruktur auch ein elektronischer Verordnungsdatensatz für die Übermittlung der Verordnungsdaten an Apotheken und Krankenkassen zu vereinbaren.

(1 a) ¹In dem Bundesmantelvertrag haben die Kassenzahnärztliche Bundesvereinigung und der Spitzenverband Bund der Krankenkassen festzulegen, dass die Kosten für Zahnersatz einschließlich Zahnkronen und Suprakonstruktionen, soweit die gewählte Versorgung der Regelversorgung nach § 56 Abs. 2 entspricht, gegenüber den Versicherten nach Absatz 2 abzurechnen sind. ²Darüber hinaus sind im Bundesmantelvertrag folgende Regelungen zu treffen: Der Vertragszahnarzt hat vor Beginn der Behandlung einen kostenfreien Heil- und Kostenplan zu erstellen, der den Befund, die Regelversorgung und die tatsächlich geplante Versorgung auch in den Fällen des § 55 Abs. 4 und 5 nach Art, Um-

fang und Kosten beinhaltet. ³Im Heil- und Kostenplan sind Angaben zum Herstellungsort des Zahnersatzes zu machen. ⁴Der Heil- und Kostenplan ist von der Krankenkasse vor Beginn der Behandlung insgesamt zu prüfen. ⁵Die Krankenkasse kann den Befund, die Versorgungsnotwendigkeit und die geplante Versorgung begutachten lassen. ⁶Bei bestehender Versorgungsnotwendigkeit bewilligt die Krankenkasse die Festzuschüsse gemäß § 55 Abs. 1 oder 2 entsprechend dem im Heil- und Kostenplan ausgewiesenen Befund. ⁷Nach Abschluss der Behandlung rechnet der Vertragszahnarzt die von der Krankenkasse bewilligten Festzuschüsse mit Ausnahme der Fälle des § 55 Abs. 5 mit der Kassenzahnärztlichen Vereinigung ab. ⁸Der Vertragszahnarzt hat bei Rechnungslegung eine Durchschrift der Rechnung des gewerblichen oder des praxiseigenen Labors über zahntechnische Leistungen und die Erklärung nach Anhang VIII der Richtlinie 93/42/EWG des Rates vom 14. Juni 1993 über Medizinprodukte (ABl. EG Nr. L 169 S. 1) in der jeweils geltenden Fassung beizufügen. ⁹Der Bundesmantelvertrag regelt auch das Nähere zur Ausgestaltung des Heil- und Kostenplans, insbesondere muss aus dem Heil- und Kostenplan erkennbar sein, ob die zahntechnischen Leistungen von Zahnärzten erbracht werden oder nicht.

(2) ¹Der einheitliche Bewertungsmaßstab bestimmt den Inhalt der abrechnungsfähigen Leistungen und ihr wertmäßiges, in Punkten ausgedrücktes Verhältnis zueinander; soweit möglich, sind die Leistungen mit Angaben für den zur Leistungserbringung erforderlichen Zeitaufwand des Vertragsarztes zu versehen; dies gilt nicht für vertragszahnärztliche Leistungen. ²Die Bewertungsmaßstäbe sind in bestimmten Zeitabständen auch daraufhin zu überprüfen, ob die Leistungsbeschreibungen und ihre Bewertungen noch dem Stand der medizinischen Wissenschaft und Technik sowie dem Erfordernis der Rationalisierung im Rahmen wirtschaftlicher Leistungserbringung entsprechen; bei der Bewertung der Leistungen ist insbesondere der Aspekt der wirtschaftlichen Nutzung der bei der Erbringung von Leistungen eingesetzten medizinisch-technischen Geräte zu berücksichtigen. ³Im Bewertungsmaßstab für die ärztlichen Leistungen ist die Bewertung der Leistungen nach Satz 1 unter Berücksichtigung der Besonderheiten der jeweils betroffenen Arztgruppen auf der Grundlage von sachgerechten Stichproben bei vertragsärztlichen Leistungserbringern auf betriebswirtschaftlicher Basis zu ermitteln; die Bewertung der von einer Arztpraxis oder einem medizinischen Versorgungszentrum in einem bestimmten Zeitraum erbrachten Leistungen kann dabei insgesamt so festgelegt werden, dass sie ab einem bestimmten Schwellenwert mit zunehmender Menge sinkt.

(2a) ¹Die im einheitlichen Bewertungsmaßstab für ärztliche Leistungen aufgeführten Leistungen sind entsprechend der in § 73 Abs. 1 festgelegten Gliederung der vertragsärztlichen Versorgung in Leistungen der hausärztlichen und Leistungen der fachärztlichen Versorgung zu gliedern, mit der Maßgabe, dass unbeschadet gemeinsam abrechenbarer Leistungen Leistungen der hausärztlichen Versorgung nur von den an der hausärztlichen Versorgung teilnehmenden Ärzten und Leistungen der fachärztlichen Versorgung nur von den an der fachärztlichen Versorgung teilnehmenden Ärzten abgerechnet werden dürfen; die Leistungen der fachärztlichen Versorgung sind in der Weise zu gliedern, dass den einzelnen Facharztgruppen die von ihnen ausschließlich abrechenbaren Leistungen zugeordnet werden. ²Bei der Bestimmung der Arztgruppen nach Satz 1 ist der Versorgungsauftrag der jeweiligen Arztgruppe im Rahmen der vertragsärztlichen Versorgung zu Grunde zu legen.

(2b) ¹Die im einheitlichen Bewertungsmaßstab für ärztliche Leistungen aufgeführten Leistungen der hausärztlichen Versorgung sind als Versichertenpauschalen abzubilden; für Leistungen, die besonders gefördert werden sollen, können Einzelleistungen oder Leistungskomplexe vorgesehen werden. ²Mit den Pauschalen nach Satz 1 werden die gesamten im Abrechnungszeitraum üblicherweise im Rahmen der hausärztlichen Versorgung eines Versicherten erbrachten Leistungen einschließlich der anfallenden Betreuungs-, Koordinations- und Dokumentationsleistungen vergütet. ³Die Pauschalen nach Satz 1 können nach Morbiditätskriterien wie Alter und Geschlecht differenziert werden, um mit dem Gesundheitszustand verbundene Unterschiede im Behandlungsaufwand der Versicherten zu berücksichtigen. ⁴Zudem können Qualitätszuschläge vorgesehen werden, mit denen die in besonderen Behandlungsfällen erforderliche Qualität vergütet wird.

(2 c) ¹Die im einheitlichen Bewertungsmaßstab für ärztliche Leistungen aufgeführten Leistungen der fachärztlichen Versorgung sind arztgruppenspezifisch und unter Berücksichtigung der Besonderheiten kooperativer Versorgungsformen als Grund- und Zusatzpauschalen abzubilden; Einzelleistungen können vorgesehen werden, soweit dies medizinisch oder auf Grund von Besonderheiten bei Veranlassung und Ausführung der Leistungserbringung erforderlich ist. ²Mit den Grundpauschalen nach Satz 1 werden die üblicherweise von der Arztgruppe in jedem Behandlungsfall erbrachten Leistungen vergütet. ³Mit den Zusatzpauschalen nach Satz 1 wird der besondere Leistungsaufwand vergütet, der sich aus den Leistungs-, Struktur- und Qualitätsmerkmalen des Leistungserbringers und, soweit dazu Veranlassung besteht, in bestimmten Behandlungsfällen ergibt. ⁴Abweichend von Satz 3 wird die Behandlung von Versichertengruppen, die mit einem erheblichen therapeutischen Leistungsaufwand und überproportionalen Kosten verbunden ist, mit arztgruppenspezifischen diagnosebezogenen Fallpauschalen vergütet. ⁵Für die Versorgung im Rahmen von kooperativen Versorgungsformen sind spezifische Fallpauschalen festzulegen, die dem fallbezogenen Zusammenwirken von Ärzten unterschiedlicher Fachrichtungen in diesen Versorgungsformen Rechnung tragen. ⁶Die Bewertungen für psychotherapeutische Leistungen haben eine angemessene Höhe der Vergütung je Zeiteinheit zu gewährleisten.

(2 d) ¹Im einheitlichen Bewertungsmaßstab für ärztliche Leistungen sind Regelungen einschließlich Prüfkriterien vorzusehen, die sicherstellen, dass der Leistungsinhalt der in den Absätzen 2b und 2c genannten Pauschalen jeweils vollständig erbracht wird, die jeweiligen notwendigen Qualitätsstandards eingehalten, die abgerechneten Leistungen auf den medizinisch notwendigen Umfang begrenzt sowie bei Abrechnung der Fallpauschalen nach Absatz 2c Satz 5 die Mindestanforderungen zu der institutionellen Ausgestaltung der Kooperation der beteiligten Ärzte eingehalten werden; dazu kann die Abrechenbarkeit der Leistungen an die Einhaltung der vom Gemeinsamen Bundesausschuss und in den Bundesmantelverträgen beschlossenen Qualifikations- und Qualitätssicherungsanforderungen sowie an die Einhaltung der gegenüber der Kassenärztlichen Vereinigung zu erbringenden Dokumentationsverpflichtungen insbesondere gemäß § 295 Abs. 3 Satz 2 geknüpft werden. ²Zudem können Regelungen vorgesehen werden, die darauf abzielen, dass die Abrechnung der Versichertenpauschalen nach Absatz 2b Satz 1 sowie der Grundpauschalen nach Absatz 2c Satz 1 für einen Versicherten nur durch einen Arzt im Abrechnungszeitraum erfolgt, oder es können Regelungen zur Kürzung der Pauschalen für den Fall eines Arztwechsels des Versicherten innerhalb des Abrechnungszeitraums vorgesehen werden. ³Die Regelungen nach den Absätzen 2b, 2c Satz 1 bis 3 und 5 sowie nach diesem Absatz sind auf der Grundlage des zum Zeitpunkt des Beschlusses geltenden einheitlichen Bewertungsmaßstabes erstmalig spätestens bis zum

§ 87

31. Oktober 2007 mit Wirkung zum 1. Januar 2008, die Regelung nach Absatz 2 c Satz 6 erstmalig spätestens bis zum 31. Oktober 2008 mit Wirkung zum 1. Januar 2009, die Regelung nach Absatz 2 c Satz 4 erstmalig spätestens bis zum 31. Oktober 2010 mit Wirkung zum 1. Januar 2011 zu treffen.

(2 e) [1]Im einheitlichen Bewertungsmaßstab für die ärztlichen Leistungen sind jährlich bis zum 31. August jeweils bundeseinheitliche Punktwerte als Orientierungswerte in Euro zur Vergütung der vertragsärztlichen Leistungen
1. im Regelfall,
2. bei Feststellung von Unterversorgung oder drohender Unterversorgung gemäß § 100 Abs. 1 Satz 1 sowie
3. bei Feststellung von Überversorgung gemäß § 103 Abs. 1 Satz 1

festzulegen. [2]Der Orientierungswert gemäß Satz 1 Nr. 2 soll den Orientierungswert gemäß Satz 1 Nr. 1 so überschreiten, und der Orientierungswert gemäß Satz 1 Nr. 3 soll den Orientierungswert gemäß Satz 1 Nr. 1 so unterschreiten, dass sie eine steuernde Wirkung auf das ärztliche Niederlassungsverhalten entfalten; die Orientierungswerte nach Satz 1 Nr. 2 und 3 können dazu auch nach Versorgungsgraden differenziert werden. [3]Die Orientierungswerte nach Satz 1 Nr. 3 sind übergangsweise danach zu differenzieren, ob sie zur Vergütung vertragsärztlicher Leistungen von Ärzten, die bereits vor der erstmaligen Vereinbarung der Orientierungswerte zugelassen waren (Altfälle) oder von Ärzten, die erst nach der erstmaligen Vereinbarung der Orientierungswerte zugelassen werden (Neufälle), angewendet werden, mit dem Ziel einer möglichst zeitnahen Angleichung der Orientierungswerte für Alt- und Neufälle. [4]Der Bewertungsausschuss bestimmt die Fälle, in denen die Orientierungswerte gemäß Satz 1 Nr. 2 und 3 zwingend anzuwenden sind sowie ihren Anwendungszeitraum.

(2 f) [1]Der für ärztliche Leistungen zuständige Bewertungsausschuss legt jährlich bis zum 31. August Indikatoren zur Messung der regionalen Besonderheiten bei der Kosten- und Versorgungsstruktur nach § 87 a Abs. 2 Satz 2 fest, auf deren Grundlage in den regionalen Punktwertvereinbarungen von den Orientierungswerten nach Absatz 2 e Satz 1 abgewichen werden kann. [2]Der Bewertungsausschuss kann die zur Festlegung der Indikatoren erforderlichen Datenerhebungen und -auswertungen gemäß Absatz 3 f Satz 3 durchführen; soweit möglich, hat er bei der Festlegung der Indikatoren amtliche Indikatoren zugrunde zu legen. [3]Als Indikatoren für das Vorliegen von regionalen Besonderheiten bei der Versorgungsstruktur dienen insbesondere Indikatoren, die Abweichungen der regionalen Fallzahlentwicklung von der bundesdurchschnittlichen Fallzahlentwicklung messen. [4]Als Indikatoren für das Vorliegen von regionalen Besonderheiten bei der Kostenstruktur dienen insbesondere Indikatoren, die Abweichungen der für die Arztpraxen maßgeblichen regionalen Investitions- und Betriebskosten von den entsprechenden bundesdurchschnittlichen Kosten messen.

(2 g) Bei der Anpassung der Orientierungswerte nach Absatz 2 e sind insbesondere
1. die Entwicklung der für Arztpraxen relevanten Investitions- und Betriebskosten, soweit diese nicht bereits durch die Weiterentwicklung der Bewertungsrelationen nach Absatz 2 Satz 2 erfasst worden sind,
2. Möglichkeiten zur Ausschöpfung von Wirtschaftlichkeitsreserven, soweit diese nicht bereits durch die Weiterentwicklung der Bewertungsrelationen nach Absatz 2 Satz 2 erfasst worden sind,
3. die allgemeine Kostendegression bei Fallzahlsteigerungen, soweit diese nicht durch eine Abstaffelungsregelung nach Absatz 2 Satz 3 berücksichtigt worden ist, sowie

4. aufgetretene Defizite bei der Steuerungswirkung der Orientierungswerte gemäß Absatz 2 e Satz 1 Nr. 2 und 3 zu berücksichtigen.

(2 h) ¹Die im einheitlichen Bewertungsmaßstab für zahnärztliche Leistungen aufgeführten Leistungen können zu Leistungskomplexen zusammengefasst werden. ²Die Leistungen sind entsprechend einer ursachengerechten, zahnsubstanzschonenden und präventionsorientierten Versorgung insbesondere nach dem Kriterium der erforderlichen Arbeitszeit gleichgewichtig in und zwischen den Leistungsbereichen für Zahnerhaltung, Prävention, Zahnersatz und Kieferorthopädie zu bewerten. ³Bei der Festlegung der Bewertungsrelationen ist wissenschaftlicher Sachverstand einzubeziehen. ⁴Kommt eine Vereinbarung ganz oder teilweise bis zum 31. Dezember 2001 nicht zu Stande, hat das Bundesministerium für Gesundheit unverzüglich den erweiterten Bewertungsausschuss nach Absatz 4 mit Wirkung für die Vertragsparteien anzurufen. ⁵Der erweiterte Bewertungsausschuss setzt mit der Mehrheit seiner Mitglieder innerhalb von sechs Monaten die Vereinbarung fest.

(3) ¹Der Bewertungsausschuß besteht aus drei von der Kassenärztlichen Bundesvereinigung bestellten Vertretern sowie drei vom Spitzenverband Bund der Krankenkassen bestellten Vertreter. ²Den Vorsitz führt abwechselnd ein Vertreter der Ärzte und ein Vertreter der Krankenkassen.

(3 a) ¹Der Bewertungsausschuss analysiert die Auswirkungen seiner Beschlüsse auf die vertragsärztlichen Honorare und die Versorgung der Versicherten mit vertragsärztlichen Leistungen. ²Er legt dem Bundesministerium für Gesundheit jährlich jeweils zum 31. Dezember einen Bericht zur Entwicklung der Vergütungs- und Leistungsstruktur in der vertragsärztlichen Versorgung im Vorjahr vor; das Bundesministerium für Gesundheit kann das Nähere zum Inhalt des Berichts bestimmen. ³Absatz 6 Satz 4 bis 6 gilt entsprechend.

(3 b) ¹Der Bewertungsausschuss wird bei der Wahrnehmung seiner Aufgaben von einem Institut unterstützt, das gemäß der vom Bewertungsausschuss nach Absatz 3 e zu vereinbarenden Geschäftsordnung die Beschlüsse nach § 85 Abs. 4 a, §§ 87, 87 a bis 87 c und die Analysen und Berichte nach Absatz 3 a, 7 und 8 vorbereitet. ²Träger des Instituts sind die Kassenärztliche Bundesvereinigung und der Spitzenverband Bund der Krankenkassen. ³Ist das Institut am 1. Juli 2008 nicht oder nicht in einer seinen Aufgaben entsprechenden Weise errichtet, kann das Bundesministerium für Gesundheit eine oder mehrere der in Satz 2 genannten Organisationen zur Errichtung des Instituts verpflichten oder eine oder mehrere der in Satz 2 genannten Organisationen oder einen Dritten mit den Aufgaben nach Satz 1 beauftragen. ⁴Satz 3 gilt entsprechend, wenn das Institut seine Aufgaben nicht in dem vorgesehenen Umfang oder nicht entsprechend den geltenden Vorgaben erfüllt oder wenn es aufgelöst wird. ⁵Abweichend von den Sätzen 1 und 2 können die in Satz 2 genannten Organisationen einen Dritten mit den Aufgaben nach Satz 1 beauftragen. ⁶Sie haben im Zeitraum bis zur Herstellung der vollständigen Arbeitsfähigkeit des Instituts oder des von ihnen beauftragten Dritten sicherzustellen, dass der Bewertungsausschuss die in Satz 1 genannten Aufgaben in vollem Umfang und fristgerecht erfüllen kann. ⁷Hierzu hat der Bewertungsausschuss festzustellen, ob und in welchem Umfang das Institut oder der beauftragte Dritte arbeitsfähig ist und ob abweichend von Satz 2 die dort genannten Aufgaben in einer Übergangsphase bis zum 31. Oktober 2008 zwischen dem Institut oder dem beauftragten Dritten und der Kassenärztlichen Bundesvereinigung und dem Spitzenverband Bund der Krankenkassen aufgeteilt werden sollen; Absatz 6 gilt entsprechend.

4. Kapitel. 2. Abschnitt. 3. Titel § 87

(3 c) ¹Die Finanzierung des Instituts oder des beauftragten Dritten nach Absatz 3 b erfolgt durch die Erhebung eines Zuschlags auf jeden ambulant-kurativen Behandlungsfall in der vertragsärztlichen Versorgung. ²Der Zuschlag ist von den Krankenkassen außerhalb der Gesamtvergütung nach § 85 oder der morbiditätsbedingten Gesamtvergütung nach § 87 a zu finanzieren. ³Das Nähere bestimmt der Bewertungsausschuss in seinem Beschluss nach Absatz 3 e Satz 1 Nr. 2.

(3 d) ¹Über die Ausstattung des Instituts oder des beauftragten Dritten nach Absatz 3 b mit den für die Aufgabenwahrnehmung erforderlichen Sachmitteln, die Einstellung des Personals und die Nutzung der Daten gemäß Absatz 3 f durch das Institut oder den beauftragten Dritten entscheidet der Bewertungsausschuss; Absatz 6 gilt entsprechend. ²Die innere Organisation ist jeweils so zu gestalten, dass sie den besonderen Anforderungen des Datenschutzes nach § 78 a des Zehnten Buches gerecht wird.

(3 e) ¹Der Bewertungsausschuss beschließt
1. eine Geschäftsordnung, in der er Regelungen zur Arbeitsweise des Bewertungsausschusses und des Instituts oder des beauftragten Dritten gemäß Absatz 3 b, insbesondere zur Geschäftsführung und zur Art und Weise der Vorbereitung der in Absatz 3 b Satz 2 genannten Beschlüsse, Analysen und Berichte trifft, sowie
2. eine Finanzierungsregelung, in der er Näheres zur Erhebung des Zuschlags nach Absatz 3 c bestimmt.

²Die Geschäftsordnung und die Finanzierungsregelung bedürfen der Genehmigung des Bundesministeriums für Gesundheit.

(3 f) ¹Die Kassenärztlichen Vereinigungen und die Krankenkassen erfassen jeweils nach Maßgabe der vom Bewertungsausschuss zu bestimmenden inhaltlichen und verfahrensmäßigen Vorgaben die für die Aufgaben des Bewertungsausschusses nach diesem Gesetz erforderlichen Daten, einschließlich der Daten nach § 73 b Abs. 7 Satz 4 und § 73 c Abs. 6 Satz 4 sowie § 140 d Abs. 2 Satz 4, arzt- und versichertenbezogen in einheitlicher pseudonymisierter Form. ²Die Daten nach Satz 1 werden jeweils unentgeltlich von den Kassenärztlichen Vereinigungen an die Kassenärztliche Bundesvereinigung und von den Krankenkassen an ihren Spitzenverband übermittelt, die diese Daten jeweils zusammenführen und sie unentgeltlich dem Institut oder dem beauftragten Dritten gemäß Absatz 3 b übermitteln. ³Soweit erforderlich hat der Bewertungsausschuss darüber hinaus Erhebungen und Auswertungen nicht personenbezogener Daten durchzuführen oder in Auftrag zu geben oder Sachverständigengutachten einzuholen. ⁴Für die Erhebung und Verarbeitung der Daten nach den Sätzen 2 und 3 kann der Bewertungsausschuss eine Datenstelle errichten oder eine externe Datenstelle beauftragen; für die Finanzierung der Datenstelle gelten die Absätze 3 c und 3 e entsprechend. ⁵Personenbezogene Daten nach Satz 1 sind zu löschen, sobald sie nicht mehr benötigt werden. ⁶Das Verfahren der Pseudonymisierung nach Satz 1 ist vom Bewertungsausschuss im Einvernehmen mit dem Bundesamt für Sicherheit in der Informationstechnik zu bestimmen.

(3 g) Die Regelungen der Absätze 3 a bis 3 f gelten nicht für den für zahnärztliche Leistungen zuständigen Bewertungsausschuss.

(4) ¹Kommt im Bewertungsausschuß durch übereinstimmenden Beschluß aller Mitglieder eine Vereinbarung über den Bewertungsmaßstab ganz oder teilweise nicht zustande, wird der Bewertungsausschuß auf Verlangen von mindestens zwei Mitgliedern um einen unparteiischen Vorsitzenden und zwei weitere unparteiische Mitglieder erweitert. ²Für die Benennung des unparteiischen Vor-

§ 87 Bundesmantelvertrag, EBM, bundeseinheitl. Orientierungswerte

sitzenden gilt § 89 Abs. 3 entsprechend. ³Von den weiteren unparteiischen Mitgliedern wird ein Mitglied von der Kassenärztlichen Bundesvereinigung sowie ein Mitglied vom Spitzenverband Bund der Krankenkassen benannt.

(5) ¹Der erweiterte Bewertungsausschuß setzt mit der Mehrheit seiner Mitglieder die Vereinbarung fest. ²Die Festsetzung hat die Rechtswirkung einer vertraglichen Vereinbarung im Sinne des § 82 Abs. 1. ³Zur Vorbereitung von Maßnahmen nach Satz 1 für den Bereich der ärztlichen Leistungen hat das Institut oder der beauftragte Dritte nach Absatz 3 b dem zuständigen erweiterten Bewertungsausschuss unmittelbar und unverzüglich nach dessen Weisungen zuzuarbeiten.

(6) ¹Das Bundesministerium für Gesundheit kann an den Sitzungen der Bewertungsausschüsse, des Instituts oder des beauftragten Dritten nach Absatz 3 b sowie der von diesen jeweils gebildeten Unterausschüssen und Arbeitsgruppen teilnehmen; ihm sind die Beschlüsse der Bewertungsausschüsse zusammen mit den den Beschlüssen zugrunde liegenden Beratungsunterlagen und den für die Beschlüsse jeweils entscheidungserheblichen Gründen vorzulegen. ²Das Bundesministerium für Gesundheit kann die Beschlüsse innerhalb von zwei Monaten beanstanden; es kann im Rahmen der Prüfung eines Beschlusses vom Bewertungsausschuss zusätzliche Informationen und ergänzende Stellungnahmen dazu anfordern; bis zum Eingang der Auskünfte ist der Lauf der Frist unterbrochen. ³Die Nichtbeanstandung eines Beschlusses kann vom Bundesministerium für Gesundheit mit Auflagen verbunden werden; das Bundesministerium für Gesundheit kann zur Erfüllung einer Auflage eine angemessene Frist setzen. ⁴Kommen Beschlüsse der Bewertungsausschüsse ganz oder teilweise nicht oder nicht innerhalb einer vom Bundesministerium für Gesundheit gesetzten Frist zustande oder werden die Beanstandungen des Bundesministeriums für Gesundheit nicht innerhalb einer von ihm gesetzten Frist behoben, kann das Bundesministerium für Gesundheit die Vereinbarungen festsetzen; es kann dazu Datenerhebungen in Auftrag geben oder Sachverständigengutachten einholen. ⁵Zur Vorbereitung von Maßnahmen nach Satz 4 für den Bereich der ärztlichen Leistungen hat das Institut oder der beauftragte Dritte oder die vom Bundesministerium für Gesundheit beauftragte Organisation gemäß Absatz 3 b dem Bundesministerium für Gesundheit unmittelbar und unverzüglich nach dessen Weisungen zuzuarbeiten. ⁶Die mit den Maßnahmen nach Satz 4 verbundenen Kosten sind von dem Spitzenverband Bund der Krankenkassen und der Kassenärztlichen Bundesvereinigung jeweils zur Hälfte zu tragen; das Nähere bestimmt das Bundesministerium für Gesundheit. ⁷Abweichend von Satz 4 kann das Bundesministerium für Gesundheit für den Fall, dass Beschlüsse der Bewertungsausschüsse nicht oder teilweise nicht oder nicht innerhalb einer vom Bundesministerium für Gesundheit gesetzten Frist zustande kommen, den erweiterten Bewertungsausschuss nach Absatz 4 mit Wirkung für die Vertragspartner anrufen. ⁸Der erweiterte Bewertungsausschuss setzt mit der Mehrheit seiner Mitglieder innerhalb einer vom Bundesministerium für Gesundheit gesetzten Frist die Vereinbarung fest; Satz 1 bis 6 gilt entsprechend.

(7) ¹Der Bewertungsausschuss berichtet dem Bundesministerium für Gesundheit bis zum 31. März 2012 über die Steuerungswirkung der auf der Grundlage der Orientierungswerte nach Absatz 2 e Satz 1 Nr. 2 und 3 vereinbarten Punktwerte nach § 87 a Abs. 2 Satz 1 auf das ärztliche Niederlassungsverhalten. ²Absatz 6 Satz 4 bis 6 gilt entsprechend. ³Auf der Grundlage der Berichterstattung nach Satz 1 berichtet das Bundesministerium für Gesundheit dem Deutschen Bundestag bis zum 30. Juni 2012, ob auch für den Bereich der ärztlichen

4. Kapitel. 2. Abschnitt. 3. Titel **§ 87**

Versorgung auf die Steuerung des Niederlassungsverhaltens durch Zulassungsbeschränkungen verzichtet werden kann.

(8) **¹Der Bewertungsausschuss evaluiert die Umsetzung von § 87a Abs. 6 und § 87b Abs. 4 in Bezug auf den datenschutzrechtlichen Grundsatz der Datenvermeidung und Datensparsamkeit, insbesondere unter Einbeziehung der Möglichkeit von Verfahren der Pseudonymisierung und berichtet hierüber dem Bundesministerium für Gesundheit bis zum 30. Juni 2010. ²Absatz 6 Satz 4 bis 6 gilt entsprechend. ³Das Bundesministerium für Gesundheit berichtet auf dieser Grundlage dem Deutschen Bundestag bis zum 31. Dezember 2010.**

Schrifttum: *S. Kallenberg,* Der Einheitliche Bewertungsmaßstab (EBM) in der Fassung vom 1. 4. 2005, GesR 2005, 97; *T. Rompf,* Der EBM 2008 – der erste Schritt in Richtung Euro-Gebührenordnung, GesR 2008, 57; *D. von Stillfried/E. Gramsch,* Morbiditätsorientierung der vertragsärztlichen Vergütung, Gesundheits- und Sozialpolitik 2003 (1–2), 44.

Inhaltsübersicht

	Rn.
A. Überblick	1
B. Organisation der vertragsärztlichen Versorgung, Abs. 1 S. 2–6	2
C. Versorgung mit Zahnersatz, Abs. 1a	3
D. Einheitlicher Bewertungsmaßstab	5
I. Gemeinsame Bestimmungen für ärztliche und zahnärztliche Leistungen, Abs. 2 S. 1, 2	5
II. Regelungen für den ärztlichen Bereich, Abs. 2a, 2d	9
1. Hausärztlicher Bereich, Abs. 2b	11
2. Fachärztlicher Bereich, Abs. 2c	12
3. Orientierungspunktwert, Abs. 2e–2g	14
III. Regelungen für den zahnärztlichen Bereich, Abs. 2h	17
IV. (Erweiterter) Bewertungsausschuss, Abs. 3–5, 7–8	18
V. Aufsicht über den Bewertungsausschuss, Abs. 6	20
E. Rechtsschutz	21

A. Überblick

Die Vorschrift regelt einen Teilausschnitt des BMV (§ 82 Rn. 6 f.) und sein Zustandekommen. Kernstück ist der durch ein besonderes Gremium, den Bewertungsausschuss (Abs. 3, 4), beschlossene bundesweit und für alle Kassenarten einheitliche Bewertungsmaßstab (EBM vom 1. 1. 2008 bzw. BEMA vom 1. 1. 2004), welcher die abrechnungsfähigen Leistungen und ihr in Punkten ausgedrücktes wertmäßiges Verhältnis zueinander bestimmt (Abs. 2 S. 1). Er hat jedenfalls im ärztlichen Bereich ab 1. 1. 2009 die **Funktion einer Gebührenordnung** (§ 87a Abs. 1 S. 6), ist im zahnärztlichen Bereich wegen der Einzelleistungsvergütung (§ 85 Rn. 9) unmittelbar und im ärztlichen Bereich nach § 87a Abs. 3 S. 2 Berechnungsgrundlage der Gesamtvergütung. Soweit er nicht der bundesweiten Steuerung des Leistungsverhaltens dient (z. B. Abs. 2e S. 1), ist der Bewertungsmaßstab Basis der grds. leistungsproportionalen und gleichmäßigen Honorarverteilung. Diese Strukturprinzipien sind für den Bewertungsausschuss hinreichend konkret (BSG, SozR 4–2500, § 72 Nr. 2 Rn. 61 ff.). 1

B. Organisation der vertragsärztlichen Versorgung, Abs. 1 S. 2–6

Der BMV enthält ua. Detailregelungen zur **Inanspruchnahme vertragsärztlicher Leistungen** seitens der Versicherten, z. B. zur sog. Praxisgebühr nach § 28 Abs. 4 (§ 18 BMV-Ä), zu Überweisungen an andere Ärzte und Verordnungen 2

(§§ 24, 26 ff. BMV-Ä) und zur Abrechnung vertragsärztlicher Leistungen (§§ 42 ff.) sowie eine Vordruck- und Formularbedruckungsvereinbarung (Anlagen 2 und 2a). Das Arzneiverordnungsblatt muss Felder für den Aufdruck der Pharmazentralnummer (§ 300 Abs. 3 Nr. 1) und die Kennzeichnung enthalten, ob die Substitution durch ein wirkstoffgleiches preisgünstigeres Arzneimittel (sog. aut-idem-Verordnung) ausgeschlossen wird.

C. Versorgung mit Zahnersatz, Abs. 1a

3   Der Versicherte erhält bei medizinisch notwendiger Versorgung mit Zahnersatz einen befundorientierten **Festzuschuss** (§ 55 Abs. 1–3, 5). Wählt er die Regelversorgung (§ 56 Abs. 2), rechnet der Vertragszahnarzt diesen mit der KZV ab (S. 7); über den darüber hinausgehenden Betrag erhält er eine Rechnung auf Grundlage des BEMA (S. 1). Bei einer aufwändigeren gleichartigen Versorgung hat der Versicherte daneben die Mehrkosten nach Maßgabe der GOZ zu tragen (§§ 55 Abs. 4, 87d S. 1); eine andersartige Versorgung muss er nach Maßgabe der GOZ selbst zahlen, wobei die KK ihm den Festzuschuss erstattet (§ 55 Abs. 5).

4   Die Zuschussgewährung hängt von der vorherigen Genehmigung und ggf. Begutachtung eines kostenfrei erstellten **Heil- und Kostenplans** seitens der KK ab; dafür entfällt die Wirtschaftlichkeitsprüfung (§ 2 Abs. 3 Anlage 12 zum BMV-Z, § 106 Rn. 19). Ausnahmen können in den Gesamtverträgen für Reparaturmaßnahmen vorgesehen werden (§ 1 Abs. 2 Anlage 12 zum BMV-Z). Über die Herkunft des Zahnersatzes ist Transparenz zu schaffen, um Abrechnungsmanipulationen zu begegnen (S. 4, 9; BT-Drs. 15/1525, 104).

D. Einheitlicher Bewertungsmaßstab

I. Gemeinsame Bestimmungen für ärztliche und zahnärztliche Leistungen, Abs. 2 S. 1, 2

5   Der EBM enthält ein Verzeichnis, in dem die abrechnungsfähigen **Leistungen abschließend beschrieben** werden; eine ausdehnende oder analoge Anwendung ist ausgeschlossen (BSG, SozR 3–2500, § 87 Nr. 5 S. 22f.). Eine Ziffer muss für jede Arztgruppe gelten, welche die Leistung zulässigerweise erbringen darf (BSG, SozR 3–2500, § 87 Nr. 21 S. 108 ff.). Andere, „neue" (§ 135 Rn. 8) Leistungen einschließlich belegärztlicher Leistungen sind bis zur Aufnahme in den EBM nicht liquidierbar (BSG, NZS 1997, 337/338). Diese Bindung tritt für den Arzt über den auf den EBM verweisenden HVV bzw. die regionale Euro-Gebührenordnung ein (§ 85 Rn. 19, § 87a Abs. 2 S. 6). Wenn auf der Hand liegt, was damit gemeint ist und sie nicht in großem Umfang und/oder mit erheblichen finanziellen Auswirkungen erbracht werden, können „ähnliche (Labor-)Untersuchungen" Eingang in das Leistungsverzeichnis finden (BSG, SozR 3–2500, § 135 Nr. 11 S. 51 ff.). Maßgebliches Auslegungskriterium ist grds. der Wortlaut; bei Unklarheiten ist es in erster Linie Aufgabe des Bewertungsausschusses, die Beschreibung zu präzisieren (BSG v. 22. 3. 2006, B 6 KA 44/04 R, Rn. 10). Der Arbeitsausschuss des Bewertungsausschusses (DÄBl. 1996, A-851) kann Anwendungshinweise veröffentlichen; zu authentischen Interpretationen ist er nicht berechtigt (BSG, SozR 4–2500, § 87 Nr. 11 Rn. 12 ff.).

6   Jeder Leistung ist eine **Punktzahl** zugeordnet, die ausdrückt, wieviel Zeitaufwand und Kosten mit der Leistungserbringung im Verhältnis zu anderen Leistun-

gen bei generalisierender Betrachtung (BSG, NZS 1992, 73/75) verbunden sind. Bei der Bewertung hat neben einer angemessenen Vergütung bezweckenden betriebswirtschaftlichen Gesichtspunkten (BSG, SozR 3–5533, Nr. 763 Nr. 1 S. 3; 3–2500, § 85 Nr. 29 S. 214) das Ziel zu treten, Leistungen aus gesellschaftlichen oder Sicherstellungsgründen (§ 72 Abs. 2) durch eine höhere Bewertung zu fördern oder attraktiver zu machen. Aus dem Gebot einer angemessenen Vergütung kann ein Anspruch auf Höherbewertung einzelner Leistungen regelmäßig nicht hergeleitet werden (§ 72 Rn. 6; BSG, NZS 1995, 377/378 f.). Es kann Leistungen geben, bei denen selbst eine kostengünstig arbeitende Praxis keinen Gewinn erzielt; entscheidend ist, dass der Arzt insgesamt Anspruch auf eine leistungsgerechte Teilhabe an der Gesamtvergütung hat (BSG, SozR 3–2500, § 87 Nr. 29 S. 155). Die Kostenansätze müssen bei allen Arztgruppen nach denselben Maßstäben ermittelt werden (BSG, SozR 3–2500, § 87 Nr. 34 S. 193). Der Kostenanteil medizinisch-technischer Leistungen ist so bemessen, dass bei angemessener Auslastung – in Berufsausübungsgemeinschaften oder Kooperationen mit Krankenhäusern (BT-Drs. 15/1525, 104) – die Investitionsbereitschaft nicht infrage steht. Dem neuen EBM liegt bei einer Arbeitszeit von 51 Wochenstunden ein kalkulatorischer Arztlohn von 105.571,80 € zugrunde.

Der Bewertungsausschuss hat bei einem erweiterten Spielraum in der Anfangs- und Erprobungsphase neuer Regelungen von Amts wegen kontinuierlich das Leistungsgeschehen, den medizinischen Fortschritt (§ 2 Abs. 1 S. 3), Rationalisierungsmöglichkeiten (§ 12) und die Auswirkungen seiner Beschlüsse im ärztlichen Bereich (Abs. 3 a S. 1, Abs. 3 g) zu beobachten und **in regelmäßigen Abständen die Leistungsbeschreibungen, Wertrelationen und den Leistungsinhalt von Pauschalen und Komplexen anzupassen** (Abs. 2 S. 2). Für belegärztliche Leistungen erhielt er in § 121 Abs. 4 eine Aufforderung zur Neuregelung. An Beschlüsse des G-BA über die Einführung neuer Untersuchungs- und Behandlungsmethoden nach § 135 Abs. 1 ist er gebunden, hat aber nicht eine bloße Notarfunktion, sondern entscheidet mit Blick auf die möglichen Auswirkungen auf die Gesamtvergütung, § 85 Abs. 3 S. 3, und seine Steuerungskompetenz über die Aufnahme und Einpassung in den EBM oder ggf. die Streichung oder Abwertung anderer Leistungen; bei Leistungsverlagerungen vom stationären in den ambulanten Bereich hat er sehr weite Gestaltungsmöglichkeiten (BSG, NZS 1997, 337/339).

7

Durch Bewertungsformen wie Komplexgebühren, Gebührenpauschalen, Abstaffelungsregelungen und andere **mengen- und fallzahlbegrenzende Maßnahmen** wie die vom 1. 9. 1997 bis 30. 6. 2003 geltenden Praxisbudgets (BSG, SozR 3–2500, § 87 Nr. 23 und 34) oder (Labor-)Budget-Bonus-Modelle, welche das wirtschaftliche Erbringen und Veranlassen von Leistungen honorieren (BSG v. 23. 2. 2005, B 6 KA 55/03 R), wird die Wirtschaftlichkeit der Leistungserbringung gefördert und werden Verteilungseffekte auch im Verhältnis der Arztgruppen untereinander angestrebt (BSG, SozR 3–2500, § 87 Nr. 12 S. 41 f.). Solche steuernden Vorschriften, die nach Maßgabe des § 81 Abs. 1 Nr. 9 bekannt zu machen sind, begründen Vertrauensschutz und können, sofern sie der Leistung eine bestimmte Punktzahl zuordnen oder maximale Gesamtpunktzahlen festlegen, grds. rückwirkend nicht geändert werden (BSG, SozR 3–2500, § 87 Nr. 18 S. 83 ff.).

8

II. Regelungen für den ärztlichen Bereich, Abs. 2 a, 2 d

Soweit möglich sind die Leistungen mit Angaben zu dem für ihre Erbringung erforderlichen **Zeitaufwand** zu versehen. Sie sind Grundlage der Plausibilitäts-

9

prüfung (§ 106a Rn. 6) und der Kapazitätsgrenzen bei der Bestimmung der Regelleistungsvolumina (§ 87b Abs. 3 S. 4), werden jedoch durch die Einführung einer weitgehend pauschalierten Vergütung (Abs. 2b S. 1, Abs. 2c S. 1) mit wenigen obligaten Leistungsinhalten (Rn. 11) an Bedeutung verlieren.

10 Trotz der Skepsis des BSG (Rn. 6) sieht Abs. 2 S. 3 vor, dass die Leistungsbewertung wie beim mWz. 31. 12. 2007 außer Kraft getretenen EBM 2000plus (vgl. BT-Drs. 16/4247, 39) auf stichprobengestützter betriebswirtschaftlicher Basis erfolgt; es können – wie bisher – nicht auf den einzelnen Arzt, sondern die Arztpraxis bezogene Abstaffelungen vorgesehen werden; dafür fehlt bislang die Datenbasis. Der EBM ist in arztgruppenübergreifende Gebührenordnungspositionen sowie **haus- und fachärztliche Leistungskapitel** und innerhalb der fachärztlichen Leistungen – auch wegen der divergierenden Betriebskostenanteile (*Rompf,* GesR 2008, 57/58) – nach Arztgruppen gegliedert. Den Kapiteln sind jeweils die abrechenbaren Leistungen zugeordnet (Abs. 2a; vgl. BSG, SozR 3–2500, § 72 Nr. 8 S. 19). Dadurch kann der sog. Hausarztvertrag entfallen (§ 73 Abs. 1c aF.). Die Fachgruppenzuordnung richtet sich nach dem die Vorgaben der ärztlichen Weiterbildungsordnung modifizierenden Versorgungsauftrag (BT-Drs. 15/1525, 105). Die im gesamten Abrechnungsquartal üblicherweise erbrachten Leistungen werden pauschaliert. Entsprechend der Option des Abs. 2d S. 2 wird die Pauschale bei arztinitiierter Inanspruchnahme zweier Ärzte im Abrechnungsquartal grds. halbiert; das gilt auch bei Überweisungen in Schwerpunktpraxen.

1. Hausärztlicher Bereich, Abs. 2b

11 Im hausärztlichen Bereich sieht der EBM eine mit dem ersten kurativ-ambulanten persönlichen Patientenkontakt (obligater Leistungsinhalt) abrechenbare, nach drei Altersklassen differenzierte **Versichertenpauschale** vor; liegt eine in der Richtlinie nach § 62 Abs. 1 S. 10 benannte Krankheit vor und kommt es zu mindestens zwei Patientenkontakten im Quartal, kann ein Morbiditätszuschlag abgerechnet werden. Die Voraussetzungen für das Abrechnen von Qualitätszuschlägen, wie z. B. Sonografie sollten bis 1. 7. 2008 in Qualitätssicherungsvereinbarungen festgelegt werden (vgl. § 82 Rn. 6). Besonders förderungswürdige Einzelleistungen und Leistungskomplexe sind z. B. Hausbesuche, der dringende Besuch in Alten- oder Pflegeheimen, das hausärztlich-geriatrische Basisassessment oder Belastungs-EKGs.

2. Fachärztlicher Bereich, Abs. 2c

12 Im fachärztlichen Bereich wird zwischen **Grund- und Zusatz- bzw. Konsiliarpauschalen** sowie Einzelleistungen unterschieden. Die Zusatzpauschalen sind Qualitätszuschläge; Einzelleistungen knüpfen im EBM an die medizinische Indikation beim Versicherten an (*Rompf,* GesR 2008, 57/63). Um kooperative Versorgungsformen zu fördern, können fachübergreifende Berufsausübungsgemeinschaften und medizinische Versorgungszentren je Arztgruppe, die an der Behandlung beteiligt war, eine Grundpauschale abrechnen. Zusatzpauschalen setzen an den Struktur- und Qualitätsmerkmalen des Leistungserbringers oder indikationsbezogenen Besonderheiten an. Zum 1. 11. 2011 sollen teilweise diagnosebezogene Fallpauschalen eingeführt werden (Abs. 2c S. 4 und Abs. 2d S. 3). Die Vergütung psychotherapeutischer Leistungen bleibt grds. unverändert (Abs. 2c S. 6; vgl. § 85 Rn. 24).

13 Es ist in Umsetzung des Abs. 2d S. 1 – auch zur Dokumentation der Morbiditätsentwicklung (§ 87 Abs. 5 S. 2 Hs. 2) – mit der Abrechnung anzugeben, welche

fakultativen Leistungsinhalte erbracht wurden (sog. **Teilleistungsdokumentation**); bis zum 30. 6. 2009 sind Kodierrichtlinien für ein Patientenklassifikationssystem auf der Grundlage der ambulanten Behandlungsdiagnosen zu vereinbaren (§ 295 Abs. 3 S. 2). Die apparativen Voraussetzungen sind der KV auf Verlangen nachzuweisen; die Begrenzung der abgerechneten medizinisch notwendigen Leistungen wird durch Überweisungsvorbehalte gewährleistet.

3. Orientierungspunktwert, Abs. 2e–2g

Während der neue EBM zum 1. 1. 2008 in Kraft treten musste (Abs. 2 d S. 3), um ein Jahr vor Inkrafttreten der Vergütungsreform erprobt werden zu können (BT-Drs. 16/3100, 127), wird das Abrechnungssystem zum 1. 1. 2009 umgestellt (§ 87b Abs. 1 S. 1). Im EBM werden bundeseinheitliche Orientierungspunktwerte in Euro festgelegt (Abs. 2e), aus denen sich unter Berücksichtigung regionaler Besonderheiten (Abs. 2f) durch eine gesamtvertragliche Regelung eine regionale Gebührenordnung ergibt (§ 87a). Die Trennung der Gesamtvergütung entfällt (§ 85 Rn. 23). Zum 1. 1. 2010 (§ 87c Abs. 1 S. 1) variiert die Vergütung – deutlich (BT-Drs. 16/3100, 128) und unter übergangsweiser Geltung einer Besitzstandsregelung (S. 3) – nach dem **Versorgungsgrad im Planungsbereich**, um so einen Anreiz für Niederlassungen in unterversorgten Bereichen zu schaffen (Abs. 2e); die Kalkulation muss nicht kostenneutral sein (BT-Drs. 16/4247, 40). Bis 30. 6. 2012 soll überprüft werden, ob dieses Instrument vollständig an die Stelle der Bedarfsplanung treten kann (Abs. 7). 14

Die **jährliche Anpassung** des Orientierungspunktwerts (Abs. 2g) lehnt sich an die Vorgaben des § 10 Abs. 3 KHEntG an. Dabei darf die Berücksichtigung der Kostendegression bei Fallzahlsteigerung (Nr. 3) nicht dazu führen, dass vermittels einer Budgetierung das Ziel der Honorarreform verfehlt wird, wonach KKen morbiditätsbedingte Mehrleistungen zahlen (BT-Drs. 16/3100, 130). 15

Die Orientierungspunktwerte sind die Grundlage für die Vertragspartner bei der Festlegung von möglichen **landesweiten Zu- oder Abschlägen** (§ 87a Abs. 2), wobei die vom Bewertungsausschuss nach Abs. 2f festgelegten Indikatoren und möglichen Schwellenwerte zwingend anzuwenden sind. Maßgeblich sind vor allem Abweichungen in der Fallzahlentwicklung und den für Arztpraxen maßgeblichen Investitions- und Betriebskosten. Die Regelung ist mit Blick auf Art. 3 Abs. 1 GG bedenklich, weil in den vielen Flächenländern sowohl strukturschwache als auch Gegenden mit hoher Wirtschaftskraft liegen und Abs. 2e diesen Umstand berücksichtigt. Es wird eine Umverteilung der Gesamtvergütung von den wirtschaftsstarken süddeutschen zu den neuen Bundesländern und Berlin erwartet. 16

III. Regelungen für den zahnärztlichen Bereich, Abs. 2h

Die Zahnmedizin hat wesentlich homogenere Leistungsstrukturen, die Steuerungseffekte des BEMA nicht zwingend erforderlich machen. Die im Ermessen des Bewertungsausschusses stehende Bildung von **Leistungskomplexen** wirkt einer Leistungsausdehnung entgegen und erleichtert die Abrechnung (BT-Drs. 14/1245, 73); gleichwohl wurde mit der misslungenen Formulierung in S. 2 die Förderung einer präventionsorientierten und substanzerhaltenden zahnmedizinischen Versorgung bezweckt (*Engelhard,* H/N, § 87 Rn. 109d ff.). Die für delegationsfähige und vom Zahnarzt selbst zu erbringenden Leistungen aufzuwendende Arbeitszeit ist gewichtigster Bewertungsfaktor. 17

IV. (Erweiterter) Bewertungsausschuss, Abs. 3–5, 7–8

18 Der (erweiterte) Bewertungsausschuss ist ein einheitlicher (BSG, SozR 3–2200, § 368i Nr. 1 S. 3), lediglich in unterschiedlichen Besetzungen (paritätisch oder um unparteiische Mitglieder erweitert) und nach unterschiedlichen Regeln (Einstimmigkeits- bzw. Mehrheitsprinzip, Abs. 4 S. 1) tagender, nicht rechtsfähiger (BSG, SozR 3–2500, § 87 Nr. 35 S. 203 f.) **Vertragsausschuss**, dessen Handeln den Partnern des BMV als eigenes zugerechnet wird (BSG, SozR 3–2500, § 87 Nr. 34 S. 191). Das stellte sicher, dass der EBM auch vor dem 1.7.2008 (§ 82 Rn. 2) für alle Kassenarten galt. Die Mitglieder, deren Qualifikation nicht vorgegeben ist, werden vorbehaltlich einer anderen Satzungsregelung vom Vorstand der KBV bzw. des Spitzenverbandes Bund der KKen bestimmt, können jederzeit abberufen werden (BSG, SozR 3–2200, § 368i Nr. 1 S. 4) und handeln daher nicht weisungsfrei (BSG, SozR 3–2500, § 85 Nr. 4 S. 20 f.; BGHZ 150, 172/174). Die Beschlüsse des erweiterten Bewertungsausschusses sind im Verhältnis zu Dritten Normsetzungsverträge und gegenüber den Vertragspartnern aufgrund der **Schiedsamtsfunktion** des Gremiums gerichtlich anfechtbare Verwaltungsakte (BSG, SozR 3–2500, § 87 Nr. 35 S. 202). Es steht im Ermessen der Mitglieder, wie zügig sie eine Erweiterung des Ausschusses, ggf. auch für einzelne Fragestellungen, nach Abs. 4 S. 1 verlangen (BSG, SozR 3–2200, § 368i Nr. 1 S. 3 f.); auch das BMG kann ihn anrufen (Abs. 6 S. 7). Der Ausschuss kann Sachverständige zu den Sitzungen hinzuziehen (BSG, SozR 2–3500, § 368i Nr. 1 S. 4). Er hat auch Kompetenzen nach § 85 Abs. 4a.

19 Durch das GKV-WSG soll die Arbeit des Bewertungsausschusses im ärztlichen Bereich (Abs. 3 g) transparenter und professioneller gestaltet werden. Es ist ein Jahresbericht zur Entwicklung der Vergütungs- und Leistungsstruktur zu erstellen (Abs. 3 a S. 2), und der (erweiterte) Bewertungsausschuss wird bei sämtlichen Aufgaben von einem neutralen, die Interessenkonflikte der Ärzte und KKen ausgleichenden, von der KBV und dem Spitzenverband Bund der KKen gegründeten **Institut** oder einem beauftragten Dritten unterstützt (Abs. 3 b, 5 S. 2). Vorbild des am 17.5.2006 als Gesellschaft bürgerlichen Rechts gegründeten Instituts, dessen Aufbau am 1.7.2008 abgeschlossen sein musste, ist die InEK GmbH nach § 17 b KHG (BT-Drs. 16/3100, 130). Die Finanzierung erfolgt durch einen von den KKen außerhalb der Gesamtvergütung für jeden ambulant-kurativen Behandlungsfall zu zahlenden Zuschlag (Abs. 3 c). Der Bewertungsausschuss kann Unterausschüsse oder Arbeitsgruppen wie den Arbeitsausschuss (DÄBl. 1996, A-851) einsetzen, die Vereinbarungen jedoch nur vorbereiten können (BSG, SozR 4–2500, § 87 Nr. 11 Rn. 14).

V. Aufsicht über den Bewertungsausschuss, Abs. 6

20 Die Aufsicht ist ohne Verweis auf die §§ 88 f. SGB IV abschließend in Abs. 6 geregelt und geht in S. 7 über eine Rechtsaufsicht hinaus. Da die Ursache für das Scheitern der Vergütungsreform des GMG beim Bewertungsausschuss lag (§ 85 Rn. 12), sind die **Eingriffsmöglichkeiten** des BMG **erweitert** worden. Es kann an allen Sitzungen des Bewertungsausschusses einschließlich des Arbeitsausschusses und des Instituts teilnehmen, Beratungsunterlagen einsehen (S. 1 und 2), Auflagen erteilen (S. 3) und sich zur Vorbereitung der Ersatzvornahme des Instituts bedienen (S. 5).

E. Rechtsschutz

Der EBM kann vom Arzt als Normsetzungsvertrag (Rn. 12), der daher grds. **21** keiner Begründung bedarf (BSG, SozR 3–2500, § 87 Nr. 29 S. 156) und dessen Rechtmäßigkeit sich auch aus anderen als dem vom Bewertungsausschuss aufgestellten Überlegungen ergeben kann (BSG, SozR 3–2500, § 87 Nr. 34 S. 194), **grds. nur mittelbar** im Wege einer Klage gegen den Honorarbescheid oder die Zuweisung des Regelleistungsvolumens (§ 87b Rn. 6) angefochten werden (BSG, SozR 3–5540, § 25 Nr. 2 S. 3). Dem Bewertungsausschuss steht ein Gestaltungsspielraum zu; in das umfassende Tarifgefüge greift die Rechtsprechung mit punktuellen Entscheidungen nur ein, wenn der Regelungsspielraum überschritten oder die Bewertungskompetenz missbraucht wird. Offenbar lückenhafte, widersprüchliche Regelungen sind zu ergänzen (BSG, SozR 5533, Nr. 45 Nr. 1 S. 4); eine Ziffer muss für jede Arztgruppe bestehen, die sie zulässigerweise erbringen darf (BSG, SozR 3–2500, § 87 Nr. 21 S. 109 f.); der Eingriff in den Zulassungsstatus, etwa das rechtswidrige Verbot, Basislaborleistungen an Laborärzte zu überweisen (BSG, SozR 3–5540, § 25 Nr. 2 S. 5), stellt eine Amtspflichtverletzung dar (BGHZ 150, 172/175). Die Kostenansätze müssen für alle Arztgruppen nach denselben Maßstäben ermittelt werden (BSG, SozR 3–2500, § 87 Nr. 34 S. 193). Das Gericht kann nicht die Angemessenheit einzelner Leistungen bestimmen (BSG v. 26. 1. 2000, B 6 KA 59/98 R, Rn. 23).

§ 87a Regionale Euro-Gebührenordnung, Morbiditätsbedingte Gesamtvergütung, Behandlungsbedarf der Versicherten

(1) Abweichend von § 82 Abs. 2 Satz 2 und § 85 gelten für die Vergütung vertragsärztlicher Leistungen ab 1. Januar 2009 die in Absatz 2 bis 6 getroffenen Regelungen; dies gilt nicht für vertragszahnärztliche Leistungen.

(2) [1]Die Kassenärztliche Vereinigung und die Landesverbände der Krankenkassen und die Ersatzkassen gemeinsam und einheitlich vereinbaren auf der Grundlage der Orientierungswerte gemäß § 87 Abs. 2e Satz 1 Nr. 1 bis 3 jeweils bis zum 31. Oktober eines jeden Jahres Punktwerte, die zur Vergütung der vertragsärztlichen Leistungen im Folgejahr anzuwenden sind. [2]Die Vertragspartner nach Satz 1 können dabei einen Zuschlag auf oder einen Abschlag von den Orientierungswerten gemäß § 87 Abs. 2e Satz 1 Nr. 1 bis 3 vereinbaren, um insbesondere regionale Besonderheiten bei der Kosten- und Versorgungsstruktur zu berücksichtigen. [3]Dabei sind zwingend die Vorgaben des Bewertungsausschusses gemäß § 87 Abs. 2f anzuwenden. [4]Der Zuschlag oder der Abschlag darf nicht nach Arztgruppen und nach Kassenarten differenziert werden und ist einheitlich auf alle Orientierungswerte gemäß § 87 Abs. 2e Satz 1 Nr. 1 bis 3 anzuwenden. [5]Bei der Festlegung des Zu- oder Abschlags ist zu gewährleisten, dass die medizinisch notwendige Versorgung der Versicherten sichergestellt ist. [6]Aus den vereinbarten Punktwerten und dem einheitlichen Bewertungsmaßstab für ärztliche Leistungen gemäß § 87 Abs. 1 ist eine regionale Gebührenordnung mit Europreisen (regionale Euro-Gebührenordnung) zu erstellen; in der Gebührenordnung sind dabei sowohl die Preise für den Regelfall als auch die Preise bei Vorliegen von Unter- und Überversorgung auszuweisen.

(3) [1]Ebenfalls jährlich bis zum 31. Oktober vereinbaren die in Absatz 2 Satz 1 genannten Vertragsparteien gemeinsam und einheitlich für das Folgejahr mit

§ 87a

Wirkung für die Krankenkassen die von den Krankenkassen mit befreiender Wirkung an die jeweilige Kassenärztliche Vereinigung zu zahlenden morbiditätsbedingten Gesamtvergütungen für die gesamte vertragsärztliche Versorgung der Versicherten mit Wohnort im Bezirk der Kassenärztlichen Vereinigung. ²Hierzu vereinbaren sie als Punktzahlvolumen auf der Grundlage des einheitlichen Bewertungsmaßstabes den mit der Zahl und der Morbiditätsstruktur der Versicherten verbundenen Behandlungsbedarf und bewerten diesen mit den nach Absatz 2 Satz 1 vereinbarten Punktwerten in Euro; der vereinbarte Behandlungsbedarf gilt als notwendige medizinische Versorgung gemäß § 71 Abs. 1 Satz 1. ³Die im Rahmen des Behandlungsbedarfs erbrachten Leistungen sind mit den Preisen der Euro-Gebührenordnung nach Absatz 2 Satz 6 zu vergüten. ⁴Darüber hinausgehende Leistungen, die sich aus einem bei der Vereinbarung der morbiditätsbedingten Gesamtvergütung nicht vorhersehbaren Anstieg des morbiditätsbedingten Behandlungsbedarfs ergeben, sind von den Krankenkassen zeitnah, spätestens im folgenden Abrechnungszeitraum nach Maßgabe der Kriterien nach Absatz 5 Satz 1 Nr. 1 ebenfalls mit den in der Euro-Gebührenordnung nach Absatz 2 Satz 6 enthaltenen Preisen zu vergüten. ⁵Vertragsärztliche Leistungen bei der Substitutionsbehandlung der Drogenabhängigkeit gemäß den Richtlinien des Gemeinsamen Bundesausschusses sind von den Krankenkassen außerhalb der nach Satz 1 vereinbarten Gesamtvergütungen mit den Preisen der Euro-Gebührenordnung nach Absatz 2 zu vergüten; in Vereinbarungen nach Satz 1 kann darüber hinaus geregelt werden, dass weitere vertragsärztliche Leistungen außerhalb der nach Satz 1 vereinbarten Gesamtvergütungen mit den Preisen der Euro-Gebührenordnung nach Absatz 2 vergütet werden, wenn sie besonders gefördert werden sollen oder soweit dies medizinisch oder auf Grund von Besonderheiten bei Veranlassung und Ausführung der Leistungserbringung erforderlich ist.

(3 a) ¹Für den Fall der überbezirklichen Durchführung der vertragsärztlichen Versorgung sind die Leistungen abweichend von Absatz 3 Satz 3 und 4 von den Krankenkassen mit den Preisen zu vergüten, die in der Kassenärztlichen Vereinigung gelten, deren Mitglied der Leistungserbringer ist. ²Weichen die nach Absatz 2 Satz 6 vereinbarten Preise von den Preisen nach Satz 1 ab, so ist die Abweichung zeitnah, spätestens bei der jeweils folgenden Vereinbarung der Veränderung der morbiditätsbedingten Gesamtvergütung zu berücksichtigen. ³Die Zahl der Versicherten nach Absatz 3 Satz 2 ist entsprechend der Zahl der auf den zugrunde gelegten Zeitraum entfallenden Versichertentage zu ermitteln. ⁴Weicht die bei der Vereinbarung der morbiditätsbedingten Gesamtvergütung zu Grunde gelegte Zahl der Versicherten von der tatsächlichen Zahl der Versicherten im Vereinbarungszeitraum ab, ist die Abweichung zeitnah, spätestens bei der jeweils folgenden Vereinbarung der Veränderung der morbiditätsbedingten Gesamtvergütung zu berücksichtigen. ⁵Ausgaben für Kostenerstattungsleistungen nach § 13 Abs. 2 und nach § 53 Abs. 4 mit Ausnahme der Kostenerstattungsleistungen nach § 13 Abs. 2 Satz 6 sind auf die nach Absatz 3 Satz 1 zu zahlende Gesamtvergütung anzurechnen.

(4) Bei der Anpassung des Behandlungsbedarfs nach Absatz 3 Satz 2 sind insbesondere Veränderungen

1. der Zahl und der Morbiditätsstruktur der Versicherten,
2. Art und Umfang der ärztlichen Leistungen, soweit sie auf einer Veränderung des gesetzlichen oder satzungsmäßigen Leistungsumfangs der Krankenkassen oder auf Beschlüssen des Gemeinsamen Bundesausschusses nach § 135 Abs. 1 beruhen,

3. des Umfangs der vertragsärztlichen Leistungen auf Grund von Verlagerungen von Leistungen zwischen dem stationären und dem ambulanten Sektor und
4. des Umfangs der vertragsärztlichen Leistungen auf Grund der Ausschöpfung von Wirtschaftlichkeitsreserven bei der vertragsärztlichen Leistungserbringung

nach Maßgabe des vom Bewertungsausschuss beschlossenen Verfahrens nach Absatz 5 zu berücksichtigen.

(5) ¹Der Bewertungsausschuss beschließt ein Verfahren
1. zur Bestimmung des Umfangs des nicht vorhersehbaren Anstiegs des morbiditätsbedingten Behandlungsbedarfs nach Absatz 3 Satz 4,
2. zur Bestimmung von Veränderungen der Morbiditätsstruktur nach Absatz 4 Nr. 1 sowie
3. zur Bestimmung von Veränderungen von Art und Umfang der vertragsärztlichen Leistungen nach Absatz 4 Nr. 2, 3 und 4.

²Der Bewertungsausschuss bildet zur Bestimmung der Veränderungen der Morbiditätsstruktur nach Satz 1 diagnosebezogene Risikoklassen für Versicherte mit vergleichbarem Behandlungsbedarf nach einem zur Anwendung in der vertragsärztlichen Versorgung geeigneten Klassifikationsverfahren; Grundlage hierfür sind die vertragsärztlichen Behandlungsdiagnosen gemäß § 295 Abs. 1 Satz 2 sowie die Menge der vertragsärztlichen Leistungen. ³Falls erforderlich, können weitere für die ambulante Versorgung relevante Morbiditätskriterien herangezogen werden, die mit den im jeweils geltenden Risikostrukturausgleich verwendeten Morbiditätskriterien vereinbar sind. ⁴Der Bewertungsausschuss hat darüber hinaus ein Verfahren festzulegen, nach welchem die Relativgewichte nach Satz 2 im Falle von Vergütungen nach Absatz 3 Satz 5 zu bereinigen sind. ⁵Der Beschluss nach Satz 1 Nr. 1 ist erstmalig bis zum 31. August 2008, die Beschlüsse nach den Nummern 2 und 3 sowie Satz 4 sind erstmalig bis zum 30. Juni 2009 zu treffen.

(6) ¹Die für die Vereinbarungen nach den Absätzen 2 bis 4 erforderlichen versichertenbezogenen Daten übermitteln die Krankenkassen im Wege elektronischer Datenverarbeitung unentgeltlich an die in Absatz 2 Satz 1 genannten Vertragsparteien; sie können für die Erhebung und Verarbeitung der erforderlichen Daten auch eine Arbeitsgemeinschaft beauftragen. ²Art, Umfang, Zeitpunkt und Verfahren der Datenübermittlung bestimmt der Bewertungsausschuss erstmals bis zum 31. März 2009. ³Die in Absatz 2 Satz 1 genannten Verbände der Krankenkassen und die Ersatzkassen sind in diesem Umfang befugt, versichertenbezogene Daten zu erheben und zu verwenden. ⁴Personenbezogene Daten sind zu löschen, sobald sie für den Zweck, für den sie erhoben wurden, nicht mehr erforderlich sind.

A. Überblick

Die Vorschrift regelt für den ärztlichen Bereich anstelle der §§ 82 Abs. 2 S. 2, 85 Abs. 1–3 e die jährliche, kassenartenübergreifende, gemeinsame und einheitliche (vgl. § 82 Rn. 3) Anpassung der von den einzelnen KKen an die KV zu zahlenden **Gesamtvergütung**. Sie wird nicht mehr durch den Anstieg der Grundlohnsumme begrenzt (§ 71 Rn. 1), sondern unter Übertragung des entsprechenden Risikos auf die KKen (§ 85 Rn. 8, 10) an die Morbiditätsentwicklung gekoppelt. Basis ist der für das Jahr 2009 nach Maßgabe des § 87 c Abs. 4 festgelegte

1

Betrag. Das Risiko der Arztzahlentwicklung verbleibt bei der KV; der Mitgliederwechsel zu anderen KKen mit – bislang – divergierenden Kopfpauschalen beeinflusst nicht mehr die für die Honorarverteilung zur Verfügung stehende Summe. Da Grundlage der Berechnung der im Jahr 2008 erprobte (BT-Drs. 16/3100, 127) neue EBM ist (§ 87 Rn. 1), kann eine regionale Euro-Gebührenordnung erstellt werden, die Grundlage der Vergütung des Vertragsarztes seitens der KV ist (§ 87b Abs. 1 S. 1).

B. Regionale Vereinbarung, Abs. 2, 3

2   Von den bundesweiten Orientierungspunktwerten (§ 87 Abs. 2e) und auf Basis der für sie zwingenden Vorgaben des Bewertungsausschusses (vgl. § 87 Rn. 18) nach § 87 Abs. 2f vereinbaren die KVen und die KKverbände einen **regionalen Zu- oder Abschlag** (Abs. 2), so dass eine regionale Gebührenordnung mit Europreisen erstellt werden kann (S. 6). S. 2 erlaubt, neben Besonderheiten der regionalen Kosten- und Versorgungsstruktur andere sachliche Gründe bei der Punktwertfestlegung zu berücksichtigen. Z. B. können die Folgen der Umverteilung der Gesamtvergütung mWz. 1. 1. 2009 (§ 87 Rn. 16) für einen Übergangszeitraum abgemildert werden (§ 87 Rn. 16), um zu gewährleisten, dass die medizinisch notwendige Versorgung sichergestellt ist (S. 5). Insofern müssen die Vertragspartner eine Abwägungsentscheidung treffen.

3   KKverbände und KV vereinbaren des Weiteren unter Zugrundelegung des EBM (§ 87 Rn. 5) versichertenbezogene Punktzahlvolumina, die den durchschnittlichen **Behandlungsbedarf** für Versicherte verschiedener Morbiditätsklassen zum Ausdruck bringen (Abs. 3 S. 2). Daraus errechnet sich in Abhängigkeit von der voraussichtlichen, nach Versichertentagen bemessenen (Abs. 3a S. 2) Zahl und Morbiditätsstruktur der in ihrem Bezirk wohnenden Versicherten sowie des Anteils der in über- und unterversorgten Gebieten niedergelassenen Ärzte durch Multiplikation mit dem regionalen Punktwert (Abs. 3 S. 1) ein Zahlungsanspruch der KV gegen die einzelnen KKen (Gesamtvergütung; Abs. 3 S. 1). Dieser erhöht sich um eine vereinbarte Kostenpauschale für Leistungen der KV.

4   Ein unvorhergesehener Anstieg des Behandlungsbedarfs begründet in dem in Abs. 5 Nr. 1 bestimmten Umfang einen **Nachzahlungsanspruch**. Die Gesamtvergütung wird reduziert, soweit Leistungen bei zugelassenen Leistungserbringern im Wege der Kostenerstattung in Anspruch genommen werden (Abs. 3a S. 5), nachträglich an die Zahl der tatsächlich bei der KK Versicherten angepasst (Abs. 3a S. 4) und korrigiert, wenn sich Versicherte in anderen KVbezirken behandeln lassen und dort andere Punktwerte gelten (Abs. 3a S. 1, 2). In letzterem Fall erfolgt ein sog. Fremdkassenzahlungsausgleich der KVen untereinander nach Maßgabe des § 75 Abs. 7a. Als Einzelleistung werden zusätzlich Substitutionsbehandlungen und ggf. Leistungen vergütet, bei denen keine Gefahr der Mengenausweitung besteht (z. B. genehmigungspflichtige Psychotherapie, Dialyse, Strahlentherapie) oder die förderungswürdig sind (Prävention); sie fließen auch nicht in das Regelleistungsvolumen ein (§ 87b Abs. 2 S. 6, 7) und bleiben bei der Anpassung der morbiditätsbedingten Gesamtvergütung folglich demnächst (Abs. 5 S. 5) unberücksichtigt (Abs. 5 S. 4).

C. Anpassung der regionalen Vereinbarung, Abs. 4, 5

Nicht abschließende Einflussgrößen für die **jährliche Anpassung** des die Gesamtvergütung bestimmenden Behandlungsbedarfs sind die Entwicklung von Zahl und Morbiditätsstruktur der Versicherten und des Umfangs sowie uU. auch der Art der ärztlichen Leistungen, vor allem in den in Abs. 4 Nr. 2–4 genannten Fällen. Dabei haben die Vertragspartner auf Landesebene zur Bestimmung der Veränderungen das vom Bewertungsausschuss bundeseinheitlich beschlossene Verfahren zur Bestimmung von Veränderungen anzuwenden (Abs. 5 S. 1). Die Entwicklung der Morbiditätsstruktur wird auf der Grundlage der nach dem ICD verschlüsselten Diagnosen einschl. Verdachtsdiagnosen (§ 295 Rn. 3f.) und der ärztlichen Leistungen sowie uU. weiterer Morbiditätskriterien bestimmt (Abs. 5 S. 2, 3). Die zusätzlichen Morbiditätskriterien müssen zu den im Rahmen des Risikostrukturausgleichs verwendeten Morbiditätskriterien (§ 268 Abs. 1 Nr. 1) kompatibel sein, damit KKen, die wegen einer schlechteren Morbiditätsstruktur ihrer Versicherten eine höhere Gesamtvergütung zahlen, über den Risikostrukturausgleich höhere Zuweisungen aus dem Gesundheitsfonds erhalten (§ 266 Abs. 1 S. 2 idF. ab 1. 1. 2009).

5

D. Datenlieferung, Abs. 6, und Aufsicht

Abs. 6 ermöglicht erstmals die Übermittlung versichertenbezogener, nicht pseudonymisierter **Daten** an die KKverbände und deren Verwendung im Rahmen von Vergütungsvereinbarungen; das Institut des Bewertungsausschusses erhält nur pseudonymisierte Daten (§ 87 Abs. 3f). Die einzelne KK und die KV kann die Daten nach § 284 Abs. 1 Nr. 12, Abs. 3 bzw. § 285 Abs. 1 Nr. 2, Abs. 2 erheben.

6

Die nach § 72 Abs. 2 dem Wirtschaftlichkeitsgebot (§ 12) unterliegende Vereinbarung ist den **Aufsichtsbehörden** nach Maßgabe des § 71 Abs. 4 S. 1, Abs. 5 vorzulegen; die Angabe § 85 a wurde aufgrund eines redaktionellen Versehens in der BT- Drs. 16/4247 nicht durch die Angabe § 87 a ersetzt.

7

§ 87 b Vergütung der Ärzte (arzt- und praxisbezogene Regelleistungsvolumina)

(1) ¹Abweichend von § 85 werden die vertragsärztlichen Leistungen ab dem 1. Januar 2009 von der Kassenärztlichen Vereinigung auf der Grundlage der regional geltenden Euro-Gebührenordnung nach § 87a Abs. 2 vergütet. ²Satz 1 gilt nicht für vertragszahnärztliche Leistungen.

(2) ¹Zur Verhinderung einer übermäßigen Ausdehnung der Tätigkeit des Arztes und der Arztpraxis sind arzt- und praxisbezogene Regelleistungsvolumina festzulegen. ²Ein Regelleistungsvolumen nach Satz 1 ist die von einem Arzt oder der Arztpraxis in einem bestimmten Zeitraum abrechenbare Menge der vertragsärztlichen Leistungen, die mit den in der Euro-Gebührenordnung gemäß § 87a Abs. 2 enthaltenen und für den Arzt oder die Arztpraxis geltenden Preisen zu vergüten ist. ³Abweichend von Absatz 1 Satz 1 ist die das Regelleistungsvolumen überschreitende Leistungsmenge mit abgestaffelten Preisen zu vergüten; bei einer außergewöhnlich starken Erhöhung der Zahl der behandelten Versicherten kann hiervon abgewichen werden. ⁴Bei der Bestimmung des Zeitraums, für den ein Regelleistungsvolumen festgelegt wird, ist insbesondere sicherzustellen, dass eine kontinuierliche Versorgung der Versicherten gewähr-

§ 87 b

leistet ist. [5]Für den Fall, dass es im Zeitablauf wegen eines unvorhersehbaren Anstiegs der Morbidität gemäß § 87 a Abs. 3 Satz 4 zu Nachzahlungen der Krankenkassen kommt, sind die Regelleistungsvolumina spätestens im folgenden Abrechnungszeitraum entsprechend anzupassen. [6]Antragspflichtige psychotherapeutische Leistungen der Psychotherapeuten, der Fachärzte für Kinder- und Jugendpsychiatrie und -psychotherapie, der Fachärzte für Psychiatrie und Psychotherapie, der Fachärzte für Nervenheilkunde, der Fachärzte für Psychosomatik und Psychotherapie sowie der ausschließlich psychotherapeutisch tätigen Ärzte sind außerhalb der Regelleistungsvolumina zu vergüten. [7]Weitere vertragsärztliche Leistungen können außerhalb der Regelleistungsvolumina vergütet werden, wenn sie besonders gefördert werden sollen oder soweit dies medizinisch oder auf Grund von Besonderheiten bei Veranlassung und Ausführung der Leistungserbringung erforderlich ist.

(3) [1]Die Werte für die Regelleistungsvolumina nach Absatz 2 sind morbiditätsgewichtet und differenziert nach Arztgruppen und nach Versorgungsgraden sowie unter Berücksichtigung der Besonderheiten kooperativer Versorgungsformen festzulegen; bei der Differenzierung der Arztgruppen ist die nach § 87 Abs. 2 a zugrunde zu legende Definition der Arztgruppen zu berücksichtigen. [2]Bei der Bestimmung des Regelleistungsvolumens nach Absatz 2 sind darüber hinaus insbesondere

1. die Summe der für einen Bezirk der Kassenärztlichen Vereinigung nach § 87 a Abs. 3 insgesamt vereinbarten morbiditätsbedingten Gesamtvergütungen,
2. zu erwartende Zahlungen im Rahmen der überbezirklichen Durchführung der vertragsärztlichen Versorgung gemäß § 75 Abs. 7 und 7 a,
3. zu erwartende Zahlungen für die nach Absatz 2 Satz 3 abgestaffelt zu vergütenden und für die nach Absatz 2 Satz 6 und 7 außerhalb der Regelleistungsvolumina zu vergütenden Leistungsmengen,
4. Zahl und Tätigkeitsumfang der der jeweiligen Arztgruppe angehörenden Ärzte

zu berücksichtigen. [3]Soweit dazu Veranlassung besteht, sind auch Praxisbesonderheiten zu berücksichtigen. [4]Zudem können auf der Grundlage der Zeitwerte nach § 87 Abs. 2 Satz 1 Kapazitätsgrenzen je Arbeitstag für das bei gesicherter Qualität zu erbringende Leistungsvolumen des Arztes oder der Arztpraxis festgelegt werden. [5]Anteile der Vergütungssumme nach Satz 2 Nr. 1 können für die Bildung von Rückstellungen zur Berücksichtigung einer Zunahme von an der vertragsärztlichen Versorgung teilnehmenden Ärzte, für Sicherstellungsaufgaben und zum Ausgleich von überproportionalen Honorarverlusten verwendet werden. [6]Die Morbidität nach Satz 1 ist mit Hilfe der Morbiditätskriterien Alter und Geschlecht zu bestimmen. [7]Als Tätigkeitsumfang nach Satz 2 gilt der Umfang des Versorgungsauftrags, mit dem die der jeweiligen Arztgruppe angehörenden Vertragsärzte zur Versorgung zugelassen sind, und der Umfang des Versorgungsauftrags, der für die angestellten Ärzte der jeweiligen Arztgruppe vom Zulassungsausschuss genehmigt worden ist. [8]Fehlschätzungen bei der Bestimmung des voraussichtlichen Umfangs der Leistungsmengen nach Satz 2 Nr. 3 sind zu berichtigen; die Vergütungsvereinbarungen nach § 87 a Abs. 3 bleiben unberührt.

(4) [1]Der Bewertungsausschuss bestimmt erstmalig bis zum 31. August 2008 das Verfahren zur Berechnung und zur Anpassung der Regelleistungsvolumina nach den Absätzen 2 und 3 sowie Art und Umfang, das Verfahren und den Zeitpunkt der Übermittlung der dafür erforderlichen Daten. [2]Er bestimmt darüber

hinaus ebenfalls erstmalig bis zum 31. August 2008 Vorgaben zur Umsetzung von Absatz 2 Satz 3, 6 und 7 sowie Grundsätze zur Bildung von Rückstellungen nach Absatz 3 Satz 5. ³Die Kassenärztliche Vereinigung, die Landesverbände der Krankenkassen und die Ersatzkassen stellen gemeinsam erstmalig bis zum 15. November 2008 und danach jeweils bis zum 31. Oktober eines jeden Jahres gemäß den Vorgaben des Bewertungsausschusses nach den Sätzen 1 und 2 unter Verwendung der erforderlichen regionalen Daten die für die Zuweisung der Regelleistungsvolumina nach Absatz 5 konkret anzuwendende Berechnungsformel fest. ⁴Die Krankenkassen übermitteln den in Satz 3 genannten Parteien unentgeltlich die erforderlichen Daten, auch versichertenbezogen, nach Maßgabe der Vorgaben des Bewertungsausschusses. ⁵Die Parteien nach Satz 3 können eine Arbeitsgemeinschaft mit der Erhebung und Verwendung der nach Satz 3 erforderlichen Daten beauftragen. ⁶§ 304 Abs. 1 Satz 1 Nr. 2 gilt entsprechend.

(5) ¹Die Zuweisung der Regelleistungsvolumina an den Arzt oder die Arztpraxis einschließlich der Mitteilung der Leistungen, die außerhalb der Regelleistungsvolumina vergütet werden, sowie der jeweils geltenden regionalen Preise, obliegt der Kassenärztlichen Vereinigung; die Zuweisung erfolgt erstmals zum 30. November 2008 und in der Folge jeweils spätestens vier Wochen vor Beginn der Geltungsdauer des Regelleistungsvolumens. ²§ 85 Abs. 4 Satz 9 gilt. ³Die nach § 85 Abs. 4 der Kassenärztlichen Vereinigung zugewiesenen Befugnisse, insbesondere zur Bestimmung von Abrechnungsfristen und -belegen sowie zur Verwendung von Vergütungsanteilen für Verwaltungsaufwand, bleiben unberührt. ⁴Kann ein Regelleistungsvolumen nicht rechtzeitig vor Beginn des Geltungszeitraums zugewiesen werden, gilt das bisherige dem Arzt oder der Arztpraxis zugewiesene Regelleistungsvolumen vorläufig fort. ⁵Zahlungsansprüche aus einem zu einem späteren Zeitpunkt zugewiesenen höheren Regelleistungsvolumen sind rückwirkend zu erfüllen.

A. Überblick

Die Vorschrift regelt mWz. 1. 1. 2009 für den ärztlichen Bereich anstelle des 1
§ 85 Abs. 4 und 4a die Verteilung der Gesamtvergütung (§ 87a Abs. 3 S. 1) durch die KVen der Vertragsärzte auf der Grundlage von gemeinsamen und einheitlichen Vereinbarungen mit den KKverbänden. Sie verschafft Ärzten dadurch **Kalkulationssicherheit** (vgl. § 85 Rn. 18), dass für ein vorher festgelegtes Leistungsvolumen eine im Voraus bekannte, in einer Euro-Gebührenordnung festgelegte (§ 87a Abs. 2 S. 6) und bei Mehrleistungen eine abgestaffelte Vergütung gezahlt wird. Welcher KK der Versicherte angehört, ist für den Arzt unerheblich (vgl. § 85 Rn. 25), sofern diese mit der KV keine regionale Qualitätsvereinbarung nach § 136 Abs. 4 getroffen hat. Das Regelleistungsvolumen bildet die morbiditätsbedingte Gesamtvergütung und deren steuernden Effekt, bereinigt um die Arztzahlentwicklung, für den einzelnen Arzt ab. Das Ziel, durch die Abstaffelung eine übermäßige Ausdehnung der Tätigkeit zu verhindern (Abs. 2 S. 1) und den Anreiz zu nehmen, medizinisch nicht erforderliche Behandlungen durchzuführen, wird im hausärztlichen Bereich wegen der Versichertenpauschalen (§ 87 Rn. 11), denen Steuerungswirkung fehlt, kaum erreichbar sein.

Das Verfahren zur Berechnung und Anpassung des Volumens bestimmt der Be- 2
wertungsausschuss (Abs. 4 S. 1 und 2; vgl. § 87 Rn. 18); die regionale **Berechnungsformel** legen die KV und die KKverbände fest (Abs. 4 S. 3). Die KV weist dem Arzt oder der Arztpraxis das individuelle Volumen und die Preise für Leistun-

gen innerhalb und außerhalb des Regelleistungsvolumens zu (Abs. 5 S. 1). Dabei wird die Morbiditätsstruktur nicht mit Hilfe von Diagnosen, sondern durch die indirekten Morbiditätskriterien Alter und Geschlecht bestimmt (Abs. 3 S. 6), weil die Bemessung andernfalls unvertretbar komplex würde (BT-Drs. 16/3100, 125).

B. Regelleistungsvolumen

3   Das Regelleistungsvolumen bestimmt unter Übernahme der Gliederung des EBM die arztgruppenbezogene (Abs. 3 S. 1) Leistungsmenge, die mit dem für den jeweiligen Leistungserbringer geltenden Preis der Euro-Gebührenordnung vergütet wird; es soll den Großteil der erbrachten Leistungen erfassen (BT-Drs. 16/3100, 124). **Mehrleistungen** werden mit niedrigeren Preisen vergütet (Abs. 2 S. 3), sofern diese nicht etwa auf der Übernahme der Patienten einer geschlossenen Praxis beruhen (vgl. § 85 Rn. 30); auch generell wird der Versorgungsgrad im Planungsbereich (§§ 100 f.) berücksichtigt (Abs. 3 S. 1). Das Volumen ist vom Bewertungsausschuss (Abs. 4 S. 1) arzt- und praxisbezogen zu bestimmen, um allen, insbesondere durch das VÄndG möglich gewordenen, Kooperationsformen Rechnung zu tragen (BT-Drs. 16/4247, 42) und kann um die Festlegung von Kapazitätsgrenzen je Arbeitstag ergänzt werden (§ 87 Rn. 9).

4   Das Regelleistungsvolumen wird quartalsbezogen festgelegt, weil andernfalls die Gefahr von Versorgungslücken zum Jahresende besteht (Abs. 2 S. 4). Ausgangspunkt der Berechnung ist die Summe aller der KV von den KKen gezahlten Gesamtvergütungen (Abs. 3 S. 2 Nr. 1), vermindert um die voraussichtlichen Zahlungen oder zusätzlichen Einnahmen im Fremdkassenzahlungsausgleich (Abs. 3 S. 2 Nr. 2; vgl. § 87 a Rn. 4). Abgezogen werden nach Abs. 3 S. 5 ferner Einbehalte zum Ausgleich des Risikos der Arztzahlentwicklung (vgl. § 87 a Rn. 1), für einen Sicherstellungsfonds (§§ 81 Rn. 4, 85 Rn. 30) oder für Ärzte oder Arztgruppen, bei denen es infolge der Vergütungsreform zu ungewollten überproportionalen Honorarverlusten kommt (BT-Drs. 16/4247, 43). Die verbleibende Summe wird um die geschätzten Zahlungen für abgestaffelt zu vergütende Mehrleistungen reduziert (Abs. 3 S. 2 Nr. 3). Deshalb sind die Regelleistungsvolumina und Restvergütungspreise für zukünftige Quartale unter der Prämisse, dass eine medizinisch unbegründete Leistungsvermehrung verhindert werden soll (Abs. 2 S. 1), **laufend anzupassen.** Der nicht morbiditätsbedingte Leistungsmengenanstieg hat auf die Höhe der gezahlten Gesamtvergütung keinen Einfluss (Abs. 3 S. 8).

5   Soweit die KKen Einzelleistungen vergüten (§ 87 a Rn. 4), werden diese im Regelleistungsvolumen grds. nicht berücksichtigt (Abs. 2 S. 6 und 7 und Abs. 3 S. 2 Nr. 3). Nachzahlungen der KKen wegen eines unvorhergesehenen vorübergehenden Anstiegs der Morbidität führen zu einer rückwirkenden Erhöhung des Regelleistungsvolumens (Abs. 2 S. 5); bei einem dauerhaften Morbiditätsanstieg erfolgt die Erhöhung im folgenden Quartal (vgl. BT-Drs. 16/3100, 124 zu § 85 b Abs. 2 S. 4 des Gesetzentwurfs).

C. Zuweisung des Regelleistungsvolumens und Honoraranspruch, Abs. 5

6   Die KV weist dem Arzt oder der Arztpraxis unter Berücksichtigung der spezifischen Morbiditätsstruktur (Alter und Geschlecht der Versicherten und evtl. Praxisbesonderheiten, Abs. 3 S. 3, 6) sowie des Umfangs des Versorgungsauftrags, mit

dem er zur Versorgung zugelassen ist oder für den angestellte Ärzte genehmigt worden sind (Abs. 3 S. 7; vgl. §§ 77 Abs. 3 S. 2, 95 Abs. 3 S. 1), das **individuelle Regelleistungsvolumen** und die regionalen Preise für Leistungen innerhalb und außerhalb des Regelleistungsvolumens zu. Erfolgt die Mitteilung später als vier Wochen vor Quartalsbeginn, hat der Arzt Zahlungsansprüche aus dem höheren Volumen (S. 4 und 5 iVm. S. 1 Hs. 2, vgl. § 85 Rn. 22); gleiches gilt bei einer rückwirkenden Erhöhung in den Fällen des Abs. 2 S. 5. Widerspruch und Klage gegen den Verwaltungsakt haben keine aufschiebende Wirkung (S. 2) und können dazu dienen, schon vor Erlass des Honorarbescheids die formelle und materielle Rechtmäßigkeit der Beschlüsse des Bewertungsausschusses oder der Gesamtvertragspartner überprüfen zu lassen (§ 87 Rn. 21). Verspätet eingereichte Abrechnungsscheine werden ggf. ausgeschlossen oder mit prozentualen Vergütungsabschlägen belegt (vgl. § 85 Rn. 35). Von der Honorarsumme behält die KV die Verwaltungskostenpauschale ein (S. 3, vgl. § 81 Rn. 4).

§ 87c Vergütung vertragsärztlicher Leistungen in den Jahren 2009 und 2010

(1) ¹Abweichend von § 87 Abs. 2 e Satz 1 erfolgt die erstmalige Festlegung des Orientierungswertes nach § 87 Abs. 2 e Satz 1 Nr. 1 für das Jahr 2009 bis zum 31. August 2008, die erstmalige Festlegung der Orientierungswerte nach § 87 Abs. 2 e Satz 1 Nr. 2 und 3 für das Jahr 2010 bis zum 31. August 2009. ²Dabei ist der Orientierungswert nach § 87 Abs. 2 e Satz 1 Nr. 1 für das Jahr 2009 rechnerisch durch die Division des Finanzvolumens nach Satz 3 durch die Leistungsmenge nach Satz 4 zu ermitteln, es sei denn, durch übereinstimmenden Beschluss aller Mitglieder des für ärztliche Leistungen zuständigen Bewertungsausschusses wird der Orientierungswert nach § 87 Abs. 2 e Satz 1 Nr. 1 in anderer Höhe festgelegt. ³Das Finanzvolumen ergibt sich aus der Summe der bundesweit insgesamt für das Jahr 2008 nach § 85 Abs. 1 zu entrichtenden Gesamtvergütungen in Euro, welche um die für das Jahr 2009 geltende Veränderungsrate nach § 71 Abs. 3 für das gesamte Bundesgebiet zu erhöhen ist. ⁴Die Leistungsmenge ist als Punktzahlvolumen auf der Grundlage des einheitlichen Bewertungsmaßstabes abzubilden; sie ergibt sich aus der Hochrechnung der dem Bewertungsausschuss vorliegenden aktuellen Abrechnungsdaten, die mindestens vier Kalendervierteljahre umfassen. ⁵Bei der Hochrechnung sind Simulationsberechnungen zu den Auswirkungen des zum 1. Januar 2008 in Kraft getretenen einheitlichen Bewertungsmaßstabes auf die von den Ärzten abgerechnete Leistungsmenge sowie unterjährige Schwankungen der Leistungsmenge im Zeitverlauf entsprechend der in den Vorjahren zu beobachtenden Entwicklung zu berücksichtigen. ⁶Für die Hochrechnung nach Satz 4 übermitteln die Kassenärztlichen Vereinigungen dem Bewertungsausschuss unentgeltlich bis zum 1. Juni 2008 die ihnen vorliegenden aktuellen Daten über die Menge der abgerechneten vertragsärztlichen Leistungen, die mindestens vier Kalendervierteljahre umfassen, jeweils nach sachlich-rechnerischer Richtigstellung und Anwendung honorarwirksamer Begrenzungsregelungen. ⁷Bei der Festlegung des Orientierungswertes nach § 87 Abs. 2 e Satz 1 Nr. 1 für das Jahr 2010 hat der Bewertungsausschuss über die in § 87 Abs. 2 g genannten Kriterien hinaus Fehlschätzungen bei der Ermittlung der Leistungsmenge nach den Sätzen 4 und 5 zu berücksichtigen.

(2) Liegen zur Ermittlung der Indikatoren nach § 87 Abs. 2 f Satz 4 keine amtlichen Indikatoren vor und ist es dem Bewertungsausschuss bis zum 31. August 2008 nicht möglich, die zur Erstellung eigener Indikatoren erforderlichen Daten

zu erheben und auszuwerten, kann der Bewertungsausschuss diese Indikatoren für das Jahr 2009 abweichend von § 87 Abs. 2f Satz 4 mit Hilfe von amtlichen Indikatoren ermitteln, die Abweichungen der Wirtschaftskraft eines Bundeslandes von der bundesdurchschnittlichen Wirtschaftskraft messen.

(3) ¹Abweichend von § 87a Abs. 2 Satz 1 vereinbaren die Vertragspartner nach § 87a Abs. 2 Satz 1 auf der Grundlage des vom Bewertungsausschuss gemäß Absatz 1 für das Jahr 2009 vereinbarten Orientierungswertes bis zum 15. November 2008 einen Punktwert, der zur Vergütung der vertragsärztlichen Leistungen im Jahr 2009 anzuwenden ist. ²Abweichend von § 87a Abs. 2 Satz 6 zweiter Halbsatz enthält die zu erstellende regionale Gebührenordnung für das Jahr 2009 keine Preise bei Vorliegen von Unter- und Überversorgung. ³Die Punktwerte für die Vergütung vertragsärztlicher Leistungen im Falle von Unter- und Überversorgung werden auf Grundlage der vom Bewertungsausschuss gemäß Absatz 1 für das Jahr 2010 vereinbarten Orientierungswerte erstmalig bis zum 31. Oktober 2009 für das Jahr 2010 vereinbart und auf dieser Grundlage die Preise bei Vorliegen von Unter- und Überversorgung erstmalig in der regionalen Gebührenordnung für das Jahr 2010 ausgewiesen.

(4) ¹Abweichend von § 87a Abs. 3 Satz 1 erfolgen die erstmaligen Vereinbarungen der morbiditätsbedingten Gesamtvergütungen für das Jahr 2009 bis zum 15. November 2008. ²Dabei wird der mit der Zahl und der Morbiditätsstruktur der Versicherten verbundene Behandlungsbedarf für jede Krankenkasse wie folgt bestimmt: ³Für jede Krankenkasse ist die im Jahr 2008 voraussichtlich erbrachte Menge der vertragsärztlichen Leistungen je Versicherten der jeweiligen Krankenkasse um die vom Bewertungsausschuss unter Berücksichtigung der Kriterien gemäß § 87a Abs. 4 Satz 1 Nr. 1 bis 4 zu schätzende bundesdurchschnittliche Veränderungsrate der morbiditätsbedingten Leistungsmenge je Versicherten des Jahres 2009 gegenüber dem Vorjahr anzupassen und mit der voraussichtlichen Zahl der Versicherten der Krankenkasse im Jahr 2009 zu multiplizieren. ⁴Die im Jahr 2008 voraussichtlich erbrachte Menge der vertragsärztlichen Leistungen ergibt sich aus der Hochrechnung der den Vertragsparteien vorliegenden aktuellen Daten über die Menge der abgerechneten vertragsärztlichen Leistungen, die mindestens vier Kalendervierteljahre umfassen, jeweils nach sachlich-rechnerischer Richtigstellung und Anwendung honorarwirksamer Begrenzungsregelungen; bei der Hochrechnung sind Simulationsberechnungen zu den Auswirkungen des zum 1. Januar 2008 in Kraft getretenen einheitlichen Bewertungsmaßstabes auf die von den Ärzten abgerechnete Leistungsmenge sowie unterjährige Schwankungen der Leistungsmenge im Zeitverlauf entsprechend der in den Vorjahren zu beobachtenden Entwicklung zu berücksichtigen. ⁵Fehlschätzungen nach den Sätzen 3 und 4 sind bei der Vereinbarung der Gesamtvergütung für das Jahr 2010 zu berichtigen. ⁶Der Bewertungsausschuss beschließt bis zum 31. August 2008 ein zwingend zu beachtendes Verfahren zur Berechnung des Behandlungsbedarfs nach den Sätzen 1 bis 4 einschließlich der dafür erforderlichen Daten. ⁷Die Kassenärztlichen Vereinigungen übermitteln den in § 87a Abs. 2 Satz 1 genannten Verbänden der Krankenkassen und den Ersatzkassen die Daten nach Satz 5 unentgeltlich bis zum 31. Oktober 2008.

A. Überblick

1   Die Vorschrift enthält Sonderregelungen aus Anlass der Umstellung des ärztlichen Vergütungssystems. Betroffen sind die Festlegung des Orientierungspunktwerts (§ 87 Abs. 2e S. 1), die Berechnungsbasis für regionale Zu- und Abschläge

(§ 87 Abs. 2 f S. 4) sowie die Festlegung des regionalen Punktwerts (§ 87 a Abs. 2 S. 1) und des Behandlungsbedarfs als Grundlage der Vereinbarung der Gesamtvergütung (§ 87 a Abs. 3).

B. Erstmalige Festlegung des Orientierungspunktwerts, Abs. 1

Soweit der (nicht erweiterte) Bewertungsausschuss (§ 87 Rn. 18) durch einstimmigen Beschluss keinen anderen Orientierungspunktwert festlegt (S. 2), wird dieser durch Division errechnet: Die um die Entwicklung der Grundlohnsumme bereinigte Summe aller im Bundesgebiet im Jahr 2008 zu entrichtenden Gesamtvergütungen (S. 3) wird durch das auf aktueller Datengrundlage unter Beachtung der Umstellung auf einen neuen EBM (§ 87 Rn. 14) hochgerechnete Punktzahlvolumen (S. 4 und 5) geteilt. Der Punktwert liegt **über dem bundesdurchschnittlichen rechnerischen Punktwert des Jahres 2008**, weil in Abänderung des Gesetzentwurfs durch Anfügung eines Hs. an S. 6 bestimmt wird, dass das Punktzahlvolumen nicht nach den sog. angeforderten, sondern nach den sog. bedienten Leistungen berechnet wird. Die Berücksichtigung sachlich-rechnerischer Berichtigungen (§ 106 a Rn. 3) und Ausblendung durch Honorarbegrenzungsregeln (§ 85 Rn. 18) gekappter Leistungen verkleinert den Nenner (BT-Drs. 16/4247, 44) und erhöht den Orientierungspunktwert, so dass im Gegensatz zum Gesetzentwurf der Bundesregierung (§ 87 Abs. 2 g S. 2 des Entwurfs) Beitragserhöhungen nicht ausgeschlossen sind. Mit abgestaffelten Punktwerten vergütete Leistungen sind zu gewichten (BT-Drs. aaO.). Bei der Anpassung des Orientierungspunktwerts für das Jahr 2010 soll eine erneute Berechnung des Ausgangspunktwertes auf der Grundlage der Ist-Daten des Jahres 2008 erfolgen (S. 7; BT-Drs. 16/3100, 130 zu § 87 Abs. 2 h S. 2 des Gesetzentwurfs).

C. Indikatoren für das Vorliegen regionaler Besonderheiten, Abs. 2

Zur Bestimmung der landesweiten Zu- oder Abschläge, können für das Jahr 2009 abweichend von § 87 Abs. 2 f S. 4 statt aus den für Arztpraxen maßgeblichen Investitions- und Betriebskosten (§ 87 Rn. 16) aus amtlichen Daten über die **Wirtschaftskraft** eines Bundeslandes Rückschlüsse gezogen werden.

D. Erstmalige Festlegung des regionalen Punktwerts, Abs. 3

Für die erstmalige Vereinbarung des regionalen Punktwerts haben die Vertragspartner 15 Tage länger Zeit. Im ersten Jahr entfällt die Differenzierung des Punktwerts nach über- und unterversorgten Regionen.

E. Erstmalige Festlegung des Behandlungsbedarfs als Grundlage der Vereinbarung der Gesamtvergütung, Abs. 4

Für die erstmalige Vereinbarung der Gesamtvergütung haben die Vertragspartner 15 Tage länger Zeit (S. 1), wobei sie sich an das bis zum 31. 8. 2008 vom Bewertungsausschuss beschlossene Berechnungsverfahren halten müssen (S. 6). Der **Behandlungsbedarf** (§ 87 a Rn. 3) wird zunächst nach denselben Kriterien wie das

Punktzahlvolumen nach Abs. 2 S. 4–6 (Rn. 2) geschätzt und für das Jahr 2010 berichtigt (S. 6). Es wird auf die einzelne KK bezogen die Menge der bundesweit erbrachten vertragsärztlichen Leistungen je Versicherten hochgerechnet; sachlich-rechnerische Berichtigungen und Honorarbegrenzungsregeln bleiben unberücksichtigt. Diese Leistungsmenge wird an die voraussichtliche Morbiditätsentwicklung angepasst (§ 87a Abs. 4), so dass dieses Risiko schon im Jahr 2009 auf die KK übergeht, und anschließend mit der voraussichtlichen Zahl der Versicherten multipliziert. Die im Rahmen des Behandlungsbedarfs erforderlichen Leistungen sind von der KK mit dem nicht abgestaffelten Punktwert der regionalen Euro-Gebührenordnung zu vergüten (§ 87a Abs. 3 S. 3).

§ 87d Zahlungsanspruch bei Mehrkosten

[1]Abrechnungsgrundlage für die Mehrkosten nach § 28 Abs. 2 Satz 2 und § 55 Abs. 4 ist die Gebührenordnung für Zahnärzte. [2]Der Zahlungsanspruch des Vertragszahnarztes gegenüber dem Versicherten ist bei den für diese Mehrkosten zu Grunde liegenden Leistungen auf das 2,3fache des Gebührensatzes der Gebührenordnung für Zahnärzte begrenzt. [3]Bei Mehrkosten für lichthärtende Composite-Füllungen in Schicht- und Ätztechnik im Seitenzahnbereich nach § 28 Abs. 2 Satz 2 ist höchstens das 3,5fache des Gebührensatzes der Gebührenordnung für Zahnärzte berechnungsfähig. [4]Die Begrenzung nach den Sätzen 2 und 3 entfällt, wenn der Gemeinsame Bundesausschuss seinen Auftrag gemäß § 92 Abs. 1a und der Bewertungsausschuss seinen Auftrag gemäß § 87 Abs. 2h Satz 2 erfüllt hat. [5]Maßgebend ist der Tag des Inkrafttretens der Richtlinien und der Tag des Beschlusses des Bewertungsausschusses.

1   Die Vorschrift betrifft Zahnfüllungen und über die Regelversorgung hinausgehenden gleichartigen **Zahnersatz** und wollte die Versicherten in einer Übergangszeit bis zum Vorliegen eines klar definierten und neu bewerteten Leistungskatalogs vor überhöhten Honorarforderungen schützen; diesen gewähren seit 1.1.2004 §§ 5 Abs. 2, 10 Abs. 3 S. 1 und 2 GOZ. Vor Behandlungsbeginn ist eine schriftliche Vereinbarung zu treffen (§ 28 Abs. 4 S. 4 und § 4 Abs. 5b BMV-Z).

Vierter Titel. Zahntechnische Leistungen

§ 88 Bundesleistungsverzeichnis, Vergütungen

(1) [1]**Der Spitzenverband Bund der Krankenkassen vereinbart mit dem Verband Deutscher Zahntechniker-Innungen ein bundeseinheitliches Verzeichnis der abrechnungsfähigen zahntechnischen Leistungen.** [2]**Das bundeseinheitliche Verzeichnis ist im Benehmen mit der Kassenzahnärztlichen Bundesvereinigung zu vereinbaren.**

(2) [1]**Die Landesverbände der Krankenkassen und der Ersatzkassen vereinbaren mit den Innungsverbänden der Zahntechniker die Vergütungen für die nach dem bundeseinheitlichen Verzeichnis abrechnungsfähigen zahntechnischen Leistungen, ohne die zahntechnischen Leistungen beim Zahnersatz einschließlich Zahnkronen und Suprakonstruktionen.** [2]**Die vereinbarten Vergütungen sind Höchstpreise.** [3]**Die Krankenkassen können die Versicherten sowie die Zahnärzte über preisgünstige Versorgungsmöglichkeiten informieren.**

(3) [1]**Preise für zahntechnische Leistungen nach Absatz 1, ohne die zahntechnischen Leistungen beim Zahnersatz einschließlich Zahnkronen und Supra-**

4. Kapitel. 2. Abschnitt. 4. Titel § 88

konstruktionen, die von einem Zahnarzt erbracht werden, haben die Preise nach Absatz 2 Satz 1 und 2 um mindestens 5 vom Hundert zu unterschreiten. ²Hierzu können Verträge nach § 83 abgeschlossen werden.

Schrifttum: *K.-J. Bieback,* Die Einbindung nichtärztlicher Leistungserbringer in das System der gesetzlichen Krankenversicherung, NZS 1997, 450; *F. Dudda,* Vergütungsanpassungen bei Zahnersatz und kieferorthopädischer Behandlung unter Berücksichtigung vorgreiflicher vertraglicher Regelungen, NZS 1996, 341; *R. Düring,* Das Schiedswesen in der gesetzlichen Krankenversicherung, Diss. Bochum 1992; *B. Flossmann/R. Baumert* Vergütungsanpassungen bei Zahnersatz und kieferorthopädischer Behandlung unter Berücksichtigung vorgreiflicher vertraglicher Regelungen, NZS 1996, 421 (Anm.: Erwiderung auf *Dudda,* s. ebda.); *E. Hatzl,* Einzelverträge über zahntechnische Leistungen im System der vertrags- (zahn)ärztlichen Versorgung, SGb 1995, 593; *E. Hatzl,* Noch einmal – Einzelverträge über zahntechnische Leistungen, SGb 1996, 418; *M.-P.Henninger/U. Nicolay,* Keine Einzelverträge über zahntechnische Leistungen neben Kollektivverträgen, SGb 2001, 300; *T. Muschallik,* Veränderte Rechtsgrundlagen für zahntechnische Leistungen, ZM 1998, 38; *H. Plagemann,* Zahnersatz – Umbau eines Versorgungsbereiches – Festzuschuß und Beitragssatzstabilität gem. § 71 SGB V, GesR 2006, 488; *F. E. Schnapp,* Die Stellung der Zahntechniker im Leistungssystem der gesetzlichen Krankenversicherung, SGb 1989, 361; *B.Tiemann,* Privatversicherungsrechtliche Elemente in der gesetzlichen Krankenversicherung, dargestellt am Beispiel der Zahnersatzregelung, ZMGR 2005, 14; *E. Ullmann,* Einige rechtliche Aspekte zu dem Verteilungsmechanismus zwischen Zahnarzt und Zahntechniker, MedR 1996, 341.

Inhaltsübersicht

	Rn.
A. Überblick	1
B. Regelung auf Bundesebene	5
C. Regelungen auf Landesebene	8
I. Höchstpreisverzeichnis	9
II. Information der Versicherten	16
D. Eigenlaborleistungen	18
I. Zulässigkeit	18
II. Preisabsenkung	20

A. Überblick

Die zahnärztliche (vgl. § 28 Abs. 2) und kieferorthopädische (vgl. § 29) Versorgung besteht aus originär zahnärztlichen Leistungen und darüber hinaus, insb. bei der Versorgung mit **Zahnersatz** und **Zahnkronen,** aus vom Zahnarzt veranlassten oder ggf. erbrachten (Rn. 2) zahntechnischen Leistungen. Auch bei der Erbringung zahntechnischer Leistungen besteht eine vertragliche Beziehung ausschließlich zwischen Patient und Zahnarzt, die den Regelungen über den **Dienstvertrag** gem. § 611 f. BGB folgt (BGH, NJW 1975, 305/306), bzw. als **öff.-rechtl. Vertragsbeziehung** zwischen Vertragszahnarzt und Kassenpatient mit zivilrechtlicher Sichtweise einzuordnen ist (BSG, MedR 2007, 371/373). 1

Der Zahnarzt erbringt die zahntechnischen Leistungen entweder unmittelbar als sog. **„Eigenlaborleistungen",** vgl. Abs. 3 (Rn. 18) oder beauftragt ein zahntechnisches Laboratorium mit der Erbringung dieser Leistungen. Der Vertragszahnarzt rechnet die zahntechnischen Leistungen insoweit grundsätzlich über die Kassenzahnärztliche Vereinigung ab und macht im Ergebnis einen Aufwendungserstattungsanspruch (vgl. § 670 BGB) geltend. 2

Mit Einführung des Festzuschuss-Systems richten sich zahntechnische Leistungen bzw. die Vergütungsvereinbarung für zahntechnische Leistungen jedenfalls bei **Regelversorgung** nicht mehr ausschließlich nach Abs. 2. Hier sind die spezialgesetzlichen Regelungen des § 57 Abs. 2 (Rn. 13) maßgeblich. 3

Niggehoff

4 Die vom Vertragszahnarzt abgerechneten zahntechnischen Leistungen unterliegen nicht der Vergütungsminderung wegen Punktmengenüberschreitung gemäß § 85 Abs. 4 b (Rn. 36).

B. Regelung auf Bundesebene

5 Während die zahnärztlichen Leistungen (ohne zahntechnische Leistungen) nur insoweit abrechnungsfähig sind, als entsprechende Vorgaben im **Einheitlichen Bewertungsmaßstab** definiert sind, können zahntechnische Leistungen in der vertragszahnärztlichen Versorgung nur abgerechnet werden, soweit sie in dem zwischen dem Spitzenverband Bund einerseits und dem Verband Deutsche Zahntechniker-Innungen andererseits im **BEL** festgeschrieben sind.

6 Vertragspartner sind einerseits der SpiBuKK und andererseits der **BVZI**. Die Einbindung der KZBV als Vertretung der Vertragszahnärzte ist nur in Form des **Benehmens** vorgesehen. Auch wenn insoweit das „Einvernehmen" nicht gefordert wird, ist nach der Rechtsprechung des Bundessozialgerichts mehr als eine schlichte Anhörung erforderlich (BSG, SGb 1999, 295).

7 Eine rechtlich relevante Beschwernis der Vertragszahnärzte oder der einzelnen Laboratorien dürfte aus einer fehlenden Benehmensherstellung mit der KZBV nicht abzuleiten sein (BSG v. 21. 10. 1998, B 6 KA 60/97 R; Parallelentscheidung BSGE 83, 52).

C. Regelungen auf Landesebene

8 Während das **BEL** gem. Abs. 1. allein die im vertragszahnärztlichen Bereich abrechnungsfähigen Leistungen definiert, erfolgen gem. Abs. 2 die Preisvereinbarungen für diese Leistungen regional zwischen den Landesverbänden der Krankenkassen und der Ersatzkassen einerseits und den Innungsverbänden der Zahntechniker andererseits.

I. Höchstpreisverzeichnis

9 Bei den Verträgen handelt es sich um die Vereinbarung von **Höchstpreisen.** Diese dürfen von gewerblichen Laboratorien, die an die Verträge gebunden sind, sehr wohl unter- aber nicht überschritten werden.

10 Die einzelne ZI ist nicht Vertragspartner iSd. § 88 Abs. 2. Aktivlegitimiert ist allein der Verband; Voraussetzung ist jedoch, dass ein solcher gebildet worden ist (BSG, SGb 2003, 630/632).

11 Kommen vertragliche Regelungen sowohl nach Abs. 1 als auch Abs. 2 zwischen den Vertragspartnern nicht zustande, ist die vertragliche Einigung durch entsprechend gebildete **Schiedsämter** (§ 89 Abs. 7, 8, vgl. Rn. 32.) vorgesehen.

Streitigkeiten sind vor den Sozialgerichten auszutragen, da es sich um eine vertragsarztrechtliche Streitigkeit handelt (BSG, NZS 1993, 37).

12 Die Vereinbarungen nach Abs. 2 sind zwar für die Mitglieder der Innungen verbindlich; die Überprüfung der Unwirksamkeit im Wege der **Feststellungsklage** ist jedoch vom Bundessozialgericht bejaht worden (BSG, BSGE 72, 15/22).

13 Nach Einführung des sog. „Festzuschuss-Systems" erfasst § 88 Abs. 2 nicht (mehr) die Vergütungsvereinbarungen für zahntechnische Leistungen bei der Versorgung mit Zahnersatz und Zahnkronen. Letztere unterliegen der spezialgesetzlichen Regelung in § 57 Abs. 2 (Rn. 13).

Zwar richtet sich die Abrechnung der **Regelversorgung** gem. § 57 nach dem BEL des § 88 Abs. 1 (vgl. auch „Gemeinsame Erklärung der KZBV, der SpiBuKK und des BVZI" vom 29. März 2007), die Preisvereinbarungen sind jedoch von auf der Bundesebene ermittelten Durchschnittspreisen abhängig (vgl. § 57 Abs. 2 S. 2).

Vereinbarungen über zahntechnische Vergütungen unterliegen auch ohne ausdrückliche Erwähnung dem Grundsatz der **Beitragssatzstabilität** gem. § 71 (vgl. *Düring,* Diss., 135 und BSG, NZS 2007, 425). 14

Die Abschlagsregelung in § 120 Abs. 3 (Rn. 10) dürfte nicht nur für die zahnärztlichen Leistungen auch bei **Notfallbehandlungen** (BSG, NZS 1999, 84/85), gelten, sondern auch für die abrechnungsfähigen Preise bei zahntechnischen Leistungen (so ausdrücklich SG Düsseldorf v. 29. 8. 2001, S 2 KA 167/00). 15

II. Information der Versicherten

Abs. 2 S. 3 stellt die gesetzliche Ermächtigungsgrundlage für die Krankenkassen dar, ihre Mitglieder sowie die Vertragszahnärzte, zu welchen kein Mitgliedschaftsverhältnis besteht, über preisgünstige – zahntechnische – Versorgungsmöglichkeiten zu informieren. 16

Die Wahrnehmung dieses Informationsrechts auch durch den Hinweis, es bestehe die Möglichkeit zahntechnische Betriebe zu beauftragen, welche den Zahnersatz kostengünstig aus dem Ausland bezögen, stellt keine unbillige Behinderung inländischer zahntechnischer Betriebe dar; Unterlassungsansprüche nach Maßgabe des GWB bestehen nicht (BGH, NZS 2000, 399/400, m. Anm. *Wank,* SGb 2001, 200). 17

D. Eigenlaborleistungen

I. Zulässigkeit

Zahnärzte sind berechtigt, die zahntechnischen Leistungen selbst zu erbringen. Die Anfertigung zahntechnischer Arbeiten ist insoweit Bestandteil der Prüfung zur Erlangung der zahnärztlichen **Approbation** (vgl. § 50 AppOZ). 18

Der Zahnarzt, welcher zahntechnische Leistungen im Eigenlabor erbringt, unterliegt insoweit nicht den Regelungen der HandwO, da es sich bei dem **Eigenlabor** um einen unselbständigen Hilfsbetrieb handelt (BVerwG v. 11. 5. 1979, 5.C 16/79). 19

Dementsprechend ist das Führen eines Eigenlabors ohne Eintragung in die **Handwerksrolle** kein Wettbewerbsverstoß gegenüber gewerblichen Laboratorien (BGH, NJW 1980, 1337/1338).

II. Preisabsenkung

Preise in Eigenlaboratorien müssen kraft Gesetzes die gemäß Abs. 2 vereinbarten Vergütungen der gewerblichen Laboratorien um mindesten 5 % unterschreiten (verfassungsrechtliche Beanstandungen sind nicht zu erheben, BSG, SozR 2200, § 368g Nr 16). 20

Die Absenkungen gegenüber den **Höchstpreisen** gem. Abs. 2 gilt auch für kieferorthopädische Behandlungsmaßnahmen; eine Berufung auf Regelungen des **GWB**, um Vergütungsvereinbarungen nach Abs. 2 zu beanstanden, steht Vertragszahnärzten/Kieferorthopäden, welche Eigenlaborleistungen erbringen, nicht zu (LSG NRW v. 26. 1. 2005, L 11 KA 167/03). 21

22 Für zahntechnische Leistungen bei Regelversorgungen iSd. § 56 ist durch die spezielle Regelung in § 57 Abs. 2 der Abstand zwischen Preisen der gewerblichen Laboratorien und den **Eigenlaborleistungen** ebenfalls spezialgesetzlich definiert.

Fünfter Titel. Schiedswesen

§ 89 Schiedsamt

(1) [1]Kommt ein Vertrag über die vertragsärztliche Versorgung ganz oder teilweise nicht zustande, setzt das Schiedsamt mit der Mehrheit seiner Mitglieder innerhalb von drei Monaten den Vertragsinhalt fest. [2]Kündigt eine Vertragspartei einen Vertrag, hat sie die Kündigung dem zuständigen Schiedsamt schriftlich mitzuteilen. [3]Kommt bis zum Ablauf eines Vertrages ein neuer Vertrag nicht zustande, setzt das Schiedsamt mit der Mehrheit seiner Mitglieder innerhalb von drei Monaten dessen Inhalt fest. [4]In diesem Fall gelten die Bestimmungen des bisherigen Vertrages bis zur Entscheidung des Schiedsamts vorläufig weiter. [5]Kommt ein Vertrag bis zum Ablauf von drei Monaten durch Schiedsspruch nicht zu Stande und setzt das Schiedsamt auch innerhalb einer von der zuständigen Aufsichtsbehörde bestimmten Frist den Vertragsinhalt nicht fest, setzt die für das Schiedsamt zuständige Aufsichtsbehörde den Vertragsinhalt fest. [6]Die Klage gegen die Festsetzung des Schiedsamts hat keine aufschiebende Wirkung.

(1 a) [1]Kommt ein gesetzlich vorgeschriebener Vertrag über die vertragsärztliche Versorgung ganz oder teilweise nicht zustande und stellt keine der Vertragsparteien bei dem Schiedsamt den Antrag, eine Einigung herbeizuführen, können die zuständigen Aufsichtsbehörden nach Ablauf einer von ihnen gesetzten angemessenen Frist das Schiedsamt mit Wirkung für die Vertragsparteien anrufen. [2]Das Schiedsamt setzt mit der Mehrheit seiner Mitglieder innerhalb von drei Monaten den Vertragsinhalt fest. [3]Absatz 1 Satz 5 gilt entsprechend. [4]Die Klage gegen die Festsetzung des Schiedsamts hat keine aufschiebende Wirkung.

(2) [1]Die Kassenärztlichen Vereinigungen, die Landesverbände der Krankenkassen sowie die Verbände der Ersatzkassen bilden je ein gemeinsames Schiedsamt für die vertragsärztliche und die vertragszahnärztliche Versorgung (Landesschiedsamt). [2]Das Schiedsamt besteht aus Vertretern der Ärzte und der Krankenkassen in gleicher Zahl sowie einem unparteiischen Vorsitzenden und zwei weiteren unparteiischen Mitgliedern. [3]Bei der Entscheidung über einen Vertrag, der nicht alle Kassenarten betrifft, wirken nur Vertreter der betroffenen Kassenarten im Schiedsamt mit. [4]Die in Satz 1 genannten Krankenkassen und Verbände der Krankenkassen können von Satz 3 abweichende Regelungen vereinbaren.

(3) [1]Über den Vorsitzenden und die zwei weiteren unparteiischen Mitglieder sowie deren Stellvertreter sollen sich die Kassenärztlichen Vereinigungen, die Landesverbände der Krankenkassen und die Verbände der Ersatzkassen einigen. [2]§ 213 Abs. 2 in der bis zum 31. Dezember 2008 geltenden Fassung gilt für die Landesverbände der Krankenkassen und die Verbände der Ersatzkassen entsprechend. [3]Die Amtsdauer beträgt vier Jahre. [4]Soweit eine Einigung nicht zustande kommt, stellen die Beteiligten eine gemeinsame Liste auf, die mindestens die Namen für zwei Vorsitzende und je zwei weitere unparteiische Mitglieder sowie deren Stellvertreter enthalten muss. [5]Kommt es nicht zu einer Einigung über den Vorsitzenden, die unparteiischen Mitglieder oder die Stellvertreter aus der gemeinsam erstellten Liste, entscheidet das Los, wer das Amt des Vorsitzenden, der weiteren unparteiischen Mitglieder und der Stellvertreter auszuüben hat.

⁶Die Amtsdauer beträgt in diesem Fall ein Jahr. ⁷Die Mitglieder des Schiedsamts führen ihr Amt als Ehrenamt. ⁸Sie sind an Weisungen nicht gebunden.

(4) ¹Die Kassenärztlichen Bundesvereinigungen und der Spitzenverband Bund der Krankenkassen bilden je ein gemeinsames Schiedsamt für die vertragsärztliche und die vertragszahnärztliche Versorgung. ²Absatz 2 Satz 2 bis 4 und Absatz 3 gelten entsprechend.

(5) ¹Die Aufsicht über die Schiedsämter nach Absatz 2 führen die für die Sozialversicherung zuständigen obersten Verwaltungsbehörden der Länder oder die von den Landesregierungen durch Rechtsverordnung bestimmten Behörden; die Landesregierungen können diese Ermächtigung auf die obersten Landesbehörden weiter übertragen. ²Die Aufsicht über die Schiedsämter nach Absatz 4 führt das Bundesministerium für Gesundheit. ³Die Aufsicht erstreckt sich auf die Beachtung von Gesetz und sonstigem Recht. ⁴Die Entscheidungen der Schiedsämter über die Vergütung der Leistungen nach § 57 Abs. 1 und 2, §§ 83, 85 und 87 a sind den zuständigen Aufsichtsbehörden vorzulegen. ⁵Die Aufsichtsbehörden können die Entscheidungen bei einem Rechtsverstoß innerhalb von zwei Monaten nach Vorlage beanstanden. ⁶Für Klagen der Vertragspartner gegen die Beanstandung gelten die Vorschriften über die Anfechtungsklage entsprechend.

(6) Das Bundesministerium für Gesundheit bestimmt durch Rechtsverordnung mit Zustimmung des Bundesrates das Nähere über die Zahl, die Bestellung, die Amtsdauer, die Amtsführung, die Erstattung der baren Auslagen und die Entschädigung für Zeitaufwand der Mitglieder der Schiedsämter, die Geschäftsführung, das Verfahren, die Erhebung und die Höhe der Gebühren sowie über die Verteilung der Kosten.

(7) ¹Der Verband Deutscher Zahntechniker-Innungen und der Spitzenverband Bund der Krankenkassen bilden ein Bundesschiedsamt. ²Das Schiedsamt besteht aus Vertretern des Verbandes Deutscher Zahntechniker-Innungen und des Spitzenverband Bund der Krankenkassen in gleicher Zahl sowie einem unparteiischen Vorsitzenden und zwei weiteren unparteiischen Mitgliedern. ³Im übrigen gelten die Absätze 1, 1 a, 3 und 5 Satz 2 und 3 sowie die auf Grund des Absatzes 6 erlassene Schiedsamtsverordnung entsprechend.

(8) ¹Die Innungsverbände der Zahntechniker, die Landesverbände der Krankenkassen und die Verbände der Ersatzkassen bilden ein Landesschiedsamt. ²Das Schiedsamt besteht aus Vertretern der Innungsverbände der Zahntechniker und der Krankenkassen in gleicher Zahl sowie einem unparteiischen Vorsitzenden und zwei weiteren unparteiischen Mitgliedern. ³Im übrigen gelten die Absätze 1, 1 a und 3 sowie Absatz 5 entsprechend.

Schrifttum: *R. Düring,* Das Schiedswesen in der gesetzlichen Krankenversicherung, 1991; *dies.,* Das Schiedswesen, HVAR, § 9; *J. Joussen,* Die Rechtsnatur der Entscheidungsbefugnis des Schiedsamtes nach § 89 SGB V, SGb 2003, 200; *ders.,* Schlichtung als Leistungsbestimmung und Vertragsgestaltung durch einen Dritten, 2005; *M. Kaltenborn,* Streitvermeidung und Streitbeilegung im Verwaltungsrecht, 2007; *G. Manssen,* Materiellrechtliche Anforderungen an die Tätigkeit des Landesschiedsamts nach § 89 SGB V, ZfSH/SGB 2004, 78; *C. Simmler,* Die Ablehnung des Schiedsamtsvorsitzenden im Schiedsverfahren nach dem SGB wegen Besorgnis der Befangenheit, GesR 2007, 249; *W. Schmiedl,* Das Recht des vertrags(zahn)ärztlichen Schiedswesens, 2001; *F. E. Schnapp,* Die Schiedsämter gem. § 89 SGB V, H-SV, Kap. B; *ders.,* Müssen Schiedsämter bei ihren Entscheidungen die Auswirkungen des Risikostrukturausgleichs berücksichtigen?, NZS 2003, 337; *ders.,* Das Schiedsamt (§ 89 SGB V) als Behörde, GesR 2007, 392; *ders.,* Die Ablehnung wegen Befangenheit und die Abberufung von Schiedsamtsmitgliedern – verfahrensrechtliche Fragen, SGb 2007, 633; *ders.,* Der Einfluss der Schiedsämter auf die kassenärztliche Vergütung – aktuelle Probleme, NZS 2007, 561.

§ 89 Schiedsamt

Inhaltsübersicht

Rn.
- A. Überblick 1
- B. Das vertragsärztliche Schiedsverfahren, Abs. 1, 1a 3
  - I. Zuständigkeit des Schiedsamtes 3
    1. Sachliche Zuständigkeit 3
       - a) Schiedsfähiger Vertrag 4
       - b) Verbandskompetenz 7
    2. Örtliche Zuständigkeit 8
  - II. Verfahren 9
    1. Anwendbares Recht 9
    2. Einleitung des Verfahrens 10
    3. Verfahrensgang 12
    4. Der Schiedsspruch 17
  - III. Rechtsschutz 20
    1. Rechtsweg und Zulässigkeitsvoraussetzungen 20
    2. Kontrolldichte 22
- C. Die Organisation der Schiedsämter, Abs. 2–4 23
  - I. Arten und Besetzung der Schiedsämter 23
  - II. Die Rechtsstellung der Schiedsamtsmitglieder 25
- D. Aufsicht über die Schiedsämter, Abs. 5 27
- E. Schiedsämter für die zahntechnische Versorgung, Abs. 7, 8 .. 32

A. Überblick

1 Die Vorschrift etabliert mit dem Schiedsamt die **zentrale Streitschlichtungsinstanz** im Vertrags(zahn-)arztrecht sowie im Recht der Zahntechniker. Indem sie den Schiedsämtern die Aufgabe überträgt, Vertragsinhalte zu entwerfen und ggfs. festzusetzen, verhindert sie kollektivvertragslose Zustände und ist damit von überragender Bedeutung für das **Funktionieren des Kollektivvertragssystems** (*Joussen*, Beck-OK, § 89 Rn. 1).

2 Im Einzelnen regelt die Vorschrift in ihren Abs. 1 und 1a Zuständigkeit, Verfahren und Entscheidung des Schiedsamtes (Rn. 3–22), in den Abs. 2–4 die Organisation des Landes- und des Bundesschiedsamtes (Rn. 23–26) und in Abs. 5 die Aufsicht über das Schiedsamt (Rn. 27–31). Von der in Abs. 6 enthaltenen Verordnungsermächtigung für die nähere Ausgestaltung des Organisations- und Verfahrensrechts des Schiedsamtes hat das Bundesministerium für Gesundheit durch die **Verordnung über die Schiedsämter für die vertragsärztliche (vertragszahnärztliche) Versorgung (SchVO)** Gebrauch gemacht. Die Abs. 7 und 8 schließlich regeln Organisation und Verfahren des Schiedsamtes für die zahntechnische Versorgung (Rn. 32–33).

B. Das vertragsärztliche Schiedsverfahren, Abs. 1, 1a

I. Zuständigkeit des Schiedsamtes

1. Sachliche Zuständigkeit

3 Die sachliche Zuständigkeit des Schiedsamtes bezieht sich auf den Inhalt der wahrzunehmenden Aufgabe: Sie bemisst sich daher erstens danach, ob ein Vertrag über die vertragsärztliche Versorgung (**schiedsfähiger Vertrag**, Abs. 1 S. 1, Abs. 1a S. 1) vorliegt (Rn. 4–6) und zweitens nach der **Verbandskompetenz** für den Vertragsschluss (Rn. 7).

a) Schiedsfähiger Vertrag. Der Kreis der schiedsfähigen Verträge ergibt sich 4
nicht aus § 89, sondern aus den Einzelregelungen des Kollektivvertragsrechts: Schiedsfähig sind **alle kollektivvertraglichen Vereinbarungen,** zu deren Abschluss die Kollektivvertragsparteien auf der Landes- oder Bundesebene **gesetzlich verpflichtet** sind. Die Schiedsfähigkeit lässt sich daher stets formal aus der Zuständigkeit für den streitbefangenen Vertrag ableiten (teilweise aA. offenbar *Joussen,* Beck-OK, § 89 Rn. 2; *Schnapp,* H-SV, Kap. B Rn. 30: „Wortlaut und Gesamtzusammenhang"): Wenn die Krankenkassenverbände und die Kassenärztlichen Vereinigungen für den Abschluss einer Kollektivvereinbarung zuständig sind, so ist auch das durch sie gebildete Schiedsamt (Abs. 2, 4) für die Schlichtung im Falle der Nichteinigung zuständig. Im Einzelnen folgt daraus:

Zuständig sind die Schiedsämter für die Bundesmantelverträge (§ 82 Abs. 1 5
und 2), die Gesamtverträge (§ 83), für die arznei- und heilmittelrechtlichen Vereinbarungen nach § 84, für Vereinbarungen über die Höhe der Gesamtvergütung (§ 85), Vereinbarungen über den Inhalt und die Durchführung von Wirtschaftlichkeitsprüfungen (§ 106 Abs. 3, vgl. BSGE 61, 146/149), für Vereinbarungen für die Krankenversicherungskarte (§ 291 Abs. 3) und die Übermittlung von Leistungsdaten (§ 295 Abs. 3).

Nicht zuständig sind die Schiedsämter: 6
– für (Kollektiv-)Vereinbarungen **außerhalb des Vertragsarztrechts** (vgl. daher die detaillierte Zuständigkeitsabgrenzung in § 291a Abs. 7 d S. 2), insbesondere also nicht für die Schlichtung bei der Versorgung mit stationären Hospizleistungen (§ 39a Abs. 1 S. 7), im Krankenhausbereich (§ 114 SGB V, § 18a KHG), in der Arzneimittelversorgung (§ 129 Abs. 8), bei der Versorgung mit häuslicher Krankenpflege (§ 132a Abs. 2 S. 6) und der Hebammenhilfe (§ 134a Abs. 3, 4),
– für solche vertragsarztrechtlichen Beschlüsse und Vereinbarungen, für die **spezielle Schlichtungsmechanismen** etabliert worden sind; damit ist das Schiedsamt nicht zuständig für Entscheidungen der Bewertungsausschüsse über den EBM, die im Falle der Nichteinigung Aufgabe des Erweiterten Bewertungsausschusses nach § 87 Abs. 4 ist (*Joussen,* Beck-OK, § 89 Rn. 2) sowie für Vereinbarungen und Beschlüsse, bei deren Nichtzustandekommen eine Ersetzung durch das Bundesministerium für Gesundheit vorgesehen ist (§§ 94 Abs. 1 S. 5: Richtlinien des GBA; 106a Abs. 6: Abrechnungsprüfung),
– für **Einzelverträge** (zB. §§ 73b Abs. 4, 73c Abs. 3), da insoweit keine Vertragszuständigkeiten der korporatistischen Akteure bestehen und schließlich
– für Vereinbarungen, zu deren Abschluss die Vertragspartner **nicht verpflichtet** sind (BSG, SozR 4–2500, § 83 Nr. 1 S. 4, BSG v. 10. 3. 2004, B 6 KA 113/03 B, Rn. 8), also nicht für Vereinbarungen nach § 82 Abs. 3 (*Hess,* KK, § 89 Rn. 5) und solche nach § 135 Abs. 2 (aA. *Hess,* KK, § 89 Rn. 5; *Joussen,* Beck-OK, § 89 Rn. 2).

b) Verbandskompetenz. Neben der Schiedsfähigkeit setzt die sachliche Zu- 7
ständigkeit auch die Verbandskompetenz des konkreten Schiedsamtes voraus. Zuständig sind nach Abs. 2 und Abs. 4 entweder das Bundes- oder das Landesschiedsamt. Zwischen beiden besteht kein Instanzenzug; daher richtet sich die Zuständigkeit nach der **Kompetenz für den Vertragsschluss** (*Schnapp,* H-SV, Kap B. Rn. 34). Sind die jeweiligen Landesverbände für den Vertragsschluss zuständig, ist daher das Landesschiedsamt sachlich zuständig, bei der Zuständigkeit der jeweiligen Bundesverbände das Bundesschiedsamt.

§ 89 Schiedsamt

2. Örtliche Zuständigkeit

8   Die Landesschiedsämter sind örtlich für den Bezirk einer Kassenärztlichen Vereinigung zuständig. Dieser deckt sich regelmäßig mit einem Bundesland. Wenn in Bundesländern mehrere Kassenärztliche Vereinigungen existieren (derzeit nur noch in NRW), können Landesschiedsämter für mehrere Bezirke etabliert werden (§ 1 Abs. 4 SchVO). Von dieser Möglichkeit ist allerdings kein Gebrauch gemacht worden.

II. Verfahren

1. Anwendbares Recht

9   Das Schiedsamt ist **Behörde im verwaltungsverfahrensrechtlichen Sinne** (*Schnapp*, GesR 2007, 392/395; aA. *Simmler*, GesR 2007, 249/252 f.). Für das schiedsamtliche Verwaltungsverfahren gelten damit nach § 37 S. 1 SGB I neben den Vorschriften der **SchVO** ergänzend die Vorschriften des SGB X und subsidiär des VwVfG. Da es sich zudem um ein justizförmiges Verfahren handelt, kann auf Bestimmungen des SGG und subsidiär (§ 202 SGG) der ZPO zurückgegriffen werden, soweit diese auf das Schiedsamtsverfahren übertragbare Rechtsgedanken zum Ausdruck bringen (*Schnapp*, SGb 2007, 633).

2. Einleitung des Verfahrens

10 Es gibt drei Varianten zur Einleitung eines Schiedsamtsverfahrens:
– **Variante 1:** Auf schriftlichen **Antrag einer der beiden Vertragsparteien** (§ 13 Abs. 1 SchVO) wird das Schiedsamt tätig, wenn ein Vertrag nicht zustande gekommen ist. Die Notwendigkeit eines Vertrages kann sich daraus ergeben, dass entweder noch gar kein Vertrag existiert hat, ein zeitlich befristeter Vertrag ausgelaufen ist oder die Geschäftsgrundlage des Vertrages weggefallen ist (*Düring*, HVAR, § 9 Rn. 26, 28).
– **Variante 2: Von Amts wegen** wird das Schiedsamt tätig, wenn eine Vertragspartei einen bestehenden Vertrag **gekündigt** hat. Durch die Mitteilungspflicht nach Abs. 1 S. 2 wird sichergestellt, dass das Schiedsamt von der Kündigung erfährt; die Mitteilung ist aber nicht Rechtmäßigkeitsvoraussetzung für die Kündigung. Das Verfahren **beginnt** dann nach § 13 Abs. 2 S. 1 SchVO mit dem auf den Ablauf der Kündigungsfrist folgenden Tag.
– **Variante 3:** Durch die **Aufsichtsbehörde** (Rn. 27) wird das Verfahren nach Abs. 1a eingeleitet, wenn entgegen der gesetzlichen Verpflichtung keine Vertragspartei einen Antrag nach § 13 Abs. 1 SchVO stellt. Diese Regelung stellt sicher, dass gesetzlich vorgeschriebene Vertragsabschlüsse durch die Vertragspartner nicht verhindert werden (BT-Drs. 12/3608, 90).

11 Das Schiedsamt muss bei allen drei Varianten, also auch bei einem Antrag der Aufsichtsbehörde, das Nichteinigsein der Vertragsparteien feststellen (**Vorfragenkompetenz des Schiedsamtes**, vgl. *Schnapp*, H-SV, Kap. B Rn. 78 f.). Dem dient die Verpflichtung aller das Verfahren einleitenden Akteure, die für die Ermittlung des Sachverhaltes erforderlichen Angaben zu machen (§§ 13 Abs. 2 S. 2, 14 SchVO) und die entsprechenden Unterlagen vorzulegen (§ 15 SchVO). Sind die Verhandlungen nicht mit der gebotenen Ernsthaftigkeit geführt worden, hat der Vorsitzende das Verfahren auszusetzen und den Beteiligten aufzugeben, das Versäumnis nachzuholen. Das Schiedsamt ist aber nicht zur Vertragsauslegung be-

rechtigt. Nicht zu seiner Vorfragenkompetenz gehören daher die Rechtmäßigkeit einer Kündigung oder der Wegfall der Geschäftsgrundlage. Ein insoweit bestehender Streit kann nur im sozialgerichtlichen Verfahren geklärt werden (*Düring,* HVAR, § 9 Rn. 28).

3. Verfahrensgang

Das Schiedsamt entscheidet aufgrund einer mündlichen Verhandlung (§ 16 SchVO). Es ist nach § 16a Abs. 1 S. 2 SchVO beschlussfähig, wenn seine Mitglieder oder deren stimmberechtigte Vertreter anwesend sind; dies muss der Vorsitzende nach § 16a Abs. 1 S. 2 SchVO vor Beginn der Sitzung feststellen. Soweit die SchVO für den Verfahrensgang keine oder nur unzureichende Regelungen enthält, sind die Vorschriften des SGB X und des VwVfG heranzuziehen (Rn. 9). Deshalb müssen Anträge, den Vorsitzenden oder die weiteren unparteiischen Mitglieder wegen **Besorgnis der Befangenheit** abzulehnen, verfahrens- und materiellrechtlich § 17 SGB X beachten, und setzt die **Abberufung** der unparteiischen Mitglieder durch die Aufsichtsbehörde (§ 4 Abs. 1 S. 1 SchVO) oder der parteiischen Mitglieder durch die entsendenden Körperschaften eine Anhörung der Betroffenen (§ 24 SGB X) voraus (*Schnapp,* SGb 2007, 633/634 ff.). Die Abberufung durch die entsendende Körperschaft darf zudem wegen der Ehrenamtlichkeit (Abs. 3 S. 7, s. Rn. 25) gem. § 86 VwVfG nur aus wichtigem Grund erfolgen. **12**

Das Schiedsamt trifft seine Entscheidungen mit der Mehrheit seiner Mitglieder (Abs. 1 S. 1, § 18 Abs. 1 S. 1 SchVO). Eine Stimmenthaltung ist zwar unzulässig (§ 18 Abs. 1 S. 2 SchVO), aber ohne Einfluss auf die Rechtmäßigkeit der Entscheidung. Denn § 18 Abs. 1 S. 2 SchVO soll Pattsituationen verhindern; kommt es aber trotz eines Patts zu einer Mehrheitsentscheidung, ist diese gültig (*Schmiedl,* Schiedswesen, 198). Der Inhalt des Vertrages muss nicht insgesamt die Zustimmung der Mehrheit gefunden haben. Vielmehr ist es zulässig, über Einzelfragen getrennt abzustimmen, auch wenn es dabei zu wechselnden Mehrheiten kommt (BSG v. 20. 1. 2004, B 6 KA 44/04 B, Rn. 9). **13**

Seine Entscheidung muss das Schiedsamt nach Abs. 1 S. 3 bzw. Abs. 1a S. 2 **innerhalb von drei Monaten nach Beginn des Schiedsamtsverfahrens** (also nach Antragstellung durch die Parteien bzw. die Aufsichtsbehörde oder nach Ablauf der Kündigungsfrist) treffen. Die Einhaltung der Entscheidungsfrist ist zwar keine Rechtmäßigkeitsvoraussetzung für den Schiedsspruch (BSGE 20, 73/79). Kommt dieser allerdings bis zum Ablauf von drei Monaten nicht zustande, bestimmt die zuständige Aufsichtsbehörde (Abs. 5) eine angemessene Frist (*Düring,* HVAR, § 9 Rn. 39) für die Festsetzung des Vertragsinhalts. Nach deren Ablauf setzt sie diesen gem. Abs. 1 S. 5/Abs. 1a S. 3 im Wege der Ersatzvornahme selbst fest. **14**

Während des Schiedsamtsverfahrens gelten nach Abs. 1 S. 4 die Bestimmungen des bisherigen Vertrages zur Vermeidung eines vertragslosen Zustandes weiter. Die Vorschrift gilt schon nach ihrem Wortlaut (Abs. 1 S. 4: „In diesem Fall" bezieht sich auf S. 3, der nicht nur für die Kündigung gilt) unmittelbar nicht nur für den Fall der Kündigung eines Vertrages (so aber LSG B-Brdbg, MedR 2005, 487/487 f.; *Hencke,* Peters, KV, § 89 Rn. 10), sondern auch für alle anderen Fälle, in denen bis zum Ablauf eines Vertrages ein neuer Vertrag nicht zustande kommt, insbesondere also beim Auslaufen eines befristeten Vertrages. **15**

Die Vertragspartner können ein Schiedsamtsverfahren jederzeit durch Einigung beenden (BSGE 51, 58/61; 86, 126/131; *Lindemann,* W/E, § 89 Rn. 47). **16**

4. Der Schiedsspruch

17 Das Schiedsverfahren endet mit der verbindlichen **Festsetzung des Vertragsinhaltes** durch den Schiedsspruch. Der Schiedsspruch hat eine **Doppelnatur**. Den Kollektivvertragsparteien gegenüber ist er ein vertragsstiftender **Verwaltungsakt** iSv. § 31 SGB X (BSGE 20, 73/75; BSG, SozR 4–2500, § 85 Nr. 3 S. 20), wirkt für die Mitglieder der Vertragspartner (also die einzelnen KKen und Ärzte) jedoch als **Normsetzungsvertrag** (*Düring*, HVAR, § 9 Rn. 42; *Schnapp*, H-SV, Kap. B Rn. 101).

18 Das Schiedsamt setzt den Vertragsinhalt in dem Umfang neu fest, in dem er durch das Nichtzustandekommen bzw. die Kündigung offen ist (*Hess*, KK, § 89 Rn. 16). Dabei hat es die gleiche Gestaltungsfreiheit wie sie die Vertragsparteien im Falle gütlicher Einigung hätten (BSGE 20, 73/76 f.; 36, 151/153; NZS 2006, 270/271; einschränkend: *Joussen*, Beck-OK, § 89 Rn. 5). Es handelt sich allerdings **nicht um eine Ermessensentscheidung im verwaltungsrechtlichen Sinne**, weil das Schiedsamt nicht Recht anwendet, sondern rechtsgestaltende Vertragshilfe leistet (*Joussen*, Schlichtung, 534 ff.; *Manssen*, ZfSH/SGB 2004, 78/79; *Schnapp*, H-SV, Kap. B Rn. 105). Der Schiedsspruch hat die Rechtswirkung einer **vertraglichen Vereinbarung**, bindet die Parteien daher in gleicher Weise wie der Kollektivvertrag (*Joussen*, Beck-OK, § 89 Rn. 5).

19 Das Schiedsamt ist, ebenso wie die Vertragsparteien, an das gegenüber dem Kollektivvertrag höherrangige Recht, d. h. insbesondere an das Gesetz selbst sowie die Richtlinien des G-BA, gebunden. Bei der Festlegung einer Gesamtvergütung soll der Vorjahresvereinbarung die – in der Praxis offenbar kaum widerlegbare (Schnapp, NZS 2007, 561/563) – Vermutung der Angemessenheit anhaften (**Grundsatz der Vorjahresanknüpfung**, vgl. BSGE 20, 73/84; 91, 153/161). Zu berücksichtigen ist zudem der **Grundsatz der Beitragssatzstabilität** (§ 85 Abs. 3 S. 2 iVm. § 71 Abs. 1, 2), der seinerseits grundsätzlich Vorrang haben soll vor den anderen in § 85 Abs. 3 S. 1 aufgeführten Faktoren (BSGE 86, 126/139 ff.; kritisch: *Schmiedl*, Schiedswesen, 244 ff.). Raum für die Berücksichtigung anderer als gesetzlich benannter Umstände, etwa der wirtschaftlichen Lage der KKen oder der Auswirkungen des Risikostrukturausgleichs, besteht nicht (BSGE 91, 153/157; *Axer*, SGb 2004, 436/438).

III. Rechtsschutz

1. Rechtsweg und Zulässigkeitsvoraussetzungen

20 Für Klagen gegen den Schiedsspruch ist der **Rechtsweg** zu den Sozialgerichten eröffnet. Die Vertragsparteien können den Schiedsspruch, da dieser ihnen gegenüber Verwaltungsakt ist (Rn. 17), mit der **Anfechtungsklage** (§ 54 Abs. 1 SGG) anfechten. **Klagebefugt** sind nur die am Schiedsverfahren beteiligten Vertragsparteien, nicht jedoch der einzelne Vertragsarzt oder die einzelne Krankenkasse (BSGE 86, 126/131; BSG, SozR 4–2500, § 88 Nr. 1 S. 2; *Hess*, KK, § 89 Rn. 18). Ein Vertragsarzt kann allerdings durch Anfechtung des individuellen Honorarbescheides eine inzidente Überprüfung des Schiedsspruches erreichen (BSGE 94, 50/58 ff.). Ein **Widerspruchsverfahren** findet nicht statt (*Düring*, HVAR § 9 Rn. 64; *Hess*, KK, § 89 Rn. 18). Die nicht klagenden Beteiligten des Schiedsamtsverfahrens sind zum Verfahren notwendig **beizuladen** (§ 75 Abs. 2 Alt. 1 SGG). Die Klage hat **keine aufschiebende Wirkung** (Abs. 1 S. 6, Abs. 1 a S. 6 iVm. § 86 a Abs. 2 Nr. 4 SGG).

Wenn das Schiedsamt ein Tätigwerden ablehnt, weil nach seiner Meinung die 21
Voraussetzungen für ein Schiedsverfahren nicht vorliegen (also insbesondere:
keine Nichteinigung, vgl. Rn. 11), kommt eine **Verpflichtungsklage** in Betracht
(*Düring*, HVAR, § 9 Rn. 59). Eine auf einen ganz konkreten Vertragsinhalt gerichtete Verpflichtungsklage ist hingegen unzulässig (BSGE 20, 73/76; *Schnapp*, NZS
2007, 561/565).

2. Kontrolldichte

Schiedssprüche unterliegen, wegen des Gestaltungsspielraums des Schiedsamtes 22
und dem auf Interessenausgleich angelegten Charakter des Schiedsamtsverfahrens,
nur in eingeschränktem Umfang gerichtlicher Kontrolle (BSGE 91, 153/156;
NZS 2006, 270/271; *Joussen*, Schlichtung, 531 ff.). Sie sollen daher nur daraufhin zu
überprüfen sein, ob die grundlegenden verfahrens- und materiellrechtlichen Vorgaben beachtet wurden: „In formeller Hinsicht wird geprüft, ob das Schiedsamt den
von ihm zugrunde gelegten Sachverhalt in einem fairen Verfahren unter Wahrung
des rechtlichen Gehörs ermittelt hat und sein Schiedsspruch die Gründe für das
Entscheidungsergebnis ausreichend erkennen lässt. Die inhaltliche Kontrolle ist
darauf beschränkt, ob der vom Schiedsspruch zugrunde gelegte Sachverhalt zutrifft
und ob das Schiedsamt den ihm zustehenden Gestaltungsspielraum eingehalten,
d. h. insbesondere die maßgeblichen Rechtsmaßstäbe beachtet hat" (BSGE 86, 126/
134 f.; 91, 153/156; NZS 2006, 270/271).

C. Die Organisation der Schiedsämter, Abs. 2–4

I. Arten und Besetzung der Schiedsämter

Gem. Abs. 2 S. 1 und Abs. 4 S. 1 bilden die Kassenärztlichen Vereinigungen und 23
die KKen auf Landes- und auf Bundesebene gemeinsame Schiedsämter, und zwar
jeweils eines für die vertragsärztliche und eines für die vertragszahnärztliche Versorgung. Das **Landesschiedsamt**, das für auf Landesebene abzuschließende Verträge zuständig ist (Rn. 7), wird von den Verbänden der Krankenkassen und den
Kassenärztlichen Vereinigungen (Abs. 2 S. 1), das für Bundesverträge zuständige
Bundesschiedsamt von den Kassenärztlichen Bundesvereinigungen und dem
Spitzenverband Bund der KKen (Abs. 4 S. 1) gebildet.

Die Schiedsämter müssen nach Abs. 2 S. 2/Abs. 4 S. 2 **paritätisch** aus **Vertre-** 24
tern der **Ärzte** und der **KKen** besetzt sein, wobei die Festlegung der Anzahl der
Regelung durch SchVO (§ 1 Abs. 1 S. 1, Abs. 3 S. 1 SchVO: sieben Vertreter der
Ärzte und KKen) bzw. einer davon abweichenden Vereinbarung der Parteien (§ 1
Abs. 1 S. 2, Abs. 3 S. 2 SchVO: nicht weniger als zwei Vertreter auf beiden Seiten)
überlassen bleibt. Hinzu kommen ein **unparteiischer Vorsitzender** und **zwei
unparteiische Mitglieder** (Abs. 2 S. 2, Abs. 4 S. 1), über die sich die Vertragspartner nach Maßgabe von Abs. 3 S. 1–2 und 4–5/Abs. 4 S. 2 einigen müssen. Die
Amtsdauer beträgt grundsätzlich vier Jahre (Abs. 3 S. 3/Abs. 4 S. 2), für ausgeloste
unparteiische Mitglieder allerdings nur ein Jahr, Abs. 3 S. 3/Abs. 4 S. 2.

II. Die Rechtsstellung der Schiedsamtsmitglieder

Die Mitglieder des Schiedsamtes führen ihr Amt als **Ehrenamt** (Abs. 3 S. 7/ 25
Abs. 4 S. 2), d. h. als ein öffentliches Amt, das grundsätzlich nebenberuflich und

unentgeltlich ausgeübt wird (*Düring*, HVAR, § 9 Rn. 20); erstattet werden aber Reisekosten, Barauslagen und ein Pauschbetrag für Zeitverlust (§§ 7 ff. SchVO).

26 Die Schiedsamtsmitglieder sind zudem **an Weisungen nicht gebunden** (Abs. 3 S. 8/Abs. 4 S. 2). Das ist eine für die Unabhängigkeit der unparteiischen Mitglieder bedeutsame Garantie, die insbesondere dadurch konkretisiert wird, dass sie nach § 4 Abs. 1 S. 1 SchVO nur durch die Aufsichtsbehörde, nicht aber durch die Verfahrensbeteiligten abberufen werden können (vgl. Rn. 12). Für die Vertreter der entsendenden Körperschaften ist sie aber sinn- und substanzlos (insgesamt krit.: *Lindemann*, W/E, § 89 Rn. 15 f.).

D. Aufsicht über die Schiedsämter, Abs. 5

27 Zuständige **Aufsichtsbehörden** sind für die Landesschiedsämter, vorbehaltlich abweichender Landesrechtsverordnung, die obersten Verwaltungsbehörden der Länder, d. h. Ministerien bzw. Senatoren (Abs. 5 S. 1) und für die Bundesschiedsämter das Bundesministerium für Gesundheit (Abs. 5 S. 2).

28 Die Aufsicht über die Schiedsämter ist nach Abs. 5 S. 3 eine **Rechtsaufsicht**, die sich auf die Beachtung der normativen Maßstäbe (Rn. 19) für den Schiedsspruch erstreckt. Grundsätzlich handelt es sich um eine **repressive,** d. h. nachträglich einsetzende Aufsicht. Für die in Abs. 5 S. 4 genannten Entscheidungen über die Vergütung von Leistungen ist allerdings, ebenso wie in § 71 Abs. 4 S. 1, eine **präventive** Aufsicht in Gestalt einer Vorlagepflicht vorgesehen; diese soll die Beachtung des Grundsatzes der Beitragssatzstabilität sicherstellen (BT-Drs. 12/3608, 83). Vorlageverpflichtet ist allein das Schiedsamt, nicht die Vertragsparteien (vgl. *Schnapp*, NZS 2003, 1/3).

29 § 89 enthält nur rudimentäre Regelungen zu den zulässigen **Aufsichtsmitteln.** Es ist, auch im Hinblick auf die Unterschiede beim Rechtsschutz (Rn. 31), wie folgt zu differenzieren:

– Bei den unter Abs. 3 S. 4 fallenden **Vergütungsentscheidungen** haben die Aufsichtsbehörden nach Abs. 5 S. 5 binnen zwei Monaten nach der Vorlage (nicht schon ab Kenntniserlangung: BSGE 86, 126/134) ein Beanstandungsrecht. Das Schiedsamt muss dann den Schiedsspruch nach Maßgabe des Beanstandungsbescheides abändern. Kommt das Schiedsamt der Beanstandung nicht nach, setzt die Aufsichtsbehörde den Vertragsinhalt nach Abs. 1 S. 5 im Wege der Ersatzvornahme fest.

– § 89 Abs. 5 S. 5 gilt hingegen nicht für **nicht-vergütungsrechtliche Schiedssprüche** und auch nicht für die Aufsicht über die **Geschäftsführung des Schiedsamtes.** Es ist daher § 89 Abs. 1 und 3 SGB IV analog heranzuziehen (*Schmiedl*, Schiedswesen, 267 ff.), was sich damit rechtfertigen lässt, dass dieser ohnehin für beide Vertragspartner gilt (vgl. §§ 208 Abs. 2 S. 1, 217 d S. 3 für die Krankenkassenverbände und § 78 Abs. 3 S. 2 für die Kassenärztlichen Vereinigungen).

30 Für die Handhabung der Aufsicht gilt der aus § 89 Abs. 1 SGB IV und aus dem Verhältnismäßigkeitsprinzip abzuleitende Grundsatz **selbstverwaltungsfreundlichen Verhaltens.** Beratung und Kooperation (vgl. *Kahl*, Die Staatsaufsicht, 2000, 472 ff.) müssen daher einer Beanstandung und einer dieser ggfs. nachfolgenden Ersatzvornahme stets vorangehen. Ebenso sind angemessene Fristen zur Beseitigung rechtswidriger Zustände zu setzen.

31 Aufsichtsmaßnahmen sind ihrer Rechtsnatur nach Verwaltungsakte, gegen die die Schiedsämter sozialgerichtlichen **Rechtsschutz** im Wege der Aufsichtsklage

(§ 54 Abs. 3 SGG) in Anspruch nehmen können. Grundsätzlich nicht klagebefugt sind hingegen die Vertragsparteien, da aufsichtsrechtliche Maßnahmen nur im Verhältnis zwischen Aufsichtsbehörde und beaufsichtigter Körperschaft Rechtswirkungen entfalten; sie können dann freilich gegen den durch die Rechtsaufsicht erzwungenen Schiedsspruch vorgehen (Rn. 20). Für vergütungsrechtliche Entscheidungen der Schiedsämter (Rn. 28 f.), aber auch nur für diese (missverständlich insoweit etwa *Auktor,* H/K, § 89 Rn. 26), enthält Abs. 5 S. 6 eine Sonderregelung. Danach können im Wege der Anfechtungsklage (§ 54 Abs. 1 SGG) die Vertragspartner gegen die Beanstandung nach Abs. 5 S. 5 klagen. Daraus soll folgen, dass insoweit das Schiedsamt nicht klagebefugt sein soll (BSGE 86, 126/130 f.). Dagegen spricht aber, dass Abs. 5 S. 6 nicht die allgemeine Klagebefugnis des Schiedsamtes ausschließen soll, sondern lediglich den Vertragsparteien wegen ihres gesteigerten Interesses an vergütungsrechtlichen Entscheidungen eine zusätzliche Klagemöglichkeit neben dem ohnehin klagebefugten Schiedsamt einräumen will (*Düring,* HVAR, § 9 Rn. 66; *Hencke,* Peters, KV, § 89 Rn. 18; *Schmiedl,* Schiedswesen, 272 ff.).

E. Schiedsämter für die zahntechnische Versorgung, Abs. 7, 8

Der Verband Deutscher Zahntechniker und der Spitzenverband Bund der KKen bilden nach Abs. 7 ein Bundesschiedsamt, die Innungsverbände der Zahntechniker mit den Landesverbänden der KKen und den Ersatzkassen nach Abs. 8 jeweils ein Landesschiedsamt. Das Bundesschiedsamt ist im Falle der Nichteinigung der Vertragsparteien zuständig für die Festsetzung des bundeseinheitlichen Verzeichnisses der abrechnungsfähigen zahntechnischen Leistungen (§ 88 Abs. 1), das Landesschiedsamt bei Uneinigkeit über die Vergütungen für die abrechnungsfähigen Leistungen (§ 88 Abs. 2). 32

Die Regeln über das Verfahren und die Organisation der Schiedsämter für die zahntechnische Versorgung entsprechen weitgehend denjenigen für die vertragsarztrechtlichen Schiedsämter, vgl. Abs. 7 S. 2 und 3/Abs. 8. S. 2 und 3. Weil das Bundesschiedsamt nicht über vergütungsrechtliche Fragen entscheidet, verweist Abs. 7 S. 3, anders als Abs. 8 S. 3, nur auf die S. 2 und 3 von Abs. 5. Unverständlich ist, warum die SchVO nur für das Bundes- (Abs. 7 S. 3), nicht aber für das Landesschiedsamt (Abs. 8 S. 3) gelten soll. 33

Sechster Titel. Landesausschüsse und Gemeinsamer Bundesausschuss

§ 90 Landesausschüsse

(1) ¹Die Kassenärztlichen Vereinigungen und die Landesverbände der Krankenkassen sowie die Ersatzkassen bilden für den Bereich jedes Landes einen Landesausschuss der Ärzte und Krankenkassen und einen Landesausschuss der Zahnärzte und Krankenkassen. ²Die Ersatzkassen können diese Aufgabe auf eine im Bezirk der Kassenärztlichen Vereinigung von den Ersatzkassen gebildete Arbeitsgemeinschaft oder eine Ersatzkasse übertragen.

(2) ¹Die Landesausschüsse bestehen aus einem unparteiischen Vorsitzenden, zwei weiteren unparteiischen Mitgliedern, acht Vertretern der Ärzte, drei Vertretern der Ortskrankenkassen, zwei Vertretern der Ersatzkassen, je einem Vertreter der Betriebskrankenkassen, der Innungskrankenkassen und der landwirtschaftlichen Krankenkassen. ²Über den Vorsitzenden und die zwei weiteren

unparteiischen Mitglieder sowie deren Stellvertreter sollen sich die Kassenärztlichen Vereinigungen und die Landesverbände sowie die Ersatzkassen einigen. [3]Kommt eine Einigung nicht zustande, werden sie durch die für die Sozialversicherung zuständige oberste Verwaltungsbehörde des Landes im Benehmen mit den Kassenärztlichen Vereinigungen, den Landesverbänden der Krankenkassen sowie den Ersatzkassen berufen. [4]Besteht in dem Bereich eines Landesausschusses ein Landesverband einer bestimmten Kassenart nicht und verringert sich dadurch die Zahl der Vertreter der Krankenkassen, verringert sich die Zahl der Ärzte entsprechend. [5]Die Vertreter der Ärzte und ihre Stellvertreter werden von den Kassenärztlichen Vereinigungen, die Vertreter der Krankenkassen und ihre Stellvertreter werden von den Landesverbänden der Krankenkassen sowie den Ersatzkassen bestellt.

(3) [1]Die Mitglieder der Landesausschüsse führen ihr Amt als Ehrenamt. [2]Sie sind an Weisungen nicht gebunden. [3]Die beteiligten Kassenärztlichen Vereinigungen einerseits und die Verbände der Krankenkassen sowie die Ersatzkassen andererseits tragen die Kosten der Landesausschüsse je zur Hälfte. [4]Das Bundesministerium für Gesundheit bestimmt durch Rechtsverordnung mit Zustimmung des Bundesrates nach Anhörung der Kassenärztlichen Bundesvereinigungen und des Spitzenverbandes Bund der Krankenkassen das Nähere für die Amtsdauer, die Amtsführung, die Erstattung der baren Auslagen und die Entschädigung für Zeitaufwand der Ausschussmitglieder sowie über die Verteilung der Kosten.

(4) [1]Die Aufgaben der Landesausschüsse bestimmen sich nach diesem Buch. [2]Die Aufsicht über die Geschäftsführung der Landesausschüsse führen die für die Sozialversicherung zuständigen obersten Verwaltungsbehörden der Länder.

Schrifttum: *H. Kamps,* Die (Voll)Zulassung nach partieller Öffnung des Planungsbereichs, MedR 2004, 40; *M. Müller,* Organisationen als Rechtssubjekte, Wolff/Bachof/Stober/Kluth, § 34; *R. Schimmelpfeng-Schütte,* Bundes- und Landesausschüsse, HVAR, § 7.

Inhaltsübersicht

	Rn.
A. Überblick	1
B. Regelungsinhalt	2
I. Bildung der Landesausschüsse, Abs. 1	2
II. Zusammensetzung, Abs. 2	4
III. Organisation, Abs. 3, Abs. 4 S. 2	7
IV. Aufgaben, Abs. 4 S. 1	11
C. Rechtscharakter der Landesausschüsse und ihrer Maßnahmen	12

A. Überblick

1   Die Norm regelt vornehmlich Bildung und Zusammensetzung der Landesausschüsse der Ärzte und KKen sowie der Landesausschüsse der Zahnärzte und KKen. Sie sind unter Einbeziehung der EKen für jedes Bundesland zu errichten (Abs. 1) und zeigen sich als Komponenten der sog. gemeinsamen Selbstverwaltung von Ärzten und KKen. § 90 ist **Organisationsvorschrift, keine Befugnisnorm.** Er nimmt auch noch keine Aufgabenzuweisung im Einzelnen vor, bestimmt aber, dass sich der Kreis der Aufgaben allein aus dem SGB V ergeben kann (Abs. 4 S. 1). Abs. 2 regelt neben der Zusammensetzung die Bestellung der Ausschussmitglieder, Abs. 3 äußert sich zu der Rechtsstellung der Mitglieder der Ausschüsse, regelt die Kostentragungspflicht und enthält eine Ermächtigung zum Erlass einer

Rechtsverordnung zur näheren Ausgestaltung der Bedingungen der Amtsausübung. Schließlich bestimmt Abs. 4 S. 2 die Aufsicht über die Geschäftsführung der Landesausschüsse.

B. Regelungsinhalt

I. Bildung der Landesausschüsse, Abs. 1

Nach Abs. 1 sind die Landesausschüsse der (Zahn)Ärzte und KKen **für den Bereich jedes Landes** zu bilden. Gebildet werden sie von den KVen, den Landesverbänden der KKen und den EKen. Die Landesausschüsse sind damit gesetzlich errichtet als Einrichtungen der benannten Träger. Auf Seiten der **EKen** können Organisationsträger nicht mehr deren Verbände sein (Abs. 1 S. 1 f.; Abs. 2 S. 3, 5; Abs. 3 S. 3). Hintergrund ist, dass die EKen nur auf Bundesebene organisierte Verbände besitzen, denen im Zuge der Gleichstellung mit den Bundesverbänden der Primärkassen keine öffentlich-rechtlichen Kompetenzen im Rahmen der gemeinsamen Selbstverwaltung mehr zugeordnet werden; ihren öffentlich-rechtlichen Status verlieren alle Bundesverbände zugunsten des SpiBuKK (vgl. § 212 Abs. 4 in der bis 31. 12. 2008 geltenden Fassung/§ 212 Abs. 1 in der ab 1. 1. 2009 geltenden Fassung). Die Bundesverbände der EKen stehen damit auf der Landesebene als Adressaten organisationsrechtlicher Rechte und Pflichten nicht mehr zur Verfügung. Da die Ersatz-, anders als die Primärkassen (§ 207), über keine Verbändestruktur auf Landesebene verfügen, bleiben als öffentlich-rechtliche Beteiligungssubjekte nunmehr nur die EKen selbst (vgl. auch BT-Drs. 16/3100, 90). Möglich bleibt indes die Übertragung der Aufgaben auf eine im Bezirk der KV gebildete Arbeitsgemeinschaft (vgl. schon bisher die Ortsausschüsse des VdAK/AEV) oder auch auf eine der EKen (Abs. 1 S. 2), die Übertragung muss nun allerdings von den je einzelnen EKen vorgenommen werden. 2

Entgegen dem eindeutigen Wortlaut, der für jedes Bundesland nur je einen Ausschuss vorsieht, existieren in **NRW zwei Landesausschüsse**. Diese lehnen sich an den tradierten Bestand zweier KVen (Nordrhein und Westfalen) an. Die Orientierung nicht am dem „Land", sondern an der bestehenden Struktur der KVen lässt sich nur historisch begründen. Sie mag „teleologisch berechtigt" erscheinen, weil die in Abs 2 vorgeschriebene und eine Ausgewogenheit repräsentierende Zahl der Mitglieder des Landesausschusses bei nur einem bestehenden Ausschuss und bei zwei KVen nicht in der beabsichtigten Weise umzusetzen wäre (*Joussen*, Beck-OK, § 90 Rn. 2). Die Diskrepanz zwischen Normbefehl und tatsächlichem Zustand bleibt dennoch. 3

II. Zusammensetzung, Abs. 2

Abs. 2 regelt die Zusammensetzung der Landesausschüsse. Sie sind im Regelfall mit **19 Mitgliedern** besetzt: je acht Vertretern der (Zahn-)Ärzte und der KKen sowie ein unparteiischer Vorsitzender und zwei weitere unparteiische Mitglieder (Abs. 2 S. 1). Die die Institutionen der „gemeinsamen Selbstverwaltung" kennzeichnende **Parität** zwischen der Ärzte- und der Kassenseite wird auch dann gewahrt, wenn in einem Land eine der an sich entsendungsberechtigten Primärkassen über keinen Landesverband verfügt; dann verringert sich entsprechend die Anzahl der Ärzte (Abs. 2 S. 4). Im Gegensatz zur Rechtslage noch unter § 368 o RVO verfügen die Landesausschüsse nunmehr auch über zwei Vertreter der EKen. 4

Die knappschaftliche Krankenversicherung, die bisher im Bundesausschuss vertreten war (§ 91 Abs. 2 S. 1 aF.) und die nunmehr auch dort nur noch vermittelt (DRV KBS; vgl. § 217c Abs. 1 Nr. 5) über den SpiBuKK vertreten ist, gehörte und gehört nicht zu den Trägern der Landesausschüsse.

5 Die **Vertreter der Ärzte** und ihre Stellvertreter werden von der KV, diejenigen der **KKen** von deren Landesverbänden der einzelnen Primärkassen sowie von den EKen bestellt (Abs. 2 S. 5). Da auf Seiten der EKen keine Verbandsorganisation in Bezug genommen wird (Rn. 2), müssen die im Land beteiligten EKen einen Einigungsmodus zur Benennung ihrer beiden Vertreter finden. Die **Berufung der unparteiischen Mitglieder** und deren Stellvertreter sollen im Einvernehmen zwischen der KV und den beteiligten KKen (Landesverbände und EKen) erfolgen (Abs. 2 S. 2). Scheitert eine Einigung, werden die unparteiischen Mitglieder von der für die Sozialversicherung zuständigen obersten Verwaltungsbehörde des Landes (Ministerium) „im Benehmen" mit den KVen, den Landesverbänden der Primärkassen sowie mit den EKen berufen (Abs. 2 S. 3); diese müssen also angehört werden, und ihr Vorbringen ist bei den Erwägungen über die Personalentscheidungen zu berücksichtigen.

6 Nach § 140f Abs. 3 besteht für Vertreter der **Patientinnen und Patienten** und der Selbsthilfe chronisch kranker und behinderter Menschen in Landesausschüssen ein Beteiligungs-, einschließlich Mitberatungsrecht; ein Antrags- oder Stimmrecht steht ihnen oder ihren Verbänden nicht zu (anders zT. beim G-BA; § 140f Abs. 2 S. 5).

III. Organisation, Abs. 3, Abs. 4 S. 2

7 Die Mitglieder der Landesausschüsse, auch die Unparteiischen (anders nun zum G-BA § 91 Abs. 2 S. 4), sind **ehrenamtlich** tätig (Abs. 3 S. 1). Sie sind nicht an Weisungen gebunden (Abs. 3 S. 2). Die **Weisungsfreiheit** gilt für alle Mitglieder der Landesausschüsse sowohl gegenüber den Organisationen, die sie bestellt haben, als auch gegenüber den staatlichen Stellen. Sie ist fachlich uneingeschränkt, die in Abs. 4 S. 2 vorgesehene Aufsicht bezieht sich nur auf die Geschäftsführung und ist auf eine Rechtsaufsicht beschränkt (Rn. 10). Rein tatsächlich werden die Ärzte- und Kassenvertreter regelmäßig die Interessen ihrer jeweiligen Organisationen wahrnehmen; auch bei den zwei weiteren unparteiischen Mitgliedern, die de facto auf Vorschlag jeder der beiden Parteien benannt werden, lässt sich wohl für den Regelfall eine Affinität zu den Auffassungen ihrer jeweiligen Gruppe annehmen. Über mögliche Pattsituationen hilft jedenfalls der unparteiische Vorsitzende hinweg.

8 Streitig ist, ob durch die KVen notwenig nur Ärzte als Vertreter entsandt werden können (so *Lindemann*, W/E, § 90 Rn. 4; *Joussen*, Beck-OK, § 90 Rn. 4; aA. *Hencke*, Peters, KV, § 90 Rn 4). Die Landesausschüsse sind primär fachkundige Gremien und weniger Institutionen verbandspolitischer Interessenvertretung. Immerhin hat das Gesetz beide Komponenten im Blick, wenn einerseits die Weisungsunabhängigkeit statuiert, andererseits aber gerade auch auf die Parität geachtet wird. § 90 spricht zudem fast durchweg (Ausnahme Abs. 2 S. 4: „Zahl der Ärzte") von **„Vertretern der Ärzte",** so dass der Wortlaut für eine enge Auslegung iSv. „ärztlichen Mitgliedern" kaum reklamiert werden kann. Nimmt man hinzu, dass es grds. der autonomen Entscheidungsbefugnis der KVen obliegt, wer als Vertreter der Ärzte bestellt wird, so wird man die Entsendung von Ärzten zwar als nützlich, aber nicht als zwingend ansehen können.

Abs. 3 S. 3 statuiert den Grundsatz der **paritätischen Kostentragungspflicht**. Das Nähere dazu sowie zur Amtsdauer, Amtsführung, Erstattung und Entschädigung wird indes einer Rechtsverordnung vorbehalten, die das BMG mit Zustimmung des Bundesrates nach Anhörung der KBV und des SpiBuKK zu erlassen hat (Abs. 3 S. 4). Allerdings ist auf dieser Ermächtigungsgrundlage noch keine **Rechtsverordnung** erlassen worden. Einschlägig ist insofern immer noch die „VO über die Amtsdauer, Amtsführung und Entschädigung der Mitglieder des G-BA und der Landesausschüsse der Ärzte (Zahnärzte) und KKen (Ausschussmitglieder-VO)" v. 10.11.1956 (BGBl. I S. 861), zuletzt geändert durch Art. 23 des GKV-WSG, die auf Grundlage des § 368 o Abs. 4 S. 3 RVO ergangen ist. Nach § 1 dieser VO beträgt die Amtsdauer der Mitglieder der Landesausschüsse vier Jahre, nach § 3 VO können die Mitglieder von der Aufsichtsbehörde (Unparteiische) bzw. von ihren Trägerorganisationen abberufen werden, § 4 VO regelt den Rücktritt eines Mitglieds, nach § 5 sind die Mitglieder verpflichtet, an den Sitzungen teilzunehmen oder bei Verhinderung ihre Stellvertreter zu benachrichtigen, §§ 6–10 VO regeln die Fragen der Entschädigung und Kostenerstattung, und § 11 VO enthält Bestimmungen zur Verteilung der Kostentragungspflicht.

Die in Abs. 4 S. 2 geregelte Staatsaufsicht wird von den für die Sozialversicherung zuständigen obersten Verwaltungsbehörden der Länder als **Rechtsaufsicht** wahrgenommen. Sie bezieht sich auf „die **Geschäftsführung** der Landesausschüsse", d. h. auf Organisation und Geschäftsabwicklung, nicht aber auf Sachentscheidungen (*Hess,* KK, § 90 Rn. 7; *Vahldiek,* H/N, § 90 Rn 7).

IV. Aufgaben, Abs. 4 S. 1

Nach Abs. 4 S. 1 bestimmt sich der Aufgabenkreis der Landesausschüsse nach „diesem Buch". Zuständigkeiten haben sie insbesondere im Rahmen der Bedarfsplanung (§ 99 Abs. 2), bei der Feststellung der Über- und Unterversorgung sowie der Anordnung entsprechender Zulassungsbeschränkungen (§§ 100, 103).

C. Rechtscharakter der Landesausschüsse und ihrer Maßnahmen

Den Landesausschüssen kommt verbreiteter Ansicht nach **keine eigene Rechtsfähigkeit** zu (*Vahldiek,* H/N, § 90 Rn 3; *Joussen,* Beck-OK, § 90 Rn. 4). Auch der Gesetzgeber macht durch die ausdrückliche Regelung in § 91 Abs. 1 S. 2 deutlich, dass er nur dem G-BA eine eigene Rechtsfähigkeit zugesteht; zu den Landesausschüssen fehlt eine entsprechende Bestimmung. Konsequenz wäre, dass rechtlich relevante Maßnahmen der Landesausschüsse ihren rechtsfähigen Trägerorganisationen zugerechnet werden müssten. Dem steht jedoch die gesetzlich angeordnete Weisungsunabhängigkeit der Ausschüsse von ihren Trägern ebenso entgegen wie die Tatsache, dass sich die Zuständigkeit der Trägerorganisationen allein auf die Bestellung der Mitglieder beschränkt (*Hess,* KK, § 90 Rn. 6). Zudem wäre eine solch plurale Zuordnung kaum möglich. Die Landesausschüsse sind daher **Rechtssubjekte** mit **Teilrechtsfähigkeit** (vgl. allg. *Müller,* Wolff/Bachof/Stober/Kluth, § 34 Rn. 1 f.).

Da die Landesausschüsse organisatorisch verselbstständigt Verwaltungsaufgaben wahrnehmen, handelt es sich bei ihnen um **Behörden** iSd. § 1 Abs. 2 SGB X (vgl. *Schimmelpfeng-Schütte,* HVAR, § 7 Rn. 72; *Hess,* KK, § 90 Rn. 6; *Hencke,*

Peters, KV, § 90 Rn 3; aA. *Joussen,* Beck-OK, § 90 Rn. 2; *Lindemann,* W/E, § 90 Rn. 13). Als gemeinsame Entscheidungsgremien von Leistungserbringern und KKen sind die Landesausschüsse in Angelegenheiten der GKV nach § 70 Nr. 4 iVm. § 51 Abs. 1 Nr. 2 SGG **beteiligtenfähig im sozialgerichtlichen Prozess.** Ihre **Entscheidungen** sind wegen fehlender Außenwirkung **keine Verwaltungsakte** iSd. § 31 SGB X (*Kamps,* MedR 2004, 40/42 f. mwN.).

§ 91 Gemeinsamer Bundesausschuss

(1) ¹Die Kassenärztlichen Bundesvereinigungen, die Deutsche Krankenhausgesellschaft und der Spitzenverband Bund der Krankenkassen bilden einen Gemeinsamen Bundesausschuss. ²Der Gemeinsame Bundesausschuss ist rechtsfähig. ³Er wird durch den Vorsitzenden des Beschlussgremiums gerichtlich und außergerichtlich vertreten.

(2) ¹Das Beschlussgremium des Gemeinsamen Bundesausschusses besteht aus einem unparteiischen Vorsitzenden, zwei weiteren unparteiischen Mitgliedern, einem von der Kassenzahnärztlichen Bundesvereinigung, jeweils zwei von der Kassenärztlichen Bundesvereinigung und der Deutschen Krankenhausgesellschaft und fünf von dem Spitzenverband Bund der Krankenkassen benannten Mitgliedern. ²Über den unparteiischen Vorsitzenden und die weiteren unparteiischen Mitglieder sowie jeweils zwei Stellvertreter sollen sich die Organisationen nach Absatz 1 Satz 1 einigen. ³Kommt eine Einigung nicht zustande, erfolgt eine Berufung durch das Bundesministerium für Gesundheit im Benehmen mit den Organisationen nach Absatz 1 Satz 1. ⁴Die Unparteiischen üben ihre Tätigkeit in der Regel hauptamtlich aus; eine ehrenamtliche Ausübung ist zulässig, soweit die Unparteiischen von ihren Arbeitgebern in dem für die Tätigkeit erforderlichen Umfang freigestellt werden. ⁵Die Stellvertreter der Unparteiischen sind ehrenamtlich tätig. ⁶Hauptamtliche Unparteiische stehen während ihrer Amtszeit in einem Dienstverhältnis zum Gemeinsamen Bundesausschuss. ⁷Zusätzlich zu ihren Aufgaben im Beschlussgremium übernehmen die einzelnen Unparteiischen den Vorsitz der Unterausschüsse des Gemeinsamen Bundesausschusses. ⁸Die Organisationen nach Absatz 1 Satz 1 schließen die Dienstvereinbarung mit dem unparteiischen Vorsitzenden. ⁹Die von den Organisationen benannten sonstigen Mitglieder des Beschlussgremiums üben ihre Tätigkeit ehrenamtlich aus; sie sind bei den Entscheidungen im Beschlussgremium an Weisungen nicht gebunden. ¹⁰Die Organisationen nach Absatz 1 Satz 1 benennen für jedes von ihnen benannte Mitglied bis zu drei Stellvertreter. ¹¹Die Amtszeit im Beschlussgremium beträgt vier Jahre; eine zweite Amtszeit ist zulässig.

(3) ¹Für die Tragung der Kosten des Gemeinsamen Bundesausschusses mit Ausnahme der Kosten der von den Organisationen nach Absatz 1 Satz 1 benannten Mitglieder gilt § 139 c Abs. 1 entsprechend. ²Im Übrigen gilt § 90 Abs. 3 Satz 4 entsprechend mit der Maßgabe, dass vor Erlass der Rechtsverordnung außerdem die Deutsche Krankenhausgesellschaft anzuhören ist.

(4) ¹Der Gemeinsame Bundesausschuss beschließt
1. eine Verfahrensordnung, in der er insbesondere methodische Anforderungen an die wissenschaftliche sektorenübergreifende Bewertung des Nutzens, der Notwendigkeit und der Wirtschaftlichkeit von Maßnahmen als Grundlage für Beschlüsse sowie die Anforderungen an den Nachweis der fachlichen Unabhängigkeit von Sachverständigen und das Verfahren der Anhörung zu den jeweiligen Richtlinien, insbesondere die Feststellung der anzuhörenden Stellen, die Art und Weise der Anhörung und deren Auswertung, regelt,

2. eine Geschäftsordnung, in der er Regelungen zur Arbeitsweise des Gemeinsamen Bundesausschusses insbesondere zur Geschäftsführung, zur Vorbereitung der Richtlinienbeschlüsse durch Einsetzung von in der Regel sektorenübergreifend gestalteten Unterausschüssen, zum Vorsitz der Unterausschüsse durch die Unparteiischen des Beschlussgremiums sowie zur Zusammenarbeit der Gremien und der Geschäftsstelle des Gemeinsamen Bundesausschusses trifft; in der Geschäftsordnung sind Regelungen zu treffen zur Gewährleistung des Mitberatungsrechts der von den Organisationen nach § 140f Abs. 2 entsandten sachkundigen Personen.
²Die Verfahrensordnung und die Geschäftsordnung bedürfen der Genehmigung des Bundesministeriums für Gesundheit.

(5) ¹Bei Beschlüssen, deren Gegenstand die Berufsausübung der Ärzte, Psychotherapeuten oder Zahnärzte berührt, ist der jeweiligen Arbeitsgemeinschaft der Kammern dieser Berufe auf Bundesebene Gelegenheit zur Stellungnahme zu geben. ²§ 137 Abs. 3 Satz 7 bleibt unberührt.

(6) Die Beschlüsse des Gemeinsamen Bundesausschusses mit Ausnahme der Beschlüsse zu Entscheidungen nach § 137b und zu Empfehlungen nach § 137f sind für die Träger nach Absatz 1 Satz 1, deren Mitglieder und Mitgliedskassen sowie für die Versicherten und die Leistungserbringer verbindlich.

(7) ¹Das Beschlussgremium des Gemeinsamen Bundesausschusses nach Absatz 2 Satz 1 fasst seine Beschlüsse mit der Mehrheit seiner Mitglieder, sofern die Geschäftsordnung nichts anderes bestimmt. ²Beschlüsse zur Arzneimittelversorgung und zur Qualitätssicherung sind in der Regel sektorenübergreifend zu fassen. ³Halten der Vorsitzende und die weiteren unparteiischen Mitglieder einen Beschlussvorschlag einheitlich für nicht sachgerecht, können sie dem Beschlussgremium gemeinsam einen eigenen Beschlussvorschlag vorlegen. ⁴Das Beschlussgremium hat diesen Vorschlag bei seiner Entscheidung zu berücksichtigen. ⁵Die Sitzungen des Beschlussgremiums sind in der Regel öffentlich.

(8) ¹Die Aufsicht über den Gemeinsamen Bundesausschuss führt das Bundesministerium für Gesundheit. ²Die §§ 67, 88 und 89 des Vierten Buches gelten entsprechend.

(9) ¹Die Organisationen nach Absatz 1 Satz 1 bestellen den Vorsitzenden des Beschlussgremiums bis zum 31. Juli 2008. ²Der Vorsitzende setzt danach umgehend die Mitglieder des Beschlussgremiums sowie die weiteren unparteiischen Mitglieder ein. ³Die Bildung des Beschlussgremiums ist bis zum 30. September 2008 abzuschließen. ⁴Bis zur Bestellung des Vorsitzenden nimmt der Vorsitzende des Gemeinsamen Bundesausschusses nach § 91 Abs. 2 Satz 1 in der bis zum 30. Juni 2008 geltenden Fassung die Aufgaben des Vorsitzenden des Gemeinsamen Bundesausschusses weiter wahr. ⁵Beschlüsse fasst der Gemeinsame Bundesausschuss bis zur Bestellung des Beschlussgremiums in der Besetzung der bis zum 30. Juni 2008 geltenden Regelungen.

Schrifttum: *D. Bronner/K. Fortelka,* Gemeinsamer Bundesausschuss – Bewertung der Strukturveränderungen durch das GKV-WSG, Ersk. 2007, 150; *H. Butzer/M. Kaltenborn,* Die demokratische Legitimation des Bundesausschusses der Ärzte und Krankenkassen, MedR 2001, 333; *N. Jachertz/S. Rabbata,* Gemeinsamer Bundesausschuss: Bewährungsprobe für die Selbstverwaltung, DÄBl. 2004, A-153; *M. Merten/T. Gerst,* Gemeinsamer Bundesausschuss: Hauptamtlich unparteiisch, DÄBl. 2007, A-914; *H. J. Papier,* Der Wesentlichkeitsgrundsatz – Am Beispiel des Gesundheitsreformgesetzes, VSSR 1990, 123; *R. Schimmelpfeng-Schütte,* Bundes- und Landesausschüsse, HVAR, § 7; *dies.* Gesundheitsmodernisierungsgesetz (GMG) und Gestaltungsspielraum des Gesetzgebers, GesR 2004, 1; *S. Seeringer,* Der Gemeinsame Bundesausschuss nach dem SGB V, 2005.

Inhaltsübersicht

	Rn.
A. Überblick und Zweck	1
B. Regelungsinhalt	7
I. Bildung eines rechtsfähigen Gemeinsamen Bundesausschusses, Abs. 1	7
1. Rechtsfähigkeit	7
2. Rechtsnatur	9
II. Zusammensetzung und Bestellung der Mitglieder, Abs. 2 S. 1–3, 10	11
III. Organisation und Amtsverhältnisse, Abs. 2 S. 4–11, Abs. 3, 8 und 9	14
IV. Geschäfts- und Verfahrensordnung, Abs. 4	22
V. Beschlussfassung, Abs. 5 und 7	25
VI. Rechtsverbindlichkeit der Beschlüsse, Abs. 6	31

A. Überblick und Zweck

1 § 91 regelt Bildung und Zusammensetzung des G-BA durch die KBVen, die DKG und den SpiBuKK (Abs. 1 und 9). Der G-BA nimmt im System der vertragsärztlichen Versorgung und der Krankenhausversorgung eine **zentrale Stellung** ein. Er ist das oberste Beschlussgremium der sog. gemeinsamen Selbstverwaltung der Ärzte, Zahnärzte, Psychotherapeuten, Krankenhäuser und KKen.

2 § 91 ist eine **Organisationsvorschrift**, aus der sich weder Aufgaben noch Befugnisse des G-BA ergeben. Diese folgen vielmehr aus den Einzelbestimmungen des SGB V. Insb. hat der G-BA die Aufgabe, rechtsverbindlich (Abs. 6) RLen für eine ausreichende, zweckmäßige und wirtschaftliche Versorgung zu erlassen (vgl. insb. §§ 92, 135, 137 c) und die Anforderungen an die Qualitätssicherung im ambulanten und stationären Bereich festzulegen (vgl. §§ 136 Abs. 2, 137). Weitere Aufgabenzuweisungen enthalten etwa die §§ 22 Abs. 5, 25 Abs. 4, 26 Abs. 2, 27 a Abs. 4, 29 Abs. 4, 33 Abs. 3, 35 a Abs. 1, 37 a Abs. 2 und 101.

3 Die **Funktion** des G-BA lässt sich bereits den Motiven zur Änderung der RVO 1955 (*Hess/Venter*, Kassenarztrecht, Rn. 5) entnehmen. Die (Vorgängergremien der) Bundesausschüsse werden als „oberste beschließende Einrichtungen der gemeinsamen Selbstverwaltung" zu dem Zweck geschaffen, **Regelungen zur Ausführung der gesetzlichen Bestimmungen über die kassenärztliche Versorgung aufzustellen** (BT-Drs. 1/3904, 17). Sie sollten den **Interessen** der organisierten **Ärzteschaft** gegenüber den KKen Geltung verschaffen und gleichzeitig – dann gemeinsam mit den KKen – dem **Einfluss unmittelbar staatlicher Lenkungsmaßnahmen entgegenwirken.**

4 Mit der im GMG begonnenen und durch das GKV-WSG weitergeführten Organisationsreform zur **Konzentration** der zuvor zT. noch parzellierten **Entscheidungszuständigkeiten** in einem einzigen Gremium soll diese Regelsetzungsfunktion **effizienter** gestaltet werden. Der G-BA avanciert so zum „Machtzentrum" der GKV, das nunmehr sowohl für die Qualitätssicherung in den einzelnen Versorgungssektoren als auch sektorenübergreifend zuständig ist. Dies steigert seine politische Bedeutung in den zentralen Fragen des Leistungs- und Leistungserbringungsrechts für alle im System der GKV involvierten Akteure und Betroffenen erheblich (*Jachertz/Rabbata*, DÄBl. 2004, A-153; *Schimmelpfeng-Schütte*, GesR 2004, 1/4).

5 Die seit dem 1. 7. 2008 gültige **Ausgestaltung** der Vorschrift weicht erheblich von dem ursprünglichen Entwurf der Fraktionen der SPD, CDU und CSU (BT-Drs. 16/3100) ab. Dieser verfolgte das Ziel, durch **Organisationsstraffung** eine **stärkere Professionalisierung** und eine **größere Stringenz** der Arbeit des G-BA zu fördern. Insb. der Plan, die Hauptamtlichkeit der Mitglieder der Trägerorganisationen einzuführen, welche in einem Dienstverhältnis zum G-BA stehen sollten (vgl. § 91 Abs. 2 S. 4 FrakEntw, BT-Drs. 16/3100, 91), und die zunächst als Art. 1 Nr. 61 FrakEntw noch flankierend vorgesehene Rechtsverordnungsermächtigung zur Regelung der Einzelheiten der Neuorganisation durch das Ministerium, sind jedoch im Gesetzgebungsverfahren **gescheitert** (BR-Drs. 755/06, 109; BT-Drs. 16/4200, 144 u. 16/4247, 58 f.; BT-Drs. 16/4020, 10; Änderungsantrag im Ausschuss für Gesundheit, Ausschuss-Drs. 16/0161 v. 15. 1. 2007, 96 f.). Befürchtet wurde ein verstärkter staatlicher Einfluss durch faktische **„Verbehördlichung"** des G-BA, ein Verlust des Prinzips des Interessenausgleichs, aber – damit verbunden – va. der Verlust der bisher aus dem Selbstverwaltungsgedanken hergeleiteten Legitimation zur Normsetzung (vgl. etwa die Stellungnahmen des G-BA, BT-Ausschuss-Drs. 16 [14]/0129[9], 1 f. u. 4 f.; der KBV, ebenda 0129[42], 51 ff.; der Verbände der KKen, ebenda 0129[48], 155, 454 ff.). Auch die zunächst vorgesehene drastische Verkleinerung des Gremiums von bisher 21 auf 9 Mitglieder wurde moderater gestaltet. Dennoch zeigt sich der G-BA auf der neuen Grundlage insgesamt als ein deutlich verändertes Organ, welches vornehmlich am Ziel eines **beschleunigten Entscheidungsverfahrens** ausgerichtet ist. Das Prinzip der Beteiligung der je betroffenen Leistungserbringer wird geschwächt, und die Konzentration auf ein einziges sektorenunabhängiges Beschlussgremium verringert tendenziell ebenfalls die Sachnähe der Entscheider. Die eigentliche Sachdiskussion wird vorbereitend in den noch vorgesehenen Unterausschüssen stattfinden, so dass auch der neu eingeführte Grundsatz der Öffentlichkeit der Sitzungen des G-BA nicht sehr zur Transparenz beitragen wird. Nimmt man die weitere Kompetenzausweitung hinzu, so ist ein (vorläufiger) Endpunkt der Entwicklung des G-BA zu der **zentralen Steuerungsinstanz der GKV** erreicht. Der G-BA zeigt sich als korporatistisch geprägtes Organ, welches sich sukzessive mit zunehmender Machtfülle von seinen ursprünglichen Wurzeln in den Ideen einer gemeinsamen Selbstverwaltung entfernt.

Überblick über die aktuellen **Änderungen:** Krankenkassenseite wird durch 6 Spitzenverband Bund beteiligt (Abs. 1; Folgeänderung der §§ 217a–g), Verkleinerung des G-BA von 21 auf 13 Mitglieder (Abs. 2 S. 1); regelmäßig hauptamtliche Tätigkeit der unparteiischen Mitglieder (Abs. 2 S. 4); Begrenzung der Amtszeit aller Mitglieder auf höchstens zwei Amtszeiten (Abs. 2 S. 11); Abschaffung aller sektorenspezifischen Beschlussgremien zugunsten eines einzigen sektorenübergreifenden, ergänzt durch Unterausschüsse, die durch Unparteiische geleitet werden (Abs. 2 S. 1 u. 7, Abs. 7); begrenztes Beschlussvorschlagsrecht der Unparteiischen (Abs. 7 S. 3); Öffentlichkeit der Sitzungen des Beschlussgremiums (Abs. 7 S. 5). Die Zahl der **Patientenvertreter** verringert sich gem. § 140 f Abs. 2 S. 3 auf höchstens 5, diese erhalten aber in mehreren Bereichen zukünftig ein Antragsrecht. Hinsichtlich des **Verfahrens** erfolgen Änderungen, die den Einfluss des Ministeriums verstärken und zur Beschleunigung der Beschlussfassung beitragen sollen, außerdem erhalten die unparteiischen Mitglieder ein Antragsrecht für neue Untersuchungs- und Behandlungsmethoden (vgl. §§ 94 Abs. 1 S. 3, 4, 135 Abs. 1 S. 1, 4, 5). Daneben erhält der G-BA neue **Aufgabenbereiche,** so etwa die Richtlinienkompetenz für: spezialisierte ambulante Palliativversorgung (§§ 37 b, 92 Abs. 1 S. 2 Nr. 14, 132 d); Off label use in der ambulanten Versorgung (§ 35 c); Qualitätssicherung ambulanter Leistungserbringung im Krankenhaus (§ 116 Abs. 4); Qualitätssicherung bei ambulanten Operationen (§§ 115 b, 137); insgesamt ist die Qualitätssicherung sektorenübergreifend angelegt (§§ 92 Abs. 1 S. 2 Nr. 13, 91 Abs. 7 S. 2); Schutzimpfungen (§§ 20 d, 92 Abs. 1 S. 2 Nr. 115);

Chronikerregelung (§ 62); häusliche Krankenpflege durch verrichtungsbezogene krankheitsspezifische Pflegemaßnahmen (§ 37 Abs. 2, Abs. 6); besondere Arzneimittel (§ 73 d Abs. 1 S. 2).

B. Regelungsinhalt

I. Bildung eines rechtsfähigen Gemeinsamen Bundesausschusses, Abs. 1

1. Rechtsfähigkeit

7   Nach Abs. 1 S. 1 bilden die Kassenärztlichen Bundesvereinigungen (KBV, KZBV), die DKG und der SpiBuKK einen G-BA. Abs. 1 S. 2 verleiht dem G-BA **Rechtsfähigkeit**. Der G-BA kann daher im Rechtsverkehr Rechte und Pflichten begründen und zur Wahrnehmung seiner Aufgaben rechtlich selbstständig agieren, insb. zur Wahrnehmung der Geschäftsführung personelle und sächliche Mittel akquirieren (BT-Drs. 15/1525, 106).

8   Nach Abs. 1 S. 3 wird der G-BA durch den **Vorsitzenden** des Beschlussgremiums **gerichtlich und außergerichtlich vertreten;** dies war bisher in § 9 Abs. 1 GO-G-BA bestimmt. Der unparteiische Vorsitzende (im Verhinderungsfall sein Stellvertreter) nimmt mithin umfassend die Außenvertretung des G-BA wahr, aber auch die Vertretung des G-BA gegenüber der Geschäftsführung (§ 24 GO-G-BA) kann nur ihm obliegen. Er wird damit insgesamt zu einem **Organ** des G-BA neben dem Beschlussgremium (vgl. auch *Hess,* KK, § 91 Rn. 11).

2. Rechtsnatur

9   Der G-BA lässt sich keiner der herkömmlichen Formen juristischer Personen des öffentlichen Rechts zuordnen. Insb. ist der G-BA in Ermangelung einer verbandsmäßigen Organisationsstruktur **keine Körperschaft des öffentlichen Rechts** (BSGE 78, 70/80; *Papier,* VSSR 1990, 123/131; vgl. auch *Butzer/Kaltenborn,* MedR 2001, 333/335). Auch handelt es sich nicht um eine **Anstalt** (so aber BSGE 78, 70/80 f.), weil der G-BA keine Nutzer hat. Als rechtsfähiger (Rn. 7) und mit eigener Finanzhoheit ausgestatteter Zusammenschluss erhält er zudem keine Sach- und Personalmittel von einem externen Träger öffentlicher Verwaltung (*Hess,* KK, § 91 Rn. 6).

10   Überwiegend wird der G-BA als **Einrichtung sui generis** bezeichnet (*Hess,* KK, § 91 Rn. 7). Daraus folgt aber nur, dass das Gesetz hier eine atypische Form der Organisation der mittelbaren Staatsverwaltung kreiert hat. Ohnehin kommt der Diskussion um die Rechtsform des G-BA Bedeutung nur im Hinblick auf die verfassungsrechtliche Legitimation der Kompetenz zur verbindlichen Normsetzung in Form von RLen zu; jedenfalls wenn man zutreffend davon ausgeht, dass eine strikte verfassungsrechtliche Begrenzung der Formen mittelbarer Staatsverwaltung auf Stiftungen, Körperschaften und Anstalten nicht existiert (*Lerche,* Maunz/Dürig, Art. 87 Rn. 191, 201). Weil sich der G-BA den herkömmlichen Organisationsformen des öffentlichen Rechts nicht zuordnen lässt, kann im Wege der verwaltungsorganisationsrechtlichen Einordnung kein Legitimationsaspekt für eine Rechtsnormqualität der RLen hergeleitet werden. Eine Normsetzungsberechtigung muss mithin unabhängig davon anhand der maßgeblichen verfassungsrechtlichen Kriterien erörtert werden (dazu § 92 Rn. 7 ff.). Es steht also nach alledem nichts im Wege, den G-BA in der seit dem GMG gefundenen Ausformung seiner Funktion entsprechend als **rechtsfähiges besonderes Beschlussorgan der GKV** zu bezeichnen.

II. Zusammensetzung und Bestellung der Mitglieder, Abs. 2 S. 1–3, 10

Nach Abs. 2 S. 1 ist der G-BA mit **13 Mitgliedern** besetzt. Ein Mitglied benennt die KZBV, je zwei Mitglieder die KBV und die DKG. Diesen **fünf Mitgliedern der Leistungserbringerseite** stehen **fünf Mitglieder** gegenüber, die vom SpiBuKK benannt werden. Hinzu kommen ein unparteiischer Vorsitzender sowie zwei weitere unparteiische Mitglieder (Abs. 2 S. 1). Für die drei unparteiischen Mitglieder sind je zwei (Abs. 2 S. 2), für die Organisationsmitglieder jeweils bis zu drei **Stellvertreter** (Abs. 2 S. 10) zu berufen bzw. zu benennen. **11**

Verfahren und Voraussetzungen der **Benennung** der Mitglieder und deren Stellvertreter ergeben sich nicht aus § 91, sondern folgen allein aus den Satzungen der für die Benennung zuständigen Körperschaften. Insbesondere wird nicht geregelt, welche Anforderungen an die zu benennenden Mitglieder zu stellen sind. Aus dem Charakter des G-BA als sachverständigem Gremium und mit Blick auf die Anforderungen an die Patientenvertreter (§ 140f Abs. 2 S. 1) wird man jedoch eine hinreichende Sachkunde bezüglich der im G-BA entscheidungsrelevanten Materien verlangen müssen. Nicht erforderlich ist aber, dass von Seiten der Ärzteverbände nur Ärzte entsandt werden dürfen (§ 90 Rn. 9). Die Berufung der unparteiischen Mitglieder und deren Stellvertreter sollen im Einvernehmen zwischen KZBV, KBV, DKG und SpiBuKK erfolgen (Abs. 2 S. 2). Soweit eine Einigung nicht zustande kommt, werden die unparteiischen Mitglieder und Stellvertreter durch das BMG „im Benehmen" mit den Organisationen berufen (Abs. 2 S. 3). Diese müssen also angehört werden, und ihr Vorbringen ist bei den Erwägungen über die Personalentscheidungen zu berücksichtigen. **12**

Nach § 140f **Abs. 2** besteht für anerkannte Bundesorganisationen der **Patientinnen und Patienten** und der Selbsthilfe chronisch kranker und behinderter Menschen durch bis zu fünf sachkundige Vertreter ein Mitberatungsrecht. Für Beschlüsse des G-BA nach §§ 56 Abs. 1, 92 Abs. 1 S. 2, 116b Abs. 4, 136 Abs. 2 S. 2, 137, 137a, 137b, 137c und 137f erhalten die Organisationen darüber hinaus ein **Antragsrecht**, ein Stimmrecht steht ihnen nicht zu. **13**

III. Organisation und Amtsverhältnisse, Abs. 2 S. 4–11, Abs. 3, 8 und 9

Abs. 2 etabliert ein einheitliches Beschlussgremium, dessen konkrete Zusammensetzung nicht mehr von der zu erfüllenden Aufgabe abhängt (vgl. zu Einzelheiten zur vormaligen Rechtslage *Hess*, KK, § 91 Rn. 18ff.). Dadurch soll das **sektorenübergreifende Verständnis** und der Blick für die Belange des Gesamtsystems geschärft werden (BT-Drs. 16/3100, 178f.). Gleichzeitig geht es um die Förderung einer **größeren Stringenz** der Arbeit des G-BA durch eine **Organisationsstraffung** (BT-Drs. 16/3100, 91). Abs. 9 enthält mittlerweile obsoletes Übergangsrecht für die Bestellung des Vorsitzenden und die Bildung des Beschlussgremiums. **14**

Nach Abs. 2 S. 4 üben die **Unparteiischen** ihre Tätigkeit in der Regel **hauptamtlich** aus; nur wenn sie von ihrem Arbeitgeber in für ihre Tätigkeit im G-BA erforderlichem Umfang freigestellt werden, bleibt eine ehrenamtliche Ausübung zulässig. Mit der Hauptamtlichkeit soll die Professionalität des G-BA verbessert werden (BT-Drs. 16/3950, 40). Vor dem Hintergrund, dass die Unparteiischen die Arbeit des Beschlussgremiums und auch der Unterausschüsse maßgeblich steuern und die Kontinuität der Beratungen gewährleisten sollen, ist die gesetzliche Vorgabe einsichtig (vgl. auch BT-Drs. 16/4247, 58f.). Hingegen sind die **G-BA-Mitglieder der Organisationen ehrenamtlich** tätig (Abs. 2 S. 9). **15**

§ 91

16   Das **Aufgabenspektrum der unparteiischen Mitglieder** ist durch die Konzentration aller Entscheidungen in einem Beschlussgremium und durch die Vorgabe, dass die einzelnen Unparteiischen zugleich die Funktion des Vorsitzes in sämtlichen Unterausschüssen zu übernehmen haben (Abs. 2 S. 7), erheblich erweitert worden. Die Stellung der Unparteiischen wird insgesamt **aufgewertet.** Es geht um die Förderung der Kontinuität der Arbeit und der engeren Verzahnung von Beschlussgremium und Unterausschüssen, damit auch um die Verbesserung des Informationstransfers (vgl. auch BT-Drs. 16/4247, 58 f.). Ergänzt wird diese allgemeine organisatorische und prozedurale Aufwertung durch **neue Verfahrensrechte.** So haben die Unparteiischen nunmehr ein eigenständiges Antragsrecht nach § 135 Abs. 1 und auch ein eigenes Beschlussvorlagerecht (Abs. 7 S. 3). Die professionalisierte und rechtlich herausgehobene Stellung der Unparteiischen verlagert organisationssoziologisch die interne Gremienkompetenz.

17   Da der Vorsitzende nicht sich selbst und zugleich den G-BA in eigener Sache vertreten kann, wird – im Falle seiner Hauptamtlichkeit – die **Dienstvereinbarung** mit ihm gem. Abs. 2 S. 8 von den den G-BA bildenden Organisationen gemeinsam geschlossen. Auch die weiteren unparteiischen Mitglieder stehen in der Regel zum G-BA in einem Dienstverhältnis (Abs. 2 S. 5), bezüglich ihrer Dienstvereinbarungen kann der Vorsitzende den G-BA aber nach Abs. 1 S. 3 regulär vertreten. Es handelt sich, da Sonderregelungen fehlen, die auf einen öffentlich-rechtlichen Charakter deuten oder gar eine Dienstherreneigenschaft des G-BA statuieren, um einen privatrechtlichen Dienstvertrag (§§ 611 ff. BGB).

18   Für alle Mitglieder des G-BA gilt **Weisungsfreiheit.** Zwar enthält § 91 in seiner Neufassung eine entsprechende ausdrückliche Aussage in Abs. 2 S. 9 nur noch für die Organisationsmitglieder und beschränkt diese explizit auf den Bereich der „Entscheidungen im Beschlussgremium". Auch ohne explizite gesetzliche Vorgabe ergibt sich die Weisungsfreiheit für die unparteiischen Mitglieder aber schon aus der ihnen per Gesetz zugeordneten Stellung; sie ist durch ihre Funktion vorausgesetzt und wird durch die Hauptamtlichkeit noch gestärkt. Die Begrenzung der Weisungsfreiheit für die Organisationsmitglieder auf die **Entscheidungstätigkeit im Beschlussgremium** ist unglücklich und wohl ein redaktionelles Überbleibsel der ursprünglichen Entwurfsfassung, die von der Hauptamtlichkeit aller Organisationsmitglieder ausging (Rn. 5) und deren Unabhängigkeit gegenüber dem G-BA selbst garantieren wollte, zu dem ja ein Anstellungsverhältnis bestanden hätte. Die Weisungsfreiheit soll nicht ausschließen, dass das Mitglied die Interessen seiner Organisation vertritt; das Gremium des G-BA ist gerade als Institution des Interessenausgleichs konstruiert. Aber es ist zugleich Fachgremium, so dass dem einzelnen Mitglied die Möglichkeit eröffnet wird, von der Verbandsansicht abzuweichen, wenn ihn Sachargumente überzeugen. Eine gespaltene Rechtsstellung bei Beratung einerseits und Beschlussfassung andererseits stellte damit den Zweck des G-BA an sich in Frage und kann deshalb nicht Intention des Abs. 2 S. 9 Hs. 2 sein. **„Entscheidungen im Beschlussgremium"** ist daher weit auszulegen und **umfasst auch** die der Beschlussfassung notwendig vorausgehenden **Beratungen.** Weisungen sind also danach nur soweit zulässig, als sie keinerlei Bezug zur weit zu verstehenden Entscheidungstätigkeit des G-BA haben. Soweit die Weisungsfreiheit reicht, gilt sie sowohl gegenüber den Organisationen als auch gegenüber den staatlichen Stellen. Sie ist fachlich uneingeschränkt, die in Abs. 8 vorgesehene Staatsaufsicht ist nur eine Rechtsaufsicht (Rn. 21).

19   Die **Amtszeit** der Mitglieder des G-BA beträgt nach Abs. 2 S. 11 vier Jahre. Im Interesse der Kontinuität und Professionalisierung ist eine zweite Amtszeit zu-

lässig. Weitere Regelungen zur **Amtsführung** werden einer Rechtsverordnung vorbehalten, die das BMG mit Zustimmung des Bundesrates nach Anhörung der KBV, des SpiBuKK sowie der DKG zu erlassen hat (Abs. 3 S. 2 iVm. § 90 Abs. 3 S. 4, vgl. § 90 Rn. 9).

Nach Abs. 3 S. 1 haben die den G-BA bildenden Organisationen die **Kosten** 20 der von ihnen benannten Mitglieder zu tragen. Für alle übrigen Kosten, also insb. auch die Vergütungen der hauptamtlichen Unparteiischen, besitzt der G-BA eine **eigenständige Finanzierungsgrundlage** (Abs. 3 S. 1 iVm. § 139 c Abs. 1). Der G-BA verfügt damit über einen unabhängigen Haushalt und auch über begrenzte Einnahmehoheit (§ 139 c Abs. 1 S. 3). Die Finanzierung erfolgt über die vom G-BA in ihrer Höhe festgelegten Zuschläge für jeden abgerechneten Krankenhausfall und für jeden in der vertragsärztlichen/zahnärztlichen Versorgung abgerechneten Behandlungsfall. Grundlage ist ein nach Maßgabe des § 67 SGB IV aufzustellender und der Prüfung unterliegender (§ 88 SGB IV) Haushaltsplan (Abs. 8 S. 2), aus dem sich der Finanzbedarf ergibt.

Nach Abs. 8 S. 1 führt das BMG die **Aufsicht** über den G-BA. Es handelt sich 21 um eine Rechtsaufsicht (*Auktor*, H/K, §§ 91/92 Rn. 13; *Hess*, KK, § 91 Rn. 33; *Joussen*, Beck-OK, § 91 Rn. 11; *Lindemann*, W/E, § 91 Rn. 42). Dies ergibt sich aus der im Gesetz angelegten weitgehend autonomen Stellung des G-BA und seiner Mitglieder, lässt sich aber auch aus dem Verweis in Abs. 8 S. 2 auf die §§ 88, 89 SGB IV herleiten. Abs. 8 S. 1 **gilt nicht** für **Richtlinienentscheidungen,** sondern nur für sonstige Beschlüsse, die Rechnungsführung (§ 88 SGB IV) sowie für Organisations- und Geschäftsführungsentscheidungen (ausgenommen Erlass der Verfahrens- und Geschäftsordnung; vgl. Abs. 4 S. 2: spezieller Genehmigungsvorbehalt). Die Richtlinienentscheidungen unterliegen demgegenüber dem in § 94 Abs. 1 (ggf. iVm. § 137 c Abs. 2) speziell geregelten Rechtsaufsichtsverfahren (*Vahldiek*, H/N, § 91 Rn 21).

IV. Geschäfts- und Verfahrensordnung, Abs. 4

Nach Abs. 4 ist der G-BA aus Gründen der Transparenz und zur Konkretisie- 22 rung seiner Tätigkeitsgrundlagen (BT-Drs. 16/3100, 179) verpflichtet, eine Verfahrensordnung und eine Geschäftsordnung zu beschließen. In Anbetracht der Qualifizierung des G-BA als „Rechtssetzungseinrichtung" (BT-Drs. 16/3100, 178) erscheinen die insgesamt doch eher **rudimentären Vorgaben** insb. zur Verfahrensordnung verfassungsrechtlich **nicht unproblematisch** (krit. auch *Lindemann*, W/E, § 91 Rn. 36). Jedenfalls auf der Prämisse einer außenrechtlich verbindlichen Normwirkung der RLen des G-BA als Gesetz im materiellen Sinne (§ 92 Rn. 7 ff.), wie sie Abs. 6 zugrunde liegt, wäre angesichts der vagen gesetzlichen Steuerung in materieller Hinsicht eine präzisere verfahrensrechtliche Steuerung angezeigt. Der in Abs. 4 S. 2 statuierte Genehmigungsvorbehalt des BMG kann dieses gesetzgeberische Desiderat nicht ausgleichen, weil § 91 nicht einmal Grundlinien bestimmt und sich der Vorbehalt nur auf eine Rechtsaufsicht beschränkt.

In der **Verfahrensordnung** (VerfO-G-BA) hat der G-BA gem. Abs. 4 S. 1 23 Nr. 1 Regelungen zu beschließen, die mindestens die hier zugleich statuierten Vorgaben berücksichtigen (kritisch: *Schimmelpfeng-Schütte*, HVAR, § 7 Rn. 35 ff.). Zu regeln sind die **methodischen Anforderungen** an die wissenschaftliche sektorübergreifende Bewertung des Nutzens, der Notwendigkeit und der Wirtschaftlichkeit von Maßnahmen sowie die Anforderungen an die **fachliche Unabhängigkeit von Sachverständigen.** Schließlich bedarf es Bestimmungen über das

Verfahren der **Anhörung.** Derzeit gilt die Verfahrensordnung v. 20. 9. 2005 (BAnz. 2005, 16.998, zuletzt geändert am 18. 4. 2006 BAnz. 2006, 4876).

24 Die gesetzlich notwendigen Inhalte der **Geschäftsordnung** sind in Abs. 4 S. 1 Nr. 2 benannt. Die Geschäftsordnung dient der Regelung der internen Organisation und der Arbeitsabläufe des G-BA. Gesetzlich verlangt sind etwa Bestimmungen zur Geschäftsführung, wobei das SGB V nun erstmals auch eine **Geschäftsstelle** des G-BA voraussetzt. Eine solche hat der G-BA auf GO-Grundlage bereits ab Anfang 2004 errichtet und ihr die Erledigung der laufenden Geschäfte übertragen (§ 24 GO-G-BA); zuvor wurden diese Aufgaben noch von der Geschäftsstelle der KBV erledigt. Derzeit ist die GO-G-BA (BAnz. 2004, 7246) mit ihrer letzten Änderung am 18. 4. 2006 (BAnz. 2006, 5361) in Geltung.

V. Beschlussfassung, Abs. 5 und 7

25 Die Entscheidungen des Beschlussgremiums werden durch **Unterausschüsse** vorbereitet, denen die unparteiischen Mitglieder vorsitzen (Abs. 2 S. 7). Auf der Grundlage der Vorberatungen der Unterausschüsse trifft das Beschlussgremium sodann nach Maßgabe von Abs. 7 die maßgeblichen Beschlüsse. Die Beschlüsse werden mit der **Mehrheit der Mitglieder** gefasst. Ausnahmen durch die GO-G-BA sind allerdings zugelassen (S. 1). Durch den Verweis auf Abs. 2 S. 1 ist klargestellt, dass die Unparteiischen als Mitglieder zählen. Die Mehrheitsentscheidung mit der ausschlaggebenden Stimme des Vorsitzenden ist als systemgerechte Konfliktlösung bei Nichteinigung der beiden „Bänke" als Regel anzusehen (*Hess*, KK, § 91 Rn. 10). GO-Bestimmungen zu qualifizierten Quoren sind deshalb nur im begründeten Ausnahmefall möglich.

26 Nach Abs. 7 S. 2 muss für die Bereiche Arzneimittelversorgung und Qualitätssicherung grundsätzlich eine **sektorenübergreifende Beschlussfassung** erfolgen. Ausnahmen sind unter fachlich begründeten Gesichtspunkten zulässig („in der Regel"). Zur Auslegung kann § 137 Abs. 2 herangezogen werden, der eine Ausnahme erlaubt, wenn „die Qualität der Leistungserbringung nur durch sektorenbezogene RLen angemessen gesichert werden" kann. Dies wird man entsprechend auf Arzneimittel anwenden können.

27 Nach Abs. 7 S. 3 und 4 haben die **Unparteiischen** das gemeinsam auszuübende Recht zu einer **konstruktiven Intervention,** wenn sie einen Beschlussvorschlag für nicht sachgerecht halten. Das ist etwa der Fall, wenn die Beschlussvorlage die Interessen einer betroffenen Leistungserbringerseite unzureichend berücksichtigt oder eine vom Beschlussthema betroffene Seite sich mit ihren Argumenten bei der Erarbeitung einer Beschlussvorlage nicht ausreichend durchsetzen konnte (BT-Drs. 16/3100, 180). Den alternativen Beschlussvorschlag muss das Beschlussgremium dann bei der Entscheidung berücksichtigen, d. h. er muss inhaltlich beraten werden, und seine Ablehnung verlangt eine hinreichende Begründung.

28 Die **Sitzungen des Beschlussgremiums** sind nach Abs. 7 S. 5 idR. **öffentlich.** Das Öffentlichkeitsgebot bezieht sich auf die „Sitzungen", was die Abstimmungen einschließt. Mit der Einführung des Grundsatzes der Öffentlichkeit hat der G-BA die damit zusammenhängenden **Standards** zu beachten, welche sich zum Öffentlichkeitsprinzip, etwa der Parlamente oder Gemeindevertretungen, herausgebildet haben. Dabei geht es z. B. um die rechtzeitige Information über die Tagesordnung, die Gewährleistung des diskriminierungsfreien Zugangs zu den Sitzungen, Bereitstellung eines angemessenen Platzangebots, Zugang der Presse etc. „In der Regel" lässt **Ausnahmen** zu, die sich aber durch besondere Gründe

rechtfertigen müssen. Hierher gehören etwa die Befassung mit personenbezogenen, sensiblen Daten oder die Störung der Gremienarbeit. Im Einzelnen werden hier Regelungen in der Geschäftsordnung notwendig.

Nach Abs. 5 S. 1 haben die Arbeitsgemeinschaften der Ärzte-, Psychotherapeuten- und Zahnärztekammern auf Bundesebene ein **Anhörungsrecht** zu einem Beschluss, dessen Gegenstand die Berufsausübung der jeweiligen **Berufsgruppe** berührt. Normwortlaut und Begründung (BT-Drs. 15/1600, 14) lassen darauf schließen, dass ein Recht zur Stellungnahme nur bestehen soll, wenn die G-BA-Beschlüsse eine spezifische Berufsausübungsberührung aufweisen (vgl. § 34 VerfO-G-BA). Das ist etwa der Fall bei RLen zur Qualitätssicherung, zu DMP oder zur evidenzbasierten Methodenbewertung (Beispiele bei *Hess*, KK, § 91 Rn. 26). 29

Abs. 5 S. 2 stellt klar, dass die Beteiligungsrechte des Verbands der privaten Krankenversicherung, der Bundesärztekammer, der Berufsorganisationen der Pflegeberufe sowie der Bundespsychotherapeutenkammer nach „§ 137 Abs. 3 S. 7" bei RLen und Beschlüssen zur Qualitätssicherung unberührt bleiben. Richtigerweise muss der Verweis allerdings auf § 137 Abs. 3 S. 5 gehen. 30

VI. Rechtsverbindlichkeit der Beschlüsse, Abs. 6

Gem. Abs. 6 sind die Beschlüsse des G-BA für die KBVen, die DKG, den Spi-BuKK samt all deren Mitglieder und Mitgliedskassen sowie für die Versicherten und Leistungsträger verbindlich. Von der Verbindlichkeit ausgenommen werden nur die Beschlüsse zu § 137b (Feststellungen, Empfehlungen und Berichte zur Förderung der Qualitätssicherung) und zu § 137f (Empfehlungen für strukturierte Behandlungsprogramme bei chronischen Krankheiten an das BMG). 31

Die Verbindlichkeitsanordnung bezieht sich auf **„Beschlüsse"** des G-BA. Das sind **nur solche Entscheidungen des G-BA, die ihrem Inhalt nach darauf gerichtet sind, die Rechte der benannten Adressaten zu gestalten.** In erster Linie geht es hier also um die **RLen** des G-BA nach § 92. Nicht von dem Verbindlichkeitsanspruch erfasst wird die GO-G-BA als interne Regelung. Anders verhält es sich bei der **VerfO-G-BA**. Sie ist zwar überwiegend nicht unmittelbar auf die Gestaltung der Rechte der Adressaten gerichtet (Ausnahme aber etwa § 11 VerfO-G-BA). Dennoch wird man sie dem Regelungsbereich des Abs. 6 zuordnen müssen, weil die in ihr festgelegten Grundsätze der Bewertungsmethoden und ihrer Anwendung maßgeblich den Leistungsumfang der GKV mitbestimmen. Bisweilen enthält das SGB V spezielle Sonderregelungen zur Verbindlichkeit, die Abs. 6 ausschließen (vgl. etwa § 73 Abs. 5; § 137 Abs. 3 S. 6 iVm. Abs. 3 S. 1; § 35c S. 1). 32

„Verbindlich" iSd. des Abs. 6 meint nach der **Regelungsabsicht** des Gesetzgebers eine **unmittelbare Normverbindlichkeit** im Außenverhältnis, die auch maßstabsbildend für die Gerichte sein soll. Die Regelung will die Rspr. des BSG (vgl. § 92 Rn. 7) positivieren, die von solchem Verständnis der RLen ausgeht (vgl. BT-Drs. 15/1525, 107). Dieser Regelungswille des Gesetzgebers scheitert allerdings – jedenfalls im Hinblick auf die primär ins Visier genommenen Versicherten – an **verfassungsrechtlichen Grenzen.** Weder besitzt der G-BA eine hinreichende demokratische Legitimation zur materiellgesetzlichen Normsetzung, noch wäre eine solche mit dem Grundrechtsschutz der Versicherten und einem dem Art. 19 Abs. 4 GG entsprechenden Rechtsschutz vereinbar (vgl. § 92 Rn. 8, 16 ff.). 33

34 Auch soweit die Versicherten über die gesetzliche Konstruktion der §§ 92 Abs. 8 iVm. 217e Abs. 3 (der auch für die Versicherten die Geltung der vom Spitzenverband Bund abgeschlossenen Verträge anordnet) in die Verbindlichkeit der RLen geführt werden sollen, kann aus verfassungsrechtlichen Gründen nichts anderes gelten. Und schließlich führt auch die im Leistungsrecht vielfach statuierte Bezugnahme auf die RLen des G-BA (vgl. dazu die Nw. bei § 92 Rn. 7) für die betroffenen Leistungen zu keiner stärkeren Bindungswirkung. Allein eine veränderte Regelungstechnik rechtfertigt noch keine Delegation gestaltender Normgebung durch ein dazu nicht legitimiertes Organ.

35 Für die **an der ambulanten ärztlichen Versorgung teilnehmenden Leistungserbringer** zeigt Abs. 6 nur deklaratorische Wirkung. Ihnen gegenüber ist die Verbindlichkeit der RLen ohnehin bereits kumulativ über zwei Regelungsmechanismen sichergestellt. Sie leitet sich einmal aus § 92 Abs. 8 iVm. § 95 Abs. 3 S. 3 ab, wonach die RLen des G-BA kraft Gesetzes Bestandteil der Bundesmantelverträge – und die wiederum kraft Gesetzes (§ 82 Abs. 1 S. 2) Bestandteil der Gesamtverträge – sind (vgl. § 1 Abs. 3 BMV-Ä/§ 2 Abs. 14 BMV-EKV), welche für den Vertragsarzt Verbindlichkeit haben. Zudem ergibt sich die Bindungswirkung aus der Satzung der KVen. Nach § 81 Abs. 3 Nr. 2 müssen diese Bestimmungen enthalten, nach denen die RLen für die KVen und ihre Mitglieder verbindlich sind.

36 Auch für die **KKen** folgt quasi spiegelbildlich die Bindungswirkung als Vertragspartner der RLen bereits aufgrund ihrer gesetzlichen Inkorporation in den Bundesmantelvertrag. Nach § 217e Abs. 2 gelten die vom SpiBuKK abgeschlossenen Verträge für die Mitgliedskassen und die Landesverbände der KKen. § 210 Abs. 2 bestimmt zudem, dass die Satzungen der Landesverbände der KKen Bestimmungen darüber enthalten müssen, dass die zwischen dem SpiBuKK zu schließenden Verträge und die RLen des G-BA für die Landesverbände und ihre Mitgliedskassen verbindlich sind.

37 Für die **Krankenhäuser** ergibt sich neben der mittelbaren Bindungswirkung über die vertraglichen Vereinbarungen mit den Landesverbänden der KKen (§§ 109, 112) zT. eine gesondert angeordnete Bindung an Beschlüsse des G-BA etwa aus §§ 137, 137c. Für den Sektor der **Heilmittelerbringer** ergibt sich eine Rechtsbindung an die RLen des G-BA über § 124 Abs. 2 Nr. 3 (iVm. §§ 92 Abs. 8, 82 Abs. 1 S. 2) und § 125 Abs. 1. Mittelbar wirken die einschlägigen RLen über §§ 127, 126, da für die vertragsschließenden Landesverbände der KKen eine unmittelbare Bindungswirkung besteht. Für den **Apothekensektor** zeigt sich die Bindungswirkung der RLen in § 129 Abs. 2 und 3 sowie in Abs. 6.

§ 92 Richtlinien des Gemeinsamen Bundesausschusses

(1) **¹Der Gemeinsame Bundesausschuss beschließt die zur Sicherung der ärztlichen Versorgung erforderlichen Richtlinien über die Gewährung für eine ausreichende, zweckmäßige und wirtschaftliche Versorgung der Versicherten; dabei ist den besonderen Erfordernissen der Versorgung behinderter oder von Behinderung bedrohter Menschen und psychisch Kranker Rechnung zu tragen, vor allem bei den Leistungen zur Belastungserprobung und Arbeitstherapie; er kann dabei die Erbringung und Verordnung von Leistungen einschließlich Arzneimitteln oder Maßnahmen einschränken oder ausschließen, wenn nach allgemein anerkanntem Stand der medizinischen Erkenntnisse der diagnostische oder therapeutische Nutzen, die medizinische Notwendigkeit oder die Wirtschaftlichkeit nicht nachgewiesen sind sowie wenn insbesondere ein Arz-**

neimittel unzweckmäßig oder eine andere, wirtschaftlichere Behandlungsmöglichkeit mit vergleichbarem diagnostischem oder therapeutischem Nutzen verfügbar ist. ²Er soll insbesondere Richtlinien beschließen über die
1. ärztliche Behandlung,
2. zahnärztliche Behandlung einschließlich der Versorgung mit Zahnersatz sowie kieferorthopädische Behandlung,
3. Maßnahmen zur Früherkennung von Krankheiten,
4. ärztliche Betreuung bei Schwangerschaft und Mutterschaft,
5. Einführung neuer Untersuchungs- und Behandlungsmethoden,
6. Verordnung von Arznei-, Verband-, Heil- und Hilfsmitteln, Krankenhausbehandlung, häuslicher Krankenpflege und Soziotherapie,
7. Beurteilung der Arbeitsunfähigkeit,
8. Verordnung von im Einzelfall gebotenen Leistungen zur medizinischen Rehabilitation und die Beratung über Leistungen zur medizinischen Rehabilitation, Leistungen zur Teilhabe am Arbeitsleben und ergänzende Leistungen zur Rehabilitation,
9. Bedarfsplanung,
10. medizinische Maßnahmen zur Herbeiführung einer Schwangerschaft nach § 27a Abs. 1,
11. Maßnahmen nach den §§ 24a und 24b,
12. Verordnung von Krankentransporten,
13. Qualitätssicherung,
14. spezialisierte ambulante Palliativversorgung,
15. Schutzimpfungen.

(1a) ¹Die Richtlinien nach Absatz 1 Satz 2 Nr. 2 sind auf eine ursachengerechte, zahnsubstanzschonende und präventionsorientierte zahnärztliche Behandlung einschließlich der Versorgung mit Zahnersatz sowie kieferorthopädischer Behandlung auszurichten. ²Der Gemeinsame Bundesausschuss hat die Richtlinien auf der Grundlage auch von externem, umfassendem zahnmedizinisch-wissenschaftlichem Sachverstand zu beschließen. ³Das Bundesministerium für Gesundheit kann dem Gemeinsamen Bundesausschuss vorgeben, einen Beschluss zu einzelnen dem Bundesausschuss durch Gesetz zugewiesenen Aufgaben zu fassen oder zu überprüfen und hierzu eine angemessene Frist setzen. ⁴Bei Nichteinhaltung der Frist fasst eine aus den Mitgliedern des Bundesausschusses zu bildende Schiedsstelle innerhalb von 30 Tagen den erforderlichen Beschluss. ⁵Die Schiedsstelle besteht aus dem unparteiischen Vorsitzenden, den zwei weiteren unparteiischen Mitgliedern des Bundesausschusses und je einem von der Kassenzahnärztlichen Bundesvereinigung und dem Spitzenverband Bund der Krankenkassen bestimmten Vertreter. ⁶Vor der Entscheidung des Bundesausschusses über die Richtlinien nach Absatz 1 Satz 2 Nr. 2 ist den für die Wahrnehmung der Interessen von Zahntechnikern maßgeblichen Spitzenorganisationen auf Bundesebene Gelegenheit zur Stellungnahme zu geben; die Stellungnahmen sind in die Entscheidung einzubeziehen.

(1b) Vor der Entscheidung des Gemeinsamen Bundesausschusses über die Richtlinien nach Absatz 1 Satz 2 Nr. 4 ist den in § 134 Abs. 2 genannten Organisationen der Leistungserbringer auf Bundesebene Gelegenheit zur Stellungnahme zu geben; die Stellungnahmen sind in die Entscheidung einzubeziehen.

(2) ¹Die Richtlinien nach Absatz 1 Satz 2 Nr. 6 haben Arznei- und Heilmittel unter Berücksichtigung der Festbeträge nach § 35 oder § 35a so zusammenzustellen, daß dem Arzt der Preisvergleich und die Auswahl therapiegerechter Verordnungsmengen ermöglicht wird. ²Die Zusammenstellung der Arzneimit-

tel ist nach Indikationsgebieten und Stoffgruppen zu gliedern. [3]Um dem Arzt eine therapie- und preisgerechte Auswahl der Arzneimittel zu ermöglichen, sind zu den einzelnen Indikationsgebieten Hinweise aufzunehmen, aus denen sich für Arzneimittel mit pharmakologisch vergleichbaren Wirkstoffen oder therapeutisch vergleichbarer Wirkung eine Bewertung des therapeutischen Nutzens auch im Verhältnis zum jeweiligen Apothekenabgabepreis unter Berücksichtigung der Rabatte nach § 130a Abs. 1 und 3b und damit zur Wirtschaftlichkeit der Verordnung ergibt; § 73 Abs. 8 Satz 3 bis 6 gilt entsprechend. [4]Um dem Arzt eine therapie- und preisgerechte Auswahl der Arzneimittel zu ermöglichen, können ferner für die einzelnen Indikationsgebiete die Arzneimittel in folgenden Gruppen zusammengefaßt werden:
1. Mittel, die allgemein zur Behandlung geeignet sind,
2. Mittel, die nur bei einem Teil der Patienten oder in besonderen Fällen zur Behandlung geeignet sind,
3. Mittel, bei deren Verordnung wegen bekannter Risiken oder zweifelhafter therapeutischer Zweckmäßigkeit besondere Aufmerksamkeit geboten ist.

[5]Sachverständigen der medizinischen und pharmazeutischen Wissenschaft und Praxis sowie der Arzneimittelhersteller und der Berufsvertretungen der Apotheker ist Gelegenheit zur Stellungnahme zu geben; bei der Beurteilung von Arzneimitteln der besonderen Therapierichtungen sind auch Stellungnahmen von Sachverständigen dieser Therapierichtungen einzuholen. [6]Die Stellungnahmen sind in die Entscheidung einzubeziehen. [7]In den Richtlinien nach Absatz 1 Satz 2 Nr. 6 können auch Therapiehinweise zu Arzneimitteln außerhalb von Zusammenstellungen gegeben werden; die Sätze 3 und 4 sowie Absatz 1 Satz 1 dritter Halbsatz gelten entsprechend.

(3) [1]Für Klagen gegen die Zusammenstellung der Arzneimittel nach Absatz 2 gelten die Vorschriften über die Anfechtungsklage entsprechend. [2]Die Klagen haben keine aufschiebende Wirkung. Ein Vorverfahren findet nicht statt. [3]Eine gesonderte Klage gegen die Gliederung nach Indikationsgebieten oder Stoffgruppen nach Absatz 2 Satz 2, die Zusammenfassung der Arzneimittel in Gruppen nach Absatz 2 Satz 4 oder gegen sonstige Bestandteile der Zusammenstellung nach Absatz 2 ist unzulässig.

(3a) Vor der Entscheidung über die Richtlinien zur Verordnung von Arzneimitteln nach Absatz 1 Satz 2 Nr. 6 ist den für die Wahrnehmung der wirtschaftlichen Interessen gebildeten maßgeblichen Spitzenorganisationen der pharmazeutischen Unternehmer und der Apotheker sowie den maßgeblichen Dachverbänden der Ärztegesellschaften der besonderen Therapierichtungen auf Bundesebene Gelegenheit zur Stellungnahme zu geben; die Stellungnahmen sind in die Entscheidung einzubeziehen.

(4) In den Richtlinien nach Absatz 1 Satz 2 Nr. 3 sind insbesondere zu regeln
1. die Anwendung wirtschaftlicher Verfahren und die Voraussetzungen, unter denen mehrere Maßnahmen zur Früherkennung zusammenzufassen sind,
2. das Nähere über die Bescheinigungen und Aufzeichnungen bei Durchführung der Maßnahmen zur Früherkennung von Krankheiten,
3. Einzelheiten zum Verfahren und zur Durchführung von Auswertungen der Aufzeichnungen sowie der Evaluation der Maßnahmen zur Früherkennung von Krankheiten.

(5) [1]Vor der Entscheidung des Gemeinsamen Bundesausschusses über die Richtlinien nach Absatz 1 Satz 2 Nr. 8 ist den in § 111b Satz 1 genannten Organisationen der Leistungserbringer, den Rehabilitationsträgern (§ 6 Abs. 1 Nr. 2 bis 7 des Neunten Buches) sowie der Bundesarbeitsgemeinschaft für Rehabilitation

Gelegenheit zur Stellungnahme zu geben; die Stellungnahmen sind in die Entscheidung einzubeziehen. ²In den Richtlinien ist zu regeln, bei welchen Behinderungen, unter welchen Voraussetzungen und nach welchen Verfahren die Vertragsärzte die Krankenkassen über die Behinderungen von Versicherten zu unterrichten haben.

(6) ¹In den Richtlinien nach Absatz 1 Satz 2 Nr. 6 ist insbesondere zu regeln
1. der Katalog verordnungsfähiger Heilmittel,
2. die Zuordnung der Heilmittel zu Indikationen,
3. die Besonderheiten bei Wiederholungsverordnungen und
4. Inhalt und Umfang der Zusammenarbeit des verordnenden Vertragsarztes mit dem jeweiligen Heilmittelerbringer.

²Vor der Entscheidung des Bundesausschusses über die Richtlinien zur Verordnung von Heilmitteln nach Absatz 1 Satz 2 Nr. 6 ist den in § 125 Abs. 1 Satz 1 genannten Organisationen der Leistungserbringer Gelegenheit zur Stellungnahme zu geben; die Stellungnahmen sind in die Entscheidung einzubeziehen.

(6a) ¹In den Richtlinien nach Absatz 1 Satz 2 Nr. 1 ist insbesondere das Nähere über die psychotherapeutisch behandlungsbedürftigen Krankheiten, die zur Krankenbehandlung geeigneten Verfahren, das Antrags- und Gutachterverfahren, die probatorischen Sitzungen sowie über Art, Umfang und Durchführung der Behandlung zu regeln. ²Die Richtlinien haben darüber hinaus Regelungen zu treffen über die inhaltlichen Anforderungen an den Konsiliarbericht und an die fachlichen Anforderungen des den Konsiliarbericht (§ 28 Abs. 3) abgebenden Vertragsarztes. ³Sie sind erstmalig zum 31. Dezember 1998 zu beschließen und treten am 1. Januar 1999 in Kraft.

(7) ¹In den Richtlinien nach Absatz 1 Satz 2 Nr. 6 sind insbesondere zu regeln
1. die Verordnung der häuslichen Krankenpflege und deren ärztliche Zielsetzung,
2. Inhalt und Umfang der Zusammenarbeit des verordnenden Vertragsarztes mit dem jeweiligen Leistungserbringer und dem Krankenhaus,
3. die Voraussetzungen für die Verordnung häuslicher Krankenpflege und für die Mitgabe von Arzneimitteln im Krankenhaus im Anschluss an einen Krankenhausaufenthalt.

²Vor der Entscheidung des Gemeinsamen Bundesausschusses über die Richtlinien zur Verordnung von häuslicher Krankenpflege nach Absatz 1 Satz 2 Nr. 6 ist den in § 132a Abs. 1 Satz 1 genannten Leistungserbringern Gelegenheit zur Stellungnahme zu geben; die Stellungnahmen sind in die Entscheidung einzubeziehen.

(7a) Vor der Entscheidung des Gemeinsamen Bundesausschusses über die Richtlinien zur Verordnung von Hilfsmitteln nach Absatz 1 Satz 2 Nr. 6 ist den in § 128 Abs. 1 Satz 4 genannten Organisationen der betroffenen Leistungserbringer und Hilfsmittelhersteller auf Bundesebene Gelegenheit zur Stellungnahme zu geben; die Stellungnahmen sind in die Entscheidung einzubeziehen.

(7b) ¹Vor der Entscheidung über die Richtlinien zur Verordnung von spezialisierter ambulanter Palliativversorgung nach Absatz 1 Satz 2 Nr. 14 ist den maßgeblichen Organisationen der Hospizarbeit und der Palliativversorgung sowie den in § 132a Abs. 1 Satz 1 genannten Organisationen Gelegenheit zur Stellungnahme zu geben. ²Die Stellungnahmen sind in die Entscheidung einzubeziehen.

§ 92

(7 c) **Vor der Entscheidung über die Richtlinien zur Verordnung von Soziotherapie nach Absatz 1 Satz 2 Nr. 6 ist den maßgeblichen Organisationen der Leistungserbringer der Soziotherapieversorgung Gelegenheit zur Stellungnahme zu geben; die Stellungnahmen sind in die Entscheidung einzubeziehen.**

(8) **Die Richtlinien des Gemeinsamen Bundesausschusses sind Bestandteil der Bundesmantelverträge.**

Schrifttum: *J. Becker,* Off-Label-Use – Arzneimittelversorgung in der gesetzlichen Krankenversicherung nur bei Todesgefahr?, SGb 2004, 594; *D. Boerner,* Kooperative Normgebung im staatlich gesetzten Rahmen, Schmehl/Wallrabenstein II, 1; *D. Bronner/K. Fortelka,* Gemeinsamer Bundesausschuss – Bewertung der Strukturveränderungen durch das GKV-WSG, Ersk. 2007, 150; *H. Butzer/M. Kaltenborn,* Die demokratische Legitimation des Bundesausschusses der Ärzte und Krankenkassen, MedR 2001, 333; *J. Castendiek,* Versichertenbeteiligung und Demokratie im Normenkonzept der Richtlinien des Bundesausschusses, NZS 2001, 71; *E. Deutsch,* Die Wissenschaftsklausel im Privatversicherungsrecht, VersR 2006, 1472; *K. Engelmann,* Untergesetzliche Normsetzung im Recht der gesetzlichen Krankenversicherung durch Verträge und Richtlinien, NZS 2000, 1, 76; *R. Francke/D. Hart,* Bewertungskriterien und -methoden nach dem SGB V, MedR 2008, 2; *dies.,* Die Leistungspflicht der gesetzlichen Krankenversicherung für Heilversuche, MedR 2006, 131; *dies.,* Off Label Use – Arzneimittelrechtliche, haftungsrechtliche, berufsrechtliche und sozialrechtliche Fragen, SGb 2003, 653; *K. Goecke,* Verfassungsrechtliche Vorgaben für die Leistungspflicht der Krankenkassen beim Off-Label-Use von Arzneimitteln, NZS 2006, 291; *P. Gödicke,* Erweiterte Leistungsansprüche auf Kosten der Erforschung künftiger Behandlungsmöglichkeiten?, NVwZ 2006, 774; *R. Großböltling/K.-H. Schnieder,* Kostenerstattung für neue Behandlungsmethoden im Rahmen der Gesetzlichen Krankenversicherung – Rechtsprechung des BSG im Wandel, MedR 1999, 405; *A. Hänlein,* Rechtsquellen im Sozialversicherungsrecht, 2000; *E. Hauck,* Gestaltung des Leistungsrechts der gesetzlichen Krankenversicherung durch das Grundgesetz? – Auswirkungen des Beschlusses des BVerfG vom 6. 12. 2005, NJW 2007, 1320; *T. Hebeler,* Verfassungsrechtliche Probleme „besonderer" Rechtsetzungsformen funktionaler Selbstverwaltung, DÖV 2002, 936; *I. Heberlein,* Paradigmenwechsel in der Krankenversicherung, VSSR 1999, 123; *H. M. Heinig,* Erweiterte Leistungsansprüche auf Kosten der Erforschung künftiger Behandlungsmöglichkeiten?, NVwZ 2006, 771; *A. Hess/R. Venter,* Das Gesetz über Kassenarztrecht, 1955; *T. Hiddemann,* Die Richtlinien des Bundesausschusses der Ärzte und Krankenkassen als Rechtsnormen, BKK 2001, 187; *S. Huster,* Anmerkung zu BVerfG v. 6. 12. 2005, 1 BvR 347/98, JZ 2006, 463; *N. Jachertz/S. Rabbata,* Gemeinsamer Bundesausschuss: Bewährungsprobe für die Selbstverwaltung, DÄBl. 2004, A 153; *T. Kingreen,* Gerichtliche Kontrolle von Kriterien und Verfahren im Gesundheitsrecht, MedR 2007, 457; *ders.,* Verfassungsrechtliche Grenzen der Rechtsetzungsbefugnis des Gemeinsamen Bundesausschusses im Gesundheitsrecht, NJW 2006, 877; *ders.,* Legitimation und Partizipation im Gesundheitswesen – Verfassungsrechtliche Kritik und Reform des Gemeinsamen Bundesausschusses, NZS 2007, 113; *U. Knispel,* Anm. zu BSG v. 7. 1. 2006, B 1 KR 24/06 R, SGb 2008, 48; *T. Koch,* Normsetzung durch Richtlinien des Bundesausschusses der Ärzte und Krankenkassen, SGb 2001, 109, 166; *M. Merten/T. Gerst,* Gemeinsamer Bundesausschuss: Hauptamtlich unparteiisch, DÄBl. 2007, A-914; *V. Neumann,* Das Verhältnis des Leistungsrechts zum Vertragsarztrecht, HVAR, § 13; *F. Ossenbühl,* Richtlinien im Vertragsarztrecht, NZS 1997, 497; *H. J. Papier,* Der Wesentlichkeitsgrundsatz – Am Beispiel des Gesundheitsreformgesetzes, VSSR 1990, 123; *V. Saalfrank/S. Wesser,* Die Pflicht der Gesetzlichen Krankenversicherung zur Leistung neuer Behandlungsmethoden, NZS 2008, 17; *R. Schimmelpfeng-Schütte,* Bundes- und Landesausschüsse, HVAR, § 7; *dies.,* Gesundheitsmodernisierungsgesetz (GMG) und Gestaltungsspielraum des Gesetzgebers, GesR 2004, 1; *dies.,* Soziale Gerechtigkeit und Gesundheitswesen, ZRP 2006, 180; *dies.,* Die Entscheidungsbefugnisse des Gemeinsamen Bundesausschusses, NZS 2006, 567; *R. Schlegel,* Gerichtliche Kontrolle von Kriterien und Verfahren, MedR 2008, 30; *R. Schmidt-De Caluwe,* Anmerkung zu BVerfG v. 6. 12. 2005, 1 BvR 347/98, SGb 2006, 611; *S. Seeringer,* Der Gemeinsame Bundesausschuss nach dem SGB V, 2005; *J. Taupitz,* Die Vertretung kollektiver Patienteninteressen, MedR 2003, 7; *U. Wenner,* Kassen müssen jetzt bei Schwerstkranken auch für nicht anerkannte Behandlungsverfahren aufkommen, SozSich. 2006, 174; *P. Wigge,* Legitimation durch Partizipation, NZS 2001, 578; *H. A. Wolff,* Die Legitimationsveränderungen des Richtlinienerlasses durch den Gemeinsamen Bundesausschuss auf der Grundlage des GKV-Modernisierungsgesetzes, NZS 2006, 281; *K. Ziermann*, Inhaltsbestimmung und Abgrenzung der Normsetzungskompetenzen des Gemeinsamen Bundesausschusses und der Bewertungsausschüsse im Recht der gesetzlichen Krankenversicherung, Berlin 2006.

Inhaltsübersicht

	Rn.
A. Überblick und Zweck	1
B. Grundlagen	2
I. Befugnis zum Richtlinienerlass, Abs. 1 S. 1	2
II. Allgemeine Vorgaben des Abs. 1 S. 1	5
III. Verbindlichkeit der Richtlinien	7
IV. Rechtsschutz gegen Richtlinien	16
C. Besondere Regelungen	19
I. Anforderungen an Richtlinien zur zahnärztlichen Versorgung, Abs. 1a	19
II. Preisvergleichsliste für Arznei- und Heilmittel, Abs. 2, und besonderer Rechtsschutz durch Anfechtungsklage, Abs. 3	20
III. Richtlinien zur Früherkennung von Krankheiten, Abs. 4	24
IV. Rehabilitationsrichtlinien, Abs. 5	25
V. Vorgaben für Heilmittelrichtlinien, Abs. 6 S. 1	27
VI. Richtlinien zur psychotherapeutischen Versorgung, Abs. 6a	28
VII. Richtlinien zur häuslichen Krankenpflege, Abs. 7 S. 1	29
VIII. Stellungnahmerechte der betroffenen, aber nicht im G-BA vertretenen Organisationen	30
D. Richtlinien als Bestandteil des Bundesmantelvertrages, Abs. 8	33
E. Überblick zum Stand der Richtliniengebung des G-BA	34

A. Überblick und Zweck

Die Vorschrift **beauftragt** und **ermächtigt** den G-BA zum Erlass von RLen, 1
die die gesetzlichen Kriterien zur Inanspruchnahme und Erbringung von Gesundheitsleistungen verbindlich konkretisieren und damit **Standards für die Gesundheitsversorgung im Rahmen der GKV** setzen sollen. Mit der Verpflichtung in Abs. 1 S. 1, die zur Sicherung der ärztlichen Versorgung erforderlichen RLen über die Gewährung einer ausreichenden, zweckmäßigen und wirtschaftlichen Versorgung der Versicherten zu beschließen, wird dem G-BA die Aufgabe übertragen, die unbestimmten Gesetzesbegriffe des **Stands der medizinischen Erkenntnisse** (§ 2 Abs. 1 S. 3) und des **Wirtschaftlichkeitsgebots** (§§ 12 Abs. 1, 70 Abs. 1 S. 2, 72 Abs. 2) durch konkretisierende Rechtsetzung **einheitlich handhabbar** zu machen. Die Richtliniengebung hat sich dabei ihrer Konkretisierungsfunktion entsprechend an den Qualitätsanforderungen aus §§ 2 Abs. 1 S. 2 u. 3, 70 Abs. 1 S. 1 und Abs. 2 zu orientieren.

B. Grundlagen

I. Befugnis zum Richtlinienerlass, Abs. 1 S. 1

Abs. 1 enthält eine **generell gehaltene Befugnisnorm** zum Richtlinienerlass 2
durch den G-BA. Sie ist sowohl thematisch als auch hinsichtlich der Ermächtigungsvoraussetzungen offen gestaltet. Zwar enthält Abs. 1 S. 2 einen Katalog von Regelungsbereichen, zu welchen RLen erlassen werden „sollen". Dieser Katalog ist jedoch nicht abschließend („insbesondere"). ZT. finden sich so Erweiterungen in speziellen Normen des SGB V (vgl. etwa §§ 116b Abs. 4, 135 Abs. 1 Nr. 2 u. 3).

§ 92

Die „Generalermächtigung" zum Erlass ergänzender RLen im gesamten Bereich der ärztlichen Versorgung, soweit dies nach den allgemeinen Vorgaben des Abs. 1 S. 1 erforderlich erscheint, erhält ihre **Grenzen** durch spezielle gesetzliche Kompetenzzuordnung an andere Akteure (vgl. etwa § 34 Abs. 2 – BMG; § 36 – Spitzenverband Bund; § 137 g – Bundesversicherungsamt; § 139 – Partner der Kollektivverträge).

3   Abs. 1 S. 1 enthält die grundlegenden **materiellen Vorgaben** für die Richtliniengebung durch den G-BA. Abzustellen ist auf den diagnostischen oder therapeutischen Nutzen, die medizinische Notwendigkeit und Wirtschaftlichkeit (ieS.) der Leistungen oder Arzneimittel, wobei der entscheidende Maßstab der allgemein anerkannte Stand der medizinischen Erkenntnisse ist. Die gesetzliche **Steuerungswirkung** zeigt sich insoweit **begrenzt**, wird jedoch partiell durch Anforderungen in den Folgeabsätzen gesteigert (Abs. 1 a für die zahnärztliche Versorgung, Abs. 2 für die Arznei- und Heilmittelversorgung, Abs. 4 für die Früherkennung, Abs. 6 für die Heilmittelverordnung, Abs. 6 a für die psychotherapeutische Versorgung, Abs. 7 für die häusliche Krankenpflege). Daneben finden sich weitere Konkretisierungen in einer Reihe von einschlägigen Sachbereichsnormen des Leistungsrechts (vgl. z. B. § 22 Abs. 5, § 25 Abs. 4 S. 2, § 26 Abs. 2, § 27 a Abs. 4, § 28 Abs. 2 S. 9, § 28 Abs. 3 S. 1, § 29 Abs. 4 S. 1, § 31 Abs. 1 S. 2, § 32 Abs. 1 S. 2, § 33 Abs. 1 S. 2 u. 6, § 33 Abs. 3 S. 2, § 33 Abs. 4 Hs. 2, § 34 Abs. 1 S. 2, § 34 Abs. 1 S. 9, § 34 Abs. 3 S. 4, § 35 Abs. 1 S. 1, § 35 Abs. 1 S. 5, § 35 c S. 4, § 37 a Abs. 2, § 55 Abs. 1 S. 1, § 56 Abs. 1, § 60 Abs. 1 S. 3, § 62 Abs. 1 S. 4) und des Leistungserbringungsrechts (etwa § 25 Abs. 5, § 101 Abs. 1, § 116 b Abs. 4, § 129 Abs. 1 a, § 135 Abs. 1, § 136 Abs. 2 S. 2, § 137, § 137 c Abs. 1); eine Vielzahl von Vorschriften setzen hier allerdings nur RLen voraus oder regeln deren Beachtungspflicht und tragen so zur inhaltlichen Steuerung der Richtlinieninhalte nichts bei (vgl. § 73 Abs. 5 u. 8, § 84 Abs. 2 S. 2 Nr. 4, § 95 Abs. 11 S. 1, § 99 Abs. 1, § 106 Abs. 5 b, § 115 b Abs. 1 S. 3, § 117 Abs. 2 S. 1, § 125 Abs. 1 S. 1, § 131 Abs. 4, § 132 a, § 132 b, § 138).

4   Bei genauerer Betrachtung **täuscht** diese Normenvielfalt eine gesetzlich **eng geführte Steuerung** eher **vor**, als dass sie solche tatsächlich erkennbar wird. Zumeist sind in den genannten Einzelnormen keine genaueren Regelungsvorgaben enthalten, sondern wird auch dort mit allgemeinen Wertungsbegriffen hantiert (z. B. „besonders schwere Fälle" in § 28 Abs. 2 S. 9; „medizinisch notwendige Fälle" in § 31 Abs. 1 S. 2; nach § 33 Abs. 3 S. 2 „bestimmt" der G-BA schlicht, bei welchen Indikationen Kontaktlinsen verordnet werden; insb. bei den sog. Verboten mit Erlaubnisvorbehalt der §§ 135 Abs. 1, 138 lassen sich keine über § 92 Abs. 1 hinausgehenden materiellen Determinanten erkennen). Es ist also keineswegs so, dass die vom G-BA zu erlassenden RLen „in aller Regel normativ soweit vorstrukturiert (sind), dass sie sich weitgehend auf eine messbar richtige Gesetzesdurchführung beschränken" (so *Engelmann*, NZS 2000, 76/81; ähnlich *Hiddemann*, Die BKK 2001, 187/194; *Beier*, jurisPK, § 92 Rn. 43). Treffender kann wohl insgesamt von einer nur „sanften" Steuerung (*Kingreen*, NZS 2007, 113/116) gesprochen werden. Genau dies entspricht dem Zweck der Übertragung von Entscheidungskompetenzen, das Parlament und den Verordnungsgeber vom Regelungsaufwand en detail zu entlasten. Der **G-BA** verfügt mithin aufgrund seiner Richtlinienkompetenz über ein **erhebliches Gestaltungspotential**, weil die Entscheidung darüber, ob beispielsweise eine Therapie notwendig, ein Arzneimittel wirtschaftlich, oder ein Heilmittel von medizinischem Nutzen ist etc., nur zum Teil gesetzlich genauer programmiert wird. Hinzu kommt, dass als anzule-

gender Maßstab gesetzlich zwar der allgemein anerkannte Stand der medizinischen Erkenntnis vorgegeben wird, das Verfahren und die Methode der Feststellung des medizinischen Nutzens und der Kosten-Nutzen-Abwägung aber ebenfalls vom G-BA nach § 91 Abs. 4 Nr. 1 bestimmt wird (vgl. dazu § 91 Rn. 22). Der G-BA hat sich insoweit für eine Orientierung an den Grundsätzen der **evidenzbasierten Medizin** entschieden (vgl. §§ 18 ff. VerfO-GBA).

II. Allgemeine Vorgaben des Abs. 1

Der G-BA hat die Aufgabe und Befugnis, die in Abs. 1 S. 1 genannten allgemeinen Vorgaben durch RLen in den einzelnen Versorgungsbereichen zu konkretisieren. Bei der **Feststellung** des allgemein anerkannten **Standes der medizinischen Erkenntnisse** unter Berücksichtigung des medizinischen Fortschritts und der daraus folgenden Nutzenbewertung hat der G-BA über bestimmte Methoden nicht selbst zu entscheiden. Seine Aufgabe ist es vielmehr, sich einen Überblick über die veröffentlichte Literatur und die Meinung der einschlägigen Fachkreise zu verschaffen und danach anhand der Kriterien der evidenzbasierten Medizin festzustellen, ob ein hinreichend untermauerter Konsens über die Qualität und Wirksamkeit der in Rede stehenden Behandlungsweise besteht (BSG, SozR 4–2500, § 135 Nr. 1 S. 3; *Schlegel*, MedR 2008, 30/32; krit.: *Kingreen*, MedR 2007, 457/459). Erst im Hinblick auf die mit dem **Wirtschaftlichkeitsgebot** (§ 12) einhergehende **Kosten-Nutzen-Abwägung** erfolgt eine begrenzt eigenständige Beurteilung. 5

Bei der Richtliniengebung muss der G-BA den besonderen Erfordernissen der Versorgung behinderter, von **Behinderung** bedrohter Menschen und **psychisch Kranker** (vgl. auch § 27 Abs. 1 S. 3) Rechnung tragen (Abs. 1 S. 1 Hs. 2). Dies soll insb. bei den RLen über Belastungserprobung und Arbeitstherapie gelten, aber prinzipiell gilt die Anforderung für sämtliche RLen. Dies verlangt, die Interessen der genannten Personengruppen stets im Auge zu behalten und in allen Fällen zu berücksichtigen, in denen abweichende Regelungen erforderlich werden. Unmittelbare Auswirkungen auf das Leistungsrecht sind jedoch kaum zu erwarten, solange die leistungsrechtlichen Bestimmungen nicht erweitert werden (*Hess*, KK, § 92 Rn. 4). 6

III. Verbindlichkeit der Richtlinien

Das **BSG** geht seit dem „Methadonurteil" (BSGE 78, 70) von der **normgleichen Verbindlichkeit der RLen** des G-BA aus: „An die Entscheidungen des Bundesausschusses über den Ausschluss bestimmter Methoden sind Verwaltung und Gerichte im Grundsatz ebenso gebunden, wie wenn die Entscheidung vom Gesetzgeber selbst getroffen worden wäre" (BSG, SozR 4–2500, § 27 Nr. 8 Rn. 15). Der angenommene Normcharakter bildet den zentralen Baustein einer Dogmatik des Leistungsanspruchs in der GKV als „Rahmenrecht", welches erst durch die Konkretisierung des gesetzlichen Rahmens mittels RLen und sodann durch der ärztliche Diagnose und Therapieentscheidung zu einem Anspruch iSd. § 194 BGB/§ 38 SGB I erwächst. § 27 Abs. 1 gewährt dem Versicherten danach nur einen Anspruch dem Grunde nach, verlangen kann er letztlich nur solche Versorgungsleistungen, die in den RLen als Leistung vorgesehen sind (BSGE 82, 158/161). Dieses Modell (zur Kritik vgl. *Neumann*, HVAR, § 13 Rn. 14 ff.) setzt die Annahme voraus, dass es sich bei den RLen nicht nur um Innenrecht iSv. Ver- 7 waltungsrichtlinien handelt, sondern um auch für die Versicherten verbindliche Außenrechtsnormen. Ergänzt wurde dieser Ansatz zwischenzeitlich noch durch eine auf ein Minimum **reduzierte gerichtliche Kontrollintensität** gegenüber den RLen. Geprüft wurde allein noch die Ordnungsgemäßheit des Erlassverfahrens (BSG, SozR 4–2500, § 135 Nr. 1 Rn. 7; BSG, SozR 4–2400, § 89 Nr. 3 Rn. 23) und das mögliche Vorliegen eines „**Systemversagens**" (vgl. BSG, SozR 3–2500, § 135 Nr. 4 S. 17; BSG, SozR 3–2500, § 27a Nr. 3 S. 35; BSG, SozR 3–2500, § 92 Nr. 12 S. 71; BSG, SozR 4–2500, § 89 Nr. 3 Rn. 23); hier ist jedoch mittlerweile eine Korrektur durch den 1. Senat erfolgt (vgl. BSG, SozR 4–2500, § 27 Nr. 12 Rn. 18).

8   Das BVerfG sah diese Zurücknahme der Kontrolldichte bereits in seinen Beschlüssen aus den Jahren 2002 und 2004 (BVerfG, NZS 2003, 253; NZS 2004, 527) als **unvereinbar mit Art. 19 Abs. 4 iVm. Art. 2 Abs. 2 GG** an und forderte eine eingehende materiellrechtliche Prüfung durch die Sozialgerichte. Dabei kann das mit Art. 19 Abs. 4 GG zu verteidigende subjektive Recht nur der Leistungsanspruch des Versicherten sein, der, wenn er sich gegenüber anspruchsnegierenden RLen durchzusetzen vermag, nicht von diesen abhängig sein kann. Nunmehr prüft das BVerfG schlicht unabhängig vom Richtlinienrecht des G-BA, ob am Maßstab der „gesetzlichen Zusage" einer notwendigen Krankheitsbehandlung durch das SGB V, maW. des an § 2 Abs. 1 S. 3 orientierten und grundrechtsdeterminierten (Rn. 17 Sp. 4) Leistungsanspruchs aus § 27, eine „Versorgungslücke" besteht (BVerfG, SozR 4–2500, § 27 Nr. 5 Rn. 34; bestätigt und ausgebaut in BVerfG, B. v. 29.11.2007–1 BvR 2496/07, entgegen BSG SozR 4–2500 § 27 Nr. 12). Den **RLen** kann dabei ersichtlich **keine normverbindliche Maßstabsfunktion** zukommen, sondern umgekehrt wird ihnen nur eine Orientierungsfunktion zugebilligt, wenn und soweit sie mit dem gesetzlichen Maßstab vereinbar sind, diesen zutreffend oder zumindest vertretbar konkretisieren (*Schimmelpfeng-Schütte*, NZS 2006, 567, 570; *Schmidt-De Caluwe*, SGb 2006, 611 ff.).

9   Neben dieser grundrechtlich fundierten Flanke gegen eine umfassende Normbindungswirkung der RLen bleibt zu unterstreichen, dass der G-BA auch nicht über eine hinreichende **verfassungsrechtliche Legitimation** zur Normsetzung gegenüber den Versicherten verfügt, insofern also mit dem Demokratiegebot (Art. 20 Abs. 2 GG) unvereinbar ist (vgl. LSG Nieders-Bremen, NZS 2001, 32/ 32 ff.; *Butzer/Kaltenborn,* MedR 2001, 333/333 ff.; *Castendiek,* NZS 2001, 71/71 ff.; *Hänlein,* Rechtsquellen, 454 ff.; *Hebeler,* DÖV 2002, 936/936 f.; *Heberlein,* VSSR 1999, 123/149; *Kingreen,* NJW 2006, 877/880; *Koch,* SGb 2001, 166/166 ff.; *Lindemann,* W/E, § 92 Rn. 89 ff.; *Ossenbühl,* NZS 1997, 497/497 ff.; *Saalfrank/Wesser,* NZS 2008, 17/22 f.; *Schimmelpfeng-Schütte,* NZS 2006, 567/569; *Schmidt-Aßmann,* NJW 2001, 82/82 ff.; *Sodan,* NZS 2000, 581/581 ff.; *Taupitz,* MedR 2003, 7/11; *Wigge,* NZS 2001, 578/579; *Ziermann,* Normsetzungskompetenz des Gemeinsamen Bundesausschusses, 94 f.; aA. etwa *Axer,* Normsetzung der Exekutive in der Sozialversicherung, 115 ff., 269 ff.; *Boerner,* Schmehl/Wallrabenstein, 1 ff.; *Hess,* KK, § 92 Rn. 4; *Hiddemann,* BKK 2001, 187/187 ff.; *Seeringer,* Der Gemeinsame Bundesausschuss, 149 ff.). Sie könnte sich, da eine volksbezogene personelle Legitimation der Mitglieder des G-BA von vornherein ausscheidet, nur nach den für die sog. **funktionale Selbstverwaltung** geltenden Grundsätzen ergeben, der die kooperativen Strukturen der im System der GKV verbundenen Selbstverwaltungsträger zuzurechnen sind. Nach den insoweit grundlegenden Entscheidungen des BVerfG (BVerfGE 33, 125; 107, 59) ist das Demokratiegebot des Grundgesetzes durchaus offen für eine solche, vom Erfordernis lückenloser personeller demo-

kratischer Legitimation aller Entscheidungsbefugten abweichende Form der Organisation von Staatsgewalt. Es erlaubt Formen der Beteiligung von Betroffenen bei der Wahrnehmung öffentlicher Aufgaben. Funktionale Selbstverwaltung ergänzt und verstärkt insofern das demokratische Prinzip und kann als dessen Ausprägung verstanden werden, „soweit sie der **Verwirklichung** des übergeordneten Ziels der **freien Selbstbestimmung** aller dient" (BVerfGE 107, 59/92). Danach stehen das Demokratieprinzip in seiner traditionellen Ausprägung und die Selbstverwaltung als organisierte Beteiligung der sachnahen Betroffenen nicht im Gegensatz zueinander, weil in beiden Formen die sie verbindende Idee des sich selbst bestimmenden Menschen in einer freiheitlichen Ordnung (Art. 1 Abs. 1 GG) realisiert wird. Zweck der Selbstverwaltung ist die Ermöglichung eines wirksamen Mitspracherechts der Betroffenen, die Aktivierung verwaltungsexternen Sachverstands und die Erleichterung sachgerechten Interessenausgleichs, um die öffentlichen Ziele effektiver zu erreichen.

Vor diesem Hintergrund kommt es entscheidend auf eine hinreichende **Partizipation der Betroffenen** (d. h. insb. der Versicherten) in dem Gremium an. Das BSG beruft sich zwar zentral ebenfalls auf die Rspr. des BVerfG zur funktionalen Selbstverwaltung, doch dient dies vornehmlich als Vehikel, eine Grundlage für die apostrophierte unmittelbare Normwirkung zu erlangen (vgl. zuletzt BSG, SozR 4–2500, § 92 Nr. 5 Rn. 58), ohne überzeugend die damit vorausgesetzten partizipatorischen Anforderungen darzulegen. Eine Legitimationskette vom Versicherten zu den im G-BA sitzenden Mitgliedern der Krankenkassenseite kann insoweit nur vielfach gebrochen über eine mehrfache Stufenleiter mühsam konstruiert werden („Friedenswahlen" – § 46 SGB IV, Teilung der Organbesetzung mit Vertretern der Arbeitgeberseite, Mediatisierung über Delegationen via Landesverbände zum Spitzenverband Bund, Benennung der G-BA-Mitglieder), so dass letztlich allenfalls eine „homöopathische Dosis" von Betroffenenbeteiligung übrig bleibt. Die Mitglieder der KKen im G-BA stehen dort aber primär als Vertreter institutionalisierter Interessen der Kassen als Versicherungsunternehmen, die als gegenüber dem Versicherten Leistungsverpflichtete nicht ernsthaft zugleich als Vertreter der leistungsberechtigten Versicherten selbst angesehen werden können. Die mit dem GMG eingeführte Beteiligung von Patientenvertretern lässt sich so als Eingeständnis deuten, dass die Interessen der Versicherten als Leistungsberechtigte nicht ausreichend präsent sind. Sachlich ist dieser kaum noch sichtbare Einfluss im G-BA nochmals dadurch geschmälert, dass die Interessen der Versicherten in Ausgleich mit denjenigen der Leistungserbringer zu bringen sind und zudem noch drei Unparteiische maßgeblich mitentscheiden. Von einer irgendwie gearteten sachnahen Beteiligung der Betroffenen, welche noch mit der Idee der Selbstbestimmung in Verbindung zu bringen wäre, kann insgesamt keine Rede sein. Dies erfüllt ersichtlich nicht die Vorgaben, die das BVerfG für grundrechtseingreifende Rechtsetzung im Rahmen der Selbstverwaltung aufstellt, wonach jedenfalls bei empfindlichen Grundrechtseingriffen, um die es bei Entscheidungen über den Behandlungsanspruch geht, ein maßgeblicher Einfluss des Selbstverwaltungsorgans gesichert sein muss (BVerfGE 107, 59/59 ff.; BVerfGE 111, 191/191 ff.; überzeugend: *Wolff*, NZS 2006, 281/281 ff.). 10

Das **Manko der fehlenden personellen Legitimation** wird auch **nicht** durch Aspekte des allgemein-demokratischen, sachlichen Legitimationsniveaus des G-BA **ausgeglichen,** weil auch dieses auf niedrigem Niveau verharrt. Das Parlamentsgesetz begnügt sich in seinen Regelungsermächtigungen an den G-BA mit eher allgemeinen Formeln (vgl. Rn. 3 f.). Die ministerielle Aufsicht ist be- 11

§ 92

grenzt und primär auf eine Rechtsaufsicht hin ausgelegt (§ 94). An der in Bezug auf die Richtliniengebung erkennbaren „Untersteuerung" wesentlicher Grundlagenfragen scheitern so verschiedentlich vertretene duale Legitimationsmodelle, welche auf die gesetzgeberische Entscheidung zugunsten der Entscheidungsüberantwortung auf ein sachverständiges Gremium der organisierten Vermittlung gegenläufiger Interessen abstellen (vgl. etwa *Hase,* MedR 2006, 391/393 f.). Der Vorbehalt des Gesetzes steht einer Entäußerung grundlegender Entscheidungsbefugnisse durch das Parlament auch dann entgegen, wenn dies mit Argumenten für „sachgerechtere" Lösungen begründet wird. Allein durch Errichtung des G-BA als rechtsfähige Einheit der mittelbaren Staatsverwaltung können diese Mängel nicht ausgeglichen werden.

12 Aus Sicht der Versicherten geht es bei dem G-BA nicht um eine Form der sachnäheren Selbstverwaltung. Der G-BA zeigt sich vielmehr als ein professionelles, kollektiv organisiertes Verbändeorgan, welches von den Funktionseliten der vertretenen Organisationen mit Spezialisten besetzt wird. Dies muss für die Sachentscheidungen kein Nachteil sein, nur hat es mit Selbstverwaltung und demokratischer Entscheidungslegitimation wenig zu tun. Für die Versicherten zeigt sich die Richtliniengebung des G-BA damit als Form unzulässiger Fremdverwaltung. Die derzeitige Organisationsweise, die sich über eine lange Entwicklungszeit der stetig zunehmenden Kompetenzkonzentration beim G-BA herausgebildet hat, ist indes kein Zufallsprodukt, sondern folgt offenbar sachlichen Notwendigkeiten. Die Aufgabenfülle ist für den G-BA zu groß geworden, um noch als ein reines Sachverständigengremium zu agieren. Der G-BA trägt Züge eines fachpolitischen Zirkels, der in nicht geringem Maße systempolitische Entscheidungen trifft. Vor allem bei der dem G-BA zugewiesenen Wirtschaftlichkeitsbeurteilung von Versorgungsleistungen kann nur noch bedingt von der Vorstellung einer sachverständigen Gesetzeskonkretisierung ausgegangen werden. Hier sind Wertentscheidungen in Abwägung verschiedener Aspekte vorzunehmen (Gesundheit und Leben, finanzielle Belastbarkeit der Kassen, Beitragssatzhöhe), die normativ wenig determiniert sind (vgl. *Hase,* MedR 2006, 391/397; *Kingreen,* MedR 2007, 457/457 f.); es sind tendenziell politische Dezisionen, wie letztlich dem Gesetz bisweilen selbst deutlich zu entnehmen ist (vgl. etwa Kosten-Nutzen-Bewertung nach § 35 b). Nimmt man hinzu, dass von seinen Entscheidungen ca. 90 % der Bevölkerung betroffen sind und zudem über immense Summen aus dem allgemeinen Steueraufkommen (vgl. § 221) mitentschieden wird, erhöbe eine verbindliche Normsetzungskompetenz den G-BA zu einem Nebenparlament für die Angelegenheiten der Krankenversicherung, das keinerlei effektiver demokratischer Kontrolle zugänglich ist. Aus all diesen Gründen ist die Delegation einer **außenwirksamen Normsetzungsgewalt** an den G-BA **mit dem Grundgesetz nicht vereinbar.**

13 Das heißt nicht, dass die RLen des G-BA ihre das Leistungs- und Leistungserbringungsrecht steuernde Funktion verlieren. Der Leistungsumfang des SGB V zeigt sich sowohl für die Versicherten als auch für die Leistungserbringer notwendig konkretisierungsbedürftig und muss unter Berücksichtigung des Gleichbehandlungsgebots (Art. 3 Abs. 1 GG) näher bestimmt werden. In diesem Prozess der Konkretisierung spielen die RLen auf einer mittleren Ebene zwischen Gesetz und Diagnose bzw. Therapieentscheidung des Arztes eine wichtige, für das Funktionieren der GKV vielleicht unabdingbare Rolle. Sie haben dabei die Funktion der **Rechtsanwendungsvereinheitlichung,** können aber **keine Letztentscheidungswirkung** besitzen. Der G-BA ist insofern bei seiner Richtliniengebung

an die gesetzlichen Vorgaben gebunden. Ob er sie eingehalten hat, entscheiden letztverbindlich die Gerichte. Da diese nur an die Gesetze gebunden sind, steht ihnen zudem die Befugnis zu, den Leistungsanspruch des Versicherten im Einzelfall abweichend von den RLen zu bestimmen.

Auch die **„Verbindlichkeit"** der RLen gem. § 91 Abs. 6 kann sich – soll diese **14** Norm nicht verfassungswidrig sein – gegenüber den Versicherten nur als eine eingeschränkte, mittelbare Bindungswirkung **generell-abstrakter Verwaltungsvorschriften** darstellen (zur Bindungswirkung gegenüber den sonstigen Beteiligten der GKV vgl. § 91 Rn. 31 ff.). In Beziehung zu den Gerichten sind die RLen, soweit es um medizinisch-wissenschaftliche Aussagen geht, mit dem Argumentationsgewicht eines sachverständigen oder jedenfalls sachverständig beratenen Gremiums ausgestattet und deshalb insoweit tatsächlich beachtlich – als ihnen eine Indizfunktion (faktische Vermutung) hinsichtlich der Erfüllung oder Nichterfüllung der Voraussetzungen nach §§ 2, 12 Abs. 1 zukommt (*Saalfrank/Wesser*, NZS 2008, 17/24 f.) – ohne eine unmittelbare Rechtsbindungswirkung zu besitzen. Soweit es darüber hinaus notwendig um abwägend bewertende Entscheidungen insb. der Kosten-Nutzen-Beurteilung im Rahmen des Wirtschaftlichkeitsgebots geht (vgl. zur Abgrenzung sogleich) und der Bereich der rein sachverständigen Konkretisierung verlassen wird, kann sich eine Bindung zudem vermittelt über das Gleichbehandlungsgebot des Art. 3 Abs. 1 GG unter dem Gesichtspunkt der Selbstbindung der Verwaltung ergeben. Dies setzt jedoch einmal eine generell rechtmäßige Richtlinienentscheidung voraus und hat zum anderen zur Bedingung, dass der zu betrachtende Einzelfall keine atypischen Besonderheiten aufweist, die einer Gleichbehandlung entgegenstehen. Beides unterliegt grundsätzlich der gerichtlichen Überprüfung.

Hinzu kommen bei jedweder Art der Zurücknahme gesetzlicher Tatbestandssteuerung von grundrechtsrelevanten Verwaltungsentscheidungen, die mit einer Einschränkung gerichtlicher Kontrolle einhergehen, **erhöhte Anforderungen** **15** an das **Verfahren** der Entscheidungsfindung und an die **Organisation des Entscheidungsträgers.** Dies einmal deshalb, um Entscheidungsrichtigkeit zu gewährleisten, zum anderen aber auch, um Einbußen in effektivem Rechtsschutz iSd. Art. 19 Abs. 4 GG zu kompensieren. An beiden rechtsstaatlich gebotenen Bedingungen fehlt es vorliegend (ausführlich dazu mwN. *Kingreen*, MedR 2007, 457/463 f.). Insb. zeigt sich keine erforderliche Organadäquanz im Blick auf diejenigen Entscheidungskomponenten, für die überhaupt nur ein Beurteilungsspielraum des G-BA angenommen werden kann. Denn zwar kann der G-BA als sachverständiges Gremium im Hinblick auf fachmedizinische Entscheidungen angesehen werden. Aber gerade insoweit, also bei der Frage der Feststellung des Standes der medizinischen Wissenschaft, also des medizinischen Nutzens, hält nicht einmal das BSG einen Beurteilungs- oder Gestaltungsspielraum für gegeben (BSG, SozR 4-2500, § 92 Nr. 5 Rn. 68). Ein Gestaltungsspielraum wird vielmehr erst für die nachfolgende Kosten-Nutzen-Abwägung iSd. Wirtschaftlichkeitsgebots angenommen (vgl. auch *Francke/Hart*, MedR 2008, 1/4). Hierbei geht es jedoch nicht mehr (nur) um eine fachwissenschaftliche, sondern primär um eine gesundheitspolitische Entscheidung, bei der Aspekte des medizinischen Nutzens mit finanziellen Belastungen der Kassen, Beitragsbelastungen und damit gesamtgesellschaftlichen Interessen abzuwägen sind. Für diese vom Gesetzgeber dem G-BA übertragenen, aber nur vage programmierten und im Kern politischen Entscheidungen kommt es letztlich nicht auf fachmedizinische Kompetenz an, die deshalb auch einen Beurteilungsspielraum nicht legitimieren kann. Insofern lässt sich hier zwar durchaus feststellen, dass der Gesetzgeber dem G-BA Gestaltungsspielraum zu übertragen beabsichtigt, diese Delegation gesundheitspolitischer Entscheidungen auf ein dafür inadäquat besetztes Organ, welches sowohl außerhalb des allgemeinen wie auch des Diskurses der Entscheidungsbetroffenen steht, lässt die Verfassung für wesentliche, weil grundrechtsrelevante Bereiche aber nicht zu.

IV. Rechtsschutz gegen Richtlinien

16 Der Rechtsschutz gegen die RLen wird seitens der Rechtsprechung – abweichend von der hier vertretenen Auffassung – auf der Grundlage des angenommenen untergesetzlichen Rechtsnormcharakters behandelt. Eine prinzipale Normenkontrolle steht grundsätzlich nicht zur Verfügung. Die gerichtliche Überprüfung findet als **Inzidentkontrolle** im Rahmen von Anfechtungs- und Verpflichtungs- bzw. Leistungsklagen (§ 54 SGG) der Versicherten oder möglicherweise auch der Ärzte (Honorarkürzung, Regress) statt, soweit die belastenden Entscheidungen auf einer für rechtswidrig erachteten RL des G-BA beruhen. Für Leistungserbringer ist ansonsten jedenfalls der Weg über die Feststellungsklage (§ 55 SGG) eröffnet (grundlegend BSG, SGb 2006, 470/470 f.; vgl. auch BSG, ZfS 2006, 232/232 f. und BSG, KrV 2007, 29/29). Allerdings kann auch eine Leistungsklage in Betracht kommen (vgl. etwa BSGE 86, 223; SG Neubrandenburg v. 30. 11. 2006, S 4 KR 25/06). Als spezielle Möglichkeit eröffnet § 92 Abs. 3 für Leistungserbringer aus dem Arzneimittelbereich gegen die Preisvergleichsliste die Anfechtungsklage.

17 Auch die gerichtliche **Kontrolldichte** ist von der dogmatischen Einordnung der RLen abhängig. Geht man wie hier von Verwaltungsvorschriften aus, so ergibt sich eine grundsätzlich uneingeschränkte Prüfungskompetenz. Aber auch wenn man die RLen, wie das BSG, quasi wie Rechtsverordnungen behandelt (BSG, SozR 4–2500, § 27 Nr. 10 Rn. 20; BSG, SozR 4–2500, § 27 Nr. 12 Rn. 15), ist anerkanntermaßen nach der Rechtsprechung jedenfalls zu prüfen,
– ob eine **gesetzliche Ermächtigung** vorliegt, bzw. deren Grenzen eingehalten sind (BSG, SozR 4–2500, § 37 Nr. 5 Rn. 8 u. BSG, SozR 4–2500, § 37 Nr. 4 Rn. 16); so umfasst etwa die Richtlinienermächtigung nach § 92 Abs. 1 Nr. 5 iVm. § 135 Abs. 1 nur Behandlungs*methoden,* nicht aber singuläre ärztliche Behandlungen bei solch seltenen Krankheiten, die gerade als Methode systematisch gar nicht zu prüfen sind (sog. **Seltenheitsfälle**, vgl. BSG, SozR 4–2500, § 27 Nr. 1 Rn. 21);
– ob die maßgeblichen **Verfahrensvorschriften** eingehalten sind (BSG, SozR 3–2500, § 92 Nr. 7 S. 55 ff.; BSG, SozR 3–2500, § 103 Nr. 2 S. 15 ff.; BSG, NZS 1999, 187/187 ff. BSG, SozR 3–2500, § 27 Nr. 11 S. 45). Hier spielen neben der hinreichenden Ermittlung der Entscheidungsgrundlagen und der Ablaufkontrolle insb. die Beteiligungsrechte der betroffenen, aber nicht im G-BA vertretenen Organisationen eine Rolle (vgl. va. Abs. 1 a S. 6, Abs. 1 b, Abs. 2 S. 5, Abs. 3 a, Abs. 5, Abs. 6 S. 2, Abs. 7 S. 2, Abs. 7a–7c); vgl. dazu §§ 31 ff. VerfO-G-BA. Ihre Stellungnahmen sind nach dem Gesetz in die Entscheidung einzubeziehen, d. h. sie sind zu berücksichtigen und vom G-BA im Entscheidungsprozess begründet mit abzuwägen.
– ob ein Fall des so genannten **Systemversagens** vorliegt, was angenommen wird, wenn der G-BA ohne sachlichen Grund rechtswidrig nicht oder nicht rechtzeitig entschieden hat (vgl. etwa BSG, SozR 3–2500, § 135 Nr. 4 S. 21; BSG, NZS 2004, 99/100).

– ob der Richtlinieninhalt **mit höherrangigem Recht** vereinbar ist. Dabei kommen insb. die Grundrechte zum Tragen. So folgt aus Art. 2 Abs. 1 GG iVm. dem Sozialstaatsprinzip und Art. 2 Abs. 2 S. 1 GG die Verpflichtung, einem gesetzlich Krankenversicherten, für dessen **lebensbedrohliche** oder regelmäßig tödliche **Erkrankung** eine allgemein anerkannte, medizinischem Standard entsprechende medizinische Behandlung nicht zur Verfügung steht, die Leistung einer von ihm gewählten, ärztlich angewandten Behandlungsmethode unabhängig von nicht bestehenden oder auch entgegenstehenden Richtlinienregeln zu gewähren, wenn bei dieser eine nicht ganz entfernt liegende Aussicht auf Heilung oder auf eine spürbare positive Einwirkung auf den Krankheitsverlauf besteht (BVerfGE 115, 25/49; ferner BSG, SozR 4–2500, § 27 Nr. 7 Rn. 31; BSG, SozR 4–2500, § 31 Nr. 4 Rn. 30). Zu beachten ist, dass – von dem grundrechtlichen Ausgangspunkt her konsequent – mittlerweile durch die Rechtsprechung den lebensbedrohlichen Erkrankungen **wertungsmäßig vergleichbar schwere Befunde** gleichgesetzt werden. Das BSG erwägt eine solche Gleichstellung etwa für den Fall akut drohender Erblindung eines Kindes (BSG, SozR 4–2500, § 27 Nr. 10 Rn. 34) oder den Verlust eines nicht kompensierbaren wichtigen Organs oder einer herausgehobenen Körperfunktion (BSG, SozR 4–2500, § 31 Nr. 8 Rn. 20);

– ob im Falle einer schwerwiegenden Erkrankung eine Eröffnung des sog. **Off-Label-Use** angezeigt ist (grundlegend BSG, SozR 3–2500, § 31 Nr 8 S. 36 – „Sandoglobulin"). Ein Anspruch auf Behandlung mit dazu nicht zugelassenen Arzneimitteln kommt in Betracht, wenn eine lebensbedrohliche oder die Lebensqualität auf Dauer nachhaltig beeinträchtigende Erkrankung vorliegt, keine andere Therapie verfügbar ist und aufgrund der Datenlage die begründete Aussicht besteht, dass mit dem betreffenden Präparat kurativ oder palliativ ein Behandlungserfolg erzielt werden kann. Allerdings stellt das BSG an die Art der Erkrankung die weitere Anforderung, dass sie sich durch ihre Schwere oder Seltenheit vom Durchschnitt der Erkrankungen abhebt (BSG, SozR 4–2500, § 31 Nr. 5 Rn. 18; zur Kritik vgl. etwa *Becker*, SGb 2004, 594/594 ff.; *Francke/Hart*, SGb 2003, 653/658 ff.; *Goecke*, NZS 2006, 291/291 ff.). Vgl. nunmehr auch §§ 35 b Abs. 3, § 35 c.

Soweit das BSG dem G-BA bei der Richtliniengebung einen **Gestaltungsspielraum** zubilligt, kommt es für die sozialgerichtliche **Kontrollintensität** auf dessen Reichweite an. Die neuere Rechtsprechung des 1. Senats des BSG hat insofern seine vormals „provozierende" These aus dem Bioresonanztherapie-Urteil (BSG, SozR 4–2500, § 135 Nr. 1 Rn. 10) aufgegeben, wonach die in einem ordnungsgemäßen Verfahren getroffene Entscheidung, mit der der Bundesausschuss eine NUB von der Anwendung ausschließt, keiner inhaltlichen Prüfung unterliege. Die nunmehr wieder deutlich intensivere gerichtliche Kontrollkompetenz wird im Clopidogrel-Urteil (BSG, SozR 4–2500, § 92 Nr. 5 Rn. 67 ff.) zusammengefasst. Anknüpfend an die drei Stufen des Methodenprüfungsverfahrens, (1) Ermittlung des medizinischen Nutzens, (2) der medizinischen Notwendigkeit und (3) der Wirtschaftlichkeit, wird dem G-BA beim Richtlinienerlass nur auf der dritten Stufe ein Gestaltungsspielraum zugebilligt (vgl. bereits Rn. 15). Auf den ersten beiden Stufen ist das Gericht zur intensiven Prüfung befugt (vgl. dazu ua. *Kingreen*, MedR 2007, 457/461 ff.; *Knispel*, SGb 2008, 48/48 ff.; *Schlegel*, MedR 2008, 30/33). Der Gestaltungsspielraum des G-BA konzentriert sich nunmehr im Kern allein auf die Kosten-Nutzen-Abwägung iSd. des Wirtschaftlichkeitsgebots. Insoweit beschränkt sich die gerichtliche Prüfung dann grundsätzlich auf die Einhaltung der maßgeblichen **Verfahrens- und Formvorschriften**, auf das Vorliegen einer ausreichenden **Ermächtigungsgrundlage**, die Beachtung der **Grenzen des Gestaltungsspielraums** (BSG, SozR 4–2500, § 92 Nr. 5 Rn. 75) und auf eine inhaltliche **Plausibilitätsprüfung** (BVerfG, NZS 2004, 527/528).

C. Besondere Regelungen

I. Anforderungen an Richtlinien zur zahnärztlichen Versorgung, Abs. 1 a

19 Abs. 1 a ist einer der seltenen Fälle, in denen das Gesetz die allgemeine Ermächtigung zum Richtlinienerlass inhaltlich konkreter fasst. Für den Bereich der zahnärztlichen Versorgung soll der Gestaltungsraum des G-BA bewusst eingeschränkt werden (BT-Drs. 14/1245, 74). Angeordnet wird dazu zudem die Hinzuziehung von externem, umfassendem zahnmedizinisch-wissenschaftlichem Sachverstand (S. 2). Und schließlich wird der Einfluss des BMG gestärkt, wozu S. 3 eine über § 94 hinausgehende Möglichkeit bereitstellt. Das BMG kann danach dem G-BA unter Fristsetzung vorgeben, Beschlüsse zu gesetzlich zugewiesenen Aufgaben zu fassen. Kommt dem der G-BA nicht nach, sieht S. 4 die Bildung einer internen Schiedsstelle (S. 5: unparteiischer Vorsitzender, unparteiische Mitglieder des G-BA, je ein Vertreter der Zahnärzte und KKen) vor.

II. Preisvergleichsliste für Arznei- und Heilmittel, Abs. 2, und besonderer Rechtsschutz durch Anfechtungsklage, Abs. 3

20 Abs. 2 verpflichtet den G-BA zur Zusammenstellung einer Preisvergleichsliste für Arznei- und Heilmittel, um dem Arzt eine **therapie- und preisgerechte Auswahl** von Arzneimitteln und entsprechenden Verordnungsmengen zu ermöglichen (S. 1, 3, 4). Zwingend ist eine Gliederung nach Indikationsgebieten und Stoffgruppen vorgeschrieben (S. 3); fakultativ kann innerhalb der Indikationsgruppen gem. S. 4 noch patientengruppenorientiert nach den dort genannten Kriterien differenziert werden. Bei der Listenerstellung sind die Festbeträge nach §§ 35, 35 a zu berücksichtigen (S. 1). Zur **Wirtschaftlichkeitsbewertung** hat der G-BA zu den einzelnen Indikationsgruppen Hinweise aufzunehmen, in denen wirkstoff- bzw. wirkungsgleiche Arzneimittel ins Verhältnis zum Apothekenabgabepreis zu setzen sind. Dabei sind die Rabatte der pharmazeutischen Unternehmer (§ 130 a Abs. 1, Abs. 3 b) zu berücksichtigen (S. 3), um einer Ungleichbehandlung unter den pharmazeutischen Unternehmern, die rabattierte bzw. nicht rabattierte Arzneimittel in Verkehr bringen, vorzubeugen (BT-Drs. 16/3100, 134). Aufgrund der angeordneten entsprechenden Geltung des § 73 Abs. 8 S. 3–6 gelten weitere Maßgaben für die Listenerstellung, insb. die regelmäßige Aktualisierungspflicht. Zum in S. 5 geregelten Stellungnahmerecht vgl. Rn. 30 ff.

21 S. 7 ermächtigt den G-BA, in Arzneimittelrichtlinien auch außerhalb von Zusammenstellungen **Therapiehinweise** zum wirtschaftlichen Einsatz von bestimmten Arzneimitteln aufzunehmen. Der Gesetzgeber will damit einen „Gleichklang" mit den Vorgaben im Rahmen von Preisvergleichslisten sowie mit den Voraussetzungen für Verordnungseinschränkungen und -ausschlüsse (Abs. 1 Hs. 3) herstellen (BT-Drs. 16/691, 17). Auch hat er damit auf teilweise bestehende rechtliche Unsicherheiten hinsichtlich einer solchen Regelungsbefugnis reagiert

(vgl. ablehnend noch LSG NRW v. 19.1.2005, L 11 KA 103/03; anders dann BSG, SozR 4–2500, § 92 Nr. 5 Rn. 51).

Abs. 3 ermöglicht Rechtsschutz gegen die „Zusammenstellung der Arzneimittel" in einer Preisvergleichsliste nach Abs. 2 in Form einer **Anfechtungsklage.** Ein Vorverfahren findet nicht statt, und die Klage hat keine aufschiebende Wirkung. Bei entsprechendem Anordnungsgrund wird einstweiliger Rechtsschutz im Wege einer einstweiligen Anordnung nach § 86 b Abs. 2 SGG zuzulassen sein. Ausdrücklich ausgeschlossen wird indes die gesonderte Anfechtungsklage gegen die erfolgte Gliederung iSd. Abs. 2 S. 2 oder S. 4 oder sonstige Bestandteile der Liste (Abs. 3 S. 4). 22

Klagebefugt ist bei entsprechender Anwendung des § 54 Abs. 1 S. 2 SGG derjenige, der durch die Zusammenstellung der Preisvergleichsliste in seinen Rechten betroffen sein kann. Das ist regelmäßig das betroffene Pharmaunternehmen, wenn sein Arzneimittel ungünstiger platziert ist als Konkurrenzprodukte. Denn Art. 12 GG begründet ein Recht auf faire Teilhabe am Wettbewerb (vgl. dazu BSG, SozR 4–2500, § 35 Nr. 2 Rn. 3). Hingegen wird man nach Abs. 2 S. 5 anhörungsberechtigte Verbände nicht als klagebefugt nach Abs. 3 ansehen können. Eine Fehleinstufung kann deren eigene Rechte nicht berühren (aA. *Vahldiek,* H/N, § 92 Rn 13). Klagegegner ist der G-BA als Urheber der Preisvergleichsliste. Jedenfalls wenn ein Erfolg der Klage ernsthaft möglich erscheint, ist der Bund notwendig beizuladen, um hinsichtlich des Beanstandungsrechts des BMG nach § 94 eine rechtliche Bindung zu erreichen. Dagegen sind die KBV und der SpiBuKK nicht notwendig beizuladen. Der G-BA ist in seinen Entscheidungen diesen Organisationen gegenüber eigenständig (BSG, SozR 3–2500, § 92 Nr. 2 S. 16f.). 23

III. Richtlinien zur Früherkennung von Krankheiten, Abs. 4

Abs. 4 präzisiert den Richtlinienauftrag nach Abs. 1 S. 2 Nr. 3. Der G-BA hat nach Nr. 1 die Anwendung wirtschaftlicher Verfahren der Früherkennung und die Möglichkeiten der Zusammenfassung von Früherkennungsmaßnahmen zu regeln. Insb. die Zusammenfassung stößt auf praktische Schwierigkeiten, weil uU. für den Arzt fachfremde Untersuchungen erforderlich würden (vgl. dazu *Hess,* KK, § 92 Rn. 17); so weist auch bereits § 25 Abs. 4 S. 1 auf berufsrechtliche Grenzen hin. Nr. 2 verpflichtet dazu, in den einschlägigen RLen das Nähere über Bescheinigungen und Aufzeichnungen der Maßnahmendurchführung zu regeln. 24

IV. Rehabilitationsrichtlinien, Abs. 5

Abs. 5 S. 2 gibt dem G-BA den Auftrag, in Rehabilitations-RLen nach Abs. 1 S. 2 Nr. 8 die Einzelheiten der Unterrichtungspflicht der Vertragsärzte gegenüber den KKen im Hinblick auf Behinderungen der Versicherten zu regeln. Die Vorschrift ist vor dem Hintergrund der durch die KKen zu erbringenden Leistungen bei Behinderung (§§ 11 Abs. 2, 40, 43) zu verstehen. Reha-Leistungen sind regelmäßig gesondert zu beantragen und von der KK zu genehmigen. Die Rehabilitations-RL benennt indes keine besonderen Behinderungen, bei welchen eine spezielle Unterrichtungspflicht besteht. Geregelt wird vielmehr das allgemeine Verfahren der Zusammenarbeit. 25

Weitere inhaltliche Präzisierungen enthält das Gesetz nicht. Angesichts der Weite des in Abs. 1 S. 2 Nr. 8 beschriebenen Regelungsbereiches („Leistungen zur medizinischen Rehabilitation und die Beratung über Leistungen zur medizi- 26 nischen Rehabilitation, Leistungen zur Teilhabe am Arbeitsleben und ergänzende Leistungen zur Rehabilitation") ist das problematisch, zumal eine spezifische Sachkompetenz des G-BA in Bezug auf die Leistungen zur Teilhabe am Arbeitsleben nicht erkennbar ist (*Lindemann*, W/E, § 91 Rn. 36).

V. Vorgaben für Heilmittelrichtlinien, Abs. 6 S. 1

27 Abs. 6 bestimmt den notwendigen Inhalt der RLen im Heilmittelbereich. Vorgeschrieben ist ein Katalog verordnungsfähiger Heilmittel (Nr. 1), die Zuordnung der Heilmittel zu bestimmten Indikationen (Nr. 2), die Regelung von Besonderheiten bei Wiederholungsverordnungen (Nr. 3) sowie Inhalt und Umfang der Zusammenarbeit zwischen der verordnenden Vertragsärzten und dem jeweiligen Heilmittelerbringer (Nr. 4). Die Heilmittelrichtlinien bilden eine der Grundlagen für die gem. § 125 abzugebenden Rahmenempfehlungen für die einheitliche Versorgung der Versicherten mit Heilmitteln. Bei neuen Heilmitteln ist die Aufnahme in den Katalog verordnungsfähiger Heilmittel Voraussetzung für eine Verordnungsfähigkeit zulasten der KKen (§ 138).

VI. Richtlinien zur psychotherapeutischen Versorgung, Abs. 6 a

28 Nach Abs. 6 a ist in den RLen das Nähere über die psychotherapeutisch behandlungsbedürftigen Krankheiten, die zur Krankenbehandlung geeigneten Verfahren, das Antrags- und Gutachterverfahren, die probatorischen Sitzungen sowie über Art, Umfang und Durchführung der Behandlungen zu regeln (S. 1). Daneben ist aufgrund der gleichberechtigten Stellung der Psychotherapeuten mit den Vertragsärzten (§ 27 Abs. 1 S. 2 Nr. 1) das Konziliarverfahren (§ 28 Abs. 3 S. 2) zu regeln. Auffallend ist, dass dem G-BA die Befugnis übertragen wird, die behandlungsbedürftigen Krankheiten näher festzulegen (Beier, jurisPK, § 92 Rn. 72). Nach der Rspr. des BSG obliegt indes die Definition des Krankheitsbegriffs nicht dem G-BA, sondern ist eine gerichtlich voll nachprüfbare Tatbestandsvoraussetzung des Leistungsanspruchs (vgl. Rn. 26 u. BSG, SozR 3–2500, § 27 Nr. 11 S. 44). Dies ist unter Gesichtspunkten des Gesetzesvorbehalts ("Wesentlichkeitstheorie") auch verfassungsrechtlich unabdingbar, weil ansonsten der Gesetzgeber die Bestimmung der GKV-Leistungen vollständig aus der Hand gäbe. Die unter A. 2. der Psychotherapierichtlinien vorgenommene allgemeine Begriffsbestimmung der seelischen Erkrankung kann deshalb nur als unverbindlicher Hinweis angesehen werden.

VII. Richtlinien zur häuslichen Krankenpflege, Abs. 7 S. 1

29 Mit Abs. 7 S. 1 wird die Richtlinienermächtigung nach Abs 1 S. 2 Nr. 6 näher bestimmt. Nr. 1–3 enthalten nicht abschließende ("insbesondere") Mindestanforderungen an den Regelungsgehalt. Sie beziehen sich auf die ärztliche Zielsetzung der Verordnung einer häuslichen Pflege und die Zusammenarbeit zwischen dem Vertragsarzt und den jeweiligen Leistungserbringern. Ergänzt wird Abs. 7 S. 1 durch die in § 37 Abs. 6 benannten Anforderungen, wonach der G-BA in den RLen auch festzulegen hat, an welchen Orten und in welchen Fällen die Krankenpflege außerhalb des Haushalts und der Familie des Versicherten erbracht werden kann. Außerdem hat er danach das Nähere über Art und Inhalt der verrichtungs-

4. Kapitel. 2. Abschnitt. 6. Titel **§ 92**

bezogenen krankheitsspezifischen Pflegemaßnahmen zu bestimmen. Die RLen zur häuslichen Krankenpflege dienen als Grundlage für die nach § 132a abzugebenden Rahmenempfehlungen zur einheitlichen Versorgung in diesem Bereich, in welchem weitere Konkretisierungen vorzunehmen sind.

VIII. Stellungnahmerechte der betroffenen, aber nicht im G-BA vertretenen Organisationen

§ 92 räumt denjenigen Leistungserbringern und Herstellern Beteiligungsrechte ein, die durch die RLen des G-BA in ihrer Berufsausübung bzw. im Hinblick auf ihre Marktchancen betroffen sind. Dies betrifft im Einzelnen Anhörungsrechte der für die Wahrnehmung der Interessen von **Zahntechnikern** maßgebenden Spitzenorganisationen vor Erlass von RLen über Zahnersatz (Abs. 1a S. 6); der in § 134 genannten Organisationen der Leistungserbringer (**Hebammen** und Entbindungspfleger; insoweit handelt es sich wohl um ein Redaktionsversehen, weil § 134 entfallen ist) vor Erlass der RLen über die Betreuung bei Schwangerschaft und Mutterschaft (Abs. 1b); der Sachverständigen der medizinischen und pharmazeutischen Wissenschaft und Praxis einschließlich der besonderen Therapierichtungen sowie der **Arzneimittelhersteller** und der **Apotheker** für die Zusammenstellung der Preisvergleichsliste (Abs. 2 S. 5); der für die Wahrnehmung der wirtschaftlichen Interessen gebildeten Spitzenorganisationen der **pharmazeutischen Unternehmer,** der Apotheker und der Dachverbände der **Ärztegesellschaften der besonderen Therapierichtungen** vor Erlass der Arzneimittelrichtlinien (Abs. 3a); der Organisationen der Leistungserbringer, der **Rehabilitationsträger** sowie der Bundesarbeitsgemeinschaft für Rehabilitation vor Erlass der Rehabilitationsrichtlinien (Abs. 5); der Leistungserbringer der **häuslichen Krankenpflege** vor Erlass der dieses Gebiet betreffenden RLen (Abs. 7 S. 2); der Spitzenorganisationen der Leistungserbringer im Hilfsmittelbereich sowie der **Hilfsmittelhersteller** vor Erlass der Hilfsmittelrichtlinien (Abs. 7a); der Organisationen der **Hospizarbeit** und der **Palliativversorgung** vor Erlass der RLen zur Verordnung spezialisierter Palliativversorgung (Abs. 7b); der maßgeblichen Organisationen der Leistungserbringer der **Soziotherapieversorgung** vor Erlass der RLen zur Verordnung von Soziotherapie (Abs. 7c). 30

In allen genannten Fällen ist „Gelegenheit zur Stellungnahme zu geben", und „die Stellungnahmen sind in die Entscheidung mit einzubeziehen". Dies bedeutet eine Verpflichtung des G-BA zur Kenntnisnahme und Würdigung der Stellungnahmen, was voraussetzt, dass den Berechtigten eine hinreichende Frist zur Vorbereitung gewährleistet sein muss und den Mitgliedern des G-BA vor der Entscheidung ebenfalls hinreichend Zeit zur Verfügung steht, um die Stellungnahmen zu analysieren und zu bewerten. Die Berücksichtigungspflicht führt nicht dazu, dass den Ansichten der angehörten Verbände zu folgen ist, das Letztentscheidungsrecht verbleibt beim G-BA. Sie fordert aber, dass die Stellungnahmen als Entscheidungsgesichtspunkte zwingend mit in die Abwägung insb. bei der Bewertung der Wirtschaftlichkeit einzubeziehen sind. Inwieweit dies geschieht, ist im Rahmen der Begründung zur Richtlinienentscheidung zum Ausdruck zu bringen; nur so kann die Einhaltung der gesetzlichen Verfahrenspflicht kontrolliert werden. 31

Form und Verfahren der Anhörung gibt das Gesetz nicht vor. Es muss jeweils unter Beachtung des Zwecks der Anhörung, die Vermittlung der Sachkenntnis der fachlich Betroffenen zu gewährleisten, entschieden werden, in welcher Art und Weise vorgegangen wird. Zu einem kontradiktorischen Verfahren mit mündlicher 32

Schmidt-De Caluwe 615

Verhandlung ist der G-BA idR. nicht verpflichtet. Die insoweit offene Gesetzesfassung macht nach Ansicht des BSG deutlich, dass der G-BA den Anforderungen auch genügt, wenn die Stellungnahmen schriftlich eingeholt werden (BSG, NZS 1999, 187/187 ff.). Allerdings muss stets der Grundsatz der Gleichbehandlung beachtet werden (Beier, jurisPK, § 92 Rn. 76). Das Stellungnahmeverfahren ist in den §§ 31–37 **VerfO-G-BA** näher ausgestaltet. Aufgrund der ständigen praktischen Anwendung kommt diesen Regelungen eine durch Selbstbindung über Art. 3 Abs. 1 GG vermittelte Außenwirkung zu, so dass sich Anhörungsberechtigte darauf als **subjektiv-öffentliche Rechte** berufen können.

D. Richtlinien als Bestandteil des Bundesmantelvertrages, Abs. 8

33 Abs. 8 ordnet an, dass die RLen des G-BA Bestandteil der Bundesmantelverträge sind. Damit sind sie als normative Teile der Bundesmantelverträge **für** die **Vertragsärzte** und für die **KKen** per se **verbindlich** (zu den Einzelheiten vgl. § 91 Rn. 30 ff.).

E. Überblick zum Stand der Richtliniengebung des G-BA

34 Im Folgenden wird in alphabetischer Reihung ein Überblick über die zum Stand April 2008 beschlossenen RLen des G-BA gegeben. Der jeweils aktuelle Stand lässt sich über die Homepage des G-BA abrufen (http://www.g-ba.de/informationen/richtlinien/).

Richtlinie	Fassung vom	Letzte Änderung	Inkrafttreten
Richtlinien über die Beurteilung der Arbeitsunfähigkeit und die Maßnahmen zur stufenweisen Wiedereingliederung (**Arbeitsunfähigkeits-Richtlinien – ArbU-RL**)	1. 12. 2003, BAnz. 2004, 61, S. 6501	19. 9. 2006, BAnz. 2006, 241, S. 7356	23. 12. 2006
Richtlinien über die Verordnung von Arzneimitteln in der vertragsärztlichen Versorgung (**Arzneimittel-Richtlinien – AM-RL**)	31. 8. 1993, BAnz. 1993, 246, S. 11155	15. 11. 2007, BAnz. 2008, 16, S. 296	31. 1. 2008
Richtlinie über die Bedarfsplanung sowie die Maßstäbe zur Feststellung von Überversorgung und Unterversorgung in der vertragsärztlichen Versorgung (**Bedarfsplanungs-Richtlinie – BedÄrzte-RL**)	15. 2. 2007, BAnz. 2007, 64, S. 3491 (Neufassung)	13. 9. 2007, BAnz. 2007, 239, S. 8326	22. 12. 2007
Richtlinie über die Bedarfsplanung in der vertragszahnärztlichen Versorgung (**Bedarfsplanungs-Richtlinie Zahnärzte – BedZahnÄ-RL**)	14. 8. 2007, BAnz. 2007, 185, S. 7673	Keine	1. 10. 2007

4. Kapitel. 2. Abschnitt. 6. Titel § 92

Richtlinie	Fassung vom	Letzte Änderung	Inkrafttreten
Richtlinie für eine ausreichende, zweckmäßige und wirtschaftliche vertragszahnärztliche Versorgung (**Behandlungsrichtlinie – ZahnÄBeh-RL**)	4.6./24.9.2003, BAnz. 2003, 226, S. 24966	1.3.2006, BAnz. 2006, 111, S. 4466	18.6.2006
Richtlinie zur Umsetzung der Regelungen in § 62 für schwerwiegend chronisch Erkrankte (**Chroniker-Richtlinie – Chron-RL**)	22.1.2004, BAnz. 2004, 18, S. 1343	19.7.2007, BAnz. 2007, 198, S. 7821	1.1.2008
Richtlinie zur Bestimmung der Befunde und der Regelversorgungsleistungen für die Festzuschüsse nach §§ 55, 56 SGB V zu gewähren sind (**Festzuschuss-Richtlinie**) sowie über die Höhe der auf die Regelversorgungsleistungen entfallenden Beträge nach § 56 Abs. 4 SGB V – **Festzuschuss-RL**	3.11.2004, BAnz. 2004, 242, S. 24463	7.11.2007, BAnz. 2007, 239, S. 8328	1.1.2008
Richtlinien über die Früherkennungsuntersuchungen auf Zahn-, Mund- und Kieferkrankheiten (**zahnärztliche Früherkennung** gemäß § 26 Abs. 1 Satz 2 SGB V) – **ZahnFrühE-RL**	4.6.2003, BAnz. 2003, 226, S. 24966	8.12.2004, BAnz. 2005, 54, S. 4094	1.1.2005
Richtlinien über die Gesundheitsuntersuchung zur Früherkennung von Krankheiten (**Gesundheitsuntersuchungs-Richtlinien – GesundU-RL**)	24.8.1989, BABl. Nr. 10 v. 29.9.1989	21.12.2004, BAnz. 2005, 61, S. 4995	2.4.2005
Richtlinien über die Verordnung von „**häuslicher Krankenpflege**" nach § 92 Abs. 1 Satz 2 Nr. 6 u. Abs. 7 SGB V – **HäuslKr-RL**	16.2.2000, BAnz. 2000, 91, S. 8878	15.3.2007, BAnz. 2007, 115, S. 6395	27.6.2007
Richtlinien über die Verordnung von Heilmitteln in der vertragsärztlichen Versorgung (**Heilmittel-Richtlinien – HeilM-RL**)	1.12.2003/ 16.3.2004, BAnz. 2004, 106a, Beilage/ S. 12183	21.12.2004, BAnz. 2005, 61, S. 4995	2.4.2005
Richtlinien über die Verordnung von Hilfsmitteln in der vertragsärztlichen Versorgung (**Hilfsmittel-Richtlinien – HilfsM-RL**)	17. Juni 1992, BAnz. 1992, 183b, Beilage	19. Oktober 2004, BAnz. 2005, 2, S. 89	6.1.2005
Richtlinien über Maßnahmen zur **Verhütung von Zahnerkrankungen** (Individualprophylaxe) – **ZahnProph-RL**	4.6.2003, BAnz. 2003, 226, S. 24966	Keine	1.1.2004

§ 92 Richtlinien des Gemeinsamen Bundesausschusses

Richtlinie	Fassung vom	Letzte Änderung	Inkrafttreten
Richtlinien zur **Jugendgesundheitsuntersuchung (Jugendges-RL)**	26.6.1998, BAnz. 1998, 159, S. 12723/724	23.10.1998, BAnz. 1999, 16, S. 947	27.1.1999
Richtlinien für die kieferorthopädische Behandlung **(Kieferorthopädie-Richtlinien – Kiefer-Orth-RL)**	24.9.2003, BAnz. 2003, 226, S. 24966	Keine	1.1.2004
Richtlinien über die Früherkennung von Krankheiten bei Kindern bis zur Vollendung des 6. Lebensjahres **(Kinder-Richtlinien – Kinder-RL)**	26.4.1976, BAnz. 1976, 214, Beilage Nr. 28	21.12.2004, BAnz. 2005, 60, S. 4833	1.4.2005
Richtlinien über die Verordnung von Krankenhausbehandlung **(Krankenhausbehandlungs-Richtlinien – Krh-RL)**	24.3.2003, BAnz. 2003, 188, S. 22577	Keine	10.10.2003
Richtlinien über die Verordnung von Krankenfahrten, Krankentransportleistungen und Rettungsfahrten nach § 92 Abs. 1 Satz 2 Nr. 12 SGB V **(Krankentransport-Richtlinien – KT-RL)**	22.1.2004, BAnz. 2004, 18, S. 1342	21.12.2004, BAnz. 2005, 41, S. 2937	2.3.2005
Richtlinien über die Früherkennung von Krebserkrankungen **(Krebsfrüherkennungs-Richtlinien – KÜ-RL)**	26.4.1976, BAnz. 1976, 214, Beilage	21.6.2007, BAnz. 2007, 194, S. 7776	18.10.2007
Richtlinien über die ärztliche Betreuung während der Schwangerschaft und nach der Entbindung **(Mutterschafts-Richtlinien – Muttersch-RL)**	10.12.1985, BAnz. 1986, 60a, Beilage	13.9.2007, BAnz. 2007, 239, S. 8326	1.1.2008
Richtlinien über die Durchführung der Psychotherapie **(Psychotherapie-Richtlinien – Psycho-RL)**	11.12.1998, BAnz. 1999, 6, S. 249	20.6.2006, BAnz. 2006, 176, S. 6339	17.9.2006
Richtlinien über Kriterien zur Qualitätsbeurteilung in der Kernspintomographie gemäß § 136 SGB V i.V. m. § 92 Abs. 1 SGB V **(Qualitätsbeurteilungs-Richtlinie für die Kernspintomographie)**	16.10.2000, BAnz. 2001, 28, S. 2013	Keine	1.4.2001
Richtlinien über Kriterien zur **Qualitätsbeurteilung in der radiologischen Diagnostik (QualRadio-RL)** gemäß § 136 SGB V	17.6.1992, BAnz. 1992, 183b, Beilage	17.12.1996, BAnz. 1997, 49, S. 2946	13.3.1997

4. Kapitel. 2. Abschnitt. 6. Titel **§ 92**

Richtlinie	Fassung vom	Letzte Änderung	Inkrafttreten
Richtlinie über grundsätzliche Anforderungen an ein einrichtungsinternes Qualitätsmanagement für die an der vertragsärztlichen Versorgung teilnehmenden Ärzte, Psychotherapeuten und medizinischen Versorgungszentren **(Qualitätsmanagement-Richtlinie vertragsärztliche Versorgung – QualmanÄrzte-RL)**	18. 10. 2005, BAnz. 2005, 248, S. 17329	Keine	1. 1. 2006
Richtlinie über grundsätzliche Anforderungen an ein einrichtungsinternes Qualitätsmanagement in der vertragszahnärztlichen Versorgung **(Qualitätsmanagement-Richtlinie vertragszahnärztliche Versorgung – Qual-ZahnÄ-RL)**	17. 11. 2006, BAnz. 2006, 245, S. 7463	Keine	31. 12. 2006
Richtlinie zu Auswahl, Umfang und Verfahren bei Qualitätsprüfungen im Einzelfall nach § 136 Abs. 2 SGB V **(Qualitätsprüfungs-Richtlinie vertragsärztliche Versorgung – Qualprüf-Ärzte-RL)**	18. 4. 2006, BAnz. 2006, 135, S. 5141	Keine	1. 1. 2007
Richtlinie zur Sicherung der Qualität von Dialyse-Behandlungen nach den §§ 136 und 136a des Fünften Buches Sozialgesetzbuch (SGB V) **(Qualitätssicherungs-Richtlinie Dialyse – Qual-Dial-RL)**	18. 4. 2006, BAnz. 2006, 115a, Beilage	19. 7. 2007, BAnz. 2007, 185, S. 7673	3. 10. 2007
Vereinbarung über Maßnahmen zur Qualitätssicherung für die stationäre Versorgung bei der Indikation Bauchaortenaneurysma **(Qualitätssicherungsvereinbarung zum Bauchaortenaneurysma – QualBauchao-RL)**	13. 3. 2008, BAnz. 2008, 71, S. 1706	Keine	1. 7. 2008
Richtlinie über Leistungen zur medizinischen Rehabilitation **(Rehabilitations-Richtlinie – Reha-RL)**	16. 3. 2004, BAnz. 2004, 63, S. 6769	20. 12. 2007, BAnz. 2008, 44, S. 999	20. 3. 2008
Richtlinie zu Untersuchungs- und Behandlungsmethoden im Krankenhaus **(Richtlinie Methoden Krankenhausbehandlung – MethKr-RL)**	21. 3. 2006, BAnz. 2006, 111, S. 4466	18. 10. 2007, BAnz. 2008, 16, S. 295	31. 1. 2008

§ 92

Richtlinie	Fassung vom	Letzte Änderung	Inkrafttreten
Richtlinie zu Untersuchungs- und Behandlungsmethoden der vertragsärztlichen Versorgung (**Richtlinie Methoden vertragsärztliche Versorgung – MethÄrztlV-RL**)	17.1.2006, BAnz. 2006, 48, S. 1523	20.12.2007, BAnz. 2008, 43, S. 988	1.1.2008
Richtlinie über die ambulante Behandlung im Krankenhaus nach § 116 b SGB V – AmbB-RL	18.10.2005, BAnz. 2006, 7, S. 88	18.1.2007, BAnz. 2007, 73, S. 4002	19.4.2007
Richtlinien über ärztliche Maßnahmen zur künstlichen Befruchtung (**„Richtlinien über künstliche Befruchtung" – KünstB-RL**)	14.8.1990, BABl. 1990, Nr. 12	15.11.2007, BAnz. 2008, 19, S. 375	6.2.2008
Richtlinien zur Empfängnisregelung und zum Schwangerschaftsabbruch – EmpfR/SchwA-RL	10.12.1985, BAnz. 1986, 60 a, Beilage	13.9.2007, BAnz. 2007, 239, S. 8326	1.1.2008
Richtlinie über Schutzimpfungen nach § 20 d Abs. 1 SGB V (**Schutzimpfungs-Richtlinie/SchI-RL**)	21.6.2007/18.10.2007, BAnz. 2007, 224, S. 8154	18.10.2007, BAnz. 2007, 9, S. 121	18.1.2008 (Anlage 2 trat am 1. Juli 2008 in Kraft)
Richtlinien über die Durchführung von Soziotherapie in der vertragsärztlichen Versorgung (**Soziotherapie-Richtlinien – SozioT-RL**)	23.8.2001, BAnz. 2001, 217, S. 23735	Keine	1.1.2002
Richtlinie zur Verordnung von spezialisierter ambulanter Palliativversorgung (**Spezialisierte Ambulante Palliativversorgungs-Richtlinie – SAPV-RL**)	20.12.2007, BAnz. 2008, 39, S. 911	Keine	12.3.2008
Richtlinien über eine ausreichende, zweckmäßige und wirtschaftliche vertragszahnärztliche Versorgung mit Zahnersatz und Zahnkronen (**Zahnersatz-Richtlinie – ZahnE-RL**)	8.12.2004, BAnz. 2005, 54, S. 4094	7.11.2007, BAnz. 2007, 241, S. 8383	1.1.2008

§ 92 a *(aufgehoben)*

4. Kapitel. 2. Abschnitt. 6. Titel § 93

§ 93 Übersicht über ausgeschlossene Arzneimittel

(1) ¹Der Gemeinsame Bundesausschuss soll in regelmäßigen Zeitabständen die nach § 34 Abs. 1 oder durch Rechtsverordnung aufgrund des § 34 Abs. 2 und 3 ganz oder für bestimmte Indikationsgebiete von der Versorgung nach § 31 ausgeschlossenen Arzneimittel in einer Übersicht zusammenstellen. ²Die Übersicht ist im Bundesanzeiger bekannt zu machen.

(2) Kommt der Gemeinsame Bundesausschuss seiner Pflicht nach Absatz 1 nicht oder nicht in einer vom Bundesministerium für Gesundheit gesetzten Frist nach, kann das Bundesministerium für Gesundheit die Übersicht zusammenstellen und im Bundesanzeiger bekannt machen.

Schrifttum: *A. Becker,* Die Steuerung der Arzneimittelversorgung im Recht der GKV, 2006; *U. Knispel,* Verordnungsfähigkeit eines auf der „Negativliste" verzeichneten Arzneimittels?, NJW 2002, 871.

Nach dem durch das GRG (§ 1 Rn. 21) eingefügten Abs. 1 (zur Entstehungsgeschichte und den Folgeänderungen: *Hencke,* Peters, KV, § 93 Rn. 1 ff.; *Lindemann,* W/E, § 93 Rn. 2 ff.) „soll" der G-BA die nach § 34 durch Gesetz oder Rechtsverordnung ausgeschlossenen Arzneimittel in einer im Bundesanzeiger bekannt zu machenden Übersicht (sog. Negativliste) zusammenstellen und regelmäßig aktualisieren, um dem Vertragsarzt die Verordnungstätigkeit zu erleichtern (vgl. BSG, SozR 3–2500, § 34 Nr. 5 S. 31). Die **Übersicht** hat nur die Bedeutung einer Information (BSG, SozR 3–2500, § 34 Nr. 5 S. 31) und keinen Regelungscharakter, denn der Ausschluss von Arzneimitteln erfolgt bereits durch Gesetz und Rechtsverordnung nach § 34 (vgl. BVerfG, NJW 1992, 735/735; BVerfG, NZS 1999, 338/339). Allerdings sieht das BVerfG (NZS 1999, 338/339) in der Veröffentlichung der Übersicht eine faktische mittelbare Beeinträchtigung der **beruflichen Betätigung**. Es ist der Ansicht, dass die Übersicht insoweit am berufsregelnden Gehalt von § 34 Abs. 3 und darauf ergangener Rechtsverordnung teilnimmt und diesen in tatsächlicher Hinsicht verstärkt, auch wenn ihr keine eigene normative Wirkung zukommt, so dass die Übersicht an Art. 12 GG zu messen ist. Aufgrund einer analogen Anwendung des § 92 Abs. 3 hält das BSG prozessual die Anfechtungsklage für möglich (SozR 3–2500, § 34 Nr. 5 S. 31; allgemein zurückhaltend nunmehr im Hinblick auf eine analoge Anwendung des § 92 Abs. 3: BSG, SozR 4–2500, § 92 Nr. 5 Rn. 25 f.).

Das BMG hatte auf der Grundlage der vom damals zuständigen Bundesminister für Arbeit und Sozialordnung erstellten Verordnung über unwirtschaftliche Arzneimittel in der gesetzlichen Krankenversicherung vom 21. 2. 1990 eine **Übersicht über die ausgeschlossenen Präparate** erstellt und diese als Anlage zum Bundesanzeiger im Jahre 1991 veröffentlicht (vgl. dazu: *Becker,* Steuerung der Arzneimittelversorgung, 158 f.; *Lindemann,* W/E, § 93 Rn. 7). Die Veröffentlichung, die nach Ansicht des BVerfG (NZS 1999, 338/338 ff.) den Schutzbereich der Berufsfreiheit (Art. 12 Abs. 1 GG) berührt, war verfassungswidrig, weil sie unter Verstoß gegen die gesetzliche Kompetenzverteilung erging, die dem Bundesausschuss und nicht dem BMG die Befugnis zur Erstellung und Veröffentlichung zuwies (BVerfG, NZS 1999, 338/339 f.; siehe dazu auch: SG München, NJW 2001, 919/919 f., mit kritischer Anmerkung von *Knispel,* NJW 2002, 871/871 f.).

Die erst durch das GSG (§ 1 Rn. 22) eingefügte, im Hinblick auf die Veröffentlichung durch das BMG im Jahre 1991 auch nicht rückwirkend anwendbare Rege-

Axer

lung in Abs. 2 (BVerfG, NZS 1999, 338/339) gibt dem BMG das **Recht zur Ersatzvornahme,** wenn der G-BA der Pflicht zur Erstellung der Übersicht nicht oder nicht fristgerecht nachkommt.

§ 94 Wirksamwerden der Richtlinien

(1) [1]**Die vom Gemeinsamen Bundesausschuss beschlossenen Richtlinien sind dem Bundesministerium für Gesundheit vorzulegen.** [2]**Es kann sie innerhalb von zwei Monaten beanstanden; bei Beschlüssen nach § 35 Abs. 1 innerhalb von vier Wochen.** [3]**Das Bundesministerium für Gesundheit kann im Rahmen der Richtlinienprüfung vom Gemeinsamen Bundesausschuss zusätzliche Informationen und ergänzende Stellungnahmen anfordern; bis zum Eingang der Auskünfte ist der Lauf der Frist nach Satz 2 unterbrochen.** [4]**Die Nichtbeanstandung einer Richtlinie kann vom Bundesministerium für Gesundheit mit Auflagen verbunden werden; das Bundesministerium für Gesundheit kann zur Erfüllung einer Auflage eine angemessene Frist setzen.** [5]**Kommen die für die Sicherstellung der ärztlichen Versorgung erforderlichen Beschlüsse des Gemeinsamen Bundesausschusses nicht oder nicht innerhalb einer vom Bundesministerium für Gesundheit gesetzten Frist zustande oder werden die Beanstandungen des Bundesministeriums für Gesundheit nicht innerhalb der von ihm gesetzten Frist behoben, erläßt das Bundesministerium für Gesundheit die Richtlinien.**

(2) [1]**Die Richtlinien sind im Bundesanzeiger und deren tragende Gründe im Internet bekanntzumachen.** [2]**Die Bekanntmachung der Richtlinien muss auch einen Hinweis auf die Fundstelle der Veröffentlichung der tragenden Gründe im Internet enthalten.**

Literatur: *A. Hänlein,* Rechtsquellen im Sozialversicherungsrecht, 2000; *T. Hebeler,* Verfassungsrechtliche Probleme „besonderer" Rechtsetzungsformen funktionaler Selbstverwaltung, DÖV 2002, 936; *M. Kaltenborn,* Richtliniengebung durch ministerielle Ersatzvornahme, VSSR 2000, 249, 267; *D. Kellner,* Die Aufsicht des Bundesministeriums für Gesundheit über den Gemeinsamen Bundesausschuss GesR 2006, 204; *F. Ossenbühl,* Richtlinien im Vertragsarztrecht, NZS 1997, 497; *A. Schneider-Danwitz/G. Glaeske,* Viagra – Der Bundesausschuß der Ärzte und Krankenkassen – ein „kleiner Gesetzgeber"?, MedR 1999, 164; *G. Schwerdtfeger,* Die Leistungsansprüche der Versicherten im Rechtskonkretisierungskonzept des SGB V, NZS 1998, 49; *S. Seeringer,* Der Gemeinsame Bundesausschuss nach dem SGB V, 2005; *H. Tempel-Kromminga,* Die Problematik der Richtlinien des Bundesausschusses der Ärzte und Krankenkassen nach dem neuen Recht des SGB V, 1994; *K. Ziermann,* Inhaltsbestimmung und Abgrenzung der Normsetzungskompetenzen des Gemeinsamen Bundesausschusses und der Bewertungsausschüsse im Recht der gesetzlichen Krankenversicherung, 2006.

Inhaltsübersicht

	Rn.
A. Wirksamwerden der vom G-BA beschlossenen Richtlinien	2
B. Richtlinienerlass des BMG im Wege des Selbsteintritts	7
C. Art und Umfang der ministeriellen Aufsicht	10
D. Rechtsschutz gegen Beanstandungen, Auflagen und Ersatzvornahmen des BMG	13

1 Die Vorschrift regelt die **Aufsicht** über den G-BA, bezieht sich aber nur auf den Richtlinienerlass. Sie geht insoweit § 91 Abs. 8 vor.

A. Wirksamwerden der vom G-BA beschlossenen Richtlinien

Eine vom G-BA beschlossene RL wird wirksam, wenn sie (1) dem BMG vorgelegt wird und dieses sie nicht beanstandet (Abs. 1, Rn. 3–5) und (2) nach Abs. 2 bekannt gemacht worden ist (Rn. 6): 2

Abs. 1 verlangt grds. die **Nichtbeanstandung der RL** durch das BMG. Dem dient die Vorlagepflicht des Abs. 1 S. 1. Das BMG muss seine Entscheidung innerhalb von zwei Monaten (bei Beschlüssen zu § 35 Abs. 1 vier Wochen) ab Vorlage der RL treffen. Stellt sich heraus, dass die Entscheidungsgrundlage zur Richtlinienprüfung nach Ansicht des Ministeriums nicht ausreichend ist, gibt ihm Abs. 1 S. 2 einen gegen den G-BA gerichteten Anspruch, weitere Informationen oder Stellungnahmen beizubringen. Damit dieses Recht nicht am Fristablauf scheitert, ist die Frist bis zum Eingang der angeforderten Auskünfte unterbrochen. Erfolgen bis zum Fristablauf keine Beanstandungen, erlangt die RL mit dem Zeitpunkt ihrer Veröffentlichung Wirksamkeit. Obwohl im Gesetz nicht ausdrücklich vorgesehen, ist es nicht zwingend, dass für das Wirksamwerden die Frist des Abs. 1 S. 2 verstrichen sein muss. Durch ausdrückliche Erklärung gegenüber dem G-BA, die RL nicht beanstanden zu wollen, kann das BMG auch für ein zügigeres Wirksamwerden sorgen (*Hess*, KK, § 94 Rn. 3). 3

Wird die vorgelegte RL vom BMG fristgemäß nach Abs. 1 S. 2 **beanstandet**, so **fehlt** es an einer Bedingung zum **Wirksamwerden;** die RL kann nicht verbindlich werden und darf auch nicht veröffentlicht werden. Aufgrund der Beanstandung muss sich der G-BA vielmehr unter Berücksichtigung der Gründe der Beanstandung inhaltlich erneut mit der Sache befassen und auch erneut darüber beschließen. Hierfür muss das BMG nach Abs. 1 S. 5 eine Frist setzen. Erst wenn die Beanstandungen während einer gesetzten Frist nicht behoben werden, hat das BMG die Befugnis, die RLen selbst zu erlassen. 4

Abs. 1 S. 4 ermöglicht eine **Nichtbeanstandung unter Auflagen.** Hiermit steht ein gegenüber der Beanstandung weniger scharf eingreifendes Aufsichtsmittel zur Verfügung, das orientiert am Verhältnismäßigkeitsgrundsatz eine Beanstandung ausschließt, wenn der vom BMG verfolgte Korrekturzweck mit einer Auflage gewährleistet werden kann. Nach § 32 Abs. 2 Nr. 4 SGB X ist die Auflage eine mit dem Verwaltungsakt verbundene Nebenbestimmung, durch welche dem Adressaten ein bestimmtes Verhalten aufgegeben wird. Man wird die dazu entwickelten Grundsätze hier entsprechend heranziehen können, obwohl es sich bei der Nichtbeanstandung als solcher nicht um einen Verwaltungsakt handelt; der Sache nach geht es bei den „Auflagen" iSd. Abs. 1 S. 4 um eigenständige Verwaltungsakte, zu denen das Gesetz das BMG zur Beseitigung spezifischer, begrenzter Richtlinienmängel oder -lücken ermächtigt, welche die Rechtmäßigkeit der RL als solcher nicht in Frage stellen. Wird die Auflage nicht fristgemäß erfüllt, ist das BMG gem. Abs. 1 S. 5 befugt, die damit verfolgten Ergänzungen oder Korrekturen selbst zu erlassen. Die Nichtbeanstandung unter Auflage steht einem Wirksamwerden der vorgelegten RL ansonsten grundsätzlich nicht entgegen, denn die Nichtbeanstandung unter Auflagen hat ja die Funktion, die RL trotz der in der Auflage zum Ausdruck gekommenen Bedenken wirksam werden zu lassen (teilw. aA. *Beier*, jurisPK, § 94 Rn. 11). 5

Wirksam wird die RL nach Abs. 2 S. 1 mit der **Bekanntmachung** im Bundesanzeiger; rückwirkende Rechtswirkungen sind ausgeschlossen (BSG, NZS 2003, 206/206 ff.). Die Bekanntmachung muss einen Hinweis auf die Fundstelle der Veröffentlichung der tragenden Gründe im Internet enthalten (Abs. 2 S. 2). 6

B. Richtlinienerlass des BMG im Wege des Selbsteintritts

7 Abs. 1 S. 5 ermächtigt das BMG, die Richtlinienregelungen an Stelle des G-BA selbst zu treffen, wenn
- die für die Sicherstellung der ärztlichen Versorgung erforderlichen Richtlinienbeschlüsse vom G-BA nicht innerhalb der vom BMG gesetzten Frist zustande kommen;
- die durch Auflagen iSd. Abs. 1 S. 4 aufgegebenen Beschlüsse nicht in der gesetzten Frist gefasst werden;
- die Beanstandungen des BMG nicht innerhalb der gesetzten Frist vom G-BA behoben werden.

8 Vor dem Selbsteintritt ist dem G-BA eine **angemessene Frist** zu setzen, um den vom BMG formulierten Anforderungen nachzukommen. Dies gilt auch für die Fälle des Abs. 1 S. 5 Alt. 1, obwohl dort von „nicht oder nicht innerhalb einer gesetzten Frist" die Rede ist (*Hess*, KK, § 94 Rn. 4). Eine auf NUB gemünzte besondere Vorgehensweise bei Untätigkeit regelt ergänzend § 135 Abs. 2 S. 4 u. 5.

9 RLen, die auf Grundlage des Abs. 1 S. 5 vom BMG erlassen werden, haben den gleichen **Rechtscharakter** wie vom G-BA erlassene (Beier, jurisPK, § 94 Rn. 15; *Hess*, KK, § 94 Rn. 4; aA. *Krauskopf*, SozKV, § 94 Rn. 5; *Tempel-Kromminga*, Problematik der Richtlinien des Bundesausschusses, 122 ff.: „(Quasi)Rechtsverordnungen"; unklar *Vahldiek*, H/N, § 94 Rn 5). In Konsequenz gelten die gleichen Regeln wie für den Erlass der RL durch den G-BA: Auch eine ministerielle RL wird erst durch Bekanntmachung im Bundesanzeiger wirksam; im Hinblick auf die gerichtliche Kontrollbefugnis (§ 92 Rn. 17) gelten keine abweichenden Grundsätze.

C. Art und Umfang der ministeriellen Aufsicht

10 Umstritten ist, ob die Aufsicht iSv. § 94 **nur Rechts- oder auch Fachaufsicht** ist. Auf Grundlage der gesetzgeberischen Vorstellungen und der seitens des BSG in ständiger Rechtsprechung vertretenen Ansicht, die von einem untergesetzlichen Rechtsnormcharakter der G-BA-RLen ausgehen, der durch die in der gemeinsamen Selbstverwaltung ruhenden Normgebungsautonomie legitimiert sein soll (§ 92 Rn. 13), kann es sich im Rahmen des § 94 **zunächst** nur um eine besonders ausgestaltete Art der **Rechtsaufsicht** handeln (LSG NRW v. 4. 6. 2008, L 5 KR 9/08; *Hebeler*, DÖV 2002, 936/943; *Hess*, KK, § 94 Rn. 4; *Joussen*, Beck-OK, § 94 Rn. 3; *Kaltenborn*, VSSR 2000, 249/267; *Ossenbühl*, NZS 1997, 497/502; *Vahldiek*, H/N, § 94 Rn 4; *Ziermann*, Inhaltsbestimmung und Abgrenzung der Normsetzungskompetenzen, 92 f.; aA. Beier, jurisPK, § 94 Rn. 16 ff.; *Kellner*, GesR 2006, 204/205 ff.; *Schneider-Danwitz/Glaeske* MedR 1999, 164/170; *Schwerdtfeger*, NZS 1998, 49/52; offen lassend: BSG SozR 4–2500 § 92 Nr. 5). Würde bereits die Aufsichtskontrolle auf Zweckmäßigkeitserwägungen ausgedehnt, wäre der dem G-BA als „Normsetzer" zugeordnete Gestaltungsspielraum unterminiert, und es käme de facto zu einer Kompetenzverschiebung hin zum BMG. Der G-BA ist jedoch keine dem BMG nachgeordnete Behörde, sondern als eigenständiger Rechtsträger der mittelbaren Staatsverwaltung im Rahmen funktioneller Selbstverwaltung errichtet, um seine eigenständige, auf Fachkompetenz und der Fähigkeit zum Interessenausgleich beruhende Entscheidungszuständigkeit zu etablieren (vgl. auch SG Köln v. 19. 10. 2005, S 19 KR 76/05). Solange sich die Richtliniengebung in dem vorgegebenen rechtlichen Rahmen bewegt, kann deshalb eine

Fachaufsicht allenfalls auf Grundlage einer ausdrücklich dazu ermächtigenden Regelung bestehen; an einer solchen fehlt es aber gerade im Rahmen des § 94.

An dem klaren normativen Befund scheitert auch der Versuch, eine umfassende Fachaufsicht unter dem Gesichtspunkt der kompensatorischen Vermittlung demokratischer Legitimation zu begründen. Eine solche verfassungsgeleitete Interpretation des § 94, welche letztlich aus der Forderung nach einem über das BMG vermittelten personell-demokratischen legitimationsstiftenden Element herrühren könnte, müsste gegen den Willen des Gesetzgebers in Stellung gebracht werden. Es fehlt im Gesetz an jedem Anhaltspunkt dafür, dass eine ministerielle politische Verantwortungsübernahme für RLen des G-BA beabsichtigt wird. Eine Nichtbeanstandung kann, anders als etwa eine positive Genehmigungspflicht, keine hinreichende Legitimation bieten (*Hänlein,* Rechtsquellen, 503 f.); hierauf aber hat das Krankenversicherungsrecht die Aufsicht bewusst und in Abkehr von historischen Vorbildern (§ 368i Abs. 2 RVO idFv. 1932) beschränkt. **11**

Die Befugnis des BMG zur Beanstandung und zur Erteilung von Auflagen ergibt sich danach nur, wenn eine Rechtmäßigkeitskontrolle ergibt, dass die **vorgelegte RL** nicht von einer gesetzlichen Ermächtigung gedeckt ist, wenn sie gegen höherrangiges Recht verstößt oder wenn sie auf einem Verfahrensfehler beruht. Die inhaltliche Kontrolldichte kann nicht weiter gehen als die gerichtliche Prüfungsbefugnis, so dass zwar die Ermittlung der fachwissenschaftlichen Entscheidungsgrundlagen überprüft werden kann, nicht jedoch der Kernbereich des dem G-BA zugebilligten Beurteilungs- oder Gestaltungsspielraums (vgl. § 92 Rn. 17 f.). **12**

D. Rechtsschutz gegen Beanstandungen, Auflagen und Ersatzvornahmen des BMG

Beanstandungen sind ebenso wie die mit einer Nichtbeanstandung verbundenen **Auflagen** gegenüber dem G-BA belastende **Verwaltungsakte** und können von diesem angefochten werden (*Auktor,* H/K, § 94 Rn. 12; Beier, jurisPK, § 94 Rn. 22; aA. *Joussen,* Beck-OK, § 94 Rn. 3 mwN.). Insbesondere verfügt der im sozialgerichtlichen Verfahren nach § 70 Nr. 1 SGG beteiligungsfähige G-BA über eine hinreichende Klagebefugnis (§ 54 Abs. 1 S. 2 SGG). Für den Fall der Rechtswidrigkeit besteht die Möglichkeit, dass die aufsichtsrechtlichen Beanstandungen die dem G-BA gesetzlich als eigenes Recht überantwortete Befugnis zur Richtliniengebung verletzten (SG Köln v. 19.10.2005, S 19 KR 76/05; aA. *Hess,* KK, § 94 Rn. 4). **13**

Rechtsschutz kann der G-BA auch gegenüber einer seitens des BMG im Wege der **Ersatzvornahme** erlassenen Richtlinienbestimmung geltend machen. Auch insoweit ist der G-BA jedenfalls dann in eigenen Rechten betroffen, wenn das BMG das Richtlinienverfahren an sich zieht, ohne dass die Voraussetzungen des § 94 Abs. 1 vorliegen; denn damit wird seine Regelungskompetenz beschnitten (zutreffend Beier, jurisPK, § 94 Rn. 22; vgl. auch LSG NRW v. 23.8.2002, L 10 B 12/02 KA ER). Der Richtlinienerlass durch das BMG zeigt sich jedoch nicht als Verwaltungsakt, er zielt unmittelbar auf eine generell-abstrakte Regelung (aA. *Hess,* KK, § 94 Rn. 4). Der G-BA hat in diesem Fall eine Feststellungsklage (§ 55 SGG) zu erheben, ggf. einstweiligen Rechtsschutz über § 86b Abs. 2 SGG anzustreben (vgl. LSG NRW v. 23.8.2002, L 10 B 12/02 KA ER). **14**

Hingegen kommt mangels Klagebefugnis sozialgerichtlicher Rechtsschutz für die Selbstverwaltungskörperschaften (KKen und KVen) nicht in Betracht. Zum **15**

Teil wird eine Klagebefugnis für diese daraus abgeleitet, dass vermittelt über § 92 Abs. 8 in ihre Gestaltungsrechte als Partner der Bundesmantelverträge eingegriffen würde (so etwa *Hess,* KK, § 94 Rn. 4). Dies verkennt, dass die gesetzliche Inkorporation der RLen des G-BA in den BMV nur eine – klandestine – Regelungstechnik ist, die indes nichts daran ändert, dass den Parteien des BMV eine Kompetenz zur Richtliniengebung, in welche eingegriffen werden könnte, nicht zusteht (zutreffend Beier, jurisPK, § 94 Rn. 22).

Siebter Titel. Voraussetzungen und Formen der Teilnahme von Ärzten und Zahnärzten an der Versorgung

§ 95 Teilnahme an der vertragsärztlichen Versorgung

(1)[1]An der vertragsärztlichen Versorgung nehmen zugelassene Ärzte und zugelassene medizinische Versorgungszentren sowie ermächtigte Ärzte und ermächtigte ärztlich geleitete Einrichtungen teil.[2]Medizinische Versorgungszentren sind fachübergreifende ärztlich geleitete Einrichtungen, in denen Ärzte, die in das Arztregister nach Absatz 2 Satz 3 eingetragen sind, als Angestellte oder Vertragsärzte tätig sind. [3]Eine Einrichtung nach Satz 2 ist dann fachübergreifend, wenn in ihr Ärzte mit verschiedenen Facharzt- oder Schwerpunktbezeichnungen tätig sind; sie ist nicht fachübergreifend, wenn die Ärzte der hausärztlichen Arztgruppe nach § 101 Abs. 5 angehören und wenn die Ärzte oder Psychotherapeuten der psychotherapeutischen Arztgruppe nach § 101 Abs. 4 angehören. [4]Sind in einer Einrichtung nach Satz 2 ein Facharzt für Innere Medizin und ein hausärztlicher Internist tätig, so ist die Einrichtung fachübergreifend. [5]Sind in einem medizinischen Versorgungszentrum Angehörige unterschiedlicher Berufsgruppen, die an der vertragsärztlichen Versorgung teilnehmen, tätig, ist auch eine kooperative Leitung möglich. [6]Die medizinischen Versorgungszentren können sich aller zulässigen Organisationsformen bedienen; sie können von den Leistungserbringern, die auf Grund von Zulassung, Ermächtigung oder Vertrag an der medizinischen Versorgung der Versicherten teilnehmen, gegründet werden. [7]Die Zulassung erfolgt für den Ort der Niederlassung als Arzt oder den Ort der Niederlassung als medizinisches Versorgungszentrum (Vertragsarztsitz).

(2) [1]Um die Zulassung als Vertragsarzt kann sich jeder Arzt bewerben, der seine Eintragung in ein Arzt- oder Zahnarztregister (Arztregister) nachweist. [2]Die Arztregister werden von den Kassenärztlichen Vereinigungen für jeden Zulassungsbezirk geführt. [3]Die Eintragung in ein Arztregister erfolgt auf Antrag
1. nach Erfüllung der Voraussetzungen nach § 95a für Vertragsärzte und nach § 95c für Psychotherapeuten,
2. nach Ableistung einer zweijährigen Vorbereitungszeit für Vertragszahnärzte.

[4]Das Nähere regeln die Zulassungsverordnungen. [5]Um die Zulassung kann sich ein medizinisches Versorgungszentrum bewerben, dessen Ärzte in das Arztregister nach Satz 3 eingetragen sind; Absatz 2a gilt für die Ärzte in einem zugelassenen medizinischen Versorgungszentrum entsprechend. [6]Für die Zulassung eines medizinischen Versorgungszentrums in der Rechtsform einer juristischen Person des Privatrechts ist außerdem Voraussetzung, dass die Gesellschafter selbstschuldnerische Bürgschaftserklärungen für Forderungen von Kassenärztlichen Vereinigungen und Krankenkassen gegen das medizinische Versorgungszentrum aus dessen vertragsärztlicher Tätigkeit abgeben; dies gilt

auch für Forderungen, die erst nach Auflösung des medizinischen Versorgungszentrums fällig werden. [7]Die Anstellung eines Arztes in einem zugelassenen medizinischen Versorgungszentrum bedarf der Genehmigung des Zulassungsausschusses. [8]Die Genehmigung ist zu erteilen, wenn die Voraussetzungen des Satzes 5 erfüllt sind. [9]Anträge auf Zulassung eines Arztes und auf Zulassung eines medizinischen Versorgungszentrums sowie auf Genehmigung der Anstellung eines Arztes in einem zugelassenen medizinischen Versorgungszentrum sind abzulehnen, wenn bei Antragstellung für die dort tätigen Ärzte Zulassungsbeschränkungen nach § 103 Abs. 1 Satz 2 angeordnet sind. [10]Für die in den medizinischen Versorgungszentren angestellten Ärzte gilt § 135 entsprechend.

(2a) [1]Voraussetzung für die Zulassung als Vertragsarzt ist ferner, dass der Antragsteller auf Grund des bis zum 18. Juni 1993 geltenden Rechts darauf vertrauen konnte, zukünftig eine Zulassung zu erhalten. [2]Dies gilt nicht für einen Antrag auf Zulassung in einem Gebiet, für das der Landesausschuß der Ärzte und Krankenkassen nach § 100 Abs. 1 Satz 1 Unterversorgung festgestellt hat.

(3) [1]Die Zulassung bewirkt, dass der Vertragsarzt Mitglied der für seinen Kassenarztsitz zuständigen Kassenärztlichen Vereinigung ist und zur Teilnahme an der vertragsärztlichen Versorgung im Umfang seines aus der Zulassung folgenden zeitlich vollen oder hälftigen Versorgungsauftrages berechtigt und verpflichtet ist. [2]Die Zulassung des medizinischen Versorgungszentrums bewirkt, dass die in dem Versorgungszentrum angestellten Ärzte Mitglieder der für den Vertragsarztsitz des Versorgungszentrums zuständigen Kassenärztlichen Vereinigung sind und dass zugelassene medizinische Versorgungszentrum insoweit zur Teilnahme an der vertragsärztlichen Versorgung berechtigt und verpflichtet ist. [3]Die vertraglichen Bestimmungen über die vertragsärztliche Versorgung sind verbindlich.

(4) [1]Die Ermächtigung bewirkt, dass der ermächtigte Arzt oder die ermächtigte ärztlich geleitete Einrichtung zur Teilnahme an der vertragsärztlichen Versorgung berechtigt und verpflichtet ist. [2]Die vertraglichen Bestimmungen über die vertragsärztliche Versorgung sind für sie verbindlich. [3]Die Absätze 5 bis 7, § 75 Abs. 2 und § 81 Abs. 5 gelten entsprechend.

(5) [1]Die Zulassung ruht auf Beschluss des Zulassungsausschusses, wenn der Vertragsarzt seine Tätigkeit nicht aufnimmt oder nicht ausübt, ihre Aufnahme aber in angemessener Frist zu erwarten ist, oder auf Antrag eines Vertragsarztes, der in den hauptamtlichen Vorstand nach § 79 Abs. 1 gewählt worden ist. [2]Unter den gleichen Voraussetzungen kann bei vollem Versorgungsauftrag das hälftige Ruhen der Zulassung beschlossen werden.

(6) [1]Die Zulassung ist zu entziehen, wenn ihre Voraussetzungen nicht oder nicht mehr vorliegen, der Vertragsarzt die vertragsärztliche Tätigkeit nicht aufnimmt oder nicht mehr ausübt oder seine vertragsärztlichen Pflichten gröblich verletzt. [2]Der Zulassungsausschuss kann in diesen Fällen statt einer vollständigen auch eine hälftige Entziehung der Zulassung beschließen. [3]Einem medizinischen Versorgungszentrum ist die Zulassung auch dann zu entziehen, wenn die Gründungsvoraussetzung des Absatzes 1 Satz 6 zweiter Halbsatz länger als sechs Monate nicht mehr vorliegt.

(7) [1]Die Zulassung endet mit dem Tod, mit dem Wirksamwerden eines Verzichts oder mit dem Wegzug des Berechtigten aus dem Bezirk seines Kassenarztsitzes. [2]Die Zulassung eines medizinischen Versorgungszentrums endet mit dem Wirksamwerden eines Verzichts, der Auflösung oder mit dem Wegzug des zugelassenen medizinischen Versorgungszentrums aus dem Bezirk des Vertragsarztsitzes. [3]Im übrigen endet ab 1. Januar 1999 die Zulassung am Ende des

§ 95

Kalendervierteljahres, in dem der Vertragsarzt sein achtundsechzigstes Lebensjahr vollendet. [4]War der Vertragsarzt
1. zum Zeitpunkt der Vollendung des achtundsechzigsten Lebensjahres weniger als zwanzig Jahre als Vertragsarzt tätig und
2. vor dem 1. Januar 1993 bereits als Vertragsarzt zugelassen,

verlängert der Zulassungsausschuss die Zulassung längstens bis zum Ablauf dieser Frist. [5]Satz 4 Nr. 2 gilt für Psychotherapeuten mit der Maßgabe, dass sie vor dem 1. Januar 1999 an der ambulanten Versorgung der Versicherten mitgewirkt haben. [6]Für die Verträge nach § 82 Abs. 1 gelten die Sätze 3 bis 5 entsprechend. [7]Die Anstellung von Ärzten in einem zugelassenen medizinischen Versorgungszentrum endet am Ende des Kalendervierteljahres, in dem diese ihr 68. Lebensjahr vollenden; Sätze 8 und 9 gelten entsprechend; in den Fällen des § 103 Abs. 4a Satz 1 gelten die Sätze 3 bis 5 entsprechend. [8]Hat der Landesausschuss der Ärzte und Krankenkassen nach § 100 Abs. 1 Satz 1 festgestellt, dass in einem bestimmten Gebiet eines Zulassungsbezirks eine ärztliche Unterversorgung eingetreten ist oder unmittelbar droht, gilt Satz 3 nicht. [9]Die Zulassung endet spätestens ein Jahr nach Aufhebung der Feststellung nach Satz 8.

(8) (aufgehoben)

(9) [1]Der Vertragsarzt kann mit Genehmigung des Zulassungsausschusses Ärzte, die in das Arztregister eingetragen sind, anstellen, sofern für die Arztgruppe, der der anzustellende Arzt angehört, keine Zulassungsbeschränkungen angeordnet sind. [2]Sind Zulassungsbeschränkungen angeordnet, gilt Satz 1 mit der Maßgabe, dass die Voraussetzungen des § 101 Abs. 1 Satz 1 Nr. 5 erfüllt sein müssen. [3]Das Nähere zu der Anstellung von Ärzten bei Vertragsärzten bestimmen die Zulassungsverordnungen. [4]Absatz 7 Satz 7 gilt entsprechend.

(9a) [1]Der an der hausärztlichen Versorgung teilnehmende Vertragsarzt kann mit Genehmigung des Zulassungsausschusses Ärzte, die von einer Hochschule mindestens halbtags als angestellte oder beamtete Hochschullehrer für Allgemeinmedizin oder als deren wissenschaftliche Mitarbeiter beschäftigt werden und in das Arztregister eingetragen sind, unabhängig von Zulassungsbeschränkungen anstellen. [2]Bei der Ermittlung des Versorgungsgrades in einem Planungsbereich sind diese angestellten Ärzte nicht mitzurechnen.

(10) [1]Psychotherapeuten werden zur vertragsärztlichen Versorgung zugelassen, wenn sie
1. bis zum 31. Dezember 1998 die Voraussetzungen der Approbation nach § 12 des Psychotherapeutengesetzes und des Fachkundenachweises nach § 95c Satz 2 Nr. 3 erfüllt und den Antrag auf Erteilung der Zulassung gestellt haben,
2. bis zum 31. März 1999 die Approbationsurkunde vorlegen und
3. in der Zeit vom 25. Juni 1994 bis zum 24. Juni 1997 an der ambulanten psychotherapeutischen Versorgung der Versicherten der gesetzlichen Krankenversicherung teilgenommen haben.

[2]Der Zulassungsausschuss hat über die Zulassungsanträge bis zum 30. April 1999 zu entscheiden.

(11) [1]Psychotherapeuten werden zur vertragsärztlichen Versorgung ermächtigt, wenn sie
1. bis zum 31. Dezember 1998 die Voraussetzungen der Approbation nach § 12 des Psychotherapeutengesetzes erfüllt und 500 dokumentierte Behandlungsstunden oder 250 dokumentierte Behandlungsstunden unter qualifizierter Supervision in Behandlungsverfahren erbracht haben, die der Gemeinsame Bundesausschuss in den bis zum 31. Dezember 1998 geltenden Richtlinien

über die Durchführung der Psychotherapie in der vertragsärztlichen Versorgung anerkannt hat (Psychotherapie-Richtlinien in der Neufassung vom 3. Juli 1987 – BAnz. Nr. 156 Beilage Nr. 156a –, zuletzt geändert durch Bekanntmachung vom 12. März 1997 – BAnz. Nr. 49 S. 2946), und den Antrag auf Nachqualifikation gestellt haben,
2. bis zum 31. März 1999 die Approbationsurkunde vorlegen und
3. in der Zeit vom 25. Juni 1994 bis zum 24. Juni 1997 an der ambulanten psychotherapeutischen Versorgung der Versicherten der gesetzlichen Krankenversicherung teilgenommen haben.

²Der Zulassungsausschuss hat über die Anträge bis zum 30. April 1999 zu entscheiden. ³Die erfolgreiche Nachqualifikation setzt voraus, dass die für die Approbation gemäß § 12 Abs. 1 und § 12 Abs. 3 des Psychotherapeutengesetzes geforderte Qualifikation, die geforderten Behandlungsstunden, Behandlungsfälle und die theoretische Ausbildung in vom Gemeinsamen Bundesausschuss anerkannten Behandlungsverfahren erbracht wurden. ⁴Bei Nachweis des erfolgreichen Abschlusses der Nachqualifikation hat der Zulassungsausschuss auf Antrag die Ermächtigung in eine Zulassung umzuwandeln. ⁵Die Ermächtigung des Psychotherapeuten erlischt bei Beendigung der Nachqualifikation, spätestens fünf Jahre nach Erteilung der Ermächtigung; sie bleibt jedoch bis zur Entscheidung des Zulassungsausschusses erhalten, wenn der Antrag auf Umwandlung bis fünf Jahre nach Erteilung der Ermächtigung gestellt wurde.

(11a) ¹Für einen Psychotherapeuten, der bis zum 31. Dezember 1998 wegen der Betreuung und der Erziehung eines Kindes in den ersten drei Lebensjahren, für das ihm die Personensorge zustand und mit dem er in einem Haushalt gelebt hat, keine Erwerbstätigkeit ausgeübt hat, wird die in Absatz 11 Satz 1 Nr. 1 genannte Frist zur Antragstellung für eine Ermächtigung und zur Erfüllung der Behandlungsstunden um den Zeitraum hinausgeschoben, der der Kindererziehungszeit entspricht, höchstens jedoch um drei Jahre. ²Die Ermächtigung eines Psychotherapeuten ruht in der Zeit, in der er wegen der Betreuung und der Erziehung eines Kindes in den ersten drei Lebensjahren, für das ihm die Personensorge zusteht und das mit ihm in einem Haushalt lebt, keine Erwerbstätigkeit ausübt. ³Sie verlängert sich längstens um den Zeitraum der Kindererziehung.

(11b) ¹Für einen Psychotherapeuten, der in dem in Absatz 10 Satz 1 Nr. 3 und Absatz 11 Satz 1 Nr. 3 genannten Zeitraum wegen der Betreuung und Erziehung eines Kindes in den ersten drei Lebensjahren, für das ihm die Personensorge zustand und mit dem er in einem Haushalt gelebt hat, keine Erwerbstätigkeit ausgeübt hat, wird der Beginn der Frist um die Zeit vorverlegt, die der Zeit der Kindererziehung in dem Dreijahreszeitraum entspricht. ²Begann die Kindererziehungszeit vor dem 25. Juni 1994, berechnet sich die Frist vom Zeitpunkt des Beginns der Kindererziehungszeit an.

(12) ¹Der Zulassungsausschuss kann über Zulassungsanträge von Psychotherapeuten und überwiegend oder ausschließlich psychotherapeutisch tätige Ärzte, die nach dem 31. Dezember 1998 gestellt werden, erst dann entscheiden, wenn der Landesausschuss der Ärzte und Krankenkassen die Feststellung nach § 103 Abs. 1 Satz 1 getroffen hat. ²Anträge nach Satz 1 sind wegen Zulassungsbeschränkungen auch dann abzulehnen, wenn diese bei Antragstellung noch nicht angeordnet waren.

(13) ¹In Zulassungssachen der Psychotherapeuten und der überwiegend oder ausschließlich psychotherapeutisch tätigen Ärzte (§ 101 Abs. 4 Satz 1) treten abweichend von § 96 Abs. 2 Satz 1 und § 97 Abs. 2 Satz 1 an die Stelle der Vertreter

der Ärzte Vertreter der Psychotherapeuten und der Ärzte in gleicher Zahl; unter den Vertretern der Psychotherapeuten muss mindestens ein Kinder- und Jugendlichenpsychotherapeut sein. ²**Für die erstmalige Besetzung der Zulassungsausschüsse und der Berufungsausschüsse nach Satz 1 werden die Vertreter der Psychotherapeuten von der zuständigen Aufsichtsbehörde auf Vorschlag der für die beruflichen Interessen maßgeblichen Organisationen der Psychotherapeuten auf Landesebene berufen.**

Schrifttum: *R. Beeretz,* Konkurrenzschutz bei Zulassungen, ZMBF 2005, 311; *W. Boecken,* Die Altersgrenze von 68 Jahren für Vertragsärzte aus EG-rechtlicher Sicht, NZS 2005, 393; *H. Butzer,* § 95 SGB V und die Neuausrichtung des ärztlichen Berufsrechts, NZW 2005, 344; *A. Ehlers,* Disziplinarrecht und Zulassungsentziehung, 2001; *A. Fiedler/R. Fürstenberg,* Entwicklungen des Vertragsarztrechts, NZS 2007, 184; *A. Fiedler/T. Weber,* Medizinische Versorgungszentren, NZS 2004, 358; *R. Großbölting/J. Jaklin,* Zulassungsentzug, NZS 2002, 525; *R. Maaß,* Die Entwicklung des Vertragsarztrechts, NZS 2005, 9 (Teil 1), 2006, 63 (Teil 2), 2007, 7 (Teil 3); *U. Orlowski,* Ziele des GKV-Modernisierungsgesetzes, MedR 2004, 202; *I. Palsherm,* Das Vertragsarztrecht – die elementaren Grundzüge, ZfS 2006, 38; *M. Quaas/R. Zuck,* Medizinrecht, 2005; *S. Rau,* Offene Fragen bei der Gründung Medizinischer Versorgungszentren?, MedR 2004, 667; *ders.,* Deregulierung im Gesundheitsdienstleistungsbereich: das Vertragsarztrechtsänderungsgesetz, DStR 2007, 351; *R. Schallen,* Kommentar zur Zulassungsverordnung, 5. Auflage 2007; *F. Schnapp,* Konkurrenzschutz für niedergelassene Ärzte gegen medizinische Versorgungszentren, NZS 2004, 449; F. Schnapp/P. Wigge (Hg.), Handbuch des Vertragsarztrechts, 2006; *W. Weiß,* Der Vertragsarzt zwischen Freiheit und Bindung, NZS 2005, 67; *P. Wigge,* Medizinische Versorgungszentren nach dem GMG, MedR 2004, 123, *K. Ziermann,* Sicherstellung der vertragszahnärztlichen Versorgung durch Medizinische Versorgungszentren, MedR 2004, 540.

Inhaltsübersicht

		Rn.
A.	Überblick	1
B.	Zulassung, Abs. 1 bis 3	2
C.	Ermächtigung, Abs. 4	6
D.	Ruhen und Beendigung von Zulassung und Ermächtigung, Abs. 5 bis 7	8
E.	Die Beschäftigung von Ärzten durch Vertragsärzte, Abs. 9 und 9 a	11
F.	Besonderheiten bei der Zulassung und Ermächtigung von Psychotherapeuten, Abs. 10–13	12

A. Überblick

1 § 95 stellt die **Ausgangsregelung** für die Teilnahme an der vertrags(zahn-)ärztlichen Versorgung dar. Er gilt ebenso für Psychotherapeuten. Hintergrund der Regelung ist die (traditionelle) Organisation der Versorgung der Versicherten. An ihr nehmen, wie sich aus Abs. 1 S. 1 ergibt, nicht alle Ärzte teil; d. h., allein die abgeschlossene Ausbildung als (Fach-)Arzt berechtigt nicht zur Teilnahme an der vertragsärztlichen Versorgung der gesetzlich Versicherten. Vielmehr sind nur diejenigen Ärzte hieran zu beteiligen, die dazu eigens, in einem in § 95 geregelten Verfahren, zugelassen oder ermächtigt sind. Auf diese Weise soll va. gewährleistet werden, dass die an der Versorgung teilnehmenden Ärzte, Zahnärzte und Psychotherapeuten das umfassende Regelwerk für die Behandlung kennen, besonders den durch die in § 92 kodifizierten Richtlinien näher ausgestalteten Versorgungsumfang. Zwei Formen der Teilnahme werden dabei unterschieden, was sowohl für die Ärzte, Zahnärzte und Psychotherapeuten selbst als auch für medizinische Versorgungseinrichtungen gilt: die Zulassung (Rn. 2) und die Ermächtigung (Rn. 6).

Die Vorschrift regelt zudem die Fälle, in denen eine einmal erteilte Zulassung bzw. Ermächtigung ihre Wirkung verliert, nämlich im Falle des Ruhens (Rn. 8) sowie, endgültig, in dem der Beendigung (Rn. 9). Schließlich ist durch § 95 auch geregelt, unter welchen Voraussetzungen Ärzte angestellt beschäftigt werden können (Rn. 11) und welche Besonderheiten für Psychotherapeuten gelten (Rn. 12). Diese wurden erst relativ spät, nämlich durch das Psychotherapeutengesetz vom 16. 6. 1998 (BGBl. I, 1311), in das System der bundeseinheitlich geregelten Heilberufe eingegliedert und sind auch erst seit diesem Zeitpunkt den Ärzten, mit Wirkung vom 1. 1. 1999, gleichgestellt worden.

B. Zulassung, Abs. 1 bis 3

Die erste Form, in der Ärzte, Zahnärzte und Psychotherapeuten an der vertragsärztlichen Versorgung der Versicherten teilnehmen können, ist die **Zulassung**. Hierunter versteht man eine öffentlich-rechtliche Berechtigung des Betroffenen, Leistungen im System der vertrags(zahn-)ärztlichen Versorgung und zu dessen finanziellen Lasten zu erbringen (BSG NZS 2001, 160/161). Die Zulassung setzt eine Reihe von Qualifikationen voraus, die in der Person des (Zahn-)Arztes bzw. Psychotherapeuten erfüllt sein müssen. Entscheidend ist dabei das Zusammenspiel zwischen § 95 und den unterschiedlichen, sehr detaillierten Bestimmungen der ZV-Ärzte. 2

Abs. 2 nennt zwei **Voraussetzungen** für eine Zulassung: eine Bewerbung sowie die Eintragung in das Arztregister. Für die nähere Ausgestaltung ist dann auf die entsprechenden Zulassungsverordnungen verwiesen. Die **Eintragung** im (Zahn-)Arztregister ist, besonders hinsichtlich ihrer Voraussetzungen, in § 95 a sowie der ZV-Ärzte (und dort in § 18) geregelt. Das Register wird bei der jeweiligen Kassen(zahn-)ärztlichen Vereinigung geführt. Die Zulassung erfolgt nur auf einen (Bewerbungs-)Antrag des Arztes hin, dem dann – bei Vorliegen der Voraussetzungen – durch einen rechtsgestaltenden **Verwaltungsakt** (§ 31 S. 1 SGB X; vgl. *Quaas/Zuck*, § 16 Rn. 13) des Zulassungsausschusses stattgegeben wird. Dieser Verwaltungsakt kann auch mit einer Auflage versehen werden, etwa mit der, die Präsenz- oder sog. Residenzpflicht gem. § 24 Abs. 2 ZV-Ärzte zu erfüllen (BSG NZS 2004, 499). Die Eintragung erfolgt ausschließlich als Facharzt (§ 24 Abs. 3 ZV-Ärzte). Verlangt ist insofern eine entsprechende Weiterbildung iSd. Berufsrechts (BSG NZS 2000, 54/55; vgl. auch § 95 a Rn. 4). Die deutsche Staatsangehörigkeit ist keine Voraussetzung für die Eintragung (*Hess*, KK, § 95 Rn. 19). Die Bedarfsplanung richtet sich nach § 102, Zulassungsbeschränkungen nach § 103. 3

Sind die Voraussetzungen für eine Zulassung (Antrag und Eintragung in das Arztregister) gegeben, so wird diese durch den Zulassungsausschuss ausgesprochen. Sie begründet als **Rechtsfolge** va., dass der Arzt nunmehr als Vertragsarzt (früher „Kassenarzt") zur Behandlung eines gesetzlich Krankenversicherten im Wege der Sachleistung ermächtigt ist und dafür auch eine Vergütung beanspruchen kann. Gem. Abs. 3 wird er kraft Gesetzes zudem Mitglied bei derjenigen KV, die für seinen Vertragsarztsitz zuständig ist. Dabei handelt es sich um eine Pflicht- bzw. Zwangsmitgliedschaft (BSG NZS 1999, 515/517). Auf diesem Weg erhält der Vertragsarzt sämtliche mitgliedschaftlichen Rechtspositionen innerhalb der KV wie Wahlrecht etc. Zugleich ordnet er sich umgekehrt in den der KV obliegenden Sicherstellungsauftrag zur Durchführung einer ordnungsgemäßen Versorgung 4 ein, § 75 Abs. 1. Dies schließt insb. die Pflicht zur Abhaltung von Sprechstunden ein. Den Arzt trifft hieraus zudem eine Behandlungspflicht (zu den Grenzen BSG NZS 2002, 217/221). Die Zulassung gilt nur für den konkret bestimmten **Ort der Niederlassung;** nur hier kann der Arzt daher zulässigerweise Behandlungen vornehmen. Der Vertragssitz ist damit Bestandteil des vertragsärztlichen Zulassungsstatus (zur Problematik der Verlegung des Sitzes BSG NZS 2007, 389). Die Zulassung ist inhaltlich auf dasjenige Fachgebiet auszustellen, in dem bzw. in denen der Arzt praktiziert.

5   Nicht nur ein einzelner Arzt kann die Zulassung erwerben, nach Abs. 1 S. 1 und 2 ist dies – seit dem GMG – auch für **medizinische Versorgungszentren** möglich, die als juristische Personen des Zivilrechts insofern gleichberechtigt mit den Vertragsärzten sind und fachübergreifend tätig werden. Eine Legaldefinition findet sich in Abs. 1 S. 2 (zu diesen instruktiv *Fiedler,* NZS 2004, 358; *Wigge,* MedR 2004, 123). In erster Linie dienen diese Zentren der gezielten Unterstützung der integrierten Versorgung (§ 140 a ff.; s. auch *Orlowski,* MedR 2004, 202/203).

C. Ermächtigung, Abs. 4

6   Von der Zulassung ist die **Ermächtigung** zu unterscheiden. Diese ermöglicht nach Abs. 4 dem Arzt zwar ebenfalls eine Teilnahme an der Versorgung, doch begründet sie, anders als die Zulassung, außer iRd. § 77 Abs. 3 keine Mitgliedschaft in der KV. Regelmäßig ist sie sachlich und/oder patientenorientiert auf einen Ausschnitt der vertragsärztlichen Leistungen, meist auch zeitlich beschränkt (*Schnath,* Schnapp/Wigge, § 5 III). Sie darf sich ausschließlich auf Leistungen aus dem Leistungskatalog der GKV erstrecken (BSG SozR 3–2500, § 118 Nr. 1, 1/5). Die Zulassungsausschüsse können nach pflichtgemäßem Ermessen Ärzte, insb. in Krankenhäusern und Einrichtungen der beruflichen Rehabilitation, zur Teilnahme an der vertragsärztlichen Versorgung ermächtigen. Voraussetzung ist, dass die Ermächtigung notwendig ist, um eine bestehende oder drohende Unterversorgung abzuwenden oder einen begrenzten Personenkreis zu versorgen; Näheres regelt § 31 ZV-Ärzte. Neben dieser Ermessensermächtigung enthält § 118 eine gesetzliche Institutsermächtigung für bestimmte Fälle.

7   Ermächtigung und Zulassung führen zu Konkurrenzsituationen. Wegen der rationierenden Funktion der Teilnahmeregelungen stehen insb. **Konkurrentenklagen** im Vordergrund. Dabei war nach Ansicht des BSG eine Drittwirkung des Zulassungsrechts gegenüber der Ermächtigung anderer Ärzte ausgeschlossen. Der Vertragsarzt konnte daher gegen eine Ermächtigung nur bei Willkür klagen (BSG NZS 2000, 518/520). Diese Rspr. hat das BVerfG aufgehoben (BVerfG NJW 2005, 273).

D. Ruhen und Beendigung von Zulassung und Ermächtigung, Abs. 5 bis 7

8   Die erteilte Zulassung bzw. Ermächtigung ist nicht befristet. Gleichwohl können sie ihre Wirkung verlieren, durch ein Ruhen und eine Beendigung. In besonderen, in Abs. 5 geregelten Fällen, kann vom Zulassungsausschuss (§ 96) das **Ruhen** der Zulassung bzw. Ermächtigung (für Letztere gilt der Verweis in Abs. 4 S. 3) angeordnet werden. Ein dahin gehender VA ist durch Umstände geboten, die in der Person des Vertrags(zahn-)arztes liegen, also etwa eine Krankheit oder ein

längerer Auslandsaufenthalt. Voraussetzung ist jedoch, dass der entsprechende Zeitraum von vornherein überschaubar ist, die vertragsärztliche Tätigkeit also in absehbarer Zeit wieder aufgenommen wird (*Limpinsel,* J/J, § 95 Rn. 11). Wann im Sinne von Abs. 5 von einer „angemessenen" Zeit auszugehen ist, ist Frage des Einzelfalls, abhängig ist sie von der Dauer der bisher ausgeübten Tätigkeit. Zwei Jahre soll die Ruhenszeit nicht überschreiten (in Anlehnung an § 81 Abs. 5). Ruht die Zulassung, bleibt der Vertragsarztstatus zwar erhalten, die Teilnahme an der Versorgung ist jedoch in dieser Zeit nicht möglich. Einen besonderen Ruhenstatbestand enthält Abs. 5 für Ärztefunktionäre.

Die Beendigung der Zulassung/Ermächtigung kann zunächst durch ihren **Entzug** verursacht sein. Dieser erfolgt seitens des Zulassungsausschusses unter Maßgabe des Abs. 6 durch Verwaltungsakt. Drei Gründe, die zu einem Entzug bei einem Vertragsarzt führen können, sind in S. 1 abschließend genannt. Bei ihrem Vorliegen ist der Entzug zwingend („ist zu entziehen"), allerdings müssen Veränderungen in den Umständen von den Gerichten stets berücksichtigt werden (BSG SGb 2007, 498/500). Die ersten beiden Gründe sind unproblematisch und ordnen den Entzug deshalb an, weil es an den grundlegenden Voraussetzungen der Zulassung fehlt, diese also fälschlich erteilt (worden) ist (s. etwa BSG SozR 3–2500, § 95 Nr. 5, 20/22), bzw. weil der Arzt nicht (mehr) tätig ist. Problematischer ist der dritte genannte Grund, der den Entzug für den Fall ermöglicht, in dem der Arzt seine vertragsärztlichen Pflichten gröblich verletzt. Grob ist die Verletzung, wenn sie dauerhaft und schwerwiegend ist. Das kann insb. bei einer Behandlungsverweigerung gegeben sein, aber auch bei bewusst falschen Abrechnungen oder ständigen Verstößen gegen das Wirtschaftlichkeitsgebot (BSG MedR 1997, 86). Die Rspr. hält einen Entzug hier immer dann für gerechtfertigt, wenn der KV und den KK wegen der Verletzung vertragsärztlicher Pflichten die weitere Zusammenarbeit mit dem Vertragsarzt nicht mehr zuzumuten ist (zum entscheidenden Zeitpunkt BSG SozR 4–2500, § 95 Nr. 9 LS 1, Rn. 13; eingehend *Großbölting/Jaklin,* NZS 2002, 525). Der Grundsatz der Verhältnismäßigkeit ist bei der Prüfung zu beachten, ein Entzug kann immer nur *ultima ratio* sein. Auch Verfehlungen außerhalb der eigentlichen vertragsärztlichen Tätigkeit können zu einem Entzug führen (BSG SozR 4–2500, § 95 Nr. 9, Rn. 20; BSG v. 31.3.2006 B 6 Ka 69/05 B, juris). Bei einer medizinischen Versorgungseinrichtung ist ein Entzug nach Abs. 6 S. 2 auch möglich, wenn die Gründungsvoraussetzungen nicht mehr vorliegen. Eine Wiederzulassung nach dem Entzug ist denkbar, sie stellt aber eine regelrechte Neuzulassung dar und wird idR. nach einem mindestens fünfjährigen „Wohlverhalten" als möglich angesehen (BSG MedR 1987, 254/255).

Schließlich endet die Zulassung auch mit dem **Tod,** dem Wirksamwerden eines **Verzichts** oder dem **Wegzug** aus dem Bezirk des Kassenarztsitzes, Abs. 7; für medizinische Versorgungszentren gelten entsprechende Gründe, S. 2. Darüber hinaus enthält Abs. 7 S. 3 eine Altersgrenze, der zufolge die Zulassung eines Arztes regelmäßig (Ausnahme: Abs. 7 S. 4 und va. Abs. 7 S. 8 für Gebiete mit einer (drohenden) Unterversorgung) am Ende des Kalendervierteljahres endet, in dem er sein 68. Lebensjahr vollendet. Mit Erreichen dieses Datums verliert der Arzt ohne weiteres Zutun kraft Gesetzes seine Zulassung/Ermächtigung. Verfassungsrechtlich ist die Regelung unter Zustimmung der Literatur bestätigt worden (BVerfG NJW 1998, 1176), europarechtlich werden gelegentlich Bedenken erhoben (*Boecken,* NZS 2005, 393; zur Instanzrechtsprechung s. *Maaß,* NZS 2007, 7/12).

E. Die Beschäftigung von Ärzten durch Vertragsärzte, Abs. 9 und 9a

11 Nach Abs. 9 und 9a ist es Vertragsärzten möglich, andere Ärzte zu beschäftigen. Dazu findet sich auch Näheres in § 32b ZV-Ärzte. Das Vertragsarztrechtsänderungsgesetz hat hier zu erheblichen Erleichterungen geführt (zu den Neuerungen *Fiedler/Fürstenberg*, NZS 2007, 184/186). Die arbeitsrechtliche Einordnung dieser Ärzte bestimmt sich nach dem allgemeinen **Arbeitnehmerbegriff**. Nach früherer Fassung schränkte die Rspr. Abs. 9 und die dortige Möglichkeit der Beschäftigung insofern ein, als nur solche Ärzte angestellt werden konnten, die über eine abgeschlossene Weiterbildung auf demselben Gebiet verfügen wie der Praxisinhaber (BSG SozR 3–5520, § 32b Ärzte-ZV, Nr. 2, 2/4). Nach der jetzigen Fassung können Vertragsärzte nun auch **Ärzte mit abgeschlossener Facharztausbildung** anstellen (näher hierzu *Rau*, DStR 2007, 351/352); dabei dürfen jedoch für die Arztgruppe, der der anzustellende Arzt angehört, keine Zulassungsbeschränkungen bestehen, ansonsten ist die Anstellung Restriktionen unterworfen, wie aus Abs. 9 S. 3 folgt. Abs. 9a erweitert die Anstellungsmöglichkeit noch einmal erheblich für diejenigen Vertragsärzte, die an der hausärztlichen Versorgung teilnehmen. Hier bestehen für bestimmte anzustellende Ärzte keinerlei Zulassungsbeschränkungen.

F. Besonderheiten bei der Zulassung und Ermächtigung von Psychotherapeuten, Abs. 10–13

12 Die Abs. 10 bis 13 enthalten Besonderheiten für die Zulassung/Ermächtigung von Psychotherapeuten. Diese wurden erforderlich, weil die Psychotherapeuten erst 1999 **in das Vertragsarztsystem** integriert wurden. Dies führte zu zahlreichen Problemen hinsichtlich der Anerkennung bisheriger Tätigkeiten im Hinblick auf eine mögliche Zulassung, die die genannten Absätze zu lösen versuchen. Sie sind daher Übergangsvorschriften, deren Regelungsgehalt mit fortschreitender Zeit deutlich abgenommen hat.

§ 95 a Voraussetzung für die Eintragung in das Arztregister für Vertragsärzte

(1) Bei Ärzten setzt die Eintragung in das Arztregister voraus:
1. die Approbation als Arzt,
2. den erfolgreichen Abschluss entweder einer allgemeinmedizinischen Weiterbildung oder einer Weiterbildung in einem anderen Fachgebiet mit der Befugnis zum Führen einer entsprechenden Gebietsbezeichnung oder den Nachweis einer Qualifikation, die gemäß den Absätzen 4 und 5 anerkannt ist.

(2) [1]Eine allgemeinmedizinische Weiterbildung im Sinne des Absatzes 1 Nr. 2 ist nachgewiesen, wenn der Arzt nach landesrechtlichen Vorschriften zum Führen der Facharztbezeichnung für Allgemeinmedizin berechtigt ist und diese Berechtigung nach einer mindestens dreijährigen erfolgreichen Weiterbildung in der Allgemeinmedizin bei zur Weiterbildung ermächtigten Ärzten und in dafür zugelassene Einrichtungen erworben hat. [2]Bis zum 31. Dezember 2008 ist eine dem Satz 1 entsprechende mindestens dreijährige Weiterbildung aus-

nahmsweise ausreichend, wenn nach den entsprechenden landesrechtlichen Vorschriften eine begonnene Weiterbildung in der Allgemeinmedizin, für die eine Dauer von mindestens drei Jahren vorgeschrieben war, wegen der Erziehung eines Kindes in den ersten drei Lebensjahren, für das dem Arzt die Personensorge zustand und mit dem er in einem Haushalt gelebt hat, die Weiterbildung unterbrochen worden ist und nach den landesrechtlichen Vorschriften als mindestens dreijährige Weiterbildung fortgesetzt werden darf. ³Satz 2 gilt entsprechend, wenn aus den dort genannten Gründen der Kindererziehung die Aufnahme einer vertragsärztlichen Tätigkeit in der Allgemeinmedizin vor dem 1. Januar 2006 nicht möglich war und ein entsprechender Antrag auf Eintragung in das Arztregister auf der Grundlage einer abgeschlossenen mindestens dreijährigen Weiterbildung bis zum 31. Dezember 2008 gestellt wird.

(3) ¹Die allgemeinmedizinische Weiterbildung muss unbeschadet ihrer mindestens dreijährigen Dauer inhaltlich mindestens den Anforderungen nach Artikel 28 der Richtlinie 2005/36/EG des Europäischen Parlaments und des Rates vom 7. September 2005 über die Anerkennung von Berufsqualifikationen (ABl. EU Nr. L 255 S. 22, 2007 Nr. L 271 S. 18) entsprechen und mit dem Erwerb der Facharztbezeichnung für Allgemeinmedizin abschließen. Sie hat insbesondere folgende Tätigkeiten einzuschließen:
1. mindestens sechs Monate in der Praxis eines zur Weiterbildung in der Allgemeinmedizin ermächtigten niedergelassenen Arztes,
2. mindestens sechs Monate in zugelassenen Krankenhäusern,
3. höchstens sechs Monate in anderen zugelassenen Einrichtungen oder Diensten des Gesundheitswesens, soweit der Arzt mit einer patientenbezogenen Tätigkeit betraut ist.

(4) Die Voraussetzungen zur Eintragung sind auch erfüllt, wenn der Arzt auf Grund von landesrechtlichen Vorschriften zur Ausführung des Artikels 30 der Richtlinie 2005/36/EG des Europäischen Parlaments und des Rates vom 7. September 2005 über die Anerkennung von Berufsqualifikationen (ABl. EU Nr. L 255 S. 22, 2007 Nr. L 271 S. 18) bis zum 31. Dezember 1995 die Bezeichnung „Praktischer Arzt" erworben hat.

(5) ¹Einzutragen sind auf ihren Antrag auch im Inland zur Berufsausübung zugelassene Ärzte, wenn sie Inhaber eines Ausbildungsnachweises über eine inhaltlich mindestens den Anforderungen nach Artikel 28 der Richtlinie 2005/36/ EG des Europäischen Parlaments und des Rates vom 7. September 2005 über die Anerkennung von Berufsqualifikationen (ABl. EU Nr. L 255 S. 22, 2007 Nr. L 271 S. 18) entsprechende besondere Ausbildung in der Allgemeinmedizin sind und dieser Ausbildungsnachweis in einem Mitgliedstaat der Europäischen Union oder einem anderen Vertragsstaat des Abkommens über den Europäischen Wirtschaftsraum oder einem Vertragsstaat, dem Deutschland und die Europäische Gemeinschaft oder Deutschland und die Europäische Union vertraglich einen entsprechenden Rechtsanspruch eingeräumt haben, ausgestellt worden ist. ²Einzutragen sind auch Inhaber von Bescheinigungen über besondere erworbene Rechte von praktischen Ärzten nach Artikel 30 der in Satz 1 genannten Richtlinie, Inhaber eines Ausbildungsnachweises über eine inhaltlich mindestens den Anforderungen nach Artikel 25 dieser Richtlinie entsprechende fachärztliche Weiterbildung oder Inhaber einer Bescheinigung über besondere erworbene Rechte von Fachärzten nach Artikel 27 dieser Richtlinie.

Schrifttum: S. § 95; *W. Kluth/F. Rieger,* Die neue EU-Berufsanerkennungsrichtlinie, EuZW 2005, 486.

§ 95 a   Voraussetzung für die Eintragung in das Arztregister für Vertragsärzte

A. Überblick

1   § 95 a enthält eine Regelung ausschließlich für Vertragsärzte. Für Vertragszahnärzte und Psychotherapeuten gilt die Vorschrift (anders als § 95) nicht. Sie nennt die **Voraussetzungen,** die für die **Eintragung in das Arztregister** erforderlich sind – diese Eintragung wiederum ist eine der Voraussetzungen für die erfolgreiche Bewerbung auf die Zulassung als Vertragsarzt (vgl. § 95 Rn. 3). Abs. 1 der Vorschrift nennt die beiden für die Eintragung erforderlichen Voraussetzungen (Rn. 2); Abs. 2 und 3 führen Näheres zu der Voraussetzung der „Weiterbildung" aus (Rn. 4); Abs. 4 und 5 enthalten Regelungen hinsichtlich der Eintragung besonderer Gruppen (Rn. 6).

B. Die Voraussetzungen der Eintragung, Abs. 1

2   Abs. 1 legt die grundlegenden **Voraussetzungen** für die **Eintragung** in das Arztregister fest, das als öffentliches Register durch die jeweils zuständige KV geführt wird (vgl. § 98 Abs. 2 Nr. 5). Nach § 95 Abs. 2 ist die Eintragung eine zwingende Zulassungsvoraussetzung (vgl. § 95 Rn. 3). Ist sie einmal erfolgt, so ist sie als gegeben zu akzeptieren, d. h. die Zulassungsinstanzen sind an die Eintragung gebunden und dürfen sie nicht nochmals überprüfen. Eine einmal erfolgte Eintragung kann nur dann gelöscht werden, wenn der Eintrag auf Falschangaben des Arztes beruht (BSG SozR 3–2500, § 95 a Nr. 2, 1/10; *Limpinsel,* J/J, § 95 a Rn. 2).

3   Erforderlich für eine Eintragung sind nach den Nr. 1 und 2 des Abs. 1 eine **Approbation** sowie der erfolgreiche Abschluss entweder einer allgemeinmedizinischen **Weiterbildung** oder einer Weiterbildung in einem anderen Fachgebiet mit der Befugnis zum Führen einer entsprechenden Gebietsbezeichnung oder der Nachweis einer Qualifikation, die gem. Abs. 4 und 5 anerkannt ist. Dadurch werden die beiden Gebiete der Allgemeinmedizin und der Fachmedizin prinzipiell gleichgestellt. Die Allgemeinmedizin erhält darüber hinausgehend zusätzlich eine Regelung hinsichtlich der Weiterbildung in Abs. 2 und 3. Maßgeblich für die genauere Ausgestaltung der Weiterbildung ist jeweils die Musterweiterbildungsordnung, die vom Deutschen Ärztetag beschlossen und regelmäßig von den Ärztekammern für ihr Land übernommen wird.

C. Die Weiterbildung, Abs. 2 und 3

4   Abs. 2 und 3 regeln die Einzelheiten zu der nach Abs. 1 Nr. 2 für die Eintragung in das Arztregister erforderlichen Weiterbildung im allgemeinmedizinischen Bereich. Auf diese Weise wird die Allgemeinmedizin weiter in das hausärztliche Vertragsarzt- und Versorgungssystem integriert. Mit den dort genannten Weiterbildungsvoraussetzungen und Einführung des Facharztes für Allgemeinmedizin löste der Gesetzgeber insb. – infolge europäischer Vorgaben – die früher verbreitete Regelung ab, der zufolge der „Praktische Arzt" unter erleichterten Bedingungen (damals noch) als Kassenarzt arbeiten konnte. Die entsprechende EG-Richtlinie (86/457/EWG) hatte nämlich verlangt, dass auch in der Allgemeinmedizin wie in den übrigen Fachgebieten nur noch weitergebildete Ärzte die Versorgung der gesetzlich Versicherten übernehmen dürfen.

5   Nach Abs. 2 muss der Arzt für den Nachweis der für die Eintragung erforderlichen **allgemeinmedizinischen Weiterbildung** eine dreijährige erfolgreiche

Weiterbildung in der Allgemeinmedizin abgeleistet haben. Die Vorschrift bestimmt auch näher, wo und wie die Weiterbildung zu erfolgen hat. Abs. 3 formuliert zusätzlich **inhaltliche Anforderungen,** die sich an denjenigen orientieren, die die bereits angesprochene EG-RL (86/457/EWG) verlangt. Am Ende der Weiterbildung muss die Facharztprüfung für Allgemeinmedizin erfolgreich abgelegt werden. Nähere inhaltliche Ausgestaltungen finden sich in § 3 Abs. 4 ZV-Ärzte. Besonderes Augenmerk wird in der Weiterbildung auf die praktische Ausbildung gelegt, wie aus S. 2 des Abs. 3 deutlich wird.

D. Sonderregelungen, Abs. 4 und 5

Die Abs. 4 und 5 enthalten **Übergangsvorschriften** bzw. **Sonderregelungen** 6 für Ärzte, die aus anderen EU-Mitgliedstaaten stammen und dort ihre Ausbildung erhalten haben. Abs. 4 regelt die Möglichkeit für Eintragungen „praktischer Ärzte", was angesichts des langen Übergangszeitraums jedoch mittlerweile keine eigenständige Bedeutung mehr hat. Abs. 5 ermöglicht die Eintragung in das Arztregister auch für diejenigen Ärzte, die in ihren europäischen Heimatländern als befähigt nachgewiesen sind. Die Berufsanerkennungs-RL 2005/36/EG vom 7. 9. 2005 ist mittlerweile in das Gesetz eingearbeitet worden (vgl. dazu *Kluth/Rieger,* EuZW 2005, 486).

§ 95 b Kollektiver Verzicht auf die Zulassung

(1) **Mit den Pflichten eines Vertragsarztes ist es nicht vereinbar, in einem mit anderen Ärzten aufeinander abgestimmten Verfahren oder Verhalten auf die Zulassung als Vertragsarzt zu verzichten.**

(2) **Verzichten Vertragsärzte in einem mit anderen Vertragsärzten aufeinander abgestimmten Verfahren oder Verhalten auf ihre Zulassung als Vertragsarzt und kommt es aus diesem Grund zur Feststellung der Aufsichtsbehörde nach § 72 a Abs. 1, kann eine erneute Zulassung frühestens nach Ablauf von sechs Jahren nach Abgabe der Verzichtserklärung erteilt werden.**

(3) [1]**Nimmt ein Versicherter einen Arzt oder Zahnarzt in Anspruch, der auf seine Zulassung nach Absatz 1 verzichtet hat, zahlt die Krankenkasse die Vergütung mit befreiender Wirkung an den Arzt oder Zahnarzt.** [2]**Der Vergütungsanspruch gegen die Krankenkasse ist auf das 1,0fache des Gebührensatzes der Gebührenordnung für Ärzte oder der Gebührenordnung für Zahnärzte beschränkt.** [3]**Ein Vergütungsanspruch des Arztes oder Zahnarztes gegen den Versicherten besteht nicht.** [4]**Abweichende Vereinbarungen sind nichtig.**

Schrifttum: S. § 95; *J. Joussen,* Der kollektive Verzicht auf die Zulassung, SGb 2008, 388; *W. Schinnenburg,* Zur Verfassungsmäßigkeit der Sanktionen bei kollektivem Zulassungsverzicht von Vertragsärzten, MedR 2005, 26; *G. Schneider,* Auswirkungen des Gesundheitsstrukturgesetzes auf das Kassenarztrecht, MedR 1993, 83.

A. Überblick

Die Norm regelt die Rechtsfolgen aus einem **kollektiven Verzicht auf die** 1 **Zulassung.** Der Verzicht ist, wie auch in § 95 Abs. 7 deutlich wird, eine Möglichkeit des Vertragsarztes, aus der vertragsärztlichen Versorgung auszuscheiden. Geschieht dies durch einen einzelnen Vertragsarzt, ist dies unproblematisch. Anders ist es indes – und dies ist Anlass der Regelung in § 95 b –, wenn der Verzicht kollektiv eingesetzt, also ein Mittel zur Durchsetzung berufspolitischer Ziele wird, wie dies in der Vergangenheit häufiger vorgekommen ist. Gegen diese „Kampfführung" ist die Vorschrift gerichtet. Abs. 1 bestimmt die Vertragsarztwidrigkeit eines solchen kollektiven Vorgehens (Rn. 2), Abs. 2 enthält die zentrale disziplinarische Konsequenz (Rn. 3), Abs. 3 regelt die Auswirkungen gegenüber den Versicherten (Rn. 5).

B. Vertragsarztwidriges Verhalten, Abs. 1

2   Nach Abs. 1 stellt ein kollektiver Verzicht auf die Zulassung einen Verstoß gegen die Pflichten des Vertragsarztes dar, ist also ein **vertragsarztwidriges Verhalten.** Dahinter steht die Vorstellung, dass der Vertragsarzt durch die Zulassung in das Versorgungssystem mit hineingenommen ist. Das Teilnahmerecht ist verbunden mit einer Versorgungspflicht gegenüber den Versicherten – mit dieser ist es, so Abs. 1, unvereinbar, wenn die Zulassung als „Spielball" berufspolitischer Interessen bzw. als Kampfmittel zu deren Durchsetzung eingesetzt wird. Entscheidend ist der kollektive Bezug des Verzichts, der als singulärer Akt gem. § 95 Abs. 7 stets zulässig ist. Solch ein kollektiver Bezug liegt insb. schon dann vor, wenn die Verzichtserklärungen zentral bei einem Notar gesammelt werden, bis genügend vorliegen, so dass sie dann gemeinsam eingereicht werden können (*Joussen* SGb 2008, 389/390). Maßgeblich für das Vorliegen eines Pflichtenverstoßes ist nicht allein, dass mehrere Ärzte zeitgleich auf die Zulassung verzichten, was sie auch abgestimmt etwa aus Altersgründen tun können. Entscheidend ist vielmehr eine **zusätzliche politische Zielrichtung;** daher können auch schon die genannten entsprechenden Vorbereitungsmaßnahmen, die mit dem Verzicht einhergehen, ausreichend sein (*Hess*, KK, § 95 b Rn. 3). Inhaltlich steht die Vorschrift im Zusammenhang mit der Regelung des § 72 a. Daher ist für die Feststellung der Vertragsarztwidrigkeit des Verzichts die Feststellung der Aufsichtsbehörde nach § 72 a ausschlaggebend.

C. Disziplinarische Konsequenzen, Abs. 2

3   Abs. 2 enthält die entscheidende, aus einem solchen vertragsarztwidrigen Verhalten resultierende **disziplinarische Konsequenz** zulasten des Arztes: Der Verzicht wird nicht etwa für unwirksam erklärt, im Gegenteil, er ist wirksam, allerdings kann der Arzt, der an einem solchen kollektiven Vorgehen teilgenommen hat, welches von der Aufsichtsbehörde nach § 72 a Abs. 1 als „kollektiv" festgestellt worden ist, eine erneute Zulassung frühestens sechs Jahre nach Abgabe der Verzichtserklärung neu erteilt bekommen. Diese mindestens sechsjährige Sperrzeit für die Teilnahme an der Versorgung stellt eine erhebliche Sanktion dar. Zur Anwendung gekommen ist sie bislang nicht. Der Zulassungsausschuss hat, mangels näherer Aussagen für die Dauer der Sperre jenseits der sechs Jahre, die Entscheidungsbefugnis, nach seinem Ermessen über eine Andauer der Sanktion zu befinden.

4   Die **Dauer** der Sanktionsmaßnahme von mindestens sechs Jahren wird gelegentlich als **verfassungsrechtlich** bedenklich eingestuft. Festzustellen ist, dass sie länger ist als die Fristen, die die Rspr. für einen Entzug nach § 95 Abs. 6 als maximal zulässig ansieht (fünf Jahre, vgl. § 95 Rn. 9). Dort geht nämlich die Rspr. davon aus, dass eine „Bewährungszeit" von (sogar nur) fünf Jahren nur in besonders

gravierenden Fällen überschritten werden dürfe, da es sich bei der Entziehung der Zulassung um einen sehr schweren Eingriff in das Recht des niedergelassenen Arztes auf freie Berufsausübung nach Art. 12 GG handele (BSG MedR 1987, 254). Daraus folge, so die zum Teil vertretene Auffassung, dass die Sechsjahresfrist in Abs. 2 aus verfassungsrechtlichen Gründen zu lang sei (*Schinnenburg,* MedR 2005, 26/28; *Schneider,* MedR 1993, 83/88; mit Bedenken auch *Hess,* KK, § 95 b Rn. 4). Doch ist hiergegen einzuwenden, dass ein entscheidender Unterschied zu der Bewertung bei § 95 darin liegt, dass dort der Pflichtverstoß nur eines Einzelnen vorliegt. Die Problematik des Vorgehens beim kollektiven Verzicht liegt aber auf einer sehr viel weiter reichenden und für die Versichertengemeinschaft problematischeren Ebene, da die Versorgung insgesamt gefährdet werden kann. Dies rechtfertigt auch eine sechsjährige Entzugsdauer.

D. Auswirkungen gegenüber den Versicherten, Abs. 3

Abs. 3 enthält eine weitere Konsequenz des als vertragsarztwidrig eingestuften 5 kollektiven Verzichtsverhaltens, die nach außen gerichtet ist. Denn der Arzt, der auf diese Weise auf seine Zulassung verzichtet, kann unverändert Patienten behandeln – zwar nicht auf vertragsärztlicher Basis, wohl aber privat. Doch **reduziert sich** in diesem Fall, in dem gesetzlich Versicherte einen solchen Arzt in Anspruch nehmen, der **Vergütungsanspruch** des Arztes auf das 1,0fache des Gebührensatzes. Auf diese Weise wird der Vergütungsanspruch gesenkt, zudem haben die Ärzte, wie S. 4 deutlich macht, auch keinen Anspruch gegen die Patienten selbst, sondern nur gegen die Kasse; andere Vereinbarungen mit den Patienten sind explizit ausgeschlossen.

§ 95 c Voraussetzung für die Eintragung von Psychotherapeuten in das Arztregister

¹Bei Psychotherapeuten setzt die Eintragung in das Arztregister voraus:
1. die Approbation als Psychotherapeut nach § 2 oder 12 des Psychotherapeutengesetzes und
2. den Fachkundenachweis.

²Der Fachkundenachweis setzt voraus
1. für den nach § 2 Abs. 1 des Psychotherapeutengesetzes approbierten Psychotherapeuten, dass der Psychotherapeut die vertiefte Ausbildung gemäß § 8 Abs. 3 Nr. 1 des Psychotherapeutengesetzes in einem durch den Gemeinsamen Bundesausschuss nach § 92 Abs. 6a anerkannten Behandlungsverfahren erfolgreich abgeschlossen hat;
2. für den nach § 2 Abs. 2 und Abs. 3 des Psychotherapeutengesetzes approbierten Psychotherapeuten, dass die der Approbation zugrundeliegende Ausbildung und Prüfung in einem durch den Gemeinsamen Bundesausschuss nach § 92 Abs. 6a anerkannten Behandlungsverfahren abgeschlossen wurden;
3. für den nach § 12 des Psychotherapeutengesetzes approbierten Psychotherapeuten, dass er die für eine Approbation geforderte Qualifikation, Weiterbildung oder Behandlungsstunden, Behandlungsfälle und die theoretische Ausbildung in einem durch den Gemeinsamen Bundesausschuss nach § 92 Abs. 1 Satz 2 Nr. 1 anerkannten Behandlungsverfahren nachweist.

§ 95 c Voraussetzung für die Eintragung von Psychotherapeuten in das Arztregister

Schrifttum: S. § 95; *J. Joussen,* Berufs- und Arbeitsrecht für Psychotherapeuten, 2004; *F. Niemann,* Der Umfang der Bestandsschutzregelung des Art. 10 Einführungsgesetz PsychThG, NZS 2003, 16; *W. Spellbrink,* Die Rechtsstellung des Psychotherapeuten nach dem Psychotherapeutengesetz, NZS 1999, 1; *C. Stock,* Die Situation der Psychotherapeuten ohne Psychologiediplom, MedR 2003, 554.

1   § 95 c macht die **Integration** der Psychotherapeuten in das Vertragsarztsystem deutlich und zieht hieraus die Konsequenz für die Zulassung zur Teilnahme (zur langen „Leidensgeschichte", die mit der Umsetzung des nunmehr praktizierten „Integrationsmodells" 1999 endete, s. *Joussen,* Berufsrecht, 11 ff.). Die Vorschrift regelt nämlich die Voraussetzung für die Eintragung von Psychotherapeuten in das Arztregister. Diese ist, wie bei Ärzten, infolge des „Integrationsmodells" in gleicher Weise auch für Psychotherapeuten Voraussetzung für die Zulassung und damit für die Teilnahme an der vertragsärztlichen Versorgung der gesetzlich Versicherten. Abgestimmt auf diese Berufsgruppe wird neben der Approbation (wie bei Ärzten) der sog. „Fachkundenachweis" verlangt. Dessen Voraussetzungen werden in der Norm ebenfalls erläutert.

2   Erste Voraussetzung für die Eintragung in das Arztregister ist auch hier die **Approbation,** und zwar als Psychotherapeut. Sie kann, wie aus S. 1 Nr. 1 hervorgeht, auf zwei Wegen erfolgen: zum einen über die sog. „Regelausbildung", die für alle diejenigen relevant ist, die nach Inkrafttreten des PsychThG den Beruf der Psychotherapeuten (oder Kinder- und Jugendlichenpsychotherapeuten) ergreifen wollen; zum anderen auf dem Weg der Übergangsregelung in § 12, die heute jedoch kaum noch eine eigenständige Bedeutung hat (zur Verfassungsmäßigkeit BVerfG, NJW 2000, 1779; *Stock,* MedR 2003, 554). Maßgeblich für den Erwerb der Approbation ist das PsychThG, und dort § 2 Abs. 1: Erforderlich sind neben der deutschen Staatsangehörigkeit bzw. EU- bzw. vergleichbaren Staatsangehörigkeit (§ 2 Abs. 2 bzw. 3 PsychThG) und einem Antrag die erfolgreiche Ausbildung und bestandene staatliche Prüfung, Würde und Zuverlässigkeit zur Ausübung des Berufs sowie die gesundheitliche Fähigkeit und Eignung (zu den einzelnen Voraussetzungen *Joussen,* Berufsrecht, 23 ff.). An die Erteilung der Approbation durch die zuständige Landesbehörde ist die KV als Registerstelle bei der Eintragung gebunden. Sie darf weder den Tatbestand der erteilten Approbation in Frage stellen, noch die für die Approbation nachzuweisende Qualifikation in der Sache einer erneuten Prüfung unterziehen (BSG, SozR 3–2500, § 95 c Nr. 1, 1/4).

3   Weitere Voraussetzung für die Eintragung ist der **Fachkundenachweis.** Dessen Voraussetzungen sind in § 95 c S. 2 geregelt, wobei die Vorschrift nach den unterschiedlichen Wegen, auf denen die Approbation erlangt werden kann, differenziert. Nr. 1 gilt für deutsche Staatsangehörige, die approbiert sind, Nr. 2 für EU- bzw. vergleichbare Ausländer, die eine Approbation in Deutschland erhalten haben, Nr. 3 schließlich für diejenigen Psychotherapeuten, die im Wege der Übergangsvorschrift nach § 12 PsychThG ihre Approbation auch ohne den regulären Weg über § 2 Abs. 1 PsychThG und die dort genannten Voraussetzungen erhalten haben (zu den Anforderungen an den Fachkundenachweis gerade bei der letztgenannten Gruppe BSG, SozR 4–2500, § 95 c Nr. 1, Rn. 12). Gemeinsam ist für den Fachkundenachweis aller drei Gruppen eine vertiefte Ausbildung in einem der nach § 92 Abs. 6 a anerkannten Behandlungsverfahren. Anerkannt sind derzeit die Verhaltenstherapie, die tiefenpsychologisch fundierte und die analytische Psychotherapie (*Joussen,* Berufsrecht, 48 ff.).

§ 95 d Pflicht zur fachlichen Fortbildung

(1) ¹Der Vertragsarzt ist verpflichtet, sich in dem Umfang fachlich fortzubilden, wie es zur Erhaltung und Fortentwicklung der zu seiner Berufsausübung in der vertragsärztlichen Versorgung erforderlichen Fachkenntnisse notwendig ist. ²Die Fortbildungsinhalte müssen dem aktuellen Stand der wissenschaftlichen Erkenntnisse auf dem Gebiet der Medizin, Zahnmedizin oder Psychotherapie entsprechen. ³Sie müssen frei von wirtschaftlichen Interessen sein.

(2) ¹Der Nachweis über die Fortbildung kann durch Fortbildungszertifikate der Kammern der Ärzte, der Zahnärzte sowie der Psychologischen Psychotherapeuten und Kinder- und Jugendlichenpsychotherapeuten erbracht werden. ²Andere Fortbildungszertifikate müssen den Kriterien entsprechen, die die jeweilige Arbeitsgemeinschaft der Kammern dieser Berufe auf Bundesebene aufgestellt hat. ³In Ausnahmefällen kann die Übereinstimmung der Fortbildung mit den Anforderungen nach Absatz 1 Satz 2 und 3 auch durch sonstige Nachweise erbracht werden; die Einzelheiten werden von den Kassenärztlichen Bundesvereinigungen nach Absatz 6 Satz 2 geregelt.

(3) ¹Ein Vertragsarzt hat alle fünf Jahre gegenüber der Kassenärztlichen Vereinigung den Nachweis zu erbringen, dass er in dem zurückliegenden Fünfjahreszeitraum seiner Fortbildungspflicht nach Absatz 1 nachgekommen ist; für die Zeit des Ruhens der Zulassung ist die Frist unterbrochen. ²Endet die bisherige Zulassung infolge Wegzugs des Vertragsarztes aus dem Bezirk seines Vertragsarztsitzes, läuft die bisherige Frist weiter. ³Vertragsärzte, die am 30. Juni 2004 bereits zugelassen sind, haben den Nachweis nach Satz 1 erstmals bis zum 30. Juni 2009 zu erbringen. ⁴Erbringt ein Vertragsarzt den Fortbildungsnachweis nicht oder nicht vollständig, ist die Kassenärztliche Vereinigung verpflichtet, das an ihn zu zahlende Honorar aus der Vergütung vertragsärztlicher Tätigkeit für die ersten vier Quartale, die auf den Fünfjahreszeitraum folgen, um 10 vom Hundert zu kürzen, ab dem darauf folgenden Quartal um 25 vom Hundert. ⁵Ein Vertragsarzt kann die für den Fünfjahreszeitraum festgelegte Fortbildung binnen zwei Jahren ganz oder teilweise nachholen; die nachgeholte Fortbildung wird auf den folgenden Fünfjahreszeitraum nicht angerechnet. ⁶Die Honorarkürzung endet nach Ablauf des Quartals, in dem der vollständige Fortbildungsnachweis erbracht wird. ⁷Erbringt ein Vertragsarzt der Fortbildungsnachweis nicht spätestens zwei Jahre nach Ablauf des Fünfjahreszeitraums, soll die Kassenärztliche Vereinigung unverzüglich gegenüber dem Zulassungsausschuss einen Antrag auf Entziehung der Zulassung stellen. ⁸Wird die Zulassungsentziehung abgelehnt, endet die Honorarkürzung nach Ablauf des Quartals, in dem der Vertragsarzt den vollständigen Fortbildungsnachweis des folgenden Fünfjahreszeitraums erbringt.

(4) Die Absätze 1 bis 3 gelten für ermächtigte Ärzte entsprechend.

(5) ¹Die Absätze 1 und 2 gelten entsprechend für angestellte Ärzte eines medizinischen Versorgungszentrums, eines Vertragsarztes oder einer Einrichtung nach § 119b. ²Den Fortbildungsnachweis nach Absatz 3 für die von ihm angestellten Ärzte führt das medizinische Versorgungszentrum oder der Vertragsarzt; für die in einer Einrichtung nach § 119b angestellten Ärzte wird der Fortbildungsnachweis nach Absatz 3 von der Einrichtung geführt. ³Übt ein angestellter Arzt die Beschäftigung länger als drei Monate nicht aus, hat die Kassenärztliche Vereinigung auf Antrag den Fünfjahreszeitraum um die Fehlzeiten zu verlängern. ⁴Absatz 3 Satz 2 bis 6 und 8 gilt entsprechend mit der Maßgabe, dass das Honorar des medizinischen Versorgungszentrums, des Vertragsarztes oder

§ 95 d Pflicht zur fachlichen Fortbildung

der Einrichtung nach § 119 b gekürzt wird. ⁵Die Honorarkürzung endet auch dann, wenn der Kassenärztlichen Vereinigung die Beendigung des Beschäftigungsverhältnisses nachgewiesen wird, nach Ablauf des Quartals, in dem das Beschäftigungsverhältnis endet. ⁶Besteht das Beschäftigungsverhältnis fort und hat das zugelassene medizinische Versorgungszentrum oder der Vertragsarzt nicht spätestens zwei Jahre nach Ablauf des Fünfjahreszeitraums für einen angestellten Arzt den Fortbildungsnachweis erbracht, soll die Kassenärztliche Vereinigung unverzüglich gegenüber dem Zulassungsausschuss einen Antrag auf Widerruf der Genehmigung der Anstellung stellen.

(6) ¹Die Kassenärztlichen Bundesvereinigungen regeln im Einvernehmen mit den zuständigen Arbeitsgemeinschaften der Kammern auf Bundesebene den angemessenen Umfang der im Fünfjahreszeitraum notwendigen Fortbildung. ²Die Kassenärztlichen Bundesvereinigungen regeln das Verfahren des Fortbildungsnachweises und der Honorarkürzung. ³Es ist insbesondere festzulegen, in welchen Fällen Vertragsärzte bereits vor Ablauf des Fünfjahreszeitraums Anspruch auf eine schriftliche Anerkennung abgeleisteter Fortbildung haben. ⁴Die Regelungen sind für die Kassenärztlichen Vereinigungen verbindlich.

Schrifttum: S. § 95; *M. Balzer*, Die Akkreditierung industrieunterstützter Fortbildungsveranstaltungen nach Umsetzung des GKV-Modernisierungsgesetzes – eine Reform der Reform?, MedR 2004, 76; *dies.*, Industriesponsoring und ärztliche Fortbildung – ein Auslaufmodell?, NJW 2003, 3325; *B. Scholze/E. Finkeißen*, Ärztliche Fortbildungspflicht in Deutschland, MedR 2004, 141.

A. Überblick

1 § 95 d statuiert aus Gründen der Qualitätssicherung eine ständige Fortbildungspflicht für die Vertrags(zahn-)ärzte und Psychotherapeuten. Auf diese Weise soll den Anforderungen des § 72 Abs. 2 Rechnung getragen werden, wonach die vertragsärztliche Versorgung den allgemein anerkannten Stand der medizinischen Erkenntnisse zu berücksichtigen hat. Dies wird dadurch erreicht, dass allen (auf Grund einer Zulassung oder Ermächtigung) an der Versorgung der gesetzlich Versicherten Teilnehmenden eine Fortbildungspflicht auferlegt wird (Rn. 2), deren Inhalte in der Norm in Grundzügen festgeschrieben und für deren Erbringung ein entsprechender Nachweis vorzulegen ist (Rn. 3). Bei Nichtbeachtung dieser Pflicht sieht die Norm Sanktionen vor (Rn. 4). Organisatorisch ist die Fortbildung in die Hand der KBV/KZBV gelegt (Rn. 5).

B. Fortbildungspflicht und -inhalt, Abs. 1 bis 3 S. 3

2 Abs. 1 legt die Pflicht für alle an der vertragsärztlichen Versorgung Teilnehmenden fest, sowohl für die Vertrags(zahn-)ärzte als auch die Psychotherapeuten. **Ziel der Fortbildungspflicht ist die Erhaltung der Kompetenzen, die zum Zweck der Zulassung erworben worden waren sowie deren Anpassung und Fortentwicklung.** Die Fortbildung muss daher, wie S. 2 deutlich macht, dem aktuellen Stand der wissenschaftlichen Erkenntnisse auf dem jeweiligen Fachgebiet entsprechen. Die Festlegung dieser besonderen Pflicht in Abs. 1 führt dazu, dass es sich hierbei um eine (zentrale) Pflicht des Arztes aus seiner Zulassung handelt. Dies gilt für den Regelfall des selbstständig tätigen zugelassenen Arztes ebenso wie, nach Abs. 4 und 5, für den ermächtigten und angestellten Arzt. Jede Fortbildung hat, dies legt

S. 3 ausdrücklich fest, frei von **wirtschaftlichen Interessen** zu sein. Dies soll die Organisation der Fortbildung vor allem durch Pharmaunternehmen einschränken, um so die Unabhängigkeit der Ärzte zu schützen. Die bloße Mitwirkung dieser Unternehmen ist aber dadurch nicht verboten, solange das angesprochene Ziel nicht gefährdet ist (hierzu näher, mit Einzelheiten zu den Grenzen, *Balzer,* MedR 2004, 76/77 ff.).

Über die erbrachte Fortbildung hat der Arzt einen **Nachweis** zu erbringen, insb., wie aus Abs. 2 deutlich wird, durch Fortbildungszertifikate der (Z)ÄK. Diese haben jedoch kein Monopol für die Durchführung der Veranstaltungen. Vielmehr, so Abs. 2 S. 2, können unter bestimmten Voraussetzungen (vgl. *Hess,* KK, § 95d Rn. 11) auch andere Zertifikate als Nachweis genügen, sofern die Veranstaltungen den dort genannten Kriterien entsprechen. Nach Abs. 3 muss der an der Versorgung teilnehmende Arzt alle fünf Jahre seiner KV nachweisen, dass er in diesem Fünfjahreszeitraum an einer ausreichenden Fortbildung teilgenommen hat. 3

C. Sanktionen, Abs. 3 S. 4 bis 8

Die Pflicht zur Fortbildung ist durch ein umfangreiches **Sanktionssystem** flankiert, welches garantieren soll, dass die Vertrags(zahn-)ärzte und Psychotherapeuten dieser Pflicht nachkommen. Sobald ein Arzt die Fortbildungspflicht verletzt, droht ihm zunächst, wie aus Abs. 3 S. 4 deutlich wird, ein Honorarabzug, der gestaffelt gestaltet ist und sich ausschließlich auf das Honorar bezieht, welches die KV verteilt. In letzter Konsequenz kann ihm auch die Zulassung (respektive Ermächtigung, Abs. 4) entzogen werden. Hier hat die KV jedoch einen Ermessensspielraum (Abs. 3 S. 7: „soll ... Antrag stellen"). Der Arzt hat stets die Möglichkeit, den Sanktionen dadurch zu begegnen, dass er die Fortbildung nachholt; je nachdem, wann die Nachholung erfolgt, wird sie auf den vorherigen Fünfjahreszeitraum angerechnet. 4

D. Organisation, Abs. 6

Die **Organisation** des Umfangs der Fortbildungsmaßnahmen ist den KBV übertragen, die sie im Einvernehmen mit den jeweiligen Kammern durchführen sollen, Abs. 6 S. 1 (zur Art und Weise der Durchführung *Scholz/Finkeißen,* MedR 2004, 141/143). Der KBV sind insb. die Bestimmungen der Einzelheiten für die Fortbildungsnachweise und die Honorarkürzungen übertragen. Auf diese Weise soll die Bundeseinheitlichkeit der Regelungen sichergestellt werden. 5

§ 96 Zulassungsausschüsse

(1) **Zur Beschlussfassung und Entscheidung in Zulassungssachen errichten die Kassenärztlichen Vereinigungen und die Landesverbände der Krankenkassen sowie die Ersatzkassen für den Bezirk jeder Kassenärztlichen Vereinigung oder für Teile dieses Bezirks (Zulassungsbezirk) einen Zulassungsausschuss für Ärzte und einen Zulassungsausschuss für Zahnärzte.**

(2) [1]**Die Zulassungsausschüsse bestehen aus Vertretern der Ärzte und der Krankenkassen in gleicher Zahl.** [2]**Die Vertreter der Ärzte und ihre Stellvertreter werden von den Kassenärztlichen Vereinigungen, die Vertreter der Krankenkassen und ihre Stellvertreter von den Landesverbänden der Krankenkassen und**

§ 96

den Ersatzkassen bestellt. ³Die Mitglieder der Zulassungsausschüsse führen ihr Amt als Ehrenamt. ⁴Sie sind an Weisungen nicht gebunden. ⁵Den Vorsitz führt abwechselnd ein Vertreter der Ärzte und der Krankenkassen. ⁶Die Zulassungsausschüsse beschließen mit einfacher Stimmenmehrheit, bei Stimmengleichheit gilt ein Antrag als abgelehnt.

(3) ¹Die Geschäfte der Zulassungsausschüsse werden bei den Kassenärztlichen Vereinigungen geführt. ²Die Kosten der Zulassungsausschüsse werden, soweit sie nicht durch Gebühren gedeckt sind, je zur Hälfte von den Kassenärztlichen Vereinigungen einerseits und den Landesverbänden der Krankenkassen und den Ersatzkassen andererseits getragen.

(4) ¹Gegen die Entscheidungen der Zulassungsausschüsse können die am Verfahren beteiligten Ärzte und ärztlich geleiteten Einrichtungen, die Kassenärztlichen Vereinigungen und die Landesverbände der Krankenkassen sowie die Verbände der Ersatzkassen den Berufungsausschuss anrufen. ²Die Anrufung hat aufschiebende Wirkung.

Schrifttum: S. § 95.

A. Überblick

1   § 96 enthält die **organisatorischen Regelungen** für die Zulassungsausschüsse, die als Ausschüsse der gemeinsamen Selbstverwaltung die ihr übertragenen Entscheidungen in sämtlichen Zulassungsfragen vorzunehmen haben. Enthalten sind in der Vorschrift Bestimmungen über ihre Errichtung in Abs. 1 (Rn. 2), ihre Zusammensetzung in Abs. 2 (Rn. 4) sowie, zumindest grundlegend, ihre Geschäftführung in Abs. 3 (Rn. 5). Regelungen zum Verfahren vor den Ausschüssen finden sich nur in der ZV-Ärzte (Rn. 6). Schließlich ist gegen die Entscheidungen der Zulassungsausschüsse ein Rechtsmittel in Abs. 4 vorgesehen (Rn. 7).

B. Errichtung und Zusammensetzung, Abs. 1 und 2

2   Nach Abs. 1 errichten KV und die Landesverbände der KK sowie die Ersatzkassen Zulassungsausschüsse. Deren Aufgabe sollen die Beschlussfassung und Entscheidung in **"Zulassungssachen"** sein. Nicht geregelt ist im Gesetz, was damit gemeint ist. Doch dürften hierunter, nicht anders kann die Norm systematisch ausgelegt werden, alle diejenigen Angelegenheiten gemeint sein, die den Zulassungsausschüssen zur Entscheidung übertragen sind (so auch *Hess,* KK, § 96 Rn. 3; *Limpinsel,* J/J, § 96 Rn. 2); dazu gehören insb. die Entscheidungen über die Zulassung, die Ermächtigung, das Ruhen, den Entzug und das Ende der Zulassung, wie sie in § 95 geregelt sind. Darüber hinaus gehören hierzu auch Entscheidungen über die Genehmigung der gemeinsamen Ausübung vertragsärztlicher Tätigkeit nach § 33 Abs. 2 ZV-Ärzte. Abzugrenzen ist die Zuständigkeit des Zulassungsausschusses von Entscheidungen, die allein von der KV getroffen werden, wie etwa die Beschäftigung von Assistenten oder die Zulässigkeit einer Praxisgemeinschaft (§ 33 ZV-Ärzte). Näheres ergibt sich jeweils aus der ZV-Ärzte/Zahnärzte.

3   Errichtet werden die Zulassungsausschüsse in jedem **Zulassungsbezirk,** welche nach Abs. 1 als Bezirk jeder KV legaldefiniert sind, oder für Teile dieses Bezirks. Die genaue Abgrenzung und Größe der Bezirke sind in den ZV-Ärzte zu regeln; dies folgt aus § 98 Abs. 2 Nr. 7. Die ZV-Ärzte/Zahnärzte enthält dazu

nähere Regelung in § 11. Für jeden Bezirk werden für Ärzte und Zahnärzte getrennt Ausschüsse eingerichtet.

Die **Zusammensetzung** bestimmt sich nach Abs. 2. Sie ist paritätisch im Hinblick auf die Ärzte und KK. § 34 ZV-Ärzte enthält eine Begrenzung der Zahl der Vertreter auf je drei für jede Seite. Die KK-Seite muss sich hinsichtlich ihrer Vertreter einigen. Die Vertreter der Ärzte werden von der KV für die Dauer von vier Jahren (§ 34 Abs. 3 ZV-Ärzte) bestellt. Als Vertreter der Ärzteseite kann auch bestellt werden, wer selbst nicht Arzt ist (für den Berufungsausschuss BSG SozR 3–2500, § 97 Nr 2, LS 1, 3/4). Das Amt wird gem. § 34 ZV-Ärzte als Ehrenamt geführt. Die Mitglieder sind an Weisungen der sie bestellenden Körperschaften nicht gebunden. Der Vorsitz wird, anders als bei den Berufungsausschüssen (vgl. § 97 Rn. 3), nicht ständig von einer Person geführt, sondern alternierend zwischen den Mitgliedern beider Gruppen ausgeübt (Abs. 2 S. 6). 4

C. Geschäftsführung und Rechtsmittel, Abs. 3 und 4

Die **Geschäftsführung** ist in § 96 nur unzureichend geregelt. Näheres ergibt sich aus der ZV-Ärzte. Geführt werden die Geschäfte der Zulassungsausschüsse aus Praktikabilitätsgründen bei den KV; dies ua. deshalb, weil dort auch die Arztregister geführt werden. Die Kostenregelung in Abs. 3 S. 2 ist paritätisch im Hinblick auf die KV einerseits und die Landesverbände der KK und Verbände der Ersatzkassen andererseits. Unter die zu tragenden Kosten fallen alle diejenigen, die durch die Arbeit der Ausschüsse anfallen, insb. die Personal- und Sachkosten. Die Kosten für die Mitglieder fallen jedoch nicht hierunter, denn diese sind nicht durch die Zulassungsausschüsse verursacht und daher von den entsendenden Körperschaften zu übernehmen. Kosten sind aber von den Körperschaften nur zu tragen, soweit sie nicht durch Gebühren gedeckt sind, die sich nach § 46 ZV-Ärzte richten. 5

Das **Verfahren** vor den Zulassungsausschüssen ist in § 96 nicht geregelt. Hier greifen die Bestimmungen in §§ 36–43 ZV-Ärzte ein, die den allgemeineren Bestimmungen des SGB X als *leges speciales* grundsätzlich vorgehen, sofern sie eine Regelung treffen. Ansonsten greifen subsidiär die Verfahrensbestimmungen des SGB X. 6

Die Beschlussfassung und Entscheidung der Zulassungsausschüsse erfolgen durch **VA;** die Beschlüsse werden in Anwesenheit aller Mitglieder mit einfacher Stimmenmehrheit gefasst. Bei Stimmgleichheit gilt ein Antrag als abgelehnt, Stimmenthaltung ist unzulässig (§ 41 ZV-Ärzte). Entscheidungen können gem. Abs. 4 von den Betroffenen mit Widerspruch (vor dem Berufungsausschuss gem. § 97) und Klage vor dem SG angefochten werden. Die Anrufung hat jeweils aufschiebende Wirkung, so dass etwa bei einem Widerspruch der KV gegen die Zulassung eines Arztes dieser seine Tätigkeit so lange nicht aufnehmen kann, bis über den Widerspruch entschieden oder er zurückgenommen worden ist. Leistungen des Arztes können in dieser Zeit nicht abgerechnet werden (BSG SozR 3–1500, § 97 SGG Nr. 3 LS, 3/7). Für den **Gegenstandswert** bei Zulassungsstreitigkeiten ist auf den Gewinn abzustellen, den der Betroffene in den nächsten drei Jahren aus der vertragsärztlichen Tätigkeit erzielen könnte (BSG NZS 2006, 445). 7

§ 97 Berufungsausschüsse

(1) ¹Die Kassenärztlichen Vereinigungen und die Landesverbände der Krankenkassen sowie die Ersatzkassen errichten für den Bezirk jeder Kassenärztlichen Vereinigung einen Berufungsausschuss für Ärzte und einen Berufungsausschuss für Zahnärzte. ²Sie können nach Bedarf mehrere Berufungsausschüsse für den Bezirk einer Kassenärztlichen Vereinigung oder einen gemeinsamen - Berufungsausschuss für die Bezirke mehrerer Kassenärztlicher Vereinigungen errichten.

(2) ¹Die Berufungsausschüsse bestehen aus einem Vorsitzenden mit der Befähigung zum Richteramt und aus Vertretern der Ärzte einerseits und der Landesverbände der Krankenkassen sowie der Ersatzkassen andererseits in gleicher Zahl als Beisitzern. ²Über den Vorsitzenden sollen sich die Beisitzer einigen. ³Kommt eine Einigung nicht zustande, beruft ihn die für die Sozialversicherung zuständige oberste Verwaltungsbehörde im Benehmen mit den Kassenärztlichen Vereinigungen und den Landesverbänden der Krankenkassen sowie den Ersatzkassen. ⁴§ 96 Abs. 2 Satz 2 bis 5 und 7 und Abs. 3 gilt entsprechend.

(3) ¹Für das Verfahren sind § 84 Abs. 1 und § 85 Abs. 3 des Sozialgerichtsgesetzes anzuwenden. ²Das Verfahren vor dem Berufungsausschuss gilt als Vorverfahren (§ 78 des Sozialgerichtsgesetzes).

(4) Der Berufungsausschuss kann die sofortige Vollziehung seiner Entscheidung im öffentlichen Interesse anordnen.

(5) ¹Die Aufsicht über die Geschäftsführung der Zulassungsausschüsse und der Berufungsausschüsse führen die für die Sozialversicherung zuständigen obersten Verwaltungsbehörden der Länder. ²Sie berufen die Vertreter der Ärzte und der Krankenkassen, wenn und solange die Kassenärztlichen Vereinigungen, die Landesverbände der Krankenkassen oder die Ersatzkassen diese nicht bestellen.

Schrifttum: S. § 95.

1 § 97 regelt die Einzelheiten zu den **Berufungsausschüssen,** die über die Widersprüche gem. § 96 Abs. 4 gegen die Entscheidungen der Zulassungsausschüsse zu befinden haben. Die Vorschrift enthält Regelungen zur Errichtung (Abs. 1, Rn. 2), zur Zusammensetzung (Abs. 2, Rn. 3), zu Verfahren (Abs. 3 und 4, Rn. 4) sowie zur Aufsicht (Abs. 5 Rn. 6).

2 Berufungsausschüsse sind Einrichtungen der gemeinsamen Selbstverwaltung, ebenso wie die Zulassungsausschüsse. **Errichtet** werden sie für den Bezirk jeder KV, in jedem Bezirk muss mindestens ein Berufungsausschuss für Ärzte und separat einer für Zahnärzte errichtet werden. Entscheidend ist, dass in jedem Bezirk mindestens ein Ausschuss tätig ist. Dabei kann jedoch auf der einen Seite ein Ausschuss zugleich für mehrere Bezirke tätig werden (was derzeit jedoch nicht der Fall ist), umgekehrt können in einem Bezirk, soweit dies opportun erscheint, auch mehrere Berufungsausschüsse agieren – das Gesetz sieht insofern keine Einschränkungen vor.

3 Die **Zusammensetzung** der Berufungsausschüsse ist in Abs. 2 geregelt, der in § 35 ZV-Ärzte ergänzt wird. Wie bei den Zulassungsausschüssen gilt die Paritätsregel: Aus jeder Gruppe werden drei Vertreter entsandt. Anders als bei jenen kommt hier jedoch noch ein weiteres Mitglied hinzu, nämlich ein Vorsitzender, der die Befähigung zum Richteramt haben muss. Über diesen müssen sich die ent-

sandten Vertreter (Beisitzer genannt) einigen, hilfsweise erfolgt eine Berufung durch die für die Sozialversicherung zuständige oberste Verwaltungsbehörde (also regelmäßig das Sozialministerium), die diesbezüglich das „Benehmen" mit der KV und den Kassenverbänden herstellen muss. Dieses „Benehmen" darf allerdings nicht zu weit verstanden werden, ansonsten hätte ein Oberentscheidungsrecht der Behörde keinen Sinn – man wird es daher lediglich als ein Anhörungsrecht verstehen dürfen. Die Berufung eines weiteren Mitglieds als Vorsitzenden des Ausschusses dient vor allem dazu, eine Pattsituation zu verhindern. Doch verhindert der Vorsitzende auch hier nicht (wie etwa im Bereich des Bundesausschusses), dass beide Seiten gemeinsam einen Vorschlag ablehnen (vgl. hierzu *Joussen,* Beck-OK, § 92).

Hinsichtlich des **Verfahrens** vor dem Berufungsausschuss gilt zunächst die Verweisung in Abs. 2 Satz 4. Die wesentlichen Verfahrensvorschriften – mit Ausnahme derjenigen über den Vorsitz – werden entspr. angewendet. Dies spiegelt sich dann auch darin wider, dass §§ 36–43 der ZV-Ärzte, die das Verfahren für den Zulassungsausschuss regeln, nach § 45 Abs. 3 ZV-Ärzte entspr. gelten. Doch aufgr. des Umstandes, dass die Anrufung des Berufungsausschusses inhaltlich die Einlegung eines Widerspruchs gegen die Entscheidung des Zulassungsausschusses darstellt, bestimmt Abs. 3 zusätzlich die Anwendung der §§ 84 Abs. 1, 85 Abs. 3 SGG: Das Verfahren gilt insofern als Vorverfahren gem. § 78 SGG. Dies hat eine zweifache Konsequenz: Zum einen ist es zwingende Voraussetzung für ein später ggf. noch folgendes Klageverfahren; zum anderen ist bei einem solchen späteren Verfahren dann nur noch die Entscheidung des Berufungsausschusses, nicht hingegen mehr diejenige des Zulassungsausschusses durch das SG überprüfbar (BSG SozR 3–2500, § 96 Nr. 1, 1/6). Die Entscheidung des Berufungsausschusses enthält auch eine Entscheidung über die Kosten des Widerspruchsverfahrens, die je nach Obsiegen verteilt werden. Obsiegt in Zulassungsfragen der Arzt, werden ihm die Kosten ersetzt, unterliegt er, werden ihm weder die Verfahrensgebühr nach § 46 ZV-Ärzte noch die außergerichtlichen Kosten erstattet; bei Widerspruch eines Dritten, etwa der KV, der erfolglos geblieben ist, muss dieser dem Arzt diejenigen Kosten erstatten, die ihm entstanden sind (BSG SozR 3–1300, § 63 SGB X Nr. 9 LS, 28/29). Der Gegenstandswert ist gem. § 116 Abs. 2 BRAGO nach billigem Ermessen zu bestimmen. Maßgeblich wird dabei von der Rspr. die Höhe derjenigen Einnahmen zugrunde gelegt, die der Arzt insgesamt aus der Kassenpraxis voraussichtlich mit einer Zulassung erzielen könnte (zur Berechnung BSG SozR 4–1930, § 8 Nr. 2 Rn. 14 ff.).

4

Regelmäßig hat die Einlegung eines Widerspruchs gegen die Entscheidung des Zulassungsausschusses nach § 96 Abs. 4 Satz 2 aufschiebende Wirkung. Soll dies verhindert werden, muss, wie Abs. 4 ausdrücklich vorsieht, der Berufungsausschuss die **sofortige Vollziehung** seiner Entscheidung anordnen. Alleinige Voraussetzung hierfür ist ein vorliegendes „öffentliches Interesse". Dieses ist (nur) dann gegeben, wenn es um die Sicherstellung einer ordnungsgemäßen vertragsärztlichen Versorgung der Versicherten geht und sie gefährdet ist (BayLSG v. 1. 2. 1982, L 12 B 13/81 juris; *Hess,* KK, § 97 Rn. 5; *Limpinsel,* J/J, § 97 Rn. 5). Abzuwägen ist dieses öffentliche Interesse mit dem Einzelinteresse des betroffenen Arztes. Dem entscheidenden Berufungsausschuss steht insofern ein Ermessen zu (HessLSG ArztR 1982, 104/107). Dieses kann jedoch eingeschränkt oder sogar uU. auf Null reduziert sein – daran ist insb. zu denken, wenn es um eine gröbliche Verletzung vertragsärztlicher Pflichten geht, die zu einem Entzug der Zulassung geführt hat. Hier geht die Rspr. (zu Recht) davon aus, dass ein öffentliches Interesse

5

am sofortigen Vollzug der Entziehungsentscheidung durch den Berufungsausschuss besteht, wenn nämlich der Arzt sich wegen eines groben Verstoßes als ungeeignet für die Zulassung erwiesen hat (vgl. etwa HessLSG v. 28. 3. 1977, L 7 Ka 226/77 juris; LSG HH v. 25. 11. 1981, II Ka Bs 26/81 nv; aA LSGNds MedR 1984, 154, dem zufolge ein sofortiger Vollzug bei einer erstmaligen Abrechnungsmanipulation, die einen groben Verstoß darstelle, nicht ohne Weiteres zu bejahen sei, da nur die finanziellen Interessen der Kasse betroffen seien). Insgesamt kommt es bei der Entscheidung über den sofortigen Vollzug bzw. seine Aufhebung auf den Einzelfall an − je höher eine Gefahr für die Versicherten und ihre vertragsärztliche Versorgung ist, umso eher ist die sofortige Vollziehung zumindest einer Entzugsentscheidung anzuordnen (zu Einzelfällen *Hess,* KK, § 97 Rn. 5 ff.).

6 Die **Aufsicht** über die Zulassungs- wie Berufungsausschüsse wird von den für die Sozialversicherung zuständigen obersten Verwaltungsbehörden ausgeübt; sie ist beschränkt auf die Geschäftsführung. Die Aufsicht ist dabei so weit ausgedehnt, dass den Behörden sogar ein Berufungsrecht für die Mitglieder der Ausschüsse zustehen kann, wenn die zuständigen KV bzw. Kassen(-verbände) hierzu nicht in der Lage sind.

§ 98 Zulassungsverordnungen

(1) [1]**Die Zulassungsverordnungen regeln das Nähere über die Teilnahme an der vertragsärztlichen Versorgung sowie die zu ihrer Sicherstellung erforderliche Bedarfsplanung (§ 99) und die Beschränkung von Zulassungen.** [2]**Sie werden vom Bundesministerium für Gesundheit mit Zustimmung des Bundesrates als Rechtsverordnung erlassen.**

(2) **Die Zulassungsverordnungen müssen Vorschriften enthalten über**
1. **die Zahl, die Bestellung und die Abberufung der Mitglieder der Ausschüsse sowie ihrer Stellvertreter, ihre Amtsdauer, ihre Amtsführung und die ihnen zu gewährende Erstattung der baren Auslagen und Entschädigung für Zeitaufwand,**
2. **die Geschäftsführung der Ausschüsse,**
3. **das Verfahren der Ausschüsse entsprechend den Grundsätzen des Vorverfahrens in der Sozialgerichtsbarkeit,**
4. **die Verfahrensgebühren unter Berücksichtigung des Verwaltungsaufwandes und der Bedeutung der Angelegenheit für den Gebührenschuldner sowie über die Verteilung der Kosten der Ausschüsse auf die beteiligten Verbände,**
5. **die Führung der Arztregister durch die Kassenärztlichen Vereinigungen und die Führung von Bundesarztregistern durch die Kassenärztlichen Bundesvereinigungen sowie das Recht auf Einsicht in diese Register und die Registerakten, insbesondere durch die betroffenen Ärzte und Krankenkassen,**
6. **das Verfahren für die Eintragung in die Arztregister sowie über die Verfahrensgebühren unter Berücksichtigung des Verwaltungsaufwandes und der Bedeutung der Angelegenheit für den Gebührenschuldner,**
7. **die Bildung und Abgrenzung der Zulassungsbezirke,**
8. **die Aufstellung, Abstimmung, Fortentwicklung und Auswertung der für die mittel- und langfristige Sicherstellung der vertragsärztlichen Versorgung erforderlichen Bedarfspläne sowie die hierbei notwendige Zusammenarbeit mit anderen Stellen, deren Unterrichtung und die Beratung in den Landesausschüssen der Ärzte und Krankenkassen,**
9. **die Ausschreibung von Vertragsarztsitzen,**

4. Kapitel. 2. Abschnitt. 7. Titel **§ 98**

10. die Voraussetzungen für die Zulassung hinsichtlich der Vorbereitung und der Eignung zur Ausübung der vertragsärztlichen Tätigkeit sowie die nähere Bestimmung des zeitlichen Umfangs des Versorgungsauftrages aus der Zulassung,
11. die Voraussetzungen, unter denen Ärzte, insbesondere in Krankenhäusern und Einrichtungen der beruflichen Rehabilitation, oder in besonderen Fällen ärztlich geleitete Einrichtungen durch die Zulassungsausschüsse zur Teilnahme an der vertragsärztlichen Versorgung ermächtigt werden können, die Rechte und Pflichten der ermächtigten Ärzte und ermächtigten ärztlich geleiteten Einrichtungen sowie die Zulässigkeit einer Vertretung von ermächtigten Krankenhausärzten durch Ärzte mit derselben Gebietsbezeichnung,
12. *aufgehoben*
13. die Voraussetzungen, unter denen nach den Grundsätzen der Ausübung eines freien Berufes die Vertragsärzte angestellte Ärzte, Assistenten und Vertreter in der vertragsärztlichen Versorgung beschäftigen dürfen oder die vertragsärztliche Tätigkeit an weiteren Orten ausüben können,
13a. die Voraussetzungen, unter denen die zur vertragsärztlichen Versorgung zugelassenen Leistungserbringer die vertragsärztliche Tätigkeit gemeinsam ausüben können,
14. die Teilnahme an der vertragsärztlichen Versorgung durch Ärzte, denen die zuständige deutsche Behörde eine Erlaubnis zur vorübergehenden Ausübung des ärztlichen Berufes erteilt hat, sowie durch Ärzte, die zur vorübergehenden Erbringung von Dienstleistungen nach Artikel 60 des EWG-Vertrages oder des Artikels 37 Satz 3 des Abkommens über den Europäischen Wirtschaftsraum im Inland tätig werden,
15. die zur Sicherstellung der vertragsärztlichen Versorgung notwendigen angemessenen Fristen für die Beendigung der vertragsärztlichen Tätigkeit bei Verzicht.

Schrifttum: S. § 95.

§ 98 enthält eine **Ermächtigungsnorm** zugunsten des BMG: Dieses hat danach die Kompetenz, Zulassungsverordnungen mit Zustimmung des BR im Wege der Rechtsverordnung zu erlassen. Diese Verordnungen, deren Inhalte in Abs. 2 näher bestimmt werden, regeln das Nähere über die Teilnahme an der vertragsärztlichen Versorgung, die Sicherstellung der Bedarfsplanung und die Beschränkung von Zulassungen. 1

Umgesetzt ist die Ermächtigung durch die einzelnen erlassenen Zulassungsverordnungen, also die ZV-Ärzte (die für Vertragärzte sowie Psychotherapeuten gilt) und die ZV-Zahnärzte. Die beiden Verordnungen, die den zwingend vorgegebenen Katalog des Abs. 2 konkretisieren, sind inhaltlich nahezu identisch, sie weichen nur dort voneinander ab, wo es sachlich insb. infolge der unterschiedlichen Aufgaben der beiden Gruppen geboten ist. Mit Erlass der Verordnungen hat das BMG seinen Umsetzungsauftrag erfüllt, sie enthalten das für sämtliche Zulassungsangelegenheiten geltende, die Regelungen des SGB V näher ausgestaltende Recht. Die ZV-Ärzte/Zahnärzte sind in Kraft seit dem 28. 5. 1957 (BGBl. I, 571), zuletzt geändert durch die Gesundheitsreform 2007, durch Art. 21 und 22 GKV-WSG (§ 1 Rn. 31). 2

Joussen

Achter Titel. Bedarfsplanung, Unterversorgung, Überversorgung

§ 99 Bedarfsplan

(1) ¹Die Kassenärztlichen Vereinigungen haben im Einvernehmen mit den Landesverbänden der Krankenkassen und den Ersatzkassen sowie im Benehmen mit den zuständigen Landesbehörden nach Maßgabe der vom Gemeinsamen Bundesausschuss erlassenen Richtlinien auf Landesebene einen Bedarfsplan zur Sicherstellung der vertragsärztlichen Versorgung aufzustellen und jeweils der Entwicklung anzupassen. ²Die Ziele und Erfordernisse der Raumordnung und Landesplanung sowie der Krankenhausplanung sind zu beachten. ³Der Bedarfsplan ist in geeigneter Weise zu veröffentlichen.

(2) Kommt das Einvernehmen zwischen den Kassenärztlichen Vereinigungen, den Landesverbänden der Krankenkassen und den Ersatzkassen nicht zustande, kann jeder der Beteiligten den Landesausschuss der Ärzte und Krankenkassen anrufen.

(3) Die Landesausschüsse beraten die Bedarfspläne nach Absatz 1 und entscheiden im Falle des Absatzes 2.

Schrifttum: *P. Axer*, Normsetzung der Exekutive in der Sozialversicherung, 2000; *W. Boecken*, Vertragsärztliche Bedarfsplanung aus rechtlicher Sicht, NZS 1999, 417; *H. Butzer/ M. Kaltenborn*, Die Demokratische Legitimation des Bundesausschusses der Ärzte und Krankenkassen, MedR 2001, 333; *H. Haage*, Bedarfsplanung in der GKV-Gesundheitsreform 2000, MedR 2000, 262; *R. Hess*, Auswirkungen des Vertragsarztrechtsänderungsgesetzes auf die Bedarfsplanung, VSSR 2007, 199; *G. Igl*, Mengensteuerung im Gesundheitswesen durch Begrenzungen des Zugangs für die Leistungserbringer am Beispiel der ambulanten und stationären „Bedarfsplanung", MedR 2000, 157; *K. Junge*, Recht auf Teilnahme an der vertragsärztlichen Versorgung, 2007; *Th. Kingreen*, Legitimation und Partizipation im Gesundheitswesen – Verfassungsrechtliche Kritik und Reform des Gemeinsamen Bundesausschusses –, NZS 2007, 113; *J. Klose/T. Uhlemann*, Fehlallokationen in der vertragsärztlichen Versorgung, G+G Beilage 2006, Nr. 3, 7; *H. Langguth*, Vertragsarztrecht: Bedarfsplanung in überversorgten Gebieten verfassungsgemäß, DStR 2000, 650; *G. Manssen*, Das Kassenarztzulassungsrecht des SGB V, ZfSH/SGB 1994, 1; *H. Matzke/D. Schirmer*, Gesetz zur Weiterentwicklung des Kassenarztrechts, BKK 1977, 2; *B. von Maydell/J. Pietzcker*, Begrenzung der Kassenarztzulassung, 1993; *R. Pitschas*, Das Grundrecht der Berufsfreiheit im Kassen- und Vertragsarztrecht, FS 40 Jahre Landessozialgerichtsbarkeit, 1994, 217; *F. Ruland*, Verfassungsmäßigkeit vertragsärztlicher Bedarfsplanung mit Zulassungsbeschränkungen in überversorgten Gebieten, JuS 2000, 509; *M. Schnath*, Bedarfsplanung und Konkurrenzschutz im Kassenarztrecht, 1992; *G. Schneider*, Handbuch des Kassenarztrechts, 1994; *M. Stockhausen*, Ärztliche Berufsfreiheit und Kostendämpfung, 1992.

Inhaltsübersicht

	Rn.
A. Überblick	1
B. Notwendigkeit der Bedarfsplanung, verfassungsrechtliche Bewertung	2
C. Der Bedarfsplan als vertragsarztrechtliches Steuerungsinstrument	5
I. Funktion	5
II. Aufbau	6
III. Verfahren der Planaufstellung	7
IV. Rechtsnatur des Bedarfsplans, Rechtsschutz	9

4. Kapitel. 2. Abschnitt. 8. Titel **§ 99**

A. Überblick

Die §§ 99 ff. enthalten Regelungen über die **Aufstellung und Anpassung von** 1
Bedarfsplänen zur vertragsärztlichen Versorgung (§ 99) sowie zur **Feststellung
einer Unter- bzw. Überversorgung** (§ 100 bzw. § 101) mit vertragsärztlichen
Leistungen. Um eine Unterversorgung zu beseitigen oder eine Überversorgung
einzudämmen, sehen die §§ 103 bis 105 Maßnahmen zur **Anpassung der Zahl der
Vertragsärzte** vor. Die Regelungen der §§ 99 ff. werden durch die Bestimmungen
der **Bedarfsplanungs-Richtlinien (BedÄrzte-RL u. BedZahnÄ-RL,** vgl.
§ 92 Rn. 34) und die **§§ 12–14 ZV-Ärzte/Zahnärzte** ergänzt. Grundlage für die
Regelungen über die Bedarfsplanung in der ZV-Ärzte ist § 98 Abs. 1, Abs. 2 Nr. 8
iVm. § 98 Abs. 1 S. 2; die Aufstellung der BedÄrzte-RL durch den G-BA erfolgt auf
Grundlage des § 92 Abs. 1 S. 2 Nr. 9 und des § 101 Abs. 1.

B. Notwendigkeit der Bedarfsplanung, verfassungsrechtliche Bewertung

Der auf die Nachfrage nach vertragsärztlichen Leistungen angewiesene Arzt be- 2
stimmt kraft seines Sachverstandes maßgeblich Art und Umfang der im Einzelfall
benötigten und damit in Anspruch genommenen und vergüteten Leistung (vgl.
von Maydell/Pietzcker, Begrenzung der Kassenarztzulassung, 34 f.). Diese „anbieterdominierte
Nachfrage" (*Schnath,* HVAR, § 5, C. Rn. 1; ähnlich BVerfG, MedR
2001, 639/640 unter Bezugnahme auf BT-Drs. 12/3608, 98: „angebotsinduzierte
Nachfrage") bringt das Risiko mit sich, dass eine wachsende Zahl zugelassener
Ärzte zu einem Kostenanstieg in der GKV führt. Im Zusammenwirken mit weiteren
Besonderheiten des GKV-Systems wird daher in einem ungehinderten Zugang
zur Vertragsarzttätigkeit eine **Gefahr für die finanzielle Stabilität der
GKV** gesehen (vgl. BVerfG, MedR 2001, 639/640; *Boecken,* NZS 1999, 417/417;
Manssen, ZfSH/SGB 1994, 1/2 f.).

Erfahrungen aus den 1970er Jahren zeigen ferner, dass eine **Versorgung im** 3
ländlichen Raum ohne vorherige Bedarfsplanung und darauf gestützte Maßnahmen
nicht durchgehend gesichert werden kann (*Schneider,* Handbuch, Rn. 362;
Stockhausen, Ärztliche Berufsfreiheit, 19; zur aktuellen Situation insbesondere der
hausärztlichen Versorgung im ländlichen Raum *Klose/Uhlemann,* G+G Beilage
2006, Nr. 3, 7 ff.). Zudem wird bei freiem Zugang zur Tätigkeit des Vertragsarztes
ein ruinöser Wettbewerb zwischen den Vertragsärzten mit **Gefahren für die
Funktionsfähigkeit des Systems der GKV und für die Gesundheit der Patienten**
befürchtet (vgl. *von Maydell/Pietzcker,* Begrenzung der Kassenarztzulassung,
46 f. u. 48 ff.). Um diesen Problemen zu begegnen, setzt der Gesetzgeber eine
an den Zielsetzungen des § 72 Abs. 2 ausgerichtete Planung des Angebots und
der Nachfrage nach ambulanten ärztlichen Leistungen an die Stelle einer Allokation
durch freien Ausgleich dieser beiden Marktkräfte.

Die **verfassungsrechtliche Bewertung** knüpft an diese Überlegungen an: 4
Die in §§ 99 ff. festgelegte Bedarfsplanung greift zwar in die Grundrechte des
Art. 12 Abs. 1 u. 3 Abs. 1 GG ein, dient jedoch der Sicherung der finanziellen Stabilität
der GKV und damit einem besonders wichtigen Gemeinschaftsgut. Insgesamt
ist sie als verhältnismäßig zu betrachten und daher – im Unterschied zur
früheren gesetzlichen Regelung in § 368 a Abs. 1 RVO a. F. (s. hierzu BVerfGE 11,
30/42 ff.; BVerfGE 12, 144/147 ff.) – grundsätzlich (s. aber auch § 101 Rn. 8;

§ 99 Bedarfsplan

außerdem *Hess*, VSSR 2007, 199/205 f.) mit der Verfassung vereinbar (vgl. BVerfG, MedR 2001, 639/640; BSG, NZS 1999, 98/99; BSG, SozR 3–2500, § 103 Nr. 1 S. 6 f.; SozR, 4–2500 § 103 Nr. 2 S. 14 f.; s. ferner – die verfassungsrechtliche Diskussion zusammenfassend – *Francke*, W/E, § 103 Rn. 12 ff., 15 mwN. sowie jüngst *Junge*, Recht auf Teilnahme, 120 ff.; *Flint*, H/N, § 99 Rn. 11 ff.; zur gemeinschaftsrechtlichen Einordnung ebda. Rn. 69 ff.; *Becker*, HVAR, § 25 Rn. 49). Aufgrund der weit reichenden Bedeutung der Bedarfsplanung für die betroffenen Grundrechtsträger – gerade auch für diejenigen, die (noch) nicht Teil der Selbstverwaltung sind, wie etwa Ärzte, die eine Zulassung begehren – erscheint es allerdings fraglich, ob das Zustandekommen der **BedÄrzte-RL** dem Wesentlichkeitsvorbehalt und damit den Anforderungen der Verfassung genügt (vgl. *Pitschas*, FS – 40 Jahre Landessozialgerichtsbarkeit, 217/233 ff.; grundlegend zur – fehlenden – demokratischen Legitimation des G-BA *Butzer/Kaltenborn*, MedR 2001, 333 ff.; *Kingreen*, NZS 2007, 113 ff.). Die Rechtsprechung bejaht auch dies (BSG, NZS 1999, 98/100 f.; s. hierzu *Langguth*, DStR 2000, 650/650; *Ruland*, JuS 2000, 509/509 f.; vgl. auch BSG, SozR 3–2500, § 101 Nr. 1 S. 3).

C. Der Bedarfsplan als vertragsarztrechtliches Steuerungsinstrument

I. Funktion

5   Mit Hilfe des Bedarfsplans wird der Bedarf an vertragsärztlicher Versorgung im Planungsgebiet ermittelt und überwacht (zum Begriff des „Bedarfs" s. *Igl*, MedR 2000, 257 ff.). Die Bedarfsplanung dient einer auch mittel- und langfristig wirksamen Sicherstellung der vertragsärztlichen Versorgung (§ 12 Abs. 1 ZV-Ärzte). Sie ist Teil der gemeinsamen Selbstverwaltung von Vertragsärzten und KK (*Krauskopf*, Krauskopf, § 99 Rn. 2). Anhand Hilfe des Bedarfsplans ist zu prüfen, ob im Planungsgebiet eine Unter- bzw. Überversorgung eingetreten oder zu befürchten ist. Der Bedarfsplan bildet damit die Grundlage für Maßnahmen zur Beseitigung einer Unterversorgungssituation (§ 100) oder für die Anordnung von Zulassungsbeschränkungen (§ 103). Bedarfsprüfungen bei der Entscheidung über die Zulassung von Ärzten oder ärztlich geleiteten Einrichtungen (§ 95 Abs. 1 SGB V, §§ 31, 31 a ZV-Ärzte) erfolgen ebenfalls auf Grundlage des jeweiligen Bedarfsplans. Über die **Planungs- und Sicherstellungsfunktion** hinaus bildet der Bedarfsplan die Grundlage für die **Beratung von Ärzten,** die zur Teilnahme an der vertragsärztlichen Versorgung bereit sind (§ 12 Abs. 4 ZV-Ärzte).

II. Aufbau

6   Da einer bundesweiten Einheitlichkeit der Bedarfsplanung große Bedeutung zukommt, wird die **planerische Gestaltungsfreiheit** bei der Aufstellung der Bedarfspläne für die unterschiedlichen Planungsbereiche durch die §§ 99 ff. und vor allem durch die BedÄrzte-RL deutlich eingeschränkt (vgl. *Francke*, W/E, § 99 Rn. 8). Die **Planungsbereiche** der Bedarfsplanung sind die kreisfreien Städte, die Landkreise oder die Kreisregionen in der Zuordnung des Bundesamtes für Bauwesen und Raumordnung (§ 2 Abs. 3 BedÄrzte-RL; zur Befugnis des G-BA, Planungsbereiche vorzugeben s. BSG, SozR 3–2500, § 99 Nr. 1 S. 1). Abweichungen von dieser Vorgabe sind ohne genaue Begründung für den Einzelfall nicht zulässig (BSG, NZS 1998, 494/495 f.; vgl. auch LSG Nieders-Bremen v. 26. 3. 2003,

L 11 KA 17/00). Für jeden Planungsbereich werden jährlich **Planungsblätter** erstellt (§ 2 Abs. 2 S. 2 BedÄrzte-RL). Differenziert nach Arztgruppen errechnet sich nach den Vorgaben der §§ 4 und 5 BedÄrzte-RL für den Planungsbereich der allgemeine bedarfsgerechte Versorgungsgrad. Die Bestimmung der **Arztgruppen** erfolgt nach ihrer Versorgungsausrichtung oder in Anlehnung an die (Muster-) Weiterbildungsordnung (§§ 3 u. 4 BedÄrzte-RL). Kann eine Facharztbezeichnung nicht mehr erworben werden, wird ein Arzt, der diese Bezeichnung führt, derjenigen Arztgruppe zugeordnet, der das Gebiet nach geltendem Recht zugeordnet ist (§ 4 Abs. 3 BedÄrzte-RL). Der **bedarfsgerechte Versorgungsgrad** gibt – als allgemeine Verhältniszahl – die Anzahl der Einwohner je Arzt einer Arztgruppe an und ist nach Regionstypen differenziert (§ 6 u. 7 BedÄrzte-RL). Gleichwohl gilt der Bedarfsplan als ein noch relativ grobes Instrument, wenn es um die Abbildung der Versorgung eines Planungsbereichs mit speziellen Leistungen innerhalb der erfassten Arztgruppen geht (vgl. *Francke,* W/E, § 99 Rn. 5).

III. Verfahren der Planaufstellung

Das **Initiativrecht im Bedarfsplanungsverfahren** steht der jeweiligen KV 7 zu (Abs. 1 S. 1). Sie ist Träger der Planung (*Matzke/Schirmer,* BKK 1977, 2/14; *Schneider,* Handbuch, Rn. 371), muss dabei allerdings im **Einvernehmen mit den Landesverbänden der KK und den Ersatzkassen** handeln. Zudem sind die zuständigen Landesbehörden an der Planung zu beteiligen. Die Einbeziehung der außerhalb der vertragsärztlichen Selbstverwaltung stehenden, aber nach § 99 Abs. 1 S. 2 gleichwohl planungsrelevanten Gesichtspunkte erfolgt im **Benehmen zwischen der KV und den Landesbehörden.** Es handelt sich dabei lediglich um ein Anhörungsverfahren, so dass die KV die vorgetragenen Gesichtspunkte zwar prüfen, nicht jedoch zwingend in der von den Landesbehörden vorgeschlagenen Art und Weise berücksichtigen muss (vgl. *Schneider*, Handbuch, Rn. 374; ferner *Flint,* H/N, § 99 Rn. 44; zu weiteren untergesetzlichen Verfahrensregelungen s. ebda. Rn. 47).

Kommt das Einvernehmen nach Abs. 1 S. 1 zustande, berät der **Landesaus-** 8 **schuss der Ärzte und KK** den Bedarfsplan (Abs. 3). Kann dagegen kein Einvernehmen erzielt werden, steht es jeweils in Ermessen der Beteiligten, den Landesausschuss der Ärzte und KK anzurufen (Abs. 2). Aufgrund der Verpflichtung zur Aufstellung des Bedarfsplans durch die KVen ist für diese grundsätzlich von einer Ermessensreduzierung auf null– also von einer Anrufungspflicht – auszugehen (vgl. *Francke,* W/E, § 99 Rn. 12; *Flint,* H/N, § 99 Rn. 63). Andernfalls würden die Vorschriften der Abs. 2 und 3 ihr Ziel verfehlen, das Zustandekommen des Bedarfsplans auch bei Dissens zwischen den Planungsbeteiligten abzusichern (*Schneider,* Handbuch, Rn. 410 ff.). Gegen die Entscheidung des Landesausschusses, welche sich lediglich auf die zwischen den Parteien umstrittenen Punkte erstrecken darf (*Francke,* W/E, § 99 Rn. 12; *Schneider,* Handbuch, Rn. 415), steht den KVen, den Landesverbänden der KK und den Ersatzkassen – nicht aber den nach § 13 ZV-Ärzte zu beteiligenden Stellen – der **Klageweg** zu den Sozialgerichten offen (*Francke,* W/E, § 99 Rn. 12; *Hess,* KK, § 99 Rn. 8; *Schneider,* Handbuch, Rn. 415–420).

IV. Rechtsnatur des Bedarfsplans, Rechtsschutz

9 Der Bedarfsplan iSv. § 99 und die ihm zugrunde liegenden Planungsblätter sind **reine Bedarfsanalysen** (*Hess*, KK, § 99 Rn. 7). Sie besitzen **keine Außenwirkung,** daher ist der Bedarfsplan auch nicht als Verwaltungsakt zu qualifizieren (vgl. *Francke,* W/E, § 99 Rn. 13; *Hess,* KK, § 99 Rn. 7; Überlegungen zur normativen Wirkung des Bedarfsplans bei *Axer,* Normsetzung der Exekutive in der Sozialversicherung, 142 ff.). Ein durch den Bedarfsplan ausgewiesener Bedarf berührt nicht das Recht eines Arztes auf Zulassung zur vertragsärztlichen Versorgung (*Francke,* W/E, § 99 Rn. 13; *Hess,* KK, § 99 Rn. 7; *Schneider,* Handbuch, Rn. 398–403). Gleiches gilt für die Feststellung einer Über- oder Unterversorgung durch den jeweiligen Landesausschuss der Ärzte und KK (*Hess,* KK, § 99 Rn. 7). Der Bedarfsplan iSv. § 99 weist insoweit Ähnlichkeiten mit dem Krankenhausplan iSd. § 108 Nr. 2 auf (zu dessen Rechtsnatur vgl. BVerwGE 60, 269/273 f.; BVerwGE 62, 86/95 ff.). Erst die Versagung der Zulassung aufgrund von Zulassungsbeschränkungen nach § 100 Abs. 2 oder § 103 Abs. 1 S. 2 greift unmittelbar in das Recht auf Zulassung eines Arztes ein, der die Voraussetzungen des § 95 iVm. ZV-Ärzte erfüllt (vgl. *Hess,* KK, § 99 Rn. 7).

10 Eine **Klage** gegen den Bedarfsplan ist nicht möglich (*Hess,* KK, § 99 Rn. 7; *Krauskopf,* Krauskopf, § 99 Rn. 19). Ärzten, denen aufgrund von Zulassungsbeschränkungen die beantragte Vertragsarztzulassung verweigert wurde, bleibt lediglich die Klage gegen diese Einzelmaßnahme. Im Rahmen eines solchen gerichtlichen Verfahrens kann jedoch der dieser Entscheidung zugrunde liegende Bedarfsplan inzident überprüft werden (*Francke,* W/E, § 99 Rn. 14; *Hess,* KK, § 99 Rn. 7; ausführlich zu vertragsarztrechtlichen Konkurrentenklagen *Schnath,* Bedarfsplanung und Konkurrenzschutz im Kassenarztrecht, 109 ff.).

§ 100 Unterversorgung

(1) ¹**Den Landesausschüssen der Ärzte und Krankenkassen obliegt die Feststellung, daß in bestimmten Gebieten eines Zulassungsbezirks eine ärztliche Unterversorgung eingetreten ist oder in absehbarer Zeit droht.** ²**Sie haben den für die betroffenen Gebiete zuständigen Kassenärztlichen Vereinigungen eine angemessene Frist zur Beseitigung oder Abwendung der Unterversorgung einzuräumen.**

(2) **Konnte durch Maßnahmen einer Kassenärztlichen Vereinigung oder durch andere geeignete Maßnahmen die Sicherstellung nicht gewährleistet werden und dauert die Unterversorgung auch nach Ablauf der Frist an, haben die Landesausschüsse mit verbindlicher Wirkung für die Zulassungsausschüsse nach deren Anhörung Zulassungsbeschränkungen in anderen Gebieten nach den Zulassungsverordnungen anzuordnen.**

(3) **Den Landesausschüssen der Ärzte und Krankenkassen obliegt nach Maßgabe der Richtlinien nach § 101 Abs. 1 Nr. 3 a die Feststellung, dass in einem nicht unterversorgten Planungsbereich zusätzlicher lokaler Versorgungsbedarf besteht.**

(4) **Absatz 1 Satz 2 und Absatz 2 gelten nicht für Zahnärzte.**

Schrifttum: *Deutsche Krankenhausgesellschaft,* Position der DKG zur Umsetzung des § 116 b SGB V nach In-Kraft-Treten des GKV-WSG, DKH 2007, 411; *I. Palsherm,* Das Vertragsarztrecht – die elementaren Grundzüge, ZfS 2006, 38; *F. Stollmann,* Zur Umsetzung des

4. Kapitel. 2. Abschnitt. 8. Titel **§ 100**

§ 116b Abs. 2 SGB V nach In-Kraft-Treten des GKV-WSG, ZMGR 2007, 134; *M. Zenker,* Gegen Ärztemangel in neuen Bundesländern, SozSich. 2005, 390.

Inhaltsübersicht

	Rn.
A. Überblick	1
B. Unterversorgung	2
C. Verfahren	4
I. Feststellung einer Unterversorgung, Abs. 1 S. 1, Abs. 3	4
II. Maßnahmen zur Beseitigung oder Abwendung der Unterversorgung, Abs. 1 S. 2	5
III. Anordnung und Aufhebung von Zulassungsbeschränkungen, Abs. 2	6
D. Verfassungsrechtliche Einordnung	7

A. Überblick

Die Vorschrift regelt das Vorgehen für den Fall, dass eine ausreichende vertragsärztliche **Versorgung** in einem Zulassungsbezirk **nicht mehr vollständig gewährleistet** ist bzw. **Mängel** bei der Versorgung in absehbarer Zeit **drohen**. §§ 27–34 der BedÄrzte-RL (§ 92 Rn. 34) sowie §§ 15, 16 der ZV-Ärzte ergänzen die Regelungen des § 100. Zur Beseitigung bzw. Abwendung einer Unterversorgung stehen in einem gestuften Verfahren grundsätzlich zwei Maßnahmenkategorien zur Verfügung: zum einen **Maßnahmen, die direkt die Versorgung im Zulassungsbezirk verbessern** (Abs. 1 S. 2), und zum anderen **Zulassungsbeschränkungen in nicht unterversorgten Gebieten**, welche mittelbar dazu führen, dass die Zahl zugelassener Vertragsärzte im unterversorgten Zulassungsbezirk erhöht wird (Abs. 2; gem. Abs. 4 sind weder Abs. 1 S. 2 noch Abs. 2 auf die vertragszahnärztliche Praxis anwendbar). Derzeit ist die Praxisrelevanz dieser Regelungen zur Unterversorgung gering (vgl. *Francke,* W/E, § 100 Rn. 9; *Hess,* KK, § 100 Rn. 5; *Krauskopf,* Krauskopf, § 100 Rn. 1). Aufgrund der sich seit einiger Zeit verschlechternden Versorgungssituation in den neuen Bundesländern (vgl. *Zenker,* SozSich. 2005, 390 ff.) könnten die Vorschriften jedoch in Zukunft wieder größere praktische Bedeutung gewinnen. Die 2006 neu eingeführte Kategorie des **zusätzlichen lokalen Versorgungsbedarfs** (Abs. 3) ergänzt das bisher zur Verfügung stehende Steuerungsinstrumentarium (vgl. hierzu *Flint,* H/N, § 100 Rn. 4, 8 u. 48 f.). 1

B. Unterversorgung

Gem. § 28 der BedÄrzte-RL liegt **Unterversorgung** vor, wenn in bestimmten Planungsbereichen Vertragsarztsitze, die im Bedarfsplan für die bedarfsgerechte Versorgung ausgewiesen sind, nicht nur vorübergehend nicht besetzt werden können und dadurch eine unzumutbare Erschwernis der Inanspruchnahme vertragsärztlicher Leistungen eintritt, welche auch durch die Ermächtigung von Ärzten und ärztlich geleiteten Einrichtungen (vgl. §§ 116 ff.) nicht behoben werden kann. Wenn der Stand der **hausärztlichen Versorgung** den ausgewiesenen Bedarf um mehr als 25 % unterschreitet, ist das Vorliegen einer Unterversorgung zu vermuten; für die **fachärztliche Versorgung** wird eine Unterversorgung bei einem Unterschreiten des ausgewiesenen Bedarfs um mehr als 50 % angenommen (§ 29 S. 1 BedÄrzte-RL). 2

Eine **Unterversorgung droht,** wenn insbesondere aufgrund der Altersstruktur der Ärzte eine Verminderung der Zahl von Vertragsärzten in einem Umfang zu 3 erwarten ist, der zum Eintritt einer Unterversorgung führen würde (§ 29 S. 2 BedÄrzte-RL). Gegenüber dem früheren Wortlaut des § 100 Abs. 1 sollen die Landesausschüsse der Ärzte und KK bereits dann eine Unterversorgung feststellen können, wenn eine drohende Unterversorgung absehbar ist (BT-Drs. 16/4247, 45). Nach alter Rechtslage waren sie dazu erst bei unmittelbar drohender Unterversorgung berechtigt.

C. Verfahren

I. Feststellung einer Unterversorgung, Abs. 1 S. 1, Abs. 3

4   Die Landesausschüsse der Ärzte und KK prüfen von Amts wegen, ob in einem Planungsbereich **Unterversorgung besteht oder in absehbarer Zeit droht** (§ 16 Abs. 1 S. 1 ZV-Ärzte). Sie gehen dabei zunächst von der allgemeinen Verhältniszahl für die jeweilige Arztgruppe aus (§ 27 BedÄrzte-RL); letztlich maßgeblich sind jedoch die tatsächlichen Verhältnisse im Planungsbereich (vgl. § 31 BedÄrzte-RL; § 16 Abs. 1 S. 2 ZV-Ärzte). Abweichend von Abs. 1 kann gem. Abs. 3 (iVm. § 101 Abs. 1 S. 1 Nr. 3 a) eine Unterversorgungssituation auch dann festgestellt werden, wenn zwar der jeweilige Planungsbereich insgesamt nicht unterversorgt ist, jedoch **zusätzlicher lokaler Versorgungsbedarf** besteht.

II. Maßnahmen zur Beseitigung oder Abwendung der Unterversorgung, Abs. 1 S. 2

5   Stellt ein Landesausschuss eine bestehende oder in absehbarer Zeit drohende Unterversorgung fest, so muss die zuständige KV Maßnahmen zur Beseitigung oder Abwendung der Unterversorgung treffen. Neben der **Ausschreibung unbesetzter Vertragsarztsitze** sind insbesondere **finanzielle Förderungen,** wie z. B. die Zahlung von Sicherstellungszuschlägen denkbar (§ 105 Abs. 1 S. 1; vgl. auch *Schnath,* HVAR, § 5 C. Rn. 12; *Palsherm,* ZfS 2006, 38/40). Ebenfalls in Betracht kommt die **Ermächtigung von Krankenhausärzten bzw. Krankenhäusern** zur Teilnahme an der ambulanten Versorgung gem. §§ 116 u. 116 a (ausführlicher Überblick zu diesen und weiteren geeigneten Maßnahmen bei *Flint,* H/N, § 100 Rn. 26 ff.). Der Landesausschuss kann diesbezüglich Empfehlungen aussprechen (§ 16 Abs. 2 S. 2 ZV-Ärzte).

III. Anordnung und Aufhebung von Zulassungsbeschränkungen, Abs. 2

6   Wenn die Unterversorgung nach Fristablauf andauert, ordnet der jeweilige Landesausschuss in einer gebundenen Entscheidung **Zulassungsbeschränkungen für andere Gebiete** an, in denen keine Unterversorgung besteht (Abs. 2). Die Zulassungsausschüsse dürfen in diesen Gebieten dann grundsätzlich keine Zulassungen mehr erteilen (vgl. § 16 Abs. 3 S. 1 ZV-Ärzte). § 16 Abs. 3 S. 1 ZV-Ärzte geht über den Wortlaut der gesetzlichen Ermächtigung in § 100 Abs. 2 hinaus, indem Zulassungsbeschränkungen auch dann anzuordnen sind, wenn eine in absehbarer Zeit drohende Unterversorgung nicht abgewendet werden konnte (zu Recht kritisch *Francke,* W/E, § 100 Rn. 6; *Flint,* H/N, § 100 Rn. 37; aA offenbar *Krauskopf,* Krauskopf, § 100 Rn. 5; *Schnath,* HVAR, § 5 C. Rn. 13). Zulassungen zur **Vermeidung unbilliger Härten** sind in beschränkten Bereichen nur ausnahmsweise erlaubt (§ 16 Abs. 5 ZV-Ärzte); die Entscheidung über solche Ausnahmen

liegt im Ermessen des Zulassungsausschusses (*Schnath*, HVAR, § 5 C Rn. 14; zur Ermessensreduzierung bei zulassungsrechtlichen Härtefallregelungen vgl. allerdings auch BSGE 73, 223/232 f.). Auf die Zulässigkeit von Ermächtigungen nach § 116 b Abs. 2 (ambulante Behandlung im Krankenhaus) hat die Bedarfsplanung hingegen keinen unmittelbaren Einfluss (vgl. *DKG*, DKH 2007, 411/412; *Stollmann*, ZMGR 2007, 134/134 ff.).

D. Verfassungsrechtliche Einordnung

Sowohl das BSG als auch das BVerfG betrachten Zulassungsbeschränkungen zur Beseitigung einer Überversorgung (also auf der Grundlage der §§ 101, 103) generell als zulässig, soweit sie der Sicherung der finanziellen Stabilität und damit der Funktionsfähigkeit der GKV dienen (s. hierzu die Nachweise bei § 103 Rn. 5). Bei Zulassungsbeschränkungen aufgrund einer **Unterversorgung** geht es jedoch weniger um die finanzielle Stabilität der GKV als vielmehr um die **Sicherstellung der vertragsärztlichen Mindestversorgung,** welche (erst recht) als besonders wichtiges Gemeinschaftsgut anerkannt ist (BVerfG, MedR 2001, 639/639 f.; BVerfGE 78, 179/192). Zulassungsbeschränkungen auf der Grundlage des § 100 sind daher – im Vergleich zu entsprechenden Maßnahmen im Falle einer Überversorgung – als insgesamt verfassungsrechtlich weniger problematisch anzusehen. 7

§ 101 Überversorgung

(1) ¹**Der Gemeinsame Bundesausschuss beschließt in Richtlinien Bestimmungen über**
1. **einheitliche Verhältniszahlen für den allgemeinen bedarfsgerechten Versorgungsgrad in der vertragsärztlichen Versorgung,**
2. **Maßstäbe für eine ausgewogene hausärztliche und fachärztliche Versorgungsstruktur,**
3. **Vorgaben für die ausnahmsweise Besetzung zusätzlicher Vertragsarztsitze, soweit diese zur Wahrung der Qualität der vertragsärztlichen Versorgung in einem Versorgungsbereich unerläßlich sind,**
3a. **allgemeine Voraussetzungen, nach denen die Landesausschüsse der Ärzte und Krankenkassen nach § 100 Abs. 3 einen zusätzlichen lokalen Versorgungsbedarf in nicht unterversorgten Planungsbereichen feststellen können,**
4. **Ausnahmeregelungen für die Zulassung eines Arztes in einem Planungsbereich, für den Zulassungsbeschränkungen angeordnet sind, sofern der Arzt die vertragsärztliche Tätigkeit gemeinsam mit einem dort bereits tätigen Vertragsarzt desselben Fachgebiets oder, sofern die Weiterbildungsordnungen Facharztbezeichnungen vorsehen, derselben Facharztbezeichnung ausüben will und sich die Partner der Berufsausübungsgemeinschaft gegenüber dem Zulassungsausschuß zu einer Leistungsbegrenzung verpflichten, die den bisherigen Praxisumfang nicht wesentlich überschreitet, dies gilt für die Anstellung eines Arztes in einer Einrichtung nach § 311 Abs. 2 Satz 1 und in einem medizinischen Versorgungszentrum entsprechend; bei der Ermittlung des Versorgungsgrades ist der Arzt nicht mitzurechnen,**
5. **Regelungen für die Anstellung von Ärzten bei einem Vertragsarzt desselben Fachgebiets oder, sofern die Weiterbildungsordnungen Facharztbezeichnungen vorsehen, mit derselben Facharztbezeichnung in einem Planungsbereich, für den Zulassungsbeschränkungen angeordnet sind, sofern sich der**

§ 101 Überversorgung

Vertragsarzt gegenüber dem Zulassungsausschuss zu einer Leitungsbegrenzung verpflichtet, die den bisherigen Praxisumfang nicht wesentlich überschreitet, und Ausnahmen von der Leistungsbegrenzung, soweit und solange dies zur Deckung eines zusätzlichen lokalen Versorgungsbedarfs erforderlich ist; bei der Ermittlung des Versorgungsgrades sind die angestellten Ärzte nicht mitzurechnen. [2]Sofern die Weiterbildungsordnungen mehrere Facharztbezeichnungen innerhalb desselben Fachgebiets vorsehen, bestimmen die Richtlinien nach Nummer 4 und 5 auch, welche Facharztbezeichnungen bei der gemeinschaftlichen Berufsausübung nach Nummer 4 und bei der Anstellung nach Nummer 5 vereinbar sind. [3]Überversorgung ist anzunehmen, wenn der allgemeine bedarfsgerechte Versorgungsgrad um 10 vom Hundert überschritten ist. [4]Der allgemeine bedarfsgerechte Versorgungsgrad ist erstmals bundeseinheitlich zum Stand vom 31. Dezember 1990 zu ermitteln. [5]Bei der Ermittlung des Versorgungsgrades ist die Entwicklung des Zugangs zur vertragsärztlichen Versorgung seit dem 31. Dezember 1980 arztgruppenspezifisch angemessen zu berücksichtigen. [6]Die regionalen Planungsbereiche sollen den Stadt- und Landkreisen entsprechen. [7]Bei der Berechnung des Versorgungsgrades in einem Planungsbereich sind Vertragsärzte mit einem hälftigen Versorgungsauftrag mit dem Faktor 0,5 sowie die bei einem Vertragsarzt nach § 95 Abs. 9 Satz 1 angestellten Ärzte und die in einem medizinischen Versorgungszentrum angestellten Ärzte entsprechend ihrer Arbeitszeit anteilig zu berücksichtigen.

(2) [1]Der Gemeinsame Bundesausschuss hat die auf der Grundlage des Absatzes 1 Satz 3 und 4 ermittelten Verhältniszahlen anzupassen oder neue Verhältniszahlen festzulegen, wenn dies erforderlich ist

1. wegen der Änderung der fachlichen Ordnung der Arztgruppen,
2. weil die Zahl der Ärzte einer Arztgruppe bundesweit die Zahl 1.000 übersteigt oder
3. zur Sicherstellung der bedarfsgerechten Versorgung.

[2]Bei Anpassungen oder Neufestlegungen ist die Zahl der Ärzte zum Stand vom 31. Dezember des Vorjahres zugrunde zu legen.

(3) [1]Im Falle des Absatzes 1 Satz 1 Nr. 4 erhält der Arzt eine auf die Dauer der gemeinsamen vertragsärztlichen Tätigkeit beschränkte Zulassung. [2]Die Beschränkung und die Leistungsbegrenzung nach Absatz 1 Satz 1 Nr. 4 enden bei Aufhebung der Zulassungsbeschränkungen nach § 103 Abs. 3, spätestens jedoch nach zehnjähriger gemeinsamer vertragsärztlicher Tätigkeit. [3]Endet die Beschränkung, wird der Arzt bei der Ermittlung des Versorgungsgrades mitgerechnet. [4]Im Falle der Praxisfortführung nach § 103 Abs. 4 ist bei der Auswahl der Bewerber die gemeinschaftliche Praxisausübung des in Absatz 1 Satz 1 Nr. 4 genannten Arztes erst nach mindestens fünfjähriger gemeinsamer vertragsärztlicher Tätigkeit zu berücksichtigen. [5]Für die Einrichtungen nach § 311 Abs. 2 Satz 1 gelten die Sätze 2 und 3 entsprechend.

(3 a) Die Leistungsbegrenzung nach Absatz 1 Satz 1 Nr. 5 endet bei Aufhebung der Zulassungsbeschränkungen. Endet die Leistungsbegrenzung, wird der angestellte Arzt bei der Ermittlung des Versorgungsgrades mitgerechnet.

(4) [1]Überwiegend oder ausschließlich psychotherapeutisch tätige Ärzte und Psychotherapeuten bilden eine Arztgruppe im Sinne des Absatzes 2. [2]Der allgemeine bedarfsgerechte Versorgungsgrad ist für diese Arztgruppe erstmals zum Stand vom 1. Januar 1999 zu ermitteln. [3]Zu zählen sind die zugelassenen Ärzte sowie die Psychotherapeuten, die nach § 95 Abs. 10 zugelassen werden. [4]Dabei sind überwiegend psychotherapeutisch tätige Ärzte mit dem Faktor 0,7 zu be-

4. Kapitel. 2. Abschnitt. 8. Titel **§ 101**

rücksichtigen. ⁵In den Richtlinien nach Absatz 1 ist für die Zeit bis zum 31. Dezember 2008 sicherzustellen, daß jeweils mindestens ein Versorgungsanteil in Höhe vom 40 vom Hundert der allgemeinen Verhältniszahl den überwiegend oder ausschließlich psychotherapeutisch tätigen Ärzten sowie den Psychotherapeuten vorbehalten ist. ⁶Bei der Feststellung der Überversorgung nach § 103 Abs. 1 sind die Versorgungsanteile von 40 vom Hundert und die ermächtigten Psychotherapeuten nach § 95 Abs. 11 mitzurechnen.

(5) ¹Hausärzte (§ 73 Abs. 1 a) bilden ab dem 1. Januar 2001 mit Ausnahme der Kinderärzte eine Arztgruppe im Sinne des Absatzes 2; Absatz 4 bleibt unberührt. ²Der allgemeine bedarfsgerechte Versorgungsgrad ist für diese Arztgruppe erstmals zum Stand vom 31. Dezember 1995 zu ermitteln. ³Die Verhältniszahlen für die an der fachärztlichen Versorgung teilnehmenden Internisten sind zum Stand vom 31. Dezember 1995 neu zu ermitteln. ⁴Der Gemeinsame Bundesausschuss hat die neuen Verhältniszahlen bis zum 31. März 2000 zu beschließen. ⁵Der Landesausschuss hat die Feststellungen nach § 103 Abs. 1 Satz 1 erstmals zum Stand vom 31. Dezember 2000 zu treffen. ⁶Ein Wechsel für Internisten ohne Schwerpunktbezeichnung in die hausärztliche oder fachärztliche Versorgung ist nur dann zulässig, wenn dafür keine Zulassungsbeschränkungen nach § 103 Abs. 1 angeordnet sind.

(6) Absatz 1 Satz 1 Nr. 3 bis 5 und die Absätze 3 und 3a gelten nicht für Zahnärzte.

Schrifttum: *E. Gleichner,* Job-sharing in der Vertragsarztpraxis: Die geänderten Richtlinien, MedR 2000, 399; *R. Hess,* Auswirkungen des Vertragsarztrechtsänderungsgesetzes auf die Bedarfsplanung, VSSR 2007, 199; *H. Kamps,* Der neue Teilnahmestatus der eingeschränkten Zulassung gemäß § 101 Abs. 1 Nr. 4 SGB V, MedR 1998, 103; *H. Plagemann,* Sonderbedarfszulassung, MedR 1998, 85; *C. Reiter,* Haus- und fachärztliche Versorgung: Statusfragen und Rechtsprobleme der Bedarfsplanung, MedR 2001, 163.

Inhaltsübersicht

	Rn.
A. Überblick	1
B. Ermächtigung zum Erlass von Richtlinien, Abs. 1	2
C. Versorgungsgrad, Versorgungsstruktur, Abs. 1, 2, 4 und 5	3
D. Sonderbedarfszulassung, Abs. 1 S. 1 Nr. 3 und 3 a	5
E. Berufsausübungsgemeinschaft und Anstellung von Ärzten, Abs. 1 S. 1 Nr. 4 und 5, Abs. 3, Abs. 3 a	6

A. Überblick

§ 101 ermächtigt den G-BA zum Erlass von **Richtlinien** im Zusammenhang mit der Festlegung einer **bedarfsgerechten Versorgung** und der Feststellung einer **Überversorgung;** die Rechtsetzungskompetenz des G-BA erstreckt sich darüber hinaus auf den Erlass von **Ausnahmeregelungen** für die Zulassung von Ärzten in gesperrten Zulassungsbezirken. Die Vorschrift gibt wesentliche Inhalte der zu erlassenden Richtlinien in den Abs. 3, 3a, 4 u. 5 bereits vor. Im Einzelnen sind Regelungen über einheitliche Verhältniszahlen (Abs. 1 S. 1 Nr. 1, Abs. 1 S. 3, 4 u. 5) und deren Anpassung (Abs. 2, 4 u. 5), über eine ausgewogene hausärztliche und fachärztliche Versorgungsstruktur (Abs. 1 S. 1 Nr. 2, Abs. 5), Sonderbedarfszulassungen (Abs. 1 S. 1 Nr. 3 u. 3 a), Berufsausübungsgemeinschaften (Abs. 1 S. 1 Nr. 4, Abs. 3) und über die Anstellung von Ärzten (Abs. 1 S. 1 Nr. 5, Abs. 3 a) zu treffen.

1

§ 101 Überversorgung

B. Ermächtigung zum Erlass von Richtlinien, Abs. 1

2   Mit § 101 Abs. 1 überträgt der Gesetzgeber die Konkretisierung des für die Anordnung von Zulassungsbeschränkungen maßgeblichen Rechts auf den G-BA. Dieser ist dem gesetzlichen Auftrag durch den Erlass der **Bedarfsplanungsrichtlinie (BedÄrzte-RL**; vgl. § 92, Rn. 34; s. außerdem § 99 Rn. 3) nachgekommen.

C. Versorgungsgrad, Versorgungsstruktur, Abs. 1, 2, 4 und 5

3   Maßgebend für die Feststellung einer Überversorgung sind die einheitlichen **Verhältniszahlen** für den allgemeinen **bedarfsgerechten Versorgungsgrad**; ist dieser um 10 % überschritten, liegt ein Fall der **Überversorgung** vor (Abs. 1 S. 1 Nr. 1 iVm. Abs. 1 S. 1 S. 3). Auf eine tatsächliche Gefährdung der zweckmäßigen und wirtschaftlichen Versorgung kommt es dabei nicht an (*Hess*, KK, § 101 Rn. 7). Die Verhältniszahlen sind somit das zentrale Instrument der Bedarfsermittlung (vgl. *Francke*, W/E, § 101 Rn. 3). Sie sind regional zu differenzieren (vgl. § 99 Rn. 6) und unter den Voraussetzungen des Abs. 2 durch den G-BA anzupassen. Dabei ermöglicht die Generalklausel des Abs. 2 S. 1 Nr. 3 – im Unterschied zur Sonderbedarfszulassung gem. Abs. 1 S. 1 Nr. 3 und 3 a (s. Rn. 5) – grundsätzliche und flächendeckende Anpassungen an eine geänderte Versorgungs- bzw. Bedarfssituation (vgl. *Francke*, W/E, § 101 Rn. 28). Bei weniger als 1000 Vertragsärzten einer Arztgruppe ist keine Verhältniszahl für diese Gruppe festzulegen (Abs. 2 Nr. 2 iVm. § 4 Abs. 5 BedÄrzte-RL). Für die Bestimmung des bedarfsgerechten Versorgungsgrads bei **Hausärzten** sowie bei **psychotherapeutisch tätigen Ärzten** und bei **Psychotherapeuten** treffen Abs. 4 und Abs. 5 abweichende Regelungen.

4   Maßstäbe für eine **ausgewogene hausärztliche und fachärztliche Versorgungsstruktur** (Abs. 1 S. 1 Nr. 2, Abs. 5; vgl. hierzu *Reiter*, MedR 2001, 163/164 ff.) hat der G-BA in §§ 35–37 BedÄrzte-RL festgelegt. Der Anteil der hausärztlichen Versorgung soll gem. § 35 Nr. 1 BedÄrzte-RL 60 % der Gesamtzahl der im Planungsbereich tätigen Ärzte betragen. Zur Sicherung einer ausgewogenen Versorgungsstruktur sollen die KVen im Rahmen der Niederlassungsberatung auf die Herstellung eines ausgewogenen Verhältnisses zwischen hausärztlicher und fachärztlicher Versorgung hinwirken (§ 37 BedÄrzte-RL; zur Verfassungsmäßigkeit der Trennung der Versorgungsbereiche s. BVerfG, SozR 3–2500, § 73 Nr. 3).

D. Sonderbedarfszulassung, Abs. 1 S. 1 Nr. 3 und 3 a

5   Trotz Überversorgung iSv. Abs. 1 S. 3 kann – aufgrund der Einseitigkeit einer ausschließlich an Verhältniszahlen ausgerichteten Zulassungssteuerung (vgl. *Hess*, KK, § 101 Rn. 9) – zur Sicherung der Versorgungsqualität in einem Versorgungsbereich (Abs. 1 S. 1 Nr. 3) oder zur Deckung lokalen Versorgungsbedarfs in einem insgesamt nicht unterversorgten Planungsbereich (Abs. 1 S. 1 Nr. 3 a) die Besetzung zusätzlicher Vertragsarztsitze notwendig sein (s. hierzu *Flint*, H/N, § 101 Rn. 24 ff.). Um bei angeordneten Zulassungsbeschränkungen diese Lücken zu schließen und um eine unverhältnismäßige Beschränkung der ärztlichen Berufsausübung zu vermeiden (vgl. BSG, SozR 3–2500, § 101 Nr. 1 S. 3; *Francke*, W/E, § 101 Rn. 18), hat der G-BA Regeln für **Sonderbedarfszulassungen** aufzustellen (Abs. 1 S. 1 Nr. 3, 3 a; vgl. in diesem Zusammenhang §§ 24 ff. BedÄrzte-RL). Den Zulassungsausschüssen steht bei der Einschätzung, ob ein Sonderbedarf be-

4. Kapitel. 2. Abschnitt. 8. Titel **§ 101**

steht, ein Beurteilungsspielraum zu (BSG, SozR 3–2500, § 101 Nr. 1 S. 4; BSG, SozR 3–2500, § 101 Nr. 5 S. 34; differenzierend *Plagemann*, MedR 1998, 85/86).

E. Berufsausübungsgemeinschaft und Anstellung von Ärzten, Abs. 1 S. 1 Nr. 4 und 5, Abs. 3, Abs. 3 a

In zulassungsbeschränkten Gebieten können Ärzte ausnahmsweise zur ver- 6
tragsärztlichen Versorgung zugelassen werden, wenn sie ihre Tätigkeit zusammen mit einem bereits zugelassenen Arzt in einer **Berufsausübungsgemeinschaft** (Job-Sharing) aufnehmen (Abs. 1 S. 1 Nr. 4 iVm. Abs. 3). Die Vorschrift dient der Schaffung zusätzlicher Beschäftigungsmöglichkeiten für Ärzte, ohne damit zugleich eine Leistungsausweitung auszulösen (vgl. BT-Drs. 13/7264, 65). Voraussetzung für die Bildung einer solchen Berufsausübungsgemeinschaft ist die Fachidentität mit dem bereits zugelassenen Vertragsarzt (vgl. hierzu § 24 BedÄrzte-RL; BSG, SozR 3–5520, § 32 b Nr. 2 S. 3 ff.; zum Status des neuen Partners *Kamps*, MedR 1998, 103/106 ff.). Darüber hinaus ist sie an die Bedingung geknüpft, dass der bisherige Praxisumfang nicht wesentlich erweitert wird. Akzessorietät und Leistungsbegrenzung enden mit der Aufhebung der Zulassungsbeschränkung, spätestens jedoch nach zehnjähriger gemeinsamer vertragsärztlicher Tätigkeit (Abs. 3). Mit detaillierten Regelungen über die gemeinsame Berufsausübung bei Zulassungsbeschränkungen füllen die §§ 23 a–23 h BedÄrzte-RL den Regelungsauftrag des Abs. 1 S. 1 Nr. 4 aus (vgl. hierzu *Gleichner*, MedR 2000, 399 ff.).

Als weiteres Mittel der Flexibilisierung vertragsärztlicher Tätigkeit und der 7
leistungsneutralen Schaffung neuer Beschäftigungsmöglichkeiten sieht Abs. 1 Nr. 5 die **Beschäftigung angestellter Ärzte** durch bereits zugelassene Vertragsärzte auch in zulassungsbeschränkten Planungsbereichen vor (zu den Änderungen der Norm durch das VÄndG s. *Flint*, H/N, § 101 Rn. 46 ff.; *Hess*, VSSR 2007, 199 ff.; allgemein zur Anstellung von Ärzten s. § 95 Abs. 9). Vorbehaltlich der Ausnahmen zur Deckung eines zusätzlichen lokalen Versorgungsbedarfs darf auch im Falle der Beschäftigung eines zusätzlichen Arztes der bisherige Praxisumfang nicht wesentlich ausgeweitet werden. Die Leistungsbegrenzung endet erst mit der Aufhebung der Zulassungsbeschränkung (Abs. 3 a). Voraussetzung für die Anstellung eines Arztes bei bestehender Zulassungsbeschränkung ist – ebenso wie bei der Berufsausübungsgemeinschaft gem. Abs. 1 S. 1 Nr. 4 – die Fachgebietsidentität. Details der Beschäftigung angestellter Ärzte bei Zulassungsbeschränkungen hat der G-BA in §§ 23 i–23 m BedÄrzte-RL geregelt.

Angesichts der privilegierten Stellung, die sowohl der „Junior-Partner" einer 8
Berufsausübungsgemeinschaft (Rn. 6) als auch der angestellte Arzt (Rn. 7) im Rahmen eines Zulassungsverfahrens bei partieller Öffnung eines Planungsbereiches gem. §§ 101 Abs. 3 S. 2, 103 Abs. 3 iVm. § 23 Abs. 2 u. 2 a BedÄrzte-RL bzw. bei Praxisfortführungen gem. §§ 101 Abs. 3 S. 4, 103 Abs. 4 S. 3 im Vergleich zu anderen an der Zulassung interessierten Ärzten genießen (vgl. § 103 Rn. 7 u. 13), erscheint es fraglich, ob die auf der Grundlage der §§ 98 Abs. 2 Nr. 13 u. 13 a, 101 Abs. 1 S. 1 Nr. 4 u. 5 erlassenen untergesetzlichen Regelungen, welche die Auswahl des neuen – später möglicherweise begünstigten – Praxis-Partners auch in überversorgten Bereichen faktisch dem bereits zugelassenen „Senior-Partner" überantworten (§ 23 a BedÄrzte-RL sieht kein Ermessen des Zulassungsausschusses vor; § 23 i BedÄrzte-RL u. §§ 32 b Abs. 2, 33 Abs. 3 ZV-Ärzte verlangen jeweils lediglich die Genehmigung des Zulassungsausschusses), noch mit den **verfas-**

Kaltenborn 661

§ 103

sungsrechtlichen Vorgaben für die Bedarfsplanung (Art. 12 Abs. 1, Art. 3 Abs. 1 GG, Demokratieprinzip) vereinbar sind (zu weiteren verfassungsrechtlichen Bedenken s. *Hess*, VSSR 2007, 199/205 f.).

§ 102 *(aufgehoben)*

§ 103 Zulassungsbeschränkungen

(1) [1]Die Landesausschüsse der Ärzte und Krankenkassen stellen fest, ob eine Überversorgung vorliegt. [2]Wenn dies der Fall ist, hat der Landesausschuss nach den Vorschriften der Zulassungsverordnungen und unter Berücksichtigung der Richtlinien des Gemeinsamen Bundesausschusses Zulassungsbeschränkungen anzuordnen.

(2) [1]Die Zulassungsbeschränkungen sind räumlich zu begrenzen. [2]Sie können einen oder mehrere Planungsbereiche einer Kassenärztlichen Vereinigung umfassen. [3]Sie sind arztgruppenbezogen unter angemessener Berücksichtigung der Besonderheiten bei den Kassenarten anzuordnen.

(3) Die Zulassungsbeschränkungen sind aufzuheben, wenn die Voraussetzungen für eine Überversorgung entfallen sind.

(4) [1]Wenn die Zulassung eines Vertragsarztes in einem Planungsbereich, für den Zulassungsbeschränkungen angeordnet sind, durch Erreichen der Altersgrenze, Tod, Verzicht oder Entziehung endet und die Praxis von einem Nachfolger fortgeführt werden soll, hat die Kassenärztliche Vereinigung auf Antrag des Vertragsarztes oder seiner zur Verfügung über die Praxis berechtigten Erben diesen Vertragsarztsitz in den für ihre amtlichen Bekanntmachungen vorgesehenen Blättern unverzüglich auszuschreiben und eine Liste der eingehenden Bewerbungen zu erstellen. [2]Dem Zulassungsausschuß sowie dem Vertragsarzt oder seinen Erben ist eine Liste der eingehenden Bewerbungen zur Verfügung zu stellen. [3]Unter mehreren Bewerbern, die die ausgeschriebene Praxis als Nachfolger des bisherigen Vertragsarztes fortführen wollen, hat der Zulassungsausschuss den Nachfolger nach pflichtgemäßem Ermessen auszuwählen. [4]Bei der Auswahl der Bewerber sind die berufliche Eignung, das Approbationsalter und die Dauer der ärztlichen Tätigkeit zu berücksichtigen, ferner, ob der Bewerber der Ehegatte, ein Kind, ein angestellter Arzt des bisherigen Vertragsarztes oder ein Vertragsarzt ist, mit dem die Praxis bisher gemeinschaftlich ausgeübt wurde. [5]Ab dem 1. Januar 2006 sind für ausgeschriebene Hausarztsitze vorrangig Allgemeinärzte zu berücksichtigen. [6]Die wirtschaftlichen Interessen des ausscheidenden Vertragsarztes oder seiner Erben sind nur insoweit zu berücksichtigen, als der Kaufpreis die Höhe des Verkehrswerts der Praxis nicht übersteigt.

(4a) [1]Verzichtet ein Vertragsarzt in einem Planungsbereich, für den Zulassungsbeschränkungen angeordnet sind, auf seine Zulassung, um in einem medizinischen Versorgungszentrum tätig zu werden, so hat der Zulassungsausschuss die Anstellung zu genehmigen; eine Fortführung der Praxis nach Absatz 4 ist nicht möglich. [2]Soll die vertragsärztliche Tätigkeit in den Fällen der Beendigung der Zulassung nach Absatz 4 Satz 1 von einem Praxisnachfolger weitergeführt werden, kann die Praxis auch in der Form weitergeführt werden, dass ein medizinisches Versorgungszentrum den Vertragsarztsitz übernimmt und die vertragsärztliche Tätigkeit durch einen angestellten Arzt in der Einrichtung weiterführt. [3]Die Absätze 4 und 5 gelten entsprechend. [4]Nach einer Tätig-

4. Kapitel. 2. Abschnitt. 8. Titel **§ 103**

keit von mindestens fünf Jahren in einem medizinischen Versorgungszentrum, dessen Sitz in einem Planungsbereich liegt, für den Zulassungsbeschränkungen angeordnet sind, erhält ein Arzt unbeschadet der Zulassungsbeschränkungen auf Antrag eine Zulassung in diesem Planungsbereich; dies gilt nicht für Ärzte, die auf Grund einer Nachbesetzung nach Satz 5 oder erst seit dem 1. Januar 2007 in einem medizinischen Versorgungszentrum tätig sind. [5]Medizinischen Versorgungszentren ist die Nachbesetzung einer Arztstelle möglich, auch wenn Zulassungsbeschränkungen angeordnet sind.

(4 b) [1]Verzichtet ein Vertragsarzt in einem Planungsbereich, für den Zulassungsbeschränkungen angeordnet sind, auf seine Zulassung, um bei einem Vertragsarzt als nach § 95 Abs. 9 Satz 1 angestellter Arzt tätig zu werden, so hat der Zulassungsausschuss die Anstellung zu genehmigen; eine Fortführung der Praxis nach Absatz 4 ist nicht möglich. [2]Die Nachbesetzung der Stelle eines nach § 95 Abs. 9 Satz 1 angestellten Arztes ist möglich, auch wenn Zulassungsbeschränkungen angeordnet sind.

(5) [1]Die KVen (Registerstelle) führen für jeden Planungsbereich eine Warteliste. [2]In die Warteliste werden auf Antrag die Ärzte, die sich um einen Vertragsarztsitz bewerben und in das Arztregister eingetragen sind, aufgenommen. [3]Bei der Auswahl der Bewerber für die Übernahme einer Vertragsarztpraxis nach Absatz 4 ist die Dauer der Eintragung in die Warteliste zu berücksichtigen.

(6) [1]Endet die Zulassung eines Vertragsarztes, der die Praxis bisher mit einem oder mehreren Vertragsärzten gemeinschaftlich ausgeübt hat, so gelten die Absätze 4 und 5 entsprechend. [2]Die Interessen des oder der in der Praxis verbleibenden Vertragsärzte sind bei der Bewerberauswahl angemessen zu berücksichtigen.

(7) [1]In einem Planungsbereich, für den Zulassungsbeschränkungen angeordnet sind, haben Krankenhausträger das Angebot zum Abschluss von Belegarztverträgen auszuschreiben. [2]Kommt ein Belegarztvertrag mit einem im Planungsbereich niedergelassenen Vertragsarzt nicht zustande, kann der Krankenhausträger mit einem bisher im Planungsbereich nicht niedergelassenen geeigneten Arzt einen Belegarztvertrag schließen. [3]Dieser erhält eine auf die Dauer der belegärztlichen Tätigkeit beschränkte Zulassung; die Beschränkung entfällt bei Aufhebung der Zulassungsbeschränkungen nach Absatz 3, spätestens nach Ablauf von zehn Jahren.

(8) Die Absätze 1 bis 7 gelten nicht für Zahnärzte.

Schrifttum: S. § 99; außerdem *U. H. Cramer/B. Maier,* Praxisübergabe und Praxiswert (I u. II), MedR 2002, 549 u. 616; *F.-J. Dahm,* Fortführung der Arztpraxis nach GSG – Praktische Umsetzung der Fortführungsregelung des § 103 SGB V aus der Sicht des Praxisübernehmers, MedR 1994, 223; *A. Fiedler,* Zum Nachbesetzungsverfahren unter besonderer Berücksichtigung von Personengemeinschaften und anderen Kooperationen, NZS 2003, 574; *R. Großbölting/J. Jaklin,* Formen ärztlicher Tätigkeit im Vertragsarztrecht, Zulassung und Konkurrentenstreit, NZS 2002, 130; *A. Hänlein,* Zur Vereinbarkeit der Zulassungsbeschränkungen für Vertragsärzte gemäß §§ 101 bis 103 SGB V in der Fassung des Gesundheitsstrukturgesetzes mit höherrangigem Recht, VSSR 1993, 169; *E. Herweck-Behnsen,* Die Legitimation der Zulassungsbeschränkungen des Gesundheitsstrukturgesetzes (GSG) für Vertragsärzte und Vertragszahnärzte durch das Grundgesetz, NZS 1995, 211; *H. Hesral,* Öffentlich-rechtliche Nachbesetzung einer Vertragsarztpraxis und Zulassungserhalt, in: Ehlers (Hrsg.), Fortführung von Arztpraxen, 2. Aufl. 2001, Kap. 3; *H. Kamps,* Die (Voll)Zulassung nach partieller Öffnung des Planungsbereichs, MedR 2004, 40; *R. Pitschas,* Beziehungen zwischen Leistungserbringern und Krankenkassen, insbesondere vertragsärztliche Versorgung, JbSozR 15 (1993), 285; *C. Reiter,* Die Aufhebung von Zulassungsbeschränkungen und ihre Rechtsfolgen, MedR 2001, 624; *H.-J. Rieger,* Rechtsfragen beim Verkauf und Erwerb einer Arztpraxis, 5. Aufl.

§ 103

2005; *ders.*, Fortführung der Arztpraxis nach GSG – verfassungsrechtliche Aspekte, MedR 1994, 213; *H. Sodan*, Freie Berufe als Leistungserbringer im Recht der gesetzlichen Krankenversicherung, 1997; *G. Steinhilper*, Fortführung der Arztpraxis nach GSG – Praxisnachfolge in gesperrten Gebieten, MedR 1994, 227; *W. Weiß*, Der Vertragsarzt zwischen Freiheit und Bindung, NZS 2005, 67.

Inhaltsübersicht

	Rn.
A. Überblick	1
B. Zulassungsbeschränkungen, Abs. 1–3	2
I. Verfahren, Art und Umfang	2
II. Rechtsnatur, Folgen, verfassungsrechtliche Bewertung	3
III. Aufhebung von Zulassungsbeschränkungen und Nachrückverfahren	6
C. Praxisnachfolge bei Zulassungsbeschränkungen, Abs. 4, 5 und 6	8
I. Beendigung der vertragsärztlichen Tätigkeit, Ausschreibung und Antragsrechte, Abs. 4 S. 1 und 2	8
II. Auswahlkriterien, Abs. 4 S. 3–5, Abs. 5	10
III. Berücksichtigung der Interessen des Vertragsarztes, Abs. 4 S. 6 und der Interessen Dritter, Abs. 6 S. 2	14
D. Tätigkeit in einem MVZ, Anstellung bei einem Vertragsarzt, Belegärzte, Abs. 4 a, 4 b und 7	16

A. Überblick

1 § 103 sieht für den Fall, dass in einem Planungsbereich eine **Überversorgung** eintritt, die **Anordnung von Zulassungsbeschränkungen** vor (Abs. 1). Das Instrument dient dazu, die negativen Effekte der anbieterdominierten Nachfrage in der vertragsärztlichen Versorgung (§ 99 Rn. 2) zu begrenzen. Die Zulassungsbeschränkungen unterscheiden sich nach **Art und Umfang** (Abs. 2); sie sind wieder **aufzuheben,** wenn die Voraussetzungen für eine Überversorgung nicht mehr bestehen (Abs. 3). Die Abs. 4–6 regeln das **Verfahren der Neubesetzung von Vertragsarztsitzen** in gesperrten Planungsbereichen. Dabei sind neben allgemeinen Auswahlkriterien, wie etwa der beruflichen Eignung und dem Approbationsalter (Abs. 4 S. 4), auch eine von der KV geführte Warteliste (Abs. 5), die wirtschaftlichen Interessen des ausscheidenden Vertragsarztes bzw. deren Erben (Abs. 4 S. 6) und ggf. die der übrigen Vertragsärzte einer Berufsausübungsgemeinschaft (Abs. 6) zu berücksichtigen. Abs. 4 a und 4 b regeln Einzelheiten für den Fall der Aufgabe einer vertragsärztlichen Tätigkeit in einem gesperrten Planungsbereich zugunsten einer **Anstellung in einem MVZ oder bei einem Vertragsarzt**. Beim Abschluss von **Belegarztverträgen** durch Krankenhäuser in zulassungsbeschränkten Planungsbereichen ist das Verfahren des Abs. 7 zu beachten. Die Regelungen des § 103 gelten nicht für Zahnärzte (Abs. 8).

B. Zulassungsbeschränkungen, Abs. 1–3

I. Verfahren, Art und Umfang

2 Die Landesausschüsse der Ärzte und KK prüfen von Amts wegen, ob eine Überversorgung vorliegt (§ 16 b Abs. 1 S. 1 ZV-Ärzte). Nach § 101 Abs. 1 S. 3 ist dies anzunehmen, wenn der allgemeine bedarfsgerechte Versorgungsgrad um 10 % überschritten ist, so dass in diesem Fall unter Berücksichtigung von Korrekturfaktoren die **Überversorgung festzustellen** ist und **Zulassungsbeschränkungen anzuordnen** sind (§§ 14–17 BedÄrzte-RL, § 103 Abs. 1 S. 2). Ein Beurteilungsspielraum oder Ermessen steht dem jeweiligen Landesausschuss hierbei nicht zu (vgl. *Flint*, H/N, § 103 Rn. 16 f.; *Francke*, W/E, § 103 Rn. 4; *Plagemann*, AnwHSR, § 18 Rn. 41). Zulassungsbeschränkungen wirken ab dem Zeitpunkt ihrer Bekanntgabe an die Zulassungsausschüsse, nicht erst mit ihrer Veröffentlichung (§ 16 Abs. 4 ZV-Ärzte) in den für amtliche Bekanntmachungen der KV vorgesehenen Blättern (BSG, SozR 3–2500, § 103 Nr. 1 S. 4). Erfasst werden von den Beschränkungen jeweils ein oder mehrere **Planungsbereiche** (vgl. hierzu § 99 Rn. 6). Sie betreffen eine oder mehrere **Arztgruppen** iSd. § 4 BedÄrzte-RL. Eine Differenzierung nach Kassenarten, wie sie Abs. 2 S. 3 nahe legt, erscheint hingegen weder sachlich geboten noch wird sie durch die Kriterien zur Feststellung einer Überversorgung getragen (vgl. *Flint*, H/N, § 103 Rn. 20; *Hess*, KK, § 103 Rn. 12).

II. Rechtsnatur, Folgen, verfassungsrechtliche Bewertung

Die Anordnung einer Zulassungsbeschränkung ist **gegenüber den Zulassungsausschüssen verbindlich** (§ 16 b ZV-Ärzte). Unmittelbare Außenwirkung gegenüber denjenigen, die eine Zulassung als Vertragsarzt begehren, entfaltet sie jedoch nicht. Sie ist daher kein Verwaltungsakt, vielmehr handelt es sich um einen **verwaltungsinternen Organisationsakt** (vgl. *Hess*, KK, § 103 Rn. 10). 3

Ab dem Zeitpunkt der Bekanntgabe von Zulassungsbeschränkungen an die Zulassungsausschüsse – nicht erst mit der Veröffentlichung in den dafür vorgesehenen Blättern – sind in den betroffenen Planungsbereichen alle **Zulassungsanträge abzulehnen** (vgl. *Flint*, H/N, § 103 Rn. 21). Gegen die Ablehnung einer beantragten Zulassung steht den Zulassungswilligen der Rechtsweg offen. Im Rahmen dieser Klage werden inzident die Rechtmäßigkeit der Feststellung der Überversorgung und der Anordnung von Zulassungsbeschränkungen überprüft (vgl. *Hess*, KK, § 103 Rn. 33). **Härtefallausnahmen** von Zulassungsbeschränkungen sind bei Überversorgung **nicht vorgesehen.** 4

Zulassungsbeschränkungen verhindern eine Ausweitung der vertragsärztlichen Versorgung, indem Zulassungswillige weitgehend von der vertragsärztlichen Tätigkeit ausgeschlossen bleiben (zu den Ausnahmen vgl. § 101, Rn. 5 ff.). Der **Eingriff in die Berufsfreiheit** derjenigen, die eine Zulassung begehren, dient einem hohen Gemeinwohlgut – der Sicherung der Funktionsfähigkeit und finanziellen Stabilität der GKV – und wird in seinem derzeitigen Regelungszusammenhang von BVerfG und BSG verfassungsrechtlich nicht beanstandet; auch die mit der Zulassungsbeschränkung verbundene **Ungleichbehandlung** ist nach Ansicht der Rspr. verfassungskonform (vgl. BVerfG, MedR 2001, 639/640; BSG, NZS 1999, 98/99; BSG, SozR 3–2500, § 103 Nr. 1 S. 6 f.; zur verfassungsrechtlichen Diskussion im Schrifttum vgl. ua. *Boecken*, NZS 1999, 417/417; *Flint*, H/N, § 99 Rn. 11 ff.; *Francke*, W/E, § 103 Rn. 12 ff., 15 mwN.; *Hänlein*, VSSR 1993, 169 ff.; *Herweck-Behnsen*, NZS 1995, 211/213 ff.; *Manssen*, ZfSH/SGB 1994, 1/2 f.; *Junge*, Recht auf Teilnahme, 122 ff.). 5

III. Aufhebung von Zulassungsbeschränkungen und Nachrückverfahren

Bei der Entscheidung über die **Aufhebung von Zulassungsbeschränkungen** aufgrund des Wegfalls der Voraussetzungen für eine Überversorgung steht den Landesausschüssen weder ein Beurteilungs- noch ein Ermessensspielraum zu (vgl. *Flint*, H/N, § 103 Rn. 22; *Francke*, W/E, § 103 Rn. 6). Die Anordnung der Aufhebung von Zulassungsbeschränkungen ist zum nächstmöglichen Zeitpunkt in 6 den für amtliche Bekanntmachungen der KV vorgesehenen Blättern zu veröffentlichen (§ 23 Abs. 3 Nr. 1 BedÄrzte-RL). Neue Zulassungen dürfen nur soweit erfolgen, bis für die betroffene Arztgruppe erneut Überversorgung eingetreten ist (§ 23 Abs. 1 BedÄrzte-RL; zur Rechtmäßigkeit dieser Regelung vgl. BSG, SozR 4–2500, § 103 Nr. 2 S. 14; ferner *Kamps*, MedR 2004, 40/41 ff. mwN.).

7 Eine solche partielle Öffnung eines Planungsbereichs erfordert aufgrund der limitierten Zulassungsmöglichkeiten ein **Nachrückverfahren**. In der Vergangenheit erfolgte die Vergabe der Vertragsarztsitze dann nach der Reihenfolge, in der Zulassungsanträge nach Öffnung des Planungsbereichs beim Zulassungsausschuss eingingen. Die Folge dieses vom BSG beanstandeten Verfahrens (BSG, SozR 4–2500, § 103 Nr. 2 S. 21 f.; vgl. auch *Großbölting/Jaklin*, NZS 2002, 130/ 135; *Reiter*, MedR 2001, 624/626 f.) war ein „Windhundrennen" um die Vertragsarztzulassungen. Das derzeit geltende Nachrückverfahren (zur verfassungsrechtlichen Problematik s. § 101 Rn. 8) sieht zunächst die Überführung der nach § 101 Abs. 1 S. 1 Nr. 4 beschränkten Zulassungen bei Berufsausübungsgemeinschaften in Vollzulassungen vor (§ 23 Abs. 2 BedÄrzte-RL); im nächsten Schritt enden ggf. die Leistungsbeschränkungen bei Anstellungen nach § 101 Abs. 1 S. 1 Nr. 5 (§ 23 Abs. 2 a BedÄrzte-RL). Soweit danach noch Zulassungsmöglichkeiten bestehen, entscheidet der Zulassungsausschuss über die eingegangenen Anträge auf (Neu-) Zulassung (§ 23 Abs. 3 BedÄrzte-RL). Die Entscheidung ergeht nach pflichtgemäßem Ermessen unter Berücksichtigung der in § 23 Abs. 3 S. 1 Nr. 3 und S. 2 BedÄrzte-RL festgelegten Kriterien (berufliche Eignung, Dauer der bisherigen ärztlichen Tätigkeit, Approbationsalter, Eintragung in die Warteliste, räumliche Wahl des Vertragsarztsitzes).

C. Praxisnachfolge bei Zulassungsbeschränkungen, Abs. 4, 5 und 6

I. Beendigung der vertragsärztlichen Tätigkeit, Ausschreibung und Antragsrechte, Abs. 4 S. 1 und 2

8 Die Regelungen des Abs. 4 über die Praxisnachfolge in zulassungsbeschränkten Bereichen finden Anwendung, wenn die Zulassung des Vertragsarztes durch Erreichen der **Altersgrenze, Tod, Verzicht oder Entziehung** endet, nicht hingegen bei Ruhen der Zulassung, Verlegung des Vertragsarztsitzes innerhalb des zulassungsbeschränkten Planungsbereichs oder Insolvenz (vgl. *Schnath*, HVAR, § 5 Rn. 25 mwN.). Neben der vertragsärztlichen Zulassung muss die zum Verkauf stehende Praxis noch tatsächlich – inkl. eines Patientenstamms – bestehen (BSG, SozR 3–2500, § 103 Nr. 5 S. 31 f.) und ein in Frage kommender Bewerber diese fortführen wollen (BSG, SozR 3–2500, § 103 Nr. 5 S. 33; *Fiedler*, NZS 2003, 574/ 575; *Flint*, H/N, § 103 Rn. 37; *Hesral*, Fortführung, Kap. 3 Rn. 264; *Steinhilper*, MedR 1994, 227/231). Für den **Zulassungsverzicht** bedarf es einer darauf gerichteten Willenserklärung des Praxisinhabers (vgl. hierzu auch LSG B-W, MedR 2005, 671/672 f.), welche auch an die Bedingung einer rechtskräftigen Zulassung eines Praxisnachfolgers geknüpft werden kann (so auch *Flint*, H/N, § 103 Rn. 38; *Francke,*W/E, § 103 Rn. 27; aA. *Hess*, KK, § 103 Rn. 21).

9 Frei werdende Zulassungen in zulassungsbeschränkten Planungsbereichen werden von der KV ausschließlich auf Antrag **ausgeschrieben**. Eine Ausschreibung von Amts wegen widerspräche dem Ziel, die Überversorgung abzubauen (*Hess*, KK, § 103 Rn. 19). **Antragsberechtigte** sind neben dem Praxisinhaber bzw.

4. Kapitel. 2. Abschnitt. 8. Titel **§ 103**

seinen Erben (vgl. hierzu *Plagemann,* AnwHSR, § 18 Rn. 60) auch die verbleibenden Partner einer Berufsausübungsgemeinschaft, aus der ein Vertragsarzt ausscheidet (BSG, NZS 1999, 470/470; s. hierzu auch *Schnath,* HVAR, § 5 Rn. 27 mwN.). Unterbleibt die Antragstellung, so erlischt die Zulassung (*Flint,* H/N, § 103 Rn. 41).

II. Auswahlkriterien, Abs. 4 S. 3–5, Abs. 5

Gehen auf die Ausschreibung des Vertragsarztsitzes keine Bewerbungen ein, so **10** erlischt die Zulassung, es sei denn, es wurde lediglich ein bedingter Zulassungsverzicht erklärt (*Flint,* H/N, § 103 Rn. 46). Liegen dem Zulassungsausschuss mehrere Bewerbungen vor, entscheidet dieser nach **pflichtgemäßem Ermessen** unter Berücksichtigung der in Abs. 4 S. 4 genannten – prinzipiell gleichrangigen (*Rieger,* Rechtsfragen, Rn. 51, 58; *Steinhilper,* MedR 1997, 227/230) – **Auswahlkriterien** (speziell zur vorrangigen Zulassung von Allgemeinmedizinern für ausgeschriebene Hausarztsitze s. Abs. 4 S. 5):

– Das erste Kriterium, die **berufliche Eignung,** erfüllt ein Bewerber, wenn er **11** die Weiterbildung in dem Fachgebiet, für das der Vertragsarztsitz ausgeschrieben ist, abgeschlossen hat. Noten und Beurteilungen bleiben hierbei unberücksichtigt; Zusatzqualifikationen fließen demgegenüber in die Bewertung ein, soweit sie zur Erfüllung des mit dem Vertragsarztsitz verbundenen Versorgungsauftrags notwendig sind (*Flint,* H/N, § 103 Rn. 48; *Rieger,* Rechtsfragen, Rn. 52 mwN.).

– Darüber hinaus sind das **Lebensalter des Bewerbers bei Approbation** (*Flint,* **12** H/N, § 103 Rn. 51; aA. *Plagemann,* AnwHSR, § 18 Rn. 61) und die **Dauer der bisher ausgeübten ärztlichen Tätigkeit** zu berücksichtigen. Bei der Beurteilung von Psychotherapeuten sind im Hinblick auf das Kriterium der Tätigkeitsdauer die Besonderheiten ihres Ausbildungsverlaufs gegenüber dem der Ärzte zu berücksichtigen (vgl. *Flint,* H/N, § 103 Rn. 52). Zudem berücksichtigt der Zulassungsausschuss die Dauer der Eintragung der Bewerber in die bei der KV geführte **Warteliste** (Abs. 5 S. 3).

– Ist einer der Bewerber **Ehegatte, Kind, angestellter Arzt** des bisherigen Ver- **13** tragsarztes oder hat er die Praxis mit dem bisherigen Vertragsarzt **gemeinschaftlich** geführt (zur Interessenlage bei Berufsausübungsgemeinschaften vgl. *Hess,* KK, § 103 Rn. 27), ist dies als zusätzliches Auswahlkriterium in die Entscheidungsfindung einzubeziehen. Ein genereller Vorrang dieses Bewerberkreises besteht jedoch nicht (ähnlich *Francke,* W/E, § 103 Rn. 34 f.; *Hess,* KK, § 103 Rn. 25; *Junge,* Recht auf Teilnahme, 143; aA. *Flint,* H/N, § 103 Rn. 53, der davon ausgeht, dass sich der Ermessensspielraum „in der Regel" auf Null reduziert; zur verfassungsrechtlichen Problematik der Bevorzugung von Berufsausübungsgemeinschaften und Anstellungsverhältnissen s. auch § 101 Rn. 8).

III. Berücksichtigung der Interessen des Vertragsarztes, Abs. 4 S. 6 und der Interessen Dritter, Abs. 6 S. 2

Ein Bewerber kann nur dann die ausgeschriebene Zulassung erhalten, wenn **14** der Zulassungsausschuss die Zahlungsfähigkeit und den Zahlungswillen des Kandidaten feststellt (vgl. *Flint,* H/N, § 103 Rn. 59). Abs. 4 S. 6 begrenzt den Kaufpreis auf den **Verkehrswert der Praxis.** Auf diese Weise verhindert der Gesetzgeber einen ruinösen Bieterwettbewerb zulassungswilliger Ärzte – mit negativen Auswirkungen auf die GKV – um die wenigen nachzubesetzenden Vertragsarztpraxen (vgl. BT-Drs. 12/3608, 99; *Krauskopf,* Krauskopf, § 103 Rn. 5; *Rieger,* MedR 1994, 213/215; zur Berechnung des Praxiswertes vgl. *Rieger,* Rechtsfragen, Rn. 229 ff.; *Cramer/Maier,* MedR 2002, 549/555 ff. u. 616 ff.). Inhalt und Schranken des Praxiseigentums werden durch Abs. 4 S. 6 zulässig bestimmt (vgl. *Weiß,* NZS 2005, 67/74; *Junge,* Recht auf Teilnahme, 149 ff.; kritisch *Pitschas,* JbSozR 15 [1993], 285/290 f.; *Sodan,* Freie Berufe, 260 ff.).

15 Wenn die Zulassung eines Vertragsarztes endet und der Partner in einer **Berufsausübungsgemeinschaft** war, haben die verbleibenden Partner ein Interesse, die Praxis nur mit kooperationsbereiten und fachlich in das Aufgabenspektrum der Berufsausübungsgemeinschaft passenden Bewerbern fortzuführen (vgl. *Flint,* H/N, § 103 Rn. 75). Diesem Umstand trägt Abs. 6 S. 2 Rechnung. Der Zulassungsausschuss muss einen Bewerber ablehnen, wenn die verbleibenden Ärzte der Berufsausübungsgemeinschaft einer Kooperation mit diesem aus nachvollziehbaren Gründen nicht zustimmen (*Flint,* H/N, § 103 Rn. 78; *Rieger,* Rechtsfragen, Rn. 222; zu den im Rahmen des Abs. 6 S. 2 zu berücksichtigenden Interessen vgl. BSG, SozR 4–2500, § 103 Nr. 1 S. 9 f.).

D. Tätigkeit in einem MVZ, Anstellung bei einem Vertragsarzt, Belegärzte, Abs. 4 a, 4 b und 7

16 Die Abs. 4 a und 4 b ermöglichen bereits zugelassenen Vertragsärzten die Aufnahme einer Tätigkeit in einem **MVZ** oder als **angestellter Arzt** in zulassungsbeschränkten Planungsbereichen. Verzichtet ein Vertragsarzt zu diesem Zweck auf seine Zulassung, muss der Zulassungsausschuss die Anstellung genehmigen. Eine Praxisnachfolge gem. Abs. 4 ist in diesen Fällen ausgeschlossen, da der Vertragsarzt seine Zulassung in das MVZ bzw. die Praxis eines anderen Vertragsarztes „mitnimmt" (BT-Drs. 15/1525, 112). Die Privilegierung der in einem MVZ angestellten Ärzte (Abs. 4 a S. 4 Hs. 1 eröffnet diesem Personenkreis einen Zulassungsanspruch nach fünf Jahren auch in gesperrten Bereichen) lässt der Gesetzgeber wieder auslaufen (Abs. 4 a S. 4 Hs. 2), da sie zu einer Ungleichbehandlung gegenüber in einer Arztpraxis angestellten Ärzten eines Vertragsarztes führt (BT-Drs. 16/3157, 17; kritisch *Flint,* H/N, § 103 Rn. 88).

17 Gelingt es einem Krankenhausträger im zulassungsbeschränkten Planungsbereich nicht, eine ausgeschriebene **Belegarztstelle** mit einem im Planungsbereich zugelassenen Vertragsarzt zu besetzen, kann nach Abs. 7 ein bislang im Planungsbereich nicht zugelassener Arzt eine Ausnahmezulassung erhalten, sofern der Krankenhausträger mit ihm einen Belegarztvertrag schließt (zu belegärztlichen Leistungen s. auch § 121). Zuvor ist im Verfahren über die Erteilung der Zulassung – bei dem die ebenfalls am Vertragsschluss interessierten, bereits im Planungsbereich zugelassenen Vertragsärzte zu beteiligen sind – zu prüfen, ob aus nachvollziehbaren Gründen kein Vertrag mit bereits zugelassenen Ärzten zustande gekommen ist (BSG, SozR 3–2500, § 103 Nr. 6).

§ 104 Verfahren bei Zulassungsbeschränkungen

(1) **Die Zulassungsverordnungen bestimmen, unter welchen Voraussetzungen, in welchem Umfang und für welche Dauer zur Sicherstellung einer bedarfsgerechten ärztlichen Versorgung in solchen Gebieten eines Zulassungsbezirks, in denen eine vertragsärztliche Unterversorgung eingetreten ist oder in**

absehbarer Zeit droht, Beschränkungen der Zulassungen in hiervon nicht betroffenen Gebieten von Zulassungsbezirken nach vorheriger Ausschöpfung anderer geeigneter Maßnahmen vorzusehen und inwieweit hierbei die Zulassungsausschüsse an die Anordnung der Landesausschüsse gebunden sind und Härtefälle zu berücksichtigen haben.

(2) Die Zulassungsverordnungen bestimmen nach Maßgabe des § 101 auch das Nähere über das Verfahren bei der Anordnung von Zulassungsbeschränkungen bei vertragsärztlicher Überversorgung.

(3) Die Absätze 1 und 2 gelten nicht für Zahnärzte.

Schrifttum: s. § 99.

§ 104 regelt, wie die ZV-Ärzte (s. hierzu auch § 98) in Bezug auf das **Zulassungsverfahren bei Unterversorgung (Abs. 1)** bzw. **Überversorgung (Abs. 2)** auszugestalten ist. Abs. 1 bildet die Ermächtigungsgrundlage für § 16 Abs. 3–7 ZV-Ärzte, während § 16 b ZV-Ärzte auf der Ermächtigung des Abs. 2 beruht. Da durch die Ausnahmen in § 100 Abs. 4, § 101 Abs. 6, § 103 Abs. 8 für die vertragszahnärztliche Versorgung keine Zulassungsbeschränkungen vorgesehen sind, bedarf es für diesen Bereich keiner Ermächtigung zur Ausgestaltung des Verfahrens bei Zulassungsbeschränkungen. 1

Zur Wahrung der Verhältnismäßigkeit bei der Anordnung von Zulassungsbeschränkungen greift Abs. 1 den in § 100 Abs. 1 u. 2 vorgesehenen **Vorrang anderer geeigneter Maßnahmen** zur Beseitigung von Unterversorgung auf (s. hierzu auch § 100 Rn. 5) und ordnet in diesem Zusammenhang zusätzlich die Einbeziehung einer allgemeinen **Härtefallregelung** in die Zulassungsverordnung an (s. § 16 Abs. 5 ZV-Ärzte). Hingegen ist keine allgemeine Härtefallregelung für den Fall von Zulassungsbeschränkungen aufgrund von Überversorgung vorgesehen. Das Regelungsregime der §§ 101 u. 103 mildert jedoch mit seinen zahlreichen Ausnahmeregelungen die Folgen der Zulassungsbeschränkungen für die Betroffenen ab (vgl. auch *Flint,* H/N, § 104 Rn. 15). 2

§ 105 Förderung der vertragsärztlichen Versorgung

(1) ¹Die Kassenärztlichen Vereinigungen haben mit Unterstützung der Kassenärztlichen Bundesvereinigungen entsprechend den Bedarfsplänen alle geeigneten finanziellen und sonstigen Maßnahmen zu ergreifen, um die Sicherstellung der vertragsärztlichen Versorgung zu gewährleisten, zu verbessern oder zu fördern; zu den möglichen Maßnahmen gehört auch die Zahlung von Sicherstellungszuschlägen an Vertragsärzte in Gebieten oder in Teilen von Gebieten, für die der Landesausschuss der Ärzte und Krankenkassen die Feststellung nach § 100 Abs. 1 und 3 getroffen hat. ²Zum Betreiben von Einrichtungen, die der unmittelbaren medizinischen Versorgung der Versicherten dienen, oder zur Beteiligung an solchen Einrichtungen bedürfen die Kassenärztlichen Vereinigungen des Benehmens mit den Landesverbänden der Krankenkassen und den Ersatzkassen.

(2) ¹Die Kassenärztlichen Vereinigungen haben darauf hinzuwirken, daß medizinisch-technische Leistungen, die der Arzt zur Unterstützung seiner Maßnahmen benötigt, wirtschaftlich erbracht werden. ²Die Kassenärztlichen Vereinigungen sollen ermöglichen, solche Leistungen im Rahmen der vertragsärztlichen Versorgung von Gemeinschaftseinrichtungen der niedergelassenen

§ 105

Ärzte zu beziehen, wenn eine solche Erbringung medizinischen Erfordernissen genügt.

(3) Die Kassenärztlichen Vereinigungen können den freiwilligen Verzicht auf die Zulassung als Vertragsarzt vom zweiundsechzigsten Lebensjahr an finanziell fördern.

(4) ¹Der Landesausschuss der Ärzte und Krankenkassen entscheidet über die Gewährung der Sicherstellungszuschläge nach Absatz 1 Satz 1 zweiter Halbsatz, über die Höhe der zu zahlenden Sicherstellungszuschläge je Arzt, über die Dauer der Maßnahme sowie über die Anforderungen an den berechtigten Personenkreis. ²Die für den Vertragsarzt zuständige Kassenärztlichen Vereinigung und die Krankenkassen, die an diese Kassenärztliche Vereinigung eine Vergütung nach Maßgabe des Gesamtvertrages nach § 83 oder § 87 a zu entrichten, tragen den sich aus Satz 1 ergebenden Zahlbetrag an den Vertragsarzt jeweils zur Hälfte. ³Abweichend von Satz 2 tragen die Krankenkassen in den Jahren 2007 bis einschließlich 2009 den sich aus Satz 1 ergebenden Zahlbetrag an den Vertragsarzt in voller Höhe. ⁴Satz 3 gilt nicht für die vertragszahnärztliche Versorgung. Über das Nähere zur Aufteilung des auf die Krankenkassen entfallenden Betrages nach Satz 2 auf die einzelnen Krankenkassen entscheidet der Landesausschuss der Ärzte und Krankenkassen.

Schrifttum: *J. Flintrop*, Mit Umsatzgarantien gegen Ärztemangel, DÄBl. 2006, Heft 51–52, 75.

1 § 105 Abs. 1 S. 1 verpflichtet die KV, Maßnahmen zur Sicherstellung, Verbesserung oder Förderung der vertragsärztlichen Versorgung zu treffen (zum verpflichtenden Charakter der Vorschrift s. auch *Francke*, W/E, § 105 Rn. 3 u. 5; aA. *Flint*, H/N, § 105 Rn. 9). Dies schließt im Fall einer bereits eingetretenen oder in absehbarer Zeit drohenden Unterversorgung sowie bei besonderem lokalem Versorgungsbedarf die **Gewährung finanzieller Hilfen für Vertragsärzte** ein (Abs. 1 S. 1 u. Abs. 4). Eine wichtige finanzielle Maßnahme ist insbesondere die Gewährung von Sicherstellungszuschlägen zum ärztlichen Honorar (zu den verschiedenen Formen finanzieller und sonstiger Förderung vgl. *Flint*, H/N, § 105 Rn. 11 u. 12; *Hess*, KK, § 105 Rn. 2; *Flintrop*, DÄBl. 2006, Heft 51–52, 75/75).

2 Die Beteiligung der KVen an **Einrichtungen zur unmittelbaren Versorgung der Versicherten** bzw. der Betrieb solcher Einrichtungen durch eine KV stellt eine weitere Möglichkeit zur Förderung der vertragsärztlichen Versorgung dar (Abs. 1 S. 2). Ebenfalls in den Förderauftrag einbezogen ist über Abs. 2 die **Unterstützung mit medizinisch-technischen Leistungen** (vgl. hierzu *Francke*, W/E, § 105 Rn. 9; *Hess*, KK, § 105 Rn. 3). Ferner können Vertragsärzte, die vor Erreichen der Altersgrenze zu einem **Zulassungsverzicht** bereit sind, von der KV finanziell gefördert werden (Abs. 3). Mit diesem „Instrumentenmix" ermöglicht § 105 den KVen, ihrem in § 75 Abs. 1 festgelegten Sicherstellungsauftrag nachzukommen (vgl. *Flint*, H/N, § 105 Rn. 3; *Francke*, W/E, § 105 Rn. 3).

Neunter Titel. Wirtschaftlichkeits- und Abrechnungsprüfung

§ 106 Wirtschaftlichkeitsprüfung in der vertragsärztlichen Versorgung

(1) Die Krankenkassen und die Kassenärztlichen Vereinigungen überwachen die Wirtschaftlichkeit der vertragsärztlichen Versorgung durch Beratungen und Prüfungen.

(1 a) In erforderlichen Fällen berät die in Absatz 4 genannte Prüfungsstelle die Vertragsärzte auf der Grundlage von Übersichten über die von ihnen im Zeitraum eines Jahres oder in einem kürzeren Zeitraum erbrachten, verordneten oder veranlassten Leistungen über Fragen der Wirtschaftlichkeit und Qualität der Versorgung.

(2) [1]Die Wirtschaftlichkeit der Versorgung wird geprüft durch
1. arztbezogene Prüfung ärztlich verordneter Leistungen bei Überschreitung der Richtgrößenvolumina nach § 84 (Auffälligkeitsprüfung),
2. arztbezogene Prüfung ärztlicher und ärztlich verordneter Leistungen auf der Grundlage von arztbezogenen und versichertenbezogenen Stichproben, die mindestens 2 vom Hundert der Ärzte je Quartal umfassen (Zufälligkeitsprüfung). [2]Die Höhe der Stichprobe nach Satz 1 Nr. 2 ist nach Arztgruppen gesondert zu bestimmen. [3]Die Prüfungen nach Satz 1 Nr. 2 umfassen neben dem zur Abrechnung vorgelegten Leistungsvolumen auch Überweisungen, Krankenhauseinweisungen und Feststellungen der Arbeitsunfähigkeit sowie sonstige veranlasste Leistungen, insbesondere aufwändige medizinisch-technische Leistungen; honorarwirksame Begrenzungsregelungen haben keinen Einfluss auf die Prüfungen. [4]Die Landesverbände der Krankenkassen und die Ersatzkassen können gemeinsam und einheitlich mit den Kassenärztlichen Vereinigungen über die in Satz 1 vorgesehenen Prüfungen hinaus Prüfungen ärztlicher und ärztlich verordneter Leistungen nach Durchschnittswerten oder andere arztbezogene Prüfungsarten vereinbaren; dabei dürfen versichertenbezogene Daten nur nach den Vorschriften des Zehnten Kapitels erhoben, verarbeitet oder genutzt werden. [5]Die Prüfungen bei Überschreitung der Richtgrößenvolumina sind für den Zeitraum eines Jahres durchzuführen; sie können für den Zeitraum eines Quartals durchgeführt werden, wenn dies die Wirksamkeit der Prüfung zur Verbesserung der Wirtschaftlichkeit erhöht und hierdurch das Prüfungsverfahren vereinfacht wird; kann eine Richtgrößenprüfung nicht durchgeführt werden, erfolgt die Richtgrößenprüfung auf Grundlage des Fachgruppendurchschnitts mit ansonsten gleichen gesetzlichen Vorgaben. [6]Der einer Prüfung nach Satz 1 Nr. 2 zu Grunde zu legende Zeitraum beträgt mindestens ein Jahr. [7]Auffälligkeitsprüfungen nach Satz 1 Nr. 1 sollen in der Regel für nicht mehr als 5 vom Hundert der Ärzte einer Fachgruppe durchgeführt werden; die Festsetzung eines den Krankenkassen zu erstattenden Mehraufwands nach Absatz 5 a muss innerhalb von zwei Jahren nach Ende des geprüften Verordnungszeitraums erfolgen. [8]Verordnungen von Arzneimitteln, für die der Arzt einem Vertrag nach § 130 a Abs. 8 beigetreten ist, sind nicht Gegenstand einer Prüfung nach Satz 1 Nr. 1. [9]Ihre Wirtschaftlichkeit ist durch Vereinbarungen in diesen Verträgen zu gewährleisten; die Krankenkasse übermittelt der Prüfungsstelle die notwendigen Angaben, insbesondere die Arzneimittelkennzeichen, die teilnehmenden Ärzte und die Laufzeit der Verträge. [10]Insbesondere sollen bei Prüfungen nach Satz 1 auch Ärzte geprüft werden, deren ärztlich verordnete Leistungen in be-

§ 106

stimmten Anwendungsgebieten deutlich von der Fachgruppe abweichen sowie insbesondere auch verordnete Leistungen von Ärzten, die an einer Untersuchung nach § 67 Abs. 6 des Arzneimittelgesetzes beteiligt sind.

(2a) Gegenstand der Beurteilung der Wirtschaftlichkeit in den Prüfungen nach Absatz 2 Satz 1 Nr. 2 sind, soweit dafür Veranlassung besteht,
1. die medizinische Notwendigkeit der Leistungen (Indikation),
2. die Eignung der Leistungen zur Erreichung des therapeutischen oder diagnostischen Ziels (Effektivität),
3. die Übereinstimmung der Leistungen mit den anerkannten Kriterien für ihre fachgerechte Erbringung (Qualität), insbesondere mit den in den Richtlinien des Gemeinsamen Bundesausschusses enthaltenen Vorgaben,
4. die Angemessenheit der durch die Leistungen verursachten Kosten im Hinblick auf das Behandlungsziel,
5. bei Leistungen des Zahnersatzes und der Kieferorthopädie auch die Vereinbarkeit der Leistungen mit dem Heil- und Kostenplan.

(2b) ¹Die Kassenärztlichen Bundesvereinigungen und der Spitzenverband Bund der Krankenkassen vereinbaren Richtlinien zum Inhalt und zur Durchführung der Prüfungen nach Absatz 2 Satz 1 Nr. 2, insbesondere zu den Beurteilungsgegenständen nach Absatz 2a, zur Bestimmung und zum Umfang der Stichproben sowie zur Auswahl von Leistungsmerkmalen, erstmalig bis zum 31. Dezember 2004. ²Die Richtlinien sind dem Bundesministerium für Gesundheit vorzulegen. ³Es kann sie innerhalb von zwei Monaten beanstanden. ⁴Kommen die Richtlinien nicht zu Stande oder werden die Beanstandungen des Bundesministeriums für Gesundheit nicht innerhalb einer von ihm gesetzten Frist behoben, kann das Bundesministerium für Gesundheit die Richtlinien erlassen.

(2c) ¹Die Prüfungen nach Absatz 2 Satz 1 werden auf der Grundlage der Daten durchgeführt, die den Prüfungsstellen nach Absatz 4a gemäß § 296 Abs. 1, 2 und 4 sowie § 297 Abs. 1 bis 3 übermittelt werden. ²Hat die Prüfungsstelle Zweifel an der Richtigkeit der übermittelten Daten, ermittelt sie die Datengrundlagen für die Prüfung aus einer Stichprobe der abgerechneten Behandlungsfälle des Arztes und rechnet die so ermittelten Teildaten nach einem statistisch zulässigen Verfahren auf die Grundgesamtheit der Arztpraxis hoch.

(3) ¹Die in Absatz 2 Satz 4 genannten Vertragspartner vereinbaren Inhalt und Durchführung der Beratung nach Absatz 1a sowie der Prüfung der Wirtschaftlichkeit nach Absatz 2 gemeinsam und einheitlich; die Richtlinien nach Absatz 2b sind Inhalt der Vereinbarungen. ²In den Vereinbarungen ist insbesondere das Verfahren der Bestimmung der Stichproben für die Prüfungen nach Absatz 2 Satz 1 Nr. 2 festzulegen; dabei kann die Bildung von Stichprobengruppen abweichend von den Fachgebieten nach ausgewählten Leistungsmerkmalen vorgesehen werden. ³In den Verträgen ist auch festzulegen, unter welchen Voraussetzungen Einzelfallprüfungen durchgeführt und pauschale Honorarkürzungen vorgenommen werden; festzulegen ist ferner, dass die Prüfungsstelle auf Antrag der Kassenärztlichen Vereinigung, der Krankenkasse oder ihres Verbandes Einzelfallprüfungen durchführt. ⁴Für den Fall wiederholt festgestellter Unwirtschaftlichkeit sind pauschale Honorarkürzungen vorzusehen.

(3a) Ergeben die Prüfungen nach Absatz 2 und nach § 275 Abs. 1 Nr. 3b, Abs. 1a und Abs. 1b, daß ein Arzt Arbeitsunfähigkeit festgestellt hat, obwohl die medizinischen Voraussetzungen dafür nicht vorlagen, kann der Arbeitgeber, der zu Unrecht Arbeitsentgelt gezahlt hat, und die Krankenkasse, die zu Unrecht Krankengeld gezahlt hat, von dem Arzt Schadensersatz verlangen, wenn die Arbeitsunfähigkeit grob fahrlässig oder vorsätzlich festgestellt worden ist, obwohl die Voraussetzungen dafür nicht vorgelegen hatten.

(4) ¹Die in Absatz 2 Satz 4 genannten Vertragspartner bilden bei der Kassenärztlichen Vereinigung oder bei einem der in Satz 5 genannten Landesverbände eine gemeinsame Prüfungsstelle und einen gemeinsamen Beschwerdeausschuss. ²Der Beschwerdeausschuss besteht aus Vertretern der Kassenärztlichen Vereinigung und der Krankenkassen in gleicher Zahl sowie einem unparteiischen Vorsitzenden. ³Die Amtsdauer beträgt zwei Jahre. ⁴Bei Stimmengleichheit gibt die Stimme des Vorsitzenden den Ausschlag. ⁵Über den Vorsitzenden, dessen Stellvertreter sowie den Sitz des Beschwerdeausschusses sollen sich die Kassenärztliche Vereinigung, die Landesverbände der Krankenkassen und die Ersatzkassen einigen. ⁶Kommt eine Einigung nicht zu Stande, beruft die Aufsichtsbehörde nach Absatz 7 im Benehmen mit der Kassenärztlichen Vereinigung, den Landesverbänden der Krankenkassen sowie den Ersatzkassen den Vorsitzenden und dessen Stellvertreter und entscheidet über den Sitz des Beschwerdeausschusses.

(4a) ¹Die Prüfungsstelle und der Beschwerdeausschuss nehmen ihre Aufgaben jeweils eigenverantwortlich wahr; der Beschwerdeausschuss wird bei der Erfüllung seiner laufenden Geschäfte von der Prüfungsstelle organisatorisch unterstützt. ²Die Prüfungsstelle wird bei der Kassenärztlichen Vereinigung oder bei einem der in Absatz 4 Satz 5 genannten Landesverbände oder bei einer bereits bestehenden Arbeitsgemeinschaft im Land errichtet. ³Über die Errichtung, den Sitz und den Leiter der Prüfungsstelle einigen sich die Vertragspartner nach Absatz 2 Satz 4; sie einigen sich auf Vorschlag des Leiters jährlich bis zum 30. November über die personelle, sachliche sowie finanzielle Ausstattung der Prüfungsstelle für das folgende Kalenderjahr. ⁴Der Leiter führt die laufenden Verwaltungsgeschäfte der Prüfungsstelle und gestaltet die innere Organisation so, dass sie den besonderen Anforderungen des Datenschutzes nach § 78a des Zehnten Buches gerecht wird. ⁵Kommt eine Einigung nach Satz 2 und 3 nicht zu Stande, entscheidet die Aufsichtsbehörde nach Absatz 7. ⁶Die Prüfungsstelle bereitet die für die Prüfungen nach Absatz 2 erforderlichen Daten und sonstigen Unterlagen auf, trifft Feststellungen zu den für die Beurteilung der Wirtschaftlichkeit wesentlichen Sachverhalten und entscheidet gemäß Absatz 5 Satz 1. ⁷Die Kosten der Prüfungsstelle und des Beschwerdeausschusses tragen die Kassenärztliche Vereinigung und die beteiligten Krankenkassen je zur Hälfte. ⁸Das Bundesministerium für Gesundheit bestimmt durch Rechtsverordnung mit Zustimmung des Bundesrates das Nähere zur Geschäftsführung der Prüfungsstellen und der Beschwerdeausschüsse einschließlich der Entschädigung der Vorsitzenden der Ausschüsse und zu den Pflichten der von den in Absatz 2 Satz 4 genannten Vertragspartnern entsandten Vertreter. ⁹Die Rechtsverordnung kann auch die Voraussetzungen und das Verfahren zur Verhängung von Maßnahmen gegen Mitglieder der Ausschüsse bestimmen, die ihre Pflichten nach diesem Gesetzbuch nicht oder nicht ordnungsgemäß erfüllen.

(4b) ¹Werden Wirtschaftlichkeitsprüfungen nicht in dem vorgesehenen Umfang oder nicht entsprechend den für ihre Durchführung geltenden Vorgaben durchgeführt, haften die zuständigen Vorstandsmitglieder der Krankenkassenverbände und Kassenärztlichen Vereinigungen für eine ordnungsgemäße Umsetzung dieser Regelung. ²Können Wirtschaftlichkeitsprüfungen nicht in dem vorgesehenen Umfang oder nicht entsprechend den für ihre Durchführung geltenden Vorgaben durchgeführt werden, weil die erforderlichen Daten nach den §§ 296 und 297 nicht oder nicht im vorgesehenen Umfang oder nicht fristgerecht

§ 106

übermittelt worden sind, haften die zuständigen Vorstandsmitglieder der Krankenkassen oder der Kassenärztlichen Vereinigungen. ³Die zuständige Aufsichtsbehörde hat nach Anhörung der Vorstandsmitglieder und der jeweils entsandten Vertreter im Ausschuss den Verwaltungsrat oder die Vertreterversammlung zu veranlassen, das Vorstandsmitglied auf Ersatz des aus der Pflichtverletzung entstandenen Schadens in Anspruch zu nehmen, falls der Verwaltungsrat oder die Vertreterversammlung das Regressverfahren nicht bereits von sich aus eingeleitet hat.

(4 c) ¹Die Vertragspartner nach Absatz 2 Satz 4 können mit Zustimmung der für sie zuständigen Aufsichtsbehörde die gemeinsame Bildung einer Prüfungsstelle und eines Beschwerdeausschusses über den Bereich eines Landes oder einer anderen Kassenärztlichen Vereinigung hinaus vereinbaren. ²Die Aufsicht über eine für den Bereich mehrerer Länder tätige Prüfungsstelle und einen für den Bereich mehrerer Länder tätigen Beschwerdeausschuss führt die für die Sozialversicherung zuständige oberste Verwaltungsbehörde des Landes, in dem der Ausschuss oder die Stelle ihren Sitz hat. ³Die Aufsicht ist im Benehmen mit den zuständigen obersten Verwaltungsbehörden der beteiligten Länder wahrzunehmen.

(4 d) (weggefallen)

(5) ¹Die Prüfungsstelle entscheidet, ob der Vertragsarzt, der ermächtigte Arzt oder die ermächtigte Einrichtung gegen das Wirtschaftlichkeitsgebot verstoßen hat und welche Maßnahmen zu treffen sind. ²Dabei sollen gezielte Beratungen weiteren Maßnahmen in der Regel vorangehen. ³Gegen die Entscheidungen der Prüfungsstelle können die betroffenen Ärzte und ärztlich geleiteten¹ Einrichtungen, die Krankenkasse, die betroffenen Landesverbände der Krankenkassen sowie die Kassenärztlichen Vereinigungen die Beschwerdeausschüsse anrufen. ⁴Die Anrufung hat aufschiebende Wirkung. ⁵Für das Verfahren sind § 84 Abs. 1 und § 85 Abs. 3 des Sozialgerichtsgesetzes anzuwenden. ⁶Das Verfahren vor dem Beschwerdeausschuß gilt als Vorverfahren (§ 78 des Sozialgerichtsgesetzes). ⁷Die Klage gegen eine vom Beschwerdeausschuss festgesetzte Honorarkürzung hat keine aufschiebende Wirkung. ⁸Abweichend von Satz 3 findet in Fällen der Festsetzung einer Ausgleichspflicht für den Mehraufwand bei Leistungen, die durch das Gesetz oder durch die Richtlinien nach § 92 ausgeschlossen sind, ein Vorverfahren nicht statt.

(5 a) ¹Beratungen nach Absatz 1 a bei Überschreitung der Richtgrößenvolumen nach § 84 Abs. 6 sind in 8 werden durchgeführt, wenn das Verordnungsvolumen eines Arztes in einem Kalenderjahr das Richtgrößenvolumen um mehr als 15 vom Hundert übersteigt und auf Grund der vorliegenden Daten die Prüfungsstelle nicht davon ausgeht, dass die Überschreitung in vollem Umfang durch Praxisbesonderheiten begründet ist (Vorab-Prüfung). ²Die nach § 84 Abs. 6 zur Bestimmung der Richtgrößen verwendeten Maßstäbe können nicht zur Feststellung von Praxisbesonderheiten nicht erneut herangezogen werden. ³Bei einer Überschreitung des Richtgrößenvolumens um mehr als 25 vom Hundert hat der Vertragsarzt nach Feststellung durch die Prüfungsstelle den sich daraus ergebenden Mehraufwand den Krankenkassen zu erstatten, soweit dieser nicht durch Praxisbesonderheiten begründet ist. ⁴Die Prüfungsstelle soll vor ihren Entscheidungen und Festsetzungen auf eine entsprechende Vereinbarung mit dem Vertragsarzt hinwirken, die eine Minderung des Erstattungsbetrages um bis zu einem Fünftel zum Inhalt haben kann. ⁵Die in Absatz 2 Satz 4 genannten Vertragspartner bestimmen in Vereinbarungen nach Absatz 3 die Maßstäbe zur Prüfung der Berücksichtigung von Praxisbesonderheiten. ⁶Die Prüfungsstelle

§ 106

beschließt unter Beachtung der Vereinbarung nach Absatz 3 die Grundsätze des Verfahrens der Anerkennung von Praxisbesonderheiten. ⁷Die Kosten für verordnete Arznei-, Verband- und Heilmittel, die durch gesetzlich bestimmte oder in den Vereinbarungen nach Absatz 3 und § 84 Abs. 6 vorab anerkannte Praxisbesonderheiten bedingt sind, sollen vor der Einleitung eines Prüfverfahrens von den Verordnungskosten des Arztes abgezogen werden; der Arzt ist hierüber zu informieren. ⁸Weitere Praxisbesonderheiten ermittelt die Prüfungsstelle auf Antrag des Arztes, auch durch Vergleich mit den Diagnosen und Verordnungen in einzelnen Anwendungsbereichen der entsprechenden Fachgruppe. ⁹Sie kann diese aus einer Stichprobe nach Absatz 2c Satz 2 ermitteln. ¹⁰Der Prüfungsstelle sind die hierfür erforderlichen Daten nach den §§ 296 und 297 der entsprechenden Fachgruppe zu übermitteln. ¹¹Eine Klage gegen die Entscheidung des Beschwerdeausschusses hat keine aufschiebende Wirkung.

(5b) ¹In den Prüfungen nach Absatz 2 Satz 1 Nr. 1 ist auch die Einhaltung der Richtlinien nach § 92 Abs. 1 Satz 2 Nr. 6 zu prüfen, soweit ihre Geltung auf § 35 b Abs. 1 beruht. ²Das Nähere ist in Vereinbarungen nach Absatz 3 zu regeln.

(5c) ¹Die Prüfungsstelle setzt den den Krankenkassen zustehenden Betrag nach Absatz 5a fest; Zuzahlungen der Versicherten sowie Rabatte nach § 130a Abs. 8 auf Grund von Verträgen, denen der Arzt nicht beigetreten ist, sind als pauschalierte Beträge abzuziehen. ²Die nach Maßgabe der Gesamtverträge zu entrichtende Vergütung verringert sich um diesen Betrag. ³Die Kassenärztliche Vereinigung hat in der jeweiligen Höhe Rückforderungsansprüche gegen den Vertragsarzt, die der an die Kassenärztliche Vereinigung zu entrichtenden Vergütung zugerechnet werden. ⁴Soweit der Vertragsarzt nachweist, dass ihn die Rückforderung wirtschaftlich gefährden würde, kann die Kassenärztliche Vereinigung sie entsprechend § 76 Abs. 2 Nr. 1 und 3 des Vierten Buches stunden oder erlassen.

(5d) ¹Ein vom Vertragsarzt zu erstattender Mehraufwand wird abweichend von Absatz 5a Satz 3 nicht festgesetzt, soweit die Prüfungsstelle mit dem Arzt eine individuelle Richtgröße vereinbart, die eine wirtschaftliche Verordnungsweise des Arztes unter Berücksichtigung von Praxisbesonderheiten gewährleistet. ²In dieser Vereinbarung muss sich der Arzt verpflichten, ab dem Quartal, das auf die Vereinbarung folgt, jeweils den sich aus einer Überschreitung dieser Richtgröße ergebenden Mehraufwand den Krankenkassen zu erstatten. ³Die Richtgröße ist für den Zeitraum von vier Quartalen zu vereinbaren und für den folgenden Zeitraum zu überprüfen, soweit hierzu nichts anderes vereinbart ist. ⁴Eine Zielvereinbarung nach § 84 Abs. 1 kann als individuelle Richtgröße nach Satz 1 vereinbart werden, soweit darin hinreichend konkrete und ausreichende Wirtschaftlichkeitsziele für einzelne Wirkstoffe oder Wirkstoffgruppen festgelegt sind.

(6) Die Absätze 1 bis 5 gelten auch für die Prüfung der Wirtschaftlichkeit der im Krankenhaus erbrachten ambulanten ärztlichen und belegärztlichen Leistungen; § 106a gilt entsprechend.

(7) ¹Die Aufsicht über die Prüfungsstellen und Beschwerdeausschüsse führen die für die Sozialversicherung zuständigen obersten Verwaltungsbehörden der Länder. ²Die Prüfungsstellen und die Beschwerdeausschüsse erstellen einmal jährlich eine Übersicht über die Zahl der durchgeführten Beratungen und Prüfungen sowie die von ihnen festgesetzten Maßnahmen. ³Die Übersicht ist der Aufsichtsbehörde vorzulegen.

§ 106 Wirtschaftlichkeitsprüfung in der vertragsärztlichen Versorgung

Schrifttum: *W. Ascher,* Die Wirtschaftlichkeitsprüfung mit Richtgrößenprüfung, 3. Aufl. 2005; *P. Axer,* Abrechnungs- und Wirtschaftlichkeitsprüfungen durch Kassenzahnärztliche Vereinigungen im vertragszahnärztlichen Festzuschusssystem, NZS 2006, 225; *B. Bahner,* Honorarkürzungen – Arzneimittelregresse – Heilmittelregresse, 2006; *F.-J. Dahm,* Wirtschaftlichkeitsprüfung, LdA, Nr. 5560; *A. Ehlers,* Wirtschaftlichkeitsprüfung, 2. Aufl. 2002; *W. Engelhard,* Die Richtgrößenprüfung im Vertragsarztrecht, NZS 2004, 572; *K. Goecke,* Der Regreß gegen den Vertragsarzt wegen unwirtschaftlicher Verordnungen im Einzelfall, MedR 2002, 442; *K. Oehler,* Der Zahnarzt in der Wirtschaftlichkeitsprüfung, 2. Aufl. 2000; *P. Peikert,* Wirtschaftlichkeitsprüfung, HVAR, § 20.

Inhaltsübersicht

	Rn.
A. Überblick	1
B. Konkurrenzverhältnis zur Abrechnungsprüfung, § 106 a	2
C. Beratung, Abs. 1 a	3
D. Auffälligkeitsprüfung, Abs. 2 S. 1 Nr. 1, S. 5, 7 und 8, Abs. 5a–5d	4
E. Zufälligkeitsprüfung, Abs. 2 S. 1 Nr. 2, S. 2, 3, 6 und 10, Abs. 2 a und 2 b, Abs. 3 S. 2	8
F. Statistische Vergleichsprüfung	10
G. Vertikalvergleich	17
H. Einzelfallprüfung	18
I. Gutachterverfahren	19
J. Datengrundlage der Prüfungen, Abs. 2 c	20
K. Wiedergutmachung sonstiger Schäden	21
L. Prüfungsstelle und Beschwerdeausschuss, Abs. 4, 4 a, 4 c	22
M. Prüfvereinbarung, Abs. 3	23
N. Regressbescheid, Abs. 5, 5 c	24
O. Schadensersatz bei zu Unrecht festgestellter Arbeitsunfähigkeit, Abs. 3 a	27
P. Haftung der Vorstandsmitglieder, Abs. 4 b	28

A. Überblick

1 Die Vorschrift konkretisiert § 12 (Abs. 2 a), regelt die Überprüfung der Einhaltung des Wirtschaftlichkeitsgebots bei der vertragsärztlichen Behandlung und Verordnung und setzt als präventive und repressive Maßnahmen zur Sicherung der finanziellen Stabilität der GKV auf Beratung der Vertragsärzte (Abs. 1 a, 5 S. 2, 5 a S. 1) und die Festsetzung von Regressen (Abs. 5 S. 1, 5 a S. 3). Dies obliegt weitgehend besonderen Einrichtungen der gemeinsamen Selbstverwaltung (Prüfungsstelle und Beschwerdeausschuss – Abs. 4), die auf der Grundlage einer Prüfvereinbarung arbeiten (Abs. 3). Die Prüfung erfasst alle Leistungserbringer, die aus der Gesamtvergütung entlohnt werden (Abs. 6 iVm. § 120 Abs. 1). Die Leistungen der unmittelbar von den KKen vergüteten Ambulanzen werden mit Ausnahme der Hochschulambulanzen von diesen nach den gleichen Grundsätzen allein geprüft (§§ 113 Abs. 4, 116 b Abs. 5 S. 9, Abs. 6 S. 5). Mit dem GMG haben die **Richtgrößen- und** die qualitätsorientierte **Zufälligkeitsprüfung** (Abs. 2) die statistische Vergleichsprüfung nach Durchschnittswerten als Regelprüfmethode abgelöst; letztere kann jedoch aufgrund vertraglicher Vereinbarung ebenso wie Einzelfallprüfungen weiterhin durchgeführt werden (Abs. 2 S. 4). Basis der Prüfung sind der Prüfungsstelle nach Maßgabe der §§ 296–298 übermittelte Daten sowie Angaben und Unterlagen des Leistungserbringers (§ 296 Abs. 4). Die Prüfung erfasst grundsätzlich alle Tätigkeiten des Arztes, auch wenn er an verschiedenen Betriebsstätten tätig ist (§ 47 Abs. 3 S. 2 BMV-Ä).

B. Konkurrenzverhältnis zur Abrechnungsprüfung, § 106 a

Die Prüfung der Honorarforderung auf Rechtmäßigkeit sowie Schlüssigkeit 2
obliegt nach § 106 a der KV und den KKen und geht der Wirtschaftlichkeitsprüfung grundsätzlich vor. Zeigt erst letztere, dass Abrechnungsziffern falsch angesetzt wurden oder Anhaltspunkte für Abrechnungsmanipulationen vorliegen, ist das Prüfverfahren in der Regel auszusetzen und sind die Erkenntnisse je nach Zuständigkeit (vgl. § 106 a Rn. 5, 9 a) an die KV/KK weiterzuleiten (§ 1 Abs. 4 der Richtlinien nach Abs. 2 b). Kommt dem Fehlansatz jedoch neben der eigentlichen Wirtschaftlichkeitsprüfung untergeordnete Bedeutung zu, kann die Prüfungsstelle aus verfahrensökonomischen Gründen aufgrund ihrer Randzuständigkeit bzw. Annexkompetenz selbst die Richtigstellung vornehmen (BSG, SozR 3–2500, § 106 Nr. 29 S. 163; BSG v. 6. 9. 2006, B 6 KA 25/05 R, Rn. 19). Sie kann sowohl für die Prüfung der Wirtschaftlichkeit als auch der Verordnungsfähigkeit von Substanzen als Sprechstundenbedarf zuständig sein (BSG, SozR 4–2500, § 106 Nr. 6 Rn. 8). Es muss jedoch klargestellt werden, ob dem Arzt eine falsche Abrechnung oder eine unwirtschaftliche Behandlungsweise vorgeworfen wird (BSG, SozR 3–2500, § 83 Nr. 1 S. 7).

C. Beratung, Abs. 1 a

Um die im Prüfungsgeschäft gewonnene Sachkenntnis nutzbar zu machen, 3
hat die Prüfungsstelle seit dem GMG unbeschadet der insoweit fortbestehenden subsidiären (BT-Drs. 15/1525, 113) Verpflichtung der KV und KK, § 305 a S. 1, die Aufgabe, Vertragsärzte über Fragen der Wirtschaftlichkeit und Qualität der Versorgung zu beraten. Im Arzneimittelbereich können sich die Beratungen auf das GKV-Arzneimittel-Schnellinformationssystem (www.gamsi.de) stützen. Als Ergebnis der Wirtschaftlichkeitsprüfung kann beschlossen werden, dass sich der Vertragsarzt beraten lassen muss (Abs. 5 S. 1, 2); bei unwirtschaftlichem Handeln im großen Ausmaß wäre das ermessensfehlerhaft (BSG, MedR 2004, 577/578), obgleich das Gesetz mit der Prüfung vorrangig Verhaltensänderungen erreichen will. Bei Überschreiten des Richtgrößenvolumens um 15–25 % muss eine Beratung erfolgen (Abs. 5 a S. 1), für die von der Prüfungsstelle Vorgaben gemacht und qualifizierte Berater beteiligt werden können (§ 1 Abs. 5 WiPrüfV), so dass es sich um einen anfechtbaren Verwaltungsakt handelt (*Dahm*, LdA, Rn. 90 mwN.).

D. Auffälligkeitsprüfung, Abs. 2 S. 1 Nr. 1, S. 5, 7 und 8, Abs. 5 a–5 d

Eine Auffälligkeitsprüfung findet statt, wenn das Verordnungsvolumen des 4
Arztes für Arznei-, Verband- bzw. Heilmittel das durch die Gesamtvertragsparteien nach § 84 Abs. 6 und 8 für seine Arztgruppe festgesetzte Richtgrößenvolumen (Fallzahl multipliziert mit Richtgröße) um mindestens 15 % übersteigt (Abs. 5 a). Kommt keine wirksame Richtgrößenvereinbarung zustande oder wird sie nicht rechtzeitig, d. h. vor dem Prüfquartal bekanntgemacht, ist Bezugsgröße das durchschnittliche Verordnungsvolumen der Fachgruppe im Bereich der KV (Abs. 2 S. 5; das gilt schon bisher: BSG, SozR 4–2500, § 106 Nr. 11 Rn. 61). Gegenstand der jahres- oder quartalsbezogenen Prüfung (Abs. 2 S. 5) ist das Vorliegen von bei der Bestimmung der Richtgrößen unberücksichtigten **Praxisbesonder-**

heiten. Das sind objektive Gegebenheiten, welche für die Fachgruppe von der Art oder dem Umfang her atypisch sind und kausal einen erhöhten Verordnungsaufwand hervorrufen. Die durch sie verursachten Kosten werden, soweit sie der Prüfungsstelle z. B. aufgrund Vorjahresprüfungen bereits bekannt sind, in einer Vorab-Prüfung vor Einleitung des eigentlichen Prüfverfahrens von veranlassten Verordnungskosten abgezogen (Abs. 5 a S. 1). Das Gleiche gilt für in der Richtgrößen- (§ 84 Abs. 6) oder Prüfvereinbarung (Abs. 3) festgelegte Besonderheiten (Abs. 5 a S. 5, 7) wie die Verordnung bestimmten Indikationsgebieten zuzuordnender Arzneimittel (z. B. Immunsupressiva nach Organtransplantationen; Mukoviszidosebehandlung), bei denen von vornherein keine Anhaltspunkte für unwirtschaftliches Handeln bestehen. Andere vom Fachgruppendurchschnitt abweichende Besonderheiten, insbesondere in der Patientenstruktur (z. B. höherer Anteil älterer oder chronisch kranker und von Zuzahlungen befreiter Patienten), werden auf Antrag des beweisbelasteten Arztes (Abs. 5 a S. 8) im eigentlichen Prüfverfahren untersucht, der dazu die erforderlichen Befunde vorzulegen hat (§ 296 Abs. 4). Besondere Qualifikationen oder Praxisausstattungen werden nach Maßgabe einer ihrerseits auf der Prüfvereinbarung nach Abs. 3 basierenden Verfahrensordnung (Abs. 5 a S. 5, 6) berücksichtigt, wenn sie zu einer durch Diagnosestatistiken oder Falldokumentationen belegten Patientenkonzentration geführt haben. Dabei kann von Stichproben hochgerechnet werden (Abs. 5 a S. 9).

5 Praxisbesonderheiten kann alternativ durch die Vereinbarung einer auf die Zukunft gerichteten **individuellen Richtgröße** nach Abs. 5 d, ggf. iVm. einer individuellen Zielvereinbarung nach § 84 Abs. 1 Rechnung getragen werden. Der Regressentscheidung durch Verwaltungsakt geht auch im Übrigen der Versuch einer konsensualen Verfahrensbeendigung voraus (Abs. 5 a S. 4); dadurch wird zugleich der Spielraum für Vergleichsabschlüsse auf 1/5 der festgestellten Regresssumme begrenzt. Überschreiten nach der Vorab-Prüfung mehr als 5 % der Ärzte einer Fachgruppe das Richtgrößenvolumen um mehr als 25 %, spricht ein Anscheinsbeweis dafür, dass das vereinbarte Volumen zu niedrig angesetzt wurde; grundsätzlich wird die Prüfung dann auf 5 % der Ärzte beschränkt (Abs. 2 S. 7).

6 Soweit **Rabattverträge** nach § 130 a Abs. 8 bestehen, kann der Vertragsarzt diesen durch eine Willenserklärung, welche einem der Vertragspartner zugehen muss (§ 61 SGB X iVm. § 130 Abs. 1 S. 1 BGB), mit der Folge beitreten, dass die Wirtschaftlichkeit der Verordnung der davon erfassten Arzneimittel nicht mehr im Rahmen der Auffälligkeitsprüfung, sondern nach Maßgabe des Vertrages geprüft wird (Abs. 2 S. 8 und 9). Andernfalls werden die Rabatte ebenso wie Zuzahlungen der Versicherten von dem das Richtgrößenvolumen nach Abzug der Praxisbesonderheiten um 25 % überschreitenden Betrag (Abs. 5 a S. 3) in Abzug gebracht (Abs. 5 c S. 1). Da der einzelne Arzt weder die Rabatthöhe noch die Anzahl der Zuzahlungsbefreiungen (§ 62) beeinflussen kann, erfolgt eine Pauschalierung (BT-Drs. 16/3100, 138), die sich deshalb an den jeweils höchsten Quoten auszurichten hat.

7 Der von der Prüfungsstelle binnen zwei (bisher vier; dazu BSG, NZS 1994, 39/41 f.) Jahren nach Ende des geprüften Zeitraums (Abs. 2 S. 7) festgesetzte Betrag wird den betroffenen KKen zugeordnet, die ihn mit der nächsten an die KV auszuzahlenden Gesamtvergütung verrechnen (Abs. 5 c S. 2). Diese hat einen Rückforderungsanspruch gegen den Vertragsarzt, den sie durch Aufrechnung gegen seine Honorarforderung realisiert. Damit tragen ihre Mitglieder das **Ausfallrisiko** (Abs. 5 c S. 3), das bei einer individuellen Richtgröße bei den KKen verbleibt (Abs. 5 d S. 2).

E. Zufälligkeitsprüfung, Abs. 2 S. 1 Nr. 2, S. 2, 3, 6 und 10, Abs. 2a und 2b, Abs. 3 S. 2

Das durch das GKV-GRG 2000 mit Blick auf die geplante Einführung morbi- 8
ditätsorientierter Vergütungsstrukturen zur qualitätsorientierten Prüfung weiterentwickelte Verfahren soll bei einer Stichprobe von mindestens 2 % der Ärzte je Quartal deren selbst erbrachte, veranlasste und verordnete Leistungen auf Grundlage der zusammengeführten behandlungsfallbezogenen Daten einer **umfassenden Qualitäts- und Wirtschaftlichkeitsprüfung** unterziehen. Ausgenommen sind die im Rahmen der Kostenerstattung erbrachten Leistungen (§ 13 Abs. 2 S. 11). Die Stichprobe wird getrennt nach Arztgruppen und, sofern nach Abs. 3 S. 2 vereinbart, vorhandenen Zusatzqualifikationen oder Leistungsmerkmalen von der KV nach dem Zufallsprinzip ausgewählt. Die Daten (§ 296) werden mit einer von der Prüfungsstelle festgelegten versichertenbezogenen Stichprobe (§ 297) zusammengeführt und einer kursorischen Auffälligkeitsprüfung unterzogen, für die KV und KKen Anregungen geben können. Soweit dafür Anlass besteht, wird im Rahmen des Beurteilungsspielraums festgelegt, welche Ärzte genauer geprüft werden, was jeweils Prüfungsgegenstand ist, ob alle oder einzelne Kassenarten geprüft werden und welche Prüfungsmethode (umfassende oder repräsentative Einzelfallprüfung, statistische Durchschnittsprüfung, Vertikalvergleich) Anwendung findet (vgl. BSG, NZS 2001, 332/334). Inhalt und Durchführung der Prüfung werden von den Parteien der Gesamtverträge in bekannt zu machenden Verträgen (Abs. 3) festgelegt; deren vorgegebener Inhalt sind die von den Parteien des BMV außerhalb dieses Regelwerks vereinbarten Richtlinien (DÄBl. 2005, A-3287), die einen Erfahrungsaustausch und Vergleich der Prüfungsstellen ermöglichen (Abs. 2b; BT-Drs. 15/1525, 114).

Die Gegenstände der Zufälligkeitsprüfung wie Indikation, Effektivität, Quali- 9
tät und Angemessenheit als Elemente des Wirtschaftlichkeitsprinzips (Abs. 2a) werden durch **Prüfkriterien** konkretisiert. Das sind etwa – unbeschadet des Umstandes, ob diese aufgrund Honorarbegrenzungsregelungen nach § 85 nur abgestaffelt vergütet werden (Abs. 2 S. 3 Hs. 2 in Übernahme von BSG, SozR 3–2500, § 87 Nr. 32 S. 182 ff.) – die Häufigkeit abgerechneter Ziffern, überwiesener oder außerhalb der regulären Sprechzeit behandelter Patienten jeweils bei bestimmten Diagnosen; das Verhältnis von Einzel- zu Gruppenbehandlungen oder der Anteil der schnell wieder aus dem Krankenhaus entlassenen Patienten. Feststellungen zur Arbeitsunfähigkeit werden durch den MDK geprüft (§ 275 Abs. 1 b). Da die Pharmazeutische Industrie über Anwendungsbeobachtungsstudien und andere Maßnahmen das Verordnungsverhalten zugunsten unwirtschaftlicher Arzneimittel zu steuern versucht, sollen unabhängig von der Richtgrößenprüfung Auffälligkeiten bei der Verordnung einzelner Arzneimittel überprüft werden (Abs. 2 S. 10). Um z. B. die Anzahl der quartalsübergreifend abgerechneten Behandlungsfälle bewerten zu können, beträgt der Prüfungszeitraum mindestens ein Jahr (Abs. 2 S. 6).

F. Statistische Vergleichsprüfung

Die statistische Vergleichsprüfung, bei der die Abrechnungs- bzw. Verord- 10
nungswerte des Arztes mit den Durchschnittswerten seiner Fachgruppe oder einer nach verfeinerten Kriterien gebildeten engeren Gruppe verglichen werden, war **bis zum GMG die Regelprüfmethode.** Sie kann jetzt nach Abs. 2 S. 4 z. B. für

§ 106 Wirtschaftlichkeitsprüfung in der vertragsärztlichen Versorgung

die Überprüfung des Sprechstundenbedarfs zusätzlich vereinbart werden. Der Gesetzgeber widersprach damals der Auffassung des BSG, wonach die Methode typischerweise die umfassendsten Erkenntnisse bringt (BSG, NZS 2002, 613/613f.; BSG, SozR 3–2500, § 106 Nr. 33 S. 188f.). Für ihn ist sie qualitativ minderwertig, weil verdeckte, der gesamten Fachgruppe eigene unwirtschaftliche Verhaltensweisen nicht erkennbar werden (BT-Drs. 15/1525, 113). Tatsächlich wird die Unwirtschaftlichkeit einer Untermaßbehandlung nicht erfasst.

11   Neben dem Gesamtfallwert können auch einzelne Leistungen (AU; Beratung; Untersuchung; BSG, SozR 3–2500, § 106 Nr. 15 S. 91) oder zu einer **Leistungssparte** zusammengefasste Leistungspositionen verglichen werden (BSG, SozR 2200, § 368n S. 82), wobei die Gesamtwirtschaftlichkeit im Rahmen der intellektuellen Betrachtung (Rn. 15) nicht ausgeblendet werden darf. Die statistische Methode (arthmetisches Mittel oder Gauß'sche Normalverteilung) kann in der Prüfvereinbarung bestimmt werden (BSG, SozR 3–2500, § 106 Nr. 13 S. 75).

12   Bei der Bildung der **verfeinerten Vergleichgruppe** haben die Vertragspartner einen Beurteilungsspielraum. Sie muss in den wesentlichen und typischen Praxismerkmalen übereinstimmen, darf andererseits aber auch nicht den repräsentativen Charakter und die Ausgewogenheit verlieren (BSG, SozR 2200, § 368e S. 14). Die Kriterien der Homogenität und Größe der Vergleichsgruppe stehen in einer Wechselwirkung zueinander; die Zahl der einbezogenen Ärzte kann unter zehn liegen (BSG, SozR 4–2500, § 106 Rn. 11). Entsprechend den Schwerpunkten der Inneren Medizin, nicht jedoch für Zusatz-Weiterbildungen, sind verfeinerte Fachgruppen zu bilden (BSG, SozR 3–2500, § 106 Nr. 57 S. 321f.). Ggf. sind Untergruppen von in städtischen und ländlichen Regionen tätigen oder solchen Ärzten zu bilden, die eine besondere Praxisausstattung (Röntgen) haben (*Dahm,* LdA, Rn. 52f.). Einzelne, hohe Kosten verursachende Ärzte müssen einbezogen bleiben. Liegen die Voraussetzungen für eine Gruppenbildung nicht vor, auf die ein Arzt iÜ. keinen Anspruch hat (BSG, SozR 2200, § 368e Nr. 4 S. 8; BSG, SozR 2200, § 368 Nr. 45 S. 154), verlagert sich die Prüfung auf die Beurteilung von Praxisbesonderheiten. Bei kleineren Fachgruppen können Ärzte aus dem ganzen Bundesgebiet einbezogen werden (BSG, USK 85215). Bei weniger als 100 Behandlungsfällen ist die Homogenität des Patientenguts des Arztes im Verhältnis zur Vergleichsgruppe sorgfältig zu prüfen; die Patientenzahl muss zudem mindestens 20 % der Durchschnittsfallzahl der Vergleichsgruppe ausmachen (BSG, NZS 1998, 310/311).

13   Für die Bewertung des Überschreitens des Fachgruppendurchschnitts hat die Rechtsprechung drei Kategorien gebildet: Liegt es im **Streubereich** (Überschreiten bis zu etwa 20 %; BSG, SozR 2200, § 368n Nr. 49 S. 168), kann die Unwirtschaftlichkeit dem Arzt nur im Wege der umfassenden Einzelfallprüfung nachgewiesen werden (BSG, SozR 2200, § 368n Nr. 14 S. 45); ansonsten ist das Überschreiten Ausdruck der Therapiefreiheit des Arztes (BSG, SozR 3–2500, § 106 Nr. 6 S. 27). Bei einem erheblichen, aber noch nicht offensichtlichen Missverhältnis (sog. **Übergangszone**) greifen Beweiserleichterungen zugunsten der Prüfungsstelle ein; sie kann eine repräsentative Einzelfallprüfung durchführen.

14   Bei einem **offensichtlichen Missverhältnis** zum durchschnittlichen Aufwand der Vergleichsgruppe tritt eine Darlegungs- und Beweislastumkehr zulasten des Arztes ein und ist eine pauschale Honorarkürzung bzw. Schadensschätzung möglich. Jenes beginnt, insofern dem Beurteilungsspielraum der Prüfungsstelle unterliegend, je nach Homogenität der Vergleichsgruppe, Dauer des überprüften Zeitraums (BSG, SozR 2200, § 368n Nr. 48 S. 160; SozR 3–2500, § 106 Nr. 14 S. 84f.)

und Breite der ausgewählten Leistungssparte bei 30 bis 60% Überschreiten des Fachgruppendurchschnitts (BSG, NZS 1998, 298/299; SozR 3–2500, § 106 Nr. 50 S. 267). Besonders homogen arbeiten die Zahnärzte (BSG, SozR 2200, § 368 n Nr. 48 S. 160). Bei Einzelleistungen darf das offensichtliche Missverhältnis typisierend beim Doppelten des Fachgruppendurchschnitts angenommen werden (BSG, SozR 4–2500, § 106 Nr. 1 S. 12).

Die statistische Betrachtung ist jeweils von Amts wegen durch eine sog. **intel- 15 lektuelle Betrachtung** zu ergänzen, bei der – zugleich als Begrenzung der Darlegungs- und Beweislast des Arztes (BSG, SozR 3–2500, § 106 Nr. 23 S. 125) – medizinisch-ärztliche Gesichtspunkte berücksichtigt und im Prüfbescheid dargelegt werden. Es muss erläutert werden, dass die Abweichung Ausdruck der Unwirtschaftlichkeit und nicht etwa der besonderen, z. B. von der Fachgruppe divergierenden Behandlungsausrichtung ist (BSG, SozR 4–2500, § 106 Nr. 3 Rn. 11). Bekannte oder aufgrund der Behandlungsausweise offensichtliche Praxisbesonderheiten sind schon auf dieser Prüfungsstufe zu berücksichtigen (BSG, SozR 3–2500, § 106 Nr. 23 S. 126 f.).

Der **Anscheinsbeweis der Unwirtschaftlichkeit** (BSG, SozR 3–2500, § 106 **16** Nr. 11 S. 59), der beim offensichtlichen Missverhältnis vorliegt, kann durch Praxisbesonderheiten, d. h. Umstände, die einen zu vergleichbaren Ärzten höheren Behandlungsaufwand rechtfertigen, oder einen Mehraufwand, der mit einem Minderaufwand bei anderen Leistungen im ursächlichen Zusammenhang steht (z. B. Hausbesuche und Krankenhauseinweisungen – BSG, SozR 2200, § 368 n Nr. 43 S. 144 f; SozR 2200, § 368 n Nr. 36 S. 121), widerlegt werden. Dabei muss die abweichende Behandlung medizinisch gleichwertig sowie insgesamt kostensparend und damit wirtschaftlich sein (BSG, SozR 3–2500, § 106 Nr. 43 S. 239).

G. Vertikalvergleich

Der Vergleich mit dem Abrechnungs- und Verordnungsverhalten desselben **17** Arztes in früheren Quartalen ist als **subsidiäre Prüfmethode** nur zulässig, wenn keine homogene Untergruppe gebildet werden kann oder weil die Fachgruppe insgesamt unwirtschaftlich handelt (BSG, SozR 3–2500, § 106 Nr. 24 S. 136; NZS 2000, 205/206). Die Bedingungen dürfen sich seither aber nicht verändert haben; ggf. ist die Prüfung auf die unveränderten Bereiche zu beschränken. Das BSG will aus Gleichheitsgründen sicherstellen, dass kein Arzt von Wirtschaftlichkeitsprüfungen völlig ausgeschlossen bleibt; ggf. muss eine geeignete Prüfmethode außerhalb der Prüfvereinbarung entwickelt werden (BSG, SozR 3–2500, § 106 Nr. 24 S. 134 f.). Bei einer nur auf ein Quartal bezogenen Wirtschaftlichkeitsprüfung kann der Horizontalvergleich für bestimmte Leistungen mit einem Vertikalvergleich im Übrigen kombiniert werden (BSG, NZS 2002, 613).

H. Einzelfallprüfung

Bei der umfassenden Einzelfallprüfung wird jeder Behandlungsfall gesondert **18** geprüft; dazu ist eine versichertenbezogene Datenübermittlung nach § 298 zulässig. Der Aufwand rechtfertigt sie nur, wenn andere Prüfmethoden nicht in Betracht kommen, etwa bei in einem eng begrenzten Leistungsbereich ermächtigten Ärzten. In der Übergangszone (vgl. Rn. 13) dient die eingeschränkte Einzelfallprüfung als Ergänzung zur statistischen Vergleichsprüfung dem Nachweis unwirtschaftlichen Handelns anhand von Einzelfällen. Die **repräsentative Einzelfallprüfung** – angewandt in der Übergangszone der statistischen Vergleichsprüfung – rechnet das Prüfergebnis von 20 %, jedoch mindestens 100 zufällig ausgesuchten Behandlungsfällen hoch (BSG, NZS 1992, 113/116 f.), wobei der Regressbetrag um einen Sicherheitsabschlag von 25 % zu reduzieren ist (§ 10 Abs. 3 S. 4 der Richtlinien nach Abs. 2 b; BSG, NZS 1992, 113/117). Die Prüfmethode dient im Rahmen der Auffälligkeitsprüfung der Prüfung der Einhaltung der Arzneimittelrichtlinien des G-BA, soweit diese auf Nutzen- oder Kosten-Nutzen-Bewertungen des IQWiG beruhen (Abs. 5 b). Schließlich können auch einzelne Verordnungen, etwa beim sog. Off-label-use, zur Feststellung eines sonstigen Schadens (Rn. 21) geprüft werden.

I. Gutachterverfahren

19   Für kieferorthopädische Maßnahmen und die Behandlung von Parodontopathien können sich die KKen wie bei der Versorgung mit Zahnersatz und Zahnkronen (§ 87 Abs. 1 a S. 6) nach § 2 Abs. 3 BMV-Z als **vorgeschaltete Wirtschaftlichkeitsprüfung** eines Gutachterverfahrens bedienen, das in Anlagen zum BMV-Z genauer geregelt ist (vgl. BSG, SozR 2200, § 182 Nr. 115 S. 264). Die Entscheidung stellt gegenüber dem Versicherten einen Verwaltungsakt dar und löst eine Selbstbindung gegenüber dem Vertragszahnarzt aus (BSG, NZS 1993, 178/179).

J. Datengrundlage der Prüfungen, Abs. 2 c

20   Die Prüfungen erfolgen grundsätzlich auf Basis elektronisch erfasster und zusammengefasster Daten (§§ 296 f.), die einen **Anscheinsbeweis** für die veranlassten Leistungen und Verordnungskosten begründen. Nur wenn dieser Anschein durch mindestens 5 % falsch erfasster Verordnungskosten erschüttert ist, können im Rahmen der Richtgrößenprüfung nach § 298 versichertenbezogene Originalverordnungsblätter oder Images herangezogen werden; sind weniger als 95 % der Unterlagen verfügbar, muss der Regressbetrag um einen Sicherheitsabschlag gekürzt werden (BSG, SozR 4–2500, § 106 Nr. 11 Rn. 33). Macht der Arzt Zweifel an der Richtigkeit der Daten geltend, ist seit dem GKV-WSG erst im Regressbescheid darzulegen, wieso die Prüfungsstelle diese nicht teilt.

K. Wiedergutmachung sonstiger Schäden

21   Nach §§ 48 BMV-Ä, 44 EKVÄ obliegt der Prüfungsstelle die weitere Aufgabe, im Einzelfall umstrittene Schadensersatzansprüche der KKen wegen fehlerhafter Ausstellung von Bescheinigungen oder falschen Angaben gegenüber dem MDK zu prüfen, die z. B. zu unberechtigten Krankengeldzahlungen führen. Das Fehlverhalten muss sich auf ein unwirtschaftliches Verhalten beziehen (BSG, SozR 3–5540, § 38 Nr. 1 S. 3; SozR 3–2500, § 106 Nr. 52 S. 283 f.). Rechtsgrundlage für die Normierung der Prüfung und Festsetzung von Regressen wegen (auch unverschuldeter) **unzulässiger Verordnung** von aus der Leistungspflicht der GKV **ausgeschlossenen Arzneimittel** ist Abs. 2 S. 4 (BSG, SozR 3–2500, § 106 Nr. 52 S. 281); insofern findet kein Vorverfahren statt (Abs. 5 S. 8; krit. *Wenner*, § 25 Rn. 10 zum Off-Label-Use). Die festgesetzten Beträge werden grundsätzlich

mit der Honorarforderung des Arztes sowie der Gesamtvergütung verrechnet, soweit diese nicht pauschaliert ist. Sonstige Schäden entstehen ferner durch Mehraufwendungen wegen Behandlungsfehlern, § 50 BMV, werden jedoch nicht vor der Prüfungsstelle verhandelt. Den Schadensregress gegen einen Vertragszahnarzt wegen mangelhafter prothetischer Versorgung hat im Ersatzkassenbereich die KZV festzusetzen (BSG, SozR 4–5555, § 15 Nr. 1 Rn. 14); im Primärkassenbereich ist die Prüfungsstelle zuständig, § 23 Abs. 1 S. 2 BMV-ZÄ.

L. Prüfungsstelle und Beschwerdeausschuss, Abs. 4, 4 a, 4 c

Als Reaktion auf Defizite aufzeigende Prüfungen nach § 274 (BT-Drs. 15/ 1525, 115) wurden mit dem GMG eigenständige Geschäftsstellen zur Unterstützung ehrenamtlich besetzter Prüfungsausschüsse gebildet. Das GKV-WSG verleiht diesen staatlicher Aufsicht unterstehenden (Abs. 7) Einrichtungen der gemeinsamen Selbstverwaltung im Interesse zügigerer Bearbeitung nunmehr eigene **Entscheidungskompetenz;** das gilt auch für am 1. 1. 2008 bereits anhängige Prüfverfahren (vgl. BSG, NZS 2005, 274/275; *Wenner,* § 25 Rn. 13). Die Prüfungsstelle übernimmt zugleich organisatorische Aufgaben für den weiterhin paritätisch mit Vertretern der KKen und der KVen sowie einem unparteiischen Vorsitzenden besetzten Beschwerdeausschuss, dessen Entscheidung sie jedoch nicht vorbereitet (BT-Drs. 16/3100, 137) und dem auch keine Abhilfeprüfung vorgeschaltet werden kann (BSG, SozR 3–1300, § 35 Nr. 5 S. 11; offen gelassen in BSG, SozR 4–2500, § 63 Rn. 14). Näheres regelt die WiPrüfV. Länderübergreifende Prüfungsstellen (Abs. 4 c) können nicht mehr für einzelne Leistungsbereiche, wie Laboruntersuchungen, gebildet werden.

22

M. Prüfvereinbarung, Abs. 3

Die Prüfvereinbarung regelt mit Wirkung für das betroffene Abrechnungsquartal, ob und wann über die gesetzlich vorgegebenen noch weitere Prüfungen durchgeführt werden (Abs. 2 S. 4), Maßstäbe für die Berücksichtigung von Praxisbesonderheiten, vor allem in der Auffälligkeitsprüfung (Abs. 5 a S. 5), ferner die Prüfgegenstände und das Verfahren zur Stichprobenbestimmung in der Zufälligkeitsprüfung sowie das SGB X ergänzende Durchführungshinweise. Unterschiedlich ist geregelt, ob nur für schuldhafte unzulässige Verordnungen gehaftet wird (*Stellpflug,* HMR, C 4000 Rn. 35 f.) oder bei einem ganz erheblichen Überschreiten des Fachgruppendurchschnitts – insbesondere im Wiederholungsfall – pauschale Honorarkürzungen vorgenommen werden. Die Vereinbarung ist, soweit sie nicht die Richtlinie nach Abs. 2 b wiedergibt (S. 1 Hs. 2), schiedsamtsfähig (BSG, SozR 2200, § 368 h Nr. 4 S. 10). Der Abschluss der Vereinbarung bedarf der Veröffentlichung (LSG Berlin, GesR 2003, 214/217).

23

N. Regressbescheid, Abs. 5, 5 c

Die Prüfungsstelle schätzt, sofern eine Berechnung nicht möglich oder mit einem unverhältnismäßigen Aufwand verbunden ist, unter Berücksichtigung von Praxisbesonderheiten den durch unwirtschaftliches Handeln verursachten Mehraufwand (BSGE 11, 102/114; BSG, SozR 2200, § 368 n Nr. 14 S. 46; Nr. 27 S. 85) und setzt in einem weiteren Schritt den Ausgleichsbetrag im Rahmen einer **Er-**

24

messensentscheidung (BSG, SozR 4–2500, § 106 Nr. 1 Rn. 15) durch Verwaltungsakt fest. Bei der statistischen Vergleichsprüfung ist ihm im Regelfall das Honorar im Streubereich zu belassen (BSG, SozR 2200, § 368 n Nr. 48 S. 163), wohingegen bei einer Einzelfallprüfung eine Kürzung auf den Fachgruppendurchschnitt erfolgt (BSG, SozR 2200, § 368 n Nr. 49 S. 168). Die grds. bis zu vier Quartale umfassende Einarbeitungsphase ist ggf. zugunsten des Arztes zu berücksichtigen (BSG, MedR 2004, 577/578). Der Verstoß gegen das Wirtschaftlichkeitsgebot muss nicht verschuldet sein (BSG, SozR 4–2500, § 106 Nr. 1 Rn. 18). Bei budgetierten Leistungen ist die Honorarkürzung auf die Restvergütung begrenzt (BSG, SozR 3–2500, § 87 Nr. 32 S. 185; SozR 4–2500, § 106 Nr. 4 Rn. 10).

25 Der Prüfbescheid muss innerhalb einer **Ausschlussfrist** von vier (BSG, NZS 1994, 39/41 f.; SozR 3–2500, § 82 Nr. 3 S. 16) – bei Richtgrößenprüfungen gem. Abs. 2 S. 7 von zwei – Jahren nach Bekanntgabe des für den Abrechnungszeitraum maßgeblichen Honorarbescheids erlassen werden (BSG, GesR 2007, 461/462). Bei identischem Prüfgegenstand hemmt der Regressbescheid nach § 45 Abs. 2 SGB I iVm § 209 BGB auch die Ausschlussfrist für den Erlass eines Honorarberichtigungsbescheides im Rahmen der Abrechnungsprüfung (BSG v. 6. 9. 2006, B 6 KA 40/05 R, Rn. 18).

26 Sofern das Verfahren keine aus dem Leistungskatalog der GKV ausgeschlossenen Leistungen betrifft (Abs. 5 S. 8), ist vor Erhebung der sozialgerichtlichen Klage der Beschwerdeausschuss anzurufen. Antragsbefugt sind der betroffene Arzt, die KK, deren Landesverbände und die KV. Mit Ausnahme von Entscheidungen des Beschwerdeausschusses bei Richtgrößenprüfungen, bei denen der Arzt bei der KV einen Stundungs- oder Erlassantrag stellen kann (Abs. 5 c S. 3), hat die Klage **aufschiebende Wirkung** (Abs. 5 a S. 11). Gegenstand des Rechtsstreits ist allein der Verwaltungsakt des Beschwerdeausschusses (BSG, NZS 1997, 135).

O. Schadensersatz bei zu Unrecht festgestellter Arbeitsunfähigkeit, Abs. 3 a

27 Stellt der MDK fest, dass der Arzt zu Unrecht Arbeitsunfähigkeit bescheinigt hat, haftet der Arzt nach zivil- (gegenüber dem Arbeitgeber; BT-Drs. 12/5262, 8) bzw. öffentlich-rechtlichen Grundsätzen (gegenüber der KK) auf Schadensersatz. Die Regelung soll die mit der Einführung der Pflegeversicherung verbundene zusätzliche finanzielle Belastung der Arbeitgeber teilweise ausgleichen, will andererseits mit der Beschränkung auf vorsätzliches oder grob fahrlässiges Handeln eine unwirtschaftliche Ausschlussdiagnostik vermeiden, wenn der Versicherte ein subjektiv empfundenes Beschwerdebild plausibel vorträgt.

P. Haftung der Vorstandsmitglieder, Abs. 4 b

28 Die Bedeutung der Wirtschaftlichkeits- und Abrechnungsprüfung (§ 106 a Abs. 7) wird dadurch unterstrichen, dass sich die zuständigen Vorstandsmitglieder der KKen und KVen über die ordnungsgemäße Umsetzung der wir die Körperschaften betreffenden Vorgaben unterrichten lassen und sie auch aktiv überprüfen müssen. Andernfalls haften sie kraft Gesetzes und aufgrund der Verletzung ihres Dienstvertrages; das gilt nicht für Fehler bei der nach Abs. 4 a S. 1 eigenverantwortlich handelnden Prüfungsstelle (*Hencke*, Peters, KV, § 106 Rn. 46). Satz 3 entspricht der Regelung in § 12 Abs. 3.

§ 106a Abrechnungsprüfung in der vertragsärztlichen Versorgung

(1) Die Kassenärztlichen Vereinigungen und die Krankenkassen prüfen die Rechtmäßigkeit und Plausibilität der Abrechnungen in der vertragsärztlichen Versorgung.

(2) [1]Die Kassenärztliche Vereinigung stellt die sachliche und rechnerische Richtigkeit der Abrechnungen der Vertragsärzte fest; dazu gehört auch die arztbezogene Prüfung der Abrechnungen auf Plausibilität sowie die Prüfung der abgerechneten Sachkosten. [2]Gegenstand der arztbezogenen Plausibilitätsprüfung ist insbesondere der Umfang der je Tag abgerechneten Leistungen im Hinblick auf den damit verbundenen Zeitaufwand des Vertragsarztes. [3]Bei der Prüfung nach Satz 2 ist ein Zeitrahmen für das pro Tag höchstens abrechenbare Leistungsvolumen zu Grunde zu legen; zusätzlich können Zeitrahmen für die in längeren Zeitperioden höchstens abrechenbaren Leistungsvolumina zu Grunde gelegt werden. [4]Soweit Angaben zum Zeitaufwand nach § 87 Abs. 2 Satz 1 zweiter Halbsatz bestimmt sind, sind diese bei den Prüfungen nach Satz 2 zu Grunde zu legen. [5]Satz 2 bis 4 gilt nicht für die vertragszahnärztliche Versorgung. [6]Bei den Prüfungen ist von dem durch den Vertragsarzt angeforderten Punktzahlvolumen unabhängig von honorarwirksamen Begrenzungsregelungen auszugehen. [7]Soweit es für den jeweiligen Prüfungsgegenstand erforderlich ist, sind die Abrechnungen vorangegangener Abrechnungszeiträume in die Prüfung einzubeziehen. [8]Die Kassenärztliche Vereinigung unterrichtet die in Absatz 5 genannten Verbände der Krankenkassen sowie die Ersatzkassen unverzüglich über die Durchführung der Prüfungen und deren Ergebnisse.

(3) [1]Die Krankenkassen prüfen die Abrechnungen der Vertragsärzte insbesondere hinsichtlich
1. des Bestehens und des Umfangs ihrer Leistungspflicht,
2. der Plausibilität von Art und Umfang der für die Behandlung eines Versicherten abgerechneten Leistungen in Bezug auf die angegebene Diagnose, bei zahnärztlichen Leistungen in Bezug auf die angegebenen Befunde,
3. der Plausibilität der Zahl der vom Versicherten in Anspruch genommenen Vertragsärzte, unter Berücksichtigung ihrer Fachgruppenzugehörigkeit,
4. der vom Versicherten an den Arzt zu zahlenden Zuzahlung nach § 28 Abs. 4 und der Beachtung des damit verbundenen Verfahrens nach § 43b Abs. 2.

[2]Sie unterrichten die Kassenärztlichen Vereinigungen unverzüglich über die Durchführung der Prüfungen und deren Ergebnisse.

(4) [1]Die Krankenkassen oder ihre Verbände können, sofern dazu Veranlassung besteht, gezielte Prüfungen durch die Kassenärztliche Vereinigung nach Absatz 2 beantragen. [2]Die Kassenärztliche Vereinigung kann, sofern dazu Veranlassung besteht, Prüfungen durch die Krankenkassen nach Absatz 3 beantragen. [3]Bei festgestellter Unplausibilität nach Absatz 3 Satz 1 Nr. 2 oder 3 kann die Krankenkasse oder ihr Verband eine Wirtschaftlichkeitsprüfung nach § 106 beantragen; dies gilt für die Kassenärztliche Vereinigung bei festgestellter Unplausibilität nach Absatz 2 entsprechend.

(5) [1]Die Kassenärztlichen Vereinigungen und die Landesverbände der Krankenkassen und die Ersatzkassen gemeinsam und einheitlich vereinbaren Inhalt und Durchführung der Prüfungen nach den Absätzen 2 bis 4. [2]In den Vereinbarungen sind auch Maßnahmen für den Fall von Verstößen gegen Abrechnungsbestimmungen, einer Überschreitung der Zeitrahmen nach Absatz 2 Satz 3 sowie des Nichtbestehens einer Leistungspflicht der Krankenkassen, soweit dies

dem Leistungserbringer bekannt sein musste, vorzusehen. ³Der Inhalt der Richtlinien nach Absatz 6 ist Bestandteil der Vereinbarungen.

(6) ¹Die Kassenärztlichen Bundesvereinigungen und der Spitzenverband Bund der Krankenkassen vereinbaren erstmalig bis zum 30. Juni 2004 Richtlinien zum Inhalt und zur Durchführung der Prüfungen nach den Absätzen 2 und 3; die Richtlinien enthalten insbesondere Vorgaben zu den Kriterien nach Absatz 2 Satz 2 und 3. ²Die Richtlinien sind dem Bundesministerium für Gesundheit vorzulegen. ³Es kann sie innerhalb von zwei Monaten beanstanden. ⁴Kommen die Richtlinien nicht zu Stande oder werden die Beanstandungen des Bundesministeriums für Gesundheit nicht innerhalb einer von ihm gesetzten Frist behoben, kann das Bundesministerium für Gesundheit die Richtlinien erlassen.

(7) § 106 Abs. 4 b gilt entsprechend.

Schrifttum: *R. Beeretz,* Abrechnungsprüfung in der vertragsärztlichen Versorgung, ZMGR 2004, 103; *F.-J. Dahm,* Honorarberichtigung, LdA, Nr. 2570; *G. Steinhilper,* Die Plausibilitätsprüfung nach neuem Recht, MedR 2004, 597; *E. M. Wehebrink,* Plausibilitätsprüfung: Die Praxisgemeinschaft als „faktische Gemeinschaftspraxis", NZS 2005, 400.

Inhaltsübersicht

	Rn.
A. Überblick	1
B. Prüfungen der Kassenärztlichen Vereinigungen, Abs. 2	3
I. Prüfung auf sachlich-rechnerische Richtigkeit, Abs. 2 S. 1 Hs. 1	3
II. Prüfung der abgerechneten Sachkosten, Abs. 2 S. 1 Hs. 2	4
III. Plausibilitätsprüfung, Abs. 2 S. 1 Hs. 2, S. 2–7	5
C. Prüfungen der Krankenkassen, Abs. 3	9
D. Prüfrichtlinien und Prüfvereinbarungen, Abs. 5 und 6	12
E. Rechtsfolge	14

A. Überblick

1   Die Vorschrift bestimmt die Zuständigkeiten für die Prüfung der Rechtmäßigkeit und Schlüssigkeit der vertragsärztlichen Abrechnung und enthält dafür einige Vorgaben. Sie werden durch bundesweit gültige **Prüfrichtlinien** (Abs. 6) und Vereinbarungen auf Landesebene (Abs. 5) konkretisiert. Im Gegensatz zur Wirtschaftlichkeitsprüfung (§ 106) werden keine gemeinsamen Prüfeinrichtungen gebildet, sondern die Prüfungen auf die KVen und die KKen aufgeteilt und durch wechselseitige Unterrichtungspflichten (Abs. 2 S. 8 und Abs. 3 S. 2) und Antragsrechte (Abs. 4) miteinander verknüpft. Das Prüfwesen dient der Aufrechterhaltung der finanziellen Stabilität des GKV-Systems und ist Korrektiv zum Naturalleistungsprinzip (*Engelhard,* H/N, § 106 Rn. 9).

2   Für die KVen sind die Prüfungen Teil ihres Gewährleistungsauftrags (§ 75 Abs. 1 S. 1), dem sie nach Prüfberichten gem. § 274 bis zum GMG nur unzureichend nachkamen. Seither müssen sie den Prüfungsschwerpunkt auf zeitaufwandsbezogene Plausibilitätsprüfung legen (Abs. 2 S. 2 bis 4). Die KKen erhalten eine eigene Verantwortung für die Überprüfung ihrer Leistungspflicht (Abs. 3), weil die – zu Recht – abgerechneten Leistungen die **Morbiditätsentwicklung** widerspiegeln und ihnen durch das GMG mit der Einführung der Regelleistungsvolumina ab dem Jahr 2006 dieses Mengenentwicklungsrisiko auferlegt werden sollte (vgl. § 85 Rn. 12). Zugleich werden in ihre Prüfungen versichertenbezogene

Daten einbezogen, um so bestimmte Formen von Abrechnungsmanipulationen erkennen zu können (BT-Drs. 15/1525, 117).

B. Prüfungen der Kassenärztlichen Vereinigungen, Abs. 2

I. Prüfung auf sachlich-rechnerische Richtigkeit, Abs. 2 S. 1 Hs. 1

Die KV prüft außer bei ermächtigten Einrichtungen (§ 113 Abs. 4) die ihr nach Maßgabe des § 295 Abs. 4 grundsätzlich elektronisch oder maschinell verwertbar übermittelten Abrechnungen auf Übereinstimmung mit dem EBM, dem HVV und sonstigen Abrechnungsbestimmungen, wohingegen der Umfang der Leistungserbringung im Hinblick auf Notwendigkeit und Effizienz Gegenstand der Wirtschaftlichkeitsprüfung nach § 106 ist. Die Befugnis zur rechnerischen und gebührenordnungsmäßigen Richtigstellung der Honoraranforderung umfasst auch, ob der Arzt Leistungen unter Einhaltung der Vorschriften über formale oder inhaltliche Voraussetzungen der Leistungserbringung durchgeführt und abgerechnet hat (BSG, SozR 4–2500, § 39 Nr. 3 Rn. 14). **Prüfungsgegenstände** sind: Die ausschließliche Abrechnung der der Facharztgruppe zugeordneten Leistungen (§ 87 Abs. 2a; vgl. zur Abrechnung sog. fachfremder Leistungen nach früherem Recht BSG, SozR 4–2500, § 95 Nr. 8 Rn. 4), die persönliche (zur Abrechnung von Assistentenleistungen ohne Genehmigung nach § 32 ZV-Ärzte bzw. ZV-Zahnärzte: BSG, SozR 3–5525, § 32 Nr. 1 S. 3; zur übermäßigen Leistungsausweitung bei Assistentenbeschäftigung: BSG, SozR 4–5520, § 32 Nr. 2 Rn. 11), ordnungsgemäße (zur Leistungserbringung im offenkundigen Widerspruch zum Stand der medizinischen Erkenntnisse bzw. erkennbar ohne jeden Nutzen: BSG, SozR 4–2500, § 95 Nr. 1 Rn. 11) und vollständige Leistungserbringung, die Einhaltung der Leistungsbegrenzung nach § 101 Abs. 1 S. 1 Nr. 4 und 5, die Vollständigkeit der Angaben nach § 295 Abs. 1 S. 1 und 4, das Vorliegen der apparativen oder fachlichen Voraussetzungen nach §§ 92, 95d, 135 Abs. 2, das Einhalten von Zielaufträgen oder des Umfangs der Ermächtigung nach § 116 und die Überprüfung, ob es sich nicht um stationäre Leistungen handelt (BSG, SozR 4–2500, § 39 Nr. 3 Rn. 8).

II. Prüfung der abgerechneten Sachkosten, Abs. 2 S. 1 Hs. 2

Die Sachkostenprüfung bezieht sich nur auf die Kosten für Materialien, die nicht in die Bewertung der nach dem EBM abrechnungsfähigen Leistungen eingeflossen sind, nicht über den Sprechstundenbedarf bezogen werden können und über die KV und nicht über die KK abgerechnet werden. Sie erfolgt als **statistische Vergleichsprüfung** (Menge der abgerechneten Sachkosten) oder Einzelfallprüfung (Zusammenhang von Sachmittel und Indikationsbereich).

III. Plausibilitätsprüfung, Abs. 2 S. 1 Hs. 2, S. 2–7

Als Bestandteil der sachlich-rechnerischen Richtigkeitsprüfung prüft die KV von Amts wegen oder auf Antrag einer KK (BSG, NZS 1995, 187/188) die Schlüssigkeit der abgerechneten Leistungen. Als Routineprüfung wird bei allen Ärzten durch das Erstellen von Tages- und Quartalszeitprofilen die Plausibilität des abgerechneten Leistungsumfangs ermittelt. Diese Prüfung wird entweder um weitere **Aufgreifkriterien,** wie z. B. das gehäufte Abrechnen einzelner Ziffern an bestimmten Tagen oder auffällig hohe Anteile bestimmter Abrechnungsblöcke, ergänzt, oder es wird bei einer Stichprobe von mindestens 2 % der Ärzte eine zielgerichtete Einzelfallprüfung durchgeführt (§ 10 Richtlinie nach Abs. 6). Hinzu kommt eine anlassbezogene Prüfung bei ausreichenden und konkreten Hinweisen auf Abrechnungsauffälligkeiten, die entweder den Stellen nach §§ 81 a, 197 a vorliegen oder Erkenntnis der Wirtschaftlichkeitsprüfung sind (vgl. § 106 Rn. 2). Bei Vertragszahnärzten findet seit dem GKV-WSG keine Zeitprofilprüfung mehr statt (S. 5, vgl. auch § 87 Abs. 2 S. 1 Hs. 3); den KZVen fehlt es seit Einführung des Festzuschusssystems für Zahnersatz und der Mehrkostenregelung bei Zahnfüllungen an Daten über die privat erbrachten und abgerechneten Leistungen, auf die eine Schlüssigkeitsprüfung aufsetzen könnte (BT-Drs. 16/3100, 138).

6   Gleichrangiges Aufgreifkriterium für die **zeitaufwandsbezogene Prüfung** ist der Umstand, ob der Vertragsarzt angibt, an mindestens drei Tagen im Quartal mehr als zwölf Stunden oder im Quartal mehr als 780 Stunden gearbeitet zu haben; bei ermächtigten Ärzten und Institutsermächtigungen muss das Quartalsprofil mehr als 156 Stunden betragen (§ 8 Abs. 3 Richtlinie nach Absatz 6). Bei Ärzten mit Teilzulassung oder teilzeitbeschäftigten angestellten Ärzten reduzieren sich die Stundenzahlen entsprechend. Das Zeitprofil lässt sich errechnen, weil den Abrechnungsziffern des EBM gem. § 87 Abs. 2 S. 1 Prüfzeiten zugeordnet sind, die ausweisen, wie viel Zeit ein erfahrener und zügig arbeitender Arzt für die Leistungserbringung auf ein Patientenkollektiv bezogen mindestens benötigt (*Engelhard,* H/N, § 106 a Rn. 62). Unberücksichtigt bleiben behandlungs- oder krankheitsfallbezogene Leistungen wie der Ordinationskomplex, Versicherten-, Grund- und Konsiliarpauschalen, delegationsfähige und Leistungen im Notfalldienst, sog. An- und Abrüstzeiten, administrative Tätigkeiten, wie das Ausstellen von Attesten und Bescheinigungen, Zeiten für das Praxismanagement, die Behandlung von Privat-, Kostenerstattungs- und auf der Grundlage von Sonderverträgen (§§ 63, 73 b, 73 c, 140 a) behandelten Patienten. Hingegen ist es unerheblich, ob Honorarbegrenzungsregeln eingreifen; Prüfungsgrundlage sind die angeforderten Punktzahlen (S. 6).

7   Im Prüfverfahren berücksichtigt die KV ua. die Beschäftigung angestellter Ärzte gem. § 32 Abs. 2 S. 2 ZV-Ärzte, angegebene Fehlzeiten oder Vertreterfälle. In **Berufsausübungsgemeinschaften** und medizinischen Versorgungszentren wird die Obergrenze des Zeitprofils bei fachgleichen Ärzten multipliziert; ansonsten wird für jede dort vertretene Fachgruppe eine gesonderte arztbezogene Prüfung durchgeführt, weshalb jeweils zu kennzeichnen ist, wer die Leistung erbracht hat, § 44 Abs. 6 S. 1 BMV-Ä, § 34 Abs. 12 S. 1 EKVÄ. Dieses dient auch der Prüfung, ob für angestellte Ärzte nach § 95 Abs. 2 S. 6, Abs. 9 S. 1 die genehmigten Arbeitszeiten eingehalten wurden, § 11 Abs. 3 Richtlinie nach Abs. 6. Um quartalsübergreifende Doppelabrechnungen auszuschließen, kann die Abrechnung früherer Quartale einbezogen werden.

8   Unplausibel sind die Abrechnungen, wenn die **Patientenidentität bei** versorgungsbereichsidentischen bzw. -übergreifenden **Praxisgemeinschaften** 20 bzw. 30 % beträgt, § 11 Abs. 2 Richtlinie nach Abs. 6 (zum Fall einer Identität von mehr als 50 %: BSG, NZS 2006, 544). Auch mögliche Ringüberweisungen zwischen räumlich getrennten Praxen können geprüft werden, § 11 Abs. 4 S. 2 Richtlinie nach Abs. 6.

9   Die Plausibilitätsprüfung liefert nur **Indizien,** die es mehr oder weniger wahrscheinlich machen, dass eine fehlerhafte Leistungsabrechnung erfolgte. Eine

Honorarberichtigung (Rn. 14) muss daher häufig auf ergänzende Feststellungen gestützt werden (§ 5 Abs. 2 Richtlinie nach Abs. 6; BSG, NZS 2001, 213/214 f.); die Zeitprofilprüfung genügt jedoch den Anforderungen des BSG und ist daher idR. einziges Beweismittel (BSG, SozR 3–2500, § 95 Nr. 4 S. 13 f.). Gelingt der Nachweis nicht, kann eine Wirtschaftlichkeitsprüfung in Form des Vertikalvergleichs durchgeführt werden.

C. Prüfungen der Krankenkassen, Abs. 3

Die KKen oder ihre Landesverbände (§ 15 Abs. 1 Richtlinie nach Abs. 6) prüfen Abrechnungen regelhaft oder als Stichprobe unter stärker versichertenbezogenen Fragestellungen nach Maßgabe des nicht abschließenden Prüfungskatalogs des Abs. 3. Die **Anspruchsprüfung** (Nr. 1) betrifft die Frage, ob eine Leistungspflicht bestand. Diese fehlte z. B., wenn der Versicherte bereits verstorben war, die Krankenversichertenkarte von anderen Personen benutzt wurde, andere Leistungsträger wie die Berufsgenossenschaften zuständig sind oder (psychotherapeutische) Leistungen ohne erforderliche Genehmigung oder zu häufig (§ 25 Abs. 1) abgerechnet wurden. Der Leistungserbringer darf innerhalb der Gewährleistungsfrist nach § 136 b Abs. 2 S. 3 oder dann nicht abrechnen, wenn die Leistung zugleich im Rahmen eines Vertrages nach § 140 a vergütet wird. 9a

Die **Prüfung** abgerechneter Leistungen **in Bezug auf die** nach § 295 Abs. 1 S. 1 Nr. 2 **angegebene Diagnose** bzw. den zahnärztliche Befund (Nr. 2) ist Konsequenz der im GMG vorgesehenen Übernahme des Morbiditätsrisikos durch die KKen. Sie sollen damit einer Mengenausweitung der abgerechneten Leistungen entgegenwirken und durch eine mittels der Prüfungen bewirkte nachhaltige Verbesserung der Diagnoseangaben eine bessere Grundlage für die Vergütungsverhandlungen erhalten. Die Prüfung kann nach § 17 Abs. 5 Richtlinie nach Abs. 6 auf die KV übertragen werden, wobei allerdings der erforderliche Vergleich mit Daten aus anderen Leistungsbereichen nicht ausgeschlossen werden darf. Unplausibel können mit Bezug auf die angegebene Diagnose bestimmte Arzneiverordnungen, Krankenhauseinweisungen sowie die Art und der Umfang abgerechneter ärztlicher Leistungen sein, und zwar wegen das Fachgebiets, in dem der Vertragsarzt zugelassen ist, entgegenstehender evidenzbasierter Leitlinien oder Unstimmigkeiten bei einer quartalsübergreifenden Betrachtung. Ist das Ergebnis der Prüfung eine Auffälligkeit und steht außer Frage, dass die Leistung erbracht wurde, wird idR. eine Wirtschaftlichkeitsprüfung beantragt (Abs. 4 S. 3). Die KK hat wegen des Einzelleistungsvergütungssystems einen Erstattungsanspruch gegen die KZV (§ 85 Rn. 3) 10

Die versichertenbezogene **Überprüfung der Zahl der in Anspruch genommenen Vertragsärzte** (Nr. 3) dient der Evaluation, in welchem Umfang Versicherte unkoordiniert mehrfach Ärzte aufsuchen oder Ärzte sich ohne medizinischen Grund gegenseitig Patienten zuweisen. Auf dieser Grundlage sollen Steuerungsinstrumente entwickelt werden (vgl. §§ 76 Abs. 3 a, 87 Abs. 2 d S. 2), um entsprechende Wirtschaftlichkeitsreserven zu erschließen (BT-Drs. 15/1525, 119) und Wirtschaftlichkeitsprüfungen zu vermeiden (Abs. 4 S. 3). Auch diese Prüfung kann auf die KVen übertragen werden. Schließlich überprüft die KK die ordnungsgemäße Einziehung der Praxisgebühr (S. 4) sowie analog Abs. 2 S. 1 Hs. 2 die über sie abgerechneten Sachkosten (§ 16 Abs. 3 Richtlinie nach Abs. 6). 11

D. Prüfrichtlinien und Prüfvereinbarungen, Abs. 5 und 6

12 Als Ausdruck der gemeinsamen Verantwortlichkeit für die Rechtmäßigkeit der Abrechnungen (Abs. 1) werden Inhalt und Durchführung der Prüfungen in Ergänzung zum SGB X auf Landesebene zwischen KV, den Landesverbänden der KKen und den Ersatzkassen gemeinsam und einheitlich vereinbart, ggf. durch das Schiedsamt (§ 89), festgesetzt (Abs. 5). Der Abschluss der **Prüfvereinbarung** ist Verfahrensvoraussetzung (vgl. zu § 106: BSG, SozR 3–2500, § 106 Nr. 40 S. 220; 4–2500, § 106 Nr. 11 Rn. 41). Die Benennung der Maßnahmen nach S. 2 – die Gesetzesbegründung nennt Honorarkürzungen, disziplinarische oder berufsrechtliche Maßnahmen oder Strafanzeigen – ist deklaratorischer Natur. Da der Nachweis der Anspruchsberechtigung allein durch die Vorlage der Krankenversichertenkarte zu führen ist (§§ 13 Abs. 1, 38 Abs. 3 S. 3 BMV-Ä), ist das Nichtbestehen der Leistungspflicht der KK dem Arzt idR. nicht bekannt.

13 Bestandteil der Vereinbarung ist die zwischen KBV und Spitzenverband der KKen vereinbarte **Prüfrichtlinie** (Abs. 6; DÄBl 2004, A-2555; 2005, A-79), die bundesweit abgestimmte Kriterien vor allem bei den zeitaufwandsbezogenen Plausibilitätsprüfungen und damit eine Gleichbehandlung der Ärzte gewährleisten will (BT-Drs. 15/1525, 119).

E. Rechtsfolge

14 Erweist sich, dass dem zuvor erlassenen Honorarbescheid sachlich-rechnerische Fehler zugrunde liegen, ergeht binnen einer grundsätzlich vierjährigen Ausschlussfrist ein **Honoraränderungs- und -rückforderungsbescheid** (vgl. § 85 Rn. 32), ohne dass es, abgesehen von den in § 85 Rn. 33 genannten Fällen, auf ein Verschulden des Arztes ankäme (BSG, NZS 2006, 544/549). Im Falle betrügerischer Falschabrechnung oder einer Verfahrensverschleppung kann sich der Vertragsarzt bis zum Ablauf von 10 Jahren (analog § 169 AO; Arztrecht 2007, 235/242) nicht auf die vierjährige Ausschlussfrist berufen; nach § 45 Abs. 4 S. 2 iVm. Abs. 2 S. 3 Nr. 1 SGB X muss die KV binnen Jahresfrist tätig werden.

Dritter Abschnitt. Beziehungen zu Krankenhäusern und anderen Einrichtungen

§ 107 Krankenhäuser, Vorsorge- oder Rehabilitationseinrichtungen

(1) Krankenhäuser im Sinne dieses Gesetzbuchs sind Einrichtungen, die
1. der Krankenhausbehandlung oder Geburtshilfe dienen,
2. fachlich-medizinisch unter ständiger ärztlicher Leitung stehen, über ausreichende, ihrem Versorgungsauftrag entsprechende diagnostische und therapeutische Möglichkeiten verfügen und nach wissenschaftlich anerkannten Methoden arbeiten,
3. mit Hilfe von jederzeit verfügbarem ärztlichem, Pflege-, Funktions- und medizinisch-technischem Personal darauf eingerichtet sind, vorwiegend durch ärztliche und pflegerische Hilfeleistung Krankheiten der Patienten zu erkennen, zu heilen, ihre Verschlimmerung zu verhüten, Krankheitsbeschwerden zu lindern oder Geburtshilfe zu leisten,

und in denen
4. die Patienten untergebracht und verpflegt werden können.

§ 107

(2) **Vorsorge- oder Rehabilitationseinrichtungen** im Sinne dieses Gesetzbuchs sind Einrichtungen, die
1. der stationären Behandlung der Patienten dienen, um
   a) eine Schwächung der Gesundheit, die in absehbarer Zeit voraussichtlich zu einer Krankheit führen würde, zu beseitigen oder einer Gefährdung der gesundheitlichen Entwicklung eines Kindes entgegenzuwirken (Vorsorge) oder
   b) eine Krankheit zu heilen, ihre Verschlimmerung zu verhüten oder Krankheitsbeschwerden zu lindern oder im Anschluß an Krankenhausbehandlung den dabei erzielten Behandlungserfolg zu sichern oder zu festigen, auch mit dem Ziel, eine drohende Behinderung oder Pflegebedürftigkeit abzuwenden, zu beseitigen, zu mindern, auszugleichen, ihre Verschlimmerung zu verhüten oder ihre Folgen zu mildern (Rehabilitation), wobei Leistungen der aktivierenden Pflege nicht von den Krankenkassen übernommen werden dürfen.
2. fachlich-medizinisch unter ständiger ärztlicher Verantwortung und unter Mitwirkung von besonders geschultem Personal darauf eingerichtet sind, den Gesundheitszustand der Patienten nach einem ärztlichen Behandlungsplan vorwiegend durch Anwendung von Heilmitteln einschließlich Krankengymnastik, Bewegungstherapie, Sprachtherapie oder Arbeits- und Beschäftigungstherapie, ferner durch andere geeignete Hilfen, auch durch geistige und seelische Einwirkungen, zu verbessern und den Patienten bei der Entwicklung eigener Abwehr- und Heilungskräfte zu helfen, und in denen
3. die Patienten untergebracht und verpflegt werden können.

Schrifttum: *A. Fiedler/T. Weber*, Medizinische Versorgungszentren, NZS 2004, 358; *W. Boecken*, Vereinbarkeit der krankenversicherungsrechtlichen Zulassung von Rehabilitationseinrichtungen mit dem nationalen und dem europäischen Recht, in: *ders. ua.* (Hrsg.), Öffentliche und private Sicherung gegen soziale Risiken 2000, 243; *C.-D. Bracher*, Berufsausübung in zugelassenen Krankenhäusern, PsychR 2001, 74; *W. Fichte*, Rehabilitation oder Krankenhausbehandlung – Entscheidung des Kostenträgers?, ZfS 1995, 252; *M. Kaltenborn*, Das „Krankenhaus" – Überlegungen zu einem vielschichtigen Rechtsbegriff, GesR 2006, 538; *H. Kamps/R. Kiesecker*, Rechtsprobleme der stationären Rehabilitation, MedR 2002, 504; *W. Noftz*, Kündigung eines Versorgungsvertrages mit einer gewerblich betriebenen Klinik – kein Vorrang von Plankrankenhäusern, SGb 1999, 632; *G. Nösser*, Krankenversicherung – Abgrenzung – stationäre Krankenhausbehandlung – medizinische Rehabilitation, KH 2005, 880; *R. Pitschas*, Rechtsfragen des GKV-Modernisierungsgesetzes, in: *ders.* (Hrsg.), Finanzierungsprobleme der Gesundheitsreform und GKV-Modernisierungsgesetz 2004, 35; *G. Plute*, Der Begriff der (medizinischen) Rehabilitation im Recht der gesetzlichen Krankenversicherung, VSSR 2003, 97; *M. Quaas*, Der Versorgungsauftrag des Krankenhauses – Inhalt und Grenzen der gesetzlichen und vertraglichen Leistungsverpflichtungen, MedR 1995, 54; *ders.*, Zu den Rechtsansprüchen einer geriatrischen Rehabilitationseinrichtung auf Abschluß eines Versorgungsvertrages nach § 111 SGB V und einer dem Versorgungsauftrag der Einrichtung angemessenen Vergütung, NZS 1996, 102; *S. Rau*, Offene Rechtsfragen bei der Gründung Medizinischer Versorgungszentren?, MedR 2004, 667; *H. Schomburg*, Krankenhausbehandlung und andere stationäre Leistungen, SVFAng Nr. 126, 25 (2001); *U. Thier*, Zusätzliche Optionen für Krankenhäuser – keine Bedarfszulassung mehr für die stationäre Rehabilitation, KH 2003, 378; *P. Udsching*, Zulassung von Rehabilitationseinrichtungen in der ambulanten und stationären Rehabilitation, 8. Münsterische Sozialrechtstagung – Leistungserbringung in der medizinischen Rehabilitation 2003, 68; *R. Wolff*, Krankenversicherung – Zulassung einer teilstationären Rehabilitationseinrichtung – ambulante Rehabilitation umfasst auch die teilstationäre Leistungserbringung, SGb 2001, 637; vgl. auch Schrifttumsnachweise zu § 109.

§ 107 Krankenhäuser, Vorsorge- oder Rehabilitationseinrichtungen

Inhaltsübersicht

	Rn.
A. Überblick	1
B. Das Krankenhaus, Abs. 1	5
I. Grundsatz	5
II. Begriff	6
C. Die Vorsorge- und Rehabilitationsreinrichtung, Abs. 2	12
I. Grundsatz	12
II. Begriff	14
III. Abgrenzung	18
1. Mischformen	18
2. Einzelfragen	19
D. Grundzüge des Krankenhausrechts	22
I. Planung	22
II. Finanzierung	24
III. Vergütung	27
1. Umstellung des Systems	27
2. Zuordnung von Behandlungen	31
3. Ausnahmen	34

A. Überblick

1 § 107 ist die erste Norm im dritten Abschnitt des vierten Kapitels und wurde durch das GRG (§ 1 Rn. 21) mWv. 1. 1. 1989 **eingeführt**. Die RVO enthielt keine Vorläufervorschrift. Die Vorschrift hat nur einige kleinere textliche Änderungen und Anpassungen erfahren: So wurde § 107 Abs. 2 lit. b mWz. 1. 1. 1995 an den ebenfalls geänderten § 11 Abs. 2 angepasst (vgl. Art. 4 Nr. 8 des PflegeVG v. 26. 5. 1994, BGBl. I, 1014). Neugefasst wurde § 107 Abs. 2 S. 1 lit.a) mit Einführung des SGB IX (vgl. Art. 5 Nr. 23 des SGB v. 19. 6. 2001, BGBl. I, 1046/1099) und dem Sprachgebrauch im SGB IX angeglichen.

2 In § 107 werden für die GKV die Begriffe **„Krankenhäuser" und „Vorsorge- oder Rehabilitationseinrichtungen" legaldefiniert** und dadurch innerhalb des SGB V sowie im Verhältnis zu anderen Sozialversicherungen (z. B. SGB XI, vgl. dazu auch *Mrozynski*, SGb 1995, 104/106) voneinander **abgegrenzt**. Beide Leistungserbringer haben die Behandlung von Krankheiten zum Ziel, unterscheiden sich jedoch nach Aufgaben und Behandlungsmethoden. Dies bedingt Unterschiede bezüglich ihrer Zulassung (KH: § 108 Rn. 6 ff.; Vorsorge- oder Rehabilitationseinrichtungen: § 111 Rn. 3 ff.), der Vergütung ihrer Leistungen (KH: KHG, KHEntgG, BPflV, §§ 115 ff; Vorsorge- oder Rehabilitationseinrichtungen: § 111 Abs. 5) und ihrer Finanzierung (vgl. § 5 Abs. 1 Nr. 7 KHG).

3 § 107 ist zum einen **Ausgangspunkt** für das Leistungserbringungsrecht des stationären Sektors. Zum anderen ist er eine **Schnittstelle** zum KH-Recht, dh. zum **KHG**, dem **KHEntgG** der **BPflV** sowie den entsprechenden **Landesgesetzen** zur KH-Planung (zB. BayKrG). Mit seiner Einführung soll die inhaltliche Übereinstimmung des Begriffs der KH-Behandlung im SGB V und der KH-Leistungen nach § 2 Nr. 4 KHG sowie der §§ 2, 3 BPflV verdeutlicht werden (BT-Drs. 11/2237, 196 zu § 115 Abs. 1).

4 Die **Gesetzgebungskompetenz** des Bundes für des KH-Recht war zunächst auf die Sozialversicherung (Art. 74 Abs. 1 Nr. 12 GG) beschränkt. Dadurch war dem Bund eine Regelung der KH-Finanzierung in großen Teilen verwehrt (bis auf die BPflV als Preisrecht nach Art. 74 Abs. 1 Nr. 11 GG), was dem Bund eine Reaktion auf den damaligen Investitionsstau verwehrte. 1969 wurde daher Art. 74 Abs. 1 Nr. 19a GG eingefügt, der dem Bund die konkurrierende Gesetzgebungs-

kompetenz über die wirtschaftliche Sicherung der KH und die Regelung der KH-Pflegesätze zuweist. Auf dieser Grundlage wurde 1972 das KHG erlassen. Es bildet seither die Grundlage für die Planung und die Finanzierung der KH (dazu unten, Rn. 22 ff.).

B. Das Krankenhaus, Abs. 1

I. Grundsatz

Der Begriff des KH wird sowohl in § 107 Abs. 1 also auch in § 2 Nr. 1 KHG definiert. Derjenige des KHG ist der allein maßgebliche für die Frage der Aufnahme in den KH-Plan eines Landes (§§ 6, 8 KHG). Der **sozialversicherungsrechtliche Begriff** unterscheidet sich von demjenigen des KHG insofern, als er um organisatorische und fachliche Voraussetzungen ergänzt ist, die für ein leistungsfähiges und wirtschaftliches KH nötig sind (BT-Drs. 11/2237, 196, zu § 115 Abs. 1). In ihrem Verhältnis zueinander ist trotz der abweichenden Definitionen kein Unterschied gewollt. Dies erklärt sich bereits daraus, dass der KH-Begriff in § 108 demjenigen des KHG entsprechen muss und sich ansonsten zwei überlagernde Gesetze widersprechen würden (vgl. *Hess*, KK, § 107 Rn. 2) Der sozialversicherungsrechtliche Begriff baut daher auf demjenigen des KHG auf. 5

II. Begriff

Die **Definitionsmerkmale** eines KH nach Abs. 1 sind:
- **Nr. 1:** die **Zweckrichtung** zur KH-Behandlung oder Geburtshilfe: vgl. zur KH-Behandlung § 39 Rn. 4 ff.; zur Entstehungsgeschichte von stationären Geburtshilfeeinrichtungen gem. § 197 RVO, vgl. BSG, SozR 3–2500 § 13 Nr. 9; 6
- **Nr. 2:** die ständige fachlich-medizinische **ärztliche Leitung:** Voraussetzung ist eine auch organisatorische Entscheidungsbefugnis und die ständige Präsenz von Ärzten, die zumindest im Wege der Rufbereitschaft gewährleistet sein muss (vgl. auch Nr. 3 und demgegenüber zur ärztlichen Verantwortung Rn. 16); dass zunehmend betriebswirtschaftliche Aspekte zu berücksichtigen sind, schließt die ärztliche Gesamtverantwortung nicht aus; 7
- **Nr. 2:** Arbeit nach wissenschaftlich anerkannten **Methoden** (vgl. bereits zum Ausschluss sog. Außenseitermethoden § 2 Rn. 3 und § 92 Rn. 5 f.); 8
- **Nr. 2:** ausreichende diagnostische und therapeutische Möglichkeiten, die dem **Versorgungsauftrag** entsprechen. Eine ausreichende Diagnose und Therapie erfordert eine (apparative) Mindestausstattung, wobei sich der **Versorgungsauftrag** aus dem KH-Plan (vgl. § 6 Abs. 1, 4 KHG und allg. dazu § 108 Rn. 6) des jeweiligen Bundeslandes und den darin enthaltenen Festsetzungen zum Bedarf an Bettenzahl, Fachrichtung und Versorgungsstufe des jeweiligen KH ergibt. Der Versorgungsauftrag umfasst sowohl die für die Patientenversorgung erforderliche **Leistungsfähigkeit** als auch die **Aufgabe** des jeweiligen KH (näher zum Versorgungsauftrag-Begriff: *Quaas*, MedR 1995, 54). Durch den Bezug auf die Versicherten soll eine leistungsfähige und zugleich wirtschaftliche KH-Behandlung gewährleistet werden (vgl. BT-Drs. 11/2493, 63 zu Nr. 91). 9
- **Nr. 3:** jederzeit verfügbares ärztliches, Pflege-, Funktions- und medizinisch-technisches **Personal:** Zur Bestimmung der konkreten Aufgaben des Personals, das stetig präsent bzw. abrufbar sein muss, wird auf die §§ 27 Abs. 1 Nr. 1, 5, 28 Abs. 1 und § 39 Abs. 1 zurückgegriffen; 10

§ 107   Krankenhäuser, Vorsorge- oder Rehabilitationseinrichtungen

11   –   **Nr. 4:** eine **Ausstattung,** die Unterkunft und Verpflegung ermöglicht: Die Formulierung „Ermöglichung" dient dazu, ambulante und teilstationäre Behandlungen nicht schon durch die KH-Definition auszuschließen. Zum Begriff der **Unterbringung** vgl. § 39 Rn. 11.

C. Die Vorsorge- und Rehabilitationseinrichtung, Abs. 2

I. Grundsatz

12   § 107 Abs. 2 ist die **leistungserbringungsrechtliche Norm** zu den §§ 23 Abs. 4, 24, 40, 41. Der leistungsrechtliche Hinweis in § 107 Abs. 2 Nr. 1 lit. b zum Ausschluss der Übernahme der der Leistungen der aktivierenden Pflege durch die KK ist insoweit systemwidrig (*Knittel,* Krauskopf, § 107 Rn. 10). Voraussetzung zur Leistungserbringung ist der Abschluss eines **Versorgungsvertrags** nach § 111 (s. dort Rn. 3).

13   Die **Vorgängereinrichtungen** waren die Kur- und Spezialeinrichtungen (§ 184 a RVO aF.). Die Behandlung in diesem Bereich hatte sich durch eine unzureichende inhaltliche Abgrenzung zur KH-Behandlung in der Vergangenheit ungesteuert entwickelt (BT-Drs. 11/2237, 140). § 107 Abs. 2 knüpft an die bis zum 31. 12. 1988 geltende Vorgängerregelung § 184 a RVO aF. an und geht hinsichtlich der Legaldefinition über diese hinaus (Nachweise zur Rspr., auf die der Gesetzgeber aufbaute, bei *Klückmann,* H/N, § 107 Rn. 7).

II. Begriff

14   Die Einrichtungen nach § 107 Abs. 2 sind durch folgende Merkmale gekennzeichnet: die in Nr. 1 lit. a und lit. b genannten **Aufgaben,** eine bestimmte **Handlungsanweisung** (Nr. 2) und die **Unterbringung und Verpflegung** von Patienten (Nr. 3).

15   –   **Nr. 1: Vorsorge** bedeutet die Vorbeugung und Verhütung (Nr. 1 lit. a) drohender Krankheiten; **Rehabilitation** ist die Behandlung und Nachbehandlung (Nr. 1 lit. b) bereits eingetretener Krankheiten.

16   –   **Nr. 2:** Im Unterschied zu KH (Abs. 1: Leitung) müssen die Vorsorge- und Rehaeinrichtungen nur unter ständiger ärztlicher Verantwortung stehen. Die Folge davon ist, dass auch Nicht-Ärzte die Leitung der Einrichtung ausüben können, dann aber die Voraussetzung für eine Ermächtigung nicht mehr gegeben ist (vgl. § 95 Abs. 1 S. 1). Darüber hinaus muss auch eine Behandlung nicht durch Ärzte erfolgen. Vielmehr darf nicht-ärztliches Personal medizinische Leistungen erbringen, solange diese Handlungen von ärztlicher Seite verantwortet sind.

17   –   **Nr. 3:** Im Hinblick auf die Intention des Gesetzgebers, dass die Einrichtungen nach Abs. 2 der stationären Behandlung (BT-Drs. 11/2237, 197) dienen, hätte es Nr. 3 nicht bedurft, da die Unterbringung und Verpflegung bereits von §§ 23 Abs. 4, 40 Abs. 2 umfasst ist (vgl. *Klückmann,* H/N, § 107 Rn. 23).

III. Abgrenzung

1. Mischformen

18   Mit der Definition der Vorsorge- und Rehabilitationseinrichtungen sollte eine Abgrenzung von dem KH möglich werden (vgl. Rn. 19 ff.). Es sollte jedoch nicht verhindert werden, dass Einrichtungen nach § 107 Abs. 1 und 2 bei organisato-

rischer und finanzieller Trennung **unter einem Dach** betrieben werden (zur Kombination von Vorsorge, Reha und/oder KH vgl. BSG, NZS 1998, 429/431).

2. Einzelfragen

In Einrichtungen nach Abs. 2 wird zwar eine stationäre Behandlung, aber keine KH-Behandlung vorgenommen. Der Unterschied soll vor allem darin bestehen, dass bei Abs. 2 die **pflegerische Betreuung** der ärztlichen Behandlung **gleichwertig** gegenübersteht und der Zustand des Patienten durch seelische und geistige Einwirkung sowie die Anwendung von Hilfsmitteln positiv beeinflusst wird, während sie bei Abs. 1 der ärztlichen Behandlung untergeordnet ist (BT-Drs. 11/2237, 197 zu § 115). Eine Abgrenzung ist grds. (vgl. auch Rn. 18) schon deshalb wichtig, weil mit der Qualifizierung sehr unterschiedliche Rechtsfolgen verbunden sind (vgl. Rn. 2; zur Bedarfsplanung BSG, SozR 3–2500 § 107 Nr. 1), nicht zuletzt Wirtschaftlichkeitsprüfung (§ 113) und den Zugang zum ambulanten Sektor (§§ 115 ff.); vgl. zur Qualitätssicherung § 137 Rn. 6. Sie wird oftmals weniger abstrakt die Qualifizierung der Einrichtung als vielmehr die Qualifizierung einer bestimmten stationären Behandlung betreffen (vgl. Rn. 21).

Allerdings ist die Abgrenzung beider Formen der Einrichtungen voneinander nicht immer einfach. Nach den **allgemeinen Kriterien** sprechen die Durchführung diagnostischer Maßnahmen, die ständige fachlich-medizinische Leitung (vgl. Rn. 7 und 16) sowie die Unterordnung der pflegerischen Tätigkeit im Zweifel für ein KH (*Klückmann,* H/N, § 107 Rn. 25). So steht beim KH die ärztliche Akutbehandlung im Vordergrund und nicht die weitergehende Versorgung zur vollständigen Wiederherstellung der Gesundheit und Erwerbsfähigkeit, wie sie typisch für die Rehabilitation ist (BSG, NZS 1998, 427 ff.). Kein KH iSd. § 107 Abs. 1 ist etwa ein Zentrum für klinische Psychologie, wenn die Behandlung lediglich in enger Anbindung an niedergelassene Ärzte vor Ort stattfindet (LSG-Nds. v. 19. 3. 1997, L 4 Kr 183/95).

Besondere Probleme bereitet die Abgrenzung bei der **Behandlung psychiatrischer Erkrankungen,** da dort der Einsatz von krankenhausspezifischen Geräten in den Hintergrund treten kann und allein der notwendige Einsatz von Ärzten, therapeutischen Hilfskräften und Pflegepersonal sowie die Art der Medikation die Notwendigkeit einer stationären Behandlung begründen (BSG, NZS 2005, 366 ff.), selbst wenn die durchgeführte Behandlung dem äußeren Ablauf nach auch in einer Rehabilitationseinrichtung hätte stattfinden können. Auch hier bleibt insofern entscheidend, ob die Bekämpfung der Krankheit (dann KH) oder die Milderung ihrer Folgen (dann Reha-Einrichtung) im Vordergrund stand (vgl. BSG, SozR 4–2500, § 112 Nr. 4).

D. Grundzüge des Krankenhausrechts

I. Planung

§ 6 Abs. 1 KHG bestimmt, dass die **Länder** zur Verwirklichung der in § 1 KHG genannten Ziele (wirtschaftliche Sicherung der KH zur Gewährleistung einer bedarfsgerechten Versorgung der Bevölkerung mit leistungsfähigen und eigenverantwortlich wirtschaftenden KH und sozial tragbaren Pflegesätzen) **KH-Pläne** aufzustellen. § 6 Abs. 4 KHG überträgt die Regelung der näheren Ausgestaltung auf die Länder, die dem durch Erlass ihrer KH-Gesetze nachgekommen sind.

§ 107   Krankenhäuser, Vorsorge- oder Rehabilitationseinrichtungen

23   Der KH-Plan übernimmt im System von SGB V, KHG, KHEntgG und BPflV eine **verknüpfende Funktion**. Durch die Aufnahme eines KH in den KH-Plan des jeweiligen Landes (vgl. § 108 Rn. 6 ff.) wird das KH auf leistungsrechtlicher Seite zur Behandlung der Versicherten zugelassen (vgl. § 39 Rn. 4). Auf krankenhausrechtl. Seite erhält das KH einen Anspruch auf die öffentliche Investitionsförderung nach §§ 8 Abs. 1, 9 KHG sowie auf leistungserbringungsrechtlicher einen Anspruch auf Abschluss von Versorgungsverträgen nach § 109 (s. dort Rn. 3 ff.).

II. Finanzierung

Nach dem KHG (vgl. Rn. 4) gilt das sog. Prinzip der **dualen Finanzierung:**
24   – Die **Investitionskosten** der KH werden im Wege öffentlicher Förderung übernommen (§ 4 Nr. 1 KHG). Der Bundesgesetzgeber hat sich in den Grundsätzen der Investitionsförderung im zweiten Abschnitt des KHG (§§ 8–11 KHG) darauf beschränkt, Voraussetzungen der Förderung (§ 8 KHG) und enumerativ Fördertatbestände (§ 9 KHG) zu regeln. Die weitergehende rechtliche Ausgestaltung hat er mittels § 11 S. 1 KHG auf die Länder übertragen (vgl. BayKrG, BW: LKHG). Die **Tragung** der Kosten erfolgt durch die Länder (§ 8 Abs. 1 S. 1, § 9 KHG). Unter den Voraussetzungen des § 8 Abs. 1 S. 1 haben KH einen **Anspruch** auf Förderung.

25   – Die **Betriebskosten** werden über leistungsgerechte Erlöse aus den Pflegesätzen finanziert (§ 4 Nr. 2 KHG). Der Bundesgesetzgeber hat mit dem dritten Abschnitt Vorschriften über die KH-Pflegesätze erlassen (§§ 16–20 KHG). Die **Tragung** der Kosten erfolgt durch die Benutzer und/oder die KKen.

26   Zurzeit wird wieder einmal ein **Wechsel** der Finanzierung zur sog. **Monistik** diskutiert, wie sie schon einmal vor der Existenz des KHG praktiziert wurde. Eine Wiedereinführung durch das GKV-GRG 2000 (näher zur damals geplanten Umsetzung BT-Drs. 14/1245, 56/82) ist zunächst gescheitert. Hintergrund der erneuten Diskussion ist der Vorwurf an die Länder, dass sie sich zum Teil aus der öffentlichen Investitionskostenförderung zurückziehen (vgl. dazu Sachverständigenrat zur Begutachtung der Entwicklung im Gesundheitswesen, Gutachten 2007, 45/355, und zu möglichen Umstellungsszenarien S. 406/424). Eine monistische Finanzierung soll einerseits die finanzielle Basis der stationären Versorgung sichern, andererseits bessere Voraussetzungen für einen Wettbewerb schaffen. Ihr Nachteil liegt aber zum einen darin, dass die Sicherstellung nicht mehr durch unabhängige Planungsträger erfolgt, zum anderen dass eine Verschiebung der Kostenlast eintritt.

III. Vergütung

1. Umstellung des Systems

27   **Rechtsgrundlage** der Vergütung sind die §§ 16 ff. KHG iVm. dem auf § 17 b KHG beruhenden KHEntgG und der auf § 16 S. 1 Nr. 1 KHG beruhenden BPflV (zu den Sondervorschriften vgl. § 115 a Rn. 12; § 115 b Rn. 14, § 116 b Rn. 12; § 120 Rn. 3 ff.; § 121 Rn. 12). Weil sich nach Ansicht des Gesetzgebers das seit 1996 praktizierte System von Fallpauschalen, Sonderentgelten und tagesgleichen Pflegesätzen für den Großteil der KH-Leistungen nicht bewährt hatte (BT-Drs. 14/6893, S. 26), wurde mit dem GKV-GRG 2000 für die allgemeinen KH-Leistungen (vgl. die Legaldefinition in § 2 Abs. 2 KHEntgG) ab dem 1. Januar 2003 ein **neues Vergütungssystem** beschlossen (BT-Drs. 14/1245, S. 41 zu § 17 c). Sein

zentraler Bestandteil sind die sog. DRGs (diagnosis related groups, Rn. 28). Es wurde durch das KHEntgG (Art. 5 des Fallpauschalengesetzes v. 23.4.2002, BGBl. I, 1412) umgesetzt. **Ziel** des neuen Entgeltsystems sind die Förderung von Transparenz und Wirtschaftlichkeit und der Abbau von den mit dem System tagesgleicher Pflegesätze angelegten Fehlanreizen (insb. die Verlängerung der Verweildauer). Die direkte Verknüpfung von Leistung und Vergütung sollte einen Beitrag zu einem krankenhausintern und krankenhausübergreifend bedarfsgerechteren sowie effizienteren Einsatz der Ressourcen leisten (vgl. BT-Drs. 14/6893, 26).

Diagnosebezogene Fallgruppen (**DRGs**) dienen dazu, stationäre Behandlungen 28 von Patienten in Kategorien einzuteilen und nach ihrem Aufwand zu bemessen. Es handelt sich um eine überschaubare Anzahl von diagnosebasierten Klassen, das sich im Hinblick auf ihren klinischen Inhalt und den Ressourcenverbrauch unterscheiden. Sie wurden in den 1970er Jahren in den USA entwickelt und dort 1983 in einem Medicare-Programm verwendet. Australien, dessen DRG-System das Vorbild für das deutsche war, führte seine erste Version 1992 ein. Das DRG-Vergütungssystem wurde in Deutschland im Jahr 2003 als Optionsmodell geschaffen. Die obligatorische Einführung für alle Krankenhäuser erfolgte zum 1.1.2004. In der Umstallungsphase von 2004 bis 2007 sowie in den kommenden Jahren wurde und wird die DRG-Klassifikation an die hiesige Versorgungssituation und die geänderten medizinischen Anforderungen und Bedürfnisse sowie das daraufhin geänderte Kodierverhalten stetig angepasst (InEK, G-DRG German Diagnosis Related Groups Version 2008 Definitionshandbuch Kompaktversion Band 1, S. 3f.).

Die Einführung war mit dem Aufbau neuer institutioneller Strukturen (vgl. 29 das InEK unter www.g-drg.de) verbunden (BT-Drs. 14/6893, S. 26). Im Übrigen wurde die **Entwicklung und Bereitstellung** des neuen Vergütungssystems den Selbstverwaltungspartnern, dh. den Spitzenverbänden der KKen, dem Verband der privaten Krankenversicherung und der DKG übertragen. Die gesetzlichen Vorgaben wurden auf ein „unabdingbar erforderliches Maß" (BT-Drs. 14/6893, 27) beschränkt, um den Vertragsparteien Räume für eine eigenverantwortliche Gestaltung zu überlassen. Ein weiterer systematischer Wechsel besteht darin, dass nicht mehr Budgetvereinbarungen für das einzelne KH geführt werden müssen, sondern **Basisfallwerte auf Landesebene** (vgl. die Empfehlungen der Vereinbarung auf Bundesebene, § 9 Abs. 1 S. 2 KHEntgG) zu vereinbaren sind (vgl. § 10 Abs. 1 S. 1 KHEntgG). Mit diesen wiederum wird das Preisniveau der Fallpauschalenleistungen festgelegt. Mittelfristig wird die Einführung bundeseinheitlicher Basisfallwerte angestrebt.

Die mit der Überleitung vom budgetorientierten Vergütungssystem in das neue 30 leistungsorientierte Vergütungssystem zusammenhängenden Veränderungen erfordern Anpassungen. Für die Jahre 2003 und 2004 war deshalb eine budgetneutrale **Einführungsphase** (Rn. 28) vorgesehen, in der die Höhe der KH-Budgets noch nicht durch das neue Fallpauschalensystem bestimmt wurde, damit sich die einzelnen KH auf die Veränderungen ihres Erlösbudgets einstellen konnten (BT-Drs. 14/6893, 27), was zT. auf große Schwierigkeiten stieß. Für die Jahre 2005–2009 gilt eine **Konvergenzphase.** In dieser werden die KH-Budgets und die krankenhausindividuellen Vergütungshöhen (Basisfallwerte) in ein landesweit einheitliches Preisniveau (vgl. § 10 Abs. 1 S. 1 KHEntgG) für die Leistungen überführt.

2. Zuordnung von Behandlungen

Medizinische Diagnosen stationärer Behandlungsfälle werden in **Basisfall-** 31 **gruppen** eingeteilt. Diese Fallgruppen werden wiederum ua. je nach Komplexitäten, Comorbiditäten und weiteren Kriterien, wie Alter und Geschlecht, in verschiedene Kategorien unterteilt. Jede Diagnose wird somit einer bestimmten Basisfallgruppe mit dem entsprechenden Schweregrad zugeordnet.

32 Die Fallgruppen werden mit einer **Bewertungsrelation** versehen (§ 17 b Abs. 1 S. 10 und 11 KHG). Diese richtet sich auf einen Referenzfall (vgl. die Punktzahlen im EBM) und berücksichtigt davon ausgehend jeweils die erschwerenden oder erleichternden Kriterien durch entsprechende Abweichungen. Dem Referenzfall wiederum ist ein Kostenwert, der landesweit geltende sog. Basisfallwert (§ 10 Abs. 1 S. 1 KHEntgG), zugeordnet. Folglich ergibt sich die für eine Behandlung **konkret abzurechnende Fallpauschale** in € aus einer Multiplikation des Basisfallwerts mit der Bewertungsrelation. Damit ist die Bezahlung für eine Behandlung derselben Fallgruppe innerhalb eines Bundeslandes einheitlich. Aus diesem Berechnungssystem folgt, dass ein KH umso wirtschaftlicher arbeitet, je niedriger der finanzielle Aufwand für die konkrete Behandlung ist, weil die tatsächlich entstandenen Kosten unberücksichtigt bleiben.

33 Wenn Leistungszahlen unterhalb der betriebswirtschaftlich erforderlichen Anzahl liegen, kann es unter Fallpauschalenbedingungen zur Unterfinanzierung und folglich zu einer Gefährdung der Sicherstellung bzgl. Leistungen und Leistungsbereichen kommen. Für solche Fälle ist die Vereinbarung von **Zuschlägen zur Sicherstellung der Versorgung** der Bevölkerung möglich, vgl. § 5 Abs. 2 S. 1 KHEntgG.

3. Ausnahmen

34 Gemäß § 17 b Abs. 1 S. 15 KHG können **besondere Einrichtungen** zeitlich befristet aus dem pauschalierenden Entgeltsystem ausgenommen werden. Näheres hierzu vereinbaren die Selbstverwaltungspartner gem. § 17 b Abs. 2 KHG (vgl. die „Vereinbarung zur Bestimmung von Besonderen Einrichtungen für das Jahr 2008" [VBE 2008], veröffentlicht durch das InEK unter www.g-drg.de]). Nach Maßgabe von § 6 Abs. 1 KHEntgG können für diese Leistungen **fall- oder tagesbezogene Entgelte** vereinbart werden.

35 Bis 2002 stellten die Regelungen der BPflV die Grundlage für die Vergütung von KH-Leistungen dar. Seit der Einführung des KHEntgG gilt die BPflV nur noch für **psychiatrische Leistungen** (Psychiatrie, Psychosomatik und Psychotherapeutische Medizin, vgl. § 17 b Abs. 1 S. 1 HS. 2 KHG, § 1 Abs. 1 BPflV), weil der Gesetzgeber eine aufwandbezogene Zuordnung dieser Leistungen infolge der stark variierenden Verweildauer nicht bzw. noch nicht für möglich hielt (BT-Drs. 14/6893, 26).

§ 108 Zugelassene Krankenhäuser

Die Krankenkassen dürfen Krankenhausbehandlung nur durch folgende Krankenhäuser (zugelassene Krankenhäuser) erbringen lassen:

1. **Krankenhäuser, die nach den landesrechtlichen Vorschriften als Hochschulklinik anerkannt sind,**
2. **Krankenhäuser, die in den Krankenhausplan eines Landes aufgenommen sind (Plankrankenhäuser), oder**
3. **Krankenhäuser, die einen Versorgungsvertrag mit den Landesverbänden der Krankenkassen und den Verbänden der Ersatzkassen abgeschlossen haben.**

4. Kapitel. 3. Abschnitt **§ 108**

Schrifttum: *F. Becker/O. Bertram,* Die Anwendbarkeit des Vergaberechts auf die Zulassung eines Krankenhauses zur Krankenhausbehandlung, KH 2002, 541; *U. Becker,* Maßstäbe für den Wettbewerb unter den Kranken- und Pflegekassen, in: Soziale Sicherheit und Wettbewerb, SDSRV 48 (2001), 7; *ders.*, EU-Beihilfenrecht und soziale Dienstleistungen, NZS 2007, 169; *M. Burgi,* Konkurrentenschutz in der Krankenhausplanung, NZS 2005, 169; *M. Burgi/ M. U. Brohm,* Krankenhausplanung und Kartellvergaberecht, MedR 2005, 74; *J. Byok/N. Jansen,* Die Stellung gesetzlicher Krankenkassen als öffentliche Auftraggeber, NVwZ 2005, 53; *K. Engelmann,* Sozialrechtsweg in Streitigkeiten zwischen Institutionen der gesetzlichen Krankenversicherung und Leistungserbringern bei wettbewerbs- und kartellrechtlichem Bezug, NZS 2000, 213; *T. Kingreen,* Vergaberechtliche Anforderungen an die sozialrechtliche Leistungserbringung, SGb 2004, 659; *O. Klöck,* Die Anwendbarkeit des Vergaberechts auf Beschaffungen durch die gesetzlichen Krankenkassen, NZS 2008, 178; *U. Knispel,* Rechtsfragen der Versorgungsverträge nach SGB V, NZS 2006, 120; *C. Koenig/U. Steiner,* Die Anwendbarkeit des Vergaberechts auf die Leistungsbeziehungen zwischen Krankenhäusern und Krankenkassen, ZESAR 2003, 98 und 150; *C. Koenig/C. Engelmann/K. Hentschel,* Die Anwendbarkeit des Vergaberechts auf die Leistungserbringung im Gesundheitswesen, MedR 2003, 562; *D. Krauskopf,* Abschluß eines Krankenhaus-Versorgungsvertrages – Ermittlung der Bedarfsgerechtigkeit – Beteiligung der Landesbehörden, SGb 1997, 337; *G. Nösser,* Krankenversicherung – Abgrenzung – stationäre Krankenhausbehandlung – medizinische Rehabilitation, KH 2005, 880; *W.-H. Roth,* Kartellrechtliche Aspekte der Gesundheitsreform nach deutschem und europäischem Recht, GRUR 2007, 645; *F. Stollmann,* Grundlagen des Rechts der Krankenhausplanung und der Krankenhausinvestitionsförderung, NZS 2004, 350; *T. Szabados,* Wettbewerb auf regulierten Märkten – Konkurrentenklagen im Gesundheitsrecht, GesR 2007, 97; *P. Udsching,* Die Entscheidung des EuGH vom 12.7.2001 (Geraets-Smits und Peerbooms) und die Auswirkungen auf die Rechtsprechung des BSG, 2002, 69; *F. Wollenschläger,* Die Bindung gesetzlicher Krankenkassen an das Vergaberecht, NZBau 2004, 655; *R. Wünschmann,* Zum rechtlichen Umfang der Bedarfsprüfung bei Versorgungsverträgen nach den §§ 108, 109 SGB 5, NZS 2006, 403.

Inhaltsübersicht

	Rn.
A. Überblick	1
B. Arten von Krankenhäusern	3
I. Hochschulkliniken, Nr. 1	3
II. Plankrankenhäuser, Nr. 2	4
III. Vertragskrankenhäuser, Nr. 3	5
C. Zulassung	6
I. Aufnahme in den Krankenhausplan	6
1. Grundsätze	6
2. Rechtsanspruch	8
3. Rechtsschutz der Konkurrenten	9
II. Abschluss von Versorgungsverträgen	12
1. Grundsätze	12
2. Gemeinschaftsrechtliche Vorgaben	13

A. Überblick

KKen erbringen die im Rahmen einer KH-Behandlung nach § 39 geschuldeten **1** Leistungen nicht selbst, sondern bedienen sich auch hier dritter **Leistungserbringer,** nämlich der zur stationären Versorgung zugelassenen KH (vgl. zum Leistungserbringungsverhältnis allg. § 69 Rn. 4 ff.). § 108 unterscheidet drei Arten von KH: die Hochschulkliniken (§ 108 Nr. 1), die Plankrankenhäuser (§ 108 Nr. 2) und die Vertragskrankenhäuser (§ 108 Nr. 3). Die Wege zur Zulassung sind für die drei KH-Arten unterschiedlich. Der Grund für die Differenzierung liegt in den Funktionen der jeweiligen KH und der Erforderlichkeit einer KH-Planung, die nicht im SGB V geregelt ist, sondern, wie § 69 S. 3 impliziert, Regelungsgegenstand der staatl. Bedarfsplanung nach dem KHG ist, das neben den KH-Gesetzen der Länder die Zulassungsregeln des § 108 ergänzt (vgl. näher § 107 Rn. 4). Systematisch gesehen gibt es zwei Arten von Rechtsakten, mit denen die Möglichkeit zur Teilnahme an der Versorgung begründet werden: Einmal einen außerhalb des SGB V geregelten einseitigen Akt der Anerkennung oder Aufnahme, zum anderen den im SGB V geregelten Vertragsschluss (§ 109 Abs. 1 S. 1). Zwar werden formal alle KH zugleich vertraglich eingebunden (vgl. § 109 Abs. 1 S. 2), jedoch handelt es sich dabei für die Nicht-Vertragskrankenhäuser um eine Fiktion. Die Konstruktion wurde gewählt, um in allen Fällen an den – echten oder fingierten Vertrag – die Rechte und Pflichten der KH zur Krankenbehandlung anknüpfen zu können; bei der Beendigung über eine Kündigung führt sie für die Plankrankenhäuser zu einem zweistufigen Vorgehen, um Zulassung und Vertrag nicht auseinander fallen zu lassen.

2 § 108 wurde zuletzt durch G v. 5. 9. 2006 (BGBl. I, 2098) mWv. 1. 1. 2007 **geändert.** Abs. 1 Nr. 1 wurde dabei neu gefasst, der Hinweis auf die „Hochschulkliniken" iSd. HBFG wurde durch die allg. Formulierung der nach den landesrechtl. Vorschriften als Hochschulklinik anerkannten KH ersetzt.

B. Arten von Krankenhäusern

I. Hochschulkliniken, Nr. 1

3 Bei Hochschulkliniken gem. § 108 Nr. 1 bedarf es für die Zulassung zur KH-Behandlung der Versicherten einer **Anerkennung** nach landesrechtl. Vorschriften. Eine Aufnahme in das Hochschulverzeichnis, wie bislang nach § 4 des am 1. 1. 2007 außer Kraft getretenen HBFG (G v. 1. 9. 1969, BGBl., I 1556) erforderl., ist nun nicht mehr Voraussetzung. Mit der Anerkennung als Hochschulklinik wird gem. § 109 Abs. 1 S. 2 der Abschluss eines Versorgungsvertrages fingiert (vgl. § 109 Rn. 11).

II. Plankrankenhäuser, Nr. 2

4 Zu den zugelassenen KH iSd. § 108 zählen zweitens die sog. Plankrankenhäuser gem. § 108 Nr. 2. Sie sind **Kernstück der KH-Versorgung,** da die Versorgung der Versicherten primär über die KH-Planung gesteuert werden soll. So waren der KH-Statistik aus dem Jahre 2006 zufolge von 1817 allg. KH 1549 Plankrankenhäuser; dazu kamen 34 Universitätskliniken und 98 KH mit Versorgungsvertrag. Keine Zulassung bzw. keinen Versorgungsvertrag haben insgesamt 141 KH (vgl. *Statistisches Bundesamt,* Grunddaten der Krankenhäuser 2006, Fachserie 12, Reihe 6.1.1).

III. Vertragskrankenhäuser, Nr. 3

5 In Ergänzung zu Hochschulkliniken und Plankrankenhäusern gibt es drittens die sog. Vertragskrankenhäuser. **Statusbegründend** und damit konstitutiv ist hier der **Abschluss eines Versorgungsvertrags** zwischen den Landesverbänden der KKen und den EKen (§ 109 Abs. 1 S. 1; der Text nennt fälschlicherweise noch die Verbände der Enken). Vertragskrankenhäuser sind zumeist spezialisierte Einrichtungen, die eine Aufnahme in die KH-Pläne nicht beantragen, weil von ihnen eine auf Dauer angelegte Teilnahme an der staatl. KH-Planung mit den damit verbundenen spezifischen Voraussetzungen der Investitionsförderung nach dem KHG nicht angestrebt wird (vgl. *Stollmann,* NZS 2004, 354).

C. Zulassung

I. Aufnahme in den Krankenhausplan

1. Grundsätze

Die Zulassung als Plankrankenhaus erfolgt innerhalb eines zweistufigen **Auf-** 6
nahmeprozesses (vgl. zu den Grundsätzen der KH-Planung *Möller,* VSSR 2007,
263 ff.). Zunächst ist die Aufstellung eines KH-Planes iSd. § 6 Abs. 1 Hs. 1 KHG erforderlich, sog. **Planaufstellungsstufe** (hierzu sowie zum Begriff der influenzierenden und indikativen Planung BVerwGE 62, 86, 93/94). Rechtliche Grundlage dafür sind die KH-Gesetze der Länder (vgl. zur Abstimmung zwischen den Ländern § 6 Abs. 2 und 3 KHG). Der KH-Plan stellt ein Verwaltungsinternum dar, das die zuständigen Landesbehörden, nicht aber andere Behörden oder Gerichte bindet (vgl. BVerwGE 62, 86/94). Inhalt des KH-Plans ist die Festlegung wesentlicher KH-Ziele (sog. Krankenhauszielplanung), eine Analyse des Bedarfs der zu versorgenden Bevölkerung (sog. Bedarfsanalyse), eine Darstellung der Versorgungsbedingungen der einzelnen KH (sog. Krankenhausanalyse) sowie die Festsetzung eines Rahmens, der schließlich Grundlage für die Aufnahmeentscheidung sein soll (vgl. BVerwGE 72, 38/46 ff.). Dabei ist auch zu klären, mit welchen der in Frage stehenden KH der festgestellte Bedarf der Bevölkerung gedeckt werden soll. Der **Status** als zugelassenes KH iSd. § 108 Nr. 2 wird erst auf der zweiten Stufe, der sog. Planvollziehungsstufe (vgl. BVerwGE 62, 86/94), mit Erlass eines sog. **Feststellungsbescheids** über die Aufnahme oder Nichtaufnahme in den KH-Plan gem. § 8 Abs. 1 S. 3 KHG begründet, wobei der Begriff insofern etwas missverständlich ist, weil dieser Bescheid zumindest mittelbar statusbegründende Wirkung hat. Dieser Bescheid stellt einen VA iSv. § 35 VwVfG dar und kann gem. § 8 Abs. 1 S. 4 KHG im verwaltungsgerichtlichen Verfahren voll überprüft werden. Auch die Entscheidung, ob ein bereits zugelassenes KH gänzlich oder nur zu einem Teil aus dem KH-Plan herausgenommen wird, stellt einen VA dar. Eine ausdrückl. Rechtsgrundlage dafür enthält das KHG nicht; § 8 Abs. 1 S. 3 KHG regelt die Aufhebung nicht (so aber OVG Rh.Pf., NVwZ-RR 1991, 573), so dass auf die allg. Vorschriften der §§ 48 ff. LVwVfG zurückzugreifen ist (wie hier *Bruckenberger,* KH 1997, 238/242; *Kuhla/Voß,* NZS 1999, 218). Auch wenn es im allg. Verwaltungsrecht an einer Spezialregelung für die Aufhebung von DauerVAen fehlt, ist letztendlich entscheidend, ob die Voraussetzungen für die Aufnahme in den KH-Plan noch vorliegen. Von Bedeutung kann insb. eine Veränderung des Bedarfs sein, der zu einem Bettenüberhang führt (vgl. zur bedarfsgerechten Versorgung BSGE 89, 294/298 ff.). Rechtsgrundlage für eine Aufhebung ist in diesen Fällen § 49 Abs. 2 Nr. 3 LVwVfG.

Auf der **Planvollziehungsstufe** ist wiederum zwischen **zwei Phasen** zu un- 7
terscheiden. In der ersten Phase der Feststellungsentscheidung kommt es mit Blick
auf § 1 Abs. 1 KHG zunächst darauf an zu klären, welche der vorhandenen KH
die Kriterien der Bedarfsgerechtigkeit, Leistungsfähigkeit und Wirtschaftlichkeit
erfüllen (vgl. BVerwGE 62, 86 ff.; BVerwG, NJW 1987, 2318 ff.). Erst wenn die
Zahl der in den geeigneten KH vorhandenen Betten die Zahl der zur Versorgungsdeckung benötigten Betten übersteigt, ist in einer zweiten Phase eine
Auswahlentscheidung zu treffen. Ist eine solche Auswahl zwischen mehreren KH
notwendig, so hat nach § 8 Abs. 2 S. 2 iVm. § 1 Abs. 2 S. 1 und S. 2 KHG die zuständige Landesbehörde unter Berücksichtigung öff. Interessen sowie der Vielfalt

der KH-Träger nach pflichtgemäßem Ermessen zu entscheiden, welches der konkurrierenden KH den Zielen der KH-Planung am besten gerecht wird. Orientierungspunkt und Richtschnur bei der Ermessensentscheidung bieten dabei die in der KH-Planung festgesetzten Ziele. Nach st. Rspr. kommt der Landesbehörde erst auf dieser Ebene ein „Beurteilungsermessen" zu (BVerwGE 72, 38/54).

2. Rechtsanspruch

8   Ein **Rechtsanspruch** auf Aufnahme in den KH-Plan besteht nach § 8 Abs. 2 S. 1 KHG grds. nicht. Allerdings kann die Ablehnung eines Aufnahmeantrags einen erheblichen Eingriff in **Art. 12 Abs. 1 GG** darstellen, weil von der Aufnahme der Zugang zum gesamten Markt für stationäre Behandlungsleistungen abhängt. Zu Recht hat deshalb das BVerfG dem Aufnahmeprozess in die KH-Planung berufsregelnde Tendenz und der Ablehnung eine Wirkung beigemessen, die einer Berufszulassungsbeschränkung vergleichbar ist (vgl. BVerfGE 82, 209/224/229). Dieser verfassungsrechtliche Hintergrund führt – vergleichbar der Situation beim Abschluss echter Versorgungsverträge (Rn. 3 ff. zu § 109) – dazu, dass ein geeignetes KH bei offenem Bedarf einen Rechtsanspruch auf Aufnahme in den KH-Plan besitzt. Wird ein Antrag auf Aufnahme abgelehnt, so kann das Begehren nach § 8 Abs. 1 S. 4 KHG gerichtlich mit einer Verpflichtungsklage weiterverfolgt werden.

3. Rechtsschutz der Konkurrenten

9   Kommt es zu einer Auswahlentscheidung (Rn. 7), so spielt der **Konkurrentenschutz** eine wesentlich Rolle. Zu unterscheiden ist dabei der aktive bzw. offensive und der passive bzw. defensive Konkurrentenschutz, weil die Klagen auf verschiedenen Lebenssachverhalten beruhen und deshalb unterschiedlich rechtlich bewertet werden müssen.

10 Bei der **offensiven Konkurrentenklage** streiten zwei oder mehrere KH um die Aufnahme in den KH-Plan des jeweiligen Landes. Da die Aufnahme in den KH-Plan nach § 8 Abs. 2 S. 2 KHG iVm. § 1 KHG von den Zielen der KH-Planung und damit auch vom Bedarf abhängig ist, kann die verbindliche Entscheidung zugunsten eines oder mehrerer Konkurrenten dazu führen, dass die vorhandenen Kapazitäten erschöpft sind und eine Aufnahme des bewerbenden KH nicht mehr erforderlich ist, um die Ziele nach § 1 KHG zu erfüllen. Um das zu verhindern, muss die Aufnahme des oder der Konkurrenten angefochten werden können (prozessual richtig, aber nicht unstr., über eine Kombination von Anfechtungs- und Verpflichtungsklage). Fraglich war früher nur die Drittwirkung des Feststellungsbescheids nach § 8 Abs. 1 S. 3 KHG. Das BVerfG (vgl. BVerfG [Kammer] NZS 2004, 199) hat allerdings zutreffenderweise unter Hinweis auf Art. 19 Abs. 4 iVm. Art. 12 Abs. 1 GG eine Drittanfechtung des nicht berücksichtigten KH für zulässig erachtet, weil nur mit deren Hilfe effektiver Rechtsschutz gewährleistet werden kann. Zwar ist nach § 8 Abs. 1 S. 4 KHG eine isolierte Verpflichtungsklage mit dem Ziel der eigenen Zulassung für den übergangenen KH-Träger möglich, führt aber nicht zum Erfolg, weil der Konkurrent bereits in den KH-Plan aufgenommen wurde. Da die KH-Planung ein Gesamtverfahren ist, bei dem sich durch die Bewerbungen unterschiedlicher KH-Träger wechselseitige Abhängigkeiten für die Entscheidung ergeben, ist es nur konsequent, Konflikte auch in dieser Gesamtschau wieder zu bereinigen (vgl. BVerfG [Kammer] NZS 2004, 199/201). Die offensive Konkurrentenklage ist daher grds. zulässig. Für die Begründetheit kommt es dann darauf an, ob die Landesbehörde den Anspruch des KH auf fehler-

freie Ermessensentscheidung nach § 8 Abs. 2 S. 2 KHG verletzt hat, indem sie eine fehlerhafte Auswahl getroffen hat.

Im Gegensatz dazu geht es bei der **defensiven Konkurrentenklage** nicht um die Erlangung, sondern um den Erhalt der eigenen Begünstigung durch die Abwehr der Aufnahme eines Konkurrenten in den KH-Plan. Dies ist auch der Grund, warum die defensive Konkurrentenklage nur zulässig ist, wenn ausnahmsweise ein Schutz vor Konkurrenz gesetzlich vorgesehen ist, denn Art. 12 Abs. 1 GG gewährt einen solchen Schutz grds. nicht. Bezogen auf das KH-Recht existiert eine entsprechend geschützte Rechtsstellung nicht, ein KH-Träger, der schon zugelassen ist, kann keine mögliche Verletzung eigener Rechte geltend machen, ihm fehlt mithin die Klagebefugnis (so auch *Kingreen,* Beck-OK, § 109 Rn. 49 mwN.; *Szabados,* GesR 2007, 97/98; iRe. Verfahrens nach § 80 V VwGO: OVG Münster, NVwZ 2006, 481/481). Das VG Karlsruhe hat (Urt. v. 18. 7. 2006 – 2 K 72/06) zwar eine defensive Konkurrentenklage im KH-Planungsrecht mit Hinweis auf eine weitere Entscheidung des BVerfG (vgl. BVerfG [Kammer], NZS 2005, 144) für zulässig erachtet, dabei aber den Gehalt dieser Entscheidung verkannt. Diese betraf nämlich einen Sachverhalt aus dem Vertragsarztrecht und fußte auf der Überlegung, dass eine defensive Konkurrentenklage aufgrund des gesetzlich normierten Vorrangs des Vertragsarztes vor der Ermächtigung des KH-Arztes gerechtfertigt ist (vgl § 116 Rn. 24). Da es aber einen derartigen Vorrang zwischen zugelassenen und sich bewerbenden KH nicht gibt (vgl. auch VGH Mannheim GesR 2007, 123; *Kingreen,* Beck-OK, § 109 Rn. 49, *Szabados,* GesR 2007, 97/100 f.; für den Bereich der KH-Zentren aA.: *Kuhla,* KH 2007, 952/955), ist die defensive Konkurrentenklage eines zugelassenen KH im Bereich des § 108 unzulässig. 11

II. Abschluss von Versorgungsverträgen

1. Grundsätze

Die Zulassung eines Vertragskrankenhauses zur KH-Behandlung erfolgt nur **subsidiär**. Sie ist nämlich nach § 109 Abs. 3 S. 1 nicht nur der Geeignetheit des KH, dh. dessen Leistungsfähigkeit und Wirtschaftlichkeit, sondern insb. vom Vorliegen eines Bedarfs abhängig (vgl. näher § 109 Rn. 7 ff. sowie zum rechtlichen Umfang der Bedarfsprüfung *Wünschmann,* NZS 2006, 403 ff.). Der Vertragsschluss ist nur möglich, wenn dieser erforderlich ist, um eine **Bedarfslücke** in der Versorgung zu schließen, die nicht bereits durch die Zulassung von Hochschul- und Plankrankenhäuser geschlossen werden kann. Grund dafür ist, dass zwar einerseits auch nach der KH-Planung (vgl. Rn. 6 f.) Bedarfe bestehen können, die für eine ausreichende Versorgung der Versicherten abgedeckt werden sollen, aber andererseits – zumind. nach dem bestehenden System der Bedarfsplanung – ein Bettenüberhang vermieden werden muss, um die Wirtschaftlichkeit der Versorgung nicht zu gefährden. Zum Rechtsanspruch auf Abschluss eines Versorgungsvertrags und zum Rechtsschutz gegen ablehnende Entscheidungen vgl. § 109 Rn. 5 f. 12

2. Gemeinschaftsrechtliche Vorgaben

Bislang umstritten ist die Frage, inwieweit der Abschluss eines Versorgungsvertrages nach § 108 Nr. 3 den vergaberechtlichen Bestimmungen des GWB unterworfen ist. Es geht damit im Kern um die Frage, ob das **Vergaberecht** auf die Zulassung eines KH zur KH-Behandlung Anwendung findet und welche Auswirkungen die Anwendbarkeit des Vergaberechts auf die Zulassung zur KH-Behandlung 13 schließlich hat. Im Hintergrund steht das europäische Gemeinschaftsrecht, weil dieses das Vergabeverfahren als Teil des Binnenmarktrechts geregelt hat, und damit das Bestreben, auch im Gesundheitssektor Anbietern aus anderen Mitgliedstaaten diskriminierungsfreien Zugang zu Dienstleistungen zu gewähren. Zunächst aber kommt es für die Anwendbarkeit des nationalen Rechts darauf an, inwieweit durch § 69 die abschließende Anwendbarkeit des SGB V bestimmt wird (vgl. zuletzt *Roth*, GRUR 2007, 645 ff.). § 69 S. 2 hilft insofern schon deshalb nicht weiter, weil dieser nur auf kartellrechtliche Vorschriften des GWB verweist. Selbst wenn aber der Gesetzgeber umfassend andere Vorschriften als diejenigen des Leistungserbringungsrechts hat ausschließen wollen (so BSGE 87, 95/99; aA. *Koenig/Steiner*, ZESAR 2003, 100), spricht entscheidend gegen einen Ausschluss des Vergaberechts dessen europarechtliche Prägung (vgl. § 69 Rn. 44; *Kingreen*, SGb 2004, 659/661, i.Erg. so auch *Burgi/Brohm*, MedR 2005, 77). Deshalb geht es in der Sache um zwei Fragen, nämlich allg., ob die KKen öff. Auftraggeber sind, und speziell, ob deren Beschaffungsmaßnahmen ggü. KH einen Dienstleistungsauftrag darstellen.

14 Die Eigenschaft des **öffentlichen Auftraggebers** iSd. §§ 97 Abs. 1, 98 Nr. 2 GWB setzt voraus, dass eine juristische Person Aufgaben nichtgewerblicher Art im Allgemeininteresse erfüllt und die Einrichtung dementspr. entweder durch Gebietskörperschaften iSd. § 98 Nr. 1 GWB oder Verbände iSd. § 98 Nr. 3 GWB finanziert oder kontrolliert wird. Ausgehend von Sinn und Zweck der vergaberechtlichen Regelungen ist eine **nichtgewerbliche Aufgabenerfüllung** jedenfalls dann anzunehmen, wenn sie nicht iRv. Wettbewerb, sondern aufgrund staatlicher Aufgabenverleihung, idR. durch Gesetz, erfolgt (vgl. *Kingreen*, SGb 2004, 659/662). Das Tatbestandsmerkmal der nichtgewerblichen Aufgabenerfüllung kann weiter differenziert werden: Für die Verfolgung von Zwecken gewerblicher Art können ua. ein voll funktionierender Wettbewerb, Gewinnerzielungsabsicht sowie das Merkmal der Nachfragebezogenheit sprechen (vgl. *Koenig/Steiner*, ZESAR 2003, 98/100 f.; *Weyand*, Praxiskommentar Vergaberecht, 2. Aufl. 2007, § 98, Rn. 866 ff.; BayObLG NZS 2005, 26/27). Problematisch ist nur das Kriterium des Wettbewerbs. Der **Wettbewerb** zwischen den KKen ist aber grundsätzlich kein Handeln auf einem Markt, sondern erfolgt nur in engem Rahmen zu spezifischen Zielen (dazu ausf. *Becker*, SDSRV (48) 2001, 7 ff.). Er führt nicht zu einer Gewerblichkeit der Aufgabenerfüllung iRd. § 98 Nr. 2 GWB. Insb. die Regelungen zur Beschaffung stationärer Versorgungseinrichtungen räumen den KKen nach wie vor eine hoheitliche Stellung ein, der iRd. § 98 Nr. 2 GWB Rechnung zu tragen ist (vgl. auch Vorlagebeschl. des OLG Düsseldorf, NZBau 2007, 525/526; *Koenig/Steiner*, ZESAR 2003, 98/101).

15 Weiteres Tatbestandsmerkmal des § 98 Nr. 2 GWB ist die **Einflussnahme auf den Auftraggeber** durch Gebietskörperschaften iSd. Nr. 1 oder Verbände iSd. Nr. 3, die durch Finanzierung oder Kontrolle erfolgen kann. Die überwiegende Finanzierung durch Beiträge der Versicherten nach § 249 folgt bis jetzt lediglich mittelbar aus der Zwangsmitgliedschaft und damit aus staatlichem Handeln (vgl. dazu BayObLG NZS 2005, 26/27; offen in: OLG Düsseldorf, NZBau 2007/525, 526), die künftige gesetzl. Festlegung des Beitragssatzes erhöht zwar den staatlichen Einfluss, lässt aber eine eingeschränkte Finanzautonomie der Kassen bestehen. Ob die in § 87 Abs. 1 S. 2 SGB IV vorgesehene Aufsicht durch staatliche Behörden eine ausreichende staatliche Lenkung begründet, ist str. (abl. BayObLG NZS 2005, 26), weil diese zumind. weitgehend Rechtsaufsicht ist (relativierend aber *W. Kahl*, Die Staatsaufsicht, 2000). Nach der Rspr. des EuGH ist der Begriff der Aufsicht aus Art. 1 lit. b UAbs. II 3. SpStr. RL 93/36/EWG, auf dem § 98 Nr. 2 GWB beruht, funktional zu verstehen. Zwar reicht eine Rechtsaufsicht iSe. bloßen Nachprüfungskontrolle demnach für den Aufsichtsbegriff des § 98 Nr. 2 GWB in gemeinschaftsrechtskonformer Auslegung grds. nicht aus, wohl aber kann die Voraussetzung dann erfüllt sein, wenn weitere hinzutretende Merkmale die Rechtsaufsicht faktisch zu einer engen Verbindung des Staates mit der KK verdichtet (vgl. EuGH Rs. C-373/00, Adolf Truley, Slg. 2003, I-1931). Die Rechtsaufsicht der staatlichen Behörden über die KKen wird durch ein engmaschiges Netz materiellrechtlicher Regelungen des SGB V, wie etwa dem Grundsatz der Wirtschaftlichkeit und Sparsamkeit nach § 69 Abs. 2, ergänzt. Dies engt den Spielraum für eigenverantwortliches Handeln der KKen ein und vergrößert die tatsächl. Möglichkeiten staatlicher Einflussnahme. Das gilt insb. für den Versorgungsvertrag nach § 108 Nr. 3, da dieser erst mit der Genehmigung durch die Landesbehörde wirksam wird. Das Tatbestandsmerkmal des staatlichen Einflusses durch Aufsicht nach § 98 Nr. 2 GWB ist daher zu bejahen (so auch *Wollenschläger,* NZBau 2004, 655/659 f.; aA.: BayObLG NZS 2005, 26). Der EuGH wird im Übrigen die Frage auf der Grundlage der Vorlagebeschlüsse des OLG Düsseldorf (vgl. NZBau 2006, 731; NZBau 2007, 525) demnächst entscheiden.

Entscheidende Frage für die Anwendbarkeit des Vergaberechts bleibt, ob ein 16 Beschaffungsvorgang als entgeltlicher Vertrag iSd. § 99 Abs. 1 GWB, dh. hier als ein **entgeltlicher Dienstleistungsauftrag** iSd. §§ 99 Abs. 1 und 4 GWB anzusehen ist. Für den Vertragsschluss nach § 108 Nr. 3 ist dies abzulehnen, weil der Versorgungsvertrag nur die Möglichkeit zur Teilnahme an der stationären Versorgung in der GKV eröffnet (vgl. zur Zulassungsfunktion auch § 109 Rn. 3 f.), aber noch kein auch nur dem Rahmen nach festgelegtes Auftragsvolumen festlegt (i.Erg. wie hier *Klöck,* NZS 2008, 178/183). Die Höhe der Vergütung des beauftragten KH hängt nicht von der Entscheidung der KK, sondern nach dem Sachleistungsprinzip des § 39 von der Auswahlentscheidung des Versicherten ab. Zwar verweist § 109 Abs. 4 S. 3 auf den Vergütungsanspruch des KH, der durch die Pflegesatzverhandlungen näher konkretisiert und festgelegt wird. Die Pflegesatzverhandlungen sind aber lediglich Folge und nicht Teil des Versorgungsvertrages, wodurch das Merkmal der Entgeltzuordnung bei Vertragsschluss gerade nicht erfüllt ist (aA.: *Koenig/Steiner,* ZESAR 2003, 150/151). § 108 Nr. 3 ist deshalb eine Dienstleistungskonzession, die dann vorliegt, wenn sie „als Gegenleistung für die Erbringung der Dienstleistungen ausschließlich in dem Recht zur Nutzung der Dienstleistung oder in diesem Recht zuzüglich der Zahlung eines Preises besteht" (OLG Düsseldorf, NZBau 2007, 525/529). Nach der Rspr. des EuGH ist ein für die Einordnung als Dienstleistungskonzession entscheidendes Kriterium, wer das Betriebsrisiko trägt (vgl. Rs. C 458/03, Parking Brixen, Slg. 2005, I-08585, Rn. 40). Zwar ist für den Fall des Versorgungsvertrages nach § 108 Nr. 3 der Vergütungsschuldner der KH-Behandlung nicht der Patient, sondern die KK, wodurch das Insolvenzrisiko des KH wesentl. abgemildert erscheint. Jedoch ist damit über eine tatsächliche Einzelauftragserteilung durch den Patienten noch nichts gesagt (vgl. OLG Düsseldorf, NZBau, 525/529). Auf der anderen Seite stehen erhebliche Investitionen des KH-Trägers in Gebäude, technische Ausstattung und Personal, die durch die Vergütung iRd. KH-Behandlung amortisiert werden sollen, so dass das KH letztendlich ein erhebliches Betriebsrisiko zu tragen hat, und zwar unabhängig von der Gewährleistung der KKen (diesen Aspekt allg. zu stark betonend *Klöck,* NZS 2008, 178/185 f.). Im Ergebnis sind für den Versorgungsvertrag zwischen KK und KH nach § 108 Nr. 3 dem Vergaberecht keine über die **Grundfreiheiten** hinausgehenden Rechtswirkungen zu entnehmen.

17 Mit dem Vorstehenden sind zugleich die für die **Anwendung des Kartellrechts** wesentlichen Aspekte angesprochen. Entscheidend ist auch hier nicht der Wettbewerb zwischen den KKen, sondern die Frage, ob zwischen Angebots- und Nachfrageverhalten der Kassen unterschieden werden kann. Der EuGH hat das weitgehend ausgeschlossen. Danach handeln Kassen nicht unternehmerisch, wenn sie eine gesetzlich zugewiesene Aufgabe im Zusammenhang mit der Versorgung der Versicherten wahrnehmen (Rs. C-264/01 u. a. – AOK Bundesverb. u. a. – Festbeträge für Arzneimittel, Slg. 2004, I-2493), und es soll „der wirtschaftliche oder nichtwirtschaftliche Charakter der späteren Verwendung des erworbenen Erzeugnisses zwangsläufig den Charakter der Einkaufstätigkeit" bestimmen EuGH, C-205/03 – Fenin – Beschaffung von Gesundheitsleistungen, Slg. 2006, I-6295; vgl. auch § 69 Rn. 44). Das schließt zwar die Anwendung des Wettbewerbsrechts im KH-Sektor nicht generell aus (dazu näher *Becker*, NZS 2007, 169 ff.), aber nach der Rspr. jedenfalls dann, wenn es im Verhältnis zwischen Kassen und KH um den Abschluss von Versorgungsverträgen geht.

§ 108 a Krankenhausgesellschaften

¹Die Landeskrankenhausgesellschaft ist ein Zusammenschluß von Trägern zugelassener Krankenhäuser im Land. ²In der Deutschen Krankenhausgesellschaft sind die Landeskrankenhausgesellschaften zusammengeschlossen. ³Bundesverbände oder Landesverbände der Krankenhausträger können den Krankenhausgesellschaften angehören.

Inhaltsübersicht
Rn.
- A. Überblick 1
- B. Krankenhausgesellschaften 3
  - I. Landeskrankenhausgesellschaften, S. 1 3
  - II. Deutsche Krankenhausgesellschaft, S. 2 5
  - III. Mitgliedschaft von Verbänden, S. 3 8

A. Überblick

1 Die mit dem 2. GKV-NOG (§ 1 Rn. 24) im Jahre 1997 eingefügte Vorschrift knüpft an **bereits zuvor existierende Verbandsstrukturen** im Krankenhauswesens an (BT-Drs. 13/6087, 29). Durch die Erwähnung im SGB V sollen die KH-Gesellschaften aufgewertet werden, ohne diese jedoch öff.-rechtl. zu überformen.

2 Worin genau aber diese Aufwertung und damit der Zweck der Norm besteht, ist unklar. Wenn angenommen wird, § 108 a habe „semikorporatistische Strukturen" eingeführt (so *Kingreen*, Beck-OK, § 108 a) bzw. er erhöhe die „rechtliche Bindungswirkung von Vereinbarungen…, an denen die Krankenhausgesellschaften als Vertragspartner beteiligt sind" (so *Rau*, GKV-Komm, § 108 a, Rn. 3), erscheint das auf den ersten Blick unscharf. Denn weder werden KH-Gesellschaften neu errichtet noch wird eine Zwangsmitgliedschaft in den bestehenden Gesellschaften angeordnet. Beides hätte wegen der Grundrechtsrelevanz entspr. Maßnahmen einer ausdrückl. gesetzlichen Regelung bedurft. Die Bindung der Mitglieder erfolgt ausschl. über das Vereinsrecht, beruht also auf freiwilliger Mitgliedschaft. Allerdings geht der Gesetzgeber offensichtlich davon aus, dass es in jedem Land eine KH-Gesellschaft gibt, auch wenn er dies nicht ausdrücklich bestimmt und deren Existenz nicht gegen eine Auflösung absichert. Die bestehende verbandliche Ordnung erhält aber **einige rechtliche Vorgaben,** bezogen auf die Mitgliedschaft und eine an politischen Ebenen orientierten Hierarchie: LKGen bestehen aus in einem Land zugelassenen Trägern; die DKG besteht aus den Landesgesellschaften – wenn der Gesetzgeber auch nur davon spricht, die Vertretung der zusammengeschlossenen Träger zu regeln (vgl. BT-Drs. 13/6087, 28). Die aus der gesellschaftlichen Sphäre stammenden Zusammenschlüsse bleiben dennoch formal unberührt. Das kommt auch in deren Bezeichnung als „Gesellschaften" zum Ausdruck. Dass sie schon bei ihrer Entstehung das Ziel hatten, die beruflichen Interessen der Mitglieder zu verfolgen, sie Verbandscharakter besitzen, macht sich der Gesetzgeber im Zusammenhang mit den Vorschriften über die Steuerung der Leistungserbringung zunutze. Von einer neokorporatistischen Steuerung (vgl. *Becker,* Staat und autonome Träger, 70 ff.) weicht diese Konstruktion insofern ab, als die Interessenvertretung der KH-Seite ohne ein körperschaftliches Korsett auskommen muss, das die Verbindlichkeit getroffener Entscheidungen sichert. Für die sog. gemeinsame Selbstverwaltung im KH-Sektor hat der Gesetzgeber keine Einrichtungen geschaffen, sondern sich auf die bestehenden verlassen, ohne diesen Hoheitsgewalt zu übertragen. Die Bindung vertraglicher Absprachen erreicht er iÜ. nicht über die Mitgliedschaft, sondern über die Ermächtigung zum Abschluss von Normenverträgen (vgl. § 112 Rn. 3).

B. Krankenhausgesellschaften

I. Landeskrankenhausgesellschaften, S. 1

Nach § 108a S. 1 ist unter der LKG ein Zusammenschluss der Träger zugelassener KH zu verstehen. Dieser Zusammenschluss ist nicht gesetzl. vorgeschrieben, sondern erfolgt freiwillig. Es handelt sich um körperschaftlich organisierte **Vereine des Privatrechts.** Welche KH zugelassen sind und welche Träger dementspr. Mitglied sein können, regelt § 108 (vgl. dort). Insgesamt bestehen 16 LKGen. 3

Die LKGen sind in die **vertragliche Gestaltung der Leistungserbringung** gesetzlich einbezogen, wenn auch nicht exklusiv, sondern neben den „Vereinigungen der KH-Träger im Land", und zwar nach §§ 112 Abs. 1, 114 Abs. 1, 115 Abs. 1, 115a Abs. 3, 115b Abs. 2. Dieses Nebeneinander von Interessenvertretern auf KH-Seite soll sicherstellen, dass auf Landesebene verbindliche Absprachen getroffen werden können, obwohl von einer öff.-rechtl. Zwangsvereinigung abgesehen wurde. 4

II. Deutsche Krankenhausgesellschaft, S. 2

Auf Bundesebene sind gem. § 108a S. 2 die LKGen zur DKG zusammengeschlossen. Die DKG selbst stellt, wie ihre Mitglieder auch, einen **privatrechtlichen Verein** dar; auch in ihr erfolgt die Mitgliedschaft auf freiwilliger Basis. Ungeachtet dessen wird aber der **Kreis der Mitglieder** gesetzlich bestimmt. Derzeit sind alle 16 LKGen und die 12 Spitzenverbände der KH-Träger (vgl. Rn. 9) Mitglieder der DKG. 5

Entsprechend ihrer Satzung zählt zu den **Aufgaben** der DKG die Unterstützung der Mitgliedsverbände bei der Erfüllung ihrer Aufgaben und auf dem Gebiet des KH-Wesens (vgl. www.dkgev.de). In Zusammenarbeit mit anderen Einrichtungen des Gesundheitswesens trägt sie nach eigener Zwecksetzung für Erhalt und Verbesserung der Leistungsfähigkeit der KH iSe. „trägerpluralen, zukunfts- 6

§ 109 Abschluss von Versorgungsverträgen mit Krankenhäusern

orientierten Krankenhauswesens" Sorge; Mittel dafür sind Förderung des Erfahrungsaustauschs, Unterstützung der wissenschaftlichen Forschung auf dem Gebiet des Gesundheitswesens sowie die Bearbeitung prinzipieller Fragen, die nicht nur einzelne Spitzen- und Landesverbände tangieren. Zu den weiteren Aufgaben zählen die Unterrichtung der Öffentlichkeit sowie die Unterstützung staatlicher Körperschaften und Behörden bei Vorbereitung und Durchführung von Gesetzen. Die DKG fungiert als Interessenvertreter des deutschen KH-Wesens sowohl auf europäischer wie auch auf internationaler Verbandsebene.

7 Die DKG wird aber auch **gesetzlich in das Leistungserbringungsrecht eingebunden.** Sie ist gem. § 91 Mitglied im GBA und damit ein mächtiger Akteur bei der Konkretisierung der Leistungsansprüche. Sie wirkt ferner beim Setzen allg. Vorgaben mit. Dazu zählt die Abgabe von Rahmenempfehlungen nach § 112 Abs. 5 zum Inhalt zweiseitiger Verträge (vgl. § 112 Rn. 6), von Rahmenempfehlungen zum Abschluss dreiseitiger Verträge gem. § 115 Abs. 5 (vgl. § 115 Rn. 5), von Empfehlungen zur Vergütung vor- und nachstationärer KH-Behandlung gem. § 115a Abs. 3 S. 3 (vgl. § 115a Rn. 12) und die Vereinbarung eines Kataloges ambulant durchführbarer Operationen und der dafür zu zahlenden Vergütung gem. § 115b Abs. 1 S. 1 Nr. 1 und 2. Weitere gesetzlich übertragene Aufgaben nimmt die DKG bei der Einführung eines durchgängigen, leistungsorientierten und pauschalierenden Vergütungssystem nach § 17b KHG (DRGs) wahr.

III. Mitgliedschaft von Verbänden, S. 3

8 In § 108a S. 3 wird klargestellt, dass nicht nur die Träger zugelassener KH, sondern auch die **Verbände dieser Träger** Mitglieder der KH-Gesellschaften sein können. Obwohl nicht ausdrückl. angeordnet, ergibt sich aus der in S. 1 und 2 zum Ausdruck kommenden Hierarchisierung, dass Bundesverbände der DKG, Landesverbände den LKGen angehören dürfen. Dies hat zur Folge, dass sich die Mitgliedschaften zwischen den KH-Gesellschaften auf der Landes- und der Bundesebene überschneiden (*Rau*, GKV-Komm, § 108a, Rn. 9) und damit die hierarchische Struktur verwässert wird.

9 Mitglied der DKG sind neben den 16 LKGen die **folgenden 12 Spitzenverbände:** Arbeiterwohlfahrt Bundesverband, Bundesverband Deutscher Privatkliniken, Deutscher Caritasverband, Deutscher Landkreistag, Deutscher Paritätischer Wohlfahrtsverband Gesamtverband, Deutscher Städte- und Gemeindebund, Deutscher Städtetag, Deutsches Rotes Kreuz, Diakonisches Werk der Evangelischen Kirche in Deutschland, Deutsche Rentenversicherung Bund, Verband der Universitätsklinika Deutschlands, Zentralwohlfahrtsstelle der Juden in Deutschland.

§ 109 Abschluss von Versorgungsverträgen mit Krankenhäusern

(1) **[1]Der Versorgungsvertrag nach § 108 Nr. 3 kommt durch Einigung zwischen den Landesverbänden der Krankenkassen und den Ersatzkassen gemeinsam und dem Krankenhausträger zustande; er bedarf der Schriftform. [2]Bei den Hochschulkliniken gilt die Anerkennung nach den landesrechtlichen Vorschriften, bei den Plankrankenhäusern die Aufnahme in den Krankenhausbedarfsplan nach § 8 Abs. 1 Satz 2 des Krankenhausfinanzierungsgesetzes als Abschluss des Versorgungsvertrages. [3]Dieser ist für alle Krankenkassen im Inland unmittelbar verbindlich. [4]Die Vertragsparteien nach Satz 1 können im Einvernehmen mit der für die Krankenhausplanung zuständigen Landesbehörde eine gegen-**

über dem Krankenhausplan geringere Bettenzahl vereinbaren, soweit die Leistungsstruktur des Krankenhauses nicht verändert wird; die Vereinbarung kann befristet werden. [5]Enthält der Krankenhausplan keine oder keine abschließende Festlegung der Bettenzahl oder der Leistungsstruktur des Krankenhauses, werden diese durch die Vertragsparteien nach Satz 1 im Benehmen mit der für die Krankenhausplanung zuständigen Landesbehörde ergänzend vereinbart.

(2) [1]Ein Anspruch auf Abschluss eines Versorgungsvertrags nach § 108 Nr. 3 besteht nicht. [2]Bei notwendiger Auswahl zwischen mehreren geeigneten Krankenhäusern, die sich um den Abschluss eines Versorgungsvertrags bewerben, entscheiden die Landesverbände der Krankenkassen und die Verbände der Ersatzkassen gemeinsam unter Berücksichtigung der öffentlichen Interessen und der Vielfalt der Krankenhausträger nach pflichtgemäßem Ermessen, welches Krankenhaus den Erfordernissen einer bedarfsgerechten, leistungsfähigen und wirtschaftlichen Krankenhausbehandlung am besten gerecht wird.

(3) [1]Ein Versorgungsvertrag nach § 108 Nr. 3 darf nicht abgeschlossen werden, wenn das Krankenhaus

1. nicht die Gewähr für eine leistungsfähige und wirtschaftliche Krankenhausbehandlung bietet oder
2. für eine bedarfsgerechte Krankenhausbehandlung der Versicherten nicht erforderlich ist.

[2]Abschluß und Ablehnung des Versorgungsvertrags werden mit der Genehmigung durch die zuständigen Landesbehörden wirksam. [3]Verträge, die vor dem 1. Januar 1989 nach § 371 Abs. 2 der Reichsversicherungsordnung abgeschlossen worden sind, gelten bis zu ihrer Kündigung nach § 110 weiter.

(4) [1]Mit einem Versorgungsvertrag nach Absatz 1 wird das Krankenhaus für die Dauer des Vertrages zur Krankenhausbehandlung der Versicherten zugelassen. [2]Das zugelassenes Krankenhaus ist im Rahmen seines Versorgungsauftrags zur Krankenhausbehandlung (§ 39) der Versicherten verpflichtet. [3]Die Krankenkassen sind verpflichtet, unter Beachtung der Vorschriften dieses Gesetzbuchs mit dem Krankenhausträger Pflegesatzverhandlungen nach Maßgabe des Krankenhausfinanzierungsgesetzes, des Krankenhausentgeltgesetzes und der Bundespflegesatzverordnung zu führen.

Schrifttum: *U. Becker,* Zur verfassungsrechtlichen Stellung der Vertragsärzte am Beispiel der zulassungsbezogenen Altersgrenzen, NZS 1999, 521; *M. Quaas,* Staatliche Krankenhausplanung und -finanzierung im Spiegel der Rechtsprechung – zugleich Anmerkungen zum Gesundheitsstrukturgesetz 1993, NZS 1993, 102; *ders.,* Der Versorgungsauftrag des Krankenhauses – Inhalt und Grenzen der gesetzlichen und vertraglichen Leistungsverpflichtungen, MedR 1995, 54; *ders.,* Rechtsfragen beim Abschluß und bei der Kündigung von Versorgungsverträgen mit Krankenhäusern und Vorsorge- und Rehabilitationseinrichtungen, in: Schriftenreihe ArbGem. MedR DAV Bd. 32001, 69; *F. Stollmann,* Rechtsschutz im Krankenhausplanungsrecht, ZMGR 2004, 59; vgl. auch Schrifttumsnachweise zu § 108.

Inhaltsübersicht

	Rn.
A. Überblick	1
B. Der Versorgungsvertrag	3
I. Rechtsnatur und Wirkung, Abs. 1 S. 3, Abs. 4	3
II. Abschluss	5
1. Auswahl von Bewerbern, Abs. 1 S. 1, Abs. 2	5
2. Geeignetheit und Bedarf, Abs. 3	7
C. Plankrankenhäuser und Hochschulkliniken, Abs. 1 S. 2, 4 und 5	11

A. Überblick

1 § 109 regelt die **Voraussetzungen der Teilnahme von KH** an der Versorgung der Versicherten. Für KH, die nicht Hochschulkliniken oder Plankrankenhäuser sind, wird zwischen den Verbänden der KKen auf Landesebene und dem KH ein Versorgungsvertrag geschlossen, § 109 Abs. 1 S. 1. Dieser Vertrag begründet erst die Zulassung zur Versorgung (§ 109 Abs. 4 S. 1). Die Voraussetzungen für seinen Abschluss ergeben sich aus Abs. 2 und 3, sein Inhalt aus Abs. 4. Bei Hochschulkliniken und Plankrankenhäusern liegt der Zulassungsakt hingegen in deren Anerkennung bzw. Aufnahme in den Krankenhausplan (vgl. § 108 Nr. 1 und 2), mit ihnen wird ein Versorgungsvertrag nach § 109 Abs. 1 S. 2 fingiert, wobei in beschränktem Umfang von den Vorgaben des KH-Plans abgewichen werden darf (Abs. 1 S. 4 und 5).

2 Die Vorschrift ist durch das GKV-WSG (§ 1 Rn. 31) mWv. 1. 7. 2008 **geändert** worden, Abs. 1 S. 1 wurde sprachlich überarbeitet, indem die doppelte Nennung der Verbände gestrichen wurde. Vorläufervorschrift ist § 371 Abs. 2 und 3 RVO.

B. Der Versorgungsvertrag

I. Rechtsnatur und Wirkung, Abs. 1 S. 3, Abs. 4

3 Der Versorgungsvertrag ist ein öff.-rechtl. Vertrag, der den Status des KH als zur Versorgung der Versicherten zugelassene Einrichtung erst begründet (vgl. BSG, SozR 3–2500, § 109 Nr. 1). Da er sich auf diesen Inhalt beschränkt, stellt er einen **verwaltungsrechtlichen Vertrag** dar, auf den die §§ 53 ff. SGB X Anwendung finden. Der Versorgungsvertrag kann aufgrund seiner **statusbegründenden Eigenschaft** nicht rückwirkend abgeschlossen werden (vgl. BSG, NZS 1997, 177 Rn. 38). Er bedarf nach Abs. 3 S. 2 außerdem der **Genehmigung** der für die KH-Planung zuständigen Landesbehörde. Seine Wirkung entfaltet der Versorgungsvertrag erst ab dem Zeitpunkt der Genehmigung, eine Rückwirkung der Genehmigung auf den Zeitpunkt des Abschlusses des Versorgungsvertrages findet nach dem eindeutigen Wortlaut nicht statt (vgl. BSG, GesR 2006, 368; *Rau*, GK-SGB V, § 109 Rn. 19; aA.: *Knittel,* Krauskopf, § 109 Rn. 7).

4 **Rechte und Pflichten** aus dem Versorgungsvertrag, dessen Verbindlichkeit ggü. allen inländischen KKen durch Abs. 1 S. 3 ausdrücklich angeordnet wird, regelt Abs. 4: Dem Recht zur Teilnahme an der Krankenversorgung steht die Pflicht zur Behandlung der Versicherten ggü. Weitere Inhalte regelt der Vertrag nicht. Das übernehmen die Verträge nach § 112. Für die Festlegung der Vergütung sind die KKen verpflichtet, mit dem jeweiligen KH-Träger nach Abschluss des Versorgungsvertrages **Pflegesatzverhandlungen** zu führen; vgl. dazu näher § 18 KHG (zum Vergütungssystem § 107 Rn. 27 ff.).

II. Abschluss

1. Auswahl von Bewerbern, Abs. 1 S. 1, Abs. 2

5 Die KKen-Verbände und EKen können den Vertrag nach Abs. 1 S. 1 nur **gemeinsam** abschließen oder ablehnen. Der Vertragsschluss bedarf nach Abs. 1 S. 1 Hs. 2 (der Regel des § 56 SGB X entsprechend) der **Schriftform** (zum Erfordernis der Urkundeneinheit: *Knittel,* Krauskopf, § 109 Rn. 5). Lehnen die Verbände der

KKen den Abschluss des Versorgungsvertrages ab, ist dies als **VA** zu bewerten (vgl. BSG, SozR 3–2500, § 109 Nr. 1; *Klückmann*, H/N, § 109 Rn. 36; aA.: *Knittel, Krauskopf*, § 109 Rn. 6 f.).

Nach Abs. 2 S. 1 besteht **kein Anspruch** auf Abschluss eines Versorgungsvertrages. Allerdings ist zu beachten, dass Beschränkungen der Zulassung zur Versorgung Eingriffe in Art. 12 Abs. 1 GG darstellen (vgl. BVerfGE 82, 209; BSGE 89, 294; zur dogmatischen Konstruktion allg. *Becker*, NZS 1999, 521 ff.). Deshalb gibt es ein Recht von Bewerbern, bei der Auswahl berücksichtigt zu werden, wenn die in Abs. 3 genannten Ausschlussgründe nicht vorliegen. Daraus folgt, dass ein geeignetes KH einen Anspruch auf Abschluss eines Versorgungsvertrages hat, wenn es der einzige Bewerber ist (vgl. *Knittel, Krauskopf*, § 109 Rn. 12). Sind mehrere geeignete Bewerber vorhanden, besteht die Notwendigkeit, ein **Auswahlverfahren** durchzuführen. Vorrangiger Maßstab für die Auswahl ist die Geeignetheit der Bewerber. Dabei ist zu beachten, dass die vertragliche Zulassung einen Bedarf voraussetzt und deshalb nicht in einen KH-Plan aufgenommene KH nur bei Versorgungslücken zum Zuge kommen können, wie überhaupt der Bedarf auch die Auswahl entscheidend steuert (vgl. näher unten, Rn. 7 ff.). Nach **Abs. 2 S. 2** sind iRd. Auswahlermessens auch „öffentliche Interessen" und die „Vielfalt der Krankenhausträger" zu berücksichtigen. Bei der Wahrung der Vielfalt geht es um die Sicherung einer ausreichenden Versorgung durch deren Verteilung auf mehrere Träger; sie wird nur sehr selten eine Rolle spielen. Welche weiteren öffentlichen Interessen dann noch legitimerweise, dh. mit ausreichendem sachlichen Bezug zur Zulassung, vorgebracht werden können, ist nicht ersichtlich.

Zur **Anwendbarkeit des Vergaberechts und Ausschreibungspflicht** auf den Abschluss von Versorgungsverträgen vgl. § 108 Rn. 12 ff., zur Kündigung von Versorgungsverträgen vgl. § 110.

2. Geeignetheit und Bedarf, Abs. 3

Welche KH für eine Auswahl geeignet sind, ist nach den **in Abs. 3 S. 1 genannten Kriterien** zu ermitteln. Danach darf ein Versorgungsvertrag dann nicht abgeschlossen werden, wenn das KH eine leistungsfähige und wirtschaftliche Versorgung der Versicherten nicht gewährleisten kann (Nr. 1) oder die Teilnahme des KH an der Versorgung nicht von einem Bedarfsplan gedeckt ist (Nr. 2).

Die **Leistungsfähigkeit** eines KH bestimmt sich danach, ob die Einrichtung die voraussichtliche Anzahl der Patienten mit dem vorhandenen Personal und der verfügbaren medizinischen Technik nach dem Stand der Medizin ausreichend versorgen kann. Der theoretische Unterschied zu den Voraussetzungen des KH-Begriffs nach § 107 Abs. 1 besteht in einem engeren Bezug zwischen Versorgungskapazität und Patientenzahl, wobei sich das in der Praxis kaum auswirken wird (vgl. *Klückmann*, H/N, § 109 Rn. 27).

Mit der **Wirtschaftlichkeit** der Versorgung wird das allg. in § 2 Abs. 4 und § 12 Abs. 1 enthaltene Gebot der Wirtschaftlichkeit aufgenommen. Daraus folgt, dass bei mehreren gleichwertigen KH mit dem kostengünstigeren kontrahiert werden muss (vgl. *Rau*, GK-SGB V, § 109 Rn. 16). Es kommt auf das Preis-Leistungs-Verhältnis an, nicht nur den Preis als solchen. Allerdings spielt auch dieses Kriterium beim Abschluss des Versorgungsvertrages wegen der erst nachfolgenden Ermittlung der Leistungsentgelte durch die Pflegesatzverhandlungen (Abs. 4 S. 3) eine untergeordnete Rolle (vgl. *Kingreen*, Beck-OK, § 109 Rn. 11).

Ob der Abschluss des Versorgungsvertrages für eine **bedarfsgerechte** Versorgung **erforderlich** ist, bestimmt sich nach der Nachfrage nach stationären medizinischen Leistungen in einer Region. Nur wenn ein **Nachfrageüberhang** besteht, der durch bereits zugelassene KH nicht gedeckt werden kann, darf ein Versorgungsvertrag mit dem KH abgeschlossen werden (vgl. BSG, SozR 3–2500, § 111 Nr. 3). Es besteht insoweit ein Vorrang der bereits zugelassenen KH, und zwar unabhängig davon, ob ein Vertragskrankenhaus leistungsfähiger wäre (BSG, NZS 1998, 518/520). Ob ein Bedarf besteht, ist ggf. für einzelne Behandlungsmethoden zu untersuchen. Das BSG hält die Prüfung der Bedarfsgerechtigkeit durch die KKen für gerichtlich voll überprüfbar und fordert eine **nachvollziehbare Berechnung** des Bedarfs, insb. bei der Verminderung der tatsächlich anfallenden Behandlungstage um die medizinisch nicht erforderl. (so BSG, NZS 1997, 177/ 178 ff.); der KH-Plan wird in diesem Zusammenhang zu Recht nicht mehr als verbindlich angesehen, weil auf ihn, anders als im früheren Recht, nicht mehr verwiesen wird (krit. aber *Knittel,* Krauskopf, § 109 Rn. 11 b).

C. Plankrankenhäuser und Hochschulkliniken, Abs. 1 S. 2, 4 und 5

11   Hochschulkliniken nach § 108 Nr. 1 und Plankrankenhäuser nach § 108 Nr. 2 müssen **keinen Versorgungsvertrag** abschließen, denn für die Hochschulkliniken gilt nach Abs. 1 S. 2 die Anerkennung nach landesrechtlichen Vorschriften und für die Plankrankenhäuser die Aufnahme in den Landeskrankenhausplan als Vertragsabschluß. Die Plankrankenhäuser können allerdings **zusätzliche Vereinbarungen** mit den Verbänden der KKen treffen, sowohl planmodifizierende (Abs. 1 S. 4) als auch planergänzende (Abs. 1 S. 5).

12   **Planmodifizierende Vereinbarungen** sind nach Abs. 1 S. 4 nur zulässig, soweit eine ggü. dem KH-Plan geringere Bettenzahl vereinbart und dadurch die Leistungsstruktur des KH nicht verändert wird. Zudem muss das **Einvernehmen** von der für die KH- Planung zuständigen Landesbehörde erteilt werden. Deren Voraussetzungen sind im Gesetz nicht geregelt. Das Einvernehmen soll eine Mitwirkung der Landesbehörde zur Bestimmung des Versorgungsniveaus, nicht eine bloße Rechtskontrolle ermöglichen; es steht im pflichtgemäßen Ermessen und umfasst auch die Frage, ob die Reduzierungsvereinbarung ein erwünschtes Verfahren zum Bettenabbau darstellt (vgl. BVerwGE 121, 1/7 f.).

13   Enthält der KH-Plan keine oder keine abschließende Festlegung der Bettenzahl oder der Leistungsstruktur des KH, so müssen diese Lücken durch **planergänzende Vereinbarungen** geschlossen werden. Dabei kommt den Vertragspartien insofern ein größerer Gestaltungsspielraum zu, als die zuständige Landesbehörde nach Abs. 1 S. 5 nur in der Form des **Benehmens** beteiligt werden muss. Dafür genügt es, die Landesbehörde zu konsultieren, ihr Gelegenheit zu geben, eventuelle Bedenken zu äußern, und diese Bedenken zu berücksichtigen; ein Einverständnis ist nicht erforderlich.

§ 110 Kündigung von Versorgungsverträgen mit Krankenhäusern

(1) **¹Ein Versorgungsvertrag nach § 109 Abs. 1 kann von jeder Vertragspartei mit einer Frist von einem Jahr ganz oder teilweise gekündigt werden, von den Landesverbänden der Krankenkassen und den Ersatzkassen nur gemeinsam und nur aus den in § 109 Abs. 3 Satz 1 genannten Gründen. ²Eine Kündigung ist nur zulässig, wenn die Kündigungsgründe nicht nur vorübergehend bestehen. ³Bei**

Plankrankenhäusern ist die Kündigung mit einem Antrag an die zuständige Landesbehörde auf Aufhebung oder Änderung des Feststellungsbescheids nach § 8 Abs. 1 Satz 2 des Krankenhausfinanzierungsgesetzes zu verbinden, mit dem das Krankenhaus in den Krankenhausplan des Landes aufgenommen worden ist.

(2) ¹Die Kündigung durch die in Absatz 1 Satz 1 genannten Verbände erfolgt im Benehmen mit den als Pflegesatzparteien betroffenen Krankenkassen. ²Sie wird mit der Genehmigung durch die zuständige Landesbehörde wirksam. ³Diese hat ihre Entscheidung zu begründen. ⁴Bei Plankrankenhäusern kann die Genehmigung nur versagt werden, wenn und soweit das Krankenhaus für die Versorgung unverzichtbar ist. ⁵Die Genehmigung gilt als erteilt, wenn die zuständige Landesbehörde nicht innerhalb von drei Monaten nach Mitteilung der Kündigung widersprochen hat. ⁶Die Landesbehörde hat einen Widerspruch spätestens innerhalb von drei weiteren Monaten schriftlich zu begründen.

Schrifttum: *K. Grünenwald*, Mitwirkung der Krankenkassen bei der Kündigung von Versorgungsverträgen mit Krankenhäusern, WzS 1990, 301; *M. Heinze*, Das Krankenhaus zwischen Kostendämpfung und Versorgungsauftrag, KH 1994, 298; *W. Kuhla/L. G. Voß*, Rechtsschutz des Krankenhauses gegen die kündigungsbedingte Beendigung des Versorgungsvertrages, NZS 1999, 216; *W. Noftz*, Kündigung eines Versorgungsvertrages mit einer gewerblich betriebenen Klinik – kein Vorrang von Plankrankenhäusern, SGb 1999, 632; *M. Quaas*, Aktuelle Fragen des Krankenhausrechts – Teil 2 –, PKR 2002, 39; vgl. auch Schrifttumsnachweise zu §§ 108, 109.

Inhaltsübersicht

	Rn.
A. Überblick	1
B. Verfahren und Voraussetzungen der Kündigung	3
I. Grundsätze	3
II. Die Kündigung durch die Verbände der Krankenkassen	5
1. Verfahren, Abs. 1 S. 1 und 3, Abs. 2 S. 1	5
2. Genehmigung, Abs. 2 S. 2–5	8
3. Materiell-rechtliche Voraussetzungen, Abs. 1 S. 1 und 2	10
C. Rechtsfolgen und Rechtsschutz	12
I. Rechtsfolgen der Kündigung	12
II. Rechtsschutz	13

A. Überblick

§ 110 regelt, als Gegenstück zu § 109, die **Beendigung** von Versorgungsverträ- 1
gen **durch eine Kündigung.** Abs. 1 legt die Voraussetzungen fest, Abs. 2 das Erfordernis der Beteiligung betroffener Dritter. Denn die Kündigung ist zwar nur durch die Vertragsparteien möglich, jedoch werden zum einen die Kassen als Parteien der Pflegesatzvereinbarungen, zum anderen die zuständigen Landesbehörden als Verantwortliche der KH-Planung betroffen. Eine Kündigung ist nach dem insoweit eindeutigen Wortlaut sowohl bei echten als auch bei fiktiven Versorgungsverträgen (vgl. § 109 Abs. 1 S. 1 und 2) möglich. Allerdings sind die rechtlichen Wirkungen jeweils unterschiedlich.

Die Vorschrift ist durch das GKV-WSG (§ 1 Rn. 31) mWv. 1. 7. 2008 **geändert** 2
worden. Abs. 1 S. 1 wurde neu gefasst, jedoch nur kosmetischen Veränderungen unterzogen. Die Vorläufervorschrift ist § 371 Abs. 2 RVO.

B. Verfahren und Voraussetzungen der Kündigung

I. Grundsätze

3   Nach Abs. 1 S. 1 kann jeder Versorgungsvertrag von den Vertragsparteien mit einer **Frist von einem Jahr** gekündigt werden, die Verbände der KKen können dabei allerdings nur **gemeinsam** handeln. Die Kündigung des Versorgungsvertrages seitens der Verbände der KKen und der EKen stellt einen **VA** dar (vgl. BSG, NZS 1999, 185; *Hess*, KK, § 110 Rn. 12; *Rau*, GK-SGB V, § 110 Rn. 13; aA.: *Knittel*, Krauskopf, § 110 Rn. 3), die Kündigung durch das KH ist dagegen eine **einseitige, empfangsbedürftige Willenserklärung** (vgl. *Klückmann*, H/N, § 110 Rn. 42).

4   Allerdings sind für eine wirksame Kündigung durch die Verbände der KKen andere Voraussetzungen zu erfüllen als für das KH. Im Gegensatz zu den Verbänden der KKen **muss das KH lediglich** die einjährige Kündigungsfrist nach Abs. 1 S. 1 einhalten, weitere Erfordernisse gibt es nicht. Demgegenüber gelten für die Kündigung durch die Verbände der KKen enge formelle und materielle Voraussetzungen (nachfolgend II.).

II. Die Kündigung durch die Verbände der Krankenkassen

1. Verfahren, Abs. 1 S. 1 und 3, Abs. 2 S. 1

5   Zunächst müssen auch die Verbände der KKen und die EKen die einjährige Kündigungsfrist nach Abs. 1 S. 1 einhalten. Im Unterschied zur Kündigung durch das KH beginnt die Frist jedoch erst mit der **Genehmigung durch die zuständige Landesbehörde** zu laufen, was aus Abs. 2 S. 2 folgt. Weil die Kündigung durch die Verbände der KKen als VA gilt (vgl. Rn. 3), ist diese **schriftlich** abzufassen und gem. § 35 Abs. 1 S. 1 SGB X zu **begründen.**

6   Bei **Plankrankenhäusern** muss neben der Kündigung gem. Abs. 1 S. 3 auch zeitgleich ein Antrag auf **Herausnahme aus dem KH-Plan** gestellt werden. Hintergrund ist der Umstand, dass bei diesen KH nicht der fiktive Versorgungsvertrag die Zulassung begründet, sondern die Aufnahme in den KH-Plan (vgl. § 108 Nr. 2). Insofern hängt zwar nicht die Wirksamkeit der Kündigung von der Aufhebung der Aufnahme in den KH-Plan ab, aber doch das Erlöschen der Zulassung (vgl. BSG, NZS 1998, 427/429; aA.: *Knittel*, Krauskopf, § 110 Rn. 11). Für **Hochschulkliniken** gilt § 110 Abs. S. 3 hingegen nicht, obwohl auch hier die Zulassung nicht auf dem Versorgungsvertrag, sondern der landesrechtl. Anerkennung beruht (§§ 108 Nr. 1, 109 Abs. 1 S. 2). Die Unterschiede sind nur aus den verschiedenen Funktionen der jeweiligen KH-Arten erklärlich. Jedenfalls beseitigt auch hier die Kündigung nicht die Zulassung, genauer gesagt: Sie lässt den Tatbestand, an den die Entstehung des fiktiven Vertrags geknüpft ist, unberührt. Nimmt man aber die rechtliche Konstruktion ernst, nach der zwischen hoch- und krankenhausrechtl. Statusverleihung einerseits und sozialrechtlichem Rechtsverhältnis andererseits unterschieden wird und deshalb die Rechte und Pflichten zur Versorgung an den Vertrag geknüpft sind (vgl. § 108 Rn. 1), so führt die Kündigung zu einem „entkleideten", nämlich inhaltsleeren Zulassungsstatus.

7   Nach Abs. 2 S. 1 erfolgt die Kündigung **im Benehmen** mit den als Pflegesatzparteien betroffenen KKen. Dazu genügt es, die KKen anzuhören, diesen Gelegenheit zur Stellungnahme zu geben und die Stellungnahme zu berücksichtigen.

2. Genehmigung, Abs. 2 S. 2–5

Die Kündigung eines Versorgungsvertrages durch die Verbände der KKen wird **8** erst mit der **Genehmigung durch die zuständige Landesbehörde** wirksam (Abs. 2 S. 2). Die Genehmigung ist ggü. den Verbänden der KKen ein VA (vgl. *Klückmann*, H/N, § 110, Rn. 44). Die Entscheidung der Landesbehörde muss in jedem Fall nach Abs. 2 S. 3 **begründet** werden. Um für die KH Planungssicherheit herzustellen, wird nach Ablauf von drei Monaten ohne Reaktion der Landesbehörde die **Erteilung** der Genehmigung nach Abs. 2 S. 5 **fingiert**.

Für **Plankrankenhäuser** darf die Genehmigung nur versagt und damit der **9** Kündigung widersprochen werden, wenn das KH für die Versorgung der Versicherten **unverzichtbar** ist (Abs. 2 S. 4). Dies soll es den Landesbehörden erschweren, die Kündigung von Versorgungsverträgen mit Plankrankenhäusern abzulehnen. Allerdings ist die Bedeutung dieser Voraussetzung gering. Denn schon die Kündigung eines Plankrankenhauses verlangt wegen Abs. 1 S. 1 iVm. § 109 Abs. 3 S. 1 Nr. 2 die mangelnde Erforderlichkeit des KH für die Versorgung der Versicherten. Damit ergibt sich zumindest ein weiter Überschneidungsbereich (vgl. BSG, SozR 3–1500, § 51 Nr 17, Rn. 9). Dass ein KH, das nicht erforderlich ist für die Versorgung der Versicherten, gleichzeitig überhaupt unverzichtbar sein könnte, erscheint schwer vorstellbar (so auch *Kingreen*, Beck-OK, § 110 Rn. 11; *Klückmann*, H/N; § 110 Rn. 36 f.). Insofern bringt das Tatbestandsmerkmal der Unverzichtbarkeit keine zusätzliche Einschränkung. Im Übrigen haben die Landesbehörden die damit zusammenhängenden Fragen ohnehin bei der Prüfung des mit der Kündigung des Versorgungsvertrages zu verbindenden **Antrags auf Änderung des Feststellungsbescheids** nach § 8 KHG (vgl. Rn. 6) zu klären (vgl. *Stollmann*, NZS 2004, 350, 356); eine Bindung der Landesbehörde an die Einschätzung der KKen-Verbände (so *Klückmann*, H/N, § 110 Rn. 37) ist abzulehnen, da Abs. 2 S. 4 nicht die Zuständigkeit der Landesbehörden beschränkt.

3. Materiell-rechtliche Voraussetzungen, Abs. 1 S. 1 und 2

Nach Abs. 1 S. 1 ist eine Kündigung materiell-rechtlich nur dann rechtmäßig, **10** wenn ein **Grund nach § 109 Abs. 3 S. 1 Nr. 1 oder 2** vorliegt. Daher ist eine Kündigung dann möglich, wenn das KH nicht mehr **leistungsfähig** oder **wirtschaftlich** ist oder **kein Bedarf** für die Versorgungsleistungen mehr besteht (vgl. § 109 Rn. 7–10). Anders als beim Abschluss des Versorgungsvertrages gibt es bei dessen Kündigung **keinen Vorrang** der Plankrankenhäuser iSe. Bestandsschutzes (vgl. BSG, NZS 1999, 185/186 ff.; krit. *Kingreen*, Beck-OK, § 110 Rn. 12).

Nach der Rspr. des BVerfG liegt in der Nichtaufnahme in den KH-Plan ein **11** Eingriff in Art. 12 GG (vgl. BVerfGE 82, 209/223 ff.); an die Zulassung dürfen keine überspannten Anforderungen gestellt werden (vgl. BVerfGE, 82, 209/231 ff.). Umgekehrt bedeutet dann aber auch die Kündigung des Versorgungsvertrages für das KH einen **Eingriff in Art. 12 Abs. 1 GG,** eventuell auch in Art. 14 Abs. 1 GG. Dem verfassungsrechtlichen Hintergrund trägt Abs. 1 S. 2 dadurch Rechnung, dass eine Kündigung nur dann rechtmäßig ist, wenn die Kündigungsgründe **nicht nur vorübergehend** vorliegen. Dabei ist insb. auch zu berücksichtigen, ob und wie schnell die fehlende Geeignetheit eines KH behebbar ist und wie lange bereits der Versorgungsvertrag bestand. Auf diese Weise finden die Grundsätze der Verhältnismäßigkeit und des Vertrauensschutzes (vgl. auch *Kingreen*, Beck-OK, § 110 Rn. 13) in ausreichendem Maße Beachtung.

C. Rechtsfolgen und Rechtsschutz

I. Rechtsfolgen der Kündigung

12   Mit der Wirksamkeit der Kündigung **endet** der Versorgungsvertrag. Damit entfällt sowohl die **Berechtigung** als auch die **Verpflichtung** des KH zur Versorgung der Versicherten. Eine nach dem Ende des Versorgungsvertrages vorgenommene Behandlung eines Versicherten ist ggü. einer KK nicht mehr abrechenbar.

II. Rechtsschutz

13   Für **Klagen gegen die Kündigung** von Versorgungsverträgen ist je nach Art des KH eine **unterschiedliche Rechtswegszuständigkeit** gegeben. Sind Hochschulkrankenhäuser oder Plankrankenhäusern betroffen, ist nach § 40 Abs. 1 VwGO die Verwaltungsgerichtsbarkeit zuständig (§ 51 Abs. 1 Nr. 2 Hs. 2 SGG), weil auf die KH-Planung der Länder Rücksicht zu nehmen ist. Für Verfahren gegen die Kündigung eines Vertrages mit einem KH nach § 108 Nr. 3 sind hingegen die Sozialgerichte zuständig.

14   **Statthafte Klageart** für die Beseitigung einer Kündigung des Versorgungsvertrages ist die Anfechtungsklage, da die Kündigung einen VA darstellt (vgl. Rn. 3). Daher ist auch ein Vorverfahren nach § 68 VwGO bzw. § 78 SGG erforderlich.

15   Wollen die Verbände der KKen gegen die **Ablehnung einer Genehmigung** der Kündigung durch die Landesbehörde vorgehen, so gilt auch dafür die nach KH-Arten aufgeteilte Spaltung der Rechtswege (BSG, SozR 3–1500, § 51 Nr. 17, Rn. 10 ff.). Da die Genehmigung einen VA darstellt (Rn. 8), ist hier ebenfalls die Anfechtungsklage die statthafte Klageart.

§ 111 Versorgungsverträge mit Vorsorge- oder Rehabilitationseinrichtungen

(1) **Die Krankenkassen dürfen medizinische Leistungen zur Vorsorge (§ 23 Abs. 4) oder Leistungen zur medizinischen Rehabilitation einschließlich der Anschlussheilbehandlung (§ 40), die eine stationäre Behandlung, aber keine Krankenhausbehandlung erfordern, nur in Vorsorge- oder Rehabilitationseinrichtungen erbringen lassen, mit denen ein Versorgungsvertrag nach Absatz 2 besteht.**

(2) [1]**Die Landesverbände der Krankenkassen und die Ersatzkassen gemeinsam schließen mit Wirkung für ihre Mitgliedskassen einheitliche Versorgungsverträge über die Durchführung der in Absatz 1 genannten Leistungen mit Vorsorge- oder Rehabilitationseinrichtungen, die**
1. **die Anforderungen des § 107 Abs. 2 erfüllen und**
2. **für eine bedarfsgerechte, leistungsfähige und wirtschaftliche Versorgung der Versicherten ihrer Mitgliedskassen mit stationären medizinischen Leistungen zur Vorsorge oder Leistungen zur medizinischen Rehabilitation einschließlich der Anschlussheilbehandlung notwendig sind.**

[2]**§ 109 Abs. 1 Satz 1 gilt entsprechend.** [3]**Die Landesverbände der Krankenkassen eines anderen Bundeslandes und die Ersatzkassen können einem nach Satz 1 geschlossenen Versorgungsvertrag beitreten, soweit für die Behandlung der Versicherten ihrer Mitgliedskassen in der Vorsorge- oder Rehabilitationseinrichtung ein Bedarf besteht.**

(3) ¹Bei Vorsorge- oder Rehabilitationseinrichtungen, die vor dem 1. Januar 1989 stationäre medizinische Leistungen für die Krankenkassen erbracht haben, gilt ein Versorgungsvertrag in dem Umfang der in den Jahren 1986 bis 1988 erbrachten Leistungen als abgeschlossen. ²Satz 1 gilt nicht, wenn die Einrichtung die Anforderungen nach Absatz 2 Satz 1 nicht erfüllt und die zuständigen Landesverbände der Krankenkassen und die Ersatzkassen gemeinsam dies bis zum 30. Juni 1989 gegenüber dem Träger der Einrichtung schriftlich geltend machen.

(4) ¹Mit dem Versorgungsvertrag wird die Vorsorge- oder Rehabilitationseinrichtung für die Dauer des Vertrages zur Versorgung der Versicherten mit stationären medizinischen Leistungen zur Vorsorge oder Rehabilitation zugelassen. ²Der Versorgungsvertrag kann von den Landesverbänden der Krankenkassen und den Ersatzkassen gemeinsam mit einer Frist von einem Jahr gekündigt werden, wenn die Voraussetzungen für seinen Abschluss nach Absatz 2 Satz 1 nicht mehr gegeben sind. ³Mit der für die Krankenhausplanung zuständigen Landesbehörde ist Einvernehmen über Abschluss und Kündigung des Versorgungsvertrags anzustreben.

(5) Die Vergütungen für die in Absatz 1 genannten Leistungen werden zwischen den Krankenkassen und den Trägern der zugelassenen Vorsorge- oder Rehabilitationseinrichtungen vereinbart.

(6) Soweit eine wirtschaftlich und organisatorisch selbständige, gebietsärztlich geleitete Vorsorge- oder Rehabilitationseinrichtung an einem zugelassenen Krankenhaus die Anforderungen des Absatzes 2 Satz 1 erfüllt, gelten im Übrigen die Absätze 1 bis 5.

Schrifttum: *H. Fuchs/F. Welti,* Leistungserbringungsrecht der Leistungen zur Teilhabe nach dem SGB IX, Die Rehabilitation 2007, 111.

A. Überblick

Die Norm regelt den **Vertragsschluss** zwischen den Landesverbänden der Kassen und den Ersatzkassen mit Vorsorge- und Rehabilitationseinrichtungen (§ 107 Abs. 2) als Zulassung zur Erbringung von Leistungen der stationären Vorsorge (§ 23 Abs. 4) und stationären Rehabilitation (§ 40 Abs. 2). Für Rehabilitationseinrichtungen gelten ergänzend §§ 17–21 SGB IX.

1

B. Gesetzgebung

Die Vorschrift wurde mit dem GRG eingeführt und trat zum 1.1.1989 in Kraft. Ursprungsnorm war § 184a RVO. Mit dem GSG wurde der Begriff „bedarfsgerecht" eingeführt (vgl. BT-Drs. 12/3608, 101). Die gesetzliche Grundlage für Rahmenempfehlungen (§ 111b) ist am 1.7.2008 entfallen.

2

C. Zulassung durch Vertrag

Leistungen der stationären Vorsorge und stationären Rehabilitation können nur von Vorsorge- und Rehabilitationseinrichtungen erbracht werden, die einen Vertrag mit den Krankenkassen haben. Dies ergibt sich aus **§ 111 Abs. 1** und für Rehabilitationseinrichtungen auch aus **§ 21 Abs. 1 SGB IX.** Verträge für die beiden Versorgungsbereiche sind getrennt zu schließen.

3

§ 111
Versorgungsverträge

4   Die Verträge werden zwischen den einzelnen Einrichtungen und den Landesverbänden der Krankenkassen sowie ab dem 1.7.2008 mit den Ersatzkassen einzeln geschlossen. Sie sind **öffentlich-rechtlich** (§ 53 SGB X). Schon wegen der statusbegründenden Wirkung (Abs. 4 S. 1) ist die Entscheidung über den Vertragsschluss ein Verwaltungsakt.

5   Die Verträge sind zu schließen, wenn die Einrichtungen die **Anforderungen nach § 107 Abs. 2** erfüllen und wenn sie für eine bedarfsgerechte, leistungsfähige und wirtschaftliche Versorgung in dem jeweiligen Leistungsbereich notwendig sind. Die Anforderung der Bedarfsgerechtigkeit ist – entgegen dem Willen des Gesetzgebers (BT-Drs. 12/3608, 101) – einschränkend auszulegen (BSGE 89, 294/299 f.). Dies ergibt sich aus der Berufsfreiheit der Einrichtungsbetreiber. Für eine objektive Prüfung des Bedarfs gibt es keinen hinreichenden Grund, weil die Krankenkassen durch die Leistungsentscheidung im Einzelfall einer angebotsinduzierten Leistungsausweitung anders als im Krankenhaus- und Vertragsarztbereich entgegentreten können. Etwas anderes ergibt sich auch nicht aus der Infrastrukturverantwortung der Rehabilitationsträger (§ 19 Abs. 1 SGB IX). In dieser liegt keine hinreichende Ermächtigung zum Ausschluss geeigneter und wirtschaftlicher Einrichtungen.

D. Vertragsinhalte

6   In den Verträgen sind die **Vergütungen** für die Leistungen der Einrichtungen zu vereinbaren (Abs. 5). Für die Vertragsinhalte bei **Rehabilitationseinrichtungen** gilt § 21 SGB IX, weil dort nichts Abweichendes zu § 111 geregelt ist, sondern ergänzende Inhalte, mit denen die Koordination, Kooperation und Konvergenz zwischen den Trägern der medizinischen Rehabilitation hergestellt werden soll.

7   In den Verträgen sind auch **Qualitätsanforderungen** an die Ausführung der Leistungen, das beteiligte Personal und die begleitenden Fachdienste (§§ 21 Abs. 1 Nr. 1 SGB IX, 20 SGB IX; § 137 d), **Rechte und Pflichten** sowie angemessene Mitwirkungsmöglichkeiten der Teilnehmer (§ 21 Abs. 1 Nr. 3 und 4 SGB IX), die Geheimhaltung personenbezogener **Daten** (§ 21 Abs. 1 Nr. 5 SGB IX) sowie die Beschäftigung eines angemessenen Anteils behinderter, insbesondere schwerbehinderter Frauen (§ 21 Abs. 1 Nr. 6 SGB IX) zu regeln. Dabei sind die **Vergütungen** nach gemeinsamen Grundsätzen der Rehabilitationsträger zu gestalten (§ 21 Abs. 1 Nr. 2 SGB IX) und müssen wirtschaftlich und angemessen sein (§§ 19 Abs. 4 S. 2, 35 Abs. 1 S. 2 Nr. 4).

E. Kündigung

8   Die Verträge können mit einer Frist von einem Jahr gekündigt werden, wenn die Voraussetzungen für ihren Abschluss nicht mehr gegeben sind (Abs. 4 S. 2). Jedenfalls für Einrichtungen der Rehabilitation gilt, dass Verträge mit fachlich nicht geeigneten Einrichtungen gekündigt werden müssen (§ 21 Abs. 3 S. 1 SGB IX). Für Vorsorgeeinrichtungen kann nichts anderes gelten, da in nicht geeigneten Einrichtungen keine Leistungen erbracht werden können, die den leistungsrechtlichen Anforderungen entsprechen.

F. Rechtsschutz

Gegen den Nichtabschluss eines Vertrages oder die Kündigung kann Anfechtungsklage beim Sozialgericht erhoben werden. Ein Schiedsverfahren ist für die Verträge mit Vorsorge- und mit Rehabilitationseinrichtungen nicht vorgesehen. 9

G. Rahmenverträge, § 21 Abs. 2 SGB IX

Die Rehabilitationsträger sollen die Verträge mit den Diensten und Einrichtungen **nach einheitlichen Grundsätzen** schließen (§ 21 Abs. 2 SGB IX). Für die medizinische Rehabilitation sind dies die Rehabilitationsträger aus § 6 Abs. 1 Nr. 1, 3, 4, 6 und 7 SGB IX. Diese können hierzu mit **Arbeitsgemeinschaften** der Dienste und Einrichtungen mit gleicher Aufgabenstellung (§ 19 Abs. 6 SGB IX) **Rahmenverträge** schließen (§ 21 Abs. 2 SGB IX). 10

§ 111a Versorgungsverträge mit Einrichtungen des Müttergenesungswerks oder gleichartigen Einrichtungen

(1) ¹Die Krankenkassen dürfen stationäre medizinische Leistungen zur Vorsorge für Mütter und Väter (§ 24) oder Rehabilitation für Mütter und Väter (§ 41) nur in Einrichtungen des Müttergenesungswerks oder gleichartigen Einrichtungen oder für Vater-Kind-Maßnahmen geeigneten Einrichtungen erbringen lassen, mit denen ein Versorgungsvertrag besteht. ²§ 111 Abs. 2, 4 Satz 1 und 2 und Abs. 5 sowie § 111b gelten entsprechend.

(2) ¹Bei Einrichtungen des Müttergenesungswerks oder gleichartigen Einrichtungen, die vor dem 1. August 2002 stationäre medizinische Leistungen für die Krankenkassen erbracht haben, gilt ein Versorgungsvertrag in dem Umfang der im Jahr 2001 erbrachten Leistungen als abgeschlossen. ²Satz 1 gilt nicht, wenn die Einrichtung die Anforderungen nach § 111 Abs. 2 Satz 1 nicht erfüllt und die zuständigen Landesverbände der Krankenkassen und die Ersatzkassen gemeinsam dies bis zum 1. Januar 2004 gegenüber dem Träger der Einrichtung schriftlich geltend machen.

A. Überblick

Die Norm regelt die **Zulassung** von Einrichtungen des Müttergenesungswerks und gleichartigen Einrichtungen zur Erbringung von Leistungen der Vorsorge (§ 24) und Rehabilitation (§ 41) für Mütter und Väter. § 111b als bisherige Grundlage für Rahmenempfehlungen ist am 1.7.2008 entfallen. Zur Qualitätssicherung gilt § 137d. Im Bereich von § 41 gelten ergänzend §§ 17–21 SGB IX. 1

B. Gesetzgebung

Die Vorschrift wurde mit dem 11. ÄndG zum 1.8.2002 aufgenommen. 2

C. Einrichtungen des Müttergenesungswerks und gleichartige Einrichtungen

3   Das **Deutsche Müttergenesungswerk** (Elly-Heuss-Knapp-Stiftung, MGW) ist eine Arbeitsgemeinschaft der freien Wohlfahrtsverbände Arbeiterwohlfahrt (AWO), Der Paritätische Wohlfahrtsverband (DPWV), Deutsches Rotes Kreuz (DRK), Evangelische Arbeitsgemeinschaft für Müttergenesung (Diakonie) und Katholische Arbeitsgemeinschaft für Müttergenesung. Das MGW hat mit den Spitzenverbänden der Krankenkassen jeweils **Anforderungsprofile** für Einrichtungen, die Leistungen nach den §§ 24 und 41 erbringen können, vereinbart, die am 1. 8. 2003 in Kraft getreten sind. Einrichtungen der Mitgliedsverbände sind Einrichtungen des MGW. Einrichtungen, die sich an den Anforderungsprofilen orientieren, sind gleichartige Einrichtungen. Klar gestellt ist, dass auch Einrichtungen mit Angeboten für Vater-Kind-Maßnahmen eingeschlossen sind.

D. Entsprechende Geltung von § 111

4   Die Regelungen aus § 111 gelten entsprechend mit Ausnahme der Einvernehmensregelung mit den Krankenhausplanungsbehörden (§ 111 Abs. 4 S. 3). Krankenhausabteilungen nach § 111 a sind nicht vorgesehen (vgl. § 111 Abs. 5). Der Vertrauensschutz ist eigenständig geregelt (§ 111 a Abs. 2).

§ 111 b *(aufgehoben)*

§ 112 Zweiseitige Verträge und Rahmenempfehlungen über Krankenhausbehandlung

(1) **Die Landesverbände der Krankenkassen und die Ersatzkassen gemeinsam schließen mit der Landeskrankenhausgesellschaft oder mit den Vereinigungen der Krankenhausträger im Land gemeinsam Verträge, um sicherzustellen, daß Art und Umfang der Krankenhausbehandlung den Anforderungen dieses Gesetzbuchs entsprechen.**

(2) [1]**Die Verträge regeln insbesondere**
1. die allgemeinen Bedingungen der Krankenhausbehandlung einschließlich der
   a) Aufnahme und Entlassung der Versicherten,
   b) Kostenübernahme, Abrechnung der Entgelte, Berichte und Bescheinigungen,
2. die Überprüfung der Notwendigkeit und Dauer der Krankenhausbehandlung einschließlich eines Kataloges von Leistungen, die in der Regel teilstationär erbracht werden können,
3. Verfahrens- und Prüfungsgrundsätze für Wirtschaftlichkeits- und Qualitätsprüfungen,
4. die soziale Betreuung und Beratung der Versicherten im Krankenhaus,
5. den nahtlosen Übergang von der Krankenhausbehandlung zur Rehabilitation oder Pflege,
6. das Nähere über Voraussetzungen, Art und Umfang der medizinischen Maßnahmen zur Herbeiführung einer Schwangerschaft nach § 27 a Abs. 1.

[2]**Sie sind für die Krankenkassen und die zugelassenen Krankenhäuser im Land unmittelbar verbindlich.**

(3) Kommt ein Vertrag nach Absatz 1 bis zum 31. Dezember 1989 ganz oder teilweise nicht zustande, wird sein Inhalt auf Antrag einer Vertragspartei durch die Landesschiedsstelle nach § 114 festgesetzt.

(4) ¹Die Verträge nach Absatz 1 können von jeder Vertragspartei mit einer Frist von einem Jahr ganz oder teilweise gekündigt werden. ²Satz 1 gilt entsprechend für die von der Landesschiedsstelle nach Absatz 3 getroffenen Regelungen. ³Diese können auch ohne Kündigung jederzeit durch einen Vertrag nach Absatz 1 ersetzt werden.

(5) Der Spitzenverband Bund der Krankenkassen und die Deutsche Krankenhausgesellschaft oder die Bundesverbände der Krankenhausträger gemeinsam sollen Rahmenempfehlungen zum Inhalt der Verträge nach Absatz 1 abgeben.

(6) Beim Abschluß der Verträge nach Absatz 1 und bei Abgabe der Empfehlungen nach Absatz 5 sind, soweit darin Regelungen nach Absatz 2 Nr. 5 getroffen werden, die Spitzenorganisationen der Vorsorge- und Rehabilitationseinrichtungen zu beteiligen.

Schrifttum: *P. Axer,* Normsetzung der Exekutive im Sozialrecht, 2000; *U. Bauer,* Zweiseitige Rahmenempfehlungen über Krankenhausbehandlung, BKK 1990, 150; *K.-J. Bieback,* Zwangsmitgliedschaft von Leistungserbringern der GKV in Körperschaften des öffentlichen Rechts, Festschrift für Otto Ernst Krasney zum 65. Geburtstag 1997, 1 (Beck, München); *C.-P. Bienert,* Anscheinsbeweis, Amtsermittlungsgrundsatz und Krankenhausfälle, SGb 2004, 160; *K. Biersack,* Tipps zum Umgang mit zweifelhaften Rechnungen aus dem Krankenhaus, BKK 2003, 253; *K. Blum, u. a.,* Zahlungsverzögerungen und Zahlungsverweigerungen durch die gesetzlichen Krankenkassen, KH 2004, 989; *T. Bohle,* Die Sicherstellungsverträge nach § 112 SGB 5 und der Streit um die Vergütung der stationären Behandlung, KH 2001, 752; *C. Fischer,* Die Verjährung von Vergütungsansprüchen in der gesetzlichen Krankenversicherung, NZS 2003, 301; *K. Focke,* Vertragsrecht im Krankenhausbereich, BKK 1998, 389; *I. Heberlein,* Die Überprüfung von Vergütungsansprüchen im Krankenhaus, KHuR 2004, 33; *J. Joussen,* Die Legitimation zur Normsetzung durch die Exekutive, besonders im Vertragsarztrecht, durch Normenverträge, SGb 2004, 334; *G. Kirchhoff,* Die Rechtsnatur von Verträgen zwischen gesetzlichen Krankenkassen und Leistungserbringern gemäß §§ 69 ff SGB 5, SGb 2005, 499; *W. Leber,* Zahlungsbedingungen in 2-seitigen Verträgen und Pflegesatzvereinbarungen, KH 2004, 555; *A. Meschke/F.-J. Dahm,* Die Befugnis der Krankenkassen zur Einsichtnahme in Patientenunterlagen, MedR 2002, 346; *W. Pilz,* Die „Schlüsselstellung" des Krankenhausarztes, NZS 2003, 350; *M. Quaas,* Zu den Aufgaben und der Diskussion um die Rechtsform der Landeskrankenhausgesellschaft (LKG), NZS 1995, 482; *I. Schliephorst,* Überprüfung der Notwendigkeit und Dauer einer Krankenhausbehandlung durch den MDK, KH 2007, 140; *H. Sodan,* Normsetzungsverträge im Sozialversicherungsrecht, NZS 1998, 305 vgl. auch Schrifttumsnachweise zu § 108.

Inhaltsübersicht

	Rn.
A. Überblick	1
B. Verträge	3
I. Rechtsnatur und Vertragsschluss, Abs. 1, 3 und 6	3
II. Vertragsinhalte, Abs. 1 S. 1	6
III. Rechtsfolgen und Kündigung, Abs. 2 S. 2, Abs. 4	13
C. Rahmenempfehlungen, Abs. 5 und 6	15

A. Überblick

§ 112 verpflichtet die Landesverbände der KKen und die jeweilige LKG zum **Abschluss von zweiseitigen Verträgen** über die **nähere Ausgestaltung** der Art und Weise der KH-Behandlung zu verpflichten. Die Verpflichtung wird durch eine Aufforderung zur Schaffung von Rahmenempfehlungen auf Bundesebene 1 für den Inhalt der Verträge ergänzt. Auf diese Weise sollen Vorgaben für die Erbringung stationärer Leistungen gesetzt werden. Der Gesetzgeber spricht etwas zurückhaltender davon, dass das Instrumentarium des § 112 geschaffen worden ist, um eine bedarfsgerechte, leistungsfähige und wirtschaftliche Behandlung der Versicherten der GKV in den KH zu unterstützen (vgl. BT-Drs. 11/2237). Die **Landesverträge** nach § 112 ergänzen die mit den einzelnen KH zu treffenden Vereinbarungen: zum einen den Versorgungsvertrag (§ 109), aus dem die Rechte und Pflichten zur Teilnahme an der Versorgung, aber keine näheren inhaltlichen Ausgestaltungen folgen, zum anderen die Pflegesatzvereinbarungen.

2 Die Vorschrift ist durch das GKV-WSG (§ 1 Rn. 31) mWv. 1. 7. 2008 **geändert** worden, allerdings nicht in der Sache, sondern nur durch redaktionelle Anpassungen.

B. Verträge

I. Rechtsnatur und Vertragsschluss, Abs. 1, 3 und 6

3 Bei den Verträgen nach § 112 handelt es sich, nach der Gegenstandstheorie unabhängig von der Rechtsform der Parteien, die den Vertrag schließen, um **öff.-rechtl. Verträge,** und zwar um Normenverträge (vgl. Rn. 13), auf die die §§ 53 ff. SGB X keine Anwendung finden (*Axer*, Normsetzung der Exekutive, 62 f.). **Vertragsparteien** sind die Landesverbände der KKen und die EKen gemeinsam (vgl. §§ 207 Abs. 1, 212 Abs. 3 und 5) einerseits sowie die LKG (vgl. § 108 a Rn. 3) andererseits. Die alternative Erwähnung anderer Vereinigungen der KH-Träger im Land soll eine Bindung ermöglichen, falls eine LKG nicht existiert. Gibt es an deren Stelle mehrere Vereinigungen, so müssen diese ebenfalls gemeinsam handeln.

4 Der **Vertragsschluss** kommt durch übereinstimmende Willenserklärungen aller notwendigen Vertragsparteien zustande. Bis zum 31. 12. 1989 waren die Verträge durch die Vertragsparteien allein zu schließen. Seitdem kann im Falle der völligen oder teilweisen Nichteinigung von einer Vertragspartei die **Landesschiedsstelle** nach Abs. 3 angerufen werden. Der Spruch der Schiedsstelle (vgl. dazu und zum Verfahren § 114) tritt an die Stelle des Vertrags; er kann durch nachfolgende vertragliche Absprachen abgeändert bzw. ersetzt werden (Abs. 4 S. 3). Ggü. den Vertragsparteien stellt er einen VA dar (§ 114 Rn. 9), ggü. Dritten teilt er die Rechtsnatur des ersetzten Akts (*Axer*, Normsetzung der Exekutive, 97 ff.), ist also auch Normenvertrag (vgl. Rn. 13).

5 Gem. **Abs. 6** sind die Spitzenorganisationen der Vorsorge- und Rehabilitationseinrichtungen „zu beteiligen", wenn Regelungen nach Abs. 2 S. 1 Nr. 5 (vgl. Rn. 11) getroffen werden. Die genannten Organisationen werden aber nicht Vertragsparteien. Die **Beteiligung** dient vielmehr der inhaltlichen Abstimmung; erforderlich ist, dass die genannten Spitzenorganisationen Gelegenheit zu einer Stellungnahme erhalten, die vor dem Vertragsschluss zur Kenntnis genommen wird.

II. Vertragsinhalte, Abs. 2 S. 1

6 Die in Abs. 2 S. 1 aufgeführten **Regelungsinhalte** sind vom Gesetzgeber als so wichtig angesehen worden, dass sie in einem Vertrag nach § 112 **zwingend** zu regeln sind. Die Vorschrift stellt jedoch **keine abschließende Regelung** dar, die Vertragsparteien können und sollen auch andere Vereinbarungen treffen (vgl. *Rau*, GK-SGB V, § 112 Rn. 6). Regelmäßig werden Verträge zur Klärung einzelner der

in Abs. 2 S. 1 vorgesehenen Inhalte geschlossen (die Verträge sind zT. im Internet auf den Seiten der LKGen veröffentlicht, etwa www.bwkg.de). Zu den Pflichtinhalten zählen nach:
- **Nr. 1** die **allg. Bedingungen** der KH-Behandlung einschl. der Aufnahme und Entlassung der Versicherten sowie der Kostenübernahme, der Abrechnung der Entgelte, der Berichte und der Bescheinigungen. Die Kostenübernahme wird von den KKen in aller Regel mit einer Kostenübernahmeerklärung angezeigt (§ 39 Rn. 33). Nach der Rspr. des BSG hat eine solche Erklärung allerdings keine konstitutive Wirkung. Sie begründet den Vergütungsanspruch des KH ggü. den KKen nicht, weil dieser aus dem materiellen Recht des SGB V folgt (st. Rspr., zuletzt BSG, SozR 4–2500, § 112 Nr. 6). Die Kostenübernahmeerklärung hat nur die Wirkung eines deklaratorischen Schuldanerkenntnisses und damit beweisrechtl. Funktion (vgl. BSG, SozR 3–2500, § 112 Nr. 2). Fehlt sie, müssen die Voraussetzungen des Anspruchs bewiesen werden. Hinsichtlich der Abrechnung der Entgelte können bspw. Vorschusszahlungen, Fristen oder die Zahlungsmodalitäten bei der Zuzahlung der Patienten geregelt werden (vgl. *Rau*, GK-SGB V, § 112 Rn. 9). 7
- **Nr. 2** die Überprüfung der **Notwendigkeit und Dauer der KH-Behandlung** einschließl. eines Kataloges von Leistungen, die idR. teilstationär erbracht werden können. Die Überprüfung erfolgt durch den MDK. Das Prüfverfahren ist teilweise gesetzl. in den §§ 275 ff., teilweise in den Landesverträgen nach § 112 geregelt. Allerdings ist der MDK an die Prüfgrundsätze in den Landesverträgen nicht gebunden (vgl. BSG, SozR 4–2500 § 112 Nr. 6). Die Prüfung kann schon nach Anzeige der Aufnahme des Versicherten im KH oder auch erst nach Abschluss der Behandlung erfolgen. Für die Beurteilung der Notwendigkeit der KH-Behandlung sind allein medizinische Erfordernisse maßgebl., ein Vergütungsanspruch des KH gegen die KK ist ausgeschlossen, wenn der Aufenthalt im KH auf anderen Gründen beruht (vgl. BSG [GS], NJW 2008, 1980). Es ist dabei iRd. Beweiswürdigung auf den im Behandlungszeitpunkt verfügbaren Wissens- und Kenntnisstand des behandelnden Arztes abzustellen. Eine Einschätzungsprärogative des KH-Arztes dergestalt, dass von einer Notwendigkeit der Behandlung auszugehen ist, wenn diese von ihm bejaht wird und fachlich vertretbar ist, besteht nicht – die KK und die Gerichte haben die Notwendigkeit einer KH-Behandlung grds. voll zu überprüfen (vgl. BSG NJW 2008, 1980). Treten bei der Prüfung durch den MDK Verfahrensfehler auf, so sind diese nicht der KK zurechenbar, weil der MDK die Überprüfung eigenständig als eine ihm durch Gesetz zugewiesene Aufgabe wahrnimmt und es insoweit an einer Zurechnungsnorm fehlt (vgl. BSG, SozR 4–2500 § 112 Nr. 6). 8
- **Nr. 3** die Verfahrens- und Prüfungsgrundsätze für **Wirtschaftlichkeits- und Qualitätsprüfungen**. Es handelt sich hierbei um die Prüfungen nach den §§ 113, 137. Soweit diese keine Vorgaben enthalten, sind die Prüfungen vertraglich näher zu regeln. 9
- **Nr. 4** die **soziale Betreuung und Beratung** der Versicherten im KH. Hierbei handelt es sich um eine subsidiäre Aufgabe der KH, die nur dann zu erfüllen ist, wenn sie sonst keine anderen Einrichtungen wahrnimmt (vgl. *Klückmann*, H/N, § 112 Rn. 28). IdR. wird sie von den Sozialen Diensten erfüllt. 10
- **Nr. 5** der **nahtlose Übergang** von der KH-Behandlung zur Rehabilitation oder Pflege. Die Regelungen hierzu sollen einen vollständigen Heilungsprozess nach der stationären Versorgung sicherstellen und die unterschiedlichen Träger zu einem frühzeitigen Informationsaustausch verpflichten. 11

§ 112

12 – **Nr. 6** das Nähere über Voraussetzungen, Art und Umfang der medizinischen Maßnahmen zur **Herbeiführung einer Schwangerschaft** nach § 27 a Abs. 1. Die Vertragsinhalte zu diesem Punkt dienen der Konkretisierung im Hinblick auf die medizinische Indikation, notwendige Erfolgsaussichten und Altersgrenzen für die Behandlung.

III. Rechtsfolgen und Kündigung, Abs. 2 S. 2, Abs. 4

13   Nach Abs. 2 S. 2 sind die Verträge für die KKen und die zugelassenen KH im Land **unmittelbar verbindlich.** Allerdings folgt die Verbindlichkeit nicht aus der Abgabe übereinstimmender Willenserklärungen. Die Verträge nach § 112 stellen sog. **Normenverträge** dar (*Ebsen,* HS-KV § 7 Rn. 131), dh. § 112 ermächtigt die Vertragsparteien, auch nicht rechtsgeschäftlich Gebundene zu verpflichten. Die Bindungswirkung beruht damit bereits auf der gesetzlichen Ermächtigung zum Abschluss von Normenverträgen (insofern ist die Behauptung, es fehle ein Legitimationsakt, nicht richtig). Dennoch wird die Konstruktion für verfassungsrechtlich bedenklich gehalten, weil es jedenfalls Außenstehenden an einer demokratischen Legitimation fehle (vgl. nur *Kingreen,* Beck-OK, § 112 Rn. 16). Richtig ist, dass es bei einer rechtsgeschäftlichen Konstruktion der Bindungswirkung in diesem Punkt praktisch deshalb kaum Probleme gäbe, weil nur sehr wenige KH nicht in der LKG organisiert sind und daher die Bindung weitgehend auch über Satzungsrecht erklärt werden könnte (vgl. *Hess,* KK, § 112 Rn. 16; *Rau,* GK-SGB V, § 112 Rn. 17). Jedoch soll davon die Bindung gerade nicht abhängig sein, zumal auch auf Kassenseite die Wirkung der Verträge nicht auf Verbandsangehörige begrenzt ist (vgl. BSG, NZS 1997, 228, 229). Die persönliche Legitimation über die Mitgliedschaft kann also die fehlende Legitimation über politische Wahlen nicht ersetzen. Jedoch ermöglicht Art. 87 Abs. 2 GG die Übertragung der Normsetzung auf Sozialversicherungsträger (*Axer,* Normsetzung der Exekutive, 308 f.), und die Vorgaben in § 112 Abs. 2 S. 1 sind, zusammen mit den ohnehin bestehenden und unabänderlichen gesetzlichen Vorgaben (Art. 20 Abs. 3 GG), so bestimmt, dass von einer ausreichenden (materiell-inhaltlichen) Legitimation auszugehen ist.

14   Die **Kündigung** eines Vertrages nach § 112 kann nach Abs. 4 durch jede Vertragspartei mit einer Frist von einem Jahr erfolgen. Wie beim Vertragsschluss müssen auch hier die Vertragsparteien gemeinsam handeln. Eine Kündigung ist vollständig oder nur für Teile möglich und kann sich auch auf Verträge beziehen, die mit Hilfe der Landesschiedsstelle zustande gekommen sind (Abs. 4 S. 2).

C. Rahmenempfehlungen, Abs. 5 und 6

15   Wie schon aus dem Begriff folgt, sind die **Rahmenempfehlungen** der Spitzen- und Bundesverbände nach Abs. 5 nicht bindend und dazu gedacht, allg. Vorgaben zu setzen. Das folgt dem allg. Muster für die Regelung der Leistungserbringung im KH-Sektor. Einerseits sollen wie im Vertragsarztrecht auf mehreren Ebenen, nach Konkretisierungsgrad gestuft, zwischen den Akteuren der beiden betroffenen Seiten die Modalitäten der Leistungserbringung ausgehandelt werden; andererseits wird darauf verzichtet, die verbandliche Steuerung auf KH-Seite in zwingende öff.-rechtl. Form zu gießen.

16   Unabhängig davon und von dem Umstand, dass fehlende Rahmenempfehlungen einen wirksamen Vertragsschluss nicht hindern, funktioniert die hierarchische

Gliederung über eine **freiwillige Befolgung** und die Verbandsstrukturen in der Praxis so weitgehend, dass die Inhalte der Verträge zu einem großen Teil vorweggenommen werden (*Heinze*, HS-KV § 38 Rn. 75 ff.). Insofern ist die in **Abs. 6** vorgesehene Beteiligung der Spitzenorganisationen der Vorsorge- und Rehabilitationseinrichtungen (vgl. auch Rn. 5) sachgerecht.

§ 113 Qualitäts- und Wirtschaftlichkeitsprüfung der Krankenhausbehandlung

(1) ¹**Die Landesverbände der Krankenkassen, die Ersatzkassen und der Landesausschuß des Verbandes der privaten Krankenversicherung können gemeinsam die Wirtschaftlichkeit, Leistungsfähigkeit und Qualität der Krankenhausbehandlung eines zugelassenen Krankenhauses durch einvernehmlich mit dem Krankenhausträger bestellte Prüfer untersuchen lassen.** ²**Kommt eine Einigung über den Prüfer nicht zustande, wird dieser auf Antrag innerhalb von zwei Monaten von der Landesschiedsstelle nach § 114 Abs. 1 bestimmt.** ³**Der Prüfer ist unabhängig und an Weisungen nicht gebunden.**

(2) **Die Krankenhäuser und ihre Mitarbeiter sind verpflichtet, dem Prüfer und seinen Beauftragten auf Verlangen die für die Wahrnehmung ihrer Aufgaben notwendigen Unterlagen vorzulegen und Auskünfte zu erteilen.**

(3) ¹**Das Prüfungsergebnis ist, unabhängig von den sich daraus ergebenden Folgerungen für eine Kündigung des Versorgungsvertrags nach § 110, in der nächstmöglichen Pflegesatzvereinbarung mit Wirkung für die Zukunft zu berücksichtigen.** ²**Die Vorschriften über Wirtschaftlichkeitsprüfungen nach der Bundespflegesatzverordnung bleiben unberührt.**

(4) **Die Wirtschaftlichkeit und Qualität der Versorgung durch psychiatrische Institutsambulanzen (§ 118) und sozialpädiatrische Zentren (§ 119) werden von den Krankenkassen in entsprechender Anwendung der nach § 106 a, § 106 Abs. 2 und 3 und § 136 geltenden Regelungen geprüft.**

Schrifttum: *G. Igl,* Rechtlicher Rahmen der Qualitätssicherung im Krankenhaus, ZSR 2002, 481; *H. T. Riegel,* Qualitätssicherung im Krankenhaus, ErsK 1993, 513; *T. Schulte,* (Teil-) Wirtschaftlichkeitsprüfungen im Krankenhaus, ErsK 1990, 193 u. 239; *C. Walser,* Qualitätssicherung bei grenzüberschreitenden Krankenhausleistungen, ZESAR 2004, 365.

Inhaltsübersicht

	Rn.
A. Überblick	1
B. Qualitäts- und Wirtschaftlichkeitsprüfung	3
I. Begriff, Abs. 1 S. 1	3
II. Prüfer, Abs. 1 S. 2 und 3	4
III. Prüfungsverfahren und Auskunftspflichten, Abs. 1 S. 1, Abs. 2	6
C. Prüfergebnis, Abs. 3	10
I. Relevanz für vertragliche Absprachen	10
II. Rechtsschutz	12
D. Sonderregelung für psychiatrische Institutsambulanzen und sozialpädiatrische Zentren, Abs. 4	13

A. Überblick

§ 113 hat den **Zweck,** die Erfüllung der allg. Leistungsvoraussetzungen der 1
§§ 2 Abs. 1 S. 3, 12 Abs. 1 in der stationären Versorgung sicherzustellen. Abs. 1 be-

fasst sich inhaltlich mit der Wirtschaftlichkeitsprüfung und dem Verfahren sowie der Bestellung des Prüfers und seiner verfahrensrechtlichen Stellung. Abs. 2 regelt Mitwirkungspflichten. Abs. 3 befasst sich mit der Relevanz des Prüfungsergebnisses (S. 1) und stellt darüber hinaus klar, dass das Prüfungsrecht der KKen im Zusammenhang mit dem Abschluss von Pflegesatzvereinbarungen hinsichtlich der Wirtschaftlichkeit und Leistungsfähigkeit unberührt bleibt (S. 2). Schließlich enthält Abs. 4 eine Ausnahme vom Anwendungsbereich für die dort genannten Einrichtungen.

2 § 113 trat an die Stelle des § 373 RVO, der Regelungen zur Wirtschaftlichkeitsprüfung enthielt. Er wurde zuletzt **geändert** durch das GKV-WSG (§ 1 Rn. 31), in Abs. 1 S. 1 wurde die mehrfache Nennung der Verbände gestrichen.

B. Qualitäts- und Wirtschaftlichkeitsprüfung

I. Begriff, Abs. 1 S. 1

3 Gegenstand der Wirtschaftlichkeitsprüfung ist die Wirtschaftlichkeit, Leistungsfähigkeit und Qualität der KH-Behandlung in ihrer Gesamtheit (Abs. 1 S. 1). Einzelheiten zu den Prüfungsformen und dem Prüfungsumfang enthält § 113 nicht. Diese sind gem. § 112 Abs. 2 S. 1 Nr. 3 Bestandteile der zweiseitigen Verträge auf Landesebene. Die **Begriffe** der Wirtschaftlichkeit und Leistungsfähigkeit sind wie bei § 109 zu bestimmen (vgl. § 109 Rn. 8 f.). Da Qualität ein relationaler Begriff ist, kann eine Definition nicht ohne genauere Abgrenzung des Bezugsrahmens erfolgen. Unterscheiden lassen sich dabei im Hinblick auf die Qualität drei Kategorien: Strukturen, Prozesse und Ergebnisse eines KH (vgl. § 135 a Rn. 5; ferner *Klückmann*, H/N, § 113 Rn. 17):
- **Strukturqualität** umfasst die bauliche, sachliche und personelle Ausstattung des KH, maW. die Zahl und die Qualifikation des medizinischen Personals in Bezug auf die medizinischen Erfordernisse.
- **Prozessqualität** meint die Abläufe in der KH-Behandlung, also die Durchführung der medizinisch-therapeutischen Aktivitäten einschließlich der Diagnostik.
- **Ergebnisqualität** ist schließlich die Veränderung des Gesundheitszustandes des Patienten, die durch die Behandlung und alle damit verbundenen Maßnahmen erzielt wurde und darauf zurückgeführt werden kann.

II. Prüfer, Abs. 1 S. 2 und 3

4 Die Wirtschaftlichkeitsprüfung wird durch einen Prüfer wahrgenommen. Der Prüfer ist gem. Abs. 1 S. 3 **unabhängig und weisungsfrei**, auch wenn der Prüfauftrag durch die Landesverbände der KKen, die Verbände der EKen und den Landesausschuss des Verbandes der privaten Krankenversicherungen erfolgt. Auf diese Weise soll die Objektivität des Prüfverfahrens gewährleistet werden.

5 Die starke Stellung des Prüfers spiegelt sich zudem in dem Umstand wider, dass eine Bestellung grds. nur einvernehmlich mit dem KH-Träger erfolgen kann. Insofern ist die **Zustimmung des KH-Trägers** grds. konstitutiv. Fehlt es hieran, weil sich die Parteien nicht auf einen Prüfer einigen können, greift die Regelung des Abs. 1 S. 2. Auf Antrag einer der Parteien bestimmt dann die Landesschiedsstelle (vgl. § 114) innerhalb von 2 Monaten den Prüfer.

III. Prüfungsverfahren, Abs. 1 S. 1, Abs. 2

Das Prüfungsverfahren wird durch einen entsprechenden **Prüfungsauftrag** 6
eingeleitet. Auftraggeber sind der Landesverbände der KKen, die EKen und der Landesauschuss des Verbandes der privaten Krankenversicherungen. Das Gesetz verlangt, dass sie **gemeinsam** handeln (Abs. 1 S. 1).

Die Entscheidung zur Einleitung steht im **Ermessen**. Sie kann auf verschiede- 7
nen Anlässen beruhen. In der Mehrzahl liegt ihr ein statistischer Vergleich zugrunde, etwa zwischen mehreren KH in einer Region oder in einem Bundesland. Zeigen sich bspw. signifikante Abweichungen in der Fallzahl, der Verweildauer oder den Kosten der Behandlung zwischen einzelnen KH oder auch durch den Vergleich mit Vorjahresergebnissen des KH selbst, so kann der Anlass für eine Prüfung nach § 113 sein. Auch erhebliche Änderungen in der Kosten- und Leistungsstruktur können eine Prüfung angezeigt erscheinen lassen.

Dem im Anschluss bestellten Prüfer (vgl. Rn. 5) und seinen Beauftragten müs- 8
sen auf Verlangen die für die Wahrnehmung ihrer Aufgaben notwendigen **Unterlagen** vorgelegt und **Auskünfte** erteilt werden (Abs. 2). Diese Pflicht trifft sowohl das KH insgesamt, d. h. dessen Träger, als auch alle dort tätigen Mitarbeiter, sowohl des ärztlichen als auch des nichtärztlichen Personals. Sie dient dazu, eine effektive Prüfung zu gewährleisten. Die Auskunftspflichten sind weitgehend und umfassen insb. auch Patientendokumentationen. Die Rspr. (vgl. BVerwGE 82, 56/59) sieht hierin keine unbefugte Weitergabe iSe. Verletzung der ärztlichen Schweigepflicht, § 203 Abs. 1 Nr. 1 StGB. Abgeschlossen wird das Verfahren mit Vorlage des Prüfberichts, der die Ergebnisse enthält (vgl. zu den Folgen Rn. 10 ff.).

Die Prüfung **endet** mit einem Bericht, der die Ergebnisse festhält. Bei den 9
iRd. Wirtschaftlichkeits- und Qualitätsprüfung nach § 113 getroffenen Feststellungen handelt es sich um gutachterliche Stellungnahmen, die weitere Folgen vorbereiten (vgl. Rn. 10 f.); dementspr. sind sie nicht selbst anfechtbar (vgl. Rn. 12).

C. Prüfergebnis, Abs. 3

I. Relevanz für vertragliche Absprachen

Das Prüfungsergebnis ist nach Abs. 3 S. 1 iRd. nächstmöglichen **Pflegesatz-** 10
vereinbarung zu berücksichtigen. Dies geschieht mit Wirkung **für die Zukunft,** schließt also eine rückwirkende Änderung der Pflegesätze aus. Unberührt hiervon bleibt nach der Gesetzesbegründung die Möglichkeit, ggf. die Vereinbarung wegen einer arglistigen Täuschung anzufechten oder Schadensersatz zu verlangen (vgl. BT-Drs. 11/2237, 200). Der Wortlaut („ist zu berücksichtigen") gebietet, dass das Ergebnis Beachtung findet. Auf welche Weise und in welchem Umfang dies im Einzelfall geschieht, entzieht sich der abstrakten Festlegung und steht im Ermessen der Beteiligten.

Die Ergebnisse können zudem Anlass dazu geben, die Notwendigkeit einer 11
Kündigung des Versorgungsvertrags gem. § 110 Abs. 1 S. 1 iVm. § 109 Abs. 3 S. 1 zu überprüfen. Ob die entsprechenden Feststellungen im Prüfergebnis einen hinreichenden Kündigungsgrund darstellen, ist eine Frage des Einzelfalls (vgl. zu den Anforderungen § 110 Rn. 10 f.). Da andere Formen der Informationsbeschaffung regelmäßig nicht ähnlich wichtige und gesicherte Erkenntnisse liefern werden, stellt aber das Prüfergebnis in der Praxis den wichtigsten Anlass und Grund für eine Kündigung dar.

II. Rechtschutz

12 Das in Abs. 3 angesprochene Prüfergebnis ist **kein VA** iSv. § 31 SGB X, sondern hat den Charakter eines Gutachtens (allg. Meinung, vgl. statt vieler *Jung*, GKV-Komm., § 113 Rn. 15 mwN.). Grund dieser Annahme ist, dass mit dem Ergebnis keine Rechtsfolgen gesetzt werden, es an einer Regelung und damit auch an einer möglichen Beschwer der Betroffenen fehlt. Diese ergibt sich erst, wenn aus dem Ergebnis Konsequenzen gezogen werden, insb. im Hinblick auf den Bestand des Versorgungsvertrages oder die Vergütung iRd. Pflegesatzvereinbarungen (vgl. Rn. 10 f.). Der Rechtsschutz richtet sich dann gegen diese Folgeentscheidungen, und das Prüfergebnis ist nur inzident Teil der gerichtlichen Kontrolle (so auch *Kingreen*, Beck-OK, § 113 Rn. 15). Weil das Prüfergebnis Grundlage einer neuen Pflegesatzvereinbarung ist, können insb. iRd. Schiedsstellenentscheidung nach § 19 BPflV oder der Genehmigung nach § 20 BPflV Einwände gegen die Prüfung und das Ergebnis erhoben werden.

D. Sonderregelung für psychiatrische Institutsambulanzen und sozialpädiatrische Zentren, Abs. 4

13 Nach der Gesetzesbegründung zu Abs. 4 (vgl. BT-Drs. 11/2237) soll diese Vorschrift klarstellen, dass psychiatrische Institutsambulanzen und sozialpädiatrische Zentren zusätzlich zur Prüfung nach § 113 auch nach den §§ 106 a, 106 Abs. 2 und 3 sowie nach § 136 geprüft werden können. Konsequenter erscheint es jedoch, die genannten Einrichtungen nicht der Prüfung nach § 113 zu unterstellen, weil die Institutsambulanzen und sozialpädiatrischen Zentren nicht Teil der stationären Versorgung, sondern der ambulanten vertragsärztlichen Versorgung sind und nach § 120 Abs. 2 S. 1 in einem gesonderten Verfahren vergütet werden (vgl. *Klückmann*, H/N, § 113 Rn. 40).

14 Die **gesonderte Prüfung** erfolgt nicht durch die in § 106 Abs. 6 iVm. 4 und 5 genannten vertragsärztlichen Prüfgremien (gemeinsame Prüfstelle), sondern sie wird durch die KKen selbst vorgenommen. Dies geschieht in entsprechender Anwendung des § 106 a (Plausibilitätsprüfung der Abrechnungen) sowie des § 106 Abs. 2 und 3 (Wirtschaftlichkeitsprüfung) und des § 136 (Qualitätsprüfung der erbrachten Leistung).

§ 114 Landesschiedsstelle

(1) ¹**Die Landesverbände der Krankenkassen und die Ersatzkassen gemeinsam und die Landeskrankenhausgesellschaften oder die Vereinigungen der Krankenhausträger im Land gemeinsam bilden für jedes Land eine Schiedsstelle.** ²**Diese entscheidet in den ihr nach diesem Buch zugewiesenen Aufgaben.**

(2) ¹**Die Landesschiedsstelle besteht aus Vertretern der Krankenkassen und zugelassenen Krankenhäuser in gleicher Zahl sowie einem unparteiischen Vorsitzenden und zwei weiteren unparteiischen Mitgliedern.** ²**Die Vertreter der Krankenkassen und deren Stellvertreter werden von den Landesverbänden der Krankenkassen und den Ersatzkassen, die Vertreter der zugelassenen Krankenhäuser und deren Stellvertreter von der Landeskrankenhausgesellschaft bestellt.** ³**Der Vorsitzende und die weiteren unparteiischen Mitglieder werden von den beteiligten Organisationen gemeinsam bestellt.** ⁴**Kommt eine Einigung nicht**

zustande, werden sie in entsprechender Anwendung des Verfahrens nach § 89 Abs. 3 Satz 3 und 4 durch Los bestellt. ⁵Soweit beteiligte Organisationen keine Vertreter bestellen oder im Verfahren nach Satz 3 keine Kandidaten für das Amt des Vorsitzenden oder der weiteren unparteiischen Mitglieder benennen, bestellt die zuständige Landesbehörde auf Antrag einer beteiligten Organisation die Vertreter und benennt die Kandidaten; die Amtsdauer der Mitglieder der Schiedsstelle beträgt in diesem Fall ein Jahr.

(3) ¹Die Mitglieder der Schiedsstelle führen ihr Amt als Ehrenamt. ²Sie sind an Weisungen nicht gebunden. ³Jedes Mitglied hat eine Stimme. ⁴Die Entscheidungen werden mit der Mehrheit der Mitglieder getroffen. ⁵Ergibt sich keine Mehrheit, gibt die Stimme des Vorsitzenden den Ausschlag.

(4) **Die Aufsicht über die Geschäftsführung der Schiedsstelle führt die zuständige Landesbehörde.**

(5) **Die Landesregierungen werden ermächtigt, durch Rechtsverordnung das Nähere über die Zahl, die Bestellung, die Amtsdauer und die Amtsführung, die Erstattung der baren Auslagen und die Entschädigung für Zeitaufwand der Mitglieder der Schiedsstelle und der erweiterten Schiedsstelle (§ 115 Abs. 3), die Geschäftsführung, das Verfahren, die Erhebung und die Höhe der Gebühren sowie über die Verteilung der Kosten zu bestimmen.**

Schrifttum: *R. Düring,* Das Schiedswesen in der gesetzlichen Krankenversicherung, Baden-Baden 1992; *K. Grünenwald,* Die Landesschiedsstelle nach dem Fünften Buch Sozialgesetzbuch, ZfS 1990, 207; *G. Manssen,* Das Schiedsstellenverfahren im Krankenhausrecht, ZfSH/SGB 1997, 81; *R. Schimmelpfeng-Schütte,* Die Schiedsverfahren in der gesetzlichen Krankenversicherung, insbesondere im Heil- und Hilfsmittelbereich, NZS 1997, 503; *F. E. Schnapp* (Hrsg.), Handbuch des sozialrechtlichen Schiedsverfahrens, 2004; vgl. auch Schrifttumsnachweise zu § 112.

Inhaltsübersicht

	Rn.
A. Überblick	1
B. Organisation	3
C. Entscheidungen und Rechtsschutz	6

A. Überblick

§ 114 stellt für die **Lösung verschiedener Konfliktfälle**, d. h. wenn sich die Verbände beider Seiten nicht einigen können, ein Verfahren und ein Gremium zur Verfügung. Die in jedem Land zu errichtenden Landesschiedsstellen sind für die Erfüllung der ihnen durch andere Vorschriften des SGB zugewiesenen **Aufgaben zuständig** (Abs. 1 S. 2). Das sind im einzelnen die Festsetzung von zwei- und dreiseitigen Verträgen nach §§ 112 und 115 sowie die Bestimmung von Prüfern nach § 113. Bei § 115 wird allerdings die Schiedsstelle um weitere Mitglieder ergänzt, sog. erweiterte Schiedsstelle (vgl. Rn. 7). 1

Die Vorschrift ist durch das GKV-WSG (§ 1 Rn. 31) mWz. 1. 7. 2008 **geändert** worden, Abs. 1 wurde neu gefasst, dabei jedoch nur sprachlichen Korrekturen unterzogen. Vorläufervorschrift ist § 374 RVO. 2

B. Organisation

3 Nach Abs. 1 S. 1 wird die Landesschiedsstelle durch die Landesverbände der KKen und die EKen gemeinsam und die LKGen oder die Vereinigungen der KH-Träger im Land errichtet (vgl. zur KH-Seite § 108a und § 112 Rn. 3f.). Die Landesschiedsstelle ist **Behörde iSv. § 1 SGB X** (vgl. *Manssen*, ZfSH/SGB 1997, 81, 83), das Verfahren bei ihr richtet sich nach dem SGB X.

4 Nach Abs. 2 S. 1 erfolgt die Besetzung der Landesschiedsstelle **paritätisch** mit Vertretern der KKen und der KH. Die Vertreter sowie deren Stellvertreter werden nach Abs. 2 S. 2 für die KKen von den Landesverbänden der KKen und der EKen, für die KH von der jeweiligen LKG bestellt. Das nähere Verfahren bei der Bestellung (Zahl der Mitglieder, Amtsdauer, Amtsführung etc.) bestimmt eine auf der Grundlage des Abs. 5 erlassene Rechts-VO der jeweiligen Landesregierung. Diese VO regelt auch die Besetzung der erweiterten Schiedsstelle (§ 115 Abs. 3 S. 4). Zu den Verbandsvertretern kommen nach Abs. 2 S. 1 und 3 noch ein von den Parteien gemeinsam bestimmter unparteiischer Vorsitzender und zwei weitere **unparteiische Mitglieder.**

5 Kommt eine Einigung nicht zustande, verweist Abs. 2 S. 4 auf das **Einigungsverfahren** des § 89 Abs. 3 S. 3 und 4. Dieser Verweis ist allerdings weder sprachlich geglückt noch vor dem Hintergrund der geltenden Fassung des § 89 Abs. 3 verständlich; gemeint sein kann nur die Anwendung des § 89 Abs. 3 S. 4 und 5, die ein Losverfahren einschließt (wie hier *Kingreen*, Beck-OK, § 114 Rn. 2; die aA., nach der sich das Losverfahren unmittelbar aus § 114 Abs. 2 S. 4 ergibt, so *Rau*, GK-SGB V, § 114 Rn. 6, führt in der Sache zu keinen Unterschieden). Soweit keine Vertreter bestellt oder keine Kandidaten benannt werden, stellt die **Ersatzvornahme** durch die Landesregierung nach S. 5 eine funktionsfähige Schiedsstelle sicher. In diesem Fall beträgt die Amtsdauer der Mitglieder nur ein Jahr.

C. Entscheidungen und Rechtsschutz

6 Nach Abs. 3 führen die Mitglieder der Landesschiedsstelle ihr Amt als Ehrenamt und sind **grundsätzlich weisungsfrei.** Jedes Mitglied hat eine Stimme, Entscheidungen werden mit **einfacher Mehrheit** gefällt. Der Vorsitzende hat bei Stimmengleichheit nach Abs. 3 S. 5 die entscheidende Stimme.

7 Bei dreiseitigen Verträgen nach § 115 entscheidet die Landesschiedsstelle über den Inhalt des Vertrages nach § 115 Abs. 3 S. 2 als um Vertreter der Vertragsärzte **erweiterte Schiedsstelle.** Da ebenso viele Vertreter der Vertragsärzte wie Vertreter der KKen und der KH (Ausnahme: Bestellung unparteiischer Mitglieder und des Vorsitzenden) teilnehmen, entscheidet die erweiterte Schiedsstelle **drittelparitätisch** (vgl. *Hess*, KK, § 115 Rn. 14).

8 Das Schiedsverfahren ist seiner Rechtsnatur nach **Verwaltungsverfahren iSv. § 8 SGB X** (vgl. *Manssen*, ZfSH/SGB 1997, 81). Daraus folgt, dass zentrale verfahrensrechtl. Vorschriften, wie etwa der Amtsermittlungsgrundsatz aus § 20 SGB X, die Mitwirkungspflicht der Verfahrensbeteiligten aus § 21 Abs. 2 SGB X, das Antragsprinzip nach §§ 112 Abs. 3, 115 Abs. 3 jeweils iVm. § 18 Nr. 2 SGB X, und der Grundsatz der Mündlichkeit, der Nichtöffentlichkeit und der Unmittelbarkeit (vgl. *Manssen*, ZfSH/SGB 1997, 81/85) für das Schiedsverfahren anzuwenden sind. Weitere Verfahrensgrundsätze können in den Landesschiedsordnungen nach Abs. 5 festgelegt werden.

Für den gegen Entscheidungen der Landesschiedsstelle statthaften **Rechts-** 9
schutz ist die Rechtsnatur dieser Entscheidungen von entscheidender Bedeutung. Da der Schiedsspruch der Landesschiedsstelle als Entscheidung einer Behörde in Angelegenheiten nach § 112 Abs. 3 bzw. § 115 Abs. 3 den Inhalt der Verträge ggü. den Beteiligten verbindlich festlegt, liegt insoweit ein **VA** vor, gegen den **Anfechtungsklage** zum SG erhoben werden kann (vgl. BSG, SozR Nr. 1 zu § 368h RVO; *Düring*, 120; aA. *Knittel*, Krauskopf, § 114 Rn. 3). Ein Vorverfahren findet insoweit nicht statt, da die bes. Rechtsnatur des der Entscheidung der Landesschiedsstelle zugrunde liegenden Vertrages nach § 112 als Normsetzungsvertrag (vgl. § 112 Rn. 12) und die Organisation der Schiedsstelle als weisungsfreies Ehrenamt einem Vorverfahren widersprechen. Zumeist entfaltet die Entscheidung der Schiedsstelle auch Unbeteiligten ggü. Rechtswirkung, nämlich immer dann, wenn sie die Qualität eines Normenvertrags besitzt; sie besitzt insofern die Qualität des durch sie ersetzten Akts (vgl. § 112 Rn. 12 und § 115 Rn. 14f.). Auch dafür halten die §§ 112 und 115 Ermächtigungen bereit. Wenn man unter dem Aspekt der demokratischen Legitimation die Normgeltung für Drittbetroffene für problematisch hält (vgl. § 112 Rn. 13), lässt sich dies durch deren Beteiligung, die iRv. § 114 mögl. ist, lösen (vgl. *Schnapp/Schnapp*, Kap. B Rn. 16 ff.).

Anders als für die Frage, ob die Schiedsstelle überhaupt eine Entscheidung tref- 10
fen muss (hier sind die Vertragsparteien klagebefugt und haben einen Anspruch auf Entscheidung, da diese insoweit VA ist), ist die **Verpflichtungsklage** mit dem Ziel, die Landesschiedsstelle zu einer bestimmten Vertragsfestlegung zu zwingen, **unzulässig** (vgl. BSG, SozR Nr. 1 zu § 368h RVO; aA. *Manssen*, ZfSH/SGB 1997, 81/88). Dies folgt aus dem Charakter des Schiedsspruchs als eine den Vertragsschluss ersetzende Entscheidung. Denn auch die vertragliche Einigung und der Vertragsinhalt könnten nicht mit einer Klage eingefordert werden.

Die Schiedsstelle unterliegt nach Abs. 4 der **Rechtsaufsicht** durch die zustän- 11
dige Landesbehörde. Der Kontrollmaßstab soll sicherstellen, dass nur die Geschäftsführung, nicht aber die Entscheidungen der Schiedsstelle mittels Aufsichtsmaßnahmen überprüfbar sind (vgl. *Rau*, GK-SGB V, § 114 Rn. 10).

Vierter Abschnitt. Beziehungen zu Krankenhäusern und Vertragsärzten

§ 115 Dreiseitige Verträge und Rahmenempfehlungen zwischen Krankenkassen, Krankenhäusern und Vertragsärzten

(1) **Die Landesverbände der Krankenkassen und die Ersatzkassen gemeinsam und die Kassenärztlichen Vereinigungen schließen mit der Landeskrankenhausgesellschaft oder mit den Vereinigungen der Krankenhausträger im Land gemeinsam Verträge mit dem Ziel, durch enge Zusammenarbeit zwischen Vertragsärzten und zugelassenen Krankenhäusern eine nahtlose ambulante und stationäre Behandlung der Versicherten zu gewährleisten.**

(2) ¹Die Verträge regeln insbesondere
1. die Förderung des Belegarztwesens und der Behandlung in Einrichtungen, in denen die Versicherten durch Zusammenarbeit mehrerer Vertragsärzte ambulant und stationär versorgt werden (Praxiskliniken),
2. die gegenseitige Unterrichtung über die Behandlung der Patienten sowie über die Überlassung und Verwendung von Krankenunterlagen,

§ 115 Dreiseitige Verträge und Rahmenempfehlungen

3. die Zusammenarbeit bei der Gestaltung und Durchführung eines ständig einsatzbereiten Notdienstes,
4. die Durchführung einer vor- und nachstationären Behandlung im Krankenhaus nach § 115 a einschließlich der Prüfung der Wirtschaftlichkeit und der Verhinderung von Mißbrauch; in den Verträgen können von § 115 a Abs. 2 Satz 1 bis 3 abweichende Regelungen vereinbart werden.
5. die allgemeinen Bedingungen der ambulanten Behandlung im Krankenhaus.

[2]Sie sind für die Krankenkassen, die Vertragsärzte und die zugelassenen Krankenhäuser im Land unmittelbar verbindlich.

(3) [1]Kommt ein Vertrag nach Absatz 1 ganz oder teilweise nicht zustande, wird sein Inhalt auf Antrag einer Vertragspartei durch die Landesschiedsstelle nach § 114 festgesetzt. [2]Diese wird hierzu um Vertreter der Vertragsärzte in der gleichen Zahl erweitert, wie sie jeweils für die Vertreter der Krankenkassen und Krankenhäuser vorgesehen ist (erweiterte Schiedsstelle). [3]Die Vertreter der Vertragsärzte werden von den Kassenärztlichen Vereinigungen bestellt. [4]Das Nähere wird durch die Rechtsverordnung nach § 114 Abs. 5 bestimmt. [5]Für die Kündigung der Verträge sowie die vertragliche Ablösung der von der erweiterten Schiedsstelle festgesetzten Verträge gilt § 112 Abs. 4 entsprechend.

(4) [1]Kommt eine Regelung nach Absatz 1 bis 3 bis zum 31. Dezember 1990 ganz oder teilweise nicht zustande, wird ihr Inhalt durch Rechtsverordnung der Landesregierung bestimmt. [2]Eine Regelung nach den Absätzen 1 bis 3 ist zulässig, solange und soweit die Landesregierung eine Rechtsverordnung nicht erlassen hat.

(5) Der Spitzenverband Bund der Krankenkassen, die Kassenärztlichen Bundesvereinigungen und die Deutsche Krankenhausgesellschaft oder die Bundesverbände der Krankenhausträger gemeinsam sollen Rahmenempfehlungen zum Inhalt der Verträge nach Absatz 1 abgeben.

Schrifttum: *K. Grünenwald,* Dreiseitige Verträge zur Gewährleistung einer nahtlosen ambulanten und stationären Behandlung der Versicherten, ZfS 1994, 129; *ders.,* Praxiskliniken – Einrichtungen zur ambulanten und stationären Versorgung durch Zusammenarbeit mehrerer Kassenärzte, DOK 1991, 652; *W. Leber,* Die Kündigung dreiseitiger Verträge nach § 115 SGB V, NZS 2002, 187; *R. Preißler,* Die Praxisklinik nach § 115 SGB 5 – Versuch einer Begriffsbestimmung, MedR 1992, 263; *H. Schiller,* Praxisklinik und Tagesklinik – Begriffsbestimmung und Abgrenzung, NZS 1999, 325; *P. Wigge/M. Frehse,* Bedarfsunabhängige Kooperationen zwischen Ärzten und Krankenhäusern, MedR 2001, 549; vgl. auch Schrifttumsnachweise zu §§ 69, 112, 115 b.

Inhaltsübersicht

		Rn.
A.	Überblick	1
B.	Vertrag	4
	I. Rechtsnatur und Vertragsschluss, Abs. 1	4
	II. Vertragsinhalte, Abs. 2 S. 1	6
	III. Rechtsfolgen und Kündigung, Abs. 2 S. 2, Abs. 3 S. 5	12
	IV. Fehlende Einigung	14
	1. Schiedsvereinbarung, Abs. 3	14
	2. Ersatzvornahme, Abs. 4	16
C.	Rahmenempfehlungen, Abs. 5	17

A. Überblick

In Deutschland ist die medizinische Versorgung grds. (zur Durchbrechung die- 1
ses Grundsatzes, vgl. §§ 115a, 115b, 116a-119b) in den ambulanten (§§ 72ff.)
und den stationären (§§ 107ff.) Sektor getrennt. Die ehemals strikte Trennung
wurde vom Gesetzgeber als unwirtschaftlich angesehen, da sie zu einer nicht notwendigen oder zu langen KH-Behandlung führen können soll (BT-Drs. 12/3608,
102). Folglich besteht der **Normzweck** von § 115 darin, die „Trennung zwischen
beiden Bereichen zu überwinden und eine nahtlose leistungsfähige und wirtschaftliche Versorgung der Versicherten durch Kassenärzte und Krankenhäuser zu
gewährleisten" (BT-Drs. 11/2237, 201 zu § 123). Der grundsätzliche Vorrang der
ambulanten vor der stationären Behandlung (vgl. § 115a Rn. 5) sollte dadurch jedoch nicht aufgegeben werden.

§ 115 ist im **Zusammenhang mit § 115a** zu lesen. Nachdem von dem neu ein- 2
gefügten § 123 (jetzt § 115) wenig Gebrauch gemacht wurde (vgl. BT-Drs. 12/3608,
101), ist hinsichtlich der zu vereinbarenden vor- und nachstationären Behandlung
mit dem danach eingefügten § 115a der Inhalt der zu vereinbarenden Regelung gesetzlich vorgegeben worden. Damit trotz des Interessengegensatzes von Vertragsärzten und KH (näher hierzu: *Steege*, H/N, § 115 Rn. 1) Vereinbarungen zustande
kommen, wurde nach Abs. 3 die Landesschiedsstelle einbezogen (Rn. 5).

Die Vorschrift ist zuletzt inhaltlich durch Art. 1 Nr. 70 GSG (§ 1 Rn. 22) **geän-** 3
dert worden, indem ua. Abs. 2 S. 1 Nr. 4 mit der Bezugnahme auf den zugleich
eingefügten § 115a seine heutige Fassung erhielt und Abs. 4 der S. 2 angefügt
wurde; das GKV-WSG (§ 1 Rn. 31) brachte nur redaktionelle Änderungen.

B. Vertrag

I. Rechtsnatur und Vertragsschluss, Abs. 1

Die dreiseitigen Verträge sind **öffentl.-rechtl. Natur** (§ 53 SGB X; *Knittel*, 4
Krauskopf, § 115 Rn. 2) und als **Normenverträge** einzustufen. (vgl. § 12 Rn. 13),
auf die die §§ 53 ff. SGB X keine Anwendung finden (*Axer*, Normsetzung der
Exekutive, 62f.). Die **Vertragsparteien** sind die Landesverbände der KKen und
die EKen (vgl. §§ 207 Abs. 1, 212 Abs. 3 und 5) gemeinsam, die KVen (§ 77 Abs. 1)
und die LKG bzw. die Vereinigungen der KH-Träger im Land (vgl. § 112 Rn. 3).
Die Beteiligung der drei verschiedenen Parteien erklärt sich aus dem Zweck,
stationären und ambulanten Sektor miteinander zu verzahnen (vgl. Rn. 1).

Grundsätzlich wird nur ein Vertrag pro Bundesland abgeschlossen. Die Zuläs- 5
sigkeit **doppelter Vertragsschlüsse** in Nordrhein-Westfalen ist umstritten.
Nachdem sich die Norm an alle Bundesländer wendet, ist der Wortlaut „Verträge"
nicht eindeutig. Da aber die Verträge „im Land" geschlossen werden und nicht „in
den Ländern", sind mehrere Verträge in einem Bundesland zulässig (ebenso:
Hencke, Peters, KV, § 115 Rn. 3; *Hess*, KK, § 115 Rn. 2; zweifelnd *Grühn*, W/E,
§ 115 Rn. 7; **aA.**: *Steege*, H/N, § 115 Rn. 3).

II. Vertragsinhalte, Abs. 2 S. 1

Was mindestens vertraglich geregelt werden soll, regelt Abs. 2 S. 1. Die Aufzäh- 6
lung der Vertragsinhalte ist aber, wie sich aus dem Wortlaut ergibt („insbesondere"), nicht abschließend. Zu den Pflichtinhalten zählen nach:

§ 115

7 – **Nr. 1** die **Förderung des Belegarztwesens** und der **Behandlung in Praxiskliniken;** der Begriff des Belegarztes ist in § 121 Abs. 2 und in § 18 Abs. 1 KHEntG durch Umschreibung seiner Tätigkeiten definiert. Praxiskliniken werden in Nr. 1 umschrieben, sie fallen unter § 108 Nr. 3 (sog. Vertragskrankenhäuser, vgl. § 108 Rn. 5);

8 – **Nr. 2** die gegenseitige **Unterrichtung** über die **Behandlung von Patienten** und den **Gebrauch von Krankenunterlagen.** Zweck dieser Regelung ist die Beseitigung von Abstimmungsproblemen und Doppeluntersuchungen an der Schnittstelle von ambulantem und stationärem Sektor, so dass die entsprechenden Vereinbarungen vor allem für die Einweisung und Entlassung Bedeutung langen;

9 – **Nr. 3** der **Notdienst,** der ambulant behandelbare medizinische Notfälle betrifft, die außerhalb von Praxisöffnungszeiten anfallen. Um Versicherten eine Behandlung in KH zu ermöglichen, bedarf vor allem die **Organisation** des Notdienstes vertraglicher Regelung, während die Abrechung nach § 76 Abs. 1 erfolgen kann (*Hess,* KK, § 115 Rn. 7). Der ärztliche Notdienst, der von dem in § 133 geregelten Rettungsdienst zu unterscheiden ist, gehört gem. § 75 Abs. 1 S. 2 Hs. 1 zum Sicherstellungsauftrag der KV. Nach Ansicht des BSG (SozR 3–2500 § 115 Nr. 1) ist eine im Vertrag mitgeregelte **Vergütung** von erbrachten Notfallleistungen rechtmäßig (unter Aufgabe der früheren, eine Vergütungskompetenz verneinenden Rspr., vgl. BSG, NZS 2001, 533). Begründet wird dies mit dem Umstand, dass § 120 nur auf die §§ 116 ff. anwendbar und § 115 Abs. 2 S. 1 keine abschließende Aufzählung enthält, was eine Abrundung der Vereinbarungen durch ergänzende Vergütungsregeln zulasse (vgl. auch *Grühn,* W/E, § 115 Rn. 15; **aA.** *Steege,* H/N, § 115 Rn. 12). Was die **Höhe** der vertraglich vereinbarten Vergütung betrifft, folgert das BSG in st. Rspr. aus der im SGB V vorgenommenen Gleichstellung der bei Notfallbehandlungen tätig werdenden KH bzw. Nichtvertragsärzte mit den Vertragsärzten, dass die Leistungen von Nichtvertragsärzten bzw. von KH iRd. ambulanten Notfallbehandlung grds. so zu vergüten sind, als ob sie von zugelassenen Vertragsärzten erbracht worden wären. Der Vergütungsanspruch der KH oder Nichtvertragsärzte für Notfallbehandlungen darf deshalb ggü. dem Vergütungsniveau der Vertragsärzte nur dann reduziert oder im Umfang eingeschränkt werden, wenn dies durch sachliche Gründe gerechtfertigt ist (BSG, SozR 3–2500 § 120 Nr. 7, 37 f.; SozR 4–2500 § 75 Nr. 2, Rn. 6). Jedoch hat das BSG eine an die gesetzliche Regelung des § 120 Abs. 3 S. 2 anknüpfende **pauschale Honorarminderung in Höhe von 10 %** für Notfallleistungen öffentlich geförderter KH akzeptiert (BSG, SozR 4–2500, § 75 Nr. 4; SozR 3–2500, § 120 Nr. 4, 24; SozR 3–2500 § 120 Nr. 12, 54 ff.). In diesem Zusammenhang hat das BSG auch mittelbare Schlechterstellungen von Notfallleistungen im KH ggü. vergleichbaren Leistungen von Vertragsärzten durch Regelungen der Honorarverteilung nicht gebilligt (BSG, SozR 3–2500 § 115 Nr. 1, 4 f.).

10 – **Nr. 4** die **vor- und nachstationäre Behandlung,** die Teil der KH-Behandlung (vgl. § 39 Rn. 8), also nicht dem ambulanten Sektor zuzurechnen ist (vgl. § 115 a Abs. 1). In den Verträgen können Abweichungen ggü. der Einteilung in § 115 a Abs. 2 S. 1–3 getroffen werden. Für die Prüfung der **Wirtschaftlichkeit** bietet sich eine Anlehnung an die Regelungen in § 106 an (*Hess,* KK, § 115 Rn. 9). Mit den Regelungen über die **Verhinderung von Missbrauch** soll insb. darauf hingewirkt werden, dass Versicherte, die etwa auch durch einen niedergelassenen Facharzt ausreichend behandelt werden könnten, nicht ins KH eingewiesen werden. Außerdem soll sichergestellt werden, dass KH Versicherte, die auch am-

bulant behandelt werden können, nicht aufnehmen, sondern an einen geeigneten niedergelassenen Arzt verweisen (BT-Drs. 11/2237, 201).
- **Nr. 5 die allgemeinen Bedingungen der ambulanten Behandlung** im KH. 11
In die Regelungskompetenz der Vertragsparteien fallen keine Regelungen über das „Ob", sondern nur solche über das „Wie" der Teilnahme an der ambulanten Behandlung (vgl. *Hess,* KK, § 115 Rn. 10 mit Beispielen).

III. Rechtsfolgen und Kündigung, Abs. 2 S. 2, Abs. 3 S. 5

Die Verträge sind für die in **Abs. 2 S. 2** genannten Vertragsparteien **unmittel-** 12
bar verbindlich. Auch hier lässt sich einwenden, die Vertragsregelungen entwickelten normative Wirkung ggü. nicht am Vertrag Beteiligten, ohne dass diese darauf Einfluss nehmen konnten. Jedoch folgt die Verbindlichkeit bereits aus der Ermächtigung (vgl. dazu näher § 112 Rn. 13 mwN.). Die Verbindlichkeit erstreckt sich auch auf die Vergütungsvereinbarungen der Notfallbehandlung (vgl. BSG, SozR 3–2500 § 115 Nr. 1).

Für die **Kündigung** wie die vertragliche Ablösung der festgesetzten Verträge 13
gilt gem. **Abs. 3 S. 5** § 112 Abs. 4 entspr. (vgl. § 112 Rn. 14).

IV. Fehlende Einigung

1. Schiedsvereinbarung, Abs. 3

Kommt eine Einigung ganz oder teilweise nicht zustande, setzt die **erweiterte** 14
Schiedsstelle auf Antrag einer Vertragspartei den Inhalt des gescheiterten Vertrags fest (vgl. zur Schiedsstelle und zum Verfahren § 114).

Die Festsetzung besitzt wegen des mit ihr verbundenen Eingriffs in die Ver- 15
tragskompetenz **Regelungsqualität** und ist ggü. den Vertragsparteien ein VA iSv. § 31 S. 1 SGB X, ggü. Dritten teilt sie die Rechtsnatur des ersetzten Akts, ist also Normenvertrag (*Axer,* Normsetzung der Exekutive, 97 ff.). Gegen den VA können die Vertragsparteien gem. § 54 Abs. 1 S. 1 Alt. 1 SGG mit der Anfechtungsklage vorgehen. Ein Vorverfahren findet dabei nicht statt, da die Entscheidung der Landesschiedsstelle zugleich ein Normsetzungsakt ist (*Steege,* H/N, § 115 Rn. 22).

2. Ersatzvornahme, Abs. 4

Treffen die Vertragsparteien keine Regelungen bis zum 31.12.1990, sollen 16
diese durch eine **Rechts-VO** der Landesregierung festgesetzt werden (Abs. 4 S. 1); bis zu deren Erlass (und nicht nur bis zum Ablauf des Datums) sind vertragliche Regelungen zulässig (Abs. 4 S. 2). Bei wortgetreuer Auslegung würde nach einer erfolgten Ersatzvornahme die Vertragskompetenz der Normadressaten entfallen. Um gerade bei nur teilweise erfolgten Vertragsregelungen eine gespaltene Zuständigkeit zu vermeiden, sind verschiedene Lösungen denkbar: zum einen ein Recht der Vertragsparteien, durch Rechts-VO festgesetzte Regelungen weiterzuentwickeln (vgl. *Hess,* KK, § 115 Rn. 18), zum anderen die Beschränkung der Gültigkeit einer Rechts-VO durch den jeweiligen Verordnungsgeber auf den einen Selbsteintritt rechtfertigenden Zeitraum (*Hencke,* Peters, KV § 115 Rn. 16).

C. Rahmenempfehlungen, Abs. 5

17   Die Spitzenverbände haben inzwischen den Spitzenverband Bund gebildet (vgl. § 217a). Dieser soll mit den übrigen Beteiligten Rahmenempfehlungen zum Inhalt der Verträge nach Absatz 1 abgeben. Diese sind zwar **nicht bindend,** für die Praxis aber dennoch von großer Bedeutung (vgl. § 112 Rn. 14f.).

115a Vor- und nachstationäre Behandlung im Krankenhaus

(1) Das Krankenhaus kann bei Verordnung von Krankenhausbehandlung Versicherte in medizinisch geeigneten Fällen ohne Unterkunft und Verpflegung behandeln, um
1. die Erforderlichkeit einer vollstationären Krankenhausbehandlung zu klären oder die vollstationäre Krankenhausbehandlung vorzubereiten (vorstationäre Behandlung) oder
2. im Anschluß an eine vollstationäre Krankenhausbehandlung den Behandlungserfolg zu sichern oder zu festigen (nachstationäre Behandlung).

(2) ¹Die vorstationäre Behandlung ist auf längstens drei Behandlungstage innerhalb von fünf Tagen vor Beginn der stationären Behandlung begrenzt. ²Die nachstationäre Behandlung darf sieben Behandlungstage innerhalb von 14 Tagen, bei Organübertragungen nach § 9 Abs. 1 des Transplantationsgesetzes drei Monate nach Beendigung der stationären Krankenhausbehandlung nicht überschreiten. ³Die Frist von 14 Tagen oder drei Monaten kann in medizinisch begründeten Einzelfällen im Einvernehmen mit dem einweisenden Arzt verlängert werden. ⁴Kontrolluntersuchungen bei Organübertragungen nach § 9 Abs. 1 des Transplantationsgesetzes dürfen vom Krankenhaus auch nach Beendigung der nachstationären Behandlung fortgeführt werden, um die weitere Krankenbehandlung oder Maßnahmen der Qualitätssicherung wissenschaftlich zu begleiten oder zu unterstützen. ⁵Eine notwendige ärztliche Behandlung außerhalb des Krankenhauses während der vor- und nachstationären Behandlung wird im Rahmen des Sicherstellungsauftrags durch die an der vertragsärztlichen Versorgung teilnehmenden Ärzte gewährleistet. ⁶Das Krankenhaus hat den einweisenden Arzt über die vor- oder nachstationäre Behandlung sowie diesen und die an der weiteren Krankenbehandlung jeweils beteiligten Ärzte über die Kontrolluntersuchungen und deren Ergebnis unverzüglich zu unterrichten. ⁷Die Sätze 2 bis 6 gelten für die Nachbetreuung von Organspendern nach § 8 Abs. 3 Satz 1 des Transplantationsgesetzes entsprechend.

(3) ¹Die Landesverbände der Krankenkassen, die Ersatzkassen und der Landesausschuß des Verbandes der privaten Krankenversicherung gemeinsam vereinbaren mit der Landeskrankenhausgesellschaft oder mit den Vereinigungen der Krankenhausträger im Land gemeinsam und im Benehmen mit der kassenärztlichen Vereinigung die Vergütung der Leistungen mit Wirkung für die Vertragsparteien nach § 18 Abs. 2 des Krankenhausfinanzierungsgesetzes. ²Die Vergütung soll pauschaliert werden und geeignet sein, eine Verminderung der stationären Kosten herbeizuführen. ³Der Spitzenverband Bund der Krankenkassen und die Deutsche Krankenhausgesellschaft oder die Bundesverbände der Krankenhausträger gemeinsam geben im Benehmen mit der Kassenärztlichen Bundesvereinigung Empfehlungen zur Vergütung ab. ⁴Diese gelten bis zum Inkrafttreten einer Vereinbarung nach Satz 1. Kommt eine Vereinbarung über die Vergütung innerhalb von drei Monaten nicht zustande, nachdem eine Vertragspartei schriftlich zur Aufnahme der Verhandlungen aufgefordert hat, setzt die

§ 115 a

Schiedsstelle nach § 18 a Abs. 1 des Krankenhausfinanzierungsgesetzes auf Antrag einer Vertragspartei oder der zuständigen Landesbehörde die Vergütung fest.

Schrifttum: *U. Degener-Hencke,* Rechtliche Möglichkeiten der ambulanten Leistungserbringung durch Krankenhäuser, VSSR 2006, 93; *K. Grünenwald,* Neue Versorgungsform – vor- und nachstationäre Behandlung im Krankenhaus, SozVers 1993, 152; *W. Kuhla,* Verhältnis der Ermächtigung gem. § 116 SGB V zur vor- und nachstationären Krankenhausbehandlung gem. § 115 a SGB V, NZS 2002, 461; *H. Plagemann,* Entwicklungen in der stationären Versorgung, NZS 2006, 311; *R. Preißler,* Verzahnung und Integration ambulanter und stationärer Versorgungsformen, in: Schriftenreihe ArbGem. MedR DAV Bd. 22000, 163; *C. Schulte,* Ambulantes Operieren und vor- und nachstationäre Behandlung, Kompaß 1993, 643; *U. Thier,* Teilstationäre Krankenhausleistungen, KH 2006, 969; vgl. auch Schrifttumsnachweise zu §§ 112, 115 b.

Inhaltsübersicht

	Rn.
A. Überblick	1
B. Abgrenzungen, Abs. 1 und 2	4
I. Grundsatz	4
II. Vorstationäre Behandlung	6
III. Nachstationäre Behandlung	9
C. Vereinbarungen, Abs. 3	12
I. Verträge über die Vergütung	12
II. Rahmenempfehlungen	13

A. Überblick

Mit §§ 115 a, 115 b sollten die Voraussetzungen geschaffen werden, dass unwirtschaftliche, also **nicht notwendige oder zu lange KH-Behandlungen**, zukünftig unterbunden werden (BT-Drs. 12/3608, 102). Dreiseitige Verträge nach § 115 Abs. 2 S. 1 Nr. 4 sind vor der Einführung des § 115 a nur in Bayern, Hessen und Niedersachsen zustande gekommen, so dass der Gesetzgeber mit § 115 a den Vertragsinhalt gesetzlich vorgeben wollte (vgl. § 115 Rn. 1). **1**

Die unverzügliche Unterrichtung nach Abs. 2 S. 6 soll trotz der sektoralen Trennung zu der gewünschten **Verzahnung** beider Leistungsbereiche führen. Ziel ist es, unnötige Doppeluntersuchungen zu vermeiden. **2**

Die Vorschrift ist zuletzt durch das G v. 20. 7. 2007 (BGBl. I, 1574) **geändert** worden, indem in Abs. 2 S. 2 und 4 nach § 9 jeweils „Abs. 1" angefügt wurde. **3**

B. Abgrenzungen, Abs. 1 und 2

I. Grundsatz

Die **systematische Einordnung** der Behandlung nach § 115 a ist **umstritten**. Einigkeit besteht lediglich darin, dass sie nicht der ambulanten Behandlung nach § 73 Abs. 2 zuzuordnen ist. Sie wird einerseits als Teil der stationären Behandlung nach § 39 Abs. 1 S. 1 eingestuft (*Hencke,* Peters, KV, § 115 a Rn. 2). Andererseits wird in ihr eine KH-Behandlung eigener Art gesehen, die keine stationäre Aufnahme des Patienten erfordert (*Steege,* H/N, § 115 a Rn. 4, 7; ähnl. *Knittel,* Krauskopf, § 115 a Rn. 4). Dafür spreche die differenzierte Aufzählung in § 39 Abs. 1 S. 1 (*Rau,* GKV-Komm, § 115 a Rn. 12: spezielle Form der KH-Behandlung). Im Ergebnis spielt diese Unterscheidung keine Rolle, weil sie weder Auswirkungen **4** auf die Voraussetzungen noch die Vergütung der in § 115 a geregelten Behandlung hat.

5 Wenn KH-Behandlung verordnet ist, erlaubt die Regelung dem KH, Versicherte in geeigneten Fällen ohne Unterkunft und Verpflegung zu behandeln, um die Notwendigkeit einer vollstationären Behandlung zu klären oder die vollstationäre KH-Behandlung vorzubereiten (vorstationäre Behandlung), bzw. um im Anschluss an eine vollstationäre KH-Behandlung den Behandlungserfolg zu sichern oder zu festigen (nachstationäre Behandlung). Eine Teilverpflegung kann nach den Erfordernissen des Einzelfalles gewährt werden (vgl. BT-Drs. 12/3608, 102) und schließt damit eine vor- und nachstationäre Behandlung nicht aus. Abzugrenzen bleibt jedoch die vor- und nachstationäre Behandlung von der stationären Behandlung. Eine **vollstationäre Behandlung** im Sinne einer physischen und organisatorischen Eingliederung in das spezifische Versorgungssystem eines KH ist dann gegeben, wenn sie sich nach dem Behandlungsplan des KH-Arztes in der Vorausschau zeitlich über **mindestens einen Tag und eine Nacht** erstreckt (vgl. § 39 Rn. 9, 12). Entscheidend ist damit zunächst der Behandlungsplan (BSG v. 28. 2. 2007, B 3 KR 17/06 R). Eine vollstationäre KH-Behandlung liegt aber auch dann vor, wenn sie sich nach dem Behandlungsplan des KH-Arztes zeitlich über mindestens einen Tag und eine Nacht erstrecken soll, später jedoch aus medizinischen Gründen **vorzeitig abgebrochen** werden muss (sog. abgebrochene stationäre KH-Behandlung, vgl. BSG, NZS 2006, 88; zugleich Fortführung von BSG, SozR 4–2500, § 39 Nr. 1). Zur Abgrenzung von ambulanter, teilstationärer und vollstationärer KH-Behandlung ist auf die Entscheidung der KH-Ärzte über die Umsetzung eines konkreten Behandlungskonzepts abzustellen. Eine teilstationäre Behandlung kann deshalb nur dann vorliegen, wenn eine zeitl. Begrenzung der KH-Behandlung vorher entsprechend geplant wird (vgl. BSG, SozR 4–2500, § 39 Nr. 8 zur Behandlung auf einer Intensivstation von weniger als 24 Stunden).

II. Vorstationäre Behandlung

6 Vorstationäre Behandlung in einem KH setzt die Einweisung durch einen Vertragsarzt voraus, so dass die Leistungserbringung fortan durch das KH erfolgt und nicht mehr der ambulanten vertragsärztlichen Versorgung zugeordnet werden kann. Die **Einweisung als konstitutives Erfordernis** stellt eine Ausnahme von dem Grundsatz dar, dass der Anspruch auf KH-Behandlung unabhängig von dem Vorliegen einer Einweisung besteht (vgl. § 39 Rn. 9).

7 Nach Abs. 2 S. 1 ist die vorstationäre Behandlung auf drei Behandlungstage innerhalb von fünf Tagen vor Beginn der stationären Behandlung beschränkt. Während dieser Zeit sind die Vertragsärzte jedoch nach Abs. 2 S. 5 weiterhin für alle zusätzlich anfallenden Behandlungen außerhalb des KH zuständig. Dadurch kommen sie ihrem Sicherstellungsauftrag (§ 75) nach, und der grds. **Vorrang der Versorgung durch Vertragsärzte** bleibt gewahrt.

8 Zusätzlich sind die nach § 115 Abs. 2 S. 1 Nr. 4 möglicherweise **abweichenden Regelungen** zu beachten (vgl. § 115 Rn. 4).

III. Nachstationäre Behandlung

9 Nachstationäre Behandlung kann nur erfolgen, wenn dieser eine stationäre Behandlung aufgrund einer vertragsärztlichen Einweisung vorausgegangen ist. Die Einweisung muss jedoch nur für die vorstationäre Behandlung vorliegen (vgl.

Rn. 6). Bei der nachstationären Behandlung ist eine **Einweisung** deshalb nicht erforderlich, weil hier im Gegensatz zur vorstationären Behandlung kein Risiko einer Selbsteinweisung besteht, denn es muss in jedem Fall eine vollstationäre KH-Behandlung vorausgegangen sein. Methodisch lässt sich dieses Ergebnis über eine teleologische Reduktion erzielen.

Nach Abs. 2 S. 2 darf die nachstationäre Behandlung sieben Behandlungstage innerhalb von 14 Tagen **nicht überschreiten,** jedoch kann diese Frist in medizinisch begründeten Einzelfällen im Einvernehmen mit dem einweisenden Arzt verlängert werden. 10

Für **Organübertragungen** nach § 9 des TPG (Herz, Leber, Niere, Lunge, Bauchspeicheldrüse und Darm) gilt eine Frist von drei Monaten, die ebenfalls bei Vorliegen der Voraussetzungen im Einvernehmen geändert werden kann (Abs. 2 S. 3). Vgl. zu möglicherweise **abweichenden Regelungen** Rn. 8. 11

C. Vereinbarungen, Abs. 3

I. Verträge über die Vergütung

Die **Vergütung** (Abs. 3) der vor- und nachstationären Behandlung **umfasst** die diagnostischen und therapeutischen Leistungen sowie die Abgabe von Arzneimitteln. Ausdrücklich nicht umfasst sein sollen die Kosten für Unterkunft und Verpflegung (BT-Drs. 12/3608, 103). Während die KV bei den Verträgen nach § 115 als **Vertragspartner** eingebunden wird, ist sie bei den Verträgen über die Vergütung lediglich im Benehmen mit einzubeziehen, weil die Vergütungsvereinbarung außerhalb des Vertragsarztrechts und innerhalb des KH-Rechts erfolgt (vgl. dazu BSG, SozR 3–2500, § 85 Nr. 7; SozR 3–2500, § 85 Nr. 10; *Kingreen,* Beck-OK, § 115 a Rn. 7). Wegen der verbindlichen Wirkung für die Vertragsparteien nach § 18 Abs. 2 KHG handelt es sich um **Normsetzungsverträge** (*Axer,* Normsetzung der Exekutive, 80; krit. dazu wegen der Beteiligung privatrechtl. organisierter KH-Träger *Heinze,* HS-KV, § 38 Rn. 61 ff.). 12

II. Rahmenempfehlungen

Die Vertragspartner sind nach Abs. 3 S. 3 u. 4 berechtigt, **Empfehlungen zur Vergütung** abzugeben. Diese sind dann (nur) bis zum Vertragsschluss von Bedeutung; zuvor sind sie nicht rechtlich verbindlich, sondern enthalten nur Leitlinien. Insofern gilt nichts anderes als bei § 112 (vgl. dort Rn. 15 f.), wenn auch die Intensität der Empfehlungen unterschiedlich sein kann, weil sie sich bei § 115 a auf einen konkreteren Gegenstand beziehen (und deshalb nicht „Rahmenempfehlungen" heißen). Falls es nicht zu einem Vertragsschluss kommt, kann die Vergütung durch die Schiedsstelle nach Abs. 3 S. 5 festgesetzt werden (vgl. dazu und zum Verfahren § 18 a KHG). 13

§ 115 b Ambulantes Operieren im Krankenhaus

(1) ¹Der Spitzenverband Bund der Krankenkassen, die Deutsche Krankenhausgesellschaft oder die Bundesverbände der Krankenhausträger gemeinsam und die Kassenärztlichen Bundesvereinigungen vereinbaren
1. einen Katalog ambulant durchführbarer Operationen und sonstiger stationsersetzender Eingriffe,
2. einheitliche Vergütungen für Krankenhäuser und Vertragsärzte.

§ 115 b

²In der Vereinbarung nach Satz 1 Nr. 1 sind bis zum 31. Dezember 2000 die ambulant durchführbaren Operationen und stationsersetzenden Eingriffe gesondert zu benennen, die in der Regel ambulant durchgeführt werden können, und allgemeine Tatbestände zu bestimmen, bei deren Vorliegen eine stationäre Durchführung erforderlich sein kann. ³In der Vereinbarung sind die Qualitätsvoraussetzungen nach § 135 Abs. 2 sowie die Richtlinien und Beschlüsse des Gemeinsamen Bundesausschusses nach § 92 Abs. 1 Satz 2 und § 137 zu berücksichtigen.

(2) ¹Die Krankenhäuser sind zur ambulanten Durchführung der in dem Katalog genannten Operationen und stationsersetzenden Eingriffe zugelassen. ²Hierzu bedarf es einer Mitteilung des Krankenhauses an die Landesverbände der Krankenkassen und die Ersatzkassen, die Kassenärztliche Vereinigung und den Zulassungsausschuß (§ 96); die Kassenärztliche Vereinigung unterrichtet die Landeskrankenhausgesellschaft über den Versorgungsgrad in der vertragsärztlichen Versorgung. ³Das Krankenhaus ist zur Einhaltung des Vertrages nach Absatz 1 verpflichtet. ⁴Die Leistungen werden unmittelbar von den Krankenkassen vergütet. ⁵Die Prüfung der Wirtschaftlichkeit und Qualität erfolgt durch die Krankenkassen; die Krankenhäuser übermitteln den Krankenkassen die Daten nach § 301, soweit dies für die Erfüllung der Aufgaben der Krankenkassen erforderlich ist.

(3) ¹Kommt eine Vereinbarung nach Absatz 1 ganz oder teilweise nicht zu Stande, wird ihr Inhalt auf Antrag einer Vertragspartei durch das Bundesschiedsamt nach § 89 Abs. 4 festgesetzt. ²Dieses wird hierzu um Vertreter der Deutschen Krankenhausgesellschaft in der gleichen Zahl erweitert, wie sie jeweils für die Vertreter der Krankenkassen und der Kassenärztlichen Bundesvereinigungen vorgesehen ist (erweitertes Bundesschiedsamt). ³Das erweiterte Bundesschiedsamt beschließt mit einer Mehrheit von zwei Dritteln der Stimmen der Mitglieder. 4§ 112 Abs. 4 gilt entsprechend.

(4) ¹Bis zum Inkrafttreten einer Regelung nach Absatz 1 oder 3, jedoch längstens bis zum 31. Dezember 1994, sind die Krankenhäuser zur Durchführung ambulanter Operationen auf der Grundlage des einheitlichen Bewertungsmaßstabs (§ 87) berechtigt. ²Hierzu bedarf es einer Mitteilung des Krankenhauses an die Landesverbände der Krankenkassen und die Ersatzkassen, die Kassenärztliche Vereinigung und den Zulassungsausschuß (§ 96), in der die im Krankenhaus ambulant durchführbaren Operationen bezeichnet werden; Absatz 2 Satz 2 zweiter Halbsatz gilt entsprechend. ³Die Vergütung richtet sich nach dem einheitlichen Bewertungsmaßstab mit den für die Versicherten geltenden Vergütungssätzen.⁴Absatz 2 Satz 4 und 5 gilt entsprechend.

(5) ¹In der Vereinbarung nach Absatz 1 können Regelungen über ein gemeinsames Budget zur Vergütung der ambulanten Operationsleistungen der Krankenhäuser und der Vertragsärzte getroffen werden. ²Die Mittel sind aus der Gesamtvergütung und den Budgets der zum ambulanten Operieren zugelassenen Krankenhäuser aufzubringen.

Schrifttum: *F.-J. Dahm,* Rechtsprobleme des Vertrages „Ambulantes Operieren" gemäß § 115 b SGB V und sektorübergreifende Kooperationen, ZMGR 2006, 161; *U. Degener-Hencke,* Rechtliche Möglichkeiten der ambulanten Leistungserbringung durch Krankenhäuser, VSSR 2006, 93; *D. Gurgel,* Kooperation im Rahmen des ambulanten Operierens nach § 115 b SGB V, KH 2006, 40; *A. Hauser,* Haftung des Krankenhausträgers beim ambulanten Operieren, KH 2006, 771; *U. H. Hohmann,* Welche Vergütung können die ambulanten Operateure verlangen?, MedR 1997, 402; *S. Kleinke/P. Wigge,* Zuzahlungsforderung bei ambulanten Operationen – Verstoß gegen vertragsärztliche Pflichten, SGb 2003, 42; *A. Korthus,* Abrechnung einer als Fehlbelegung eingestuften stationären Krankenhausbehandlung als ambulante Operation, KH 2007, 229; *W. Leber,* Ambulante Operationen mit anschließendem stationärem Aufenthalt, KH 2005, 341; *V. Möws,* Neue Vertragslage beim ambulanten Operieren, ErsK 2006, 396; *J. Poth-Schwindling/P. Huch-Hallwachs,* Strukturverträge sind mehr als die Summe ihrer Inhalte, ErsK 2004, 313; *M. Quaas,* Nochmals – Zur Abgrenzung von stationärer zur ambulanten Behandlung im Krankenhaus, PKR 2005, 14; *ders.,* Ambulantes Operieren – Leistungspflichten und Rechte des Krankenhauses zur Leistungsselektion und -verweigerung, ZfS 1996, 72; *B. Rochell/H. Bunzemeier/N. Roeder,* Ambulante Operationen und stationsersetzende Eingriffe im Krankenhaus nach § 115 b SGB V – eine Einstiegshilfe, KH 2004, 172 ff. und 269 ff.; *U. Roths/I. Weddehage,* Neuer Vertrag zum ambulanten Operieren im Krankenhaus ab dem 1. Oktober 2006, KH 2006, 953; *U. Roths/F. Volkmer/A. Korthus,* Erbringung und Abrechnung von ambulanten Operationen im Krankenhaus, KH 2005, 571; *H. D. Schirmer,* Instrumente der Qualitätssicherung – insbesondere qualitätsabhängige Zulassung, Rezertifizierung etc., VSSR 2002, 247; *G. H. Schlund,* Ambulantes Operieren, ArztR 2005, 172; *B. Schmucker/K. Biersack,* Neue Regeln zum ambulanten Operieren im Krankenhaus, BKK 2003, 552; *S. F. Schulz/A. Mertens,* Ambulantes Operieren durch Vertragsärzte im Krankenhaus – Zulässigkeit und Vergütung, MedR 2006, 191; *K. Schwarz u.a.,* Ambulante Behandlung im Krankenhaus – Abschluss des dreiseitigen Vertrags nach § 115 b SGB V, KH 2003, 599; *U. Thier,* Teilstationäre Krankenhausleistungen, KH 2006, 969; *A. Wagener,* Ambulante Operationen als Dienstaufgabe des Chefarztes, KH 2005, 85.

Inhaltsübersicht

	Rn.
A. Überblick	1
B. Der AOP-Vertrag, Abs. 1, 3 und 4	5
C. Zulassung, Abs. 2	9
D. Vergütung	14
I. Grundsatz	14
II. Gemeinsames Budget, Abs. 5	16

A. Überblick

MWv. 1. Januar 1993 wurden die Voraussetzungen geschaffen, bislang nur vollstationär zulässige Operationen auch ambulant durchzuführen, soweit dies der medizinische Fortschritt gestattet. Vorrangiges Ziel (s. allg. § 115 a Rn. 1) war dabei die **Kostensenkung** (BT-Drs. 12/3608, 103). Nach § 115 b Abs. 1 S. 1 sollen der Spitzenverband Bund der KK, die DKG oder die Bundesverbände der KH-Träger gemeinsam und die Kassenärztlichen Bundesvereinigungen einen Katalog ambulant durchführbarer Operationen und sonstiger stationsersetzender Eingriffe (Nr. 1) sowie einheitliche Vergütungen für KH und Vertragsärzte (Nr. 2) vereinbaren. 1

Wegen der mit dem medizinischen Fortschritt einhergehenden für den Patienten schonenderen Behandlungsmethoden bedeutet eine Operation im Unterschied zu früheren Zeiten nicht zwingend eine vollstationäre Behandlung (BSG, SozR 4–2500 § 39 Nr. 1). Eine **stationäre Behandlung** liegt daher vor, wenn eine physische und organisatorische Eingliederung des Patienten in das spezifische Versorgungssystem des KH gegeben ist, die sich zeitlich über mindestens einen Tag und eine Nacht erstreckt (näher § 39 Rn. 11). Ein operativer Eingriff findet demgemäß nur **ambulant iSd.** § 115 b statt, wenn der Patient weder die Nacht vor noch die Nacht nach dem Eingriff im KH verbringt (BSG, SozR 4–2500, § 39 Nr. 3). 2

Unter **stationsersetzenden Eingriffen** werden Behandlungen verstanden, die überwiegend im Rahmen einer voll- bzw. teilstationären Behandlung durchgeführt werden, grds. jedoch auch ambulant durchgeführt werden können und 3

§ 115 b

sich für eine Verlagerung aus der stationären in die ambulante Versorgung eignen (BT-Drs. 14/1245, 84).

4   Die Vorschrift ist zuletzt durch das GKV-WSG (§ 1 Rn. 31) **geändert** worden: Vor dem Hintergrund, dass nun der GBA für das ambulante Operieren die Qualitätsanforderungen festlegt, wurde die bisherige Verpflichtung der Vertragsparteien, nach S. 1 „Maßnahmen zur Sicherung der Qualität und der Wirtschaftlichkeit" zu vereinbaren, gestrichen und dafür in S. 3 die Vorgabe eingefügt, die Qualitätsvoraussetzungen nach § 135 Abs. 2 sowie die Richtlinien und Beschlüsse des GBA nach § 92 Abs. 1 S. 2 und § 137 in der Vereinbarung zu berücksichtigen (BT-Drs. 16/3100, 139).

B. Der AOP-Vertrag, Abs. 1, 3 und 4

5   Im Unterschied zu §§ 115, 115 a haben die Selbstverwaltungsträger bei § 115 b eine **Vertragskompetenz** auf **Bundes-** anstatt auf Landesebene. Der aktuelle „Vertrag über ambulantes Operieren und stationsersetzende Eingriffe im Krankenhaus" **(AOP-Vertrag)** gilt seit dem 1. 10. 2006 (vgl. DKG, Ambulantes Operieren und stationsersetzende Eingriffe im KH nach § 115 b SGB V, Materialien und Umsetzungshinweise, 11. Aufl. 2007, sowie http://www.kbv.de/rechtsquellen/128.html).

6   Unter den Pluralbegriff der Kassenärztlichen Bundesvereinigungen fallen sowohl die KBV als auch die KZBV, weshalb zwei getrennte dreiseitige Verträge als zulässig anzusehen sind (*Hencke,* Peters, KV, § 115 b Rn. 2; vgl. auch *Rau,* GKV-Komm, § 115 b Rn. 8). Zur Problematik des **Normsetzungsvertrages** vgl. § 115 a Rn. 12.

7   Die in Abs. 1 S. 3 vorgeschriebene Beachtung der **Qualitätsvoraussetzungen** (vgl. näher §§ 135 Abs. 2, 92 Abs. 1 S. 2, 137) soll sicherstellen, dass die operierenden Arztpraxen, Praxiskliniken und KH den für Operationen erforderlichen Behandlungsstandard erfüllen (vgl. BT-Drs. 12/3608, 103) und unterschiedliche Qualitätsmaßstäbe vermieden werden.

8   Sofern aufgrund von Untätigkeit oder entgegengesetzten Interessen (vgl. *Robbers,* ZGMR 2006, 16 ff.) keine Einigung zustande kommt, kann das erweiterte **Bundesschiedsamt** den Inhalt des fehlenden Vertrages nach **Abs. 3** festsetzen. Zur Zusammensetzung vgl. §§ 89 Abs. 4, 115 b Abs. 3 S. 2. Die in **Abs. 4** vorgesehene Übergangsregelung ist durch die bestehende vertragliche Vereinbarung **obsolet** geworden.

C. Zulassung, Abs. 2

9   Die KH **sind** zur ambulanten Durchführung der in dem Katalog genannten Operationen und stationsersetzenden Eingriffe **zugelassen,** sobald sie eine Mitteilung nach Abs. 2 S. 2 Hs. 1 abgegeben haben. Dies bedeutet, dass eine Ermächtigung der KH nach § 116 a nicht notwendig ist. Die Patienten können somit für die im AOP-Vertrag aufgelisteten Operationen unmittelbar ein KH ohne vertragsärztliche Einweisung aufsuchen und damit **frei wählen,** ob sie sich von einem Vertragsarzt oder in einem KH operieren lassen. Eine Überweisung durch einen Vertragsarzt ist nicht nötig. Dadurch treten der ambulante und der stationäre Sektor miteinander in **Konkurrenz** (vgl. auch Rn. 15).

10   Im Unterschied zu den Vertragsärzten sind die KH mit Zulassung jedoch nicht zur Erbringung der übrigen ambulanten Leistungen verpflichtet und nehmen

auch nicht am **Sicherstellungsauftrag** der KV (§ 75) teil. Ebenso sind KH ohne Zulassung nicht zur Teilnahme an der ambulanten Operationstätigkeit verpflichtet, da § 115 b ihnen die Wahl überlässt, ob sie von einer Mitteilung Gebrauch machen. Allerdings haben sie zu beachten, dass im Fall eines Verzichts die vollstationäre Behandlung eines Patienten an der Erforderlichkeit nach § 39 Abs. 1 S. 2 scheitern kann. Sobald das KH jedoch eine Zulassung hat, ist es nach Abs. 2 S. 3 zur **Einhaltung des Vertrages verpflichtet** und muss dann auch die im Vertrag genannten Operationen bei Bedarf erbringen (*Jung*, GK-SGB V, § 115 b Rn. 10).

Die **Mitteilung** soll es den Adressaten ermöglichen, über das Leistungsangebot der KH informiert zu sein (vgl. BT-Drs. 12/3608, 103), während die Unterrichtung der LKG durch die KV der Abschätzung der zu erwartenden Nachfrage bei den KH dient. 11

Umstritten ist, inwieweit das zugelassene KH eine **Auswahl** – etwa aus Kostengründen – unter den im Katalog genannten Operationen treffen darf. Aus dem Wortlaut von Abs. 2 S. 1 und 2 geht nicht hervor, dass das KH keine Auswahl unter den im Katalog stehenden Leistungen treffen darf. Daher ist eine Auswahl zulässig (ebenso *Rau*, in: GKV-Komm, § 115 b Rn. 30; **aA**. *Hencke*, Peters, KV, § 115 b Rn. 4). Allerdings würde bei einer Beschränkung eine vollstationäre Behandlung an der Erforderlichkeit nach § 39 Abs. 1 S. 2 scheitern, so dass die praktische Bedeutung gering ist 12

Die Zulassung eines KH kann **Auswirkungen auf die Ermächtigung** einzelner KH-Ärzte haben. Für die bedarfsgebundene Ermächtigung eines KH-Arztes ist insb. dann kein Raum, wenn die Leistungen, die Gegenstand der Ermächtigung sein sollen, vom KH bereits auf der Grundlage des § 115 b Abs. 2 S. 1 angeboten und erbracht werden (BSG, SozR 3–2500, § 116 Nr. 19; vgl. auch § 116 Rn. 8). 13

D. Vergütung

I. Grundsatz

Die Vergütung erfolgt **unmittelbar** durch die **KK** und nicht durch die KV. Dies ist zugleich Ausdruck des Umstands, dass die zugelassenen KH nicht an dem Sicherstellungsauftrag nach § 75 teilnehmen. 14

Die ambulant operierenden KH sind den niedergelassenen Ärzten insofern **gleichzustellen** (§ 115 b Abs. 1 S. 1 Nr. 2), als deren Vergütung der Höhe nach grds. derjenigen einer vergleichbaren Facharztpraxis entsprechen soll. Zielsetzung des Gesetzgebers war es nämlich, gleiche Wettbewerbsbedingungen bei ambulanten Operationen zu schaffen. Durch die Öffnung der KH für ambulante Operationen sollte diesen die Möglichkeit gegeben werden, kostenaufwändige stationäre Behandlungen zu vermeiden; andererseits sollte die Zulassung der ambulanten Operationen nicht zu einer Benachteiligung der niedergelassenen Ärzte führen, die ambulante Operationen ebenfalls durchführen. Die gesetzliche Vorgabe **einheitlicher Vergütungen** sollte folglich bewirken, dass es für die Kostenträger ohne Bedeutung ist, ob eine bestimmte ambulante Operation in einer Arztpraxis oder einem KH durchgeführt wird. Abweichungen sind nur hinzunehmen, soweit sie systembedingt unvermeidbar sind (vgl. BSG, SozR 3–2500, § 115 b Nr 2). Die Vergütung erfolgt nach den Punktwerten des EBM. Problematisch daran ist, dass die Punktwerte durch den Gesetzgeber abgesenkt wurden (vgl. *Steege*, H/N, § 115 b Rn. 22 mwN.), was dem vom Gesetzgeber angestrebten Ziel, ambulante Operationen zu fördern, entgegenläuft. 15

II. Gemeinsames Budget, Abs. 5

16 Die Vertragsparteien wurden vom Gesetzgeber ermächtigt, ein gemeinsames Budget zur Vergütung der erbrachten Leistungen zu vereinbaren. Wohl aus der Befürchtung heraus, Nachteile durch eine derartige Vereinbarung zu erlangen, ist ein solches Budget bislang **nicht vereinbart** worden.

§ 115 c Fortsetzung der Arzneimitteltherapie nach Krankenhausbehandlung

(1) [1]Ist im Anschluss an eine Krankenhausbehandlung die Verordnung von Arzneimitteln erforderlich, hat das Krankenhaus dem weiterbehandelnden Vertragsarzt die Therapievorschläge unter Verwendung der Wirkstoffbezeichnungen mitzuteilen. [2]Falls preisgünstigere Arzneimittel mit pharmakologisch vergleichbaren Wirkstoffen oder therapeutisch vergleichbarer Wirkung verfügbar sind, ist mindestens ein preisgünstigerer Therapievorschlag anzugeben. [3]Abweichungen in den Fällen der Sätze 1 und 2 sind in medizinisch begründeten Ausnahmefällen zulässig.

(2) Ist im Anschluss an eine Krankenhausbehandlung die Fortsetzung der im Krankenhaus begonnenen Arzneimitteltherapie in der vertragsärztlichen Versorgung für einen längeren Zeitraum notwendig, soll das Krankenhaus bei der Entlassung Arzneimittel anwenden, die auch bei Verordnung in der vertragsärztlichen Versorgung zweckmäßig und wirtschaftlich sind, soweit dies ohne eine Beeinträchtigung der Behandlung im Einzelfall oder ohne eine Verlängerung der Verweildauer möglich ist.

Schrifttum: *L. Wiedemann/T. Willascheck,* Das Arzneimittelversorgungswirtschaftlichkeitsgesetz, GesR 2006, 298.

1 Der durch das AABG eingefügte Abs. 1 verpflichtet in S. 1 das Krankenhaus, dem Vertragsarzt nach Entlassung des Versicherten aus dem Krankenhaus **Therapievorschläge zur ambulanten Anschlussbehandlung** unter Verwendung von Wirkstoffbezeichnungen zu machen. Die Pflicht zur produktneutralen Information ist Ausfluss des Wirtschaftlichkeitsgebots und soll eine Fixierung auf ein hohes Preisniveau bei der arzneimitteltherapeutischen Folgebehandlung im ambulanten Bereich vermeiden (vgl. BT-Drs. 14/7144, 5) sowie Marketingstrategien der Pharmaindustrie begegnen, durch preisgünstige Abgabe großer Mengen von Arzneimitteln an Krankenhausapotheken zu bewirken, dass in der ambulanten Versorgung teurere Arzneimittel von den Vertragsärzten weiter verschrieben werden (so *Grühn,* W/E, § 115 c Rn. 3; vgl. auch: *Hess,* KK, § 115 c Rn. 2). Abs. 1 S. 2 verlangt zudem die Angabe mindestens eines preisgünstigeren Arzneimittels, sofern ein solches mit pharmakologisch vergleichbaren Wirkstoffen oder therapeutisch vergleichbarer Wirkung vorhanden ist, wobei der Preisvergleichsliste nach § 92 Abs. 2 bei der Entscheidung unterstützende Funktion zukommen kann (vgl. BT-Drs. 14/7144, 5 f.; *Hencke,* Peters, KV, § 115 c Rn. 3; krit. *Hess,* KK, § 115 c Rn. 5). Beide Pflichten des Krankenhauses, von denen es in medizinisch begründeten Ausnahmefällen abweichen und eine produktidentische Fortsetzung vorschlagen kann (S. 3; vgl. dazu: *Hencke,* Peters, KV, § 115 c Rn. 2), erschöpfen sich in Vorschlägen, so dass der Vertragsarzt daran nicht gebunden ist und die Verordnungsentscheidung in seiner Verantwortung bleibt.

Abs. 2 wurde durch das AVWG eingefügt, um die **Zweckmäßigkeit und** 2
Wirtschaftlichkeit der Arzneimittelversorgung beim Übergang von der stationären zur ambulanten Versorgung zu verbessern (BT-Drs. 16/691, 17; vgl. dazu auch: *Hencke,* Peters, KV, § 115 c Rn. 1 a, 4). Voraussetzung ist, dass eine im Krankenhaus begonnene Arzneimitteltherapie für einen längeren Zeitraum fortgesetzt werden muss (nach *Grühn,* W/E, § 115 c Rn. 7, sollen Wochenfristen, die über 4 bis 6 Wochen hinausgehen, ausreichen können). Nach der Gesetzesbegründung ist es Aufgabe der KKen, vom Krankenhaus bei etwaigen Verstößen Abhilfe zu verlangen, und soll es überdies Aufgabe der Vertragsparteien sein, etwaige Verstöße bei den jährlichen Vereinbarungen zur Weiterentwicklung des pauschalierenden Entgeltsystems sowie bei den Vereinbarungen mit einzelnen Krankenhäusern zu berücksichtigen (BT-Drs. 16/691, 17; siehe dazu aber auch: *Wiedemann/Willaschek,* GesR 2006, 298/302, wo im Hinblick auf die Sanktionierung von Verstößen von „Konsequenzlosigkeit der Regelung" die Rede ist).

§ 116 Ambulante Behandlung durch Krankenhausärzte

[1]Krankenhausärzte mit abgeschlossener Weiterbildung können mit Zustimmung des Krankenhausträgers vom Zulassungsausschuß (§ 96) zur Teilnahme an der vertragsärztlichen Versorgung der Versicherten ermächtigt werden. [2]Die Ermächtigung ist zu erteilen, soweit und solange eine ausreichende ärztliche Versorgung der Versicherten ohne die besonderen Untersuchungs- und Behandlungsmethoden oder Kenntnisse von hierfür geeigneten Krankenhausärzten nicht sichergestellt wird.

Schrifttum: *W. Kuhla,* Persönliche Leistungserbringung des Krankenhausarztes bei ambulanten Behandlungen sozialversicherter Patienten, MedR 2003, 25; *B. v. Maydell/K.-P. Stiller,* Die Teilnahme leitender Krankenhausärzte an der kassenärztlichen Versorgung nach dem Gesundheitsreformgesetz (GRG), ZfSH/SGB 1990, 290; *E. M. Reiling,* Zur Frage, ob wegen der Erteilung einer Ermächtigung bestimmter ärztlicher Leistungen auf den Versorgungsbedarf im Planungsbereich oder im Einzugsbereich abzustellen ist, MedR 2007, 129; *G. Steinhilper,* Konkurrentenklage niedergelassener Ärzte gegen die Ermächtigung von Krankenhausärzten, MedR 2004, 682; *ders.,* Persönliche Leistungserbringung des ermächtigten Krankenhausarztes, MedR 2003, 339; vgl. auch Schrifttumsnachweise zu § 115 a.

Inhaltsübersicht
	Rn.
A. Überblick	1
B. Wirkung und Abgrenzungen	6
I. Inhalt und Folgen einer Behandlung ohne Ermächtigung	6
II. Abgrenzungen	9
1. Vorrang der Zulassung vor der Ermächtigung	9
2. Verhältnis von persönlicher und institutioneller Ermächtigung	10
C. Erteilung	12
I. Persönliche Voraussetzungen und Verfahren	12
II. Sachliche Voraussetzungen und Widerruf	16
D. Rechtsschutz	21
I. Antragsteller	21
II. Niedergelassene Vertragsärzte	24

A. Überblick

§ 116 bietet die rechtliche Grundlage, um KH-Ärzte an der ambulanten Versor- 1
gung zu beteiligen und dadurch **Versorgungslücken zu schließen.**

2   Die Norm ist von den §§ 115 ff. systematisch zu trennen. Während jene einzelne Behandlungen an der Schnittstelle der Sektoren betreffen und sich an KH wenden, betrifft § 116 das **gesamte Spektrum ambulanter Leistungen** als eigenen Sektor.

3   § 116 ermöglicht eine Ausweitung der Tätigkeit einzelner KH-Ärzte. Er regelt damit einen Fall der persönlichen Ermächtigung (vgl. näher Rn. 10). Die Vorschrift wird **ergänzt durch die §§ 117, 118, 119 und 119a**, die verschiedene institutionelle Ermächtigungen vorsehen, um entsprechende besondere Versorgungsbedarfe abzudecken (näher Rn. 16 ff.).

4   Die **Systematik** des § 116 ist auf den ersten Blick nicht eindeutig. S. 1 ließe sich als allgemeine Rechtsgrundlage einer Ermächtigung lesen, S. 2 als qualifizierter Fall, wobei im Hinblick auf die jeweilige Rechtsfolge eine Abstufung zwischen Ermessen und gebundener Entscheidung zu bestehen scheint. Jedoch spricht der Zweck der Ergänzung der vertragsärztlichen Versorgung dafür, beide Sätze gemeinsam zu lesen: S. 1 regelt die persönlichen Voraussetzungen und das Verfahren, S. 2 die sachlichen Voraussetzungen der Ermächtigung (vgl. Rn. 12 und 16 ff.).

5   § 116 ist zuletzt durch das GSG (§ 1 Rn. 22) **geändert** worden, indem S. 1 das Wort „kassenärztlichen" durch das Wort „vertragsärztlichen" ersetzt wurde.

B. Wirkung und Abgrenzungen

I. Inhalt und Folgen einer Behandlung ohne Ermächtigung

6   Um als Arzt ambulante Leistungen erbringen zu können, bedarf es entweder einer Zulassung oder einer Ermächtigung. Nach § 95 Abs. 4 bewirkt die Ermächtigung, dass der ermächtigte Arzt oder die ermächtigte ärztlich geleitete Einrichtung zur Teilnahme an der **vertragsärztlichen Versorgung berechtigt** und **verpflichtet** ist und die vertraglichen Bestimmungen über die vertragsärztliche Versorgung für sie verbindlich sind. Folglich hat die Ermächtigung einen statusbegründenden Charakter (*Rau*, GKV-Komm, § 116 Rn. 10). Wie bei der Zulassung (vgl. § 95 Abs. 3 S. 1) entsteht eine Mitgliedschaft in der jeweils zuständigen KV (§ 77 Abs. 3 S. 1). Zur **Vergütung** s. § 120.

7   Werden in den Räumlichkeiten des KH durch angestellte Ärzte des KH-Trägers ambulante Operationen durchgeführt, **ohne** dass die behandelnden Ärzte oder der die Ambulanz betreibende Chefarzt zur vertragsärztlichen Versorgung ermächtigt sind, **haftet** grundsätzlich der KH-Träger (vgl. BGHZ 165, 290 2. Leitsatz).

8   Eine **ohne Ermächtigung** erbrachte Leistung ist zudem **wettbewerbswidrig** gegenüber den niedergelassenen Vertragsärzten (vgl. zum Konkurrentenverhältnis Rn. 24). Folglich hat der Leistungserbringer dem dadurch geschädigten Vertragsarzt Schadensersatz nach § 1 UWG zu leisten (BSG, SozR 3–2500 § 116 Nr. 17).

II. Abgrenzungen

1. Vorrang der Zulassung vor der Ermächtigung

9   Die Ermächtigung ist ggü. der Zulassung **subsidiär**. Zwar lässt sich das dem Wortlaut des § 95 Abs. 1 S. 1 nicht entnehmen. Jedoch folgt dies aus der gesetzlichen Systematik: § 116 soll Versorgungslücken schließen, also nur dort helfen,

wo zugelassene Ärzte den Bedarf nicht schon abdecken können. Ob dieser Vorrang auch für die anderen Formen der Ermächtigung gilt, ist hingegen fraglich (vgl. auch *Kingreen,* Beck-OK, § 116 Rn. 1). §§ 116a, 119 und 119a decken ebenfalls Versorgungslücken, und zwar quantitativer oder qualitativer Art. Aus den jeweiligen zusätzlichen Voraussetzungen ergibt sich auch insofern ein Vorrang der Zulassung. Hingegen sollen § 117 ambulante Behandlungen zur Durchführung von Forschung und Lehre und § 118 wegen besonderer Ausstattung ermöglichen. Das ist unabhängig vom Bedarf, weshalb hier die Zulassung nicht vorrangig ist.

2. Verhältnis von persönlicher und institutioneller Ermächtigung

Grds. hat die persönliche Ermächtigung vor der Ermächtigung von Instituten. **10** Dies folgt aus § 31 Abs. 1 ZV-Ärzte, auf deren Grundlage die Zulassungsausschüsse über den Kreis der zugelassenen Ärzte hinaus ärztlich geleitete Einrichtungen **nur in „besonderen Fällen"** zur Teilnahme an der vertragsärztlichen Versorgung ermächtigen können (BSG, SozR 3–5520, § 31 Nr. 5; BSG, NZS 2000, 625 f.; *Rau,* GKV-Komm, § 116 Rn. 8; *Hohnholz,* H/N, § 116 Rn. 23).

Wegen des Vorrangs parlamentsgesetzlicher Regelungen gilt dieses Rangverhältnis erstens aber nicht dort, wo Zulassungsausschüssen kein Ermessen zusteht: Dies sind die Fälle, in denen die Zulassungsausschüsse Ermächtigungen erteilen müssen (§§ 117, 118). Und weil § 31 Abs. 1 ZV-Ärzte nur die Handlungen von Zulassungsausschüssen betrifft, gilt das Rangverhältnis zweitens auch nicht in jenen Fällen, in denen ein Zulassungsausschuss mangels Zulassung gar nicht beteiligt ist (§ 115b, 116b; iErg. ebenso *Kingreen,* Beck-OK, § 116 Rn. 3). **11**

C. Erteilung

I. Persönliche Voraussetzungen und Verfahren

Die Ermächtigung setzt nach § 116 S. 1 voraus, dass der Anspruchssteller KH- **12** Arzt mit abgeschlossener Weiterbildung ist. Was darunter zu verstehen ist, richtet sich nach § 116 S. 1 iVm. § 95a Abs. 1 Nr. 2, Abs. 2, 3 (vgl. auch die Parallelvorschriften in § 3 Abs. 3, 4 ZV-Ärzte). Die Gesetzesbegründung stellt ausdrücklich klar, dass es **nur auf die fachliche Qualifikation ankommt** und damit nicht nur Chefärzte unter die Antragsberechtigten fallen (BT-Drs. 11/2237, 201). KH-Arzt ist jeder in einem KH (§ 107) tätige Arzt.

Darüber hinaus darf der KH-Arzt **nicht ungeeignet** sein. Dies ist gem. § 31a **13** Abs. 3 iVm. §§ 31 Abs. 8 S. 1, 21 ZV-Ärzte dann der Fall, wenn der Antragsteller geistige oder sonstige in der Person liegende schwerwiegende Mängel hat, was insb. bei einer Rauschgift- oder Trinksucht innerhalb der letzten fünf Jahre vor seiner Antragstellung anzunehmen ist.

Die **Altersgrenze** von 55 Jahren nach §§ 31a Abs. 3, 31 Abs. 9 ZV-Ärzte-ZV **14** aF., die sich an die Altersgrenze für die erstmalige Zulassung von Vertragsärzten (§ 25 ZV-Ärzte aF.) anlehnte (krit. dazu *Becker,* NZS 1999, 521/529), **besteht nicht** mehr. Sie beruhte auf § 98 Abs. 2 Nr. 12 aF., der Zulassung und Ermächtigung von Ärzten und Zahnärzten betraf, wurde aber durch das GKV-WSG (§ 1 Rn. 31) aufgehoben, weil der Gesetzgeber kein Bedürfnis mehr für die Altersgrenze sah (BT-Drs. 16/3157, 17). Als Folgeänderungen wurden mit § 25 ZV-Ärzte aF. die Altersgrenze für die Erstzulassung und daher auch der sich daran anlehnende § 31 Abs. 9 ZV-Ärzte-ZV aF. gestrichen (BT-Drs. 16/3157, 19 f.)

15 Der KH-Träger muss einer Ermächtigung vorher **zustimmen**. Damit wird sichergestellt, dass das ordnungsgemäße Funktionieren des KH und die in ihm durchgeführte stationäre Versorgung durch die ambulante Tätigkeit nicht gefährdet wird. Zum **Zulassungsausschuss** und den für dessen Entscheidungen geltenden verfahrensrechtlichen Bestimmungen vgl. die Erläuterungen zu § 96.

II. Sachliche Voraussetzungen und Widerruf

16 Nach § 116 S. 2 ist erforderlich, dass eine ausreichende ärztliche Versorgung der Versicherten ohne die besonderen Untersuchungs- und Behandlungsmethoden oder Kenntnisse von hierfür geeigneten KH-Ärzten nicht sichergestellt ist. Damit ist ein **spezieller qualitativer** Bedarf angesprochen. Kein Qualitätskriterium ist die Versorgung der Versicherten in ihrer jeweiligen nichtdeutschen Muttersprache, da eine solche nicht zum gesetzlichen Umfang der Sicherstellung der vertragsärztlichen Versorgung nach § 72 Abs. 2 gehört (BSG v. 19. 7. 2006, Az.: B 6 KA 33/05).

17 Die Rspr. und überwiegende Literaturmeinung vertritt jedoch die Auffassung, dass auch ein **allgemeiner quantitativer** Bedarf von § 116 S. 2 erfasst sei (st.Rspr.: BSG, SozR 3–2500, § 116 Nr. 11, S. 59; BSG, SozR 3–2500, § 116 Nr. 4, S. 29; BSG, SozR 3–2500, § 116 Nr. 24, S. 111 f; zuletzt BSG, SozR 4–2500, § 116 Nr. 3; ebenso: *Hohnholz*, H/N, § 116 Rn. 4; *Hess*, KK SGB V § 116 Rn. 7; *Kingreen*, Beck-OK § 116 Rn. 8; *Hencke*, Peters, KV, § 116 Rn. 6; einschränkend: *Knittel*, Krauskopf, § 116 Rn. 4). Dieser liegt dann vor, wenn wegen zu geringer Arztzahl das allgemeine Leistungsangebot von Ärzten nicht ausreicht.

18 Ein KH darf **nicht gezielt** einen **Bedarf selbst schaffen**. Schränkt es den Umfang der als KH-Leistungen angebotenen ambulanten Operationen ein, um für die durchführbaren, aber nicht angebotenen Eingriffe eine Ermächtigung des leitenden KH-Arztes zu ermöglichen, kann das der Erteilung einer Ermächtigung unter dem Gesichtspunkt rechtsmissbräuchlicher Gestaltung entgegenstehen (BSG, SozR 3–2500, § 116 Nr. 19).

19 Die **Ermittlung des Bedarfs** erfolgt grds. anhand des **Planungsbereichs** (vgl. BSG, SozR 4–2500, § 116 Nr. 3; aA. und für ein Abstellen auf den Einzugsbereich *Reiling*, MedR 2007, 129 f., sowie *Kingreen*, Beck-OK § 116 Rn. 9), und zwar in seiner Gesamtheit und nicht aufgrund von Teilgebieten (BSG, SozR 3–2500, § 1600 Nr. 10). Wenn sich auch für den Einzugsbereich anführen lässt, dass damit einzelfallbezogen exaktere Lösungen gefunden werden können, spricht doch für den Planungsbereich die gesetzliche Systematik, weil mit dieser Bedarfsermittlung ein Gleichlauf mit den §§ 99 ff. (insb. § 101 Abs. 1 S. 6) sichergestellt ist. Die beiden verschiedenen Methoden der Bedarfsermittlung führen im Übrigen in regional eigenständigen Ballungsräumen kaum zu unterschiedlichen Ergebnissen, während in ländlichen Regionen mit einem internen Ballungsraum die nur dort gegebenen hohen Fallzahlen suggerieren können, dass die ländlichen Gebiete adäquat mit Vertragsarztsitzen bestückt sind. Solchen Grenzfällen kann aber mit einer Kombination beider Methoden begegnet werden, wie sie das BSG auch grds. zulässt. Nach Ansicht des Gerichts können nämlich in Ausnahmefällen die Versorgungsangebote in anderen Planungsbereichen berücksichtigt werden. Dies ist bei atypisch zugeschnittenen Planungsbereichen denkbar (ein Bereich inmitten eines anderen: BSG, SozR 3–2500, § 97 Nr. 2, S. 7), oder auch in Situationen, in denen der Versorgungsbedarf in einem Planungsbereich von nur geringer räumlicher Ausdehnung ersichtlich durch leicht und schnell erreichbare Versorgungsangebote der angrenzenden Bereiche gedeckt wird (BSG, SozR 4–2500, § 116 Nr. 3). Im Übrigen ist bei der Ermittlung des Bedarfs nicht nur auf die Vertragsärzte abzustellen; vielmehr sind auch Leistungen durch KH nach 115 b Abs. 2 in die Ermittlung einzubeziehen.

Ein **Widerruf der Ermächtigung** hat zu erfolgen, soweit und sobald das Versorgungsdefizit nicht mehr besteht, vgl. § 95 Abs. 4 S. 3, Abs. 6 S. 1. Der Bedarf kann insb. dann entfallen, wenn das KH einen Vertrag nach § 115 a schließt (BSG, SozR 3–2500, § 116 Nr. 13). 20

D. Rechtsschutz

I. Antragsteller

Bereits nach der einfachgesetzlichen Regelung des § 116 S. 2 besitzt ein Antragsteller einen **Rechtsanspruch** auf Erteilung der Ermächtigungen („ist zu erteilen"), wenn die persönlichen und sachlichen Voraussetzungen vorliegen. Dass S. 1 ein Ermessen vorsieht, das nur zu einem Anspruch auf ermessensfehlerfreie Entscheidung führen würde (vgl. § 39 Abs. 1 S. 2 SGB I), spielt demgegenüber keine Rolle (vgl. zur Systematik Rn. 4). 21

Der negative Bescheid ist ein VA nach § 31 SGB X. Gegen diesen kann mit der kombinierten Anfechtungs- und Leistungsklage gem. § 54 Abs. 4 SGG vorgegangen werden (zu weitergehendem Rechtsschutz vgl. *Jung,* GK-SGB V, § 116 Rn. 43 ff.). 22

Bei der Entscheidung über die Beteiligung an der kassenärztlichen Versorgung steht den Zulassungsinstanzen ein gerichtlich nur beschränkt überprüfbarer **Beurteilungsspielraum** zu (BSG, SozR 5520, § 29 Nr. 8). Die gerichtliche Kontrolle beschränkt sich auf die Prüfung, ob der Verwaltungsentscheidung ein richtig und vollständig ermittelter Sachverhalt zugrunde liegt, ob die Zulassungsgremien die durch Auslegung des unbestimmten Rechtsbegriffes ermittelten Grenzen eingehalten und ob sie ihre Subsumtionserwägungen so verdeutlicht und begründet haben, dass iRd. Möglichen die zutreffende Anwendung der Beurteilungsmaßstäbe erkennbar und nachvollziehbar ist (BSG, SozR 3–2500, § 116 Nr. 23). 23

II. Niedergelassene Vertragsärzte

Niedergelassene Vertragsärzte sind ggü. Ermächtigungen von KH-Ärzten klagebefugt. Das BVerfG hat § 116 S. 2 und § 31 a Abs. 1 S. 2 der ZV-Ärzte **drittschützende Wirkung** zugesprochen (BVerfG, NZS 2005, 144/145). Die soll aus dem in genannten Vorschriften angeordneten Vorrang der niedergelassenen Vertragsärzte folgen, dem im Lichte des Art. 12 Abs. 1 GG vor dem Hintergrund restriktiver Bedarfsplanung und limitierter Gesamtvergütungen auch die Wirkung zukommen soll, dass diese Ärzte befugt sind, KH-Ärzte begünstigende Ermächtigungsentscheidungen gerichtlich anzufechten. Dem folgt nun die Rspr. des BSG (zuletzt BSG, NZS 2008, 105 zur Konkurrentenklage gegen eine Dialysegenehmigung). Die frühere, eine Klagebefugnis verneinende Rspr. des BSG (wonach die maßgeblichen Vorschriften allein das Interesse der Versicherten an einer möglichst leistungsfähigen und lückenlosen ambulanten vertragsärztlichen Versorgung schützen sollten) ist damit gegenstandslos (vgl. noch BSG, SozR 3–1500, § 54 Nr. 40 und BSG, SozR 3–1500, § 54 Nr. 30). Das BVerfG hat allerdings nicht eindeutig geklärt, ob die beiden von ihm angeführten Argumente Marktzugang 24 und Budgetbetroffenheit nur in ihrer Kumulation oder auch jeweils für sich alleine den Drittschutz entfalten können. Dies ist va. hinsichtlich der Frage einer Übertragbarkeit dieser Rspr. auf andere Vorschriften, insb. die §§ 116a (dort Rn. 8), 116b (dort Rn. 8), 117 (dort Rn. 8), § 118 (dort Rn. 7), 119 (dort Rn. 7), 119a (dort Rn. 6), 119b (dort Rn. 10) von Bedeutung. Vieles spricht für eine Zusammenschau, zumal Art. 12 Abs. 1 GG nicht grds. vor Konkurrenz schützt, sondern erst im Zusammenhang mit den im SGB V enthaltenen Regelungen. Deshalb kommt es entscheidend auch darauf an, wie die Tätigkeit zwischen niedergelassenen Ärzten und KH gesetzlich aufgeteilt wird. § 116 enthält insofern eine allgemeine Vorrangregel zugunsten der niedergelassenen Vertragsärzte, die nur dann und in dem Umfang nicht gilt, in dem sie ausdrücklich durch andere Rechtsvorschriften durchbrochen wird (so etwa, allerdings mit unterschiedlicher Reichweite, durch die §§ 117 und 118). Im unmittelbaren Anwendungsbereich des § 116 folgt aus der Rspr. in jedem Fall, dass Ermächtigungen, die nicht durch das Ziel der Sicherstellung der Versorgung gerechtfertigt sind, den Vertragsarzt in seinem Grundrecht aus Art 12 Abs. 1 GG verletzen (BSG, GesR 2006, 15 f.).

§ 116a Ambulante Behandlung durch Krankenhäuser bei Unterversorgung

Der Zulassungsausschuss kann zugelassene Krankenhäuser für das entsprechende Fachgebiet in den Planungsbereichen, in denen der Landesausschuss der Ärzte und Krankenkassen Unterversorgung festgestellt hat, auf deren Antrag zur vertragsärztlichen Versorgung ermächtigen, soweit und solange dies zur Deckung der Unterversorgung erforderlich ist.

Schrifttum: *U. Degener-Hencke,* Rechtliche Möglichkeiten der ambulanten Leistungserbringung durch Krankenhäuser, VSSR 2006, 93; *ders.,* Integration von ambulanter und stationärer Versorgung – Öffnung der Krankenhäuser für die ambulante Versorgung, NZS 2003, 629; *J.-M. Kuhlmann,* Neue Versorgungsmöglichkeiten für Krankenhäuser durch das GMG, KH 2004, 13; *H. Plagemann,* Entwicklungen in der stationären Versorgung, NZS 2006, 311.

Inhaltsübersicht

	Rn.
A. Überblick	1
B. Ermächtigung	4
I. Voraussetzungen und Rechtsanspruch	4
II. Umfang, Aufhebung und Vergütung	6
C. Drittschutz	8

A. Überblick

1 § 116a wurde durch Art. 1 Nr. 85 GMG (§ 1 Rn. 29) zum 1. 1. 2004 eingeführt. Die Vorschrift ist seit ihrer Einführung **unverändert** geblieben.

2 Durch die Einbeziehung der KH in die ambulante vertragsärztliche Versorgung in unterversorgten Gebieten verfolgt die Norm den **Zweck,** eine weitere Möglichkeit zur Sicherstellung der vertragsärztlichen Versorgung zu schaffen (vgl. BT-Drs. 15/1525, 119). Wegen dem Vorrang der persönlichen Ermächtigung nach § 116 (s. Rn. 9) hat die Vorschrift eine geringere Bedeutung (*vgl. Degener-Hencke,*

NZS 2003, 629/630). Wegen § 95 Abs. 4 S. 1 bewirkt die Ermächtigung, dass das jeweilige KH zu der vertragsärztlichen Versorgung berechtigt und verpflichtet ist.

Die Ermächtigung nach § 116a betrifft eine **Institutsermächtigung**. Sie ist von der **persönliche Ermächtigung** nach § 116 zu unterscheiden. Wegen § 31 Abs. 1 ZV-Ärzte ist die Institutsermächtigung ggü. der persönlichen Ermächtigung als nachrangig anzusehen (*Hencke*, Peters, KV, § 116a Rn. 2: Institutsermächtigung als „ultima ratio"; *Kingreen*, Beck-OK, § 116 Rn. 2; aA. *Kuhlmann*, KH 2004, 13, 15; für eine differenzierte Betrachtung infolge der Gesetzgebungsgeschichte *Hess*, KK, § 116a Rn. 4). Das BSG (SozR 3–5520, § 31 Nr. 10) hat das folgendermaßen umschrieben: „Der Nachrang von Institutsermächtigungen lässt deren Erteilung nur zu, wenn persönlichen Ermächtigungen von Ärzten rechtlich relevante Hindernisse entgegenstehen."

B. Ermächtigung

I. Voraussetzungen und Rechtsanspruch

Ein **Anspruch** auf die Ermächtigung besteht nach dem Gesetzeswortlaut („kann") nicht. Der Gesetzgeber hat zur Begründung auf die Möglichkeit hingewiesen, dass in einem unterversorgten Planungsbereich mehrere KH den Antrag stellen können oder dass die persönliche Ermächtigung eines KH-Arztes zur Behebung der Unterversorgung ausreicht (BT-Drs. 15/1525, 119; *Hencke*, Peters, KV, § 116a Rn. 2). Da kein grundrechtlich begründbarer Korrekturbedarf besteht, ist am Wortlaut und der in ihm klar zum Ausdruck kommenden Regelungsabsicht des Gesetzgebers festzuhalten (aA. und für einen Rechtsanspruch infolge Ermessensreduzierung auf Null bei Vorliegen der Tatbestandsvoraussetzungen *Kuhlmann*, KH 2004, 13, 15).

Die Erteilung einer Ermächtigung bedarf einer vorrangig festgestellten **Unterversorgung** durch den Landesausschuss der Ärzte und KKen nach §§ 99, 100. Zu den Voraussetzungen der Unterversorgung vgl. § 100 Rn. 2. Zur Subsidiarität s. Rn. 3.

II. Umfang, Aufhebung und Vergütung

Die Ermächtigung darf nur soweit **(inhaltliche Begrenzung)** und solange **(zeitliche Begrenzung)** erteilt werden, wie dies zur Deckung der Unterversorgung nötig ist. Daher ist die Ermächtigung bei Wegfall der Unterversorgung nach § 95 Abs. 4 S. 3, Abs. 6 S. 1 zu entziehen. § 48 SGB X findet als allgemeinere Norm keine Anwendung.

Die Vergütung des KH als ermächtigte ärztlich geleitete Einrichtung richtet sich nach § 120 Abs. 1 und erfolgt daher aus der vertragsärztlichen Gesamtvergütung (vgl. § 120 Rn. 4).

C. Drittschutz

Während zu § 116 die Klagebefugnis von niedergelassenen Vertragsärzten durch das BVerfG bejaht wurde (vgl. § 116 Rn. 24), liegt zu § 116a keine Entscheidung vor. Allerdings gelten die Argumente, die für eine **drittschützende Wirkung** sprechen, bei § 116a entsprechend. Insb. ist die Institutsermächtigung nicht nur ggü. der persönlichen nachrangig, sondern wegen der Voraussetzung der Unterversorgung auch ggü. den niedergelassenen Vertragsärzten. Im Ergebnis ist deshalb auch hier eine Klagebefugnis dieser Vertragsärzte für eine defensive Konkurrentenklage zu bejahen (ebenso *Kingreen,* Beck-OK, § 116a Rn. 5), die materiell-rechtlich nur begründet ist, wenn keine Unterversorgung vorliegt oder die inhaltlichen Begrenzungen (Rn. 6) nicht eingehalten worden sind.

§ 116b Ambulante Behandlung im Krankenhaus

(1) ¹Die Krankenkassen oder ihre Landesverbände können mit zugelassenen Krankenhäusern, die an der Durchführung eines strukturierten Behandlungsprogramms nach § 137g teilnehmen, Verträge über ambulante ärztliche Behandlung schließen, soweit die Anforderungen an die ambulante Leistungserbringung in den Verträgen zu den strukturierten Behandlungsprogrammen dies erfordern. ²Für die sächlichen und personellen Anforderungen an die ambulante Leistungserbringung des Krankenhauses gelten als Mindestvoraussetzungen die Anforderungen nach § 135 entsprechend.

(2) ¹Ein zugelassenes Krankenhaus ist zur ambulanten Behandlung der in dem Katalog nach Absatz 3 und 4 genannten hochspezialisierten Leistungen, seltenen Erkrankungen und Erkrankungen mit besonderen Krankheitsverläufen berechtigt, wenn und soweit es im Rahmen der Krankenhausplanung des Landes auf Antrag des Krankenhausträgers unter Berücksichtigung der vertragsärztlichen Versorgungssituation dazu bestimmt worden ist. ²Eine Bestimmung darf nicht erfolgen, wenn und soweit das Krankenhaus nicht geeignet ist. ³Eine einvernehmliche Bestimmung mit den an der Krankenhausplanung unmittelbar Beteiligten ist anzustreben.

(3) ¹Der Katalog zur ambulanten Behandlung umfasst folgende hochspezialisierte Leistungen, seltene Erkrankungen und Erkrankungen mit besonderen Krankheitsverläufen:
1. hochspezialisierte Leistungen
   – CT/MRT-gestützte interventionelle schmerztherapeutische Leistungen
   – Brachytherapie,
2. seltene Erkrankungen und Erkrankungen mit besonderen Krankheitsverläufen
   – Diagnostik und Versorgung von Patienten mit onkologischen Erkrankungen
   – Diagnostik und Versorgung von Patienten mit HIV/Aids
   – Diagnostik und Versorgung von Patienten mit schweren Verlaufsformen rheumatologischer Erkrankungen
   – spezialisierte Diagnostik und Therapie der schweren Herzinsuffizienz (NYHA Stadium 3–4)
   – Diagnostik und Versorgung von Patienten mit Tuberkulose
   – Diagnostik und Versorgung von Patienten mit Mucoviszidose
   – Diagnostik und Versorgung von Patienten mit Hämophilie
   – Diagnostik und Versorgung von Patienten mit Fehlbildungen, angeborenen Skelettsystemfehlbildungen und neuromuskulären Erkrankungen
   – Diagnostik und Therapie von Patienten mit schwerwiegenden immunologischen Erkrankungen
   – Diagnostik und Versorgung von Patienten mit Multipler Sklerose
   – Diagnostik und Versorgung von Patienten mit Anfallsleiden

- Diagnostik und Versorgung von Patienten im Rahmen der pädiatrischen Kardiologie
- Diagnostik und Versorgung von Frühgeborenen mit Folgeschäden.

²Für die sächlichen und personellen Anforderungen an die ambulante Leistungserbringung des Krankenhauses gelten die Anforderungen für die vertragsärztliche Versorgung entsprechend.

(4) ¹Der Gemeinsame Bundesausschuss hat erstmals bis zum 31. März 2004 den Katalog nach Absatz 3 zu ergänzen um weitere seltene Erkrankungen und Erkrankungen mit besonderen Krankheitsverläufen sowie um hochspezialisierte Leistungen, die die Kriterien nach Satz 2 erfüllen. ²Voraussetzung für die Aufnahme in den Katalog ist, dass der diagnostische oder therapeutische Nutzen, die medizinische Notwendigkeit und die Wirtschaftlichkeit belegt sind, wobei bei der Bewertung der medizinischen Notwendigkeit und der Wirtschaftlichkeit die Besonderheiten der Leistungserbringung im Krankenhaus im Vergleich zur Erbringung in der Vertragsarztpraxis zu berücksichtigen sind. ³Die Richtlinien haben außerdem Regelungen dazu zu treffen, ob und in welchen Fällen die ambulante Leistungserbringung durch das Krankenhaus die Überweisung durch den Hausarzt oder den Facharzt voraussetzt. ⁴In den Richtlinien sind zusätzliche sächliche und personelle Anforderungen sowie die einrichtungsübergreifenden Maßnahmen der Qualitätssicherung nach §135a in Verbindung mit §137 an die ambulante Leistungserbringung des Krankenhauses zu regeln; als Mindestanforderungen gelten die Anforderungen nach §135 entsprechend. ⁵Der Gemeinsame Bundesausschuss hat den gesetzlich festgelegten Katalog, die Qualifikationsanforderungen und die Richtlinien spätestens alle zwei Jahre daraufhin zu überprüfen, ob sie noch den in den Sätzen 2 bis 4 genannten Kriterien entsprechen sowie zu prüfen, ob neue hochspezialisierte Leistungen, neue seltene Erkrankungen und neue Erkrankungen mit besonderen Krankheitsverläufen in den Katalog nach Absatz 3 aufgenommen werden müssen.

(5) ¹Die nach Absatz 2 von den Krankenhäusern erbrachten Leistungen werden unmittelbar von den Krankenkassen vergütet. ²Die Vergütung hat der Vergütung vergleichbarer vertragsärztlicher Leistungen zu entsprechen. ³Das Krankenhaus teilt den Krankenkassen die von ihm nach den Absätzen 3 und 4 ambulant erbringbaren Leistungen mit und bezeichnet die hierfür berechenbaren Leistungen auf der Grundlage des einheitlichen Bewertungsmaßstabes (§87). ⁴Die Vergütung der in den Jahren 2007 und 2008 erbrachten ambulanten Leistungen erfolgt in den einzelnen Quartalen nach Maßgabe des durchschnittlichen Punktwertes, der sich aus den letzten vorliegenden Quartalsabrechnungen in der vertragsärztlichen Versorgung, bezogen auf den Bezirk einer Kassenärztlichen Vereinigung, ergibt. ⁵Der Punktwert nach Satz 4 wird aus den im Bezirk einer Kassenärztlichen Vereinigung geltenden kassenartenbezogenen Auszahlungspunktwerten je Quartal, jeweils gewichtet mit den auf der Grundlage des einheitlichen Bewertungsmaßstabes für ärztliche Leistungen abgerechneten Punktzahlvolumina, berechnet. ⁶Die Kassenärztliche Vereinigung, die Landesverbände der Krankenkassen und die Ersatzkassen stellen regelmäßig acht Wochen nach Quartalsbeginn, erstmals bis zum 31. Mai 2007, den durchschnittlichen Punktwert nach Satz 4 gemeinsam und einheitlich fest. ⁷Erfolgt die Feststellung des durchschnittlichen Punktwertes bis zu diesem Zeitpunkt nicht, stellt die für die Kassenärztliche Vereinigung zuständige Aufsichtsbehörde den Punktwert fest. ⁸Ab dem 1. Januar 2009 werden die ambulanten Leistungen des Krankenhauses mit dem Preis der in seiner Region geltenden Euro-Gebührenordnung (§87a Abs. 2 Satz 6) vergütet. ⁹Die Prüfung der Wirtschaftlichkeit und Qualität erfolgt durch die Krankenkassen.

§ 116 b

(6) ¹Die ambulante Behandlung nach Absatz 2 schließt die Verordnung von Leistungen nach § 73 Abs. 2 Nr. 5 bis 8 und 12 ein, soweit diese zur Erfüllung des Behandlungsauftrags im Rahmen der Zulassung erforderlich sind; § 73 Abs. 2 Nr. 9 gilt entsprechend. ²Die Richtlinien nach § 92 Abs. 1 Satz 2 gelten entsprechend. ³Die Vereinbarungen über Vordrucke und Nachweise nach § 87 Abs. 1 Satz 2 sowie die Richtlinien nach § 75 Abs. 7 gelten entsprechend, soweit sie Regelungen zur Verordnung von Leistungen nach Satz 1 betreffen. ⁴Die Krankenhäuser haben dabei ein Kennzeichen nach § 293 zu verwenden, das eine eindeutige Zuordnung im Rahmen der Abrechnung nach den §§ 300 und 302 ermöglicht. ⁵Für die Prüfung der Wirtschaftlichkeit der Verordnungen nach Satz 1 gilt § 113 Abs. 4 entsprechend, soweit vertraglich nichts anderes vereinbart ist.

Schrifttum: *H. Barth/A. Hänlein,* Die Gefährdung der Berufsfreiheit (Art. 12 Abs 1 GG) niedergelassener Vertragsärzte durch Verträge nach § 116 b Abs. 2 SGB V, Kurzgutachten im Auftrag des BNHO, aktual. August 2007; *M. Brenske ua.,* Der Gemeinsame Bundesausschuss – aktuelle und künftige Bedeutung für den Krankenhaussektor, KH 2005, 167; *J. Bruns,* Ambulante Versorgung im Krankenhaus nach § 116 b SGB V, ErsK 2005, 150; *D. Cassel va.,* zu kurz gesprungen, G+G 2006, Nr 10, 42; *U. Degener-Hencke,* Integration von ambulanter und stationärer Versorgung – Öffnung der Krankenhäuser für die ambulante Versorgung, NZS 2003, 629; *I. Häser,* Ausweitung der ambulanten Tätigkeiten von Krankenhäusern bei hoch spezialisierten Leistungen, Klinikarzt 2006, XVIII–XIX; *R. Hess,* Der G-BA – Bilanz der bisherigen Arbeit, KrV 2005, 64; *A. Köhler,* Chancen und Grenzen der Verzahnung ambulanter und stationärer Versorgung aus Sicht der ambulanten Versorgung, VSSR 2006, 117; *F. Rau,* Was ändert sich für die Krankenhäuser mit dem GKV-Wettbewerbsstärkungsgesetz?, KH 2007, 179; *S. Rixen,* Seltene Erkrankungen als Problem des Gesundheitssozialrechts, ZEFQ 2008, 31; *G. Steinhilper,* Die „defensive Konkurrentenklage" im Vertragsarztrecht, MedR 2007, 469; *T. Szabados,* Wettbewerb auf regulierten Märkten – Konkurrentenklagen im Gesundheitsrecht, GesR 2007, 97; *J. Visarius/A. Lehr,* Quo vadis G-BA?, KH 2005, 178; *T. Vollmöller,* Die Vereinbarkeit der Öffnung der Krankenhäuser für ambulante Leistungen (§ 116 b II SGB V) mit der Berufsfreiheit der niedergelassenen Vertragsärzte (Art 12 I GG), NZS 2006, 572; *ders.,* Rechtsfragen bei der Umsetzung von Disease-Management-Programmen, NZS 2004, 63; *U. Wenner,* Einbeziehung von Krankenhäusern in die ambulante ärztliche Versorgung, GesR 2007, 337.

Inhaltsübersicht

	Rn.
A. Überblick	1
B. Strukturierte Behandlungsprogramme, Abs. 1	4
C. Katalogleistungen, Abs. 2–4	5
I. Unmittelbare Bestimmung durch die Landesbehörden, Abs. 2	5
II. Katalogleistungen, Abs. 3, 4	9
D. Vergütungsregelungen, Abs. 5	12
E. Verordnung von weiteren Leistungen, Abs. 6	13

A. Überblick

1 § 116 b ermöglicht KH die **Erbringung ambulanter Leistungen.** Systematisch ist zwischen der Leistungserbringung innerhalb strukturierter Behandlungsprogramme (Abs. 1) und einer landesrechtlichen Bestimmung (Abs. 2) zu einem vordefinierten Katalog (Abs. 3 und 4) zu unterscheiden. Abs. 5 normiert die Vergütung der nach Abs. 2 erbrachten Leistungen.

2 Die Vorschrift verfolgt den **Zweck,** mit Abs. 1 Versorgung „aus einer Hand" anzubieten (BT-Drs. 15/1525, 119). Abs. 2 beruht auf verschiedenen Erwägungen: So sollen zum einen wegen des Gefährdungspotenzials der Leistung für den Patienten oder Dritte, wegen besonders hoher Anforderungen der Behandlung an die Ärzte, wegen Krankheitsverläufen, die durch häufig wiederkehrende stationäre Aufenthalte gekennzeichnet sind und daher ein durchgängig abgestimmtes Versorgungskonzept aus einer Hand erfordern oder wegen Wirtschaftlichkeitserwägungen (Ausnutzung kostspieliger Einrichtungen) ambulante Leistungserbringungen im KH möglich sein (vgl. BT-Drs. 15/1525, 120, zu Abs. 4).

Die Vorschrift wurde zuletzt durch das PflWeitG (§ 1 Rn. 32) **geändert**. Nach Abs. 5 wurde Abs. 6 neu angefügt. 3

B. Strukturierte Behandlungsprogramme, Abs. 1

Voraussetzung für einen Vertragsschluss ist, dass das betreffende KH an einem 4 strukturierten Behandlungsprogramm teilnimmt. Allerdings muss die Beteiligung des KH für das Programm **erforderlich** sein, was nach den Einzelheiten dieses Programms zu beurteilen ist. Ein Rechtsanspruch der KH besteht nicht (vgl. *Hencke,* Peters, KV, § 116 b Rn. 2). Damit wird insofern der grds. Vorrang der Vertragsärzte gewahrt (*Kingreen,* Beck-OK, § 116 b Rn. 2). Zu Qualitätsvoraussetzungen verweist die Norm auf § 135 (vgl. dort).

C. Katalogleistungen, Abs. 2–4

I. Unmittelbare Bestimmung durch die Landesbehörden, Abs. 2

Das mit dem GMG (§ 1 Rn. 29) eingeführte Vertragsmodell wurde von den 5 Krankenkassen kaum genutzt (vgl. BT-Drs. 16/3100, 139) und deshalb mit dem GKV-WSG (§ 1 Rn. 31) abgeschafft. Künftig ist jedes KH (vgl. § 108) zur ambulanten Behandlung der in dem Katalog genannten Leistungen **berechtigt,** wenn und soweit es iRd. KH-Planung des Landes auf Antrag des KH-Trägers dazu **bestimmt** wird. **Ohne Bestimmung** ist das KH für die Erbringung ambulanter Leistungen hingegen **kein zugelassener Leistungserbringer,** vgl. BSG v. 27. 3. 2007 – B 1 KR 25/06 R (noch zum Vertragsmodell).

Als materielle Voraussetzung muss das KH **geeignet** sein. Nach Ansicht des 6 Gesetzgebers soll dies bei KH der Grundversorgung regelmäßig nicht der Fall sein (BT-Drs. 16/3100, 139; krit. *Wenner,* GesR 2007, 337/342). Fraglich ist, wer die Eignung oder Nichteignung nachzuweisen hat. Der Wortlaut legt mit seiner Formulierung „wenn (...) das Krankenhaus nicht geeignet ist" eine gesetzliche Vermutung der Eignung nahe. Dies hat zur Folge, dass die jeweiligen Landesbehörden die Nichteignung nachzuweisen haben (*Hohnholz,* H/N, § 116 b Rn. 7); angesichts der Nachprüfbarkeit der Eignung anhand der gesetzlichen Voraussetzungen besteht kein Beurteilungsspielraum der Behörde (aA. *Knittel,* Krauskopf, § 116 b Rn. 8). IRd. Zulassung erfolgt **keine Bedarfsprüfung** (BT-Drs. 16/3100, 139).

Die zuständigen Länderbehörden haben die vertragsärztliche Versorgungssitua- 7 tion bei der Bestimmung zu berücksichtigen und eine einvernehmliche Bestimmung mit den an der Planung Beteiligten anzustreben. **Einvernehmen** anstreben bedeutet eine sehr weitgehende Form der Mitwirkung, mehr als bloßes Anhören und mehr als Benehmen; es ist das ernsthafte Bemühen, sich mit den Beteiligten zu einigen (BT-Drs. 16/3100, 139; vgl. auch § 109 Rn. 3). Das Land hat jedoch das Letztentscheidungsrecht (BT-Drs. 16/3100, 139).

Ein **Konkurrenzschutz** niedergelassener Vertragsärzte ist, legt man die vom 8 BVerfG zu § 116 aufgestellten Grundsätze und die Rspr. des BSG (dort Rn. 24;

vgl. auch § 117 Rn. 8) zugrunde, mangels einer drittschützenden Wirkung ausgeschlossen. Dafür spricht als schwächeres Argument, dass die Vergütung der KH direkt durch die KKen erfolgt (Abs. 5 S. 1), womit die vertragsärztliche Gesamtvergütung nicht belastet wird (vgl. auch *Kingreen,* Beck-OK, § 116b Rn. 13). Vor allem aber ist die Bestimmung nach § 116b ggü. der Zulassung, anders als bei § 116 und auch bei § 117 (dort Rn. 5), nicht nachrangig (so auch *Steinhilper,* MedR 2007, 469/472). Denn § 116b soll bei bestimmten Krankheiten eine möglichst gute Versorgung sichern. Gegen dieses Ergebnis spricht auch nicht der **verfassungsrechtliche Hintergrund** der vertragsärztlichen Tätigkeit (wie hier *Vollmöller,* NZS 2006, 573/574; **aA.** aber *Barth/Hänlein,* August 2007), da Art. 12 Abs. 1 GG nicht nur nicht vor Konkurrenz schützt (vgl. ua. BVerfGE 34, 252, 256; 55, 261/269; 94, 372/395), sondern auch unter Berücksichtigung der Rechte der Versicherten nicht ausschließt, dass der Gesetzgeber effiziente Versorgungsstrukturen schafft. Allerdings müssen bei diesem Verständnis des fehlenden Nachrangs die in den Abs. 3 und 4 genannten Katalogleistungen so ausgelegt werden, dass sie einen besonderen Versorgungsbedarf begründen können (vgl. Rn. 9f.).

II. Katalogleistungen, Abs. 3, 4

9   Damit die KKen und die KH möglichst bald nach Inkrafttreten des Gesetzes von der Öffnung der KH nach Abs. 2 Gebrauch machen können, hat der Gesetzgeber selbst in **Abs. 3** hochspezialisierte Leistungen, seltene Erkrankungen und Erkrankungen mit besonderen Krankheitsverläufen, für die die ambulante Leistungserbringung durch das KH möglich ist, bestimmt. Der GBA hat die genannten Kriterien in seiner Verfahrensordnung (VerfO) konkretisiert und dabei dem Normzweck (vgl. Rn. 8) jedenfalls grds. Rechnung getragen (BA 2006, 4876, sowie unter www.g-ba.de). Er ist gem. **Abs. 4** befugt, den gesetzlichen Katalog weiterzuentwickeln (und dabei auch zu korrigieren), wobei nicht nur eine Bewertung des Nutzens und der Wirtschaftlichkeit vorzunehmen ist (vgl. Rn. 11), sondern gerade auch die Besonderheiten – und d. h. vor dem Hintergrund des Normzwecks die spezifischen Vorteile – der Behandlung im KH zu berücksichtigen sind (Abs. 4 S. 2); vgl. dazu die **Richtlinie** des GBA (http://www.g-ba.de/downloads/62-492-84/RL.116b.2007-01-18.pdf). Gerade weil § 116b Abs. 2 bis 5 nicht von einem Nachrang ggü. den niedergelassenen Vertragsärzten ausgeht, müssen alle, insb. die in Abs. 3 S. 1 Nr. 2 zT. sehr allgemein **ausdrücklich genannten Behandlungen,** immer so verstanden werden, dass sie nicht ohne weiteres, sondern nur dann im KH vorgenommen werden dürfen, wenn es sich im einzelnen entweder um eine hochspezialisierte Leistung (S. 1 Nr. 1), um eine seltene Erkrankung oder einen besonderen Krankheitsverlauf (S. 1 Nr. 2) handelt (vgl. Rn. 10).

10 Zur näheren begrifflichen Bestimmung der „seltenen Krankheit" lehnt sich der GBA an die VO 141/2000 v. 16. 12. 1999 über Arzneimittel für seltene Leiden (ABl. 2000 L 18/1; vgl. auch BT-Drs. 15/1525, 120) an, wonach eine Krankheit **selten** ist, wenn **nicht mehr als 5 aus 10.000** Personen an der jeweiligen Krankheit leiden. Darüber hinaus hat er festgelegt (§ 27 Abs. 2 VerfO), dass eine Krankheit auch dann selten ist, wenn bei einer vergleichbaren **Prävalenz** wegen der Eigenart der Erkrankung eine Konzentration der fachlichen Expertise im Rahmen der stationären Behandlung am KH bereits gegeben ist. Mit dieser zweiten Bestimmung stellt der GBA darauf ab, dass ein KH das jeweilige Versorgungsangebot nicht vorhalten würde, wenn es sich nicht tatsächlich um seltene Erkran-

kungen handeln würde. Das ermöglicht zwar eine gewisse Flexibilität, zugleich aber auch die eigenständige Schaffung eines besonderen Versorgungsbedarfs, was nicht der Intention des § 116b entspricht (krit. auch *Rixen*, ZEFQ 2008, 31/33). Vgl. zum **besonderen Krankheitsverlauf** § 27 Abs. 3 VerfO GBA (Rn. 9).

Grundvoraussetzung für die Aufnahme in den Katalog ist, dass der **medizi- 11 nische Nutzen** der entsprechenden Untersuchungs- und Behandlungsmethoden wissenschaftlich belegt ist. Vgl. dazu § 28 VerfO GBA (Rn. 9).

D. Vergütungsregelungen, Abs. 5

Die Vergütung erfolgt **unmittelbar** durch die KKen und damit **getrennt** von 12 der KH-Finanzierung und der vertragsärztlichen Gesamtvergütung. Die Höhe der Vergütung hat sich gem. S. 2 aber an der Vergütung von vertragsärztlichen Leistungen zu orientieren.

E. Verordnung von Arzneimitteln, Abs. 6

Der neue Abs. 6 (vgl. Rn. 1) ist vom Gesetzgeber als Klarstellung eingefügt 13 worden. Demnach soll ein KH, das zur ambulanten Behandlung nach § 116b zugelassen ist, berechtigt sein, Arzneimittel und weitere Leistungen zu verordnen. Zweck der Verordnung der weiteren Leistungen ist, dass eine **Behandlung aus einer Hand** erfolgen kann. Die Überprüfung der Wirtschaftlichkeit der Verordnungen erfolgt dabei durch die KKen, die sich an den Regelungen zur Wirtschaftlichkeitsprüfung in der vertragsärztlichen Versorgung zu orientieren haben. Zugleich können KKen und ihre Verbände davon abweichende Regelungen über Inhalt und Durchführung der Prüfung vereinbaren (BT-Drs. 16/8525, 139).

§ 117 Hochschulambulanzen

(1) [1]**Der Zulassungsausschuss (§ 96) ist verpflichtet, auf Verlangen von Hochschulen oder Hochschulkliniken die Ambulanzen, Institute und Abteilungen der Hochschulkliniken (Hochschulambulanzen) zur ambulanten ärztlichen Behandlung der Versicherten und der in § 75 Abs. 3 genannten Personen zu ermächtigen.** [2]Die Ermächtigung ist so zu gestalten, dass die Hochschulambulanzen die Untersuchung und Behandlung der in Satz 1 genannten Personen in dem für Forschung und Lehre erforderlichen Umfang durchführen können. [3]Das Nähere zur Durchführung der Ermächtigung regeln die Kassenärztlichen Vereinigungen im Einvernehmen mit den Landesverbänden der Krankenkassen und den Ersatzkassen gemeinsam und einheitlich durch Vertrag mit den Hochschulen oder Hochschulkliniken.

(2) [1]**Absatz 1 gilt entsprechend für die Ermächtigung der Hochschulambulanzen an Psychologischen Universitätsinstituten im Rahmen des für Forschung und Lehre erforderlichen Umfangs und der Ambulanzen an Ausbildungsstätten nach § 6 des Psychotherapeutengesetzes zur ambulanten psychotherapeutischen Behandlung der Versicherten und der in § 75 Abs. 3 genannten Personen in Behandlungsverfahren, die vom Gemeinsamen Bundesausschuss nach § 92 Abs. 6a anerkannt sind, sofern die Krankenbehandlung unter der Verantwortung von Personen stattfindet, die die fachliche Qualifikation für die psychotherapeutische Behandlung im Rahmen der vertragsärztlichen Versorgung erfüllen.** [2]Im

Rahmen der Ermächtigung der Hochschulambulanzen an Psychologischen Universitätsinstituten sind Fallzahlbegrenzungen vorzusehen. ³Für die Vergütung gilt § 120 Abs. 2 bis 4 entsprechend.

Schrifttum: *I. Brandes* ua., Die Bedeutung der Hochschulambulanzen für Versorgung, Forschung und Lehre, KH 2004, 543; *H. Kamps,* Poliklinik- und Bedarfsermächtigung?, MedR 1997, 251; *G. Manssen,* Die Vergütung der Leistungen von Ambulanzen an Ausbildungsstätten nach § 6 PsychThG, GesR 2003, 193; *M. Stellpflug,* Vergütung der Leistungen von Ambulanzen an Ausbildungsstätten nach § 6 PsychThG, MedR 2003, 709; vgl. auch Schrifttumsnachweise zu § 116.

Inhaltsübersicht

		Rn.
A.	Überblick	1
B.	Hochschulambulanzen	3
C.	Psychologische und psychotherapeutische Einrichtungen	9

A. Überblick

1 § 117 hat die **Funktion**, die Hochschulambulanzen, psychologischen Hochschulambulanzen und Ambulanzen an psychotherapeutischen Ausbildungsstätten in die ambulante ärztliche Versorgung zum Zweck der Ausbildung einzubeziehen. Dazu werden die genannten Einrichtungen im für **Forschung und Lehre erforderlichen Umfang** durch den Zulassungsausschuss ermächtigt.

2 Die Vorschrift ist durch das GKV-WSG (§ 1 Rn. 31) mWv. 1. 7. 2008 **geändert** worden. Abs. 1 S. 3 wurde neu gefasst, jedoch nur redaktionellen Veränderungen unterzogen. Die Vorläufervorschrift ist § 368 n Abs. 3 S. 3–7 RVO.

B. Hochschulambulanzen

3 Der Begriff der Hochschulambulanz und damit des Ermächtigungsadressaten ist in Abs. 1 S. 1 **legal definiert.** Danach sind Ambulanzen, Institute und Abteilungen der nach § 108 Nr. 1 landesrechtlich anerkannten Hochschulkliniken vom Zulassungsausschuss (§ 96) nach Abs. 1 zu ermächtigen. Dies gilt jedoch nicht für kooperierende Lehrkrankenhäuser (vgl. *Kingreen,* Beck-OK, § 117 Rn. 1; *Grühn,* W/E, § 117 Rn. 8; *Rau,* GK-SGB V, § 117 Rn. 4).

4 Die Ermächtigung kann nach Abs. 1 S. 1 vom Träger der jeweiligen Einrichtung oder von der Hochschulklinik selbst **beantragt** werden, obwohl an sich nur der Träger der Einrichtung als juristische Person handlungsfähig ist (vgl. *Hess,* KK, § 117 Rn. 3). Begründet wurde dies vom Gesetzgeber mit einer größeren Sachnähe der Hochschulklinik (vgl. BT-Drs. 14/7862; *Rau,* GK-SGB V, § 117 Rn. 5).

5 Wird eine Ermächtigung im für Lehre und Forschung erforderlichen Umfang beantragt, so besteht nach dem eindeutigen Wortlaut des Abs. 1 S. 1 auf die Erteilung ein **Rechtsanspruch.** Verfassungsrechtlicher Hintergrund dieser Regelung ist Art. 5 Abs. 3 GG. Denn Zweck des § 117 ist nicht die Schließung von Versorgungslücken, sondern die Sicherstellung einer adäquaten Forschung und Lehre. Eine Bedarfsprüfung findet deshalb nicht statt. Aus der besonderen Zweckbestimmung der Ermächtigung folgt auch, dass bei Bestehen eines Versorgungsbedarfs über den Umfang der Ermächtigung nach § 117 hinaus eine Ermächtigung zur Teilnahme an der vertragsärztlichen Versorgung nach anderen Vorschriften erteilt

werden kann (vgl. BSG, SozR 3–5520, § 31 Nr. 9 Rn. 25; *Kingreen,* Beck-OK, § 117 Rn. 2; *Rau,* GK-SGB V, § 117 Rn. 6). Wird eine solche Ermächtigung beantragt, ist vom Zulassungsausschuss allerdings der **Vorrang der persönlichen vor der Institutsermächtigung** zu beachten (vgl. BSG, SozR 3–5520, § 31 Nr. 9 Rn. 27; *Rau,* GK-SGB V, § 117 Rn. 6).

Der Zulassungsausschuss hat bei der Beurteilung der Frage, in welchem **Umfang** eine Ermächtigung zu erteilen ist, einen Spielraum. Er muss sicherstellen, dass der Zweckbezug eingehalten und über das für Forschung und Lehre erforderliche Maß nicht hinausgegangen wird (Abs. 1 S. 2). Bspw. können Obergrenzen hinsichtlich der Anzahl der zu behandelnden Patienten in der Ermächtigung festgelegt werden (vgl. *Grühn,* W/E, § 117 Rn. 6; *Kingreen,* Beck-OK, § 117 Rn. 3). 6

Nach § 117 Abs. 1 S. 3 regeln die KVen im Einvernehmen mit den Verbänden der Kranken- bzw. Ersatzkassen die Durchführung der Ermächtigung einheitlich und gemeinsam durch Vertrag mit den Hochschulen oder den Hochschulkliniken. Zwar können die Vertragsparteien dadurch den **Inhalt** der Ermächtigung in Grenzen gestalten, allerdings erstreckt sich die Regelungskompetenz wegen der gesetzlichen Vorgaben in § 120 nicht auf Vergütungsfragen. Kommt eine Einigung zwischen den Parteien nicht zustande, sind offene Fragen in der Ermächtigung zu klären, weil es kein entsprechendes Einigungsverfahren gibt (vgl. *Hess,* KK, § 117 Rn. 6). 7

Fraglich ist die **drittschützende Wirkung** des § 117. Dessen Wortlaut ist offen. Aus seinem Normzweck wird zum Teil abgeleitet, **Konkurrentenklagen** niedergelassener Vertragsärzte gegen Ermächtigungen von Einrichtungen nach § 117 seien mangels Klagebefugnis nicht zulässig (vgl. *Steinhilper,* MedR 2007, 469, 472). Grund soll sein, dass eine Versorgungslücke keine Voraussetzung für die Erteilung der Ermächtigung ist und eine Bedarfsprüfung insoweit nicht stattfindet (vgl. Rn. 5). Zudem ließe sich gegen eine Ableitung eines subjektiven Rechts unmittelbar aus § 117 einwenden, dass diese Vorschrift in ihrem Anwendungsbereich gerade nicht von einem Vorrang der Vertragsärzte gegenüber den ermächtigten Einrichtungen ausgeht. Allerdings darf der grundrechtliche Hintergrund einer Konkurrenzsituation nicht übersehen werden: Wenn auch Art. 12 Abs. 1 GG grds. nicht vor Konkurrenz schützt, so doch vor staatlichen Eingriffen, mit denen Märkte verschlossen werden oder über die Verteilung knapper Ressourcen entschieden wird (vgl. zu § 116 BVerfG [Kammer], NZS 2005, 144, und § 116 Rn. 24). § 116 berücksichtigt diesen Hintergrund und stellt mit dem Vorrang niedergelassener Ärzte einen allgemeinen Grundsatz auf. Dieser wird zwar von § 117 durchbrochen, aber nur für einen bestimmten Zweck. Danach ist es zwar richtig, dass Vertragsärzte nicht die Tätigkeit der Hochschulambulanzen verhindern können – im Gegenteil, § 117 sichert diesen Ambulanzen in Übereinstimmung mit Art. 5 Abs. 3 GG ein Recht auf Zulassung und damit auch Marktteilnahme. Aber die Begrenzung auf den Zweck Forschung und Lehre ist bei einer systematischen, § 116 einbeziehenden Auslegung zugleich dazu bestimmt, dem Schutz von Vertragsärzten zu dienen (iErg. wie hier LSG Bad.-Württ., GesR 2008, 26). 8

C. Psychologische und psychotherapeutische Einrichtungen

9 Nach § 117 Abs. 2 wird die Ermächtigung zur ambulanten Versorgung auch auf die **Hochschulambulanzen an Psychologischen Universitätsinstituten** und **Ambulanzen an Ausbildungsstätten nach § 6 PsychThG** erstreckt. Die psychotherapeutische Ausbildung bzw. Forschung muss dabei eine Aufgabe der Universität nach dem Hochschulrecht sein (vgl. *Grühn*, W/E, § 117 Rn. 9). Deshalb muss für die Einordnung als Psychologisches Universitätsinstitut zunächst ein Studiengang mit dem Studienziel „Diplom-Psychologe/-in" eingerichtet sein, bei dem die praktische Ausbildung iSd. KH-Behandlung durch fachlich qualifiziertes Personal (Approbation nach dem PsychThG, Eintragung ins Ärzteregister nach § 95 c) durchgeführt wird (vgl. *Grühn*, W/E, § 117 Rn. 9). Die hochschulrechtlichen Voraussetzungen für die Anerkennung müssen im Ermächtigungsverfahren allerdings nicht mehr geprüft werden (vgl. BSG, SozR 4–2500, § 117 Nr. 1). Die Ausbildungsstätte nach § 6 PsychThG muss im Unterschied zu den Hochschulambulanzen gerade nicht von einer Hochschule getragen sein (vgl. BSG, SozR 4–2500, § 120 Nr. 1 Rn. 16).

10 Der **Umfang der Ermächtigung** ist für die Psychologischen Universitätsinstitute auf den für Lehre und Forschung erforderlichen Umfang begrenzt. Für die Ausbildungsstätten fehlt eine ausdrückliche Begrenzung in § 117 Abs. 2. Diese ergibt sich aber auch hier aus dem Zweck, nämlich der Sicherstellung der psychotherapeutischen Ausbildung. Die Ermächtigung einer Ambulanz an Ausbildungsstätten nach § 6 PsychThG ist deshalb auf den für die Ausbildung erforderlichen Umfang zu beschränken (so auch *Kingreen*, BecKOK, § 117 Rn. 8; *Rau*, GK-SGB V, § 117 Rn. 13). Eine weitere Begrenzung der Ermächtigung ergibt sich aus § 117 Abs. 2 S. 1 aus dem Gesichtspunkt der allgemeinen Regulierung **zugelassener Behandlungsmethoden**: Danach dürfen nur solche Behandlungsmethoden in die Ermächtigung aufgenommen werden, die der GBA (vgl. § 91) in einer Richtlinie nach §§ 92 Abs. 1 S. 2 Nr. 1 und 92 Abs. 6a anerkannt hat. Nach § 117 Abs. 2 S. 2 sind für Psychologische Institutsambulanzen zusätzlich **Fallzahlenbegrenzungen** in der Ermächtigung vorzusehen, für Ambulanzen an Ausbildungsstätten nach § 6 PsychThG gilt diese Einschränkung mangels gesetzlicher Erstreckung nicht, kann aber vorgesehen werden (vgl. *Grühn*, W/E, § 117 Rn. 11; *Hess*, KK, § 117 Rn. 10; aA. *Klückmann*, H/N, § 117 Rn. 15; *Knittel*, Krauskopf, § 117 Rn. 10).

11 Die **Vergütung** richtet sich aufgrund der Verweisung in § 117 Abs. 2 S. 3 nach § 120 Abs. 2–4. Zwar werden die Ambulanzen an psychotherapeutischen Ausbildungsstätten nach § 6 PsychThG in § 120 Abs. 2 und 3 nicht ausdrücklich genannt. Da dafür keinerlei sachliche Gründe erkennbar sind, handelt es sich jedoch um ein Redaktionsversehen des Gesetzgebers, so dass auch diese Ambulanzen direkt mit den KKen abrechnen können (vgl. *Hess*, KK, § 117 Rn. 11; *Manssen*, GesR 2003, 193 ff.).

12 Für **Konkurrentenklagen** niedergelassener Psychotherapeuten gegen Ermächtigungen nach § 117 Abs. 2 gelten die Erläuterungen zu den allgemeinen Hochschulambulanzen (Rn. 8) entsprechend.

§ 118 Psychiatrische Institutsambulanzen

(1) ¹Psychiatrische Krankenhäuser sind vom Zulassungsausschuss zur ambulanten psychiatrischen und psychotherapeutischen Versorgung der Versicherten zu ermächtigen. ²Die Behandlung ist auf diejenigen Versicherten auszurichten, die wegen Art, Schwere oder Dauer ihrer Erkrankung oder wegen zu großer Entfernung zu geeigneten Ärzten auf die Behandlung durch diese Krankenhäuser angewiesen sind. ³Der Krankenhausträger stellt sicher, dass die für die ambulante psychiatrische und psychotherapeutische Behandlung erforderlichen Ärzte und nichtärztlichen Fachkräfte sowie die notwendigen Einrichtungen bei Bedarf zur Verfügung stehen.

(2) ¹Allgemeinkrankenhäuser mit selbständigen, fachärztlich geleiteten psychiatrischen Abteilungen mit regionaler Versorgungsverpflichtung sind zur psychiatrischen und psychotherapeutischen Behandlung der im Vertrag nach Satz 2 vereinbarten Gruppe von Kranken ermächtigt. ²Der Spitzenverband Bund der Krankenkassen mit der Deutschen Krankenhausgesellschaft und der Kassenärztlichen Bundesvereinigung legen in einem Vertrag die Gruppe psychisch Kranker fest, die wegen ihrer Art, Schwere oder Dauer ihrer Erkrankung der ambulanten Behandlung durch die Einrichtungen nach Satz 1 bedürfen. ³Kommt der Vertrag ganz oder teilweise nicht zu Stande, wird sein Inhalt auf Antrag einer Vertragspartei durch das Bundesschiedsamt nach § 89 Abs. 4 festgelegt. ⁴Dieses wird hierzu um Vertreter der Deutschen Krankenhausgesellschaft in der gleichen Zahl erweitert, wie sie jeweils für die Vertreter der Krankenkassen und der Kassenärztlichen Bundesvereinigung vorgesehen ist (erweitertes Bundesschiedsamt). ⁵Das erweiterte Bundesschiedsamt beschließt mit einer Mehrheit von zwei Dritteln der Stimmen der Mitglieder. ⁶Absatz 1 Satz 3 gilt. ⁷Für die Qualifikation der Krankenhausärzte gilt § 135 Abs. 2 entsprechend.

Schrifttum: *R. Höchstetter/M. Walger*, Psychiatrische Versorgung, KH 2001, 329; *P. Mrozynski*, Zum Begriff der psychiatrischen Institutsambulanz nach § 118 SGB 5, SGb 1996, 494; *F. Sandlos*, Die Organisation der ambulanten psychiatrischen Behandlung Betreuter, BtPrax 2001, 91; *ders.*, Die „defensive Konkurrentenklage" im Vertragsarztrecht, MedR 2007, 469; vgl. auch Schrifttumsnachweise zu § 116.

Inhaltsübersicht

	Rn.
A. Überblick	1
B. Ermächtigung psychiatrischer Krankenhäuser	4
C. Ermächtigung von Allgemeinkrankenhäusern mit selbstständigen Abteilungen	8

A. Überblick

§ 118 ergänzt §§ 116 ff. und regelt die **Teilnahmeberechtigung** der psychiatrischen KH und der selbstständigen psychiatrischen Abteilungen der KH an der vertragsärztlichen Versorgung. Die Vorschrift unterscheidet zwischen beiden Formen von Einrichtungen insofern, als die erstgenannten einer **Ermächtigung** durch den Zulassungsausschuss (s. § 96) bedürfen, während die zweitgenannten **kraft Gesetzes** zur Leistungserbringung ermächtigt sind. 1

Nach der Gesetzessystematik müssen die beiden Formen der Erbringung psychiatrischer stationärer Leistungen voneinander abgegrenzt werden. Für die **Abgrenzung** ist entscheidend, ob die Einrichtung einen **Abteilungscharakter** aufweist oder nicht (vgl. BSG, SozR 2200, § 368n Nr. 41). Ein psychiatrisches KH 2 iSd. Abs. 1 S. 1 darf sich nicht nur als eine Abteilung innerhalb einer Gesamt-Klinik, sondern muss sich als ein „organisatorisches Ganzes" darstellen (vgl. BSG, SozR 2200, § 368n Nr. 41, Rn. 13). Davon ist aber auch dann auszugehen, wenn andere Abteilungen einer psychiatrischen Einrichtung nur eine untergeordnete Rolle spielen.

3 Die Vorschrift ist durch das GKV-WSG (§ 1 Rn. 31) mWv. 1. 7. 2008 geändert worden. In Abs. 2 S. 2 wurden „die Spitzenverbände der KKen" durch „den Spitzenverband Bund der KKen" ersetzt. Die Vorläufervorschrift ist § 368n Abs. 6 S. 2 RVO.

B. Ermächtigung psychiatrischer Krankenhäuser

4 Die Ermächtigung nach Abs. 1 S. 1 knüpft an keine besonderen Voraussetzungen an und wird auf Antrag erteilt. Die sonst bei der Ermächtigung zur Krankenversorgung vorzunehmende **Bedarfsprüfung entfällt** im Rahmen ihrer Erteilung, weil – wie bei § 117 – nicht an das Erfordernis einer Versorgungslücke angeknüpft wird (vgl. BSG, SozR 3–2500, § 118 Nr. 2 Rn. 18; Hohnholz, H/N, § 120 Rn. 4). Daraus folgt, dass der sonst zu beachtende Vorrang der niedergelassenen Vertragsärzte vor der KH-Versorgung für die psychiatrischen KH nicht gilt. Ebenso wenig kommt das Prinzip des Vorrangs der persönlichen Ermächtigung vor der Institutsermächtigung zur Anwendung, weil das psychiatrische KH generell als Einrichtung ermächtigt wird, an der Krankenversorgung teilzunehmen.

5 Auf die Erteilung der Ermächtigung besteht ein **Rechtsanspruch**. Nebenbestimmungen, insb. Befristungen, sind mangels einer gesetzlichen Öffnungsklausel unzulässig (vgl. *Knittel,* Krauskopf, § 118 Rn. 4).

6 Auch **Abs. 1 S. 2** ist nicht als Ermächtigungsvoraussetzung, sondern lediglich als **Einschränkung der Behandlungsmöglichkeiten** zu verstehen. Abgestellt wird nämlich nach dem klaren Wortlaut nur auf die tatsächliche Behandlung und nicht auf die rechtliche Ermächtigung. Daraus wird geschlossen, eine entsprechende Beschränkung des Personenkreises dürfe nicht in den Ermächtigungsbeschluss des Zulassungsausschusses aufgenommen werden (vgl. *Rau,* GK-SGB V, § 118 Rn. 8). Sie beschränkt aber kraft Gesetzes inhaltlich den Umfang der Ermächtigung. **Abs. 1 S. 3** normiert ebenfalls keine besondere Voraussetzung für die Ermächtigung (vgl. *Kingreen,* Beck-OK, § 118 Rn. 3). Allerdings darf sich diese inhaltlich nicht auf soziale, pädagogische und psychosoziale Maßnahmen als Behandlungsform erstrecken (vgl. BSG, SozR 3–2500, § 118 Nr. 1 Rn. 16 ff.).

7 Was die **drittschützende Wirkung** des § 118 zu Gunsten niedergelassener Ärzte und Psychotherapeuten angeht, so scheidet diese nicht schon deshalb aus, weil die Ermächtigung nach § 118 Abs. 1 unabhängig von Bedarfsgesichtspunkten erfolgt (vgl. § 117 Rn. 5; *Steinhilper,* MedR 2007, 469). Nach der Rspr. des BVerfG kommt eine **defensive Konkurrentenklage** eines niedergelassenen Arztes gegen die Ermächtigung eines KH-Arztes nicht nur bei besonders schweren materiellen Mängeln in der Begründetheit der angefochtenen kassenärztlichen Ermächtigungsentscheidung in Betracht (so jedoch BSG, NZS 2003, 670), sondern schon aufgrund der Tatsache, dass die niedergelassenen Ärzte mit den KH-Ärzten auf einem Markt mit begrenzten Teilnahme- und Entfaltungschancen konkurrieren und sich staatliche Rechtsakte deshalb als Eingriffe in die Berufsfreiheit aus Art. 12 GG darstellen können (vgl. BVerfG NZS 2005, 144 ff.). Anders als bei § 117 wird allerdings der inhaltliche Umfang der Ermächtigung bei § 118 Abs. 1

nicht durch einen VA festgelegt, sondern ergibt sich unmittelbar aus dem Gesetz (Rn. 6). Die aus der Ermächtigung von psychiatrischen Institutsambulanzen folgende faktische Beschränkung der Behandlungsmöglichkeiten niedergelassener Vertragsärzte ist deshalb von vornherein gesetzlich festgelegt. Dadurch wird zugleich zum Ausdruck gebracht, dass in dem gesamten von § 118 gedeckten Umfang die Tätigkeit der Niedergelassenen, entgegen dem allgemein in § 116 zum Ausdruck gebrachten Grundsatz, keinen Vorrang genießt (vgl. zu diesem Kriterium im Hinblick auf den Drittschutz § 116 Rn. 24). Eine Konkurrentenklage erweist sich deshalb im Ergebnis schon als unzulässig.

C. Ermächtigung von Allgemeinkrankenhäusern mit selbstständigen Abteilungen

Nach Abs. 2 S. 1 sind die selbstständig geleiteten, psychiatrischen Abteilungen der Allgemeinkrankenhäuser **kraft Gesetzes** zur Krankenversorgung ermächtigt. Auch hier ist die Ermächtigung nicht von einer Versorgungslücke und einer Bedarfsprüfung abhängig. Da Abs. 2 S. 1 den Kreis der infrage kommenden Einrichtungen allerdings auf jene mit **regionalem Versorgungsauftrag** beschränkt, nehmen nur solchermaßen geeignete Abteilungen an der Ermächtigung kraft Gesetzes teil. Zu den Voraussetzungen gehört auch, dass die Abteilung von einem nicht weisungsgebundenen Arzt geleitet wird, der über die Fachgebietsbezeichnung der Psychiatrie und Psychotherapie verfügt (vgl. *Rau*, GK-SGB V, § 118 Rn. 13). Für die Kenntnisse der Ärzte in der Abteilung gilt nach Abs. 2 S. 7 die Vorschrift des § 135 Abs. 2. 8

Abs. 2 S. 2 regelt den **Umfang der Ermächtigung**. Die zu behandelnde Patientengruppe ist durch eine vertragliche Vereinbarung zwischen dem Spitzenverband Bund der KKen, der DKG und der Kassenärztlichen Bundesvereinigung festzulegen. Die genannten Institutionen haben den Vertrag am 14. 2. 2001 geschlossen, in Kraft getreten ist dieser am 1. 4. 2001 (zu finden unter DÄ 2001, A 566; http://www.aerzteblatt-international.de/v4/archiv/artikel.asp?src=heft&id=26257). Soweit eine Einigung über den Vertrag nicht zustande kommt, entscheidet nach Abs. 2 S. 3 und 4 auf Antrag das erweiterte Bundesschiedsamt (vgl. § 89 Abs. 4). 9

Die gesetzlich eingeräumte Ermächtigung kann **nicht widerrufen** werden, sondern entfällt ohne weiteres, wenn ihre Voraussetzungen nicht mehr erfüllt sind. Dies ist insb. dann der Fall, wenn der Leiter der Abteilung nicht (mehr) über die geforderte fachärztliche Qualifikation verfügt (vgl. *Hess*, KK, § 118 Rn. 7). Erfüllen in der Abteilung tätige Ärzte nicht die Qualifikationsanforderungen des § 135 Abs. 2, entfällt die Abrechenbarkeit der Leistungen gegenüber der KK (vgl. *Hess*, KK, § 118 Rn. 7; *Kingreen*, Beck-OK, § 118 Rn. 7). 10

§ 119 Sozialpädiatrische Zentren

(1) ¹Sozialpädiatrische Zentren, die fachlich-medizinisch unter ständiger ärztlicher Leitung stehen und die Gewähr für eine leistungsfähige und wirtschaftliche sozialpädiatrische Behandlung bieten, können vom Zulassungsausschuß (§ 96) zur ambulanten sozialpädiatrischen Behandlung von Kindern ermächtigt werden. ²Die Ermächtigung ist zu erteilen, soweit und solange sie notwendig ist, um eine ausreichende sozialpädiatrische Behandlung sicherzustellen.

§ 119

(2) ¹Die Behandlung durch sozialpädiatrische Zentren ist auf diejenigen Kinder auszurichten, die wegen der Art, Schwere oder Dauer ihrer Krankheit oder einer drohenden Krankheit nicht von geeigneten Ärzten oder in geeigneten Frühförderstellen behandelt werden können. ²Die Zentren sollen mit den Ärzten und den Frühförderstellen eng zusammenarbeiten.

A. Überblick

1   Die Norm regelt die Voraussetzungen der **Zulassung** von Sozialpädiatrischen Zentren (SPZ) zur Versorgung durch die Krankenkassen. Das **Leistungsrecht** der SPZ richtet sich nach §§ 27, 28, 43a sowie nach § 30 SGB IX. Die **Vergütung** ist in § 120 Abs. 2–4 geregelt.

B. Gesetzgebung

2   Die Vorschrift wurde mit dem GRG eingeführt (BT-Drs. 11/2237, 202). Die bis dahin in § 119 Abs. 2 enthaltene nähere Leistungsbeschreibung wurde mit dem 2. ÄndG in § 43a geregelt.

C. Voraussetzungen

3   Sozialpädiatrische Zentren (SPZ) sind Einrichtungen unter fachlich-medizinischer Leitung, die durch interdisziplinäre Zusammenarbeit z. B. mit Psychologen, Heilpädagogen, Ergotherapeuten und Logopäden ambulante kinderärztliche (pädiatrische) Leistungen im Kontext sozialer Faktoren und der sozialen Teilhabe von Kindern erbringen. Krankenhäuser können SPZ betreiben, nicht jedoch Vertragsärzte und MVZ, die ohnehin an der pädiatrischen Versorgung teilnehmen (BSG, SozR 3–2500, § 119 Nr. 1, 1 ff.).

4   Sie werden zur Teilnahme an der Versorgung ermächtigt, wenn sie Gewähr für eine **leistungsfähige** und **wirtschaftliche** (§§ 2, 12) Behandlung bieten und wenn sie für eine **ausreichende Behandlung** notwendig sind (Abs. 1 S. 2). Die **Bedarfszulassung** ist insoweit legitimiert, als in den SPZ ärztliche und ärztlich veranlasste Leistungen ohne weitere Prüfung erbracht werden. Soweit Frühförderung und Früherkennung nach § 30 SGB IX geleistet wird, entfällt diese Voraussetzung einer objektiven Bedarfsprüfung, weil diese Leistungen auf Antrag nach Entscheidung der Rehabilitationsträger erbracht werden (§ 8 FrühV; vgl. BSGE 89, 294/300).

5   Bei der Entscheidung über den Bedarf ist zu beachten, dass SPZ möglichst **wohnortnah** zur Verfügung stehen, damit insbesondere für rehabilitative Leistungen eine ambulante Leistungserbringung in der Nähe des sozialen Umfelds möglich ist (§§ 4 Abs. 3, 19 Abs. 2 SGB IX; SG Dortmund v. 7. 3. 2003, S 26 KA 193/01).

6   Die SPZ sollen nur für solche Leistungen zugelassen werden, die von geeigneten Ärzten oder geeigneten **Frühförderstellen** (vgl. § 3 FrühV) nicht erbracht werden können (Abs. 2). Daher ist bei der Zulassung im Wesentlichen die Versorgung mit SPZ zu beachten (LSG B-W, MedR 1996, 89). Die Krankheiten und Formen von Behinderung, auf die sich die Zulassung bezieht, sind daher genau zu benennen (LSG NRW, Az.: L 11 KA 156/99).

D. Verfahren

Die Zulassung erfolgt durch den **Zulassungsausschuss** (§ 96) durch Verwaltungsakt. Gegen die Entscheidung ist die **Beschwerde** des SPZ, der KV und der Kassenverbände (§ 96 Abs. 4 S. 1) zum Berufungsausschuss (§ 97) gegeben, sodann die Anfechtungsklage (§ 54 Abs. 4 SGG) zum SG. 7

Es kann auch eine **Konkurrentenklage** von Vertragsärzten beim zuständigen Sozialgericht erhoben werden. Klagebefugt sind Kinderärzte, wenn diese die Voraussetzungen für eine umfassende sozialpädiatrische Versorgung erfüllen (BVerfG NJW 2005, 273/274, vgl. § 116 Rn. 24; *Kingreen*, Beck-OK, § 116, Rn 15, 20; § 119, Rn 6).

E. Frühförderung und Früherkennung nach § 30 SGB IX

Zugelassene SPZ sind in § 4 FrühV als Leistungserbringer der Komplexleistung **Früherkennung und Frühförderung** (§ 30 SGB IX) genannt, die von Trägern der medizinischen Rehabilitation und der Heilpädagogischen Leistungen (§ 56 SGB IX) gemeinsam erbracht wird (vgl. *Lachwitz*, HK-SGB IX, § 30 Rn. 68 ff.). 8

§ 119 a Ambulante Behandlung in Einrichtungen der Behindertenhilfe

¹**Einrichtungen der Behindertenhilfe, die über eine ärztlich geleitete Abteilung verfügen, sind vom Zulassungsausschuss zur ambulanten ärztlichen Behandlung von Versicherten mit geistiger Behinderung zu ermächtigen, soweit und solange eine ausreichende ärztliche Versorgung dieser Versicherten ohne die besonderen Untersuchungs- und Behandlungsmethoden oder Kenntnisse der Ärzte in den Einrichtungen durch niedergelassene Ärzte nicht sichergestellt ist.** ²**Die Behandlung ist auf diejenigen Versicherten auszurichten, die wegen der Art oder Schwere ihrer Behinderung auf die ambulante Behandlung in diesen Einrichtungen angewiesen sind.** ³**In dem Zulassungsbescheid ist zu regeln, ob und in welchen Fällen die Ärzte in den Einrichtungen unmittelbar oder auf Überweisung in Anspruch genommen werden können.** ⁴**Die ärztlich geleiteten Abteilungen sollen mit den übrigen Leistungserbringern eng zusammenarbeiten.**

A. Überblick

Die Norm regelt die **Zulassung** von Einrichtungen der Behindertenhilfe zur ambulanten ärztlichen Behandlung. Sie konkretisiert die Pflicht der Krankenkasse aus § 2a und aus § 17 Abs. 1 SGB I. Das **Leistungsrecht** ist in §§ 27, 28 enthalten. Die **Vergütung** ist analog § 120 Abs. 2–3 zu regeln. 1

B. Gesetzgebung

Die Vorschrift wurde mit dem GMG aufgenommen, um die medizinische Versorgung geistig behinderter Menschen zu verbessern (vgl. BT-Drs. 15/1600, 14). 2

C. Voraussetzungen

3 Einrichtungen der Behindertenhilfe sind Einrichtungen, in denen behinderte Menschen wohnen (**Behindertenheime**, § 1 HeimG) oder einen Teil des Tages verbringen. In Betracht kommen insbesondere **Werkstätten für behinderte Menschen** (WfbM, § 136 Abs. 1 SGB IX), zT. mit angegliederten Tageseinrichtungen (§ 136 Abs. 3 SGB IX) sowie stationäre und teilstationäre Einrichtungen zur Erbringung von Leistungen der **Eingliederungshilfe** (§§ 13, 53, 75 SGB XII) und integrative Kindergärten oder Sonder- bzw. Förderschulen. Nach dem Normzweck können auch **Dienste** der Behindertenhilfe einbezogen werden, wenn sie die Voraussetzungen erfüllen.

4 Die Einrichtung muss über eine **ärztlich geleitete Abteilung** verfügen, die über **besondere Untersuchungs- und Behandlungsmethoden oder Kenntnisse** zur Behandlung der behinderten Menschen verfügt, insbesondere durch interdisziplinäre Arbeit. Erforderlich ist weiter, dass ohne diese Methoden oder Kenntnisse die ärztliche Versorgung nicht durch niedergelassene Ärzte sichergestellt ist. Sind diese Anforderungen erfüllt, besteht ein **Anspruch** auf Ermächtigung.

5 Zu konkretisieren ist, welche Versicherten wegen Art und Schwere der Behinderung auf die Behandlung durch die Einrichtung angewiesen sind und ob eine Überweisung erforderlich sein soll.

D. Verfahren

6 Die Entscheidung trifft der **Zulassungsausschuss** (§ 96); zum Weiteren § 119 Rn. 7.

§ 119b Ambulante Behandlung in stationären Pflegeeinrichtungen

¹Stationäre Pflegeeinrichtungen können einzeln oder gemeinsam bei entsprechendem Bedarf unbeschadet des § 75 Abs. 1 Kooperationsverträge mit dafür geeigneten vertragsärztlichen Leistungserbringern schließen. ²Auf Antrag der Pflegeeinrichtung hat die Kassenärztliche Vereinigung zur Sicherstellung einer ausreichenden ärztlichen Versorgung von pflegebedürftigen Versicherten in der Pflegeeinrichtung Verträge nach Satz 1 anzustreben. ³Kommt ein Vertrag nach Satz 1 nicht innerhalb einer Frist von sechs Monaten nach Zugang des Antrags der Pflegeeinrichtung zustande, ist die Pflegeeinrichtung vom Zulassungsausschuss zur Teilnahme an der vertragsärztlichen Versorgung der pflegebedürftigen Versicherten in der Pflegeeinrichtung mit angestellten Ärzten, die in das Arztregister eingetragen sind und geriatrisch fortgebildet sein sollen, zu ermächtigen; soll die Versorgung der pflegebedürftigen Versicherten durch einen in mehreren Pflegeeinrichtungen angestellten Arzt erfolgen, ist der angestellte Arzt zur Teilnahme an der vertragsärztlichen Versorgung der pflegebedürftigen Versicherten in den Pflegeeinrichtungen zu ermächtigen. ⁴Das Recht auf freie Arztwahl der Versicherten in der Pflegeeinrichtung bleibt unberührt. ⁵Der in der Pflegeeinrichtung tätige Arzt ist bei seinen ärztlichen Entscheidungen nicht an Weisungen von Nichtärzten gebunden. ⁶Er soll mit den übrigen Leistungserbringern zusammenarbeiten.

A. Überblick

Zweck der Norm ist, die zum Teil unzureichende **ambulante ärztliche** 1
Betreuung von Pflegebedürftigen in Pflegeheimen zu verbessern, Schnittstellenprobleme abzubauen und den KKen unnötige Transport- und Krankenhauskosten zu ersparen (BT-Drs. 16/7439, 97). Zum besonderen ärztlichen Versorgungsbedarf Pflegebedürftiger gehört insb. das Erkennen und Veranlassen medizinischer Rehabilitation (vgl. §§ 2a, 11 Abs. 2 SGB V; §§ 27, 26 Abs. 1 Nr. 2 SGB IX).

Hierzu kann ein Pflegeheim **Kooperationsverträge** mit geeigneten Leis- 2
tungserbringern anstreben. Die **Kassenärztliche Vereinigung** hat das Heim dabei auf Antrag zu unterstützen. Gelingt dies nicht, kann das Heim die **Ermächtigung zur Teilnahme an der vertragsärztlichen Versorgung** mit angestellten Ärzten erhalten.

Stationäre Pflegeeinrichtungen (Pflegeheime) iSd. Pflegeversicherung sind selbstständig wirtschaftende Einrichtungen, in denen Pflegebedürftige unter ständiger Verantwortung einer ausgebildeten Pflegefachkraft gepflegt werden und ganztägig (vollstationär) oder nur tagsüber oder nur nachts (teilstationär) untergebracht und verpflegt werden können (§ 71 Abs. 2 SGB XI). Die Wahl des Begriffs deutet darauf hin, dass sich § 119b primär auf Einrichtungen mit Verträgen nach dem SGB XI beziehen soll.

Für stationäre Pflegeeinrichtungen kann auch das **Heimgesetz** des Bundes gel- 3
ten, solange es nicht von Gesetzen der Länder ersetzt worden ist (Art. 74 Abs. 1 Nr. 7, Art. 125a GG). **Heime** sind nach § 1 S. 2 HeimG Einrichtungen, die dem Zweck dienen, ältere Menschen oder pflegebedürftige oder behinderte Volljährige aufzunehmen, ihnen Wohnraum zu überlassen, sowie Betreuung und Verpflegung zur Verfügung zu stellen oder vorzuhalten, die in ihrem Bestand vom Wechsel und Zahl der Bewohnerinnen und Bewohner unabhängig sind und entgeltlich betrieben werden. Der pflegeversicherungsrechtliche und der heimrechtliche Einrichtungsbegriff sind nicht deckungsgleich. Nach Sinn und Zweck muss es für den Anwendungsbereich von § 119b allein darauf ankommen, ob durch die spezifische Einrichtungssituation die ambulante medizinische Versorgung der Pflegebedürftigen erschwert ist.

B. Gesetzgebung

Die Norm ist mit dem Pflege-Weiterentwicklungsgesetz eingefügt worden 4
und zum 1. 7. 2008 in Kraft getreten. Die Gesetz gewordene Fassung ist in den Beratungen des Ausschusses für Gesundheit erheblich verändert worden (BT-Drs. 16/8525, 3, 4). Dabei wurde der Vorrang der Kooperationsverträge verfahrensmäßig konkretisiert.

C. Kooperationsverträge

Besteht oder droht ein Mangel in der ambulanten ärztlichen Versorgung der 5
Pflegebedürftigen, kann die Einrichtung einen Kooperationsvertrag mit geeigneten vertragsärztlichen Leistungserbringern anstreben. Möglich sind auch Kooperationsverträge mehrerer Pflegeeinrichtungen (BT-Drs. 16/8525, 105). Als Leistungserbringer kommen **Vertragsärzte** und **medizinische Versorgungs-**

zentren in Betracht. **Geeignet** sind diese, wenn sie den Versorgungsbedarf decken können. In der Regel müssen sie hierzu **geriatrisch aus- oder fortgebildet** (S. 3) und zur Zusammenarbeit mit den anderen Leistungserbringern in der Lage sein (S. 6).

6   Beantragt die Pflegeeinrichtung bei der **Kassenärztlichen Vereinigung** (§ 77) nach § 119 b S. 2 die Unterstützung beim Vertragsschluss, hat diese zu versuchen, geeignete Vertragspartner zu finden und mit den ihr gegebenen Mitteln auf einen Vertragsschluss hinzuwirken, um den Sicherstellungsauftrag auch gegenüber den pflegebedürftigen Versicherten zu erfüllen.

7   Der **Kooperationsvertrag** zwischen ärztlichem Leistungserbringer und Pflegeeinrichtung erfordert zwei übereinstimmende Willenserklärungen. Es besteht **kein Kontrahierungszwang,** z. B. wenn eine vertrauensvolle Zusammenarbeit nach S. 6 nicht möglich scheint. Die Pflegeeinrichtung hat gegenüber den pflegebedürftigen Menschen zumindest eine **nebenvertragliche Pflicht,** ihre ärztliche Versorgung sichern zu helfen. Gegenüber den **Pflegekassen** hat die Pflegeeinrichtung den Versorgungsauftrag nach § 72 Abs. 1 SGB XI. In diesem Rahmen muss eine dem allgemein anerkannten Stand **medizinisch-pflegerischer Erkenntnisse** entsprechende pflegerische Versorgung gesichert werden (§ 69 S. 1 SGB XI). Dies schließt schon begrifflich ein Zusammenwirken der für die pflegerische Versorgung verantwortlichen Pflegefachkraft mit insbesondere geriatrisch aus- oder fortgebildeten Ärzten ein. Das in § 119 b S. 2 und 3 vorgeschriebene Verfahren dient der raschen Klärung, ob der Versorgungsbedarf der pflegebedürftigen Menschen in der Einrichtung ohne die Ermächtigung von angestellten Ärzten konkret gedeckt werden kann.

D. Ermächtigung

8   Ist innerhalb einer Frist von sechs Monaten nach Eingang des Antrags der Pflegeeinrichtung bei der KV kein Kooperationsvertrag zustande gekommen, **ist die Pflegeeinrichtung vom Zulassungsausschuss (§ 96) zu ermächtigen.** Mit der **strikten Frist** soll erreicht werden, dass die Voraussetzungen der Ermächtigung zügig geklärt werden und ein Streit nicht zu Lasten der Versorgung der pflegebedürftigen Menschen geht. Voraussetzung der Ermächtigung ist neben dem Fristablauf, dass der zu ermächtigende Arzt in das Arztregister eingetragen ist. Die Regelung sieht im Interesse kontinuierlicher Versorgung nicht vor, dass die Ermächtigung nur so lange gilt, wie die Versorgung durch niedergelassene Ärztinnen und Ärzte nicht sichergestellt ist, § 31 Abs. 7 ZV-Ärzte ist daher gegenstandslos (BT-Drs. 16/7439, 97).

9   Der tätig werdende Arzt soll **geriatrisch aus- oder fortgebildet** sein (vgl. § 95 d Abs. 5). Auf diese Anforderung kann ausnahmsweise verzichtet werden, wenn die Eignung des Arztes zur Deckung des spezifischen Versorgungsbedarfs Pflegebedürftiger und zur Zusammenarbeit mit den anderen Leistungserbringern anders nachgewiesen werden kann. **Andere Leistungserbringer** iSv. S. 6 sind alle an der sozialen, pflegerischen, rehabilitativen und medizinischen Versorgung der Pflegebedürftigen beteiligten Leistungserbringer (vgl. 73 Abs. 1).

10 Gegen die Entscheidung des Zulassungsausschusses ist Rechtsschutz beim Berufungsausschuss möglich (§§ 96 Abs. 4, 97); vgl. § 119 Rn. 7.

E. Rechtsposition der pflegebedürftigen Versicherten

Kooperationsverträge oder die Ermächtigung angestellter Ärzte dürfen die Rechtspositionen der pflegebedürftigen Versicherten nach dem SGB V, SGB IX und SGB XI nicht beschränken, insb. die freie Arztwahl (§ 76 Abs. 1). Die Regelung in § 119 b Satz 4 impliziert, dass auch **Fahrkosten** zu Ärzten außerhalb des Heimes auch bei Ermächtigung der Einrichtung unter den Voraussetzungen von § 60 weiter in Anspruch genommen werden können, wenn die freie Arztwahl einen zwingenden Grund nach § 76 Abs. 2 darstellt, weil gerade alte pflegebedürftige Patienten die Fortsetzung der Behandlung bei einem vertrauten langjährigen Arzt verlangen. 11

§ 120 Vergütung ambulanter Krankenhausleistungen

(1) ¹Die im Krankenhaus erbrachten ambulanten ärztlichen Leistungen der ermächtigten Krankenhausärzte, die in stationären Pflegeeinrichtungen erbrachten ambulanten ärztlichen Leistungen von nach § 119 b Satz 3 zweiter Halbsatz ermächtigten Ärzten und ambulante ärztliche Leistungen, die in ermächtigten Einrichtungen erbracht werden, werden nach den für Vertragsärzte geltenden Grundsätzen aus der vertragsärztlichen Gesamtvergütung vergütet. ²Die mit diesen Leistungen verbundenen allgemeinen Praxiskosten, die durch die Anwendung von ärztlichen Geräten entstehenden Kosten sowie die sonstigen Sachkosten sind mit den Gebühren abgegolten, soweit in den einheitlichen Bewertungsmaßstäben nichts Abweichendes bestimmt ist. ³Die den ermächtigten Krankenhausärzten zustehende Vergütung wird für diese vom Krankenhausträger mit der Kassenärztlichen Vereinigung abgerechnet und nach Abzug der anteiligen Verwaltungskosten sowie der dem Krankenhaus nach Satz 2 entstehenden Kosten an die berechtigten Krankenhausärzte weitergeleitet. ⁴Die Vergütung der von nach § 119 b Satz 3 zweiter Halbsatz ermächtigten Ärzten erbrachten Leistungen wird von der stationären Pflegeeinrichtung mit der Kassenärztlichen Vereinigung abgerechnet.

(2) ¹Die Leistungen der Hochschulambulanzen, der psychiatrischen Institutsambulanzen und der sozialpädiatrischen Zentren werden unmittelbar von der Krankenkasse vergütet. ²Die Vergütung wird von den Landesverbänden der Krankenkassen und den Ersatzkassen gemeinsam und einheitlich mit den Hochschulen oder Hochschulkliniken, den Krankenhäusern oder den sie vertretenden Vereinigungen im Land vereinbart. ³Sie muss die Leistungsfähigkeit der psychiatrischen Institutsambulanzen und der sozialpädiatrischen Zentren bei wirtschaftlicher Betriebsführung gewährleisten. Bei der Vergütung der Leistungen der Hochschulambulanzen soll eine Abstimmung mit Entgelten für vergleichbare Leistungen erfolgen. ⁴Bei Hochschulambulanzen an öffentlich geförderten Krankenhäusern ist ein Investitionskostenabschlag zu berücksichtigen. ⁵Die Gesamtvergütungen nach § 85 für das Jahr 2003 sind auf der Grundlage der um die für Leistungen der Polikliniken gezahlten Vergütungen bereinigten Gesamtvergütungen des Vorjahres zu vereinbaren.

(3) ¹Die Vergütung der Leistungen der Hochschulambulanzen, der psychiatrischen Institutsambulanzen, der sozialpädiatrischen Zentren und sonstiger ermächtigter ärztlich geleiteter Einrichtungen kann pauschaliert werden. ²Bei den öffentlich geförderten Krankenhäusern ist die Vergütung nach Absatz 1 um einen Investitionskostenabschlag von 10 vom Hundert zu kürzen. § 295 Abs. 1 gilt entsprechend. ³Das Nähere über Form und Inhalt der Abrechnungsunter-

§ 120
Vergütung ambulanter Krankenhausleistungen

lagen und der erforderlichen Vordrucke wird für die Hochschulambulanzen, die psychiatrischen Institutsambulanzen und sozial-pädiatrischen Zentren von den Vertragsparteien nach Absatz 2 Satz 2, für die sonstigen ermächtigten ärztlich geleiteten Einrichtungen von den Vertragsparteien nach § 83 Satz 1 vereinbart.

(4) **Kommt eine Vereinbarung nach Absatz 2 Satz 2 ganz oder teilweise nicht zustande, setzt die Schiedsstelle nach § 18 a Abs. 1 des Krankenhausfinanzierungsgesetzes auf Antrag einer Vertragspartei die Vergütung fest.**

(5) **Beamtenrechtliche Vorschriften über die Entrichtung eines Entgelts bei der Inanspruchnahme von Einrichtungen, Personal und Material des Dienstherrn oder vertragliche Regelungen über ein weitergehendes Nutzungsentgelt, das neben der Kostenerstattung auch einen Vorteilsausgleich umfaßt, und sonstige Abgaben der Ärzte werden durch die Absätze 1 bis 4 nicht berührt.**

Schrifttum: *W. Leber,* Ambulante Notfallbehandlungen in Krankenhäusern, KH 2006, 596; *G. Manssen,* Die Vergütung der Leistungen von Ambulanzen an Ausbildungsstätten nach § 6 PsychThG, GesR 2003, 193; *H. Plagemann,* Zur Vergütungsabrechnung von ambulanten Krankenhausleistungen nach § 120 Abs 1 SGB 5, SGb 1992, 455; *J. Schmitt,* Zur Vergütungsabrechnung von ambulanten Krankenhausleistungen nach § 120 Abs. 1 SGB 5, SGb 1992, 227; *M. Stellpflug,* Vergütung der Leistungen von Ambulanzen an Ausbildungsstätten nach § 6 PsychThG, MedR 2003, 709; *I. Weddehage,* Kassenärztliche Vereinigung – Honorarbescheid – Vergütung einer ambulanten Notfallbehandlung im Zusammenhang mit einer nachfolgenden stationären Krankenhausbehandlung, KH 2005, 1108; vgl. auch Schrifttumsnachweise zu § 118.

Inhaltsübersicht

	Rn.
A. Überblick	1
B. Vergütung nach vertragsärztlichen Grundsätzen, Abs. 1 und 3	3
I. Anwendungsbereich	3
II. Verfahren und Berechnung	4
III. Vergütung der Krankenhausärzte, Abs. 1 S. 3 und Abs. 5	6
C. Gesonderte Vergütung, Abs. 2 bis 4	8
I. Anwendungsbereich	8
II. Festlegung	9

A. Überblick

1 § 120 regelt die **Vergütung** der KHer **für ambulant erbrachte Leistungen**. Genauer betrifft er aber nur die Leistungen, die aufgrund einer Ermächtigung erbracht werden (§§ 116, 116 a, 117–119 a), denn §§ 115 a, 115 b und 116 b enthalten besondere Vergütungsregelungen. Die Regelung ist wegen der grds. Trennung der ärztlichen Leistungen in ambulante Versorgung einerseits und stationäre Versorgung andererseits notwendig. Während die ambulanten Leistungen der KHer aus der vertragsärztlichen Gesamtvergütung (vgl. §§ 85 ff.) finanziert werden, folgt die stationäre Versorgung den Vergütungsregelungen, die in den Verträgen zwischen den Trägern der KVers., der DKG und einzelnen KH (vgl. §§ 107 ff., §§ 9 ff. KHEntG) festgelegt werden. § 120 unterscheidet zwischen dem **allgemeinen Grundsatz in Abs. 1** und der **Sonderregelung in Abs. 2**, die nur bestimmte institutionelle Ermächtigungen betrifft.

2 Die Vorschrift ist zuletzt durch das PflWeitG (§ 1 Rn. 32) **geändert** worden. Grund für die Änderung war das Ziel, die Pflegeversicherung stärker an den Wünschen der Pflegebedürftigen und Angehörigen auszurichten und dies ua. durch eine Stärkung des Grundsatzes „ambulant vor stationär" sowie durch die Anhebung

von Leistungssätzen und die Schaffung von Pflegestützpunkten zu unterstützen (vgl. BT-Drs. 16/7439). Abs. 1 S. 1 wurde daher den veränderten Bedingungen angepasst, ein neuer S. 4 eingefügt.

B. Vergütung nach vertragsärztlichen Grundsätzen, Abs. 1 und 3

I. Anwendungsbereich

Da Abs. 1 nur für diejenigen Leistungen gilt, die auf Grundlage einer **Ermächtigung** erbracht werden, ist die Vorschrift für Leistungen nach §§ 116, 116a, 119a und 119b anwendbar (*Kingreen,* Beck-OK, § 120 Rn. 1). Auch die Einrichtungen iSv. § 311 Abs. 2 S. 1 (Polikliniken, Ambulatorien, Arztpraxen) werden nicht nach Abs. 1 vergütet, weil für diese Einrichtungen keine Ermächtigung, sondern eine Zulassung besteht. Eine analoge Anwendung des Abs. 1 ist mangels einer Regelungslücke nicht möglich, weil über § 95 Abs. 1 S. 1 die Vergütungsregelung des § 85 gilt (*Kingreen,* Beck-OK, § 120 Rn. 2; aA. *Hess,* KK, § 120 Rn. 2). 3

II. Verfahren und Berechnung

§ 120 Abs. 1 legt fest, dass die Vergütung der in Rn. 3 genannten Leistungen nach den **Grundsätzen** erfolgt, die für die Vergütung der Ärzte aus der **vertragsärztlichen Gesamtvergütung** gelten. Anzuwenden ist daher § 85. Die Leistungen werden dadurch vergütet, dass die Gesamtvergütung an die KV abgeführt wird. Berechnungsgrundlage ist der **einheitliche Bewertungsmaßstab** (nach § 85 Abs. 4 ergänzt durch den Honorarverteilungsmaßstab). Die allgemeinen Praxiskosten, die durch die Anwendung von ärztlichen Geräten entstehenden Kosten sowie die sonstigen Sachkosten sind wegen § 120 Abs. 1 S. 2 allerdings durch die Gesamtvergütung bereits abgegolten (zu den Ausnahmen in den einheitlichen Bewertungsmaßstäben vgl. *Clemens,* GK-SGB V, § 120 Rn. 12). 4

Abweichend von Abs. 1 können Leistungen der Hochschulambulanzen, der psychiatrischen Institutsambulanzen, der sozialpädiatrischen Zentren und sonstiger ermächtigter ärztlich geleiteter Einrichtungen nach **Abs. 3** jedoch auch **pauschaliert vergütet** werden. Da dadurch alle in Abs. 1 und 2 genannten Einrichtungen erfasst sind, gilt Abs. 3 letztlich nur für **Leistungen ermächtigter Krankenhausärzte nicht.** Zur Ausgestaltung der Pauschalierung trifft § 120 keine Aussage. Aus dem Normzusammenhang ergibt sich lediglich, dass die in Abs. 1 genannten Grundsätze der vertragsärztlichen Gesamtvergütung beachtet werden müssen (vgl. *Clemens,* GK-SGB V, § 120 Rn. 10). **Unzulässig** sind insbesondere einfache **Gesamtpauschalierungen** (vgl. BSG, NZS 1999, 623). Da die Handlungsform nicht gesetzlich geregelt und damit offen ist, kann die Regelung der Vergütung durch Verträge (vgl. *Kingreen,* Beck-OK, § 120 Rn. 5) oder durch VA erfolgen (vgl. *Clemens,* GK-SGB V, § 120 Rn. 56). Der in Abs. 3 S. 2 angeordnete Investitionskostenabschlag in Höhe von 10 % gilt ausschließlich für die in Abs. 1 genannten Einrichtungen. 5

III. Vergütung der Krankenhausärzte, Abs. 1 S. 3 und Abs. 5

Für die ambulant erbrachten Leistungen der ermächtigten KH-Ärzte stellen § 120 Abs. 1 S. 3 und Abs. 5 ein **gesondertes Abrechnungsverfahren** zur Verfü- 6

§ 120

gung (zur Zulässigkeit unterschiedlicher Regelungen für zugelassene und ermächtigte Ärzte vgl. BSG, NZS 2005, 665). Dabei erfolgt die Vergütung nicht direkt zwischen KV und dem Leistungserbringer, vielmehr ist das **KH Partner der Abrechnung** für die KV. So ist sichergestellt, dass die KV einerseits nicht die für das KH abzuziehenden Vergütungsposten (Anteile für Verwaltungskosten, allgemeine Praxiskosten und Sachkosten) berechnen muss, andererseits auch stets einen rückzahlungsfähigen Partner etwa bei fehlerhaft zu hoch ausbezahlten Vergütungen hat. Aus dieser Intention der gesetzlichen Regelung folgt auch, dass Abs. 1 S. 3 einen **zwingenden Charakter** hat – die Beteiligten können vertraglich keinen anderen Vergütungsmechanismus vereinbaren (vgl. *Clemens,* GK-SGB V, § 120 Rn. 14; aA.: *Hess,* KK, § 120 Rn. 11; offen gelassen in: BSG, SozR 3–2500, § 120 Nr. 1 und BSG, SozR 3–2500, § 120 Nr. 3). **Forderungsinhaber** bleibt jedoch der ermächtigte KH-Arzt, es liegt insoweit keine Abtretung an das KH, sondern eine gesetzlich vorgesehene **Einzugsermächtigung** vor (BSG, SozR 3–2500, § 120 Nr. 1; vgl. auch *Hess,* KK, § 120 Rn. 9). In Pflegeeinrichtungen gilt nun dasselbe Verfahren (Abs. 1 S. 4).

7   **Abs. 5** betrifft nur das **interne Vergütungsverfahren** zwischen KH und dem ermächtigten KH-Arzt (vgl. *Hess,* KK, § 120 Rn. 19). Er legt fest, dass der ermächtigte KH-Arzt einen weitergehenden Abzug von Nutzungsentgelten oder eine Vorteilsausgleichung hinnehmen muss, wenn sie in beamtenrechtlichen Vorschriften oder vertraglichen Regelungen festgelegt sind. Es gilt hier ein Grundsatz des Vorrangs des Anstellungsverhältnisses, sei dieses beamtenrechtlich oder arbeitsrechtlich ausgestaltet. Dementsprechend werden entsprechende Bestimmungen von § 120 und insb. vom Abrechnungsverfahren des Abs. 1 S. 3 nicht berührt.

C. Gesonderte Vergütung, Abs. 2 bis 4

I. Anwendungsbereich

8   Abs. 2 gilt nach seinem S. 1 ausschließlich für die Leistungen der **Hochschulambulanzen, der psychiatrischen Institutsambulanzen und der sozialpädiatrischen Zentren** (§§ 117 Abs. 1, 118 und 119). Abweichend vom Wortlaut sind jedoch auch die **Ambulanzen an Ausbildungsstätten nach § 6 PsychThG** in die Regelung einzubeziehen, da § 117 Abs. 2 S. 3 die entsprechende Anwendung der Regelungen des Abs. 2 bis 4 anordnet (vgl. *Hess,* KK, § 120 Rn. 14 c).

II. Festlegung

9   Anders als bei der Vergütung nach Abs. 1 handelt es sich bei Abs. 2 nicht um eine Vergütung innerhalb der vertragsärztlichen Gesamtvergütung, sondern um eine **separate Finanzierung.** Deshalb sind auch nicht die Vergütungsgrundsätze der vertragsärztlichen Versorgung anzuwenden, sondern durch Vereinbarungen zwischen den Beteiligten **vertragliche Vergütungsregelungen** festzulegen. Vertragspartner dieser öff.-rechtl. Verträge sind nach S. 2 die Verbände der KKen und die EKen, die gemeinsam und einheitlich handeln müssen. Der Inhalt dieser Vereinbarungen wird vom Gesetz nur teilweise vorgezeichnet. So muss die vertragliche Vergütungsvereinbarung nach S. 3 derart gestaltet werden, dass die **Leistungsfähigkeit** der psychiatrischen Institutsambulanzen und der sozialpädiatrischen Zentren bei **wirtschaftlicher Betriebsführung** gesichert ist. Dies bedeutet, dass eine zur Erfüllung der Anforderungen aus der Ermächtigung ausreichende Vergü-

tung vereinbart werden muss (für Beispiele vgl. *Clemens*, GK-SGB V, § 120 Rn. 35 ff.). Vgl. zur möglichen **Pauschalierung nach Abs. 3** Rn. 5.

Für die **Hochschulambulanzen** trifft S. 4 eine gesonderte Regelung. Die Vergütung, die ebenfalls nicht Teil der vertragsärztlichen Gesamtvergütung ist, muss in Abstimmung mit Entgelten für vergleichbare Leistungen erfolgen. Als vergleichbar sieht der Gesetzgeber hierbei die Pflegesätze für vor- und nachstationäre Behandlung an (vgl. BT-Drs. 14/7862). Weil es sich aber bei den zu vergütenden Leistungen um ambulant erbrachte Leistungen handelt, erscheint eine Ausrichtung an der Vergütung der vertragsärztlichen Versorgung sachgerechter (vgl. *Hess*, KK, § 120 Rn. 14 a; *Clemens*, GK-SGB V, § 120 Rn. 43). Nach S. 5 ist für Hochschulambulanzen an öffentlich geförderten KH ein **Investitionskostenabschlag** zu berücksichtigen, um eine Finanzierung dieser Kosten durch die Vergütung zu vermeiden. Mangels einer festgelegten Höhe dieses Abschlages ist Abs. 2 S. 3 mit einer Höhe von 10 % entsprechend heranzuziehen (vgl. *Hess*, KK, § 120 Rn. 16; *Clemens*, GK-SGB V, § 120 Rn. 50).

10

Kommt eine Vereinbarung zwischen den Landesverbänden der KKen bzw. den einzelnen KKen und dem KH über die Vergütung nach Abs. 2 nicht zustande, so ist nach **Abs. 4** ein **Schiedsstellenverfahren gem. § 18 KHEntG** einzuleiten. Die Schiedsstelle setzt dann die Vergütung fest, für Klagen gegen den Schiedsspruch ist nach § 51 Abs. 1 Nr. 2 SGG der Sozialrechtsweg eröffnet (vgl. *Kingreen*, Beck-OK, § 120 Rn. 13).

11

§ 121 Belegärztliche Leistungen

(1) ¹Die Vertragsparteien nach § 115 Abs. 1 wirken gemeinsam mit Krankenkassen und zugelassenen Krankenhäusern auf eine leistungsfähige und wirtschaftliche belegärztliche Behandlung der Versicherten hin. ²Die Krankenhäuser sollen Belegärzten gleicher Fachrichtung die Möglichkeit geben, ihre Patienten gemeinsam zu behandeln (kooperatives Belegarztwesen).

(2) Belegärzte im Sinne dieses Gesetzbuchs sind nicht am Krankenhaus angestellte Vertragsärzte, die berechtigt sind, ihre Patienten (Belegpatienten) im Krankenhaus unter Inanspruchnahme der hierfür bereitgestellten Dienste, Einrichtungen und Mittel vollstationär oder teilstationär zu behandeln, ohne hierfür vom Krankenhaus eine Vergütung zu erhalten.

(3) ¹Die belegärztlichen Leistungen werden aus der vertragsärztlichen Gesamtvergütung vergütet. ²Die Vergütung hat die Besonderheiten der belegärztlichen Tätigkeit zu berücksichtigen. ³Hierzu gehören auch leistungsgerechte Entgelte für
1. den ärztlichen Bereitschaftsdienst für Belegpatienten und
2. die vom Belegarzt veranlaßten Leistungen nachgeordneter Ärzte des Krankenhauses, die bei der Behandlung seiner Belegpatienten in demselben Fachgebiet wie der Belegarzt tätig werden.

(4) Der Bewertungsausschuss hat in einem Beschluss nach § 87 mit Wirkung zum 1. April 2007 im einheitlichen Bewertungsmaßstab für ärztliche Leistungen Regelungen zur angemessenen Bewertung der belegärztlichen Leistungen unter Berücksichtigung der Vorgaben nach Absatz 3 Satz 2 und 3 zu treffen.

Schrifttum: *S. F. Schulz/A. Mertens*, Ambulantes Operieren durch Vertragsärzte im Krankenhaus – Zulässigkeit und Vergütung, MedR 2006, 191; *I. Weddehage*, Können Medizinische Versorgungszentren belegärztlich tätig werden?, KH 2006, 772; *P. Wigge/M. Frehse*, Bedarfs-

§ 121

unabhängige Kooperationen zwischen Ärzten und Krankenhäusern, MedR 2001, 549; vgl. auch Schrifttumsnachweise zu § 115b.

Inhaltsübersicht

	Rn.
A. Überblick	1
B. Belegarztwesen	3
I. Förderung, Abs. 1	3
II. Belegärzte	5
1. Begriff, Abs. 2	5
2. Anerkennung	8
a) Voraussetzungen	8
b) Verfahren	10
c) Ende	11
C. Vergütung, Abs. 3 und 4	12

A. Überblick

1   Der Gesetzgeber stuft das Belegarztwesen als eine wichtige **Nahtstelle** zwischen ambulanter und stationärer Behandlung ein (BT-Drs. 11/2237, 203 zu § 130). § 121 legt in Abs. 1 den allgemeinen Grundsatz fest, nach dem das Belegarztwesen zu fördern ist. Abs. 2 umschreibt den Begriff des Belegarztes, ohne aber das Verfahren zur Verleihung eines entsprechenden Status festzulegen. Abs. 3 und 4 regeln dessen Vergütung.

2   § 121 ist durch das GRG (§ 1 Rn. 21) **eingeführt** worden und stellt die Übernahme von § 368g Abs. 6 RVO dar. Die letzte **Änderung** erfolgte durch das GKV-WSG (§ 1 Rn. 31), mit dem Abs. 4 eingefügt worden ist.

B. Belegarztwesen

I. Förderung, Abs. 1

3   Normadressaten sind die Vertragsparteien aus § 115 Abs. 1 sowie die KKen und zugelassenen KHer. Diese werden gem. Abs. 1 S. 1 **verpflichtet,** gemeinsam mit den KK und zugelassenen KH auf eine leistungsfähige und wirtschaftliche belegärztliche Behandlung der Versicherten hinzuwirken. Hingegen ist Abs. 1 S. 2 als Soll-Vorschrift konzipiert und spricht daher keine Verpflichtung zur Einrichtung eines kooperativen Belagarztwesens aus. Damit soll die „innere Struktur" und die in § 1 Abs. 2 KHG zum Ausdruck kommende wirtschaftl. Eigenverantwortung der KH respektiert werden (BT-Drs. 11/2237, 203). Weil aber die KHer ab ihrer Zulassung (§ 108) an das Wirtschaftlichkeitsgebot gebunden sind (vgl. §§ 12 Abs. 2, 70 Abs. 1 S. 2, 71 Abs. 1 S. 1), müssen sie Behandlungen in Belegabteilungen anbieten, wenn dies bei gleicher oder besserer Qualität kostengünstiger ist (BT-Drs. 11/2237, 203).

4   2006 existierten nach **Angaben** des Statistischen Bundesamtes 170 reine Belegkrankenhäuser mit rund 6640 Betten, 6334 Belegärzte versorgten 23 903 Belegbetten (Gesundheitswesen, Grunddaten der Krankenhäuser, vgl. www.destatis.de). In der Praxis scheint das kooperative Belegarztwesen nicht auf große Resonanz zu stoßen (vgl. *Hess*, KK, § 121 SGB V Rn. 1).

II. Belegärzte

1. Begriff, Abs. 2

Belegärzte sind nach Abs. 2 **am KH nicht angestellte Vertragsärzte** (mit einer Zulassung nach § 95 Abs. 3), die berechtigt sind, ihre Patienten (sog. Belegpatienten) im KH unter Inanspruchnahme der dort bereitgestellten Dienste, Einrichtungen und Mittel vollstationär oder teilstationär zu behandeln, **ohne** hierfür vom KH eine **Vergütung** zu erhalten. Diese Definition findet sich im Wesentlichen auch in § 18 Abs. 1 S. 1 KHEntgG und § 39 Abs. 1 BMV-Ä. Letzterer spricht jedoch nur von „Ärzten". Ein Unterschied in der Sache besteht aber nicht, da der BMV-Ä als Vereinbarung der Kassenärztlichen Bundesvereinigung grds. nur für diejenigen Ärzte gelten kann, die Vertragsärzte sind.

Auch wenn der Belegarzt nicht am KH angestellt ist, schließt das nicht aus, dass er dennoch **Leistungen für das KH** erbringen kann (z. B. Fortbildungen).

Nach § 39 Abs. 5 BMV-Ä sind die Belegärzte verpflichtet, einen **Bereitschaftsdienst** für die Belegpatienten vorzuhalten. Das Nähere wird vertraglich auf Landesebene geregelt. Ärztlicher Bereitschaftsdienst wird wahrgenommen, wenn sich der bereitschaftsdiensthabende Arzt auf Anordnung des KH oder des Belegarztes außerhalb der regelmäßigen Arbeitszeit im KH aufhält, um im Bedarfsfall auf einer Belegabteilung rechtzeitig tätig zu werden (§ 39 Abs. 6 BMV-Ä).

2. Anerkennung

a) Voraussetzungen: Die Anerkennung **nach §§ 39, 40 BMV-Ä** ist zentrale Voraussetzung für die Tätigkeit als Belegarzt. Sie kann grds. **nur für ein KH** ausgesprochen werden (§ 39 Abs. 3 BMV-Ä). Vorausgesetzt ist erstens, dass an dem betreffenden KH eine Belegabteilung der entsprechenden Fachrichtung nach Maßgabe der Gebietsbezeichnung (Schwerpunkt) der Weiterbildungsordnung in Übereinstimmung mit dem KH-Plan oder mit dem Versorgungsvertrag eingerichtet ist und der Praxissitz des Vertragsarztes im Einzugsbereich dieser Belegabteilung liegt (§ 40 Abs. 1 BMV-Ä). Zweitens darf die stationäre Tätigkeit des Vertragsarztes nicht das Schwergewicht der Gesamttätigkeit des Vertragsarztes bilden; er muss vielmehr im erforderlichen Maße der ambulanten Versorgung zur Verfügung stehen (§ 39 Abs. 2 BMV-Ä). Schließlich darf der Belegarzt nicht ungeeignet sein. Das ist der Fall, wenn die ordnungsgemäße stationäre Versorgung der Patienten nicht gewährleistet ist, weil der Arzt neben seiner ambulanten ärztlichen Tätigkeit eine anderweitige Nebentätigkeit ausübt oder weil ein in seiner Person liegender wichtiger Grund vorliegt, ebenso, wenn Wohnung und Praxis nicht ausreichend nah am KH liegen, wobei unter mehreren Betriebsstätten diejenige ausschlaggebend ist, in welcher hauptsächlich die vertragsärztliche Tätigkeit ausgeübt wird (§ 39 Abs. 4 BMV-Ä).

Die Anerkennung von Kassen- und Vertragsärzten als Belegarzt ist in den erwähnten Vorschriften **abschließend** geregelt. Insb. eine Anerkennung durch Verträge nach § 115 Abs. 1 ist folglich nicht möglich (BSG v. 15. 5. 1991, 6 RKa 11/90).

b) Verfahren: Über die Anerkennung als Belegarzt entscheidet die für seinen Niederlassungsort zuständige **KV** auf Antrag im Einvernehmen mit allen Landesverbänden der KKen und den Verbänden der EKen. Die Ziele der KH-Planung sind zu berücksichtigen (§ 40 Abs. 2 BMV-Ä). Der Arzt hat einen **Anspruch** auf die Anerkennung als Belegarzt, wenn die oben genannten Voraussetzungen

(Rn. 8) vorliegen. Auch wenn in der Praxis zwischen der DKG und den Standesvertretungen der Ärzte Vertragsgrundsätze vereinbart werden (vgl. *Hess*, KK, § 121 SGB V Rn. 4), können diese schon deshalb daran nichts ändern, weil die Bestimmungen im BMV-Ä keinen Raum für Ermessenserwägungen lassen (BSG v. 15. 5. 1991, 6 RKa 11/90). Vgl. zur **Sonderzulassung** nach § 103 Abs. 7 BSG, SozR 3–2500, § 103 Nr. 6, und § 103 Rn. 2 ff.

11   c) **Ende:** Die Anerkennung als Belegarzt **endet** mit der Beendigung seiner vertragsärztlichen Zulassung oder mit der Beendigung der Tätigkeit als Belegarzt an dem KH, für welches er anerkannt war (§ 40 Abs. 4 BMV-Ä). Die Anerkennung als Belegarzt ist durch die KV **zurückzunehmen** oder zu **widerrufen,** wenn ihre Voraussetzungen nicht oder nicht mehr vorliegen; die KV kann die Anerkennung außerdem widerrufen, wenn entweder in der Person des Vertragsarztes ein wichtiger Grund vorliegt oder der Vertragsarzt seine Pflichten gröblich verletzt hat, so dass er für die weitere belegärztliche Tätigkeit ungeeignet ist (§ 40 Abs. 5 BMV-Ä).

C. Vergütung, Abs. 3 und 4

12   Die **belegärztlichen Leistungen** werden aus der **vertragsärztlichen Gesamtvergütung** bezahlt (Abs. 3 S. 1). Welche Leistungen gemeint sind, ist in § 18 Abs. 1 S. 2 KHEntgG definiert. Danach sind umfasst (1) die persönlichen Leistungen, (2) der ärztliche Bereitschaftsdienst für Belegpatienten, (3) die vom Belegarzt veranlassten Leistungen nachgeordneter Ärzte des KH, die bei der Behandlung seiner Belegpatienten in demselben Fachgebiet wie der Belegarzt tätig werden, und (4) die von ihm veranlassten Leistungen von Ärzten und ärztlich geleiteten Einrichtungen außerhalb des KH. Vgl. zur Unterscheidung von stationären und ambulanten belegärztlichen Leistungen § 41 Abs. 1 BMV-Ä. Abrechnungsfähig bleiben auch bei belegärztlicher Tätigkeit nur die im EBM aufgeführten ärztlichen Leistungen (BSG, SozR 3–2500, § 87 Nr. 14; v. 13. 11. 1996, 6 RKa 31/95; zum Abrechnungsausschluss für Verweilgebühren BSG, SozR 4–5533 Nr. 40 Nr. 1). Auch gelten Honorarbegrenzungsregelung eines Honorarverteilungsmaßstabs für belegärztlich erbrachte Leistungen (BSG v. 12. 12. 2001, B 6 KA 5/01 R: weil die belegärztliche Tätigkeit nicht den Tätigkeitsschwerpunkt bilden darf, oben Rn. 8).

13   Die **Bewertung** der genannten Leistungen erfolgt durch den Bewertungsausschuss in dem nach § 87 zu erstellenden EBM **(Abs. 4).** Der Bewertungsausschuss (§ 87) ist dieser im Februar 2007 eingeführten Verpflichtung mit der Einführung von Kap. 36 im EBM 2008 nachgekommen. Bei seinen Festlegungen ist er verpflichtet, die **Besonderheiten der belegärztlichen Tätigkeit** zu berücksichtigen.

14   Die Besonderheiten werden in **Abs. 3 S. 2 und 3** weniger geregelt als mehr oder weniger klar angesprochen. Schon der Gesetzeswortlaut ist nicht eindeutig. Nach Ansicht des Gesetzgebers soll sich das Wort „hierzu" in S. 3 auf die „Besonderheiten" und nicht allg. auf die „belegärztliche Tätigkeit" in S. 2 beziehen (vgl. BT-Drs. 11/2237, 203 zu § 130). Jedoch enthält S. 2 eher eine unvollständige Aufzählung der Leistungen (vgl. Rn. 12) als eine Umschreibung von Besonderheiten, wenn auch beides naturgemäß miteinander zusammenhängt. Unabhängig davon ist in der Sache zu berücksichtigen, dass der Belegarzt Einrichtung und Personal des KH benutzt und diese bereits in den Pflegesätzen für das KH enthalten sind und abgerechnet werden. Hinsichtlich der Inanspruchnahme nicht gesondert ver-

gütungsfähiger technischer Einrichtungen und des Hilfspersonals eines KH ist deshalb der **Vergütungsanspruch des Belegarztes,** wie er sich aus dem BMV-Ä und dem EBM ergibt, **zu begrenzen** (BSG, SozR 3–2500, § 121 Nr. 4; vgl. § 41 Abs 2 BMV-Ä). Für die Abrechnung belegärztlicher Operationen enthält der EBM in Kap. 36 dementsprechend gesonderte Bestimmungen. Denkbar ist umgekehrt eine Erhöhung der Vergütung, sofern besondere Dienste der Belegärzte zu berücksichtigen sind (vgl. zur Kostenerstattung für die Inanspruchnahme von Ärzten § 19 KHEntgG; vgl. zur Honorierung aus der Gesamtvergütung, wenn die Nichtbesetzung einer Fachabteilung eines KH bei der Bemessung des Pflegesatzes kostenmindernd berücksichtigt worden ist, BSG, SozR 3–2500, § 121 Nr. 3).

§ 121a Genehmigung zur Durchführung künstlicher Befruchtungen

(1) [1]Die Krankenkassen dürfen Maßnahmen zur Herbeiführung einer Schwangerschaft (§ 27a Abs. 1) nur erbringen lassen durch
1. **Vertragsärzte,**
2. **zugelassene medizinische Versorgungszentren,**
3. **ermächtigte Ärzte,**
4. **ermächtigte ärztlich geleitete Einrichtungen oder**
5. **zugelassene Krankenhäuser,**
denen die zuständige Behörde eine Genehmigung nach Absatz 2 zur Durchführung dieser Maßnahmen erteilt hat. [2]Satz 1 gilt bei Inseminationen nur dann, wenn sie nach Stimulationsverfahren durchgeführt werden, bei denen dadurch ein erhöhtes Risiko von Schwangerschaften mit drei oder mehr Embryonen besteht.

(2) Die Genehmigung darf den im Absatz 1 Satz 1 genannten Ärzten oder Einrichtungen nur erteilt werden, wenn sie
1. **über die für die Durchführung der Maßnahmen zur Herbeiführung einer Schwangerschaft (§ 27a Abs. 1) notwendigen diagnostischen und therapeutischen Möglichkeiten verfügen und nach wissenschaftlich anerkannten Methoden arbeiten und**
2. **die Gewähr für eine bedarfsgerechte, leistungsfähige und wirtschaftliche Durchführung von Maßnahmen zur Herbeiführung einer Schwangerschaft (§ 27a Abs. 1) bieten.**

(3) [1]Ein Anspruch auf Genehmigung besteht nicht. [2]Bei notwendiger Auswahl zwischen mehreren geeigneten Ärzten oder Einrichtungen, die sich um die Genehmigung bewerben, entscheidet die zuständige Behörde unter Berücksichtigung der öffentlichen Interessen und der Vielfalt der Bewerber nach pflichtgemäßem Ermessen, welche Ärzte oder welche Einrichtungen den Erfordernissen einer bedarfsgerechten, leistungsfähigen und wirtschaftlichen Durchführung von Maßnahmen zur Herbeiführung einer Schwangerschaft (§ 27a Abs. 1) am besten gerecht werden.

(4) **Die zur Erteilung der Genehmigung zuständigen Behörden bestimmt die nach Landesrecht zuständige Stelle, mangels einer solchen Bestimmung die Landesregierung; diese kann die Ermächtigung weiterübertragen.**

Schrifttum: *H. Kamps,* Das Recht der Reproduktionsmedizin – Ein Überblick, MedR 1994, 339; *H. Langguth,* Genehmigung künstlicher Befruchtung, DStR 2001, 585; *G. Vogel,* Künstliche Befruchtung als Leistung der GKV, WzS 1990, 208.

§ 121a Genehmigung zur Durchführung künstlicher Befruchtungen

Inhaltsübersicht

	Rn.
A. Überblick	1
B. Voraussetzungen einer Genehmigung, Abs. 2	3
I. Anforderungen nach Nr. 1	3
II. Anforderungen nach Nr. 2	5
C. Anspruch, Rechtsschutz und Rechtsfolgen	7
I. Anspruch	7
II. Rechtsschutz	10
III. Folgen	13

A. Überblick

1   § 121 a ist die **leistungserbringungsrechtliche Norm zu § 27a**. Die Einführung der Norm erfolgte durch Art. 2 Nr. 7 KOV v. 26. 6. 1990 (BGBl I 1211) mWv. 1. 1. 1989. Die letzte **Änderung** durch das VÄndG (§ 1 Rn. 30) mWv. betraf den neu eingefügten Abs. 1 S. 1 Nr. 2, die bisherigen Nr. 2–4 wurden zu Nr. 3–5.

2   § 121 a ist folgendermaßen **aufgebaut**: Abs. 1 S. 1 zählt die Normadressaten auf und enthält einen staatlichen Genehmigungsvorbehalt. Abs. 1 S. 2 ist eine Ausnahme von der Genehmigungspflicht. Abs. 2 regelt die Voraussetzungen einer Genehmigung und Abs. 3 die Besonderheiten bei mehreren Ärzten und Einrichtungen. Abs. 4 wendet sich an die Länder.

B. Voraussetzungen einer Genehmigung, Abs. 2

I. Anforderungen nach Nr. 1

3   Weil sich § 121 a Abs. 2 Nr. 1 und 2 auf § 27a Abs. 1 beziehen und dieser gem. § 27a Abs. 4 iVm. §§ 92 Abs. 1 S. 2 Nr. 10, 135 konkretisiert wird, sind die **RL des GBA** bei der Beurteilung der Voraussetzungen („diagnostische und therapeutische Möglichkeiten" sowie „wissenschaftlich anerkannte Methoden") **zu beachten**. Folglich muss der Leiter der Praxis oder Einrichtung nach Nr. 22.1 der **RL über ärztliche Maßnahmen zur künstlichen Befruchtung** idF. v. 14. 8. 1990 (§ 92 Rn. 34) **Facharzt für Gynäkologie und Geburtshilfe** sein und über die fakultative Weiterbildung „gynäkologische Endokrinologie und Fortpflanzungsmedizin" verfügen. In der Praxis oder Einrichtung müssen die Kenntnisse und Erfahrungen über Endokrinologie der Reproduktion, Gynäkologische Sonographie, Operative Gynäkologie, Reproduktionsbiologie mit dem Schwerpunkt der In- vitro-Kultur und Andrologie vorhanden sein. Grds. müssen andrologisch qualifizierte Ärzte (Urologen, Dermatologen, Internisten mit Schwerpunkt Endokrinologie) in Diagnostik und Therapie iRd. assistierten Reproduktion integriert sein. Die regelmäßige Kooperation mit einem Humangenetiker und einem ärztlichen Psychotherapeuten muss gewährleistet sein. Es ist die notwendige technische Ausstattung insb. zur Ultraschalldiagnostik, zur Hormondiagnostik, zur Spermadiagnostik und -aufbereitung, zur Gewinnung der Eizellen, zur In-vitro-Kultivierung der Eizellen, zum Embryonentransfer und zum intratubaren Gametentransfer sowie die erforderliche personelle und räumliche Ausstattung vorzuhalten.

4   **Fachgebietsumgrenzungen** können weder durch besondere persönliche Qualifikationen noch durch Sondergenehmigungen der KV zur Erbringung und Abrechnung weiterer Leistungen noch durch berufsrechtl. Berechtigungen zur

Führung von Zusatzbezeichnungen erweitert werden (BSG, SozR 3–2500, § 95 Nr. 7; BSG, SozR 3–2500, § 95 Nr. 21; SozR 4–2500, § 95 Nr. 5 Rn. 8), so dass auf diesem Wege nicht die Voraussetzungen der RL des GBA umgangen werden können.

II. Anforderungen nach Nr. 2

§ 121a Abs. 2 Nr. 2 ist an und für sich eine bloße Wiederholung des **Wirtschaftlichkeitsgebotes**, vgl. §§ 12 Abs. 2, 70 Abs. 1 S. 2, 71 Abs. 1 S. 1. Das Erfordernis der **Bedarfsgerechtigkeit** soll einer Entwicklung vorbeugen, die durch eine unter Versorgungsgesichtspunkten nicht erforderlichen Zunahme der Zahl von Leistungserbringern zu einem Absenken der Indikationenschwelle für künstliche Befruchtungen führt (BT-Drs. 11/6760, 16, dies aufgreifend BSG, SozR 3–1500, § 51 Nr. 26). 5

Das Kriterium der **Leistungsfähigkeit** soll sicherstellen, dass der Arzt oder die Einrichtung die personellen, sachlichen oder organisatorischen Voraussetzungen erfüllt, die für die vorgesehenen Maßnahmen medizinisch erforderlich sind (BT-Drs. 11/6760, 16). 6

C. Anspruch, Rechtsschutz und Rechtsfolgen

I. Anspruch

Nach Ansicht des **BSG** enthält die Vorschrift in Abs. 1 wegen ihres Wortlauts einen **Anspruch** auf Erteilung der Genehmigung bei Vorliegen aller Voraussetzungen (gebundene Entscheidung). Der **Ausschluss eines Anspruchs** in Abs. 3 S. 1 bezieht sich nur auf den Sonderfall einer **Bewerberkonkurrenz** (Ermessensentscheidung iSe. Auswahlermessens). Dafür spricht als systematisches Argument auch die vergleichbare Struktur von § 8 KHG, § 109 und § 121a (BSG, SozR 4–1300, § 32 Nr. 1; *Hohnholz*, H/N, § 121a Rn. 10; *Jung*, GK-SGB V, § 121a Rn. 6; *Kingreen*, Beck-OK, § 121a Rn. 5; *Rau*, GKV-Komm., § 121a Rn. 9; *Knittel*, Krauskopf, § 121a Rn. 4; **aA.** *Hencke*, Peters, KV, § 121a Rn. 5: immer Rechtsanspruch, da selbst bei Konkurrenzsituationen sonst ein Verstoß gegen Art. 3, 12 GG vorläge; **aA.** *Hess*, KK § 121a Rn. 4: generell kein Anspruch, was mit Art. 12 GG vereinbar sein soll, da sich § 121a nur auf eine bestimmte Leistung der GKV beziehe und eine Konzentration der Leistungserbringung auf ausgewählte Ärzte und Einrichtungen durch Gemeinwohlgründe zu rechtfertigen sei). 7

Von dem Vorliegen eines Rechtsanspruchs ausgehend, ist auch eine **Befristung** als Nebenbestimmung **nicht zulässig**, da § 32 Abs. 1 SGB X nicht einschlägig ist und § 32 Abs. 2 SGB X nicht entsprechend angewendet werden kann (BSG, SozR 4–1300, § 32 Nr. 1). 8

Die zuständigen Behörden sind nach Abs. 4 von den **Ländern** zu bestimmen. Von der Ermächtigung wurde in unterschiedlicher Form Gebrauch gemacht, so dass die Zuständigkeit zT. bei den Ärztekammern, zT. aber auch bei Landesbehörden (wie etwa dem Amt für Gesundheit und Verbraucherschutz in Hamburg) liegt. 9

II. Rechtsschutz

Für den Rechtsschutz gegen eine **verweigerte Genehmigung** ohne Bewerberkonkurrenz ist die kombinierte Anfechtungs- und Leistungsklage gem. § 54 10

§ 124

Abs. 4 SGG **die statthafte Klageart**, bei Bewerberkonkurrenz ist es die kombinierte Anfechtungs- und Verpflichtungsklage nach § 54 Abs. 1 S. 1 Alt. 1, 3 SGG (sog. offensive Konkurrentenklage, vgl. § 108 Rn. 10).

11 Für KH besteht neben dem Rechtsschutz gegen eine ablehnende Entscheidung die **Alternative,** sich um eine Leistungserbringung über **§ 112 Abs. 2 S. 1 Nr. 6** zu bemühen (s. dort Rn. 12).

12 Die Entscheidung über die Genehmigung zur Durchführung von Maßnahmen nach § 121 a greift in die Rechtssphäre der KV unmittelbar ein, da diese die durch die Genehmigung bewirkte Leistungsberechtigung bei der Honorarverteilung gegen sich gelten lassen muss. Eine KV ist daher nach § 75 Abs. 2 SGG **notwendig** zum Verfahren **beizuladen** (BSG, SozR 3–1500, § 51 Nr. 26).

III. Folgen einer Genehmigung

13 Bei erfolgreicher Genehmigung sind Praxen oder Einrichtungen nach Nr. 22.2 der RL verpflichtet, sich an einrichtungsübergreifenden vergleichenden Maßnahmen zur **Qualitätssicherung** zu beteiligen, die insb. zum Ziel haben, die Ergebnisqualität zu erhalten und zu verbessern.

14 Die nach § 121 a erteilte Genehmigung kann die auf **landesrechtlichem Berufsrecht** beruhenden Fachgebietsumgrenzungen nicht erweitern (BSG v. 8. 9. 2004, B 6 KA 39/04 B, vgl. auch Rn. 4), wie allgemein Regelungen in ärztlichen Berufsordnungen zur Durchführung von Maßnahmen der künstlichen Befruchtung **unberührt** bleiben (BT-Drs. 11/6760, 16).

§§ 122, 123 *(aufgehoben)*

Fünfter Abschnitt. Beziehungen zu Leistungserbringern von Heilmitteln

§ 124 Zulassung

(1) **Heilmittel, die als Dienstleistungen abgegeben werden, insbesondere Leistungen der physikalischen Therapie, der Sprachtherapie oder der Ergotherapie, dürfen an Versicherte nur von zugelassenen Leistungserbringern abgegeben werden.**

(2) [1]**Zuzulassen ist, wer**
1. **die für die Leistungserbringung erforderliche Ausbildung sowie eine entsprechende zur Führung der Berufsbezeichnung berechtigende Erlaubnis besitzt,**
2. **über eine Praxisausstattung verfügt, die eine zweckmäßige und wirtschaftliche Leistungserbringung gewährleistet, und**
3. **die für die Versorgung der Versicherten geltenden Vereinbarungen anerkennt.**

[2]**Ein zugelassener Leistungserbringer von Heilmitteln ist in einem weiteren Heilmittelbereich zuzulassen, sofern er für diesen Bereich die Voraussetzungen des Satzes 1 Nr. 2 und 3 erfüllt und eine oder mehrere Personen beschäftigt, die die Voraussetzungen des Satzes 1 Nr. 1 nachweisen.**

(3) **Krankenhäuser, Rehabilitationseinrichtungen und ihnen vergleichbare Einrichtungen dürfen die in Absatz 1 genannten Heilmittel durch Personen ab-**

geben, die die Voraussetzungen nach Absatz 2 Nr. 1 erfüllen; Absatz 2 Nr. 2 und 3 gilt entsprechend.

(4) ¹Der Spitzenverband Bund der Krankenkassen gibt Empfehlungen für eine einheitliche Anwendung der Zulassungsbedingungen nach Absatz 2 ab. ²Die für die Wahrnehmung der wirtschaftlichen Interessen maßgeblichen Spitzenorganisationen der Leistungserbringer auf Bundesebene sollen gehört werden.

(5) ¹Die Zulassung wird von den Landesverbänden der Krankenkassen, den Ersatzkassen sowie der See-Krankenkasse erteilt. ²Die Zulassung berechtigt zur Versorgung der Versicherten.

(6) ¹Die Zulassung kann widerrufen werden, wenn der Leistungserbringer nach Erteilung der Zulassung die Voraussetzungen nach Absatz 2 Nr. 1, 2 oder 3 nicht mehr erfüllt. ²Die Zulassung kann auch widerrufen werden, wenn der Leistungserbringer die Fortbildung nicht innerhalb der Nachfrist gemäß § 125 Abs. 2 Satz 3 erbringt. ³Absatz 5 Satz 1 gilt entsprechend.

(7) ¹Die am 30. Juni 2008 bestehenden Zulassungen, die von den Verbänden der Ersatzkassen erteilt wurden, gelten als von den Ersatzkassen gemäß Absatz 5 erteilte Zulassungen weiter. ²Absatz 6 gilt entsprechend.

Schrifttum: *K.-J. Bieback,* Die Einbindung nichtärztlicher Leistungserbringer in das System der gesetzlichen Krankenversicherung, NZS 1997, 393 (Teil 1), 450 (Teil 2); *M. Heinze,* Die Rechtsbeziehungen der Leistungserbringer von Heil- und Hilfsmitteln zu den Krankenkassen, VSSR 1991, 1.

Inhaltsübersicht

	Rn.
A. Überblick	1
B. Anwendungsbereich	2
C. Zulassungsvoraussetzungen im Einzelnen	5
I. Berufsrechtliche Anforderungen, Abs. 2 S. 1 Nr. 1	7
II. Praxisausstattung, Abs. 2 S. 1 Nr. 2	9
III. Anerkennung der Verträge, Abs. 2 S. 1 Nr. 3	12
IV. Empfehlungen des SpiBuKK, Abs. 4	13
D. Verwaltungsverfahren und Rechtsschutz	14

A. Überblick

§ 124 statuiert für **selbstständig tätige nichtärztliche Heilmittelerbringer** 1 ein verwaltungsrechtliches Zulassungsverfahren (Abs. 1, Abs. 5 S. 2). Es handelt sich um eine Parallelregelung zu § 95. Die Beschränkung auf selbstständige Erbringer von Heilmitteln, die als Dienstleistungen abgegeben werden (vgl. Abs. 1), entspricht der geltenden und den Richtlinien nach § 92 Abs. 1 S. 2 Nr. 6 zugrunde liegenden Abgrenzung von Heil- und Hilfsmitteln (näher § 32 Rn. 4 ff., 7). Die Einführung einer förmlichen Zulassung, die über die jeweiligen berufsrechtlichen Voraussetzungen (Abs. 2 S. 1 Nr. 1; Rn. 7 f.) hinaus auch noch spezifisch krankenversicherungsrechtliche Bedingungen (Abs. 2 S. 1 Nr. 2 und Nr. 3; Rn. 9 ff., 12) aufstellt, **dient** dem **Interesse des Versicherten** an einer ordnungsgemäßen Erfüllung des Anspruchs nach § 32 durch qualifizierte Personen. Die Zulassung berechtigt grundsätzlich bundesweit (vgl. Rn. 14) zur Versorgung der Versicherten der Mitglieder-KK des zulassenden Landesverbandes (Abs. 5 S. 1, Abs. 7).

B. Anwendungsbereich

2 § 124 betrifft nur selbstständige Heilmittelerbringer. Obwohl der Wortlaut der Norm auf natürliche Personen abstellt, haben mit Blick auf Art. 12 Abs. 1 GG **auch juristische Personen** einen Zulassungsanspruch, wenn das Berufsrecht die Ausübung des Berufs in dieser Form erlaubt (BSG, SozR 3–2500, § 124 Nr. 2 S. 17 f.; kritisch KK/*Hess* § 124 Rn. 3). Für den Anspruch einer GmbH (BSG, SozR 3–2500, § 124 Nr. 2 S. 18) oder einer GbR (BSG, SozR 3–2500, § 124 Nr. 4 S. 36) auf Zulassung genügt es dabei, dass der als verantwortlicher Leiter bezeichnete Angestellte die Zulassungsvoraussetzungen erfüllt.

3 Die Erweiterung der bestehenden Zulassung eines Heilmittelerbringers auf einen weiteren Heilmittelbereich **(bereichsübergreifende Praxen;** etwa von Physiotherapeuten sowie Masseuren und medizinischen Bademeistern) setzt eine zweite eigenständige Zulassung voraus, die unter den in **§ 124 Abs. 2 S. 2** dort genannten Voraussetzungen erteilt werden muss (vgl. BSG, SozR 4–2500, § 124 Nr. 1 Rn. 7). Die Zulassung kann nicht durch die Vereinbarung fachübergreifender Abrechnungsmöglichkeiten in Verträgen nach § 125 Abs. 2 ersetzt werden (BSG, SozR 3–2500, § 124 Nr. 3 S. 26).

4 **Außerhalb** des Anwendungsbereichs von § 124 liegen nach § 95 zugelassene **Vertragsärzte**. Sofern diese oder bei ihnen angestellte Hilfspersonen Heilmittel verabreichen, handelt es um eine ärztliche Behandlung iSd. §§ 27 Abs. 1 S. 2 Nr. 1, 28 Abs. 1 S. 2 (vgl. § 32 Rn. 9). Keiner Zulassung nach § 124 bedürfen auch **Krankenhäuser** (vgl. § 108), **Rehabilitationseinrichtungen** (vgl. § 111) und ihnen vergleichbare Einrichtungen (ersichtlich aus § 124 Abs. 3). Gleichwohl haben diese Einrichtungen selbst die Voraussetzungen nach Abs. 2 S. 1 Nr. 2 und Nr. 3 einzuhalten, und die (angestellten) Personen, die in ihnen Heilmittel abgeben, müssen die Zulassungsvoraussetzung nach Abs. 2 S. 1 Nr. 1 erfüllen. Schließlich richtet sich auch die Zulässigkeit der Selbstabgabe von Heilmitteln durch **Eigeneinrichtungen der KK** nicht nach § 124, sondern nach § 140.

C. Zulassungsvoraussetzungen im Einzelnen

5 § 124 verstößt nach hM. nicht gegen **Art. 12 Abs. 1 GG**. Denn die Zulassung nach dem Gewerbe- und Handwerksrecht allein sichert eine qualitativ hochstehende Leistungserbringung noch nicht (*Bieback,* NZS 1997, 393/395; aA. *Heinze,* HS-KV § 40 Rn. 27, mit Hinweis auf das Fehlen eines solchen Verfahrens gegenüber Privatversicherten).

6 Mit Blick auf Art. 12 GG ist § 124 aber in verschiedener Weise **verfassungskonform auszulegen**. So haben etwa Leistungserbringer, die die Voraussetzungen nach Abs. 2 S. 1 erfüllen, einen **Anspruch auf Zulassung**. Auch ist Abs. 2 S. 1 als **abschließend** zu verstehen; für weitere Zulassungsbeschränkungen, etwa in Verträgen nach § 125 Abs. 2, fehlt es an einer gesetzlichen Ermächtigung, die mit Blick auf Art. 12 GG erforderlich wäre (BSG, SozR 3–2500, § 124 Nr. 1 S. 11; Nr. 3 S. 26; Nr. 10 S. 66 f.; BSG, SozR 4–2500, § 124 Nr. 1 Rn. 10). Aus demselben Grund ist auch – anders als im Vertragsarztrecht (vgl. §§ 99 ff.) – eine zusätzliche **Bedarfsprüfung** seitens der KK **unzulässig**. Ferner ist Abs. 2 S. 1 Nr. 1 wegen Art. 12 GG und wegen des Verhältnismäßigkeitsgedankens so auszulegen, dass der Leistungserbringer durch die Doppelprüfung seiner berufsrechtlichen Voraussetzungen nicht oder nur geringfügig in seiner Berufswahl- und Berufsausübungs-

freiheit beeinträchtigt wird (vgl. BSG, SozR 3–2500, § 126 Nr. 1 S. 9): Die nach § 124 Abs. 5 zuständigen Stellen müssen deshalb im Regelfall der Beurteilung der nach Berufsrecht zuständigen Behörden folgen (sog. **Tatbestandswirkung;** s. Rn. 8). Auch dürfen Versagung, Widerruf und Rücknahme der Zulassung (dazu Rn. 15) nur zum Schutz wichtiger Gemeinschaftsgüter und unter strikter Beachtung der Verhältnismäßigkeit ausgesprochen werden (BSG, SozR 3–2500, § 124 Nr. 7 S. 42; vgl. BSGE 89, 24/28). Problematisch ist, dass § 124 trotz seiner großen berufsgrundrechtlichen Relevanz kein abgestuftes Sanktionensystem kennt (anders z. B. § 81 Abs. 5 S. 2) und als Sanktionen für Fehlverhalten ausschließlich Widerruf oder Rücknahme vorsieht.

I. Berufsrechtliche Anforderungen, Abs. 2 S. 1 Nr. 1

Welche Ausbildung in den in Abs. 1 genannten Leistungsbereichen sowie der Podologie (vgl. § 32 Rn. 11, 20) erforderlich ist und wie die Erlaubnis zum Führen der entsprechenden Berufsbezeichnung erlangt wird, bestimmt sich nach folgenden Normen: 7
– **Physikalische Therapie:** Gesetz über die Berufe in der Physiotherapie (Masseur- und Physiotherapeutengesetz – MPhG) v. 26. 5. 1994 (BGBl. I, 1084), idF. des Art. 27 des Gesetzes v. 2. 12. 2007 (BGBl. I, 2686); MB-APrV v. 6. 12. 1994 (BGBl. I, 3770), idF. des Art. 28 des Gesetzes vom 2. 12. 2007 (BGBl. I, 2686); PhysTh-AprV v. 6. 12. 1994 (BGBl. I, 3786), idF. des Art. 29 des Gesetzes v. 2. 12. 2007 (BGBl. I, 2686);
– **Podologische Therapie:** Gesetz über den Beruf der Podologin und des Podologen (Podologengesetz – PodG) v. 4. 12. 2001 (BGBl. I, 3320), idF. des Art. 32 des Gesetzes v. 2. 12. 2007 (BGBl. I, 2686); PodAPrV v. 18. 12. 2001 (BGBl. 2002 I, 12), idF. des Art. 33 des Gesetzes v. 2. 12. 2007 (BGBl. I, 2686);
– **Stimm-, Sprech- und Sprachtherapie:** Gesetz über den Beruf des Logopäden v. 7. 5. 1980 (BGBl. I, 529), idF. des Art. 16 des Gesetzes v. 2. 12. 2007 (BGBl. I, 2686); LogAPrO v. 1. 10. 1980 (BGBl. I, 1892), idF. des Art. 17 des Gesetzes v. 2. 12. 2007 (BGBl. I, 2686);
– **Ergotherapie** (Beschäftigungs- und Arbeitstherapie): Gesetz über den Beruf der Ergotherapeutin und des Ergotherapeuten (Ergotherapeutengesetz – ErgThG) v. 25. 5. 1976 (BGBl. I, 1246), idF. des Art. 14 des Gesetzes v. 2. 12. 2007 (BGBl. I, 2686); ErgThAPrV v. 2. 8. 1999 (BGBl. I, 1731), idF. des Art. 15 des Gesetzes v. 2. 12. 2007 (BGBl. I, 2686).

Die berufsrechtlichen Entscheidungen der nach diesen Vorschriften zuständigen Behörden (vgl. Rn. 14) haben grundsätzlich **Tatbestandswirkung** für die Kassenzulassung (BSG, SozR 3–2500, § 124 Nr. 2 S. 18, Nr. 4 S. 35; Nr. 9 S. 62; Nr. 10 S. 68; *Bieback*, NZS 1997, 393/395; vgl. Rn. 6). Nur wenn Zweifel bestehen, ob die berufsrechtliche Zulassung oder die konkrete Berufsausübung zulässig ist, kann die KK zur Klärung an die für die Zulassung zuständige Behörde herantreten (BSG, SozR 3–2500, § 124 Nr. 2 S. 18). 8

II. Praxisausstattung, Abs. 2 S. 1 Nr. 2

Nach Wegfall des Erfordernisses der Ableistung einer berufspraktischen Erfahrungszeit (dazu etwa *Dudda/Stauffenberg*, NZS 1998, 266 ff.) seit dem GMG 2003 setzt die Zulassung sodann vor allem den Nachweis einer Praxisausstattung (Räume und Einrichtungen) voraus, die eine zweckmäßige und wirtschaftliche 9

Leistungserbringung gewährleistet. Anders als Nr. 1 weist Nr. 2 den KK ein eigenständiges Prüfungsrecht hinsichtlich dieser Voraussetzung zu, da es an vergleichbaren Regelungen im Berufsrecht fehlt (BSG, SozR 3–2500, § 124 Nr. 5 S. 42). Es handelt sich um eine **Berufsausübungsregelung**, die aber als durch vernünftige Erwägungen des Gemeinwohls legitimiert gilt (BSG, SozR 3–2500, § 124 Nr. 5 S. 43 unter Hinweis auf BVerfGE 7, 377/400 ff./405 ff. – Apothekenurteil).

10   Da dem Wirtschaftlichkeitsgebot bereits nach § 125 Rechnung getragen werden kann, steht bei der Bewertung der Praxisausstattung im Vordergrund, dass sie eine zweckmäßige (= sachgerechte und effektive) Leistungserbringung sicherstellen kann. Die Auslegung des unbestimmten Rechtsbegriffs der Zweckmäßigkeit kann dabei hinsichtlich baulicher Anforderungen anhand der Empfehlungen gem. § 124 Abs. 4 zur einheitlichen Anwendung der Zulassungsbedingungen idF. v. 6. 12. 2007 (www.ikk.de/ikk/generator/ikk/fuer-medizinberufe/heilmittel/3510,i=1.html) vorgenommen werden. Ergänzend hinzugezogen werden kann die Verordnung über Arbeitsstätten (**Arbeitsstättenverordnung** – ArbStättV) vom 12. 8. 2004 (BGBl. I, 2179), idF. des Art. 2 des Gesetzes vom 20. 7. 2007 (BGBl. I, 1595) und die auf Grundlage des § 7 Abs. 4 ArbStättV ermittelten **Regeln für Arbeitsstätten** oder die noch bis 2010 fortgeltenden Arbeitsstättenrichtlinien (ASR; vgl. BSG, SozR 3–2500, § 124 Nr. 5 S. 44, zu einer Mindestraumhöhe von 2,50 m).

11   Aus Nr. 2 ist abzuleiten, dass **Filialbetriebe** einer eigenen Zulassung bedürfen. Würde nämlich eine einmal erteilte Zulassung auch den Betrieb einer noch zu gründenden Zweitpraxis umfassen, könnten für diese die Anforderungen nach Nr. 2 umgangen werden. Neben der erforderlichen Praxisausstattung setzt die zweite Zulassung auch voraus, dass der Filialbetrieb unter der Leitung eines Mitarbeiters steht, der die Voraussetzungen der Nr. 1 erfüllt.

III. Anerkennung der Verträge, Abs. 2 S. 1 Nr. 3

12   Mit Nr. 3 wird die **Bindung** des einzelnen Heilmittelerbringers an die Verträge nach § 125 Abs. 2 erreicht, die die Einzelheiten der Versorgung, insbesondere Preisgestaltung und Abrechnungsmodalitäten, und die Fortbildungsverpflichtungen regeln (vgl. § 125 Rn. 15, 16). Diese Anerkennung ist nicht auf die geltende Fassung der Verträge beschränkt, sondern erstreckt sich **„dynamisch"** auch auf deren künftige Änderungen und Ergänzungen (BSG, SozR 3–2500, § 124 Nr. 1 S. 11; H/K/*Murawski* § 125 Rn. 5). Sie ist nicht formbedürftig (BSG, SozR 3–2500, § 124 Nr. 3 S. 29).

IV. Empfehlungen des SpiBuKK, Abs. 4

13   Die Ermächtigung des SpiBuKK, nach Anhörung der Spitzenorganisationen der Leistungserbringer (vgl. S. 2) Empfehlungen für eine einheitliche Anwendung von Abs. 2 S. 1 Nr. 1 – Nr. 3 abzugeben, soll eine möglichst **einheitliche Handhabung** der Zulassungskriterien gewährleisten (vgl. BT-Drs. 11/2237, 205). Abs. 4 ermächtigt nicht zur Normsetzung, sondern nur zu **Verwaltungsbinnenrecht**, bindet also weder Leistungserbringer noch KK noch Gerichte (BSGE 73, 146/149 f.; BSG, SozR 3–2500, § 124 Nr. 5 S. 40; Nr. 8 S. 53; s. auch SozR § 126 Nr. 1 S. 7). Die derzeit geltenden Empfehlungen gem. § 124 Abs. 4 zur einheitlichen Anwendung der Zulassungsbedingungen idF. v. 6. 12. 2007 (www.ikk.de/ikk/generator/ikk/fuer-medizinberufe/heilmittel/3510,i=1.html) sind folglich –

ebenso wie diejenigen nach § 125 Abs. 1 (vgl. § 125 Rn. 2) – bloße Entscheidungshilfe, können also nicht über Abs. 2 S. 1 hinausgehende Anforderungen statuieren.

D. Verwaltungsverfahren und Rechtsschutz

Zuständig für die Durchführung des Zulassungsverfahrens sind nach Abs. 5 S. 1 kassenartenbezogen die **Landesverbände der KK** (vgl. § 207), ferner – seit dem GKV-WSG – die **Ersatzkassen** je für sich (vgl. § 212 Abs. 5) und die **Deutsche Rentenversicherung Knappschaft-Bahn-See** (vgl. § 212 Abs. 3) als Rechtsnachfolgerin der zum 1. 1. 2008 in ihr aufgegangenen See-KK. Zulassungen, die nach dem bisherigen Recht von den Verbänden der Ersatzkassen erteilt wurden, gelten nach Abs. 7 fort; die Widerrufskompetenzen nach Abs. 6 S. 1 und S. 2 sind auf die Ersatzkassen übergegangen (Abs. 6 S. 3). Die Zulassung muss dem Heilmittelerbringer nicht durch jeden Landesverband jeder Kassenart gesondert erteilt werden; die Zulassung eines Landesverbandes **gilt** vielmehr **bundesweit.** Nur bei mehreren Betriebsstätten in verschiedenen Bundesländern ist eine mehrfache Zulassung durch die verschiedenen örtlich zuständigen Stellen nötig (eingehend BSG, SozR 4–2500, § 33 Nr. 1 Rn. 19 ff.). 14

Die Zulassung stellt einen **VA** gemäß § 31 SGB X dar. Wegen ihrer konstitutiven Wirkung kann eine Zulassung nicht rückwirkend erteilt werden (BSG, SozR 3–2500, § 124 Nr. 7 S. 50 f.). Die in Abs. 6 S. 1, S. 2 – es handelt sich nur dem Wortlaut nach („kann") um Ermessensvorschriften, tatsächlich aber um eine Verpflichtung der Kassenverbände (vgl. BSG, SozR 3–2500, § 126 Nr. 1 S. 6; *Spiess,* SGb 1989, 5/7) – genannten **Widerrufsgründe** (vgl. § 125 Rn. 12, 15) sind im Verhältnis zu § 48 SGB X vorrangig (vgl. BSG, SozR 3–2500, § 126 Nr. 1 S. 5). Sie knüpfen einerseits (Abs. 6 S. 1) an die Zulassungsvoraussetzungen des Abs. 2 S. 1 Nr. 1 – Nr. 3 an, zeigen andererseits (Abs. 6 S. 2) aber auch die Bedeutung, die der Gesetzgeber der Fortbildung für die Versorgungsqualität beimisst. Als **ungeschriebener Widerrufsgrund** (ebenso als Zulassungsablehnungsgrund) kommen noch grobe Pflichtverletzungen und damit der Wegfall der persönlichen Eignung hinsichtlich der Qualität und Zuverlässigkeit der Leistungserbringung einschließlich der Leistungsabrechnung hinzu (BSG, SozR 3–2500, § 124 Nr. 10 S. 69, zust. *Gitter,* SGb 2003, 46/46 f.). Hat der Heilmittelerbringer die Voraussetzungen nach Abs. 2 S. 1 Nr. 1 vorgetäuscht, kann seine Zulassung nicht widerrufen (vgl. § 124 Abs. 6 S. 1: „... nicht mehr erfüllt"), sondern nur noch eine Rücknahme nach **§ 45 SGB X** ausgesprochen werden (wie hier Krauskopf/*Knittel* § 124 Rn. 24). Grundsätzlich hat eine Anhörung nach § 24 SGB X zu erfolgen. 15

Eröffnet ist der **Rechtsweg** zu den Sozialgerichten (§ 51 Abs. 1 Nr. 2 SGG). Gegen die Versagung einer Zulassung ist Verpflichtungsklage, gegen den Widerruf oder die Rücknahme der Zulassung Anfechtungsklage zu erheben. Zur Zulässigkeit einer Konkurrentenklage gegen die einem Dritten erteilte Zulassung vgl. BSG, SozR 3–2500, § 124 Nr. 2 S. 15 f. 16

§ 125 Rahmenempfehlungen und Verträge

(1) ¹Der Spitzenverband Bund der Krankenkassen und die für die Wahrnehmung der Interessen der Heilmittelerbringer maßgeblichen Spitzenorganisationen auf Bundesebene sollen unter Berücksichtigung der Richtlinien nach § 92 Abs. 1 Satz 2 Nr. 6 gemeinsam Rahmenempfehlungen über die einheitliche Versorgung mit Heilmitteln abgeben; es kann auch mit den für den jeweiligen Leistungsbereich maßgeblichen Spitzenorganisationen eine gemeinsame entsprechende Rahmenempfehlung abgegeben werden. ²Vor Abschluss der Rahmenempfehlungen ist der Kassenärztlichen Bundesvereinigung Gelegenheit zur Stellungnahme zu geben. ³Die Stellungnahme ist in den Entscheidungsprozess der Partner der Rahmenempfehlungen einzubeziehen. ⁴In den Rahmenempfehlungen sind insbesondere zu regeln:

1. Inhalt der einzelnen Heilmittel einschließlich Umfang und Häufigkeit ihrer Anwendungen im Regelfall sowie deren Regelbehandlungszeit,
2. Maßnahmen zur Fortbildung und Qualitätssicherung, die die Qualität der Behandlung, der Versorgungsabläufe und der Behandlungsergebnisse umfassen,
3. Inhalt und Umfang der Zusammenarbeit des Heilmittelerbringers mit dem verordnenden Vertragsarzt,
4. Maßnahmen der Wirtschaftlichkeit der Leistungserbringung und deren Prüfung und
5. Vorgaben für Vergütungsstrukturen.

(2) ¹Über die Einzelheiten der Versorgung mit Heilmitteln, über die Preise, deren Abrechnung und die Verpflichtung der Leistungserbringer zur Fortbildung schließen die Krankenkassen, ihre Verbände oder Arbeitsgemeinschaften Verträge mit Leistungserbringern oder Verbänden oder sonstigen Zusammenschlüssen der Leistungserbringer; die vereinbarten Preise sind Höchstpreise. ²Für den Fall, dass die Fortbildung gegenüber dem jeweiligen Vertragspartner nicht nachgewiesen wird, sind in den Verträgen nach Satz 1 Vergütungsabschläge vorzusehen. ³Dem Leistungserbringer ist eine Frist zu setzen, innerhalb derer er die Fortbildung nachholen kann.

Inhaltsübersicht

	Rn.
A. Überblick	1
B. Rahmenempfehlungen, Abs. 1	2
C. Rahmenverträge, Abs. 2	8
I. Mögliche Vertragspartner	9
II. Inhalt der Verträge	10
1. Einzelheiten der Versorgung	11
2. Preise und deren Abrechnung	13
3. Allgemeine Fortbildungsverpflichtung	15
III. Entstehung der Vertragsbindung	16
D. Einzelverträge zwischen Einzel-KK und Leistungserbringern	17

A. Überblick

1 Während § 124 die Zulassung des Heilmittelerbringers zur Versorgung regelt (Grundverhältnis), befasst sich § 125 mit den Modalitäten und Bedingungen einer bedarfsgerechten und wirtschaftlichen Heilmittelversorgung. Der Gesetzgeber

4. Kapitel. 5. Abschnitt § 125

sieht dabei ein dreistufiges System vor. Auf der **ersten Ebene** ermöglicht es Abs. 1 in Umsetzung des sog. Partnerschaftsmodells des 2 GKV-NOG (vgl. etwa die entsprechende Regelung in § 132a) dem SpiBuKK und den Spitzenorganisationen der Heilmittelerbringer auf Bundesebene, gemeinsame **Rahmenempfehlungen** zu verschiedenen in S. 4 Nr. 1 – Nr. 5 aufgezählten Einzelfragen (Rn. 4) abzugeben, um im gesamten Bundesgebiet eine qualitativ gleichwertige Versorgung mit Heilmitteln sicherzustellen. Sodann verpflichtet Abs. 2 S. 1 auf einer **zweiten Ebene** die KK oder ihre Verbände oder Arbeitsgemeinschaften, unter Berücksichtigung der Vorgaben der Heilmittel-Richtlinien des G-BA (§ 92 Abs. 1 S. 2 Nr. 6; dazu: § 32 Rn. 2, 11 ff.) und der Rahmenempfehlungen (**§ 125 Abs. 1;** dazu Rn. 2 ff.) Verträge (in der Terminologie von BSG, NZS 1997, 128/128 **sog. Rahmenverträge**) über die Einzelheiten der Heilmittelversorgung, über die Preise und deren Abrechnung sowie über die Verpflichtung der Heilmittelerbringer zur Fortbildung mit den einzelnen Heilmittelerbringern oder deren Verbänden zu schließen (**§ 125 Abs. 2;** dazu Rn. 8 ff.). Abs. 2 S. 2 und S. 3 regeln die Durchsetzung der Pflicht zur Fortbildung (Rn. 15). Auf einer **dritten Ebene** nach Rahmenempfehlungen und Rahmenverträgen sind schließlich die gesetzlich nicht speziell geregelten **Einzelverträge** zwischen Einzel-KK und Leistungserbringern zu verorten (dazu Rn. 17 f.).

B. Rahmenempfehlungen, Abs. 1

Abs. 1 S. 1 lässt sowohl eine **einzige** einheitliche, leistungsbereichübergreifende **Rahmenempfehlung** (Hs. 1) zu als auch – wie es im Moment mit einer gesonderten Vereinbarung für den Leistungsbereich Podologie der Fall ist (siehe Rn. 7) – **mehrere Empfehlungen** (Hs. 2) mit den für die einzelnen Bereiche (Physiotherapie, Stimm-, Sprech- und Sprachtherapie, Ergotherapie; Podologie) maßgeblichen Spitzenorganisationen der Heilmittelerbringer. Obwohl der gesetzliche Auftrag in S. 1 Hs. 1 als **Soll-Vorschrift** normiert ist, kann von ihm nicht nach Gutdünken Gebrauch gemacht werden: Vielmehr bedeutet das „Soll" grundsätzlich ein „Muss mit Ausnahmen in atypischen Fällen" (vgl. BVerwGE 49, 16/23; 90, 88/93). Die Rahmenempfehlungen nach Abs. 1 haben ebenso wie die Empfehlungen nach § 124 Abs. 4 **keine normative Wirkung** (BSG, SozR 4–2500, § 125 Nr. 3 Rn. 16; näher § 124 Rn. 13). Die Partner der Verträge nach § 125 Abs. 2 bleiben mithin trotz etwaiger Rahmenempfehlungen rechtlich in der Gestaltung der Verträge frei, auch wenn es deren Zweck ist, die Heilmittelversorgung mit den Heilmittelerbringern zu vereinheitlichen. 2

Als **inhaltliche Vorgabe** verlangt S. 1, Hs. 1 zunächst die **„Berücksichtigung"** der Heilmittel-Richtlinien des G-BA (dazu: § 32 Rn. 2, 11 ff.). Die Partner der Empfehlungsvereinbarung(en) dürfen also keine Empfehlungen aussprechen, die den Richtlinien widersprechen; eine bloße Kenntnisnahme der Richtlinien genügt nicht. 3

Sodann legen S. 4 Nr. 1 – Nr. 5 **mögliche Gegenstände der Rahmenempfehlungen** fest: 4
– Nr. 1: der Inhalt der einzelnen Heilmittel, der Umfang und die Häufigkeit im Regelfall sowie die Dauer der Regelbehandlung;
– Nr. 2: Maßnahmen zur Fortbildung und Qualitätssicherung, die die Qualität der Behandlung, der Versorgungsabläufe und der Behandlungsergebnisse umfassen müssen;

Butzer

§ 125

– Nr. 3: Inhalt und Umfang der Zusammenarbeit des Heilmittelerbringers mit dem verordnenden Vertragsarzt (z. B. Berichterstattung über den Versorgungsablauf);
– Nr. 4: Maßnahmen der Wirtschaftlichkeit der Leistungserbringung und deren Prüfung;
– Nr. 5: Vorgaben für Vergütungsstrukturen (z. B. Einzelleistungsvergütung, Komplex- oder Pauschalvergütung).

5 Dieser Katalog ist aber weder zwingend noch abschließend („insbesondere"). Ohnehin hat es der G-BA aufgrund der **Vorrangwirkung der Heilmittel-Richtlinien** in der Hand, die verbleibende Gestaltungsfreiheit der Rahmenempfehlungspartner zu lenken und zu verkürzen. Dies gilt auch für den **Überschneidungsbereich** von Nr. 11.2.3, Nr. 24 der Heilmittel-Richtlinien **mit Nr. 1:** Nach Ansicht des BSG (SozR 4–2500, § 125 Nr. 3 Rn. 18 f.; aA. *Brink,* Heilmittelerbringer in der GKV, 2004, S. 141) darf der G-BA, ohne dass Rechte der Partner der Empfehlungsvereinbarungen nach § 125 Abs. 1 SGB V verletzt würden, die maximale Verordnungsmenge bei Erst- und Folgeverordnungen von Heilmitteln und die Klassifizierung nach vorrangigen, optionalen und ergänzenden Heilmitteln sowie standardisierten Heilmittel-Kombinationen vorgeben und diese einzelnen Indikationen zuordnen. Ebenso soll es gestattet sein, für jede in Betracht kommende Indikation in den Richtlinien Vorgaben hinsichtlich der regelmäßig zu beachtenden Gesamtverordnungsmenge sowie der Frequenz der Anwendung einzelner Heilmittel festzulegen.

6 Zum **Verfahren der Rahmenempfehlungsgebung** bestimmt S. 2, dass vor ihrem Abschluss der KBV Gelegenheit zur Stellungnahme zu geben ist (qualifiziertes Anhörungsrecht), weil Empfehlungen etwa zu Umfang, Häufigkeit und Regelbehandlungszeit (vgl. Nr. 1) die vertragsärztliche Therapiefreiheit beschränken. Die Stellungnahme der KBV ist nach S. 3 (im Sinne einer nachhaltig-erkennbaren Auseinandersetzung mit ihr, vgl. BT-Drs. 13/7264, 68) **„einzubeziehen";** eine rechtliche Bindung an die Stellungnahme (= „berücksichtigen") sieht das Gesetz aber nicht vor.

7 Mitte 2008 lagen folgende Empfehlungen vor: (1) Gemeinsame Rahmenempfehlungen nach § 125 Abs. 1 SGB V für den Bereich Podologie v. 1. 8. 2002, idF. v. 22. 5. 2007 (mit Anl. 1, 2, 3 und einer weiteren Anl. [zu Anl. 3]); (2) Gemeinsame Rahmenempfehlungen v. 1. 10. 2002, idF. v. 25. 9. 2006 mit Anl. 1 a v. 1. 6. 2006 – Physiotherapie, mit Anl. 1 b v. 1. 9. 2005 – Ergotherapie, mit Anl. 1 c v. 1. 9. 2005 – Stimm-, Sprech- und Sprachtherapie, ferner Anl. 2 v. 1. 8. 2001, Anl. 3 v. 17. 1. 2005 (mit weiteren 12 Anl. zu Therapien und Fortbildungen), Anl. 4 v. 25. 9. 2006; (3) insgesamt 15 Verordnungsvordrucke. Download aller vorg. Quellen unter: www.ikk.de/ikk/generator/ikk/fuer-medizinberufe/heilmittel/3510,i=l.html.

C. Rahmenverträge, Abs. 2

8 Die in § 125 Abs. 2 vorgesehenen **Verträge** mit den Erbringern von Heilmitteln oder ihren Verbänden sind entgegen früherer Anschauung (s. nur GmSOGB, NJW 1986, 2359 ff.), die sie noch dem Privatrecht zuordnete, nach hM. bereits seit 1989 **öff.-rechtl. Natur** (BSGE 89, 24/31; H/N/*Kranig,* § 125 Rn. 6; Krauskopf/ *Knittel* § 125 Rn. 4; aA. BSG, NZS 1997, 128/128, mwN.; H/K/*Murawski,* § 125 Rn. 7), auf jeden Fall aber seit der Neufassung des § 69 idF. des GKV-GRefG zum 1. 1. 2000 (BT-Drs. 14/1245, 68; BSGE 89, 24/30 f.; BSG, SozR 4–2500, § 124

Rn. 14; vgl. § 69 Rn. 34 ff.). Auch verfahrensrechtlich ist diese Zuordnung bereits seit 1989 durch die Rechtswegzuweisung zur Sozialgerichtsbarkeit (§ 51 Abs. 2 S. 1 Nr. 3 SGG idF. des GRG 1988) entschieden; dass diese Rechtswegzuweisung für die Geltendmachung wettbewerbs-, kartell- und vergaberechtlicher Ansprüche, die aus diesen Rechtsbeziehungen erwachsen, streitig ist, ändert an diesem Befund nichts (vgl. § 69 Rn. 46, § 127 Rn. 12).

I. Mögliche Vertragspartner

Durch die mit dem GKV-WSG erfolgte Erweiterung des S. 2 wurden den KK größere Vertragsfreiheiten eingeräumt. Sie besitzen jetzt das Recht, neben oder anstelle der bislang allein zulässigen Landesverbandsverträge (s. § 124 Abs. 2 S. 1 aF.) auch in bundes- oder landesweit agierenden Arbeitsgemeinschaften (s. § 219) aufzutreten. Ferner darf jede einzelne KK jetzt auch Einzel(Rahmen-)Verträge mit Leistungserbringern abschließen. Beide **Rechtserweiterungen** sollen den KK die Möglichkeit eröffnen, regional unterschiedliche Kostenbelastungen der Heilmittelerbringer, z. B. durch Lohnkosten und Praxismieten, bei Vergütungsvereinbarungen nochmals zielgenauer zu berücksichtigen. Vertragspartner auf der Leistungserbringerseite sind – unverändert gegenüber der früheren Rechtslage – sowohl einzelne Heilmittelbringer als auch deren Verbände. 9

II. Inhalt der Verträge

Nach § 125 Abs. 2 S. 1 schließen die Vertragspartner (Rn. 9) nur Verträge „über die Einzelheiten der Versorgung" mit Heilmitteln sowie „über die Preise, deren Abrechnung und die Verpflichtung der Leistungserbringer zur Fortbildung". In dieser Regelung liegt genauso eine **Kompetenzzuweisung** wie auch eine gegenständliche **Beschränkung der Vertragsfreiheit**. 10

1. Einzelheiten der Versorgung

Zu den „Einzelheiten der Versorgung" gehören zuallererst die Beschreibung des Inhalts der einzelnen Leistungen sowie Festlegungen zur Regelbehandlungszeit, sodann aber auch die Festlegung bestimmter organisatorischer Voraussetzungen (etwa Berufs- und Betriebshaftpflichtversicherung, Vertretungsregelung, Aufbewahrungsfristen), ferner Vorgaben zur Prozess- und Ergebnisqualität der Leistungen, Vorgaben zur Zusammenarbeit mit dem verordnenden Vertragsarzt oder auch die Einrichtung eines Vertragsausschusses zur Klärung von Meinungsverschiedenheiten und Zweifelsfragen. Speziell die Leistungsbeschreibungen – ebenso aber auch die Preis- bzw. Vergütungslisten (s. Rn. 13) – sind grundsätzlich einer erweiternden Auslegung oder gar einer Analogie für nicht erfasste Sachverhalte nicht zugänglich (BSG, SozR 3–2500, § 125 Nr. 6 S. 21; vgl. auch BSG, SozR 3–5535 Nr. 119 Nr. 1 S. 5). 11

Der Passus „Einzelheiten der Versorgung" **erlaubt** auch **nicht** eine über § 124 Abs. 2 S. 1 Nr. 1 – Nr. 3, Abs. 6 hinausgehende Bestimmung weiterer Voraussetzungen, unter denen eine Zulassung als Leistungserbringer abgelehnt oder widerrufen werden kann (BSG, SozR 4–2500, § 125 Nr. 1 Rn. 10). Unzulässig ist es auch, ein Sanktionsinstrumentarium für Vertragsverstöße unterhalb der Widerrufsschwelle des § 124 Abs. 6 (z. B. Verwarnung, Geldbuße, befristete Entziehung der Zulassung) zu vereinbaren (vgl. § 124 Rn. 15 sowie als argumentum e contrario die ausdrückliche Regelung in § 129 Abs. 4). 12

2. Preise und deren Abrechnung

13 Vertraglich festzulegen sind ferner die **Preise** für die einzelnen Heilmittel. Nach Abs. 2 S. 1 Hs. 2 sind die in den Verträgen nach S. 1 Hs. 1 vereinbarten Abgabepreise **Höchstpreise.** Diese mit dem Grundgesetz vereinbare Festlegung (BVerfGE 70, 1/25 ff., zu § 376 d Abs. 2 S. 3 RVO; vgl. auch BVerfGE 68, 193/ 210 ff., zu § 368 g Abs. 5 a RVO) soll nach der Konzeption des Gesetzgebers einen Preiswettbewerb unterhalb des Höchstpreises ermöglichen, um hierdurch die Ausgabenentwicklung zu bremsen und zur Sicherung der finanziellen Stabilität der GKV beizutragen (BT-Drs. 9/845, 1/11/15 f., zu § 376 d RVO). Das Höchstpreissystem lässt es dabei zu, dass die Leistungserbringer ihre Leistungen zu niedrigeren Preisen anbieten, nicht aber, dass die KK einseitig durch VA nach § 31 SGB X von den vertraglich vereinbarten Höchstpreisen abweichende Preise festsetzt. Insoweit fehlt es an der erforderlichen Ermächtigung (BSG, SozR 4–2500, § 124 Nr. 1 Rn. 14).

14 Vereinbarungen, die der **„Abrechnung"** von Heilmitteln gelten, können etwa das Abrechnungsverfahren betreffen (z. B. Formulare, Maschinenlesbarkeit von Datenträgern, Fristen für die Rechnungslegung, Behandlung etwaiger Zuzahlungsbeträge, Beanstandungsfristen des Heilmittelerbringers). Festgelegt werden darf auch, dass die KK bestimmte besondere Behandlungsmethoden (Zertifikatspositionen), die ein nach § 124 Abs. 2 zugelassener Heilmittelerbringer rein berufsrechtlich erbringen darf, nur bei Nachweis eines besonderen Befähigungsausweises **(qualifizierte Weiterbildung)** vergüten muss (BSG, SozR 4–2500, § 125 Nr. 1 iVm. § 124 Nr. 1 Rn. 13). In dieser Verbindung von Abrechnungsbefugnissen und speziellen Qualifikationsvoraussetzungen liegt keine Verletzung von Art. 12 GG (vgl. BVerfG, SozR 4–2500, § 135 Nr. 2 Rn. 23 ff.). Die vorstehend gemeinte Abrechnungsvereinbarung ist vom Fall einer erweiterten Zulassung (s. § 124 Abs. 2 S. 2; vgl. § 124 Rn. 11) ebenso zu unterscheiden wie von der ebenfalls nach § 125 Abs. 2 zu regelnden allgemeinen Fortbildungsverpflichtung jedes Heilmittelerbringers (zu dieser Rn. 15).

3. Allgemeine Fortbildungsverpflichtung

15 Seit dem GMG 2003 schreibt **Abs. 2 S. 1** vor, dass die Verträge auch die „Verpflichtung der Leistungserbringer zur Fortbildung" regeln müssen. Gemeint sind Einzelheiten der Pflicht jedes Heilmittelerbringers, sich fortzubilden, vorausliegend also auch die Festschreibung einer „Grundverpflichtung" zur Teilnahme an Fortbildungsmaßnahmen überhaupt. **Abs. 2 S. 2** flankiert diesen Auftrag an die Partner der Verträge, indem er vorschreibt, dass die Verträge für den Fall, dass ein Leistungserbringer die vertraglich vorgeschriebene Fortbildung trotz Aufforderung und Setzung einer angemessenen Nachfrist durch eine KK, einen KK-Verband oder eine Arbeitsgemeinschaft nicht nachweisen kann, einen **Vergütungsabschlag** vorzusehen haben (Abs. 2 S. 2 und S. 3). Diese Vorgaben führen dazu, dass ein betroffener Heilmittelerbringer nach fruchtlosem Fristablauf für alle erbrachten Leistungen so lange eine um den Vergütungsabschlag verminderte Vergütung erhält, bis er und ggf. seine Mitarbeiter der Pflicht zur Fortbildung nachgekommen sind, und dass überdies unter Beachtung des Grundsatzes der Verhältnismäßigkeit bei einer gravierenden und dauerhaften Vernachlässigung der Fortbildungspflicht sogar die Zulassung entzogen werden kann (§ 124 Abs. 6 S. 2; s. § 124 Rn. 15). Abs. 2 idF. des GMG **„effektiviert"** mithin § 125 Abs. 1 S. 4 **Nr. 2,** weil die Rahmenempfehlung selbst keine unmittelbaren Rechtswirkungen gegenüber dem einzelnen Leistungserbringer bzw. der einzelnen KK hat, so dass einschneidende Rechtsfolgen wie Vergütungsabschläge oder der Widerruf der Zulassung, nicht auf die Empfehlungen gestützt werden könnten. Hinzu kommt, dass in Ermangelung einer gesetzlichen Bestimmung für eine Konfliktlösung eine gemeinsame Rahmenempfehlung im Falle der Nichteinigung der Vertragspartner nicht gewährleistet ist.

III. Entstehung der Vertragsbindung

Hat eine **einzelne KK** einen Vertrag mit einem **einzelnen Leistungserbringer** geschlossen, ergibt sich die Bindung beider Seiten unmittelbar aus dem Vertrag. Tritt als Vertragspartner hingegen ein KK-Verband oder eine Arbeitsgemeinschaft oder ein Verband der Leistungserbringer von Heilmitteln auf, ist zu unterscheiden:

– Für **KK,** die **Mitglieder** eines vertragsschließenden KK-Verbandes oder einer Arbeitsgemeinschaft sind, ist zunächst zu beachten, dass die unmittelbare Rechtswirkung der Verträge nicht mehr von Gesetzes wegen eintritt. In § 125 Abs. 2 nF. fehlt nämlich der vormals enthaltene Passus „mit Wirkung für ihre Mitgliedskassen". Vielmehr bedarf es – wie seinerzeit nach § 376 d RVO – einer Bevollmächtigung von Verband oder Arbeitsgemeinschaft oder eines Beschlusses.
– Selbiges gilt für **Heilmittelerbringer,** die **Mitglieder** eines vertragschließenden Verbandes der Heilmittelerbringer sind. Ungeachtet dessen ergibt sich ihre Bindung an die Verträge aber auch noch daraus, dass ihre Zulassung gemäß § 124 Abs. 2 S. 1 Nr. 3 u. a. von der Anerkennung des Vertragsregimes abhängt (s. § 124 Rn. 12).
– Für **Heilmittelerbringer,** die nicht in dem vertragschließenden Verband organisiert sind (**Nicht-Mitglieder**), folgt die normative Wirkung der Vereinbarungen ebenfalls nur aus der Anerkennung nach § 124 Abs. 2 S. 1 Nr. 3 (s. § 124 Rn. 12). Dogmatische Deutungen, die mit Blick auf den Charakter der Verträge nach § 125 als Normsetzungsverträge zur Erklärung der Rechtswirkung auch für Nichtmitglieder das Drittwirkungsmodell des Tarifvertrages zwischen Arbeitgeberverbänden und Gewerkschaften heranziehen wollen (vgl. BSG, SozR 3–2500, § 125 Nr. 6 S. 19; *Ebsen,* HS-KV § 7 Rn. 110 ff., 140 ff.; *Heinze,* VSSR 1/11 f.; *ders.* HS-KV, § 40 Rn. 42; H/K/*Murawski* § 125 Rn. 5), sind deshalb nicht zwingend erforderlich.
– Im **Kassenbereich** schließlich stellt sich das vorgenannte Verbindlichkeitsproblem trotz Wegfalls des Passus „mit Wirkung für ihre Mitgliedskassen" (§ 125 Abs. 2 S. 1 aF.) nicht, weil die einzelne KK, wenn sie sich nicht mitgliedschaftlich einem Verband oder einer Arbeitsgemeinschaft anschlösse und aufgrund Bevollmächtigung oder Beschluss deren Verträge gegen sich gelten lassen müsste, selbst Verträge nach § 125 Abs. 2 abzuschließen hätte, an die sie dann gebunden wäre.

D. Einzelverträge zwischen Einzel-KK und Leistungserbringern

Unterhalb der Ebene der Rahmenverträge nach Abs. 2 bestehen noch **fallweise Leistungsbeschaffungsverträge** zwischen der einzelnen KK und dem einzelnen Heilmittelerbringer. Konkret kommt ein solcher Vertrag zwischen der KK des

Versicherten und dem Leistungserbringer mit der Vorlage der Verordnung des Vertragsarztes (§ 73 Abs. 2 Nr. 7) seitens des Versicherten beim zugelassenen Heilmittelerbringer und der Lieferung bzw. Anpassung des Hilfsmittels durch den Heilmittelerbringer zustande. Dieser Vertrag verpflichtet die KK, den Festbetrag oder, falls ein solcher nicht festgelegt wurde, den im Rahmenvertrag nach § 125 Abs. 2 S. 1 vereinbarten Preis an den Leistungserbringer zu zahlen (vgl. BSG, SozR 3–2500, § 125 Nr. 5 S. 10 f.). Einzelheiten bei juris PK/*Schneider* § 126 Rn. 19 ff.

18 Unabhängig davon, dass die vorgenannten Leistungsbeschaffungsverträge der KK seit der Neufassung des § 69 als **öff.-rechtl. Verträge** zu qualifizieren sind (BSGE 89, 24/33 f.; s. Rn. 8), was im Blick auf die notwendige Kongruenz von Leistungs- und Leistungsbringungsrecht auch für das Abrechnungsverhältnis des einzelnen Heilmittelerbringers mit der jeweiligen KK des Versicherten gilt (BSGE 89, 24/33 f.), ist stets im Einzelfall zu prüfen, ob einzelne Regelungen der §§ 53 ff. SGB X durch das spezielle Vertragsrecht der §§ 69–140 h ersetzt werden oder ggf. sogar BGB-Regelungen gelten (ausf. dazu § 69 Rn. 38 ff., mwN.). Zur Anwendbarkeit des Wettbewerbs-, Kartell- und Vergaberechts s. § 69 Rn. 40 ff.

Sechster. Abschnitt. Beziehungen zu Leistungserbringern von Hilfsmitteln

§ 126 Versorgung durch Vertragspartner

(1) ¹**Hilfsmittel dürfen an Versicherte nur auf der Grundlage von Verträgen nach § 127 Abs. 1, 2 und 3 abgegeben werden.** ²**Vertragspartner der Krankenkassen können nur Leistungserbringer sein, die die Voraussetzungen für eine ausreichende, zweckmäßige und funktionsgerechte Herstellung, Abgabe und Anpassung der Hilfsmittel erfüllen; die Krankenkassen stellen sicher, dass diese Voraussetzungen erfüllt sind.** ³**Der Spitzenverband Bund der Krankenkassen gibt Empfehlungen für eine einheitliche Anwendung der Anforderungen nach Satz 2, einschließlich der Fortbildung der Leistungserbringer, ab.**

(2) **Abweichend von Absatz 1 Satz 1 bleiben Leistungserbringer, die am 31. März 2007 über eine Zulassung nach § 126 in der zu diesem Zeitpunkt geltenden Fassung verfügen, bis zum 31. Dezember 2008 zur Versorgung der Versicherten berechtigt.**

(3) **Für nichtärztliche Dialyseleistungen, die nicht in der vertragsärztlichen Versorgung erbracht werden, gelten die Regelungen dieses Abschnitts entsprechend.**

Schrifttum: Gemeinsame Verlautbarung der Spitzenverbände der KK zur Umsetzung des GKV-WSG im Hilfsmittelbereich v. 27. 3. 2007 einschließlich Anl. 3 – „Gemeinsame Empfehlungen für eine einheitliche Anwendung der Anforderungen zur ausreichenden, zweckmäßigen und funktionsgerechten Herstellung, Abgabe und Anpassung der Hilfsmittel gemäß § 126 Abs. 1 Satz 2 SGB V n. F." (download: www.ikk.de/ikk/generator/ikk/fuer-medizinberufe/hilfs-und-pflegemittel/84288.pdf; www.ikk.de/ikk/generator/ikk/fuer-medizinberufe/hilfs-und-pflegemittel/84296.pdf). Vgl. BT-Drs. 16/9062.

4. Kapitel. 6. Abschnitt **§ 126**

Inhaltsübersicht

Rn.
- A. Überblick 1
- B. Verfassungsrechtliche Zulässigkeit des Vertragsmodells 2
- C. Eignung der Vertragspartner, Abs. 1 5
  - I. Die Eignungskriterien im Einzelnen, S. 2 5
  - II. Empfehlungen des SpiBuKK, Abs. 1 S. 3 11
- D. Übergangsfrist für bisherige Zulassungsinhaber, Abs. 2 12
  - I. Änderung der betrieblichen Verhältnisse während der Übergangsfrist 13
  - II. Geltung des § 126 Abs. 2 auch nach Ausschreibungen 15
- E. Erstreckung von §§ 126, 127 auf nichtärztliche Dialyseleistungen, Abs. 3 18

A. Überblick

Zur Ingangsetzung eines schärferen Vertrags- und Preiswettbewerbs erlauben 1
§ 127 Abs. 1, Abs. 2 und Abs. 3 die Versorgung der Versicherten nur noch im Rahmen vertraglicher Beziehungen des Leistungserbringers mit einer KK (ausf. § 127 Rn. 1). Infolge dieses **Systemwechsels zu einem reinen Vertragsmodell** ist das Erfordernis einer kassenrechtlichen Zulassung der Leistungserbringer auf der Landesebene entfallen. Auch bei dem neuen Regelungsansatz, den § 126 Abs. 1 S. 1 deklaratorisch feststellt, muss aber die grundsätzliche Eignung der Vertragspartner für eine ordnungsgemäße Versorgung der Versicherten gewährleistet sein. In Abs. 1 S. 2 werden daher Anforderungen festgelegt, die seitens der Leistungserbringer als Voraussetzung für den Abschluss von Verträgen und danach während der gesamten Vertragslaufzeit erfüllt werden müssen (Rn. 5 ff.). Abs. 1 S. 3 sieht zentrale Empfehlungen zur einheitlichen Anwendung der Anforderungen nach S. 2 vor (Rn. 11). Abs. 2 bringt eine bis zum 31. 12. 2008 befristete Übergangsregelung (Rn. 12 ff.), und Abs. 3 ordnet eine entsprechende Anwendung von §§ 126, 127 auf nichtärztliche Dialyseleistungen an (Rn. 18).

B. Verfassungsrechtliche Zulässigkeit des Vertragsmodells

§ 126 Abs. 1 S. 1, dem zufolge die Versicherten nur noch Vertragspartner der 2
KK in Anspruch nehmen dürfen, steht in einem Spannungsverhältnis mit § 33 SGB I und beschränkt die in § 2 Abs. 3 SGB V verankerte Wahlfreiheit der Krankenversicherten, korrespondierend mit dem Gebot der Beachtung der Vielfalt der Leistungserbringer. Können die Versicherten nämlich nicht den Ausnahmetatbestand des § 33 Abs. 6 S. 3 nachweisen (mit Mehrkostentragungspflicht), verkürzt sich ihr Wahlrecht von einem Recht der freien Wahl unter allen zugelassenen Leistungsanbietern auf ein Wahlrecht unter Vertragspartnern ihrer KK. Bei einigen standardisierten Hilfsmitteln mag es zukünftig an einer Wahlmöglichkeit sogar ganz fehlen, wenn dem Versicherten nämlich allein noch der Ausschreibungsgewinner als Leistungserbringer zur Verfügung steht.

Die häufig zu hörenden (verfassungs-)rechtlichen **Einwände** gegen diese ge- 3
setzgeberische Neuorientierung **dürften** gleichwohl **nicht durchgreifen**. Zwar ist die Möglichkeit der Versicherten, im Rahmen ihres Hilfsmittelversorgungsanspruchs zwischen verschiedenen Leistungserbringern zu wählen, Ausfluss ihrer durch Art. 2 Abs. 1 GG geschützten Handlungsfreiheit (vgl. BVerfGE 16, 286/303 f. – freie Arztwahl; 106, 275/304 f. – freie Hilfsmittelwahl), doch sind die

Regelungen des SGB V Bestandteil der verfassungsmäßigen Ordnung. Insofern ergibt sich die Rechtfertigungsfähigkeit des reinen Vertragsmodells nach § 126 Abs. 1 S. 1 nF. daraus, dass diese Regelung sachgerechten und vernünftigen Erwägungen des Gemeinwohls zu dienen bestimmt ist, nämlich der Wirtschaftlichkeit und damit der Finanzierbarkeit der GKV bzw. **einem Krankenversicherungsschutz zu bezahlbaren Konditionen** (vgl. auch BT-Drs. 16/9062, 2). Dass die Wahl eines Hilfsmittelerbringers in der Regel weniger eine Vertrauensentscheidung ist als die Arztwahl (vgl. nur die zahlreichen Beschränkungen des § 76) und von daher grundrechtlich eher weniger intensiv geschützt ist als jene, die dem BVerfG zufolge ja auch schon nicht verfassungsfest ist, sollte ebenfalls bedacht sein. Auch die Geeignetheit und Erforderlichkeit der Wahlrechtsbeschränkung wird man kaum verneinen können: Die Streichung der gesetzlich in § 33 Abs. 6 S. 3 festgelegten Voraussetzung eines berechtigten Interesses würde nämlich das Entstehen des vom Gesetzgeber intendierten Vertragswettbewerbs in Frage stellen, weil eine zu große Zahl von Versicherten dann möglicherweise andere Leistungserbringer wählen würde, womit das Exklusivitätsrecht des Ausschreibungsgewinners unterlaufen und der Abschluss von Verträgen zumindest nicht zum niedrigstmöglichen Preis vollzogen werden könnte. Die allgemeine Handlungsfreiheit der Versicherten und der Sozialstaatsgedanke (Art. 20 Abs. 1, Art. 28 Abs. 1 S. 1 GG) wiegen zudem auch nicht schwerer als die genannten Regelungsziele, die ebenfalls der Wahrung von Versicherteninteressen dienen.

4   Ein Verstoß gegen die aus Art. 2 Abs. 2 S. 1 GG abzuleitende staatliche Schutzpflicht für die körperliche Unversehrtheit der Versicherten ist, spätestens, nachdem im Verlauf des Gesetzgebungsverfahrens § 127 Abs. 1 S. 2 um die Verpflichtung der KK, in den Verträgen eine wohnortnahe Versorgung der Versicherten sicherzustellen, ergänzt worden ist, fernliegend. Für die Verschiedenbehandlung von Ärzten und Heilmittelerbringern einerseits, Hilfsmittelerbringern andererseits, die darin liegt, dass §§ 76 Abs. 1 S. 1, 124 unverändert geblieben sind, während §§ 126, 127 vom Zulassungs- auf das Vertragsmodell übergegangen sind, gibt es z. B. mit der unterschiedlichen Vertrauensintensität nachvollziehbare Gründe, so dass ein Gleichheitsverstoß (Art. 3 Abs. 1 GG) ebenfalls nicht erkennbar ist.

C. Eignung der Vertragspartner, Abs. 1

I. Die Eignungskriterien im Einzelnen, S. 2

5   Die KK müssen durch eine Überprüfung vor Vertragsschluss und geeignete vertragliche Regelungen sicherstellen, dass der in Verträgen nach § 127 Abs. 1, Abs. 2 oder Abs. 3 gebundene Hilfsmittellieferant **während der gesamten Vertragslaufzeit** die „Voraussetzungen für eine ausreichende, zweckmäßige und funktionsgerechte Herstellung, Abgabe und Anpassung der Hilfsmittel" erfüllt (S. 2). Diese dem Patientenschutz und der Qualitätssicherung dienenden und deshalb mit Art. 12 GG zu vereinbarenden (vgl. § 124 Rn. 5 f.) Eignungsvoraussetzungen entsprechen den früheren Zulassungsvoraussetzungen für Hilfsmittelbringer (zu ihnen *Knispel,* NZS 1995, 13 ff.). Nur das Kriterium der Wirtschaftlichkeit ist im Vergleich zu § 126 aF. entfallen, da die Einzelheiten der Versorgung und die Preise nunmehr Gegenstand der Verträge nach § 127 sind.

6   Die Eignungskriterien nach S. 2 sind dabei – anders als § 124 – nicht auf natürliche Personen bezogen formuliert. Deshalb bedarf es keiner verfassungskonformen Auslegung, um den Abschluss von Verträgen nach § 127 Abs. 1, Abs. 2 oder

Abs. 3 auch mit **juristischen Personen** für gestattet zu halten, wenn diese die Voraussetzungen von S. 2 erfüllen. Zu beachten ist allerdings, dass die KK die **Eignung** nicht nur des **Unternehmens als ganzes,** sondern auch die **Eignung jeder Betriebsstätte** (Hauptstelle und Zweigstellen/Filialen), die an der vertraglich vereinbarten Hilfsmittelversorgung beteiligt werden sollen, überprüfen muss.

Anders als in § 124 Abs. 2 S. 1 Nr. 1 und Nr. 2, wo die persönlichen und sachlichen Voraussetzungen konkret benannt sind, werden die Eignungsvoraussetzungen in S. 2 durch **drei unbestimmte Rechtsbegriffe** („ausreichend", „zweckmäßig", „funktionsgerecht") umschrieben. Insbesondere macht § 126 die Eignung zum Abschluss eines Hilfsmittelversorgungsvertrages auch nicht ausdrücklich von einer bestimmten Ausbildung und von einer zur Führung der Berufsbezeichnung berechtigenden Erlaubnis abhängig. Doch kann eine ausreichende, zweckmäßige und funktionsgerechte Versorgung mit Hilfsmitteln nur gewährleisten (und damit als Vertragspartner der KK geeignet sein), wer − *erstens* − die entsprechende **fachliche Ausbildung** hat und den Beruf nach berufsrechtlichen Bestimmungen **selbstständig ausüben** darf (persönliche Eignungsvoraussetzungen) und wer − *zweitens* − über einen **leistungsfähigen Betrieb** verfügt (sächliche Eignungsvoraussetzungen). 7

Hinsichtlich der **persönlichen Eignungsvoraussetzungen** ist zu beachten, dass es sich bei dem Hilfsmittellieferanten, mit dem ein Vertrag nach § 127 geschlossen werden soll, zumeist (zu Ausnahmen s. H/N/*Kranig* § 126 Rn. 8) um einen Handwerker handeln wird, der einen selbstständigen Gesundheitshandwerksbetrieb nur nach den Vorgaben der HWO betreiben darf, zu denen wesentlich gehört, dass der Gesundheitshandwerker oder Betriebsleiter die Meisterprüfung in dem betreffenden Handwerk nach Maßgabe der Ausbildungsordnungen (§§ 7, 25, 26 HWO) bestanden hat. Solche **Ausbildungsordnungen** bestehen für: 8
- **Augenoptiker:** Verordnung über die Berufsausbildung zum Augenoptiker/zur Augenoptikerin (AugOptAusbV) v. 4. 3. 1997 (BGBl. I, 436);
- **Hörgeräteakustiker:** Verordnung über die Berufsausbildung zum Hörgeräteakustiker/zur Hörgeräteakustikerin (HörgAkAusbV) vom 12. 5. 1997 (BGBl. I, 1019);
- **Orthopädieschuhmacher:** Verordnung über die Berufsausbildung zum Orthopädieschuhmacher/zur Orthopädieschuhmacherin (OrthSchAusbV) vom 21. 4. 1999 (BGBl. I, 789);
- **Orthopädiemechaniker, -techniker und Bandagist:** Verordnung über die Berufsausbildung zum Orthopädiemechaniker und Bandagisten/zur Orthopädiemechanikerin und Bandagistin (OrthMechAusbV) vom 14. 6. 1996 (BGBl. I, 847), idF. der Verordnung vom 25. 8. 1998 (BGBl. I, 2576).

Die **sächliche Eignungsfeststellung** muss vor allem der Betriebsausstattung (Betriebsräume und technische Einrichtungen/Geräte) gelten, die eine zweckmäßige und funktionsgerechte Leistungserbringung gewährleisten müssen. Konkret geht es also um Ausstattungs-Mindestanforderungen für jedes einzelne Gesundheitshandwerk (vgl. Abschn. IV. und V. der Gemeinsamen Empfehlungen [s. Schrifttum]). Ggf. kann die Zertifizierung des Betriebs nach der EN ISO 13485:2003 − Qualitätsmanagementsystem für Medizinprodukte (ehem. DIN EN 46001) ein Indiz für die sächliche Eignung sein (vgl. § 139 Rn. 16). Bei Handwerken, die nach der HWO ausgeübt werden, decken die Eignungserfordernisse des S. 2 nach einhelliger Ansicht auch die sog. Meisterpräsenz iSd. geltenden Handwerksrechts ab (BSG, SozR 3−2500, § 126 Nr. 1 S. 6 f.; KK/*Hess* § 126 Rn. 3; vgl. auch Abschn. II.1.2 c) der Gemeinsamen Empfehlungen [s. Schrifttum]). 9

10 Mit Blick auf Art. 12 GG ist – nicht anders als bei § 124 Abs. 2 S. 1 – auch Abs. 1 S. 2 in zweierlei Weise **verfassungskonform auszulegen**. So ist S. 2 auch hier als **abschließende Regelung** zu verstehen; für weitere, über die in § 126 Abs. 1 aufgezählten Eignungsvoraussetzungen hinausgehende Anforderungen in den Empfehlungen nach S. 3 oder in den Verträgen nach § 127 (Beispiel: berufspraktische Erfahrungszeit) fehlt es an einer gesetzlichen Ermächtigung, die mit Blick auf Art. 12 GG aber erforderlich wäre (vgl. § 124 Rn. 6). Ferner ist S. 2 wegen Art. 12 GG und wegen des Verhältnismäßigkeitsgedankens so auszulegen, dass der Vertragspartner durch die Doppelprüfung seiner berufsrechtlichen Voraussetzungen nicht oder nur geringfügig in seiner Berufsfreiheit beeinträchtigt wird (BSG, SozR 3–2500, § 126 Nr. 1 S. 9): Die nach § 127 Abs. 1, 2 und 3 zuständigen Stellen müssen deshalb im Regelfall der Beurteilung der nach Berufsrecht zuständigen Behörden folgen (sog. **Tatbestandswirkung**; s. § 124 Rn. 6, 8).

II. Empfehlungen des SpiBuKK, Abs. 1 S. 3

11 Die dem SpiBuKK in S. 3 erteilte Ermächtigung soll eine möglichst **einheitliche Handhabung der Eignungskriterien** des S. 2 gewährleisten. Die Empfehlungen binden allerdings nicht und können auch nicht über S. 2 hinausgehende Anforderungen statuieren (Rn. 10; ausf. § 124 Rn. 6). Bedenklich erscheint, dass – anders als bei den Empfehlungen nach § 124 Abs. 4 – kein Anhörungsrecht der Spitzenorganisationen der Leistungserbringer vorgesehen ist, obwohl sich die Empfehlungen nach S. 3 in demselben rechtlichen Umfeld des Berufsgrundrechts nach Art. 12 GG bewegen und sogar noch in weit höherem Maße als jene unbestimmte Rechtsbegriffe („ausreichende, zweckmäßige und funktionsgerechte" Herstellung etc.) zu konkretisieren haben. Die aktuell geltenden Empfehlungen sind als **Anlage 3 der Gemeinsamen Verlautbarung der SpiKK v. 27. 3. 2007** (s. Schrifttum) ergangen. Sie beschreiben fachliche Voraussetzungen für natürliche Personen, Anforderungen an juristische Personen sowie Mindestanforderungen an die räumliche und sachliche Ausstattung. Inhaltlich entsprechen sie weithin den Zulassungsempfehlungen nach § 126 SGB V aF. vom 2. 5. 1991 (s. *Schulte Westenberg*, NZS 2003, 297/298 f.).

D. Übergangsfrist für bisherige Zulassungsinhaber, Abs. 2

12 Zugunsten der am 31. 3. 2007 zugelassenen Leistungserbringer, deren Zulassung sich durch die Änderung des § 126 aF. mWv. 1. 4. 2007 erledigt hat, enthält § 126 Abs. 2 SGB V eine Übergangsvorschrift: Diese Leistungserbringer sind danach **bis zum 31. 12. 2008** weiterhin **versorgungsberechtigt**. Im Umkehrschluss bedeutet dies, dass Leistungserbringer, die nach dem 31. 3. 2007 erstmals aufgetreten sind, eine Hilfsmittelversorgung nur aufgrund einer vertraglichen Vereinbarung durchführen können.

I. Änderung der betrieblichen Verhältnisse während der Übergangsfrist

13 Nicht ausdrücklich geregelt hat der Gesetzgeber, wie sich innerhalb dieser Übergangsfrist nachträgliche **Änderungen der betrieblichen Verhältnisse** bei nach Abs. 2 begünstigten früheren Zulassungsinhabern auswirken (z. B. Inhaberwechsel, personelle Veränderungen bei einer juristischen Person, Verlegung von

Geschäftsräumen, Veränderungen der sachlichen Ausstattung etc.). Ziff. 8.1. der Gemeinsamen Verlautbarung der SpiKK v. 27. 3. 2007 (s. Schrifttum) gibt hier einen Fallüberblick, der zumeist auf Weiterbestehen der Zulassung bis zum 31. 12. 2008 hinausläuft. Anderes soll aber für die Fälle von **Inhaberwechsel** und **Verlegung von Geschäftsräumen** gelten: Insoweit wird mit Blick auf § 126 Abs. 1 S. 2 aF., der hier jeweils eine neue Zulassung erforderlich gemacht hätte, der Bestandsschutzgedanke verneint und die Auffassung vertreten, dass die Zulassung des Unternehmens bzw. der Betriebsstätte ende.

Diese Sichtweise wird dem **Sinn der Übergangsregelung** jedoch nicht gerecht, die einerseits beabsichtigt, den nach altem Recht zugelassenen Leistungserbringern unter Vertrauensschutzaspekten im Hinblick auf ihre bisherige berufsgrundrechtliche Position und im Interesse der Versorgungssicherheit zunächst eine 21-monatige Umstellungsfrist zu geben, andererseits aber auch sieht, dass die von § 127 vorgeschriebene selektive Zulassung durch Vertragsschluss mit dem dadurch ausgelösten Vertrags- und Preiswettbewerb nur funktionieren kann, wenn sich bis zum 1. 1. 2009 eine hinreichende Zahl von Anbietern durch Umgestaltung und Zurüstung ihres Vertragsmanagement in die Lage versetzt, an Ausschreibungen nach § 127 Abs. 1 erfolgreich teilnehmen zu können (vgl. BT-Drs. 16/3100, 141). Mit diesen beiden Zielen einer Schon- bzw. Rüstzeit verträgt sich ein allzu enges Verständnis des von Abs. 2 gewährten Bestandsschutzes nicht. Daher sollte vom Fortbestand der Zulassung bis zum 31. 12. 2008 ausgegangen werden, solange und soweit der Inhaberwechsel und die Geschäftsraumverlegung die im Zulassungsverfahren vor dem 31. 3. 2007 nachgewiesenen persönlichen und sächlichen Voraussetzungen für die Leistungserbringung unberührt lässt (so iE. wohl auch BMG, Schreiben vom 2. 11. 2007 an den IKK-Bundesverband). 14

II. Geltung des § 126 Abs. 2 auch nach Ausschreibungen

Umstritten ist das **Verhältnis von Abs. 2 zu § 33 Abs. 6 S. 2** (s. dazu auch § 33 Rn. 11, 55 f.). Ziff. 5 der Gemeinsamen Verlautbarung der SpiKK hat hierzu angenommen, dass ein Leistungserbringer, der nach Abs. 2 bis zum 31. 12. 2008 zur Versorgung berechtigt ist, auch während des Übergangszeitraums vom 1. 4. 2007 bis zum 31. 12. 2008 ein Hilfsmittel nicht zu den durch die Ausschreibung ermittelten Konditionen liefern darf, wenn für dieses Hilfsmittel ein Vertrag nach § 127 Abs. 1 ausgeschrieben worden ist, dieser Leistungserbringer aber keinen Zuschlag erhalten hat. § 33 Abs. 6 sei so zu verstehen, dass die Versicherten ein **Wahlrecht** zwischen den Vertragspartnern der KK und solchen Leistungserbringern, die nach § 126 Abs. 2 SGB V übergangsweise ebenfalls versorgungsberechtigt seien, **nur** besäßen, **wenn** es sich um **Verträge *ohne* vorangegangene Ausschreibung** handele (aA: SG Frankfurt/Oder, Beschl. v. 4. 1. 2008 [Az.: S 4 KR 285/07]; SG Köln, Beschl. v. 31. 1. 2008 [Az.: S 5 KR 310/07 ER]; LSG B-Brdbg, Beschl. v. 4. 4. 2008 [Az.: L 1 B 41/08 KR ER]; *Roth*, MedR 2008, 206/207 f.). 15

Im Rahmen der gebotenen **Stellungnahme** ist zunächst zu betonen, dass § 126 Abs. 2 und § 33 Abs. 6 und auch die zu ihnen gegebenen Begründungen seitens des Gesetzgebers **disparat** sind. Während § 126 Abs. 2 dem Vertrauens- und Bestandsschutzgedanken Rechnung trägt, will § 33 Abs. 6 S. 2 das neu eingeführte Instrument der Ausschreibung fördern und schnell effektiv machen, was verlangt, dass die KK die gegenüber dem Ausschreibungsgewinner vertraglich vereinbarten Abnahmeverpflichtungen auch tatsächlich erfüllen kann. Das aber ist zweifelhaft, wenn der Ausschreibungsgewinner auf sein Exklusivbelieferungsrecht verzichten 16 müsste. Könnte nämlich jeder nach § 126 Abs. 2 berechtigter Leistungserbringer bis 31. 12. 2008 quasi beliebig in die Stellung dieses Ausschreibungsgewinners eintreten, ohne dessen Aufwand tragen zu müssen, steht zu erwarten, dass sich womöglich weniger Leistungserbringer vor dem 31. 12. 2008 an solchen Ausschreibungen beteiligen, dies mit der Folge, dass zum Stichtag evtl. weder auf Seiten der KK noch auf Seiten der Leistungserbringer ausreichende Ressourcen und genügend Know-how im Vertragsmanagement zur Verfügung stehen. **Gegen** solche Überlegungen mit dem mutmaßlichen Willen des Gesetzgebers spricht freilich, dass in § 33 Abs. 6 S. 2 von einer solchen Beschränkung der nach § 126 Abs. 2 übergangsweise versorgungsberechtigten Hilfsmittelerbringer keine Rede ist; vielmehr wird dort zwischen den Vertragspartnern der KK nach § 127 Abs. 1, Abs. 2, Abs. 3 und den Leistungserbringern, die aufgrund der Übergangsregelung des § 126 Abs. 2 versorgungsberechtigt sind, in Bezug auf die Wahlfreiheit der Versicherten nicht unterschieden.

17   Auch würde eine Vorrangwirkung des § 33 Abs. 6 S. 2 gegenüber § 126 Abs. 2 die KK in die Lage versetzen, den Stellenwert der Übergangsvorschrift zu bestimmen: Je umfangreicher sie Ausschreibungen nach § 127 Abs. 1 vornähmen, umso eingeschränkter wäre der den altzugelassenen Leistungserbringern zukommende Bestandsschutz (vgl. LSG B-Brdbg, Beschl. v. 4. 4. 2008 [L 1 B 41/08 KR ER]; *Roth,* MedR 2008, 206/207). Schließlich sind auch gesetzessystematische Gründe zu beachten (vgl. SG Frankfurt/Oder, Beschl. v. 4. 1. 2008 [Az.: S 4 KR 285/07]): Hätte der Gesetzgeber Einschränkungen des nach § 126 Abs. 2 gewährten Vertrauensschutzes gewähren wollen, hätte er dies in §§ 126, 127, die die Rechtsbeziehungen zwischen KK und Hilfsmittelanbietern betreffen, regeln müssen, nicht aber in § 33 Abs. 6, der die Beziehungen von Versicherten und KK betrifft und deshalb im 3. Kapitel des SGB V (und nicht – wie §§ 126, 127 – im 4. Kapitel) angesiedelt ist. Ohne ausdrückliche Regelung seitens des Gesetzgebers können § 33 Abs. 6 S. 2 und § 126 Abs. 2 daher **nicht iSe. Exklusivbelieferungsrechts des Ausschreibungsgewinners bereits vor dem 31. 12. 2008** ausgelegt werden.

E. Erstreckung von §§ 126, 127 auf nichtärztliche Dialyseleistungen, Abs. 3

18   Die Vorschriften über die Beziehungen der KK zu Hilfsmittelerbringern (§§ 126, 127) sind nach § 126 Abs. 3 auch auf nichtärztliche Dialyseleistungen (Sachkosten) außerhalb der vertragsärztlichen Versorgung (§ 73 Abs. 2) anzuwenden. Der Gesetzgeber des GSG 1992 wollte mit Abs. 3 erkennbar eine Parallel- und Folgeregelung zu § 85 Abs. 3 a S. 4 schaffen, der nichtärztliche Dialyseleistungen, die *innerhalb* der vertragsärztlichen Versorgung erbracht werden, aus der Gesamtvergütung ausgliedert und eine spezielle Vergütung dieser Leistungen aus Sondervereinbarungen anordnet. Jedoch gibt es derzeit nichtärztliche Dialyseleistungen, die *außerhalb* der vertragsärztlichen Versorgung erbracht werden, *nicht,* weil die Erbringung sowohl der Dienst- wie auch der Sachleistung „Dialyse" umfassend an die Zulassung oder Ermächtigung eines Arztes zur Teilnahme an der vertragsärztlichen Versorgung gebunden ist. Vor diesem Hintergrund wird in der Literatur (KK/*Hess* § 126 Rn. 9; GKV-Komm/*Orlowski* § 126 Rn. 5) mit Recht gefragt, welchen Regelungssinn Abs. 3 – abgesehen von der Klarstellungsfunktion hinsichtlich einer theoretischen Fallkonstellation (so H/N/*Kranig* § 126 Rn. 9; Krauskopf/*Knittel* § 126 Rn. 9; vgl. auch BT-Drs. 12/3937, 16) – eigentlich besitzt.

§ 127 Verträge

(1) ¹Soweit dies zur Gewährleistung einer wirtschaftlichen und in der Qualität gesicherten Versorgung zweckmäßig ist, sollen die Krankenkassen, ihre Landesverbände oder Arbeitsgemeinschaften im Wege der Ausschreibung Verträge mit Leistungserbringern oder zu diesem Zweck gebildeten Zusammenschlüssen der Leistungserbringer über die Lieferung einer bestimmten Menge von Hilfsmitteln, die Durchführung einer bestimmten Anzahl von Versorgungen oder die Versorgung für einen bestimmten Zeitraum schließen. ²Dabei haben sie die Qualität der Hilfsmittel sowie die notwendige Beratung der Versicherten und sonstige erforderliche Dienstleistungen sicherzustellen und für eine wohnortnahe Versorgung der Versicherten zu sorgen. ³Die im Hilfsmittelverzeichnis nach § 139 festgelegten Anforderungen an die Qualität der Versorgung und der Produkte sind zu beachten. ⁴Für Hilfsmittel, die für einen bestimmten Versicherten individuell angefertigt werden, oder Versorgungen mit hohem Dienstleistungsanteil sind Ausschreibungen in der Regel nicht zweckmäßig.

(2) ¹Soweit Ausschreibungen nach Absatz 1 nicht zweckmäßig sind, schließen die Krankenkassen, ihre Landesverbände oder Arbeitsgemeinschaften Verträge mit Leistungserbringern oder Verbänden oder sonstigen Zusammenschlüssen der Leistungserbringer über die Einzelheiten der Versorgung mit Hilfsmitteln, deren Wiedereinsatz, die Qualität der Hilfsmittel und zusätzlich zu erbringender Leistungen, die Anforderungen an die Fortbildung der Leistungserbringer, die Preise und die Abrechnung. ²Absatz 1 Satz 3 gilt entsprechend. ³Die Absicht, über die Versorgung mit bestimmten Hilfsmitteln Verträge zu schließen, ist in geeigneter Weise öffentlich bekannt zu machen.

(3) ¹Soweit für ein erforderliches Hilfsmittel keine Verträge der Krankenkasse nach Absatz 1 und 2 mit Leistungserbringern bestehen oder durch Vertragspartner eine Versorgung der Versicherten in einer für sie zumutbaren Weise nicht möglich ist, trifft die Krankenkasse eine Vereinbarung im Einzelfall mit einem Leistungserbringer. ²Sie kann vorher auch bei anderen Leistungserbringern in pseudonymisierter Form Preisangebote einholen. ³In den Fällen des § 33 Abs. 1 Satz 5 und Abs. 6 Satz 3 gilt Satz 1 entsprechend.

(4) Für Hilfsmittel, für die ein Festbetrag festgesetzt wurde, können in den Verträgen nach den Absätzen 1, 2 und 3 Preise höchstens bis zur Höhe des Festbetrags vereinbart werden.

(5) ¹Die Krankenkassen haben ihre Versicherten über die zur Versorgung berechtigten Vertragspartner und auf Nachfrage über die wesentlichen Inhalte der Verträge zu informieren. ²Sie können auch den Vertragsärzten entsprechende Informationen zur Verfügung stellen.

Schrifttum: *Ch. Bühring/H. Linnemannstöns,* § 127 SGB V n. F. — Ausschreibung, Rahmenvertrag oder Einzelvereinbarung?, MedR 2008, 149; *K. Engelmann,* Keine Geltung des Kartellvergaberechts für Selektivverträge der Krankenkassen mit Leistungserbringern, SGb 2008, 133; *R. Goodarzi/M. Junker,* Öffentliche Ausschreibungen im Gesundheitswesen, NZS 2007, 632; *dies.,* Die praktische Durchführung von europaweiten Ausschreibungen im Hilfsmittelbereich, BKK 2008, 220; *W. Kahl/K. F. Gärditz,* Konkurrenzfragen zwischen Sozial- und Vergaberechtsschutz, NZS 2008, 337; *Th. Kingreen,* Das Sozialvergaberecht, SGb 2008, 437; *O. Klöck,* Die Anwendbarkeit des Vergaberechts auf Beschaffungen durch die gesetzlichen Krankenkassen, NZS 2008, 178; *P. Hartmann/B. Suoglu,* Unterliegen die gesetzlichen Krankenkassen dem Kartellvergaberecht nach §§ 97 ff. GWB, wenn sie Hilfsmittel ausschreiben?, SGb 2007, 404; *C. Kötter/E. Maßing,* 30.000 Hilfsmittel: Wie kommt die BKK zu ihren Verträgen?, BKK 2007, 542; *M. Steiner,* Der neue § 127 SGB V oder: Das Gesetz zur Stärkung des Wettbewerbsrechts?, GesR 2007, 245.

Butzer

§ 127

Inhaltsübersicht

	Rn.
A. Überblick	1
B. Verträge und Instrumente der Preisfindung	3
I. Ausschreibung und Vertrag mit dem Angebotsgewinner, Abs. 1	3
1. Ausschreibungsberechtigte und Inhalte der Ausschreibung	4
2. Anwendbarkeit und Vorgaben des Vergaberechts	9
3. Rechtsschutzfragen	13
II. Rahmenvertrag mit einem Anbieter, Abs. 2	14
1. Zulässigkeit nur bei Unzweckmäßigkeit einer Ausschreibung	15
2. Vertragspartner und Inhalt des Rahmenvertrages	19
3. Bekanntmachung von Vertragsabsichten	21
III. Einzelvereinbarung nach Abs. 3	22
1. Zulässigkeit nur in vier Fallkonstellationen	23
2. Inhalt einer Einzelvereinbarung	24
3. Mehrkosten bei Einzelvereinbarungen	26
C. Festbetrag als allgemeine Preishöchstgrenze, Abs. 4	27
D. Informationspflichten der KK, Abs. 5	29
E. Behandlung alter Verträge	31

A. Überblick

1 §§ 126, 127 nF. vollziehen für die Hilfsmittelversorgung den **Wechsel vom Zulassungsmodell zum Vertragsmodell:** Der Versicherte kann nicht mehr zwischen zugelassenen Leistungserbringern auswählen, sondern eine Versorgung nur noch über Vertragspartner seiner KK erhalten (§ 126 Abs. 1 S. 1). Mit diesem Übergang zum Einzel-(Selektiv-)Vertragssystem ist verbunden, dass die Qualität der Hilfsmittelversorgung nicht mehr über Zulassungsvoraussetzungen, sondern über Verträge gesichert werden muss, was erhebliche Anforderungen an Ausschreibungs-Know-how und Vertragsmanagement stellt. Es steht zu erwarten und ist vom Gesetzgeber intendiert, dass nach Ende der bis zum 31. 12. 2008 währenden Übergangsfrist (vgl. § 126 Abs. 2; § 126 Rn. 12 ff.) zumindest bei standardisierten Hilfsmitteln ein scharfer Vertragswettbewerb in Gang kommen wird.

2 Im Einzelnen konstituiert § 127 ein **Drei-Stufen-System:** Als prioritäres Mittel der Preisfindung legt Abs. 1 den KK die **Ausschreibung** mit nachfolgender Einzelvereinbarung mit dem Ausschreibungsgewinner nahe (Rn. 3 ff.). Auf der zweiten Stufe, nämlich dort, wo eine Ausschreibung ausnahmsweise unzweckmäßig ist (Rn. 15 ff.), steht der **Rahmenvertrag** (Abs. 2; Rn. 14, 19 ff.). Eine Auffang- ebenso wie eine Öffnungsfunktion besitzt schließlich die auf der dritten Stufe stehende **Einzelvereinbarung** (Abs. 3; Rn. 22 ff.). Hinsichtlich der Ausschreibungen nach Abs. 1 ist noch nicht geklärt, ob auf die Auftragsvergabe der KK das Kartellvergaberecht der §§ 97 ff. GWB mit seinem Primärrechtsschutzsystem anzuwenden ist oder ob dessen Geltung durch § 69 ausgeschlossen ist (vgl. Rn. 9 ff.). Ebenfalls noch ungeklärt ist, ob der Verfahrensweg zu den Vergabekammern und anschließend der Rechtsweg zu den Zivilgerichten oder der Rechtsweg zur Sozialgerichtsbarkeit eröffnet ist (vgl. Rn. 13 ff.).

B. Verträge und Instrumente der Preisfindung

I. Ausschreibung und Vertrag mit dem Angebotsgewinner, Abs. 1

3 Die Gesetzessystematik des § 127 ebenso wie der Eingangswortlaut von Abs. 2 S. 1 zeigen, dass das Instrument der **Ausschreibung** mit anschließendem Vertrag

mit dem Ausschreibungsgewinner **vorrangig** anzuwenden ist. **Voraussetzung** ist nach Abs. 1 S. 1 allerdings, dass eine Ausschreibung „zur Gewährleistung einer wirtschaftlichen und in der Qualität gesicherten Versorgung **zweckmäßig ist**". § 127 Abs. 1 benennt jedoch nicht Beispiele für die Zweckmäßigkeit einer Ausschreibung. Vielmehr dokumentiert der Gesetzgeber seine Präferenz für diese Verfahrensweise dadurch, dass **Abs. 1 S. 4** in der Art einer Regelbeispieltechnik allein zwei Umstände benennt, in denen Ausschreibungen „*nicht* zweckmäßig" sind, wobei die beiden genannten **Negativkonstellationen** überdies auch noch relativiert werden, indem hinzugefügt ist, dass bei ihnen eine Ausschreibung nicht immer, sondern nur **„in der Regel" nicht zweckmäßig** sei. Insofern liegt die Entscheidung über die Zweckmäßigkeit bei der KK: Kommt diese entgegen S. 4 (Näheres in Rn. 15 ff.) zu einer anderen Einschätzung, können Ausschreibungen durchgeführt werden („in der Regel" nicht zweckmäßig).

1. Ausschreibungsberechtigte und Inhalte der Ausschreibung

Ausschreibungsberechtigte und **Vertragspartner** von Verträgen nach § 127 Abs. 1 können auf der einen Seite KK, ihre Landesverbände oder Arbeitsgemeinschaften (vgl. insoweit *Kötter/Maßing*, BKK 2007, 542/546 f.), auf der anderen Seite einzelne Hilfsmittelanbieter oder deren Verbände oder zu diesem Zweck gebildete sonstige Zusammenschlüsse (Bietergemeinschaften) sein (vgl. § 125 Rn. 9). Zur Entstehung der jeweiligen Vertragsbindung s. § 125 Rn. 16. 4

Weil sich die benötigte Menge eines bestimmten Hilfsmittels wegen der sukzessiven Versorgung der Versicherten während der Vertragslaufzeit im Vorhinein nicht genau bestimmen lässt und insofern nur Vergangenheitsdaten zur Verfügung stehen, besteht seitens der KK ein Bedarf nach einem flexiblen Abruf der tatsächlich benötigten Mengen. Die KK werden daher regelmäßig **Rahmenverträge ausschreiben** (zulässig nach § 3 a Nr. 4 VOL/A), in denen zunächst nur die Modalitäten für die zukünftigen Leistungsbeschaffungsverträge zwischen der einzelnen KK und dem einzelnen Hilfsmittelerbringer festgelegt werden (vgl. § 125 Rn. 1, Rn. 17). Die KK können solche Verträge für längstens vier Jahre nicht nur mit einem, sondern parallel auch mit mehreren privaten Anbietern schließen. Einzelverträge dürfen dann nur an die an dem Rahmenvertrag beteiligten Unternehmen vergeben werden. 5

Ist die Entscheidung, welche Produktbereiche sich für die Ausschreibung einer Rahmenvereinbarung eignen, gefallen, müssen die Ausschreibungsberechtigten nach S. 2 und S. 3 **in inhaltlicher Hinsicht** durch die Eignungs- und Zuschlagskriterien sicherstellen, dass sich der Wettbewerb unter den Leistungserbringern nicht allein auf den Preis als herausragendes Kriterium konzentriert. Mit der **Eignungsprüfung** muss die KK feststellen, ob ein Leistungserbringer die Gewähr dafür bietet, den Auftrag sachgerecht zu erbringen: Dazu muss er etwa fachkundig, leistungsfähig und zuverlässig sein (vgl. § 97 Abs. 4 GWB), wozu die KK ggf. Belege fordern kann (ausf. *R. Goodarzi/M. Junker,* BKK 2008, 220/223 f.). Unter den **Zuschlagskriterien** spielt neben dem Preis nach S. 2 auch die Qualität sowie die notwendige Beratung der Versicherten und die Erbringung sonstiger erforderlicher Dienstleistungen eine Rolle; ferner muss für eine wohnortnahe Versorgung der Versicherten gesorgt werden (s. Rn. 7). Im Kontext der Qualitätsanforderungen sind va. die im Hilfsmittelverzeichnis nach § 139 festgelegten Anforderungen an die Qualität der Versorgung und der Produkte maßgeblich (S. 3). Es können aber auch die Kundenfreundlichkeit, das vom Leistungserbringer angebotene Reklamationsmanagement, die Ausführungsdauer, Lieferfristen oder 6

§ 127 Verträge

die Konditionen für die Lieferung von Ersatzteilen zu Zuschlagskriterien gemacht werden.

7 Die **Vorgabe einer wohnortnahen Versorgung** ist erfüllt, wenn der Versicherte z. B. mit einem Pkw oder öffentlichen Verkehrsmittel innerhalb einer angemessenen Zeit den Leistungserbringer erreichen kann oder umgekehrt der Leistungserbringer den Versicherten nach Terminvereinbarung zu Hause aufsucht bzw. frei Haus beliefert. Das wird idR. nur möglich sein, wenn der Leistungserbringer über einen Sitz bzw. eine Niederlassung am Wohnort der Versicherten verfügt. Bei Hilfsmitteln, die keinen Anpassungs- und Beratungsbedarf erfordern (etwa Verbrauchsmaterialien), genügt indes eine zeitnahe Anlieferung bzw. Zusendung des Hilfsmittels. Die im Erfordernis der Wohnortnähe nach S. 2 liegende **Beschränkung des freien Dienstleistungsverkehrs (Art. 49 ff. EGV)** ist „aus zwingenden Gründen des Allgemeininteresses" (vgl. Streinz/*Müller-Graff*, EUV/EGV, Art. 49 Rn. 97 ff., mwN.) **gerechtfertigt,** da nur durch eine räumliche Nähe des Leistungserbringers die rasche und an den Bedürfnissen der Versicherten ausgerichtete Versorgung mit ihren in § 33 Abs. 1 S. 4 genannten Nebenleistungsansprüchen (vgl. § 33 Rn. 34 ff.) sichergestellt werden kann. Das Wohnortnähegebot, ferner aber auch § 97 Abs. 3 GWB (Mittelstandsfördergebot) und § 5 VOL/A, fordern daher im Regelfall die Bildung entsprechender Gebiets- oder Fach- bzw. Teillose, die dem jeweiligen Ausschreibungsgewinner das Recht geben, während der Laufzeit des Vertrages alle Versicherten der KK mit Wohnsitz im räumlichen oder fachlichen Geltungsbereich des Loses zu versorgen. Freilich darf der Wettbewerb als solcher nicht aufgrund lokaler Präferenzen von vornherein auf Leistungsanbieter in bestimmten Bezirken beschränkt werden.

8 Ingesamt kann das Gebot der Wohnortnähe als **Korrektiv gegen** ein alleiniges **Zuschlagskriterium „Preis"** wirken: Letzteres erfordert nämlich Mengenvorteile, die am ehesten überregional und teilweise virtuell (Internet) tätige Anbietergruppen und Großbetriebe generieren können. Doch sind diese wiederum – anders als kleinere Sanitätshäuser und Apotheken sowie mittelständische Homecare- und Fachhändler – tendenziell zu einer wohnortnahen Versorgung der Versicherten weniger gut in der Lage. Ganz generell werden die KK mit Blick auf eine abstrakte Eignung der Leistungserbringer zur dauerhaften Erfüllung der inhaltlichen Anforderungen von S. 2 und S. 3 darauf zu achten haben, dass eine **ausreichende Vielfalt der Leistungserbringer** im Interesse eines funktionierenden Wettbewerbs auch in Zukunft erhalten bleibt (vgl. BT-Drs. 16/9062, 3 f., 5). Deshalb werden die KK im Falle von Ausschreibungen bemüht sein müssen, durch eine geeignete Ausgestaltung der Lose und nicht allzu lange Ausschreibungszyklen eine Abhängigkeit von einigen wenigen Leistungserbringern zu verhindern, die eine wirtschaftliche und den Anforderungen der S. 2 und S. 3 genügende Beschaffung des Hilfsmittels in Zukunft wieder erschweren könnte.

2. Anwendbarkeit und Vorgaben des Vergaberechts

9 Derzeit ist noch **str.,** ob auf Ausschreibung und Auftragsvergabe durch die KK nach Abs. 1 das (Kartell-)Vergaberecht der **§§ 97 ff. GWB** anzuwenden oder ob mit der Zuweisung der in § 69 S. 1 und S. 3 genannten Rechtsbeziehungen zum Sozialversicherungs- und damit zum Öffentlichen Recht sowie mit der Einfügung des § 69 S. 2 durch das GKV-WSG das (Kartell-)Vergaberecht von der Geltung für diese Rechtsbeziehungen ausgeschlossen worden ist (letzteres bejahend etwa *Engelmann,* SGb 2008, 133/138 ff./141 ff.; *Stelzer,* ZfS 2008, 97/102 ff./289 ff.; anders die bislang eindeutig hM: s. nur OLG Düsseldorf, GesR 2007, 429 ff.;

Goodarzi/Junker NZS 2007, 632/633; *Steiner,* GesR 2007, 245/248; vgl. auch BT-Drs. 16/3100, 141, zu Nr. 93 [§ 127], wo es heißt: „Bei den Ausschreibungen sind die jeweils gültigen Vorschriften des Vergaberechts anzuwenden."). Der Geltungsausschluss hätte zur Folge, dass der Begriff „Ausschreibung" in Abs. 1 nicht das Vergaberecht nach dem GWB, sondern ein sozialrechtliches Vergabeverfahren sui generis meinen würde, das nur den vergaberechtlichen Mindeststandard des Gemeinschaftsrechts zu gewährleisten hätte. Die hM. bestreitet einerseits das mit der **These einer Bereichsausnahme** verbundene Verständnis von § 69 S. 1, S. 2. Andererseits wird in Ansehung der Tatsache, dass §§ 97 ff. GWB europäisches Vergaberecht umsetzen (Vergabe-RL 2004/18/EG v. 31. 3. 2004), angenommen, dass eine etwaige, vom nationalen Gesetzgeber über § 69 geschaffene Bereichsausnahme ohnehin gemeinschaftsrechtswidrig sei (z. B. *Koenig/Klahn/Schreiber,* GesR 2007, 559/562 f./567; *Goodarzi/Junker,* NZS 2007, 632/633). Klarheit wird hierzu voraussichtlich erst eine Entscheidung des EuGH nach Art. 234 EG auf einen Vorlagebeschluss des OLG Düsseldorf hin (Beschl. v. 23. 5. 2007, GesR 2007, 429 ff.) bringen.

Auch soweit in der bisherigen Diskussion angenommen wird, §§ 97 ff. GWB seien auf das Beschaffungswesen der KK grundsätzlich anwendbar, werden aber gelegentlich die **einfach-rechtlichen Voraussetzungen** für die Anwendbarkeit der §§ 97 ff. GWB in Frage gestellt. Diese gehen dahin, dass ein öffentlicher Auftraggeber iSd. § 98 GWB, der nicht nach § 100 Abs. 2 GWB vom Anwendungsbereich des GWB ausgenommen ist, die Vergabe eines öffentlichen Auftrags iSd. § 99 GWB beabsichtigt, dessen Wert den nach § 100 Abs. 1 GWB iVm. § 2 VgV festgelegten Schwellenwert (bei Liefer- und Dienstleistungen derzeit 211.000 Euro) erreicht oder übersteigt. Insofern wird bezweifelt, dass eine KK als **Auftraggeber iSd. § 98 GWB** angesehen werden könne (verneinend: *Engelmann,* SGb 2008, 133/145 f.; bejahend: *Klöck,* NZS 2008, 178/179 ff., mwN. in Fn. 35). Ebenso wird für verschiedene Selektivvertragsbereiche diskutiert, ob es sich bei Verträgen zwischen KK und Leistungserbringern um **Dienstleistungsaufträge** iSd. § 99 Abs. 1, Abs. 4 GWB (so VK Bund, Beschl. v. 9. 5. 2007 − VK 1−26/07; Beschl. v. 14. 9. 2007 − VK 1−101/07; Beschl. v. 15. 11. 2007−2 VK − 105/07; s. auch *Klöck,* NZS 2008, 178/184 f.) **oder um Dienstleistungskonzessionen** (näher: *Kaltenborn,* VSSR 2007, 357/365 ff.) handelt, die nach allgemeiner Auffassung nicht dem Vergaberechtsregime unterliegen. Letzteres wird man zumindest bei Ausschreibungen nach § 127 Abs. 1 aber ablehnen müssen, weil der Versicherte wegen des Benennungsrechts der KK hier das für eine Dienstleistungskonzession charakteristische Recht der freien Wahl des Leistungserbringers verliert.

Wird die in Rn. 9 genannte Hürde des § 69 S. 2 überwunden und weiter auch das Vorliegen der in Rn. 10 genannten einfach-rechtlichen Voraussetzungen mit der derzeit jeweils hM. bejaht, ist für die Anwendbarkeit des Kartellvergaberechts entscheidend, ob der Schwellenwert erreicht oder überschritten wird (vgl. § 100 Abs. 1 GWB). *Unterhalb* des Schwellenwerts gilt (nur) die auf Grundlage der §§ 97 Abs. 6, 127 GWB erlassene VgV. Diese wiederum verweist in ihren §§ 4 bis 6 auf verschiedene Verdingungsordnungen (VOL/A; VOL/B; VOF; VOB), die ihrerseits im Einzelnen die Ausschreibung und die Vergabe von Aufträgen der öffentlichen Hand regeln und regelmäßig vom Haushaltsrecht von Bund, Ländern und Gemeinden in Bezug genommen werden. *Oberhalb* des Schwellenwerts und damit im Anwendungsbereich der §§ 97 ff. GWB gelten hingegen zusätzliche besondere Verfahrensvoraussetzungen (ausf. *Kötter/Maßing,* BKK 2007, 542 ff.; *Goodarzi/Junker,* NZS 2007, 632/634 ff.; *dies.,* BKK 2008, 220 ff.). Danach haben die öffentlichen Auftraggeber z. B. **vorrangig** das sog. **offene Verfahren** anzuwenden (§ 101 Abs. 2, Abs. 6 S. 1 GWB), bei dem eine unbeschränkte Zahl von Unternehmen öffentlich zur Abgabe von Angeboten aufgefordert wird; die wesentlichen Merkmale des zu vergebenden Auftrags müssen dabei europaweit im Amtsblatt der EU bekannt gemacht werden. Des Weiteren sind die Bestimmungen eines im Interesse der Verfahrensgrundsätze des § 97 GWB streng formalisierten Vergabeverfahrens einzuhalten, das erhebliche Anforderungen an Ausgestaltung, Dokumentation und Ablauf des Verfahrens stellt und sowohl auf Auftraggeberseite als auch auf Bieterseite einen großen Aufwand in zeitlicher, personeller und kostenmäßiger Hinsicht nach sich zieht.

12 Im *Oberschwellenbereich* erfolgt die **Nachprüfung,** ob die Vorschriften des Kartellvergaberechts eingehalten worden sind, auf einer ersten Stufe durch Vergabekammern (§§ 102 ff. GWB); ein Zuschlag darf vor der Entscheidung der Vergabekammer und dem Ablauf einer Beschwerdefrist nicht erteilt werden. Gegen die Entscheidung der Vergabekammer ist in einer zweiten Stufe gemäß § 116 GWB die sofortige Beschwerde zum OLG eröffnet, die wiederum aufschiebende Wirkung entfaltet. Im *Unterschwellenbereich* dagegen (und genauso im Oberschwellenbereich, wenn man Ausschreibungen nach § 127 Abs. 1 dem Geltungsbereich des GWB entzogen sähe, vgl. Rn. 9) ist der nicht zum Zuge kommende oder übergangene Bieter auf den durch die jeweilige Gerichtsbarkeit – das ist nach BVerwG (NJW 2007, 2275/Rn. 5 f.) grundsätzlich die Zivilgerichtsbarkeit – vermittelten Eilrechtsschutz bzw. danach ggf. auf den Sekundärrechtsschutz im Wege des Schadensersatzes wegen Verletzung einer vorvertraglichen Schutzpflicht oder aus deliktischem Verhalten verwiesen. Dieses Fehlen eines Primärrechtsschutzes im Unterschwellenbereich ist dem BVerfG (NJW 2006, 3701/Rn. 83 ff.) zufolge verfassungsrechtlich nicht zu beanstanden.

3. Rechtsschutzfragen

13 In dem zuletzt genannten Rechtsschutzzusammenhang ist umstritten, welche **Gerichtsbarkeit** für die Entscheidung von Rechtsstreitigkeiten, die zwischen KK und Leistungserbringern aus Auftragsvergaben entstehen, zuständig ist. Über eine Anwendung des Kartellvergaberechts (§§ 104 Abs. 1, 116 Abs. 3 GWB), wenn diese Normen mithin als leges speciales zu § 51 Abs. 1 Nr. 2, Abs. 2 SGG gesehen würden (so etwa OLG Düsseldorf, GesR 2007, 429 ff.), kommt hier *einerseits* der Verfahrensweg zu den Vergabekammern und anschließend der Rechtsweg zu den Zivilgerichten in Betracht (s. Rn. 12). Verneinte man hingegen den leges speziales-Charakter der §§ 104, 116 GWB (so Bericht des BT-Ausschusses für Gesundheit auf BT-Drs. 16/4247, 35 zu Nr. 40 [§ 69]; OLG Karlsruhe, Beschl. v. 19. 11. 2007 – 17 Verg 11/07; BSG, Urt. v. 22. 4. 2008 – B 1 SF 1/08 R zu Arzneimittel-Rabattverträgen; *Engelmann,* SGb 2008, 133/148), wäre mit einer Zuordnung der Leistungsbeschaffungsverträge zum Sozialversicherungsrecht (§ 69) sowie über die Rechtswegzuweisung in § 51 Abs. 1 Nr. 2, Abs. 2 SGG *andererseits* auch der Rechtsweg zur Sozialgerichtsbarkeit denkbar. Für letzteres wird ua. die ansonsten entstehende **Rechtswegspaltung** ins Feld geführt, die sich ergäbe, wenn die Rechtsbeziehungen von KK und Leistungserbringern gemäß § 69 S. 1, S. 3 grundsätzlich dem Öffentlichen Recht zuzuordnen wären, vergaberechtliche Streitigkeiten, die aus diesen Rechtsbeziehungen erwachsen, hingegen den zivilgerichtlichen Sonderzuständigkeit nach §§ 116 ff. GWB. **Hiergegen** richtet sich wiederum der Einwand, dass dann die GWB-Regelungen von zwei Gerichtsbarkeiten angewendet würden, was zu einer **Auseinanderentwicklung der Normenauslegung** füh-

ren könne. Freilich sollte diese Gefahr wegen der europarechtlichen Determiniertheit des (Kartell-)Vergaberechts auch nicht überschätzt werden. Klarheit zu dieser Streitfrage wird voraussichtlich ebenfalls die bereits in Rn. 9 (aE.) angesprochene EuGH-Entscheidung bringen.

II. Rahmenvertrag mit einem Anbieter, Abs. 2

Für den Fall, dass Ausschreibungen nach Abs. 1 nicht zweckmäßig sind (Rn. 15 ff.), ermöglicht § 127 Abs. 2 S. 1 auch einen ausschreibungslosen Abschluss von Rahmenverträgen (vgl. Rn. 5). Abs. 2 entspricht insofern im Wesentlichen § 127 Abs. 1 S. 1 aF., weicht aber in Form einer Erweiterung des Kreises der potentiellen Vertragspartner (s. Rn. 19) und hinsichtlich der Inhaltsanforderungen (s. Rn. 20) an den abzuschließenden Rahmenvertrag von der Vorgängerregelung ab. 14

1. Zulässigkeit nur bei Unzweckmäßigkeit einer Ausschreibung

Rahmenverträge sind nur dort zulässig, wo Ausschreibungen und Verträge nach Abs. 1 „nicht zweckmäßig" sind (vgl. Rn. 3). Abs. 1 S. 4 benennt diesbezüglich in der Art einer Regelbeispieltechnik zwei Umstände, nämlich individuelle Anfertigung des Hilfsmittels und hoher Dienstleistungsanteil, in denen dies der Fall ist, verhält sich aber mit diesen beiden Unzweckmäßigkeitskonstellationen nicht abschließend (Rn. 18). 15

Beide vorgenannten **Alternativen** sind freilich **nicht strikt voneinander zu scheiden,** weil die individuelle Fertigung des Hilfsmittels im Vergleich zu standardisierten Produkten gerade den Dienstleistungsanteil erhöht. Konkret hat S. 4 etwa prothetische Erstversorgungen oder Sehhilfen im Auge. Bei der Frage des Dienstleistungsanteils geht es abstrakt betrachtet darum, ob und in welchem Umfang neben der reinen Abgabe des Hilfsmittels zusätzliche Arbeiten, wie umfangreichere Beratungen und Aufklärungen, eine umfassende handwerkliche Zurichtung, eine nicht standardisierbare Anpassung auf den Patienten oder eine Nachbetreuung bzw. Einweisungen anfallen, die den Charakter der Gesamtleistung maßgeblich prägen. Die früheren SpiKK sind in einer Gemeinsamen Verlautbarung v. 27. 3. 2007 (unter 9., S. 16) davon ausgegangen, dass es bei dieser Gesamteinschätzung nicht entscheidend auf den monetären Wert der zusätzlichen Dienstleistung im Verhältnis zum Sachwert des Hilfsmittels ankomme, wenngleich dieses Verhältnis zusammen mit dem zeitlichen Umfang doch Indizcharakter dafür haben dürfte, ob der Dienstleistungsanteil so hoch ist, dass eine Ausschreibung des Hilfsmittels unzweckmäßig erscheint. 16

Allerdings können die in S. 4 benannten Unzweckmäßigkeitssachverhalte der individuellen Anfertigung und/oder eines hohen Dienstleistungsanteils **überspielt** werden, wenn statt der Einzelversorgungen **Verträge über Pauschalen** für die Versorgung mit diesen Hilfsmitteln ausgeschrieben werden, also Verträge, die etwa einen einheitlichen Festbetrag für alle Leistungen an alle Versorgungsberechtigten unabhängig von Art und Schwere ihrer jeweiligen gesundheitlichen Schädigung (z. B. die Lieferung je ausreichender Geräte, deren individuelle Anpassung, ferner Einweisung und Nachbetreuung sowie Reparaturen) vorsehen. 17

Die in S. 4 genannten beiden Fälle sind **nicht abschließend.** Das zeigt Abs. 2 S. 1, der nicht auf S. 4 rekurriert, sondern allgemein gehalten ist. Ein weiterer Unzweckmäßigkeitsfall liegt etwa vor, wenn wegen eines niedrigen Bedarfs nach einem bestimmten Hilfsmittel der Aufwand des Ausschreibungsverfahrens in einem 18 offensichtlichen Missverhältnis zu dem möglichen Ergebnis steht. Unzweckmäßig wäre eine Ausschreibung auch in dem Fall, dass der als Ergebnis einer Ausschreibung zu erzielende Preis mit hoher Wahrscheinlichkeit höher ist als der Festbetrag für das betreffende Hilfsmittel (*Bühring/Lindemannstöns,* MedR 2008, 149/150), oder derjenige Fall, dass es, etwa in strukturschwachen Regionen, nur einen einzigen geeigneten Leistungserbringer und damit nur einen einzigen potentiellen Ausschreibungsbewerber für das betreffende Hilfsmittel gibt. Dagegen ist die gelegentlich zu hörende Behauptung, auch die Notwendigkeit eines besonders engen Vertrauensverhältnisses zwischen Versichertem und Leistungserbringer stehe einer Ausschreibung und der einseitigen Benennung durch die KK entgegen, zweifelhaft (s. auch § 126 Rn. 3).

2. Vertragspartner und Inhalt des Rahmenvertrages

19 **Vertragspartner** von Verträgen nach § 127 Abs. 2 können auf der einen Seite KK, ihre Landesverbände oder Arbeitsgemeinschaften, auf der anderen Seite einzelne Hilfsmittelanbieter oder deren Verbände oder sonstige Zusammenschlüsse sein (vgl. Rn. 4).

20 Was den **Inhalt** solcher Rahmenverträge angeht, bestimmt Abs. 2, dass die Rahmenverträge neben Bestimmungen zu den „Einzelheiten der Versorgung" (vgl. sinngemäß § 125 Rn. 11 f.) auch solche zum „Wiedereinsatz" der Hilfsmittel (vgl. § 33 Abs. 5 S. 1; vgl. § 33 Rn. 53), zur „Qualität der Hilfsmittel" (vgl. § 139 Rn. 9), zu „zusätzlich zu erbringenden Leistungen" (vgl. Rn. 6, aE.) und zu den „Anforderungen an die Fortbildung der Leistungserbringer" sowie über die „Preise" (vgl. § 125 Rn. 13) und die „Abrechnung" (vgl. § 125 Rn. 14) enthalten müssen. Zudem sind auch beim Abschluss von Rahmenverträgen die im Hilfsmittelverzeichnis nach § 139 festgelegten Anforderungen an die Qualität der Versorgung und der Produkte zu beachten (Abs. 2 S. 2 iVm. Abs. 1 S. 3). Es ist darauf zu achten, dass die Einhaltung vorstehender Vertragsinhalte für die **gesamte Vertragslaufzeit** sichergestellt ist.

3. Bekanntmachung von Vertragsabsichten

21 Nach dem Wegfall des Zulassungserfordernisses (Rn. 1; § 126 Rn. 1) muss auch bei Verträgen nach § 127 Abs. 2 gewährleistet sein, dass sich interessierte Leistungserbringer bei den KK, den Landesverbänden der KK oder bei Arbeitsgemeinschaften als Vertragspartner melden können. Deren Vertragsschließungsabsicht ist daher „in geeigneter Weise **öffentlich bekannt zu machen**" (§ 127 Abs. 2 S. 3). Die Auswahl des Veröffentlichungsmediums steht dabei grundsätzlich frei, doch ist bei der Auswahl von Publikationsmedien – wie z. B. **Tageszeitungen oder Fachzeitschriften** – darauf zu achten, dass damit die als Vertragspartner geeigneten Leistungserbringer umfassend erreicht werden. Allein die Bekanntmachung auf der kasseneigenen Homepage im **Internet** genügt nicht, ebenso wenig die interessierten Hilfsmittelanbietern eröffnete Möglichkeit der Eintragung in eine Mailing-Liste oder eine Leistungserbringerdatenbank. Erfolgt die Veröffentlichung ausschließlich lokal, ist zu bedenken, dass lediglich ortsansässige Leistungsanbieter angesprochen werden, was nur als Veröffentlichung „in geeigneter Weise" angesehen werden kann, wenn es um ortsnahe Versorgungen geht oder das Versorgungsgebiet der KK räumlich eng begrenzt ist. Eine unzureichende oder fehlende Bekanntmachung kann für einen nicht verständigten, aber vertragsgeeigneten und -bereiten Hilfsmittelanbieter ggf. einen Anspruch auf Schadensersatz nach § 839 BGB iVm. Art. 34 GG begründen.

III. Einzelvereinbarung nach Abs. 3

In Fällen, die S. 1 und S. 3 näher benennen, kann eine KK mit einem Hilfsmittelbringer gemäß Abs. 3 auch einen Leistungsbeschaffungsvertrag als **Einzelvereinbarung** schließen. Solche Einzelverträge nehmen gegenüber Verträgen nach Abs. 1 und Abs. 2 eine **Auffangfunktion,** ansonsten, nämlich in den Fällen des Abs. 3 S. 3, eine **Öffnungsfunktion** wahr. 22

1. Zulässigkeit nur in vier Fallkonstellationen

Der Gesetzesaufbau des § 127 lässt erkennen, dass nach dem Willen des Gesetzgebers Leistungsverträge nach Ausschreibung sowie Rahmenverträge die Regel und Vereinbarungen im Einzelfall nur eine **Ausnahme** darstellen sollen. Zulässig sind Einzelvereinbarungen in **vier Fallkonstellationen:** 23

– **Nichtbestehen von Verträgen nach Abs. 1, Abs. 2 (S. 1, 1. Alt.):** Bestehen für ein Hilfsmittel, das für die Versorgung der Versicherten erforderlich ist, keine Verträge der KK nach Abs. 1 oder Abs. 2, wäre ohne Einzelvereinbarung eine Versorgung nicht gewährleistet. Konkret wird es hier um Fälle gehen, in denen der Aufwand der Vertragsanbahnung nach Abs. 1 oder Abs. 2, etwa weil es sich um ein seltenes, dem Patienten individuell anzupassendes Hilfsmittel handelt, wirtschaftlich nicht zweckmäßig ist (vgl. Rn. 18).
– **Unzumutbarkeit (S. 1, 2. Alt.):** Weiterhin darf eine Einzelvereinbarung getroffen werden, wenn trotz bestehender Verträge nach Abs. 1 und Abs. 2 eine Versorgung des Versicherten in einer für ihn zumutbaren und damit ordnungsgemäßen Weise nicht möglich ist. Denkbar wäre dies z. B. bei fehlender Wohnortnähe. Der Grund der Unzumutbarkeit ist vom Versicherten darzulegen.
– **Ausübung des Wahlrechts gegenüber einem Vertragspartner (S. 3, 1. Alt.):** Gem. S. 3 ist eine Einzelvereinbarung ferner dann zu treffen, wenn ein Versicherter bei einem Vertragspartner der KK nach Abs. 1 oder Abs. 2 ein Hilfsmittel bzw. eine Ausstattung desselben auswählt, die über das Maß des Notwendigen hinausgeht (§ 33 Abs. 1 S. 5; vgl. § 33 Rn. 11, 56).
– **Ausübung des Wahlrechts gegenüber einem anderen Leistungserbringer (S. 3, 2. Alt.):** Eine Einzelvereinbarung ist schließlich in dem Fall zu treffen, dass ein Versicherter trotz des Bestehens von Verträgen nach Abs. 1 oder Abs. 2 ein **berechtigtes Interesse** daran hat, ausnahmsweise einen anderen Leistungserbringer als den oder die Vertragspartner zu wählen (§ 33 Abs. 6 S. 3; vgl. § 33 Rn. 11, 56). Ein berechtigtes Interesse besteht etwa, wenn eine von Vertragspartner der KK nicht angebotene Zusatzausstattung des Hilfsmittels gewünscht ist.

2. Inhalt einer Einzelvereinbarung

Da die Hilfsmittelversorgung in jedem Falle gewährleistet sein muss, sind Einzelvereinbarungen **weitgehend frei** im Hinblick auf die Versorgungsbedürfnisse einzelner Versicherter oder kleiner Gruppen von Versicherten **gestaltbar.** Zu beachten ist aber zunächst § 127 Abs. 4, der eine Preisgrenze anhand der Festbeträge vorsieht, sodann, dass die Anforderungen des § 126 Abs. 1 S. 2 an den Einzelvereinbarungspartner gewahrt sind (vgl. § 126 Rn. 5 ff.). Schließlich wird das Produkt auch noch in das Hilfsmittelverzeichnis (§ 139) aufgenommen sein müssen (zu dieser faktischen Voraussetzung vgl. § 33 Rn. 5, 32; § 139 Rn. 3). 24

Ohne dass sich dies im Gesetzestext niedergeschlagen hat, geht die Gesetzesbegründung zu Abs. 3 davon aus, dass Einzelvereinbarungen in der Regel auf der 25

Grundlage eines **Kostenvoranschlags** erfolgen. Nach S. 2 kann die KK dabei im Vorfeld des Vertragsschlusses auch in pseudonymisierter Form Kostenvoranschläge anderer Leistungserbringer für die Versorgung mit dem betreffenden Hilfsmittel einholen. Regelmäßig wird sich dann eine Vereinbarung der KK mit dem preisgünstigsten Leistungserbringer anschließen.

3. Mehrkosten bei Einzelvereinbarungen

26 Bei Einzelvereinbarungen können uU. Mehrkosten entstehen. Im Falle der Einzelvereinbarung wegen Nichtbestehens von Verträgen (S. 1, 1. Alt.) oder wegen Unzumutbarkeit (S. 1, 2. Alt.) werden die Mehrkosten in der Regel **von der KK** zu tragen sein, da der Versicherte Anspruch auf eine (zumutbare) Versorgung hat und die Einzelvereinbarung nur dazu dient, das zu realisieren, worauf der Versicherte Anspruch hat. Obergrenze für die von der KK zu tragenden Beträge sind, soweit vorhanden, die Festbeträge (§ 127 Abs. 4). Im Falle einer Einzelvereinbarung aufgrund der Wahl eines Hilfsmittels, das über das Maß des Notwendigen hinausgeht (S. 3, 1. Alt. iVm. § 33 Abs. 1 S. 5), oder im Fall eines berechtigten Interesses des Versicherten (S. 3, 2. Alt. iVm. § 33 Abs. 6 S. 3), sind die Mehrkosten gegenüber den auf der Grundlage einer Ausschreibung oder eines Rahmenvertrages vertraglich vereinbarten Preisen dagegen **vom Versicherten** selbst zu tragen.

C. Festbetrag als allgemeine Preishöchstgrenze, Abs. 4

27 Sofern ein Festbetrag gilt (zu dessen Ermittlung s. § 36 Rn. 8), können in Verträgen nach Abs. 1, Abs. 2 oder Abs. 3 **maximal Preise in Höhe dieses Festbetrages** vereinbart werden (§ 127 Abs. 4). Der Festbetrag ist jedoch nur eine Obergrenze: Wird ein Vertragspreis unter dem Festbetrag vereinbart, ist der Vergütungsanspruch des Leistungserbringers entspr. § 33 Abs. 7 S. 1 SGB V nF. auf diesen Vertragspreis begrenzt (vgl. § 33 Rn. 57).

28 Die übergangsweise **nach § 126 Abs. 2 versorgungsberechtigten Leistungserbringer** (vgl. § 126 Rn. 12 ff.) sind in dem Fall, dass ein Vertrag nach § 127 Abs. 2 oder Abs. 3 geschlossen wird, auf den niedrigsten Vertragspreis verwiesen, den die einzelne KK für eine vergleichbare Hilfsmittelversorgung mit einem anderen Hilfsmittelanbieter vereinbart hat (s. § 33 Abs. 7 S. 2). Nach hier vertretener Auslegung des § 33 Abs. 6 S. 2 (ausf. § 126 Rn. 15 f.; vgl. auch § 33 Rn. 55) gilt das auch im Falle eines Vertragsschlusses nach § 127 Abs. 1.

D. Informationspflichten der KK, Abs. 5

29 Die in § 126 Abs. 1 S. 1 angeordnete Verweisung der Versicherten auf Vertragspartner der KK setzt voraus, dass die Versicherten über Leistungserbringer informiert werden, die zur Erfüllung ihres Hilfsmittelversorgungsanspruchs berechtigt sind. **Abs. 5 S. 1 verpflichtet** die KK daher, die Versicherten über ihre Vertragspartner und über wesentliche Vertragsinhalte **zu informieren,** etwa darüber, welche Produkte mit welchen Dienst- und Serviceleistungen vom Vertrag erfasst werden. Zu dieser Informationsaufgabe gehört es auch, den Versicherten bewusst zu machen, dass sie sich vor der Leistungsinanspruchnahme bei der KK über die lieferberechtigten Leistungserbringer zu erkundigen haben. Bei der Publikation der Informationen ist der sich aus §§ 67 ff. SGB X ergebende Schutz von Sozial-

daten ebenso wie der sich aus einzelnen Vertragsbestimmungen oder nach allgemeinen Rechtsvorschriften ergebende Vertrauens- oder Geheimnisschutz der Leistungserbringer zu beachten. Wie im Einzelnen die Information der Versicherten zu erfolgen hat, ist gesetzlich nicht geregelt. Zu denken ist aber insbesondere an allgemeine Hinweise in Versichertenzeitschriften oder an andere schriftliche Informationen sowie an das Internet.

Abs. 5 S. 2 ermöglicht auch eine entsprechende **Information der Vertragsärzte,** so dass diese ggf. ihren Patienten zweckdienliche Auskünfte und Hinweise über die jeweiligen Vertragspartner der KK des Versicherten und die Vertragsinhalte geben können. 30

E. Behandlung alter Verträge

Nach dem allgemeinen Rechtsgrundsatz, dass Verträge grundsätzlich einzuhalten sind **(pacta sunt servanda),** gelten die nach § 127 Abs. 1, Abs. 2 aF. geschlossenen Verträge – vorbehaltlich einer (möglichen) Kündigung oder einer Änderung im gegenseitigen Einvernehmen der Vertragsparteien – über den 1. 4. 2007 hinaus bis zum Ende der jeweiligen Vertragslaufzeit weiter. Ein Leistungserbringer kann sich allerdings gemäß dem Grundsatz des venire contra factum proprium nicht mehr auf das Bestehen eines Altvertrages berufen, wenn er sich trotz dieses geltenden Altvertrages an einer Ausschreibung beteiligt und den Zuschlag erhalten hat (iE. ähnl. SpiKK, Gemeinsamen Verlautbarung v. 27. 3. 2007, unter 9., S. 15 f.). 31

§ 128 *(aufgehoben)*

Siebter Abschnitt. Beziehungen zu Apotheken und pharmazeutischen Unternehmern

§ 129 Rahmenvertrag über die Arzneimittelversorgung

(1) ¹**Die Apotheken sind bei der Abgabe verordneter Arzneimittel an Versicherte nach Maßgabe des Rahmenvertrages nach Absatz 2 verpflichtet zur**
1. **Abgabe eines preisgünstigen Arzneimittels in den Fällen, in denen der verordnende Arzt**
   a) **ein Arzneimittel nur unter seiner Wirkstoffbezeichnung verordnet oder**
   b) **die Ersetzung des Arzneimittels durch ein wirkstoffgleiches Arzneimittel nicht ausgeschlossen hat,**
2. **Abgabe von preisgünstigen importierten Arzneimitteln, deren für den Versicherten maßgeblicher Arzneimittelabgabepreis mindestens 15 vom Hundert oder mindestens 15 Euro niedriger ist als der Preis des Bezugsarzneimittels; in dem Rahmenvertrag nach Absatz 2 können Regelungen vereinbart werden, die zusätzliche Wirtschaftlichkeitsreserven erschließen,**
3. **Abgabe von wirtschaftlichen Einzelmengen und**
4. **Angabe des Apothekenabgabepreises auf der Arzneimittelpackung.**

²In den Fällen der Ersetzung durch ein wirkstoffgleiches Arzneimittel haben die Apotheken ein Arzneimittel abzugeben, das mit dem verordneten in Wirkstärke und Packungsgröße identisch sowie für den gleichen Indikationsbereich

§ 129

zugelassen ist und ferner die gleiche oder eine austauschbare Darreichungsform besitzt. ³Dabei ist die Ersetzung durch ein wirkstoffgleiches Arzneimittel vorzunehmen, für das eine Vereinbarung nach § 130 a Abs. 8 mit Wirkung für die Krankenkasse besteht, soweit hierzu in Verträgen nach Absatz 5 nichts anderes vereinbart ist. ⁴Besteht keine entsprechende Vereinbarung nach § 130 a Abs. 8, hat die Apotheke die Ersetzung durch ein preisgünstigeres Arzneimittel nach Maßgabe des Rahmenvertrages vorzunehmen.

(1 a) Der Gemeinsame Bundesausschuss gibt in den Richtlinien nach § 92 Abs. 1 Satz 2 Nr. 6 unverzüglich Hinweise zur Austauschbarkeit von Darreichungsformen unter Berücksichtigung ihrer therapeutischen Vergleichbarkeit.

(2) Der Spitzenverband Bund der Krankenkassen und die für die Wahrnehmung der wirtschaftlichen Interessen gebildete maßgebliche Spitzenorganisation der Apotheker regeln in einem gemeinsamen Rahmenvertrag das Nähere.

(3) Der Rahmenvertrag nach Absatz 2 hat Rechtswirkung für Apotheken, wenn sie
1. einem Mitgliedsverband der Spitzenorganisation angehören und die Satzung des Verbandes vorsieht, dass von der Spitzenorganisation abgeschlossene Verträge dieser Art Rechtswirkung für die dem Verband angehörenden Apotheken haben, oder
2. dem Rahmenvertrag beitreten.

(4) ¹Im Rahmenvertrag nach Absatz 2 ist zu regeln, welche Maßnahmen die Vertragspartner auf Landesebene ergreifen können, wenn Apotheken gegen ihre Verpflichtungen nach Absatz 1, 2 oder 5 verstoßen.²Bei gröblichen und wiederholten Verstößen ist vorzusehen, dass Apotheken von der Versorgung der Versicherten bis zur Dauer von zwei Jahren ausgeschlossen werden können.

(5) ¹Die Krankenkassen oder ihre Verbände können mit der für die Wahrnehmung der wirtschaftlichen Interessen maßgeblichen Organisation der Apotheker auf Landesebene ergänzende Verträge schließen. ²Absatz 3 gilt entsprechend. ³Die Versorgung mit in Apotheken hergestellten Zytostatika zur unmittelbaren ärztlichen Anwendung bei Patienten kann von der Krankenkasse durch Verträge mit Apotheken sichergestellt werden; dabei können Abschläge auf den Abgabepreis des pharmazeutischen Unternehmens und die Preise und Preisspannen der Apotheken vereinbart werden. ⁴In dem Vertrag nach Satz 1 kann abweichend vom Rahmenvertrag nach Absatz 2 vereinbart werden, dass die Apotheke die Ersetzung wirkstoffgleicher Arzneimittel so vorzunehmen hat, dass der Krankenkasse Kosten nur in Höhe eines zu vereinbarenden durchschnittlichen Betrages je Arzneimittel entstehen.

(5 a) Bei Abgabe eines nicht verschreibungspflichtigen Arzneimittels gilt bei Abrechnung nach § 300 ein für die Versicherten maßgeblicher Arzneimittelabgabepreis in Höhe des Abgabepreises des pharmazeutischen Unternehmens zuzüglich der Zuschläge nach den §§ 2 und 3 der Arzneimittelpreisverordnung in der am 31. Dezember 2003 gültigen Fassung.

(5 b) ¹Apotheken können an vertraglich vereinbarten Versorgungsformen beteiligt werden; die Angebote sind öffentlich auszuschreiben. ²In Verträgen nach Satz 1 sollen auch Maßnahmen zur qualitätsgesicherten Beratung des Versicherten durch die Apotheke vereinbart werden. ³In der integrierten Versorgung kann in Verträgen nach Satz 1 das Nähere über Qualität und Struktur der Arzneimittelversorgung für die an der integrierten Versorgung teilnehmenden Versicherten auch abweichend von Vorschriften dieses Buches vereinbart werden.

(6) ¹Die für die Wahrnehmung der wirtschaftlichen Interessen gebildete maßgebliche Spitzenorganisation der Apotheker ist verpflichtet, die zur Wahrnehmung der Aufgaben nach Absatz 1 Satz 4 und Absatz 1 a, die zur Herstellung einer pharmakologisch-therapeutischen und preislichen Transparenz im Rahmen der Richtlinien nach § 92 Abs. 1 Satz 2 Nr. 6 und die zur Festsetzung von Festbeträgen nach § 35 Abs. 1 und 2 oder zur Erfüllung der Aufgaben nach § 35 a Abs. 1 Satz 2 und Abs. 5 erforderlichen Daten dem Gemeinsamen Bundesausschuss sowie dem Spitzenverband Bund der Krankenkassen zu übermitteln und auf Verlangen notwendige Auskünfte zu erteilen. ²Das Nähere regelt der Rahmenvertrag nach Absatz 2.

(7) Kommt der Rahmenvertrag nach Absatz 2 ganz oder teilweise nicht oder nicht innerhalb einer vom Bundesministerium für Gesundheit bestimmten Frist zustande, wird der Vertragsinhalt durch die Schiedsstelle nach Absatz 8 festgesetzt.

(8) ¹Der Spitzenverband Bund der Krankenkassen und die für die Wahrnehmung der wirtschaftlichen Interessen gebildete maßgebliche Spitzenorganisation der Apotheker bilden eine gemeinsame Schiedsstelle. ²Sie besteht aus Vertretern der Krankenkassen und der Apotheker in gleicher Zahl sowie aus einem unparteiischen Vorsitzenden und zwei weiteren unparteiischen Mitgliedern. ³Über den Vorsitzenden und die zwei weiteren unparteiischen Mitglieder sowie deren Stellvertreter sollen sich die Vertragspartner einigen. ⁴Kommt eine Einigung nicht zustande, gilt § 89 Abs. 3 Satz 3 und 4 entsprechend.

(9) ¹Die Schiedsstelle gibt sich eine Geschäftsordnung. ²Die Mitglieder der Schiedsstelle führen ihr Amt als Ehrenamt. ³Sie sind an Weisungen nicht gebunden. ⁴Jedes Mitglied hat eine Stimme. ⁵Die Entscheidungen werden mit der Mehrheit der Mitglieder getroffen. ⁶Ergibt sich keine Mehrheit, gibt die Stimme des Vorsitzenden den Ausschlag.

(10) ¹Die Aufsicht über die Geschäftsführung der Schiedsstelle führt das Bundesministerium für Gesundheit. ²Es kann durch Rechtsverordnung mit Zustimmung des Bundesrates das Nähere über die Zahl und die Bestellung der Mitglieder, die Erstattung der baren Auslagen und die Entschädigung für Zeitaufwand der Mitglieder, das Verfahren sowie über die Verteilung der Kosten regeln.

Schrifttum: *P. Axer,* Arzneimittelversorgung in der GKV durch Apotheken, FS Schnapp, 2008; *A. Becker,* Die Steuerung der Arzneimittelversorgung im Recht der GKV, 2006; *H.-U. Dettling,* Grundstrukturen des Rechtsverhältnisses zwischen Leistungserbringern und gesetzlich Versicherten, VSSR 2006, 1; *M.-P. Henninger,* Beziehungen zu Apotheken, HS-KV, § 44; *T. Kieser,* Kleines Kreuz mit großer Wirkung? Rechtliche Probleme des aut idem bei Kassenrezepten, ApoR 2006, 45; *G. Kirchhoff,* Die Beteiligung von Apotheken an integrierter Versorgung, SGb 2006, 710.

Inhaltsübersicht

	Rn.
A. Überblick	1
B. Rechtsbeziehungen zwischen KK, Vertragsarzt, Versichertem und Apotheke	2
C. Pflichten der Apotheke, Abs. 1, 1 a	7
D. Rahmenvertrag, Abs. 2, 3, 4, und ergänzende Verträge auf Landesebene, Abs. 5	12
E. Abgabe nicht verschreibungspflichtiger Arzneimittel, Abs. 5 a	18
F. Teilnahme an vertraglich vereinbarten Versorgungsformen, Abs. 5 b	19
G. Datenübermittlung, Abs. 6	20
H. Schiedsstelle, Abs. 7–10	21

A. Überblick

1   Die mehrfach geänderte Norm (zu den Änderungen: *Hencke,* Peters, KV, § 129 Rn. 1 ff.; zur historischen Entwicklung der Arzneimittelversorgung: *Zacher,* FS-Liefmann-Keil, 1973, 201/210 ff.) regelt zusammen mit der Vorschrift des § 129 a, die sich den Krankenhausapotheken widmet, und der Vorschrift des § 130, die den Apothekenrabatt betrifft, sowie der Regelung zur Arzneimittelabrechnung in § 300 die Rechtsbeziehungen zwischen KKen und Apotheken bei der Leistungserbringung zur Erfüllung des Sachleistungsanspruchs des Versicherten nach § 31. Wesentliches Regelungsinstrument zum Zwecke der Ausschöpfung von Wirtschaftlichkeitsreserven und zur Kostensenkung ist dabei der mit der Spitzenorganisation der Apotheken im Rahmen der gesetzlichen Vorgaben, etwa der Verpflichtung zur Abgabe wirkstoffgleicher Arzneimittel (aut-idem), zu schließende, schiedsamtsfähige **Rahmenvertrag** (Rahmenvertrag über die Arzneimittelversorgung nach § 129 Abs. 2 idF. v. 23. 3. 2007), der durch landesrechtliche Vereinbarungen zwischen den Krankenkassen oder ihren Verbänden und den Apothekenverbänden auf Landesebene ergänzt werden kann.

B. Rechtsbeziehungen zwischen KK, Vertragsarzt, Versichertem und Apotheken

2   Der Gesetzgeber überantwortet die Erfüllung des gegen die KK gerichteten Sachleistungsanspruchs auf ärztlich verordnete apothekenpflichtige Arzneimittel (§ 31) in Abs. 1 S. 1 den Apotheken (dazu zählen nicht die Krankenhausapotheken; vgl. *Kranig,* H/N, § 129 Rn. 6). Die gesetzlichen Pflichten für die Arzneimittelabgabe an Versicherte richten sich an die Person, die die Apotheke betreibt (zur Begrifflichkeit: *Kirchhoff,* SGb 2006, 710/711 [Fn. 10]). Durch die Verwendung des Begriffs „Apotheken" knüpft das SGB V an die berufsrechtliche Begriffsbildung und an die **berufsrechtlichen Voraussetzungen** zum Betrieb einer Apotheke an, wie sie insbesondere im ApoG, in der AppOA oder in den von den Apothekerkammern der Länder erlassenen Berufsordnungen geregelt sind (vgl. *S. Rixen,* Sozialrecht als öffentliches Wirtschaftsrecht, 2005, 416 f., der von einer stillschweigenden Verweisung auf die allgemeinen apothekenrechtlichen Bestimmungen spricht; zu den apothekenrechtlichen Anforderungen: *Kieser,* Apothekenrecht, 7 ff.; *Quaas/Zuck,* § 42 Rn. 25 ff.). Die Erfüllung dieser Anforderungen ist damit Voraussetzung, um Arzneimittel zu Lasten der GKV abgegeben zu können.

3   Für die Leistungserbringung im Rahmen des SGB V bedarf es zwar keiner dem Vertragsarztrecht vergleichbaren Zulassung, doch müssen die Apotheken dem Rahmenvertrag nach Abs. 3 entweder durch **Mitgliedschaft** in einem Verband, für den der Rahmenvertrag verbindlich ist (Nr. 1), oder durch **Beitritt** (Nr. 2) wirksam werden lassen. Obschon Mitgliedschaft und Beitritt sich inhaltlich und von der Form her von der vertragsärztlichen Zulassung durch Verwaltungsakt unterscheiden, ist nicht zu übersehen, dass das SGB V mit Mitgliedschaft oder Beitritt als Voraussetzung für die Leistungserbringung einen besonderen Verpflichtungsakt verlangt und spezielle, über das Berufsrecht hinausgehende Anforderungen für die Versorgung der Versicherten aufstellt. Die speziellen krankenversicherungsrechtlichen Anforderungen an die Apotheken bei Abgabe von Arzneimitteln zu Lasten der GKV lassen sich **kompetenzrechtlich** auf Art. 74 Abs. 1 Nr. 12 GG stützen, wenn und weil sie der Erfüllung des krankenversicherungsrechtlichen Leistungs-

4. Kapitel. 7. Abschnitt § 129

anspruchs dienen (zur Gesetzgebungskompetenz des Bundes aus Art. 74 Abs. 1 Nr. 12 GG auch für das Leistungserbringungsrecht: *Axer*, BK-GG, Art. 74 Abs. 1 Nr. 12 Rn. 43 f.; zur Gesetzgebungskompetenz des Bundes speziell für das Apothekenwesen nach Art. 74 Abs. 1 Nr. 19 GG: *Pieroth*, Jarass/Pieroth, Art. 74 Rn. 44).

Die Abgabe eines Arzneimittels durch Apotheken setzt eine **Verordnung des** 4 **Vertragsarztes** voraus. Der Vertragsarzt als „Schlüsselfigur" der Arzneimittelversorgung handelt insoweit kraft der ihm durch das Vertragsarztrecht verliehenen Kompetenzen als Vertreter der KK (BSG, SozR 4–2500, § 129 Nr. 2 Rn. 20). Der Versicherte übermittelt als Bote das im Kassenrezept verkörperte Vertragsangebot der KK der Apotheke, wobei er hinsichtlich der Auswahl der Apotheke gleichzeitig als Vertreter der KK fungiert. Die Apotheke, der das Angebot unter dem Vorbehalt bzw. der Bedingung der Einhaltung der maßgeblichen Abgabebestimmungen (BSG, SozR 4–2500, § 129 Nr. 1 Rn. 20) mit Vorlage der Verordnung angetragen wird, nimmt dieses mit Aushändigung des Arzneimittels an den Versicherten an. Damit kommt ein öffentlich-rechtlicher **Kaufvertrag** (vgl. BSG, SozR 4–2500, § 129 Nr. 2 Rn. 16) nach §§ 433 ff. BGB analog (zur analogen Anwendung über § 69 S. 4: BSG, SozR 4–2500, § 129 Nr. 3 Rn. 10) zwischen Apotheke und KK zustande, aus dem für die Apotheke ein Anspruch auf Zahlung nach § 433 Abs. 2 BGB analog iVm. § 129 und den auf dieser Grundlage vereinbarten vertraglichen Vorschriften folgt.

Gegenüber dem Zahlungsanspruch der Apotheke hat die KK (zum Rechtsweg 5 zu den Sozialgerichten bei Klagen von Krankenkassen auf Rückzahlung der Vergütung wegen Abrechnung gefälschter Arzneimittelverordnungen: BSG, SozR 4-1720, § 17a GVG Nr. 3 Rn. 8 ff.) das Recht zur Aufrechnung **(Retaxierung)** bei Vorliegen der Voraussetzungen eines öffentlich-rechtlichen Erstattungsanspruchs (BSG, SozR 4–2500, § 129 Nr. 1 Rn. 15 ff.; BSG, SozR 4–2500, § 129 Nr. 2 Rn. 18 ff.). Nach Ansicht des BSG soll mangels gesetzlicher Ermächtigung und mangels eines Über-/Unterordnungsverhältnisses keine Kompetenz der KK zum Erlass von Verwaltungsakten gegenüber dem freiberuflich tätigen Apotheker bestehen (vgl. nur: BSG, SozR 4–2500, § 129 Nr. 1 Rn. 10), so dass für Klagen gegen Retaxierungen die allgemeine Leistungsklage nach § 54 Abs. 5 SGG zulässig ist. Hat der Versicherte die Leistung rechtswidrig erhalten (zum Ausschluss einer nachträglichen Heilung: BSG, SozR 4–2500, § 129 Nr. 1 Rn. 20), kann sich die Apotheke gegenüber der Aufrechnung durch die KK nicht darauf berufen, dass diese nicht entreichert sei, weil der Versicherte eine Leistung erhalten habe. Die Regelungen des Leistungserbringungsrechts über die Erfüllung bestimmter formaler und inhaltlicher Voraussetzungen können nach Ansicht des BSG ihre Steuerungsfunktion nicht erfüllen, wenn rechtswidrig bewirkte Leistungen im Ergebnis dennoch durch die KK vergütet werden müssten (BSG, SozR 4–2500, § 129 Nr. 1 Rn. 22 f.).

Der **Versicherte** ist nach Ansicht des BSG begünstigter Dritter des öffentlich- 6 rechtlichen Kaufvertrages nach § 328 BGB analog (BSG, SozR 4–2500, § 129 Nr. 2 Rn. 20). Er ist nicht selbst Vertragspartner (aA. *Dettling*, VSSR 2006, 1/9 ff.) und Schuldner der Apotheke, nach Ansicht des BSG auch soweit er eine Zuzahlung nach § 31 Abs. 3 entrichtet (BSG, SozR 4–2500, § 129 Nr. 2 Rn. 20). Der Versicherte erhält das von der Apotheke unter Vorlage der Verordnung erworbene Arzneimittel auf Kosten seiner KK. Diese wird vertraglich zur Zahlung des Preises bzw. des Festpreises nach § 31 Abs. 2 oder des Höchstbetrags nach § 31 Abs. 2a abzüglich der Rabatte nach §§ 130, 130a und etwaiger vom Versicherten zu leistender Zuzahlungen nach § 31 Abs. 3 verpflichtet (vgl. BSG, SozR 4–2500, § 129 Nr. 3 Rn. 13).

Butzer/Axer

C. Pflichten der Apotheke, Abs. 1, 1 a

7 Über die berufsrechtlichen und die etwa im AMG geregelten arzneimittelrechtlichen Pflichten für die Abgabe von Arzneimitteln hinaus stellt der Gesetzgeber in Abs. 1 in Konkretisierung des auch für Apotheken allgemein geltenden **Wirtschaftlichkeitsgebots** (§ 12 Abs. 1, 70 Abs. 1) nach Maßgabe des Rahmenvertrages **spezielle Anforderungen** für die Abgabe von Arzneimitteln. Im Hinblick auf die Bestimmung der Pflichten des Apothekers nach dem SGB V ist generell zu beachten, dass nach Ansicht des BSG der Apotheker „weder ein medizinischer Obergutachter noch eine medizinische Aufsichtsbehörde des Arztes" ist (BSG, SozR 3–2500, Nr. 1 S. 17). Es wäre „eine zeitlich-fachliche Überforderung des Apothekers und würde seiner Stellung im System der Kassenversorgung nicht entsprechen, wenn er jedes ihm vorgelegte Rezept auf dessen medizinische Richtigkeit überprüfen sollte"; umgekehrt „soll der Apotheker aber auch nicht die Augen vor einer missbräuchlichen Verschreibung verschließen" (BSG, SozR 3–2500, § 129 Nr. 1 S. 17; siehe dazu auch: *Becker,* Steuerung der Arzneimittelversorgung, 333 f.).

8 Nach Abs. 1 S. 1 Nr. 1 ist die Apotheke zur Abgabe eines **preisgünstigen Arzneimittels** in den Fällen verpflichtet, in denen der Arzt ein Arzneimittel nur unter seiner Wirkstoffbezeichnung verordnet oder die Ersetzung des Arzneimittels durch ein wirkstoffgleiches Arzneimittel von ihm nicht ausgeschlossen wird (zu möglichen Ausschlussgründen, etwa Arzneimittelunverträglichkeiten beim Patienten: *Becker,* Steuerung der Arzneimittelversorgung, 337). Die aut-idem Regelung (vgl. dazu § 4 des Rahmenvertrages sowie: *Becker,* Steuerung der Arzneimittelversorgung, 334 ff.; *Kieser,* ApoR 2006, 45/46 ff.) ist nur anwendbar, wenn das jeweilige Arzneimittel nach Abs. 1 S. 2 mit dem verordneten in Wirkstärke und Packungsgröße identisch sowie für den gleichen Indikationsbereich zugelassen ist und es ferner die gleiche oder eine austauschbare Darreichungsform besitzt. Zur Austauschbarkeit der Darreichungsformen hat der G-BA unter Berücksichtigung ihrer therapeutischen Vergleichbarkeit nach Abs. 1 a Hinweise in Richtlinien zu geben (vgl. Nr. 39 iVm. Anlage 5 AM-RL [§ 92 Rn. 34]), die von der Apotheke trotz der gesetzlichen Formulierung „Hinweise" zu befolgen sind, weil sie nach Sinn und Zweck sowie von ihrer Erlassform her keine bloß unverbindliche Information darstellen (vgl. auch *Becker,* Steuerung der Arzneimittelversorgung, 191).

9 Besteht für ein wirkstoffgleiches Arzneimittel ein **Rabattvertrag** nach § 130 a Abs. 8, ist nach Abs. 1 S. 3 die Ersetzung durch rabattierte Arzneimittel vorzunehmen, soweit nicht nach Abs. 5 durch Verträge auf Landesebene etwas anderes vereinbart ist (vgl. dazu: BT-Drs. 16/3100, 142; *Wille,* PharmR 2007, 503/507 f.). Existiert keine Rabattvereinbarung, so ist gemäß Abs. 1 S. 4 die Ersetzung nach Maßgabe des Rahmenvertrages durch den Apotheker vorzunehmen (vgl. § 4 des Rahmenvertrages).

10 Die aut-idem Regelung nach Abs. 1 S. 1 Nr. 1 belässt dem Arzt die Entscheidung über die Ersetzung, so dass dessen **Therapiefreiheit,** aber auch dessen Verantwortung für die Verordnung bestehen bleibt. Deswegen verstößt die Regelung als solche im Grundsatz auch nicht gegen die durch die Berufsfreiheit (Art. 12 GG) geschützte ärztliche Therapiefreiheit (vgl. dazu *Becker,* Steuerung der Arzneimittelversorgung, 336 ff.). Soweit der Arzt eine Ersetzung nicht ausschließt, trägt die Apotheke die Verantwortung für eine ordnungsgemäße Ersetzung durch ein wirkstoffgleiches Arzneimittel.

Nach Abs. 1 S. 1 Nr. 2 hat die Apotheke unter den dort genannten Voraussetzungen nach Maßgabe des Rahmenvertrages preisgünstige **importierte Arzneimittel** abzugeben (vgl. dazu: § 5 des Rahmenvertrages; *Becker,* Steuerung der Arzneimittelversorgung, 340 ff.). Abs. 1 S. 1 Nr. 3 verpflichtet die Apotheke, etwa bei unbestimmten Mengenangaben des Arztes, nach Maßgabe des Rahmenvertrages zur Abgabe von **wirtschaftlichen Einzelmengen** (vgl. dazu: § 6 des Rahmenvertrages; siehe auch BSG, SozR 4–2500, § 129 Nr. 1 Rn. 18 ff. zu den Folgen einer Verletzung der Pflicht zur Abgabe wirtschaftlicher Einzelmengen). Nach Abs. 1 S. 1 Nr. 4 muss die Apotheke auf der Arzneimittelpackung den **Apothekenabgabepreis** angeben; dies soll das Kostenbewusstsein des Versicherten stärken (vgl. *Hencke,* Peters, KV, § 129 Rn. 8).

D. Rahmenvertrag, Abs. 2, 3, 4, und ergänzende Verträge auf Landesebene, Abs. 5

Der nach Abs. 2 auf Bundesebene zu schließende, schiedsamtsfähige (Abs. 7–10) Rahmenvertrag ist als **öffentlich-rechtlicher Normenvertrag** zu qualifizieren (zum Normenvertrag allgemein: *Axer,* HVAR, § 8 Rn. 10 ff.). Als Vertragspartner auf Seiten der Apotheker kommt die zur „Wahrnehmung der wirtschaftlichen Interessen gebildete maßgebliche Spitzenorganisation der Apotheker" (Abs. 2) in Betracht, wobei es auch vorstellbar ist, dass mehrere „maßgebliche" Organisationen existieren. Voraussetzung für die Anerkennung als „maßgebliche" Spitzenorganisation ist, dass diese bundesweit die wirtschaftlichen Interessen zahlreicher Apotheken vertreten; nicht in Betracht kommen die öffentlich-rechtlich organisierten Apothekenkammern. Die zurzeit auf Bundesebene existierende privatrechtlich organisierte Spitzenorganisation der Apotheker, der Deutsche Apothekerverband e.V., handelt beim Vertragsschluss als Beliehener (zur verfassungsrechtlichen Zulässigkeit und zu den Grenzen einer Beleihung mit Normsetzungskompetenzen allgemein: *B. B. Wiegand,* Die Beleihung mit Normsetzungskompetenzen, 2008, 150 ff.).

Der Gesetzgeber ordnet die Verbindlichkeit der Verträge für die Apotheken in Abs. 3 über die **Mitgliedschaft** (Nr. 1) oder den **Beitritt** (Nr. 2) ausdrücklich an (zur Beitrittsberechtigung von Apotheken aus EU-Mitgliedstaaten: *Koenig/Klahn,* GesR 2006, 58/58 ff.; *Wille,* SdL 2007, 32/46 ff.). In dieser Regelung spiegeln sich noch zivilrechtliche Vorstellungen von der Wirkungsweise und der vor Neufassung des § 69 im Jahr 2000 oftmals vertretenen zivilrechtlichen Natur des Rahmenvertrages wider (für privatrechtliche Qualifikation: *Hencke,* Peters, KV, § 129 a Rn. 9; aA. dagegen zu Recht: *Henninger,* HS-KV, § 44 Rn. 23; *Kranig,* H/N, § 129 Rn. 13). Als öffentlich-rechtlicher Normenvertrag besitzt der Rahmenvertrag **Wirksamkeit** jedoch schon unabhängig von einer durch Mitgliedschaft oder Beitritt vermittelten Einverständniserklärung der Apotheke. Allerdings ist die Mitgliedschaft oder der Beitritt Voraussetzung für die Abrechnung der Arzneimittel zu Lasten der GKV.

Die Kompetenz der Vertragsparteien erstreckt sich nach Abs. 2 darauf, das Nähere für die Leistungserbringung durch die Apotheker zu regeln. Damit steht den Vertragsparteien eine weit reichende **Regelungskompetenz** zu (zur Frage, ob und inwieweit eine Regelung zum Generikarabatt im Rahmenvertrag zulässig ist: *Sandrock/Stallberg,* PharmR 2007, 498/501). Der Rahmenvertrag beschränkt sich von seinem Inhalt her nicht darauf, vergleichbar dem vertragsärztlichen Bundesmantelvertrag (§ 82) nur allgemeine Regelungen „als Mantel" zu treffen, sondern er kann sich angesichts des nur fakultativ vorgesehenen Abschlusses von ergänzenden Verträgen auf Landesebene auch auf Detailregelungen erstrecken. Zu beachten ist im Hinblick auf die Regelungskompetenz der Vertragsparteien allerdings, dass diese nur im Rahmen der gesetzlichen Vorgaben besteht, die angesichts ihrer Grundrechtsrelevanz, insbesondere im Hinblick auf die Berufsfreiheit der Apotheker (Art. 12 GG), hinreichend bestimmt sein müssen (allgemein zu den Bestimmtheitsanforderungen an untergesetzliche Normsetzung in der Krankenversicherung: *P. Axer*, Normsetzung der Exekutive in der Sozialversicherung, 2000, 332 ff.).

15 Aufgrund der Grundrechtsrelevanz bedurften daher die in § 11 des Rahmenvertrages vorgesehenen **Sanktionen bei Verstößen** gegen die Verpflichtungen nach Abs. 1, 2 oder 5 einer speziellen Regelung (Abs. 4). Die Sanktionen (zur Frage arzneimittelrechtlicher und wettbewerbsrechtlicher Sanktionen bei einem Verstoß gegen einen aut-idem Ausschluss: *Beyerlein*, PharmR 2006, 18/18 ff.; *Kieser*, ApoR 2006, 45/47 ff.) dienen dazu, gesetzes- oder vertragsuntreue Apotheken zur Einhaltung der gesetzlichen und vertraglichen Bestimmungen zu bewegen (vgl. BSG, SozR 4–2500, § 129 Nr. 2 Rn. 29). Abs. 4 ermöglicht aufgrund der ausdrücklichen Auflistung der zu sanktionierenden Verstöße nur Sanktionen bei Verletzung der entsprechenden Pflichten, nicht dagegen bei anderen Verstößen, etwa der Verletzung berufsrechtlicher Vorschriften. Die von den Vertragspartnern auf Landesebene zu ergreifenden Maßnahmen zur Sanktionierung stellen sich als hoheitliches Handeln dar, das an die Verletzung öffentlich-rechtlicher Pflichten anknüpft, etwa in Form der Verwarnung oder des Ausschlusses von der Versorgung der Versicherten (aA. *Hencke*, Peters, KV, § 129 Rn. 11, der von einem der Vertragsstrafe nach BGB vergleichbaren Instrument spricht). Soweit das BSG betont, dass von Gesetzes wegen zwischen KK und Apotheken eine vertragliche Regelung vorgesehen ist und sich beide in einem Gleichordnungsverhältnis gegenüberstehen (etwa: BSG, SozR 4–2500, § 129 Nr. 1 Rn. 10), dürfte im Hinblick auf Sanktionsmaßnahmen, die auf Landesebene von den Vertragsparteien gemeinsam gegenüber einem einzelnen Apotheker beschlossen werden, wobei die „Apothekenseite" insoweit als Beliehener handelt, gerade kein Gleichordnungsverhältnis bestehen.

16 Nach Abs. 5 können die KKen oder ihre Verbände ausschließlich (vgl. dazu und zur Unzulässigkeit sog. ad-on-Verträge: SG Frankfurt, GewArch 2006, 478/479 ff.; LSG Rhld-Pf, NZS 2006, 318/319 f.; krit. zu dieser Entscheidung: *Koenig/Klahn*, GesR 2005, 481/488 f.) mit der für die Wahrnehmung der wirtschaftlichen Interessen maßgeblichen Organisation der Apotheker auf Landesebene ergänzende Verträge abschließen (zur Ländergrenzen überschreitenden Arzneimittelversorgung: BSG, SozR 3–2500, § 129 Nr. 1 S. 7 ff.; vgl. auch: BSG, SozR 4–2500, § 129 Nr. 3 Rn. 15). Die nicht verpflichtend abzuschließenden und daher auch nicht schiedsamtsfähigen Verträge (*Hencke*, Peters, KV, § 129 Rn. 13; *Hess*, KK, § 129 Rn. 15) dürfen als **ergänzende Verträge** nicht dem unmittelbar verbindlichen Rahmenvertrag widersprechen, sondern müssen an diesen anknüpfen. Eine ausdrückliche Abweichungsbefugnis vom Rahmenvertrag sieht allerdings Abs. 5 S. 4 vor (dazu: BT-Drs. 16/3100, 142). Durch das GKV-WSG wurde eine spezielle Regelung zur Versorgung mit in Apotheken hergestellten Zytostatika aufgenommen (Abs. 4 S. 3; dazu: BT-Drs. 16/4247, 66).

17 **Landesvertragliche Regelungen** können sich etwa auf eine Fristenbestimmung zur Vorlage eines Kassenrezepts durch den Versicherten beim Apotheker beziehen (vgl. zu den Folgen der Überschreitung einer einmonatigen Vorlagefrist

und dem Anspruch der KK auf Rückforderung auch der vom Versicherten gezahlten Zuzahlung: BSG, SozR 4–2500, § 129 Nr. 2 Rn. 22 ff.) oder die Abrechnung betreffen (vgl. dazu BSG, SozR 4–2500, § 129 Nr. 3 Rn. 13 ff. mit Anm. *Krasney,* SGb 2007, 182/182 ff., wonach allerdings eine verspätete Einreichung zur Bezahlung bei der KK nicht zum Verlust des Vergütungsanspruchs führt und im Falle des Verzugs der KK der seit dem 1.1.2000 bestehende öffentlich-rechtliche Vergütungsanspruch in entsprechender Anwendung der zivilrechtlichen Bestimmungen zu verzinsen ist).

E. Abgabe nicht verschreibungspflichtiger Arzneimittel, Abs. 5 a

Die durch das GMG eingefügte Vorschrift (dazu: BT-Drs. 15/1525, 122) betrifft die Vergütung bei **Abgabe nicht verschreibungspflichtiger Arzneimittel**. Inwieweit die Abgabe nicht verschreibungspflichtiger Arzneimittel überhaupt zulässig ist, richtet sich nach § 34 Abs. 1. **18**

F. Teilnahme an vertraglich vereinbarten Versorgungsformen, Abs. 5 b

Nach der durch das GMG (§ 1 Rn. 29) eingefügten Vorschrift (dazu: BT-Drs. 15/1525, 122) können sich Apotheken an **vertraglich vereinbarten Versorgungsformen** beteiligen, etwa der integrierten Versorgung nach den §§ 140 a ff. (zur Beteiligung an der integrierten Versorgung und zur Abweichungsbefugnis nach S. 3: *Kirchhoff,* SGb 2006, 710/710 ff.). Die Angebote zur Beteiligung sind öffentlich auszuschreiben (dazu: *Kirchhoff,* SGb 2006, 710/712 ff.). **19**

G. Datenübermittlung, Abs. 6

Abs. 6 verpflichtet die für die Wahrnehmung der wirtschaftlichen Interessen gebildete maßgebliche Spitzenorganisation der Apotheken die zu den in der Vorschrift genannten Zwecken erforderlichen Daten den genannten Stellen zu übermitteln und auf Verlangen die notwendigen Auskünfte zu erteilen. Aus der gesetzlichen Normierung der **Übermittlungspflicht** und dem Fehlen einer ausdrücklichen Entschädigungsregelung soll zugleich auch die Pflicht zur unentgeltlichen Datenlieferung durch die Spitzenorganisation der Apotheken folgen (vgl. dazu: *Kranig,* H/N, § 129 Rn. 21). Die Modalitäten der Datenübermittlung sind im Rahmenvertrag zu regeln (vgl. § 12 des Rahmenvertrages). **20**

H. Schiedsstelle, Abs. 7–10

Können sich die Vertragsparteien über den Inhalt des Rahmenvertrages nicht einigen, sieht das Gesetz zur Konfliktlösung ein **Schiedsamtsverfahren** vor, vergleichbar dem vertragsärztlichen Schiedsamtsverfahren (§ 89). Das Gesetz regelt zudem die Zusammensetzung der Schiedsstelle, die Rechtsstellung der Mitglieder und die Aufsicht durch das BMG. **21**

§ 129 a Krankenhausapotheken

¹Die Krankenkassen oder ihre Verbände vereinbaren mit dem Träger des zugelassenen Krankenhauses das Nähere über die Abgabe verordneter Arzneimittel durch die Krankenhausapotheke an Versicherte, insbesondere die Höhe des für den Versicherten maßgeblichen Abgabepreises. ²Die nach § 300 Abs. 3 getroffenen Regelungen sind Teil der Vereinbarungen nach Satz 1. ³Eine Krankenhausapotheke darf verordnete Arzneimittel zu Lasten von Krankenkassen nur abgeben, wenn für sie eine Vereinbarung nach Satz 1 besteht.

Schrifttum: *A. Becker*, Die Steuerung der Arzneimittelversorgung im Recht der GKV, 2006.

1   Die Krankenhausapotheke stellt nach Apothekenrecht (vgl. § 14 ApoG) eine besondere Form der Apotheke dar (siehe dazu: *Becker*, Steuerung der Arzneimittelversorgung, 324). Die durch das GMG (§ 1 Rn. 29) eingefügte Vorschrift (dazu: BT-Drs. 15/1525, 122) ermöglicht es, aufgrund vertraglicher Vereinbarung, die insbesondere die Höhe des Abgabepreises regeln muss, dass durch **Krankenhausapotheken** Arzneimittel an Versicherte im Rahmen der ambulanten Versorgung zu Lasten der GKV abgegeben werden. Die nach § 300 Abs. 3 geschlossene Abrechnungsvereinbarung ist kraft Gesetzes Bestandteil des Vertrages.

§ 130 Rabatt

(1) ¹Die Krankenkassen erhalten von den Apotheken für verschreibungspflichtige Fertigarzneimittel einen Abschlag von 2,30 € je Arzneimittel, für sonstige Arzneimittel einen Abschlag in Höhe von 5 vom Hundert auf den für den Versicherten maßgeblichen Arzneimittelabgabepreis. ²Der Abschlag nach Satz 1 erster Halbsatz ist erstmalig mit Wirkung für das Kalenderjahr 2009 von den Vertragspartnern in der Vereinbarung nach § 129 Abs. 2 so anzupassen, dass die Summe der Vergütungen der Apotheken für die Abgabe verschreibungspflichtiger Arzneimittel leistungsgerecht ist unter Berücksichtigung von Art und Umfang der Leistungen und Kosten der Apotheken bei wirtschaftlicher Betriebsführung.

(1 a) **(weggefallen)**

(2) ¹Ist für das Arzneimittel ein Festbetrag nach § 35 oder § 35 a festgesetzt, bemisst sich der Abschlag nach dem Festbetrag. ²Liegt der maßgebliche Arzneimittelabgabepreis nach Absatz 1 unter dem Festbetrag, bemisst sich der Abschlag nach dem niedrigeren Abgabepreis.

(3) ¹Die Gewährung des Abschlags setzt voraus, dass die Rechnung des Apothekers innerhalb von zehn Tagen nach Eingang bei der Krankenkasse beglichen wird. ²Das Nähere regelt der Rahmenvertrag nach § 129.

Schrifttum: *U. Becker*, Arzneimittelrabatte und Verfassungsrecht – zur Zulässigkeit der Preisabschläge nach dem Beitragssatzsicherungsgesetz, NZS 2003, 561; *H.-U. Dettling*, GKV, Grundrechte und Verhältnismäßigkeitsprüfung – zugleich Besprechung des Beschlusses des BVerfG zum Beitragssatzsicherungsgesetz, MedR 2006, 81; *F. E. Schnapp*, Der Apothekenrabatt – eine Sonderabgabe sui generis?, VSSR 2003, 343; *M. Wallerath*, Preisdirigismen in der Gesetzlichen Krankenversicherung, SGb 2006, 505.

Inhaltsübersicht

	Rn.
A. Überblick	1
B. Umfang des Rabatts, Abs. 1	3
C. Rabatt bei Festbetragsarzneimitteln, Abs. 2	5
D. Zahlungsfrist und Abrechnungsverfahren, Abs. 3	6

A. Überblick

Die gesetzliche Pflicht der Apotheken, den KKen einen Rabatt auf den Arznei- 1
mittelpreis zu gewähren, besitzt, trotz Änderungen im Einzelnen, eine lange Tradition (*Schnapp*, VSSR 2003, 343/343 ff.; vgl. auch: *Haug*, NJW 1966, 379/379 ff.).
Bei dem vom Gesetz als Abschlag bezeichneten Rabatt handelt es sich nach Ansicht des BSG (SozR 4–2500, § 130 Nr. 1 Rn. 28; aA. *Schnapp*, VSSR 2003, 343/349 ff.) um keine Sonderabgabe, so dass dieser nicht deren finanzverfassungsrechtlichen Voraussetzungen unterliegen muss (vgl. dazu auch: BVerfGE 114, 196/249 f.), sondern um die Kürzung des Kaufpreisanspruchs der Apotheke gegen die KK, der durch die Bindung an die Wahrung der Zehntagesfrist nach Rechnungslegung für die Zahlung durch die KK den Charakter eines Skontos erhält. Das BSG (SozR 4–2500, § 130 Nr. 1 Rn. 29) bezeichnet den Abschlag als **„Mengenrabatt bzw. Großabnehmerrabatt"** zugunsten der KK.

Obwohl sich gegen die gesetzliche Rabattpflicht, insbesondere wegen Verletzung des **Grundrechts der Berufsfreiheit** (Art. 12), verfassungsrechtliche Kritik 2
richtet (vgl.: *Dettling*, GesR 2006, 81/82 ff.; *Schnapp*, VSSR 2003, 343/345 ff.;
Überblick über die Diskussion bei: *Wallerath*, SGb 2006, 505/506 ff.; siehe auch:
Becker, NZS 2003, 561/565 ff.), hat das BVerfG (E 114, 196/221 ff.) die Erhebung eines Abschlags als grundsätzlich mit der Verfassung vereinbar angesehen (vgl.
auch: BSG, SozR 4–2500, § 130 Nr. 1 Rn. 24 ff.; früher bereits: BGH, NJW 1970,
1965/1966 f.). Die **Gesetzgebungskompetenz** soll sich aus Art. 74 Abs. 1
Nr. 12 GG bzw. aus Art. 74 Abs. 1 Nr. 19 GG ergeben (BVerfGE 114, 196/221 f.;
vgl. zur Begründung aus Art. 74 Abs. 1 Nr. 19 GG krit.: *Wallerath*, SGb 2006, 505/507 f.); ein Verstoß gegen Art. 12 GG soll nicht vorliegen, weil die als Berufsausübungsregelung zu qualifizierende Preisreglementierung vor dem Hintergrund eines weiten wirtschafts- und sozialpolitischen Gestaltungsspielraums aus Gründen der Finanzierbarkeit der GKV als überragend wichtigem Gemeinschaftsgut zu rechtfertigen sei (BVerfGE 114, 196/242 ff.).

B. Umfang des Rabatts, Abs. 1

Der **Rabattumfang,** der zur Zeit 2,30 € für verschreibungspflichtige Fertig- 3
arzneimittel und für sonstige Arzneimittel 5 % des für den Versicherten maßgeblichen Arzneimittelabgabepreises (zur Bestimmung des Abgabepreises: *Hencke*,
Peters, KV, § 130 Rn. 7) beträgt (S. 1), wobei für Festbetragsarzneimittel eine Sonderregelung nach Abs. 2 gilt, unterlag in den letzten Jahren mehrfachen Änderungen (dazu: *Hencke*, Peters, KV, § 130 Rn. 1 ff.). Im Rahmen des Gesetzgebungsverfahrens zum GKV-WSG (§ 1 Rn. 31) war ursprünglich noch vorgesehen, den Apotheken ein Einsparziel von mindestens 500 Mio. vorzugeben, das durch Rabattverträge und Preisnachlässe durch teilweisen Verzicht auf Handelsmargen erzielt werden sollte; zudem war die Einführung eines Höchstpreissystems für Arzneimittel beabsichtigt (vgl. dazu: BT-Drs. 16/3100, 142 f.; *Dieners/Heil*, PharmR

2007, 142). Da diese Regelungen am Ende doch nicht Gesetz wurden (Kritik an den Regelungen etwa in BT-Drs. 16/3950, 22 f.), erhöhte der Gesetzgeber, um dennoch einen Einsparbetrag von den Apothekern zu erlangen, den Apothekenrabatt von 2 € auf 2,30 € (BT-Drs. 16/4247, 66).

4   Nach Abs. 1 S. 2 obliegt die Anpassung des Abschlags nach S. 1 Hs. 1 erstmalig für das Jahr 2009 den Vertragspartnern des Rahmenvertrags nach § 129 Abs. 2 und wird damit der Selbstverwaltung übertragen. Die **Anpassung** hat sich an der Summe der von den KKen an die Apotheken gezahlten Vergütungen leistungsgerecht unter Berücksichtigung von Art und Umfang der Leistungen und Kosten der Apotheken bei wirtschaftlicher Betriebsführung auszurichten (vgl. insoweit auch die bereits durch das GMG (§ 1 Rn. 29) eingefügte, durch das 14. Gesetz zur Änderung des AMG wiederum gestrichene Regelung in Abs. 1 a S. 1; dazu: BT-Drs. 15/5728, 84 f.). Durch die bundeseinheitliche Regelung auf Rahmenvertragsebene wird weiterhin ein einheitlicher Apothekenabgabepreis beibehalten (zum System der Preisbildung bei Arzneimitteln: *Wigge/Wille*, HVAR, § 19 Rn. 96 ff.).

C. Rabatt bei Festbetragsarzneimitteln, Abs. 2

5   Soweit für ein Arzneimittel ein Festbetrag nach § 35 oder § 35 a festgesetzt ist, bildet dieser die Grundlage für die Bemessung des Abschlags. Liegt der maßgebliche Arzneimittelabgabepreis unter dem **Festbetrag**, so ist der Abschlag nach dem niedrigeren Abgabepreis zu berechnen. Für die Bemessung des Abschlags ist damit maßgebend, inwieweit die KK zu Leistungen im Rahmen der Arzneimittelversorgung gegenüber dem Versicherten verpflichtet ist.

D. Zahlungsfrist und Abrechnungsverfahren, Abs. 3

6   Der Abschlag kann von den KKen nur verlangt werden, wenn sie die Rechnung des Apothekers innerhalb von zehn Tagen nach Eingang begleichen. Nach Ansicht des BSG (SozR 4–2500, § 130 Nr. 1 Rn. 28) gelangt in dieser Regelung der Charakter des Rabatts als **Skonto** zum Ausdruck. Das Nähere zur Abwicklung der Rabattgewährung ist im Rahmenvertrag nach § 129 Abs. 2 zu regeln (vgl. § 9 des Rahmenvertrags).

§ 130 a Rabatte der pharmazeutischen Unternehmer

(1) ¹**Die Krankenkassen erhalten von Apotheken für ab dem 1. Januar 2003 zu ihren Lasten abgegebene Arzneimittel einen Abschlag in Höhe von 6 vom Hundert des Abgabepreises des pharmazeutischen Unternehmers ohne Mehrwertsteuer.** ²**Pharmazeutische Unternehmer sind verpflichtet, den Apotheken den Abschlag zu erstatten.** ³**Soweit pharmazeutische Großhändler nach Absatz 5 bestimmt sind, sind pharmazeutische Unternehmer verpflichtet, den Abschlag den pharmazeutischen Großhändlern zu erstatten.** ⁴**Der Abschlag ist den Apotheken und pharmazeutischen Großhändlern innerhalb von zehn Tagen nach Geltendmachung des Anspruches zu erstatten.** ⁵**Satz 1 gilt für Fertigarzneimittel, deren Apothekenabgabepreise aufgrund der Preisvorschriften nach dem Arzneimittelgesetz oder aufgrund des § 129 Abs. 5 a bestimmt sind.**

(1 a) **Im Jahr 2004 beträgt abweichend von Absatz 1 Satz 1 der Abschlag für verschreibungspflichtige Arzneimittel 16 vom Hundert.**

§ 130 a

(2) ¹Ab dem 1. Januar 2003 bis zum 31. Dezember 2004 erhöht sich der Abschlag um den Betrag einer Erhöhung des Abgabepreises des pharmazeutischen Unternehmers gegenüber dem Preisstand vom 1. Oktober 2002. ²Für Arzneimittel, die nach dem 1. Oktober 2002 erstmals in den Markt eingeführt werden, gilt Satz 1 mit der Maßgabe, dass der Preisstand der Markteinführung Anwendung findet.

(3) Die Absätze 1, 1a und 2 gelten nicht für Arzneimittel, für die ein Festbetrag aufgrund des § 35 oder des § 35 a festgesetzt ist.

(3 a) ¹Erhöht sich der Abgabepreis des pharmazeutischen Unternehmers ohne Mehrwertsteuer gegenüber dem Preisstand am 1. November 2005, erhalten die Krankenkassen für die zu ihren Lasten abgegebenen Arzneimittel ab dem 1. April 2006 bis zum 31. März 2008 einen Abschlag in Höhe des Betrages der Preiserhöhung; dies gilt nicht für Preiserhöhungsbeträge oberhalb des Festbetrags. ²Für Arzneimittel, die nach dem 1. April 2006 in den Markt eingeführt werden, gilt Satz 1 mit der Maßgabe, dass der Preisstand der Markteinführung Anwendung findet. ³Für importierte Arzneimittel, die nach § 129 abgegeben werden, gilt abweichend von Satz 1 ein Abrechnungsbetrag von höchstens dem Betrag, welcher entsprechend den Vorgaben des § 129 niedriger ist als der Arzneimittelabgabepreis des Bezugsarzneimittels einschließlich Mehrwertsteuer, unter Berücksichtigung von Abschlägen für das Bezugsarzneimittel aufgrund dieser Vorschrift. ⁴Abschläge nach Absatz 1 und 3 b werden zusätzlich zu dem Abschlag nach den Sätzen 1 bis 3 erhoben. ⁵Rabattbeträge, die auf Preiserhöhungen nach Absatz 1 und 3 b zu gewähren sind, vermindern den Abschlag nach Satz 1 bis 3 entsprechend. ⁶Für die Abrechnung des Abschlags nach den Sätzen 1 bis 3 gelten die Absätze 1, 5 bis 7 und 9 entsprechend. ⁷Absatz 4 findet Anwendung. ⁸Das Nähere regeln der Spitzenverband Bund der Krankenkassen.

(3 b) ¹Für patentfreie, wirkstoffgleiche Arzneimittel erhalten die Krankenkassen ab dem 1. April 2006 einen Abschlag von 10 vom Hundert des Abgabepreises des pharmazeutischen Unternehmers ohne Mehrwertsteuer; für preisgünstige importierte Arzneimittel gilt Absatz 3 a Satz 3 entsprechend. ²Eine Absenkung des Abgabepreises des pharmazeutischen Unternehmers ohne Mehrwertsteuer, die ab dem 1. Januar 2007 vorgenommen wird, vermindert den Abschlag nach Satz 1 in Höhe des Betrages der Preissenkung; wird der Preis innerhalb der folgenden 36 Monate erhöht, erhöht sich der Abschlag nach Satz 1 um den Betrag der Preiserhöhung ab der Wirksamkeit der Preiserhöhung bei der Abrechnung mit der Krankenkasse. ³Die Sätze 1 und 2 gelten nicht für Arzneimittel, deren Apothekeneinkaufspreis einschließlich Mehrwertsteuer mindestens um 30 vom Hundert niedriger als der jeweils gültige Festbetrag ist, der diesem Preis zugrunde liegt. ⁴Absatz 3 a Satz 5 bis 8 gilt entsprechend. ⁵Satz 2 gilt nicht für ein Arzneimittel, dessen Abgabepreis nach Satz 1 im Zeitraum von 36 Monaten vor der Preissenkung erhöht worden ist; Preiserhöhungen vor dem 1. Dezember 2006 sind nicht zu berücksichtigen. ⁶Für ein Arzneimittel, dessen Preis sich erstmalig zwischen dem 1. Dezember 2006 und dem 1. April 2007 erhöht und anschließend gesenkt worden ist, kann der pharmazeutische Unternehmer den Abschlag nach Satz 1 durch eine ab 1. April 2007 neu vorgenommene Preissenkung von mindestens 10 vom Hundert des Abgabepreises des pharmazeutischen Unternehmers ohne Mehrwertsteuer ablösen, sofern er für die Dauer von 12 Monaten ab der neu vorgenommenen Preissenkung einen weiteren Abschlag von 2 vom Hundert des Abgabepreises nach Satz 1 gewährt.

(4) Das Bundesministerium für Gesundheit hat nach einer Überprüfung der Erforderlichkeit der Abschläge nach den Absätzen 1 und 2 nach Maßgabe des

§ 130 a

Artikels 4 der Richtlinie 89/105/EWG des Rates vom 21. Dezember 1988 betreffend die Transparenz von Maßnahmen zur Regelung der Preisfestsetzung bei Arzneimitteln für den menschlichen Gebrauch und ihre Einbeziehung in die staatlichen Krankenversicherungssysteme die Abschläge durch Rechtsverordnung mit Zustimmung des Bundesrates aufzuheben oder zu verringern, wenn und soweit diese nach der gesamtwirtschaftlichen Lage, einschließlich ihrer Auswirkung auf die gesetzliche Krankenversicherung, nicht mehr gerechtfertigt sind.

(5) ¹Die Apotheke kann mit pharmazeutischen Großhändlern vereinbaren, den Abschlag mit pharmazeutischen Unternehmern abzurechnen. ²Bis zum 31. Dezember 2003 kann die Apotheke von demjenigen pharmazeutischen Großhändler, mit dem sie im ersten Halbjahr 2002 den größten Umsatz abgerechnet hat, verlangen, die Abrechnung mit pharmazeutischen Unternehmern nach Absatz 1 Satz 3 durchzuführen. ³Pharmazeutische Großhändler können zu diesem Zweck mit Apotheken Arbeitsgemeinschaften bilden. ⁴Einer Vereinbarung nach Satz 1 bedarf es nicht, soweit die pharmazeutischen Großhändler die von ihnen abgegebenen Arzneimittel mit einem maschinenlesbaren bundeseinheitlichen Kennzeichen für den abgebenden pharmazeutischen Großhändler versehen und die Apotheken dieses Kennzeichen bei der Abrechnung von Arzneimitteln nach § 300 erfassen. ⁵Die für die Wahrnehmung der wirtschaftlichen Interessen gebildeten maßgeblichen Spitzenorganisationen der Apotheker und der pharmazeutischen Großhändler regeln in einem gemeinsamen Rahmenvertrag das Nähere.

(6) ¹Zum Nachweis des Abschlags übermitteln die Apotheken die Arzneimittelkennzeichen über die abgegebenen Arzneimittel sowie deren Abgabedatum auf der Grundlage der den Krankenkassen nach § 300 Abs. 1 übermittelten Angaben maschinenlesbar an die pharmazeutischen Unternehmer oder, bei einer Vereinbarung nach Absatz 5, an die pharmazeutischen Großhändler. ²Im Falle einer Regelung nach Absatz 5 Satz 4 ist zusätzlich das Kennzeichen für den pharmazeutischen Großhändler zu übermitteln. ³Die pharmazeutischen Unternehmer sind verpflichtet, die erforderlichen Angaben zur Bestimmung des Abschlags an die für die Wahrnehmung der wirtschaftlichen Interessen maßgeblichen Organisationen der Apotheker sowie den Spitzenverband Bund der Krankenkassen zur Erfüllung ihrer gesetzlichen Aufgaben auf maschinell lesbaren Datenträgern zu übermitteln. ⁴Die für die Wahrnehmung der wirtschaftlichen Interessen gebildeten maßgeblichen Spitzenorganisationen der Apotheker, der pharmazeutischen Großhändler und der pharmazeutischen Unternehmer können in einem gemeinsamen Rahmenvertrag das Nähere regeln.

(7) ¹Die Apotheke kann den Abschlag nach Ablauf der Frist nach Absatz 1 Satz 4 gegenüber pharmazeutischen Großhändlern verrechnen. ²Pharmazeutische Großhändler können den nach Satz 1 verrechneten Abschlag, auch in pauschalierter Form, gegenüber den pharmazeutischen Unternehmern verrechnen.

(8) ¹Die Krankenkassen oder ihre Verbände können mit pharmazeutischen Unternehmern zusätzlich zu den Abschlägen nach den Absätzen 1 und 2 Rabatte für die zu ihren Lasten abgegebenen Arzneimittel vereinbaren. ²Dabei kann auch ein jährliches Umsatzvolumen sowie eine Abstaffelung von Mehrerlösen gegenüber dem vereinbarten Umsatzvolumen vereinbart werden. ³Rabatte nach Satz 1 sind von den pharmazeutischen Unternehmern an die Krankenkassen zu vergüten. ⁴Eine Vereinbarung nach Satz 1 berührt Abschläge nach den Absätzen 1, 3 a und 3 b nicht. ⁵Die Krankenkassen oder ihre Verbände können Leistungserbringer oder Dritte am Abschluss von Verträgen nach Satz 1 be-

4. Kapitel. 7. Abschnitt **§ 130a**

teiligen oder diese mit dem Abschluss solcher Verträge beauftragen. ⁶Das Bundesministerium für Gesundheit berichtet dem Deutschen Bundestag bis zum 31. März 2008 über die Auswirkungen von Rabattvereinbarungen, insbesondere auf die Wirksamkeit der Festbetragsregelung.

(9) **Bei Streitigkeiten in Angelegenheiten dieser Vorschrift ist der Rechtsweg vor den Gerichten der Sozialgerichtsbarkeit gegeben.**

Schrifttum: *U. Becker,* Arzneimittelrabatte und Verfassungsrecht – zur Zulässigkeit der Preisabschläge nach dem Beitragssatzsicherungsgesetz, NZS 2003, 561; *H.-U. Dettling,* GKV, Grundrechte und Verhältnismäßigkeitsprüfung – zugleich Besprechung des Beschlusses des BVerfG zum Beitragssatzsicherungsgesetz, MedR 2006, 81; *A. Sandrock/C. G. Stallberg,* Der Generikarabatt nach § 130a Abs. 3b Satz 1 SGB V, PharmR 2007, 498; *B. Sträter/A. Natz,* Rabattverträge zwischen Krankenkassen und pharmazeutischen Unternehmen, PharmR 2007, 7; *M. Wallerath,* Preisdirigismen in der Gesetzlichen Krankenversicherung, SGb 2006, 505; *P. Wigge/M. Wille,* Die Arzneimittelversorgung im Vertragsarztrecht, HVAR, § 19.

Inhaltsverzeichnis

		Rn.
A.	Überblick	1
B.	Gesetzliche Verpflichtung zur Rabattgewährung, Abs. 1, 1a, 3	3
C.	Rabattgewährung bei Preiserhöhungen, Abs. 2, 3a, 3b	5
D.	Verfahren, Abs. 4, 5, 6, 7	6
E.	Vereinbarung zusätzlicher Rabatte, Abs. 8	10
F.	Rechtsweg, Abs. 9	12

A. Überblick

Die durch das BBSichG (§ 1 Rn. 28) eingefügte Vorschrift verpflichtet pharmazeutische Unternehmer zu Rabatten bei der Arzneimittelversorgung von GKV-Versicherten, um Kosten einzusparen und die finanzielle Stabilität der GKV zu sichern. Die von den Apothekern an die KKen abzuführenden **Unternehmerrabatte** werden zusätzlich zu den Apothekerrabatten nach § 130 erhoben. Dagegen sind die durch das BBSichG (§ 1 Rn. 28) ebenfalls eingeführten Großhändlerrabatte durch das GMG (§ 1 Rn. 29) im Zusammenhang mit der Neufassung der Arzneimittelpreisverordnung inzwischen wieder abgeschafft worden (dazu: BT-Drs. 15/1525, 167). Rabatte der pharmazeutischen Unternehmer sind zum einen gesetzlich vorgeschrieben, zum anderen können nach Abs. 8 zusätzlich durch Verträge zwischen den KKen und ihren Verbänden sowie den pharmazeutischen Unternehmern Rabatte vereinbart werden. Zwar ist der Abschluss von Rabattverträgen nach Abs. 8 freiwillig, jedoch wird, etwa durch die gesetzlich vorgesehene Bevorzugung von Arzneimitteln, für die ein **Rabattvertrag** besteht, bei der Ersetzung wirkstoffgleicher Arzneimittel nach § 129 Abs. 1 S. 3 die Abgabe nach Abs. 8 rabattierter Arzneimittel zu Lasten der GKV vom Gesetzgeber stark gefördert und unterstützt. **1**

Obwohl sich gegen die gesetzliche Rabattpflicht verfassungsrechtliche Kritik richtet (vgl. *Dettling,* GesR 2006, 81/82 ff.; *Posser/Müller,* NZS 2004, 178/179 ff.; Überblick über die Diskussion bei: *Wallerath,* SGb 2006, 505/506 ff.; siehe auch: *Becker,* NZS 2003, 561/565 ff.), hat das BVerfG (E 114, 196/221 ff.; siehe auch: NZS 2008, 34/35 ff.) die Rabatterhebung bei pharmazeutischen Unternehmern als grundsätzlich mit der Verfassung vereinbar angesehen. Die **Gesetzgebungskompetenz** soll sich aus Art. 74 Abs. 1 Nr. 12 GG bzw. aus Art. 74 Abs. 1 Nr. 19 GG ergeben (BVerfGE 114, 196/221 f.; vgl. zur Begründung aus Art. 74 Abs. 1 Nr. 19 GG krit.: *Wallerath,* SGb 2006, 505/507 f.), einer Zustimmung des Bundesrates aufgrund **2** der das Verwaltungsverfahren betreffenden Regelung in Abs. 8 soll es im Hinblick auf Art. 84 idF. vor der Änderung des GG durch G. v. 28. 8. 2006 (Föderalismusreform) nicht bedurft haben (BVerfGE 114, 196/224 ff.), und es soll kein Verstoß gegen Art. 12 GG vorliegen, weil die als **Berufsausübungsregelung** zu qualifizierende Preisreglementierung vor dem Hintergrund eines weiten wirtschafts- und sozialpolitischen Gestaltungsspielraums aus Gründen der Finanzierbarkeit der GKV als überragend wichtigem Gemeinschaftsgut zu rechtfertigen sei (BVerfGE 114, 196/242 ff.; siehe auch: BVerfG, NZS 2008, 34/35). Ebenso verneint das Gericht eine Verletzung von Art. 14 GG, da es sich bei dem Abschlag nicht um eine den Voraussetzungen einer Sonderabgabe unterliegende Verpflichtung handele.

B. Gesetzliche Verpflichtung zur Rabattgewährung, Abs. 1, 1 a, 3

3   Nach Abs. 1 S. 1 erhalten die KKen für **Fertigarzneimittel**, für die keine Festbeträge festgesetzt sind (Abs. 3) und deren Apothekenabgabepreise aufgrund von Preisvorschriften nach dem AMG oder aufgrund des § 129 Abs. 5 a bestimmt sind (Abs. 1 S. 5, vgl. dazu BT-Drs. 16/691, 17), einen Abschlag in Höhe von 6 % des Abgabepreises des pharmazeutischen Unternehmers ohne Mehrwertsteuer (zur Höhe von 6 %: BT-Drs. 15/28, 16; für verschreibungspflichtige Arzneimittel wurden für das Jahr 2004 nach Abs. 1 a abweichend 16 % festgesetzt; vgl. dazu: *Kranig*, H/N, § 130 a Rn. 4). Andere Arzneimittel, bei denen die Preise frei vereinbart werden können, etwa Rezepturen, unterliegen insoweit nicht der Rabattpflicht nach § 130 a (vgl. BT-Drs. 16/691, 17; *Hencke*, Peters, KV, § 130 a Rn. 2).

4   Der Rabatt ist von den pharmazeutischen Unternehmern (zum Begriff des pharmazeutischen Unternehmers vgl. § 4 Abs. 18 AMG) zu tragen, jedoch erfolgt die **Zahlung durch den Apotheker**, der gegen den jeweiligen pharmazeutischen Unternehmer nach Abs. 1 S. 2 einen Erstattungsanspruch hat, wobei die Erstattung innerhalb von zehn Tagen nach Geltendmachung zu erfolgen hat (Abs. 1 S. 4). Entsprechendes gilt für den Anspruch des pharmazeutischen Großhändlers (zu Begriff und Funktion des Großhandels: *Quaas/Zuck*, § 41 Rn. 1 ff.; siehe auch § 4 Abs. 22 AMG) nach Abs. 1 S. 3, soweit der Apotheker nach Abs. 5 eine Abrechnungsvereinbarung mit diesem getroffen hat. Die Inanspruchnahme von Apothekern und pharmazeutischen Großhändlern wird vom BVerfG (E 114, 196/244 ff.) zwar als Eingriff in die freie wirtschaftliche Betätigung in Form einer Berufsausübungsregelung qualifiziert, jedoch als verfassungsrechtlich gerechtfertigt angesehen.

C. Rabattgewährung bei Preiserhöhungen, Abs. 2, 3 a, 3 b

5   Da der pharmazeutische Unternehmer den Preis für sein Arzneimittel frei festsetzen kann, sah der Gesetzgeber Regelungen als erforderlich an, die verhindern, dass es durch **Preiserhöhungen** zu einer Umgehung der Rabattregelung und zu einem Kostenanstieg kommt. In Abs. 2 wurden Regelungen für den Zeitraum 2003/2004 getroffen; in den durch das AVWG eingefügten Abs. 3 a, 3 b wird insbesondere der Abschlag ab 2006 bei Preiserhöhungen geregelt, wobei Abs. 3 b Arzneimittel im generikafähigen Markt betrifft (vgl. zur Neuregelung von Abs. 3 a, 3 b: BT-Drs. 16/194, 10 f.; BT-Drs. 16/691, 17; *Hencke*, Peters, KV, § 130 a Rn. 3 a f.;

zum Verhältnis der Abs. 3a und Abs. 3b zu Abs. 1: BT-Drs. 16/4020, 6). In Abs. 3b ist für **patentfreie, wirkstoffgleiche Arzneimittel** (dazu: *Sandrock/Stallberg*, PharmR 2007, 498/499 ff.) zudem grundsätzlich ein Abschlag von 10 % festgesetzt und eine Minderung des Abschlags bei Preissenkungen ab dem 1. 1. 2007 vorgesehen. Durch die Regelungen in Abs. 3 b S. 5 ff. soll ein Missbrauch der Möglichkeit zur Verrechnung des Generika-Abschlags mit Preissenkungen ausgeschlossen werden, wenn den Preissenkungen Preiserhöhungen vorausgegangen sind (BT-Drs. 16/4247, 67; zum Ausschluss der sog. Preisschaukel siehe auch: *Dieners/Heil*, PharmR 2007, 142; zur verfassungsrechtlichen Zulässigkeit: BVerfG, NZS 2008, 34/35 ff.).

D. Verfahren, Abs. 4, 5, 6, 7

Abs. 4 sieht vor dem Hintergrund der Regelung in Art. 4 **EG-Transparenz-** 6 **richtlinie** eine Ermächtigung für das BMG vor (vgl. BT-Drs. 15/28, 16), durch Rechtsverordnung mit Zustimmung des Bundesrates nach einer Überprüfung der Erforderlichkeit der Rabatte diese aufzuheben oder zu verringern. Voraussetzung für eine Änderung ist, dass die bisherigen Abschläge nach der gesamtwirtschaftlichen Lage, einschließlich ihrer Auswirkung auf die GKV, nicht mehr gerechtfertigt sind.

Nach Abs. 5 kann die Apotheke mit **pharmazeutischen Großhändlern** ver- 7 einbaren, dass diese den Abschlag mit den pharmazeutischen Unternehmern abrechnen (vgl. dazu: *Kranig*, H/N, § 130a Rn. 9 f.; zur verfassungsrechtlichen Zulässigkeit: BVerfGE 114, 196/244 ff.). Keiner Vereinbarung bedarf es gemäß Abs. 5 S. 4, wenn die Großhändler die von ihnen abgegebenen Arzneimittel mit einem maschinenlesbaren bundeseinheitlichen Kennzeichen für den abgebenden Großhändler versehen und die Apotheken dieses bei der Abrechnung erfassen, so dass die Abschläge in einem automatisierten Verfahren abgerechnet werden können. Die Möglichkeit, nach Abs. 5 S. 3 Arbeitsgemeinschaften zwischen Großhändler und Apotheker zu bilden, soll die Abrechnung erleichtern. Zur Regelung des Näheren über das Abrechnungsverfahren sieht der Gesetzgeber einen als öffentlich-rechtlichen Normenvertrag zu qualifizierenden **gemeinsamen Rahmenvertrag** zwischen den Spitzenorganisationen der Apotheker und den pharmazeutischen Großhändlern vor (Abs. 5 S. 5), für den kein Schiedsamtsverfahren vorgesehen ist.

Abs. 6 regelt die Pflicht der Apotheken, gegenüber dem pharmazeutischen Un- 8 ternehmer bzw. gegenüber dem Großhändler bei einer Vereinbarung nach Abs. 5 zum Nachweis, dass die KKen den Abschlag erhalten hat, die Arzneimittelkennzeichen über die abgegebenen Arzneimittel sowie deren Abgabedatum auf der Grundlage der den KKen übermittelten Angaben maschinenlesbar mitzuteilen. Die pharmazeutischen Unternehmer werden zudem verpflichtet, die zur Bestimmung des Abschlags erforderlichen Angaben, etwa über die Herstellerabgabepreise, an die in Abs. 6 S. 3 genannten Stellen zu übermitteln. Der Gesetzgeber ermächtigt schließlich (Abs. 6 S. 4) die maßgeblichen Spitzenorganisationen der Apotheker, der pharmazeutischen Großhändler und der pharmazeutischen Unternehmer das Nähere in einem als öffentlich-rechtlichen Normenvertrag zu qualifizierenden **gemeinsamen Rahmenvertrag** zu regeln.

Nach Abs. 7 besteht sowohl für den Apotheker gegenüber dem Großhändler 9 als auch für diesen gegenüber dem pharmazeutischen Unternehmer die Möglichkeit, den **Abschlag zu verrechnen.**

E. Vereinbarung zusätzlicher Rabatte, Abs. 8

10 Unabhängig von den gesetzlich vorgeschriebenen Rabatten (vgl. S. 4), eröffnet Abs. 8 die Möglichkeit, durch Vertrag **zusätzliche Rabatte** zu vereinbaren. Durch das GKV-WSG (§ 1 Rn. 31) hat der Gesetzgeber den Abschluss entsprechender Rabattverträge stark gefördert, indem er, wie es in der Gesetzesbegründung heißt, „die Rahmenbedingungen für entsprechende Vereinbarungen... verbessert" hat (BT-Drs. 16/3100, 143). Die Abgabe von Arzneimitteln, für die ein Rabattvertrag besteht, wird etwa bevorzugt behandelt im Rahmen der Ersetzung wirkstoffgleicher Arzneimittel (§ 129 Abs. 1 S. 3) oder im Rahmen der Bonus-Malus-Regelung nach § 84a Abs. 4 S. 2 (vgl. dazu: BT-Drs. 16/3100, 143 f.).

11 Die **Rabattverträge** können zwischen den KKen oder ihren Verbänden mit pharmazeutischen Unternehmern geschlossen werden (S. 1), wobei Leistungserbringer oder Dritte am Abschluss, etwa Apotheker, beteiligt oder damit beauftragt werden können (S. 5, dazu: BT-Drs. 16/194, 11; speziell zu Rabattvereinbarungen mit einzelnen Apothekern: *Roberts*, PharmR 2007, 152/152 ff.). Die Rabatte sind nach S. 3 von den pharmazeutischen Unternehmern unmittelbar an die KKen zu zahlen. Ursprünglich war im Gesetzesentwurf zum GKV-WSG (§ 1 Rn. 31) (BT-Drs. 16/3100, 144) noch ausdrücklich vorgesehen, dass die Rabattverträge aufgrund einer **Ausschreibung** abzuschließen sind, und in der Begründung hieß es, dass „die jeweils gültigen Vorschriften des Vergaberechts anzuwenden" sind. Ohne Angabe näherer Gründe (so *Dieners/Heil*, PharmR 2007, 142) wurde das Ausschreibungserfordernis in der Beschlussempfehlung des Gesundheitsausschusses des Bundestages gestrichen, so dass die kontrovers geführte Diskussion um die Anwendung des Vergaberechts im Recht der GKV (siehe dazu den Vorlagebeschluss des OLG Düsseldorfs an den EuGH, GesR 2007, 429/429 ff.; vgl. auch: § 69 Rn. 45) mit einer Pflicht zur Ausschreibung im Hinblick auf die Verträge von KKen mit einzelnen Leistungserbringern auch für die Rabattverträge von Bedeutung ist (zur Frage der Anwendbarkeit auf Rabattverträge vgl. etwa: Vergabekammer Bund, GesR 2008, 32/35 ff.; *Brixius/Maur*, PharmR 2007, 451/451 ff.; *Byok*, GesR 2007, 553/555 ff.; *Dettling*, MedR 2008, 349/349 ff.; *Engelmann*, SGb 2008, 133/133 ff.; *Kahl/Gärditz*, NZS 2008, 337/337 ff.; *Nispel*, SozSich 2008, 110/110 ff.; *Koenig/Klahn/Schreiber*, GesR 2007, 559/560 ff.).

F. Rechtsweg, Abs. 9

12 Abs. 9 enthält eine spezielle **Rechtswegzuweisung,** der vor dem Hintergrund der Regelung in § 69 zurzeit eher klarstellende Bedeutung zukommt. Nach Abs. 9 sind die Sozialgerichte umfassend für Streitigkeiten im Zusammenhang mit § 130a zuständig. Dies gilt auch im Hinblick auf vergaberechtliche Fragen bei Rabattverträgen gemäß Abs. 8 nach dem GWB, weil gegenüber den dortigen Zuständigkeitsregelungen Abs. 9 die speziellere Vorschrift ist (vgl. Vergabekammer Baden-Württemberg, PharmR 2007, 195/195 ff., mit krit. Anm. v. *Willenbruch*, PharmR 2007, 197/197 f.; einen Ausschluss der vorgelagerten vergaberechtlichen Regelungen des GWB verneinend: Vergabekammer Bund, GesR 2008, 32/34 f.).

§ 131 Rahmenverträge mit pharmazeutischen Unternehmern

(1) Der Spitzenverband Bund der Krankenkassen und die für die Wahrnehmung der wirtschaftlichen Interessen gebildeten maßgeblichen Spitzenorganisationen der pharmazeutischen Unternehmer auf Bundesebene können einen Vertrag über die Arzneimittelversorgung in der gesetzlichen Krankenversicherung schließen.

(2) Der Vertrag kann sich erstrecken auf
1. die Bestimmung therapiegerechter und wirtschaftlicher Packungsgrößen und die Ausstattung der Packungen,
2. Maßnahmen zur Erleichterung der Erfassung und Auswertung von Arzneimittelpreisdaten, Arzneimittelverbrauchsdaten und Arzneimittelverordnungsdaten einschließlich des Datenaustausches, insbesondere für die Ermittlung der Preisvergleichsliste (§ 92 Abs. 2) und die Festsetzung von Festbeträgen.

(3) § 129 Abs. 3 gilt für pharmazeutische Unternehmer entsprechend.

(4) ¹Die pharmazeutischen Unternehmer sind verpflichtet, die zur Herstellung einer pharmakologisch-therapeutischen und preislichen Transparenz im Rahmen der Richtlinien nach § 92 Abs. 1 Satz 2 Nr. 6 und die zur Festsetzung von Festbeträgen nach § 35 Abs. 1 und 2 oder zur Erfüllung der Aufgaben nach § 35 a Abs. 1 Satz 2 und Abs. 5 sowie die zur Wahrnehmung der Aufgaben nach § 129 Abs. 1 a erforderlichen Daten dem Gemeinsamen Bundesausschuss sowie dem Spitzenverband Bund der Krankenkassen zu übermitteln und auf Verlangen notwendige Auskünfte zu erteilen. ²Für die Abrechnung von Fertigarzneimitteln übermitteln die pharmazeutischen Unternehmer die für die Abrechnung nach § 300 erforderlichen Preis- und Produktangaben einschließlich der Rabatte nach § 130 a an die in § 129 Abs. 2 genannten Verbände sowie an die Kassenärztliche Bundesvereinigung und den Gemeinsamen Bundesausschuss im Wege elektronischer Datenübertragung und maschinell verwertbar auf Datenträgern; dabei ist auch der für den Versicherten maßgebliche Arzneimittelabgabepreis (§ 129 Abs. 5 a) anzugeben.

(5) ¹Die pharmazeutischen Unternehmer sind verpflichtet, auf den äußeren Umhüllungen der Arzneimittel das Arzneimittelkennzeichen nach § 300 Abs. 1 Nr. 1 in einer für Apotheken maschinell erfassbaren bundeseinheitlichen Form anzugeben. ²Das Nähere regelt der Spitzenverband Bund der Krankenkassen und die für die Wahrnehmung der wirtschaftlichen Interessen gebildeten maßgeblichen Spitzenorganisationen der pharmazeutischen Unternehmer auf Bundesebene in Verträgen.

Schrifttum: *M.-P. Henninger,* HS-KV, § 45; *P. Wigge/M. Wille,* Die Arzneimittelversorgung im Vertragsarztrecht, HVAR, § 19.

Inhaltsübersicht

	Rn.
A. Überblick	1
B. Normenvertrag, Abs. 1, 2, 3, 5 S. 2	2
C. Auskunft und Datenübermittlung, Abs. 4, 5 S. 1	7

A. Überblick

1   Die durch das GRG (§ 1 Rn. 21) eingefügte und mehrfach geänderte Vorschrift (dazu: *Hencke,* Peters, KV, § 131 Rn. 1 ff.) lässt den **Abschluss von Normenverträgen** zur Arzneimittelversorgung der Versicherten auf Bundesebene mit den Spitzenorganisationen der pharmazeutischen Unternehmer zu und verpflichtet die pharmazeutischen Unternehmer zur **Auskunft** über einzelne Daten und zur **Datenübermittlung.** Der Gesetzgeber bezieht mit § 131, aber auch mit § 130a, die pharmazeutischen Unternehmer in die krankenversicherungsrechtliche Leistungserbringung zur Erfüllung des Leistungsanspruchs des Versicherten auf Versorgung mit Arzneimitteln ein, so dass diese, wie sich auch aus dem Standort der Vorschrift im Vierten Kapitel (§§ 69–140h) über die „Beziehungen der KKen zu den Leistungserbringern" ergibt, insoweit als **Leistungserbringer** anzusehen sind. Die pharmazeutischen Unternehmen und ihre Spitzenorganisationen wirken im gesetzlich bestimmten Umfang an der Gewährleistung einer ausreichenden, zweckmäßigen und wirtschaftlichen Versorgung der Versicherten mit Arzneimitteln mit.

B. Normenvertrag, Abs. 1, 2, 3, 5 S. 2

2   Die in der Gesetzesüberschrift als Rahmenverträge bezeichneten Verträge, die von ihrer Struktur her denen nach § 129 Abs. 2 für Apotheken vergleichbar sind, sind als öffentlich-rechtliche (*Wigge/Wille,* HVAR, § 19 Rn. 95) Normverträge zu qualifizieren (dazu allgemein: *Axer,* HVAR, § 8 Rn. 10 ff.). Sie werden nach Abs. 1 mit den für die Wahrnehmung der wirtschaftlichen Interessen gebildeten maßgeblichen **Spitzenorganisationen** der pharmazeutischen Unternehmen auf Bundesebene geschlossen. Voraussetzung für die Anerkennung als Spitzenorganisation ist allerdings, dass die jeweiligen Organisationen bundesweit agieren, verschiedene pharmazeutische Unternehmen als Mitglieder haben und deren wirtschaftliche Interessen vertreten. Möglich ist der Abschluss mehrerer Verträge (*Hencke,* Peters, KV, § 131 Rn. 2), wobei allerdings Sinn und Zweck der Verträge, nämlich Transparenz in der Arzneimittelversorgung und Sicherung einer einheitlichen Durchführung und Abrechnung (vgl. *Kranig,* H/N, § 131 Rn. 7), grundsätzlich bundeseinheitliche Regelungen fordern, so dass unterschiedliche Regelungen mit einzelnen Spitzenorganisationen einer besonderen Rechtfertigung sowie einer klaren Abgrenzung im Hinblick auf ihren Geltungsbereich bedürfen. Soweit die privatrechtlichen Spitzenorganisationen der pharmazeutischen Unternehmen zum Abschluss von Verträgen ermächtigt sind, handeln sie als Beliehene.

3   Die Verbindlichkeit der Verträge für das einzelne pharmazeutische Unternehmen ergibt sich nach Abs. 2 aufgrund der entsprechenden Anwendung von § 129 Abs. 3 durch **Mitgliedschaft** in der jeweiligen Organisation oder durch **Beitritt.** In dieser Regelung spiegeln sich letztendlich zivilrechtliche Vorstellungen von der Wirkungsweise der Verträge wider, obwohl die Rechtsbeziehungen zwischen den KK und den pharmazeutischen Unternehmen öffentlich-rechtlicher Natur sind (vgl. BVerfGE 114, 196/225). Als öffentlich-rechtlicher Normenvertrag besitzen die Verträge schon aufgrund ihrer normativen Wirkung Verbindlichkeit, unabhängig von einer durch Mitgliedschaft oder Beitritt vermittelten Einverständniserklärung des pharmazeutischen Unternehmers.

4   Der **Abschluss eines Vertrages** steht, anders als beim Rahmenvertrag für Apotheken nach § 129, gemäß Abs. 1 („können") im Ermessen der Vertragsparteien,

soweit nicht Vertragsinhalte im Hinblick auf Arzneimittelkennzeichen nach Abs. 5 S. 2 betroffen sind. Der Abschluss von Verträgen nach Abs. 5 S. 2, in denen auf Bundesebene die Parteien nach Abs. 1 das Nähere zu den Arzneimittelkennzeichen vereinbaren, soll allgemeiner Ansicht nach verpflichtend sein (*Hencke*, Peters, KV, § 131 Rn. 6; *Hess*, KK, § 131 Rn. 6; vgl. auch: *Kranig*, H/N, § 131 Rn. 13 „grundsätzlich zwingend"). Mangels Regelungen über ein Schiedsamt vergleichbar § 129 Abs. 7 ff. für Apotheken sind die Verträge nach § 131 nicht schiedsamtsfähig (vgl. *Kranig*, H/N, § 121 Rn. 8), so dass bei Nichtzustandekommen der Gesetzgeber, soweit er dies für erforderlich hält, selbst Regelungen zu treffen hat.

Abs. 2 nennt **Gegenstände,** auf die sich der Vertrag erstrecken kann, wobei 5 die Formulierung „kann" den Schluss zulässt, dass die Aufzählung nicht abschließend ist (*Murawski*, H/K, § 131 Rn. 2; aA. *Hencke*, Peters, KV, § 131 Rn. 3 unter Hinweis auf die Gesetzesbegründung). Nach Ansicht des BVerfG (E 114, 196/226) hat Abs. 2 nur insoweit eine begrenzende Funktion, als die Vorschrift die Abdingbarkeit der gesetzlichen Regelungen beschränkt; vom Gesetz Abweichendes, so das Gericht, darf nur im Rahmen des Abs. 2 vereinbart werden. Im Hinblick auf den Umfang der vertraglichen Regelungskompetenz ist zu beachten, dass diese nur im Rahmen der gesetzlichen Vorgaben besteht und die gesetzlichen Regelungen angesichts ihrer Grundrechtsrelevanz, insbesondere im Hinblick auf die pharmazeutischen Unternehmer, auch hinreichend bestimmt sein müssen, damit eine Normsetzung durch Vertrag möglich ist (allgemein zu den Bestimmtheitsanforderungen an untergesetzliche Normsetzung in der Krankenversicherung: *P. Axer,* Normsetzung der Exekutive in der Sozialversicherung, 2000, 332 ff.).

Nach Abs. 2 Nr. 1 kann die therapiegerechte und wirtschaftliche **Packungs-** 6 **größe** sowie die Ausstattung der Packungen vereinbart werden, wobei die Vorgaben der als Rechtsverordnung auf der Grundlage von § 31 Abs. 4 ergangenen und gegenüber dem Vertrag vorrangigen Packungsgrößenverordnung zu berücksichtigen sind. Nach Abs. 2 Nr. 2 können Regelungen zur Erleichterung und Auswertung von Arzneimitteldaten getroffen werden, die sich im Rahmen der gesetzlichen Verpflichtung nach Abs. 4 halten müssen.

C. Auskunft und Datenübermittlung, Abs. 4, 5 S. 1

Die sehr weit reichende Verpflichtung zur **Auskunft** und **Datenlieferung** in 7 Abs. 4 im Hinblick auf die dort genannten Zwecke und an die dort genannten Organisationen entspricht in ihrer Zielsetzung der Vorschrift des § 129 Abs. 6 für Apotheken. Verfassungsrechtlich lassen sich die umfangreichen Pflichten zur Bekanntgabe von Betriebs- und Geschäftsdaten nur rechtfertigen, wenn die Datenerhebung für eine wirtschaftliche und zweckmäßige Arzneimittelversorgung geeignet, erforderlich und angemessen ist. Soweit im Rahmen des § 129 Abs. 6 aufgrund der gesetzlichen Verpflichtung und dem Fehlen einer ausdrücklichen Entschädigungsregelung eine Pflicht zur unentgeltlichen Datenübermittlung bei Apotheken angenommen wird, liegt es nahe, Entsprechendes auch für die Inanspruchnahme nach Abs. 4 anzunehmen (vgl. zur Frage der Unentgeltlichkeit: *Hencke*, Peters, KV, § 131 Rn. 5; *Henninger*, HS-KV, § 45 Rn. 16; *Hess*, KK, § 131 Rn. 5; *Murawski*, H/K, § 131 Rn. 5). Die Angaben können im Auftrag der Unternehmen auch von den Betreibern der für den Arzneimittelmarkt maßgeblichen Meldestellen übermittelt werden (vgl. BT-Drs. 16/194, 11).

Abs. 5 S. 1 verpflichtet die pharmazeutischen Unternehmer, auf der Verpackung 8 des Arzneimittels das Arzneimittelkennzeichen nach § 300 Abs. 1 Nr. 1 in einer

§ 132

für Apotheken maschinell erfassbaren bundeseinheitlichen Form anzugeben, um damit die Voraussetzungen für eine maschinell vereinfachte **Abrechnung** zwischen Apotheken und KKen zu schaffen (zur Bedeutung der Regelung, auch in Bezug auf die Pflicht nach § 300 Abs. 3 Nr. 1 zum Abschluss einer Arzneimittelvereinbarung zwischen KKen und der Spitzenorganisation der Apotheker, in der die Verwendung eines bundeseinheitlichen Kennzeichens zu regeln ist: *Kranig*, H/N, § 131 Rn. 11).

Achter Abschnitt. Beziehungen zu sonstigen Leistungserbringern

§ 132 Versorgung mit Haushaltshilfe

(1) ¹**Die Krankenkasse kann zur Gewährung von Haushaltshilfe geeignete Personen anstellen.** ²**Wenn die Krankenkasse dafür andere geeignete Personen, Einrichtungen oder Unternehmen in Anspruch nimmt, hat sie über Inhalt, Umfang, Vergütung sowie Prüfung der Qualität und Wirtschaftlichkeit der Dienstleistungen Verträge zu schließen.**

(2) ¹**Die Krankenkasse hat darauf zu achten, daß die Leistungen wirtschaftlich und preisgünstig erbracht werden.** ²**Bei der Auswahl der Leistungserbringer ist ihrer Vielfalt, insbesondere der Bedeutung der freien Wohlfahrtspflege, Rechnung zu tragen.**

Schrifttum: *Rixen*, Sozialrecht als öffentliches Wirtschaftsrecht – am Beispiel des Leistungserbringerrechts der gesetzlichen Krankenversicherung, 2005.

A. Überblick

1   Die Vorschrift ist die **leistungserbringerrechtliche Korrespondenznorm** zum Anspruch auf Haushaltshilfe (§ 38); sie organisiert die Realisierung der GKV-Leistung „Haushaltshilfe".

B. Modalitäten der Versorgung mit Haushaltshilfe

2   Abs. 1 S. erlaubt den KK die **Anstellung geeigneter Kräfte** zur Erfüllung des Leistungsanspruchs auf Haushaltshilfe. Damit weicht das Gesetz bereichsspezifisch von der Vorgabe des § 2 Abs. 2 S. 3 ab, dass die KK mit den Leistungserbringern gemäß §§ 69 ff. Verträge abschließen. Im funktionalen Sinne handelt es sich bei den angestellten Kräften der KK um Quasi-Eigeneinrichtungen (vgl. *Rixen*, Sozialrecht als öffentliches Wirtschaftsrecht, 194), die die Eigeneinrichtungen iSd. § 140 ergänzen, aber keine Eigeneinrichtungen im organisatorischen Sinne des § 140 sind (§ 132 a Rn. 10). Ob die KK die Eigenkräfte anstellt, obliegt ihrem pflichtgemäßen Ermessen, in das allerdings die Wertung einfließen muss, dass grundsätzlich kassenfremde Leistungserbringer heranzuziehen sind (vgl § 2 Abs. 2 S. 3) bzw. dass grundsätzlich keine (funktionalen) Eigeneinrichtungen betrieben werden sollen (*Rixen*, Sozialrecht als öffentliches Wirtschaftsrecht, 194). Auch der Gesetzesbegr. geht nach den „Grundsätzen der **Subsidiarität**" davon aus, dass solche Kräfte „Vorrang vor der Anstellung eigener Kräfte durch die KK" haben (BT-Drs. 11/2237, 206; zust. *Schneider*, jurisPK, § 132 Rn. 9; s. auch BSGE 90, 84 = NZS 2003, 654/655).

"Geeignet" sind Personen, Einrichtungen (zu diesen Begriffen § 132b Rn. 2) bzw. Unternehmen, die qualifiziert sind, um die Leistungen, die im konkreten Bedarfsfall zur Haushaltshilfe gehören (§ 38 Rn. 5), zu erbringen. Das Gesetz verlangt keine bestimmte bzw. formalisierte Qualifikation (*Schneider,* jurisPK, § 132 Rn. 7). Eignung meint die (von der Krankenkasse prognostizierte) auf das Leistungsspektrum der Haushaltshilfe bezogene **Facheignung** (zu diesem Begriff § 132b Rn. 3; *Rixen,* Sozialrecht als öffentliches Wirtschaftsrecht, 476) sowie die verlässliche Aufgabenerfüllung im rechtlichen und organisatorischen Rahmen der GKV-bezogenen **Zuverlässigkeitseignung** (zu diesem Begriff § 132b Rn. 3; *Rixen,* Sozialrecht als öffentliches Wirtschaftsrecht, 476).

Was den Abschluss von Verträgen angeht, muss die KK mit jeder geeigneten Person etc. einen Vertrag abschließen (vgl. den Wortlaut von Abs. 1 S. 2: „hat sie"); eine Bedarfsprüfung fehlt (vgl. § 132b Rn. 5). Jeder geeignete Interessent hat einen strikten **„Zulassungsanspruch"** (*Rixen,* Sozialrecht als öffentliches Wirtschaftsrecht, 478) iS. eines (nicht durch einen vorgängigen Zulassungs-VA vermittelten) **Anspruchs auf Vertragsschluss** (vgl. § 132a Rn. 6; zu Beweisproblemen s. § 132b Rn. 6). Der Anspruch wird nicht durch die Pflicht, Trägervielfalt herzustellen (§ 132 Abs. 2 S. 2), eingeschränkt. Diese Pflicht zwingt die KK vielmehr, darauf zu achten, dass unter den nach Eignung zugelassenen Leistungserbringern eine Leistungsvielfalt herrscht, die insbesondere, aber nicht nur den Anbietern der freien Wohlfahrtspflege Rechnung trägt (s. dazu auch die Begr. zum 2. GKV-NOG, BT-Drs. 13/7264, 69), sich also nicht nur auf rein-gewerblich tätige Unternehmen konzentrieren darf (*Rixen,* Sozialrecht als öffentliches Wirtschaftsrecht, 478).

Die öffentlich-rechtlichen **Verträge,** die als Einzel- oder Rahmenverträge von der einzelnen KK mit dem Leistungserbringer geschlossen werden (Vertretungen auf beiden Seiten sind möglich, vgl. § 132b Rn. 7), müssen die in Abs. 1 S. 2 aufgeführten Gegenstände regeln (hierzu *Rixen,* Sozialrecht als öffentliches Wirtschaftsrecht, 478f.), ua. (anders als etwa bei § 132b) auch Fragen der Qualitätssicherung, was aber in der Praxis häufig nicht der Fall ist (*Rixen,* Sozialrecht als öffentliches Wirtschaftsrecht, 479; s. allerdings die sanktionslos ausgestaltete Selbstverpflichtung zur Qualitätssicherung in § 135a Abs. 1, die auch für die Erbringer von Haushaltshilfe gilt, *Rixen,* Sozialrecht als öffentliches Wirtschaftsrecht, 479). Zu regeln ist insb. die Vergütungsfragen, für die angesichts der Preisbestimmungsmacht der KK (s. dazu § 132b Rn. 7) und deren ausdrücklicher Verpflichtung auf **Preisgünstigkeit** (Abs. 2 S. 1), also Entgeltniedrigkeit, aus Sicht der Leistungserbringer nur geringer Verhandlungsspielraum besteht (*Rixen,* Sozialrecht als öffentliches Wirtschaftsrecht, 478; zu grundrechtlicher Kompensation des gesetzlichen Defizits vgl. *Rixen,* Sozialrecht als öffentliches Wirtschaftsrecht, 467 f. iVm. 255).

§ 132a Versorgung mit häuslicher Krankenpflege

(1) ¹Der Spitzenverband Bund der Krankenkassen gemeinsam und einheitlich und die für die Wahrnehmung der Interessen von Pflegediensten maßgeblichen Spitzenorganisationen auf Bundesebene sollen unter Berücksichtigung der Richtlinien nach § 92 Abs. 1 Satz 2 Nr. 6 gemeinsam Rahmenempfehlungen über die einheitliche Versorgung mit häuslicher Krankenpflege abgeben; für Pflegedienste, die einer Kirche oder einer Religionsgemeinschaft des öffentlichen Rechts oder einem sonstigen freigemeinnützigen Träger zuzuordnen

§ 132 a

sind, können die Rahmenempfehlungen gemeinsam mit den übrigen Partnern der Rahmenempfehlungen auch von der Kirche oder der Religionsgemeinschaft oder von dem Wahlfahrtsverband abgeschlossen werden, dem die Einrichtung angehört. ²Vor Abschluß der Vereinbarung ist der Kassenärztlichen Bundesvereinigung und der Deutschen Krankenhausgesellschaft Gelegenheit zur Stellungnahme zu geben. ³Die Stellungnahmen sind in den Entscheidungsprozeß der Partner der Rahmenempfehlungen einzubeziehen. ⁴In den Rahmenempfehlungen sind insbesondere zu regeln:
1. Inhalte der häuslichen Krankenpflege einschließlich deren Abgrenzung,
2. Eignung der Leistungserbringer,
3. Maßnahmen zur Qualitätssicherung und Fortbildung,
4. Inhalt und Umfang der Zusammenarbeit des Leistungserbringers mit dem verordnenden Vertragsarzt und dem Krankenhaus,
5. Grundsätze der Wirtschaftlichkeit der Leistungserbringung einschließlich deren Prüfung und
6. Grundsätze der Vergütungen und ihrer Strukturen.

(2) ¹Über die Einzelheiten der Versorgung mit häuslicher Krankenpflege, über die Preise und deren Abrechnung und die Verpflichtung der Leistungserbringer zur Fortbildung schließen die Krankenkassen Verträge mit den Leistungserbringern. ²Wird die Fortbildung nicht nachgewiesen, sind Vergütungsabschläge vorzusehen. ³Dem Leistungserbringer ist eine Frist zu setzen, innerhalb derer er die Fortbildung nachholen kann. ⁴Erbringt der Leistungserbringer in diesem Zeitraum die Fortbildung nicht, ist der Vertrag zu kündigen. ⁵Die Krankenkassen haben darauf zu achten, daß die Leistungen wirtschaftlich und preisgünstig erbracht werden. ⁶In den Verträgen ist zu regeln, dass im Falle von Nichteinigung eine von den Parteien zu bestimmende unabhängige Schiedsperson den Vertragsinhalt festlegt. ⁷Einigen sich die Vertragspartner nicht auf eine Schiedsperson, so wird diese von der für die vertragschließende Krankenkasse zuständigen Aufsichtsbehörde bestimmt. ⁸Die Kosten des Schiedsverfahrens tragen die Vertragspartner zu gleichen Teilen. ⁹Bei der Auswahl der Leistungserbringer ist ihrer Vielfalt, insbesondere der Bedeutung der freien Wohlfahrtspflege, Rechnung zu tragen. ¹⁰Abweichend von Satz 1 kann die Krankenkasse zur Gewährung von häuslicher Krankenpflege geeignete Personen anstellen.

A. Überblick

1   Die Vorschrift ist die leistungserbringerrechtliche Korrespondenznorm zu § 37 (**häusliche Krankenpflege**). Die soll sicherstellen, dass die Leistungen der häuslichen Krankenpflege durch „geeignete Pflegekräfte" (so § 37 Abs. 1 S. 1 exemplarisch für die sog. Vermeidungspflege iSd. § 37 Abs. 1, vgl. auch § 37 Rn. 1) erbracht werden.

B. Modalitäten der Erbringung von häuslicher Krankenpflege

2   Abs. 1 ist entgegen dem ursprünglichen Gesetzentwurf (BT-Drs. 16/3100, 32, 144) nicht durch das GKV-WSG gestrichen worden (Ausschussbericht, BT-Drs. 16/4247, 47). Abs. 1 S. 1 verpflichtet die genannten Akteure, unter Beachtung der HKP-RL (vgl. § 92 Abs. 1 S. 2 Nr. 6) und unter Berücksichtigung von Stellung-

nahmen der KBV und der DKG (Abs. 1 S. 2, 3), **Rahmenempfehlungen** über die einheitliche Versorgung mit häuslicher Krankenpflege abzugeben, wobei öffentlich-rechtlich verfasste Religionsgemeinschaften oder andere freigemeinnützige Trägerverbände für ihnen zugehörige Pflegedienste ebenfalls das Recht haben, die Rahmenempfehlungen abzuschließen (Abs. 1 S. 1 Hs. 2). Es handelt sich um eine Rahmenempfehlungs**vereinbarung** (BSG, GesR 2007, 90; diff. *Axer,* Normsetzung der Exekutive in der Sozialversicherung, 2000, 103). Angesichts der in dieser Regelung anklingenden Vielfalt der Träger und Perspektiven ist es nicht verwunderlich, dass Rahmenempfehlungen bislang nicht abgegeben worden sind (vgl. BSG, SozR-4–2500, § 132 a Nr. 2).

Hinter der Regelung des Abs. 1 steht ein sog. **Partnerschaftsmodell** (BSG, GesR 2007, 90; *Behnsen,* MedR 1998, 51/53 f.), wonach die Pluralität der Ansichten zur Pflegequalität selbstreguliert moderiert werden soll. Die Rahmenempfehlungen sollen so eine **qualitativ gleichwertige Versorgung** durch Pflegedienste gewährleisten, ohne dass ihr Abschluss erzwungen werden könnte und sie für andere Beteiligte als die in Abs. 1 S. 1 genannten Akteure verbindlich wären (BSG, GesR 2007, 90 mwN.; nach *Axer,* Normsetzung der Exekutive in der Sozialversicherung, 2000, 109, schaffen sie eine Auseinandersetzungspflicht und bei Abweichung eine Begründungspflicht). Ihre **vom Konsens abhängige Optionalität** kommt auch im Wort „sollen" sowie in dem Umstand zum Ausdruck, dass der Gesetzgeber für den Erlass der Rahmenempfehlungen keine Frist vorgesehen hat (BSG, SozR-4–2500, § 132 a Nr. 2). Rahmenempfehlungen und (die vertragsärztliche Versorgung dirigierende) HKP-RL (§ 92 Rn. 34) stehen grundsätzlich nebeneinander (BSG, GesR 2007, 90), allerdings dürfen die Rahmenempfehlungen kraft Gesetzes (vgl. Abs. 1 S. 1) rechtmäßig erlassenen HKP-RL nicht widersprechen (BSG, GesR 2007, 90). 3

Der ua. an die Spitzenorganisationen der Pflegedienste gerichtete Auftrag, Rahmenempfehlungen zu entwickeln, ist eine wehrfähige individuelle **Rechtsposition,** deren Beachtung z. B. dann, wenn RL (möglicherweise) den Gestaltungsspielraum nach § 132 a Abs. 1 S. 1, 4 verengen, eingeklagt werden kann (BSG, GesR 2007, 90 für Spitzenorganisationen der Pflegedienste). Einzelne **Pflegedienste** können keine subjektiven Rechte aus § 132 a Abs. 1 S. 1 herleiten (vgl. BSG, GesR 2007, 90). 4

Die **Gegenstände der Rahmenempfehlungen,** die die Inhalte der Verträge – die „Einzelheiten der Versorgung mit häuslicher Krankenpflege" (Abs. 2 S. 1) – typisierend vorstrukturieren sollen, sind in Abs. 1 S. 4 nicht abschließend („insbesondere") aufgelistet. Neben den Inhalten der häuslichen Krankenpflege (Nr. 1), die vor allem das in den HKP-RL nachvollziehen müssten, gehört hierzu die Eignung der Leistungserbringer (Nr. 2), Maßnahmen zur Qualitätssicherung und Fortbildung (Nr. 3; auch hier wären ggf. bestehende RL zu beachten, vgl. § 92 Abs. 1 S. 2 Nr. 13), Fragen der Kooperation mit Vertragsarzt und Krankenhaus (Nr. 4), Grundsätze der Wirtschaftlichkeit(sprüfung, Nr. 5) sowie Grundsätze der Vergütung(sstrukturen, Nr. 5). „Grundsätze" insb. der Vergütung sind nicht „Einzelheiten" der Vergütung, die in den Verträgen gemäß Abs. 2 zu regeln ist. Das Fehlen der Rahmenempfehlungen ist für den Vertragsschluss unschädlich, vielmehr sind die Vertragsparteien, solange Rahmenempfehlungen fehlen, „zur Lückenfüllung befugt" (BSG, SozR 4–2500, § 132 a Nr. 2). 5

Die öffentlich-rechtlichen (§ 69 S. 1) **Verträge** werden zwischen KK und Pflege-Leistungserbringer geschlossen, wobei Einzelheiten, also aussagekräftige Regelungen, zum Leistungsinhalt, zu Vergütung und Abrechnung sowie zur Fort- 6

§ 132a

bildung vorzusehen sind (Abs. 2 S. 1). Auf den Abschluss der Verträge haben abschlusswillige und geeignete (Rn. 7) Leistungserbringer einen – angesichts der Monopolstellung der KK im Lichte von Art. 12 Abs. 1 und Art. 3 Abs. 1 GG von Bedarfskriterien freien – **Rechtsanspruch**, dessen Realisierung keine hoheitliche Zulassung unter dem Aspekt der Eignung vorgeschaltet ist (BSGE 90, 150 = SozR 3–2500, § 132a Nr. 4). Auch die Pflicht, für die Vielfalt der Leistungserbringer zu sorgen, führt nicht zu einer Bedarfskontrolle (zur entsprechenden Vorschrift des § 132 Abs. 2 S. 2 s. § 132 Rn. 4). Die Krankenkassen müssen gemäß Abs. 2 S. 5 beim Vertragsschluss auf eine wirtschaftliche und **preisgünstige** (= entgeltniedrige) **Leistungserbringung** achten (vgl. zum Problem § 132 Rn. 5). Der **Vergütungsanpruch** ist, ohne dass dies vertraglich ausdrücklich geregelt werden müsste, abhängig davon, dass die Leistung von der KK (konkludent) genehmigt wurde, was nicht durch die vertragsärztliche Verordnung bewirkt wird, die hier anders wirkt als eine Arzneimittelverordnung (BSG, SozR 3–2500, § 132a Nr. 3). Allerdings kann vertraglich **Vertrauensschutz** in der Weise vereinbart sein, dass die Leistungserbringer auf den in der Verordnung festgelegten Leistungsinhalt vertrauen dürfen (vgl. BSG, SozR 3–2500, § 132a Nr. 3). Zum selben Ergebnis kann man ggf. auch über § 69 S. 4 iVm. § 242 BGB gelangen.

7   Schon die systematische Zusammenhang mit § 37 (Rn. 1), zeigt, dass die (prognostizierbare) **Geeignetheit** der Leistungserbringer implizite Voraussetzung des Vertragsschlusses ist (iErg. so auch BSGE 90, 150 = SozR 3–2500, § 132a Nr. 4). Zum einen erfasst die Eignung auch die allgemeine **Zuverlässigkeitseignung**, die eine korrekte Mitwirkung im GKV-(Rechts-)Rahmen erwarten lässt (vgl. § 132b Rn. 3). Sie bezieht sich auf die **Facheignung** iS. hinreichender fachlicher Qualifikation zur Realisierung der GKV-Leistung (vgl. § 132b Rn. 3); dazu zählt ua. auch die Fähigkeit, den besonderen Belangen von (schwerkranken) Kindern gerecht werden zu können (vgl. hierzu *Seitz/Kern,* Die BKK H. 1/2008, 20/21 f.; s. auch § 132d Rn. 2).

8   Das **BSG** ist, ua. mit Verweis auf die Gesetzesbegr. zu § 132a (BT-Drs. 11/2237, 176), der Ansicht, Voraussetzung sei eine staatlich anerkannte Ausbildung für einen Pflegeberuf (insb. [Kinder-]Krankenpflege, Altenpflege), während ua. eine Ausbildung als Rettungsassistent bzw. -sanitäter nicht genüge (BSGE 90, 150 = SozR 3–2500, § 132a Nr. 4). Auch wenn der Verweis auf die Gesetzesmaterialien nicht zwingend ist, ist es zumindest vertretbar anzunehmen, dass das Ziel einer qualitativ hochwertigen Pflege durch eine formalisierte Ausbildung wesentlich indiziert ist. Andererseits legt sich der Gesetzestext nicht fest, so dass es ebenso vertretbar erscheint, eine den Formalqualifikationen materiell vergleichbare Qualifikation genügen zu lassen. Gerade mit Blick auf die vom BSG betonte Monopolstellung der KK im Lichte von Art. 12 Abs. 1 und Art. 3 Abs. 1 GG (Rn. 6) dürfte eine rein auf Formalqualifikationen abstellende Auffassung angesichts der Offenheit der gesetzlichen Regelung eine **unverhältnismäßige Beschränkung der Berufsfreiheit** sein. Anders als bei professionellen Kräften gilt aus Sicht des BSG das Erfordernis der Formalqualifikation nicht für im Haushalt lebende Personen (§ 37 Abs. 3) sowie selbstbeschaffte Kräfte iSd. § 37 Abs. 4 (BSGE 90, 150 = SozR 3–2500, § 132a Nr. 4).

9   Die Verträge haben ua. auch die **Fortbildung**, d. h., ihre konkreten Modalitäten (*Rixen,* Sozialrecht als öffentliches Wirtschaftsrecht, 2005, 486) zu regeln (Abs. 2 S. 1), aber auch Vergütungsabschläge bei nicht nachgewiesener Fortbildung (Abs. 2 S. 2), wobei dem Leistungserbringer (kraft Gesetzes) eine (zeitlich angemessene) Nachfrist zum realisterweise zeitlich möglichen Nachholen der Fort-

bildung (nicht des Nachweises, arg. S. 5) eingeräumt werden (Abs. 2 S. 3) muss. Beim Verstreichen der Frist ist der Vertrag (kraft eines gesetzlich gewährten Gestaltungsrechts, Abs. 2 S. 5) zu kündigen. Die Regelung ähnelt der Regelung des § 125 Abs. 2, weniger § 95 d, auf den die Gesetzesbegr. verweist (BT-Drs. 15/1525, 123). Die Nachfrist führt nicht zur Verlängerung befristeter Verträge (BT-Drs. 15/1525, 123), es sei denn, die Verträge sehen Entsprechendes vor.

In den Verträgen ist zudem zu regeln, dass im Falle von Nichteinigung eine **10** von den Parteien zu bestimmende **unabhängige Schiedsperson** den Vertragsinhalt festlegt (Abs. 2 S. 6). Diese Bestimmung ist nicht leicht zu verstehen: Nimmt man sie beim Wort, dann muss es zwischen KK und Leistungserbringer überhaupt zu einem Vertragsschluss gekommen sein, der zumindest erste Inhalte regelt, möglichst auch eine Regelung enthält, dass die Parteien bei Nichteinigung eine Schiedsperson bestimmen. Einigen sich die Vertragspartner – ein Vertrag muss also wenigstens teilweise, also dem Grunde nach, schon geschlossen sein – nicht auf eine Schiedsperson, so wird diese von der für die vertragsschließende Krankenkasse zuständigen Aufsichtsbehörde (§ 90 SGB IV) bestimmt (Abs. 2 S. 7), wobei der Antrag einer Partei insoweit genügt (*Schneider,* jurisPK, § 132 a Rn. 18). Die Schlichtung bezieht sich dann auf noch nicht konsensual geregelte Materien. Im Rahmen des Schiedsverfahrens, dessen Kosten die Vertragspartner zu gleichen Teilen zu tragen haben (Abs. 2 S. 8), legt die Schiedsperson den **Vertragsinhalt** fest (vgl. S. 6). Das Schiedsverfahren setzt also bestehende Vertragsbeziehungen iS. einer **Teileinigung** voraus. Deshalb ist die Nichtverlängerung des Vertrages als solche kein statthafter Gegenstand der Schlichtung, soweit es nicht wenigstens eine Teileinigung gibt (aA. *Schneider,* jurisPK, § 132 a Rn. 18). Ebensowenig ist die Verweigerung des Vertragsschlusses überhaupt statthafter Gegenstand der Schlichtung (aA. *Schneider,* jurisPK, § 132 a Rn. 18).

Hinsichtlich der Möglichkeit, dass die KK zur Gewährung von häuslicher **11** Krankenpflege **geeignete** (Rn. 7) **Personen anstellen** kann (Abs. 2 S. 10), insb. zur Nachrangigkeit dieser Gestaltungsmöglichkeit, gilt das zur entsprechenden Vorschrift des § 132 Abs. 1 S. 1 Ausgeführte (§ 132 Rn. 2); krit. zu einem eigenen KK-Pflegedienst BSGE 90, 84 = NZS 2003, 654/655, ua. mit Blick auf die begrenzte Zulässigkeit von (nicht bloß funktionalen, vgl. dazu § 132 Rn. 2, sondern organisatorisch von der KK beherrschten) Eigeneinrichtungen iSd. § 140.

§ 132b Versorgung mit Soziotherapie

Die Krankenkassen oder die Landesverbände der Krankenkassen können unter Berücksichtigung der Richtlinien nach § 37a Abs. 2 mit geeigneten Personen oder Einrichtungen Verträge über die Versorgung mit Soziotherapie schließen, soweit dies für eine bedarfsgerechte Versorgung notwendig ist.

Schrifttum: *Rixen,* Sozialrecht als öffentliches Wirtschaftsrecht – am Beispiel des Leistungserbringerrechts der gesetzlichen Krankenversicherung, 2005.

A. Überblick

Die Vorschrift ist die **leistungserbringerrechtliche Korrespondenznorm** **1** zum Rechtsanspruch aus § 37a SGB V, der den Vertragsschluss mit Soziotherapeuten (Leistungserbringern von Soziotherapie) regelt.

B. Modalitäten der Erbringung von Soziotherapie

2   Vertragsabschlussbefugt (öffentlich-rechtliche Verträge, § 69) sind KK oder ihre Landesverbände sowie „geeignete" Personen bzw. Einrichtungen, mithin alle selbständig wirtschaftenden (vgl. als Anhaltspunkt § 71 Abs. 1 SGB XI) natürlichen Personen oder sonstigen **Organisationseinheiten**, gleich welcher Rechtsform, die in der Lage sind, die durch die Soziotherapie-RL (§ 92 Rn. 34) konkretisierte Soziotherapie (§ 37 a) in all ihren Leistungsfacetten zu realisieren (als Anhaltspunkt für einen weiten Einrichtungsbegriff s. § 13 Abs. 2 SGB XII).

3   **Eignung** meint **Facheignung** im Sinne einer Prognose, dass die Leistungen der Soziotherapie korrekt umgesetzt werden (vgl. § 132 Rn. 3) sowie **Zuverlässigkeitseignung** im Sinne einer Prognose, dass die Bereischaft besteht, die Aufgabe im Rechtsrahmen der GKV sowie im Interesse des Erhalts ihrer Funktionsfähigkeit zu erfüllen (vgl. § 132 Rn. 3). Es handelt sich um ein gerichtlich voll überprüfbares Tatbestandselement, das auf die Eignung im konkreten Einzelfall, auf den jeweils in Rede stehenden abschlusswilligen Kandidaten abstellen muss. Hierbei ist die Soziotherapie-RL (*Schneider,* jurisPK, § 132 b Rn. 8), aber auch z. B. die Fachdiskussion aus Psychiatrie und psychiatriebezogener Sozialer Arbeit zur berufsspezifischen Kompetenz zu beachten (vgl. *Rixen,* Sozialrecht als öffentliches Wirtschaftsrecht, 492 ff.). Zu den früheren „Gemeinsamen Empfehlungen" als auch künftig sinnvollen Anhaltspunkten für die Eignung Rn. 9 aE.

4   Weiteres Tatbestandsmerkmal ist die Notwendigkeit der bedarfsgerechten Versorgung. Der Vertragsschluss ist demnach **bedarfsabhängig**, d. h. die KK muss ggf. darlegen, wieso es an einem Bedarf fehlt, etwa mit Blick auf die Zahl der Patienten mit einschlägigen Krankheiten, ihre Verteilung auf die KK-zugehörigen Versicherten oder die Zahl der bereits zugelassenen Soziotherapeuten (*Rixen,* Sozialrecht als öffentliches Wirtschaftsrecht, 497). Die **Bedarfsprüfung** setzt bereichsspezifisch das Wirtschaftlichkeitsgebot um (BT-Drs. 14/1245, 85), darf aber eine ausreichende bzw. zweckmäßige und wirksame Soziotherapie (§ 2 Abs. 4, § 12 Abs. 1) nicht unmöglich machen (allg. *Rixen,* Sozialrecht als öffentliches Wirtschaftsrecht, 164 ff.) und muss die Vielfalt der Leistungserbringer beachten (§ 2 Abs. 3 S. 1). Das **Wirtschaftlichkeitsprinzip** als solches verhindert beim Vorliegen der sonstigen Tatbestandsvoraussetzungen den Vertragsschluss nicht, kann und darf allerdings die Ausgestaltung des Vertrages prägen (*Rixen,* Sozialrecht als öffentliches Wirtschaftsrecht, 497), dazu auch Rn. 7.

5   Dem Wortlaut nach („können") scheint zwar nur ein Vertragsabschlussermessen die Rechtsfolge zu sein, jedoch ist nicht erkennbar, insb. im Lichte der Berufsfreiheit (Art. 12 Abs. 1 GG), welche anderen als die tatbestandlich abgedeckten Aspekte sinnvoll durch das Ermessen abgebildet werden sollen; insb. die Aspekte der ökonomischen Notwendigkeit sind im Tatbestand materiell mitabgedeckt (*Rixen,* Sozialrecht als öffentliches Wirtschaftsrecht, 497). Demnach besteht im Lichte von Art. 12 Abs. 1 GG grundsätzlich ein **Rechtsanspruch auf Vertragsschluss** in der juristisch-konstruktiven Form des „auf null" (bzw. „auf eins") reduzierten Ermessensanspruchs.

6   Dem Vertragsschluss ist **kein konkludenter Zulassungs-VA** vorgeschaltet (aA. *Rixen,* Sozialrecht als öffentliches Wirtschaftsrecht, 497 f.). Mit dem **BSG** (insb. in seiner Rspr. zu § 132a) gilt vielmehr, dass eine „Zulassung" integraler Bestandteil des Anspruchs auf Vertragsschluss ist (vgl. § 132a Rn. 6). Nähme man an, dass dem Vertragsschluss ein Zulassungs-VA vorgeschaltet ist, hätte das allerdings den Vorteil, dass der abgewiesene Kandidat bei einer Klage gegen die abge-

lehnte Zulassung nicht die objektive **Beweislast** tragen müsste. Sie müsste er nach allgemeinen Grundsätzen (Normbegünstigungsprinzip, vgl. *Rixen,* LPK-SGB X, 2. Aufl. 2007, § 20 Rn. 18 f.) tragen, weil er als eine ihm günstige Rechtsfolge einen Anspruch auf Vertragsschluss geltend macht. Diese Konsequenz lässt sich nur vermeiden, wenn man das auch für den Abschluss öffentlich-rechtlicher Verträge (vgl. § 69 S. 1) geltende **Amtsermittlungsprinzip** (§ 20 Abs. 1 iVm. § 8 SGB X), also die Beweisführungslast der KK, ernst nimmt und die **Nichterweislichkeit eines bestehenden Bedarfs** zulasten der KK gehen lässt, weil es um Daten aus der Sphäre der KK geht, auf die der abgewiesene Leistungserbringer-Kandidat keinen Zugriff hat. In Anlehnung an die zivilistische Anspruchskonstruktion erwiese sich § 132 b Hs. 2 („soweit dies ...") im Ergebnis als anpruchshindernde Voraussetzung, deren Nichterweislichkeit zulasten der KK geht. Diese Sichtweise wird die KK auch ermutigen, ihre Amtsermittlungspflicht hinsichtlich des ggf. nicht bestehenden Bedarfs sehr ernst zu nehmen. Allerdings setzt diese Sichtweise voraus, dass man § 69 so versteht, dass er die Anwendung (zumindest) der verfahrensrechtlichen Grundregeln des SGB X nicht sperrt (vgl. § 69 Rn. 38). Allerdings erforscht (spätestens) das Gericht den Sachverhalt (§ 103 S. 1 Hs. 1 SGG) von Amts wegen (vgl. § 132 d Rn. 3).

Die **Verträge** müssen zwar mit Personen bzw. Einrichtungen geschlossen werden, allerdings können diese sich ihrerseits von (Berufs-) Verbänden vertreten lassen, so dass neben Einzelverträgen namentlich auch beitrittsfähige Rahmenverträge möglich sind (*Rixen,* Sozialrecht als öffentliches Wirtschaftsrecht, 499; s. auch § 132 Rn. 5). Die Verträge müssen insb. Regelungen zur **Vergütung** enthalten, wobei das strukturelle Ungleichgewicht zwischen KK und Soziotherapeuten ernstzunehmende Preisverhandlungen kaum möglich macht (*Rixen,* Sozialrecht als öffentliches Wirtschaftsrecht, 500). Die Gesetzesbegr. missversteht das Wirtschaftlichkeitsprinzip (vgl. Rn. 4), wenn es dort heißt, es verlange, dass „regelmäßig (...) mit dem preisgünstigsten Leistungserbringer zu kontrahieren" sei (BT-Drs. 14/1245, 85 aE.). Das Kriterium der **Preisgünstigkeit** hat der Gesetzgeber im Wege absichtsvollen Regelungsverzichts bei § 132 b gerade nicht übernommen (anders aber in § 132 Abs. 2). Bei dauerhafter **Nichteinigung** verzichten die KK offenbar auf die gesetzlich verlangte (§ 2 Abs. 2 S. 3) ernstliche Implementation der Soziotherapie (*Rixen,* Sozialrecht als öffentliches Wirtschaftsrecht, 500 mit Fn. 466; s. auch *G-BA,* Ursachen für die Umsetzungsproblematiken in der Soziotherapie, Bericht v. 9. 8. 2007, www.g-ba.de). 7

In den Verträgen dürfen keine Regelungen zur **Qualitätssicherung** getroffen werden, weil § 132 b dies nicht vorsieht (näher *Rixen,* Sozialrecht als öffentliches Wirtschaftsrecht, 503). Die (Selbst-)Verpflichtung zur Qualtitätssicherung (§ 135 a Abs. 1) trägt vertragliche Regelungen hierzu ebenfalls nicht (*Rixen,* Sozialrecht als öffentliches Wirtschaftsrecht, 503 f.). Für die Qualitätssicherung, erst recht für eine nur punktuell bei anderen Leistungserbringern ausdrücklich als Vertragsgegenstand geregelte Fortbildungspflicht, fehlt im Rahmen des § 132 b die Vertragsschlusskompetenz. 8

Der **frühere Abs. 2** (eingeführt durch das GKV-GRG 2000), der „bundesweit einheitliche Qualitätsanforderungen an die Leistungserbringer der Soziotherapie" (BT-Drs. 14/1245, 86) sicherstellen sollte, ist durch das GKV-WSG mit Wirkung ab 1. 7. 2008 aufgehoben worden. Beim Übergang der Ausgaben der vormaligen Spitzenverbände auf den Spitzenverband (§ 217 a) sollte eine vermeintliche Aufgabenüberlast reduziert werden (BT-Drs. 16/3100, 144: „Verschlankung"). Angesichts der eher geringen Bedeutung der Soziotherapie im Gesamtvolumen der 9

GKV ist dies wenig überzeugend. Plausibler ist es, dass die KK, für die die Soziotherapie ohnehin ein ungeliebtes Kind ist, von Vorgaben entlastet werden sollten. Der ihnen damit gegebene größere Gestaltungsspielraum (vgl. (BT-Drs. 16/3100, 144) erlaubt es ihnen, den Druck auf abschlusswillige Soziotherapeuten zu verstärken (vgl. Rn. 7), was durch die „Gemeinsamen Rahmenempfehlungen der Spitzenverbände der Krankenkassen gemäß § 132b Abs. 2 SGB V zu den Anforderungen an die Leistungserbringer für Soziotherapie" idF. v. 29.11.2001 (abrufbar z. B. unter www.aok-gesundheitpartner.de) nicht mehr verhindert werden kann. Sie haben immerhin eine gewisse Transparenz der Kriterien gewährleistet, wenngleich diese unter dem Aspekt der Berufsfreiheit (Art. 12 Abs. 1 GG, Berufszugang) verfassungsrechtlich auch nicht unproblematisch gewesen sind (*Rixen*, Sozialrecht als öffentliches Wirtschaftsrecht, 490 ff., 494 ff.). In **berufsfreiheitlich korrekter Perspektive** ist es den KK aber nicht verwehrt, auch künftig die „Gemeinsamen Empfehlungen" zumindest als Anhaltspunkt für die Eignung (Rn. 3) heranzuziehen.

§ 132c Versorgung mit sozialmedizinischen Nachsorgemaßnahmen

Die Krankenkassen oder die Landesverbände der Krankenkassen können mit geeigneten Personen oder Einrichtungen Verträge über die Erbringung sozialmedizinischer Nachsorgemaßnahmen schließen, soweit dies für eine bedarfsgerechte Versorgung notwendig ist.

A. Überblick

1   Die Norm regelt **Verträge** zwischen den Krankenkassen oder ihren Landesverbänden mit Leistungserbringern sozialmedizinischer Nachsorge. Das Leistungsrecht ist in § 43 Abs. 2 enthalten. Die Leistungserbringer sind Dienste oder Einrichtungen der Rehabilitation, daher gelten **§§ 17–21 SGB IX.**

B. Gesetzgebung

2   Die Vorschrift wurde mit dem GMG aufgenommen (BT-Drs. 15/1525, 123). Die Ermächtigung an die Spitzenverbände, die Anforderungen an Leistungserbringer festzulegen, ist am 1.7.2008 entfallen (bisher Abs. 2; BT-Drs. 16/3100, 144).

C. Voraussetzungen

3   Die Vertragspartner der Krankenkassen müssen **geeignet** sein (vgl. § 17 Abs. 1 S. 1 Nr. 3 SGB IX). Nach den bisher auf Grundlage von Abs. 2 geltenden Empfehlungen der Spitzenverbände vom 1.7.2005 sollten zu einem Nachsorgeteam Kinderkrankenschwestern, Sozialarbeiter, Sozialpädagogen oder Psychologen und Kinderärzte gehören. Die Geeignetheit ist am Leistungsziel von § 43 Abs. 2 zu orientieren.

4   Da die Krankenkassen über die Leistung nach § 43 Abs. 2 im Einzelfall entscheiden, ermächtigt das Ermessen **nicht** zu einer **objektiven Bedarfsprüfung** (BSGE 89, 294/300). Es besteht Anspruch auf ermessensfehlerfreie Entscheidung nach gleichen Kriterien.

D. Verträge

Die Verträge sind **öffentlich-rechtlich** (§ 53 SGB X). Der Mindestinhalt der 5
Verträge bestimmt sich nach **§ 21 Abs. 1 SGB IX** (dazu § 111 Rn. 6 f.). § 132 c ist
hierzu kein abweichendes Recht.

§ 132 d Spezialisierte ambulante Palliativversorgung

(1) ¹Über die spezialisierte ambulante Palliativversorgung einschließlich der Vergütung und deren Abrechnung schließen die Krankenkassen unter Berücksichtigung der Richtlinien nach § 37 b Verträge mit geeigneten Einrichtungen oder Personen, soweit dies für eine bedarfsgerechte Versorgung notwendig ist. ²In den Verträgen ist ergänzend zu regeln, in welcher Weise die Leistungserbringer auch beratend tätig werden.

(2) Der Spitzenverband Bund der Krankenkassen legt gemeinsam und einheitlich unter Beteiligung der Deutschen Krankenhausgesellschaft, der Vereinigungen der Träger der Pflegeeinrichtungen auf Bundesebene, der Spitzenorganisationen der Hospizarbeit und der Palliativversorgung sowie der Kassenärztlichen Bundesvereinigung in Empfehlungen
1. die sächlichen und personellen Anforderungen an die Leistungserbringung,
2. Maßnahmen zur Qualitätssicherung und Fortbildung,
3. Maßstäbe für eine bedarfsgerechte Versorgung mit spezialisierter ambulanter Palliativversorgung fest.

Schrifttum: S. *Rixen,* Gesetz zur Verbesserung der palliativen und hospizlichen Leistungen (Palliativleistungsgesetz – PallLG), Gesetzentwurf mit Begründung (Stand: 23. Mai 2006), in: W. Höfling/E. Brysch (Hrsg.), Recht und Ethik der Palliativmedizin, 2007, S. 75. – Im Übrigen vgl. die Schrifttumshinweise zu § 37 b.

A. Überblick

Die Vorschrift ergänzt aus leistungserbringerrechtlicher Sicht die Leistungs- 1
norm des § 37 b, die in Abs. 2 allerdings (auf die soziale Pflegeversicherung bezogene) Vorschriften enthält, die systematisch zum Leistungserbringerrecht gehören. § 132 d ist im Lichte der Leistungsnorm, der das Leistungserbringerrecht dient, auszulegen (§ 37 b Rn. 12).

B. Modalitäten der Leistungserbringung von ambulanter Palliativversorgung

Die **Umsetzung der spezialisierten ambulanten Palliativversorgung** 2
(SAPV) als Komplexleistung (§ 37 b Rn. 4), die nicht zur vertragsärztlichen Versorgung gehört und deshalb nicht zu (verdeckten) Bereinigungen der Gesamtvergütung (§ 85) führen darf (BT-Drs. 16/3100, 144), erfolgt durch Versorgungsverträge mit „geeigneten" Trägern, die die Gewähr dafür bieten, dass die SAPV iSd. § 37 b normprogrammgemäß realisiert werden kann (vgl. zum Begriff der **Fachund der Zuverlässigkeitseignung** § 132 a Rn. 7 und § 132 b Rn. 3); zur (Fach-) Eignung gehört auch die Fähigkeit, die besonderen **Belange von Kindern** zu berücksichtigen (§ 37 b Abs. 1 S. 4). In Betracht kommen insb. Leistungserbringer, die schon jetzt mit (Teil-)Aspekten der Palliativversorgung befasst sind (BT-Drs.

§ 132 d
Spezialisierte ambulante Palliativversorgung

16/3100, 144). Insb. sind vielfältige Kooperationen (Versorgungsverbünde) möglich, z. B. zwischen ambulanten Pflegediensten und anderen Anbietern relevanter Sozialdienstleistungen, aber auch mit Krankenhäusern (so ausdrücklich BT-Drs. 16/3100, 144).

3 Abs. 1 gewährt – anders als die amtl. Begr. meint (BT-Drs. 16/3100, 144) – einen **Anspruch auf (Einzel-)Vertragsschluss.** Allerdings muss dazu feststehen, dass der Vertragsschluss für eine bedarfsgerechte Versorgung erforderlich ist (BT-Drs. 16/3100, 144). Dieses Erfordernis ist Tatbestandsmerkmal und als solches gerichtlich voll überprüfbar. Zwar muss ein Leistungsanbieter, der den Vertragsschluss begehrt, darlegen, wieso seine Tätigkeit bedarfsgerecht ist, und er trägt im Falle der Unauferklärbarkeit nach allgemeinen Grundsätzen die objektive Beweislast (zum Problem vgl. § 132 b Rn. 6). Allerdings erforscht das Gericht den Sachverhalt von Amts wegen (§ 103 S. 1 Hs. 1 SGG), und „die Beteiligten sind dabei heranzuziehen" (Hs. 2), so dass (auch) die KK mit ihren Daten die Aufklärung zu fördern hat. Immerhin denkbare Zögerlichkeiten der KK, aussagekräftige Daten zur Verfügung zu stellen, sind bei der Beweiswürdigung zu beachten.

4 **Rahmenvereinbarungen** über (Einzel-)Verträge mit den Leistungserbringern sieht die Vorschrift nicht vor. Soweit deren Abschluss gefordert wird (so etwa vom Vorsitzenden des G-BA, *Hess,* zit. bei *Braun,* MDK-Forum H. 1/2008, 3), kommt es darauf an, was damit gemeint ist. Sollte es sich um Rahmenverträge in dem Sinne handeln, dass jeder Leistungserbringer ihnen individuell beitreten kann, dann handelt es sich um regelungstechnisch bloß kumulierte, rechtlich abgrenzbare Einzelverträge. Rahmenvereinbarungen, die den Einzelverträgen vorgeschaltet sind und deren Parteien normativ binden, sind hingegen nicht zulässig. Unproblematisch sind wiederum Muster für Einzelverträge, die den typischen inhaltlichen Rahmen für einen Einzelvertrag definieren, ohne dass dadurch dessen Inhalte im Einzelnen präjudiziert und individuelle Anpassungen ausgeschlossen würden.

5 Relevante ggf. von der KK einzubringende Tatsachen sind solche, die plausibel machen, wieso der Versorgungsbedarf der Versicherten einer KK ohne den einen Vertragsschluss fordernden Anbieter bereits gedeckt ist. Das setzt transparente, auf **nachvollziehbare Kennzahlen** sich stützende Darlegungen der KK voraus. Der Gesetzgeber geht von einem bestimmten Bedarf aus (ca. 10 % der Sterbenden hätten einen besonderen Versorgungsbedarf, BT-Drs. 16/3100, 105). Jedenfalls zunächst einmal hiervon ausgehend, ist kassenbezogen zu spezifizieren. Ob die 10 %-Quote hinreicht, für die der Gesetzgeber keine Belege nennt, ist allerdings zweifelhaft; es gibt auf anderen Plausibilitätsannahmen beruhende abweichende Schätzungen (*Rixen,* S. 75/94 ff.).

6 Die Verträge, die etwaige ergänzende Beratungstätigkeiten der Leistungserbringer zu regeln haben (Abs. 1 S. 2) und im Fall des § 37 b Abs. 2 bestimmen müssen, ob Personal der Vertragspartner der KK oder der **Pflegeeinrichtung** tätig wird (§ 37 b Abs. 2 S. 2 Hs. 1). Insb. wird zu klären sein, ob die stationäre Pflegeeinrichtung einen auf Palliativmedizin spezialisierten Arzt beschäftigt oder mit einem solchen Arzt einen Kooperationsvertrag schließt (BT-Drs. 16/3100, 105). Denkbar sind auch Kooperationen mit einem **Krankenhausarzt,** soweit es nur um seine Tätigkeit gerade im Rahmen der SAPV geht (zum Krankenhaus als Kooperationspartner Rn. 2; zur Mitwirkungsbefungis des Krankenhausarztes § 37 b Rn. 6 f.).

7 Die Verträge sollen **Empfehlungen gemäß Abs. 3** entsprechen (Abs. 2, ggf. iVm. § 37 b Abs. 2 Hs. 2 für die soziale Pflegeversicherung), die, soweit ersichtlich, bislang noch nicht ergangen sind. Solange Empfehlungen fehlen, müssen die Verträge jedenfalls den SAPV-relevanten gesetzlichen und RL-Normen entsprechen.

Zu beachten ist, dass in einer RL, die die SAPV betrifft, auch Aspekte der **Qualitätssicherung** geregelt werden dürfen (Ermächtigungsgrundlage: § 91 Abs. 2 Nr. 13). Die in den Empfehlungen zu bestimmenden nur „Maßnahmen zur Qualitätssicherung" müssen etwaigen Anforderungen an die Qualitätssicherung in einer RL gerecht werden.

§ 132 e Versorgung mit Schutzimpfungen

¹**Die Krankenkassen oder ihre Verbände schließen mit Kassenärztlichen Vereinigungen, geeigneten Ärzten, deren Gemeinschaften, ärztlich geleiteten Einrichtungen oder dem öffentlichen Gesundheitsdienst Verträge über die Durchführung von Schutzimpfungen nach § 20 d Abs. 1 und 2.** ²**Dabei haben sie sicherzustellen, dass insbesondere die an der vertragsärztlichen Versorgung teilnehmenden Ärzte berechtigt sind, Schutzimpfungen zu Lasten der Krankenkasse vorzunehmen.**

A. Überblick

§ 132 e enthält Leistungserbringungsrecht zu den in § 20 d Abs. 1 und 2 enthaltenen Ansprüchen auf **Schutzimpfungen**. 1

B. Gesetzgebung

Die Vorschrift wurde mit dem GKV-WSG in das SGB V aufgenommen und trat zum 1. 4. 2007 (BT-Drs. 16/4247, 47) in Kraft. 2

C. Verträge über die Durchführung von Schutzimpfungen, S. 1

Impfleistungen nach § 20 d sind leistungs- und leistungserbringungsrechtlich gesondert von der ärztlichen Behandlung (§§ 27, 72) und der Arzneimittelversorgung (§§ 31, 129). Sie unterliegen nicht der Gesamtvergütung (§ 85) und dem Arzneimittelbudget (§ 84). Über die Erbringung von Schutzimpfungen schließen die Krankenkassen oder ihre Verbände Verträge mit **Kassenärztlichen Vereinigungen** (§ 77), mit **geeigneten Ärzten** – nicht zwingend nur Vertragsärzten, **ärztlich geleiteten Einrichtungen** wie Krankenhäusern, Medizinischen Versorgungszentren, Rehabilitationseinrichtungen, Vorsorgeeinrichtungen oder sozialpädiatrischen Zentren oder dem nach Landesrecht verfassten **öffentlichen Gesundheitsdienst**. Letztere sind abzugrenzen von den Rahmenempfehlungen nach § 20 d Abs. 3. Ein **Anspruch** auf Abschluss eines Einzelversorgungsvertrags besteht nicht (BT-Drs. 16/4247, 47). §§ 19–21 GWB gelten entsprechend (§ 69 S. 2). Für den Nichtabschluss eines Vertrages bedarf es eines **sachlichen Grundes**. Ziel ist die **flächendeckende Versorgung** der Versicherten mit Schutzimpfungsleistungen. 3

D. Einbindung der Vertragsärzte, S. 2

Sicherzustellen ist, dass jedenfalls die **Vertragsärzte,** insbesondere Hausärzte und Kinderärzte (BT-Drs. 16/4247, 47), berechtigt sind, Schutzimpfungen zu Lasten der Krankenkasse vorzunehmen. Verträge mit den KVen sind daher in jedem Fall abzuschließen. 4

§ 133 Versorgung mit Krankentransportleistungen

(1) ¹Soweit die Entgelte für die Inanspruchnahme von Leistungen des Rettungsdienstes und anderer Krankentransporte nicht durch landesrechtliche oder kommunalrechtliche Bestimmungen festgelegt werden, schließen die Krankenkassen oder ihre Landesverbände Verträge über die Vergütung dieser Leistungen unter Beachtung des § 71 Abs. 1 bis 3 mit dafür geeigneten Einrichtungen oder Unternehmen. ²Kommt eine Vereinbarung nach Satz 1 nicht zu Stande und sieht das Landesrecht für diesen Fall eine Festlegung der Vergütungen vor, ist auch bei dieser Festlegung § 71 Abs. 1 bis 3 zu beachten. ³Sie haben dabei die Sicherstellung der flächendeckenden rettungsdienstlichen Versorgung und die Empfehlungen der Konzertierten Aktion im Gesundheitswesen zu berücksichtigen. ⁴Die vereinbarten Preise sind Höchstpreise. ⁵Die Preisvereinbarungen haben sich an möglichst preisgünstigen Versorgungsmöglichkeiten auszurichten.

(2) Werden die Entgelte für die Inanspruchnahme von Leistungen des Rettungsdienstes durch landesrechtliche oder kommunalrechtliche Bestimmungen festgelegt, können die Krankenkassen ihre Leistungspflicht zur Übernahme der Kosten auf Festbeträge an die Versicherten in Höhe vergleichbarer wirtschaftlich erbrachter Leistungen beschränken, wenn
1. vor der Entgeltfestsetzung den Krankenkassen oder ihren Verbänden keine Gelegenheit zur Erörterung gegeben wurde,
2. bei der Entgeltbemessung Investitionskosten und Kosten der Reservevorhaltung berücksichtigt worden sind, die durch eine über die Sicherstellung der Leistungen des Rettungsdienstes hinausgehende öffentliche Aufgabe der Einrichtungen bedingt sind, oder
3. die Leistungserbringung gemessen an den rechtlich vorgegebenen Sicherstellungsverpflichtungen unwirtschaftlich ist.

(3) Absatz 1 gilt auch für Leistungen des Rettungsdienstes und andere Krankentransporte im Rahmen des Personenbeförderungsgesetzes.

Schrifttum: *C. Abig,* Die Rechtsstellung nichtärztlicher Leistungserbringer in der gesetzlichen Krankenversicherung, 2003, S. 44–103; *M. Dahlhoff/F. Rau,* Finanzierungsregelungen im Rettungsdienst: Gegenwart und Zukunftsperspektiven, NZS 2005, 153; *E. Denninger,* Rettungsdienst und Grundgesetz, DÖV 1987, 981; *O. Esch,* Rechtsfragen der Erbringung und Vergütung rettungsdienstlicher Leistungen, 2005; *M. Geisler/F. Temming,* Der Anspruch auf angemessene Vergütung von Rettungs- und Krankentransportleistungen im Rahmen des § 133 SGB V, NZS 2005, 125; *S. J. Iwers,* Gebühren für Fehleinsätze des Rettungsdienstes?, LKV 1999, 485; *G. Plute/J. Knopff/W. Kellmer,* Krankenkassen, Rettungsdienst und Krankenfahrten, 2. Aufl. 2004, 67–103; *M. Schulte,* Rettungsdienst durch Private, 1999; *M. Winkler,* Funktionsfähigkeit des Rettungsdienstes contra Berufsfreiheit der Rettungsunternehmer, DÖV 1995, 899. – Zusammenstellung der Rechtsquellen: *W. Gerdelmann/H. Korbmann/S. E. Kutter,* Krankentransport und Rettungsdienst, Loseblattslg.

Inhaltsübersicht

	Rn.
A. Überblick	1
I. Sachlicher Anwendungsbereich	2
II. Personaler Anwendungsbereich	5
B. Vertragsmodell, Abs. 1	9
I. Sachlicher und territorialer Anwendungsbereich	9
II. Abschluss und Inhalt von Vergütungsverträgen, Abs. 1 S. 1, 3–5	12
1. Anspruch auf Vertragsabschluss	13
2. Vertragsgegenstand: Entgeltvereinbarung	14
3. Konfliktschlichtungsmechanismen, Abs. 1 S. 2	18

	Rn.
a) Schiedsstelle	19
b) Einseitige behördliche Festlegung	21
C. Festbetragsmodell, Abs. 2	22
I. Sachlicher und territorialer Anwendungsbereich	22
II. Voraussetzungen für die Festbetragsfestsetzung	23
III. Vergütungsanspruch des Krankentransportunternehmers	27

A. Überblick

Das Recht der Versorgung mit Krankentransportleistungen wird geprägt durch die Gesetzgebungszuständigkeit der Länder für die Sicherstellung, Organisation und Durchführung des Rettungsdienstes auf der einen und die bundesrechtliche Verpflichtung der KKen zur entsprechenden Versorgung der Versicherten auf der anderen Seite (BT-Drs. 15/530, 271 ff.). Die **Rettungsdienstgesetze der Länder** regeln ua. die Umsetzung des Sicherstellungsauftrages und die Genehmigung zur Erbringung von Krankentransportleistungen. Ergänzend tritt, für die nicht unter die Rettungsdienstgesetze fallenden Krankentransportleistungen, das **Personenbeförderungsgesetz** (PBefG) hinzu. Daran und an der leistungsrechtlichen Korrespondenzvorschrift des § 60 orientieren sich auch der sachliche und personale Anwendungsbereich von § 133: 1

I. Sachlicher Anwendungsbereich

Die KKen sind für die Statusbegründung gar nicht und auch für die Ausgestaltung des Leistungserbringungsverhältnisses sachlich nur zuständig, soweit es um die Vergütung der Krankentransportleistungen zu Lasten der GKV geht. Die Vorschrift regelt daher lediglich die **vergütungsrechtlichen** Rechtsbeziehungen der Krankenkassen zu den Trägern von Krankentransportleistungen. Im Hinblick auf die Kompetenzen der KKen unterscheidet sie insoweit zwischen 2

- dem Abschluss von Vergütungsverträgen (**Vertragsmodell**) für den Fall, dass die einschlägigen Landesgesetze die Entgelte für Krankentransportleistungen nicht regeln (Abs. 1, Rn. 9–21), und 3
- der Festsetzung von Festbeträgen (**Festbetragsmodell**), die in Betracht kommt, wenn die Entgelte landes- oder kommunalrechtlich festgelegt werden (Abs. 2, Rn. 22–27). 4

II. Personaler Anwendungsbereich

Mit der personalen Unterscheidung zwischen Rettungsdiensten und anderen Krankentransporten knüpft § 133 an die Systematik der Rettungsdienstgesetze sowie an § 60 an: 5
- „**Rettungsdienste**" iSd. Vorschrift sind alle Einrichtungen und Unternehmen, die kraft Landesrechts mit der Erbringung von Rettungsdienstleistungen betraut sind (**qualifizierte Krankentransporte**); das PBefG ist insoweit nicht anwendbar (§ 1 Abs. 2 Nr. 2 PBefG). Leistungsrechtlich gewendet handelt es sich um die Versorgung mit Krankenkraftwagen und anderen Rettungsfahrzeugen (§ 60 Rn. 15) iSv. § 60 Abs. 3 Nr. 3. Abzugrenzen ist der regelmäßig als Dienstaufgabe angestellter Krankenhausärzte ausgestaltete Rettungsdienst von der vertragsärztlichen Versorgung zu den sprechstundenfreien Zeiten (**Notdienst**), deren Sicherstellung nach § 75 Abs. 1 S. 2 nicht in die Zuständigkeit 6

der Länder, sondern der Kassenärztlichen Vereinigungen fällt (BT-Drs. 13/ 7264, 102).

7 – **„Andere Krankentransporte"** sind demgegenüber alle Beförderungen, die nicht durch den Rettungsdienst durchgeführt werden **(einfache Krankentransporte).** Gemeint sind Taxen und Mietwagen iSv. § 60 Abs. 3 Nr. 2; sie fallen in den Anwendungsbereich des PbefG, nicht der Rettungsdienstgesetze. § 133 Abs. 3 (Rn. 11) stellt klar, dass auch insoweit eine Vertragskompetenz der Krankenkassen besteht.

8 – Für die Benutzung eines öffentlichen Verkehrsmittels (§ 60 Abs. 3 Nr. 1) und eines privaten Kraftfahrzeugs (§ 60 Abs. 3 Nr. 4) gilt die Vorschrift nicht.

B. Vertragsmodell, Abs. 1

I. Sachlicher und territorialer Anwendungsbereich

9 Das Vertragsmodell kommt zur Anwendung, soweit das Landesrecht die Vergütung nicht selbst festlegt (Rn. 22–27). Es ist daher zu differenzieren:

10 Bei **qualifizierten Krankentransporten** (Rn. 6) gilt Abs. 1 nur in denjenigen Ländern, in denen die Entgelte für Rettungsdienstleistungen nicht bzw. nur subsidiär (Rn. 21) landesrechtlich festgelegt werden. Das sind gemäß den jeweiligen Rettungsdienst- bzw. vergleichbaren Gesetzen: Baden-Württemberg (§ 28 Abs. 3 RDG), Bayern (Art. 24 Abs. 2 RDG), Berlin (§ 21 Abs. 1 RDG: nur für den Krankentransport, der nicht von der Berliner Feuerwehr übernommen wird), Bremen (§ 58 Abs. 1 HilfeG), Hamburg (§ 10a Abs. 1 RDG; allerdings subsidiäre Festsetzungskompetenz des Senats: § 10a Abs. 3 RDG), Mecklenburg-Vorpommern (§ 11 Abs. 1 RDG), Niedersachsen (§ 15 Abs. 1, 2 RDG), Rheinland-Pfalz (§ 12 Abs. 2 RDG), Saarland (§ 10 Abs. 1 RDG), Sachsen (§ 32 Abs. 1 BRKG), Sachsen-Anhalt (§ 12 Abs. 2 RDG), Schleswig-Holstein (§ 8 a RDG) und Thüringen (§ 12 Abs. 2 RDG).

11 Das Vertragsmodell gilt nach Abs. 3 auch für Krankentransportleistungen, die nicht unter die Rettungsdienstgesetze, sondern in den Anwendungsbereich des PBefG fallen, d. h. für die **einfachen Krankentransportleistungen** (Rn. 7). Hier besteht nämlich keine Landeskompetenz, auf die Rücksicht zu nehmen wäre. Der territoriale Anwendungsbereich der Vorschrift ist insoweit nicht beschränkt, einfache Krankentransportleistungen unterliegen also **bundesweit dem Vertragsmodell.**

II. Abschluss und Inhalt von Vergütungsverträgen, Abs. 1 S. 1, 3–5

12 Die KKen oder ihre Landesverbände schließen nach Abs. 1 öffentlich-rechtliche (§ 69 Rn. 38) Vergütungsverträge mit geeigneten Einrichtungen oder Unternehmen. Das können landes- oder bundesweit tätige Hilfsorganisationen (Deutsches Rotes Kreuz, Arbeiter-Samariter-Bund, Johanniter-Unfall-Hilfe, Malteser-Hilfsdienst) sein, mit denen regelmäßig auf Landesebene kontrahiert wird, aber auch lokal tätige Krankentransportunternehmen (Taxi- und Mietwagenunternehmen), die Verträge regelmäßig mit einzelnen KKen schließen werden (*Kranig,* H/N, § 133 Rn. 16).

1. Anspruch auf Vertragsabschluss

Eine Einrichtung/ein Unternehmen ist **geeignet,** wenn es nach dem einschlägigen RDG oder dem PBefG zur Durchführung von Krankentransporten zugelassen ist. Die einschlägigen Bestimmungen setzen regelmäßig fachliche Eignung und Zuverlässigkeit voraus; eine generelle Bevorzugung gemeinnütziger Organisationen ist unzulässig (EuGH, Rs. C-475/99, Slg. 2001, I-8089, Rn. 55 ff. – Ambulanz Glöckner; vgl. auch *Schulte,* Rettungsdienst, 96 ff.; *Winkler,* DÖV 1995, 899). Die insoweit bestehende Prüfungskompetenz der zuständigen Landesbehörden schließt eine nochmalige Eignungsprüfung durch die Krankenkassen grundsätzlich ebenso aus wie eine Bedarfsprüfung. Vielmehr haben alle Einrichtungen und Unternehmen, deren Preisangebote nicht über den Sätzen marktgerechter Vereinbarungen liegen (Rn. 16), einen **Anspruch auf Abschluss einer Vergütungsvereinbarung** (BSG, NZS 1996, 384/385; *Geisler/Temming,* NZS 2005, 125/ 126 f.). Ausnahmsweise sollen die KKen ein Kündigungsrecht haben, wenn es gerade ihnen gegenüber zu Pflichtverletzungen (etwa Unregelmäßigkeiten bei der Abrechnung) gekommen ist (SG Fulda v. 25. 5. 2006, S 4 KR 435/06 ER, Rn. 61; *Kranig,* H/N, § 133 Rn. 18; *Plute/Knopff/Kellmer,* Krankenkassen, 72); regelmäßig dürfte aber ein solches Fehlverhalten die Zuverlässigkeit des Krankentransportträgers in Frage stellen, für deren Beurteilung nicht die Krankenkassen, sondern die Landesbehörden zuständig sind.

2. Vertragsgegenstand: Entgeltvereinbarung

Zulässiger Vertragsgegenstand ist **allein die Vergütung** der Krankentransportleistungen. Insbesondere sind die Vertragsparteien daher nicht für Vereinbarungen hinsichtlich der Qualität und Wirtschaftlichkeit der Leistungserbringung zuständig, um den auch insoweit bestehenden Primat der Landesbehörden nicht auszuhöhlen. Die Vergütungsvereinbarungen enthalten regelmäßig den Grundpreis, den Kilometerpreis sowie ggf. den Zeitpreis für die Wartezeit; ferner werden regelmäßig Vereinbarungen über den Pflichtfahrbereich, die Abrechnung sowie die Zahlungsweise getroffen (*Joussen,* Beck-OK, § 133 Rn. 3; näher: *Esch,* Rechtsfragen, 254 f.). Zur Höhe des zu vereinbarenden Entgelts enthält Abs. 1 einige, wegen § 69 S. 4 abschließende (vgl. § 69 Rn. 39; aA. *Esch,* Rechtsfragen, 259 ff.; § 632 Abs. 2 BGB analog), Vorgaben:

Nach Abs. 1 S. 1 müssen die KKen beim erstmaligen Abschluss einer Vergütungsvereinbarung den Grundsatz der **Beitragssatzstabilität** (§ 71 Abs. 1) und bei späteren Vergütungsanpassungen die in § 71 Abs. 2 und 3 genannten **Veränderungsraten** beachten (*Knittel,* Krauskopf, § 133 Rn. 5 a). Nach § 71 Abs. 1 S. 1 Hs. 2 tritt aber der Grundsatz der Beitragssatzstabilität zurück, wenn die notwendige medizinische Versorgung auch nach Ausschöpfung von Wirtschaftlichkeitsreserven nicht zu gewährleisten ist. Zudem ist nach Abs. 1 S. 3 die **Sicherstellung der flächendeckenden rettungsdienstlichen Versorgung** zu berücksichtigen (*Geisler/Temming,* NZS 2005, 125/127). Die KKen dürfen daher die Versorgungsqualität nicht durch ein Preisdumping gefährden. Die in Abs. 1 S. 3 ebenfalls aufgeführten Empfehlungen der Konzertierten Aktion im Gesundheitswesen sind nach dem Wegfall von § 141 aF. freilich bedeutungslos (*Kranig,* H/N, § 133 Rn. 22).

Nach Abs. 1 S. 6 müssen sich die Preisvereinbarungen zudem an **möglichst preisgünstigen Versorgungsmöglichkeiten** ausrichten. Dazu müssen sich die KKen einen Überblick über die marktüblichen Vergütungen verschaffen **(exter-**

ner Vergütungsvergleich, vgl. BSGE 87, 199/202 f.; BVerwGE 108, 47/55 f.); das schließt es aus, die kommunalen Gebührensätze (Abs. 2) zum Maßstab zu machen (LSG NRW v. 12. 8. 2004, L 16 KR 81/03, Rn. 17; aA. *Geisler/Temming*, NZS 2005, 125/127 f.). Das verfahrensrechtliche Instrument für den Vergütungsvergleich ist die **Ausschreibung**. Zwar sind die KKen insoweit nicht an das Vergaberecht (§§ 97 ff. GWB) gebunden (LSG B-W v. 4. 4. 2007, L 5 KR 518/07 ER-B; vgl. auch § 69 Rn. 45). Doch folgt die Notwendigkeit der Ausschreibung bereits aus der in Abs. 1 S. 6 angelegten Verpflichtung zum Vergütungsvergleich: Eine Ausschreibung gewährleistet Transparenz bei der Preisbildung und zwingt zugleich die Anbieter, sich der eigenen personellen und sächlichen Leistungsfähigkeit zu vergewissern (vgl. *Kingreen*, VSSR 2006, 379/389 ff.). Nur in diesem Rahmen besteht ein Anspruch auf Vertragsabschluss: Leistungserbringer, deren Vergütungen außerhalb eines durch die Ausschreibung zu bildenden Preiskorridors liegen, müssen daher nicht berücksichtigt werden (*Plute/Knopff/Kellmer*, Krankenkassen, 75).

17 Der Krankentransportunternehmer hat, wenn eine Vergütungsvereinbarung existiert, einen **Vergütungsanspruch unmittelbar gegen die KK.** Nach Abs. 1 S. 4 sind die vereinbarten Preise allerdings **Höchstpreise** (allgemein zur Verfassungsmäßigkeit: BVerfGE 70, 1/25 ff.). Überregionale Preisvereinbarungen dürfen daher regional unterschritten werden (*Kranig*, H/N, § 133 Rn. 24).

3. Konfliktschlichtungsmechanismen, Abs. 1 S. 2

18 Für den Fall, dass eine Vergütungsvereinbarung nach Abs. 1 S. 1 nicht zustande kommt, sieht § 133, anders als sonst üblich (§ 89 Rn. 6), **keinen Konfliktschlichtungsmechanismus** vor. Abs. 1 S. 2 schreibt lediglich vor, dass der Grundsatz der Beitragssatzstabilität (§ 71 Abs. 1 S. 1–3) zu beachten ist, wenn das **Landesrecht** für den Fall des Nichtzustandekommens eine Festlegung der Vergütungen vorsieht. Tatsächlich regeln alle Länder, in denen das Vertragsmodell gilt (Rn. 10), bei qualifizierten Krankentransportleistungen (Rn. 6) ein Festlegungsverfahren iSv. Abs. 1 S. 2:

19 **a) Schiedsstelle.** Meist wird in den Rettungsdienstgesetzen eine aus einem unparteiischen Vorsitzenden sowie Vertretern der Krankenkassenverbände und der Leistungserbringer zusammengesetzte **Schiedsstelle** gebildet, so in Baden-Württemberg (§ 28 Abs. 5, 6 RDG), Bayern (Art. 24 Abs. 2, 22 RDG), Berlin (§ 21 Abs. 2–6 RDG [soweit keine Zuständigkeit der Berliner Feuerwehr]), Hamburg (§ 10 b RDG), Mecklenburg-Vorpommern (§ 11 a RDG), Niedersachsen (§ 18 RDG; allerdings nach § 16 RDG Befugnis zur Erhebung von Gebühren nach allgemeinen Regeln, so lange eine Vereinbarung nicht zustande kommt), Rheinland-Pfalz (§ 13 RDG), Sachsen (§ 33 BRKG), Sachsen-Anhalt (§ 12 Abs. 3 RDG) und in Schleswig-Holstein (§ 8 b RDG). Geregelt werden jeweils die Bestellung, bisweilen auch der Rechtsstatus der Mitglieder (Ehrenamt, Weisungsunabhängigkeit, vgl. § 89 Rn. 25 f.) sowie das Verfahren und die (regelmäßig hälftige) Finanzierung der Schiedsstelle.

20 Die einschlägigen Regelungen sehen zudem vor, dass gegen Entscheidungen der Schiedsstellen der **Verwaltungsrechtsweg** eröffnet ist und ein Vorverfahren nicht stattfindet. Weitgehend ungeklärt ist allerdings die **gerichtliche Kontrolldichte**. Einige Verwaltungsgerichte räumen der Schiedsstelle, vergleichbar mit der Rechtsprechung der Sozialgerichte zu § 89 (dort Rn. 22), einen weiten Beurteilungs- und Gestaltungsspielraum ein und beschränken ihre Kontrolle darauf, ob die Schiedsstelle „die widerstreitenden Interessen der Vertragsparteien richtig

ermittelt, alle für die Abwägung erforderlichen tatsächlichen Erkenntnisse gewonnen und die Abwägung frei von Einseitigkeit in einem den gesetzlichen Vorgaben entsprechenden fairen und willkürfreien Verfahren vorgenommen hat" (so LSG B-W v. 7. 11. 2003, 14 S 730/03, Rn. 26; S-H VG v. 19. 12. 2006, 3 A 249/03, Rn. 27). Insbesondere das OVG Lüneburg (v. 15. 5. 2007 11 LC 73/06, Rn. 55 f.; ebenso bereits VG Oldenburg v. 25. 1. 2006, 11 A 3681/05, Rn. 38) lehnt demgegenüber eine Einschränkung der gerichtlichen Kontrolle ab.

b) Einseitige behördliche Festlegung. Drei Länder (Bremen, § 58 Abs. 1 S. 2 HilfeG Saarland, § 10 Abs. 1 RDG und Thüringen, § 12 Abs. 3 RDG), in denen das Vertragsmodell gilt, sehen bei einem Nichtzustandekommen iSv. Abs. 1 S. 2 eine einseitige behördliche Festlegung nach allgemeinen **kostenrechtlichen Regeln** vor. In Ermangelung einer Vergütungsvereinbarung scheidet dann allerdings ein vertraglicher Anspruch des Unternehmers gegen die KK aus (Rn. 27). **21**

C. Festbetragsmodell, Abs. 2

I. Sachlicher und territorialer Anwendungsbereich

Abs. 2 gilt zum einen für **qualifizierte Krankentransportleistungen** (zu einfachen Krankentransportleistungen Rn. 11) in denjenigen Ländern, in denen nicht Vergütungen vertraglich vereinbart, sondern Benutzungsgebühren in Gebührensatzungen festgesetzt werden, d. h. in Berlin (§ 20 RDG [nur für die Leistungen der Berliner Feuerwehr]), Brandenburg (§ 10 Abs. 2 RettG) und Nordrhein-Westfalen (§ 14 RettG). Eine vertragliche Vereinbarung von Vergütungen scheidet in diesen Ländern aus. Zum anderen gilt die Vorschrift auch für die **subsidiäre staatliche Festlegung** von Gebühren im Rahmen des Vertragsmodells (Rn. 21). **22**

II. Voraussetzungen für die Festbetragsfestsetzung

Da auf der einen Seite Länder und Kommunen im Rahmen der Regelung der Gebührenfestlegung nicht an den bundesrechtlichen Grundsatz der Beitragssatzstabilität gebunden sind, zugleich aber Landesrecht nach Art. 74 Abs. 1 Nr. 11, Art. 72 Abs. 1 GG keine unmittelbaren Leistungspflichten für die KKen begründen darf (vgl. *Dahlhoff/Rau*, NZS 2005, 153/159; aA. VG Bremen v. 15. 3. 2007, 2 K 1962/06), können die Krankenkassen ihre Leistungspflicht durch die Festsetzung von **Festbeträgen** beschränken, die vergleichbaren wirtschaftlich erbrachten Leistungen entsprechen. Die praktische Bedeutung der Vorschrift ist gering, weil die Versicherten die Differenzbeträge tragen müssen, was sich für die festsetzende Krankenkasse als Wettbewerbsnachteil auswirkt (*Kranig*, H/N, § 133 Rn. 27). Es muss einer der in Abs. 2 genannten Tatbestände vorliegen: **23**

Abs. 2 Nr. 1 **(keine Gelegenheit der Krankenkassen zur Stellungnahme)** läuft derzeit schon deshalb weitgehend leer, weil alle Länder, die sich für eine primäre Festsetzung in den Gebührenordnungen entschieden haben, die Möglichkeit der Stellungnahme vorsehen, ja die Krankenkassen regelmäßig in den Prozess der Festlegung einbeziehen (Berlin [Notfallrettung], § 20 Abs. 2 RDG; Brandenburg, § 10 Abs. 2 RettG; Nordrhein-Westfalen § 14 RettG) und unter den Ländern, die eine subsidiäre staatliche Festsetzung vorsehen (Rn. 21), nur Bremen keine Stellungnahmemöglichkeit einräumt (vgl. hingegen für das Saarland § 10 Abs. 2 S. 3 RDG und für Thüringen § 12 Abs. 4 RDG). **24**

§ 134a
Versorgung mit Hebammenhilfe

25 Abs. 2 Nr. 2 berechtigt zur Festsetzung von Festbeträgen, wenn in die Entgeltbemessung **Investitionskosten** und **Kosten der Reservevorhaltung** einbezogen werden, da es nicht gerechtfertigt erscheint, die Versichertengemeinschaft für die allgemeine Sicherstellung des qualifizierten Krankentransportwesens aufkommen zu lassen.

26 Schließlich können Festbeträge nach Abs. 2 Nr. 3 festgesetzt werden, wenn die Leistungserbringung **unwirtschaftlich** ist. Angesichts der geringen Kostentransparenz im Rettungsdienstwesen (BT-Drs. 15/530, 275) dürfte sich das aber praktisch kaum belegen lassen.

III. Vergütungsanspruch des Krankentransportunternehmers

27 Wenn Vergütungen für den Krankentransport nicht zwischen Krankenkassen und Leistungserbringern kollektiv- oder individualvertraglich vereinbart werden (d. h. in den Fällen des Abs. 2 sowie für den Fall einer subsidiären staatlichen Festsetzung in den Ländern, in denen das Vertragsmodell gilt, vgl. Rn. 21), scheidet ein vertraglicher Anspruch des Krankentransportunternehmers gegen die zuständige Krankenkasse ebenso wie ein Anspruch aus § 683 BGB (BSG, SozR 3–2500, § 60 Nr 4 S. 2; aA. VG Bremen v. 15. 3. 2007, 2 K 1962/06; *Knispel,* NZS 2004, 623/ 627), wenn nicht ein Notfalltransport vorliegt (BSG v. 4. 10. 2004, B 3 KR 16/04 B, Rn. 5). Er hat daher lediglich einen aus dem Personenbeförderungsvertrag folgenden Gebührenanspruch gegen den Versicherten. Hat dieser aber einen Freistellungsanspruch nach § 13 Abs. 3 gegenüber seiner Krankenkasse, kann dieser Anspruch abgetreten oder durch den Unternehmer gepfändet werden.

§ 134 *(aufgehoben)*

§ 134a Versorgung mit Hebammenhilfe

(1) [1]**Der Spitzenverband Bund der Krankenkassen schließt mit den für die Wahrnehmung der wirtschaftlichen Interessen gebildeten maßgeblichen Berufsverbänden der Hebammen und den Verbänden der von Hebammen geleiteten Einrichtungen auf Bundesebene, erstmalig bis zum 30. November 2006 mit Wirkung ab dem 1. Januar 2007, mit bindender Wirkung für die Krankenkassen Verträge über die Versorgung mit Hebammenhilfe, die abrechnungsfähigen Leistungen unter Einschluß einer Betriebskostenpauschale bei ambulanten Entbindungen in von Hebammen geleiteten Einrichtungen und der Anforderungen an die Qualitätssicherung in diesen Einrichtungen sowie über die Höhe der Vergütung und die Einzelheiten der Vergütungsabrechnung durch die Krankenkassen.** [2]**Die Vertragspartner haben dabei den Bedarf der Versicherten an Hebammenhilfe und deren Qualität, den Grundsatz der Beitragssatzstabilität sowie die berechtigten wirtschaftlichen Interessen der freiberuflich tätigen Hebammen zu berücksichtigen.**

(2) [1]**Die Verträge nach Absatz 1 haben Rechtswirkung für freiberuflich tätige Hebammen, wenn sie**
1. **einem Verband nach Absatz 1 Satz 1 auf Bundes- oder Landesebene angehören und die Satzung des Verbandes vorsieht, dass die von dem Verband nach Absatz 1 abgeschlossenen Verträge Rechtswirkung für die dem Verband angehörenden Hebammen haben, oder**
2. **einem nach Absatz 1 geschlossenen Vertrag beitreten.**

Hebammen, für die die Verträge nach Absatz 1 keine Rechtswirkung haben, sind nicht als Leistungserbringer zugelassen. ²Das Nähere über Form und Verfahren des Nachweises der Mitgliedschaft in einem Verband nach Satz 1 Nr. 1 sowie des Beitritts nach Satz 1 Nr. 2 regelt der Spitzenverband Bund der Krankenkassen.

(3) ¹Kommt ein Vertrag nach Absatz 1 ganz oder teilweise nicht bis zum Ablauf
a) der nach Absatz 1 Satz 1 bestimmten Frist oder
b) einer von den Vertragspartnern vereinbarten Vertragslaufzeit

zu Stande, wird der Vertragsinhalt durch die Schiedsstelle nach Absatz 4 festgesetzt. ²Im Falle des Satzes 1 Buchstabe b gilt der bisherige Vertrag bis zu der Entscheidung der Schiedsstelle weiter.

(4) ¹Der Spitzenverband Bund der Krankenkassen und die für die Wahrnehmung der wirtschaftlichen Interessen gebildeten maßgeblichen Berufsverbände der Hebammen sowie die Verbände der von Hebammen geleiteten Einrichtungen auf Bundesebene bilden eine gemeinsame Schiedsstelle. ²Sie besteht aus Vertretern der Krankenkassen und der Hebammen in gleicher Zahl sowie aus einem unparteiischen Vorsitzenden und zwei weiteren unparteiischen Mitgliedern. ³Die Amtsdauer beträgt vier Jahre. ⁴Über den Vorsitzenden und die zwei weiteren unparteiischen Mitglieder sowie deren Stellvertreter sollen sich die Vertragspartner einigen. ⁵Kommt eine Einigung nicht zu Stande, gilt § 89 Abs. 3 Satz 5 und 6 entsprechend. ⁶Im Übrigen gilt § 129 Abs. 9 und 10 entsprechend.

(5) Als Hebammen im Sinne dieser Vorschrift gelten auch Entbindungspfleger.

A. Überblick

Die Norm regelt die Erbringung der in § 196 RVO genannten **Leistungen bei Schwangerschaft und Mutterschaft** durch Hebammen und Entbindungspfleger. Sie normiert **Vertragspartner** und **Vertragsinhalte** (Abs. 1, 5), **Regelungswirkung** (Abs. 2), die **Ersetzungsbefugnis** bei Nichteinigung (Abs. 3) und die **Schiedsstelle** zur Konfliktlösung und Regelung im Konfliktfalle (Abs. 3, 4). Ein Vertrag nach § 134a mit Hebammen-Vergütungsvereinbarung ist erstmalig zum 1. 8. 2007 in Kraft getreten. Abs. 2–4 sind § 129 Abs. 3, 7, 8 nachgebildet.

B. Gesetzgebung

Die Vorschrift wurde mit dem 2. Fallpauschalenänderungsgesetz in das SGB V eingeführt (BT-Drs. 15/3672, 16 f.). Sie ersetzt den nun gestrichenen § 134, in dem die Leistungserbringung durch Verweis auf die Hebammenhilfe-Gebührenverordnung geregelt wurde. Abs. 1 sowie Abs. 2 S. 3 und Abs. 4 und 5 sind zum 1. 1. 2006 in Kraft getreten; Abs. 3 erst zum 1. 12. 2006; Abs. 2 S. 1 und 2 zum 1. 1. 2007. Durch das GKV-WSG wurden die Verbände der von Hebammen geleiteten Einrichtungen in den Abschluss der Versorgungsverträge einbezogen.

C. Vertragspartner

Durch das **Hebammengesetz** ist geregelt, wer die Bezeichnungen Hebamme und Entbindungspfleger führen darf. Vertragspartner sind die für die Wahrneh-

§ 134 a Versorgung mit Hebammenhilfe

mung der wirtschaftlichen Interessen gebildeten maßgeblichen **Berufsverbände der Hebammen** und die **Verbände der von Hebammen geleiteten Einrichtungen** auf Bundesebene. Dies waren beim erstmaligen Vertragsabschluss 2007 der Bund Deutscher Hebammen (BDH), Karlsruhe, und der Bund freiberuflicher Hebammen Deutschlands (BfHD), Frankfurt am Main. Diese Verbände hatten bisher mit den Spitzenverbänden der Krankenkassen, und haben ab dem 1. 7. 2008 mit dem **Spitzenverband Bund** der Krankenkassen (§ 217a) über die in Abs. 1 genannten Inhalte Verträge zu schließen.

D. Regelungsinhalt

4   Die Verträge müssen die Inhalte nach § 196 RVO durch freiberuflich tätige Hebammen und Entbindungspfleger sowie in von ihnen geleiteten Einrichtungen zu erbringende Leistungen, ihre Qualität und Höhe und Verfahren der Vergütung regeln.
    Klargestellt ist, dass für ambulante Entbindungen in von Hebammen geleiteten Einrichtungen eine Betriebskostenpauschale vereinbart werden kann. Nicht hierdurch geregelt ist die Übernahme von Unterkunft, Verpflegung und Pflege bei einer stationären Aufnahme zur Entbindung in eine von Hebammen geleitete Einrichtung. Deren Zulässigkeit richtet sich nach § 197 RVO (vgl. § 197 RVO Rn. 5 f.).

5   Die Vertragsparteien müssen Bedarf, Qualität und Wirksamkeit (§ 2 Abs. 1 S. 3), Wirtschaftlichkeit (§§ 2 Abs. 1 S. 1, Abs. 4, 12), Beitragssatzstabilität (§ 71) und die wirtschaftlichen Interessen der freiberuflich tätigen Hebammen berücksichtigen. § 71 Abs. 4 gilt nicht.

E. Regelungswirkung, Abs. 2

6   Der nach § 134a abgeschlossene Vertrag wirkt für die freiberuflich tätigen Hebammen, die einem der den Vertrag schließenden Verbände angehören, wenn der Verband diese in seiner Satzung vorgesehen hat oder wenn sie dem Vertrag beitreten. Die Mitgliedschaft im Verband oder der Beitritt zum Vertrag wirken als **Zulassung** zur Leistungserbringung für die Krankenkassen.

F. Schiedsstelle, Abs. 3 und 4

7   Die Verbände der Hebammen und von ihnen geleiteter Einrichtungen und der Spitzenverband Bund der Krankenkassen bilden eine **Schiedsstelle.** Ziel der Regelungen hierzu ist, Konflikte beim Vertragsschluss zu schlichten und einen kollektivvertragslosen Zustand zu vermeiden (BT-Drs. 15/3672, 17).

8   Die Schiedsstelle ist eine eigenständige Behörde. Ihre Entscheidungen sind **Verwaltungsakte,** gegen die kein Widerspruchsverfahren, sondern nur die Anfechtungsklage durch die Vertragsparteien gegen die Schiedsstelle beim SG gegeben ist. Die Schiedsstelle ist nach § 70 Nr. 4 SGG beteiligungsfähig (vgl. BSGE 87, 199/200; *Keller/Leitherer,* Meyer-Ladewig, § 70 Rn. 5).

9   Die Schiedsstelle hat bei ihren Entscheidungen **Ermessen.** Maßstab der gerichtlichen Kontrolle ist, ob die Ermittlung des Sachverhalts in einem fairen Verfahren unter Wahrung des rechtlichen Gehörs erfolgte, der bestehende Beurteilungsspielraum und die Grenzen des Ermessens eingehalten sind und zwingendes Gesetzesrecht beachtet worden ist (BSGE 87, 199 ff.).

Die **unparteiischen Mitglieder** der Schiedsstelle werden im Einvernehmen 10
bestimmt. Kommt es zu keiner Einigung, wird eine gemeinsame Liste aufgestellt,
aus der die Mitglieder durch Los bestimmt werden (Abs. 4 S. 4 mit § 89 Abs. 3 S. 4
und 5).

Für die **Geschäftsordnung**, den Entscheidungsmodus und die **Aufsicht** durch 11
das Bundesministerium für Gesundheit verweist Abs. 4 S. 5 auf § 129 Abs. 9 und
10.

Neunter Abschnitt. Sicherung der Qualität der Leistungserbringung

§ 135 Bewertung von Untersuchungs- und Behandlungsmethoden

(1) ¹Neue Untersuchungs- und Behandlungsmethoden dürfen in der vertragsärztlichen und vertragszahnärztlichen Versorgung zu Lasten der Krankenkassen nur erbracht werden, wenn der Gemeinsame Bundesausschuss auf Antrag eines Unparteiischen nach § 91 Abs. 2 Satz 1, einer Kassenärztlichen Bundesvereinigung, einer Kassenärztlichen Vereinigung oder des Spitzenverbandes Bund der Krankenkassen in Richtlinien nach § 92 Abs. 1 Satz 2 Nr. 5 Empfehlungen abgegeben hat über

1. die Anerkennung des diagnostischen und therapeutischen Nutzens der neuen Methode sowie deren medizinische Notwendigkeit und Wirtschaftlichkeit – auch im Vergleich zu bereits zu Lasten der Krankenkassen erbrachte Methoden – nach dem jeweiligen Stand der wissenschaftlichen Erkenntnisse in der jeweiligen Therapierichtung,
2. die notwendige Qualifikation der Ärzte, die apparativen Anforderungen sowie Anforderungen an Maßnahmen der Qualitätssicherung, um eine sachgerechte Anwendung der neuen Methode zu sichern, und
3. die erforderlichen Aufzeichnungen über die ärztliche Behandlung.

²Der Gemeinsame Bundesausschuss überprüft die zu Lasten der Krankenkassen erbrachten vertragsärztlichen und vertragszahnärztlichen Leistungen daraufhin, ob sie den Kriterien nach Satz 1 Nr. 1 entsprechen. ³Falls die Überprüfung ergibt, daß diese Kriterien nicht erfüllt werden, dürfen die Leistungen nicht mehr als vertragsärztliche oder vertragszahnärztliche Leistungen zu Lasten der Krankenkassen erbracht werden. ⁴Hat der Gemeinsame Bundesausschuss in einem Verfahren zur Bewertung einer neuen Untersuchungs- und Behandlungsmethode nach Ablauf von sechs Monaten seit Vorliegen der für die Entscheidung erforderlichen Auswertung der wissenschaftlichen Erkenntnisse noch keinen Beschluss gefasst, können die Antragsberechtigten nach Satz 1 sowie das Bundesministerium für Gesundheit vom Gemeinsamen Bundesausschuss die Beschlussfassung innerhalb eines Zeitraums von weiteren sechs Monaten verlangen. ⁵Kommt innerhalb dieser Frist kein Beschluss zustande, darf die Untersuchungs- und Behandlungsmethode in der vertragsärztlichen oder vertragszahnärztlichen Versorgung zu Lasten der Krankenkassen erbracht werden.

(2) ¹Für ärztliche und zahnärztliche Leistungen, welche wegen der Anforderungen an ihre Ausführung oder wegen der Neuheit des Verfahrens besonderer Kenntnisse und Erfahrungen (Fachkundenachweis) sowie einer besonderen Praxisausstattung oder weiterer Anforderungen an die Strukturqualität bedürfen, können die Partner der Bundesmantelverträge einheitlich entsprechende

Voraussetzungen für die Ausführung und Abrechnung dieser Leistungen vereinbaren. ²Soweit für die notwendigen Kenntnisse und Erfahrungen, welche als Qualifikation vorausgesetzt werden müssen, in landesrechtlichen Regelungen zur ärztlichen Berufsausübung, insbesondere solchen des Facharztrechts, bundesweit inhaltsgleich und hinsichtlich der Qualitätsvoraussetzungen nach Satz 1 gleichwertige Qualifikationen eingeführt sind, sind diese notwendige und ausreichende Voraussetzung. ³Wird die Erbringung ärztlicher Leistungen erstmalig von einer Qualifikation abhängig gemacht, so können die Vertragspartner für Ärzte, welche entsprechende Qualifikationen nicht während einer Weiterbildung erworben haben, übergangsweise Qualifikationen einführen, welche dem Kenntnis- und Erfahrungsstand der facharztrechtlichen Regelungen entsprechen müssen. ⁴Abweichend von Satz 2 können die Vertragspartner nach Satz 1 zur Sicherung der Qualität und der Wirtschaftlichkeit der Leistungserbringung Regelungen treffen, nach denen die Erbringung bestimmter medizinisch-technischer Leistungen den Fachärzten vorbehalten ist, für die diese Leistungen zum Kern ihres Fachgebietes gehören.

Schrifttum: *J. Becker,* Off-Label-Use – Arzneimittelversorgung in der gesetzlichen Krankenversicherung nur bei Todesgefahr?, SGb 2004, 594; *M. Estelmann/W. Eicher,* Die Leistungspflicht der gesetzlichen Krankenkassen vor dem Hintergrund der Pluralität ärztlicher Therapien, SGb 1991, 247; *R. Francke/D. Hart,* Bewertungskriterien und -methoden nach dem SGB V, MedR 2008, 2; *dies.,* Off-Label-Use – Arzneimittelrechtliche, haftungsrechtliche, berufsrechtliche und sozialrechtliche Fragen, SGb 2003, 653; *C. Katzenmeier,* Alternative Therapierichtungen im Recht der gesetzlichen und privaten Krankenversicherung, NVersZ 2002, 537; *V. Neumann,* Anspruch auf Krankenbehandlung nach Maßgabe der Richtlinien des Bundesausschusses?, NZS 2001, 515; *D. Roters,* Die Bewertung medizinischer Methoden nach der Verfahrensordnung des G-BA, NZS 2007, 174; *ders.,* Die gebotene Kontrolldichte bei der gerichtlichen Prüfung der Richtlinien des Bundesausschusses der Ärzte und Krankenkassen, 2003; *V. Saalfrank/S. Wesser,* Die Pflicht der Gesetzlichen Krankenversicherung zur Leistung neuer Behandlungsmethoden, NZS 2008, 17; *B. Schulin,* Alternative Medizin in der gesetzlichen Krankenversicherung, ZSR 1994, 546; *K.-F. Sewing,* Zum Problem der „Binnenanerkennung" von „besonderen Therapierichtungen", NJW 1995, 2400; *R. Zuck,* Homöopathie und Verfassungsrecht, 2004; *ders.,* Die Behandlungsmethoden, Arznei- und Heilmitteltherapien der (anerkannten) Besonderen Therapierichtungen, NZS 1999, 313; *ders.,* Der Standort der besonderen Therapierichtungen im deutschen Gesundheitswesen, NJW 1991, 2933.

Inhaltsübersicht

	Rn.
A. Überblick und Zweck	1
B. Regelungsinhalt	3
I. Bewertung von Untersuchungs- und Behandlungsmethoden, Abs. 1	3
1. Untersuchungs- und Behandlungsmethoden	3
2. Neuheit der Untersuchungs- und Behandlungsmethode	7
3. Beurteilungskriterien für die Empfehlung von NUB, Abs. 1 S 1 Nr. 1	12
4. Das Verfahren zur Empfehlung von NUB	16
5. Regeln zur Qualitätssicherung, Abs. 1 S. 1 Nr. 2	18
6. Regeln zu Dokumentationspflichten, Abs. 1 S. 1 Nr. 3	19
7. Intervention zur Beschleunigung des Verfahrens, Abs. 1 S. 4 und 5	20
8. Überprüfung etablierter Untersuchungs- und Behandlungsmethoden, Abs. 1 S. 2	23
II. Rechtsfolgen, Bindungswirkung und gerichtliche Kontrolle	26
III. Qualitätsanforderungen für besondere (zahn)ärztliche Leistungen, Abs. 2	29

§ 135

A. Überblick und Zweck

Die Vorschrift regelt die Bewertung von Untersuchungs- und Behandlungsmethoden (UBM) unter dem Gesichtspunkt der **Qualitätssicherung** in der ambulanten **vertrags(zahn)ärztlichen Versorgung.** Mit unterschiedlichen Regelungsmechanismen bezweckt die Norm damit einmal den Schutz der Versicherten vor etwaigen gesundheitlichen Risiken (BSG, SozR 3–2500, § 135 Nr. 4 S. 9, 14; SozR 3–2500, § 135 Nr. 12 S. 54, 56) und zum anderen den der Versichertengemeinschaft vor unwirtschaftlichen Behandlungen (BSG, SozR 3–2500, § 135 Nr. 21 S. 106, 115). Sie konkretisiert damit im Hinblick auf die **Behandlungsmethoden** die **qualitativen,** in §§ 70 und 72 Abs. 2 enthaltenen Vorgaben für die Erbringung vertragsärztlicher Leistungen. Das grenzt die Norm von § 87 Abs. 2 S. 1 und 2 ab, der den Bewertungsausschuss ermächtigt, die Anforderungen an die Wirtschaftlichkeit der als abrechnungsfähig zu definierenden ärztlichen Leistung festzulegen. 1

Hinsichtlich der Zuständigkeit für die Aufstellung von Regeln zur Qualitätssicherung unterscheidet die Vorschrift wie folgt: Abs. 1 ermächtigt den G-BA, durch RLen iSd. § 92 Abs. 1 S. 2 Nr. 5 darüber zu entscheiden, welche Behandlungsmethoden zu Lasten der KKen erbracht werden dürfen, Abs. 2 ermächtigt die KBVen und den SpiBuKK, als Partner der Bundesmantelverträge (§ 82) zur Sicherung der Strukturqualität Qualifikationserfordernisse für vertrags(zahn)ärztliche Leistungen in Bezug auf Praxisausstattung und fachliche Qualifikation zu treffen. 2

B. Regelungsinhalt

I. Bewertung von Untersuchungs- und Behandlungsmethoden, Abs. 1

1. Untersuchungs- und Behandlungsmethoden

Untersuchungs- oder Behandlungsmethode ist die auf einem **theoretisch-wissenschaftlichen Konzept beruhende systematische Vorgehensweise** bei der Untersuchung und Behandlung einer Krankheit (BSG, SozR 3–2500, § 31 Nr. 5 S. 19; BSG, SozR 3–2500, § 135 Nr. 14 S. 64). Während der Begriff der Untersuchungsmethode auf das diagnostische Vorgehen des Arztes abstellt, erfasst die „Behandlungsmethode" das therapeutische Vorgehen als Ganzes, schließt also alle nach dem jeweiligen methodischen Ansatz zur Erreichung des Behandlungsziels erforderlichen Einzelschritte mit ein (BSG, SozR 3–2500, § 135 Nr. 11 S. 50). In dieser Weise erfolgt die **Abgrenzung zur ärztlich erbrachten oder verordneten Leistung,** die sich auf die je einzelnen Maßnahmen oder Verrichtungen bezieht. Deshalb sind etwa Laboruntersuchungen nicht notwendigerweise zugleich neue Untersuchungsmethoden. Als Methode können sie nur gelten, soweit sie – über die Ermittlung einzelner Laborparameter hinausgehend – für sich genommen ein theoretisch-wissenschaftlich diagnostisches Konzept darstellen (BSG, SozR 3–2500, § 31 Nr. 5 S. 19). 3

Aus der Begriffsbestimmung ergibt sich, dass es sich bei „Methoden" um Maßnahmen handeln muss, die bei einem bestimmten Krankheitsbild „systematisch" angewandt werden. Darauf ist auch die Aufgabe des G-BA zugeschnitten, Verfahren in der ambulanten vertragsärztlichen Versorgung auf ihre Qualität und Wirtschaftlichkeit zu prüfen und gegebenenfalls persönliche und apparative Voraussetzungen für eine sachgerechte Anwendung festzulegen. Eine solche Prüfung und 4

Bewertung kann sich naturgemäß nicht auf einzelne ärztliche Maßnahmen, sondern nur auf einzelleistungsübergreifende methodische Konzepte beziehen. Deshalb ist die Vorgehensweise in einem **singulären Krankheitsfall** von vornherein **nicht** als eine **Behandlungsmethode** iSd. anerkannten Begriffsverständnisses zu subsumieren. Der G-BA wäre auch gar nicht imstande, den therapeutischen Nutzen einer Behandlungsmethode nach dem Stand der wissenschaftlichen Erkenntnisse zu beurteilen, weil in diesen **Seltenheitsfällen** die Grundlage wissenschaftlicher, auf Statistiken der behandelten Fälle gestützter Aussagen notwendig fehlt. Da es also bei Behandlungen, die auf einzigartige Erkrankungen, die weltweit nur extrem selten auftreten, zugeschnitten sind, nicht um Methoden iSd. § 135 geht, hat der G-BA in solchen Fällen keine Befugnis, generalisierend zur Qualität der Behandlung Stellung zu nehmen (BSG, SozR 4–2500, § 27 Nr. 1 Rn. 21).

5   Zu den Behandlungsmethoden gehört grundsätzlich auch der Einsatz von Arzneimitteln und Medizinprodukten. Allerdings gelten für **Pharmakotherapien** Besonderheiten, die sich aus dem Verhältnis zum Arzneimittelrecht ergeben. Insbesondere unterliegen sie idR. dem Erlaubnisvorbehalt des § 135 Abs. 1 S. 1 nur dann, wenn sie keiner Zulassung nach dem Arzneimittelgesetz bedürfen; dies gilt etwa für **Rezepturarzneimittel**, nicht aber für **Fertigarzneiprodukte**, die aber im Einzelfall durchaus wieder Teilelement einer besonders zu betrachtenden Behandlungsmethode sein können.

6   UBM iSd. § 135 sind prinzipiell auch Methoden der **besonderen Therapierichtungen** (vgl. BT-Drs. 13/7264, 69). „Besondere Therapierichtung" meint ein umfassendes, zur Behandlung verschiedenster Erkrankungen bestimmtes therapeutisches Konzept, das auf der Grundlage eines sich von der naturwissenschaftlich geprägten „Schulmedizin" abgrenzenden, weltanschaulichen Denkansatzes größere Teile der Ärzteschaft und weite Bevölkerungskreise für sich eingenommen hat (BSG, SozR 3–2500, § 135 Nr. 4 S. 28; BSG, SozR 3–2500, § 13 Nr. 17 S. 82). Dazu gehören jedenfalls die Phytotherapie, die homöopathische und die anthroposophische Medizin (BSG, SozR 4–2400, § 89 Nr. 3 Rn. 22).

2. Neuheit der Untersuchungs- und Behandlungsmethode

7   Soweit es um eine NUB geht, ist die Berechtigung zur Leistungserbringung zu Lasten der Kassen von einer vorherigen positiven Empfehlung des G-BA durch Aufnahme in Anlage I der RL „Methoden vertragsärztliche Versorgung" abhängig.

8   **Neu** sind UBM im **materiellen Sinne**, wenn sie sich bewusst von den bisher in der vertragsärztlichen Versorgung angewandten Diagnostik- und Therapieverfahren abgrenzen und sich darüber hinaus auf nicht weitgehend einhellig anerkannte wissenschaftliche Erkenntnisse berufen, die gerade deshalb der Prüfung auf Qualitätssicherung unterzogen werden sollen (BSG, SozR 4–2500, § 27 Nr. 1 Rn. 15). Gemeinhin stellt die Rechtsprechung aber auf einen für die Praxis einfacher handhabbaren **formellen Begriffsinhalt** ab und fragt danach, ob die **Methode** bisher überhaupt **nicht** oder jedenfalls nicht in dieser Form **Gegenstand der vertragsärztlichen Versorgung** war. Eine ärztliche UBM ist danach „neu", wenn sie zum Zeitpunkt der Behandlung nicht als abrechnungsfähige Leistung im EBM aufgeführt wird (BSGE 81, 73/75 f.; BSG, SozR 4–2400, § 89 Nr. 3 Rn. 25). Dies gilt auch der Ansatz des § 9 Abs. 1 VerfO-G-BA, der noch etwas konkreter eine Neuheit auch für diejenigen Methoden bejaht, deren Leistungen zwar im EBM enthalten sind, deren Indikation oder deren Art der Erbringung aber eine wesentliche Änderung oder Erweiterung erfahren haben (auch die Rechtspre-

chung differenziert entsprechend mit Blick auf die jeweils vorgesehene Indikation; vgl. BSG v. 27. 9. 2005, B 1 KR 28/03 R). Bestehen beim G-BA Zweifel, ob es sich um eine „neue" Methode handelt, so verpflichtet § 9 Abs. 2 VerfO-G-BA zur Einholung einer Stellungnahme des Bewertungsausschusses. „Neu" ist nach diesen Grundsätzen auch diejenige Methode, die sich aus einer neuartigen **Kombination** verschiedener − für sich allein jeweils anerkannter oder zugelassener − Maßnahmen zusammensetzt (BSG, SozR 3–2500, § 18 Nr. 6 S. 25 f.; BSG, SozR 3–2500, § 135 Nr. 4 S. 13 f.). Dies gilt auch für eine neuartige Anwendung von Arzneimitteln, bei der eine spezielle ärztliche Mitwirkung im Rahmen der Therapie notwendig wird (BSG, SozR 4–2500, § 27 Nr. 1 Rn. 15).

Demgegenüber ordnet das BSG eine Pharmakotherapie, die sich in der Anwendung eines für die betreffende Indikation **zugelassenen neuartigen Arzneimittels** erschöpft, unter rechtlichen Wertungsgesichtspunkten nicht als „neue Methode" iSv. Abs. 1 S. 1 ein (BSG, SozR 3–2500, § 135 Nr. 14 S. 65). Weil es sich bei dem für die Zulassung nach § 21 Abs. 2 AMG geforderten Nachweis der Qualität, Wirksamkeit und Unbedenklichkeit des Medikaments im Kern um dieselben Kriterien handele, die auch § 135 Abs. 1 anlege, sei nicht anzunehmen, dass der Gesetzgeber alle neuen Medikamente nochmals einer zusätzlichen Qualitätsprüfung durch den G-BA unterwerfen wolle. Das SGB V verzichte bei der Versorgung mit zulassungspflichtigen Arzneimitteln weitgehend auf eigene Vorschriften zur Qualitätssicherung, weil bezüglich der arzneimittelrechtlichen Zulassung grundsätzlich davon auszugehen sei, dass zugleich der Mindeststandard einer wirtschaftlichen und zweckmäßigen Arzneimittelversorgung im Sinne des Krankenversicherungsrechts erfüllt werde; dies gelte unbeschadet der zusätzlichen Regelungen des SGB V zur im AMG nicht geforderten Wirtschaftlichkeitsprüfung im engeren, ökonomischen Sinne. Deshalb sei es nicht Aufgabe des G-BA, zulassungspflichtige Arzneimittel für die vertragsärztliche Versorgung einer nochmaligen, gesonderten Begutachtung zu unterziehen (BSG, SozR 3–2500, § 31 Nr. 8 S. 35 f.; BSG, SozR 4–2500, § 27 Nr. 1 Rn. 13; kritisch dazu *J. Becker,* SGb 2004, 594/597 ff.; vgl. auch *R. Francke/D. Hart,* SGb 2003, 653/659 f.; *dies.*, MedR 2008, 2/17 f. mwN.).

Die vorstehenden Grundsätze gelten jedoch nicht für eine **nur im Ausland bestehende Arzneimittelzulassung.** Eine solche entfaltet nicht zugleich entsprechende Rechtswirkungen für Deutschland; auch das Gemeinschaftsrecht verlangt eine solch bindende Rechtswirkung der nur von nationalen Behörden erteilten Zulassungen ohne ein vom Hersteller eingeleitetes und positiv beschiedenes Antragsverfahren nicht (BSG, SozR 4–2500, § 31 Nr. 1 Rn. 9; BSG, SGb 2007, 287/287).

Die erörterte Rechtsprechung des BSG (Rn. 9) könnte auch im Hinblick auf die **Homöopathie** relevant werden, mit dem Ergebnis, dass für Methoden aus dieser besonderen Therapierichtung keine Zuständigkeit des G-BA nach Abs. 1 S. 1 gegeben wäre (in diese Richtung, wenn auch im Ergebnis offen gelassen BSG, SozR 4–2400, § 89 Nr. 3 Rn. 31 f.). So wird zT. argumentiert, als Form der Pharmakotherapie hätten die homöopathischen Methoden bereits an anderer Stelle des SGB V und im Arzneimittelrecht eine ausdrückliche Anerkennung erfahren (vgl. insb. *R. Zuck,* Homöopathie und Verfassungsrecht, Rn. 2 ff., 75, 116 ff., 159). Homöopathische Fertigarzneimittel sind arzneimittelrechtlich und europarechtlich allerdings den privilegierenden Regelungen unterworfen, insbesondere gilt für sie eine bloße Registrierungspflicht und kein Zulassungserfordernis (§ 38 AMG; Art. 1 Nr. 5, Art. 14, 15 RL 2001/83/EG [ABl. L 311 S. 67 ff.]). Ob dies eine „Zweitprüfung" durch den G-BA nach krankenversicherungsrechtlichen

Maßstäben ausschließen kann, erscheint zweifelhaft. Die Frage hat mittlerweile indes im Rahmen des § 135 wohl kaum noch Relevanz, seitdem mit dem GMG Leistungsausschlüsse für nicht verschreibungspflichtige Arzneimittel eingeführt wurden (§ 34 Abs. 1); diskutiert werden könnte allenfalls, inwieweit der G-BA im Rahmen seiner Richtlinienkompetenz nach § 34 S. 2 iVm. § 92 Abs. 1 S. 1 Nr. 6 gehalten ist, homöopathische Mittel ausdrücklich in die Leistungspflicht aufzunehmen.

3. Beurteilungskriterien für die Empfehlung von NUB, Abs. 1 S. 1 Nr. 1

12   NUB hat der G-BA anhand der in Abs. 1 S. 1 Nr. 1 angeführten Maßstäbe zu prüfen und sie bei positivem Ergebnis für die Leistungserbringung „freizugeben", bei negativem Ergebnis zu „sperren". Nach Abs. 1 S. 1 Nr. 1 erfolgt die Prüfung anhand der Kriterien des **diagnostischen und therapeutischen Nutzens**, der **medizinischen Notwendigkeit** und der **Wirtschaftlichkeit** nach dem Stand der wissenschaftlichen Erkenntnisse in der jeweiligen Therapierichtung. Der Sache nach, wenn auch nicht wortlautidentisch, werden mit diesen Voraussetzungen aus der Sicht des Leistungserbringungsrechts die leistungsrechtlichen Bestimmungen zum Umfang des Versorgungsanspruchs (vgl. insb. §§ 2 Abs. 1 S. 3, 12, auf die auch § 10 Abs. 2 VerfO-G-BA ausdrücklich verweist) gespiegelt (*R. Francke,* W/E, § 135 Rn. 16). Nach § 5 Abs. 3 VerfO-G-BA ermittelt der G-BA den allgemein anerkannten Stand der medizinischen Erkenntnisse auf der Grundlage der evidenzbasierten Medizin (näher §§ 16 ff. VerfO-G-BA sowie *D. Roters,* NZS 2007, 174/178 f.; *R. Francke/D. Hart,* MedR 2008, 2/12 ff.). Insbesondere für den Bereich der Kosten-Nutzen-Abwägung zur Frage der **Wirtschaftlichkeit** einer NUB wird von der Rechtsprechung ein nur begrenzt gerichtlich kontrollierbarer Gestaltungs- oder Beurteilungsspielraum des G-BA angenommen (vgl. § 92 Rn. 17 f.).

13   Für **Pharmakotherapien** mit Medikamenten, die nach den Vorschriften des Arzneimittelrechts der Zulassung bedürfen (Fertigarzneimittel), gilt der Grundsatz, dass sie die von Abs. 1 S. 1 gestellten Anforderungen an den Nutzen und die Wirtschaftlichkeit nur erfüllen können, wenn sie eine solche Zulassung besitzen. Ohne die notwendige arzneimittelrechtliche Zulassung, für deren Prüfung nicht der G-BA zuständig ist, sondern die nach dem AMG zuständige Bundesbehörde (§ 77 AMG), kann das Mittel in Deutschland schon nicht legal beschafft werden (§ 96 Nr. 5 iVm. § 21 Abs. 1, § 4 Abs. 17 AMG; vgl. BSG, SozR 3–2500, § 31 Nr. 5 S. 17 f.; BSG, SozR 3–2500, § 31 Nr. 8 S. 29, 35; BSG, SozR 4–2500, § 27 Nr. 1 Rn. 14).

14   Im Hinblick auf die **besonderen Therapierichtungen** passen die auf die „Schulmedizin" zugeschnittenen Kriterien der evidenzbasierten Medizin, auf die die VerfO-G-BA abstellt, nicht oder nur eingeschränkt. Es werden regelmäßig keine Studien über den medizinischen Nutzen in den Evidenzklassen I oder II (§ 18 Abs. 2 VerfO-G-BA) vorliegen; und eine entsprechende Forderung würde an der finanziellen Realisierbarkeit scheitern. Zudem wird schon grundsätzlich angezweifelt, ob randomisierte kontrollierte Studien geeignet seien, um die Qualität und Wirksamkeit solcher Therapien zu beurteilen (*R. Zuck,* Homöopathie und Verfassungsrecht, Rn. 147 ff.). Die Aufnahme in den Leistungskatalog unterläge dann aber nach § 20 Abs. 2 S. 4–6 VerfO-G-BA einer erhöhten Begründungslast und könnte neben schulmedizinischen Methoden nur schwer bestehen. Da die Methoden der besonderen Therapierichtungen nach § 2 Abs. 1 S. 2 jedoch den schulmedizinischen prinzipiell gleichgestellt werden, müssen alternative Maßstäbe

an die Nutzenbewertung angelegt werden. Der Sache nach kann es nur um eine wissenschaftliche Anerkennung in den jeweils einschlägigen Fachkreisen gehen, also um eine „Binnenanerkennung". Nur dies entspricht der gesetzlichen Vorgabe in Abs. 1 S. 1 Nr. 1, wonach die Bewertung nach Erkenntnissen „in der *jeweiligen Therapierichtung*" zu erfolgen hat. Umstritten ist, welche Maßstäbe nach welcher Beurteilungsmethodik in Betracht zu ziehen sind. Klar ist allein, dass die Leistungen der besonderen Therapierichtungen innerhalb ihrer Richtung „anerkannt" sein müssen und wegen des Wirtschaftlichkeitsgebots nicht jeglicher Qualitätskontrolle entzogen sein können (BSG, SozR 3–2500, § 135 Nr. 4 S. 28). Auszugehen ist also von einer „Vertretbarkeit" der Methode in dem Sinne, dass sie von den Fachvertretern der besonderen Therapierichtung als lege artis akzeptiert ist und keinen nachhaltigen Anfechtungen aus den eigenen Reihen ausgesetzt ist; dies wird nur den Fall sein, wenn Erfolgsaussichten bei der Krankenbehandlung erkennbar sind (vgl. zum Ansatz therapie-immanenter Kriterien etwa LSG Niedersachsen, NZS 1996, 74/76 f.; *M. Estelmann/W. Eicher,* SGb 1991, 247/253 f.; *R. Zuck,* NJW 1991, 2933/2935; *ders.,* NZS 1999, 313/313 f.; *B. Schulin,* ZSR 1994, 546/565).

Aus der **Gleichstellung mit den schulmedizinischen Methoden** ergibt **15** sich, dass die Methoden der besonderen Therapierichtungen aber auch den weiteren Kriterien der medizinischen **Notwendigkeit** und der **Wirtschaftlichkeit** unterworfen sind. Dh., es ist grundsätzlich eine Kosten-Risiko-Abwägung auch mit Blick auf schulmedizinische Methoden durchzuführen (*M. Estelmann/W. Eicher,* SGb 1991, 247/253 f.), und die Methode muss sich auch unter Wirtschaftlichkeitsgesichtspunkten legitimieren (vgl. etwa zu Amalgansubstituten BSG, SozR 3–2500, § 2 Nr. 2 S. 12). Im Einzelnen ist eine Beurteilungs-Methodik erst noch zu entwickeln. Der G-BA hat sich der Bewertung von Methoden der besonderen Therapierichtungen bisher nicht angenommen. Dies führt allerdings nicht dazu, dass diese Methoden aus dem Leistungsumfang der Krankenversorgung nach § 135 Abs. 1 S. 1 ausgeschlossen sind. Einmal ist die Verbindlichkeit dieses Verbots mit Erlaubnisvorbehalt für die Versicherten ohnehin fraglich (Rn. 27), zum anderen läge jedenfalls, wie auch das BSG überlegt (BSG, SozR 4–2400, § 89 Nr. 3 Rn. 28 f.), ein massives Systemversagen vor, weil über Jahrzehnte hinaus die Bewertungsaufgabe des G-BA seitens der im NUB-Anerkennungsverfahren Antragsberechtigten vernachlässigt worden ist. Konsequenz ist, dass die **Sozialgerichte** vollumfänglich im Einzelfall darüber zu entscheiden haben, ob eine konkrete Behandlung nach Methoden der besonderen Therapierichtungen den Anforderungen nach §§ 2 Abs. 1, 12 entspricht (zum Streitstand und mit zahlreichen Hinweisen, allerdings ohne Entscheidung in der Sache BSG, SozR 4–2400, § 89 Nr. 3 Rn. 24).

4. Das Verfahren zur Empfehlung von NUB

Das Bewertungsverfahren für NUB ist ein **Antragsverfahren;** der G-BA hat **16** keine Befugnis, von Amts wegen tätig zu werden. **Antragsberechtigt** sind die **KBVen,** die **KVen,** der **SpiBuKK** und seit dem GKV-WSG zudem die **Unparteiischen** nach § 91 Abs. 2 S. 1. Die anerkannten **Patienten-Vertretungsorganisationen** (§ 140 f) sind in Abs. 1 S. 1 als Antragsberechtigte nicht genannt. Ihnen steht ein Antragsrecht auch nicht über § 140 f Abs. 2 S. 5 iVm. § 92 Abs. 1 S. 2 zu. Zwar sind die nach § 135 Abs. 1 S 1 zu fassenden Beschlüsse als RL nach § 92 Abs. 1 S. 2 Nr. 5 zu erlassen, die speziellen Bestimmungen zur Antragsberechtigung in Abs. 1 S. 1 sind jedoch abschließend und lassen einen Rückgriff auf allgemeine Regeln nicht zu. Es ist daher verfehlt, dass § 11 Abs. 1 iVm. Abs. 2 lit. d VerfO-G-BA Patientenorganisationen zum Kreis der Antragsberechtigten zählt.

17 Die Gewährung eines Antragsrechts deutet auf eine entsprechende Dispositionsfreiheit der antragsberechtigten Institutionen hin. Der **SpiBuKK** kann dieses Recht jedoch nicht nach freiem Ermessen ausüben. Er ist **zur Antragstellung verpflichtet,** wenn für eine neue Methode hinreichende Anhaltspunkte vorliegen, die es wahrscheinlich machen, dass die gesetzlichen Kriterien erfüllt werden. Dies folgt aus dem Anspruch der Versicherten auf Behandlung ihrer Erkrankungen nach allen UBM, welche die Anforderungen des § 2 Abs. 1 S. 3 erfüllen, die im Regelfall aber erst zugänglich werden, wenn eine entsprechende Richtlinienentscheidung des G-BA vorliegt (zutreffend *Hohnholz,* H/N, K § 135 Rn. 10). Eine Pflichtverletzung führt zu einem Fall des sog. Systemversagens (vgl. BSG, SozR 4–2500, § 27 Nr. 12 Rn. 17 ff.).

5. Regeln zur Qualitätssicherung, Abs. 1 S. 1 Nr. 2

18 Um die sachgerechte Anwendung der neuen Methode zu sichern, hat der G-BA nach Abs. 1 S. 1 Nr. 2 in den RLen auch Empfehlungen über die notwendige Qualifikation der Ärzte, die apparativen Anforderungen sowie die Anforderungen an Qualitätssicherungsmaßnahmen abzugeben. Nach dem Normtext zeigt sich dieses Erfordernis ebenso zwingend als Voraussetzung für eine Leistungserbringung zu Lasten der Kassen wie die Vorgaben für Nr. 1. Demgegenüber fasst § 21 Abs. 2 VerfO-G-BA die Verpflichtung nur als Sollvorgabe auf. Das Gesetz will sicherstellen, dass die anerkannten NUB sodann auch sachkundig und in angemessener Qualität durchgeführt werden. Dies spricht für einen zwingenden Charakter, mit der Folge, dass eine insofern lückenhafte RL rechtswidrig ist und auch als Legitimation für eine Leistungsabrechnung nicht taugt (so etwa *R. Francke,* W/E, § 135 Rn. 24). Allerdings lässt sich für eine in atypischen Fällen mögliche Abweichung von der Regelungspflicht auf das „notwendig" im Gesetzeswortlaut rekurrieren; falls wegen der Einfachheit einer NUB keine besonderen Qualitätssicherungsanforderungen notwendig sind, muss darauf nicht eigens hingewiesen werden.

6. Regeln zu Dokumentationspflichten, Abs. 1 S. 1 Nr. 3

19 Abs. 1 S. 1 Nr. 3 verpflichtet zu erforderlichen Aufzeichnungen über die ärztliche Behandlung im Wege der NUB und dient damit der Dokumentation der gewonnenen Erfahrungen, so dass Evaluationen möglich werden. Hinsichtlich der rechtlichen Bedeutung dieser Regelungspflicht gilt nichts anderes als bei Nr. 2 (Rn. 18); sie besteht in der Regel, von ihr kann jedoch abgesehen werden, wenn keine Erforderlichkeit besteht.

7. Intervention zur Beschleunigung des Verfahrens, Abs. 1 S. 4 und 5

20 Der Gesetzgeber des GKV-WSG hat die Möglichkeit geschaffen, durch Intervention auf die Beschleunigung der Bewertung von NUB durch den G-BA Einfluss zu nehmen (vgl. BT-Drs. 16/3100, 145). Ermächtigt dazu werden die nach Abs. 1 S. 1 Antragsberechtigten (Rn. 16) sowie das BMG. Sie können dem G-BA eine **sechsmonatige Frist zur Beschlussfassung** setzen, wenn der G-BA seit Vorliegen der für die Entscheidung erforderlichen Auswertung der wissenschaftlichen Erkenntnisse (etwa Berichte des IQWiG, Stellungnahmen externer Sachverständiger etc.) innerhalb von sechs Monaten noch keinen Beschluss gefasst hat (Abs. 1 S. 4).

Durch die sodann in Abs. 1 S. 5 statuierte **Rechtsfolge** bei Nichteinhaltung der gesetzten Entscheidungsfrist soll „der Druck auf die Herbeiführung eines Beschlusses des G-BA verstärkt" werden (BT-Drs. 16/3100, 145). Die Methode kann danach ohne eine Anerkennung durch den G-BA als GKV-Leistung erbracht werden. Dies muss zugleich zur Pflicht des Bewertungsausschusses führen, die Leistungen der NUB in den EBM aufzunehmen, um die Abrechnungsfähigkeit zu sichern. Damit liegt keine „neue" UBM mehr vor, und das Verfahren nach Abs. 1 S. 1 ist abzubrechen. Dem G-BA bleibt die Möglichkeit, das Verfahren nach Abs. 1 S. 2 weiter zu betreiben und die Methode durch Richtlinienentscheidung wieder aus dem Leistungsumfang der GKV auszuschließen, allerdings nur bei Nichtbeanstandung durch das BMG (§ 94 Abs. 1). Zur Beschleunigung kann das neue Instrument der Fristsetzung nur führen, wenn man annimmt, der G-BA habe in der Vergangenheit Bewertungsverfahren aus sachfremden Gründen oder wegen Organisationsverschulden unangemessen in die Länge gezogen (vgl. BT-Drs. 16/3100, 145). 21

Als Mindestforderung zur Gewährung einer hinreichenden **Rechtssicherheit** muss die „fiktive Zulassung" einer NUB und der maßgebliche Zeitpunkt nach Abs. 1 S. 5 ebenso bekannt gemacht werden wie wenn eine dem Antrag entsprechende G-BA-RL ergangen wäre. Unklar ist das **Verhältnis zu § 94 Abs. 1.** Zwar soll nach der Gesetzesbegründung die Regelung des § 94 Abs. 1 S. 5 unberührt bleiben (vgl. BT-Drs. 16/3100, 145). Nach dieser Bestimmung erlässt das BMG die RL ua. dann anstelle des G-BA, wenn die für die Sicherstellung der ärztlichen Versorgung erforderlichen Beschlüsse des G-BA nicht innerhalb einer vom BMG gesetzten Frist zustande kommen (§ 94 Rn. 7 f.). Ob diese Selbsteintrittsmöglichkeit wirklich unberührt bleibt, erscheint fraglich. Bei systematischer Betrachtung zeigt sich § 135 Abs. 1 S. 4 u. 5 für das BMG als Sonderregelung zu § 94 Abs. 1 S. 5. Zumindest aus Gründen der Verhältnismäßigkeit wird man annehmen müssen, dass das BMG von zwei ihm nun gesetzlich eröffneten Interventionsmöglichkeiten die die Kompetenz des G-BA weniger belastende Maßnahme, also zunächst die Fristsetzung nach § 135 Abs. 1 S. 4 wählen muss. Hinzu kommt, dass aus der gesetzlichen Wertung der neuen Sätze 4 und 5 des § 135 Abs. 1 zu schließen ist, dass dem G-BA in der Regel eine Entscheidungsfrist von einem Jahr zugestanden wird. Auch dies ist deshalb vom BMG im Rahmen des § 94 Abs. 1 S. 5 zu berücksichtigen, eine kürzere Frist ist deshalb dort mit einer hohen Begründungslast verbunden. Es kommen weitere Unklarheiten hinzu. Nach der Gesetzeslage ergibt sich für das BMG keine Möglichkeit der Rechtsaufsicht, wenn eine NUB über den Weg des § 135 Abs. 1 S. 5 zur anrechnungsfähigen Leistung der GKV wird; eine Nichtbeanstandung iSd. § 94 Abs. 1 ist hier keine Wirksamkeitsvoraussetzung, und auch § 91 Abs. 8 ist nicht einschlägig. Ein rechtsstaatlich unhaltbarer Zustand! Wie sich die Rechtslage entwickelt, wenn einer der Antragsberechtigten nach § 135 Abs. 1 S. 1 eine Frist gem. Abs. 1 S. 4 setzt und parallel das BMG nach § 94 Abs. 1 S. 5 vorgeht oder vorgehen will, ist ebenfalls ungeklärt. 22

8. Überprüfung etablierter Untersuchungs- und Behandlungsmethoden, Abs. 1 S. 2

Nach Abs. 1 S. 2 obliegt dem G-BA neben der Bewertung von NUB auch die Überprüfung der bereits zu Lasten der KKen abrechnungsfähigen vertrags(zahn)-ärztlichen **Leistungen,** also derjenigen, die als solche **im EBM bzw. Bema** aufgeführt sind. Das Gesetz spricht davon, dass „Leistungen" daraufhin zu überprüfen sind, ob sie den Kriterien nach Abs. 1 S. 1 entsprechen. Diese Kriterien beziehen 23 sich jedoch auf Methoden und nicht auf Leistungen. Bei Abs. 1 S. 2 geht es deshalb auch um die Überprüfung von UBM, Ansatzpunkt ist dabei jedoch die ärztliche Leistung als Methodenbestandteil; der Sache nach sind also sowohl die Leistungen als auch die Methode selbst zu bewerten.

24 Soweit die Überprüfung ergibt, dass eine Leistung den Anforderungskriterien des Abs. 1 S. 1 nicht entspricht, verhängt Abs. 1 S. 3 ein **Leistungserbringungsverbot**, die Leistungen dürfen nicht mehr zu Lasten der Kassen erbracht werden. Umgesetzt wird dieses durch einen Richtlinienbeschluss des G-BA iSd. § 92 Abs. 1 S. 1 Hs. 3, der die Leistungen einschränkt oder ausschließt. Bei unklarer Entscheidungslage besteht die Möglichkeit, die Beschlussfassung zum Bewertungsverfahren mit der Maßgabe auszusetzen, dass näherer Aufschluss durch Modellvorhaben iSd. §§ 63–65 erbracht wird.

25 Im Gegensatz zum Bewertungsverfahren für NUB nach Abs. 1 S. 1 geht es bei dem Überprüfungsverfahren nach Abs. 1 S. 2 nicht um ein Antragsverfahren. Der Wortlaut („Der gemeinsame Bundesausschuss überprüft …") ist insoweit eindeutig und der Verweis auf Abs. 1 S. 1 bezieht sich allein auf die „Kriterien". Der G-BA hat also die **Überprüfung von Amts wegen** vorzunehmen; die insoweit abweichenden §§ 8 Abs. 2, 11 Abs. 1 VerfO-G-BA sind daher gesetzeswidrig (vgl. auch *Francke*, W/E, § 135 Rn. 32).

II. Rechtsfolgen, Bindungswirkung und gerichtliche Kontrolle

26 Soweit der G-BA die Bewertungsverfahren nach Abs. 1 mit Beschlüssen zu RLen nach § 92 Abs. 1 S. 2 Nr. 5 beendet, richten sich Bindungswirkung und Rechtsschutz nach den für G-BA-RLen allgemein geltenden Grundsätzen (§ 92 Rn. 7 ff.). Solange und soweit eine NUB nicht einem Bewertungsverfahren durch den G-BA unterzogen wurde und eine Empfehlung im Rahmen einer RL erhalten hat, ordnet Abs. 1 S. 1 an, dass sie nicht zu Lasten der KKen erbracht werden darf. Dieses **präventive Verbot mit Erlaubnisvorbehalt** ist mittlerweile durch eine Reihe von Ausnahmen gelockert, die primär aus der Perspektive des Leistungsanspruchs des Versicherten heraus entwickelt worden sind (§ 92 Rn. 17).

27 Fraglich ist darüber hinaus, ob Abs. 1 S. 1 überhaupt das Verhältnis zu den Versicherten betreffen kann. Das BSG bejaht dies: „Wurde eine Methode (noch) nicht anerkannt, können Versicherte eine darauf bezogene Sachleistung oder Kostenerstattung für selbst beschaffte Behandlungsmaßnahmen (§ 13 Abs 3 S. 1 Alt. 2) regelmäßig nicht beanspruchen; darauf, dass der Ausschuss eine Methode ausdrücklich negativ beurteilt hat, kommt es mithin nicht an" (BSG, SozR 4–2400, § 89 Nr. 3 Rn. 28). Die Ausdehnung des Anwendungsbereiches des § 135 Abs. 1 S. 1 benötigt das BSG, um seinem dogmatischen Konzept der Maßgeblichkeit des Leistungserbringungsrechts für das Leistungsrecht in Form der Konstruktion des Leistungsanspruchs als Rahmenrecht (vgl. dazu bereits § 92 Rn. 7) Konsistenz zu verleihen. Diese Rechtsprechung ist jedoch erheblichen Einwänden ausgesetzt: Abs. 1 S. 1 bezieht sich nämlich nach Wortlaut und systematischer Stellung im 4. Kapitel ausschließlich auf das **Rechtsverhältnis zwischen** den an der vertrags-(zahn)ärztlichen Versorgung teilnehmenden **Leistungserbringern und den KKen** (*V. Saalfrank/S. Wesser*, NZS 2008, 17/19). Daran ändert auch die in § 91 Abs. 6 statuierte allgemeine Verbindlichkeitsanordnung nichts, da dieser durchgreifende verfassungsrechtliche Bedenken entgegenstehen (§ 92 Rn. 9 ff.).

28 Das **Verbot mit Erlaubnisvorbehalt** ist deshalb in seinem Anwendungsbereich auf das Leistungserbringungsrecht begrenzt. Auf den **Leistungsanspruch**

des Versicherten nach § 27 Abs. 1 wirkt es **nur mittelbar** ein. Weil das für das Leistungserbringungsrecht im SGB V etablierte System zur Konkretisierung der Pflichten der Leistungserbringer gegenüber den KKen notwendig an den gleichen Kriterien ausgerichtet ist wie sie für den Leistungsanspruch des Versicherten gelten, besteht idR. eine **Vermutung** dafür, dass die den sachverständigen Gremien sowie Institutionen der gemeinsamen Selbstverwaltung übertragenen Bestimmungen des Inhalts und Umfangs der nach § 70 ausreichenden vertrags(zahn)ärztlichen Versorgung auch den Anforderungen des Leistungsanspruchs (§ 2 Abs. 1) entsprechen. Ein solches Verständnis wahrt die Vorgaben des Gesetzes und der Verfassung, ohne die steuernde Wirkung der RLen des G-BA aufzugeben.

III. Qualitätsanforderungen für besondere (zahn)ärztliche Leistungen, Abs. 2

Abs. 2 ermächtigt die Partner der Bundesmantelverträge (§ 82 Abs. 1), in Vereinbarungen Qualitätsvoraussetzungen zu regeln für ärztliche und zahnärztliche Leistungen, die wegen der Anforderungen an ihre Ausführung oder wegen der Neuheit des Verfahrens besonderer Kenntnisse und Erfahrungen (Fachkundennachweis) sowie einer besonderen Praxisausstattung oder weiterer Anforderungen an die Strukturqualität bedürfen. Soweit entsprechende Qualitätsanforderungen durch RLen des G-BA nach Abs. 1 S. 1 Nr. 2 vorausgesetzt werden, besteht die Pflicht, diese in Vereinbarungen zu konkretisieren. Allerdings beschränkt sich die Ermächtigung nach Abs. 2 S. 1 nicht allein auf NUB, sondern gilt, abhängig von der fachlichen Notwendigkeit, für sämtliche ärztliche Leistungen. Zu den aktuell geltenden Vereinbarungen nach § 135 Abs. 2 www.kbv.de/rechtsquellen/print/131.html. 29

Unabhängig davon, ob die Qualitätsanforderungen als Bestandteile des BMV oder als gesonderte Regelungen vereinbart werden, sind sie für die an der vertrags(zahn)ärztlichen Versorgung teilnehmenden Ärzte verbindlich (§§ 81 Abs. 3 Nr. 1, 95 Abs. 3 u. 4). Da die Vereinbarungen nach Abs. 2 S. 1 die „Voraussetzungen für die Ausführung und Abrechnung der Leistungen" regeln, darf ein Arzt, der diese Qualifikationsanforderungen nicht erfüllt, die entsprechenden Leistungen weder erbringen noch abrechnen (BSG, SozR 3–2500, § 135 Nr. 6 S. 33). 30

Nach Abs. 2 S. 3 können bei neu geregelten Qualifikationsanforderungen Übergangsregelungen vereinbart werden für die Ärzte, die während ihrer am früheren Recht orientierten Weiterbildung die geforderten Qualifikationen noch nicht erworben haben. Für sie können gesonderte Qualifikationen eingeführt werden, die allerdings dem Kenntnis- und Erfahrungsstand der nun geltenden fachärztlichen Vorschriften entsprechen müssen. Eine solche Übergangsregelung ist wegen Art. 12 GG aus verfassungsrechtlichen Gründen (Vertrauensschutz, Verhältnismäßigkeit) für diejenigen Ärzte notwendig, die eine künftig unzulässige, weil an weitere Voraussetzungen gebundene Tätigkeit bisher in erlaubter Weise ausgeübt haben (vgl. grundlegend BVerfGE 21, 173/183; 50, 265/274; 55, 185/201). 31

Abs. 2 S. 2 regelt das Konkurrenzverhältnis zu dem **landesrechtlichen Berufsrecht** (Berufs- und Weiterbildungs- bzw. Facharztordnungen). Soweit darin im Hinblick auf die zur jeweiligen Leistungserbringung notwendigen Kenntnisse und Erfahrungen bundesweit inhaltsgleiche und in Bezug auf die Qualitätsvoraussetzungen iSd. Abs. 2 S. 1 gleichwertige Kriterien festgelegt werden, so gelten diese als zwingend notwendig, aber auch als ausreichend. Unter den beschriebenen Voraussetzungen gilt also das ärztliche Berufsrecht auch für die vertragsärztliche 32

Versorgung. Die an die Bundeseinheitlichkeit anknüpfende Einschränkung der Maßgeblichkeit des ärztlichen Berufsrechts ergibt sich zwingend aus der Notwendigkeit des bundeseinheitlichen Charakters des GKV-Leistungserbringungsrechts (*Hess*, KK, § 135 Rn. 16). Die Maßgeblichkeit des ärztlichen Berufsrechts für die Qualifikationsanforderungen ist zudem auf den Anwendungsbereich des § 135 Abs. 2 begrenzt. Werden von den Parteien der Bundesmantelverträge Qualitätsanforderungen etwa auf der Grundlage der §§ 72 Abs. 2 iVm. 82 Abs. 1 S. 1 vereinbart, so können diese höhere Anforderungen stellen (vgl. etwa zur Schmerztherapie-Vereinbarung BSG, SozR 4–2500, § 82 Nr. 1 Rn. 15).

33 Abs. 2 S. 4 ermächtigt die Partner der Bundesmantelverträge, Regelungen zur Erbringung von **medizinisch-technischen Leistungen** abweichend von S. 2 zu treffen, also auch **über** das eventuell maßgebliche **ärztliche Berufsrecht hinausgehend**. Diese Leistungen (etwa CT, MRT) können Ärzten vorbehalten werden, für die sie zum **Kern ihres Fachgebietes** gehören. Damit ist die Möglichkeit eröffnet, die Durchführung medizinisch-technischer Leistungen auf Fachärzte zu konzentrieren, für die diese Leistungen auf ihrem Gebiet wesentlich und prägend sind. Voraussetzung für eine solche Regelung ist, dass dies der Sicherung der Qualität und Wirtschaftlichkeit der Leistungserbringung dient. Mit einer solchen Leistungssteuerung kommt es zu einer Trennung zwischen Diagnosestellung und Befundbewertung durch den therapeutisch tätigen Arzt einerseits und Durchführung der diagnostischen Maßnahmen (medizinisch-technische Leistungen) durch den diagnostisch tätigen Facharzt andererseits. Eine derartige Arbeitsteilung iSd. Mehraugenprinzips hat nach Ansicht des Gesetzgebers (vgl. BT-Drs. 15/1525, 124) den Vorteil, dass Diagnostik unabhängig von eventuellen Interessen an der Therapie erfolge, was einer besseren Patientenversorgung und außerdem dem sparsamen Ressourceneinsatz diene, was gerade im Bereich der kostspieligen Medizintechnik im Großgerätebereich wichtig sei.

34 Die den Vertragspartnern nach Abs. 2 zugewiesenen Aufgaben überschneiden sich mit denjenigen des G-BA nach Abs. 1 S. 1 Nr. 2. Danach gibt der G-BA auch Empfehlungen zu Anforderungen an die notwendige Qualifikation der Ärzte, die apparativen Anforderungen sowie Anforderungen an Maßnahmen der Qualitätssicherung von UBM, um deren sachgerechte Anwendung zu sichern. Soweit die Anerkennung oder Beibehaltung einer UBM von qualitativen Anforderungen an Arzt, Praxisausstattung etc. abhängig ist, muss der G-BA jedenfalls die wesentlichen Qualitätskriterien in RLen selbst festlegen und kann nicht auf Vereinbarungen nach Abs. 2 verweisen. Wenn sich der G-BA auf grundsätzliche Festlegungen beschränkt, verbleibt die Ausgestaltung im Detail allerdings den Vertragspartnern nach Abs. 2.

§ 135a Verpflichtung zur Qualitätssicherung

(1) ¹**Die Leistungserbringer sind zur Sicherung und Weiterentwicklung der Qualität der von ihnen erbrachten Leistungen verpflichtet.** ²Die Leistungen müssen dem jeweiligen Stand der wissenschaftlichen Erkenntnisse entsprechen und in der fachlich gebotenen Qualität erbracht werden.

(2) ¹**Vertragsärzte, medizinische Versorgungszentren, zugelassene Krankenhäuser, Erbringer von Vorsorgeleistungen oder Rehabilitationsmaßnahmen und Einrichtungen, mit denen ein Versorgungsvertrag nach § 111a besteht, sind nach Maßgabe der §§ 137 und 137d verpflichtet,**

4. Kapitel. 9. Abschnitt **§ 135a**

1. sich an einrichtungsübergreifenden Maßnahmen der Qualitätssicherung zu beteiligen, die insbesondere zum Ziel haben, die Ergebnisqualität zu verbessern und
2. einrichtungsintern ein Qualitätsmanagement einzuführen und weiterzuentwickeln.

²Vertragsärzte, medizinische Versorgungszentren und zugelassene Krankenhäuser haben der Institution nach § 137a Abs. 1 die für die Wahrnehmung ihrer Aufgaben nach § 137a Abs. 2 Nr. 2 und 3 erforderlichen Daten zur Verfügung zu stellen.

Schrifttum: *B. Debong,* Ärztliche Therapiefreiheit und Qualitätssicherung in der Behandlung – Ein Gegensatz?, ArztR 2007, 32; *E. Deutsch/A. Spickhoff,* Medizinrecht, 2008; *A. Donabedian,* Evaluating the quality of medical care, The Milbank Memorial Fund Quarterly, Vol. 44, No. 3 (1966), 166; *D. Hart,* Qualitätssicherung durch Leitlinien, VSSR 2002, 265; *ders.,* Patientensicherheit, Risikomanagement, Arzneimittelbehandlung und Arzthaftungsrecht, MedR 2007, 383; *M. Glattacker/W. H. Jäckel,* Evaluation der Qualitätssicherung – aktuelle Datenlage und Konsequenzen für die Forschung, GesundhWes 2007, 277; *P. Wigge,* Evidenz-basierte Richtlinien und Leitlinien, MedR 2000, 574.

Inhaltsübersicht

	Rn.
A. Überblick	1
B. Verpflichtung der Leistungserbringer zur Qualitätssicherung	3
I. Grundsatz, Abs. 1	3
1. Verpflichtung	4
2. Qualitätssicherung und deren Weiterentwicklung	5
3. Stand wissenschaftlicher Erkenntnisse und fachlich gebotene Qualität	6
II. Spezielle Verpflichtungen, Abs. 2	8
2. Maßnahmen im Einzelnen, S. 1	8
2. Datenübermittlung, S. 2	11

A. Überblick

§ 135a **verpflichtet die Leistungserbringer** auf das grundsätzliche Ziel der Qualitätssicherung. Er dient als Grundlage für die nachfolgenden Vorschriften, die ausgehend davon spezifische Anforderungen an die Qualitätssicherung regeln. Innerhalb der Vorschrift wird zwischen allgemeinen (Abs. 1) und besonderen (Abs. 2) Verpflichtungen unterschieden. 1

Die Vorschrift ist durch das GKV-WSG (§ 1 Rn. 31) mWv. 1. 7. 2008 **geändert** worden, Abs. 2 musste durch die Aufhebung der §§ 136a und b angepasst werden. Neu hinzugefügt wurde Abs. 2 S. 2, der eine Verpflichtung verschiedener Leistungserbringer zur Datenübermittlung an die Institution nach § 137a Abs. 1 enthält (vgl. Rn. 11). 2

B. Verpflichtung der Leistungserbringer zur Qualitätssicherung

I. Grundsatz, Abs. 1

1. Verpflichtung

Abs. 1 S. 1 überträgt allen Leistungserbringern die Verantwortung für die Qualität ihrer Leistungen und die Sicherstellung dieser Qualität. Diese stellt **generelle Verpflichtung** dar und hängt nicht von weiteren Voraussetzungen, etwa 3 dem Abschluss von qualitätssichernden Vereinbarungen, ab (vgl. BT-Drs. 14/ 1245, 86). Hintergrund der gesetzlichen Verpflichtung ist das Leistungserbringungsverhältnis, das die Rechtsbeziehungen im Erfüllungsverhältnis zwischen Leistungserbringer und Patient überlagert (vgl. § 69 Rn. 9 ff.) und die Kontrolle einer ordnungsgemäßen Leistungserbringung verkompliziert. Die umfassende Verpflichtung der Leistungserbringer auf die Ziele und Methoden der Qualitätssicherung ist eine wichtige **Grundvoraussetzung der Qualitätssicherung,** insbesondere für die Regelung des § 137a. Eine Konkretisierung für KHer enthält die RL des GBA vom 15.8.2006 (BAnz. Nr. 178, 6361). Die dazu erforderlichen standardisierten Datenprofile werden aufgrund des Auftrages des GBA durch die Bundesgeschäftsstelle Qualitätssicherung (BQS) entwickelt und zur Verfügung gestellt, auch die Auswertung erfolgt dort.

4   Der **Begriff des Leistungserbringers** wird in Abs. 1 ebensowenig wie an anderer Stelle im SGB V legaldefiniert. Er ist von den Leistunsarten und den Leistungsansprüchen her zu bestimmen (vgl. § 69 Rn. 25 f.) und meint die natürlichen und juristischen Personen, die die Leitungsansprüche zu erfüllen haben.

2. Qualitätssicherung und deren Weiterentwicklung

5   Die Qualitätssicherung zerfällt nach herkömmlicher Betrachtung (vgl. etwa auch § 114 Abs. 2 S. 3 SGB XI) in **Struktur-, Prozess- und Ergebnisqualität** (grundl. *Donabedian,* The Milbank Memorial Fund Quarterly, 1966, 168 ff.; vgl. näher § 113 Rn. 3), wenn auch die Unterscheidung nicht unumstritten ist und insbesondere für die Messung der Ergebnisqualität kaum brauchbare Indikatoren existieren. Zur **Sicherung** nach Abs. 1 S. 1 gehört eine ständige Evaluation und Verbesserung aller Qualitätsaspekte mittels wissenschaftlich anerkannter Methoden. Dabei geht es nicht nur um die Beseitigung von Defiziten und die Festschreibung eines einmal erreichten Standes, sondern auch um die ausdrücklich genannte **Weiterentwicklung** durch Erforschung neuer Kriterien und Methoden zur Evaluation.

3. Stand wissenschaftlicher Erkenntnisse und fachlich gebotene Qualität

6   Abs. 1 S. 2 nimmt für die **Umschreibung des Qualitätsniveaus** die in § 70 verwendeten Begriffe auf, ohne diese zu definieren. Mit dem **Stand der wissenschaftlichen Erkenntnisse** wird auf den medizinischen Standard der Behandlung verwiesen. Dieser setzt sich zusammen aus wissenschaftlicher Erkenntnis, praktischer Erfahrung und professioneller Akzeptanz (vgl. *Hart,* VSSR 2002, 265/ 270). Entscheidend für seine Herausbildung soll die tägliche medizinische Praxis (*Quaas* in: Quaas/Zuck; § 13 Rn 128), in anderer Umschreibung eine Konsensbildung in der Ärzteschaft über die Frage sein, welche Behandlungsmethoden und neuen Ansätze bei bestehenden Krankheitsbildern die jeweils erfolgversprechendste Therapie darstellen (vgl. *Hart,* VSSR 2002, 265/273). Jedoch bestehen zunehmend gesetzliche Vorgaben. So enthalten die die §§ 135, 137 c eine Festlegung, weil neue Behandlungs- und Untersuchungsmethoden der Evaluation und Genehmigung durch den GBA bedürfen. Eine Top-down-Regulierung tritt an die Stelle der Bottom-up-Normbildung. Evidenzbasierte Ansätze gewinnen an Bedeutung, wobei zu beachten ist, dass die methodischen Anforderungen (doppelt randomisierte Studien) in einem Spannungsfeld zur Messung von Ergebnisqualität stehen.

7   Jede medizinische Behandlung muss mit der **fachlich gebotenen Qualität** durchgeführt werden. Auch insofern geht es um anerkannte Standards, nur nicht

bezogen auf die Art, sondern die konkrete Erbringung der Leistung. Dabei sind nicht nur Behandlungsfehler auszuschließen, sondern es muss auch eine umfassende Aufklärung des Patienten und eine Risikobewertung erfolgen. Für die Qualität von großer Bedeutung sind insofern Strukturmerkmale, bezogen auf die Ausstattung der Einrichtung und die Ausbildung der Leistungserbringer, bzw. des Personals.

II. Spezielle Verpflichtungen, Abs. 2

1. Maßnahmen im Einzelnen, S. 1

Abs. 2 S. 1 enthält für einen **engeren Kreis von Leistungserbringern** besondere Verpflichtungen. Adressaten sind Vertragsärzte, medizinische Versorgungszentren, zugelassene KHer, Erbringer von Vorsorgeleistungen oder Rehabilitationsmaßnahmen und Einrichtungen, mit denen ein Versorgungsvertrag nach § 111 a besteht. Für diese im Mittelpunkt der medizinischen Behandlung stehenden Leistungserbringer werden im Sinne des Bestimmtheitsgrundsatzes die Anforderungen an die Qualitätssicherung konkretisiert. In immer noch allgemeiner und durch die die §§ 137 und 137 d näher ausgestalteter Form geht es um zwei Arten von qualitätssichernden Maßnahmen: 8

– **einrichtungsübergreifende Maßnahmen der Qualitätssicherung** nach S. 1 Nr. 1. Deren Ziel ist es, die Qualität der erbrachten Leistungen im Vergleich zu anderen Leistungserbringern zu betrachten und so mögliche Defizite aufzudecken und zu beheben (vgl. BT-Drs. 14/1245, 86). Dazu gehören insbesondere solche Maßnahmen, deren Hauptaugenmerk auf einer Verbesserung der Ergebnisqualität liegt und die vergleichende Prüfungen der erbrachten Leistungen zwischen den Leistungserbringern zulassen (vgl. BT-Drs. 14/1245, 86). Beispiele sind Ringversuche für Laborleistungen, statistische Vergleiche oder Perinatalstudien (vgl. *Hess*, KK, § 135 a Rn. 4). 9

– **Qualitätsmanagement als einrichtungsinterne Maßnahme** der Qualitätssicherung nach S. 1 Nr. 2. Unter Qualitätsmanagement wird eine „Managementmethode verstanden, die auf die Mitwirkung aller Mitarbeiter gestützt die Qualität in den Mittelpunkt ihrer Bemühungen stellt und kontinuierlich bestrebt ist, die Bedürfnisse der Patienten, Mitarbeiter, Angehörigen oder beispielsweise auch der zuweisenden Ärzte zu berücksichtigen" (BT-Drs. 14/1245, 86). Besondere Bedeutung gewinnt dabei die berufsgruppen-, hierarchie- und fachübergreifende Zusammenarbeit sowie die stetige interne, systematische Bewertung des erreichten Standes der Qualitätssicherungsanstrengungen (BT-Drs. a.a.O.). Ein wesentlicher Bestandteil des Qualitätsmanagements ist die Dokumentation der Leistungserbringung; vgl. auch die Anforderungen an den strukturierten Qualitätsbericht nach § 137 Abs. 1 S. 3 Nr. 6. Grundlage des einrichtungsinternen Qualitätsmanagements ist für KHer die RL des GBA vom 17. 8. 2004 (BAnz. 2005, Nr. 242, 16 896). 10

2. Datenübermittlung, S. 2

Die Verpflichtung zur Datenübermittlung nach Abs. 2 S. 2 **trifft nur** Vertragsärzte, medizinische Versorgungszentren und zugelassene KHer, weil sie sich auf **§ 137 a Abs. 2** bezieht – genauer auf die Daten, die zur Dokumentation der einrichtungsübergreifenden Qualitätssicherung nach § 137 a Abs. 2 S. 1 Nr. 2 oder für die Beteiligung der beauftragten Institution bei der Durchführung der Qualitäts- 11 sicherung nach § 137a Abs. 2 S. 1 Nr. 3 erforderlich sind. Gerade im Hinblick auf den letztgenannten Aspekt ist die Übermittlungspflicht aber schon in § 137a Abs. 2 S. 2 enthalten, der beim Verweis unberücksichtigt geblieben ist.

§ 136 Förderung der Qualität durch die Kassenärztlichen Vereinigungen

(1) [1]Die Kassenärztlichen Vereinigungen haben Maßnahmen zur Förderung der Qualität der vertragsärztlichen Versorgung durchzuführen. [2]Die Ziele und Ergebnisse dieser Qualitätssicherungsmaßnahmen sind von den Kassenärztlichen Vereinigungen zu dokumentieren und jährlich zu veröffentlichen.

(2) [1]Die Kassenärztlichen Vereinigungen prüfen die Qualität der in der vertragsärztlichen Versorgung erbrachten Leistungen einschließlich der belegärztlichen Leistungen im Einzelfall durch Stichproben; in Ausnahmefällen sind auch Vollerhebungen zulässig. [2]Der Gemeinsame Bundesausschuss entwickelt in Richtlinien nach § 92 Abs. 1 Satz 2 Nr. 13 Kriterien zur Qualitätsbeurteilung in der vertragsärztlichen Versorgung sowie nach Maßgabe des § 299 Abs. 1 und 2 Vorgaben zu Auswahl, Umfang und Verfahren der Qualitätsprüfungen nach Satz 1; dabei sind die Ergebnisse nach § 137a Abs. 2 Nr. 1 und 2 zu berücksichtigen.

(3) Die Absätze 1 und 2 gelten auch für die im Krankenhaus erbrachten ambulanten ärztlichen Leistungen.

(4) [1]Zur Förderung der Qualität der vertragsärztlichen Versorgung können die Kassenärztlichen Vereinigungen mit einzelnen Krankenkassen oder mit den für ihren Bezirk zuständigen Landesverbänden der Krankenkassen oder den Verbänden der Ersatzkassen unbeschadet der Regelungen der §§ 87a bis 87c ab dem 1. Januar 2009 gesamtvertragliche Vereinbarungen schließen, in denen für bestimmte Leistungen einheitlich strukturierte und elektronisch dokumentierte besondere Leistungs-, Struktur- und Qualitätsmerkmale festgelegt werden, bei deren Erfüllung die an dem jeweiligen Vertrag teilnehmenden Ärzte Zuschläge zu den Vergütungen erhalten. [2]In den Verträgen nach Satz 1 ist ein Abschlag von den nach § 87a Abs. 2 Satz 2 vereinbarten Punktwerten für die an dem jeweiligen Vertrag beteiligten Krankenkassen und die von dem Vertrag erfassten Leistungen, die von den an dem Vertrag nicht teilnehmenden Ärzten der jeweiligen Facharztgruppe erbracht werden, zu vereinbaren, durch den die Mehrleistungen nach Satz 1 für die beteiligten Krankenkassen ausgeglichen werden.

1   Die Norm verpflichtet die KVen und KZVen, die Versorgungsqualität zielgerichtet zu fördern und das Ergebnis vermittels durch Vorgaben des G-BA standardisierter Qualitätsprüfungen zu **evaluieren**. Gem. Abs. 4 können mit den KKen in den einzelnen KVbezirken qualitätsabhängige Vergütungszuschläge vereinbart werden.

A. Förderung der Qualität, Abs. 1

2   Die KVen haben als Ausfluss ihres Sicherstellungsauftrags (§ 75 Abs. 1; vgl. BSG, SozR 2200, § 368 Nr. 9 S. 39) die Weiterentwicklung der Qualität (§ 135a Abs. 1) der von ihren Mitgliedern erbrachten Leistungen anhand vorher festgelegter Ziele zu fördern. Dazu können sie z. B. Vertragsärzte in Fragen des Qualitätsmanagements beraten und schulen (§ 81 Abs. 4) oder die Ausbildung von Moderatoren für die **Qualitätszirkelarbeit** finanzieren. Die Bewertung erfolgt durch Prüfungen nach Abs. 2. Die Ziele und Resultate der Qualitätssicherungsmaßnah-

men sind zu erfassen und jährlich in verständlicher und anonymisierter Form, insb. auch über das Internet, zu veröffentlichen (BT-Drs. 15/1525, 124). Ferner ist die KBV jährlich in strukturierter Form über die Prüfungen und veranlassten Maßnahmen zu unterrichten, § 9 Abs. 2 QualPrüf-Ärzte-RL (§ 92 Rn. 34).

B. Qualitätsprüfung, Abs. 2

Die Prüfungen erfolgen auf Basis der schriftlichen und ggf. bildlichen, pseudo- 3
mysierten Dokumentationen von idR. zwölf Patienten, die nach §§ 294, 298 vorzulegen sind. Sie finden in den durch den G-BA (zZt. Kernspintomographie, Dialyse, radiologische Diagnostik einschl. Computertomographie, § 92 Rn. 34) auf Grundlage der Arbeitsergebnisse der Institution nach § 137a oder den einzelnen KVen (z. B. Arthroskopie und Schmerztherapie [Niedersachsen]; Langzeit-EKG [Berlin]; Herzschrittmacher-Kontrolle [Thüringen]) in **Qualitätsbeurteilungs-RL** festgelegten Bereichen statt. Neben die Stichprobenprüfung bei 4 % der den Leistungsbereich abrechnenden Ärzte treten anlassbezogene Prüfungen und Vollerhebungen, sofern diese aus gewichtigen medizinisch-fachlichen oder methodischen Gründen (z. B. neues oder seltenes Krankheitsbild), § 299 Abs. 1 S. 2, notwendig sind. Zusätzlich werden Qualitätsprüfungen im Rahmen der qualitätsorientierten Zufälligkeitsprüfung mit der Wirtschaftlichkeitsprüfung verbunden (§ 106 Rn. 8).

Die § 9 Abs. 2 QualPrüf-Ärzte-RL (§ 92 Rn. 34) sieht die Bildung spezialisier- 4
ter **Qualitätssicherungs-Kommissionen** mit erfahrenen ärztlichen Mitgliedern vor, in denen ärztliche Vertreter der KK beratend mitwirken können. Den Prüfungen können Beratungen, Kolloquien, d. h. kollegiale Fachgespräche zur Feststellung der fachlichen Befähigung, mit Einverständnis des Arztes Praxisbegehungen und Wiederholungsprüfungen nachfolgen. Die KV kann das Honorar für beanstandete Leistungen zurückfordern (§ 106a Rn. 3 u. 14) oder ggf. die Genehmigung zur Leistungserbringung widerrufen.

Die Prüfung erstreckt sich auch auf die im **Krankenhaus** erbrachten ambulan- 5
ten Leistungen, Abs. 3, wobei diese zum Teil durch die KVen (§§ 116, 116a, 117) und zum Teil durch die KK (§§ 113 Abs. 4, 116b Abs. 5 S. 9, 118, 119) erfolgt.

C. Regionale vergütungsbezogene Qualitätssicherungskonzepte, Abs. 4

Die durch das PfWG eingefügte Vorschrift erweitert den Kreis der Gesamtver- 6
tragsparteien für ihren Anwendungsbereich über § 83 S. 1 hinaus auf einzelne KKen und ermöglicht die Fortführung der im Bereich der KV Bayern als Strukturverträge vereinbarten Qualitätsprogramme für Koloskopien und kurative Mammographien. Ärzte, die Mindestmengen planbarer Leistungen erreichen und Praxisbegehungen zur Überprüfung der Einhaltung von Hygienestandards zulassen, bekommen einen **Zuschlag zum regionalen Punktwert** (§ 87a Abs. 2 S. 1). Die Finanzierung erfolgt über Abschläge für nicht teilnehmende Ärzte. Die vereinheitlichte und strukturierte elektronische Dokumentation erlaubt den externen Vergleich von Befundergebnissen und Therapieentscheidungen und ist Datengrundlage für Versorgungsforschungsprojekte.

§ 136a 136b *(aufgehoben)*

§ 137 Richtlinien und Beschlüsse zur Qualitätssicherung

(1) ¹Der Gemeinsame Bundesausschuss bestimmt für die vertragsärztliche Versorgung und für zugelassene Krankenhäuser durch Richtlinien nach § 92 Abs. 1 Satz 2 Nr. 13 insbesondere
1. die verpflichtenden Maßnahmen der Qualitätssicherung nach § 135a Abs. 2, § 115b Abs. 1 Satz 3 und § 116b Abs. 4 Satz 4 und 5 unter Beachtung der Ergebnisse nach § 137a Abs. 2 Nr. 1 und 2 sowie die grundsätzlichen Anforderungen an ein einrichtungsinternes Qualitätsmanagement und
2. Kriterien für die indikationsbezogene Notwendigkeit und Qualität der durchgeführten diagnostischen und therapeutischen Leistungen, insbesondere aufwändiger medizintechnischer Leistungen; dabei sind auch Mindestanforderungen an die Struktur-, Prozess- und Ergebnisqualität festzulegen.
²Soweit erforderlich, erlässt er die notwendigen Durchführungsbestimmungen und Grundsätze für Konsequenzen insbesondere für Vergütungsabschläge für Leistungserbringer, die ihre Verpflichtungen zur Qualitätssicherung nicht einhalten.

(2) ¹Die Richtlinien nach Absatz 1 sind sektorenübergreifend zu erlassen, es sei denn, die Qualität der Leistungserbringung kann nur durch sektorbezogene Regelungen angemessen gesichert werden. ²Die Regelungen in Absatz 3 und 4 bleiben unberührt.

(3) ¹Der Gemeinsame Bundesausschuss fasst für zugelassene Krankenhäuser auch Beschlüsse über
1. die im Abstand von fünf Jahren zu erbringenden Nachweise über die Erfüllung der Fortbildungspflichten der Fachärzte, der Psychologischen Psychotherapeuten und der Kinder- und Jugendlichenpsychotherapeuten,
2. einen Katalog planbarer Leistungen nach den §§ 17 und 17b des Krankenhausfinanzierungsgesetzes, bei denen die Qualität des Behandlungsergebnisses in besonderem Maße von der Menge der erbrachten Leistungen abhängig ist sowie Mindestmengen für die jeweiligen Leistungen je Arzt oder Krankenhaus und Ausnahmetatbestände,
3. Grundsätze zur Einholung von Zweitmeinungen vor Eingriffen und
4. Inhalt, Umfang und Datenformat eines im Abstand von zwei Jahren zu veröffentlichenden strukturierten Qualitätsberichts der zugelassenen Krankenhäuser, in dem der Stand der Qualitätssicherung insbesondere unter Berücksichtigung der Anforderungen nach Absatz 1 sowie der Umsetzung der Regelungen nach den Nummern 1 und 2 dargestellt wird. Der Bericht hat auch Art und Anzahl der Leistungen des Krankenhauses auszuweisen und ist in einem für die Abbildung aller Kriterien geeigneten standardisierten Datensatzformat zu erstellen. Er ist über den in dem Beschluss festgelegten Empfängerkreis hinaus auch von den Landesverbänden der Krankenkassen und den Ersatzkassen im Internet zu veröffentlichen.
²Wenn die nach Satz 1 Nr. 2 erforderliche Mindestmenge bei planbaren Leistungen voraussichtlich nicht erreicht wird, dürfen entsprechende Leistungen nicht erbracht werden. ³Die für die Krankenhausplanung zuständige Landesbehörde kann Leistungen aus dem Katalog nach Satz 1 Nr. 2 bestimmen, bei denen die Anwendung von Satz 2 die Sicherstellung einer flächendeckenden Versorgung der Bevölkerung gefährden könnte; sie entscheidet auf Antrag des Krankenhauses bei diesen Leistungen über die Nichtanwendung von Satz 2. ⁴Zum Zwecke der Erhöhung von Transparenz und Qualität der stationären Versorgung können die Kassenärztlichen Vereinigungen sowie die Krankenkassen und ihre

4. Kapitel. 9. Abschnitt § 137

Verbände die Vertragsärzte und die Versicherten auf der Basis der Qualitätsberichte nach Nummer 4 auch vergleichend über die Qualitätsmerkmale der Krankenhäuser informieren und Empfehlungen aussprechen. [5]Der Verband der privaten Krankenversicherung, die Bundesärztekammer sowie die Berufsorganisationen der Pflegeberufe sind bei den Beschlüssen nach den Nummern 1 bis 4 zu beteiligen; bei den Beschlüssen nach Nummer 1 ist zusätzlich die Bundespsychotherapeutenkammer zu beteiligen. [6]Die Beschlüsse sind für zugelassene Krankenhäuser unmittelbar verbindlich. [7]Sie haben Vorrang vor Verträgen nach § 112 Abs. 1, soweit diese keine ergänzenden Regelungen zur Qualitätssicherung enthalten. [8]Verträge zur Qualitätssicherung nach § 112 Abs. 1 gelten bis zum Inkrafttreten von Richtlinien nach Absatz 1 fort. [9]Ergänzende Qualitätsanforderungen einschließlich Vorgaben zur Führung klinischer Krebsregister im Rahmen der Krankenhausplanung der Länder sind zulässig.

(4) [1]Der Gemeinsame Bundesausschuss hat auch Qualitätskriterien für die Versorgung mit Füllungen und Zahnersatz zu beschließen. [2]Bei der Festlegung von Qualitätskriterien für Zahnersatz ist der Verband Deutscher Zahntechniker-Innungen zu beteiligen; die Stellungnahmen sind in die Entscheidung einzubeziehen. [3]Der Zahnarzt übernimmt für Füllungen und die Versorgung mit Zahnersatz eine zweijährige Gewähr. [4]Identische und Teilwiederholungen von Füllungen sowie die Erneuerung und Wiederherstellung von Zahnersatz einschließlich Zahnkronen sind in diesem Zeitraum vom Zahnarzt kostenfrei vorzunehmen. [5]Ausnahmen hiervon bestimmen die Kassenzahnärztliche Bundesvereinigung und der Spitzenverband Bund der Krankenkassen. [6]§ 195 des Bürgerlichen Gesetzbuchs bleibt unberührt. [7]Längere Gewährleistungsfristen können zwischen den Kassenzahnärztlichen Vereinigungen und den Landesverbänden der Krankenkassen und den Ersatzkassen sowie in Einzel- oder Gruppenverträgen zwischen Zahnärzten und Krankenkassen vereinbart werden. [8]Die Krankenkassen können hierfür Vergütungszuschläge gewähren; der Eigenanteil der Versicherten bei Zahnersatz bleibt unberührt. [9]Die Zahnärzte, die ihren Patienten eine längere Gewährleistungsfrist einräumen, können dies ihren Patienten bekannt machen.

Schrifttum: *B. Debong,* Ärztliche Therapiefreiheit und Qualitätssicherung in der Behandlung – Ein Gegensatz?, ArztR 2007, 32; *K. Junghanns,* Sind Mindestmengen der falsche Weg in der Qualitätssicherung?, ArztR 2007, 4; *R. Schimmelpfeng-Schütte,* Rechtliche Bewertung der Festlegung von Mindestmengen, MedR 2006, 630; *H. D. Schirmer,* Instrumente der Qualitätssicherung – insbesondere qualitätsabhängige Zulassung, Rezertifizierung etc, VSSR 2002, 247; *F. Stollmann,* Mindestmengenregelung nach § 137 SGB V – Ausnahmeentscheidung der Planungsbehörde, GesR 2007, 303; *C. Walser,* Qualitätssicherung bei grenzüberschreitenden Krankenhausleistungen, ZESAR 2004, 365.

Inhaltsübersicht

	Rn.
A. Überblick	1
B. Allgemeine Maßnahmen, Abs. 1 und 2	4
I. Kompetenz des GBA	4
II. Maßnahmen der Qualitätssicherung	6
C. Zusätzliche Maßnahmen für die stationäre Versorgung, Abs. 3	11
D. Maßnahmen für die Versorgung mit Füllungen und Zahnersatz, Abs. 4	15

A. Überblick

§ 137 dient der **Durchführung der Qualitätssicherung** in den KHern und in der vertragsärztlichen Versorgung. Die Vorschrift hat sich in zwei Stufen ent- 1 wickelt. Zunächst betraf sie nur den stationären Sektor, indem es vor ihrer Einführung den Landesparteien oblag, in den Verträgen nach § 112 Maßnahmen der Qualitätssicherung zu treffen. Da dies nicht im erforderlichen Umfang geschah, übertrug der Gesetzgeber in einem **ersten Schritt** die Kompetenzen auf die Bundesebene (vgl. BT-Drs. 14/1245, 89); die Landesparteien sind insoweit nur noch für ergänzende Regelungen zuständig (Abs. 3 S. 9).

2 § 137 wurde in einem **zweiten Schritt** durch das GKV-WSG (§ 1 Rn. 31) mWv. 1. 7. 2008 in wesentl. Teilen neu gefasst. Die Vorschrift regelt nun die Handhabung der Qualitätssicherung sektorenübergreifend. §§ 136 a und 136 b wurden deshalb zugleich aufgehoben. Ziel dieser Neuregelung ist die Steigerung der Effizienz (vgl. BT-Drs. 16/3100, 146). Zudem wird die Qualitätssicherung nach Abs. 1 S. 1 Nr. 2 nun auch auf das ambulante Operieren nach § 115 b und die ambulante Erbringung von Leistungen nach § 116 b Abs. 2 bis 5 erstreckt.

3 Nach der Neufassung folgt § 137 der folgenden **Systematik:** Abs. 1 enthält die für alle medizinischen Behandlungen vorgesehenen qualitätssichernden Maßnahmen, die grds. nach Abs. 2 sektorenübergreifend gelten sollen. Die Abs. 3 und 4 tragen sektorenspezifischen Besonderheiten Rechnung, und zwar zum einen für die stationäre Versorgung, zum anderen für die Versorgung mit Füllungen und Zahnersatz. Für den Erlass aller Maßnahmen ist der GBA zuständig, allerdings mit abgestuften Handlungsformen: Allgemeine Maßnahmen werden in Form von RL getroffen, ergänzende Maßnahmen (Abs. 3 und 4) in Form von Beschlüssen (zur Verbindlichkeit Rn. 5).

B. Allgemeine Maßnahmen, Abs. 1 und 2

I. Kompetenz des GBA

4 § 137 weist dem GBA nicht nur die Kompetenz, sondern auch die Verpflichtung zu, zur Sicherstellung der medizinischen Qualitätsstandards für die vertragsärztliche Versorgung und für zugelassene KH entsprechende RL (vgl. § 92 Rn. 2) und Beschlüsse (vgl. § 91 Rn. 25) zu erlassen. Die einzelnen, in Abs. 1 genannten allg. Maßnahmen sind nach der Formulierung der Vorschrift nicht abschließend. § 137 ist Ausdruck einer Zentralisierung der Qualitätssicherung mit dem GBA als zentralem Akteur, der mittlerweile die entscheidende Rolle bei der Feinsteuerung der medizinischen Versorgung spielt (vgl. zur Diskussion um die demokratische Legitimation des GBA § 92 Rn. 9).

5 Die **RL** entfalten nach den allg. Grundsätzen normative Wirkung und sind damit für die Leistungserbringer verbindlich (näher § 94 Rn. 2). Für die **nach Abs. 3 zu fassenden Beschlüsse** gilt, dass sie für die nach § 108 zugelassenen KH unmittelbar verbindlich sind (Abs. 3 S. 6). Ferner besitzen sie Vorrang vor Landesverträgen nach § 112 (Abs. 3 S. 7); diese bleiben jedoch gültig, solange sie nicht von einer RL verdrängt werden (Abs. 3 S. 8).

II. Maßnahmen der Qualitätssicherung

6 Qualitätssicherung ist nicht nur Aufgabe des GBA, sondern aller am medizinischen Leistungsprozess Beteiligter. Für die **Messung der Qualität** auch von medizinischer Leistung ist die allg. anerkannte Unterteilung in Strukturqualität, Prozessqualität und Ergebnisqualität hilfreich (vgl. § 113 Rn. 3; § 135 a Rn. 5; *Schirmer*, VSSR 2002, 247, 250). Nach dieser Unterteilung sind die Ergebnisse der

KHer und der Vertragsärzte mit geeigneten Methoden zu evaluieren; diese sollen dann zum Anlass genommen werden, um die Rahmenbedingungen der medizinischen Versorgung der Versicherten zu verbessern (zur Qualitätssicherung im grenzüberschreitenden europäischen Kontext vgl. *Walser,* ZESAR 2004, 365/367 ff.). Hierzu sind nach **Abs. 1 S. 1** zwei Arten von Maßnahmen vorgesehen:

- RL nach **Nr. 1** gestalten für den Kreis der Leistungserbringer die in den jeweils für sie geltenden Sondervorschriften bereits getroffenen Verpflichtungen zur Qualitätssicherung (nach den §§ 135 a Abs. 2, 115 b Abs. 1 S. 3, 116 b Abs. 4 S. 4 und 5 und § 137 a Abs. 2) näher aus und legen damit **Art und Umfang der von den Leistungserbringern zu treffenden Maßnahmen** erst konkret fest. Daneben trifft der GBA auch die Entscheidung darüber, welche Anforderungen an das einrichtungsinterne Qualitätsmanagement zu stellen sind. Da für die Evaluation der Ergebnisse und die Steuerung des Leistungserbringungsprozesses in qualitativer Hinsicht eine möglichst hohe Vergleichbarkeit wünschenswert ist, sind einheitliche Vorgaben von Vorteil. 7

- RL nach **Nr. 2** legen die **Kriterien für die Beurteilung,** ob eine diagnostische oder therapeutische Leistung nach dem Stand der medizinischen Wissenschaft auch wirklich notwendig ist, fest. Die Zielrichtung dieser RL ist zweigeteilt: Einerseits geht es um Schaffung von Rahmenbedingungen für die Durchsetzung des Wirtschaftlichkeitsgebots nach § 12, andererseits um den Schutz der Patienten vor unnötigen Eingriffen und Behandlungen. Mindestanforderungen müssen für die Struktur-, Prozess- und Ergebnisqualität und damit für den gesamten Umfang der Qualitätssicherung festgesetzt werden. Dies ist im Hinblick auf die Bewertung und die Vergleichbarkeit der erbrachten Leistungen unerlässlich. 8

Abs. 1 S. 2 stellt dem GBA außerdem ein Instrumentarium **zur Durchsetzung** der RL zur Verfügung. So kann der GBA nicht nur die Durchführungsbestimmungen und damit die verfahrensrechtl. Fragen regeln, sondern auch Konsequenzen für jene Leistungserbringer vorsehen, die den gesetzlichen und durch RL festgesetzten Anforderungen nicht nachkommen. Ausdrücklich genannt sind hier Vergütungsabschläge als mögliche Sanktion. 9

Wichtigste Neuerung im Rahmen der Qualitätssicherung ist der **sektorenübergreifende Ansatz, Abs. 2.** Nur im Ausnahmefall darf der GBA eine sektorbezogene RL erlassen. Grund dafür ist, dass insbes. der Ergebnisqualität besonderes Gewicht zukommen soll und eine sinnvolle Überprüfung in vielen Fällen nur dann möglich ist, wenn eine anschließende Versorgung berücksichtigt werden kann (vgl. BT-Drs. 16/3100, 146 f.). 10

C. Zusätzliche Maßnahmen für die stationäre Versorgung, Abs. 3

In Form von Beschlüssen (vgl. Rn. 5) kann der GBA folgende ergänzende Maßnahmen treffen:

- nach **Nr. 1** zur Sicherstellung der fortwährenden **Weiterbildung des medizinischen Personals.** Weil die Fortbildung als ein Schlüssel für die Verbesserung der medizinischen Qualität angesehen wird, haben die zugelassenen KH Nachweise darüber periodisch in einem Fünfjahreszeitraum zu erbringen. 11
- nach **Nr. 2** zur Festsetzung von **Mindestmengen.** Schon dann, wenn die Mindestanzahl an Behandlungsfällen voraussichtlich nicht erreicht wird, darf die Leistung durch das KH nicht mehr erbracht werden (Abs. 3 S. 2). Auf der ande- 12

ren Seite müssen aber Struktur und Angebot an Leistungen auf den Bedarf der Versicherten abgestellt werden, Versorgungssicherheit und Bedarfsdeckung sind Teil des KH-Planungsrechts. Insofern können die Qualitätsziele mit den Versorgungszielen in Konflikt geraten; Bedenken im Hinblick auf die Gesetzgebungskompetenz der Länder nach Art. 74 Abs. 1 Nr. 19 a GG (vgl. *Schimmelpfeng-Schütte,* MedR 2006, 630/631 ff.) ist entgegenzuhalten, dass Wechselwirkungen zwischen Bundes- und Landesrecht nicht schon durch die Zuständigkeitsverteilung ausgeschlossen werden können, jedoch darf die Planungshoheit nicht faktisch ausgehöhlt werden. Zudem wäre es sinnvoll, die Mindestmengen nicht bezogen auf Einrichtungen, sondern die behandelnden Ärzte zu ermitteln. Zwar ist nach Abs. 3 S. 3 die zuständige Landesbehörde ermächtigt, einzelne Leistungen von der Mindestmengenplanung auszunehmen, doch betrifft dies nur den Fall, dass eine flächendeckende Versorgung der Bevölkerung sonst gefährdet wäre; ein einzelnes KH hat darauf trotz Antragsrecht kaum Einfluss, so dass verfahrensrechtliche und materiellrechtliche Positionen auseinanderfallen.

13 – nach **Nr. 3** über Grundsätze zur **Einholung von Zweitmeinungen bei Eingriffen.** Dabei ist unter „Eingriff" jeder medizinische – und nicht nur der chirurgische – Eingriff zu verstehen (vgl. *Kruschinsky,* H/N, § 137 Rn. 6). Hintergrund der Regelung ist, dass Patienten nur das unbedingt notwendige Maß an medizinischer Versorgung erhalten sollen. Von einem außenstehenden Arzt wird eine unabhängige, d. h. nicht den Rationalitäten der Einrichtung folgende, Beurteilung erwartet (vgl. *Joussen,* Beck-OK, § 137).

14 – nach **Nr. 4** über die **Dokumentation** und damit die Transparenz der Leistungserbringung. Das ist im Hinblick auf das Ziel der Qualitätssicherung, nämlich die Bewertung und Verbesserung des Behandlungsprozesses, geboten. Daneben dienen Dokumentation und insbes. Veröffentlichung der Daten des Leistungsprozesses aber auch der Patienteninformation. Da die Berichte auch Anzahl und Art der Leistungen darstellen und im Internet veröffentlicht werden müssen, können sie Patienten in aufbereiteter Form als Entscheidungshilfe etwa vor einem größeren Eingriff dienen. Nach S. 4 dürfen die KV sowie die KKen und ihre Verbände die Vertragsärzte und die Versicherten auf der Basis der Qualitätsberichte vergleichend über die Qualitätsmerkmale der KH informieren und sogar Empfehlungen aussprechen. Damit werden zugleich wesentl. Grundlagen für einen **Wettbewerb zwischen KH** gelegt; diesen müssen wegen der Wettbewerbsrelevanz und der Auswirkungen auf die grundrechtlich geschützte Berufsfreiheit (Art. 12 Abs. 1 GG) ausreichende **Rechtsschutzmöglichkeiten** eingeräumt werden.

D. Maßnahmen für die Versorgung mit Füllungen und Zahnersatz, Abs. 4

15 Abs. 4 übernimmt inhaltlich den **früheren § 136 b Abs. 2** und integriert die Regelung in den § 137. Danach hat der GBA auch Qualitätskriterien für die **zahnärztliche Versorgung** festzulegen und dabei die Selbstverwaltung zu beteiligen. Die S. 3 bis 9 regeln detailliert gewährleistungsrechtl. Ansprüche zwischen den Vertragszahnärzten und den KZV einerseits sowie gegenüber den Versicherten andererseits. Schon wegen des Vorrangs von Parlamentsgesetzen bleiben aber die zivilrechtlichen Haftungsvorschriften einschließlich der regelmäßigen dreijährigen Verjährungsfrist des § 195 BGB unberührt.

§ 137a Umsetzung der Qualitätssicherung und Darstellung der Qualität

(1) ¹Der Gemeinsame Bundesausschuss nach § 91 beauftragt im Rahmen eines Vergabeverfahrens eine fachlich unabhängige Institution, Verfahren zur Messung und Darstellung der Versorgungsqualität für die Durchführung der einrichtungsübergreifenden Qualitätssicherung nach § 115b Abs. 1, § 116b Abs. 4 Satz 4 und 5, § 137 Abs. 1 und § 137f Abs. 2 Nr. 2 zu entwickeln, die möglichst sektorenübergreifend anzulegen sind. ²Dieser Institution soll auch die Aufgabe übertragen werden, sich an der Durchführung der einrichtungsübergreifenden Qualitätssicherung zu beteiligen. ³Bereits existierende Einrichtungen sollen genutzt und, soweit erforderlich, in ihrer Organisationsform den in den Sätzen 1 und 2 genannten Aufgaben angepasst werden.

(2) ¹Die Institution ist insbesondere zu beauftragen,

1. für die Messung und Darstellung der Versorgungsqualität möglichst sektorenübergreifend abgestimmte Indikatoren und Instrumente zu entwickeln,
2. die notwendige Dokumentation für die einrichtungsübergreifende Qualitätssicherung unter Berücksichtigung des Gebotes der Datensparsamkeit zu entwickeln,
3. sich an der Durchführung der einrichtungsübergreifenden Qualitätssicherung zu beteiligen und soweit erforderlich, die weiteren Einrichtungen nach Satz 2 einzubeziehen, sowie
4. die Ergebnisse der Qualitätssicherungsmaßnahmen durch die Institution in geeigneter Weise und in einer für die Allgemeinheit verständlichen Form zu veröffentlichen.

²In den Fällen, in denen weitere Einrichtungen an der Durchführung der verpflichtenden Maßnahmen der Qualitätssicherung nach § 137 Abs. 1 Nr. 1 mitwirken, haben diese der Institution nach Absatz 1 die für die Wahrnehmung ihrer Aufgaben nach Absatz 2 erforderlichen Daten zur Verfügung zu stellen. ³Die Institution nach Absatz 1 hat die im Rahmen der verpflichtenden Maßnahmen der Qualitätssicherung nach § 137 Abs. 1 Nr. 1 erhobenen und gemäß Satz 2 übermittelten Daten für Zwecke der wissenschaftlichen Forschung und der Weiterentwicklung der sektoren- und einrichtungsübergreifenden Qualitätssicherung in einem transparenten Verfahren und unter Beachtung datenschutzrechtlicher Vorschriften vorzuhalten und auszuwerten. ⁴Die Institution hat dem Gemeinsamen Bundesausschuss auf Anforderung Datenauswertungen zur Verfügung zu stellen, sofern er diese zur Erfüllung seiner gesetzlichen Aufgaben benötigt.

(3) Bei der Entwicklung der Inhalte nach Absatz 2 sind die Kassenärztlichen Bundesvereinigungen, die Deutsche Krankenhausgesellschaft, der Spitzenverband Bund der Krankenkassen, der Verband der privaten Krankenversicherung, die Bundesärztekammer, die Bundeszahnärztekammer, die Bundespsychotherapeutenkammer, die Berufsorganisationen der Krankenpflegeberufe, die wissenschaftlichen medizinischen Fachgesellschaften, die für die Wahrnehmung der Interessen der Patientinnen und Patienten und der Selbsthilfe chronisch kranker und behinderter Menschen maßgeblichen Organisationen auf Bundesebene sowie der oder die Beauftragte der Bundesregierung für die Belange der Patientinnen und Patienten zu beteiligen.

(4) ¹Für die Erfüllung der Aufgaben erhält die Institution vom Gemeinsamen Bundesausschuss eine leistungsbezogene Vergütung. ²Die Institution kann auch im Auftrag anderer Institutionen gegen Kostenbeteiligung Aufgaben nach Absatz 2 wahrnehmen.

§ 137a Umsetzung der Qualitätssicherung und Darstellung der Qualität

(5) **Der Gemeinsame Bundesausschuss hat im Rahmen der Beauftragung sicherzustellen, dass die an der Aufgabenerfüllung nach Absatz 2 beteiligten Institutionen und Personen mögliche Interessenkonflikte offenzulegen haben.**

Schrifttum: *J. Byok.*, Auftragsvergabe im Gesundheitssektor, GesR 2007, 553; *K. Engelmann*, Keine Geltung des Kartellvergaberechts für Selektivverträge der Krankenkassen mit Leistungserbringern, SGb 2008, 133; *U. Zorn*, Routinedaten noch keine Alternative zum BQS-Verfahren, DÄ 2007, A 2172; vgl. auch Schrifttum zu §§ 135a, 137.

Inhaltsübersicht

	Rn.
A. Überblick	1
B. Inhaltliche Implementationsvorgaben	3
I. Schritte der Implementation, Abs. 1 S. 1	3
II. Konkretisierung der Schritte, Abs. 2 S. 1	4
III. Beteiligung bei der Konkretisierung, Abs. 3	9
C. Organisatorische Implementationsvorgaben	10
I. Externe Institution, Abs. 1 S. 1 und 3, Abs. 5	10
1. Vergabe	10
2. Anforderungen an die Institution	11
II. Datensammlung und -übertragung, Abs. 2 S. 2–4	14
III. Vergütung, Abs. 4	15

A. Überblick

1 § 137a soll die **Umsetzung** der in § 135a statuierten Pflicht zur Qualitätssicherung durch konkrete Maßnahmen sicherstellen. Mit der Vorschrift wird der GBA ermächtigt, eine externe Institution mit der Entwicklung von Verfahren für die Durchführung der einrichtungsübergreifenden Qualitätssicherung zu beauftragen. Damit wird ein wissenschaftsbasierter Ansatz verfolgt und soll externes Wissen genutzt werden (vgl. BT-Drs. 16/3100, 147). Auch die Durchführung der Qualitätssicherung selbst wird dieser Institution übertragen, während der GBA die Anforderungen an die Qualitätssicherung festzulegen und Empfehlungen bei den strukturierten Behandlungsprogrammen zu erarbeiten hat.

2 Die Vorschrift ist durch das GKV-WSG (§ 1 Rn. 31) mWv. 1. 4. 2007 neu **eingeführt** worden.

B. Inhaltliche Implementationsvorgaben

I. Schritte der Implementation, Abs. 1 S. 1

3 Vornehmliche Aufgabe der beauftragten Institution ist es, „für die Messung und Darstellung der Qualität der Gesundheitsversorgung in Deutschland die geeigneten Instrumente und Verfahren zu entwickeln" (vgl. BT-Drs. 16/3100, 147). Die Implementation der Qualitätssicherung geschieht damit in **zwei Schritten:** der Formulierung und Festlegung von Anforderungen an die Qualitätssicherung durch den GBA einerseits (vgl. BT-Drs. 16/3100, 147 und auch § 137b) und der darauf fußenden Entwicklung von geeigneten Verfahren und Instrumenten zur Messung und Darstellung der Umsetzung dieser Anforderungen andererseits. Ohne die im ersten Schritt zu erarbeitenden Vorgaben ist Qualitätssicherung als Prozess nicht möglich. Um die Vergleichbarkeit der gewonnenen Ergebnisse schon bei der Entwicklung der Mess- und Darstellungsverfahren zu gewährleis-

ten, sollen diese einem möglichst **breiten, sektorenübergreifenden Ansatz** folgen. Die Wirksamkeit der von der Institution entwickelten Instrumente und Verfahren wird sichergestellt, indem der Auftrag in Abs. 1 S. 1 durch die in § 135a verankerte Pflicht der Leistungserbringer zur Mitwirkung an der Qualitätssicherung flankiert wird.

II. Konkretisierung der Schritte, Abs. 2 S. 1

Die allgemeine Übertragung der Aufgaben nach Abs. 1 S. 1 wird durch die spezifischeren Vorgaben des Abs. 2 konkretisiert. Abs. 2 S. 1 umfasst die wesentlichen, allerdings nicht abschließenden **Aufgabenzuweisungen** an die Institution (vgl. BT-Drs. 16/3100, 148). 4

Nach **Nr. 1** muss die Institution für die Messung und Darstellung der Versorgungsqualität möglichst sektorenübergreifend abgestimmte **Indikatoren und Instrumente** entwickeln. Qualitätssicherung im Bereich der Versorgungsqualität bedeutet, Defizite und Mängel in der medizinischen Versorgung der Versicherten aufzudecken und zu beheben, insbesondere durch eine bessere Abstimmung verschiedener medizinischer Behandlungsprozesse. Ziel des Gesetzgebers ist es, durch die Beauftragung einer externen Institution die Stringenz der Qualitätssicherung zu erhöhen und den bürokratischen Aufwand bei der Datenerhebung zu verringern (vgl. BT-Drs. 16/3100, 148). 5

Nach **Nr. 2** hat die Institution die notwendige **Dokumentation** für die einrichtungsübergreifende Qualitätssicherung unter Berücksichtigung des Gebotes der Datensparsamkeit zu entwickeln. Den Leistungserbringer, die nach § 135a und § 137d verpflichtet sind, Qualitätssicherung auch als eigene Aufgabe zu betreiben, wird auf diese Weise zugleich eine Hilfe für die erforderliche geleistet. Nach der Intention des Gesetzgebers soll damit der bürokratische Aufwand für die Leistungserbringer so gering wie möglich gehalten und durch einheitliches Vorgehen zugleich die Qualität der Dokumentation und damit der Qualitätssicherung insgesamt verbessert werden (vgl. BT-Drs. 16/3100, 148). 6

Im Rahmen von **Nr. 3** hat sich die Institution **an der Durchführung** der einrichtungsübergreifenden Qualitätssicherung **zu beteiligen** und, soweit erforderlich, die weiteren Einrichtungen nach Abs. 2 S. 2 einzubeziehen. Das bezieht sich auch auf die Datenauswertung nach § 299 (vgl. BT-Drs. 16/3100, 148). Zugleich erlaubt die Vorschrift die Teilnahme von anderen Institutionen auf Länderebene an der einrichtungsübergreifenden Qualitätssicherung, etwa bei in der stationären Versorgung durch Landesgeschäftsstellen für Qualitätssicherung oder in der vertragsärztlichen Versorgung durch die KÄVen (vgl. BT-Drs. 16/3100, 148). 7

Die Regelung in **Nr. 4** soll sicherstellen, dass eine möglichst hohe **Transparenz** im Hinblick auf die Versorgungsqualität erreicht wird. Qualitätsberichte werden nicht nur den Leistungserbringern und dem GBA, sondern auch der Öffentlichkeit vorgelegt. Deshalb verpflichtet Nr. 4 die Institution, die Ergebnisse der Qualitätssicherungsmaßnahmen in einer für die Allgemeinheit geeigneten Art und Weise zu veröffentlichen. Ziel ist es, durch Offenlegung die Anreize zur Qualitätssicherung zu erhöhen. Für die KHer sind in diesem Zusammenhang die Beschlüsse des GBA zur Dokumentation der Qualitätssicherung (vgl. § 137 Rn. 14) von Bedutung, weil durch eine umfassende Veröffentlichung der Maßnahmen und Ergebnisse der Qualitätssicherung Entscheidungshilfen für Patienten geschaffen werden können (so z. B. das Projekt Klinik-ProFi, eine Suchmaschine im Internet zur Auswahl der „richtigen" Klinik, zu finden unter: http://www.g-ba.de/institu- 8

§ 137a

tion/qualitaetssicherung/stationaere-versorgung/profifinder/). Die Wirksamkeit dieses auf Förderung des Wettbewerbs gerichteten Ansatzes steht und fällt mit der Aussagekraft der veröffentlichten Daten; zudem ist gerade die Öffentlichkeitswirkung relevant für die Berufsfreiheit (Art. 12 Abs. 1 GG), obwohl das BVerfG Warnungen dann nicht als Grundrechtseingriffe qualifiziert hat, wenn diese die Marktverhältnisse nicht verzerren (BVerfGE 105, 252). Um ungerechtfertigte Eingriffe ausschließen zu können, bedarf es dennoch einer ausreichenden Mitwirkung im Verfahren und eines effektiven Rechtsschutzes (vgl. § 137 Rn. 14). In diesem Zusammenhang ist es problematisch, dass die Institution selbst die Öffentlichkeit informieren soll und damit die Verantwortung auf eine private Einrichtung delegiert wird.

III. Beteiligung bei der Konkretisierung, Abs. 3

9   Abs. 3 enthält ein **umfassendes Beteiligungsrecht** verschiedener Interessenverbände an der Entwicklung der Maßnahmen nach Abs. 2. Hintergrund der Regelung ist die Notwendigkeit, fachliche Inhalte in Zusammenarbeit mit den Akteuren zu entwickeln, die die Maßnahmen letztlich umsetzen müssen. Dies erhöht nicht nur die **Akzeptanz,** sondern auch die fachliche **Qualität** der Maßnahmen nach Abs. 2. Die Regelung des Abs. 3 soll die bisher bestehenden Beteiligungsrechte fortschreiben und ergänzt den Kreis der Beteiligten um die Patientenvertreter und die Wissenschaft. Die Art der Beteilung ist in Abs. 3 nicht geregelt; sie kann z. B. in Expertengruppen erfolgen (vgl. BT-Drs. 16/3100, 148).

C. Organisatorische Implementationsvorgaben

I. Externe Institution, Abs. 1 S. 1 und 3, Abs. 5

1. Vergabe

10   Die Auswahl der Institution hat nach der gesetzlichen Regelung in Abs. 1 S. 1 im Rahmen eines Vergabeverfahrens zu erfolgen. Der Auftrag muss nicht zwingend für alle Versorgungsbereiche gleichzeitig ergehen, der GBA kann Einschränkungen treffen. Dem GBA werden nach dem Willen des Gesetzgebers alle möglichen **Arten der Vergabe** eröffnet, diese soll nicht beschränkt sein auf eine öffentliche Ausschreibung (vgl. BT-Drs. 16/4247, 48). Jedoch ist von der Anwendbarkeit des **Vergaberechts** auszugehen (vgl. zu den Voraussetzungen ausf. § 108 Rn. 13 ff.; i Erg. ebenso BT-Drs. 16/3100, 147 f.; 16/4247, 48).

2. Anforderungen an die Institution

11   Die Institution muss zunächst eine hohe Bearbeitungsqualität, Verfahrensstabilität und fachlich-methodischer Nachhaltigkeit garantieren (vgl. BT-Drs. 16/3100, 147). Daneben muss sie über die erforderlichen medizinisch-pflegerischen, methodischen, statistisch-biometrischen und informationstechnischen **Kompetenzen** verfügen (vgl. BT-Drs. 16/3100, 148). Von besonderer Bedeutung ist ferner die **fachliche Unabhängigkeit** der Institution. Kriterien hierfür sind eine vollständige organisatorische und wirtschaftliche Unabhängigkeit sowie ein Handeln unter Freiheit von Interessenkollisionen und von Weisungsrechten.

12   Nach **Abs. 1 S. 3** sollen bereits **vorhandene Einrichtungen** – falls notwendig unter Anpassung ihrer Organisationsform – genutzt werden, soweit sie die gesetz-

lichen Anforderungen erfüllen. Das dient einerseits einer Kosten- und Aufwandsersparnis, andererseits aber auch der Nutzung bereits vorhandenen Wissens.

Abs. 5 soll sicherstellen, dass die mit der Institution **zusammenarbeitenden externen Dienstleister** nach Abs. 2 mögliche Interessenkonflikte frühzeitig offenlegen, um die Unabhängigkeit der Einrichtungen und die Transparenz zu gewährleisten (vgl. BT-Drs. 16/4247, 48). 13

II. Datensammlung und -übertragung, Abs. 2 S. 2–4

Die auf die beauftragte Institution bezogenen Regelungen des Abs. 2 S. 3 und 4 sollen, ebenso wie der auf die weitere Einrichtungen bezogene Abs. 2 S. 2, sicherstellen, dass die im Rahmen der Qualitätssicherung erhobenen und gewonnenen Daten auch für **Wissenschaft und Forschung** und die **Weiterentwicklung** der Qualitätssicherung uneingeschränkt zur Verfügung stehen (vgl. BT-Drs. 16/4247, 48). Davon unabhängig ist die Übermittlung der Daten von weiteren Einrichtungen an die Institution auch deshalb geboten, um vor der Veröffentlichung (vgl. Rn. 8) eine **Validierung des Datenmaterials** durchführen zu können (vgl. BT-Drs. 16/3100, 148). Benötigt der GBA für die Erfüllung seiner gesetzlichen Aufgaben – etwa für die Festlegung von Mindestmengen nach § 137 Abs. 3 S. 1 Nr. 2 – Daten von der Institution, so hat sie ihm diese nach Abs. 2 S. 4 zur Verfügung zu stellen. 14

III. Vergütung, Abs. 4

Abs. 4 regelt die Vergütung der beauftragten Institution. Diese soll durch den GBA nach **S. 1 leistungsbezogen**, d. h. angemessen und aufwandsgerecht, erfolgen (vgl. BT-Drs. 16/3100, 148). Hintergrund der Regelung in **S. 2** ist die **flächendeckende Nutzung** der in der Institution gebündelten Kompetenz, da die Institution für Aufträge Dritter geöffnet wird. Das soll einerseits eine bessere Nutzung des vorhandenen Wissens und damit Synergieeffekte ermöglichen, andererseits aber auch eine Verbesserung von Qualitätssicherungsmaßnahmen insgesamt bewirken (vgl. BT-Drs. 16/3100, 148). 15

§ 137b Förderung der Qualitätssicherung in der Medizin

¹**Der Gemeinsame Bundesausschuss hat den Stand der Qualitätssicherung im Gesundheitswesen festzustellen, sich daraus ergebenden Weiterentwicklungsbedarf zu benennen, eingeführte Qualitätssicherungsmaßnahmen auf ihre Wirksamkeit hin zu bewerten und Empfehlungen für eine an einheitlichen Grundsätzen ausgerichtete sowie sektoren- und berufsgruppenübergreifende Qualitätssicherung im Gesundheitswesen einschließlich ihrer Umsetzung zu erarbeiten.** ²**Er erstellt in regelmäßigen Abständen einen Bericht über den Stand der Qualitätssicherung.**

Inhaltsübersicht

	Rn.
A. Überblick	1
B. Aufgaben des GBA für die Weiterentwicklung der Qualitätssicherung	3

A. Überblick

1 § 137 b dient der **Weiterentwicklung** und der **Information** der Öffentlichkeit über den Stand der Qualitätssicherung im Gesundheitswesen. Grundlage dessen ist die ständige und umfassende Bestandsaufnahme und Bewertung der getroffenen Maßnahmen.

2 Die Vorschrift ist durch das GMG (§ 1 Rn. 29) mWv. 1. 1. 2004 **geändert** worden, die Kompetenz zur Durchführung der Maßnahmen des § 137 b wurde von der aus BÄK, KBV, DKG, den Spitzenverbänden der KK, dem PKV und den Berufsorganisationen der Krankenpflegeberufe gebildeten Arbeitsgemeinschaft auf den GBA übertragen. Inhaltlich wurde die Vorschrift nicht verändert.

B. Aufgaben des GBA für die Weiterentwicklung der Qualitätssicherung

3 Nach S. 1 hat der GBA zunächst einmal den **Stand** der Qualitätssicherung im Gesundheitswesen festzustellen. Nach der Bestandsanalyse muss in einem nächsten Schritt herausgearbeitet werden, welche Defizite die Qualitätssicherung aufweist und wie diese behoben werden können, um das Instrument der Qualitätssicherung als solches weiterzuentwickeln. Auch bereits getroffene Maßnahmen der Qualitätssicherung unterliegen einer Evaluationspflicht, denn erst die Kombination dieses Prüfungsergebnisses mit dem Weiterentwicklungsbedarf erlaubt es dem GBA schließlich, Empfehlungen für die Qualitätssicherung in einem die Sektoren und Berufsgruppen übergreifenden Rahmen auszusprechen. Die **Empfehlungen** sind ein wichtiges Instrument zur sektorenübergreifenden Koordination der Qualitätssicherung und das hauptsächliche Ziel der gesetzlichen Regelung.

4 Die Regelung in **S. 2** soll dazu beitragen, die **Transparenz** im Gesundheitswesen weiter zu verbessern und insbesondere auch die Fortschritte in der Qualitätssicherung zu dokumentieren.

§ 137c Bewertung von Untersuchungs- und Behandlungsmethoden im Krankenhaus

(1) [1]**Der Gemeinsame Bundesausschuss nach § 91 überprüft auf Antrag des Spitzenverbandes Bund, der Deutschen Krankenhausgesellschaft oder eines Bundesverbandes der Krankenhausträger Untersuchungs- und Behandlungsmethoden, die zu Lasten der gesetzlichen Krankenkassen im Rahmen einer Krankenhausbehandlung angewandt werden oder angewandt werden sollen, daraufhin, ob sie für eine ausreichende, zweckmäßige und wirtschaftliche Versorgung der Versicherten unter Berücksichtigung des allgemein anerkannten Standes der medizinischen Erkenntnisse erforderlich sind.** [2]**Ergibt die Überprüfung, dass die Methode nicht den Kriterien nach Satz 1 entspricht, erlässt der Gemeinsame Bundesausschuss eine entsprechende Richtlinie.**

(2) [1]**Wird eine Beanstandung des Bundesministeriums für Gesundheit nach § 94 Abs. 1 Satz 2 nicht innerhalb der von ihm gesetzten Frist behoben, kann das Bundesministerium die Richtlinie erlassen.** [2]**Ab dem Tag des Inkrafttretens einer Richtlinie darf die ausgeschlossene Methode im Rahmen einer Krankenhausbehandlung nicht mehr zu Lasten der Krankenkassen erbracht werden; die Durchführung klinischer Studien bleibt unberührt.**

§ 137c

Schrifttum: *E. Hauck,* Medizinischer Fortschritt im Dreieck IQWiG, GBA und Fachgesellschaften: Wann wird eine innovative Therapie zur notwendigen medizinischen Maßnahme? – Rechtsgrundlagen und Rechtsprechung, NZS 2007, 461; *R. Francke/D.Hart,* Bewertungskriterien und -methoden nach dem SGB V, MedR 2008, 2; *D. Roters,* Die Bewertung medizinischer Methoden nach der Verfahrensordnung des G-BA, NZS 2007, 176; vgl. auch Schrifttum zu §§ 135 und 137.

Inhaltsübersicht

	Rn.
A. Überblick	1
B. Ziel und Umfang der Prüfung	3
C. Verfahren	4

A. Überblick

§ 137c soll als **Parallelvorschrift zu § 135** die Überprüfung der Untersuchungs- und Behandlungsmethoden in der stationären Versorgung sicherstellen und damit zu einer ausreichenden, wirtschaftlichen und zweckmäßigen Versorgung beitragen. Im Gegensatz zu § 135 enthält allerdings § 137c keinen Anerkennungsvorbehalt für Untersuchungs- und Behandlungsmethoden, sondern eine Ausschlusskompetenz. Damit werden KHern Möglichkeiten für Innovationen eingeräumt (dazu krit. *Hess,* in: KK, § 137c SGB V Rn. 4; vgl. auch im Verhältnis zum Wirtschaftlichkeitsgebot *Hauck,* NZS 2007, 461/462 ff.). 1

Die durch das GKV-RefG (§ 1 Rn. 26) 2000 eingeführte Vorschrift ist durch das GKV-WSG (§ 1 Rn. 31) mWv. 1. 7. 2008 zuletzt redaktionell **geändert** worden. 2

B. Ziel und Umfang der Prüfung

Die Überprüfung wurde mit dem Ziel eingeführt, die Qualität der Behandlung zu sichern und zu vermeiden, dass fragwürdige medizinische Leistungen zu Lasten der GKV erbracht werden (vgl. BT-Drs. 14/1245 S. 90, krit. *Roters,* NZS 2007, 176/182 ff.). Sie soll damit helfen, den in § 12 Abs. 1 verankerten Grundsatz der Wirtschaftlichkeit durchzusetzen (vgl. dazu *Hauck,* NZS 2007, 461/462). Zugleich dient sie dem Patientenschutz (vgl. *Joussen,* Beck-OK, § 137c), da ungeeignete Behandlungsmethoden nach Abs. 1 S. 2 **ausgesondert werden können.** Sie hat gem. Abs. 1 S. 1 am Maßstab der anerkannten wissenschaftlichen Standards in der Medizin zu erfolgen und folgt damit dem evidenz-basierten Ansatz (näher § 135 Rn. 12 ff.). 3

C. Verfahren

§ 137c begründet eine **Zuständigkeit des GBA** (vgl. § 91), da es dessen Aufgabe ist, die vom Gesetz geforderte Überprüfung der Behandlungs- und Untersuchungsmethoden durchzuführen. Die Gerichte besitzen nur eine eingeschränkte Kontrollmöglichkeit (vgl. BSG NZS 2004, 140/141; näher § 135 Rn. 23). Die Einleitung des Überprüfungsverfahrens findet nach Abs. 1 S. 1 jedoch nicht von Amts wegen, sondern **nur auf Antrag** statt. **Antragsberechtigt** sind ausschließlich der Spitzenverband Bund, die DKG und die Bundesverbände der KH-Träger, die je für sich handeln können, nicht aber sonstige Leistungserbringer oder die Patientenvertretungen. Das **BMG** besitzt im aufsichtlichen Verfahren nach Abs. 2 S. 1 nicht nur eine Kompetenz zur Beanstandung, sondern auch zur Ersatzvornahme (vgl. § 94 Abs. 1 S. 5). 4

5   Der **GBA prüft und entscheidet** gem. § 91 Abs. 7 S. 1 mit der Mehrheit seiner Mitglieder. Anders als noch nach § 91 Abs. 7 aF. werden dabei keine Änderungen in der Besetzung mehr vorgenommen, Grund dafür ist, dass die Veränderungen in der Zusammensetzung des GBA (vgl. BT-Drs. 16/3100, S. 178 f.) eine Aufstockung der Vertreterzahl der DKG nicht mehr notwendig machte. Früher war dies nötig, um eine Parität zwischen den einzelnen Parteien herzustellen. Da der GBA die Beschlüsse im Rahmen der Qualitätssicherung nach § 91 Abs. 7 S. 2 jedoch nun sektorenübergreifend fassen soll (vgl. BT-Drs. 16/3100, S. 180; vgl. auch § 137 Abs. 2), ist eine paritätische Vertretung sichergestellt und eine Erhöhung nicht mehr erforderlich. Zum Verfahren vgl. §§ 91 und 92.

6   Kommt der GBA zu dem Ergebnis, dass eine Behandlungs- oder Untersuchungsmethode für die Versorgung der Versicherten nicht (mehr) ausreichend, zweckmäßig oder wirtschaftlich ist, erlässt er eine RL gem. § 137 c Abs. 1 S. 2. Diese RL ist nach § 94 Abs. 1 S. 1 dem BMG vorzulegen. Sie wird erst mit Bekanntmachung wirksam (vgl. § 94 Abs. 2). Ab dem **Tag ihres Inkrafttretens** darf die in der RL erfasste Behandlungs- oder Untersuchungsmethode nicht mehr zu Lasten der GKV erbracht werden, Abs. 2 S. 2. Jedoch bleibt die Durchführung **klinischer Studien** unberührt, Abs. 2 S. 2. HS 2. Diese dienen der Fortentwicklung der medizinischen Behandlung. Sie zeichnen sich dadurch aus, dass sie „vom üblichen Behandlungsmuster abweichen und in der Regel einen systematischen Heilbehandlungsversuch darstellen, bei denen die Untersuchungs- und/oder Behandlungsmethoden mit wissenschaftlicher Begleitung geprüft werden" (so BSG, SozR 4–2500, § 137 c Nr. 2 Rn. 18). Weil die Erprobung des medizinischen Fortschritts durch die notwendige Qualitäts- und Zweckmäßigkeitskontrolle nicht behindert werden soll (vgl. BT-Drs. 14/1245 S. 90), hat die GKV für Patienten, die stationär in klinische Studien einbezogen werden, die regulären KH-Entgelte entrichten. Ist eine Behandlungsmethode Teil einer klinischen Studie, ändert auch der Umstand, dass sie vom GBA als ungeeignet angesehen wird, nichts an deren Durchführbarkeit – das Votum des GBA entfaltet insoweit keine Sperrwirkung (vgl. BT-Drs. 14/1245 S. 90).

§ 137d Qualitätssicherung bei der ambulanten und stationären Vorsorge oder Rehabilitation

(1) ¹**Für stationäre Rehabilitationseinrichtungen, mit denen ein Vertrag nach § 111 oder § 111 a und für ambulante Rehabilitationseinrichtungen, mit denen ein Vertrag über die Erbringung ambulanter Leistungen zur medizinischen Rehabilitation nach § 40 Abs. 1 besteht, vereinbart der Spitzenverband Bund der Krankenkassen auf der Grundlage der Empfehlungen nach § 20 Abs. 1 des Neunten Buches mit den für die Wahrnehmung der Interessen der ambulanten und stationären Rehabilitationseinrichtungen und der Einrichtungen des Müttergenesungswerks oder gleichartiger Einrichtungen auf Bundesebene maßgeblichen Spitzenorganisationen die Maßnahmen der Qualitätssicherung nach § 135 a Abs. 2 Nr. 1.** ²**Die Kosten der Auswertung von Maßnahmen der einrichtungsübergreifenden Qualitätssicherung tragen die Krankenkassen anteilig nach ihrer Belegung der Einrichtungen oder Fachabteilungen.** ³**Das einrichtungsinterne Qualitätsmanagement und die Verpflichtung zur Zertifizierung für stationäre Rehabilitationseinrichtungen richten sich nach § 20 des Neunten Buches.**

(2) ¹**Für stationäre Vorsorgeeinrichtungen, mit denen ein Versorgungsvertrag nach § 111 und für Einrichtungen, mit denen ein Versorgungsvertrag nach**

§ 111 a besteht, vereinbart der Spitzenverband Bund der Krankenkassen mit den für die Wahrnehmung der Interessen der stationären Vorsorgeeinrichtungen und der Einrichtungen des Müttergenesungswerks oder gleichartiger Einrichtungen auf Bundesebene maßgeblichen Spitzenorganisationen die Maßnahmen der Qualitätssicherung nach § 135 a Abs. 2 Nr. 1 und die Anforderungen an ein einrichtungsinternes Qualitätsmanagement nach § 135 a Abs. 2 Nr. 2. ²Dabei sind die gemeinsamen Empfehlungen nach § 20 Abs. 1 des Neunten Buches zu berücksichtigen und in ihren Grundzügen zu übernehmen. ³Die Kostentragungspflicht nach Absatz 1 Satz 3 gilt entsprechend.

(3) Für Leistungserbringer, die ambulante Vorsorgeleistungen nach § 23 Abs. 2 erbringen, vereinbart der Spitzenverband Bund der Krankenkassen mit der Kassenärztlichen Bundesvereinigung und den maßgeblichen Bundesverbänden der Leistungserbringer, die ambulante Vorsorgeleistungen durchführen, die grundsätzlichen Anforderungen an ein einrichtungsinternes Qualitätsmanagement nach § 135 a Abs. 2 Nr. 2.

(4) ¹Die Vertragspartner haben durch geeignete Maßnahmen sicherzustellen, dass die Anforderungen an die Qualitätssicherung für die ambulante und stationäre Vorsorge und Rehabilitation einheitlichen Grundsätzen genügen, und die Erfordernisse einer sektor- und berufsgruppenübergreifenden Versorgung angemessen berücksichtigt sind. ²Bei Vereinbarungen nach den Absätzen 1 und 2 ist der Bundesärztekammer und der Deutschen Krankenhausgesellschaft Gelegenheit zur Stellungnahme zu geben.

Schrifttum: *U. Dorenburg/W. Jäckel/C. Korsukéwitz,* Qualitätssicherung und Leitlinien in der medizinischen Rehabilitation, DRV 2004, 273; *E. Farin/W. Jäckel,* Qualitätssicherung in der medizinischen Rehabilitation, BKK 2001, 376; *W. Gerdelmann/O. Blatt,* Qualität messbar machen, Ersk. 2004, 262; *F. Welti,* Der rechtliche Rahmen der Qualitätssicherung in der medizinischen Rehabilitation, ZSR 2002, 460.

A. Überblick

Die Norm konkretisiert die **Pflicht zur Qualitätssicherung und -entwicklung** der Leistungserbringer (§ 135 a) für die Bereiche der Rehabilitation (Abs. 1), der stationären (Abs. 2) und ambulanten (Abs. 3) Vorsorge. Für die Rehabilitation wird zugleich die Anbindung an die trägerübergreifende Qualitätssicherung (§ 20 SGB IX) geregelt. 1

B. Gesetzgebung

Die Vorschrift wurde mit dem GKV-GRG 2000 in das SGB V aufgenommen und trat zum 1. 1. 2000 in Kraft. Mit dem GMG wurde Abs. 2 auf ein einrichtungsinternes Qualitätsmanagement erweitert. Mit dem **GKV-WSG** wurde § 137 d vollständig neu gefasst, die Qualitätsanforderungen von Rehabilitation und Vorsorge wurden getrennt geregelt, und der Bezug zu § 20 SGB IX wurde hergestellt (BT-Drs. 16/3100, 148 f.). 2

C. Qualitätssicherung in der Rehabilitation

Für die stationären und die ambulanten Rehabilitationseinrichtungen gelten wegen ihrer gleichartigen Ziele (vgl. § 40) gleiche **verbindliche Anforderungen** für interne und übergreifende Qualitätssicherung und -entwicklung (§ 135 a 3

Abs. 2). Diese werden vom Spitzenverband Bund (§ 217 a–f) mit den maßgeblichen Spitzenorganisationen der Einrichtungen vereinbart. Die Vereinbarung ist durch die Verträge der Krankenkassen mit den Einrichtungen im Einzelnen verbindlich zu machen (§ 21 Abs. 1 Nr. 1 SGB IX). Sie ist am Ziel der **Ergebnisqualität** (§ 135 a Rn. 5) und an der jeweils geltenden **Gemeinsamen Empfehlung (GE) der Rehabilitationsträger** nach § 20 Abs. 1 und 3 SGB IX zu orientieren. Derzeit gilt die GE vom 27. 3. 2003. Kommt es zu keiner Einigung, gelten § 20 SGB IX und die GE unmittelbar und sind den Verträgen zu Grunde zu legen.

4   Die Leistungserbringer sind zu einem **internen Qualitätsmanagement** verpflichtet (§ 135 a Abs. 2 Nr. 2; § 20 Abs. 2 SGB IX), für das die Rehabilitationsträger gemeinsam Anforderungen entwickeln und das durch eine **Zertifizierung** nachgewiesen wird (§ 20 Abs. 2a SGB IX). An die Zertifizierung wird in § 40 Abs. 2 angeknüpft. Die **einrichtungsübergreifende Qualitätssicherung** durch vergleichende Qualitätsanalysen (§ 20 Abs. 1 S. 1 SGB IX) ist Aufgabe der Rehabilitationsträger. Die **Kosten** tragen daher die Krankenkassen anteilig (§ 137 d Abs. 1 S. 2).

D. Qualitätssicherung in der stationären Vorsorge

5   Die einrichtungsinterne und übergreifende Qualitätssicherung und -entwicklung ist für Einrichtungen der **stationären Vorsorge** verbindlich (§ 135 a Abs. 1). Sie ist an der **Ergebnisqualität** zu orientieren (§ 135 a Abs. 2). Soweit geeignet und angemessen, sollen im Sinne einer einheitlichen Systematik die Regelungen nach § 20 SGB IX berücksichtigt werden. Die Anforderungen werden entsprechend vom Spitzenverband Bund und den Spitzenorganisationen der Einrichtungen vereinbart.

E. Qualitätssicherung in der ambulanten Vorsorge

6   In der **ambulanten Vorsorge** (§ 23 Abs. 2) gilt nur die Verpflichtung zum einrichtungsinternen Qualitätsmanagement (§ 135 a Abs. 2 Nr. 2), weil Leistungen und Leistungserbringer heterogen und kurortspezifisch sind (BT-Drs. 16/3100, 149). Sie wird entsprechend durch eine Vereinbarung konkretisiert.

§ 137 e *(aufgehoben)*

§ 137 f Strukturierte Behandlungsprogramme bei chronischen Krankheiten

(1) ¹Der Gemeinsame Bundesausschuss nach § 91 empfiehlt dem Bundesministerium für Gesundheit für die Abgrenzung der Versichertengruppen nach § 267 Abs. 2 Satz 4 nach Maßgabe von Satz 2 geeignete chronische Krankheiten, für die strukturierte Behandlungsprogramme entwickelt werden sollen, die den Behandlungsablauf und die Qualität der medizinischen Versorgung chronisch Kranker verbessern. ²Bei der Auswahl der zu empfehlenden chronischen Krankheiten sind insbesondere die folgenden Kriterien zu berücksichtigen:
1. Zahl der von der Krankheit betroffenen Versicherten,
2. Möglichkeiten zur Verbesserung der Qualität der Versorgung,
3. Verfügbarkeit von evidenzbasierten Leitlinien,
4. sektorenübergreifender Behandlungsbedarf,

5. Beeinflussbarkeit des Krankheitsverlaufs durch Eigeninitiative des Versicherten und
6. hoher finanzieller Aufwand der Behandlung.

(2) ¹Der Gemeinsame Bundesausschuss nach § 91 empfiehlt dem Bundesministerium für Gesundheit für die Rechtsverordnung nach § 266 Abs. 7 Anforderungen an die Ausgestaltung von Behandlungsprogrammen nach Absatz 1. ²Zu benennen sind insbesondere Anforderungen an die
1. Behandlung nach dem aktuellen Stand der medizinischen Wissenschaft unter Berücksichtigung von evidenzbasierten Leitlinien oder nach der jeweils besten, verfügbaren Evidenz sowie unter Berücksichtigung des jeweiligen Versorgungssektors,
2. durchzuführenden Qualitätssicherungsmaßnahmen unter Berücksichtigung der Ergebnisse nach § 137a Abs. 2 Nr. 1 und 2,
3. Voraussetzungen und Verfahren für die Einschreibung des Versicherten in ein Programm, einschließlich der Dauer der Teilnahme,
4. Schulungen der Leistungserbringer und der Versicherten,
5. Dokumentation und
6. Bewertung der Wirksamkeit und der Kosten (Evaluation) und die zeitlichen Abstände zwischen den Evaluationen eines Programms sowie die Dauer seiner Zulassung nach § 137g.

³Das Bundesministerium für Gesundheit gibt dem Gemeinsamen Bundesausschuss nach Satz 1 bekannt, für welche chronischen Krankheiten nach Absatz 1 die Anforderungen zu empfehlen sind; die Empfehlung ist unverzüglich nach dieser Bekanntgabe vorzulegen. ⁴Der Spitzenverband Bund hat den Medizinischen Dienst des Spitzenverbandes Bund der Krankenkassen zu beteiligen. ⁵Den für die Wahrnehmung der Interessen der ambulanten und stationären Vorsorge- und Rehabilitationseinrichtungen und der Selbsthilfe sowie den für die sonstigen Leistungserbringer auf Bundesebene maßgeblichen Spitzenorganisationen ist Gelegenheit zur Stellungnahme zu geben, soweit ihre Belange berührt sind; die Stellungnahmen sind in die Entscheidungen mit einzubeziehen.

(3) ¹Für die Versicherten ist die Teilnahme an Programmen nach Absatz 1 freiwillig. ²Voraussetzung für die Einschreibung ist die nach umfassender Information durch die Krankenkasse erteilte schriftliche Einwilligung zur Teilnahme an dem Programm, zur Erhebung, Verarbeitung und Nutzung der in der Rechtsverordnung nach § 266 Abs. 7 festgelegten Daten durch die Krankenkasse, die Sachverständigen nach Absatz 4 und die beteiligten Leistungserbringer sowie zur Übermittlung dieser Daten an die Krankenkasse. ³Die Einwilligung kann widerrufen werden.

(4) Die Krankenkassen oder ihre Verbände haben eine externe Evaluation der Programme nach Absatz 1 durch einen vom Bundesversicherungsamt im Benehmen mit der Krankenkasse oder dem Verband auf deren Kosten bestellten unabhängigen Sachverständigen auf der Grundlage allgemein anerkannter wissenschaftlicher Standards zu veranlassen, die zu veröffentlichen ist.

(5) ¹Die Verbände der Krankenkassen und der Spitzenverband Bund der Krankenkassen unterstützen ihre Mitglieder bei dem Aufbau und der Durchführung von Programmen nach Absatz 1; hierzu gehört auch, dass die in Satz 2 genannten Aufträge auch von diesen Verbänden erteilt werden können, soweit hierdurch bundes- oder landeseinheitliche Vorgaben umgesetzt werden sollen. ²Die Krankenkassen können ihre Aufgaben zur Durchführung von mit zugelassenen Leistungserbringern vertraglich vereinbarten Programmen nach Absatz 1 auf Dritte übertragen. ³§ 80 des Zehnten Buches bleibt unberührt.

§ 137f

(6) ¹Soweit in den Verträgen zur Durchführung strukturierter Behandlungsprogramme nach Absatz 1 die Bildung einer Arbeitsgemeinschaft vorgesehen ist, darf diese zur Erfüllung ihrer Aufgaben abweichend von § 80 Abs. 5 Nr. 1 des Zehnten Buches dem Auftragnehmer die Verarbeitung des gesamten Datenbestandes übertragen. ²Der Auftraggeber hat den für ihn zuständigen Datenschutzbeauftragten rechtzeitig vor der Auftragserteilung die in § 80 Abs. 3 Satz 1 Nr. 1 bis 4 des Zehnten Buches genannten Angaben schriftlich anzuzeigen. § 80 Abs. 6 Satz 4 des Zehnten Buches bleibt unberührt. ³Die für die Auftraggeber und Auftragnehmer zuständigen Aufsichtsbehörden haben bei der Kontrolle der Verträge nach Satz 1 eng zusammenzuarbeiten.

Schrifttum: *R. Daubenbüchel,* Zulassung der Disease Management Programme (DMP) durch das Bundesversicherungsamt, in: Reformoptionen der GKV – Quo vadis Gesundheitswesen?, 2002, 53; *G. Demmler/C. Wenning,* Implementierung von Disease Management Programmen in Deutschland – eine Chance für die Krankenkassen?, BKK 2004, 186; *M. Grüne,* Disease-Management-Programme, in: Kooperationen im Gesundheitswesen, Loseblattslg. (Stand: Mai 2007), B 1600; *B. Häussler/U. Berger,* Bedingungen für effektive Disease-Management-Programme, 2004; *B. Häussler ua.,* Diabetiker im Disease Management, Gesundheits- und Sozialpolitik 9–10/2005, 23; *D. Krauskopf,* Disease-Management in der gesetzlichen Krankenversicherung, I, II, Loseblattslg. (Stand: Januar 2007); *C. Mengel,* Sozialrechtliche Rezeption ärztlicher Richtlinien, 2004; *V. Neumann/J. Nicklas-Faust,* Evidenzbasierte Leitlinien als Maßstab ärztlichen Handelns in medizinischer und rechtlicher Sicht, RsDE 60 (2006), 23; *J. Nicklas-Faust,* Neue Versorgungsformen im Gesundheitswesen, RsDE 63 (2006), 1; *U. Orlowski,* Strukturierte Behandlungsprogramme im RSA, BKK 2002, 329; *T. Vollmöller,* Rechtsfragen bei der Umsetzung von Disease-Management-Programmen, NZS 2004, 63; *M. Wilhelm,* Haftung der Krankenkassen im Zusammenhang mit strukturierten Behandlungsprogrammen, VSSR 2006, 469; *M. Wille,* Die Disease-Management-Programme unter besonderer Berücksichtigung des Vertragsstandes der Landwirtschaftlichen Krankenkassen, SdL 2006, 289.

Inhaltsübersicht

	Rn.
A. Überblick	1
B. Auswahl der chronischen Krankheiten für DMP und Anforderungen an deren Ausgestaltung, Abs. 1 und 2	2
I. Auswahl der Krankheiten für DMP	3
II. Anforderungen an die Ausgestaltung der DMP	5
C. Teilnahme der Versicherten, Abs. 3	8
D. Durchführung der DMP, Abs. 4–6	10
I. Evaluation, Abs. 4	10
II. Beauftragung Dritter und Arbeitsgemeinschaften, Abs. 5 und 6	11
E. Einbindung der Leistungserbringer	14
I. Verträge zwischen Krankenkassen und Leistungserbringern	14
II. Auswahl der Leistungserbringer	17

A. Überblick

1 Die Regelungen über die strukturierten Behandlungsprogramme (auch: Chronikerprogramme, **Disease-Management-Programme,** DMP) reagieren auf zwei unterschiedliche, aber zusammenhängende Probleme. Zum einen ist vielfach beklagt worden, dass die Versorgung von Versicherten, die an chronischen Krankheiten leiden, Qualitätsmängel aufweist (vgl. SVR, Jahresgutachten 2000/2001: Bedarfsgerechtigkeit und Wirtschaftlichkeit, III: Über-, Unter- und Fehlversorgung, 2001). Zum anderen wurde in mehreren Gutachten geltend gemacht, dass der **Risikostrukturausgleich** (§§ 266 ff.), der das Kassenwahlrecht der Versicherten (§§ 173 ff.) flankiert, den KKen keinen hinreichenden Anreiz bietet, chronisch

Kranke zu versichern und deren Versorgung zu verbessern (vgl. den entsprechenden Bericht der Bundesregierung, BT-Drs. 14/5681). Der Gesetzgeber hat daher mit den §§ 137 f und g, die durch das Gesetz zur Reform des Risikostrukturausgleichs in der gesetzlichen Krankenversicherung v. 10. 12. 2001 (BGBl. I 3465) in das SGB V aufgenommen worden sind, die DMP, die als leitliniengestützte und integrierte Behandlungsprogramme die Qualität und Wirtschaftlichkeit der Versorgung verbessern sollen, mit dem Risikostrukturausgleich verbunden. Ob diese Anbindung ordnungspolitisch sinnvoll ist, ist allerdings umstritten (vgl. *SVR,* Kooperation und Verantwortung, Gutachten 2007, Tz. 316 ff.; *Demmler/Wenning,* BKK 2004, 186/187 ff.; *Häussler/Berger,* Bedingungen, 2004; *Häussler ua.,* Gesundheits- und Sozialpolitik 9–10/2005, 23 ff.; *Nicklas-Faust,* RsDE 63, 1/5 ff.): Sie führt zwar zu einem starken finanziellen Anreiz für die KKen zur Durchführung dieser Programme und zur Einschreibung ihrer Versicherten, läuft aber gleichzeitig Gefahr, dass demgegenüber andere (chronische) Krankheiten und entsprechende Verfahren der integrierten Versorgung ebenso in den Hintergrund treten wie die bedarfsgerechte Ausgestaltung der DMP zugunsten eines Einschreibewettbewerbs um die „gesunden Chroniker". Allerdings schließen die §§ 137 f und g die Entwicklung weiterer DMP ohne Anbindung an den Risikostrukturausgleich nicht aus.

§§ 137 f und g enthalten Grundsätze zur Entwicklung und Durchführung sowie zur Zulassung der DMP; ergänzt und konkretisiert werden sie durch die §§ 28 b–h und die krankheitsspezifischen Anlagen der RSAV, die auf der Grundlage des § 266 Abs. 7 Nr. 3 erlassen wird. Die gegen die DMP-Regelungen gerichteten finanzverfassungsrechtlichen Bedenken hatten vor dem BVerfG keinen Erfolg (vgl. BVerfGE 113, 167).

B. Auswahl der chronischen Krankheiten für DMP und Anforderungen an deren Ausgestaltung, Abs. 1 und 2

Nachdem zunächst ein eigener Koordinierungsausschuss (vgl. § 137 e aF.) damit befasst war, ist durch das GMG dem G-BA die Aufgabe übertragen worden, dem BMGS chronische Krankheiten für DMP (Abs. 1) sowie Anforderungen für deren Ausgestaltung (Abs. 2) zu empfehlen. Diese **Empfehlungen des G-BA,** die sich an den – nicht abschließenden („insbesondere") – Kriterien des jeweiligen S. 2 zu orientieren haben und keine Bindungswirkung entfalten (vgl. § 91 Abs. 6), stellen die Grundlage für die Ausgestaltung der §§ 28 b ff. RSAV iVm. den Anlagen zur RSAV dar. Die Organisationen der Patientenvertretung haben bei den Entscheidungen des G-BA im Rahmen des § 137 f ein Antragsrecht, § 140 f Abs. 2 S. 5. 2

I. Auswahl der Krankheiten für DMP

Auf der Grundlage der Empfehlungen des G-BA nach Abs. 1 sind in der RSAV zurzeit DMP für folgende **Krankheiten** vorgesehen: Diabetes mellitus Typ 1 und 2, Brustkrebs, Koronare Herzkrankheit, Asthma Bronchiale und chronisch obstruktive Lungenerkrankungen. Weitere DMPs sind zunächst nicht geplant; der G-BA hat allerdings die Empfehlung abgegeben, im Sinne der Berücksichtigung der Multimorbidität Chronische Herzinsuffizienz und Adipositas als Module in die bereits bestehenden DMP zu integrieren (vgl. Beschluss des G-BA v. 16. 5. 2006; abrufbar unter www.g-ba.de). 3

4 Folge der Aufnahme einer Krankheit in die RSAV nach §§ 266 Abs. 7 Nr. 3, 267 Abs. 2 S. 4 ist die getrennte Berücksichtigung der Programmkosten im **Risikostrukturausgleich**, die allerdings die Zulassung der Programme nach § 137g voraussetzt und nur die eingeschriebenen Versicherten erfasst. Eine grundlegende Änderung wird insoweit mit der Einführung eines morbiditätsorientierten Risikostrukturausgleichs ab 2009 (vgl. § 268) erfolgen; eine spezifische Berücksichtigung sollen die DMP dann nur noch insoweit erfahren, als die standardisierten Aufwendungen für die Entwicklung und Durchführung der DMP durch Zuweisungen aus dem Gesundheitsfonds erstattet werden (vgl. § 270 Abs. 1 lit. b) idF. ab 1. 1. 2009). Die im Gesetz vorgesehene nähere Bestimmung dieser Aufwendungen durch die RSAV ist nun in der Weise erfolgt, dass nach dem neu eingeführten § 33 Abs. 1 S. 1 RSAV (vgl. Art. 38 Nr. 6 GKV-WSG) die Zuweisungen „medizinisch notwendige Aufwendungen wie Dokumentations- und Koordinationsleistungen" erfassen; die Zuweisungen stehen dann zudem unter dem Vorbehalt der positiven Evaluation (vgl. § 33 Abs. 1 S. 2 RSAV).

II. Anforderungen an die Ausgestaltung der DMP

5 Auf Anforderung des BMG (vgl. Abs. 2 S. 3) empfiehlt der G-BA Anforderungen an die **Ausgestaltung der DMP**, die dann wiederum in die RSAV übernommen werden können und dort die Grundlage der Zulassungsentscheidung nach § 137g darstellen (Abs. 2 S. 1). Im Prozess der Ausarbeitung der Empfehlungen nehmen die maßgeblichen Spitzenorganisationen des Gesundheitswesens Stellung (Abs. 2 S. 5; vgl. dazu den Beschluss des G-BA über die stellungnahmeberechtigten Organisationen v. 10. 5. 2007; abrufbar unter www.g-ba.de); zudem ist vom Spitzenverband Bund KKen der MDK (vgl. § 282) zu beteiligen (Abs. 2 S. 4; zu Zweifeln an der Sinnhaftigkeit dieser Regelung vgl. *Hencke,* Peters, KV, § 137f Rn. 7). Hilfreich bei der Formulierung der Anforderungen können auch die Empfehlungen sein, die das IQWIG nach § 139a Abs. 3 Nr. 4 zu DMP abgibt.

6 Die zu empfehlenden Anforderungen beziehen sich insbesondere auf die Behandlung nach dem **Stand der medizinischen Wissenschaft** (Abs. 2 S. 2 Nr. 1; vgl. auch § 28b RSAV). Durch das GMG wurde dieser gesetzliche Rahmen erweitert: Neben den evidenzbasierten Leitlinien ist insoweit nun auch generell die „jeweils beste verfügbare Evidenz" erwähnt; dies soll Konstellationen erfassen, in denen evidenzbasierte Leitlinien (noch) nicht zur Verfügung stehen (vgl. BT-Drs. 15/1525, 127; *SVR,* Finanzierung, Nutzerorientierung und Qualität, Gutachten 2003, Tz. 737 f.). Die in die RSAV zu transformierenden Anforderungen stellen dabei selbst keine medizinischen Leitlinien dar, sondern legen lediglich die Zulassungsvoraussetzungen für DMP und deren Ausgestaltung fest. Zudem hat der Verordnungsgeber in § 28b Abs. 2 S. 3 RSAV klargestellt, dass die von den DMP zu beachtenden Vorgaben „den zur Erfüllung des ärztlichen Behandlungsauftrags im Einzelfall erforderlichen ärztlichen Behandlungsspielraum" nicht einschränken (zu der entsprechenden Diskussion über evidenzbasierte Leitlinien vgl. aus juristischer Sicht nur *Mengel,* Sozialrechtliche Rezeption; *Neumann/Nicklas-Faust,* RsDE 60 [2006], 23 mwN.). Der Verordnungsgeber ist aufgrund der Vorgabe des Abs. 2 S. 2 Nr. 1 verpflichtet, die Empfehlungen des G-BA so umzusetzen, dass die DMP-Versorgung nicht hinter der Regelversorgung zurückbleibt (vgl. dazu *Wilhelm,* VSSR 2005, 460/472 ff.).

7 Ein weiteres Charakteristikum der DMP ist die **Qualitätssicherung** (Abs. 2 S. 2 Nr. 2; vgl. auch § 28c RSAV). Bei der Formulierung der entsprechenden Anforderungen sind seit dem GKV-WSG auch die Ergebnisse der Tätigkeit der nach § 137a Abs. 1 vom G-BA zu beauftragenden unabhängigen Institution zu berücksichtigen, die Verfahren zur Messung und Darstellung der Versorgungsqualität im Rahmen der Qualitätssicherung entwickelt; dies soll eine möglichst einheitliche Ausgestaltung der Qualitätssicherungsmaßnahmen bei den unterschiedlichen Versorgungsformen gewährleisten (BT-Drs. 16/3100, 150). Wichtig für die Qualitätssicherung sind insoweit insbesondere Maßnahmen zur Sicherstellung einer aktiven Teilnahme der Versicherten an den Programmen und Maßnahmen mit Rückmeldungs- und Erinnerungsfunktion (sog. Remindersysteme) für Versicherte und Leistungserbringer (vgl. exemplarisch die Anforderungen in Ziffer 2 der Anlage 1 zur RSAV).

C. Teilnahme der Versicherten, Abs. 3

Nach Abs. 3 ist die Teilnahme der Versicherten an einem DMP **freiwillig.** Die Einschreibung durch die KK, die erst die finanzielle Berücksichtigung im Rahmen des RSA auslöst (vgl. § 267 Abs. 2 S. 4), darf erst nach umfassender Information und schriftlicher und widerrufbarer Einwilligung des Versicherten zur Teilnahme und zur Datennutzung erfolgen (vgl. § 28d Abs. 1 Nr. 2 und 3 RSAV); selbstverständliche Voraussetzung der Einschreibung ist des Weiteren, dass das Vorliegen der Krankheit, auf die das DMP bezogen ist, ärztlich festgestellt wurde (§ 28d Abs. 1 Nr. 1 RSAV). Daneben sieht § 28d Abs. 2 RSAV – in der durch Art. 38 Nr. 3 GKV-WSG gelockerten Fassung – vor, dass ein DMP nur zugelassen werden kann, wenn die (aktive) Teilnahme des Versicherten überprüft wird und ggf. auch beendet werden kann. 8

Die Freiwilligkeit wird allerdings relativiert durch **finanzielle Anreize** zur Teilnahme: Zum einen befugt und verpflichtet § 53 Abs. 3 die KKen, den Teilnehmern an DMP besondere Tarife anzubieten; die Bonus-Regelung des § 65a Abs. 2 aF. wurde dadurch überflüssig und durch Art. 1 Nr. 39b) GKV-WSG gestrichen. Zum anderen ist nach § 62 Abs. 1 die Teilnahme an einem DMP für die Höhe der Zuzahlungsbelastungsgrenze von Bedeutung. 9

D. Durchführung der DMP, Abs. 4–6

I. Evaluation, Abs. 4

Abs. 4 verlangt – ähnlich wie § 65 – für die DMP eine externe und veröffentlichungspflichtige Evaluation, die von den KKen bzw. ihren Verbänden als Programmträgern zu veranlassen und zu finanzieren ist (vgl. dazu auch Abs. 2 S. 2 Nr. 6 sowie § 28g RSAV). Von Bedeutung ist das Ergebnis dieser Evaluation insbesondere für die Reakkreditierung eines DMP nach § 137g Abs. 2 (vgl. dazu auch: Kriterien des BVA zur Evaluation strukturierter Behandlungsprogramme, Stand: 15. 5. 2007; abrufbar unter www.bva.de). 10

II. Beauftragung Dritter und Arbeitsgemeinschaften, Abs. 5 und 6

Sowohl die Gewährleistung und Überprüfung der Versorgungsqualität als auch die Anbindung an den RSA stellen hohe Anforderungen an die administrative Durchführung der DMP, die von den einzelnen KKen nur schwer zu erfüllen sind. 11

Dies gilt insbesondere für die **Datenerhebung** (vgl. § 28 f RSAV und *Hess,* KK, § 137 g Rn. 6 ff.), die neben datenschutzrechtlichen Folgeproblemen auch erhebliche Bedeutung für die Steuerungsmöglichkeiten im Rahmen der DMP-Versorgung entfaltet und deren Ausgestaltung daher zwischen KKen und Ärzten äußerst umstritten war. Eine Verminderung des ebenfalls kritisierten bürokratischen Aufwandes soll nun durch die vollständige Umstellung auf die elektronische Dokumentation (§ 28 Abs. 1 Nr. 1 RSAV idF. des Art. 38 Nr. 4 a) GKV-WSG) gewährleistet werden.

12   Abs. 5 S. 1 verpflichtet die Krankenkassenverbände zur Unterstützung beim Aufbau und bei der Durchführung der Programme; nach dem Hs. 2, der durch das GKV-WSG eingefügt wurde, umfasst dies auch die Beauftragung Dritter nach Abs. 5 S. 2. Gemeint sind damit im Wesentlichen private **Datenstellen,** die durchweg mit der Erhebung und Auswertung der DMP-Daten beauftragt worden sind; dabei sind nach Abs. 5 S. 3 auch diese Datenstellen an die datenschutzrechtlichen Vorgaben des § 80 SGB X gebunden. Die KVen selbst kommen als Dritte iSd. Abs. 5 S. 2 nicht in Betracht (*Orlowski,* BKK 2002, 329/337 f.; aA. *Hess,* KK, § 137 f Rn. 8).

13   Abs. 6, eingefügt durch Art. 4 Nr. 6 Gesetz zur Vereinfachung des Verwaltungsverfahrens im Sozialrecht v. 21. 3. 2005 (BGBl. I 823), regelt die Datenverarbeitung für den Fall, dass KKen und KV eine **Arbeitsgemeinschaft** (§ 219, § 94 Abs. 1 a SGB X) zur Durchführung der DMP bilden; diese ist dann – unter den in Abs. 6 S. 2–4 genannten Voraussetzungen – befugt, entgegen § 80 Abs. 5 Nr. 2 SGB X die Verarbeitung des gesamten Datenbestandes einem privaten Dienstleister zu übertragen.

E. Einbindung der Leistungserbringer

I. Verträge zwischen Krankenkassen und Leistungserbringern

14   §§ 137 f und g weisen schon aufgrund des Zusammenhangs mit dem RSA den KKen und ihren Verbänden die Initiative für die Entwicklung der DMP zu. Dass die Durchführung der DMP **vertragliche Beziehungen** zwischen den KKen und den Leistungserbringern verlangt, ist nicht ausdrücklich gesetzlich verankert, sondern wird in den §§ 137 f Abs. 5 S. 2 und Abs. 6 S. 1 und 4, 137 g Abs. 1 S. 1 als selbstverständlich vorausgesetzt.

15   Nach der Vorstellung des Gesetzgebers sollen sich die DMP-Durchführungsvereinbarungen aller **Vertragstypen,** die im Vierten Kapitel des SGB V geregelt sind – aber auch nur dieser (vgl. *Vollmöller,* NZS 2004, 63/64) –, bedienen können (vgl. BT-Drs. 14/6432, 10); das DMP werden also auf die vorhandenen Vertragsformen aufgesetzt. Grundsätzlich kommen damit etwa in Betracht: Verträge über Modellvorhaben (§ 64), Strukturverträge (§ 73 a), Verträge über die besondere ambulante ärztliche Versorgung (§ 73 c), Bundesmantelverträge (§ 82), Gesamtverträge (§ 83 SGB V), dreiseitige Verträge nach § 115 sowie Integrationsverträge (§ 140 b). Tatsächlich finden sich in der Vertragspraxis DMP-Vereinbarungen auf unterschiedlichsten Grundlagen (vgl. die Zusammenstellung bei *Krauskopf,* Disease-Management in der gesetzlichen Krankenversicherung, Teil E). Allerdings sind nicht alle Vertragstypen für alle Vereinbarungen geeignet (vgl. dazu ausführlich *Grüne,* in: Kooperationen im Gesundheitswesen, B 1600 Rn. 14 ff.): So erlaubt es der – zunächst häufig verwendete – Strukturvertrag (§ 73 a) nicht, andere Leistungserbringer als die Vertragsärzte – wie insbesondere Krankenhäuser und Reha-

bilitationseinrichtungen – in ein DMP einzubeziehen; eben dies wird aber für einige DMP in der RSAV verlangt. Der Integrationsvertrag (§ 140 b) ist demgegenüber für eine flächendeckende Einführung eines DMP kaum tauglich. Eine ausdrückliche Erwähnung finden die DMP in § 116 b Abs. 1, der die KKen zu Vertragsschlüssen mit zugelassenen Krankenhäusern, die an einem DMP teilnehmen, über ambulante ärztliche Behandlung ermächtigt.

Die DMP-Vereinbarungen unterliegen dem Grundsatz der **Beitragssatzstabi-** 16 **lität,** soweit die Regelungen über die vertraglichen Grundlagen nichts anderes vorsehen. Seit dem BSSichG (BGBl. I 2000, 4637) sind nach § 71 Abs. 1 S. 2 allerdings Ausgabensteigerungen für zusätzliche Leistungen im Rahmen der DMP, die auf den Zulassungsanforderungen der RSAV beruhen, zulässig (vgl. auch die Parallelregelung für den stationären Bereich in § 6 Abs. 1 S. 4 Nr. 6 BPflV); gemeint sind damit z. B. die Schulung der Versicherten und die Dokumentation (§ 137 f Abs. 2 Nr. 4 und 5; vgl. dazu die Gesetzesbegründung, BT-Drs. 15/28, 15). Leistungen, die weder in der Regelversorgung noch in der RSAV vorgesehen sind, können auch über die DMP nicht erbracht werden.

II. Auswahl der Leistungserbringer

Da die DMP-Vereinbarungen auch Selektivverträge darstellen können, stellt 17 sich die Frage nach den rechtlichen Vorgaben für die Auswahl der Leistungserbringer (vgl. dazu *Grüne,* in: Kooperationen im Gesundheitswesen, B 1600 Rn. 76 ff.; *Vollmöller,* NZS 2004, 63/65 ff.). Allerdings handelt es sich dabei nicht um ein DMP-spezifisches Problem, so dass insoweit auf die Maßstäbe verwiesen werden kann, die generell für die vertraglichen Grundlagen der DMP-Vereinbarungen gelten. Zudem dürfte die Auswahlproblematik im Rahmen der DMP eher selten auftauchen, weil Einzelverträge weder zu einer flächendeckenden Einführung der DMP führen noch die von den KKen angestrebte hohe Zahl von Einschreibungen erbringen. Die meisten DMP-Vereinbarungen sind daher mit den KVen und kassenartenübergreifend geschlossen worden, so dass sich die Auswahlfrage nicht stellt. Davon zu unterscheiden ist die Befugnis der Vertragspartner, in den DMP-Vereinbarungen Voraussetzungen für die Teilnahme der Leistungserbringer an den DMP festzulegen (vgl. dazu HessLSG v. 20. 12. 2006, L 4 KA 44/06; SG Marburg v. 29. 3. 2006, S 12 KA 889/05; SG Düsseldorf v. 13. 11. 2003, S 9 KR 68/03 ER).

§ 137g Zulassung strukturierter Behandlungsprogramme

(1) ¹**Das Bundesversicherungsamt hat auf Antrag einer oder mehrerer Krankenkassen oder eines Verbandes der Krankenkassen die Zulassung von Programmen nach § 137 f Abs. 1 zu erteilen, wenn die Programme und die zu ihrer Durchführung geschlossenen Verträge die in der Rechtsverordnung nach § 266 Abs. 7 genannten Anforderungen erfüllen.** ²**Dabei kann es wissenschaftliche Sachverständige hinzuziehen.** ³**Die Zulassung ist zu befristen.** ⁴**Sie kann mit Auflagen und Bedingungen versehen werden.** ⁵**Die Zulassung ist innerhalb von drei Monaten zu erteilen.** ⁶**Die Frist nach Satz 5 gilt als gewahrt, wenn die Zulassung aus Gründen, die von der Krankenkasse zu vertreten sind, nicht innerhalb dieser Frist erteilt werden kann.** ⁷**Die Zulassung wird mit dem Tage wirksam, an dem die in der Rechtsverordnung nach § 266 Abs. 7 genannten Anforderungen erfüllt und die Verträge nach Satz 1 geschlossen sind, frühestens mit dem**

§ 137g Zulassung strukturierter Behandlungsprogramme

Tag der Antragstellung, nicht jedoch vor dem Inkrafttreten dieser Verordnungsregelungen. [8]Für die Bescheiderteilung sind Kosten deckende Gebühren zu erheben. [9]Die Kosten werden nach dem tatsächlich entstandenen Personal- und Sachaufwand berechnet. [10]Zusätzlich zu den Personalkosten entstehende Verwaltungsausgaben sind den Kosten in ihrer tatsächlichen Höhe hinzuzurechnen. [11]Soweit dem Bundesversicherungsamt im Zusammenhang mit der Zulassung von Programmen nach § 137f Abs. 1 notwendige Vorhaltekosten entstehen, die durch die Gebühren nach Satz 8 nicht gedeckt sind, sind diese durch Erhöhung des Ausgleichsbedarfssatzes von den Krankenkassen zu finanzieren. [12]Das Nähere über die Berechnung der Kosten nach den Sätzen 9 und 10 und über die Berücksichtigung der Kosten nach Satz 11 im Risikostrukturausgleich regelt das Bundesministerium für Gesundheit ohne Zustimmung des Bundesrates in der Rechtsverordnung nach § 266 Abs. 7. [13]In der Rechtsverordnung nach § 266 Abs. 7 kann vorgesehen werden, dass die tatsächlich entstandenen Kosten nach den Sätzen 9 und 10 auf der Grundlage pauschalierter Kostensätze zu berechnen sind. [14]Klagen gegen die Gebührenbescheide des Bundesversicherungsamts haben keine aufschiebende Wirkung.

(2) [1]Die Verlängerung der Zulassung eines Programms nach § 137f Abs. 1 erfolgt auf der Grundlage der Evaluation nach § 137f Abs. 4. [2]Im Übrigen gilt Absatz 1 für die Verlängerung der Zulassung entsprechend.

Schrifttum: vgl. Angaben zu § 137f.

A. Zulassungsverfahren und -kosten, Abs. 1

1   Die Zulassung der DMP und der vertraglichen Vereinbarungen mit den Leistungserbringern (vgl. § 137f Rn. 14ff.) anhand der Vorgaben in den §§ 28b ff. und den Anlagen zur RSAV erfolgt nach Abs. 1 S. 1 durch das **BVA**; dies stellt die bundesweite Einheitlichkeit der Entscheidungspraxis sicher, die insbesondere aufgrund der Verknüpfung der DMP mit dem Risikostrukturausgleich erforderlich ist. Das BVA wird hier nicht als Aufsichts-, sondern als Zulassungsbehörde tätig; mit Blick auf die Durchführungsverträge führt dies zu Parallelprüfungen von BVA und Aufsichtsbehörde mit unterschiedlichen Prüfungsmaßstäben (vgl. *Orlowski,* BKK 2002, 329/338 f.). Beantragt werden kann die Zulassung eines DMP von einer einzelnen **KK** oder einem Krankenkassenverband, seit dem GKV-WSG auch von mehreren KKen. Die Zulassung, die mit Auflagen und Bedingungen versehen werden kann (Abs. 1 S. 4), ist nach Abs. 1 S. 5 innerhalb von drei Monaten zu erteilen. Mit Rücksicht auf bereits eingerichtete DMP kann die Zulassung auch bereits mit dem Tag der Antragstellung wirksam werden (Abs. 1 S. 7).

2   Die gesetzliche Vorgabe, dass die Zulassung zu **befristen** ist (Abs. 1 S. 3), wird durch § 28g Abs. 5 S. 1 RSAV dahingehend konkretisiert, dass die Zulassung für maximal fünf Jahre erteilt werden kann; dabei hat das GKV-WSG die vorherige 3-Jahres-Grenze verlängert, um eine aussagekräftige Evaluation (vgl. § 137f Rn. 10) zu ermöglichen (BT-Drs. 16/3100, 204).

3   Nach Abs. 1 S. 8–14 erhebt das BVA kostendeckende Gebühren für die Entscheidung über den Zulassungsantrag. Die **Kosten** des Verfahrens sind also – abgesehen von den Vorhaltekosten nach Abs. 1 S. 11 – von den antragstellenden KKen zu tragen. Näheres zur Berechnung der Kosten bestimmt § 28h RSAV.

B. Reakkreditierung, Abs. 2

Die **Verlängerung der Zulassung** eines DMP folgt den Regeln der Erstzulassung unter Berücksichtigung der Evaluationsergebnisse. Erfolgt die Reakkreditierung, gelten die notwendigen Erklärungen des Versicherten und seine Einschreibung fort (§ 28 g Abs. 5 S. 2 und 3 RSAV). 4

§ 138 Neue Heilmittel

Die an der vertragsärztlichen Versorgung teilnehmenden Ärzte dürfen neue Heilmittel nur verordnen, wenn der Gemeinsame Bundesausschuss zuvor ihren therapeutischen Nutzen anerkannt und in den Richtlinien nach § 92 Abs. 1 Satz 2 Nr. 6 Empfehlungen für die Sicherung der Qualität bei der Leistungserbringung abgegeben hat.

A. Normzweck und Anwendungsbereich

Die Vorschrift regelt in Konkretisierung von § 12 die Verordnungsfähigkeit neuer Heilmittel zu Lasten der GKV. Zum Begriffsinhalt von „Heilmittel" s. § 32 Rn. 4 ff. Der Begriff „neu", der weder in § 138 noch in der Parallelregelung des § 135 Abs. 1 definiert ist, zielt auf Heilmittel, die bisher nicht Bestandteil der vertragsärztlichen Versorgung sind, oder auf solche Mittel, die schon verordnungsfähig sind, deren Indikationsbereich aber nunmehr wesentliche Änderungen erfahren hat. Adressat des § 138 ist der Vertragsarzt (vgl. § 92 Abs. 8, 95 Abs. 4 S. 2), doch wird indirekt auch den KK die Kostenübernahme verwehrt (vgl. § 210 Abs. 2). 1

B. Verfahren

Die Antragsberechtigung orientiert sich an § 135 Abs 1 S. 1 analog. Wird von den dort Genannten kein Antrag gestellt und bleibt der G-BA infolgedessen untätig, kann ein Heilmittelerbringer wegen Art. 12 Abs. 1 iVm. Art. 19 Abs. 4 GG durch Leistungsklage verlangen, dass der G-BA förmlich entscheidet (BSG 86, 223/236). Obwohl § 138 keine Beteiligungsrechte normiert, muss den Spitzenorganisationen der Heilmittelerbringer analog § 92 Abs. 6 S. 2 ein Stellungnahmerecht eingeräumt werden (s. dazu die Liste anerkannter Organisationen; www.g-ba.de/downloads/17-98-2527/2008-01-SN-HMR.pdf). Wird der therapeutische Nutzen (vgl. § 32 Rn. 17, § 34 Rn. 11) eines neuen Heilmittels anerkannt und seine Qualitätssicherung in Richtlinien (in Form von Verordnungsgrundsätzen und -hinweisen, Angaben zur Indikation oder Qualifikationsvoraussetzungen) geregelt, muss der Erbringer bei Beachtung des § 124 Abs. 2 zugelassen und das Mittel in den Rahmenempfehlungen und Verträgen nach § 125 berücksichtigt werden. 2

C. Rechtsschutz

Gegen eine negative Entscheidung des G-BA kann der Heilmittelerbringer Anfechtungsklage, ein Versicherter Leistungsklage vor den Sozialgerichten (s. § 51 Abs. 2 Nr. 3 SGG) erheben und damit eine Inzidentkontrolle der Entscheidung des G-BA erreichen. 3

§ 139 Hilfsmittelverzeichnis, Qualitätssicherung bei Hilfsmitteln

(1) ¹Der Spitzenverband Bund der Krankenkassen erstellt ein systematisch strukturiertes Hilfsmittelverzeichnis. ²In dem Verzeichnis sind von der Leistungspflicht umfasste Hilfsmittel aufzuführen. ³Das Hilfsmittelverzeichnis ist im Bundesanzeiger bekannt zu machen.

(2) ¹Soweit dies zur Gewährleistung einer ausreichenden, zweckmäßigen und wirtschaftlichen Versorgung erforderlich ist, können im Hilfsmittelverzeichnis indikations- oder einsatzbezogen besondere Qualitätsanforderungen für Hilfsmittel festgelegt werden. ²Besondere Qualitätsanforderungen nach Satz 1 können auch festgelegt werden, um eine ausreichend lange Nutzungsdauer oder in geeigneten Fällen den Wiedereinsatz von Hilfsmitteln bei anderen Versicherten zu ermöglichen. ³Im Hilfsmittelverzeichnis können auch die Anforderungen an die zusätzlich zur Bereitstellung des Hilfsmittels zu erbringenden Leistungen geregelt werden.

(3) ¹Die Aufnahme eines Hilfsmittels in das Hilfsmittelverzeichnis erfolgt auf Antrag des Herstellers. ²Über die Aufnahme entscheidet der Spitzenverband Bund der Krankenkassen; er kann vom Medizinischen Dienst prüfen lassen, ob die Voraussetzungen nach Absatz 4 erfüllt sind.

(4) Das Hilfsmittel ist aufzunehmen, wenn der Hersteller die Funktionstauglichkeit und Sicherheit, die Erfüllung der Qualitätsanforderungen nach Absatz 2 und, soweit erforderlich, den medizinischen Nutzen nachgewiesen hat und es mit den für eine ordnungsgemäße und sichere Handhabung erforderlichen Informationen in deutscher Sprache versehen ist.

(5) ¹Für Medizinprodukte im Sinne des § 3 Nr. 1 des Medizinproduktegesetzes gilt der Nachweis der Funktionstauglichkeit und der Sicherheit durch die CE-Kennzeichnung grundsätzlich als erbracht. ²Der Spitzenverband Bund der Krankenkassen vergewissert sich von der formalen Rechtmäßigkeit der CE-Kennzeichnung anhand der Konformitätserklärung und, soweit zutreffend, der Zertifikate der an der Konformitätsbewertung beteiligten Benannten Stelle. ³Aus begründetem Anlass können zusätzliche Prüfungen vorgenommen und hierfür erforderliche Nachweise verlangt werden. ⁴Prüfungen nach Satz 3 können nach erfolgter Aufnahme des Produkts auch auf der Grundlage von Stichproben vorgenommen werden. ⁵Ergeben sich bei den Prüfungen nach Satz 2 bis 4 Hinweise darauf, dass Vorschriften des Medizinprodukterechts nicht beachtet sind, sind unbeschadet sonstiger Konsequenzen die danach zuständigen Behörden hierüber zu informieren.

(6) ¹Legt der Hersteller unvollständige Antragsunterlagen vor, ist ihm eine angemessene Frist, die insgesamt sechs Monate nicht übersteigen darf, zur Nachreichung fehlender Unterlagen einzuräumen. ²Wenn nach Ablauf der Frist die für die Entscheidung über den Antrag erforderlichen Unterlagen nicht vollständig vorliegen, ist der Antrag abzulehnen. ³Ansonsten entscheidet der Spitzenverband Bund der Krankenkassen innerhalb von drei Monaten nach Vorlage der vollständigen Unterlagen. ⁴Über die Entscheidung ist ein Bescheid zu erteilen. ⁵Die Aufnahme ist zu widerrufen, wenn die Anforderungen nach Absatz 4 nicht mehr erfüllt sind.

(7) ¹Das Verfahren zur Aufnahme von Hilfsmitteln in das Hilfsmittelverzeichnis regelt der Spitzenverband Bund der Krankenkassen nach Maßgabe der Absätze 3 bis 6. ²Er kann dabei vorsehen, dass von der Erfüllung bestimmter Anforderungen ausgegangen wird, sofern Prüfzertifikate geeigneter Institutio-

nen vorgelegt werden oder die Einhaltung einschlägiger Normen oder Standards in geeigneter Weise nachgewiesen wird.

(8) ¹Das Hilfsmittelverzeichnis ist regelmäßig fortzuschreiben. ²Die Fortschreibung umfasst die Weiterentwicklung und Änderungen der Systematik und der Anforderungen nach Absatz 2, die Aufnahme neuer Hilfsmittel sowie die Streichung von Produkten, deren Aufnahme zurückgenommen oder nach Absatz 6 Satz 5 widerrufen wurde. ³Vor einer Weiterentwicklung und Änderungen der Systematik und der Anforderungen nach Absatz 2 ist den Spitzenorganisationen der betroffenen Hersteller und Leistungserbringer unter Übermittlung der hierfür erforderlichen Informationen innerhalb einer angemessenen Frist Gelegenheit zur Stellungnahme zu geben; die Stellungnahmen sind in die Entscheidung einzubeziehen.

Schrifttum: *J. Joussen,* Anm. zu BSG, Urt. v. 28. 9. 2006 – B 3 KR 28/05 R, SGb 2007, 494; *J. Meydam,* Anm. zu BSG, Urt. v. 31. 8. 2000 – B 3 KR 21/99 R, SGb 2001, 332; *T. Seidel/P. Hartmann,* Die Aufnahme eines Hilfsmittels in das Hilfsmittelverzeichnis gemäß § 139 Abs. 2 SGB V – Der Konflikt zwischen Europarecht und nationalem Krankenversicherungsrecht, NZS 2006, 511. Siehe ferner: Hilfsmittel- und Pflegehilfsmittelverzeichnis (aktueller Stand), download unter: www.ikk.de/ikk/generator/ikk/fuer-medizinberufe/hilfs-und-pflegehilfsmittel/3382,i=1.html; zum Antragsverfahren s. Verfahrenshandbuch Strukturgegebenheiten und Prozessabläufe im Hilfsmittel- und Pflegehilfsmittelbereich, download unter www.ikk.de/ikk/generator/ikk/fuer-medizinberufe/hilfs-und-pflegehilfsmittel/98372.pdf. Nachweise zu den aktuellen Nachträgen und Fortschreibungen unter www.internet.ikk.de/himi/. Vgl. jenseits des SGB V auch die Normung „Assistive products for persons with disability – Classification and terminology (ISO 9999:2007); deutsche Version hrsgg. vom Deutschen Institut für Normung (DIN).

Inhaltsübersicht

	Rn.
A. Überblick	1
B. Erstellung und Fortschreibung des Verzeichnisses, Abs. 1, Abs. 2, Abs. 8	2
C. Aufnahme eines Hilfsmittels in das Verzeichnis	6
I. Anforderungen an das aufzunehmende Produkt, Abs. 4	6
II. Aufnahmeverfahren und Anforderungsprüfung, Abs. 3 – Abs. 7	12
1. Allgemeiner Verfahrensablauf	12
2. Anforderungen an die Nachweisführung	13
3. Entscheidung in Form eines Bescheids	18
III. Sonderfall: Produktänderung	20
D. Rechtsschutz bei Nichtaufnahme in das Hilfsmittelverzeichnis	21

A. Überblick

Das Hilfsmittelverzeichnis ist eine Zusammenstellung von Produkten, die nach 1 Ansicht des SpiBuKK von der Leistungspflicht nach §§ 27 Abs. 1 S. 2 Nr. 3, 33 umfasst und damit **verordnungsfähig** sind. Diese Zusammenstellung gibt KK und Leistungserbringern eine wichtige **Orientierungshilfe** über die Einhaltung von Qualitätsstandards durch das gelistete Produkt und trägt überdies durch die in ihm enthaltenen Preisangaben auch zur **Markttransparenz** und zur Verordnung **preisgünstiger** Heilmittel bei. § 139 fasst seit dem GKV-WSG 2007 in teils präzisierender, teils aber auch veränderter Form die Vorschriften über das Verzeichnis (§ 128 a. F.) und die Vorschriften zur Qualitätssicherung bei Hilfsmitteln (§ 139 a. F.) zusammen; § 128 ist damit hinfällig geworden. Der SpiBuKK ist sowohl zur Erstellung wie auch zur Fortschreibung des Verzeichnisses berechtigt und verpflichtet (Rn. 2, 4) und entscheidet in diesem Rahmen anhand von fünf Kriterien

(Funktionstauglichkeit, Sicherheit, Qualität, medizinischer Nutzen, Vorhandensein von Nutzerinformationen; Rn. 6 ff.), dies in einem von § 139 nur teilweise determinierten Verfahren (Rn. 12 ff.), über die Aufnahme oder Streichung eines Produktes aus dem Verzeichnis.

B. Erstellung und Fortschreibung des Verzeichnisses, Abs. 1, Abs. 2, Abs. 8

2   Die **Erstellung** des Hilfsmittelverzeichnisses ist nach Abs. 1 in Fortführung von § 128 S. 1, S. 2 und S. 5 aF. dem SpiBuKK (federführend war bislang der IKK-Bundesverband) aufgegeben. Wie aus Abs. 2 erkennbar ist (dazu näher Rn. 9), muss sich das Verzeichnis seinem **Inhalt** nach nicht auf die systematisch-strukturierte Benennung von verordnungsfähigen Hilfsmitteln beschränken. Vielmehr erlaubt die Ermächtigung in Zusammenführung von §§ 128, 139 aF. dem SpiBuKK darüber hinaus, soweit dies zur Erfüllung des Wirtschaftlichkeitsgebots (§ 12) erforderlich ist, indikations- oder einsatzbezogen besondere Qualitätsanforderungen für die gelisteten Hilfsmittel festzulegen. Der SpiBuKK darf ferner Qualitätsanforderungen festlegen, um eine ausreichend lange Nutzungsdauer oder in geeigneten Fällen den Wiedereinsatz von Hilfsmitteln bei anderen Versicherten zu ermöglichen, und er darf schließlich Anforderungen an zusätzlich zur Bereitstellung des Hilfsmittels zu erbringende (Zusatz-)Leistungen bestimmen.

3   Derzeit listet das Verzeichnis etwa 24.000 Hilfsmittel in 33 Produktgruppen sowie 6 Gruppen von Pflegehilfsmitteln. Seiner praktischen Bedeutung entsprechend wird es im **Bundesanzeiger** bekannt gemacht (Abs. 1 S. 3). Ungeachtet seines Umfangs **konkretisiert** das Hilfsmittelverzeichnis den **Leistungsanspruch** des Versicherten allerdings **nicht abschließend** (näher § 33 Rn. 5, 32). Das sucht der Gesetzgeber in § 139 Abs. 1 S. 2 klarzustellen, in dem er, anders als in § 128 S. 2 a. F. („*die* von der Leistungspflicht umfassten ..."), den bestimmte Artikel „die" hat wegfallen lassen.

4   Abs. 8 S. 1 gibt dem SpiBuKK über die Pflicht des (erstmaligen) Erstellens hinaus die **weitere Aufgabe**, das Hilfsmittelverzeichnis regelmäßig fortzuschreiben (gleichlautend: § 128 S. 3 a. F.). Die mit dem GKV-WSG neu eingeführte Regelung in S. 2 stellt nunmehr klar, dass der Begriff **„Fortschreibung"** nicht nur die Weiterentwicklung und Änderung der Systematik und die Aufnahme neuer Hilfsmittel in das Verzeichnis umfasst, sondern auch die Weiterentwicklung der Qualitäts- und der sonstigen Anforderungen gemäß Abs. 2 (s. Rn. 9) sowie die Streichung von Hilfsmitteln aus dem Verzeichnis (näher Rn. 19).

5   **Verfahrensmäßig** schreibt Abs. 8 S. 3 für den Fall einer „Fortschreibung" (Abs. 2 S. 2) des Verzeichnisses vor, dass zuvor den Spitzenorganisationen der betroffenen Hersteller und der Leistungserbringer innerhalb einer angemessenen Frist **Gelegenheit zur Stellungnahme** zu geben ist; die Stellungnahmen sind in die Entscheidung einzubeziehen. Um eine wirksame Wahrnehmung der Beteiligungsrechte sicherzustellen, ist außerdem festgelegt, dass den in die Anhörung einzubeziehenden Organisationen die für die Abgabe einer Stellungnahme benötigten Informationen zur Verfügung zu stellen sind. Dies gilt entsprechend auch für die in § 140f Abs. 4 geregelte Beteiligung der Patientenorganisationen (vgl. § 36 Rn. 7). Ungeachtet dieser seit dem 2. GKV-NOG 1997 immer weiter ausgebauten Mitwirkungsrechte bleibt das **Letztentscheidungsrecht** hinsichtlich der Fortschreibung des Verzeichnisses aber **beim SpiBuKK.** Anderenfalls könnten

Hersteller und Leistungserbringer von Hilfsmitteln selbst festlegen, welche Hilfsmittel zu welchem Preis die KK zu erstatten haben.

C. Aufnahme eines Hilfsmittels in das Verzeichnis

I. Anforderungen an das aufzunehmende Produkt, Abs. 4

Die **inhaltlichen Voraussetzungen** für die Aufnahme eines Hilfsmittels in 6 das Verzeichnis werden in Abs. 4 genannt. Das Gesetz zählt hier insgesamt **fünf Kriterien** auf: Obligatorisch für die Aufnahme sind die Funktionstauglichkeit des Hilfsmittels (Rn. 7, 14), seine Sicherheit (Rn. 8, 14) und die Erfüllung der im Hilfsmittelverzeichnis festgelegten Qualitätsanforderungen (Rn. 9, 14); „soweit erforderlich", muss der Hersteller darüber hinaus den medizinischen Nutzen des Hilfsmittels nachweisen (Rn. 10, 13) und Nutzerinformationen (Rn. 11) beifügen. Die Aufnahme in das Verzeichnis setzt dabei nur die Erfüllung der genannten Anforderungen, nicht aber voraus, dass es bereits aufgenommenen Hilfsmitteln gebrauchstechnisch, qualitativ überlegen oder klinisch überlegen oder im Vergleich zu ihnen preisgünstiger ist (BSG, SGb 2007, 489/493 Rn. 33; näher Rn. 13).

Das Aufnahmekriterium **„Funktionstauglichkeit"** meint im Kontext von 7 Hilfsmitteln die Eignung für die Behandlung von Krankheiten (vgl. § 27 Abs. 1 S. 1) oder für den Ausgleich von Behinderungen (vgl. § 33 Abs. 1 S. 1). Konkret geht es um die Erfüllung der vom Hersteller vorgegebenen Zweckbestimmung und Produktleistung.

Als eigenständiges Kriterium ist die **„Sicherheit"** des Hilfsmittels verlangt. Si- 8 cherheit, die bisher als Teil des Qualitätserfordernisses angesehen wurde, aber jetzt im Hinblick auf die Regelungen in Abs. 5 Eigenständigkeit erhalten hat, meint einen relativen Zustand der Gefahrenfreiheit. Das Hilfsmittel muss also, damit der Hersteller einen Anspruch auf Listung geltend machen kann, in einem Zustand sein, in dem sowohl erwartete als auch nicht erwartete Beeinträchtigungen abgewehrt bzw. hinreichend unwahrscheinlich gemacht werden.

Hinsichtlich der Erfüllung der im Hilfsmittelverzeichnis festgelegten Qualitäts- 9 anforderungen für aufzunehmende oder aus dem Verzeichnis zu streichende Produkte (vgl. Rn. 19) verweist Abs. 4 auf Abs. 2. Dieser Absatz bestimmt die Reichweite der Ermächtigung des SpiBuKK (vgl. § 139 Abs. 1 aF.) und lässt diesbezüglich die Festschreibung von **Qualitätsanforderungen in dreierlei Hinsicht** zu:
– Nach Abs. 2 S. 1 können im Verzeichnis zunächst, soweit dies zur Gewährleistung einer ausreichenden, zweckmäßigen und wirtschaftlichen Versorgung mit Hilfsmitteln (vgl. § 12) erforderlich ist, **indikations- oder einsatzbezogen besondere Qualitätsanforderungen** aufgestellt werden. „Erforderlich" ist die Entwicklung solcher Anforderungen dort, wo Hilfsmittel mit ein und demselben Einsatzzweck in ihrer Qualität so differieren, dass sie den beschriebenen Zweck teils erfüllen, teils verfehlen (H/K/*Murawski* § 139 Rn. 2; *Hencke*, in: Peters, KV § 139 Rn. 3; z. B. Hörhilfen oder Rollstühle). Die Listung im Hilfsmittelverzeichnis gewährleistet hier mithin einen Mindestqualitätsstandard und kompensiert so die Tatsache, dass es bei Hilfsmitteln anders als bei Arzneimitteln an einem staatlichen Zulassungsverfahren fehlt (wie hier: KK/*Hess* § 139 aF. Rn. 2). Gegenüber § 139 Abs. 1 aF. ist hinsichtlich der Qualitätsanforderungen das vierte Gewährleistungsziel, dasjenige einer „funktionsgerechten Versorgung", entfallen; mit dieser Ermächtigungsbeschränkung sollen Überschneidungen mit dem Medizinprodukterecht vermieden werden.

– Außer zur Verfolgung von Zielen nach § 12 können nach Abs. 2 S. 2 auch besondere Qualitätsanforderungen festgeschrieben sein, um eine ausreichend lange **Nutzungsdauer** oder in geeigneten Fällen den **Wiedereinsatz** von Hilfsmitteln bei anderen Versicherten zu ermöglichen.
– Schließlich kann das Hilfsmittelverzeichnis nach Abs. 2 S. 3 noch Anforderungen an **zusätzlich** zur Bereitstellung des Hilfsmittels **zu erbringende Leistungen** enthalten (zu Beispielen s. § 33 Rn. 34 ff.).

10 Weitere Voraussetzung für die Aufnahme kann nach Abs. 4 der Nachweis des **„medizinischen Nutzens"** sein (vgl. § 2 Abs. 1 S. 3). Darunter ist ein Urteil über ein Hilfsmittel in Bezug auf ein medizinisches Behandlungsziel zu verstehen; relevant ist hier etwa eine Verbesserung des Gesundheitszustandes oder der Lebensqualität, eine Verkürzung der Krankheitsdauer, eine Verlängerung der Lebensdauer oder eine Verringerung von Nebenwirkungen. Anders als nach § 139 Abs. 2 S. 1 aF. wird also nicht mehr auf den – enger verstandenen –„therapeutischen Nutzen" (vgl. § 135 Abs. 1 S. 1 Nr. 1) abgestellt (vgl. Rn. 13).

11 Schließlich kann die Aufnahme eines Hilfsmittels in das Verzeichnis – wiederum „soweit ‚für eine ordnungsgemäße und sichere Handhabung' erforderlich" (Abs. 4) – seit dem GKV-WSG auch eine **ordnungsgemäße Kennzeichnung** und eine **Gebrauchsanweisung in deutscher Sprache** voraussetzen. Das Erforderlichkeitsgebot ist hier erfüllt, wenn das Hilfsmittel bestimmungsgemäß nicht von produkterfahrenem oder sogar besonders geschultem Fachpersonal, sondern vom Versicherten selbst oder mit Unterstützung durch eine ihn betreuende Person genutzt wird.

II. Aufnahmeverfahren und Anforderungsprüfung, Abs. 3–Abs. 7

1. Allgemeiner Verfahrensablauf

12 Die Aufnahme von Hilfsmitteln in das Hilfsmittelverzeichnis erfolgt auf **Antrag** des Herstellers (Abs. 3 S. 1). Den **zeitlichen Ablauf** des Verfahrens bestimmt Abs. 6 S. 1–S. 3, der § 139 Abs. 2 S. 4 aF. ersetzt. Die Neuregelung will Aufnahmeverfahren stärker strukturieren und straffen. Wie bisher ist dem Hersteller im Falle der Einreichung unvollständiger Antragsunterlagen beim SpiBuKK zwar eine Nachreichungsfrist von längstens sechs Monaten einzuräumen. Sind die Antragsunterlagen nach Ablauf dieser Zeitspanne aber weiterhin unvollständig, ist der Antrag nunmehr nach S. 2 unmittelbar abzulehnen. Wurden die Unterlagen vom Hersteller hingegen vervollständigt, ist nach S. 3 nunmehr binnen drei Monaten (vormals: binnen weiterer sechs Monate) über die Aufnahme in das Hilfsmittelverzeichnis zu entscheiden. Weitere Einzelheiten des Aufnahmeverfahrens hat der SpiBuKK selbst geregelt (vgl. **Verfahrenshandbuch** Strukturgegebenheiten und Prozessabläufe im Hilfsmittel- und Pflegehilfsmittelbereich; s. o. Schrifttum); die dazu erforderliche Ermächtigung enthält Abs. 7 S. 1 (bisher § 139 Abs. 2 S. 3 aF.), der durch die ausdrückliche Verweisung auf Abs. 3 bis Abs. 6 auch den zu beachtenden Rahmen vorgibt.

2. Anforderungen an die Nachweisführung

13 Schon mit Blick auf die heute erforderliche CE-Kennzeichnung der Produkte nach dem MPG (s. unten Rn. 14) dürfen die **Nachweisanforderungen** nicht überspannt werden. **Funktionstauglichkeit und Qualität** iSd. § 139 Abs. 4 las-

sen sich im Regelfall auch ohne eine Beweisführung durch für den Hersteller aufwändige und teure Anwendungsstudien oder Sachverständigengutachten nachweisen (BSG, SGb 2007, 489/493 Rn. 33, zust. *Joussen,* SGb 2007, 494/497). Auch soweit § 139 Abs. 2 ausdrücklich den Nachweis eines **medizinischen Nutzens** verlangt (anders § 139 Abs. 2 aF., der wie § 135 Abs. 1 auf den „therapeutischen Nutzen" abstellte [s. Rn. 10], womit das Erfordernis evidenzbasierter Studien auch bei § 139 suggeriert wurde; vgl. BSG, SGb 2001, 328/331; *Meydam,* SGb 2001, 332/333; *Seidel/Hartmann,* NZS 2006, 511/516), kann dem Hersteller nur in Ausnahmefällen ein Vorlegen der Ergebnisse klinischer Prüfungen abgefordert sein. Abs. 4 sucht das jetzt klarzustellen, indem dort bestimmt wird, dass der medizinische Nutzen nicht in allen Fällen, sondern nur dann nachgewiesen werden muss, „**soweit**" dies „**erforderlich**" ist. Keine diesbezügliche Notwendigkeit besteht jedenfalls bei Hilfsmitteln zum bloßen Behinderungsausgleich (vgl. § 33 Rn. 15 ff.), weil es hier allein auf die Funktionstauglichkeit zum Ausgleich der Behinderung ankommt und weitere Nachweise schon von der Zielrichtung des Hilfsmittels her nicht geboten und in der Regel auch nicht möglich sind (BSG, SozR 4–2500, § 33 Nr. 8 Rn. 10; zust. *Joussen,* SGb 2007, 494/496). Aber auch bei einem Produkt, das medizinischen Zwecken dient, reicht es aus, etwa wenn es nur um eine Alternative zu einem gelisteten herkömmlichen Hilfsmittel geht, wenn das Produkt zumindest den gleichen medizinischen Nutzen (etwa Ruhigstellung, Fixierung, Möglichkeit der Mobilisation) wie die herkömmlicherweise benutzten Produkte aufweist. Generell kommt es für die Listung auch **nicht** darauf an, dass ein **(Gebrauchs-)Vorteil** gegenüber den bereits gelisteten Hilfsmitteln besteht oder dass ein medizinischer **Zusatznutzen** vorliegt, dessen Nachweis möglicherweise klinische Studien erfordert (BSG, SGb 2007, 489/493 Rn. 33).

Wie bereits Rn. 13 angedeutet, überschneiden sich die für die Aufnahme in das Hilfsmittelverzeichnis obligatorischen Kriterien „Funktionstauglichkeit" (Rn. 7) und „Sicherheit" (Rn. 8) mit dem **Medizinprodukterecht** (s. *Seidel/Hartmann,* NZS 2006, 511/512). **Abs. 5** enthält deshalb nunmehr eine verfahrenserleichternde und auf die **Vermeidung von Doppelprüfungen** zielende Regelung: S. 1 stellt zunächst klar, dass bei Medizinprodukten im Sinne des § 3 Nr. 1 MPG der Nachweis der Funktionstauglichkeit und der Sicherheit durch die CE-Kennzeichnung „grundsätzlich" als erbracht gilt. Korrespondierend hierzu regelt S. 2, dass der SpiBuKK sich insoweit routinemäßig nur von der formalen Rechtmäßigkeit der CE-Kennzeichnung anhand der Konformitätserklärung und der Zertifikate der an der Konformitätsbewertung beteiligten Benannten Stelle zu überzeugen hat. Indes ermächtigt S. 3 den SpiBuKK, **in Einzelfällen** („aus begründetem Anlass"; vgl. auch S. 1: „grundsätzlich") **weitergehende** materielle **Überprüfungen** bezüglich Funktionstauglichkeit und Sicherheit vorzunehmen. Im Fall nachträglicher Zweifel, wenn also das Hilfsmittel bereits in das Verzeichnis aufgenommen ist, können – quasi im Rahmen eines behördlichen Überwachungsauftrags – gemäß S. 4 solche Prüfungen auf der Grundlage von **Stichproben** vorgenommen werden.

Die in S. 5 geregelte Verpflichtung zur **Information der** hierfür **zuständigen Behörden** über Hinweise auf Verstöße gegen das Medizinprodukterecht soll sicherstellen, dass ggf. von seiten dieser anderen Behörden die gebotenen Maßnahmen gegen den verantwortlichen Inverkehrbringer ergriffen werden. Unabhängig von dieser Informationspflicht hat, wie Abs. 6 S. 4 zeigt, über die Konsequenzen etwaiger (Negativ-)Ergebnisse aus seinen Prüfungen aber allein der SpiBuKK zu entscheiden. Diese Entscheidung kann die Frage der Aufnahme des Produkts in das Hilfsmittelverzeichnis ebenso betreffen wie – bei einem bereits gelisteten Produkt – die Frage der Rücknahme (etwa eines technisch überholten Produkts) oder diejenige des Widerrufs einer Aufnahme in das Verzeichnis (vgl. Abs. 6 S. 4).

16 Durch **Abs. 7 S. 2** wird dem SpiBuKK noch weitergehend das Recht eingeräumt, in der von ihm nach S. 1 zu schaffenden Verfahrensordnung bestimmte **Nachweiserleichterungen** (z. B. Gütesiegel, Prüfzertifikate [etwa Zertifizierung des Betriebs nach der EN ISO 13485:2003; vgl. § 126 Rn. 9], Testergebnisse unabhängiger Institute [TÜV, Stiftung Warentest]) vorzusehen. Diese Ermächtigung ist so gemeint, dass beim Vorliegen solcher Nachweise Konformität vermutet werden darf. Andererseits wird die Heranziehung aber weder verbindlich vorgeschrieben noch wird festgelegt, dass der SpiBuKK durch ihr Vorliegen oder Nichtvorliegen in seiner Entscheidung determiniert wäre.

17 Will der SpiBuKK im Einzelfall Nachweise anderer Stellen über die Erfüllung der Voraussetzungen nach Abs. 4 nicht genügen lassen, kann er sich zur sachverständigen Prüfung aller fünf Aufnahmekriterien der **Hilfe des Medizinischen Dienstes** bedienen (Abs. 3 S. 2). Diese Regelung entspricht im Wesentlichen § 139 Abs. 2 S. 2 a. F., korrigiert aber die frühere Fassung, wonach eine originäre Prüfzuständigkeit des MDK bestand. Nunmehr ist klargestellt, dass der SpiBuKK Herr des Verfahrens bleibt, und dass die Entscheidung, ob die Aufnahmevoraussetzungen des Abs. 4 gegeben sind, inhaltlich allein von ihm zu verantworten ist.

3. Entscheidung in Form eines Bescheids

18 **Abs. 6 S. 4** ordnet an, dass über die Entscheidung über Aufnahme oder Nichtaufnahme des Produkts in das Hilfsmittelverzeichnis ein **Bescheid** (= Verwaltungsakt) erteilt werden muss (ebenso: § 139 Abs. 2 S. 5 aF.). Der frühere Streit, welche Rechtsnatur die Entscheidung über die (Nicht-)Aufnahme besitzt (vgl. *Schneider* HS-KV, § 22 Rn. 277; *Ebsen* HS-KV, § 7 Rn. 94; Wannagat/*Francke* § 139 Rn. 7; H/K/*Murawski* § 139 Rn. 27 mwN.), was für die Bestimmung der Klageart Bedeutung hat, ist damit für die Praxis hinfällig.

19 Das **Bescheiderfordernis** gilt **auch**, wenn ein gelistetes Produkt aus dem Verzeichnis wieder gestrichen werden soll, weil die Anforderungen nach Abs. 4 (Rn. 9) nicht mehr erfüllt sind. Das Gesetz (vgl. Abs. 6 S. 5, Abs. 8 S. 2) bedient sich hier nicht der Terminologie der §§ 44 ff. SGB X, sondern unterscheidet zwischen Rücknahme der Aufnahme und Widerruf der Aufnahme. Ein **Rücknahmefall iSd.** § 139 liegt vor, wenn das Produkt zwischen SpiBuKK und Hersteller einverständlich aus dem Verzeichnis gestrichen wird, etwa, weil das gelistete Hilfsmittel durch ein technisch weiterentwickeltes Produkt ersetzt wird. **Widerruf der Aufnahme iSd.** § 139 meint dagegen den Fall, dass der SpiBuKK gegen die Ansicht des Herstellers bei der Fortschreibung des Verzeichnisses (vgl. Rn. 4) der Ansicht ist, dass das Produkt die Anforderungen nach Abs. 4 von Anfang an nicht erfüllt habe oder sie jedenfalls nach dem aktuellen Stand der medizinischen Erkenntnisse nun nicht mehr erfülle. Für diesen zweiten Fall, der einen Rechtsstreit auslösen kann, hat Abs. 6 S. 5 nunmehr auch eine ausdrückliche Rechtsgrundlage geschaffen. Ist der Bescheid über Aufnahme oder Nichtaufnahme eines neuen Produkts oder über die Rücknahme der Aufnahme eines gelisteten Produkts (= Widerruf iSd. § 139) rechtskräftig, muss die Entscheidung im Bundesanzeiger bekannt gemacht werden (Abs. 1 S. 3).

III. Sonderfall: Produktänderung

Mit Blick auf Abs. 6 S. 5 (Widerrufsmöglichkeit) muss der Hersteller eines 20
gelisteten Hilfsmittels auch **Produktänderungen** gegenüber der ursprünglich
angemeldeten und in das Verzeichnis aufgenommenen Version des Produktes anzeigen. Diese Anzeige ist als **Neuantrag** iSd. **Abs. 3** zu werten. Der SpiBuKK
muss dann entscheiden, ob es im Einzelfall zu einer Neulistung des Produkts
kommt, ob die vorhandenen Einträge angepasst werden müssen oder ob eine Ausweitung des Indikationsspektrums geboten ist.

D. Rechtsschutz bei Nichtaufnahme in das Hilfsmittelverzeichnis

Nach Durchführung des Widerspruchsverfahrens (§ 78 Abs. 3, Abs. 1 SGG) 21
kann der Hersteller gegen die Ablehnung eines Aufnahmeantrags oder den Widerruf der Aufnahme beim zuständigen Sozialgericht **Verpflichtungs- bzw. Anfechtungsklage** (§ 54 Abs. 1 S. 1 SGG) gegen den Bescheid erheben. Die Klagebefugnis resultiert daraus, dass das Verzeichnis zwar keine Positivliste darstellt,
wohl aber faktische Auswirkungen auf die Berufsausübungsfreiheit der Hersteller
von potentiellen Hilfsmitteln besitzt (vgl. BSG, SGb 2001, 328/330, zust. *Meydam,*
SGb 2001, 332/332). Örtlich zuständig ist nach § 57a Abs. 4 SGG, weil es sich um
eine Entscheidung auf Bundesebene handelt, das **SG Berlin,** weil in dessen Bezirk
die KBV ihren Sitz hat (§ 1 Abs. 3 Satzung KBV).

§ 139a Institut für Qualität und Wirtschaftlichkeit im Gesundheitswesen

(1) ¹**Der Gemeinsame Bundesausschuss nach § 91 gründet ein fachlich unabhängiges, rechtsfähiges, wissenschaftliches Institut für Qualität und Wirtschaftlichkeit im Gesundheitswesen und ist dessen Träger.** ²**Hierzu kann eine Stiftung des privaten Rechts errichtet werden.**

(2) ¹**Die Bestellung der Institutsleitung hat im Einvernehmen mit dem Bundesministerium für Gesundheit zu erfolgen.** ²**Wird eine Stiftung des privaten Rechts errichtet, erfolgt die Einvernehmen innerhalb des Stiftungsvorstands, in den das Bundesministerium für Gesundheit einen Vertreter entsendet.**

(3) Das Institut wird zu Fragen von grundsätzlicher Bedeutung für die Qualität und Wirtschaftlichkeit der im Rahmen der gesetzlichen Krankenversicherung erbrachten Leistungen insbesondere auf folgenden Gebieten tätig:
1. Recherche, Darstellung und Bewertung des aktuellen medizinischen Wissensstandes zu diagnostischen und therapeutischen Verfahren bei ausgewählten Krankheiten,
2. Erstellung von wissenschaftlichen Ausarbeitungen, Gutachten und Stellungnahmen zu Fragen der Qualität und Wirtschaftlichkeit der im Rahmen der gesetzlichen Krankenversicherung erbrachten Leistungen unter Berücksichtigung alters-, geschlechts- und lebenslagenspezifischer Besonderheiten,
3. Bewertungen evidenzbasierter Leitlinien für die epidemiologisch wichtigsten Krankheiten,
4. Abgabe von Empfehlungen zu Disease-Management-Programmen,
5. Bewertung des Nutzens und der Kosten von Arzneimitteln,

§ 139a

6. Bereitstellung von für alle Bürgerinnen und Bürger verständlichen allgemeinen Informationen zur Qualität und Effizienz in der Gesundheitsversorgung sowie zu Diagnostik und Therapie von Krankheiten mit erheblicher epidemiologischer Bedeutung.

(4) [1]Das Institut hat zu gewährleisten, dass die Bewertung des medizinischen Nutzens nach den international anerkannten Standards der evidenzbasierten Medizin und die ökonomische Bewertung nach den hierfür maßgeblichen international anerkannten Standards, insbesondere der Gesundheitsökonomie, erfolgt. [2]Es hat in regelmäßigen Abständen über die Arbeitsprozesse und -ergebnisse einschließlich der Grundlagen für die Entscheidungsfindung öffentlich zu berichten.

(5) [1]Das Institut hat in allen wichtigen Abschnitten des Bewertungsverfahrens Sachverständigen der medizinischen, pharmazeutischen und gesundheitsökonomischen Wissenschaft und Praxis, den Arzneimittelherstellern sowie den für die Wahrnehmung der Interessen der Patientinnen und Patienten und der Selbsthilfe chronisch Kranker und behinderter Menschen maßgeblichen Organisationen sowie der oder dem Beauftragten der Bundesregierung für die Belange der Patientinnen und Patienten Gelegenheit zur Stellungnahme zu geben. [2]Die Stellungnahmen sind in die Entscheidung einzubeziehen.

(6) Zur Sicherstellung der fachlichen Unabhängigkeit des Instituts haben die Beschäftigten vor ihrer Einstellung alle Beziehungen zu Interessenverbänden, Auftragsinstituten, insbesondere der pharmazeutischen Industrie und der Medizinprodukteindustrie, einschließlich Art und Höhe von Zuwendungen offenzulegen.

Schrifttum: *A. Becker,* Steuerung der Arzneimittelversorgung, 2006; *R. Francke/D. Hart,* Bewertungskriterien und -methoden nach dem SGB V, MedR 2008, 2; *U. Gassner,* Legitimität der Kosten-Nutzen-Bewertung von Arzneimitteln, PharmaR 2007, 441; *T. Kingreen,* Gerichtliche Kontrolle von Kriterien und Verfahren im Gesundheitsrecht, MedR 2007, 457; *ders.,* Legitimation und Partizipation im Gesundheitswesen − Verfassungsrechtliche Kritik und Reform des Gemeinsamen Bundesausschusses, NZS 2007, 113; *ders./S. Henck,* Prozedurale Anforderungen an die Arzneimittelbewertung durch das Institut für Qualität und Wirtschaftlichkeit im Gesundheitswesen und den Gemeinsamen Bundesausschuss, PharmaR 2007, 353; *W. Kügel,* Beteiligung und Rechtsschutz der Arzneimittelhersteller bei der Nutzenbewertung von Arzneimitteln durch das IQWiG, NZS 2006, 232, 297; *S. Rixen,* Verhältnis von IQWiG und G-BA: Vertrauen oder Kontrolle? − Insbesondere zur Bindungswirkung der Empfehlungen des IQWiG, MedR 2008, 24; *R. Pitschas,* Information der Leistungserbringer und Patienten im rechtlichen Handlungsrahmen von G-BA und IQWiG: Voraussetzungen und Haftung, MedR 2008, 34; *S. Seeringer,* Der Gemeinsame Bundesausschuss nach dem SGB V, 2005.

Inhaltsübersicht

	Rn.
A. Überblick	1
B. Errichtung und Besetzung, Abs. 1 und 2	4
C. Aufgaben, Abs. 3	6
I. Entwicklung der eigenen wissenschaftlichen Basis und Methodik, Nr. 1	8
II. Bewertungen und Empfehlungen, Nrn. 2, 3 und 4	10
III. Nutzen- und Kostenbewertung von Arzneimitteln, Nr. 5	12
IV. Gesundheitsinformationsplattform, Nr. 6	16
D. Arbeitsgrundsätze, Abs. 4 und 5	19
I. Standards, Abs. 4 S. 1	20
II. Publizität, Abs. 4 S. 2	21
III. Sachverständigen- und Patientenbeteiligung, Abs. 5	22
E. Unabhängigkeit, Abs. 6	24

A. Überblick

Die §§ 139a bis 139c regeln die Errichtung und Aufgabenbeschreibung, die 1
Aufgabendurchführung und die Finanzierung des IQWiG. Sie sind im Rahmen
der Gesundheitsreform eingeführt und durch das GKV-WSG teilweise modifiziert
worden. Das IQWiG soll den medizinischen Wissensstand zu Fragestellungen
aufbereiten, die für die Arbeit des G-BA von besonderer Bedeutung sind
(Rn. 5 ff.). Es erhält damit eine **Vorbereitungsfunktion für die Tätigkeit des
G-BA.** Dies ist enger, als vom Stiftungszweck gem. § 2 Abs. 2 S. 1 der Stiftungssatzung angedeutet. Nähme man diese Zwecksetzungen, die Förderung der Wissenschaft und Forschung sowie die Förderung des öffentlichen Gesundheitswesen
in seiner Gesamtheit, ernst, so lässt sich die Unterordnung unter den G-BA nicht
begründen (*Schimmelpfeng-Schütte,* HVAR, § 7 Rn. 32).

Von herausgehobener **Brisanz** ist die Nutzen- und neuerdings Kosten-Nut- 2
zen-Bewertung von **Arzneimitteln** (s. § 35b). Gesetzlichen Vorgaben zur Arbeitsweise (Rn. 19 ff.) und Regelungen zur Sicherstellung der Unabhängigkeit des
IQWiG (Rn. 24 ff.) kommt dabei gesteigerte Bedeutung zu.

Eine Stärkung der **Patientenorientierung** der letzten Gesundheitsreformen 3
schlägt sich sowohl in der Aufgabe des IQWiG zur Errichtung einer Informationsplattform (Rn. 16 ff.) nieder, als auch in der Regelung der Beteiligungsform von
organisierten Patienteninteressen (Rn. 22).

B. Errichtung und Besetzung, Abs. 1 und 2

Der Gesetzgeber hat dem G-BA aufgetragen, ein Institut für Qualität und 4
Wirtschaftlichkeit im Gesundheitswesen zu gründen und ihr Träger (*Rixen,*
MedR 2008, 24/26) zu sein (anders die Selbstdarstellung des IQWiG, www.
iqwig.de: Träger des Instituts ist die Stiftung, was der tatsächlichen Konstruktion
auch besser entspricht). Der G-BA ist dem am 16. 4. 2004 durch Errichtung einer
rechtsfähigen **Stiftung privaten Rechts** für Qualität und Wirtschaftlichkeit im
Gesundheitswesen nachgekommen (s. die Satzung unter www.iqwig.de/down-
load/Satzung.Stiftung.neu.pdf). Ausschließlicher Stiftungszweck ist die Errichtung des IQWiG (§ 2 Abs. 2 Stiftungssatzung).

Stiftungsorgane (§§ 5, 6 Stiftungssatzung) sind neben dem G-BA für Sat- 5
zungsänderungen ein Stiftungsrat, der aus Vorständen der Mitgliedsorganisatio-
nen des G-BA besteht, sowie ein ehrenamtlich tätiger Stiftungsvorstand, dessen
Mitglieder vom Stiftungsrat benannt werden und dem außerdem ein **Vertreter
des BMG** angehört (Abs. 2 S. 2). Die Stiftung bestellt im Einvernehmen mit dem
BMG (Abs. 2 S. 2) die Institutsleitung des IQWiG und ist zuständig für den **Haushalt.** Satzungsmäßig ist die Beachtung der **wissenschaftlichen und fachlichen
Unabhängigkeit** des Instituts vorgegeben.

C. Aufgaben, Abs. 3

Die Aufgaben des IQWiG erschließen sich weitgehend aus seiner Vorbe- 6
reitungsfunktion für die Arbeit des G-BA. Die **Sicherstellung von Qualität
und Wirtschaftlichkeit** der Leistungen der gesetzlichen Krankenversicherung
als ein zentrales Ziel der Aufträge des G-BA bilden den Bezugspunkt für die Tätigkeit des IQWiG. Auch die unmittelbare Information der Patienten/Versicherten
(Rn. 16 ff.) lässt sich hier einfügen.

7   Gegenüber diesem Bezugsrahmen beschränkt Abs. 3 das Aufgabengebiet des IQWiG auf **Fragen von grundsätzlicher Bedeutung,** womit die Relevanz der Tätigkeit zum Ausdruck gebracht wird, aber auch einer Überfrachtung mit Bagatellaufträgen entgegengewirkt werden soll (*Hess,* KK, § 139a Rn. 8). Die gleiche Bedeutung haben die verschiedenen Beschränkungen in den aufgelisteten Aufgabenbereichen (Nr. 1: „ausgewählte Krankheiten", Nr. 3: „epidemiologisch wichtigste Krankheiten"). Zugleich ist der Aufgabenkatalog des Abs. 3 aber **nicht abschließend.**

I. Entwicklung der eigenen wissenschaftlichen Basis und Methodik, Nr. 1

8   Abgekoppelt von den in den Nrn. 2 bis 5 aufgelisteten Bewertungsaufgaben, stellt Nr. 1 dem Aufgabenkatalog die Recherche, Darstellung und Bewertung des aktuellen medizinischen Wissensstandes voran. Letztlich bedarf es für die wissenschaftliche Validität der konkreten Empfehlungen und Bewertungen notwendig solcher Vorarbeiten. Die gesonderte Nennung als gesetzliche Aufgabenbeschreibung verdeutlicht deshalb das Gewicht, das der Gesetzgeber einer **dauerhaften Ausrichtung der Institutstätigkeit am aktuellen medizinischen Wissensstand** beimisst. Das IQWiG soll eine institutionalisierte Wissensbasis für die Arbeit des G-BA darstellen.

9   Verbunden mit dem durch den G-BA an das IQWiG erteilten „Generalauftrag" (s. dazu § 139b Rn. 3 ff.) wird erwartet, dass das IQWiG auf Grund dieser abstrakten Recherche- und Bewertungstätigkeit dem G-BA Hinweise für seine Richtlinienarbeit und ggf. auch für die Erteilung von Bewertungsaufträgen an das IQWiG nach Nrn. 2–5 geben kann (*Hess,* KK, § 139a Rn. 9). Darin offenbart sich die Vorstellung des G-BA selbst zur Funktion des IQWiG als „seiner" umfassenden Wissensbasis. Sie deckt sich aber nicht mit der Abgrenzung von Aufgaben und Kompetenzen zwischen G-BA und IQWiG, wie sie der Gesetzgeber in § 139a und § 139b zum Ausdruck gebracht hat. Nr. 1 ist deshalb **nicht** zu einer **Informationsaufgabe gegenüber dem G-BA** zu erweitern, sondern allein als Aufgabe einer institutsinternen Organisation der Wissensgrundlagen zu verstehen.

II. Bewertungen und Empfehlungen, Nrn. 2, 3 und 4

10   Die Arbeitsfelder der Nrn. 2 bis 4 beschreiben die je nach Beauftragung des IQWiG zu erwartenden Arbeitsergebnisse. **Formal** kann das IQWiG wissenschaftliche Ausarbeitungen, Gutachten, Stellungnahmen, Bewertungen erstellen oder Empfehlungen abgeben. Unterschiedliche rechtliche Folgen sind hiermit an dieser Stelle nicht verknüpft; erst im Zusammenspiel mit einer Auftragserteilung des G-BA erwachsen den Arbeitsergebnissen rechtlich relevante Konsequenzen (§ 139b Abs. 4). **Sachlich** sind sie auf die Qualität und Wirtschaftlichkeit der Leistungen der GKV, insb. auf epidemiologisch besonders wichtige Krankheiten und DMPs gerichtet. Hier wird besonders deutlich, dass es sich bei den Konkretisierungen der GKV-Leistungen um exemplarische Aufzählungen handelt, bei denen der Gesetzgeber besonderen wissenschaftlichen Fundierungsbedarf sieht.

11   Ebenfalls Ausdruck der besonderen Ausrichtung auf wissenschaftlich fundierte Ermittlung bislang defizitärer Informationen ist die Verpflichtung des IQWiG, **alters-, geschlechts- und lebenslagenspezifische Besonderheiten** bei seinen

Gutachten und Stellungnahmen zu berücksichtigen (auch *Hess,* KK, § 139a Rn. 10).

III. Nutzen- und Kostenbewertung von Arzneimitteln, Nr. 5

Eine besondere Bedeutung kommt der Bewertung des Nutzens und seit dem GKV-WSG auch der Kosten von Arzneimitteln zu. Das IQWiG soll hiermit eine Funktion übernehmen, die bereits seit vielen Jahren ein wiederkehrender Streitpunkt bei Gesundheitsreformen ist (vgl. nur *Axer,* NZS 2001, 225 mwN. auch zu früheren Reformen). Aus der Perspektive der Arzneimittelhersteller wird das IQWiG zu einem **zentralen Akteur** im Leistungssystem der GKV, das maßgeblich die Absatzchancen eines Arzneimittels in Deutschland bestimmt. 12

Im GMG war nur die Nutzenbewertung von Arzneimitteln als Aufgabe des IQWiG vorgesehen, die Erweiterung auch auf eine **Kosten-Nutzenbewertung** erfolgte mit dem GKV-WSG. Nach Auffassung des Gesetzgebers bestand eine Lücke in der Aufgabenzuweisung an das IQWiG, weil es nur feststellen konnte, dass ein Medikament einen therapie- bzw. patientenrelevanten Zusatznutzen hat, aber keine Aussage darüber treffen konnte, welche Mehrkosten durch diesen Zusatznutzen begründbar sind (BT-Drs. 16/3100, 103). Ob eine solche **gesundheitsökonomische Bewertung** des (Zusatz-)Nutzens als Ergebnis wissenschaftlicher Begutachtung überhaupt möglich ist, wird ebenso bezweifelt wie die rechtspolitische Berechtigung, diese Bewertungsentscheidung vom G-BA auf das IQWiG zu verlagern (*Gassner,* PharmaR 2007, 441). Wenn man streng zwischen der Zusammenstellung und Bewertung des verfügbaren Materials einerseits und der gesundheitspolitischen Wertungsscheidung über den Leistungskatalog der GKV andererseits trennt (vgl. *Kingreen,* MedR 2007, 457/461 f. zur alten Rechtslage), so ist eine Stellungnahme des IQWiG auch zur gesundheitsökonomischen Bewertung des Nutzens eines Arzneimittels möglich (*Kellner,* GesR 2008, 189). Aber auch dies bleibt eine Vorbereitung durch ökonomische Verfahren für die eigentliche gesundheitspolitische Entscheidung des G-BA. Ob ein bestimmtes Arzneimittel oder ein bestimmter Wirkstoff in den Leistungskatalog der GKV gehört, kann nicht quasi-wissenschaftlich ermittelt werden. Dies kann und muss eine **Entscheidung des G-BA** bleiben, der hierfür politisch wie wirtschaftlich allein die Verantwortung trägt. 13

Das Verfahren zur Nutzen- und Kostenbewertung von Arzneimitteln ist in § 35 b detailreich normiert. 14

Besonders umstritten ist dabei die **rechtliche Qualität des Handelns** des IQWiG. Verschiedentlich wird das IQWiG als **Beliehener** des G-BA (§ 35 b Rn. 1; *Kingreen/Henck,* PharmaR 2007, 353/355 ff.), oder als **Verwaltungshelfer** (*Kügel,* NZS 2006, 297 f.; *Pitschas,* MedR 2008, 34/38) angesehen, so dass öffentlich-rechtliches Verfahrens- (SGB X) und Haftungsrecht (§ 839 BGB iVm. Art. 34 GG) anzuwenden sei. Das IQWiG ist aber Privatrechtsperson und handelt privatrechtlich (wie hier *Hess,* KK, § 139 a Rn. 5). Ein Beleihungsakt liegt ebenso wenig vor wie Weisungsbefugnisse des G-BA (insoweit ebenso *Pitschas,* MedR 2008, 34/38). Stattdessen ist Kern der Rechtskonstruktion des IQWiG gerade seine fachliche Unabhängigkeit. Deshalb versagen alle Konstrukte zur verwaltungsorganisatorischen Einbindung. Sie sind auch nicht erforderlich, um Haftungsfolgen zu konstruieren (entgegen z. B. *Pitschas,* MedR 2008, 34/37 ff.). Die Grundrechtsbindung erfolgt nach den Grundsätzen des **Verwaltungsprivatrechts** bzw. der grundrechtskonformen Auslegung des Privatrechts. Für seine Bewertungen und 15

Empfehlungen haftet das IQWiG selbst gem. § 823 I, II BGB. Diese privatrechtliche **Haftung** ist nicht durch § 35 b Abs. 4 ausgeschlossen. Umgekehrt trägt der G-BA für seine Richtlinien in vollem Umfang die politische und ggf. auch die amtshaftungsrechtliche Verantwortung. Etwaige Fehler des IQWiG bei der Arzneimittelbewertung realisieren sich öffentlich-rechtlich also erst beim G-BA, der sich deshalb nicht auf eine ungeprüfte Übernahme einer IQWiG-Empfehlung zurückziehen darf.

IV. Gesundheitsinformationsplattform, Nr. 6

16   Unabhängig von Stellungnahmen, Gutachten und Empfehlungen ist dem IQWiG auch die Aufgabe zugewiesen, eine allgemein zugängliche und verständliche **Informationsplattform** zur Qualität und Effizienz in der Gesundheitsversorgung sowie (neu durch das GKV-WSG) zu Diagnostik und Therapie von Krankheiten mit erheblicher epidemiologischer Bedeutung bereitzustellen.

17   Die Vorbereitungs- und Zuarbeitungsfunktion des IQWiG im Verhältnis zum G-BA wird hier durch eine unmittelbar nach außen gerichtete **Informationsfunktion** ergänzt. Dabei stehen die Informationsbefugnisse des IQWiG **neben** denen des **G-BA** (krit. deshalb *Rixen,* MedR 2008, 24/27).

18   Zutreffend wird darauf hingewiesen, dass **Adressaten** der IQWiG-Informationsplattform aus systematischen Gründen nicht alle Bürgerinnen und Bürger sein können, sondern nur die Mitglieder der gesetzlichen Krankenversicherung, weil sich die Kompetenzen des IQWiG als Institut in Trägerschaft des G-BA notwendig im Rahmen der Kompetenzen des G-BA bewegen (*Rixen,* MedR 2008, 24). Leistungserbringer sind deshalb ebenfalls Adressaten.

D. Arbeitsgrundsätze, Abs. 4 und 5

19   Die Abs. 4 und 5 enthalten verschiedene **Vorgaben zur Arbeitsweise** des IQWiG. Sie sind durch das GKV-WSG weiter ergänzt worden, um Kritik an der bestehenden Arbeitsweise Rechnung zu tragen. Die Verfahrensregelungen zur Arzneimittelbewertung nach § 35 b sind ebenfalls zu beachten.

I. Standards, Abs. 4 S. 1

20   Neu eingefügt ist die Verpflichtung des IQWiG auf **international anerkannte Standards** der evidenzbasierten Medizin und der Gesundheitsökonomie. Ob damit die Diskussion um die wissenschaftliche Qualität der Arbeit des IQWiG beendet werden kann, darf bezweifelt werden, weil das Gesetz auf außerrechtliche Kriterien verweist, die keineswegs so gesichert sind, dass damit ein bestimmter Standard gemeint ist und auch nicht gemeint sein kann (vgl. im Einzelnen *Francke/Hart,* MedR 2008, 2). Deutlich wird aber jedenfalls, dass ein nationaler Referenzrahmen für die Methodenstandards des IQWiG nicht genügt.

II. Publizität, Abs. 4 S. 2

21   Das IQWiG ist gesetzlich verpflichtet, über seine Arbeitsprozesse, -ergebnisse und auch die Grundlagen seiner Entscheidungsfindung öffentlich zu berichten. Ziel dieser weitreichenden **Transparenzgebote** ist eine beständige Kontrolle und

Diskussion der Arbeitsweise des IQWiG, um so die Qualität und damit auch die Validität der Arbeitsergebnisse abzusichern. Das IQWiG ist diesen Anforderungen durch die Präsentation seiner Aufträge, Ergebnisse, Publikationen und insbesondere seines Methodenpapiers auf seiner Internetseite (www.iqwig.de) nachgekommen.

III. Sachverständigen- und Patientenbeteiligung, Abs. 5

Ebenfalls als Sicherung der Qualität und Validität der Arbeitsergebnisse sind die Beteiligungspflichten gem. Abs. 5 zu verstehen. Während die Beteiligung von **Patientenvertretern** bereits seit der Gründung des IQWiG vorgeschrieben war, ist die Vorschrift mit dem GKV-WSG um die Beteiligung von **Sachverständigen** der medizinischen, pharmazeutischen und gesundheitsökonomischen Wissenschaft und Praxis und den Arzneimittelherstellern ergänzt worden. Neu ist auch die Vorgabe, dass die Beteiligung **in allen wichtigen Abschnitten** des Bewertungsverfahrens erfolgen muss und die Stellungnahmen in die Entscheidung einzubeziehen sind. 22

Bisher wurde dem Erfordernis der Patientenbeteiligung dadurch Rechnung getragen, dass die vorgegebenen Patientenvertreter ins **Kuratorium** der Stiftung entsandt wurden, dem die Empfehlungsentwürfe vor ihrer Abgabe zugeleitet wurden (s. *Hess*, KK, § 139a Rn. 16). Allein die Befassung des Kuratoriums mit Empfehlungen des IQWiG genügt dem geänderten Abs. 5 nicht mehr. Zum einen ist der Kreis der Stellungnahmeberechtigten weiter als derjenige der Kuratoriumsmitglieder, zum anderen muss eine Beteiligung schon im Vorfeld, insb. bei der Erstellung des Bearbeitungsplans, gewährleistet sein. Seitens der Arzneimittelhersteller war diese frühe Beteiligung nachdrücklich angemahnt worden (zur rechtlichen Notwendigkeit s. *Kingreen/Henck*, PharmaR 2007, 353/359 ff.). 23

E. Unabhängigkeit, Abs. 6

Schließlich haben die Beschäftigten des IQWiG vor ihrer Einstellung ihre **Beziehungen** zu bestimmten Akteuren im Gesundheitswesen **offenzulegen.** Damit soll gemäß dem Gesetzestext die Unabhängigkeit des Instituts sichergestellt werden. Präziser ist das Ziel mit der Glaubwürdigkeit in die Objektivität und damit Qualität der Arbeitsergebnisse beschrieben. 24

Das Gesetz spricht nicht aus, welche Konsequenzen aus etwaigen Verflechtungen folgen. Formal dürfte dies die Einstellung nicht hindern. Im Zusammenspiel mit der Beschreibung des IQWiG als fachlich unabhängiges Institut nach Abs. 1 ist allerdings impliziert, dass personelle Verbindungen und insbesondere Zuwendungen der genannten Institutionen **während eines Beschäftigungsverhältnisses beim IQWiG ausgeschlossen** sind. Einstellungsvoraussetzung dürfte also die Beendigung genannter Beziehungen sein (vgl. S. 28 f. des Methodenpapiers). 25

Welche Beziehungen dem Abs. 6 unterfallen, lässt sich der Norm nur rudimentär entnehmen. Die Nennung von Interessenverbänden und Auftragsinstituten dürfte einerseits **zu kurz** gegriffen sein, weil dem Ziel der Unabhängigkeit der Institutsarbeit auch Beziehungen zu Unternehmen oder öffentlichen Körperschaften entgegenstehen können. Andererseits ist die Bezeichnung **zu weit,** weil nicht klar zum Ausdruck kommt, welche Interessenverbände etc. gemeint sind. Offen ist auch der Zeitraum, für den die Offenlegungspflicht gelten soll. Die Heraushebung 26 der pharmazeutischen Industrie und der Medizinprodukteindustrie ist nur exemplarisch und lässt deshalb vermuten, dass Interessenverbände, Institute und Unternehmen der **Leistungserbringer im Gesundheitswesen** gemeint sind. Ob und inwieweit darüber hinaus auch Beziehungen zu KKen und ihren Verbänden unter Abs. 6 fallen, bleibt offen. Angesichts dieser Ungenauigkeiten lässt sich die **Effizienz** und damit letztlich auch die **Erforderlichkeit** der Offenlegungspflicht insgesamt bezweifeln.

27 Zu Recht ist bemerkt worden, dass der Gesetzgeber letztlich vor allem seine Vorbehalte vor allem gegenüber der pharmazeutischen Industrie zum Ausdruck gebracht hat (*Kügel*, NZS 2006, 232), so dass die Entrüstung über diese „**Inkriminierung**" berechtigt ist.

§ 139 b Aufgabendurchführung

(1) ¹**Der Gemeinsame Bundesausschuss nach § 91 beauftragt das Institut mit Arbeiten nach § 139 a Abs. 3.** ²**Die den Gemeinsamen Bundesausschuss bildenden Institutionen, das Bundesministerium für Gesundheit und die für die Wahrnehmung der Interessen der Patientinnen und Patienten und der Selbsthilfe chronisch kranker und behinderter Menschen maßgeblichen Organisationen sowie die oder der Beauftragte der Bundesregierung für die Belange der Patientinnen und Patienten können die Beauftragung des Institutes beim Gemeinsamen Bundesausschuss beantragen.**

(2) ¹**Das Bundesministerium für Gesundheit kann die Bearbeitung von Aufgaben nach § 139 a Abs. 3 unmittelbar beim Institut beantragen.** ²**Das Institut kann einen Antrag des Bundesministeriums für Gesundheit als unbegründet ablehnen, es sei denn, das Bundesministerium für Gesundheit übernimmt die Finanzierung der Bearbeitung des Auftrags.**

(3) ¹**Zur Erledigung der Aufgaben nach § 139 a Abs. 3 Nr. 1 bis 5 hat das Institut wissenschaftliche Forschungsaufträge an externe Sachverständige zu vergeben.** ²**Diese haben alle Beziehungen zu Interessenverbänden, Auftragsinstituten, insbesondere der pharmazeutischen Industrie und der Medizinprodukteindustrie, einschließlich Art und Höhe von Zuwendungen offenzulegen.**

(4) ¹**Das Institut leitet die Arbeitsergebnisse der Aufträge nach den Absätzen 1 und 2 dem Gemeinsamen Bundesausschuss nach § 91 als Empfehlungen zu.** ²**Der Gemeinsame Bundesausschuss hat die Empfehlungen im Rahmen seiner Aufgabenstellung zu berücksichtigen.**

Schrifttum: Vgl. § 139a.

Inhaltsübersicht

	Rn.
A. Überblick	1
B. Aufträge des G-BA, Abs. 1	3
I. Notwendigkeit eines Auftrags	3
II. Verfahren im G-BA	6
C. Aufträge des BMG, Abs. 2	8
D. Externe Sachverständige, Abs. 3	10
E. Berücksichtigung der Empfehlungen durch den G-BA, Abs. 4	16
I. Kontrolle des IQWiG durch den G-BA	18
II. Haftung des IQWiG und Rechtsschutz	20
III. Kein reduzierter Bewertungsspielraum des G-BA bei der Richtliniengebung	22

A. Überblick

§ 139b normiert trotz der Überschrift die Aufgabendurchführung des IQWiG 1
selbst nur hinsichtlich der Beteiligung externer Experten (Rn. 10ff.). Darüber
hinaus wird das Verfahren des G-BA bei der Entscheidung über eine Beauftragung
(Rn. 3ff.) und beim Rücklauf einer IQWiG-Empfehlung (Rn. 16ff.) geregelt.
Schließlich enthält Abs. 2 Vorgaben zum Verhältnis zwischen BMG und IQWiG
(Rn. 8f.). Insgesamt handelt es sich also nur um **einzelne Aspekte**.

Der gedankliche Faden des § 139b ist der **Weg, den ein Gutachten-/Empfeh-** 2
lungsauftrag nimmt. Nach seiner Erteilung, die vom G-BA (Rn. 6f.) oder
BMG (Rn. 8f.) erfolgen kann, führt dieser Weg die Empfehlung zu externen Sachverständigen (Rn. 10ff.). Das eigentliche Verfahren innerhalb des IQWiG ist nicht
hier, sondern in § 139a Abs. 4 und 5 und in § 35b geregelt. Schließlich wird die
Berücksichtigung einer solchen Empfehlung beim G-BA normiert (Rn. 16ff.)

B. Aufträge des G-BA, Abs. 1

I. Notwendigkeit eines Auftrags

Aus der Bestimmung des Abs. 1 S. 1, dass der G-BA das Institut mit Arbeiten 3
nach § 139a Abs. 3 beauftrage, wird gefolgert, dass das IQWiG **nicht ohne Auf-**
träge tätig werden könne (*Hess*, KK, § 139b Rn. 3; *Kügel*, NZS 2006, 232/234).
Die Offenheit des Aufgabenkatalogs nach § 139a wird auf diese Weise begrenzt.
Mit dieser Interpretation ist allerdings der gleich zu Beginn der Tätigkeit des
IQWiG erteilte und inzwischen aktualisierte **Generalauftrag** (www.g-ba.de/
downloads/39-261-216/2004-12-21-Generalauftrag-IQWiG.pdf und www.g-ba.
de/downloads/39-261-650/2008-03-13-IQWiG-Anpassung-Generalauftrag.pdf)
nicht vereinbar (krit. deshalb *Kügel*, NZS 2006, 232/234; keine Bedenken: *Hess*,
KK, § 139b Rn. 3, § 139a Rn. 9). Denn er koppelt die Arbeit des IQWiG von
konkreten Aufträgen nach § 139b Abs. 1 ab und soll auch zu einer Umkehrung
des „Initiativrechts" führen: Das IQWiG soll aufgrund der Erkenntnisse, die es im
Rahmen des Generalauftrags erwirbt, dem G-BA Hinweise auf konkrete Auf-
tragsthemen oder anderes Tätigwerden liefern (*Hess*, KK, § 139a Rn. 9).

Die **rechtlichen Konsequenzen** eines unzulässigen Generalauftrags hängen 4
davon ab, welche Ziele mit einer solchen Tätigkeitsbegrenzung verfolgt werden.
Wenn eine Auftragserteilung das IQWiG von andernfalls zu besorgenden **Haf-**
tungsansprüchen betroffener Arzneimittelhersteller entlasten würde (*Hess*, KK,
§ 139b Rn. 3), dann würde ein unzulässiger Auftrag diese Rechtspositionen der
Hersteller beeinträchtigen. Die Auftragsbindung des IQWiG diente dadurch auch
dem Schutz eben dieser Rechte, so dass Hersteller grundsätzlich gegen den Generalauftrag des G-BA vorgehen könnten, wenn ihre Klagebefugnis bzw. ihr Rechtsschutzbedürfnis hinreichend konkret wären. Allerdings ist bereits die Ausgangs-
überlegung abzulehnen. Richtigerweise ist eine **zivilrechtliche Haftung des**
IQWiG nicht ausgeschlossen. § 35b Abs. 4 schränkt nur aus Gründen der Verfahrenskonzentration den primären Unterlassungsrechtsschutz gegenüber den
Empfehlungen des IQWiG ein und gilt auch nur für Bewertungen des Nutzens
und der Kosten von Arzneimitteln. Allein eine Beauftragung durch eine öffentlich-rechtliche Körperschaft entlastet aber nicht von deliktischer Haftung gegenüber Dritten, insbesondere, wenn die Tätigkeit des IQWiG nicht als Verwaltungshilfe angesehen wird (dazu § 139a Rn. 15).

§ 139 b

5 Als anderes Ziel der Antragsbindung des IQWiG ist nur die **Vermeidung von Überlastungen** des Instituts ersichtlich. Die Finanzierung des Instituts (§ 139 c) erfolgt durch Zuschläge auf die Leistungen der GKV, die der G-BA zusammen mit seiner eigenen Finanzierung (§ 91 Abs. 2 S. 6) festsetzt. Deshalb muss auch das BMG Aufträge, die es dem IQWiG erteilt und denen das IQWiG widerspricht, finanzieren (Rn. 9). Die Bindung des IQWiG an Aufträge ist dann aber nicht mehr als ein gesetzlicher Hinweis auf eine **kostensensible Beauftragungspraxis.** Verstöße hiergegen können allenfalls zu (finanz)aufsichtsrechtlichen Konsequenzen, nicht zu individuellem Rechtsschutz führen. Ob ein Generalauftrag einem solchen Grundsatz kostensensibler Beauftragung des IQWiG widerspricht, ist dann ebenfalls nicht ausgemacht.

II. Verfahren im G-BA

6 Über das Verfahren zur Beauftragung des IQWiG regelt § 139 b Abs. 1 S. 2 nur die **Antragsberechtigten.** Neben den Institutionen, die den G-BA bilden, sind das BMG, Patientenorganisationen sowie der Patientenbeauftragte der Bundesregierung antragsberechtigt.

7 Keine Vorgaben existieren zum Umgang mit entsprechenden Anträgen. Wegen der Interessengebundenheit der Mitglieder des G-BA ließe sich an ein Abstimmungsverfahren denken. Dann liefe allerdings das Antragsrecht der Patientenvertreter und des BMG leer. Deshalb liegt es näher, den G-BA zu einer Entscheidung über den Antrag nach **pflichtgemäßem Ermessen** zu verpflichten (*Joussen,* Beck-OK, § 139 b). Die **VerfO** des G-BA regelt die Einzelheiten (*Hess,* KK, § 139 b Rn. 6).

C. Aufträge des BMG, Abs. 2

8 Neben dem G-BA kann nur das BMG Aufträge an das IQWiG erteilen. S. 2 räumt dem Institut die Möglichkeit ein, einen solchen Auftrag „**als unbegründet**" abzulehnen, es sei denn, das BMG übernimmt die Finanzierung. Die Formulierung, dass der Antrag als unbegründet abzulehnen sei, ist missglückt. Sie soll auf die Notwendigkeit einer inhaltlichen Begründung der Ablehnung verweisen (*Hess,* KK, § 139 b Rn. 8), obwohl inhaltliche Ablehnungsgründe wesentlich schwerer vorstellbar sind als formale, die typischerweise in der juristischen Kategorie der Zulässigkeit verortet sind.

9 Gleichzeitig deutet die Möglichkeit des BMG, durch die Finanzierung eines Auftrags seine Bearbeitung zu erzwingen, darauf hin, dass das IQWiG nur **Kapazitäts- und Kostengründe** als Ablehnungsargumente verwenden darf. Ob daneben andere Gründe, beispielsweise ein parallel laufender Auftrag (*Joussen,* Beck-OK, § 139 b), zulässig sind, ist offen. Erst aus der Zuleitungspflicht der Arbeitsergebnisse an den G-BA (Abs. 4) lässt sich schlussfolgern, dass die Aufträge des BMG die gleiche Frage- und Aufgabenstellung enthalten muss, wie Aufträge des G-BA. Sonst wäre eine Empfehlung an den G-BA, die dieser wieder ihm Rahmen seiner Aufgabenstellung berücksichtigen muss, sinnlos. Deshalb lässt sich annehmen, dass das IQWiG Aufträge des BMG dann zurückweisen darf, wenn seine Ergebnisse nicht **im Rahmen der Aufträge des G-BA** umsetzbar sind.

D. Externe Sachverständige, Abs. 3

Die Einbeziehung externer Sachverständiger bei der Bearbeitung der Aufträge ist vom Gesetz vorgesehen. Dass dieser die Arbeitsweise des Instituts steuernde Aspekt nicht in § 139a sondern hier geregelt ist, erklärt sich damit, dass durch die Einbeziehung externer Gutachter der Auftrag des G-BA „nach außen" wandert. 10

Problematisch ist die Formulierung, dass eine Vergabe von Forschungsaufträgen an externe Sachverständige zu erfolgen „hat". Üblicherweise gibt ein Gesetz damit ein bestimmtes Verfahren vor und nimmt insoweit dem ausführenden Organ die Entscheidungsbefugnis über die Verfahrensgestaltung. Es erscheint aber weder sinnvoll noch von einem nachvollziehbaren gesetzgeberischen Motiv getragen, dass das IQWiG Aufträge nicht ausschließlich mit eigenem Personal ausführen darf. Richtigerweise ist entgegen dem Wortlaut von einer „**Soll**"-**Bestimmung** auszugehen (*Hess*, KK, § 139b Rn. 9). Sie bringt zum Ausdruck, dass die Einbeziehung externen Sachverstands gewollt ist, was letztlich für die Finanzausstattung des IQWiG relevant ist: Zum einen benötigt es eine kleinere Personalausstattung, zum anderen sind Kosten für externe Gutachten zulässig. 11

Die **Offenlegungspflicht** nach S. 2 entspricht in ihrem Wortlaut dem § 139a Abs. 6. Die Bedenken gegen die Bestimmtheit und damit auch die Effizienz und Erforderlichkeit der Norm (§ 139a Rn. 26) bestehen also auch hier. Außerdem lässt sich für die Frage des Zeitraumes, auf den sich die Offenlegungspflicht bezieht, ein Anstellungsverhältnis nicht mit einem Gutachtenauftrag vergleichen. 12

Fraglich ist auch, ob die Offenlegungspflicht alle Sachverständigen trifft, also auch diejenigen, die im Auftrag Dritter, idR. betroffener Unternehmen oder ihrer Verbände tätig werden, oder nur diejenigen, die das IQWiG hinzugezogen hat (hierzu *Maassen/Uwer*, MedR 2006, 32/32f. mwN.). 13

Die Offenlegungspflicht hat für externe Sachverständige auch eine andere Relevanz. Bestehende, auch fortbestehende, Beziehungen sollten die Beauftragung als Sachverständiger für das IQWiG grundsätzlich nicht behindern (so auch *Hess*, KK, § 139b Rn. 10), sondern nur der **Bewertung der Expertise** dienen (Allg. Methodenpapier Version 3.0, 27f.). Durch die Pflicht zur Offenlegung der aufgelisteten Beziehungen werden persönliche und geschäftliche **Geheimhaltungsinteressen und -rechte** berührt (s. entsprechende Einwilligungserklärungen zur Datenweitergabe im Formblatt, www.iqwig.de/download/Formblatt-Interessenkonflikte..pdf, S. 4). Einerseits verlangt gute wissenschaftliche Praxis auch in anderen Zusammenhängen Transparenz persönlicher und geschäftlicher Beziehungen (mit anderer Begründung *Maassen/Uwer*, MedR 2006, 32/34). Andererseits ist die Pflicht zur Angabe der **Höhe erlangter Zuwendungen überzogen**. Insgesamt ist also die derzeitige Regelung der Offenlegungspflicht zweifelhaft. 14

Verletzungen der Offenlegungspflicht sanktioniert das IQWiG nach seinem Formblatt (www.iqwig.de/download/Formblatt-Interessenkonflikte..pdf, S. 1) durch Nichtberücksichtigung der Stellungnahme. Weil dies weitere Streitfragen über die Zulässigkeit der Nichtberücksichtigung provoziert (vgl. *Maassen/Uwer*, MedR 2006, 32), wäre die formale Einbeziehung mit – freilich transparent vermittelter – verringerter Gewichtung interessengerechter und zielführender. 15

§ 139 b

E. Berücksichtigung der Empfehlungen durch den G-BA, Abs. 4

16 Abs. 4 regelt den Umgang mit den Arbeitsergebnissen des Instituts. Für die Ergebnisse aufgrund eines **Auftrags des G-BA** ist eine Zuleitung an den G-BA konsequent. Dass auch die Arbeitsergebnisse aufgrund eines **Auftrags des BMG** nicht diesem als Auftraggeber sondern dem G-BA zuzuleiten sind, ist nur dann verständlich, wenn man darin eine inhaltliche Beschränkung möglicher Aufträge des BMG erblickt (s. Rn. 9). Manche Aufgaben des IQWiG münden nicht in Stellungnahmen, Gutachten oder Empfehlungen, sondern bilden entweder „interne" Arbeitsergebnisse (§ 139 a Abs. 2 Nr. 1) oder münden in allgemeinen Informationen (§ 139 a Abs. 2 Nr. 6). Richtigerweise ist Abs. 4 deshalb so zu verstehen, dass er nur **Aufträge nach § 139 a Abs. 2 Nrn. 2–5** erfasst. Ergebnisse aufgrund des durch den G-BA erteilten Generalauftrags fügen sich nicht ein.

17 Dass die Arbeitsergebnisse des IQWiG durch die Zuleitung an den G-BA zu „**Empfehlungen**" werden, ist nicht im Sinne von Beschlussempfehlungen beispielsweise für Richtlinienbeschlüsse zu verstehen. Der Aussagegehalt des IQWiG bleibt selbst unverändert eine **wissenschaftliche Stellungnahme** zu einer bestimmten Fragestellung. Mit dem Empfehlungscharakter ist die **Rezeption** der Stellungnahme **durch den G-BA** angesprochen, wie sie auch im S. 2 zum Ausdruck kommt. Der G-BA hat die Arbeitsergebnisse **zu berücksichtigen**, d. h. zu beachten. Dass sie „Empfehlungen" sind, soll dazu führen, dass er der wissenschaftlichen Bewertung **grundsätzlich folgt**.

I. Kontrolle des IQWiG durch den G-BA

18 Das Verhältnis von Stellungnahmen des IQWiG zu Entscheidungen des G-BA, das hiermit angesprochen ist, wirft allerdings vielfältige Fragen auf. Grundlegend ist die Zuordnung der **Verantwortlichkeiten** zwischen IQWiG und G-BA. Der hohe Stellenwert, der der Unabhängigkeit des IQWiG eingeräumt wird, kontrastiert dabei mit einer Reduktion der Prüfungspflichten und Verantwortlichkeit des G-BA.

19 Nimmt man die Unabhängigkeit des IQWiG, so wie sie durch ihren Rechtsstatus, die Privatrechtsform und die konkreten Vorgaben zur Unabhängigkeit auch vom G-BA gesetzlich festgelegt ist, ernst, so darf und kann sich eine **Kontrolle des G-BA** nicht auf die Inhalte der Stellungnahme, sondern allenfalls – wegen der Trägerschaft des G-BA – auf die **Sicherstellung der wissenschaftlichen Qualität** erstrecken. Nur in diesem Sinne ist die VerfO des G-BA zu verstehen, nach der der G-BA Bedenken, die gegen die Veröffentlichung eines Institutsberichts bestehen, geltend machen kann (vgl. *Hess,* KK, § 139 b Rn. 13).

II. Haftung des IQWiG und Rechtsschutz

20 Die Unabhängigkeit des IQWiG führt auch dazu, dass eine **haftungsrechtliche Verschiebung** der Verantwortlichkeit auf den G-BA **ausscheidet** (anders *Pitschas,* MedR 2008, 34/41). Stattdessen steht aber das IQWiG selbst gem. **§ 823 BGB** in der Haftung, zum einen, soweit man den Beteiligungsregelungen des § 35 b und § 139 a Schutzgesetzcharakter einräumt, und zum anderen, soweit Publikationen des IQWiG den Absatz beispielsweise von Arzneimitteln so be-

einflussen, dass sie einen rechtswidrigen Eingriff in den eingerichteten und ausgeübten Gewerbebetrieb darstellen (für die Wirkung von publizierten Vorberichten auf öffentlich-rechtliche Haftung abstellend *Maassen/Uwer*, MedR 2006, 32/38 f.). Die genauen Anspruchsvoraussetzungen sind noch nicht ausgelotet, strukturell steht einer solchen zivilrechtlichen Haftung aber nicht entgegen, dass der **G-BA seinerseits** für rechtswidrige Richtlinien, die auf einem Gutachten des IQWiG beruhen, ebenfalls haftbar ist.

Auch der Ausschluss des Rechtsweges nach § 35 b Abs. 4 steht einer Schadensersatzpflicht nicht entgegen. Denn damit kann – nicht zuletzt aus Gründen der Rechtsweggarantie – nur eine **Konzentration** der gerichtlichen Angriffe, also des **Primärrechtsschutzes** (hierzu z. B. *Engelmann*, MedR 2006, 245/249), auf eine Arzneimittelrichtlinie gemeint sein (auf den Gedanken des § 44 a VwGO abstellend: *Kingreen*, MedR 2007, 457/458). Die Fehlerhaftigkeit der Stellungnahme ist in diesem Fall kein eigenständiger Rechtswidrigkeitsgrund (aA. *Kingreen/Henck*, PharmaR 2007, 353/362), sondern wirkt sich nur bei unkorrigierter Übernahme durch den G-BA aus. Sekundärer Rechtsschutz in Form von Schadensersatz ist nicht ausgeschlossen, weil insoweit eine Verfahrenskonzentration für die Richtliniengebung auch nicht erforderlich ist.

III. Kein reduzierter Bewertungsspielraum des G-BA bei der Richtliniengebung

Diese Unabhängigkeit des IQWiG führt nicht zu einer Beschränkung der inhaltlichen Überprüfungspflicht des G-BA bei der Verwertung des Ergebnisse in seiner Richtliniensetzung (so aber *Hess*, KK, § 139 b Rn. 14 f.; auf die faktische Bindungswirkung abstellend z. B. *Joussen*, Beck-OK § 139 b; *Kingreen/Henck*, ParmaR 2007, 353/362 f.). Nur innerhalb eines gestuften Verwaltungsverfahrens kann eine Abschichtung und damit die Reduktion der Komplexität auf den einzelnen Verfahrensstufen durch exklusive Zuweisung bestimmter Kompetenzen an einzelne verselbstständigte Verwaltungseinheiten erreicht werden. Werden Vorbereitungshandlungen auf private Akteure verlagert, wird ein anderes Rechtsregime und gerade eine **Auskoppelung aus staatlichen Verantwortungsstrukturen** bezweckt, die durch eigene Rechtsakte, wie beispielsweise eine Beleihung erst wieder partiell rückgängig gemacht werden muss. Daran fehlt es hier (aA. § 35 b Rn. 1; *Kingreen/Henck*, PharmaR 2007, 353/355 ff.; als Verwaltungshelfer: *Kügel*, NZS 2006, 232/297; *Pitschas*, MedR 2008, 34/38; allg. für hoheitliche Tätigkeit *Engelmann*, MedR 2006, 245/255). Dann bleibt aber die „erste" öffentlich-rechtliche Verwaltungseinheit – hier also der G-BA – die Instanz, bei der die staatliche Verantwortung einsetzt. Eine Entlastung durch partielle Aufgabenausgliederung im Sinne einer **reduzierten Verantwortung** ist **nicht möglich** (i. E. ebenso *Schimmelpfeng-Schütte*, HVAR, § 7 Rn. 32). Nur auf diese Weise kann auch die volle gerichtliche Kontrolle der fachwissenschaftlichen Standardermittlung des G-BA (s. BSGE 96, 261; *Kingreen*, MedR 2007, 457/461 f.; zur Entwicklung der Rspr. *Engelmann*, MedR 2006, 245/251) effektiv sein. Eine andere gesetzgeberische Intention vermag diesen an der kategorischen Unterscheidung zwischen Staat und Privatem unüberbrückbaren Befund ebenso wenig überwinden wie die praktischen Bedürfnisse des G-BA.

§ 139 c Finanzierung

¹Die Finanzierung des Instituts nach § 139 a Abs. 1 erfolgt jeweils zur Hälfte durch die Erhebung eines Zuschlags für jeden abzurechnenden Krankenhausfall und durch die zusätzliche Anhebung der Vergütungen für die ambulante vertragsärztliche und vertragszahnärztliche Versorgung nach den §§ 85 und 87 a um einen entsprechenden Vomhundertsatz. ²Die im stationären Bereich erhobenen Zuschläge werden in der Rechnung des Krankenhauses gesondert ausgewiesen; sie gehen nicht in die Gesamtbeträge nach den §§ 3 und 4 des Krankenhausentgeltgesetzes oder nach § 6 der Bundespflegesatzverordnung sowie nicht in die entsprechenden Erlösausgleiche ein. ³Der Zuschlag für jeden Krankenhausfall, die Anteile der Kassenärztlichen und der Kassenzahnärztlichen Vereinigungen sowie das Nähere zur Weiterleitung dieser Mittel an eine zu benennende Stelle werden durch den Gemeinsamen Bundesausschuss festgelegt.

Schrifttum: Vgl. § 139 a.

1   Die Finanzierung des IQWiG erfolgt im Rahmen der Finanzierung des G-BA. § 91 Abs. 2 S. 6 verweist auf § 139 c. Voraussetzung hierfür war nach der alten Fassung des § 139 c, dass der G-BA das IQWiG über den Weg einer privatrechtlichen Stiftung errichtet. Andernfalls hätten die Verbände der KKen und der Leistungserbringer (hierzu krit. *Hess,* KK, § 139 c Rn. 7) das IQWiG selbstständig finanzieren müssen, ohne dass das Gesetz Vorgaben bereitgestellt hätte, wie sich die Finanzlast konkret aufteilen soll. An dieser unterschiedlichen Ausgestaltungsintensität wurde deutlich, dass der Gesetzgeber die tatsächlich gewählte Errichtungsform klar präferierte, sie möglicherweise aber wegen der Selbstverwaltungsautonomie des G-BA nicht verbindlich vorgeben wollte.

2   Die gewählte Finanzierung weist die Kosten im ersten Schritt den Leistungserbringern zu, womit der Gesetzgeber möglicherweise zum Ausdruck bringen wollte, dass die Qualitätssicherung eine Aufgabe der Leistungserbringer sei. Zwischen dem ambulanten und stationären Sektor erfolgt die Kostenaufteilung entsprechend den Fallzahlen. Weil jedoch der Zuschlag für die Finanzierung des IQWiG (und des G-BA) nicht auf die Gesamtbeträge angerechnet wird bzw. die Vergütung erhöht, geht wirtschaftlich die Finanzierung nicht zu Lasten der Leistungserbringer, sondern wird an die „Nachfrager", also die KKen und damit in Konsequenz an die Beitragszahler weitergereicht.

Zehnter Abschnitt. Eigeneinrichtungen der Krankenkassen

§ 140 Eigeneinrichtungen

(1) ¹Krankenkassen dürfen der Versorgung der Versicherten dienende Eigeneinrichtungen, die am 1. Januar 1989 bestehen, weiterbetreiben. ²Die Eigeneinrichtungen können nach Art, Umfang und finanzieller Ausstattung an den Versorgungsbedarf unter Beachtung der Landeskrankenhausplanung und der Zulassungsbeschränkungen im vertragsärztlichen Bereich angepasst werden; sie können Gründer von medizinischen Versorgungszentren nach § 95 Abs. 1 sein.

(2) ¹Sie dürfen neue Eigeneinrichtungen nur errichten, soweit sie die Durchführung ihrer Aufgaben bei der Gesundheitsvorsorge und der Rehabilitation auf andere Weise nicht sicherstellen können. ²Die Krankenkassen oder ihre Ver-

bände dürfen Eigeneinrichtungen auch dann errichten, wenn mit ihnen der Sicherstellungsauftrag nach § 72 a Abs. 1 erfüllt werden soll.

Schrifttum: *P. Kirchhof,* Der Leistungswettbewerb unter Einsatz der Beitragshoheit, DVBl. 1982, 933; *D. Krauskopf,* Sozialleistungsträger im Wettbewerb mit ihren Leistungsanbietern, ZSR 1983, 686.

A. Überblick

Die Krankenkassen müssen sich grundsätzlich zur Erfüllung ihrer Pflichten zur Versorgung gegenüber den Versicherten der Leistungserbringer bedienen, mit denen sie zu diesem Zweck Verträge abschließen, §§ 2 Abs. 2 S. 3, 69–140h (vgl. die grundlegende Entscheidung BGHZ 82, 375 ff.). § 140 bestimmt, in welchen Fällen die Krankenkassen bzw. ihre Verbände von diesem Grundsatz abweichen und die Leistungen ausnahmsweise durch Eigeneinrichtungen erbringen dürfen. Die Beschränkungen des § 140 beugen einer Monopolbildung bei der Leistungserbringung vor und sichern auf diese Weise die Wahlfreiheit des Versicherten. Abs. 1 regelt dabei die Bestandseinrichtungen, Abs. 2 befasst sich mit der Errichtung neuer Eigeneinrichtungen. 1

B. Begriff der Eigeneinrichtung

Unter Eigeneinrichtungen sind kasseneigene Behandlungseinrichtungen zur Versorgung der Versicherten zu verstehen. 2

C. Bestandseigeneinrichtungen, Abs. 1

Die Krankenkassen dürfen Eigeneinrichtungen, die am 1. 1. 1989 bestanden haben, nach der Besitzstandsklausel des Abs. 1 S. 1 weiterbetreiben. Die Befugnis, die Abs. 1 gewährt, beschränkte sich zunächst auf das Weiterbetreiben bestehender Einrichtungen. Erlaubt war es deshalb, die Eigeneinrichtung im bisherigen Umfang aufrechtzuerhalten, etwa frei werdende Stellen wiederzubesetzen (vgl. *Kranig,* H/N, § 140 Rn. 10). Die damit verbundene Benachteiligung von Eigeneinrichtungen im Vergleich zu anderen stationären Einrichtungen wollte der Gesetzgeber durch die Anfügung von S. 2 der Vorschrift beseitigen (vgl. die Beschlussempfehlung des Gesundheitsausschusses zum Gesetz zur Vereinfachung der Verwaltungsverfahren im Sozialrecht, BT-Drs. 15/4751, 45). Die Eigeneinrichtungen können deshalb in den Grenzen der Landeskrankenhausplanung und der Zulassungsbeschränkungen angepasst werden (in eingeschränktem Umfang bereits zulässig nach BSG, SozR Nr. 8 zu § 368 d RVO). Neben der Möglichkeit, medizinische Versorgungszentren nach § 95 Abs. 1 zu gründen, ist auch der Abschluss von Verträgen nach dem SGB V möglich. 3

D. Neue Eigeneinrichtungen

Abs. 2 normiert ein **grundsätzliches Verbot** der Errichtung neuer Eigeneinrichtungen. Die Zulässigkeit von Änderungen an zum 1. 1. 1989 bestehenden Einrichtungen richtet sich nun nach Abs. 1 S. 2. Die Neuerrichtung nach Abs. 2 S. 1 ist nur im Bereich der Vorsorge und der Rehabilitation und nur zulässig, wenn die Versorgung nicht auf andere Weise, also durch Leistungserbringer, sichergestellt 4 werden kann. Auch in den extremen Situationen des kollektiven Zulassungsverzichts oder der kollektiven Verweigerung der Versorgung im vertragsärztlichen und vertragszahnärztlichen Bereich, können die Kassen oder hier auch ihre Verbände auf die Errichtung von Eigeneinrichtungen zurückgreifen, Abs. 2 S. 2 iVm. § 72a Abs. 1, Abs. 3 S. 2 (zu den Voraussetzungen im Einzelnen s. § 72a Rn. 3f.).

E. Weitere Vorschriften mit Bezug zu Eigeneinrichtungen

5 § 76 Abs. 1 S. 3 und 4 treffen Bestimmungen für den Bereich der **vertragsärztlichen Versorgung.** Die Inanspruchnahme der Eigeneinrichtungen in den Fällen von Abs. 1 und Abs. 2 S. 1 richtet sich nach den hier getroffenen Vereinbarungen. Für die Erhöhung der Zahl der Eigeneinrichtungen normiert § 76 Abs. 1 S. 4 die Notwendigkeit einer vertraglichen Regelung.

6 Nach § 132a Abs. 2 S. 10 kann die Krankenkasse zur Gewährung von **häuslicher Krankenpflege** geeignete Personen anstellen. Die Entscheidung steht ihn ihrem Ermessen. Eine Befugnis zur Gründung einer Eigeneinrichtung enthält die Vorschrift wohl nicht (vgl. BSG, NZS 2003, 654ff., s. auch *Plantholz,* Die Erbringung von Sachleistungen durch angestelltes Personal von Krankenkassen, RsDE 2002, 48 ff.).

7 § 33 Abs. 5 berechtigt die Krankenkassen, **Hilfsmittel** leihweise an Versicherte nach Beendigung des Erstgebrauchs weiterzugeben (zur Vereinbarkeit der Vorschrift mit Art. 12 GG siehe BSG, SozR 1500, § 51 Nr. 51; BSGE 64, 260ff.). Ob eine solche Abgabe von Hilfsmitteln durch die Krankenkassen selbst an Abs. 2 zu messen ist, hat das BSG bislang offengelassen.

Elfter Abschnitt. Beziehungen zu Leistungserbringern in der integrierten Versorgung

§ 140a Integrierte Versorgung

(1) ¹Abweichend von den übrigen Regelungen dieses Kapitels können die Krankenkassen Verträge über eine verschiedene Leistungssektoren übergreifende Versorgung der Versicherten oder eine interdisziplinär-fachübergreifende Versorgung mit den in § 140b Abs. 1 genannten Vertragspartnern abschließen. ²Die Verträge zur integrierten Versorgung sollen eine bevölkerungsbezogene Flächendeckung der Versorgung ermöglichen. ³Soweit die Versorgung der Versicherten nach diesen Verträgen durchgeführt wird, ist der Sicherstellungsauftrag nach § 75 Abs. 1 eingeschränkt. ⁴Das Versorgungsangebot und die Voraussetzungen seiner Inanspruchnahme ergeben sich aus dem Vertrag zur integrierten Versorgung. ⁵Die für die ambulante Behandlung im Rahmen der integrierten Versorgung notwendige Versorgung mit Arzneimitteln soll durch Verträge nach § 130a Abs. 8 erfolgen.

(2) ¹Die Teilnahme der Versicherten an den integrierten Versorgungsformen ist freiwillig. ²Ein behandelnder Leistungserbringer darf aus der gemeinsamen Dokumentation nach § 140b Abs. 3 die den Versicherten betreffenden Behandlungsdaten und Befunde nur dann abrufen, wenn der Versicherte ihm gegenüber seine Einwilligung erteilt hat, die Information für den konkret anstehenden Behandlungsfall genutzt werden soll und der Leistungserbringer zu dem Personenkreis gehört, der nach § 203 des Strafgesetzbuches zur Geheimhaltung verpflichtet ist.

4. Kapitel. 11. Abschnitt **§ 140a**

(3) **Die Versicherten haben das Recht, von ihrer Krankenkasse umfassend über die Verträge zur integrierten Versorgung, die teilnehmenden Leistungserbringer, besondere Leistungen und vereinbarte Qualitätsstandards informiert zu werden.**

Schrifttum: *T. Ballast,* Endlich Pflege in der integrierten Versorgung?, Ersk. 2007, 307; *S. Bäune,* Rechtsschutzfragen in der integrierten Versorgung, GesR 2006, 289; *U. Becker,* Rechtliche Rahmenbedingungen der Integrierten Versorgung, NZS 2001, 505; *C. Beule,* Rechtsfragen der integrierten Versorgung (§§ 140a bis 140h SGB V), 2003; *dies.,* Integrierte Versorgung nach neuem Recht, GesR 2004, 209; *K. Biersack/C. Toepffer,* Juristische Aspekte der Neufassung der Integrierten Versorgung nach §§ 140a ff SGB V, BKK 2004, 199; *T. Bohle,* Vertragsgestaltung in der Integrierten Versorgung, 2005; *D. Cassel uA.,* Weiterentwicklung des Vertragswettbewerbs in der gesetzlichen Krankenversicherung, 2006; *F.-J. Dahm,* Vertragsgestaltung bei Integrierter Versorgung am Beispiel „Prosper – Gesund im Verbund", MedR 2005, 121; *D. Felix/J. Brockmann,* Zu den Voraussetzungen der Anschubfinanzierung der integrierten Versorgung, NZS 2007, 623; *A. Franken,* Die privatrechtliche Binnenstruktur der integrierten Versorgung, §§ 140a bis h SGB V, 2003; *H. Hildebrandt/H. Hesselmann,* Patientenrecht und Partizipation: Wahl- und Abwahlmöglichkeiten der Patienten und Versicherten im Zusammenhang mit integrierten Versorgungsformen, SF 2000, 130; *G. Kirchhoff,* Die Beteiligung von Apotheken an integrierter Versorgung, SGb 2006, 710; *T. Korenke,* Innovativer Wettbewerb infolge integrierter Versorgung in der gesetzlichen Krankenversicherung?, SF 2001, 268; *W. Leber,* Aktuelles zur integrierten Versorgung, GesR 2008, 185; *E. v. Mickwitz,* Organisation und Haftung vernetzter Kooperationsformen in der gesetzlichen Krankenversicherung, 2006; *A. Mühlbacher,* Integrierte Versorgung: Management und Organisation, 2002; *J. Nicklas-Faust,* Neue Versorgungsformen im Gesundheitswesen, RsDE 63 (2006), 1; *U. Orlowski,* Integrationsversorgung, BKK 2000, 191; *ders./J. Wasem,* Gesundheitsreform 2007 (GKV-WSG), 2007; *M. Quaas,* Vertragsgestaltungen zur integrierten Versorgung aus Sicht der Krankenhäuser, VSSR 2004, 175; *M. Rehborn,* Erweiterte Vertragskompetenz der Krankenkassen unter besonderer Berücksichtigung der Verträge zur hausarztzentrierten und integrierten Versorgung – Vertragsgestaltungen aus der Sicht niedergelassener Vertragsärzte, VSSR 2004, 157; *M. v. Schwanenflügel,* Moderne Versorgungsformen im Gesundheitswesen, NZS 2006, 285; *M. Sichert,* Abkehr vom Kollektivvertragssystem in der Integrierten Versorgung: Verbot und Folgen der Beteiligung Kassenärztlicher Vereinigungen, VSSR 2006, 271; *D. v. Stillfried,* Integrationsversorgung – Innovationspotenzial und Risiken, SF 2000, 175; *P. Wigge,* Integrierte Versorgung und Vertragsarztrecht, NZS 2001, 17 und 66; *M. Wille,* Die Integrierte Versorgung – Vertragsstand bei den LKKen, SdL 2006, 12; *K. Windthorst,* Die integrierte Versorgung in der gesetzlichen Krankenversicherung, 2002; *R. Zuck,* Der Gesetzgeber als quantité négligeable: Die Rahmenvereinbarung nach § 140d SGB V, NJW 2000, 3404.

Inhaltsübersicht

	Rn.
A. Überblick	1
I. Sinn und Bedeutung der integrierten Versorgung	1
II. Entwicklung und Struktur der Regelungen zur integrierten Versorgung	2
1. Entwicklung	2
2. Struktur	5
B. Begriff, Voraussetzungen und Eigenschaften der integrierten Versorgung, Abs. 1	6
I. Begriff, S. 1	6
1. Leistungssektorenübergreifende Versorgung	7
2. Interdisziplinär-fachübergreifende Versorgung	9
II. Bevölkerungsbezogene Flächendeckung, S. 2	10
III. Einschränkung des Sicherstellungsauftrags, S. 3	12
IV. Inhaltsbestimmung durch Vertrag, S. 4	13
V. Arzneimittelversorgung, S. 5	14
C. Freiwilligkeit der Teilnahme und Datenschutz, Abs. 2	15
I. Freiwilligkeit der Teilnahme, S. 1	15
II. Datenschutz, S. 2	16
D. Informationsrecht der Versicherten, Abs. 3	17

Huster

§ 140 a

A. Überblick

I. Sinn und Bedeutung der integrierten Versorgung

1 Die Regelungen der §§ 140a–140d zur integrierten Versorgung bezwecken eine Verbesserung der Effizienz und der Qualität der Versorgung durch **Überwindung der sektoralen und disziplinären Aufspaltung** des Versorgungsgeschehens im Sinne eines Managed Care-Ansatzes (vgl. dazu nur statt vieler *SVR*, Gutachten 2003: Finanzierung, Nutzerorientierung und Qualität, Tz. 674 ff.; *Mühlbacher*, Integrierte Versorgung, passim). Insbesondere die Schnittstellenprobleme zwischen den verschiedenen Versorgungsbereichen sollen dadurch gelöst werden (vgl. dazu jetzt auch § 11 Abs. 4). Die integrierte Versorgung steht damit in einem engen inhaltlichen Zusammenhang mit anderen neuen Versorgungsformen, insbesondere den Strukturverträgen nach § 73a und den Modellvorhaben nach §§ 63 ff. (zur Abgrenzung vgl. *Beule*, Rechtsfragen, 169 ff.; *Quaas/Zuck*, § 11 Rn. 71 ff.; *Windthorst*, Die integrierte Versorgung, 23 ff., 30 ff.), die ebenfalls maßgeblich auf kooperative Versorgungsformen abzielen und deshalb auch als Arten der integrierten Versorgung im weiteren Sinne aufgefasst werden können. Seit den Änderungen der Regelungen durch das GMG (vgl. unten Rn. 3) ist die integrierte Versorgung von dem Kollektivvertragssystem vollständig abgekoppelt; sie stellt damit das Herzstück selektivvertraglicher Regelungen in der GKV dar und wirft entsprechende wettbewerbsrechtliche Fragen auf (vgl. unten § 140b Rn. 15 ff.). Da das Gesetz auch keine Befristung dieser Versorgungsmodelle vorsieht, handelt es sich um eine alternative Form der Regelversorgung. In der Rechtswirklichkeit ist ihre Bedeutung zwar seit den Änderungen durch das GMG gewachsen und größer als die der anderen neuen Versorgungsformen, aber doch begrenzt geblieben (zu den Gründen vgl. *Cassel uA.*, Weiterentwicklung des Vertragswettbewerbs, 62 ff.). Zum 31. 12. 2007 waren 5069 Integrationsverträge sehr unterschiedlicher Integrationstiefe und -breite mit einem Finanzvolumen von 766 Mio. € gemeldet (vgl. dazu und zu weiteren Angaben: http://www.bqs-register140d.de).

II. Entwicklung und Struktur der Regelungen zur integrierten Versorgung

1. Entwicklung

2 Der Elfte Abschnitt des 4. Kapitels wurde durch das **GKV-GRG 2000** in das SGB V aufgenommen (vgl. §§ 140a–140h aF.).

3 Da sich die Erwartungen des Gesetzgebers an die Entwicklung der integrierten Versorgung nicht erfüllten, erfolgte bereits durch das **GMG** eine grundlegende Umgestaltung mit dem Ziel der Erleichterung und Vereinfachung der integrierten Versorgung (Darstellung bei *Beule*, GesR 2004, 209). So entfiel die bis dahin vorgesehene Rahmenvereinbarung (abgedruckt in DÄBl. 2000, A-3364 ff.; dazu ausführlich *Beule*, Rechtsfragen, 69 ff.; kritisch *Zuck*, NJW 2000, 3404/3404) zwischen den Spitzenverbänden der KKen und der KBV (§ 140d aF.; vgl. parallel § 140e aF. zur Rahmenvereinbarung mit der Deutschen Krankenhausgesellschaft). Der Kreis der möglichen Vertragspartner wurde erweitert. Gleichzeitig wurden die KVen aus diesem Kreis gestrichen und der Sicherstellungsauftrag der KVen und der KBV (§ 75) eingeschränkt (vgl. § 140a Abs. 1 S. 3); die integrierte Versorgung wurde damit auf ein echtes Einzelvertragssystem umgestellt. Finanzielle Anreize zur Einführung der integrierten Versorgung wurden mit der Anschubfinanzierung (vgl. § 140 d) und der Aussetzung der Bindung an den Grundsatz der Beitragssatzstabilität (vgl. § 140 b Abs. 4 S. 2) gesetzt.

Nachdem das **Vertragsarztrechtsänderungsgesetz** vom 22. 12. 2006 (BGBl. I 2006, 3439) einige Jahreszahlen in §§ 140 b und d eingefügt bzw. geändert hatte, brachte das **GKV-WSG** Änderungen und Ergänzungen in Randbereichen (Übersicht bei *Orlowski/Wasem*, Gesundheitsreform 2007, 112 ff.), auf die im Folgenden jeweils hingewiesen wird.

2. Struktur

In § 140 a finden sich die grundlegenden Begriffs- und Inhaltsbestimmungen der integrierten Versorgung, während § 140 b Einzelheiten zu den Vertragspartnern und -inhalten enthält. Die §§ 140 c und d regeln die Vergütung der integrierten Versorgung, deren Anschubfinanzierung sowie die Bereinigung der Gesamtvergütung.

B. Begriff, Voraussetzungen und Eigenschaften der integrierten Versorgung, Abs. 1

I. Begriff, S. 1

Das Gesetz definiert den **Begriff der integrierten Versorgung** nicht ausdrücklich, sondern umschreibt ihn über die möglichen Vertragsinhalte: Danach kann – unbehindert vom sonstigen Leistungserbringerrecht („abweichend von den übrigen Regelungen dieses Kapitels") – eine verschiedene Leistungssektoren übergreifende oder eine interdisziplinär-fachübergreifende Versorgung zwischen den KKen und den in § 140 b Abs. 1 genannten Vertragspartnern vereinbart werden. Einigkeit besteht noch insoweit, als dass sich diese beiden Varianten nicht ausschließen; ein Vertrag über die integrierte Versorgung kann also beide Versorgungsformen kombinieren. Im Übrigen bestehen aber zahlreiche Unklarheiten, weil die Begriffe des Leistungssektors und der interdisziplinär-fachübergreifenden Versorgung keine eindeutigen Parallelen im SGB V finden. Auf die Klärung der Frage, ob ein Versorgungsvertrag der integrierten Versorgung oder ggf. anderen Versorgungsformen zuzurechnen ist, kann aber schon deshalb nicht verzichtet werden, weil die KKen allein im Rahmen der integrierten Versorgung zur Einbehaltung eines Teils der Gesamtvergütung (vgl. unten zu § 140 d Rn. 1) berechtigt sind; dies mag bei den Vertragspartnern auch die Tendenz fördern, den Begriff der integrierten Versorgung unangemessen weit auszudehnen.

1. Leistungssektorenübergreifende Versorgung

Der Begriff des **Leistungssektors** lässt sich in einer ersten Annäherung im Anschluss an die Versorgungsbereiche bestimmen, die das Leistungserbringerrecht geschaffen hat, da der Gesetzgeber in § 140 b Abs. 1 daran anknüpft und mit der integrierten Versorgung diese gewachsene sektorale Aufspaltung gerade überwinden wollte (vgl. *Orlowski*, GKV-Komm, § 140 a Rn. 6; ausführlich zum Begriff *Beule*, Rechtsfragen, 25 ff.; *Felix/Brockmann*, NZS 2007, 623/626 ff.). Danach läge eine integrierte Versorgung bereits vor, wenn an einem Integrationsvertrag mindestens zwei der im 4. Kapitel des SGB V genannten Leistungserbringer beteiligt sind. Ein Vertrag, der lediglich mit einem Krankenhausträger abgeschlossen wird

§ 140a Integrierte Versorgung

und vorsieht, dass die Krankenhausärzte über die stationäre oder ambulante Durchführung einer Operation entscheiden, erfüllt diese Voraussetzung von vornherein nicht (BSG v. 6. 2. 2008, B 6 KA 5/07 R; BSG v. 6. 2. 2008, B 6 KA 6/07 R; LSG B-W, SGb 2007, 621/625 f.).

8 Allerdings neigt die Rspr. dazu, den Begriff eng zu fassen. So soll die integrierte Versorgung generell voraussetzen, dass sowohl der ambulante als auch der stationäre Leistungssektor einbezogen sind; ein Vertrag mit Krankenhausträgern und Trägern von stationären Rehabilitationseinrichtungen, der eine Verknüpfung von stationärer Akutbehandlung und Anschlussrehabilitation vorsieht, fällt demnach nicht unter S. 1 (LSG B-W, SGb 2007, 621/623 ff.). Diese Auffassung liegt zwar nahe, weil der Gesetzgeber zunächst an die Schnittstellenprobleme zwischen ambulanter und stationärer Versorgung gedacht haben mag und die Vertragsärzte und Krankenhäuser auch zur Anschubfinanzierung der integrierten Versorgung beitragen (vgl. § 140d Abs. 1 S. 1), ist aber mit dem weiten Gesetzeswortlaut und der Intention, den KKen einen möglichst weiten Gestaltungsspielraum zur Verfügung zu stellen, nur schwer vereinbar (aA. jetzt auch BSG v. 6. 2. 2008, B 6 KA 7/07 R). Angesichts dessen ist auch die Auffassung zweifelhaft, dass die integrierte Versorgung ausschließlich auf die Lösung von Schnittstellenproblemen ausgerichtet sei und schon deshalb – unabhängig von der Sonderregelung des § 129 Abs. 5b (vgl. unten § 140b Rn. 4) – ein Zusammenwirken allein von Hausärzten und Apothekern nicht erfasse, so dass es sich um einen Vertrag zur hausarztzentrierten Versorgung nach § 73b handle (so ThürLSG, MedR 2007, 746/747 ff.; vgl. auch SG Gotha, MedR 2006, 497/498 ff.; differenzierend jetzt BSG v. 6. 2. 2008, B 6 KA 27/07 R, Rn. 13 ff.). Das Auftreten dieser Phänomene mag im Übrigen zeigen, dass auch für die sektorspezifische Versorgung ein Bedarf an neuen Vertragsformen besteht, der bisher gesetzlich nicht hinreichend erfüllt wird (vgl. *Cassel uA.,* Weiterentwicklung des Vertragswettbewerbs, 73).

2. Interdisziplinär-fachübergreifende Versorgung

9 Die – mit dem GMG eingeführte – zweite Variante der **interdisziplinär-fachübergreifenden Versorgung** erfasst Konstellationen, in denen zwar keine leistungssektorenübergreifende Versorgung vereinbart wird, eine stärkere Zusammenarbeit unterschiedlicher medizinischer Fachrichtungen (im Sinne des ärztlichen Weiterbildungsrechts) – etwa von Haus- und Fachärzten oder von unterschiedlichen Fachärzten – dennoch sinnvoll erscheint (vgl. *Orlowski,* GKV-Komm, § 140a Rn. 10 f.). Konsequenterweise kann danach auch der Vertragsschluss allein mit einem Medizinischen Versorgungszentrum, das nach § 95 Abs. 1 S. 2 und 3 notwendigerweise fachübergreifend ist, die Voraussetzungen des S. 1 erfüllen (*Hess,* KK, vor § 140a Rn. 10; zweifelnd *Orlowski,* GKV-Komm, § 140a Rn. 12).

II. Bevölkerungsbezogene Flächendeckung, S. 2

10 Eine **bevölkerungsbezogene Flächendeckung** leisten Verträge zur integrierten Versorgung, wenn entweder in einer größeren Region die Behandlung einer versorgungsrelevanten Volkskrankheit umfassend in einer integrierten Versorgung angeboten wird oder in einer auch kleineren Region das gesamte oder ein Großteil des Krankheitsgeschehens der Versicherten in einer integrierten Versorgung ermöglicht wird (BT-Drs. 16/3100, 152). Enger gefasste Verträge bleiben aber zulässig.

11 Der Sinn dieser durch das GKV-WSG eingeführten Soll-Vorschrift bestand zunächst darin, dass parallel in § 140d Abs. 1 geregelt werden sollte, dass grundsätz-

lich nur derartige flächendeckende Verträge in den Genuss der **Anschubfinanzierung** gelangen (vgl. BT-Drs. 16/3100, 36 und 152 f.). Diese Änderung wurde aber im Gesundheitsausschuss zurückgenommen, um den finanziellen Anreiz der Anschubfinanzierung auch für sinnvolle Integrationsprojekte zu erhalten, die keinen Bevölkerungsbezug aufweisen (BT-Drs. 16/4247, 49).

III. Einschränkung des Sicherstellungsauftrags, S. 3

Die Norm ist Ausdruck und Folge der mit dem GMG verwirklichten Absicht des Gesetzgebers, einzelvertraglich vereinbarte integrierte Versorgung und kollektivvertraglich geregelte Versorgung eindeutig voneinander zu trennen (vgl. BT-Drs. 15/1525, 129). Der **Sicherstellungsauftrag** der KVen nach § 75 Abs. 1 wird daher eingeschränkt, wenn und soweit die ambulante ärztliche Versorgung in einem Integrationsvertrag vereinbart wird. Die KVen können sich auch nicht mehr als Vertragspartner an der integrierten Versorgung beteiligen (vgl. unten § 140 b Rn. 3); umstritten ist, ob und inwieweit sie für die beteiligten Vertragsärzte noch Abrechnungs- und Beratungsfunktionen wahrnehmen dürfen (weitgehend ablehnend *Sichert*, VSSR 2006, 271/293 ff.; *Orlowski*, GKV-Komm, § 140 a Rn. 19; differenzierend *Hess*, KK, vor § 140 a Rn. 18 f.; *Knieps*, HVAR, § 12 Rn. 48).

12

IV. Inhaltsbestimmung durch Vertrag, S. 4

Seit dem Wegfall der Rahmenvereinbarung (vgl. oben Rn. 3) ergeben sich – in den gesetzlichen Grenzen des § 140 b – Inhalt und Teilnahmevoraussetzungen der integrierten Versorgung ausschließlich aus dem jeweiligen **Integrationsvertrag**. Dies entspricht der Absicht des Gesetzgebers, „den Akteuren vor Ort Freiheit zur Gestaltung in Eigenverantwortung einzuräumen", um einen „Wettbewerb um eine sachangemessene und ‚kluge' Integration der verschiedenen Leistungsbereiche" zu eröffnen (BT-Drs. 15/1525, 129). Möglich ist auch die Kombination mit anderen selektivvertraglich zu vereinbarenden Versorgungsformen (vgl. *Quaas/Zuck*, § 11 Rn. 101). Bei dem Integrationsvertrag handelt es sich um einen öffentlich-rechtlichen Vertrag (*Orlowski*, GKV-Komm, § 140 a Rn. 13; *Windthorst*, Die integrierte Versorgung, 75 ff.), der aber nur die Vertragspartner bindet und daher keinen Normsetzungsvertrag darstellt (*Knittel*, Krauskopf, § 140 b Rn. 16; *Quaas/Zuck*, § 11 Rn. 100). Die Verträge sind seit dem GKV-WSG nach § 71 Abs. 5 den für die Sozialversicherung zuständigen obersten Landesbehörden vorzulegen, damit die Länder einen Überblick über die vertraglichen Regelungen erhalten (vgl. Beschlussempfehlung des Gesundheitsausschusses, BT-Drs. 16/4247, 36).

13

V. Arzneimittelversorgung, S. 5

Die durch das GKV-WSG neu eingefügte Regelung soll im Sinne der Verbesserung der Wirtschaftlichkeit die KKen verpflichten, auch für die Arzneimittelversorgung in der ambulanten Behandlung im Rahmen der integrierten Versorgung **Rabattverträge** mit pharmazeutischen Unternehmern nach § 130 a Abs. 8 abzuschließen (vgl. BT-Drs. 16/3100, 152). Da das im Entwurf des GKV-WSG noch als Ergänzung des § 130 a Abs. 8 vorgesehene Initiativrecht der Apotheken zum Abschluss von Rabattverträgen zu Gunsten der KKen nicht realisiert wurde (vgl. § 130 a Rn. 11), können Apotheken weiterhin nur nach § 129 Abs. 5 b an der Arzneimittelversorgung im Rahmen der integrierten Versorgung beteiligt werden.

14

C. Freiwilligkeit der Teilnahme und Datenschutz, Abs. 2

I. Freiwilligkeit der Teilnahme, S. 1

15 Da die Teilnahme nach Abs. 2 S. 1 **freiwillig** ist, hängt der Erfolg der Modelle integrierter Versorgung von ihrer Akzeptanz bei den Versicherten ab; einen Anreiz zur Teilnahme bilden insoweit – neben der angestrebten Verbesserung der Versorgungsqualität – die nach § 53 Abs. 3 von der KK anzubietenden Tarife. Der Versicherte muss gegenüber seiner KK eine Teilnahmeerklärung abgeben; eine bestimmte Form sieht das Gesetz nicht vor. Weitere Regelungen – etwa zu Art und Dauer der Bindung und der mit ihr einhergehenden Beschränkung der freien Arztwahl (vgl. dazu § 140 c Rn. 2) – enthält das Gesetz nicht; auch ist – anders als in § 73 b Abs. 3 S. 4 – nicht vorgesehen, dass die KKen die näheren Einzelheiten der Teilnahme in ihren Satzungen regeln können. Dieser Rechtszustand ist unbefriedigend, da die Befugnis der KKen, auch ohne ausdrückliche gesetzliche Ermächtigung die Teilnahmebedingungen zu regeln, umstritten ist und gleichzeitig die Integrationsvereinbarung nur zwischen den Vertragspartnern, nicht aber gegenüber den Versicherten wirkt (vgl. näher *Engelhard,* H/N, § 140 a Rn. 19 ff.; *Orlowski,* GKV-Komm, § 140 a Rn. 30).

II. Datenschutz, S. 2

16 Abs. 2 S. 2 gewährleistet, dass im Rahmen der für die Integrationsversorgung zentralen Dokumentation und deren Zugänglichkeit für die Beteiligten (vgl. § 140 b Abs. 3 S. 3) **datenschutzrechtliche Vorgaben** gewahrt werden. Der Datenabruf durch einen Leistungserbringer setzt zunächst die Einwilligung des Versicherten voraus; diese kann auch generell-abstrakt und bereits im Rahmen der Teilnahmeerklärung abgegeben werden. Ferner darf die abgerufene Information nur dem konkret anstehenden Behandlungsfall dienen (zum Begriff vgl. *Orlowski,* GKV-Komm, § 140 a Rn. 35). Schließlich sind nur die Leistungserbringer zugriffsberechtigt, die nach § 203 StGB zur Geheimhaltung verpflichtet sind.

D. Informationsrecht der Versicherten, Abs. 3

17 Abs. 3 räumt allen – also nicht nur den bereits teilnehmenden – Versicherten ein **Informationsrecht** gegenüber ihrer KK ein. Bereits durch das GMG wurde ein entsprechender Informationsanspruch gegenüber den Leistungserbringern und deren Zusammenschlüssen gestrichen, um die Leistungserbringer nicht durch den damit verbundenen Aufwand von der Beteiligung an der integrierten Versorgung abzuschrecken (vgl. BT-Drs. 15/1525, 129).

§ 140 b Verträge zu integrierten Versorgungsformen

(1) **Die Krankenkassen können die Verträge nach § 140 a Abs. 1 nur mit**
1. einzelnen, zur vertragsärztlichen Versorgung zugelassenen Ärzten und Zahnärzten und einzelnen sonstigen, nach diesem Kapitel zur Versorgung der Versicherten berechtigten Leistungserbringern oder deren Gemeinschaften,
2. Trägern zugelassener Krankenhäuser, soweit sie zur Versorgung der Versicherten berechtigt sind, Trägern von stationären Vorsorge- und Rehabilitationseinrichtungen, soweit mit ihnen ein Versorgungsvertrag nach § 111

4. Kapitel. 11. Abschnitt § 140 b

Abs. 2 besteht, Trägern von ambulanten Rehabilitationseinrichtungen oder deren Gemeinschaften,
3. Trägern von Einrichtungen nach § 95 Abs. 1 Satz 2 oder deren Gemeinschaften,
4. Trägern von Einrichtungen, die eine integrierte Versorgung nach § 140 a durch zur Versorgung der Versicherten nach dem Vierten Kapitel berechtigte Leistungserbringer anbieten,
5. Pflegekassen und zugelassenen Pflegeeinrichtungen auf der Grundlage des § 92 b des Elften Buches,
6. Gemeinschaften der vorgenannten Leistungserbringer und deren Gemeinschaften
abschließen.

(2) (weggefallen)

(3) [1]In den Verträgen nach Absatz 1 müssen sich die Vertragspartner der Krankenkassen zu einer qualitätsgesicherten, wirksamen, ausreichenden, zweckmäßigen und wirtschaftlichen Versorgung der Versicherten verpflichten. [2]Die Vertragspartner haben die Erfüllung der Leistungsansprüche der Versicherten nach den §§ 2 und 11 bis 62 in dem Maße zu gewährleisten, zu dem die Leistungserbringer nach diesem Kapitel verpflichtet sind. [3]Insbesondere müssen die Vertragspartner die Gewähr dafür übernehmen, dass sie die organisatorischen, betriebswirtschaftlichen sowie die medizinischen und medizinisch-technischen Voraussetzungen für die vereinbarte integrierte Versorgung entsprechend dem allgemein anerkannten Stand der medizinischen Erkenntnisse und des medizinischen Fortschritts erfüllen und eine an dem Versorgungsbedarf der Versicherten orientierte Zusammenarbeit zwischen allen an der Versorgung Beteiligten einschließlich der Koordination zwischen den verschiedenen Versorgungsbereichen und einer ausreichenden Dokumentation, die allen an der integrierten Versorgung Beteiligten im jeweils erforderlichen Umfang zugänglich sein muss, sicherstellen. [4]Gegenstand des Versorgungsauftrags an die Vertragspartner der Krankenkassen nach den Absätzen 1 und 2 dürfen nur solche Leistungen sein, über deren Eignung als Leistung der Krankenversicherung der Gemeinsame Bundesausschuss nach § 91 im Rahmen der Beschlüsse nach § 92 Abs. 1 Satz 2 Nr. 5 und im Rahmen der Beschlüsse nach § 137 c Abs. 1 keine ablehnende Entscheidung getroffen hat.

(4) [1]Die Verträge können Abweichendes von den Vorschriften dieses Kapitels, des Krankenhausfinanzierungsgesetzes, des Krankenhausentgeltgesetzes sowie den nach diesen Vorschriften getroffenen Regelungen insoweit regeln, als die abweichende Regelung dem Sinn und der Eigenart der integrierten Versorgung entspricht, die Qualität, die Wirksamkeit und die Wirtschaftlichkeit der integrierten Versorgung verbessert oder aus sonstigen Gründen zu ihrer Durchführung erforderlich ist. [2]Der Grundsatz der Beitragssatzstabilität nach § 71 Abs. 1 gilt für Verträge, die bis zum 31. Dezember 2008 abgeschlossen werden, nicht. [3]Die Vertragspartner der integrierten Versorgung können sich auf der Grundlage ihres jeweiligen Zulassungsstatus für die Durchführung der integrierten Versorgung darauf verständigen, dass Leistungen auch dann erbracht werden können, wenn die Erbringung dieser Leistungen vom Zulassungs- oder Ermächtigungsstatus des jeweiligen Leistungserbringers nicht gedeckt ist. [4]Die Krankenhäuser sind unabhängig von Satz 3 im Rahmen eines Vertrages zur integrierten Versorgung zur ambulanten Behandlung der im Katalog nach § 116 b Abs. 3 genannten hochspezialisierten Leistungen, seltenen Erkrankungen und Erkrankungen mit besonderen Behandlungsverläufen berechtigt.

Huster

(5) Ein Beitritt Dritter zu Verträgen der integrierten Versorgung ist nur mit Zustimmung aller Vertragspartner möglich.

Schrifttum: *E. Bloch/K. Pruns,* Ausschreibungspflichten bei der Leistungserbringung in der GKV, SGb 2007, 645; *A. Boldt,* Müssen gesetzliche Krankenkassen das Vergaberecht beachten?, NJW 2005, 3757; *J. Byok,* Auftragsvergabe im Gesundheitssektor, GesR 2007, 553; *ders./N. Jansen,* Die Stellung gesetzlicher Krankenkassen als öffentliche Auftraggeber, NVwZ 2005, 53; *I. Ebsen,* Das selektive Vertragshandeln der Krankenkassen und Leistungserbringer im Lichte des europäischen Vergaberechts, FS Zuleeg, 2005, 439; *W. Frenz,* Krankenkassen im Wettbewerbs- und Vergaberecht, NZS 2007, 233; *M. Gabriel,* Vergaberechtliche Vorgaben beim Abschluss von Verträgen zur integrierten Versorgung (§§ 140a ff. SGB V), NZS 2007, 344; *U. M. Gassner,* Kartellrechtliche Re-Regulierung des GKV-Leistungsmarkts, NZS 2007, 281; *M. Kaltenborn,* Vergaberechtliche Strukturen im Recht der Gesetzlichen Krankenversicherung, VSSR 2006, 357; *T. Kingreen,* Wettbewerbsrechtliche Aspekte des GKV-Modernisierungsgesetzes, MedR 2004, 188; *ders.,* Das Gesundheitsrecht im Fokus von Grundfreiheiten, Kartell- und Beihilfenrecht, GesR 2006, 193; *C. Koenig/C. Engelmann/K. Hentschel,* Die Anwendbarkeit des Vergaberechts auf die Leistungserbringung im Gesundheitswesen, MedR 2003, 562; *W. Möschel,* Gesetzliche Krankenversicherung und das Kartellrecht, JZ 2007, 601; *S. Rixen,* Vergaberecht oder Sozialrecht in der gesetzlichen Krankenversicherung?, GesR 2006, 49; *W.-H. Roth,* Kartellrechtliche Aspekte der Gesundheitsreform nach deutschem und europäischem Recht, GRUR 2007, 645; *P. Sieben,* Krankenkassen und Kartellrecht: Sind bei der Integrierten Versorgung die Vergabevorschriften anzuwenden?, MedR 2007, 706; *H. Sauter/T. Ellerbrock,* Wettbewerbsstärkung durch das GKV-Wettbewerbsstärkungsgesetz (GKV-WSG)?, GesR 2007, 497; *L. Sormani-Bastian,* Vergaberecht und Sozialrecht, 2007. Vgl. auch die Angaben zu § 140a.

Inhaltsübersicht

	Rn.
A. Vertragspartner, Abs. 1	1
I. Krankenkassen	2
II. Leistungserbringer	3
B. Leistungsrechtlicher Vertragsinhalt, Abs. 3	8
C. Leistungserbringungsrechtlicher Vertragsinhalt, Abs. 4	10
I. Suspendierung des Leistungserbringerrechts, S. 1	10
II. Grundsatz der Beitragssatzstabilität, S. 2	11
III. Zulassungsstatusüberschreitende Leistungserbringung, S. 3 und 4	12
D. Beitrittsrecht Dritter und wettbewerbsrechtliche Fragen	14
I. Beitrittsrecht Dritter, Abs. 5	14
II. Wettbewerbsrechtliche Fragen	15

A. Vertragspartner, Abs. 1

1 Abs. 1 bestimmt abschließend („nur") die möglichen **Vertragspartner** von Integrationsverträgen.

I. Krankenkassen

2 Vertragspartner sind auf der einen Seite die **Krankenkassen,** deren Mitwirkung damit konstitutiv für das Vorliegen eines Integrationsvertrages ist. Im Entwurf zum GKV-GRG 2000 waren auch die Verbände der KKen als Vertragspartner vorgesehen (vgl. BT-Drs. 14/1245, 24); dies fand aber nie Aufnahme in das Gesetz. Trotzdem spricht nichts dagegen, dass die KKen ihre Verbände nach § 211 Abs. 2 Nr. 3 bevollmächtigen, um einen flächendeckenden Vertragsschluss zu gewährleisten (*Hencke,* Peters, KV, § 140b Rn. 2; *Knieps,* HVAR, § 12 Rn. 49), da die Vertragsschlusskompetenz der KKen lediglich sicherstellen will, dass nicht eine einzelne KK den Abschluss eines Integrationsvertrages verhindern kann (*Knittel,* Krauskopf, § 140b Rn. 3).

II. Leistungserbringer

Auf Seiten der Leistungserbringer ist – mit Ausnahme des Ausschlusses der 3
KVen (vgl. § 140a Rn. 3) – der Kreis der Vertragspartner ausgeweitet worden. So
können nach Nr. 1 seit dem GMG nicht mehr nur Gemeinschaften von Leistungserbringern, sondern auch einzelne Leistungserbringer mit den KKen Integrationsverträge schließen. Berechtigt sind insoweit alle nach dem 4. Kapitel zur Versorgung der Versicherten berechtigten Leistungserbringer. **Ärzte, Zahnärzte** und
Krankenhäuser (Nr. 2) kommen allerdings nur als Vertragspartner in Betracht,
wenn sie zugelassen sind, wobei nach Abs. 4 S. 3 die Leistungserbringung den Zulassungsstatus überschreiten kann (vgl. unten Rn. 12). Die Teilnahme an der integrierten Versorgung steht der Teilnahme an der vertragsärztlichen Versorgung im
Übrigen nicht im Wege, wie § 20 Abs. 1 S. 2 ZV-Ärzte idF. des Art. 21 Nr. 7 GKV-
WSG jetzt ausdrücklich klarstellt.

Pharmazeutische Unternehmen können nicht Vertragspartner sein, da sie 4
nicht zur unmittelbaren Versorgung der Versicherten zugelassen sind (*Knittel,*
Krauskopf, § 140b Rn. 5; aA. wohl *Hencke,* Peters, KV, § 140b Rn. 2). Anders
stellt sich dies für **Apotheken** dar (*Knittel,* Krauskopf, § 140b Rn. 5); die Ansicht,
aus § 129 Abs. 5b ergebe sich, dass Apotheken nur an einem bereits bestehenden
Integrationsvertrag beteiligt werden können (so tendenziell SG Gotha, MedR
2006, 497/499; offen gelassen in BSG v. 6. 2. 2008, B 6 KA 27/07 R), überzeugt
nicht, da diese Norm die Beteiligungsmöglichkeit der Apotheken lediglich klarstellt und dafür nähere Vorgaben aufstellt (vgl. BT-Drs. 15/1525, 129; *Kirchhoff,*
SGb 2006, 710; *Wille,* SdL 2006, 12/20 ff.).

Ebenfalls seit dem GMG sind mögliche Vertragspartner auch **MVZs** und deren 5
Gemeinschaften (Nr. 3), Träger von Einrichtungen, die eine integrierte Versor-
gung anbieten (Nr. 4, sog. **Managementgesellschaften**; vgl. dazu jetzt auch die
Parallelregelung in §§ 73b Abs. 4 S. 2 Nr. 3 und 73c Abs. 3 S. 1 Nr. 3) sowie höher-
stufige Zusammenschlüsse der Leistungserbringer und ihrer Gemeinschaften
(Nr. 6).

Durch das GKV-WSG wurden auch zugelassene **Pflegeeinrichtungen** in den 6
Kreis der Vertragspartner einbezogen (Nr. 5 iVm. § 92b SGB XI), um eine die Versicherungszweige übergreifende Leistungserbringung in der integrierten Versorgung zu ermöglichen (BT-Drs. 16/3100, 152; vgl. dazu auch *Ballast,* Ersk. 2007,
307). Da Kranken- und Pflegekassen jeweils für die Finanzierung der in ihrer Zuständigkeit liegenden Leistungen verantwortlich bleiben, sind auch die Pflegekassen an den Verträgen zu beteiligen.

Von den Rechtsbeziehungen der Leistungserbringer mit den KKen ist die Frage 7
zu unterscheiden, wie die im Rahmen der integrierten Versorgung kooperierenden Leistungserbringer ihre Rechtsbeziehungen untereinander ausgestalten. In einigen Fallkonstellationen der sektorenübergreifenden Versorgung können insoweit Konflikte mit dem einschlägigen **Berufsrecht** auftreten (vgl. dazu *Quaas/
Zuck,* § 11 Rn. 81 f.; umfassend *Franken,* Die privatrechtliche Binnenstruktur;
Mickwitz, Organisation).

B. Leistungsrechtlicher Vertragsinhalt, Abs. 3

Abs. 3 enthält Mindestanforderungen an die **leistungsrechtlich** relevanten 8
Vereinbarungen eines Integrationsvertrages. Dabei schließen S. 1 und 2 an die all-

§ 140 b   Verträge zu integrierten Versorgungsformen

gemeinen Regelungen zum Wirtschaftlichkeitsgebot in der Versorgung (§§ 2 Abs. 1, 12 Abs. 1) und zum Leistungsanspruch der Versicherten an. Die vertragliche Verpflichtung wendet sich an die beteiligten Leistungserbringer bzw. deren Zusammenschlüsse, die insoweit den Sicherstellungsauftrag (vgl. § 140a Rn. 12) übernehmen. Daneben müssen die Leistungserbringer in dem Vertrag gewährleisten, dass die Voraussetzungen für die vereinbarte Versorgung und die Zusammenarbeit der Leistungserbringer – insbesondere hinsichtlich der Behandlungsdokumentation (zu den Nutzungsregelungen vgl. § 140a Rn. 16) – geschaffen werden (S. 3).

9   **Neue Untersuchungs- und Behandlungsmethoden,** zu denen bereits eine negative Entscheidung des G-BA vorliegt, dürfen nach S. 4 in einem Integrationsvertrag nicht vereinbart werden (vgl. die Parallelregelung in §§ 73b Abs. 5 S. 3 und 73c Abs. 4 S. 2). Allerdings wird hier für die ambulante Versorgung das Regel-Ausnahme-Verhältnis des § 135 Abs. 1 S. 1 umgekehrt, so dass Leistungen, mit denen der G-BA bisher nicht befasst war, vereinbarungsfähig sind. Ob der Gesetzgeber angesichts des Leistungswettbewerbs zwischen integrierter und kollektivvertraglich geregelter Versorgung, den dies zur Folge haben könnte, diese Regelung treffen wollte, mag fraglich sein; angesichts des eindeutigen Wortlauts besteht aber insoweit kein Auslegungsspielraum (zur Diskussion vgl. *Hess,* KK, vor § 140a Rn. 17; *Knittel,* Krauskopf, § 140b Rn. 8; *Orlowski,* GKV-Komm, § 140b Rn. 11 ff.; *Windthorst,* Die integrierte Versorgung, 119 f.).

C. Leistungserbringungsrechtlicher Vertragsinhalt, Abs. 4

I. Suspendierung des Leistungserbringerrechts, S. 1

10   Nach S. 1 können die Integrationsverträge sinnvolle und erforderliche Abweichungen vom Leistungserbringer- und Krankenhausfinanzierungsrecht enthalten (vgl. die Parallelregelungen in §§ 63 Abs. 3 S. 1, 73b Abs. 5 S. 4, 73c Abs. 4 S. 3). Diese **Suspendierung** des geltenden Rechts räumt den Vertragspartnern den erforderlichen Handlungsspielraum für eine innovative Gestaltung der Leistungsformen und -strukturen ein.

II. Grundsatz der Beitragssatzstabilität, S. 2

11   Die Frage, ob auch der Grundsatz der **Beitragssatzstabilität** (§ 71) von dieser Suspendierung erfasst wird (vgl. nur *Beule,* Rechtsfragen, 150 ff.), kann zunächst offenbleiben, weil nach S. 2 seit dem GMG dieser Grundsatz für Integrationsverträge, die bis zum 31. 12. 2006 (inzwischen verlängert bis zum 31. 12. 2008) abgeschlossen werden, nicht gilt. Damit soll den Investitionskosten und -risiken in der Startphase der Integrierten Versorgung Rechnung getragen werden (vgl. BT-Drs. 15/1525, 130).

III. Zulassungsstatusüberschreitende Leistungserbringung, S. 3 und 4

12   Aus Abs. 1 ergibt sich, dass das **Zulassungsrecht** für die Vertragsparteien nicht disponibel ist. S. 3 lässt aber eine vertragliche Regelung zu, dass die beteiligten Leistungserbringer auch Leistungen erbringen können, die von ihrem Zulassungs- oder Berechtigungsstatus nicht gedeckt sind, damit eine sektorenübergreifende und interdisziplinäre Versorgung durch die bestehenden Zulassungsschranken

nicht behindert wird (vgl. BT-Drs. 15/1525, 130). Die Vertragsparteien können sich allerdings durch den Vertragsschluss nicht einen Zulassungsstatus aneignen, den die beteiligten Leistungserbringer nicht schon „mitbringen" (vgl. *Orlowski,* GKV-Komm, § 140 b Rn. 18).

Mit dem zuletzt genannten Umstand hängt auch die durch das GKV-WSG in S. 4 aufgenommene Neuregelung zusammen: Danach sind (zugelassene) **Krankenhäuser** im Rahmen der integrierten Versorgung auch dann zur ambulanten Behandlung nach § 116 b berechtigt, wenn („unabhängig von Satz 3") an dem betreffenden Integrationsvertrag kein Vertragsarzt beteiligt ist und damit der entsprechende Zulassungsstatus in dem Integrationsverbund an sich nicht vertreten ist. 13

D. Beitrittsrecht Dritter und wettbewerbsrechtliche Fragen

I. Beitrittsrecht Dritter, Abs. 5

Die Regelung ist nur vor dem Hintergrund verständlich, dass der Entwurf des GKV-GRG 2000 noch ein Beitrittsrecht von KKen zu einem bestehenden Integrationsvertrag vorsah (vgl. BT-Drs. 14/1245, 25). Diese Vorschrift fand dann zwar keine Aufnahme ins Gesetz, wurde aber in veränderter Form in die Rahmenvereinbarung (vgl. § 140 a Rn. 3) übernommen. Seit dem GMG schließt Abs. 5 nun einen Beitritt Dritter gegen den Willen der Vertragspartner aus. Dies betrifft zunächst die KKen, nach dem Wortlaut aber auch die Leistungserbringer. Davon geht auch die Gesetzesbegründung aus, wenn es dort heißt, dass Dritte entsprechende Angebote gegenüber interessierten KKen abgeben könnten (vgl. BT-Drs. 15/1525, 130 f.). 14

II. Wettbewerbsrechtliche Fragen

Die Rechtsstellung der Leistungserbringer ist daher hinsichtlich eines Teilnahmeanspruchs an Projekten der integrierten Versorgung auf den ersten Blick äußerst schwach ausgeprägt, zumal das Gesetz insoweit – abgesehen von § 129 Abs. 5 b S. 1 Hs. 2 für die Beteiligung der Apotheken – auch keine Ausschreibungspflicht enthält. Da die integrierte Versorgung qualitativ und quantitativ das Herzstück selektivvertraglicher Regelungen in der GKV darstellt, hat sich an ihr in besonderer Weise eine Diskussion entzündet, ob und inwieweit – im weitesten Sinne – **wettbewerbsrechtliche Vorschriften** zur Anwendung kommen. 15

Da die KKen zum Abschluss von Integrationsverträgen nicht verpflichtet sind, sind nach § 69 S. 2 grundsätzlich die **kartellrechtlichen** Bestimmungen der §§ 19–21 GWB entsprechend anwendbar. Allerdings setzen das Missbrauchs- und das Diskriminierungsverbot der §§ 19 und 20 GWB eine marktbeherrschende Stellung der jeweiligen KK voraus; zudem sind die Rechtsfolgen eines Verstoßes unklar (vgl. § 69 Rn. 43). Ob ergänzend das europäische Kartellrecht der Art. 81 ff. EGV zur Anwendung kommen muss, ist umstritten: Zwar verfügen die KKen bei dem Abschluss von Integrationsverträgen über einen erheblichen Gestaltungsspielraum; es ist aber angesichts der restriktiven Rechtsprechung des EuGH (vgl. EuGH, Rs. C-264/01, Slg. 2004, I-2493 – AOK Bundesverband ua.; EuGH, Rs. C-205/03, Slg. 2006, I-6295 – Fenin) zweifelhaft, ob sie aufgrund dieses Umstandes als Unternehmen im Sinne dieser Vorschriften einzuordnen sind (zur Diskussion vgl. *Becker,* NZS 2001, 505/511; *Frenz,* NZS 2007, 233; *Gassner,* NZS 2007, 281/285 f.; *Kingreen,* MedR 2004, 188/192 ff.; *ders.,* GesR 2006, 193/195 ff.; 16

Möschel, JZ 2007, 601/602 f.; *Roth,* GRUR 2007, 645; *Sauter/Ellerbrock,* GesR 2007, 497/502 f.).

17 Ebenfalls umstritten ist es, ob – stattdessen oder parallel – **vergaberechtliche** Regelungen greifen, wenn die einschlägigen Schwellenwerte erreicht werden. Da die §§ 97 ff. GWB in erheblichem Umfang auf europarechtlichen Vorgaben beruhen (zu hier relevanten Unterschieden vgl. aber *Ebsen,* FS Zuleeg, 439/446 ff.; *Orlowski,* GKV-Komm, § 140 a Rn. 21), können sie von § 69 S. 2 nicht vollständig ausgeschlossen werden. Klärungsbedürftig sind insoweit aber die Fragen, ob die KKen aufgrund der Beitragsfinanzierung oder der staatlichen Aufsicht als öffentliche Auftraggeber zu qualifizieren sind und ob es sich bei den Integrationsverträgen um Liefer- oder Dienstleistungsaufträge oder – weil letztlich nicht die KK, sondern der einzelne Versicherte über die Inanspruchnahme eines Leistungserbringers entscheidet – um Dienstleistungskonzessionen handelt (vgl. jetzt den Vorlagebeschluss OLG Düsseldorf, MedR 2007, 725; ferner BayObLG, NVwZ 2005, 117; *Bäune,* GesR 2006, 289/291 f.; *Bloch/Pruns,* SGb 2007, 645; *Boldt,* NJW 2005, 3757; *Byok,* GesR 2007, 553/557; *ders./Jansen,* NVwZ 2005, 53; *Frenz,* NZS 2007, 233/235 ff.; *Gabriel,* NZS 2007, 344; *Kaltenborn,* VSSR 2006, 357; *Kingreen,* MedR 2004, 188/192 ff.; *Koenig/Engelmann/Hentschel,* MedR 2003, 562/568 f.; *Rixen,* GesR 2006, 49; *Sieben,* MedR 2007, 706; *Sormani-Bastian,* Vergaberecht, 128 ff.).

18 Der zweifellos vorhandene Bedarf an wettbewerbsrechtlicher Regulierung des selektivvertraglichen Handelns der KKen kann daher bis zu einer Klärung dieser Rechtsfragen durch den Gesetzgeber oder die Rechtsprechung unstreitig lediglich durch die **Grundrechte** der Leistungserbringer, an die die KKen als öffentlich-rechtliche Körperschaften bei der Auswahl der Leistungserbringer gebunden sind, erfüllt werden. Die insoweit insbesondere einschlägigen Art. 3 und 12 GG vermitteln aber lediglich einen Anspruch auf ein transparentes Verfahren und eine willkürfreie Auswahl, der bereits durch den Hinweis auf finanzielle oder organisatorische Kapazitätsgrenzen eines Modells der integrierten Versorgung entsprochen werden kann (vgl. *Bäune,* GesR 2006, 289/290; *Becker,* NZS 2001, 505/513). Die Auswahlmaßstäbe dürften allerdings an Schärfe zunehmen, wenn und soweit die integrierte Versorgung an praktischer Bedeutung gewinnt.

§ 140 c Vergütung

(1) ¹**Die Verträge zur integrierten Versorgung legen die Vergütung fest.** ²**Aus der Vergütung für die integrierten Versorgungsformen sind sämtliche Leistungen, die von teilnehmenden Versicherten im Rahmen des vertraglichen Versorgungsauftrags in Anspruch genommen werden, zu vergüten.** ³**Dies gilt auch für die Inanspruchnahme von Leistungen von nicht an der integrierten Versorgung teilnehmenden Leistungserbringern, soweit die Versicherten von an der integrierten Versorgung teilnehmenden Leistungserbringern an die nicht teilnehmenden Leistungserbringer überwiesen wurden oder aus sonstigen, in dem Vertrag zur integrierten Versorgung geregelten Gründen berechtigt waren, nicht teilnehmende Leistungserbringer in Anspruch zu nehmen.**

(2) ¹**Die Verträge zur integrierten Versorgung können die Übernahme der Budgetverantwortung insgesamt oder für definierbare Teilbereiche (kombiniertes Budget) vorsehen.** ²**Die Zahl der teilnehmenden Versicherten und deren Risikostruktur sind zu berücksichtigen.** ³**Ergänzende Morbiditätskriterien sollen in den Vereinbarungen berücksichtigt werden.**

Schrifttum: vgl. die Angaben zu § 140 a.

§ 140 c

A. Vereinbarung der Vergütung, Abs. 1

Die durch das GKV-WSG nicht veränderte Vorschrift bestimmt in Abs. 1 S. 1, **1** dass in den Integrationsverträgen auch die **Vergütung** für die im Rahmen der integrierten Versorgung erbrachten Leistungen geregelt werden muss. Dies betrifft sowohl die Höhe des Gesamtbudgets als auch die Honorierung der einzelnen Leistungen und die sich daraus ergebende Honorarverteilung (*Engelhard,* H/N, § 140 c Rn. 4; *Orlowski,* GKV-Komm, § 140 c Rn. 4). Angesichts des erhöhten Aufwandes für die Leistungserbringer ist es nicht zu beanstanden, wenn das Gesamtbudget höher ausfällt als die vergleichbare Gesamtvergütung in der kollektivvertraglich geregelten Finanzierung, solange dies nicht über die Bereinigung der Gesamtvergütung (§ 140 d Abs. 2 ff.) zu einer unangemessenen Benachteiligung der herkömmlichen Versorgung führt (vgl. *Engelhard,* H/N, § 140 c Rn. 12 ff.). In der Sache stehen den Vertragspartnern alle Vergütungsmodelle zur Verfügung.

Aus dem im Vertrag zu vereinbarenden Budget sind alle Leistungen zu vergü- **2** ten, die im Rahmen des vereinbarten Versorgungsauftrages von den teilnehmenden Versicherten in Anspruch genommen werden (S. 2; für Krankenhäuser beachte aber § 140 d Abs. 4). Nach S. 3 gilt dies auch für Leistungen, die von **nicht an der integrierten Versorgung teilnehmenden Leistungserbringern** erbracht werden. Diese Regelung, die bis hierhin bereits das GKV-GRG 2000 enthielt, macht auf der einen Seite deutlich, dass die an einer integrierten Versorgung teilnehmenden Versicherten nicht strikt auf die teilnehmenden Leistungserbringer beschränkt sind; dies dürfte die Akzeptanz dieser Versorgungsmodelle deutlich erhöhen. Auf der anderen Seite enthält sie für die teilnehmenden Leistungserbringer und deren Vergütung ein schwer kalkulierbares Risiko. Mit dem GMG ist daher S. 3 dahingehend ergänzt worden, dass Versicherte nicht teilnehmende Leistungserbringer zu Lasten der Vergütung in der integrierten Versorgung nur auf Überweisung eines teilnehmenden Leistungserbringers oder aus sonstigen, im Integrationsvertrag geregelten Gründen in Anspruch nehmen können. Liegen diese Voraussetzungen nicht vor, muss der Versicherte den in Anspruch genommenen externen Anbieter selbst vergüten.

B. Budgetverantwortung, Abs. 2

Nach S. 1 kann in den Integrationsverträgen – ähnlich wie in den Struktur- **3** verträgen (vgl. § 73 a Rn. 10) – vereinbart werden, dass die Leistungserbringer die Verantwortung für das gesamte **Budget** oder für definierte Teilbereiche (insbesondere für die von ihnen veranlassten Leistungen; sog. kombinierte Budgets) übernehmen. Die Leistungserbringer können dadurch aus Einsparungen, die sich aus einer besseren Koordination der Versorgungsbereiche ergeben, sowie aus einer sparsamen Behandlungs- und Verordnungspraxis finanzielle Vorteile generieren.

Wenn eine derartige Budgetverantwortung vereinbart wird, sind nach S. 2 An- **4** zahl und **Risikostruktur** der teilnehmenden Versicherten zu berücksichtigen; ergänzende Morbiditätskriterien sollen Berücksichtigung finden (S. 3). Damit sollen sowohl mit Blick auf die Versicherten Prozesse der Risikoselektion vermieden als auch mit Blick auf die Leistungserbringer die Vergütungsrisiken begrenzt werden.

§ 140d Anschubfinanzierung, Bereinigung

(1) ¹Zur Förderung der integrierten Versorgung hat jede Krankenkasse in den Jahren 2004 bis 2008 jeweils Mittel bis zu 1 vom Hundert von der nach § 85 Abs. 2 an die Kassenärztliche Vereinigung zu entrichtenden Gesamtvergütung sowie von den Rechnungen der einzelnen Krankenhäuser für voll- und teilstationäre Versorgung einzubehalten, soweit die einbehaltenen Mittel zur Umsetzung von nach § 140b geschlossenen Verträgen erforderlich sind. ²Sie dürfen nur für voll- oder teilstationäre und ambulante Leistungen der Krankenhäuser und für ambulante vertragsärztliche Leistungen verwendet werden; dies gilt nicht für Aufwendungen für besondere Integrationsaufgaben. ³Satz 2 gilt nicht für Verträge, die vor dem 1. April 2007 abgeschlossen worden sind. ⁴Die Krankenkassen müssen gegenüber den Kassenärztlichen Vereinigungen und den Krankenhäusern die Verwendung der einbehaltenen Mittel darlegen. ⁵Satz 1 gilt nicht für die vertragszahnärztlichen Gesamtvergütungen. ⁶Die nach Satz 1 einbehaltenen Mittel sind ausschließlich zur Finanzierung der nach § 140c Abs. 1 Satz 1 vereinbarten Vergütungen zu verwenden. ⁷Sie sollen in dem Bezirk der Kassenärztlichen Vereinigung, an die die nach Satz 1 verringerten Gesamtvergütungen gezahlt wurden, verwendet werden. ⁸Werden die einbehaltenen Mittel nicht innerhalb von drei Jahren für die Zwecke nach Satz 1 verwendet, sind die nicht verwendeten Mittel spätestens zum 31. März 2009 an die Kassenärztliche Vereinigung sowie an die einzelnen Krankenhäuser, soweit die Mittel in den Jahren 2007 und 2008 einbehalten wurden, entsprechend ihrem Anteil an den jeweils einbehaltenen Beträgen auszuzahlen.

(2) ¹Die Vertragspartner der Gesamtverträge nach § 83 Abs. 1 haben für den Fall, dass die zur Förderung der integrierten Versorgung aufgewendeten Mittel die nach Absatz 1 einbehaltenen Mittel übersteigen, die Gesamtvergütungen nach § 85 Abs. 2 in den Jahren 2004 bis einschließlich 2008 entsprechend der Zahl der an der integrierten Versorgung teilnehmenden Versicherten sowie dem im Vertrag nach § 140a vereinbarten Versorgungsauftrag zu bereinigen, soweit der damit verbundene einzelvertragliche Leistungsbedarf den nach § 295 Abs. 2 auf Grundlage des einheitlichen Bewertungsmaßstabes für vertragsärztliche Leistungen abgerechneten Leistungsbedarf vermindert. ²Ab dem 1. Januar 2009 ist der Behandlungsbedarf nach § 87a Abs. 3 Satz 2 ist entsprechend der Zahl und der Morbiditätsstruktur der an der integrierten Versorgung teilnehmenden Versicherten sowie dem im Vertrag nach § 140a vereinbarten Versorgungsbedarf zu bereinigen. ³Kommt eine Einigung über die Verringerung der Gesamtvergütungen nach Satz 1 oder des Behandlungsbedarfs nach Satz 2 nicht zu Stande, können auch die Krankenkassen oder ihre Verbände, die Vertragspartner der Verträge nach § 140a sind, das Schiedsamt nach § 89 anrufen. ⁴Die für die Bereinigungsverfahren erforderlichen arzt- und versichertenbezogenen Daten übermitteln die Krankenkassen den zuständigen Gesamtvertragspartnern.

(3) ¹Die Vertragspartner der Vereinbarungen nach § 84 Abs. 1 haben die Ausgabenvolumen rechnerisch zu bereinigen, soweit die integrierte Versorgung die Versorgung mit Arznei- und Heilmitteln einschließt. ²Die Ausgabenvolumen sind entsprechend der Zahl und der Risikostruktur der an der integrierten Versorgung teilnehmenden Versicherten zu verringern. ³Ergänzende Morbiditätskriterien sollen berücksichtigt werden.

(4) Mit der nach § 140c Abs. 1 Satz 1 mit Krankenhäusern zu vereinbarenden Vergütung werden bis zum 31. Dezember 2008 nur die Leistungen finanziert, die über die im Gesamtbetrag nach den §§ 3 und 4 des Krankenhausentgeltgeset-

zes oder dem § 6 der Bundespflegesatzverordnung enthaltenen Leistungen hinaus vereinbart werden.

(5) [1]Die Krankenkassen melden der von der Kassenärztlichen Bundesvereinigung, der Deutschen Krankenhausgesellschaft und dem Spitzenverband Bund der Krankenkassen gebildeten gemeinsamen Registrierungsstelle die Einzelheiten über die Verwendung der einbehaltenen Mittel nach Absatz 1 Satz 1. [2]Die Registrierungsstelle veröffentlicht einmal jährlich einen Bericht über die Entwicklung der integrierten Versorgung. [3]Der Bericht soll auch Informationen über Inhalt und Umfang der Verträge enthalten.

Schrifttum: vgl. die Angaben zu § 140 a.

A. Anschubfinanzierung, Abs. 1 und 5

Im Rahmen der – zunächst nur bis 2006 vorgesehenen und inzwischen bis 2008 verlängerten – sog. **Anschubfinanzierung** werden bis zu 1 % der Gesamtvergütung nach § 85 (nicht aber von der vertragszahnärztlichen Gesamtvergütung, vgl. S. 5) sowie der Rechnungen der Krankenhäuser für voll- und teilstationäre Versorgung von den KKen einbehalten, soweit diese Mittel zur Umsetzung der Integrationsverträge erforderlich sind (S. 1). Nachdem dies zunächst bestritten wurde (vgl. ThürLSG, MedR 2005, 62/63), setzt nach inzwischen ganz überwiegender Auffassung dieser Einbehalt aufgrund des klaren Gesetzeswortlauts voraus, dass entsprechende Integrationsverträge von der betreffenden KK tatsächlich geschlossen worden sind (so bereits SG Saarland v. 14. 12. 2004, S 2 ER 89/04 KA, Rn. 29 ff.; vgl. jetzt BSG v. 6. 2. 2008, B 6 KA 27/07 R, Rn. 12; ThürLSG, MedR 2007, 746/748 f.; LSG B-W, SGb 2007, 621/622; *Bäune,* GesR 2006, 289/294 f.; *Knieps,* HVAR, § 12 Rn. 55; *Orlowski,* GKV-Komm, § 140 a Rn. 12). Die Mittel dürfen nur in die Finanzierung der vereinbarten Vergütungen fließen (S. 6) und sollen in dem Bezirk der KV verwendet werden, der gegenüber die Mittel nach S. 1 einbehalten worden sind (S. 7, sog. Regionalprinzip). 1

Nach S. 8 sind nicht verwendete Mittel **zurückzuzahlen.** Gegenüber den Krankenhäusern hat das GKV-WSG diese Pflicht allerdings auf die in den Jahren 2007 und 2008 einbehaltenen Mittel beschränkt, nachdem im Gesetzesentwurf insoweit zunächst sogar eine vollständige Streichung der Rückzahlungspflicht vorgesehen war. Der Regelung liegt kein ordnungspolitischer Sinn zugrunde, sondern lediglich die Absicht, auch die Krankenhäuser zur finanziellen Entlastung der GKV heranzuziehen. Zweifelhaft ist, ob die 3-Jahres-Frist des Abs. 8 für ambitionierte Projekte der integrierten Versorgung und deren Investitionskosten ausreichend ist (vgl. *Cassel uA.,* Weiterentwicklung des Vertragswettbewerbs, 64 und 75 f.). 2

Nachdem die **Mittel aus der Anschubfinanzierung** zunächst pauschal für alle Leistungen im Rahmen der integrierten Versorgung verwendet werden durften, begrenzen die durch das GKV-WSG eingefügten S. 2 und 3 ihre Verwendung für die ab dem 1. 4. 2007 geschlossenen Integrationsverträge auf die Finanzierung der Leistungen der Krankenhäuser und der Vertragsärzte. Damit soll eine weitere Quersubventionierung anderer Leistungsbereiche durch die Krankenhäuser und Vertragsärzte, die nach S. 1 die Anschubfinanzierung tragen, vermieden werden (vgl. BT-Drs. 16/3100, 152 f.). Weiterhin aus der Anschubfinanzierung dürfen Aufwendungen für besondere Integrationsaufgaben (z. B. Koordinierung von Leistungen, case-management) getragen werden (vgl. BT-Drs. 16/3100, 153). Die im 3

§ 140e
Verträge mit Leistungserbringern

Entwurf des GKV-WSG noch vorgesehene Beschränkung der Verwendung der Mittel für flächendeckende Integrationsverträge ist nicht Gesetz geworden (vgl. § 140a Rn. 11); Unterstützt wird die Beschränkung der Mittelverwendung durch die Darlegungspflicht der KKen gegenüber den KVen und den Krankenhäusern (S. 4) sowie gegenüber der gemeinsamen Registrierungsstelle. Diese Registrierungsstelle ist in dem durch das GKV-WSG eingefügten Abs. 5 erstmals erwähnt, wurde aber bereits 2003 von den in Abs. 5 Genannten eingerichtet; mit der Durchführung beauftragt wurde die Bundesgeschäftsstelle Qualitätssicherung gGmbh in Düsseldorf (vgl. http://www.bqs-register140d.de/).

B. Budgetbereinigung, Abs. 2–4

4   Soweit die Kosten der integrierten Versorgung die Mittel der Anschubfinanzierung übersteigen, ist eine **Bereinigung** der Gesamtvergütung nach § 85 (Abs. 2 S. 1) in den Jahren 2004 bis 2008 und ab dem 1.1.2009 des Behandlungsbedarfs nach § 85a Abs. 3 S. 2 (Abs. 2 S. 2) sowie der Ausgabenvolumina für Arznei- und Heilmittel nach § 84 (Abs. 3) vorzunehmen. Die Vereinbarungen der Vertragspartner der Gesamtverträge über die Bereinigung nach Abs. 3 sind schiedsamtsfähig (Abs. 3 S. 3). Seit dem GKV-WSG sind die KKen nach Abs. 3 S. 4 ausdrücklich verpflichtet, den Gesamtvertragspartnern die für die Bereinigung erforderlichen Daten zu übermitteln.

5   Eine Bereinigung der **Krankenhausbudgets** kann dagegen unterbleiben, da nach Abs. 4 im Rahmen der integrierten Versorgung nur die über die Regelversorgung hinausgehenden vereinbarten Leistungen vergütet werden.

Zwölfter Abschnitt. Beziehungen zu den Leistungserbringern in Staaten, in denen die Verordnung (EWG) Nr. 1408/71 anzuwenden ist

§ 140e Verträge mit Leistungserbringern in Staaten, in denen die Verordnung (EWG) Nr. 1408/71 anzuwenden ist

Krankenkassen dürfen zur Versorgung ihrer Versicherten nach Maßgabe des Dritten Kapitels und des dazugehörigen untergesetzlichen Rechts Verträge mit Leistungserbringern nach § 13 Abs. 4 Satz 2 in Staaten abschließen, in denen die Verordnung (EWG) Nr. 1408/71 des Rates vom 14. Juni 1971 zur Anwendung der Systeme der sozialen Sicherheit auf Arbeitnehmer und deren Familien, die innerhalb der Gemeinschaft zu- und abwandern (ABl. EG Nr. L 149 S. 2), in ihrer jeweils geltenden Fassung anzuwenden ist.

Schrifttum: vgl. Schrifttum zu § 13.

1   Die Vorschrift bildet, neben § 13 Abs. 4 und 5 und den Art. 19, 22 VO 1408/71, die **dritte Rechtsschicht des Anspruchssystems für die grenzüberschreitende Inanspruchnahme von Gesundheitsleistungen** (§ 13 Rn. 30–32). Während allerdings die beiden ersten Schichten leistungsrechtlicher Natur sind, handelt es sich bei § 140e um eine Norm des Leistungserbringungsrechts. § 140e ist daher zwar **keine** weitere **Anspruchsgrundlage für den Versicherten**. Er ver-

setzt die KK aber in die Lage, das Sachleistungsprinzip durch Abschluss von Einzelverträgen mit den in § 13 Abs. 4 S. 2 genannten Leistungserbringern auf grenzüberschreitende Leistungsvorgänge zu erstrecken (**auf Vertrag gegründetes Sachleistungsprinzip,** vgl. BT-Drs. 15/1525, 132 sowie, vor Einführung von § 140e, *Kingreen,* Sozialstaatsprinzip, 534 ff.). Versicherte können dann diese Leistungserbringer auf der Grundlage des Sachleistungsprinzips in Anspruch nehmen. Die vertragliche Ausweitung des Sachleistungsprinzips auf die grenzüberschreitende Leistungsinanspruchnahme hat **Vorteile** sowohl für die Versicherten als auch für KKen:

Die **Versicherten** müssen für die erhaltene Leistung nicht in Vorleistung treten. Insbesondere tragen sie, anders als bei der Inanspruchnahme der Leistung im Wege der Kostenerstattung (§ 13 Abs. 4, 5), kein Kostenrisiko. Der Kostenerstattungsanspruch ist nämlich nach § 13 Abs. 4 S. 3 auch vergütungsrechtlich akzessorisch zum Sachleistungsanspruch; alle darüber hinaus gehenden Kosten trägt der Versicherte. Ein Vertrag nach § 140e stellt also den leistungsrechtlichen Gleichlauf mit inländischen Sachverhalten her und fördert damit die grenzüberschreitende Leistungsinanspruchnahme. Die KKen sollen daher ihre Versicherten über diejenigen Leistungserbringer in Kenntnis setzen, mit denen sie Verträge abgeschlossen haben (BT-Drs. 15/1525, 132). 2

Auch für die **KKen** kann ein Vorgehen über § 140e vorteilhaft sein. Sie können über den Einzelvertrag das kollektivvertragliche Regelwerk mitsamt seinen Steuerungsinstrumenten und Kontrollmechanismen auf die grenzüberschreitende Leistungsinanspruchnahme übertragen. Die Vereinbarungen können daher die im Inland geltenden Regelungen und Vereinbarungen zur Qualitätssicherung (*Harich,* Sachleistungsprinzip, 287 ff.), zur Wirtschaftlichkeits- und Abrechnungsprüfung und vor allem zur Vergütung zugrunde legen. Die nach § 13 Abs. 5 erbrachten ärztlichen Leistungen sind nämlich nicht in das kollektivvertragliche Vergütungssystem integriert (vgl. § 85 Abs. 2 S. 8), werden also von den KKen separat vergütet und sind daher für diese tendenziell unattraktiv. Es wäre denkbar, diese Leistungen in das für die inländische Leistungserbringung maßgebliche Vergütungsrecht zu integrieren. Im Bereich der vertragsärztlichen Versorgung und der Krankenhausversorgung dominiert insoweit aber der Kollektivvertrag (§§ 85 ff. SGB V, 9 ff. KHEntgG). Vereinbarungen nach § 140e sind aber gerade Einzelverträge ohne Beteiligung der korporatistischen Akteure und daher konzeptionell ungeeignet zur Integration in das kollektivvertragliche Vereinbarungsregime. Sinnvoller wäre es, nach dem Vorbild von § 140d Abs. 1, eine vergütungsrechtliche Sonderregelung zu schaffen, die im Vorfeld der kollektivvertraglichen Vereinbarungen ansetzt und die erbrachten Leistungen damit separat vergütet, wenn auch nach Maßgabe der inländischen Parameter (*Kingreen,* NZS 2005, 505/508). Wegen der fehlenden Möglichkeit der Budgetbereinigung, aber auch wegen einiger anderer praktischer Schwierigkeiten, wird von § 140e bislang kaum Gebrauch gemacht. Bedeutung hat die Bestimmung vor allem bei bestimmten Rehabilitationsleistungen, für die vereinzelte Vereinbarungen mit ausländischen Kureinrichtungen bestehen. 3

Geeignete Vertragspartner sind alle unter § 13 Abs. 4 S. 2 fallenden Leistungserbringer, die entweder in einem Mitgliedstaat der EU, in einem EWR-Staat (Norwegen, Liechtenstein, Island) oder in der Schweiz ansässig sind (*Engelhard,* H/N, § 140e Rn. 8–8b). Ein Anspruch auf Vertragsschluss besteht nicht; allerdings müssen die KKen ihr Ermessen sachgerecht, d. h. insbesondere unter Ausschluss von Diskriminierungen, ausüben (*Harich,* Sachleistungsprinzip, 287 ff.). 4

§ 140 f

Der Abschluss eines Vertrages nach § 140 e lässt den Leistungsanspruch nach § 13 Abs. 4, 5 unberührt; der Versicherte muss also nicht diejenigen Leistungserbringer in Anspruch nehmen, mit denen seine KK einen Vertrag nach § 140 e abgeschlossen hat.

Dreizehnter Abschnitt. Beteiligung von Patientinnen und Patienten, Beauftragte oder Beauftragter der Bundesregierung für die Belange der Patientinnen und Patienten

§ 140 f Beteiligung von Interessenvertretungen der Patientinnen und Patienten

(1) Die für die Wahrnehmung der Interessen der Patientinnen und Patienten und der Selbsthilfe chronisch kranker und behinderter Menschen maßgeblichen Organisationen sind in Fragen, die die Versorgung betreffen, nach Maßgabe der folgenden Vorschriften zu beteiligen.

(2) [1]Im Gemeinsamen Bundesausschuss nach § 91 und im Beirat der Arbeitsgemeinschaft für Aufgaben der Datentransparenz nach § 303 b erhalten die für die Wahrnehmung der Interessen der Patientinnen und Patienten und der Selbsthilfe chronisch kranker und behinderter Menschen auf Bundesebene maßgeblichen Organisationen ein Mitberatungsrecht; die Organisationen benennen hierzu sachkundige Personen. [2]Das Mitberatungsrecht beinhaltet auch das Recht zur Anwesenheit bei der Beschlussfassung. [3]Die Zahl der sachkundigen Personen soll höchstens der Zahl der von dem Spitzenverband Bund der Krankenkassen entsandten Mitglieder in diesen Gremien entsprechen. [4]Die sachkundigen Personen werden einvernehmlich von den in der Verordnung nach § 140 g genannten oder nach der Verordnung anerkannten Organisationen benannt. [5]Bei Beschlüssen des Gemeinsamen Bundesausschusses nach § 56 Abs. 1, § 92 Abs. 1 Satz 2, § 116 b Abs. 4, § 136 Abs. 2 Satz 2, §§ 137, 137 a, 137 b, 137 c und 137 f erhalten die Organisationen das Recht, Anträge zu stellen.

(3) [1]In den Landesausschüssen nach § 90 sowie den Zulassungsausschüssen nach § 96 und den Berufungsausschüssen nach § 97, soweit Entscheidungen über die ausnahmsweise Besetzung zusätzlicher Vertragsarztsitze nach § 101 Abs. 1 Satz 1 Nr. 3 oder über die Ermächtigung von Ärzten und ärztlich geleiteten Einrichtungen betroffen sind, erhalten die auf Landesebene für die Wahrnehmung der Interessen der Patientinnen und Patienten und der Selbsthilfe chronisch kranker und behinderter Menschen maßgeblichen Organisationen ein Mitberatungsrecht; die Organisationen benennen hierzu sachkundige Personen. [2]Das Mitberatungsrecht beinhaltet auch das Recht zur Anwesenheit bei der Beschlussfassung. [3]Die Zahl der sachkundigen Personen soll höchstens der Zahl der von den Krankenkassen entsandten Mitglieder in diesen Gremien entsprechen. [4]Die sachkundigen Personen werden einvernehmlich von den in der Verordnung nach § 140 g genannten oder nach der Verordnung anerkannten Organisationen benannt.

(4) [1]Bei einer Änderung, Neufassung oder Aufhebung der in § 21 Abs. 2, § 84 Abs. 7 Satz 6, §§ 111 b, 112 Abs. 5, § 115 Abs. 5, § 124 Abs. 4, § 125 Abs. 1, § 126 Abs. 1 Satz 3, §§ 132 a, 132 b Abs. 2 und § 132 d Abs. 2 vorgesehenen Rahmenempfehlungen, Empfehlungen und Richtlinien des Spitzenverbandes Bund der Krankenkassen, des Hilfsmittelverzeichnisses nach § 139 sowie bei der Bestimmung der Festbetragsgruppen nach § 36 Abs. 1 und der Festsetzung der Festbeträge nach § 36 Abs. 2 wirken die in der Verordnung nach § 140 g genannten oder nach der Verordnung anerkannten Organisationen beratend mit. [2]Das Mitbera-

tungsrecht beinhaltet auch das Recht zur Anwesenheit bei der Beschlussfassung. ³Wird ihrem schriftlichen Anliegen nicht gefolgt, sind ihnen auf Verlangen die Gründe dafür schriftlich mitzuteilen.

(5) ¹Die sachkundigen Personen erhalten Reisekosten nach dem Bundesreisekostengesetz oder nach den Vorschriften des Landes über Reisekostenvergütung, Ersatz des Verdienstausfalls in entsprechender Anwendung des § 41 Abs. 2 des Vierten Buches sowie einen Pauschbetrag für Zeitaufwand in Höhe eines Fünfzigstels der monatlichen Bezugsgröße (§ 18 des Vierten Buches) für jeden Kalendertag einer Sitzung. ²Der Anspruch richtet sich gegen die Gremien, in denen sie als sachkundige Personen mitberatend tätig sind.

(6) ¹Die in der Verordnung nach § 140g genannten oder nach der Verordnung anerkannten Organisationen sowie die sachkundigen Personen werden bei der Durchführung ihres Mitberatungsrechts nach Absatz 2 vom Gemeinsamen Bundesausschuss durch geeignete Maßnahmen organisatorisch und inhaltlich unterstützt. ²Hierzu kann der Gemeinsame Bundesausschuss eine Stabstelle Patientenbeteiligung einrichten. ³Die Unterstützung erfolgt insbesondere durch Organisation von Fortbildung und Schulungen, Aufbereitung von Sitzungsunterlagen, koordinatorische Leitung des Benennungsverfahrens auf Bundesebene und bei der Ausübung des in Absatz 2 Satz 4 genannten Antragsrechts.

Schrifttum: *K. Becker-Schwarze,* Kollektive Patientenrechte durch das GKV-Modernisierungsgesetz, GesR 2004, 215; *I. Ebsen,* Patientenpartizipation in der gemeinsamen Selbstverwaltung der GKV – ein Irrweg oder ein Desiderat?, MedR 2006, 528; *R. Forster/C. Kranich,* Patienten- und Bürgerbeteiligung im Gesundheitswesen, Gesundheitswens 2007, 98; *R. Francke/D. Hart,* Bürgerbeteiligung im Gesundheitswesen, 2001; *I. Heberlein ua.,* Patientenbeteiligung im Gesundheitswesen, 2005; *P. Hinz,* Patientenrechte in der gesetzlichen Krankenversicherung, Die Leistungen 2006, 449; *R. Pitschas,* Mediatisierte Patientenbeteiligung im Gemeinsamen Bundesausschuss als Verfassungsproblem, MedR 2006, 451; *R. Schimmelpfeng-Schütte,* Die Zeit ist reif für mehr Demokratie in der Gesetzlichen Krankenversicherung (GKV), MedR 2006, 21.

A. Überblick

§ 140f soll die **Patientensouveränität** stärken und dazu beitragen, dass die Versicherten von Betroffenen zu Beteiligten im Gesundheitswesen werden. Zu diesem Zweck regelt die Vorschrift die Partizipation der Interessenvertretungen der Betroffenen in wesentlichen Entscheidungsgremien der GKV (vgl. BT-Drs. 15/1525, 132). Zusammen mit der Einführung der oder des Patientenbeauftrage(n) gem. § 140h stellt dies die erste Regelung kollektiver Patientenrechte dar. Eine Beteiligung im Sinne einer echten Mitentscheidung ist damit aber auf keiner Ebene eingeführt. Die Kodifizierung individueller Patientenrechte liegt noch in weiter Ferne.

B. Zu beteiligende Organisationen

I. Allgemeines

§ 140f enthält die Pflicht zur Beteiligung in Bezug auf Organisationen, die entweder für die Wahrnehmung der Patienteninteressen oder für die Wahrnehmung der Interessen der Selbsthilfe chronisch kranker oder behinderter Menschen maßgeblich sind. Abs. 1 macht keinen Unterschied zwischen regional oder auf Bundesebene agierenden Organisationen. Die Organisationen müssen der Selbsthilfe der Betroffenen dienen (s. auch § 20c) dh. zur Verbesserung der Fähigkeit zum selbstbestimmten Umgang mit einer Krankheit dienen. Unabhängig von der allgemeinen Problematik der demokratischen Legitimation des G-BA (vgl. dazu § 92 Rn. 2 ff.) stellt sich die Frage speziell nach der Legitimation der Patientenvertreter. Angesichts des naturgemäß nur schwer umreißbaren Legitimationssubjektes der Patienten, die sich in zT. konkurrierenden Organisationen mit unklarer Rückbindung an die Patienten selbst widerspiegeln, bestehen hieran nicht unerhebliche Zweifel (vgl. dazu *Francke/Hart*, Bürgerbeteiligung, 214; *Pitschas,* MedR 2006, 451/455). Da den Patientenvertretern im G-BA allerdings keine echten Mitentscheidungsbefugnisse eingeräumt werden, sind Defizite bei der Legitimation hinnehmbar (vgl. *Ebsen,* MedR 2006, 531).

II. Zu beteiligende Organisationen nach der PatBeteiligungsV

3 § 1 PatBeteiligungsV (vgl. die Kommentierung zu § 140 g) bestimmt, dass als **maßgebliche Organisationen** auf Bundesebene in diesem Sinn Organisationen gelten, die
1. nach ihrer Satzung ideell und nicht nur vorübergehend die Belange von Patientinnen und Patienten oder der Selbsthilfe fördern,
2. in ihrer inneren Ordnung demokratischen Grundsätzen entsprechen,
3. gemäß ihrem Mitgliederkreis dazu berufen sind, die Interessen von Patientinnen und Patienten oder der Selbsthilfe chronisch kranker und behinderter Menschen auf Bundesebene zu vertreten,
4. zum Zeitpunkt der Anerkennung mindestens drei Jahre bestehen und in diesem Zeitraum im Sinne der Nummer 1 bundesweit tätig gewesen sind,
5. die Gewähr für eine sachgerechte Aufgabenerfüllung bieten; dabei sind Art und Umfang der bisherigen Tätigkeit, der Mitgliederkreis und die Leistungsfähigkeit zu berücksichtigen,
6. durch Offenlegung ihrer Finanzierung nachweisen können, dass sie neutral und unabhängig arbeiten, und
7. gemeinnützige Zwecke verfolgen.

4 Gem. § 2 Abs. 1 PatBeteiligungsV gelten der Deutsche Behindertenrat, die Bundesarbeitsgemeinschaft der PatientInnenstellen, die Deutsche Arbeitsgemeinschaft Selbsthilfegruppen e.V. sowie der Verbraucherzentrale Bundesverband e.V. als Organisationen auf Bundesebene. Der G-BA kann die Überprüfung dieses Kreises durch das Ministerium anregen (vgl. § 2 Abs. 2 und 3 PatBeteiligungsV). Fraglich ist, welche rechtlichen Möglichkeiten der G-BA hat, wenn das Ministerium nicht tätig wird oder wenn der G-BA inhaltlich nicht mit dem Ergebnis der Prüfung einverstanden ist. Weitere Organisationen können durch Verwaltungsakt anerkannt werden, § 3 PatBeteiligungsV.

C. Gegenstand der Beteiligung

5 Die Interessenvertretungen sind in den Fragen zu beteiligen, die die **Versorgung** betreffen. Bei rein organisations- oder personalrechtlichen Angelegenheiten ist eine Beteiligung dagegen nicht vorgesehen. Eine Begrenzung der Beteiligung der Interessenvertretungen auf die Versorgung nur der jeweiligen Interessengruppen lässt sich dem Wortlaut der Vorschrift nicht entnehmen und kann deshalb nicht angenommen werden.

D. Art und Umfang der Beteiligung

I. Im G-BA und im Beirat der Arbeitsgemeinschaft (AG) für Aufgaben der Datentransparenz, Abs. 2

Abs. 2 räumt ein **Mitberatungsrecht** als subjektives, einklagbares Recht ein. 6
Dieses steht zwischen einem bloßen Anhörungsrecht und einem Mitentscheidungsrecht. Es beinhaltet in der Phase der Beratungen der Gremien das Recht zur Anwesenheit bei sowie das Rederecht in den Sitzungen. Zur effektiven Wahrnehmung ihrer Aufgaben müssen sie über die Beratungsgegenstände vollständig und rechtzeitig vor der Sitzung informiert werden (s. § 4 Abs. 3 PatBeteiligungsV). Ein generelles Recht zur Stellung von Anträgen besteht nicht. Das folgt aus Abs. 2 S. 5, nach dem die Organisationen nur bei den dort abschließend aufgezählten Beschlüssen nach § 91 Abs. 4–7 das Recht haben, Anträge zu stellen. Im Beirat der AG für Aufgaben der Datentransparenz besteht im Umkehrschluss folglich überhaupt kein Recht zur Antragstellung. Die Organisationen haben grundsätzlich keinen Anspruch darauf, dass ihre Äußerungen bei den Beschlussfassungen berücksichtigt werden oder eine Begründung für eine abweichende Entscheidung gegeben wird (Umkehrschluss zu Abs. 4 S. 3). In der Phase der Beschlussfassung haben die Organisationen das Recht zur Anwesenheit, vgl. Abs. 2 S. 2. Mit dieser durch das VÄndG erfolgten Klarstellung sollten vorher bestehende Unterschiede in den Rechtsauffassungen beseitigt werden (vgl. Begründung in BT-Drs. 16/2747, 26). Das Stimmrecht haben sie nicht (s. auch § 4 Abs. 1 S. 3 PatBeteiligungsV). Zur Umsetzung der Beteiligungsrechte durch die Geschäftsordnung und die Verfahrensordnung des G-BA siehe ausführlich *Hess,* KK, § 140f Rn. 5 ff.

Die Beteiligung wird durch von den Organisationen benannte **sachkundige** 7
Personen ausgeübt. Das Gesetz begrenzt die Beteiligung von Interessenvertretungen bei diesen Gremien auf solche, die auf Bundesebene maßgeblich sind. Die Entscheidung über die Sachkunde der benannten Personen steht den Organisationen zu. Die Gremien sind nicht zur Zurückweisung der Personen wegen mangelnder Sachkunde befugt. Die Organisationen benennen die sachkundigen Personen einvernehmlich, Abs. 2 S. 4. Nach § 4 Abs. 1 S. 1 PatBeteiligungsV soll mindestens die Hälfte der sachkundigen Personen selbst Betroffene sein. Ferner werden die sachkundigen Personen gem. § 4 Abs. 1 S. 1 zu spezifischen Themen benannt, wobei die Aufgabe eines Unterausschusses idR. als ein spezifisches Thema in diesem Sinn gilt (vgl. § 21 Abs. 11 S. 4 Geschäftsordnung des G-BA, BAnz. 2006, 5361). Durch die Anzahl der entsandten Personen soll ein zahlenmäßiges Beteiligungsgleichgewicht unter den Bänken hergestellt werden (s. *Hinz,* Die Leistungen 2006, 449/454).

II. Auf Landesebene, Abs. 3

Die auf Landesebene für die Wahrnehmung der Patienteninteressen und der 8
Selbsthilfe chronisch kranker und behinderter Menschen maßgeblichen Organisationen sind in den genannten Ausschüssen zu beteiligen. Die Vorschrift ist der Beteiligung auf Bundesebene nachgebildet, s. deshalb die Kommentierung dort sinngemäß (Rn. 6 f.). Beachtlich ist, dass die sachkundigen Personen auf Landesebene von den Organisationen benannt werden sollen, die auf Bundesebene in der Verordnung nach § 140g benannt oder aufgrund dessen anerkannt worden sind (Abs. 3 S. 4, dazu BT-Drs. 15/1525, 132).

III. Rahmenempfehlungen etc., Abs. 4

9   Ein Mitberatungsrecht der durch die oder aufgrund der PatBeteiligungsV benannten oder anerkannten Organisationen besteht auch bei der Änderung, Neufassung oder Aufhebung der in Abs. 4 näher genannten Rahmenempfehlungen usw. Im Unterschied zur Beteiligung nach Abs. 2 und 3 ist hier vorgesehen, dass auf Verlangen eine schriftliche Begründung mitzuteilen ist, wenn dem schriftlich geäußerten Anliegen der Organisationen nicht gefolgt wird.

E. Sonstiges

10   Die sachkundigen Personen haben gegen die Gremien, in denen sie nach § 140f mitberatend tätig sind, einen Anspruch auf **Reisekosten,** auf Ersatz des Verdienstausfalls sowie auf Zahlung eines Pauschbetrages zur Abgeltung des Zeitaufwands, Abs. 5. Sowohl die Organisationen als auch die sachkundigen Personen werden vom G-BA bei der Ausübung ihres Mitberatungsrechts inhaltlich und organisatorisch **unterstützt,** Abs. 6.

§ 140g Verordnungsermächtigung

Das Bundesministerium für Gesundheit wird ermächtigt, durch Rechtsverordnung mit Zustimmung des Bundesrates Näheres zu den Voraussetzungen der Anerkennung der für die Wahrnehmung der Interessen der Patientinnen und Patienten und der Selbsthilfe chronisch kranker und behinderter Menschen maßgeblichen Organisationen auf Bundesebene, insbesondere zu den Erfordernissen an die Organisationsform und die Offenlegung der Finanzierung, sowie zum Verfahren der Patientenbeteiligung zu regeln.

1   Die Vorschrift ermächtigt zur Bestimmung des Näheren durch Verordnung über die Anerkennung der Organisationen, die nach Maßgabe des § 140f zu beteiligen sind, sowie über das Verfahren der Patientenbeteiligung. Auf der Basis von § 140g hat das zu diesem Zeitpunkt zuständige BMGS die Verordnung zur Beteiligung von Patientinnen und Patienten in der Gesetzlichen Krankenversicherung (Patientenbeteiligungsverordnung – PatBeteiligungsV) vom 18.12.2003 erlassen (BGBl. I 2003, 2753). Die Verordnung stellt allgemeine Anforderungen an die maßgeblichen Organisationen auf, nennt anerkannte Organisationen und regelt das Verfahren der Anerkennung zusätzlicher Organisationen. Aus dem Zusammenspiel von § 140f und § 140g folgt, dass die Beteiligung eine Anerkennung der Interessenvertretungen voraussetzt, und die Erfüllung der materiellen Kriterien des § 140f Abs. 1 nicht ausreichend ist. Ferner wird in der Verordnung das Verfahren der Beteiligung gem. § 140f Abs. 2 S. 3 und 4 geregelt. Siehe zu den Einzelheiten die Kommentierung zu § 140f.

§ 140 h Amt, Aufgabe und Befugnisse der oder des Beauftragten der Bundesregierung für die Belange der Patientinnen und Patienten

(1) ¹Die Bundesregierung bestellt eine Beauftragte oder einen Beauftragten für die Belange der Patientinnen und Patienten. ²Der beauftragten Person ist die für die Erfüllung ihrer Aufgabe notwendige Personal- und Sachausstattung zur Verfügung zu stellen. ³Das Amt endet, außer im Falle der Entlassung, mit dem Zusammentreten eines neuen Bundestages.

(2) ¹Aufgabe der beauftragten Person ist es, darauf hinzuwirken, dass die Belange von Patientinnen und Patienten besonders hinsichtlich ihrer Rechte auf umfassende und unabhängige Beratung und objektive Information durch Leistungserbringer, Kostenträger und Behörden im Gesundheitswesen und auf die Beteiligung bei Fragen der Sicherstellung der medizinischen Versorgung berücksichtigt werden. ²Sie setzt sich bei der Wahrnehmung dieser Aufgabe dafür ein, dass unterschiedliche Lebensbedingungen und Bedürfnisse von Frauen und Männern beachtet und in der medizinischen Versorgung sowie in der Forschung geschlechtsspezifische Aspekte berücksichtigt werden.

(3) ¹Zur Wahrnehmung der Aufgabe nach Absatz 2 beteiligen die Bundesministerien die beauftragte Person bei allen Gesetzes-, Verordnungs- und sonstigen wichtigen Vorhaben, soweit sie Fragen der Rechte und des Schutzes von Patientinnen und Patienten behandeln oder berühren. ²Alle Bundesbehörden und sonstigen öffentlichen Stellen im Bereich des Bundes unterstützen die beauftragte Person bei der Erfüllung der Aufgabe.

A. Überblick

Die Vorschrift verfolgt den **Zweck,** den Anliegen der Patientinnen und Patienten Rechnung zu tragen. Hierzu soll der oder die Patientenbeauftragte der Bundesregierung umfassend in allen gesellschaftlichen Bereichen auf die Beachtung der Patientenbelange hinwirken, die Weiterentwicklung der Patientenrechte fördern und sich für die Interessen der Patientinnen und Patienten in der Öffentlichkeit einsetzen. Vorbild war der oder die Beauftragte für die Belange behinderter Menschen (s. dazu §§ 14, 15 Behindertengleichstellungsgesetz und insgesamt vgl. BT-Drs. 15/1525, 133). 1

B. Beginn und Ende des Amtes, Rechtsstellung der beauftragten Person

Die beauftragte Person wird gem. Abs. 1 S. 1 von der Bundesregierung bestellt. Das Amt endet regelmäßig mit dem Zusammentreten eines neuen Bundestages. Die Bundesregierung hat das Recht, die beauftragte Person jederzeit ohne Angabe von Gründen auch vorher zu entlassen. Die beauftragte Person hat keine hoheitlichen Verwaltungsbefugnisse, sondern ist darauf angewiesen, die Patienteninteressen politisch geltend zu machen. Ihr ist die erforderliche Personal- und Sachausstattung zur Verfügung zu stellen, Abs. 1 S. 2. 2

C. Aufgaben und Befugnisse

Ungeachtet des umfassenden Auftrags des oder der Patientenbeauftragte(n) (Rn. 1) weist das Gesetz der beauftragten Person in Abs. 2 S. 1 ausdrücklich ins- 3

§ 140h

besondere die Aufgabe zu, darauf hinzuwirken, dass die Anforderungen an die Beratung und Information sowie an die Beteiligung bei Fragen der Sicherstellung der Versorgung eingehalten werden und hebt damit diese Teilbereiche besonders hervor. Das **Hinwirken** kann bezüglich des Verwaltungs- und des Versorgungsgeschehens bspw. durch Öffentlichkeitsarbeit oder Information der zuständigen Stellen erfolgen. In Bezug auf die Rechtsetzungstätigkeit sieht Abs. 3 S. 1 eine Beteiligung der beauftragten Person durch sämtliche Bundesministerien vor. Dass sich die Patientenanliegen nicht auf bestimmte Wirkungsbereiche beschränken lassen (Vernetzungsfunktion, vgl. Hinz, Nachweis bei § 140f), wird auch daran deutlich, dass eine Unterstützungspflicht durch alle öffentlichen Stellen des Bundes besteht, die z. B. Auskünfte im Rahmen des datenschutzrechtlich Zulässigen erteilen müssen.

4   Die beauftragte Person ist gem. § 139b Abs. 1 S. 2 berechtigt, die Beauftragung des IQWiG zu beantragen. Sie ist außerdem Mitglied im Beirat der Arbeitsgemeinschaft für Aufgaben der Datentransparenz, vgl. § 303b S. 1.

Fünftes Kapitel. Sachverständigenrat zur Begutachtung der Entwicklung im Gesundheitswesen

§ 141 *(aufgehoben)*

§ 142 Unterstützung der Konzertierten Aktion; Sachverständigenrat

(1) ¹Das Bundesministerium für Gesundheit beruft einen Sachverständigenrat zur Begutachtung der Entwicklung im Gesundheitswesen. ²Zur Unterstützung der Arbeiten des Sachverständigenrates richtet das Bundesministerium für Gesundheit eine Geschäftsstelle ein.

(2) ¹Der Sachverständigenrat hat die Aufgabe, Gutachten zur Entwicklung der gesundheitlichen Versorgung mit ihren medizinischen und wirtschaftlichen Auswirkungen zu erstellen. ²Im Rahmen der Gutachten entwickelt der Sachverständigenrat unter Berücksichtigung der finanziellen Rahmenbedingungen und vorhandener Wirtschaftlichkeitsreserven Prioritäten für den Abbau von Versorgungsdefiziten und bestehenden Überversorgungen und zeigt Möglichkeiten und Wege zur Weiterentwicklung des Gesundheitswesens auf; er kann in seine Gutachten Entwicklungen in anderen Zweigen der Sozialen Sicherung einbeziehen. ³Das Bundesministerium für Gesundheit kann den Gegenstand der Gutachten näher bestimmen sowie den Sachverständigenrat mit der Erstellung von Sondergutachten beauftragen.

(3) ¹Der Sachverständigenrat erstellt das Gutachten im Abstand von zwei Jahren und leitet es dem Bundesministerium für Gesundheit in der Regel zum 15. April, erstmals im Jahr 2005, zu. ²Das Bundesministerium für Gesundheit legt das Gutachten den gesetzgebenden Körperschaften des Bundes unverzüglich vor.

Schrifttum: *K.-D. Henke*, Gute Ideen setzen sich langfristig durch, DÄBl. 2006, A-306; *F.-W. Schwartz*, Sachliche Unabhängigkeit versus Politiknähe, Forum für Gesundheitspolitik 2003, Januar/Februar: 6 ff.

A. Entwicklung

Der Sachverständigenrat wurde 1985 als „Sachverständigenrat für die Konzertierte Aktion im Gesundheitswesen" zur Unterstützung der **Konzertierten Aktion im Gesundheitswesen** eingerichtet. Zuständig war zunächst das BMAS; 1992 ist die Zuständigkeit auf das BMG übergegangen. Das GMG hat durch die Streichung des § 141 die Konzertierte Aktion abgeschafft, die bereits seit Mitte der 90er Jahre nicht mehr zusammengetreten war; die Normüberschrift ist insoweit teilweise veraltet. Seit dem 1.1.2004 gilt die Norm in ihrer jetzigen Fassung und trägt der Sachverständigenrat seinen heutigen Namen.

B. Berufung und Aufgaben

I. Berufung

2   Nach Abs. 1 besteht eine Verpflichtung des BMG zur Einberufung des Sachverständigenrats. Das Verfahren der **Berufung** ist nicht im Gesetz geregelt, sondern folgt den bereits im Rahmen der Konzertierten Aktion geltenden Üblichkeiten und ist in einem Errichtungserlass des BMG niedergelegt (Text bei *Hauck,* H/N, § 142 Rn. 5). Danach besteht der Rat aus sieben Mitgliedern, die über besondere medizinische, wirtschafts- oder sozialwissenschaftliche oder sozialrechtliche Kenntnisse und Erfahrungen verfügen müssen. Die Mitglieder werden vom Bundesminister für vier Jahre berufen; eine Wiederberufung ist zulässig. Sie dürfen nicht einer Regierung, einem Parlament oder – abgesehen von Hochschullehrern – dem öffentlichen Dienst angehören sowie nicht ein Wirtschaftsunternehmen oder einen Wirtschaftsverband vertreten. Üblicherweise werden Hochschullehrer der Fachrichtungen Medizin und Gesundheitsökonomie in den Rat berufen (zur aktuellen Besetzung und weiteren Informationen vgl. http://www.svr-gesundheit.de).

II. Aufgaben

3   Nach Abs. 2 und 3 hat der Sachverständigenrat die **Aufgabe,** alle zwei Jahre ein Gutachten zur Entwicklung der gesundheitlichen Versorgung mit ihren medizinischen und wirtschaftlichen Auswirkungen zu erstellen; eine Stellungnahme des BMG zu dem Gutachten ist vom Gesetz nicht mehr vorgesehen. Nach Abs. 2 S. 3 kann der Rat zudem mit der Erstellung von Sondergutachten beauftragt werden. Er wird dabei nach Abs. 1 S. 2 von einer Geschäftsstelle im BMG (mit Sitz in Bonn) unterstützt, die bereits seit 1986 besteht. Durch die Abschaffung der Konzertierten Aktion hat sich das Themenfeld für die Gutachten eher geweitet; nach Abs. 2 S. 2 sind rechtspolitische Empfehlungen ebenso möglich wie die Berücksichtigung der Entwicklung in anderen Zweigen der Sozialen Sicherung. Zu den seit 1987 erschienenen Gutachten vgl. die Angaben unter http://www.svr-gesundheit.de.

C. Funktion

4   Die Funktion des Sachverständigenrats ist die wissenschaftliche **Politikberatung,** die aufgrund ihres funktionalen und zielorientierten Ansatzes zu einer rationaleren Gestaltung der Gesundheitspolitik und insbesondere zur Auflösung politischer Blockaden beitragen kann (vgl. *Henke,* DÄBl. 2006, A-306 ff.). Allerdings bewegen sich derartige Gremien auch in einem Spannungsfeld von wissenschaftlicher Objektivität und politischer Parteilichkeit (vgl. dazu *Schwartz,* Forum für Gesundheitspolitik 2003, Januar/Februar: 6 ff.).

Sechstes Kapitel. Organisation der Krankenkassen

Erster Abschnitt. Arten der Krankenkassen

Erster Titel. Ortskrankenkassen

§ 143 Bezirk der Ortskrankenkassen

(1) Ortskrankenkassen bestehen für abgegrenzte Regionen.

(2) ¹Die Landesregierung kann die Abgrenzung der Regionen durch Rechtsverordnung regeln. ²Die Landesregierung kann die Ermächtigung auf die nach Landesrecht zuständige Behörde übertragen.

(3) Die betroffenen Länder können durch Staatsvertrag vereinbaren, dass sich die Region über mehrere Länder erstreckt.

Schrifttum: *N. Finkenbusch,* Die Träger der Krankenversicherung – Verfassung und Organisation, 5. Aufl. 2004; *J. Möller/H.-J. Papier,* Rechtsfragen des Zusammenschlusses von Allgemeinen Ortskrankenkassen; SGb 1994, 601–609; *P. Wigge,* Die Neuordnung der Organisationsstrukturen der Ortskrankenkassen durch das Gesundheitsstrukturgesetz, VSSR 1994, 131–177.

Inhaltsübersicht

	Rn.
A. Überblick	1
B. Regelungszusammenhang der Vorschrift	3
C. Regelungsinhalt der Vorschrift	4

A. Überblick

Das Sechste Kapitel regelt die Organisation der Krankenkassen. Es beginnt 1
mit § 143 und den **Organisationsvorschriften** über die Allgemeinen Ortskrankenkassen. Grundsatzvorschrift für das Sechste Kapitel ist § 4, der eine in Kassenarten gegliederte und körperschaftlich organisierte Krankenversicherung mit Selbstverwaltung festschreibt. Für folgende Kassenarten trifft das nachfolgende Kapitel – zT. weitgehend übereinstimmende – Organisationsregelungen: Allgemeine Ortskrankenkassen, Betriebskrankenkassen, Innungskrankenkassen, Ersatzkassen, Landwirtschaftliche Krankenkassen, Deutsche Rentenversicherung Knappschaft-Bahn-See.

Ergänzt wird das Sechste Kapitel neuerdings um die durch das GKV-WSG 2
neu eingeführten Vorschriften § 171a (Kassenartenübergreifende Vereinigung von Krankenkassen) und § 171b (Einführungsregelung zur Insolvenzfähigkeit von Krankenkassen), durch die **weitreichende Organisationsveränderungen** herbeigeführt werden sollen.

B. Regelungszusammenhang der Vorschrift

Gemäß Abs. 1 bestehen die Allgemeinen Ortskrankenkassen für **abgegrenzte** 3
Regionen und sind damit ausschließlich regional ausgerichtet. Abs. 2 sieht vor,

dass die Abgrenzung der Regionen durch Rechtsverordnung der Landesregierung oder der nach Landesrecht zuständigen Behörde erfolgt. Die Länder sind vor dem Hintergrund der Art. 30, 83, 87 Abs. 2 GG ermächtigt, **im Sinne vergrößerter Regionaleinheiten** eine staatsvertragliche Einigung zu treffen, wonach sich eine Zuständigkeitsregion einer Krankenkasse über die jeweiligen Landesgebiete erstreckt (Abs. 3).

C. Regelungsinhalt der Vorschrift

4   Die historisch gewachsene Funktion der Ortskrankenkassen als sog. Primär- oder Auffangkrankenkassen ist mit der ab 1. 1. 1996 in Kraft getretenen, ersten **wettbewerblichen Organisationsreform**, die eine generelle freie Kassenwahl für alle Versicherten eingeführt hat, entfallen (BGBl. I 1992, 2266). Seit Januar 1993 – dem Zeitpunkt der Neuregelung des § 143 – hat sich die Zahl der Ortskrankenkassen aufgrund des gesetzlich ableitbaren Interesses an einem wettbewerbstypischen Konzentrationsprozess stark reduziert. Am 1. 4. 2008 existierten **15 Ortskrankenkassen** mit insgesamt ca. 25 Mio. Versicherten (Quelle: www.aok.de). Davon sind zwei Ortskrankenkassen länderübergreifend (AOK Rheinland/Hamburg; AOK PLUS Sachsen/Thüringen) organisiert. Umgekehrt existieren innerhalb des Landes Nordrhein-Westfalens zwei Ortskrankenkassen (AOK Rheinland/Hamburg und AOK Westfalen-Lippe). Die einzelnen landesunmittelbaren Ortskrankenkassen nehmen insoweit zugleich die **Aufgaben eines Landesverbandes** wahr (§ 217 Abs. 2 a).

5   Die Vorschriften in § 143 zur regionalen Abgrenzung haben vor diesem Hintergrund an Bedeutung verloren, da zukünftig **nur noch freiwillige Vereinigungen** von Ortskrankenkassen (§ 144) über Ländergrenzen hinweg in Betracht kommen. Dieser Fall von Anwendungsbereich des § 143 abzugrenzen, der ursprünglich eine landesgrenzenunabhängige Bildung von regionalen Versorgungsstrukturen ermöglichen wollte. Aus der Vorschrift des § 143 lässt sich auch **keine Befugnis der Länder** ableiten, durch gemeinschaftliche Vereinbarung eine **bundesweite Allgemeine Ortskrankenkasse** zu schaffen. Die Bildung einer bundesunmittelbaren Ortskrankenkasse iSd. § 90 SGB IV kann jedoch durch eine freiwillige Vereinigung aller Ortskrankenkassen herbeigeführt werden. Insofern ist auf § 144 zu verweisen.

6   Zum gleichen Ergebnis kann nunmehr auch die **kassenartenübergreifende Vereinigung** einer Ortskrankenkasse mit einer bundesunmittelbaren Krankenkasse gemäß § 171 a führen. In diesem Fall ergibt sich jedoch – neben der veränderten kassenartinternen Wettbewerbssituation – vor dem Hintergrund des § 171 a Abs. 2 ein verändertes Haftungsgefüge mit der Konsequenz einer kassenartenübergreifenden „Doppelhaftung" der betroffenen Krankenkasse (vgl. Anmerkungen zu § 171 a Rn. 2 und § 155 Rn. 11 ff.).

§ 144 Freiwillige Vereinigung

(1) **Ortskrankenkassen können sich auf Beschluss ihrer Verwaltungsräte auch dann vereinigen, wenn sich der Bezirk der neuen Krankenkasse nach der Vereinigung über das Gebiet eines Landes hinaus erstreckt.**

(2) **Die beteiligten Krankenkassen fügen dem Antrag auf Genehmigung eine Satzung, einen Vorschlag zur Berufung der Mitglieder der Organe, ein Konzept**

zur Organisations-, Personal- und Finanzstruktur der neuen Krankenkasse einschließlich der Zahl und der Verteilung ihrer Geschäftsstellen sowie eine Vereinbarung über die Rechtsbeziehungen zu Dritten bei.

(3) **Die Aufsichtsbehörde genehmigt die Satzung und die Vereinbarung, beruft die Mitglieder der Organe und bestimmt den Zeitpunkt, an dem die Vereinigung wirksam wird.**

(4) ¹Mit diesem Zeitpunkt sind die bisherigen Krankenkassen geschlossen. ²Die neue Krankenkasse tritt in die Rechte und Pflichten der bisherigen Krankenkassen ein.

Schrifttum: *K.-J. Bieback,* Fusionen öffentlich-rechtlicher Körperschaften und § 613a BGB, PersR 2000, 13–18; *J. Bruns/H. Freter,* Rechtsfolgen der Vereinigung aller Krankenkassen in einem Landesverband zu einer Krankenkasse, KrV 1994, 107–109; *P. Wigge,* Die Neuordnung der Organisationsstrukturen der Ortskrankenkassen durch das Gesundheitsstrukturgesetz, VSSR 1994, 131–177.

Inhaltsübersicht
	Rn.
A. Allgemeiner Inhalt und Zweck der Vorschrift	1
B. Verfahren der Vereinigung	2
I. Beschlussfassung	3
II. Antrag auf Genehmigung	4
III. Genehmigung	7
IV. Keine Notwendigkeit eines Staatsvertrages	14
V. Folgen der Vereinigung	15

A. Allgemeiner Inhalt und Zweck der Vorschrift

Die Regelung lässt auf **freiwilliger Grundlage** – dh. durch Beschluss der jeweiligen Verwaltungsräte – eine Vereinigung von Ortskrankenkassen zu. Zweck einer solchen Vereinigung ist es, im **Interesse der Leistungsfähigkeit und Wirtschaftlichkeit** ausgewogene Risikostrukturen sowie die **Möglichkeit wettbewerblicher Gleichstellung** zu schaffen. Kassenartinterne Finanzausgleiche sollen vermieden werden (BT-Drs. 11/2237, 209). Die Möglichkeit zu darunter liegenden Kooperationsformen iSd. § 4 Abs. 3 (zB. Arbeitsgemeinschaften) bleibt unberührt. Im Ergebnis dient § 144 der Beitragssatzstabilität (vgl. §§ 71, 141 Abs. 2). Das Verfahren der Vereinigung ist in den Abs. 2 und 3, die Rechtsfolgen sind in Abs. 4 geregelt. Durch die Neureglungen des GKV-WSG in Abs. 2 sollen landesübergreifende Vereinigungen erleichtert werden (BT-Drs. 16/4247, 3). 1

B. Verfahren der Vereinigung

Eine Vereinigung mehrerer Ortskrankenkassen zu einer neuen Ortskrankenkasse setzt einen **übereinstimmenden Beschluss der Selbstverwaltung** bei den beteiligten Ortskrankenkassen voraus. Daneben bedarf es eines Antrags nach näherer inhaltlicher Maßgabe des Abs. 2 und der Genehmigung der zuständigen Aufsichtsbehörde. Insofern ist die staatliche Mitwirkung – anders als im Falle des § 145 – auf eine reine **Rechtskontrolle** beschränkt und subsidiär gegenüber der Entschließungsfreiheit der Selbstverwaltung. Anders als im Falle einer kassenartenübergreifenden Vereinigung nach § 171a kommt eine zusätzliche Rechtskontrolle durch die Kartellbehörden nicht in Betracht, da es insofern schon an einem Wettbewerbsverhältnis fehlt (zu den generellen Zweifeln an einer **kartellrecht-** 2 lichen **Fusionskontrolle** vgl. Anmerkung zu § 171 a Rn. 8). Wenngleich Gründe der Verwaltungseffizienz dafür sprechen können, ist es nicht erforderlich, dass die vereinigenden Ortskrankenkassen räumlich aneinandergrenzen (vgl. AOK Rheinland/Hamburg).

I. Beschlussfassung

3 Für den Vereinigungsbeschluss gelten die **allgemeinen Regelungen des § 64 SGB IV**. Die Beschlussfassung hat jeweils gesondert stattzufinden. In formeller Hinsicht muss die Beschlussfähigkeit festgestellt werden. Hierzu gehören – ggf. nach Maßgabe der einschlägigen **Satzungs- und Geschäftsordnungsvorschriften** – die ordnungsgemäße Ladung sowie die Anwesenheit und Stimmberechtigung der Mehrheit der Mitglieder. Der Vereinigungsbeschluss wird mit der einfachen Mehrheit der abgegebenen Stimmen getroffen. Eine satzungsmäßige Differenzierung nach Vertretern der Versicherten und Arbeitgeber ist ausgeschlossen (anders noch § 345 RVO aF.).

II. Antrag auf Genehmigung

4 Dem Antrag auf Genehmigung ist eine **Satzung** (vgl. § 194), ein **Vorschlag zur Berufung der Organmitglieder** (dh. der neue Verwaltungsrat gem. §§ 31 Abs. 3 a, 44 Abs. 4 SGB IV; jedoch nicht der Vorstand gem. § 35 a SGB IV) sowie **eine öffentlich-rechtliche Vereinbarung** über die Rechtsbeziehung zu Dritten (insbesondere §§ 69 bis 140 e) beizufügen. Das SGB V enthielt bisher keine darüber hinausgehenden inhaltlichen Vorgaben, die als Grundlage für die aufsichtsrechtliche Prüfung eines Vereinigungsbeschlusses dienen konnten. Angesichts der auf die Rechtsaufsicht beschränkten Kontrollmöglichkeiten sowie der Gestaltungsfreiheit der Selbstverwaltung war diese Begrenzung auf rein formale Gesichtspunkte auch nur konsequent. Ob und in welchem Umfang die beteiligten Krankenkassen Auswirkungen auf die Finanzausstattung, das Personal und die Organisationsstruktur in ihre Überlegungen einbezogen haben, wäre Gegenstand einer – gesetzlich nicht vorgesehenen – Zweckmäßigkeitskontrolle.

5 Dennoch hat der Gesetzgeber mit dem **GKV-WSG** eine **weitergehende Darlegungspflicht** vorgesehen, die die Transparenz des Meinungsbildungsprozesses innerhalb der an der Vereinigung beteiligten Krankenkassen für die zur Genehmigung der Vereinigung berufenen Aufsichtsbehörden verbessern und die Auswirkungen der Vereinigung verdeutlichen sollen (BT-Drs. 16/3100, 154). Deshalb ist gem. Abs. 2 dem Genehmigungsantrag künftig ein **Konzept über die Organisations-, Personal- und Finanzstruktur** der neuen Krankenkasse beizufügen. Aus den ebenfalls beizufügenden **Angaben über die Zahl und Verteilung der Geschäftsstellen der neuen Krankenkasse** soll sich entnehmen lassen, welche Auswirkungen die Vereinigung auf die Betreuung der Versicherten haben wird. Einen rechtlichen Prüfungsmaßstab für diese Angaben enthält die Vorschrift nicht, so dass die inhaltliche Erweiterung der Antragspflicht in der Praxis zu **Abgrenzungsschwierigkeiten** im Hinblick auf eine **Zweckmäßigkeitskontrolle** führen wird.

6 Die Regelung gilt nicht nur für die Vereinigungen von Ortskrankenkassen. Durch die Verweisungen in § 150 Abs. 2 S. 1, § 160 Abs. 1 S. 3 und § 168 a Abs. 1 S. 3 gilt sie auch für die Vereinigungen von Betriebs-, Innungs- und Ersatzkassen sowie aufgrund der Regelung in § 171 a Abs. 1 S. 4 auch für die seit dem 1. 4. 2007 möglichen **kassenartenübergreifenden Vereinigungen** von Krankenkassen.

III. Genehmigung

Für das Genehmigungsverfahren sind die Aufsichtsbehörden der an der Vereinigung beteiligten Kassen zuständig. Angesichts der vorhandenen Landesstruktur bei den Ortskrankenkassen handelt es sich daher in der Regel um **mehrere Aufsichtsbehörden** in unterschiedlichen Ländern. Um den Vereinigungsprozess von Ortskrankenkassen nicht zu erschweren, müssen die Aufsichtsbehörden **eng zusammenarbeiten**. Eine gesetzliche Konkretisierung wurde hierzu nicht getroffen. Für die Genehmigung der Satzung und der Vereinbarung über Rechtsbeziehungen zu Dritten sowie für die Berufung der vorgeschlagenen Organmitglieder und die Bestimmung des Zeitpunkts der Wirksamkeit der Vereinigung ist indessen nur die **Aufsichtsbehörde der neu entstehenden Krankenkasse** zuständig (Abs. 3: „*Die Aufsichtsbehörde...*"). 7

Da das Gestaltungsrecht der Selbstverwaltung sowie die damit verbundenen wettbewerblichen Erwägungen Vorrang vor unmittelbar staatlichem Einfluss genießen, ist im Zweifel der Umfang der **aufsichtsrechtlichen Kontrollmöglichkeiten restriktiv** zu bewerten. Dies führt zu der Folgerung, dass eine Genehmigung der jeweiligen Aufsichtsbehörden nach § 144 Abs. 1 keine Ermessensentscheidung ist und sich auf die **Rechtskontrolle** beschränken muss (aA.: *Wigge*, VSSR 1994, 131/154; *Baier, Krauskopf*, § 144 Rn. 6). 8

Gem. § 172 haben die Aufsichtsbehörden vor einer Entscheidung über die Genehmigung die Verbände (auf Bundesebene ab dem 1. 1. 2009 deren Rechtsnachfolger; vgl. § 212 f) der beteiligten Krankenkassen **anzuhören** (§ 172). Angesichts des aufgrund von § 265 a (Finanzhilfen in besonderen Notlagen, zur Erhaltung der Wettbewerbsfähigkeit und zur Entschuldung; tritt am 31. 12. 2008 außer Kraft) und § 155 bestehenden **kassenarteninternen Haftungsgeflechts** besteht diese Pflicht auch – trotz der Entkörperschaftung der Bundesverbände (vgl. § 212 f) – über den 31. 12. 2008 hinaus fort. Sinnvoll erscheint es, bereits dem Antrag eine Stellungnahme des jeweiligen Verbandes beizufügen. 9

Kommt die Aufsichtsbehörde zu dem Ergebnis, dass der Antrag einschließlich der beigefügten Unterlagen rechtlich nicht zu beanstanden ist, ist sowohl der Vereinigungsbeschluss als auch die Satzung und die Vereinbarung über die Rechtsbeziehungen zu Dritten zu **genehmigen**. Zusätzlich beruft die Aufsichtsbehörde die vorgeschlagenen Organmitglieder des Verwaltungsrats und bestimmt den Zeitpunkt der Wirksamkeit der Vereinigung (Abs. 3). 10

Bei der Genehmigung handelt es sich um einen **rechtsgestaltenden Verwaltungsakt,** der nach seiner Bestandkraft nicht mehr zurückgenommen oder durch Anfechtungsklage aufgehoben werden kann (BSG, NZA 1987, 685/686). Eine etwaige **Rückabwicklung** des Vereinigungsvertrages nach den Grundsätzen der fehlerhaften Gesellschaft (vgl. *Hänlein*, H/K, § 144 Rn. 15) kommt angesichts des ausschließlich öffentlich-rechtlichen Charakters und der aufsichtsrechtlichen Prüfung **nicht in Betracht**. 11

Eine ablehnende Genehmigungsentscheidung kann – nach vorangegangener Anhörung mit dem Ziel einer Einigung – auf dem **Sozialrechtsweg** angegriffen werden (§ 54 SGG). Angesichts der Beteiligung mehrerer Aufsichtsbehörden kann es hierzu divergierenden Verfahren bzw. Rechtsauffassungen kommen. Eines Vorverfahrens bedarf es nicht (§ 78 Abs. 1 S. 2 Nr. 3 SGG). 12

Zur (Nicht-)Anwendbarkeit der Vorschriften über eine **kartellrechtliche Zusammenschlusskontrolle** (§§ 35 ff GWB) vgl. die Anmerkungen zu § 171 a Rn. 8. 13

IV. Keine Notwendigkeit eines Staatsvertrages

14 Der Gesetzgeber stellt in seiner Begründung zur Neufassung des § 144 im Rahmen des GKV-WSG klar, dass ein Staatsvertrag der beteiligten Länder bei der freiwilligen Vereinigung von Ortskrankenkassen **nicht erforderlich** ist. Das gegenteilige Vorgehen entsprach trotz fehlender rechtlicher Notwendigkeit der bisherigen Praxis. Eine Fortführung dieser Praxis würde bei länderübergreifenden Vereinigungen von Ortskrankenkassen zu unterschiedlichen Anforderungen führen, je nachdem ob es sich um eine kassenarteninterne oder um eine kassenartenübergreifende Vereinigung handelt, da in § 171a ein Staatsvertragserfordernis bei den seit dem 1. 4. 2007 möglichen kassenartenübergreifenden Vereinigungen von Krankenkassen nicht vorgesehen ist (vgl. BT-Drs. 16/3100, 154).

V. Folgen der Vereinigung

15 Bei einer länderübergreifenden Vereinigung kann die neue Kasse – abweichend von der bisherigen Organisationsform – eine **bundesunmittelbare** Krankenkasse werden. Sie unterliegt dann der Aufsicht des Bundesversicherungsamtes (§ 90 SGB IV). Nur wenn sich der Bezirk der neuen Krankenkasse nicht über das Gebiet von mehr als drei Ländern hinaus erstreckt, bleibt die Ortskrankenkasse nach Art. 87 Abs. 2 S. 2 GG **landesunmittelbar**, da sich die erforderliche Festlegung des aufsichtsführenden Landes aus dem Staatsvertrag der Länder über die Bestimmung aufsichtsführender Länder nach Art. 87 Abs. 2 S. 2 GG ergibt.

16 Zum Zeitpunkt der aufsichtsbehördlichen Bestimmung gemäß Abs. 3 entsteht die **neue Ortskrankenkasse**. Gleichzeitig sind die bisherigen Ortskrankenkassen **geschlossen** und verlieren ihre Rechtsfähigkeit. Die neue Ortskrankenkasse übernimmt als deren Gesamtrechtsnachfolgerin alle Rechte und Pflichten (zB. Mitglieder, Beschäftigungsverhältnisse, Vermögens- und Vertragsverhältnisse; vgl. *Bieback,* PersR 2000, 13 f; *Bruns/Freter,* KrV 1994, 107 f).

§ 145 Vereinigung innerhalb eines Landes auf Antrag

(1) **Die Landesregierung kann auf Antrag einer Ortskrankenkasse oder des Landesverbandes durch Rechtsverordnung einzelne oder alle Ortskrankenkassen des Landes nach Anhörung der betroffenen Ortskrankenkassen und ihrer Landesverbände vereinigen, wenn**
1. **durch die Vereinigung die Leistungsfähigkeit der betroffenen Krankenkassen verbessert werden kann oder**
2. **der Bedarfssatz einer Ortskrankenkasse den durchschnittlichen Bedarfssatz aller Ortskrankenkassen auf Bundes- oder Landesebene um mehr als 5 vom Hundert übersteigt. § 313 Abs. 10 Buchstabe a gilt entsprechend.**

(2) **Die Landesregierung vereinigt auf Antrag des Landesverbandes durch Rechtsverordnung einzelne oder alle Ortskrankenkassen des Landes nach Anhörung der betroffenen Ortskrankenkassen und ihrer Landesverbände, wenn**
1. **die Voraussetzungen nach Absatz 1 erfüllt sind und**
2. **eine freiwillige Vereinigung innerhalb von zwölf Monaten nach Antragstellung nicht zustande gekommen ist. Erstreckt sich der Bezirk nach der Vereinigung der Ortskrankenkassen über das Gebiet eines Landes hinaus, gilt § 143 Abs. 3 entsprechend.**

(3) ¹Bedarfssatz ist das Verhältnis der Ausgaben für Leistungen zur Summe der beitragspflichtigen Einnahmen der Mitglieder im abgelaufenen Geschäftsjahr. ²Die Ausgaben sind zu mindern um die von Dritten erstatteten Ausgaben für Leistungen, um die Ausgaben für Mehr- und Erprobungsleistungen sowie für Leistungen, auf die kein Rechtsanspruch besteht, und um den nach § 266 erhaltenen Risikostrukturausgleich. ³Zu den Ausgaben zählt auch der zu tragende Risikostrukturausgleich nach § 266.

§ 146 Verfahren bei Vereinigung innerhalb eines Landes auf Antrag

(1) Werden Ortskrankenkassen nach § 145 vereinigt, legen sie der Aufsichtsbehörde eine Satzung, einen Vorschlag zur Berufung der Mitglieder der Organe und eine Vereinbarung über die Neuordnung der Rechtsbeziehungen zu Dritten vor.

(2) Die Aufsichtsbehörde genehmigt die Satzung und die Vereinbarung, beruft die Mitglieder der Organe und bestimmt den Zeitpunkt, an dem die Vereinigung wirksam wird.

(3) ¹Mit diesem Zeitpunkt sind die bisherigen Krankenkassen geschlossen. ²Die neue Krankenkasse tritt in die Rechte und Pflichten der bisherigen Krankenkassen ein.

(4) ¹Kommen die beteiligten Krankenkassen ihrer Verpflichtung nach Absatz 1 nicht innerhalb einer von der Aufsichtsbehörde gesetzten Frist nach, setzt die Aufsichtsbehörde die Satzung fest, bestellt die Mitglieder der Organe, regelt die Neuordnung der Rechtsbeziehungen zu Dritten und bestimmt den Zeitpunkt, an dem die Vereinigung wirksam wird. ²Absatz 3 gilt.

Schrifttum: *J. Dürschke,* Klagearten und einstweiliger Rechtsschutz im Rahmen des Verfahrens bei der Vereinigung von Krankenkassen auf Antrag, SGb 1996, 631–634; *C. Waibel,* Vereinigung von Sozialversicherungsträgern, ZfS 2003, 255–237.

Inhaltsübersicht

		Rn.
A.	Überblick	1
B.	Anwendungsbereich	2
C.	Rechtsnatur der Vereinigung auf Antrag	3
D.	Voraussetzungen und Charakter der Zwangsvereinigung	4
	I. Stärkung der Leistungsfähigkeit	5
	II. Bedarfssatzüberschreitung	6
	III. Selbe Kassenart im selben Bundesland	8
	IV. Keine freiwillige Vereinigung	9
E.	Verfahren der Zwangsvereinigung	10
F.	Rechtsschutz	11

A. Überblick

Die §§ 145, 146 regeln die (kassenartinterne) zwangsweise Vereinigung von Krankenkassen auf Antrag. Die Regelung des § 145 soll dazu dienen, Wettbewerbsverzerrungen zwischen den Kassenarten abzubauen und mehr Beitragsgerechtigkeit herzustellen (vgl. BT-Drs. 12/3608, 108). Abs. 2 trägt dabei dem Selbstverwaltungsrecht Rechnung. § 146 regelt lediglich das Verfahren und die Rechtsfolgen der Vereinigung.

1

B. Anwendungsbereich

2   Die Regeln der §§ 145, 146 gelten nicht nur im Bereich der **Ortskrankenkassen**. Sofern sich eine **Betriebskrankenkasse** (durch entsprechende Satzungsregelung; vgl. § 173 Abs. 2) dem GKV-Mitgliederwettbewerb stellt, gelten für sie dieselben Bedingungen wie für alle anderen, so ggf. auch das Risiko der Zwangsvereinigung (vgl. § 150 Abs. 2 S. 2 Hs. 1). Das gleiche gilt für **Innungskrankenkassen**, allerdings unabhängig davon, ob die Kasse im Wettbewerb steht (vgl. § 160 Abs. 3). Daneben richtet sich auch (mit gewissen Abänderungen) die Zwangsvereinigung von **Ersatzkassen** nach den §§ 145, 146 (§ 168 a Abs. 2; vgl. insoweit BT-Drs. 12/3608, 112; aA. *Baier,* Krauskopf, § 168 a Rn. 7: ein Verweis bestehe nur auf § 145 Abs. 1 und 146).

C. Rechtsnatur der Vereinigung auf Antrag

3   Lässt sich bei in wirtschaftliche Schieflage gebrachten Krankenkassen (bzw. deren Landesverbänden) keine die Leistungsfähigkeit verbessernde freiwillige Vereinigung herbeiführen, ermöglicht es § 145 die Vereinigung mit anderen Kassen derselben Kassenart zu erzwingen. Eine **Rechtsverordnung** der Landesregierung ersetzt hierbei die im Fall der freiwilligen Vereinigung erforderliche genehmigungsbedürftige Vereinigungsabrede (vgl. § 144 Rn. 2). Dennoch verbleibt den Vereinigungspartnern die Möglichkeit, zumindest die Details des Vereinigungsvertrages einvernehmlich zustande zu bringen. Im Fall eines Scheiterns kommt es allerdings zu einem erneuten Akt der **Ersatzvornahme** (siehe § 146 Abs. 4).

D. Voraussetzungen und Charakter der Zwangsvereinigung

4   Die §§ 145, 146 unterscheiden zwei Formen der Zwangsvereinigung: die **Ermessensvereinigung** (§ 145 Abs. 1) sowie die **zwingende Vereinigung** (145 Abs. 2). Neben dem in beiden Fällen erforderlichen Vereinigungsantrag (vgl. § 207) gelten im Wesentlichen für beide Varianten dieselben materiellen Voraussetzungen. Allerdings müssen diese im Fall des § 145 Abs. 1 nur alternativ, bei § 145 Abs. 2 aber kumulativ vorliegen. Die Zwangsvereinigung durch Rechtsverordnung ist Ausdruck der Organisationsgewalt des Staates, der über Aufbau und Gliederung des Sozialversicherungssystems grundsätzlich frei und ohne Bindung an bestehende Strukturen entscheiden kann (*Wigge,* NZS 1996, 504/506). Insofern stehen die §§ 145, 146 in einem Spannungsverhältnis zu den wettbewerblich bzw. privatwirtschaftlich ausgerichteten Vorschriften der §§ 171 a und b.

I. Stärkung der Leistungsfähigkeit

5   Gem. **§ 145 Abs. 1 Nr. 1 bzw. Abs. 2 Nr. 1** muss die Vereinigung zu einer Stärkung der Leistungsfähigkeit führen können. Die **Leistungsfähigkeit** einer Krankenkasse beschreibt ihre finanzielle Fähigkeit, sich annähernd im durchschnittlichen Beitrags- und Leistungsniveau der Vergleichskassen halten zu können (BSG, SozR 2200, § 250 RVO Nr. 10, 40). Eine Verbesserung kann zB. erwartet werden, wenn die neue Kasse durch die Bildung größerer Verwaltungseinheiten Kosten sparen und somit wirtschaftlicher arbeiten oder gegenüber einer konkurrierenden Kasse eine anderen Kassenart im Wettbewerb eine stärkere Position

erlangen kann (BSGE 83, 118/125 f.). Vor dem Hintergrund der ab dem 1. 1. 2009 geltenden Finanzierungsgrundlagen sowie des geänderten Beitragsrechts (§§ 241 f.) dürften zumindest für einen Übergangszeitraum erhöhte Schwierigkeiten bei der Feststellung der Leistungsfähigkeit bestehen. Die hinzutretende Pflicht zur Kapitalstockbildung (§ 171 b) sowie die Begrenzung des Zusatzbeitrags führen zu weiteren wirtschaftlichen Unwägbarkeiten.

II. Bedarfssatzüberschreitung

Nach **§ 145 Abs. 1 Nr. 2 bzw. Abs. 2 Nr. 1** ist die Vereinigung ebenfalls zulässig, wenn der Bedarfssatz einer Ortskrankenkasse um mehr als 5 % vom Bundes- oder Landessschnitt abweicht. Bei einer solchen **Bedarfssatzüberschreitung** wird unterstellt, dass die betreffende Kasse notleidend ist. Bei dem Hinweis auf die entsprechende Geltung des § 313 Abs. 10 lit. a (Abs. 1 Nr. 2) handelt es sich um ein redaktionelles Versehen, da § 313 durch das GKV-WSG aufgehoben wurde (vgl. BGBl. I 2007, 378/437).

6

Nach **§ 145 Abs. 3 S. 1** ist der **Bedarfssatz** das Verhältnis der Ausgaben für Leistungen zur Summe der beitragspflichtigen Einnahmen der Mitglieder im abgelaufenen Geschäftsjahr. Die Ausgaben (einschließlich des Beitrages zum Risikostrukturausgleich nach § 266, vgl. Abs. 3 S. 3) sind gem. Abs. 3 S. 2 zunächst um die von Dritten zu erstattenden Ausgaben für Leistungen (zB. Erstattungen nach §§ 102 ff. SGB X) zu mindern (hierzu *Baier*, Krauskopf, § 145 Rn. 21). Daneben sind auch die Ausgaben für satzungsmäßige Mehr- und Erprobungsleistungen, Prämien- und Bonusleistungen (§§ 53, 65 a) sowie für Leistungen, auf die kein Rechtsanspruch besteht (jedoch nicht: Anschubfinanzierung nach § 140 d Abs. 1) abzusetzen. Schließlich müssen auch Einnahmen aus dem Risikostrukturausgleich angerechnet werden.

7

III. Selbe Kassenart im selben Bundesland

Ferner ist Voraussetzung einer Zwangsvereinigung, dass die Kassen derselben Kassenart angehören und im selben Bundesland angesiedelt sind. Insofern kommt eine zwangsweise Vereinigung nur noch für die beiden Ortskrankenkassen in Nordrhein-Westfalen in Betracht. Für Ortskrankenkassen aus zwei Ländern kommt nur eine zwingende Vereinigung nach Abs. 2 in Betracht. Der Verweis auf § 143 Abs. 3 stellt klar, dass hierzu ein Staatsvertrag notwendig ist, da die neu entstehende Ortskrankenkasse über das Gebiet eines Landes hinausreicht.

8

IV. Keine freiwillige Vereinigung

Die zwingende Vereinigung nach § 145 Abs. 2 setzt zusätzlich noch voraus, dass innerhalb von 12 Monaten nach Antragsstellung keine **freiwillige Vereinigung nach § 144** zustande gekommen ist.

9

E. Verfahren der Zwangsvereinigung

Das Verfahren der Zwangsvereinigung gliedert sich in zwei Abschnitte: Zum einen bedarf es der **Ersetzung der Vereinigungsabrede**. Durch Antrag einer Ortskrankenkasse (obsolet: oder „ihres Landesverbandes") wird das Verfahren ein-

10

geleitet. Die Landesregierung entscheidet durch eine **Rechtsverordnung.** Im Fall der Vereinigung nach Abs. 1 hat die Landesregierung einen Ermessensspielraum, wohingegen sie im Fall des Abs. 2 zum Erlass einer entsprechenden Rechtsverordnung verpflichtet ist. Die **näheren Modalitäten** der Vereinigung regeln die Kassen selbst durch Vertrag.

F. Rechtsschutz

11 Die Frage nach dem Rechtsschutz der Krankenkassen war lange problematisch (vgl. *Schnapp,* VSSR 1974, 191/197; *Dürschke,* SGb 1996, 631/631 f). Das BSG vertritt inzwischen aber die Auffassung, dass die Unwirksamkeit einer durch Rechtsverordnung der Landesregierung herbeigeführten Vereinigung von Krankenkassen von den bisherigen Kassen durch **Feststellungsklage** bei den Sozialgerichten geltend gemacht werden kann (BSGE 83, 118/121 f. mwN.; anders noch BSGE 48, 42/44).

§ 146 a Schließung

¹**Eine Ortskrankenkasse wird von der Aufsichtsbehörde geschlossen, wenn ihre Leistungsfähigkeit nicht mehr auf Dauer gesichert ist.** ²**Die Aufsichtsbehörde bestimmt den Zeitpunkt, an dem die Schließung wirksam wird.** ³**§ 155 und § 164 Abs. 2 bis 5 gelten entsprechend.**

Schrifttum: *Gaßner/Hager,* Die Schließung von Krankenkassen wegen Überschuldung, NZS 2004, 632–638; *F. E. Schnapp,* Kassenschließung trotz fehlerfreier Errichtung?, NZS 2002, 449–454.

Inhaltsübersicht
                                                                        Rn.
A. Überblick 1
B. Schließung einer Ortskrankenkasse, S. 1 2
C. Abwicklung der Geschäfte und Haftung, S. 3 iVm. §§ 155, 164 Abs. 2–5 . 4

A. Überblick

1 Sinn und Zweck des § 146 a ist die Möglichkeit der Schließung einer nicht leistungsfähigen Ortskrankenkasse, die seit dem 1. 1. 1996 auch dem allgemeinen Wettbewerb unterliegt (siehe *Engelhard,* H/N, § 146 a Rn. 1 a). Die Regelung des § 146 a entspricht teilweise den §§ 153 (Schließung einer Betriebskrankenkasse), 163 (Schließung einer Innungskrankenkasse) sowie 170 (Schließung einer Ersatzkasse).

B. Schließung einer Ortskrankenkasse, S. 1

2 Voraussetzung für die Schließung einer Ortskrankenkasse durch die Aufsichtsbehörde ist, dass die **Leistungsfähigkeit** (vgl. Anm. zu § 145,146 Rn. 5) nicht mehr auf Dauer gesichert ist. Dies ist – unter Rückgriff auf den bis zum 31. 12. 2005 geltenden § 147 Abs. 1 Nr. 3 – dann der Fall, wenn der Bedarfssatz (§ 145 Abs. 3) den Landesdurchschnitt um mehr als 10 % oder den Bundesdurchschnitt aller Kassenarten um mehr als 12,5 % überschreitet (vgl. BSG v. 23. 11. 1995, 1 RR 1/95 sowie

Engelhard, SGb 1992, 534/534 f. mwN.). Die Beurteilung der **Dauerhaftigkeit** der Leistungsfähigkeit beinhaltet – nicht zuletzt wegen der ab dem 1.1.2009 geänderten Finanzierungsgrundlagen – starke Prognoseelemente (*Gaßner/Hager,* NZS 2004, 632/634). Andere Schließungsgründe als die nicht dauerhaft gesicherte Leistungsfähigkeit kommen bei den Ortskrankenkassen nicht in Betracht (anders bei den Betriebs- und Innungskrankenkassen, vgl. §§ 153 S. 1 Nr. 1 und 2, 163 S. 1 Nr. 1 und 2 SGB V). Die Möglichkeit der Aufsichtsbehörden, durch die Anordnung einer Erhöhung des Beitrags die dauerhafte Leistungsfähigkeit zu sichern, wird angesichts der geänderten Finanzierungsvorschriften (vgl. §§ 220, 241 f, 266) kein geeignetes Mittel mehr zur Verhinderung einer Schließung sein.

Bei Vorliegen der Schließungsvoraussetzungen hat die Aufsichtsbehörde **keinen Ermessensspielraum**. Den Zeitpunkt der Schließung bestimmt die Aufsichtsbehörde durch einen gerichtlich umfassend nachprüfbaren Verwaltungsakt (vgl. *Bloch,* GK-SGB V, § 146 a Rn. 14). Eine Schließungsanordnung nach § 146 a SGB V ist **subsidiär** gegenüber der Maßnahme einer freiwilligen oder zwangsweisen Vereinigung nach den §§ 144 oder 145 SGB V. Die Subsidiarität folgt aus den Grundsätzen, dass eine Vereinigung dem Gedanken der Selbstverwaltung bzw. der staatlichen Funktionsgewährleistungsverantwortung eher entspricht.

C. Abwicklung der Geschäfte und Haftung, S. 3 iVm. §§ 155, 164 Abs. 2–5

Für die **Abwicklung der Geschäfte** und die Haftung für Verpflichtungen gilt 4 § 155 entsprechend (siehe hierzu § 155 Rn. 11 ff.). Im Hinblick auf die beabsichtigte **Einführung der Insolvenzfähigkeit aller Krankenkassen** (vgl. § 171 b) stellt sich die Frage, in welchem Verhältnis zukünftig **Schließungs- und Insolvenzrecht** stehen sollen (näher dazu: *Gaßner/Hager,* NZS 2004, 632/634 f.). In Anbetracht des § 171 b ist davon auszugehen, dass für die aufsichtsrechtliche Schließungspflicht veränderte, nämlich strengere und auf Vermeidung drohender Insolvenzen gerichtete Voraussetzungen entstehen. Auch der geltende Grundsatz, dass die Aufsicht primär im öffentlichen Interesse, nicht aber im Interesse von eventuell geschädigten Dritten besteht, wird nicht mehr aufrechtzuerhalten sein. Ordnungspolitisch stellt sich schließlich die Frage, ob die zum Schließungsrecht gehörenden und systemimmanenten Ersatzhaftungen durch die jeweiligen Kassenarten (vgl. § 155) oder eine kassenartübergreifende Ersatzhaftung mit dem allgemeinen Insolvenzsystem kompatibel sind. Folglich muss die **Umsetzung des § 171 b** zu einem „**sozialrechtlichen Insolvenz- und Schließungssystem**" führen; näheres § 171 b Rn. 22 ff. mit Vorrang des Schließungsrechts.

Zweiter Titel. Betriebskrankenkassen

§ 147 Errichtung

(1) **Der Arbeitgeber kann für einen oder mehrere Betriebe eine Betriebskrankenkasse errichten, wenn**
1. in diesen Betrieben regelmäßig mindestens 1000 Versicherungspflichtige beschäftigt werden und
2. ihre Leistungsfähigkeit auf Dauer gesichert ist.

(2) ¹Bei Betriebskrankenkassen, deren Satzung keine Regelung nach § 173 Abs. 2 Satz 1 Nr. 4 enthält, kann der Arbeitgeber auf seine Kosten die für die

Führung der Geschäfte erforderlichen Personen bestellen. ²Nicht bestellt werden dürfen Personen, die im Personalbereich des Betriebes oder Dienstbetriebes tätig sein dürfen. ³Wird eine Betriebskrankenkasse nach dem 31. Dezember 1995 errichtet, ist in der dem Antrag auf Genehmigung nach § 148 Abs. 3 beigefügten Satzung zu bestimmen, ob der Arbeitgeber auf seine Kosten das Personal bestellt. ⁴Lehnt der Arbeitgeber die weitere Übernahme der Kosten des für die Führung der Geschäfte erforderlichen Personals durch unwiderrufliche Erklärung gegenüber dem Vorstand der Krankenkasse ab, übernimmt die Betriebskrankenkasse spätestens zum 1. Januar des auf den Zugang der Erklärung folgenden übernächsten Kalenderjahres die bisher mit der Führung der Geschäfte der Betriebskrankenkasse beauftragten Personen, wenn diese zustimmen. ⁵Die Betriebskrankenkasse tritt in die Rechte und Pflichten aus den Dienst- oder Arbeitsverhältnissen der übernommenen Personen ein; § 613 a des Bürgerlichen Gesetzbuchs ist entsprechend anzuwenden. ⁶Neueinstellungen nimmt vom Tag des Zugangs der Erklärung nach Satz 4 an die Betriebskrankenkasse vor. ⁷Die Sätze 4 bis 6 gelten entsprechend, wenn die Betriebskrankenkasse in ihrer Satzung eine Regelung nach § 173 Abs. 2 Satz 1 Nr. 4 vorsieht, vom Tag des Wirksamwerdens dieser Satzungsbestimmung an.

(3) ¹Betriebskrankenkassen, deren Satzung am 1. Januar 2004 eine Regelung nach § 173 Abs. 2 Satz 1 Nr. 4 enthält, und bei denen der Arbeitgeber die Kosten des für die Führung der Geschäfte erforderlichen Personals trägt, übernehmen spätestens bis zum 31. Dezember 2004 die mit der Führung der Geschäfte beauftragten Personen, wenn diese zustimmen. ²Absatz 2 Satz 5 gilt entsprechend. ³Neueinstellungen nimmt ab dem 1. Januar 2004 die Betriebskrankenkasse vor.

(4) ¹Absatz 1 gilt nicht für Betriebe, die als Leistungserbringer zugelassen sind oder deren maßgebliche Zielsetzung die Wahrnehmung wirtschaftlicher Interessen von Leistungserbringern ist, soweit sie nach diesem Buch Verträge mit den Krankenkassen oder deren Verbänden zu schließen haben. ²Satz 1 gilt nicht für Leistungserbringer, die nicht überwiegend Leistungen aufgrund von Verträgen mit den Krankenkassen oder deren Verbänden erbringen.

§ 148 Verfahren bei Errichtung

(1) ¹Die Errichtung der Betriebskrankenkasse bedarf der Genehmigung der nach der Errichtung zuständigen Aufsichtsbehörde. ²Die Genehmigung darf nur versagt werden, wenn eine der in § 147 Abs. 1 genannten Voraussetzungen nicht vorliegt oder die Krankenkasse zum Errichtungszeitpunkt nicht 1000 Mitglieder haben wird.

(2) ¹Die Errichtung bedarf der Zustimmung der Mehrheit der im Betrieb Beschäftigten. ²Die Aufsichtsbehörde oder die von ihr beauftragte Behörde leitet die Abstimmung. ³Die Abstimmung ist geheim.

(3) ¹Der Arbeitgeber hat dem Antrag auf Genehmigung eine Satzung beizufügen. ²Die Aufsichtsbehörde genehmigt die Satzung und bestimmt den Zeitpunkt, an dem die Errichtung wirksam wird.

Schrifttum: *H. Bauer,* AOK oder BKK − Aktuelle Rechtsprechung des BSG zur Selbständigkeit/Unselbständigkeit von Betrieben, DOK 1991, 283−287; *C. Brüning/R. Wank,* Der Übergang des Personals von Betriebskrankenkassen nach § 147 Abs. 2 SGB V, ZfA 1995, 699−745; *W. Engelhard,* Errichtung von Betriebs- und Innungskrankenkassen nach dem SGB V, SGb 1992, 534−538; *K. Friede,* Die Betriebskrankenkassen in der Bundesrepublik Deutschland, 3. Aufl. 1987; *F. E. Schnapp,* Die Rechtsstellung geöffneter und „virtueller" Krankenkassen, NZS 2004, 113−120.

Inhaltsübersicht

Rn.
- A. Überblick, Errichtungsmoratorium 1
- B. Errichtung von Betriebskrankenkassen, §§ 147, 148 2
  - I. Rechtsnatur der Errichtung 3
  - II. Voraussetzungen der Errichtung 4
    1. Einheit des Arbeitgebers...................... 5
    2. Einheit des Betriebes 9
    3. Mitgliederpotential 10
    4. Leistungsfähigkeit......................... 11
    5. Zustimmung der Beschäftigten (Mehrheitserfordernis) 13
  - III. Genehmigung, § 148 14
- C. Personal von Betriebskrankenkassen, § 147 Abs. 2, 3 17
- D. Ausschluss des Errichtungsrechts, § 147 Abs. 4 19

A. Überblick, Errichtungsmoratorium

§ 147 regelt die Errichtung einer BKK. Abs. 1 gibt dem Arbeitgeber unter bestimmten Voraussetzungen das Recht zur Gründung einer „eigenen" BKK. Die Abs. 2 und 3 treffen arbeitsrechtliche Regelungen zum Personal der BKK. Abs. 4 hingegen grenzt Leistungserbringer von dem Recht auf Errichtung einer BKK aus. § 148 ergänzt § 147 um Verfahrensregeln bei der Errichtung, enthält aber selbst auch noch Errichtungsvoraussetzungen. Mit §§ 147, 148 weitgehend übereinstimmende Regelungen für die Errichtung einer IKK finden sich in den §§ 157, 158. 1

Die Vorschriften über die Errichtung von Betriebs- und Innungskrankenkassen haben ua. durch das „Gesetz zu Übergangsregelungen zur Neuorganisation der vertragsärztlichen Selbstverwaltung und Organisation der Krankenkassen" (VA-NeuOÜG; Art. 35 des GMG v. 14.11.2003, zuletzt geändert durch Gesetz v. 26.3.2007, BGBl. I, 378) erheblich an praktischer Bedeutung verloren. § 7 VA-NeuOÜG **(Moratorium für die Öffnung neu errichteter BKKn und IKKn)** untersagt neu errichteten Betriebs- und Innungskrankenkassen bis zum 31.12. 2008 eine wettbewerbliche Öffnung durch Satzungsregelung nach § 173 Abs. 2 S. 1 Nr. 4. Als Begründung wird angeführt, neu errichtete BKKn zögen insbesondere Mitglieder mit günstigen Risikostrukturen an sich und trügen damit zu einem Ungleichgewicht in der Verteilung der Versichertenrisiken bei. Die entsprechenden finanziellen Wirkungen könnten erst mit Einführung des morbiditätsorientierten Risikostrukturausgleichs kompensiert werden (vgl. Gesetzesbegründung zu Art. 35 § 7 GMG, BT-Drs. 15/1525). Seit Einführung der Kassenwahlfreiheit ist die Anzahl der BKKn stetig zurückgegangen; Grund sind vor allem freiwillige Vereinigungen kleinerer BKKn zu größeren Verwaltungseinheiten. Am 1.4.2008 existierten 170 BKKn mit ca. 14 Millionen Versicherten (Quelle: www.bkk.de).

B. Errichtung von Betriebskrankenkassen, §§ 147, 148

Errichtung ist die **Gründung einer Krankenkasse als juristische Person des öffentlichen Rechts durch öffentlich-rechtliches Rechtsgeschäft**, das durch staatlichen Hoheitsakt in Wirkung tritt (vgl. *Hänlein*, H/K, § 147, 148 Rn. 2). 2

I. Rechtsnatur der Errichtung

3 Die Errichtung einer BKK erfolgt durch **einseitige Erklärung** des Arbeitgebers. Da BKKn gem. § 4 Abs. 1 rechtsfähige Körperschaften des öffentlichen Rechts mit Selbstverwaltung sind, handelt es sich bei der Errichtung durch den Arbeitgeber um einen seltenen Fall der Errichtung einer öffentlich-rechtlichen Körperschaft durch eine Privatperson (*Schnapp*, HS-KV, § 49 Rn. 99).

II. Voraussetzungen der Errichtung

4 In § 147 Abs. 1 finden sich die allgemeinen Voraussetzungen zur Errichtung einer BKK. Daneben sind die Voraussetzungen des § 148 zu beachten.

1. Einheit des Arbeitgebers

5 Nach dem **„Grundsatz der Einheit des Arbeitgebers"** (vgl. BSGE 18, 190/194) kann nur ein Arbeitgeber für einen oder mehrere Betriebe eine BKK errichten. Danach soll die Errichtung einer gemeinsamen BKK für Betriebe mehrerer Arbeitgeber ausscheiden. Angesichts der zunehmenden Durchbrechung dieses Einheitsgebotes aufgrund der Konzentration kleinerer BKKn zu größeren Organisationseinheiten im Wege freiwilliger Vereinigungen erscheint dieser Grundsatz mittlerweile überholt. Der Fortbestand der Regelung in § 147 Abs. 1 S. 1 wird vor diesem Hintergrund – zu Recht – als „Redaktionsversehen" bezeichnet (vgl. *Hänlein*, H/K, § 147,148 Rn. 3).

6 **Arbeitgeber** ist eine juristische oder natürliche Person bzw. Personenmehrheit, der die Arbeit unmittelbar an andere vergibt und dem die Verfügung über die Arbeitskraft, die Einstellung, die Verwendung und die Entlassung zusteht, für dessen Rechnung das Arbeitsentgelt gezahlt wird und dem der Erfolg der Arbeitsleistung zugute kommt (siehe BSGE 18,190/196).

7 Bei **mehreren selbständigen Betrieben** eines Arbeitgebers kann dieser entweder eine gemeinsame BKK errichten, er kann aber auch nur für einen oder einen Teil der Betriebe eine BKK errichten. Auch die Errichtung mehrerer BKKn durch einen Arbeitgeber ist zulässig. Allein maßgeblich ist die Einheit des Arbeitgebers. Eine solche liegt nicht vor bei rechtlich getrennten juristischen Personen oder Gesellschaften, selbst wenn Personengleichheit oder eine enge wirtschaftliche und organisatorische Verflechtung der Betriebe besteht (vgl. BSGE 18,190/196 f).

8 Die Schaffung einer gemeinsamen BKK **mehrerer Arbeitgeber** ist demnach nur durch Errichtung einzelner BKKn und sich anschließender Vereinigung nach § 150 möglich. Auch im Fall des Übergangs eines zu einer gemeinsamen BKK gehörenden Betriebes auf einen anderen Arbeitgeber wird der Grundsatz der Einheit des Arbeitgebers durchbrochen, wenn keiner der beteiligten Arbeitgeber das Ausscheiden aus der gemeinsamen BKK nach § 151 Abs. 1 beantragt.

2. Einheit des Betriebes

9 Nach dem **„Grundsatz der Einheit des Betriebes"** kann eine BKK nur für (einen oder mehrere) selbständige Betriebe errichtet werden. Unter einem (selbständigen) **Betrieb** versteht man im allgemeinen die auf Erreichung eines arbeitstechnischen Zwecks gerichtete organisatorische Zusammenfassung personeller, sachlicher und anderer Arbeitsmittel zu einer selbständigen Einheit (vgl. BSGE 59, 87/89, ebenso BSGE 37, 245/246 mwN.). In Abgrenzung zum unselbständigen

Betriebsteil – für den keine eigene BKK errichtet werden kann – bedarf der selbständige Betrieb eines **selbständigen Leitungsapparates,** dem hinsichtlich der Gesamtheit der eingesetzten Arbeitsmittel wesentliche, für die Führung eines Betriebes typische **Entscheidungsspielräume** belassen sind (siehe BSGE 68, 54). Es ist eine Gesamtbewertung unter Berücksichtigung aller Umstände des Einzelfalls vorzunehmen, wobei ein (selbständiger) Betrieb dann gegeben ist, wenn die hierfür sprechenden Faktoren qualitativ überwiegen (BSGE 68, 54).

3. Mitgliederpotential

Gem. § 147 Abs. 1 Nr. 1 müssen in dem/den Betrieb(en), für den/die eine neue 10 BKK errichtet werden soll, regelmäßig mindestens **1000 Versicherungspflichtige** (§ 5) beschäftigt sein. Ein gelegentliches Unterschreiten ist unbeachtlich. Irrelevant ist dabei auch, welcher Krankenkasse diese Personen zugehörig sind (anders bei § 148 Abs. 1 S. 2: zum Errichtungszeitpunkt muss mit mindestens 1000 Mitgliedern zu rechnen sein).

4. Leistungsfähigkeit

Die Leistungsfähigkeit der neuen Kasse muss auf Dauer gesichert sein. Unter 11 **Leistungsfähigkeit** einer Kasse ist ihre finanzielle Fähigkeit zu verstehen, die vergleichbaren Kassen entsprechenden Leistungen (Regel- und Mehrleistungen) zu gewähren, sich also annähernd im durchschnittlichen Beitrags- und Leistungsniveau der Vergleichskassen halten zu können (BSG v. 17. 7. 1985, 1 RR 8/84 = BSGE 58, 254; vgl. auch Anm. zu § 145, 146 Rn. 5).

Eine mangelnde Leistungsfähigkeit wird – unter Rückgriff auf den bis zum 12 31.12.2005 geltenden § 147 Abs. 1 Nr. 3 – dann angenommen, wenn der Bedarfssatz (§ 145 Abs. 3) den Landesdurchschnitt um mehr als 10% oder den Bundesdurchschnitt aller Kassenarten um mehr als 12,5% überschreitet (vgl. BSG v. 23. 11. 1995, 1 RR 1/95 sowie *Engelhard,* SGb 1992, 534/534 f. mwN.). Die Beurteilung der **Dauerhaftigkeit** der Leistungsfähigkeit beinhaltet – nicht zuletzt wegen der ab dem 1. 1. 2009 geänderten Finanzierungsgrundlagen – starke Prognoseelemente (*Gaßner/Hager,* NZS 2004, 632/634).

5. Zustimmung der Beschäftigten (Mehrheitserfordernis)

Gem. § 148 Abs. 2 S. 1 hängt die Wirksamkeit des Errichtungsaktes bei BKKn 13 von der Zustimmung „der Mehrheit der im Betrieb Beschäftigten" ab. Eine **Mehrheit** liegt vor, wenn mehr als die Hälfte der Beschäftigten in einem Betrieb (ausdrücklich) zustimmt (BT-Drs. 12/3608, 109). Dieses **Mehrheitserfordernis** dient der demokratischen Legitimierung der Errichtung (BT-Drs. 12/3608, 109). Ermittelt wird die Zustimmung durch die **Aufsichtsbehörde** oder durch die von ihr beauftragte Behörde mittels einer geheimen Abstimmung (S. 2 und 3). Das Abstimmungsverfahren ist getrennt nach Betrieben durchzuführen, wenn die BKK für mehrere selbständige Betriebe errichtet werden soll (*Peters,* KK, § 148 Rn. 3).

III. Genehmigung, § 148

§ 148 Abs. 1 S. 1 fordert die **Genehmigung** der nach der Errichtung zuständi- 14 gen **Aufsichtsbehörde.** Für die bundesunmittelbaren Krankenversicherungsträger ist dies das Bundesversicherungsamt (§ 90 Abs. 1 SGB IV), für alle anderen die für die Sozialversicherung zuständige oberste Verwaltungsbehörde des Landes

(§§ 90 Abs. 2, 3, 90 a). Dem Genehmigungsantrag ist die **Satzung** der künftigen Krankenkasse beizufügen (§ 148 Abs. 3 S. 1).

15 Eine **Versagung** ist nur zulässig, wenn eine der Voraussetzungen des § 147 Abs. 1 nicht vorliegt oder keine 1000 Mitglieder im Errichtungszeitpunkt vorhanden sein werden. Nach dem BSG (BSG v. 28. 2. 1961, 3 RK 59/56 = BSGE 14, 75) ist auch die fehlende Zustimmung der Beschäftigten sowie ein Verstoß gegen § 148 Abs. 3 S. 1 ein Versagungsgrund (aA. *Baier,* Krauskopf, § 148 Rn. 6).

16 Die Genehmigung ist ein rechtsgestaltender **Verwaltungsakt,** auf den ein **Rechtsanspruch** besteht, sofern keine Versagungsgründe vorliegen (vgl. *Schnapp/ Oltermann,* SGb 1989, 273/276; *Schnapp,* NZS 2002, 449). Die Errichtungsgenehmigung nach Abs. 3 richtet sich an den Arbeitgeber und ist insofern von der Satzungsgenehmigung (§ 195 Abs. 1) zu unterscheiden, die von der satzungsgebenden Körperschaft beantragt wird. Beide können jedoch zweckmäßigerweise gemeinsam mit der Bestimmung des Zeitpunkts des Wirksamwerdens der Errichtung in Form eines einheitlichen Bescheides erteilt werden. Gegen eine Versagung kann der Arbeitgeber bzw. die BKK mit der **Versagungsgegenklage** angehen (§ 54 SGG).

C. Personal von Betriebskrankenkassen, § 147 Abs. 2, 3

17 Nach § 147 Abs. 2 S. 1 aF. galt, dass der Arbeitgeber das Personal der Kasse auf seine Kosten zu bestellen hatte. Seit dem 1. 1. 1996 (bzw. seit dem 1. 1. 2004 nur noch bei **nicht für Betriebsfremde geöffneten BKKn**) hat der Arbeitgeber ein **Wahlrecht.** Er kann das Personal unwiderruflich auf seine Kosten bestellen, dann ist er zugleich Arbeitgeber des Kassenpersonals. Das Kassenpersonal unterliegt dann allerdings weiterhin dem Direktionsrecht der BKK (vgl. BSGE 35, 121). Entscheidet er sich nicht für die Bestellung auf seine Kosten, ist die BKK Arbeitgeber des Kassenpersonals und schließt die erforderlichen Arbeitsverträge.

18 Als Umkehrschluss aus § 147 Abs. 2 S. 1 ergibt sich, dass für die am 1. 1. 2004 bereits **geöffneten BKKn** eine Bestellung und Kostenübernahme durch den Arbeitgeber ausgeschlossen ist. Neue Arbeitsverhältnisse können **nur noch mit der BKK** begründet werden (§ 147 Abs. 3 S. 3). Die Übergangsregelung in § 147 Abs. 3 hat ab dem Jahr 2005 ihre Bedeutung verloren.

D. Ausschluss des Errichtungsrechts, § 147 Abs. 4

19 Gem. § 147 Abs. 4 ist das Errichtungsrecht für bestimmte Leistungserbringer und ihre Verbände ausgeschlossen. Um den **Grundsatz der Gegnerfreiheit** im Verhältnis zwischen gesetzlicher Krankenversicherung und Leistungserbringern zu wahren, sind als Leistungserbringer zugelassene Betriebe bzw. solche Betriebe, deren Zweck die Wahrnehmung wirtschaftlicher Interessen solcher Leistungserbringer ist, von der Errichtung ausgeschlossen (BT-Drs. 15/1525, 134). **Leistungserbringer** iSv § 147 Abs. 4 sind Leistungserbringer im Gesundheitswesen, die nach den Vorschriften des Vierten Kapitels des SGB V eine Berechtigung zur Versorgung der Versicherten der GKV erhalten haben (BT-Drs. 15/1525, 134 f.). **Betriebe,** deren maßgebliche Zielsetzung die Wahrnehmung wirtschaftlicher Interessen von Leistungserbringern ist, sind alle Verbände, Vereinigungen und Berufsorganisationen der Leistungserbringer, mit denen die Krankenkassen oder ihre

6. Kapitel. 1. Abschnitt. 2. Titel **§ 149**

Verbände Verträge über die Vergütung, Bewertung, Abrechnung, Qualität oder Inhalte von Leistungen, über Wirtschaftlichkeitsprüfungen oder Preise von Gesundheitsgütern vereinbaren (BT-Drs. 15/1525, 134).

§ 149 Ausdehnung auf weitere Betriebe

¹Eine Betriebskrankenkasse, deren Satzung keine Regelung nach § 173 Abs. 2 Satz 1 Nr. 4 enthält, kann auf Antrag des Arbeitgebers auf weitere Betriebe desselben Arbeitgebers ausgedehnt werden. ²§ 148 gilt entsprechend.

Schrifttum: K. *Friede,* Die Betriebskrankenkassen in der Bundesrepublik Deutschland, 3. Aufl. 1987; F. E. *Schnapp/I. Oltermann,* Errichtung und errichtungsähnliche Organisationsakte in der betrieblichen Krankenversicherung, SGb 1989, 273–278.

Inhaltsübersicht

		Rn.
A.	Überblick	1
B.	Ausdehnung, S. 1	2
C.	Anwendung des § 148, S. 2	3

A. Überblick

§ 149 ermöglicht in einem **vereinfachten Verfahren** die Ausdehnung einer bestehenden BKK, insbesondere im Fall des Erwerbs weiterer selbstständiger Betriebe. Dabei handelt es sich dann um eine sog. **Anschlusserrichtung**. Eine analoge Anwendung auf die Einbeziehung von Betrieben anderer Arbeitgeber ist nicht möglich. Die Regelung ist ohnehin auf nicht geöffnete BKKn beschränkt, um die Schaffung regionaler **„Wettbewerbsungleichgewichte"** zu verhindern (BT-Drs. 15/1525, 135). 1

B. Ausdehnung, S. 1

Nach § 149 S. 1 gilt der Grundsatz, dass eine BKK auf weitere Betriebe **desselben Arbeitgebers** ausgedehnt werden kann, solange deren Satzung keine Regelung nach § 173 Abs. 2 S. 1 Nr. 4 enthält (dh. nicht für betriebsfremde Versicherte geöffnet ist). Maßgeblich ist, dass es sich um **selbstständige Betriebe** handelt. Bei unselbstständigen Betriebsteilen ist eine Anwendung der Norm nicht notwendig; ebenso wenig bei Eingliederung eines vormals selbstständigen Betriebes in einen Betrieb mit bestehender BKK (BSG, SozR 2200, § 245 Nr. 3 S. 11). Weitere materielle Voraussetzungen der Ausdehnung sieht das Gesetz nicht vor, insbesondere nicht die Prognose einer dauerhaften Sicherung der Leistungsfähigkeit (so jedoch bei Ausdehnung einer IKK, vgl. § 159 Abs. 1 iVm. § 157 Abs. 2 Nr. 2). 2

C. Anwendung des § 148, S. 2

Gem. S. 2 gilt § 148 entsprechend. Demnach bedarf es einer **Zustimmung der Mehrheit** der Beschäftigten. Dies entspricht dem Konzept des freien Kassenwahlrechts gem. § 173 Abs. 2. Da die Ausdehnung nur aus Sicht der **Beschäftigten des neu einbezogenen Betriebes** als „Errichtung" anzusehen ist, muss auch nur bei den Beschäftigten dieses Betriebes die Zustimmung eingeholt werden 3

Mühlhausen

§ 150 Freiwillige Vereinigung

(kritisch: *Peters*, KK, § 149 Rn. 4; zur Zustimmung allgemein siehe auch § 148 Rn. 13).

4 Trotz Verweisung ist eine **entsprechende Anwendung des § 148 Abs. 1 S. 2 nicht vorgesehen**. Weder die Voraussetzungen des § 148 Abs. 1 S. 2 iVm. § 147 Abs. 1 noch eine Mindestmitgliederzahl nach § 148 Abs. 1 S. 2 sind erforderlich (*Baier*, Krauskopf, § 149 Rn. 5).

5 Erforderlich ist aber die **Genehmigung** der Ausdehnung durch die Aufsichtsbehörde (siehe hierzu § 148 Rn. 14 ff.). Entbehrlich ist allerdings die Vorlage und Genehmigung der Satzung, da die Satzung der bestehenden BKK gilt. Ausreichend ist die Genehmigung des entsprechenden Satzungsnachtrags. Da die Ausdehnung faktisch einer Vereinigung von Krankenkassen gleichkommt, bedarf es der **Anhörung der Verbände** nach § 172 (so *Baier*, Krauskopf, § 149 Rn. 6; *Schnapp/Oltermann*, SGb 1989, 273/274).

§ 150 Freiwillige Vereinigung

(1) ¹**Betriebskrankenkassen können sich auf Beschluss ihrer Verwaltungsräte zu einer gemeinsamen Betriebskrankenkasse vereinigen.** ²**Der Beschluss bedarf der Genehmigung der vor der Vereinigung zuständigen Aufsichtsbehörde.**

(2) ¹**§ 144 Abs. 2 bis 4 gilt entsprechend.** ²**Für Betriebskrankenkassen, deren Satzungen eine Regelung nach § 173 Abs. 2 Satz 1 Nr. 4 enthalten, gelten die §§ 145 und 146 entsprechend; für die Vereinigung einer oder mehrerer bundesunmittelbarer Betriebskrankenkassen mit anderen Betriebskrankenkassen gilt § 168 a Abs. 2 entsprechend.**

Schrifttum: *K. Friede*, Die Betriebskrankenkassen in der Bundesrepublik Deutschland, 3. Aufl. 1987; *R. Paquet*, Wozu sind Fusionen gut?, BKK 2004, 193–196; *C. Waibel*, Vereinigung von Sozialversicherungsträgern, ZfS 2003, 225–237.

Inhaltsübersicht
Rn.
A. Überblick 1
B. Freiwillige Vereinigung, Abs. 1 und 2 S. 1 3
C. Zwangsweise Vereinigung, Abs. 2 S. 2 5
D. Verfahren 6

A. Überblick

1 § 150 regelt – über den Wortlaut der Überschrift hinaus – nicht nur die freiwillige, sondern auch die zwangsweise Vereinigung von BKKn. Sinn und Zweck der Norm ist es, größere und leistungsfähigere Solidargemeinschaften zu ermöglichen. Damit trägt sie den **wettbewerblichen Herausforderungen** Rechnung, die im Zuge der Neuregelung des Kassenwahlrechts (§§ 173 ff.) sowie des Risikostrukturausgleichs (§ 266) entstanden sind (BT-Drs. 12/3608, 109 f.). Die Vorschrift hat zu einer stetig abnehmenden Anzahl von BKKn geführt (01/2006: 199; 04/2007: 188; Quelle: www.bkk.de).

2 Die Vorschrift des Abs. 1 findet ihre **Parallelen** in den §§ 144 (OKK), 160 Abs. 1 (IKK) sowie 168a Abs. 1 (Ersk.). Abs. 2 verweist wie § 160 Abs. 3 auf die §§ 145, 146. Zu beachten ist, dass seit dem 1. 4. 2007 auch kassenartübergreifende Vereinigungen gem. § 171 a möglich sind.

B. Freiwillige Vereinigung, Abs. 1 und 2 S. 1

Abs. 1 regelt die **freiwillige Vereinigung** von BKKn. Mit der Neuregelung 1996 wurde der bei der Errichtung einer BKK maßgebliche Grundsatz von der Einheit des Arbeitgebers aufgegeben (vgl. § 147 Rn. 5). Jetzt können **unabhängig von Betriebs- oder Arbeitgeberverflechtungen** BKKn vereinigt werden. Es ist auch unerheblich, ob es sich um für Betriebsfremde geöffnete BKKn handelt oder nicht: Sofern mindestens eine geöffnete BKK beteiligt ist, muss auch die vereinigte BKK eine entsprechende Satzungsbestimmung enthalten (*Baier,* Krauskopf, § 150 Rn. 5).

Anwendung findet § 150 Abs. 1 nur bei der Vereinigung von BKKn jeweils **selbstständiger Betriebe**. Wird ein bisher selbstständiger Betrieb mit BKK als unselbstständiger Betriebsteil eingegliedert, liegt keine Vereinigung iSv. Abs. 1 vor. Die eingegliederte BKK ist uU. nach § 153 S. 1 Nr. 1 zu schließen (BSG v. 14. 4. 1983, 8 RK 11/82). Haben sich die Arbeitgeber bei der **Personalbestellung** (§ 147 Abs. 2) ihrer jeweiligen BKK unterschiedlich entschieden, ist eine Neuregelung erforderlich (beachte § 147 Rn. 18).

C. Zwangsweise Vereinigung, Abs. 2 S. 2

Trotz der Überschrift regelt § 150 nicht nur die freiwillige Vereinigung von BKKn, sondern in Abs. 2 S. 2 durch Verweis auf die **§§ 145, 146** auch die auf Antrag vorzunehmende **zwangsweise Vereinigung** von bundes- bzw. landesunmittelbaren BKKn, die sich durch Satzungsregelung dem Wettbewerb gestellt haben (§ 173 Abs. 2 Nr. 4). Da hier ein gleichberechtigter Wettbewerb um Mitglieder zwischen allen Kassenarten besteht, müssen auch die Anforderungen an die organisatorische Leistungsfähigkeit der Krankenkassen nach einheitlichen Grundsätzen geregelt werden (BT-Drs. 12/3608, 109 f). Kann die **Leistungsfähigkeit** durch eine Vereinigung verbessert werden oder wird der **Bedarfssatzschwellenwert** nach § 145 Abs. 1 Nr. 2 überschritten, kann die betroffene BKK oder der Landesverband die Vereinigung durch Rechtsverordnung der Landesregierung beantragen. Bei bundesunmittelbaren BKKn ist **§ 168 a Abs. 2** zu beachten. Hier muss das BMG die Rechtsverordnung erlassen. Die materiellen Voraussetzungen sind mit denen der zwangsweisen Vereinigung von landesunmittelbaren BKK identisch, da auch § 168 a auf § 145 verweist.

D. Verfahren

Die freiwillige Vereinigung von BKKn vollzieht sich gem. Abs. 2 S. 1 iVm. § 144 Abs. 2–4 nach denselben Regelungen wie diejenige von OKKn (vgl. hierzu die Kommentierungen zu § 144). Bzgl. der zwangsweisen Vereinigung gelten gem. Abs. 2 S. 2 Hs. 1 die Regelungen des § 146 (vgl. hierzu die Kommentierungen zu § 146). Nach § 172 sind die **Verbände** der beteiligten Krankenkassen **anzuhören**.

§ 151 Ausscheiden von Betrieben

(1) **Geht von mehreren Betrieben desselben Arbeitgebers, für die eine gemeinsame Betriebskrankenkasse besteht, einer auf einen anderen Arbeitgeber über, kann jeder beteiligte Arbeitgeber das Ausscheiden des übergegangenen Betriebes aus der gemeinsamen Betriebskrankenkasse beantragen.**

(2) ¹**Besteht für mehrere Betriebe verschiedener Arbeitgeber eine gemeinsame Betriebskrankenkasse, kann jeder beteiligte Arbeitgeber beantragen, mit seinem Betrieb aus der gemeinsamen Betriebskrankenkasse auszuscheiden.** ²**Satz 1 gilt nicht für Betriebskrankenkassen mehrerer Arbeitgeber, deren Satzung eine Regelung nach § 173 Abs. 2 Satz 1 Nr. 4 enthält.**

(3) ¹**Über den Antrag auf Ausscheiden des Betriebes aus der gemeinsamen Betriebskrankenkasse entscheidet die Aufsichtsbehörde.** ²**Sie bestimmt den Zeitpunkt, an dem das Ausscheiden wirksam wird.**

Schrifttum: vgl. Nachweise zu § 150

Inhaltsübersicht

	Rn.
A. Überblick	1
B. Ausscheiden bei Betriebsübergang, Abs. 1	2
C. Ausscheiden bei gemeinsamer BKK mehrerer Arbeitgeber, Abs. 2	5
D. Entscheidung der Aufsichtsbehörde, Abs. 3	7

A. Überblick

1   Die Vorschrift ermöglicht in Abs. 1 das Ausscheiden eines Betriebes aus einer für mehrere Betriebe eines Arbeitgebers bestehenden BKK, wenn der Betrieb auf einen anderen Arbeitgeber übergeht. Abs. 2 eröffnet diese Möglichkeit auch jederzeit bei einer BKK für Betriebe mehrerer Arbeitgeber, wenn diese BKK nicht gem. § 173 Abs. 2 S. 1 Nr. 4 für Betriebsfremde geöffnet ist. Abs. 3 bestimmt, dass die Aufsichtsbehörde über den Antrag entscheidet.

B. Ausscheiden bei Betriebsübergang, Abs. 1

2   Hat ein Arbeitgeber mehrere Betriebe mit gemeinsamer BKK, und geht davon ein Betrieb auf einen anderen Arbeitgeber über, so haben beide Arbeitgeber das Recht, das **Ausscheiden** des übergegangenen Betriebes aus der gemeinsamen BKK zu beantragen. Dies wird insbesondere dann der Fall sein, wenn der neue Arbeitgeber die Personalkosten der BKK nicht tragen will (vgl. § 147 Abs. 2) bzw. der bisherige Arbeitgeber nicht die Verwaltungskosten zugunsten eines Dritten übernehmen will. Bei der Ausübung des Antragsrechts handelt es sich um einen **einseitigen Akt**, der an keine weiteren Voraussetzungen geknüpft ist.

3   Die Regelung greift nicht nur, wenn der übergehende Betrieb einer von mehreren eines Arbeitgebers ist, sondern auch, wenn der Betrieb einer gemeinsamen BKK **verschiedener Arbeitgeber** (vgl. § 147 Rn. 8) angehört und auf einen dritten Arbeitgeber übergeht (so *Baier,* Krauskopf, § 151 Rn. 5). Keine Anwendung findet sie bei Ausgliederung eines unselbstständigen Betriebsteils. Es sei denn, dieser wird vom neuen Arbeitgeber als selbstständiger Betrieb weitergeführt (BSGE 29, 21/25). **Betriebsübergang** ist nicht allein der Übergang des Eigentums, es genügt zB. auch schon eine Verpachtung (vgl. *Brackmann,* Handbuch der Sozialversicherung, Bd. I/2, S. 334 d).

Unterbleibt der **Antrag**, bleibt die BKK bestehen und der Grundsatz der Einheit des Arbeitgebers (vgl. § 147 Rn. 5) wird durchbrochen. In diesem Fall bleibt aber bei nicht durch Satzungsregelung gem. § 174 Abs. 2 S. 1 Nr. 4 geöffneten BKKn die Möglichkeit des jederzeitigen Ausscheidens des Arbeitgebers nach Abs. 2 weiterhin bestehen.

C. Ausscheiden bei gemeinsamer BKK mehrerer Arbeitgeber, Abs. 2

Unabhängig von einem Betriebsübergang besteht gem. Abs. 2 S. 1 bei **gemeinsamer BKK von Betrieben mehrerer Arbeitgeber** die **jederzeitige Möglichkeit des Ausscheidens** eines Arbeitgebers mit seinen Betrieben, sofern sich die gemeinsame BKK nicht dem Wettbewerb geöffnet hat. Der Ausschluss der Anwendung von Abs. 2 S. 1 bei geöffneten BKKn in Abs. 2 S. 2 soll eine Schwächung der BKK verhindern und dazu dienen, die Wettbewerbsbedingungen der Kassenarten einander anzugleichen (BT-Drs. 12/3608, 110). Die Vorschrift findet Anwendung bei BKKn, die sich gem. § 150 Abs. 1 vereinigt haben, oder bei BKKn iSv. Abs. 1, die keinen Antrag gestellt haben. **Antragsberechtigt** ist nur der Arbeitgeber, dessen Betrieb ausscheiden will.

Mitgliedschaftsrechtlich ergeben sich im Falle einer wettbewerblich geöffneten BKK keine Konsequenzen; die Mitgliedschaft der Beschäftigten besteht unverändert fort. Sofern die jeweilige BKK nicht für Betriebsfremde geöffnet ist, ist die BKK für die Beschäftigten des ausgeschiedenen Betriebes nicht mehr wählbar. Für sie besteht ein außerordentliches Wahlrecht gem. § 175 Abs. 5.

D. Entscheidung der Aufsichtsbehörde, Abs. 3

Über den Ausscheidungsantrag entscheidet die **Aufsichtsbehörde**. Zuständig ist bei bundesunmittelbaren BKKn das **Bundesversicherungsamt**, bei allen anderen die für die Sozialversicherung zuständige oberste Verwaltungsbehörde des Landes (idR. **Minister oder Senator für Soziales**) oder die von ihr bestimmte Stelle (vgl. § 90 SGB IV iVm. Art. 87 Abs. 2 S. 2 GG). In die Entscheidung mit einfließen muss neben dem Vorliegen der Voraussetzungen der Abs. 1 und 2 auch eine **Abwägung der Interessen** der Versicherten und der BKK gegen die des Antragstellers (vgl. *Brackmann*, Handbuch der Sozialversicherung, Bd. I/2, S. 334 e). Die Entscheidung ergeht durch Verwaltungsakt.

§ 152 Auflösung

[1]Eine Betriebskrankenkasse kann auf Antrag des Arbeitgebers aufgelöst werden, wenn der Verwaltungsrat mit einer Mehrheit von mehr als drei Vierteln der stimmberechtigten Mitglieder zustimmt. [2]Über den Antrag entscheidet die Aufsichtsbehörde. [3]Sie bestimmen den Zeitpunkt, an dem die Auflösung wirksam wird. [4]Die Sätze 1 und 2 gelten nicht, wenn die Satzung der Betriebskrankenkasse eine Regelung nach § 173 Abs. 2 Satz 1 Nr. 4 enthält. [5]Für Betriebskrankenkassen mehrerer Arbeitgeber, die nach dem 31. Dezember 1995 vereinigt wurden, ist der Antrag nach Satz 1 von allen beteiligten Arbeitgebern zu stellen.

§ 153 Schließung

¹Eine Betriebskrankenkasse wird von der Aufsichtsbehörde geschlossen, wenn

1. der Betrieb schließt, für den sie errichtet worden ist und die Satzung keine Regelung nach § 173 Abs. 2 Satz 1 Nr. 4 enthält,
2. sie nicht hätte errichtet werden dürfen oder
3. ihre Leistungsfähigkeit nicht mehr auf Dauer gesichert ist.

²Die Aufsichtsbehörde bestimmt den Zeitpunkt, an dem die Schließung wirksam wird.

§ 154 *(aufgehoben)*

§ 155 Abwicklung der Geschäfte, Haftung für Verpflichtungen

(1) ¹Der Vorstand einer aufgelösten oder geschlossenen Betriebskrankenkasse wickelt die Geschäfte ab. ²Bis die Geschäfte abgewickelt sind, gilt die Betriebskrankenkasse als fortbestehend, soweit es der Zweck der Abwicklung erfordert.

(2) ¹Der Vorstand macht die Auflösung oder Schließung öffentlich bekannt. ²Die Befriedigung von Gläubigern, die ihre Forderungen nicht innerhalb von sechs Monaten nach der Bekanntmachung anmelden, kann verweigert werden, wenn die Bekanntmachung einen entsprechenden Hinweis enthält. ³Bekannte Gläubiger sind unter Hinweis auf diese Folgen zur Anmeldung besonders aufzufordern. ⁴Die Sätze 2 und 3 gelten nicht für Ansprüche aus der Versicherung sowie für Forderungen aufgrund zwischen- oder überstaatlichen Rechts.

(3) ¹Verbleibt nach Abwicklung der Geschäfte noch Vermögen, geht dieses auf den Landesverband über. ²Das Vermögen geht auf den Spitzenverband Bund der Krankenkassen über, der dieses auf die übrigen Betriebskrankenkassen verteilt, wenn der Landesverband nicht besteht oder die Betriebskrankenkasse keinem Landesverband angehörte.

(4) ¹Reicht das Vermögen einer aufgelösten oder geschlossenen Betriebskrankenkasse nicht aus, um die Gläubiger zu befriedigen, hat der Arbeitgeber die Verpflichtungen zu erfüllen. ²Sind mehrere Arbeitgeber beteiligt, haften sie als Gesamtschuldner. ³Reicht das Vermögen des Arbeitgebers nicht aus, um die Gläubiger zu befriedigen, haben die übrigen Betriebskrankenkassen die Verpflichtungen zu erfüllen. ⁴Die Sätze 1 bis 3 gelten nicht, wenn die Satzung der geschlossenen Betriebskrankenkasse eine Regelung nach § 173 Abs. 2 Satz 1 Nr. 4 enthält; in diesem Fall haben die übrigen Betriebskrankenkassen die Verpflichtungen zu erfüllen. ⁵Die Erfüllung der Verpflichtungen nach den Sätzen 3 und 4 kann nur vom Spitzenverband Bund der Krankenkassen verlangt werden, der die Verteilung auf die einzelnen Betriebskrankenkassen vornimmt und die zur Tilgung erforderlichen Beträge von den Betriebskrankenkassen anfordert. ⁶Klagen gegen die Geltendmachung der Beträge und gegen ihre Vollstreckung haben keine aufschiebende Wirkung. ⁷Übersteigen die Verpflichtungen einer Betriebskrankenkasse ihr Vermögen zum Zeitpunkt des Inkrafttretens einer Satzungsbestimmung nach § 173 Abs. 2 Satz 1 Nr. 4, hat der Arbeitgeber den Unterschiedsbetrag innerhalb von sechs Monaten nach dem Inkrafttreten der Satzungsbestimmung auszugleichen.

(5) ¹Für die Erfüllung
1. einer am 1. Januar 2008 bestehenden Verschuldung,
2. der sonstigen Schließungskosten, wenn die Auflösung oder Schließung innerhalb von 10 Jahren nach dem 1. Januar 2008 erfolgt und die an diesem Tag bestehende Verschuldung nach Nummer 1 zum Zeitpunkt der Auflösung oder Schließung noch nicht getilgt war,
3. der Ansprüche der Leistungserbringer und der Ansprüche aus der Versicherung sowie
4. der Forderungen auf Grund zwischen- und überstaatlichen Rechts einer aufgelösten oder geschlossenen Betriebskrankenkasse haftet auch die neue Krankenkasse, wenn sich eine Betriebskrankenkasse nach dem 1. April 2007 mit einer anderen Krankenkasse nach § 171a vereinigt und die neue Krankenkasse einer anderen Kassenart angehört. ²Die Haftung nach Satz 1 wird nicht dadurch berührt, dass sich die aufgelöste oder geschlossene Betriebskrankenkasse nach dem 1. April 2007 mit einer anderen Krankenkasse nach § 171a vereinigt hat und die neue Krankenkasse einer anderen Kassenart angehört. ³Der Spitzenverband Bund der Krankenkassen stellt für jede Betriebskrankenkasse die Höhe der am 1. Januar 2008 bestehenden Verschuldung fest und nimmt ihre Verteilung auf die einzelnen Betriebskrankenkassen bei Auflösung oder Schließung einer Betriebskrankenkasse vor. Absatz 4 Satz 5 und 6 gilt entsprechend.

Schrifttum: *D. Felix*, Die Haftung für Verpflichtungen geschlossener Betriebskrankenkassen − Zur Auslegung des § 155 Abs. 4 SGB V −, NZS 2005, 57–62; *K. Friede*, Die Betriebskrankenkassen in der Bundesrepublik Deutschland, 3. Aufl. 1987; *J. Meydam*, Amtsfunktion und Anstellungsverhältnis der Vorstände gesetzlicher Krankenkassen, NZS 2000, 332–337; *F. E. Schnapp*, Kassenschließung trotz fehlerfreier Errichtung?, NZS 2002, 449–554.

Inhaltsübersicht
	Rn.
A. Überblick	1
B. Auflösung, § 152	2
I. Auflösungsvoraussetzungen, S. 1, 4 und 5	2
II. Entscheidung der Aufsichtsbehörde, S. 2, 3	4
C. Schließung, § 153	6
I. Schließungsvoraussetzungen, S. 1	6
II. Entscheidung der Aufsichtsbehörde, S. 2, 3	10
D. Abwicklung der Geschäfte, Haftung, § 155	11
I. Abwicklung, Abs. 1 und 2	12
II. Vermögensübergang, Abs. 3	16
III. Haftungskonzept, Abs. 4 und 5	17

A. Überblick

§ 152 lässt die **Auflösung** einer BKK auf Antrag des Arbeitgebers zu. Sie ist 1 das vorrangige Instrument zur Beendigung der Existenz einer BKK und geht somit der in § 153 normierten **Schließung** der Krankenkasse vor. Die Regelung des § 152 findet ihre Parallele in § 162 (IKK). § 153 regelt subsidiär die gesetzliche Schließung nicht geöffneter BKKn bei Betriebsschließung, rechtswidriger Errichtung oder wenn die Leistungsfähigkeit nicht mehr auf Dauer gesichert ist. Ihre Parallelen finden sich in den §§ 146a (OKK) und 170 (Ersk.), insbesondere aber in § 163 (IKK). **§ 155** regelt im Anschluss die Abwicklung der Geschäfte sowie die **Haftung** für Verpflichtungen. Dafür statuiert die Norm ua. eine Fortbestehensfiktion der BKK. § 155 gilt für (nahezu) alle Kassenarten und ist somit vor dem Hintergrund der beabsichtigten Einführung der Insolvenzfähigkeit aller Kassen (vgl. § 171 b) die **zentrale Vorschrift für das Haftungsgefüge** innerhalb der GKV.

B. Auflösung, § 152

I. Auflösungsvoraussetzungen, S. 1, 4 und 5

2   Durch einen (an keine sachlichen Voraussetzungen geknüpften) **Antrag** kann der bzw. können die Arbeitgeber (S. 5) eine BKK gem. § 152 S. 1 zur Auflösung bringen. Folglich liegt die Auflösung – da von einem qualifizierten Antrag abhängig – in den Händen der Selbstverwaltung. **Ausgeschlossen** sind gem. S. 4 aber BKKn, die sich für Betriebsfremde geöffnet haben und so *„eine über den Betriebsbezug hinausreichende gesundheits- und sozialpolitische Verantwortung"* übernommen haben (BT-Drs. 12/3608, 110).

3   Der Antrag bedarf der **Zustimmung** einer qualifizierten Mehrheit von mehr als drei Vierteln der stimmberechtigten Mitglieder des Verwaltungsrates (S. 1). Im Ergebnis muss also neben dem Arbeitgeber auch die Mehrheit der Vertreter der Versicherten für die Auflösung votieren (vgl. *Baier*, Krauskopf, § 152 Rn. 3). Der Beschluss ist durch den Verwaltungsrat bis zur Entscheidung der Aufsichtsbehörde zu fassen. Erfolgt der Zustimmungsbeschluss nach der Antragsstellung des Arbeitgebers, kann er nicht mehr widerrufen werden (BSG v. 28. 8. 1970, 3 RK 48/69).

II. Entscheidung der Aufsichtsbehörde, S. 2, 3

4   Über den Antrag zur Auflösung der BKK entscheidet die Aufsichtsbehörde. **Zuständig** sind das Bundesversicherungsamt (bundesunmittelbare BKK) bzw. die für die Sozialversicherung zuständige oberste Verwaltungsbehörde des Landes oder eine von ihr bestimmte Stelle (vgl. § 90 SGB IV iVm. Art. 87 Abs. 2 S. 2 GG).

5   Liegen die Voraussetzungen nach den S. 1, 4 und 5 vor, darf die Aufsichtsbehörde die Auflösung nur versagen, wenn wichtige Interessen der betroffenen Versicherten, der beteiligten Krankenkassen oder der Allgemeinheit entgegenstehen (*Brackmann*, Handbuch der Sozialversicherung, Bd. I/2, S. 334 e; *Baier*, Krauskopf, § 152 Rn. 5). Der grds. gegebene **Ermessensspielraum** der Aufsichtsbehörde wird durch das Prinzip der Selbstverwaltung, zu dem auch das Recht zur Auflösung gehört, eingeschränkt. Die Aufsichtsbehörde bestimmt auch den **Zeitpunkt der Auflösung** (S. 3). Die Auflösung führt zur Liquidation der Kasse nach Maßgabe des § 155 (su.).

C. Schließung, § 153

I. Schließungsvoraussetzungen, S. 1

6   § 153 S. 1 enthält in einer abschließenden Aufzählung **drei alternative Voraussetzungen** für die Schließung einer BKK. Bei Vorliegen eines der Gründe hat die Aufsichtsbehörde einen **streng rechtsgebundenen Verwaltungsakt** zu erlassen. Einzig bei S. 1 Nr. 3 hat sie einen Beurteilungs- bzw. Prognosespielraum bzgl. der Feststellung der dauerhaften Sicherung der Leistungsfähigkeit (vgl. §§ 145, 146 Rn. 5).

S. 1 Nr. 1 statuiert die Schließung einer nicht wettbewerblich geöffneten 7
BKK, wenn der Betrieb geschlossen wird, für den sie errichtet wurde. Entgegen
dem Wortlaut werden auch die Fälle erfasst, in denen die BKK auf weitere Betriebe
desselben Arbeitgebers ausgedehnt (§ 149) oder mit einer anderen BKK vereinigt
worden ist (§ 150). Die **Schließung eines Betriebes** bedeutet hierbei, dass der
gesamte Betrieb dauerhaft eingestellt wird. Bei einer BKK, die für mehrere Betriebe besteht, reicht eine Schließung nur einzelner Betriebe nicht aus, um auch
die BKK zu schließen.

S. 1 Nr. 2 bestimmt die Schließung der BKK für den Fall, dass sie nie hätte errichtet werden dürfen, dh. die **Errichtung rechtswidrig** war. Die Errichtung ist 8
rechtswidrig, wenn die Aufsichtsbehörde sie wegen Fehlens der materiell-rechtlichen Errichtungsvoraussetzungen (§§ 147, 148) nicht hätte genehmigen dürfen.
§ 153 S. 1 Nr. 2 ist nicht anzuwenden, wenn zwar die Errichtung rechtswidrig
war, aber durch Erfüllung der Voraussetzungen geheilt wurde (vgl. *Peters,* KV,
§ 153 Rn. 13).

Nach **S. 1 Nr. 3** wird eine Schließung auch dann vorgenommen, wenn die 9
Leistungsfähigkeit der Kasse **nicht mehr auf Dauer gesichert** ist. Hierbei ist
die Schließung der BKK ultima ratio für den Fall, dass andere Möglichkeiten (wie
eine freiwillige Vereinigung nach § 150 oder die Auflösung nach § 152) nicht greifen. Zur Leistungsfähigkeit siehe die Kommentierungen zu § 146 a Rn. 2. Zum
Verhältnis von Schließungs- und **Insolvenzrecht** vgl. § 171 b Rn. 22 und § 146 a
Rn. 4.

II. Entscheidung der Aufsichtsbehörde, S. 2, 3

Sobald die Voraussetzungen des S. 1 vorliegen, **muss** die Aufsichtsbehörde die 10
BKK schließen. Zuständige Aufsichtsbehörden sind auch hier das Bundesversicherungsamt (bundesunmittelbare BKK) bzw. die für die Sozialversicherung zuständige oberste Verwaltungsbehörde des Landes oder eine von ihr bestimmte Stelle
(vgl. § 90 SGB IV iVm. Art. 87 Abs. 2 S. 2 GG). Nach § 153 S. 3 bestimmt sie auch
den Schließungszeitpunkt. Bzgl. der Abwicklung der Geschäfte einer geschlossenen BKK siehe § 155.

D. Abwicklung der Geschäfte, Haftung, § 155

§ 155 Abs. 1–3 regelt die Modalitäten der Abwicklung von BKKn im Fall ihrer 11
Auflösung oder Schließung. Abs. 4 sowie der durch das GKV-WSG (§ 1 Rn. 31)
neu gefasste Abs. 5 enthalten Regeln über die Haftung für Verpflichtungen. Gem.
§ 146 a S. 3 gilt die gesamte Vorschrift auch bei Schließung von OKKn. Ebenso
verweisen die §§ 164 (IKK) und 171 (Ersk) auf § 155. Das **bis zum 30. 6. 2008**
geltende Haftungskonzept sah eine **kassenartinterne Haftungskaskade** vor, dh.
eine Haftungssicherung über die jeweiligen Landes- und Bundesverbände. Die
Endhaftung der jeweiligen Bundesverbände wurde durch die Möglichkeit eines
präventiven Haftungsmanagement („Finanzielle Hilfen in besonderen Notlagen"; vgl. § 265 a idF. bis zum 31. 12. 2008) flankiert. Durch die „Entkörperschaftung" der Bundesverbände (vgl. §§ 212 ff.) sowie die Streichung des § 265 a (vgl. Art. 8 Abs. 3 Vertragsarztrechtsänderungsgesetz) sind
seit dem 1. 1. 2009 „**virtuelle**" **Haftungsverbünde** der jeweiligen Kassenarten
geschaffen. Steuerungs- und/oder Präventionsmechanismen zur Verhinderung

eines Haftungsfalls sieht das Gesetz nicht vor. § 155 regelt lediglich die **Abwicklung** eines Haftungsfalls durch den **Spitzenverband Bund** (vgl. auch § 171 a Rn. 18).

I. Abwicklung, Abs. 1 und 2

12   Der Vorstand einer aufgelösten oder geschlossenen BKK wickelt gem. Abs. 1 S. 1 die Geschäfte ab. Der Vorstand ist somit der gesetzlich bestimmte **Liquidator**. Zum Auflösungs- bzw. Schließungszeitpunkt enden sowohl die Ämter der Mitglieder des Verwaltungsrates als auch die Mitgliedschaftsverhältnisse (zur Problematik des Verhältnisses von Schließungs- und Insolvenzrecht vgl. § 171 b Rn. 22).

13   Neben der Klärung der vermögensrechtlichen Angelegenheiten (dh. Forderungseinzug und Befriedigung der Gläubiger) bedeutet **Abwicklung der Geschäfte** uU. auch die Versorgung des Kassenpersonals (einschl. der sog. DO-Angestellten). Da § 155 diesbezüglich keine Regelung enthält, wird § 164 Abs. 3–5 analog angewendet (vgl. *Meydam*, NZS 2000, 332/336). Soweit es die Abwicklung erfordert, dürfen auch neue Geschäfte abgeschlossen werden (vgl. *Hänlein*, H/K, § 155 Rn. 5).

14   Mit der **Fortbestehensfiktion** des Abs. 1 S. 2 verwandelt sich die Kasse an dem von der Aufsichtsbehörde festgesetzten Zeitpunkt in eine **Kasse in Liquidation**. Die **Rechtsfähigkeit** der Kasse bleibt dabei bis zur Beendigung der Abwicklung erhalten.

15   Die **Bekanntmachungspflicht** des Abs. 2 S. 1 dient zum einen dem Gläubigerschutz und aufgrund des **Leistungsverweigerungsrechts** nach sechsmonatiger Verjährungsfrist (Abs. 2 S. 2) auch den Interessen des haftenden Arbeitgebers bzw. des Landesverbandes der BKK. Anderes gilt gem. Abs. 2 S. 4 bei Ansprüchen aus der Versicherung sowie bei Forderungen aus zwischen- oder überstaatlichem Recht. Unter **öffentlicher Bekanntmachung** ist die Eröffnung der Möglichkeit zur allgemeinen Kenntnisnahme zu verstehen (zB. im elektronischen Bundesanzeiger).

II. Vermögensübergang, Abs. 3

16   Nach Abs. 3 S. 1 findet eine – wohl in den seltensten Fällen zu erwartende – **Übertragung des verbleibenden Vermögens** auf den Landesverband bzw. den Spitzenverband Bund statt, da diese eine **Einstandspflicht** haben.

III. Haftungskonzept, Abs. 4 und 5

17   Falls das Vermögen der nicht für Betriebsfremde geöffneten BKK nicht ausreicht, die Gläubiger zu befriedigen, hat der **Arbeitgeber** die Verpflichtungen als **gesetzlicher Ausfallbürge** zu erfüllen (Abs. 4 S. 1, 4). Mehrere Arbeitgeber haften als Gesamtschuldner (Abs. 4 S. 2). Reicht auch dieses Vermögen nicht aus, die Gläubiger zu befriedigen, haften die übrigen **Betriebskrankenkassen** für die bestehenden Verpflichtungen (Abs. 4 S. 3). Dies gilt allerdings immer, wenn sich die geschlossene Kasse dem Wettbewerb gestellt hatte (vgl. Abs. 4 S. 4). Die **Vorab-Ausgleichspflicht** des Arbeitgebers nach Abs. 4 S. 7 dient der Absicherung des Landesverbandes als potentiellem Haftungsverpflichteten (BT-Drs. 15/1525, 136).

Die **organisatorische Abwicklung** der Haftung wird dem Spitzenverband 18
Bund der Krankenkassen übertragen (Abs. 4 S. 5). Dies trägt dem Umstand Rechnung, dass die Spitzenverbände der Krankenkassen vom 1.1.2009 an keine Körperschaften des öffentlichen Rechts mehr sind (BT-Drs. 16/4247, 50). Die Haftungsabwicklung kann im Fall vorangegangener kassenartenübergreifender Vereinigung eine enorme Komplexität erreichen und ggf. Monate oder gar Jahre in Anspruch nehmen (vgl. § 171 a Rn. 18).

Die allgemeine Haftungsregel der Haftungsabwicklung ergibt sich aus § 155 19
Abs. 4: Wenn das Vermögen einer Kasse bei Schließung nicht ausreicht, haben **die anderen Kassen der Kassenart** alle übrigen Verpflichtungen zu **erfüllen**. Festgestellt werden die Verbindlichkeiten vom **Spitzenverband Bund,** der auch die erforderlichen Beträge von den Kassen **anfordert**.

155 Abs. 5 stellt eine **Haftungssonderregel** für Kassen dar, die aus einer **kas-** 20
senartübergreifenden Vereinigung hervorgegangen sind. Da diese ihre Kassenart wählen und sich damit den Verpflichtungen ihrer Ursprungskassen nach § 155 Abs. 4 entziehen könnten, hat der Gesetzgeber einen Katalog von Verpflichtungen vorgesehen, für die auch eine vereinigte Kasse haftet, obwohl sie nicht mehr der Kassenart angehört. Es handelt sich um die Verpflichtungen, deren Erfüllung in jedem Fall gewährleistet werden soll. Was in Bezug auf die Ansprüche der Versicherten und der Leistungserbringer schon verfassungsrechtlich geboten ist (vgl. BT-Drs. 16/4247, 50; *Scholz/Buchner,* Zur verfassungsrechtlichen Funktionsgewährleistungsverantwortung und Gewährträgerhaftung des Bundes für die gesetzliche Krankenversicherung, Gutachten 2006). Dieser **Verpflichtungskatalog** (**§ 155 Abs. 5 Nr. 1 bis 4: am 1.1.2008 bestehende Verschuldung; Schließungskosten; Ansprüche der Leistungserbringer und Ansprüche der Versicherten; Forderungen auf Grund zwischen- und überstaatlichen Rechts**) wird ggf. ergänzt durch die Haftung für die Verpflichtungen aus den Ansprüchen der dienstordnungsmäßigen Angestellten, sonstiger Beschäftigten, Versorgungsempfängern und Hinterbliebenen (entsprechend den Regelungen in § 164 Abs. 2 bis 4). Der Verpflichtungskatalog zuzüglich der Ansprüche aus § 164 umfasst damit den **wesentlichen Teil der bei einer Schließung zu erfüllenden Verpflichtungen.** Nicht enthalten sind etwaige nach dem 1.1.2008 aufgenommene (rechtswidrige) Darlehen, Ansprüche aus zivilrechtlichen Beschaffungsverträgen und sonstige Kosten der Schließung ab 2018.

Bemerkenswert ist die Regelung in **§ 155 Abs. 5 S. 2.** Diese regelt dem Wort- 21
laut nach den Fall der „doppelten Fusion". Allerdings lässt der Wortlaut **keinen sinnvollen Regelungsgehalt** erkennen, denn mit der gewählten Formulierung würde der Gesetzgeber ohne weiteres von der Vereinigungsfähigkeit geschlossener oder aufgelöster Kassen ausgehen. Stattdessen kann angenommen werden, dass in S. 2 der Umkehrfall zu S. 1 geregelt werden sollte, dass nämlich die vereinigte und in eine andere Kassenart gewechselte Kasse geschlossen wird. Die Kassen der ursprünglichen Kassenart sollen dann anteilig nach § 155 Abs. 5 neben den Kassen der gewählten Kassenart haften. Dieser Regelungsgehalt wird allerdings nicht vom Wortlaut des S. 2 erfasst. Deutlich wird aber die gesetzgeberische Absicht durch die Begründung zum Änderungsantrag. Demnach soll sich keine Kasse durch eine kassenartübergreifende Vereinigung ihren Haftungsverpflichtungen entziehen können (vgl. BT-Drs. 16/3100, 156).

Eine **Befristung** der Ansprüche aus § 155 Abs. 5 ist **nicht vorgesehen**. § 171 a 22
befristet lediglich die Zahlungsverpflichtungen gegenüber den Verbänden, also die Zahlungsverpflichtungen, die aus der bisherigen Verbandsmitgliedschaft einer

der Ursprungskassen resultieren (BT-Drs. 16/3100, 156). Im Laufe des Gesetzgebungsverfahrens wurde diese Befristung von drei auf fünf Jahre verlängert (BT-Drucks. 16/4247, 50).

23 Eine weitere Konsequenz aus dem neuen Haftungssystem ist, dass die Krankenkasse, die aus einer kassenartenübergreifenden Vereinigung nach § 171 a hervorgegangen ist, zum einen vollständig nach § 155 Abs. 4 im Haftungsverbund der von ihr gewählten Kassenart haftet und zusätzlich nach § 155 Abs. 5 für die Verpflichtungen ihrer „Ursprungskasse", aus deren Verband sie ausgeschieden ist. Eine kassenartübergreifend vereinigte neue Kasse trägt also das **Haftungsrisiko aus zwei Kassenarten**. Das tatsächliche Haftungsrisiko hängt auch maßgeblich davon ab, nach welchen Regeln der Spitzenverband Bund die Verpflichtungen aufteilt (vgl. § 4 der SpiBuKK-Satzung). Im Gesetz sind hierzu keine Bestimmungen vorgesehen. Es ist zu erwarten, dass die Rechtsprechung diese im Laufe der Zeit entwickeln wird, wobei Klagen allerdings keine aufschiebende Wirkung haben (Abs. 4 S. 6). Zur Bewertung des seit dem 1. 7. 2008 geltenden Haftungssystems vgl. § 171 a Rn. 18.

24 Sofern die Mittel für einen kassenartinternen Haftungsausgleich nicht ausreichen sollten und/oder durch die Haftungsabwicklung die **Leistungs- und Funktionsfähigkeit einer gesamten Kassenart gefährdet** ist, ist von einer **Gewährleistungsverantwortung** bzw. **Garantiehaftung des Bundes** gem. Art. 20 Abs. 1 GG iVm. Art. 2 Abs. 2 GG bzw. gem. Art. 120 Abs. 1 S. 4 GG – für Versorgungslasten gem. Art. 131 GG (vgl. BVerfGE 3, 58/133) – auszugehen (vgl. BVerfGE 68,193/209; 113, 167/207 ff.).

§ 156 Betriebskrankenkassen öffentlicher Verwaltungen

¹**Die §§ 147 bis 155 Abs. 4 gelten entsprechend für Dienstbetriebe von Verwaltungen des Bundes, der Länder, der Gemeindeverbände oder der Gemeinden.**
²**An die Stelle des Arbeitgebers tritt die Verwaltung.**

1 Die Regelung des § 156 statuiert die entsprechende Geltung der §§ 147–155 Abs. 4 für **BKKn öffentlicher Verwaltungen**. Aus der Verweisung des S. 1 folgt, dass für Dienstbetriebe der öffentlichen Verwaltung BKKn als Körperschaften des öffentlichen Rechts mit Selbstverwaltung eingerichtet werden können (§ 147 iVm. §§ 4 Abs. 1, 29 SGB IV). Somit ist auch eine Ausdehnung gem. § 149 auf weitere Betriebe derselben Verwaltung sowie eine freiwillige Vereinigung gem. § 150 möglich. Ebenso findet § 151 bei Ausscheiden eines Betriebes Anwendung. Die BKKn können gem. § 152 aufgelöst oder gem. § 153 geschlossen werden.

2 Schließlich werden die Abwicklung der Geschäfte sowie die **Haftung** nach § 155 geregelt. Nach S. 2 tritt jeweils an die Stelle des Arbeitgebers die Verwaltung. § 155 Abs. 5 findet keine Anwendung, da der Wortlaut des § 156 nicht entsprechend geändert wurde. Insofern ergibt sich – wohl aufgrund eines redaktionellen Versehens – eine rechtssystematisch nicht erklärbare **Haftungslücke** (zum Haftungskonzept vgl. § 155 Rn. 17 ff.).

Dritter Titel. Innungskrankenkassen

§ 157 Errichtung

(1) Eine oder mehrere Handwerksinnungen können für die Handwerksbetriebe ihrer Mitglieder, die in die Handwerksrolle eingetragen sind, eine Innungskrankenkasse errichten.

(2) Eine Innungskrankenkasse darf nur errichtet werden, wenn
1. in den Handwerksbetrieben der Mitglieder der Handwerksinnung regelmäßig mindestens 1000 Versicherungspflichtige beschäftigt werden,
2. ihre Leistungsfähigkeit auf Dauer gesichert ist.

(3) Absatz 1 gilt nicht für Handwerksbetriebe, die als Leistungserbringer zugelassen sind, soweit sie nach diesem Buch Verträge mit den Krankenkassen oder deren Verbänden zu schließen haben.

§ 158 Verfahren bei Errichtung

(1) ¹Die Errichtung der Innungskrankenkassen bedarf der Genehmigung der nach der Errichtung zuständigen Aufsichtsbehörde. ²Die Genehmigung darf nur versagt werden, wenn eine der in § 157 genannten Voraussetzungen nicht vorliegt oder die Krankenkasse zum Errichtungszeitpunkt nicht 1000 Mitglieder haben wird.

(2) Die Errichtung bedarf der Zustimmung der Innungsversammlung und der Mehrheit der in den Innungsbetrieben Beschäftigten.

(3) ¹Für das Verfahren gilt § 148 Abs. 2 Satz 2 und 3 und Abs. 3 entsprechend. ²An die Stelle des Arbeitgebers tritt die Handwerksinnung.

Schrifttum: *W. Engelhard,* Errichtung von Betriebs- und Innungskrankenkassen nach dem SGB V, SGb 1992, 534–538; *N. Finkenbusch,* Die Träger der Krankenversicherung – Verfassung und Organisation, 5. Aufl. 2004; *J. Fröhlingsdorf,* Das Organisationsrecht der IKK im SGB V, KrV 1989, 43–48; *U. Knispel,* Zum Zuständigkeitsbereich von Innungskrankenkassen, SGb 1987, 460–464; *J.-R. Siewert,* Kassenzuständigkeit Mischbetriebe: AOK oder IKK?, DOK 1995, 264–267.

Inhaltsübersicht

	Rn.
A. Überblick	1
B. Zuständigkeit und Voraussetzungen für die Errichtung, § 157 Abs. 1, 2	2
C. Ausschluss des Errichtungsrechts, § 157 Abs. 3	4
D. Errichtungsverfahren, § 158	5

A. Überblick

Die Errichtungsvorschriften für die IKK sind weitgehend deckungsgleich mit denen für die Errichtung einer BKK (§ 147, 148). § 157 regelt insbesondere das Recht und die Zuständigkeit (Abs. 1) sowie die Voraussetzungen (Abs. 2) für die Errichtung einer IKK. Daneben schließt sie die Errichtung einer IKK für Handwerksbetriebe, die als Leistungserbringer zugelassen sind, aus (Abs. 3). § 158 ergänzt § 157 um Regelungen bzgl. des Verfahrens bei der Errichtung einer IKK. Insbesondere werden die Genehmigungsbedürftigkeit und -zuständigkeit (Abs. 1 S. 1) sowie weitere Errichtungsvoraussetzungen (Abs. 1 S. 2, Abs. 2) bestimmt.

§ 158

Auch die IKK ist eine **rechtsfähige Körperschaft des öffentlichen Rechts mit Selbstverwaltung** (§ 4 iVm. §§ 29, 31 Abs. 3 a, 35 a SGB IV).

B. Zuständigkeit und Voraussetzungen für die Errichtung, § 157 Abs. 1, 2

2   Gem. Abs. 1 können eine oder mehrere **Handwerksinnungen** (sog. Trägerinnungen) für die in die Handwerksrolle eingetragenen Handwerksbetriebe ihrer Mitglieder eine IKK errichten. Genauer handelt es sich hier vielmehr um die Aufsichtsbehörde, die die Errichtung vornimmt; die Innungen haben aber ein Antragsrecht. Die IKKn haben keinen selbstständigen räumlichen Kassenbezirk, sondern erstrecken sich vielmehr auf Betriebe, mit denen der selbstständige Handwerker einer Trägerinnung angehört (*Baier,* Krauskopf, § 157 Rn. 8 mwN.). Zur abnehmenden praktischen Relevanz der Vorschrift, ua. wegen des **Moratoriums für die Öffnung neu errichteter BKKn und IKKn** vgl. § 147 Rn. 1. Aufgrund ihrer wettbewerblichen Ausrichtung verlieren die IKKn zunehmend ihren historisch bedingten Bezug zu den regionalen Handwerksinnungen. Am 3. 3. 2008 existierten 17 IKKn (Quelle: amtl. Statistik des BMG unter www.bmg.bund.de). Sämtliche IKKn sind – im Rahmen ihrer regionalen Zuständigkeit – auch für Innungsfremde geöffnet. Sie haben ca. 6 Millionen Versicherte (Quelle: www.ikk.de).

3   Die Vorschriften zur Handwerksinnung finden sich in den §§ 52 ff. HwO. Ein **Handwerksbetrieb** ist ein Gewerbebetrieb, wenn er handwerksmäßig betrieben wird und ein Gewerbe vollständig erfasst, das in der Anlage A zur HwO aufgeführt ist, oder Tätigkeiten ausgeübt werden, die für dieses Gewerbe wesentlich sind (§ 1 Abs. 2 HwO). Die **Handwerksrolle** ist nach § 6 Abs. 1 HwO das bei der Handwerkskammer zu führende Verzeichnis, in welches die selbstständigen Handwerker ihres Bezirkes mit dem von ihnen zu betreibenden Handwerk einzutragen sind. Sowohl die Eintragung in die Handwerksrolle, als auch die Aufnahme in die Handwerksinnung haben für die sozialrechtliche Bewertung **Tatbestandwirkung** (vgl. BSG v. 31. 8. 1989, 3/8 RK 23/87 sowie 3 RK 33/88). Zu den weiteren Voraussetzungen des Abs. 2 siehe die Kommentierungen zu § 147 Rn. 4 ff. Im Gegensatz zu den BKKn ist die Sicherung der dauerhaften Leistungsfähigkeit zwingende Voraussetzung für die Errichtung einer IKK.

C. Ausschluss des Errichtungsrechts, § 157 Abs. 3

4   Gem. Abs. 3 ist das Errichtungsrecht für Handwerksbetriebe, die als **Leistungserbringer** zugelassen sind, soweit sie nach diesem Buch Verträge mit den Krankenkassen oder deren Verbänden zu schließen haben, ausgeschlossen. Sinn und Zweck ist die Wahrung des **Grundsatzes der Gegnerfreiheit** im Verhältnis zwischen GKV und Leistungserbringern (BT-Drs. 15/1525, 136); vgl. auch die Kommentierung zu § 147 Rn. 19.

D. Errichtungsverfahren, § 158

5   Die Errichtung bedarf gem. § 158 Abs. 1 S. 1 der **Genehmigung** der zuständigen Aufsichtsbehörde. Vor der Entscheidung sind die **Verbände** der beteiligten Krankenkassen **zu hören** (vgl. § 172 Abs. 1 S. 1). Zu einer Versagung darf es gem. Abs. 1 S. 2 nur kommen, wenn die Voraussetzungen des § 157 Abs. 1 nicht vorliegen oder die IKK zum Errichtungszeitpunkt keine 1000 Mitglieder haben wird.

6. Kapitel. 1. Abschnitt. 3. Titel **§ 159**

Daneben sind – trotz der missverständlich formulierten Verweisung in Abs. 1 S. 2 – auch die fehlende Zustimmung der in den Innungsbetrieben Beschäftigten (Abs. 2) sowie ein Verstoß gegen Abs. 3 iVm. § 148 Abs. 3 S. 1 zwingende **Versagungsgründe** (vgl. auch die Kommentierung zu § 148).

§ 159 Ausdehnung auf weitere Handwerksinnungen

(1) ¹Wird eine Handwerksinnung, die allein oder gemeinsam mit anderen Handwerksinnungen eine Innungskrankenkasse errichtet hat (Trägerinnung), mit einer anderen Handwerksinnung vereinigt, für die keine Innungskrankenkasse besteht, so gehören die in den Betrieben der anderen Handwerksinnung versicherungspflichtig Beschäftigten der Innungskrankenkasse an, wenn die Mehrheit der in den Innungsbetrieben Beschäftigten zustimmt; § 157 Abs. 2 Nr. 2 gilt entsprechend. ²Satz 1 gilt entsprechend, wenn eine Trägerinnung ihren Zuständigkeitsbereich örtlich oder sachlich erweitert. § 158 gilt entsprechend.

(2) ¹Wird auf Grund von Änderungen des Handwerksrechts der Kreis der Innungsmitglieder einer Trägerinnung verändert, hat die zuständige Aufsichtsbehörde den Mitgliederkreis der Innungskrankenkasse entsprechend anzupassen. ²Sind von der Anpassung mehr als 1000 Beschäftigte von Innungsmitgliedern der Trägerinnung betroffen, gelten die §§ 157, 158 entsprechend.

(3) Erstreckt sich die Innungskrankenkasse nach der Anpassung über die Bezirke mehrerer Aufsichtsbehörden, treffen die Entscheidung nach Absatz 2 die Aufsichtsbehörden, die vor der Anpassung zuständig waren.

Schrifttum: vgl. Nachweise zu §§ 157, 158

Inhaltsübersicht

	Rn.
A. Überblick	1
B. Vereinigung und Zuständigkeitsbereichserweiterung, Abs. 1	2
C. Übereinstimmungsverfahren, Abs. 2, 3	4

A. Überblick

§ 159 will Änderungen im Zuständigkeitsbereich der Trägerinnung entspre- **1** chend auf die IKK übertragen. **Trägerinnung und IKK** sollen dabei **weitestgehend deckungsgleich** sein. Abs. 1 S. 1 regelt dabei den Fall der Vereinigung der Trägerinnung mit einer anderen Handwerksinnung, S. 2 erweitert den Zuständigkeitsbereich der Trägerinnung. Die Abs. 2 und 3 regeln das Übereinstimmungsverfahren bei Änderungen des Handwerksrechts.

B. Vereinigung und Zuständigkeitsbereichserweiterung, Abs. 1

Vereinigt sich eine Trägerinnung mit einer Handwerksinnung, für die keine **2** IKK besteht, so regelt Abs. 1 S. 1 die Zugehörigkeit der versicherungspflichtigen Beschäftigten zur IKK. Vor dem Hintergrund der allgemeinen Kassenwahlfreiheit ist Abs. 1 rechtssystematisch überholt. Die mit der Vorschrift bezweckte Zuordnung der Versicherten wird – entgegen dem Wortlaut – richtigerweise durch die Ausübung des Wahlrechts (§ 173 Abs. 2 S. 1 Nr. 3) getroffen. Da mittlerweile alle IKKn auch für Innungsfremde geöffnet sind, hat die Ausdehnung einer Trägerinnung keine unmittelbaren Folgen, da die jeweilige IKK ohnehin schon für die Beschäftigten wählbar war.

3 Für die Vereinigung nach Abs. 1 gilt gem. S. 3 **§ 158 entsprechend**, dh. es muss ein förmliches Errichtungsverfahren durchgeführt werden. Zudem verweist S. 1 Hs. 2 auf die Anwendung des § 157 Abs. 2 Nr. 2, dh. die **Leistungsfähigkeit** der ausgedehnten IKK muss auf Dauer gesichert sein. Daneben müssen gem. Abs. 1 S. 1 Hs. 1 und S. 3 iVm. § 158 Abs. 2 die Innungsversammlung sowie die Mehrheit der Beschäftigten der vereinigten Handwerksinnung **zustimmen**. Letztlich muss die Aufsichtsbehörde die Vereinigung **genehmigen** (Abs. 1 S. 3 iVm. § 158 Abs. 1, 3); vgl. auch die Kommentierung zu § 158. **Anwendung** findet die Vorschrift sowohl auf freiwillige als auch auf zwangsweise Vereinigungen. Sollte sich der örtliche oder sachliche **Zuständigkeitsbereich** einer Trägerinnung **ausweiten,** so ordnet Abs. 1 S. 2 dieselben Rechtsfolgen an wie S. 1. Um den von einer örtlichen Erweiterung des Zuständigkeitsbereichs der Trägerinnung betroffenen Arbeitnehmern den Zugang zur IKK zu eröffnen, bedarf es also auch eines förmlichen Errichtungsverfahrens. Hinsichtlich einer örtlichen Erweiterung des Kreises der Wahlberechtigten ist die Regelung für die ohnehin bundesweit geöffneten IKKn ohne Relevanz.

C. Übereinstimmungsverfahren, Abs. 2, 3

4 Gibt es Änderungen des Handwerksrechts und wird dadurch der Kreis der Innungsmitglieder der Trägerinnung verändert, so muss die Aufsichtsbehörde den Mitgliederkreis der IKK entsprechend anpassen (Abs. 2 S. 1). Dabei hat sie keinen Ermessensspielraum. **Anpassen** bedeutet hier sowohl die Eingliederung als auch das Ausscheiden von Betrieben aus dem Zuständigkeitsbereich der IKK. Nach Abs. 2 S. 2 findet diese Regelung aber nur Anwendung, wenn nicht mehr als 1000 Beschäftigte betroffen sind. Denn dann sollen die §§ 157, 158 über die Errichtung einer IKK entsprechend gelten. **Betroffen sind diejenigen Beschäftigten,** deren Wahlrechte nach §§ 173, 174 sich durch die Anpassung ändern. Sollte sich die IKK nach Anpassung über die Bezirke mehrerer Aufsichtsbehörden erstrecken, erfolgt die Anpassung durch die **Aufsichtsbehörden,** die vorher zuständig waren (Abs. 3). Auch wenn § 172 Abs. 1 die Ausdehnung von IKKn auf weitere Handwerksinnungen nicht erwähnt, so kommt sie doch einer Vereinigung von Krankenkassen gleich, so dass den jeweiligen Verbänden ein **Anhörungsrecht** nach § 172 zusteht.

§ 160 Vereinigung von Innungskrankenkassen

(1) ¹**Innungskrankenkassen können sich auf Beschluss ihrer Verwaltungsräte miteinander vereinigen.** ²**Der Beschluss bedarf der Genehmigung der vor der Vereinigung zuständigen Aufsichtsbehörden.** ³**Für das Verfahren gilt § 144 Abs. 2 bis 4 entsprechend.**

(2) ¹**Innungskrankenkassen werden vereinigt, wenn sich ihre Trägerinnungen vereinigen.** ²**Für das Verfahren gilt § 146 entsprechend.**

(3) **Für die Vereinigung von Innungskrankenkassen durch die Landesregierung gelten die §§ 145 und 146 entsprechend.**

Schrifttum: *P. Wigge,* Zum Rechtsschutz von Innungskrankenkassen gegen deren Vereinigung, NZS 1996, 504–512.

6. Kapitel. 1. Abschnitt. 3. Titel **§ 161**

Inhaltsübersicht
                                                                  Rn.
A. Überblick 1
B. Freiwillige Vereinigung, Abs. 1 2
C. Vereinigung von Trägerinnungen, Abs. 2 3
D. Zwangsvereinigung, Abs. 3 4

A. Überblick

Die freiwillige Vereinigung von IKKn nach Abs. 1 verläuft **parallel zu der** 1
Vereinigung von Ortskrankenkassen. Abs. 2 sieht die Vereinigung von IKKn als gesetzlich zwingende Folge der Vereinigung ihrer Trägerinnungen vor und verweist bzgl. des Verfahrens ebenfalls auf die Vereinigung von Ortskrankenkassen. Bei der ebenfalls möglichen Zwangsvereinigung auf Antrag verweist auch Abs. 3 auf die Regelungen zu den Ortskrankenkassen.

B. Freiwillige Vereinigung, Abs. 1

Gem. Abs. 1 S. 1 können sich IKKn auf Beschluss ihrer Verwaltungsräte vereini- 2
gen. Die freiwillige Vereinigung ist eine **Organisationsmöglichkeit** der Selbstverwaltung; die zwangsweise Vereinigung durch Rechtsverordnung nach Abs. 3 ist demgegenüber subsidiär. Nach Abs. 1 S. 2 muss der Beschluss von der Aufsichtsbehörde **genehmigt** werden. Bzgl. des **Verfahrens** gilt über die Verweisung aus Abs. 1 S. 3 die Anwendung des § 144 Abs. 2–4; vgl. § 144 Rn. 2 ff.

C. Vereinigung von Trägerinnungen, Abs. 2

Vereinigen sich Trägerinnungen, sind auch ihre IKKn zu vereinigen (Abs. 2). 3
Eine innungsrechtliche Vereinigung führt folglich auch zu einer sozialrechtlichen Vereinigung. Für das Verfahren gilt § 146 entsprechend; vgl. § 145, 146 Rn. 10.

D. Zwangsvereinigung, Abs. 3

Werden IKKn durch die Landesregierung vereinigt, gelten gem. Abs. 3 die 4
§§ 145, 146, dh. die Vorschriften über die **zwangsweise Vereinigung** von Krankenkassen. Die Vereinigung durch Rechtsverordnung der Landesregierung kann von der IKK oder dem Landesverband beantragt werden, wenn durch die Vereinigung die Leistungsfähigkeit verbessert werden kann oder der Bedarfssatz der IKK den durchschnittlichen Bedarfssatz um mehr als 5 % übersteigt; vgl. § 145 Rn. 6 f.

§ 161 Ausscheiden einer Handwerksinnung

¹Eine Handwerksinnung kann das Ausscheiden aus einer gemeinsamen Innungskrankenkasse beantragen. ²Über den Antrag auf Ausscheiden entscheidet die Aufsichtsbehörde. ³Sie bestimmt den Zeitpunkt, an dem das Ausscheiden wirksam wird. ⁴Die Sätze 1 bis 3 gelten nicht für Innungskrankenkassen, deren Satzung eine Regelung nach § 173 Abs. 2 Satz 1 Nr. 4 enthält.

§ 161 ermöglicht das Ausscheiden einer Handwerksinnung aus einer für meh- 1
rere Innungen bestehenden IKK. Nach S. 1 kann die Handwerksinnung das Aus-

Mühlhausen

scheiden **beantragen**. Über diesen Antrag entscheidet gem. S. 2 die **Aufsichtsbehörde**. Dabei müssen die **Interessen** der Versicherten und der IKK gegen die des Antragsstellers abgewogen werden (vgl. *Hauck,* H/N, § 161 Rn. 4). § 161 enthält keine Regelungen bzgl. des **Verfahrens**. Da das Ausscheiden aber einer teilweisen Schließung gleichkommt, sollten die Verbände angehört werden (vgl. § 172 Abs. 1 S. 1).

2   Da mittlerweile alle IKKn auch für Innungsfremde nach § 173 Abs. 2 S. 1 Nr. 4 wählbar sind, ist die Vorschrift **für die Praxis ohne Bedeutung**.

§ 162 Auflösung

¹Eine Innungskrankenkasse kann auf Antrag der Innungsversammlung nach Anhörung des Gesellenausschusses, eine gemeinsame Innungskrankenkasse auf Antrag aller Innungsversammlungen nach Anhörung der Gesellenausschüsse aufgelöst werden, wenn der Verwaltungsrat mit einer Mehrheit von mehr als drei Vierteln der stimmberechtigten Mitglieder zustimmt. ²Über den Antrag entscheidet die Aufsichtsbehörde. ³Sie bestimmt den Zeitpunkt, an dem die Auflösung wirksam wird. ⁴Die Sätze 1 bis 3 gelten nicht, wenn die Satzung eine Regelung nach § 173 Abs. 2 Satz 1 Nr. 4 enthält.

§ 163 Schließung

¹Eine Innungskrankenkasse wird von der Aufsichtsbehörde geschlossen, wenn

1. die Handwerksinnung, die sie errichtet hat, aufgelöst wird, eine gemeinsame Innungskrankenkasse dann, wenn alle beteiligten Handwerksinnungen aufgelöst werden,
2. sie nicht hätte errichtet werden dürfen oder
3. ihre Leistungsfähigkeit nicht mehr auf Dauer gesichert ist.

²Die Aufsichtsbehörde bestimmt den Zeitpunkt, an dem die Schließung wirksam wird. ³Satz 1 Nr. 1 gilt nicht, wenn die Satzung der Innungskrankenkasse eine Regelung nach § 173 Abs. 2 Satz 1 Nr. 4 enthält.

§ 164 Auseinandersetzung, Abwicklung der Geschäfte, Haftung bei Verpflichtungen, Dienstordnungsangestellte

(1) ¹Bei Auflösung und Schließung von Innungskrankenkassen gelten die §§ 154 und 155 Abs. 1 bis 3 entsprechend. ²Reicht das Vermögen einer aufgelösten oder geschlossenen Innungskrankenkasse nicht aus, um die Gläubiger zu befriedigen, hat die Handwerksinnung die Verpflichtungen zu erfüllen. ³Sind mehrere Handwerksinnungen beteiligt, haften sie als Gesamtschuldner. ⁴Reicht das Vermögen der Handwerksinnung nicht aus, um die Gläubiger zu befriedigen, haben die übrigen Innungskrankenkassen die Verpflichtungen zu erfüllen. ⁵Die Sätze 2 bis 4 gelten nicht, wenn die Satzung der geschlossenen Innungskrankenkasse eine Regelung nach § 173 Abs. 2 Satz 1 Nr. 4 enthält; in diesem Fall haben die übrigen Innungskrankenkassen die Verpflichtungen zu erfüllen. ⁶Für die Haftung nach den Sätzen 4 und 5 gilt § 155 Abs. 4 Satz 5 und 6 und Abs. 5 entsprechend. ⁷Für die Haftung im Zeitpunkt des Inkrafttretens einer Satzungsbestimmung nach § 173 Abs. 2 Satz 1 Nr. 4 gilt § 155 Abs. 4 Satz 7 entsprechend.

(2) Die Versorgungsansprüche der am Tage der Auflösung oder Schließung einer Innungskrankenkasse vorhandenen Versorgungsempfänger und ihrer Hinterbliebenen bleiben unberührt.

(3) ¹Die dienstordnungsmäßigen Angestellten sind verpflichtet, eine vom Landesverband der Innungskrankenkassen nachgewiesene dienstordnungsmäßige Stellung bei ihm oder einer anderen Innungskrankenkasse anzutreten, wenn die Stellung nicht in auffälligem Missverhältnis zu den Fähigkeiten der Angestellten steht. ²Entstehen hierdurch geringere Besoldungs- oder Versorgungsansprüche, sind diese auszugleichen. ³Den übrigen Beschäftigten ist bei dem Landesverband der Innungskrankenkassen oder einer anderen Innungskrankenkasse eine Stellung anzubieten, die ihnen unter Berücksichtigung ihrer Fähigkeiten und bisherigen Dienststellung zuzumuten ist.

(4) ¹Die Vertragsverhältnisse der Beschäftigten, die nicht nach Absatz 3 untergebracht werden, enden mit dem Tage der Auflösung oder Schließung. ²Vertragsmäßige Rechte, zu einem früheren Zeitpunkt zu kündigen, werden hierdurch nicht berührt.

(5) **Für die Haftung aus den Verpflichtungen nach den Absätzen 2 bis 4 gilt Absatz 1 und § 155 Abs. 5 entsprechend.**

Schrifttum: *U. Battis,* Zur Verfassungsrechtlichen Verpflichtung des Gesetzgebers zur Bewältigung der Folgeprobleme bei der Einführung der generellen Insolvenzfähigkeit gesetzlicher Krankenkassen – insbesondere im Hinblick auf Versorgungsansprüche und -anwartschaften, Gutachten 2007; *H. Lecheler/L. Determann,* Die rechtlichen Vorgaben für die Sozialversicherungsträger bei der Bestimmung des Rechtsstatus ihrer Bediensteten, 1999; *F. E. Schnapp,* Kassenschließung trotz fehlerfreier Errichtung?, NZS 2002, 449–452.

Inhaltsübersicht
A. Überblick 1
B. Auflösung, § 162 2
C. Schließung, § 163 3
   I. Schließungsvoraussetzungen, S. 1 3
   II. Entscheidung der Aufsichtsbehörde, S. 2 7
D. Abwicklung der Geschäfte, Haftung, Arbeitsverhältnisse, § 164 8
   I. Abwicklung,/Haftung, Abs. 1 8
   II. Versorgungsansprüche, Abs. 2, 5 10
   III. Dienst- und Arbeitsverhältnisse, Abs. 3–5 12

A. Überblick

§ 162 regelt die **Auflösung** einer nicht für Innungsfremde geöffneten IKK als 1 vorrangiges Instrument zur Beendigung der Existenz einer IKK und entspricht damit weitgehend dem § 152. § 163 regelt subsidiär die **Schließung** von IKKn und ist somit Parallelvorschrift zu den §§ 146 und 170, insbesondere aber § 153. Die **Abwicklung der Geschäfte** sowie die **Haftung** und die Regelung bzgl. der Arbeitsverhältnisse bei Auflösung und Schließung regelt § 164.

B. Auflösung, § 162

Die Vorschrift über die (Selbst-)Auflösung von IKKn durch die Innung nach 2 § 162 findet gem. S. 4 nur Anwendung bei nicht für Innungsfremde geöffneten IKKn. Für geöffnete IKKn besteht keine Möglichkeit der Auflösung, weil sie eine

§ 164 Auseinandersetzung, Abwicklung der Geschäfte

„über den Betriebsbezug hinausreichende gesundheits- und sozialpolitische Verantwortung" tragen (BT-Drs. 12/3608, 111). Da mittlerweile alle IKKn auch für Innungsfremde nach § 173 Abs. 2 S. 1 Nr. 4 geöffnet sind, ist die Vorschrift **für die Praxis ohne Bedeutung.**

C. Schließung, § 163

I. Schließungsvoraussetzungen, S. 1

3   Der numerus clausus der **Schließungsgründe** einer IKK ist in § 163 S. 1 niedergelegt. Bei Vorliegen eines der Gründe hat die Aufsichtsbehörde keinen Ermessensspielraum und muss die IKK schließen.

4   Kommt eine Handwerksinnung, die eine nicht für Innungsfremde geöffnete IKK errichtet hat (vgl. S. 3), zur **Auflösung,** so wird gem. S. 1 **Nr. 1** iVm. S. 3 auch die IKK geschlossen. Da sich mittlerweile alle IKKn auch für Innungsfremde geöffnet haben, geht die Vorschrift ins Leere.

5   Hätte die IKK gar nicht erst errichtet werden dürfen, so wird sie nach S. 1 **Nr. 2** geschlossen. Eine **rechtswidrige Errichtung** liegt vor, wenn die Aufsichtsbehörde sie nicht hätte genehmigen dürfen, dh. wenn die materiell-rechtlichen Errichtungsvoraussetzungen nicht vorgelegen haben (vgl. §§ 157, 158 Rn. 2f.). Keine Anwendung findet die Vorschrift, wenn eine Heilung der Errichtungsmängel stattgefunden hat.

6   Ist die **Leistungsfähigkeit** der IKK nicht mehr auf Dauer gesichert, wird die IKK gem. S. 1 **Nr. 3** geschlossen. Näheres in § 171 b Rn. 3 und § 146 a Rn. 2.

II. Entscheidung der Aufsichtsbehörde, S. 2

7   Liegt ein Schließungsgrund vor, **muss** die Aufsichtsbehörde die IKK schließen. Sie entscheidet dabei über den Zeitpunkt der Schließung (S. 2). Die Abwicklung der Geschäfte sowie die Haftung richten sich dabei nach § 164.

D. Abwicklung der Geschäfte, Haftung, Arbeitsverhältnisse, § 164

I. Abwicklung/Haftung, Abs. 1

8   Da mittlerweile alle IKKn über Satzungsregelungen nach § 173 Abs. 2 S. 1 Nr. 4 verfügen und somit auch für Innungsfremde geöffnet sind, kommt eine – ggf. gesamtschuldnerische – Haftung der Innungen im Rahmen der Abwicklung (vgl. Abs. 1 S. 2–5) praktisch nicht mehr in Betracht. Die **Abwicklung der Geschäfte,** dh. die Klärung der vermögensrechtlichen Angelegenheiten, richtet sich aufgrund der Verweisung in Abs. 1 ausschließlich nach § 155. Mit Wirkung zum 1. 7. 2008 ist – als Folgeregelung zu den organisationsrechtlichen Neuregelungen in §§ 212 ff. – die Endhaftung des Bundesverbandes entfallen.

9   Die Regelung des Abs. 1 S. 2–7 überträgt die Änderungen der **Haftungsregelungen des § 155** auf die Innungskrankenkassen (BT-Drs. 16/4247, 50). Im Übrigen handelt es sich um redaktionelle Folgeänderungen zur Änderung in § 155 (BT-Drs. 16/3100, 155). Zum Haftungskonzept nach dem GKV-WSG vgl. die Kommentierung zu § 155 Rn. 17 ff.

II. Versorgungsansprüche, Abs. 2, 5

Die Abs. 2–5 sind die zentralen Vorschriften im SGB V für die Abwicklung 10
von versorgungs- und arbeitsrechtlichen Ansprüchen im Fall der Schließung einer
Krankenkasse. Abs. 2 schützt die **Versorgungsansprüche** der Versorgungsempfänger und ihrer Hinterbliebenen. Die Norm stellt klar, dass diese **unberührt**
bleiben (BT-Drs. 11/2237, 212). Für sie haften gem. Abs. 5 iVm. Abs. 1 und § 155
Abs. 5 S. 1 und S. 7 die übrigen IKKn bzw. die jeweiligen Kassen einer Kassenart.
§ 171 b schreibt – vor dem Hintergrund der beabsichtigten Einführung der Insolvenzfähigkeit – ab dem 1. 1. 2010 eine **Pflicht zur Bildung eines Kapitalstocks**
vor, um die Versorgungsansprüche hinreichend abzusichern. Angesichts der historisch und gesetzlich bedingten Mehrbelastung einzelner Kassen (insbesondere
der früheren sog. Primärkassen) mit Versorgungsaufwendungen (zum Hintergrund *Battis,* Folgeprobleme, 24 ff.; *Lecheler/Determann,* Rechtsstatus, 24 ff.) ist –
spätestens im Abwicklungsfall, richtigerweise jedoch schon bei der Umsetzung
des § 171 b – eine beitrags- und/oder steuerfinanzierte (Ausgleichs-)Sonderzuweisung sachgerecht, um den Bestand der Versorgungsansprüche zu sichern.

Nicht ausdrücklich in § 164 geregelt ist das Schicksal von **Versorgungsan-** 11
wartschaften im Falle der Schließung einer Krankenkasse. Für deren Sicherung
durch Abs. 2 spricht dessen Regelungsintention sowie die Begründung zur Änderung des § 164. Durch die Änderung sollen diejenigen Betroffenen abgesichert
werden, die *„existentiell auf die Erfüllung dieser Ansprüche angewiesen sind"* (BT-Drs. 16/
3100, 155). Dies ist für die Inhaber von Versorgungsanwartschaften regelmäßig
der Fall.

III. Dienst- und Arbeitsverhältnisse, Abs. 3–5

Die Abs. 3 und 4 regeln die **Dienst- und Arbeitsverhältnisse** der Beschäftig- 12
ten der IKK im Fall einer Auflösung oder Schließung. Es wird dabei zwischen
Dienstordnungsangestellten (DO-Angestellten) mit beamten-ähnlichem Status und den sonstigen Angestellten sowie Arbeitern unterschieden.

Die DO-Angestellten stehen in Arbeits- bzw. Dienstverträgen zu den gesetz- 13
lichen Krankenkassen. Allerdings werden ihre Dienstverhältnisse in den sog.
Dienstordnungen geregelt. Dabei handelt es sich um aufgrund gesetzlicher Ermächtigung in § 351 RVO erlassenes autonomes Satzungsrecht im Sinne des § 33
Abs. 1 SGB IV. Jedoch sind sie weder Beamte im statusrechtlichen Sinne, noch haben sie einen öffentlich-rechtlichen Status inne. Es handelt sich vielmehr um ein
privatrechtliches Anstellungsverhältnis (BAG, NZA 2002, 808/810; BSGE 31,
247/250 mwN.). Auf die Dienstverhältnisse der DO-Angestellten finden allerdings gemäß den Dienstordnungen **beamtenrechtliche Vorschriften** entsprechende Anwendung. Damit verleihen die Dienstordnungen den DO-Angestellten
einen Status, der weitgehend dem von Beamten angenähert ist. Dementsprechend
werden auch die beamtenrechtlichen Grundsätze auf die DO-Angestellten entsprechend angewendet. Für DO-Angestellte gilt das beamtenrechtliche Alimentationsprinzip (BSGE 31, 247/250). Demnach ist der Dienstherr bzw. die Anstellungskörperschaft für die rechtliche und wirtschaftliche Absicherung des Ruhestandsbeamten im Alter verantwortlich (BVerfGE 76, 256/295 ff.).

Laut Abs. 3 S. 1 sind dienstordnungsmäßige Angestellte im Fall der Auflösung 14
oder Schließung einer IKK dazu verpflichtet, eine vom Landesverband der IKKn
angebotene dienstordnungsmäßige Stellung anzunehmen, wenn die Stellung nicht

in auffälligem Missverhältnis zu seinen Fähigkeiten steht. Daraus folgt konsequenterweise, dass ein Landesverband bzw. auch die Krankenkassen derselben Kassenart (Abs. 3 iVm. § 155 Abs. 5) eine solche freie Stelle auch anbieten müssen (BT-Drs. 11/2237, 52). Diese Angebotspflicht reicht allerdings nur so weit, wie auch eine tatsächliche Beschäftigungsmöglichkeit existiert (*Baier,* Krauskopf, § 164 Rn. 19). Ein **auffälliges Missverhältnis** iSv. Abs. 3 S. 1 muss nach beamtenrechtlichen Grundsätzen beurteilt werden. Etwaige Vergütungs- und Versorgungsnachteile sind zu kompensieren (Abs. 3 S. 2). Ein auffälliges Missverhältnis soll bei einer um zwei Besoldungsgruppen niedriger bewerteten Stelle aber noch nicht gegeben sein, solange es sich um eine Anstellung in derselben Laufbahngruppe handelt (*Baier,* Krauskopf, § 164 Rn. 14). Kann der DO-Angestellte nicht nach Abs. 3 S. 1 untergebracht werden, so endet sein Dienstverhältnis gem. Abs. 4 mit dem Tag der Auflösung oder Schließung.

15 Den **übrigen Beschäftigten** – also den Tarifangestellten, Arbeitern und Auszubildenden – ist gem. Abs. 3 S. 3 eine zumutbare Stelle bei dem Landesverband der IKKn oder bei einer anderen IKK anzubieten. Die Grenze des **Zumutbaren** entspricht dem auffälligen Missverhältnis in S. 1. Anders als bei den DO-Angestellten gibt es keine Pflicht, diese Stelle auch anzutreten. Dies entspricht dem größeren Pflichtenumfang der DO-Angestellten. Wird die angebotene Stelle abgelehnt, endet das Arbeitsverhältnis nach Abs. 4 S. 1 mit dem Tag der Auflösung bzw. Schließung der IKK.

16 Das Konzept des § 164 wirft ein **Auslegungsproblem** auf, sofern eine Krankenkasse zugleich die Funktion eines Landesverbandes wahrnimmt (vgl. § 207 Abs. 2a). Die bis zum 30. 6. 2008 geltende Regelung in § 164, die in diesem Fall eine Haftung des Bundesverbandes vorsah, ist entfallen. Unmittelbar ist der Fall der **Identität von Schließungskasse und Landesverband** nicht geregelt. Dem erkennbaren gesetzgeberischen Regelungsziel folgend, ist für diese Konstellation eine Haftung der anderen IKKn bzw. Krankenkassen derselben Kassenart nach Abs. 5 iVm. § 155 Abs. 5 anzunehmen.

Vierter Titel. Seekrankenkassen

§ 165 *(aufgehoben)*

Fünfter Titel. Landwirtschaftliche Krankenkassen

§ 166 Landwirtschaftliche Krankenkassen

[1]**Träger der Krankenversicherung der Landwirte sind die in § 17 des Zweiten Gesetzes über die Krankenversicherung der Landwirte vorgesehenen Krankenkassen.** [2]**Es gelten die Vorschriften der Gesetze über die Krankenversicherung der Landwirte.**

Schrifttum: K. *Noell/*H. *Deisler,* Die Krankenversicherung der Landwirte, 2001.

Inhaltsübersicht

	Rn.
A. Überblick	1
B. Sondersystem, S. 1	2
C. Geltung des KVLG 1972 und des KVLG 1989, S. 2	3

A. Überblick

Als eigenständiger Zweig der berufsständischen Sozialversicherung nach Unfallversicherung und landwirtschaftlicher Alterssicherung wurde die landwirtschaftliche Krankenversicherung durch das KVLG 1972 (BGBl. I 1972, 1433) eingeführt. Sie ist – neben der Deutschen Rentenversicherung Knappschaft-Bahn-See (Knappschaft) – eine von zwei im SGB V geregelten öffentlich-rechtlichen Sondersystemen der Krankenversicherung. Besonderheit der landwirtschaftlichen Krankenkasse ist, dass sie nicht von einem Einheitsträger verkörpert wird; stattdessen gibt es insgesamt neun landwirtschaftliche Krankenkassen mit ca. 800.000 Versicherten am 1. 4. 2008 (Quelle: www.lsv.de; zur Krankenversicherung der Landwirte *Volbers,* HS-KV, § 57,1425 ff. sowie *Noell/Deisler,* Die Krankenversicherung der Landwirte, 2001).

1

B. Sondersystem, S. 1

Versicherungspflichtig im Sondersystem der landwirtschaftlichen Krankenversicherung sind vor allem die landwirtschaftlichen Unternehmer, deren mitarbeitende Familienangehörige und die Altenteiler (vgl. §§ 2 ff. KVLG 1989). Träger sind die landwirtschaftlichen Krankenkassen (LKK), die bei jeder landwirtschaftlichen Berufsgenossenschaft (LBG) eingerichtet sind. Sie sind öffentlich-rechtliche Körperschaften mit Selbstverwaltung (§ 4 Abs. 1 iVm. § 29 Abs. 1 SGB IV). LKK, LBG und die landwirtschaftliche Alterskasse bilden eine Verwaltungsgemeinschaft.

2

C. Geltung des KVLG 1972 und des KVLG 1989, S. 2

Für die LLKn und ihre Versicherte ist – anders als bei anderen Krankenkassen – nicht (unmittelbar) das SGB V anwendbar, sondern die Regelungen des KVLG 1972 und KVLG 1989. Sie gelten aber als besondere Teile des SGB (§ 68 Nr. 5 SGB I). Allerdings enthält § 8 Abs. 1 KVLG 1989 eine Verweisung auf das dritte Kapitel des SGB V, wodurch die meisten Leistungen der LKKn denen anderer Krankenkassen entsprechen. Die Fortgeltung des KVLG 1972 neben dem KVLG 1989 hat insbesondere politische Gründe. So wurden etwa die Vorschriften über die Leistungen bei Schwangerschaft und Mutterschaft und über sonstige Hilfe seinerzeit nicht in das KVLG 1989 übernommen.

3

Sechster Titel. Deutsche Rentenversicherung Knappschaft-Bahn-See

§ 167 Deutsche Rentenversicherung Knappschaft-Bahn-See

Die Deutsche Rentenversicherung Knappschaft-Bahn-See führt die Krankenversicherung nach den Vorschriften dieses Buches durch.

Schrifttum: *B. Schulte,* Die Bundesknappschaft – insbesondere als Krankenversicherung – und ihre Stellung im Gesundheitswesen, Kompass 1996, 549–554; *C. Waibel,* Rechtsnatur der „besonderen Abteilungen" der Sozialversicherungsträger, WzS 2003, 238–246.

§ 167

Inhaltsübersicht

	Rn.
A. Überblick	1
B. Sonderstatus der Knappschaft	2
C. Eingliederung der See-Krankenkasse	3

A. Überblick

1 § 167 wurde durch das GKV-WSG (§ 1 Rn. 31) zum 1.4.2007 geändert. Es handelt sich hierbei um eine Folgeregelung zur **Öffnung der Knappschaft** für Versicherte außerhalb des Bergbaus (vgl. § 173 Abs. 2 S. 1 Nr. 4a, wonach die Deutsche Rentenversicherung Knappschaft-Bahn-See seit dem 1.4.2007 zu den wählbaren Krankenkassen gehört). Die Neuregelung wurde erforderlich, da künftig nicht nur Bergleute die Deutsche Rentenversicherung Knappschaft-Bahn-See als Krankenversicherungsträger wählen können (BT-Drs. 16/3100, 155).

B. Sonderstatus der Knappschaft

2 Die Deutsche Rentenversicherung Knappschaft-Bahn-See ist ein **Rentenversicherungsträger** im Verbund der Deutschen Rentenversicherung, hervorgegangen 2005 aus dem Zusammenschluss von Bundesknappschaft, Bahnversicherungsanstalt und Seekassen mit Sitz in Bochum als Teil des Gesamtkonzeptes zur **Neuorganisation der gesetzlichen Rentenversicherung** (siehe dazu Gesetz zur Organisationsreform in der gesetzlichen Rentenversicherung vom 9.12.2004). Sie ist die zuständige Einzugsstelle für Lohnsteuer und Sozialversicherungsbeiträge für sämtlich geringfügig Beschäftigte (sog. „Minijobber"; Näheres: www.knappschaft.de). Diese kompensatorische Aufgabenübertragung ist darauf zurückzuführen, dass die Knappschaft aufgrund des Strukturwandels im Bergbau zuletzt viele Mitglieder verloren hat. In wettbewerblicher Hinsicht ist ihr dadurch im Verhältnis zu anderen Krankenkassen ein **Sonderstatus** eingeräumt worden. Die **Bezeichnung**, unter der die Deutsche Rentenversicherung Knappschaft-Bahn-See die Krankenversicherung durchführt, ist nach § 194 Abs. 1 Nr. 1 in der Satzung zu regeln (BT-Drs. 16/3100, 155). Es wurde hier die Bezeichnung **Knappschaft** gewählt.

C. Eingliederung der See-Krankenkasse

3 Die **Knappschaft** und die **See-Krankenkasse** haben sich mit Wirkung zum 1.1.2008 bundesweit zu einer Krankenkasse **zusammengeschlossen**. Rechtlich erfolgt der Zusammenschluss durch eine satzungsmäßige Eingliederung der See-Krankenkasse in den Bereich Krankenversicherung der Deutschen Rentenversicherung Knappschaft-Bahn-See. Die neue Krankenkasse führt den Namen Knappschaft fort und hat ihren Sitz in Bochum. Rechtliche Grundlage des Zusammenschlusses ist § 165 Abs. 4 in der Fassung des SGB IV-ÄndG vom 19.12.2007 (BGBl. I 2007, 3024/3030; vgl. auch „Bekanntmachung über das Inkrafttreten der Folgeänderungen zur Auflösung der See-Krankenkasse und der See-Pflegekasse und zu deren Eingliederung in die Deutsche Rentenversicherung Knappschaft-Bahn-See" nach § 165 Abs. 4 S. 1 des Fünften Buches Sozialgesetzbuch vom 28.12.2007 (BGBl. I 2007, 3305). Am 3.3.2008 hatte die Knappschaft ca. 1,6 Mio. Versicherte (Quelle: Amtliche Statistik des BMG unter www.bmg.bund.de).

6. Kapitel. 1. Abschnitt. 7. Titel **§ 168**

Siebter Titel. Ersatzkassen

§ 168 Ersatzkassen

(1) **Ersatzkassen sind am 31. Dezember 1992 bestehende Krankenkassen, bei denen Versicherte die Mitgliedschaft bis zum 31. Dezember 1995 durch Ausübung des Wahlrechts erlangen können.**

(2) **Beschränkungen des aufnahmeberechtigten Mitgliederkreises sind nicht zulässig.**

(3) ¹**Der Bezirk einer Ersatzkasse kann durch Satzungsregelung auf das Gebiet eines oder mehrerer Länder oder das Bundesgebiet erweitert werden.** ²**Die Satzungsregelung bedarf der Genehmigung der vor der Erweiterung zuständigen Aufsichtsbehörde.**

Schrifttum: *H. Fette/A. Goeschel*, Die Stellung der Ersatzkassen in den Raumordnungsregionen der Bundesrepublik Deutschland – Ausgangsdaten für die Krankenkassenstrukturplanung, SozVers 1990, 231–237; *W. Klose*, Das Mitgliedschaftsrecht der Ersatzkrankenkassen im SGB V, SGb 1995, 477–486; *J. Schermer*, Auswirkungen auf das Mitgliedschaftsrecht der Ersatzkassen. ErsK 1989, 214–220.

Inhaltsübersicht
	Rn.
A. Überblick	1
B. Ersatzkassen, Abs. 1	3
C. Mitgliederkreis, Abs. 2	5
D. Räumliche Erweiterung der Zuständigkeit, Abs. 3	6

A. Überblick

Die aktuelle Fassung des § 168, eingeführt durch das Gesundheitsstrukturgesetz **1** (GSG) vom 21. 11. 1992 (§ 1 Rn. 22), bildet den vorläufigen Abschluss der schrittweisen Beseitigung der Sonderstellung der Ersatzkassen. Mehrheitlich zwischen 1883 und 1911 entstanden, waren die Ersatzkassen **ursprünglich private Selbsthilfeeinrichtungen** auf meist berufsständischer Grundlage, die durch die RVO in die gesetzliche Krankenversicherung einbezogen und inzwischen den anderen Kassenarten im Leistungs-, Mitgliedschafts- und Beitrittsrecht weitgehend gleichgestellt wurden (ausführlicher zur historischen Entwicklung *Baier*, Krauskopf, § 168 Rn. 3 ff.).

Nach der Gesetzesbegründung zum GSG dient die Vorschrift der Herstellung **2** gleicher Wettbewerbsbedingungen für alle Kassenarten (BT-Drs. 12/3608, 112). Abs. 2 soll die **wettbewerbliche Öffnung** der Ersatzkassen für alle Versicherten bezwecken. Abs. 3 soll für noch regional zuständige Ersatzkassen die Möglichkeit der räumlichen Ausdehnung schaffen.

B. Ersatzkassen, Abs. 1

Abs. 1 definiert den Begriff der Ersatzkasse und damit eine **Kassenart** (vgl. **3** § 4 Abs. 2). Die **Definition** zeigt, dass bis zur Neuorganisation durch das GSG (§ 1 Rn. 22), anders als bei den anderen Kassenarten, die Mitgliedschaft in einer Ersatzkasse nur durch Ausübung eines Wahlrechts erlangt werden konnte. Seit der Neuorganisation der gesetzlichen Krankenversicherung zum 1. 1. 1996 ist die **Er-**

richtung weiterer Ersatzkassen ausgeschlossen. Auch eine Auflösung ist mit Streichung des § 169 (durch Art. 1 Nr. 114 GSG) nicht mehr vorgesehen – eine Verringerung der Anfang 1996 bestehenden 15 Ersatzkassen (vgl. BABl. 5/96, 100) ist somit nur durch zwangsweise, freiwillige oder kassenartübergreifende Vereinigung gem. § 168 a bzw. § 171 a oder durch Schließung nach § 170 möglich. Jetzt bestehen nur noch 10 Ersatzkassen (sieben „Angestellten-" und 2 „Arbeiter-Ersatzkassen"; Näheres: www.vdak.de).

4   Ersatzkassen sind **rechtsfähige Körperschaften des öffentlichen Rechts** mit Selbstverwaltung iSv. § 4 Abs. 1 iVm. § 29 Abs. 1 SGB IV. Sie handeln durch ihren Verwaltungsrat und den hauptamtlichen Vorstand. Der Verwaltungsrat besteht bei Ersatzkassen allerdings grds. nur aus Versichertenvertretern. Inzwischen unterstehen fast alle Ersatzkassen der Aufsicht des Bundesversicherungsamtes (§§ 90 Abs. 1 S. 1, 90 a Abs. 1 Nr. 4 SGB IV), da sie nahezu alle **bundesunmittelbare Versicherungsträger** sind.

C. Mitgliederkreis, Abs. 2

5   Anfänglich waren Ersatzkassen nur für bestimmte Berufsgruppen zuständig. Heute sind **alle Versicherten wahlberechtigt** (vgl. § 173 Abs. 2 Nr. 2), weshalb Abs. 2 eine Zutrittsbeschränkung für unzulässig erklärt. Damit sind die ursprünglichen Sonderrechte der Ersatzkassen beseitigt. Bei den sieben im VdAK e.V. zusammengeschlossenen Ersatzkassen sind ca. 22 Mio., bei den drei Mitgliedskassen des Arbeiter-Ersatzkassenverbandes e.V. (AEV) sind mehr als 1,6 Mio. Menschen versichert (Stand: 1.4. 2008; Quelle: www.vdak.de).

D. Räumliche Erweiterung der Zuständigkeit, Abs. 3

6   Abs. 3 ermöglicht die Ausweitung des Bezirkes einer Ersatzkasse auf mehrere Länder oder das gesamte Bundesgebiet durch entsprechende Satzungsregelung (§ 197 Abs. 1 Nr. 1). Da – abgesehen von der Handelskrankenkasse – mittlerweile alle Ersatzkassen bundesweit tätig sind, ist die Vorschrift nahezu **obsolet** geworden.

§ 168 a Vereinigung von Ersatzkassen

(1) ¹**Ersatzkassen können sich auf Beschluss ihrer Verwaltungsräte vereinigen.** ²**Der Beschluss bedarf der Genehmigung der vor der Vereinigung zuständigen Aufsichtsbehörden.** ³**Für das Verfahren gilt § 144 Abs. 2 bis 4 entsprechend.**

(2) ¹Der Bundesminister für Gesundheit kann auf Antrag einer Ersatzkasse durch Rechtsverordnung mit Zustimmung des Bundesrates einzelne Ersatzkassen nach Anhörung der betroffenen Ersatzkassen vereinigen. ²Für die Vereinigung von Ersatzkassen durch Rechtsverordnung des Bundesministers für Gesundheit gelten die §§ 145 und 146 entsprechend.

Schrifttum: *K.-J. Bieback*, Fusion, Schließung und Kooperation von Ersatzkassen – Ihre sozial- und arbeitsrechtlichen Aspekte, insbesondere die Auswirkungen auf die Beschäftigten, 1999; *C. Waibel*, Vereinigung von Sozialversicherungsträgern, ZfS 2003, 225–237.

Inhaltsübersicht

	Rn.
A. Überblick	1
B. Vereinigung von Ersatzkassen	2
I. Freiwillige Vereinigung, Abs. 1	3
II. Zwangsweise Vereinigung, Abs. 2	4
III. Verfahren	5

A. Überblick

Die Vorschrift lehnt sich an die für die Ortskrankenkassen geltenden §§ 144– 146 an. Sie hat eine weitere Parallele in § 160 (Innungskrankenkassen). Durch § 168 a Abs. 1 soll vor allem kleineren Ersatzkassen die Möglichkeit gegeben werden, ihre Organisationsstrukturen an die Anforderungen einer **wettbewerbsorientierten** Krankenversicherung anzupassen (vgl. BT-Drs. 12/3608, 112). Angesichts der zurückliegenden Konzentrationsprozesse im Bereich der Ersatzkassen (vgl. *Peters,* Krauskopf, § 168 Rn. 5) dürften jedoch mittlerweile nahezu alle Ersatzkassen über eine wettbewerbsfähige Organisationsgröße verfügen.

1

B. Vereinigung von Ersatzkassen

Die Vorschrift regelt die **freiwillige und zwangsweise** Vereinigung von Ersatzkassen (ausführlicher dazu *Bieback,* Ersatzkassen, Nr. 1.6–2.6) **innerhalb ihrer Kassenart.** Diese Möglichkeit wird durch das GKV-WSG seit dem 1. 4. 2007 um die Option einer kassenartenübergreifenden Vereinigung gem. **§ 171 a** erweitert. Hiervon hat mit Wirkung zum 1. 1. 2008 erstmals die Handelskrankenkasse durch eine Vereinigung mit der IKK Weser-Ems Gebrauch gemacht (Näheres: www.hkk.de).

2

I. Freiwillige Vereinigung, Abs. 1

Abs. 1 regelt abschließend die freiwillige Vereinigung von Ersatzkassen, die grds. **keiner sachlichen Einschränkung** unterliegt. Sie ist ausschließlich vom Willen der beteiligten Ersatzkassen abhängig und bedarf eines Beschlusses der jeweiligen Verwaltungsräte sowie der Genehmigung durch die Aufsichtsbehörde.

3

II. Zwangsweise Vereinigung, Abs. 2

Abs. 2 eröffnet daneben die Möglichkeit, Ersatzkassen auf **Antrag** auch zwangsweise zu vereinen. Der Antrag ist schriftlich zu stellen und kann nicht zurückgenommen, jedoch ggf. in entsprechender Anwendung der §§ 119 ff. BGB angefochten werden (*Hauck,* H/N, § 168 a Rn. 13 mwN.). Durch Art. 1 Nr. 128 iVm. Art. 46 Abs. 9 GKV-WSG wurde das **Antragsrecht** zum 1. 7. 2008 **eingeschränkt.** In Abs. 2 S. 1 wurden die Wörter „*oder eines Spitzenverbandes der Ersatzkassen"* gestrichen. Bei der Änderung des § 168 a zum 1. 7. 2008 handelt es sich um eine Folgeänderung zur neuen Organisationsstruktur der Verbände (BT-Drs. 16/3100, 155). Folglich besteht kein Antragsrecht der jeweiligen Ersatzkassenverbandes mehr. Weitere Voraussetzung der **Zwangsvereinigung** ist gem. Abs. 2 S. 2 iVm. § 145 Abs. 1 S. 1, dass die **Leistungsfähigkeit** durch die Vereinigung verbessert werden kann bzw. eine Bedarfssatzüberschreitung vorliegt (vgl. § 145

4

Rn. 5 f.). Die Entscheidung über die Vereinigung liegt im pflichtgemäßen **Ermessen** der Aufsicht. Ob eine Verweisung auch auf § 145 Abs. 2 und somit eine Verpflichtung zur Vereinigung besteht, ist umstritten (dafür: *Hauck,* H/N, § 168 a Rn. 16; *Peters,* KV, § 168 a Rn. 8; aA. *Baier,* Krauskopf, § 168 a Rn. 7), erscheint jedoch sachgerecht.

III. Verfahren

5   Für das Verfahren gelten gem. Abs. 1 S. 3 die Bestimmung des § 144 Abs. 2–4 entsprechend (vgl. Kommentierung zu § 144 Rn. 2 ff.).

§ 169 *(aufgehoben)*

§ 170 Schließung

¹**Eine Ersatzkasse wird von der Aufsichtsbehörde geschlossen, wenn ihre Leistungsfähigkeit nicht mehr auf Dauer gesichert ist.** ²**Die Aufsichtsbehörde bestimmt den Zeitpunkt, an dem die Schließung wirksam wird.**

§ 171 Auseinandersetzung, Abwicklung der Geschäfte, Haftung für Verpflichtungen

¹**Bei Schließung gelten die §§ 154 und 155 Abs. 1 bis 3 entsprechend.** ²**Reicht das Vermögen einer geschlossenen Ersatzkasse nicht aus, um die Gläubiger zu befriedigen, gilt § 155 Abs. 4 Satz 4 bis 6 und Abs. 5 entsprechend.**

Schrifttum: *K.-J. Bieback,* Fusion, Schließung und Kooperation von Ersatzkassen – Ihre sozial- und arbeitsrechtlichen Aspekte, insbesondere die Auswirkungen auf die Beschäftigten, 1999; *F. E. Schnapp,* Kassenschließung trotz fehlerfreier Errichtung?, NZS 2002, 449–454.

Inhaltsübersicht

	Rn.
A. Überblick	1
B. Schließung einer Ersatzkasse, § 170	2
C. Abwicklung der Geschäfte und Haftung, § 171	3

A. Überblick

1   Die Regelung des § 170 entspricht den Schließungsvorschriften des § 146 a (Ortskrankenkassen) sowie teilweise den §§ 153 S. 1 Nr. 3, S. 2 (Betriebskrankenkassen) und 163 S. 1 Nr. 3, S. 2 (Innungskrankenkassen).

B. Schließung einer Ersatzkasse, § 170

2   § 170 bestimmt die Schließung einer Ersatzkasse für den Fall, dass ihre **Leistungsfähigkeit auf Dauer nicht mehr gesichert** ist (vgl. § 146 a Rn. 2). Die Zuständigkeit der Aufsichtsbehörde ergibt sich aus den §§ 90 Abs. 1 S. 1, 90 a Abs. 1 Nr. 4 SGB IV. Da fast alle Ersatzkassen bundesunmittelbare Versicherungsträger sind, ist regelmäßig das **Bundesversicherungsamt** zuständig (zu den Einzelheiten speziell für die Ersatzkassen vgl. *Bieback,* Ersatzkassen, Nr. 3). Mangels

gegenteiliger gesetzlicher Anordnung (vgl. § 12 Abs. 1 Nr. 2 InsO) sind die bundesunmittelbaren Ersatzkassen seit jeher insolvenzfähig. Angesichts der bislang durch § 171 S. 2 aF. vermittelten Haftungserfüllung durch die Ersatzkassenverbände („*Reicht das Vermögen . . . nicht aus, . . . hat der Verband . . . die Verpflichtungen zu erfüllen.*") konnte die **Insolvenzfähigkeit** von Ersatzkassen bislang als „*überflüssiges Attribut*" bezeichnet werden (vgl. *Peters,* Krauskopf, § 170 Rn. 3; vgl auch BSG, SozR 4100, § 186 c Nr. 3 zur Konkursfähigkeit). Angesichts der durch das GKV-WSG geänderten verbands- und haftungsrechtlichen Rahmenbedingungen (vgl. Rn. 3 sowie §§ 152 Rn. 17 ff. und 171 b Rn. 1) kann dies zukünftig bezweifelt werden. Die Insolvenzfähigkeit der Ersatzkassen erhält somit einen praktisch relevanten Stellenwert. Zum Verhältnis von Schließungs- und Insolvenzrecht vgl. § 171 b Rn. 22 ff. und 146 a Rn. 4.

C. Abwicklung der Geschäfte und Haftung, § 171

Die Vorschrift über die Abwicklung einer Schließung wurde durch Art. 1 Nr. 129 iVm. Art. 46 Abs. 9 GKV-WSG mit Wirkung zum 1. 7. 2008 geändert. Die frühere Haftung der Ersatzkassenverbände für bestehende Verpflichtungen einer geschlossenen Ersatzkasse wurde aus den gleichen Gründen aufgehoben wie bei den Orts-, Betriebs- und Innungskrankenkassen (vgl. Änderung in § 155), und zwar als Folgeregelung zu den organisationsrechtlichen Neuregelungen in §§ 212 ff. Die Neuregelung in § 171 soll die grundsätzlichen Änderungen durch das GKV-WSG im Haftungskonzept des § 155 auf die Schließung von Ersatzkassen übertragen (vgl. BT-Drs. 16/4247, 50). Dass eine Änderung des S. 1 unterblieb, scheint ein gesetzgeberisches Redaktionsversehen zu sein. § 154 ist aufgehoben und die Verweisung somit obsolet. 3

§ 171a Kassenartenübergreifende Vereinigung von Krankenkassen

(1) ¹Die im Ersten bis Dritten und diesem Titel dieses Abschnitts genannten Krankenkassen können sich auf Beschluss ihrer Verwaltungsräte mit den in diesen Titeln genannten Krankenkassen anderer Kassenarten vereinigen. ²Der Beschluss bedarf der Genehmigung der vor der Vereinigung zuständigen Aufsichtsbehörden. ³§ 144 Abs. 2 bis 4 gilt entsprechend mit der Maßgabe, dass dem Antrag auf Genehmigung auch eine Erklärung beizufügen ist, welche Kassenartzugehörigkeit aufrechterhalten bleiben soll.

⁴Soll danach die neue Krankenkasse Mitglied des Verbands werden, dem die an der Vereinigung beteiligte Krankenkasse mit der kleinsten Mitgliederzahl am Tag der Beantragung der Genehmigung angehört hat, kann dieser die Mitgliedschaft der neuen Krankenkasse gegenüber den Aufsichtsbehörden nach Satz 2 ablehnen, wenn auf Grund einer von der Aufsichtsbehörde dieses Verbands durchgeführten Prüfung einvernehmlich festgestellt wird, dass hierdurch seine finanziellen Grundlagen gefährdet würden.

(2) ¹Die neue Krankenkasse hat für die Dauer von fünf Jahren nach dem Wirksamwerden der Vereinigung Zahlungsverpflichtungen auf Grund der Haftung nach Schließung einer Krankenkasse oder der Gewährung finanzieller Hilfen nach § 265 so gegenüber den Verbänden zu erfüllen, denen gegenüber die an der Vereinigung beteiligten Krankenkassen ohne die Vereinigung zahlungspflichtig geworden wären. ²§ 155 Abs. 5 gilt. ³Die für die Ermittlung der Zahlungsverpflichtung maßgeblichen Größen sind auf die neue Krankenkasse unter Zu-

grundelegung des Verhältnisses anzuwenden, in dem diese Größen bei den an der Vereinigung beteiligten Krankenkassen am Tag der Stellung des Antrags auf Genehmigung der Vereinigung zueinander gestanden haben. [4]Die neue Krankenkasse hat den betroffenen Verbänden die für die Ermittlung der Höhe des Zahlungsanspruchs erforderlichen Angaben mitzuteilen. [5]Handelt es sich bei der neuen Krankenkasse um eine Betriebs- oder Ersatzkasse, gilt bei Schließung dieser Krankenkasse § 164 Abs. 2 bis 5 entsprechend.

Schrifttum: *D. Felix,* Die Haftung für Verpflichtungen geschlossener Betriebskrankenkassen, NZS 2005, 57–62; *M. Gassner/M. Ahrens,* Anwendbarkeit der Regeln der Fusionskontrolle des GWB bei der Vereinigung gesetzlicher Krankenkassen, SGb 2007, 528–535; *T. Kingreen,* Soziale und private Krankenversicherung: Gemeinschaftsrechtliche Implikationen eines Annäherungsprozesses, ZESAR 2007, 139–149; *M. Krasney,* Krankenkassenzusammenschlüsse und nationale Fusionskontrolle nach dem In-Kraft-Treten des GKV-WSG, NZS 2007, 574–580; *K.-H. Mühlhausen,* Der Mitgliederwettbewerb innerhalb der gesetzlichen Krankenversicherung (2000); *W.-H. Roth,* Kartellrechtliche Aspekte der Gesundheitsreform nach deutschem und europäischem Recht, GRUR 2007, 645–659; *K.-P. Schultz,* Krankenkassen als Adressaten des Kartellrechts, NZS 1998, 269–274.

Inhaltsübersicht

	Rn.
A. Überblick	1
B. Freiwillige Vereinigungen über Kassenartengrenzen hinweg, Abs. 1	4
I. Voraussetzung und Durchführung	5
II. Zuordnung der neuen Krankenkasse zu einem Haftungsverband	6
III. Keine Kartellrechtliche Fusionskontrolle	8
1. Europäisches Kartellrecht	9
2. Nationales Kartellrecht	10
C. Haftungsgefüge nach der freiwilligen Vereinigung, Abs. 2	13
I. Rechtslage bis zum 30. 6. 2008	15
II. Rechtslage ab dem 1. 7. 2008	17
III. Bewertung	18

A. Überblick

1 Die Regelung ist ohne Vorgängervorschrift. Sie wurde durch Art. 1 Nr. 130 GKV-WSG eingefügt und ist am 1. 4. 2007 in Kraft getreten (Art. 46 Abs. 1 GKV-WSG). Richtigerweise hätte die Vorschrift im 8. Titel („Kassenartenübergreifende Regelungen") statt im 7. Titel („Ersatzkassen") aufgenommen werden müssen. Rechtliche Folgen ergeben sich aus der fehlerhaften Zuordnung jedoch nicht. § 171 a ermöglicht eine **freiwillige Vereinigung** von Ortskrankenkassen, Betriebskrankenkassen, Innungskrankenkassen und Ersatzkassen auch **über die Kassenartengrenzen hinweg**. Die See-Krankenkasse (ursprünglich genannt im Vierten Titel, § 165) wurde im Hinblick auf deren organisatorische Eingliederung in die Deutsche Rentenversicherung Knappschaft-Bahn-See durch das „Gesetz zur Änderung des Vierten Buches Sozialgesetzbuch und anderer Gesetze" (vgl. SGB IV-ÄndG vom 19. 12. 2007; BGBl. I 2007, 3024/3030) als eigene Kassenart aus dem Anwendungsbereich des § 171 a ausgenommen; vgl. auch § 167 Rn. 2.

2 Durch § 171 a soll der Prozess der Bildung dauerhaft wettbewerbs- und leistungsfähiger Einheiten dieser Krankenkassen und der Angleichung der Wettbewerbsebenen der Krankenkassen beschleunigt werden (vgl. BT-Drs. 16/6986 zu Art. 5 Nr. 6). Dahinter steht die politische Absicht, die Anzahl der Krankenkassen zu reduzieren und letztlich die Unterscheidung nach Kassenarten (vgl. § 4) abzu-

schaffen. Die Regelung steht allerdings im **Spannungsfeld mit dem bislang nach Kassenarten gegliederten (Haftungs-)System** (vgl. § 155 Abs. 4 und 5), ohne dass eine klare gesetzgeberische Systementscheidung erkennbar ist (näher dazu § 4 Rn. 6). Begrifflich ist bei dem Zusammenschluss von Krankenkassen von einer „freiwilligen Vereinigung" auszugehen. In der Praxis wird dieser Vorgang vielfach als **„Fusion"** beschrieben (vgl. *Kingreen,* ZESAR 2007, 139/142). Selbst der Gesetzgeber trennt die Begriffe nicht scharf voneinander (vgl. § 44 Abs. 1 Nr. 3 SGB IV und § 213 Abs. 5, in denen der Begriff der „Fusion" verwendet wird oder auch die Gesetzesbegründung zu § 171 a, BT-Drs. 16/4247, 50). Der Begriff der „Fusion" trägt dem ausschließlich **öffentlich-rechtlichen Charakter** des Zusammenschlusses nicht hinreichend Rechnung und führt insoweit auch zu Missverständnissen hinsichtlich der Anwendbarkeit der kartellrechtlichen Fusionskontrollvorschriften (vgl. unten Rn. 8).

Ob von der Möglichkeit zu kassenartübergreifenden Vereinigungen im großen 3
Maße Gebrauch gemacht wird, erscheint zweifelhaft. Das neue Haftungssystem **festigt die Haftungsverbünde** nach den bestehenden **Kassenarten**. Krankenkassen einer Kassenart haften bei Schließung für die Verpflichtungen der geschlossenen Kasse unbeschränkt. Selbst nach einer kassenartübergreifenden Vereinigung verbleibt die neue Kasse weitgehend und **unbefristet** in den Haftungsverbünden der ursprünglichen Kassenarten. Die neue Kasse muss zusätzlich für die Verpflichtungen aus der von ihr gewählten Kassenart haften, vgl. hierzu § 155 Rn. 23.

B. Freiwillige Vereinigungen über Kassenartengrenzen hinweg, Abs. 1

Die Möglichkeit zur kassenartenübergreifenden Vereinigung von Kassen wirft 4
insbesondere in aufsichts- und haftungsrechtlicher Hinsicht viele Fragen auf.

I. Voraussetzung und Durchführung

Die kassenartenübergreifende Vereinigung erfolgt durch Beschluss der Verwal- 5
tungsräte der beteiligten Krankenkassen. Sie ist von den vor der Vereinigung zuständigen Aufsichtsbehörden zu genehmigen. Für das Verfahren und die Rechtsfolgen der Vereinigung im Übrigen gilt – wie auch bei kasseninternen Vereinigungen – die Regelung des **§ 144 Abs. 2 bis 4** (vgl. Anmerkungen zu § 144 Rn. 2 ff.).

II. Zuordnung der neuen Krankenkasse zu einem Haftungsverband

Vor dem Hintergrund der mit der Vereinigung verbundenen Haftungsfolgen 6
stellt Abs. 1 S. 3 und 4 zusätzliche Anforderungen an den Genehmigungsantrag. In dem Antrag auf Genehmigung der Vereinigung haben die beteiligten Krankenkassen **festzulegen,** welche der bisher bestehenden **Kassenartenzugehörigkeit** aufrechterhalten bleiben soll. Insofern ist das Ordnungssystem einer Kassenartzugehörigkeit weiterhin von großer Bedeutung für die Organisationsstruktur der gesetzlichen Krankenversicherung (vgl. § 4 Rn. 6). Die Festlegung auf die Kassenartzugehörigkeit ist auf die Kassenarten der beteiligten Vereinigungspartner beschränkt. Nicht gewählt werden kann damit eine Kassenart, der keine der an der

Vereinigung beteiligten Krankenkassen angehört hat. Mit der Festlegung wird zugleich bestimmt, welche **organisationsrechtlichen Regelungen** auf die neu vereinigte Krankenkasse Anwendung finden und welchem **Verband** die neue Krankenkasse angehört.

7 Ist der nach Mitgliederzahlen kleinste **Verband** nach Prüfung und einvernehmlicher Feststellung der für ihn zuständigen Aufsicht durch die **drohenden Haftungsfolgen** in seinen finanziellen Grundlagen gefährdet, so kann dieser gegenüber der Aufsicht die **Mitgliedschaft** der neuen Krankenkassen **ablehnen**. Dadurch soll verhindert werden, dass die Wahl des Verbands, dem die neue Krankenkasse angehören soll, zu dessen **finanziellen Überforderung** führt. Dies kann etwa dann der Fall sein, wenn an der Vereinigung Krankenkassen mit unterschiedlicher Größe beteiligt sind und die größere Krankenkasse über finanzielle Belastungen in erheblichem Umfang verfügt, mit denen der gewählte Verband nicht rechnen musste und die von den Mitgliedern dieses Verbands nicht getragen werden können (BT-Drs. 16/3100, 156). Unklar bleibt, ob im Falle einer Ablehnung zwangsläufig die Zugehörigkeit zum (nächst-)größeren Verband begründet wird. Unbefriedigend ist auch, dass allein die **Anzahl der Verbandsmitglieder** als Kriterium für die Finanzkraft des beteiligten Verbandes vorgesehen ist. Außerhalb dieses Kriteriums wird die Finanzkraft eines Verbandes von zahlreichen anderen Gesichtspunkten (zB. **Versichertenstruktur,** bereits **bestehende Haftungsrisiken**) bestimmt.

III. Keine Kartellrechtliche Fusionskontrolle

8 Gesetzlich nicht geregelt ist, inwieweit über die allgemeinen rechtsaufsichtlichen Vorschriften hinaus weitergehende gesetzliche Kontrollsysteme (zB. die **kartellrechtliche Zusammenschlusskontrolle**) im Falle einer kassenartenübergreifenden Vereinigung greifen. Trotz der zahlreichen Vereinigungen von Krankenkassen in den vergangenen Jahren (vgl. § 4 Rn. 9) wurden bis vor kurzem keine Aktivitäten des **BKartA** im Falle von (kassenartinternen) Vereinigungen bekannt (von einem Vorrang der sozialrechtlichen Vereinigungsvorschriften geht im Ergebnis wohl auch *Schultz*, NZS 1998, 269/271 aus). Erstmals bei der Vereinigung der AOK Rheinland und AOK Hamburg im Juni 2006 wies das BKartA auf seine Zuständigkeit für die Zusammenschlusskontrolle sowie die damit ggf. verbundene Anmeldepflicht (§ 39 GWB) hin (BKartA-Schreiben v. 19. 6. 2006; Gz.: B 10–1/06–35). Ohne wesentlich veränderte rechtliche Anknüpfungspunkte geht nunmehr auch der Gesetzgeber von der Anwendbarkeit der kartellrechtlichen Fusionskontrollvorschriften durch das BKartA aus. So heißt es in der Gesetzesbegründung (BT-Drs. 16/3100, 156): *„Auch Vereinigungen von Krankenkassen sind* **nach den Regeln der Fusionskontrolle des Gesetzes gegen Wettbewerbsbeschränkungen (GWB) durch das Bundeskartellamt** *zu prüfen. Das Bundeskartellamt hat bisher schon Vereinigungen von Krankenkassen daraufhin geprüft, ob sie zur Entstehung einer marktbeherrschenden Stellung führen. Auch kassenartenübergreifende Fusionen wird es daraufhin überprüfen und bei Entstehung oder Verstärkung einer marktbeherrschenden Stellung untersagen."* Es muss mangels ausdrücklicher gesetzlicher Anordnung allerdings **bezweifelt** werden, dass eine **Zuständigkeit des BKartA** für Vereinigungen nach § 171 a besteht (*Krasney*, NZS 2007, 574/580; aA.: *Kingreen*, ZESAR 2007, 139/143; *Gassner/Ahrens*, SGb 2007, 528/532 f.). So sprach sich auch der Bundesrat im Gesetzgebungsverfahren ausdrücklich gegen eine kartellrechtliche Fusionskontrolle aus (BR-Drs. 755/06, 63). Ungeeignet erscheint auch eine zukünftige Zuständigkeit

des **SpiBuKK** für die Fusionskontrolle (aA. *Krasney,* NZS 2007, 574/580), da dieser ja gerade für Aufgabenbereiche ohne unmittelbaren Bezug zum GKV-Wettbewerb eingerichtet wurde (vgl. § 217 a Rn. 1).

1. Europäisches Kartellrecht

Das europäische Kartellrecht findet auf den Zusammenschluss gesetzlicher **9** Krankenkassen keine Anwendung. Dies zum einen deshalb, weil nach der bisherigen Rechtsprechung des EuGH und EuG (EuGH, EuZW 2004, 241/243 f – *AOK-Bundesverband*; EuG, EuZW 2003, 283 *FENIN*) Krankenkassen **keine Unternehmen** im Sinne des europäischen Kartellrechts sind. Zum anderen wäre selbst dann, wenn die deutschen Krankenkassen als Unternehmen qualifiziert würden, die **Anwendbarkeitsvoraussetzungen der Europäischen Fusionskontrollverordnung (FKVO) nicht erfüllt**. Denn die FKVO findet keine Anwendung, wenn die an dem Zusammenschluss beteiligten Unternehmen mehr als 2/3 ihres EG-weiten Umsatzes in ein und demselben EG-Mitgliedstaat erzielen (Art. 1 Abs. 2, Abs. 3 FKVO). Dies ist bei den deutschen Krankenkassen aufgrund ihrer nationalen Aufgabenbegrenzung der Fall (im Ergebnis auch *Kingreen,* ZESAR 2007, 139/143; vgl. auch Anmerkungen und Nachweise zu § 69 Rn. 44).

2. Nationales Kartellrecht

Unter den geltenden gesetzlichen Regelungen sprechen auch die besseren Argumente gegen die Anwendbarkeit des deutschen Kartellrechts auf die freiwilligen Vereinigungen von Krankenkassen. Denn nach hM. findet das GWB nur auf Unternehmen Anwendung, die in einem privatrechtlich geordneten Wettbewerbsverhältnis tätig werden (zum Meinungsstand vgl. *Krasney,* NZS 2007, 574/576 ff. sowie Anmerkungen zu § 69 Rn. 42. Auf **ausschließlich hoheitliche Tätigkeiten** ist das GWB dagegen nicht anwendbar. Eine Vereinigung von gesetzlichen Krankenkassen als Körperschaften des öffentlichen Rechts und Teil der mittelbaren Staatsverwaltung im Bereich der gesundheitlichen Daseinsvorsorge (BGHZ 108, 284/288; BVerfG, SozR 4–2500, § 266 Nr. 7) durch Beschluss ihrer Selbstverwaltungsorgane bedarf der **hoheitlichen Genehmigung** durch die zuständige Aufsicht sowie des Erlasses einer neuen Satzung. Diese erfordert wiederum eine Genehmigung durch die Aufsichtsbehörde. Auf den gem. **Art. 87 Abs. 2 GG** geltenden **Formenzwang** weist der Gesetzgeber ausdrücklich hin (BT-Drs. 16/3100, 156). Darüber hinaus gelten seit dem 1. 4. 2007 erweiterte Darlegungspflichten gegenüber der Aufsichtsbehörde (näher dazu § 144 Rn. 5) sowie ein öffentlich-rechtlich reglementiertes Aufsichtsverfahren der Zuordnung zu einem **kassenartbezogenen Haftungsverband** (so. Rn. 3). Erst der mit der Genehmigung zum Ausdruck gebrachte öffentlich-rechtliche Organisationsakt bewirkt nach § 144 Abs. 3 und 4 die Wirksamkeit des Zusammenschlusses. Eine Gleichsetzung dieses Aktes mit dem einer kartellrechtsrelevanten Fusion zugrunde liegenden **rechtsgeschäftlichen Vorgang** ist abzulehnen. Vor diesem Hintergrund ginge auch ein etwaiges **Vollzugsverbot** der Kartellbehörde gem. § 41 Abs. 1 S. 1 GWB **ins Leere**. **10**

Selbst wenn man die Vereinigung von Körperschaften des öffentlichen Rechts **11** als Zusammenschluss iSd. § 37 GWB qualifizieren wollte, sprechen nach geltender Rechtslage überwiegende Gründe gegen deren kartellrechtliche Unternehmenseigenschaft. Auch aus diesem Grund wäre also keine Zusammenschlusskontrolle statthaft. Es ist sowohl das **Mitgliedschaftsverhältnis** als auch das Rechtsverhältnis der Krankenkassen untereinander ausschließlich **öffentlich-rechtlich** geregelt

Mühlhausen

(BGHZ 108, 284/289; *Krasney,* NZS 2007, 574/578; *Mühlhausen,* Mitgliederwettbewerb, 55 ff.; aA. offenbar *Gaßner/Ahrens,* SGb 2007, 528/530).

12 Nicht zuletzt führt eine Anwendung der kartellrechtlichen Zusammenschlusskontrolle – mangels gesetzlicher Regelungen – uU. zu **Kompetenzkonflikten** zwischen dem **Bund** (Bundeskartellamt) und den **Ländern** (Landesaufsichtsbehörden bei Vereinigungen landesunmittelbarer Krankenkassen).

C. Haftungsgefüge nach der freiwilligen Vereinigung, Abs. 2

13 Sehr komplex stellt sich das Haftungsgefüge im Falle einer kassenartübergreifenden Vereinigung dar (instruktiv *Felix,* NZS 2005, 57/58 ff.). Die Regelung in Abs. 2 soll verhindern, dass das Recht zur Wahl des zuständigen Verbandes dazu genutzt werden kann, sich den aus der bisherigen Verbandsmitgliedschaft resultierenden Verpflichtungen – wie etwa **Haftungsverpflichtungen** (§ 155 Abs. 4, § 164 Abs. 1) oder Verpflichtungen zur Leistung kasseninterner Finanzhilfen (§ 265 a) – zu entziehen (BT-Drs. 16/3100, 156).

14 Die Verweisung in S. 4 auf § 164 Abs. 2 bis 5 soll im Sinne einer **Folgenbewältigungsregelung** der Sicherung von Versorgungsansprüchen der sog. **Dienstordnungs-Angestellten** dienen (BT-Drs. 16/3100, 156). Angesichts der Rechtsänderungen in § 164 mit Wirkung zum 1. 7. 2008 (Art. 46 Abs. 9 GKV-WSG) ist dieser Verweis dynamisch ausgestaltet worden, vgl. auch § 164 Rn. 16.

I. Rechtslage bis zum 30. 6. 2008

15 Damit das bestehende Haftungssystem durch die kassenartenübergreifenden Fusionen nicht ausgehebelt wird, hat der Gesetzgeber in Abs. 2 **Haftungsnachfolgeregelungen** getroffen. Die neu vereinigte Krankenkasse hat die Zahlungsverpflichtungen **gegenüber den Verbänden** zu erfüllen, die die „Ursprungskassen" aufgrund einer Schließung einer Kasse oder der Gewährung finanzieller Hilfen hätten zahlen müssen, wenn sie sich nicht vereinigt hätten. Die Verpflichtung ist auf die Dauer von **5 Jahren** nach Wirksamkeit der Fusion beschränkt. Da das bisherige Haftungssystem eine „Haftungskaskade" zur Erfüllung der Verpflichtungen von der geschlossenen oder aufgelösten Krankenkasse über den Landesverband zum Bundesverband vorsah (vgl. § 155 Rn. 11), ist damit zumindest für die Dauer von fünf Jahren sichergestellt, dass die vereinigte Kasse vollständig für Schließungsfolgen innerhalb der ursprünglichen Kassenart haftbar bleibt. Darüber hinaus bleibt die neu vereinigte Kasse auch am Umlagesystem zur Gewährung finanzieller Hilfen gemäß § 265 a anteilsmäßig beteiligt.

16 Die ausdrückliche Verweisung auf den § 155 Abs. 5 räumt den Verbänden die Möglichkeit ein, entsprechende **Haftungsfonds** bis zum 30. 6. 2008 einzurichten (nach diesem Zeitpunkt tritt der neue § 155 Abs. 5 in Kraft, vgl. Art. 46 Abs. 9 GKV-WSG), an denen sich die vereinigte Kasse anteilig beteiligen muss, selbst wenn sie der jeweiligen Kassenart nicht mehr angehört. Wahrscheinlich handelt es sich bei dem Verweis auf § 155 Abs. 5 in der bis zum 30. 6. 2008 geltenden Fassung um ein **gesetzgeberisches Versehen** in der Verweisungstechnik, sofern stattdessen nur auf die allgemeine Haftungsregelung in der ab dem 1. 7. 2008 geltenden Fassung verwiesen werden sollte. Insofern ist jedoch ein Konstrukt entstanden, das den Verbänden die satzungsmäßige Einrichtung eines Sicherungsfonds erlaubt, in den auch eine „wegfusionierende" Kasse einzuzahlen verpflichtet ist.

II. Rechtslage ab dem 1.7.2008

Am 1.7.2008 sind die Änderungen in den §§ 155 und 164 in Kraft getreten (vgl. Art. 46 Abs. 9 GKV-WSG). Aufgrund der kassenartspezifischen Verweisungsvorschriften gelten die Änderungen für (nahezu) alle Kassenarten entsprechend. Vgl. hierzu die Kommentierung zu § 155 Rn. 20 ff. 17

III. Bewertung

Es lässt sich festhalten, dass der Gesetzgeber innerhalb des § 171 a ein bemerkenswert **konsistentes Haftungssystem** geschaffen hat, das im Grundsatz darauf beruht, die heute bestehenden Kassenarten auch im Falle einer kassenartenübergreifenden Vereinigung in virtuellen Haftungsverbünden zeitlich unbegrenzt fortbestehen zu lassen. Kassenartenübergreifende **Vereinigungen** sind nunmehr zwar möglich, aber mit einem erheblich **erhöhten Haftungsrisiko** verbunden, welches die neuvereinigte Kasse weder bewerten noch steuern kann. Ein wesentlicher Schwachpunkt der Regelung – neben offenkundig korrekturbedürftigen Formulierungs- und Verweisungsschwächen – könnte sich aber bei der Abwicklung eines Haftungsfalles ergeben: Im Gesetz sind keinerlei Vorgaben bezüglich der Aufteilung zwischen den einzelnen Kassen enthalten. Berücksichtigt man dabei, dass es wahrscheinlich auch zu Vereinigungen zwischen zuvor schon vereinigten Kassen kommen wird, wird die Aufteilung der Haftungsanteile auf die einzelnen Krankenkassen eine **Komplexität** erreichen, die der des Risikostrukturausgleich vergleichbar sein könnte. 18

§ 171 b Einführungsregelung zur Insolvenzfähigkeit von Krankenkassen

¹**Die Krankenkassen bilden vom 1. Januar 2010 an einen Kapitalstock zur Absicherung ihrer Verpflichtungen aus Versorgungszusagen, der im Insolvenzfall ausschließlich zur Befriedigung der unverfallbaren Versorgungsanwartschaften zur Verfügung steht und zum Zeitpunkt der Anwendbarkeit der Insolvenzordnung auf alle Krankenkassen eine Überschuldung wegen ungedeckter Versorgungsverpflichtungen ausschließt.** ²**Der Zeitpunkt, von dem an die Insolvenzordnung für alle Krankenkassen gelten soll, die Abgrenzung der Verpflichtungen aus Versorgungszusagen, die Festlegung der für die Krankenkassen nach Einführung der Insolvenzfähigkeit maßgeblichen Rechnungslegungsvorschriften sowie das Entfallen der Haftung der Länder nach § 12 Abs. 2 der Insolvenzordnung spätestens zum Zeitpunkt des Inkrafttretens des Gesundheitsfonds wird durch Bundesgesetz geregelt.**

Schrifttum: *D. Felix,* Die Haftung für Verpflichtungen geschlossener Betriebskrankenkassen, NZS 2005, 57–62; *M. Gaßner/J. Hager,* Die Schließung von Krankenkassen wegen Überschuldung, NZS 2004, 632–638; *Eckpunktepapier,* Eckpunkte der Großen Koalition zu einer Gesundheitsreform 2006, Stand: 4.7.2006; *T. Kingreen,* Soziale und private Krankenversicherung: Gemeinschaftsrechtliche Implikationen eines Annäherungsprozesses, ZESAR 2007, 139–149; *S. Rixen,* Auf dem Marsch in den verschuldeten Krankenversicherungsstaat, VSSR 2004, 241–278; *F.E. Schnapp/S. Rixen,* Die Unzulässigkeit der Aufnahme von Krediten durch die gesetzlichen Krankenkassen, BKR 2006, 360–366; *R. Scholz/R. Buchner,* Zur verfassungsrechtlichen Funktionsgewährleistungsverantwortung und Gewährträgerhaftung des Bundes für die gesetzliche Krankenversicherung, Gutachten 2006; *H.-D. Steinmeyer,* Krankenkassen zwischen Sozialrecht, Haftung und Insolvenz, NZS 2008, 393–402.

§ 171 b Einführungsregelung zur Insolvenzfähigkeit von Krankenkassen

Inhaltsübersicht

	Rn.
A. Überblick	1
B. Insolvenzfähigkeit von Krankenkassen	2
I. Die bisherige Rechtslage	3
1. Schließung von Krankenkassen nach dem SGB V	3
2. Insolvenzrechtlicher Anknüpfungspunkt: § 12 InsO	4
3. Vorrang des Schließungsrechts	6
II. Die Entwicklung der Neuordnung durch die Gesundheitsreform 2006	8
1. Die Vorgaben des sog. Eckpunktepapiers	8
a) Prüfauftrag zur Einführung des Insolvenzrechts	9
b) Umstellung der Rechnungslegung auf HGB	10
2. Regelungslücken des Regierungsentwurfs für Verpflichtungen aus Versorgungszusagen	11
a) Rechtliche Regelungslücke	12
b) Bilanzielle Regelungslücke	13
III. Die Einführungsregelungen	15
1. Bildung eines Kapitalstocks	16
2. Problem: Abgrenzung der Verpflichtungen	17
3. Zeitpunkt und Enthaftung der Länder	20
C. Systemwidersprüche bei der Einführung des Insolvenzrechts	22

A. Überblick

1 Die Einführungsregelung zur Insolvenzfähigkeit von Krankenkassen hat keine Vorgängervorschrift und ist mit Wirkung vom 1. 4. 2007 aufgrund Art. 1 Nr. 149 iVm. Art. 46 Abs. 1 GKV-WSG (§ 1 Rn. 31) in Kraft getreten. Die Regelung ist für die Funktionsfähigkeit der GKV von hoher praktischer Bedeutung. Vor dem Hintergrund einer politisch motivierten Annäherung der privaten und gesetzlichen Krankenversicherungssysteme sowie einer **Angleichung der rechtlichen und wettbewerblichen Rahmenbedingungen von bundes- und landesunmittelbaren Krankenkassen** geriet die Einführung insolvenzrechtlicher Vorschriften zunehmend in die sozialpolitische Diskussion. Verschärft wurde die Diskussion durch unterschiedliche – überwiegend historisch bedingte – Versorgungslasten (insbesondere der sog. Dienstordnungsangestellten, vgl. Rn. 17 und § 164 Rn. 13) und Vermögenssituationen der jeweiligen Krankenkassen (vgl. *Rixen*, VSSR 2004, 241/247 ff. ausführlich zum „Schuldenrecht" der GKV; *Schnapp/Rixen*, BKR 2006, 360 ff.) sowie durch Fragen der Bilanzierung und Rechnungslegung. Der Gesetzgeber des GKV-WSG, der die Insolvenzfähigkeit der gesetzlichen Krankenkassen zunächst allgemein bundesgesetzlich anordnen wollte, hat sich – wohl unter dem Eindruck der vielfältigen und zunächst unterschätzten Probleme – mit einer Einführungsregelung begnügt und die notwendigen Folgeregelungen auf ein gesondertes neues Bundesgesetz verschoben (§ 171 b S. 2). Richtigerweise hätte die Vorschrift im 8. Titel („Kassenartenübergreifende Regelungen") statt im 7. Titel („Ersatzkassen") aufgenommen werden müssen. Rechtliche Folgen ergeben sich aus der fehlerhaften Zuordnung jedoch nicht.

B. Insolvenzfähigkeit von Krankenkassen

2 Dem bislang geltenden Recht war die Insolvenz einer Krankenkasse nach näherer Maßgabe des Insolvenzrechts fremd. Die Heranziehung von Mechanismen des privaten Wirtschaftsrechts ist angesichts der gravierenden **Systemfriktionen zwi-**

schen Sozial- und Insolvenzrecht (zB. beim Sachleistungsprinzip oder den Mitgliedschaftsverhältnissen der Versicherten) nicht ohne sorgfältige Prüfung und sachgerechte Anpassung – einschließlich langer Konvergenzzeiträume – möglich.

I. Die bisherige Rechtslage

1. Schließung von Krankenkassen nach dem SGB V

Nach der geltenden Rechtslage ist für gesetzliche Krankenkassen primär das Institut der Schließung durch die Aufsichtsbehörde im Falle der nicht mehr auf Dauer gesicherten Leistungsfähigkeit geregelt (vgl. insbesondere § 146 a – Ortskrankenkassen, § 153 – Betriebskrankenkassen, § 163 Innungskrankenkassen, § 170 – Ersatzkassen). Daneben besteht nach der einfachgesetzlichen Rechtslage – die allerdings verfassungsrechtlichen Bedenken ausgesetzt ist (s. dazu Rn. 5 u. 9) – für einen Teil der Krankenkassen die Insolvenzfähigkeit iSd. InsO. Weil in der Rechtsprechung unter der Leistungsfähigkeit einer Krankenkasse die finanzielle Fähigkeit verstanden wird, sich annähernd im durchschnittlichen Beitrags- und Leistungsniveau vergleichbarer Kassen halten zu können (s. zB. BSG, Urt. v. 17. 4. 1991, NZA 1991, 860/862) und die dauerhaft gesicherte Leistungsfähigkeit in diesem Sinne bereits vor dem Eintritt von Insolvenzgründen iSd. InsO fehlt, hat das Insolvenzrecht faktisch bisher für gesetzlichen Krankenkassen keine Rolle gespielt.

3

2. Insolvenzrechtlicher Anknüpfungspunkt: § 12 InsO

Derzeit ist die Insolvenzfähigkeit der landesunmittelbaren gesetzlichen Krankenkassen auf der Basis des § 12 Abs. 1 Nr. 2 InsO ausgeschlossen. Danach ist das Insolvenzverfahren über das Vermögen einer juristischen Person des öffentlichen Rechts, die der Aufsicht eines Landes untersteht, unzulässig, wenn das **Landesrecht** dies ausdrücklich bestimmt. Bislang existieren in allen Bundesländern entsprechende gesetzliche Regelungen. *(Baden-Württemberg: § 45 AGGVG; Bayern: Art. 25 AGGVG; Berlin: Gesetz über die Konkursunfähigkeit juristischer Personen des öffentlichen Rechts; Brandenburg: § 38 Abs. 3 S. 2 VwVG –Brb; Bremen: Gesetz über die Konkursunfähigkeit juristischer Personen des öffentlichen Rechts; Hamburg: Gesetz über die Konkursunfähigkeit juristischer Personen des öffentlichen Rechts; Hessen: § 26 HessVwVG; Mecklenburg-Vorpommern: § 115 Abs. 2 VwVfG (M-V) i.V.m § 62 Kommunalverfassung M-V; Niedersachsen: Niedersächsisches Gesetz über die Konkursunfähigkeit juristischer Personen des öffentlichen Rechts; Nordrhein-Westfalen: § 78 Abs. 3 S. 2 VwVG-NRW; Rheinland-Pfalz: § 8 a Abs. 1 Landesgesetz zur Ausführung der Zivilprozessordnung, des Gesetzes über die Zwangsversteigerung und die Zwangsverwaltung und der Insolvenzordnung; Saarland: § 37 Abs. 1 SVwVG; Sachsen: § 19 Sächsisches Justizgesetz – SachsJG; Sachsen-Anhalt: Gesetz über die Insolvenzunfähigkeit juristischer Personen öffentlichen Rechts; Schleswig-Holstein: § 52 S. 2 Landesverwaltungsgesetz i.V. m. § 131 Abs. 2 Gemeindeordnung für S-H; Thüringen: Art. 1 Thüringer Gesetz über die Gesamtvollstreckung in das Vermögen juristischer Personen des öffentlichen Rechts und zur Änderung weiterer Gesetze im Bereich der Justiz).*

4

Die **Bundesverbände** wie auch der **SpiBuKK** sind dagegen schon nach geltendem Recht **insolvenzfähig**. Die **bundesunmittelbaren Krankenkassen** verfügen über keinen gesetzlichen Insolvenzausschluss iSd. § 12 InsO. Angesichts des bisherigen verbandszentrierten Haftungsausgleichs (vgl. hierzu die zentrale Verweisungsnorm des § 155) ist deren Insolvenzfähigkeit bislang jedoch eher theoretischer Natur. Vor dem Hintergrund der **verfassungsrechtlichen Verant-**

5

wortung des Bundes für eine funktionierende Krankenversicherung wird sich bei der Einführung des Insolvenzrechts auch die Frage nach der **Gewährleistungsverantwortung des Bundes** gem. Art. 20 Abs. 1 iVm. Art. 2 Abs. 2 S. 1 GG stellen (vgl. BVerfGE 113, 167/215). Eine Funktionsgewährleistungsverantwortung des Bundes lässt sich auch aus Art. 120 Abs. 1 S. 4 GG herleiten. Folgerichtig existiert im Bereich der Unfallversicherung gem. § 120 SGB VII eine ausdrückliche gesetzliche Bundes- bzw. Landesgarantie für den Fall der Auflösung eines Trägers. Gem. § 214 Abs. 1 SGB VI leistet der Bund den Trägern der allgemeinen Rentenversicherung eine Liquiditätshilfe, wenn in der allgemeinen Rentenversicherung die liquiden Mittel der Nachhaltigkeitsrücklage nicht ausreichen, um Zahlungsverpflichtungen zu erfüllen (Bundesgarantie). Für die KBS, als unselbständige Abteilung der Rentenversicherung, ist daher eine Insolvenzunfähigkeit anzunehmen. In der Alterssicherung der Landwirte ist nach Maßgabe des § 78 ALG eine Defizithaftung des Bundes vorgesehen. Die LKK – im Verwaltungsverbund mit den landwirtschaftlichen Berufsgenossenschaften (vgl. § 166 Rn. 2) – sind ebenfalls insolvenzunfähig. Die geltenden Regelungen der InsO dürften im Insolvenzfall daher den verfassungsrechtlichen Pflichten des Bundes zur Gewährleistung der Funktionsfähigkeit der gesetzlichen Krankenkasse nicht entsprechen. Ohne ausreichende Begleitregelungen ist die Insolvenzfähigkeit gesetzlicher Krankenkassen iSd. InsO deshalb verfassungsrechtlich ausgeschlossen (siehe dazu *Buchner/Scholz,* Gutachten 2006).

3. Vorrang des Schließungsrechts

6   Grundsätzlich klärungsbedürftig ist bei der Einführung des Insolvenzrechts das Verhältnis zwischen der **Insolvenz** einer Krankenkasse einerseits und der **Auflösung bzw. Schließung** einer Krankenkasse (vgl. §§ 146a, 152, 153, 162, 163, 170) andererseits. Ausgehend von dem Grundsatz einer notwendigen Schließung, wenn die Leistungsfähigkeit einer Krankenkasse nicht mehr auf Dauer gesichert ist (näher hierzu BSGE 58, 254/256; *Gaßner/Hager,* NZS 2004, 632 mwN.), zeigt ein Abgleich mit den insolvenzrechtlichen Eröffnungstatbeständen (Zahlungsunfähigkeit gem. § 17 InsO, Überschuldung gem. § 19 InsO) eine **fehlende tatbestandliche Deckungsgleichheit**.

7   Bis zur abschließenden Einführung des Insolvenzrechts muss angenommen werden, dass eine Schließung durch die zuständige Aufsichtsbehörde generell einem Insolvenztatbestand vorgeht. Dies ergibt sich nicht zuletzt aufgrund der geringeren tatbestandlichen Anforderungen an eine Schließung. Das Verhältnis zwischen beiden Verfahren bedarf also zukünftig einer unmissverständlichen und frühzeitigen **Tatbestands- und Rechtsfolgenabgrenzung**. Dies gilt nicht zuletzt vor dem Hintergrund staats- und amtshaftungsrechtlicher Fragen gem. § 839 BGB iVm. Art 34 GG im Falle einer zu spät erfolgten Schließung.

II. Die Entwicklung der Neuordnung durch die Gesundheitsreform 2006

1. Die Vorgaben des sog. Eckpunktepapiers

8   Die sog. Eckpunkte der Großen Koalition enthielten im Zusammenhang mit der Einführung des Insolvenzrechts zwei grundsätzliche Aussagen.

9   **a) Prüfauftrag zur Einführung des Insolvenzrechts.** Im Rahmen der Reform der Institutionen des Gesundheitswesens, die der Ermöglichung einer Auf-

gabenerfüllung in einem zunehmend wettbewerblich geprägten Ordnungsrahmen dienen soll (so Eckpunkte, 15), sollte geprüft werden, *„ob und inwieweit das Insolvenzrecht in einer wettbewerblich orientierten GKV Anwendung finden sollte"* (Eckpunkte, 18). Der Kabinettsentwurf sah auf dieser Grundlage zunächst eine generelle Regelung der Insolvenzfähigkeit von Krankenkassen in § 171 b vor: *„§ 12 Abs. 1 Nr. 2 findet auf Krankenkassen keine Anwendung"* (BT-Drs. 16/3100, 39). Im Zuge diverser rechtlicher Prüfungen wurde diese Vorschrift deutlich modifiziert. So wurde in einem vom AOK-Bundesverband während des Gesetzgebungsverfahrens in Auftrag gegebenen Rechtsgutachten von *Scholz/Buchner* (a.a.O.) unter Bezugnahme auf die in der Rechtsprechung des BVerfG zur Insolvenzunfähigkeit öffentlich-rechtlicher Rundfunkanstalten (BVerfGE 89, 144/144 ff.) entwickelten Kriterien dargelegt, dass ohne umfangreiche flankierende Rechtsänderungen die Anordnung der **Insolvenzfähigkeit von Krankenkassen aus verfassungsrechtlichen Gründen ausgeschlossen** ist. So bieten die Regelungen der Insolvenzordnung keine hinreichende Gewähr dafür, dass die aus dem Sozialstaatsprinzip des Art. 20 Abs. 1 GG und der Schutzpflicht des Staates für Leben und Gesundheit aus Art. 2 Abs. 2 S. 2 GG folgende zwingende Verpflichtung des Staates, die Gesundheitsversorgung der Bevölkerung in Fällen von Krankheit sicherzustellen, erfüllt wird (**Funktionsgewährleistungsverantwortung**).

b) Umstellung der Rechnungslegung auf HGB. Laut Eckpunktepapier sollte zusätzlich die Rechnungslegung der GKV auf die Rechnungslegungsvorschriften des HGB umgestellt werden: *„Zur Verbesserung von Transparenz und Effizienz soll die Rechnungslegung nach dem HGB eingeführt werden"* (Eckpunkte, 18). Offen blieben dabei zahlreiche Detailfragen, zB. die Differenzierung zwischen den Vorschriften für Kaufleute (§§ 238 bis 263 HGB) und den ergänzenden Vorschriften für Kaufleute (§§ 264 bis 289 HGB). Angesichts der Indizwirkung einer handelsrechtlichen Situation negativen Eigenkapitals für die insolvenzrechtliche Überschuldung (insbesondere aufgrund bestehender Versorgungsverpflichtungen) würde durch die Einführung insolvenz- und handelsrechtlicher Vorschriften die Gefahr von Kasseninsolvenzen deutlich verschärft (instruktiv zur Finanzordnung der GKV *Rixen*, VSSR 2004, 241/268 ff.). 10

2. Regelungslücken des Regierungsentwurfs für Verpflichtungen aus Versorgungszusagen

Im dem ersten Gesetzgebungsschritt wurde offenbar noch das Ziel der unmittelbaren Geltung der insolvenzrechtlichen Vorschriften für die gesetzlichen Krankenkassen verfolgt. Die unbesehene Übertragung dieser Vorschriften in den Bereich der GKV ist jedoch aus mehreren Gründen höchst problematisch. 11

a) Rechtliche Regelungslücke. Neben zahlreichen materiell-rechtlichen Unklarheiten blieb so zunächst das insolvenzrechtliche Schicksal von **Pensions- und Versorgungsansprüchen** der Kassenmitarbeiter **unberücksichtigt**. Zwar enthielt § 164 Abs. 5 idF. des GKV-WSG-KabinettsE einen Verweis auf § 155 Abs. 5, der „entsprechend" gelten sollte (BT-Drs. 16/3100, 38). Ob mit dieser Regelung eine Sicherung der Versorgungszusagen durch eine Ausfallhaftung der anderen Krankenkassen derselben Kassenart erreicht worden wäre, war allerdings sehr fraglich. Denn § 155 Abs. 5 regelt originär ebenso wie der § 164 lediglich den Fall der *Schließung* einer Krankenkasse. Wäre es über diese Verweisung nicht zu einer Ausfallhaftung gekommen, so wären im Falle einer Insolvenz zahlreiche **Ansprüche von Mitarbeitern potentiell ungesichert** geblieben und würden damit entwertet. Denn eine hinreichende Insolvenzsicherung von Versorgungs- 12 ansprüchen hätte bei geringen Vorauffristen einer Insolvenzrechtseinführung nicht aufgebaut werden können. Eine Insolvenzsicherung beim PSVaG nach Maßgabe des BetrAVG besteht bei bislang insolvenzunfähigen Krankenkassen für Verpflichtungen aus der Vergangenheit nicht.

13 **b) Bilanzielle Regelungslücke.** Sobald das Insolvenzrecht für Krankenkassen gelten soll, wird sich die Frage stellen, ob einer der Insolvenzgründe der InsO, nämlich Zahlungsunfähigkeit, drohende Zahlungsunfähigkeit oder Überschuldung, im Einzelfall zutrifft. Für die Mehrzahl der Krankenkassen wird der Insolvenzgrund der **Überschuldung** die meiste Relevanz haben, da gem. den §§ 220 und 261 (Grundsatz der Einnahmen-Ausgaben-Deckung) eine Bildung von Betriebsmitteln und Rücklagen nur im begrenzten Umfang vorgesehen ist. Wegen der Besonderheiten der bisherigen Rechnungslegungsvorschriften ist anzunehmen, dass in den Vermögensrechnungen der Krankenkassen Verbindlichkeitspositionen eines insolvenzrechtlichen Überschuldungsstatus bisher nicht oder nicht in voller Höhe ausgewiesen sind. Dazu zählen insbesondere Pensions- und Versorgungsverpflichtungen sowie Rückstellungstatbestände einer handelsrechtlichen Bilanz (zB. ungewisse Verbindlichkeiten, nachlaufende Rechnungen, Personalrückstellungen etc.).

14 Erst in der späten Phase des Gesetzgebungsverfahrens zum GKV-WSG ist dem Gesetzgeber der Umfang dieser Verpflichtungen deutlich geworden. Bei näherer Betrachtung der wesentlichen Verpflichtungen, insbesondere der historisch bedingten Versorgungs- und Pensionsverpflichtungen der Dienstordnungsangestellten, wurde deutlich, dass zahlreiche Krankenkassen **bei verfrühter Einführung der Insolvenzfähigkeit überschuldet** gewesen wären. Diese Überschuldung hätte voraussichtlich auch solche Krankenkassen getroffen, die nach den bisherigen Rechnungslegungsvorschriften noch positive Betriebsmittel oder größeres Verwaltungsvermögen ausgewiesen hätten.

III. Die Einführungsregelungen

15 Erst gegen Ende des Gesetzgebungsverfahrens zum GKV-WSG hat der Gesetzgeber von der Anordnung einer unmittelbaren Geltung des Insolvenzrechts abgesehen und stattdessen **vorbereitende** Einführungsregelungen vorgesehen.

1. Bildung eines Kapitalstocks

16 Zur Vorbereitung der Einführung der Insolvenzfähigkeit für alle Krankenkassen werden diese verpflichtet, für ihre Verpflichtungen aus Versorgungszusagen vom **1. 1. 2010** an einen Kapitalstock zu bilden, um die Erfüllung dieser Verpflichtungen im Insolvenzfall sicherzustellen. Gleichzeitig soll hierdurch verhindert werden, dass das Bestehen ungedeckter **Versorgungsverpflichtungen** zum Zeitpunkt der Einführung der Insolvenzfähigkeit aller Krankenkassen zu einer Überschuldung der betroffenen Krankenkassen führt (vgl. BT-Drs. 16/4247, 50).

2. Problem: Abgrenzung der Verpflichtungen

17 Mit Blick auf die Regelung stellt sich allerdings die Frage, was unter den dort genannten Begriffen zu verstehen ist, insbesondere, ob es sich lediglich um die Pensionszusagen der sog. DO-Angestellten handelt, für die ein Kapitalstock aufgebaut werden soll. DO-Angestellte sind Mitarbeiter einer Krankenkasse, die zwar in einem privatrechtlichen Arbeitsverhältnis stehen, für die aber aufgrund gesetzlicher Vorgaben beamtenrechtliche Grundsätze und damit auch Bestimmun-

gen über eine beamtenrechtliche Versorgung gelten. Seit 1993 werden – im Hinblick auf die durch das GSG vorbereitete wettbewerbliche Öffnung des GKV-Systems – keine neuen DO-Angestellten mehr eingestellt. Für die noch bei den Krankenkassen (insbesondere Ortskrankenkassen) beschäftigten DO-Angestellten gelten die §§ 349–358 RVO (vgl. auch § 164 Rn. 13 ff.).

Als weitere Verpflichtungen kommen auch andere Zusagen (zB. **Direktzusagen** oder solche iR. einer **betrieblichen Altersversorgung**) oder auch **Beihilfeansprüche** von DO-Angestellten in Betracht. Angesichts der offenkundigen Unklarheit kann § 171 b letztlich nur als „**Programmvorschrift**" zu verstehen sein, da es dem Gesetzgeber im Gesetzgebungsverfahren ua. nicht gelungen ist, tragfähige Versorgungslösungen parallel zur Einführung des Insolvenzrechts anzubieten. Die Gesamtproblematik wurde also auf ein angekündigtes und noch zu entwerfendes Gesetz verschoben (vgl. hierzu BT-Drs. 16/4220, 3 und Entschließung des Bundesrats in BR-Drs. 75/07, Anlage, 9). In dieser Hinsicht geht der § 171 b sehr **wenig trennscharf** mit den Begriffen um. Es wird an unterschiedlichen Stellen im Gesetz bzw. der Begründung einerseits von „*Verpflichtungen aus Versorgungszusagen*" gesprochen, andererseits von „*unverfallbaren Versorgungsanwartschaften*" (vgl. § 7 Abs. 1 und 2 BetrAVG) und schließlich auch von „*ungedeckten Versorgungsverpflichtungen*". 18

Welche Zusagen im Einzelnen darunter zu verstehen sein werden, wird sich erst aus den zu erarbeitenden Rechnungslegungsvorschriften ergeben, die bestimmen sollen, wie eine insolvenzrechtlich ausgestaltete Eröffnungsbilanz aussehen muss. Im Zweifel dürfte angesichts der gravierenden Auswirkungen eine **weite Auslegung** geboten sein. Es ist daher spätestens in dem angestrebten (Folge-)Gesetzgebungsverfahren eine Klarheit dieser Begrifflichkeit anzustreben. 19

3. Zeitpunkt und Enthaftung der Länder

S. 2 regelt laut Begründung (vgl. BT-Drs. 16/4247, 50), „*dass der Zeitpunkt, von dem an die Insolvenzordnung für alle Krankenkassen gelten soll, die Abgrenzung der Verpflichtungen aus Versorgungszusagen, die Festlegung der für die Krankenkassen nach Einführung der Insolvenzfähigkeit maßgeblichen Rechnungslegungsvorschriften sowie das Entfallen der Haftung der Länder nach § 12 Abs. 2 der Insolvenzordnung **spätestens zum Zeitpunkt des Inkrafttretens des Gesundheitsfonds** durch Bundesgesetz geregelt wird*". 20

Sowohl im Gesetz als auch in der Begründung ist eine **missverständliche Formulierung** des Regelungszeitpunkts gewählt worden. Sprachlich unklar ist, ob das zeitliche Referenzdatum des Inkrafttretens des Gesundheitsfonds im sprachlichen Bezug zur Enthaftung der Länder steht oder als Regelungsziel gemeint ist. Vor dem Hintergrund der gravierenden Folgen von Kasseninsolvenzen dürfte jedoch unstrittig sein, dass im Falle einer verzögerten **Einführung des Insolvenzrechts** eine vorzeitige **Enthaftung der Länder** nicht in Betracht kommen kann. Beide Regelungstatbestände können zwingender Weise **nur zeitgleich** in Kraft gesetzt werden, um Haftungslücken zu vermeiden. 21

C. Systemwidersprüche bei der Einführung des Insolvenzrechts

Ein weitgehender Transfer insolvenzrechtlicher Regelungszusammenhänge in das System der gesetzlichen Krankenversicherung wirft weitreichende **Schnittstellenprobleme** auf. Unverzichtbar ist daher die sorgfältige Abgrenzung von 22 sozialrechtlichem Schließungsrecht gegenüber dem Insolvenzrecht (vgl. oben Rn. 6; *Gaßner/Hager*, NZS 2004, 632/634 ff.), da insoweit über die Heranziehung von Mechanismen des privaten Wirtschaftsrechts für den sozialgesetzlichen Bereich entschieden wird. Mit der Lösung dieser rechtspolitischen Zuordnungsfrage werden grundsätzliche Fragen der zukünftigen Ausrichtung des gesetzlichen Krankenversicherungssystems beantwortet, die ggf. zu klarstellenden Folgeanpassungen führen müssen. Die nachfolgende Darstellung zeigt dies für einige Teilbereiche auf.

23 Es bedarf einer Klarstellung der **Verhaltenspflichten von Vorständen**. Denn zumindest für den Fall, dass ein Vorrang des Schließungsverfahrens nicht besteht, sind die Mitglieder des Vorstands einer Krankenkasse gem. §§ 89 Abs. 2, 42 Abs. 2 BGB verpflichtet, die Eröffnung des Insolvenzverfahrens im Falle der (drohenden) Zahlungsunfähigkeit oder der Überschuldung ohne schuldhaftes Zögern zu beantragen. Wird die Stellung des Antrags verzögert, so haften die Vorstandsmitglieder, denen ein Verschulden zur Last fällt, den Gläubigern als Gesamtschuldner für den aufgrund der Verzögerung entstehenden Schaden. Ein schuldhaftes Unterlassen oder Verzögern des Insolvenzantrags ist mangels ausdrücklicher Regelung zwar keine strafbare Handlung. Unabhängig davon bestehen aber auch für die Vorstände gesetzlicher Krankenkassen erhebliche Strafbarkeitsrisiken aufgrund der besonderen Situation und den besonderen Pflichten im Vorfeld einer Insolvenz. Denkbar wäre iR. der angestrebten Umsetzung des § 171 b eine Anlehnung an das Sondersystem der §§ 46 ff. KWG, welches ein alleiniges Antragsrecht der Aufsichtsbehörde (BaFin) vorsieht.

24 Die insolvenzrechtlichen Rechtsfolgen für **Mitgliedschaftsverhältnisse** bedürfen einer klarstellenden Regelung. Denn weithin ungeklärt sind die Rechtsfolgen, die sich aus der Eröffnung eines Insolvenzverfahrens über das Vermögen einer gesetzlichen Krankenkasse ergeben. So ist insbesondere unklar, ob die Krankenkasse als juristische Person des öffentlichen Rechts mit Insolvenzeröffnung automatisch aufgelöst ist oder fortbesteht. Entsprechend unklar ist die Frage des Fortbestands der Mitgliedschaftsverhältnisse der Versicherten. Soll die Krankenkasse aufgelöst werden, so wären die Versicherten wohl mit der Eröffnung des Insolvenzverfahrens berechtigt, eine andere Krankenkasse zu wählen (im Ergebnis auch *Kingreen*, ZESAR 2007, 139/143). Unklar ist jedoch, welcher Krankenkasse die Versicherten zugewiesen werden, die – aus welchen Gründen auch immer – keine andere Krankenkasse wählen.

25 Ein grundlegendes Problem ist auch die **Kompetenzabgrenzung von Vorstand und Insolvenzverwalter**. Insbesondere für den Fall, dass die Krankenkasse auch nach der Eröffnung des Insolvenzverfahrens fortbestehen soll, ist ungeklärt, in welchem Verhältnis die Befugnis des Insolvenzverwalters zu der des Vorstands der insolventen Krankenkasse steht. Auf der einen Seite wäre die Krankenkasse weiterhin zur Erfüllung ihrer gesetzlichen Aufgaben verpflichtet und würde dazu, vertreten durch ihren Vorstand, das Vermögen oder wesentliche Teile des Vermögens der Krankenkasse beanspruchen. Auf der anderen Seite hätte der Insolvenzverwalter die Aufgabe, die Insolvenzmasse, dh. grundsätzlich das gesamte Vermögen, das der Krankenkasse zur Zeit der Eröffnung des Verfahrens gehört und das die Krankenkasse während des Verfahrens erlangt (§ 35 InsO), in Besitz zu nehmen, zu verwalten und zur Befriedigung der Insolvenzgläubiger zu verwerten. Diese unterschiedlichen Aufgaben führen jedenfalls im Falle eines Fortbestehens der Krankenkasse zu unauflösbaren Konflikten.

Damit einher geht die offene Problematik der **Abgrenzung** der zur Befriedi- 26
gung der Gläubiger bestimmten **Insolvenzmasse** von den Gegenständen, die für
die **Erfüllung der öffentlichen Aufgaben** der Krankenkasse unentbehrlich sind,
oder deren Veräußerung ein öffentliches Interesse entgegensteht, und die deshalb
nicht Gegenstand der Insolvenzmasse sind (§ 36 Abs. 1 InsO iVm. § 282a Abs. 2
S. 1 ZPO). Unklar ist außerdem, ob die Beitragsansprüche der Krankenkasse (insbesondere im Fall der Fortführung der Krankenkasse) Teil der Insolvenzmasse
sind.

Unklar ist schließlich auch, ob der Insolvenzverwalter, insbesondere im Fall 27
der Fortführung der Krankenkasse, die ihm nach allgemeinem Insolvenzrecht zustehenden **Gestaltungsrechte** allein im Interesse der bestmöglichen Befriedigung
der Insolvenzgläubiger ausüben kann. Diese Frage betrifft vor allem das Recht
des Insolvenzverwalters gem. § 103 Abs. 1 InsO zu wählen, ob er die im Zeitpunkt
der Insolvenzeröffnung noch nicht vollständig erfüllten gegenseitigen Verträge erfüllt.

Eine weitere Folge der Parallelität von Schließungs- und Insolvenzverfahren 28
ist, dass die **Anforderungen an die zuständigen Aufsichtsbehörden** bei der
Überwachung der in ihrem Zuständigkeitsbereich ansässigen gesetzlichen Krankenkassen im Hinblick auf das Vorliegen der Schließungsvoraussetzungen verschärft werden. Denn je nach Auslegung der Neuregelungen kann eine verspätete
oder unterbliebene Schließung durch die Aufsichtsbehörden trotz Vorliegens der
Schließungsvoraussetzungen Forderungsausfälle bei den Gläubigern der Krankenkasse in erheblichem Umfang nach sich ziehen. Die daraus resultierenden Folgen
und Schäden könnten die betroffenen Gläubiger ggf. gegenüber dem Rechtsträger
der Aufsichtsbehörde in Gestalt von Folgenbeseitigungs- bzw. Amtshaftungsansprüchen geltend machen.

Auch die Neuregelungen zur Umgestaltung des bisherigen Systems der Ausfall- 29
und Garantiehaftung der Verbände werfen zahlreiche Zweifelsfragen auf und bergen außerdem erhebliche Risiken für das gesamte GKV-System. Die Entscheidung für die grundsätzliche Abschaffung des Systems der Garantiehaftung und
seine Ersetzung durch die Insolvenzfähigkeit der gesetzlichen Krankenkassen gerät
in Konflikt mit den – auch verfassungsrechtlich determinierten – **systemprägenden Grundsätzen der Solidargemeinschaft**. Insbesondere enthält sie erhebliche Beschränkungen der Rechtspositionen der Versicherten, die Gefahr laufen,
trotz weiter bestehender Pflichtmitgliedschaft und Verpflichtung zur Zahlung der
öffentlich-rechtlichen Zwangsbeiträge im Falle der Schließung oder Insolvenz
jedenfalls für eine Übergangszeit ihres **Versicherungsschutzes** – und ggf.
laufenden Leistungsanspruchs – faktisch verlustig zu gehen. Auch den **Leistungserbringern** drohen erhebliche Einschränkungen. Soweit ihnen zukünftig das
Insolvenzrisiko der gesetzlichen Krankenkassen aufgebürdet wird, bestehen erhebliche Zweifel, ob die bislang im Wesentlichen mit dem Ausschluss des Insolvenzrisikos gerechtfertigten umfangreichen Einschränkungen ihrer Berufsfreiheit
weiterhin gerechtfertigt werden können. Bei der Insolvenz größerer Krankenkassen ist mit Folgeinsolvenzen betroffener Leistungserbringer zu rechnen.

Mühlhausen

§ 172 Anhörungs- und Informationsrechte der Verbände

Achter Titel. Kassenartenübergreifende Regelungen

§ 172 Anhörungs- und Informationsrechte der Verbände

(1) Vor Errichtung, Vereinigung, Öffnung (§ 173 Abs. 2 Satz 1 Nr. 4), Auflösung oder Schließung von Krankenkassen sind die Verbände der beteiligten Krankenkassen zu hören. Satz 1 gilt entsprechend, wenn eine Krankenkasse ihren Sitz in den Bezirk eines anderen Verbands verlegt.

(2) Die Krankenkassen haben dem Verband, der im Fall ihrer Auflösung oder Schließung ihre Verpflichtungen gegenüber den Gläubigern zu erfüllen hat, auf Verlangen unverzüglich die Unterlagen vorzulegen und die Auskünfte zu erteilen, die dieser zur Beurteilung ihrer dauerhaften Leistungsfähigkeit für erforderlich hält, oder ihm auf Verlangen die Einsichtnahme in diese Unterlagen in ihren Räumen zu gestatten. Hält der Verband auf Grund der nach Satz 1 übermittelten Informationen die dauerhafte Leistungsfähigkeit der Krankenkasse für bedroht, hat er die Krankenkasse über geeignete Maßnahmen zur Sicherung ihrer dauerhaften Leistungsfähigkeit zu beraten und die Aufsichtsbehörde der Krankenkasse über die finanzielle Situation der Krankenkasse und die vorgeschlagenen Maßnahmen zu unterrichten. Kommt eine Krankenkasse ihren Verpflichtungen nach Satz 1 nicht nach, ist die Aufsichtsbehörde der Krankenkasse auch hierüber zu unterrichten.

Inhaltsübersicht

		Rn.
A.	Überblick	1
B.	Anhörungsrecht bei Organisationsänderungen, Abs. 1	2
C.	Informationsrecht zur Vermeidung von Haftungsrisiken, Abs. 2	5
D.	Bewertung	7

A. Überblick

1 Das Anhörungs- und Informationsrecht der Verbände (ursprünglich § 414 h RVO) wurde durch das GRG mit Wirkung zum 1. 1. 1989 (Art. 1, 79 Abs. 1 GRG; siehe § 1 Rn. 21) eingeführt und durch Art. 1 Nr. 132 des GMG (§ 1 Rn. 29) zum 1. 1. 2004 neu gefasst. Durch die Neufassung wurde das **Anhörungsrecht** auf die Fälle der wettbewerblichen Öffnung einer BKK oder IKK nach § 173 Abs. 2 S. 1 Nr. 4 und auf die der Sitzverlegung erstreckt. Gleichzeitig wurde der Abs. 2 angefügt, der den Verbänden ein von den genannten Organisationsänderungen unabhängiges **Informationsrecht** über die wirtschaftliche Situation der Mitgliedskassen einräumt. Die Ergänzung trägt dem Umstand Rechnung, dass das sozialgesetzliche Haftungskonzept (vgl. insbesondere §§ 155 und 164) auf dem System einer verbandlichen – dh. kassenartinternen – **Haftungsgemeinschaft** beruht. Die haftenden Verbände sollen die Möglichkeit haben, drohende Haftungsrisiken frühzeitig zu identifizieren und negativen Finanzentwicklungen entgegenzuwirken (vgl. BT-Drs. 15/1525, 136).

B. Anhörungsrecht bei Organisationsänderungen, Abs. 1

2 Die Anhörung der Verbände im Falle von wettbewerblich und haftungsrechtlich relevanten Organisationsänderungen ist zwingend. Zu beteiligen sind die von der jeweiligen Maßnahme unmittelbar – dh. im mitgliedschaftlichen

Sinne — betroffenen **Landesverbände** (§§ 207 ff.) und/oder **Bundesverbände** (§§ 212 ff.) bzw. ab dem 1.1.2009 deren Rechtsnachfolger (vgl. §§ 212 ff. idF. ab dem 1.1.2009), im letztgenannten Fall aber wohl nur, soweit sich das Recht zur Anhörung aus den zusätzlich vertraglich vereinbarten Aufgaben des jeweiligen Bundesverbandes gem. § 212 Abs. 4 ableiten lässt. Ein Recht des **SpiBuKK** (§§ 217 a ff.) lässt sich dem Abs. 1 nicht entnehmen. Angesichts seiner wettbewerblichen Neutralität wäre dies auch **nicht sachgerecht**. Ebenso wenig haben Verbände nicht unmittelbar — also ggf. nur wettbewerblich — betroffener Kassenarten ein Anhörungsrecht.

Die Anhörung obliegt der **Aufsichtsbehörde,** die für die Entscheidung über 3 die Organisationsänderung zuständig ist, also die Landesregierung, das BVA oder das BMG. Bei der Beteiligung mehrerer Aufsichtsbehörden (vgl. § 144 Abs. 1 S. 2; insbesondere denkbar auch im Fall des § 171 a) ist es ausreichend, wenn eine der beteiligten Behörden die Anhörung durchführt, das Ergebnis jedoch allen beteiligten Aufsichtsbehörden vorliegt (so auch *Baier,* Krauskopf, § 172 Rn. 11). Wenngleich § 172 keine besondere Form der Anhörung vorsieht, ist zumindest in diesem Fall eine **Schriftlichkeit** geboten. Um Verzögerungen bei den Organisationsänderungen zu vermeiden, ist es sachgerecht, die Anhörung mit einer **Fristsetzung** zu versehen. Eine **unterbliebene Anhörung** zieht grundsätzlich die Rechtswidrigkeit der entsprechenden Aufsichtsentscheidung und somit die **Anfechtbarkeit** des jeweiligen Verwaltungsaktes nach sich. Die Anhörung kann jedoch bis zum Abschluss des Vorverfahrens oder bei Fehlen eines Vorverfahrens bis zur Klageerhebung nachgeholt werden (vgl. § 41 Abs. 1 Nr. 3 SGB X). Andernfalls ist die angefochtene Entscheidung der Aufsichtsbehörde gem. § 42 S. 2 SGB X aufzuheben (vgl. *Engelhard,* H/N, § 172 Rn. 11).

Tatbestandlich erfasst Abs. 1 die Errichtung (von BKKn und IKKn gem. 4 §§ 147 bzw. 157), Vereinigung (von OKKn gem. §§ 144, 145, BKKn gem. § 150 und IKKn gem. § 160), Öffnung (einer BKK oder IKK durch Einführung einer Satzungsbestimmung gem. § 173 Abs. 2 S. 1 Nr. 4), Auflösung (von BKKn und IKKn gem. §§ 152 bzw. 162) oder Schließung (von OKKn gem. § 146 a, BKKn gem. § 153, IKKn gem. § 163 und Ersk. gem. § 170) sowie die Verlegung des Kassensitzes in den Bezirk eines anderen Verbandes. Nicht ausdrücklich genannt sind die Fälle der **Ausdehnung, der Erweiterung und des Ausscheidens bei BKKn bzw. IKKn.** Nach dem Zweck des § 172 ist auch in diesen Fällen eine Anhörung durchzuführen, da diese Maßnahmen den in Abs. 1 aufgeführten Tatbeständen gleichkommen (*Baier,* Krauskopf, § 172 Rn. 8).

C. Informationsrecht zur Vermeidung von Haftungsrisiken, Abs. 2

Nach Abs. 2 S. 1 haben die Krankenkassen dem (Haftungs-)Verband, dem sie 5 angehören, auf dessen **Verlangen** alle Unterlagen vorzulegen und Auskünfte zu erteilen, die der Verband zur Beurteilung der dauerhaften Leistungsfähigkeit (vgl. hierzu § 146 a Rn. 2) für notwendig hält. Der anfordernde Verband hat hierzu sein Verlangen **schriftlich und begründet** darzulegen. Aufgrund der Darlegung muss deutlich werden, dass das Verlangen nicht der (wettbewerblich relevanten) Ausforschung dient. Da dem Verband in aller Regel nur Indizien für sein Verlangen zur Verfügung stehen, dürfen an die erforderliche Konkretisierung allerdings keine allzu hohen Anforderungen gestellt werden. Ausreichend ist eine Berufung auf

Mühlhausen

Hinweise über eine ungünstige Finanzentwicklung, die aus den gem. § 79 SGB IV zur Verfügung stehenden Geschäftsübersichten und Statistiken plausibel abgeleitet werden kann. Sofern es sich bei den angeforderten Unterlagen und/oder Auskünften um solche mit wettbewerblich relevantem Inhalte handelt, kann dem **Vertraulichkeitsinteresse** der betroffenen Krankenkasse durch eine Einsichtnahme in den Geschäftsräumen der Krankenkasse Rechnung getragen werden. Die Entscheidung hierüber obliegt dem Verband (vgl. BT-Drs. 15/1525, 136).

6   Führen die Informationen nach Abs. 2 S. 1 zu dem Ergebnis, dass nach Einschätzung des Verbandes die dauerhafte Leistungsfähigkeit der Krankenkasse gefährdet ist, so hat der Verband nach S. 2 die Krankenkasse sowohl zu beraten als auch die zuständige Aufsichtsbehörde zu unterrichten. Die **Beratung** gegenüber der Krankenkasse umfasst geeignete Maßnahmen zur Sicherung der dauerhaften Leistungsfähigkeit (vgl. hierzu § 265 a idF. bis zum 31. 12. 2008). Darunter sind neben finanziellen Hilfen gem. § 265 a ggf. auch **unterstützende Maßnahmen bei der Geschäftsführung** zB. im organisatorischen und personellen Bereich zu verstehen, die geeignet sind, die dauerhafte Leistungsfähigkeit der Krankenkasse zu sichern. Die Beratung muss konkrete Maßnahmen und Prozesse beinhalten (zB. Auflagen, vgl. § 265 a Abs. 2 idF. bis zum 31. 12. 2008), die auch längerfristig angelegt sein können. **Einschränkungen der Selbstverwaltungsautonomie** sind von der betroffenen Krankenkasse hinzunehmen, sofern die Selbstverwaltung des jeweiligen Verbandes in die Umsetzung der Beratung eingebunden ist. Die **zuständige Aufsicht** ist über die konkrete Situation und die Maßnahmen des Verbandes zu **informieren,** damit sie ihrerseits auf Grundlage – auch eigener Informationen – die gebotenen aufsichtsrechtlichen Maßnahmen (zB. zwangsweise Vereinigung oder Schließung) ergreifen kann. Ist die dauerhafte Leistungsfähigkeit – trotz Beratung und ggf. finanzieller Hilfe nach § 265 a – nicht nur bedroht, sondern nicht mehr gesichert, hat der Verband im Informationsaustausch mit der zuständigen Aufsicht auf eine (ggf. zwangsweise) Vereinigung oder Schließung der Krankenkasse hinzuwirken (vgl. BT-Drs. 15/1525, 136). Der jeweilige Verband hat keine Möglichkeit, seine Rechte und Maßnahmen mit Zwangsmitteln durchzusetzen. Daher hat er die Aufsicht gem. S. 3 einzuschalten, wenn die Krankenkasse dem Informationsverlangen nicht ordnungs- oder fristgemäß nachkommt. Gleiches gilt über den Wortlaut des S. 3 hinaus, wenn die Krankenkasse der Beratung und den vorgeschlagenen Maßnahmen des Verbandes nicht folgt.

D. Bewertung

7   Angesichts des neugeordneten GKV-Haftungskonzepts (vgl. §§ 155, 164 und 171 a) sowie der beabsichtigten Einführung insolvenzrechtlicher Tatbestände (vgl. § 171 b) sind Maßnahmen des **präventiven Haftungs- und Risikomanagements innerhalb eines Haftungsverbundes** notwendiger denn je, um finanzielle Fehlentwicklung und Haftungsfälle bei einzelnen Kassen zu vermeiden. Allerdings hat der Gesetzgeber die finanziellen Eingriffsmöglichkeiten der Krankenkassen bzw. ihrer Verbände beschränkt, so zB. durch das Außerkrafttreten des § 265 a („Finanzielle Hilfen in besonderen Notlagen") zum 31. 12. 2008 (vgl. Art. 8 Abs. 3 VertragsarztrechtsÄndG). Organisationsrechtlich hat er durch die „Entkörperschaftung" der Bundesverbände eine zentrale Ebene der bisherigen Risiko- und Haftungssteuerung geschwächt (vgl. §§ 212 ff. idF. ab dem 1. 1. 2009), gleichzeitig aber mit der Einführung neuer Finanzierungsmodelle (zB. §§ 271, 242) die

fachlichen Anforderungen an eine finanzielle Risikosteuerung innerhalb der GKV bzw. ihrer Kassenarten erhöht. Vor diesem Hintergrund verfügt § 172 zwar noch über eine gewisse Bedeutung bei der Identifizierung und Vermeidung künftiger Haftungsfälle. Als nahezu einziges operatives Instrument eines präventiven Haftungs- und Risikomanagements ist die Vorschrift jedoch **unzureichend für eine effektive Aufgabenwahrnehmung** der Verbände – und wohl auch der Aufsichten. Insbesondere die Tatsache, dass innerhalb der Verbände/Haftungsverbünde zT. miteinander konkurrierende Krankenkassen zusammengefasst sind, die sich in der Praxis gegen eine verbandsinterne Transparenz ihrer Finanzkennzahlen und Ergebnisprognosen sowie gegen Einflussnahme auf die Geschäftsführung faktisch und rechtlich zur Wehr setzen, fördert die **operative Schwäche** des § 172 zutage.

Zweiter Abschnitt. Wahlrechte der Mitglieder

§ 173 Allgemeine Wahlrechte

(1) **Versicherungspflichtige (§ 5) und Versicherungsberechtigte (§ 9) sind Mitglied der von ihnen gewählten Krankenkasse, soweit in den nachfolgenden Vorschriften, im Zweiten Gesetz über die Krankenversicherung der Landwirte oder im Künstlersozialversicherungsgesetz nichts Abweichendes bestimmt ist.**

(2) [1]Versicherungspflichtige und Versicherungsberechtigte können wählen
1. die Ortskrankenkasse des Beschäftigungs- oder Wohnorts,
2. jede Ersatzkasse, deren Zuständigkeit sich nach der Satzung auf den Beschäftigungs- oder Wohnort erstreckt,
3. die Betriebs- oder Innungskrankenkasse, wenn sie in dem Betrieb beschäftigt sind, für den die Betriebs- oder die Innungskrankenkasse besteht,
4. die Betriebs- oder Innungskrankenkasse, wenn die Satzung der Betriebs- oder Innungskrankenkasse dies vorsieht,
4a. die Deutsche Rentenversicherung Knappschaft-Bahn-See,
5. die Krankenkasse, bei der vor Beginn der Versicherungspflicht oder Versicherungsberechtigung zuletzt eine Mitgliedschaft oder eine Versicherung nach § 10 bestanden hat,
6. die Krankenkasse, bei der der Ehegatte versichert ist.

[2]Falls die Satzung eine Regelung nach Nummer 4 enthält, gilt diese für die Gebiete der Länder, in denen Betriebe oder Innungsbetriebe bestehen und die Zuständigkeit für diese Betriebe sich aus der Satzung der Betriebs- oder Innungskrankenkasse ergibt; soweit eine Satzungsregelung am 31. März 2007 für ein darüber hinausgehendes Gebiet gegolten hat, bleibt dies unberührt; die Satzung darf das Wahlrecht nicht auf bestimmte Personen beschränken oder von Bedingungen abhängig machen. [3]Eine Satzungsregelung nach Satz 1 Nr. 4 kann nicht widerrufen werden. [4]Ist an der Vereinigung von Betriebskrankenkassen oder von Innungskrankenkassen eine Krankenkasse mit einer Satzungsregelung nach Satz 1 Nr. 4 beteiligt, gilt diese Satzungsregelung auch für die vereinigte Krankenkasse. [5]Satz 1 Nr. 4 und Satz 4 gelten nicht für Betriebskrankenkassen, die für Betriebe privater Kranken- oder Lebensversicherungen errichtet oder aus einer Vereinigung mit solchen Betriebskrankenkassen hervorgegangen sind, wenn die Satzung dieser Krankenkassen am 26. September 2003 keine Regelung nach Satz 1 Nr. 4 enthalten hat.

(2a) § 2 Abs. 1 der Verordnung über den weiteren Ausbau der knappschaftlichen Versicherung in der im Bundesgesetzblatt Teil III, Gliederungsnummer

§ 173

822–4, veröffentlichen bereinigten Fassung, die zuletzt durch Artikel 22 Nr. 1 des Gesetzes vom 22. Dezember 1983 (BGBl. I S. 1532) geändert worden ist, gilt nicht für Personen, die nach dem 31. März 2007 Versicherte der Deutschen Rentenversicherung Knappschaft-Bahn-See werden.

(3) Studenten können zusätzlich die Ortskrankenkasse oder jede Ersatzkasse an dem Ort wählen, in dem die Hochschule ihren Sitz hat.

(4) Nach § 5 Abs. 1 Nr. 5 bis 8 versicherungspflichtige Jugendliche, Teilnehmer an Leistungen zur Teilhabe am Arbeitsleben, behinderte Menschen und nach § 5 Abs. 1 Nr. 11 und 12 oder nach § 9 versicherte Rentner sowie nach § 9 Abs. 1 Nr. 4 versicherte behinderte Menschen können zusätzlich die Krankenkasse wählen, bei der ein Elternteil versichert ist.

(5) Versicherte Rentner können zusätzlich die Betriebs- oder Innungskrankenkasse wählen, wenn sie in dem Betrieb beschäftigt gewesen sind, für den die Betriebs- oder Innungskrankenkasse besteht.

(6) Für nach § 10 Versicherte gilt die Wahlentscheidung des Mitglieds.

(7) War an einer Vereinigung nach § 171 a eine Betriebs- oder Innungskrankenkasse ohne Satzungsregelung nach Absatz 2 Satz 1 Nr. 4 beteiligt, und gehört die aus der Vereinigung hervorgegangene Krankenkasse einem Verband der Betriebs- oder Innungskrankenkassen an, ist die neue Krankenkasse auch für die Versicherungspflichtigen und Versicherungsberechtigten wählbar, die ein Wahlrecht zu der Betriebs- oder Innungskrankenkasse gehabt hätten, wenn deren Satzung vor der Vereinigung eine Regelung nach Absatz 2 Satz 1 Nr. 4 enthalten hätte.

Schrifttum: *C. Determann,* Der Betriebsbegriff in § 173 Abs. S. 2 SGB V, WzS 2001, 97; *E. Eichenhofer,* Kassenwahl und Arbeitgeber, RdA 2006, 203; *A. Kokemoor,* Die gesetzlichen Regelungen zum Kassenwahlrecht gem. §§ 173 ff. SGB V, SGb 2003, 433; *H. Marburger,* Neuregelung der Kassenwahlrechte zum 1.1.2002, ZfS 2001, 355; *B. Schmidt,* Das Recht zum Wahl der Krankenkasse – insbesondere zum Sonderkündigungsrecht bei Beitragssatzanhebungen, NJW 2004, 2628; *F. Schnapp,* Die Rechtsstellung geöffneter und „virtueller" Krankenkassen, NZS 2004, 113; *J. Spiethoff/S. Kaltschmidt,* Das neue Krankenkassenwahlrecht einmal anders betrachtet, BKK 2002, 106; *D. Stelzer/W. Zierow,* Hat der Versicherte Auskunftsansprüche über Beitragssätze und dem gesamten Finanzstatus iS einer Bilanz der gesetzlichen Krankenkassen vor dem Hintergrund seines Kassenwahlrechts?, SozVers 2003, 175; *Stiphout,* Krankenkassenwahl ab 1996, BKK 1995, 158.

Inhaltsübersicht

	Rn.
A. Überblick	1
B. Die wählbaren Krankenkassen	4
I. Ortskrankenkassen des Beschäftigungs- oder Wohnorts, Abs. 2 S. 1 Nr. 1	5
II. Ersatzkrankenkassen des Beschäftigungs- oder Wohnorts, Abs. 2 S. 1 Nr. 2	6
III. Nicht geöffnete Betriebs- und Innungskrankenkassen, Abs. 2 S. 1 Nr. 3	7
IV. Geöffnete Betriebs- und Innungskrankenkassen, Abs. 2 S. 1 Nr. 4, S. 2–5	8
V. Die Deutsche Rentenversicherung Knappschaft-Bahn-See und die See-Krankenkassen, Abs. 2 Nr. 4 a, Abs. 2 a	12
VI. Frühere Krankenkasse, Abs. 2 S. 1 Nr. 5	15
VII. Krankenkasse des Ehegatten, Abs. 2 S. 1 Nr. 6	16
VIII. Sonderregelung für Studenten, Abs. 3	17
IX. Krankenkasse eines Elternteils, Abs. 4	18
X. Sonderregelung für Rentner, Abs. 5	19
C. Sonderregelung für Familienversicherte, Abs. 6	20

A. Überblick

Seit ihrem Entstehen wird die GKV durch eine Vielzahl **verschiedener Träger** 1
wahrgenommen, wobei die Versicherten grds. von Gesetzes wegen einer KK zugewiesen waren. Unter den KKen hatten sich erhebl. **Beitragsunterschiede** entwickelt, die als verfassungsrechtl. bedenkl. angesehen wurden (vgl. BSG, SozR 2200, § 385 Nr. 14 S. 14; BVerfG, SozR 3–2200, § 385 Nr. 4 S. 6). Durch das GSG wurde daher 1996 erstmals ein **KK-Wahlrecht** eingeführt. Versicherungspflichtige und -berechtigte können nunmehr vorbehaltlich abweichender Sonderregelungen ihre KK frei wählen (Abs. 1). Die wählbaren Krankenkassen bestimmen Abs. 2–5; Abs. 6 erklärt für Familienversicherte die Wahl des Stammversicherten als verbindlich. Besonderheiten für bestimmte Mitgliedergruppen regelt § 174. Die früher in § 177 geregelte **zwingende Zuständigkeit** der **DRV Kn-Bahn-See** ist zum 1. 4. 2007 entfallen; die zwingende Zuständigkeit der **SeeKK** in § 176 entfällt zum 1. 1. 2009.

Entfällt der **Grund** für die **Wählbarkeit** einer KK, steht es dem Versicherten 2
frei, Mitglied der bisherigen KK zu bleiben. Da die bisherige KK wählbar ist (Abs. 2 S. 1 Nr. 5), muss auch ein Verbleib möglich sein (*Peters,* KK, § 173 Rn. 39).

Mit der Einführung eines **bundeseinheitl. Beitragssatzes** durch das GKV- 3
WSG zum 1. 1. 2009 entfällt der Beitrag als Anreiz für einen Kassenwechsel. Zugleich erhalten die KKen jedoch ua. durch die Einführung von Wahltarifen mWv. 1. 4. 2007 (§ 53) neue Instrumente, um sich voneinander abzusetzen. Am **Kassenwettbewerb** hält der Gesetzgeber grds. fest (zu Fragen des Wettbewerbes zwischen den KKen vgl. *Baier,* Krauskopf, § 173 Rn. 3 f.).

B. Die wählbaren Krankenkassen

Wählbar sind die in Abs. 2 Nr. 1–6 genannten KKen. Der Grundsatz der freien 4
KKen-Wahl gilt nur in diesem Rahmen und führt nicht zur ausdehnenden Auslegung der Wahltatbestände (BSG, SozR 3–2500, § 173 Nr. 3 S. 8). **Ausnahmen** bestehen für die KVdL (§§ 19–21 KVLG 1989) und (bis zum 31. 12. 2008) für die der See-KK zugewiesenen Versicherungspflichtigen (vgl. § 176). Für best. Gruppen von Versicherten eröffnen die Abs. 3–5 weitere Wahlmöglichkeiten.

I. Ortskrankenkassen des Beschäftigungs- oder Wohnorts, Abs. 2 S. 1 Nr. 1

AOKen bestehen für best. Regionen (§ 143). Gewählt werden kann grds. nur 5
die AOK am Beschäftigungs- o. Wohnort. Der **Beschäftigungsort** ist in §§ 9, 10 SGB IV definiert. Mehrfach- und unständig Beschäftigte (§ 232 Abs. 3) können die AOK eines jeden Beschäftigungsortes wählen (*Baier,* Krauskopf, § 173 Rn. 8; *Peters,* KK, § 173 Rn. 14). Der Begriff des **Wohnortes** ist nicht im SGB definiert; es kann jedoch auf die Begriffe Wohnsitz und gewöhnl. Aufenthaltsort (§ 30 Abs. 3 SGB I) zurückgegriffen werden. Bestehen mehrere Wohnsitze o. gewöhnl. Aufenthalte, besteht ein Wahlrecht (aA. *Baier,* Krauskopf, § 173 Rn. 9: Ort des gewöhnl. Aufenthalts maßgebl.).

II. Ersatzkrankenkassen des Beschäftigungs- oder Wohnorts, Abs. 2 S. 1 Nr. 2

6 Auch eine Ersatz-KK (§ 168), deren satzungsmäßige Zuständigkeit den Beschäftigungs- o. Wohnort des Versicherten erfasst, ist wählbar. Nach § 168 Abs. 3 können Ersatz-KKen ihren Bezirk auf das Gebiet eines o. mehrerer Bundesländer o. auf das gesamte Bundesgebiet ausweiten.

III. Nicht geöffnete Betriebs- und Innungskrankenkassen, Abs. 2 S. 1 Nr. 3

7 BKK (§§ 147 ff.) und IKK (§§ 157 ff.) sind durch einen Arbeitgeber für einen o. mehrere Betriebe bzw. durch eine o. mehrere Handwerksinnungen für die Handwerksbetriebe ihrer in die Handwerksrolle eingetragenen Mitglieder errichtete KKen. Solange sich die KKen nicht für andere Versicherte geöffnet haben, können sie ihre Mitglieder nur aus dem Kreis der Beschäftigten der betreffenden Betriebe rekrutieren. Betriebsfremde können sie nur nach Abs. 2 S. 1 Nr. 5 und 6 bzw. Abs. 4 und 5 wählen bzw. ihr als Familienversicherte nach Abs. 6 o. als nach § 5 Abs. 1 Nr. 13 Versicherungspflichtige nach § 174 Abs. 5 zugeordnet werden. Außerdem bestehen bes. Wahlrechte für Beschäftigte der BKK o. IKK bzw. ihrer Verbände (vgl. § 174 Abs. 2 und 3). In dem Entwurf eines GKV-WSG war vorgesehen, dass die bisher nicht geöffneten KKen sich endgültig bis zum Ende des Jahres 2008 für o. gegen eine Öffnung entscheiden müssten (vgl. BT-Drs. 16/3100, 39, 157). Im Gesetzgebungsverfahren wurde hierauf verzichtet (vgl. BT-Drs. 16/4247, 50).

IV. Geöffnete Betriebs- und Innungskrankenkassen, Abs. 2 S. 1 Nr. 4, S. 2–5

8 Auch von Außenstehenden können BKK und IKK gewählt werden, wenn deren Satzung eine **Öffnungsklausel** vorsieht. Wie für AOKen und Ersatz-KKen gilt jedoch eine **regionale Beschränkung**. Wählbar ist die BKK bzw. IKK nur in den Ländern, in denen Betriebe o. Innungsbetriebe bestehen, für die die KK satzungsmäßig zuständig ist (Abs. 2 S. 2 Hs. 1). Ausreichend ist das Vorliegen unselbständiger Betriebsteile o. Betriebsstätten (BT-Drs. 12/3608, 113). Bis zum 31. 3. 2007 war die regionale Zuständigkeit an die Regionen der AOK gebunden. Hiervon wurde nun aus Wettbewerbsgründen abgesehen (vgl. BT-Drs. 16/4247, 50 f.). S. 2 Hs. 2 enthält eine **Bestandschutzregelung** für BKK und IKK, deren Satzungsregelung für ein über die Landesgrenzen hinausgehendes Gebiet gegolten hat. Dies betrifft die Vereinigung der AOK Rheinland und AOK Hamburg zur AOK Rheinland/Hamburg am 1. 7. 2006 (BT-Drs. 16/4247, 51).

9 Nach S. 2 3. Halbs. ist eine Öffnung nur für best. Pers. o. eine bedingte Öffnung nicht zulässig. Seit dem 1. 1. 2004 ordnet S. 3 zudem die **Unwiderruflichkeit** der Öffnung an (hierzu BT-Drs. 15/1525 S. 136). Vereint sich die geöffnete BKK o. IKK später mit einer nicht geöffneten BKK bzw. IKK, ist auch die vereinigte KK geöffnet (S. 4). Die Öffnungsentscheidung ist somit in jedem Fall unumkehrbar.

10 Um Wettbewerbsverzerrungen zu verhindern, verbietet S. 5 die Öffnung von BKK für Mitglieder privater Kranken- o. Lebensvers. (hierzu BT-Drs. 15/1525, 136).

Seit dem 1.1.2007 ermöglicht § 171a idF. des GKV-WSG eine frw. Vereinigung von KKen über die Kassenartengrenzen hinweg (BT-Drs. 16/3100, 155). War an einer solchen **Kassenart übergreifenden Fusion** eine nicht geöffnete BKK o. IKK beteiligt und gehört die neue KK einem Verband der BKKen o. IKKen an, fingiert das Gesetz eine Öffnungsklausel der BKK o. IKK. Die neue KK ist daher auch in Regionen wählbar, in denen Betriebe der nicht geöffneten BKK o. IKK bestehen (BT-Drs. 16/3100, 157). 11

V. Die Deutsche Rentenversicherung Knappschaft-Bahn-See und die See-Krankenkasse (Abs. 2 S. 1 Nr. 4a, Abs. 2a)

Seit dem 1.4.2007 ist die DRV Kn-Bahn-See auch für Versicherte außerhalb des Bergbaus wählbar und nimmt umfassend am Kassenwettbewerb teil. Zuvor war ihr durch § 177 aF. ein best. Mitgliederkreis zugewiesen worden, um ihren Bestand und ihre Leistungsfähigkeit zu gewährleisten (BT-Drs. 12/3608, 113). 12

Nach § 2 der Verordnung über den weiteren Ausbau der knappschaftlichen Versicherung konnte die DRV Kn-Bahn-See bestimmten Versichertengruppen gegen Entrichtung eines Zusatzbeitrages Mehrleistungen gewähren. Mit ihrer Öffnung ist die Rechtfertigung für eine solche Sonderregelung entfallen (BT-Drs. 16/3100, 157). Ledigl. für die Versicherten, die bisher schon in der knappschaftlichen KV versichert waren und diese Leistungen in Anspruch nehmen konnten, sieht Abs. 2a aus Vertrauensschutzgründen die Fortgeltung des bisherigen Rechts vor. 13

Die derzeit noch bestehende zwingende Zuständigkeit der **SeeKK** in § 176 entfällt zum 1.1.2009. Seeleute können dann auch eine andere KK wählen. 14

VI. Frühere Krankenkasse, Abs. 2 S. 1 Nr. 5

Wählbar ist auch eine KK, bei der vor Beginn der Versicherungspflicht o. -berechtigung zuletzt eine Mitgliedschaft o. eine Familienvers. nach § 10 bestanden hat. Der Betroffene darf zwischenzeitl. nicht bei einer anderen KK versichert gewesen sein; die Vorschrift vermittelt lediglich ein **Bleiberecht,** kein Rückkehrrecht (BSG, SozR 3–2500, § 173 Nr. 3 S. 5 ff.). Hat sich die frühere KK mit anderen KKen vereinigt, kann auch die aus der Fusion hervorgegangene KK gewählt werden (*Peters,* KK, § 173 Rn. 32). 15

VII. Krankenkasse des Ehegatten, Abs. 2 S. 1 Nr. 6

Im Interesse einer einheitl. KK für eine Familie ermöglicht diese Regelung die Wahl der KK des Ehegatten. Nr. 6 wurde – anders als zB. § 10 – nicht durch das LPartG auf den Lebenspartner ausgedehnt. Es sollte jedoch eine analoge Anwendung in Betracht gezogen werden (aA. *Baier,* Krauskopf, § 173 Rn. 28). Eine entspr. Anwendung auf nichtehel. Lebensgemeinschaften ist nicht möglich (*Peters,* KK, § 173 Rn. 33). 16

VIII. Sonderregelung für Studenten, Abs. 3

Studenten können neben einer KK an ihrem Wohnort die AOK und jede Ersatzkasse an ihrem Hochschulsitz wählen. 17

§ 174   Besondere Wahlrechte

IX. Krankenkasse eines Elternteils, Abs. 4

18   Im Interesse einer familieneinheitl. Vers. ermöglicht diese Vorschrift best. Pers. die Wahl der KK eines Elternteils. Das Wahlrecht besteht für Versicherungspflichtige nach § 5 Abs. 1 Nr. 5–8, Nr. 11 und 12 sowie für frw. Versicherte, die eine Rente der GRV beziehen o. als schwer behinderte Menschen die Vorauss. des § 9 Abs. 1 Nr. 4 erfüllen.

X. Sonderregelung für Rentner, Abs. 5

19   Versicherungspflichtige o. -berechtigte Rentner können zusätzl. die BKK o. IKK wählen, die für den Betrieb, in dem sie früher beschäftigt waren, zuständig ist. Auf die Dauer der früheren Betriebszugehörigkeit sowie den seither verstrichenen Zeitraum kommt es nicht an.

C. Sonderregelung für Familienversicherte, Abs. 6

20   Familienversicherten steht kein eigenes Wahlrecht zu; für sie gilt die Wahlentscheidung des Stammversicherten. Auch diese Regelung soll eine familieneinheitl. Vers. begünstigen. Vermitteln mehrere Stammversicherte die Familienvers., gilt § 10 Abs. 5 (vgl. § 10 Rn. 47).

§ 174 Besondere Wahlrechte

(1) **(weggefallen)**

(2) **Für Versicherungspflichtige und Versicherungsberechtigte, die bei einer Betriebs- oder Innungskrankenkasse beschäftigt sind oder vor dem Rentenbezug beschäftigt waren, gilt § 173 Abs. 2 Satz 1 Nr. 3 entsprechend.**

(3) **Versicherungspflichtige und Versicherungsberechtigte, die bei einem Verband der Betriebs- oder Innungskrankenkassen beschäftigt sind oder vor dem Rentenbezug beschäftigt waren, können eine Betriebs- oder Innungskrankenkasse am Wohn- oder Beschäftigungsort wählen.**

[Fassung Abs. 4 bis 31. 12. 2008:]

(4) **Die bei der See-Berufsgenossenschaft beschäftigten versicherungspflichtigen oder versicherungsberechtigten Arbeitnehmer können die Mitgliedschaft bei der See-Krankenkasse wählen.**

[Fassung Abs. 4 ab 1. 1. 2009:]

(4) **(aufgehoben)**

(5) **Abweichend von § 173 werden Versicherungspflichtige nach § 5 Abs. 1 Nr. 13 Mitglied der Krankenkasse oder des Rechtsnachfolgers der Krankenkasse, bei der sie zuletzt versichert waren, andernfalls werden sie Mitglied der von ihnen nach § 173 Abs. 1 gewählten Krankenkasse; § 173 gilt.**

A. Überblick

1   Die Vorschrift enthält in Abs. 2–4 **Erweiterungen** des KK-Wahlrechts für best. Mitgliedergruppen. Die einschränkende Regelung für knappschaftl. Rentner in Abs. 1 ist mit der Öffnung der DRV Kn-Bahn-See durch das GKV-WSG zum

1. 4. 2007 entfallen; ebenso die Sonderregelung für Arbeitnehmer der DRV Kn-Bahn-See. Abs. 5 regelt, welche KK für die Pers. zuständig ist, die bisher ohne Absicherung im Krankheitsfall waren und jetzt nach § 5 Abs. 1 Nr. 13 versicherungspflichtig sind.

B. Beschäftigte einer Betriebs- oder Innungskrankenkasse, Abs. 2

Pers., die bei einer BKK o. KK beschäftigt sind o. vor dem Rentenbezug beschäftigt waren, können die BKK o. IKK ihres Beschäftigungsortes (hierzu: § 173 Rn. 5) auch dann wählen, wenn diese sich nicht für betriebs- o. innungsfremde Versicherte geöffnet hat. Für sie gilt § 173 Abs. 2 Nr. 3 entspr. 2

C. Beschäftigte von Verbänden einer Betriebs- oder Innungskrankenkasse, Abs. 3

Versicherte, die bei dem Verband einer BKK o. IKK beschäftigt sind o. es vor dem Rentenbezug waren, können neben den nach § 173 wählbaren KK jede BKK bzw. jede IKK an ihrem Wohn- o. Beschäftigungsort (§ 173 Rn. 5) wählen. Dies gilt auch dann, wenn die Satzung der BKK bzw. IKK keine Öffnungsklausel nach § 173 Abs. 2 Nr. 4 enthält (*Baier,* Krauskopf, § 174 Rn. 11; *Peters,* KK, § 174 Rn. 5). 3

D. Arbeitnehmer der See-Berufsgenossenschaft, Abs. 4

Die bei der See-BG beschäftigten Arbeitnehmer können sich nach Abs. 4 auch für eine Mitgliedschaft bei der SeeKK entscheiden. Der Begriff Arbeitnehmer ist weit auszulegen und erfasst alle, die in einem Arbeits- o. Dienstverhältnis zur See-BG stehen (*Blöcher,* jurisPK-SGB V § 174 Rn. 11). Abs. 4 wird spätestens (vgl. § 165 Abs. 4 SGB V iVm. Art. 21 Nr. 14 des G. v. 18. 12. 2007, BGBl. I, 3024) mWv. 1. 1. 2009 aufgehoben. Vor der Öffnung der DRV Kn-Bahn-See zum 1. 4. 2007 enthielt Abs. 4 eine entspr. Regelung für deren Arbeitnehmer. 4

E. Versicherungspflichtige nach § 5 Abs. 1 Nr. 13, Abs. 5

Abs. 5 Hs. 1 weist die nach § 5 Abs. 1 Nr. 13 Versicherungspflichtigen der KK zu, bei der sie zuletzt versichert waren. Hat die KK mittlerweile fusioniert, gilt dies auch für den Rechtsnachfolger. Nach dem Gesetzeswortlaut kommt es dabei auf Art, Umfang o. Dauer des letzten Versicherungsverhältnisses nicht an. War der Betroffene zuvor nie in der GKV versichert, wählt er seine KK aus den nach § 173 wählbaren aus (Hs. 2). 5

Die Zuweisung zur früheren KK ist **zwingend**; den Betroffenen stehen die allg. Wahlrechte nach § 173 nicht offen, wie schon aus der Formulierung „abweichend von § 173" folgt (ebenso *Peters,* KK, § 174 Rn. 7; aA. *Blöcher,* jurisPK-SGB V § 174 Rn. 13 unter Hinweis auf den Zusatz im Hs. 2 „§ 173 gilt"; dieser bezieht sich jedoch allein auf die Gruppe der Versicherungspflichtigen, bei denen ein Versicherungsverhältnis nie bestand). 6

§ 175 Ausübung des Wahlrechts

(1) ¹Die Ausübung des Wahlrechts ist gegenüber der gewählten Krankenkasse zu erklären. ²Diese darf die Mitgliedschaft nicht ablehnen. ³Das Wahlrecht kann nach Vollendung des 15. Lebensjahres ausgeübt werden.

(2) ¹Die gewählte Krankenkasse hat nach Ausübung des Wahlrechts unverzüglich eine Mitgliedsbescheinigung auszustellen. ²Hat innerhalb der letzten 18 Monate vor Beginn der Versicherungspflicht oder Versicherungsberechtigung eine Mitgliedschaft bei einer anderen Krankenkasse bestanden, kann die Mitgliedsbescheinigung nur ausgestellt werden, wenn die Kündigungsbestätigung nach Absatz 4 Satz 3 vorgelegt wird. ³Eine Mitgliedsbescheinigung ist zum Zweck der Vorlage bei der zur Meldung verpflichteten Stelle auch bei Eintritt einer Versicherungspflicht unverzüglich auszustellen.

(3) ¹Versicherungspflichtige haben der zur Meldung verpflichteten Stelle unverzüglich eine Mitgliedsbescheinigung vorzulegen. ²Wird die Mitgliedsbescheinigung nicht spätestens zwei Wochen nach Eintritt der Versicherungspflicht vorgelegt, hat die zur Meldung verpflichtete Stelle den Versicherungspflichtigen ab Eintritt der Versicherungspflicht bei der Krankenkasse anzumelden, bei der zuletzt eine Versicherung bestand; bestand vor Eintritt der Versicherungspflicht keine Versicherung, hat die zur Meldung verpflichtete Stelle den Versicherungspflichtigen ab Eintritt der Versicherungspflicht bei einer nach § 173 wählbaren Krankenkasse anzumelden und den Versicherungspflichtigen unverzüglich über die gewählte Krankenkasse zu unterrichten. ³Für die Fälle, in denen eine Mitgliedsbescheinigung nach Satz 1 nicht vorgelegt wird und keine Meldung nach Satz 2 erfolgt, *vereinbaren die Spitzenverbände der Orts-, Betriebs-, Innungs- und Ersatzkassen gemeinsam und einheitlich Regeln über die Zuständigkeit* [ab 1.1.2009: legt der Spitzenverband Bund der Krankenkassen Regeln über die Zuständigkeit fest].

[Fassung Abs. 4 bis 31.12.2008:]

(4) ¹Versicherungspflichtige und Versicherungsberechtigte sind an die Wahl der Krankenkasse mindestens 18 Monate gebunden, wenn sie das Wahlrecht ab dem 1. Januar 2002 ausüben. ²Eine Kündigung der Mitgliedschaft ist zum Ablauf des übernächsten Kalendermonats möglich, gerechnet von dem Monat, in dem das Mitglied die Kündigung erklärt. ³Die Krankenkasse hat dem Mitglied unverzüglich, spätestens jedoch innerhalb von zwei Wochen nach Eingang der Kündigung eine Kündigungsbestätigung auszustellen. ⁴Die Kündigung wird wirksam, wenn das Mitglied innerhalb der Kündigungsfrist eine Mitgliedschaft bei einer anderen Krankenkasse durch eine Mitgliedsbescheinigung oder das Bestehen einer anderweitigen Absicherung im Krankheitsfall nachweist. ⁵Erhöht eine Krankenkasse ihren Beitragssatz, kann die Mitgliedschaft abweichend von Satz 1 bis zum Ablauf des auf das Inkrafttreten des der Beitragserhöhung folgenden Kalendermonats gekündigt werden. ⁶Die Sätze 1 und 4 gelten nicht, wenn die Kündigung eines Versicherungsberechtigten erfolgt, weil die Voraussetzungen einer Versicherung nach § 10 erfüllt sind, Satz 1 gilt nicht, wenn die Kündigung erfolgt, weil keine Mitgliedschaft bei einer Krankenkasse begründet werden soll. ⁷Die Krankenkassen können in ihren Satzungen vorsehen, dass die Frist nach Satz 1 nicht gilt, wenn eine Mitgliedschaft bei einer anderen Krankenkasse der gleichen Kassenart begründet werden soll. ⁸Die Kündigung der Mitgliedschaft durch eine Person, die am 2. Februar 2007 oder später erfolgt, um in ein privates Krankenversicherungsunternehmen zu wechseln, ist unwirksam, wenn die Voraussetzungen des § 6 Abs. 1 Nr. 1 zu diesem Zeitpunkt nicht vorliegen.

§ 175

[Fassung Abs. 4 ab 1.1. 2009:]

(4) ¹Versicherungspflichtige und Versicherungsberechtigte sind an die Wahl der Krankenkasse mindestens 18 Monate gebunden, wenn sie das Wahlrecht ab dem 1. Januar 2002 ausüben. ²Eine Kündigung der Mitgliedschaft ist zum Ablauf des übernächsten Kalendermonats möglich, gerechnet von dem Monat, in dem das Mitglied die Kündigung erklärt. ³Die Krankenkasse hat dem Mitglied unverzüglich, spätestens jedoch innerhalb von zwei Wochen nach Eingang der Kündigung eine Kündigungsbestätigung auszustellen. ⁴Die Kündigung wird wirksam, wenn das Mitglied innerhalb der Kündigungsfrist eine Mitgliedschaft bei einer anderen Krankenkasse durch eine Mitgliedsbescheinigung oder das Bestehen einer anderweitigen Absicherung im Krankheitsfall nachweist. ⁵Erhebt die Krankenkasse ab dem 1. Januar 2009 einen Zusatzbeitrag, erhöht sie ihren Zusatzbeitrag oder verringert sie ihre Prämienzahlung, kann die Mitgliedschaft abweichend von Satz 1 bis zur erstmaligen Fälligkeit der Beitragserhebung, der Beitragserhöhung oder der Prämienverringerung gekündigt werden. ⁶Die Krankenkasse hat ihre Mitglieder auf das Kündigungsrecht nach Satz 5 spätestens einen Monat vor erstmaliger Fälligkeit hinzuweisen. ⁷Kommt die Krankenkasse ihrer Hinweispflicht nach Satz 6 gegenüber einem Mitglied verspätet nach, verschiebt sich für dieses Mitglied die Erhebung oder die Erhöhung des Zusatzbeitrags und die Frist für die Ausübung des Sonderkündigungsrechts um den entsprechenden Zeitraum. ⁸Die Sätze 1 und 4 gelten nicht, wenn die Kündigung eines Versicherungsberechtigten erfolgt, weil die Voraussetzungen einer Versicherung nach § 10 erfüllt sind, Satz 1 gilt nicht, wenn die Kündigung erfolgt, weil keine Mitgliedschaft bei einer Krankenkasse begründet werden soll. ⁹Die Krankenkassen können in ihren Satzungen vorsehen, dass die Frist nach Satz 1 nicht gilt, wenn eine Mitgliedschaft bei einer anderen Krankenkasse des gleichen Kassenart begründet werden soll. ¹⁰Die Kündigung der Mitgliedschaft durch eine Person, die am 2. Februar 2007 oder später erfolgt, um in ein privates Krankenversicherungsunternehmen zu wechseln, ist unwirksam, wenn die Voraussetzungen des § 6 Abs. 1 Nr. 1 zu diesem Zeitpunkt nicht vorliegen.

(5) Absatz 4 gilt nicht für Versicherungspflichtige, die durch die Errichtung oder Ausdehnung einer Betriebs- oder Innungskrankenkasse oder durch betriebliche Veränderungen Mitglieder einer Betriebs- oder Innungskrankenkasse werden können, wenn sie die Wahl innerhalb von zwei Wochen nach dem Zeitpunkt der Errichtung, Ausdehnung oder betrieblichen Veränderung ausüben.

(6) Der Spitzenverband Bund der Krankenkassen legt für die Meldungen und Mitgliedsbescheinigungen nach dieser Vorschrift einheitliche Verfahren und Vordrucke fest.

Inhaltsübersicht

	Rn.
A. Überblick	1
B. Erklärung des Wahlrechts, Abs. 1	3
I. Form und Voraussetzungen, S. 1 und 3	3
II. Kein Ablehnungsrecht der gewählten Krankenkasse, S. 2	7
C. Ausstellung einer Mitgliedsbescheinigung, Abs. 2	8
I. Ausstellung, S. 1 und 3	8
II. Vorlage einer Kündigungsbestätigung, S. 2	10
D. Vorlage der Mitgliedsbescheinigung und Ersatz der Wahl, Abs. 3	11
E. Kündigung des Versicherungsverhältnisses, Abs. 4 und 5	13

§ 175 — Ausübung des Wahlrechts

		Rn.
I.	Bindung an die Wahl, Abs. 4 S. 1	13
II.	Ausnahmen, Abs. 4 S. 5–8, Abs. 5	15
	1. Sonderkündigungsrecht wegen Erhöhung des Beitragssatzes, Abs. 4 S. 5	15
	2. Familienversicherung oder Ausscheiden aus der GKV, Abs. 4 S. 8	18
	3. Wechsel innerhalb der gleichen Kassenart, Abs. 4 S. 9	20
	4. Übergangsregelung für Kündigung bei Überschreiten der JAE-Grenze, Abs. 4 S. 10	21
	5. Errichtung oder Ausdehnung einer Betriebs- oder Innungskrankenkasse, Abs. 5	22
III.	Voraussetzungen der Kündigung im Übrigen, Abs. 4 S. 2–4	24
F.	Einheitliches Verfahren und Vordrucke, Abs. 6	28

A. Überblick

1 Die Vorschrift regelt die Ausübung der allg. und der bes. Wahlrechte (§§ 173, 174). Hat bisher keine Mitgliedschaft bei einer KK bestanden, reicht eine Erklärung gegenüber der gewählten KK (Abs. 1 S. 1), welche unverzüglich eine Mitgliedsbescheinigung auszustellen hat (Abs. 2 S. 1). Bei einem Wechsel der KK ist dagegen im Interesse eines lückenlosen KV-Schutzes die Begründung der neuen Mitgliedschaft mit der Lösung der vorangehenden verzahnt, insb. wird die Kündigung nur wirksam, wenn der Versicherte innerhalb der Kündigungsfrist die Mitgliedschaft bei einer anderen KK o. eine andere Absicherung nachweist (Abs. 4 S. 4).

2 Die Vorgehensweise bei Nichtausübung der KK-Wahl ist in Abs. 3 geregelt, die Bindung an die Wahl in Abs. 4 und 5. Einheitliche Verfahren und Vordrucke für die Meldungen und Mitgliedsbescheinigungen sieht Abs. 6 vor.

B. Erklärung des Wahlrechts, Abs. 1

I. Form und Voraussetzungen, S. 1 und 3

3 Die Ausübung des Wahlrechts erfolgt durch empfangsbedürftige Willenserklärung gegenüber der gewählten KK (S. 1). Seit dem 1. 1. 2000 kann das Wahlrecht ab Vollendung des **15. Lebensjahres** ausgeübt werden (S. 3; hierzu BT-Drs. 14/1245, 96; vgl. auch § 36 SGB I zur sozialrechtl. Handlungsfähigkeit Minderjähriger). Eine Erklärung des Sozialhilfeträgers ohne Vertretungsmacht reicht nicht; dieser kann sich nicht auf § 95 SGB XII stützen (BSG, SozR 3–5910, § 91a Nr. 1 S. 6 ff.).

4 Für die Ausübung des Wahlrechts ist keine bestimmte **Form** vorgeschrieben. Es kann schriftl. o. mündl., ausdrückl. o. konkludent erfolgen o. durch mittelbare Erklärung in einem Leistungsantrag, zB. gegenüber der AA (HessLSG v. 23. 11. 2006, L 1 KR 308/04; *Peters,* KK § 175 Rn. 7). Nur der erstmalige Beitritt eines Versicherungsberechtigten muss schriftl. erfolgen (§ 188 Abs. 3).

5 Eine **Erklärungsfrist** ist nicht (mehr) vorgesehen; zeitl. Grenzen ergeben sich aber aus Abs. 3 S. 2 und Abs. 4 S. 1, 2 sowie für Versicherungsberechtigte aus den Beitrittsfristen des § 9. Die Wahl einer KK ist stets **zukunftsbezogen,** auch wenn sich die Wahl bei einem Streit mit der alten KK verzögert (BSG, SozR 4–2500, § 175 Nr. 1 Rn. 19).

6 Umstr. ist, ob eine **Wahlentscheidung revidiert** werden kann. Die Willenserklärung kann nach §§ 119, 120 BGB anfechtbar sein; ein **Widerruf** ist in den

Grenzen des § 130 Abs. 1 S. 2 BGB möglich. Nach der Gemeinsamen Verlautbarung der Spitzenverbände der KKen zum KK-Wahlrecht v. 21. 11. 2001 (unter 5.1) soll der Widerruf bei einem KK-Wechsel so lange möglich sein, bis die Kündigung gegenüber der alten KK wirksam wird (Abs. 4 S. 4; krit. *Blöcher,* jurisPK-SGB V Rn. 15; *Peters,* KK § 175 Rn. 12). Auch durch Nichtvorlage der Mitgliedsbescheinigung bei der meldepflichtigen Stelle (Abs. 2 S. 3) o. der alten KK (Abs. 4 S. 4) kann die Wahl revidiert werden. Hat der Betroffene **mehrere KK** gewählt, gilt die KK, bei der die Erklärung zuerst eingeht, als bindend (Abs. 4 S. 1) gewählt (*Blöcher,* jurisPK-SGB V Rn. 16; *Peters,* KK § 175 Rn. 11; aA. *Stiphout,* BKK 1995, 158/163: spätere Wahl als Widerruf).

II. Kein Ablehnungsrecht der gewählten Krankenkasse, S. 2

Die gewählte KK ist verpflichtet, den Versicherten als Mitglied aufzunehmen; sie soll **keine Risikoauswahl** treffen. Eine Ablehnung ist nur möglich, wenn die KK für den Betroffenen nicht wählbar ist, dieser weder versicherungspflichtig noch -berechtigt ist o. die Wahlentscheidung aus anderen Gründen (zB. wegen fehlender Handlungsfähigkeit; Bindung an alte KK) unwirksam ist. Bis zum 31. 3. 2007 konnten Pers. abgelehnt werden, die wegen Beitragsrückständen nach § 191 aF. (aufgehoben mWv. 1. 4. 2007) von einer anderen KK ausgeschlossen worden waren.

7

C. Ausstellung einer Mitgliedsbescheinigung, Abs. 2

I. Ausstellung, S. 1 und 3

Nach Ausübung des Wahlrechts hat die gewählte KK unverzüglich, dh. ohne schuldhaftes Zögern (§ 121 Abs. 1 S. 1 BGB), eine Mitgliedschaftsbescheinigung zur Vorlage bei der zur Meldung verpflichteten Stelle auszustellen (S. 1). Ist die KK der Ansicht, die Vorauss. einer Mitgliedschaft seien nicht erfüllt, hat sie hierüber einen VA zu erlassen. Umstr. ist, ob es sich bei der Mitgliedsbescheinigung um einen **VA** handelt (so *Blöcher,* jurisPK-SGB V Rn. 27; Hauck, H/N, § 175 Rn. 9; aA. *Peters,* KK § 175 Rn. 20). Von Bedeutung ist dies insb., wenn zwischen der Ausstellung der Bescheinigung und dem Beginn der Mitgliedschaft Änderungen eintreten, die die Wählbarkeit der KK o. den Fortbestand der Versicherungspflicht in der GKV betreffen.

8

Nach S. 3 ist eine Mitgliedschaftsbescheinigung „auch bei Eintritt der Versicherungspflicht" unverzüglich auszustellen. Dies betrifft die Bindung an eine KK über den Wechsel des Versicherungspflichttatbestandes hinaus (vgl. Rn. 14). Die Verpflichtung trifft die alte KK. Über seinen unmittelbar verfahrensrechtl. Regelungsgehalt hinaus enthält S. 3 eine Legalbestimmung der zuständigen KK (nämlich der bisherigen) für den Fall zeitl. aufeinander folgender Versicherungspflichttatbestände (vgl. BSG, SozR 4-2500 § 175 Nr. 2 Rn. 267).

9

II. Vorlage einer Kündigungsbestätigung, S. 2

Die Ausstellung einer Mitgliedsbescheinigung erfolgt nach dem zum 1. 1. 2002 eingefügten S. 2 erst nach Vorlage einer Kündigungsbestätigung, wenn

10

innerhalb der letzten 18 Monate vor Beginn der Versicherungspflicht eine Mitgliedschaft bei einer anderen KK bestanden hat. Nach der Rspr. des BSG geht diese Regelung (ebenso wie Abs. 4 S. 3) für den Fall der Unterbrechung der Mitgliedschaft **ins Leere**. Eine Kündigung sei nur bei einer unmittelbaren Aufeinanderfolge von Mitgliedschaften bei **unverändertem Versicherungspflichttatbestand** mögl.; die Pflichtmitgliedschaft in einer KK ende dagegen ohne Kündigung, wenn einer der Beendigungsgründe des § 190 vorliege. Es fehle daher an einem Rechtsgrund sowohl für die Erteilung einer „Kündigungsbestätigung" wie auch dafür, die Ausstellung der Mitgliedsbescheinigung von deren Vorlage abhängig zu machen (BSG, SozR 4-2500 § 175 Nr. 2 Rn. 25 f.).

D. Vorlage der Mitgliedsbescheinigung und Ersatz der Wahl, Abs. 3

11 Ein **Versicherungspflichtiger** muss stets einer KK zuzuordnen sein und daher seine Wahl unverzüglich durch Vorlage der Mitgliedsbescheinigung bei der zur Meldung verpflichteten Stelle nachweisen (Abs. 3 S. 1; Versicherungsberechtigte erklären den Beitritt ohnehin gegenüber einer konkreten KK, § 9 Abs. 2). Kommt er dieser **Obliegenheit** nicht innerhalb von zwei Wochen nach Eintritt der Versicherungspflicht nach, wird das Wahlrecht durch die Anmeldung der meldepflichtigen Stelle nach S. 2 ersetzt. Diese hat die gleiche Bindungswirkung wie die Wahl des Versicherten (BSG, NZS 1999, 340/341). Seit dem 1. 1. 2002 begründet eine neue Versicherungspflicht nicht unbedingt ein neues Wahlrecht (vgl. Rn. 14). Die Vorlage der in diesem Fall durch die alte KK auszustellenden Mitgliedsbescheinigung (vgl. Rn. 9) verschafft der meldepflichtigen Stelle Klarheit, ob ein Fall der Kontinuität vorliegt o. nicht.

12 Die wahlersetzende Anmeldung erfolgt grds. bei der KK, bei der zuletzt eine Versicherung bestand (Hs. 1); nur wenn eine letzte KK nicht vorhanden ist, erfolgt die Meldung bei einer nach § 173 wählbaren KK, welche dem Betroffenen unverzüglich mitzuteilen ist (Hs. 2). Wurde weder eine Mitgliedsbescheinigung vorgelegt noch eine Anmeldung nach S. 2 durchgeführt, regelte die Gemeinsame Verlautbarung der Spitzenverbände der KKen zum KK-Wahlrecht v. 21. 11. 2001 die Zuständigkeit der KK. Danach erfolgt die Zuweisung zu einer KK ausgehend von der Betriebsnummer des Arbeitgebers. Ab 1. 7. 2008 ist diese Kompetenz auf den SpiBuKK übergegangen.

E. Kündigung des Versichertenverhältnisses, Abs. 4 und 5

I. Bindung an die Wahl, Abs. 4 S. 1

13 Seit dem 1. 1. 2002 sind Versicherungspflichtige und Versicherungsberechtigte an ihre KK-Wahl mindestens 18 Monate gebunden; die frühere Mindestbindungspflicht von 12 Monaten erfasste demgegenüber nur Versicherungspflichtige. Dies gilt auch für die wahlersetzende Anmeldung nach Abs. 3 S. 2 (Rn. 11). Ohne Bedeutung ist, wenn die Wählbarkeit der KK vor Ablauf der Bindungsfrist entfällt (*Peters*, KK, § 175 Rn. 29).

14 Die Kassenwahl ist auch dann für 18 Monate bindend, wenn eine **Änderung** des **Versicherungspflichttatbestandes** eintritt (BSG, SozR 3–2500, § 173 Nr. 3 S. 7; ferner BSG, NZS 1999, 340/341 zum früheren Recht). Der Gesetzgeber hatte

die frühere Rspr. zum Anlass genommen, mWv. 1.1.2001 die bis dahin nicht vorgesehene Kündigungsbestätigung einzufügen (Abs. 4 S. 3) und die Ausstellung der Mitgliedsbescheinigung an die Vorlage der Kündigungsbestätigung zu binden (Abs. 2 S. 2). Damit sollte klargestellt werden, dass bei einer Unterbrechung von mehr als 18 Monaten die Wahl einer anderen KK unabhängig von der Dauer der Mitgliedschaft bei der bisherigen KK möglich ist. Zugleich sollten Ungleichbehandlungen vermieden werden, da auch bei ununterbrochener Mitgliedschaft ein Kassenwechsel erst nach 18 Monaten möglich sei (vgl. BT-Drs. 14/6568, 5). Das BSG hat nun jedoch entschieden, das Gesetz habe eine Zuweisung zur alten KK bei einer kürzeren Unterbrechung der Mitgliedschaft als 18 Monate nicht hinreichend deutlich vorgenommen. Jedenfalls dann, wenn die Mindestbindungsfrist für die Mitgliedschaft bei der früheren KK abgelaufen sei, bestehe mit der nach einem Unterbrechungszeitraum ohne eigene Mitgliedschaft eintretenden Versicherungspflicht unverändert ein neues Wahlrecht unabhängig von einer Kündigung und der Vorlage einer Kündigungsbestätigung (BSG, SozR 4-2500 § 175 Nr. 2 Rn. 25).

II. Ausnahmen, Abs. 4 S. 5–8, Abs. 5

1. Sonderkündigungsrecht wegen Erhöhung des Beitragssatzes, Abs. 4 S. 5

Erhöht eine KK ihren Beitragssatz, ist der Versicherte auch vor Ablauf der Bindungsfrist zur Kündigung berechtigt (Abs. 4 S. 5). Seit dem 1.1.2004 besteht eine **bes. Erklärungsfrist** für die Kündigung bis zum Ablauf des auf das Inkrafttreten des der Beitragserhöhung folgenden Kalendermonats. Es ist eine Ausschlussfrist, danach ist die Erklärung nur noch nach Maßgabe des Abs. 4 S. 1 mögl. (*Baier,* Krauskopf, § 175 Rn. 32 a). 15

Eine Beitragserhöhung iSd. S. 5 liegt nur vor, wenn der **allg. Beitragssatz** durch die KK, der der Versicherte angehört, angehoben wird. Ein zeitl. Zusammentreffen von Beitragssatzerhöhung und Beitritt ist unschädlich (S-H LSG v. 13.12.2006, L 5 KR 14/06). Str. ist, ob ein Kündigungsrecht besteht, wenn der Versicherte von der Erhöhung nicht selbst betroffen ist (BT-Drs. 13/5724, 5; zustimmend *Baier,* Krauskopf, § 175 Rn. 31; *Schmidt,* NJW 2004, 2628/2630; aA. *Peters,* KK § 175 Rn. 38). Das Sonderkündigungsrecht nach S. 5 besteht auch, wenn die Beitragssatzerhöhung mit einer **Kassenfusion** zusammentrifft (BSG, SozR 4–2500, § 175 Nr. 1 Rn. 16 ff.). 16

Zum 1.1.2009 führt das GKV-WSG einen **bundeseinheitl. Beitragssatz** ein. Ein Sonderkündigungsrecht besteht dann nur noch, wenn die KK einen Zusatzbeitrag erhebt, ihren Zusatzbeitrag erhöht o. ihre Prämienzahlung verringert, worüber die Mitglieder rechtzeitig aufzuklären sind (Abs. 4 S. 5–7 idF. des GKV-WSG). 17

2. Familienversicherung oder Ausscheiden aus der GKV, Abs. 4 S. 8

Bei einem Wechsel in die Familienvers. entfällt die Bindungsfrist sowie das Erfordernis des Nachweises einer neuen Mitgliedschaft o. anderen Absicherung nach S. 4. Versicherungsberechtigte müssen die Kündigungsfrist des S. 2 einhalten (vgl. aber § 191 Nr. 3 Hs. 2). Die KK hat eine Kündigungsbestätigung nach S. 3 auszustellen. 18

Bis zum 31.3.2007 galt dies auch für Versicherungsberechtigte, die ihre Mitgliedschaft in der GKV ohne eine sich anschließende Sicherung beenden wollten. 19

Als Folge der Einführung einer Versicherungspflicht für Personen, die keinen anderweitigen Anspruch auf Absicherung im Krankheitsfall haben (§ 5 Abs. 1 S. 1 Nr. 13), wird nun die Erfüllung des S. 4 verlangt. Eine Beendigung der frw. Vers. ohne eine sich anschließende Sicherung in einem anderen System ist nicht mehr mögl. (S. 8; bis 31. 12. 2008: S. 6)

3. Wechsel innerhalb der gleichen Kassenart, Abs. 4 S. 9

20 Die KKen können in ihrer Satzung auf die Einhaltung der Bindungsfrist verzichten, wenn eine Mitgliedschaft bei einer KK der gleichen Kassenart begründet werden soll. Mitglieder von KKen mit regional begrenztem Kassenbezirk sollen bei Aufnahme einer Beschäftigung außerhalb des Bezirks ihrer KK o. Verlegung des Wohnorts dorthin sofort eine KK vor Ort wählen können (BT-Drs. 14/5957, 5; vgl. S. 9; bis 31. 12. 2008: S. 7).

4. Übergangsregelung für Kündigung bei Überschreiten der JAE-Grenze, Abs. 4 S. 10

21 Eine Kündigung, die am 2. 2. 2007 (dem Tag der 3. Lesung des GKV-WSG) o. später erfolgt ist, um in die PKV zu wechseln, ist nach S. 10 (bis 31. 12. 2008: S. 8) unwirksam, wenn die Vorauss. des § 6 Abs. 1 Nr. 1 idF. des GKV-WSG (dreimaliges Überschreiten der JAE-Grenze) nicht erfüllt sind. Diese Vorschrift ergänzt § 6 Abs. 9 und soll sicherstellen, dass die Mitgliedschaft bei der alten KK wieder hergestellt wird (BT-Drs. 16/4247, 51).

5. Errichtung oder Ausdehnung einer Betriebs- oder Innungskrankenkasse, Abs. 5

22 Abweichend von Abs. 4 ist eine KK nach Abs. 5 innerhalb von zwei Wochen nach dem Zeitpunkt ihrer Errichtung, Ausdehnung o. betriebl. Veränderung wählbar. Das Wahlrecht steht nur den Versicherungspflichtigen zu, die in Betrieben beschäftigt sind, für deren Beschäftigte die KK nunmehr wählbar ist, nicht jedoch deren **Ehegatten** (BSG, NZS 1999, 296/297). Die **Öffnung** einer KK ist keine Errichtung oder Ausdehnung iSd. Abs. 5; **Betriebsfremde** haben auch dann kein unmittelbares Wahlrecht, wenn bereits bei der Errichtung der KK eine Öffnungsklausel in die Satzung aufgenommen wird (BSG, SozR 3–2500, § 175 Nr. 4 S. 20).

23 Im Interesse der Rechtsklarheit sollte trotz des Wortlauts des Abs. 5 („Abs. 4 gilt nicht") eine Kündigung gegenüber der alten KK verlangt werden (offengelassen in BSG, SozR 3–2500, § 175 Nr. 4).

III. Voraussetzungen der Kündigung im Übrigen, Abs. 4 S. 2–4

24 Eine Kündigung ist seit dem 1. 1. 2002 **unterjährig** jeweils zum Ende des übernächsten Kalendermonats möglich (S. 2); damit sollte die Häufung von Kündigungen zum Jahreswechsel verhindert werden (BT-Drs. 14/5957, 5 und 14/6568, 5 f.).

25 Nach S. 3 hat die KK unverzüglich, spätestens bis zu zwei Wochen nach Eingang der Kündigung, eine **Kündigungsbestätigung** auszustellen. Dies gilt jedoch neben den Fällen des Kassenwechsels bei unverändertem Lebenssachverhalt nur für den Fall der Unterbrechung der Versicherung bei Versicherungsberechtigten. Zur „Kündigung" bei einer Unterbrechung der Pflichtmitgliedschaft o. einem Wechsel des Versicherungspflichttatbestandes vgl. Rn. 10.

Die Kündigung wird erst dann wirksam, wenn innerhalb der Kündigungsfrist 26
die **Mitgliedsbescheinigung** der zukünftigen KK **vorgelegt** o. der **Nachweis**
erbracht wird, dass ein **anderweitiger KV-Schutz** besteht (S. 4). Dies gilt jedoch
nicht, wenn die alte KK rechtswidrig die Ausstellung einer Kündigungsbestätigung verweigert hat. S. 4 schützt allein das Interesse der alten KK an der Klärung
des Versicherungsverhältnisses; dieses besteht gerade nicht, wenn über das Recht
zur Kündigung gestritten wird (BSG, SozR 4–2500, § 175 Nr. 1 Rn. 18).

Die mWv. 1. 4. 2007 eingefügte Möglichkeit, eine anderweitige Absicherung 27
im Krankheitsfall nachzuweisen, erfasst nur Fälle, in denen eine Versicherungspflicht nach § 5 Abs. 1 Nr. 13 gerade aus diesem Grund endet (*Peters*, KK, § 175
Rn. 33; vgl. auch BT-Drs. 16/3100, 158). Fragl. ist, ob die Versicherungspflicht
nach § 5 Abs. 1 Nr. 13 nicht bereits kraft Gesetzes endet, sobald ein anderweitiger
Schutz besteht.

F. Einheitliches Verfahren und Vordrucke, Abs. 6

Gemäß Abs. 6 a.F: vereinbarten die Spitzenverbände der KKen einheitl. Verfahren und Vordrucke für die Meldungen und Mitgliedsbescheinigungen. Seit dem 28
1. 7. 2008 ist diese Kompetenz als Folge der neuen Organisationsstruktur der KK-
Verbände auf den SpiBuKK übergegangen.

§§ 176–185 *(aufgehoben)*

Dritter Abschnitt. Mitgliedschaft und Verfassung

Erster Titel. Mitgliedschaft

§ 186 Beginn der Mitgliedschaft Versicherungspflichtiger

(1) **Die Mitgliedschaft versicherungspflichtig Beschäftigter beginnt mit dem Tag des Eintritts in das Beschäftigungsverhältnis.**

(2) ¹**Die Mitgliedschaft unständig Beschäftigter (§ 179 Abs. 2) beginnt mit dem Tag der Aufnahme der unständigen Beschäftigung, für die die zuständige Krankenkasse erstmalig Versicherungspflicht festgestellt hat, wenn die Feststellung innerhalb eines Monats nach Aufnahme der Beschäftigung erfolgt, andernfalls mit dem Tag der Feststellung.** ²**Die Mitgliedschaft besteht auch an den Tagen fort, an denen der unständig Beschäftigte vorübergehend, längstens für drei Wochen nicht beschäftigt wird.**

(2 a) **Die Mitgliedschaft der Bezieher von Arbeitslosengeld II nach dem Zweiten Buch und Arbeitslosengeld oder Unterhaltsgeld nach dem Dritten Buch beginnt mit dem Tag, von dem an die Leistung bezogen wird.**

(3) ¹**Die Mitgliedschaft der nach dem Künstlersozialversicherungsgesetz Versicherten beginnt mit dem Tage, an dem die Versicherungspflicht auf Grund der Feststellung der Künstlersozialkasse beginnt.** ²**Ist die Versicherungspflicht nach dem Künstlersozialversicherungsgesetz durch eine unständige Beschäftigung (§ 179 Abs. 2) unterbrochen worden, beginnt die Mitgliedschaft mit dem Tage nach dem Ende der unständigen Beschäftigung.** ³**Kann nach § 9 des Künstlersozialversicherungsgesetzes ein Versicherungsvertrag gekündigt werden, beginnt**

§ 186 Beginn der Mitgliedschaft Versicherungspflichtiger

die Mitgliedschaft mit dem auf die Kündigung folgenden Monat, spätestens zwei Monate nach der Feststellung der Versicherungspflicht.

(4) Die Mitgliedschaft von Personen, die in Einrichtungen der Jugendhilfe für eine Erwerbstätigkeit befähigt werden, beginnt mit dem Beginn der Maßnahme.

(5) Die Mitgliedschaft versicherungspflichtiger Teilnehmer an Leistungen zur Teilhabe am Arbeitsleben beginnt mit dem Beginn der Maßnahme.

(6) Die Mitgliedschaft versicherungspflichtiger behinderter Menschen beginnt mit dem Beginn der Tätigkeit in den anerkannten Werkstätten für behinderte Menschen, Anstalten, Heimen oder gleichartigen Einrichtungen.

(7) Die Mitgliedschaft versicherungspflichtiger Studenten beginnt mit dem Semester, frühestens mit dem Tag der Einschreibung oder der Rückmeldung an der Hochschule.

(8) [1]Die Mitgliedschaft versicherungspflichtiger Praktikanten beginnt mit dem Tag der Aufnahme der berufspraktischen Tätigkeit. [2]Die Mitgliedschaft von zu ihrer Berufsausbildung ohne Arbeitsentgelt Beschäftigten beginnt mit dem Tag des Eintritts in die Beschäftigung.

(9) Die Mitgliedschaft versicherungspflichtiger Rentner beginnt mit dem Tag der Stellung des Rentenantrags.

(10) Wird die Mitgliedschaft Versicherungspflichtiger zu einer Krankenkasse gekündigt (§ 175), beginnt die Mitgliedschaft bei der neugewählten Krankenkasse abweichend von den Absätzen 1 bis 9 mit dem Tag nach Eintritt der Rechtswirksamkeit der Kündigung.

(11) [1]Die Mitgliedschaft der nach § 5 Abs. 1 Nr. 13 Versicherungspflichtigen beginnt mit dem ersten Tag ohne anderweitigen Anspruch auf Absicherung im Krankheitsfall im Inland. [2]Die Mitgliedschaft von Ausländern, die nicht Angehörige eines Mitgliedstaates der Europäischen Union, eines Vertragsstaates des Abkommens über den Europäischen Wirtschaftsraum oder Staatsangehörige der Schweiz sind, beginnt mit dem ersten Tag der Geltung der Niederlassungserlaubnis oder der Aufenthaltserlaubnis. [3]Für Personen, die am 1. April 2007 keinen anderweitigen Anspruch auf Absicherung im Krankheitsfall haben, beginnt die Mitgliedschaft an diesem Tag. [4]Zeigt der Versicherte aus Gründen, die er nicht zu vertreten hat, das Vorliegen der Voraussetzungen der Versicherungspflicht nach den in Satz 1 und 2 genannten Zeitpunkten an, hat die Krankenkasse in ihrer Satzung vorzusehen, dass der für die Zeit seit dem Eintritt der Versicherungspflicht nachzuzahlende Beitrag angemessen ermäßigt, gestundet oder von seiner Erhebung abgesehen werden kann.

Schrifttum: *D. Bress,* Ausgewählte Fragen zur Krankenversicherung der Studenten, SF-Medien Nr. 155 (2006), 61; *D. Felix,* Studenten und gesetzliche Krankenversicherung, NZS 2000, 477; *M. Geiken,* Die Versicherung der Arbeitnehmer, 2004; *B. Hansen,* Der unständig Beschäftigte, Die Beiträge 2001, 193; *D. Marburger,* Die soziale Sicherung der selbständigen Künstler und Publizisten, ZfS 2001, 225; *J. Norpoth,* Sozialversicherungsrechtliche Behandlung flexibler Arbeitszeitmodelle mit größeren Freizeitintervallen, Diss. Münster 2000; *R. Schlegel,* Versicherungs- und Beitragspflicht bei Freistellung von der Arbeit, NZA 2005, 972; *Th. Voelzke,* Das leistungsrechtliche Beschäftigungsverhältnis, FS Küttner, 2006, 345; *W. Volbers/B. Müller,* Krankenversicherung der Landwirte, 5. Aufl. 2001; *V. Wirges,* Einzelprobleme der Reichweite der Befreiung von der Versicherungspflicht gemäß § 8 SGB V, SGb 2005, 14; s. auch § 190.

6. Kapitel. 3. Abschnitt. 1. Titel **§ 186**

Inhaltsübersicht
Rn.
A. Überblick 1
B. Systematik der §§ 186 bis 193 2
C. Die Versichertengruppen 4
   I. Versicherungspflichtig Beschäftigte, Abs. 1 4
   II. Unständig Beschäftigte, Abs. 2 6
   III. Arbeitslose, Abs. 2a 8
   IV. Künstler und Publizisten, Abs. 3 9
   V. Befähigung zur Erwerbstätigkeit in Einrichtungen der Jugendhilfe, Abs. 4 13
   VI. Leistungen zur Teilhabe am Arbeitsleben, Abs. 5 14
   VII. Behinderte Menschen in Werkstätten und anderen Einrichtungen, Abs. 6 15
   VIII. Studenten, Abs. 7 16
   IX. Praktikanten und zur Berufsausbildung Beschäftigte, Abs. 8 17
   X. Rentner, Abs. 9 18
   XI. Kassenwechsel, Abs. 10 19
   XII. Nicht anderweitig versicherte Personen, Abs. 11 20

A. Überblick

§ 186 regelt den **Beginn der Mitgliedschaft** für **versicherungspflichtige** 1
Personen und damit idR. den Beginn der Leistungs- und Beitragspflicht. Die Gliederung in Beschäftigte (Abs. 1, 2), Bezieher bestimmter Lohnersatzleistungen (Abs. 2), Künstler und Publizisten (Abs. 3), Teilnehmer berufsfördernder Maßnahmen (Abs. 4, 5), Behinderte (Abs. 6), Studenten (Abs. 7), Praktikanten (Abs. 8) und versicherungspflichtige Rentner (Abs. 9) entspricht im Wesentlichen § 5 Abs. 1. Abs. 10 regelt die Nahtlosigkeit bei einem Kassenwechsel. Zur Mitgliedschaft von **Landwirten** (§ 5 Abs. 1 Nr. 3) s. § 22 KVLG. § 186 wurde zum 1. 4. 2007 um die nicht anderweitig versicherten Personen (§ 5 Abs. 1 Nr. 13) erweitert (Abs. 11). Der **Begriff Mitgliedschaft** kennzeichnet nicht die Zugehörigkeit zum Kreis der in der GKV Versicherten, sondern das konkrete Versicherungsverhältnis zu einer zuständigen KK (BSG SozR 3–2500 § 19 Nr. 3 S. 12).

B. Systematik der §§ 186 bis 193

Die §§ 186 bis 193 regeln die **Mitgliedschaft der verschiedenen Versicher-** 2
tengruppen (Versicherungspflichtige, freiwillig Versicherte, Rentenantragsteller). Familienversicherte Angehörige (§ 10) sind Versicherte, jedoch keine Mitglieder. Sie und anspruchsberechtigte frühere Mitglieder (§ 19 Abs. 2) werden nicht erfasst. Zu Beginn und Ende der Familienversicherung s. § 10 Rn. 45. §§ 186 bis 189 betreffen den **Beginn,** §§ 190, 191 das **Ende** und §§ 192, 193 das **Fortbestehen** der Mitgliedschaft.

Die Versicherungspflicht beginnt idR. mit der Erfüllung des gesetzlichen Tat- 3
bestandes **kraft Gesetzes.** Kenntnis des Versicherten ist nicht erforderlich (BSG SozR 5420 § 2 Nr. 33 S. 65). Fehlende Kenntnis kann für den Beginn der Beitragspflicht von Bedeutung sein (Rentenantragsteller BSG SozR 2200 § 381 Nr. 44 S. 124 f., freiwillig Versicherte BSG SozR 2200 § 313 Nr. 8 S. 15, Doppelmitgliedschaft BSG SozR 2200 § 517 Nr. 8 S. 22 f., Rentenbezieher BSG SozR 3–2200 § 381 Nr. 2 S. 8 mwN.). In Ausnahmefällen (unständig Beschäftigte Abs. 2, Künstler und Publizisten Abs. 3, Landwirte § 22 Abs. 1 Nr. 2 KVLG) ist ein die Mitgliedschaft **feststellender VA** der KK/KSK erforderlich. Ein Begrüßungsschreiben

der KK ist kein VA (BSG SozR 3–2200 § 306 Nr. 2 S. 7). Die Mitgliedschaft beginnt um 0:00 Uhr des Tages, an dem die in Abs. 1 bis 3, 7 bis 10 genannten Voraussetzungen erstmals erfüllt sind. Ob für Abs. 4 bis 6 der Beginn des Tages maßgebend ist, an dem die Maßnahme bzw. Tätigkeit beginnt, ist § 186 nicht zu entnehmen (bej. *Schermer,* GKV-Komm., § 186 Rn. 27; *Baier,* Krauskopf, § 186 Rn. 21). Ist eine Versicherungspflicht ausgeschlossen oder liegt eine vorrangige Versicherungspflicht vor, beginnt die Mitgliedschaft abweichend von § 186 mit dem Wegfall des Ausschlussgrundes/der Vorrangversicherung.

C. Die Versichertengruppen

I. Versicherungspflichtig Beschäftigte, Abs. 1

4   Bis 31. 12. 1997 begann die Mitgliedschaft der gegen Arbeitsentgelt Beschäftigten mit **Eintritt in die Beschäftigung**. Dies setzte idR. eine tatsächliche Arbeitsaufnahme voraus (BSG, SozR 3–2500, § 186 Nr. 2 S. 5). Erfolgte wegen Freistellung oder AU (BSG, SozR 4–2500, § 44 Nr. 4 Rn. 9) keine Arbeitsaufnahme, lag kein Beschäftigungsbeginn vor. Anders bei unbezahltem Urlaub (BSG, SozR, Nr. 4 zu § 306 RVO), bezahltem Sonderurlaub (BSG, SozR 2200, § 1227 Nr. 4 S. 5 ff.), Beschäftigungsverbot nach dem MuSchG (BSG, NZS 2005, 147/151), Unfall auf dem Weg zur Arbeitsaufnahme (BSG, SozR, Nr. 3 zu § 306 RVO) oder nach Unterbringung auf dem Werksgelände (BSG, SozR, Nr. 4 zu § 306 RVO), Entgeltzahlung bei Kündigung vor Arbeitsaufnahme (BSGE 36, 161/164), AU beim Übergang vom Ausbildungs- zum Beschäftigungsverhältnis (BSG, SozR 2200, § 306 Nr. 5 S. 5 f.). Eine stufenweise Wiedereingliederung ohne Entgelt (BAGE 69, 272/276 f.) ist keine sozialversicherungsrechtliche Beschäftigung.

5   Seit 1. 1. 1998 ist der **Eintritt in das Beschäftigungsverhältnis** maßgebend. Er liegt auch vor, wenn zum Zeitpunkt der geplanten Arbeitsaufnahme eine Freistellung oder AU besteht, sofern der Beschäftigte Anspruch auf Entgeltfortzahlung (zB. nach § 3 EFZG) hat (vgl. BT-Drs. 13/9741, 12, offengelassen in BSG, SozR 4–2500, § 47 Nr. 6 Rn. 20 mwN.). Soll das Beschäftigungsverhältnis an einem arbeitsfreien Sonn- oder Feiertag beginnen, beginnt die Mitgliedschaft an diesem Tag, wenn der Eintritt in das Beschäftigungsverhältnis am nächstfolgenden Arbeitstag erfolgt (BSG, SozR 3–2500, § 186 Nr. 3 S. 13). Sie beginnt auch, wenn der Beschäftigte gesundheitlich nicht in der Lage ist, die aufgenommene Beschäftigung längere Zeit auszuüben. Die Rechtsfigur des missglückten Arbeitsversuchs findet unter Geltung des SGB V keine Anwendung mehr (hierzu und zur Feststellung von entgeltlichem Beschäftigungsverhältnis und Arbeitsaufnahme bei Verdacht auf Missbrauch BSG, NZS 1998, 500/501 f.). Zum für die Beurteilung der Versicherungspflicht maßgebenden tariflichen Entgelt bei untertariflicher Bezahlung sowie zum Zuflussprinzip bei überobligatorischen Zahlungen vgl. BSG, NZS 2005, 538 Rn. 19, 24, zur Berücksichtigung einmalig gezahlten Arbeitsentgelts BSG, SozR 4–2400, § 22 Nr. 1 Rn. 17 ff., zum Wechsel in eine Auffanggesellschaft mit Kurzarbeit Null BSG, SozR 4–2500, § 47 Nr. 6 Rn. 19 f. Zur Meldepflicht des Arbeitgebers s. § 199.

II. Unständig Beschäftigte, Abs. 2

6   Nach dem zum 31. 12. 1995 aufgehobenen § 179 Abs. 2, auf den Abs. 2 verweist, ist eine Beschäftigung unständig, wenn sie auf weniger als eine Woche nach der

6. Kapitel. 3. Abschnitt. 1. Titel **§ 186**

Natur der Sache befristet zu sein pflegt oder im voraus durch den Arbeitsvertrag befristet ist.

Abweichend von Abs. 1 setzt die Mitgliedschaft unständig Beschäftigter einen **konstitutiven feststellenden VA** der zuständigen KK und eine **Aufnahme der Beschäftigung** (s. Rn. 4) voraus. Zum Kassenwahlrecht s. § 173 ff. Die Mitgliedschaft beginnt mit dem Tag der Aufnahme der Beschäftigung, wenn die Feststellung innerhalb eines Monats erfolgt, sonst mit dem Tag der Bekanntgabe des feststellenden VA (S. 1). Zur Meldepflicht des Arbeitgebers für die einzelne Beschäftigung s. § 198, zur Meldepflicht des Arbeitnehmers für die Aufnahme der unselbstständigen Beschäftigung s. § 199.

Der Fortbestand der Mitgliedschaft bei **Unterbrechung** der unständigen Beschäftigung bis zur Dauer von drei Wochen (S. 2) soll eine gewisse Kontinuität der Versicherung gewährleisten. Die Mitgliedschaft endet bei nicht nur vorübergehender **Aufgabe** der unständigen Beschäftigung (§ 190 Abs. 4). 7

III. Arbeitslose, Abs. 2a

Die Mitgliedschaft beginnt mit dem Tag, für den erstmals eine der in Abs. 2a genannten Leistungen bezogen wird, bei nachträglicher Bewilligung rückwirkend mit Beginn des Leistungszeitraums. Zur Versicherungspflicht ab dem zweiten Monat einer Sperrzeit s. § 5 Abs. 1 Nr. 2, zum nachgehenden Anspruch für den ersten Monat § 19 Abs. 2. 8

IV. Künstler und Publizisten, Abs. 3

Abs. 3 bindet den Beginn der Mitgliedschaft an die **Feststellung der Versicherungspflicht** durch die KSK. Damit soll die mit einer verspäteten Erfassung verbundene nachträgliche Entstehung von Forderungen und Verpflichtungen zwischen KK und Versicherten vermieden werden (vgl. BT-Drs. 8/3172, 26 zu Nr. 4). Die **KK** ist zu einem Rechtsstreit über die Feststellung der KSK nur dann **notwendig beizuladen,** wenn sie bereits selbst über die Versicherungspflicht entschieden hat (BSG, SozR 3–5425, § 1 Nr. 5 S. 12 f. unter Aufgabe von SozR 1500, § 75 Nr. 82). 9

S. 1. Meldet der Versicherte seine Versicherung (§ 11 Abs. 1 KSVG), **beginnt die Versicherungspflicht** mit dem Tag des Eingangs der **Meldung** bei der KSK, frühestens mit dem Tag, an dem die Voraussetzungen für die Versicherung erfüllt sind (§ 8 Abs. 1 S. 1, 2 KSVG), bei AU mit dem auf ihr Ende folgenden Tag (§ 8 Abs. 1 S. 3 KSVG). Ohne Meldung beginnt die Versicherungspflicht vorbehaltlich § 8 Abs. 1 S. 2 und 3 KSVG mit dem Tag, an dem die KSK den die Versicherungspflicht (konstitutiv) feststellenden VA bekannt gibt (§ 8 Abs. 1 S. 1 KSVG). 10

S. 2. Wird die Versicherungspflicht nach dem KSVG durch eine vorrangige Versicherungspflicht als unständig Beschäftigter unterbrochen, bedarf es für die **Fortsetzung der Mitgliedschaft** keiner erneuten Meldung oder Feststellung der Versicherungspflicht. Sie beginnt mit dem Tag nach dem Ende der unständigen Beschäftigung. Damit soll eine nahtlose Fortsetzung des Krankenversicherungsschutzes gewährleistet werden (vgl. BT-Drs. 11/2964, 21 zu Nr. 4 und 5). 11

S. 3. Zur Vermeidung einer Doppelversicherung kann der in der KSVG Versicherungspflichtige eine **bestehende private KV** zum Ende des Monats kündigen, in dem er den Eintritt der Versicherungspflicht nachweist (§ 9 Abs. 1 S. 1 KSVG). 12

§ 186 Beginn der Mitgliedschaft Versicherungspflichtiger

Die Mitgliedschaft beginnt nahtlos mit dem auf die Kündigung folgenden Monat, spätestens aber zwei Monate nach Feststellung der Versicherungspflicht.

V. Befähigung zur Erwerbstätigkeit in Einrichtungen der Jugendhilfe, Abs. 4

13   Für diesen Personenkreis beginnt die Mitgliedschaft mit Beginn der Maßnahme.

VI. Leistungen zur Teilhabe am Arbeitsleben, Abs. 5

14   Während die Mitgliedschaft nach § 306 Abs. 3 RVO an den Bezug von Übergangsgeld anknüpfte, ist nach Abs. 5 der Beginn der Maßnahme maßgebend. Damit wird unabhängig vom Beginn des Übergangsgeldes ein Versicherungsschutz für die gesamte Dauer der Maßnahme sichergestellt. Zum Fortbestand der Mitgliedschaft bei Anschluss-Übergangsgeld s. § 190 Abs. 7.

VII. Behinderte Menschen in Werkstätten und anderen Einrichtungen, Abs. 6

15   Für behinderte Menschen, die in anerkannten Werkstätten, Anstalten, Heimen oder gleichartigen Einrichtungen tätig sind, beginnt die Mitgliedschaft mit Beginn der Tätigkeit.

VIII. Studenten, Abs. 7

16   Die Mitgliedschaft versicherungspflichtiger Studenten beginnt bei vorheriger **Einschreibung/Rückmeldung** mit Beginn des Semesters, sonst mit dem Tag der Einschreibung/Rückmeldung, auch wenn diese bei krankheitsbedingter Verhinderung rückwirkend zum Semesterbeginn erfolgt (BSG, SozR 2200, § 306 Nr. 16 S. 27). Da die Mitgliedschaft erst einen Monat nach Ablauf des Semesters endet (§ 190 Abs. 9), ist jedenfalls bei Rückmeldung innerhalb dieser Frist eine nahtlose Fortsetzung der Mitgliedschaft gegeben (BSG, NZS 1995, 321/322). Weil Abs. 7 keine Beitragszahlung voraussetzt, beginnt die Mitgliedschaft auch, wenn die Einschreibung/Rückmeldung entgegen § 254 S. 3 ohne Nachweis der Beitragszahlung erfolgt.

IX. Praktikanten und zur Berufsausbildung Beschäftigte, Abs. 8

17   Die Mitgliedschaft beginnt bei Praktikanten mit dem Tag der Aufnahme der berufspraktischen Tätigkeit, bei den zur Berufsausbildung ohne Arbeitsentgelt Beschäftigten mit dem Tag des Eintritts in die Beschäftigung. Sie setzt anders als Abs. 1 eine **tatsächliche Arbeitsaufnahme** voraus (zu Ausnahmen vgl. Rn. 4). Auszubildende des zweiten Bildungsweges im Sinn des § 5 Abs. 1 Nr. 10 Hs. 2 dürften wie dort den Praktikanten gleichzustellen sein.

X. Rentner, Abs. 9

18   Die Mitgliedschaft der Rentenbezieher nach § 5 Abs. 1 Nr. 11, 11a und 12 beginnt unabhängig vom Zeitpunkt der Rentenbewilligung mit dem Tag, an

dem der **Rentenantrag** beim zuständigen RV-Träger eingeht oder als eingegangen gilt (s. § 16 SGB I; zu umgedeuteten Rehabilitationsanträgen – § 1241 d Abs. 3 RVO, jetzt § 112 Abs. 2 SGB VI – vgl. BSG, SozR 2200, § 381 Nr. 46 S. 127, zur Mitgliedschaft bei erfolglosem Rentenantrag und späterem Rentenbeginn § 189 Rn. 4, zur Antragstellung im Ausland BSG v. 26. 4. 2007, B 4 R 21/06 R). Ob der von einem Sozialhilfeträger gestellte Rentenantrag eine Mitgliedschaft begründet, ist zweifelhaft (abl. zum früheren Recht BSG, SozR 2200, § 315 a Nr. 9 S. 27; bej. *Baier,* Krauskopf, § 186 Rn. 27). Besteht eine die KVdR verdrängende Versicherungspflicht wegen Krankengeldbezugs (§ 192 Abs. 1 Nr. 2) und entfällt der Krankengeldanspruch rückwirkend mit Bewilligung der Rente (§ 50), beginnt die Mitgliedschaft in der KVdR mit dem Ende des tatsächlichen Krankengeldbezuges. Wird die Rente in einem **Überprüfungsverfahren** nach § 44 SGB X rückwirkend bewilligt, beginnt die Mitgliedschaft mit Bekanntgabe des Rücknahme- und Bewilligungsbescheides (BSG, SozR 3–2500, § 5 Nr. 33 S. 132).

XI. Kassenwechsel, Abs. 10

Bei einem Wechsel der KK schließt die Mitgliedschaft in der neu gewählten KK (§ 173 ff.) **nahtlos** an das Ende (Rechtswirksamkeit der Kündigung) der Mitgliedschaft in der bisherigen KK an. Zur Leistungspflicht bei begonnenen Leistungen vgl. BSG, SozR 3–2500, § 19 Nr. 3 S. 12 (Zahnersatz), Nr. 4 S. 18 f. (Fallpauschale) und BSG, SozR 3–2500, § 29 Nr. 2 S. 7 (Eigenanteil zur kieferorthopädischen Behandlung bei Wechsel zur PKV), zum Fortbestehen der Leistungspflicht für rechtswidrig versagte Leistungen BSG, NZS 2004, 38/43.

XII. Nicht anderweitig versicherte Personen, Abs. 11

Abs. 11 regelt den Beginn der Mitgliedschaft für die nach § 5 Abs. 1 Nr. 13 versicherungspflichtigen Personen. Bestand **am 31. 3. 2007** im Inland kein anderweitiger Anspruch auf Absicherung im Krankheitsfall, beginnt die Mitgliedschaft vorbehaltlich S. 2 am 1. 4. 2007 (S. 3). Für Personen, deren anderweitiger Anspruch **nach dem 31. 3. 2007** entfällt, beginnt die Mitgliedschaft am Tag nach dem Wegfall, für Auslandsrückkehrer mit dem Tag der Einreise (S. 1). Staatsangehörige der Mitgliedstaaten der EU, der Vertragsstaaten des Abkommens über den Europäischen Wirtschaftsraum und der Schweiz sind Inländern gleichgestellt. Für Staatsangehörige anderer Staaten beginnt die Mitgliedschaft mit dem ersten Tag der Geltung ihrer **Niederlassungs- oder Aufenthaltserlaubnis** (S. 2).

Der Gesetzgeber geht davon aus, dass der Versicherte der Krankenkasse den Wegfall oder das Nichtbestehen eines anderweitigen Anspruchs anzeigen muss (BT-Drs. 16/3100, 158 zu § 137). Eine **verspätete Anzeige** steht der rückwirkenden Beitragserhebung nicht entgegen. Die Satzung der KK muss jedoch die Möglichkeit vorsehen, bei fehlendem Verschulden des Versicherten den nachzuzahlenden Beitrag angemessen zu ermäßigen, zu stunden oder von seiner Erhebung abzusehen (S. 4). Dadurch sollen unbillige Härten für den Betroffenen vermieden werden, insbesondere wenn keine oder nur geringe Leistungen in Anspruch genommen wurden (BT-Drs. 16/3100, 159 zu Nr. 137).

§ 187 Beginn der Mitgliedschaft bei einer neu errichteten Krankenkasse

Die Mitgliedschaft bei einer neu errichteten Krankenkasse beginnt für Versicherungspflichtige, für die diese Krankenkasse zuständig ist, mit dem Zeitpunkt, an dem die Errichtung der Krankenkasse wirksam wird.

1 Bei Neuerrichtung einer BKK oder IKK wurden **bis 31.12.1995** versicherungspflichtig Beschäftigte des betroffenen Betriebes und versicherungspflichtige Rentner, wenn sie aufgrund ihrer letzten Beschäftigung Mitglied der neu errichteten KK gewesen wären, kraft Gesetzes (§§ 174, 175, 182 Abs. 3 aF.) Mitglieder dieser KK. Versicherungspflichtige Mitglieder einer EK und freiwillig Versicherte konnten eine Mitgliedschaft beantragen (§§ 183 Abs. 6, 185 Abs. 2 Nr. 1 aF.).

2 Wegen des **seit 1.1.1996** bestehenden Kassenwahlrechts (§ 173) werden neu errichteten KK gesetzlich keine Pflichtmitglieder mehr zugewiesen. Es besteht aber ein befristetes besonderes Wahlrecht zugunsten dieser Kassen (§ 175 Abs. 5). Für diese Fälle regelt § 187 den Beginn der Mitgliedschaft.

§ 188 Beginn der freiwilligen Mitgliedschaft

(1) **Die Mitgliedschaft Versicherungsberechtigter beginnt mit dem Tag ihres Beitritts zur Krankenkasse.**

(2) [1]**Die Mitgliedschaft der in § 9 Abs. 1 Nr. 1 und 2 genannten Versicherungsberechtigten beginnt mit dem Tag nach dem Ausscheiden aus der Versicherungspflicht oder mit dem Tag nach dem Ende der Versicherung nach § 10.** [2]**Die Mitgliedschaft der in § 9 Abs. 1 Nr. 6 genannten Versicherungsberechtigten beginnt mit dem Eintritt der Versicherungspflicht nach § 5 Abs. 1 Nr. 11.**

(3) **Der Beitritt ist schriftlich zu erklären.**

Schrifttum: *D. Bress,* Versicherungsberechtigte Personen in der Sozialversicherung, WzS 2005, 263; *ders.*, Ausgewählte Fragen zur freiwilligen Versicherung, SF-Medien Nr. 153 (2005), 69.

A. Überblick

1 § 188 regelt den Beginn der Mitgliedschaft für **Versicherungsberechtigte**, die der Versicherung freiwillig beitreten. Die Voraussetzungen der Versicherungsberechtigung regelt § 9. Die Gründe für den Beitritt sind unbeachtlich (LSG Rhld-Pf v. 19.5.2005 – L 1 KR 54/04).

B. Beginn im Regelfall

2 Die Mitgliedschaft beginnt mit dem Tag des Beitritts (Abs. 1). Die einseitige, rechtsgestaltende **Beitrittserklärung** ist fristgebunden (§ 9 Abs. 2; vgl. zum sozialrechtlichen Herstellungsanspruch LSG B-Brdbg v. 1.7.2005, L 24 KR 4/05, zur Beratungspflicht bei Beendigung versicherungspflichtigen Leistungsbezugs LSG Saarl v. 18.2.2004, L 2 KR 27/02, zur Wiedereinsetzung BSG, SozR 3–2500, § 9 Nr. 4 S. 14 f.) und bedarf der Schriftform (Abs. 3).

C. Beginn bei vorangegangener Pflicht- oder Familienversicherung

Für Mitglieder, deren Versicherungspflicht (§ 9 Abs. 1 Nr. 1) oder Familienversicherung (§ 9 Abs. 1 Nr. 2) endet, beginnt die freiwillige Mitgliedschaft bei rechtzeitiger **Anzeige** (§ 9 Abs. 2) mit dem Tag nach dem Ausscheiden aus der Versicherungspflicht/Familienversicherung (Abs. 2 S. 1). Damit wird eine nahtlose Weiterversicherung gewährleistet. Der **Sozialhilfeträger** ist nicht berechtigt, den Beitritt für einen Leistungsempfänger zu erklären (BSG, SozR 3–5910, § 91 a Nr. 1 Rn. 26; zum fehlenden Feststellungsinteresse bzgl. einer Mitgliedschaft vgl. BSG, SozR 3–5910, Nr. 2 Rn. 16).› 3

D. Übergangsregelung für Rentenbezieher

Freiwillig versicherten Rentenbeziehern, die bis zum 31. 3. 2002 wegen fehlender Vorversicherungszeiten nicht versicherungspflichtig waren und mit Änderung des § 5 Abs. 1 Nr. 11 ab 1. 1. 2002 versicherungspflichtig geworden sind, können ihre freiwillige Versicherung nahtlos fortsetzen (Abs. 1 S. 2). Ihre Beitrittserklärung muss abweichend von § 9 Abs. 2 innerhalb von sechs Monaten (§ 9 Abs. 1 Nr. 6) erfolgen. Zum Wahlrecht der Versicherten s. §§ 173 ff., zur Beendigung der freiwilligen Mitgliedschaft § 191. 4

§ 189 Mitgliedschaft von Rentenantragstellern

(1) ¹**Als Mitglieder gelten Personen, die eine Rente der gesetzlichen Rentenversicherung beantragt haben und die Voraussetzungen nach § 5 Abs. 1 Nr. 11 und 12 und Abs. 2, jedoch nicht die Voraussetzungen für den Bezug der Rente erfüllen.** ²Satz 1 gilt nicht für Personen, die nach anderen Vorschriften versicherungspflichtig oder nach § 6 Abs. 1 versicherungsfrei sind.

(2) ¹**Die Mitgliedschaft beginnt mit dem Tag der Stellung des Rentenantrags.** ²Sie endet mit dem Tod oder mit dem Tag, an dem der Antrag zurückgenommen oder die Ablehnung des Antrags unanfechtbar wird.

Schrifttum: O. *Bönecke,* Ausgewählte Fragen zur Krankenversicherung der Rentner, SVFAng Nr. 136, 25; D. *Bress,* Kranken-/Pflegeversicherung der Rentenantragsteller und Rentner, 1999.

A. Überblick

§ 189 begründet für Personen, die einen Antrag auf Rente aus der gesetzlichen Rentenversicherung gestellt haben, eine formale Pflichtmitgliedschaft in der GKV (**Formalversicherung**). Sie geht einer freiwilligen Versicherung oder Familienversicherung vor. Zur Befreiung von der Versicherungspflicht s. Rn. 11. 1

B. Voraussetzung der Mitgliedschaft, Abs. 1

Voraussetzung der Mitgliedschaft ist, dass der Antragsteller bei Bewilligung der beantragten Rente nach § 5 Abs. 1 Nummer 11, 11 a oder 12 versicherungspflichtig wäre. Dazu muss insbesondere die **Vorversicherungszeit** (Nr. 11, 11 a) 2 bzw. **Wohnsitzzeit** (Nr. 12) erfüllt sein. Ein mögliches Ruhen des Rentenzahlungsanspruchs hindert die Mitgliedschaft nicht (*Gerlach,* H/N, § 189 Rn. 4). Für einen Ausschluss der Versicherungspflicht nach § 5 Abs. 1 Nr. 11 a besteht kein sachlicher Grund. Ob ein Antrag auf Überprüfung einer früheren Rentenablehnung einem erneuten Rentenantrag gleichsteht, hat das BSG offengelassen (SozR 3–2500, § 5 Nr. 33 S. 131).

3   Jede **Versicherungspflicht** (zB. § 5 Abs. 1 Nr. 9 und 10, 192, 193) oder **Versicherungsfreiheit** nach § 6 Abs. 1 schließt eine zeitgleiche Formalversicherung nach § 189 aus (Abs. 1 S. 2). Nach der Zielsetzung der Norm, im Hinblick auf den ungewissen Ausgang des Rentenverfahrens Versicherungslücken zu vermeiden, dürfte dies auch für die eine Pflichtversicherung hindernden Ausschlussgründe des § 5 Abs. 5 (selbstständige Erwerbstätigkeit), § 5 Abs. 8 (vorrangige Versicherungspflicht), § 6 Abs. 2 und 3 (Versicherungsfreiheit) und § 3 a KVLG/§ 5 KSVG (Versicherungsfreiheit von Landwirten, Künstlern und Publizisten) gelten.

C. Beginn der Mitgliedschaft, Abs. 2

4   Die Mitgliedschaft **beginnt** am Tag der Rentenantragstellung (s. § 186 Rn. 18; vgl. zur verfrühten oder rechtsmissbräuchlichen Antragstellung BSG v. 27. 4. 1966, 3 RK 10/62, zur rechtsmissbräuchlichen Aufrechterhaltung BSG, SozR 2200, § 315 a Rn. 7 S. 17 f., zur rechtswidrigen Aufforderung durch die KK BSG, SozR 2200, § 315 a Nr. 14 S. 27, zur Rahmenfrist und zum Beginn bei Anträgen nach § 44 SGB X BSG, SozR 3–2500, § 5 Nr. 33 S. 131 ff.), frühestens am Tag nach Wegfall einer Vorrangversicherung/eines Ausschlusstatbestandes. Sie **endet** mit Ablauf des Tages, an dem der Versicherte verstirbt, der Antrag zurückgenommen oder der den Antrag ablehnende VA bestandskräftig (§ 77 SGG) wird. Auch eine bestandskräftige Ablehnung nach § 66 SGB I wegen fehlender Mitwirkung beendet die Mitgliedschaft (zum widerruflichen Vergleich BSG, SozR, Nr. 1 zu § 315 a RVO, zur unzulässigen Nichtzulassungsbeschwerde GmS-OGB BVerwGE 68, 379/380). Hat der Antrag Erfolg, tritt rückwirkend ab Beginn des Bewilligungszeitraums die **Pflichtversicherung** nach § 5 Abs. 1 Nr. 11, 11 a oder 12 an die Stelle der Formalversicherung nach § 189. Für Zeiten zwischen dem Tag der Rentenantragstellung und dem Beginn des Bewilligungszeitraums (zB. bei Zeitrenten, s. § 101 Abs. 1 SGB VI) bleibt es bei der Formalversicherung nach § 189. IdR. besteht **Beitragspflicht** (zur Beitragsfreiheit s. § 225, zur Beitragsbemessung § 239, zur alleinigen Beitragstragung durch den Antragsteller §§ 250 Abs. 2, 252 S. 1). Zur Beitragserstattung s. § 26 Abs. 2, 3 S. 1 SGB IV.

§ 190 Ende der Mitgliedschaft Versicherungspflichtiger

(1) **Die Mitgliedschaft Versicherungspflichtiger endet mit dem Tod des Mitglieds.**

(2) **Die Mitgliedschaft versicherungspflichtig Beschäftigter endet mit Ablauf des Tages, an dem das Beschäftigungsverhältnis gegen Arbeitsentgelt endet.**

(3) [1]**Die Mitgliedschaft von Personen, deren Versicherungspflicht nach § 6 Abs. 4 erlischt, endet zu dem in dieser Vorschrift vorgesehenen Zeitpunkt nur, wenn das Mitglied innerhalb von zwei Wochen nach Hinweis der Krankenkasse über die Austrittsmöglichkeit seinen Austritt erklärt.** [2]**Wird der Austritt nicht erklärt, setzt sich die Mitgliedschaft als freiwillige Mitgliedschaft fort.**

6. Kapitel. 3. Abschnitt. 1. Titel **§ 190**

(4) Die Mitgliedschaft unständig Beschäftigter endet, wenn das Mitglied die berufsmäßige Ausübung der unständigen Beschäftigung nicht nur vorübergehend aufgibt, spätestens mit Ablauf von drei Wochen nach dem Ende der letzten unständigen Beschäftigung.

(5) Die Mitgliedschaft der nach dem Künstlersozialversicherungsgesetz Versicherten endet mit dem Tage, an dem die Versicherungspflicht auf Grund der Feststellung der Künstlersozialkasse endet; § 192 Abs. 1 Nr. 2 und 3 bleibt unberührt.

(6) Die Mitgliedschaft von Personen, die in Einrichtungen der Jugendhilfe für eine Erwerbstätigkeit befähigt werden, endet mit dem Ende der Maßnahme.

(7) Die Mitgliedschaft versicherungspflichtiger Teilnehmer an Leistungen zur Teilhabe am Arbeitsleben endet mit dem Ende der Maßnahme, bei Weiterzahlung des Übergangsgeldes mit Ablauf des Tages, bis zu dem Übergangsgeld gezahlt wird.

(8) Die Mitgliedschaft von versicherungspflichtigen behinderten Menschen in anerkannten Werkstätten für behinderte Menschen, Anstalten, Heimen oder gleichartigen Einrichtungen endet mit Aufgabe der Tätigkeit.

(9) Die Mitgliedschaft versicherungspflichtiger Studenten endet einen Monat nach Ablauf des Semesters, für das sie sich zuletzt eingeschrieben oder zurückgemeldet haben.

(10) [1]Die Mitgliedschaft versicherungspflichtiger Praktikanten endet mit dem Tag der Aufgabe der berufspraktischen Tätigkeit. [2]Die Mitgliedschaft von zu ihrer Berufsausbildung ohne Arbeitsentgelt Beschäftigten endet mit dem Tag der Aufgabe der Beschäftigung.

(11) Die Mitgliedschaft versicherungspflichtiger Rentner endet
1. mit Ablauf des Monats, in dem der Anspruch auf Rente wegfällt oder die Entscheidung über den Wegfall oder den Entzug der Rente unanfechtbar geworden ist, frühestens mit Ablauf des Monats, für den letztmalig Rente zu zahlen ist,
2. bei Gewährung einer Rente für zurückliegende Zeiträume mit Ablauf des Monats, in dem die Entscheidung unanfechtbar wird.

(11a) Die Mitgliedschaft der in § 9 Abs. 1 Nr. 6 genannten Personen, die das Beitrittsrecht ausgeübt haben, sowie ihrer Familienangehörigen, die nach dem 31. März 2002 nach § 5 Abs. 1 Nr. 11 versicherungspflichtig geworden sind, deren Anspruch auf Rente schon an diesem Tag bestand, die aber nicht die Vorversicherungszeit des § 5 Abs. 1 Nr. 11 in der seit dem 1. Januar 1993 geltenden Fassung erfüllt hatten und die bis zum 31. März 2002 nach § 10 oder nach § 7 des Zweiten Gesetzes über die Krankenversicherung der Landwirte versichert waren, endet mit dem Eintritt der Versicherungspflicht nach § 5 Abs. 1 Nr. 11.

(12) Die Mitgliedschaft der Bezieher von Arbeitslosengeld II nach dem Zweiten Buch und Arbeitslosengeld oder Unterhaltsgeld nach dem Dritten Buch endet mit Ablauf des letzten Tages, für den die Leistung bezogen wird.

(13) [1]Die Mitgliedschaft der in § 5 Abs. 1 Nr. 13 genannten Personen endet mit Ablauf des Vortages, an dem
1. ein anderweitiger Anspruch auf Absicherung im Krankheitsfall begründet wird oder
2. der Wohnsitz oder gewöhnliche Aufenthalt in einen anderen Staat verlegt wird.
[2]Satz 1 Nr. 1 gilt nicht für Mitglieder, die Empfänger von Leistungen nach dem Dritten, Vierten, Sechsten und Siebten Kapitel des Zwölften Buches sind.

§ 190

Schrifttum: *J. Joussen,* Krankenversicherung zwischen Ende des Arbeitsverhältnisses und Arbeitslosigkeit, ZfSH/SGB 2003, 259; *R. Schlegel,* Versicherungs- und Beitragspflicht bei Freistellung von der Arbeit, NZA 2005, 972; *H. Thomas/G. Weidmann,* Sozialversicherungsrechtliche Risiken als Folge einer unwiderruflichen Freistellung in Aufhebungsverträgen, NJW 2006, 257; *U. Vogel,* Teilzeitbeschäftigte Rentner im Wechselspiel zwischen Pflichtversicherung und freiwilliger Mitgliedschaft in der gesetzlichen Krankenversicherung, NZS 2002, 567; s. auch § 186.

Inhaltsübersicht

	Rn.
A. Überblick	1
B. Die Beendigungstatbestände	4
I. Tod des Mitglieds, Abs. 1	4
II. Beschäftigte, Abs. 2	5
III. Überschreiten der JAE-Grenze, Abs. 3	6
IV. Unständig Beschäftigte, Abs. 4	7
V. Künstler und Publizisten, Abs. 5	8
VI. Befähigung für eine Erwerbstätigkeit in Einrichtungen der Jugendhilfe, Abs. 6	9
VII. Leistungen zur Teilhabe am Arbeitsleben, Abs. 7	10
VIII. Behinderte Menschen in Werkstätten und anderen Einrichtungen, Abs. 8	11
IX. Studenten, Abs. 9	12
X. Praktikanten und zur Berufsausbildung Beschäftigte, Abs. 10	13
XI. Rentner, Abs. 11	14
XII. Beigetretene Rentner, Abs. 11a	15
XIII. Arbeitslose, Abs. 12	16
XIV. Nicht anderweitig versicherte Personen, Abs. 13	17

A. Überblick

1 § 190 regelt korrespondierend zu § 186 (Beginn) **abschließend** das Ende der Mitgliedschaft für die nach § 5 Versicherungspflichtigen **mit Ausnahme der Landwirte** (s. § 24 KVLG). Zu freiwillig Versicherten s. § 191. Familienversicherte sind keine Mitglieder. Ihre Versicherung endet mit Wegfall einer der in § 10 genannten Voraussetzungen (s. § 10 Rn. 45). § 190 wurde zum 1. April 2007 um die nicht anderweitig versicherten Personen (§ 5 Abs. 1 Nr. 13) erweitert (Abs. 13).

2 Bei Überschreiten der JAE-Grenze ist eine **Austrittserklärung** des Versicherten (Abs. 3), bei Künstlern und Publizisten eine **Feststellung** der KSK über das Ende der Versicherungspflicht (Abs. 5) erforderlich. In den übrigen Fällen endet die Mitgliedschaft **kraft Gesetzes**. Wie beim Beginn der Mitgliedschaft (§ 186 Rn. 3) ist auch bei deren Beendigung fraglich, ob der Versicherungsschutz erst mit Ablauf des Tages endet, an dem das beendigende Ereignis (zB. Ende der Maßnahme oder Tätigkeit, Aufgabe der Beschäftigung) eintritt. § 190 bestimmt dies nur für versicherungspflichtig Beschäftigte (Abs. 2), Bezieher von Anschluss-Übergangsgeld (Abs. 7) und von Alg, Alg II und Unterhaltsgeld (Abs. 12).

3 Zum Fortbestehen der Mitgliedschaft s. § 192. Tritt ein **Ausschlusstatbestand,** eine **vorrangige Versicherungspflicht** oder eine **vorrangige Familienversicherung** ein, endet die Mitgliedschaft abweichend von § 190 mit dem Tag vor Eintritt des Ausschlusstatbestandes/Beginn der vorrangigen Versicherung. Bei **Befreiung von der Versicherungspflicht** endet die Mitgliedschaft am Tag vor Eintritt der Befreiung (§ 8 Abs. 2 S. 2).

B. Die Beendigungstatbestände

I. Tod des Mitglieds, Abs. 1

Für alle Versicherungspflichtigen endet die Mitgliedschaft mit **Eintritt des** 4
Todes. Entsprechende Regelungen bestehen für Landwirte (§ 24 Abs. 1 Nr. 1 KVLG), Rentenantragsteller (§ 189 Abs. 2 S. 2) und freiwillig Versicherte (§ 191 Nr. 1).

II. Beschäftigte, Abs. 2

Ihre Mitgliedschaft endet mit Ablauf des Tages, an dem das **entgeltliche Be-** 5
schäftigungsverhältnis endet, im Falle des § 7 Abs. 3 SGB IV mit Ablauf der Monatsfrist. Bei Kündigungsschutzverfahren ist der vereinbarte oder im Urteil festgelegte Zeitpunkt maßgebend, bis zu dem Entgelt zu zahlen ist. Zur möglichen Versicherungsfreiheit bei Unterordnung der Beschäftigung unter das Studium vgl. BSG, SozR 2200, § 172 Nr. 14 S. 27, zur Beschäftigung neben dem Studium BSG, SozR 3–2500, § 6 Nr. 16 S. 54 ff. mwN. Annahmeverzug oder Freistellung im Konkurs beenden das Beschäftigungsverhältnis nicht (BSG, SozR 4100, § 168 Nr. 19 S. 44). Wird ein Beschäftigungsverhältnis nur noch geringfügig (§ 8 SGB IV) ausgeübt, endet mit der Versicherungspflicht auch die Mitgliedschaft. Zum Beschäftigungsverhältnis in der Freistellungsphase bei Altersteilzeit und Arbeitszeitkonten vgl. § 7 Abs. 1 a SGB IV und *Schlegel,* NZA 2005, 972/975.

III. Überschreiten der JAE-Grenze, Abs. 3

Mit dem Überschreiten der JAE-Grenze (§ 6 Abs. 4) endet die Versicherungs- 6
pflicht. Die Mitgliedschaft besteht als **freiwillige Mitgliedschaft** fort, wenn der Versicherte nach Hinweis der KK auf die Möglichkeit eines Austritts nicht innerhalb von zwei Wochen seinen Austritt erklärt. Zu den Folgen von Fristversäumnis und fehlender Aufklärung vgl. *Becker,* W/E, § 190 Rn. 16 f. Die Vorversicherungszeit (§ 9 Abs. 1 Nr. 1) ist aufgrund der seit 1. 4. 2007 geltenden dreijährigen Rahmenfrist des § 6 Abs. 4 regelmäßig erfüllt.

IV. Unständig Beschäftigte, Abs. 4

Ihre Mitgliedschaft endet mit der nicht nur vorübergehenden **Aufgabe der** 7
berufsmäßigen Ausübung, spätestens mit Ablauf von drei Wochen nach dem Ende der letzten unständigen Beschäftigung. Damit wird den praktischen Abgrenzungsproblemen zwischen Aufgabe und Unterbrechung (§ 186 Abs. 2 S. 2) Rechnung getragen.

V. Künstler und Publizisten, Abs. 5

Soweit die Mitgliedschaft nicht wegen eines Anspruchs oder Leistungsbezugs 8
nach § 192 Abs. 1 Nr. 2 oder 3 fortbesteht, endet sie mit dem von der KSK **festzu-**
stellenden Ende der Versicherungspflicht (zur Aufhebung des die Versicherungspflicht feststellenden VA s. § 8 Abs. 2 KSVG).

VI. Befähigung für eine Erwerbstätigkeit in Einrichtungen der Jugendhilfe, Abs. 6

9 Für diesen Personenkreis endet die Mitgliedschaft mit dem **Ende der Maßnahme**.

VII. Leistungen zur Teilhabe am Arbeitsleben, Abs. 7

10 Auch hier endet die Mitgliedschaft mit dem **Ende der Maßnahme**, bei Weiterzahlung des Übergangsgeldes mit Ablauf des letzten Tages, für den Übergangsgeld **bezogen** wird.

VIII. Behinderte Menschen in Werkstätten und anderen Einrichtungen, Abs. 8

11 Für behinderte Menschen, die in anerkannten Werkstätten, Anstalten, Heimen oder gleichartigen Einrichtungen tätig sind, endet die Mitgliedschaft mit **Aufgabe dieser Tätigkeit**.

IX. Studenten, Abs. 9

12 Die für jedes Semester durch **Rückmeldung** zu verlängernde Mitgliedschaft von Studenten (§ 186 Abs. 7) endet bei fehlender oder nicht rechtzeitiger Rückmeldung einen Monat nach Ablauf des Semesters, für das sie sich zuletzt eingeschrieben oder zurückgemeldet haben. Ob die **verspätete Rückmeldung** zur Fortsetzung der unterbrochenen Mitgliedschaft führt oder eine neue Mitgliedschaft begründet, hat das BSG offengelassen (zur semesterübergreifenden Mitgliedschaft vgl. BSG, NZS 1995, 321/322). Auch bei Beendigung des Studiums, Exmatrikulation oder Überschreiten der Altersgrenze nach § 5 Abs. 1 Nr. 9 während des Semesters endet die Mitgliedschaft erst mit dessen Ende, da Abs. 9 keine anderweitige Regelung enthält (str., vgl. *Becker*, W/E, § 190 Rn. 28 mwN.)

X. Praktikanten und zur Berufsausbildung Beschäftigte, Abs. 10

13 Entsprechend dem Beginn (§ 186 Abs. 8) ist auch das Ende der Mitgliedschaft an die **Ausübung** der berufspraktischen Tätigkeit bzw. unentgeltlichen Beschäftigung gebunden. Mit dem Tag der Aufgabe endet die Mitgliedschaft (zur Unterscheidung zwischen Beschäftigung und Beschäftigungsverhältnis s. § 186 Rn. 4 f., zur Einbeziehung von Auszubildenden des zweiten Bildungsweges § 186 Rn. 17).

XI. Rentner, Abs. 11

14 Abs. 11 regelt das Ende der Mitgliedschaft für die nach § 5 Abs. 1 Nr. 11, 11a und 12 versicherungspflichtigen Rentenbezieher. Bei **laufendem Rentenbezug** endet die Mitgliedschaft mit Ablauf des Monats, für den zuletzt dem Grunde nach Anspruch auf Rente bestand oder Rente gezahlt wurde. Der Verzicht auf Rentenzahlungen (BSG, NZS 2004, 479/480) oder Umzug in einen EU-Staat (BSG, SozR 4–2400, § 3 Nr. 2 Rn. 9) beendet die Mitgliedschaft nicht. Anders bei Rentenbezug aus mehreren Mitgliedstaaten (BSG, SozR 4–2400, § 3 Nr. 1 Rn. 12 ff.). Wird eine Entscheidung über den Wegfall oder Entzug der Rente erst nach diesem Zeitpunkt unanfechtbar, besteht die Mitgliedschaft als Formalversicherung nach § 189 fort mit der Folge, dass der Versicherte die Beiträge für diesen Zeitraum allein tragen muss (vgl. BSG, SozR, Nr. 1 zu § 315 a RVO). Ist die Rente wegen Zusammentreffens mit anderen Leistungen oder Einkommen nicht zu leisten oder wird sie vorläufig versagt, berührt dies die Mitgliedschaft nicht. Bei einer **Rente für bereits abgelaufene Zeiträume** endet die Mitgliedschaft mit Ablauf des Monats, in dem der bewilligende VA unanfechtbar wird. Für die Zeit ab dem Ende des Bewilligungszeitraums besteht eine Formalversicherung nach § 189 (vgl. BSG, SozR, Nr. 1 zu § 315 a RVO).

XII. Beigetretene Rentner, Abs. 11 a

Nach § 5 Abs. 1 Nr. 11 in der vom 1. 1. 1993 bis 31. 3. 2002 geltenden Fassung 15 erforderte die Versicherungspflicht in der KVdR die Erfüllung der **Vorversicherungszeit** durch Zeiten der Pflichtversicherung. Seit 1. 4. 2002 sind auch Zeiten einer freiwilligen Versicherung zu berücksichtigen (vgl. BVerfG, SozR 3–2500, § 5 Nr. 42 S0.185 ff.). Dadurch wurden Rentenbezieher, die sich mangels Zugang zur KVdR freiwillig krankenversichert hatten, ab 1. 4. 2002 versicherungspflichtig. Ihnen wurde die Möglichkeit eröffnet, die **freiwillige Versicherung fortzusetzen** (§ 9 Abs. 1 Nr. 6). Abs. 11 a stellt klar, dass ihre Mitgliedschaft sowie die Mitgliedschaft der über sie nach § 10 oder nach § 7 KVLG familienversicherten Angehörigen mit eigenem Rentenbezug als Versicherungspflichtige nach § 5 Abs. 1 Nr. 11 rückwirkend endet. An ihrer Stelle wird die freiwillige Versicherung/Familienversicherung fortgesetzt.

XIII. Arbeitslose, Abs. 12

Wie der Beginn (§ 186 Absatz 2 a) ist das Ende der Mitgliedschaft an den **Be-** 16 **zug von Alg, Alg II oder Unterhaltsgeld** geknüpft. Die Mitgliedschaft endet mit Ablauf des letzten Tages, für den die Leistung bezogen wird. Eine spätere Aufhebung der Bewilligung, Rückforderung oder Rückzahlung der Leistung berührt die Versicherungspflicht und Mitgliedschaft nicht (§ 5 Abs. 1 Nr. 2 HS. 2).

XIV. Nicht anderweitig versicherte Personen, Abs. 13

Begründet der Versicherte einen **anderweitigen Anspruch** auf Absicherung 17 im Krankheitsfall (zB. Beihilfe und private Restkostenversicherung) oder verlegt er seinen Wohnsitz oder gewöhnlichen Aufenthalt ins **Ausland,** bedarf er keiner Versicherungspflicht nach § 5 Abs. 1 Nr. 13. Daher endet die Mitgliedschaft mit Ablauf des letzten Tages vor Entstehung des anderweitigen Anspruchs bzw. der Ausreise (S. 1; beachte bei Ausreise in einen Mitgliedstaat der EU Art. 13 Buchst. f VO 1408/71, wenn im Aufenthaltsstaat kein Versicherungsschutz begründet wird). Der Bezug von Hilfe zum Lebensunterhalt, Grundsicherung im Alter und bei Erwerbsminderung, Eingliederungshilfe für behinderte Menschen oder Hilfe zur Pflege berührt eine bestehende Mitgliedschaft wegen der **vorrangigen Leistungspflicht** des Sozialhilfeträgers nicht (S. 2; vgl. BT-Drs. 16/4247, 29 zu Nr. 2, 51 zu Nr. 138).

§ 191 Ende der freiwilligen Mitgliedschaft

Die freiwillige Mitgliedschaft endet
1. mit dem Tod des Mitglieds,
2. mit Beginn einer Pflichtmitgliedschaft oder
3. mit dem Wirksamwerden der Kündigung (§ 175 Abs. 4); die Satzung kann einen früheren Zeitpunkt bestimmen, wenn das Mitglied die Voraussetzungen einer Versicherung nach § 10 erfüllt.

Schrifttum: *D. Bress,* Freiwillige Krankenversicherung, SVFAng Nr. 136 (2003), 51 und Nr. 137 (2003), 49.

A. Überblick

1   § 191 regelt (auch für die KVdL, s. § 24 KVLG) abschließend, wann eine **freiwillige Mitgliedschaft** endet. Aufgrund der seit 1. 4. 2007 bestehenden Versicherungspflicht für anderweitig nicht abgesicherte Personen (§ 5 Abs. 1 Nr. 13) wurden S. 1 Nr. 3 und S. 2 über das Ende der freiwilligen Mitgliedschaft bei fehlender Beitragszahlung gestrichen. Die freiwillige Mitgliedschaft endet kraft Gesetzes, sobald einer der in Nr. 1 bis 3 genannten Tatbestände erfüllt ist (zur Erledigung ergangener VA vgl. BSG, NZS 1999, 393). Eine abweichende Satzungsregelung ist nur im Falle der Kündigung (Nr. 3) zulässig. Nachgehende Ansprüche (§ 19 Abs. 3) bleiben unberührt.

B. Tod des Versicherten, Nr. 1

2   Wie die Pflichtmitgliedschaft (§ 190 Abs. 1) endet die freiwillige Mitgliedschaft mit dem Tod des Versicherten. Mit ihr erlischt auch eine vom Versicherten abgeleitete **Familienversicherung** (zur Fortsetzung als freiwillige Versicherung § 9 Abs. 1 Nr. 2). Für bis zum Tod entstehende Leistungsansprüche und Beitragsforderungen s. §§ 56 bis 59 SGB I, zur Rechtsnachfolge bei Beitragserstattung vgl. BSG, SozR 3–2500, § 229 Nr. 6 S. 21.

C. Beginn einer Pflichtmitgliedschaft, Nr. 2

3   Tritt Versicherungspflicht (auch als Formalversicherung nach § 189) ein, endet die freiwillige Mitgliedschaft (zum Fortbestand bei rechtswidrigem Krankengeldentzug BSG, SozR 4–2500, § 44 Nr. 11 Rn. 14, zur Erledigung der **Beitragsbescheide** nach § 39 SGB X BSG, SozR 3–2500, § 186 Nr. 7 S. 13). Wird der Versicherte rückwirkend (§ 8 Abs. 2) von der Versicherungspflicht befreit oder tritt nach § 6 Abs. 3 (bestehende Versicherungsfreiheit oder Befreiung) keine Versicherungspflicht ein, verbleibt es bei der freiwilligen Versicherung. Eine **Familienversicherung** begründet keine Mitgliedschaft und ist gegenüber der freiwilligen Versicherung nachrangig.

D. Kündigung nach § 175 Abs. 4, Nr. 3

4   Die **Wirksamkeit** der die freiwillige Mitgliedschaft beendigenden Kündigung durch den Versicherten bestimmt sich nach § 175 Abs. 4. Er regelt unter anderem

die Mindestdauer der Mitgliedschaft bei der vom Versicherungsberechtigten gewählten KK und die Kündigungsfrist. Die KK kann in ihrer Satzung für einen Wechsel innerhalb der Kassenart eine kürzere Mindestdauer der Mitgliedschaft (§ 175 Rn. 20) und bei Erfüllung der Voraussetzungen für die Familienversicherung (§ 10) abweichend von § 175 Abs. 4 S. 2 einen früheren Zeitpunkt für die Wirksamkeit der Kündigung (§ 191 Nr. 3) bestimmen. Zur Fortsetzung der freiwilligen Versicherung, wenn eine anschließende Versicherung nach §§ 5, 10 nicht zustande kommt, s. § 5 Rn. 76.

§ 192 Fortbestehen der Mitgliedschaft Versicherungspflichtiger

(1) **Die Mitgliedschaft Versicherungspflichtiger bleibt erhalten, solange**
1. **sie sich in einem rechtmäßigen Arbeitskampf befinden,**
2. **Anspruch auf Krankengeld oder Mutterschaftsgeld besteht oder eine dieser Leistungen oder nach gesetzlichen Vorschriften Erziehungsgeld oder Elterngeld bezogen oder Elternzeit in Anspruch genommen wird,**
3. **von einem Rehabilitationsträger während einer Leistung zur medizinischen Rehabilitation Verletztengeld, Versorgungskrankengeld oder Übergangsgeld gezahlt wird oder**
4. **Kurzarbeitergeld nach dem Dritten Buch bezogen wird.**

(2) **Während der Schwangerschaft bleibt die Mitgliedschaft Versicherungspflichtiger auch erhalten, wenn das Beschäftigungsverhältnis vom Arbeitgeber zulässig aufgelöst oder das Mitglied unter Wegfall des Arbeitsentgelts beurlaubt worden ist, es sei denn, es besteht eine Mitgliedschaft nach anderen Vorschriften.**

Schrifttum: *H. Marburger,* Erhaltung der Mitgliedschaft in der gesetzlichen Krankenversicherung, Die Beiträge 2002, 577; *M. Schulz,* Versicherungs- und Beitragspflicht bei Bezug von Entgeltersatzleistungen, SVFAng Nr. 31 (2002), 57; *Töns,* Rechtsfragen zur Krankenversicherung der Rentner, SGb 89, 322.

A. Überblick

Abs. 1 regelt für **alle Formen der Versicherungspflicht** das Fortbestehen der Mitgliedschaft bei Arbeitsunfähigkeit, Mutterschaft und Kindererziehung (Nr. 2), medizinischer Rehabilitation (Nr. 3) und vorübergehender Unterbrechung der Beschäftigung wegen Arbeitskampf (Nr. 1) oder Kurzarbeit (Nr. 4). Für **abgesonderte Personen** nach dem IfSG (zum Personenkreis *Bales/Baumann/Schnitzler,* § 30 Rn. 1 f., § 56 Rn. 4) besteht die Mitgliedschaft nach § 57 Abs. 2 IfSG fort. 1

Abs. 2 regelt für **versicherungspflichtig Beschäftigte** den Fortbestand während der Schwangerschaft bei Auflösung des Beschäftigungsverhältnisses oder Beurlaubung ohne Arbeitsentgelt. Für **freiwillig und Familienversicherte** bestehen keine entsprechenden Regelungen.

Zum Verhältnis des § 192 zur Formalversicherung nach § 189 vgl. *Töns,* SGb 89, 322/328. Die Mitgliedschaft nach Abs. 1 Nr. 2 ist **beitragsfrei** (s. § 224; vgl. auch BSG, SozR 3–2500, § 192 Nr. 2 S. 5 f.). Im Übrigen besteht grds. **Beitragspflicht.** Zur Beitragstragung s. §§ 251 Abs. 1, 249 Abs. 2, 250 Abs. 2). 2

B. Die Verlängerungstatbestände des Abs. 1

I. Rechtmäßiger Arbeitskampf, Nr. 1

3   Bis zum 31.12.1998 umfasste Abs. 1 S. 1 alle Fälle, in denen das Beschäftigungsverhältnis ohne Entgeltfortzahlung fortbestand. Mit Einfügung des Abs. 3 in § 7 SGB IV zum **1.1.1989** wurde Abs. 1 S. 1 auf **rechtmäßige** Arbeitskämpfe beschränkt. Da bei einem Arbeitskampf (Streik oder Aussperrung) das Beschäftigungsverhältnis fortbesteht und nur der Anspruch auf Arbeitsentgelt entfällt, bestehen seit 1.1.1989 Beschäftigung und Versicherungspflicht nach § 7 Abs. 3 S. 1 SGB IV für einen Monat fort. Bei **rechtswidrigem Streik** endet die Mitgliedschaft mit Ablauf dieses Verlängerungsmonats. Bei rechtmäßigem Streik oder rechtmäßiger Aussperrung besteht die Mitgliedschaft nach Abs. 1 Nr. 1 bis zu dessen Ende fort. Eine **rechtswidrige Aussperrung** beendet den Anspruch auf Arbeitsentgelt nicht.

II. Krankengeld, Nr. 2

4   **Anspruch** auf und **Bezug** von Krankengeld (§§ 44, 45) führen unabhängig voneinander zum Fortbestehen der Mitgliedschaft. Zum **Ruhen** des Anspruchs vgl. *Töns,* SGb 89, 322/325.

III. Mutterschaftsgeld, (Nr. 2

5   Auch bei Mutterschaftsgeld nach § 200 RVO führen **Anspruch** und **Bezug** unabhängig voneinander zum Fortbestehen der Mitgliedschaft. **Entbindungsgeld** (§ 200 b RVO) wird von Nr. 2 nicht erfasst. Zum Anspruch auf Mutterschaftsgeld bei unbezahltem Urlaub zu Beginn der Schutzfrist vgl. BSG, NZS 2005, 147/151, bei unbezahltem Urlaub für die gesamte Schutzfrist BSG, NZS 1995, 459/460, bei Beendigung des Arbeitsverhältnisses während eines der Schutzfrist vorangehenden Erziehungsgeldbezugs BSG, SozR 3–2200, § 200 Nr. 4 S. 19.

IV. Erziehungsgeld, Elterngeld, Nr. 2

6   Maßgebend ist der **tatsächliche Bezug** dieser Leistung nach Bundes- oder Landesrecht unabhängig vom Bestehen eines Arbeitsverhältnisses (vgl. BT-Drs. 12/3608, 114). Für eine daneben ausgeübte Teilzeitbeschäftigung (§ 2 BErzGG, § 1 Abs. 6 BEEG) kann eine Befreiung von der Versicherungspflicht erfolgen (§ 8 Rn. 8)

V. Elternzeit, Nr. 2

7   Elternzeit ist die Freistellung eines Arbeitnehmers von der Arbeit in einem **Arbeitsverhältnis** zum Zweck der Kinderbetreuung. Daher findet Abs. 2 bei einer die Arbeitslosigkeit unterbrechenden Kindererziehung keine Anwendung (BSG, NZS 2000, 87/88).

VI. Medizinische Rehabilitation, Nr. 3

Auch die Zahlung von Verletztengeld (§ 45 SGB VII), Versorgungskrankengeld 8
(§ 16 BVG) oder Übergangsgeld (§ 20 SGB VI) durch den **Rehabilitationsträger**
während einer Leistung zur medizinischen Rehabilitation verlängert die Mitgliedschaft. Zur Abgrenzung von Leistungen zur **Teilhabe am Arbeitsleben** vgl.
BSG, SozR 2200, § 311 Nr. 18 S. 12, zum Verhältnis von Krg und Verletztengeld
BSG, SozR 3–2500, § 251 Nr. 1 S. 4. Ein **Anspruch** auf eine dieser Leistungen
reicht nicht aus (ebenso *Baier*, Krauskopf, § 192 Rn. 19; aA. *Peters*, KK, § 192
Rn. 15).

VII. Kurzarbeitergeld, Nr. 4

Es umfasst auch das ab 1. 1. 2007 an die Stelle des Winterausfallgeldes getretene 9
Saison-Kurzarbeitergeld (§ 175 SGB III). Zur Frage, ob unabhängig vom Bezug
bereits ein **Anspruch** auf die Leistung ausreicht, vgl. *Peters,* KK, § 5 Rn. 41.

C. Schwangerschaft, Abs. 2

Er ergänzt den durch § 9 Abs. 1 S. 1 MuSchG (Kündigungsverbot) und § 192 10
Abs. 1 Nr. 2 (Mitgliedschaft während des Anspruchs/Bezugs von Mutterschaftsgeld) gewährleisteten Schutz schwangerer **versicherungspflichtig Beschäftigter** für Fälle, in denen die Schwangere unter Wegfall des Arbeitsentgelts beurlaubt
oder das Arbeitsverhältnis zulässig (§ 9 Abs. 1 S. 2, Abs. 3 MuSchG) durch den Arbeitgeber beendet wird und damit das **Beschäftigungsverhältnis endet**. Die
Mitgliedschaft besteht bis zum Ende der Schwangerschaft (zu Abbruch und Fehlgeburt vgl. *Baier,* Krauskopf, § 192 Rn. 19) fort, sofern keine Mitgliedschaft nach
Abs. 1 oder anderen Vorschriften besteht.

D. Konkurrenzen

Die Mitgliedschaft nach § 192 schließt eine **Versicherungsberechtigung** 11
(§ 9) aus. Zum Vorrang anderer **Pflichtversicherungstatbestände** vgl. BSG,
SozR, Nr. 6 zu § 212 RVO (mehrere Beschäftigungsverhältnisse), BSG, SozR
2200, § 311 Nr. 18 S. 13 (Verhältnis zur KVdR), § 3 Abs. 1 Nr. 2 KVLG (Nachrang
der KVdL). Vgl. hierzu und zur Konkurrenz der Tatbestände des § 192 *Peters,* KK,
§ 192 Rn. 19, 21.

§ 193 Fortbestehen der Mitgliedschaft bei Wehrdienst oder Zivildienst

(1) **Bei versicherungspflichtig Beschäftigten, denen nach § 1 Abs. 2 des Arbeitsplatzschutzgesetzes Entgelt weiterzugewähren ist, gilt das Beschäftigungsverhältnis als durch den Wehrdienst nach § 4 Abs. 1 und § 6b Abs. 1 des Wehrpflichtgesetzes nicht unterbrochen.**

(2) ¹**Bei Versicherungspflichtigen, die nicht unter Absatz 1 fallen, sowie bei freiwilligen Mitgliedern berührt die Einberufung zum Wehrdienst nach § 4 Abs. 1 und § 6b Abs. 1 des Wehrpflichtgesetzes eine bestehende Mitgliedschaft bei einer Krankenkasse nicht.** ²**Die versicherungspflichtige Mitgliedschaft gilt als fortbestehend, wenn die Versicherungspflicht am Tag vor dem Beginn des Wehrdienstes endet oder**

§ 193 Fortbestehen der Mitgliedschaft bei Wehrdienst oder Zivildienst

wenn zwischen dem letzten Tag der Mitgliedschaft und dem Beginn des Wehrdienstes ein Samstag, Sonntag oder gesetzlicher Feiertag liegt.

(3) **Die Absätze 1 und 2 gelten für den Zivildienst entsprechend.**

(4) ¹**Die Absätze 1 und 2 gelten für Personen, die Dienstleistungen oder Übungen nach dem Vierten Abschnitt des Soldatengesetzes leisten.** ²**Die Dienstleistungen und Übungen gelten nicht als Beschäftigungen im Sinne des § 5 Abs. 1 Nr. 1 und § 6 Abs. 1 Nr. 3.**

Schrifttum: *H. Marburger,* Erhaltung der Mitgliedschaft in der gesetzlichen Krankenversicherung, Die Beiträge 2002, 577.

A. Überblick

1 § 193 fingiert das Fortbestehen versicherungspflichtiger Beschäftigungsverhältnisse (Abs. 1) sowie der Mitgliedschaft Versicherungspflichtiger und freiwillig Versicherter (Abs. 2) in der GKV für Zeiträume, in denen sie **Wehrdienst** leisten. Der Wehrdienst umfasst nach § 4 Abs. 1 WpflG Grundwehrdienst, anschließenden freiwilligen zusätzlichen Wehrdienst, Wehrübungen, besondere Auslandsverwendung, Hilfeleistung im Innern und unbefristeten Wehrdienst im Spannungs- und Verteidigungsfall. Abs. 3 bezieht **Zivildienstleistende,** Abs. 4 **Zeitsoldaten und freiwillige Soldatinnen** ein. Auf Grenzschutzdienstpflichtige ist § 193 nach § 59 Abs. 1 BGSG entsprechend anwendbar, weil ihr Dienst an die Stelle des Wehrdienstes tritt (§ 42a WPflG). Neben der Heilfürsorge (§ 6 WSG, § 35 ZDG, § 59 BGSG) besteht ein Anspruch auf Leistungen der GKV nur für **familienversicherte Angehörige** (*Peters,* KK, § 16 Rn. 9; *Becker,* W/E, § 193 Rn. 7). Zur Beitragsbemessung und Beitragstragung während des Dienstes s. §§ 244, 251 Abs. 4.

B. Versicherungspflichtig Beschäftigte mit Entgeltzahlungsanspruch nach § 1 Abs. 2 ArbPlSchG, Abs. 1

2 Für versicherungspflichtig Beschäftigte wird das **Fortbestehen ihres versicherungspflichtigen Beschäftigungsverhältnisses** fingiert (zur einheitlichen Betrachtung des Versicherungsverhältnisses vor und nach dem Wehrdienst und Berechnung des Arbeitsverdienstes nach § 6 Abs. 4 vgl. BSG, SozR 3–2500, § 6 Nr. 15 S. 48 f.). Damit soll die nahtlose Fortsetzung des Beschäftigungs- und Krankenversicherungsverhältnisses nach Beendigung des Dienstes und eine Benachteiligung des Versicherten durch die Erfüllung seiner öff.-rechtl. Dienstpflicht vermieden werden. Abs. 1 erfasst nur **Arbeitnehmer des öff. Dienstes** bei Ableistung von **Wehrübungen.** Nur für diesen Personenkreis sieht § 1 Abs. 2 ArbPlSchG eine Weitergewährung des Entgelts vor (BSG, SozR 3–2500, § 6 Nr. 15 S. 48). Endet das Beschäftigungsverhältnis zB. wegen Befristung während des Wehrdienstes, findet Abs. 2 Anwendung (vgl. *Becker,* W/E, § 193 Rn. 12; *Köster,* GK-SGB V, § 193 Rn. 3).

C. Sonstige Versicherte, Abs. 2

3 Für alle anderen Versicherungspflichtigen wird nur das **Fortbestehen der Mitgliedschaft** fingiert. IdR. kann ein Versicherter während des Dienstes keine Pflichtmitgliedschaft und nach Beendigung des Dienstes wegen Fristablaufs (§ 9

Abs. 2) keine freiwillige Mitgliedschaft begründen. Durch die Fiktion einer fortbestehenden Mitgliedschaft wird ihm eine nahtlose Fortsetzung des Krankenversicherungsverhältnisses nach Beendigung des Dienstes ermöglicht (vgl. BT-Drs. 14/1977, 72, 175).

Die freiwillige Versicherung muss bis zum **Beginn** des Wehrdienstes (S. 1), die Versicherungspflicht mindestens bis zum **letzten Werktag vor Beginn** des Wehrdienstes (S. 2) bestehen. Endet die Versicherungspflicht zB. wegen Befristung des Arbeitsverhältnisses während des Wehrdienstes, besteht die Mitgliedschaft fort. 4

D. Zivildienstleistende, ehemalige Soldaten, freiwillig Dienstleistende, Abs. 3 und 4

Für den Zivildienst (§ 3 Abs. 1 WpflG, § 1 Abs. 2 KDVG) gelten Abs. 1 und 2 entsprechend, für Dienstleistungen und Übungen ehemaliger Berufs- und Zeitsoldaten sowie freiwillig Dienstleistender (vgl. § 59 SG) unmittelbar. Abs. 4 S. 2 stellt klar, dass diese Dienste und Übungen **kein versicherungspflichtiges oder versicherungsfreies Beschäftigungsverhältnis** begründen. 5

Zweiter Titel. Satzung, Organe

§ 194 Satzung der Krankenkassen

(1) **Die Satzung muss insbesondere Bestimmungen enthalten über**
1. Namen und Sitz der Krankenkasse,
2. Bezirk der Krankenkasse und Kreis der Mitglieder,
3. Art und Umfang der Leistungen, soweit sie nicht durch Gesetz bestimmt sind,

[Nr. 4 in der bis 31. 12. 2008 geltenden Fassung:]
4. Höhe, Fälligkeit und Zahlung der Beiträge
[Nr. 4 in der ab 1. 1. 2009 geltenden Fassung:]
4. Festsetzung, Fälligkeit und Zahlung des Zusatzbeitrags nach § 242,
5. Zahl der Mitglieder der Organe,
6. Rechte und Pflichten der Organe,
7. Art der Beschlussfassung des Verwaltungsrats,
8. Bemessung der Entschädigungen für Organmitglieder,
9. jährliche Prüfung der Betriebs- und Rechnungsführung und Abnahme der Jahresrechnung,
10. Zusammensetzung und Sitz der Widerspruchsstelle und
11. Art der Bekanntmachungen.

(1 a) [1]Die Satzung kann eine Bestimmung enthalten, nach der die Krankenkasse den Abschluss privater Zusatzversicherungsverträge zwischen ihren Versicherten und privaten Krankenversicherungsunternehmen vermitteln kann. [2]Gegenstand dieser Verträge können insbesondere die Wahlarztbehandlung im Krankenhaus, der Ein- oder Zweibettzuschlag im Krankenhaus sowie eine Auslandsreisekrankenversicherung sein.

(2) **Die Satzung darf keine Bestimmungen enthalten, die den Aufgaben der gesetzlichen Krankenversicherung widersprechen.** Sie darf Leistungen nur vorsehen, soweit dieses Buch sie zulässt.

§ 194

Schrifttum: *W. Falk*, Renaissance der Selbstverwaltung im GKV-Gesundheitsmodernisierungsgesetz? KrV 2004, 31; *N. Finkenbusch*, Die Satzung der Krankenversicherungsträger, WzS 1992, 1; *B. Karl/B. v. Maydell*, Das Angebot von Zusatzkrankenversicherung, 2003; *B. v. Maydell*, Gesetzliche und private Krankenversicherung – Neuere Entwicklungen eines schwierigen Verhältnisses in der Europäischen Gemeinschaft, Gedächtnisschrift für Meinhard Heinze 2005, 585.

A. Überblick

1   Jede KK ist verpflichtet, sich eine Satzung zu geben (§ 34 Abs. 1 S. 1 SGB IV). § 194 regelt den zwingend notwendigen und die Grenzen des zulässigen Inhalts der Satzung einer KK. Die KK gibt sich die Satzung als Teil ihres autonomen Rechts (vgl. § 33 Abs. 1 SGB IV) kraft der ihr gesetzlich zugewiesenen Kompetenzen (*Finkenbusch*, 1).

B. Regelungssystematik

2   I. § 194 Abs. 2 S. 1 schreibt in Bezug auf die gesamte Satzung vor, dass diese keinerlei Bestimmungen enthalten darf, die den Aufgaben der GKV (§ 1) widersprechen. Abs. 2 stellt damit eine **negative Eingrenzung** des zulässigen Satzungsinhalts dar (vgl. BSG, NZS 2003, 374/376, s. als Bsp. BSG, SozR 4–7862, § 9 Nr. 1 zu Satzungsbestimmungen, die den gesetzlichen Aufgaben einer KK nach dem AAG [BGBl. I 2005, 3686] widersprachen).

3   II. § 194 Abs. 1 nennt den **zwingenden Mindestinhalt** der Satzung einer KK. Dabei werden in den Nrn. 1–11 nicht abschließend Gegenstände genannt, zu denen in der Satzung Bestimmungen enthalten sein müssen. Weitere Gegenstände ergeben sich aus sonstigen Vorschriften des SGB V.

4   III. In Bezug auf die **Leistungen** der KK im Besonderen bilden die sich ergänzenden Bestimmungen in Abs. 1 Nr. 3 und Abs. 3 S. 2 folgenden Regelungsgehalt: Die Satzung darf sog. Satzungsleistungen nur vorsehen, wenn und soweit das SGB V hierzu ausdrücklich ermächtigt. Dann sind Satzungsbestimmungen zulässig. Dagegen darf die Satzung keine eigenständigen Bestimmungen über Leistungen enthalten, die durch Gesetz bestimmt sind. Grund hierfür ist, dass Abs. 2 S. 2 nur auf Satzungsleistungen anwendbar ist („zulässt"). In der Satzung darf der Inhalt der Gesetzesleistungen deshalb weder erläutert noch interpretiert werden. Zulässig ist aus Gründen der Normenklarheit ausschließlich die Inbezugnahme des Gesetzes, sei es durch Verweis oder durch exaktes, wörtliches Zitat (vgl. insgesamt hierzu BSG, NZS 2003, 374/376).

5   IV. § 194 Abs. 1 a enthält eine **Sonderregelung** zur Vermittlung von privaten Zusatzversicherungen als Kann-Inhalt der Satzung.

B. Notwendiger Inhalt der Satzung

6   I. Die Satzung einer KK **muss** Bestimmungen enthalten über Nr. 1 Namen und Sitz der KK; Nr. 2 Bezirk der KK und den Kreis der Mitglieder: zum Bezirk der KK vgl. die Regelungen in § 143, zur Mitgliedschaft §§ 186 ff.; Nr. 3 Art und Umfang der Leistungen, soweit sie nicht durch Gesetz bestimmt sind (so. Rn. 4); Nr. 4 Höhe, Fälligkeit und Zahlung der Beiträge: gem. §§ 241 ff., 252 ff. Die Regelung wird aufgrund des GKV-WSG mit Wirkung zum 1. 1. 2009 dahingehend geändert, dass die Satzung stattdessen Bestimmungen zur Festsetzung, Fälligkeit

und Zahlung des Zusatzbeitrags nach § 242 enthalten muss (Art. 1 Nr. 140 GKV-WSG); Nr. 5 Zahl der Mitglieder der Organe; Nr. 6 Rechte und Pflichten der Organe; Nr. 7 Art der Beschlussfassung des Verwaltungsrats; Nr. 8 Bemessung der Entschädigungen für Organmitglieder; Nr. 9 jährliche Prüfung der Betriebs- und Rechnungsführung und Abnahme der Jahresrechnung; Nr. 10 Zusammensetzung und Sitz der Widerspruchsstelle (vgl. § 36a SGB IV) und Nr. 11 Art der Bekanntmachungen: Möglich ist die Bekanntmachung in offiziellen Verkündungsblättern wie dem Bundesanzeiger. Bei kleineren Krankenkassen kann die Bekanntmachung etwa auch durch Aushang oä. erfolgen (*Becher,* Selbstverwaltungsrecht, Stand: 2007, E § 34 1.2.). Vergleiche zu Bekanntmachungen auch von Satzungsänderungen WzS 1996, 155/155.

II. Die Regelung ist nicht abschließend. Der **weitere notwendige Inhalt** der 7 Satzung ergibt sich aus anderen Vorschriften des SGB V, so etwa aus §§ 13 f., 20, 63, 65 a, 240 Abs. 1 (s. hierzu BSG v. 6. 9. 2001, B 12 KR 5/01 R, wonach hierzu eine allgemeine generalklauselartige Regelung in der Satzung ausreichend ist).

C. Vermittlung von privaten Krankenzusatzversicherungen

Vor der Einführung von § 194 Abs. 1a durch das GMG war die Vermittlung 8 von Zusatzversicherungen für KKen mangels entsprechender zugewiesener oder zugelassener Aufgabe gem. § 30 Abs. 1 SGB IV unzulässig (vgl. auch BGH, NJW 1995, 2352/2353). Mit der Gesetzesänderung sollten solche Kooperationen ermöglicht werden, ua. um dem Wunsch der Versicherten nachzukommen, den gesetzlichen Krankenversicherungsschutz durch private Versicherungen ergänzen zu können und diese Versicherung über ihre GKV abzuschließen. Erwartet wurden auch günstige Konditionen aufgrund des Abschlusses von Gruppentarifen. Die Bestimmungen des Kartell- und Wettbewerbsrechts sind einzuhalten, da die KKen bei derartigen Kooperationen nicht ihren öffentlich-rechtlichen Versorgungsauftrag erfüllen (vgl. die Gesetzesbegründung BT-Drs. 15/1525, 138).

Die KK tritt lediglich als Vermittlerin auf, Vertragspartnerin wird sie nicht. Ge- 9 genstand der Vermittlung hiernach können nur Versicherungen mit Bezug zur Krankenversicherung sein, von denen einige beispielhaft, aber nicht abschließend in § 194 Abs. 1a aufgezählt sind (s. für Pflegekassen § 47 Abs. 2 SGB XI).

Die Vermittlung von Krankenzusatzversicherungen nach Abs. 1a unterfällt 10 nicht dem Anwendungsbereich der Versicherungsvermittlerrichtlinie (RL 2002/92 [ABl. 2003 L 9 S. 3] und dem in deren Umsetzung ergangenen Gesetz zur Neuregelung des Versicherungsvermittlerrechts [BGBl. 2006 I, 3232]).

§ 195 Genehmigung der Satzung

(1) **Die Satzung bedarf der Genehmigung der Aufsichtsbehörde.**

(2) **¹Ergibt sich nachträglich, dass eine Satzung nicht hätte genehmigt werden dürfen, kann die Aufsichtsbehörde anordnen, dass die Krankenkasse innerhalb einer bestimmten Frist die erforderliche Änderung vornimmt. ²Kommt die Krankenkasse der Anordnung nicht innerhalb dieser Frist nach, kann die Aufsichtsbehörde die erforderliche Änderung anstelle der Krankenkasse selbst vornehmen.**

(3) **Absatz 2 gilt entsprechend, wenn die Satzung wegen nachträglich eingetretener Umstände einer Änderung bedarf.**

Schrifttum: *Brackmann,* BKK 1982, 353.

§ 195

A. Überblick

1 Aufgrund der Bedeutung und der Rechtswirkungen der Satzung für Dritte ist die Satzung einer KK genehmigungsbedürftig (s. auch § 34 Abs. 1 S. 2 SGB IV).

B. Gegenstand der Genehmigung

2 Die Genehmigungspflicht besteht nicht nur beim erstmaligen Beschluss einer Satzung, sondern auch bei der Änderung einer bestehenden Satzung. Die Genehmigungspflicht bezieht sich auf die gesamte Satzung, unabhängig davon, ob es sich um zwingendes Satzungsrecht oder sonstiges autonomes Recht der KK handelt (*Becher,* Selbstverwaltungsrecht, Stand: 2007, § 34).

C. Prüfungsmaßstab

3 Die Aufsichtsbehörde (vgl. § 90 SGB IV) überprüft die **Rechtmäßigkeit** der Satzung. Eine Zweckmäßigkeitskontrolle nimmt sie nicht vor (BSG, NZS 2003, 374/376). Geprüft wird das formell rechtmäßige Zustandekommen der Satzung, das Vorliegen des zwingenden Inhalts einer Satzung gem. § 194 Abs. 1 (einschließlich des Fehlens einer Zwecküberschreitung) sowie die Vereinbarkeit mit dem Gesetz und sonstigem höherrangigen Recht, vgl. *Peters,* KK, § 195 Rn. 4.

D. Wirkung der Genehmigung

4 Die Genehmigung ist **Wirksamkeitsvoraussetzung** der Satzung. Bis zu ihrer Erteilung ist die Satzung schwebend unwirksam. Eine einmal erteilte Genehmigung begründet keinen Vertrauensschutz in dem Sinn, dass die Genehmigungsbehörde nach der Erteilung mit der Geltendmachung von später erkannten Mängeln der Satzung ausgeschlossen wäre (vgl. Abs. 2 S. 1 und dazu BSG, NZS 2003, 374/376). Ein **späteres Einschreiten** der Aufsichtsbehörde ist möglich, wenn sich erst nachträglich herausstellt, dass die Satzung nicht genehmigungsfähig war (Abs. 2 S. 1) oder wenn die Satzung wegen einer nachträglichen Änderung der Umstände änderungsbedürftig geworden ist (Abs. 3). Die Aufsichtsbehörde kann dann unter Fristsetzung die Änderung durch die Kasse anordnen. Kommt diese der Anordnung nicht fristgerecht nach, besteht die Möglichkeit der Ersatzvornahme (Abs. 2, 3). Die Genehmigung kann eine ungesetzliche Satzungsbestimmung nicht wirksam werden lassen. Zum Umgang mit Verwaltungsakten, die auf der Grundlage einer unwirksamen Satzungsregelung ergangen sind, vgl. *Finkenbusch,* WzW 1992, 1/7 f.

E. Rechtsschutz

5 Die Genehmigung stellt einen gebundenen Verwaltungsakt dar (*Finkenbusch,* WzS 1992, 1/9), gegen den die betroffene KK mit der Anfechtungs- und Verpflichtungsklage (§ 54 Abs. 1 SGG) vorgehen kann. Klagen Dritter sind mangels Beschwer unzulässig (vgl. zuletzt etwa BSG v. 14. 2. 2007, B 1 A 3/06 R).

§ 196 Einsichtnahme in die Satzung

(1) **Die geltende Satzung kann in den Geschäftsräumen der Krankenkasse während der üblichen Geschäftsstunden eingesehen werden.**

(2) **Jedes Mitglied erhält unentgeltlich ein Merkblatt über Beginn und Ende der Mitgliedschaft bei Pflichtversicherung und freiwilliger Versicherung, über Beitrittsrechte sowie die von der Krankenkasse zu gewährenden Leistungen und über die Beiträge.**

Die Vorschrift dient der Transparenz sowie der Information aller Interessierten bzw. der Mitglieder in den Fällen des Abs. 2. Die Regelung in Bezug auf die Satzung tritt ergänzend zur Pflicht der allgemeinen Bekanntmachung (vgl. § 34 Abs. 1 S. 2 SGB IV; s. *Baier,* Krauskopf, § 196 Rn. 2). 1

Jedermann hat einen Anspruch darauf, die aktuell gültige **Satzung** in den Geschäftsräumen der jeweiligen KK einzusehen. Das Recht ist allerdings beschränkt auf Personen, die ein berechtigtes Interesse an der Einsichtnahme haben (s. Begründung in BR-Drs. 200/88, 218). Das Recht umfasst auch das Anfertigen von Kopien auf eigene Kosten oder von Abschriften. Der Anspruch ist zeitlich begrenzt auf die üblichen Geschäftszeiten. 2

Der Anspruch auf Aushändigung eines **Merkblattes** nach Abs. 2 besteht nach dem Gesetzeswortlaut lediglich für Mitglieder. Eine Ausdehnung auf alle Versicherten ist nicht vorgesehen und auch nicht sachgerecht, da es sich hier nur um eine gegenüber anderen Informationsmöglichkeiten (Abs. 1; §§ 34 Abs. 1 S. 2 SGB IV, 13–15 SGB I) zusätzliche Informationsquelle handelt, die nicht notwendigerweise allen Versicherten offenstehen muss (aA. *Baier,* Krauskopf, § 196 Rn. 5). 3

§ 197 Verwaltungsrat

(1) **Der Verwaltungsrat hat insbesondere**
1. **die Satzung und sonstiges autonomes Recht zu beschließen,**
1a. **den Vorstand zu überwachen,**
1b. **alle Entscheidungen zu treffen, die für die Krankenkasse von grundsätzlicher Bedeutung sind,**
2. **den Haushaltsplan festzustellen,**
3. **über die Entlastung des Vorstands wegen der Jahresrechnung zu beschließen,**
4. **die Krankenkasse gegenüber dem Vorstand und dessen Mitgliedern zu vertreten,**
5. **über den Erwerb, die Veräußerung oder die Belastung von Grundstücken sowie über die Errichtung von Gebäuden zu beschließen und**
6. **über die Auflösung der Krankenkasse oder die freiwillige Vereinigung mit anderen Krankenkassen zu beschließen.**

(2) **Der Verwaltungsrat kann sämtliche Geschäfts- und Verwaltungsunterlagen einsehen und prüfen.**

(3) **Der Verwaltungsrat soll zur Erfüllung seiner Aufgaben Fachausschüsse bilden.**

Schrifttum: *M. Buhrmann,* Die Selbstverwaltung bei den Krankenkassen, SVFAng 1999, 87; *F. Dudda/U. Polaszek,* Kontrollfunktion des Verwaltungsrates und Risikomanagement, KrV 2004, 216; *D. Felix,* Verwaltungsrat und Vorstand in der gesetzlichen Krankenversicherung – Aufgaben und Befugnisse, in: F. Schnapp, Funktionale Selbstverwaltung und Demokratieprinzip 2001, 43; *H. Fuchs,* Aufgaben, Handlungsgrundlagen und -instrumente, SozSich 1994, 249.

§ 197a Stellen zur Bekämpfung von Fehlverhalten

A. Überblick

1 Die Vorschrift regelt die Aufgaben des Verwaltungsrates einer Krankenkasse. Sie weist ihm vor allem die Aufgabe des Legislativorgans der Krankenkasse, die Entscheidungsbefugnis in allen grundlegenden Fragen sowie eine Kontroll- und Aufsichtsfunktion zu.

B. Aufgaben

2 I. § 197 Abs. 1 zählt die Aufgaben des Verwaltungsrates auf. Die **Aufzählung** ist nicht abschließend („insbesondere"). Danach weist das Gesetz dem Verwaltungsrat folgende Pflichten zu:

3 Nr. 1 die Satzung und sonstiges autonomes Recht zu beschließen, vgl. § 33 Abs. 1 S. 1, Abs. 3 SGB IV; zu dem sonstigen autonomen Recht zählt die Dienstordnung (§ 351 RVO); Nr. 1a den Vorstand zu überwachen; Nr. 1b alle Entscheidungen zu treffen, die für die Krankenkasse von grundsätzlicher Bedeutung sind; vgl. die korrespondierende Berichtspflicht des Vorstands über die Umsetzung der grundlegenden Entscheidungen in § 35a Abs. 2 Nr. 1 SGB IV, eine Erläuterung der grundsätzlichen Bedeutung enthält das Gesetz nicht; Nr. 2 den Haushaltsplan festzustellen, vgl. § 70 SGB IV; Nr. 3 über die Entlastung des Vorstands wegen der Jahresrechnung zu beschließen (vgl. § 77 Abs. 1 S. 2 SGB IV); Nr. 4 die KK gegenüber dem Vorstand und dessen Mitgliedern zu vertreten; dies stellt eine Ausnahme zu § 35 Abs. 1 S. 1 SGB IV dar; Nr. 5 über den Erwerb, die Veräußerung oder die Belastung von Grundstücken sowie über die Errichtung von Gebäuden zu beschließen (vgl. zur Frage, ob hier eine Wertgrenze anzunehmen ist, *Hänlein*, H/K, § 197 Rn. 3) und Nr. 6 über die Auflösung der KK oder die freiwillige Vereinigung mit anderen KK zu beschließen (vgl. §§ 144, 150, 152, 160, 162, 168a).

4 II. **Weitere Aufgaben** sind dem Verwaltungsrat zB. in §§ 33 Abs. 3 S. 3 iVm. 37 Abs. 2 (Benennung leitender Angestellter für verhinderten Vorstand) und iVm. 38 (Beanstandung von Rechtsverstößen), 35a Abs. 5 und 7 (Wahl, Amtsenthebung und -entbindung des Vorstands), 60 (Nachbenennung), 63 (Geschäftsordnung), 112 Abs. 2 SGB IV (Einspruchstelle), 85 Abs. 2 Nr. 2 SGG (Bestimmung Widerspruchsstelle) zugewiesen.

5 III. § 197 Abs. 2 räumt dem Verwaltungsrat ein umfassendes **Einsichts- und Prüfrecht** ein, das ihm die Wahrnehmung seiner Aufgaben nach Abs. 1 ermöglichen soll. Die Bildung von Fachausschüssen (Abs. 3) bezweckt die Spezialisierung der Verwaltungsratsmitglieder in bestimmten Gebieten, wodurch insbesondere die Kontrollfunktion effizienter werden soll (*Dudda/Polaszek*, KrV 2004, 216/217).

§ 197a Stellen zur Bekämpfung von Fehlverhalten im Gesundheitswesen

(1) **¹Die Krankenkassen, wenn angezeigt ihre Landesverbände, und der Spitzenverband Bund der Krankenkassen richten organisatorische Einheiten ein, die Fällen und Sachverhalten nachzugehen haben, die auf Unregelmäßigkeiten oder auf rechtswidrige oder zweckwidrige Nutzung von Finanzmitteln im Zusammenhang mit den Aufgaben der jeweiligen Krankenkasse oder des jeweiligen Verbandes hindeuten. ²Sie nehmen Kontrollbefugnisse nach § 67c Abs. 3 des Zehnten Buches wahr.**

(2) ¹Jede Person kann sich in Angelegenheiten des Absatzes 1 an die Krankenkassen und die weiteren in Absatz 1 genannten Organisationen wenden. ²Die Einrichtungen nach Absatz 1 gehen den Hinweisen nach, wenn sie auf Grund der einzelnen Angaben oder der Gesamtumstände glaubhaft erscheinen.

(3) Die Krankenkassen und die weiteren in Absatz 1 genannten Organisationen haben zur Erfüllung der Aufgaben nach Absatz 1 untereinander und mit den Kassenärztlichen Vereinigungen und Kassenärztlichen Bundesvereinigungen zusammenzuarbeiten.

(4) Die Krankenkassen und die weiteren in Absatz 1 genannten Organisationen sollen die Staatsanwaltschaft unverzüglich unterrichten, wenn die Prüfung ergibt, dass ein Anfangsverdacht auf strafbare Handlungen mit nicht nur geringfügiger Bedeutung für die gesetzliche Krankenversicherung bestehen könnte.

(5) ¹Der Vorstand der Krankenkassen und der weiteren in Absatz 1 genannten Organisationen hat den Verwaltungsrat im Abstand von 2 Jahren, erstmals bis zum 31. 12. 2005, über die Arbeit und Ergebnisse der organisatorischen Einheiten nach Absatz 1 zu berichten. ²Der Bericht ist der zuständigen Aufsichtsbehörde zuzuleiten.

Schrifttum: *J. Andres/R. Birk,* Im Kampf gegen Abrechnungsmanipulation, BKK 2007, 82; *R. Salhi,* Die Lücken im System, ArztuR 2006, 78; *S. Rixen,* Die Stellen zur Bekämpfung von Fehlverhalten im Gesundheitswesen, ZfSH/SGB 2005, 131.

A. Überblick

Die Norm verpflichtet die KK, ggf. ihre Landesverbände, sowie den Spitzenverband Bund der KK zur Einrichtung von Ermittlungs- und Prüfstellen zur Bekämpfung von Fehlverhalten im Gesundheitswesen, die innerhalb ihrer Organisationen verselbstständigt sind (vgl. die Begründung zum GMG, BT-Drs. 15/1525, 1138). Das GKV-WSG (Art. 1 Nr. 141) übertrug die Pflicht der Spitzenverbände mit Wirkung zum 1. 7. 2008 auf den Spitzenverband Bund der KK (BGBl. I 2007, 378). 1

Durch die Vorschrift soll der **effiziente Einsatz der finanziellen Mittel** in der GKV gestärkt werden (s. Begründung zum parallelen § 81 a, auf den bei § 197 a verwiesen wird, BT-Drs. 15/1525, 99). 2

B. Aufgabenbereich

Die organisatorischen Einheiten haben die Pflicht, **allen Sachverhalten,** die in Abs. 1 beschrieben sind, nachzugehen. Die einzige Eingrenzung besteht im Hinblick auf den notwendigen Bezug der betroffenen Finanzmittel zu den Aufgaben der jeweiligen Krankenkasse oder des jeweiligen Verbandes. Sie bezieht sich auf die rechts- oder zweckwidrige Nutzung von Finanzmitteln und darüber hinaus sehr weitgehend auf alle sonstigen Unregelmäßigkeiten, wobei unerheblich ist, ob diese durch Leistungserbringer, KKen oder Versicherte begangen wurden (s. *Rixen,* ZFSH/SGB 2005, 131/132). 3

Die Stellen sind verpflichtet, glaubhaft erscheinenden Hinweisen nachzugehen, die jedermann an die Stellen nach § 197 a richten kann (Abs. 2). 4

Um den Stellen nach § 197 a die Erledigung ihrer Aufgaben zu ermöglichen, sind sie in Abs. 1 S. 2 als Stelle eingeordnet, die Kontrollbefugnisse nach § 67 c 5

Abs. 3 SGB X wahrnimmt und gem. Abs. 3 zur Kooperation mit den KVen und den KBVen verpflichtet ist (vgl. auch § 81 a). Die Stellen arbeiten nach Maßgabe des Abs. 4 mit den **Staatsanwaltschaften** zusammen. Zum Anfangsverdacht vgl. § 152 Abs. 2 StPO, wobei es hier einerseits schon genügt, wenn dieser vorliegen könnte, andererseits eine Handlung mit nicht nur geringfügiger Bedeutung gefordert wird. Das Unterlassen einer Unterrichtung kann nach der Gesetzesbegründung als Strafvereitelung gem. § 258 StGB zu werten sein. Kritisch zum Zusammenspiel der Stellen nach § 197 a mit den Staatsanwaltschaften *Rixen*, ZfSH/SGB V, 131/133.

C. Berichtspflicht

6   Im Interesse der **Transparenz** und der beabsichtigten Förderung der Selbstreinigungskräfte des Gesundheitswesens (vgl. BT-Drs. 15/1525, 99) enthält Abs. 5 eine Berichtspflicht des Vorstands gegenüber dem Verwaltungsrat sowie die Verpflichtung, den Bericht der jeweiligen Aufsicht zuzuleiten.

§ 197 b Aufgabenerledigung durch Dritte

¹**Krankenkassen können die ihnen obliegenden Aufgaben durch Arbeitsgemeinschaften oder durch Dritte mit deren Zustimmung wahrnehmen lassen, wenn die Aufgabenwahrnehmung durch die Arbeitsgemeinschaften oder den Dritten wirtschaftlicher ist, es im wohlverstandenen Interesse der Betroffenen liegt und Rechte der Versicherten nicht beeinträchtigt werden.** ²**Wesentliche Aufgaben zur Versorgung der Versicherten dürfen nicht in Auftrag gegeben werden.** ³**§ 88 Abs. 3 und 4 und die §§ 89, 90 bis 92 und 97 des Zehnten Buches gelten entsprechend.**

1   Die durch das GKV-WSG eingeführte Vorschrift regelt eine zusätzliche Art der Erledigung der Aufgaben der Krankenkassen in der Form der Erledigung durch Dritte.

2   § 197 b enthält lediglich die **sozialrechtliche Befugnis** für ein derartiges Tätigwerden, eine generelle Befreiung von den Verhaltenspflichten aufgrund anderer Vorschriften (vgl. § 69 S. 2) bei der Auswahl der Dritten ist damit nicht verbunden. Zu berücksichtigen ist aber, dass das Gesetz diese Art der Aufgabenerfüllung explizit für zulässig erklärt hat. Beachte auch die Sonderregelung für die Bekanntmachung in § 88 Abs. 4 SGB X, auf den § 197 b S. 3 entsprechend verweist.

3   Die Aufgaben können durch Arbeitsgemeinschaften (vgl. § 95 Abs. 1 a SGB X) oder durch Dritte wahrgenommen werden. Zu den **Dritten** gehören auch die ab dem 1. 1. 2009 bestehenden Gesellschaften, in die die Bundesverbände durch das GKV-WSG (Art. 1 Nr. 144) umgewandelt werden. Weitere Regelungen zur Aufgabenerledigung sowohl zum Verhältnis zwischen Krankenkasse und Dritten als auch zwischen Krankenkasse und Versicherten enthalten S. 3 iVm. §§ 89–92 SGB X.

4   **Voraussetzungen** der Beauftragung sind, dass es sich nicht um wesentliche Aufgaben der Versorgung handelt, die Erledigung durch Dritte wirtschaftlicher ist (§ 12 Abs. 1), es im wohlverstandenen Interesse der Betroffenen liegt und Rechte der Versicherten nicht beeinträchtigt werden. Die bloße Zweckmäßigkeit der Auslagerung genügt demnach entgegen der Gesetzesbegründung nach dem Wortlaut nicht. Weitere Anforderungen stellt § 197 b S. 3 iVm. § 97 SGB X auf,

insbesondere besteht danach die Pflicht zur rechtzeitigen Unterrichtung der Aufsichtsbehörde.

Als möglichen Anwendungsfall sieht der Gesetzgeber den Zusammenschluss von Krankenkassen in Arbeitsgemeinschaften zwecks **Stärkung** der Verhandlungsposition. Damit nimmt er die Belange kleinerer Kassen im zunehmenden Vertragswettbewerb auf. § 1 GWB wird von § 69 S. 2 nicht für entsprechend anwendbar erklärt.

Vierter Abschnitt. Meldungen

§ 198 Meldepflicht des Arbeitgebers für versicherungspflichtig Beschäftigte

Der Arbeitgeber hat die versicherungspflichtig Beschäftigten nach den §§ 28 a bis 28 c des Vierten Buches an die zuständige Krankenkasse zu melden.

Die Vorschrift ist die erste des Vierten Abschnitts über „Meldungen"; dieser beschließt das Sechste Kapitel über die Organisation der Krankenkassen, welche zur Durchführung ihrer Aufgaben auf Meldungen angewiesen sind. Bei § 198 handelt es sich „um eine **Verweisungsvorschrift mit deklaratorischer Bedeutung**" (BT-Drs. 11/2237, 281, zu § 207 des Entwurfs). 1

Die **meldepflichtigen Tatbestände** enthalten § 28 a Abs. 1 und 2 SGB IV, den **Inhalt** regelt § 28 a Abs. 3 SGB IV. Für einen im privaten Haushalt Beschäftigten ist seitens des ArbGeb eine vereinfachte Meldung (Haushaltscheck) zu erstatten, § 28 a Abs. 7 und 8 SGB IV. Zu melden ist an die „zuständige KK" bzw. die iSv. § 28 a Abs. 1 iVm. § 28 i SGB IV (zuständige) Einzugsstelle und damit idR. die KK, von der die KrV durchgeführt wird (s. §§ 173–176). Für geringfügig Beschäftigte gelten § 28 a Abs. 9 iVm. Abs. 1–8 sowie ggf. Abs. 6 a SGB IV. 2

Das Nähere über das Melde- (und Beitragsnachweisverfahren) wird auf Grundlage der Ermächtigung nach § 28 c SGB IV in der **DEÜV**, ua. für Meldungen aufgrund des § 28 a SGB IV und § 200 Abs. 1 SGB V geregelt (§ 1 S. 1 DEÜV). Die Meldung zur GKV schließt gem. § 50 Abs. 1 S. 2 Hs. 2 SGB XI die Meldung zur sozialen PflV ein. Die **Verletzung** der Meldepflicht ist gem. § 111 Abs. 1 Nr. 2 und 2 a SGB IV mit Bußgeld bewehrt. 3

§ 199 Meldepflichten bei unständiger Beschäftigung

(1) ¹Unständig Beschäftigte haben der nach § 179 Abs. 1 zuständigen Krankenkasse Beginn und Ende der berufsmäßigen Ausübung von unständigen Beschäftigungen unverzüglich zu melden. ²Der Arbeitgeber hat die unständig Beschäftigten auf ihre Meldepflicht hinzuweisen.

(2) ¹Gesamtbetriebe, in denen regelmäßig unständig Beschäftigte beschäftigt werden, haben die sich aus diesem Buch ergebenden Pflichten der Arbeitgeber zu übernehmen. ²Welche Einrichtungen als Gesamtbetriebe gelten, richtet sich nach Landesrecht.

Um der Gefahr zu begegnen, dass unständig (Rn. 2) Beschäftigte nicht gemeldet werden, normiert Abs. 1 S. 1 eine **eigenständige Meldepflicht der unständig Beschäftigen**. Diese Pflicht **tritt neben die für den ArbGeb** gem. § 198 iVm. §§ 28 a ff. SGB IV begründete (*Baier*, Krauskopf, § 199 Rn. 3; eingehend 1

Hauck, H/N, §§ 198 bis 205 Rn. 9). Sie unterscheidet sich von letzterer gegenständlich dadurch, dass unständig Beschäftigte (nur) Beginn und Ende der Ausübung von unständigen Beschäftigungen zu melden haben, wohingegen dem ArbGeb die Meldung der einzelnen unständigen Beschäftigung auferlegt ist (s. zur Meldung durch den ArbGeb das Gemeinsame RdSchr. der Spitzenorganisationen der Sozialversicherung zum „Versicherungs-, Beitrags- und Melderecht der unständig Beschäftigen" v. 22. 6. 2006). Überdies hat der ArbGeb die nach Abs. 1 S. 1 meldepflichtigen unständig Beschäftigten auf ihre Meldepflicht gem. Abs. 1 S. 2 hinzuweisen. Diese Vorschrift fungiert nicht als Schutznorm iSd. § 823 BGB *(Peters,* Peters, KV, § 199 Rn. 10).

2   Entspr. der Legaldefinition des § 232 Abs. 3 ist **unständig** die Beschäftigung, die auf weniger als eine Woche entweder nach der Natur der Sache befristet zu sein pflegt oder im Voraus durch den Arbeitsvertrag befristet ist. Im Einklang mit § 186 Abs. 2 S. 2 sowie § 190 Abs. 4 ist als **„Ende der berufsmäßigen Ausübung"** iSd. § 199 Abs. 1 S. 1 die nach Ablauf von drei Wochen als nicht mehr nur vorübergehend geltende Nichtbeschäftigung anzusehen (s. auch *Baier,* Krauskopf, § 199 Rn. 3). Die Meldung erfolgt entspr. dem § 121 Abs. 1 S. 1 BGB innewohnenden Rechtsgedanken **unverzüglich,** wenn sie ohne schuldhaftes Zögern vorgenommen wird. Sie ist gegenüber der **zuständigen,** dh. der nach Wegfall des § 179 der im Rahmen der eingeräumten Wahlrechte die Versicherung ausführenden KK zu erstatten, vgl. §§ 173–176.

3   Gem. Abs. 2 werden Gesamtbetrieben die den eigentlichen ArbGeb (Einzelbetrieb) auferlegten Pflichten qua Gesetze übertragen, dh. ungeachtet eines Aktes der „Übernahme" (vgl. *Baier,* Krauskopf, § 199 Rn. 6). **Gesamtbetriebe** werden für mehrere Einzelbetriebe zur Übernahme eines Teils der Arbeitgeberfunktion der Einzelbetriebe errichtet (vgl. das in Rn. 1 genannte RdSchr., Ziff. I). Entspr. der „Übernahme" nach Abs. 2 S. 1 wird der eigentliche ArbGeb von seinen Pflichten freigestellt. Die Pflichten sind umfassend iSd. Melde- und Beitragsrechts unter Einbeziehung der maßgeblichen Vorschriften des SGB IV zu verstehen *(Baier,* Krauskopf, § 199 Rn. 6).

4   Nach Abs. 1 S. 2 richtet sich die Qualifikation als Gesamtbetrieb grundsätzlich nach Landesrecht; überdies kann Bundesrecht maßgeblich sein (s. *Peters,* Peters, KV, § 199 Rn. 15). Als Beispiel für Gesamtbetriebe fungieren va. (in Hamburg, Bremen, Lübeck und Rostock) gebildete **Gesamthafenbetriebe** gem. entspr. Vereinbarungen auf der Grundlage des § 1 des „GesamthafenbetriebsG" (s. zul. BGBl. I 2003, 2848).

§ 200 Meldepflichten bei sonstigen versicherungspflichtigen Personen

(1) ¹Eine Meldung nach § 28a Abs. 1 bis 3 des Vierten Buches hat zu erstatten
1. für Personen, die in Einrichtungen der Jugendhilfe für eine Erwerbstätigkeit befähigt werden sollen oder in Werkstätten für behinderte Menschen, Blindenwerkstätten, Anstalten, Heimen oder gleichartigen Einrichtungen tätig sind, der Träger dieser Einrichtung,
2. für Personen, die an Leistungen zur Teilhabe am Arbeitsleben teilnehmen, der zuständige Rehabilitationsträger,
3. für Personen, die Vorruhestandsgeld beziehen, der zur Zahlung des Vorruhestandsgeldes Verpflichtete.

²§ 28a Abs. 5 sowie die §§ 28b und 28c des Vierten Buches gelten entsprechend.

(2) ¹Die staatlichen und die staatlich anerkannten Hochschulen haben versicherte Studenten, die Ausbildungsstätten versicherungspflichtige Praktikanten und zu ihrer Berufsausbildung ohne Arbeitsentgelt Beschäftigte der zuständigen Krankenkasse zu melden. ²Das Bundesministerium für Gesundheit regelt durch Rechtsverordnung mit Zustimmung des Bundesrates Inhalt, Form und Frist der Meldungen sowie das Nähere über das Meldeverfahren.

In Ergänzung der für spezifische Gruppen versicherungspflichtiger Personen betreffend die Meldung maßgeblichen §§ 198 f., 201, 203 a sowie §§ 27 ff. KVLG und §§ 11 ff. KVSG trägt § 200 dem Bedürfnis der Meldung bei „sonstigen versicherungspflichtigen Personen" Rechnung. Bei diesen handelt es sich um die in § 5 Abs. 1 Nr. 5–10 und § 5 Abs. 3 genannten Gruppen. Abs. 1 regelt, **wer für sonstige versicherungspflichtige Personen** die Meldungen des ArbGeb zu erfüllen hat (BT-Drs. 11/2237, 218).

Während die Verweisung in Abs. 1 S. 2 hinsichtlich der Inhalte konstitutiv Bedeutung erlangt (*Baier, Krauskopf,* § 200 Rn 3), bestimmt Abs. 1 S. 1 lediglich den jeweils **Meldepflichtigen:** Dies ist gem. Abs. 1 Nr. 1 für Personen nach § 5 Abs. 1 Nr. 5, 7 und 8 der **Träger der Einrichtung,** nach Abs. 1 Nr. 2 für Teilnehmer an Leistungen zur Teilhabe (§ 5 Abs. 1 Nr. 6) der zuständige **Reha-Träger** sowie gem. Abs. 1 Nr. 3 für Bezieher von Vorruhestandsgeld (§ 5 Abs. 3) **der zur Zahlung des Vorruhestandsgeldes Verpflichtete.**

Gem. Abs. 2 S. 1 sind Hochschulen zur Meldung **aller** versicherten Studenten (über den Kreis der nach § 5 Abs. 1 Nr. 9 versicherungspflichtigen hinaus, s. *Peters,* KK, § 200 Rn. 3) ebenso verpflichtet wie die Ausbildungsstätten hinsichtlich der versicherungspflichtigen Praktikanten und der zu ihrer Berufsausbildung ohne Arbeitsentgelt Beschäftigten (§ 5 Abs. 1 Nr. 10).

Betreffend die in Abs. 2 S. 1 genannten Personen normiert Abs. 2 S. 2 eine Verordnungsermächtigung und benennt (benannte vormals) das BMG(S) als Adressaten. Auf der Grundlage dieser Bestimmung wurde die **„Studentenkrankenversicherungs-Meldeverordnung** – SKV-MV" (BGBl. I 1996, 568) erlassen.

§ 201 Meldepflichten bei Rentenantragstellung und Rentenbezug

(1) ¹Wer eine Rente der gesetzlichen Rentenversicherung beantragt, hat mit dem Antrag eine Meldung für die zuständige Krankenkasse einzureichen. ²Der Rentenversicherungsträger hat die Meldung unverzüglich an die zuständige Krankenkasse weiterzugeben.

(2) **Wählen versicherungspflichtige Rentner oder Hinterbliebene eine andere Krankenkasse, hat die gewählte Krankenkasse dies der bisherigen Krankenkasse und dem zuständigen Rentenversicherungsträger unverzüglich mitzuteilen.**

(3) ¹**Nehmen versicherungspflichtige Rentner oder Hinterbliebene eine versicherungspflichtige Beschäftigung auf, für die eine andere als die bisherige Krankenkasse zuständig ist, hat die für das versicherungspflichtige Beschäftigungsverhältnis zuständige Krankenkasse dies der bisher zuständigen Krankenkasse und dem Rentenversicherungsträger mitzuteilen.** ²Satz 1 gilt entsprechend, wenn das versicherungspflichtige Beschäftigungsverhältnis endet.

(4) **Der Rentenversicherungsträger hat der zuständigen Krankenkasse unverzüglich mitzuteilen**
1. **Beginn und Höhe einer Rente der gesetzlichen Rentenversicherung, den Monat, für den die Rente erstmalig laufend gezahlt wird,**
2. **den Tag der Rücknahme des Rentenantrags,**

§ 201

3. bei Ablehnung des Rentenantrags den Tag, an dem über den Rentenantrag verbindlich entschieden worden ist,
4. Ende, Entzug, Wegfall und sonstige Nichtleistung der Rente sowie
5. Beginn und Ende der Beitragszahlung aus der Rente.

(5) ¹Wird der Bezieher einer Rente der gesetzlichen Rentenversicherung versicherungspflichtig, hat die Krankenkasse dies dem Rentenversicherungsträger unverzüglich mitzuteilen. ²Satz 1 gilt entsprechend, wenn die Versicherungspflicht aus einem anderen Grund als den in Absatz 4 Nr. 4 genannten Gründen endet.

(6) ¹Die Meldungen sind auf maschinell verwertbaren Datenträgern oder durch Datenübertragung zu erstatten. ²Die Spitzenverbände der Krankenkassen vereinbaren gemeinsam und einheitlich mit der Deutschen Rentenversicherung Bund das Nähere über das Verfahren im Benehmen mit dem Bundesversicherungsamt. ³Kommt eine Vereinbarung nach Satz 3 bis zum 31. Dezember 1995 nicht zustande, bestimmt das Bundesministerium für Gesundheit im Einvernehmen mit dem Bundesministerium für Arbeit und Soziales das Nähere über das Verfahren.

1 Zum Zwecke der Durchführung der KV der Rentenbezieher und -antragsteller statuiert die Norm Meldepflichten dieser Personen sowie Mitteilungspflichten der KK und des RV-Trägers, die nicht gem. § 839 BGB drittgerichtet sind (BGH, NJW 1992, 972/973 f.). § 201 ist Ordnungsvorschrift (vgl. BSGE 11, 79/85) und fungiert nicht als Schutznorm iSd. § 823 BGB (*Peters*, Peters, KV, § 201 Rn. 8). Er wird **durch § 205** im Hinblick auf Meldepflichten während des Bezugs einer Rente der GRV (v. a. Beginn und Höhe betreffend) **ergänzt** (vgl. für Versorgungsbezüge §§ 202, 205).

2 Wer gem. Abs. 1 S. 1 eine Rente der GRV beantragt (vgl. den Vordruck R 810 der DRV), hat mit dem Antrag eine Meldung für die zuständige KK einzureichen. Diese Meldung, welche diejenige zur PflV mit einschließt (§ 50 Abs. 1 S. 2 Hs. 2 SGB XI), ist selbst dann abzugeben, wenn bereits eine Rente bezogen wird. Bei Renten von Todes wegen ist für jeden einzelnen Rentenbewerber eine gesonderte Meldung abzugeben (s. Gemeinsames RdSchr. der SpiVe der KV- und RV-Träger; „Krankenversicherung und Pflegeversicherung der Rentner zum 1. April 2007" v. 23. 2. 2007, A. VII. 2.1.1.). Zur Frage der Meldepflicht der weder bei Antragstellung noch zukünftig in der GKV Versicherten (und Zuleitung an eine wählbare KK) *Baier*, Krauskopf, § 201 Rn. 1 mwN.

3 **Zuständig** ist die KK, bei welcher der Meldepflichtige zur Zeit der Antragstellung als Mitglied oder familienversichert ist. Besteht keine Versicherung bei Antragstellung, ist die Meldung bei der KK einzureichen, bei der die Versicherung zuletzt durchgeführt wurde. Die gewählte KK (§§ 173 ff.) ist zuständig, wenn bereits bei Rentenantragstellung (vgl. § 189) eine andere als diejenige gewählt wird, von der die Versicherung bisher durchgeführt wurde, oder wenn ohne bisherige Versicherungspflicht eine solche nach § 5 Abs. 1 Nr. 12 in Betracht kommt. Die KK prüft das Vorliegen der Voraussetzungen der Versicherungspflicht nach § 5 Abs. 1 Nr. 11, 11 a und 12 SGB V; liegen sie nicht vor, kommt ggf. § 5 Abs. 1 Nr. 13 SGB V in Betracht.

4 Gem. **Abs. 1 S. 2** wird der **RV-Träger verpflichtet**, die Meldung nach S. 1 unverzüglich (vgl. § 199 Rn. 2) an die zuständige KK weiterzuleiten. Wählt der Rentenantragsteller oder -bezieher eine andere KK, hat nach **Abs. 2** die gewählte KK dies der bisherigen KK und dem zuständigen RV-Träger unverzüglich (§ 199 Rn. 2) mitzuteilen.

Gem. **Abs. 3** lösen **Aufnahme und Beendigung einer versicherungspflichtigen Beschäftigung** durch **versicherungspflichtige** Rentner oder Hinterbliebene im Zeichen der Vorrangigkeit der Versicherungspflicht nach § 5 Abs. 1 Nr. 1 eine Mitteilungspflicht der für das versicherungspflichtige Beschäftigungsverhältnis (abweichend) zuständigen KK gegenüber der bisherigen KK und dem RV-Träger aus. 5

Demgegenüber erfasst **Abs. 5** die **bisher nicht in der KVdR versicherten Beziehner einer Rente der GRV**, die nunmehr gem. einer Vorschrift des § 5 Abs. 1 **versicherungspflichtig** werden (einschl. der Nr. 13; vgl. auch das RdSchr. der SpiVe der KK zur KrV und PflV der bisher Nichtversicherten vom 20. 3. 2007). Die KK hat den Beginn der Versicherungspflicht dem RV-Träger unverzüglich mitzuteilen (S. 1; vgl. zur Bedeutung §§ 226 Abs. 1, 228, 249 a, 255). Nach Abs. 5 S. 2 ist entspr. Mitteilung zu machen, wenn die Versicherungspflicht endet, soweit das **Ende** der Pflicht nicht auf dem Ende, Entzug, Wegfall oder einer sonstigen Nichtleistung der Rente (in Nr. 4 genannte Gründe) beruht. 6

Neben Abs. 1 S. 2 normiert **Abs. 4 weitere Pflichten des RV-Trägers**. Entspr. der enumerierten Tatbestände hat dieser gegenüber der zuständigen KK unverzüglich eine Mitteilung zu machen, unabhängig davon, ob eine Mitgliedschaft als Rentenantragsteller besteht oder der Rentner nach anderen Vorschriften versicherungspflichtig oder freiwillig versichert ist (s. auch das RdSchr., Rn. 2, Ziff. VII. 2.3.). Abs. 4 Nr. 3 rekurriert auf den Entscheidungszeitpunkt bereits vor Unanfechtbarkeit (vgl. das RdSchr., Ziff. 2.3.3. und 2.3.4.). 7

Erstmals am 8. 7. 1996 wurde im Benehmen mit dem BVA (vgl. weitergehend das RdSchr. [Rn. 2] A VII.1. „Einvernehmen") eine **Vereinbarung über ein maschinell unterstütztes Meldeverfahren** iSd. **Abs. 6** S. 2 zur Erstattung der Meldungen nach Abs. 6 S. 1 getroffen (näher *Rüschen*, Rüschen/Sieben, KVdR, § 201 Rn. 24 ff.). S. 3 bleibt insofern ohne Bedeutung; der dort verankerte Verweis (auf S. 3) geht fehl; vielmehr ist S. 2 gemeint (*Rüschen*, Rüschen/Sieben, KVdR, § 201 Rn. 24). 8

§ 202 Meldepflichten bei Versorgungsbezügen

¹Die Zahlstelle hat bei der erstmaligen Bewilligung von Versorgungsbezügen sowie bei Mitteilung über die Beendigung der Mitgliedschaft eines Versorgungsempfängers die zuständige Krankenkasse des Versorgungsempfängers zu ermitteln und dieser Beginn, Höhe, Veränderungen und Ende der Versorgungsbezüge unverzüglich mitzuteilen. ²Bei dem am 1. Januar 1989 vorhandenen Versorgungsempfängern hat die Ermittlung der Krankenkasse innerhalb von sechs Monaten zu erfolgen. ³Der Versorgungsempfänger hat der Zahlstelle seine Krankenkasse anzugeben und einen Kassenwechsel sowie die Aufnahme einer versicherungspflichtigen Beschäftigung anzuzeigen. ⁴Die Krankenkasse hat der Zahlstelle der Versorgungsbezüge und dem Bezieher von Versorgungsbezügen unverzüglich die Beitragspflicht des Versorgungsempfängers, deren Umfang und den Beitragssatz aus Versorgungsbezügen mitzuteilen. ⁵Die Krankenkasse kann mit der Zahlstelle der Versorgungsbezüge Abweichendes vereinbaren.

[Fassung mWv. 1. 1. 2009:]

(1) *[bisheriger Wortlaut]*

(2) ¹Die Zahlstelle kann der zuständigen Krankenkasse die Meldung durch gesicherte und verschlüsselte Datenübertragung aus systemgeprüften Programmen oder mittels maschineller Ausfüllhilfen erstatten. ²Den Aufbau des Daten-

§ 202

satzes, notwendige Schlüsselzahlen und Angaben legt der Spitzenverband Bund der Krankenkassen in Grundsätzen fest, die vom Bundesministerium für Arbeit und Soziales im Einvernehmen mit dem Bundesministerium für Gesundheit zu genehmigen sind; die Bundesvereinigung der Deutschen Arbeitgeberverbände ist anzuhören.

(3) ¹Übermittelt die Zahlstelle die Meldungen nach Absatz 2, so hat die Krankenkasse alle Angaben gegenüber der Zahlstelle durch Datenübertragung zu erstatten. ²Absatz 2 Satz 2 gilt entsprechend.

1 In Erweiterung der Vorschriften der RVO soll mittels dieser Bestimmung eine möglichst **frühzeitige beitragsrechtliche Erfassung der Versorgungsbezüge** (vgl. § 226 Abs. 1 Nr. 3, § 229) erreicht werden; sie ist grundsätzlich nicht − anders als bei laufenden Beitragszahlungen − auf Veränderungen beschränkt (BT-Drs. 11/2237, 219). Adressaten der Meldepflichten sind sowohl die Zahlstelle als auch der Versorgungsempfänger und die KK. Die Bestimmung gilt in der KVdL entspr. (§ 30 KVLG).

2 Vgl. zu Abs. 1 S. 5 die seitens der SpiVe bekannt gemachte **„Verfahrensbeschreibung** der Beitragsabführung zur Kranken- und Pflegeversicherung durch die Zahlstellen von Versorgungsbezügen (Zahlstellenverfahren)" vom 12. 1. 2006.

3 Gem. Abs. 1 hat die die Versorgungsbezüge auszahlende Stelle anlässlich der erstmaligen Bewilligung **(Abs. 1 S. 1 Alt. 1)** sowie bei Mitteilung der Beendigung der Mitgliedschaft bei der KK **(Abs. 1 Alt. 2)** zunächst die zuständige KK zu ermitteln; **Abs. 1 S. 2** enthält eine fristenbezogene Übergangsregelung (näher *Baier,* Krauskopf, § 202 Rn. 7). Diese Pflicht ist Grundlage und verknüpft mit der **Pflicht der Zahlstelle,** der KK Beginn, Höhe, Veränderungen und Ende der Versorgungsbezüge unverzüglich (s. § 199 Rn. 2) mitzuteilen. Die Meldepflicht gilt unabhängig von der Versicherungsart (erfasst entspr. freiwillig Versicherte) und erstreckt sich inhaltlich auch auf Kapitalleistungen (vgl. auch das Gemeinsame RdSchr. der SpiVe der KV- und RV-Träger [§ 201 Rn. 2], A. VII. 3.4.

4 Die Mitteilungspflichten des **Versorgungsempfängers** gegenüber der Zahlstelle (Angabe der KK, Anzeige des KK-Wechsels, Aufnahme einer versicherungspflichtigen Beschäftigung) normiert S. 3. Sie werden ergänzt durch § 205 Nr. 2.

5 Die **KK** hat sowohl der Zahlstelle der als auch dem Empfänger von Versorgungsbezüge(n) unverzüglich (s. § 199 Rn. 2) dessen Beitragspflicht, deren Umfang und den Beitragssatz aus den Versorgungsbezügen mitzuteilen. Vgl. zur Empfehlung der Mitteilung über das Ende der Beitragspflicht das RdSchr. der SpiVe (Rn. 3), A. VII. 3.3.

6 **Abs. 2 und 3** wurden durch G. v. 19. 12. 2007 (BGBl. I, 3024/3030) **mWv. 1. 1. 2009** angefügt, der bisherige Wortlaut wird Abs. 1. Die Erweiterung erlaubt auch im sog. Zahlstellenverfahren die (ab dem 1. 1. 2011 obligatorische) Meldung der notwendigen Angaben durch **Datenübertragung,** wobei sich die Datensätze am bewährten Meldeverfahren der Sozialversicherung orientieren (s. BR-Drs. 543/07, 47). Übermittelt die Zahlstelle die Daten in dieser Form, so hat auch die KK alle Angaben gegenüber der Zahlstelle durch Datenübertragung zu erstatten (Abs. 3 S. 1); Aufbau sowie System- und Beteiligungsanforderungen für die Übertragung (Abs. 2 S. 2) gelten entspr. (Abs. 3 S. 2).

7 Gem. § 307 Abs. 2 Nr. 1 lit. c stellt die vorsätzliche oder leichtfertige Verletzung der nach § 202 Abs. 1 begründeten Pflichten durch den als Zahlstelle Verantwortlichen eine Ordnungswidrigkeit dar. Eine Verletzung des § 202 [Abs. 1] S. 2 seitens der Zahlstelle gegenüber der Krankenkasse begründet keinen Schadensersatzan-

spruch; die Norm ist insbesondere kein Schutzgesetz iSd. § 823 Abs. 2 BGB (BSG, SozR 3–2500, § 202 Nr. 2, Nr. 3 S. 973 f.).

§ 203 Meldepflichten bei Bezug von Erziehungsgeld oder Elterngeld

Die Zahlstelle des Erziehungsgeldes oder Elterngeldes hat der zuständigen Krankenkasse Beginn und Ende der Zahlung des Erziehungsgeldes oder Elterngeldes unverzüglich mitzuteilen.

Im Zeichen des Fortbestands der Mitgliedschaft Versicherungspflichtiger bei Bezug von Elterngeld oder Erziehungsgeld (§ 192 Abs. 1 Nr. 2) und zur beitragsfreien (§ 224 Abs. 1 S. 1) Weiterführung des Versicherungsschutzes (s. BT-Drs. 10/3792, 22) verpflichtet die mit Einführung des BEEG mWv. 1. 1. 2007 erweiterte Vorschrift zur **Meldung des Beginns und des Endes der Zahlung** der genannten Leistung an die KK, bei der die Berechtigten versichert (und insoweit auskunftspflichtig, *Baier*, Krauskopf, § 203 Rn. 5) sind. Die Meldung hat unverzüglich (§ 199 Rn. 2) zu erfolgen. Vgl. zu entspr. Wirkungen in der PflV einschließlich der Erstreckungswirkung der Meldung zur PflV § 49 Abs. 2, § 50 Abs. 1 S. 2, § 56 Abs. 3 GB XI. 1

Meldepflichtige **Zahlstellen** des Erziehungsgeldes sind die nach § 10 S. 1 BErzGG von den LandesReg. bestimmten oder die von entspr. beauftragten Stellen bestimmten Behörden. Im Rahmen des BEEG folgt die zuständigkeitsinduzierte Verpflichtung iVm. § 12 Abs. 1 S. 1. 2

§ 203 a Meldepflichten bei Bezug von Arbeitslosengeld, Arbeitslosengeld II oder Unterhaltsgeld

Die Agenturen für Arbeit oder in den Fällen des § 6 a des Zweiten Buches die zugelassenen kommunalen Träger erstatten die Meldungen hinsichtlich der nach § 5 Abs. 1 Nr. 2 und Nr. 2 a Versicherten entsprechend §§ 28 a bis 28 c des Vierten Buches.

Für die nach § 5 Abs. 1 Nr. 2 (Bezieher von Alg nach dem SGB III) und **Nr. 2 a** (Bezieher von Alg II gem. SGB II) **Versicherungspflichtigen** ordnet die Vorschrift Meldungen entspr. der §§ 28 a bis 28 c SGB IV an. Die Meldung schließt diejenige zur sozialen PflV mit ein, § 50 Abs. 1 S. 2 SGB XI. Eine Verletzung der Pflichten aus § 203 a begründet nicht den Tatbestand einer Ordnungswidrigkeit (vgl. § 307). 1

Meldepflichtig für Versicherungspflichtige iSd. § 5 Abs. 1 Nr. 2 sind die AAen. Adressaten der Meldepflicht für den Personenkreis nach § 5 Abs. 1 Nr. 2 a sind ebenfalls die AAen (§ 6 Abs. 1 Nr. 1 iVm. § 44 b SGB II) oder die gem. § 6 a SGB II anstelle der **Agenturen** als Träger der Leistung umfassend **zugelassenen kommunalen Träger** (iSd. § 6 Abs. 1 Nr. 2 SGB II). Sofern nicht optierende Kommunen sich auch an einer **ArbGem.** nach § 44 b SGB II nicht beteiligen, übernimmt die BA das Beitrags- und Meldeverfahren (vgl. das Gemeinsame RdSchr. der SpiVe der KKen und der BA „Versicherungs-, Beitrags- und Melderecht der Bezieher von Alg II" v. 26. 1. 2007). Nach der Entscheidung des BVerfG v. 20. 12. 2007 ist § 44 b SGB II mit Art. 28 Abs. 2 S. 1 und iVm. Art. 83 GG unvereinbar, bleibt allerdings bis zum 31. 12. 2010 anwendbar, wenn der Gesetzgeber nicht zuvor eine andere Regelung trifft (NZS 2008, 198). 2

§ 204 Meldepfl. b. Einberufung

3   Für den **Inhalt der Meldung** sind gem. entspr. Geltung des § 28 a Abs. 1 und 3 SGB IV anstelle der Umstände des Beschäftigungsverhältnisses va. **Beginn und Ende des Leistungsbezugs** iRd. Leistungsgewährung maßgeblich, ferner mit Blick auf § 5 Abs. 1 Nr. 2 Ruhenszeiten oder die Verhängung von Sperrzeiten. Vgl. zu Einzelheiten das RdSchr. der SpiVe der Sozialversicherungsträger vom 14. 12. 2004 „KV, PflV und RV der Leistungsbezieher nach dem SGB III ab dem 1. 1. 2005" (D. I.2., S. 116 ff.), sowie das in Rn. 2 genannte RdSchr. (IV.2., S. 74 ff.). Bzgl. der Aufgaben der Einzugsstelle gilt § 28 b SGB IV weithin entspr.

§ 204 Meldepflichten bei Einberufung zum Wehrdienst oder Zivildienst

(1) ¹Bei Einberufung zu einem Wehrdienst hat bei versicherungspflichtig Beschäftigten der Arbeitgeber und bei Arbeitslosen die Agentur für Arbeit den Beginn des Wehrdienstes sowie das Ende des Grundwehrdienstes und einer Wehrübung oder einer Dienstleistung oder Übung nach dem Vierten Abschnitt des Soldatengesetzes der zuständigen Krankenkasse unverzüglich zu melden. ²Das Ende eines Wehrdienstes nach § 4 Abs. 1 Nr. 6 des Wehrpflichtgesetzes hat das Bundesministerium der Verteidigung oder die von ihm bestimmte Stelle zu melden. ³Sonstige Versicherte haben die Meldungen nach Satz 1 selbst zu erstatten.

(2) ¹Absatz 1 gilt für den Zivildienst entsprechend. ²An die Stelle des Bundesministeriums der Verteidigung tritt das Bundesamt für den Zivildienst.

1   Im Zeichen **besonderer Bestimmungen** des Leistungs- (§ 16 Abs. 1 Nr. 2), des Mitgliedschafts- (§ 193) und des Beitragsrechts (§§ 244, 251 Abs. 4) trägt § 204 dem Bedürfnis rechtzeitiger Information des KK über Beginn und Ende des **Wehr- und Zivildienstes** sowie bestimmter **Dienstleistungen** und **Übungen** Rechnung. Die diesbezüglich verpflichtenden Meldungen sind unverzüglich (§ 199 Rn. 2) an die zuständige KK zu erstatten. Die Verletzung der Pflichten aus Abs. 1 S. 1 und 3, jeweils auch iVm. Abs. 2 S. 1, ist gem. § 307 Abs. 2 Nr. 1 lit. a und b iVm. Abs. 3 als Ordnungswidrigkeit bewehrt.

2   Gem. **Abs. 1** S. 1 ist bei versicherungspflichtig Beschäftigten der **Arbeitgeber**, bei Arbeitslosen (§ 5 Abs. 1 Nr. 2, Nr. 2 a) die **AA** verpflichtet, den Beginn (aller Arten) des **Wehrdienstes** (s. § 4 Abs. 1 WPflG) zu melden. Das Ende hingegen ist meldepflichtiger Tatbestand nur bzgl. des Grundwehrdienstes (§ 4 Abs. 1 Nr. 1, § 5 WPflG) und der Wehrübung (§ 4 Abs. 1 Nr. 2, § 6 WPflG). Bei **Dienstleistungen oder Übungen** (letztere sind wie zB. Hilfeleistungen im Innern besondere Arten der Dienstleistungen, §§ 59 ff. SoldatenG) sind nach dem wenig geglückten Gesetzeswortlaut ebenfalls Beginn und Ende zu melden.

3   Das **Ende** des unbefristeten Wehrdienstes **im Spannungs- und Verteidigungsfall** (§ 4 Abs. 1 Nr. 6 WPflG) meldet das BM der Verteidigung gem. **Abs. 1 S. 2** an die von ihm zu bestimmende Stelle. Von S. 1 und 2 **nicht erfasste Versicherungspflichtige oder freiwillig Versicherte** haben gem. **Abs. 1 S. 3** die Meldungen nach S. 1 selbst zu erstatten.

4   Für Zivildienstleistende gilt Abs. 1 gem. **Abs. 2** entspr. In Ermangelung einer dem Wehrdienst vergleichbaren Differenzierung (vgl. Abs. 1 S. 2; Rn. 2) soll, was naheliegt, das Ende des **Zivildienstes** allgemein vom Bundesamt für den Zivildienst zu melden sein (*Baier*, Krauskopf, § 204 Rn. 3); mit § 307 (Rn. 1) ist dies gleichwohl schwer in Einklang zu bringen.

§ 205 Meldepflichten bestimmter Versicherungspflichtiger

Versicherungspflichtige, die eine Rente der gesetzlichen Rentenversicherung oder der Rente vergleichbare Einnahmen (Versorgungsbezüge) beziehen, haben ihrer Krankenkasse unverzüglich zu melden
1. Beginn und Höhe der Rente,
2. Beginn, Höhe, Veränderungen und die Zahlstelle der Versorgungsbezüge sowie
3. Beginn, Höhe und Veränderungen des Arbeitseinkommens.

Die Vorschrift **ergänzt §§ 201 und 202** um Meldepflichten der nach § 5 Versicherungspflichtigen, die eine Rente (§ 228) oder Versorgungsbezüge (§ 229) beziehen. Diese Meldepflichten sowie diejenigen des RV-Trägers (§ 201 Abs. 4 Nr. 1) und der Zahlstelle (§ 202 S. 1) bestehen nebeneinander. Die Meldung hat der jeweils zuständigen KK gegenüber unverzüglich (§ 199 Rn. 2) zu erfolgen. 1

§ 205 dient der rechtzeitigen und vollständigen **Erfassung aller im Hinblick auf §§ 226 ff. beitragspflichtigen Einnahmen**, zu denen Renten, Versorgungsbezüge und Arbeitseinkommen gehören. Danach sind **alle,** nicht nur die nach § 5 Abs. 1 Nr. 11 bis 12 **Versicherungspflichtigen** zur Meldung verpflichtet. Ohne Einfluss auf die Meldepflicht bleiben weiter die für die Entrichtung im Einzelfall maßgebliche Höhe der Versorgungsbezüge bzw. der Arbeitseinkommen (§ 226 Abs. 2) sowie eine mögliche Nichtberücksichtigung iSd. § 230 (*Baier,* Krauskopf, § 205 Rn. 3). 2

Auf eine Meldung des **Beginn**s und der **Höhe der Rente** durch den Versicherungspflichtigen gem. **Nr. 1** kommt es mit Blick auf § 201 Abs. 4 Nr. 1 besonders an, wenn der Rentner erst nach Rentenbewilligung (etwa durch Aufnahme einer Beschäftigung) krankenversicherungspflichtig wird (vgl. auch das bei § 201 Rn. 2 zitierte RdSchr., A VII. 2.1.3.). Im Unterschied zu Nr. 2 und 3 sind Veränderungen der Rentenhöhe nicht meldepflichtig. 3

Beginn, Höhe, Veränderungen und die Zahlstelle der Versorgungsbezüge sind unbeschadet der Meldepflicht der Versorgungsempfänger nach § 202 S. 3 gem. § 205 **Nr. 2** zu melden; wichtig ist dies va., wenn die Zahlstelle ihrer Meldepflicht (§ 202 S. 1) mangels Kenntnis der zuständigen KK noch nicht nachgekommen ist oder der Empfänger erst nach Zubilligung der Versorgungsbezüge krankenversicherungspflichtig wird (s. RdSchr., Rn. 3, VII. 3.2.). 4

Schließlich sind vom Versicherungspflichtigen – ungeachtet der Grundlage der Versicherungspflicht – **Beginn, Höhe und Veränderungen des Arbeitseinkommens** zu melden (**Nr. 3**), dh. der Gewinn aus einer selbständigen Tätigkeit iSd. § 15 SGB IV (zur Bedeutung für den Inhalt der Meldung *Baier,* Krauskopf, § 205 Rn. 6; s. auch das RdSchr., Rn. 3, VII. 4.). Die Ahndung allein einer **Verletzung dieser Pflicht als Ordnungswidrigkeit** gem. § 307 Abs. 2 Nr. 1 lit. b iVm. Abs. 3 trägt dem besonderen Bedürfnis ihrer Einhaltung Rechnung, da sie anders als diejenigen nach § 205 Nr. 1 und 2 nicht durch gleichgerichtete Meldepflichten (§ 201 Abs. 4 Nr. 1 bzw. § 202 S. 1) flankiert wird. 5

§ 206 Auskunfts- und Mitteilungspflichten der Versicherten

(1) ¹Wer versichert ist oder als Versicherter in Betracht kommt, hat der Krankenkasse, soweit er nicht nach § 28 o des Vierten Buches auskunftspflichtig ist,

§ 206

1. auf Verlangen über alle für die Feststellung der Versicherungs- und Beitragspflicht und für die Durchführung der der Krankenkasse übertragenen Aufgaben erforderlichen Tatsachen unverzüglich Auskunft zu erteilen,
2. Änderungen in den Verhältnissen, die für die Feststellung der Versicherungs- und Beitragspflicht erheblich sind und nicht durch Dritte gemeldet werden, unverzüglich mitzuteilen.

²Er hat auf Verlangen die Unterlagen, aus denen die Tatsachen oder die Änderung der Verhältnisse hervorgehen, der Krankenkasse in deren Geschäftsräumen unverzüglich vorzulegen.

(2) Entstehen der Krankenkasse durch eine Verletzung der Pflichten nach Absatz 1 zusätzliche Aufwendungen, kann sie von dem Verpflichteten die Erstattung verlangen.

1   Die Vorschrift normiert Auskunftserteilungs-, Mitteilungs- und Vorlagepflichten für **Versicherte** sowie solche **Personen, die als Versicherte in Betracht kommen,** dh. einen krankenversicherungsrechtlich relevanten Sachverhalt erfüllen, selbst wenn das mögliche bzw. fragliche Versicherungsverhältnis bereits beendet ist oder bevorsteht (*Baier,* Krauskopf, § 206 Rn. 3 und 5). Die Mitwirkungspflichtigen haben ihren Pflichten unverzüglich (§ 199 Rn. 2) nachzukommen.

2   Die Auskunfts- und Vorlagepflicht für Beschäftigte nach § 28 o SGB IV schließt die Anwendung des § 206, der den die Leistungsseite betreffenden § 60 SGB I ergänzt (s. *Rüschen,* Rüschen/Sieben, KVdR, § 206 Rn. 2), für dort erfasste Angaben sowie für Auskünfte im Zusammenhang mit einer Beschäftigung insgesamt aus (*Baier,* Krauskopf, § 206 Rn. 7).

3   Die in **Abs. 1 S. 1 Nr. 1** verankerte Pflicht zur **Auskunft über alle erforderlichen Tatsachen** für die Feststellung der Versicherungs- und Beitragspflicht und für die Durchführung der der KK übertragenen Aufgaben besteht ebenso **nur auf Verlangen wie** die **Pflicht zur Vorlage** hinsichtlich mitteilungspflichtiger Tatsachen und Änderungen (iSd. Nr. 2) nach **Abs. 1 S. 2** (näher dazu *Baier,* Krauskopf, § 206 Rn. 12 f.).

4   Ohne dass ein Verlangen des Trägers erforderlich wäre, hat der nach § 206 Verpflichtete (Rn. 1) gem. **Abs. 1 S. 1 Nr. 2** Änderungen in den Verhältnissen, die für die Feststellung der Versicherungs- und Beitragspflicht erheblich sind und nicht durch Dritte gemeldet werden, unverzüglich mitzuteilen. Diese **Konditionierung durch anderweitige Kenntnis** bildet – über Abs. 1 S. 1 Nr. 2 hinaus – eine **Grenze der Mitwirkungspflicht auch für die Auskunfts- bzw. Vorlagepflicht** nach Abs. 1 S. 1 Nr. 1 bzw. Abs. 1 S. 2 (*Peters,* KK, § 206 Rn. 5). Auf die tatsächlich erfolgte Meldung zu rekurrieren, erscheint angesichts des Wortlauts und zum Zweck der (rechtzeitigen) Erfassung der versicherungsrelevanten Verhältnisse vorzugswürdig gegenüber einer Betrachtung, die sich an der Pflicht des Dritten iVm. konkretisierenden (und zT. subtilen) Abgrenzungskriterien (vgl. *Baier,* Krauskopf, § 206 Rn. 11) orientiert.

5   Eine **Verletzung der Pflichten** gem. Abs. 1 wird auf zweifache Art und Weise „sanktioniert": Zum einen kann die KK vom Verpflichteten verlangen, die ihr durch eine Pflichtenverletzung entstandenen zusätzlichen Aufwendungen zu erstatten, **Abs. 2.** Darüber hinaus begründet der Verstoß gegen die nach Abs. 1 S. 1 (hinsichtlich beider Ziffern) und Abs. 1 S. 2 auferlegten Pflichten – einschließlich ihrer nicht rechtzeitigen Erfüllung – gem. § 307 Abs. 2 Nr. 2 bzw. 3, jeweils iVm. Abs. 3, eine zu ahndende Ordnungswidrigkeit.

Siebtes Kapitel. Verbände der Krankenkassen

§ 207 Bildung und Vereinigung von Landesverbänden

(1) [1]In jedem Land bilden die Ortskrankenkassen einen Landesverband der Ortskrankenkassen, die Betriebskrankenkassen einen Landesverband der Betriebskrankenkassen, die Innungskrankenkassen einen Landesverband der Innungskrankenkassen. [2]Die Landesverbände der Krankenkassen sind Körperschaften des öffentlichen Rechts. [3]Die Krankenkassen gehören vorbehaltlich des § 212 Abs. 1 Satz 2 dem Landesverband des Landes an, in dem sie ihren Sitz haben. [4]Andere Krankenkassen können den Landesverbänden beitreten.

(2) [1]Bestehen in einem Land am 1. Januar 1989 mehrere Landesverbände, bestehen diese fort, wenn die für die Sozialversicherung zuständige oberste Verwaltungsbehörde des Landes ihre Zustimmung nicht bis zum 31. Dezember 1989 versagt. [2]Die für die Sozialversicherung zuständigen obersten Verwaltungsbehörden der Länder können ihre Zustimmung nach Satz 1 unter Einhaltung einer einjährigen Frist zum Ende eines Kalenderjahres widerrufen. [3]Versagen oder widerrufen sie die Zustimmung, regeln sie die Durchführung der erforderlichen Organisationsänderungen.

(2a) Vereinigen sich in einem Land alle Mitglieder eines Landesverbandes oder werden alle Mitglieder eines Landesverbandes durch die Landesregierung zu einer Krankenkasse vereinigt, tritt diese Krankenkasse in die Rechte und Pflichten des Landesverbandes ein.

(3) [1]Länderübergreifende Landesverbände bestehen fort, wenn nicht eine der für die Sozialversicherung zuständigen obersten Verwaltungsbehörden in den betroffenen Ländern ihre Zustimmung bis zum 31. Dezember 1989 versagt. [2]Jede dieser obersten Verwaltungsbehörden der Länder kann ihre Zustimmung unter Einhaltung einer einjährigen Frist zum Ende eines Kalenderjahres widerrufen. [3]Wird die Zustimmung versagt oder widerrufen, regeln die beteiligten Länder die Durchführung der erforderlichen Organisationsänderungen einvernehmlich.

(4) [1]Besteht in einem Land nur eine Krankenkasse der gleichen Art, nimmt sie zugleich die Aufgaben eines Landesverbandes wahr. [2]Sie hat insoweit die Rechtsstellung eines Landesverbandes.

(4a) [1]Besteht in einem Land für eine Kassenart kein Landesverband, nimmt ein anderer Landesverband dieser Kassenart mit Zustimmung der für die Sozialversicherung zuständigen obersten Verwaltungsbehörden der beteiligten Länder die Aufgabe eines Landesverbandes in diesem Land wahr. [2]Kommt eine Einigung der Beteiligten nicht innerhalb von drei Monaten nach Wegfall des Landesverbandes zustande, nimmt der Bundesverband der Kassenart diese Aufgabe wahr.

(5) [1]Mit Zustimmung der für die Sozialversicherung zuständigen obersten Verwaltungsbehörden der Länder können sich Landesverbände der gleichen Krankenkassenart zu einem Verband zusammenschließen. [2]Das gilt auch, wenn die Landesverbände ihren Sitz in verschiedenen Ländern haben.

§ 207 Bildung und Vereinigung von Landesverbänden

Schrifttum: *N. Finkenbusch,* Die Träger der Krankenversicherung – Verfassung und Organisation, 5. Aufl. 2004; *M. Hein,* Die Verbände der Sozialversicherungsträger in der Bundesrepublik Deutschland, 1990; *T. Schüller,* Ämterhäufung in der gesetzlichen Krankenversicherung, NZS 2007, 358–362; *N. Uhrig,* Die Krankenkassen und ihre Verbände – föderale Aufgaben- und Organisationsstruktur mit zahlreichen Durchbrechungen, KrV 1994, 282–285.

Inhaltsübersicht

	Rn.
A. Überblick	1
B. Landesverbände, Abs. 1	2
I. Bildung von Landesverbänden, Abs. 1 S. 1	2
II. Rechtsstellung der Landesverbände, Abs. 1 S. 2	3
III. Mitgliedschaft in den Landesverbänden, Abs. 1 S. 3 und 4	4
C. Mehrere Landesverbände in einem Land, Abs. 2	5
D. Vereinigung aller Mitglieder eines Landesverbandes, Abs. 2a	6
E. Länderübergreifende Landesverbände, Abs. 3	7
F. (Einzige) Krankenkasse als Landesverband, Abs. 4	8
G. Aufgabenwahrnehmung durch fremde Landesverbände, Abs. 4a	9
H. Zusammenschluss von Landesverbänden, Abs. 5	12

A. Überblick

1 § 207 regelt die Bildung und Vereinigung von Landesverbänden der gesetzlichen Krankenkassen und lehnt sich an den früheren § 414 Abs. 1 RVO an. Es zeigen sich dabei gewisse Parallelen im Organisationsrecht der Krankenkassen (vgl. §§ 143 ff.) und in § 212. Es wird zum einen bestimmt, dass die Landesverbände **öffentlich-rechtliche Körperschaften** sind (Abs. 1 S. 2). Zum anderen werden Fragen der Zugehörigkeit entschieden (Abs. 1 S. 3 und 4). Abs. 2 stellt eine Übergangsvorschrift zum Fortbestehen mehrerer Landesverbände dar, während Abs. 2a eine nach einer Vereinigung einzig verbliebene Krankenkasse zur Rechtsnachfolgerin des Landesverbandes bestimmt. Abs. 3 regelt weiterhin übergangsweise das Fortbestehen von länderübergreifenden Landesverbänden. Abs. 4 weist im Fall einer einzigen Krankenkasse der gleichen Art dieser die Rechtsstellung eines Landesverbandes zu. Gem. Abs. 4a werden die Möglichkeit und das Verfahren zur Aufgabenwahrnehmung durch einen anderen Landesverband derselben Kassenart geregelt; außerdem wird die subsidiäre Aufgabenwahrnehmung durch den jeweiligen Bundesverband bestimmt. Abs. 5 sieht die Möglichkeit der Vereinigung von Landesverbänden der gleichen Kassenart vor.

1a Dem Verbandswesen der GKV immanent ist eine **Verlagerung von Aufgaben** der einzelnen Krankenkassen **auf übergeordnete Organisationseinheiten** (dazu grundlegend *Hein,* Verbände, 1 ff.). Dies nützt in erster Linie kleinen Kassenorganisationen, die nicht über das notwendige Fachwissen und Personal verfügen. Die historisch angelegte Verbandsorganisation steht somit seit Einführung der Möglichkeit kassenartübergreifender Vereinigungen (§ 171a) in unmittelbarer Organisationskonkurrenz. Beide Mechanismen folgen dem sozialrechtlichen Kooperationsgedanken und dem Ziel der Verwaltungsökonomie. Beide Ansätze führen jedoch auch im Hinblick auf den ursprünglichen Regionalbezug der GKV zu einer zunehmenden Selbstverwaltungsferne. Eine rechtspolitische Entscheidung für die eine oder andere Organisationsform ist unerlässlich, um **strukturelle Konzeptkonflikte** zu vermeiden.

B. Landesverbände, Abs. 1

I. Bildung von Landesverbänden, Abs. 1 S. 1

Abs. 1 S. 1 bestimmt für die Orts-, Betriebs- und Innungskrankenkassen in jedem (Bundes-)Land jeweils die Bildung eines einzigen Landesverbandes. Jede der früher sog. „RVO-Kassen" (AOK, BKK, IKK; vgl. *Hänlein,* H/K, § 207 Rn. 1) gehört zwingend demjenigen **Landesverband** an, der für die jeweilige Kassenart zuständig ist (sog. **Kassenartprinzip**; vgl. § 4 Rn. 5 ff.). Für jedes Bundesland ist im Grundsatz ein Landesverband vorgeschrieben (sog. **Bundeslandprinzip**; *Peters,* KK, § 207 Rn. 7 f.). Die Verbandsvorschriften halten insofern mit einem föderaleren Ansatz das mit dem GKV-WSG verfolgte Ziel der Überwindung von Kassenarten (vgl. § 171 a; BT-Drs. 16/3100, 90 und 156 f.) aufrecht. Für die OKKn und die IKKn stellt Abs. 1 inzwischen allerdings eine überholte Regelung dar; der Fall des Abs. 2 a bzw. Abs. 4 (dh. die landesweite Zuständigkeit einer Krankenkasse) ist die Regel. Die Aufgabenwahrnehmung der Ersk. auf Landesebene wird durch § 212 Abs. 5 geregelt. Die Aufgabenwahrnehmung der landwirtschaftlichen Krankenkasse (LKK) wird nach § 36 S. 1 KVLG 1989 sichergestellt.

II. Rechtsstellung der Landesverbände, Abs. 1 S. 2

Die Landesverbände der Krankenkassen sind gem. Abs. 1 S. 2 **Körperschaften des öffentlichen Rechts.** Wie sich aus § 209 ergibt, handelt es sich um öffentlich-rechtliche Körperschaften mit **Selbstverwaltung.** Die Verbände der Krankenkassen sind – wie ihre Mitglieder auch – nicht grundrechtsfähig (grundlegend BVerfGE 39, 302/313 f.).

III. Mitgliedschaft in den Landesverbänden, Abs. 1 S. 3 und 4

Grundsätzlich gehören die Krankenkassen dem Landesverband des Landes an, in dem sie ihren **Sitz** haben (Abs. 1 S. 3). Daraus ergibt sich, dass durch Verlegung des Sitzes einer Kasse (vgl. § 194 Abs. 1 Nr. 1) die Zuständigkeit des Landesverbandes beeinflusst werden kann. Die Regelung ist vor dem Hintergrund der durch das GKV-WSG stärker profilierten Haftungsverbände relevant (Stichwort: **„Haftungsflucht").** Abs. 1 S. 4 **(„andere Krankenkassen")** modifiziert das Kassenartprinzip. Solche Krankenkassen, die in Abs. 1 S. 1 nicht angesprochen sind, sollen dem jeweils örtlich zuständigen Landesverband **beitreten** können. Sie können durch einseitige öffentlich-rechtliche Willenserklärung die Mitgliedschaft bei einem der Landesverbände einer anderen Kassenart begründen, in dessen Land die Krankenkasse ihren Sitz hat. Angesichts der zunehmend zentralisierten Kassenstruktur, der mit einem Beitritt verbundenen finanziellen und haftungsrechtlichen Folgen sowie der nahezu lückenlosen verbandlichen Bindungen aller Krankenkassen dürfte diese Regelung nur noch theoretischer Natur sein. Im Rahmen des GKV-WSG ungeregelt blieb das Verhältnis der Vorschrift zur Wahl eines Verbandes im Fall einer kassenartenübergreifenden Vereinigung (§ 171 a Abs. 1).

C. Mehrere Landesverbände in einem Land, Abs. 2

In den Abs. 2, 3 und 4 finden sich Übergangsregelungen des GRG für die Fälle, in denen abweichend vom Grundsatz aus Abs. 1 („Bundeslandprinzip") in einem

Land mehrere bzw. länderübergreifende Landesverbände bestehen. Abs. 2 ermöglicht als Übergangsrecht ausnahmsweise den Fortbestand **mehrerer Landesverbände**, die bei In-Kraft-Treten des GRG in **einem Bundesland** existierten. So lag der Fall in NRW: Zum einen gab es die AOK Westfalen-Lippe, zum anderen die AOK Rheinland (mittlerweile AOK Rheinland/Hamburg), jeweils mit der Funktion eines Landesverbandes. Die zeitlich begrenzte Durchführung der Organisationsänderungen oblag den obersten Verwaltungsbehörden, die nach freiem Ermessen entscheiden konnten (*Krauskopf,* § 207 Rn. 11 f.).

D. Vereinigung aller Mitglieder eines Landesverbandes, Abs. 2 a

6   Eingefügt durch das GSG regelt Abs. 2 a die Folgen der erleichterten Voraussetzungen für eine Vereinigung. Bedarf es demnach der Bildung eines Verbandes in einem Land nicht mehr, weil es infolge von Vereinigungen gem. § 145 nur noch eine Kasse gibt, hat diese Kasse zugleich die **Stellung eines Landesverbandes**. Diese verbandliche Organisationsstruktur entspricht mittlerweile, insbesondere im Bereich der Ortskrankenkassen, der Regel.

E. Länderübergreifende Landesverbände, Abs. 3

7   Ähnlich wie Abs. 2 gestattet Abs. 3 als Übergangsrecht des GRG das Fortbestehen **länderübergreifender Landesverbände**, was in der Praxis aber keine Rolle spielte. Genutzt wurde dagegen die Möglichkeit **länderübergreifender Zusammenschlüsse** mit behördlicher Zustimmung nach **Abs. 5 S. 2** (so die AOK Rheinland/Hamburg und für Sachsen/Thüringen die AOK PLUS).

F. (Einzige) Krankenkasse als Landesverband, Abs. 4

8   Abs. 4 entspricht Abs. 2 a für den Fall, dass es in einem Land nur eine Krankenkasse der gleichen Art gibt (so in sämtlichen Ländern mit Ausnahme von NRW bzgl. der OKKn und bei den meisten IKKn). Die **Krankenkasse** hat auch hier zugleich die **Stellung eines Landesverbandes**. Diese Regelung ist zum einen ohne Regelungsalternativen und fördert zum anderen die Verwaltungsökonomie. Die Krankenkasse ist aufgrund dieser Rechtsstellung Mitglied des jeweiligen Bundesverbandes (§§ 212 ff.).

G. Aufgabenwahrnehmung durch fremde Landesverbände, Abs. 4 a

9   Abs. 4 a regelt den Fall, dass in einem Land für eine Krankenkassenart kein Landesverband besteht. Und zwar nicht nur wegen nachträglichen Wegfalls eines Landesverbandes, sondern auch dann, wenn von Anfang an kein Landesverband bestand. Es soll sichergestellt werden, dass die Aufgaben eines Landesverbandes auch in den Fällen wahrgenommen werden, in denen Versicherte zwar in einer Vertragsregion wohnen, in dieser Region aber keine Krankenkasse der zugehörigen Kassenart ihren Sitz hat (BT-Drs. 14/5960, 6). Die Landesverbandsaufgaben sind dann durch einen anderen Landesverband dieser Kassenart aus einem anderen Land wahrzunehmen. Eine Steuerung dieser **Fremdaufgabenwahrnehmung** erfolgt über den jeweiligen **Bundesverband** (vgl. § 217 Abs. 5 S. 1 id. bis zum

31.12.2008 geltenden Fassung; dazu auch *Finkenbusch*, Träger der Krankenversicherung, 187 f.). Das Verfahren der Auswahl eines anderen Landesverbandes ist nicht ausdrücklich geregelt. Auswahlbefugt ist sinnvollerweise die Krankenkasse mit Versicherten in dem „landesverbandslosen" Land. Eine Verpflichtung des anderen Verbandes besteht jedoch nicht.

Neben der Auswahl des Landesverbandes ist nach Abs. 4a S. 1 die (vorherige oder nachträgliche) Zustimmung der für die Sozialversicherung zuständigen obersten Verwaltungsbehörden der beteiligten Länder erforderlich. Dies sind die Aufsichtsbehörden des „landesverbandslosen" Landes, der betroffenen Krankenkasse und des externen Landesverbandes. Abs. 4a S. 2 bestimmt eine Frist von drei Monaten nach Wegfall des Landesverbandes, innerhalb derer sich die Beteiligten über einen externen Landesverband einigen müssen. Unter den **„Beteiligten"** iSv. Abs. 4a S. 2 sind die Krankenkasse, die die Auswahl zu treffen hat, der ausgewählte Landesverband sowie die betreffenden Aufsichtsbehörden zu verstehen. Erfolgt keine Einigung, werden die Aufgaben eines Landesverbandes durch den Bundesverband der Kassenart (§§ 212 ff. i. d. bis zum 31.12.2008 geltenden Fassung) wahrgenommen.

10

Die Vorschrift stößt auf **kein praktisches Regelungsbedürfnis** mehr; auf eine Folgeregelung für die Zeit ab dem 1.1.2009 („Entkörperschaftung" der bisherigen Bundesverbände) hat der Gesetzgeber verzichtet.

11

H. Zusammenschluss von Landesverbänden, Abs. 5

Gem. Abs. 5 können sich Landesverbände derselben Kassenart durch **öffentlich-rechtlichen Vertrag** (§§ 53 ff. SGB X) mit Zustimmung der für die Sozialversicherung zuständigen obersten Verwaltungsbehörden der Länder zu einem einzigen Verband **zusammenschließen**. Diese Vereinigung von Landesverbänden stellt einen **neuen Landesverband** iSv. Abs. 1 S. 1 dar und somit entsprechend Abs. 1 S. 2 eine neue Körperschaft des öffentlichen Rechts. Die Partner der Vereinigung gehen – in Entsprechung zu § 144 Abs. 4 – durch den Zusammenschluss unter (LSG Berlin, NZS 2000, 193/194). Eine Rückgängigmachung durch Anfechtung oder Kündigung ist nicht möglich (LSG Berlin, NZS 2000, 193/194). Derartige **Zusammenschlüsse** fanden zB. statt beim LV Nord der BKK für Hamburg, Mecklenburg-Vorpommern und Schleswig-Holstein, dem LV der BKK in Rheinland-Pfalz und Saarland sowie beim LV der BKK Ost für Berlin-Brandenburg, Sachsen, Sachsen-Anhalt und Thüringen.

12

§ 208 Aufsicht, Haushalts- und Rechnungswesen, Vermögen, Statistiken

(1) **Die Landesverbände unterstehen der Aufsicht der für die Sozialversicherung zuständigen obersten Verwaltungsbehörde des Landes, in dem sie ihren Sitz haben.**

(2) **¹Für die Aufsicht gelten die § 87 bis 89 des Vierten Buches. ²Für das Haushalts- und Rechnungswesen einschließlich der Statistiken gelten die §§ 67 bis 70 Abs. 1 und 5, §§ 72 bis 77 Abs. 1, §§ 78 und 79 Abs. 1 und 2, für das Vermögen die §§ 80 und 85 des Vierten Buches. ³Für das Verwaltungsvermögen gilt § 263 entsprechend.**

§ 208 Aufsicht, Haushalts- u. Rechnungswesen

Inhaltsübersicht

	Rn.
A. Überblick	1
B. Aufsicht, Abs. 1, Abs. 2 S. 1	2
C. Haushalts- und Rechnungswesen, Statistiken, Vermögen, Abs. 2 S. 2 und 3	4

A. Überblick

1 § 208 entspricht § 414 **Abs. 4 S. 2 und 4 RVO** aF. und wurde durch das GRG eingeführt. Die Vorschrift regelt die Zuständigkeit der Aufsicht über die Landesverbände (Abs. 1) und den Aufsichtsmaßstab für deren Haushalts- und Rechnungswesen samt Statistik sowie das Vermögen nach den für die Krankenkassen geltenden Bestimmungen.

B. Aufsicht, Abs. 1, Abs. 2 S. 1

2 Abs. 1 und 2 S. 1 regeln die Grundsätze der Aufsicht über die Landesverbände. Die Landesverbände unterstehen der Aufsicht der für die Sozialversicherung zuständigen obersten Verwaltungsbehörde des Landes, in dem sie ihren Sitz haben. Hierbei handelt es sich um die Ministerien bzw. Senatsbehörden nach Maßgabe der jeweils festgelegten Ressortverteilung (idR. Soziales). Die Befugnisse der jeweiligen Behörde sind auf die **Rechtsaufsicht** beschränkt. Die Aufsichtsbefugnisse können nach § 91 Abs. 2 SGB IV auf Versicherungsbehörden und andere Behörden des Landes durch Rechtsverordnung übertragen werden. Die Regelung bedeutet, dass im Fall von länderübergreifenden Landesverbänden nur ein Land die Aufsicht führt, und zwar die Aufsichtsbehörde des Sitzlandes. Eine **länderübergreifende Abstimmung** in Aufsichtsangelegenheiten ist rechtlich zwar nicht zwingend, kann jedoch insbesondere bei grundsätzlichen Fragestellungen geboten sein.

3 Abs. 2 S. 1 verweist auf die §§ 87–89 SGB IV. Damit gelten die Bestimmungen über den Umfang der allgemeinen Aufsicht, über Prüf- und Auskunftsrechte sowie über die Aufsichtsmittel, die im Verhältnis der Aufsichtsbehörden zu den Versicherungsträgern maßgeblich sind, auch gegenüber den Landesverbänden. Die Aufsichtsbehörde kann zum einen die **Geschäfts- und Rechnungsführung** des Landesverbandes prüfen. Zum anderen hat sie daneben gem. § 274 Abs. 1 S. 2 mindestens alle fünf Jahre die Geschäfts-, Rechnungs- und Betriebsführung der Landesverbände der Krankenkassen zu prüfen. Die Aufsichtsmittel und -befugnisse sind schonend auszuüben, dh. zunächst ist der Verband zu beraten und anschließend zur Behebung einer fortbestehenden Rechtsverletzung zu verpflichten. Eine bestandskräftige Verpflichtung ist ggf. mit Verwaltungszwang durchzusetzen (§ 89 Abs. 1 SGB IV).

C. Haushalts- und Rechnungswesen, Statistiken, Vermögen, Abs. 2 S. 2 und 3

4 Durch Abs. 2 S. 2 werden für das **Haushalts- und Rechnungswesen** sowie die **Statistiken** der Landesverbände die für die Sozialversicherungsträger geltenden Vorschriften des SGB IV für anwendbar erklärt. Es gelten somit die Vorschriften über die Aufstellung des **Haushaltsplans** (§ 67 SGB IV), seine Bedeutung und Wirkung (§ 68 SGB IV), den Ausgleich und die **Wirtschaftlichkeit des**

Haushalts (§ 69 SGB IV), die Aufstellung des Haushaltsplans durch den Vorstand, seine Feststellung durch die Vertreterversammlung, die Vorlage gegenüber der Aufsicht (§ 70 Abs. 1 und 5 SGB IV), die **vorläufige Haushaltsführung** (§ 72 SGB IV), überplanmäßige und außerplanmäßige Ausgaben (§ 73 SGB IV), den **Nachtragshaushalt** (§ 74 SGB IV), die **Verpflichtungsermächtigungen** (§ 75 SGB IV), die Erhebung der Einnahmen (§ 76 SGB IV), den Rechnungsabschluss, die Jahresrechnung und die Entlastung (§ 77 Abs. 1 SGB IV), die Verordnungsermächtigung (§ 78 SGB IV), die Geschäftsübersichten und Statistiken (§ 79 Abs. 1 SGB IV).

Durch Gesetz vom 20. 4. 2007 (BGBl. I, 554) wurde Abs. 2 S. 2 dahingehend 5 geändert, dass der Verweis auf § 70 Abs. 3 in § 70 Abs. 5 geändert worden ist. Dies hat zur Folge, dass die Landes- und Bundesverbände ihre Haushaltspläne nicht mehr initiativ, sondern nur noch auf Verlangen ihrer Aufsichtsbehörde vorlegen müssen – und das erst zum 1.11. statt wie vorher zum 1.10. eines Jahres.

Der Verweis auf die allgemeinen Aufsichtsvorschriften gilt auch für die **Ver-** 6 **mögensverwaltung,** wobei in S. 3 ergänzend auf § 263 verwiesen wird, dh. für die Abgrenzung des Verwaltungsvermögens gilt § 263 entsprechend. Anwendung finden auch die Bestimmungen über die sichere und liquiditätswahrende Verwaltung der Mittel (§ 80 SGB IV), die Bereithaltung von Betriebsmitteln (§ 81 SGB IV), die Rücklage und deren Anlegung (§§ 82, 83 SGB IV), die Beleihung von Grundstücken (§ 84 SGB IV) und die genehmigungsbedürftigen Vermögensanlagen (§ 85 SGB IV, zB. Anzeigepflicht für DV-Anlagen).

§ 209 Verwaltungsrat der Landesverbände

(1) ¹Bei den Landesverbänden der Krankenkassen wird als Selbstverwaltungsorgan ein Verwaltungsrat nach näherer Bestimmung der Satzung gebildet. ²Der Verwaltungsrat hat höchstens 30 Mitglieder. ³In dem Verwaltungsrat müssen, soweit möglich, alle Mitgliedskassen vertreten sein.

(2) ¹Der Verwaltungsrat setzt sich je zur Hälfte aus Vertretern der Versicherten und der Arbeitgeber zusammen. ²Die Versicherten wählen die Vertreter der Versicherten, die Arbeitgeber wählen die Vertreter der Arbeitgeber. ³§ 44 Abs. 4 des Vierten Buches gilt entsprechend.

(3) Die Mitglieder des Verwaltungsrats werden von dem Verwaltungsrat der Mitgliedskassen aus dessen Reihen gewählt.

(4) ¹Für den Verwaltungsrat gilt § 197 entsprechend. ²§ 33 Abs. 3, § 37 Abs. 1, die §§ 40, 41, 42 Abs. 1 bis 3, § 51 Abs. 1 Satz 1 Nr. 3, die §§ 58, 59, 62, 63 Abs. 1, 3, 4, § 64 Abs. 3 und § 66 Abs. 1 des Vierten Buches gelten entsprechend.

Schrifttum: *N. Finkenbusch,* Die Träger der Krankenversicherung – Verfassung und Organisation, 2004; *M. Hein,* Die Verbände der Sozialversicherungsträger in der Bundesrepublik Deutschland, 1990; *A. Windels-Pietzsch,* Friedenswahlen in der Sozialversicherung, VSSR 2003, 215–231.

Inhaltsübersicht

		Rn.
A.	Überblick	1
B.	Bildung des Verwaltungsrats, Abs. 1	2
C.	Zusammensetzung und Wahl des Verwaltungsrats, Abs. 2 und 3	4
D.	Aufgaben des Verwaltungsrats, Abs. 4 S. 1 iVm. § 197	5
E.	Anzuwendende Vorschriften, Abs. 4 S. 2	6

A. Überblick

1 § 209 wurde durch das GRG eingeführt und durch das GSG modifiziert. Die Norm regelt die Bildung und das Verfahren des Verwaltungsrates und entspricht – als Ausdruck des demokratischen Selbstverwaltungsprinzips – im Wesentlichen den Vorgängervorschriften des § 414a S. 1–6 und 8 sowie des § 414d RVO aF. Im geltenden Recht findet die Vorschrift ihre engste Anknüpfung in § 197 (vgl. Abs. 4 S. 1).

1a Die Vorschrift gestaltet den ehrenamtlichen Verwaltungsrat der Landesverbände als einziges und willensbildendes Selbstverwaltungsorgan nach denselben Grundsätzen wie den Verwaltungsrat der Krankenkassen (vgl. hierzu § 31 Abs. 3a SGB IV). Die Beschickung erfolgt aus den entsprechenden Organen der Mitgliedskassen.

B. Bildung des Verwaltungsrats, Abs. 1

2 Abs. 1 S. 1 schreibt die Einrichtung eines Verwaltungsrates zwingend vor, überlässt die Einzelheiten aber den jeweiligen Satzungen. Folglich bestimmt die Satzung des jeweiligen Verbandes die genaue Zahl und das Verfahren zur Wahl der Mitglieder (vgl. § 210 Abs. 1 S. 3 Nr. 2). Der Verwaltungsrat ist – anders als der Vorstand (§ 209a) – Organ der **Selbstverwaltung**. Abs. 1 S. 2 begrenzt die **Anzahl** der Mitglieder auf **höchstens 30**. Eine Mindestzahl sieht die Vorschrift nicht vor, allerdings müssen nach Abs. 1 S. 3, wenn möglich, alle Mitgliedskassen im Verwaltungsrat vertreten sein. Angesichts der durch freiwillige Vereinigungen stetig abnehmenden Anzahl von (Mitglieds-)Kassen dürfte die Begrenzung ausreichend sein, um allen Krankenkassen eine Mitwirkung zu ermöglichen. Sofern dennoch eine Vertretung aller Mitgliedskassen nicht möglich ist, dürfte die jeweilige Größe der Mitgliedskassen ausschlaggebendes Differenzierungskriterium sein.

3 Anders als bei den Mitgliedskassen (§ 33 Abs. 3 S. 2 iVm § 46 Abs. 3 SGB IV) ist eine ersatzweise Berufung von Verwaltungsratsmitgliedern (zB. im Falle einer Weigerung der Mitgliedskassen) durch die **Aufsicht** nicht vorgesehen; die Entsendung wäre demnach im Rahmen der verbandlichen Rechtsaufsicht (dazu § 208) durchzusetzen.

C. Zusammensetzung und Wahl des Verwaltungsrats, Abs. 2 u. 3

4 Abs. 2 und 3 regeln die **Wahl** des Verwaltungsrates: Abs. 2 S. 1 statuiert den Grundsatz der **Versicherten/Arbeitgeber-Parität** bei der Besetzung. Gem. Abs. 2 S. 2 erfolgt die Wahl nach Gruppen getrennt. Der Grundsatz der Parität gilt jedoch nur für die Zusammensetzung des Organs und nicht für die Beschlussfähigkeit im Einzelfall. Abs. 2 S. 3 verweist auf § 44 Abs. 4 SGB IV. Demnach kann der jeweilige **Spitzenverband** (vgl. § 213 idF. bis zum 31. 12. 2008; nicht: SpiBuKK) die **Zusammensetzung** des Verwaltungsrates von der folgenden Wahlperiode an in der Satzung **abweichend** von den gesetzlichen Vorschriften regeln. Hierzu bedarf es einer Mehrheit von $^3/_4$ der stimmberechtigten Mitglieder. Angesichts der „Entkörperschaftung" der bisherigen Spitzenverbände mit 31. 12. 2008 (vgl. §§ 212 f.) ist diese Vorschrift zukünftig ohne praktische Bedeutung. Ein Übergang dieser Kompetenz auf den SpiBuKK ist nicht vorgesehen und wäre auch systemwidrig. Abs. 3 (**Wahlberechtigung und Wählbarkeit**) bestimmt, dass die Mitglieder des Verwaltungsrates von den Verwaltungsratsmitgliedern der Mitgliedkassen aus deren Reihen gewählt werden. Das Wahlverfahren richtet sich nach der Satzung des Landesverbandes (§ 210 Abs. 1 S. 3 Nr. 2).

D. Aufgaben des Verwaltungsrats, Abs. 4 S. 1 iVm. § 197

Der Verwaltungsrat nimmt von denen des Vorstandes abgegrenzte **Aufgaben** 5 wahr. Hierfür verweist Abs. 4 S. 1 auf § 197. Die Kompetenz des Verwaltungsrates erstreckt sich im Wesentlichen auf die **autonome Rechtssetzung**. Daneben bestehen Zuständigkeiten im Bereich des Haushalts und der Kontrolle der laufenden Geschäftsführung. Es handelt sich insbesondere um:
– die Beschlussfassung über Satzungsrecht und sonstiges autonomes Recht;
– die Kontrolle und Entlastung des Vorstands;
– die Entscheidung über Angelegenheiten von grundsätzlicher Bedeutung;
– die Feststellung des Haushaltsplans;
– die Vertretung des Landesverbandes gegenüber dem Vorstand und dessen Mitgliedern;
– die Immobilienverwaltung;
– die Auflösung oder freiwillige Vereinigung des Landesverbandes;
– Einsicht und Prüfung von Geschäfts- und Verwaltungsunterlagen.

Kommt ein Verwaltungsrat seinen gesetzlichen und satzungsmäßigen Aufgaben 5a nicht nach, so hat die Aufsichtsbehörde diese Aufgaben – auf Kosten der jeweiligen Krankenkasse – zu erfüllen (§ 37 Abs. 1 SGB IV).

E. Anzuwendende Vorschriften, Abs. 4 S. 2

Durch den Verweis in Abs. 4 S. 2 wird deutlich, dass der Verwaltungsrat eines 6 Landesverbandes und seine Mitglieder nahezu die gleichen Aufgaben und Rechtsstellungen haben wie der Verwaltungsrat einer Krankenkasse. Im Einzelnen:
– § 33 Abs. 3 SGB IV (Bestimmungen des SGB über die Vertreterversammlung und deren Vorsitzenden gelten entsprechend für den Verwaltungsrat und dessen Vorsitzenden);
– § 37 Abs. 1 SGB IV (Rechtsfolgen bei Verhinderung der Amtsausübung);
– §§ 40, 41, 42 Abs. 1–3 SGB IV (Mitgliedschaft im Verwaltungsrat als Ehrenamt, Entschädigung, Haftung);
– § 51 Abs. 1 S. 1 Nr. 3 SGB IV, §§ 58, 59 und 62 SGB IV (Wählbarkeit, Amtsdauer, Verlust der Mitgliedschaft und Vorsitz);
– § 63 Abs. 1, 3 und 4 SGB IV und § 64 Abs. 3 SGB IV (Geschäftsordnung, Sitzungen und schriftliche Abstimmung);
– § 66 Abs. 1 SGB IV (Erledigungsausschüsse).

§ 209 a Vorstand bei den Landesverbänden

¹**Bei den Landesverbänden der Orts-, Betriebs- und Innungskrankenkassen wird ein Vorstand gebildet.** ²**Er besteht aus höchstens drei Personen.** ³**§ 35 a Abs. 1 bis 3 und 5 bis 7 des Vierten Buches gilt entsprechend.**

Schrifttum: *T. Schüller*, Ämterhäufung in der gesetzlichen Krankenversicherung, NZS 2007, 358–362.

§ 209a

Inhaltsübersicht

	Rn.
A. Überblick	1
B. Zusammensetzung und Wahl, S. 1 und 2, S. 3 iVm. § 35a SGB IV	2
C. Rechtsstellung, S. 3 iVm. § 35a SGB IV	4
D. Interne Zuständigkeit, S. 3 iVm. § 35a Abs. 1 SGB IV	5

A. Überblick

1 § 209a ist notwendige Folgeregelung der organisatorischen Neuordnung durch das GSG; eine Vorgängervorschrift in der RVO existiert nicht. Die Vorschrift wurde mit Wirkung vom 1. 1. 1996 eingefügt und findet ihre organisationsrechtliche Anknüpfung in § 35a SGB IV, da der Verbandsvorstand dem Vorstand einer Krankenkasse nachgebildet werden soll (BT-Drs. 12/3608, 114).

B. Zusammensetzung und Wahl, S. 1 und 2, S. 3 iVm. § 35a SGB IV

2 Bei den Landesverbänden ist gem. S. 1 und 2 für die Amtsdauer von jeweils sechs Jahren ein höchstens **dreiköpfiger hauptamtlicher Vorstand** (§ 35a Abs. 3 SGB IV) zu bilden. Die konkrete Zahl ist in der Verbandssatzung zu bestimmen. Das Gesetz verweist im Übrigen auf die für die Mitgliedskassen maßgeblichen Regeln in § 35a Abs. 1 bis 3 und 5 bis 7 SGB IV. Einzig § 35a Abs. 4 SGB IV ist hiervon ausgenommen, so dass die dort geregelten wechselseitigen Vertretungsregeln in der Satzung oder in den Richtlinien des Vorstandes abzubilden sind.

3 Besteht der Vorstand aus mehr als einer Person, hat der Verwaltungsrat aus der Mitte der Vorstandsmitglieder einen **Vorsitzenden** zu wählen (S. 3 iVm. § 35a Abs. 5 S. 1 SGB IV). S. 3 iVm. § 35a Abs. 5 S. 2 SGB IV trifft für die **Betriebskrankenkassen** eine **Sonderregelung** (Mehrheitsquorum der Versichertenvertreter) bei der Bestellung der Vorstandsmitglieder, die auf die Landesverbände der Orts- und der Innungskrankenkassen nicht übertragbar ist.

Nach näherer Maßgabe des § 35a Abs. 6 SGB IV hat der Verwaltungsrat bei der Wahl des Vorstands auf dessen **erforderliche fachliche Eignung** zu achten. Die ebenfalls in § 35 Abs. 6 SGB IV geregelten **Offenlegungs- und Transparenzpflichten** hinsichtlich der Vergütung gelten uneingeschränkt auch für die Vorstände der Landesverbände.

C. Rechtsstellung, S. 3 iVm. § 35a SGB IV

4 Neben der organrechtlichen gibt es eine **dienstrechtliche** Stellung der Vorstandsmitglieder, die durch den **Anstellungsvertrag** begründet wird. In dem auf sechs Jahre zu befristenden Anstellungsvertrag ist seitens des Verwaltungsrates des Landesverbandes der nähere Inhalt des Dienstverhältnisses festzulegen. Im Anstellungsvertrag sind auch Regelungen für den Fall der **Amtsenthebung und Amtsentbindung** (vgl. § 35a Abs. 7 SGB IV) zu treffen.

D. Interne Zuständigkeit, S. 3 iVm. § 35a Abs. 1 SGB IV

5 Nach S. 3 iVm. § 35a Abs. 1 SGB IV ist der Vorstand für alle **Verwaltungsgeschäfte** des Landesverbandes zuständig, soweit Gesetz oder sonstiges Recht

(Rechtsverordnungen, die Verbandssatzung, anderes autonomes Recht) nichts Abweichendes bestimmen. Für den Vorstand gibt es also, anders als für den Verwaltungsrat, keine dem § 197 entsprechende Aufgabenaufzählung. Im Zweifel liegt die umfassende Verwaltungszuständigkeit beim Verwaltungsrat. Intern gilt bei mehreren Vorstandsmitgliedern das **Ressortprinzip**. Die Verteilung der eigenverantwortlich zu führenden Geschäftsbereiche erfolgt nach den vom Gesamtvorstand erlassenen Richtlinien. Bei Meinungsverschiedenheiten innerhalb der Geschäftsführung entscheidet der Vorsitzende.

Der Vorstand ist – abgesehen von den dem Verwaltungsrat zugewiesenen besonderen Fällen (vgl. § 197 Abs. 1 Nr. 4) – gem. S. 3 iVm. § 35a Abs. 1 SGB IV das für die Vertretung des Landesverbandes zuständige Organ. Die Außenvertretung erfolgt grundsätzlich durch den **Gesamtvorstand,** kann aber nach S. 3 iVm. § 35a Abs. 1 S. 2 SGB IV auch durch Satzung auf **einzelne Mitglieder** übertragen werden. 6

§210 Satzung der Landesverbände

(1) ¹Jeder Landesverband hat durch seinen Verwaltungsrat eine Satzung aufzustellen. ²Die Satzung bedarf der Genehmigung der für die Sozialversicherung zuständigen obersten Verwaltungsbehörde des Landes. ³Die Satzung muss Bestimmungen enthalten über
1. Namen, Bezirk und Sitz des Verbandes,
2. Zahl und Wahl der Mitglieder des Verwaltungsrats und ihrer Vertreter,
3. Entschädigungen für Organmitglieder,
4. Öffentlichkeit des Verwaltungsrats,
5. Rechte und Pflichten der Mitgliedskassen,
6. Aufbringung und Verwaltung der Mittel,
7. jährliche Prüfung der Betriebs- und Rechnungsführung,
8. Art der Bekanntmachungen.
⁴§ 34 Abs. 2 des Vierten Buches gilt entsprechend.

(2) **Die Satzung muss ferner Bestimmungen darüber enthalten, dass die von dem Spitzenverband Bund der Krankenkassen abzuschließenden Verträge und die Richtlinien nach den §§ 92 und § 282 für die Landesverbände und ihre Mitgliedskassen verbindlich sind.**

Schrifttum: *K. Engelmann,* Untergesetzliche Normsetzung im Recht der gesetzlichen Krankenversicherung durch Verträge und Richtlinien, NZS 2000, 1–8.

Inhaltsübersicht

	Rn.
A. Überblick	1
B. Satzungsverfahren, Abs. 1 S. 1, 2 und 4	2
C. Inhalt der Satzung, Abs. 1 S. 3	3
D. Transformation von Verträgen und Richtlinien, Abs. 2	4

A. Überblick

§ 210 übernimmt wesentliche Inhalte der Vorgängervorschrift des § 414b 1 Abs. 1 und 2 RVO. Im geltenden Recht finden sich **Parallelregelungen in § 34 SGB IV** (Satzung der Versicherungsträger) und in § 194 (Satzung der Krankenkassen). Bereits durch § 209 Abs. 4 S. 2 iVm. § 33 Abs. 3 S. 1 SGB IV ist ver-

§ 210

pflichtend geregelt, dass der Verwaltungsrat eines Landesverbandes eine Satzung und autonomes Recht zu beschließen hat. Durch Abs. 2 wird die Verbindlichkeit von Verträgen und Richtlinien für die Landesverbände und die Krankenkassen festgelegt.

B. Satzungsverfahren, Abs. 1 S. 1, 2 und 4

2   Gem. Abs. 1 S. 1 stellt der **Verwaltungsrat** die Satzung auf. Da das bei Erlass oder Änderung der Satzung zu beachtende Verfahren gesetzlich nicht geregelt ist, bedarf es einer Regelung in der Geschäftsordnung (§ 209 Abs. 4 S. 2 iVm. § 63 Abs. 1 SGB IV). Wirksamkeitsvoraussetzung der Satzung ist gem. Abs. 1 S. 2. ihre **Genehmigung** durch die für die Sozialversicherung zuständige oberste Verwaltungsbehörde des Landes, also idR. des zuständigen Ministeriums bzw. Senates (vgl. § 208 Rn. 2). Gem. Abs. 1 S. 4 iVm. § 34 Abs. 2 SGB IV ist die genehmigte Satzung **öffentlich bekannt** zu machen. Ungeregelt ist – anders als im Fall des § 208 Abs. 1 – die Zuständigkeit **bei länderübergreifenden Verbänden**. Da nicht von einer Regelungslücke ausgegangen werden kann, verbietet sich eine Analogie zu § 208 Abs. 1, so dass abweichend vom dortigen Verfahren (vgl. § 208 Rn. 2) die entsprechenden Behörden aller beteiligten Länder **einvernehmlich** über die Genehmigung zu entscheiden haben. Sollte sich nachträglich eine Änderungsbedürftigkeit der Satzung erweisen, kann die nach § 208 Abs. 2 zuständige Aufsichtsbehörde die nachträgliche Änderung mit Mitteln der allgemeinen Rechtsaufsicht durchsetzen (vgl. § 208 Rn. 2).

C. Inhalt der Satzung, Abs. 1 S. 3

3   Die Satzung regelt nach dem Katalog in Abs. 1 S. 3 (**Mindestinhalt**) die innere Ordnung der Verbände, wobei jeweils die einschlägigen gesetzlichen Vorgaben zu beachten sind (zu Einzelfragen vgl. § 194 Rn. 6 f.):
Nr. 1 Name, Bezirk und Sitz;
Nr. 2 Zur **Zahl der Mitglieder** des Verwaltungsrates (§ 209 Abs. 1 S. 2), die höchstens 30 betragen darf. Zu ihrer **Wahl** siehe § 209 Abs. 2 und 4 S. 2 iVm. § 51 Abs. 1 Nr. 3 SGB IV;
Nr. 3 Zur **Entschädigung** von Mitgliedern des Verwaltungsrates vgl. § 209 Abs. 4 S. 2 iVm. § 41 SGB IV;
Nr. 4 Zur **Öffentlichkeit** der Sitzungen des Verwaltungsrates vgl. § 209 Abs. 4 S. 2 iVm. § 63 Abs. 3 SGB IV;
Nr. 5 Die **Rechte und Pflichten** der Mitgliedskassen ergeben sich zT. schon aus § 211 Abs. 2;
Nr. 6 Eine elementare **Pflicht** der Mitglieder ist die Beitragspflicht. Nr. 6 ermächtigt die Verbände, durch Satzungsregelung die Mitgliedskassen zur **Umlagefinanzierung** heranzuziehen (zu deren rechtlichem Rahmen vgl. BSGE 61, 75/76). Zur **Verwaltung** der Mittel kann auf § 208 Abs. 2 S. 2 iVm. §§ 80, 85 SGB IV verwiesen werden;
Nr. 7 Zur **Prüfung der Betriebs- und Rechnungsführung** treffen § 208 Abs. 2 S. 2 iVm. § 77 Abs. 1 SGB IV nähere Vorgaben;
Nr. 8 Die Modalitäten der **Bekanntmachungen** (vgl. auch § 194 Abs. 1 Nr. 11). In der Regel ist die Bekanntmachung durch Mitgliederrundschreiben ausreichend.

D. Transformation von Verträgen und Richtlinien, Abs. 2

Die Satzung muss Verträge und Richtlinien des SpiBuKK (vgl. § 217e Abs. 2) **4**
in innerverbandlich wirkendes Recht transformieren. Der SpiBuKK ist zuständig
für den Abschluss von Verträgen und für die Mitwirkung beim Erlass von Richtlinien. Mit der durch das GKV-WSG geänderten Vorschrift wird nachvollzogen,
dass zukünftig der SpiBuKK bei Vertragsabschlüssen und beim Erlass von Richtlinien mitwirkt (BT-Drs. 16/3100, 159). Es geht zum einen um die koordinierende
Richtlinien zum medizinischen Dienst nach § 282. Zum anderen um die
Richtlinie der Bundesausschüsse betreffend die kassenärztliche Versorgung
nach § 92. Der Sache nach handelt es sich um eine Ermächtigung des SpiBuKK,
Normen mit Wirkung für die Kassen und ihre Verbände zu setzen. Die Streichung
der §§ 136a, 136b ist Folgeänderung aus der Neufassung des § 137, die zum Ziel
hat, dass die Anforderungen an die Qualitätssicherung in den verschiedenen Sektoren soweit wie möglich einheitlich und auch sektorübergreifend in Richtlinien
nach § 92 festgelegt werden (BT-Drs. 16/3100, 159).

§ 211 Aufgaben der Landesverbände

(1) **Die Landesverbände haben die ihnen gesetzlich zugewiesenen Aufgaben
zu erfüllen.**

(2) **Die Landesverbände unterstützen die Mitgliedskassen bei der Erfüllung
ihrer Aufgaben und bei der Wahrnehmung ihrer Interessen, insbesondere durch**
1. **Beratung und Unterrichtung,**
2. **Sammlung und Aufbereitung von statistischem Material zu Verbandszwecken,**
3. **Abschluss und Änderung von Verträgen, insbesondere mit anderen Trägern
der Sozialversicherung, soweit sie von der Mitgliedskasse hierzu bevollmächtigt worden sind,**
4. **Übernahme der Vertretung der Mitgliedskassen gegenüber anderen Trägern
der Sozialversicherung, Behörden und Gerichten,**
5. **Entscheidung von Zuständigkeitskonflikten zwischen den Mitgliedskassen,**
6. **Förderung und Mitwirkung bei der beruflichen Aus-, Fort- und Weiterbildung der bei den Mitgliedskassen Beschäftigten,**
7. **Arbeitstagungen,**
8. **Entwicklung und Abstimmung von Verfahren und Programmen für die automatische Datenverarbeitung, den Datenschutz und die Datensicherung sowie
den Betrieb von Rechenzentren in Abstimmung mit den Mitgliedskassen.**

(3) **Die Landesverbände sollen die zuständigen Behörden in Fragen der Gesetzgebung und Verwaltung unterstützen; § 30 Abs. 3 des Vierten Buches ist entsprechend anzuwenden.**

Schrifttum: *B.W. Dortants/S. von Hansemann,* Die Auslagerung von „Aufgaben" durch
Krankenkassen und ihre Verbände auf Dritte, NZS 1990, 542–546; *M. Hein,* Die Verbände
der Sozialversicherungsträger in der Bundesrepublik Deutschland, 1990.

Inhaltsübersicht
	Rn.
A. Überblick	1
B. Gesetzlich zugewiesene Aufgaben, Abs. 1	2
C. Unterstützung der Mitgliedskassen, Abs. 2	4
D. Unterstützung bei Gesetzgebung und Verwaltung, Abs. 3	7

A. Überblick

1   Eingeführt durch das GRG entspricht der Regelungsinhalt weitgehend noch den Vorgängernormen §§ 414e und g RVO. Parallele Vorschriften finden sich für die Bundesverbände in § 217 (mit Wirkung ab 1.1.2009 aufgehoben) und für den SpiBuKK in § 217 f. Die Vorschrift erwähnt in Abs. 1 – rein deklaratorisch und allgemein – die gesetzlich zugewiesenen Aufgaben der Landesverbände. In Abs. 2 und 3 werden – nicht abschließend – konkrete (Unterstützungs-)Aufgaben genannt.

B. Gesetzlich zugewiesene Aufgaben, Abs. 1

2   Der rein deklaratorische Abs. 1 verweist auf die gesetzlichen Regelungen, in denen sich **Aufgabenzuweisungen** an die Landesverbände finden. Konstitutive Bedeutung kommt dem Abs. 1 nicht zu, da sich die jeweilige Pflicht bereits unmittelbar aus der jeweiligen Einzelvorschrift (insb. in den Beziehungen zu den Leistungserbringern) ergibt. In aller Regel sind die Landesverbände gemeinsam mit den Leistungserbringern bzw. deren Verbänden in folgenden Bereichen tätig (exemplarische Aufzählung):
1. **Zulassung der Leistungserbringer** (zB. §§ 96,97 zur Zulassung der Vertragsärzte durch Zulassungs- und Berufungsausschüsse) 2. **Regelung von Art, Umfang und Vergütung der Leistungen** (zB. § 73a zur Vereinbarung von Strukturverträgen) 3. **Kontroll- und Prüfwesen** (vgl. §§ 106 Abs. 2 S. 3, 113) 4. **Schiedswesen** (vgl. §§ 89 Abs. 2, 114).

3   Darüber hinaus erfüllen die Landesverbände sonstige Aufgaben **innerhalb des Verbandswesens** der Krankenkassen. Sie sind zum einen in unterschiedlicher Weise an den **Angelegenheiten der Mitgliedskassen** beteiligt, die sie auch nach Maßgabe des Abs. 2 unterstützen. Besondere fachliche Kompetenzen obliegen den Landesverbänden im Bereich des **Finanzwesens** (§§ 262, 265). Sie sind anzuhören bei **organisatorischen Änderungen,** die den Bestand der Mitgliedskassen (§ 172) betreffen. Eine **subsidiäre Haftung** trifft sie uU. für die Verbindlichkeiten ihrer Mitglieder (§§ 155 Abs. 4 idF. bis zum 30.6.2008, 164 Abs. 3, 171). Zudem sind sie Träger des medizinischen Dienstes nach Maßgabe des § 278 Abs. 2. Die Landesverbände erstellen auch die Vorschlagslisten für die ehrenamtlichen Richter an den Sozial- bzw. Landessozialgerichten, § 14 Abs. 3 SGG.

C. Unterstützung der Mitgliedskassen, Abs. 2

4   Abs. 2 statuiert einen nicht abschließenden Maßnahmenkatalog, mit dem die Landesverbände die Mitgliedskassen unterstützen. **Unterstützung** ist Hilfestellung für die Mitglieder bei der Erfüllung ihrer gesetzlichen Aufgaben, sofern dies objektiv erforderlich und erwünscht ist (vgl. *Hein,* Verbände, 67 f.; offengelassen in BSGE 61, 75/76). Die Zuständigkeit der Landesverbände bei der Unterstützung erstreckt sich auf alle Aufgabenbereiche der Mitgliedskassen und damit auf die gesamte gesetzliche Krankenversicherung (vgl. LSG NRW v. 23.1.2001, L 5 KR 115/00). Da dem Verband keine aufsichtsähnliche Funktion gegenüber seinen Mitgliedern zukommt (allenfalls: Nr. 5), ist in Abs. 2 näher geregelt, in welchem Maße die Unterstützung von dem Willen der Mitglieder abhängig ist.

5   Die Verbände beraten und unterstützen die Mitglieder, zB. durch Arbeitstagungen (**Nr. 1 u. 7**). Sie sammeln und bereiten statistisches Material auf (**Nr. 2**), wel-

ches etwa für einen innerverbandlichen Finanzausgleich benötigt wird. **Nr. 3** sieht vor, dass die Landesverbände im Fall entsprechender Vollmachten mit anderen Trägern der Sozialversicherung Verträge abschließen (vgl. etwa §§ 96 Abs. 2, 110 S. 3, 116 Abs. 9, 117 S. 4 SGB X). Bzgl. der Regelung in **Nr. 4** über die Übernahme der Vertretung der Mitgliedskassen sind die §§ 71 Abs. 3 u. 73 SGG zu beachten. Bei Zuständigkeitskonflikten zwischen den Mitgliedern entscheidet der Verband (**Nr. 5**). Diese Formulierung zeigt, dass einzelne Unterstützungsleistungen auch gegen den Willen der betroffenen Mitglieder erfolgen können. Die Entscheidungskompetenz nach Nr. 6 kann als Ermächtigung zum Erlass von Verwaltungsakten im Verhältnis zu den betroffenen Mitgliedskassen verstanden werden (vgl. *Hänlein*, H/K, § 2011 Rn. 7) und geht § 2 Abs. 1 S. 2 SGB X vor. **Nr. 6** bildet die Grundlage für die von den Landesverbänden betriebenen Bildungseinrichtungen. **Nr. 8** macht letztlich die Tätigkeit der Verbände im Bereich der Datenverarbeitung von der „Abstimmung" mit den Mitgliedern abhängig.

Beantragt eine Mitgliedskasse Unterstützung durch den Landesverband, so ist **6** dieser grds. zum Tätigwerden verpflichtet. Art und Umfang der Unterstützung liegen im **Ermessen** des Landesverbandes; ggf. entscheidet hierüber der Verwaltungsrat (§ 209 Abs. 4 S. 1 iVm. § 197 Abs. 1 Nr. 1 b). Bei Unterstützungsleistungen, die für alle oder einen Teil der Mitgliedskassen erbracht werden, bedarf es keines Antrages (LSG NRW v. 20. 1. 1998, L 5 Kr 15/97).

D. Unterstützung bei Gesetzgebung und Verwaltung, Abs. 3

Zu den gesetzlich zugewiesenen Aufgaben gehört nach Abs. 3 auch die Pflicht **7** zur **Unterstützung** der zuständigen Behörden in Fragen der Gesetzgebung und Verwaltung. Rechtssystematisch gehört diese Vorschrift zu den §§ 4–7 SGB X (**Amtshilfe**). Die Unterstützung ist nur auf Ersuchen der jeweiligen Behörden zu erbringen. Die Regelung ist als Soll-Vorschrift ausgestaltet, dh. die Erbringung kann im berechtigten Einzelfall **verweigert** werden. Dies ist etwa der Fall, wenn der Landesverband eigene Aufgaben nicht mehr leisten könnte oder er gegen originäre und berechtigte Interessen seiner Mitgliedskassen handeln müsste. Eine Verpflichtung zur Unterstützung besteht ebenfalls nicht gegenüber Behörden außerhalb des Zuständigkeitsbereichs des jeweiligen Landesverbandes. Ein **Initiativrecht** zum eigenständigen Tätigwerden kann in Betracht kommen, zB. wenn die jeweilige Behörde einen unmittelbaren Handlungsbedarf nicht erkannt hat oder voraussichtlich nur verspätet reagieren kann. In allen Fällen liegt die Entscheidung im freien Ermessen des Landesverbandes (ggf. nach Einschaltung des Verwaltungsrates).

Die Unterstützung erfolgt in der Regel durch Informationen, Stellungnahmen **8** und sonstigen fachlichen Bewertungen. Aufgrund des Verweises auf § 30 Abs. 3 SGB IV in Abs. 3 Hs. 2 (eingefügt mWv. 30. 3. 2005) kommt aber auch eine personelle Unterstützung in Betracht. Nach § 30 Abs. 3 SGB IV können Versicherungsträger die für sie zuständigen Behörden kurzzeitig – insbesondere in Fragen der Rechtsetzung – unterstützen. Diese Regelung anerkennt die besondere fachliche Kompetenz, die für die Arbeit auf Verbandsebene vorgehalten wird (vgl. auch die bis zum 31. 12. 2008 geltende Parallelvorschrift für die Bundesverbände in § 217 Abs. 4). Die den Landesverbänden dadurch entstehenden Kosten sind von den unterstützten Behörden grundsätzlich zu ersetzen, sofern landesgesetzliche (Haushalts-)Regelungen nicht Gegenteiliges vorsehen.

§ 211a Entscheidungen auf Landesebene

¹Die Landesverbände der Krankenkassen und die Ersatzkassen sollen sich über die von ihnen nach diesem Gesetz gemeinsam und einheitlich zu treffenden Entscheidungen einigen. ²Kommt eine Einigung nicht zustande, erfolgt die Beschlussfassung durch je einen Vertreter der Kassenart, dessen Stimme mit der landesweiten Anzahl der Versicherten nach der Statistik KM 6 seiner Kassenart zu gewichten ist. ³Die Gewichtung ist entsprechend der Entwicklung der Versichertenzahlen nach der Statistik KM 6 jährlich zum 1. Januar anzupassen.

Inhaltsübersicht

	Rn.
A. Überblick	1
B. Einigung durch gewichtete Abstimmung	2

A. Überblick

1   Die Vorschrift wurde durch Art. 1 Nr. 144 iVm. Art. 46 Abs. 9 GKV-WSG zum 1. 7. 2008 eingefügt. Regelungsbedarf bestand für die Fälle, in denen das Gesetz vorsieht, dass die Landesverbände und die Ersatzkassen gemeinsam und einheitlich zu handeln haben und eine Einigung nicht zustande kommt.

B. Einigung durch gewichtete Abstimmung

2   Die bundesunmittelbaren Ersatzkassen sind auf Landesebene zwar nicht verbandsmäßig organisiert, nehmen jedoch landesunmittelbare Aufgaben wahr (zB. Verträge und Vergütungsvereinbarungen mit KÄV/KZV). Diese Aufgaben haben bis zum 31. 12. 2008 die Verbände VdAK/AEV durch ihre jeweiligen **Landesvertretungen** wahrgenommen. Nunmehr gelten hierfür die näheren Maßgaben des § 212 Abs. 5. Die Ersatzkassen nehmen insoweit diejenigen Aufgaben wahr, die ansonsten den Landesverbänden der Krankenkassen übertragen sind.

3   Können sich die Landesverbände der Krankenkassen und die Ersatzkassen im Rahmen der **gemeinsamen und einheitlichen Aufgabenwahrnehmung** nicht einigen, erfolgt die Beschlussfassung durch je einen Vertreter der jeweiligen Kassenart. Das Stimmgewicht des jeweiligen Vertreters richtet sich nach dem Anteil der jeweiligen Kassenart an der landesweiten Versichertenanzahl (sog. Statistik KM 6) mit Stand 1.1. des jeweiligen Jahres (BT-Drs. 16/4247, 51).

[§§ 212–217 in der bis 31. 12. 2008 geltenden Fassung:]

§ 212 Bundesverbände, Deutsche Rentenversicherung Knappschaft-Bahn-See, Verbände der Ersatzkassen

(1) ¹**Die Landesverbände der Orts-, Betriebs- und Innungskrankenkassen bilden jeweils einen Bundesverband.** ²**Dem Bundesverband der Betriebskrankenkassen gehören außerdem die Betriebskrankenkassen der Dienstbetriebe des Bundes an.**

(2) **Die landwirtschaftlichen Krankenkassen bilden bei dem Gesamtverband der landwirtschaftlichen Alterskassen den Bundesverband der landwirtschaftlichen Krankenkassen.**

(3) Für die knappschaftliche Krankenversicherung nimmt die Deutsche Rentenversicherung Knappschaft-Bahn-See die Aufgaben eines Bundesverbandes und eines Landesverbandes wahr.

(4) Die Bundesverbände der Krankenkassen sind Körperschaften des öffentlichen Rechts.

(5) ¹Die Ersatzkassen können sich zu Verbänden zusammenschließen. ²Die Verbände haben in der Satzung ihre Zwecke und Aufgaben festzusetzen. ³Die Satzungen bedürfen der Genehmigung, der Antrag auf Eintragung in das Vereinsregister der Einwilligung der Aufsichtsbehörde. ⁴Die Ersatzkassen und ihre Verbände haben für alle auf der Landesebene abzuschließenden Verträge einen Bevollmächtigten mit Abschlussbefugnis zu benennen. ⁵§ 35a Abs. 6 Satz 2 bis 4 des Vierten Buches gilt entsprechend.

§ 213 Spitzenverbände

(1) Spitzenverbände der Krankenkassen sind die Bundesverbände der Krankenkassen, die Deutsche Rentenversicherung Knappschaft-Bahn-See und die Verbände der Ersatzkassen.

(2) ¹Die Spitzenverbände sollen sich über die von ihnen nach diesem Gesetz gemeinsam und einheitlich zu treffenden Entscheidungen einigen. ²Kommt eine Einigung nicht zustande, erfolgt die Beschlussfassung durch drei Vertreter der Ortskrankenkassen, zwei Vertreter der Ersatzkassen und je einen Vertreter der Betriebskrankenkassen, der Innungskrankenkassen, der landwirtschaftlichen Krankenkassen und der Deutschen Rentenversicherung Knappschaft-Bahn-See. ³Beschlüsse bedürfen der Mehrheit der in Satz 2 genannten Vertreter der Spitzenverbände. ⁴Das Verfahren zur Beschlussfassung regeln die Spitzenverbände in einer Geschäftsordnung.

(3) ¹Kommen die erforderlichen Beschlüsse nicht oder nicht innerhalb einer vom Bundesministerium für Gesundheit gesetzten Frist zustande, entscheidet das Bundesministerium für Gesundheit im Einvernehmen mit dem Bundesministerium für Wirtschaft und Technologie. ²Die Entscheidung ist im Bundesanzeiger bekannt zu machen.

(4) Die Spitzenverbände können Arbeitsgemeinschaften zur Abstimmung untereinander und zur wissenschaftlichen Unterstützung ihrer Mitglieder einrichten.

(5) (nicht besetzt)

(6) ¹Der Spitzenverband Bund soll den Beschäftigten der nach § 212 Abs. 1 in der bis zum 31. Dezember 2008 geltenden Fassung bestehenden Bundesverbände sowie den Beschäftigten der Verbände der Ersatzkassen eine Anstellung anbieten, soweit dies für eine ordnungsgemäße Erfüllung der Aufgaben des Spitzenverbandes Bund erforderlich ist. ²Einer vorherigen Ausschreibung bedarf es nicht.

§ 213 Abs. 6 ist gem. Art. 46 Abs. 1 GKV-WSG am 1. 4. 2007 in Kraft getreten, 1 insofern ist das Inkrafttreten des Art. 1 Nr. 145 GKV-WSG (Neuregelung des § 213 zum 1. 1. 2009) auf die Abs. 1 bis 5 beschränkt. Abs. 1 wurde im Hinblick auf die Organisationsänderung bei der See-Krankenkasse geändert durch das SGB IV-ÄndG vom 19. 12. 2007 (BGBl. I 2007, 3024/3030).

§ 214–217 aF.

§ 214 Aufsicht

(1) ¹Die Bundesverbände unterstehen der Aufsicht des Bundesministers für Gesundheit. ²§ 208 Abs. 2 gilt entsprechend.

(2) ¹Die Verbände der Ersatzkassen unterstehen der Aufsicht des Bundesministers für Gesundheit. ²§ 208 Abs. 2 Satz 1 gilt entsprechend.

(3) Die Aufsicht über die Verbände der Ersatzkassen und den Bundesverband der landwirtschaftlichen Krankenkassen kann der Bundesminister für Gesundheit dem Bundesversicherungsamt ganz oder teilweise übertragen.

§ 215 Selbstverwaltungsorgane der Bundesverbände

(1) ¹Für den Verwaltungsrat und den Vorstand der Bundesverbände gelten die §§ 209 und 209a entsprechend. ²Der Vorstand besteht aus höchstens drei Personen. ³Vorstandsverträge, die nach dem 25.10.2006 abgeschlossen oder verlängert werden, enden spätestens zum 31.12.2008. ⁴Entsprechend verkürzt sich die Amtszeit.

(2) Bei der Bildung des Verwaltungsrats des Bundesverbandes der Betriebskrankenkassen sind Betriebskrankenkassen der Dienstbetriebe des Bundes entsprechend ihrer Mitgliederzahl angemessen zu berücksichtigen.

1   In Abs. 1 wurden mit Wirkung zum 1.4.2007 die S. 3 und 4 durch das GKV-WSG (vgl. Art. 1 Nr. 147) angefügt. Die Ergänzung soll dem Umstand Rechnung tragen, dass die Spitzenverbände ab dem 1.1.2009 ihren Status als Körperschaften des öffentlichen Rechts verlieren und die jeweiligen Vorstände insoweit ihre Organeigenschaft iSd. § 35a SGB IV iVm. §§ 215 Abs. 1 S. 1 und 209a. **§ 35a Abs. 3 S. 2 SGB IV** wird insoweit gesetzlich abbedungen. Während allerdings die Aufhebung der §§ 216, 217 in Art. 1 Nr. 148 GKV-WSG iVm. Art. 46 Abs. 10 GKV-WSG geregelt ist, findet sich die Aufhebung des § 215 in Art. 2 Nr. 28 GKV-WSG. Die **Aufhebung des § 215** tritt nach Art. 46 Abs. 10 des GKV-WSG am 1.1.2009 in Kraft.

§ 216 Satzung der Bundesverbände

¹Jeder Bundesverband hat durch seinen Verwaltungsrat eine Satzung aufzustellen. ²Die Satzung bedarf der Genehmigung der zuständigen Aufsichtsbehörde. ³§ 210 Abs. 1 Satz 3 und 4 gilt entsprechend.

§ 217 Aufgaben der Bundesverbände

(1) Die Bundesverbände haben die ihnen gesetzlich zugewiesenen Aufgaben zu erfüllen.

(2) Die Bundesverbände unterstützen die Mitglieder bei der Erfüllung ihrer Aufgaben und bei der Wahrnehmung ihrer Interessen, insbesondere durch
1. Beratung und Unterrichtung, auch durch Zeitschriften,
2. Aufstellung und Auswertung von Statistiken zu Verbandszwecken,
3. Abschluss von Verträgen für die Mitglieder und für die Krankenkassen, insbesondere mit anderen Trägern der Sozialversicherung, soweit sie von den Mitgliedern hierzu bevollmächtigt sind,

7. Kapitel **§§ 212–217 aF.**

4. Entscheidung von Zuständigkeitskonflikten zwischen ihren Mitgliedern sowie zwischen den Mitgliedskassen verschiedener Landesverbände,
5. Förderung und Mitwirkung bei der beruflichen Aus-, Fort- und Weiterbildung der bei den Mitgliedern und bei den Krankenkassen Beschäftigten,
6. Arbeitstagungen,
7. Forschung,
8. Übernahme der Vertretung der Mitglieder und der Krankenkassen gegenüber anderen Trägern der Sozialversicherung, Behörden und Gerichten,
9. Entwicklung von Verfahren und Programmen für die automatische Datenverarbeitung, den Datenschutz und die Datensicherung sowie Abstimmung über die wirtschaftliche Nutzung von Rechenzentren zur Erfüllung von Aufgaben der Mitglieder und der Krankenkassen.

(3) [1]Die Bundesverbände können mit Wirkung für ihre Mitglieder und deren Mitgliedskassen Grundsatzentscheidungen zur Regelung der
1. Vergütungen, soweit dieses Buch nichts Abweichendes bestimmt,
2. Gesundheitsvorsorge,
3. Rehabilitation,
4. Erprobung

treffen. [2]Entscheidungen hierüber werden mit der Mehrheit der nach den Versichertenzahlen der Mitglieder der Landesverbände gewichteten Stimmen getroffen.

(4) Die Bundesverbände sollen die zuständigen Behörden in Fragen der Gesetzgebung und Verwaltung unterstützen.

(5) [1]Die Bundesverbände bestimmen mit Wirkung für ihre Mitglieder das Verfahren für die Beteiligung derjenigen Landesverbände am Abschluss von Vereinbarungen nach § 83 Abs. 1 Satz 1 und § 85 Abs. 2 Satz 1 Nr. 1, deren Mitgliedskassen bei diesen Vereinbarungen von einem anderen Landesverband vertreten werden; Absatz 3 Satz 2 gilt entsprechend. [2]Dabei sind Kriterien zu bestimmen, nach denen die Zustimmung der Landesverbände nach Satz 1 zu den in Satz 1 genannten Vereinbarungen oder zu Teilen der Vereinbarungen vorzusehen ist.

Schrifttum: *P. Axer,* Europäisches Kartellrecht und nationales Krankenversicherungsrecht, NZS 2002, 57–65; *A. Schink,* Rechtsnachfolge bei Zuständigkeitsveränderungen in der öffentlichen Verwaltung, 1984.

Inhaltsübersicht

	Rn.
A. Allgemein zu den §§ 212–217 in der bis zum 31.12.2008 geltenden Fassung	1
B. Grundzüge der bisherigen Ausgestaltung des Verbänderechts auf Bundesebene	4
C. Aufgabenübertragung auf den SpiBuKK ab dem 1.7.2008	5
D. Personelle Folgeregelung in § 213 Abs. 6	6

A. Allgemein zu den §§ 212–217 in der bis zum 31.12.2008 geltenden Fassung

Mit dem GKV-WSG werden organisatorische Strukturen in der Krankenversicherung auf Bundesebene grundlegend verändert. Am deutlichsten wird dies durch die Bildung eines einzigen Dachverbandes für alle Kassenarten, des **Spitzenverbandes Bund der Krankenkassen (SpiBuKK)**.

1

§§ 212–217 aF. Aufgaben der Bundesverbände

2   Die bisher staatsferne Struktur wird durch das GKV-WSG weitgehend aufgehoben. Vorgesehen ist, dass die bisherigen Spitzenverbände ihre Funktionen als Körperschaften des öffentlichen Rechts verlieren und in **Gesellschaften des bürgerlichen Rechts** umgewandelt werden (Art. 1 Nr. 144 GKV-WSG, § 212). An ihre Stelle tritt der SpiBuKK, der von allen Krankenkassen gebildet wird (vgl. zu den Einzelheiten §§ 217 a ff.). Der SpiBuKK soll künftig **allein und einheitlich** alle Kassen auf Bundesebene vertreten. Unterschiedliche Strukturen zwischen den Kassenarten sollen künftig keine Rolle mehr spielen (zum Widerspruch im Hinblick auf das gegliederte Kassenartensystem vgl. § 4 Rn 2).

3   Bisher vertreten auf Bundesebene die **kassenartspezifischen Spitzenverbände** der verschiedenen Kassenarten die Krankenkassen in Deutschland (vgl. § 212): der Bundesverband der Ortskrankenkassen (AOK-Bundesverband), der Bundesverband der Betriebskrankenkassen (BKK-Bundesverband), der Bundesverband der Innungskrankenkassen (IKK-Bundesverband), der Verband der Angestellten-Krankenkassen (VdAK) und der Arbeiter-Ersatzkassen (AEV), der Bundesverband der landwirtschaftlichen Krankenkassen (BLK) und die Deutsche Rentenversicherung Knappschaft-Bahn-See (KBS).

B. Grundzüge der bisherigen Ausgestaltung des Verbänderechts auf Bundesebene

4   Auf der Steuerungsebene des Bundes wurden die Bundesverbände als **Zwangskörperschaften** der Krankenkassen bzw. deren Landesverbände als Funktionsträger vorgeschrieben (§§ 212–217). Nach der Einbindung der Ersatzkassen in diese Steuerungsebene durch das GRG 1989 bilden sie die Spitzenverbände der gesetzlichen Krankenversicherung (§ 213). Die Bundesverbände nehmen die ihnen zugewiesenen Aufgaben wahr (§ 217). Die Funktions- und Aufgabenzuweisung der Bundesverbände vollzieht sich auf zwei Ebenen. Zum einen fungieren sie bei der Versorgungsgestaltung als **Gegengewicht zu den Interessenvertretungen der Leistungserbringer** (zB. durch Gesamtverträge zur ambulanten ärztlichen Versorgung, § 82; das Festlegen von Festbeträgen für Arzneimittel und für Hilfsmittel, §§ 35 Abs. 3, 36; die Ausgestaltung der Telematik im Gesundheitswesen, § 291 a f.). Zum anderen übernehmen sie **Servicefunktionen** für die einzelnen Mitgliedskassen bzw. den Mitgliedsverband (§ 217 Abs. 2). Als Zwangskörperschaften unterliegen die Bundesverbände der Rechtsaufsicht des BMG (§ 214). Soweit sie als **Spitzenverbände** erforderliche Beschlüsse nicht oder nicht innerhalb einer aufsichtsrechtlich gesetzten Frist „*gemeinsam und einheitlich*" (§ 213 Abs. 2 S. 1) treffen, trifft das BMG im Einvernehmen mit dem BMWi die Entscheidung (§ 213 Abs. 3). Für ihre innere Struktur sind weitgehend die allgemeinen Vorschriften über die Verfassung der Sozialversicherung (§§ 29 ff. SGB IV) anwendbar (vgl. §§ 209, 209 a, 215 Abs. 1). Die **autonome Rechtssetzung** erfolgt durch Satzung, die jeweils von der zuständigen Aufsichtsbehörde zu genehmigen ist (§ 216). Die Spitzenverbände gewährleisten bislang, dass auf der Bundesebene die unterschiedlichen Strukturen der einzelnen **Kassenarten** berücksichtigt werden und zugleich die in der Selbstverwaltung organisierten Arbeitgeber und Arbeitnehmer gegenüber Dritten (zB. dem Gesetzgeber) gemeinsam auftreten.

C. Aufgabenübertragung auf den SpiBuKK ab dem 1. 7. 2008

Zur Begründung der neuen Struktur, dh. eines einzigen Spitzenverbandes, 5
wird in der Gesetzesbegründung ausgeführt, dass es darum ginge, *„zeitliche und organisatorische Abläufe in den Verbänden deutlich zu straffen und Handlungsblockaden zu vermeiden"* (BT-Drs. 16/3100, 161). Der neue SpiBuKK hat ab dem 1. 7. 2008 die ihm gesetzlich zugewiesenen Aufgaben zu erfüllen (§ 217 f Abs. 1). Damit werden den Bundesverbänden ab diesem Zeitpunkt wesentliche Aufgaben von Gesetzes wegen entzogen. Ein **Regelungsdefizit** besteht jedoch insoweit, als das GKV-WSG nahezu keine Bestimmungen darüber trifft, ob und ggf. auf welche Weise die bestehenden **organisatorischen und gesellschaftsrechtlichen Strukturen** auf den Spitzenverband Bund übergeleitet werden sollen. Dieses Regelungsdefizit betrifft zB. die in § 291 b vorgeschriebene Bildung einer Gesellschaft für Telematik. Gleiches gilt für die bestehenden gesellschaftsrechtlichen Strukturen im Rahmen des DRG-Vergütungssystems, innerhalb dessen der Spitzenverband Bund zum 1. 7. 2008 an Stelle der bisherigen Spitzenverbände tritt (§ 17 Abs. 2 und 5 KHG). Ebenso wenig sieht das Gesetz Regelungen für die Gestaltung der Aufgabenwahrnehmung beim Institut für Qualität und Wirtschaftlichkeit im Gesundheitswesen (§§ 139 a ff.) vor. Vor dem Hintergrund einer gleichgewichteten Interessen- und Verhandlungsparität zwischen GKV und anderen Interessengruppen in diesen Funktionsbereichen ist zu beachten, dass eine **Übertragung oder Funktionsüberleitung** auf den Spitzenverband Bund schonend erfolgen muss – idR. **vertraglich** – und nicht dazu führen darf, dass der Einfluss der GKV – zB. im Verhältnis zu den Leistungserbringerorganisationen – geschwächt wird (zB. durch eine nachteilige Neuregelung von Gesellschaftsanteilen oder durch eine personelle Schwächung der bislang aufgebauten personellen Fachkompetenz).

D. Personelle Folgeregelung in § 213 Abs. 6

Für den Fall einer Auflösung einer juristischen Person des öffentlichen Rechts 6
bzw. dem gleichzustellenden Fall einer nahezu vollständigen Aufgabenentziehung entspricht es der Auffassung in Rechtsprechung und Literatur, dass der Staat im Wege der **Gesamtrechtsnachfolge** in sämtliche Rechte und Pflichten der aufgelösten juristischen Person eintritt (BGH, WM 1996, 1968/1970; *Westermann*, Erman, BGB, § 45 Rn. 1). Im Wege der Gesamtrechtsnachfolge gehen auch die Arbeitsverhältnisse auf den Staat über. Allerdings steht es dem Gesetzgeber frei, eine von der grundsätzlich eintretenden Gesamtrechtsnachfolge des Staates abweichende Folgeregelung zu treffen. Dies ist mit der Neufassung des **§ 213** zum 1. 1. 2009 (vgl. § 213 Rn. 2) geschehen. Problematisch ist indessen, inwiefern die **zeitlich vorgezogene** Regelung des **Abs. 6** (Inkrafttreten zum 1. 4. 2007) zu bewerten ist, die es dem SpiBuKK zur Aufgabe macht (*„soll"*), Beschäftigten der bisherigen Bundesverbände **ohne vorherige Ausschreibung** eine Anstellung anzubieten. Der Vorschrift liegt die Intention des Gesetzgebers zugrunde, *„qualifiziertes Personal, das schon bisher in den entsprechenden Arbeitsgebieten Erfahrung gesammelt hat, ohne bürokratischen Aufwand einstellen zu können",* um *„von Anfang an die effektive Aufgabenerfüllung sicherzustellen."* (BT-Drs. 16/4247, 52).

Ob es sich beim obigen Abs. 6 um eine rechtmäßige Regelung zur **Folgenbewältigung** handelt, darf bezweifelt werden. Einer solchen Regelung bedarf es angesichts des öffentlich-rechtlichen Charakters der Organisationsänderung sowie des damit verbundenen Eingriffs in Art. 12 Abs. 1 GG. Gesetzliche Folgenregelungen 7

§ 212 nF. Bundesverb., Dt. RV Knappschaft-Bahn-See

kommen nicht in Betracht. So scheidet eine (analoge) Anwendung der **§§ 128 ff. BRRG** aufgrund fehlender ausdrücklicher Geltungsanordnung aus (vgl. BAG, NZA 1997, 1228/1230; aA.: *Schink,* Rechtsnachfolge, 254 ff.). Für den Übergang von Arbeitsverhältnissen nach **§ 613 a Abs. 1 S. 1 BGB** ist der Übergang des Betriebs „durch Rechtsgeschäft" notwendige Voraussetzung. Nach der Rechtsprechung des BAG sind vom sachlichen Geltungsbereich des § 613 a BGB aber Betriebsübergänge ausgenommen, die im Wege der Gesamtrechtsnachfolge kraft Gesetzes oder aufgrund eines sonstigen Hoheitsaktes vollzogen werden (BAG, NJW 2002, 916/917 mwN.). Ungeachtet der ab dem 1. 1. 2009 geltenden allgemeinen Rechtsnachfolgeregelung in § 213 (vgl. Art. 46 Abs. 10 GKV-WSG) hätte es für die personelle Sicherstellung der Aufgabenwahrnehmung des Spitzenverbandes Bund und unter Berücksichtigung der verfassungsrechtlichen Vorgaben aus **Art. 12 Abs. 1 GG** und **Art. 3 Abs. 1 GG** für die Zeit vor dem 1.1.2009 einer adäquaten Folgeregelung bedurft. Dem aus Art. 33 Abs. 2 GG abzuleitenden Prinzip der Bestenauslese folgend, hätte es zumindest der Notwendigkeit einer **vorherigen Ausschreibung** von entsprechenden Stellenangeboten **bei den jeweiligen Bundesverbänden** bedurft, um den dort tätigen Mitarbeitern gleiche Zugangschancen einzuräumen und eine willkürfreie Personalauswahl des SpiBuKK zu sichern. Eine zeitliche Befristung der Verpflichtung zum Beschäftigungsangebot sieht Abs. 6 nicht vor. Zur örtlichen Problematik vgl. § 217 e Rn. 2.

[Fassung der §§ 212–217 ab 1. 1. 2009:]

§ 212 Bundesverbände, Deutsche Rentenversicherung, Knappschaft Bahn-See, Verbände der Ersatzkassen

(1) ¹Die nach § 212 Abs. 1 in der bis zum 31. Dezember 2008 geltenden Fassung bestehenden Bundesverbände werden kraft Gesetzes zum 1. Januar 2009 in Gesellschaften des bürgerlichen Rechts umgewandelt. ²Gesellschafter der Gesellschaften sind die am 31. Dezember 2008 vorhandenen Mitglieder des jeweiligen Bundesverbandes. ³Nach dem 31. Dezember 2008 steht es den Gesellschaftern frei, über den Fortbestand der Gesellschaft und die Gestaltung der Gesellschaftsverhältnisse zu entscheiden. ⁴Soweit sich aus den folgenden Vorschriften nichts anderes ergibt, finden die Vorschriften des Bürgerlichen Gesetzbuchs über die Gesellschaft bürgerlichen Rechts Anwendung. ⁵Der Gesellschaft nach Satz 1 können Krankenkassen der jeweiligen Kassenart beitreten.

(2) Absatz 2 wird aufgehoben.

(3) Für die knappschaftliche Krankenversicherung nimmt die Deutsche Rentenversicherung Knappschaft-Bahn-See die Aufgaben eines Landesverbandes wahr.

(4) ¹Die Gesellschaften nach Absatz 1 sind Rechtsnachfolger der nach § 212 in der bis zum 31. Dezember 2008 geltenden Fassung bestehenden Bundesverbände. ²Zweck der Gesellschaft ist die Erfüllung ihrer sich nach § 214 ergebenden oder zusätzlich vertraglich vereinbarten Aufgaben. ³Bis zum Abschluss eines Gesellschaftsvertrages gelten die zur Erreichung des Gesellschaftszwecks erforderlichen Pflichten und Rechte als vereinbart. ⁴Das Betriebsverfassungsgesetz findet Anwendung.

(5) ¹Die Ersatzkassen können sich zu Verbänden zusammenschließen. ²Die Verbände haben in der Satzung ihre Zwecke und Aufgaben festzusetzen. ³Die Satzungen bedürfen der Genehmigung, der Antrag auf Eintragung in das Vereinsregister der Einwilligung der Aufsichtsbehörde. ⁴Die Ersatzkassen haben für

7. Kapitel § 212 nF.

alle Verträge auf Landesebene, die nicht gemeinsam und einheitlich abzuschließen sind, jeweils einen Bevollmächtigten mit Abschlussbefugnis zu benennen. [5]Ersatzkassen können sich auf eine gemeinsame Vertretung auf Landesebene einigen. [6]Für gemeinsam und einheitlich abzuschließende Verträge auf Landesebene müssen sich die Ersatzkassen auf einen gemeinsamen Bevollmächtigten mit Abschlussbefugnis einigen. [7]In den Fällen der Sätze 5 und 6 können die Ersatzkassen die Verbände der Ersatzkassen als Bevollmächtigte benennen. [8]Sofern nichts anderes bestimmt ist, haben die Ersatzkassen für sonstige Maßnahmen und Entscheidungen einen gemeinsamen Vertreter zu benennen. [9]Können sich die Ersatzkassen in den Fällen der Sätze 6 und 8 nicht auf einen gemeinsamen Vertreter einigen, bestimmt die Aufsicht den Vertreter. [10]Soweit für die Aufgabenerfüllung der Erlass von Verwaltungsakten notwendig ist, haben im Falle der Bevollmächtigung die Verbände der Ersatzkassen hierzu die Befugnis.

Schrifttum: *P. Axer,* Kontinuität durch Konsequenz in der Sozialversicherung, FS Isensee, 2007, 965–982; *G. Dreyer,* Rechtsnachfolge in „höchstpersönliche" Rechte von Verbänden, JZ 2007, 606–615; *R. Scholz/R. Buchner,* Gutachterliche Stellungnahme zu verfassungsrechtlichen Fragen der Reform der Organisation der Verbände der gesetzlichen Krankenkassen im Rahmen der Gesundheitsreform 2007.

Inhaltsübersicht

	Rn.
A. Überblick	1
B. Gesetzlich angeordnete Umwandlung, Abs. 1	2
C. Organisationsrechtliche Folgeänderungen, Abs. 2 und 3	7
D. Gesetzlich angeordnete Rechtsnachfolge, Abs. 4	8
E. Verbände der Ersatzkassen, Abs. 5	11

A. Überblick

Die nach § 212 Abs. 1 in der bis zum 31. 12. 2008 geltenden Fassung bestehenden 1
Bundesverbände sind – mit Ausnahme der vereinsrechtlichen Verbandsstruktur bei den Ersatzkassen – **Körperschaften des öffentlichen Rechts** (§ 212 Abs. 4). Körperschaften des öffentlichen Rechts bedürfen sowohl zu ihrer Errichtung, für die öffentlich-rechtliche Einrichtung der bis dahin privatrechtlich organisierten Bundesverbände vgl. „Gesetz über die Verbände der gesetzlichen Krankenkassen" vom 17. 8. 1955; BGBl. I 1955, 524) als auch zu ihrer **Auflösung** einer **ausdrücklichen gesetzlichen Regelung.** Ihre Rechtssubjektivität kann nicht durch sonstige öffentlich-rechtliche Maßnahmen begründet bzw. beendet werden. § 212 stellt eine solche gesetzliche Regelung dar. Zwar werden die bisherigen Verbände auf Bundesebene nicht rechtlich aufgelöst (insofern zu unterscheiden vom Tatbestand und den Rechtsfolgen eines „Verbandstodes", vgl. *Dreyer,* JZ 2007, 606/609 ff.), sie werden allerdings um nahezu sämtliche Aufgabenzuweisungen zugunsten des neuen SpiBuKK beschnitten. Betrachtet man die verbleibenden Aufgabensubstrate (insbesondere Abs. 4), muss von einer weitgehend **faktischen Beseitigung bzw. einer „Entkernung" der Bundesverbände** ausgegangen werden.

B. Gesetzlich angeordnete Umwandlung, Abs. 1

Durch Abs. 1 werden die bisherigen Bundesverbände mit Wirkung zum 2
1. 1. 2009 in **Gesellschaften des bürgerlichen Rechts** umgewandelt. Diese Form der körperschaftlichen Umwandlung ist ungewöhnlich, nicht zuletzt weil

§ 212 nF.

der Gesetzgeber von der in **§ 301 Abs. 1 UmwG** an sich vorgesehenen Rechtsform der **Kapitalgesellschaft als Zielrechtsform** im Falle des Formwechsels einer Körperschaft des öffentlichen Rechts abweicht.

3 Da die Gründung einer Gesellschaft bürgerlichen Rechts grundsätzlich auf einer rechtsgeschäftlichen Einigung basiert, wird die **rechtsgeschäftliche Einigung** in § 212 nF. durch das Gesetz **fingiert**. Die Ausgestaltung der Gesellschaftsverhältnisse bestimmt sich nach den allgemeinen Regelungen der §§ 705 bis 740 BGB. Damit steht es den Gesellschaftern auch frei, die Gesellschaft gem. § 723 Abs. 1 S. 1 BGB zu kündigen; das Kündigungsrecht darf nach § 723 Abs. 3 BGB durch Vereinbarung nicht beschränkt werden. Damit ist nach der gesetzlichen Systematik eine **Kündigung** der Gesellschaft ab dem 1. 1. 2009 **jederzeit möglich**. Angesichts der ausdrücklichen Verpflichtung zur Rechtsnachfolge und der damit verbundenen Aufgaben (vgl. § 212 Abs. 4 S. 2 und § 213) wäre jedoch zur Sicherung einer geordneten Abwicklung eine gesetzliche Beschränkung des Kündigungsrechts der Gesellschafter sachgerecht gewesen. Eine Kündigung ist somit jederzeit, also auch schon mit Wirkung zum 1. 1. 2009, möglich (§§ 723 Abs. 1 BGB, 212 Abs. 1 S. 1 und 3). Die gesetzlich angeordnete GbR wird dann sofort liquidiert. So lange nicht die **Liquidation** abgeschlossen ist, kann kein Gesellschafter die zu liquidierenden Ressourcen der gesetzlichen GbR benutzen. Der Bundesverband muss alle Verträge kündigen und seine Tätigkeit einstellen, die Erlöse und Kosten müssen unter den Gesellschaftern verteilt werden, wobei grundsätzlich nach der gesetzlichen Regelung jeder Gesellschafter einen **gleichen Teil** zu tragen hätte (§§ 722 Abs. 1, 735 BGB, § 212 Abs. 1).

4 Die gesetzliche Umwandlung verletzt nicht den objektiv-rechtlichen Regelungsgehalt der **negativen Vereinigungsfreiheit** (Art. 9 Abs. 1 GG). Denn es wird keine neue Zwangsmitgliedschaft in einem Privatrechtssubjekt begründet, sondern eine bestehende Zwangsmitgliedschaft in einer öffentlich-rechtlichen Körperschaft in die Gesellschafterstellung innerhalb einer Gesellschaft bürgerlichen Rechts umgewandelt. Da eine Kündigung der Gesellschaft jederzeit möglich ist, liegt keine **Verletzung des Art. 9 Abs. 1 GG** vor.

5 Die Gesellschaften sind Rechtsnachfolger der bisherigen Bundesverbände (vgl. Abs. 4). Die Gesellschaft bürgerlichen Rechts ist **rechtsfähig** (grundlegend BGH, NJW 2001, 1056). Nach der gesetzlichen Konstruktion (vgl. §§ 212 Abs. 4, 213) ist zentrale Aufgabe der Gesellschaften – vorbehaltlich zukünftiger Aufgabenzuweisungen durch die Gesellschafter – die **Abwicklung** der bestehenden Arbeitsverhältnisse (sofern nicht der SpiBuKK gem. § 213 Abs. 6 tätig geworden ist) sowie der Vertrags- und Vermögensverhältnisse.

6 Da der Gesetzgeber den Gesellschaftern **freigestellt** hat, ab dem 1. 1. 2009 über den **Fortbestand und die Gestaltung der Gesellschaftsverhältnisse** zu entscheiden (S. 3), bleibt unklar, wieso er diese Gestaltungsfreiheit in S. 5 eingeschränkt hat. Demnach sind Krankenkassen der jeweiligen Kassenart von Gesetzes wegen berechtigt, der Rechtsnachfolgegesellschaft beizutreten. Eine **Beitrittsmöglichkeit** für Krankenkassen anderer Kassenarten ergibt sich als Folgewirkung aus den Vorschriften zur kassenartenübergreifenden Vereinigung (vgl. § 171 a). Da nicht erkennbar ist, dass der Gesetzgeber die Gestaltungsfreiheit in zeitlicher Hinsicht einschränken wollte, ist der etwas missverständliche Abs. 1 S. 3 dahingehend zu verstehen, dass auch schon **vor dem 1. 1. 2009 vorbereitende Gestaltungsakte** – etwa mit dem Ziel vorgesellschaftlicher Strukturen – möglich sein können; allerdings erst mit rechtlicher Wirkung für die gesetzliche GbR ab dem 1. 1. 2009.

C. Organisationsrechtliche Folgeänderungen, Abs. 2 und 3

Abs. 2 regelt bis zum 31. 12. 2008 die Verbandsstruktur der landwirtschaftlichen Krankenkassen auf Bundesebene. Die Aufhebung des Abs. 2 ist eine organisationsrechtliche Folgeänderung (BT-Drs. 16/3100, 159), da der **Bundesverband der landwirtschaftlichen Krankenkassen** ab dem 1. 1. 2009 nicht mehr besteht. Seine Rechtsnachfolge (einschließlich der geänderten Aufgabenzuweisung) wird in dem Gesetz über die Krankenversicherung der Landwirte geregelt. Die zukünftige **Landesverbandsfunktion der Deutschen Rentenversicherung Knappschaft-Bahn-See** ist auf deren grundsätzliche Trägerfunktion für die Aufgaben der knappschaftlichen Krankenversicherung zurückzuführen (vgl. § 4 Abs. 2).

7

D. Gesetzlich angeordnete Rechtsnachfolge, Abs. 4

Über die Fiktion der rechtsgeschäftlichen Einigung hinaus werden in Abs. 4 auch die notwendige **gesellschaftsrechtliche Zwecksetzung** (S. 2) sowie die jeweiligen **Rechte und Pflichten der Gesellschafter** (S. 3) **fingiert,** um den Mindeststandard für eine gesetzliche Rechtsnachfolgeregelung herzustellen. Gesellschaftsrechtlicher (Mindest-)Zweck ist demnach die Wahrnehmung der sich aus § 214 ergebenden (Abwicklungs-)Aufgaben. Den Gesellschaftern steht es indessen frei, diesen Zweck **vertraglich** zu erweitern. Den Landesverbänden bzw. einzelnen Krankenkassen ist damit die Möglichkeit eröffnet, die einstigen Bundesverbände mit dem verbliebenen Aufgabenbestand fortbestehen zu lassen, sie umzustrukturieren oder sie ggf. in eine andere Rechtsform umzuwandeln. Sofern der Gesellschaft vertraglich neue Aufgaben zugewiesen werden, dürfte es sich nach Vorstellung des Gesetzgebers in erster Linie um **Aufgaben im wettbewerblich relevanten** Bereich handeln (vgl. BT-Drs. 16/3100, 159). § 212 stellt in dieser Hinsicht – unter Berücksichtigung des § 94 SGB X (Arbeitsgemeinschaften) – eine spezielle Ausprägung des allgemeinen **Kooperationsgebotes** für Krankenkassen innerhalb einer Kassenart im Interesse der Leistungsfähigkeit und Wirtschaftlichkeit dar (vgl. § 4 Abs. 3).

8

Die mit dem Gesellschaftszweck verknüpften Verhaltenspflichten und Ansprüche der Gesellschafter haben sich gem. S. 3 an der gesellschaftsrechtlichen Zweckerreichung auszurichten und gelten insoweit – vorbehaltlich einer vertraglichen (zB. gesellschaftsrechtlichen) Modifikation bzw. Erweiterung – als von Gesetzes wegen vereinbart. Diese vage Beschreibung der gesellschafterlichen Rechtspositionen ist im Einzelfall durch Bezugnahme auf allgemeine gesellschaftsrechtliche Grundsätze (zB. **Treuepflicht,** § 705 iVm. § 242 BGB) sowie sozialgesetzliche Handlungs- und Organisationsvorgaben (**öffentlich-rechtlicher** Charakter der Krankenkassen, § 29 SGB IV; **Gebot zur engen Zusammenarbeit,** § 86 SGB X; **Wirtschaftlichkeit,** § 69 SGB IV) zu konkretisieren. Die sich daraus ergebenden Pflichten sind von den Gesellschaftern so wahrzunehmen, dass die Umwandlung und Fortführung der Bundesverbände in privatrechtlicher Rechtsform die Funktionsfähigkeit des GKV-System – insbesondere die Aufgabenüberleitung auf den SpiBuKK – nicht beeinträchtigt.

9

Rechtswirksame Umstrukturierungen der bis zum 31. 12. 2008 bestehenden Bundesverbände **vor dem Stichtag** bzw. **durch weniger als die Gesamtheit** der bisherigen Verbandsmitglieder führen allerdings zu **Parallelstrukturen,** die zahlreiche Durchführungsprobleme nach sich ziehen. So können etwa die notwendigen Übertragungen von Arbeitnehmern nur unter Beachtung der Anforde-

10

§ 213 nF. Rechtsnachfolge, Vermögensübergang, Arbeitsverhältnisse

rungen des **Arbeits- und Personalvertretungsrechts** durchgeführt werden. Zur Sicherung der dienst- und arbeitsvertraglichen Ansprüche ordnet Abs. 4 S. 4 die **entsprechende Geltung des BetrVG** an.

E. Verbände der Ersatzkassen, Abs. 5

11 Anders als bei den übrigen Kassenarten waren die Ersatzkassen in der Vergangenheit auf Bundesebene nicht durch Körperschaften des öffentlichen Rechts zusammengefasst. Stattdessen waren die Angestellten-Krankenkassen und die Arbeiter-Ersatzkassen in vereinsrechtlicher Form organisiert (**VdAK/AEV**). Wenngleich auch VdAK und AEV durch die Errichtung des SpiBuKK zum 1. 7. 2008 nahezu funktionslos gestellt werden, führt Abs. 5 bislang geltendes Recht (vgl. auch die Vorgängervorschriften §§ 525 a und b RVO) fort.

12 Die Folgeregelungen in Abs. 5 tragen dem Umstand Rechnung, dass die bundesunmittelbaren Ersatzkassen auf Landesebene nicht verbandsmäßig organisiert sind und dennoch ua. landesunmittelbare Aufgaben wahrnehmen müssen (zB. Verträge und Vergütungsvereinbarungen mit KÄV/KZV). Diese Aufgabe haben bis zum 31. 12. 2008 die Verbände VdAK/AEV durch ihre jeweiligen **Landesvertretungen** wahrgenommen. Sie haben insoweit diejenigen Aufgaben wahrgenommen, die ansonsten den Landesverbänden der Krankenkassen (vgl. §§ 207 ff.) übertragen sind.

13 Das bislang praktizierte Verfahren einer Vertretung der Ersatzkassen auf **Landesebene** soll gewährleistet bleiben. Die Ersatzkassen haben für Vertragsabschlüsse abschlussbefugte Vertreter auf Landesebene bevollmächtigt. Sie werden verpflichtet, sich bei *„gemeinsam und einheitlich"* zu treffenden Entscheidungen auf einen **gemeinsamen Vertreter** zu einigen. Auf diese Weise soll Bürokratieaufwand vermieden werden (BT-Drs. 16/3100, 160). Das Vertretungsprinzip soll auch außerhalb des Vertragsgeschehens für andere Maßnahmen und Entscheidungen (zB. bei der Bildung von Landesschiedsstellen, § 114, oder Landesausschüssen, § 90) gelten. S. 7 stellt klar, dass die Bevollmächtigung nicht auf natürliche Personen beschränkt werden muss. Insbesondere können die bestehenden Verbände mit der Durchführung der Aufgaben betraut werden. Mit diesem **Delegationsverfahren** wird der bisherige Aufgabenbereich der Landesvertretungen von VdAK und AEV im Wesentlichen fortgeführt.

14 Da die Verbände der Ersatzkassen auf Bundesebene insoweit öffentliche Aufgaben wahrnehmen, unterliegen sie unverändert der gesetzlichen **Aufsicht des BMG**. Daher kann die Aufsicht im Falle einer Nichteinigung durch **Ersatzvornahme** die gemeinsame Vertretung der Ersatzkassen regeln, damit die Aufgabenwahrnehmung auf Landesebene nicht gefährdet wird.

§ 213 Rechtsnachfolge, Vermögensübergang, Arbeitsverhältnisse

(1) ¹**Das den bis zum 31. Dezember 2008 bestehenden Bundesverbänden zustehende Vermögen wandelt sich in Gesamthandsvermögen der Gesellschaften des bürgerlichen Rechts um.** ²**Für die Arbeitsverhältnisse findet § 613a des Bürgerlichen Gesetzbuchs entsprechende Anwendung.** ³**Für Ansprüche aus Dienst- und Arbeitsvertrag einschließlich der Ansprüche auf Versorgung haften die Gesellschafter zeitlich unbeschränkt.** ⁴**Bei Auflösung eines Verbandes der Ersatzkassen oder des Austritts eines Mitglieds aus einem Verband der Ersatzkassen haften die Vereinsmitglieder für Ansprüche aus Dienst- und Arbeitsvertrag ein-**

schließlich der Ansprüche auf Versorgung zeitlich unbeschränkt. ⁵Die bei den bis zum 31. Dezember 2008 bestehenden Bundesverbänden tätigen Angestellten, für die die Dienstordnung gilt, werden unter Wahrung ihrer Rechtsstellung und Fortgeltung der jeweiligen Dienstordnungen bei den Gesellschaften beschäftigt. ⁶§ 164 Abs. 2 und 3 gilt entsprechend. ⁷Angestellte, für die die Dienstordnung gilt, haben einen Anspruch auf Anstellung bei einem Landesverband ihrer Wahl; der Landesverband muss zuvor Mitglied des Bundesverbandes nach § 212 in der bis zum 31. Dezember 2008 geltenden Fassung gewesen sein, bei dem der Dienstordnungsangestellte angestellt war. ⁸Der Landesverband, der den Dienstordnungsangestellten beschäftigt hat, hat einen Ausgleichsanspruch gegen die übrigen Landesverbände. ⁹Für die Vergütungs- und Versorgungsansprüche haften die Gesellschafter zeitlich unbeschränkt.

(2) ¹Die in den Bundesverbänden bis zum 31. Dezember 2008 bestehenden Personalräte nehmen ab dem 1. Januar 2009 die Aufgaben eines Betriebsrats mit dessen Rechten und Pflichten nach dem Betriebsverfassungsgesetz übergangsweise wahr. ²Das Übergangsmandat endet, sobald ein Betriebsrat gewählt und das Wahlergebnis bekannt gegeben ist; es besteht längstens bis zum 31. Mai 2010.

(3) Die in den Bundesverbänden am 31. Dezember 2008 jeweils bestehenden Dienstvereinbarungen gelten in den Gesellschaften des bürgerlichen Rechts als Betriebsvereinbarungen für längstens 24 Monate fort, soweit sie nicht durch andere Regelungen ersetzt werden.

(4) ¹Auf die bis zum 31. Dezember 2008 förmlich eingeleiteten Beteiligungsverfahren im Bereich der Bundesverbände finden bis zu deren Abschluss die Bestimmungen des Bundespersonalvertretungsgesetzes sinngemäß Anwendung. ²Dies gilt auch für Verfahren vor der Einigungsstelle und den Verwaltungsgerichten. ³In den Fällen der Sätze 1 und 2 tritt in diesen Verfahren an die Stelle der Personalvertretung die nach dem Betriebsverfassungsgesetz zuständige Arbeitnehmervertretung.

(5) Bei der Fusion von Landesverbänden wird die Gesellschaft mit dem Rechtsnachfolger des fusionierten Landesverbandes fortgeführt.

(6) ¹Der Spitzenverband Bund soll den Beschäftigten der nach § 212 Abs. 1 in der bis zum 31. Dezember 2008 geltenden Fassung bestehenden Bundesverbände sowie den Beschäftigten der Verbände der Ersatzkassen eine Anstellung anbieten, soweit dies für eine ordnungsgemäße Erfüllung der Aufgaben des Spitzenverbandes Bund erforderlich ist. ²Einer vorherigen Ausschreibung bedarf es nicht.

Schrifttum: *R. Scholz/R. Buchner,* Überleitung der Beschäftigungsverhältnisse bei den Verbänden, KrV 2007, 77–85.

Inhaltsübersicht
Rn.
A. Überblick 1
B. Gestaltung der Rechtsnachfolge, Abs. 1 2
C. Personalvertretung und Dienstvereinbarungen, Abs. 2–4 7
D. Vereinigung von Krankenkassen mit Landesverbandsfunktion, Abs. 5 . 8
E. Beschäftigungssicherung durch den SpiBuKK, Abs. 6 9

§ 213 nF. Rechtsnachfolge, Vermögensübergang, Arbeitsverhältnisse

A. Überblick

1   Den bisherigen Bundesverbänden kann auch nach dem 1.1.2009 eine **wichtige Funktion** bei der Unterstützung der Krankenkassen in einem immer stärker **wettbewerblich ausgestalteten Gesundheitssystem** zukommen. Wie in den Rechtsnachfolgevorschriften zum Ausdruck kommt, ist der Gesetzgeber davon ausgegangen, dass für die Dienst- und Arbeitsverhältnisse der bei den Bundesverbänden Beschäftigten die Gemeinschaft der Versicherungsträger und ihrer Verbände in der Verantwortung stehen (vgl. auch Stellungnahme der Bundesregierung in BT-Drs. 16/7216, 45). § 213 gestaltet die Rechtsnachfolge der bis zum 31.12.2008 bestehenden Bundesverbände näher aus. Insbesondere werden Regelungen zum **Vermögensübergang** (Abs. 1) sowie zu **personal- und arbeitsrechtlichen Rechtsfolgen** (Abs. 1–4) getroffen. Ob es sich bei diesen Regelungen um ausreichende bzw. geeignete Maßnahmen zur Folgenbewältigung handelt, wird zT. bezweifelt (vgl. *Scholz/Buchner*, KrV 2007, 77/80 ff.).

B. Gestaltung der Rechtsnachfolge, Abs. 1

2   In Abs. 1 ist geregelt, dass sich das bisher den Bundesverbänden als Körperschaften des öffentlichen Rechts zustehende Vermögen in **Gesamthandvermögen** der Gesellschaften bürgerlichen Rechts umwandelt (BT-Drs. 16/3100, 160). Insofern wird für das Vermögen der jeweiligen **Rechtsnachfolgegesellschaften** das in §§ 718, 719 und 738 Abs. 1 S. 1 BGB verankerte Gesamthandsprinzip angeordnet. Das Gesamthandsvermögen der Bundesverbände steht somit sachenrechtlich ausschließlich den **Gesellschaftern als Personengruppe** zu und ist von dem wertmäßigen Anteil jedes Gesellschafters am gebundenen Vermögen zu unterscheiden.

3   Durch eine Anordnung der **entsprechenden Anwendung des § 613a BGB** soll gesichert werden, dass die **Arbeitsverträge** der Angestellten kraft Gesetzes auf die Gesellschaften übergehen. **Kündigungen** allein wegen des Rechtsformwechsels sollen **nicht möglich** sein (BT-Drs. 16/3100, 160). Die Beschäftigten der Bundesverbände haben somit aufgrund ihres ab dem 1.1.2009 mit den Gesellschaften bestehenden Arbeitsverhältnisses einen Anspruch auf Beschäftigung bei der jeweiligen GbR. Abs. 1 S. 3 stellt sicher, dass für Ansprüche aus Dienst- und Arbeitsvertrag (einschl. der Ansprüche auf Versorgung) **keine Enthaftung der Gesellschafter** eintritt (Stellungnahme der Bundesregierung BT-Drs. 16/7216, 44).

4   Im Falle der **Auflösung** der GbR soll eine **Beschäftigungssicherung** innerhalb der jeweiligen Kassenart erfolgen. Dies gilt sowohl für Tarifangestellte als auch für die dienstordnungsmäßigen Angestellten (sog. **DO-Angestellte**, näher dazu § 162 Rn. 13 f.). Durch den Verweis in Abs. 1 S. 6 auf § 164 Abs. 3 S. 1 ist geregelt, dass die DO-Angestellten, die – trotz ihres Wahlrechts nach Abs. 1 S. 7 – keinen Landesverband als Anstellungskörperschaft gewählt haben, verpflichtet sind, eine vom Landesverband oder Krankenkasse nachgewiesene dienstordnungsmäßige Stellung anzutreten, wenn die Stellung nicht in einem auffälligen Missverhältnis zu den Fähigkeiten des Angestellten steht. Aufgrund des Verweises in Abs. 1 S. 6 auf § 164 Abs. 3 S. 3 ist auch den **Tarifangestellten eine Stellung anzubieten**, die ihnen unter Berücksichtigung ihrer Fähigkeiten und bisherigen Dienststellung zuzumuten ist (vgl. auch Stellungnahme der Bundesregierung in BT-Drs. 16/7216, 44). Da es sich insoweit um sog. **Sozialverpflichtungen** einzel-

7. Kapitel § 213 nF.

ner Gesellschafter handelt, besteht ein **Ausgleichsanspruch** gegenüber der Gesellschaft (§ 705 BGB iVm. § 213 Abs. 1 S. 8).

Das **Wahlrecht der DO-Angestellten** nach Abs. 1 S. 7 muss im unmittelbaren 5 zeitlichen Zusammenhang mit der angeordneten Rechtsformumwandlung ausgeübt werden. Trotz des Verweises auf § 164 bedarf es des Eintritts einer Schließung nicht; es handelt sich insofern um eine **eingeschränkte Rechtsgrundverweisung**. Macht ein DO-Angestellter von dem Wahlrecht nicht Gebrauch, geht das Arbeitsverhältnis entsprechend § 613a BGB auf die Gesellschaft über. Für die bei den Bundesverbänden verbleibenden DO-Angestellten gelten die Regelungen der bisherigen **Dienstordnung als individualarbeitsrechtliches Verhältnis** fort. Dies gilt auch für die Versicherungsfreiheit in der Renten- und Krankenversicherung (§ 6 Abs. 1 Nr. 2 SGB V und § 5 Abs. 1 Nr. 2 SGB VI), da es sich bei den Rechtsnachfolgeeinrichtungen um Verbände öffentlich-rechtlicher Körperschaften (iS. einer **Anstellungskörperschaft**) handelt.

Für **Vergütungs- und Versorgungsansprüche** der bei den Bundesverbänden 6 Beschäftigten haften die Gesellschafter **zeitlich unbeschränkt** (Abs. 1 S. 9). Die Vorschrift in § 171 a Abs. 2 über die auf 5 Jahre beschränkte Nachhaftung gegenüber einem Verband im Falle einer kassenartenübergreifenden Vereinigung gilt nicht für Ansprüche aus Arbeits- und Dienstverträgen einschließlich der Ansprüche auf Versorgung, die zum Zeitpunkt des Rechtsformwechsels begründet waren (BT-Drs. 16/3100, 160).

C. Personalvertretung und Dienstvereinbarungen, Abs. 2–4

Mit den Regelungen in den Abs. 2–4 wird sichergestellt, dass es keinen Zeit- 7 raum ohne **ordnungsgemäße Personalvertretung** gibt (Abs. 2) und bestehende **Dienstvereinbarungen** – zeitlich befristet – in dispositive Betriebsvereinbarungen überführt werden (Abs. 3). Die vor dem 1. 1. 2009 gewählten Personalräte nehmen übergangsweise die Aufgaben nach dem Betriebsverfassungsgesetz als Betriebsräte bis längstens zu den regelmäßigen Betriebswahlen nach dem Betriebsverfassungsgesetz wahr. Die nächsten regelmäßigen Betriebsratswahlen finden in der Zeit vom 1. März bis 31. März 2010 statt (BT-Dr. 16/3100, 160). Flankierend wird eine **Kontinuität** bei Maßnahmen und Verfahren der Personalvertretung in der Phase der Rechtsformüberleitung angeordnet (Abs. 4).

D. Vereinigung von Krankenkassen mit Landesverbandsfunktion, Abs. 5

Die Regelung in Abs. 5 will sicherstellen, dass die **Vereinigung** von Gesell- 8 schaftern untereinander **kein Auflösungsgrund** für die gesetzlich angeordnete GbR ist. Systematisch ist die Vorschrift in mehrfacher Hinsicht missglückt. Zum einen wird der Vorgang der öffentlich-rechtlichen „Vereinigung" (vgl. dazu § 144 Rn. 2 ff.) als „Fusion" bezeichnet (dazu auch § 171a Rn. 2). Zum anderen wird eine Vereinigung von Landesverbänden beschrieben, die als solche zwar in § 207 Abs. 5 vorgesehen ist. In der Praxis relevanter ist allerdings die **Vereinigung von Krankenkassen** (§ 144), die die **Funktion eines Landesverbandes** haben (vgl. § 207 Abs. 4). Ungeachtet dessen ist der Regelung und ihrer Begründung (vgl. BT-Drs. 16/3100, 161) hinreichend zu entnehmen, dass eine Vereinigung innerhalb des Kreises der Gesellschafter keinen Rechtsgrund bieten soll, sich den gesetzlich angeordneten Verpflichtungen der GbR zu entziehen.

Mühlhausen 1083

§ 214 nF. Aufgaben

E. Beschäftigungssicherung durch den SpiBuKK, Abs. 6

9　Vgl. hierzu die Kommentierung zu § 213 Abs. 6 id. bis zum 31. 12. 2008 geltenden Fassung (Rn. 6).

§ 214 Aufgaben

¹Die Gesellschaft hat die Aufgabe, die Verpflichtungen auf Grund der Rechtsnachfolge oder aus Gesetz zu erfüllen. ²Die Gesellschafter können im Gesellschaftsvertrag weitere Aufgaben zur Unterstützung der Durchführung der gesetzlichen Krankenkasse vereinbaren.

Inhaltsübersicht
        Rn.
A. Gesetzliche Klarstellung 1
B. Vereinbarung neuer Aufgaben 2

A. Gesetzliche Klarstellung

1　Die Vorschrift hat – über die Regelungen in §§ 212, 213 hinaus – keinen eigenen Regelungsgehalt, sondern allenfalls eine **klarstellende Funktion**. Die Rechtsnachfolgegesellschaft hat zunächst nur die Aufgabe, die sich aus der Umwandlung ergebenden Verpflichtungen – insbesondere die aus den bestehenden Arbeitverhältnissen (vgl. § 213 Rn. 3 ff.) – zu erfüllen. Die Aufgabenbeschränkung findet faktisch bereits vor der gesetzlichen Umwandlung mit der zum 1. 7. 2008 angeordneten umfassenden Aufgabenüberleitung auf den SpiBuKK statt (vgl. § 217 f Rn. 2 ff.). Den Gesellschaftern ist es ab dem 1. 1. 2009 freigestellt, den **Gesellschaftszweck abzuändern** und **andere Aufgaben** im Rahmen der Durchführung der gesetzlichen Krankenversicherung zu **vereinbaren** (zu vorbereitenden Maßnahmen bzw. zur Problematik einer vorherigen Vereinbarung und Parallelstrukturen vgl. § 212 Rn. 6 und 10). Die Gesellschafter können durch die Vereinbarung von neuen, die Durchführung der gesetzlichen Krankenversicherung unterstützenden Aufgaben den **Fortbestand der Gesellschaft** als freiwillige, private Organisationen im Gesundheitswesen sichern (BT-Drs. 16/3100, 161).

B. Vereinbarung neuer Aufgaben

2　Die Vereinbarung neuer Aufgabezuweisungen wird sich nach den allgemeinen gesellschaftsrechtlichen Grundsätzen (zB. **Treuepflicht**, §§ 705 iVm. 242 BGB) sowie den sozialgesetzlichen Handlungs- und Organisationsvorgaben (**öffentlich-rechtlicher** Charakter der Krankenkassen, §§ 29, 30 SGB IV; **Gebot zur engen Zusammenarbeit**, § 86 SGB X; **Wirtschaftlichkeit**, § 69 SGB IV) auszurichten haben. Sie dürfen insbesondere die Aufgabenwahrnehmung durch den SpiBuKK nicht beeinträchtigen. Vor diesem Hintergrund sind insbesondere **wettbewerbliche Handlungsfelder** geeignet, um innerhalb einer Kassenart Kooperationsformen auf Bundesebene zu finden (vgl. BT-Drs. 16/7216, 45). Zur wettbewerbsrechtlichen Problematik solcher Kooperationsformen vgl. § 4 Rn. 8).

§§ 215–217 *(aufgehoben)*
§§ 215 bis 217 wurden mit Wirkung zum 1. 1. 2009 aufgehoben, vgl. Art. 2 Nr. 28 bzw. Art. 1 Nr. 148 iVm. Art. 46 Abs. 10 GKV-WSG.

7. Kapitel § 217a

§ 217a Errichtung des Spitzenverbandes Bund der Krankenkassen

(1) **Die Krankenkassen bilden den Spitzenverband Bund der Krankenkassen.**

(2) **Der Spitzenverband Bund der Krankenkassen ist eine Körperschaft des öffentlichen Rechts.**

Schrifttum: *P. Axer,* Normsetzung der Exekutive in der Sozialversicherung, 2000; *ders.,* Finanzierung und Organisation der gesetzlichen Krankenversicherung nach dem GKV-WSG, GesR 2007, 193–200; *I. Ebsen,* Rechtsquellen, HS-KV, § 7; *R. Francke/D. Hart,* Bürgerbeteiligung im Gesundheitswesen, 2001; *K. Hauck,* Entwicklungsperspektiven der gesetzlichen Krankenversicherung (GKV), SGb 2007, 203–209; *E. Jung,* Die demokratische Legitimation der Selbstverwaltung und der Sozialwahlen in einer sich verändernden Sozialversicherungslandschaft, SGb 2007, 65–71; *T. Kingreen,* Legitimation und Partizipation im Gesundheitswesen, NZS 2007, 113–121; *F. Knieps,* Später Abschied vom Feudalsystem, FS Kirch, 2003, 46–53; *H.-J. Papier,* Der Sozialstaat aus verfassungsrechtlicher Sicht; Festvortrag zum 50-jährigen Bestehen des Bundesversicherungsamtes in Bonn, BzG 8–06, 2–10; H. *Stapf-Fine,* Organisationsreform der gesetzlichen Krankenversicherung, SozSich. 2007, 176–179.

Inhaltsübersicht

	Rn.
A. Regelungszweck	1
B. Organisationsrechtlicher Spielraum des Gesetzgebers	2
C. Verfassungsrechtliche Grenzen der Rechtssetzungs- und Verwaltungsdelegation	4

A. Regelungszweck

Gesetzgeberisches Ziel eines einheitlichen Dachverbandes für die gesetzliche 1 Krankenversicherung auf Bundesebene war die **Straffung der zeitlichen und organisatorischen Abläufe** in den Verbänden und der gemeinsamen Selbstverwaltung sowie die Vermeidung von Handlungsblockaden (BT-Drs. 16/3100, 161). Ob die in den §§ 217a ff. vorgesehenen Maßnahmen hierzu geeignet sind, bleibt abzuwarten. Der Spitzenverband Bund der Krankenkassen (SpiBuKK) wurde zum 1.4.2007 als Körperschaft des öffentlichen Rechts gebildet. Mitglieder des SpiBuKK sind die Krankenkassen (Näheres unter www.spibund.de). Auf diese Weise soll die tradierte Aufteilung nach Kassenarten schrittweise überwunden werden. Die Aufgaben, die im Interesse der **Funktionsfähigkeit des Gesamtsystems** liegen, sollen beim SpiBuKK konzentriert werden. Die verbleibenden wettbewerbsrelevanten Spielräume innerhalb dieses ordnungspolitischen Rahmens sollen von den Mitgliedskassen eigenverantwortlich wahrgenommen werden (vgl. hierzu auch *Knieps,* FS Kirch, 46/52).

B. Organisationsrechtlicher Spielraum des Gesetzgebers

Grundsätzlich ist festzustellen, dass der Gesetzgeber sich bei der von ihm ge- 2 wählten Organisationsentscheidung innerhalb eines weiten **Ausgestaltungsspielraums** bewegte. Das BVerfG hat bereits mehrfach (vgl. BVerfGE 39, 302/314; BVerfGE 89, 365/377; BVerfGE 113, 167/223) unmissverständlich klargestellt, dass der Bestand einer bestimmten Organisationsstruktur innerhalb der Krankenversicherung verfassungsrechtlich nicht gewährleistet ist. Mit dem GG wäre es nach Ansicht des BVerfG vereinbar, sämtliche Träger der GKV zusammenzufassen und sie in einem „Bundesamt für Krankenversicherung" als bundesunmittelbare Körperschaft zu organisieren. „*Vom körperschaftlichen Status der Sozialversicherungsträger abgesehen – so das BVerfG – macht das Grundgesetz dem Bundesgesetzgeber keine inhaltlichen Vorgaben zur organisatorischen Ausgestaltung der Sozialversicherung*" (BVerfGE 113, 167/201). Damit konstatiert das BVerfG zugleich, dass der in **Art. 87 Abs. 2 GG** festgelegte körperschaftliche Status der Krankenkassen nicht zur Disposition des Gesetzgebers steht, sofern sich die Zuständigkeit über das Gebiet eines Bundeslandes hinaus erstreckt (vgl. *Papier*, BzG 8–06, 2/7; *Jung*, SGb 2007, 65).

3 Die zentrale Frage, ob Art. 87 Abs. 2 GG vom Gesetzgeber verlangt, den Trägern der Sozialversicherung ein **effektives Maß an Selbstverwaltung** einzuräumen, um damit außerstaatlichen Kräften im Sinne „verbandsgesteuerter Selbstverwaltung" Einflussnahmemöglichkeiten zu geben, hat das BVerfG bislang hingegen unbeantwortet gelassen. Die Ansichten hierzu gehen in der verfassungsrechtlichen Literatur auseinander. Eine verfassungsrechtliche Garantie des Selbstverwaltungsrechts lässt sich wohl schon deswegen ablehnen, weil es sich bei Art. 87 Abs. 2 GG lediglich um eine Norm zur Abgrenzung der Kompetenzen zwischen Bund und Ländern handelt und Art. 87 Abs. 2 GG im Gegensatz zu Art. 28 Abs. 2 GG das Selbstverwaltungsrecht gerade nicht erwähnt (vgl. *Axer*, Normsetzung, 292, *ders.*, GesR 2007, 193/199 zur Frage der im SpiBuKK angelegten „Mischverwaltung" unter dem Gesichtspunkt des Art. 87 Abs. 2 GG). Trotz der **verbandsmäßigen Zentralisierung** durch das GKV-WSG führt das SGB V den Gedanken der Selbstverwaltung dennoch fort und will sich somit die Vorteile der mittelbaren Selbstverwaltung erhalten (zum Stellenwert der Selbstverwaltung im Kontext der Gesundheitsreform 2006 *Jung*, SGb 2007, 65; *Hauck*, SGb 2007, 203/209). Diese Gestaltungsentscheidung bindet den Gesetzgeber aber im Hinblick auf das **Legitimationsniveau** bei den von ihm mit Normsetzungsbefugnis ausgestatteten Einrichtungen (näher dazu *Axer*, Normsetzung, 295 ff.; *Francke/Hart*, Bürgerbeteiligung, 108 ff.).

C. Verfassungsrechtliche Grenzen der Rechtssetzungs- und Verwaltungsdelegation

4 Der **SpiBuKK** trifft ab dem 1. 7. 2008 auf Bundesebene zB. **Entscheidungen in grundsätzlichen Fach- und Rechtsfragen**. Die vom SpiBuKK abgeschlossenen Verträge und seine sonstigen Entscheidungen gelten zudem für die Mitgliedskassen, die Landesverbände der Krankenkassen und die Versicherten (§ 217e Abs. 2). Eine Besonderheit dieser verbindlichen **exekutiven Rechtssetzung und Normkonkretisierung** liegt darin, dass der SpiBuKK die Rechtssetzungsmacht über die Krankenkassen und Versicherten einerseits erhält und andererseits die Krankenkassen (zB. über ihren gemeinsamen Spitzenverband) eine mittelbare – insbesondere vertragliche – Regelungsmacht über die an der Gesundheitsversorgung beteiligten Akteure (zB. Leistungserbringer) ausüben (vgl. hierzu *Ebsen*, HS-KV, § 7 C 1 a, Rn. 119).

5 Verfassungsrechtliche Bedenken gegen Normsetzungsverträge der SpiBuKK greifen nicht durch, wenn und solange der Gesetzgeber in den Vorschriften des SGB V – entsprechend Art. 80 GG – Inhalt, Zweck und Ausmaß der vertraglich zu regelnden Sachverhalte hinreichend genau bestimmt (vgl. *Axer*, Normsetzung, 295 ff.).

6 In einer vergleichbaren Konstellation – nämlich beim Gemeinsamen Bundesausschuss (G-BA) bezogen auf seine bis zum 30. 6. 2008 gültige Zusammensetzung

– sah das BSG die Rechtssetzungskompetenz bisheriger Prägung in der Rechtsstellung und Fachkompetenz der Mitglieder des G-BA begründet, die ihrerseits die von den Versicherten **demokratisch legitimierten Selbstverwaltungskörperschaften** vertreten. Das BVerfG hat in einem Beschluss vom 6. 12. 2005 (SozR 4–2500, § 27 Nr. 5 = NZS 2006, 84) offengelassen, ob das nach § 135 vorgesehene Verfahren der Entscheidung durch den G-BA verfassungsrechtlichen Anforderungen genügt, insbesondere, ob der Bundesausschuss über eine hinreichende demokratische Legitimation verfügt und welche Rechtsqualität seinen Richtlinien zukommt (vgl. aber auch BVerfG, SozR 4–2500, § 135 Nr. 7).

Das **BSG** hat die hinreichende demokratische Legitimation des Bundesausschusses zum Erlass derartiger Richtlinien auch nach Ergehen der Entscheidung des **BVerfG** nicht grundsätzlich in Zweifel gezogen (vgl. Urteil v. 31. 5. 2006, B 6 KA 13/05 R, Rn. 57 ff. = SozR 4–2500, § 92 Nr. 5 sowie Urteil v. 27. 9. 2005, B 1 KR 28/03 R *extrakorporale Stoßwellentherapie* = SGb 2005, 637; die Verfassungsbeschwerde hiergegen wurde nicht zur Entscheidung angenommen, vgl. BVerfG, SozR 4–2500, § 135 Nr. 7; siehe auch die Zusammenfassung bei *Hauck*, SGb 2007, 203/209). Im Hinblick auf die durch das GKV-WSG vorgesehenen Änderungen in der Zusammensetzung des G-BA zum 1. 7. 2008 mehrt sich die Kritik an dem vom Gesetzgeber gewählten Legitimationsmuster. So wird der G-BA künftiger Prägung als „*organisationsrechtlicher Grenzgänger*" klassifiziert (*Kingreen*, NZS 2007, 113/119 f. mwN.). 7

Eine ähnliche Argumentation dürfte für den SpiBuKK gelten. Angesichts einer stark verdünnten Legitimationskette, auf die der SpiBuKK seine personell-demokratische Legitimation stützen kann, sowie einer **wenig transparenten und ungleichgewichtigen Ausgestaltung der Willensbildung** innerhalb und zwischen den Organen des SpiBuKK, bestehen Zweifel an einem verfassungsrechtlich belastbaren Legitimationsniveau. Eine Rückverfolgung der Legitimationskette führt in sozial- und verfassungsrechtliches Niemandsland (vgl. Kommentierung zu §§ 217 b und c; insb. § 217 c Rn. 14). Die Tatsache, dass in dem bundesunmittelbaren SpiBuKK bundes- und landesunmittelbare Krankenkassen zusammenwirken (insb. über deren Vertreter im Verwaltungsrat), dürfte demgegenüber auf keine verfassungsrechtlichen Bedenken stoßen, da dieses Nebeneinander – iSe. Mischverwaltung – Bestandteil des gegenwärtigen gesetzlichen Konzepts der gegliederten Krankenversicherung ist (so auch *Axer*, GesR 2007, 193/200). 8

§ 217 b Organe

(1) ¹**Bei dem Spitzenverband Bund der Krankenkassen wird als Selbstverwaltungsorgan ein Verwaltungsrat gebildet.** ²**Ein Mitglied des Verwaltungsrates muss dem Verwaltungsrat oder der Vertreterversammlung einer Mitgliedskasse angehören.** ³**§ 33 Abs. 3, § 37, die §§ 40, 41, 42 Abs. 1 bis 3, die §§ 58, 59, 62 Abs. 1 bis 2, 4 bis 6 § 63 Abs. 1, 3, 4, § 64 Abs. 1 bis 3 und § 66 Abs. 1 des Vierten Buches und § 197 gelten entsprechend.** ⁴**Abweichend von § 58 Abs. 2 des Vierten Buches endet die Amtsdauer der im Jahr 2007 gewählten Mitglieder sieben Monate nach den nächsten allgemeinen Wahlen in der Sozialversicherung.**

(2) ¹**Bei dem Spitzenverband Bund der Krankenkassen wird ein Vorstand gebildet. Der Vorstand besteht aus höchstens drei Personen.** ²**Der Vorstand sowie aus seiner Mitte der Vorstandsvorsitzende und dessen Stellvertreter werden von dem Verwaltungsrat gewählt.** ³**Der Vorstand verwaltet den Spitzenverband und vertritt den Spitzenverband gerichtlich und außergerichtlich, soweit Gesetz**

§ 217 b

oder sonstiges für den Spitzenverband maßgebendes Recht nichts Abweichendes bestimmen. ⁴Die Mitglieder des Vorstandes üben ihre Tätigkeit hauptamtlich aus. § 35 a Abs. 1 bis 3, 6 und 7 des Vierten Buches gilt entsprechend.

(3) ¹Bei dem Spitzenverband Bund der Krankenkassen wird eine Mitgliederversammlung gebildet. ²Die Mitgliederversammlung wählt den Verwaltungsrat. ³In die Mitgliederversammlung entsendet jede Mitgliedskasse jeweils einen Vertreter der Versicherten und der Arbeitgeber aus ihrem Verwaltungsrat oder ihrer Vertreterversammlung. ⁴Eine Ersatzkasse entsendet jeweils zwei Vertreter der Versicherten aus ihrem Verwaltungsrat. § 64 Abs. 1 und 3 des Vierten Buches gilt entsprechend.

Inhaltsübersicht

		Rn.
A.	Organisationsstruktur des SpiBuKK	1
B.	Die Organe	2
	I. Verwaltungsrat, Abs. 1	2
	II. Vorstand, Abs. 2	5
	III. Mitgliederversammlung, Abs. 3	6
	IV. Sonstige Gremien	7

A. Organisationsstruktur des SpiBuKK

1   Organe des SpiBuKK sind der **Verwaltungsrat** als Selbstverwaltungsorgan und der von ihm gewählte **Vorstand** sowie die **Mitgliederversammlung**. Trotz seiner organschaftlichen Annäherung an die existierenden Selbstverwaltungsstrukturen und der zahlreichen Anknüpfungen an die allgemeinen Vorschriften über die Verfassung der Sozialversicherungsträger (§§ 29 ff. SGB IV) entspricht das Organisations- und Willensbildungskonzept des SpiBuKK nicht dem bisherigen Selbstverwaltungsgefüge. So ist zum einen die Mitgliederversammlung – im Gegensatz zum Verwaltungsrat und Vorstand – mit geringen Funktionen und Entscheidungskompetenzen ausgestattet. Zum anderen wird anhand der im Normengefüge wenig stringent angelegten Legitimationsherleitung nicht hinreichend klar, ob die Vertreter im Verwaltungsrat ihrer Legitimation über die jeweilige **Gruppenzugehörigkeit** (Versicherte und Arbeitgeber) oder ihrer **Kassenart** verpflichtet sind. Dazu im Einzelnen § 217 c Rn. 14.

B. Die Organe

I. Verwaltungsrat, Abs. 1

2   Der Verwaltungsrat entscheidet nach näherer Maßgabe des **§ 33 Abs. 3 SGB IV** und der Satzung in allen Angelegenheiten, die nicht vom Vorstand zu besorgen sind. Der Verwaltungsrat beschließt gemäß § 197 Abs. 1 die Satzung und sonstiges autonomes Recht, wählt und überwacht den Vorstand und entscheidet über Fragen von grundsätzlicher Bedeutung, dh. über die strategischen Entscheidungen in den Aufgabenfeldern des SpiBuKK. Bei der Tätigkeit handelt es sich um ein **Ehrenamt** (§ 40 SGB IV). Die **Entschädigung** der Mitglieder erfolgt nach der für den SpiBuKK geltenden Entschädigungsordnung vom 18.6.2007 (vgl. § 41 SGB IV). Es gilt das öffentlich-rechtliche **Haftungsprivileg** des § 42 SGB IV. Im Übrigen verweist Abs. 1 auf die wesentlichen Vorschriften über die Selbstverwaltungsorgane im SGB IV. Von der Verweisung ausdrücklich ausgenommen ist je-

doch die Vorschrift des **§ 62 Abs. 3 SGB IV**, die ein **Alternieren** der Vertreter der einzelnen Gruppen im Vorsitz des Verwaltungsrates erlaubt. Somit wären das Merkmal der Gruppenzugehörigkeit sowie die Parität zwischen den Gruppen der Selbstverwaltung nicht nach den bislang geltenden Maßstäben der Selbstverwaltungsorientierung geregelt. Als Beleg dafür, dass es sich bei der Auslassung der Verweisung auf § 62 Abs. 3 um ein gesetzgeberisches Versehen und nicht etwa um einen bewussten Angriff auf die Gruppenparität handelt, kann die Genehmigung der Satzung des SpiBuKK (BAnz. 2007, 6858) vom 3. 7. 2007 durch das BMG angesehen werden, da die Satzung in § 29 ausdrücklich einen alternierenden Vorsitz im Verwaltungsrat vorsieht.

Die Verwaltungsratsmitglieder müssen **ordentliche Mitglieder** (nicht stellvertretende Mitglieder) im Verwaltungsrat oder der Vertreterversammlung einer Mitgliedskasse sein (§ 7 SpivBdKKWV 2007 bzw. § 13 Abs. 5 der Satzung des SpiBuKK). Nach dem Gesetzeswortlaut nicht wählbar sind damit Mitglieder ehrenamtlicher Vorstände nach § 35 SGB IV, wie sie etwa noch bei den landwirtschaftlichen Krankenkassen vorzufinden sind. Doch auch insoweit erfolgte der gesetzliche Ausschluss wohl weniger aus politischem Gestaltungswillen heraus, als aus gesetzgeberischer Unachtsamkeit. Denn wie beim alternierenden Vorsitz auch (s. Rn. 2) hat das BMG einen den gesetzlichen Wortlaut „offensiv interpretierende" Regelung in § 13 Abs. 5 der Satzung nicht beanstandet. Eine Vertretung in der Mitgliederversammlung ist nicht zwingende Voraussetzung für die Wählbarkeit zum Verwaltungsrat. 3

Die Mitglieder des Verwaltungsrates werden für **sechs Jahre** gewählt (§ 217c Abs. 1 iVm. § 58 SGB IV). Abweichend davon sieht S. 4 für die Mitglieder des **konstituierenden Verwaltungsrates** eine auf das Jahr **2012** verkürzte Amtsdauer vor. Sie endet 7 Monate nach den nächsten allgemeinen Wahlen in der Sozialversicherung. Grund ist eine Harmonisierung der zwischen der Mandatierung im SpiBuKK und den im Jahr 2012 neugewählten Verwaltungsratsmandaten in den Mitgliedskassen. Mit der Nachlauffrist von 7 Monaten ist der Zeitraum minimiert, in dem im Verwaltungsrat des SpiBuKK Verwaltungsratsmitglieder vertreten sind, die nicht mehr Verwaltungsratsmitglied ihrer Mitgliedskasse sind (vgl. BT-Drs. 16/4247, 52). Dies stellt eine Abweichung zu dem Grundsatz dar, dass Verwaltungsratsmitglieder des SpiBuKK dem Verwaltungsrat einer Mitgliedskasse angehören müssen. Angesichts dieser ausdrücklichen gesetzlichen Ausnahme und der erkennbaren gesetzgeberischen Absicht, eine mitgliedschaftliche Akzessorietät herzustellen (vgl. BT-Drs. 16/3100, 161), ist es zwangsläufige Konsequenz, dass die Verwaltungsratsmitgliedschaft im SpiBuKK in allen übrigen Fällen automatisch endet, sobald die Mitgliedschaft in der Selbstverwaltung einer Mitgliedskasse endet. 4

II. Vorstand, Abs. 2

Der maximal **dreiköpfige** Vorstand sowie aus seiner Mitte der Vorsitzende und sein Stellvertreter werden vom Verwaltungsrat gewählt. Der Vorstand verwaltet den SpiBuKK und vertritt ihn gerichtlich und außergerichtlich. Der Vorstand ist für alle Angelegenheiten des Spitzenverbandes zuständig, soweit sie nicht durch gesetzliche Vorschriften oder durch die Satzung dem Verwaltungsrat vorbehalten sind. Um den Aufgaben des Spitzenverbandes gerecht zu werden, übt der Vorstand entsprechend der Organisation im Bereich der gesetzlichen Krankenkassen und der Kassenärztlichen Vereinigungen seine Tätigkeit **hauptamtlich** aus (vgl. BT-Drs. 16/3100, 161). Im Übrigen gelten die allgemeinen Vorschriften für die hauptamtli- 5

§ 217 b

chen Vorstände bei den Krankenkassen (**§ 35 a Abs. 1 bis 3, 6 und 7 SGB IV**), wie zB. die Anforderungen an die fachliche Eignung sowie die Transparenzpflicht über die jährliche Vergütung einschließlich Nebenleistungen. Unklar ist, aus welchem Grund **kein Verweis auf § 31 Abs. 3 SGB IV** in § 217 b Abs. 1 enthalten ist, der dem vertretungsberechtigten Organ die Behördeneigenschaft sowie die Dienstsiegelführungsbefugnis verleiht. Für die ab 1. 7. 2008 zugehörige und teilselbständige Organisationseinheit der Deutschen Verbindungsstelle Krankenversicherung – Ausland (DVKA) ist dies in der bis zum 1. 7. 2008 geltenden Fassung durch einen entsprechenden Verweis in § 219 a Abs. 4 S. 3 ausdrücklich geschehen.

III. Mitgliederversammlung, Abs. 3

6   Die Mitgliedskassen bilden die Mitgliederversammlung. Jede Mitgliedskasse entsendet in die Mitgliederversammlung je einen Vertreter der Versicherten und der Arbeitgeber, eine Ersatzkasse jeweils zwei Versichertenvertreter aus ihrem Verwaltungsrat oder ihrer Vertreterversammlung (zur Entsendbarkeit ehrenamtlicher Vorstände s. Rn. 3). Die konstituierende Mitgliederversammlung fand am 21. 5. 2007 in Berlin statt und bestand – bei zum damaligen Zeitpunkt 241 registrierten Krankenkassen – damit aus knapp 500 ordentlichen Mitgliedern. Aufgabe der Mitgliederversammlung ist es, den paritätisch besetzten Verwaltungsrat mit 41 Mitgliedern zu wählen. Insofern mag es auf den ersten Blick verwundern, dass die Mitgliederversammlung als Basisorgan, aus dem heraus sich die übrigen Organe ableiten, nicht an erster Stelle im § 217 b genannt wird. Dies erschließt sich auf den zweiten Blick daraus, dass die Mitgliederversammlung im Übrigen **keine Steuerungs- und Entscheidungsmöglichkeiten** in Angelegenheiten des SpiBuKK hat, sie also eher ein rechtlich notwendiges „Durchgangsgremium" ist. Dementsprechend ist ein Recht der Mitgliederversammlung auf Selbsteinberufung gesetzlich nicht vorgesehen und angesichts der Größe der Mitgliederversammlung auch wenig praxistauglich. Durch den Verweis auf die Abs. 1 und 3 des § 64 des Vierten Buches ist geregelt, wie die Bedingungen für die Beschlussfassung in der Mitgliederversammlung sind. Dieser nur singuläre Verweis in den vierten Abschnitt des SGB IV legt den Schluss nahe, dass die Mitgliederversammlung – trotz der paritätischen Zusammensetzung ihrer ehrenamtlichen Mitglieder – **kein Selbstverwaltungsorgan** ist. Im Kompetenzgefüge der drei gesetzlichen Organe des SpiBuKK spielt die Mitgliederversammlung jedenfalls eine sehr untergeordnete Rolle.

IV. Sonstige Gremien

7   Weitere Organe des SpiBuKK sind gesetzlich nicht vorgesehen, so dass eine entsprechende Organbildung durch autonomes Satzungsrecht des SpiBuKK nicht in Betracht kommt. Dennoch steht es dem SpiBuKK frei, sich bei seiner Willensbildung der **Fachkompetenz beratender Gremien** (zB. besetzt mit Funktionsträgern von Mitgliedskassen oder anderer bestehender Verbände) zu bedienen. Auf diese Weise kann die spezifische Fachkompetenz aus den Kassenarten (vgl. hierzu § 4) in den Entscheidungsprozess des SpiBuKK einfließen. Die Funktion dieser Gremien muss jedoch unterhalb einer Organstellung verfestigt werden, zB. durch Beschränkung auf eine ausschließlich beratende Funktion. Zum Zwecke der hinreichenden Transparenz ist dies in der **Satzung** des SpiBuKK abzubilden. Einer demokratischen Legitimation bedürfen derartige konsultative Tätigkeiten von Beiräten und Expertengremien nicht (BVerfGE 83, 60/73 f.).

7. Kapitel § 217 c

§ 217 c Wahl des Verwaltungsrates und des Vorsitzenden der Mitgliederversammlung

(1) ¹Zu wählen sind als Mitglieder des Verwaltungsrates für
1. die Allgemeinen Ortskrankenkassen sieben Versichertenvertreter und sieben Arbeitgebervertreter
2. die Ersatzkassen 13 Versichertenvertreter,
3. die Betriebskrankenkassen vier Versichertenvertreter und vier Arbeitgebervertreter,
4. Die Innungskrankenkassen zwei Versichertenvertreter und zwei Arbeitgebervertreter,
5. die Deutsche Rentenversicherung Knappschaft-Bahn-See und die Landwirtschaftlichen Krankenkassen gemeinsam ein Versichertenvertreter und ein Arbeitgebervertreter.

²Bei einer Abstimmung wird die Stimme eines von der Mitgliederversammlung gewählten
1. Versichertenvertreters der Allgemeinen Ortskrankenkassen mit jeweils fünf Siebteln und die eines Arbeitgebervertreters jeweils mit sechzehn Siebteln,
2. Versichertenvertreters der Ersatzkassen mit jeweils zwanzig Dreizehnteln,
3. Versichertenvertreters der Betriebskrankenkassen mit jeweils drei Vierteln und die eines Arbeitgebervertreters mit jeweils neun Vierteln,
4. Versichertenvertreters der Innungskrankenkassen mit jeweils einer Halben und die eines Arbeitgebervertreters mit drei Halben,
5. gemeinsamen Versichertenvertreters der Deutschen Rentenversicherung Knappschaft-Bahn-See und der Landwirtschaftlichen Krankenkassen mit 1 und die des gemeinsamen Arbeitgebervertreters mit 2 gewichtet.

³Für jedes Mitglied ist ein Stellvertreter zu wählen. ⁴§ 43 Abs. 2 des Vierten Buches gilt entsprechend. ⁴In Anpassung an die Entwicklung der Zahlen der Versicherten kann die Satzung unter Beachtung der Parität der Vertreter von Arbeitnehmern und Arbeitgebern im Endergebnis, der Höchstzahl von 52 Verwaltungsratssitzen und der größtmöglichen Annäherung an den jeweiligen prozentualen Versichertenanteil der jeweiligen Kassenart eine von den Sätzen 1 und 2 abweichende Sitz- und Stimmenverteilung festlegen.

(2) ¹Die Wahl des Verwaltungsrates wird nach Vorschlagslisten durchgeführt. ²Jede Kassenart soll eine Vorschlagsliste erstellen, die mindestens so viele Bewerber enthält, wie ihr Sitze nach Absatz 1 zugeordnet sind. ³Entsprechendes gilt für die nach Absatz 1 Nr. 5 zu wählenden Mitglieder. ⁴Verständigt sich eine Kassenart nicht auf eine Vorschlagsliste, benennt jede Krankenkasse dieser Kassenart einen Bewerber als Versichertenvertreter und einen Bewerber als Arbeitgebervertreter; die Ersatzkassen benennen jeweils bis zu drei Versichertenvertreter. ⁵Aus den eingereichten Einzelvorschlägen erstellt der Vorsitzende der Mitgliederversammlung die kassenartbezogene Vorschlagsliste mit den Bewerbern. ⁶Entsprechendes gilt für die Erstellung der Vorschlagslisten mit den zu wählenden Stellvertretern. ⁷Die Vorschlagslisten werden getrennt für die Vertreter der Versicherten und der Arbeitgeber sowie jeweils deren Stellvertreter erstellt. ⁸Die Wahl erfolgt jeweils getrennt für die Vertreter der Versicherten und der Arbeitgeber, getrennt für deren Stellvertreter sowie getrennt nach Kassenarten. ⁹Die Versichertenvertreter in der Mitgliederversammlung wählen die Versichertenvertreter und deren Stellvertreter aus den Vorschlagslisten für den Verwaltungsrat. ¹⁰Die Arbeitgebervertreter in der Mitgliederversammlung wählen die Arbeitgebervertreter und deren Stellvertreter aus den Vorschlagslisten für den Verwaltungsrat. ¹¹Bei den nach Satz 7 getrennten Wahlgängen hat

Mühlhausen 1091

§ 217 c

ein wahlberechtigter Vertreter der Mitgliedskasse bei einem Wahlgang so viele Stimmen, wie jeweils Sitze nach Absatz 1 zur Verfügung stehen.

(3) ¹Gewählt sind jeweils die Bewerber auf der Vorschlagsliste, die die höchste der nach Absatz 4 gewichteten, abgegebenen Stimmenzahl erhalten (Höchstzahlen). ²Dabei sind so viele Bewerber mit den Höchstzahlen gewählt, wie Sitze je Kassenart nach Absatz 1 zu verteilen sind. ³Entsprechendes gilt für die Wahl der Stellvertreter.

(4) ¹Bei der Wahl der Mitglieder des Verwaltungsrates durch die Mitgliederversammlung sind die Stimmen der Mitgliedskassen des Spitzenverbandes Bund zu gewichten. ²Die Gewichtung orientiert sich an der bundesweiten Anzahl der Versicherten eines Mitgliedes. ³Maßgebend sind die Versichertenzahlen nach der Statistik KM6 des vorherigen Jahres. ⁴Die Gewichtung ist entsprechend der Entwicklung der Versichertenzahlen nach der Statistik KM6 jährlich zum 1. Januar anzupassen. ⁵Das Nähere regelt die Satzung.

(5) ¹Die Mitgliederversammlung wählt aus ihren Reihen einen Vorsitzenden und dessen Stellvertreter. ²Die Wahl des Vorsitzenden der Mitgliederversammlung erfolgt mit einer Mehrheit von zwei Dritteln der abgegebenen Stimmen der Mitgliedskassen. ³Für die Mitgliedskasse kann nur eine einheitliche Stimmabgabe erfolgen. ⁴Das Bundesministerium für Gesundheit lädt die Mitglieder des Spitzenverbandes Bund zu der ersten konstituierenden Mitgliederversammlung ein und leitet in dieser ersten Sitzung die Wahl des Vorsitzenden der Mitgliederversammlung. ⁵Für die erste Sitzung der Mitgliederversammlung gilt § 76 der Wahlordnung für die Sozialversicherung entsprechend mit der Maßgabe, dass der Vertreter des Bundesministeriums für Gesundheit die Aufgaben des Wahlausschusses wahrnimmt. ⁶Zu den nachfolgenden Sitzungen der Mitgliederversammlung beruft der Vorsitzende ein. ⁷Er leitet die Wahl des Verwaltungsrates und stellt das Wahlergebnis fest. ⁸Das Nähere regelt die Satzung.

(6) ¹Der Vorsitzende der Mitgliederversammlung lädt den gewählten Verwaltungsrat zu seiner konstituierenden Sitzung ein und leitet die Wahl des Vorsitzenden des Verwaltungsrates. ²Für die erste Sitzung des Verwaltungsrates gelten die §§ 75 und 76 der Wahlordnung für die Sozialversicherung entsprechend mit der Maßgabe, dass der Vorsitzende der Mitgliederversammlung die Aufgaben des Wahlausschusses wahrnimmt.

(7) Das Nähere zur Durchführung der Wahl des Verwaltungsrates und der Wahl des Vorsitzenden der Mitgliederversammlung sowohl für die Wahl im Errichtungsstadium wie auch für die folgenden Wahlen nach Ablauf der jeweiligen Amtsperioden kann das Bundesministerium für Gesundheit durch Rechtsverordnung ohne Zustimmung des Bundesrates in einer Wahlordnung regeln.

Inhaltsübersicht

	Rn.
A. Überblick	1
B. Einzelregelungen	3
I. Zusammensetzung des Verwaltungsrates	3
II. Stimmgewichtung	5
III. Wahl des Verwaltungsrates, Abs. 2–4	6
IV. Der Vorsitzende der Mitgliederversammlung, Abs. 5–6	11
V. Die Wahlordnung des BMG, Abs. 7	13
VI. Demokratisches Legitimationsniveau	14

§ 217c

A. Überblick

Die Strukturierung des Verwaltungsrates erfolgt auf der Grundlage von **41 Verwaltungsratssitzen und 60 Stimmen,** mit 27 Sitzen für die Versicherten- und 14 für die Arbeitgebervertreter. Das Ungleichgewicht resultiert aus der Tatsache, dass sich die Selbstverwaltungsorgane bei den Ersatzkassen gem. § 44 Abs. 1 Nr. 3 SGB IV ausschließlich aus Vertretern der Versicherten zusammensetzen. Durch die auf die Verwaltungsratssitze verteilten 60 Stimmen und die damit verbundene Stimmgewichtung soll eine rechnerische Parität bei der Beschlussfassung zwischen den Versicherten- und Arbeitgebervertretern hergestellt werden. So entfallen 30 „Stimmen" auf die Versichertenvertreter und 30 „Stimmen" auf die Arbeitgebervertreter im Verwaltungsrat. 1

Die komplizierte **Gewichtung** der Stimmen des einzelnen Versicherten- und Arbeitgebervertreters soll nach dem gesetzgeberischen Willen eine **paritätische Besetzung** innerhalb der jeweiligen Kassenart – mit Ausnahme der Ersatzkassen – unter gleichzeitiger Abbildung der **Marktanteile,** wie sie gegenwärtig zwischen den verschiedenen Kassenarten bestehen, ermöglichen. Allerdings führt sie auch dazu, dass die einzelnen Gruppenvertreter je nach Kassenartzugehörigkeit über unterschiedliche Stimmgewichtungen verfügen. Für die Zukunft soll es dem Spi-BuKK möglich sein, die Sitzverteilung und die Stimmengewichtung im Verwaltungsrat an die Entwicklungen der Versichertenzahlen **anzupassen.** Ein genauer Maßstab hierfür, wie zB. im Falle von kassenartenübergreifenden Vereinigungen gem. § 171a (vgl. hinsichtlich der Auswirkungen etwa § 44 Abs. 1 Nr. 3 SGB IV), wird gesetzlich nicht vorgegeben. Anders als bei der Stimmgewichtung im Falle des Abs. 4 (Bezugnahme auf die Mitgliederstatistik KM6 des Vorjahres bei der Wahl der Mitglieder des Verwaltungsrates) sieht Abs. 1 S. 5 auch weder einen statistischen Maßstab noch eine inhaltliche Anpassungspflicht für die satzungsmäßige Anpassung vor. Von den gesetzlichen Vorgaben der paritätischen Stimmenverteilung zwischen Versicherten und Arbeitgebern, der **Höchstzahl von 52 Verwaltungsratssitzen und der größtmöglichen Annäherung an den prozentualen Versichertenanteil der jeweiligen Kassenart** kann die Satzung des Spitzenverbandes jedoch nicht abweichen (vgl. BT-Drs. 4247, 52). Die konstituierende Sitzung des Verwaltungsrates fand am 29. 5. 2007 statt. 2

B. Einzelregelungen

I. Zusammensetzung des Verwaltungsrates

Der konstituierende Verwaltungsrat wird anhand von Vorschlagslisten der Kassenarten entsprechend folgender Sitzverteilung gewählt: Ortskrankenkassen: 14 Vertreter (7 Versicherte/7 Arbeitgeber); Betriebskrankenkassen: 8 Vertreter (4 Versicherte/4 Arbeitgeber); Innungskrankenkassen: 4 Vertreter (2 Versicherte/2 Arbeitgeber); Ersatzkassen: 13 Vertreter (13 Versicherte); Übrige: 2 Vertreter (1 Versicherte/1 Arbeitgeber). 3

Für jedes Mitglied ist ausweislich des Abs. 1 S. 3 nur *ein* Stellvertreter zu wählen. Nicht recht dazu passen will der darauf folgende Verweis auf § 43 Abs. 2 SGB IV, der zum einen die Listenvertretung regelt, der zufolge die Anzahl der Stellvertreter jene der Mitglieder um bis zu vier übersteigen darf, zum anderen die persönliche Stellvertretung, wonach pro Mitglied ein erster und ein zweiter Stellvertreter benannt werden können. In der Wahlverordnung für die erste Mitgliederversamm- 4

Mühlhausen

§ 217 c

lung und Verwaltungsratswahl (SpivBdKKWV2007) hat das BMG als Verordnungsgeber unter bestimmten Voraussetzungen die beiden letztgenannten Vertretungsregelungen zugelassen, in der Satzung des SpiBuKK wurde dies übernommen (§ 13).

II. Stimmgewichtung

5 Die Stimmengewichte je Mitglied des Verwaltungsrates verteilten sich je nach Kassenarten und Gruppenzugehörigkeit wie folgt: Ortskrankenkassen: 5/7 Versicherte – 16/7 Arbeitgeber; Betriebskrankenkassen: 3/4 Versicherte – 9/4 Arbeitgeber; Innungskrankenkassen: 1/2 Versicherte – 3/2 Arbeitgeber; Ersatzkassen: 20/13 Versicherte; Übrige: 1 Versicherte – 2 Arbeitgeber. Die rechnerische Parität zwischen Versicherten- und Arbeitgebervertretern ist somit gewahrt – um den Preis, dass die Stimmen der gewählten Verwaltungsräte **nicht denselben Stimmwert** haben. Diese verzerrte Einzelrepräsentation um den Willen der paritätischen Besetzung ist fragwürdig, zB auch weil der Gesetzgeber an anderen Stellen bereits Abstand von der paritätischen Finanzierung genommen hat (zB. durch Zusatzbeiträge der Versicherten). Abs. 1 wurde im Hinblick auf die Organisationsänderung bei der See-Krankenkasse geändert durch das „Gesetz zur Änderung des Vierten Buches Sozialgesetzbuch und anderer Gesetze vom 19. 12. 2007" (SGB IV-ÄndG vom 19. 12. 2007; BGBl. I 2007, 3024/3030).

III. Wahl des Verwaltungsrates, Abs. 2–4

6 Die Abs. 2 bis 4 regeln die Wahl des Verwaltungsrates auf der Grundlage von Vorschlagslisten, die, mit Ausnahme von den Ersatzkassen, nach Versicherten- und Arbeitgebervertretern getrennt und für jede Kassenart gesondert zu erstellen sind. Eine Vorschlagsliste muss jeweils mindestens so viele Bewerber enthalten, wie für die betroffene Kassenart Verwaltungsratsmitglieder zu wählen sind. Nach der gesetzgeberischen Intention erstellen die Mitgliedskassen einer Kassenart die geforderten Vorschlagslisten mit der Mindestanzahl an Bewerbern für die bevorstehende Mitgliederversammlung. Kommt eine derartige gemeinsame kassenartbezogene Liste (sog. **geeinigte Liste**; vgl. § 5 Abs. 1 SpivBd KKWV2007 bzw. § 13 Abs. 1 der Satzung) nicht zustande, kann jede Mitgliedskasse der Kassenart nach § 217 c Abs. 2 S. 4 einen Bewerber als Versichertenvertreter und einen als Arbeitgebervertreter benennen (sog. **Einzelvorschläge**; vgl. § 5 Abs. 3 SpivBdKKWV 2007 bzw. § 13 Abs. 3 der Satzung).

7 Das nähere Verfahren der Einreichung, Änderung, Ergänzung und Zulassung der Listen regeln die §§ 5 ff. SpivBdKKWV2007 bzw. die §§ 13 ff. der Satzung. Wenngleich § 217 c nicht auf die Möglichkeit zur sog. *„Friedenswahl"* gem. § 46 Abs. 2 SGB IV verweist, kommt das in § 5 Abs. 1 SpivBdKKWV2007 bzw. § 13 der Satzung vorgesehene Verfahren der sog. geeinigten Listen einer Friedenswahl sehr nahe, da formal zwar eine Wahlhandlung stattfinden muss, deren Ergebnis jedoch von vorneherein feststeht, so dass es sich faktisch um ein Delegationsverfahren handelt (insgesamt kritisch: *Jung,* SGb 2007, 65/70 f.).

8 Ebenso wie sämtliche Versichertenvertreter in der Mitgliederversammlung die vorgeschlagenen Versichertenvertreter aus den Vorschlagslisten wählen, wählen die Arbeitgebervertreter die vorgeschlagenen Arbeitgebervertreter aus den Vorschlagslisten. Dies gilt entsprechend für die Wahl der Stellvertreter (vgl. § 15 SpivBdKKWV2007). Diese **kassenartenübergreifenden Wahlgänge** innerhalb

7. Kapitel **§ 217c**

der Gruppen stehen dem Wortlaut des § 217c Abs. 2 S. 8 klar entgegen. Dem zu Folge hat „*[d]ie Wahl [...] getrennt nach Kassenarten*" zu erfolgen. Auch die Gesetzesbegründung erlaubt keinen Rückschluss auf eine andere Auslegung (vgl. BT-Drs. 16/3100, 161). Dennoch hat das BMG in seiner Funktion als Verordnungsgeber ein abweichendes Verfahren in § 15 SpivBdKKWV2007 festgeschrieben. Das kassenartenübergreifende Wahlverfahren wurde auch vom SpiBuKK in der Satzung verankert (§ 20 Abs. 2). Bei den einzelnen Wahlgängen haben die Mitglieder der Mitgliederversammlung jeweils so viele Stimmen, wie über die jeweilige Vorschlagsliste Sitze im Verwaltungsrat zu besetzen sind (s. Rn. 3).

Nach **Abs. 3** sind diejenigen Bewerber gewählt, welche die höchste, gewichtete 9 Stimmenzahl auf sich vereinigen. Dabei sind so viele Bewerber mit ihren Höchstzahlen aus einer Liste gewählt, wie jeweils Sitze für die betreffende Gruppe der Kassenart im Verwaltungsrat zur Verfügung stehen. Die im Rahmen der konstituierenden Mitgliederversammlung gewählten Verwaltungsräte (einschl. Stellvertreter) konnten einen Stimmenanteil zwischen 93,5 % und 15,5 % auf sich vereinigen (Quelle: www.g-k-v.de).

Abs. 4 gibt vor, dass die Stimmen einer Mitgliedskasse bei der Wahl der Mitglie- 10 der des Verwaltungsrates zu gewichten sind. Nach dem Willen des Gesetzgebers dient die Zahl der Versicherten als sachgerechtes und messbares Differenzierungskriterium für die **Stimmgewichtung**. Hierzu ist für die erstmalige Wahl des Verwaltungsrates die **Statistik KM6** mit den Versichertenzahlen zum 1. 7. 2006 für die Stimmgewichtung heranzuziehen. In den Folgejahren ist die Stimmgewichtung entsprechend der Entwicklung der Versichertenzahlen jährlich anzupassen. (BT-Drs. 16/3100, 162) Das Nähere bleibt einer Satzungsregelung vorbehalten.

IV. Der Vorsitzende der Mitgliederversammlung, Abs. 5–6

Nach Abs. 5 hat die Mitgliederversammlung aus ihren Reihen einen Vorsitzen- 11 den und einen stellvertretenden Vorsitzenden zu wählen. Die Wahl erfolgt **ohne Stimmengewichtung**, da es lediglich um eine Organisationsentscheidung für den Ablauf der Mitgliederversammlung geht. Das bedeutet aber nicht, dass bei dieser Wahl das Kopfprinzip gilt, denn bei der Wahl haben die Versicherten- und Arbeitgebervertreter einer Mitgliedskasse nicht jeweils eine Stimme, sondern können **nur einheitlich eine Stimme** abgeben. Eine Regelung, die schon angesichts der Größe der Mitgliederversammlung erhebliche Praktikabilitätsprobleme mit sich bringt. Zudem benötigt ein Bewerber eine 2/3-Mehrheit der abgegebenen Stimmen, um gewählt zu werden. S. 4 regelt die Einberufung zur ersten konstituierenden Mitgliederversammlung und die Leitung der Wahl des Vorsitzenden durch das BMG. In Ermangelung einer Satzung mit Vorgaben zu den Wahlabläufen wird in S. 5 die entsprechende Geltung des § 76 der Wahlordnung für die Sozialversicherung (SVWO) angeordnet – allerdings nur für die erste Sitzung der Mitgliederversammlung. Daher findet § 76 SVWO bei künftigen Mitgliederversammlungen neben der Satzung keine Anwendung. Entsprechend der Bedeutung der Mitgliederversammlung im Gesamtgefüge des SpiBuKK (vgl. § 217b Rn. 6) beschränkt sich die Aufgabe des Vorsitzenden im Wesentlichen darauf, die Mitgliederversammlung einzuberufen, die Wahl des Verwaltungsrates vorzubereiten und zu leiten sowie das Wahlergebnis festzustellen. Näheres zur Wahl des Vorsitzenden der Mitgliederversammlung regeln die §§ 1 bis 3 SpivBdKKWV2007.

Nach Abs. 6 hat der Vorsitzende der Mitgliederversammlung zudem den neu 12 gewählten Verwaltungsrat zu dessen erster Sitzung zu laden und die Wahl des Ver-

Mühlhausen

§ 217 d

waltungsratsvorsitzenden zu leiten. Ähnlich der ersten Mitgliederversammlung wird bezüglich der Wahl bei der ersten Verwaltungsratssitzung auf die entsprechende Geltung der §§ 75, 76 SVWO verwiesen.

V. Die Wahlordnung des BMG, Abs. 7

13   Zum Zwecke der näheren Regelung der Wahlvorgänge ermächtigt Abs. 7 das BMG, Regelungen in einer Rechtsverordnung ohne Zustimmung des Bundesrates zu treffen. Von dieser Ermächtigung hat das BMG mit dem Erlass der **„Verordnung für die erstmalige Wahl der oder des Vorsitzenden der Mitgliederversammlung und die erstmalige Wahl des Verwaltungsrates des Spitzenverbandes Bund der Krankenkassen im Jahr 2007"** (SpivBdKKWV 2007 v. 27. 4. 2007; BAnz. 2007, 4519) Gebrauch gemacht, die schon ausweislich ihrer Bezeichnung nur für die erstmaligen Wahlen im Jahre 2007 gilt. Konsequenterweise tritt die Verordnung gemäß § 21 SpivBdKKWV2007 am 31. 12. 2007 außer Kraft. Gleichwohl bleibt das **BMG** ausdrücklich dazu **ermächtigt**, auch die turnusgemäßen Wahlen mittels einer **neuen Rechtsverordnung** näher zu regeln. Das ursprünglich noch im Gesetzgebungsverfahren vorgesehene Erfordernis der Zustimmung des Bundesrates zum Erlass der Wahlordnung wurde gestrichen, *„um Verzögerungen beim Erlass der Wahlordnung zu vermeiden"* (BT-Drs. 16/4247, 52).

VI. Demokratisches Legitimationsniveau

14   Angesichts der sehr **weitreichenden, normsetzenden Entscheidungsmacht** des SpiBuKK (vgl. § 217 e Abs. 2) sind die Anforderungen an eine lückenlose demokratischen Legitimationskette (Art. 20 Abs. 2 S. 1 GG) hoch anzusetzen. Die Organe des SpiBuKK bedürfen somit einer vollen **institutionellen, organisatorisch-personellen und sachlich-inhaltlichen Legitimation**. Wenngleich der verfassungsrechtliche Maßstab ein sehr weites Feld für die (kollektiven) Formen der Verfahrens- und Beteiligungsformen eröffnet, sind in der Ausgestaltung des Wahlverfahrens beim SpiBuKK deutliche legitimatorische **Ausgestaltungsdefizite** erkennbar. Diese reichen von der Schaffung der Möglichkeit wahlferner Delegationsverfahren über legitimationsverzerrende Stimmgewichtung hin zur Offenheit der Frage des Bezugs demokratischer Legitimation der Verwaltungsräte über die Gruppenzugehörigkeit oder die jeweilige Kassenart (vgl. auch Anmerkungen in § 217 a Rn. 4).

§ 217 d Aufsicht, Haushalts- und Rechnungswesen, Vermögen, Statistiken

[1]**Der Spitzenverband Bund der Krankenkassen untersteht der Aufsicht des Bundesministeriums für Gesundheit, bei Ausführung des § 217 f Abs. 3 der Aufsicht des Bundesministeriums für Arbeit und Soziales.** [2]**Die Aufsicht über den Spitzenverband Bund der Krankenkassen in seiner Funktion als Verbindungsstelle nach § 219 a wird vom Bundesministerium für Gesundheit im Einvernehmen mit dem Bundesministerium für Arbeit und Soziales ausgeübt.** [3]**§ 208 Abs. 2 gilt entsprechend.**

7. Kapitel **§ 217e**

Inhaltsübersicht

Rn.
A. Rechtsaufsicht 1
B. Haushalts- und Rechnungslegung 4

A. Rechtsaufsicht

Das **BMG** führt die Aufsicht über den SpiBuKK als Rechtsaufsicht (vgl. § 208 **1** Abs. 2 S. 1 iVm. § 87 Abs. 1 S. 2 SGB IV). Zur Genehmigungsbedürftigkeit der Satzung vgl. § 217e Abs. 1 S. 2. Die **Notwendigkeit der Rechtsaufsicht** wird aus der Befugnis des SpiBuKK zu verbindlichem Handeln mit Entscheidungscharakter hergeleitet (vgl. BT-Drs. 16/3100, 162).

Für einzelne Organisations- und Tätigkeitsbereiche besteht eine abweichende **2** **Rechtsaufsicht des BMAS**. Dies betrifft die Entscheidungen in Fach- und Rechtsfragen zum **Beitrags- und Meldeverfahren** und zur einheitlichen Erhebung der Beiträge (§ 217f Abs. 3 iVm. §§ 23, 76 SGB IV).

Daneben ist das **BMAS** an der Rechtsaufsicht über den über- und zwischen- **3** staatlichen Arbeitsbereich der **Deutschen Verbindungsstelle Krankenversicherung – Ausland (§ 219a)** zu beteiligen. Dies liegt darin begründet, dass das BMAS in allen bilateralen Abkommen über Soziale Sicherheit und in der **Verordnung (EWG) Nr. 574/72** auf deutscher Seite als zuständige Behörde für alle Bereiche der sozialen Sicherheit genannt ist. Dementsprechend wurde die Rechtsaufsicht über die DVKA schon in der Vergangenheit – vor Errichtung des früheren BMGS – gemeinsam vom BMG und dem BMAS ausgeübt. Dieser Rechtszustand wird jetzt wieder hergestellt (vgl. BT-Drs. 16/3100, 162).

B. Haushalts- und Rechnungslegung

Im Übrigen gilt für das Haushalts- und Rechnungswesen des SpiBuKK – ein- **4** schließlich der Statistiken – die Verweisung in **§ 208 Abs. 2** auf die einschlägigen Vorschriften im SGB IV. Bezüglich der Pflicht zur Vorlage eines Haushaltsplanes überrascht der Verweis auf § 70 Abs. 3 SGB IV, der sich ausdrücklich nur auf die Regionalträger der gesetzlichen Rentenversicherung bezieht, während die Vorlagepflicht der Krankenkassen in Abs. 5 der Norm geregelt ist (näher § 208 Rn. 4). Sofern es sich dabei nicht um ein gesetzgeberisches Versehen handelt, lässt sich der Verweis jedoch damit erklären, dass die Regionalträger der gesetzlichen Rentenversicherung ihren Haushaltsplan von Gesetzes wegen zum 1. Oktober des Vorjahres vorlegen müssen, während die Krankenkassenträger dies nur auf ausdrückliches Verlangen und auch erst zum 1. November des Vorjahres tun müssen. Somit werden dem SpiBuKK strengere Verhaltensregeln auferlegt als seinen Mitgliedskassen.

§ 217e Satzung

(1) ¹**Der Verwaltungsrat hat eine Satzung zu beschließen.** ²**Die Satzung bedarf der Genehmigung der zuständigen Aufsichtsbehörde.** ³**Der Spitzenverband Bund hat seinen Sitz in Berlin; die Satzung kann einen davon abweichenden Sitz bestimmen.** ⁴**Die Verbindungsstelle (§ 219a) hat ihren Sitz in Bonn; die Satzung kann einen davon abweichenden Sitz in Berücksichtigung der spezifischen Aufgabenstellung festlegen.** ⁵**Die Satzung muss Bestimmungen enthalten über**

§ 217 e

1. die Wahl des Verwaltungsrates und des Vorstandes sowie die Ergänzung des Verwaltungsrates bei vorzeitigem Ausscheiden eines Mitglieds,
2. die Entschädigung der Mitglieder des Verwaltungsrates,
3. die Aufbringung und Verwaltung der Mittel,
4. die Beurkundung der Beschlüsse des Verwaltungsrates,
5. die Herstellung der Öffentlichkeit der Sitzungen des Verwaltungsrates,
6. das Nähere über die Entsendung der Vertreter der Mitgliedskassen in die Mitgliederversammlung, über die Wahl des Vorsitzenden der Mitgliederversammlung sowie dessen Aufgaben,
7. die Rechte und Pflichten der Mitgliedskassen,
8. die jährliche Prüfung der Betriebs- und Rechnungsführung
9. die Art der Bekanntmachung.

[6]§ 34 Abs. 2 des Vierten Buches gilt entsprechend.

(2) Die vom Spitzenverband Bund der Krankenkassen abgeschlossenen Verträge und seine sonstigen Entscheidungen gelten für die Mitgliedskassen des Spitzenverbandes, die Landesverbände der Krankenkassen und die Versicherten.

Inhaltsübersicht

	Rn.
A. Allgemeines	1
B. Sitz des SpiBuKK, Abs. 1 S. 3 und 4	2
C. Inhalt der Satzung	4
D. Bindungswirkung von Entscheidungen, Abs. 2	8

A. Allgemeines

1 Die Satzung des SpiBuKK wird von seinem Verwaltungsrat beschlossen. Sie bestimmt die **Verfassung und innere Ordnung** des SpiBuKK. Zur Wirksamkeit der Satzung bedarf es der Genehmigung der zuständigen Aufsichtsbehörde (vgl. § 217 d) und der Bekanntmachung. Der – nicht abschließende – Katalog in Abs. 1 S. 5 Nr. 1–5 regelt den wesentlichen Satzungsinhalt. Die gesetzlichen Vorgaben dienen der **Transparenz** bezüglich der Ausgestaltung der Organisationsstrukturen des SpiBuKK. Eine Erweiterung des Aufgabenkreises in der Satzung über die gesetzlich vorgesehenen Aufgaben hinaus kommt nicht in Betracht.

B. Sitz des SpiBuKK, Abs. 1 S. 3 und 4

2 Durch das GKV-WSG wurde eine inhaltliche Vorgabe für die Bestimmung des Verwaltungs- und Rechtssitzes getroffen. Die gesetzliche Festlegung des Dienstsitzes in **Berlin** soll den *„mutmaßlichen Willen des zukünftigen Spitzenverbandes Bund"* wiedergeben, da *„auch der Gemeinsame Bundesausschuss ab dem Jahr 2009 seinen Sitz in Berlin gewählt"* hat (BT-Drs. 16/4247, 53). Insofern hat der Gesetzgeber eine klare Festlegung für eine räumliche Distanz zu den bisherigen GKV-Spitzenverbänden getroffen, die – mit Ausnahme des AOK-Bundesverbandes mit Wirkung zum 1. 1. 2008 – ihren satzungsmäßigen Sitz nicht in Berlin haben. Die Umsetzung der in **§ 213 Abs. 6** vorgesehenen personellen Folgenregelung für die Beschäftigten der bisherigen GKV-Spitzenverbände wird insoweit **erschwert**, es sei denn der SpiBuKK trifft eine abweichende Bestimmung über den Sitz.

3 Für die **DVKA** – mit bisherigem Sitz in Bonn – stellt sich die Sachlage anders dar. Hier ist als Verwaltungs- und Rechtssitz **Bonn** vorgesehen. Dennoch soll es mit Rücksicht auf die personelle Situation „*dem SpiBuKK überlassen sein, den Sitz der Verbindungsstelle getrennt von dem Hauptsitz des Spitzenverbandes festzulegen*". Dabei soll „*insbesondere zu berücksichtigen sein, wo das Hauptschwergewicht der Aufgabenerfüllung der DVKA zu erledigen ist*" (BT-Drs. 16/4247, 53). Diese Abweichung erscheint fragwürdig, da das für den SpiBuKK maßgebende Recht und der Gerichtsstand – maW. der Rechtssitz – für die nur „teilselbständige" DVKA (vgl. § 219 a) identisch sein muss. Insofern wäre eine gesetzliche Regelung über die Möglichkeit des **Auseinanderfallens von Verwaltungs- und Rechtssitz** sachgerecht gewesen (zum Auseinanderfallen von Verwaltungs- und Rechtssitz vgl. BSG v. 7.11.2000, B 1 A 4/99 R). Insofern könnte § 217 e Abs. 1 S. 4 noch als Grundlage für eine klarstellende Satzungsregelung verstanden werden.

C. Inhalt der Satzung

Der Katalog in Abs. 1 S. 5 Nr. 1–9 regelt die **Kernelemente der inneren Ordnung** des SpiBuKK. Im Einzelnen: Nach Nr. 1 und 6 sind anstelle der bislang in der SpivBdKKWV2007 getroffenen Vorgaben **Regelungen über die Mitgliederversammlung** und die **Wahl des Verwaltungsrates** in der Satzung zu verankern und zu spezifizieren, ergänzt um Regelungen zur Wahl des Vorstandes und zur Ergänzung des Verwaltungsrates bei vorzeitigem Ausscheiden eines Mitgliedes. Die **Entschädigung der Mitglieder des Verwaltungsrates** (Nr. 2) ist ebenfalls Gegenstand des notwendigen Satzungsrechts, wird in der Praxis allerdings wohl durch detaillierte Regelungen in einer gesonderten Entschädigungsordnung ergänzt.   4

Die Regelungen über die **Herstellung der Öffentlichkeit** der Sitzungen des Verwaltungsrates (Nr. 5) und die **Art der Bekanntmachung** (Nr. 9) haben sich angesichts der Tragweite von Entscheidungen des SpiBuKK (vgl. Abs. 2) an dem Grundsatz einer möglichst weitgehenden Transparenz auszurichten. Insbesondere bei den Bekanntmachungen sollte daher neben der üblichen Publikation im Bundesanzeiger auf allgemein zugängliche Medien (zB. Internet) abgestellt werden.   5

Die **Rechte und Pflichten der Mitgliedskassen** (Nr. 7) beschränken sich mangels gesetzlicher Zuweisung auf die Durchführung der Mitgliederversammlung und die Wahl des Verwaltungsrates. Die daneben bedeutsamste Pflicht der Mitglieder ist die **Aufbringung der Mittel** (Nr. 3). Die zur Erfüllung der Aufgaben des SpiBuKK erforderlichen Mittel werden durch Beiträge seiner Mitglieder und sonstige Einnahmen aufgebracht. Die Beiträge werden in Form einer Umlage erhoben. Der SpiBuKK hat die ihm obliegenden Aufgaben unter Berücksichtigung der **Grundsätze der Wirtschaftlichkeit und Sparsamkeit** zu erfüllen. Für das damit zusammenhängende Haushalts- und Rechnungswesen dürften die allgemeinen Regelungen §§ 67 bis 70 Abs. 1 und 3, §§ 72 bis 77 Abs. 1, §§ 78 und 79 Abs. 1 und 2, für das Vermögen die §§ 80 und 85 SGB IV gelten. Hinsichtlich des Verwaltungsvermögens gilt es, auf § 263 zu verweisen (vgl. § 217 d S. 3 iVm. § 208 Abs. 2). Die **jährliche Prüfung der Betriebs- und Rechnungsführung** (Nr. 8) ist ebenfalls transparent in der Satzung zu regeln; üblicherweise sind dazu sachverständige externe Prüfer einzuschalten.   6

Die förmliche Vorgabe zur **Beurkundung von Beschlüssen des Verwaltungsrates** (Nr. 4) ist hinsichtlich des in der Satzung zu treffenden Regelungsgehalts unklar. Eine Beurkundung durch Dienstsiegel scheidet aus, da § 217 b nicht auf die entsprechende Regelung des § 31 Abs. 3 SGB IV verweist.   7

D. Bindungswirkung von Entscheidungen, Abs. 2

8   Die vom SpiBuKK getroffenen Entscheidungen und die von ihm abgeschlossenen Verträge gelten gemäß § 217e Abs. 2 als untergesetzliches Recht sowohl für die Mitgliedskassen, die Landesverbände der Krankenkassen und die Versicherten. Die Vorschrift ist insofern § 91 Abs. 9 nachgebildet und wirft die damit zusammenhängenden Probleme der **demokratischen Legitimation** auf (vgl. hierzu Anmerkungen zu § 217a Rn. 4 und § 217c Rn. 14). Der Hinweis in den Gesetzesmaterialien, dass sich die Legitimation für den Abschluss von Normverträgen und für die Mitwirkung bei der Normsetzung in Form der Richtlinien aus dem **Selbstverwaltungsprinzip** ergibt (BT-Drs. 16/3100, 162), ist insofern argumentativ äußerst dünn.

§ 217f Aufgaben des Spitzenverbandes Bund der Krankenkassen

(1) **Der Spitzenverband Bund der Krankenkassen hat ab dem 1. Juli 2008 die ihm gesetzlich zugewiesenen Aufgaben zu erfüllen.**

(2) **Der Spitzenverband Bund der Krankenkassen unterstützt die Krankenkassen und ihre Landesverbände bei der Erfüllung ihrer Aufgaben und bei der Wahrnehmung ihrer Interessen, insbesondere durch die Entwicklung von und Abstimmung zu Datendefinitionen (Formate, Strukturen und Inhalte) und Prozessoptimierungen (Vernetzung der Abläufe) für den elektronischen Datenaustausch in der gesetzlichen Krankenversicherung und mit den Arbeitgebern.**

(3) ¹**Der Spitzenverband Bund der Krankenkassen trifft in grundsätzlichen Fach- und Rechtsfragen Entscheidungen zum Beitrags- und Meldeverfahren und zur einheitlichen Erhebung der Beiträge (§§ 23, 76 des Vierten Buches).** ²**Der Spitzenverband Bund der Krankenkassen gibt Empfehlungen zur Benennung und Verteilung von beauftragten Stellen nach § 28f Abs. 4 des Vierten Buches.**

(4) **Der Spitzenverband Bund der Krankenkassen trifft Entscheidungen zur Organisation des Qualitäts- und Wirtschaftlichkeitswettbewerbs der Krankenkassen, insbesondere zu dem Erlass von Rahmenrichtlinien für den Aufbau und die Durchführung eines zielorientierten Benchmarking der Leistungs- und Qualitätsdaten.**

(5) **Die von den bis zum 31. Dezember 2008 bestehenden Bundesverbänden sowie der Deutschen Rentenversicherung Knappschaft-Bahn-See, den Verbänden der Ersatzkassen und der See-Krankenkasse bis zum 30. Juni 2008 zu treffenden Vereinbarungen, Regelungen und Entscheidungen gelten so lange fort, bis der SpiBuKK im Rahmen seiner Aufgabenstellung neue Vereinbarungen, Regelungen oder Entscheidungen trifft oder Schiedsämter den Inhalt von Verträgen neu festsetzen.**

Inhaltsübersicht

	Rn.
A. Aufgabenwahrnehmung ab dem 1.7.2008, Abs. 1	1
B. Gesetzliche Aufgabenzuweisung, Abs. 2–4	2
C. Sonstige gesetzliche Aufgabenzuweisungen	5
D. Fortgeltung der bisherigen Regelungen und Entscheidungen über den 1.7.2008 hinaus, Abs. 5	6

§ 217 f

A. Aufgabenwahrnehmung ab dem 1. 7. 2008, Abs. 1

Ursprünglich war vorgesehen, dass der SpiBuKK seine gesetzlichen Aufgaben zum 1.1.2008 übernimmt (vgl. BT-Drs. 16/3100, 43). Aufgrund zeitlicher Verzögerungen im Gesetzgebungsverfahren wurde dieser Termin auf den 1. 7. 2008 **verschoben,** um sicherzustellen, dass der SpiBuKK seine Errichtung abgeschlossen hat und zum Zeitpunkt des Übergangs der gesetzlichen Aufgaben handlungsfähig ist (BT-Drs. 16/4247, 53).

B. Gesetzliche Aufgabenzuweisung, Abs. 2–4

Neben dem allgemeinen Verweis auf die gesetzlichen Aufgaben in Abs. 1 zählt § 217 f in den Abs. 2 bis 4 spezifische Aufgaben des SpiBuKK auf. Dazu gehören: Die Unterstützung der Krankenkassen und ihrer Landesverbände bei der Erfüllung ihrer Aufgaben und der Wahrnehmung ihrer Interessen, insbesondere im Bereich der elektronischen **Datenverarbeitung** und des elektronischen **Datenaustauschs** (Abs. 2). Entsprechende Folgeänderungen finden sich zB. in § 267 Abs. 4, 6 und 7 Nr. 1 und 2 (Datenerhebung zum Risikostrukturausgleich), § 303 a, 303 d, 303 f (Datentransparenz) und § 105 Abs. 2 SGB XI (Datenträgeraustausch mit den Leistungserbringern).

Zu nennen sind auch die Entscheidungen über grundsätzliche Fach- und Rechtsfragen zum **Beitrags- und Meldeverfahren** in der Sozialversicherung (Abs. 3; zur gesonderten Rechtsaufsicht des BMAS für diesen Bereich vgl. § 217 d S. 1). Damit soll stärker als bisher eine **einheitliche Rechtsanwendung beim Beitragseinzug** sichergestellt werden. Deshalb erhält der SpiBuKK auch die Aufgabe, in Grundsatzfragen verbindliche Entscheidungen zu treffen, die den einheitlichen Beitragseinzug betreffen (BT-Drs. 16/3100, 162). Entsprechende Folgeänderungen finden sich zB. in § 23 Abs. 1 S. 1 SGB IV (Bestimmung der Beitragsfälligkeit), § 28 b Abs. 2 S. 1 und Abs. 4 S. 1 SGB IV (Grundsätze des Meldewesens), § 281 Abs. 1 S. 2 SGB IV (Vereinbarung über Pauschalvergütung des Beitragseinzugs) und § 28 q Abs. 3 S. 2 SGB IV (Prüfung der Einzugsstellen).

Der SpiBuKK soll Entscheidungen zur Organisation des **Qualitäts- und Wirtschaftlichkeitswettbewerbs** der Krankenkassen, insbesondere zum Erlass von Rahmenrichtlinien für den Aufbau und die Durchführung eines zielorientierten **Benchmarking der Leistungs- und Qualitätsdaten** treffen. Damit sollen Vorgaben für ein Benchmarking etabliert werden, das zu mehr Effizienz der Krankenkassen führen soll (BT-Drs. 16/3100, 162). Entsprechende Folgeregelungen finden sich zB. in § 43 Abs. 2 S. 4 (Qualität von Nachsorgemaßnahmen), § 137 a Abs. 3 (Umsetzung der Qualitätssicherung und Darstellung der Qualität), § 137 d Abs. 1 und 1 a (Qualitätssicherung bei der ambulanten und stationären Versorgung oder Rehabilitation) und § 113 Abs. 2 S. 2 SGB XI (Erteilung von Leistungs- und Qualitätsnachweisen gegenüber den Leistungserbringern). Vorschriften zum Qualitätsabgleich (Benchmarking) sind bereits für den Bereich der Rentenversicherung eingeführt worden. Die Pflicht der Kranken- und Rentenversicherung zur Durchführung eines Benchmarking in geeigneten Bereichen wurde darüber hinaus auch in § 69 Abs. 5 SGB IV geregelt.

C. Sonstige gesetzliche Aufgabenzuweisungen

5   Außerhalb des § 217 f werden in einer **Vielzahl von Einzelregelungen** Aufgaben der bisherigen Spitzenverbände für den SpiBuKK vorgesehen. In aller Regel handelt es sich um Aufgaben, die von den bisherigen Spitzenverbänden gemeinsam und einheitlich wahrgenommen wurden. Exemplarisch lassen sich folgende Aufgabenzuweisungen nennen: Festsetzung von **Festbeträgen** für Arznei- und Verbandsmittel (§ 35 Abs. 3 S. 1 und 2), Festsetzung von Festbeträgen für Hilfsmittel (§ 36 Abs. 2), Aufgaben im Zusammenhang mit den **Gesamtverträgen, Bundesmantelverträgen, dem Bewertungsausschuss und dem EBM** (§ 82 Abs. 1, § 87), Bildung eines **Gemeinsamen Bundesausschusses** (§ 91), Abschluss des Rahmenvertrags über die **Arzneimittelversorgung** durch Apotheken (§ 129 Abs. 2) und Vereinbarung über die bundesweite Einführung und Gestaltung der **Krankenversicherungskarte** (§ 291 Abs. 3).

D. Fortgeltung der bisherigen Regelungen und Entscheidungen über den 1. 7. 2008 hinaus, Abs. 5

6   Angesichts der Aufgabenfülle, die von den bisherigen Verbänden auf Bundesebene auf den Spitzenverband Bund übergeleitet werden, kann es in der **Übergangsphase** ab dem 1. 7. 2008 zu Verzögerungen bei der Umsetzung von gesetzlichen Vorgaben kommen. Abs. 5 trägt diesem Umstand Rechnung, indem er die **Fortgeltung** der bestehenden Regelungen und Entscheidungen anordnet. Damit wird klargestellt, dass die von den bisherigen Verbänden auf Bundesebene abgeschlossenen Vereinbarungen sowie die von ihnen getroffenen Regelungen und Entscheidungen bis zu abändernden Entscheidungen des SpiBuKK fortgelten. Damit ist sichergestellt, dass es **nicht zu Lücken** in den rechtlichen Grundlagen für die Versorgung der Versicherten und der Rechtsbeziehungen zu den Leistungserbringern kommt (vgl. BT-Drs. 16/3100, 162). Der SpiBuKK tritt insofern auch in prozessualer Hinsicht in eine Funktionsnachfolge der bisherigen Verbände, so dass bei entsprechenden Rechtsstreitigkeiten ein Parteiwechsel bzw. geänderte Beiladung stattzufinden hat (zur prozessualen Funktionsnachfolge im Fall eines Zuständigkeitswechsels vgl. BSGE 7, 60/63; 62, 269/271 m. zahlr. weiteren Nachweisen).

§ 217g Errichtungsbeauftragter

(1) ¹Die Bundesverbände nach § 212 in der bis zum 31. Dezember 2008 geltenden Fassung, die Deutsche Rentenversicherung Knappschaft-Bahn-See, die See-Krankenkasse und die Verbände der Ersatzkassen bestellen zum Aufbau des Spitzenverbandes Bund der Krankenkassen einen Errichtungsbeauftragten. ²Ist eine Bestellung bis zum 30. April 2007 nicht erfolgt, bestellt das Bundesministerium für Gesundheit einen Errichtungsbeauftragten. ³Er unterstützt den Spitzenverband in der Errichtungsphase, insbesondere bei der Organisation der Mitgliederversammlung, der Ausarbeitung der Satzung sowie den Wahlen des Verwaltungsrates und des Vorstandes. ⁴Ist ein Vorstand bis zum 1. Juli 2007 nicht gewählt, hat der Errichtungsbeauftragte bis zur Wahl des Vorstandes die Stellung eines Vorstandes und dessen Rechte und Pflichten.

(2) ¹Die Kosten der Errichtung und die Vergütung des Errichtungsbeauftragten werden vom Spitzenverband Bund der Krankenkassen getragen. ²Solange der Spitzenverband Bund keinen Haushaltsplan beschlossen hat, werden diese

7. Kapitel **§ 217 g**

Aufwendungen von den Bundesverbänden nach § 212 in der bis zum 31. Dezember 2008 geltenden Fassung, der Deutschen Rentenversicherung Knappschaft-Bahn-See und den Verbänden der Ersatzkassen als Gesamtschuldner im Verhältnis der beitragspflichtigen Einnahmen der Mitglieder der Krankenkassen in der jeweiligen Kassenart aufgebracht. ³Die nach Satz 2 Verpflichteten haben einen angemessenen Vorschuss auf die zu erwartenden Aufwendungen zu zahlen.

Inhaltsübersicht

	Rn.
A. Aufgaben	1
B. Bestellung	2
C. Finanzierung	3

A. Aufgaben

Die Errichtung des SpiBuKK soll organisatorisch durch die bisherigen Bundesverbände (§ 212 id. bis zum 31. 12. 2008 geltenden Fassung) gesichert und finanziert werden. Die Vorschrift verpflichtet die Verbände, spätestens bis zum 30. 4. 2007 einen **Errichtungsbeauftragten** zu bestellen, der maßgebend den Aufbau des Spitzenverbandes und seiner Organe fördern, gestalten und koordinieren soll. Zentrale Aufgabe des Errichtungsbeauftragten ist somit die **Organisation der Mitgliederversammlung** nach Maßgabe der vom BMG erlassenen SpivBd KKWV2007 (vgl. § 217c Abs. 7). Weitergehende Aufgaben sind die Unterstützung der Organe, insbesondere des Verwaltungsrates bei der **Ausarbeitung der Satzung** und den sich anschließenden **Vorstandswahlen**. Nach den Wahlen des Vorstandes sind sämtliche Organe des SpiBuKK handlungsfähig (s. § 217b Rn. 5) und die Aufgaben des Errichtungsbeauftragten erfüllt. Für den Fall einer nicht fristgemäßen Bestellung eines Vorstands des SpiBuKK zum 1. 7. 2007 (§ 217b Abs. 2) hätte der Errichtungsbeauftragte dessen Funktion umfassend wahrzunehmen gehabt. 1

B. Bestellung

Die Bestellung des Errichtungsbeauftragten erfolgt über die hauptamtlichen Vorstände der Bundesverbände (§ 212 id. bis zum 31. 12. 2008 geltenden Fassung). Die Arbeitsgemeinschaft der Spitzenverbände (**vgl. § 213 Abs. 1 und 2**) hat mit Wirkung zum 1. 4. 2007 den Errichtungsbeauftragten bestellt, so dass die vom BMG gesetzlich fixierte Bestellung im Wege der Ersatzvornahme nach dem 30. 4. 2007 (Abs. 1 S. 2) nicht zum Tragen kam (Quelle: www.g-k-v.de; vgl. auch *Stapf-Fine,* SozSich. 2007, 176/178). 2

C. Finanzierung

Abs. 2 legt fest, dass die **Kosten der Errichtung und die Vergütung** des Errichtungsbeauftragten vom **SpiBuKK** getragen werden, sobald der SpiBuKK einen Haushaltsplan beschlossen hat. Die „Kosten der Errichtung" betreffen insbesondere die Sach- und Personalkosten des Errichtungsbüros. Solange der Spitzenverband noch nicht handlungsfähig ist – genauer: **bis zum Beschluss des Haushaltsplans** – tragen die bisherigen **Bundesverbände** die Kostenlast im Verhältnis der beitragspflichtigen Einnahmen der Mitglieder der Krankenkassen in der jeweiligen Kassenart. 3

4 Der Wortlaut des Abs. 2, wonach die Mittel zwar von den Bundesverbänden (vgl. § 212 in der bis zum 31. 12. 2008 gültigen Fassung) aufgebracht, aber vom SpiBuKK getragen werden, legt den Schluss nahe, dass es sich nur um eine Kreditierung des SpiBuKK durch die Bundesverbände handelt und somit der SpiBuKK zur Rückzahlung verpflichtet ist, sobald er über einen genehmigten Haushalt verfügt. Abs. 2 wurde im Hinblick auf die Organisationsänderung bei der See-Krankenkasse geändert durch das „Gesetz zur Änderung des Vierten Buches Sozialgesetzbuch und anderer Gesetze vom 19. 12. 2007" (BGBl. I, 3024). Der ursprünglich auf die See-Krankenkasse entfallende Finanzierungsanteil ist somit von der Deutschen Rentenversicherung Knappschaft-Bahn-See zu tragen.

§ 218 Regionale Kassenverbände

(1) **Orts-, Betriebs- und Innungskrankenkassen können sich durch übereinstimmenden Beschluss ihrer Verwaltungsräte zu einem Kassenverband vereinigen, wenn sie ihren Sitz im Bezirk desselben Versicherungsamtes haben.**

(2) **Mit Genehmigung der für die Sozialversicherung zuständigen obersten Verwaltungsbehörde des Landes kann sich ein Kassenverband über die Bezirke oder Bezirksteile mehrerer Versicherungsämter erstrecken.**

Inhaltsübersicht
Rn.
A. Entstehungsgeschichte und Normzweck 1
B. Fehlende praktische Bedeutung 2

A. Entstehungsgeschichte und Normzweck

1 § 218 wurde durch das GRG (BGBl. I 1988, 2477) eingeführt und ist am 1. 1. 1989 in Kraft getreten (§ 1 Rn. 2). Die Vorschrift geht auf die frühere Regelung des § 406 RVO zurück. Danach sollen fakultative, regionale Kassenverbände befugt sein, örtliche Aufgaben, zB. im Hinblick auf das Leistungsgeschehen oder die Verwaltung, zu konzentrieren und zu vereinfachen. Eine behördliche Anordnung zur Errichtung derartiger regionaler Strukturen sieht das Gesetz nicht vor. Die Regelung ist auf Orts-, Betriebs- und Innungskrankenkassen beschränkt.

B. Fehlende praktische Bedeutung

2 Die Möglichkeit zur Bildung von regionalen Verbandsstrukturen entspricht der generellen Zielsetzung des SGB V, die Träger der gesetzlichen Krankenversicherung im Sinne der Wirtschaftlichkeit und Leistungsfähigkeit zur Kooperation anzuhalten (vgl. Anmerkungen zu § 4 Rn. 7 ff.). Angesichts der zwischenzeitlich erfolgten Bildung von landesweiten bzw. länderübergreifenden Organisationseinheiten durch freiwillige Vereinigungen, kommt der Bildung regionaler Kassenverbände iSd. § 218 keine praktische Bedeutung – oder allenfalls im Bereich der noch stark zergliederten Betriebskrankenkassen – zu (so auch *Krauskopf,* § 218 Rn. 3). Die Bereitschaft zur Vereinigung zu regionalen Verbänden dürfte nicht zuletzt auch wegen der zunehmenden Konkurrenzbeziehungen zwischen den unterschiedlichen Kassen sowie der seit dem 1. 4. 2007 bestehenden Möglichkeit zu kassenartenübergreifenden Vereinigungen (§ 171 a) nachgelassen haben. Somit ist auch die Frage bedeutungslos, ob der Regionalverband kraft Gesetzes eine Körperschaft des öffentlichen Rechts ist (zum Meinungsstand *Schnath*, W/E, § 218 Rn. 4).

§ 219 Arbeitsgemeinschaften

Die Krankenkassen und ihre Verbände können insbesondere mit Kassenärztlichen Vereinigungen und anderen Leistungserbringern sowie mit dem öffentlichen Gesundheitsdienst zur Förderung der Gesundheit, Prävention, Versorgung chronisch Kranker und Rehabilitation Arbeitsgemeinschaften zur Wahrnehmung der in § 94 Absatz 1 a Satz 1 SGB X genannten Aufgaben bilden.

Inhaltsübersicht

		Rn.
A.	Entstehung und Normzweck	1
B.	Bildung und Rechtsform von Arbeitsgemeinschaften	2
C.	Aufsicht	4

Schrifttum: *Dortants/Hansemann*, Die Auslagerung von „Aufgaben" durch Krankenkassen und ihre Verbände auf Dritte, NZS 1999, 542–546

A. Entstehung und Normzweck

Die gesetzliche Möglichkeit zur Einrichtung von Arbeitsgemeinschaften von 1 Krankenkassen und exemplarisch aufgezählten Leistungserbringern entspricht dem allgemeinen **Gebot der engen Zusammenarbeit** im Geltungsbereich des Sozialrechts (vgl. § 4 Abs. 3). Anders als § 218 gilt die Vorschrift für alle Kassenarten im Sinne des § 4 Abs. 2. Die Vorschrift wurde – wie auch der § 218 – durch das GRG (§ 1 Rn. 21) mit Wirkung zum 1. 1. 1989 eingeführt und bestand **ursprünglich aus drei Absätzen:** Der Generalklausel des Abs. 1 aF. (generelles Recht der Krankenkassen und ihrer Verbände zu Bildung von Arbeitsgemeinschaften), dem Abs. 2 aF. (Recht der Krankenkassen und ihrer Verbände zur Bildung von Arbeitsgemeinschaften mit Leistungserbringern) und Abs. 3 aF. (Verweis auf entsprechende Anwendung des § 94 Abs. 2–4 SGB X). Durch das VerwVereinfachungsG (BGBl. I 2005, 818) wurden die Abs. 1 und 3 mit Wirkung vom 30. 3. 2005 aufgehoben. Es verblieb als eigenständige Norm somit nur noch der frühere Abs. 2, der seinerseits auf den für die übrigen Regelungsbereiche unmittelbar geltenden **§ 94 Abs. 1 a SGB X** verweist. § 94 regelt nunmehr **„einem Bedürfnis der Praxis entsprechend"** (vgl. BT-Drs. 15/4228, 32) die Möglichkeit von Arbeitsgemeinschaften, insbesondere zur gegenseitigen Unterrichtung, Abstimmung, Koordinierung und Förderung der engen Zusammenarbeit im Rahmen der ihnen übertragenen Aufgaben, für alle Träger der Sozialversicherung. Die nunmehr verbliebene Regelung in § 219 ergänzt § 94 Abs. 1 a S. 1 SGB X für den Bereich der Krankenkassen um den Kreis der Stellen, mit denen Arbeitsgemeinschaften gebildet werden können (zum Verhältnis der Vorschriften vgl. *Krauskopf*, § 219, Rn. 2).

B. Bildung und Rechtsform von Arbeitsgemeinschaften

2 Jeder auf gewisse **Dauer** angelegte **Zusammenschluss** der in § 219 genannten Rechtspersonen kann als Arbeitsgemeinschaft bewertet werden, sofern die Beteiligten mit dem Zusammenschluss einen konkreten **Zweck** verfolgen, der sich im Bereich der ihnen **gesetzlich zugewiesenen Aufgaben** (§ 30 Abs. 1 SGB IV) bewegt. Aufgaben, die – in gesetzlich ausdrücklich institutionalisierter Form – konkret den bestehenden Verbänden (§§ 207, 211 – Landesverbände; §§ 212, 217 bzw. ab dem 1. 1. 2009 §§ 212 ff. – Bundesverbände; 217 a, 217 f. – Spitzenverband Bund) zugewiesen sind, können nicht Zweckbestimmung einer Arbeitsgemeinschaft nach § 219 sein, schließen aber eine weitergehende Betätigung auf der jeweiligen Ebene als Arbeitsgemeinschaft nicht aus. Zudem erscheint es geboten, dass sich der Zweck der Arbeitsgemeinschaft stark an **den inhaltlichen Vorgaben des § 219 iVm. § 94 Abs. 1 a SGB X** („zur Förderung der Gesundheit, Prävention, Versorgung chronisch Kranker und Rehabilitation") bewegt. Wenngleich gute Gründe dafür sprechen können, dass es sich bei dieser Aufzählung um keinen abschließenden Katalog handelt, sprechen rein praktische Gründe – zB. die steuerrechtliche Privilegierung von Umsätzen der Arbeitsgemeinschaft untereinander (vgl. § 4 Ziff. 15 UStG) – dafür, sich eng an die inhaltlichen Maßgaben des Gesetzes zu halten. Dazu zählt auch, die Zusammenarbeit auf „Unterrichtung, Abstimmung, Koordinierung und Förderung der engen Zusammenarbeit" (vgl. § 94 Abs. 1 a SGB X) zu beschränken. In der Praxis haben Arbeitsgemeinschaften iSd. § 219 insbesondere im Rahmen der Organisation von strukturierten Behandlungsprogrammen bei chronischen Krankheiten (sog. **DMP**) Bedeutung erlangt.

3 In rechtlicher Hinsicht sieht das Gesetz **keine spezifische Rechtsform** für die Bildung einer Arbeitsgemeinschaft vor. In Betracht kommen jedoch alle Formen des Zivil-, Vereins-, Stiftungs-, Genossenschafts- und Gesellschaftsrechts. Die konkrete Rechtsformwahl wird sich nach der **Aufgabenstellung, der inneren Organisation sowie vergabe-, datenschutz- und steuerrechtlichen Folgewirkungen** auszurichten haben. Eine öffentlich-rechtliche Rechtsform (zB. Körperschaft des öffentlichen Rechts) kann nicht gewählt werden, ebenso wenig ist die Arbeitsgemeinschaft in der Lage hoheitlich zu handeln (zB. durch den Erlass von Verwaltungsakten), es sei denn sie kann sich auf eine ausdrückliche gesetzliche Ermächtigung stützen.

C. Aufsicht

4 Nicht hinreichend klar ist, in welchem Umfang eine Arbeitsgemeinschaft der staatlichen Aufsicht unterliegt (ohne jede Einschränkung offenbar *Krauskopf*, § 219, Rn. 11). Eine generelle Verweisung auf die allgemeinen Vorschriften zur Rechtsaufsicht findet sich – anders als in § 94 Abs. 2 SGB X – in § 219 nicht. § 94 Abs. 2 SGB X unterstellt durch einen Verweis auf **§§ 85, 88, 90 und 90 a SGB IV** die Arbeitsgemeinschaft dem Kontrollgefüge der allgemeinen Rechtsaufsicht. Angesichts des „Ergänzungscharakters" des § 219 kann davon ausgegangen werden, dass dieser Aufsichtsmaßstab auch für Arbeitsgemeinschaften nach § 219 gilt. Im Übrigen würde sich ein aufsichtsrechtlicher Durchgriff auch aus § 97 SGB X herleiten lassen. Darüber hinaus hat der Gesetzgeber durch die Neufassung des § 274 im Rahmen des GKV-WSG angeordnet, dass gem. **§ 274 Abs. 4** seit dem 1. 4. 2007 auch der **Bundesrechnungshof** Arbeitsgemeinschaften im Hinblick auf ihre Haushalts- und Wirtschaftführung prüfen kann.

§ 219a Deutsche Verbindungsstelle Krankenversicherung Ausland

(1) ¹Der Spitzenverband Bund der Krankenkassen nimmt die Aufgaben der Deutschen Verbindungsstelle Krankenversicherung Ausland (Verbindungsstelle) wahr. ²Er erfüllt dabei die ihm durch über- und zwischenstaatliches sowie durch innerstaatliches Recht übertragenen Aufgaben. ³Insbesondere gehören hierzu:
1. Vereinbarungen mit ausländischen Verbindungsstellen,
2. Kostenabrechnungen mit in- und ausländischen Stellen,
3. Festlegung des anzuwendenden Versicherungsrechts,
4. Koordinierung der Verwaltungshilfe in grenzüberschreitenden Fällen sowie
5. Information, Beratung und Aufklärung.

⁴Die Satzung des Spitzenverbandes kann Einzelheiten zur Aufgabenerfüllung regeln und dabei im Rahmen der Zuständigkeit des Spitzenverbandes Bund der Verbindungsstelle auch weitere Aufgaben übertragen.

(2) ¹Der Spitzenverband Bund der Krankenkassen ist Rechtsnachfolger der Deutschen Verbindungsstelle Krankenversicherung Ausland (Verbindungsstelle) nach § 219a in der bis zum 31. Dezember 2007 geltenden Fassung. ²§ 613a des Bürgerlichen Gesetzbuchs findet entsprechend Anwendung. ³Der für das Jahr 2008 aufgestellte Haushaltsplan gilt als Teil des Haushaltes der Spitzenverbände fort.

(3) ¹Der Verwaltungsrat hat für die Erfüllung der Aufgaben nach Absatz 1 einen Geschäftsführer und seinen Stellvertreter zu bestellen. ²Der Geschäftsführer verwaltet den Spitzenverband Bund in allen Angelegenheiten nach Absatz 1 und vertritt den Spitzenverband Bund in diesen Angelegenheiten gerichtlich und außergerichtlich, soweit Gesetz und sonstiges maßgebendes Recht nichts anderes bestimmen. ³Für den Abschluss des Dienstvertrages gilt § 35a Abs. 6 Satz 1 des Vierten Buches entsprechend. ⁴Das Nähere über die Grundsätze der Geschäftsführung durch den Geschäftsführer bestimmt die Satzung.

(4) ¹Der Verwaltungsrat hat den Gesamthaushaltsplan des Spitzenverbandes Bund für den Aufgabenbereich der Verbindungsstelle zu untergliedern. ²Die Haushaltsführung hat getrennt nach den Aufgabenbereichen zu erfolgen.

(5) ¹Die zur Finanzierung der Verbindungsstelle erforderlichen Mittel werden durch eine Umlage, deren Berechnungskriterien in der Satzung festgelegt werden (§ 217e Abs. 1 Nr. 3), und durch die sonstigen Einnahmen der Verbindungsstelle aufgebracht. ²Die Satzung muss insbesondere Bestimmungen zur ausschließlichen Verwendung der für die Aufgabenerfüllung verfügbaren Mittel für Zwecke der Verbindungsstelle enthalten.

Schrifttum: *K. Nowak,* Die Deutsche Verbindungsstelle Krankenversicherung – Ausland, ZfS 2007, 129–132.

Inhaltsübersicht

	Rn.
A. Entwicklung und Aufgaben der DVKA, Abs. 1	1
B. Rechtsnachfolge des SpiBuKK, Abs. 2	3
C. Geschäftsführung, Abs. 3	4
D. Haushaltsführung und Finanzierung, Abs. 4 und 5	6

§ 219 a Dt. Verbindungsstelle KV Ausland

A. Entwicklung und Aufgaben der DVKA, Abs. 1

1   Die **Einrichtung einer Verbindungsstelle** erfolgte im Zuge des Abschlusses des „Allgemeinen Abkommens zwischen der Bundesrepublik Deutschland und Frankreich über Soziale Sicherheit", welches zum 1.1.1952 in Kraft trat (BGBl. II 1951, 177). Die Bezeichnung lautete bis zum 31.12.1968 **Deutsche Verbindungsstelle zur Durchführung zwischenstaatlicher Sozialversicherungsabkommen (Krankenversicherung), Bundesverband der Ortskrankenkassen**. Diese Bezeichnung wurde wegen der erweiterten Zuständigkeit für weitere überstaatliche Rechtsangelegenheiten (vgl. Nr. I – Bundesrepublik Deutschland – Anhang 4 zur EWGV 4/58, ABl.EG 30 v. 16.12.1958, 649) im Jahre 1969 in **Deutsche Verbindungsstelle Krankenversicherung – Ausland (DVKA), Bundesverband der Ortskrankenkassen** abgeändert. Bis 1999 war die Verbindungsstelle eine Geschäftsabteilung des AOK-Bundesverbandes in Bonn. Eine Verselbständigung wurde mit Wirkung zum 1.1.2000 vorgenommen (BGBl. I 1999, 2643), um vor dem Hintergrund der zunehmenden wettbewerblichen Ausrichtung der GKV die DVKA als neutrale und zentrale Abrechnungsstelle aller gesetzlichen Krankenkassen aus der organisatorischen Einbindung in das AOK-System herauszulösen. Träger der DVKA waren seit diesem Zeitpunkt die Spitzenverbände der gesetzlichen Krankenkassen.

2   Nach § 219 a nimmt der Spitzenverband Bund seit dem 1.7.2008 die Aufgaben der DVKA wahr und erfüllt die ihm durch über- und zwischenstaatliches sowie durch innerstaatliches Recht übertragenen Aufgaben. Die DVKA unterstützt die deutschen Krankenkassen bei der Geltendmachung ihrer **Ersatz- und Erstattungsansprüche im Ausland** und schließt mit ausländischen Verbindungsstellen im Auftrag des BMAS Vereinbarungen zur Umsetzung der komplexen **EG- und Abkommensregelungen**. Zudem werden über die DVKA die **Krankenversicherungsleistungen abgerechnet**, die ua. im Ausland wohnende Grenzgänger, Familienangehörige und Rentner, entsandte Arbeitnehmer und Touristen im Auftrag der deutschen Krankenkasse erhalten haben. Die DVKA ist auf diesen Gebieten **auch beratend** tätig (Quelle: www.dvka.de). Einzelheiten zur Aufgabenerfüllung kann der SpiBuKK durch Satzung regeln bzw. im Rahmen seiner eigenen Zuständigkeiten der DVKA durch Satzungsrecht weitere Aufgaben übertragen (vgl. hierzu §§ 217 e und f).

B. Rechtsnachfolge des SpiBuKK, Abs. 2

3   Mit dem Aufgabenentzug der bisherigen Bundesverbände gem. § 212 (in der bis zum 31.12.2008 geltenden Fassung) zum 1.1.2009 als bisherige Träger der DVKA bedurfte es einer **Neuorganisation** der Verbindungsstelle. Wenngleich sich die Aufgaben der DVKA deutlich von denen des SpiBuKK unterscheiden, wird die DVKA **organisatorisch in den SpiBuKK integriert**. Grund ist, dass die DVKA zuvor bereits eine kassenartübergreifende Einrichtung war und vom Gesetzgeber insofern als Vorläufer des neuen Spitzenverbandes Bund angesehen wird (BT-Drs. 16/3100, 162 f.). Ähnlich wie bei der „Entkörperschaftung" der Bundesverbände (vgl. § 213) regelt Abs. 2 die Überführung des Personals durch die entsprechende Anwendung der Regeln zum **Betriebsübergang** (§ 613 a BGB). Damit die DVKA auch in finanzieller Hinsicht ihre Aufgaben im Jahr 2008 unbeschadet der Integration in den SpiBuKK erfüllen kann, gilt der festgestellte Haushaltsplan für das Jahr 2008 über den Zeitpunkt der unterjährigen Integration hinweg fort (BT-Drs. 16/4247, 53).

C. Geschäftsführung, Abs. 3

Die DVKA erfüllt beim Spitzenverband Bund eine **abgrenzbare Funktion.** 4
Nach dem Willen des Gesetzgebers erlaubt dies eine weitgehende organisatorische Selbstständigkeit, damit die in diesem Geschäft erforderliche Flexibilität und Funktionsfähigkeit der Organisationseinheit fortgeführt werden kann (BT-Drs. 16/4247, 53). Damit wird der Intention gefolgt, einer im In- und Ausland etablierten Institution der GKV Kontinuität zu verschaffen. Der DVKA wird daher eine organisatorische – weniger rechtliche – **"Teilselbständigkeit"** mit eigener Geschäftsführung verliehen. Die Gesetzesbegründung spricht hier von einer Sonderstellung, die auch für den finanziellen Bereich gilt (vgl. Rn. 6). Nach der gesetzlichen Regelung übt der Geschäftsführer seine ihm gesetzlich und durch Satzung zugewiesenen Aufgaben auf der Grundlage eines Dienstvertrages zwischen ihm und dem Verwaltungsrat des Spitzenverbandes Bund aus. Nach Abs. 3 S. 2 **verwaltet** der **Geschäftsführer** hauptamtlich den Spitzenverband in allen Angelegenheiten der DVKA und **vertritt** den Spitzenverband Bund insoweit **gerichtlich und außergerichtlich.** Der Wortlaut der Aufgabenstellung des DVKA-Geschäftsführers in Bezug auf die DVKA entspricht damit dem Wortlaut der Aufgabenstellung der Vorstände in § 217b Abs. 2 S. 4 bezogen auf den SpiBuKK im Übrigen. Der Geschäftsführer hat nach dem Gesetz allerdings **keine Organstellung,** da die Organe des Spitzenverbandes in § 217b abschließend genannt sind. Der Geschäftsführer der DVKA ist nach der gesetzlichen Konzeption nicht dem Vorstand des Spitzenverbandes Bund, sondern dem Verwaltungsrat gegenüber verantwortlich (zu den Organen des SpiBuKK vgl. § 217b). Somit hat er eine „organähnliche" Sonderstellung (eine **Rechtsstellung „sui generis"**) inne, die bislang ohne Vorbild im Organisations- und Verbänderecht der GKV ist. Allerdings verweist § 219a Abs. 3 S. 3 bezüglich der Qualifikationsvoraussetzungen auf die für Vorstände geltenden Maßstäbe.

Eine konkretisierende **Kompetenzaufteilung durch Satzungsrecht** des Spi- 5
BuKK ist rechtlich grundsätzlich **zulässig,** denn § 219a Abs. 3 S. 2 ordnet die Vertretung und Verwaltung des SpiBuKK in Angelegenheiten der DVKA durch dessen Geschäftsführer an, *"soweit Gesetz oder sonstiges maßgebendes Recht nichts anderes bestimmt".* Diese Formulierung entspricht derjenigen zu den ehrenamtlichen Vorständen der Versicherungsträger (§ 35 Abs. 1 S. 1 SGB IV), den hauptamtlichen Vorständen einzelner Kassenarten (§ 35a Abs. 1 S. 1 SGB IV) sowie den hauptamtlichen Geschäftsführern (§ 36 Abs. 1 S. 1 SGB IV). Als sonstiges maßgebendes Recht, durch welches Abweichendes bestimmt werden kann, kommt insbesondere auch Satzungsrecht des SpiBuKK in Betracht, sofern dabei die gesetzlich zugewiesenen **Kernbereiche der Zuständigkeit beachtet** werden (vgl. dazu BGH v. 12.5.2005, III ZR 126/04, Rn. 9).

D. Haushaltsführung und Finanzierung, Abs. 4 und 5

Die Sonderstellung der DVKA gilt auch für den finanziellen Bereich. Der Ge- 6
samthaushalt des SpiBuKK hat insoweit für den Aufgabenbereich der DVKA einen **Teilhaushalt** auszuweisen. Die durch Umlage und sonstige Einnahmen der DVKA vorhandenen Mittel dürfen ausschließlich zur Erfüllung derjenigen Aufgaben verwendet werden, welche der DVKA durch Gesetz oder Satzung übertragen sind. Die **Haushaltsgesamtverantwortung** auch für den Bereich der DVKA

liegt beim **Vorstand des SpiBuKK** (§§ 217b Abs. 2, 217d S. 2, 208 Abs. 2 iVm. § 70 Abs. 1 SGB IV).

7   Wie auch der SpiBuKK unterliegt die DVKA der **Aufsicht des BMG**. Zur Beteiligung des **BMAS** an der Rechtsaufsicht über den über- und zwischenstaatlichen Arbeitsbereich der Deutschen Verbindungsstelle Krankenversicherung – Ausland (§ 219a) vgl. § 217d Rn. 3.

8   Die **Finanzierung** der DVKA erfolgt durch eine **Umlage,** die vom SpiBuKK bei den Mitgliedskassen zu erheben ist. Die Satzung des SpiBuKK hat im entsprechenden Regelungsabschnitt (vgl. § 217e Abs. 1 Nr. 3) eine an die Aufgabenerfüllung der DVKA geknüpfte **Zweckbindung** vorzusehen.

§§ 219b–219d *(aufgehoben)*

Achtes Kapitel. Finanzierung

Erster Abschnitt. Beiträge
Erster Titel. Aufbringung der Mittel

[Fassung § 220 bis 31. 12. 2008:]

§ 220 Grundsatz

(1) ¹Die Mittel für die Krankenversicherung werden durch Beiträge und sonstige Einnahmen aufgebracht. ²Die Beiträge sind so zu bemessen, daß sie zusammen mit den sonstigen Einnahmen die im Haushaltsplan vorgesehenen Ausgaben und die vorgeschriebene Auffüllung der Rücklage decken. ³Für die Bemessung sind der Betrag der vorgesehenen Einnahmen um den zu Beginn des Haushaltsjahres vorhandenen Betriebsmittelüberschuß und der Betrag der vorgesehenen Ausgaben um die erforderliche Auffüllung des Betriebsmittelbestands zu erhöhen.

(2)⁴Ergibt sich während des Haushaltsjahres, daß die Betriebsmittel der Krankenkasse einschließlich der Zuführung aus der Rücklage und der Inanspruchnahme eines Darlehens aus der Gesamtrücklage zur Deckung der Ausgaben nicht ausreichen, sind die Beiträge zu erhöhen. ²Muß eine Krankenkasse, um ihre Leistungsfähigkeit zu erhalten oder herzustellen, dringend ihre Einnahmen vermehren, hat der Vorstand zu beschließen, daß die Beiträge bis zur satzungsmäßigen Neuregelung erhöht werden; der Beschluß bedarf der Genehmigung der Aufsichtsbehörde. ³Kommt kein Beschluß zustande, ordnet die Aufsichtsbehörde die notwendige Erhöhung der Beiträge an.

(3) Übersteigen die Einnahmen der Krankenkasse die Ausgaben und ist das gesetzliche Betriebsmittel- und Rücklagesoll erreicht, sind die Beiträge durch Änderung der Satzung zu ermäßigen.

(4) ¹Ab dem 1. Januar 2004 sind die durch die §§ 24b, 27a, 33 Abs. 1, § 34 Abs. 1 und § 221 sowie die durch den Wegfall der §§ 58 und 59 in der bis zum 31. Dezember 2003 geltenden Fassung und die Aufhebung des § 200b der Reichsversicherungsordnung bewirkten Einsparungen in vollem Umfang für Beitragssatzsenkungen zu verwenden. ²Die übrigen durch das GKV-Modernisierungsgesetz vom 14. November 2003 (BGBl. I S. 2190) bewirkten Einsparungen sind mindestens zur Hälfte für Beitragssenkungen zu verwenden. ³Satz 1 gilt auch für die durch § 240 Abs. 2 Satz 3 sowie die §§ 241a, 245, 247 und 248 bewirkten Einsparungen vom Inkrafttreten dieser Vorschriften ab.

[Fassung § 220 ab 1. 1. 2009:]

§ 220 Grundsatz

(1) ¹Die Mittel der Krankenversicherung werden durch Beiträge und sonstige Einnahmen aufgebracht. ²Die Beiträge sind bei der erstmaligen Festsetzung des allgemeinen Beitragssatzes nach § 241 Abs. 1 so zu bemessen, dass die voraussichtlichen Beitragseinnahmen zusammen mit der Beteiligung des Bundes nach

§ 220

§ 221 und den voraussichtlichen sonstigen Einnahmen des Gesundheitsfonds die voraussichtlichen Ausgaben der Krankenkassen sowie den vorgeschriebenen Aufbau der Liquiditätsreserve für den Gesundheitsfonds nach § 271 decken.

(2) ¹Der Beitragssatz nach § 241 ist zu erhöhen, wenn die voraussichtlichen Einnahmen des Gesundheitsfonds die voraussichtlichen Ausgaben der Krankenkassen einschließlich der für den vorgeschriebenen Aufbau der Liquiditätsreserve für den Gesundheitsfonds nach § 271 erforderlichen Mittel im laufenden und im Folgejahr nicht zu mindestens 95 vom Hundert decken. ²Der Beitragssatz ist zu ermäßigen, wenn eine Deckungsquote von 100 vom Hundert überschritten und bei einer Senkung des Beitragssatzes um mindestens 0,2 Beitragspunkte die Deckungsquote von 95 vom Hundert im Laufe des Haushaltsjahres voraussichtlich nicht unterschritten wird.

(3) *(aufgehoben)*

(4) *(aufgehoben)*

Inhaltsübersicht

	Rn.
A. Überblick	1
B. Systematischer Ort im Beitragsrecht	2
C. Grundunterscheidungen des Beitragsrechts	6
D. Zuordnung der beitragsrechtlichen Normen zu Mitgliedergruppen	20
E. Regelungen in Abs. 1–Abs. 3	21

A. Überblick

1   Die Vorschrift ist die zentrale Einweisungsnorm in das Finanzierungsrecht der GKV. Sie verdeutlicht die **Beitragszentriertheit des Finanzierungssystems** (dazu ausf. *Rixen,* VSSR 2004, 241 ff.), auch dadurch, dass sie einige allgemeine Direktiven für die Beitragsbemessung benennt.

B. Systematischer Ort im Beitragsrecht

2   Das Beitragsrecht ist „das **spezifische Abgabenrecht der GKV**" (*Rixen,* Sozialrecht als öffentliches Wirtschaftsrecht, 2005, S. 74). Ähnlich dem Steuerrecht (*Rixen* ebda.) handelt es sich um eine Materie, die sehr detailliert und „technisch" erscheint (vgl. *Rixen,* VSSR 2004, 241/243 f.; *ders.,* VSSR 2005, 403/405; *ders.,* SGb 2008, 31/34), allerdings von besonderer Bedeutung ist, weil hier das große Wort der Beitragsgerechtigkeit – über verschiedene ineinandergreifende Institute (vgl. Rn. 6 ff., insb. Rn. 10 ff.) – in eine juristisch operable Größe transformiert wird: Es geht insb. um „die Beitragsberechnung, die Verteilung der Beitragslast" und „die Beitragsabführung" (Begr. zum GRG, BT-Drs. 11/2237, 221).

3   Hinsichtlich der **gesetzessystematischen Stellung** des § 220 gilt Folgendes: Mit § 220 beginnt das Achte Kapitel des SGB V, das der Finanzierung der GKV gilt. Der erste Abschnitt (§§ 220–256) regelt die Beiträge, der zweite Abschnitt (§§ 257–258) die Beitragszuschüsse. Im Ersten Abschnitt werden die Beiträge in fünf Titeln abgehandelt. Der Erste Titel (§§ 220–225) regelt die Aufbringung der Mittel, der Zweite Titel (§§ 226–240) die beitragspflichtigen Einnahmen, der Dritte Titel (§§ 241–248) die Beitragssätze, der Vierte Titel (§§ 249–251) die Tragung der Beiträge, der Fünfte Titel (§§ 252–256) die Zahlung der Beiträge.

4   Der Erste Titel (§§ 220–225) markiert generell den **Rahmen für die Aufbringung der Mittel.** Er stellt den Grundsatz auf, dass die Mittel durch Beiträge

8. Kapitel. 1. Abschnitt. 1. Titel **§ 220**

(und sonstige Einnahmen) aufgebracht werden (mit Beitragssatzobergrenzen, §§ 221 und 222), und bestimmt, von wem Beiträge zu zahlen sind (grundsätzlich von den Mitgliedern: § 223 Abs. 1), soweit nicht Beitragsfreiheit besteht (§ 224 und 225), ferner, dass Beiträge ausschließlich nach bestimmten beitragspflichtigen Einnahmen der Mitglieder bemessen werden (§ 223 Abs. 2 Satz 1), allerdings nur bis zu einer Grenze, der sog. Beitragsbemessungsgrenze (§ 223 Abs. 3).

Allgemeine Bestimmungen über Beiträge, die auch für das SGB V gelten, sind 5 im **SGB IV** enthalten **(allgemeines Beitragsrecht).** Im Einzelnen handelt es sich um Bestimmungen über die Aufbringung der Mittel (§ 20), deren Bemessung (§ 21), das Entstehen der Beitragsansprüche (§ 22), deren Fälligkeit (§ 23), die Säumniszuschläge (§ 24), die Verjährung (§ 25), die Erstattung zu Unrecht entrichteter Beiträge (§ 26), die Verzinsung, Verjährung und Verrechnung des Anspruchs (§§ 27 und 28) sowie über den gesamten Sozialversicherungsbeitrag (§ 28 d ff.). Das in den §§ 220 ff. enthaltene Beitragsrecht ist daher nur ein ergänzendes „Sonderrecht der GKV" (*Peters,* KK, § 220 Rn. 6), das allerdings partiell abschließend ist (s. etwa die Regelungen über die beitragspflichtigen Einnahmen, vgl. Rn. 8).

C. Grundunterscheidungen des Beitragsrechts

Zu den Leitbegriffen des Beitragsrechts gehört zunächst die Beitragspflicht. 6 Von ihr kann man **personenbezogen** sprechen, so dass die Rede von beitragspflichtigen Mitgliedern ist (*Peters,* KK, § 220 Rn. 13). Das sind Mitglieder, deren Versicherung mit der Pflicht zur Beitragsentrichtung verbunden ist (Regelfall, vgl. § 223 Abs. 1). Das Gegenteil bilden die Mitglieder, für die Beitragsfreiheit besteht (§ 224, vgl. auch § 255). Von der Beitragspflicht kann man auch **einnahmenbezogen** sprechen (*Peters,* KK, § 220 Rn. 13), so dass zwischen beitragspflichtigen Einnahmen (§ 226) und Einnahmen, die nicht zu den beitragspflichtigen Einnahmen gehören und von denen daher Beiträge nicht verlangt werden dürfen, zu differenzieren ist.

Der Beitrag eines Versicherten errechnet sich aus **zwei Faktoren,** den beitrags- 7 pflichtigen Einnahmen und dem Beitragssatz. Somit gilt die Formel: Beitragspflichtige Einnahmen x Beitragssatz = Beitrag, vgl. § 241 S. 1. Beispiel: Beitragspflichtige Einnahmen = 3000 € im Monat, Beitragssatz = 15 %, Beitrag = 450 € monatlich.

Für Versicherungspflichtige enthält das Gesetz in den §§ 226 ff. eine abschlie- 8 ßende Regelung darüber, welche Einnahmen beitragspflichtig sind **(beitragspflichtige Einnahmen).** Andere Einnahmen sind demnach nicht beitragspflichtig. Bei freiwillig Versicherten sind die beitragspflichtigen Einnahmen nicht auf die Einnahmearten beschränkt, die bei versicherungspflichtigen Personen beitragspflichtig sind (dazu näher bei § 240).

Beitragspflichtig sind Einnahmen grundsätzlich nur bis zur **Beitragsbemes-** 9 **sungsgrenze** (§ 223 Abs. 3). Wenn versicherungspflichtige Beschäftigte oder andere versicherungspflichtige Personen beitragspflichtige Einnahmen aus mehreren Quellen haben, die zwar nicht einzeln, aber zusammen die Grenze übersteigen (zB. Arbeitnehmer mit Arbeitsentgelt und Rente), dann kommt es auf die Art der Anwendung der Beitragsbemessungsgrenze an (vgl. §§ 230, 231, 238). Die Beitragsbemessungsgrenze gilt auch für freiwillige Mitglieder (§ 240 Abs. 2 S. 3 [ab 1. 1. 2009: S. 4] iVm. § 223 Abs. 3).

Anders als die Beitragsbemessungsgrenze nach oben gibt es nach unten prinzi- 10 piell **keine Mindestbemessungsgrenze,** also ein Mindestbeitrag von beitrags-

§ 220

pflichtigen Einnahmen, der der Beitragsberechnung zugrunde zu legen ist. Es kann vorkommen, dass ein Mitglied trotz Versicherungspflicht und Beitragspflicht keine beitragspflichtigen Einnahmen hat und keine Beiträge zu zahlen hat. Allerdings sind von einigen beitragspflichtigen Einnahmen Beiträge erst zu entrichten, wenn Einnahmen über eine **Bagatellgrenze** hinausgehen (vgl. § 226 Abs. 2). In der Regel ist dafür gesorgt, dass bei Mitgliedern, wenn beitragspflichtige Einnahmen fehlen sollten, zum Zwecke der Beitragserhebung von beitragspflichtigen Einnahmen in bestimmter Höhe ausgegangen wird, dazu bedient sich das Gesetz mehrfach einer Fiktion (vgl. §§ 233, 235, 236, 240 Abs. 4).

11 Der **Beitragssatz** ist der vom Hundertsatz der beitragspflichtigen Einnahmen, zu dem die Beiträge erhoben werden. Er ist bis zum 31.12.2008 durch die jeweilige Krankenkasse in deren Satzung festzulegen (§ 241 Abs. 1). Ab dem 1.1.2009 wird ein allgemeiner Beitragssatz durch die Bundesregierung festgelegt (§ 241 Abs. 2 nF.).

12 Die gesetzliche Regelung unterscheidet zwischen der **Tragung der Beiträge** (§ 249 ff.) und der **Zahlung der Beiträge** (§ 252 ff.). Bei der Tragung der Beiträge geht es darum, wer nach dem Recht der Krankenversicherung mit den Beiträgen belastet wird, also wirtschaftlich für sie einzustehen hat (Beitragstragung = Beitragslast). Die ergibt sich aus den §§ 249–251. Die Pflicht zur Tragung der Beiträge ist mit der Pflicht zur Zahlung der Beiträge (§§ 242–246) keineswegs immer kongruent. Ein für viele Versicherte relevantes Auseinanderfallen von Tragung und Zahlung der Beiträge ergibt sich zB. beim Arbeitsentgelt, bei der Rente und bei den Versorgungsbezügen.

13 Die Vorschriften über die Zahlung der Beiträge regeln die Frage, wer die Beiträge an die Krankenkasse zu zahlen hat, wer also die Beiträge schuldet (Beitragszahlung regelt die Beitragsschuld). Die Pflicht zur Zahlung (Abführung) der Beiträge **(Beitragsschuldnerschaft)** trifft in zahlreichen Fällen nicht den, der den Beitrag zu tragen hat und bei dem daher die Beitragslast im Sinne des wirtschaftlichen Einstehens liegt.

14 Der **Beitragszuschuss** tritt bei einigen Personen funktional an die Stelle des Beitrags. Einige Gruppen von Personen, die nicht versicherungspflichtig sind, sondern in der GKV freiwillig oder in der PKV versichert sind, wird die dortige Beitragslast durch einen Beitragszuschuss erleichtert. Beitragszuschüsse werden vom Arbeitgeber (§ 257), vom Rehabilitationsträger (§ 258), vom Rentenversicherungsträger (§ 106 SGB VI), nach § 4 Abs. 3 sowie § 59 Abs. 3 KVLG 1989, nach § 13 Abs. 2a BAföG und von der Künstlersozialkasse (§ 10 KSVG) gezahlt. Die Zuschussregelungen berühren im Grundsatz die Beitragslast des Versicherten gegenüber der Krankenkasse nicht, sondern sind Ansprüche des Versicherten gegen Dritte oder gegen die Krankenkasse zugunsten einer anderen Versicherung, etwa der Rentenversicherung (*Peters*, KK, § 220 Rn. 21).

15 Im Hinblick auf **Beitragsstreitigkeiten** gilt Folgendes: In den meisten Fällen ergeben sich Beitragspflicht und Beitragshöhe (beitragspflichtige Einnahmen und Beitragssatz) anhand der relevanten gesetzlichen und untergesetzlichen Normen (bis zum 31.12.2008 anhand der Satzung der Krankenkasse, ab 1.1.2009 anhand der Rechtsverordnung gem. § 241 Abs. 1 nF.). Vor diesem Hintergrund bedarf es in der Regel einer Einzelfallentscheidung über die Beitragspflicht oder die Beitragshöhe nicht. Im Zweifel muss die Krankenkasse durch Verwaltungsakt entscheiden. Beitragsbescheide sind, sofern sie nicht befristet sind, Bescheide mit Dauerwirkung, deren Rücknahme und Änderung in §§ 44 ff. SGB X folgt (vgl. *Peters*, KK, § 220 Rn. 23).

8. Kapitel. 1. Abschnitt. 1. Titel **§ 220**

Die Krankenkasse entscheidet als **Einzugsstelle** über die Versicherungspflicht 16
und Beitragshöhe in der Kranken-, Pflege- und Rentenversicherung sowie nach
dem Recht der Arbeitsförderung. Sie erlässt auch den Widerspruchsbescheid
(§ 28h Abs. 2 Satz 1 SGB IV). Bei der Prüfung von Arbeitgebern durch die **Rentenversicherungsträger** erlassen diese im Rahmen der Prüfung Verwaltungsakte
zur Versicherungspflicht und Beitragshöhe in der Kranken-, Pflege- und Rentenversicherung sowie nach dem Recht der Arbeitsförderung einschließlich der Widerspruchsbescheide gegenüber den Arbeitgebern, und insoweit gilt § 28h Abs. 2 SGB IV nicht (vgl. § 28p Abs. 1 S. 5 SGB IV).

Für das **Verhältnis von Beitrags- und Leistungsrecht** gilt Folgendes (vgl. *Peters*, KK, § 220 Rn. 25): In der GKV sind Beitrags- und Leistungsrecht weitgehend 17
voneinander getrennt. Die Beiträge werden nach den relevanten Rechtsnormen
nur nach den beitragspflichtigen Einnahmen und dem Beitragssatz erhoben, wobei freilich systemintern nach versicherungspflichtigen und freiwilligen Mitgliedern unterschieden wird. Andere Aspekte, etwa das Alter, das Geschlecht, der Familienstand, die Kinderzahl, der Gesundheitszustand oder Vorerkrankungen, sind
ohne jede Bedeutung für den Beitrag **(Differenzierungsindifferenz des Beitragsrechts).**

Die **konzeptionelle Trennung von Beitrags- und Leistungsrecht** lässt sich 18
an folgenden Gesichtspunkten ablesen (*Peters*, KK, § 220 Rn. 25): Zunächst sind
die Beiträge ohne Rücksicht darauf zu zahlen, ob und in welchem Umfang Leistungen in Anspruch genommen werden können (vgl. *Peters*, KK, § 186 Rn. 4).
Des Weiteren steht der Inanspruchnahme von Leistungen nicht entgegen, dass für
den Versicherten keine Beiträge entrichtet worden sind; Ausnahmen gelten bei
Selbständigen, Künstlern und Publizisten nach § 16 Abs. 3a KSVG. So hat ein illegal („schwarz") beschäftigter Arbeitnehmer Leistungsansprüche, obwohl die Beiträge nicht gezahlt werden (vgl. hierzu die Möglichkeit des Regresses beim Unternehmer, der „Schwarzarbeiter" einsetzt, gemäß § 110 Abs 1a SGB VII, dazu BT-Drs. 15/2573, 31 f., was den – trotz fehlender Beitragszahlung bestehenden – Versicherungsschutz des Beschäftigten voraussetzt und entsprechend für die GKV
gilt).

Seit Inkrafttreten des GKV-WSG gilt auch nicht mehr **§ 191 Nr. 3 SGB V aF.**, 19
der für freiwillig Versicherte unter bestimmten Voraussetzungen vorsah, dass Beitragszahlung zum Fortfall der Versicherung führt. Das **GKV-WSG** (vgl. Art. 1
Nr. 139) hat dies geändert, so dass die Nichtzahlung von Beiträgen die Mitgliedschaft freiwillig Versicherter nicht mehr beendet (dazu Begr. zum GKV-WSG,
BT-Drs. 16/3100, 159 [zu Nr. 139], insb. 182 [zu Nr. 1a]).

D. Zuordnung der beitragsrechtlichen Normen zu Mitgliedergruppen

Das Beitragsrecht lässt sich nach unterschiedlichen Mitgliedergruppen ordnen. 20
Bündelt man die Vorschriften für die Berechnung, Tragung und Zahlung der Beiträge der einzelnen Mitgliedergruppen (*Hänlein*, H/K, § 220 Rn. 7), dann ergibt
sich Folgendes **(mitgliedergruppenbezogene Normsystematisierung)**:
– versicherungspflichtig Beschäftigte: §§ 226, 241ff., 249 Abs. 1 und Abs. 4, 249b, 253;
– Bezieher von Leistungen nach dem SGB III: §§ 232a, 249 Abs. 2, 251 Abs. 4a;
– Bezieher von Arbeitslosengeld II: § 232a Abs. 1 Satz 1 Nr. 2, 246, 251 Abs. 4, 252 S. 2;

§ 220

- versicherungspflichtige Landwirte: §§ 37–50 KVLG 1989;
- Künstler und Publizisten: §§ 241 ff., 251 Abs. 3, 252;
- Rehabilitanden, Jugendliche und behinderte Menschen in allen Richtungen: §§ 235, 241, 251 Abs. 1 und Abs. 2, 252;
- Studenten und Praktikanten: §§ 236, 245, 250 Abs. 1 Nr. 3, 254;
- Rentner: §§ 237, 247, 248, 249 a, 250 Abs. 1 Nr. 1 und Nr. 2, 255, 256;
- Rentenantragsteller: §§ 239, 241 ff., 250 Abs. 2, 252;
- Wehr- und Zivildienstleistende: § 244, 251 Abs. 4;
- Schwangere: §§ 226 Abs. 3, 241, 250 Abs. 2, 252;
- Erziehende: §§ 224 Abs. 1;
- freiwillige Mitglieder: §§ 240, 241 ff., 250 Abs. 2, 252;
- Rückkehrer in die GKV und bisher nicht Versicherte: §§ 227, 240.

E. Regelungen in Abs. 1–Abs. 3

21 Neben dem **Grundsatz der Beitragsfinanzierung** regelt **Abs. 1** auch, dass in erster Linie mittels der Beiträge ein Haushaltsausgleich einschließlich der vorgeschriebenen Auffüllung der Rücklage zu leisten ist. Ab 1. 1. 2009 normiert der neu gefasste Abs. 1 (vgl. Art. 1 Nr. 152 iVm. Art. 46 Abs. 10 GKV-WSG), wie bisher, den Grundsatz der Beitragsfinanzierung (S. 1). Der bislang auf die jeweilige Krankenkasse bezogene Haushaltsausgleich, der vermittels in erster Linie der Beiträge zu leisten ist, wird nunmehr durch eine um den Gesundheitsfonds zentrierte Betrachtung ersetzt. Dh., dass die Einnahmen, die in erster Linie durch die Beiträge erfolgen, nun dazu dienen müssen, die gesamten Ausgaben der Krankenkassen sowie den Aufbau der Liquiditätsreserve (§ 271) zu decken.

22 Man kann von einer **finanzierungstechnischen Verbundperspektive** sprechen, die die Haushaltslagen der einzelnen Krankenkassen zu einer „Gesamthaushaltslage", nämlich der Finanzierungslage des Gesundheitsfonds, verklammert; der jeweilige Haushalt der Krankenkasse ist dazu nur noch assessorisch. Der Gedanke des Haushaltsausgleichs wird demnach einer Art **Maßstabsvergrößerung** unterworfen, die sich von der Perspektive des Einzelhaushalts einer Krankenkasse entfernt und zur **Großperspektive eines gesundheitsfondsabhängigen Gesamthaushalts** verändert. Mögen die Krankenkassen auch weiterhin Haushaltshoheit haben (§§ 67 ff. SGB IV iVm. SVHV), so ist diese doch kraft Gesetzes in den übergreifenden Kontext einer **Einzelhaushaltssteuerung durch das „Globalbudget" des Gesundheitsfonds** eingebunden. Nicht zuletzt auch hieran lässt sich ablesen, was es heißt, das Finanzierungsmodell der GKV werde „neu geregelt" (BT-Drs. 16/3100, 170).

23 **Abs. 2** verpflichtet die Krankenkassen zur Anpassung der Beiträge, falls ein Finanzierungsbedarf erkennbar wird, wobei **vorläufige Maßnahmen** durch den Vorstand gestattet sind. Entsprechendes gilt, nach Fortfall der kassenspezifischen Beitragssätze (vgl. Begr. zum GKV-WSG, BT-Drs. 16/3100, 163), ab dem 1. 1. 2009 (vgl. Art. 1 Nr. 152 iVm. Art. 46 Abs. 10 GKV-WSG) unter Geltung des Gesundheitsfonds bzw. des allgemeinen Beitragssatzes nach § 241 nF. (dazu Begr. zum GKV-WSG, BT-Drs. 16/3100, 163). Der Beitragssatz ist bei qualifiziertem Finanzierungsbedarf gem. Abs. 2 S. 1 zu erhöhen. Bei überobligatorischen Deckungsquoten (vgl. Abs. 2 nF., vgl. Art. 1 Nr. 152 iVm. Art. 46 Abs. 10 GKV-WSG) muss der Beitragssatz ermäßigt werden. Dergleichen sieht bis zum 31. 12. 2008 auch **Abs. 3** vor, der ab 1. 1. 2009 aufgehoben, weil er der Sache nach im neuen Abs. 2 mit enthalten ist.

Abs. 4, der ebenfalls ab 1.1.2009 aufgehoben ist, betrifft verschiedene gesetz- 24
lich intendierte Einsparungen, die zu Beitragssatzsenkungen verwendet werden
mussten. Ob dies in der vom Gesetz gewünschten Weise tatsächlich geschehen ist,
ist zweifelhaft (vgl. *Peters,* KK, § 220 Rn. 33; *Rixen,* Sozialrecht als öffentliches
Wirtschaftsrecht, 2005, S. 75 mwN.). Angesichts des absehbaren Bedeutungsverlustes von Abs. 4 ab 1.1.2009 kann dies dahinstehen.

[Fassung § 221 bis 31.12.2008:]

§ 221 Beteiligung des Bundes an Aufwendungen

(1) ¹Der Bund leistet zur pauschalen Abgeltung der Aufwendungen der Krankenkassen für versicherungsfremde Leistungen für das Jahr 2007 und das Jahr 2008 jeweils 2,5 Milliarden Euro in halbjährlich zum 1. Mai und zum 1. November zu überweisenden Teilbeträgen über das Bundesversicherungsamt an die Krankenkassen. ²Die Leistungen des Bundes erhöhen sich in den Folgejahren um jährlich 1,5 Milliarden Euro bis zu einer jährlichen Gesamtsumme von 14 Milliarden Euro. ³Die Spitzenverbände der Krankenkassen bestimmen gemeinsam und einheitlich eine Krankenkasse oder einen Verband als zentrale Stelle für die Abrechnung mit dem Bundesversicherungsamt. ⁴Das Bundesversicherungsamt zahlt die Beteiligung des Bundes an die zentrale Stelle zur Weiterleitung an die berechtigten Krankenkassen. ⁵Ab dem Jahr 2009 erfolgen die Leistungen des Bundes in monatlich zum ersten Bankarbeitstag zu überweisenden Teilbeträgen an den Gesundheitsfonds.

(2) ¹Das Bundesministerium für Gesundheit wird ermächtigt, durch Rechtsverordnung mit Zustimmung des Bundesrates das Nähere über die Verteilung nach Absatz 1 zu bestimmen. ²Maßstab für die Verteilung sind die Ausgaben für versicherungsfremde Leistungen.

[Fassung § 221 ab 1.1.2009:]

§ 221 Beteiligung des Bundes an Aufwendungen

(1) ¹Der Bund leistet zur pauschalen Abgeltung der Aufwendungen der Krankenkassen für versicherungsfremde Leistungen für das Jahr 2007 und das Jahr 2008 jeweils 2,5 Milliarden Euro in halbjährlich zum 1. Mai und zum 1. November zu überweisenden Teilbeträgen über das Bundesversicherungsamt an die Krankenkassen. ²Die Leistungen des Bundes erhöhen sich in den Folgejahren um jährlich 1,5 Milliarden Euro bis zu einer jährlichen Gesamtsumme von 14 Milliarden Euro. ³Ab dem Jahr 2009 erfolgen die Leistungen des Bundes in monatlich zum ersten Bankarbeitstag zu überweisenden Teilbeträgen an den Gesundheitsfonds.

(2) *(aufgehoben)*

A. Überblick

§ 221 durchbricht den Grundsatz der Beitragszentriertheit, weil er zur Finan- 1
zierung der Aufwendungen der Krankenkassen für sog. versicherungsfremde Leistungen eine **Beteiligung des Bundes** vorsieht. Dh., der Bund steuert „Zuschüsse
(…) aus Steuermitteln" (Begr. zum GKV-WSG, BT-Drs. 16/3100, 170) bei („Bundesmittel", § 271 Abs. 1 Nr. 5), damit die Aufgaben der GKV finanziert werden
können.

B. Modalitäten der Zahlung von Bundeszuschüssen

2 Die Regelung, die auf das GMG zurückgeht (vgl. die Begr. zu § 221 idF. des GMG, BT-Drs. 15/1525, 71, 138 f.) und die durch das GKV-WSG vor allem mit Blick auf die ab 1. 1. 2009 wirksame Errichtung des Gesundheitsfonds angepasst wurde (vgl. Begr. zum GKV-WSG, BT-Drs. 16/3100, 163), ist insoweit aktuell relevant, als sie für das Jahr 2008 (wie schon zuvor für das Jahr 2007) einen **Bundeszuschuss iHv. 2, 5 Mill. Euro** festgelegt hat. Ab 2009 erhöhen sich die Bundesmittel jährlich um jeweils 1,5 Mill. Euro bis zu einer jährlichen Gesamtsumme von 14 Mill. Euro (Abs. 1 S. 1).

3 Der Zuschuss soll der „pauschalen Abgeltung der Aufwendungen der Krankenkassen für **versicherungsfremde Leistungen**" dienen (Abs. 1 S. 1). Weder Gesetz noch Begr. definieren genau, was unter „versicherungsfremden Leistungen" zu verstehen ist. So heißt es etwa in der Begr. zum GMG, das frühere sog. Sterbegeld (§ 55 ff. SGB V aF.) sei „dem Grunde nach eine versicherungsfremde Leistung" gewesen (BT-Drs. 15/1525, 91). Obwohl das Wort noch häufiger in der Begr. zum GMG verwandt wird (vgl. BT-Drs. 15/1525, 2, 71, 76, 79, 138, 139, 171, 173; BT-Drs. 15/1600, 4, 9, 10. 12), bleibt seine Bedeutung unklar.

4 Eigentlich ist die Formulierung paradox, denn in einer positiv-rechtlich ausgestalteten Versicherungsordnung ist jede durch sie vermittelte Leistung eine Versicherungsleistung und somit der Versicherung nicht fremd. Gemeint ist offenbar **ein sozialpolitisch-kritischer Begriff,** der gegen das positive Recht in Stellung gebracht wird. So entsteht ein Verständnis von Leistungen, die genau genommen nicht zur GKV gehören (und doch Sozialleistungen sind), weil sie offenbar eine spezifische Nähe zu Risiken der GKV vermissen lassen und eher gesamtgesellschaftlich wertvollen (etwa familienpolitischen) Zielen dienen (BT-Drs. 16/3100, 92, 181: „insbesondere die beitragsfreie Mitversicherung von Kindern") und „einen wichtigen Beitrag zur Erhaltung gesamtgesellschaftlicher Solidarität" (BT-Drs. 16/3100, 181) leisten. Zu Recht wird gegen dieses ohnehin widersprüchliche Begriffsverständnis eingewandt (*Hänlein*, H/K, § 221 Rn. 6 aE.), dass sie kaum mit den auf die GKV übertragbaren Wertungen des BVerfG zur PflV vereinbar sein dürfte, wonach die kindererziehenden Mitglieder die Versicherung nicht nur durch Beiträge, sondern auch durch die Betreuung und Erziehung von Kindern funktionsfähig hielten (vgl. BVerfGE 103, 242 = NZS 2001, 309).

5 **Abs. 1 S. 3–5** normieren die **finanztechnische Umsetzung** der Zuschusszahlung, namentlich die Bestimmung einer zentralen Stelle für die Abrechnung mit dem BVA (S. 3), die die weitere Ausreichung der Mittel an die Krankenkassen koordiniert und vollzieht (S. 4). S. 5 nF. legt fest, dass ab 2009 die Leistungen des Bundes in monatlich zum ersten Bankarbeitstag zu überweisenden Teilbeträgen an den Gesundheitsfonds erfolgen.

6 Gemäß **Abs. 2** erfolgt die Verteilung der Bundesmittel nach Maßgabe der am 1. 1. 2004 in Kraft getretenen Pauschal-Abgeltungsverordnung **(PauschAV)** v. 26. 4. 2007 (BGBl. I, 644). Das BVA als verteilende Stelle hat hiernach insb. die Verteilungsquote festzulegen (vgl. § 3 PauschAV).

7 Im Hinblick auf § 112 Abs. 1 S. 1 BHO beansprucht der **Bundesrechnungshof** eine umfassende Prüfbefugnis zulasten der bundesunmittelbaren Krankenkassen (vgl. § 90 Abs. 1 S. 1 SGB IV). Entsprechendes kommt für die **Landesrechnungshöfe** hinsichtlich der landesunmittelbaren Krankenkassen (vgl. § 90 Abs. 2 SGB IV) in Betracht (vgl. etwa § 112 Abs. 1 S. 1 LHO Hessen). Ob die auf die gesamte Haushalts- und Wirtschaftsführung bezogene Prüfbefugnis besteht, ist um-

stritten (vgl. *Baumhauer/Michalak,* NZS 2006, 467 ff.; *Antweiler/Klempert,* KrV 2007, 155 ff.), wird aber zu bejahen sein (so auch Begr. zu § 274 Abs. 4, BT-Drs. 16/3100, 170; zur intendierten „uneingeschränkten" Kontrolle auch die Begr. zu § 112 BHO, zu BT-Drs.V/4378, 4379, 16 [§ 110 des Entwurfs]).

Die Bundesmittel gemäß § 221 sind, haushaltsrechtlich betrachtet, Zuschüsse. Rechtsfolge ist eine auf die gesamte Haushalts- und Wirtschaftsführung der Krankenkasse − nicht nur die Verwendung der Bundesmittel − bezogene Prüfbefugnis (vgl. § 112 Abs. 1 S. 1 iVm. § 111 Abs. 1 BHO). Das ist auch sachgerecht, weil die Zuschüsse des Bundes **nicht zweckgebunden** verwandt werden müssen, sondern nur durch die pauschale Abgeltung versicherungsfremder Leistungen motiviert sind (vgl. Abs. 1 S. 1). Das ändert nichts daran, dass sie wie jede andere Einnahme in den Haushalt der Krankenkasse fließen und zur Zahlung jeder veranschlagten Ausgabe verwandt werden dürfen (Grundsatz der Vollständigkeit des Haushalts, § 8 Abs. 2 Nr. 1 HGrG: „alle... Einnahmen"). 8

§ 222 Befristete Ausnahme vom Verbot der Finanzierung durch Aufnahme von Darlehen

(1) Abweichend von § 220 Abs. 2 können Krankenkassen bis zum 31. Dezember 1998 Beitragserhöhungen in dem in Artikel 1 Abs. 1 des Einigungsvertrages genannten Gebiet einschließlich des Landes Berlin dadurch vermeiden, daß sie zum Haushaltsausgleich Darlehen aufnehmen.

(2) ¹Die Darlehensaufnahme bedarf der Genehmigung der Aufsichtsbehörde. ²Die Genehmigung darf nur erteilt werden, wenn die Krankenkasse nachweist, daß sie alle Wirtschaftlichkeitsreserven ausgeschöpft hat und nach Abstimmung mit ihrem Bundesverband nachprüfbar darlegt, wie die Gründe für die bisherige Verschuldung innerhalb von fünf Jahren beseitigt und die Darlehen innerhalb von längstens zehn Jahren zurückgezahlt werden. ³Die Aufsichtsbehörde hat die Geschäfts- und Rechnungsführung der Krankenkasse, der eine Darlehensaufnahme genehmigt worden ist, mindestens in jährlichen Abständen zu prüfen.

(3) ¹Die Darlehen sollen vorrangig bei Krankenkassen oder deren Verbänden aufgenommen werden; § 220 Abs. 3 findet insoweit keine Anwendung. ²Mittel der Krankenkassen und der Verbände dürfen nur insoweit zur Gewährung von Darlehen verwendet werden, als dies nicht Beitragserhöhungen zur Folge hat.

(4) ¹Krankenkassen in dem in Absatz 1 genannten Gebiet, die abweichend von § 220 vor Inkrafttreten des Gesetzes zur Stärkung der Finanzgrundlagen der gesetzlichen Krankenversicherung in den neuen Ländern vom 24. März 1998 (BGBl. I S. 526) Darlehen zum Haushaltsausgleich aufgenommen haben, haben der Aufsichtsbehörde unverzüglich nachprüfbar darzulegen, wie die Gründe für die bisherige Verschuldung innerhalb von fünf Jahren beseitigt und die Darlehen innerhalb von längstens zehn Jahren zurückgezahlt werden. ²Die Krankenkasse hat sich dabei mit ihrem Bundesverband abzustimmen. ³Das Konzept für die Beseitigung der Gründe der Verschuldung und für die Rückzahlung der Darlehen bedarf der Genehmigung der Aufsichtsbehörde. ⁴Wird das Konzept nicht genehmigt, sind die Darlehen unverzüglich zurückzuzahlen; § 220 Abs. 2 gilt; die Absätze 1 bis 3 finden keine Anwendung. ⁵In den Fällen der Sätze 3 oder 4 hat die Aufsichtsbehörde die Geschäfts- und Rechnungsführung dieser Krankenkassen mindestens in jährlichen Abständen zu prüfen.

(5) Absatz 4 gilt für Krankenkassen, die bis zum 31. Dezember 2003 abweichend von § 220 Darlehen zum Haushaltsausgleich aufgenommen haben, mit

§ 222

der Maßgabe, dass die Verschuldung jeweils jährlich zu mindestens einem Viertel spätestens bis zum 31. Dezember 2007 abzubauen ist; Darlehensaufnahmen nach dem 31. Dezember 2003 sind nicht zulässig.

[Abs. 6 in der bis 30. 12. 2008 geltenden Fassung:]

(6) In der Satzung der Krankenkasse sind die Beitragssatzanteile, die zur Entschuldung und für Finanzhilfen im Rahmen der Entschuldung von Kassen der jeweiligen Kassenart nach § 265 a aufgewendet werden, gesondert auszuweisen.

[Fassung Abs. 6 ab 31. 12. 2008:]

(6) *(aufgehoben)*

Schrifttum: *Axer,* Finanzierung und Organisation der gesetzlichen Krankenversicherung nach dem GKV-Wettbewerbsstärkungsgesetz, GesR 2007, 193 ff.; *W. Höfling,* Staatsschuldenrecht, 1993; *J. Kruse/I. Zamponi,* Die unterbliebene Beitragssatzanhebung – Haftungsrechtliche Überlegungen für den Bereich der GKV –, NZS 2001, 184 ff.; *S. Rixen,* Auf dem Marsch in den verschuldeten Krankenversicherungsstaat? Die Kreditaufnahme im System des Sozialfinanzrechts der gesetzlichen Krankenversicherung, VSSR 2004, 241 ff; *S. Rixen,* Sozialrecht als öffentliches Wirtschaftsrecht, 2005; *F. E. Schnapp/S. Rixen,* Die Unzulässigkeit der Aufnahme von Krediten durch die gesetzlichen Krankenkassen, BKR 2006, 360 ff.; *K. von Sivers,* Zum Bankgeschäft mit gesetzlichen Krankenkassen, WM 2004, 1760 ff.; *dies.,* Anm. zu LG Düsseldorf, Urt. v. 2. 5. 2006 (9 O 618/04), BKR 2006, 493 ff.

Inhaltsübersicht

	Rn.
A. Überblick	1
B. Die Ausnahmen vom Kreditaufnahmeverbot im Einzelnen	2
I. Kreditaufnahme durch Krankenkassen in den sog. neuen Ländern und Berlin, Abs. 1–4	2
1. Befristete Kreditaufnahme-Ermächtigungen zur Vermeidung von Beitragserhöhungen, Abs. 1–3	2
2. Heilung ursprünglich illegaler Kreditaufnahmen, Abs. 4	7
II. Generelle Heilungsmöglichkeit bei illegaler Kreditaufnahme, Abs. 5	10
III. Kassenkredite	15
IV. Schuldenpolitische Transparenzfunktion der Satzung	17

A. Überblick

1 Die Vorschrift regelt Ausnahmen vom Grundsatz der Beitragsfinanzierung und damit vom System der beitragsbasierten Umlagefinanzierung der GKV (näher die Kommentierung zu § 220 Abs. 2). Die Vorschrift stellt einen **Ausschnitt aus dem Schuldenrecht öffentlicher Träger** dar (*Rixen,* Sozialrecht, 76 ff.), so dass ggf. auf die dort maßgeblichen Strukturen zurückgegriffen werden kann (näher passim *Höfling; Höfling/Rixen* BK-GG, Art. 115). § 222 befasst sich in erster Linie mit Problemen der **Schuldenniveaupolitik,** also der Darlehensaufnahme, nicht hingegen näher mit dem Problem der **Schuldenstrukturpolitik,** also dem Problem insb. des Zinsmanagements, was für die verschuldete öffentliche Hand, namentlich Parafisci wie die Krankenkassen, ein großes praktisches Problem ist.

B. Die Ausnahmen vom Kreditaufnahmeverbot im Einzelnen

I. Kreditaufnahme durch Krankenkassen in den sog. neuen Ländern und Berlin, Abs. 1–4

1. Befristete Kreditaufnahme-Ermächtigungen zur Vermeidung von Beitragserhöhungen, Abs. 1–3

Gemäß § 222 Abs. 1 durften Krankenkassen, deren Zuständigkeitsbereich in den sog. neuen Ländern oder Berlin liegt, abweichend von § 220 Abs. 2 in der Zeit vom 28. 3. 1998 bis zum 31. 12. 1998 Beitragserhöhungen dadurch vermeiden, dass sie zum Haushaltsausgleich Darlehen aufnahmen. Diese Möglichkeit hat der Gesetzgeber durch die am 28. März 1998 in Kraft getretenen § 222 Abs. 1 bis 3 i. d. F. des GKV-Finanzstärkungsgesetzes (GKFVG) v. 24. 3. 1998 (BGBl. I, 526) geschaffen. Die Kreditaufnahme-Ermächtigung des § 222 Abs. 1–3 besteht zwar qua Zeitablauf heute nicht mehr, die Regelungen sind jedoch weiterhin der **Rechtsgrund für die seinerzeit genehmigten Darlehen** und Grundlage für die speziellen Prüfungen durch die jeweils zuständige Aufsichtsbehörde. Im Übrigen ist die Regelung **regelungstechnisches Vorbild** für die übrigen Ausnahmen vom Kreditaufnahmeverbot (§ 222 Abs. 4, 5). 2

Die Darlehensaufnahme bedurfte der **Genehmigung** der zuständigen Aufsichtsbehörde (§ 222 Abs. 2 S. 1). Sie war nur zu erteilen, wenn die Krankenkasse zuvor nachwies, dass sie alle Wirtschaftlichkeitsreserven ausgeschöpft und nach Abstimmung mit ihrem Bundesverband nachprüfbar, also anhand detaillierten, aussagekräftigen Datenmaterials dargelegt hatte, wie die Gründe für die bisherige Verschuldung innerhalb von fünf Jahren beseitigt und die Darlehen innerhalb von längstens zehn Jahren zurückgezahlt werden sollten (§ 222 Abs. 2 S. 2). Wann die genannten Zeiträume beginnen sollten, lässt die Regelung im Unklaren. Da die Wirksamkeit der Darlehensaufnahme von der Genehmigung abhing, markiert richtigerweise der Tag der Genehmigung (Bekanntgabe des Genehmigungsbescheides) den Fristbeginn. 3

Die Kassen mussten ein **Sanierungs- und ein Entschuldungskonzept** vorlegen (dazu BT-Drs. 13/9377, 10 f.), im Rahmen des Entschuldungskonzepts nicht zuletzt das Zinsen-Management zu begutachten war. Die Zinsen spielen bekanntermaßen bei der Darlehensbegleichung eine große Rolle (vgl. zum Problem *Höfling/Rixen,* BK-GG, Art. 115 Rn. 374 ff.). 4

Die Aufsichtsbehörde hat die **Geschäfts- und Rechnungsführung der Krankenkasse,** der eine Darlehensaufnahme genehmigt wurde, gemäß § 222 Abs. 2 S. 3 mindestens in jährlichen Abständen zu prüfen (häufigere Prüfungen sind also nach pflichtgemäßem Ermessen der Aufsichtsbehörde zulässig). Die allgemeine Ermessensprüfung nach § 88 Abs. 1 SGB IV wird somit durch eine bereichsspezifische Aufsichtspflichtprüfung ergänzt (vgl. BT-Drs. 13/9377, 11). Sie erstreckt sich auf die Einhaltung des Sanierungs- und des Entschuldungskonzepts. Änderungen des einmal genehmigten Sanierungs- oder Entschuldungskonzepts sind nach erfolgter Genehmigung nicht mehr möglich, denn das Gesetz macht den Zeitpunkt der Genehmigung zum Bezugspunkt für die Prüfung der Tauglichkeit der Konzepte. Die spezielle Prüfpflicht bezieht sich mithin nur auf den korrekten Vollzug der Pläne. 5

Die Darlehen sollten, dh. mussten im Regelfall, **vorrangig bei Krankenkassen oder deren Verbänden** erfolgen (§ 222 Abs. 3 S. 1 Hs. 1). Darüber hinaus war 6 eine Kreditaufnahme auf dem freien Kapitalmarkt zulässig, sofern die Aufsichtsbehörde derartige Darlehen für tunlich hielt. § 222 Abs. 3 S. 1 Hs. 1 ist somit auch eine Befugnisnorm für die darlehensgebenden Krankenkassen(verbände), denn sie werden ermächtigt, Kredite zu gewähren (BT-Drs. 13/9377, 11). Die Darlehensgewährung durfte bei den kreditgewährenden Krankenkassen nicht zu einer Beitragssatzerhöhung führen (§ 222 Abs. 3 S. 2). Dies war von der zuständigen Aufsichtsbehörde vor Genehmigungserteilung mitzuprüfen. Außerdem mussten die darlehensgebenden Krankenkassen nicht die Regelung des § 220 Abs. 3 beachten (so § 222 Abs. 3 S. 1 Hs. 2). D. h.: Damit auch Einnahmen, die die Ausgaben überstiegen, zur Darlehensgewährung verwendet werden konnten, musste die **Anwendung des § 220 Abs. 3 für diesen Fall suspendiert** werden, denn er sieht für solche Fälle Beitragssenkungen vor (hierzu auch BT-Drs. 13/9377, 11).

2. Heilung ursprünglich illegaler Kreditaufnahmen, Abs. 4

7   § 222 Abs. 4 enthält eine **Spezialregelung,** die die Bestimmungen des § 222 Abs. 1–3 für eine besondere Konstellation ergänzt. Hatten Krankenkassen in den sog. neuen Ländern oder in Berlin vor dem 28. März 1998 (Inkrafttreten des GKVFG) Darlehen zum Haushaltsausgleich aufgenommen, mussten sie der zuständigen Aufsichtsbehörde unverzüglich, also ohne schuldhaftes Zögern (vgl. § 121 Abs. 1 S. 1 BGB), nachprüfbar und nach Rücksprache mit ihrem Bundesverband (§ 222 Abs. 4 S. 2) darlegen, wie die Gründe für die bisherige Verschuldung innerhalb von fünf Jahren beseitigt **(Sanierungskonzept)** und die Darlehen innerhalb von längstens zehn Jahren zurückgezahlt werden (§ 222 Abs. 4 S. 1) sollten **(Entschuldungskonzept).**

8   In den Anwendungsbereich der Regelung fielen auch hier nur Krankenkassen, für die ein Bundesverband besteht (vgl. § 212 Abs. 1, 2) und die sich „in" den genannten Ländern befinden, also ausschließlich dort ihren Zuständigkeitsbereich haben. Sanierungs- und Entschuldungskonzept bedurften der (nachträglichen) Genehmigung der zuständigen Aufsichtsbehörde (§ 222 Abs. 4 S. 3). Die zuständige Aufsichtsbehörde traf bzw. trifft auch hier eine spezielle Prüfpflicht (§ 222 Abs. 4 S. 5). Die **rückwirkende Heilung der ursprünglich rechtswidrigen Kreditaufnahme** führt dazu, dass das Verhalten der Organe der Krankenkasse in GKV-rechtlicher Hinsicht als rechtmäßig gilt (*Kruse/Zamponi*, NZS 2001, 184/186; zu strafrechtlichen Folgen einerseits *Hänlein*, H/K, § 222 Rn. 7; andererseits *Rixen*, VSSR 2004, 241/258 Fn. 92).

9   Wurde das Sanierungs- und Entschuldungskonzept **nicht genehmigt,** mussten die Darlehen unverzüglich (vgl. § 121 Abs. 1 S. 1 BGB) zurückgezahlt werden (§ 222 Abs. 4 S. 4 Hs. 1), d. h., mit der Rückzahlung war ohne schuldhaftes Zögern zu beginnen, war sie war bzw. ist so schnell wie möglich abzuschließen. Um die Rückzahlungsverpflichtung erfüllen zu können, durften bzw. dürfen die betroffenen Krankenkassen keine Kredite gemäß § 222 Abs. 1–3 aufnehmen, so § 222 Abs. 4 S. 4 Hs. 3 (BT-Drs. 13/9377, 11.). Der Hinweis auf § 220 Abs. 2 in § 222 Abs. 4 S. 4 Hs. 2 stellt klar, dass zur Finanzierung der Rückzahlungslast ggf. die Beiträge zu erhöhen sind (BT-Drs. 13/9377, 11). Die beitragszentrierte Ausgabendeckung als Finanzierungsprinzip der GKV kommt hier einmal mehr zur Geltung.

II. Generelle Heilungsmöglichkeit bei illegaler Kreditaufnahme, Abs. 5

Die zeitlich befristete Möglichkeit der Heilung ursprünglich illegal getätigter 10
Kreditaufnahmen hat § 222 Abs. 5 idF. des GKV-Modernisierungsgesetzes v.
14. 11. 2003 (BGBl. I, 2190) mit Wirkung ab 1. 1. 2004 erweitert. Danach gilt
§ 222 Abs. 4 für Krankenkassen, die bis zum 31. 12. 2003 abweichend von § 220
Darlehen zum Haushaltsausgleich aufgenommen haben, mit der Maßgabe, dass
die **Verschuldung** jeweils jährlich zu mindestens einem Viertel spätestens bis zum
31. 12. 2007 **abzubauen** ist (§ 222 Abs. 5 Hs. 1). Der Abbau in Jahresschritten soll
verhindern, dass Kassen aus Wettbewerbsgründen den Schuldenabbau bis zum
Ende der Frist, 31. 12. 2007, hinauszögern, um bis dahin günstigere Beitragssätze
anbieten zu können. Es „wird davon ausgegangen, dass spätestens von da an die
Rücklagen wieder aufgefüllt werden" (BT-Drs. 15/1525, 139). Dh.: Bis zum
31. 12. 2007 müssen die Schulden inkl. Zins restlos zurückbezahlt worden sein;
der Sanierungs- und Entschuldungsplan muss so abgefasst sein, dass dieses Ziel erreicht wird.

Während dieser Zeit ist die Krankenkasse zu keinem Moment von der **Pflicht** 11
dispensiert, eine **(Mindest-)Rücklage zu bilden** (§ 261 Abs. 2 S. 2). Die Gesetzesbegründung bringt vor diesem Hintergrund die Erwartung zum Ausdruck,
dass die Krankenkasse nach erfolgter Entschuldung wieder so viele Betriebsmittel
zur Verfügung stehen, dass sie die (Eigen-)Rücklage, die von der Gesamtrücklage
beim jeweils zuständigen Landesverband zu unterscheiden ist (§ 262), über die
Mindesthöhe hinaus auffüllen kann (vgl. § 260 Abs. 1 Nr. 2), wobei die Regeln
über die Anlegung von Rücklagen zu beachten sind (s. insb. §§ 83, 86 SGB IV).

Die Heilungsregelung betrifft nicht nur Krankenkassen in Ostdeutschland, 12
sondern alle Krankenkassen, die sog. **Ost- und West-Kassen** (diese Bezeichnung
in BT-Drs. 15/1525, 139.). Während für West-Kassen erstmals die Sanierung von
Kreditaufnahmen ermöglicht wird, wird die Sanierungsmöglichkeit für Ost-Kassen erweitert. Ost-Kassen, die bereits von der Heilungsmöglichkeit des § 222
Abs. 4 Gebrauch gemacht haben, können nun auch § 222 Abs. 5 aktivieren, sofern
die Aufsichtsbehörde die nachträgliche Genehmigung erteilt (§ 222 Abs. 5 i. V. m.
§ 222 Abs. 4 S. 3). Da § 222 Abs. 5 den Grund für die Kreditaufnahme nicht spezifiziert, ist es nicht per se ausgeschlossen, dass die neuerliche Kreditaufnahme durch
eine Ost-Kasse der Finanzierung von Altschulden aus früheren (evtl. nachträglich
geheilten) Kreditaufnahmen dient.

Der Normtext des § 222 Abs. 5 Hs. 2 stellt im Übrigen fest: „Darlehensaufnah- 13
men nach dem 31. Dezember 2003 sind nicht zulässig." Damit wird die in § 220
Abs. 1 und vor allem § 220 Abs. 2 zum Ausdruck gelangende **Finanzierungsgrundregel der GKV** unterstrichen: Kreditaufnahmen sind im System der GKV
grundsätzlich ein Fremdkörper, wenngleich die neuerliche Durchlöcherung des
Kreditaufnahmeverbots durch § 222 Abs. 5 ein Anzeichen dafür sein könnte, dass
der normative Untergrund, auf dem dieser Grundsatz ruht, zunehmend ins Rutschen gerät.

Unter Verstoß gegen § 220 erfolgte Kreditnahmen sind rechtswidrig und man- 14
gels insoweit bestehender **Rechtsfähigkeit der Krankenkasse,** jedenfalls wegen
§ 134 BGB, nichtig und rückabzuwickeln (*Schnapp/Rixen,* BKR 2006, 360 ff; **aA**
von Sivers, WM 2004, 1760 ff.; *dies.* , BKR 2006, 493 ff.; LG Düsseldorf, BKR 2006,
491; OLG Düsseldorf, Urt. v. 20. 9. 2007 – I-6 U 122/06 –, juris); zur Heilung in
GKV-rechtlicher Hinsicht Rn. 8.

III. Kassenkredite

15 Zur Finanzpraxis der Krankenkassen gehört die Aufnahme sog. Kassen(verstärkungs)kredite, die, ähnlich einem Dispositionskredit, **Liquiditätsschwankungen** bzw. zeitweilige Liquiditätsprobleme kompensieren sollen. Das ist angesichts des Charakters der GKV als Umlageverfahren sinnvoll, da eingehende Beitragssummen direkt zur Finanzierung anstehender Aufgaben eingesetzt werden und dadurch Finanzierungslücken entstehen können. Allerdings ist fraglich, ob sich die Praxis vieler Krankenkassen noch als bloße Aufnahme von Kassenkrediten qualifizieren lässt oder ob nicht vielmehr **verkappte Darlehensaufnahmen zum Haushaltsausgleich** erfolgen (näher *Rixen,* VSSR 2004, 241/259 ff.).

16 Soweit das allgemeine (Staats-)Haushaltsrecht Vorkehrungen vorsieht (vgl. § 18 Abs. 2 Nr. 2 BHO iVm. mit einem [idR. Haushalts]Gesetz, das zur Aufnahme von Kassenkrediten ermächtigt), lässt sich dies nicht auf (bundesunmittelbare) Träger der gesetzlichen Krankenversicherung sinngemäß übertragen, weil die BHO insoweit nicht anwendbar ist (vgl. § 112 Abs. 1 S. 1 BHO); Entsprechendes gilt für die landesunmittelbaren Krankenkassen (s. etwa § 112 Abs. 1 S. 1 LHO NRW). Auch andere Versuche, die Befugnis zur Aufnahme von Kassenkrediten herzuleiten (zB. ungeschriebene, gewohnheitsrechtliche Kompetenz), überzeugen nicht (*Rixen,* VSSR 2004, 241/260 ff., 267 ff). Die Aufnahme von Kassenkrediten ist vielmehr bislang **gesetzlich nicht geregelt,** so dass der Gesetzgeber – im Interesse einer transparenten und auf Nachhaltigkeit angelegten Finanzreform der GKV – aufgerufen bleibt, für Rechtsklarheit zu sorgen. Auch angesichts der darlehensrechtlichen Unklarheiten, die sich hieraus auch für die Kreditwirtschaft ergeben können (vgl. Rn. 14), ist eine **gesetzliche Regelung** dringend **angezeigt.**

IV. Schuldenpolitische Transparenzfunktion der Satzung

17 § 222 Abs. 6, der durch das Vertragsarztrechtsänderungsgesetz (VÄndG) v. 22. 12. 2006 (BGBl. I, 3439) in das SGB V eingefügt wurde, rückwirkend zum 27. 10. 2006 in Kraft getreten ist und am 31. 12. 2008 außer Kraft tritt (vgl. Art. 8 Abs. 3 VÄndG), erfüllt eine finanz-, insb. **schuldenpolitische Transparenzfunktion** (BT-Drs. 16/3157, 18). Er stellt sicher, dass die zur Schuldentilgung sowie für Finanzhilfen gem. § 265 a eingesetzten Anteile des Beitragssatzes kenntlich gemacht werden. „In der Satzung" meint jede wirksam erlassene satzungsrechtliche Norm, so dass jede (ggf. nur satzungsändernde) Satzungsvorschrift insb. über die Beitragssatzhöhe in Betracht kommt (vgl. § 194 Abs. 1 Nr. 4). § 222 Abs. 6 flankiert – als **prozedurale Ergänzungsbestimmung** – die finanzrechtliche Regelung des § 265 a idF. des VÄndG (vgl. BT-Drs. 16/3157, 18; näher die Kommentierung zu § 265 a). Die finanzrechtlichen Regelungen des VÄndG sind im Übrigen im Zusammenhang mit den finanzrechtlichen Änderungen des GKV-Wettbewerbsstärkungsgesetzes (GKV-WSG) v. 26. 3. 2007 (BGBl. I, 378) zu sehen, dem sie punktuell vorgeschaltet wurden (vgl. *Axer,* GesR 2007, 193/194).

§ 223 Beitragspflicht, beitragspflichtige Einnahmen, Beitragsbemessungsgrenze

(1) Die Beiträge sind für jeden Kalendertag der Mitgliedschaft zu zahlen, soweit dieses Buch nichts Abweichendes bestimmt.

(2) Die Beiträge werden nach den beitragspflichtigen Einnahmen der Mitglieder bemessen. Für die Berechnung ist die Woche zu sieben, der Monat zu dreißig und das Jahr zu dreihundertsechzig Tagen anzusetzen.

(3) ¹Beitragspflichtige Einnahmen sind bis zu einem Betrag von einem Dreihundertsechzigstel der Jahresarbeitsentgeltgrenze nach § 6 Abs. 7 für den Kalendertag zu berücksichtigen (Beitragsbemessungsgrenze). ²Einnahmen, die diesen Betrag übersteigen, bleiben außer Ansatz, soweit dieses Buch nichts Abweichendes bestimmt.

A. Überblick

Die Vorschrift benennt wesentliche Leitbegriffe des Beitragsrechts (s. auch § 220 Rn. 6ff.) und verleiht auf diese Weise insb. der Beitragspflicht Konturen (*Peters*, KK, § 223 Rn. 2: „Begründung und Begrenzung der Beitragspflicht"). 1

B. Leitbegriffe des Beitragsrechts

Abs. 1 konkretisiert die in der amtlichen Überschrift genannte Beitragspflicht, indem der sachliche Grund der Beitragspflicht, die Mitgliedschaft, benannt, und die Beitragspflicht zugleich an zeitliche Beitragsberechnungsgrößen (grundsätzlich: den Kalendertag) gebunden wird. Die Kongruenz von Mitgliedschaft und Beitragspflicht gilt nicht ausnahmslos, s. §§ 224, 225 sowie § 3 S. 3 zur Beitragsfreiheit der Familienversicherten gemäß § 10. 2

Abs. 2 benennt, wenn auch sehr unspezifisch, den Gegenstand der Beitragspflicht: die beitragspflichtigen Einnahmen (S. 1), womit im wahrsten Wortsinn definiert wird, weil andere wirtschaftliche Bezugspunkte als die beitragspflichtigen Einnahmen ausscheiden. Im Einzelnen werden die relevanten Einnahmen definiert in den §§ 226–240. S. 2 legt die grundlegenden zeitlichen Berechnungsparameter fest (Woche = sieben Tage, Monat = 30 Tage, Jahr = 360 Tage). 3

Abs. 3 begrenzt die beitragspflichtigen Einnahmen dadurch, dass eine Beitragsbemessungsgrenze markiert wird (S. 1), jenseits derer Einnahmen für die Beitragsberechnung grundsätzlich irrelevant sind (S. 2), es sei denn, spezialgesetzlich ist etwas anderes angeordnet (s. § 240 Abs. 3 und § 230 S. 2 iVm. § 231). 4

Die **JAE-Grenze** (zur jährlichen Anpassung § 6 Abs. 7 S. 2 iVm. Abs. 6 S. 2– 4), die mit der **BBG** übereinstimmt (*Peters*, KK, § 223 Rn. 5), beträgt für das Jahr 2008 **43.2000 Euro** (vgl. § 4 Abs. 2 Sozialversicherungs-Rechengrößenverordnung 2008 v. 5. 12. 2007, BGBl. I, 2797), also **monatlich 3.600 Euro.** 5

§ 224 Beitragsfreiheit bei Krankengeld, Mutterschaftsgeld oder Erziehungsgeld oder Elterngeld

(1) ¹Beitragsfrei ist ein Mitglied für die Dauer des Anspruchs auf Krankengeld oder Mutterschaftsgeld oder des Bezugs von Erziehungsgeld oder Elterngeld. ²Die Beitragsfreiheit erstreckt sich nur auf die in Satz 1 genannten Leistungen.

§ 224

(2) **Durch die Beitragsfreiheit wird ein Anspruch auf Schadensersatz nicht ausgeschlossen oder gemindert.**

A. Überblick

1 Die Vorschrift regelt (in Abs. 1) für bestimmte Fälle, in denen „Lohnersatzleistungen" (Begr. zum GRG, BT-Drs. 11/2237, 222 zu § 233 des Entwurfs) beansprucht werden, **Beitragsfreiheit** und bezieht sich insofern auf § 192 Abs. 1 Nr. 2 (Fortbestehen der Mitgliedschaft). Zum anderen normiert die Vorschrift (in Abs. 2) eine bestimmte Form des **Beitragsregresses.**

B. Fälle von Beitragsfreiheit im Einzelnen

2 Krankengeld (§§ 44 f.), Mutterschaftsgeld (§ 200 RVO), Erziehungs- oder Elterngeld – gleich, ob sie vom Bund (BErzGG) oder den Ländern gewährt werden (Ausschussbericht zum GRG, BT-Drs. 11/3480, 64) – führen, solange sie beansprucht werden, zur Beitragsfreiheit. Angesichts der sachlichen Nähe des § 224 zu § 192 Abs. 1 Nr. 2 reicht für Krg und Muterschaftsgeld auch der Bezug. Dass das Gesetz dies in § 224 nicht ausdrücklich hervorhebt, ist ersichtlich Folge eines redaktionellen Versehens, so dass § 224 insoweit im Wege der systematisch-teleologischen Auslegung auf den **Bezug der Leistungen** zu erstrecken ist (so im Ergebnis auch *Peters*, KK, § 224 Rn. 5aE.). Dahinter tritt der Umstand zurück, dass bereits die Vorgängernorm des § 383 RVO, an die § 224 anknüpft (Begr. zum GRG, BT-Drs. 11/2237, 222 zu § 233 des Entwurfs), nur vom Bezug des Erziehungsgeldes sprach. Auch das BSG hat bereits zu § 383 RVO entschieden, dass alle in Abs. 1 S. 1 genannten Varianten auch den „Bezug von Leistungen" meinen (vgl. BSG, SozR 3-2200 § 383 Nr. 1).

3 Die Beitragsfreiheit erfasst nur die in S. 1 genannten Sozialleistungen; im Übrigen gilt die Beitragsfreiheit nicht (vgl. BSG, SozR 3-2200 § 383 Nr. 1). Dh etwa, dass **Arbeitsentgelt**, soweit es gemäß § 49 das Krg zum Ruhen bringt oder neben dem Krg gezahlt wird, nicht beitragsfrei ist (*Peters*, KK, § 224 Rn. 9). Allerdings ist genau zu unterscheiden, was zu Arbeitsentgelt gehört (vgl. insb. § 1 SvEV). So ist etwa der tarifvertraglich vereinbarte **Zuschuss zum Krg** beitragsfrei (im Ergebnis so auch *Peters*, KK, § 224 Rn. 9), weil er akzessorisch zum beitragsfreien Krg ist. Beitragsfrei ist auch der Zuschuss zum Mutterschaftsgeld (§ 1 Abs. 1 Nr. 6 SvEV iVm. § 14 MuSchG). Nicht beitragsfrei sind zB. auch **Geldleistungen nach dem SGB II** (Alg II), soweit sie beitragspflichtig sind (vgl. § 232a; zur früheren Sozialhilfe vgl. BSG, SozR 3-2200 § 383 Nr. 1). „**Vermögenswirksame Leistungen** bleiben entsprechend der bisherigen Rechtsauffassung beitragsfrei" (Begr. zum GRG, BT-Drs. 11/2237, 222).

4 Die Bestimmung gilt für Versicherungspflichtige (vgl. Rn. 1), erfasst aber **auch freiwillige Mitglieder** (*Hänlein*, H/K, § 224 Rn. 2). Was beitragspflichtig ist, muss nach Maßgabe des § 240 geregelt sein (s. dazu die Kommentierung zu § 240). Unter dieser Voraussetzung ist ggf. vorhandenes **Ehegatten-Einkommen** nicht beitragfrei (vgl. BSGE 71, 244 = NZS 1993, 360; NZS 1998, 521; außerdem § 240 Rn. 5).

C. Beitragsregress

Abs. 2 bezieht sich auf das bürgerlich-rechtliche **Schadenersatzrecht** (*Hänlein*, H/K., § 224 Rn. 4). Im Gegensatz zum früheren Recht (vgl. BGH, NJW 1981, 1846; NJW 1991, 1412/1414) gehört seit 1.1.1992 (vgl. RRG 1992 v. 18.12.1989, BGBl. I, 2261) auch die Beitragsfreiheit als wertmäßige Position zum Schaden, der einem Versicherten infolge der Schädigung durch einen Dritten entsteht (Ausschussbericht zum RRG 1992, BT-Drs. 11/5530, 61 iVm. 43 f. [zu § 61 a des Entwurfs = § 62 SGB VI]). Als Teil des **Erwerbsschaden** (§ 842 BGB) ist sie demnach Teil des auf die KK übergehenden Ersatzanspruchs (§ 116 Abs. 1 S. 2 Nr. 2 SGB X).

§ 225 Beitragsfreiheit bestimmter Rentenantragsteller

¹Beitragsfrei ist ein Rentenantragsteller bis zum Beginn der Rente, wenn er
1. als hinterbliebener Ehegatte eines nach § 5 Abs. 1 Nr. 11 oder 12 versicherungspflichtigen Rentners, der bereits Rente bezogen hat, Hinterbliebenenrente beantragt,
2. als Waise eines nach § 5 Abs. 1 Nr. 11 oder 12 versicherungspflichtigen Rentners, der bereits Rente bezogen hat, vor Vollendung des achtzehnten Lebensjahres Waisenrente beantragt oder
3. ohne die Versicherungspflicht nach § 5 Abs. 1 Nr. 11 oder 12 nach § 10 dieses Buches oder nach § 7 des Zweiten Gesetzes über die Krankenversicherung der Landwirte versichert wäre.

²Satz 1 gilt nicht, wenn der Rentenantragsteller Arbeitseinkommen oder Versorgungsbezüge erhält. § 226 Abs. 2 gilt entsprechend.

Die Vorschrift erklärt bestimmte **Rentenantragsteller** bis zum Beginn der Rente für beitragsfrei, was allerdings nicht alle Einnahmen erfasst (vgl. S. 2).

Voraussetzung des S. 1 ist, dass der Rentenantragsteller **Mitglied** ist (§ 189). Die Beitragsfreiheit gilt für den Fall der Hinterbliebenen-Rente (§ 5 Abs. 1 Nr. 11, 12; dazu § 5 48), der Waisenrente (§ 5 Abs. 1 Nr. 11, 12; dazu § 5 48, 57) sowie im Fall der Nr. 3 dann, wenn ohne die Versicherung als Rentenantragsteller eine eigene Versicherung als Angehöriger in der GKV bestünde (*Peters*, KK, § 225 Rn. 4).

Bis zum **Beginn der Rente** (= bis zum Tag, ab dem Zahlungsansprüche bestehen; nicht: bis zum Tag der Rentenbewilligung) gilt Beitragsfreiheit, soweit sich nicht eine Beitragspflicht im Hinblick auf die in S. 2 genannten Einnahmen ergibt. Allerdings kann sich in diesem Fall gleichwohl Beitragsfreiheit ergeben, wenn in entsprechender Anwendung des § 226 Abs. 2 nur **geringfügiges Arbeitseinkommen** bzw. nur geringfügige Versorgungsbezüge gegeben sind. Sofern § 225 nicht anwendbar ist, gilt für die Beitragsbemessung § 239.

Zweiter Titel. Beitragspflichtige Einnahmen der Mitglieder

§ 226 Beitragspflichtige Einnahmen versicherungspflichtig Beschäftigter

(1) ¹Bei versicherungspflichtig Beschäftigten werden der Beitragsbemessung zugrunde gelegt
1. das Arbeitsentgelt aus einer versicherungspflichtigen Beschäftigung,
2. der Zahlbetrag der Rente der gesetzlichen Rentenversicherung,

§ 226

3. der Zahlbetrag der der Rente vergleichbaren Einnahmen (Versorgungsbezüge),
4. das Arbeitseinkommen, soweit es neben einer Rente der gesetzlichen Rentenversicherung oder Versorgungsbezügen erzielt wird.

²Dem Arbeitsentgelt steht das Vorruhestandsgeld gleich. ³Bei Auszubildenden, die in einer außerbetrieblichen Einrichtung im Rahmen eines Berufsausbildungsvertrages nach dem Berufsbildungsgesetz ausgebildet werden, steht die Ausbildungsvergütung dem Arbeitsentgelt gleich.

(2) Die nach Absatz 1 Satz 1 Nr. 3 und 4 zu bemessenden Beiträge sind nur zu entrichten, wenn die monatlichen beitragspflichtigen Einnahmen nach Absatz 1 Satz 1 Nr. 3 und 4 insgesamt ein Zwanzigstel der monatlichen Bezugsgröße nach § 18 des Vierten Buches übersteigen.

(3) Für Schwangere, deren Mitgliedschaft nach § 192 Abs. 2 erhalten bleibt, gelten die Bestimmungen der Satzung.

(4) ¹Abweichend von Absatz 1 Nr. 1 wird bei versicherungspflichtig Beschäftigten mit einem monatlichen Arbeitsentgelt (AE) innerhalb der Gleitzone nach § 20 Abs. 2 des Vierten Buches ein Betrag der Beitragsbemessung zugrunde gelegt, der sich nach folgender Formel ermittelt: F x 400 + (2 − F) x (AE − 400). ²F ist der Faktor, der sich ergibt, wenn der Wert 30 vom Hundert durch den durchschnittlichen Gesamtsozialversicherungsbeitragssatz des Kalenderjahres, in dem der Anspruch auf das Arbeitsentgelt entstanden ist, geteilt wird. ³Der Faktor ist auf vier Dezimalstellen zu runden. ⁴Der durchschnittliche Gesamtsozialversicherungsbeitragssatz eines Kalenderjahres ergibt sich aus der Summe der zum 1. Januar desselben Kalenderjahres geltenden Beitragssätze in der allgemeinen Rentenversicherung, in der gesetzlichen Pflegeversicherung sowie zur Arbeitsförderung und des durchschnittlichen allgemeinen Beitragssatzes der Krankenkassen vom 1. März des Vorjahres. ⁵Für die Zeit vom 1. Juli 2006 bis zum 31. Dezember 2006 beträgt der Faktor F 0,7160. Der durchschnittliche Gesamtsozialversicherungsbeitragssatz und der Faktor F sind vom Bundesministerium für Gesundheit bis zum 31. Dezember eines Jahres für das folgende Kalenderjahr im Bundesanzeiger bekannt zu geben. Satz 1 gilt nicht für Personen, die zu ihrer Berufsausbildung beschäftigt sind.

A. Überblick

1   Die Vorschrift regelt für versicherungspflichtig Beschäftigte den praktisch wichtigsten Fall der GKV, welche Vermögensgegenstände **Bezugspunkt der Beitragsberechnung** sind.

B. Modalitäten der Beitragsberechnung

2   Abs. 1 legt dies (in Nr. 1) insb. für das **Arbeitsentgelt** fest (§ 14 SGB IV iVm. SvEV), das bereits relevant ist, wenn es geschuldet wird, auch wenn es ggf. nicht ausgezahlt wird **(Entstehungsprinzip,** *Peters,* KK, § 226 Rn. 11). Dem Arbeitsentgelt gleichgestellt sind Vorruhestandsgeld (Abs. 1 S. 2) und die Ausbildungsvergütung (Abs. 1 S. 3). Zu einmalig gezahltem Arbeitsentgelt vgl. § 23a Abs. 1 SGB IV. Anders als beim Arbeitsentgelt gilt beim **Arbeitseinkommen** (Nr. 4 iVm. § 15 SGB IV) das Bruttoprinzip nicht (*Peters,* KK, § 226 Rn. 16). **„Bruttoprinzip"** bedeutet, dass die Beiträge nach den Einnahmen vor Abzug von Steuern und Arbeitnehmeranteilen der Sozialversicherung berechnet werden (*Hänlein,*

H/K, § 226 Rn. 3). In Nr. 2 und Nr. 3 werden die jeweiligen **Zahlbeträge** (= Bruttoprinzip) für eine Rente der GRV bzw. für rentengleiche Versorgungsbezüge (§ 229 Abs. 1) als Bemessungsgrundlage ausgewiesen.

Für **Schwangere** sind Satzungsregelungen zu treffen (vgl. Abs. 3), die eine „einkommensgerechte Einstufung (...) ermöglichen" müssen (Begr. zum GRG, BT-Drs. 11/2237, 223). Hierbei kann sich die KK an § 240 (beitragspflichtige Einnahmen freiwillig Versicherter) orientieren (*Peters,* KK, § 226 Rn. 20; zur Orientierungsfunktion des § 240 s. § 239 S. 3; zur Beitragstragung s. § 250 Abs. 2). Ob die Gesetzesbegr. einer Anknüpfung an das zuletzt erzielte Arbeitsentgelt entgegensteht (*Peters,* KK, § 226 Rn. 20), erscheint zweifelhaft (vgl. BT-Drs. 11/2237, 223). Richtig ist zwar, dass die entsprechende Bestimmung des § 381 Abs. 5 S. 1 RVO nicht in das SGB V übernommen wurde, allerdings heißt das nur, dass eine ausschließliche Anknüpfung an den „letzten Grundlohn" ausscheidet (§ 381 Abs. 5 S. 1 RVO). Eine derartige Anknüpfung erscheint nicht unvertretbar, muss allerdings, auch mit Blick auf mittelbare Ungleichbehandlungen, Art. 3 Abs. 2, Abs. 3 GG gerecht werden. Grundsätzlich unproblematisch erscheint es, wenn für Schwangere die ohnehin geltenden Beitragssätze für anwendbar erklärt werden (so etwa § 22 Abs. 2 der Satzung der Barmer Ersatzkasse, www.barmer.de).

3

Abs. 4, der ab 1. 1. 2009 normtextlich an die neue Finanzierungsstruktur der GKV (insb. einheitlicher allgemeiner Beitragssatz) angepasst wird, regelt die Beitragsbemessung innerhalb der **„Gleitzone"** (§ 20 Abs. 2 SGB IV). Zusammen mit § 249 Abs. 4 führt die Regelung dazu, dass für den Versicherten ein Beitragssprung von 0 % auf die Hälfte des Beitragssatzes (zzgl. 0,9 % Sonderbeitrag) vermieden wird, wenn sein Arbeitsentgelt die Geringfügigkeitsgrenze von 400 Euro zu übersteigen beginnt (*Hänlein,* H/K, § 226 Rn. 8 ff. mit Berechungsbeispielen).

4

§ 227 Beitragspflichtige Einnahmen versicherungspflichtiger Rückkehrer in die gesetzliche Krankenversicherung und bisher nicht Versicherter

Für die nach § 5 Abs. 1 Nr. 13 Versicherungspflichtigen gilt § 240 entsprechend.

Die Vorschrift regelt die beitragspflichtigen Einnahmen der seit dem 1. 4. 2007 nach § 5 Abs. 1 Nr. 13 (dazu § 5 59) Versicherungspflichtigen (sog. **Auffang-Versicherungspflicht**).

1

Die Beitragsbemessung ist, wie sich aus der Verweisung auf § 240 ergibt, durch Satzung der KK zu regeln. Auch soweit es um die Kriterien der Beitragsbemessung geht (§ 240 Abs. 1 S. 2) ist die Verweisung ernst zu nehmen. Die Verweisung auf § 240, der freiwillige Mitglieder betrifft, ist **problemangemessen,** wenn man bedenkt, dass § 5 Abs. 1 Nr. 13 insb. hauptberuflich selbständig Erwerbstätige erfasst (BT-Drs. 16/3100, 163), die, wenn sie ansonsten GKV-versichert wären, in der Regel freiwillige GKV-Mitglieder wären.

§ 228 Rente als beitragspflichtige Einnahmen

(1) **Als Rente der gesetzlichen Rentenversicherung gelten Renten der allgemeinen Rentenversicherung sowie Renten der knappschaftlichen Rentenversicherung einschließlich der Steigerungsbeträge aus Beiträgen der Höherversicherung.**

(2) ¹Bei der Beitragsbemessung sind auch Nachzahlungen einer Rente aus der gesetzlichen Rentenversicherung zu berücksichtigen, soweit sie auf einen Zeitraum entfallen, in dem der Rentner Anspruch auf Leistungen nach diesem Buch hatte. ²Die Beiträge aus der Nachzahlung gelten als Beiträge für die Monate, für die die Rente nachgezahlt wird.

1 Die Norm definiert die Renten, deren (Brutto-)Zahlbetrag (§ 226 Rn. 2) zu den beitragspflichtigen Einnahmen gehören. Zudem wird bestimmt, inwieweit Rentennachzahlungen bei der Beitragsbemessung relevant sind.

2 Für die Beitragsbemessung relevant sind laufende **Renten** der GRV, nicht nur Altersrenten (zu den Rentenarten s. § 33 SGB VI). Ebenso relevant sind die **Steigerungsbeträge** (§ 269 SGB VI) aus Beiträgen der Höherversicherung (hierzu s. etwa BSG, SozR 4–2600 § 269 Nr. 1), bis auf solche, die seit dem 1. 1. 1998 nicht mehr möglich sind (vgl. insb. § 234 SGB VI aF., gestrichen durch Art. 1 Nr. 72 RRG 1999 v. 16. 12. 1997, BGBl. I, 2998).

3 **Nachzahlungen** (zur monatsweisen Berücksichtigung Abs. 2 S. 2) sind für die Beitragsbemessung relevant, wenn Mitgliedschaft (Rechtsgedanke des § 223 Abs. 1) und damit Leistungsberechtigung besteht, wobei freiwillige oder versicherungspflichtige Mitgliedschaft gleichermaßen in Betracht kommen (*Peters*, KK, § 228 Rn. 7). Nach dem Wortlaut von Abs. 2 S. 1 müsste die Regelung auch für beitragsfreie Zeiten gelten. Allerdings sind spezialgesetzliche Regelungen zu berücksichtigen, aus denen ggf. folgt, dass die Nachzahlung nicht beitragsfrei ist (§ 224 Abs. 1 S. 2; s. auch § 225 S. 2, der sich allerdings auf „Versorgungsbezüge" iSd. § 229 Abs. 1 S. 1 bezieht, der aber Renten gerade nicht umfasst, aA. offenbar *Peters*, KK, § 228 Rn. 7).

§ 229 Versorgungsbezüge als beitragspflichtige Einnahmen

(1) ¹Als der Rente vergleichbare Einnahmen (Versorgungsbezüge) gelten, soweit sie wegen einer Einschränkung der Erwerbsfähigkeit oder zur Alters- oder Hinterbliebenenversorgung erzielt werden,
1. Versorgungsbezüge aus einem öffentlich-rechtlichen Dienstverhältnis oder aus einem Arbeitsverhältnis mit Anspruch auf Versorgung nach beamtenrechtlichen Vorschriften oder Grundsätzen; außer Betracht bleiben
   a) lediglich übergangsweise gewährte Bezüge,
   b) unfallbedingte Leistungen und Leistungen der Beschädigtenversorgung,
   c) bei einer Unfallversorgung ein Betrag von 20 vom Hundert des Zahlbetrags und
   d) bei einer erhöhten Unfallversorgung der Unterschiedsbetrag zum Zahlbetrag der Normalversorgung, mindestens 20 vom Hundert des Zahlbetrags der erhöhten Unfallversorgung,
2. Bezüge aus der Versorgung der Abgeordneten, Parlamentarischen Staatssekretäre und Minister,
3. Renten der Versicherungs- und Versorgungseinrichtungen, die für Angehörige bestimmter Berufe errichtet sind,
4. Renten und Landabgaberenten nach dem Gesetz über die Alterssicherung der Landwirte mit Ausnahme einer Übergangshilfe,
5. Renten der betrieblichen Altersversorgung einschließlich der Zusatzversorgung im öffentlichen Dienst und der hüttenknappschaftlichen Zusatzversorgung.

[2]Satz 1 gilt auch, wenn Leistungen dieser Art aus dem Ausland oder von einer zwischenstaatlichen oder überstaatlichen Einrichtung bezogen werden. [3]Tritt an die Stelle der Versorgungsbezüge eine nicht regelmäßig wiederkehrende Leistung oder ist eine solche Leistung vor Eintritt des Versicherungsfalls vereinbart oder zugesagt worden, gilt ein Einhundertzwanzigstel der Leistung als monatlicher Zahlbetrag der Versorgungsbezüge, längstens jedoch für einhundertzwanzig Monate.

(2) Für Nachzahlungen von Versorgungsbezügen gilt § 228 Abs. 2 entsprechend.

A. Überblick

Die Vorschrift regelt, welche Einkommensarten als (den Renten funktional vergleichbare) Versorgungsbezüge gelten. 1

B. Arten von Versorgungsbezügen

Entscheidend ist, ob die Einnahmen wegen einer Einschränkung der Erwerbsfähigkeit oder zur Alters- oder Hinterbliebenenversorgung erzielt wurden, womit das SGB V an dieser Stelle auf die entsprechenden Unterscheidungen des SGB VI Bezug nimmt (*Peters,* KK, § 229 Rn. 5; s. insb. § 43 SGB VI). Die Regelung ist **abschließend,** so dass andere als die in Abs. 2 aufgeführten Einkunftsarten (bei Versicherungspflicht) nicht beitragspflichtig sind, zB. Einnahmen aus privater Eigenvorsorge, aus Vermietung, Verpachtung, Kapitalvermögen oder ererbtem Vermögen (vgl. BSGE 58, 10/12 = SGb 1986, 23; BSG, SozR 3–2500 § 229 Nr. 13 = NZA 1997, 119). 2

Die Einkünfte, die nicht zwingend von einer inländischen Stelle gezahlt werden müssen (Abs. 1 S. 2), umfassen **Versorgungsbezüge** ieS. des Beamtenrechts (Abs. 1 S. 1 Nr. 1), wobei bloß punktuelle bzw. anlassbedingt einmalige Zahlungen außer Betracht bleiben (Nr. 1 lit. a–d). Relevant sind weiter beamtenähnliche Versorgungsbezüge insb. der Abgeordneten (Nr. 2), Versorgungsbezüge aus berufsständischen Einrichtungen, etwa Versorgungswerken der Rechtsanwälte oder Ärzte (Nr. 3), Bezüge aus der Alterssicherung der Landwirte gemäß ALG (ohne eine Übergangshilfe, vgl. § 106 Abs. 6 ALG, wozu auch das Überbrückungsgeld, § 38 ALG, zu rechnen ist, *AOK-Bundesverband u. a.,* Rundschreiben „Krankenversicherung und Pflegeversicherung der Rentner", Stand: 17. 3. 2004, 99 f., www.arbeitnehmerkammer.de). Weiter relevant sind Betriebsrenten und Einkünfte aus Zusatzversorgungssystemen (Nr. 5). 3

Beitragspflichtig sind gemäß der Vorschrift des Abs. 1 S. 3, die verfassungsgemäß ist (BSG, SozR 4–2500 § 229 Nr. 4; BSG, Urt. v. 25. 4. 2007, B 12 KR 25/05 R; BSG, Urt. v. 25. 4. 2007, B 12 KR 26/05 R), auch **Kapitalleistungen,** wenn sie an die Stelle von Versorgungsbezügen iSd. des S. 1 treten (Var. 1) oder wenn sie vor Eintritt des Versicherungsfalls vereinbart bzw. zugesagt worden sind (Var. 2). Var. 2 soll Umgehungsmöglichkeiten ausschließen (Begr. zum GMG, BT-Drs. 15/1525, 139), die nach altem Recht daraus resultierten, dass vor Eintritt des Versicherungsfalls vereinbarte Kapitalleistungen irrelevant sein sollten. Dieses Ziel lässt sich allerdings nur erreichen, wenn die KK auch insoweit ihrer Amtsermittlungspflicht gemäß § 20 Abs. 1, 2 SGB X genügt. Die Mitwirkungspflicht des § 60 SGB I gilt nicht, weil die Beitragspflicht keine „Sozialleistung" iSd. des § 11 S. 1 SGB I ist. 4

5   Für **Nachzahlungen** gelten die Bestimmungen über Nachzahlungen bei Renten (§ 229 Abs. 2 iVm. § 228; hierzu § 228 Rn. 3). Das ist angesichts der Funktionsähnlichkeit von Renten und Versorgungsbezügen problemadäquat.

§ 230 Rangfolge der Einnahmearten versicherungspflichtig Beschäftigter

¹Erreicht das Arbeitsentgelt nicht die Beitragsbemessungsgrenze, werden nacheinander der Zahlbetrag der Versorgungsbezüge und das Arbeitseinkommen des Mitglieds bis zur Beitragsbemessungsgrenze berücksichtigt. ²Der Zahlbetrag der Rente der gesetzlichen Rentenversicherung wird getrennt von den übrigen Einnahmearten bis zur Beitragsbemessungsgrenze berücksichtigt.

1   Die Vorschrift sieht eine **Hierarchie (Rang- und Reihenfolge) der Einnahmearten** für den Fall vor, dass das Arbeitsentgelt des versicherungspflichtig Beschäftigten die BBG (§ 223 Abs. 3) nicht erreicht und andere Einnahmearten inmitten sind.

2   Durch die Regelung werden die Einnahmearten wie folgt aufgeteilt: S. 1 bezieht sich auf Arbeitsentgelt, Versorgungsbezüge und Arbeitseinkommen, S. 2 bezieht sich allein auf die Rente aus der GRV. In jeder Gruppe sind von den durch sie erfassten beitragspflichtigen Einnahmen Beiträge jeweils bis zur BBG zu zahlen (sog. **doppelte BBG**, dazu die Begr. zum GRG, BT-Drs. 11/2237, 223). Für die getrennte Berechnung sprechen Gründe der Verwaltungsvereinfachung, weil die RV-Träger nur mit unverhältnismäßigem Aufwand vor ggf. vorhandenem Arbeitsentgelt, etwaigen Versorgungsbezügen oder Arbeitseinkommen verfahren kann (*Peters,* KK, § 230 Rn. 3 aE.).

3   Unter der Voraussetzung des Nichterreichens der BBG (vgl. § 223 Abs. 3 S. 1) durch das Arbeitsentgelt wird (in **S. 1)** für andere Einnahmearten, nämlich den (Brutto-)Zahlbetrag der Versorgungsbezüge (vgl. § 229 Abs. 1) sowie das (Netto-) Arbeitseinkommen (§ 15 SGB IV) angeordnet, dass sie **nacheinander,** dh. zunächst der Versorgungsbezüge-Zahlbetrag, sodann das Arbeitseinkommen zu berücksichtigen sind. Die Regelung bestimmt nicht nur unterschiedliche vermögensmäßige Bezugsgrößen der Beitragsbemessung, sondern hat auch Folgen für die Beitragshöhe, wenn und soweit für einzelne Einnahmearten andere Beitragssätze gelten (*Peters,* KK, § 230 Rn. 2).

S. 2 legt fest, dass der (Brutto-)Zahlbetrag der Rente aus der GRV zunächst aus der Berechnung ausgeklammert wird, was bedeutet, dass der RV-Träger (vgl. § 255) die anderen Einnahmearten nicht berücksichtigen muss.

§ 231 Erstattung von Beiträgen

(1) **Beiträge aus Versorgungsbezügen oder Arbeitseinkommen werden dem Mitglied durch die Krankenkasse auf Antrag erstattet, soweit sie auf Beträge entfallen, um die die Versorgungsbezüge und das Arbeitseinkommen zusammen mit dem Arbeitsentgelt einschließlich des einmalig gezahlten Arbeitsentgelts die anteilige Jahresarbeitsentgeltgrenze nach § 6 Abs. 7 überschritten haben.**

(2) **¹Die zuständige Krankenkasse erstattet dem Mitglied auf Antrag die von ihm selbst getragenen Anteile an den Beiträgen aus der Rente der gesetzlichen Rentenversicherung, soweit sie auf Beträge entfallen, um die die Rente zusam-**

men mit den übrigen der Beitragsbemessung zugrunde gelegten Einnahmen des Mitglieds die Beitragsbemessungsgrenze überschritten hat. ²Die Satzung der Krankenkasse kann Näheres über die Durchführung der Erstattung bestimmen. ³Wenn dem Mitglied auf Antrag von ihm getragene Beitragsanteile nach Satz 1 erstattet werden, werden dem Träger der gesetzlichen Rentenversicherung die von diesem insoweit getragenen Beitragsanteile erstattet.

A. Überblick

§ 231 bezieht sich auf § 230 und regelt für den Fall, dass rückblickend zu hohe 1 Beiträge gezahlt wurden, Erstattungsansprüche (**Erstattung bei Überzahlung**).

B. Modalitäten der Beitragserstattung

Für den Fall, dass aus Versorgungsbezügen bzw. Arbeitseinkommen, gemessen 2 an der BBG, zu hohe Beiträge gezahlt wurden, spezifiziert Abs. 1 den allgemeinen Erstattungsanspruch des KK-Mitglieds aus §§ 26 Abs. 2, Abs. 3 und § 27 SGB IV in der Weise, dass ein **Antrag** gestellt werden muss (*Hänlein,* H/K, § 231 Rn. 1). Ob die Erstattung vom Beiträgen auf Arbeitseinkommen oder Versorgungsbezüge erfolgt, ist im Ergebnis ohne Bedeutung, denn für beide Einnahmearten gilt (vgl. § 248) derselbe Beitragssatz (*Peters,* KK, § 231 Rn. 3).

Auch im Hinblick auf die Überzahlung bzgl. Rente legt Abs. 2 ein **Antragser-** 3 **fordernis** fest (vgl. Rn. 1). Der **Erstattungsanspruch** gilt für den Eigenanteil des Rentners (vgl. S. 1); Näheres kann in der Satzung der KK geregelt werden (S. 2). Hinsichtlich der übrigen Überzahlung hat der **RV-Träger** seit 30. 3. 2005 (Inkrafttreten von § 231 Abs. 2 S. 3 idF. von Art. 4 Nr. 11 Verwaltungsvereinfachungsgesetz v. 21. 3. 2005, BGBl. I, 818) einen Erstattungsanspruch (S. 3; s. dazu Begr. auch die amtl. Begr., BT-Drs. 15/4228, 26 f.).

Das BSG hat Abs. 2 S. 2 **analog** angewandt auf die Erstattung des Eigenanteils 4 am Beitrag aus der Rente, der von einem versicherungspflichtigen Studierenden deswegen nicht getragen werden muss, weil er den Studentenbeitrag (§ 236) unterschreitet (BSG, SozR 3–2500 § 236 Nr. 2; zustimmend: *Hänlein,* H/K, § 236 Rn. 2 aE.). Ob hier tatsächlich ein redaktionelles Versehen bzw. eine planwidrige Lücke vorliegt, erscheint zweifelhaft (auch das BSG meint eher vorsichtig, der Gesetzgeber habe eine „systemwidrig hohe Belastung" von Studierenden „anscheinend nicht bedacht"). Geprüft werden sollte stattdessen der Weg über die allgemeinen Erstattungsregeln (§ 26 Abs. 2 Hs. 1 SGB IV: „zu Unrecht entrichtete Beiträge").

§ 232 Beitragspflichtige Einnahmen unständig Beschäftigter

(1) ¹Für unständig Beschäftigte ist als beitragspflichtige Einnahmen ohne Rücksicht auf die Beschäftigungsdauer das innerhalb eines Kalendermonats erzielte Arbeitsentgelt bis zur Höhe von einem Zwölftel der Jahresarbeitsentgeltgrenze nach § 6 Abs. 7 zugrunde zu legen. ²Die §§ 226 und 228 bis 231 dieses Buches sowie § 23 a des Vierten Buches gelten.

(2) ¹Bestanden innerhalb eines Kalendermonats mehrere unständige Beschäftigungen und übersteigt das Arbeitsentgelt insgesamt die genannte monatliche

§ 232 a Beitragspflichtige Einnahmen

Bemessungsgrenze nach Absatz 1, sind bei der Berechnung der Beiträge die einzelnen Arbeitsentgelte anteilmäßig nur zu berücksichtigen, soweit der Gesamtbetrag die monatliche Bemessungsgrenze nicht übersteigt. ²Auf Antrag des Mitglieds oder eines Arbeitgebers verteilt die Krankenkasse die Beiträge nach den anrechenbaren Arbeitsentgelten.

(3) Unständig ist die Beschäftigung, die auf weniger als eine Woche entweder nach der Natur der Sache befristet zu sein pflegt oder im Voraus durch den Arbeitsvertrag befristet ist.

1   Die Vorschrift regelt die Beitragsbemessung bei sog. **unständig Beschäftigten,** also Arbeitnehmern, die in sehr kurzfristigen Arbeitsverhältnissen − und zwar nicht nur „geringfügig" (s. insb. § 8 Abs. 1 Nr. 2 SGB IV) − beschäftigt sind.

2   Für unständig Beschäftigte (vgl. die Legaldefinition in Abs. 3; s. auch § 27 Abs. 3 Nr. 1 SGB III, § 163 Abs. 1 S. 2 SGB VI) modifiziert Abs. 1 S. 1 den Grundsatz der kalendertäglichen BBG (§ 223 Abs. S. 1). Zugrunde zu legen ist vielmehr die **monatliche BBG.** Damit soll im Ergebnis sichergestellt werden, dass trotz gelegentlich, bloß „vorübergehend" (vgl. § 190 Abs. 4) beschäftigungsloser Tage ein durchgängiger vermögensmäßiger Bezugspunkt für die Beitragsberechnung vorhanden ist.

3   Wird die monatliche BBG durch Arbeitsentgelt aus **mehreren unständigen Beschäftigungen** überschritten, werden die jeweiligen Entgelte anteilig gekürzt (Abs. 2 S. 2). Auf Antrag kann die Verteilung auf die KK abgegeben werden (Abs. 2 S. 3). Die in Abs. 1 S. 2 in Bezug genommenen Vorschriften stellen deklaratorisch klar, dass diese ohnehin für versicherungspflichtig Beschäftigte anwendbaren Bestimmungen, insb. § 226, auch für die besondere Beschäftigungsart der unständigen Beschäftigung gelten (*Hänlein*, H/K, § 232 Rn. 2). Das gilt insb. im Hinblick auf andere, neben dem Arbeitsentgelt erfolgende beitragspflichtige Einnahmen (s. §§ 228–231).

§ 232 a Beitragspflichtige Einnahmen der Bezieher von Arbeitslosengeld, Unterhaltsgeld oder Kurzarbeitergeld

(1) ¹Als beitragspflichtige Einnahmen gelten
1. bei Personen, die Arbeitslosengeld oder Unterhaltsgeld nach dem Dritten Buch beziehen, 80 vom Hundert des der Leistung zugrunde liegenden, durch sieben geteilten wöchentlichen Arbeitsentgelts nach § 226 Abs. 1 Satz 1 Nr. 1, soweit es ein Dreihundertsechzigstel der Jahresarbeitsentgeltgrenze nach § 6 Abs. 7 nicht übersteigt; 80 vom Hundert des beitragspflichtigen Arbeitsentgelts aus einem nicht geringfügigen Beschäftigungsverhältnis sind abzuziehen,
2. bei Personen, die Arbeitslosengeld II beziehen, der dreißigste Teil des 0,3450fachen der monatlichen Bezugsgröße; in Fällen, in denen diese Personen weitere beitragspflichtige Einnahmen haben, wird der Zahlbetrag des Arbeitslosengeldes II für die Beitragsbemessung diesen beitragspflichtigen Einnahmen mit der Maßgabe hinzugerechnet, dass als beitragspflichtige Einnahmen insgesamt der in diesem Satz genannte Teil der Bezugsgröße gilt. ²Die Festlegung der beitragspflichtigen Einnahmen von Personen, die Arbeitslosengeld II beziehen, wird jeweils bis zum 30. September, erstmals bis zum 30. September 2007, für den gesamten Zeitraum der zweiten Hälfte des Vorjahres und der ersten Hälfte des laufenden Jahres im Vergleich zum Zeitraum vom 1. Juli 2005 bis zum 30. Juni 2006 überprüft.

8. Kapitel. 1. Abschnitt. 2. Titel § 232a

[Nr. 2 Satz 3 und 4 in der bis 31. 12. 2008 geltenden Fassung:]
³Unterschreiten die Beitragsmehreinnahmen der Krankenkassen aus der Erhöhung des pauschalen Krankenversicherungsbeitrags für geringfügig Beschäftigte im gewerblichen Bereich (§ 249b) in dem in Satz 1 genannten Zeitraum den Betrag von 170 Millionen Euro im Vergleich zum Zeitraum 1. Juli 2005 bis 30. Juni 2006, haben die Krankenkassen gegen den Bund einen entsprechenden Ausgleichsanspruch, der jeweils bis zum Ende des Jahres, in dem die Festlegung durchgeführt wird, abzuwickeln ist. ⁴Der Spitzenverband Bund der Krankenkassen und das Bundesversicherungsamt regeln im Einvernehmen mit dem Bundesministerium für Arbeit und Soziales, dem Bundesministerium für Gesundheit sowie dem Bundesministerium der Finanzen das Nähere über die Höhe des Ausgleichsanspruchs und dessen Verteilung an die Krankenkassen.

[Nr. 2 Satz 3 und 4 in der ab 1. 1. 2009 geltenden Fassung:]
³Unterschreiten die Beitragsmehreinnahmen des Gesundheitsfonds aus der Erhöhung des pauschalen Krankenversicherungsbeitrags für geringfügig Beschäftigte im gewerblichen Bereich (§ 249b) in dem in Satz 1 genannten Zeitraum den Betrag von 170 Millionen Euro im Vergleich zum Zeitraum 1. Juli 2005 bis 30. Juni 2006, hat der Gesundheitsfonds gegen den Bund einen entsprechenden Ausgleichsanspruch, der jeweils bis zum Ende des Jahres, in dem die Festlegung durchgeführt wird, abzuwickeln ist. ⁴Das Bundesversicherungsamt regelt im Einvernehmen mit dem Bundesministerium für Arbeit und Soziales, dem Bundesministerium für Gesundheit sowie dem Bundesministerium der Finanzen das Nähere über die Höhe des Ausgleichsanspruchs. ⁵Dabei ist die Veränderung der Anzahl der geringfügig Beschäftigten zu berücksichtigen.
⁶Bei Personen, die Teilarbeitslosengeld oder Teilunterhaltsgeld nach dem Dritten Buch beziehen, ist Satz 1 Nr. 1 zweiter Teilsatz nicht anzuwenden. ⁷Ab Beginn des zweiten Monats bis zur zwölften Woche einer Sperrzeit oder ab Beginn des zweiten Monats eines Ruhenszeitraumes wegen einer Urlaubsabgeltung gelten die Leistungen als bezogen.

(2) Soweit Kurzarbeitergeld nach dem Dritten Buch gewährt wird, gelten als beitragspflichtige Einnahmen nach § 226 Abs. 1 Satz 1 Nr. 1 80 vom Hundert des Unterschiedsbetrages zwischen dem Sollentgelt und dem Istentgelt nach § 179 des Dritten Buches.

(3) § 226 gilt entsprechend.

A. Überblick

Die Vorschrift regelt die beitragspflichtigen Einnahmen in der Krankenversicherung der **Arbeitslosen bzw. -suchenden** gemäß SGB II bzw. SGB III. 1

B. Beitragspflichtige Einnahmen

Abs. 1 und Abs. 2 legen für unterschiedliche Entgeltersatzleistungen fest, inwieweit sie als vermögensmäßiger Bezugspunkt der Beitragsberechnung in Betracht kommen. Das Gesetz legt insoweit sog. **fiktive Einnahmen** fest, fiktiv deshalb, weil die maßgebliche vermögensmäßige Referenzgröße durch gleichsam fingierte (eher: bewusst konstruierte) Inbezugnahmen insb. auf ein durch die BBG spezifisch gedeckeltes Arbeitsentgelt bestimmt wird (vgl. insb. Abs. 1 Nr. 1 und Nr. 2). 2

§ 233 Beitragspflichtige Einnahmen

Hinzu kommt, dass die Beiträge von der BA (beim Alg, vgl § 251 Abs. 4) bzw. vom Bund (beim Alg II, vgl. § 251 Abs. 4 a) zu tragen sind, so dass es genaugenommen nur um **im Binnenbereich der Verwaltung verbleibende Verrechnungsgrößen geht** (besonders deutlich Abs. 1 Nr. 2 S. 3 zum „Ausgleichsanspruch"), also idS. um fingierte Einnahmen (im Einzelnen zur Berechnung des jeweiligen sog. **Bemessungsentgelts** s. den Gesetzestext).

3   Betroffen sind Bezieher von **Alg** nach §§ 117 ff. SGB III (Abs. 1 Nr. 1), Bezieher von **Alg II** (Abs. 1 Nr. 2) sowie Bezieher von **Kurzarbeitergeld** nach §§ 169 ff. SGB III. Das Unterhaltsgeld (vgl. Abs. 1 Nr. 1) ist grundsätzlich ab 1. 1. 2005 abgeschafft worden und nur noch für eine Übergangszeit relevant (vgl. § 434 j Abs. 8 und Abs. 10 SGB III). Das Winterausfallgeld (vgl. Abs. 2 und 3) ist grundsätzlich (Übergangsvorschriften in § 434 n SGB III) seit 1. 1. 2006 abgeschafft (Art. 24 Abs. 1 Gesetz zur Förderung ganzjähriger Beschäftigung v. 24. 4. 2006, BGBl. I, 926); an seine Stelle ist das Saison-Kurzarbeitergeld als Form des Kurzarbeitergeldes getreten (vgl. BT-Drs. 16/429, 14 zu § 175 SGB III).

4   **Abs. 3** (entsprechende Anwendung von § 226) schreibt vor, dass bei versicherten Beziehern von Alg, Alg II etc., auch Renten, Versorgungsbezüge und Arbeitseinkommen aus selbständiger Erwerbstätigkeit zu den beitragspflichtigen Einnahmen gehören (*Peters,* KK, § 232 a Rn. 16).

§ 233 Beitragspflichtige Einnahmen der Seeleute

(1) ¹**Für Seeleute gilt als beitragspflichtige Einnahmen der dreißigste Teil des nach § 842 der Reichsversicherungsordnung festgesetzten monatlichen Durchschnittsentgelts der einzelnen Klassen der Schiffsbesatzung und Schiffsgattungen sowie der auf den Kalendertag entfallende Teil des Vorruhestandsgeldes.** ²**Die beitragspflichtigen Einnahmen erhöhen sich für Seeleute, die auf den Seeschiffen beköstigt werden, um ein Dreißigstel des nach § 842 der Reichsversicherungsordnung festgesetzten Durchschnittssatzes für Beköstigung.**

(2) **Ist für Seeleute ein monatlicher Durchschnittsverdienst nach § 842 der Reichsversicherungsordnung nicht festgesetzt, bestimmt die Satzung der See-Krankenkasse die beitragspflichtigen Einnahmen.**

(3) **§ 226 Abs. 1 Satz 1 Nr. 2 bis 4 und Abs. 2 sowie die §§ 228 bis 231 gelten entsprechend.**

1   Die Norm bestimmt die beitragspflichtigen Einnahmen von **Seeleuten** (zum Begriff der Seeleute s. § 13 Abs. 1 S. 2 SGB IV).

2   Das beitragspflichtige Arbeitsentgelt der Seeleute bemißt sich nach einem auf Kalendertage umgerechneten monatlichen Durchschnittseinkommen (Abs. 1), ersatzweise nach einem durch Satzung der See-KK festgelegten Betrag (Abs. 1). Aufgrund einer Vereinbarung (abrufbar unter www.kbs.de) gem. § 165 Abs. 4 SGB V idF. des G v. 19. 12. 2007 (BGBl. I, 3024) ist die See-KK seit 1. 1. 2008 in der **Deutschen Rentenversicherung Knappschaft-Bahn-See** als Träger der Krankenversicherung aufgegangen; sie ist nunmehr Inhaber der Satzungsgewalt.

3   Art. 35 Unfallversicherungs-Einordnungsgesetz (UVEG) v. 7. 8. 1996 (BGBl. I, 1254, 1317) hat § 842 RVO abgeschafft. Die eigentlich angezeigte Inbezugnahme des **§ 92 SGB VII,** der sachlich § 842 RVO entspricht, wurde vom Gesetzgeber des SGB V bislang merkwürdigerweise übersehen (*Hänlein,* H/K, § 233 Rn. 1: „vergessen"). Die Praxis hat die Norm im Wege **korrigierender Auslegung** angepasst.

Abs. 3 stellt klar, dass hinsichtlich anderer Einkunftsarten die genannten Bestimmungen auf Seeleute Anwendung finden (s. die Kommentierungen zu den aufgeführten Vorschriften).

§ 234 Beitragspflichtige Einnahmen der Künstler und Publizisten

(1) ¹Für die nach dem Künstlersozialversicherungsgesetz versicherungspflichtigen Mitglieder wird der Beitragsbemessung der dreihundertsechzigste Teil des voraussichtlichen Jahresarbeitseinkommens (§ 12 des Künstlersozialversicherungsgesetzes), mindestens jedoch der einhundertachtzigste Teil der monatlichen Bezugsgröße nach § 18 des Vierten Buches Sozialgesetzbuch zugrunde gelegt. ²Für die Dauer des Bezugs von Elterngeld oder Erziehungsgeld oder für die Zeit, in der Erziehungsgeld nur wegen des zu berücksichtigenden Einkommens nicht bezogen wird, wird auf Antrag des Mitglieds das in dieser Zeit voraussichtlich erzielte Arbeitseinkommen nach Satz 1 mit dem auf den Kalendertag entfallenden Teil zugrunde gelegt, wenn es im Durchschnitt monatlich 325 Euro übersteigt. ³Für Kalendertage, für die Anspruch auf Krankengeld oder Mutterschaftsgeld besteht oder für die Beiträge nach § 251 Abs. 1 zu zahlen sind, wird Arbeitseinkommen nicht zugrunde gelegt. ⁴Arbeitseinkommen sind auch die Vergütungen für die Verwertung und Nutzung urheberrechtlich geschützter Werke oder Leistungen.

(2) § 226 Abs. 1 Satz 1 Nr. 2 bis 4 und Abs. 2 sowie die §§ 228 bis 231 gelten entsprechend.

Die Vorschrift bestimmt die beitragspflichtigen Einnahmen versicherungspflichtiger **Künstler** (§ 2 S. 1 KSVG) und **Publizisten** (§ 2 S. 2 KSVG).

Die Vorschrift gilt nur für versicherungspflichtige Künstler und Publizisten, **nicht** für solche, die nach anderen Vorschriften, bspw. aufgrund einer freiwilligen Versicherung, Mitglied der GKV sind (*Gerlach*, H/N, § 234 Rn. 3). Grundlage der Beitragsbemessung ist der in S. 1 genannte Anteil am voraussichtlichen Jahresarbeitseinkommen iSd. § 12 KSVG, das der Versicherte wahrscheinlich erzielt. Diese (ggf. zu niedrig ausfallende) Schätzung mit ihr mittelbar einhergehende **Selbstveranlagung** ist im Rahmen der Beitragsbemessung im Beitragsrecht der GKV die Ausnahme (*Gerlach*, H/N, § 234 Rn. 8: „Novität im Sozialversicherungsrecht"; s. aber zur Beitragsfälligkeit bei Arbeitsentgelt oder -einkommen § 23 Abs. 1 S. 2 SGB IV: „in voraussichtlicher Höhe der Beitragsschuld").

Die Schätzung kann gemäß § 12 Abs. 3 KSVG auf Antrag für die **Zukunft** geändert werden. Eine ähnliche spezielle Korrekturmöglichkeit (Antragserfordernis) mit der Folge einer geringeren Bemessungsgrundlage sieht Abs. 1 S. 2 im Bezug von Eltern- oder Erziehungsgeld bzw. für Zeiten vor, wenn letzteres nur wegen der Berücksichtigung anderen Einkommens nicht bezogen wird **(fiktives Erziehungsgeld)**. Die dort noch im Interesse des Versicherten genannte Summe von 325 Euro, die nach früherem Recht für geringfügige Beschäftigungen galt, hat der Gesetzgeber offenbar versehentlich nicht an den aktuellen Wert von 400 Euro (§ 8 Abs. 1 SGB IV) angepasst (vgl. Art. 3 G v. 23. 12. 2002, BGBl. I, 4621, „Hartz II"). Der 400-Euro-Wert ist in korrigierender Auslegung (vgl. § 233 Rn. 3) anzuwenden (vgl. *Hänlein*, H/K, § 234 Rn. 3).

Die **Anträge** sind zwar dem Wortlaut nach gegenüber der KK zu erklären. Aus systematischen Gründen ist es aber geboten, dass Antragsgegner die Künstlersozialkasse ist, denn diese zieht die Beitragsanteile der Versicherten ein (§ 35

Abs. 1 S. 1 KSVG), so dass sie sich für den Versicherten zumindest in beitragsrechtlicher Hinsicht, funktional betrachtet, als KK darstellt (so im Ergebnis auch *Gerlach* H/N, § 234 Rn. 15). Wenn der Versicherte sich direkt an seine KK wendet, ist dies allerdings unschädlich; auch wenn es sich bei Beiträgen nicht um Sozialleistungen handelt, ist die KK entsprechend dem Rechtsgedanken des § 16 Abs. 2 SGB I verpflichtet, den Antrag an die Künstlersozialkasse weiterzuleiten. Die vom Gesetz gewollte administrative Aufspaltung in eine organisatorische KK sowie eine beitragsrechtlich funktional wie eine KK agierende Künstlersozialkasse darf dem Versicherten nicht zum Nachteil geraten.

5   **Mindestbemessungsgrundlage** ist der in Abs. 1 S. 1 Hs. 2 genannte Teil der monatlichen Bezugsgröße gem. § 18 SGB IV (vgl. für das Jahr 2008 gem. § 2 Sozialversicherungs-Rechengrößenverordnung 2008 v. 5. 12. 2007, BGBl. I, 2797, West 2485: 180 = 13, 81 Ost: 2100: 180 = 11, 67 Euro, zur Aufrundung vgl. § 1 Abs. 2 S. 2 BVV), wobei die gemäß § 223 Abs. 3 definierte Höchstgrenze zu beachten ist. **Abs. 1 S. 3** fingiert, dass bei Bezug von Kranken- oder Mutterschaftsgeld oder in den in § 251 Abs. 1 genannten Fällen beruflicher Rehabilitation Arbeitseinkommen nicht zugrunde gelegt wird, also insoweit **Beitragsfreiheit** besteht. Die Beitragsbemessung anderer, nicht künstlerisch bzw. publizistisch erzielter Einkünfte richtet sich nach den in **Abs. 2** genannten Vorschriften (zu diesen s. die jeweiligen Kommentierungen).

§ 235 Beitragspflichtige Einnahmen von Rehabilitanden, Jugendlichen und Behinderten in Einrichtungen

(1) ¹**Für die nach § 5 Abs. 1 Nr. 6 versicherungspflichtigen Teilnehmer an Leistungen zur Teilhabe am Arbeitsleben gilt als beitragspflichtige Einnahmen 80 vom Hundert des Regelentgelts, das der Berechnung des Übergangsgeldes zugrunde liegt. ²Das Entgelt ist um den Zahlbetrag der Rente wegen verminderter Erwerbsfähigkeit sowie um das Entgelt zu kürzen, das aus einer die Versicherungspflicht begründenden Beschäftigung erzielt wird. ³Bei Personen, die Teilübergangsgeld nach dem Dritten Buch beziehen, ist Satz 2 nicht anzuwenden. ⁴Wird das Übergangsgeld, das Verletztengeld oder das Versorgungskrankengeld angepaßt, ist das Entgelt um den gleichen Vomhundertsatz zu erhöhen. ⁵Für Teilnehmer, die kein Übergangsgeld erhalten, sowie für die nach § 5 Abs. 1 Nr. 5 Versicherungspflichtigen gilt als beitragspflichtige Einnahmen ein Arbeitsentgelt in Höhe von 20 vom Hundert der monatlichen Bezugsgröße nach § 18 des Vierten Buches.**

(2) ¹**Für Personen, deren Mitgliedschaft nach § 192 Abs. 1 Nr. 3 erhalten bleibt, sind die vom zuständigen Rehabilitationsträger nach § 251 Abs. 1 zu tragenden Beiträge nach 80 vom Hundert des Regelentgelts zu bemessen, das der Berechnung des Übergangsgeldes, des Verletztengeldes oder des Versorgungskrankengeldes zugrunde liegt. ²Absatz 1 Satz 3 gilt.**

(3) **Für die nach § 5 Abs. 1 Nr. 7 und 8 versicherungspflichtigen behinderten Menschen ist als beitragspflichtige Einnahmen das tatsächlich erzielte Arbeitsentgelt, mindestens jedoch ein Betrag in Höhe von 20 vom Hundert der monatlichen Bezugsgröße nach § 18 des Vierten Buches zugrunde zu legen.**

(4) **§ 226 Abs. 1 Satz 1 Nr. 2 bis 4 und Abs. 2 sowie die §§ 228 bis 231 gelten entsprechend; bei Anwendung des § 230 Satz 1 ist das Arbeitsentgelt vorrangig zu berücksichtigen.**

8. Kapitel. 1. Abschnitt. 2. Titel **§ 236**

Die Vorschrift regelt die Höhe der beitragspflichtigen Einnahmen für Personen, 1
für die berufliche bzw. medizinische **Reha-Maßnahmen** durchgeführt werden
oder die in Einrichtungen für **behinderte Menschen** leben (§ 5 Abs. 1 Nr. 5–8,
§ 192 Abs. 1 Nr. 3).

Gem. **Abs. 1** S. 1 wird bei versicherungspflichtigen Rehabilitanden (§ 5 Abs. 1 2
Nr. 6), die Übergangsgeld beziehen (s. §§ 160 ff. SGB III, §§ 20 f. SGB VI, §§ 49 ff.
SGB VII, alle iVm. §§ 44 ff. SGB IX), fiktiv (vgl. § 232 a) der Teil (80 %) des
Arbeitsentgelts zugrundegelegt, nach dem das Übergangsgeld berechnet wird
(*Hänlein*, H/K, § 235 Rn. 2); zur **Anpassung** des Übergangsgeldes etc. Abs. 1 S. 4.
Abgezogen werden Einnahmen aus einer versicherungspflichtigen Beschäftigung
(Abs. 1 S. 2 Var. 2, dazu *Gerlach*, H/N, § 235 Rn. 7). Abgezogen wird auch eine
Rente wegen verminderter Erwerbsfähigkeit, denn sie unterliegt bereits der Beitragspflicht, so dass eine Dopplung der KV-Beiträge zum Nachteil der RV-Träger
vermieden wird (Begr. zum GKV-GRG 2000, BT-Drs. 14/1245, 97). Die Abzugsmöglichkeit gilt nicht, wenn Teilübergangsgeld bezogen wird (Abs. 1 S. 3).

Abs. 2 enthält (bezogen auf Mitglieder gem. § 192 Abs. 1 Nr. 3) eine Abs. 1 ver- 3
gleichbare Regelung, wobei sich der 80 %-Betrag auf die der Berechnung des
Übergangsgeldes etc. zugrundeliegende Summe bezieht. Hinsichtlich des Teilübergangsgeldes wird Abs. 1 S. 3 in Bezug genommen (Rn. 1aE.).

Abs. 3 normiert, bezogen auf behinderte Menschen iSd. § 5 Abs. 1 Nr. 7 und 4
8, als vermögensmäßigen Bezugspunkt der Beitragsbemessung das tatsächlich erzielte Arbeitsentgelt, und für den Fall, dass es fehlt bzw. nicht bestimmbar ist, einen „fiktiven Wert" (*Gerlach*, H/N, § 235 Rn. 10), der mindestens 20 % der monatlichen Bezugsgröße gem. § 18 SGB IV (2008: 2485 Euro, vgl. § 2 Abs. 1 Sozialversicherungs-Rechengrößenverordnung 2008 v. 5. 12. 2007, BGBl. I, 2797) beträgt.

Abs. 4 bestimmt, dass für andere Einkunftsarten (insb. Renten, Versorgungs- 5
bezüge) die in der Bestimmung aufgeführten Normen Anwendung finden, wobei
hinsichtlich des § 230 S. 1 modifizierend angeordnet wird, dass das Arbeitsentgelt
(§ 14 SGB IV iVm. SvEV) vorrangig zu berücksichtigen ist.

§ 236 Beitragspflichtige Einnahmen der Studenten und Praktikanten

(1) **¹Für die nach § 5 Abs. 1 Nr. 9 und 10 Versicherungspflichtigen gilt als beitragspflichtige Einnahmen ein Dreißigstel des Betrages, der als monatlicher Bedarf nach § 13 Abs. 1 Nr. 2 und Abs. 2 des Bundesausbildungsförderungsgesetzes für Studenten festgesetzt ist, die nicht bei ihren Eltern wohnen. ²Änderungen des Bedarfsbetrags sind vom Beginn des auf die Änderung folgenden Semesters an zu berücksichtigen.**

(2) **¹§ 226 Abs. 1 Satz 1 Nr. 2 bis 4 und Abs. 2 sowie die §§ 228 bis 231 gelten entsprechend. ²Die nach § 226 Abs. 1 Satz 1 Nr. 3 und 4 zu bemessenden Beiträge sind nur zu entrichten, soweit sie die nach Absatz 1 zu bemessenden Beiträge übersteigen.**

Die Vorschrift regelt die beitragspflichtigen Einnahmen für **Studierende** und 1
Praktikanten (§ 5 Abs. 1 Nr. 9 und 10).

Mangels Einkommen aus versicherungspflichtiger Tätigkeit wird als **fiktiver** 2
Wert ein Dreißigstel des Betrags der in Abs. 1 S. 1 genannten Bestimmungen des
BAföG (333 Euro + 133 Euro = 466 Euro/30 = 15, 53 Euro) angesetzt. Änderungen sind „aus Gründen der Verwaltungsökonomie" (Begr. zum GRG, BT-Drs. 11/
2237, 224) erst vom Beginn des auf die Änderung folgenden Semesters relevant
(Abs. 1 S. 2, ähnl. die Lage bei Künstlern und Publizisten, § 234 Rn. 3).

Rixen 1139

3 Für **andere Einkunftsarten** gelten die in Abs. 2 S. 1 aufgeführten Bestimmungen (s. jeweils die entsprechenden Kommentierungen). Gem. Abs. 2 S. 2 sind für Versorgungsbezüge (§ 229 Abs. 1) und Arbeitseinkommen (§ 15 SGB IV) Beiträge nur zu entrichten, soweit sie die nach Abs. 1 zu bemessenden Beiträge übersteigen. Dem liegt sie Erwägung zugrunde, dass diese Einnahmen die wirtschaftliche Leistungsfähigkeit des Versicherten nicht steigern, weil sie im Rahmen des BAföG leistungsmindernd (vgl § 21 Abs. 3 Nr. 1 BAföG) angerechnet werden (*Hänlein,* H/K, § 236 Rn. 2). Zur − strittigen, vom BSG allerdings befürworteten − **analogen Anwendung des § 231** im Hinblick auf die in § 236 Abs. 2 nicht aufgeführten Renten iSd. § 226 Abs. 1 S. 1 Nr. 2 s. § 231 Rn. 4.

4 § 236 gilt, wie aus der Verweisung in § 240 Abs. 4 S. 6 folgt, auch für **freiwillig versicherte** Schüler (Ausschussbericht zum 1. MPG-ÄndG v. 6. 8. 1998, BGBl. I, 2005, BT-Drs. 13/11021, 11) einer (Berufs-)Fachschule sowie Studierende, die an einer ausländischen Hochschule eingeschrieben sind (Ausschussbericht zum GKV-WSG, BT-Drs. 16/4247, 53 f.) sowie für Wandergesellen (Begr. zum GMG, BT-Drs. 15/1525, 139 f.); zur verfassungsrechtlichen Unbedenklichkeit des § 240 Abs. 4 S. 6 im Hinblick auf freiwillig versicherte Schüler einer allgemeinbildenden Schule BSG, NZS 2001, 31.

§ 237 Beitragspflichtige Einnahmen versicherungspflichtiger Rentner

¹Bei versicherungspflichtigen Rentnern werden der Beitragsbemessung zugrunde gelegt
1. der Zahlbetrag der Rente der gesetzlichen Rentenversicherung,
2. der Zahlbetrag der der Rente vergleichbaren Einnahmen und
3. das Arbeitseinkommen.
²§ 226 Abs. 2 und die §§ 228, 229 und 231 gelten entsprechend.

1 Die Vorschrift regelt die beitragspflichtigen Einnahmen versicherungspflichtiger Rentner, definiert also die vermögensmäßigen Referenzgrößen, anhand derer die Beitragsbemessung erfolgt.

2 Bei versicherungspflichtigen Rentnern (vgl. § 5 Abs. 1 Nr. 11, 12, auch iVm. Art. 56 Abs. 3 GRG) gelten die unter Nr. 1 − Nr. 3 aufgeführten Einkunftsarten als beitragspflichtige Einnahmen (zur Rangfolge § 238). **Zahlbetrag** ist der zur Auszahlung kommende Betrag einer Rente bzw. einer rentengleichen Einnahme, wobei allerdings die Auszahlung an einen Dritten, an den die Summe wegen Abtretung oder Pfändung geht, nicht ausreicht (aA. *Hänlein,* H/K, § 237 Rn. 1), denn in diesem Fall besagt der Zahlbetrag nichts über die Leistungsfähigkeit des versicherungspflichtigen Rentners, die in der Beitragsbemessung adäquat abgebildet werden soll. Relevant ist auch **Arbeitseinkommen** (§ 15), also Gewinn aus selbständiger Tätigkeit.

3 Vergleichbare Einnahmen sind Versorgungsbezüge (vgl. die Legaldefinition des § 229 Abs. 1). Dass die Beitragspflicht, wie insb. Nr. 2 zeigt, weit gefasst ist, soll verhindern, dass **„gutsituierte ‚Rentner-Pensionäre'"** (*Hänlein,* H/K, § 237 Rn. 2) auf Kosten der Solidargemeinschaft einen KV-Schutz erhalten, der ihrer realen wirtschaftlichen Leistungsfähigkeit nicht gerecht wird (zur verfassungsrechtlichen Unbedenklichkeit BSGE 58, 1 = ZfSH/SGB 1985, 567; BSGE 62, 136 = SGb 1988, 462; s. auch BSG, SozR 4-2500 § 229 Nr. 4).

4 § 237 S. 2 verweist ua. auf § 226 Abs. 2, wonach Versorgungsbezüge und/oder Arbeitseinkommen nur dann beitragspflichtig sind, wenn die dort genannte Grenze überschritten wird. Ein Zwanzigstel der monatlichen Bezugsgröße gem.

§ 18 SGB IV (2008: 2485 Euro, vgl. § 2 Abs. 1 Sozialversicherungs-Rechengrößenverordnung 2008 v. 5.12.2007, BGBl. I, 2797) sind (2008) 124, 25 Euro. Im Falle der Überschreitung ist nicht nur der die Mindestgrenze übersteigende Betrag, sondern der **Gesamtbetrag** beitragspflichtig (*Gerlach,* H/N, § 237 Rn. 8); zu den ansonsten in § 237 S. 2 in Bezug genommenen Vorschriften, die insb. § 237 S. 1 Nr. 1, 2 konkretisieren, s. die jeweiligen Kommentierungen.

§ 238 Rangfolge der Einnahmearten versicherungspflichtiger Rentner

Erreicht der Zahlbetrag der Rente der gesetzlichen Rentenversicherung nicht die Beitragsbemessungsgrenze, werden nacheinander der Zahlbetrag der Versorgungsbezüge und das Arbeitseinkommen des Mitglieds bis zur Beitragsbemessungsgrenze berücksichtigt.

Die Vorschrift ergänzt § 237, indem sie anordnet, in welcher **Reihenfolge** die in § 237 S. 1 aufgeführten Einkunftsarten zu berücksichtigen sind (ähnliche Vorschriften in §§ 230, 238a). 1

Erreicht der Zahlbetrag der Rente aus der GRV nicht die BBG (§ 6 Abs. 7), wird zunächst der Zahlbetrag der Versorgungsbezüge (§ 229 Abs. 1), sodann das Arbeitseinkommen (§ 15) bis zum Erreichen der BBG berücksichtigt. Das ist deshalb erheblich, weil für Versorgungsbezüge ggf. ein eigener **Beitragssatz** gilt (vgl. § 248 S. 2), was die Intensität der wirtschaftlichen Belastung beeinflusst. Bei Überzahlungen, die zur Überschreitung der BBG führen (etwa bei Nachzahlung einer Zweitrente), kommt eine **Erstattung** gem. § 231 in Betracht (*Gerlach,* H/N, § 238 Rn. 10). 2

§ 238a Rangfolge der Einnahmearten freiwillig versicherter Rentner

Bei freiwillig versicherten Rentnern werden der Beitragsbemessung nacheinander der Zahlbetrag der Rente, der Zahlbetrag der Versorgungsbezüge, das Arbeitseinkommen und die sonstigen Einnahmen, die die wirtschaftliche Leistungsfähigkeit des freiwilligen Mitglieds bestimmen (§ 240 Abs. 1), bis zur Beitragsbemessungsgrenze zugrunde gelegt.

Die Vorschrift regelt, in welcher **Reihenfolge** die beitragspflichtigen Einnahmen freiwillig versicherter Rentner zu berücksichtigen sind. Insoweit bestehende Zweifel (vgl. Begr. zum GSG, BT-Drucks. 12/3608, 115) sind damit behoben. 1

Als **Basiseinnahme** bis zum Erreichen der BBG (vgl. § 223 Abs. 3) wird der (Brutto-)Zahlbetrag der Rente aus der GRV festgelegt, sodann der Zahlbetrag aus den Versorgungsbezügen (§ 229 Abs. 1), dann das Arbeitseinkommen (§ 15 SGB IV; Gewinn aus selbständiger Tätigkeit), schließlich **„sonstige Einnahmen"** gem. § 240 Abs. 1 (dazu § 240 Rn. 4); die Vorschrift will insb. sicherstellen, dass diese sonstigen Einnahmen berücksichtigt werden (*Hänlein,* H/K, Erl. zu § 238a). 2

§ 239 Beitragsbemessung bei Rentenantragstellern

[1]**Bei Rentenantragstellern wird die Beitragsbemessung für die Zeit der Rentenantragstellung bis zum Beginn der Rente *durch die Satzung* [ab 1.1.2009: durch den Spitzenverband Bund der Krankenkassen] geregelt.** [2]**Dies gilt auch für Personen, bei denen die Rentenzahlung eingestellt wird, bis zum Ablauf des Monats, in dem die Entscheidung über Wegfall oder Entzug der Rente unanfechtbar geworden ist.** [3]**§ 240 gilt entsprechend.**

§ 240

1 Die Vorschrift regelt, wie die beitragspflichtigen Einnahmen für **Rentenantragsteller** bis zum Beginn der Rente bestimmt werden.

2 Bei Rentenantragstellern (gemeint sind Personen iSd. § 189 iVm. § 5 Abs. 1 Nr. 11, 12, *Gerlach*, H/N, § 239 Rn. 4) wird die **Beitragsbemessung** durch Satzung (ab 1. 1. 2009: durch Regelung [Allgemeinverfügung], vgl. § 254 Rn. 3, des Spitzenverbandes Bund der Krankenkassen) geregelt. „Beitragsbemessung" bedeutet, dass sowohl die beitragspflichtigen Einnahmen als auch der Beitragssatz zu regeln sind (vgl. *Gerlach*, H/N, § 239 Rn. 7). Diese bei versicherungspflichtigen Mitgliedern ungewöhnliche Regelungstechnik trägt dem Umstand Rechnung, dass bei Rentenantragstellern keine bestimmten festen oder fiktiv festzusetzenden Basiseinnahmen vorhanden sind, nach denen die Beiträge bemessen werden könnten (*Gerlach*, H/N, § 239 Rn. 7). Außerdem soll die ggf. lange Zeit bis zur Rentenbewilligung nicht faktisch beitragsfrei sein (*Hänlein*, H/K, § 239 Rn, 1). Allerdings ist zu beachten, dass bestimmte Rentenantragsteller gem § 225 **beitragsfrei** sind, was verfassungsrechtlich unbedenklich ist (vgl. LSG Saarl, Urt. v. 25. 5. 2005, L 2 KR 24/02, juris, Rn. 36; LSG B-W, Urt. v. 14. 3. 2006, L 11 KR 4028/05, juris, Rn. 21 ff.). Die Regelung des § 239 gilt auch für Personen, bei denen die Rentenzahlung eingestellt wird (näher S. 2).

3 S. 3 ordnet die **entsprechende Anwendung von § 240** an, dh. der Vorschrift über die Beitragsbemessung bei freiwilligen Mitgliedern. Das bedeutet insb., dass die Beitragsbelastung die gesamte wirtschaftliche Leistungsfähigkeit berücksichtigen muss (§ 240 Abs. 1 S. 2); s. im Übrigen die Kommentierung zu § 240.

§ 240 Beitragspflichtige Einnahmen freiwilliger Mitglieder

(1) **Für freiwillige Mitglieder wird die Beitragsbemessung** *durch die Satzung geregelt* **[ab 1. 1. 2009: durch den Spitzenverband Bund der Krankenkassen]. Dabei ist sicherzustellen, daß die Beitragsbelastung die gesamte wirtschaftliche Leistungsfähigkeit des freiwilligen Mitglieds berücksichtigt.**

[Fassung Abs. 2 bis 31. 12. 2008:]

(2) ¹Die Satzung der Krankenkasse muß mindestens die Einnahmen des freiwilligen Mitglieds berücksichtigen, die bei einem vergleichbaren versicherungspflichtig Beschäftigten der Beitragsbemessung zugrunde zu legen sind. ²Der in Absatz 4 Satz 2 genannte Existenzgründungszuschuss und der zur sozialen Sicherung vorgesehene Teil des Gründungszuschusses nach § 57 des Dritten Buches in Höhe von monatlich 300 Euro dürfen nicht berücksichtigt werden. ³Die §§ 223 und 228 Abs. 2, § 229 Abs. 2 und die §§ 238a, 243 Abs. 2, § 247 Abs. 1 und § 248 dieses Buches sowie § 23a des Vierten Buches gelten entsprechend.

[Fassung Abs. 2 ab 1. 1. 2009:]

(2) ¹Bei der Bestimmung der wirtschaftlichen Leistungsfähigkeit sind mindestens die Einnahmen des freiwilligen Mitglieds zu berücksichtigen, die bei einem vergleichbaren versicherungspflichtig Beschäftigten der Beitragsbemessung zugrunde zu legen sind. ²Abstufungen nach dem Familienstand oder der Zahl der Angehörigen, für die eine Versicherung nach § 10 besteht, sind unzulässig. ³Der in Absatz 4 Satz 2 genannte Existenzgründungszuschuss und der zur sozialen Sicherung vorgesehene Teil des Gründungszuschusses nach § 57 des Dritten Buches in Höhe von monatlich 300 Euro dürfen nicht berücksichtigt werden. ⁴Die §§ 223 und 228 Abs. 2, § 229 Abs. 2 und die §§ 238a, § 247 Abs. 1 und § 248 dieses Buches sowie § 23a des Vierten Buches gelten entsprechend.

§ 240

(3) ¹Für freiwillige Mitglieder, die neben dem Arbeitsentgelt eine Rente der gesetzlichen Rentenversicherung beziehen, ist der Zahlbetrag der Rente getrennt von den übrigen Einnahmen bis zur Beitragsbemessungsgrenze zu berücksichtigen. ²Soweit dies insgesamt zu einer über der Beitragsbemessungsgrenze liegenden Beitragsbelastung führen würde, ist statt des entsprechenden Beitrags aus der Rente nur der Zuschuß des Rentenversicherungsträgers einzuzahlen.

(4) ¹Als beitragspflichtige Einnahmen gilt für den Kalendertag mindestens der neunzigste Teil der monatlichen Bezugsgröße. ²Für freiwillige Mitglieder, die hauptberuflich selbständig erwerbstätig sind, gilt als beitragspflichtige Einnahmen für den Kalendertag der dreißigste Teil der monatlichen Beitragsbemessungsgrenze (§ 223), bei Nachweis niedrigerer Einnahmen jedoch mindestens der vierzigste, für freiwillige Mitglieder, die Anspruch auf einen monatlichen Gründungszuschuss nach § 57 des Dritten Buches oder einen monatlichen Existenzgründungszuschuss nach § 421l des Dritten Buches oder eine entsprechende Leistung nach § 16 des Zweiten Buches haben, der sechzigste Teil der monatlichen Bezugsgröße. ³*Die Satzung der Krankenkasse* [ab 1. 1. 2009: Der Spitzenverband Bund der Krankenkassen] bestimmt, unter welchen Voraussetzungen darüber hinaus der Beitragsbemessung hauptberuflich selbstständig Erwerbstätiger niedrigere Einnahmen, mindestens jedoch der sechzigste Teil der monatlichen Bezugsgröße, zugrunde gelegt werden. ⁴Dabei sind insbesondere das Vermögen des Mitglieds sowie Einkommen und Vermögen von Personen, die mit dem Mitglied in Bedarfsgemeinschaft leben, zu berücksichtigen. ⁵Veränderungen der Beitragsbemessung auf Grund eines vom Versicherten geführten Nachweises nach Satz 2 können nur zum ersten Tag des auf die Vorlage dieses Nachweises folgenden Monats wirksam werden. ⁶Für freiwillige Mitglieder, die Schüler einer Fachschule oder Berufsfachschule oder als Studenten an einer ausländischen staatlichen oder staatlich anerkannten Hochschule eingeschrieben sind oder regelmäßig als Arbeitnehmer ihre Arbeitsleistung im Umherziehen anbieten (Wandergesellen), gilt § 236 in Verbindung mit § 245 Abs. 1 entsprechend. ⁷Satz 1 gilt nicht für freiwillige Mitglieder, die die Voraussetzungen für den Anspruch auf eine Rente aus der gesetzlichen Rentenversicherung erfüllen und diese Rente beantragt haben, wenn sie seit der erstmaligen Aufnahme einer Erwerbstätigkeit bis zur Stellung des Rentenantrags mindestens neun Zehntel der zweiten Hälfte dieses Zeitraums Mitglied oder nach § 10 versichert waren; § 5 Abs. 2 Satz 1 gilt entsprechend.

(4a) ¹Der Beitragsbemessung für freiwillige Mitglieder sind 10 vom Hundert der monatlichen Bezugsgröße nach § 18 des Vierten Buches zugrunde zu legen, wenn der Anspruch auf Leistungen für das Mitglied und seine nach § 10 versicherten Angehörigen während eines Auslandsaufenthaltes, der durch die Berufstätigkeit des Mitglieds, seines Ehegatten, seines Lebenspartners oder eines seiner Elternteile bedingt ist, oder nach § 16 Abs. 1 Nr. 3 ruht. ²Satz 1 gilt entsprechend, wenn nach § 16 Abs. 1 der Anspruch auf Leistungen aus anderem Grund für länger als drei Kalendermonate ruht, sowie für Versicherte während einer Tätigkeit für eine internationale Organisation im Geltungsbereich dieses Gesetzes.

[Abs. 5 in der bis 31. 12. 2008 geltenden Fassung:]

(5) Die Satzung kann auch Beitragsklassen vorsehen.

[Abs. 5 in der bis 1. 1. 2009 geltenden Fassung:]

(5) *(aufgehoben)*

§ 240 Beitragspflichtige Einnahmen

Inhaltsübersicht

	Rn.
A. Überblick	1
B. Gesetzlich dirigierte Satzungsautonomie	2
C. Gesetzliche Direktiven	3
D. Einkunftsarten	4
E. Sonderregelungen	6
F. Beitragsklassen	11

A. Überblick

1 Die Vorschrift regelt die beitragspflichtigen Einnahmen der **freiwilligen Mitglieder** (zur freiwilligen Versicherung § 9 Rn. 1 ff.), also die Bemessungsgrundlage, nach der sich (zusammen mit dem Beitragssatz) der Beitrag richtet (*Krauskopf,* § 240 Rn. 3). Zugleich ist § 240 für andere Vorschriften bedeutsam, die die Vorschrift ganz oder teilweise in Bezug nehmen (s. § 227, 238 a, 239 S. 2; s. auch § 220 Abs. 4 S. 3 in der bis 31. 12. 2008 geltenden Fassung, § 243 Abs. 2)

B. Gesetzlich dirigierte Satzungsautonomie

2 § 240 überlässt die Regelung der Bemessungsgrundlagen der **Satzung** der jeweiligen KK; die gesetzlichen Bestimmungen begrenzen das Normsetzungsermessen des Satzungsgebers (*Bernsdorff,* jurisPK-SGB V, § 240 Rn. 9; *Krauskopf,* § 240 Rn. 4). Die Satzung muss die Einzelheiten der Beitragsbemessung so konkret regeln, dass für typische Sachverhalte eine einheitliche, dem Gleichheitsgedanken gerecht werdende Bewertung möglich ist (BSGE 87, 228 = SGb 2001, 578; *Krauskopf,* § 240 Rn. 5), wobei mit Blick auf die Eigenart der zu ordnenden Lebenssachverhalte die Anforderungen nicht überspannt werden dürfen (vgl. BSG, SozR 3–2500 § 240 Nr. 38), so dass die generalklauselartige Benennung der berücksichtigungsfähigen Einnahmearten nicht schlechthin unzulässig ist (BSG, SozR 4–2500 § 240 Nr. 1). Eine Satzungsregelung, die auf nicht spezifizierte „Gesamtbezüge" verweist und auf dieser Grundlage eine dem Mitglied zugeflossene Erbschaft berücksichtigt, ist allerdings zu unbestimmt und verstößt gegen Art. 2 Abs. 1 GG (SG Koblenz, Urt. v. 5. 10. 2006 – S 11 KR 537/05, juris, Rn. 22 f.).

C. Gesetzliche Direktiven

3 § 240 stellt (in Abs. 1) den **Grundsatz** auf, dass die Beitragsbemessung die gesamte (tatsächliche, nicht nur fiktive, BSG, SozR 3–2500 § 240 Nr. 35) wirtschaftliche Leistungsfähigkeit abbilden muss (Gebot der individuellen, leistungsfähigkeitsbezogenen Beitragsgerechtigkeit); damit ist auch ein Überforderungsverbot impliziert (*Peters,* KV, § 240 Rn. 25). Im Unterschied zum übrigen Beitragsrecht werden somit nicht schon durch Gesetz Vermögensgegenstände bezeichnet, auf die die Beitragsbemessung referiert. Ein (sog. vertikaler) **Verlustausgleich** zwischen unterschiedlichen Einnahmearten des Versicherten ist unzulässig (BSGE 76, 34 = NZS 1995, 513; *Wasem,* GK-SGB V, § 240 Rn. 4 a). Abs. 2 legt, als Mindeststandard, die Kongruenz der Einnahmen mit gleichgelagerten versicherungspflichtigen Beschäftigten fest **(allgemeines Mindestkongruenzgebot),** was insb. durch die Verweisungen in Abs. 2 S. 3 konkretisiert wird (*Wasem,* GK-SGB V, § 240 Rn. 9 a). Abs. 2 S. 2 verbietet allerdings die Berücksichtigung des (Exis-

tenz-)Gründungszuschusses in Höhe v. 300 Euro (s. auch Rn. 8). Abs. 3 sieht ein **Trennungsgebot** für die beitragsbemessungsrechtliche Relevanz von Arbeitsentgelt und Renten aus der GRV vor.

D. Einkunftsarten

Zu den die wirtschaftliche Leistungsfähigkeit bestimmenden, zum Lebensunterhalt zur Verfügung stehenden **Einkünften,** deren Vorhandensein nach Maßgabe des Amtsermittlungsprinzips (§ 20 Abs. 1, 2 SGB X) und der Mitwirkungspflicht des freiwilligen Mitglieds (§ 206 Abs. 1) zu bestimmen ist (*Bernsdorff,* jurisPK-SGB V, § 240 Rn. 39 f.), gehören: Arbeitsentgelt (§ 14 SGB IV), es sei denn, es handelt sich um Arbeitsentgelt aus entgeltgeringfügiger Beschäftigung (ausgeschlossen durch die später ergangene Spezialbestimmung des § 249 b (BSGE 92, 68 = NZS 2004, 537), dem auch der den Wegfall des Arbeitsentgelts ersetzende Anteil von Abfindungen entspricht (vgl. BSG, SozR 2200 § 180 Nr. 36); Arbeitseinkommen (§ 15 SGB IV), was aus § 238 a folgt (*Krauskopf,* § 240 Rn. 10; vgl. BSGE 57, 235; LSG Rhld-Pf, Ersk. 1992, 158; aA. S-H LSG, NZS 1993, 314); Einnahmen aus Vermietung und Verpachtung abzüglich absetzbarer Abnutzungen gemäß § 7 EStG (BSGE 57, 240) sowie von Werbungskosten iSd. § 9 Abs. 1 S. 3 Nr. 1 EStG (BSG, Breith 2000, 364 = NZM 2000, 561); der Zahlbetrag von Renten aus der GRV (BSG, Ersk. 1985, 350); Versorgungsbezüge iSd. § 229 (vgl. BSG, NZS 1995, 466; NZS 1997, 366); Verletztenrenten aus der GUV nur mit dem den Einkommensverlust ausgleichende Anteil (BSGE 60, 128 = NZA 1987, 108); private Renten aus Risikoversicherungen zB. wegen Berufsunfähigkeit (BSG, Breith 1987, 618); Altersrenten aus privatrechtlichen Versicherungen (BSG, Breith 2002, 5); (befreiende) Lebensversicherungen (BSG, NZS 2000, 608); dem Lebensunterhalt dienende Sozialhilfe (bzw. Grundsicherung) ohne zweckbestimmte Leistungen, wie etwa Hilfe zur Gesundheit (§§ 47 ff. SGB XII) oder Eingliederungshilfe (§§ 53 ff. SGB XII), auch Wohngeld, dazu *Krauskopf,* § 240 Rn. 10 [Bl. 7 f.], Rn. 16, *Wasem,* GK-SGB V, § 240 Rn. 5 a ff. (weitere Beispiele bei *Krauskopf,* § 240 Rn. 10; *Bernsdorff,* jurisPK-SGB V, § 240 Rn. 13 ff.; s. auch *Peters,* KV, § 240 Rn. 31 ff.). Die Grundrente nach § 31 BVG darf nicht herangezogen werden (BSG, SozR 4–2500 § 240 Nr. 9 = Breith. 2007, 655), wohl aber der Berufsschadensausgleich nach § 30 Abs. 3 BVG (BSGE 60, 128 = NZA 1987, 108).

Bei **Sozialhilfebeziehern** sowie Beziehern vergleichbarer Sozialleistungen kann die wirtschaftliche Leistungsfähigkeit auch pauschaliert festgestellt werden, was durch Satzung geregelt, aber durch eine Vereinbarung zwischen KK-(Verband) und Sozialleistungs-, insb. Sozialhilfe-Träger vorbereitet werden kann (s. die entsprechende Vereinbarung zwischen der Berliner Senatsverwaltung für Soziales und der VdAK/AEV-Landesvertretung Berlin, in Kraft seit 1. 4. 2006, dazu „ersatzkassen-report berlin", hrsgg. v. der VdAK/AEV-Landesvertretung Berlin, Nov. 2007, 6). Familieneinkommen ist bei der Beitragsbemessung nicht zu berücksichtigen (vgl. BSGE 48, 134; 56, 259; NZS 1993, 363). Beim freiwillig versicherten **Ehegatten** ohne eigene Einnahmen ist die wirtschaftliche Leistungfähigkeit des anderen Ehegatten (mit eigenen Einnahmen) maßgeblich (vgl. BSGE 58, 183 = NZA 1985, 818; BSGE 89, 213 = NZS 2003, 317; LSG NRW, Urt. v. 16. 1. 2007 – L 11 KR 64/06, juris, Rn. 19 f.; LSG NRW, Urt. v. 14. 2. 2007 – L 11 KR 69/06, juris, Rn. 22; HessLSG, Urt. v. 21. 6. 2007 – L 8 KR 159/06, juris, Rn. 19 ff.; *Krauskopf,* § 240 Rn. 12; *Peters,* KK, § 240 Rn. 25). Entsprechendes gilt,

§ 240

sofern dies satzungsrechtlich vorgesehen ist, für Lebenspartner (LSG NRW, Urt. v. 14. 6. 2007 – L 5 KR 195/06, juris, Rn. 15).

E. Sonderregelungen

6 Abs. 4 enthält Regelungen über beitragsrechtlich relevante Mindesteinnahmen, die ein Absehen von der individuellen wirtschaftlichen Leistungsfähigkeit erlauben (*Krauskopf,* § 240 Rn. 9). Durch die Regelung des Abs. 4 soll dem **Versicherungsprinzip** in dem Sinne Rechnung getragen werden, dass selbst bei fehlenden oder nur geringen Einnahmen keine kostenlose GKV möglich ist (*Peters,* KK, § 240 Rn. 32). Die Regelung ist verfassungsrechtlich unbedenklich (vgl. BVerfG, NZS 1995, 573; Bernsdorff, jurisPK-SGB V, § 240 Rn. 20 mwN). S. 1 gilt für alle freiwillig Versicherten, für die nicht Sonderregelungen gelten (S. 2 ff., Abs. 4 a).

7 Sind in einer **Familie** die Kinder wegen des hohen Einkommens ihres privat versicherten Elternteils von der beitragsfreien Familienversicherung bei ihrem freiwillig in der gesetzlichen Krankenversicherung versicherten anderen Elternteil ausgeschlossen (§ 10 Abs. 3) und freiwillige Mitglieder der GKV geworden, so kann nicht verlangt werden, daß die Beiträge der Familienmitglieder in der GKV zusammen den Höchstbeitrag eines freiwillig Versicherten nicht übersteigen dürfen; allerdings ist bei der Anrechnung von Ehegatteneinkommen eine Erhöhung des Kürzungsbetrages oder eine vergleichbar kinderfreundliche andere Regelung erforderlich (BSG, SozR 3–2500 § 240 Nr 36; *Wasem,* GK-SGB V, § 240 Rn. 12 m).

8 Von Abs. 4 S. 1 abweichende **Mindesteinnahmen für bestimmte Personenkreise**, etwa Sozialhilfeempfänger, sind unzulässig (BSG, NZS 1993, 309; *Krauskopf,* § 240 Rn. 9). Insb. Härtefall-Regelungen, die von Abs. 4 abweichen, sind unzulässig (BSGE 79, 133; *Wasem,* GK-SGB V, § 240 Rn. 12 g). Auch höhere Mindesteinnahmen dürfen nicht festgelegt werden (BSGE 71, 137 = NZS 1993, 77; BSGE 71, 237 = NZS 1993, 309). Abweichungen von der grundsätzlich geltenden absoluten Untergrenze des Abs. 4 S. 1 sehen Abs. 4 S. 6, 7 sowie Abs. 4 a vor (*Bernsdorff,* jurisPK-SGB V, § 240 Rn. 20).

9 S. 2–5 enthält Sonderregelungen für **Selbständige**. Danach gelten (gemäß S. 2) Höchstbeträge als Regel (s. dazu den Ausschussbericht zum GSG, BT-Drs. 12/3937, 17), allerdings ist der Nachweis niedrigerer Einnahmen nach Maßgabe der S. 2–5 möglich (*Peters,* KK, § 240 Rn. 34), namentlich in Situationen der **Existenzgründung**, die S. 2 aufführt (dazu Begr. zum GKV-WSG, BT-Drs. 16/3100, 164; s. auch Rn. 2 aE.), bzw. bei **einkommensschwachen Selbständigen** (S. 3, 4; dazu Ausschussbericht zum GKV-WSG, BT-Drs. 16/4247, 53). Ein geeignetes Beweismittel ist neben dem Einkommensteuerbescheid auch ein vom Finanzamt ausgestellter Vorauszahlungsbescheid (SG Düsseldorf, Urt. v. 8. 3. 2007 – S 8 KR 182/04, juris, Rn. 17 ff.). **Vorläufige Beitragsfestsetzungen** sind bei hauptberuflich selbstständig erwerbstätigen freiwillig Versicherten zulässig, wenn diese mit Beginn der freiwilligen Mitgliedschaft ihre selbstständige Tätigkeit aufgenommen haben und deshalb der Nachweis über die Einnahmen iS des § 240 Abs 4. S. 2 für die endgültige Beitragsfestsetzung noch nicht erbracht werden kann (BSGE 96, 119 = NZS 2007, 29).

10 S. 6 stellt die dort genannten Personen versicherungspflichtigen Studenten gleich (§ 236 Rn. 4; s. auch Ausschussbericht zum GKV-WSG, BT-Drs. 16/4247,

53 f.; *Peters,* KK, § 240 Rn. 36; *Bernsdorff,* jurisPK-SGB V, § 240 Rn. 28). S. 7 will sicherstellen, dass die dort aufgeführten **(Klein-)Rentner** einkommenproportionale Beiträge zahlen (dazu die Begr. zum GKV-GRG 2000, BT-Drs. 14/1245, 97 f.; *Bernsdorff,* jurisPK-SGB V, § 240 Rn. 31). Abs. 4 a betrifft die Situation der sog. **Anwartschaftsversicherung,** wonach unter Zugrundelegung eines geringen Niveaus beitragspflichtiger Einnahmen trotz Ruhens von Leistungsansprüchen die Versicherung aufrechterhalten werden soll (erweitert – vgl. Abs. 4 a S. 2 – durch das GKV-WSG, dazu BT-Drs. 16/4247, 54). Es geht um eine Art beitragsrechtlicher Anwartschaftsversicherung ohne Leistungsanspruch, für die Beiträge (gemäß Abs. 4 S. 1) zu zahlen „sind" (und nicht mehr wie nach altem Recht nach Maßgabe der Satzung gezahlt werden können, *Bernsdorff,* jurisPK-SGB V, § 240 Rn. 33 ff.).

F. Beitragsklassen

Abs. 5 (aufgehoben zum **1. 1. 2009**) sieht die Einführung von Beitragsklassen 11 vor, die die Stufung der beitragspflichtigen Einnahmen ermöglichen (*Peters,* KK, § 240 Rn. 39; *Bernsdorff,* jurisPK-SGB V, § 240 Rn. 37). Mit Blick auf die Einführung des Gesundheitsfonds bzw. die Tätigkeit des Spitzenverbands Bund der Krankenkassen hat das GKV-WSG § 240 so geändert, dass an die Stelle der Satzungsregelung der jeweiligen KK Regelungen des Spitzenverbandes treten (BT-Drs. 16/3100, 163 f.).

Dritter Titel. Beitragssätze, Zusatzbeitrag

[Fassung § 241 bis 31. 12. 2008:]

§ 241 Allgemeiner Beitragssatz

(1) ¹Die Beiträge sind nach einem Beitragssatz zu erheben, der in Hundertsteln der beitragspflichtigen Einnahmen in der Satzung festgesetzt wird. ²Soweit nichts Abweichendes bestimmt ist, zahlen Mitglieder Beiträge nach dem allgemeinen Beitragssatz. ³Dieser Beitragssatz gilt für Mitglieder, die bei Arbeitsunfähigkeit für mindestens sechs Wochen Anspruch auf Fortzahlung ihres Arbeitsentgelts oder auf Zahlung einer die Versicherungspflicht begründenden Sozialleistung haben.

(2) Die Bundesregierung legt nach Auswertung der Ergebnisse eines beim Bundesversicherungsamt zu bildenden Schätzerkreises durch Rechtsverordnung ohne Zustimmung des Bundesrates erstmalig zum 1. Dezember 2008 mit Wirkung ab 1. Januar 2009 den allgemeinen Beitragssatz in Hundertsteln der beitragspflichtigen Einnahmen fest.

[Fassung § 241 ab 1. 1. 2009:]

§ 241 Allgemeiner Beitragssatz

(1) Die Bundesregierung legt nach Auswertung der Ergebnisse eines beim Bundesversicherungsamt zu bildenden Schätzerkreises durch Rechtsverordnung ohne Zustimmung des Bundesrates erstmalig bis zum 1. November 2008 mit Wirkung ab dem 1. Januar 2009 den allgemeinen Beitragssatz in Hundertsteln der beitragspflichtigen Einnahmen fest.

(2) ¹Erforderliche Veränderungen des allgemeinen Beitragssatzes sollen jeweils bis zum 1. November eines Jahres mit Wirkung vom 1. Januar des Folge-

§ 241

jahres festgelegt werden. ²Der Beitragssatz ist jeweils auf eine Dezimalstelle aufzurunden. ³Wenn der Beitragssatz durch durch Rechtsverordnung zum 1. eines Monats in Kraft treten soll, hat die Festlegung spätestens zum 1. des vorvergangenen Monats zu erfolgen. ⁴Die Anpassung des Beitragssatzes erfolgt durch Rechtsverordnung der Bundesregierung ohne Zustimmung des Bundesrates.

(3) Über den beabsichtigten Erlass einer Rechtsverordnung nach Absatz 2 unterrichtet die Bundesregierung den Deutschen Bundestag so rechtzeitig, dass diesem die Möglichkeit zur Befassung mit der beabsichtigten Festsetzung oder Anpassung gegeben wird.

(4) Die Frist nach Absatz 3 gilt als erfüllt, wenn zwischen der Unterrichtung und der Beschlussfassung über die Verordnung nach Absatz 2 mindestens drei Wochen liegen.

A. Überblick

1   Die Vorschrift, deren Teilregelungen bis zum 31. 12. 2008 anwendbar sind (zu Regelungslage ab 1. 1. 2009 Rn. 4), regelt den allgemeinen Beitragssatz, wobei Abs. 2 den Übergang zum neuen Finanzierungsrecht der GKV (Stichwort „Gesundheitsfonds", dazu § 220 Rn. 22) betrifft.

B. Festlegung des Beitragssatzes

2   **Abs. 1** betrifft die bisherige KK-bezogene **Festlegung des Beitragssatzes** (zu dessen beitragsrechtlicher Rolle als „zweite[m] Pfeiler der Beitragsbemessung", so *Peters,* KK, § 241 Rn. 2, § 220 Rn. 7), die durch Satzung (§ 194) erfolgt(e). Zugleich wird (in Abs. 1 S. 2) betont, dass der allgemeine Beitragssatz maßgeblich ist, sofern nicht besondere ermäßigte Beitragssätze vorrangig anzuwenden sind (§§ 243–245). Der allgemeine Beitragssatz gilt mindestens sechs Wochen in den in Abs. 1 S. 3 genannten Fällen, wobei „Sozialleistung" insb. Arbeitslosengeld sein kann. Das Wort „mindestens" verdeutlicht, dass ein über sechs Wochen hinausgehender Anspruch auf Arbeitsentgelt keine Ermäßigung des allgemeinen Beitragssatzes gestattet (*Peters,* KK, § 241 R. 5).

3   **Abs. 2** legt mit Blick auf die ab 1. 1. 2009 erfolgende Umstellung des Finanzierungssystems der GKV (§ 220 Rn. 21 f.) fest, dass die Bundesregierung durch nicht zustimmungspflichtige Rechtsverordnung (zu Mängeln des Erlasses Rn. 4) nach ernsthafter Auseinandersetzung mit den Ergebnissen eines beim BVA gebildeten Schätzerkreises (mindestens gebildet aus Vertretern des BMG, des BVA und der KKn, dazu Begr. zum GKV-WSG, BT-Drs. 16/3100, 164) erstmals zum 1. 11. 2008 den allgemeinen Beitragssatz fest; zur **Aufteilung in Arbeitgeber- und Arbeitnehmer-Beitrag** BT-Drs. 16/3100, 164 und § 249 Rn. 4.

4   Ab **1. 1. 2009** wird der bisherige Abs. 2 zu Abs. 1; angefügt werden als neue Absätze 2–4 Regelungen, die ggf. erforderlich werdende Anpassungen des allgemeinen Beitragssatzes, wiederum nach sachverständiger Beratung durch den Schätzerkreis, regeln, ua. durch die Aufstellung von Fristen, die ein Inkrafttreten des neuen allgemeinen Beitragssatzes zum 1. Januar des Folgejahres sicherstellen (Abs. 2 nF.). Da auch die Anpassung des allgemeinen Beitragssatzes durch zustimmungsfreie (Abs. 2 S. 3 nF.) **Rechtsverordnung** erfolgt, ist der Bundestag durch Unterrichtung der BReg. (nicht: des BMG oder eines anderen Bundesministeriums) im Vorfeld rechtzeitig zu beteiligen (Abs. 3 nF.), wobei Rechtzeitigkeit vorliegt, wenn zwischen der Unterrichtung und der Beschlussfassung über die Verordnung mindestens drei Wochen liegen (Abs. 4 nF.).

Verstöße gegen die Frist nach Abs. 3, 4 oder andere formelle Mängel (etwa feh- 5
lender Kabinettsbeschluss der BReg., Unterrichtung nur der Mitglieder des Gesundheitsausschusses des Bundestages) führen nach dem **Grundsatz der Normnichtigkeit** (*Wolff/Bachof/Stober* I, § 28 Rn. 16; *Rixen*, MedR 2008, 24/29) mangels bestehender Heilungsvorschriften zur Nichtigkeit der Rechtsverordnung. Es handelt sich nicht um bloße – folgenlos ignorierbare – Ordnungsbestimmungen. Das gilt insb. für die fristgebundene, auf den beabsichtigten Erlass der Rechtsverordnung bezogene Unterrichtungspflicht, denn die Rechtsverordnung tritt zur Vermeidung von Verzögerungen im Zeitablauf an die Stelle eines förmlichen Gesetzes (Begr. zum GKV-WSG, BT-Drs. 16/3100, 164). Die Unterrichtung soll demnach, funktional betrachtet, eine der Gestaltungsmacht des Gesetzgebungsverfahrens entsprechende Partizipation des Bundestages sicherstellen, so dass sie **konstitutive Rechtmäßigkeitsvoraussetzung** für den Erlass der Rechtsverordnung ist. Möglich bleibt der korrekte (ggf. rückwirkend erfolgende) Neuerlass der Rechtsverordnung.

[Fassung des bis 31. 12. 2008 geltenden § 241 a:]

§ 241a Zusätzlicher Beitragssatz

(1) **¹Für Mitglieder gilt ein zusätzlicher Beitragssatz in Höhe von 0,9 vom Hundert; die übrigen Beitragssätze vermindern sich in demselben Umfang. ²Satz 1 gilt für Beiträge, die in Beitragsklassen festgesetzt werden, entsprechend.**

(2) **Absatz 1 Satz 1 gilt nicht für Personen, die Arbeitslosengeld II beziehen.**

[Fassung des § 241 a ab 1. 1. 2009:]

§ 241a *(aufgehoben)*

Die Vorschrift (zur Entstehung *Peters*, KK, § 241 a Rn. 2) legt bis zum 1
31. 12. 2008 den sog. **zusätzlichen Beitragssatz** fest, der von den Mitgliedern alleine zu tragen ist; insoweit gilt der Grundsatz der paritärischen Finanzierung (durch Arbeitgeber oder RV-Träger) nicht.

Abs. 1 S. 1 Hs. 1 legt den Mitgliedern einen zusätzlichen Beitragssatz von 0,9 2
vom Hundert der beitragspflichtigen Einnahmen auf. Er fließt den KK als allgemeine Einnahme zu und ist nicht zweckgebunden. **Hs. 2** legt in diesem Umfang eine Minderung der übrigen, also aller Beitragssätze iSd. Gemäß **S. 2** gilt S. 1 entsprechend für Beitragsklassen iSd. ab 1. 1. 2009 aufgehobenen § 240 Abs. 5 (dazu § 240 Rn. 5). Gemäß **Abs. 2** gelten die Regelungen zum zusätzlichen Beitragssatz nicht für Bezieher von Alg II. § 241 a ist durch das GKV-WSG **ab 1. 1. 2009 aufgehoben** worden.

Der bisherige zusätzliche Beitragssatz wird auch **ab 1. 1. 2009,** und zwar bei 3
der Beitragstragung (§ 249 Abs. 1), berücksichtigt (dazu § 249 Abs. 2): „Die Verteilung der Beitragslast zwischen Arbeitgeber und Arbeitnehmer entspricht damit der heutigen" – d. h.: der bis zum 31. 12. 2008 maßgeblichen – „Relation" (BT-Drs. 16/3100, 164).

§ 242 Erhöhter Beitragssatz

[Fassung des § 242 bis 31.12.2008:]

§ 242 Erhöhter Beitragssatz

Für Mitglieder, die bei Arbeitsunfähigkeit nicht für mindestens sechs Wochen Anspruch auf Fortzahlung ihres Arbeitsentgelts oder auf Zahlung einer die Versicherungspflicht begründenden Sozialleistung haben, ist der allgemeine Beitragssatz entsprechend zu erhöhen.

[Fassung des § 242 ab 1.1.2009:]

§ 242 Kassenindividueller Zusatzbeitrag

(1) ¹Soweit der Finanzbedarf einer Krankenkasse durch die Zuweisungen aus dem Fonds nicht gedeckt ist, hat sie in ihrer Satzung zu bestimmen, dass von ihren Mitgliedern ein Zusatzbeitrag erhoben wird. ²Der Zusatzbeitrag ist auf 1 vom Hundert der beitragspflichtigen Einnahmen des Mitglieds begrenzt. ³Abweichend von Satz 2 erhebt die Krankenkasse den Zusatzbeitrag ohne Prüfung der Höhe der Einnahmen des Mitglieds, wenn der monatliche Zusatzbeitrag den Betrag von 8 Euro nicht übersteigt. ⁴Von Mitgliedern, die das Sonderkündigungsrecht nach § 175 Abs. 4 Satz 5 wegen der erstmaligen Erhebung des Zusatzbeitrags fristgemäß ausgeübt haben, wird der Zusatzbeitrag nicht erhoben. ⁵Wird das Sonderkündigungsrecht wegen einer Erhöhung des Zusatzbeitrags ausgeübt, wird der erhöhte Zusatzbeitrag nicht erhoben. ⁶Wird die Kündigung nicht wirksam, wird der Zusatzbeitrag im vollen Umfang erhoben.

(2) ¹Soweit die Zuweisungen aus dem Fonds den Finanzbedarf einer Krankenkasse übersteigen, kann sie in ihrer Satzung bestimmen, dass Prämien an ihre Mitglieder ausgezahlt werden. ²Auszahlungen dürfen erst vorgenommen werden, wenn die Krankenkasse ihrer Verpflichtung nach § 261 nachgekommen ist. ³Auszahlungen an Mitglieder, die sich mit der Zahlung ihrer Beiträge in Rückstand befinden, sind ausgeschlossen. ⁴Prämienauszahlungen nach Satz 1 sind getrennt von den Auszahlungen nach § 53 zu buchen und auszuweisen.

(3) ¹Die Krankenkassen haben den Zusatzbeitrag nach Absatz 1 so zu bemessen, dass er zusammen mit den Zuweisungen aus dem Gesundheitsfonds und den sonstigen Einnahmen die im Haushaltsjahr voraussichtlich zu leistenden Ausgaben und die vorgeschriebene Auffüllung der Rücklage deckt. ²Ergibt sich während des Haushaltsjahres, dass die Betriebsmittel der Krankenkasse einschließlich der Zuführung aus der Rücklage zur Deckung der Ausgaben nicht ausreichen, ist der Zusatzbeitrag durch Änderung der Satzung zu erhöhen. ³Muss eine Kasse kurzfristig ihre Leistungsfähigkeit erhalten, so hat der Vorstand zu beschließen, dass der Zusatzbeitrag bis zur satzungsmäßigen Neuregelung erhöht wird; der Beschluss bedarf der Genehmigung der Aufsichtsbehörde. ⁴Kommt kein Beschluss zustande, ordnet die Aufsichtsbehörde die notwendige Erhöhung des Zusatzbeitrags an. ⁵Klagen gegen die Anordnung nach Satz 4 haben keine aufschiebende Wirkung.

(4) ¹Der Spitzenverband Bund legt dem Deutschen Bundestag über das Bundesministerium für Gesundheit spätestens bis zum 30. Juni 2011 einen Bericht vor, in dem die Erfahrungen mit der Überforderungsklausel nach Absatz 1 wiedergegeben werden. ²Die Bundesregierung überprüft anhand dieses Berichts, ob Änderungen der Vorschrift vorgenommen werden sollen.

§ 242

A. Überblick

Die Vorschrift in der bis 31. 12. 2008 anwendbaren Fassung legt eine **Erhöhung des allgemeinen Beitragssatzes** für eine bestimmte, mit der Arbeitsunfähigkeit zusammenhängende Situation fest. Die Vorschrift in der ab 1. 1. 2009 anwendbaren Fassung legt ein Kernelement der neuen, um den sog. Gesundheitsfonds zentrierten Finanzierungsordnung fest: den **kassenindividuellen Zusatzbeitrag**.

B. Erhöhung des allgemeinen Beitragssatzes

Zur **Normfassung bis 31. 12. 2008:** Besteht bei Arbeitsunfähigkeit kein Anspruch auf Fortzahlung des Arbeitsentgelts oder auf Zahlung einer die Versicherungspflicht begründenden Sozialleistung für mindestens sechs Wochen, so ist der allgemeine Beitragssatz „**entsprechend**" zu erhöhen. Dh, die Erhöhung erfolgt im Verhältnis zu dem durchschnittlich infolge des höheren Risikos anfallenden Mehraufwand (*Peters,* KK, § 242 Rn. 3). Das dient dazu, das erhöhte Krg-Risiko abzudecken (*Peters,* KK, § 242 Rn. 2). Fehlt es an einem Anspruch auf Krg, dann ist die Vorschrift nach ihrem Sinn unanwendbar; es gilt § 243. Die Erhöhung erfolgt einheitlich, dh. es darf nicht danach unterschieden werden, von wievieltem Tag der Arbeitsunfähigkeit an das Krg beginnt (BSGE 76, 93 = SozR 3–2500 § 242 Nr. 2).

C. Kassenindividueller Zusatzbeitrag

Zur **Normfassung ab 1. 1. 2009:** Der **kassenindividuelle Zusatzbeitrag** stellt ein ergänzendes Finanzierungsinstrument dar, das bei Unterdeckung der Ausgaben aus den Zuweisungen des Gesundheitsfonds von der KK durch Satzung eingeführt werden kann (§ 242 Abs. 1 S. 1 nF.). Der Zusatzbeitrag ist Teil des Sozialversicherungsbeitrags des Versicherten (BT-Drs. 16/3100, 165). Gestaltung und Erhebung des Zusatzbeitrags ist in den Grenzen des § 242 Abs. 1 S. 2–6 nF. Sache der KK; sie kann ihn als Pauschale ohne Einkommensprüfung (S. 3) oder in Prozent (S. 2) festlegen (zu einstweiligen Erhöhungen Abs. 3 S. 2–5 nF.). Das wirksam (vgl. S. 6) ausgeübte Sonderkündigungsrecht nach § 175 Abs. 4 S. 5 (§ 175 Rn. 15) sperrt die Erhebung des Zusatzbeitrags (S. 4, 5).

Anders als die Gesetzesbegr. meint, setzt die Erhebung des Zusatzbeitrags nicht voraus, dass der Finanzbedarf nicht durch andere Instrumente gedeckt werden kann (speziellere Tarife, wirtschaftlicheres Management, BT-Drs. 16/3100, 165). Es reicht allein (s. Abs. 1 S. 1), dass der Finanzbedarf aus den Zuweisungen aus dem Gesundheitsfonds nicht gedeckt werden kann. Allerdings ist die Satzungsregelung, die den Zusatzbeitrag festlegt, genehmigungsbedürftig (§ 195 Abs. 1). Hierbei kann fehlende Wirtschaftlichkeit, insb. das fehlende Ausschöpfen von Wirtschaftlichkeitsreserven (§ 4 Abs. 4 S. 1), der Genehmigung entgegenstehen, wobei der KK allerdings ein **Bewertungsspielraum** zusteht (vgl. BSGE 71, 108/110 = NZS 1992, 151; *Schnapp,* FS von Maydell, 2002, 621/632; *ders.,* VSSR 2006, 191/200; *ders.,* HVAR, § 24 Rn. 25, 28 f.; s. auch *Kluth,* GewArch 2006, 446 ff.).

Bei Überdeckung kann die KK bei hinreichend gesicherter Rücklage (§ 261) kraft Satzungsrechts **Prämien** auszahlen (Abs. 3 S. 1 nF.), womit jede dem Mitglied unbedingt zugute kommende Zuordnung von Aktiva gemeint ist; der Auszahlungsanspruch ist daher insb. auf- und verrechnungsfest. Abs. 4 S. 1 nF. statuiert

§ 243   Ermäßigter Beitragssatz

eine Berichtpflicht bzgl. der sog. **Überforderungsklausel** nach Abs. 1, womit alle Teilregelungen des Abs. 1 gemeint sind (S. 2–4), die aus Sicht des Mitglieds vor einer Überforderung schützen sollen; es geht also nicht nur um S. 2 oder S. 3 (zum Überforderungsschutzes durch S. 4 s. BT-Drs. 16/4247, 54). Abs. 3 S. 2 nF. schafft eine **berichtsakzessorische Überprüfungspflicht** der BReg.

[Fassung des § 243 bis 31. 12. 2008:]

§ 243 Ermäßigter Beitragssatz

(1) **Besteht kein Anspruch auf Krankengeld oder beschränkt die Krankenkasse auf Grund von Vorschriften dieses Buches für einzelne Mitgliedergruppen den Umfang der Leistungen, ist der Beitragssatz entsprechend zu ermäßigen.**

(2) ¹**Absatz 1 gilt nicht für die Beitragsbemessung nach § 240 Abs. 4 a.** ²**Beitragsabstufungen nach dem Familienstand oder der Zahl der Angehörigen, für die eine Versicherung nach § 10 besteht, sind unzulässig.**

(3) ¹**Die Bundesregierung legt den ermäßigten Beitragssatz durch Rechtsverordnung ohne Zustimmung des Bundesrates erstmalig zum 1. November 2008 mit Wirkung ab dem 1. Januar 2009 in Hundertsteln der beitragspflichtigen Einnahmen fest.** ²**Bei der Berechnung ist der voraussichtliche Anteil der Ausgaben für Krankengeld an den Gesamtausgaben der gesetzlichen Krankenversicherung zugrunde zu legen.**

(4) **§ 241 Abs. 3 und 4 gilt entsprechend.**

[Fassung des § 243 ab 1. 1. 2009:]

§ 243 Ermäßigter Beitragssatz

(1) ¹**Für Mitglieder, die keinen Anspruch auf Krankengeld haben, gilt ein ermäßigter Beitragssatz.** ²**Dies gilt nicht für die Beitragsbemessung nach § 240 Abs. 4 a.**

(2) ¹**Die Bundesregierung legt den ermäßigten Beitragssatz durch Rechtsverordnung ohne Zustimmung des Bundesrates erstmalig zum 1. November 2008 mit Wirkung ab dem 1. Januar 2009 in Hundertsteln der beitragspflichtigen Einnahmen fest.** ²**Bei der Berechnung ist der voraussichtliche Anteil der Ausgaben für Krankengeld an den Gesamtausgaben der gesetzlichen Krankenversicherung zugrunde zu legen.**

(3) **§ 241 Abs. 3 und 4 gilt entsprechend.**

1   Die Vorschrift definiert in Abs. 1 (in der bis 31. 12. 2008 anwendbaren Fassung) für bestimmte Fälle die **Pflicht zur Beitragssatzermäßigung,** die in Abs. 2 (in der bis 31. 12. 2008 anwendbaren Fassung) suspendiert bzw. modifiziert wird.

2   In **Abs. 1** (bis 31. 12. 2008 anwendbare Fassung) wird für den Fall, dass kein Anspruch auf Krg besteht (§ 44 Abs. 1 S. 2, Abs. 2; s. auch BSG, SozR 4–2500 § 243 Nr 1 = Breith 2005, 732) oder die KK zulässigerweise für bestimmte Mitgliedergruppen den Leistungsumfang beschränkt (insb. gemäß § 14), eine Pflicht zur Beitragssatzermäßigung aufgestellt. **Abs. 2 S. 1** (bis 31. 12. 2008 anwendbare Fassung) legt fest, dass Abs. 1 nicht für die Beitragsbemessung für den Fall der sog. **Anwartschaftsversicherung** gilt (§ 240 Rn. 4 aE.). **Abs. 2 S. 2** (bis 31. 12. 2008 anwendbare Fassung) regelt, den Rechtsgedanken des § 3 S. 3 aufnehmend (§ 3 Rn. 5), dass Beitragsstaffelungen nach den dort genannten Kriterien unzulässig

sind. Ermäßigungen aus anderen Gründen sind nicht gestattet (vgl. BSGE 79, 72; BSG, SozR 3–2500 § § 243 Nr. 2, 3).

Durch das **GKV-WSG** ist § 243, im Wesentlichen **ab 1. 1. 2009,** neu gefasst worden: Zum einen wird für Mitglieder ohne Krg-Anspruch ein ermäßiger Beitragssatz (Abs. 1 nF.) durch Rechtsverordnung der BReg festgelegt (Abs. 3 in der vom 1. 1. 2008–31. 12. 2008 anwendbaren Fassung sowie Abs. 2 in der ab 1. 1. 2009 anwendbaren Fassung). Die Beitragssatzermäßigung spiegelt den voraussichtlichen Anteil der Krg-Ausgaben an den Gesamtausgaben der GKV wider (BT-Drs. 16/3100, 165). Diese Ermäßigung gilt nicht für die Anwartschaftsversicherung (Rn. 2 aE.), Abs. 1 S. 2 nF. Für die Anpassung des ermäßigten Beitragssatzes gelten die Anpassungsmodalitäten für den allgemeinen Beitragssatz (§ 241 Rn. 4 f.) entsprechend (vgl. Abs. 3 in der zwischen vom 1. 1. 2008 bis 31. 12. 2008 anwendbaren Fassung bzw. Abs. 3 in der ab 1. 1. 2009 anwendbaren Fassung). 3

§ 244 Ermäßigter Beitrag für Wehrdienstleistende und Zivildienstleistende

(1) ¹Bei Einberufung zu einem Wehrdienst wird der Beitrag für
1. Wehrdienstleistende nach § 193 Abs. 1 auf ein Drittel,
2. Wehrdienstleistende nach § 193 Abs. 2 auf ein Zehntel

des Beitrags ermäßigt, der vor der Einberufung zuletzt zu entrichten war. ²Dies gilt nicht für aus Renten der gesetzlichen Rentenversicherung, Versorgungsbezügen und Arbeitseinkommen zu bemessende Beiträge.

(2) Das Bundesministerium für Gesundheit kann im Einvernehmen mit dem Bundesministerium der Verteidigung und dem Bundesministerium der Finanzen durch Rechtsverordnung mit Zustimmung des Bundesrates für die Beitragszahlung nach Absatz 1 Satz 1 Nr. 2 eine pauschale Beitragsberechnung vorschreiben und die Zahlungsweise regeln.

(3) ¹Die Absätze 1 und 2 gelten für Zivildienstleistende entsprechend. ²Bei einer Rechtsverordnung nach Absatz 2 tritt an die Stelle des Bundesministeriums der Verteidigung das Bundesministerium für Familie, Senioren, Frauen und Jugend.

Die Vorschrift sieht für Wehr- und Zivildienstleistende **Beitragsermäßigungen** vor, die hier auf den Beitrag, nicht auf den Beitragssatz bezogen sind (zu diesen Begriffen § 220 Rn. 7, 11). 1

Betroffen sind Wehr- oder Zivildienstleistende, deren Versicherung gemäß § 193 fortbesteht. Grund der Beitragsermäßigung ist der Umstand, dass wegen der **freien Heilfürsorge** der Wehr- und Zivildienstleistenden die Leistungsansprüche ruhen (§ 16 Abs. 1 Nr. 2), also der Leistungsaufwand geringer ist; Ansprüche kommen nur für Familienversicherte (§ 10) in Betracht (*Peters*, KK, § 244 Rn. 2). Die Ermäßigung bezieht sich **nicht** auf die in Abs. 1 S. 2 genannten Einnahmen. Durch Rechtsverordnung gemäß Abs. 2 und 3 kann die Beitragszahlung pauschaliert und die Zahlungsweise geregelt werden. Einschlägig ist die (wiederholt geänderte) **KV/PV-Pauschalbeitragsverordnung** v. 3. 3. 1998 (BGBl. I, 392), zuletzt geändert durch Art. 29 GKV-WSG v. 26. 3. 2007 (BGBl. I, 378, 461). 2

Rixen

§ 245 Beitragssatz für Studenten und Praktikanten

(1) ¹**Für die nach § 5 Abs. 1 Nr. 9 und 10 Versicherungspflichtigen gelten als Beitragssatz sieben Zehntel des** *durchschnittlichen allgemeinen Beitragssatzes der Krankenkassen, den das Bundesministerium für Gesundheit jeweils zum 1. Januar feststellt, sowie der zusätzliche Beitragssatz* **[ab 1. 1. 2009:] allgemeinen Beitragssatzes.**

[Sätze 2 und 3 in der bis 31. 12. 2008 geltenden Fassung:]

²Der Beitragssatz ist auf eine Stelle nach dem Komma zu runden. ³Er gilt für Studenten vom Beginn des auf die Feststellung folgenden Wintersemesters, im übrigen jeweils vom 1. Oktober an.

(2) **Der Beitragssatz nach Absatz 1 gilt auch für Personen, deren Mitgliedschaft in der studentischen Krankenversicherung nach § 190 Abs. 9 endet und die sich freiwillig weiterversichert haben, bis zu der das Studium abschließenden Prüfung, jedoch längstens für die Dauer von sechs Monaten.**

1 Die Vorschrift definiert einen eigenen Beitragssatz für Studierende, Praktikanten bzw. Auszubildende ohne Arbeitsentgelt (sog. **Studenten-Beitragssatz** für die in § 5 Abs. 1 Nr 9, 10 genannten Personen).

2 Der „Studenten-Beitragssatz" gilt bundeseinheitlich und kassenartübergreifend und beträgt 70 % des allgemeinen Beitragssatzes, zuzüglich (bis 31. 12. 2008) des zusätzlichen Beitragssatzes (Abs. 1 S. 1 iVm. § 241 a). Für Studenten ist ein gesonderter Beginn des Beitragssatzes festgelegt (Abs. 1 S. 3, der allerdings ebenso wie Abs. 1 S. 2 mWz. 31. 12. 2008 aufgehoben wird). Für Examenskandidaten (Begr. zum GRG, BT-Drs. 11/2237, 226), deren Mitgliedschaft nach § 190 Abs. 9 (§ 190 Rn. 12) endet und die sich freiwillig weiterversichert haben, gilt der ermäßigte Beitragssatz bis zu studiumsabschließenden Prüfung, längstens sechs Monate (Abs. 2). **Studiumsabschließende Prüfung** ist die letzte (Teil-)Prüfung, mit der nach der maßgeblichen Magister-, Diplom-, BA- oder MA-Prüfungsordnung die Prüfungsphase beendet wird. Insoweit knüpft das GKV-Recht an das Prüfungsrecht der jeweiligen Hochschule an.

[§ 246 in der bis 31. 12. 2008 geltenden Fassung:]

§ 246 Beitragssatz für Bezieher von Arbeitslosengeld II

¹**Für Personen, die Arbeitslosengeld II beziehen, gilt als Beitragssatz der durchschnittliche ermäßigte Beitragssatz der Krankenkassen, den das Bundesministerium für Gesundheit jeweils zum 1. Oktober feststellt; vom 1. Oktober 2005 an wird er im Umfang des zusätzlichen Beitrags nach § 241 a erhöht.** ²Der Beitragssatz ist auf eine Stelle nach dem Komma zu runden. ³Er gilt jeweils vom 1. Januar des folgenden Jahres an für ein Kalenderjahr.

[§ 246 in der ab 1. 1. 2009 geltenden Fassung:]

§ 246 Beitragssatz für Bezieher von Arbeitslosengeld II

Für Personen, die Arbeitslosengeld II beziehen, gilt als Beitragssatz der ermäßigte Beitrag nach § 243.

1 Die Vorschrift regelt den Beitragssatz von **Alg II-Beziehern** (§ 5 Abs. 1 Nr. 2 a, dazu § 5 Rn. 15).

2 In der **bis zum 31. 12. 2008** anwendbaren Fassung beträgt der Beitragsatz 70 % des durchschnittlichen ermäßigten allgemeinen Beitragssatzes (vgl. § 243 Abs. 1)

zuzüglich des zusätzlichen Beitragssatzes (§ 241 a); zur Feststellung s. § 246 S. 1. In der **ab 1.1.2009** anwendbaren Fassung gilt der ermäßigte Beitragssatz nach § 243 nF. (dazu § 243 Rn. 3).

[§ 247 in der bis 31.12.2008 geltenden Fassung:]

§ 247 Beitragssatz aus der Rente

(1) ¹Bei Versicherungspflichtigen gilt für die Bemessung der Beiträge aus Renten der gesetzlichen Rentenversicherung der allgemeine Beitragssatz ihrer Krankenkasse sowie der zusätzliche Beitragssatz. ²Beitragssatzveränderungen gelten jeweils vom ersten Tag des dritten auf die Veränderung folgenden Kalendermonats an. ³Der am 31. Dezember 2003 geltende allgemeine Beitragssatz der Krankenkasse, der nicht zum 1. Januar 2004 verändert worden ist, gilt als Beitragssatzveränderung zum 1. Januar 2004. ⁴Der am 1. Januar 2003 geltende Beitragssatz gilt vom 1. Juli 2003 bis zum 31. März 2004. ⁵Bei der Anwendung des Satzes 2 zum 1. Juli 2005 gilt als Zeitpunkt der Beitragssatzveränderungen aufgrund von § 241 a der 1. April 2005.

(2) Für das Verfahren zur Übermittlung der nach Absatz 1 maßgeblichen Beitragssätze gilt § 201 Abs. 6 entsprechend.

[§ 47 in der ab 1.1.2009 geltenden Fassung:]

§ 247 247 Beitragssatz aus der Rente

Für Versicherungspflichtige findet für die Bemessung der Beiträge aus Renten der gesetzlichen Rentenversicherung der allgemeine Beitragssatz nach § 241 Anwendung.

Die Vorschrift normiert für versicherungspflichtige Mitglieder der GKV die **Beitragssätze bezüglich der Renten aus der GRV.** 1

In der bis zum 31.12.2008 anwendbaren Fassung gilt gemäß Abs. 1 S. 1 für die Beitragsbemessung bezüglich der Renten aus der GRV der **allgemeine Beitragssatz** der jeweiligen KK (vgl. § 241) sowie der **zusätzliche Beitragssatz** (§ 241 a); zum Zeitpunkt der Geltung von Beitragssatzveränderungen (3-Monats-Zeitraum) s. Abs. 1 S. 2 sowie (für vergangene Zeiträume) S. 3. Die Regelung des Abs. 2 (in der bis 31.12.2008 anwendbaren Fassung) iVm. § 201 Abs. 6 betrifft die Übermittlung der Beitragssätze an die RV-Träger (§ 201 Rn.8). 2

Ab 1.1.2009 wird Abs. 2 aufgehoben. Die Regelung des bisherigen Abs. 1 wird so geändert, dass sich die Beitragsbemessung für die Renten aus der GRV nach § 241 richtet, also dem allgemeinen Beitragssatz richtet. Die Aufhebung des 3-Monats-Zeitraums (Rn. 2) ist unschädlich, weil die Rechtsverordnung nach § 241 mit einer hinreichenden Vorlaufzeit bekannt gegeben wird, so dass die RV-Träger in der Lage sind, ihre Datenverarbeitung anzupassen (Begr. zum GKV-WSG, BT-Drs. 16/3100, 165). 3

§ 248 Beitragssatz aus Versorgungsbezügen und Arbeitseinkommen

¹Bei Versicherungspflichtigen gilt für die Bemessung der Beiträge aus Versorgungsbezügen und Arbeitseinkommen der *nach § 247 Abs. 1 geltende allgemeine Beitragssatz ihrer Krankenkasse sowie der zusätzliche Beitragssatz* [ab 1.1.2009:] allgemeine Beitragssatz. ²Abweichend von Satz 1 gilt bei Versicherungspflichtigen für die Bemessung der Beiträge aus Versorgungsbezügen nach § 229 Abs. 1 Satz 1

§ 249

Nr. 4 die Hälfte des *nach Satz 1 maßgeblichen Beitragssatzes ihrer Krankenkasse sowie der zusätzliche Beitragssatz* [ab 1.1.2009:] des allgemeinen Beitragssatzes zuzüglich 0,45 Beitragssatzpunkte.

[Sätze 3 und 4 in der bis 31.12.2008 geltenden Fassung:]
³In den Fällen des Satzes 2 gilt für die Bemessung der Beiträge für die Zeit vom 1. April 2004 bis 31. Dezember 2004 die Hälfte des am 1. Januar 2004 geltenden allgemeinen Beitragssatzes und für die Zeit vom 1. Januar 2005 bis 30. Juni 2005 die Hälfte des am 1. September 2004 geltenden allgemeinen Beitragssatzes. ⁴Vom 1. April 2005 bis zum 30. Juni 2005 gilt Satz 1 mit der Maßgabe, dass der am 1. Juli 2004 geltende allgemeine Beitragssatz der jeweiligen Krankenkasse des Versicherungspflichtigen zu Grunde zu legen ist.

1   Die Vorschrift regelt, nach welchem **Beitragssatz** bei versicherungspflichtigen Mitgliedern die Beiträge aus **Versorgungsbezügen** (§ 229) und aus **Arbeitseinkommen** (selbständige Tätigkeit, vgl. § 15 SGB IV) berechnet werden (*Peters,* KK, § 248 Rn. 2).

2   In der **bis zum 31.12.2008 anwendbaren Fassung** gilt gemäß S. 1 als Beitragssatz der (volle) allgemeine Beitragssatz (vgl. § 247 Abs. 1) sowie der zusätzliche Beitragssatz (§ 241 a). Dass seit Inkrafttreten der Vorschrift idF. des GMG am 1.1.2004 (BGBl. I, 2190) der (volle) allgemeine Beitragssatz gilt, ist verfassungsrechtlich unbedenklich (kein Verstoß gegen Art. 3 Abs. 1 und Art. 2 Abs. 1 GG, BVerfG, Beschl. v. 28.2.2008–1 BvR 2137/06 –, www.bverfg.de; dazu *Sieben,* Ersk. H. 4/2008, 151). Ausnahmsweise gilt nach S. 2 (neben dem zusätzlichen Beitragssatz) für Rentenbezieher aus der Altersversorgung der Landwirte (§ 229 Abs. 1 Nr. 4) der halbe allgemeine Beitragssatz. Diese Regelung ist verfassungsrechtlicher Kritik ausgesetzt (*Peters,* KK, § 248 Rn. 10), die das BSG nicht teilt (BSG, NZS 2006, 420). S. 3 und S. 4 konkretisieren S. 2 für vergangene Zeiträume.

3   In der **ab 1.1.2009** anwendbaren Normfassung gilt gemäß S. 1 der allgemeine Beitragssatz (§ 241). Für die in Rn. 2 genannten Rentenbezieher gilt ebenfalls der allgemeine Beitragssatz zuzüglich 0,45 Beitragssatzpunkte. Diese Regelung stellt sicher, dass das Niveau der zu entrichtenden Beiträge gleich bleibt, auch wenn der bisherige zusätzliche Beitragssatz im neuen allgemeinen Beitragssatz aufgeht (Begr. zum GKV-WSG, BT-Drs. 16/3100, 165).

Vierter Titel. Tragung der Beiträge

§ 249 Tragung der Beiträge bei versicherungspflichtiger Beschäftigung

[Abs. 1 in der bis 31.12.2008 geltenden Fassung:]

(1) ¹**Die nach § 5 Abs. 1 Nr. 1 und 13 versicherungspflichtig Beschäftigten und ihre Arbeitgeber tragen die nach dem Arbeitsentgelt zu bemessenden Beiträge jeweils zur Hälfte; den zusätzlichen Beitragssatz trägt der versicherungspflichtige Beschäftigte allein.** ²Bei geringfügig Beschäftigten gilt § 249 b.

[Abs. 1 in der ab 1.1.2009 geltenden Fassung:]

(1) ¹**Bei versicherungspflichtig Beschäftigten nach § 5 Abs. 1 Nr. 1 und 13 trägt der Arbeitgeber die Hälfte der Beiträge des Mitglieds aus dem Arbeitsentgelt nach dem um 0,9 Beitragssatzpunkte verminderten allgemeinen Beitragssatz; im Übrigen tragen die Beschäftigten die Beiträge.** ²Bei geringfügig Beschäftigten gilt § 249 b.

(2) **Der Arbeitgeber trägt den Beitrag allein für Beschäftigte, soweit Beiträge für Kurzarbeitergeld zu zahlen sind.**

(3) **(weggefallen)**

(4) **Abweichend von Absatz 1 werden die Beiträge bei versicherungspflichtig Beschäftigten mit einem monatlichen Arbeitsentgelt innerhalb der Gleitzone nach § 20 Abs. 2 des Vierten Buches vom Arbeitgeber in Höhe der Hälfte des Betrages, der sich ergibt, wenn der Beitragssatz der Krankenkasse auf das der Beschäftigung zugrunde liegende Arbeitsentgelt angewendet wird, im Übrigen vom Versicherten getragen.**

Inhaltsübersicht

	Rn.
A. Überblick	1
B. Grundfall der Beitragstragung bei versicherungspflichtiger Beschäftigung, Abs. 1	2
C. Beitragstragung bei Kurzarbeitergeld, Abs. 2	6
D. Besonderheiten in der „Gleitzone", Abs. 4	11

A. Überblick

Die Vorschrift regelt in Abs. 1 für den faktischen Regelfall der Versicherungspflicht, die versicherungspflichtige Beschäftigung, die Tragung der Beiträge (zur Beitragstragung § 220 Rn. 12). Außerdem enthält die Norm (in Abs. 1 S. 1 Hs. 2, Abs. 2 und 4) verschiedene Abweichungen, die Sondersituationen der versicherungspflichtigen Beschäftigung betreffen. Weitere Ausnahmen sind nicht in § 249 geregelt, gehören aber aus Gründen des Sachzusammenhanges systematisch zu § 249 (Rn. 8 f.).   1

B. Grundfall der Beitragstragung bei versicherungspflichtiger Beschäftigung, Abs. 1

Abs. 1 legt fest, dass bei versicherungspflichtiger Beschäftigung im Sinne des § 5 Abs. 1 Nr. 1 (Arbeiter, Angestellte, zu ihrer Berufsausbildung Beschäftigte, vgl. § 5 Rn. 4 ff.) sowie im Fall des § 5 Abs. 1 Nr. 13 (Personen ohne anderweitige Versicherung im Krankheitsfall, vgl. BT-Drs. 16/3100, 94, dazu § 5 Rn. 59) die Beitragstragung zur Hälfe die betreffende Person und zur anderen Hälfte den Arbeitgeber trifft. Der **Grundsatz der hälftigen Beitragstragung** wird, wie S. 1 Hs. 2 klarstellt, hinsichtlich des sog. zusätzlichen Beitragssatzes gemäß § 241a modifiziert; insoweit gilt die Parität zwischen Arbeitnehmer und Arbeitgeber nicht.   2

Abs. 1 S. 1 bezieht sich, wie der Wortlaut unmissverständlich verdeutlicht, ausschließlich auf das beitragspflichtige **Arbeitsentgelt** aus einer solchen Beschäftigung (*Peters*, KK, § 249 Rn. 3). Bei **Mehrfachbeschäftigten** hat jeder Arbeitgeber den auf das von ihm gezahlte Arbeitsentgelt entfallenden Beitrag zu zahlen (*Peters*, KK, § 249 Rn. 9).   3

Ab **1. 1. 2009** ändert sich Abs. 1 S. 1 in der Weise, dass gemäß dem neuen Hs. 1 der Arbeitgeber die Hälfte der Beiträge des Mitglieds aus dem Arbeitsentgelt nach dem um 0,9 Beitragssatzpunkte verminderten allgemeinen Beitragssatz zu tragen hat; im Übrigen (so der ab 1. 1. 2009 geltende Hs. 2) tragen die Beschäftigten die Beiträge. Es handelt sich um eine Folgeregelung zu § 241 (BT-Drs. 16/3100, 182), die mit der Einführung des Gesundheitsfonds zusammenhängt. Durch den Fortfall der kassenspezifischen Beitragssätze zum 1. 1. 2009 geht der bislang vom Mit-   4

§ 249

glied allein zu tragende zusätzliche Beitragssatz im allgemeinen Beitragssatz auf. Die Verteilung der Beitragslast zwischen Arbeitnehmer und Arbeitgeber bleibt gleichwohl im gleichen Verhältnis bestehen (BT-Drs. 16/3100, 182), was die Neufassung zum Ausdruck bringt. Die Unklarheiten über den Zeitpunkt des Inkrafttretens der Neuregelung, der im GKV-WSG irrtümlich nicht geregelt war (vgl. zur gleichgelagerten Problematik bei § 249a Rn. 6), sind durch die **Neuverkündung beider Neufassungen** des § 249a durch das G v. 14. 6. 2007 (BGBl. I, 1066, 1095 f.) und die explizite Regelung des Inkrafttretenszeitpunkts (in Art. 10 Abs. 2 und Abs. 5 des G v. 14. 6. 2007: 1. 4. 2007 einerseits, 1. 1. 2009 andererseits) behoben worden (vgl. den Ausschussbericht zum G v. 14. 6. 2007, BT-Drs. 16/5280, 13).

5   Für **geringfügig Beschäftigte** gilt, wie Abs. 1 S. 2 hervorhebt, die Sonderregelung des § 249b; allerdings ist mit Blick auf die sog. Gleitzone Abs. 4 zu beachten (Rn. 11).

C. Beitragstragung bei Kurzarbeitergeld, Abs. 2

6   Wenn für Beschäftigte Beiträge für **Kurzarbeitergeld** (§§ 169 ff. SGB III) gezahlt werden müssen, so trägt der Arbeitgeber den Beitrag allein (Abs. 2; s. auch § 232a Abs. 2). Die Regelung entspricht der früheren Regelung des § 163 Abs. 2 AFG (vgl. die Begr. zum AFRG, BT-Drs. 13/941, 234). Die Vorschrift ist mit Blick auf die entsprechende Regelung des früheren AFG, die das BVerfG für verfassungsrechtlich unbedenklich gehalten hatte (BVerfGE 60, 101 = NJW 1982, 1745), **verfassungsgemäß** (*Hänlein*, H/K, §§ 249, 249a Rn. 5).

7   Für **freiwillig versicherte Beschäftigte,** die Kurzarbeitergeld beziehen, sieht § 257 Abs. 1 S. 3 vor, dass der Arbeitgeber zusätzlich zu dem Zuschuss nach § 257 Abs. 1 S. 1 (dazu § 257 Rn. 8) die Hälfte des Betrages zu zahlen hat, den er bei Versicherungspflicht des Beschäftigten bei der Krankenkasse, bei der die Mitgliedschaft besteht, nach § 249 Abs. 2 zu zahlen hätte (§ 257 Abs. 1 S. 3 verweist infolge eines Redaktionsversehens auf § 249 Abs. 2 Nr. 3, den es nicht mehr gibt). Soweit es sich um Kurzarbeitergeld in der Form des **Saison-Kurzarbeitergeldes** (§ 175 SGB III) handelt, hat der Arbeitgeber gemäß § 175a Abs. 4 SGB III einen Erstattungsanspruch (*Hänlein*, H/K, §§ 249, 249a Rn. 5).

8   Eine weitere, nicht in § 249 geregelte Regelung der **Pflicht zur alleinigen Beitragstragung** betrifft die im Rahmen der Berufsausbildung Beschäftigten, deren Arbeitsentgelt 325 Euro im Monat nicht übersteigt (§ 20 Abs. 3 S. 1 Nr. 1 SGB IV). Diese Beschäftigten sind nach § 7 Abs. 1 S. 1 Hs. 2 Nr. 1 ausnahmsweise, ungeachtet der Geringfügigkeit ihrer Beschäftigung, versicherungs- und damit beitragspflichtig (dazu § 7 Rn. 8). Hintergrund ist die Annahme, dass für diese Beschäftigten, bei denen zusätzliche Einnahmen typischerweise nicht zu erwarten sind, ein besonderes Schutzbedürfnis besteht, dass es gerechtfertigt erscheinen lässt, den Arbeitgeber den Beitrag allein tragen zu lassen (*Hänlein*, H/K, §§ 249, 249a Rn. 6).

9   Die Pflicht des Arbeitgebers zur alleinigen Beitragstragung besteht auch bei Personen, die ein **freiwilliges soziales oder ökologisches Jahr** (dazu § 7 Rn. 8) leisten (§ 20 Abs. 3 S. 1 Nr. 2 SGB IV); auch diese Personen sind ungeachtet der Geringfügigkeit der Beschäftigung gemäß § 7 Abs. 1 S. 1 Hs. 2 Nr. 2 und Nr. 3 versicherungs- und damit beitragspflichtig (*Hänlein*, H/K, §§ 249, 249a Rn. 7).

10   Zu beachten ist zudem § 20 Abs. 3 S. 2 SGB IV: Wird infolge einmalig gezahlten Arbeitsentgelts die in § 20 Abs. 3 S. 1 SGB IV genannte **Grenze überschritten,**

8. Kapitel. 1. Abschnitt. 4. Titel **§ 249 a**

tragen die Versicherten und die Arbeitgeber den Gesamtsozialversicherungsbeitrag (§ 28 d S. 1 SGB IV) von dem diese Grenze übersteigenden Teil des Arbeitsentgelts jeweils zur Hälfte. D. h., die ansonsten bestehende Pflicht des Arbeitgebers zur alleinigen Beitragstragung gilt dann nicht; vielmehr gilt dann wieder die Grundregel des § 249 Abs. 1 S. 1 (*Peters*, KK, § 249 Rn. 14).

D. Besonderheiten in der „Gleitzone", Abs. 4

Für Beschäftigte, deren monatliches Arbeitsentgelt zwischen 400, 01 € und 800 € liegt, gilt seit 1. 4. 2003 (gemäß G v. 23. 12. 2002, BGBl. I, 4621, „Hartz II") die sog. Gleitzonenregelung (§ 20 Abs. 2 SGB IV). Aus Abs. 4 iVm. § 226 Abs. 4 folgt, dass bei Arbeitsentgelt innerhalb der Gleitzone ein nach und nach zunehmender, ein **„gleitender" Beitragsanteil des Arbeitnehmers** entsteht (*Hänlein*, H/K, §§ 249, 249 a Rn. 8). D. h.: Der Anteil des Arbeitnehmers ist zunächst niedriger, weil beitragspflichtiges Arbeitentgelt das nach § 226 Abs. 4 minimierte Arbeitsentgelt mit der Folge ist, dass der Anteil des Arbeitnehmers erst am Ende der Gleitzone auf die Hälfte ansteigt (*Peters*, KK, § 249 Rn. 15). 11

[Fassung des § 249 a bis 31. 12. 2008:]

§ 249 a Tragung der Beiträge bei Versicherungspflichtigen mit Rentenbezug

Versicherungspflichtige, die eine Rente aus der gesetzlichen Rentenversicherung beziehen, und die Träger der Rentenversicherung tragen die nach der Rente zu bemessenden Beiträge jeweils zur Hälfte; den zusätzlichen Beitragssatz trägt der Rentner allein.

[Fassung des § 249 a bis 1. 1. 2009:]

§ 249 a Tragung der Beiträge bei Versicherungspflichtigen mit Rentenbezug

Bei Versicherungspflichtigen, die eine Rente aus der gesetzlichen Rentenversicherung beziehen, trägt der Träger der Rentenversicherung die Hälfte der nach der Rente zu bemessenden Beiträge nach dem um 0,9 Beitragspunkte verminderten allgemeinen Beitragssatz; im Übrigen tragen die Rentner die Beiträge.

A. Überblick

Die Vorschrift regelt für Versicherungspflichtige die Beitragstragung, soweit die Beiträge auf Renten aus der GRV entfallen. 1

B. Fassung bis 31. 12. 2008

Die vom 1. 4. 2007 bis zum 31. 12. 2008 geltende Fassung geht ersichtlich davon aus, dass der zusätzliche Beitragssatz in den allgemeinen Beitragssatz einbezogen ist. Somit wird bei der Tragung der Beiträge aus der Rente der **Grundsatz der Halbierung aufgegeben** (*Peters*, KK, § 249 a Rn. 5). D. h., der Rentenversicherungsträger trägt nur noch die Hälfte des Beitrags, die sich ergibt, wenn der um 2

§ 249 b

0,9 Beitragssatzpunkte minimierte allgemeine Beitragssatz zugrunde gelegt wird. Den verbleibenden Rest trägt der Rentner. In der Sache entspricht dies der vor dem 1. 4. 2007 anwendbaren Regelung (vgl. *Peters,* KK, § 249 a Rn. 4 f.). Das BSG hält die Beitragsbelastung von versicherungspflichtigen Rentnern in Höhe des zusätzlichen Beitrags für **verfassungsgemäß** (BSG, Urt. v. 18. 7. 2007 – B 12 R 21/06 R –, Rn. 16 ff.).

3   Die Regelung gilt **nur für versicherungspflichtige Mitglieder,** also nicht für freiwillige Mitglieder; auf welchem Tatbestand die Versicherungspflicht beruht, ist irrelevant (*Peters,* KK, § 249 Rn. 6). Die Norm bezieht sich ferner **nur auf Renten aus der GRV,** also nicht auf andere beitragspflichtige Einnahmen (*Peters,* KK, § 249 a Rn. 6).

C. Fassung ab 1. 1. 2009

4   § 249 a in der ab 1. 1. 2009 anwendbaren Fassung trägt dem Umstand Rechnung, dass im Zuge der Neuausrichtung des GKV-Finanzierung durch den Gesundheitsfonds der zusätzliche Beitrag im allgemeinen Beitragssatz aufgeht; gleichwohl soll die bisherige hälftige **Beitragstragung** im gleichen Verhältnis **wie bisher** bestehen bleiben (BT-Drs. 16/3100, 166; s. auch § 249 Rn. 4).

5   § 249 a, dessen geänderte, ersichtlich auf die Zeit ab 1. 1. 2009 abstellende Fassung im GKV-WSG (vgl. Art. 1 Nr. 168) ohne Inkrafttretensregelung verkündet worden war und daher nicht in Kraft treten konnte, ist danach neu verkündet worden mit G v. 14. 6. 2007 (Art. 5 Nr. 5, BGBl. I, 1066, 1095), so dass nunmehr der **Inkrafttretenszeitpunkt 1. 1. 2009** gilt (vgl. auch § 249 Rn. 4).

§ 249 b Beitrag des Arbeitgebers bei geringfügiger Beschäftigung

¹**Der Arbeitgeber einer Beschäftigung nach § 8 Abs. 1 Nr. 1 des Vierten Buches hat für Versicherte, die in dieser Beschäftigung versicherungsfrei oder nicht versicherungspflichtig sind, einen Beitrag in Höhe von 13 vom Hundert des Arbeitsentgelts dieser Beschäftigung zu tragen.** ²**Für Beschäftigte in Privathaushalten nach § 8 a Satz 1 des Vierten Buches, die in dieser Beschäftigung versicherungsfrei oder nicht versicherungspflichtig sind, hat der Arbeitgeber einen Beitrag in Höhe von 5 vom Hundert des Arbeitsentgelts dieser Beschäftigung zu tragen.** ³**Für den Beitrag des Arbeitgebers gelten der Dritte Abschnitt des Vierten Buches sowie § 111 Abs. 1 Nr. 2 bis 4, 8 und Abs. 2 und 4 des Vierten Buches entsprechend.**

A. Überblick

1   Die Vorschrift sieht für Arbeitgeber von bestimmten geringfügig Beschäftigten einen Pauschalbeitrag zur GKV vor. Damit wird für einen Teil geringfügig Beschäftigter eine **„Beitragspflicht eigener Art"** (*Hänlein,* H/K, § 249 b Rn. 1) geschaffen.

B. Bedeutung, verfassungsrechtlicher und funktionaler Hintergrund

2   Die Regelung ist als Teil eines über verschiedene Bücher des SGB verteilten Geflechts aufeinander abgestimmter Vorschriften zu geringfügigen Beschäftigung

von „**zentraler Bedeutung**" (*Peters*, KK, § 249 b Rn. 2). Eine entsprechende Bestimmung gibt es in der GRV (§ 172 Abs. 3 S. 1 SGB VI; s. auch § 5 Abs. 2 S. 2, § 163 Abs. 8, § 168 Abs. 1 b SGB VI). In der Arbeitslosen- (SGB III) und der Pflegeversicherung (SGB XI) fehlen vergleichbare Bestimmungen.

§ 249 b SGB V ist **verfassungsrechtlichen Bedenken, insb. im Hinblick auf den Gleichheitssatz**, ausgesetzt. Sie haben zwar im Zuge der Gesetzesentstehung zu Korrekturen geführt (vgl. allg. zu verfassungsrechtlichen Bedenken den Ausschussbericht, BT-Drs. 14/441, 32). In der Literatur werden die Bedenken aber weiterhin ausführlich thematisiert (*Peters*, KK, § 249 b Rn. 2, 8, 13, 16, 29 aE.). Die Konstruktion eines den Arbeitgeber treffenden „Beitrag ohne Leistung" für den Arbeitnehmer mag irritieren, allerdings ist in der Sozialversicherung fehlende Beitragsäquivalenz im Sinne fehlender Korrespondenz von Beitrag und einforderbarer Leistung „kein Novum" (*Hanau*, zit. nach dem Ausschussbericht, BT-Drs. 14/441, 28). 3

Funktional betrachtet, ähnelt der Pauschalbeitrag gleichwohl eher einer den Arbeitgeber treffenden Subventionspflicht zugunsten des GKV-Systems, was den Pauschalbeitrag wenn nicht steuerähnlich, so doch sonderabgabenähnlich erscheinen lässt. Nicht anders lässt sich der Hinweis des BSG (SozR 4–2500 § 249 b Nr. 2) auf die „spezifische Solidaritäts- und Verantwortungsbeziehung" des Arbeitgebers verstehen, womit offenbar eine Verantwortungsbeziehung zur Welt der generell arbeitnehmernützigen Sozialsysteme gemeint sein soll. Der Rspr. des BVerfG lassen sich jedenfalls argumentative Anhaltspunkte für beides – Verfassungsgemäßheit und Verfassungswidrigkeit – entnehmen (s. die Nachw. bei *Peters*, KK, § 249 b Rn. 23). Angesichts der Großzügigkeit der bisherigen Judikatur des BVerfG, den Gattungsbegriff der Sozialversicherung, insb. die Vokabel „sozial", flexibel-situationsabhängig – um nicht zu sagen: beliebig – zu erweitern, was entgrenzend auf den Begriff des Sozialversicherungsbeitrags ausstrahlt, dürften Versuche, die Verfassung gegen § 249 b in Stellung zu bringen, wenig Erfolg versprechen. Das **BSG** hat dem so auch eine deutliche Absage erteilt (SozR 4–2500 § 249 b Nr. 2 mit Blick auf die Rspr. des BVerfG zu sog. Einmalzahlungen, BVerfGE 92, 53 = NZS 1995, 312). 4

C. Voraussetzungen der Beitragspflicht

Das Gesetz führt (in S. 1) **drei Voraussetzungen der Beitragspflicht** an (vgl. *Hänlein*, H/K, § 249 b Rn. 3 ff.): 5

– Der Arbeitgeber muss einen Arbeitnehmer im Sinne von **§ 8 Abs. 1 Nr. 1 SGB IV** beschäftigen. Es geht also nur um eine geringfügige Dauerbeschäftigung, wenn sie in der Regel weniger als 15 Stunden wöchentlich ausgeübt wird und das Arbeitsentgelt 400 € im Monat beträgt. Nicht erfasst ist die Geringfügigkeit im Sinne des § 8 Abs. 1 Nr. 2 SGB IV, dh. in diesem Fall besteht keine Beitragspflicht gemäß § 249 b S. 1 (zur verfassungsrechtlichen Unbedenklichkeit BSG, SozR 4–2500 § 249 b Nr. 2). 6

– Der Beschäftigte muss entweder versicherungsfrei (vgl. § 7 Abs. 1, dazu *Peters*, KK, § 249 b Rn. 11; s. auch die Ausnahmen in S. 1 Hs. 2, dazu *Peters*, KK, § 249 b Rn. 10) oder gar nicht versicherungspflichtig (vgl. § 6) sein, was auch der Fall sein kann, wenn der geringfügig beschäftigte Versicherte ansonsten nicht beschäftigt ist (*Peters*, KK, § 249 b Rn. 12). Beitragspflichtig ist danach eine geringfügige Beschäftigung zB. auch dann, wenn sich die Versicherungsfreiheit der geringfügigen Beschäftigung aus § 6 ergibt, etwa bei einer Person, die die Jahresar- 7 beitsentgeltgrenze überschreitet (§ 6 Abs. 1 Nr. 1) und einer geringfügigen Beschäftigung nachgeht (vgl. BSG, SozR 4–2500 § 249 b Nr. 2).

8 – Der geringfügig Beschäftigte muss in der GKV versichert sein. Woraus der Versichertenstatus folgt, ist unerheblich. Versicherungspflicht (zB. ein Studierender, vgl. § 5 Abs. 1 Nr. 9, mit geringfügiger Beschäftigung), freiwillige Versicherung (§ 9) und Familienversicherung (§ 10) kommen gleichermaßen in Betracht.

9 Liegen die Voraussetzungen vor, entsteht kraft Gesetzes die Pflicht, **13 %** auf das Entgelt aus geringfügiger Beschäftigung zu zahlen. Da der Pauschalbeitrag gesetzlich festgelegt ist, muss er von den Krankenkassen nicht in Satzungen geregelt noch kann er durch Satzungsrecht geändert werden (*Peters*, KK, § 249 b Rnb. 24).

10 Für geringfügig Beschäftigte in **Privathaushalten** nach § 8 a Abs. 1 S. 1 SGB IV, die in dieser Beschäftigung versicherungsfrei oder nicht versicherungspflichtig sind (vgl. Rn. 6), beträgt der **Pauschalbeitrag 5 %** (§ 249 b S. 2).

11 Die Verweisung in S. 3 auf den Dritten Abschnitt des **SGB IV** (§§ 28 ff. SGB IV) sowie auf das SGB IV-spezifische Bußgeldrecht des § 111 Abs. 1 Nr. 2 bis 4, 8 und Abs. 2 und 4 SGB IV zeigt, dass für den Beitrageinzug die allgemeinen Vorschriften „entsprechend", dh. dem Charakter des Pauschalbeitrags als eines Beitrags eigener Art gerecht werdend, Anwendung finden. Zu den **Besonderheiten** gehört, dass als Einzugsstelle die Deutsche Rentenversicherung Knappschaft-Bahn-See/Verwaltungsstelle Cottbus als Träger der Rentenversicherung zuständig ist (§ 28 i S. 5 SGB IV). Außerdem fließen die Beiträge aus der GKV zugunsten des Risikostrukturausgleichs an die DRV Bund (§ 28 k Abs. 2 SGB IV), die zur Weiterleitung verpflichtet ist (vgl. § 219 Abs. 2 S. 2 SGB VI). Ab 1. 1. 2009 fließen die Beiträge an den Gesundheitsfonds (28 k Abs. 2 idF. v. Art. 5 Nr. 4 lit. b iVm. Art. 46 Abs. 10 GKV-WSG).

§ 250 Tragung der Beiträge durch das Mitglied

[Abs. 1 in der bis 31. 12. 2008 geltenden Fassung:]

(1) **Versicherungspflichtige tragen die Beiträge allein**
1. **aus den Versorgungsbezügen,**
2. **aus dem Arbeitseinkommen,**
3. **aus den beitragspflichtigen Einnahmen nach § 236 Abs. 1.**

[Abs. 1 in der ab 1. 1. 2009 geltenden Fassung:]

(1) **Versicherungspflichtige tragen die Beiträge aus**
1. **den Versorgungsbezügen,**
2. **dem Arbeitseinkommen,**
3. **den beitragspflichtigen Einnahmen nach § 236 Abs. 1, sowie den Zusatzbeitrag nach § 242 allein.**

(2) **Freiwillige Mitglieder, in § 189 genannte Rentenantragsteller sowie Schwangere, deren Mitgliedschaft nach § 192 Abs. 2 erhalten bleibt, tragen den Beitrag allein.**

(3) **Versicherungspflichtige nach § 5 Abs. 1 Nr. 13 tragen ihre Beiträge mit Ausnahme der aus Arbeitsentgelt und aus Renten der gesetzlichen Rentenversicherung zu tragenden Beiträge allein.**

8. Kapitel. 1. Abschnitt. 4. Titel **§ 250**

A. Überblick

Die Vorschrift regelt die Beitragstragung durch das Mitglied, in Abs. 1 und 3 für versicherungspflichtige Mitglieder, in Abs. 2 für freiwillige Mitglieder. 1

B. Beitragstragung durch Mitglieder im Einzelnen

Abs. 1, der für alle Fälle der Versicherungspflicht gilt (mit Ausnahme des § 5 Abs. 1 Nr. 13, dazu Abs. 3 sowie § 250 Abs. 3), definiert zugleich die für die jeweiligen Mitglieder für die Beitragstragung relevanten Einnahmen. Die in Abs. 1 genannten Mitglieder tragen ihren sich daraus ergebenden Beitrag sowie den mWz. 1. 1. 2009 eingeführten Zusatzbeitrag nach § 242 nF. allein. Soweit andere Einnahmen als die in Abs. 1 genannten in Rede stehen, gelten bzgl. dieser Einnahmen die allgemeinen Regelungen der §§ 249 und 251 (*Peters,* KK, § 250 Rn. 3). 2

Versorgungsbezüge sind alle Einnahmen im Sinne des § 229 Abs. 1. Zum **Arbeitseinkommen** s. § 226 Abs. 1 S. 1 Nr. 4 und insb. auch § 15 SGB IV; eine Ausnahme zu § 250 Abs. 1 Nr. 2 stellt § 251 Abs. 3 dar, wonach die Beiträge gegenüber der Krankenkasse die Künstlersozialkasse trägt (*Peters,* KK, § 250 Rn. 3). 3

Zu den beitragspflichtigen Einkommen der **Studenten und Praktikanten** s. § 236. Die alleinige Beitragslast der Studenten und Praktikanten wird durch § 245 gemildert (*Hänlein,* H/K, § 250 Rn. 1), dh. zu einer dem typischen wirtschaftlichen Status der Studenten und Praktikanten gerecht werdenden Last gemacht. 4

Freiwillige Mitglieder tragen den Beitrag allein (Abs. 2 Var. 1), ebenso Rentenantragsteller iSd. § 189 (Abs. 2 Var. 2) und Schwangere, letztere allerdings nur dann, wenn ein Fall des § 192 Abs. 2 vorliegt. D. h. insb., dass sie nach ihrer gesamten wirtschaftlichen Leistungsfähigkeit Beiträge bis zur Beitragsbemessungsgrenze zahlen müssen (Begr. zum GKV-WSG, BT-Drs. 16/3100, 166; s. außerdem § 240). Zu beachten ist aber vorgängig für alle in Abs. 2 genannten Mitglieder, ob gemäß §§ 224, 225 Beitragsfreiheit besteht (*Peters,* KK, § 250 Rn. 4). 5

§ 251 Abs. 1 ist vorrangig anwendbare **Spezialregelung** zu § 250 Abs. 2 (so ausdrücklich die Begr. zum GRG, BT-Drs. 11/2237, 226 f. zu § 260 des Entwurfs, der § 251 entspricht). Anders als in der Literatur vertreten (*Peters,* KK, § 250 Rn. 4), gilt § 251 Abs. 4 nicht für den Fall, dass es sich bei den **Wehr- oder Zivildienstleistenden** um freiwillige Mitglieder handelt, denn die Regelung des § 251 Abs. 4 Var. 1 iVm. § 192 Abs. 2 und Abs. 3 bezieht sich ausdrücklich nur auf versicherungspflichtig Beschäftigte. Anwendbar ist demnach die allgemeine Regelung des Abs. 2. Das ist auch nicht unbillig, weil der Gesetzgeber ersichtlich davon ausgeht, dass ein freiwillig versichertes Mitglied, auch bei der Beitragstragung, nicht im selben Maße schutzbedürftig und -würdig ist, und zwar auch dann, wenn Wehr- oder Zivildienst geleistet wird. Für eine analoge Anwendung des § 251 Abs. 4 auf freiwillige Mitglieder ist daher mangels planwidriger Regelungslücke kein Raum. 6

Durch das GKV-WSG wurde Abs. 3 eingefügt. Danach tragen die Personen, die gemäß **§ 5 Abs. 1 Nr. 13** versicherungspflichtig sind (dazu § 5 Rn. 59), ihre Beiträge grundsätzlich alleine. Ausgenommen von der grundsätzlichen Beitragstragung sind Beiträge, die aus Arbeitsentgelt (§ 14 SGB IV) und aus Renten der GRV zu tragen sind. D.h, dass die §§ 249–249 b anwendbar sind, weil insoweit der Grundfall der hälftigen Beitragstragung gilt (*Hänlein,* H/K, § 250 Rn. 3; zu Rentnern auch der Ausschussbericht, BT-Drs. 16/4247, 54). Zur Beitragsbemessung s. § 227 iVm. § 240. 7

Rixen 1163

§ 251 Tragung der Beiträge durch Dritte

(1) Der zuständige Rehabilitationsträger trägt die auf Grund der Teilhabe an Leistungen zur Teilhabe am Arbeitsleben sowie an Berufsfindung oder Arbeitserprobung (§ 5 Abs. 1 Nr. 6) oder des Bezugs von Übergangsgeld, Verletztengeld oder Versorgungskrankengeld (§ 192 Abs. 1 Nr. 3) zu zahlenden Beiträge.

(2) ¹Der Träger der Einrichtung trägt den Beitrag allein
1. für die nach § 5 Abs. 1 Nr. 5 versicherungspflichtigen Jugendlichen,
2. für die nach § 5 Abs. 1 Nr. 7 oder 8 versicherungspflichtigen behinderten Menschen, wenn das tatsächliche Arbeitsentgelt den nach § 235 Abs. 3 maßgeblichen Mindestbetrag nicht übersteigt; im übrigen gilt § 249 Abs. 1 und Abs. 3 entsprechend.

²Für die nach § 5 Abs. 1 Nr. 7 versicherungspflichtigen behinderten Menschen sind die Beiträge, die der Träger der Einrichtung zu tragen hat, von den für die behinderten Menschen zuständigen Leistungsträgern zu erstatten.

(3) ¹Die Künstlersozialkasse trägt die Beiträge für die nach dem Künstlersozialversicherungsgesetz versicherungspflichtigen Mitglieder. ²Hat die Künstlersozialkasse nach § 16 Abs. 2 Satz 2 des Künstlersozialversicherungsgesetzes das Ruhen der Leistungen festgestellt, entfällt für die Zeit des Ruhens die Pflicht zur Entrichtung des Beitrages, es sei denn, das Ruhen endet nach § 16 Abs. 2 Satz 5 des Künstlersozialversicherungsgesetzes. ³Bei einer Vereinbarung nach § 16 Abs. 2 Satz 6 des Künstlersozialversicherungsgesetzes ist die Künstlersozialkasse zur Entrichtung der Beiträge für die Zeit des Ruhens insoweit verpflichtet, als der Versicherte seine Beitragsanteile zahlt.

(4) Der Bund trägt die Beiträge für Wehrdienst- und Zivildienstleistende im Falle des § 193 Abs. 2 und 3 sowie für die nach § 5 Abs. 1 Nr. 2 a versicherungspflichtigen Bezieher von Arbeitslosengeld II.

(4 a) Die Bundesagentur für Arbeit trägt die Beiträge für die Bezieher von Arbeitslosengeld und Unterhaltsgeld nach dem Dritten Buch.

(4 b) Für Personen, die als nicht satzungsmäßige Mitglieder geistlicher Genossenschaften oder ähnlicher religiöser Gemeinschaften für den Dienst in einer solchen Genossenschaft oder ähnlichen religiösen Gemeinschaft außerschulisch ausgebildet werden, trägt die geistliche Genossenschaft oder ähnliche religiöse Gemeinschaft die Beiträge.

(4 c) Für Auszubildende, die in einer außerbetrieblichen Einrichtung im Rahmen eines Berufsausbildungsvertrages nach dem Berufsbildungsgesetz ausgebildet werden, trägt der Träger der Einrichtung die Beiträge.

(5) ¹Die Krankenkassen sind zur Prüfung der Beitragszahlung berechtigt. [Satz 2 in der ab 1. 1. 2009 geltenden Fassung:] ²In den Fällen der Absätze 3, 4 und 4 a ist das Bundesversicherungsamt zur Prüfung der Beitragszahlung berechtigt.

[Abs. 6 in der ab 1. 1. 2009 geltenden Fassung:]

(6) ¹Den Zusatzbeitrag nach § 242 hat das Mitglied zu tragen. ²Für Versicherte nach § 5 Abs. 1 Nr. 7 oder 8, deren tatsächliches Arbeitsentgelt den nach § 235 Abs. 3 maßgeblichen Mindestbetrag nicht übersteigt, wird der Zusatzbeitrag abweichend von Satz 1 vom Träger der Einrichtung getragen; für Versicherte nach § 5 Abs. 1 Nr. 7 gilt Absatz 2 Satz 2 entsprechend.

A. Überblick

Die Vorschrift regelt die Beitragstragung durch „Dritte", womit alle Träger der 1
Beitragslast außer Arbeitgeber und Mitglieder gemeint sind (*Peters,* KK, § 251
Rn. 1). Die Beitragstragungspflicht des Dritten besteht gegenüber der jeweiligen
Krankenkasse.

B. Beitragstragung durch Dritte im Einzelnen

Abs. 1 verpflichtet den zuständigen **Rehabilitationsträger** (vgl. § 6 Abs. 1 2
SGB IX) zur Beitragstragung in den Fällen des § 5 Abs. 1 Nr. 6 (dazu § 5 Rn. 31)
sowie in den Fällen des Bezugs von Übergangsgeld, Verletztengeld oder Versorgungskrankengeld gemäß § 192 Abs. 1 Nr. 3. Abs. 1 ist lex specialis zu § 250 Abs. 2
(vgl. § 250 Rn. 6). Zum „Bezug" von Leistungen vgl. § 5 Rn. 17. Die KK kann
die Beitragsforderung gegenüber dem Reha-Träger durch VA geltend machen
(BSGE 45, 296 = SozR 2200 § 381 Nr. 26).

Abs. 2 S. 1 verpflichtet den **Träger der Einrichtung** zur alleinigen Beitrags- 3
tragung, soweit es um die Einrichtungen der Jugendhilfe iSd. § 5 Abs. 1 Nr. 5 geht
(§ 5 Rn. 29). Grundsätzlich gilt das auch hinsichtlich der Einrichtungen für behinderte Menschen iSd. § 5 Abs. 1 Nr. 7 oder Nr. 8, sofern nicht das tatsächliche Entgelt den nach § 235 Abs. 3 maßgeblichen Mindestbetrag (§ 235 Rn. 4) übersteigt;
ansonsten gilt die Grundregel des § 249 Abs. 1. Hinsichtlich der Einrichtungen
iSd. § 5 Abs. 1 Nr. 7 legt **Abs. 2 S. 2** fest, dass die Beiträge, die der Träger der Einrichtung zu tragen hat, von dem für die behinderten Menschen zuständigen Leistungsträgern (idR. der Sozialhilfeträger, vgl. Ausschussbericht zum GKV-WSG,
BT-Drs. 16/4247, 54) zu erstatten sind, so dass die im Verhältnis zur Krankenkasse
bestehende Beitragstragungspflicht nur eine formelle, nicht aber eine materielle
idS. ist, dass die Einrichtung wirtschaftlich für die Beiträge letztendlich einzustehen hat.

Abs. 3 S. 1 legt fest, dass die Künstlersozialkasse die Beiträge der nach dem 4
KVSG versicherungspflichtigen Mitglieder zu tragen hat. Abs. 3 S. 2 und S. 3 betreffen Besonderheiten des Ruhens der Leistungen gemäß § 16 Abs. 2 KSVG.

Abs. 4 bestimmt, dass der Bund (Bundesrepublik Deutschland) die Beiträge 5
für Wehr- und Zivildienstleistende bei versicherungspflichtigen Mitgliedern gemäß § 192 Abs. 2 und Abs. 3 trägt. Abs. 4 gilt nicht für freiwillige Mitglieder, die
ihren Wehr- oder Zivildienst ableisten (§ 250 Rn. 6). Zum Beginn des Wehrdienstes s. § 21 Abs. 2 WPflG, zu dessen Ende § 28 WPflG; zum Beginn des Zivildienstes s. § 25 ZDG, zu dessen Ende § 42 ZDG.

Abs. 4 a legt fest, dass die BA die Beiträge für die Bezieher von Arbeitslosengeld 6
(§§ 117 ff. SGB III) alleine trägt. Gleiches gilt für die Bezieher von Unterhaltsgeld
(§§ 153 SGB III a. F.), das es freilich seit 1. 1. 2005 nicht mehr gibt (vgl. Art. 1 Nr. 86
G v. 23. 12. 2003, „Hartz III", BGBl. I, 2848, 2863). An die Stelle des Unterhaltsgeldes ist das Arbeitslosengeld bei beruflicher Weiterbildung getreten (vgl. § 116
Nr. 1, § 124 a SGB III, s. hierzu BT-Drs. 15/1515, 82, 88). Der Gesetzgeber hat es
versehentlich unterlassen, § 251 Abs. 4 a entsprechend anzupassen (vgl. Art. 4 Nr. 4
G v. v. 23.12. 2003, BGBl. I, 2848, 2888). Zum „Bezug" von Leistungen s. § 5
Rn. 17.

Abs. 4 b legt fest, dass die geistliche Genossenschaft oder eine ähnliche (nicht 7
notwendig christlich geprägte) religiöse Gemeinschaft die Beiträge für Personen

§ 252 Beitragszahlung

trägt, die als nicht satzungsmäßige Mitglieder für den Dienst in einer solchen Gemeinschaft außerschulisch ausgebildet werden. Der Gesetzgeber hat hierbei an Postulanten und Novizen iSd. der röm.-kath. Ordensgemeinschaften gedacht (Begr. zum GKV-GRG 2000, BT-Drs. 14/1245, 98). Allerdings sind dies nur Beispiele, die den am Wortlaut der Bestimmung, weiter gefassten normativen Sinn der Bestimmung nicht ausschöpfen (vgl. *Glenski,* Die Stellung der Ordensangehörigen in der Krankenversicherung, Diss. iur. Köln, 2000).

8 **Abs. 4c** weist außerbetrieblichen Einrichtungen im Rahmen eines Berufsausbildungsvertrages nach dem Berufsbildungsgesetz (vgl. § 10 BBiG) hinsichtlich der dort ausgebildeten Personen die alleinige Beitragstragung zu. Nachdem die Rspr. des BSG insoweit zu Unsicherheiten geführt hatte (BSG, SozR 3–2600 § 1 Nr. 7 = SGb 2001, 268), schuf der Gesetzgeber mit Einführung des Abs. 4c Klarheit (vgl. die Begr. zum Job-AQTIV-Gesetz v. 10. 12. 2001, BGBl. I, 3443, BT-Drs. 14/6944, 52).

9 **Abs. 5** ordnet an, dass die Krankenkassen bei der Beitragstragung durch Dritte zur Prüfung berechtigt sind. Der Gesetzgeber geht von einer „klarstellenden Regelung" aus (Ausschussbericht zum 2. SGBÄndG v. 13. 6. 1994, BGBl. I, 1229, BT-Drs. 12/6334, 6). Das ist verständlich, wenn man bedenkt, dass die Prüfung bei den Arbeitgebern grundsätzlich bei den Trägern der GRV liegt (§ 28p SGB IV; s. aber zur Prüfung durch die KK als Einzugsstellen auch § 28h Abs. 2 S. 1 SGB IV). Ab 1. 1. 2009 ist in den Fällen der Abs. 3, 4 und 4a das Bundesversicherungsamt zur Prüfung der Beitragszahlung zuständig.

10 **Abs. 6** legt für die Zeit ab Einführung des Gesundheitsfonds fest, dass der kassenindividuelle Zusatzbeitrag von jedem Mitglied selbst zu tragen ist (S. 1). Für Versicherte in Einrichtungen für behinderte Menschen iSd. § 5 Abs. 1 Nr. 7 und Nr. 8 wird der Zusatzbeitrag von der jeweiligen Einrichtung getragen, wenn das tatsächliche Arbeitsentgelt den Mindestbeitrag nach § 235 Abs. 3 (dazu § 235 Rn. 4) nicht übersteigt (Abs. 6 S. 2 Hs. 1). Für Einrichtungen iSd. § 5 Abs. 1 Nr. 7 gilt die Erstattungsregelung des Abs. 2 S. 2 entsprechend (so Abs. 6 S. 1 Hs. 2).

Fünfter Titel. Zahlung der Beiträge

[Erster Abschnitt. Beitragszahlung]

§ 252 Beitragszahlung

(1) ¹Soweit gesetzlich nichts Abweichendes bestimmt ist, sind die Beiträge von demjenigen zu zahlen, der sie zu tragen hat. ²Abweichend von Satz 1 zahlen die Bundesagentur für Arbeit oder in den Fällen des § 6a des Zweiten Buches die zugelassenen kommunalen Träger die Beiträge [ab 1. 1. 2009: mit Ausnahme der Zusatzbeiträge nach § 242] für die Bezieher von Arbeitslosengeld II nach dem Zweiten Buch.

[Abs. 2 in der ab 1. 1. 2009 geltenden Fassung:]

(2) ¹Die Beitragszahlung erfolgt in den Fällen des § 251 Abs. 3, 4 und 4a an den Gesundheitsfonds. ²Ansonsten erfolgt die Beitragszahlung an die nach § 28i des Vierten Buches zuständige Einzugsstelle. ³Die Einzugsstellen leiten die nach Satz 2 gezahlten Beiträge einschließlich der Zinsen auf Beiträge und Säumniszuschläge arbeitstäglich an den Gesundheitsfonds weiter.

A. Überblick

Die Vorschrift legt den **Grundsatz** fest, dass die Beitragszahlung der Beitrags- 1
tragung folgt (zu den Begriffen s. § 220 Rn. 12) und sieht zugleich eine Ausnahme
für den Bereich des SGB II vor.

B. Regelungen in S. 1 und S. 2

S. 1 legt als Regel fest, dass die Beitragszahlung (zum Begriff § 220 Rn. 12) 2
der Beitragstragung (zum Begriff § 220 Rn. 12) folgt; Hs. 1 von S. 1 öffnet die
Regel zugleich für gesetzlich angeordnete **Abweichungen von der Regel;** diese
sind derzeit in S. 2 sowie in den §§ 253, 255, 256 vorgesehen, denn dort folgt die
Beitragszahlung nicht der Beitragstragung.

Bedenkt man, dass die Beitragstragung teilweise beim Tatbestand der Versiche- 3
rungspflicht, teilweise bei der Art der beitragspflichtigen Einnahmen anknüpft,
ist sinnvollerweise in folgenden Schritten vorzugehen (**Prüfschema** nach *Peters,*
KK, § 252 Rn. 3):

(1) Welcher Tatbestand der Versicherungspflicht besteht und wer trägt die Bei- 4
träge aus den für diesen Tatbestand relevanten beitragspflichtigen Einnahmen?

(2) Hat der Versicherungspflichtige weitere beitragspflichtige Einnahmen,
und wer trägt insofern die Beiträge?

(3) Liegt in den Fällen (1) und (2) ein Ausnahmefall nach S. 2, §§ 253, 255,
256 vor, in dem ein anderer als der Tragungspflichtige zahlungspflichtig ist?

S. 2 normiert eine Abweichung, die die **Grundsicherung für Arbeits-** 5
suchende (SGB II) betrifft. Danach zahlt die BA oder für den Fall, dass eine sog.
Optionskommune tätig wird (vgl. § 6a SGB II), die Optionskommune die Beiträge für die Bezieher von Arbeitslosengeld II (zu den Optionskommunen *Rixen,*
in: Eicher/Spellbrink, SGB II, 2. Aufl. 2008, § 6a Rn. 1 ff.). Die Beiträge werden
vom Bund getragen (§ 251 Abs. 4), während die BA, als eigenständige juristische
Person des öffentlichen Rechts (§ 367 Abs. 1 SGB III), vom Bund rechts- und vor
allem haushaltstechnisch verschieden, die Beitragszahlung verantwortet.

C. Änderungen ab 1. 1. 2009

Im Hinblick auf die Einführung des Gesundheitsfonds ab 1.1.2009 (zum In- 6
krafttreten Art. 46 Abs. 10 GKV-WSG) wird − im nunmehrigen **Abs. 1** S. 2 −
klargestellt, dass die Beitragszahlung der BA oder der sog. Optionskommune
(Rn. 5) sich nicht auf den **kassenindividuellen Zusatzbeitrag** nach § 242 bezieht (vgl. Ausschussbericht zum GKV-WSG, BT-Drs. 16/4247, 54).

Abs. 2 S. 1 legt ab 1.1.2009 fest (zum Inkrafttreten Art. 46 Abs. 10 GKV- 7
WSG), dass in den Fällen des § 251 Abs. 3, 4 und 4a (dazu § 251 Rn. 4 ff.) die Beiträge an den Gesundheitsfonds gezahlt werden. Im Übrigen ist an die nach § 28i
SGB IV zuständige Einzugsstelle zu zahlen (Abs. 2 S. 2), die die gezahlten Beiträge
nebst Zinsen auf Beiträgen (vgl. hierzu § 28k Abs. 1 S. 1, § 28n Nr. 3 SGB IV;
s. auch § 5 BVV) und Säumniszuschlägen (§ 24 SGB IV) an den Gesundheitsfonds
weiterleitet (Abs. 2 S. 3).

Rixen

§ 253 Beitragszahlung aus dem Arbeitsentgelt

Für die Zahlung der Beiträge aus Arbeitsentgelt bei einer versicherungspflichtigen Beschäftigung gelten die Vorschriften über den Gesamtsozialversicherungsbeitrag nach den §§ 28 d bis 28 n und § 28 r des Vierten Buches.

1 Die Vorschrift stellt klar, dass sich die Beitragszahlung hinsichtlich der Beiträge aus versicherungspflichtiger Beschäftigung nach den Bestimmungen des SGB IV richtet.

2 Für den praktisch wichtigsten Fall der grundsätzlich hälftigen Beitragstragung bezüglich der Beiträge aus Arbeitsentgelt (vgl. § 249 Abs. 1) verweist das SGB V – deklaratorisch – auf die konstitutiven Bestimmungen SGB IV zum Verfahren der Beitragszahlung (§§ 28d–28n), das in seinen Bestimmungen über den Gesamtsozialversicherungsbeitrag die Regel „Beitragszahlung folgt Beitragstragung" durchbricht:

3 § 28 d definiert den Sozialversicherungsbeitrag. § 28 e legt (in Abs. 1 S. 1) die Beitragszahlungspflicht des Arbeitgebers fest; die Vorschrift sieht im Übrigen für den Einsatz von sog. Leitarbeitnehmern (§ 28 e Abs. 2), von Seeleuten (§ 28 e Abs. 3) sowie für den Baubereich (§ 28 e Abs. 3a–3f) besondere Haftungsregelungen vor (zur derzeit – vor allem auf die Parallelvorschrift des § 150 Abs. 3 SGB VII – strittigen Generalunternehmerhaftung im Baubereich *Rixen*, SGb 2002, 536 ff.; einerseits LSG B-W, Urt. v. 18. 6. 2007 – L 1 U 6465/06 – und LSG NRW [4. Senat], NZS 2007, 597, andererseits LSG NRW [17. Senat], Urt. v. 21. 2. 2007 – L 17 U 46/06, BauR 2007, 1432, dazu auch das beim BSG anhängige Verfahren B 2 U 11/07 R). § 28 e Abs. 4 definiert genauer, was mit den Beitragsansprüchen gemeint ist, Abs. 5 betrifft Vorschüsse. **§ 28 f** betrifft im wesentlichen Dokumentationspflichten, **§ 28 g** bezieht sich auf den Beitragsabzug, **§ 28 h** und **§ 28 i** gilt den Einzugsstellen, **§ 28 k** regelt die Weiterleitung der Beiträge, **§ 28 l** normiert Vergütungsabsprüche der Einzugsstellen sowie der am Verfahren beteiligten Träger, **§ 28 m** sieht Sonderregelungen für bestimmte Personengruppen (zB. Heimarbeiter) vor, **§ 28 n** enthält eine Verordnungsermächtigung, auf deren Grundlage die BVV ergangen ist.

4 Außerdem wird auf die **Haftungsregelung des § 28 r SGB IV** hingewiesen, die die Einzugsstelle dazu anhalten soll, ihre (Weiterleitungs-)Aufgaben gegenüber den Trägern der GRV, der sozialen Pflegeversicherung und der BA korrekt zu erfüllen.

5 Unregelmäßigkeiten bei der Beitragszahlung des Arbeitgebers können zur Haftung gegenüber der Einzugsstelle gemäß **§ 823 Abs. 2 BGB** führen und strafrechtlich unter dem Aspekt des **§ 266 a Abs. 1 und Abs. 2 StGB** relevant sein (ausf. *Pananis*, in: Ignor/Rixen, Handbuch Arbeitsstrafrecht. Personalverantwortung als Strafbarkeitsrisiko, 2. Aufl. 2008, § 6 Rn. 1 ff., Rn. 29 f. auch zur inzwischen eingetretenen Konvergenz der Rspr. des BGH im Zivil- und in Strafsachen). Die Vorschriften über die Beitragszahlung sind für die sachgerechte Auslegung von BGB und StGB wesentliche **sozialrechtliche Vorfragen.**

§ 254 Beitragszahlung der Studenten

¹Versicherungspflichtige Studenten haben vor der Einschreibung oder Rückmeldung an der Hochschule die Beiträge für das Semester im voraus an die zuständige Krankenkasse zu zahlen. ²*Die Satzung der Krankenkasse* [ab 1. 1. 2009: Der Spitzenverband Bund der Krankenkassen] kann andere Zahlungsweisen

vorsehen. ³Weist ein als Student zu Versichernder die Erfüllung der ihm gegenüber der Krankenkasse auf Grund dieses Gesetzbuchs auferlegten Verpflichtungen nicht nach, verweigert die Hochschule die Einschreibung oder die Annahme der Rückmeldung.

A. Überblick

Die Vorschrift regelt die Beitragszahlung versicherungspflichtiger Studierender. Sie ist nicht abweichend von der Grundregel des § 252 geregelt, sondern entspricht dem Grundsatz „Beitragszahlung folgt Beitragstragung", denn die Beitragstragung der Studenten ist § 250 Abs. 1 Nr. 4 normiert. § 254 regelt ausschließlich Modalitäten der Beitragszahlung (*Peters*, KK, § 254 Rn. 2).

B. Modalitäten der Beitragszahlung versicherungspflichtiger Studierender

S. 1 normiert eine grundsätzliche Pflicht zu einer vor Einschreibung (Immatrikulation) bzw. Rückmeldung erfolgenden Vorauszahlung der für die Monate des (Verwaltungs-)Semesters (nicht: des Vorlesungssemesters) relevanten Beiträge. **S. 2** gestattet satzungsrechtliche Ausnahmen durch die jeweilige Krankenkasse.

Gemäß **S. 2** in der **ab 1.1.2009** (Art. 1 Nr. 172 iVm. Art. 46 Abs. 10 GKV-WSG) anwendbaren Fassung kann der **Spitzenverband Bund der Krankenkassen** Ausnahmen für abweichende Zahlungsweisen vorsehen. Eine Handlungsform (zB. Satzungsrecht) sieht das Gesetz hierfür nicht vor. Dem Spitzenverband wird kraft Gesetzes eine gesetzesmodifizierende Kompetenz eingeräumt, deren Ausübung zu seinen „gesetzlich zugewiesenen Aufgaben" (§ 217 f Abs. 1) gehört. Da abweichende Zahlungsweisen den Rechtsstatus des Studenten unmittelbar berühren – die inkorrekte Erfüllung der Zahlungsmodalitäten führt zur Verweigerung der Einschreibung bzw. Annahme der Rückmeldung (S. 3) –, wird man S. 2 so zu verstehen haben, dass die abweichenden Zahlungsweisen, die der Spitzenverband vorsieht, als Regelung zu verstehen sind, und zwar als sog. **Allgemeinverfügung** iSd. § 31 S. 2 SGB X, weil sie sich an einen nach allgemeinen Merkmalen bestimmten bzw. bestimmbaren Personenkreis richtet (GKV-Versicherte Studenten), für den dieselbe abweichende Rechtsfolgenanordnung hinsichtlich der Zahlungsweise gilt. Dafür spricht auch, dass die neue Gesetzeslage den Regelungseffekt, den die Satzung erreichte, der Sache nach ersichtlich nicht beseitigen wollte; die Regelungen des Spitzenverbandes wirken, funktional betrachtet, wie eine Satzung, ohne eine zu sein. Für die Regelungen des Spitzenverbandes nach S. 2 gelten die allgemeinen Bestimmungen über den Erlass von Verwaltungsakten, etwa die Bestimmungen über die Bekanntgabe (zu Allgemeinverfügungen s. etwa § 37 Abs. 3 SGB X).

S. 3 sieht vor, dass bei Nichtnachweis der Voraussetzungen des S. 1 bzw. S. 2 die Hochschule die Einschreibung oder die Annahme der Rückmeldung verweigern muss (mit Hoschule sind die „Hochschulen" im Sinne des Hochschulrechts gemeint, also insb. Universitäten und auch Fachhochschulen, die sich allerdings zunehmend „Hochschulen" nennen). Allerdings hängt die Versicherungspflicht iSd. § 5 Abs. 1 Nr. 9 sowie der Beginn der Mitgliedschaft iSd. § 186 Abs. 7 von der Immatrikulation bzw. Rückmeldung ab, nicht von der Beitragszahlung. D. h., dass die Versicherungspflicht und damit die Mitgliedschaft auch eintritt, wenn die Hochschule entgegen § 254 S. 3 einschreibt, bzw. die Rückmeldung annimmt, ohne sich die Beitragszahlung nachweisen zu lassen. In diesem Fall soll sich die Hochschule gegenüber der KK **schadensersatzpflichtig** machen, wenn die Beitragszahlung seitens des Studenten unterbleibt oder verspätet erfolgt (*Peters*, KK, § 254 Rn. 6). Das ist **unzutreffend,** denn dafür gibt es keine Rechtsgrundlage, namentlich § 254 S. 3 regelt die Folgen eines Verstoßes der Hochschule gegen § 254 S. 3 nicht.

5 Abgesehen davon ist die Vorschrift des **§ 254 S. 3 verfassungswidrig.** Die Vorschrift ist nicht von der Gesetzgebungskompetenz des Art. 74 Abs. 1 Nr. 12 (Sozialversicherung) unter dem Aspekt der „Annexkompetenz kraft Sachzusammenhangs" (BVerfG, NJW 1996, 2497/2498) gedeckt (vgl. allg. *Rixen*, VSSR 2007, 213 ff.). Voraussetzung für die Inanspruchnahme der Annexkompetenz kraft Sachzusammenhangs ist danach zunächst, dass „das Übergreifen unerlässliche Voraussetzung für die Regelung der zugewiesenen Materie" ist; nötig ist ein „zwingender Konnex zwischen der Wahrnehmung einer ausdrücklich zugewiesenen Materie und der punktuellen Inanspruchnahme einer Landeskompetenz" (BVerfGE 98, 265 = NJW 1999, 841/842). Zulässig sind demnach nur „reflexartige Auswirkungen" (BVerfG, NJW 1996, 2497/2498), so dass es an diesem „notwendige(n) Zusammenhang" (BVerfGE 17, 287 = DÖV 1964, 456/457) fehlt, wenn die betreffende – in die Landeskompetenz übergreifende – Regelung „sinnvoll und selbständig denkbar" ist (BVerfGE 17, 287 = DÖV 1964, 456/457). Die „bloße Erwägung, es sei zweckmäßig" (BVerfGE 3, 407/421), reicht nicht aus. **Das bedeutet:**

6 Die in das Hochschulrecht übergreifende Sanktion des § 254 Abs. 3 soll die Erfüllung der Beitragspflicht durch Studierende sicherstellen (*Peters*, KK, § 254 Rn. 5). Es sind aber sinnvolle und selbständige landesrechtliche Regelungen denkbar, die aus Sicht des Hochschulrechts die sozialversicherungsrechtliche Lage würdigen. Die Erfüllung der Beitragspflicht lässt sich auch auf andere (derzeit nicht normierte) Weise durch den Bund sicherstellen, etwa indem er den Versicherungsschutz (zeitweilig) versagte. Auf der Grundlage des geltenden Rechts sind überdies Beitragsbescheide bzw. deren Vollstreckung durch die Krankenkassen denkbar. Von einem zwingend notwendigen, gleichsam alternativlosen Übergreifen des Bundes in die Landeskompetenz für das Hochschulrecht, um die Erfüllung der Beitragspflichten durch Studenten zu garantieren, ist danach nicht auszugehen. Die Verweigerung der Einschreibung bzw. Annahme der Rückmeldung (mit der Folge der Exmatrikulation, s. etwa § 68 Abs. 2 Nr. 2 Hochschulgesetz Hessen) unter Verweis auf § 254 S. 3 ist danach (verfassungs-)**rechtswidrig.** Landesrechtliche Vorschriften über die Immatrikulation, die nach ihrem Wortlaut offen sind für die Beachtung des § 254 S. 3 (s. etwa § 66 Abs. 2 Hochschulgesetz Hessen), sind zur Vermeidung eines Verfassungsverstoßes **verfassungskonform einschränkend** auszulegen.

§ 255 Beitragszahlung aus der Rente

(1) ¹Beiträge, die Versicherungspflichtige aus ihrer Rente zu tragen haben, sind [ab 1. 1. 2009: mit Ausnahme des Zusatzbeitrags nach § 242] von den Trägern der Rentenversicherung bei der Zahlung der Rente einzubehalten und zusammen mit den von den Trägern der Rentenversicherung zu tragenden Beiträgen an die Deutsche Rentenversicherung Bund für die Krankenkassen mit Ausnahme der landwirtschaftlichen Krankenkassen zu zahlen. ²Bei einer Änderung in der Höhe der Beiträge nach Satz 1 ist die Erteilung eines besonderen Bescheides durch den Träger der Rentenversicherung nicht erforderlich.

§ 255

(2) ¹Ist bei der Zahlung der Rente die Einbehaltung von Beiträgen nach Absatz 1 unterblieben, sind die rückständigen Beiträge durch den Träger der Rentenversicherung aus der weiterhin zu zahlenden Rente einzubehalten; § 51 Abs. 2 des Ersten Buches gilt entsprechend. ²Wird die Rente nicht mehr gezahlt, obliegt der Einzug von rückständigen Beiträgen der zuständigen Krankenkasse. ³Der Träger der Rentenversicherung haftet mit dem von ihm zu tragenden Anteil an den Aufwendungen für die Krankenversicherung.

[Abs. 3 in der bis 31. 12. 2008 geltenden Fassung:]

(3) ¹Die Beiträge nach den Absätzen 1 und 2 stehen den Krankenkassen der Bezieher dieser beitragspflichtigen Renten zu. ²Die Krankenkassen verrechnen die Beitragsforderungen nach Satz 1 mit ihren Verpflichtungen im Risikostrukturausgleich (§ 266) und mit den für die Deutsche Rentenversicherung Bund eingezogenen Beiträgen. ³Die Rentenversicherungsträger haben den Krankenkassen die einbehaltenen Beiträge nachzuweisen. ⁴Das Nähere über das Verfahren der Aufteilung der Beiträge vereinbaren die Spitzenverbände der betroffenen Krankenkassen und die Deutsche Rentenversicherung Bund im Benehmen mit dem Bundesversicherungsamt.

[Abs. 3 in der ab 1. 1. 2009 geltenden Fassung:]

(3) ¹Soweit im Folgenden nichts Abweichendes bestimmt ist, werden die Beiträge nach den Absätzen 1 und 2 am letzten Bankarbeitstag des Monats fällig, der dem Monat folgt, für den die Rente gezahlt wird. ²Wird eine Rente am letzten Bankarbeitstag des Monats ausgezahlt, der dem Monat vorausgeht, in dem sie fällig wird (§ 272 a des Sechsten Buches), werden die Beiträge nach den Absätzen 1 und 2 abweichend von Satz 1 am letzten Bankarbeitstag des Monats, für den die Rente gezahlt wird, fällig. ³Am Achten eines Monats wird ein Betrag in Höhe von 300 Millionen Euro fällig; die im selben Monat fälligen Beiträge nach den Sätzen 1 und 2 verringern sich um diesen Betrag. ⁴Die Deutsche Rentenversicherung Bund leitet die Beiträge nach den Absätzen 1 und 2 an den Gesundheitsfonds weiter und teilt dem Bundesversicherungsamt bis zum 15. des Monats die voraussichtliche Höhe der am letzten Bankarbeitstag fälligen Beiträge mit.

[Abs. 3 a in der bis 31. 12. 2008 geltenden Fassung:]

(3 a) ¹Die Beiträge nach den Absätzen 1 und 2 werden am Ersten des Monats fällig, der dem Monat folgt, für den die Rente gezahlt wird. ²Sie sind an die Krankenkassen zu zahlen, sobald sie von diesen nach Absatz 3 Satz 2 verrechnet werden können. ³Soweit Beiträge nicht verrechnet werden können, sind sie am fünften Arbeitstag nach Zugang der Anforderung der Krankenkasse zu zahlen, es sei denn, dass in der Rechtsverordnung nach § 266 Abs. 7 ein späterer Zeitpunkt vorgesehen ist; frühester Zugang einer Anforderung ist der Erste des Monats, der dem Monat folgt, für den die Rente gezahlt wird. ⁴Wird eine Rente am letzten Bankarbeitstag des Monats ausgezahlt, der dem Monat vorausgeht, in dem sie fällig wird (§ 272 a des Sechsten Buches), werden die Beiträge nach den Absätzen 1 und 2 abweichend von Satz 1 am Ersten des Monats fällig, für den die Rente gezahlt wird. ⁵Frühester Zugang einer Anforderung nach Satz 3 ist in diesen Fällen der Erste des Monats, für den die Rente gezahlt wird.

[Abs. 3 a in der ab 1. 1. 2009 geltenden Fassung:]

(3 a) *(aufgehoben)*

§ 255

[Abs. 4 in der bis 31. 12. 2008 geltenden Fassung:]

(4) ¹Vom 1. Januar 1995 bis zum 30. Juni 1997 teilt das Bundesversicherungsamt die Beiträge nach den Absätzen 1 und 2 auf die Krankenkassen der Bezieher dieser beitragspflichtigen Renten in einem Verhältnis auf, das dem Verhältnis der auf das Kalenderjahr bezogenen Produkte von allgemeinem Beitragssatz und den gemeldeten Renten der Krankenkassen zueinander entspricht. ²Die Krankenkassen verrechnen die Beitragsforderungen nach Satz 1 mit ihren Verpflichtungen im Risikostrukturausgleich (§ 266) und mit den für die Deutsche Rentenversicherung Bund eingezogenen Beiträgen. ³Absatz 3 Satz 4 gilt entsprechend.

[Abs. 4 in der ab 1. 1. 2009 geltenden Fassung:]

(4) *(aufgehoben)*

A. Überblick

1   Die Vorschrift regelt (in Abs. 1) die Zahlung der Beiträge von versicherungspflichtigen Personen aus der Rente in der Weise, dass die Rentenversicherungsträger die Beiträge aus den Renten einbehalten und mit ihrem eigenen Anteil abführen; die Rentner haben damit grundsätzlich nichts zu tun. Die Regelungen in Abs. 2 bis Abs. 4 betreffen im wesentlichen Fragen der finanztechnischen Abwicklung, so dass die Vorschrift im Kern **GKV-bezogenes Verwaltungsorganisationsrecht der trägerübergreifenden Finanzierungsabwicklung** ist.

B. Modalitäten der Beitragszahlung aus der Rente

2   **Abs. 1** betrifft die Beitragszahlung aus Renten aller Versicherungspflichtiger, auch derjenigen, deren Versicherungspflicht nicht auf dem Rentenbezug beruht. Die Bestimmung erfasst nicht die freiwillig versicherten Rentenbezieher (*Peters,* KK, § 255 Rn. 3; vgl. zur Auszahlung des Beitragszuschusses § 106 SGB VI). Zu zahlen ist (so S. 1) an die DRV Bund (die gleichsam als eine Art Inkasso-Stelle fungiert) für die KKn (mit Ausnahme der LKK). Nach S. 2 ist bei einer Änderung der Höhe der Beiträge, etwa bei einer Erhöhung oder Ermäßigung des Beitragssatzes, aus Gründen der Verwaltungsvereinfachung kein gesonderter Bescheid des Trägers der GRV erforderlich. Abs. 1 wird ab **1. 1. 2009** (vgl. Art. 1 Nr. 173 lit. a iVm. Art. 46 Abs. 10 GKV-WSG) infolge der Einführung des Gesundheitsfonds so geändert, dass die Beitragszahlungspflicht sich nicht auf den kassenindividuellen Zusatzbeitrag nach § 242 bezieht; auch hier gilt, dass der Zusatzbeitrag unmittelbar vom Mitglied der Krankenkasse zu zahlen ist und nicht im Wege des sog. Quellenabzugs eingezogen wird (vgl. Ausschussbericht zum GKV-WSG, BT-Drs. 16/4247, 54).

3   **Abs. 2** regelt die Folgen von Störungen bei der Einbehaltung der Beiträge gemäß Abs. 1. Der Abs. 2 S. 1 erklärt § 51 Abs. 2 SGB I für entsprechend anwendbar. Dh., der RV-Träger kann die rückständigen Beiträge bis zur Hälfte der zu zahlenden Rente einbehalten, wenn der Rentenbezieher nicht nachweist, dass er dadurch hilfebedürftig im Sinne der Vorschriften des SGB XII über die Hilfe zum Lebensunterhalt (§§ 27 ff. SGB XII; s. auch § 19 SGB XII) oder der Grundsicherung für Arbeitsuchende gemäß SGB II (§ 9 Abs. 1 SGB II) wird.

4   **Abs. 3** S. 1 stellt klar, dass die Inhaberschaft hinsichtlich der Beitragsforderungen bei den Krankenkassen liegt; S. 2–4 betreffen die Verrechnung insb. im Rahmen des RSA sowie die Konkretisierung der Beitragsaufteilung durch Vereinba-

rung (vgl. die Begr., zum 3. SGB V-ÄndG v. 10. 5. 1995, BGBl. I, 678, BT-Drs. 13/340, 10). Ab **1. 1. 2009** (vgl. Art. 1 Nr. 173 lit. b iVm. Art. 46 Abs. 10 GKV-WSG) wird Abs. 3 in der Weise geändert, dass ein Fälligkeitszeitpunkt festgelegt wird, der im Ergebnis sicherstellt, dass sich die Liquiditätssituation für die Rentenversicherung im Vergleich zu der Zeit vor Einführung des Gesundheitsfonds nicht ändert (näher die Begr. zum GKV-WSG, BT-Drs. 16/3100, 166).

Abs. 3a, der zum 1. 1. 2009 fortfällt und durch die neue Fälligkeitsregelung 5 des Abs. 3 nF. ersetzt wird (Rn. 4), regelt bis dahin die Fälligkeit der Beiträge iSd. Abs. 1.

Abs. 4, der wie Abs. 3a zum 1. 1. 2009 aufgehoben wurde, betrifft eine Über- 6 gangsregelung für die Jahre 1995–1997, die heute keine praktische Bedeutung mehr hat (vgl. *Peters,* KK, § 255 Rn. 9).

§ 256 Beitragszahlung aus Versorgungsbezügen

(1) ¹**Für Versicherungspflichtige, die eine Rente der gesetzlichen Rentenversicherung beziehen, haben die Zahlstellen der Versorgungsbezüge die Beiträge aus Versorgungsbezügen einzubehalten und an die zuständige Krankenkasse zu zahlen.** ²**Die zu zahlenden Beiträge werden fällig mit der Auszahlung der Versorgungsbezüge, von denen sie einzubehalten sind.** ³**Die Zahlstellen haben der Krankenkasse die einbehaltenen Beiträge nachzuweisen.** ⁴**Bezieht das Mitglied Versorgungsbezüge von mehreren Zahlstellen und übersteigen die Versorgungsbezüge zusammen mit dem Zahlbetrag der Rente der gesetzlichen Rentenversicherung die Beitragsbemessungsgrenze, verteilt die Krankenkasse auf Antrag des Mitglieds oder einer der Zahlstellen die Beiträge.**

(2) ¹**§ 255 Abs. 2 Satz 1 und 2 gilt entsprechend.** ²**Die Krankenkasse zieht die Beiträge aus nachgezahlten Versorgungsbezügen ein.** ³**Dies gilt nicht für Beiträge aus Nachzahlungen aufgrund von Anpassungen der Versorgungsbezüge an die wirtschaftliche Entwicklung.** ⁴**Die Erstattung von Beiträgen obliegt der zuständigen Krankenkasse.** ⁵**Die Krankenkassen können mit den Zahlstellen der Versorgungsbezüge Abweichendes vereinbaren.**

(3) ¹**Die Krankenkasse überwacht die Beitragszahlung.** ²**Sind für die Überwachung der Beitragszahlung durch eine Zahlstelle mehrere Krankenkassen zuständig, haben sie zu vereinbaren, daß eine dieser Krankenkassen die Überwachung für die beteiligten Krankenkassen übernimmt.** ³**§ 98 Abs. 1 Satz 2 des Zehnten Buches gilt entsprechend.**

(4) **Zahlstellen, die regelmäßig an weniger als dreißig beitragspflichtige Mitglieder Versorgungsbezüge auszahlen, können bei der zuständigen Krankenkasse beantragen, dass das Mitglied die Beiträge selbst zahlt.**

A. Überblick

Die Vorschrift, die durch das GKV-WSG nicht geändert wurde, regelt für Versi- 1 cherungspflichtige, die eine Rente aus der GRV erhalten, die Einbehaltung und Abführung der Beiträge durch die Zahlstellen der Versorgungsbezüge (zu diesem legaldefinierten Begriff § 229 Abs. 1). Wie bei § 255 handelt es sich auch bei § 256 im Wesentlichen um eine Bestimmung des **GKV-bezogenen Verwaltungsorganisationsrechts der trägerübergreifenden Finanzierungsabwicklung** (vgl. § 255 Rn. 1).

B. Modalitäten der Beitragszahlung aus Versorgungsbezügen

2 § 256 betrifft **in persönlicher Hinsicht** die Empfänger von Versorgungsbezügen iSd § 229 Abs. 1, sofern sie versicherungspflichtig sind und eine Rente aus der GRV beziehen. Nicht zahlungspflichtig ist die Zahlstelle demnach bei freiwillig Versicherten sowie bei Pflichtversicherten, die keine Rente aus der GRV beziehen (*Peters,* KK, § 256 Rn. 3). Findet § 256 keine Anwendung, gilt § 252.

3 **Zahlstellen** bezeichnet die Stellen, die Versorgungsbezüge ausgeben, wobei auch sog. kleine Zahlstellen gemäß **§ 256 Abs. 4** beitragszahlungspflichtig sind, sich davon allerdings nach Maßgabe des Abs. 4 dispensieren lassen können. Bei **Störungen der Beitragszahlung** gilt gemäß § 256 Abs. 2 S. 1 die Bestimmung des § 255 Abs. 2 S. 1 und S. 2 entsprechend (vgl. § 255 Rn. 3); zur **Fälligkeit** der Beiträge s. § 256 Abs. 1 S. 2.

4 Die **Zahlstelle** setzt ihre Zahlungspflicht gegenüber der KK ua. durch den Nachweis der Beiträge gegenüber der KK um (im Einzelnen Abs. 1). Die **KK überwacht** die Beitragszahlung (Abs. 3 S. 1), verteilt unter bestimmten Voraussetzungen die Beiträge (Abs. 1 S. 4) und ist an der Organisation von Nachzahlungen (einschl. ggf. erforderlicher Erstattungen) beteiligt (Abs. 2 S. 2–4). Die Zahlstellen sind hinsichtlich der relevanten Tatsachen gegenüber der überwachenden KK (zur Beauftragung einer KK Rn. 5) **auskunftspflichtig** (Abs. 3 S. 3 iVm. § 98 Abs. 1 S. 2 SGB X).

5 Das Gesetz gestattet konsensuale Abweichungen bzw. Konkretisierungen der Finanzabwicklung: So kann durch **Vereinbarung** zwischen KK und Zahlstelle Abweichendes hinsichtlich der Abwicklung von Nachzahlungen geregelt werden (Abs. 2 S. 5). Die Überwachung der Beitragszahlung kann eine KK nach **Vereinbarung** für andere KKn mitübernehmen (näher Abs. 3 S. 2).

Zweiter Abschnitt. Beitragszuschüsse

[Fassung § 257 bis 31. 12. 2008:]

§ 257 Beitragszuschüsse für Beschäftigte

(1) ¹**Freiwillig in der gesetzlichen Krankenversicherung versicherte Beschäftigte, die nur wegen Überschreitens der Jahresarbeitsentgeltgrenze versicherungsfrei sind, erhalten von ihrem Arbeitgeber als Beitragszuschuß die Hälfte des Beitrags, der für einen versicherungspflichtig Beschäftigten bei der Krankenkasse, bei der die Mitgliedschaft besteht, vom Arbeitgeber zu tragen wäre, höchstens jedoch die Hälfte des Betrages, den sie bei der Anwendung des allgemeinen Beitragssatzes tatsächlich zu zahlen haben.** ²**Bestehen innerhalb desselben Zeitraums mehrere Beschäftigungsverhältnisse, sind die beteiligten Arbeitgeber anteilig nach dem Verhältnis der Höhe der jeweiligen Arbeitsentgelte zur Zahlung des Beitragszuschusses verpflichtet.** ³**Für Beschäftigte, die Kurzarbeitergeld nach dem Dritten Buch beziehen, ist zusätzlich zu dem Zuschuß nach Satz 1 die Hälfte des Betrages zu zahlen, den der Arbeitgeber bei Versicherungspflicht des Beschäftigten bei der Krankenkasse, bei der die Mitgliedschaft besteht, nach § 249 Abs. 2 Nr. 3 als Beitrag zu tragen hätte.**

(2) ¹**Beschäftigte, die nur wegen Überschreitens der Jahresarbeitsentgeltgrenze oder auf Grund von § 6 Abs. 3a versicherungsfrei oder die von der Versicherungspflicht befreit und bei einem privaten Krankenversicherungsunternehmen versichert sind und für sich und ihre Angehörigen, die bei Versicherungspflicht**

8. Kapitel. 2. Abschnitt § 257

des Beschäftigten nach § 10 versichert wären, Vertragsleistungen beanspruchen können, die der Art nach den Leistungen dieses Buches entsprechen, erhalten von ihrem Arbeitgeber einen Beitragszuschuß. ²Der Zuschuß beträgt die Hälfte des Betrages, der sich unter Anwendung des durchschnittlichen allgemeinen Beitragssatzes der Krankenkassen vom 1. Januar des Vorjahres (§ 245) und der nach § 226 Abs. 1 Satz 1 Nr. 1 und § 232a Abs. 2 bei Versicherungspflicht zugrunde zu legenden beitragspflichtigen Einnahmen als Beitrag ergibt, höchstens jedoch die Hälfte des Betrages, den der Beschäftigte für seine Krankenversicherung zu zahlen hat. ³Für Personen, die bei Mitgliedschaft in einer Krankenkasse keinen Anspruch auf Krankengeld hätten, sind bei Berechnung des Zuschusses neun Zehntel des in Satz 2 genannten Beitragssatzes anzuwenden. ⁴Für Beschäftigte, die Kurzarbeitergeld nach dem Dritten Buch beziehen, gilt Absatz 1 Satz 3 mit der Maßgabe, daß sie höchstens den Betrag erhalten, den sie tatsächlich zu zahlen haben. Absatz 1 Satz 2 gilt.

(2a) ¹Der Zuschuss nach Absatz 2 wird ab 1. Juli 1994 für eine private Krankenversicherung nur gezahlt, wenn das Versicherungsunternehmen
1. diese Krankenversicherung nicht nach Art der Lebensversicherung betreibt,
2. sich verpflichtet, für versicherte Personen, die das 65. Lebensjahr vollendet haben und die über eine Vorversicherungszeit von mindestens zehn Jahren in einem substitutiven Versicherungsschutz (§ 12 Abs. 1 des Versicherungsaufsichtsgesetzes) verfügen oder die das 55. Lebensjahr vollendet haben, deren jährliches Gesamteinkommen (§ 16 des Vierten Buches) die Jahresarbeitsentgeltgrenze nach § 6 Abs. 7 nicht übersteigt und über diese Vorversicherungszeit verfügen, einen brancheneinheitlichen Standardtarif anzubieten, dessen Vertragsleistungen den Leistungen dieses Buches bei Krankheit jeweils vergleichbar sind und dessen Beitrag für Einzelpersonen den durchschnittlichen Höchstbeitrag der gesetzlichen Krankenversicherung und für Ehegatten oder Lebenspartner insgesamt 150 vom Hundert des durchschnittlichen Höchstbeitrages der gesetzlichen Krankenversicherung nicht übersteigt, sofern das jährliche Gesamteinkommen der Ehegatten oder Lebenspartner die Jahresarbeitsentgeltgrenze nicht übersteigt,
2a. sich verpflichtet, den brancheneinheitlichen Standardtarif unter den in Nummer 2 genannten Voraussetzungen auch Personen, die das 55. Lebensjahr nicht vollendet haben, anzubieten, die die Voraussetzungen für den Anspruch auf eine Rente der gesetzlichen Rentenversicherung erfüllen und diese Rente beantragt haben oder die ein Ruhegehalt nach beamtenrechtlichen oder vergleichbaren Vorschriften beziehen; dies gilt auch für Familienangehörige, die bei Versicherungspflicht des Versicherungsnehmers nach § 10 familienversichert wären,
2b. sich verpflichtet, auch versicherten Personen, die nach beamtenrechtlichen Vorschriften oder Grundsätzen bei Krankheit Anspruch auf Beihilfe haben, sowie deren berücksichtigungsfähigen Angehörigen unter den in Nummer 2 genannten Voraussetzungen einen brancheneinheitlichen Standardtarif anzubieten, dessen die Beihilfe ergänzende Vertragsleistungen den Leistungen dieses Buches bei Krankheit jeweils vergleichbar sind und dessen Beitrag sich aus der Anwendung des durch den Beihilfesatz nicht gedeckten Vom-Hundert-Anteils auf den in Nummer 2 genannten Höchstbeitrag ergibt,
2c. sich verpflichtet, den brancheneinheitlichen Standardtarif unter den in Nummer 2b genannten Voraussetzungen unter Berücksichtigung der Vorversicherungszeit, der Altersgrenze und des Gesamteinkommens ohne Risikozuschlag auch Personen anzubieten, die nach allgemeinen Aufnahmeregeln aus Risikogründen nicht oder nur zu ungünstigen Konditionen

versichert werden könnten, wenn sie das Angebot innerhalb der ersten sechs Monate nach der Feststellung der Behinderung oder der Berufung in das Beamtenverhältnis oder bis zum 31. Dezember 2000 annehmen,
3. sich verpflichtet, den überwiegenden Teil der Überschüsse, die sich aus dem selbst abgeschlossenen Versicherungsgeschäft ergeben, zugunsten der Versicherten zu verwenden,
4. vertraglich auf das ordentliche Kündigungsrecht verzichtet und
5. die Krankenversicherung nicht zusammen mit anderen Versicherungssparten betreibt, wenn das Versicherungsunternehmen seinen Sitz im Geltungsbereich dieses Gesetzes hat.
²Der nach Satz 1 Nr. 2 maßgebliche durchschnittliche Höchstbeitrag der gesetzlichen Krankenversicherung ist jeweils zum 1. Januar nach dem durchschnittlichen allgemeinen Beitragssatz der Krankenkassen vom 1. Januar des Vorjahres (§ 245) und der Beitragsbemessungsgrenze (§ 223 Abs. 3) zu errechnen. ³Der Versicherungsnehmer hat dem Arbeitgeber jeweils nach Ablauf von drei Jahren eine Bescheinigung des Versicherungsunternehmens darüber vorzulegen, dass die Aufsichtsbehörde dem Versicherungsunternehmen bestätigt hat, dass es die Versicherung, die Grundlage des Versicherungsvertrages ist, nach den in Satz 1 genannten Voraussetzungen betreibt.

(2 b) ¹Zur Gewährleistung der in Absatz 2a Satz 1 Nr. 2 und 2a bis 2c genannten Begrenzung sind alle Versicherungsunternehmen, die die nach Absatz 2 zuschussberechtigte Krankenversicherung betreiben, verpflichtet, an einem finanziellen Spitzenausgleich teilzunehmen, dessen Ausgestaltung zusammen mit den Einzelheiten des Standardtarifs zwischen der Bundesanstalt für Finanzdienstleistungsaufsicht und dem Verband der privaten Krankenversicherung mit Wirkung für die beteiligten Unternehmen zu vereinbaren ist und der eine gleichmäßige Belastung dieser Unternehmen bewirkt. ²Für in Absatz 2a Satz 1 Nr. 2c genannte Personen, bei denen eine Behinderung nach § 4 Abs. 1 des Gesetzes zur Eingliederung Schwerbehinderter in Arbeit, Beruf und Gesellschaft festgestellt worden ist, wird ein fiktiver Zuschlag von 100 vom Hundert auf die Bruttoprämie angerechnet, der in den Ausgleich nach Satz 1 einbezogen wird.

(2 c) Wer bei einem privaten Krankenversicherungsunternehmen versichert ist, das die Voraussetzungen des Absatzes 2a nicht erfüllt, kann ab 1. Juli 1994 den Versicherungsvertrag mit sofortiger Wirkung kündigen.

(3) ¹Für Bezieher von Vorruhestandsgeld nach § 5 Abs. 3, die als Beschäftigte bis unmittelbar vor Beginn der Vorruhestandsleistungen Anspruch auf den vollen oder anteiligen Beitragszuschuß nach Absatz 1 hatten, bleibt der Anspruch für die Dauer der Vorruhestandsleistungen gegen den zur Zahlung des Vorruhestandsgeldes Verpflichteten erhalten. ²Der Zuschuß beträgt die Hälfte des Beitrags, den der Bezieher von Vorruhestandsgeld als versicherungspflichtig Beschäftigter zu zahlen hätte, höchstens jedoch die Hälfte des Betrages, den er zu zahlen hat. ³Absatz 1 Satz 2 gilt entsprechend.

(4) ¹Für Bezieher von Vorruhestandsgeld nach § 5 Abs. 3, die als Beschäftigte bis unmittelbar vor Beginn der Vorruhestandsleistungen Anspruch auf den vollen oder anteiligen Beitragszuschuß nach Absatz 2 hatten, bleibt der Anspruch für die Dauer der Vorruhestandsleistungen gegen den zur Zahlung des Vorruhestandsgeldes Verpflichteten erhalten. ²Der Zuschuß beträgt die Hälfte des aus dem Vorruhestandsgeld bis zur Beitragsbemessungsgrenze (§ 223 Abs. 3) und neun Zehntel des durchschnittlichen allgemeinen Beitragssatzes der Krankenkassen als Beitrag errechneten Betrages, höchstens jedoch die Hälfte des Betrages, den der Bezieher von Vorruhestandsgeld für seine Krankenversicherung zu

zahlen hat. Absatz 2 Satz 3 gilt entsprechend. ³Der Beitragssatz ist auf eine Stelle nach dem Komma zu runden.

[Fassung § 257 ab 1.1.2009:]

§ 257 Beitragszuschüsse für Beschäftigte

(1) ¹Freiwillig in der gesetzlichen Krankenversicherung versicherte Beschäftigte, die nur wegen Überschreitens der Jahresarbeitsentgeltgrenze versicherungsfrei sind, erhalten von ihrem Arbeitgeber als Beitragszuschuss die Hälfte des Beitrags, der bei Anwendung des um 0,9 Beitragspunkte verminderten allgemeinen Beitragssatzes der gesetzlichen Krankenversicherung zu zahlen wäre. ²Bestehen innerhalb desselben Zeitraums mehrere Beschäftigungsverhältnisse, sind die beteiligten Arbeitgeber anteilig nach dem Verhältnis der Höhe der jeweiligen Arbeitsentgelte zur Zahlung des Beitragszuschusses verpflichtet. ³Für Beschäftigte, die Kurzarbeitergeld nach dem Dritten Buch beziehen, ist zusätzlich zu dem Zuschuss nach Satz 1 die Hälfte des Betrages zu zahlen, den der Arbeitgeber bei Versicherungspflicht des Beschäftigten bei der Krankenkasse, bei der die Mitgliedschaft besteht, nach § 249 Abs. 2 Nr. 3 als Beitrag zu tragen hätte.

(2) ¹Beschäftigte, die nur wegen Überschreitens der Jahresarbeitsentgeltgrenze oder auf Grund von § 6 Abs. 3a versicherungsfrei oder die von der Versicherungspflicht befreit und bei einem privaten Krankenversicherungsunternehmen versichert sind und für sich und ihre Angehörigen, die bei Versicherungspflicht des Beschäftigten nach § 10 versichert wären, Vertragsleistungen beanspruchen können, die der Art nach den Leistungen dieses Buches entsprechen, erhalten von ihrem Arbeitgeber einen Beitragszuschuss. ²Der Zuschuss beträgt die Hälfte des Betrages, der bei Anwendung des um 0,9 Beitragspunkte verminderten allgemeinen Beitragssatzes und der nach § 266 Abs. 1 Satz 1 Nr. 1 und § 232a Abs. 2 bei Versicherungspflicht zugrunde zu legenden beitragspflichtigen Einnahmen als Beitrag ergibt, höchstens jedoch die Hälfte des Betrages, den der Beschäftigte für seine Krankenversicherung zu zahlen hat. ³Für Personen, die bei Mitgliedschaft in einer Krankenkasse keinen Anspruch auf Krankengeld hätten, findet der Beitragssatz nach § 243 Anwendung. ⁴Für Beschäftigte, die Kurzarbeitergeld nach dem Dritten Buch beziehen, gilt Absatz 1 Satz 3 mit der Maßgabe, dass sie höchstens den Betrag erhalten, den sie tatsächlich zu zahlen haben. ⁵Absatz 1 Satz 2 gilt.

(2a) ¹Der Zuschuss nach Absatz 2 wird ab 1. Januar 2009 für eine private Krankenversicherung nur gezahlt, wenn das Versicherungsunternehmen
1. diese Krankenversicherung nach Art der Lebensversicherung betreibt,
2. einen Basistarif im Sinne § 12 Abs. 1a des Versicherungsaufsichtsgesetzes anbietet,
3. soweit es über versicherte Personen im brancheneinheitlichen Standardtarif im Sinne von § 257 Abs. 2a in der bis zum 31. Dezember 2008 geltenden Fassung verfügt, sich verpflichtet, die in § 257 Abs. 2a in der bis zum 31. Dezember 2008 geltenden Fassung in Bezug auf den Standardtarif genannten Pflichten einzuhalten,
4. sich verpflichten, den überwiegenden Teil der Überschüsse, die sich aus dem selbst abgeschlossenen Versicherungsgeschäft ergeben, zugunsten der Versicherten zu verwenden,
5. vertraglich auf das ordentliche Kündigungsrecht verzichtet,
6. die Krankenversicherung nicht zusammen mit anderen Versicherungsspar-

ten betreibt, wenn das Versicherungsunternehmen seinen Sitz im Geltungsbereich dieses Gesetzes hat. ²Der Versicherungsnehmer hat dem Arbeitgeber jeweils nach Ablauf von drei Jahren eine Bescheinigung des Versicherungsunternehmens darüber vorzulegen, dass die Aufsichtsbehörde dem Versicherungsunternehmen bestätigt hat, dass es die Versicherung, die Grundlage des Versicherungsvertrages ist, nach den in Satz 1 genannten Voraussetzungen betreibt.

(2 b), (2 c) *(aufgehoben)*

(3) ¹Für Bezieher von Vorruhestandsgeld nach § 5 Abs. 3, die als Beschäftigte bis unmittelbar vor Beginn der Vorruhestandsleistungen Anspruch auf den vollen oder anteiligen Beitragszuschuss nach Absatz 1 hatten, bleibt der Anspruch für die Dauer der Vorruhestandsleistungen gegen den zur Zahlung des Vorruhestandsgeldes Verpflichteten erhalten. ²Der Zuschuss beträgt die Hälfte des Beitrags, den der Bezieher von Vorruhestandsgeld als versicherungspflichtig Beschäftigter zu zahlen hätte, höchstens jedoch die Hälfte des Betrages, den er zu zahlen hat. ³Absatz 1 Satz 2 gilt entsprechend.

(4) ¹Für Bezieher von Vorruhestandsgeld nach § 5 Abs. 3, die als Beschäftigte bis unmittelbar vor Beginn der Vorruhestandsleistungen Anspruch auf den vollen oder anteiligen Beitragszuschuss nach Absatz 2 hatten, bleibt der Anspruch für die Dauer der Vorruhestandsleistungen gegen den zur Zahlung des Vorruhestandsgeldes Verpflichteten erhalten. ²Der Zuschuss beträgt die Hälfte des aus dem Vorruhestandsgeld bis zur Beitragsbemessungsgrenze (§ 223 Abs. 3) und neun Zehntel des allgemeinen Beitragssatzes als Beitrag errechneten Betrages, höchstens jedoch die Hälfte des Betrages, den der Bezieher von Vorruhestandsgeld für seine Krankenversicherung zu zahlen hat. ³Absatz 2 Satz 3 gilt entsprechend. ⁴Der Beitragssatz ist auf eine Stelle nach dem Komma zu runden.

Inhaltsübersicht

	Rn.
A. Überblick	1
B. Unterscheidung zwischen GKV- und PKV-Versicherten	2
C. Anspruch auf Beitragszuschuss	3
D. Begrenzung des Zuschussanspruchs	5
E. Anforderungen an PKV-Unternehmen	7
F. Sondersituationen	8
G. Fälligkeit des Zuschussanspruchs und Rechtsweg	11
H. Regelung ab 1.1.2009	12

A. Überblick

1   Die Vorschrift, die in der gegenwärtigen Fassung (Rn. 2) bis zum 31.12.2008 anwendbar ist (zur Normfassung **ab 1.1.2009** s. Rn. 12), schafft einen Beitragszuschuss des Arbeitgebers für Beschäftigte, die in der GKV nicht versicherungspflichtig sind. Damit wird eine **wirtschaftliche Gleichbehandlung mit versicherungspflichtigen Beschäftigten** bezweckt (*Grimmke,* jurisPK, § 257 Rn. 48), bei denen der Arbeitgeber grundsätzlich die Hälfte des Beitrags tragen muss. Ohne eine Regelung des Beitragszuschusses hätte das Überschreiten der JAE-Grenze (§ 6 Abs. 6, 7) mit dem damit einhergehenden Ausscheiden aus der Versicherungspflicht zu Folge, dass der Beschäftigte den vollen Beitrag zur GKV allein tragen müsste und der Arbeitgeber aus seiner finanziellen Verantwortung für die KV befreit wäre (*Ulmer,* Beck-OK, § 257 Rn. 1; *Peters,* KK, § 257 Rn. 2).

B. Unterscheidung zwischen GKV- und PKV-Versicherten

Die Vorschrift, deren seit 1. 4. 2007 und bis zum 31. 12. 2008 anwendbare Fassung auf Art. 5 Nr. 6 des Gesetzes v. 14. 6. 2007 (BGBl. I, 1066, 1095 f.) zurückgeht, unterscheidet nach Beitragszuschüssen für freiwillig **GKV-Versicherte** (Rn. 3, 5) sowie Beitragszuschüssen für privat Krankenversicherte, also **PKV-Versicherte** (Rn. 4, 6 f.). Abs. 1 bezieht sich auf GKV-Versicherte. Abs. 2–2 c erfasst PKV-Versicherte (vgl. Abs. 1 S. 1: „und bei einem privaten Krnakenversicherungsunternehmen versichert sind"). Abs. 3 bezieht sich auf freiwillig GKV-versicherte Bezieher von **Vorruhestandsgeld** (gehört also systematisch zu Abs. 1), Abs. 4 bezieht sich auf PKV-versicherte Bezieher von Vorruhestandsgeld (gehört also systematisch zu Abs. 2–2 c). Zum **Vorruhestandsgeld** vgl. Rn. 10. Besonderheiten gelten auch für Bezieher von **Kurzarbeitergeld** (Rn. 8) sowie bei **fehlendem Anspruch auf Krg** (Rn. 9). 2

C. Anspruch auf Beitragszuschuss

Der **Anspruch auf Beitragszuschuss gemäß Abs. 1** steht freiwillig GKV-versicherten (§ 9) Beschäftigten (§ 7 Abs. 1 SGB IV), die nur wegen Überschreitens der JAE versicherungsfrei sind (§ 6), zu (*Ulmer,* Beck-OK, § 257 Rn. 6). Die **Versicherungsfreiheit** darf nur auf dem Überschreiten der JAE-Grenze beruhen, nicht auf einem anderen Tatbestand der Versicherungsfreiheit. Andernfalls würde der Zweck der Zuschussregelung (Rn. 1) nicht in vollem Umfang erreicht (*Peters,* KK, § 257 Rn. 5). Hauptberuflich selbständig Erwerbstätige (vgl. § 5 Abs. 5), Beamte oder Soldaten (vgl. § 6 Abs. 1 Nr. 2, 6, Abs. 3 S. 1), die eine Nebenbeschäftigung ausüben, sind demnach nicht erfasst; der **Ausschluss anderer Personengruppen** begegnet keinen verfassungsrechtlichen Bedenken (BSGE 74, 101 = SozR 3–2500 § 257 Nr. 2; OVG NRW, ZTR 1998, 476 = DÖD 1999, 157). Anders als nach Abs. 2 bei den PKV-Versicherten ist in Abs. 1 S. 1 die Versicherungsfreiheit nach § 6 Abs. 3 a (§ 6 Rn. 34) nicht als zuschussbegründend genannt, weil nicht vorstellbar ist, dass bei dieser Gruppe keine Versicherungspflicht, aber eine freiwillige Versicherung vorliegt (*Ulmer,* Beck-OK, § 257 Rn. 2). Ebensowenig ist in Abs. 1 die Befreiung von der Versicherungspflicht genannt (*Peters,* KK, § 257 Rn. 5). 3

Der **Anspruch auf Beitragszuschuss gemäß Abs. 2** bezieht sich auf Beschäftigte (§ 7 Abs. 1 SGB IV), die nur wegen Überschreitens der JAE-Grenze oder wegen § 6 Abs. 3 a versicherungsfrei (§§ 6, 7) oder von der Versicherungspflicht befreit sind (§ 8; Art. 57 GRG) und bei einem PKV-Unternehmen (wirksam) versichert sind und für sich und Angehörige (entsprechend § 10) dem Leistungsniveau der GKV vergleichbare Leistungen beanspruchen können. Die **„Entsprechensklausel"** ist nicht im Sinne einer vollständigen Deckungsgleichheit zu verstehen, sondern es bleibt „dem Beschäftigten (...) überlassen, welche Leistungen er im einzelnen absichern will" (Bericht zum GRG, BT-Drs. 11/3480, 65; in diesem Sinne auch die Wortwahl des Abs. 2 S. 1: „der Art nach"). Damit sind auch Versicherungen umfasst, die nur Bruchteile, zB. nur 50 % der Krankheitskosten oder bei Angehörigen noch weniger (BSGE 83, 40 = NZA-RR 2000, 148/149), abdecken (*Grimmke,* jurisPK, § 257 Rn. 93). Die Angehörigen sind nicht Inhaber des Zuschussanspruchs, sondern deren evtl. Mitversicherung betrifft nur den Zuschussanspruch des Beschäftigten (*Grimmke,* jurisPK, § 257 Rn. 90). 4

D. Begrenzung des Zuschussanspruchs

5 Der **Zuschussanspruch gemäß Abs. 1** ist **zweifach begrenzt:** zum einen auf die Hälfte des Beitrages, die bei Versicherungspflicht vom Arbeitgeber zu tragen wäre (§ 241). Der bis zum 31. 12. 2008 bestehende zusätzliche Beitrag (§ 241 a) bleibt nach dem Sinn und Zweck der Zuschussregelung (Rn. 1) unberücksichtigt, weil der Anspruchsinhaber gleich-, nicht bessergestellt werden soll (*Ulmer,* Beck-OK, § 257 Rn. 9). Zum anderen ist die Höhe auf die Höhe des bei Anwendung des allgemeinen Beitragssatzes **tatsächlich zu zahlenden Beitrages** limitiert; auch hier gilt, dass der freiwillig GKV-Versicherte gleich-, nicht besser gestellt werden soll. Muss der Versicherte ggf. nichts zahlen (zB. weil er gemäß § 224 zeitweise beitragsfrei ist), entfällt der Zuschuss (*Ulmer,* Beck-OK, § 257 Rn. 9; *Peters,* KK, § 257 Rn. 6). Bei **mehreren Arbeitgebern** (Abs. 1 S. 2) ist der Beitrag entsprechend dem Verhältnis der Höhe der jeweiligen Arbeitsentgelte zu quoteln; so soll, dem Gleich-, nicht Besserstellungssinn der Vorschrift entsprechend (Rn. 1), verhindert werden, dass mehr Beitragszuschüsse fließen als der Beitragshälfte entspricht (vgl. Begr. zum GRG, BT-Drs. 11/2237, 227).

6 Der **Zuschussanspruch gemäß Abs. 2** ist ebenfalls **zweifach begrenzt:** Zum einen gilt (wie in Abs. 1) die Grenze der Hälfte des Beitrags, wobei (bis 31. 12. 2008) eine durchschnittliche Vorjahres-Bezugsgröße gilt (näher § 257 Abs. 2 S. 2; s. auch Begr. zum GSG, BT-Drs. 12/3608, 116). Vermögensmäßiger Bezugspunkt („beitragspflichtige Einnahmen") ist, wie in Abs. 1, das Arbeitsentgelt (§ 14 SGB IV), was auch durch den Status des „Beschäftigten" impliziert ist. Zum anderen bekommt auch der PKV-Versicherte nur die Hälfte des tatsächlich zu zahlenden Beitrags (vgl. Rn. 4), wobei die Aufwendungen für Prämien von Familienangehörigen mit umfasst sind (BSG, NZS 1994, 179; *Peters,* KK, § 257 Rn. 15). Ob das im Falle des § 224 (Mutterschaftsgeld) unter dem Aspekt einer **mittelbaren Diskriminierung** verfassungsrechtlich problematisch ist, ist strittig (vgl. *Peters,* KK, § 257 Rn. 15). Allerdings ist es mit Blick auf den Zweck der Gleich-, nicht der Besserstellung durch den Zuschuss (Rn. 1) auch hier kaum plausibel, eine wirtschaftliche Besserstellung gegenüber anderen Situationen der Beitragsfreiheit zu legitimieren (vgl. – zur Vorgängervorschrift des § 405 RVO – BSGE 44, 51; BSG, NZS 1994, 179). Bei **Mehrfachbeschäftigungen** gilt Abs. 1 S. 2 entsprechend (Abs. 2 S. 4, dazu Rn. 5 aE.).

E. Anforderungen an PKV-Unternehmen

7 Damit der Zuschuss gemäß Abs. 2 gewährt werden kann, muss das **PKV-Unternehmen** bestimmten, in Abs. 2 a näher beschriebenen Anforderungen genügen (Ausschussbericht zum GSG, BT-Drs. 12/3608, 116), wobei insb. der (auf bestimmte eng definierte Personengruppen bezogene) brancheneinheitliche **Standardtarif** (Abs. 2 a Nr. 2) bedeutsam ist („Kernregelung", so *Peters,* KK, § 257 Rn. 23). Zusammenfassend lässt sich sagen, dass er alters- und eingeschränkt einkommenabhängig ist und relativ lange Vorversicherungszeiten voraussetzt (*Sodan,* FS für Isensee, 2007, 983/986). Er muss dem GKV-Niveau vergleichbare Vertragsleistungen vorsehen **(„Entsprechensklausel";** vgl. Rn. 4), was auch die dem Arbeitgeber vorzulegende Bescheinigung erkennen lassen muss (näher Abs. 2 a S. 3). Die Nichteinhaltung der Anforderungen des Abs. 2 a hat der Versicherte ein **Sonderkündigungsrecht** (Abs. 2 c). Abs. 2 b betrifft die Einrichtung eines spezifischen **„Spitzenausgleichs"** von übermäßigen versicherungstechnischen Risiken des Standardtarifs; er soll eine gleichmäßige Belastung der PKV-Unternehmen bewirken (*Grimmke,* jurisPK, § 257 Rn. 137); zum Spitzenausgleich **ab 1.1.2009** § 314 Rn. 3.

F. Sondersituationen

Bei Bezug von **Kurzarbeitergeld** (das frühere Winterausfallgeld ist im Saison-Kurzarbeitergeld aufgegangen, vgl. §§ 175 ff. SGB III idF. des G v. 24. 4. 2006, BGBl. I, 926) gilt Folgendes: Durch **Abs. 1 S. 3** soll sichergestellt werden, dass freiwillig versicherten Beziehern von Kurzarbeitergeld nicht der Vorteil verloren geht, dass der Arbeitgeber den Beitrag zu GKV gemäß § 249 Abs. 2 (die Erwähnung einer nicht existierenden Nr. 3 ist ein redaktionelles Versehen) alleine trägt (Ausschussbericht zum AFRG, BT-Drs. 13/5936, 36 f.). Die Erstattungsregelung des § 175 a Abs. 4 SGB III wird man erweiternd auch auf die Erstattung des Beitragszuschusses anwenden können (so iErg. auch *Peters,* KK, § 257 Rn. 9). **Abs. 2 S. 4** nimmt Abs. 1 S. 3 in Bezug, begrenzt den Zuschuss aber auf den tatsächlich zu zahlenden Betrag (*Grimmke,* jurisPK, § 257 Rn. 108).   **8**

Der Zuschuss wird gemäß Abs. 2 S. 3 gemindert bei Personen, die bei Mitgliedschaft in der GKV keinen **Krg-Anpruch** hätten, denn sie würden wegen § 243 Abs. 1 einen geringeren Beitrag zahlen (vgl. auch BT-Drs. 13/5936, 37). Entsprechend soll der PKV-Versicherte nur einen Zuschuss in Höhe der Hälfte des ermäßigten Beitrags erhalten, der auf neun Zehntel des (bis 31. 12. 2008 maßgeblichen) durchschnittlichen allgemeinen Beitragssatzes pauschaliert wird (*Peters,* § 257 Rn. 16).   **9**

Für die Bezieher von **Vorruhestandsgeld** (vgl. § 5 Abs. 3) gilt bei freiwilliger Versicherung (Abs. 3 iVm. Abs. 1) die doppelte Zuschussbeschränkung des Abs. 1 entsprechend, wobei zu beachten ist, dass kein Krg-Anspruch besteht, so dass insb. § 257 Abs. 1 S. 2 entsprechend gilt (*Grimmke,* jurisPK, § 257 Rn. 144). Bei PKV-Versicherte (Abs. 4) gilt der Sache nach grundsätzlich auch § 257 Abs. 2, wobei die Reduzierung auf 90 % (doppelt normiert in Abs. 4 S. 2 und 3) dem Umstand Rechnung trägt, dass mangels Krg-Anspruch der Beitragssatz gilt (*Grimmke,* jurisPK, § 257 Rn. 145); zur **Rundung** des Beitragssatzes Abs. 4 S. 4. Die Vorschrift über die **Mehrfachbeschäftigung** (Abs. 1 S. 2) nimmt Abs. 3 S. 3 in Bezug. Sie gilt auch für Abs. 4, wo sie aufgrund eines redaktionellen Versehens im Zuge des Erlasses des AFRG (aus der vormaligen gemeinsamen Regelung wurden zwei Teil-Regelungen: Abs. 3 und 4) irrtümlich nicht genannt wird (*Grimmke,* jurisPK, § 257 Rn. 146).   **10**

G. Fälligkeit des Zuschussanspruchs und Rechtsweg

Die **Fälligkeit** des Zuschussanspruchs richtet sich nach der Fälligkeit des Beitrages selbst (vgl. BSGE 52, 152 = SozR 2100 § 25 Nr. 3). Der Zuschussanspruch ist ein **sozialrechtlicher (öffentlich-rechtlicher) Anspruch** (BSGE 83, 40 = NZA-RR 2000, 148/149), der vor den **Sozialgerichten** geltend zu machen ist (BAG, NZS 2003, 652/652; ebenso zur Vorgängervorschrift des § 405 RVO, der § 257 im Wesentlichen entspricht, BT-Drs. 11/2237, 227: BSGE 37, 292/296 = NJW 1974, 2087; BSGE 58, 110/112 = NZA 1986, 442); wobei allerdings die Regeln über die Rechtswegklärung (§ 17 a GVG) zu beachten sind (BAG, NZS 2003, 652/652).   **11**

H. Regelung ab 1.1.2009

12   Ab **1.1.2009** wird § 257 mit Blick insb. auf die Einführung des **Basistarifs** (dazu § 315 Rn. 9 ff.) geändert: Die Abs. 2b, 2c werden gestrichen. Die Bezugnahmen auf den bisherigen duchschnittlichen allgemeinen Beitragssatz werden an die Einführung des (neuen) allgemeinen Beitragssatzes (§ 241 nF.) angepasst (vgl. Abs. 1 S. 1, Abs. 2 S. 2 nF.). Abs. 2a wird auf den ab 1.1.2009 geltenden Basistarif umgestellt (vgl. Abs. 2a Nr. 2 nF., der ab 1.1.2009 als Anforderung an den Standardtarif das Angebot des Basistarifs verlangt); Nr. 3 nF. verlangt mit Blick auf Altkunden (Altbestand, **Bestandsversicherte**) die Beachtung der bis zum 31.12.2008 geltenden Anforderungen des Abs. 2a aF.; die Regelungen des Abs. 2a S. 1 Nr. 2 a–2 c werden gestrichen. Zu **Vorschriften über den Übergang** vom Standard- in den künftigen **Basistarif** s. §§ 314, 315.

§ 258 Beitragszuschüsse für andere Personen

¹In § 5 Abs. 1 Nr. 6, 7 oder 8 genannte Personen, die nach § 6 Abs. 3a versicherungsfrei sind, sowie Bezieher von Übergangsgeld, die nach § 8 Abs. 1 Nr. 4 von der Versicherungspflicht befreit sind, erhalten vom zuständigen Leistungsträger einen Zuschuß zu ihrem Krankenversicherungsbeitrag. ²Als Zuschuß ist der Betrag zu zahlen, der von dem Leistungsträger als Beitrag bei Krankenversicherungspflicht zu zahlen wäre, höchstens jedoch der Betrag, der an das private Krankenversicherungsunternehmen zu zahlen ist. ³*§ 257 Abs. 2a bis 2c* [ab 1.1.2009: § 257 Abs. 2a] gilt entsprechend.

A. Überblick

1   Der Beitragszuschuss, den befreite Beschäftigte gemäß § 257 Abs. 2–Abs. 2c erhalten, wird unter gleichgelagerten Bedingungen auch bestimmten versicherungsfreien oder befreiten und privat krankenversicherten Rehabilitanden sowie behinderten Menschen gewährt (*Peters*, KK, § 258 Rn. 2).

B. Kreis der Zuschussberechtigten

2   **Zuschussberechtigt** sind Personen gemäß § 5 Abs. 1 Nr. 6 (insb. Rehabilitanden, die an Leistungen zur Teilhabe am Arbeitsleben teilnehmen, vgl. § 5 Rn. 31), Personen gemäß § 5 Abs. 1 Nr. 7 (behinderte Menschen in Werkstätten (dazu § 5 Rn. 33) sowie Personen gemäß § 5 Abs. 1 Nr. 8 behinderte Menschen in weiteren Einrichtungen (dazu § 5 Rn. 33), die im Hinblick auf **§ 6 Abs. 3a** ausgeschlossen nach Vollendung des 55. Lebensjahres nicht mehr versicherungspflichtig werden können (Begr. zum GKV-GRG 2000, BT-Drs. 14/1245, 99).

3   **Zuschussberechtigt** sind ferner Bezieher (zum „Bezug" von Leistungen vgl. § 5 Rn. 17) von **Übergangsgeld** (vgl. insb. §§ 44 ff. SGB IX; s. auch §§ 160 ff. SGB III, §§ 20 f. SGB VI, § 49 iVm. § 35 Abs. 1 SGB VII), wenn sie nach § 8 Abs. 1 Nr. 4 (dazu § 8 Rn. 11) von der Versicherungspflicht befreit sind (und die Befreiung nicht nur beantragt haben).

4   Der Zuschussanspruch richtet sich gegen den **„zuständigen Leistungsträger"** (S. 1). Das ist der Träger, der bei Versicherungspflicht den Beitrag zu tragen hätte (*Peters*, KK, § 258 Rn. 5). Im Fall des § 5 Abs. 1 Nr. 6 ist dies der Reha-Träger (§ 251 Abs. 1), im Fall des § 5 Abs. 1 Nr. 7 oder Nr. 8 grundsätzlich der Träger der

Einrichtung (Ausnahme gemäß § 251 Abs. 2 S. 1 Nr. 2, wenn das tatsächliche Arbeitsentgelt den Mindestbetrag gemäß § 235 Abs. 3 übersteigt, vgl. § 251 Rn. 3).

C. Modalitäten der Zuschussgewährung

Im Hinblick auf die **Erstattungsregelung des § 251 Abs. 2 S. 2** (dazu § 251 Rn. 3), die im Hinblick auf die Konstellationen des § 5 Abs. 1 Nr. 7 oder Nr. 8 greift, gilt Folgendes: Der Erstattungsanspruch betrifft nur das Innenverhältnis von beitragszahlungspflichtigem Träger und Erstattungsträger (vgl. § 251 Rn. 3 aE.), so dass im Außenverhältnis, also soweit es um die Beitragszuschusspflicht geht, keine unmittelbare Zuschusspflicht des erstattungspflichtigen Trägers besteht (aA *Peters*, KK, § 258 Rn. 5). Allerdings wird vertreten, dass die Beitragszuschusspflicht der Beitragszahlungspflicht gleichgestellt werden müsse, so dass der zuständige Träger iSd. § 251 Abs. 2 S. 2 auch den Beitragszuschuss zu erstatten habe (*Peters*, KK, § 258 Rn. 5). Hieran trifft zu, dass der Beitragszuschuss für beitragsmäßige Gleichbehandlung sorgen, also sicherstellen soll, dass die Zuschussberechtigten im Ergebnis wirtschaftlich so stehen wie diejenigen, bei denen der Beitrag (mit-)getragen wird (vgl. § 257 Rn. 1). Das Gesetz unterscheidet aber deutlich zwischen Beitrag und Beitragszuschuss und behält die Erstattungsregelung den Beiträgen vor. § 251 Abs. 2 S. 2 wird auch von § 258 nicht im Wege der Verweisungsanalogie in Bezug genommen, obgleich § 258 dies hinsichtlich anderer Bestimmungen durchaus tut (vgl. § 258 S. 3). Das scheint auch im Ergebnis nicht unangemessen, weil die Belastung des Zuschusspflichtigen der Höhe nach begrenzt ist (Rn. 6).

Die Höhe des Zuschusses ist **in zweifacher Hinsicht begrenzt:** zum einen auf die Höhe des Betrags, der von dem Leistungsträger als Beitrag bei Krankenversicherungspflicht zu zahlen wäre (für § 5 Abs. 1 Nr. 6 vgl. § 235 Abs. 1 iVm. § 251 Abs. 1; für § 5 Abs. 1 Nr. 7 und Nr. 8 vgl. § 235 Abs. 3 iVm. § 251 Abs. 2 S. 1 Nr. 2), zum anderen auf den Betrag, der an das PKV-Unternehmen zu zahlen ist, wenn dieser geringer ist als der nach § 235 Abs. 1 iVm. den genannten Vorschriften ergebende Betrag.

Die **Anforderungen an das PKV-Unternehmen** entsprechen gemäß S. 3 den Anforderungen des § 257 Abs. 2a–2c (dazu § 257 Rn. 7). Mit Wirkung **ab 1. 1. 2009** ändert sich die Verweisungsanalogie in § 258 S. 3 in der Hinsicht, dass nur noch der Verweis auf den (seinerseits geänderten) § 257 Abs. 2a bestehen bleibt (vgl. den Ausschussbericht, BT-Drs. 14/4247, 55).

Dritter Abschnitt. Verwendung und Verwaltung der Mittel

§ 259 Mittel der Krankenkasse

Die Mittel der Krankenkasse umfassen die Betriebsmittel, die Rücklage und das Verwaltungsvermögen.

Schrifttum: *M. Bösch/A. Beckert*, Wie arm sind Krankenkassen in Deutschland tatsächlich, BzG 7-07, 172; *R. Daubenbüchel/A. Pfohl*, Beitragssatzgestaltung der Krankenkassen, Forum für Gesundheitspolitik, 10/2003; *H. Kierstein*, Das Gesetz über die Verwaltung der Mittel der Träger der Krankenversicherung (KVMG), BKK 1980, 2; *H. Marburger*, Das Gesetz über die Verwaltung der Mittel der Krankenversicherungsträger, Die Beiträge 1980, 65; *J. Müller/W. Maaz*, Endgültige Rechnungsergebnisse der GKV 2004, KrV 2005, 214; *J. Steffens*, Mittelverwaltung der Krankenkassen neu geregelt, DOK 1980, 109.

§ 259

A. Überblick

1 § 259 leitet den Abschnitt über die Verwendung und Verwaltung der Mittel ein und nennt die drei Bestandteile, aus denen sich die **Mittel** der Krankenkassen zusammensetzen. Die Einteilung in Betriebsmittel, Rücklage und Verwaltungsvermögen wurde durch das KVMG v. 15.12.1979 mit dem Ziel geschaffen, die Vermögensausstattung der Krankenkassen transparent zu gestalten und die Einhaltung der in den nachfolgenden Vorschriften vorgesehenen Größenordnungen bei den Betriebsmitteln und der Rücklage nachweisen zu können. Der Umfang der von den Krankenkassen bereitzuhaltenden Mittel soll dabei in einer Bandbreite gehalten werden, der einerseits ihre Liquidität gewährleistet, andererseits eine zur Aufgabenerfüllung nicht benötigte Kapitalansammlung verhindert (BT-Drs. 8/3126, 10/11). § 259 enthält eine abschließende Aufzählung, ein außerhalb dieser Einteilung gebundenes Vermögen ist in der umlagefinanzierten GKV nicht vorgesehen und darf von den Krankenkassen nicht gebildet werden. Die Mittel der Krankenkassen dienen allein der Erfüllung der ihnen obliegenden Aufgaben und stehen für andere Zwecke nicht zur Disposition (vgl. § 30 Abs. 1 SGB IV).

2 Die Begriffe Betriebsmittel und Rücklage sind in den gemeinsamen Vorschriften des SGB IV definiert. **Betriebsmittel** sind die kurzfristig verfügbaren Mittel, die die Versicherungsträger zur Bestreitung der laufenden Ausgaben sowie zum Ausgleich von Einnahme- und Ausgabeschwankungen bereitzuhalten haben (§ 81 SGB IV). Die **Rücklage** dient demgegenüber der Sicherstellung der Leistungsfähigkeit eines Versicherungsträgers insb. für den Fall, dass Einnahme- und Ausgabeschwankungen nicht mehr durch den Einsatz der Betriebsmittel ausgeglichen werden können (§ 82 SGB IV). Für die GKV gelten die bes. Vorschriften der §§ 260 bis 262, die das Nähere über die Verwendung, die Höhe und die Berücksichtigung bei der Haushaltsplanung bestimmen.

3 Eine für alle Sozialversicherungszweige geltende Legaldefinition des **Verwaltungsvermögens** enthalten die gemeinsamen Vorschriften des SGB IV nicht. Das Verwaltungsvermögen der Krankenkassen umfasst die Mittel, die weder den Betriebsmitteln noch der Rücklage zugeordnet werden. Dazu gehören die illiquiden Vermögensteile (Immobilien, Anlagen, Beteiligungen etc.) sowie die zur Finanzierung von Neuanschaffungen und für Pensions- und Versorgungsansprüche gebildeten Deckungsvermögen. Die genaue Zuordnung zum Verwaltungsvermögen regelt § 263.

B. Vermögen der Krankenkassen

4 Zwischen den Mitteln einer Krankenkasse und ihrem **Vermögen** im bilanztechnischen Sinn ist zu unterscheiden. Nur soweit die der Krankenkasse zufließenden Einnahmen nicht unmittelbar zur Finanzierung der laufenden Ausgaben der Krankenkasse wieder verwendet werden, bilden sie wirtschaftlich das Vermögen einer Krankenkasse. Von Bedeutung ist diese Unterscheidung für die Betriebsmittel, da diesen aufgrund ihrer Zweckbestimmung eine Doppelfunktion als Deckungsmittel zur Bestreitung der laufenden Ausgaben einerseits und als Finanzreserve andererseits zukommt (vgl. § 260 Rn. 2). Das Vermögen ist der **Bestand an Mitteln,** der in der durch § 259 vorgeschriebenen Untergliederung in der Jahresrechnung von der Krankenkasse nachzuweisen ist (§§ 77, 78 SGB IV, §§ 27 ff. SVHV, § 18 SVRV).

Die Krankenkassen haben ihre Finanzplanung auf der Grundlage eines Haus- 5
haltsplans in vorausschauender Betrachtung für ein Kalenderjahr vorzunehmen
(§ 67 SGB IV). Der **Haushaltsplan** der Krankenkasse dient der **Feststellung der
Mittel,** die zur Erfüllung ihrer Aufgaben voraussichtlich erforderlich sind (§ 68
Abs. 1 SGB IV). Dabei verfügen die Krankenkassen über eine **Einschätzungsprärogative,** die ihnen einen Beurteilungsspielraum über die künftige finanzielle
Entwicklung einräumt. Demgegenüber erfolgt der Nachweis des Mittelbestandes
in der **Vermögensrechnung,** die wiederum Bestandteil der Jahresrechnung ist
(§§ 27 Abs. 1, 29 SVHV) und nach Abschluss des Geschäftsjahres aufgestellt wird.
Hierbei ist zwingend die Einhaltung der **Grundsätze ordnungsmäßiger Buchführung** vorgeschrieben (§ 10 SVRV), wodurch die Krankenkassen – soweit
diese für sie anwendbar sind – auch handelsrechtlichen Grundsätzen ordnungsmäßiger Buchführung und Bilanzierung unterliegen (vgl. *Brandts/Wirth,* Haushaltsrecht der Sozialversicherung, Rn. 10 zu § 26 SVHV). Beurteilungsspielräume sind
den Krankenkassen bei der Feststellung der Höhe des Vermögens in der Jahresrechnung daher weitgehend genommen.

Die Höhe des Vermögens der Krankenkasse ist für die Beurteilung der **wirt-** 6
schaftlichen Leistungsfähigkeit von Bedeutung und hat daher auch eine besondere **Informationsfunktion.** Adressaten der Jahresrechnung einer Krankenkasse
sind der Verwaltungsrat (§ 197 Abs. 1 Nr. 3, §§ 31, 32 SVHV), die Verbände (zB.
§§ 155, 172, 222), die Aufsicht (§ 88 SGB IV) und auch der Gesetzgeber, der auf
der Grundlage der zusammengeführten Rechnungsergebnisse (§ 79 SGB IV) Kostendämpfungsgesetzgebung fortentwickelt.

Der Nachweis über das Vermögen hat nach dem **Prinzip der zeitlichen** 7
Rechnungsabgrenzung zu erfolgen, dh. dass die wirtschaftliche Zuordnung
zum jeweiligen Haushaltsjahr maßgeblich ist (§ 2 SVHV, § 37 SRVwV). Je nach
Umfang von **Forderungen** oder **Verpflichtungen** kann der von der Krankenkasse zu bilanzierende Mittelbestand von der tatsächlich zur Verfügung stehenden
Liquidität abweichen. Maßstab für die Festsetzung des **Rücklagesolls** in der
Satzung und der Bereithaltung von Betriebsmitteln ist daher stets die Gewährleistung der jederzeitigen Liquidität (vgl. § 261, Rn. 2).

C. Vermögenshöhe und Beitragssätze

Bei der **Beitragsbemessung** zur Aufbringung der Mittel sind gesetzliche Vor- 8
gaben zur Auffüllung der Betriebsmittel und Rücklagen zu beachten, während
die Höhe des Verwaltungsvermögens demgegenüber keine Rolle spielt (vgl. § 220
Abs. 1 idF. bis zum 31. 12. 2008, § 242 Abs. 3 idF. ab 1. 1. 2009). Aufgrund der wirtschaftspolitischen Bedeutung der Beitragssatzhöhe hat dem Gesetzgeber die Bildung finanzieller Reserven jedoch meist dem Ziel der Beitragssatzstabilität untergeordnet. So wurde auch das KVMG von der Erwartung einer dämpfenden Wirkung auf die Beitragssatzgestaltung durch Auflösung überschüssiger Mittel getragen (BT-Drs. 8/3126, 16). Eine Auffüllung der Rücklage ist nicht vorzunehmen,
wenn allein dadurch eine Erhöhung der Beiträge erforderlich würde (vgl. § 261
Rn. 3), die Mindestrücklage wurde durch das GRG von der Hälfte einer Monatsausgabe auf ein Viertel herabgesetzt (vgl. BT-Drs. 11/3480, 65). Durch das
BSSichG vom 23. 12. 2002 (BGBl. I, 4640) wurde bis Ende 2003 ein Beitragssatzanhebungsstopp verfügt, der ua. nur durchbrochen werden durfte, wenn der
Krankenkasse auch nach Aufbrauchen von Betriebsmitteln und Rücklagen nicht

§ 259

mehr die zur Versorgung unabweisbar notwendigen Mittel zur Verfügung standen und ansonsten eine Kreditfinanzierung drohte, Art. 7 Abs. 3.

9 Trotz des bestehenden Verbots der Kreditfinanzierung war die GKV bis Ende 2003 in einem Maße verschuldet, das den Gesetzgeber schließlich veranlasste, die Krankenkassen zu einem Abbau der Verschuldung innerhalb von vier Jahren ausdrücklich zu verpflichten (vgl. § 222 Abs. 5). Der Begriff der **Verschuldung** in der gesetzlichen Krankenversicherung wurde dabei aber erst durch die Neufassung des § 265 a im Rahmen des GKV-WSG konkret definiert und orientiert sich an den liquiden Vermögensteilen einer Krankenkasse. So liegt nach § 265 a Abs. 3 S. 2 bei Krankenkassen eine Verschuldung vor, wenn die Summe von Betriebsmitteln, Rücklagen und Geldmitteln zur Anschaffung und Erneuerung von Verwaltungsvermögen einen **negativen Vermögensstand** ergibt (vgl. § 265 a Rn. 4).

D. Verwaltung der Mittel

10 Die Mittel sind gemäß der Grundsatzvorschrift des § 80 Abs. 1 SGB IV so anzulegen und zu verwalten, dass ein Verlust ausgeschlossen erscheint, ein angemessener Ertrag erzielt wird und eine ausreichende Liquidität gewährleistet ist. Die Vorschrift enthält einen Zielkonflikt, da diese Vorgaben nicht ohne gegenseitige Beeinträchtigungen vollständig umgesetzt werden können. Dieser Zielkonflikt ist stets zugunsten der Liquidität und Anlagesicherheit zu lösen, da bei der Vermögensanlage nicht die Ertragserzielung im Vordergrund steht, sondern allein die Erfüllung der gesetzlich vorgeschriebenen oder zugelassenen Aufgaben (vgl. BSG, SozR 4–2400, § 80 Nr. 1 Rn. 28). Die Zweckbestimmung der Betriebsmittel und Rücklage und das für die Krankenkassen bei ihrer Planung geltende **Jährlichkeitsprinzip** schränken die Möglichkeiten der Ertragserzielung zusätzlich ein.

E. Weiterentwicklung durch das GKV-WSG

11 Ab dem Jahr 2009 erfolgt die Finanzierung der GKV über den Gesundheitsfonds (§ 271). Die Beitragseinnahmen der GKV werden an den Gesundheitsfonds weitergeleitet, der damit auch das Risiko von Einnahmeschwankungen übernimmt und daher eine **Liquiditätsreserve** zu bilden hat (§§ 220 Abs. 1 idF. ab 1. 1. 2009, 271 Abs. 2). Hierdurch entsteht außerhalb des § 259 Vermögen der GKV. Die Krankenkassen erhalten aus dem Gesundheitsfonds konstante Zuweisungen und werden damit vom Risiko unterjähriger Einnahmeschwankungen und konjunkturell bedingter Einnahmeausfälle abgeschirmt (vgl. BT-Drs. 16/3100, 170). Die Vorschriften zur Bildung von Betriebsmitteln und Rücklagen bei den Krankenkassen bleiben jedoch unberührt, sie dienen weiterhin dem Ausgleich von Ausgabeschwankungen und der Sicherstellung der Leistungsfähigkeit.

12 Vom 1. 1. 2010 an bilden die Krankenkassen gem. § 171 b einen **Kapitalstock** zur Absicherung ihrer Verpflichtungen aus Versorgungszusagen, der im Insolvenzfall ausschließlich zur Befriedigung der unverfallbaren Versorgungsanwartschaften zur Verfügung steht und zum Zeitpunkt der Anwendbarkeit der InsO auf alle Krankenkassen eine Überschuldung wegen ungedeckter Versorgungsverpflichtungen ausschließt. Die Vorschrift soll die Anwendbarkeit der InsO für die GKV vorbereiten. Da die Krankenkassen derzeit nicht verpflichtet sind, entsprechende Rückstellungen zu bilden (vgl. § 263 Rn. 3), ging der Gesetzgeber von ungedeckten Versorgungslasten aus, die bei Einführung der InsO zu einer sofortigen Überschuldung der Krankenkassen geführt hätte (vgl. BT-Drs. 16/4247, 50).

§ 260 Betriebsmittel

(1) Betriebsmittel dürfen nur verwendet werden
1. für die gesetzlich oder durch die Satzung vorgesehenen Aufgaben sowie für die Verwaltungskosten; die Aufgaben der Krankenkassen als Pflegekassen sind keine gesetzlichen Aufgaben im Sinne dieser Vorschrift,
2. zur Auffüllung der Rücklage und zur Bildung von Verwaltungsvermögen.

(2) ¹Die Betriebsmittel sollen im Durchschnitt des Haushaltsjahres monatlich das Eineinhalbfache des nach dem Haushaltsplan der Krankenkasse auf einen Monat entfallenden Betrages der Ausgaben für die in Absatz 1 Nr. 1 genannten Zwecke nicht übersteigen. ²Bei der Feststellung der vorhandenen Betriebsmittel sind die Forderungen und Verpflichtungen der Krankenkasse zu berücksichtigen, soweit sie nicht der Rücklage oder dem Verwaltungsvermögen zuzuordnen sind. ³Durchlaufende Gelder bleiben außer Betracht.

(3) Die Betriebsmittel sind im erforderlichen Umfang bereitzuhalten und im Übrigen so anzulegen, dass sie für die in Absatz 1 genannten Zwecke verfügbar sind.

Schrifttum: *W. Gleitze/W. Wirth,* Die zulässige Höhe der Betriebsmittel, ErsK 1983

A. Überblick

§ 260 regelt die Verwendung, die Höhe und Anlage der **Betriebsmittel**. Abs. 1 Nr. 1 Hs. 1 nimmt Bezug auf die §§ 30 und 81 SGB IV und dient nur der Klarstellung. Auch Nr. 2 erklärt nur, was eigentlich selbstverständlich sein sollte, nämlich dass die Errichtung der Pflegekasse bei der Krankenkasse (§ 46 SGB XI) nicht bedeutet, dass zwischen diesen Versicherungszweigen eine Querfinanzierung zulässig wäre. Für die PflV gilt die eigenständige Regelung des § 63 SGB XI, die inhaltlich die gleichen Aussagen trifft wie § 260. Der Gesetzgeber sah sich aber offensichtlich gehalten, diese Trennung ausdrücklich zu normieren, um einem etwaigen Missbrauch vorzubeugen. Abs. 1 Nr. 1 beschreibt die **erfolgswirksame Verwendung** der Betriebsmittel, dh. die Finanzierung der laufenden Ausgaben, während Nr. 2 die **erfolgsunwirksame** Verwendung zur Bildung von Rücklagen und Verwaltungsvermögen herausstellt. 1

Alle Einnahmen der Krankenkasse stellen zunächst Betriebsmittel dar, die zur Deckung der laufenden Ausgaben eingesetzt werden. Da jedoch Einnahmen und Ausgaben im Zeitablauf Schwankungen unterliegen, muss die Betriebsmittelhöhe so kalkuliert werden, dass die jederzeitige Finanzierung ohne Aufnahme eines Kredites sichergestellt ist. Dies erfolgt durch die Bildung einer **Betriebsmittelreserve** (vgl. BT-Drs. 8/3126, 11). Die Betriebsmittelreserve erfüllt die in § 81 SGB IV vorgesehene Teilfunktion der Betriebsmittel als Schwankungsreserve und ist ein Vermögensbestandteil (vgl. § 259 Rn. 4). 2

B. Höhe der Betriebsmittel

Abs. 2 S. 1 regelt die Höhe der Betriebsmittel und begrenzt sie auf das **Eineinhalbfache** einer durchschnittlichen Monatsausgabe des Haushaltsplans. Diese Bestimmung wird oft dahingehend missverstanden, dass die Vermögensrechnung der Krankenkasse eine entsprechend hohe Betriebsmittelreserve ausweisen darf. Bereits mit Urteil v. 13. 5. 1982 hat das BSG jedoch klargestellt, dass die Betriebs- 3 mittel auch die laufenden Einnahmen umfassen, die im Durchschnitt eines Jahres bereits eine Monatsausgabe betragen, so dass für die Betriebsmittelreserve eine zu beachtende **Obergrenze von einer halben Monatsausgabe** verbleibt (BSG, SozR 2200 § 364 RVO Nr. 1). Ein Mindestbestand ist nicht vorgesehen, die Betriebsmittel sind jedoch im erforderlichen Umfang bereitzuhalten.

4 Nach Abs. 2 S. 3 sind Forderungen und Verpflichtungen bei der Feststellung der vorhandenen Betriebsmittel zu berücksichtigen. Dies ist erforderlich, um aussagefähige und vergleichbare Ergebnisse zu erhalten (*Gleitze/Wirth*, 175). Bei den in S. 3 genannten durchlaufenden Geldern handelt es sich im Wesentlichen um die Fremdversicherungsbeiträge, die die Krankenkassen als Einzugsstellen nach § 28 h SGB IV einziehen.

C. Anlage der Betriebsmittel

5 Die Krankenkassen sind gemäß § 80 Abs. 1 SGB IV verpflichtet, die Betriebsmittel sicher, liquide und unter Erzielung eines angemessenen Ertrages anzulegen. Diese Anlagegrundsätze werden in § 260 Abs. 3 etwas verkürzt wiederholt. Zwar ist § 260 Abs. 3 als Spezialregelung gegenüber § 80 SGB IV vorrangig. Es handelt sich aber um einen ausschließlich formalen Vorrang. Inhaltlich enthält § 260 Abs. 3 keine von § 80 Abs. 1 SGB IV abweichende Regelung. Bei der Verwaltung und Anlage der Betriebsmittel ist das **Verbot der Darlehensaufnahme** gem. § 222 Abs. 5 zu beachten.

§ 261 Rücklage

(1) **Die Krankenkasse hat zur Sicherstellung ihrer Leistungsfähigkeit eine Rücklage zu bilden.**

(2) [1]**Die Satzung bestimmt die Höhe der Rücklage in einem Vomhundertsatz des nach dem Haushaltsplan durchschnittlich auf den Monat entfallenden Betrages der Ausgaben für die in § 260 Abs. 1 S. 1 genannten Zwecke (Rücklagesoll).** [2]**Die Rücklage muss mindestens ein Viertel und darf höchstens das Einfache des Betrages der auf den Monat entfallenden Ausgaben nach Satz 1 betragen.**

(3) [1]**Die Krankenkasse kann Mittel aus der Rücklage den Betriebsmitteln zuführen, wenn Einnahme- und Ausgabeschwankungen innerhalb eines Haushaltsjahres nicht durch die Betriebsmittel ausgeglichen werden können.** [2]**In diesem Fall soll die Rücklage in Anspruch genommen werden, wenn dadurch Beitragssatzerhöhungen [ab 1. 1. 2009: Erhöhungen des Zusatzbeitrags nach § 242] während des Haushaltsjahres vermieden werden.**

(4) [1]**Ergibt sich bei der Aufstellung des Haushaltsplans, dass die Rücklage geringer ist als das Rücklagesoll, ist bis zur Erreichung des Rücklagesolls die Auffüllung der Rücklage mit einem Betrag in Höhe von mindestens einem Viertel des Rücklagesolls im Haushaltsplan vorzusehen.** [2]**Satz 1 gilt nicht, wenn allein wegen der Auffüllung der Rücklage eine Beitragssatzerhöhung [ab 1. 1. 2009: Erhöhungen des Zusatzbeitrags nach § 242] erforderlich würde.**

(5) **Übersteigt die Rücklage das Rücklagesoll, ist der übersteigende Betrag den Betriebsmitteln zuzuführen.**

(6) [1]**Die Rücklage ist getrennt von den sonstigen Mitteln so anzulegen, dass sie für den nach Absatz 1 genannten Zweck verfügbar ist.** [2]**Sie wird vorbehaltlich des § 262 von der Krankenkasse verwaltet.**

A. Überblick

Grundnorm für die **Rücklage** ist § 82 SGB IV, § 261 regelt das Nähere für die GKV. Ein Teil der Rücklage, die Gesamtrücklage, wird gemäß § 262 Abs. 1 vom Landesverband verwaltet, soweit eine entsprechende Satzungsregelung dies bestimmt. Die Rücklage dient der Sicherstellung der **Leistungsfähigkeit** und ist im Unterschied zu den Betriebsmitteln eine reine Bestandsgröße. Sie soll den finanziellen Rückhalt der Krankenkasse sichern und ist grundsätzlich nicht für die Finanzierung der laufenden Ausgaben konzipiert; sie kommt nur dann zum Einsatz, wenn die Betriebsmittel zum Ausgleich von Einnahme- und Ausgabeschwankungen nicht ausreichen. Ergibt sich, dass die Betriebsmittel dauerhaft nicht ausreichen, dient die Rücklage dazu, eine unterjährige Beitragssatzanhebung bzw. eine Anhebung des Zusatzbeitrages zu verhindern und die Zeit bis zur Neufestsetzung im Rahmen der nächsten Haushaltsplanung zu überbrücken (Abs. 3).

Die Höhe der Rücklage wird als **Rücklagesoll** in einem Vomhundertsatz der durchschnittlichen Monatsausgaben des Haushaltsplans in der Satzung der Krankenkasse festgelegt und kann in einer Bandbreite zwischen einem Viertel und dem Einfachen einer durchschnittlichen Monatsausgabe liegen (Abs. 2). Bei der Entscheidung über die Höhe der Rücklage hat sich die Krankenkasse jedoch an deren Zweckbestimmung zu orientieren und darf das Mindestsoll auch nur dann festlegen, wenn die finanziellen Gegebenheiten bei der Krankenkasse dies zulassen.

B. Auffüllung der Rücklage, Haushaltsplanung

Abs. 4 verpflichtet die Krankenkassen zur **Auffüllung** der Rücklage, wenn die Rücklage bei Aufstellung des Haushaltsplans geringer ist als das Rücklagesoll. Dies unterstreicht zwar, dass die Rücklage jederzeit dem Rücklagesoll entsprechen soll, zugleich wird die Verpflichtung zur Auffüllung jedoch zugunsten einer möglichst geringen Beitragsbelastung abgeschwächt. So ist die Auffüllung der Rücklage nur zu einem **Viertel des Rücklagesolls** zwingend im Haushaltsplan vorzusehen, ein darüber hinausgehender Betrag liegt demnach im Ermessen der Krankenkasse. Nach S. 2 entfällt die Pflicht zur Auffüllung, wenn allein dadurch eine Erhöhung der Beiträge notwendig wäre.

Diese Beschränkung streckt allerdings den Aufbau der Rücklage auf mehrere Haushaltsjahre und steht insoweit auch zu der stringenten Formulierung der Abs. 1 und 2 S. 2 in Widerspruch, aus denen sich eine Verpflichtung zur ständigen Bereithaltung der Rücklage ableiten lässt. Durch das Verbot der Darlehensaufnahme (§ 222 Abs. 5) dürfen die Krankenkassen jedoch im Zweifel letztlich von der Beschränkung des Abs. 4 nur Gebrauch machen, wenn dies ohne Gefahr für die Liquidität möglich ist.

Verfügt dagegen die Krankenkasse zum Zeitpunkt der Aufstellung des Haushaltsplans über die vollständige Rücklage, steht diese nicht als Mittel zur Herbeiführung des **Haushaltsausgleichs** zur Verfügung. Sie kann lediglich über die Herabsetzung des satzungsgemäßen Rücklagesolls Mittel freistellen, um diese zur Finanzierung der Ausgaben einzusetzen. Ansonsten sind die Mittel der Rücklage nach Abs. 5 erst bei einer Überschreitung des Rücklagesolls den Betriebsmitteln zuzuführen, die dann allerdings – soweit auch die Betriebsmittelreserve erfüllt ist – zum Haushaltsausgleich eingesetzt werden müssen.

C. Anlage

6   Nach Abs. 6 S. 1 ist die Rücklage getrennt von den Betriebsmitteln und dem Verwaltungsvermögen anzulegen. Als Anlage kommen nur die in § 83 Abs. 1 Nr. 1 bis 5 SGB IV genannten Vermögensgegenstände in Frage, soweit es sich in diesen Fällen um ausreichend liquide Anlagen handelt. Der Anlagezeitraum sollte, ausreichende Liquidität unterstellt, regelmäßig ein Jahr nicht überschreiten. Nicht in Frage kommen Anlagen nach § 83 Abs. 1 Nr. 6, 7 und 8 SGB IV, da hier die Bildung von Verwaltungsvermögen im Vordergrund steht, das in der GKV aufgrund der Abgrenzung nach § 259 nicht der Rücklage zugeordnet werden darf.

§ 262 Gesamtrücklage

(1) ¹**Die Satzungen der Landesverbände können bestimmen, dass die von den Verbandsmitgliedern zu bildenden Rücklagen bis zu einem Drittel des Rücklagesolls von dem Landesverband als Sondervermögen (Gesamtrücklage) verwaltet werden.** ²**Die Gesamtrücklage ist vorrangig vor dem von der Krankenkasse verwalteten Teil der Rücklage aufzufüllen.**

(2) ¹**Die im Laufe eines Jahres entstehenden Kapitalerträge und die aus den Veräußerungen erwachsenden Gewinne der Gesamtrücklage werden gegen die aus Veräußerungen entstehenden Verluste ausgeglichen.** ²**Der Unterschied wird auf die beteiligten Krankenkassen nach der Höhe ihres Rücklageguthabens beim Landesverband im Jahresdurchschnitt umgelegt.**

(3) ¹**Ergibt sich nach Absatz 2 ein Überschuss, wird er den Krankenkassen ausgezahlt, deren Rücklageguthaben beim Landesverband den nach Absatz 1 bestimmten Anteil erreicht hat.** ²**Ist dieses Rücklageguthaben noch nicht erreicht, wird der Überschuss bis zur Höhe des fehlenden Betrages nicht ausgezahlt, sondern gutgeschrieben.** ³**Ergibt sich nach Absatz 2 ein Fehlbetrag, wird er dem Rücklageguthaben der Krankenkassen zur Last geschrieben.**

(4) ¹**Die Krankenkasse kann über ihr Rücklageguthaben beim Landesverband erst verfügen, wenn die von ihr selbst verwalteten Rücklagemittel verbraucht sind.** ²**Hat die Krankenkasse ihr Rücklageguthaben verbraucht, kann sie von dem Landesverband ein Darlehen aus der Gesamtrücklage erhalten.** ³**Die Satzung des Landesverbands trifft Regelungen über die Voraussetzungen der Darlehensgewährung, die Rückzahlung und die Verzinsung.**

(5) **Die Gesamtrücklage ist so anzulegen, dass sie für die in § 261 Abs. 1 und 4 genannten Zwecke verfügbar ist.**

1   Die Gesamtrücklage ist Bestandteil der Rücklage der Krankenkasse, was sich auch aus § 259 ergibt, der die Gesamtrücklage nicht als einen gesonderten Mittelbestandteil aufführt. Sie dient dazu, einen über die Vorsorgemöglichkeiten der einzelnen Krankenkasse hinausgehenden Liquiditätsbedarf abzudecken. Ob eine Gesamtrücklage gebildet wird, liegt im Gestaltungsermessen der Landesverbände (§ 207). Die Vorschrift enthält dabei eine vergleichsweise detaillierte Vorgabe über das Verfahren der Verwaltung. Das Darlehen aus der Gesamtrücklage sowie die Darlehen nach §§ 265, 265a bilden die einzigen Ausnahmen vom Grundsatz der Eigenfinanzierung der Krankenkassen.

2   Die Gesamtrücklage bündelt einen Teil der Rücklagen der Krankenkassen eines Landesverbandes und bildet eine Finanzmasse, die zur Absicherung der Leistungsfähigkeit der einzelnen Krankenkasse zusätzlich eingesetzt werden kann. Ein Lan-

desverband muss hinsichtlich Zahl und Größe seiner Mitgliedskrankenkassen daher auch eine Struktur aufweisen, die einen sinnvollen Ausgleich entsprechender finanzieller Risiken untereinander erwarten lässt. Benötigen alle Mitglieder eines Landesverbandes ihre Rücklage, kann der Landesverband keine Unterstützung mehr leisten.

§ 262 hat im Hinblick auf die Entwicklung der Zahl der Krankenkassen und 3 die zunehmend bundesweite Erstreckung auch von Betriebs- und Innungskrankenkassen an Bedeutung in der Systematik der Finanzierung der GKV verloren. Während § 220 Abs. 2 idF. bis 31. 12. 2008 die Inanspruchnahme eines Darlehens aus der Gesamtrücklage ausdrücklich als wahrzunehmende Option vor der Erhöhung des Beitragssatzes nennt, ist dies in der entsprechenden Vorschrift nach § 242 Abs. 3 idF. ab 1. 1. 2009 für die Zusatzbeiträge nicht mehr vorgesehen.

§ 263 Verwaltungsvermögen

(1) ¹Das Verwaltungsvermögen der Krankenkasse umfasst
1. **Vermögensanlagen, die der Verwaltung der Krankenkasse sowie der Führung ihrer betrieblichen Einrichtungen (Eigenbetriebe) zu dienen bestimmt sind,**
2. **die zur Anschaffung und Erneuerung dieser Vermögensteile und für künftig zu zahlende Versorgungsbezüge der Bediensteten und ihrer Hinterbliebenen bereitgehaltenen Geldmittel,**

soweit sie für die Erfüllung der Aufgaben der Krankenkasse erforderlich sind. ²Zum Verwaltungsvermögen gehören auch Grundstücke, die nur teilweise für Zwecke der Verwaltung der Krankenkasse oder für Eigenbetriebe erforderlich sind.

(2) Als Verwaltungsvermögen gelten auch sonstige Vermögensanlagen auf Grund rechtlicher Verpflichtung oder Ermächtigung, soweit sie nicht den Betriebsmitteln, der Rücklage oder einem Sondervermögen zuzuordnen sind.

A. Überblick

Die Nennung des Verwaltungsvermögens als Bestandteil der Mittel einer 1 Krankenkasse erfolgte erstmals durch das KVMG und sollte zu Transparenz in der Vermögensbildung führen (§ 259, Rn. 1). Die Bildung von Verwaltungsvermögen ist nach Abs. 1 S. 1 Hs. 2 nur zulässig, wenn es für die Aufgabenerfüllung erforderlich ist, was das Gebot wirtschaftlichen Handelns (§ 69 Abs. 2 SGB IV) verstärkt. Daraus folgt, dass eine Kapitalanlage in **Immobilien** grundsätzlich unzulässig ist. Ist eine Immobilie nicht mehr erforderlich, muss sie unter den Voraussetzungen des § 24 SVHV veräußert werden. § 83 Abs. 1 Nr. 8 SGB IV sieht zwar auch die Anlage von Rücklagemitteln in Grundstücken vor, für die GKV ist dies allerdings ausgeschlossen. Die Krankenkasse ist verpflichtet, ihre Immobilien wirtschaftlich zu führen, und hat Bewertungs- und Abschreibungsvorschriften zu beachten (§ 11 SVRV).

B. Teile des Verwaltungsvermögens

Zu den in Abs. 1 S. 1 Nr. 1 genannten Vermögensanlagen gehören die Verwal- 2 tungsgebäude und die Gebäude der Eigenbetriebe. Zu den Eigenbetrieben zählen insb. die nach § 140 Abs. 1 zulässigen Eigeneinrichtungen, also Krankenhäuser,

Rehabilitationskliniken und andere Versorgungseinrichtungen, die bereits vor dem 1.1.1989 bestanden und seither Bestandsschutz genießen. Seine rechtliche Grenze findet dieser Bestandsschutz allerdings in den Grundsätzen der Wirtschaftlichkeit und Sparsamkeit. Muss eine Krankenkasse ihre Eigeneinrichtung zu Lasten ihrer Beitragszahler ständig subventionieren, hat sie die Einrichtung zu verändern oder aufzugeben.

3   Abs. 1 S. 1 Nr. 2 ermöglicht die Bildung von Rückstellungen zur Anschaffung und Erneuerung des Verwaltungsvermögens. Sie dienen der Finanzierung künftiger Investitionen und können zB. aus den jährlichen Abschreibungsbeträgen gebildet werden. Eine beliebige Bildung dieser Rückstellungen, um überschüssige Betriebs- oder Rücklagemittel aufzunehmen, ist allerdings unzulässig. Zum Verwaltungsvermögen zählen ebenso die Deckungsvermögen zur Finanzierung der **Altersvorsorgeverpflichtungen (Pensionsrückstellungen).** Der Höchstwert dieser Rückstellungen bestimmt sich nach dem versicherungsmathematisch ermittelten aktuellen Wert der späteren Zahlungen (§ 12 SVRV, zur Anlage vgl. BSG, SozR-2400, § 80 Nr. 1). Schließlich bildet der Abs. 2 einen Auffangtatbestand für alle Vermögensteile, die, aus welchen Gründen auch immer, zum Eigentum einer Krankenkasse gehören.

§ 263 a Rechtsträgerabwicklung

Mit Wirkung vom 30. März 2005 geht das nach § 27 Abs. 1 des Rechtsträger-Abwicklungsgesetzes vom 6. September 1965 (BGBl. I S. 1065) vom Bund treuhänderisch verwaltete Vermögen der LVA Mark Brandenburg – Abteilung Krankenversicherung, der LVA Ostpreußen – Abteilung Krankenversicherung, der Sudetendeutschen Angestellten Krankenkassen und der Besonderen Ortskrankenkasse für Binnenschifffahrt und verwandte Betriebe sowie der Landkrankenkasse für den Landkreis Bromberg auf den Bund über.

1   Die Vorschrift wurde durch das Verwaltungsvereinfachungsgesetz eingefügt. Die Vermögen der ehemaligen Rechtsträger aus dem früheren Beitrittsgebiet und den ehemaligen deutschen Gebieten jenseits von Oder und Neiße wurden bis dahin vom BVA verwaltet (vgl. BT-Drs. 15/4228, 27). Da kein Rechtsnachfolger ermittelt werden konnte, wurde das Vermögen auf den Bund übertragen.

§ 264 Übernahme der Krankenbehandlung für nicht Versicherungspflichtige gegen Kostenerstattung

(1) **Die Krankenkasse kann für Arbeits- und Erwerbslose, die nicht gesetzlich gegen Krankheit versichert sind, für andere Hilfeempfänger sowie für die vom BMG bezeichneten Personenkreise die Krankenbehandlung übernehmen, sofern der Krankenkasse Ersatz der vollen Aufwendungen für den Einzelfall sowie eines angemessenen Teils ihrer Verwaltungskosten gewährleistet wird.**

(2) [1]**Die Krankenbehandlung von Empfängern von Leistungen nach dem 3. bis 9. Kapitel des SGB XII, von Empfängern laufender Leistungen nach § 2 des Asylbewerberleistungsgesetzes und von Empfängern von Krankenhilfeleistungen nach dem SGB VIII, die nicht versichert sind, wird von der Krankenkasse übernommen.** [2]Satz 1 gilt nicht für Empfänger, die voraussichtlich nicht mindestens einen Monat ununterbrochen Hilfe zum Lebensunterhalt beziehen, für

Personen, die ausschließlich Leistungen nach § 11 Abs. 5 Satz 3 und § 33 SGB XII beziehen, sowie für die in § 24 SGB XII genannten Personen.

(3) ¹Die in Abs. 2 Satz 1 genannten Empfänger haben unverzüglich eine Krankenkasse im Bereich des für die Hilfe zuständigen Trägers der Sozialhilfe oder der öffentlichen Jugendhilfe zu wählen, die ihre Krankenbehandlung übernimmt. ²Leben mehrere Empfänger in häuslicher Gemeinschaft, wird das Wahlrecht vom Haushaltsvorstand für sich und für die Familienangehörigen ausgeübt, die bei Versicherungspflicht des Haushaltsvorstands nach § 10 versichert wären. ³Wird das Wahlrecht nach den Sätzen 1 und 2 nicht ausgeübt, gelten § 28 i SGB IV und § 175 Abs. 3 Satz 2 entsprechend.

(4) ¹Für die in Abs. 2 Satz 1 genannten Empfänger gelten § 11 Abs. 1 sowie die §§ 61 und 62 entsprechend. ²Sie erhalten eine Krankenversichertenkarte nach § 291. ³Als Versichertenstatus nach § 291 Abs. 2 Nr. 7 gilt für Empfänger bis zur Vollendung des 65. Lebensjahres die Statusbezeichnung „Mitglied", für Empfänger nach Vollendung des 65. Lebensjahres die Statusbezeichnung „Rentner". ⁴Empfänger, die das 65. Lebensjahr noch nicht vollendet haben, in häuslicher Gemeinschaft leben und nicht Haushaltsvorstand sind, erhalten die Statusbezeichnung „Familienversicherte".

(5) ¹Wenn Empfänger nicht mehr bedürftig im Sinne des SGB XII oder des SGB VIII sind, meldet der Träger der Sozialhilfe oder der öffentlichen Jugendhilfe diese bei der jeweiligen Krankenkasse ab. ²Bei der Abmeldung hat der Träger der Sozialhilfe oder öffentlichen Jugendhilfe die Krankenversichertenkarte vom Empfänger einzuziehen und an die Krankenkasse zu übermitteln. ³Aufwendungen, die der Krankenkasse nach Abmeldung durch eine missbräuchliche Verwendung der Karte entstehen, hat der Träger der Sozialhilfe oder der öffentlichen Jugendhilfe zu erstatten. ⁴Satz 3 gilt nicht in den Fällen, in denen die Krankenkasse auf Grund gesetzlicher Vorschriften oder vertraglicher Vereinbarungen verpflichtet ist, ihre Leistungspflicht vor der Inanspruchnahme der Leistung zu prüfen.

(6) ¹Bei der Bemessung der Vergütungen nach § 85 oder § 85 a ist die vertragsärztliche Versorgung der Empfänger zu berücksichtigen. ²Werden die Gesamtvergütungen nach § 85 nach Kopfpauschalen berechnet, gelten die Empfänger als Mitglieder. ³Leben mehrere Empfänger in häuslicher Gemeinschaft, gilt abweichend von Satz 2 nur der Haushaltsvorstand nach Abs. 3 als Mitglied; die vertragsärztliche Versorgung der Familienangehörigen, die nach § 10 versichert wären, wird durch die für den Haushaltsvorstand zu zahlende Kopfpauschale vergütet.

(7) ¹Die Aufwendungen, die den Krankenkassen durch die Übernahme der Krankenbehandlung nach den Absätzen 2 bis 6 entstehen, werden ihnen von den für die Hilfe zuständigen Trägern der Sozialhilfe oder der öffentlichen Jugendhilfe vierteljährlich erstattet. ²Als angemessene Verwaltungskosten einschließlich Personalaufwand für den Personenkreis nach Abs. 2 werden bis zu 5 v. H. der abgerechneten Leistungsaufwendungen festgelegt. ³Wenn Anhaltspunkte für eine unwirtschaftliche Leistungserbringung oder -gewährung vorliegen, kann der zuständige Träger der Sozialhilfe oder der öffentlichen Jugendhilfe von der jeweiligen Krankenkasse verlangen, die Angemessenheit der Aufwendungen zu prüfen und nachzuweisen.

Die Vorschrift regelt die **Krankenbehandlung** zu Lasten der GKV für Personen, die nicht der **Versicherungspflicht** unterliegen. Durch das GKV-WSG

§ 264 Übernahme der Krankenbehandlung gegen Kostenerstattung

wurde zwar eine grundsätzliche Krankenversicherungspflicht eingeführt (vgl. § 5 Abs. 1 Nr. 13). Da aber nach § 5 Abs. 8a S. 2 für Empfänger laufender Leistungen nach dem 3., 4., 6. und 7. Kapitel des SGB XII sowie nach § 2 AsylbLG Versicherungspflicht nach § 5 Abs. 1 Nr. 13 nicht eintritt, gibt es auch künftig einen Anwendungsbereich für die Regelung. Gleichwohl ist die praktische Bedeutung relativ gering. Ursprünglich bestand die Regelung nur aus Abs. 1; die Abs. 2 bis 7 sind erst zum 1.1.2004 eingefügt worden. § 264 beinhaltet im eigentlichen Sinne keine Regelung zur Verwendung und Verwaltung von Mitteln, weshalb er im Gefüge dieses Abschnitts einen Fremdkörper bildet und passender bei den leistungsrechtlichen Regelungen anzusiedeln gewesen wäre.

2 Abs. 1 sieht für nicht versicherte Arbeits- und Erwerbslose sowie für andere Hilfeempfänger eine Übernahme der Krankenbehandlung durch die Krankenkasse nach ihrem **pflichtgemäßen Ermessen** vor. Voraussetzung ist, dass sie für den jeweiligen Einzelfall Ersatz der vollen Aufwendungen und eines angemessenen Teils ihrer Verwaltungskosten durch den zuständigen Hilfsträger erhält. Im Unterschied zu Abs. 1 besteht bei dem in Abs. 2 genannten Personenkreis eine **Verpflichtung** zur Übernahme der Krankenbehandlung. Abs. 4 verweist dabei auf die Geltung des § 11 Abs. 1 und eröffnet damit einen über die eigentliche Krankenbehandlung (§ 27 Abs. 1) hinausgehenden Leistungsanspruch. Entsprechendes gilt für Anspruchsberechtigte nach Abs. 1 nicht.

3 Der Personenkreis nach Abs. 2 kann unter den Krankenkassen wählen, deren Zuständigkeitsbereich sich auf den Zuständigkeitsbereich des Hilfeträgers erstreckt, der ihre Absicherung übernimmt. Nur wenn eine **Wahl** durch den Hilfeempfänger nicht unverzüglich abgegeben wird, hat der jeweilige Leistungsträger die Wahl zu erklären. Aus der Verweisung in Abs. 3 S. 3 wird deutlich, dass der Hilfeempfänger innerhalb von zwei Wochen nach Bekanntgabe des Hilfeleistungsbescheides eine Krankenkasse im Zuständigkeitsbereich des Hilfeträgers wählen muss, andernfalls hat ihn der Leistungsträger bei der Krankenkasse anzumelden, bei der zuletzt eine Versicherung bestand. Gibt es diese nicht, kann sich der Träger für eine nach § 173 wählbare Krankenkasse entscheiden.

4 Hilfeempfänger werden leistungsrechtlich, nicht aber mitgliedschaftsrechtlich den GKV-Versicherten gleichgestellt (BT-Drs. 15/1525, 141). Sie erhalten eine **Krankenversichertenkarte,** die einerseits der Erleichterung der Leistungsinanspruchnahme dient und andererseits sicherstellen soll, dass bestehende Regelungen und Steuerungsinstrumente in vollem Umfang angewendet werden. Im Unterschied zur Verfahrensweise bei Mitgliedern, bei denen bei Ende der Mitgliedschaft die Karte von der bisher zuständigen Krankenkasse eingezogen wird, hat dies, wenn die Hilfeleistung endet, durch den ehemaligen Leistungsträger zu erfolgen. Entsprechend sind die Aufwendungen, die der Krankenkasse durch eine missbräuchliche Verwendung der Krankenversichertenkarte entstehen, vom Träger der Hilfeleistung zu erstatten.

5 Bei der Bemessung der **Vergütungen** nach § 85 SGB V ist die vertragsärztliche Versorgung der Hilfeempfänger zu berücksichtigen. Da bei einer Vergütung nach Kopfpauschalen an den Mitgliederstatus angeknüpft wird, bedurfte es hierzu der gesonderten Regelungen nach Abs. 6 S. 2 und 3, um wegen der fehlenden mitgliedschaftsrechtlichen Gleichstellung Unklarheiten auszuschließen.

Vierter Abschnitt. Finanz- und Risikostrukturausgleiche
[*ab 1. 1. 2009*: Finanzausgleiche und Zuweisungen aus dem Gesundheitsfonds]

§ 265 Finanzausgleich für aufwendige Leistungsfälle

¹Die Satzungen der Landesverbände und der Verbände der Ersatzkassen können eine Umlage der Verbandsmitglieder vorsehen, um die Kosten für aufwendige Leistungsfälle und für andere aufwendige Belastungen ganz oder teilweise zu decken. ²Die Hilfen können auch als Darlehen gewährt werden; Näheres über Voraussetzungen, Rückzahlung und Verzinsung regelt die Satzung des Verbandes.

A. Überblick

Die GKV wird sowohl vom **Versicherungsprinzip** als auch vom **Prinzip des sozialen Ausgleichs** getragen. So bilden Krankenkassen eigene **Versichertenkollektive** und erfüllen ihre Aufgaben in eigener Verantwortung (§ 29 Abs. 3 SGB IV), die Beitragszahlung erfolgt im Unterschied zur privaten Versicherungswirtschaft jedoch nicht risikoabhängig, sondern nach Maßgabe der wirtschaftlichen **Leistungsfähigkeit** des Einzelnen, vgl. § 3. Da hierdurch wiederum die Leistungsfähigkeit der einzelnen Krankenkasse von ihrer Versichertenzusammensetzung in Bezug auf Leistungskostenrisiko und Einkommen abhängt, enthalten §§ 265 ff. Regelungen, um zwischen den Krankenkassen entsprechende finanzielle Ausgleiche zu ermöglichen.

Dass die Krankenkassen rivalisierende Interessen verfolgen und sich in einem Wettbewerb gegenüberstehen, steht zu diesen Regelungen in keinem Widerspruch. Der Wettbewerb in der GKV findet unter den Prämissen eines dem Ziel des sozialen Ausgleichs verpflichteten Versicherungssystems statt (vgl. BSGE 90, 231–261, Rn. 109), was auch in der in § 4 Abs. 3 ebenso wie in §§ 15 Abs. 3 SGB I, 86 SGB X verankerten **Rechtspflicht zur Zusammenarbeit** von Krankenkassen und Verbänden zum Ausdruck kommt. Die Finanzausgleiche dienen allerdings ebenso wenig der Existenzgarantie von Krankenkassen. Ergibt sich, dass die Leistungsfähigkeit einer Krankenkasse auf Dauer nicht gesichert ist, wird sie von der **Aufsichtsbehörde** geschlossen, §§ 146 a S. 1, 153 S. 1 Nr. 3, 163 S. 1 Nr. 3, 170 S. 1.

§ 265 bestimmt das Verfahren zwischen den Krankenkassen einer **Kassenart** auf der Ebene des **Landesverbandes**, § 265 a auf der Ebene des **Bundesverbandes**, während der **RSA** (§§ 266 ff.) kassenartenübergreifend geregelt ist. Die Ausgleichsverfahren nach §§ 265, 265 a unterscheiden sich vom RSA neben der Begrenzung auf die Kassenart und der Zuordnung zum Satzungsrecht insoweit, als sie der Finanzierung unmittelbarer **finanzieller Hilfen** an einzelne Krankenkassen dienen und bedarfsbezogen durchgeführt werden. Demgegenüber ist der RSA kein Verfahren zur Unterstützung einzelner Krankenkassen, sondern er soll bundesweit einheitliche Rahmenbedingungen schaffen, unter denen die Durchführung der Versicherung nach dem **Solidarprinzip** mit der **Kassenwahlfreiheit** vereinbar ist.

B. Anwendungsbereich

I. Aufwendige Leistungsfälle

4 Das bei der Durchführung der Krankenversicherung bestehende Risiko besonders kostenintensiver Behandlungsfälle muss grundsätzlich von jeder Krankenkasse getragen werden. Weicht bei einer Krankenkasse jedoch die **Häufigkeit** solcher Leistungsfälle vom statistischen **Erwartungswert** für deren Auftreten ab, kann allein dies ihre wirtschaftliche Leistungsfähigkeit beeinträchtigen. Es liegt im **Satzungsermessen** der Landesverbände bzw. der Verbände der Ersatzkassen, auf der Grundlage des § 265 ein Verfahren einzurichten, mit dem dieses Kalkulationsrisiko gemeinschaftlich von allen Krankenkassen eines Verbandes abgesichert wird. Ein Finanzausgleich für aufwendige Leistungsfälle weist insoweit die Merkmale einer **Rückversicherung** auf.

5 Der bis zum 31. 12. 2008 geltende **Risikopool** sieht bereits einen kassenartenübergreifenden **Teilausgleich** für aufwendige Leistungsfälle vor, der von allen Krankenkassen durch einen einheitlichen **Ausgleichsbedarfssatz** finanziert wird, vgl. § 269 idF. bis 31. 12. 2008. Er wurde als Ergänzung zum RSA eingeführt und entfällt mit der Ausweitung der Ausgleichsfaktoren im RSA durch die **Morbiditätsorientierung** ab 1. 1. 2009 (§ 268). Sowohl beim Risikopool als auch beim morbiditätsorientierten RSA verbleibt zwar ein Risiko für die Krankenkasse aus den hierdurch nicht erfassten Leistungsaufwendungen, da sich jedoch die Krankenkassen auch zu zunehmend größeren Versichertengemeinschaften mit entsprechend besseren Möglichkeiten des internen **Bestandsausgleichs** entwickelt haben, hat die praktische Bedeutung des § 265 in Bezug auf aufwendige Leistungsfälle abgenommen.

II. Andere aufwendige Belastungen

6 § 265 nennt **andere aufwendige Belastungen** als weiteren Grund für einen Finanzausgleich. Der Begriff ist unbestimmt gehalten, in der Begründung wird allgemein darauf hingewiesen, dass Hilfen auch für aus anderen Gründen notleidend gewordene Krankenkassen gewährt werden können, BT-Drs. 11/2237, 228. Durch das GKVFG erfolgte die Erweiterung des § 265 auf die Form der **Darlehensvergabe** nach S. 2, was eine flexiblere Handhabung bei künftigen Veränderungen der **Finanzlage** der beteiligten Krankenkassen ermöglichen sollte, BT-Drs. 13/9377, 11. Diese Erweiterung war Bestandteil eines Maßnahmenbündels zur Verbesserung der Finanzgrundlagen der Krankenkassen in den neuen Bundesländern, die Vorschrift ist jedoch nicht auf diesen Bereich begrenzt worden.

7 Der Begriff der anderen aufwendigen Belastungen eröffnet daher einen umfassenden Anwendungsbereich des § 265. Es obliegt dem Satzungsgeber, über die bedarfsgerechte Ausgestaltung und die Angemessenheit der Anspruchsvoraussetzungen zu entscheiden. Das Verfahren unterliegt als Satzungsbestandteil zudem der **Rechtmäßigkeitskontrolle** durch die Aufsichtsbehörde auf Grund ihres Genehmigungsvorbehalts.

[Fassung § 265a bis 30. 12. 2008:]

§ 265a Finanzielle Hilfen in besonderen Notlagen, zur Erhaltung der Wettbewerbsfähigkeit und zur Entschuldung

(1) ¹Die Satzungen der Bundesverbände der Krankenkassen und der Verbände der Ersatzkassen haben mit Wirkung für ihre Mitglieder und deren Mitgliedskassen Bestimmungen über die Gewährung finanzieller Hilfen

a) in besonderen Notlagen einer Krankenkasse ihrer Kassenart oder zur Erhaltung deren Wettbewerbsfähigkeit oder

b) zur Sicherstellung der Entschuldung der Krankenkassen ihrer Kassenart

vorzusehen. ²Näheres über Voraussetzungen, Umfang, Finanzierung und Durchführung der finanziellen Hilfen regeln die Satzungen. ³Abweichend von § 64 Abs. 1 Satz 1 des Vierten Buches können die Satzungsbestimmungen über die Hilfeleistungen nach Satz 1 Buchstabe b mit der Mehrheit der bei der Beschlussfassung anwesenden Mitglieder gefasst werden.

(2) ¹Der Vorstand des Bundesverbandes oder des Verbandes der Ersatzkassen entscheidet über die Hilfe auf Antrag des Vorstands der Krankenkasse. ²Die Hilfen nach Abs. 1 Satz 1 können als Darlehen gewährt und befristet werden. ³Sie sollen mit Auflagen verbunden werden, die der Verbesserung der Wirtschaftlichkeit und Leistungsfähigkeit dienen.

(3) ¹Die Satzungsregelungen nach Abs. 1 Satz 1 Buchstabe b sind bis zum 31. Januar 2007 zu beschließen und müssen sicherstellen, dass der Umfang der Hilfeleistungen ausreicht, um bei den Krankenkassen der Kassenart den Abbau der am 31. Dezember 2005 bestehenden Verschuldung bis zum 31. Dezember 2007 zu gewährleisten. ²Eine Verschuldung liegt vor, wenn die Summe von Betriebsmitteln, Rücklagen und Geldmitteln zur Anschaffung und Erneuerung von Verwaltungsvermögen einen negativen Vermögensstand ergibt. ³Die Satzung hat zu bestimmen, in welchem Umfang die Antrag stellende Krankenkasse zu diesem Zweck ihren allgemeinen Beitragssatz anheben muss. ⁴Bei der Aufteilung der Hilfen nach Satz 1 ist die unterschiedliche Leistungsfähigkeit der Krankenkassen der Kassenart, insbesondere der allgemeine Beitragssatz im Verhältnis zum durchschnittlichen Beitragssatzniveau der Kassenart und die Höhe der Finanzreserven, angemessen zu berücksichtigen.

(4) Abweichend von Abs. 3 Satz 1 können die Satzungsregelungen der Spitzenverbände nach Abs. 1 Satz 1 Buchstabe b vorsehen, dass die Verschuldung bis zum 31. Dezember 2008 abzubauen ist, wenn der jeweilige Spitzenverband bis zum 31. Januar 2007 nachprüfbar darlegt, warum auf Grund der besonderen Umstände bei Krankenkassen seiner Kassenart die Verschuldung nicht bis zum 31. Dezember 2007 abgebaut werden kann und wie der Abbau der Verschuldung bis zum 31. Dezember 2008 erfolgen soll.

(5) Die Krankenkassen, die am 31. Dezember 2005 eine Verschuldung aufweisen, haben bis zum 31. Januar 2007 ihrer Aufsichtsbehörde nachprüfbar darzulegen, wie die Verschuldung bis zum 31. Dezember 2007 beseitigt werden soll.

(6) Klagen gegen Bescheide zur Umsetzung der Satzungsregelung nach Abs. 1 Satz 1 Buchstabe b haben keine aufschiebende Wirkung.

Vorrangiges Ziel des § 265a ist die **Sicherstellung der Entschuldung** der Krankenkassen zum Start des **Gesundheitsfonds** am 1. 1. 2009, die Vorschrift tritt am 31. 12. 2008 auf Grund der Neuregelung des § 212 durch das GKV-WSG außer Kraft, vgl. BT-Drs. 16/3157, 18/21.

2 Bereits durch § 222 Abs. 5 wurden die Krankenkassen verpflichtet, ihre **Verschuldung** bis zum 31. 12. 2007 abzubauen. Da während der Reformdiskussionen Mitte 2006 noch ungewiss war, ob dieses Ziel von allen Krankenkassen erreicht wird, hat der Gesetzgeber die Verbände der Kassenarten durch Neufassung des § 265a im Rahmen des VändG mit in die Verantwortung genommen. Während es bisher in ihrem **Ermessen** lag, Verfahren zur Gewährung finanzieller Hilfen in besonderen **Notlagen** einer Krankenkasse ihrer Kassenart oder zur Erhaltung deren **Wettbewerbsfähigkeit** in ihren Satzungen zu regeln, wurde durch die Neufassung eine entsprechende **Verpflichtung** eingeführt und zugleich der Anwendungsbereich auf finanzielle Hilfen zur Sicherstellung der Entschuldung erweitert.

3 Um zu erreichen, dass der verbandsinterne Prozess der Satzungsgestaltung trotz der zwischen vermögenden und verschuldeten Krankenkassen naturgemäß unterschiedlichen Interessenlagen wirksame Regelungen hervorbringt, enthält Abs. 3 Vorgaben, die den Gestaltungsspielraum der Verbände gezielt einengen. Aus diesem Grund sind ebenso die Anforderungen an die **Beschlussfähigkeit** herabgesetzt (Abs. 1 S. 3) und die aufschiebende Wirkung von **Klagen gegen Zahlungsbescheide** zur Anforderung der finanziellen Hilfen (Abs. 6) ausgeschlossen worden. Da absehbar war, dass der Abbau der Verschuldung bis zum 31. 12. 2007 nicht in allen Fällen möglich sein wird, wurde den Verbänden die Möglichkeit gegeben, den Zeitraum bis zum 31. 12. 2008 unter bestimmten Voraussetzungen zu verlängern, Abs. 4.

4 Durch das GKV-WSG wurde in Abs. 3 S. 1 der in der Fassung des VändG ursprünglich enthaltene Bezug auf § 222 gestrichen und S. 2 eingefügt, der die Verschuldung anhand des nachgewiesenen **Vermögens** der Krankenkasse definiert, vgl. §§ 259 ff. Dies bedeutet, dass die gewährte Hilfe dem Vermögen der Krankenkasse zufließen muss, was zugleich die Möglichkeit der Darlehensvergabe nach Abs. 2 S. 2 einschränkt, da diese nur zu einer Verstärkung der Liquidität, nicht aber zur Verbesserung der Vermögenslage nach Abs. 3 S. 2 führt.

[Fassung § 265a ab 31. 12. 2008:]

§ 265a *(aufgehoben)*

[Fassung § 266 bis 31. 12. 2008:]

§ 266 Risikostrukturausgleich

(1) ¹**Zwischen den Krankenkassen wird jährlich ein Risikostrukturausgleich durchgeführt.** ²**Mit dem Risikostrukturausgleich werden die finanziellen Auswirkungen von Unterschieden in der Höhe der beitragspflichtigen Einnahmen der Mitglieder, der Zahl der nach § 10 Versicherten und der Verteilung der Versicherten auf nach Alter und Geschlecht getrennte Versichertengruppen (§ 267 Abs. 2) zwischen den Krankenkassen ausgeglichen.** ³**Einnahmen- und Ausgabeunterschiede zwischen den Krankenkassen, die nicht auf die Höhe der beitragspflichtigen Einnahmen der Mitglieder, die Zahl der Versicherten nach § 10 oder die Alters- oder Geschlechtsverteilung der Versichertengruppen nach § 267 Abs. 2 zurückzuführen sind, sind nicht ausgleichsfähig.**

(2) ¹**Die Höhe des Ausgleichsanspruchs oder der Ausgleichsverpflichtung einer Krankenkasse wird durch Vergleich ihres Beitragsbedarfs mit ihrer Finanzkraft ermittelt.** ²**Der Beitragsbedarf einer Krankenkasse ist die Summe ihrer**

8. Kapitel. 4. Abschnitt § 266

standardisierten Leistungsausgaben. ³Die standardisierten Leistungsausgaben je Versicherten werden auf der Basis der durchschnittlichen Leistungsausgaben je Versicherten aller Krankenkassen jährlich so bestimmt, dass das Verhältnis der standardisierten Leistungsausgaben je Versicherten der Versichertengruppen zueinander dem Verhältnis der nach § 267 Abs. 3 für alle Krankenkassen ermittelten durchschnittlichen Leistungsausgaben je Versicherten der Versichertengruppen nach § 267 Abs. 2 zueinander entspricht.

(3) ¹Die Finanzkraft einer Krankenkasse ist das Produkt aus den beitragspflichtigen Einnahmen ihrer Mitglieder und dem Ausgleichsbedarfssatz. ²Der Ausgleichsbedarfssatz entspricht dem Verhältnis der Beitragsbedarfssumme aller Krankenkassen zur Summe der beitragspflichtigen Einnahmen ihrer Mitglieder. ³Er ist in Hundertsteln festzusetzen. ⁴Übersteigt die Finanzkraft einer Krankenkasse ihren Beitragsbedarf, steht der überschießende Betrag den Krankenkassen zu, deren Beitragsbedarf ihre Finanzkraft übersteigt.

(4) ¹Bei der Ermittlung der standardisierten Leistungsausgaben nach Absatz 2 bleiben außer Betracht
1. die von Dritten erstatteten Ausgaben,
2. Aufwendungen für satzungsgemäße Mehr- und Erprobungsleistungen sowie für Leistungen, auf die kein Rechtsanspruch besteht,
3. Aufwendungen, die im Risikopool (§ 269) ausgeglichen werden.

²Aufwendungen für eine stationäre Anschlussrehabilitation (§ 40 Abs. 6 Satz 1) sowie Ausgaben, die auf Grund der Entwicklung und Durchführung von Programmen nach § 137g entstehen und in der Rechtsverordnung nach Absatz 7, auch abweichend von Absatz 2 Satz 3, näher zu bestimmen sind, sind in die Ermittlung der durchschnittlichen Leistungsausgaben nach Satz 1 einzubeziehen. ³Die Aufwendungen für die Leistungen der Knappschaftsärzte und -zahnärzte werden in der gleichen Weise berechnet wie für Vertragsärzte und -zahnärzte.

(5) ¹Das Bundesversicherungsamt führt den Ausgleich durch. ²Es gibt für die Ermittlung des Beitragsbedarfs und der Finanzkraft jeder Krankenkasse bekannt
1. in Abständen von längstens drei Jahren das Verhältnis der durchschnittlichen Leistungsausgaben aller Krankenkassen je Versicherten, nach Versichertengruppen (§ 267 Abs. 2) getrennt, zu den durchschnittlichen Leistungsausgaben aller am Ausgleichsverfahren teilnehmenden Krankenkassen je Versicherten auf der Grundlage der Datenerhebung nach § 267,
2. jährlich die auf der Grundlage der Verhältniswerte nach Nummer 1 standardisierten Leistungsausgaben aller am Ausgleich beteiligten Krankenkassen je Versicherten, getrennt nach Versichertengruppen (§ 267 Abs. 2), und
3. den Ausgleichsbedarfssatz nach Absatz 3.

³Das Bundesversicherungsamt kann zum Zwecke der einheitlichen Zuordnung und Erfassung der für die Berechnung maßgeblichen Daten über die Vorlage der Geschäfts- und Rechnungsergebnisse hinaus weitere Auskünfte und Nachweise verlangen.

(6) ¹Das Bundesversicherungsamt stellt im Voraus für ein Kalenderjahr die Werte nach Absatz 5 Nr. 2 und 3 vorläufig fest. ²Bei der Berechnung der von Krankenkassen zu leistenden Ausgleichszahlungen legen die Krankenkassen die Werte nach Satz 1, die zum 1. Oktober des Vorjahres erhobene Zahl ihrer Versicherten je Versichertengruppe nach § 267 Abs. 2 und die voraussichtliche Summe der beitragspflichtigen Einnahmen ihrer Mitglieder zugrunde. ³Nach Ablauf des Kalenderjahres sind der Beitragsbedarf und die Finanzkraft jeder Krankenkasse vom Bundesversicherungsamt aus den für dieses Jahr erstellten Geschäfts-

§ 266

und Rechnungsergebnissen und den zum 1. Oktober dieses Jahres erhobenen Versichertenzahlen der beteiligten Krankenkassen zu ermitteln. [4]Die nach Satz 2 geleisteten Zahlungen gelten als Abschlagszahlungen. [5]Sie sind nach Festsetzung des Beitragsbedarfs und der Finanzkraft nach Satz 3 mit den endgültig für das Geschäftsjahr zu leistenden Zahlungen auszugleichen. [6]Die Durchführung von für den Risikostrukturausgleich erforderlichen Berechnungen und des Zahlungsverkehrs kann in der Rechtsverordnung nach Absatz 7 auf die Deutsche Rentenversicherung Bund übertragen werden. [7]Werden nach Abschluss der Ermittlung der Werte nach Satz 3 sachliche oder rechnerische Fehler in den Berechnungsgrundlagen festgestellt, hat das Bundesversicherungsamt diese bei der Ermittlung beim nächsten Ausgleichsverfahren nach den dafür geltenden Vorschriften zu berücksichtigen. [8]Klagen gegen Zahlungsbescheide im Risikostrukturausgleich einschließlich der hierauf entfallenden Nebenkosten haben keine aufschiebende Wirkung.

(7) [1]Das Bundesministerium für Gesundheit regelt durch Rechtsverordnung mit Zustimmung des Bundesrates das Nähere über

1. die Ermittlung der Werte nach Absatz 5 sowie die Art, den Umfang und den Zeitpunkt der Bekanntmachung der für die Durchführung des Risikoausgleichsverfahrens erforderlichen Daten,
2. die Abgrenzung der zu berücksichtigenden beitragspflichtigen Einnahmen nach Absatz 3 und der Leistungsausgaben nach Absatz 2, 4 und 5; dabei können für in § 267 Abs. 3 genannte Versichertengruppen abweichend von Absatz 2 Satz 3 besondere Standardisierungsverfahren und Abgrenzungen für die Berücksichtigung des Krankengeldes oder der beitragspflichtigen Einnahmen geregelt werden,
3. die Abgrenzung der zu berücksichtigenden Versichertengruppen nach § 267 Abs. 2; hierzu gehört auch die Festlegung der Krankheiten nach § 137f Abs. 2 Satz 3, die Gegenstand von Programmen nach § 137g sein können, der Anforderungen an die Zulassung dieser Programme sowie der für die Durchführung dieser Programme für die jeweiligen Krankheiten erforderlichen personenbezogenen Daten einschließlich der Altersabstände zwischen den Altersgruppen, auch abweichend von § 267 Abs. 2,
4. die Berechnungsverfahren einschließlich von Veränderungen des vorläufigen Ausgleichsbedarfssatzes zum Abbau von Überschüssen oder Fehlbeträgen,
5. die Fälligkeit der Beträge und die Erhebung von Säumniszuschlägen,
6. das Verfahren und die Durchführung des Ausgleichs,
7. die Festsetzung der Stichtage und Fristen nach § 267; anstelle des Stichtages nach § 267 Abs. 2 kann ein Erhebungszeitraum bestimmt werden,
8. die von den Krankenkassen, den Rentenversicherungsträgern und den Leistungserbringern mitzuteilenden Angaben,
9. die Berücksichtigung des Arbeitgeberbeitrags nach § 249 b auch abweichend von Absatz 2 bis 6,
10. die Verringerung der standardisierten Leistungsausgaben um die im Risikopool ausgeglichenen Ausgaben sowie die Berücksichtigung nachträglicher Veränderungen der Ausgleichsbeträge im Risikopool,
11. die Prüfung der von den Krankenkassen mitzuteilenden Daten durch die mit der Prüfung nach § 274 befassten Stellen einschließlich der Folgen fehlerhafter Datenlieferungen oder nicht prüfbarer Daten sowie das Verfahren der Prüfung und der Prüfkriterien, auch abweichend von § 274.

[2]Abweichend von Satz 1 können die Verordnungsregelungen zu Absatz 4 Satz 2 und Satz 1 Nr. 3 ohne Zustimmung des Bundesrates erlassen werden.

(8) Für Ausgleichszahlungen, die bis zum Ablauf des Fälligkeitstages nicht geleistet werden, ist für jeden angefangenen Monat der Säumnis ein Säumniszuschlag in Höhe von 1 vom Hundert des rückständigen Betrags zu zahlen.

(9) Die Landwirtschaftlichen Krankenkassen nehmen am Risikostrukturausgleich nicht teil.

[Fassung § 266 ab 1.1. 2009:]

§ 266 Zuweisungen aus dem Gesundheitsfonds (Risikostrukturausgleich)

(1) [1]Die Krankenkassen erhalten als Zuweisungen aus dem Gesundheitsfonds (§ 271) zur Deckung ihrer Ausgaben eine Grundpauschale, alters-, geschlechts- und risikoadjustierte Zu- und Abschläge zum Ausgleich der unterschiedlichen Risikostrukturen und Zuweisungen für sonstige Ausgaben (§ 270); die Zuweisungen werden jeweils entsprechend § 272 angepasst. [2]Mit den alters-, geschlechts- und risikoadjustierten Zuweisungen wird jährlich ein Risikostrukturausgleich durchgeführt, mit dem die finanziellen Auswirkungen von Unterschieden in der Verteilung der Versicherten auf nach Alter und Geschlecht getrennte Versichertengruppen (§ 267 Abs. 2) und Morbiditätsgruppen (§ 268) zwischen den Krankenkassen ausgeglichen werden.

(2) [1]Die Grundpauschale und die alters-, geschlechts- und risikoadjustierten Zu- und Abschläge dienen zur Deckung der standardisierten Leistungsausgaben der Krankenkassen. [2]Die standardisierten Leistungsausgaben je Versicherten werden auf der Basis der durchschnittlichen Leistungsausgaben je Versicherten aller Krankenkassen jährlich so bestimmt, dass das Verhältnis der standardisierten Leistungsausgaben je Versicherten der Versichertengruppen zueinander dem Verhältnis der nach § 267 Abs. 3 für alle Krankenkassen ermittelten durchschnittlichen Leistungsausgaben je Versicherten der Versichertengruppen nach § 267 Abs. 2 zueinander entspricht.

(3) (weggefallen)

(4) [1]Bei der Ermittlung der standardisierten Leistungsausgaben nach Absatz 2 bleiben außer Betracht
1. die von Dritten erstatteten Ausgaben,
2. Aufwendungen für satzungsgemäße Mehr- und Erprobungsleistungen sowie für Leistungen, auf die kein Rechtsanspruch besteht,
3. Aufwendungen, die im Risikopool (§ 269) ausgeglichen werden.
[2]Aufwendungen für eine stationäre Anschlussrehabilitation (§ 40 Abs. 6 Satz 1) sind in die Ermittlung der durchschnittlichen Leistungsausgaben nach Satz 1 einzubeziehen. [3]Die Aufwendungen für die Leistungen der Knappschaftsärzte und -zahnärzte werden in der gleichen Weise berechnet wie für Vertragsärzte und -zahnärzte.

(5) [1]Das Bundesversicherungsamt ermittelt die Höhe der Zuweisungen und weist die entsprechenden Mittel den Krankenkassen zu. [2]Es gibt für die Ermittlung der Höhe der Zuweisung nach Absatz 2 Satz 1 jährlich bekannt
1. die Höhe der standardisierten Leistungsausgaben aller am Ausgleich beteiligten Krankenkassen je Versicherten, getrennt nach Versichertengruppen (§ 267 Abs. 2) und Morbiditätsgruppen (§ 268 Abs. 1), und
2. die Höhe der alters-, geschlechts- und risikoadjustierten Zu- und Abschläge.
3. (weggefallen)
[3]Das Bundesversicherungsamt kann zum Zwecke der einheitlichen Zuordnung und Erfassung der für die Berechnung maßgeblichen Daten über die Vor-

§ 266 Zuweisungen aus dem Gesundheitsfonds (Risikostrukturausgleich)

lage der Geschäfts- und Rechnungsergebnisse hinaus weitere Auskünfte und Nachweise verlangen.

(6) [1]Das Bundesversicherungsamt stellt im Voraus für ein Kalenderjahr die Werte nach Absatz 5 Satz 2 Nr. 1 und 2 vorläufig fest. [2]Es legt bei der Berechnung der Höhe der monatlichen Zuweisungen die Werte nach Satz 1, die zuletzt erhobene Zahl der Versicherten der Krankenkassen und die zum 1. Oktober des Vorjahres erhobene Zahl der Versicherten der Krankenkassen je Versichertengruppe nach § 267 Abs. 2 und je Morbiditätsgruppe nach § 268 zugrunde. [3]Nach Ablauf des Kalenderjahres ist die Höhe der Zuweisung für jede Krankenkasse vom Bundesversicherungsamt aus den für dieses Jahr erstellten Geschäfts- und Rechnungsergebnissen und den zum 1. Oktober dieses Jahres erhobenen Versichertenzahlen der beteiligten Krankenkassen zu ermitteln. [4]Die nach Satz 2 erhaltenen Zuweisungen gelten als Abschlagszahlungen. [5]Sie sind nach der Ermittlung der endgültigen Höhe der Zuweisung für das Geschäftsjahr nach Satz 3 auszugleichen. [6]Werden nach Abschluss der Ermittlung der Werte nach Satz 3 sachliche oder rechnerische Fehler in den Berechnungsgrundlagen festgestellt, hat das Bundesversicherungsamt diese bei der nächsten Ermittlung der Höhe der Zuweisungen nach den dafür geltenden Vorschriften zu berücksichtigen. [7]Klagen gegen die Höhe der Zuweisungen im Risikostrukturausgleich einschließlich der hierauf entfallenden Nebenkosten haben keine aufschiebende Wirkung.

(7) [1]Das Bundesministerium für Gesundheit regelt durch Rechtsverordnung mit Zustimmung des Bundesrates das Nähere über

1. die Ermittlung der Höhe der Grundpauschale nach Absatz 1 Satz 1 und ihre Bekanntgabe an die Versicherten, der Werte nach Absatz 5 sowie die Art, den Umfang und den Zeitpunkt der Bekanntmachung der für die Durchführung des Risikoausgleichsverfahrens erforderlichen Daten,
2. die Abgrenzung der Leistungsausgaben nach Absatz 2, 4 und 5; dabei können für in § 267 Abs. 3 genannte Versichertengruppen abweichend von Absatz 2 Satz 3 besondere Standardisierungsverfahren und Abgrenzungen für die Berücksichtigung des Krankengeldes geregelt werden,
2a. die Abgrenzung und die Verfahren der Standardisierung der sonstigen Ausgaben nach § 270 sowie die Kriterien der Zuweisung der Mittel zur Deckung dieser Ausgaben,
3. die Abgrenzung der zu berücksichtigenden Versichertengruppen nach § 267 Abs. 2; hierzu gehört auch die Festlegung der Krankheiten nach § 137f Abs. 2 Satz 3, die Gegenstand von Programmen nach § 137g sein können, der Anforderungen an die Zulassung dieser Programme sowie der für die Durchführung dieser Programme für die jeweiligen Krankheiten erforderlichen personenbezogenen Daten einschließlich der Altersabstände zwischen den Altersgruppen, auch abweichend von § 267 Abs. 2,
4. die Berechnungsverfahren sowie die Durchführung des Zahlungsverkehrs einschließlich der Stelle, der die Berechnungen und die Durchführung des Zahlungsverkehrs übertragen werden können,
5. die Fälligkeit der Beträge und die Erhebung von Säumniszuschlägen,
6. das Verfahren und die Durchführung des Ausgleichs,
7. die Festsetzung der Stichtage und Fristen nach § 267; anstelle des Stichtages nach § 267 Abs. 2 kann ein Erhebungszeitraum bestimmt werden,
8. die von den Krankenkassen, den Rentenversicherungsträgern und den Leistungserbringern mitzuteilenden Angaben,
9. die Prüfung der von den Krankenkassen mitzuteilenden Daten durch die mit der Prüfung nach § 274 befassten Stellen einschließlich der Folgen feh-

§ 266

lerhafter Datenlieferungen oder nicht prüfbarer Daten sowie das Verfahren der Prüfung und der Prüfkriterien, auch abweichend von § 274.
²Abweichend von Satz 1 können die Verordnungsregelungen zu Absatz 4 Satz 2 und Satz 1 Nr. 3 ohne Zustimmung des Bundesrates erlassen werden.

(8) (weggefallen)

(9) Die Landwirtschaftlichen Krankenkassen nehmen am Risikostrukturausgleich nicht teil.

(10) Für die Durchführung des Jahresausgleichs für das Berichtsjahr 2008 und für Korrekturen der Berichtsjahre bis einschließlich 2008 ist § 266 in der bis zum 31. Dezember 2008 geltenden Fassung zugrunde zu legen.

Schrifttum: *P. Axer,* Der Risikostrukturausgleich auf dem Prüfstand des Bundessozialgerichts, SGb 2003, 485; *U. Becker,* Rechtliche Fragen im Zusammenhang mit dem Risikostrukturausgleich – unter Berücksichtigung der integrierten Versorgung, VSSR 2001, 277; *H. Sodan/O. Gast,* Der Risikostrukturausgleich in der GKV als Quadratur des Kreises, VSSR 2001, 311; D. Göpffarth/S. Greß/K. Jacobs/J. Wasem (Hrsg.), Jahrbuch Risikostrukturausgleich; *D. Göpffarth/K.-D. Henke,* Finanzierungsreform und Risikostrukturausgleich – Was bleibt vom Ausgleichsverfahren?, Jahrbücher für Nationalökonomie und Statistik 227 (2007), 27; P. Jabornegg/R. Resch/O. Seewald (Hrsg.), Finanzausgleich in der Gesetzlichen Krankenversicherung, 2002; *K. Jacobs/P. Reschke/D. Cassel/J. Wasem,* Zur Wirkung des Risikostrukturausgleichs in der gesetzlichen Krankenversicherung, 2002; N. Klusen/C. Straub/A. Meusch (Hrsg.), Steuerungswirkungen des Risikostrukturausgleichs, 2005; *W.-D. Leber,* Risikostrukturausgleich in der gesetzlichen Krankenversicherung, 1991; *W. Schneider,* Der Risikostrukturausgleich in der Gesetzlichen Krankenversicherung, 1994; *S. Stock/M. Lüngen/K.W. Lauterbach,* Der Risikostrukturausgleich im Gesundheitsfonds, SozSich. 2007, 407; *J. Wasem,* Die Weiterentwicklung des Risikostrukturausgleich ab dem Jahr 2009, GGW 3/2007, 15; *E. Wille/K. Lauterbach,* Modell eines fairen Wettbewerbs durch den Risikostrukturausgleich, 2001.

Inhaltsübersicht

	Rn.
A. Überblick	1
B. Grundprinzipien des RSA	4
I. Normziele	4
II. Geltungsbereich des RSA	5
1. Sachlicher Geltungsbereich	5
2. Zeitlicher Geltungsbereich	8
3. Räumlicher Geltungsbereich	10
III. Ausgleichstatbestände	11
1. Vorbemerkung: Funktion der Ausgleichsfaktoren	11
2. Berücksichtigte Ausgleichsfaktoren	12
a) Höhe der beitragspflichtigen Einnahmen	12
b) Zahl der Familienversicherten	15
c) Verteilung der Versicherten auf Versichertengruppen	16
aa) Messung der ausgabenseitigen Risikostrukturunterschiede	16
bb) Alter und Geschlecht	17
cc) Minderung der Erwerbsfähigkeit	19
dd) Einschreibung in ein DMP	20
3. Nicht-Berücksichtigung weiterer Ausgleichstatbestände	21
IV. Ermittlung der Ausgleichszahlungen	22
1. Zahler- und Empfängerkassen	22
2. Beitragsbedarf	23
3. Finanzkraft	24
V. Durchführung des RSA	25
1. Zuständigkeit des BVA	25
2. Zweistufiges Verfahren	27
3. Korrekturverfahren	29

	Rn.
VI. Kritik am RSA	30
1. Verfassungs- und europarechtliche Fragen	30
2. Ungenaue Morbiditätserfassung	34
C. RSA im Gesundheitsfonds	35

A. Überblick

1 Der in den §§ 266 bis 268 normierte kassenartenübergreifende, obligatorische und bundesweite RSA bildet das Kernstück der im Vierten Abschnitt geregelten **Finanz- und Risikostrukturausgleiche.** Die übrigen Ausgleichsverfahren ergänzen den RSA um dort nicht berücksichtigte Lastenunterschiede zwischen den Krankenkassen. Dies gilt sowohl für den ebenfalls kassenartenübergreifenden, obligatorischen und bundesweiten Risikopool (§ 269), als auch für die kassenartinternen Finanzausgleiche bzw. Finanzhilfen (§§ 265, 265 a). Der RSA hat das Ziel die Kassenwahlfreiheit (§ 173) zu flankieren, indem Unterschiede zwischen den ausgabeseitigen und einnahmeseitigen Risikostrukturen zwischen den Krankenkassen ausgeglichen werden. Gleichzeitig sollen die Wirtschaftlichkeitsanreize der Krankenkassen gewahrt werden, indem nur standardisierte Ausgaben ausgeglichen werden.

2 Die Regelungen zum RSA sind in § 266 enthalten. Dies betrifft insbesondere die zu berücksichtigenden Ausgleichstatbestände (Abs. 1, siehe Rn. 11 ff.), die Ermittlung der Ausgleichszahlungen durch den Vergleich von Beitragsbedarf und Finanzkraft (Abs. 2 bis 4, Rn. 22 ff.) sowie die Durchführung des Ausgleichsverfahrens (Abs. 5 und 6, Rn. 25 ff.). Das Nähere zum RSA wird in der RSAV geregelt; die Verordnungsermächtigung findet sich in Abs. 7. Die für die Durchführung des Verfahrens notwendigen Datenerhebungen werden in § 267 geregelt. § 268 greift die Kritik an der ungenauen Erfassung der Morbidität im Rahmen des RSA auf (Rn. 34) und sieht eine Ergänzung der Ausgleichstatbestände um Morbiditätsgruppen bis zum 1.1.2009 vor.

3 Mit der Einführung des **Gesundheitsfonds** (§ 271) im Jahr 2009 ändert sich die Stellung des RSA (Rn. 35 ff.). Da die Beitragseinnahmen von den Krankenkassen direkt an den Gesundheitsfonds abgeführt werden, entfällt der Finanzausgleich zwischen den Krankenkassen, bei dem es Zahler- und Empfängerkassen gibt. Vielmehr wird der RSA durchgeführt, indem die Zuweisungen aus dem Gesundheitsfonds nach den Ausgleichstatbeständen des RSA risikoadjustiert werden. Die §§ 266 ff. werden hierfür umfassend geändert. Neben die den RSA entsprechenden risikoadjustierten Zuweisungen nach § 266 nF. treten dann die Zuweisungen für sonstige Ausgaben (§ 270).

B. Grundprinzipien des RSA

I. Normziele

4 Der Gesetzgeber hat mit der Einführung des RSA verschiedene **Ziele** verfolgt (BT-Drs. 12/3608, 74 f.): Zum einen soll das Verfahren eine Annäherung der zuvor bestehenden verfassungsrechtlich bedenklichen Beitragssatzunterschiede (BVerfGE 89, 365 ff.) bewirken. Des Weiteren sollen historisch bedingte Unterschiede zwischen den Risikostrukturen der Krankenkassen ausgeglichen werden, um so den Kassenwettbewerb bei Einführung der Kassenwahlfreiheit (§ 173) im Rahmen des GSG zu gewährleisten. Schließlich soll der RSA als Bestandteil einer soli-

darischen Wettbewerbsordnung wirtschaftliches und effizientes Verhalten der Krankenkassen bei der gesundheitlichen Leistungserstellung fördern und somit die finanzielle Stabilität der gesetzlichen Krankenversicherung wahren.

II. Geltungsbereich des RSA

1. Sachlicher Geltungsbereich

Am RSA nehmen alle gesetzlichen Krankenkassen mit **Ausnahme der land-** 5
wirtschaftlichen Krankenkassen teil (Abs. 9); letztere bleiben wegen Besonderheiten des Leistungs- und Beitragsrechts und der teilweisen Finanzierung durch den Bund außen vor.

Die teilnehmenden Krankenkassen erhalten Beitragsbedarfszahlungen für alle 6
Versicherten, dh. alle Mitglieder nach § 5, nach Art. 56 GRG, nach Art. 33 § 14 GSG oder freiwillig Versicherten nach § 9 sowie für alle Familienversicherten nach § 10 (§ 1 Abs. 1 und 2 RSAV). Ausgenommen sind Versicherte, deren Leistungsansprüche nach § 16 Abs. 1 Nr. 2 bis 4 ruhen. Auch werden freiwillig Versicherte und deren Familienangehörige nicht berücksichtigt, wenn deren Leistungsanspruch ruht und die Beitragsbemessung nach § 240 Abs. 4a erfolgt (§ 2 Abs. 5 RSAV). Die im Ausland lebenden familienversicherten Angehörigen von Mitgliedern sind hingegen einzubeziehen (BSG, SozR 4–2500, § 266 Nr. 3 Rn. 27 ff.).

Die **berücksichtigungsfähigen Leistungsausgaben** beschränken sich auf 7
die Regel- und Rechtsanspruchsleistungen (Abs. 4; § 4 RSAV). Aus gesundheitspolitischen Gründen werden die Ausgaben für Anschlussheilbehandlung als einzige Ermessensleistung und bei den Verwaltungsausgaben nur die Ausgaben für die Entwicklung und Durchführung von DMP (§ 137g) berücksichtigt. Die von Dritten erstatteten Ausgaben, zB. Krankengelderstattungen nach § 49 Abs. 1 Nr. 3 und § 50, sind ebenfalls abzuziehen. Der Abzug der im Risikopool (§ 269) ausgeglichenen Aufwendungen verhindert eine Doppelerstattung. Eine detaillierte Auflistung der berücksichtigungsfähigen Leistungsausgaben findet sich in Anlage 1.1 der Vereinbarung der Spitzenverbände nach § 267 Abs. 7 Nr. 1 und 2 (abrufbar auf www.bva.de unter Risikostrukturausgleich/Rechtsgrundlagen).

2. Zeitlicher Geltungsbereich

Der RSA gilt **zeitlich unbefristet.** Er ist zur Erfüllung seiner Ziele dauerhaft 8
erforderlich (BVerfGE 113, 167/256 f.).

Der RSA wird **jährlich** durchgeführt (Abs. 1 S. 1); er ist bis zum Ende des auf 9
das Ausgleichsjahr folgenden Kalenderjahres durchzuführen (§ 19 Abs. 5 RSAV). Die zeitnahe Abrechnung der monatlichen Abschläge hat damit Vorrang vor der Herstellung präziser Datengrundlagen, zumal Korrekturmöglichkeiten (Rn. 29) bestehen (BSG, SozR 4–2500, § 266 Nr. 1 Rn. 45).

3. Räumlicher Geltungsbereich

Der RSA wird **bundesweit** durchgeführt. Ursprünglich wurde er in den neuen 10
Bundesländern und den alten Bundesländern einschließlich Berlin getrennt durchgeführt; diese Trennung wurde in den Jahren 1999 bis 2007 stufenweise aufgehoben (vgl. § 313a, Rn. 1). Für eine Übergangszeit nach der Einführung des Gesundheitsfonds ab dem Jahr 2009 sind nach § 272 regionale Ausgabenunterschiede zu berücksichtigen.

III. Ausgleichstatbestände

1. Vorbemerkung: Funktion der Ausgleichfaktoren

11 Die Vorschriften zur Beitragsbemessung bewirken Umverteilungen innerhalb der Versichertenkollektive der einzelnen Krankenkassen. Diese Umverteilungen erfolgen zwischen Mitgliedern mit hohen und geringen beitragspflichtigen Einnahmen, zwischen Versicherten mit guter und schlechter Morbidität und zwischen Mitgliedern mit wenigen und vielen nach § 10 mitversicherten Familienangehörigen. Mit dem RSA wurde dieser **Solidarausgleich** gemäß § 1 S. 1 auf die Gesamtheit der gesetzlich Krankenversicherten ausgedehnt. Trägt eine Krankenkasse innerhalb ihres eigenen Teilkollektivs nur unterdurchschnittlich zum Solidarausgleich bei, so wird sie im RSA zu Zahlungen herangezogen, leistet sie hingegen bereits einen überdurchschnittlichen Solidarausgleich, so erhält sie Ausgleichszahlungen. Die Ausgleichsfaktoren nach Abs. 1 S. 2 iVm. § 267 Abs. 2 dienen daher der kassenübergreifenden Verwirklichung des Solidarprinzips der gesetzlichen Krankenversicherung.

2. Berücksichtigte Ausgleichsfaktoren

12 a) **Höhe der beitragspflichtigen Einnahmen.** Die Beiträge einer Krankenkasse werden nach einem vom-Hundert-Satz der **beitragspflichtigen Einnahmen** ihrer Mitglieder erhoben (§§ 241 bis 248). Da aber nach der Zielsetzung des RSA ein Teilkollektiv nur auf Grund der Tatsache, dass in diesem Teilkollektiv höhere beitragspflichtige Einnahmen zu verzeichnen sind, kein Beitragssatzvorteil erzielen soll, werden die Unterschiede in der Höhe der beitragspflichtigen Einnahmen zwischen den Krankenkassen ausgeglichen.

13 Welche Einnahmearten als beitragspflichtige Einnahmen anzusehen sind, ist gesetzlich definiert (§ 226 Abs. 1). Allerdings werden diese mit Ausnahme der Rentensumme (KVdR) von den Krankenkassen nicht erfasst. Sie müssen daher aus den Beitragsforderungen der Krankenkassen abgeleitet werden (§ 8 Abs. 2 RSAV). Dabei wird auf das **Beitragssoll** und nicht auf das Beitrags-Ist abgestellt, um der Anreize der Krankenkassen, ausstehende Beitragszahlungen einzufordern, zu erhalten. Hat sich jedoch eine Beitragsforderung als uneinbringbar erwiesen (§ 76 Abs. 2 S. 1 Nr. 2 und 3 und S. 3 SGB IV) oder sind die eingezogenen Beiträge wieder zu erstatten (§ 231), so werden diese vom Beitragssoll abgezogen.

14 Das Beitragssoll wird anhand des allgemeinen Beitragssatzes in beitragspflichtige Einnahmen umgerechnet (§ 8 Abs. 2 RSAV). Dies gilt auch dann, wenn die Beitragseinnahmen durch einen **erhöhten oder ermäßigten Beitragssatz** erzeugt wurden. Es wird daher für jede Mitgliedergruppe der Betrag angesetzt, der die tatsächlichen Beitragseinnahmen erzeugen würde, wenn diese Gruppe den allgemeinen Beitragssatz zahlen müsste. Im RSA ist daher nicht maßgeblich, welcher Grundlohn des Mitglieds der Beitragsbemessung tatsächlich zugrunde gelegen hat, sondern vielmehr welche Grundlohnsumme die finanzielle Leistungsfähigkeit der Krankenkasse widerspiegelt (vgl. *Schneider,* Risikostrukturausgleich, 216).

15 b) **Zahl der Familienversicherten.** Der Ausgleich nach der Zahl der Familienversicherten wird implizit durch die Berechnung des RSA erreicht, nach der jedem Versicherten – dh. auch den nach § 10 Familienversicherten – Beitragsbedarf (Rn. 23) zugerechnet wird, obwohl nur die beitragszahlenden Mitglieder zur Finanzkraft (Rn. 24) beitragen.

c) **Verteilung der Versicherten auf Versichertengruppen. aa) Messung** 16
der ausgabenseitigen Risikostrukturunterschiede. Die Verteilung der Versicherten auf Versichertengruppen wird zum Ausgleich der ausgabenseitigen Risikostrukturunterschiede herangezogen. Die Versichertengruppen werden nach den in § 267 Abs. 2 genannten Kriterien (Krankengeldanspruch, Minderung der Erwerbsfähigkeit und Einschreibung in ein DMP) gebildet und jeweils nach Alter und Geschlecht unterteilt; ab dem 1.1. 2009 treten die Morbiditätsgruppen nach § 268 hinzu. Jeder Versicherte kann dabei genau einer Versichertengruppe zugeordnet werden. Bei der Differenzierung nach dem Krankengeldanspruch des Versicherten handelt es sich nicht um einen Ausgleichsfaktor, sondern um eine Berücksichtigung von Unterschieden in den finanziellen Risiken.

bb) Alter und Geschlecht. Mit steigendem **Alter** nimmt die Krankheitsan- 17
fälligkeit und -häufigkeit zu. Die Folge ist ein mit zunehmendem Alter erhöhter Leistungsbedarf in der GKV. Das Ausgleichsmerkmal Alter ist auch Ausdruck der Umlagefinanzierung in der gesetzlichen Krankenversicherung. Versichertenkollektive mit hohem Durchschnittsalter wären ohne RSA nicht lebensfähig, da sie mangels junger Versicherter das Umlageverfahren nicht in ihrem eigenen Versichertenkollektiv realisieren könnten.

Die **geschlechtsbedingten Ausgabenunterschiede** sind zugleich altersab- 18
hängig. So liegen die Ausgaben von Frauen zwischen 25 und 35 Jahren vor allem aufgrund der mutterschaftsbedingten Mehrausgaben 75 % über denen von Männern (*König/Zoike*, BKK 2004, 445). Umgekehrt liegen die Ausgaben von Frauen im Alter unter denen von Männern.

cc) Minderung der Erwerbsfähigkeit. Bezieher von Erwerbsminde- 19
rungsrenten (§§ 43 und 45 SGB VI) bilden eigene Versichertengruppen. Diese sind durch eine höhere Morbidität gekennzeichnet, da diese Renten nur an Personen geleistet werden, deren Erwerbsfähigkeit aufgrund von Krankheit oder Behinderung erheblich beeinträchtigt wird. Die Zuordnung erfolgt für Bezieher einer Dauerrente mit dem Tag des Rentenbeginns und für Bezieher einer Zeitrente mit dem ersten Tag des sechsten Monats vor Rentenbeginn (§ 3 Abs. 3 S. 5 RSAV).

dd) Einschreibung in ein DMP. Mit dem G zur Reform des RSA in der 20
GKV vom 10. 12. 2001 (BGBl. I 2001, 3465) wurde die Bildung von gesonderten Versichertengruppen für Versicherte, die an strukturierten Behandlungsprogrammen nach § 137 g (**Disease-Management-Programme – DMP**) teilnehmen, vorgesehen. Der Gesetzgeber reagierte damit auf die Feststellung verschiedener Gutachter (*Jacobs/Reschke/Cassel/Wasem*, Wirkung, 46 ff.; *Wille/Lauterbach*, Modell, 92 ff.), dass der RSA in seiner damaligen Form den Krankenkassen keine ausreichenden Anreize zur Optimierung der Versorgung chronisch Kranker gesetzt hat. Durch den RSA sollen die Krankenkassen daher entsprechende finanzielle Anreize erhalten. Auch wenn die Wirksamkeit der DMP umstritten ist (*Straub*, Klusen/Straub/Meusch, 140), ist die Prognoseentscheidung des Gesetzgebers verfassungsrechtlich nicht zu beanstanden (BVerfGE 113, 167/266 f.).

3. Nicht-Berücksichtigung weiterer Ausgleichstatbestände

Die zu berücksichtigenden Ausgleichstatbestände sind in Abs. 1 S. 2 iVm. 21
§ 267 Abs. 2 abschließend aufgezählt; Einnahme- und Ausgabeunterschiede, die nicht durch diese erfasst werden, sind nicht ausgleichsfähig (Abs. 1 S. 3). Durch den Verzicht auf die Berücksichtigung weiterer Ausgleichsfaktoren werden zwar Beitragsunterschiede zwischen den Krankenkassen erzeugt; dies ist aber zweckgerecht (BVerfGE 113, 167/243 f.). Damit wird bezweckt, dass nur aus Unterschieden

in den Risikostrukturen zwischen den Krankenkassen bei sonst gleichen Bedingungen keine Beitragsunterschiede entstehen sollen. Aus anderen Gründen, zB. Unterschieden in der Effizienz der Leistungserbringung oder der Höhe der Verwaltungsausgaben, können und sollen sich hingegen Beitragsunterschiede ergeben. Insbesondere werden **regionale Ausgabenunterschiede** nicht berücksichtigt (BVerfGE 113, 167/244 ff.; BSG, SozR 4–2500, § 266 Nr. 2 Rn. 17 ff.). Auch zu einer Berücksichtigung von Härtefällen war der Gesetzgeber nicht verpflichtet (BVerfGE, 113, 167/241 f.).

IV. Ermittlung der Ausgleichszahlungen

1. Zahler- und Empfängerkassen

22 Die **Ausgleichzahlungen** ermitteln sich durch den Vergleich des Beitragsbedarfs und der Finanzkraft einer Krankenkasse. Übersteigt die Finanzkraft den Beitragsbedarf, entsteht eine Ausgleichsverpflichtung und im umgekehrten Fall eine Ausgleichsforderung (Abs. 2 S. 1).

2. Beitragsbedarf

23 Der Beitragsbedarf (Abs. 2) errechnet sich als die Summe der **standardisierten Leistungsausgaben** über alle Versichertengruppen. Diese standardisierten Leistungsausgaben werden dabei als die durchschnittlichen berücksichtigungsfähigen Leistungsausgaben der Versicherten ermittelt, die in die jeweilige Versichertengruppe (Rn. 16) fallen (sog. Zellenansatz). Diese Form der Standardisierung gilt nicht nur für Sachleistungen, sondern auch für einkommensabhängige Leistungen wie Krankengeld und Mutterschaftsgeld (BSG, SozR 4–2500, § 266 Nr. 3 Rn. 18 ff.). Damit erhält eine Krankenkasse als Beitragsbedarf für jeden Versicherten die für die jeweilige Versichertengruppe GKV-durchschnittlichen Leistungsausgaben angerechnet. Überschreiten die tatsächlichen Ausgaben diesen Durchschnittswert, so entsteht bei der Krankenkasse ein negativer Deckungsbeitrag, umgekehrt verhält es sich, wenn die tatsächlichen Ausgaben unterhalb der standardisierten Ausgaben bleiben. Damit wird zweierlei erreicht: Einerseits werden die ausgabenseitigen Wirtschaftlichkeitsanreize der Krankenkasse gewahrt, da die Beitragsbedarfszuweisungen unabhängig von den tatsächlichen Ausgaben sind, andererseits wird die Krankenkasse finanziell so gestellt, als ob ihre Risikostruktur genau der GKV-durchschnittlichen Risikostruktur entspräche.

3. Finanzkraft

24 Die Finanzkraft einer Krankenkasse ergibt sich aus der Multiplikation der beitragspflichtigen Einnahmen (Rn. 12 ff.) mit dem **Ausgleichsbedarfssatz** (Abs. 3). Der Ausgleichsbedarfssatz ermittelt sich als der durchschnittliche Beitragssatz, der zu Finanzierung der berücksichtigungsfähigen Leistungsausgaben (Rn. 7) notwendig ist. Indem sich die Finanzkraft einer Krankenkasse aus dem für alle Krankenkassen einheitlichen Ausgleichsbedarfssatz und nicht aus dem tatsächlich erhobenen Beitragssatz ermittelt, werden die einnahmeseitigen Wirtschaftlichkeitsanreize der Krankenkassen gewahrt. Der Ausgleichsbedarfssatz unterscheidet sich vom durchschnittlichen allgemeinen Beitragssatz aller Krankenkassen, da die nicht berücksichtigungsfähigen Leistungsausgaben in ihm nicht enthalten sind. Diese verbleibenden Ausgabenanteile muss jede Krankenkasse aus ihrer eigenen Finanzkraft finanzieren, so dass Finanzkraftunterschiede nur zu etwa 91 % zwi-

schen den Krankenkassen ausgeglichen werden (**unvollständiger Finanzkraftausgleich**). Über den Ausgleichsbedarfssatz werden zudem die Arbeitgeberbeiträge nach § 249b an die Krankenkassen weitergeleitet (§ 11 Abs. 1 Nr. 1 RSAV).

V. Durchführung des RSA
1. Zuständigkeit des BVA

Das BVA führt den RSA durch (Abs. 5 S. 1); von der Möglichkeit, die Durchführung des Zahlungsverkehrs auf die DRV Bund zu übertragen, ist Gebrauch gemacht worden (Abs. 6 S. 6 iVm. § 14 Abs. 1 RSAV). Das BVA gibt die für die Berechnung notwendigen Kenngrößen bekannt. Neben den standardisierten Leistungsausgaben und dem Ausgleichsbedarfssatz betrifft dies die **Verhältniswerte** (Abs. 5 S. 1 Nr. 1). Die Verhältniswerte geben die standardisierten Leistungsausgaben je Versichertengruppe im Verhältnis zu den durchschnittlichen Leistungsausgaben aller Versicherten an. 25

Das BVA kann nach Abs. 5 S. 3 weitere Auskünfte und Nachweise von den Krankenkassen verlangen, soweit dies für die einheitliche Zuordnung und Erfassung der maßgeblichen Daten erforderlich ist. Ein allgemeines Prüfrecht wird hierdurch aber nicht begründet; dies obliegt nach § 274 den Aufsichtsbehörden des Bundes und der Länder. Die Zuständigkeit des BVA als RSA-Durchführungsbehörde ist daher von der Zuständigkeit als Aufsichtsbehörde zu trennen (BSG, NZS 2003, 537, Rn. 10). 26

2. Zweistufiges Verfahren

Der RSA wird als zweistufiges Verfahren durchgeführt. Zunächst werden die Steuerungsgrößen für das kommende Jahr aufgrund von Schätzungen vorläufig festgestellt. Auf Basis dieser vorläufigen Steuerungsgrößen werden **monatliche Abschlagszahlungen** geleistet (§ 17 RSAV). Die Zahlung der monatlichen Abschläge erfolgt unter Verrechnung mit den Beiträgen aus Renten (§ 255 Abs. 3 S. 1). 27

Nach Ablauf des Kalenderjahres und nach Vorlage der Geschäfts- und Rechnungsergebnisse der Krankenkassen werden die Steuerungsgrößen endgültig festgelegt und die Ausgleichszahlungen neu ermittelt (**Jahresausgleich**). Die geleisteten Abschlagszahlungen werden angerechnet. 28

3. Korrekturverfahren

Nach Abschluss der Berechnung des Jahresausgleichs festgestellte **sachliche und rechnerische Fehler** werden im nächsten Jahresausgleich berücksichtigt. Die Vorschrift bewirkt, dass nachträglich festgestellte Mängel Anknüpfungspunkt von zukünftigen Ausgleichszahlungen werden; insofern bewirkt die Regelung auch keine unzulässige Rückwirkung (BSG, SozR 4–2500, § 266 Nr. 1 Rn. 80). 29

VI. Kritik am RSA
1. Verfassungs- und europarechtliche Fragen

Von seiner Einführung an stand der RSA unter **verfassungsrechtlicher Kritik** (*Sodan/Gast*, NZS 1999, 265; *Kirchhof*, Klusen/Straub/Meusch, 105), die sich erst mit dem Beschl. des BVerfG vom 9. 6. 2004 (SozR 4–2500, § 266 Nr. 7 Rn. 11) und der Entscheidung vom 18. 7. 2005 (BVerfGE 113, 167) erledigt haben 30 dürfte. Nach ständiger Rspr. des BVerfG können sich Krankenkassen als Körperschaften des öffentlichen Rechts nicht auf Grundrechte berufen (BVerfG, SozR 4–2500, § 266 Nr. 7 Rn. 11 ff.). Aber auch gegenüber grundrechtsunfähigen Krankenkassen muss der RSA dem rechtsstaatlichen Gleichbehandlungsgebot entsprechen (*Axer,* Jarbonegg/Resch/Seewald, 15/32), jedoch genügen die §§ 266, 267 selbst den strengeren Rechtfertigungsanforderungen der grundrechtlichen Gleichheitsprüfung (BVerfGE 113, 167/262).

31 Als verfassungswidrig wurden auch Eingriffe in die **Grundrechtspositionen von Mitgliedern** angesehen (*Sodan/Gast,* NZS 1999, 265/268). Allerdings sind Mitglieder in ihren Grundrechten nicht verletzt, wenn ihre Beiträge wegen Zahlungen ihrer Krankenkasse in den RSA erhöht werden (BSG, SozR 4–2500, § 266 Nr. 5 Rn. 5). Auch sind die vom RSA ausgehenden Ungleichverteilungen sowohl im Verhältnis der Mitglieder der GKV untereinander, als auch im Verhältnis zur Gesamtheit der Steuerzahler gerechtfertigt (BVerfGE 113, 167/213 ff. und 227 ff.).

32 Auch die Kritik, der RSA verstoße gegen die **grundgesetzliche Kompetenzordnung** zwischen Bund und Ländern, trägt nicht. Das Gesetzgebungsrecht für den RSA steht dem Bund zu (BVerfGE 113, 167/195 ff.). Auch sind die Regelungen der Finanzverfassung (Art. 104 a ff. GG) nicht einschlägig, da die Sozialversicherung als ein eigenständiges System staatlicher Abgabenerhebung begriffen wird (BVerfGE 113, 167/199 ff.). Schließlich lässt sich aus Art. 120 Abs. 1 S. 4 GG als reiner Zuständigkeitsvorschrift kein Vorrang eines Bundeszuschusses vor einem Finanzausgleich ableiten (BVerfGE 113, 167/207 ff.).

33 Die Vorschriften des **europäischen Wettbewerbsrechts** finden auf die Krankenkassen im Rahmen des RSA keine Anwendung, da sie insoweit nicht als Unternehmen anzusehen sind. Beim RSA handelt es sich um einen Finanzausgleich innerhalb der GKV, der gegenüber auf dem Gesundheitsmarkt auftretenden privaten Unternehmen keine wettbewerbsregelnden Tendenzen hat (BSG, NZS 2003, 537, Rn. 62 ff.; BVerfG, SozR 4–2500, § 266 Nr. 7 Rn. 30 ff.).

2. Ungenaue Morbiditätserfassung

34 Am RSA wird auch kritisiert, dass die ausgabenseitigen Ausgleichsfaktoren (Rn. 16 ff.) nicht in der Lage sind, Morbiditätsunterschiede zwischen den Krankenkassen hinreichend zu erklären (*Jacobs/Reschke/Cassel/Wasem,* Wirkung, 41; BT-Drs. 14/5681, 13). Dieses Defizit gefährdet die Erreichung der vom Gesetzgeber verfolgten Normziele. Ob dieser ungenaue Morbiditätsbezug verfassungsrechtlichen Anforderungen genügt, wurde vom BVerfG nicht untersucht, da der Gesetzgeber mit der vorgesehenen Einführung des direkt morbiditätsorientierten RSA (§ 268) bereits Abhilfe geschaffen hat (BVerfGE 113, 167/237 ff.). Die Verpflichtung des Gesetzgebers, die weitere Entwicklung zu beobachten und gegebenenfalls nachzubessern, konstatiert auch das BSG (BSG, NZS 2003, 537, Rn. 59).

C. RSA im Gesundheitsfonds

35 Bei der Einführung des Gesundheitsfonds (§ 271) entfällt der RSA als Finanzausgleich zwischen Krankenkassen. Allerdings erhalten die Krankenkassen dann aus dem Gesundheitsfonds **Zuweisungen**, die nach den Kriterien des RSA alters-, geschlechts- und risikoadjustiert werden (Abs. 1 nF.). Die ausgabenseitigen Ausgleichsfaktoren (Rn. 16 ff.) bleiben daher erhalten und werden zeitgleich durch die Morbiditätsgruppen des § 268 ergänzt.

8. Kapitel. 4. Abschnitt § 267

Die Zuweisungen bestehen aus einer **Grundpauschale,** die für alle Versicher- 36
ten identisch ist. Diese Grundpauschale wird durch versichertenbezogene Zu- und
Abschläge risikoadjustiert, dh. nach der Alters-, Geschlechts- und Morbiditätsstruktur differenziert. Die so adjustierte Grundpauschale entspricht damit für jeden Versicherten gerade den entsprechend differenzierten standardisierten Leistungsausgaben (Rn. 23) des bisherigen Verfahrens. Dieser Zusammenhang wird in
Abs. 2 S. 2 („dienen zur Deckung") etwas aufgeweicht, da die Zuweisungen zukünftig nur noch bis zu 95 % der Ausgaben decken müssen (§ 220 Abs. 2 nF.).

Mit der Abführung aller Beitragseinnahmen mit Ausnahme des Zusatzbeitrages 37
an den Gesundheitsfonds **entfällt** die Notwendigkeit eines **einnahmeseitigen
Finanzausgleichs** und folglich die Berechnung der Finanzkraft der Krankenkassen (Abs. 3 aF.) und des Ausgleichsbedarfssatzes (Abs. 5 S. 2 Nr. 3 aF.). Der Ausgleichsbedarfssatz als Bestimmungsgröße für die Einzahlungen in den RSA wird
durch den einheitlichen Beitragssatz als Bestimmungsgröße für die Abführungen
in den Gesundheitsfonds ersetzt. Maßgeblich wird dadurch das Beitrags-Ist und
nicht mehr das Beitragssoll.

Auch bei den Zuweisungen aus dem Gesundheitsfonds ist ein zweistufiges Ver- 38
fahren (Rn. 27 f.) vorgesehen. Allerdings lässt sich der einheitliche Beitragssatz im
Gegensatz zum Ausgleichsbedarfssatz nicht rückwirkend anpassen. Die Festlegung
der Grundpauschale, die die Höhe der Zuweisungen bestimmt, wird daher konsequenterweise nicht bei der Festlegung der Steuerungsgrößen nach Abs. 6 S. 1 nF.
aufgeführt. Diese Festlegung kann nur im Voraus auf der Basis einer gegebenen
Ausgabendeckungsquote nach § 220 Abs. 2 nF. und auf der Grundlage der Schätzung des Schätzerkreises nach § 241 Abs. 2 nF. erfolgen. Damit erfolgt durch den
Gesundheitsfonds eine Einteilung in **Risikosphären:** Ausgaberisiken, dh.
unerwartet hohe Ausgaben, führen zu keiner Anpassung der Höhe der Zuweisungen aus dem Gesundheitsfonds; sie führen zu einer Absenkung der Ausgabendeckungsquote nach § 220 Abs. 2 nF. und ggf. zu einer Anpassung des einheitlichen Beitragssatzes für die Zukunft. Einnahmerisiken, dh. unerwartet niedrige
Einnahmen, werden hingegen durch den Gesundheitsfonds aufgefangen und
müssen zunächst über die Liquiditätsreserve des Gesundheitsfonds nach § 271
Abs. 2 aufgefangen werden (vgl. § 271 Rn. 11).

[Fassung § 267 bis 31. 12. 2008:]

§ 267 Datenerhebungen zum Risikostrukturausgleich

(1) **Die Krankenkassen erheben für jedes Geschäftsjahr nicht versichertenbezogen**
1. **die Leistungsausgaben und Beitragseinnahmen in der Gliederung und nach den Bestimmungen des Kontenrahmens,**
2. **die beitragspflichtigen Einnahmen, getrennt nach allgemeiner Krankenversicherung und Krankenversicherung der Rentner.**
(2) [1]Die Krankenkassen erheben jährlich zum 1. Oktober die Zahl der Mitglieder und der nach § 10 versicherten Familienangehörigen nach Altersgruppen mit Altersabständen von fünf Jahren, getrennt nach Mitgliedergruppen und Geschlecht. [2]Die Trennung der Mitgliedergruppen erfolgt nach den in den §§ 241 bis 247 genannten Merkmalen. [3]Die Zahl der Personen, deren Erwerbsfähigkeit nach den §§ 43 und 45 des Sechsten Buches gemindert ist, wird in der Erhebung nach Satz 1 als eine gemeinsame weitere Mitgliedergruppe getrennt erhoben. [4]Die Zahl der Versicherten, die in zugelassenen und mit zugelassenen

Leistungserbringern vertraglich vereinbarten Programmen nach § 137 g eingeschrieben sind, wird in der Erhebung nach den Sätzen 1 bis 3 je Krankheit in weiteren Versichertengruppen getrennt erhoben.

(3) ¹Die Krankenkassen erheben in Abständen von längstens drei Jahren, erstmals für das Geschäftsjahr 1994, nicht versichertenbezogen die in Absatz 1 genannten Leistungsausgaben und die Krankengeldtage auch getrennt nach den Altersgruppen gemäß Absatz 2 Satz 1 und nach dem Geschlecht der Versicherten, die Krankengeldausgaben nach § 44 und die Krankengeldtage zusätzlich gegliedert nach den in den §§ 241 bis 243 genannten Mitgliedergruppen; die Ausgaben für Mehr- und Erprobungsleistungen und für Leistungen, auf die kein Rechtsanspruch besteht, werden mit Ausnahme der Leistungen nach § 266 Abs. 4 Satz 2 nicht erhoben. ²Bei der Erhebung nach Satz 1 sind die Leistungsausgaben für die Gruppe der Personen, deren Erwerbsfähigkeit nach den §§ 43 und 45 des Sechsten Buches gemindert ist, getrennt zu erheben. ³Die Leistungsausgaben für die Gruppen der Versicherten nach Absatz 2 Satz 4 sind bei der Erhebung nach den Sätzen 1 bis 3 nach Versichertengruppen getrennt zu erheben. ⁴Die Erhebung der Daten nach den Sätzen 1 bis 3 kann auf für die Region und die Krankenkassenart repräsentative Stichproben im Bundesgebiet oder in einzelnen Ländern begrenzt werden. ⁵Der Gesamtumfang der Stichproben beträgt höchstens 10 vom Hundert aller in der gesetzlichen Krankenversicherung Versicherten.

(4) Die Krankenkassen legen die Ergebnisse der Datenerhebung nach den Absätzen 1 und 3 bis zum 31. Mai des Folgejahres, die Ergebnisse der Datenerhebung nach Absatz 2 spätestens drei Monate nach dem Erhebungsstichtag über den Spitzenverband Bund der Krankenkassen der in der Rechtsverordnung nach § 266 Abs. 7 genannten Stelle auf maschinell verwertbaren Datenträgern vor.

(5) ¹Für die Datenerfassung nach Absatz 3 können die hiervon betroffenen Krankenkassen auf der Krankenversichertenkarte auch Kennzeichen für die Mitgliedergruppen nach Absatz 3 Satz 1 bis 3 verwenden. ²Enthält die Krankenversichertenkarte Kennzeichnungen nach Satz 1, übertragen Ärzte und Zahnärzte diese Kennzeichnungen auf die für die vertragsärztliche Versorgung verbindlichen Verordnungsblätter und Überweisungsscheine oder in die entsprechenden elektronischen Datensätze. ³Die Kassenärztlichen und Kassenzahnärztlichen Vereinigungen und die Leistungserbringer verwenden die Kennzeichen nach Satz 1 bei der Leistungsabrechnung; sie weisen zusätzlich die Summen der den einzelnen Kennzeichen zugeordneten Abrechnungsbeträge in der Leistungsabrechnung gesondert aus. ⁴Andere Verwendungen der Kennzeichen nach Satz 1 sind unzulässig. ⁵Die Kassenärztlichen und Kassenzahnärztlichen Vereinigungen und die Leistungserbringer stellen die für die Datenerfassung nach den Absätzen 1 bis 3 notwendigen Abrechnungsdaten in geeigneter Weise auf maschinell verwertbaren Datenträgern zur Verfügung.

(6) ¹Die Krankenkassen übermitteln den Trägern der gesetzlichen Rentenversicherung über den Spitzenverband Bund der Krankenkassen die Kennzeichen nach § 293 Abs. 1 sowie die Versicherungsnummern nach § 147 des Sechsten Buches der bei ihnen pflichtversicherten Rentner. ²Die Träger der gesetzlichen Rentenversicherung melden den zuständigen Krankenkassen über den Spitzenverband Bund der Krankenkassen jährlich bis zum 31. Dezember die Summen der an die nach § 5 Abs. 1 versicherungspflichtigen Mitglieder am 1. Oktober gezahlten Renten der gesetzlichen Rentenversicherung auf der Grundlage der Kennzeichen nach Satz 1. ³Die Meldung nach Satz 2 enthält auch die Informa-

tion, welche Versicherten eine Rente wegen Erwerbsminderung oder eine Berufs- oder Erwerbsunfähigkeitsrente erhalten. ⁴Die Träger der gesetzlichen Rentenversicherung können die Durchführung der Aufgaben nach den Sätzen 2 und 3 auf die Deutsche Post AG übertragen; die Krankenkassen übermitteln über den Spitzenverband Bund der Krankenkassen die Daten nach Satz 1 in diesem Fall an die nach § 119 Abs. 7 des Sechsten Buches zuständige Stelle. ⁵§ 119 Abs. 6 Satz 1 und Absatz 7 des Sechsten Buches gilt. ⁶Die Träger der gesetzlichen Rentenversicherung oder die nach Satz 4 beauftragte Stelle löschen die Daten nach Satz 1 nach Durchführung ihrer Aufgaben nach Absatz 6. ⁷Die Krankenkassen dürfen die Daten nur für die Datenerhebung nach den Absätzen 1 bis 3 verwenden. ⁸Die Daten nach Satz 3 sind nach Durchführung und Abschluss des Risikostrukturausgleichs nach § 266 zu löschen.

(7) ¹Der Spitzenverband Bund der Krankenkassen bestimmt das Nähere über
1. den Erhebungsumfang, die Auswahl der Regionen und der Stichprobenverfahren nach Absatz 3,
2. das Verfahren der Kennzeichnung nach Absatz 5 Satz 1.
²Der Spitzenverband Bund der Krankenkassen vereinbart
3. mit den Kassenärztlichen Bundesvereinigungen in den Vereinbarungen nach § 295 Abs. 3 das Nähere über das Verfahren nach Absatz 5 Satz 2 bis 4,
4. mit der Deutschen Rentenversicherung Bund das Nähere über das Verfahren der Meldung nach Absatz 6.

(8) (weggefallen)

(9) Die Kosten werden getragen
1. für die Erhebung nach den Absätzen 1 und 2 von den betroffenen Krankenkassen,
2. für die Erhebung nach Absatz 3 vom Spitzenverband Bund der Krankenkassen,
3. für die Erhebung und Verarbeitung der Daten nach Absatz 5 von den Kassenärztlichen und Kassenzahnärztlichen Vereinigungen und den übrigen Leistungserbringern,
4. für die Meldung nach Absatz 6 von den Trägern der gesetzlichen Rentenversicherung.

(10) Die Absätze 1 bis 9 gelten nicht für die Landwirtschaftlichen Krankenkassen.

[Fassung § 267 ab 1.1.2009:]

§ 267 Datenerhebungen zum Risikostrukturausgleich

(1) Die Krankenkassen erheben für jedes Geschäftsjahr nicht versichertenbezogen die Leistungsausgaben in der Gliederung und nach den Bestimmungen des Kontenrahmens.

(2) ¹Die Krankenkassen erheben jährlich zum 1. Oktober die Zahl der Mitglieder und der nach § 10 versicherten Familienangehörigen nach Altersgruppen mit Altersabständen von fünf Jahren, getrennt nach Mitgliedergruppen und Geschlecht. ²Die Trennung der Mitgliedergruppen erfolgt danach, ob
1. die Mitglieder bei Arbeitsunfähigkeit Anspruch auf Fortzahlung des Arbeitsentgelts oder auf Zahlung einer die Versicherungspflicht begründenden Sozialleistung haben oder
2. die Mitglieder keinen Anspruch auf Krankengeld haben oder ob die Krankenkasse den Umfang der Leistungen auf Grund von Vorschriften dieses

Buches beschränkt hat. ³Die Zahl der Personen, deren Erwerbsfähigkeit nach den §§ 43 und 45 des Sechsten Buches gemindert ist, wird in der Erhebung nach Satz 1 als eine gemeinsame weitere Mitgliedergruppe getrennt erhoben.
In Absatz 3 Satz 1 wird die Angabe „den §§ 241 bis 243" durch die Angabe „Absatz 2 Satz 2" ersetzt.

(3) ¹Die Krankenkassen erheben in Abständen von längstens drei Jahren, erstmals für das Geschäftsjahr 1994, nicht versichertenbezogen die in Absatz 1 genannten Leistungsausgaben und die Krankengeldtage auch getrennt nach den Altersgruppen gemäß Absatz 2 Satz 1 und nach dem Geschlecht der Versicherten, die Krankengeldausgaben nach § 44 und die Krankengeldtage zusätzlich gegliedert nach den in Absatz 2 Satz 2 genannten Mitgliedergruppen; die Ausgaben für Mehr- und Erprobungsleistungen und für Leistungen, auf die kein Rechtsanspruch besteht, werden mit Ausnahme der Leistungen nach § 266 Abs. 4 Satz 2 nicht erhoben. ²Bei der Erhebung nach Satz 1 sind die Leistungsausgaben für die Gruppe der Personen, deren Erwerbsfähigkeit nach den §§ 43 und 45 des Sechsten Buches gemindert ist, getrennt zu erheben. ³Die Leistungsausgaben für die Gruppen der Versicherten nach Absatz 2 Satz 4 sind bei der Erhebung nach den Sätzen 1 bis 3 nach Versichertengruppen getrennt zu erheben. ⁴Die Erhebung der Daten nach den Sätzen 1 bis 3 kann auf für die Region und die Krankenkassenart repräsentative Stichproben im Bundesgebiet oder in einzelnen Ländern begrenzt werden. ⁵Der Gesamtumfang der Stichproben beträgt höchstens 10 vom Hundert aller in der gesetzlichen Krankenversicherung Versicherten.

(4) Die Krankenkassen legen die Ergebnisse der Datenerhebung nach den Absätzen 1 und 3 bis zum 31. Mai des Folgejahres, die Ergebnisse der Datenerhebung nach Absatz 2 spätestens drei Monate nach dem Erhebungsstichtag über den Spitzenverband Bund der Krankenkassen der in der Rechtsverordnung nach § 266 Abs. 7 genannten Stelle auf maschinell verwertbaren Datenträgern vor.

(5) ¹Für die Datenerfassung nach Absatz 3 können die hiervon betroffenen Krankenkassen auf der Krankenversichertenkarte auch Kennzeichen für die Mitgliedergruppen nach Absatz 3 Satz 1 bis 3 verwenden. ²Enthält die Krankenversichertenkarte Kennzeichnungen nach Satz 1, übertragen Ärzte und Zahnärzte diese Kennzeichnungen auf die für die vertragsärztliche Versorgung verbindlichen Verordnungsblätter und Überweisungsscheine oder in die entsprechenden elektronischen Datensätze. ³Die Kassenärztlichen und Kassenzahnärztlichen Vereinigungen und die Leistungserbringer verwenden die Kennzeichen nach Satz 1 bei der Leistungsabrechnung; sie weisen zusätzlich die Summen der den einzelnen Kennzeichen zugeordneten Abrechnungsbeträge in der Leistungsabrechnung gesondert aus. ⁴Andere Verwendungen der Kennzeichen nach Satz 1 sind unzulässig. ⁵Die Kassenärztlichen und Kassenzahnärztlichen Vereinigungen und die Leistungserbringer stellen die für die Datenerfassung nach den Absätzen 1 bis 3 notwendigen Abrechnungsdaten in geeigneter Weise auf maschinell verwertbaren Datenträgern zur Verfügung.

(6) ¹Die Krankenkassen übermitteln den Trägern der gesetzlichen Rentenversicherung über den Spitzenverband Bund der Krankenkassen die Kennzeichen nach § 293 Abs. 1 sowie die Versicherungsnummern nach § 147 des Sechsten Buches der bei ihnen pflichtversicherten Rentner. ²Die Träger der gesetzlichen Rentenversicherung melden den zuständigen Krankenkassen über den Spitzenverband Bund der Krankenkassen jährlich bis zum 31. Dezember auf der

Grundlage der Kennzeichen nach Satz 1 die Information, welche Versicherten eine Rente wegen Erwerbsminderung oder eine Berufs- oder Erwerbsunfähigkeitsrente erhalten. ³Die Träger der gesetzlichen Rentenversicherung können die Durchführung der Aufgaben nach Satz 2 auf die Deutsche Post AG übertragen; die Krankenkassen übermitteln über den Spitzenverband Bund der Krankenkassen die Daten nach Satz 1 in diesem Fall an die Deutsche Post AG. ⁴§ 119 Abs. 6 Satz 1 und Absatz 7 des Sechsten Buches gilt. ⁵Die Träger der gesetzlichen Rentenversicherung oder die nach Satz 3 beauftragte Stelle löschen die Daten nach Satz 1, sobald sie ihre Aufgaben nach diesem Absatz durchgeführt haben. ⁶Die Krankenkassen dürfen die Daten nur für die Datenerhebung nach den Absätzen 1 bis 3 verwenden. ⁷Die Daten nach Satz 2 sind zu löschen, sobald der Risikostrukturausgleich nach § 266 durchgeführt und abgeschlossen ist.

(7) ¹Der Spitzenverband Bund der Krankenkassen bestimmt das Nähere über
1. den Erhebungsumfang, die Auswahl der Regionen und der Stichprobenverfahren nach Absatz 3,
2. das Verfahren der Kennzeichnung nach Absatz 5 Satz 1.

²Der Spitzenverband Bund der Krankenkassen vereinbart
3. mit den Kassenärztlichen Bundesvereinigungen in den Vereinbarungen nach § 295 Abs. 3 das Nähere über das Verfahren nach Absatz 5 Satz 2 bis 4,
4. mit der Deutschen Rentenversicherung Bund das Nähere über das Verfahren der Meldung nach Absatz 6.

(8) (weggefallen)

(9) Die Kosten werden getragen
1. für die Erhebung nach den Absätzen 1 und 2 von den betroffenen Krankenkassen,
2. für die Erhebung nach Absatz 3 vom Spitzenverband Bund der Krankenkassen,
3. für die Erhebung und Verarbeitung der Daten nach Absatz 5 von den Kassenärztlichen und Kassenzahnärztlichen Vereinigungen und den übrigen Leistungserbringern,
4. für die Meldung nach Absatz 6 von den Trägern der gesetzlichen Rentenversicherung.

(10) Die Absätze 1 bis 9 gelten nicht für die Landwirtschaftlichen Krankenkassen.

(11) Für die Durchführung des Jahresausgleichs für das Berichtsjahr 2008 und für Korrekturen der Berichtsjahre bis einschließlich 2008 ist § 267 in der bis zum 31. Dezember 2008 geltenden Fassung zugrunde zu legen.

Schrifttum: *A. Glanz/W. Rogalski,* RSA-Datenerhebung: Was kosten die Versicherten?, BKK 1997, 65; *W. Rogalski,* Wege zur Verbesserung der Datenqualität im Risikostrukturausgleich, BKK 1997, 472; s. auch Schrifttum zu § 266.

A. Überblick

Die für die Durchführung des RSA (§ 266) notwendigen Datenmeldungen werden in § 267 geregelt. Durch die Struktur der Datenerhebung werden zugleich die Versichertengruppen des RSA (vgl. § 266 Rn. 16) abgegrenzt.

1

B. Datenerhebungen

I. Angaben zu Einnahmen, Ausgaben und Versichertenstruktur

2   Die Vorschrift regelt die für die Durchführung des RSA notwendigen Datenerhebungen. Dies betrifft zunächst die nicht versichertenbezogenen Ausgaben- und Einnahmedaten (Abs. 1), die mit Ausnahme der beitragspflichtigen Einnahmen der Rentner bereits vor der Einführung des RSA erhoben wurden.

3   Die Angaben zur Versichertenstruktur (Abs. 2) betreffen die Verteilung der Versicherten auf die Versichertengruppen (vgl. § 266 Rn. 16). Die hier vorgesehene stichtagsbezogene Erfassung wurde in der RSAV gemäß § 266 Abs. 7 S. 1 Nr. 7 durch eine taggenaue Erfassung ersetzt; ebenso wurden die Altersabstände gemäß § 266 Abs. 7 S. 1 Nr. 3 auf ein Jahr verkürzt.

4   Zur Berechnung der standardisierten Leistungsausgaben (§ 266 Rn. 23) müssen auch die Ausgaben in ihrer Verteilung auf die Versichertengruppen erfasst werden (Abs. 3). Dabei werden die Versichertengruppen etwas anders als in Absatz 2 abgegrenzt, da die Differenzierung nach den Mitgliedergruppen nach §§ 241 bis 243 nur zur Erfassung des finanziellen Risikos bezogen auf den Krankengeldanspruch, und nicht zur Erfassung des allgemeinen Ausgaberisikos verwendet wird. Das Nähere hierzu wird in der Vereinbarung der Spitzenverbände nach Abs. 7 Nr. 1 und 2 geregelt; mit Wirkung zum 1. 7. 2008 wird diese Vereinbarung durch eine Regelung des Spitzenverbandes Bund der Krankenkassen ersetzt. Bislang sieht diese Vereinbarung eine jährliche Datenerfassung vor, geht also über den gesetzlichen Mindeststandard (alle drei Jahre) hinaus. Auch wird in der Regel eine Datenerhebung aus dem vollen Datenbestand der Krankenkassen vorgesehen. Nur bei der zahnärztlichen Behandlung ist eine repräsentative Stichprobe vorgesehen; bei einigen kleineren Ausgabenkategorien haben die Krankenkassen ein Wahlrecht zwischen Stichprobe und Vollerhebung. Die Beschränkung auf eine Stichprobe hat das Ziel, eine hinreichende Datenqualität mit angemessenem Aufwand zu erzeugen; die Repräsentativität kann daher nicht alleine aus statistisch-theoretischer Sicht bestimmt werden (BSG, SozR 4–2500, § 266 Nr. 1 Rn. 66).

II. Vorlage-, Übermittlungs- und Kostentragungspflichten

5   Es wird die Vorlagepflicht definiert (Abs. 4) sowie – für die Daten, die bislang nicht in Beständen der Krankenkassen vorhanden waren – Übermittlungspflichten der Leistungserbringer (Abs. 5) und Rentenversicherungsträger (Abs. 6). Bei den Leistungserbringern erfolgt die Datenerfassung über ein Kennzeichen auf der Krankenversichertenkarte. Mit dem Übergang bei Einzelfallnachweisen bei der Abrechnung ärztlicher Leistungen (§ 295) entfällt die Notwendigkeit des in Abs. 5 beschriebenen Meldeweges. Das Nähere zu den Meldeverfahren wird auf Vereinbarungsebene geregelt (Abs. 7 Nr. 3 und 4).

6   Abschließend regelt die Vorschrift auch die Kostentragung (Abs. 9). Die nicht am RSA teilnehmenden landwirtschaftlichen Krankenkassen sind auch nicht an den Datenerhebungen beteiligt.

III. Datenqualität

7   Die Qualität der erhobenen Daten war in den Anfangsjahren des RSA problematisch, insbesondere hinsichtlich der Erfassung der Familienversicherten.

Gleichwohl war das BVA verpflichtet, die ihm gemeldeten Daten zugrunde zu legen; eine eigene Amtsermittlungspflicht des BVA gibt es nicht (BSG, SozR 4–2500, § 266 Nr. 1 Rn. 34 ff.). Vielmehr ist die Ermittlung der Daten Angelegenheit der Krankenkassen; die Spitzenverbände prüfen diese Daten auf Plausibilität und Vollständigkeit. Unberührt bleibt hiervon die Pflicht des BVA, auf die Beseitigung festgestellter Fehler hinzuwirken. Inzwischen wurden dem BVA durch den mWv. 4. 12. 2002 eingefügten § 15a RSAV Sanktionsmöglichkeiten eingeräumt.

C. Änderungen durch die Einführung des Gesundheitsfonds

Mit der Einführung des Gesundheitsfonds entfällt der Finanzkraftausgleich 8 (vgl. § 266 Rn. 37) und damit die Erhebungsnotwendigkeit für die beitragspflichtigen Einnahmen (Abs. 1 und 6 nF.). Zeitgleich entfällt auch der erhöhte Beitragssatz (§ 242 aF.), wobei der erhöhte Krankengeldanspruch nach § 53 Abs. 6 nF. über eine Prämie und nach § 270 Abs. 1 lit. a außerhalb des Gesundheitsfonds zu finanzieren ist. Die Aufteilung der Versichertengruppen wurde entsprechend angepasst (Abs. 2 nF.).

§ 268 Weiterentwicklung des Risikostrukturausgleichs

[Fassung Abs. 1 bis 31. 12. 2008:]
(1) ¹Die Versichertengruppen nach § 266 Abs. 1 Satz 2 und 3 und die Gewichtungsfaktoren nach § 266 Abs. 2 Satz 3 sind vom 1. Januar 2009 an abweichend von § 266 nach Klassifikationsmerkmalen zu bilden, die zugleich
1. die Morbidität der Versicherten auf der Grundlage von Diagnosen, Diagnosegruppen, Indikationen, Indikationengruppen, medizinischen Leistungen oder Kombinationen dieser Merkmale unmittelbar berücksichtigen,
2. an der Höhe der durchschnittlichen krankheitsspezifischen Leistungsausgaben der zugeordneten Versicherten orientiert sind,
3. Anreize zu Risikoselektion verringern,
4. Qualität und Wirtschaftlichkeit der Leistungserbringung fördern und
5. praktikabel und kontrollierbar sind.
²Im Übrigen gilt § 266.

[Fassung Abs. 1 ab 1. 1. 2009:]
(1) ¹Die Versichertengruppen nach § 266 Abs. 1 Satz 2 und 3 und die Gewichtungsfaktoren nach § 266 Abs. 2 Satz 2 sind vom 1. Januar 2009 an abweichend von § 266 nach Klassifikationsmerkmalen zu bilden (Morbiditätsgruppen), die zugleich
1. die Morbidität der Versicherten auf der Grundlage von Diagnosen, Diagnosegruppen, Indikationen, Indikationengruppen, medizinischen Leistungen oder Kombinationen dieser Merkmale unmittelbar berücksichtigen,
2. an der Höhe der durchschnittlichen krankheitsspezifischen Leistungsausgaben der zugeordneten Versicherten orientiert sind,
3. Anreize zu Risikoselektion verringern,
4. keine Anreize zu medizinisch nicht gerechtfertigten Leistungsausweitungen setzen und
5. 50 bis 80 insbesondere kostenintensive chronische Krankheiten und Krankheiten mit schwerwiegendem Verlauf der Auswahl der Morbiditätsgruppen zu Grunde legen.
²Im Übrigen gilt § 266.

§ 268

(2) ¹Das Bundesministerium für Gesundheit regelt bis zum 31. Dezember 2009 durch Rechtsverordnung nach § 266 Abs. 7 mit Zustimmung des Bundesrates das Nähere zur Umsetzung der Vorgaben nach Absatz 1. ²Dabei ist ein einvernehmlicher Vorschlag der Spitzenverbände der Krankenkassen zur Bestimmung der Versichertengruppen und Gewichtungsfaktoren sowie ihrer Klassifikationsmerkmale nach Absatz 1 einzubeziehen. ³Bei der Gruppenbildung sind auch internationale Erfahrungen mit Klassifikationsmodellen direkter Morbiditätsorientierung zu berücksichtigen. ⁴In der Verordnung ist auch zu bestimmen, ob einzelne oder mehrere der bis zum 31. Dezember 2008 geltenden Kriterien zur Bestimmung der Versichertengruppen neben den in Absatz 1 Satz 1 genannten Vorgaben weitergelten; § 266 Abs. 7 Nr. 3 gilt. ⁵Für die Auswahl geeigneter Gruppenbildungen, Gewichtungsfaktoren und Klassifikationsmerkmale gibt das Bundesministerium für Gesundheit eine wissenschaftliche Untersuchung in Auftrag. ⁶Es hat sicherzustellen, dass die Untersuchung bis zum 31. Dezember 2003 abgeschlossen ist.

(3) ¹Für die Vorbereitung der Gruppenbildung und Durchführung der Untersuchung nach Absatz 2 Satz 5 erheben die Krankenkassen für die Jahre 2001 und 2002 als Stichproben entsprechend § 267 Abs. 3 Satz 3 und 4 bis zum 15. August des jeweiligen Folgejahres getrennt nach den Versichertengruppen nach § 267 Abs. 2 je Versicherten die Versichertentage und die Leistungsausgaben in der Gliederung und nach den Bestimmungen des Kontenrahmens in den Bereichen

1. Krankenhaus einschließlich der Angaben nach § 301 Abs. 1 Satz 1 Nr. 6, 7 und 9 sowie die Angabe des Tages der Aufnahme und der Aufnahmediagnosen nach § 301 Abs. 1 Satz 1 Nr. 3, jedoch ohne das Institutionskennzeichen der aufnehmenden Institution und ohne die Uhrzeit der Entlassung,
2. stationäre Anschlussrehabilitation einschließlich der Angaben nach § 301 Abs. 4 Satz 1 Nr. 5 und 7, jedoch ohne das Institutionskennzeichen der aufnehmenden Institution,
3. Arzneimittel einschließlich des Kennzeichens nach § 300 Abs. 1 Nr. 1,
4. Krankengeld nach § 44 einschließlich der Angaben nach § 295 Abs. 1 Satz 1 Nr. 1,
5. vertragsärztliche Versorgung einschließlich der Angaben nach § 295 Abs. 1 Satz 1 Nr. 2 sowie der abgerechneten Punktzahlen und Kosten und der Angaben nach § 295 Abs. 1 Satz 4, jedoch ohne den Tag der Behandlung,
6. der Leistungserbringer nach § 302 einschließlich der Diagnose, des Befunds und des Tages der Leistungserbringung, jedoch ohne die Leistungen nach Art, Menge und Preis sowie ohne die Arztnummer des verordnenden Arztes,
7. die nach den Nummern 1 bis 6 nicht erfassten Leistungsausgaben ohne die Leistungsausgaben nach § 266 Abs. 4 Satz 1.

²Die für die Stichprobe erforderlichen versichertenbezogenen Daten sind zu pseudonymisieren. ³Der Schlüssel für die Herstellung des Pseudonyms ist vom Beauftragten für den Datenschutz der Krankenkasse aufzubewahren und darf anderen Personen nicht zugänglich gemacht werden. ⁴Die Kassenärztlichen und Kassenzahnärztlichen Vereinigungen übermitteln den Krankenkassen die erforderlichen Daten zu Satz 1 Nr. 5 bis spätestens 1. Juli des Folgejahres. ⁵Die Daten sind vor der Übermittlung mit einem Pseudonym je Versicherten zu versehen, das den Kassenärztlichen und Kassenzahnärztlichen Vereinigungen hierfür von den Krankenkassen übermittelt wird. ⁶Die Krankenkassen übermitteln die Daten nach Satz 1 in pseudonymisierter und maschinenlesbarer Form über ihren Spitzenverband an das Bundesversicherungsamt. ⁷Die Herstellung des Versichertenbezugs ist zulässig, soweit dies für die Berücksichtigung nachträg-

8. Kapitel. 4. Abschnitt **§ 268**

licher Veränderungen der nach Satz 6 übermittelten Daten erforderlich ist. [8]Über die Pseudonymisierung in der Krankenkasse und über jede Herstellung des Versichertenbezugs ist eine Niederschrift anzufertigen. [9]Die Spitzenverbände der Krankenkassen bestimmen bis zum 31. März 2002 im Einvernehmen mit dem Bundesversicherungsamt in ihrer Vereinbarung nach § 267 Abs. 7 Nr. 1 und 2 sowie in Vereinbarungen mit der Kassenärztlichen Bundesvereinigung und den für die Wahrnehmung der wirtschaftlichen Interessen der übrigen Leistungserbringer gebildeten maßgeblichen Spitzenorganisationen das Nähere über den Umfang der Stichproben und das Verfahren der Datenerhebung und -übermittlung. [10]In der Vereinbarung nach Satz 9 kann die Stichprobenerhebung ergänzend auch auf das erste Halbjahr 2003 erstreckt werden. [12]§ 267 Abs. 9 und 10 gilt. [13]Kommen die Vereinbarungen nach Satz 9 nicht zustande, bestimmt das Bundesministerium für Gesundheit bis zum 30. Juni 2002 in der Rechtsverordnung nach § 266 Abs. 7 das Nähere über das Verfahren. [14]Die Rechtsverordnung bestimmt außerdem, welche der in Satz 1 genannten Daten vom 1. Januar 2005 an für die Durchführung des Risikostrukturausgleichs sowie für seine weitere Entwicklung zu erheben sind, sowie Verfahren und Umfang dieser Datenerhebung; im Übrigen gilt § 267.

Schrifttum: *C. Behrend/S. Felder/R. Busse,* Zur Strategieanfälligkeit der Arzneimittelkomponente des IPHCC+RxGroups-Klassifikationssystems in einem morbiditätsorientierten Risikostrukturausgleich, Gesundheitswesen 2007, 1; BMG (Hrsg.), Klassifikationsmodelle für Versicherte im Risikostrukturausgleich, 2005; *G. Glaeske/D. Göpffarth/F. Otto,* Fehlanreize durch RxGroups im Risikostrukturausgleich – Eine Erwiderung, GuS 2006 (5–6), 59.; *D. Göpffarth,* Der Risikostrukturausgleich auf dem Weg zur direkten Morbiditätsorientierung, GGW 3/2007, 23; *K. Jacobs/S. Schulze,* Der morbiditätsorientierte Risikostrukturausgleich: notwendige Funktionsbedingung für sinnvollen Wettbewerb in der GKV, GGW 3/2007, 7; *K. Jacobs/S. Staudt/J. Wasem,* Wie kommen wir zu einem gerechten Risikostrukturausgleich?, SozSich. 2007, 420; *E.-M. Malin/P. Hernold/C. König,* Fehlanreize durch arzneimittelbasierte Morbiditätszuschläge im Risikostrukturausgleich, GuS 2006 (1–2), 43; *H. Reiners,* Der Streit um den Morbiditäts-Risikostrukturausgleich, SozSich 2005, 50; *J. Wasem/K.W. Lauterbach/F. Schräder,* Klassifikationsmodelle für Versicherte im morbiditätsorientierten Risikostrukturausgleich, GGW 2/2005, 7; s. auch Schrifttum zu § 266.

A. Überblick

Mit dem G zur Reform des RSA in der GKV vom 10. 12. 2001 (BGBl. I 2001, 3465) hat der Gesetzgeber die Konsequenz aus der Diskussion über die ungenaue Morbiditätserfassung durch die ausgabenseitigen Ausgleichsfaktoren des RSA (§ 266 Rn. 34) gezogen. Mit dem § 268 wurde ein Zeitplan zur Einführung der direkten Morbiditätsorientierung bis zum Jahr 2007 festgeschrieben. Durch das VÄndG vom 30. 12. 2006 (BGBl. I 2006, 3439) wurde diese Frist auf das Jahr 2009 verschoben. Abs. 1 gibt die durch die Weiterentwicklung zu erreichenden Ziele sowie die Kriterien für die Auswahl der Morbiditätsgruppen vor, die die Ausgleichsfaktoren nach § 266 Abs. 1 S. 2 iVm. § 267 Abs. 2 ergänzen werden, während Abs. 2 und 3 die verfahrensmäßige Umsetzung regeln.

B. Kriterien und Ziele der Weiterentwicklung

Erstes Kriterium für die Auswahl der **Morbiditätsgruppen** ist, dass diese die Morbidität von Versicherten auf der Grundlage von Diagnosen, Indikationen, medizinischen Leistungen oder Kombinationen oder Gruppen dieser Merkmale be-

1

2

rücksichtigen sollen (Abs. 1 S. 1 Nr. 1). Eine solche Zuordnung von Versicherten zu Morbiditätsgruppen leisten sog. Versichertenklassifikationsmodelle, wie sie in den Vereinigten Staaten und den Niederlanden bereits eingesetzt werden. Im RSA sollen dann für Versicherte, die in diese Morbiditätsgruppen fallen, **Risikozuschläge** gezahlt werden. Diese Risikozuschläge treten dann neben die in der Höhe abgesenkten Basiszuweisungen nach den bisherigen RSA-Kriterien. Um die Wirtschaftlichkeitsanreize zu wahren, sollen diese Risikozuschläge in standardisierter Form ermittelt werden (Nr. 2).

3   Wichtigstes Ziel der Weiterentwicklung ist die Verringerung der Anreize zur **Risikoselektion.** Damit soll vermieden werden, dass eine Krankenkasse ein Interesse daran hat, bestimmte Versicherte nach Möglichkeit nicht in ihrer Versichertengemeinschaft zu haben (Abs. 1 S. 1 Nr. 3). Die beiden nächsten Ziele (Förderung von Qualität und Wirtschaftlichkeit, Praktikabilität und Kontrollierbarkeit) hat der Gesetzgeber mWv. 1. 1. 2009 mit dem Ziel, keine Anreize zu medizinisch nicht gerechtfertigten Leistungsausweitungen zu setzen, und dem Kriterium, die Auswahl der Morbiditätsgruppen auf 50 bis 80 kostenintensive chronische oder schwerwiegende Krankheiten zu beschränken, ersetzt. Damit dürfte der Gesetzgeber die Konsequenz aus der Diskussion über die **Anreizwirkungen** eines direkt morbiditätsorientierten RSA (*Behrend/Felder/Busse,* Gesundheitswesen 2007, 1/ 4 ff.; *Malin/Hernold/König,* GuS 1–2/2006, 43/45 ff.; *Glaeske/Göpffarth/Otto,* GuS 5–6/2006, 59/60 ff.) gezogen haben.

C. Verfahrensmäßige Umsetzung

4   Da kein unmittelbar einsetzbares Verfahren zur direkten Morbiditätserfassung im RSA vorlag, hat der Gesetzgeber zunächst die Vergabe einer **wissenschaftlichen Untersuchung** vorgesehen (Abs. 2 S. 5), die inzwischen vorliegt (BMG [Hrsg.], Klassifikationsmodelle, 2005). Für diese Untersuchung wurde eine eigenständige Datengrundlage geschaffen (Abs. 3). Auf der Basis dieser Untersuchung und unter Berücksichtigung eines einvernehmlichen Vorschlages der Spitzenverbände der Krankenkassen regelt dann das BMG das Nähere per Rechtsverordnung. Inhalt, Zweck und Ausmaß dieser Verordnungsermächtigung ist hinreichend bestimmt (BVerfGE 113, 167/268). Auf der Basis dieser Verordnungsermächtigung wurden im Rahmen des GKV-WSG die §§ 30 bis 32 in die RSAV eingefügt.

5   Für die Durchführung eines direkt morbiditätsorientierten RSA ist eine versichertenbezogene **Datengrundlage** mit Diagnose- und Verordnungsdaten notwendig. Die hierfür notwendigen Datenerhebungen wurden auf Grundlage des Abs. 3 S. 13 mit der 14. VO zur Änderung der RSAV (BGBl. I 2006, 3224) geschaffen.

§ 269 Solidarische Finanzierung aufwändiger Leistungsfälle (Risikopool)

(1) [1]**Ergänzend zum Risikostrukturausgleich (§ 266) werden die finanziellen Belastungen für aufwändige Leistungsfälle vom 1. Januar 2002 an zwischen den Krankenkassen teilweise ausgeglichen.** [2]**Übersteigt die Summe der Leistungsausgaben einer Krankenkasse für Krankenhausbehandlung einschließlich der übrigen stationär erbrachten Leistungen, Arznei- und Verbandmittel, nichtärztliche Leistungen der ambulanten Dialyse, Kranken- und Sterbegeld für einen Versicherten (ausgleichsfähige Leistungsausgaben) im Geschäftsjahr abzüglich

der von Dritten erstatteten Ausgaben die Ausgabengrenze (Schwellenwert) nach Satz 3, werden 60 vom Hundert des übersteigenden Betrags aus dem gemeinsamen Risikopool aller Krankenkassen finanziert. ³Der Schwellenwert beträgt in den Jahren 2002 und 2003 20.450 Euro und ist in den Folgejahren entsprechend der prozentualen Veränderung der monatlichen Bezugsgröße nach § 18 Abs. 1 des Vierten Buches anzupassen. ⁴Der Risikopool wird aus der hierfür zu ermittelnden Finanzkraft aller Krankenkassen finanziert; dazu wird ein gesonderter Ausgleichsbedarfssatz ermittelt. § 266 Abs. 3 gilt entsprechend. ⁵Abweichend von Satz 2 werden die Leistungsausgaben für Leistungen der nichtärztlichen ambulanten Dialyse für das Ausgleichsjahr 2002 nicht berücksichtigt.

(2) Für die getrennt vom Risikostrukturausgleich zu ermittelnden Ausgleichsansprüche und -verpflichtungen jeder Krankenkasse, die Ermittlung der ausgleichsfähigen Leistungsausgaben, die Durchführung des Risikopools, das monatliche Abschlagsverfahren und die Säumniszuschläge gilt § 266 Abs. 2 Satz 1, Abs. 4 Satz 1 Nr. 1 und 2, Satz 2, Abs. 5 Satz 1, 2 Nr. 3, Satz 3, Abs. 6, 8 und 9 entsprechend.

(3) ¹Für die Ermittlung der Ausgleichsansprüche und -verpflichtungen aus dem Risikopool erheben die Krankenkassen jährlich die Summe der Leistungsausgaben nach Absatz 1 Satz 2 je Versicherten. ²Die auf den einzelnen Versicherten bezogene Zusammenführung der Daten nach Satz 1 durch die Krankenkasse ist nur für die Berechnung der Schwellenwertüberschreitung zulässig; der zusammengeführte versichertenbezogene Datensatz ist nach Abschluss dieser Berechnung unverzüglich zu löschen. ³Überschreitet die Summe der Leistungsausgaben für einen Versicherten den Schwellenwert nach Absatz 1 Satz 3, melden die Krankenkassen diese Leistungsausgaben unter Angabe eines Pseudonyms über den Spitzenverband Bund der Krankenkassen dem Bundesversicherungsamt. ⁴Die Herstellung des Versichertenbezugs ist zulässig, soweit dies für die Prüfung der nach Satz 3 gemeldeten Leistungsausgaben oder die Berücksichtigung nachträglicher Veränderungen der ausgleichsfähigen Leistungsausgaben erforderlich ist. ⁵Für die Erhebung und Meldung der Leistungsausgaben, der beitragspflichtigen Einnahmen, der Zahl der Versicherten und die Abgrenzung der Versichertengruppen gilt im Übrigen § 267 Abs. 1 bis 4 und 10 entsprechend. ⁶§ 267 Abs. 9 gilt.

(4) Das Bundesministerium für Gesundheit regelt in der Rechtsverordnung nach § 266 Abs. 7 das Nähere über
1. die Abgrenzung der für den Risikopool erforderlichen Daten, der ausgleichsfähigen Leistungsausgaben und die Ermittlung der Schwellenwerte nach Absatz 1 sowie das Nähere über die Berücksichtigung der von Dritten erstatteten Ausgaben nach Absatz 1 Satz 2,
2. die Berechnungsverfahren, die Fälligkeit der Beträge, die Erhebung von Säumniszuschlägen, das Verfahren und die Durchführung des Ausgleichs,
3. die von den Krankenkassen und den Leistungserbringern mitzuteilenden Angaben,
4. die Art, den Umfang und den Zeitpunkt der Bekanntmachung der für die Durchführung des Risikopools erforderlichen Rechenwerte,
5. die Prüfung der von den Krankenkassen mitzuteilenden Daten durch die mit der Prüfung nach § 274 befassten Stellen einschließlich der Folgen fehlerhafter Datenlieferungen oder nicht prüfbarer Daten sowie das Verfahren der Prüfung und der Prüfkriterien, auch abweichend von § 274.

(5) ¹Das Nähere zur Erhebung und Abgrenzung der Daten und Datenträger und zur einheitlichen Gestaltung des Pseudonyms nach Absatz 3 legt der Spit-

§ 269

zenverband Bund der Krankenkassen im Einvernehmen mit dem Bundesversicherungsamt fest. ²Kommt die Vereinbarung nach Satz 1 bis zum 30. April 2002 nicht zustande, bestimmt das Bundesministerium für Gesundheit das Nähere in der Rechtsverordnung nach § 266 Abs. 7.

(6) Der Risikopool wird letztmalig für das Geschäftsjahr durchgeführt, das dem Jahr vorausgeht, in dem die Weiterentwicklung des Risikostrukturausgleichs nach § 268 Abs. 1 in Kraft tritt.

[Fassung des ab 1. 1. 2009 geltenden Abs. 7:]

(7) Für die Durchführung des Risikopools für das Berichtsjahr 2008 und für Korrekturen der Berichtsjahre bis einschließlich 2008 ist § 269 in der bis zum 31. Dezember 2008 geltenden Fassung zu Grunde zu legen.

Schrifttum: *M. Baumann,* Risikostrukturausgleich und Risikopool: Jahresausgleich 2003, Ersk. 2004, 492; *M. Kifmann/N. Lorenz,* Der optimale „Risikopool" zur Vermeidung von Risikoselektion, Vierteljahreshefte zur Wirtschaftsforschung 73 (2004), 539; s. auch Schrifttum zu § 266.

A. Überblick

1   Der Risikopool trat mWv. 1. 1. 2002 als zusätzliches Ausgleichsverfahren neben den RSA. Parallel zu den §§ 266, 267 regelt § 269 die Ansprüche der Krankenkassen aus dem Risikopool sowie deren Finanzierung (Abs. 1 und 2), die Datenerhebungen (Abs. 3) sowie die Regelungsermächtigungen auf Ebene der Verordnung (Abs. 4) und Vereinbarung (Abs. 5). Mit Einführung des Gesundheitsfonds zum 1. 1. 2009 läuft der Risikopool aus (Abs. 6 und 7).

B. Normzweck

2   Der Risikopool wurde eingeführt, um besondere **Risikobelastungen** von Krankenkassen, die im RSA nicht hinreichend berücksichtigt werden, solidarisch zu finanzieren. Er war als Übergangslösung bis zur Weiterentwicklung des RSA (§ 268) gedacht (BT-Drs. 14/6432, 15). Er geht auf einen Gutachter-Vorschlag zurück (*Jacobs/Reschke/Cassel/Wasem,* Wirkung, 113 ff.).

C. Ausgleichsansprüche und -verpflichtungen

3   Die **Ausgleichsansprüche und -verpflichtungen** im Risikopool werden parallel, aber getrennt zum RSA berechnet. Im Gegensatz zum RSA werden keine standardisierten Leistungsausgaben ausgeglichen, sondern tatsächliche Ausgaben, allerdings mit einem Schwellenwert und Selbstbehalt der Krankenkassen. Wie im RSA ergeben sich die Ausgleichszahlungen aus der Gegenüberstellung zweier Größen, den Risikopoolerstattungen (Rn. 4 f.) und der Finanzkraft (Rn. 6).

4   Eine Krankenkasse hat für einen Versicherten einen Erstattungsanspruch aus dem Risikopool, wenn seine ausgleichsfähigen Leistungsausgaben (Rn. 5) in einem Geschäftsjahr einen Schwellenwert übersteigen. Der **Schwellenwert** wurde im Jahr 2002 auf 20.450 Euro festgelegt und seit dem Jahr 2004 mit der Veränderungsrate der monatlichen Bezugsgröße nach § 18 Abs. 1 SGB IV fortgeschrieben. Im Jahr 2007 beträgt er 21.051,48 Euro. Die Höhe des Erstattungsanspruches beträgt 60 % des den Schwellenwert übersteigenden Betrages.

Die **ausgleichsfähigen Leistungsausgaben** sind eine Untermenge der im 5
RSA berücksichtigungsfähigen Leistungsausgaben. Nicht ausgleichsfähig sind die
ambulanten ärztlichen und zahnärztlichen Leistungen sowie die sonstigen Leistungsausgaben mit Ausnahme des inzwischen abgeschafften Sterbegeldes. Grund
für die Beschränkung ist die Tatsache, dass diese Angaben zum Zeitpunkt der Einführung nicht versichertenbezogen bei den Krankenkassen vorlagen. Auch wenn
sich dies seit dem Jahr 2004 geändert hat, macht eine solidarische Finanzierung
aufwändiger Leistungsfälle hinsichtlich der ambulanten ärztlichen und zahnärztlichen Leistungen angesichts der hier bislang geltenden Vergütungssysteme (§ 85)
keinen Sinn, da das Morbiditätsrisiko nicht bei den Krankenkassen liegt.

Die **Finanzkraft** der Krankenkassen ermittelt sich analog zum RSA (§ 266 6
Rn. 24). Zur Finanzierung der Erstattungsansprüche nach Rn. 4 wird ein separater
Ausgleichsbedarfssatz berechnet. Da die im Risikopool ausgeglichenen Aufwendungen nach § 266 Abs. 4 S. 1 Nr. 3 nicht im RSA berücksichtigungsfähig
sind, ist garantiert, dass sich der Ausgleichsbedarfssatz im RSA entsprechend reduziert. Die beiden Ausgleichsbedarfssätze haben daher zusammen genau die Höhe,
die der Ausgleichsbedarfssatz im RSA ohne Einführung des Risikopools gehabt
hätte. Der Risikopool finanziert sich damit durch eine korrespondierende Absenkung der standardisierten Leistungsausgaben (§ 266 Rn. 23) im RSA.

D. Abschaffung des Risikopools zum 1.1.2009

Mit der zielgenaueren Ausgestaltung des RSA (vgl. § 268) wird der Risikopool 7
abgeschafft (Abs. 6). Bei dieser Entscheidung dürfte auch die allgemeine Kritik,
der Risikopool habe bei hohem **Verwaltungsaufwand** nur geringe Umverteilungswirkung entfaltet (vgl. *Baumann*, Ersk. 2004, 492/494), eine Rolle gespielt
haben. Diese Kritik verkennt, dass der Risikopool für kleinere Krankenkassen bei
extrem teuren Leistungsfällen durchaus eine Rolle spielt. Mit dem Auslaufen des
Risikopools dürften daher die verbandsweiten Regelungen neu aufleben (vgl.
§ 265 Rn. 5). Auch nach Abschaffung des Risikopools bleiben die Korrekturmöglichkeiten für die vergangenen Jahresausgleiche möglich (Abs. 7, Abs. 2 iVm. § 266
Abs. 6 S. 7).

[Fassung §§ 270, 271 bis 31.12. 2008:]

§§ 270, 271 *(aufgehoben)*

[Fassung §§ 270 ab 1.1. 2009:]

§ 270 Zuweisungen aus dem Gesundheitsfonds für sonstige Ausgaben

(1) ¹**Die Krankenkassen erhalten aus dem Gesundheitsfonds Zuweisungen zur Deckung**

  a) **ihrer standardisierten Aufwendungen nach § 266 Abs. 4 Satz 1 Nr. 2 mit Ausnahme der Leistungen nach § 53 Abs. 5,**
  b) **ihrer standardisierten Aufwendungen, die auf Grund der Entwicklung und Durchführung von Programmen nach § 137g entstehen und die in der Rechtsverordnung nach § 266 Abs. 7 näher zu bestimmen sind, sowie**
  c) **ihrer standardisierten Verwaltungsausgaben.**

²**§ 266 Abs. 5 Satz 1 und 3, Abs. 6 und 9 gilt entsprechend.**

§ 270 Zuweisungen für sonstige Ausgaben

(2) ¹Für die Ermittlung der Höhe der Zuweisungen nach Absatz 1 erheben die Krankenkassen nicht versichertenbezogen jährlich die Aufwendungen nach § 266 Abs. 4 Satz 1 Nr. 2 und die Verwaltungsausgaben. ²§ 267 Abs. 4 gilt entsprechend.

Schrifttum: s. Schrifttum zu § 266.

A. Überblick

1   Mit der Einführung des Gesundheitsfonds (§ 271) ändert sich das Finanzierungsmodell der GKV grundlegend. Die Beitragseinnahmen aus dem einheitlichen Beitragssatz (§ 241) stehen nun dem Gesundheitsfonds und nicht mehr Krankenkassen zu. Die Krankenkassen erhalten aus dem Gesundheitsfonds Zuweisungen, die der Finanzierung seiner Ausgaben dienen. Die Zuweisungen sind nicht nur auf die im RSA berücksichtigungsfähigen Leistungsausgaben (§ 266 Rn. 7) beschränkt, sondern umfassen nunmehr alle Ausgabenkategorien. Die Grundpauschale mit den alters-, geschlechts- und risikoadjustierenden Zu- und Abschlägen (§ 266 Abs. 1) wird ergänzt durch Zuweisungen für Satzungs- und Mehrleistungen (Rn. 2), DMP-Programmkosten (Rn. 3) und Verwaltungsausgaben (Rn. 4). Der Wirkungsbereich der solidarischen Finanzierung der Ausgaben der GKV wird somit ausgeweitet und insbesondere auf die Verwaltungsausgaben sowie die Ausgaben für Satzungs- und Ermessensleistungen ausgeweitet.

B. Normzweck

2   Mit den Zuweisungen für sonstige Ausgaben wird die kassenübergreifende solidarische Finanzierung der GKV-Leistungen auch auf diese Ausgabenkategorien ausgedehnt. Der Finanzkraftausgleich im RSA wird somit vervollständigt (vgl. § 266 Rn. 24). Einkommensunterschiede der Mitglieder sollen so keinen Einfluss mehr auf die Höhe der Beiträge der Krankenkassen haben.

C. Sonstige Zuweisungen

I. Zuweisungen für Satzungs- und Mehrleistungen

3   Die Ausgaben für Satzungs- und Mehrleistungen werden im RSA nicht berücksichtigt (§ 266 Abs. 4 S. 1 Nr. 2). Die Zuweisungen nach § 266 Abs. 2 dienen nicht ihrer Deckung. Bis zu Einführung des Gesundheitsfonds müssen die Krankenkassen diese Ausgaben aus ihrem eigenen Beitragssatz finanzieren. Mit der Einführung des Gesundheitsfonds und dem Wegfall der kassenindividuellen Beitragssätze erhalten die Krankenkassen standardisierte Zuweisungen zur Deckung dieser Ausgaben (Abs. 1 S. 1 lit. a). Der erhöhte Krankengeldanspruch wird hingegen vom Jahr 2009 an nach § 53 Abs. 6 über Prämien direkt von den Versicherten finanziert und somit der solidarischen Finanzierung entzogen.

II. Zuweisungen für DMP-Programmkosten

4   Für die Übergangszeit bis zu Weiterentwicklung des RSA nach § 268 werden die Ausgaben für strukturierte Behandlungsprogramme (§ 137g) im RSA berücksichtigt. Dies betrifft nicht nur die Leistungsausgaben, die in getrennten Versicher-

tengruppen erfasst wurden (§ 267 Abs. 3 S. 3 aF.), sondern auch die Ausgaben, die aufgrund der Entwicklung und Durchführung der Programme (sog. DMP-Programmkosten) entstehen (§ 266 Abs. 4 S. 2 aF.). Mit der Weiterentwicklung des RSA nach § 268 werden vom Jahr 2009 an keine getrennten Versichertengruppen mehr gebildet. Strukturierte Behandlungsprogramme sollen aber weiterhin durch standardisierte Zuweisungen für DMP-Programmkosten gefördert werden (Abs. 1 S. 1 lit. b), um den Anreiz für die Krankenkassen zu erhalten „sich in besonderer Weise um eine qualitativ hochwertige Versorgung chronisch Kranker zu bemühen" (BT-Drs. 16/3100, 205). In § 33 RSAV wird zudem die Zahlung der Zuweisung daran geknüpft, dass die Qualität der Programme durch die Evaluation nach § 137 f Abs. 4 bestätigt worden ist.

III. Zuweisungen für Verwaltungsausgaben

Wie die Satzungs- und Mehrleistungen sind auch die Verwaltungsausgaben nicht im RSA berücksichtigungsfähig. Vom Jahr 2009 an sind auch hier standardisierte Zuweisungen aus dem Gesundheitsfonds vorgesehen. 5

D. Berechnungsweise

Die Zuweisungen aus dem Gesundheitsfonds für sonstige Ausgaben orientieren sich wie die Zuweisungen nach § 266 nicht an den tatsächlichen Ausgaben der Krankenkassen, sondern werden in standardisierter Form ausgezahlt (vgl. § 266 Rn. 23). Das Verfahren der Standardisierung wird nicht vorgegeben, sondern nach § 266 Abs. 7 S. 1 Nr. 2a in einer Rechtsverordnung geregelt. In Analogie zu § 266 Abs. 2 bedeutet eine Standardisierung auch hier, dass sich die Zuweisungen an Durchschnittswerten entsprechend gebildeter Vergleichsgruppen orientieren. Damit wird gewährleistet, dass die Anreize für eine wirtschaftliche Verwendung der Zuweisungen auch für Satzungs- und Mehrleistungen, DMP-Programmkosten sowie Verwaltungsausgaben gewahrt bleiben. 6

E. Durchführung

Die Durchführung des Verfahrens zur Berechnung und Auszahlung der Zuweisungen für sonstige Ausgaben orientiert sich weitestgehend an den Regelungen zum RSA. Auch diese Zuweisungen werden vom BVA in einem zweistufigen Verfahren mit monatlichen Abschlägen und einem Jahresausgleich ausgezahlt. Die notwendigen Daten werden nach Abs. 2 von den Krankenkassen erhoben und über den Spitzenverband Bund dem BVA vorgelegt. 7

[Fassung § 271 ab 1. 1. 2009:]

§ 271 Gesundheitsfonds

(1) **Das Bundesversicherungsamt verwaltet als Sondervermögen (Gesundheitsfonds) die eingehenden Beträge aus:**
1. **den von den Einzugsstellen nach § 28 k Abs. 1 Satz 1 des Vierten Buches und nach § 252 Abs. 2 Satz 3 eingezogenen Beiträgen für die gesetzliche Krankenversicherung,**
2. **den Beiträgen aus Rentenzahlungen nach § 255,**

§ 271

3. den Beiträgen nach § 28 k Abs. 2 des Vierten Buches,
4. der Beitragszahlung nach § 252 Abs. 2 und
5. den Bundesmitteln nach § 221.

(2) ¹Der Gesundheitsfonds hat eine Liquiditätsreserve aufzubauen, aus der unterjährige Schwankungen in den Einnahmen und bei der Festsetzung des einheitlichen Betrags nach § 266 Abs. 2 nicht berücksichtigte Einnahmeausfälle zu decken sind. ²Das Nähere über Höhe und Aufbau der Liquiditätsreserve wird in der Rechtsverordnung nach § 241 Abs. 1 festgelegt.

(3) ¹Reicht die Liquiditätsreserve nicht aus, um alle Zuweisungen nach § 266 Abs. 1 Satz 1 zu erfüllen, leistet der Bund dem Gesundheitsfonds ein nicht zu verzinsendes Liquiditätsdarlehen in Höhe der fehlenden Mittel. ²Das Darlehen ist im Haushaltsjahr zurückzuzahlen. ³Die jahresendliche Rückzahlung ist durch geeignete Maßnahmen sicherzustellen. ⁴Abweichend von Satz 2 sind Darlehen, die vom 1. Januar bis 31. Dezember 2009 an den Gesundheitsfonds ausgezahlt wurden, spätestens zum 31. Dezember 2010 zurückzuzahlen.

(4) Die im Laufe eines Jahres entstehenden Kapitalerträge werden dem Sondervermögen gutgeschrieben.

(5) Die Mittel des Gesundheitsfonds sind so anzulegen, dass sie für den in den §§ 266, 269 und 270 genannten Zweck verfügbar sind.

(6) ¹Die dem Bundesversicherungsamt bei der Verwaltung des Fonds entstehenden Ausgaben einschließlich der Ausgaben für die Durchführung des Risikostrukturausgleichs werden aus den Einnahmen des Gesundheitsfonds gedeckt. ²Das Nähere regelt die Rechtsverordnung nach § 266 Abs. 7.

Schrifttum: *P. Axer,* Finanzierung und Organisation der gesetzlichen Krankenversicherung nach dem GKV-Wettbewerbsstärkungsgesetz, GesR 2007, 193; *D. Göpffarth/S. Greß/K. Jacobs/J. Wasem* (Hrsg), Jahrbuch Risikostrukturausgleich 2007 – Gesundheitsfonds, 2007; *S. Stock/M. Lüngen/K.W. Lauterbach,* Der Risikostrukturausgleich im Gesundheitsfonds, Soz-Sich. 2007, 407.

Inhaltsübersicht:

	Rn.
A. Überblick	1
B. Normziele	2
C. Finanzierung des Gesundheitsfonds	3
I. Weitergeleitete Beitragseinnahmen der Einzugsstellen	3
II. Direktzahler an den Gesundheitsfonds	5
III. Bundesmittel nach § 221 nF.	7
D. Verwaltung des Gesundheitsfonds	8
I. Verwaltung als Sondervermögen	8
II. Bildung einer Liquiditätsreserve	9
III. Anlage der Mittel	14
E. Erstattung der Verwaltungskosten	15

A. Überblick

1 Die Einführung des **Gesundheitsfonds** ist ein Kernelement des GKV-WSG. Hiermit soll das Finanzierungsmodell der GKV neu geregelt werden. Der als Sondervermögen beim Bundesversicherungsamt verwaltete Gesundheitsfonds dient als Sammelstelle für die Beitragseinnahmen der GKV – mit Ausnahme der Beitragseinnahmen aus den kassenindividuellen Zusatzbeiträgen (§ 242) – sowie die Bundesmittel nach § 221 (Abs. 1). Die Krankenkassen erhalten aus dem Gesund-

heitsfonds Zuweisungen, die sich aus einer Grundpauschale sowie alters- und risikoadjustierenden Zuschlägen (§ 266 Abs. 1 nF.) und Zuweisungen für sonstige Ausgaben (§ 270) zusammensetzen. Um gleichmäßige Auszahlungen auch bei unterjährigen Schwankungen oder Einnahmeausfällen zu gewährleisten, wird eine Liquiditätsreserve gebildet, darüber hinaus besteht die Möglichkeit von Liquiditätsdarlehen des Bundes (Abs. 2 und 3). Abs. 4 und 5 regeln die Anlage der Mittel des Gesundheitsfonds sowie die Verwendung der Kapitalerträge. Die Verwaltung des Gesundheitsfonds obliegt zwar der unmittelbaren Bundesverwaltung, die hierfür anfallenden Kosten sind jedoch aus den Mitteln der GKV zu erstatten (Abs. 6). Die Formulierung der Abs. 1, 4 und 5 orientiert sich an den Regelungen zum ebenfalls als Sondervermögen verwalteten Ausgleichsfonds in der PflV (§ 65 SGB XI).

B. Normziele

Mit dem Gesundheitsfonds werden die **Finanzierungsstrukturen der GKV** 2
auf eine neue Basis gestellt. Der Gesetzgeber will hierdurch mehr Effizienz und Transparenz erreichen und so eine wirtschaftlichere Verwendung der Steuer- und Beitragsmittel gewährleisten (BT-Drs. 16/3100, 91 f.). Den Krankenkassen wird auf der Einnahmenseite eine höhere Planbarkeit gewährleistet; sie sollen sich im Gegenzug im Wettbewerb darauf konzentrieren, ihren Versicherten möglichst zielgenaue, qualitätsgestützte und effiziente Versorgungsformen und -tarife anzubieten. Durch die anwachsenden Zuschüsse des Bundes aus Steuermitteln soll auch eine höhere Nachhaltigkeit in der Finanzierung der GKV erreicht werden.

C. Finanzierung des Gesundheitsfonds

I. Weitergeleitete Beitragseinnahmen der Einzugsstellen

Der Einzug des Krankenversicherungsbeitrages obliegt mit den in Rn. 4 ge- 3
nannten Ausnahmen den Krankenkassen als zuständige **Einzugsstelle** (§ 28 i SGB IV), die diesen arbeitstäglich an den Gesundheitsfonds weiterleiten. Dies betrifft zum einen den Gesamtsozialversicherungsbeitrag (§ 28 k Abs. 1 S. 1 SGB IV nF.). Hier wird der Gesundheitsfonds aus Sicht der Einzugsstelle wie die Träger der Pflege-, Renten und Arbeitslosenversicherung Fremdversicherungsträger gegenüber dem konsequenterweise auch eine Schadensersatzpflicht (§ 28 r Abs. 1 SGB IV nF.) besteht. Darüber hinaus agieren die Einzugsstellen auch als **Weiterleitungsstellen** für sonstige Krankenversicherungsbeiträge nach § 252 Abs. 2 S. 2 und 3 nF. Hierbei handelt es sich v. a. um die Beiträge von Selbstzahlern, Rehabilitanden und aus Versorgungsbezügen. Diese Mittel werden treuhänderisch von den Einzugsstellen eingezogen und stellen ausschließlich Finanzierungsmittel des Gesundheitsfonds dar.

Eine Sonderrolle nimmt in diesem Zusammenhang die **Minijobzentrale** ein. 4
Diese übernimmt bereits seit dem Jahr 2004 die Funktion der Einzugsstelle für die Beiträge aus geringfügiger Beschäftigung (§ 28 i S. 5 SGB IV) und leitet die Beitragseinnahmen an den Risikostrukturausgleich weiter (§ 28 k Abs. 2 SGB IV). Zukünftig erfolgt die Weiterleitung an den Gesundheitsfonds.

§ 271

II. Direktzahler an den Gesundheitsfonds

5 Einige Beiträge werden zukünftig nicht mehr an die Einzugsstellen, sondern direkt an den Gesundheitsfonds gezahlt. Hierbei handelt es sich um die Beiträge aus Rentenzahlungen (§ 255) sowie die in § 252 Abs. 3 S. 1 nF. genannten durch Dritte getragenen Beiträge. Bei letzteren handelt es sich um die Beitragszahlungen der KSK für die dort versicherten Mitglieder, des Bundes für Wehr- und Zivildienstleistende und für nach § 5 versicherungspflichtige Bezieher von Alg II sowie die Beitragszahlung der BA für die Bezieher von Arbeitslosengeld. Die **direkte Beitragszahlung** an den Gesundheitsfonds dient der Verfahrensvereinfachung.

6 Durch die direkte Zahlung der Beiträge aus Rentenzahlungen an den Gesundheitsfonds entfallen die **Verrechnungsmöglichkeiten** nach § 255 Abs. 3 und 3a aF. Auch diese Auflösung der komplizierten Finanzverflechtung zwischen den Sozialversicherungsträgern dient der Trennung der Mittelherkunft und Mittelverwendung und somit dem mit der Errichtung des Gesundheitsfonds verfolgten Transparenzgedanken (*Pfohl,* Göpffarth/Greß/Jacobs/Wasem, 195/199 ff.).

III. Bundesmittel nach § 221 nF.

7 Ebenfalls direkt in den Gesundheitsfonds fließt der **Bundeszuschuss** aus Steuermitteln. Dieser hat die Höhe von 4 Mrd. € im Jahr 2009 und soll danach bis zu einer jährlichen Gesamtsumme von 14 Mrd. € jährlich um 1,5 Mrd. € steigen (§ 221 Abs. 1). Die Zahlungen erfolgen in monatlichen Teilbeträgen.

D. Verwaltung des Gesundheitsfonds

I. Verwaltung als Sondervermögen

8 Abs. 1 bewirkt eine Bündelung der Finanzmittel der GKV und verlagert zugleich die Zuständigkeit für die Verwaltung dieser Mittel von den Krankenkassen auf den Gesundheitsfonds. Die Rechnungslegung über diese Einnahme erfolgt somit ebenfalls über den Gesundheitsfonds. Das Bundesversicherungsamt verwaltet diese Mittel als **Sondervermögen** (Abs. 1 S. 1), dh. als rechtlich unselbständiges Vermögen, das organisatorisch und haushaltsrechtlich von übrigen Mitteln abgesondert ist, und dessen Verwaltung auf die Erfüllung bestimmter Aufgaben gerichtet ist. Die Trägerschaft des Vermögens wird offengelassen. Auch beim Ausgleichsfonds in der PflV ist umstritten, ob es sich um ein Sondervermögen des Bundes (*Wiesner,* H/K, § 65 SGB XI Rn. 3) oder um ein gemeinsames Sondervermögen der Pflegekassen (*Trenk-Hinterberg,* W/E, § 65 SGB XI Rn. 3) handelt. Da nach Rspr. des BVerfG die Finanzverfassung der Sozialversicherung ein eigenständiges System staatlicher Abgabenerhebung darstellt, das nicht dem Regelungssystem der Art. 104a ff. GG unterworfen ist (BVerfGE 113, 167/203), ist eine alleinige Trägerschaft des Bundes abzulehnen. Es ist daher davon auszugehen, dass die sozialrechtlichen Regelungen zum Haushalts- und Rechnungswesen entsprechend gelten (§§ 76, 77 SGB IV).

II. Bildung einer Liquiditätsreserve

9 Der Mittelzufluss an den Gesundheitsfonds erfolgt arbeitstäglich bzw. richtet sich nach jeweils festgelegten Fälligkeitsterminen. Da die Einnahmen jedoch zum

größten Teil einkommensabhängig sind, unterliegen sie insb. aufgrund von tariflichen Einmalzahlungen unterjährigen Schwankungen (*Pfohl,* Göpffarth/Greß/Jacobs/Wasem, 195/208 ff.). Die Zuweisungen aus dem Gesundheitsfonds richten sich hingegen nach den Kriterien der §§ 266, 270 und sind unabhängig von **saisonalen Schwankungen** zu leisten. Der Gesundheitsfonds muss daher die Zuweisungen v. a. in den einnahmeschwachen ersten Monaten des Jahres aus einer **Liquiditätsreserve** vorfinanzieren, die sich dann erst mit den einnahmestarken Monaten zum Jahresende wieder auffüllt. Die KKen bleiben im Gegenzug von diesen Einnahmerisiken vollständig abgeschirmt und müssen in ihrer eigenen Liquiditätsplanung hierfür keine Vorsorge mehr treffen.

Das gesamte Beitragsaufkommen der GKV ist abhängig von der Höhe der von der Bundesregierung festgelegten Beitragssätze (§§ 241, 243 nF.) und der Entwicklung der Einkommen, die der Beitragsbemessung zugrunde gelegt werden. Zu weiteren Liquiditätsrisiken für den Gesundheitsfonds kann es daher kommen, wenn bei der Festsetzung der Höhe der Zuweisungen die erwarteten Einnahmen falsch geschätzt werden. Die Liquiditätsreserve hat in diesem Fall die Funktion, die Auszahlung der Zuweisungen an die Krankenkassen gegen **Einnahmerisiken** aus der wirtschaftlichen Entwicklung abzusichern. 10

Bei Fehlschätzungen der Höhe der Ausgaben ist hingegen keine unterjährige Anpassung der Zuweisungen vorgesehen; eine Anpassung kann nur indirekt durch eine Anhebung des einheitlichen Beitragssatzes bei Unterschreitung der Deckungsquote von 95 % nach § 220 Abs. 2 nF. im Folgejahr erfolgen. **Ausgaberisiken** werden daher nicht vom Gesundheitsfonds, sondern von den Krankenkassen getragen (vgl. § 266 Rn. 38). Dies ist konsistent mit der Zielsetzung des Gesetzgebers, mit dem GKV-WSG die Krankenkassen auf die effiziente medizinische Versorgung zu fokussieren (vgl. Rn. 2). Die Zuweisungen sollen daher im Laufe des Jahres konstant und für die Krankenkassen kalkulierbar sein. 11

Folgerichtig ist in Abs. 3 auch der Fall geregelt, wenn auch unter Inanspruchnahme der Liquiditätsreserve die Mittel des Gesundheitsfonds nicht ausreichen, um alle Zuweisungen zu decken. In dieser Situation leistet der Bund ein nicht zu verzinsendes **Liquiditätsdarlehen** in Höhe des Fehlbetrags. Das Nähere zur Höhe und zum Aufbau der Liquiditätsreserve wird durch Rechtsverordnung geregelt (Abs. 2 S. 2). Da die im Startjahr des Gesundheitsfonds aufgenommenen Liquiditätsdarlehen erst im Folgejahr zurückzuzahlen sind (Abs. 3 S. 2), ist auch ein entspr. längerer Aufbauzeitraum für die Liquiditätsreserve möglich. 12

Aus der Systematik der Abs. 1 bis 3 ergibt sich für die Sicherstellung der Liquidität des Gesundheitsfonds folgende Rangfolge: (1) Inanspruchnahme der eingehenden Beitragszahlungen sowie der monatlichen Teilbeträge des Bundeszuschusses, (2) Inanspruchnahme der Liquiditätsreserve, (3) Vorziehen des Bundeszuschusses nach § 221 nF. (vgl. BT-Drs. 16/3100, 170) und (4) Inanspruchnahme eines unverzinsten Liquiditätsdarlehens des Bundes. 13

III. Anlage der Mittel

Die Mittel des Gesundheitsfonds umfassen die laufenden Einnahmen und die Liquiditätsreserve. Sie sind nach Abs. 5 so anzulegen, dass sie für die Aufgaben des Gesundheitsfonds verfügbar sind. Die Vorschrift verkürzt im Ergebnis die Anlagegrundsätze des § 80 SGB IV, nach denen die Mittel sicher, liquide und unter Erzielung eines angemessenen Ertrages anzulegen sind. Da die Anlage allein der Erfüllung der gesetzlich vorgeschriebenen Aufgaben dient, bestimmt sich der **An-** 14 lagehorizont der Mittel in erster Linie nach dem Kriterium der Verfügbarkeit, dem im Zweifel stets Vorrang vor der Erzielung einer möglichst hohen Rendite einzuräumen ist. Eine längerfristige Anlage kommt auch für die Liquiditätsreserve nur bei Gewährleistung ausreichender Liquidität in Betracht, wobei aufgrund ihrer Zweckbestimmung und der Analogie mit den entsprechenden Vorschriften für die Krankenkassen und dem Ausgleichsfonds der PflV § 83 SGB IV als Orientierungsmaßstab herangezogen werden kann (vgl. § 261 Rn. 6; *Krauskopf,* § 65 SGB XI Rn. 4).

E. Erstattung der Verwaltungskosten

15   Die beim Bundesversicherungsamt anfallenden **Ausgaben für die Verwaltung des Gesundheitsfonds** werden aus den Einnahmen des Gesundheitsfonds, d.h. letztendlich aus Mitteln der GKV, finanziert. Ähnliche Regelungen wurden zuvor für andere Bereiche eingeführt (vgl. § 137g Rn. 3, § 274 Rn. 6). Gleichzeitig entfällt der Ersatz der mit der Durchführung des Risikostrukturausgleichs entstehenden Verwaltungskosten der DRV Bund durch die Zinsgewinne zwischen dem Zeitpunkt der Fälligkeit und der Zahlung der Beiträge aus Rentenzahlungen nach § 255 aF. (vgl. BT-Drs. 14/8099, 5).

§272 Übergangsregelungen zur Einführung des Gesundheitsfonds

(1) ¹**Bei der Ermittlung der Höhe der Zuweisungen aus dem Gesundheitsfonds ist sicherzustellen, dass sich die Be- und Entlastungen auf Grund der Einführung des Gesundheitsfonds für die in einem Land tätigen Krankenkassen in jährlichen Schritten von jeweils höchstens 100 Millionen Euro aufbauen.** ²**Hierfür stellt das Bundesversicherungsamt für jedes Ausgleichsjahr und für jedes Land die Höhe der fortgeschriebenen Einnahmen der Krankenkassen für die in einem Land wohnhaften Versicherten den Zuweisungen aus dem Gesundheitsfonds ohne Berücksichtigung des § 272 gegenüber.** ³**Dabei sind als Einnahmen die fiktiven Beitragseinnahmen auf Grund der am 31. Dezember 2008 geltenden Beitragssätze, bereinigt um Ausgleichsansprüche und -verpflichtungen auf Grund des Risikostrukturausgleichs und des Risikopools in der bis zum 31. Dezember 2006 geltenden Fassung und fortgeschrieben entsprechend der Veränderungsrate nach § 71 Abs. 3 zu berücksichtigen.**

(2) ¹**Ergibt die Gegenüberstellung nach Absatz 1, dass die Belastungswirkungen in Bezug auf die in einem Land tätigen Krankenkassen den nach Absatz 1 Satz 1 jeweils maßgeblichen Betrag übersteigen, sind die Zuweisungen an die Krankenkassen für deren Versicherte mit Wohnsitz in dem Land, bei dem die höchste Überschreitung festgestellt worden ist, im Jahresausgleich für das jeweilige Ausgleichsjahr so zu verändern, dass dieser Betrag genau erreicht wird.** ²**Die Zuweisungen an die Krankenkassen für deren Versicherte in den übrigen Ländern sind in dem Verhältnis zu verändern, in dem der Überschreitungsbetrag nach Satz 1 zu dem nach Absatz 1 Satz 1 jeweils maßgeblichen Betrag steht.** ³**In den Folgejahren nach 2009 ist das Ergebnis der rechnerischen Durchführung des Risikostrukturausgleichs und des Risikopools nach Absatz 1 Satz 2 und 3 länderbezogen um jährlich jeweils 100 Millionen Euro zu erhöhen.**

(3) **Die Regelungen des Absatzes 1 finden letztmalig in dem Jahr Anwendung, in dem erstmalig in keinem Bundesland eine Überschreitung des nach Absatz 1 Satz 1 jeweils maßgeblichen Betrags festgestellt wurde.**

(4) ¹**Das Nähere zur Umsetzung der Vorgaben des Absatzes 1 sowie die Festlegung von Abschlagszahlungen wird durch Rechtsverordnung mit Zustimmung des Bundesrates geregelt.** ²**Dies gilt auch für die Festlegung der Vorgaben für ein von der Bundesregierung in Auftrag zu gebendes Gutachten.** ³**In diesem sind bereits vor Inkrafttreten des Gesundheitsfonds die Auswirkungen nach Absatz 1 zu quantifizieren.**

Schrifttum: *T. Drabinski,* Ökonomische Auswirkungen der Gesundheitsreform auf die Bundesländer, 2006; *D. Göpffarth,* Regionale Verteilungswirkungen des Gesundheitsfonds, GuS 11–12/2006, 14; *B. Rürup/E. Wille,* Finanzielle Effekte des vorgesehenen Gesundheitsfonds auf die Bundesländer, 2007; *J. Wasem/F. Buchner/G. Lux/M.-S. Manouguian/S. Schillo,* Die Regionaldimension in der Gesetzlichen Krankenversicherung vor dem Hintergrund des GKV-WSG, 2007; s. auch Schrifttum zu § 271.

A. Überblick

Mit der Regelung wird bei Einführung des Gesundheitsfonds (§ 271) eine **Konvergenzphase** vorgesehen, die unverhältnismäßige Belastungssprünge für die in einem Bundesland tätigen Krankenkassen vermeiden soll. Über die finanziellen Auswirkungen des Gesundheitsfonds bestanden während der Beratungen zum GKV-WSG erhebliche Unsicherheiten (für einen Überblick: *Göpffarth, Göpffarth/Greß/Jacobs/Wasem* 2007, 163). Die Ermittlung der länderspezifischen Be- und Entlastungswirkungen wird in Abs. 1 geregelt, während Abs. 2 die daraus folgenden Anpassungen der Zuweisungen nach § 270 vorgibt. Das Ende der Konvergenzphase ergibt sich aus Abs. 3, während Abs. 4 die Verordnungsermächtigung für die Durchführungsbestimmungen, die Datenerhebungen sowie ein von der Bundesregierung in Auftrag zu gebendes Gutachten enthält.

B. Ermittlung der länderbezogenen Be- und Entlastungen

Abs. 1 gibt zur Ermittlung der Be- und Entlastungen einen **länderweisen Vergleich** der Zuweisungen, die für die in dem Bundesland wohnhaften Versicherten gezahlt werden, mit den Einnahmen vor, die die Krankenkassen unter den Bedingungen der bisherigen Rechtslage erzielt hätten. Diese werden durch Fortschreibung der Einnahmen ermittelt, die der GKV in dem Bundesland vor Einführung des Gesundheitsfonds zur Verfügung standen. Dabei wird berücksichtigt, dass bereits vor Einführung des Gesundheitsfonds durch den RSA und Risikopool länderbezogene Be- und Entlastungen existieren. Allerdings sollen RSA und Risikopool auf dem Rechtsstand 2006 berücksichtigt werden, dh. vor Abschluss des gesamtdeutschen RSA (vgl. § 313a Rn. 1). Für die Ermittlung der Einnahmen sollen die am 31.12.2008 geltenden Beitragssätze angesetzt werden.

Zu einer länderbezogenen Anpassung der Zuweisungen (§ 270) kommt es nur, wenn die länderbezogene Belastungswirkung in einem Bundesland den **Schwellenwert** von 100 Millionen Euro überschreitet. In den Folgejahren erhöht sich dieser Schwellenwert um jährlich 100 Millionen Euro. Durch eine Erhöhung der Zuweisungen an die Krankenkassen für die in den betroffenen Bundesländern wohnhaften Versicherten wird gewährleistet, dass die tatsächliche Belastung den Schwellenwert nicht überschreitet. Die Zuweisungen an die übrigen Bundesländer werden proportional angepasst.

C. Umsetzung

4 Die in § 272 vorgenommene regionalisierte Betrachtung der Finanzstrukturen stellt nicht nur aus sozialpolitischer Sicht ein Novum dar, sondern ist auch in methodischer Hinsicht kritisch zu sehen. Die in Abs. 1 vorgesehene Vergleichsberechnung stellt auf die in einem Bundesland wohnenden Versicherten ab, wobei für die Berechnungen im Ergebnis fiktive regionale Einheitskassen gebildet werden. Dies ignoriert, dass ein Teil der Versicherten aus freiwilligen Wahlentscheidungen überregionalen Krankenkassen angehören und damit zu Solidargemeinschaften, die landesübergreifende Finanzströme voraussetzen. Die in einem Bundesland für die GKV zur Verfügung stehenden Mittel bilden sich nicht nur aus den um die RSA-Zahlungen bereinigten Einnahmen, sondern auch durch die internen **Transfers überregional tätiger Krankenkassen.**

5 Die fortgeschriebenen Einnahmen bilden zudem nur dann einen verlässlichen Indikator, wenn die zugrunde gelegten Beitragssätze **kostendeckend** sind. Da die Zuweisungen aus dem Gesundheitsfonds nur der Ausgabendeckung dienen und daher ohne Mittel zur Rücklagenbildung kalkuliert sind, könnte der Vergleich mit Einnahmen aus Beiträgen, die einen solchen Anteil enthalten, allein schon aus diesem Grunde eine Mehrbelastung ergeben.

6 Der Anpassungsmechanismus nach Abs. 2 lässt weiterhin die **Gegenfinanzierung** der Anpassung offen. Damit ist nicht garantiert, dass die Kürzungen bei entlasteten Ländern genau den Erhöhungen bei belasteten Ländern entsprechen; die Konstruktion eines solchen Saldenausgleichs bleibt der Rechtsverordnung nach Abs. 4 vorbehalten.

§ 273 *(aufgehoben)*

Fünfter Abschnitt. Prüfung der Krankenkassen und ihrer Verbände

§ 274 Prüfung der Geschäfts-, Rechnungs- und Betriebsführung

(1) [1]**Das Bundesversicherungsamt und die für die Sozialversicherung zuständigen obersten Verwaltungsbehörden der Länder haben mindestens alle fünf Jahre die Geschäfts-, Rechnungs- und Betriebsführung der ihrer Aufsicht unterstehenden Krankenkassen zu prüfen.** [2]**Das Bundesministerium für Gesundheit hat mindestens alle fünf Jahre die Geschäfts-, Rechnungs- und Betriebsführung des Spitzenverbandes Bund der Krankenkassen und der Kassenärztlichen Bundesvereinigungen, die für die Sozialversicherung zuständigen obersten Verwaltungsbehörden der Länder haben mindestens alle fünf Jahre die Geschäfts-, Rechnungs- und Betriebsführung der Landesverbände der Krankenkassen und der Kassenärztlichen Vereinigungen sowie der Prüfstelle und des Beschwerdeausschusses nach § 106 zu prüfen.** [3]**Das Bundesministerium für Gesundheit kann die Prüfung der bundesunmittelbaren Krankenkassen, des Spitzenverbandes Bund der Krankenkassen und der Kassenärztlichen Bundesvereinigungen, die für die Sozialversicherung zuständigen obersten Verwaltungsbehörden der Länder können die Prüfung der landesunmittelbaren Krankenkassen, der Landesverbände der Krankenkassen und der Kassenärztlichen Vereinigungen auf eine öffentlich-rechtliche Prüfungseinrichtung übertragen, die bei der Durch-**

8. Kapitel. 5. Abschnitt **§ 274**

führung der Prüfung unabhängig ist, oder eine solche Prüfungseinrichtung errichten. [4]Die Prüfung hat sich auf den gesamten Geschäftsbetrieb zu erstrecken; sie umfasst die Prüfung seiner Gesetzmäßigkeit und Wirtschaftlichkeit. [5]Die Krankenkassen, die Verbände der Krankenkassen, die Kassenärztlichen Vereinigungen und die Kassenärztlichen Bundesvereinigungen haben auf Verlangen alle Unterlagen vorzulegen und alle Auskünfte zu erteilen, die zur Durchführung der Prüfung erforderlich sind.

(2) [1]Die Kosten, die den mit der Prüfung befassten Stellen entstehen, tragen die Krankenkassen und die Verbände nach dem Verhältnis der beitragspflichtigen Einnahmen ihrer Mitglieder. [2]Das Nähere über die Erstattung der Kosten einschließlich der zu zahlenden Vorschüsse regeln für die Prüfung der bundesunmittelbaren Krankenkassen und des Spitzenverbandes Bund der Krankenkassen das Bundesministerium für Gesundheit, für die Prüfung der landesunmittelbaren Krankenkassen und der Landesverbände die für die Sozialversicherung zuständigen obersten Verwaltungsbehörden der Länder. [3]Die Kassenärztlichen Vereinigungen und die Kassenärztlichen Bundesvereinigungen tragen die Kosten der bei ihnen durchgeführten Prüfungen. [4]Die Kosten werden nach dem tatsächlich entstandenen Personal- und Sachaufwand berechnet. [5]Der Berechnung der Kosten für die Prüfung der Kassenärztlichen Bundesvereinigungen sind die vom Bundesministerium des Innern erstellten Übersichten über die Personalkostenansätze des laufenden Rechnungsjahres für Beamte, Angestellte und Lohnempfänger einschließlich der Sachkostenpauschale eines Arbeitsplatzes/Beschäftigten in der Bundesverwaltung, der Berechnung der Kosten für die Prüfung der Kassenärztlichen Vereinigungen die entsprechenden, von der zuständigen obersten Landesbehörde erstellten Übersichten zugrunde zu legen. [6]Fehlt es in einem Land an einer solchen Übersicht, gilt die Übersicht des Bundesministeriums des Innern entsprechend. [7]Zusätzlich zu den Personalkosten entstehende Verwaltungsausgaben sind den Kosten in ihrer tatsächlichen Höhe hinzuzurechnen. [8]Die Personalkosten sind pro Prüfungsstunde anzusetzen. [9]Die Kosten der Vor- und Nachbereitung der Prüfung einschließlich der Abfassung des Prüfberichts und einer etwaigen Beratung sind einzubeziehen. [10]Die von den Krankenkassen und ihren Verbänden nach Satz 1 zu tragenden Kosten werden um die Kosten der Prüfungen der kassenärztlichen Vereinigungen und Kassenärztlichen Bundesvereinigungen vermindert.

(3) [1]Das Bundesministerium für Gesundheit kann mit Zustimmung des Bundesrates allgemeine Verwaltungsvorschriften für die Durchführung der Prüfungen erlassen. [2]Dabei ist ein regelmäßiger Erfahrungsaustausch zwischen den Prüfungseinrichtungen vorzusehen.

(4) Der Bundesrechnungshof prüft die Haushalts- und Wirtschaftsführung der gesetzlichen Krankenkassen, ihrer Verbände und Arbeitsgemeinschaften.

Schrifttum: *C. Antweiler/E. Klempert*, Grenzen der Kontrolle gesetzlicher Krankenkassen durch die Rechnungshöfe, KrV 2007, 155; *R. Daubenbüchel*, Vom Unternehmensberater zum Finanzberater, Forum für Gesundheitspolitik, 2003, 370.

A. Überblick

§ 274 wurde mit dem GRG eingeführt und trat zum 1.1.1990 in Kraft. Die 1 Vorschrift sollte eine einheitliche Grundlage für die Prüfung aller gesetzlichen Krankenkassen und deren Verbänden schaffen. Sie löste § 342 RVO ab, der die Prüfung der **Geschäfts-, Rechnungs- und Betriebsführung** durch systeminterne

§ 274 Prüfung der Geschäfts-, Rechnungs- und Betriebsführung

Einrichtungen von Kassenvereinigungen vorsah. § 274 wurde in der Folgezeit durch das GSG auf die Kassenärztlichen Vereinigungen und Bundesvereinigungen sowie durch das GMG auf die Einrichtungen nach § 106 Abs. 4 ausgedehnt. § 274 Abs. 4 wurde durch das GKV-WSG angefügt und stellt das Prüfrecht des BRH in Bezug auf gesetzlich begründete Zahlungen des Bundes klar.

2   Die Prüfungen haben in einem Turnus von mind. fünf Jahren zu erfolgen und erstrecken sich auf den gesamten Geschäftsbetrieb. Prüfungen einzelner Aufgabengebiete werden jedoch weiterhin von der **Aufsichtsbehörde** und anderen Stellen durchgeführt (vgl. zB. §§ 28 q, 70 Abs. 5 SGB IV, 31 SVHV, 71 Abs. 4, 222 Abs. 4 S. 5 SGB V), ebenso bleibt es der Aufsichtsbehörde unbenommen, jederzeit unabhängig von § 274 Prüfungen vorzunehmen, §§ 87 ff. SGB IV. Das Konzept des § 274 gilt auch für den MDK sowie für die PflV und für Träger der landwirtschaftlichen Sozialversicherung, vgl. §§ 281 Abs. 3 SGB V, 46 Abs. 6 S. 6 SGB XI, 88 Abs. 3 SGB IV. Den Prüfstellen nach § 274 wurde auch die Aufgabe zugewiesen, die **Datenmeldungen der Krankenkassen zum RSA** zu kontrollieren, § 266 Abs. 7 S. 1 Nr. 11 (ab 1. 1. 2009: Nr. 9) iVm. § 15 a RSAV.

3   Die Prüfung nach § 274 umfasst die Geschäfts-, Rechnungs- und Betriebsführung. Die Nennung der Betriebsführung als Prüfgebiet bedeutet inhaltlich keine Ausweitung gegenüber der **Aufsichtsprüfung**, die sich auf die Geschäfts- und Rechnungsführung erstreckt, § 88 Abs. 1 SGB IV. Sowohl die Prüfung nach § 274 als auch die Aufsichtsprüfung sind letztlich allumfassend (vgl. indessen BSG mit Anm. *Schneider,* SGb 1999, 628 ff.).

4   Allgemeine Verwaltungsvorschriften nach Abs. 3 sind nicht erlassen worden. Die Prüfdienste von Bund und Ländern haben allerdings mehrere Arbeitskreise eingerichtet und treffen sich jährlich zu einer gemeinsamen Tagung.

B. Beratung und Rechtskontrolle

5   Die Besonderheit der Prüfung nach § 274 gegenüber der Aufsichtsprüfung nach § 88 Abs. 1 SGB IV ist neben dem vorgeschriebenen Prüfturnus von fünf Jahren insb. ihre Beratungsfunktion, die allerdings nur in den Begründungen ausdrücklich erwähnt wird. Die Prüfung nach § 274 wird in Abgrenzung zur Aufsichtsprüfung nach § 88 Abs. 1 SGB IV daher auch als **Beratungsprüfung** bezeichnet. So soll sie „weiterführende Überlegungen fördern, Orientierungs- und Entscheidungshilfe geben" (BT-Drs. 11/2493, 42), getroffene Feststellungen sollen die Prüfstellen veranlassen, „die Krankenkassen und Verbände zu beraten und ihnen Verbesserungen vorzuschlagen" (BT-Drs. 11/3480, 66). Dementsprechend gibt § 274 dem Prüfdienst auch kein eigenes Instrumentarium an die Hand, mit dem die Änderung eines beanstandeten Sachverhalts durchgesetzt werden könnte. Sofern der Prüfdienst Rechtsverletzungen feststellt, die vom Träger nicht behoben werden, kann dieser daher nur von der Aufsichtsbehörde auf der Grundlage des § 89 Abs. 1 SGB IV – soweit nicht andere Maßnahmen in Betracht kommen, zB. § 195 Abs. 2, 3 – zu einer Behebung rechtlich verpflichtet werden. Die Beratung durch den Prüfdienst unterscheidet sich insoweit auch vom Beratungsbegriff des § 89 Abs. 1 S. 1 SGB IV.

6   Die Hervorhebung des Beratungscharakters der Prüfungen ist vor dem Hintergrund der Vielzahl der bei Einführung des § 274 existierenden Krankenkassen, die 1991 noch bei etwa 1200 lag, und dem entsprechend unterschiedlich ausgeprägten Organisations- und Führungswissen sowie des seinerzeit bestehenden Systems der Mitgliederzuweisung zu sehen. Durch die Einführung der **Wahlfrei-**

heit 1996 hat der Gesetzgeber die Krankenkassen in einen **Wettbewerb** um Mitglieder entlassen, der sie zu wirtschaftlichem und innovativem Handeln anhalten soll und der einen Konzentrationsprozess ausgelöst hat, der zunehmend betriebswirtschaftliches Wissen und die Ausrichtung des Geschäftsbetriebs nach unternehmerischen Leitbildern verlangte (zum Begriff des Wettbewerbs in der GKV vgl. BSGE 90, 231–261, Rn. 109). Infolgedessen hat sich in der Praxis der Prüfungen der Schwerpunkt von der Beratungs- auf die Kontrollfunktion verlagert, da der Wettbewerb einerseits ohnehin ein eigenständiges Wirtschaftlichkeitsinteresse der Krankenkassen fördert, andererseits aber auch eine stringente Einhaltung der Gesetzmäßigkeit iS. eines wettbewerblichen Ordnungsrahmens erfordert.

C. Finanzierung

Für die Prüfungen ist nach Abs. 2 eine eigenständige Finanzierung vorgesehen, 7
die Kosten sind von den Krankenkassen bzw. den übrigen geprüften Stellen zu tragen. Die Finanzierung aus Mitteln der GKV ist unter Berücksichtigung des ursprünglichen Dienstleistungsgedankens zwar folgerichtig. Da die Prüfungen aber ebenso Funktionen der Rechtsaufsicht erfüllen sollten, wurde insoweit auch das **parafiskalische Prinzip** der Sozialversicherung auf die Wahrnehmung staatlicher Kontrollaufgaben ausgedehnt. Eine Finanzierung außerhalb des Staatshaushalts ist später auch für andere Bereiche der GKV eingeführt worden, vgl. §§ 137g Abs. 1, 271 Abs. 6 (1. 1. 2009).

Die auf die Krankenkassen und die Verbände entfallenden Kosten der Prüfungen werden nach dem Verhältnis der beitragspflichtigen Einnahmen ihrer Mitglieder aufgeteilt, wodurch eine Verteilung der Kosten nach dem **Prinzip der wirtschaftlichen Leistungsfähigkeit** erfolgt; die von den Krankenkassen innerhalb einer Aufsichtszuständigkeit zu leistenden Finanzierungsanteile sind von dem bei der einzelnen Krankenkasse tatsächlich entstandenen Prüfaufwand unabhängig. Die Kassenärztlichen Vereinigungen bzw. Bundesvereinigungen tragen dagegen unmittelbar die Kosten der bei ihnen durchgeführten Prüfungen. Zur Festsetzung der Kosten vgl. BSG, SozR-2500, § 274 Nr. 1.

D. Prüfrecht des BRH

Durch das GKV-WSG wurde Abs. 4 angefügt, der das Prüfrecht des BRH auf 9
Grund von Zahlungen des Bundes regelt. Zwar verweist die Begründung allgemein auf gesetzlich begründete Zahlungen des Bundes (BT-Drs. 16/3100, 170f.), tatsächlich dürfte hiermit die **Beteiligung des Bundes an Aufwendungen** nach § 221 gemeint sein. Es handelt sich um eine Klarstellung, da sich ein Prüfrecht des BRH bereits aus §§ 112 Abs. 1 iVm. 111 Abs. 1 BHO, 55 Abs. 1 HGrG ergibt. Der BRH prüft die **Haushalts- und Wirtschaftsführung,** während ansonsten die Geschäfts-, Rechnungs- und Betriebsführung Gegenstand der Prüfung ist. Letzterer ist allerdings die wirtschaftliche und gesetzmäßige Verwendung von Mitteln unabhängig von ihrer Herkunft immanent. Damit die Befassung durch zwei voneinander unabhängige Prüfstellen nicht selbst die Frage der Wirtschaftlichkeit aufwirft, bedarf es der Abstimmung zwischen den Prüfstellen nach Abs. 1 und dem BRH, worauf in der Begründung ausdrücklich hingewiesen wird.

Die Ansiedlung dieser Regelung in § 274 ist allerdings systematisch ungenau. 10
So zielen die Prüfungen des BRH in erster Linie nicht auf die Behebung von

Mängeln durch eine unmittelbare Auseinandersetzung mit den Trägern ab, wozu dem BRH auch die rechtlichen Möglichkeiten fehlen, Adressat seiner Feststellungen sind vielmehr Bundesregierung, Bundestag und Bundesrat (§ 114 Abs. 2 S. 2 GG). Im Ergebnis dient die Regelung auch eher der Klarstellung von Kompetenzen und ist die Folge von Diskussionen, in welchem Umfang der BRH auf Grund der durch das GMG eingeführten Beteiligung des Bundes an den **versicherungsfremden Leistungen** der GKV (§ 221) zu Prüfungen berechtigt ist.

Neuntes Kapitel. Medizinischer Dienst der Krankenversicherung

Erster Abschnitt. Aufgaben

§ 275 Begutachtung und Beratung

(1) Die Krankenkassen sind in den gesetzlich bestimmten Fällen oder wenn es nach Art, Schwere, Dauer oder Häufigkeit der Erkrankung oder nach dem Krankheitsverlauf erforderlich ist, verpflichtet,
1. bei Erbringung von Leistungen, insbesondere zur Prüfung von Voraussetzungen, Art und Umfang der Leistung, sowie bei Auffälligkeiten zur Prüfung der ordnungsgemäßen Abrechnung,
2. zur Einleitung von Leistungen zur Teilhabe, insbesondere zur Koordinierung der Leistungen und Zusammenarbeit der Rehabilitationsträger nach den §§ 10 bis 12 des Neunten Buches, im Benehmen mit dem behandelnden Arzt,
3. bei Arbeitsunfähigkeit
    a) zur Sicherung des Behandlungserfolgs, insbesondere zur Einleitung von Maßnahmen der Leistungsträger für die Wiederherstellung der Arbeitsfähigkeit, oder
    b) zur Beseitigung von Zweifeln an der Arbeitsunfähigkeit
eine gutachtliche Stellungnahme des Medizinischen Dienstes der Krankenversicherung (Medizinischer Dienst) einzuholen.

(1 a) ¹Zweifel an der Arbeitsunfähigkeit nach Absatz 1 Nr. 3 Buchstabe b sind insbesondere in Fällen anzunehmen, in denen
a) Versicherte auffällig häufig oder auffällig häufig nur für kurze Dauer arbeitsunfähig sind oder der Beginn der Arbeitsunfähigkeit häufig auf einen Arbeitstag am Beginn oder am Ende einer Woche fällt oder
b) die Arbeitsunfähigkeit von einem Arzt festgestellt worden ist, der durch die Häufigkeit der von ihm ausgestellten Bescheinigungen über Arbeitsunfähigkeit auffällig geworden ist.
²Die Prüfung hat unverzüglich nach Vorlage der ärztlichen Feststellung über die Arbeitsunfähigkeit zu erfolgen. ³Der Arbeitgeber kann verlangen, daß die Krankenkasse eine gutachtliche Stellungnahme des Medizinischen Dienstes zur Überprüfung der Arbeitsunfähigkeit einholt. ⁴Die Krankenkasse kann von einer Beauftragung des Medizinischen Dienstes absehen, wenn sich die medizinischen Voraussetzungen der Arbeitsunfähigkeit eindeutig aus den der Krankenkasse vorliegenden ärztlichen Unterlagen ergeben.

(1 b) ¹Der Medizinische Dienst überprüft bei Vertragsärzten, die nach § 106 Abs. 2 Satz 1 Nr. 2 geprüft werden, stichprobenartig und zeitnah Feststellungen der Arbeitsunfähigkeit. ²Die in § 106 Abs. 2 Satz 4 genannten Vertragspartner vereinbaren das Nähere.

(1 c) ¹Bei Krankenhausbehandlung nach § 39 ist eine Prüfung nach Absatz 1 Nr. 1 zeitnah durchzuführen. ²Die Prüfung nach Satz 1 ist spätestens sechs Wochen nach Eingang der Abrechnung bei der Krankenkasse einzuleiten und durch den Medizinischen Dienst dem Krankenhaus anzuzeigen. ³Falls die Prü-

§ 275

fung nicht zu einer Minderung des Abrechnungsbetrags führt, hat die Krankenkasse dem Krankenhaus eine Aufwandspauschale in Höhe von 100 Euro zu entrichten.

(2) Die Krankenkassen haben durch den Medizinischen Dienst prüfen zu lassen
1. die Notwendigkeit der Leistungen nach den §§ 23, 24, 40 und 41 unter Zugrundelegung eines ärztlichen Behandlungsplans in Stichproben vor Bewilligung und regelmäßig bei beantragter Verlängerung; der Spitzenverband Bund der Krankenkassen regelt in Richtlinien den Umfang und die Auswahl der Stichprobe und kann Ausnahmen zulassen, wenn Prüfungen nach Indikation und Personenkreis nicht notwendig erscheinen; dies gilt insbesondere für Leistungen zur medizinischen Rehabilitation im Anschluss an eine Krankenhausbehandlung (Anschlussheilbehandlung),
2. *aufgehoben*
3. bei Kostenübernahme einer Behandlung im Ausland, ob die Behandlung einer Krankheit nur im Ausland möglich ist (§ 18),
4. ob und für welchen Zeitraum häusliche Krankenpflege länger als vier Wochen erforderlich ist (§ 37 Abs. 1),
5. ob Versorgung mit Zahnersatz aus medizinischen Gründen ausnahmsweise unaufschiebbar ist (§ 27 Abs. 2).

(3) Die Krankenkassen können in geeigneten Fällen durch den Medizinischen Dienst prüfen lassen
1. vor Bewilligung eines Hilfsmittels, ob das Hilfsmittel erforderlich ist (§ 33); der Medizinische Dienst hat hierbei den Versicherten zu beraten; er hat mit den Orthopädischen Versorgungsstellen zusammenzuarbeiten,
2. bei Dialysebehandlung, welche Form der ambulanten Dialysebehandlung unter Berücksichtigung des Einzelfalls notwendig und wirtschaftlich ist,
3. die Evaluation durchgeführter Hilfsmittelversorgungen,
4. ob Versicherten bei der Inanspruchnahme von Versicherungsleistungen aus Behandlungsfehlern ein Schaden entstanden ist (§ 66).

(3 a) Ergeben sich bei der Auswertung der Unterlagen über die Zuordnung von Patienten zu den Behandlungsbereichen nach § 4 der Psychiatrie-Personalverordnung in vergleichbaren Gruppen Abweichungen, so können die Landesverbände der Krankenkassen und die Verbände der Ersatzkassen die Zuordnungen durch den Medizinischen Dienst überprüfen lassen; das zu übermittelnde Ergebnis der Überprüfung darf keine Sozialdaten enthalten.

(4) Die Krankenkassen und ihre Verbände sollen bei der Erfüllung anderer als der in Absatz 1 bis 3 genannten Aufgaben im notwendigen Umfang den Medizinischen Dienst oder andere Gutachterdienste zu Rate ziehen, insbesondere für allgemeine medizinische Fragen der gesundheitlichen Versorgung und Beratung der Versicherten, für Fragen der Qualitätssicherung, für Vertragsverhandlungen mit den Leistungserbringern und für Beratungen der gemeinsamen Ausschüsse von Ärzten und Krankenkassen, insbesondere der Prüfungsausschüsse.

(5) [1]Die Ärzte des Medizinischen Dienstes sind bei der Wahrnehmung ihrer medizinischen Aufgaben nur ihrem ärztlichen Gewissen unterworfen. [2]Sie sind nicht berechtigt, in die ärztliche Behandlung einzugreifen.

Schrifttum: *D. Cramer,* Der Medizinische Dienst der Krankenversicherung, 1998; *J. F. Freund/E. Simoes/M. Mohrmann,* Begutachtung und Beratung zu Versorgungsstrukturfragen, DOK 1998, 176; *W. Gitter/G. Köhler-Fleischmann,* Rechtsnatur des Medizinischen Dienstes und die Stellung seiner Organe, Geschäftsführer und Verwaltungsrat sowie über die Möglichkeit einer Amtsenthebung des Geschäftsführers, SGb 1999, 157, SGb 1999, 220; *P. Pick/J. Windeler,* Der MDS – Aufgabenschwerpunkte und Perspektiven, KrV 2005, 76; *I. Schliephorst,* Auswirkungen des GKV-WSG auf Prüfungen des MDK, KH 2007, 572; *M. Sieper,* Die Enschränkung des außergerichtlichen MDK-Überprüfungsverfahrens nach § 275 Abs. 1 c SGB V, GesR 2007, 446; *R. Sikorski,* Die Rechtsgrundlagen für das Anfordern medizinischer Unterlagen durch den MDK, MedR 1999, 448; *ders.,* Die Begutachtung von Behandlungsfehlern durch den MDK, MedR 2001, 188.

Inhaltsübersicht

		Rn.
A.	Überblick	1
B.	Pflicht zur Einholung einer Stellungnahme gem. Abs. 1; Abs. 1a-Abs. 1c .	5
	I. Pflicht zur Einholung einer gutachterlichen Stellungnahme	5
	II. Erbringung von Leistungen und ordnungsgemäße Abrechnung, Abs. 1 Nr. 1; Krankenhausbehandlung, Abs. 1c	8
	III. Einleitung von Leistungen zur Teilhabe, Abs. 1 Nr. 2	12
	IV. Arbeitsunfähigkeit, Abs. 1 Nr. 3, Abs. 1a und Abs. 1b	13
C.	Obligatorische Begutachtung gem. Abs. 2	18
D.	Prüfauftrag nach Ermessen der KKn in geeigneten Fällen, Abs. 3	23
E.	Patientenzuordnung und Personalbedarf in der Psychiatrie, Abs. 3a	25
F.	Beratungsfunktion des MDK; andere Gutachterdienste, Abs. 4	26
	I. Beratungsfunktion des MDK	26
	II. Andere Gutachterdienste; wettbewerbsorientierte Themenfelder	27
G.	Unabhängigkeit der Ärzte; kein Eingriff in die Behandlung, Abs. 5	30

A. Überblick

Die seit Einführung durch das GRG mehrfach geänderte Vorschrift regelt Aufgaben, Kompetenzen und Pflichten des MDK zur **Begutachtung, Beratung** und **Prüfung**; sie normiert **Rechte und Pflichten der KKn,** den MDK zu beauftragen, und bestimmt das hinsichtlich der Regelungsinhalte maßgebliche **Verfahren.** § 275 ist die zentrale Vorschrift zu Beginn des Neunten Kapitels über den MDK und eröffnet den Ersten Abschnitt (Aufgaben, §§ 275–277), an den sich die Bestimmungen des Zweiten Abschnitts über die **Organisation** anschließen (§§ 287–283). Der MDK als medizinischer Beratungsdienst in der Verantwortung der KKn (BT-Drs. 11/2237, 230) ist in Form einer von den (Landes-)Verbänden getragenen **ArbGem** organisiert (§ 278, s. dort). Auf Bundesebene wird der Medizinische Dienst in Anbetracht der neuen Organisationsstruktur der Verbände der KKen seit dem 1. 7. 2008 vom SpiBuKK gebildet, § 282. 1

Die **Einschaltung durch die KK ist notwendige Voraussetzung** dafür, dass der MDK tätig werden darf (*Peters,* Peters, KV, § 275 Rn. 4). Unbeschadet dessen sind Aufgaben und Tätigkeit des MDK nicht auf Einzelfälle der Leistungserbringung beschränkt, sondern erstrecken sich ua. auch auf Belange im Vertragsbereich, Wirtschaftlichkeit und Qualitätssicherung (*Heberlein/Pick,* GKV-Komm, § 275 Rn. 5; *Gerlach,* H/N, § 275 Rn. 2). Bei der Erledigung eines Auftrags der KK nach § 275 wird der MDK in einem eigenen Pflichtenkreis tätig (BSG, SozR 4–2500, § 276 Nr. 1 S. 4 mwN.; s. § 278 Rn. 5). 2

Die **Struktur der Norm** ist gekennzeichnet durch eine Differenzierung zwischen einer **Pflicht** der KKn **zur Einschaltung des MDK** (Abs. 1, Abs. 1b und Abs. 2) und einer dahingehenden **Möglichkeit** bzw. rechtlichen Option (Abs. 3; Abs. 3a zugunsten der Verbände), die in Abs. 4 qua **Sollvorschrift** wiederum zur Pflicht verdichtet wird (vgl. *Baier,* Krauskopf, § 275 Rn. 23). In Ansehung der 3

Pflicht eröffnet Abs. 1 einen (durch Abs. 1 a im Hinblick auf Abs. 1 Nr. 3 lit. b konkretisierten bzw. begrenzten) **Spielraum zur Beurteilung der Erforderlichkeit** (nach Art, Schwere, Dauer oder Häufigkeit der Erkrankung oder nach dem Krankheitsverlauf), wohingegen Abs. 2 für bestimmte **Leistungsbereiche** allgemein verlangt, prüfen zu lassen. Abs. 5 garantiert die **Unabhängigkeit der Ärzte** des MDK und unterstreicht die Begrenzung der Kompetenz auf Begutachtung und Beratung durch negative Abgrenzung gegenüber der Therapie. Die **Finanzierung** der Aufgaben nach Abs. 1 bis 3 a erfolgt seitens der gem. § 278 Abs. 1 zusammengeschlossenen KKen durch Umlage (§ 281 Abs. 1 S. 1), diejenige der Aufgaben gem. Abs. 4 nach § 281 Abs. 1 a nutzerorientiert.

4   Die Beteiligung des MDK ist ein nicht selbständig angreifbares **Verwaltungsinternum** ohne Außenwirkung. Der Versicherte indes ist gem. § 62 SGB I in den Grenzen des § 65 SGB I zur Mitwirkung gehalten, soweit der MDK eine Untersuchung für erforderlich hält (zu den Folgen fehlender Mitwirkung § 66 SGB I).

B. Pflicht zur Einholung einer Stellungnahme gem. Abs. 1; Abs. 1a–Abs. 1c

I. Pflicht zur Einholung einer gutachterlichen Stellungnahme

5   Die in Abs. 1 normierte Pflicht der KK zur Einschaltung des MDK besteht zum einen (uneingeschränkt) in den gesetzlich (besonders) bestimmten Fällen, zum andern – qua Beurteilungsspielraum (Rn. 3) relativiert – wenn Art, Schwere, Dauer, Häufigkeit der Erkrankung oder Krankheitsverlauf als „auftragsauslösendes Moment" (*Kruse*, H/K, § 275 Rn. 2) eine Begutachtung „erforderlich" machen. Die Nrn. 1–3 des Abs. 1 sind danach nur bedingt „**Begutachtungsanlass**" (vgl. etwa *Wollenschläger*, W/E, § 275 Rn. 4) ieS., sondern bestimmen zuvorderst den Gegenstand der bzw. die Maßgaben für die Begutachtung. Überdies ergibt sich der Begutachtungsanlass in den gesetzlich determinierten Fällen zuvorderst aus diesen selbst.

6   Gesetzlich bestimmte **Fälle** iSd. Abs. 1 sind über die in Abs. 2 normierten (*Hess*, KK, § 275 Rn. 3, 7) hinaus auch außerhalb des Neunten Kapitels verankerte Aufträge (allein in diesem Sinne *Gerlach*, H/N, § 275 Rn. 12), s. zB. in § 37 Abs. 1 S. 5. Die letztgenannte Norm verdeutlicht, dass Abs. 2 (s. Nr. 4) partiell verweist, im übrigen aber selbst den (vollständigen) Verpflichtungsgrund beinhaltet. Hingewiesen sei auch auf § 62 Abs. 1 S. 6 (betr. Belastungsgrenze, s. dort, Rn. 11).

7   Jenseits der gesetzlich bestimmten Fälle fungieren die in Rn. 5 genannten Kriterien als Entscheidungsmaßstäbe für die Ausfüllung des Beurteilungsspielraums, der durch den unbestimmten Rechtsbegriff der **Erforderlichkeit der Einholung einer gutachterlichen Stellungnahme** des MDK eröffnet ist. IÜ. dienen als Handlungsdirektiven sowohl die Optimierung der Leistungsgewährung als auch die Prüfung der Leistungsvoraussetzungen (*Baier*, Krauskopf, § 275 Rn. 4). Einer „Unerlässlichkeit" der Nachprüfung bedarf es nicht (*Peters*, Peters, KV, 275 Rn. 5). Das – auf Abwägung bedachte – Kriterium der „Gebotenheit" als Negativabgrenzung (*Peters*, a.a.O.) indes erscheint „ungeeignet", steht es in anderen Zusammenhängen doch mit einer zuvor attestierten „Erforderlichkeit" in Beziehung.

II. Erbringung von Leistungen und ordnungsgemäße Abrechnung Abs. 1 Nr. 1; Krankenhausbehandlung, Abs. 1 c

Gegenstand der Prüfung gem. **Abs. 1 Nr. 1** sind die Erbringung von Leistungen sowie Auffälligkeiten zur Prüfung der ordnungsgemäßen Abrechnung. Der Prüfauftrag bei der **Erbringung von Leistungen** erfasst alle von § 11 beschriebenen Leistungsarten unter Einschluss der vertragszahnärztlichen Versorgung. Die Begutachtung erfolgt dabei sowohl unter den medizinischen Aspekten der beispielhaft aufgeführten Kriterien (Voraussetzung, Art und Umfang der Leistung) als auch im Hinblick auf das Wirtschaftlichkeitsgebot (§ 12). Auch die Begutachtung von unmittelbar im Zusammenhang mit Versicherungsleistungen stehenden **Behandlungsfehlern** unterfällt Abs. 1 Nr. 1, ohne dass es eines Rückgriffs auf Abs. 4 bedarf (*Sikorski*, MedR 2001, 188; zu Recht auch für den Fall der Legalzession nach § 116 SGB X; insofern aA. *Heberlein/Pick,* GKV-Komm, § 276 Rn. 64: § 275 Abs. 4; zur Bedeutung für die Datenübermittlung § 276 Rn. 5). Sofern **Auffälligkeiten** zutage treten, ist auch die **ordnungsgemäße Abrechnung** Prüfungsgegenstand. Obwohl im Wortlaut nicht verankert, ist dabei eine Einschränkung der Prüfungskompetenz auf Einzelfälle intendiert (näher BT-Drs. 14/7862, 6, sowie BSG, SozR 4–2500, § 276 Nr. 1 S. 7).

8

Gem. Abs. 1 c S. 1 ist bei **Krankenhausbehandlung** nach § 39 eine **Prüfung** nach Abs. 1 Nr. 1 **zeitnah** durchzuführen. Der durch das GKV-WSG eingeführte Abs. 1 c erwuchs aus dem „Handlungsbedarf im Hinblick auf den Umfang der gutachterlichen Stellungnahmen des MDK, die KKen iRd. Einzelfallprüfung... anfordern", gestützt auf den Befund einer Nutzung der Prüfungsmöglichkeit „in unverhältnismäßiger und nicht sachgerechter Weise" durch einzelne KKen (BT-Drs. 16/3100, 171). Die systematisch Abs. 1 Nr. 1 zuordnete Vorschrift wird flankiert durch die erleichterte und gestärkte, bis zur Änderung durch das GKV-WSG wenig genutzte Stichprobenprüfung gem. § 17 c KHG, um im wechselseitigen Zusammenhang Anreize zu vermitteln, „Einzelfallprüfungen zukünftig zielorientierter und zügiger einzusetzen". Abs. 1 c S. 1 trägt ferner den Vorgaben des *BSG* Rechnung, dem zufolge es den KKen im Übrigen nicht gestattet ist, den bestrittenen Teil der Forderung bis zur abschließenden Klärung zurückzubehalten (dazu iE. m. entspr. N. BT-Drs. 16/3100, 171).

9

Die **Frist zur Einleitung und Anzeige** einer Prüfung spätestens sechs Wochen nach Eingang der Abrechnung (ausf. *Sieper*, GesR 2007, 446/447) bei der Krankenkasse gem. Abs. 1 c S. 2 ist eine (von Amts wegen zu berücksichtigende) **Ausschlussfrist**. Eine verspätete Anzeige (vgl. §§ 69 S. 4 iVm. §§ 187 ff. BGB) führt zur Unzulässigkeit der Prüfung. Mit der **Aufwandspauschale** iHv. € 100 für den Fall, dass die Prüfung nicht zu einer Minderung des Abrechnungsbetrages führt (ungeachtet falscher Kodierung, vgl. *Sieper*, a.a.O., 449), „wird eine vereinfachte, aber unbürokratische Regelung verfolgt"; das Recht zur Prüfung bleibt unbenommen (BT-Drs. 16/3100, 171). Die gesetzlich nicht vorgeschriebene schriftliche **Form der Anzeige** – telefonische Mitteilung genügte mithin (*Sieper*, a.a.O., 447) – ist zu Beweiszwecken dringend anzuraten, erst recht, wenn iSe. qualifizierten Anzeige sowohl die Mitteilung des Prüfanlasses als auch des konkreten Prüfauftrages gefordert werden (*Schliephorst*, KH 2007, 572/573 f), was dem Gesetzeszweck (Rn. 9) am besten gerecht wird. Der Zeitpunkt des Inkrafttretens des Abs. 1 c (1. 4. 2007) löste sowohl für den zeitlichen Anwendungsbereich der Sechs-Wochen-Frist als auch hinsichtlich der Geltung der Zahlungsverpflichtung – jeweils in Relation zum konkreten Prüfungsstadium bzw. als Frage nach dem über-

10

§ 275

haupt maßgeblichen Bezugspunkt – zahlreiche **Stichtagsprobleme** aus (*Schliephorst*, a.a.O.., 573 ff.).

11 Wenn es im Einzelfall zu einer **Stellungnahme über die Notwendigkeit und Dauer der stationären Behandlung** erforderlich ist, sind die Ärzte des MDK befugt, zwischen 8.00 und 18.00 Uhr die Räume der Krankenhäuser zu betreten, um dort die Unterlagen einzusehen und, soweit erforderlich, den Versicherten untersuchen zu können, § 276 Abs. 4 S. 1.

III. Einleitung von Leistungen zur Teilhabe, Abs. 1 Nr. 2

12 Im Zeichen der Pflichten zur Koordinierung der Leistungen, des Zusammenwirkens der Leistungen und der Zusammenarbeit der Reha-Träger (§§ 10–12 SGB IX) erfolgt die Begutachtung gem. **Abs. 1 Nr. 2** zur **Einleitung von Leistungen zur Teilhabe** (vgl. §§ 40, 41 und 43) im Benehmen mit dem behandelnden Arzt. Dabei geht es um Auswahl und Abstimmung der Leistungen zur Teilhabe unter Bezug auf den Verantwortungsbereich der GKV, vgl. § 4, § 5 Nr. 1 und 3 sowie § 6 Abs. 1 Nr. 1 SGB IX.

IV. Arbeitsunfähigkeit, Abs. 1 Nr. 3, Abs. 1 a und Abs. 1 b

13 Die Einholung einer **Stellungnahme** bei AU (zum Begriff § 74 Rn. 7) gem. **Abs. 1 Nr. 3** dient zum einen der Sicherung des Behandlungserfolgs, insb. zur Einleitung von Maßnahmen der Leistungsträger für die Wiederherstellung der Arbeitsfähigkeit **(lit. a)**, zweitens der Beseitigung von Zweifeln an der AU **(lit. b)** unter Einschluss der fortgesetzten Bescheinigung (*Baier*, Krauskopf, § 275 Rn. 9). Mit Zustimmung der KK kann der MDK auf Anregung des behandelnden Arztes auch zu Möglichkeiten einer stufenweisen Wiederaufnahme der Tätigkeit des arbeitsunfähig Versicherten im Rahmen der stufenweisen Wiedereingliederung Stellung beziehen (s. § 74 Rn. 15). Vgl. zur Vorladung des Versicherten bzw. der Möglichkeit einer Untersuchung in dessen Wohnung § 276 Abs. 5.

14 Va. mit Blick auf den Erforderlichkeitsmaßstab des Abs. 1 bestimmt **Abs. 1a,** in welchen Fällen **Zweifel an der AU** nach Abs. 1 Nr. 3 lit. b (insb.) anzunehmen sind. Zweifel können sowohl von den KKn als auch vom ArbGeb (vgl. Abs. 1 a S. 3), sowohl versichertenbezogen (Abs. 1 a S. 1 lit. a) als auch arztbezogen (lit. b) (BT-Drs. 12/5952, 52) erhoben werden. Im Falle sowohl der erstmaligen als auch der Fortsetzungsbescheinigung hat die **Prüfung** nach Abs. 1 a S. 2 unverzüglich (vgl. § 199 Rn. 2) nach Vorlage der ärztlichen Feststellungen zu erfolgen. Zweifel sind insb. **in Fällen** anzunehmen, in denen Versicherte auffällig häufig oder auffällig häufig nur für kurze Dauer arbeitsunfähig sind oder der Beginn der AU häufig auf einen Arbeitstag am Beginn oder am Ende einer Woche fällt (Abs. 1 a S. 1 lit. a) oder die AU von einem Arzt festgestellt worden ist, der durch die Häufigkeit der von ihm ausgestellten Bescheinigungen über die AU auffällig geworden ist.

15 In Zusammenschau mit dem nach Abs. 1 S. 1 maßgeblichen Erforderlichkeitsmaßstab ist die KK nicht bei jeder **erneuten Bescheinigung der AU** verpflichtet, den bereits zuvor eingeschalteten **MDK erneut zu Rate** zu ziehen, wenn in Bezug auf den streitigen Leistungszeitraum bereits eine Begutachtung durch den MDK erfolgt und eine konkrete Prognose abgegeben worden war (BSG, SozR 4.2500, § 275 Nr. 1 S. 46). Im Lichte des Abs. 1 a besteht Erforderlichkeit vielmehr erst dann, „wenn sich aus dem Inhalt einer neuen AU-Bescheinigung oder sonstigen, zB. neu hinzugetretenen Umständen nachvollziehbare Zweifel an der Richtigkeit einer vorangegangenen MDK-Einschätzung ergeben".

Ohne einer tatsachenbezogenen Darlegungspflicht zu unterliegen, kann gem. Abs. 1 a S. 3 auch der **ArbGeb verlangen,** dass die KK eine Stellungnahme des MDK zur Überprüfung der AU einholt. Die **KK darf** ihrerseits – nur dann – davon **absehen,** wenn sich aus den ihr vorliegenden ärztlichen Unterlagen die medizinischen Voraussetzungen der AU eindeutig ergeben (Abs. 1 a S. 4); eine Pflicht, dem ArbGeb die Gründe für die Erfolglosigkeit seines Verlangens mitzuteilen, besteht nicht; s. zu den Anforderungen einer Schadensersatzpflicht des ArbGeb bei schuldhafter Feststellung der AU, obwohl die Voraussetzungen dafür nicht vorgelegen hatten, § 106 Abs. 3a.

Im Rahmen der Zufälligkeitsprüfung (§ 106 Abs. 2 S. 1 Nr. 2) ist der MDK verpflichtet, bei den geprüften Vertragsärzten stichprobenartig und zeitnah eine Überprüfung der Feststellungen der AU vorzunehmen, Abs. 1 b S. 1; das Nähere ist iRd. Prüfvereinbarungen zu regeln, S. 2 iVm. § 106 Abs. 2 S. 4.

C. Obligatorische Begutachtung gem. Abs. 2

Ohne Entscheidungs- und Beurteilungsspielraum (vgl. allerdings Nr. 1 Hs. 2, 3) müssen die KKen in den nach Abs. 2 genannten Fällen die Leistungsvoraussetzungen durch den MDK prüfen lassen.

In **Stichproben vor der Bewilligung** sowie **regelmäßig bei beantragter Verlängerung** ist **gem. Abs. 2 Nr. 1 die Notwendigkeit der Leistungen** nach den § 23 (medizinische **Vorsorge**leistungen), § 24 (medizinische Vorsorge für Mütter und Väter), § 40 (Leistungen zur medizinischen **Rehabilitation)** und § 41 (medizinische Rehabilitation für Mütter und Väter) zu prüfen. Bei der Prüfung ist der ärztliche Behandlungsplan zugrunde zu legen. Weitergehend als vormals die SpiVe der KKen (vgl. MDS, Begutachtungs-RL Versorgung und Rehabilitation, Oktober 2005, S. 72, 87 ff.) kann der **SpiBuKK** gem. Abs. 2 Nr. 1 Hs. 2 nicht nur Ausnahmen zulassen, wenn Prüfungen nach Indikation und Personenkreis nicht notwendig erscheinen, sondern regelt in **Richtlinien** auch den Umfang und die Auswahl der Stichprobe, die den MDK seit der Änderung durch das GKV-WSG von übermäßigem Prüfaufwand entlastet (BT-Drs. 16/3100, 171).

Dem Ausnahmecharakter des § 18 entspr. ist bei Kostenübernahme einer Behandlung im Ausland gem. **Abs. 2 Nr. 3** prüfen zu lassen, ob die **Behandlung** einer Krankheit **nur im Ausland möglich** ist.

Ob und für welchen Zeitraum **häusliche Krankenpflege** länger als vier Wochen erforderlich ist (§ 37 Abs. 1), haben die KKen gem. **Abs. 2 Nr. 4** prüfen zu lassen; die Prüfpflicht folgt bereits aus § 37 Abs. 1 S. 5.

Die medizinisch bedingte **Unaufschiebbarkeit** als Voraussetzung **der Versorgung mit Zahnersatz** bei nur vorübergehendem Inlandsaufenthalt (§ 27 Abs. 2) ist Gegenstand der obligatorischen Prüfpflicht nach Abs. 2 Nr. 5.

D. Prüfauftrag nach Ermessen der KKen in geeigneten Fällen, Abs. 3

Gem. Abs. 3 können die KKen dem in der Folge zur Prüfung verpflichteten MDK **Prüfaufträge nach pflichtgemäßem Ermessen** erteilen. Jenseits der die Erforderlichkeit nach Abs. 1 bestimmenden Kriterien werden sich die KKen im

Hinblick auf **geeignete Fälle** von Zweifeln an der medizinischen Notwendigkeit oder Wirtschaftlichkeit der verordneten Leistung leiten lassen, ohne dass diese dem MDK gegenüber dargelegt werden müssen (*Gerlach*, H/N, § 275 Rn. 29).

24 Gegenstand bzw. Anlass der Begutachtung eines solchen Prüfauftrags sind gem. Abs. 3 Nr. 1: vor **Bewilligung eines Hilfsmittels,** ob das Hilfsmittel erforderlich ist (§ 33); Nr. 2: bei **Dialysebehandlung,** welche Form der ambulanten Dialysebehandlung unter Berücksichtigung des Einzelfalls notwendig und wirtschaftlich ist; Nr. 3: die **Evaluation** durchgeführter **Hilfsmittelversorgungen**; Nr. 4: ob Versicherten bei der Inanspruchnahme von Versicherungsleistungen aus **Behandlungsfehlern** ein Schaden entstanden ist (§ 66). Im Falle des Abs. 3 Nr. 1 (Erforderlichkeit des Hilfsmittels) hat der MDK den Versicherten zu beraten (Hs. 2) und mit den Orthopädischen Versorgungsstellen zusammenzuarbeiten (Hs. 3). Die neben Nr. 3 durch das GKV-WSG eingeführte Nr. 4 erhält die im Hinblick auf die Änderung der Finanzierungsregelung in § 281 erforderliche Klarstellung, dass auch zukünftig entspr. Gutachten des MDK durch das Umlageverfahren vergütet werden (BT-Drs. 16/4247, 55).

E. Patientenzuordnung und Personalbedarf in der Psychiatrie, Abs. 3 a

25 Abs. 3 a ermöglicht die Prüfung der Personalbedarfsermittlung in der stationären Psychiatrie mittels **Überprüfung der Zuordnungen der Patienten zu den Behandlungsbereichen nach § 4 der Psych-PV.** Diese Zuordnungen, ebenso solche von Patienten zu Pflegestufen (§ 4 Pflege-Personalregelung, Art. 13 GSG), bilden die Basis des leistungsorientierten Konzepts der Personalbedarfsermittlung, die ihrerseits als Grundlage der Genehmigung der Stellenpläne, welche Bestandteil der Budgetverhandlungen ist, fungiert. Vor diesem Hintergrund wird den LVen der KKen und den Verbänden der EKen die Befugnis eingeräumt, den MDK einzuschalten, der über den Einzelfall hinaus die Zuordnung aus Anlass und anhand von sich in vergleichbaren Gruppen ergebenden Abweichungen prüfen kann. Das zu übermittelnde Ergebnis der Überprüfung darf keine Sozialdaten (§ 67 Abs. 1 SGB X) enthalten, Abs. 3 a, letzter Hs. Die Ärzte des MDK sind befugt, zwischen 8.00 und 18.00 die Räume der KH zu betreten, um dort die zur Prüfung erforderlichen Unterlagen einzusehen, § 276 Abs. 4 S. 2.

F. Beratungsfunktion des MDK; andere Gutachterdienste, Abs. 4

I. Beratungsfunktion des MDK

26 Der als **Sollvorschrift** ausgestaltete Abs. 4 (dazu und zur bisherigen Praxis *Heberlein/Pick*, GKV-Komm, § 275 Rn. 49) enthält das an die KKen und ihre Verbände gerichtete Gebot, bei der Erfüllung anderer als der in Abs. 1–3 (und Abs. 3 a, vgl. *Kruse,* H/K, § 275 Rn. 4) genannten Aufgaben den MDK zu Rate zu ziehen. Die **Beratungsfunktion,** -kompetenz und -aufgabe **des MDK** wird durch Abs. 4 allgemein und umfassend normiert. Die Regelung ist jenseits atypischer Fälle nicht weniger verbindlich als eine Muss-Vorschrift (*Peters,* Peters, KV, § 275 Rn. 46). Die umfänglichen, bereichsspezifisch erfassten Aufgaben sind lediglich **beispielhaft** aufgeführt („insb."). In diesem Zusammenhang sind auch die „Begutachtung und Beratung zu Versorgungsstrukturfragen" (*Freund/Simoes/Mohrmann,*

DOK 1998, 176 ff.) zu nennen, nicht zuletzt im Lichte des Anspruchs auf Versorgungsmanagement, § 11 Abs. 4 S. 1. Die **Vergütung** dieser Leistungen des MDK erfolgt nicht mehr umlagefinanziert, sondern mit Einfügung des § 281 Abs. 1 a durch das GKV-WSG ausschließlich nutzerorientiert; vgl. zur Auswertung von Daten § 276 Abs. 2 a.

II. Andere Gutachterdienste; wettbewerbsorientierte Themenfelder

Systematisch zweifelhaft verortet eröffnet Abs. 4 seit dem GKV-WSG überdies 27 die Möglichkeit einer Beratung auch durch **andere Gutachterdienste.** Anders als beim MDK ist damit keine Anerkennung einer umfassenden Beratungsfunktion auch hinsichtlich der in Abs. 1–3 a genannten Aufgaben zu verstehen. Ausweislich der Gesetzesbegründung soll den KKen und ihren Verbänden die Möglichkeit eingeräumt werden, „für ihren Beratungsbedarf zu allgemeinen übergreifenden Fragen und damit gerade auch in wettbewerbsorientierten Themenfeldern auch andere Gutachterdienste als den MDK zu Rate ziehen zu können" (BT-Drs. 16/3100, 172). Diese Option der KKen, verbunden mit einer bezogen auf den MDK unechten Beratungskonkurrenz der Gutachterdienste, erweist sich auch im Lichte des Vertragswettbewerbs und der Leistungsdiversifikation als bedeutsam. Sie ist Ausdruck des erstarkenden **Bedürfnisses zur Beratung in Fragen der Versorgungsstruktur und -organisation sowie** dahin gehender **institutionalisierter Beratung,** wovon in anderen Zusammenhängen zB. Dienstleistungsgesellschaften (§ 77 a) und Managementgesellschaften (vgl. § 73 c Abs. 3 S. 3, § 140 b Abs. 1 Nr. 4; vgl. auch § 130 a Abs. 8 S. 5) zeugen.

Welche Gutachterdienste seitens der KKen bzw. ihrer Verbände (wann) aus- 28 zuwählen sind, besagt das Gesetz nicht; von den KKen beauftragte „andere Gutachterdienste" sind von den seitens des MDK herangezogenen „externen Gutachtern" (§ 279 Abs. 5) zu unterscheiden. Da und soweit aber va. auch sozialmedizinischer Beratungsbedarf besteht und Abs. 4 insgesamt als sollensgebotorientierte Verpflichtung ausgestaltet ist, hat die **Gutachterauswahl nach pflichtgemäßem Ermessen** anhand der Direktive zu erfolgen, den Beratungserfolg sachorientiert sicherzustellen. Die Vergütung erfolgt wie bei einem Tätigwerden das MDK nach § 275 Abs. 4 nutzerorientiert (Rn. 26); vgl. zur Auswertung von Daten wiederum § 276 Abs. 2 a.

Die **Beratung im Bereich der Wettbewerbsfelder** hat Einfluss auch auf die 29 „Aufstellung" der **MDK,** die im Zeichen der Herausforderungen des Abs. 4 zT. spezialisierte, dem MDK an- bzw. eingegliederte Einheiten errichten (wie zB. das „Medizinische Kompetenz-Center Versorgungsforschung und Versorgungsmanagement" des MDK Rheinland-Pfalz, www.mdk-rlp.de, Presse, 26. 3. 07), die wiederum mit kooperierenden Einrichtungen fachlich vernetzt sind.

G. Unabhängigkeit der Ärzte; kein Eingriff in die Behandlung, Abs. 5

Im Einklang mit dem ärztlichen Berufsrecht (vgl. zB. §§ 1, 2, 30 ff. MBO) sind 30 die Ärzte des MDK (Ende 2007: 2051 [www.mdk.de]) bei der Wahrnehmung ihrer medizinischen Aufgaben nur ihrem Gewissen unterworfen, Abs. 5 S. 1. Sie sind damit **unabhängig** sowohl gegenüber dem MDK (der seinerseits keinem Weisungsrecht der KK im Einzelfall unterliegt, BSG, SozR 4–2500, § 112 Nr. 6 S. 36) als auch gegenüber den KKen (s. *Baier,* Krauskopf, § 275 Rn. 24). Berufs-

und Standesrecht, die Anforderungen des § 275, die Grundsätze der Notwendigkeit und Wirtschaftlichkeit der Leistungen (§ 2 Abs. 4, § 12) sowie die qua RL-Recht (s. § 282 Abs. 2 S. 3) gesetzten Maßgaben bleiben unberührt. Der kompetenz- und aufgabenorientiert immanenten Begrenzung der Begutachtung (und Beratung) entspricht es, dass die Ärzte gem. Abs. 5 S. 2 **nicht befugt** sind, **in die ärztliche Behandlung einzugreifen.** Gem. § 73 d Abs. 2 S. 6 können Ärzte des MDK nicht zu Ärzten für besondere Arzneimitteltherapie bestimmt werden.

§ 275a *(aufgehoben)*

§ 276 Zusammenarbeit

(1) ¹Die Krankenkassen sind verpflichtet, dem Medizinischen Dienst die für die Beratung und Begutachtung erforderlichen Unterlagen vorzulegen und Auskünfte zu erteilen. ²Unterlagen, die der Versicherte über seine Mitwirkungspflicht nach den §§ 60 und 65 des Ersten Buches hinaus seiner Krankenkasse freiwillig selbst überlassen hat, dürfen an den Medizinischen Dienst nur weitergegeben werden, soweit der Versicherte eingewilligt hat. ³Für die Einwilligung gilt § 67 b Abs. 2 des Zehnten Buches.

(2) ¹Der Medizinische Dienst darf Sozialdaten nur erheben und speichern, soweit dies für die Prüfungen, Beratungen und gutachtlichen Stellungnahmen nach § 275 und für die Modellvorhaben nach § 275 a erforderlich ist; haben die Krankenkassen nach § 275 Abs. 1 bis 3 eine gutachtliche Stellungnahme oder Prüfung durch den Medizinischen Dienst veranlasst, sind die Leistungserbringer verpflichtet, Sozialdaten auf Anforderung des Medizinischen Dienstes unmittelbar an diesen zu übermitteln, soweit dies für die gutachtliche Stellungnahme und Prüfung erforderlich ist. ²Die rechtmäßig erhobenen und gespeicherten Sozialdaten dürfen nur für die in § 275 genannten Zwecke verarbeitet oder genutzt werden, für andere Zwecke, soweit dies durch Rechtsvorschriften des Sozialgesetzbuchs angeordnet oder erlaubt ist. ³Die Sozialdaten sind nach fünf Jahren zu löschen. ⁴Die §§ 286, 287 und 304 Abs. 1 Satz 2 und 3 und Abs. 2 gelten für den Medizinischen Dienst entsprechend. ⁵Der Medizinische Dienst hat Sozialdaten zur Identifikation des Versicherten getrennt von den medizinischen Sozialdaten des Versicherten zu speichern. ⁶Durch technische und organisatorische Maßnahmen ist sicherzustellen, dass die Sozialdaten nur den Personen zugänglich sind, die sie zur Erfüllung ihrer Aufgaben benötigen. ⁷Der Schlüssel für die Zusammenführung der Daten ist vom Beauftragten für den Datenschutz des Medizinischen Dienstes aufzubewahren und darf anderen Personen nicht zugänglich gemacht werden. ⁸Jede Zusammenführung ist zu protokollieren.

(2 a) ¹Ziehen die Krankenkassen den Medizinischen Dienst oder einen anderen Gutachterdienst nach § 275 Abs. 4 zu Rate, können sie ihn mit Erlaubnis der Aufsichtsbehörde beauftragen, Datenbestände leistungserbringer- oder fallbezogen für zeitlich befristete und im Umfang begrenzte Aufträge nach § 275 Abs. 4 auszuwerten; die versichertenbezogenen Sozialdaten sind vor der Übermittlung an den Medizinischen Dienst oder den anderen Gutachterdienst zu anonymisieren. ²Absatz 2 Satz 2 gilt entsprechend.

(2 b) **Beauftragt der Medizinische Dienst einen Gutachter (§ 279 Abs. 5)**, ist die Übermittlung von erforderlichen Daten zwischen Medizinischem Dienst und dem Gutachter zulässig, soweit dies zur Erfüllung des Auftrages erforderlich ist.

9. Kapitel. 1. Abschnitt   **§ 276**

(3) Für das Akteneinsichtsrecht des Versicherten gilt § 25 des Zehnten Buches entsprechend.

(4) [1]Wenn es im Einzelfall zu einer gutachtlichen Stellungnahme über die Notwendigkeit und Dauer der stationären Behandlung des Versicherten erforderlich ist, sind die Ärzte des Medizinischen Dienstes befugt, zwischen 8.00 und 18.00 Uhr die Räume der Krankenhäuser und Vorsorge- oder Rehabilitationseinrichtungen zu betreten, um dort die Krankenunterlagen einzusehen und, soweit erforderlich, den Versicherten untersuchen zu können. [2]In den Fällen des § 275 Abs. 3 a sind die Ärzte des Medizinischen Dienstes befugt, zwischen 8.00 und 18.00 Uhr die Räume der Krankenhäuser zu betreten, um dort die zur Prüfung erforderlichen Unterlagen einzusehen.

(5) [1]Wenn sich im Rahmen der Überprüfung der Feststellungen von Arbeitsunfähigkeit (§ 275 Abs. 1 Nr. 3 b, Abs. 1 a und Abs. 1 b) aus den ärztlichen Unterlagen ergibt, dass der Versicherte auf Grund seines Gesundheitszustandes nicht in der Lage ist, einer Vorladung des Medizinischen Dienstes Folge zu leisten oder wenn der Versicherte einen Vorladungstermin unter Berufung auf seinen Gesundheitszustand absagt und der Untersuchung fernbleibt, soll die Untersuchung in der Wohnung des Versicherten stattfinden. [2]Verweigert er hierzu seine Zustimmung, kann ihm die Leistung versagt werden. [3]Die §§ 65, 66 des Ersten Buches bleiben unberührt.

(6) Die Aufgaben des Medizinischen Dienstes im Rahmen der sozialen Pflegeversicherung ergeben sich zusätzlich zu den Bestimmungen dieses Buches aus den Vorschriften des Elften Buches.

Schrifttum: S. § 275

Inhaltsübersicht
	Rn.
A. Überblick	1
B. Datenübermittlung durch die KKen, Abs. 1	2
C. Erhebung und Speicherung von Daten durch den MDK; Übermittlung durch Leistungserbringer, Abs. 2	3
D. Leistungserbringer- oder fallbezogene Datenauswertung, Abs. 2a	8
E. Datenübermittlung zwischen MDK und externem Gutachter, Abs. 2 b	9
F. Akteneinsichtsrecht des Versicherten, Abs. 3	10
G. Betretungs-, Einsichts- und Untersuchungsrecht in stationären Einrichtungen, Abs. 4	11
H. Untersuchung in der Wohnung des Versicherten zur Überprüfung der AU, Abs. 5	13
I. Aufgaben des MDK iRd. sozialen PflV, Abs. 6	15

A. Überblick

Die Vorschrift normiert die Zusammenarbeit zwischen den KKen und dem   1
MDK (sowie zwischen KKen und anderen Diensten und zwischen dem MDK und externen Gutachtern) va. im Hinblick auf die Wahrung von Datenschutzinteressen. Regelungsinhalte sind Informationsgewinnung und Datenfluss im **Spannungsfeld** zwischen der **Aufgabenerfüllung** des MDK einerseits und den Belangen des **Datenschutzes,** der Unverletzlichkeit der Wohnung und der Geschäfts- und Behandlungsräume bzw. des Hausrechts der Betreiber stationärer Einrichtungen andererseits (vgl. *Kruse,* H/K, § 276 Rn. 1).

Sichert   1247

B. Datenübermittlung durch die KKen, Abs. 1

2 Abs. 1 S. 1 stellt klar, dass die KKen im Zeichen der gesetzlich normierten Aufgaben des MDK befugt und verpflichtet sind, diesem die für die Beratung und Begutachtung erforderlichen **Unterlagen vorzulegen und Auskünfte zu erteilen** (vgl. zu den Grundsätzen der Datenverwendung bei den KKen auch § 284 Abs. 1 Nr. 7). Hat der Versicherte indes über seine Mitwirkungspflicht nach §§ 60 und 65 SGB I hinaus der KK freiwillig Unterlagen überlassen, dürfen diese nur mit und im Umfang der **Einwilligung** des Versicherten weitergegeben werden (Abs. 1 S. 2). Die Anforderungen an die Einwilligung ergeben sich aus Abs. 1 S. 3 iVm. § 67 Abs. 2 SGB X; hervorzuheben sind das Erfordernis der Schriftform (vorbehaltlich besonderer Umstände), § 67 Abs. 2 S. 3 SGB X, sowie die Hinweispflichten gem. § 67 Abs. 2 S. 1 SGB X.

C. Erhebung und Speicherung von Daten durch den MDK; Übermittlung durch Leistungserbringer, Abs. 2

3 Zentraler Regelungsgegenstand des Abs. 2 ist **der Schutz der (Sozial-)Daten** im Tätigkeitsbereich des MDK. Zweifel an der (einheitlichen) Verwendung des Begriffs der Sozialdaten iSd. § 67 Abs. 1 S. 1 SGB X sind allein im Hinblick auf die „Übermittlung" durch die außerhalb des § 35 Abs. 1 SGB X stehenden Leistungserbringer angebracht (s. *Cramer,* Der MDK, 74 f.; vgl. iÜ. § 35 Abs. 1 S. 4 SGB I iVm. § 278).

4 Dem in Abs. 2 S. 1 Hs. 1 normierten (allgemeinen) Grundsatz zufolge darf der MDK **Sozialdaten** ungeachtet ihres Ursprungs (*Baier,* Krauskopf, § 276 Rn. 4) nur **erheben** (§ 67 Abs. 5 SGB X) und **speichern** (§ 67 Abs. 6 S. 2 Nr. 1 SGB X), soweit dies zur Aufgabenerfüllung in Form der nach § 275 und (vormals) § 275 a maßgeblichen Prüfungen, Beratungen und gutachterlichen Stellungnahmen erforderlich ist. Letzteres ist iR. „pflichtgemäßen Ermessens" zu prüfen (*Sikorski,* MedR 1999, 449 f.). Allein für die in § 275 genannten Zwecke dürfen Sozialdaten verarbeitet (§ 67 Abs. 6 SGB X) oder genutzt (§ 67 Abs. 7 SGB X) werden, für andere Zwecke nur, soweit dies durch Rechtsvorschriften des SGB im Zusammenhang mit der gesetzlichen Aufgabenstellung des MDK (*Baier,* Krauskopf, § 276 Rn. 5) angeordnet oder erlaubt ist, Abs. 2 S. 2.

5 Die Art und Weise der Informationsbeschaffung (Datenerhebung) betrifft Abs. 2 S. 1 Hs. 2: Er ermöglicht den **Rückgriff auf die bei den Leistungserbringern vorhandenen Sozialdaten,** indem jenen aufgegeben wird, die Daten auf Anforderung des MDK unmittelbar an diesen zu übermitteln, soweit dies für Stellungnahme und Prüfung erforderlich ist. Die Übermittlungspflicht besteht dem Wortlaut zufolge nur bei nach § 275 Abs. 1 bis 3 veranlassten Stellungnahmen. Für eine **Erweiterung auf Fälle des § 275 Abs. 4** (so *Sikorski,* MedR 1999, 449/451; für die hA. hingegen *Heberlein/Pick,* GKV-Komm, § 276 Rn. 64) lassen Wortlaut und Entwicklungsgeschichte keinen Raum. Sie wäre im Wege entspr. Anwendung indes dann indiziert, wollte man die Begutachtung von Behandlungsfehlern im Zusammenhang mit § 116 SGB X statt auf § 275 Abs. 1 Nr. 1 auf § 275 Abs. 4 stützen (so und dann im Ergebnis aA. *Heberlein/Pick,* a.a.O.; s. dazu § 275 Rn. 8).

6 Die „Übermittlung" erfolgt idR. durch vorübergehende Überlassung der Behandlungsunterlagen, wobei es dem Leistungserbringer freisteht, ob er „die Un-

terlagen direkt an den MDK aushändigt oder übersendet oder sie in einem verschlossenen Umschlag an die Krankenkassen zur Weiterleitung an den MDK schickt" (BSG. SozR 4–2500, § 276 Nr. 1 S. 5). Als Herrin des Begutachtungsauftrages indes „hat **nur die KK** selbst im Rahmen einer beantragten Begutachtung die Möglichkeit, den **Anspruch** gegenüber dem Leistungserbringer **auf Herausgabe** von Unterlagen an den zuständigen MDK **aus eigenem Recht und in eigenem Namen** gerichtlich geltend zu machen, wenn die Aufforderungen des MDK zur Herausgabe erfolglos waren und der Gutachterauftrag deswegen ruht oder unerledigt zurückgegeben wurde" (BSG, a.a.O., S. 4 ff.). Für den Anspruch auf Übermittlung der Daten an den MDK gilt die allgemeine sozialrechtliche Verjährungsfrist von vier Jahren (BSG, a.a.O., S. 8).

Abs. 2 S. 3–8 enthalten **besondere Vorkehrungen** des Datenschutzes. Gem. **S. 3** sind die Sozialdaten nach fünf Jahren zu löschen. Der MDK, für den nach **S. 4** die § 286 (Datenübersicht), § 287 (Anforderungen bei Forschungsvorhaben) und § 304 Abs. 1 S. 2 und 3 sowie Abs. 2 (betr. die Aufbewahrung) entspr. gelten, hat Sozialdaten zur Identifikation des Versicherten getrennt von dessen medizinischen Sozialdaten zu speichern **(S. 5)**. Dass die Sozialdaten nur den Personen zugänglich sind, die sie zur Erfüllung ihrer Aufgaben benötigen, ist gem. **S. 6** durch technische und organisatorische Maßnahmen ebenso sicherzustellen. Der Schlüssel für die Zusammenführung der Daten ist vom Beauftragten für den Datenschutz des MDK unter Ausschluss des Zugangs durch andere Personen aufzubewahren **(S. 7)**. Nach **S. 8** ist jede Zusammenführung zu protokollieren.

7

D. Leistungserbringer- oder fallbezogene Datenauswertung, Abs. 2 a

Abs. 2 a beinhaltet die Befugnis sowohl des nach § 275 Abs. 4 zu Rate gezogenen MDK als auch eines auf derselben Grundlage beauftragten anderen Gutachterdienstes (§ 275 Rn. 27 f.), **Datenbestände leistungserbringer- oder leistungsfallbezogen zusammenzuführen und auszuwerten.** Die Auswertung setzt in formeller Hinsicht die Erlaubnis der Aufsichtsbehörde voraus. Sie darf ferner – materiell beschränkt – nur für zeitlich befristete und im Umfang begrenzte Aufträge nach § 275 Abs. 4 sowie auf der Grundlage einer **vor Übermittlung** vorgenommenen **Anonymisierung** (des Versichertenbezugs) **der Sozialdaten** erfolgen. Nachdem das GKV-WSG auf die Einschaltung anderer Gutachterdienste erweiterten und aus Gründen der Rechtsklarheit aus der Vorgängerregelung des Abs. 2 S. 2 aF. herausgelösten Bestimmung zufolge wird „die bisher generell vorgesehene Anonymisierung von Sozialdaten vor deren Übermittlung... auf den besonders schützenswerten Versichertenbezug der Sozialdaten beschränkt" (BT-Drs. 16/3100, 172). Gem. Abs. 2 a S. 2 gilt die in Abs. 2 S. 2 verankerte datenschutzrechtliche Zweckbindung entspr.

8

E. Datenübermittlung zwischen MDK und externem Gutachter, Abs. 2 b

Auch seitens des MDK gem. § 279 Abs. 5 herangezogene **externe Gutachter** sind zur Erfüllung ihres Auftrags auf die **Übermittlung der erforderlichen (Sozial-)Daten** durch den MDK angewiesen. Abs. 2 b gestattet diese Übermittlung ebenso wie umgekehrt diejenige der durch den externen Gutachter erlangten

9

(vgl. *Hess,* KK, § 276 Rn. 4: „erhobenen") personenbezogenen Daten, ohne dass diesem (ebenso wenig wie „anderen Gutachterdiensten, § 275 Abs. 4 Alt. 2) damit die Befugnis eingeräumt würde, selbst bei Leistungserbringern Daten zu erheben. Die wechselseitige Übertragung ist durch die Erforderlichkeit zur Erfüllung des Auftrages **zweckgerichtet** begrenzt.

F. Akteneinsichtsrecht des Versicherten, Abs. 3

10   Der Versicherte hat nach Maßgabe des Abs. 3 als Beteiligter (§ 12 Abs. 1 SGB X) gem. § 25 SGB X das Recht zur Einsicht der vom MDK über ihn geführten Akten. Die Einsicht ist zu gestatten, soweit die Kenntnis der Akten zur Geltendmachung oder Verteidigung der rechtlichen Interessen des Beteiligten erforderlich ist, § 25 Abs. 1 S. 1 SGB X; vgl. iÜ. § 25 Abs. 2–5 SGB X.

G. Betretungs-, Einsichts- und Untersuchungsrecht in stationären Einrichtungen, Abs. 4

11   Abs. 4 S. 1 verleiht den Ärzten den MDK zunächst die **Befugnis,** die Räume der Krankenhäuser sowie Vorsorge- oder Reha-Einrichtungen zu **betreten.** Das Betretungsrecht ist durch die Erforderlichkeit einer Stellungnahme über die Notwendigkeit und Dauer der stationären Behandlung (sachlich) sowie zeitlich (zwischen 8.00 und 18.00 Uhr) begrenzt. Es ist weiterhin zweckgerichtet konditioniert durch die Wahrnehmung der ebenfalls eingeräumten Befugnis zur **Einsicht** der Krankenunterlagen und der nochmals dem Kriterium der Erforderlichkeit unterworfenen **Untersuchung** des Versicherten.

12   Bei gleicher zeitlichen Beschränkung (Rn. 11) gewährt Abs. 4 S. 2 ein Betretungsrecht allein zur gleichfalls gestatteten **Einsicht der Unterlagen,** um – entgegen Abs. 4 S. 1 ohne Begrenzung auf den Einzelfall – dem Prüfauftrag gem. § 275 Abs. 3 a im Hinblick auf die Zuordnung von Patienten zu den Behandlungsbereichen nach § 4 der Psych-PV zu entsprechen (vgl. § 275 Rn. 25).

H. Untersuchung in der Wohnung des Versicherten zur Überprüfung der AU, Abs. 5

13   In Form einer Sollvorschrift bestimmt Abs. 5 S. 1 die **Untersuchung in der Wohnung des Versicherten,** wenn iRd. Überprüfung der Feststellungen der AU (§ 275 Abs. 1 Nr. 3 b, Abs. 1 a und Abs. 1 b, s. § 275 Rn. 13) eine Untersuchung erforderlich ist, der Versicherte ausweislich der ärztlichen Unterlagen jedoch entweder aufgrund seines Gesundheitszustandes nicht in der Lage ist, einer Vorladung Folge zu leisten, oder einen Vorladungstermin unter Berufung auf seinen Gesundheitszustand absagt und der Vorladung fernbleibt. Dabei findet die **Mitwirkungs- (und Gestattungs-)Pflicht** vermittelt durch Abs. 5 S. 3 ihre Grenze in § 65 Abs. 1 SGB I, insb. im Hinblick auf Abs. 1 Nr. 1 (Verhältnismäßigkeit) und Abs. 2 (Untersuchungen).

14   Unbeschadet der im Hinblick auf Art. 13 GG den Ärzten des MDK eingeräumten gesetzlichen Befugnis, den Versicherten in seiner Wohnung aufzusuchen (vgl. BT-Drs. 12/5262, 159), bedarf die Untersuchung in dessen Wohnung gleichwohl seiner (vorherigen) Zustimmung, vgl. Abs. 5 S. 2. Angesichts dessen beinhaltet Abs. 5 S. 1 auch **kein echtes Betretungsrecht** (vgl. *Baier,* Krauskopf, § 276

9. Kapitel. 1. Abschnitt **§ 277**

Rn. 15). **Verweigert** der Versicherte die Untersuchung unberechtigterweise, kann ihm iRd. pflichtgemäßen Ermessensentscheidung der KK die auf das **Krg** gemünzte „Leistung" **versagt** werden, Abs. 5 S. 2. Die Regelung geht § 66 SGB I vor, soweit die Verweigerung den Versagungsgrund ausmacht; iÜ. gilt nach Abs. 5 S. 3 § 66 SGB I allgemein, va. mit Bedeutung für die Pflicht zum förmlichen Hinweis nach § 66 Abs. 3 SGB I.

I. Aufgaben des MDK iRd. sozialen PflV, Abs. 6

Wie Abs. 6 einerseits klarstellend, andererseits unter Vermittlung der förmlichen Bindung (vgl. BT-Drs. 12/5952, 52) bestimmt, ergeben sich die **Aufgaben des MD der Kranken- iRd. sozialen PflV** zusätzlich zu den Bestimmungen des SGB V aus den Vorschriften des SGB XI. Im Zuge des PflWeitG (§ 1 Rn. 32) hat die Bedeutung des MDKs va. durch die Intensivierung der Qualitäts- und die **Einführung von Regelprüfungen** (s. §§ 114, 114 a SGB XI) deutlich zugenommen. Weiter maßgeblich für die Tätigkeit des MDK iRd. **SGB XI** sind zB. neben dessen § 17 der signifikant geänderte § 18 (Feststellung der Pflegebedürftigkeit), § 40 Abs. 1 S. 2 (Versorgung mit Pflegehilfsmitteln), § 113 Abs. 1 (Beteiligung des MD des SpiBuKK an Vereinbarungen über Maßstäbe und Grundsätze zur Sicherung und Weiterentwicklung der Pflegequalität) bzw. § 113 a Abs. 1 (Sicherstellung von Expertenstandards zur Sicherung und Weiterentwicklung der Qualität in der Pflege) ua. (vgl. § 115 sowie zu personenbezogenen Daten beim MDK § 97). Vgl. zur Finanzierung § 281 Rn. 3.

15

§ 277 Mitteilungspflichten

(1) ¹Der Medizinische Dienst hat dem an der vertragsärztlichen Versorgung teilnehmenden Arzt, sonstigen Leistungserbringern, über deren Leistungen er eine gutachtliche Stellungnahme abgegeben hat, und der Krankenkasse das Ergebnis der Begutachtung und der Krankenkasse die erforderlichen Angaben über den Befund mitzuteilen. ²Er ist befugt, den an der vertragsärztlichen Versorgung teilnehmenden Ärzten und den sonstigen Leistungserbringern, über deren Leistungen er eine gutachtliche Stellungnahme abgegeben hat, die erforderlichen Angaben über den Befund mitzuteilen. ³Der Versicherte kann der Mitteilung über den Befund an die Leistungserbringer widersprechen.

(2) ¹Die Krankenkasse hat, solange ein Anspruch auf Fortzahlung des Arbeitsentgelts besteht, dem Arbeitgeber und dem Versicherten das Ergebnis des Gutachtens des Medizinischen Dienstes über die Arbeitsunfähigkeit mitzuteilen, wenn das Gutachten mit der Bescheinigung des Kassenarztes im Ergebnis nicht übereinstimmt. ²Die Mitteilung darf keine Angaben über die Krankheit des Versicherten enthalten.

Schrifttum: S. § 275.

Abs. 1 der Vorschrift normiert **Mitteilungspflichten und -befugnisse** des MDK und differenziert diesbezüglich sowie adressatenbezogen zwischen dem **Ergebnis** der Begutachtung und Angaben über den **Befund.** Abs. 2 regelt Mitteilungspflichten der KKen.

1

Obwohl erst an dritter Stelle genannt, ist gem. **Abs. 1 S. 1** die auftraggebende **KK** Empfänger einer dem MDK nur ihr gegenüber verpflichtend auferlegten Mit-

2

§ 278

teilung sowohl des abschließenden Ergebnisses der Begutachtung (ohne Begründung) als auch der erforderlichen Angaben über den Befund (das Gutachten untermauernde medizinische Angaben mit Bedeutung für die Leistungsgewährung).

3   Das Ergebnis der Begutachtung hat der MDK darüber hinaus dem an der vertragsärztlichen Versorgung teilnehmenden **Arzt** sowie **sonstigen Leistungserbringern,** über deren Leistungen er eine gutachterliche Stellungnahme abgegeben hat, mitzuteilen, Abs. 1 S. 2. Auch diesen Adressaten gegenüber ist der MDK darüber hinaus datenschutzrechtlich befugt, aber nicht verpflichtet, (nur) die erforderlichen Angaben über den Befund mitzuteilen. Die Weitergabe der Befunddaten ist nur indiziert bzw. die Daten „sollten nur dann weitergegeben werden, wenn dies nach dem Ergebnis der Begutachtung gerechtfertigt erscheint", nicht zB. „bei einem [die Leistungsgewährung stützenden] positiven Ergebnis" (BT-Drs. 12/6334, 7).

4   Allein dieser Mitteilung über den Befund (nicht: dem Ergebnis der Begutachtung) an die Leistungserbringer kann der **Versicherte** gem. Abs. 1 S. 3 **widersprechen.** Obwohl das Widerspruchsrecht die Kenntnis des Versicherten voraussetzt, ist dieser nicht Adressat der Mitteilungen nach Abs. 1. Dessen S. 3 läuft daher unbeschadet geringer Bedeutung in der Praxis „teilweise ins Leere" (*Cramer,* Der MDK, 75), soweit der Versicherte nicht – durch eine Vorladung oder ein Auskunftsersuchen sensibilisiert – seinerseits von seinem **Auskunftsrecht** gegenüber der KK Gebrauch macht oder sich an den behandelnden Arzt wendet (durch den er auch vom ggf. mitgeteilten Befund erfahren kann), sollte ihn dieser nicht ohnehin informiert haben.

5   Nur bezogen auf das **Ergebnis eines Gutachtens über die AU** (*Peters,* Peters, KV, § 277 Rn. 17) besteht (allein) während der Dauer des Anspruchs auf Entgeltfortzahlung eine Pflicht der KK, dem **ArbGeb** und dem **Versicherten** dieses Ergebnis **mitzuteilen,** wenn Gutachten und Bescheinigung des Vertragsarztes divergieren, **Abs. 2 S. 1.** Maßgeblich ist eine das Ergebnis bestimmende mangelnde Übereinstimmung (auch über den Fortbestand der AU), die letztlich auch darin begründet liegen kann, dass sich der Versicherte ohne wichtigen Grund nicht zur Begutachtung einfindet (BMA, RdSchr. v. 1. 4. 1970, DOK 1970, 387).

6   Die nach Form und Frist gesetzlich nicht näher bestimmte Mitteilung darf keine Angaben über die Krankheit des Versicherten enthalten, **Abs. 2 S. 2.** Ua. wegen schadensersatzrechtlicher Relevanz (vgl. § 106 Abs. 3a) und im Zeichen der Interessenlage des ArbGeb hat sie indes umgehend (bzw. unverzüglich, vgl. *Peters,* Peters, KV, § 277 RN. 19) zu erfolgen.

Zweiter Abschnitt. Organisation

§ 278 Arbeitsgemeinschaft

(1) ¹In jedem Land wird eine von den Krankenkassen der in Absatz 2 genannten Kassenarten gemeinsam getragene Arbeitsgemeinschaft „Medizinischer Dienst der Krankenversicherung" errichtet. ²Die Arbeitsgemeinschaft ist nach Maßgabe des Artikels 73 Abs. 4 Satz 3 und 4 des Gesundheits-Reformgesetzes eine rechtsfähige Körperschaft des öffentlichen Rechts.

(2) Mitglieder der Arbeitsgemeinschaft sind die Landesverbände der Orts-, Betriebs- und Innungskrankenkassen, die landwirtschaftlichen Krankenkassen und die Ersatzkassen.

(3) ¹Bestehen in einem Land mehrere Landesverbände einer Kassenart, kann durch Beschluss der Mitglieder der Arbeitsgemeinschaft in einem Land ein wei-

terer Medizinischer Dienst errichtet werden. ²Für mehrere Länder kann durch Beschluss der Mitglieder der betroffenen Arbeitsgemeinschaften ein gemeinsamer Medizinischer Dienst errichtet werden. ³Die Beschlüsse bedürfen der Zustimmung der für die Sozialversicherung zuständigen obersten Verwaltungsbehörden der betroffenen Länder.

Schrifttum: S. § 275

Die den Abschnitt „Organisation" eröffnende Vorschrift bestimmt die Errichtung des MDK als **ArbGem** (vgl. §§ 219, 303a SGB V; § 94 SGB X; § 35 Abs. 1 S. 4 Alt. 2 SGB I) in jedem Land (Abs. 1). **Mitglieder** sind gem. Abs. 2 die LV der OKKen, der BKKen, der IKKen sowie die LKKen und die EKen, soweit die Kassenart in dem Land vertreten ist (*Gerlach,* H/N, § 278 Rn. 2); vgl. zu Sonderregelungen für die nicht beteiligten KKen bzw. Kassenarten § 283. **Durchbrechungen des Gliederungsprinzips**, dem zufolge **je Land ein** von allen Kassenarten gemeinsam getragener MDK existiert, regelt Abs. 3. 1

Nur nach Maßgabe des Art. 73 Abs. 4 (S. 3 und 4) GRG und zum Erhalt der **Dienstherrenfähigkeit** (§ 121 BRRG) für die Übernahme der vormals beim Vertrauensärztlichen Dienst beschäftigten Beamten ist der MDK **KdÖR**. Wenn die Notwendigkeit für die Dienstherrenfähigkeit nicht mehr besteht, entfallen nach Art. 73 Abs. 4 S. 3 GRG Dienstherrenfähigkeit und der Status als KdÖR (zu Feststellung und Bekanntmachung S. 4); das Recht, Beamte zu haben, beschränkt sich auf die übernommenen Beamten und -anwärter (S. 2). Welche **Rechtsform** zu wählen ist, wenn der Status als KdÖR entfällt, ist nicht bestimmt, wobei mit Blick auf das Erfordernis der gesetz- bzw. hoheitlichen Anerkennung eine (erneute) Errichtung als juristische Person des Öffentlichen Rechts kaum in Betracht kommt, zumal gerade das Mitgliedschaftsprinzip ein solches der KdÖR – etwa in Abgrenzung zur Stiftung – darstellt. Im Hinblick auf die (notwendige) Teilnahme am Rechtsverkehr erweist sich die privatrechtliche Organisationsform des eingetragenen Vereins (§§ 21 ff. BGB) als gegenüber der BGB-Gesellschaft vorteilhafter und wurde in den neuen Bundesländern ohne Bindung an bereits vorherrschende Strukturen gewählt (näher *Cramer,* Der MDK, 111 f). 2

Soweit **länderübergreifende Verbände** existieren (vgl. § 203 Abs. 3; ferner, im Zusammenhang mit § 207 Abs. 5, BSG, SozR 3–2500, § 207 Nr. 1 S. 6), nehmen diese sitzunabhängig die Aufgaben eines LV im Bezirk wahr und sind ggf. in mehreren Ländern Mitglied des jeweiligen MDK (*Heberlein/Pick,* GKV-Komm, § 278 Rn. 19). Die **Mitgliedschaft auch der beauftragten Verbände** iSd. § 207 Abs. 4 a (so *Heberlein/Pick,* a.a.O., Rn. 20 ff.) ist nur in analoger Anwendung des § 278 **Abs. 2** begründbar, da die Mitgliedschaft nicht qua Status und Regionalprinzip, sondern – bei entspr. Interessenlage – lediglich für den Auftragszusammenhang (doppel-)funktional hergestellt wird. 3

Zwei ausdrücklich verankerte **Optionen der Durchbrechung des regionalen Grundprinzips** (*Wollenschläger,* W/E, § 278 Rn. 5) hingegen normiert **Abs. 3**. Nach S. 1 kann in einem Land ein **weiterer MDK** errichtet werden, wenn dort (entspr. Struktur und Größe, vgl. *Hess,* KK, § 278 Rn. 7), mehrere LVe einer Kassenart existieren. Beispiele sind der MDK Westfalen-Lippe und der MDK Nordrhein. Konsequenz dessen ist die Mitgliedschaft des/der landeseinheitlichen LV(e) in mehreren MDK zugleich. Die Errichtung eines weiteren MDK erfordert einen Beschluss der Mitglieder der (bestehenden) ArbGem. Eines solchen bedarf es auch, wenn ein **gemeinsamer MDK für mehrere Länder** errichtet wird, Abs. 3 S. 2. Als gemeinsamer MDK besteht der „MDK Berlin-Bran- 4

Sichert

denburg e.V."; als weiteres Beispiel fungiert der „MDK Nord" (Hamburg und Schleswig-Holstein); die Fusion des MDK Baden-Württemberg mit dem MDK Hessen ist angestrebt (www.mdk.de; Pressemitteilungen, 12.2.2008). Die Beschlüsse sowohl nach Abs. 3 S. 1 als auch S. 2 bedürfen der Zustimmung der für die Sozialversicherung zuständigen obersten Verwaltungsbehörden der betroffenen Länder, Abs. 3 S. 3.

5 Die an der ArbGem als Mitglieder beteiligten KK-Verbände sowie die nebst diesen zur Hälfte an den Kosten beteiligten Pflegkassen (§ 281 Abs. 1) sind mit dem MDK (unbeschadet der §§ 278–281) organisatorisch oder rechtlich nicht weitergehend verbunden; insb. unterliegen MDK oder dessen Mitarbeiter keinem allgemeinen Aufsichtsrecht der KK und auch keinem Weisungsrecht im Einzelfall (BSG, SozR 4–2500, § 112 Nr. 6 S. 36). Angesichts dessen „wird der **MDK...** im Verhältnis zum Krankenhaus bzw. dessen Träger **nicht** zum **Organ, Vertreter oder Erfüllungsgehilfen der Krankenkassen**", so dass eine Verschuldenszurechnung analog § 278 BGB ausscheidet, soweit eine (potentielle) Verletzung von Vertragsbestimmungen auf Grundlage des § 112 Abs. 2 Nr. 2 im Zuge der Aufgabenerledigung durch den MDK gem. § 275 Abs. 1 Nr. 1 in Rede steht; der **im eigenen Pflichtenkreis tätige MDK** ist überdies weder Vertragspartner noch Bindungsadressat solcher Verträge (BSG, a.a.O.).

§ 279 Verwaltungsrat und Geschäftsführer

(1) **Organe des Medizinischen Dienstes sind der Verwaltungsrat und der Geschäftsführer.**

(2) [1]**Der Verwaltungsrat wird von den Vertreterversammlungen der Mitglieder gewählt.** [2]**§ 51 Abs. 1 Satz 1 Nr. 2 bis 4, Abs. 6 Nr. 2 bis 4, Nr. 5 Buchstabe b und c und Nr. 6 Buchstabe a des Vierten Buches gilt entsprechend.** [3]**Beschäftigte des Medizinischen Dienstes sind nicht wählbar.**

(3) [1]**Der Verwaltungsrat hat höchstens sechzehn Vertreter.** [2]**Sind mehrere Landesverbände einer Kassenart Mitglieder des Medizinischen Dienstes, kann die Zahl der Vertreter im Verwaltungsrat angemessen erhöht werden.** [3]**Die Mitglieder haben sich über die Zahl der Vertreter, die auf die einzelne Kassenart entfällt, zu einigen.** [4]**Kommt eine Einigung nicht zustande, entscheidet die für die Sozialversicherung zuständige oberste Verwaltungsbehörde des Landes.**

(4) [1]**Der Geschäftsführer führt die Geschäfte des Medizinischen Dienstes nach den Richtlinien des Verwaltungsrats.** [2]**Er stellt den Haushaltsplan auf und vertritt den Medizinischen Dienst gerichtlich und außergerichtlich.**

(5) **Die Fachaufgaben des Medizinischen Dienstes werden von Ärzten und Angehörigen anderer Heilberufe wahrgenommen; der Medizinische Dienst hat vorrangig Gutachter zu beauftragen.**

(6) **Folgende Vorschriften des Vierten Buches gelten entsprechend: §§ 34, 37, 38, 40 Abs. 1 Satz 1 und 2 und Abs. 2, §§ 41, 42 Abs. 1 bis 3, § 43 Abs. 2, §§ 58, 59 Abs. 1 bis 3, Abs. 5 und 6, §§ 60, 62 Abs. 1 Satz 1 erster Halbsatz, Abs. 2, Abs. 3 Satz 1 und 4 und Abs. 4 bis 6, § 63 Abs. 1 und 2, Abs. 3 Satz 2 und 3, Abs. 4 und 5, § 64 Abs. 1 und Abs. 2 Satz 2, Abs. 3 Satz 2 und 3 und § 66 Abs. 1 Satz 1 und Abs. 2.**

Schrifttum: S. § 275.

§ 279

Die in der Vorschrift verankerte innere Organisation des MDK basiert aus Gründen der Reduktion des Verwaltungsaufwands (Reg.E. GRG, BR-Drs. 200/88, 233, zu § 287 Abs. 1) auf der Errichtung von lediglich **zwei Organen;** sie weicht damit vom dreigliedrigen Aufbau der Selbstverwaltungsorganstruktur (vgl. §§ 31, 33 SGB IV) ab. Zum Handeln berufen sind das „Selbstverwaltungsorgan" Verwaltungsrat und das „Verwaltungsorgan" Geschäftsführer.

Das nach Abs. 3 S. 1 im Regelfall aus höchstens sechzehn Vertretern bestehende Beschlussorgan **Verwaltungsrat** wird von den Vertreterversammlungen – bzw. dem jeweiligen Verwaltungsrat (§ 33 Abs. 3 SGB IV) – der Mitglieder gewählt, Abs. 2 S. 1. In systematischer Zusammenschau mit Abs. 3 S. 3 wählen diese Organe der Mitglieder (vgl. § 278) allein *ihre* Vertreter (s. auch *Käsling,* Krauskopf, § 279 Rn. 2), sind iÜ. jedoch hinsichtlich der Auswahl auch von Personen, welche ihren eigenen Selbstverwaltungsorganen nicht angehören, frei. Vorschriften über die **Wählbarkeit** enthalten die in Abs. 2 S. 2 für entspr. anwendbar erklärten ausgewählten Regelungen des § 51 Abs. 1 S. 1 SGB IV. Nicht wählbar sind Beschäftigte des MDK (Abs. 2 S. 3) sowie Personen nach Maßgabe des Abs. 2 S. 2 iVm. § 51 Abs. 6 SGB IV.

Die Vertreter im Verwaltungsrat sind ehrenamtlich tätig; ihre Amtsdauer beträgt sechs Jahre (Abs. 6 iVm. § 40 Abs. 1 S. 1 bzw. § 58 Abs. 2 S. 1 Hs. 1 SGB IV). Die **Zahl der Vertreter** kann entgegen der Höchstzahl nach Abs. 3 S. 1 allein dann „angemessen" erhöht werden, wenn mehrere LVe einer Kassenart Mitglieder des MDK sind. Die Mitglieder haben sich über die Zahl der auf die einzelne Kassenart entfallenden Vertreter zu einigen; anderenfalls entscheidet die Aufsichtsbehörde, Abs. 3 S. 3 und 4. Hinsichtlich der **Zusammensetzung** des Verwaltungsrates iÜ. sind die Mitglieder weitgehend frei (zu den Optionen *Käsling,* Krauskopf, § 279 Rn. 6; *Cramer,* Der MDK, 115 f.).

Als ausführendes Organ wird der hauptamtlich agierende Geschäftsführer bei der ihm obliegenden **Führung der Geschäfte des MDK** nach Maßgabe der RL des Verwaltungsrates tätig, Abs. 4 S. 1. Letztere konkretisieren als „innerdienstliche Verwaltungsvorschriften" (*Peters,* Peters, KV, § 279 Rn. 10) bzw. „Leitlinien" (*Heberlein,* GKV-Komm, § 279 Rn. 42) im Rahmen der gesetzlichen Vorgaben die Ausrichtung und den Zuschnitt der Tätigkeit va. iSd. laufenden Verwaltungsgeschäfte. Der **Geschäftsführer** stellt den Haushaltsplan auf und vertritt den MDK gerichtlich und außergerichtlich, Abs. 4 S. 2. Ohne gesetzliche Vorgabe für eine spezifisch fachliche Qualifikation wird er vom Verwaltungsrat in die Organstellung gewählt (zur Abgrenzung gegenüber dem Anstellungsverhältnis *Heberlein,* GKV-Komm, § 279 Rn. 25 ff) und von diesem entlastet, § 280 Abs. 1 S. 1 Nr. 6; beides gilt auch für seinen Stellvertreter. Gem. Abs. 6 iVm. § 42 SGB IV kommen die Grundsätze der Staatshaftung auch für den Geschäftsführer zum Tragen (s. auch *Cramer,* Der MDK, 122). S. zur „Abberufung" des Geschäftsführers *Gitter/Köhler-Fleischmann,* SGb 1999, 220 ff; *Heberlein,* GKV-Komm, § 279 Rn. 34 ff).

Abs. 5 manifestiert die notwendige Unterscheidung zwischen den organspezifischen und den (zuvorderst) in § 275 verankerten **Fachaufgaben.** Zur Gewährleistung qualifizierter Wahrnehmung der Fachaufgaben obliegt deren Erfüllung Ärzten ebenso wie Angehörigen anderer Heilberufe, wobei **vorrangig externe** – nicht beim MDK beschäftigte – **Gutachter** (und Sachverständige) zu beauftragen sind. Ziel ist es, dem Spektrum der Anforderungen qualifizierter Beratung ebenso gerecht zu werden wie dem Praxisbezug durch die Einschaltung Externer (vgl. Reg.E. GRG, BR-Drs. 200/88, 233, zu § 287 Abs. 5). Die Regelung steht im Zusammenhang mit der in § 278 Abs. 1 iVm. dem GRG verankerten Begrenzung der

§ 280 Aufgaben des Verwaltungsrats

Beschäftigung von Beamten und auch mit der Sicherstellung der Unabhängigkeit der Ärzte des MDK nach § 275 Abs. 5.

6 Ohne Differenzierung zwischen den in Abs. 1 genannten Organen erklärt Abs. 6 zahlreiche verfahrens- und insbesondere organisationsrechtliche **Vorschriften** des **SGB IV** für **entspr. anwendbar**. Die entspr. Anwendbarkeit erschließt sich primär im Zeichen der dominierenden funktionalen Zuordnung zur Eigenschaft als Selbstverwaltungsorgan (Verwaltungsrat des MDK) bzw. als Verwaltungsorgan (Geschäftsführer). Die diesbezüglich streng begriffliche Orientierung an den Tatbeständen des SGB IV ist bei entspr. Anwendung weniger maßgeblich; §§ 42 und 59 SGB IV gelten auch für den Geschäftsführer (vgl. *Cramer*, Der MDK, 122). Ungeachtet dessen ergibt sich der organisations- bzw. verfahrensspezifische Regelungstatbestand „entsprechend" des -bedarfs erst aus der (deswegen) in Bezug genommenen Vorschrift; Abs. 6 enthält daher keine schlichte Rechtsfolgenverweisung (so aber *Heberlein*, GKV-Komm., § 279 Rn. 51).

§ 280 Aufgaben des Verwaltungsrats

(1) [1]Der Verwaltungsrat hat
1. die Satzung zu beschließen,
2. den Haushaltsplan festzustellen,
3. die jährliche Betriebs- und Rechnungsführung zu prüfen,
4. **Richtlinien für die Erfüllung der Aufgaben des Medizinischen Dienstes unter Berücksichtigung der Richtlinien und Empfehlungen des Spitzenverbandes Bund der Krankenkassen nach § 282 Abs. 2 aufzustellen,**
5. **Nebenstellen zu errichten und aufzulösen,**
6. **den Geschäftsführer und seinen Stellvertreter zu wählen und zu entlasten.**
[2]§ 210 Abs. 1 gilt entsprechend.

(2) [1]**Beschlüsse des Verwaltungsrats werden mit einfacher Mehrheit der Mitglieder gefaßt.** [2]**Beschlüsse über Haushaltsangelegenheiten und über die Aufstellung und Änderung der Satzung bedürfen einer Mehrheit von zwei Dritteln der Mitglieder.**

Schrifttum: S. § 275.

1 Die **Aufgaben** des Verwaltungsrats werden in § 280 Abs. 1 abschließend aufgeführt. **Vorgaben für das autonome Satzungsrecht** folgen aus Abs. 1 S. 1 Nr. 1 und S. 2 iVm. § 210 Abs. 1 sowie § 210 Abs. 1 S. 4 (entspr.) iVm. § 34 Abs. 2 SGB IV (sachnäher gegenüber § 279 Abs. 6 iVm. § 34 SGB IV). § 280 Abs. 2 sowie § 279 Abs. 6 iVm. § 64 SGB IV enthalten Regeln zu **Abstimmung und Beschlussfassung.**

2 Erste Aufgabe im Zuständigkeitskanon des **Verwaltungsrates**, jenseits dessen eine Zuständigkeitsvermutung zugunsten des Geschäftsführers besteht (*Gitter/Köhler-Fleischmann*, SGb 1999, 157/165), ist der **Satzungsbeschluss**, Abs. 1 S. 1 Nr. 1. Während die Notwendigkeit des Satzungserlasses ungeachtet des Vorausgesetztseins im Regelungszusammenhang auch aus § 279 Abs. 6 iVm. 34 Abs. 1 SGB IV begründet werden kann, ergeben sich der Pflichtinhalt qua Verweisung gem. § 280 Abs. 2 aus § 210 Abs. 1 (s. dort) sowie ergänzende Regelungen zu Bekanntgabe und Inkrafttreten aus § 210 Abs. 1 S. 4 iVm. § 34 SGB IV.

3 Abs. 1 S. 1 Nr. 2 benennt die Feststellung des **Haushaltsplanes**, dessen Aufstellung gem. § 279 Abs. 4 S. 2 dem Geschäftsführer obliegt. Neben der **Prüfung der**

jährlichen Betriebs- und Rechnungsführung (Abs. 1 S. 1 Nr. 3) fällt ferner die **Aufstellung von RL** für die Erfüllung der Aufgaben des MDK in den Zuständigkeitsbereich des Verwaltungsrates (Abs. 1 S. 1 Nr. 4). Nebst solchen über die allgemeinen Grundzüge der Geschäftsführung (s. § 279 Rn. 4) sind Inhalt der RL verschiedenste Personal- und Fachfragen (*Cramer,* Der MDK, 120 f.), welche die Empfehlungen (und RL) des MD des SpiBuKK (§ 282 Abs. 2 S. 2 und 3) zu berücksichtigen haben. Die **Errichtung und Auflösung von Nebenstellen** dient einer effizienten und einer der Infra- und Versorgungsstruktur adäquaten Arbeitsfähigkeit des MDK (vgl. *Cramer,* Der MDK, 121). Schließlich sind gem. Abs. 1 S. 2 Nr. 6 Geschäftsführer und Stellvertreter zu wählen und – im Hinblick auf die Aufstellung des Rechnungsabschlusses gem. § 281 Abs. 2 iVm. § 77 Abs. 1 SGB IV – zu entlasten. S. zur „Abberufung" die Hinweise bei § 279 Rn. 4 a. E.

Gem. Abs. 2 S. 1 werden **Beschlüsse des Verwaltungsrats** mit einfacher 4
Mehrheit gefasst; vgl. ergänzend, zB. bei Stimmengleichheit oder zur Schriftlichkeit, § 279 Abs. 6 iVm. § 64 (Abs. 2 S. 2 bzw. Abs. 3) SGB IV. Allein Beschlüsse über Haushaltsangelegenheiten und über die Aufstellung und Änderung der Satzung bedürfen einer Mehrheit „von zwei Dritteln der Mitglieder". Mit der Verwaltungspraktikabilität (*Heberlein,* GKV-Komm, § 280 Rn. 16) sowie mit Blick auf das herkömmliche Verständnis der „Organmitgliedschaft", vgl. (§ 279 Abs. 6 iVm.) § 59 Abs. 1 SGB IV, sprechen die besseren Gründe dafür, das **Quorum** nicht an die Mitgliedschaft in der ArbGem, sondern – trotz der iÜ. maßgeblichen Verwendung des Begriffs „Vertreter" – an die Mitgliedschaft im Verwaltungsrat zu knüpfen (aA. *Käsling,* Krauskopf, § 280 Rn. 3).

§ 281 Finanzierung und Aufsicht

(1) ¹Die zur Finanzierung der Aufgaben des Medizinischen Dienstes nach § 275 Abs. 1 bis 3 a erforderlichen Mittel werden von den Krankenkassen nach § 278 Abs. 1 Satz 1 durch eine Umlage aufgebracht. ²Die Mittel sind im Verhältnis der Zahl der Mitglieder der einzelnen Krankenkassen mit Wohnort im Einzugsbereich des Medizinischen Dienstes aufzuteilen. ³Die Zahl der nach Satz 2 maßgeblichen Mitglieder der Krankenkasse ist nach dem Vordruck KM 6 der Statistik über die Versicherten in der gesetzlichen Krankenversicherung jeweils zum 1. Juli eines Jahres zu bestimmen. ⁴Werden dem Medizinischen Dienst Aufgaben übertragen, die für die Prüfung von Ansprüchen gegenüber Leistungsträgern bestimmt sind, die nicht Mitglied der Arbeitsgemeinschaft nach § 278 sind, sind ihm die hierdurch entstehenden Kosten von den anderen Leistungsträgern zu erstatten. ⁵Die Pflegekassen tragen abweichend von Satz 3 die Hälfte der Umlage nach Satz 1.

(1 a) ¹Die Leistungen der Medizinischen Dienste oder anderer Gutachterdienste im Rahmen der ihnen nach § 275 Abs. 4 übertragenen Aufgaben sind von dem jeweiligen Auftraggeber durch aufwandsorientierte Nutzerentgelte zu vergüten. ²Eine Verwendung von Umlagemitteln nach Absatz 1 Satz 1 zur Finanzierung dieser Aufgaben ist auszuschließen.

(2) ¹Für das Haushalts- und Rechnungswesen einschließlich der Statistiken gelten die §§ 67 bis 69, § 70 Abs. 5, § 72 Abs. 1 und 2 Satz 1 erster Halbsatz, die §§ 73 bis 77 Abs. 1 und § 79 Abs. 1 in Verbindung mit Absatz 3 a des Vierten Buches sowie die auf Grund des § 78 des Vierten Buches erlassenen Rechtsverordnungen entsprechend. ²Für das Vermögen gelten die §§ 80 und 85 des Vierten Buches entsprechend.

§ 281

(3) ¹Der Medizinische Dienst untersteht der Aufsicht der für die Sozialversicherung zuständigen obersten Verwaltungsbehörde des Landes, in dem er seinen Sitz hat. ²§ 87 Abs. 1 Satz 2 und die §§ 88 und 89 des Vierten Buches sowie § 274 gelten entsprechend. ³§ 275 Abs. 5 ist zu beachten.

Schrifttum: S. § 275.

1 Inhalte der durch das GKV-WSG im Hinblick auf Abs. 1 S. 1–3 und Abs. 1 a geänderten bzw. neu gefassten Regelung sind die Finanzierung des MDK, die Bestimmung der für das Haushalts- und Rechnungswesen maßgeblichen Vorschriften sowie die Aufsichtsführung.

2 Für den Bereich der dem MDK nach § 275 Abs. 1 bis 3 a zugewiesenen Aufgaben hält Abs. 1 S. 1 an der **Umlagefinanzierung** fest, bestimmt als Schuldner indes nicht mehr die Mitglieder des MDK (vgl. § 278 Abs. 2), sondern bezugnehmend auf § 278 Abs. 1 S. 1 die KKen (der Kassenarten nach § 278 Abs. 2) als gemeinsame Träger des MDK. Zur Sicherstellung einer gleichmäßigen Belastung aller Kassenarten und zugunsten einer nicht finanzierungsgeleiteten bzw. -abhängigen Inanspruchnahme des MDK sind die **Mittel im Verhältnis der Zahl der Mitglieder** (ohne die nach § 10 Versicherten) der einzelnen KKen gem. Abs. 1 S. 3 unter Zugrundelegung des Wohnortprinzips (Einzugsbereich des MDK) aufzuteilen. Abs. 1 S. 3 präzisiert die Datengrundlage (BT-Drs. 16/3100, 431), wobei die KM 6 eine valide Zahlengrundlage bietet, ohne allerdings über die Zuordnung zu Kassenarten hinaus eine solche zu den einzelnen KKen vorzunehmen (s. *Heberlein,* GKV-Komm, § 281 Rn. 24 ff).

3 Die Hälfte der Umlage nach Abs. 1 S. 1 wird angesichts der obligatorischen Aufgaben des MDK iRd. PflV (s. § 276 Rn. 15) gem. Abs. 1 S. 5 von den **Pflegekassen** getragen und abweichend von Abs. 1 S. 4 (redaktioneller Verweisungsfehler in S. 5) nicht den Fremdaufgaben zugeordnet. Die Kostentragungspflicht selbst folgt bereits aus § 46 Abs. 3 S. 4 SGB XI. S. ferner § 283 Rn. 5.

4 Die Kosten für **Fremdaufgaben** zugunsten anderer SVTr ohne MDK-Mitgliedschaft gem. § 278 Abs. 2 (zB. RV, UV, DRV KBS) sind dem MDK von diesen Trägern nach Abs. 1 S. 4 zu erstatten, Abs. 1 S. 4.

5 Mit Blick auf die wettbewerbsorientierten Felder und eine entsprechende Ausrichtung auch des MDK werden die allgemeinen **Beratungsaufgaben nach § 275 Abs. 4** (s. dort, Rn. 26 ff) sowohl für den MDK als auch andere Gutachterdienste (§ 275 Rn. 27 ff) ausschließlich **nutzerorientiert vergütet,** wie vormals iRv. Modellvorhaben erprobt werden konnte (vgl. BT-Drs. 16/3100, 431).

6 Für das **Haushalts-** und **Rechnungswesen** einschließlich der **Statistiken** gelten die in Abs. 2 S. 1 in Bezug genommenen Vorschriften sowie auf Grund des § 78 SGB IV erlassenen RechtsVOen (SVHV, SVRV) entspr., Abs. 2 S. 1. Für das **Vermögen** bestimmt Abs. 2 S. 2 die entspr. Geltung der §§ 80 und 85 SGB IV.

7 Gem. Abs. 3 S. 1 untersteht der MDK der Aufsicht der für die SozVers. zuständigen obersten Verwaltungsbehörde des Landes (Ministerium bzw. Senatsverwaltung). Maßgeblich ist der Sitz des MDK, insb. wenn iSd. § 278 Abs. 3 S. 2 ein gemeinsamer MDK für mehrere Länder besteht (s. *Böttinger,* Krauskopf, § 281 Rn. 12). Nach dem qua Abs. 3 S. 2 neben den §§ 88 und 89 SGB IV sowie § 274 (Prüfpflicht) entspr. anwendbaren § 87 Abs. 1 S. 2 SGB IV ist die Aufsicht **Rechtsaufsicht** und folgt allgemein dem Opportunitätsprinzip. Bei der Wahrnehmung der Aufsichts- und Prüfaufgaben ist die Unabhängigkeit der Ärzte des MDK (s. § 275 Rn. 30) zu beachten, Abs. 3 S. 3 iVm. § 275 Abs. 5.

§ 282 Medizinischer Dienst des Spitzenverbandes Bund der Krankenkassen

(1) ¹Der Spitzenverband Bund der Krankenkassen bildet zum 1. Juli 2008 einen Medizinischen Dienst auf Bundesebene (Medizinischer Dienst des Spitzenverbandes Bund der Krankenkassen). ²Dieser ist nach Maßgabe des Artikels 73 Abs. 4 Satz 3 und 4 des Gesundheits-Reformgesetzes eine rechtsfähige Körperschaft des öffentlichen Rechts.

(2) ¹Der Medizinische Dienst des Spitzenverbandes Bund der Krankenkassen berät den Spitzenverband Bund der Krankenkassen in allen medizinischen Fragen der diesem zugewiesenen Aufgaben. ²Der Medizinische Dienst des Spitzenverbandes Bund der Krankenkassen koordiniert und fördert die Durchführung der Aufgaben und die Zusammenarbeit der Medizinischen Dienste der Krankenversicherung in medizinischen und organisatorischen Fragen. ³Der Spitzenverband Bund der Krankenkassen erlässt Richtlinien über die Zusammenarbeit der Krankenkassen mit den Medizinischen Diensten, zur Sicherstellung einer einheitlichen Begutachtung sowie über Grundsätze zur Fort- und Weiterbildung. ⁴Im Übrigen kann er Empfehlungen abgeben. ⁵Die Medizinischen Dienste der Krankenversicherung haben den Medizinischen Dienst des Spitzenverbandes Bund der Krankenkassen bei der Wahrnehmung seiner Aufgaben zu unterstützen.

(3) ¹Der Medizinische Dienst des Spitzenverbandes Bund der Krankenkassen untersteht der Aufsicht des Bundesministeriums für Gesundheit. ²§ 208 Abs. 2 und § 274 gelten entsprechend. ³§ 275 Abs. 5 ist zu beachten.

Schrifttum: S. § 275.

Zum 1.7.2008 (Berichtigung der Fassung des GKV-WSG durch G. v. 14.7.2007, BGBl. 2007, 1066) wird der vormalig explizit als ArbGem organisierte **MD** der SpiVe (s. *Pick/Windeler*, KrV 2005, 76) vom **SpiBuKK** gebildet. Durch die Revision der Norm sollten medizinische und organisatorische Fragen im Einklang mit der gleichfalls revidierten Organisationsstruktur der Verbände auf eine ausreichende gesetzliche Grundlage gestellt werden (BT-Drs. 16/3100, 172). 1

Wohl in Anknüpfung an § 278 Abs. 1 S. 2 (s. dort Rn. 2) und dennoch ohne Not wurde dem MD des SpiBuKK in gleicher Weise wie den einzelnen MDK zunächst die **Rechtsnatur** einer KdÖR nach Maßgabe des Art. 73 Abs. 4 S. 3 und 4 GRG zugedacht. Bereits der Vorläufer zur Koordination auf Bundesebene indes war in Form eines eingetragenen Vereines organisiert (§ 1 der Satzung; www.mds-ev.de). Unbeschadet möglicher Überlegungen, Beamte aus sonstigen Einheiten zu „übernehmen", kreiste die Diskussion im Vorfeld der Neubildung – von Fragen möglicher Relativierung der Steuerung durch den SpiBuKK flankiert – um verschiedene Formen des privaten Rechts, einschließlich der GmbH. Wegen der Gesetzesfassung sind streng genommen Feststellung und Bekanntmachung des Wegfalls der Dienstherreneigenschaft und des Status der KdÖR erforderlich. Gem. § 1 Abs. 1 der Satzung erhielt der MD des SpiBuKK schließlich die Rechtsform eines **eingetragenen Vereins**; vgl. zur Mitgliedschaft § 2 der Satzung. 2

Die **Aufgaben** des MD des SpiBuKK normiert Abs. 2, allerdings nicht abschließend: er wird etwa auch gem. § 137f Abs. 2 S. 4 (Beteiligung iRd. DMP-Auswahlempfehlung) und (trotz mangelnder expliziter Zuordnung zum SpiBuKK) gem. § 139 Abs. 3 S. 2 Hs. 2 (Hilfsmittelverzeichnis) tätig. Gem. Abs. 2 S. 1 3 berät der MD des SpiBuKK diesen in allen dem SpiBuKK zugewiesenen Aufgaben. Er nimmt weiter **Koordinierungsaufgaben** wahr und **fördert** die Durchführung der Aufgaben und die Zusammenarbeit der einzelnen MDK in medizinischen und organisatorischen Fragen (Abs. 2 S. 2). Der hier verwendete Begriff „Medizinische **Dienste**" der KV" schließt bei weitem Verständnis (vgl. „Medizinischer Dienst der KV", §§ 275–277; „sozialmedizinischer Dienst der DRV KBS", § 283) ärztliche Dienste nach § 283 ein. Die Dienste haben den MD des SpiBuKK bei der Wahrnehmung seiner Aufgaben zu unterstützen (Abs. 2 S. 5). Vgl. ferner § 275 Abs. 2 Nr. 1 sowie Rn. 4. Vgl. zur PflV § 276 Rn. 15.

4 Ähnlich wie die SpiVe für deren MD (für diesen noch gelten nachfolgende Beispiele, www.mds-ev.de) kommt dem SpiBuKK gem. Abs. 2 S. 3 vor allem die Aufgabe zu, **RL** über die Zusammenarbeit der KKen mit den MDK (v. 27. 8. 1990), die Sicherstellung einer einheitlichen Begutachtung (zB. Ambulante Soziotherapie, 27. 11. 2002; Vorsorge und Rehabilitation, 28. 10. 2005) sowie Grundsätze der Fort- und Weiterbildung (v. 22. 8. 2001) zu erlassen; im Übrigen kann er **Empfehlungen** (zB. zur vorrangigen Beauftragung von Gutachtern, 27. 8. 1990) abgeben, Abs. 2 S. 4.

5 Va. durch die Änderung der Rechtsform gem. Abs. 1 begründet (BT-Drs. 16/4247, 55) untersteht der MD des SpiBuKK der **Aufsicht** des BM für Gesundheit, Abs. 3 S. 1. Speziell für das Haushalts- und Rechnungswesen gilt § 208 Abs. 2 mit dessen Verweisen auf Vorschriften des SGB IV entspr.; ferner besteht neben der allgemeinen Aufsicht gem. entspr. Anwendung des § 274 eine spezifische Prüfpflicht, Abs. 3 S. 2. Prüfung und Aufsicht haben die Unabhängigkeit der Ärzte des MD (auch auf der Bundesebene) zu beachten, Abs. 3 S. 3 iVm. § 275 Abs. 5 (s. dort, Rn. 30). Die **Finanzierung** des MD des SpiBuKK erfolgt überwiegend durch letzteren als allein entscheidungsbefugtes Mitglied (s. §§ 2 und 19 der Satzung). Sie darf für Aufgaben iRd. PflV über die Pauschale nach § 46 Abs. 3 S. 1 SGB XI hinaus nicht zu Lasten der Pflegekassen erfolgen; va. nach der Änderung des § 46 Abs. 3 S. 4 SGB XI fehlt es an einer bewussten Regelungslücke im Hinblick auf diese aufgabenbezogen und kostenbegründend nicht analogiefähige Norm.

§ 283 Ausnahmen

¹Die Aufgaben des Medizinischen Dienstes nehmen für die Bereiche der Bundesbahn-Betriebskrankenkasse sowie der Reichsbahn-Betriebskrankenkasse, auch für den Fall der Vereinigung der beiden Kassen zur Bahnbetriebskrankenkasse, und der Betriebskrankenkasse des Bundesverkehrsministeriums, soweit deren Mitglieder in dem Dienstbezirk der Bahnbetriebskrankenkasse wohnen, die Ärzte des Bundeseisenbahnvermögens wahr. ²Für die anderen Mitglieder der Betriebskrankenkasse des Bundesministeriums für Verkehr, Bau- und Wohnungswesen und die Betriebskrankenkasse nach § 7 Postsozialversicherungsorganisationsgesetz (DIE BKK POST) schließen diese Betriebskrankenkassen Verträge mit den Medizinischen Diensten. ³Die Aufgaben des Medizinischen Dienstes nimmt für die Krankenversicherung der Deutschen Rentenversicherung Knappschaft-Bahn-See deren Sozialmedizinischer Dienst wahr.

Schrifttum: S. § 275.

1 Zur Bewahrung tradierter und operabler Strukturen in Form eigener ärztlicher Gutachterdienste bleibt es einzelnen bundesunmittelbaren KKen weiter möglich,

§ 283

die dem MDK zugewiesenen Aufgaben nicht von dieser ArbGem, sondern von den **eigenen Diensten** wahrnehmen zu lassen. Da sie nicht Träger des MDK sind, bleibt ihnen dessen Inanspruchnahme verschlossen bzw. nur unter besonderen Bedingungen möglich. Vermittelt durch ihre Eigenschaft als SpiV (§ 213 idF. bis zum 31. 12. 2008) waren zunächst auch die See-KK und die Bundesknappschaft als Gründungsmitglieder an der Bildung der ArbGem. (vgl. auch § 219) in Form des MD der SpiVe gem. § 282 idF. bis 30. 6. 2008 beteiligt.

(Auch) nach dem Zusammenschluss von Bundesbahn-BKK und Reichsbahn-BKK zur **Bahn-BKK** nehmen die **Ärzte des Bundeseisenbahnvermögens** (eines nicht rechtsfähigen Sondervermögens) die Aufgaben des MDK wahr, S. 1. Der sich so bezeichnende „MD des Bundeseisenbahnvermögens" in Bonn ist auch für die BKK des (nach heutiger Bezeichnung so konturierten) **BM für Verkehr,** Bau- und Stadtentwicklung (zu den Trägerunternehmen § 1 Abs. 2 der Satzung, www.bkkbvm.de) zuständig, soweit deren Mitglieder im Dienstbezirk jener Bahn-BKK wohnen. Für die anderen Mitglieder dieser BKK sowie DIE BKK POST, mittlerweile aufgegangen in der Deutschen BKK, sollen die BKKen Verträge mit den MDK schließen, S. 2. 2

Nach Eingliederung der SeeKK in die **DRV KBS** als Träger der KV nimmt nunmehr deren Sozialmedizinischer Dienst die Aufgaben des MDK wahr (Fassung des S. 3 gem. Art. 5 Nr. 15 des G zur Änderung des SGB IV und anderer Gesetze v. 19. 12. 2007, BGBl. I 2007, 3031, sowie Bek. v. 28. 12. 2007, BGBl. I, 3305). 3

Zehntes Kapitel. Versicherungs- und Leistungsdaten, Datenschutz, Datentransparenz

Erster Abschnitt. Informationsgrundlagen

Erster Titel. Grundsätze der Datenverwendung

Vor § 284

1 Wie in allen Bereichen der gesetzlichen Sozialversicherung werden in der GKV zu unterschiedlichen gesetzlichen Zwecken in erheblichem Umfang **personenbezogene Daten** erhoben, verarbeitet und genutzt (vgl. zu diesen uA. **Begriffsbestimmungen** § 3 BDSG, § 67 SGB X), insb. für die Bewilligung und Abrechnung von Leistungen, die Prüfung der Leistungserbringer und die Weiterentwicklung der Versorgung sowie der Abrechnungssysteme. Dabei erfolgt die Verarbeitung oder Nutzung inzwischen weitgehend auf elektronischem oder maschinellem Wege.

2 Bei den versichertenbezogenen Daten sowie den personenbezogenen Daten von Ärzten, Zahnärzten und Psychotherapeuten handelt es sich regelmäßig um **Sozialdaten** iSd. § 67 Abs. 1 SGB X, die dem besonderen Schutz der §§ 67 ff. SGB X unterliegen. Aber auch Daten anderer Leistungserbringer stehen unter dem Schutz datenschutzrechtlicher Bestimmungen (BDSG, BayDSG). Das 10. Kapitel des SGB V ergänzt diese Schutzvorschriften um **spezialgesetzliche Regelungen** für den Bereich der GKV (zur Entwicklung im Gesetzgebungsverfahren des GRG vgl. BT-Drs. 11/3320, 155 ff. und 11/3480, 42 f., 67 ff.) und beschränkt insbesondere den Datenaustausch und die Verwendung übermittelter Daten innerhalb der GKV auf das im Einzelfall für die Erfüllung der gesetzlichen Aufgaben erforderliche Maß (vgl. zum Recht auf informationelle Selbstbestimmung und zur informationellen Gewaltenteilung BVerfG, NVwZ 2005, 571 mwN.; BVerfGE 65, 1/42 ff.). Zum Verhältnis von Datenschutz und Mitwirkungspflicht vgl. BSG, NZS 2005, 53/55.

3 Soweit sich die Vorschriften des 10. Kapitels auf Ärzte und KV beziehen, gelten sie entsprechend auch für Psychotherapeuten, Zahnärzte und KZV (§ 185 Abs. 4). Aufgrund der Einbeziehung stationärer Pflegeeinrichtungen in die vertragsärztliche Versorgung (§ 119 b) erfassen sie seit 1. 7. 2008 auch solche nicht ärztlich geleiteten Einrichtungen.

§ 284 Sozialdaten bei den Krankenkassen

(1) ¹Die Krankenkassen dürfen Sozialdaten für Zwecke der Krankenversicherung nur erheben und speichern, soweit diese für

1. die Feststellung des Versicherungsverhältnisses und der Mitgliedschaft, einschließlich der für die Anbahnung eines Versicherungsverhältnisses erforderlichen Daten,
2. die Ausstellung des Berechtigungsscheines, der Krankenversichertenkarte und der elektronischen Gesundheitskarte,

§ 284

3. die Feststellung der Beitragspflicht und der Beiträge, deren Tragung und Zahlung,
4. die Prüfung der Leistungspflicht und der Erbringung von Leistungen an Versicherte einschließlich der Voraussetzungen von Leistungsbeschränkungen, die Bestimmung des Zuzahlungsstatus und die Durchführung der Verfahren bei Kostenerstattung, Beitragsrückzahlung und der Ermittlung der Belastungsgrenze,
5. die Unterstützung der Versicherten bei Behandlungsfehlern,
6. die Übernahme der Behandlungskosten in den Fällen des § 264,
7. die Beteiligung des Medizinischen Dienstes,
8. die Abrechnung mit den Leistungserbringern, einschließlich der Prüfung der Rechtmäßigkeit und Plausibilität der Abrechnung,
9. die Überwachung der Wirtschaftlichkeit der Leistungserbringung,
10. die Abrechnung mit anderen Leistungsträgern,
11. die Durchführung von Erstattungs- und Ersatzansprüchen,
12. die Vorbereitung, Vereinbarung und Durchführung von Vergütungsverträgen nach den §§ 85c und 87a bis 87c,
13. die Vorbereitung und Durchführung von Modellvorhaben, die Durchführung des Versorgungsmanagements nach § 11 Abs. 4, die Durchführung von Verträgen zu integrierten Versorgungsformen oder der ambulanten Erbringung hochspezialisierter Leistungen, einschließlich der Durchführung von Wirtschaftlichkeitsprüfungen und Qualitätsprüfungen, soweit Verträge ohne Beteiligung der Kassenärztlichen Vereinigungen abgeschlossen wurden,
14. die Durchführung des Risikostrukturausgleichs (§ 266 Abs. 1 bis 6, § 267 Abs. 1 bis 6, § 268 Abs. 3) und des Risikopools (§ 269 Abs. 1 bis 3) sowie zur Gewinnung von Versicherten für die Programme nach § 137g und zur Vorbereitung und Durchführung dieser Programme erforderlich sind.

²Versichertenbezogene Angaben über ärztliche Leistungen dürfen auch auf maschinell verwertbaren Datenträgern gespeichert werden, soweit dies für die in Satz 1 Nr. 4, 8, 9, 10, 11, 12, 13, 14 bezeichneten Zwecke erforderlich ist. ³Versichertenbezogene Angaben über ärztlich verordnete Leistungen dürfen auf maschinell verwertbaren Datenträgern gespeichert werden, soweit dies für die in Satz 1 Nr. 4, 8, 9, 10, 11, 12, 13, 14 und § 305 Abs. 1 bezeichneten Zwecke erforderlich ist. ⁴Die nach den Sätzen 2 und 3 gespeicherten Daten sind zu löschen, sobald sie für die genannten Zwecke nicht mehr benötigt werden. Im Übrigen gelten für die Datenerhebung und -speicherung die Vorschriften des Ersten und Zehnten Buches.

(2) Im Rahmen der Überwachung der Wirtschaftlichkeit der vertragsärztlichen Versorgung dürfen versichertenbezogene Leistungs- und Gesundheitsdaten auf maschinell verwertbaren Datenträgern nur gespeichert werden, soweit dies für Stichprobenprüfungen nach § 106 Abs. 2 Satz 1 Nr. 2 erforderlich ist.

(3) ¹Die rechtmäßig erhobenen und gespeicherten versichertenbezogenen Daten dürfen nur für die Zwecke der Aufgaben nach Absatz 1 in dem jeweils erforderlichen Umfang verarbeitet oder genutzt werden, für andere Zwecke, soweit dies durch Rechtsvorschriften des Sozialgesetzbuchs angeordnet oder erlaubt ist. ²Die Daten, die nach § 295 Abs. 1b Satz 1 an die Krankenkasse übermittelt werden, dürfen nur zu Zwecken nach Absatz 1 Satz 1 Nr. 4, 8, 9, 10, 11, 12, 13, 14 und § 305 Abs. 1 versichertenbezogen verarbeitet und genutzt werden und nur, soweit dies für diese Zwecke erforderlich ist; für die Verarbeitung und Nutzung dieser Daten zu anderen Zwecken ist der Versichertenbezug vorher zu löschen.

§ 284

(4) ¹Zur Gewinnung von Mitgliedern dürfen die Krankenkassen Daten erheben, verarbeiten und nutzen, wenn die Daten allgemein zugänglich sind, es sei denn, dass das schutzwürdige Interesse des Betroffenen an dem Ausschluss der Verarbeitung oder Nutzung überwiegt. ²Ein Abgleich der erhobenen Daten mit den Angaben nach § 291 Abs. 2 Nr. 2, 3, 4 und 5 ist zulässig. ³Widerspricht der Betroffene bei der verantwortlichen Stelle der Nutzung oder Übermittlung seiner Daten, ist sie unzulässig. ⁴Die Daten sind zu löschen, sobald sie für die Zwecke nach Satz 1 nicht mehr benötigt werden. ⁵Im Übrigen gelten für die Datenerhebung, Verarbeitung und Nutzung die Vorschriften des Ersten und Zehnten Buches.

Schrifttum: *H. Marburger,* Datenverwendung für die Gewinnung von Mitgliedern, Markt und Wettbewerb 2004, 353; *H.-D. Steinmeier/K. v. Koppenfels,* Berücksichtigung des Datenschutzes bei der Nutzung von Routinedaten, Prävention durch Krankenkassen 2002, 85; *R. Vetter,* Chancen und Risiken zentralisierter Patientendatenbestände, DuD 2003, 39.

A. Überblick

1 § 284 regelt **für die Krankenkassen** in spezialgesetzlicher Ergänzung zu den allgemeinen Vorschriften des SGB I und X (Abs. 1 S. 5) **abschließend** die Voraussetzungen für die Erhebung und Speicherung (Abs. 1 und 2) sowie die Verarbeitung und Nutzung (Abs. 3 und 4) von **Sozialdaten iSd. § 67 Abs. 1 SGB X** zur Durchführung der gesetzlichen Krankenversicherung. Eine **Erweiterung dieser Befugnisse** durch Vereinbarung der an der GKV Beteiligten ist damit ausgeschlossen. Für die Durchführung übertragener anderer Aufgaben (zum Beispiel als Einzugsstelle für den Gesamtsozialversicherungsbeitrag, § 28h SGB IV) gelten die für diese Aufgaben einschlägigen Vorschriften.

B. Erhebung, Speicherung und Löschung von Sozialdaten, Abs. 1

2 S. 1 betont die strikte **Zweckbindung** der Erhebung (§ 67 Abs. 5 SGB X) und Speicherung (§ 67 Abs. 6 SGB X). KK, ihre Verbände und Institutionen dürfen nur die Daten erheben und speichern, die zur Erfüllung der in S. 1 abschließend genannten Zwecke jeweils **erforderlich** sind. Unerheblich ist, auf welchem Wege die Daten der KK zugehen. Auch Daten, die von der übermittelnden Stelle zu anderen Zwecken zulässig erhoben und gespeichert wurden, dürfen von der KK nur zu den in Abs. 1 genannten Zwecken angefordert (erhoben) werden. Die Beschränkungen gelten auch für Daten, die nicht elektronisch oder auf maschinell verwertbaren Datenträgern übermittelt werden.

3 Wegen der besonderen Schutzbedürftigkeit versichertenbezogener Angaben über **ärztliche und ärztlich verordnete Leistungen** beschränken S. 2 und 3 die Befugnis zur **Speicherung** dieser Daten auf maschinell verwertbaren Datenträgern. Sie ist nur für die dort genannten Zwecke und nur in dem zur Erfüllung des jeweiligen Zwecks erforderlichen Umfang zulässig. Bei Daten, die zur **Auskunft an den Versicherten** (§ 305) benötigt werden, differenzieren S. 2 und 3 zwischen ärztlichen Leistungen, die nur von der KV gespeichert werden dürfen (§ 285 Abs. 2), und ärztlich verordneten Leistungen.

4 Die nach S. 2 und 3 gespeicherten Daten sind zu **löschen,** sobald sie für den Zweck, zu dem sie gespeichert wurden, nicht mehr benötigt werden (S. 4). Die

10. Kapitel. 1. Abschnitt. 1. Titel **§ 284**

Höchstdauer der Speicherung richtet sich nach § 84 Abs. 2 SGB X, zu dem § 304 keine abweichende Regelung enthält.

S. 5 stellt klar, dass die Regelungen des § 284 den allgemeinen datenschutz- 5
rechtlichen Vorschriften über die Erhebung und Speicherung von Daten vorgehen. Soweit das SGB V keine speziellen Regelungen enthält, hat die **KK als Sozialleistungsträger** iSd. § 35 SGB I die allgemeine Vorschriften des SGB I und X auch ohne ausdrückliche Verweisung zu beachten.

C. Speicherung im Rahmen der Wirtschaftlichkeitsprüfung

Abs. 2 beschränkt die Speicherung versichertenbezogener Leistungs- und Ge- 6
sundheitsdaten im Rahmen der **Wirtschaftlichkeitsprüfung (§ 106)**. Eine Speicherung auf maschinell verwertbaren Datenträgern ist nur zulässig, soweit diese Daten für die Zufälligkeitsprüfung (vgl. § 296) erforderlich sind. Einer entsprechenden Regelung für die Auffälligkeitsprüfung (vgl. § 297) bedarf es nicht, da diese nicht versichertenbezogen erfolgt.

D. Verarbeitung und Nutzung von Sozialdaten

Abs. 3 regelt die Verarbeitung und Nutzung der nach Abs. 1 und 2 **rechtmäßig** 7
erhobenen und gespeicherten versichertenbezogenen Daten. Auch sie ist nach Art und Umfang grundsätzlich auf die in Abs. 1 abschließend genannten Zwecke beschränkt. Eine darüber hinausgehende Verarbeitung oder Nutzung bedarf einer besonderen gesetzlichen Regelung (S. 1). Die einer KK nach § 295 Abs. 1 b S. 1 übermittelten Daten dürfen **mit Versichertenbezug** nur zu den dort genannten Zwecken sowie zur Auskunft an den Versicherten selbst (§ 305 Abs. 1), **ohne Versichertenbezug** auch zu anderen Zwecken verarbeitet und genutzt werden (S. 2).

E. Mitgliedergewinnung

Abs. 4 erlaubt der KK, zum Zwecke der Mitgliedergewinnung personen- 8
bezogene Daten aus **allgemein zugänglichen** Quellen zu verwenden und mit den Daten nach § 291 Abs. 2 Nr. 2, 3, 4 und 5 (Name, Geburtsdatum, Geschlecht und Anschrift für die Versichertenkarte) der bestehenden Mitglieder **abzugleichen.** Damit wird es der KK zur Förderung des Wettbewerbs möglich, sich mit Informationen und Werbung direkt an potentielle neue Mitglieder zu wenden. Eine Datenerhebung durch die KK ist unzulässig (BSG, SozR 3–2500, § 284 Nr. 1 S. 4).

Besteht ein **überwiegendes schutzwürdiges Interesse** des Betroffenen am 9
Ausschluss der Verarbeitung oder Nutzung, ist auch die Erhebung der Daten unzulässig. Bereits erhobene Daten sind unverzüglich zu löschen. Dasselbe gilt, wenn der Versicherte gegenüber der KK oder der verantwortlichen Stelle, die die allgemein zugänglich gemachten Daten erhoben hat, der Nutzung oder Übermittlung seiner Daten generell oder im Einzelfall widersprochen hat.

Rechtmäßig erhobene Daten sind **zu löschen,** sobald sie nicht mehr zu Mit- 10
gliedergewinnung benötigt werden. Im Übrigen gelten auch ohne die Verweisung in S. 5 die allgemeinen Vorschriften des SGB I und X.

Michels

§ 285 Personenbezogene Daten bei den Kassenärztlichen Vereinigungen

(1) Die Kassenärztlichen Vereinigungen dürfen Einzelangaben über die persönlichen und sachlichen Verhältnisse der Ärzte nur erheben und speichern, soweit dies zur Erfüllung der folgenden Aufgaben erforderlich ist:
1. Führung des Arztregisters (§ 95),
2. Sicherstellung und Vergütung der vertragsärztlichen Versorgung einschließlich der Überprüfung der Zulässigkeit und Richtigkeit der Abrechnung,
3. Vergütung der ambulanten Krankenhausleistungen (§ 120),
4. Vergütung der belegärztlichen Leistungen (§ 121),
5. Durchführung von Wirtschaftlichkeitsprüfungen (§ 106),
6. Durchführung von Qualitätsprüfungen (§ 136).

(2) Einzelangaben über die persönlichen und sachlichen Verhältnisse der Versicherten dürfen die Kassenärztlichen Vereinigungen nur erheben und speichern, soweit dies zur Erfüllung der in Absatz 1 Nr. 2, 5, 6 sowie den §§ 106a und 305 genannten Aufgaben erforderlich ist.

(3) [1]Die rechtmäßig erhobenen und gespeicherten Sozialdaten dürfen nur für die Zwecke der Aufgaben nach Absatz 1 in dem jeweils erforderlichen Umfang verarbeitet oder genutzt werden, für andere Zwecke, soweit dies durch Rechtsvorschriften des Sozialgesetzbuchs angeordnet oder erlaubt ist. [2]Die nach Absatz 1 Nr. 6 rechtmäßig erhobenen und gespeicherten Daten dürfen den ärztlichen und zahnärztlichen Stellen nach § 17a der Röntgenverordnung übermittelt werden, soweit dies für die Durchführung von Qualitätsprüfungen erforderlich ist. [3]Die beteiligten Kassenärztlichen Vereinigungen dürfen die nach Absatz 1 und 2 rechtmäßig erhobenen und gespeicherten Sozialdaten der für die überörtliche Berufsausübungsgemeinschaft zuständigen Kassenärztlichen Vereinigung übermitteln, soweit dies zur Erfüllung der in Absatz 1 Nr. 1, 2, 4, 5 und 6 genannten Aufgaben erforderlich ist. [4]Sie dürfen die nach den Absätzen 1 und 2 rechtmäßig erhobenen Sozialdaten der nach § 24 Abs. 3 Satz 3 der Zulassungsverordnung für Vertragsärzte und § 24 Abs. 3 Satz 3 der Zulassungsverordnung für Vertragszahnärzte ermächtigten Vertragsärzte und Vertragszahnärzte auf Aufforderung auch untereinander übermitteln, soweit dies zur Erfüllung der in Absatz 1 Nr. 2 genannten Aufgaben erforderlich ist. [5]Die zuständige Kassenärztliche und die zuständige Kassenzahnärztliche Vereinigung dürfen die nach Absatz 1 und 2 rechtmäßig erhobenen und gespeicherten Sozialdaten der Leistungserbringer, die vertragsärztliche und vertragszahnärztliche Leistungen erbringen, auf Anforderung untereinander übermitteln, soweit dies zur Erfüllung der in Absatz 1 Nr. 2 sowie in § 106a genannten Aufgaben erforderlich ist. [6]Sie dürfen rechtmäßig erhobene und gespeicherte Sozialdaten auf Anforderung auch untereinander übermitteln, soweit dies zur Erfüllung der in § 32 Abs. 1 der Zulassungsverordnung für Vertragsärzte und § 32 Abs. 1 der Zulassungsverordnung für Vertragszahnärzte genannten Aufgaben erforderlich ist.

(4) Soweit sich die Vorschriften dieses Kapitels auf Ärzte und Kassenärztliche Vereinigungen beziehen, gelten sie entsprechend für Psychotherapeuten, Zahnärzte und Kassenzahnärztliche Vereinigungen.

A. Überblick

1 § 285 regelt in spezialgesetzlicher Ergänzung zu den allgemeinen datenschutzrechtlichen Vorschriften des SGB I und X die Erhebung, Verarbeitung und Nutzung personenbezogener Daten der Ärzte, Psychotherapeuten, Zahnärzte und Ver-

10. Kapitel. 1. Abschnitt. 1. Titel **§ 286**

sicherten durch die **KV/KZV**. Wie § 284 beinhaltet die Norm eine strikte, nicht durch Vereinbarung erweiterbare **Zweckbindung**.

B. Arztbezogene Daten, Abs. 1

Die Aufzählung der Zwecke, zu denen die KV/KZV Einzelangaben über die persönlichen und sachlichen Verhältnisse der **Ärzte, Psychotherapeuten und Zahnärzte** erheben und speichern darf, ist **abschließend**. Die Regelung entspricht § 284 Abs. 1 S. 1 (vgl. dort Rn. 2). 2

C. Versichertenbezogene Daten

Abs. 2 beschränkt die Erhebung und Speicherung personenbezogener Daten der **Versicherten** auf die zur Erfüllung der dort genannten Aufgaben erforderlichen Daten. 3

D. Verarbeitung und Nutzung

Abs. 3 regelt die Verarbeitung und Nutzung der nach Abs. 1 und 2 **rechtmäßig** erhobenen und gespeicherten Daten. S. 1 entspricht § 284 Abs. 3 (vgl. dort Rn. 7). Die Übermittlung der zur Qualitätsprüfung erhobenen und gespeicherten Daten an ärztliche und zahnärztliche **Stellen nach § 17a der Röntgenverordnung** zur dortigen Qualitätsprüfung (S. 2) soll eine unnötige erneute Datenerhebung durch diese Stellen vermeiden. 4

Se. 3 bis 5 regeln die Übermittlung der nach Abs. 1 und 2 rechtmäßig erhobenen Sozialdaten bei überörtlichen Berufsausübungsgemeinschaften, Versorgungszentren und (zahn-)ärztlichen Zulassungsverfahren. 5

E. Entsprechende Anwendung

Nach **Abs. 4** gelten neben § 285 Abs. 1 bis 3 **alle Vorschriften des 10. Kapitels,** die sich auf Ärzte und kassenärztliche Vereinigungen beziehen, entsprechend für **Psychotherapeuten, Zahnärzte und kassenzahnärztliche Vereinigungen.** Dazu gehören unter anderem § 286 (Datenübersicht), § 287 (Forschungsvorhaben), § 291 (Krankenversichertenkarte) und § 291a (elektronische Gesundheitskarte). 6

§ 286 Datenübersicht

(1) ¹**Die Krankenkassen und die Kassenärztlichen Vereinigungen erstellen einmal jährlich eine Übersicht über die Art der von ihnen oder in ihrem Auftrag gespeicherten Sozialdaten.** ²**Die Übersicht ist der zuständigen Aufsichtsbehörde vorzulegen.**

(2) **Die Krankenkassen und die Kassenärztlichen Vereinigungen sind verpflichtet, die Übersicht nach Absatz 1 in geeigneter Weise zu veröffentlichen.**

(3) **Die Krankenkassen und die Kassenärztlichen Vereinigungen regeln in Dienstanweisungen das Nähere insbesondere über**
1. die zulässigen Verfahren der Verarbeitung der Daten,
2. Art, Form, Inhalt und Kontrolle der einzugebenden und der auszugebenden Daten,

3. die Abgrenzung der Verantwortungsbereiche bei der Datenverarbeitung,
4. die weiteren zur Gewährleistung von Datenschutz und Datensicherheit zu treffenden Maßnahmen, insbesondere der Maßnahmen nach der Anlage zu § 78a des Zehnten Buches.

Schrifttum: *H. Sutschet*, Auftragsdatenverarbeitung und Funktionsübertragung, RDV 2004, 97.

A. Überblick

1 § 286 regelt die **Offenbarungs- und Veröffentlichungspflicht** von KK und KV über die Art der von ihnen oder in ihrem Auftrag gespeicherten Sozialdaten (Abs. 1 und 2) sowie die Verpflichtung zur näheren Ausgestaltung des Datenschutzes in Form von **Dienstanweisungen**.

B. Datenübersicht, Abs. 1

2 S. 1 verpflichtet KK und KV, jährlich eine **Übersicht** über die Art der von ihnen oder in ihrem Auftrag (§ 80 SGB X) **gespeicherten versicherten- oder arztbezogenen** (vgl. vor § 284 Rn. 2) **Sozialdaten** zu erstellen. Die Verpflichtung erfasst auch nicht personenbezogene Datenarten, die durch Zusammenführung mit personenbezogenen Identifikationsmerkmalen einer bestimmten Person zugeordnet werden können (bestimmbare Person iSd. § 67 Abs. 1 SGB X). Die Übersicht ist der zuständigen **Aufsichtsbehörde** (§ 90 SGB IV, § 78) vorzulegen (S. 2).

C. Veröffentlichung, Abs. 2

3 Die Übersicht ist von der KK/KV in geeigneter Weise **zu veröffentlichen** (vgl. zB. Kompass/KBS, Nr. 9/10, 16). Eine bestimmte Form der Vorlage (Abs. 1 S. 2) oder der Veröffentlichung regelt § 286 nicht. Im Interesse eines effektiven Datenschutzes ist die Übersicht in einer auch für Laien verständlichen Form zu erstellen und so zu veröffentlichen, dass jeder Betroffene Gelegenheit zur Kenntnisnahme hat, zB. in der Mitgliedszeitschrift der KK.

D. Dienstanweisungen, Abs. 3

4 Entsprechend ihrer gesetzlichen Pflicht, den Schutz und die Sicherheit der von ihnen erhobenen Sozialdaten sicherzustellen, verpflichtet Abs. 3 die KK und KV, Näheres zum Datenschutz in für ihre Mitarbeiter verbindlichen **Dienstanweisungen** zu regeln. Abs. 3 Nr. 1 bis 4 enthalten nur eine **beispielhafte Aufzählung** der auch ohne ausdrückliche Verweisung zu regelnden Bereiche. Nr. 4 weist insb. auf die in der Anlage zu § 78a SGB X verbindlich geregelten verfahrenstechnischen und organisatorischen Maßnahmen in.

5 Unabhängig von Abs. 3 sind KK und KV im Falle der **Auftragsdatenverarbeitung** verpflichtet, Datenschutz und Datensicherheit auch beim Auftragnehmer sicherzustellen, zB. durch eine den räumlichen, technischen und personell getrennten Verantwortungsbereichen entsprechende Datenschutzvereinbarung. Eine solche Vereinbarung entbindet den Auftraggeber im Außenverhältnis nicht von seiner alleinigen datenschutzrechtlichen Verantwortung.

10. Kapitel. 1. Abschnitt. 1. Titel **§ 287**

§ 287 Forschungsvorhaben

(1) **Die Krankenkassen und die Kassenärztlichen Vereinigungen dürfen mit Erlaubnis der Aufsichtsbehörde die Datenbestände leistungserbringer- oder fallbeziehbar für zeitlich befristete und im Umfang begrenzte Forschungsvorhaben, insbesondere zur Gewinnung epidemiologischer Erkenntnisse, von Erkenntnissen über Zusammenhänge zwischen Erkrankungen und Arbeitsbedingungen oder von Erkenntnissen über örtliche Krankheitsschwerpunkte, selbst auswerten oder über die sich aus § 304 ergebenden Fristen hinaus aufbewahren.**

(2) **Sozialdaten sind zu anonymisieren.**

Schrifttum: *A. Meier*, Der rechtliche Schutz patientenbezogener Gesundheitsdaten, Diss. Münster 2002; *I. Pigeot/W. Ahrens/J. Kübler*, Datenquellen in der Epidemiologie, Bundesgesundheitsblatt 2006, 628; *S. C. Semmler uA.*, Pseudonymisierung für Forschungsdatenbanken und Register, Jäckel 2005, 209.

A. Überblick

§ 287 regelt in Ergänzung zu § 67c Abs. 5 und § 75 SGB X die datenschutzrechtliche Befugnis der KK/KV zur Verwendung rechtmäßig erhobener und gespeicherter Daten für **eigene Forschungsvorhaben.** Sie enthält keine Ermächtigung zur Durchführung der Forschungsvorhaben, sondern setzt diese voraus. 1

B. Nutzung von Sozialdaten für Forschungszwecke, Abs. 1

KKen und KVen können mit **Erlaubnis der Aufsichtsbehörde (§ 90 SGB IV, § 78) Datenbestände** zu Forschungszwecken leistungserbringer- oder fallbeziehbar **auswerten** und über die Frist des § 304 hinaus **aufbewahren.** Die Aufsichtsbehörde hat die Erfüllung der im Gesetz genannten Voraussetzungen anhand der ihr von der KK/KV zur Verfügung zu stellenden Unterlagen über das geplante Forschungsvorhaben zu prüfen und ggf. durch Auflagen sicherzustellen. 2

Die Befugnis zur Datenauswertung beschränkt sich auf bereits bei der KK/KV **vorhandene Daten.** Eine erweiternde Erhebung sieht das Gesetz nicht vor. Die Auswertung muss **durch die KK/KV selbst** erfolgen. Eine Auswertung durch Dritte ist unzulässig. 3

Die Datenbestände dürfen nur für von vornherein **zeitlich befristete** und im Umfang **beschränkte Forschungsvorhaben** ausgewertet werden. Die in Abs. 1 genannten Beispiele (Epidemiologie, Zusammenhänge zwischen Erkrankungen und Arbeitsbedingungen, örtliche Krankheitsschwerpunkte) sind nicht abschließend. 4

C. Anonymisierung, Abs. 2

Die Sozialdaten sind vor ihrer Auswertung zu **anonymisieren.** Die Datenbestände dürfen somit **nicht personenbezogen ausgewertet** werden. Bei der Zusammenführung unterschiedlicher Datenbestände und in Fällen der zeitlich befristeten Verlaufskontrolle wäre damit eine Zusammenführung leistungserbringer- oder fallbezogener Daten nur im Wege einer **Pseudonymisierung** (vgl. § 303c Rn. 3; *S. Semmler uA.*, Jäckel 2005, 209) außerhalb des Forschungsvorhabens möglich. 5

Zweiter Titel. Informationsgrundlagen der Krankenkassen

§ 288 Versichertenverzeichnis

¹Die Krankenkasse hat ein Versichertenverzeichnis zu führen. ²Das Versichertenverzeichnis hat alle Angaben zu enthalten, die zur Feststellung der Versicherungspflicht oder -berechtigung, zur Bemessung und Einziehung der Beiträge, soweit nach der Art der Versicherung notwendig, sowie zur Feststellung des Leistungsanspruchs einschließlich der Versicherung nach § 10 erforderlich sind.

Schrifttum: B. *Hilderink,* Datenschutz in der gesetzlichen Krankenversicherung, Diss. Münster 2000.

A. Überblick

1 § 288 regelt die Verpflichtung der KK, ein Versichertenverzeichnis zu führen, sowie dessen Inhalt. Vorgaben über die **Form des Verzeichnisses** enthält die Norm nicht.

B. Versichertenverzeichnis

2 S. 1 verpflichtet die KK, ein Versichertenverzeichnis zu führen. Der Inhalt dient der Feststellung der Versicherungspflicht oder Versicherungsberechtigung, der Bemessung und Einziehung von Beiträgen sowie der Feststellung des Leistungsanspruchs und umfasst alle hierzu **erforderlichen persönlichen Daten** des Versicherten einschließlich der Familienversicherten (§ 10).

C. Inhalt, Löschung

3 Welche Daten in das Verzeichnis aufzunehmen sind, wird in S. 2 nicht näher bestimmt. Da Sozialdaten nur zweckgebunden verarbeitet und genutzt werden dürfen (vgl. § 284 Rn. 7), sind Angaben, die zur Erfüllung der in S. 2 **abschließend** genannten Zwecke nicht oder nicht mehr (zB. einkommensbezogene Angaben beim Wechsel von der freiwilligen Versicherung in eine Pflichtversicherung) erforderlich sind, nicht in das Verzeichnis aufzunehmen bzw. zu löschen.

D. Aktualisierung

4 Aus der Zweckbestimmung ergibt sich andererseits die Pflicht der KK zur **zeitnahen** Aktualisierung des Verzeichnisses. Da sie nicht ohne Weiteres Kenntnis von Änderungen in den persönlichen Verhältnissen der Versicherten erhält, kann eine Überprüfung des Datenbestandes zB. durch Anfragen an die Versicherten oder an bestimmte Versichertengruppen (vgl. für Familienversicherte § 289 S. 3) notwendig sein.

§ 289 Nachweispflicht bei Familienversicherung

¹Für die Eintragung in das Versichertenverzeichnis hat die Krankenkasse die Versicherung nach § 10 bei deren Beginn festzustellen. ²Sie kann die dazu erforderlichen Daten vom Angehörigen oder mit dessen Zustimmung vom Mitglied erheben. ³Der Fortbestand der Voraussetzungen der Versicherung nach § 10 ist auf Verlangen der Krankenkasse nachzuweisen.

Schrifttum: *J. Sinnigen,* Familienversicherung, SF-Medien Nr. 145 (2004), 77.

A. Überblick

§ 289 regelt die Feststellung der **Familienversicherung,** die dazu erforderliche Datenerhebung und die Pflicht der Familienversicherten, den Fortbestand der Voraussetzungen der Familienversicherung nachzuweisen. 1

B. Feststellungspflicht, S. 1

Die KK ist verpflichtet, eine Familienversicherung nach § 10 bereits **bei deren Beginn festzustellen.** Die Feststellung dient nur der Eintragung des Familienversicherten in das Versichertenverzeichnis (§ 288). Sie ist **keine konstitutive Voraussetzung** für die Entstehung des Versicherungsverhältnisses oder die Geltendmachung von Leistungsansprüchen. 2

C. Datenerhebung, S. 2

Die zur Feststellung nach S. 1 **erforderlichen Daten** können beim betroffenen Angehörigen selbst oder mit dessen Zustimmung bei dem Mitglied erhoben werden, von dem der Angehörige seine Familienversicherung ableitet (zum Wahlrecht des Familienversicherten bei mehrfacher Erfüllung der Voraussetzungen s. § 10 Abs. 5). Die **Offenbarungsbefugnis und -pflicht des Mitglieds** ergibt sich aus § 10 Abs. 6. 3

D. Mitwirkungspflicht des Angehörigen, S. 3

Auf Verlangen der KK hat der Angehörige den **Fortbestand der Voraussetzungen** für seine Familienversicherung **nachzuweisen.** Auf diesem Wege kann die KK sich Kenntnis über mögliche Veränderungen in den die Familienversicherung begründenden sachlichen und persönlichen Verhältnissen des Angehörigen verschaffen. Der Nachweis dient nicht lediglich der Aktualisierung des Versichertenverzeichnisses. Zu den Folgen der Verletzung der Mitwirkungspflicht s. § 66 SGB I. 4

§ 290 Krankenversichertennummer

(1) ¹Die Krankenkasse verwendet für jeden Versicherten eine Krankenversichertennummer. ²Die Krankenversichertennummer besteht aus einem unveränderbaren Teil zur Identifikation des Versicherten und einem veränderbaren Teil, der bundeseinheitliche Angaben zur Kassenzugehörigkeit enthält und aus

§ 290

dem bei Vergabe der Nummer an Versicherte nach § 10 sicherzustellen ist, dass der Bezug zu dem Angehörigen, der Mitglied ist, hergestellt werden kann. ³Der Aufbau und das Verfahren der Vergabe der Krankenversichertennummer haben den Richtlinien nach Absatz 2 zu entsprechen. ⁴Die Rentenversicherungsnummer darf nicht als Krankenversichertennummer verwendet werden. ⁵Eine Verwendung der Rentenversicherungsnummer zur Bildung der Krankenversichertennummer entsprechend den Richtlinien nach Absatz 2 ist zulässig, wenn nach dem Stand von Wissenschaft und Technik sichergestellt ist, dass nach Vergabe der Krankenversichertennummer weder aus der Krankenversichertennummer auf die Rentenversicherungsnummer noch aus der Rentenversicherungsnummer auf die Krankenversichertennummer zurückgeschlossen werden kann; dieses Erfordernis gilt auch in Bezug auf die vergebende Stelle. ⁶Die Prüfung einer Mehrfachvergabe der Krankenversichertennummer durch die Vertrauensstelle bleibt davon unberührt. ⁷Wird die Rentenversicherungsnummer zur Bildung der Krankenversichertennummer verwendet, ist für Personen, denen eine Krankenversichertennummer zugewiesen werden muss und die noch keine Rentenversicherungsnummer erhalten haben, eine Rentenversicherungsnummer zu vergeben.

(2) ¹Der Spitzenverband Bund der Krankenkassen hat erstmalig bis zum 30. Juni 2004 gemeinsam und einheitlich den Aufbau und das Verfahren der Vergabe der Krankenversichertennummer durch Richtlinien zu regeln. ²Die Krankenversichertennummer ist von einer von den Krankenkassen und ihren Verbänden räumlich, organisatorisch und personell getrennten Vertrauensstelle zu vergeben. ³Die Vertrauensstelle gilt als öffentliche Stelle und unterliegt dem Sozialgeheimnis nach § 35 des Ersten Buches. Sie untersteht der Rechtsaufsicht des Bundesministeriums für Gesundheit. § 274 Abs. 1 Satz 2 gilt entsprechend. ⁴Die Richtlinien sind dem Bundesministerium für Gesundheit vorzulegen. Es kann sie innerhalb von zwei Monaten beanstanden. ⁵Kommen die Richtlinien nicht innerhalb der gesetzten Frist zu Stande oder werden die Beanstandungen nicht innerhalb der vom Bundesministerium für Gesundheit gesetzten Frist behoben, kann das Bundesministerium für Gesundheit die Richtlinien erlassen.

Schrifttum: *C. Heese,* Die Rentenversicherungsnummer als Ordnungskriterium in der Krankenversicherung, DSB 2003, 15; *H. Marburger,* Rentenversicherungs- und Krankenversicherungsnummer – wichtige Organisationselemente der gesetzlichen Sozialversicherung, Die Beiträge 1998, 312.

A. Überblick

1 § 290 regelt **Vergabe und Inhalt der Krankenversichertennummer.** Die Norm wurde zum 28. Juni 2005 grundlegend überarbeitet. Insbesondere wurde der Inhalt der Krankenversichertennummer näher geregelt und die Vergabe einer von den KK unabhängigen Vertrauensstellung übertragen.

B. Bildung und Verwendung der Krankenversichertennummer, Abs. 1

2 S. 1 verpflichtet die KK, für jeden Versicherten **(nur) eine** Krankenversichertennummer zu verwenden. Sie besteht aus einem der Identifikation des Versicherten dienenden **unveränderbaren Teil** sowie einem **veränderbaren Teil,** aus dem sich bundeseinheitlich Angaben zur Kassenzugehörigkeit sowie bei Familienversicherten ein Bezug zum versicherten Stammmitglied ergibt (S. 2).

Die **Rentenversicherungsnummer** darf (seit 1.1.1992) nicht als Krankenversichertennummer verwendet werden (S. 4). Eine durch Richtlinien nach Abs. 2 S. 1 zu regelnde Verwendung der Rentenversicherungsnummer zur Bildung der Krankenversichertennummer ist dagegen zulässig, wenn nach aktuellem Stand von Wissenschaft und Technik sichergestellt ist, dass nach Vergabe der Krankenversichertennummer kein wechselseitiger Rückschluss auf die jeweils andere Nummer erfolgen kann (S. 5). Ausgenommen hiervon ist die in den Richtlinien nach Abs. 2 S. 1 zu regelnde Prüfung einer **Mehrfachvergabe** durch die Vergabestelle (S. 6). Gegebenenfalls ist zur Vergabe der Krankenversichertennummer zunächst eine **Rentenversicherungsnummer zu vergeben** (S. 7), auch wenn im Übrigen die rentenrechtlichen Voraussetzungen hierfür noch nicht vorliegen.

C. Vergabe der Krankenversichertennummer, Abs. 2

Die **Vergabe** erfolgt durch eine von den Krankenkassen und ihren Verbänden räumlich, organisatorisch und personell getrennte **Vertrauensstelle** (S. 2) nach den vom SpiBuKK in **Richtlinien** getroffenen Regelungen über den Aufbau der Krankenversichertennummer und das Vergabeverfahren (Abs. 1 S. 3, Abs. 2 S. 1). Richtlinienänderungen können vom BMG innerhalb von zwei Monaten nach ihrer Vorlage beanstandet werden. Werden die Beanstandungen nicht innerhalb einer vom BMG gesetzten Frist behoben, kann das BMG selbst die Richtlinienänderungen erlassen (S. 6 bis 8).

Die Vertrauensstelle untersteht der **Rechtsaufsicht** des BMG (S. 4), dem auch die Prüfung nach § 274 Abs. 1 S. 2 obliegt (S. 5). Sie gilt als öffentliche Stelle iSd. § 35 SGB I und unterliegt wie die dort genannten Sozialleistungsträger den Regelungen des allgemeinen Sozialdatenschutzes des SGB X sowie den ergänzenden datenschutzrechtlichen Bestimmungen des SGB V (S. 3).

§ 291 Krankenversichertenkarte

(1) ¹Die Krankenkasse stellt spätestens bis zum 1. Januar 1995 für jeden Versicherten eine Krankenversichertenkarte aus, die den Krankenschein nach § 15 ersetzt. ²Die Karte ist von dem Versicherten zu unterschreiben. ³Sie darf vorbehaltlich § 291 a nur für den Nachweis der Berechtigung zur Inanspruchnahme von Leistungen im Rahmen der vertragsärztlichen Versorgung sowie für die Abrechnung mit den Leistungserbringern verwendet werden. ⁴Die Karte gilt nur für die Dauer der Mitgliedschaft bei der ausstellenden Krankenkasse und ist nicht übertragbar. ⁵Bei Inanspruchnahme ärztlicher Behandlung bestätigt der Versicherte auf dem Abrechnungsschein des Arztes das Bestehen der Mitgliedschaft durch seine Unterschrift. ⁶Die Krankenkasse kann die Gültigkeit der Karte befristen.

(2) ¹Die Krankenversichertenkarte enthält neben der Unterschrift und einem Lichtbild des Versicherten in einer für eine maschinelle Übertragung auf die für die vertragsärztliche Versorgung vorgesehenen Abrechnungsunterlagen und Vordrucke (§ 295 Abs. 3 Nr. 1 und 2) geeigneten Form vorbehaltlich § 291 a ausschließlich folgende Angaben:
1. Bezeichnung der ausstellenden Krankenkasse, einschließlich eines Kennzeichens für die Kassenärztliche Vereinigung, in deren Bezirk das Mitglied seinen Wohnsitz hat,
2. Familienname und Vorname des Versicherten,

3. Geburtsdatum,
4. Geschlecht,
5. Anschrift,
6. Krankenversichertennummer,
7. Versichertenstatus, für Versichertengruppen nach § 267 Abs. 2 Satz 4 in einer verschlüsselten Form,
8. Zuzahlungsstatus,
9. Tag des Beginns des Versicherungsschutzes,
10. bei befristeter Gültigkeit der Karte das Datum des Fristablaufs;
die Erweiterung der Krankenversichertenkarte um das Lichtbild sowie die Angaben zum Geschlecht und zum Zuzahlungsstatus haben spätestens bis zum 1. Januar 2006 zu erfolgen; Versicherte bis zur Vollendung des 15. Lebensjahres sowie Versicherte, deren Mitwirkung bei der Erstellung des Lichtbildes nicht möglich ist, erhalten eine Krankenversichertenkarte ohne Lichtbild. [2]Sofern für die Krankenkassen Verträge nach § 83 Satz 2 geschlossen sind, ist für die Mitglieder, die ihren Wohnsitz außerhalb der Bezirke der beteiligten Kassenärztlichen Vereinigungen haben, als Kennzeichen nach Satz 1 Nr. 1 das Kennzeichen der kassenärztlichen Vereinigung zu verwenden, in deren Bezirk die Krankenkasse ihren Sitz hat.

(2a) [1]Die Krankenkasse erweitert die Krankenversichertenkarte nach Absatz 1 bis spätestens zum 1. Januar 2006 zu einer elektronischen Gesundheitskarte nach § 291a. [2]Neben der Verwendung nach Absatz 1 Satz 3 hat die Gesundheitskarte die Durchführung der Anwendungen nach § 291a Abs. 2 und 3 zu gewährleisten. [3]Über die Angaben nach Absatz 2 Satz 1 hinaus kann die elektronische Gesundheitskarte auch Angaben zum Nachweis von Wahltarifen nach § 53 und von zusätzlichen Vertragsverhältnissen sowie in den Fällen des § 16 Abs. 3a Angaben zum Ruhen des Anspruchs enthalten. [4]Die elektronische Gesundheitskarte muss technisch geeignet sein, Authentifizierung, Verschlüsselung und elektronische Signatur zu ermöglichen.

(3) Das Nähere über die bundesweite Gestaltung der Krankenversichertenkarte vereinbaren die Vertragspartner im Rahmen der Verträge nach § 87 Abs. 1.

(4) [1]Bei Beendigung des Versicherungsschutzes oder bei einem Krankenkassenwechsel ist die Krankenversichertenkarte von der bisherigen Krankenkasse einzuziehen. [2]Abweichend von Satz 1 kann der Spitzenverband Bund der Krankenkassen zur Verbesserung der Wirtschaftlichkeit und der Optimierung der Verfahrensabläufe für die Versicherten die Weiternutzung der elektronischen Gesundheitskarte bei Kassenwechsel beschließen; dabei ist sicherzustellen, dass die Daten nach Absatz 2 Nr. 1, 6, 7, 9 und 10 fristgerecht aktualisiert werden. [3]Der Beschluss bedarf der Genehmigung des Bundesministeriums für Gesundheit. [4]Vor Erteilung der Genehmigung ist dem Bundesbeauftragten für den Datenschutz und die Informationsfreiheit Gelegenheit zur Stellungnahme zu geben. [5]Wird die elektronische Gesundheitskarte nach Satz 1 eingezogen, hat die einziehende Krankenkasse sicherzustellen, dass eine Weiternutzung der Daten nach § 291a Abs. 3 Satz 1 durch die Versicherten möglich ist. [6]Vor Einzug der elektronischen Gesundheitskarte hat die einziehende Krankenkasse über Möglichkeiten zur Löschung der Daten nach § 291a Abs. 3 Satz 1 zu informieren. [6]Die Sätze 5 und 6 gelten auch bei Austausch der elektronischen Gesundheitskarte im Rahmen eines bestehenden Versicherungsverhältnisses.

Schrifttum: *J. Beschorner,* Sachleistungsanspruch aus der deutschen KVdR bei Wohnsitz im EU-Ausland, GesR 2006, 443; *B. Hilderink,* Datenschutz in der gesetzlichen Krankenversicherung, Diss. Münster 2000; *M. Riemer,* Vergütungsanspruch trotz ungültiger Versichertenkarte?, DMW 2006, 1178.

A. Überblick

§ 291 regelt **Vergabe, Inhalt und Nutzung der Krankenversichertenkarte.** 1
Sie berücksichtigt die Weiterentwicklung zur elektronischen Gesundheitskarte und die Einführung von Wahltarifen und Zusatzversicherungen in der GKV. Zum Vergütungsanspruch des Leistungserbringers bei Vorlage einer ungültig gewordenen Krankenversichertenkarte vgl. BSG, NZS 2004, 590/592, zur Vergütung verordneter, jedoch erst nach Beendigung der Mitgliedschaft erbrachter Leistungen BSG, NZS 1997, 76/77 f.

B. Die Krankenversichertenkarte

Abs. 1 S. 1 verpflichtet die KK, anstelle der Ausgabe von Krankenscheinen jedem 2
Versicherten eine **persönliche Krankenversichertenkarte** auszustellen, auf der die für die Identifikation des Versicherten, den Leistungsanspruch und die Abrechnung wesentlichen Daten zum Versicherungsverhältnis in einer **elektronisch verwertbaren Form** zur Verfügung stehen. Damit soll insb. das Abrechnungsverfahren für Leistungserbringer und KK vereinfacht und der Verwaltungsaufwand der Leistungserbringer (zB. beim Ausstellen von Verordnungen) verringert werden.

Alle Angaben auf der Versichertenkarte mit Ausnahme der Unterschrift und 3
des Lichtbildes sind in einer Form zu speichern, die für eine **maschinelle Übertragung** auf die für die vertragsärztliche Versorgung vorgesehenen Abrechnungsunterlagen und Vordrucke (§ 295 Abs. 3 Nr. 1 und 2) geeignet ist (Abs. 2 S. 1). Die **bundesweite Gestaltung** der Krankenversichertenkarte ist in Verträgen nach § 87 Abs. 1 zu regeln (Abs. 3).

C. Verwendungszweck

Auch er ist gesetzlich **eng begrenzt.** Die Karte darf nach Abs. 1 S. 2 nur zum 4
Nachweis des Anspruchs auf vertragsärztliche Leistungen sowie zu deren Abrechnung mit den Leistungserbringern verwendet werden und neben der Unterschrift und einem Lichtbild des Versicherten nur die in Abs. 2 Hs. 1 **abschließend** genannten Angaben zur Person und zum Versicherungsverhältnis enthalten. Versicherte unter 15 Jahren und Versicherte, für die kein Lichtbild erstellt werden kann, erhalten eine Versichertenkarte ohne Lichtbild (Abs. 2 S. 1 Hs. 3).

D. Sicherungsfunktion

Das Erfordernis der persönlichen Unterschrift (Abs. 1 S. 2, Abs. 2 S. 1) sowie ei- 5
nes Lichtbildes (Abs. 2 S. 1) des Versicherten auf der Karte und die Unterschrift des Versicherten auf dem Abrechnungsschein des behandelnden Arztes zur Bestätigung der bestehenden Mitgliedschaft (Abs. 1 S. 5) dienen dazu, **Leistungsmissbrauch zu verhindern.** Abs. 1 S. 4 stellte zudem klar, dass die Karte **nicht übertragbar** und damit allein für den Versicherten verwendbar ist.

E. Gültigkeitsdauer

6   Die KK kann die **Gültigkeit** der Karte **befristen** (Abs. 1 S. 6). Im Übrigen ist die Gültigkeitsdauer auf die Dauer der Mitgliedschaft (Abs. 1 S. 4), bei Familienversicherten auf die Dauer der Familienversicherung (§ 10) bei der ausstellenden KK begrenzt und umfasst bei **nachgehendem Versicherungsschutz** (§ 19 Abs. 2 und 3) auch diesen Zeitraum. Daher ist die Karte erst bei Beendigung des Versicherungsschutzes – nicht der Mitgliedschaft – von der ausstellenden KK einzuziehen (Abs. 4 Satz 1).

F. Verwendung der Krankenversichertenkarte als elektronische Gesundheitskarte

7   Sie ist in § 291 a geregelt und wird durch § 291 nicht eingeschränkt (s. Abs. 1 S. 3, Abs. 2 Hs. 1). Die erweiterte Krankenversichertenkarte **kann** nach Abs. 2 a auch Angaben zum Nachweis von Wahltarifen (§ 53) und zusätzlichen Versicherungsverhältnissen sowie zum Ruhen des Leistungsanspruchs (§ 16 Absatz 3 a) enthalten und **muss** technisch geeignet sein, Authentifizierung, Verschlüsselung und elektronische Signatur (s. § 291 a Rn. 11) zu ermöglichen (Absatz 2 a S. 3 und 4). Im Übrigen entspricht Absatz 2 a in S. 1 und 2 den ausführlicher in § 291 a Abs. 1 (Weiterentwicklung), Abs. 2 (Inhalt) und 3 (Geeignetheit für weitere Anwendungen) getroffenen Regelungen.

8   Wird die erweiterte Karte eingezogen oder im Rahmen eines fortbestehenden Versicherungsverhältnisses ausgetauscht, hat die KK sicherzustellen, dass die darauf nach § 291 a Abs. 3 S. 1 gespeicherten Gesundheitsdaten vom Versicherten weiterhin genutzt werden können (Abs. 4 S. 5 und 7). Dies kann mit **Einverständnis des Versicherten** zB. bei **Einziehung** der Karte durch eine zweckgebundene (Speicherung auf der neu auszustellenden Versichertenkarte) Übermittlung an die neue KK oder bei **Austausch** der Karte durch Übertragung der gespeicherten Daten erfolgen. Der Versicherte ist **vor** Einzug/Austausch der Versichertenkarte über Möglichkeiten zur Löschung der nach § 291 a Abs. 3 S. 1 gespeicherten Daten zu informieren (Abs. 4 S. 6 und 7).

G. Kassenwechsel

9   Seit 1. 1. 2004 ist die Karte auch bei einem **Kassenwechsel** einzuziehen (Abs. 4 S. 1). Wurde sie zur elektronischen Gesundheitskarte erweitert, kann der SpiBuKK zur Verbesserung der Wirtschaftlichkeit und der Optimierung der Verfahrensabläufe für den Versicherten eine Weiternutzung unter Aktualisierung der das geänderte Krankenversicherungsverhältnis betreffenden Daten (ausstellende KK, KV, Krankenversichertennummer, Versichertenstatus, Beginn des Versicherungsschutzes, Befristung der Gültigkeit) beschließen (Abs. 4 S. 2). Damit wird eine Übertragung der auf der elektronischen Gesundheitskarte gespeicherten Gesundheitsdaten auf eine neue Versichertenkarte erübrigt.

10 Die Bestimmung der Weiternutzung bedarf der Genehmigung des BMG, vor deren Erteilung dem Bundesbeauftragten für den Datenschutz und die Informationsfreiheit Gelegenheit zur Stellungnahme zu geben ist (Abs. 4 S. 3 und 4).

§ 291a Elektronische Gesundheitskarte

(1) Die Krankenversichertenkarte nach § 291 Abs. 1 wird bis spätestens zum 1. Januar 2006 zur Verbesserung von Wirtschaftlichkeit, Qualität und Transparenz der Behandlung für die in den Absätzen 2 und 3 genannten Zwecke zu einer elektronischen Gesundheitskarte erweitert.

(1 a) ¹Werden von Unternehmen der privaten Krankenversicherung elektronische Gesundheitskarten für die Verarbeitung und Nutzung von Daten nach Absatz 2 Satz 1 Nr. 1 und Absatz 3 Satz 1 an ihre Versicherten ausgegeben, gelten Absatz 2 Satz 1 Nr. 1 und Satz 2 sowie die Absätze 3 bis 5, 6 und 8 entsprechend. ²Für den Einsatz elektronischer Gesundheitskarten nach Satz 1 können Unternehmen der privaten Krankenversicherung als Versichertennummer den unveränderbaren Teil der Krankenversichertennummer nach § 290 Abs. 1 Satz 2 nutzen. ³§ 290 Abs. 1 Satz 4 bis 7 gilt entsprechend. ⁴Die Vergabe der Versichertennummer erfolgt durch die Vertrauensstelle nach § 290 Abs. 2 Satz 2 und hat den Vorgaben der Richtlinien nach § 290 Abs. 2 Satz 1 für den unveränderbaren Teil der Krankenversichertennummer zu entsprechen. ⁵Die Kosten zur Bildung der Versichertennummer und, sofern die Vergabe einer Rentenversicherungsnummer erforderlich ist, zur Vergabe der Rentenversicherungsnummer tragen die Unternehmen der privaten Krankenversicherung. ⁶Die Regelungen dieses Absatzes gelten auch für die Postbeamtenkrankenkasse und die Krankenversorgung der Bundesbahnbeamten.

(2) ¹Die elektronische Gesundheitskarte hat die Angaben nach § 291 Abs. 2 zu enthalten und muss geeignet sein, Angaben aufzunehmen für
1. die Übermittlung ärztlicher Verordnungen in elektronischer und maschinell verwertbarer Form sowie
2. den Berechtigungsnachweis zur Inanspruchnahme von Leistungen im Geltungsbereich der Verordnung (EWG) Nr. 1408/71 des Rates vom 14. Juni 1971 zur Anwendung der Systeme der sozialen Sicherheit auf Arbeitnehmer und deren Familien, die innerhalb der Gemeinschaft zu- und abwandern (ABl. EG Nr. L 149 S. 2) und der Verordnung (EWG) Nr. 574/72 des Rates vom 21. März 1972 über die Durchführung der Verordnung (EWG) Nr. 1408/71 zur Anwendung der Systeme der sozialen Sicherheit auf Arbeitnehmer und deren Familien, die innerhalb der Gemeinschaft zu- und abwandern (ABl. EG Nr. L 74 S. 1) in den jeweils geltenden Fassungen.

²§ 6c des Bundesdatenschutzgesetzes findet Anwendung.

(3) ¹Über Absatz 2 hinaus muss die Gesundheitskarte geeignet sein, folgende Anwendungen zu unterstützen, insbesondere das Erheben, Verarbeiten und Nutzen von
1. medizinischen Daten, soweit sie für die Notfallversorgung erforderlich sind,
2. Befunden, Diagnosen, Therapieempfehlungen sowie Behandlungsberichten in elektronischer und maschinell verwertbarer Form für eine einrichtungsübergreifende, fallbezogene Kooperation (elektronischer Arztbrief),
3. Daten zur Prüfung der Arzneimitteltherapiesicherheit,
4. Daten über Befunde, Diagnosen, Therapiemaßnahmen, Behandlungsberichte sowie Impfungen für eine fall- und einrichtungsübergreifende Dokumentation über den Patienten (elektronische Patientenakte),
5. durch von Versicherten selbst oder für sie zur Verfügung gestellte Daten sowie
6. Daten über in Anspruch genommene Leistungen und deren vorläufige Kosten für die Versicherten (§ 305 Abs. 2);

§ 291a

die Verarbeitung und Nutzung von Daten nach Nummer 1 muss auch auf der Karte ohne Netzzugang möglich sein. ²Spätestens bei der Versendung der Karte hat die Krankenkasse die Versicherten umfassend und in allgemein verständlicher Form über deren Funktionsweise, einschließlich der Art der auf ihr oder durch sie zu erhebenden, zu verarbeitenden oder zu nutzenden personenbezogenen Daten zu informieren. ³Mit dem Erheben, Verarbeiten und Nutzen von Daten der Versicherten nach diesem Absatz darf erst begonnen werden, wenn die Versicherten jeweils gegenüber dem Arzt, Zahnarzt, Psychotherapeuten oder Apotheker dazu ihre Einwilligung erklärt haben. ⁴Die Einwilligung ist bei erster Verwendung der Karte vom Leistungserbringer auf der Karte zu dokumentieren; die Einwilligung ist jederzeit widerruflich und kann auf einzelne Anwendungen nach diesem Absatz beschränkt werden. ⁵§ 6 c des Bundesdatenschutzgesetzes findet Anwendung.

(4) ¹Zum Zwecke des Erhebens, Verarbeitens oder Nutzens mittels der elektronischen Gesundheitskarte dürfen, soweit es zur Versorgung der Versicherten erforderlich ist, auf Daten

1. nach Absatz 2 Satz 1 Nr. 1 ausschließlich
    a) Ärzte,
    b) Zahnärzte,
    c) Apotheker, Apothekerassistenten, Pharmazieingenieure, Apothekenassistenten,
    d) Personen, die
        aa) bei den unter Buchstabe a bis c Genannten oder
        bb) in einem Krankenhaus
    als berufsmäßige Gehilfen oder zur Vorbereitung auf den Beruf tätig sind, soweit dies im Rahmen der von ihnen zulässigerweise zu erledigenden Tätigkeiten erforderlich ist und der Zugriff unter Aufsicht der in Buchstabe a bis c Genannten erfolgt,
    e) sonstige Erbringer ärztlich verordneter Leistungen,
2. nach Absatz 3 Satz 1 Nr. 1 bis 5 ausschließlich
    a) Ärzte,
    b) Zahnärzte,
    c) Apotheker, Apothekerassistenten, Pharmazieingenieure, Apothekenassistenten,
    d) Personen, die
        aa) bei den unter Buchstabe a bis c Genannten oder
        bb) in einem Krankenhaus
    als berufsmäßige Gehilfen oder zur Vorbereitung auf den Beruf tätig sind, soweit dies im Rahmen der von ihnen zulässigerweise zu erledigenden Tätigkeiten erforderlich ist und der Zugriff unter Aufsicht der in Buchstabe a bis c Genannten erfolgt,
    e) nach Absatz 3 Satz 1 Nr. 1 in Notfällen auch Angehörige eines anderen Heilberufs, der für die Berufsausübung oder die Führung der Berufsbezeichnung eine staatlich geregelte Ausbildung erfordert,
    f) Psychotherapeuten

zugreifen. ²Die Versicherten haben das Recht, auf die Daten nach Absatz 2 Satz 1 und Absatz 3 Satz 1 zuzugreifen.

(5) ¹Das Erheben, Verarbeiten und Nutzen von Daten mittels der elektronischen Gesundheitskarte in den Fällen des Absatzes 3 Satz 1 ist nur mit dem Einverständnis der Versicherten zulässig. ²Durch technische Vorkehrungen ist zu

gewährleisten, dass in den Fällen des Absatzes 3 Satz 1 Nr. 2 bis 6 der Zugriff nur durch Autorisierung der Versicherten möglich ist. ³Der Zugriff auf Daten sowohl nach Absatz 2 Satz 1 Nr. 1 als auch nach Absatz 3 Satz 1 mittels der elektronischen Gesundheitskarte darf nur in Verbindung mit einem elektronischen Heilberufsausweis, im Falle des Absatzes 2 Satz 1 Nr. 1 auch in Verbindung mit einem entsprechenden Berufsausweis, erfolgen, die jeweils über eine Möglichkeit zur sicheren Authentifizierung und über eine qualifizierte elektronische Signatur verfügen; im Falle des Absatzes 3 Satz 1 Nr. 5 können die Versicherten auch mittels einer eigenen Signaturkarte, die über eine qualifizierte elektronische Signatur verfügt, zugreifen. ⁴Zugriffsberechtigte Personen nach Absatz 4 Satz 1 Nr. 1 Buchstabe d und e sowie Nr. 2 Buchstabe d und e, die über keinen elektronischen Heilberufsausweis oder entsprechenden Berufsausweis verfügen, können auf die entsprechenden Daten zugreifen, wenn sie hierfür von Personen autorisiert sind, die über einen elektronischen Heilberufsausweis oder entsprechenden Berufsausweis verfügen, und wenn nachprüfbar elektronisch protokolliert wird, wer auf die Daten zugegriffen hat und von welcher Person die zugreifende Person autorisiert wurde. ⁵Der Zugriff auf Daten nach Absatz 2 Satz 1 Nr. 1 mittels der elektronischen Gesundheitskarte kann abweichend von den Sätzen 3 und 4 auch erfolgen, wenn die Versicherten den jeweiligen Zugriff durch ein geeignetes technisches Verfahren autorisieren.

(5 a) ¹Die Länder bestimmen entsprechend dem Stand des Aufbaus der Telematikinfrastruktur
1. die Stellen, die für die Ausgabe elektronischer Heilberufs- und Berufsausweise zuständig sind, und
2. die Stellen, die bestätigen, dass eine Person
   a) befugt ist, einen der von Absatz 4 Satz 1 erfassten Berufe im Geltungsbereich dieses Gesetzes auszuüben oder, sofern für einen der in Absatz 4 Satz 1 erfassten Berufe lediglich die Führung der Berufsbezeichnung geschützt ist, die Berufsbezeichnung zu führen oder
   b) zu den sonstigen Zugriffsberechtigten nach Absatz 4 gehört.

²Die Länder können zur Wahrnehmung der Aufgaben nach Satz 1 gemeinsame Stellen bestimmen. ³Entfällt die Befugnis zur Ausübung des Berufs, zur Führung der Berufsbezeichnung oder sonst das Zugriffsrecht nach Absatz 4, hat die jeweilige Stelle nach Satz 1 Nr. 2 oder Satz 2 die herausgebende Stelle in Kenntnis zu setzen; diese hat unverzüglich die Sperrung der Authentifizierungsfunktion des elektronischen Heilberufs- oder Berufsausweises zu veranlassen.

(6) ¹Daten nach Absatz 2 Satz 1 Nr. 1 und Absatz 3 Satz 1 müssen auf Verlangen der Versicherten gelöscht werden; die Verarbeitung und Nutzung von Daten nach Absatz 2 Satz 1 Nr. 1 für Zwecke der Abrechnung bleiben davon unberührt. ²Durch technische Vorkehrungen ist zu gewährleisten, dass mindestens die letzten 50 Zugriffe auf die Daten nach Absatz 2 oder Absatz 3 für Zwecke der Datenschutzkontrolle protokolliert werden. ³Eine Verwendung der Protokolldaten für andere Zwecke ist unzulässig. ⁴Die Protokolldaten sind durch geeignete Vorkehrungen gegen zweckfremde Verwendung und sonstigen Missbrauch zu schützen.

(7) ¹Der Spitzenverband Bund der Krankenkassen, die Kassenärztliche Bundesvereinigung, die Kassenzahnärztliche Bundesvereinigung, die Bundesärztekammer, die Bundeszahnärztekammer, die Deutsche Krankenhausgesellschaft sowie die für die Wahrnehmung der wirtschaftlichen Interessen gebildete maßgebliche Spitzenorganisation der Apotheker auf Bundesebene schaffen die für die Einführung und Anwendung der elektronischen Gesundheitskarte, insbe-

§ 291a

sondere des elektronischen Rezeptes und der elektronischen Patientenakte, erforderliche interoperable und kompatible Informations-, Kommunikations- und Sicherheitsinfrastruktur (Telematikinfrastruktur). ²Sie nehmen diese Aufgabe durch eine Gesellschaft für Telematik nach Maßgabe des § 291b wahr, die die Regelungen zur Telematikinfrastruktur trifft sowie deren Aufbau und Betrieb übernimmt. Vereinbarungen und Richtlinien zur elektronischen Datenübermittlung nach diesem Buch müssen, soweit sie die Telematikinfrastruktur berühren, mit deren Regelungen vereinbar sein. ³Die in Satz 1 genannten Spitzenorganisationen treffen eine Vereinbarung zur Finanzierung
1. der Kosten, die ihnen bis zum 30. Juni 2008 im Rahmen der Gesellschaft für Telematik nach Satz 2, einschließlich der Aufteilung der Kosten auf die in den Absätzen 7 a und 7 b genannten Leistungssektoren,
2. der erforderlichen erstmaligen Ausstattungskosten, die den Leistungserbringern in der Festlegungs-, Erprobungs- und Einführungsphase der Telematikinfrastruktur sowie
3. der Kosten, die den Leistungserbringern im laufenden Betrieb der Telematikinfrastruktur, einschließlich der Aufteilung dieser Kosten auf die in den Absätzen 7 a und 7 b genannten Leistungssektoren, entstehen.

⁴Zur Finanzierung der Gesellschaft für Telematik zahlt der Spitzenverband Bund der Krankenkassen für den Zeitraum vom 1. Juli 2008 bis zum 31. Dezember 2008 an die Gesellschaft für Telematik einen Betrag in Höhe von 0,50 Euro je Mitglied der gesetzlichen Krankenversicherung und ab dem 1. Januar 2009 jährlich einen Betrag von 1,00 Euro je Mitglied der gesetzlichen Krankenversicherung; die Zahlungen sind quartalsweise, spätestens drei Wochen vor Beginn des jeweiligen Quartals, zu leisten. ⁵Die Höhe des Betrages kann das Bundesministerium für Gesundheit entsprechend dem Mittelbedarf der Gesellschaft für Telematik und unter Beachtung des Gebots der Wirtschaftlichkeit durch Rechtsverordnung ohne Zustimmung des Bundesrates anpassen. ⁶Die Kosten der Sätze 4 und 5 zählen nicht zu den Ausgaben nach § 4 Abs. 4 Satz 9.

(7 a) ¹Die bei den Krankenhäusern entstehenden Investitions- und Betriebskosten nach Absatz 7 Satz 4 Nr. 1 und 2 werden durch einen weiteren Zuschlag finanziert (Telematikzuschlag). ²Die Zuschläge nach Satz 1 werden in der Rechnung des Krankenhauses jeweils gesondert ausgewiesen; sie gehen nicht in den Gesamtbetrag nach § 6 der Bundespflegesatzverordnung oder das Erlösbudget nach § 4 des Krankenhausentgeltgesetzes sowie nicht in die entsprechenden Erlösausgleiche ein. ³Das Nähere zur Höhe und Erhebung des Zuschlags nach Satz 1 regelt der Spitzenverband Bund der Krankenkassen gemeinsam mit der Deutschen Krankenhausgesellschaft in einer gesonderten Vereinbarung. ⁴Kommt eine Vereinbarung nicht innerhalb einer vom Bundesministerium für Gesundheit gesetzten Frist oder, in den folgenden Jahren, jeweils bis zum 30. Juni zustande, entscheidet die Schiedsstelle nach § 18 a Abs. 6 des Krankenhausfinanzierungsgesetzes auf Antrag einer Vertragspartei innerhalb einer Frist von zwei Monaten.

(7 b) ¹Zum Ausgleich der Kosten nach Absatz 7 Satz 4 erhalten die in diesem Absatz genannten Leistungserbringer nutzungsbezogene Zuschläge von den Krankenkassen. ²Das Nähere zu den Regelungen der Vereinbarung nach Absatz 7 Satz 4 für die an der vertragsärztlichen Versorgung teilnehmenden Ärzte, Zahnärzte, Psychotherapeuten sowie medizinischen Versorgungszentren vereinbaren der Spitzenverband Bund der Krankenkassen und die Kassenärztlichen Bundesvereinigungen in den Bundesmantelverträgen. ³Das Nähere zu den Regelungen der Vereinbarung nach Absatz 7 Satz 4 für die Arzneimittelversorgung vereinbaren der Spitzenverband Bund der Krankenkassen und die für die

Wahrnehmung der wirtschaftlichen Interessen gebildete maßgebliche Spitzenorganisation der Apotheker auf Bundesebene im Rahmenvertrag nach § 129 Abs. 2. ⁴Kommt eine Vereinbarung nach Satz 2 nicht innerhalb einer vom Bundesministerium für Gesundheit gesetzten Frist oder, in den folgenden Jahren, jeweils bis zum 30. Juni zustande, entscheidet das jeweils zuständige Schiedsamt nach § 89 Abs. 4 auf Antrag einer Vertragspartei innerhalb einer Frist von zwei Monaten. ⁵Kommt eine Vereinbarung nach Satz 3 nicht innerhalb einer vom Bundesministerium für Gesundheit gesetzten Frist oder, in den folgenden Jahren, jeweils bis zum 30. Juni zu Stande, entscheidet die Schiedsstelle nach § 129 Abs. 8 auf Antrag einer Vertragspartei innerhalb einer Frist von zwei Monaten.

(7 c) ¹Kommt eine Vereinbarung zu den Kosten nach Absatz 7 Satz 4 Nr. 1 für den Zeitraum vom 1. Januar 2008 bis zum 30. Juni 2008 nicht bis zum 30. November 2007 zustande oder wird sie gekündigt, zahlen die Spitzenverbände der Krankenkassen an die Gesellschaft für Telematik einen Betrag in Höhe von 0,50 Euro je Mitglied der gesetzlichen Krankenversicherung; die Mittel sind im Verhältnis der Zahl der Mitglieder der einzelnen Krankenkassen am 1. Oktober 2007 aufzuteilen. ²Die Zahlungen sind quartalsweise, spätestens drei Wochen vor Beginn des jeweiligen Quartals, zu leisten. ³Die Höhe des Betrages kann das Bundesministerium für Gesundheit entsprechend dem Mittelbedarf der Gesellschaft für Telematik und unter Beachtung des Gebots der Wirtschaftlichkeit durch Rechtsverordnung ohne Zustimmung des Bundesrates anpassen.

(7 d) ¹Kommt eine Vereinbarung zu den Kosten nach Absatz 7 Satz 4 Nr. 1 nicht innerhalb einer vom Bundesministerium für Gesundheit gesetzten Frist als Grundlage der Vereinbarungen nach Absatz 7 a Satz 3 sowie Absatz 7 b Satz 2 und 3 zu Stande, trifft der Spitzenverband Bund der Krankenkassen Vereinbarungen zur Finanzierung der den jeweiligen Leistungserbringern entstehenden Kosten nach Absatz 7 Satz 4 Nr. 1 jeweils mit der Deutschen Krankenhausgesellschaft, den Kassenärztlichen Bundesvereinigungen und der für die Wahrnehmung der wirtschaftlichen Interessen gebildeten maßgeblichen Spitzenorganisation der Apotheker auf Bundesebene. ²Soweit diese Vereinbarungen nicht zu Stande kommen, entscheidet bei Nichteinigung mit der Deutschen Krankenhausgesellschaft die Schiedsstelle nach § 18 a Abs. 6 des Krankenhausfinanzierungsgesetzes, bei Nichteinigung mit den Kassenärztlichen Bundesvereinigungen das jeweils zuständige Schiedsamt nach § 89 Abs. 4 und bei Nichteinigung mit der für die Wahrnehmung der wirtschaftlichen Interessen gebildeten maßgeblichen Spitzenorganisation der Apotheker auf Bundesebene die Schiedsstelle nach § 129 Abs. 8 jeweils auf Antrag einer Vertragspartei innerhalb einer Frist von zwei Monaten.

(7 e) ¹Kommt eine Vereinbarung zu den Kosten nach Absatz 7 Satz 4 Nr. 2 nicht innerhalb einer vom Bundesministerium für Gesundheit gesetzten Frist als Grundlage der Vereinbarungen nach Absatz 7 a Satz 3, Absatz 7 b Satz 2 und 3 zu Stande, bilden die Spitzenorganisationen nach Absatz 7 Satz 1 eine gemeinsame Kommission aus Sachverständigen. ²Die Kommission ist innerhalb einer Woche nach Ablauf der Frist nach Satz 1 zu bilden. ³Sie besteht aus jeweils zwei Mitgliedern, die von den Spitzenorganisationen der Leistungserbringer und von dem Spitzenverband Bund der Krankenkassen berufen werden, sowie einer oder einem unparteiischen Vorsitzenden, über die oder den sich die Spitzenorganisationen nach Absatz 7 Satz 1 gemeinsam verständigen. ⁴Kommt es innerhalb der Frist nach Satz 2 nicht zu einer Einigung über den Vorsitz oder die Berufung der weiteren Mitglieder, beruft das Bundesministerium für Gesundheit die Vorsitzende oder den Vorsitzenden und die weiteren Sachverständigen. ⁵Die

Kosten der Kommission sind aus den Finanzmitteln der Gesellschaft für Telematik zu begleichen. ⁶Die Kommission gibt innerhalb von drei Monaten eine Empfehlung zur Aufteilung der Kosten, die den einzelnen Leistungssektoren nach den Absätzen 7a und 7b im laufenden Betrieb der Telematikinfrastruktur entstehen. ⁷Die Empfehlung der Kommission ist innerhalb eines Monats in der Vereinbarung nach Absatz 7 Satz 4 Nr. 2 zu berücksichtigen. ⁸Das Bundesministerium für Gesundheit wird ermächtigt, durch Rechtsverordnung ohne Zustimmung des Bundesrates die Aufteilung der Kosten, die den einzelnen Leistungssektoren nach den Absätzen 7a und 7b im laufenden Betrieb der Telematikinfrastruktur entstehen, als Grundlage der Vereinbarungen nach den Absätzen 7a und 7b festzulegen, sofern die Empfehlung der Kommission nicht berücksichtigt wird.

(8) ¹Vom Inhaber der Karte darf nicht verlangt werden, den Zugriff auf Daten nach Absatz 2 Satz 1 Nr. 1 oder Absatz 3 Satz 1 anderen als den in Absatz 4 Satz 1 genannten Personen oder zu anderen Zwecken als denen der Versorgung der Versicherten, einschließlich der Abrechnung der zum Zwecke der Versorgung erbrachten Leistungen, zu gestatten; mit ihnen darf nicht vereinbart werden, Derartiges zu gestatten. ²Sie dürfen nicht bevorzugt oder benachteiligt werden, weil sie einen Zugriff bewirkt oder verweigert haben.

Schrifttum: *S. Bales,* Die Einführung der elektronischen Gesundheitskarte in Deutschland, Bundesgesundheitsblatt 2005, 727; *Ch. Dierks,* Rechtliche Aspekte der elektronischen Gesundheitskarte, Hempel/Jäckel/Reum, 26; Ch. Dierks/H. Feussner/A. Wiencke (Hrsg.), Rechtsfragen der Telemedizin, 2001; *K. Förster,* E-Rezept und Arzneimitteldokumentation als zentrale Anwendungen der Gesundheitskarte, A&R 2006, 268; *Ch. Goetz,* Strukturgefüge künftiger Heilberufsausweise im deutschen Gesundheitswesen, Hempel/Jäckel/Reum, 28; *H. Hanika,* Bismarck geht online, MedR 2004, 149; *G. Hornung,* Die digitale Identität, 2005; *S. Lorrek, A. Machulik,* Das elektronische Gesundheitsberufsregister, Jäckel 2008; *S. Lücke/F. Köhler,* Die elektronische Gesundheitskarte, DMW 2007, 484; *J. Meister,* Elektronische Heilberufsausweise – Herausgabe und Nutzung im Krankenhaus, KH 2006, 674; *ders.,* Elektronische Gesundheitskarte: Basis einer neuen Kommunikationsinfrastruktur im Gesundheitswesen, KH 2005, 741; *H.-J. Menzel,* Informationelle Selbstbestimmung in Projekten der Gesundheits-Telematik, DuD 2006, 148; *A. Parasta uA.,* Die elektronische Patientenakte, Jäckel 2004, 146; *S. H. Schug,* Elektronische Gesundheitskarte in Europa, Hempel/Jäckel/Reum, 20; *V. Spidla,* Die europäische Krankenversicherungskarte, BKK 2006, 35.

Inhaltsübersicht

	Rn.
A. Überblick	1
B. Erläuterungen	2
I. Zielsetzung und Zweckbestimmung	2
II. Elektronische Gesundheitskarten außerhalb der GKV	3
1. Entsprechende Anwendung des § 291a	3
2. Versichertennummer	5
III. Funktionen der elektronischen Gesundheitskarte	6
IV. Datenschutz	8
1. Information des Versicherten	8
2. Zugriffsbeschränkungen	9
a) Allgemeines	9
b) Einwilligung des Versicherten	10
c) Technische Vorkehrungen; Heilberufs- und Berufsausweis	11
d) Unautorisierter Zugriff	14
e) Löschung	15
V. Telematikinfrastruktur	17

§ 291a

A. Überblick

Der zum 1.1.2004 in das Gesetz eingefügte § 291a regelt die Erweiterung der Krankenversichertenkarte (§ 290) zur **elektronischen Gesundheitskarte**. Durch die Speicherung personenbezogener Gesundheitsdaten auf der Krankenversichertenkarte sollen insbesondere Informationen zur bisherigen Behandlung des Versicherten verfügbar gemacht werden, um die **Wirtschaftlichkeit, Qualität und Transparenz der Behandlung** zu verbessern. Mit einer differenzierten Festlegung der Zugriffsrechte und Übermittlungsbefugnisse und der Betonung des informationellen Selbstbestimmungsrechts des Versicherten trägt § 291a der **besonderen Schutzwürdigkeit** solcher Daten Rechnung. Er regelt darüber hinaus den Aufbau und die Finanzierung der für die Einführung und Anwendung der elektronischen Gesundheitskarte erforderlichen **Infrastruktur**.

B. Erläuterungen

I. Zielsetzung und Zweckbestimmung

Abs. 1 enthält neben der **Zielsetzung** (Verbesserung der Wirtschaftlichkeit, Qualität und Transparenz der Behandlung) sowie der **Zweckbestimmung** (Erfüllung der in Abs. 2 und 3 genannten Anforderungen) die gesetzliche Verpflichtung zur **bundesweiten** Erweiterung der bisher in der GKV verwendeten Krankenversichertenkarte zu einer elektronischen Gesundheitskarte.

II. Elektronische Gesundheitskarten außerhalb der GKV

1. Entsprechende Anwendung des § 291a

Abs. 1a regelt die entsprechende Anwendung des § 291a auf elektronische Gesundheitskarten **privater Krankenversicherungsunternehmen** (S. 1), der **Postbeamtenkrankenkasse** sowie der **Krankenversorgung der Bundesbahnbeamten** (S. 6). Dient die elektronische Gesundheitskarte der Verarbeitung oder Nutzung von Daten nach Abs. 2 S. 1 Nr. 1 (Übermittlung ärztlicher Verordnungen) und Abs. 3 S. 1 (persönliche Gesundheitsdaten), so unterliegt sie insbesondere im Hinblick auf ihre Nutzung sowie auf Datenschutz und Datensicherheit den für die elektronischen Gesundheitskarten der GKV geltenden Beschränkungen.

Abs. 2 S. 1 Nr. 2 sowie Abs. 5 und Abs. 7 finden **keine entsprechende Anwendung,** da die privaten Krankenversicherungsunternehmen nicht dem Anwendungsbereich der VO 1408/71 unterliegen und nicht am Aufbau und der Finanzierung der Telematikinfrastruktur beteiligt sind.

2. Versichertennummer

Abs. 2 S. 2 gestattet dem privaten Krankenversicherungsunternehmen die Verwendung des **unveränderbaren Teils der Krankenversichertennummer** (§ 290 Rn. 2) als **Versichertennummer**. Macht das Unternehmen hiervon Gebrauch, gilt § 290 Abs. 1 S. 4 bis 7 (Verwendung der Rentenversicherungsnummer zur Bildung einer Krankenversichertennummer) entsprechend. Die **Vergabe** der Versichertennummer erfolgt dann durch die **Vertrauensstelle** (§ 290 Abs. 2 S. 2) nach den für den unveränderbaren Teil der Krankenversichertennummer geltenden Richtlinien (§ 290 Abs. 2 S. 1). Dies dient zur Vermeidung von Mehrfachvergaben und zur Sicherstellung einer einheitlichen Vergabe insbesondere im Hinblick auf mögliche Wechsel der Versicherten zwischen GKV und PKV. Die hierfür anfallenden **Kosten** sowie die Kosten für die gegebenenfalls erforderliche Vergabe einer **Rentenversicherungsnummer** (§ 290 Rn. 3) trägt das Unternehmen.

III. Funktionen der elektronischen Gesundheitskarte

6 Die elektronische Gesundheitskarte enthält stets die nach § 291 Abs. 2 für die Krankenversichertenkarte verpflichtenden Angaben (Abs. 2 S. 1). Darüber hinaus muss die Karte geeignet sein, Angaben für die **Übermittlung ärztlicher Verordnungen** in elektronischer und maschinell verwertbarer Form sowie für den Nachweis der Berechtigung zur Inanspruchnahme der in der VO 1408/71 geregelten **mitgliedsstaatlichen Krankenversicherungsleistungen** (Abs. 2 S. 1 Nr. 1 und 2) aufzunehmen und die in Abs. 3 genannten Anwendungen zu unterstützen.

7 Daneben muss sie geeignet sein, Anwendungen wie das Erheben, Verarbeiten und Nutzen von medizinischen Daten für die **Notfallversorgung** (zB. Allergien; diese Daten müssen **ohne Netzzugang** auf der Karte verfügbar sein), **elektronischer Arztbriefe**, der **elektronischen Patientenakte** und der für die **Auskunft** nach § 305 Abs. 2 erforderlichen Leistungsdaten zu unterstützen (Abs. 3). Der Versicherte kann selbst **weitere Daten** (zB. über außerhalb der GKV erbrachte Leistungen) zur Verfügung stellen oder stellen lassen (Abs. 3 S. 1 Nr. 5; s. auch § 68 Rn. 5).

IV. Datenschutz

1. Information des Versicherten

8 Die elektronische Gesundheitskarte unterliegt als mobiles personenbezogenes **Speicher- und Verarbeitungsmedium** unabhängig von der Verweisung in Abs. 2 S. 2 sowie in Abs. 3 S. 5 dem Anwendungsbereich des **§ 6c BDSG.** Darin ist unter anderem die **Informationspflicht** der KK als ausgebende Stelle gegenüber dem Versicherten geregelt. Er ist insbesondere über die Funktionsweise der Karte und die Art der zu verarbeitenden personenbezogenen Daten (vgl. Abs. 3 S. 2) sowie seine Rechte nach §§ 19, 34 (Auskunft) und §§ 20, 35 (Berichtigung, Sperrung und Löschung von Daten, Widerrufsrecht) BDSG zu informieren (§ 6c Abs. 1 BDSG). Kommunikationsvorgänge, die auf der Karte eine Datenverarbeitung auslösen, müssen für den Versicherten eindeutig erkennbar sein (§ 6c Abs. 3 BDSG), dh. die elektronische Gesundheitskarte darf insbesondere nicht ohne Kenntnis und Einwilligung des Versicherten gescannt oder in anderer Form ausgelesen werden.

2. Zugriffsbeschränkungen

9 **a) Allgemeines.** Abs. 4 beschränkt die **Zugriffsbefugnis** der Leistungserbringer und ihrer Mitarbeiter auf die zur Versorgung des Versicherten **im Einzelfall erforderlichen Daten** (S. 1). Der Versicherte selbst unterliegt keinen Zugriffsbeschränkungen (S. 2).

10 **b) Einwilligung des Versicherten.** Für Anwendungen nach Abs. 3 S. 1 ist die **Einwilligung** des Versicherten gegenüber dem betroffenen Leistungserbringer erforderlich (Abs. 5 S. 1), die bei der ersten Verwendung vom jeweiligen Leistungserbringer auf der Karte **zu dokumentieren** und für den Versicherten **jeder-**

zeit widerrufbar ist (Abs. 3 S. 3 und 4). Der Versicherte kann die Verwendung der elektronischen Gesundheitskarte auf einzelne der in Abs. 3 S. 1 genannten Anwendungen beschränken (Abs. 3 S. 4).

c) Technische Vorkehrungen; Heilberufs- und Berufsausweis. Neben dem Einwilligungsvorbehalt regelt Abs. 5 **technische Einschränkungen** für den Zugriff auf die elektronische Gesundheitskarte. Grundsätzlich darf der Zugriff auf Daten nach Abs. 2 S. 1 Nr. 1 und Abs. 3 S. 1 nur in Verbindung mit einem elektronischen **Heilberufsausweis** bzw. einem **Berufsausweis** mit sicherer Authentifizierung und qualifizierter elektronischer Signatur oder einer eigenen Signaturkarte des Versicherten mit qualifizierter elektronischer Signatur erfolgen (Abs. 5 S. 3). Der Zugriff durch Mitarbeiter des Leistungserbringers muss von einem nach Abs. 5 S. 3 Berechtigten autorisiert und nachprüfbar elektronisch protokolliert werden (Abs. 5 S. 4). Der Zugriff auf Daten gem. Abs. 2 S. 1 Nr. 1 (ärztliche Verordnungen) kann auch vom Versicherten selbst technisch autorisiert werden (Abs. 5 S. 5). Auf Daten nach Abs. 3 S. 1 mit Ausnahme der für die Notfallversorgung gespeicherten medizinischen Daten (Abs. 3 S. 1 Nr. 1) darf ein Zugriff technisch immer nur durch Autorisierung des Versicherten möglich sein (Abs. 5 S. 2).

Nach **Abs. 5 a** bestimmen die Länder, welche (ggf. gemeinsamen) Stellen die Befugnis zur Ausübung des Berufs, zur Führung der Berufsbezeichnung oder eine sonstige Zugriffsberechtigung nach Abs. 4 **bestätigen** und elektronische Heilberufs- und Berufsausweise **ausgeben**.

Sind die Voraussetzungen für die Bestätigung entfallen, ist der Betroffene nicht mehr befugt, auf elektronische Gesundheitskarten zuzugreifen. S. 3 regelt das Verfahren zur Sperrung der **Authentifizierungsfunktion** elektronischer Heilberufs- und Berufsausweise, um unzulässige Zugriffe in diesen Fällen zu verhindern.

d) Unautorisierter Zugriff. Es darf nicht verlangt oder vereinbart werden, dass der Versicherte einen **nicht autorisierten Zugriff** auf Daten nach Abs. 2 S. 1 Nr. 1 oder Abs. 3 S. 1 **gestattet** (Abs. 8 S. 1). Eine entsprechende Einwilligung des Versicherten ist datenschutzrechtlich unwirksam (zu den Rechtsfolgen unautorisierter Zugriffe s. § 307 a). Der Versicherte darf weder bevorzugt noch benachteiligt werden, weil er einen Zugriff bewirkt oder verweigert hat (Abs. 8 S. 2).

e) Löschung. Abs. 6 verpflichtet die KK, die Daten nach Abs. 2 S. 1 Nr. 1 und Abs. 3 S. 1 auf Verlangen des Versicherten zu löschen. Daten nach Abs. 2 S. 1 Nr. 1 dürfen für Zwecke der Abrechnung aber weiterhin verarbeitet und genutzt werden (Abs. 6 S. 1).

Für Zwecke der **Datenschutzkontrolle** sind die letzten 50 Zugriffe auf Daten nach Abs. 2 oder Abs. 3 missbrauchssicher zu protokollieren (Abs. 6 S. 2 und 4). Eine Verwendung der Protokolldaten für andere Zwecke ist unzulässig (Abs. 6 S. 3).

V. Telematikinfrastruktur

Abs. 7 bis Abs. 7 e regeln die Schaffung der für die Einführung und Anwendung der elektronischen Gesundheitskarte erforderlichen interoperablen und kompatiblen Informations-, Kommunikations- und Sicherheitsinfrastruktur **(Telematikinfrastruktur)** durch eine auf Bundesebene von den Spitzenverbänden der KK, ärztlichen Leistungserbringer, Krankenhäuser und Apothekern gegründete **Gesellschaft für Telematik** (Abs. 7 S. 1 und 2, § 291 b) sowie die Finanzierung der mit der Einführung und Anwendung der elektronischen Gesundheitskarte verbundenen Kosten.

§ 291b

18 Die nach Abs. 7 S. 4 Nr. 1 zwischen den in S. 1 genannten Spitzenverbänden vereinbarte **Finanzierung der Gesellschaft für Telematik** wurde ab 1. Juli 2008 durch eine Zahlung des SpiBuKK in Höhe von 0,50 Euro, ab 1. Januar 2009 in Höhe von 1,00 Euro jährlich pro Mitglied der GKV ersetzt (Abs. 7 S. 5). Das BMG kann den Betrag durch Rechtsverordnung ohne Zustimmung des Bundesrates unter Beachtung des Gebots der Wirtschaftlichkeit dem tatsächlichen Mittelbedarf der Gesellschaft für Telematik anpassen (Abs. 7 S. 6). Die nach Abs. 7 S. 4 zu treffende Vereinbarung über die Finanzierung der den Leistungserbringern entstehenden Kosten bleibt davon unberührt.

19 Abs. 7a regelt die Berücksichtigung der den Krankenhäusern entstehenden Kosten durch einen in der Krankenhausrechnung gesondert auszuweisenden **Telematikzuschlag**, Abs. 7b die Zahlung **nutzungsbezogener Zuschläge** an Ärzte, Zahnärzte, Psychotherapeuten, medizinische Versorgungszentren und Apotheker. Absatz 7c bis e regeln für den Fall, dass eine Vereinbarung nach Abs. 7 S. 4 nicht zu Stande kommt oder gekündigt wird, die vorübergehende Finanzierung der Kosten und das Verfahren zur Ersetzung der Vereinbarung. Entsprechende Regelungen enthalten Abs. 7a und 7b für die dort zu treffenden Vereinbarungen.

§ 291b Gesellschaft für Telematik

(1) ¹Im Rahmen der Aufgaben nach § 291a Abs. 7 Satz 2 hat die Gesellschaft für Telematik
1. die technischen Vorgaben einschließlich eines Sicherheitskonzepts zu erstellen,
2. Inhalt und Struktur der Datensätze für deren Bereitstellung und Nutzung festzulegen

sowie die notwendigen Test- und Zertifizierungsmaßnahmen sicherzustellen. ²Sie hat die Interessen von Patientinnen und Patienten zu wahren und die Einhaltung der Vorschriften zum Schutz personenbezogener Daten sicherzustellen. ³Die Gesellschaft für Telematik hat Aufgaben nur insoweit wahrzunehmen, wie dies zur Schaffung einer interoperablen und kompatiblen Telematikinfrastruktur erforderlich ist. ⁴Mit Teilaufgaben der Gesellschaft für Telematik können einzelne Gesellschafter oder Dritte beauftragt werden; hierbei sind durch die Gesellschaft für Telematik Interoperabilität, Kompatibilität und das notwendige Sicherheitsniveau der Telematikinfrastruktur zu gewährleisten.

(1a) ¹Die Komponenten und Dienste der Telematikinfrastruktur werden von der Gesellschaft für Telematik zugelassen. ²Die Zulassung wird erteilt, wenn die Komponenten und Dienste funktionsfähig, interoperabel und sicher sind. ³Die Gesellschaft für Telematik prüft die Funktionsfähigkeit und Interoperabilität auf der Grundlage der von ihr veröffentlichten Prüfkriterien. ⁴Die Prüfung der Sicherheit erfolgt nach den Vorgaben des Bundesamtes für Sicherheit in der Informationstechnik. ⁵Das Nähere zum Zulassungsverfahren und zu den Prüfkriterien wird von der Gesellschaft für Telematik beschlossen. ⁶Die Gesellschaft für Telematik veröffentlicht eine Liste mit den zugelassenen Komponenten und Diensten.

(1b) ¹Betriebsleistungen sind auf der Grundlage der von der Gesellschaft für Telematik zu beschließenden Rahmenbedingungen zu erbringen. ²Zur Durchführung des operativen Betriebs der Komponenten, Dienste und Schnittstellen der Telematikinfrastruktur hat die Gesellschaft für Telematik oder, soweit einzelne Gesellschafter oder Dritte nach Absatz 1 Satz 4 erster Halbsatz beauftragt worden sind, haben die Beauftragten Aufträge zu vergeben. ³Bei der Vergabe dieser Aufträge sind abhängig vom Auftragswert die Vorschriften über die Vergabe öffentlicher Aufträge: der Vierte Teil des Gesetzes gegen Wettbewerbsbeschränkungen sowie die Vergabeverordnung und § 22 der Verordnung über das Haushaltswesen in der Sozialversicherung sowie der Abschnitt 1 des Teils A der Verdingungsordnung für Leistungen (VOL/A) anzuwenden. ⁴Für die freihändige Vergabe von Leistungen gemäß § 3 Nr. 4 Buchstabe p der Verdingungsordnung für Leistungen – Teil A (VOL/A) werden die Ausführungsbestimmungen vom Bundesministerium für Gesundheit festgelegt und im elektronischen Bundesanzeiger veröffentlicht. ⁵Abweichend von den Sätzen 2 bis 4 sind spätestens ab dem 1. Januar 2009 Anbieter zur Durchführung des operativen Betriebs der Komponenten, Dienste und Schnittstellen der Telematikinfrastruktur von der Gesellschaft für Telematik oder, soweit einzelne Gesellschafter oder Dritte nach Absatz 1 Satz 4 erster Halbsatz beauftragt worden sind, von den Beauftragten in einem transparenten und diskriminierungsfreien Verfahren zuzulassen, wenn

1. die zu verwendenden Komponenten und Dienste gemäß Absatz 1 a zugelassen sind,
2. der Anbieter oder die Anbieterin den Nachweis erbringt, dass die Verfügbarkeit und Sicherheit der Betriebsleistung gewährleistet ist und
3. der Anbieter oder die Anbieterin sich vertraglich verpflichtet, die Rahmenbedingungen für Betriebsleistungen der Gesellschaft für Telematik einzuhalten.

⁶Die Gesellschaft für Telematik beziehungsweise die von ihr beauftragten Organisationen können die Anzahl der Zulassungen beschränken, soweit dies zur Gewährleistung von Interoperabilität, Kompatibilität und den notwendigen Sicherheitsniveaus erforderlich ist. ⁷Die Gesellschaft für Telematik beziehungsweise die von ihr beauftragten Organisationen veröffentlichen
1. die fachlichen und sachlichen Voraussetzungen, die für den Nachweis nach Satz 5 Nr. 2 erfüllt sein müssen, sowie
2. eine Liste mit den zugelassenen Anbietern.

(1 c) ¹Die Gesellschaft für Telematik beziehungsweise die von ihr beauftragten Organisationen können für die Zulassungen der Absätze 1 a und 1 b Entgelte verlangen. ²Der Entgeltkatalog bedarf der Zustimmung des Bundesministeriums für Gesundheit.

(2) ¹Der Gesellschaftsvertrag bedarf der Zustimmung des Bundesministeriums für Gesundheit und ist nach folgenden Grundsätzen zu gestalten:
1. Die in § 291a Abs. 7 Satz 1 genannten Spitzenorganisationen sind Gesellschafter der Gesellschaft für Telematik. Die Geschäftsanteile entfallen zu 50 Prozent auf den Spitzenverband der Krankenkassen und zu 50 Prozent auf die anderen in § 291a Abs. 7 Satz 1 genannten Spitzenorganisationen. Mit Zustimmung des Bundesministeriums für Gesundheit können die Gesellschafter den Beitritt weiterer Spitzenorganisationen der Leistungserbringer auf Bundesebene und des Verbandes der Privaten Krankenversicherung beschließen; im Falle eines Beitritts sind die Geschäftsanteile innerhalb der Gruppen der Kostenträger und Leistungserbringer entsprechend anzupassen;
2. unbeschadet zwingender gesetzlicher Mehrheitserfordernisse entscheiden die Gesellschafter mit der Mehrheit von 67 Prozent der sich aus den Geschäftsanteilen ergebenden Stimmen, soweit nicht der Gesellschaftsvertrag eine geringere Mehrheit vorsieht;
3. das Bundesministerium für Gesundheit entsendet in die Versammlung der Gesellschafter eine Vertreterin oder einen Vertreter ohne Stimmrecht;

§ 291b

4. es ist ein Beirat einzurichten, der die Gesellschaft in fachlichen Belangen berät.

²Er kann Angelegenheiten von grundsätzlicher Bedeutung der Versammlung der Gesellschafter zur Befassung vorlegen und ist vor der Beschlussfassung zu Angelegenheiten von grundsätzlicher Bedeutung zu hören. ³Der Beirat besteht aus vier Vertreterinnen oder Vertretern der Länder, drei Vertreterinnen oder Vertretern der für die Wahrnehmung der Interessen der Patientinnen und Patienten und der Selbsthilfe chronisch kranker und behinderter Menschen maßgeblichen Organisationen, drei Vertreterinnen oder Vertretern der Wissenschaft, drei Vertreterinnen oder Vertretern der für die Wahrnehmung der Interessen der Industrie maßgeblichen Bundesverbände aus dem Bereich der Informationstechnologie sowie der oder dem Bundesbeauftragten für den Datenschutz und die Informationsfreiheit und der oder dem Beauftragten für die Belange der Patientinnen und Patienten. ⁴Vertreterinnen oder Vertreter weiterer Gruppen und Bundesbehörden können berufen werden. ⁵Die Mitglieder des Beirats werden von der Versammlung der Gesellschafter im Einvernehmen mit dem Bundesministerium für Gesundheit berufen; die Vertreterinnen und Vertreter der Länder werden von den Ländern benannt. ⁶Die Gesellschafter, die Geschäftsführerin oder der Geschäftsführer der Gesellschaft sowie das Bundesministerium für Gesundheit können an den Sitzungen des Beirats teilnehmen.

(3) ¹Wird die Gesellschaft für Telematik nicht innerhalb einer vom Bundesministerium für Gesundheit gesetzten Frist gegründet oder löst sich die Gesellschaft für Telematik auf, kann das Bundesministerium für Gesundheit eine oder mehrere der in § 291a Abs. 7 Satz 1 genannten Spitzenorganisationen zur Errichtung der Gesellschaft für Telematik verpflichten; die übrigen Spitzenorganisationen können mit Zustimmung des Bundesministeriums für Gesundheit der Gesellschaft für Telematik als Gesellschafter beitreten. ²Für die Finanzierung der Gesellschaft für Telematik nach Satz 1 gilt § 291a Abs. 7 Satz 5 bis 7 entsprechend.

(4) ¹Die Beschlüsse der Gesellschaft für Telematik zu den Regelungen, dem Aufbau und dem Betrieb der Telematikinfrastruktur sind dem Bundesministerium für Gesundheit vorzulegen, das sie, soweit sie gegen Gesetz oder sonstiges Recht verstoßen, innerhalb eines Monats beanstanden kann; bei der Prüfung der Beschlüsse hat das Bundesministerium für Gesundheit der oder dem Bundesbeauftragten für den Datenschutz und die Informationsfreiheit Gelegenheit zur Stellungnahme zu geben. ²In begründeten Einzelfällen, insbesondere wenn die Prüfung der Beschlüsse innerhalb von einem Monat nicht abgeschlossen werden kann, kann das Bundesministerium für Gesundheit die Frist vor ihrem Ablauf um höchstens einen Monat verlängern. ³Erfolgt keine Beanstandung, werden die Beschlüsse nach Ablauf der Beanstandungsfrist für die Leistungserbringer und Krankenkassen sowie ihre Verbände nach diesem Buch verbindlich. ⁴Kommen die erforderlichen Beschlüsse nicht oder nicht innerhalb einer vom Bundesministerium für Gesundheit gesetzten Frist zu Stande oder werden die Beanstandungen des Bundesministeriums für Gesundheit und Soziale Sicherung nicht innerhalb der von ihm gesetzten Frist behoben, legt das Bundesministerium für Gesundheit ihre Inhalte im Benehmen mit den zuständigen obersten Landesbehörden durch Rechtsverordnung ohne Zustimmung des Bundesrates fest. ⁵Die Gesellschaft für Telematik ist verpflichtet, dem Bundesministerium für Gesundheit zur Vorbereitung der Rechtsverordnung unverzüglich nach dessen Weisungen zuzuarbeiten.

(5) Die vom Bundesministerium für Gesundheit und von seinem Geschäftsbereich zur Vorbereitung der Rechtsverordnung nach Absatz 4 veranlassten

10. Kapitel. 1. Abschnitt. 2. Titel **§ 291b**

Kosten sind unverzüglich aus den Finanzmitteln der Gesellschaft für Telematik zu begleichen; dies gilt auch, soweit Arbeiten zur Vorbereitung der Rechtsverordnung im Rahmen von Forschungs- und Entwicklungstätigkeiten durchgeführt werden.

(6) [1]Kosten für Forschungs- und Entwicklungstätigkeiten zur Schaffung der Telematikinfrastruktur, die vom Bundesministerium für Gesundheit in der Zeit vom 1. November 2004 bis zum 27. Juni 2005 finanziert wurden, sind von den Spitzenverbänden der Krankenkassen zu erstatten. [2]Absatz 3 Satz 2 und 3 gilt entsprechend.

Schrifttum: *J. Holland,* Das Verfahren zur Einführung der elektronischen Gesundheitskarte, GesR 2005, 299.

Inhaltsübersicht

	Rn.
A. Überblick	1
B. Erläuterungen	2
I. Organisation der Gesellschaft für Telematik	2
II. Aufgaben der Gesellschaft	4
III. Zulassung, Betrieb und Finanzierung von Komponenten und Dienstleistungen	6
1. Systematik der Abs. 1a–1c	6
2. Zulassung	7
3. Betrieb	8
4. Finanzierung	11
IV. Befugnisse des BMG	12
1. Nichtgründung und Auflösung der Gesellschaft	12
2. Rechtskontrolle	13
3. Kosten für Forschung und Entwicklung	14

A. Überblick

Die zum 28.6.2005 in das Gesetz eingefügte und mWz. 1.4.2007 um Abs. 1a bis 1c erweiterte Norm regelt **Organisationen, Aufgaben und Befugnisse** der **Gesellschaft für Telematik** bei Aufbau und Betrieb der für die Einführung und Anwendung der elektronischen Gesundheitskarte erforderlichen Telematikinfrastruktur.   **1**

B. Erläuterungen

I. Organisation der Gesellschaft für Telematik

Inhalt und Zustimmungsbedürftigkeit des Gesellschaftervertrages regelt Abs. 2. Danach hält der SpiBuKK unabhängig von einem möglichen Beitritt weiterer Spitzenverbände der Leistungserbringer 50 % der Geschäftsanteile (Nr. 1). Soweit gesetzlich oder durch den Gesellschaftervertrag nicht anders geregelt, bedarf eine Beschlussfassung einer Stimmenmehrheit von 67 % (Nr. 2), so dass ein Beschluss jedenfalls bis zu einem Beitritt des Verbandes der Privaten Krankenversicherungen stets die Zustimmung des SpiBuKK erfordert.   **2**

Neben der Teilnahme des BMG (ohne Stimmrecht) an den Gesellschafterversammlungen (Nr. 3) wird auch die Beteiligung der von der Tätigkeit der Gesellschaft Betroffenen, insbesondere von Ländern, Patienten, Wissenschaft und Industrie, über einen **beratenden Beirat** (Nr. 4) sichergestellt.   **3**

II. Aufgaben der Gesellschaft

4 Die der Gesellschaft bei **Aufbau und Betrieb der Telematikinfrastruktur** (§ 291a Abs. 7 S. 1) obliegenden Einzelaufgaben beschreibt Abs. 1. Sie beschränken sich auf Maßnahmen, mit denen der **technische Rahmen** für die Einführung und Anwendung der elektronischen Gesundheitskarte geschaffen wird. Dazu gehören
– die Erstellung der **technischen Vorgaben** für die Speicherung, Verarbeitung und Nutzung elektronischer Daten einschließlich eines Konzepts für die Gewährleistung des Datenschutzes und der Datensicherheit,
– die Festlegung der **Dateninhalte** und der **Datenstruktur** sowie
– die Sicherstellung der für die **Testung und Zulassung** von Infrastrukturkomponenten und Infrastrukturdiensten notwendigen Maßnahmen.

5 Auch soweit die Gesellschaft einzelne Gesellschafter oder Dritte mit der Erfüllung von **Teilaufgaben** beauftragt, liegt die Verantwortung für die Aufgabenerfüllung allein bei der Gesellschaft selbst (Abs. 1 S. 3).

III. Zulassung, Betrieb und Finanzierung von Komponenten und Dienstleistungen

1. Systematik der Abs. 1a–1c

6 Abs. 1a bis 1c enthalten ergänzende Regelungen über die Zulassung der Infrastrukturkomponenten und Infrastrukturdienste (Abs. 1a), die Rahmenbedingungen für deren Betrieb (Abs. 1b) und die damit verbundenen Entgelte (Abs. 1c).

2. Zulassung

7 Nach Abs. 1a bedürfen **Komponenten und Dienste** (einschließlich Schnittstellen), die zum Aufbau und Betrieb der Telematikinfrastruktur eingesetzt werden sollen, der **Zulassung** durch die Gesellschaft. Damit wird sichergestellt, dass diese in einer Liste zu veröffentlichenden Komponenten und Dienste die erforderlichen technischen sowie datenschutzrechtlichen Anforderungen erfüllen und untereinander kompatibel sind. Die Prüfung der Funktionsfähigkeit und Interoperabilität erfolgt nach den von der Gesellschaft beschlossenen und **zu veröffentlichenden Prüfkriterien.** Durch die Pflicht zur Veröffentlichung ist ein für die Anbieter transparenteres Zulassungsverfahren gewährleistet. Außerdem ist eine **Sicherheitsprüfung** nach den Vorgaben des Bundesamtes für Sicherheit in der Informationstechnik durchzuführen. Näheres zum Zulassungsverfahren beschließt die Gesellschaft.

3. Betrieb

8 Abs. 1b stellt klar, dass der **Betrieb der Komponenten, Dienste und Schnittstellen** der Infrastruktur **nicht** Aufgabe der Gesellschaft oder der von ihr nach Abs. 1 S. 3 Beauftragten ist. Für eine bis zum 31. Dezember 2008 **befristete Aufbauphase** ist der Betrieb nach Maßgabe der für die Vergabe öffentlicher Aufträge geltenden Vorschriften an Dritte zu vergeben. Spätestens ab 1.1.2009 wird das Auftragsverfahren durch ein transparentes und diskriminierungsfreies **Zulassungsverfahren** ersetzt. Daneben bleibt zur **Sicherstellung einer flächendeckenden Versorgung** eine Auftragsvergabe zulässig, soweit und solange der Betrieb der Infrastruktur nicht durch zugelassene Anbieter gewährleistet wird.

Eine Beschränkung der **Anzahl der Zulassungen** ist nur aus den in S. 6 genannten Sicherstellungsgründen zulässig. Die für den **Nachweis** der Verfügbarkeit und Sicherheit der Betriebsleistungen vom Anbieter zu erfüllenden fachlichen und sachlichen Voraussetzungen sowie die **Liste der zugelassenen Anbieter** sind zu veröffentlichen. 9

Die Gesellschaft trägt damit neben der Verantwortung für den Aufbau der Telematik-Infrastruktur auch die **Verantwortung für die Sicherstellung des laufenden Betriebs**. Dazu gehören neben der Beauftragung und Zulassung der Betreiber insb. die Regelung der Rahmenbedingungen für den Betrieb, die laufende Überwachung ihrer Einhaltung und allgemeine Sicherstellungsaufgaben wie das Monitoring der Netze (vgl. BT-Drs. 16/4247, 472 zu Nr. 196). 10

4. Finanzierung

Nach Abs. 1 c können die Gesellschaft und die von ihr nach Abs. 1 S. 3 Beauftragten von den Anbietern der Komponenten, Dienste und Betriebsleistungen für die Zulassung nach Abs. 1 a und Abs. 1 b **Entgelte** verlangen. Der Entgeltkatalog bedarf der Zustimmung des BMG. 11

IV. Befugnisse des BMG

1. Nichtgründung und Auflösung der Gesellschaft

Bei Nichtgründung oder Auflösung der Gesellschaft für Telematik kann das BMG eine oder mehrere der in § 291 Abs. 7 S. 1 genannten Spitzenorganisationen zur Errichtung der Gesellschaft verpflichten (Abs. 3). Die Finanzierung dieser Gesellschaft erfolgt ab 1. Juli 2008 über einen mitgliederbezogenen Beitrag entsprechend § 291 a Abs. 7 S. 5 bis 7 (vgl. § 291 Rn. 18). 12

2. Rechtskontrolle

Abs. 4 überträgt dem BMG die **Rechtskontrolle** über die Gesellschafterbeschlüsse zu Regelungen, Aufbau und Betrieb der Telematikinfrastruktur und regelt die Beteiligung des Bundesbeauftragten für den Datenschutz und die Informationsfreiheit. Erfolgt keine fristgerechte Beanstandung, sind die Beschlüsse für KK, Leistungserbringer und Verbände verbindlich. Fehlende oder beanstandete Beschlüsse können vom BMG im Benehmen mit den zuständigen obersten Landesbehörden durch Rechtsverordnung ohne Zustimmung des Bundesrates ersetzt werden. Die Gesellschaft für Telematik ist verpflichtet, ihr zur Vorbereitung der Rechtsverordnung erteilten **Weisungen** des BMG unverzüglich zu entsprechen. Die **Kosten** für die Vorbereitung der Rechtsverordnung einschließlich erforderlicher Forschungs- und Entwicklungstätigkeiten trägt die Gesellschaft für Telematik **(Abs. 5)**. 13

3. Kosten für Forschung und Entwicklung

Abs. 6 regelt die Erstattung der zur Schaffung der Telematikinfrastruktur vom BMG bis zum 27. Juni 2005 finanzierten Forschungs- und Entwicklungstätigkeit nach dem bis zum 30. 6. 2008 geltenden Recht.

§ 292 Angaben über Leistungsvoraussetzungen

¹Die Krankenkasse hat Angaben über Leistungen, die zur Prüfung der Voraussetzungen späterer Leistungsgewährung erforderlich sind, aufzuzeichnen. ²Hierzu gehören insbesondere Angaben zur Feststellung der Voraussetzungen von Leistungsansprüchen bei Krankenhausbehandlung, medizinischen Leistungen zur Gesundheitsvorsorge und Rehabilitation sowie zur Feststellung der Voraussetzungen der Kostenerstattung und zur Leistung von Zuschüssen. ³Im Falle der Arbeitsunfähigkeit sind auch die Diagnosen aufzuzeichnen.

Schrifttum: *B. Hilderink,* Datenschutz in der gesetzlichen Krankenversicherung, Diss. Münster 2000.

A. Überblick

1 § 292 regelt die **versichertenbezogene Aufzeichnung** erbrachter Leistungen für die **Prüfung zukünftiger Leistungsansprüche.** Die Regelungen über die Aufzeichnung von Daten iRd. Erprobung von Beitragsrückzahlungen und der Modellkassen wurden zum 1. Januar 2000 aufgehoben.

B. Aufzeichnungspflicht der KK

2 Soweit der **Leistungsanspruch** des Versicherten von früheren Leistungsgewährungen abhängt, muss die KK auf die entsprechenden Daten der bereits erbrachten Leistungen zurückgreifen können. **S. 1** verpflichtet die KK daher, Angaben über Leistungen, die zur Prüfung der Voraussetzungen späterer Leistungsgewährung **erforderlich** sind, in geeigneter Weise aufzuzeichnen. Die Pflicht zur Aufzeichnung und Übermittlung dieser Daten durch den Leistungserbringer regelt § 295 Abs. 2 a (§ 295 Rn. 7).

3 S. 2 nennt beispielhaft Ansprüche auf Krankenhausbehandlung (vgl. zur Zuzahlung § 39 Rn. 38), medizinische Leistungen zur Gesundheitsvorsorge und Rehabilitation (vgl. zur zeitlichen Beschränkung wiederholter Leistungen §§ 25 Abs. 1 u. 2, 40 Abs. 3 S. 4) und Zuschüsse. Im Falle einer Arbeitsunfähigkeit sind auch die zu Grunde liegenden Diagnosen aufzuzeichnen (zur hiervon abhängigen Dauer des Krankengeldbezuges vgl. § 48 Rn. 4 f.).

C. Verfahren, Löschung

Vorgaben für die Art der Aufzeichnung enthält § 292 nicht. Die Daten sind zu löschen, sobald sie nicht mehr zur Prüfung zukünftiger Leistungsansprüche benötigt werden, spätestens nach zehn Jahren (§ 304 Abs. 1 S. 1 iVm. § 84 S. 2 SGB X; zum Fristbeginn vgl. § 304 Rn. 3).

§ 293 Kennzeichen für Leistungsträger und Leistungserbringer

(1) ¹Die Krankenkassen verwenden im Schriftverkehr, einschließlich des Einsatzes elektronischer Datenübertragung oder maschinell verwertbarer Datenträger beim Datenaustausch, für Maßnahmen zur Qualitätssicherung und für Abrechnungszwecke mit den anderen Trägern der Sozialversicherung, der Bundesagentur für Arbeit und den Versorgungsverwaltungen der Länder sowie mit

ihren Vertragspartnern einschließlich deren Mitgliedern bundeseinheitliche Kennzeichen. ²Der Spitzenverband Bund der Krankenkassen, die Bundesagentur für Arbeit und die Versorgungsverwaltungen der Länder bilden für die Vergabe der Kennzeichen nach Satz 1 eine Arbeitsgemeinschaft.

(2) Die Mitglieder der Arbeitsgemeinschaft nach Absatz 1 Satz 2 gemeinsam vereinbaren mit den Spitzenorganisationen der Leistungserbringer einheitlich Art und Aufbau der Kennzeichen und das Verfahren der Vergabe und ihre Verwendung.

(3) Kommt eine Vereinbarung nach Absatz 2 nicht oder nicht innerhalb einer vom Bundesministerium für Gesundheit gesetzten Frist zustande, kann dieses im Einvernehmen mit dem Bundesministerium für Arbeit und Soziales nach Anhörung der Beteiligten das Nähere der Regelungen über Art und Aufbau der Kennzeichen und das Verfahren der Vergabe und ihre Verwendung durch Rechtsverordnung mit Zustimmung des Bundesrates bestimmen.

(4) ¹Die Kassenärztliche und die Kassenzahnärztliche Bundesvereinigung führen jeweils ein bundesweites Verzeichnis der an der vertragsärztlichen Versorgung teilnehmenden Ärzte und Zahnärzte sowie Einrichtungen. ²Das Verzeichnis enthält folgende Angaben:
1. Arzt- oder Zahnarztnummer (unverschlüsselt),
2. Hausarzt- oder Facharztkennung,
3. Teilnahmestatus,
4. Geschlecht des Arztes oder Zahnarztes,
5. Titel des Arztes oder Zahnarztes,
6. Name des Arztes oder Zahnarztes,
7. Vorname des Arztes oder Zahnarztes,
8. Geburtsdatum des Arztes oder Zahnarztes,
9. Straße der Arzt- oder Zahnarztpraxis oder der Einrichtung,
10. Hausnummer der Arzt- oder Zahnarztpraxis oder der Einrichtung,
11. Postleitzahl der Arzt- oder Zahnarztpraxis oder der Einrichtung,
12. Ort der Arzt- oder Zahnarztpraxis oder der Einrichtung,
13. Beginn der Gültigkeit der Arzt- oder Zahnarztnummer und
14. Ende der Gültigkeit der Arzt- oder Zahnarztnummer.

³Das Verzeichnis ist in monatlichen oder kürzeren Abständen zu aktualisieren. ⁴Die Arzt- und Zahnarztnummer ist so zu gestalten, dass sie ohne zusätzliche Daten über den Arzt oder Zahnarzt nicht einem bestimmten Arzt oder Zahnarzt zugeordnet werden kann; dabei ist zu gewährleisten, dass die Arzt- und Zahnarztnummer eine Identifikation des Arztes oder Zahnarztes auch für die Krankenkassen und ihre Verbände für die gesamte Dauer der vertragsärztlichen oder vertragszahnärztlichen Tätigkeit ermöglicht. ⁵Die Kassenärztliche Bundesvereinigung und die Kassenzahnärztliche Bundesvereinigung stellen sicher, dass das Verzeichnis die Arzt- und Zahnarztnummern enthält, welche Vertragsärzte und -zahnärzte im Rahmen der Abrechnung ihrer erbrachten und verordneten Leistungen mit den Krankenkassen nach den Vorschriften des Zweiten Abschnitts verwenden. ⁶Die Kassenärztliche Bundesvereinigung und die Kassenzahnärztliche Bundesvereinigung stellen dem Spitzenverband Bund der Krankenkassen das Verzeichnis bis zum 31. März 2004 im Wege elektronischer Datenübertragung oder maschinell verwertbar auf Datenträgern zur Verfügung; Änderungen des Verzeichnisses sind den Spitzenverbänden in monatlichen oder kürzeren Abständen unentgeltlich zu übermitteln. ⁷Der Spitzenverband Bund der Krankenkassen stellt seinen Mitgliedsverbänden und den Krankenkassen das Verzeichnis zur Erfüllung ihrer Aufgaben, insbesondere im

§ 293 Kennzeichen für Leistungsträger und Leistungserbringer

Bereich der Gewährleistung der Qualität und der Wirtschaftlichkeit der Versorgung sowie der Aufbereitung der dafür erforderlichen Datengrundlagen, zur Verfügung; für andere Zwecke darf der Spitzenverband Bund der Krankenkassen das Verzeichnis nicht verwenden.

(5) ¹Die für die Wahrnehmung der wirtschaftlichen Interessen gebildete maßgebliche Spitzenorganisation der Apotheker führt ein bundeseinheitliches Verzeichnis über die Apotheken und stellt dieses dem Spitzenverband Bund der Krankenkassen im Wege elektronischer Datenübertragung oder maschinell verwertbar auf Datenträgern unentgeltlich zur Verfügung. ²Änderungen des Verzeichnisses sind dem Spitzenverband Bund der Krankenkassen in monatlichen oder kürzeren Abständen unentgeltlich zu übermitteln. ³Das Verzeichnis enthält den Namen des Apothekers, die Anschrift und das Kennzeichen der Apotheke; es ist in monatlichen oder kürzeren Abständen zu aktualisieren. ⁴Der Spitzenverband Bund der Krankenkassen stellt seinen Mitgliedsverbänden und den Krankenkassen das Verzeichnis zur Erfüllung ihrer Aufgaben im Zusammenhang mit der Abrechnung der Apotheken, der in den §§ 129 und 300 getroffenen Regelungen sowie der damit verbundenen Datenaufbereitungen zur Verfügung; für andere Zwecke darf der Spitzenverband Bund der Krankenkassen das Verzeichnis nicht verwenden. ⁵Apotheken nach Satz 1 sind verpflichtet, die für das Verzeichnis erforderlichen Auskünfte zu erteilen. ⁶Weitere Anbieter von Arzneimitteln sind gegenüber dem Spitzenverband Bund der Krankenkassen entsprechend auskunftspflichtig.

Schrifttum: *R. Zuck,* Die Apotheke in der GKV-Gesundheitsreform 2000, 1999.

A. Überblick

1   § 293 regelt die Vergabe und Nutzung **bundeseinheitlicher Kennzeichen** für KK, Ärzte, Zahnärzte und Apotheker sowie die Führung entsprechender Verzeichnisse.

B. Verwendung kassenbezogener Kennzeichen, Abs. 1

2   Die KK sind verpflichtet, im Schriftverkehr mit anderen Trägern der Sozialversicherung, der Bundesagentur für Arbeit, den Versorgungsverwaltungen der Länder und mit ihren Vertragspartnern ein **bundeseinheitliches Kennzeichen** zu verwenden. Damit wird eine eindeutige Zuordnung des Schriftverkehrs zu einer bestimmten KK sichergestellt. Eine Verpflichtung des Adressaten zur Verwendung dieses Kennzeichens im Schriftverkehr mit der KK enthält das Gesetz nicht.

3   Der Begriff **Schriftverkehr** umfasst auch den Einsatz von maschinenlesbaren Datenträgern, den Datenaustausch, Maßnahmen der Qualitätssicherung und Abrechnungszwecke (S. 1).

C. Verfahren, Abs. 2, 3

4   Art und Aufbau des Kennzeichens, das Vergabeverfahren und die Verwendung des Kennzeichens werden **einheitlich und verbindlich** durch den SpiBuKK, die Bundesagentur für Arbeit und die Versorgungsverwaltungen der Länder verein-

bart **(Abs. 2)**, die zur Vergabe der Kennzeichen eine **Arbeitsgemeinschaft** bilden (Abs. 1 S. 2).

Kommt eine (neue) Vereinbarung nicht oder nicht innerhalb einer vom BMG gesetzten Frist zustande, kann das BMG die erforderliche Regelung im Einvernehmen mit dem BMA nach Anhörung der Mitglieder der Arbeitsgemeinschaft durch Rechtsverordnung mit Zustimmung des Bundesrates treffen **(Abs. 3)**.

D. Ärzteverzeichnis, Abs. 4

Die KV/KZV sind verpflichtet, Namen, Anschrift und ein bundeseinheitliches Kennzeichen **(Arzt-/Zahnarztnummer)** aller an der vertragsärztlichen Versorgung teilnehmenden Ärzte/Zahnärzte und (zahn-)ärztlich geleiteten Einrichtungen in ein mindestens monatlich zu aktualisierendes **Verzeichnis** aufzunehmen. Durch die Vergabe einer einheitlichen Arzt-/Zahnarztnummer soll insb. das Abrechnungsverfahren und die Auswertung vertragsärztlicher Leistungsdaten erleichtert werden. Dazu muss gewährleistet sein, dass die Arzt-/Zahnarztnummer in Verbindung mit weiteren arztbezogenen Daten nicht nur der KV/KZV, sondern auch den KK und deren Verbänden für die Dauer der vertragsärztlichen Tätigkeit eine eindeutige **Identifikation des betreffenden Arztes/Zahnarztes** ermöglicht.

Das Verzeichnis und seine Aktualisierungen sind dem SpiBuKK **kostenlos zu übermitteln**, der es seinen Mitgliedsverbänden und den KK **zur Erfüllung ihrer Aufgaben** zur Verfügung stellt. Eine andere Verwendung des Verzeichnisses durch den Spitzenverband ist nicht zulässig.

E. Apothekenverzeichnis, Abs. 5

Nach **Abs. 5** sind auch die **Apotheken** in ein bundeseinheitliches **Verzeichnis** aufzunehmen, das von der für die Wahrnehmung der wirtschaftlichen Interessen gebildeten maßgebenden Spitzenorganisation der Apotheker geführt wird. Es ist mindestens monatlich zu aktualisieren und enthält neben dem Namen des Apothekers die Anschrift sowie ein einheitliches Kennzeichen der Apotheke.

Das Verzeichnis und seine Aktualisierungen sind dem SpiBuKK **kostenlos zu übermitteln**, der es seinen Mitgliedsverbänden und den KK für das Abrechnungsverfahren sowie für Aufgaben nach § 300 **(Arzneimittelabrechnung)** und § 129 **(Rahmenvertrag über die Arzneimittelabrechnung)** zur Verfügung stellt. Eine Verwendung zu anderen Zwecken ist für den Spitzenverband ausdrücklich durch S. 4, im Übrigen durch die gesetzliche Zweckbindung der Übermittlung ausgeschlossen.

S. 5 verpflichtet die Apotheken, der in S. 1 genannten Spitzenorganisation die für die Erstellung und Aktualisierung des Verzeichnisses erforderlichen **Auskünfte zu erteilen**.

Die KK benötigen für die Wahrnehmung der Aufgaben nach § 300 auch Angaben über **weitere Anbieter von Arzneimitteln**. Da diese nicht in das Verzeichnis nach S. 1 aufzunehmen sind, verpflichtet S. 6 diese Anbieter, dem SpiBuKK den Angaben im Verzeichnis entsprechenden **Auskünfte** zu erteilen.

Zweiter Abschnitt. Übermittlung und Aufbereitung von Leistungsdaten, Datentransparenz

Erster Titel. Übermittlung von Leistungsdaten

§ 294 Pflichten der Leistungserbringer

Die an der vertragsärztlichen Versorgung teilnehmenden Ärzte und die übrigen Leistungserbringer sind verpflichtet, die für die Erfüllung der Aufgaben der Krankenkassen sowie der Kassenärztlichen Vereinigungen notwendigen Angaben, die aus der Erbringung, der Verordnung sowie der Abgabe von Versicherungsleistungen entstehen, aufzuzeichnen und gemäß den nachstehenden Vorschriften den Krankenkassen, den Kassenärztlichen Vereinigungen oder den mit der Datenverarbeitung beauftragten Stellen mitzuteilen.

Schrifttum: *D. Kraft,* Telematik im Gesundheitswesen, Diss. Gießen 2002; *A. Meier,* Der rechtliche Schutz patientenbezogener Gesundheitsdaten, Diss. Münster 2002; *H. Bäumler,* Medizinische Dokumentation und Datenschutzrecht, MedRecht 9/98, 400.

A. Überblick

1   § 294 regelt die **Aufzeichnung und Übermittlung leistungsbezogener Daten** durch die Leistungserbringer und die **datenschutzrechtliche Befugnis** der Leistungserbringer zur Speicherung und Offenbarung der von § 294 erfassten, regelmäßig versichertenbezogenen Daten (zur korrespondierenden Erhebungsbefugnis der KK und KV s. §§ 284 und 285). Die Übermittlungsbefugnis zur Durchführung von Qualitätsprüfungen (§ 285 Abs. 1 Nr. 6) ist seit 1. 1. 2006 im neu gefassten § 299 geregelt. Zur Übermittlung von Behandlungsdaten und Befunden zwischen Hausärzten und Leistungserbringern in der **hausärztlichen Versorgung** vgl. § 73 Abs. 1 b, zur gemeinsamen Dokumentation der Behandlung bei **integrierten Versorgungsformen** § 140 a Abs. 2 S. 2 iVm. § 140 b Abs. 3 S. 3, zur Erhebung, Verarbeitung und Nutzung von Sozialdaten durch den **MDK** §§ 276 Abs. 1 ff., 277 Abs. 1. Daneben regeln §§ 100, 101 SGB X die wechselseitige **Auskunftspflicht** von KK und (ua.) Ärzten im einzelnen Behandlungsfall.

B. Aufzeichnungs- und Übermittlungspflicht

2   § 294 verpflichtet alle an der GKV beteiligten Leistungserbringer, die zur Aufgabenerfüllung durch die KK und KV **notwendigen** Angaben über die von ihnen zulasten der GKV erbrachten, verordneten und abgerechneten Leistungen **in eigener Verantwortung aufzuzeichnen** und nach Maßgabe der in §§ 295 bis 303 näher geregelten Übermittlungspflichten an die KK, KV oder die mit der Datenverarbeitung beauftragten Stellen **zu übermitteln**. Eine weitergehende Speicherung und Übermittlung versichertenbezogener Daten bedarf einer gesonderten Rechtsgrundlage (vgl. BSG, SozR 3–2500, § 75 Nr. 10 Rn. 17).

3   Vorgaben für die **Art der Aufzeichnung** enthält § 294 nicht. Zur **Art der Übermittlung** treffen die §§ 295 ff. und die Richtlinien für den Datenaustausch mit den gesetzlichen Krankenkassen nähere Festlegungen.

C. Auftragsdatenverarbeitung

Die Befugnis der Leistungserbringer zur Übermittlung im Rahmen der Auf- 4
tragsdatenverarbeitung (§ 80 Abs. 2 SGB X), zB. an ein Rechenzentrum iSd. § 302
Abs. 2 S. 2, ermächtigt den Auftragnehmer nicht zur Weiterleitung an die KK oder
KV. Diese Befugnis ist daher jeweils gesondert geregelt (vgl. zB. § 302 Abs. 2
S. 3).

D. Verhältnis zum Berufsrecht

Die Aufzeichnungspflicht nach § 294 besteht unabhängig von der **berufs-** 5
rechtlichen Dokumentationspflicht der Leistungserbringer, die den Verlauf der
Behandlung und der hierfür relevanten Gesundheitsdaten im Interesse des Leistungserbringers und des Patienten auch im Hinblick auf Folgebehandlungen
nachvollziehbar machen soll.

§ 294 a Mitteilung von Krankheitsursachen und drittverursachten Gesundheitsschäden

(1) ¹Liegen Anhaltspunkte dafür vor, dass eine Krankheit eine Berufskrankheit im Sinne der gesetzlichen Unfallversicherung oder deren Spätfolgen oder die Folge oder Spätfolge eines Arbeitsunfalls, eines sonstigen Unfalls, einer Körperverletzung, einer Schädigung im Sinne des Bundesversorgungsgesetzes oder eines Impfschadens im Sinne des Infektionsschutzgesetzes ist, oder liegen Hinweise auf drittverursachte Gesundheitsschäden vor, sind die an der vertragsärztlichen Versorgung teilnehmenden Ärzte und Einrichtungen sowie die Krankenhäuser nach § 108 verpflichtet, die erforderlichen Daten, einschließlich der Angaben über Ursachen und den möglichen Verursacher, den Krankenkassen mitzuteilen. ²Für die Geltendmachung von Schadenersatzansprüchen, die nach § 116 des Zehnten Buches auf die Krankenkassen übergehen, übermitteln die Kassenärztlichen Vereinigungen den Krankenkassen die erforderlichen Angaben versichertenbezogen.

(2) ¹Liegen Anhaltspunkte für ein Vorliegen der Voraussetzungen des § 52 Abs. 2 vor, sind die an der vertragsärztlichen Versorgung teilnehmenden Ärzte und Einrichtungen sowie die Krankenhäuser nach § 108 verpflichtet, den Krankenkassen die erforderlichen Daten mitzuteilen. ²Die Versicherten sind über den Grund der Meldung nach Satz 1 und die gemeldeten Daten zu informieren.

Schrifttum: *A. Hauser*, Anforderung von Krankenunterlagen durch Krankenkassen auf der Grundlage des § 294 a SGB V, KH 2005, 128; *H. Marburger*, Pflichten der Leistungserbringer im Zusammenhang mit Schadensersatzansprüchen nach § 116 SGB X, Die Leistungen 2007, 129; *R. Schultze-Zeu/H. Riehn*, Das Akteneinsichtsrecht der Krankenkassen und Pflegekassen im Regressfall gegen Krankenhäuser, ärztlich geleitete Einrichtungen und Pflegeeinrichtungen unter Berücksichtigung von § 294 a SGB V und neuester Gesetzesinitiativen, VersR 2007, 467.

A. Überblick

Anders als § 100 SGB X (Auskunft auf Verlangen der KK) regelt der mit Wir- 1
kung ab 1. 1. 2004 eingefügte § 294 a die Verpflichtung und die datenschutzrechtliche Befugnis bestimmter Leistungserbringer, den KK **in Verdachtsfällen** von

§ 294a Mitteilung v. Krankheitsursachen u. drittverursachten Gesundheitsschäden

sich aus versichertenbezogene Angaben über mögliche Berufskrankheiten, Unfall- oder Schädigungsfolgen zu übermitteln sowie die Befugnis der KV zur Übermittlung versichertenbezogener Angaben in Fällen des **Anspruchsübergangs nach § 116 SGB X**. Der mit Wirkung ab 1.1.2008 angefügte Abs. 2 erweitert im Hinblick auf § 52 Abs. 2 diese Verpflichtung und Befugnis auf selbstverschuldete und selbst zu verantwortende Krankheiten.

B. Mitteilungspflicht ärztlicher Leistungserbringer, S. 1

2   Liegen einem Vertragsarzt, einer ärztlich geleiteten Einrichtung oder einem zugelassenen Krankenhaus (§ 108) **Anhaltspunkte** dafür vor, dass die Krankheit eines Versicherten eine **Berufskrankheit** im Sinne der GUV ist, auf einer der in S. 1 genannten **Ursachen** beruht, der Gesundheitsschaden **von einem Dritten verursacht** wurde oder der Versicherte die Krankheit **selbst verschuldet** oder zu verantworten hat, sind der KK die erforderlichen Daten **unaufgefordert** zu übermitteln. Unabhängig davon kann die KK bei ihr bereits bekannt gewordenen Verdachtsfällen diese Angaben bei den in S. 1 genannten Leistungserbringern **anfordern**.

3   Durch die auch in den BMV geregelte Mitteilungspflicht soll sichergestellt werden, dass die KK Kenntnis von den Fällen erhalten, in denen die **Zuständigkeit** eines anderen Leistungsträgers (zB. des Unfallversicherungsträgers), ein **Anspruch auf Erstattung** der Behandlungskosten (zB. durch einen Unfallverursacher), eine **Kostenbeteiligung** des Versicherten oder eine **Versagung bzw. Rückforderung des Krankengeldes** in Betracht kommt und ihr die zur Prüfung und Geltendmachung erforderlichen Angaben zur Verfügung stehen.

C. Inhalt der Mitteilung

4   Welche Daten erforderlich sind, regelt § 294a nicht. Die in Abs. 1 **beispielhaft** genannten Angaben über Krankheitsursachen und Verursacher gehen aber ebenso wie die Tatbestandsvoraussetzungen des § 52 Abs. 2, auf die Abs. 2 Satz 1 verweist, erkennbar über die sonst zur Aufgabenerfüllung insb. im Rahmen der Abrechnung, der Wirtschaftlichkeitsprüfung, der Qualitätsprüfung oder der Prüfung von Leistungsansprüchen erforderlichen versichertenbezogenen Daten hinaus. Ihre Weitergabe durch den Leistungserbringer kann im Einzelfall **schutzwürdige Interessen des Versicherten** berühren, zB. bei Schädigung durch Familienangehörige. Eine Befugnis des Leistungserbringers, in derartigen Fällen von einer Übermittlung abzusehen, sieht § 294a jedoch nicht vor.

Da die nach Abs. 2 Satz 1 erfolgenden Mitteilungen Leistungsansprüche des Versicherten selbst betreffen, ist er über Grund und Inhalt der Meldung zu informieren. Er soll dadurch seine Rechte im Verfahren rechtzeitig verfolgen können.

D. Mitteilungspflicht der KV, S. 2

5   Die Verpflichtung der KV, den KK die für die Geltendmachung von **Schadensersatzansprüchen nach § 116 SGB X** erforderlichen Angaben versichertenbezogen zu übermitteln, betrifft insb. die zur Bezifferung des Schadens erforderlichen Daten über die **Vergütung** der vertragsärztlich erbrachten Leistungen, deren Abrechnung über die KV erfolgt. Soweit der Anspruch gegen den Schädiger den Er-

10. Kapitel. 2. Abschnitt. 1. Titel **§ 295**

satz von **Krankengeld** einschließlich der darauf entfallenden Rentenversicherungsbeiträge umfasst, liegen den KK die betreffenden Daten selbst vor. Entsprechende Regelungen bestehen für die GUV (§ 199 Abs. 1 Nr. 4 SGB VII) und das Arbeitsförderungsrecht (§ 394 Abs. 1 S. 2 Nr. 10 SGB III). Auf **Erstattungsansprüche zwischen den Leistungsträgern** nach § 102 bis 105 SGB X findet S. 2 keine Anwendung.

6

§ 295 Abrechnung ärztlicher Leistungen

(1) ¹Die an der vertragsärztlichen Versorgung teilnehmenden Ärzte und Einrichtungen sind verpflichtet,
1. in dem Abschnitt der Arbeitsunfähigkeitsbescheinigung, den die Krankenkasse erhält, die Diagnosen,
2. in den Abrechnungsunterlagen für die vertragsärztlichen Leistungen die von ihnen erbrachten Leistungen einschließlich des Tages der Behandlung, bei ärztlicher Behandlung mit Diagnosen, bei zahnärztlicher Behandlung mit Zahnbezug und Befunden,
3. in den Abrechnungsunterlagen

sowie auf den Vordrucken für die vertragsärztliche Versorgung ihre Arztnummer, in Überweisungsfällen die Arztnummer des überweisenden Arztes sowie die Angaben nach § 291 Abs. 2 Nr. 1 bis 10 maschinenlesbar aufzuzeichnen und zu übermitteln. ²Die Diagnosen nach Satz 1 Nr. 1 und 2 sind nach der Internationalen Klassifikation der Krankheiten in der jeweiligen vom Deutschen Institut für medizinische Dokumentation und Information im Auftrag des Bundesministeriums für Gesundheit herausgegebenen deutschen Fassung zu verschlüsseln. ³Das Bundesministerium für Gesundheit kann das Deutsche Institut für medizinische Dokumentation und Information beauftragen, den in Satz 2 genannten Schlüssel mit Zusatzkennzeichen zur Gewährleistung der für die Erfüllung der Aufgaben der Krankenkassen notwendigen Aussagefähigkeit des Schlüssels zu ergänzen. ⁴Von Vertragsärzten durchgeführte Operationen und sonstige Prozeduren sind nach dem vom Deutschen Institut für medizinische Dokumentation und Information im Auftrag des Bundesministeriums für Gesundheit herausgegebenen Schlüssel zu verschlüsseln. ⁵Das Bundesministerium für Gesundheit gibt den Zeitpunkt des Inkrafttretens der jeweiligen Fassung des Diagnosenschlüssels nach Satz 2 sowie des Prozedurenschlüssels nach Satz 4 im Bundesanzeiger bekannt.

(1 a) Für die Erfüllung der Aufgaben nach § 106 a sind die an der vertragsärztlichen Versorgung teilnehmenden Ärzte verpflichtet und befugt, auf Verlangen der Kassenärztlichen Vereinigungen die für die Prüfung erforderlichen Befunde vorzulegen.

(1 b) ¹Ärzte, Einrichtungen und medizinische Versorgungszentren, die ohne Beteiligung der Kassenärztlichen Vereinigungen mit den Krankenkassen oder ihren Verbänden Verträge zu integrierten Versorgungsformen (§ 140 a) oder zur Versorgung nach § 73 b oder § 73 c abgeschlossen haben, sowie Krankenhäuser, die gemäß § 116 b Abs. 2 an der ambulanten Behandlung teilnehmen, übermitteln die in Absatz 1 genannten Angaben, bei Krankenhäusern einschließlich ihres Institutionskennzeichens, an die jeweilige Krankenkasse im Wege elektronischer Datenübertragung oder maschinell verwertbar auf Datenträgern. ²Das Nähere regelt der Spitzenverband Bund der Krankenkassen.

(2) ¹Für die Abrechnung der Vergütung übermitteln die Kassenärztlichen Vereinigungen im Wege elektronischer Datenübertragung oder maschinell ver-

§ 295

wertbar auf Datenträgern den Krankenkassen für jedes Quartal für jeden Behandlungsfall folgende Daten:
1. Angaben nach § 291 Abs. 2 Nr. 1, 6 und 7,
2. Arzt- oder Zahnarztnummer, in Überweisungsfällen die Arzt- oder Zahnarztnummer des überweisenden Arztes,
3. Art der Inanspruchnahme,
4. Art der Behandlung,
5. Tag der Behandlung,
6. abgerechnete Gebührenpositionen mit den Schlüsseln nach Abs. 1 Satz 5, bei zahnärztlicher Behandlung mit Zahnbezug und Befunden,
7. Kosten der Behandlung,
8. Zuzahlungen nach § 28 Abs. 4.

²Für nichtärztliche Dialyseleistungen gilt Satz 1 mit der Maßgabe, dass die für die Zwecke des Risikostrukturausgleichs (§ 266 Abs. 4, § 267 Abs. 1 bis 6) und des Risikopools (§ 269 Abs. 3) erforderlichen Angaben versichertenbezogen erstmals für das erste Quartal 2002 bis zum 1. Oktober 2002 zu übermitteln sind. ³Die Kassenärztlichen Vereinigungen übermitteln für die Durchführung der Programme nach § 137 g die in der Rechtsverordnung nach § 266 Abs. 7 festgelegten Angaben versichertenbezogen an die Krankenkassen, soweit sie an der Durchführung dieser Programme beteiligt sind. ⁴Die Kassenärztlichen Vereinigungen übermitteln den Krankenkassen die Angaben nach Satz 1 für Versicherte, die an den Programmen nach § 137 f teilnehmen, versichertenbezogen. ⁵§ 137 f Abs. 3 Satz 2 bleibt unberührt.

(2 a) Die an der vertragsärztlichen Versorgung teilnehmenden Ärzte und Einrichtungen sowie Leistungserbringer, die ohne Beteiligung der Kassenärztlichen Vereinigungen mit den Krankenkassen oder ihren Verbänden Verträge zu integrierten Versorgungsformen (§ 140 a) oder zur Versorgung nach § 73 b oder § 73 c abgeschlossen haben, sowie Krankenhäuser, die gemäß § 116 b Abs. 2 an der ambulanten Behandlung teilnehmen, sind verpflichtet, die Angaben gemäß § 292 aufzuzeichnen und den Krankenkassen zu übermitteln.

(3) ¹Die Vertragsparteien der Verträge nach § 82 Abs. 1 und § 87 Abs. 1 vereinbaren als Bestandteil dieser Verträge das Nähere über
1. Form und Inhalt der Abrechnungsunterlagen für die vertragsärztlichen Leistungen,
2. Form und Inhalt der im Rahmen der vertragsärztlichen Versorgung erforderlichen Vordrucke,
3. die Erfüllung der Pflichten der Vertragsärzte nach Absatz 1,
4. die Erfüllung der Pflichten der Kassenärztlichen Vereinigungen nach Absatz 2, insbesondere auch Form, Frist und Umfang der Weiterleitung der Abrechnungsunterlagen an die Krankenkassen oder deren Verbände,
5. Einzelheiten der Datenübermittlung und der Aufbereitung von Abrechnungsunterlagen nach den §§ 296 und 297.

²Die Vertragsparteien nach Satz 1 vereinbaren erstmalig zum 30. Juni 2009 Richtlinien für die Vergabe und Dokumentation der Schlüssel nach Abs. 1 Satz 5 für die Abrechnung und Vergütung der vertragsärztlichen Leistungen (Kodierrichtlinien); § 87 Abs. 6 gilt entsprechend.

(4) ¹Die an der vertragsärztlichen Versorgung teilnehmenden Ärzte, Einrichtungen und medizinischen Versorgungszentren haben die für die Abrechnung der Leistungen notwendigen Angaben der Kassenärztlichen Vereinigung im Wege elektronischer Datenübertragung oder maschinell verwertbar auf Datenträgern zu übermitteln. ²Das Nähere regelt die Kassenärztliche Bundesvereinigung.

10. Kapitel. 2. Abschnitt. 1. Titel **§ 295**

Schrifttum: *B. Hilderink*, Datenschutz in der gesetzlichen Krankenversicherung, Diss. Münster 2000; *J. Heyers/J. Heyers*, Arzthaftung – Schutz von digitalen Patientendaten, MDR 2001, 1209; *F. Lang*, Das Recht auf informationelle Selbstbestimmung des Patienten und die ärztliche Schweigepflicht in der gesetzlichen Krankenversicherung, Diss. Heidelberg 1996; *R. Vetter*, Chancen und Risiken zentralisierter Patientendatenbestände, DuD 2003, 39.

A. Überblick

§ 295 regelt die versichertenbezogene **Übermittlung von Leistungsdaten** 1
zur Abrechnung vertragsärztlicher Leistungen zwischen Vertragsärzten, KV und KK. Die entsprechende **Aufzeichnungspflicht** der Leistungserbringer ergibt sich aus § 294. Ergänzend dazu regelt Abs. 2a die Verpflichtung zur Aufzeichnung und Übermittlung der für die Prüfung späterer Leistungsansprüche nach § 292 erforderlichen Daten. Die Norm enthält außerdem **Vorgaben für die BMV** in Bezug auf die Ausgestaltung des Abrechnungsverfahrens sowie die Aufbereitung und Übermittlung von Abrechnungsdaten zur Wirtschaftlichkeitsprüfung und für die Richtlinien über Diagnose- und Prozedurenschlüssel.

B. Abrechnung über die KV, Abs. 1

Welche Leistungsdaten von den an der vertragsärztlichen Versorgung teilneh- 2
menden Ärzten und Einrichtungen im Rahmen der Abrechnung der von ihnen erbrachten Leistungen mit den KV in den **Abrechnungsunterlagen** aufzuzeichnen und zu übermitteln sind, ist **abschließend** in Abs. 1 S. 1 Nr. 2 und 3 geregelt.

Die maschinenlesbare Eintragung der Arztnummer, in Überweisungsfällen 3
der Arztnummer des überweisenden Arztes sowie der Angaben der Krankenversichertenkarte (§ 291 Abs. 2 S. 1) auf den für die vertragsärztliche Versorgung vorgesehenen **Vordrucken** (S. 1 Nr. 3) soll eine maschinelle Weiterverarbeitung durch den Adressaten des Vordrucks ermöglichen. Auf dem für die KK bestimmten Abschnitt der **Arbeitsunfähigkeitsbescheinigung** ist außerdem der Diagnoseschlüssel anzugeben (S. 1 Nr. 1).

Zur Verschlüsselung der Diagnosen, Operationen und sonstigen Prozeduren 4
(S. 2 bis 5) s. § 301 Rn. 5. Die Regelung ist verfassungsgemäß (BVerfG, NZS 2000, 454/456).

C. Abrechnungsprüfung

Abs. 1a regelt ergänzend die Übermittlung ärztlicher Befunde auf Verlangen 5
der KV zum Zweck der Abrechnungsprüfung nach § 106a.

D. Abrechnung ohne Beteiligung der KV

Abs. 1b regelt die Übermittlung der in Abs. 1 genannten Daten durch die an 6
der vertragsärztlichen Versorgung teilnehmenden Ärzte, Einrichtungen und Versorgungszentren sowie Leistungserbringer, die **ohne Beteiligung der KV** mit den KK oder ihren Verbänden Verträge nach § 140a, § 73b oder § 73c abgeschlossen haben, sowie der Krankenhäuser, die gemäß § 116b Abs. 2 an der ambulanten Behandlung teilnehmen. Das Nähere regelt der SpiBuKK.

§ 295   Abrechnung ärztlicher Leistungen

7   Ergänzend dazu verpflichtet **Abs. 2 a** die Erbringer, Angaben über Leistungen, die nach § 292 zur **Prüfung späterer Leistungsgewährung** erforderlich sind, aufzuzeichnen und an die zuständige KK zu übermitteln. Zur entsprechenden Aufzeichnungspflicht der KK und den erforderlichen Angaben s. § 292.

E. Übermittlungspflichten und -befugnisse der KV, Abs. 2

8   S. 1 verpflichtet die KV, den KK **für die Abrechnung** der Vergütung vertragsärztlicher Leistungen quartalsbezogen die in S. 1 Nr. 1 bis 8 abschließend genannten Daten im Wege der elektronischen Datenübermittlung oder maschinell verwertbar auf Datenträgern **arzt- und versichertenbezogen** zu übermitteln. Diese Daten dienen der versichertenbezogenen Abrechnungsprüfung nach § 106 a Abs. 3 durch die Krankenkassen.

9   S. 2 enthält eine entsprechende Verpflichtung zur Übermittlung der für Zwecke des **Risikostrukturausgleichs** und des **Risikopools** erforderlichen Daten nach S. 1 über die in der vertragsärztlichen Versorgung erbrachten **nichtärztlichen Dialyseleistungen** (zur Übermittlung bei vertragsärztlichen Leistungserbringern s. § 302).

10   S. 3 bis 5 regeln weitergehende Übermittlungspflichten und -befugnisse der KV im Zusammenhang mit **strukturierten Behandlungsprogrammen** bei chronischen Krankheiten (§ 137 f). Die Teilnahme an den Programmen setzt nach § 137 f Abs. 3 S. 2 voraus, dass der Versicherte sich mit der Erhebung, Verarbeitung und Nutzung der in der Risikostrukturausgleichsverordnung festgelegten versichertenbezogenen Daten durch die KK und die Leistungserbringer sowie der Übermittlung dieser Daten an die KK einverstanden erklärt. Die KV sind davon aber nicht umfasst. Mit dem jederzeit möglichen Widerruf der Einverständniserklärung durch den Versicherten (§ 137 f Abs. 3 S. 3) erlischt auch die Übermittlungsbefugnis der KV.

F. Verträge und Richtlinien, Abs. 3

11   Die Partner der BMV sind verpflichtet, das Nähere über Form und Inhalt der Abrechnungsunterlagen und Vordrucke in der vertragsärztlichen Versorgung, die Aufzeichnungs- und Übermittlungspflichten der Vertragsärzte nach Abs. 1, die Übermittlungspflichten der KV nach Abs. 2 sowie die Einzelheiten der Datenübermittlung und Aufbereitung von Abrechnungsunterlagen für die Wirtschaftlichkeitsprüfung nach den §§ 296 und 297 in Verträgen als Bestandteil der BMV zu regeln sowie **erstmals zum 30. Juni 2009** Richtlinien für die Vergabe und Dokumentation der Diagnose- und Prozedurenschlüssel für die Abrechnung und Vergütung vertragsärztlicher Leistungen **(Kodierrichtlinien)** zu vereinbaren, die entsprechend § 87 Abs. 6 der Aufsicht des BMG unterliegen (vgl. zum bisherigen Verfahren Rn. 4). Damit wird eine bundeseinheitliche Verwendung der Schlüssel sichergestellt. Zur Regelung der Vorlage von Überweisungsscheinen im HVM vgl. BSG, SozR 3–2500, § 85 Nr. 32 S. 245.

G. Papierlose Übermittlung, Abs. 4

12   Die an der vertragsärztlichen Versorgung teilnehmenden Ärzte, ärztlich geleiteten Einrichtungen und medizinischen Versorgungszentren sind verpflichtet, der

KV die für die Abrechnung der Leistungen notwendigen Angaben nach bundeseinheitlichen Vorgaben der KBV **im Wege elektronischer Datenübertragung oder maschinell verwertbar auf Datenträgern** zu übermitteln. Eine entsprechende Verpflichtung enthält Abs. 1 b Satz 1 aE. für die direkte Abrechnung mit den KK.

§ 296 Auffälligkeitsprüfungen

(1) ¹Für die arztbezogenen Prüfungen nach § 106 übermitteln die Kassenärztlichen Vereinigungen im Wege der elektronischen Datenübertragung oder maschinell verwertbar auf Datenträgern den Prüfungsstellen nach § 106 Abs. 4a aus den Abrechnungsunterlagen der Vertragsärzte für jedes Quartal folgende Daten:
1. Arztnummer, einschließlich von Angaben nach § 293 Abs. 4 Satz 1 Nr. 2, 3, 6, 7 und 9 bis 14 und Angaben zu Schwerpunkt- und Zusatzbezeichnungen sowie zusätzlichen Abrechnungsgenehmigungen,
2. Kassennummer,
3. die abgerechneten Behandlungsfälle sowie deren Anzahl, getrennt nach Mitgliedern und Rentnern sowie deren Angehörigen,
4. die Überweisungsfälle sowie die Notarzt- und Vertreterfälle sowie deren Anzahl, jeweils in der Aufschlüsselung nach Nummer 3,
5. durchschnittliche Anzahl der Fälle der vergleichbaren Fachgruppe in der Gliederung nach den Nummern 3 und 4,
6. Häufigkeit der abgerechneten Gebührenposition unter Angabe des entsprechenden Fachgruppendurchschnitts,
7. in Überweisungsfällen die Arztnummer des überweisenden Arztes.
²Soweit zur Prüfung der Einhaltung der Richtlinien nach Maßgabe von § 106 Abs. 5 b erforderlich, sind die Daten nach Satz 1 Nr. 3 jeweils unter Angabe der nach § 295 Abs. 1 Satz 2 verschlüsselten Diagnose zu übermitteln.

(2) ¹Für die arztbezogenen Prüfungen nach § 106 übermitteln die Krankenkassen im Wege der elektronischen Datenübertragung oder maschinell verwertbar auf Datenträgern den Prüfungsstellen nach § 106 Abs. 4a über die von allen Vertragsärzten verordneten Leistungen (Arznei-, Verband-, Heil- und Hilfsmittel) für jedes Quartal folgende Daten:
1. Arztnummer des verordnenden Arztes,
2. Kassennummer,
3. Art, Menge und Kosten verordneter Arznei-, Verband-, Heil- und Hilfsmittel, getrennt nach Mitgliedern und Rentnern sowie deren Angehörigen oder in der nach § 84 Abs. 6 Satz 2 bestimmten Gliederung, bei Arzneimitteln einschließlich des Kennzeichens nach § 300 Abs. 3 Nr. 1,
4. Häufigkeit von Krankenhauseinweisungen sowie Dauer der Krankenhausbehandlung.
²Werden die Aufgreifkriterien nach § 106 Abs. 5 a von einem Arzt überschritten, sind der Prüfungsstelle auch die Versichertennummern arztbezogen zu übermitteln.

(3) ¹Die Kassenärztliche Bundesvereinigung und der Spitzenverband Bund der Krankenkassen bestimmen im Vertrag nach § 295 Abs. 3 Nr. 5 Näheres über die nach Absatz 2 Nr. 3 anzugebenden Arten und Gruppen von Arznei-, Verband- und Heilmitteln. ²Sie können auch vereinbaren, dass jedes einzelne Mittel oder dessen Kennzeichen angegeben wird. ³Zu vereinbaren ist ferner Näheres zu den Fristen der Datenübermittlungen nach den Absätzen 1 und 2 sowie zu den Folgen der Nichteinhaltung dieser Fristen.

§ 296 Auffälligkeitsprüfungen

(4) **Für die Prüfung nach § 106 Abs. 5 a sind die an der vertragsärztlichen Versorgung teilnehmenden Ärzte verpflichtet und befugt, auf Verlangen der Prüfungsstelle nach § 106 Abs. 4 a die für die Prüfung erforderlichen Befunde vorzulegen.**

Schrifttum: S. zu § 106

A. Überblick

1   Die mWv. 1. 1. 2004 an die Änderung des § 106 (Wirtschaftlichkeitsprüfung in der vertragsärztlichen Versorgung) und die Zusammenlegung von Prüfungsausschuss und Geschäftsstelle angepasste Norm regelt die Verpflichtung und die datenschutzrechtliche Befugnis von KK, KV und Vertragsärzten zur Übermittlung der für die Durchführung der arztbezogenen Prüfungen nach § 106 Abs. 2 S. 1 Nr. 1 **(Auffälligkeitsprüfungen)** erforderlichen Leistungsdaten. Die Daten sind ausschließlich der **Prüfungsstelle** zu übermitteln. Einen prüfungsbezogenen Datenaustausch zwischen KK und KV, insb. zur Entscheidung darüber, ob eine Wirtschaftlichkeitsprüfung beantragt wird, sieht das Gesetz seit 1. 1. 2004 nicht mehr vor, da die Wirtschaftlichkeitsprüfung durch die Prüfungsstellen von Amts wegen erfolgt.

2   Die von den KV und den KK nach § 296 zu übermittelnden Daten sind in Abs. 1 und Abs. 2 **abschließend** aufgezählt. Soweit die Prüfungsstellen **Originalbelege** (insb. Verordnungsblätter) benötigen, ergibt sich die entsprechende Übermittlungsbefugnis aus § 298 (vgl. dort Rn. 2)

B. Übermittlungspflichten der KV, Abs. 1

3   Die KVen sind verpflichtet, den Prüfungsstellen **aus den Abrechnungsunterlagen** für die Auffälligkeitsprüfung ärztlicher Leistungen arztbezogen (nicht versichertenbezogen) für jedes Quartal die Arztnummer (§ 293 Abs. 4 S. 2 Nr. 1) und ergänzende arztbezogene Daten, die Kassennummer (§ 291 Abs. 2 S. 1 Nr. 1) sowie gegliedert nach Mitgliedern, Rentnern und Angehörigen die **abgerechneten Behandlungsfälle** (zum Begriff vgl. § 21 Abs. 1 BMV-Ä/§ 21 Abs. 1 EKVÄ), Überweisungs-, Notarzt- und Vertretungsfälle, die Durchschnittsfallzahlen vergleichbarer Fachgruppen, die Häufigkeit der abgerechneten Gebührenpositionen einschließlich des Fachgruppendurchschnitts sowie in Überweisungsfällen die Arztnummer des überweisenden Arztes zu übermitteln.

4   Die Angaben zu den Behandlungsfällen umfassen auch die nach § 295 Abs. 1 S. 2 verschlüsselte **Diagnose**, soweit dies erforderlich ist, um die Einhaltung der Richtlinien über die Verordnung von Arznei-, Heil- und Hilfsmitteln (§ 92 Abs. 1 S. 2 Nr. 6) nach § 106 Abs. 5 b zu prüfen (Abs. 1 S. 2). Die Arzt- und Kassennummer stellen den Bezug der Abrechnungsdaten zum geprüften Arzt und zur leistungspflichtigen KK sicher. Mit der Gliederung der Behandlungsfälle und den fachgruppenbezogenen Angaben werden die Abrechnungsdaten bereits versichertengruppen- und fachgruppenbezogen aufbereitet.

C. Übermittlungspflichten der KK, Abs. 2

5   Ergänzend zu Abs. 1 regelt Abs. 2 die Verpflichtung der KK zur Übermittlung der **verordneten Arznei-, Verband- und Heilmittel** sowie der **Häufigkeit**

von **Krankenhauseinweisungen** und der **Dauer der Krankenhausbehandlung**. Art, Menge und Kosten der verordneten Mittel können nach Versichertengruppen oder nach Patientengruppen und Krankheitsarten (§ 84 Abs. 6 S. 2) gegliedert werden Die für Arzneimittel erforderliche Angabe des bundeseinheitlichen Kennzeichens nach § 300 Abs. 3 Nr. 1 dient der eindeutigen Identifikation des verordneten Präparats einschließlich Packungsgröße und Darreichungsform. Zur Überprüfung der zutreffenden elektronischen Erfassung von Arzneimittelverordnungen vgl. BSG, SozR 4–2500, § 106 Nr. 11 Rn. 29 ff.

Überschreitet der Arzt die **Schwellenwerte** nach § 106 Abs. 5 a, sind der Prüf- 6
stelle verordnungs- bzw. einweisungsbezogen auch die Versichertennummern zu übermitteln. Damit soll der Prüfstelle eine Feststellung eventueller Praxisbesonderheiten ermöglicht und der Arzt von seiner diesbezüglichen Mitwirkungspflicht entlastet werden (vgl. BT-Drs. 16/4247, 57).

D. Vertragliche Regelung, Abs. 3

Welche Angaben im Übrigen zu den Arten und Gruppen verordneter Arznei-, 7
Verband-, Heil- und Hilfsmittel im Einzelnen erforderlich sind, insb. ob auch für Verband-, Heil- und Hilfsmittel ein Kennzeichen anzugeben ist, regeln KBV und SpiBuKK in **bundeseinheitlichen Verträgen** nach § 295 Abs. 3 Nr. 5. Der Vertrag muss darüber hinaus regeln, innerhalb welcher **Fristen** den Prüfungsstellen die quartalsbezogenen Daten nach Abs. 1 und Abs. 2 zu übermitteln sind und welche Folgen eine **Fristversäumnis** hat. Damit soll im Interesse einer zeitnahen Prüfung eine rechtzeitige Datenübermittlung gesichert werden. Zur Haftung der Vorstandsmitglieder der KK und KV für Defizite der Wirtschaftlichkeitsprüfung wegen unzureichender oder verspäteter Übermittlung der Prüfdaten s. § 106 Abs. 4 b S. 2.

E. Übermittlungspflichten des Vertragsarztes, Abs. 4

Soweit für die Prüfung nach § 106 Abs. 1 Nr. 1 in Verbindung mit Absatz 5 a 8
(Überschreitung der Richtgrößenvolumen) eine Einsichtnahme in die der Behandlung zu Grunde liegenden **Befunde** notwendig ist, hat der betreffende Vertragsarzt der Prüfungsstelle diese Befunde auf Verlangen zu übermitteln. Erfasst werden nur die zur Klärung der festgestellten Auffälligkeiten **erforderlichen** Angaben. Eine pauschale Anforderung von Befunden zur generellen Beurteilung des indikationsgerechten Verordnungsverhaltens ist aufgrund der eingeschränkten Prüfkompetenz der Prüfungsstellen nicht zulässig.

F. Papierlose Übermittlung

Die Daten nach Abs. 1 und 2 sind **im Wege der elektronischen Datenüber-** 9
tragung oder maschinell verwertbar auf Datenträgern zu übermitteln. Dies erleichtert und beschleunigt den Datentransfer und die Verarbeitung durch die Prüfungsstellen. Die erforderlichen Daten liegen den KV und KK aufgrund der Verpflichtung der Vertragsärzte, Apotheker, Krankenhäuser und sonstigen Leistungserbringer zur entsprechenden Übermittlung ihrer Abrechnungsdaten (s. §§ 295 Abs. 1, 1 b und 2, 300 Abs. 1, Abs. 3 Nr. 2, 301 Abs. 1 S. 1, 302 Abs. 1) idR. bereits in elektronischer oder maschinell verwertbarer Form vor.

Michels

§ 297 Zufälligkeitsprüfungen

(1) Die Kassenärztlichen Vereinigungen übermitteln den Geschäftsstellen nach § 106 Abs. 4 a für jedes Quartal eine Liste der Ärzte, die gemäß § 106 Abs. 3 in die Prüfung nach § 106 Abs. 2 Satz 1 Nr. 2 einbezogen werden.

(2) Die Kassenärztlichen Vereinigungen übermitteln im Wege der elektronischen Datenübertragung oder maschinell verwertbar auf Datenträgern den Geschäftsstellen nach § 106 Abs. 4 a aus den Abrechnungsunterlagen der in die Prüfung einbezogenen Vertragsärzte folgende Daten:
1. Arztnummer,
2. Kassennummer,
3. Krankenversichertennummer,
4. abgerechnete Gebührenpositionen je Behandlungsfall einschließlich des Tages der Behandlung, bei ärztlicher Behandlung mit der nach dem in § 295 Abs. 1 Satz 2 genannten Schlüssel verschlüsselten Diagnose, bei zahnärztlicher Behandlung mit Zahnbezug und Befunden, bei Überweisungen mit dem Auftrag des überweisenden Arztes. Die Daten sind jeweils für den Zeitraum eines Jahres zu übermitteln.

(3) [1]Die Krankenkassen übermitteln im Wege der elektronischen Datenübertragung oder maschinell verwertbar auf Datenträgern den Geschäftsstellen nach § 106 Abs. 4 a die Daten über die von den in die Prüfung nach § 106 Abs. 2 Satz 1 Nr. 2 einbezogenen Vertragsärzten verordneten Leistungen sowie die Feststellungen der Arbeitsunfähigkeit jeweils unter Angabe der Arztnummer, der Kassennummer und der Krankenversichertennummer. [2]Die Daten über die verordneten Arzneimittel enthalten zusätzlich jeweils die Kennzeichen nach § 300 Abs. 3 Nr. 1. [3]Die Daten über die Verordnungen von Krankenhausbehandlung enthalten zusätzlich jeweils die gemäß § 301 übermittelten Angaben über den Tag und den Grund der Aufnahme, die Einweisungsdiagnose, die Aufnahmediagnose, die Art der durchgeführten Operationen und sonstigen Prozeduren sowie die Dauer der Krankenhausbehandlung. [4]Die Daten über die Feststellungen der Arbeitsunfähigkeit enthalten zusätzlich die gemäß § 295 Abs. 1 übermittelte Diagnose sowie die Dauer der Arbeitsunfähigkeit. [5]Die Daten sind jeweils für den Zeitraum eines Jahres zu übermitteln.

(4) Daten über kassen- und vertragsärztliche Leistungen und Daten über verordnete Leistungen dürfen, soweit sie versichertenbezogen sind, auf maschinell verwertbaren Datenträgern nur zusammengeführt werden, soweit dies zur Durchführung der Prüfungen nach § 106 Abs. 2 Satz 1 Nr. 2 erforderlich ist.

Schrifttum: S. zu § 106

A. Überblick

1 § 297 regelt ergänzend zu § 296 die Verpflichtung und die datenschutzrechtliche Befugnis von KK und KV zur Übermittlung der für die Durchführung der Prüfungen nach 106 Abs. 2 S. 1 Nr. 2 (**Zufälligkeitsprüfungen**) erforderlichen Leistungsdaten. Zur Entwicklung s. § 296 Rn. 1.

2 Im Gegensatz zur arztbezogenen Auffälligkeitsprüfung (§ 106 Abs. 2 S. 1 Nr. 1), in die nur begrenzt versichertenbezogene Daten (Befunde, § 296 Abs. 4) einbezogen werden, erfolgt die Zufälligkeitsprüfung auf der Grundlage einer **arzt- und versichertenbezogenen Stichprobe.** Daher umfassen die nach § 297

Abs. 2 und 3 zu übermittelnden Daten neben der Arztnummer (§ 293 Abs. 4 S. 2 Nr. 1) und der Kassennummer (§ 291 Abs. 2 S. 1 Nr. 1), die den Bezug der Abrechnungs- und Verordnungsdaten zum geprüften Arzt und zur leistungspflichtigen KK sicherstellen, auch die zur Identifikation des behandelten Versicherten und zur Zusammenführung der in einzelnen Behandlungsfällen erbrachten und verordneten Leistungen erforderliche Krankenversichertennummer (§ 290).

B. Stichprobenliste, Abs. 1

Abs. 1 verpflichtet die KV, den **Prüfungsstellen** eine Liste der Ärzte zu übermitteln, die gemäß der Vereinbarung nach § 106 Abs. 3 für die Stichprobe ausgewählt wurden. 3

C. Übermittlungspflichten der KV, Abs. 2

Zu jedem dieser Ärzte übermittelt die KV der Prüfungsstelle **quartalsbezogen** aus den **Abrechnungsunterlagen** neben der Arzt-, Kassen- und Krankenversichertennummer für jeden abgerechneten Behandlungsfall und nach Behandlungstagen gegliedert die abgerechneten Gebührenpositionen sowie den Diagnoseschlüssel (§ 295 Abs. 1 S. 2) bzw. Zahnbezug und -befunde. Seit 1. 1. 2004 umfasst die Zufälligkeitsprüfung auch Überweisungen. In diesen Fällen ist den Abrechnungsdaten der Auftrag des überweisenden Arztes beizufügen. Die Daten sind entsprechend dem in § 106 Abs. 2 S. 1 S. 6 bestimmten **Prüfzeitraum** für den Zeitraum **eines Jahres** zu übermitteln. 4

D. Übermittlungspflichten der KK, Abs. 3

Durch die **Zusammenführung** der vom Arzt erbrachten und von ihm verordneten Leistungen einschließlich der Feststellung von Arbeitsunfähigkeit bei den Prüfungsstellen soll eine auf den Behandlungsfall bezogene umfassende Wirtschaftlichkeitsprüfung ermöglicht werden, die unter anderem eine Beurteilung der Indikation, Effektivität und Qualität der Leistungen umfasst (§ 106 Absatz 2 a). Daher verpflichtet Abs. 3 die KK, den Prüfungsstellen die von zu prüfenden Ärzten innerhalb des Prüfzeitraumes von einem Jahr (S. 5) verordneten Leistungen sowie die Feststellung der Arbeitsunfähigkeit nach Maßgabe der S. 1 bis 4 zu übermitteln. 5

E. Papierlose Übermittlung

Zur Verpflichtung der KV und KK, den Prüfstellen die Daten nach Abs. 2 und 3 **im Wege elektronischer Datenübermittlung oder maschinell verwertbar auf Datenträgern** zu übermitteln, vgl. § 296 Rn. 9. 6

F. Zusammenführung versichertenbezogener Daten, Abs. 4

Abs. 4 stellt klar, dass eine Zusammenführung auf maschinell verwertbaren Datenträgern nur erfolgen darf, soweit die Daten für die Zufälligkeitsprüfung tatsächlich **erforderlich** sind. Eine darüber hinausgehende Speicherung und 7

Verarbeitung durch die Prüfungsstellen, zB. zur Beurteilung von Praxisbesonderheiten im Rahmen der Auffälligkeitsprüfung, oder durch Dritte ist nicht zulässig.

§ 298 Übermittlung versichertenbezogener Daten

Im Rahmen eines Prüfverfahrens ist die versichertenbezogene Übermittlung von Angaben über ärztliche oder ärztlich verordnete Leistungen zulässig, soweit die Wirtschaftlichkeit oder Qualität der ärztlichen Behandlungs- oder Verordnungsweise im Einzelfall zu beurteilen ist.

Schrifttum: *Th. Clemens,* Der Kampf des Arztes gegen Arzneikostenregresse, FS Küttner, 2006, 193.

A. Überblick

1   Der mWz. 1. 7. 1994 von der **Wirtschaftlichkeitsprüfung** auf die **Qualitätsprüfung** ärztlicher Behandlung und Verordnung ausgedehnte § 298 regelt die datenschutzrechtliche Befugnis zur Übermittlung der hierfür erforderlichen versichertenbezogenen Daten durch KK, KV, Ärzte und Prüfungsstellen, soweit hierfür keine besondere datenschutzrechtliche Befugnisnorm besteht (vgl. zu Übermittlungsbefugnis in Qualitätsprüfungsverfahren nach § 136 Abs. 2 jetzt § 299 Abs. 1 S. 3).

B. Auffangtatbestand

2   Zur Prüfung der Wirtschaftlichkeit (§ 106) und der Qualität (§ 136) der ärztlichen Behandlungs- und Verordnungsweise ist ein Datenaustausch über die ärztlichen bzw. ärztlich verordneten Leistungen erforderlich. Für die Wirtschaftlichkeitsprüfung nach § 106 Abs. 2 S. 1 Nr. 1 und 2 ergibt sich die Übermittlungsbefugnis aus §§ 296, 297. Soweit über die dort genannten Daten hinaus weitere Unterlagen, insb. **Abrechnungsscheine, Überweisungsscheine oder Verordnungsblätter** benötigt werden, enthalten §§ 296, 297 jedoch keine entsprechende Übermittlungsbefugnis. Dies gilt auch für digitalisierte Unterlagen, da solche Daten in den abschließenden Katalogen der §§ 296, 297 nicht genannt sind. Für ihre Übermittlung bildet § 298 die erforderliche datenschutzrechtliche Grundlage (vgl. BSG, SozR 4–2500, § 106 Nr. 11 Rn. 29). Die Übermittlungsbefugnis beschränkt sich nach Art und Umfang stets auf die für die Prüfung **erforderlichen** Angaben.

C. Beschränkter Anwendungsbereich

3   § 282 gilt nur für Verfahren zur Prüfung der vertragsärztlichen Behandlungs- und Verordnungsweise **im Einzelfall,** dh. für arztbezogene Prüfungen. Prüfverfahren, die andere Leistungserbringer betreffen, zB. die Qualitäts- und Wirtschaftlichkeitsprüfung der Krankenhausbehandlung nach § 113, werden ebenso wenig erfasst wie die Auswertung arztgruppenbezogener Daten.

D. Übermittlungsbefugnis des Vertragsarztes

§ 298 ermächtigt auch den **betroffenen Vertragsarzt** zur Übermittlung der 4 für die Prüfverfahren erforderlichen versichertenbezogenen Angaben und bildet insoweit die datenschutzrechtliche Grundlage für die Erfüllung der dem Arzt obliegenden **Mitwirkungspflicht,** insbesondere zur Darlegung eventueller Praxisbesonderheiten. Zur Übermittlung von Befunden im Rahmen der Abrechnungsprüfung nach § 106 a s. § 295 Abs. 1 a, bei Auffälligkeitsprüfungen § 296 Abs. 4. Zur Vorlage von Behandlungsunterlagen zur Feststellung eines sonstigen Schadens vgl. BayLSG v. 9. 11. 2005, L 3 KA 5012/04.

§ 299 Datenerhebung, -verarbeitung und -nutzung für Zwecke der Qualitätssicherung

(1) ¹Werden für Zwecke der Qualitätssicherung nach § 135 a Abs. 2 oder § 136 Abs. 2 Sozialdaten von Versicherten erhoben, verarbeitet und genutzt, so haben die Richtlinien und Beschlüsse nach § 136 Abs. 2 Satz 2 und § 137 Abs. 1 Satz 1 und Abs. 3 des Gemeinsamen Bundesausschusses sowie die Vereinbarungen nach § 137 d sicherzustellen, dass

1. in der Regel die Datenerhebung auf eine Stichprobe der betroffenen Patienten begrenzt wird und die versichertenbezogenen Daten pseudonymisiert werden,
2. die Auswertung der Daten, soweit sie nicht im Rahmen der Qualitätsprüfungen durch die Kassenärztlichen Vereinigungen erfolgt, von einer unabhängigen Stelle vorgenommen wird und
3. eine qualifizierte Information der betroffenen Patienten in geeigneter Weise stattfindet.

²Abweichend von Satz 1 Nr. 1 können die Richtlinien, Beschlüsse und Vereinbarungen auch eine Vollerhebung der Daten aller betroffenen Patienten vorsehen, sofern dieses aus gewichtigen medizinisch fachlichen oder gewichtigen methodischen Gründen, die als Bestandteil der Richtlinien, Beschlüsse und Vereinbarungen dargelegt werden müssen, erforderlich ist. ³Die zu erhebenden Daten sowie Auswahl, Umfang und Verfahren der Stichprobe sind in den Richtlinien und Beschlüssen sowie den Vereinbarungen nach Satz 1 festzulegen und von den an der vertragsärztlichen Versorgung teilnehmenden Ärzten und den übrigen Leistungserbringern zu erheben und zu übermitteln. ⁴Es ist auszuschließen, dass die Krankenkassen, Kassenärztlichen Vereinigungen oder deren jeweilige Verbände Kenntnis von Daten erlangen, die über den Umfang der ihnen nach den §§ 295, 300, 301, 301 a und 302 zu übermittelnden Daten hinausgeht.

(2) ¹Das Verfahren zur Pseudonymisierung der Daten wird durch die an der vertragsärztlichen Versorgung teilnehmenden Ärzte und übrigen Leistungserbringer angewendet. ²Es ist in den Richtlinien und Beschlüssen sowie den Vereinbarungen nach Absatz 1 Satz 1 unter Berücksichtigung der Empfehlungen des Bundesamtes für Sicherheit in der Informationstechnik festzulegen. ³Abweichend von Satz 1 hat die Pseudonymisierung bei einer Vollerhebung nach Absatz 1 Satz 2 durch eine von den Krankenkassen, Kassenärztlichen Vereinigungen oder deren jeweiligen Verbänden räumlich, organisatorisch und personell getrennten Vertrauensstelle zu erfolgen.

(3) ¹Zur Auswertung der für Zwecke der Qualitätssicherung nach § 135 a Abs. 2 erhobenen Daten bestimmen in den Fällen des § 137 Abs. 1 Satz 1 und

§ 299 Datenerheb., -verarb. u. -nutzung f. Zwecke d. Qualitätssicherung

Abs. 3 der Gemeinsame Bundesausschuss und im Falle des § 137 d die Vereinbarungspartner eine unabhängige Stelle. ²Diese darf Auswertungen nur für Qualitätssicherungsverfahren mit zuvor in den Richtlinien, Beschlüssen oder Vereinbarungen festgelegten Auswertungszielen durchführen. ³Daten, die für Zwecke der Qualitätssicherung nach § 135 a Abs. 2 für ein Qualitätssicherungsverfahren verarbeitet werden, dürfen nicht mit für andere Zwecke als die Qualitätssicherung erhobenen Datenbeständen zusammengeführt und ausgewertet werden.

Schrifttum: *A. Roßnagel/P. Scholz,* Datenschutz durch Anonymität und Pseudonymität, MMR 12/2000, 721.

A. Überblick

1   Der zum **1.4.2007** neu gefasste § 299 schafft die datenschutzrechtliche Grundlage für eine von der **Einwilligung des Versicherten** unabhängige Erhebung, Verarbeitung und Nutzung versichertenbezogener Sozialdaten für Zwecke der **Qualitätssicherung** nach § 135 a Abs. 2 sowie der zur Qualitätssicherung durchgeführten Qualitätsprüfung nach § 136 Abs. 2. Die **Qualitätssicherungsverfahren** sind in Richtlinien und Beschlüssen des gemeinsamen Bundesausschusses nach § 136 Abs. 2 S. 2 und § 137 Abs. 1 S. 1 sowie in Vereinbarungen zwischen dem SpiBuKK und den Spitzenorganisationen der Leistungserbringer nach § 137 d geregelt. § 299 regelt die hierbei zu beachtenden **datenschutzrechtlichen Anforderungen**. Aufgrund der besonderen Schutzwürdigkeit der Daten wird insb. der Umfang der Erhebung auf die Stichprobe als Regelfall begrenzt, die Verarbeitung und Nutzung auf pseudonymisierte Daten beschränkt und eine Information der betroffenen Versicherten vorgeschrieben (Abs. 1) sowie eine anderweitige Verarbeitung und Nutzung ausgeschlossen (Abs. 3).

B. Erhebung

2   Die Datenerhebung ist in der Regel auf eine **Patientenstichprobe** zu begrenzen (Abs. 1 S. 1 Nr. 1). Auswahl, Umfang und Verfahren der Stichprobe sowie die dabei zu erhebenden Daten sind in den Richtlinien, Beschlüssen und Vereinbarungen selbst festzulegen (Abs. 1 S. 3). Eine **Vollerhebung** ist nur aus gewichtigen medizinisch-fachlichen oder gewichtigen methodischen Gründen zuzulassen, die in den Richtlinien, Beschlüssen und Vereinbarungen darzulegen sind (Abs. 1 S. 2). Die Erhebung und Übermittlung erfolgt durch die **Leistungserbringer** (Abs. 1 S. 3). Erfolgt die Übermittlung unter Beteiligung der KK, KV oder deren jeweiligen Verbänden, dürfen ihnen keine über den Umfang der nach §§ 295 und 300 bis 302 zu übermittelnden Abrechnungsdaten hinausgehenden Sozialdaten der Versicherten offenbart werden (Abs. 1 S. 4).

C. Pseudonymisierung

3   Die Daten sind nach ihrer Erhebung zu pseudonymisieren (Abs. 1 S. 1 Nr. 1). Die **Pseudonymisierung** erfolgt bei Stichproben durch den **Leistungserbringer** selbst, bei einer Vollerhebung durch eine von den KK, KV oder deren jeweiligen Verbänden räumlich, organisatorisch und personell getrennte **Vertrauensstelle** (Abs. 2 S. 1 und 3) nach einem unter Berücksichtigung der Empfehlungen des Bundesamtes für Sicherheit in der Informationstechnologie festzulegenden

Verfahren (Abs. 2 S. 2). Sie ermöglicht die Zusammenführung versichertenbezogener Daten ohne Identifikation des Versicherten und stellt damit dessen Anonymität gegenüber der verarbeitenden Stelle sicher.

D. Auswertung

Die pseudonymisierten Daten dürfen nur durch eine von den KK, KV und de- 4
ren jeweiligen Verbänden unabhängige Stelle ausgewertet werden. Sie wird vom gemeinsamen Bundesausschuss bzw. den Partnern der Vereinbarung nach § 137 d bestimmt (Abs. 3 S. 1). Eine Ausnahme besteht für Daten aus der nach § 136 Abs. 2 S. 1 den KV zugewiesenen Qualitätsprüfung, die von diesen selbst ausgewertet werden können (Abs. 1 S. 1 Nr. 2).

Die Auswertung durch eine unabhängige Stelle soll die **bundeseinheitliche** 5
Vergleichbarkeit der Auswertungsergebnisse gewährleisten und sichert eine auf den **Zweck der Qualitätssicherung** und die in den Richtlinien, Beschlüssen und Vereinbarungen festgelegten **Auswertungsziele** (Abs. 3 S. 2) begrenzte Verarbeitung und Nutzung der erhobenen Daten. Ergänzend dazu untersagt Abs. 3 S. 3 eine **Zusammenführung und Auswertung** der in Qualitätssicherungsverfahren nach § 135 verarbeiteten Daten mit Datenbeständen, die zu anderen Zwecken (zB. zur Abrechnung von Leistungen) erhoben wurden.

E. Information des Versicherten

Der Betroffene Versicherte ist über Art und Umfang der Datenerhebung, -ver- 6
arbeitung und -nutzung sowie sein Auskunftsrecht und über die bei der auswertenden Stelle gespeicherten Daten zu informieren.

§ 300 Arzneimittelabrechnung

(1) **Die Apotheken und weitere Anbieter von Arzneimitteln sind verpflichtet, unabhängig von der Höhe der Zuzahlung (oder dem Eigenanteil),**
1. **bei Abgabe von Fertigarzneimitteln für Versicherte das nach Absatz 3 Nr. 1 zu verwendende Kennzeichen maschinenlesbar auf das für die vertragsärztliche Versorgung verbindliche Verordnungsblatt oder in den elektronischen Verordnungsdatensatz zu übertragen,**
2. **die Verordnungsblätter oder die elektronischen Verordnungsdatensätze an die Krankenkassen weiterzuleiten und diesen die nach Maßgabe der nach Absatz 3 Nr. 2 getroffenen Vereinbarungen erforderlichen Abrechnungsdaten zu übermitteln.**

(2) **Die Apotheken und weitere Anbieter von Arzneimitteln können zur Erfüllung ihrer Verpflichtungen nach Absatz 1 Rechenzentren in Anspruch nehmen.** Die Rechenzentren dürfen die Daten für im Sozialgesetzbuch bestimmte Zwecke und ab dem 1. Januar 2003 nur in einer auf diese Zwecke ausgerichteten Weise verarbeiten und nutzen, soweit sie dazu von einer berechtigten Stelle beauftragt worden sind; anonymisierte Daten dürfen auch für andere Zwecke verarbeitet und genutzt werden. Die Rechenzentren dürfen die Daten nach Absatz 1 den Kassenärztlichen Vereinigungen übermitteln, soweit diese Daten zur Erfüllung ihrer Aufgaben nach § 73 Abs. 8, § 84 und § 305 a erforderlich sind. Die Rechenzentren übermitteln die erforderlichen Abrechnungsdaten auf Anforde-

§ 300

rung unverzüglich an den Prüfungsausschuss für die Feststellung von Über- und Unterschreitungen von Durchschnittskosten je definierter Dosiereinheit nach § 84 Abs. 7a arztbezogen, nicht versichertenbezogen.

(3) Der Spitzenverband Bund der Krankenkassen und die für die Wahrnehmung der wirtschaftlichen Interessen gebildete maßgebliche Spitzenorganisation der Apotheker regeln in einer Arzneimittelabrechnungsvereinbarung das Nähere insbesondere über

1. die Verwendung eines bundeseinheitlichen Kennzeichens für das verordnete Fertigarzneimittel als Schlüssel zu Handelsname, Hersteller, Darreichungsform, Wirkstoffstärke und Packungsgröße des Arzneimittels,
2. die Einzelheiten der Übertragung des Kennzeichens und der Abrechnung, die Voraussetzungen und Einzelheiten der Übermittlung der Abrechnungsdaten im Wege elektronischer Datenübertragung oder maschinell verwertbar auf Datenträgern sowie die Weiterleitung der Verordnungsblätter an die Krankenkassen, spätestens zum 1. Januar 2006 auch die Übermittlung des elektronischen Verordnungsdatensatzes,
3. die Übermittlung des Apothekenverzeichnisses nach § 293 Abs. 5.

(4) Kommt eine Vereinbarung nach Absatz 3 nicht oder nicht innerhalb einer vom Bundesministerium für Gesundheit gesetzten Frist zustande, wird ihr Inhalt durch die Schiedsstelle nach § 129 Abs. 8 festgesetzt.

Schrifttum: *A. Becker,* Die Steuerung der Arzneimittelversorgung im Recht der GKV, Diss. Bremen 2003; *B. Hilderink,* Datenschutz in der gesetzlichen Krankenversicherung, Diss. Münster 2000; *V. Sendatzki,* Elektronisches Rezept, BKK 2001, 131; *R. Zuck,* Die Apotheke in der GKV-Gesundheitsreform 2000, 1999.

A. Überblick

1 § 300 regelt die **Abrechnung verordneter Arzneimittel** mit den KK. Sie erfasst seit 1. 1. 2000 auch Direktlieferanten, deren Abrechnung bis dahin nach den für sonstige Leistungserbringer geltenden Richtlinien der Spitzenverbände der KK erfolgte (zur Sondennahrung LSG NRW v. 6. 10. 2005, L 16 KR 232/04).

B. Einheitliche Arzneimittelkennzeichen und Abrechnungsdaten, Abs. 1

2 Alle **Apotheken und weiteren Anbieter von Arzneimitteln sind verpflichtet**, bei der Abrechnung einheitliche Arzneimittelkennzeichen und Abrechnungsdaten zu verwenden. Die Angaben sind unabhängig von der Höhe der **Zuzahlung** oder des **Eigenanteils** des Versicherten zu machen.

3 Bei Abgabe eines **Fertigarzneimittels** ist als bundeseinheitlich festgelegtes Arzneimittelkennzeichen die nach § 131 Abs. 5 S. 2 vereinbarte **Pharmazentralnummer** anzugeben. Aus ihr ergeben sich Handelsname, Hersteller, Darreichungsform, Wirkstoffstärke und Packungsgröße. Die pharmazeutischen Unternehmen sind nach § 131 Abs. 5 S. 1 verpflichtet, den Apotheken die Pharmazentralnummer in einer für sie maschinell erfassbaren bundeseinheitlichen Form anzugeben. Für **andere Arzneimittel** kann die Arzneimittelvereinbarung (Abs. 3) **Sonderkennzeichen** vorsehen.

4 Die **Verordnungsblätter** werden den KK in digitaler Form übermittelt. Mit der flächendeckenden Einführung der elektronischen Gesundheitskarte wird der

elektronische **Verordnungsdatensatz** an die Stelle des Verordnungsblattes treten (vgl. § 291 a Abs. 1, Abs. 2 S. 1 Nr. 1).

C. Rechenzentren, Abs. 2

Die Abrechnung kann über **Rechenzentren** erfolgen. Die Regelung entspricht § 302 Abs. 2 (vgl. § 302 Rn. 4). Ergänzend dazu regelt Satz 4 die unverzügliche **Übermittlung** der nach § 84 Abs. 7a erforderlichen **arztbezogenen**, nicht versichertenbezogenen Abrechnungsdaten **an die Prüfungsstellen**. 5

D. Arzneimittelabrechnungsvereinbarung, Abs. 3

Die Einzelheiten der Arzneimittelabrechnung sind vom SpiBuKK und dem Deutschen Apothekerverband in einer gemeinsamen **Arzneimittelabrechnungsvereinbarung** zu regeln (s. zum Rahmenvertrag über die Arzneimittelversorgung § 129 Abs. 2, zu den Arzneimittelrichtlinien § 92 Abs. 1 S. 2 Nr. 6, zur Arzneimittelvereinbarung § 84 Abs. 1). Sie ist für alle an der Versorgung der Versicherten teilnehmenden Apotheken und weiteren Anbieter von Arzneimitteln verbindlich. Eine Mitgliedschaft im Verband bzw. seinen Landesorganisationen ist dafür nicht erforderlich. 6

Kommt keine (neue) Vereinbarung zustande, legt eine **Schiedsstelle** nach § 129 Abs. 8 den Inhalt der Vereinbarung verbindlich für die Beteiligten fest **(Abs. 4)**. 7

§ 301 Krankenhäuser

(1) ¹Die nach § 108 zugelassenen Krankenhäuser sind verpflichtet, den Krankenkassen bei Krankenhausbehandlung folgende Angaben im Wege elektronischer Datenübertragung oder maschinell verwertbar auf Datenträgern zu übermitteln:
1. die Angaben nach § 291 Abs. 2 Nr. 1 bis 10 sowie das krankenhausinterne Kennzeichen des Versicherten,
2. das Institutionskennzeichen des Krankenhauses und der Krankenkasse,
3. den Tag, die Uhrzeit und den Grund der Aufnahme sowie die Einweisungsdiagnose, die Aufnahmediagnose, bei einer Änderung der Aufnahmediagnose die nachfolgenden Diagnosen, die voraussichtliche Dauer der Krankenhausbehandlung sowie, falls diese überschritten wird, auf Verlangen der Krankenkasse die medizinische Begründung, bei Kleinkindern bis zu einem Jahr das Aufnahmegewicht,
4. bei ärztlicher Verordnung von Krankenhausbehandlung die Arztnummer des einweisenden Arztes, bei Verlegung das Institutionskennzeichen des veranlassenden Krankenhauses, bei Notfallaufnahme die die Aufnahme veranlassende Stelle,
5. die Bezeichnung der aufnehmenden Fachabteilung, bei Verlegung die der weiterbehandelnden Fachabteilungen,
6. Datum und Art der im jeweiligen Krankenhaus durchgeführten Operationen und sonstigen Prozeduren,
7. den Tag, die Uhrzeit und den Grund der Entlassung oder der Verlegung, bei externer Verlegung das Institutionskennzeichen der aufnehmenden Institution, bei Entlassung oder Verlegung die für die Krankenhausbehandlung maßgebliche Hauptdiagnose und die Nebendiagnosen,

§ 301

8. Angaben über die im jeweiligen Krankenhaus durchgeführten Leistungen zur medizinischen Rehabilitation und ergänzende Leistungen sowie Aussagen zur Arbeitsfähigkeit und Vorschläge für die Art der weiteren Behandlung mit Angabe geeigneter Einrichtungen,
9. die nach den §§ 115a und 115b sowie nach dem Krankenhausentgeltgesetz und der Bundespflegesatzverordnung berechneten Entgelte.

²Die Übermittlung der medizinischen Begründung von Verlängerungen der Verweildauer nach Satz 1 Nr. 3 sowie der Angaben nach Satz 1 Nr. 8 ist auch in nicht maschinenlesbarer Form zulässig.

(2) ¹Die Diagnosen nach Absatz 1 Satz 1 Nr. 3 und 7 sind nach dem der Internationalen Klassifikation der Krankheiten in der jeweiligen vom Deutschen Institut für medizinische Dokumentation und Information im Auftrag des Bundesministeriums für Gesundheit herausgegebenen deutschen Fassung zu verschlüsseln. ²Die Operationen und sonstigen Prozeduren nach Absatz 1 Satz 1 Nr. 6 sind nach dem vom Deutschen Institut für medizinische Dokumentation und Information im Auftrag des Bundesministeriums für Gesundheit herausgegebenen Schlüssel zu verschlüsseln; der Schlüssel hat die sonstigen Prozeduren zu umfassen, die nach § 17b des Krankenhausfinanzierungsgesetzes abgerechnet werden können. ³Das Bundesministerium für Gesundheit gibt den Zeitpunkt der Inkraftsetzung der jeweiligen Fassung des Diagnosenschlüssels nach Satz 1 sowie des Prozedurenschlüssels nach Satz 2 im Bundesanzeiger bekannt; es kann das Deutsche Institut für medizinische Dokumentation und Information beauftragen, den in Satz 1 genannten Schlüssel um Zusatzkennzeichen zur Gewährleistung der für die Erfüllung der Aufgaben der Krankenkassen notwendigen Aussagefähigkeit des Schlüssels zu ergänzen.

(3) Das Nähere über Form und Inhalt der erforderlichen Vordrucke, die Zeitabstände für die Übermittlung der Angaben nach Absatz 1 und das Verfahren der Abrechnung im Wege elektronischer Datenübertragung oder maschinell verwertbar auf Datenträgern vereinbart der Spitzenverband Bund der Krankenkassen gemeinsam mit der Deutschen Krankenhausgesellschaft oder den Bundesverbänden der Krankenhausträger gemeinsam.

(4) ¹Vorsorge- oder Rehabilitationseinrichtungen, für die ein Versorgungsvertrag nach § 111 besteht, sind verpflichtet, den Krankenkassen bei stationärer Behandlung folgende Angaben im Wege elektronischer Datenübertragung oder maschinell verwertbar auf Datenträgern zu übermitteln:
1. die Angaben nach § 291 Abs. 2 Nr. 1 bis 10 sowie das interne Kennzeichen der Einrichtung für den Versicherten,
2. das Institutionskennzeichen der Vorsorge- oder Rehabilitationseinrichtung und der Krankenkasse,
3. den Tag der Aufnahme, die Einweisungsdiagnose, die Aufnahmediagnose, die voraussichtliche Dauer der Behandlung sowie, falls diese überschritten wird, auf Verlangen der Krankenkasse die medizinische Begründung,
4. bei ärztlicher Verordnung von Vorsorge- oder Rehabilitationsmaßnahmen die Arztnummer des einweisenden Arztes,
5. den Tag, die Uhrzeit und den Grund der Entlassung oder der externen Verlegung sowie die Entlassungs- oder Verlegungsdiagnose; bei externer Verlegung das Institutionskennzeichen der aufnehmenden Institution,
6. Angaben über die durchgeführten Vorsorge- und Rehabilitationsmaßnahmen sowie Vorschläge für die Art der weiteren Behandlung mit Angabe geeigneter Einrichtungen,
7. die berechneten Entgelte.

10. Kapitel. 2. Abschnitt. 1. Titel § **301**

²Die Übermittlung der medizinischen Begründung von Verlängerungen der Verweildauer nach Satz 1 Nr. 3 sowie Angaben nach Satz 1 Nr. 6 ist auch in nicht maschinenlesbarer Form zulässig. ³Für die Angabe der Diagnosen nach Satz 1 Nr. 3 und 5 gilt Absatz 2 entsprechend. Absatz 3 gilt entsprechend.

(5) ¹Die ermächtigten Krankenhausärzte sind verpflichtet, dem Krankenhausträger die im Rahmen des Verfahrens nach § 120 Abs. 1 Satz 3 die für die Abrechnung der vertragsärztlichen Leistungen erforderlichen Unterlagen zu übermitteln; § 295 gilt entsprechend. ²Der Krankenhausträger hat den Kassenärztlichen Vereinigungen die Abrechnungsunterlagen zum Zweck der Abrechnung vorzulegen. ³Die Sätze 1 und 2 gelten für die Abrechnung wahlärztlicher Leistungen entsprechend.

Schrifttum: *C. A. Gebauer,* Grenzen der Übermittlung von Patientendaten zwischen Krankenhaus und Krankenkasse, NJW 2003, 253; *M. Ulmer,* Krankes Abrechnungsverfahren der Kliniken?, NZS 2005, 456.

A. Überblick

§ 301 regelt abschließend die Verpflichtung und Befugnis zur Übermittlung von Daten für die **Abrechnung** der in Krankenhäusern (§ 108) sowie in Vorsorge- und Rehabilitationseinrichtungen (§ 111) erbrachten Leistungen. Er wurde seit Inkrafttreten am 1. 1. 1993 ua. im Hinblick auf die Einführung von Fallpauschalen, die Anwendung von Klassifikationssystemen und die Einführung der elektronischen Gesundheitskarte mehrfach angepasst. Zur Abrechnung von **Krankenhausapotheken** s. § 129a. 1

B. Abrechnung durch Krankenhäuser, Abs. 1

S. 1 bestimmt **abschließend** Art und Umfang der vom **Krankenhaus** zu übermittelnden Daten. Der Katalog entspricht den Anforderungen des seit 2005 geltenden **Fallpauschalensystems.** Weitere Übermittlungspflichten können auch durch gemeinsame Vereinbarungen nach Abs. 3 nicht begründet werden. Es besteht kein Anspruch der KK auf Übermittlung von **Behandlungsunterlagen** (BSG, SozR 4–2500, § 109 Nr. 1 Rn. 14; BSG, NZS 2003, 594/596). Die Daten dienen neben der Abrechnung der erbrachten Leistungen insbesondere der Überprüfung der Notwendigkeit und Dauer der Krankenhausbehandlung (§ 112 Abs. 2 S. 1 Nr. 2) und der Wirtschaftlichkeitsprüfung (§ 113 Abs. 1). 2

Die **Krankenhausbehandlung** umfasst voll- oder teilstationäre Behandlung (§ 39 Abs. 1 S. 1), vor- und nachstationäre Behandlung (§ 115a) sowie ambulante Operationen (§ 115b; zur Abgrenzung BSG, SozR 4–2500, § 39 Nr. 1 Rn. 11 ff.). Ambulante Leistungen bei Unterversorgung (§ 116a), hochspezialisierte Leistungen (§ 116b Abs. 2) und Leistungen von ermächtigten Krankenhausärzten (§ 116), Hochschulambulanzen (§ 117) und psychiatrischen Institutsambulanzen (§ 118) fallen nicht unter Abs. 1 S. 1. Für sie bestehen eigene Übermittlungsvorschriften (vgl. für ermächtigte Ärzte Abs. 5). 3

Die Daten sind der KK im Wege der **elektronischen Datenübermittlung oder maschinell verwertbar auf Datenträgern** zu übermitteln (zur Rechnungskürzung bei Verstößen s. § 303 Abs. 3 S. 2). Die medizinische Begründung für die Verlängerung der Verweildauer (Abs. 1 Nr. 3) sowie die im Zusammenhang mit Leistungen zur medizinischen Rehabilitation und ergänzenden Leistungen er- 4

§ 301

Krankenhäuser

forderlichen Angaben nach S. 1 Nr. 8. können auch in nicht maschinenlesbarer Form übermittelt werden.

C. Verschlüsselung von Abrechnungsdaten, Abs. 2

5 Diagnosen sind nach der **Internationalen Klassifikation der Krankheiten (ICD)**, Operationen und Prozeduren nach der internationalen Klassifikation der Prozeduren in der Medizin **(Operationen- und Prozedurenschlüssel – OPS)** zu verschlüsseln. Seit 1.1.2004 gilt der für den ambulanten und stationären Bereich einheitliche **ICD-10-GM.** Der OPS, der erst seit 2000 auch die sonstigen Prozeduren umfasst, gilt seit 1.4.2005 auch für ambulant operierende Vertragsärzte (vgl. § 295 Abs. 1 S. 4). Maßgebend ist die vom **Deutschen Institut für medizinische Dokumentation und Information** (DIMDI) im Auftrag des BMG herausgegebene aktuelle deutsche Fassung, deren Inkraftsetzung das BMG im Bundesanzeiger bekannt gibt.

6 Die **Verschlüsselung** ist ua. Voraussetzung für die elektronische oder maschinelle Verarbeitung der Abrechnungen im Rahmen des Fallpauschalensystems, fördert die Transparenz des Leistungsgeschehens, erleichtert die Kommunikation innerhalb der GKV (zB. bei integrierten Versorgungsformen) und ermöglicht diagnose- und leistungsbezogene Analysen zur Weiterentwicklung der Abrechnungs- und Versorgungssysteme.

7 Näheres regeln die nach Anlage 5 der Datenübermittlungsvereinbarung (Abs. 3) zu berücksichtigenden deutschen **Kodierrichtlinien.** Sie enthalten auch Vorgaben für eine bei der Abrechnung nach Fallpauschalen und Sonderentgelten erforderliche abweichende Kodierung der Hauptdiagnose entsprechend den Anforderungen der BPflV. Der ICD-10-GM beinhaltet außerdem **Zusatzkennzeichen** für die Diagnosesicherheit und die Seitigkeit. Die Angabe der Seitigkeit ist trotz der Beschränkung des S. 3 Hs. 2 auf den ICD auch nach dem OPS möglich.

D. Übermittlungs- und Abrechnungsverfahren, Abs. 3

8 Einzelheiten der Datenübermittlung und des Abrechnungsverfahrens regelt die zwischen dem SpiBuKK und der Deutschen Krankenhausgesellschaft abgeschlossene **Datenübermittlungsvereinbarung** (in: Datenübermittlung nach § 301 Abs. 3 SGB V, 7. Aufl. 2006). Sie wird laufend fortgeschrieben und beinhaltet ua. Vorgaben für den Inhalt und Aufbau der den KK zu übermittelnden Datensätze, die Zeitabstände sowie die technische und organisatorische Form der Datenübermittlung.

E. Abrechnung durch Vorsorge- und Rehabilitationseinrichtungen, Abs. 4

9 Erfasst werden nur Einrichtungen mit **Versorgungsvertrag (§** 111). Der abschließende Katalog der zu übermittelnden Daten entspricht im Wesentlichen dem des Abs. 1 S. 1. Eine pauschale Rechnungskürzung ist nicht zulässig, da § 303 Abs. 3 S. 1 nur auf § 301 Abs. 1 verweist. Näheres zur Datenübermittlung und Abrechnung regelt die nach Abs. 3 geschlossene Datenübermittlungsvereinbarung (vgl. Rn. 8).

10. Kapitel. 2. Abschnitt. 1. Titel § 301a

F. Abrechnung durch ermächtigte Krankenhausärzte, Abs. 5

Für die Abrechnung ermächtigter Krankenhausärzte (§ 116) über den Krankenhausträger (§ 120 Abs. 1 S. 3) regelt Abs. 5 die Übermittlung der erforderlichen Unterlagen zwischen Arzt, Krankenhausträger und KV. Für die Abrechnung **wahlärztlicher Leistungen** liquidationsberechtigter Krankenhausärzte, die außerhalb der GKV nach der GOÄ erfolgt, gelten Abs. 5 S. 1 und 2 entsprechend. Auf diesem Wege erhält der Krankenhausträger die für die Kostenermittlung (§ 19 Abs. 2 KHEntgG) und die Rechnungsprüfung (§ 17 Abs. 3 S. 4 KHEntgG), die KV die für die Abrechnungs- und Wirtschaftlichkeitsprüfung der vom Arzt erbrachten vertragsärztlichen Leistungen erforderlichen Daten.   10

§ 301a Abrechnung der Hebammen und Entbindungspfleger

(1) ¹Freiberuflich tätige Hebammen und Entbindungspfleger sind verpflichtet, den Krankenkassen folgende Angaben im Wege elektronischer Datenübertragung oder maschinell verwertbar auf Datenträgern zu übermitteln:
1. die Angaben nach § 291 Abs. 2 Satz 1 Nr. 1 bis 3, 5 bis 7 sowie 9 und 10,
2. die erbrachten Leistungen mit dem Tag der Leistungserbringung,
3. die Zeit und die Dauer der erbrachten Leistungen, soweit dies für die Höhe der Vergütung von Bedeutung ist,
4. bei der Abrechnung von Wegegeld Datum, Zeit und Ort der Leistungserbringung sowie die zurückgelegte Entfernung,
5. bei der Abrechnung von Auslagen die Art der Auslage und, soweit Auslagen für Arzneimittel abgerechnet werden, eine Auflistung der einzelnen Arzneimittel,
6. das Kennzeichen nach § 293; rechnet die Hebamme ihre oder der Entbindungspfleger seine Leistungen über eine zentrale Stelle ab, so ist in der Abrechnung neben dem Kennzeichen der abrechnenden Stelle das Kennzeichen der Hebamme oder des Entbindungspflegers anzugeben.

²Ist eine ärztliche Anordnung für die Abrechnung der Leistung vorgeschrieben, ist diese der Rechnung beizufügen.

(2) § 302 Abs. 2 Satz 1 bis 3 und Abs. 3 gilt entsprechend.

A. Überblick

Der mit Wirkung ab 1. Juli 1994 eingefügte § 301a regelt die Verpflichtung und die Befugnis von freiberuflich tätigen **Hebammen und Entbindungspflegern**, die zur **Abrechnung** ihrer Leistungen erforderlichen Daten im Wege elektronischer Datenübertragung oder maschinell verwertbar auf Datenträgern an die leistungspflichtige KK zu übermitteln. Sie ergibt sich nicht bereits aus § 302, da Hebammen und Entbindungspfleger keine sonstigen Leistungserbringer sind, die ihre Leistung nur auf ärztliche Verordnung erbringen.   1

B. Abrechnungsdaten und -verfahren

§ 301a wurde zum 1. 1. 2007 geändert, da nach § 134a die Regelung der Versorgung, Abrechnung und Vergütung der Leistungen von Hebammen und Entbindungspflegern nicht mehr durch Rechtsverordnung, sondern durch einen **Vertrag**   2 zwischen dem SpiBuKK und den Berufsverbänden erfolgen soll (zum bisherigen Recht *H. Marburger,* Hebammenhilfe, 8. Aufl.1998). Gleichzeitig wurde der Kreis der zu übermittelnden Daten konkretisiert. Er bestimmt nunmehr **abschließend,** welche Daten zur Abrechnung der von Hebammen und Entbindungspflegern erbrachten Leistungen zu übermitteln sind. Angaben über **Zeit, Ort und Wegstrecke** sowie über **Auslagen für Arzneimittel** sind nur erforderlich und zulässig, wenn tatsächlich Wegegeld bzw. Auslagen abgerechnet werden.

3 Form und Inhalt des **Abrechnungsverfahrens** sind in Richtlinien nach § 302 Abs. 2 geregelt (§ 301 a Abs. 2). Zur Abrechnung über **Rechenzentren** vgl. § 302 Rn. 4. Eine Weitergabe der dem Rechenzentrum übermittelten Daten an die KV ist unzulässig.

§ 302 Abrechnung der sonstigen Leistungserbringer

(1) **Die Leistungserbringer im Bereich der Heil- und Hilfsmittel und die weiteren Leistungserbringer sind verpflichtet, den Krankenkassen im Wege elektronischer Datenübertragung oder maschinell verwertbar auf Datenträgern die von ihnen erbrachten Leistungen nach Art, Menge und Preis zu bezeichnen und den Tag der Leistungserbringung sowie die Arztnummer des verordnenden Arztes, die Verordnung des Arztes mit Diagnose und den erforderlichen Angaben über den Befund und die Angaben nach § 291 Abs. 2 Nr. 1 bis 10 anzugeben; bei der Abrechnung über die Abgabe von Hilfsmitteln sind dabei die Bezeichnungen des Hilfsmittelverzeichnisses nach § 128 zu verwenden.**

(2) [1]**Das Nähere über Form und Inhalt des Abrechnungsverfahrens bestimmt der Spitzenverband Bund der Krankenkassen in Richtlinien, die in den Leistungs- und Lieferverträgen zu beachten sind.** [2]**Die Leistungserbringer nach Absatz 1 können zur Erfüllung ihrer Verpflichtungen Rechenzentren in Anspruch nehmen.** [3]**Die Rechenzentren dürfen die Daten für im Sozialgesetzbuch bestimmte Zwecke und nur in einer auf diese Zwecke ausgerichteten Weise verarbeiten und nutzen, soweit sie dazu von einer berechtigten Stelle beauftragt worden sind; anonymisierte Daten dürfen auch für andere Zwecke verarbeitet und genutzt werden.** [4]**Die Rechenzentren dürfen die Daten nach Absatz 1 den Kassenärztlichen Vereinigungen übermitteln, soweit diese Daten zur Erfüllung ihrer Aufgaben nach § 73 Abs. 8, § 84 und § 305 a erforderlich sind.**

(3) **Die Richtlinien haben auch die Voraussetzungen und das Verfahren bei Teilnahme an einer Abrechnung im Wege elektronischer Datenübertragung oder maschinell verwertbar auf Datenträgern zu regeln.**

Schrifttum: *B. Hilderink,* Datenschutz in der gesetzlichen Krankenversicherung, Münster 2000.

A. Überblick

1 § 302 regelt entsprechend den Vorschriften für die **Abrechnung** der Ärzte (§ 295), der Apotheken (§ 300) der Krankenhäuser (§ 301) sowie der Hebammen und Entbindungspfleger (§ 301 a) Abrechnungsverfahren, Übermittlungspflicht und -befugnis für **alle sonstigen Leistungserbringer.** Dazu zählen ua. Augenoptiker, Ergotherapeuten, Hörgeräteakustiker, Krankengymnasten, Logopäden, Physiotherapeuten, Sanitätshäuser und Erbringer von häuslicher Krankenpflege, Haushaltshilfe oder Krankentransportleistungen.

10. Kapitel. 2. Abschnitt. 1. Titel § 303

B. Abrechnungsdaten und -verfahren, Abs. 1

Die sonstigen Leistungserbringer sind verpflichtet, den KK die zur Abrechnung 2
der von ihnen erbrachten Leistungen erforderlichen Daten **ausschließlich im
Wege elektronischer Datenübermittlung oder maschinell verwertbar auf
Datenträgern** zu übermitteln. Umfasst sind nur die in Abs. 1 genannten arzt-
und versichertenbezogenen Daten. Die Angabe der ärztlichen Verordnung mit
Diagnose und Befund dient der in den Heil- und Hilfsmittelrichtlinien nach § 92
Abs. 1 S. 2 Nr. 6 geregelten Überprüfung der Leistungspflicht, die Bezeichnung
des Hilfsmittelverzeichnisses nach § 128 der eindeutigen Bestimmung des abgege-
benen Hilfsmittels.

C. Richtlinien, Abs. 2 S. 1, Abs. 3

Form und Inhalt des Abrechnungsverfahrens sind in **Richtlinien** nach § 302 3
Abs. 2 geregelt. Sie enthalten zB. Vorgaben für die Inhalte, Kennzeichnung und
Sortierung von Belegen, die Gesamtaufstellung sowie die Form der Datenübermittlung. Die Regelungen der Richtlinien sind in den Leistungs- (§ 125 Abs. 2)
und Lieferverträgen (§ 127) zu beachten.

D. Rechenzentren, Abs. 2 S. 2–4

Seit 1. Januar 2000 können neben den Apotheken (§ 300 Abs. 2) sowie den Heb- 4
ammen und Entbindungspflegern (§ 301 a Abs. 2) auch die sonstigen Leistungserbringer **Rechenzentren** mit der Abrechnung ihrer Leistungen beauftragen. Die
Rechenzentren haben im Verhältnis zum Auftraggeber bei der Datenverarbeitung
und Datenübermittlung die im Außenverhältnis allein dem Leistungserbringer
obliegenden datenschutzrechtlichen Vorgaben zu beachten. Dasselbe gilt für die in
den Richtlinien nach Abs. 2 S. 1, Abs. 3 geregelten Vorgaben zum Abrechnungsverfahren. Die Rechenzentren dürfen nicht anonymisierte Daten nur auftragsge-
mäß für Zwecke des SGB, anonymisiert übermittelte Daten auch für andere
Zwecke verarbeiten und nutzen. Eine Anonymisierung durch das Rechenzentrum
zur anderweitigen Verarbeitung und Nutzung ist unzulässig. Anders als bei der Inanspruchnahme durch Hebammen und Entbindungspfleger dürfen die Rechenzentren die in Abs. 1 genannten Daten **an die KV weiterleiten**, soweit diese Daten zur Erfüllung der Aufgaben nach § 73 Abs. 8 (Sicherung der wirtschaftlichen
Verordnungsweise), § 84 (Arznei- und Heilmittelbudget, Richtgrößen) und
§ 305 a (Beratung der Vertragsärzte) erforderlich sind.

§ 303 Ergänzende Regelungen

(1) **Die Landesverbände der Krankenkassen und die Verbände der Ersatzkassen können mit den Leistungserbringern oder ihren Verbänden vereinbaren,
dass**
1. der Umfang der zu übermittelnden Abrechnungsbelege eingeschränkt,
2. bei der Abrechnung von Leistungen von einzelnen Angaben ganz oder teilweise abgesehen
**wird, wenn dadurch eine ordnungsgemäße Abrechnung und die Erfüllung der
gesetzlichen Aufgaben der Krankenkassen nicht gefährdet werden.**

§ 303

(2) ¹Die Krankenkassen können zur Vorbereitung und Kontrolle der Umsetzung der Vereinbarungen nach § 84, zur Vorbereitung der Prüfungen nach den §§ 112 Abs. 2 Satz 1 Nr. 2 und § 113, zur Vorbereitung der Unterrichtung der Versicherten nach § 305 sowie zur Vorbereitung und Umsetzung der Beratung der Vertragsärzte nach § 305 a Arbeitsgemeinschaften nach § 219 mit der Speicherung, Verarbeitung und Nutzung der dafür erforderlichen Daten beauftragen. ²Die den Arbeitsgemeinschaften übermittelten versichertenbezogenen Daten sind vor der Übermittlung zu anonymisieren. ³Die Identifikation des Versicherten durch die Krankenkasse ist dabei zu ermöglichen; sie ist zulässig, soweit sie für die in Satz 1 genannten Zwecke erforderlich ist. ⁴§ 286 gilt entsprechend.

(3) ¹Werden die den Krankenkassen nach § 291 Abs. 2 Nr. 1 bis 10, § 295 Abs. 1 und 2, § 300 Abs. 1, § 301 Abs. 1, §§ 301 a und 302 Abs. 1 zu übermittelnden Daten nicht im Wege elektronischer Datenübertragung oder maschinell verwertbar auf Datenträgern übermittelt, haben die Krankenkassen die Daten nachzuerfassen. ²Erfolgt die nicht maschinell verwertbare Datenübermittlung aus Gründen, die der Leistungserbringer zu vertreten hat, haben die Krankenkassen die mit der Nacherfassung verbundenen Kosten den betroffenen Leistungserbringern durch eine pauschale Rechnungskürzung in Höhe von bis zu 5 vom Hundert des Rechnungsbetrages in Rechnung zu stellen. ³Für die Angabe der Diagnosen nach § 295 Abs. 1 gilt Satz 1 ab dem Zeitpunkt der Inkraftsetzung der überarbeiteten Zehnten Fassung des Schlüssels gemäß § 295 Abs. 1 Satz 3.

Schrifttum: *B. Hilderink,* Datenschutz in der gesetzlichen Krankenversicherung, Diss. Münster 2000.

A. Überblick

1 § 303 regelt die Befugnis der KK, für das **Abrechnungsverfahren** mit Leistungserbringern **geringere Anforderungen** an Abrechnungsbelege und Leistungsangaben zu stellen (Abs. 1), die Befugnis der KK, für bestimmte Aufgaben **Arbeitsgemeinschaften** nach § 219 mit der Datenverarbeitung zu beauftragen (Abs. 2) und in der ab 1. Januar 2004 geltenden Fassung die Pflicht der KK zur **elektronischen Nacherfassung** übermittelter Abrechnungsdaten (Abs. 3).

B. Vereinfachung des Abrechnungsverfahrens, Abs. 1

2 Die Landesverbände der KK und der Verband der Ersatzkassen können zur Vereinfachung des Abrechnungsverfahrens vertraglich mit den Leistungserbringern eine **Reduzierung der zu übermittelnden Abrechnungsbelege** oder einen **Verzicht auf einzelne Angaben** vereinbaren. Der Verzicht darf sich nicht auf Angaben erstrecken, die zur ordnungsgemäßen Abrechnung (als Voraussetzung für die Fälligkeit des Vergütungsanspruchs, vgl. BSG, SozR 4–2500, § 39 Nr. 1 Rn. 32) und zur Erfüllung der sonstigen gesetzlichen Aufgaben der KK erforderlich sind.

C. Beteiligung von Arbeitsgemeinschaften, Abs. 2

3 In Ergänzung des § 219 schafft Abs. 2 die datenschutzrechtliche Befugnis der KK, zur Erfüllung der hier **abschließend** genannten Aufgaben die nach § 219 gebildeten **Arbeitsgemeinschaften** mit der Speicherung, Verarbeitung und Nut-

zung, nicht aber mit der Erhebung der dafür erforderlichen Daten zu beauftragen.

Die versichertenbezogenen Daten sind von den KK **vor** der Übermittlung an 4
die Arbeitsgemeinschaft zu **anonymisieren**. Anders als in Verfahren nach § 303 c (Datentransparenz) muss das Anonymisierungsverfahren eine **spätere Identifikation** des Versicherten durch die KK ermöglichen. Die Identifikation ist nur zulässig, soweit sie zur Erfüllung der in S. 1 genannten Zwecke erforderlich ist. Eine Anonymisierung anderer, zB. arztbezogener Daten schreibt die Norm nicht vor.

Auch die bei der Arbeitsgemeinschaft gespeicherten Daten unterliegen der Of- 5
fenbarungs-, Veröffentlichungs- und Sicherungspflicht des § 286 (Abs. 2 S. 4).

D. Elektronische Nacherfassung, Abs. 3

In der seit 1.1.2004 geltenden Fassung regelt Abs. 3 die elektronische **Nach-** 6
erfassung der von Leistungserbringern (Ärzten, Apotheken, Krankenhäusern, Hebammen und Entbindungspflegern, sonstigen Leistungserbringern) sowie KV entgegen § 291 Abs. 2 Nr. 1 bis 10, § 295 Abs. 1 und Abs. 2, § 300 Abs. 1, § 301 Abs. 1, § 301 a Abs. 1 und § 302 Abs. 1 nicht im Wege elektronischer Datenübertragung oder maschinell verwertbar auf Datenträgern übermittelten Abrechnungsdaten einschließlich der Diagnose nach § 291 Abs. 1. Er umfasst auch elektronisch oder auf Datenträgern übermittelte **fehlerhafte Daten**.

Die **Kosten der Nacherfassung** trägt der Leistungserbringer, wenn er die 7
Gründe für die nicht maschinell verwertbare Datenübermittlung zu vertreten hat. Die KK sind verpflichtet, diese Kosten durch **Kürzung des Rechnungsbetrages** um bis zu 5 % in Rechnung zu stellen.

Zweiter Titel. Datentransparenz

§ 303a Arbeitsgemeinschaft für Aufgaben der Datentransparenz

(1) ¹**Der Spitzenverband Bund der Krankenkassen und die Kassenärztliche Bundesvereinigung bilden eine Arbeitsgemeinschaft für Aufgaben der Datentransparenz.** ²**Sofern die Arbeitsgemeinschaft nicht bis zum 30. Juni 2004 gebildet wird, kann das Bundesministerium für Gesundheit durch Rechtsverordnung ohne Zustimmung des Bundesrates die Arbeitsgemeinschaft bilden.**

(2) **Die Arbeitsgemeinschaft für Aufgaben der Datentransparenz hat die Erfüllung der Aufgaben einer Vertrauensstelle (§ 303 c) und einer Datenaufbereitungsstelle (§ 303 d) zu gewährleisten.**

(3) ¹**Die Arbeitsgemeinschaft für Aufgaben der Datentransparenz hat Anforderungen für einheitliche und sektorenübergreifende Datendefinitionen für den Datenaustausch in der gesetzlichen Krankenversicherung zu erarbeiten.** ²**Die Arbeitsgemeinschaft legt dem Bundesministerium für Gesundheit bis zum 31. Dezember 2006 einen Bericht vor.** ³**Den auf Bundesebene maßgeblichen Spitzenorganisationen der Leistungserbringer ist Gelegenheit zur Stellungnahme zu geben, soweit ihre Belange berührt sind.** ⁴**Die Stellungnahmen sind in den Bericht einzubeziehen.**

§ 303 b Beirat

A. Überblick

1   Die mit Wirkung ab 1. 1. 2004 eingefügten Vorschriften über die Datentransparenz (§§ 303 a bis 303 f) dienen der Schaffung **einheitlicher Definitionen für den Datenaustausch** sowie des technischen und organisatorischen Rahmens für die **Gewinnung anonymisierter Daten** innerhalb der GKV. Damit soll eine Informationsgrundlage für die Weiterentwicklung des Gesundheitswesens geschaffen werden.

B. Arbeitsgemeinschaft, Abs. 1

2   Mit dem Arbeitsgemeinschaftsvertrag vom 6. 10. 2004 haben die Spitzenverbände der KK und die KBV entsprechend ihrer Verpflichtung nach Abs. 1 eine **Arbeitsgemeinschaft für Aufgaben der Datentransparenz** gebildet. Eine Beteiligung der Spitzenverbände der Leistungserbringer erfolgt über die in Abs. 3 S. 3 geregelten Stellungnahmen.

C. Aufgaben, Abs. 2, 3

3   Die Arbeitsgemeinschaft ist nach **Abs. 2** verpflichtet, die Erfüllung der Aufgaben einer **Vertrauensstelle** (§ 303 c) und einer **Datenaufbereitungsstelle** (§ 303 d) zu gewährleisten. Diese Aufgaben können auf neu zu schaffende Einrichtungen oder bestehende Einrichtungen übertragen werden, soweit diese den Anforderungen des § 303 c bzw. § 303 d entsprechen.

4   Die Vergleichbarkeit und Kompatibilität der im Austausch zwischen den KK, KV und Leistungserbringern übermittelten Daten erfordert **einheitliche Datendefinitionen und Datenformate**. Daher verpflichtet **Abs. 3** die Arbeitsgemeinschaft, Anforderungen für einheitliche und sektorübergreifende Datendefinitionen in der GKV zu erarbeiten. Soweit diese Anforderungen den Datenaustausch mit Leistungserbringern betreffen, ist den an der Arbeitsgemeinschaft nicht beteiligten Spitzenverbänden dieser Leistungserbringer **Gelegenheit zur Stellungnahme** zu geben.

§ 303 b Beirat

[1]Bei der Arbeitsgemeinschaft für Aufgaben der Datentransparenz wird für die Aufgaben nach den §§ 303 e und 303 f ein Beirat aus Vertretern der Arbeitsgemeinschaft, der Deutschen Krankenhausgesellschaft, der für die Wahrnehmung der wirtschaftlichen Interessen gebildeten maßgeblichen Spitzenorganisationen der Leistungserbringer auf Bundesebene, des Bundesbeauftragten für den Datenschutz, der oder des Beauftragten der Bundesregierung für die Belange der Patientinnen und Patienten sowie die für die Wahrnehmung der Interessen der Patientinnen und Patienten und der Selbsthilfe chronisch kranker und behinderter Menschen maßgeblichen Organisationen auf Bundesebene und der für die gesetzliche Krankenversicherung zuständigen obersten Bundes- und Landesbehörden gebildet. [2]Das Nähere zum Verfahren regeln die Mitglieder des Beirates.

Schrifttum: *P. Hinz,* Patientenrechte in der Gesetzlichen Krankenversicherung, Die Leistungen 2006, 449.

10. Kapitel. 2. Abschnitt. 2. Titel § 303 c

A. Überblick

§ 303 b regelt die Bildung eines **Beirats** für die Datenübermittlung, -erhebung, 1
-verarbeitung und -nutzung im Zusammenhang mit Aufgaben der **Datentransparenz** nach §§ 303 e, 303 f.

B. Zusammensetzung und Verfahren

Der **Beirat** wird bei der Arbeitsgemeinschaft nach § 303 a gebildet. Er besteht 2
aus **13 Vertretern** der in S. 1 genannten Beteiligten (§ 6 Abs. 2 der Geschäftsordnung der Arbeitsgemeinschaft für Datentransparenz) Dadurch soll sichergestellt werden, dass die Belange aller an der GKV Beteiligten berücksichtigt werden. Die Mitglieder regeln das Verfahren selbst (S. 2).

C. Beteiligung des Beirats

Die **Arbeitsgemeinschaft** ist verpflichtet, sich bei der Schaffung der Richt- 3
linien über Auswahl, Struktur, Prüfqualität und Übermittlung von Abrechnungs- und Leistungsdaten an die Vertrauensstelle (§ 303 e Abs. 1 S. 1) und des Katalogs über die Zwecke, wie diese Daten verarbeitet und genutzt werden dürfen, sowie die Erhebung und das Verfahren zur Berechnung von Nutzungsgebühren (§ 303 f Abs. 2 S. 2) **mit dem Beirat ins Benehmen zu setzen.** Ihm ist Gelegenheit zur Stellungnahme zu geben (zum Verfahren s. § 7 der Geschäftsordnung). Die Arbeitsgemeinschaft muss sich mit Einwänden des Beirats auseinandersetzen und ihn über das Ergebnis informieren. Sie ist nicht verpflichtet, den Einwänden zu entsprechen. Der Beirat unterrichtet außerdem das BMG über die Erfahrungen der Datenerhebung nach § 303 e (§ 303 e Abs. 4)

§ 303 c Vertrauensstelle

(1) ¹Die Vertrauensstelle hat den Versicherten- und Leistungserbringerbezug der ihr von den Krankenkassen und den Kassenärztlichen Vereinigungen nach § 303 e Abs. 2 übermittelten Leistungs- und Abrechnungsdaten durch Anwendung eines Verfahrens nach Absatz 2 zu pseudonymisieren. ²Es ist auszuschließen, dass Versicherte oder Leistungserbringer durch die Verarbeitung und Nutzung der Daten bei der Vertrauensstelle, der Datenaufbereitungsstelle oder den nutzungsberechtigten Stellen nach § 303 f Abs. 1 wieder identifiziert werden können.

(2) ¹Das von der Vertrauensstelle einheitlich anzuwendende Verfahren der Pseudonymisierung ist von der Arbeitsgemeinschaft nach § 303 a Abs. 1 im Einvernehmen mit dem Bundesamt für Sicherheit in der Informationstechnik zu bestimmen. ²Das Pseudonym ist so zu gestalten, dass für alle Leistungsbereiche ein bundesweit eindeutiger periodenübergreifender Bezug der Abrechnungs- und Leistungsdaten zu dem Versicherten, der Leistungen in Anspruch genommen hat, und zu dem Leistungserbringer, der Leistungen erbracht und verordnet hat, hergestellt werden kann; ferner hat das Pseudonym für den Versicherten Angaben zum Geburtsjahr, Geschlecht, Versichertenstatus sowie die ersten beiden Ziffern der Postleitzahl und für den Leistungserbringer Angaben zur Art des Leistungserbringers, Spezialisierung sowie die ersten beiden Ziffern der Postleitzahl zu enthalten. ³Eine Identifikation des Versicherten und des Leis-

§ 303 c

tungserbringers durch diese Angaben ist auszuschließen. ⁴Unmittelbar nach Erhebung der Daten durch die Vertrauensstelle sind die zu pseudonymisierenden personenbezogenen Daten von den Leistungs- und Abrechnungsdaten zu trennen. ⁵Die erzeugten Pseudonyme sind mit den entsprechenden Leistungs- und Abrechnungsdaten wieder zusammenzuführen und der Datenaufbereitungsstelle zu übermitteln. ⁶Nach der Übermittlung der pseudonymisierten Daten an die Datenaufbereitungsstelle sind die Daten bei der Vertrauensstelle zu löschen.

(3) ¹Die Vertrauensstelle ist räumlich, organisatorisch und personell von den Trägern der Arbeitsgemeinschaft für Datentransparenz und ihren Mitgliedern sowie von den nutzungsberechtigten Stellen nach § 303 f Abs. 1 zu trennen. ²Die Vertrauensstelle gilt als öffentliche Stelle und unterliegt dem Sozialgeheimnis nach § 35 des Ersten Buches. ³Sie untersteht der Rechtsaufsicht des Bundesministeriums für Gesundheit. ⁴§ 274 Abs. 1 Satz 2 gilt entsprechend.

Schrifttum: *A. Roßnagel/P. Scholz,* Datenschutz durch Anonymität und Pseudonymität, MMR 12/2000, 721.

A. Überblick

1   § 303 c regelt die zur **Pseudonymisierung** der im Rahmen der Datentransparenz von den KK und den KV übermittelten Leistungs- und Abrechnungsdaten **durch eine Vertrauensstelle.** Auswahl, Struktur, Prüfqualität und Übermittlungsverfahren regelt die Arbeitsgemeinschaft (§ 303 a) im Benehmen mit dem Beirat (§ 303 b) in einer Richtlinie (§ 303 e Abs. 1).

B. Die Vertrauensstelle

2   Sie ist eine von den Trägern der Arbeitsgemeinschaft und deren Mitgliedern, sonstigen Daten erhebenden und Daten verarbeitenden Stellen der GKV sowie den nach § 303 f Abs. 1 nutzungsberechtigten Stellen **personell, räumlich und organisatorisch getrennte Einrichtung** (Abs. 3 S. 1). Sie unterliegt als öffentliche Stelle dem Sozialgeheimnis nach § 35 SGB I und untersteht unmittelbar der Rechtsaufsicht des BMG (Abs. 3 S. 2 und 3; vgl. für die Datenaufbereitungsstelle § 303 d Rn. 2). Damit soll gewährleistet werden, dass die der Vertrauensstelle übermittelten nicht pseudonymisierten Daten sowie die Pseudonymisierungsverfahren dem Zugriff anderer Stellen entzogen sind. Dazu sind die Einrichtungen der Vertrauensstelle **auch technisch** von anderen Stellen einschließlich der Datenaufbereitungsstelle nach § 303 d zu trennen.

C. Aufgaben

3   Die Vertrauensstelle hat die von den KK und den KV übermittelten Leistungs- und Abrechnungsdaten zur **pseudonymisieren.** Im Gegensatz zur **Anonymisierung** (§ 67 Abs. 8 SGB X), bei der die idR. eine Löschung der zur Identifikation des Versicherten erforderlichen personenbezogenen Daten erfolgt, werden diese Daten bei der **Pseudonymisierung** (§ 67 Abs. 8 a SGB X) durch Kennzeichen ersetzt, die eine unmittelbare Identifikation der betroffenen Person ausschließen (Abs. 1 S. 2). Über das Pseudonym können Daten desselben Versicherten/Leistungserbringers ohne dessen Identifikation zusammengeführt werden, zB. zur Auswertung bei chronischen Erkrankungen. Dabei ist sicherzustellen, dass das Pseudonym

auch in Kombination mit Leistungs- und Abrechnungsdaten weder bei der Vertrauensstelle noch bei der Datenaufbereitungsstelle oder den nutzungsberechtigten Stellen nach § 303 f Abs. 1 eine Identifikation des Versicherten/Leistungserbringers ermöglicht (Abs. 1 S. 2).

Nach Übermittlung der pseudonymisierten Daten an die Datenaufbereitungsstelle sind die pseudonymisierten und nicht pseudonymisierten Daten **bei der Vertrauensstelle zu löschen**. Damit ist eine Identifikation des Versicherten und des Leistungsempfängers durch einen Rückgriff auf Datenbestände der Vertrauensstelle ausgeschlossen. 4

Die Auswahl des Pseudonymisierungsverfahrens erfolgt im Einvernehmen mit dem Bundesamt für Sicherheit in der Informationstechnik (Abs. 2 S. 1). Das Verfahren ist auf alle Datensätze einheitlich anzuwenden oder muss für alle Leistungsbereiche einen bundesweit eindeutigen und **periodenübergreifenden Bezug** zwischen Abrechnungs- und Leistungsdaten, Versichertem und Leistungserbringer sicherstellen. Daher ist jedem Versicherten unabhängig von Änderungen des Namens, der Kassenzugehörigkeit oder des Versichertenstatus sowie jedem Leistungserbringer unabhängig vom Wechsel des Namens oder der Organisationsform ein **dauerhaftes eindeutiges Pseudonym** zuzuordnen (Abs. 2 S. 2). 5

§ 303 d Datenaufbereitungsstelle

(1) ¹**Die Datenaufbereitungsstelle hat die ihr von der Vertrauensstelle übermittelten Daten zur Erstellung von Datengrundlagen für die in § 303 f Abs. 2 genannten Zwecke aufzubereiten und den in § 303 f Abs. 1 genannten Nutzungsberechtigten zur Verfügung zu stellen.** ²Die Daten sind zu löschen, sobald sie für die Erfüllung der Aufgaben der Datenaufbereitungsstelle nicht mehr erforderlich sind.

(2) ¹**Die Datenaufbereitungsstelle ist räumlich, organisatorisch und personell von den Trägern der Arbeitsgemeinschaft für Datentransparenz und ihren Mitgliedern sowie von den nutzungsberechtigten Stellen nach § 303 f Abs. 1 zu trennen.** ²Die Datenaufbereitungsstelle gilt als öffentliche Stelle und unterliegt dem Sozialgeheimnis nach § 35 des Ersten Buches. ³Sie untersteht der Rechtsaufsicht des Bundesministeriums für Gesundheit. ⁴§ 274 Abs. 1 Satz 2 gilt entsprechend.

A. Überblick

§ 303 d regelt die **Aufbereitung pseudonymisierter Abrechnungs- und Leistungsdaten** durch eine Datenaufbereitungsstelle. 1

B. Die Datenaufbereitungsstelle

Sie ist eine von den Trägern der Arbeitsgemeinschaft und ihren Mitgliedern, sonstigen Daten erhebenden und Daten verarbeitenden Stellen der GKV sowie den nach § 303 f Abs. 1 nutzungsberechtigten Stellen **personell, räumlich und organisatorisch getrennte Einrichtung** (Abs. 2 S. 1). Sie unterliegt als öffentliche Stelle dem Sozialgeheimnis nach § 35 SGB I und untersteht unmittelbar der Rechtsaufsicht des BMG (Abs. 2 S. 2 und 3; vgl. für die Vertrauensstelle § 303 c Rn. 2). Damit soll gewährleistet werden, dass die der Datenaufbereitungsstelle 2 übermittelten pseudonymisierten Daten ausschließlich den nach § 303 f Abs. 1 nutzungsberechtigten Stellen zugänglich werden. Dazu sind die Einrichtungen der Datenaufbereitungsstelle **auch technisch** von anderen Stellen einschließlich der Vertrauensstelle nach § 303 c zu trennen.

C. Aufgaben

3   Der Datenaufbereitungsstelle obliegt die **Speicherung und nutzerbezogene Aufbereitung** pseudonymisierter Daten für die in § 303 f Abs. 2 S. 1 und dem Katalog nach § 303 f Abs. 2 S. 2 **festgelegten Zwecke.** Dazu werden die gespeicherten Daten im Auftrag des Nutzers entsprechend seiner Fragestellung zentral in der Datenaufbereitungsstelle bearbeitet und an den Nutzer übermittelt. Der Nutzer erhält aus dem Datenbestand der Datenaufbereitungsstelle somit nur die für seine Zwecke erforderlichen Daten in einer für seine Auswertung geeigneten Zusammenstellung. Der Nutzer selbst hat keinen Zugriff auf den Datenbestand der Datenaufbereitungsstelle.

4   Die pseudonymisierten Daten sind bei der Datenaufbereitungsstelle **zu löschen,** sobald sie für deren Aufgabenerfüllung nicht mehr erforderlich sind (Abs. 1 S. 2). Eine Vorratsdatenhaltung ist unzulässig.

§ 303 e Datenübermittlung und -erhebung

(1) [1]Die Arbeitsgemeinschaft für Aufgaben der Datentransparenz hat im Benehmen mit dem Beirat bis zum 31. Dezember 2004 Richtlinien über die Auswahl der Daten, die zur Erfüllung der Zwecke nach § 303 f Abs. 2 erforderlich sind, die Struktur, die Prüfqualität und das Verfahren der Übermittlung der Abrechnungs- und Leistungsdaten an die Vertrauensstelle zu beschließen. [2]Der Umfang der zu erhebenden Daten (Vollerhebung oder Stichprobe) hat die Erfüllung der Zwecke nach Satz 1 zu gewährleisten; es ist zu prüfen, ob die Erhebung einer Stichprobe ausreichend ist. [3]Die Richtlinien sind dem Bundesministerium für Gesundheit vorzulegen. [4]Das Bundesministerium für Gesundheit kann sie innerhalb von zwei Monaten beanstanden. [5]Kommen die Richtlinien nicht innerhalb der Frist nach Satz 1 zu Stande oder werden die Beanstandungen nicht innerhalb einer vom Bundesministerium für Gesundheit gesetzten Frist behoben, erlässt das Bundesministerium für Gesundheit die Richtlinien zur Erhebung der Daten.

(2) [1]Die Krankenkassen und die Mitglieder der Kassenärztlichen Bundesvereinigung sind verpflichtet, für die Erfüllung der Zwecke nach § 303 f Abs. 2 Satz 2 Leistungs- und Abrechnungsdaten entsprechend den Richtlinien nach Absatz 1 an die Vertrauensstelle zu übermitteln. [2]Die Übermittlung der Daten hat unverzüglich nach der Prüfung der Daten durch die Krankenkassen und die Mitglieder der Kassenärztlichen Bundesvereinigung, spätestens jedoch zwölf Monate nach Übermittlung durch den Leistungserbringer zu erfolgen.

(3) Werden die Daten für eine Region nicht fristgerecht übermittelt, sind die jeweiligen Krankenkassen und ihre Landes- und Bundesverbände, die jeweiligen Mitglieder der Kassenärztlichen Bundesvereinigung und die Kassenärztliche Bundesvereinigung von der Berechtigung, den Gesamtdatenbestand dieser Region bei der Datenaufbereitungsstelle zu verarbeiten und nutzen, ausgeschlossen.

(4) **Der Beirat unterrichtet bis zum 31. Dezember 2006 das Bundesministerium für Gesundheit über die Erfahrungen der Datenerhebung nach den Absätzen 1 bis 3.**

A. Überblick

§ 303e regelt die **Erhebung von Abrechnungs- und Leistungsdaten** bei den KK und KV sowie deren **Übermittlung an die Vertrauensstelle**. Er beinhaltet neben der Verpflichtung auch die datenschutzrechtliche Befugnis zur entsprechenden Datenübermittlung. 1

B. Richtlinien, Abs. 1

Die Arbeitsgemeinschaft (§ 303a) ist verpflichtet, im Benehmen mit dem Beirat (§ 303b) Richtlinien über die **Auswahl** der Abrechnungs- und Leistungsdaten, deren **Struktur**, die **Prüfqualität** und das **Verfahren der Übermittlung** an die Vertrauensstelle (§ 303c) zu beschließen. Werden Beanstandungen des BMG nicht fristgerecht behoben, erlässt das BMG die Richtlinien zur Erhebung der Daten. 2

Art, Umfang, Struktur und die von der übermittelnden Stelle zu prüfende Qualität (insbesondere Validität, Vollständigkeit und Richtigkeit) der erhobenen Daten bestimmen ihre **Eignung** für eine nutzerbezogene Aufbereitung und zweckorientierte Auswertung. Die Richtlinien können eine **Stichprobe** vorsehen, wenn dies zur Erfüllung der Zwecke der Datenerhebung ausreichend ist. 3

C. Übermittlungspflicht, Abs. 2

Die **KK** und die **Mitglieder der KBV** sind verpflichtet, die erhobenen Daten nach eigener Prüfung unverzüglich an die Vertrauensstelle zu übermitteln, spätestens 12 Monate nach Übermittlung durch den Leistungserbringer. Damit soll eine **zeitnahe Auswertung** gewährleistet werden. 4

D. Folgen fehlender Übermittlung, Abs. 3

Erfolgt die **Übermittlung regionaler Daten** nicht fristgerecht, ist die jeweilige KK und deren Landes- und Bundesverband bzw. die KV und die KBV von der Verarbeitung und Nutzung des **gesamten Datenbestandes der betroffenen Region** ausgeschlossen. Durch diese weitreichende Sanktion sollen KK und KV dazu angehalten werden, ihren Übermittlungspflichten nachzukommen, um eine flächendeckende und vollständige Datenerhebung sicherzustellen. 5

E. Bericht des Beirats, Abs. 4

Der Beirat (§ 303b) berichtet dem BMG über Erfahrungen mit der Datenerhebung nach Abs. 1 bis 3. Damit werden die Erkenntnisse aller im Beirat Vertretenen erfasst. 6

§ 303f Datenverarbeitung und -nutzung

(1) Die bei der Datenaufbereitungsstelle gespeicherten Daten können von dem Spitzenverband Bund der Krankenkassen, den Bundes- und Landesverbänden der Krankenkassen, den Krankenkassen, der Kassenärztlichen Bundesvereinigung und ihren Mitgliedern, den für die Wahrnehmung der wirtschaftlichen Interessen gebildeten maßgeblichen Spitzenorganisationen der Leistungserbringer auf Bundesebene, Institutionen der Gesundheitsberichterstattung des Bundes und der Länder, Institutionen der Gesundheitsversorgungsforschung, Hochschulen und sonstigen Einrichtungen mit der Aufgabe unabhängiger wissenschaftlicher Forschung, sofern die Daten wissenschaftlichen Vorhaben dienen, dem Institut für Qualität und Wirtschaftlichkeit im Gesundheitswesen sowie von den für die gesetzliche Krankenversicherung zuständigen obersten Bundes- und Landesbehörden sowie deren jeweiligen nachgeordneten Bereichen verarbeitet und genutzt werden, soweit sie für die Erfüllung ihrer Aufgaben erforderlich sind.

(2) [1]Die Nutzungsberechtigten können die Daten insbesondere für folgende Zwecke verarbeiten und nutzen:
1. Wahrnehmung von Steuerungsaufgaben durch die Kollektivvertragspartner,
2. Verbesserung der Qualität der Versorgung,
3. Planung von Leistungsressourcen (Krankenhausplanung etc.),
4. Längsschnittanalysen über längere Zeiträume, Analysen von Behandlungsabläufen, des Versorgungsgeschehens zum Erkennen von Fehlentwicklungen und Ansatzpunkten für Reformen (Über-, Unter- und Fehlversorgung),
5. Unterstützung politischer Entscheidungsprozesse zur Weiterentwicklung der gesetzlichen Krankenversicherung,
6. Analyse und Entwicklung von sektorenübergreifenden Versorgungsformen.

[2]Die Arbeitsgemeinschaft für Aufgaben der Datentransparenz erstellt bis zum 31. Dezember 2004 im Benehmen mit dem Beirat einen Katalog, der die Zwecke festlegt, für welche die bei der Datenaufbereitungsstelle gespeicherten Daten verarbeitet und genutzt werden dürfen, sowie die Erhebung und das Verfahren zur Berechnung von Nutzungsgebühren regelt. [3]Der Katalog ist dem Bundesministerium für Gesundheit vorzulegen. [4]Das Bundesministerium für Gesundheit kann ihn innerhalb von zwei Monaten beanstanden. [5]Kommt der Katalog nicht innerhalb der Frist nach Satz 2 zu Stande oder werden die Beanstandungen nicht innerhalb einer vom Bundesministerium für Gesundheit gesetzten Frist behoben, erlässt das Bundesministerium für Gesundheit im Benehmen mit den Ländern den Katalog.

(3) [1]Die Datenaufbereitungsstelle hat bei Anfragen der nach Absatz 1 berechtigten Stellen zu prüfen, ob der Zweck zur Verarbeitung und Nutzung der Daten dem Katalog nach Absatz 2 entspricht und ob der Umfang und die Struktur der Daten für diesen Zweck ausreichend und erforderlich sind. [2]Die Prüfung nach Satz 1 entfällt, sofern datenliefernde Stellen nach § 303e Abs. 2 die von ihnen bereitgestellten Daten nutzen wollen oder die Nutzung durch ihre Verbände gestattet haben.

10. Kapitel. 3. Abschnitt § 304

A. Überblick

§ 303f regelt den Kreis der **Nutzungsberechtigten** und die **Zwecke**, zu denen die von der Datenaufbereitungsstelle (§ 303d) übermittelten Daten verarbeitet und genutzt werden dürfen. 1

B. Nutzungsberechtigte, Abs. 1

Abs. 1 enthält eine **abschließende** Aufzählung der Stellen, die berechtigt sind, die im Rahmen der Datentransparenz erhobenen und gespeicherten Daten zu verarbeiten und zu nutzen. Verarbeitung und Nutzung sind nur zulässig, soweit dies für die **Erfüllung eigener Aufgaben** des Nutzungsberechtigten erforderlich ist. Institute der Gesundheitsforschung, Hochschulen und andere unabhängige wissenschaftliche Forschungseinrichtungen sind nutzungsberechtigt, sofern die Daten ihrem wissenschaftlichen Vorhaben dienen. Zur Verhinderung eines möglichen Missbrauchs schreibt der Arbeitsgemeinschaftsvertrag vom 6. 10. 2004 die **namentliche Erfassung** eines oder mehrerer Vertreter der Nutzungsberechtigten vor. 2

C. Zweckbindung, Abs. 2

Abs. 2 regelt, **für welche Zwecke** die Nutzungsberechtigten die Daten verarbeiten und nutzen können. Der **nicht abschließende** S. 1 umfasst Steuerungsaufgaben, Versorgungsangebot und -qualität, Leistungsressourcen, Weiterentwicklung der GKV und sektorübergreifende Versorgungsformen. Daneben kann die Arbeitsgemeinschaft **im Benehmen mit dem Beirat** (§ 303b) in dem nach S. 2 zu erstellenden **Katalog** weitere Zwecke festlegen. Der Katalog hat auch die Erhebung und das Verfahren zur Berechnung von **Nutzungsgebühren** zu regeln. Werden Beanstandungen des BMG nicht fristgerecht behoben, erlässt das BMG den Katalog im Benehmen mit den Ländern. 3

D. Prüfpflicht der Datenaufbereitungsstelle, Abs. 3

Sie soll sicherstellen, dass die Nutzungsberechtigten nur die für zugelassene Zwecke erforderlichen Daten erhalten. Die Prüfung entfällt, soweit eine KK oder KV die von ihr bereitgestellten Daten selbst oder durch ihre Verbände nutzen lassen will. 4

Dritter Abschnitt. Datenlöschung, Auskunftspflicht

§ 304 Aufbewahrung von Daten bei Krankenkassen, Kassenärztlichen Vereinigungen und Geschäftsstellen der Prüfungsausschüsse

(1) ¹**Für das Löschen der für Aufgaben der gesetzlichen Krankenversicherung bei Krankenkassen, Kassenärztlichen Vereinigungen und Geschäftsstellen der Prüfungsausschüsse gespeicherten Sozialdaten gilt § 84 Abs. 2 des Zehnten Buches entsprechend mit der Maßgabe, dass**
1. die Daten nach § 292 spätestens nach zehn Jahren,
2. Daten nach § 295 Abs. 1a, 1b und 2 sowie Daten, die für die Prüfungsausschüsse und ihre Geschäftsstellen für die Prüfungen nach § 106 erforderlich

§ 304

sind, spätestens nach vier Jahren und Daten, die auf Grund der nach § 266 Abs. 7 Satz 1 erlassenen Rechtsverordnung für die Durchführung des Risikostrukturausgleichs (§§ 266, 267) oder des Risikopools (§ 269) erforderlich sind, spätestens nach den in der Rechtsverordnung genannten Fristen zu löschen sind. ²Die Aufbewahrungsfristen beginnen mit dem Ende des Geschäftsjahres, in dem die Leistungen gewährt oder abgerechnet wurden. ³Die Krankenkassen können für Zwecke der Krankenversicherung Leistungsdaten länger aufbewahren, wenn sichergestellt ist, dass ein Bezug zum Arzt und Versicherten nicht mehr herstellbar ist.

(2) Im Falle des Wechsels der Krankenkasse ist die bisher zuständige Krankenkasse verpflichtet, die für die Fortführung der Versicherung erforderlichen Angaben nach den §§ 288 und 292 auf Verlangen der neuen Krankenkasse mitzuteilen.

(3) Für die Aufbewahrung der Kranken- und sonstigen Berechtigungsscheine für die Inanspruchnahme von Leistungen einschließlich der Verordnungsblätter für Arznei-, Verband-, Heil- und Hilfsmittel gilt § 84 Abs. 2 und 6 des Zehnten Buches.

Schrifttum: *B. Hilderink,* Datenschutz in der gesetzlichen Krankenversicherung, Diss. Münster 2000;

A. Überblick

1   Abs. 1 und Abs. 3 regeln in spezialgesetzlicher Ergänzung zu § 84 Abs. 2 SGB X **Fristen zur Aufbewahrung von Sozialdaten** bei KK, KV und Prüfungsstellen. Abs. 2 regelt die Übermittlungspflichten und Übermittlungsbefugnisse im Falle eines Kassenwechsels.

B. Aufbewahrungsfristen, Abs. 1 S. 1

2   Die Regelung unterscheidet zwischen
- Angaben über erbrachte Leistungen zur Prüfung der Voraussetzungen späterer Leistungsgewährung nach § 292 (bis zu zehn Jahre),
- Angaben zur Abrechnung ärztlicher Leistungen nach § 295 Abs. 1a (Befunde für die Abrechnungsprüfung), Abs. 1b (Leistungen nach § 73b, 73c, 116b Abs. 2 und 140a) und Abs. 2 (vertragsärztliche Leistungen, strukturierte Behandlungsprogramme und nichtärztliche Dialyseleistungen) sowie Abrechnungsdaten für die Wirtschaftlichkeitsprüfung nach § 106 (bis zu vier Jahre) und
- die für die Durchführung des Risikostrukturausgleichs (§§ 266, 267) oder des Risikopools (§ 269) erforderlichen Daten (die Bestimmung der Frist erfolgt durch Rechtsverordnung nach § 266 Abs. 7).

C. Beginn der Frist, Abs. 1 S. 2

3   Die Frist beginnt einheitlich mit dem Ende des Geschäftsjahres, in dem die Leistung gewährt wurde, bei späterer Abrechnung mit dem Ende des Geschäftsjahres, in dem die Leistung abgerechnet wurde. Die KK dürfen zu löschende Daten für Zwecke der GKV über die in S. 1 genannten Fristen hinaus **in anonymisierter Form** aufbewahren, wenn eine Identifikation des Arztes und des Versicherten aus-

geschlossen ist. Dies ist zB. bei den nach § 303 Abs. 2 an die Arbeitsgemeinschaft nach § 219 übermittelten Daten wegen der vorgeschriebenen Möglichkeit zur Identifikation des Versicherten nicht der Fall.

D. Kassenwechsel, Abs. 2

Auf Verlangen der neuen KK hat die bisherige KK ihr die für die Fortführung der Versicherung erforderlichen Angaben nach § 288 (Versichertenverzeichnis) und § 292 (Prüfung der Voraussetzungen späterer Leistungsgewährung) zu übermitteln. Die **Aufbewahrungsfrist** des Abs. 1 wird durch die Übermittlung **nicht verlängert**. 4

E. Kranken- und Berechtigungsscheine, Abs. 3

Für die **Aufbewahrung** von Krankenscheinen und sonstigen Berechtigungsscheinen für die Inanspruchnahme von Leistungen, die regelmäßig in Papierform vorliegen, verweist Abs. 3 auf § 84 Abs. 2 und Abs. 6 SGB X. Sie dürfen nur aufbewahrt werden, solange ihre Kenntnis für die verantwortliche Stelle zur rechtmäßigen Erfüllung ihrer Aufgaben erforderlich ist (§ 84 Abs. 2 SGB X). Die Erfüllung der gesetzlichen Pflichten zur Sicherung und Nutzung von Archivgut nach §§ 2 und 5 des Bundesarchivgesetzes oder entsprechender Landesgesetze bleibt unberührt (§ 84 Abs. 6 iVm. § 71 Abs. 1 S. 3 SGB X). 5

§ 305 Auskünfte an Versicherte

(1) ¹Die Krankenkassen unterrichten die Versicherten auf deren Antrag über die im jeweils letzten Geschäftsjahr in Anspruch genommenen Leistungen und deren Kosten. ²Die Kassenärztlichen und die Kassenzahnärztlichen Vereinigungen übermitteln den Krankenkassen in den Fällen des Satzes 1 die Angaben über die von den Versicherten in Anspruch genommenen ärztlichen und zahnärztlichen Leistungen und deren Kosten für jeden Versicherten gesondert in einer Form, die eine Kenntnisnahme durch die Krankenkassen ausschließt. ³Die Krankenkassen leiten die Angaben an den Versicherten weiter. ⁴Eine Mitteilung an die Leistungserbringer über die Unterrichtung des Versicherten ist nicht zulässig. ⁵Die Krankenkassen können in ihrer Satzung das Nähere über das Verfahren der Unterrichtung regeln.

(2) ¹Die an der vertragsärztlichen Versorgung teilnehmenden Ärzte, Einrichtungen und medizinischen Versorgungszentren haben die Versicherten auf Verlangen schriftlich in verständlicher Form, direkt im Anschluss an die Behandlung oder mindestens quartalsweise spätestens vier Wochen nach Ablauf des Quartals, in dem die Leistungen in Anspruch genommen worden sind, über die zu Lasten der Krankenkassen erbrachten Leistungen und deren vorläufige Kosten (Patientenquittung) zu unterrichten. ²Satz 1 gilt auch für die vertragszahnärztliche Versorgung. ³Der Versicherte erstattet für eine quartalsweise schriftliche Unterrichtung nach Satz 1 eine Aufwandspauschale in Höhe von 1 Euro zuzüglich Versandkosten. ⁴Das Nähere regelt die Kassenärztliche Bundesvereinigung. ⁵Die Krankenhäuser unterrichten die Versicherten auf Verlangen schriftlich in verständlicher Form innerhalb von vier Wochen nach Abschluss der Krankenhausbehandlung über die erbrachten Leistungen und die dafür von den Krankenkassen zu zahlenden Entgelte. ⁶Das Nähere regelt der Spitzenver-

band Bund der Krankenkassen und die Deutsche Krankenhausgesellschaft durch Vertrag. [7]Kommt eine Regelung nach den Sätzen 4 und 6 bis zum 30. Juni 2004 nicht zu Stande, kann das Bundesministerium für Gesundheit das Nähere durch Rechtsverordnung mit Zustimmung des Bundesrates bestimmen.

(3) [1]Die Krankenkassen informieren ihre Versicherten auf Verlangen umfassend über in der gesetzlichen Krankenversicherung zugelassene Leistungserbringer einschließlich medizinische Versorgungszentren und Leistungserbringer in der integrierten Versorgung sowie über die verordnungsfähigen Leistungen und Bezugsquellen, einschließlich der Informationen nach § 73 Abs. 8, § 127 Abs. 3. § 69 Satz 4 gilt entsprechend. [2]Die Krankenkasse hat Versicherte vor deren Entscheidung über die Teilnahme an besonderen Versorgungsformen in Wahltarifen nach § 53 Abs. 3 umfassend über darin erbrachte Leistungen und die beteiligten Leistungserbringer zu informieren.

Schrifttum: *R. Brandts,* Die Pflichten der Krankenkassen und Leistungserbringer zur Information der Versicherten über Leistungen und Kosten, GesR 2004, 497; *I. Schümann,* Möglichkeiten und Grenzen der Gesundheitsinformation und -beratung durch gesetzliche Krankenkassen, Hamburg 2004; *D. Stelzer,* Missglückte Reform der Auskunftsrechte von Patienten bzw. Versicherten u. a. im Hinblick auf die „Patientenquittung"?, NZS 2003, 197, 257, 289; *G. W. Weber,* Die Patientenquittung, GSP 2006, Nr. 1/1, 30.

A. Überblick

1   Der zum 1. 1. 2004 um Abs. 2 und 3 und zum 1. 4. 2007 um Abs. 3 S. 2 erweiterte § 305 regelt die **Unterrichtung der Versicherten** über die für sie erbrachten Leistungen und die dafür entstandenen Kosten (Abs. 1 und 2) sowie die zur Verfügung stehenden Versorgungsmöglichkeiten und die Leistungen und Leistungserbringer bei Wahltarifen (Abs. 3) durch die KK (Abs. 1 und 3) sowie die Leistungserbringer (Abs. 2). Die damit verbundene erhöhte **Leistungs- und Versorgungstransparenz** soll die Eigenverantwortung der Versicherten stärken und einen Anreiz zur Verbesserung der Versorgung bieten.

B. Abgerechnete Leistungen, Abs. 1

2   Die **KK** ist verpflichtet, dem Versicherten auf **Antrag** Auskunft über die im letzten Geschäftsjahr für ihn abgerechneten Leistungen (vgl. S-H LSG, Beschluss v. 19. 4. 2005, L 5 KR 10/05) **aller Leistungserbringer** (zB. Ärzte, Apotheken, Physiotherapeuten, Krankenhäuser) zu erteilen. Der Antrag kann vom Versicherten beschränkt werden (zB. auf bestimmte Leistungserbringer). Den KK selbst liegen keine versichertenbezogenen Daten über ambulante ärztliche und zahnärztliche Leistungen vor. Daher verpflichtet S. 2 die **KV/KZV**, den KK die nach S. 1 erforderlichen Angaben für jeden Versicherten gesondert und in einer Form zu übermitteln, die eine **Kenntnisnahme durch die KK ausschließt** (zur Erhebung und Verarbeitung dieser Daten durch die KV/KZV vgl. § 285 Abs. 2). Eine direkte Auskunft der KV/KZV an den Versicherten erfolgt nicht. Die KK leitet die Daten an den Versicherten weiter (S. 3). Die KK können in ihren **Satzungen** näheres über das **Verfahren** regeln, insbesondere zur Antragstellung, Form der Auskunft und Einsicht des Versicherten in Abrechnungsunterlagen (S. 5).

C. Verbot der Unterrichtung

Das Verhältnis zwischen dem Leistungserbringer und dem Versicherten soll 3
durch dessen Auskunftsverlangen nicht belastet werden. Daher dürfen KK, KV
und KZV die betroffenen **Leistungserbringer** nicht über die Unterrichtung des
Versicherten oder dessen Antrag informieren **(Abs. 1 S. 4).**

D. Erbrachte Leistungen, Abs. 2

Die an der ärztlichen und zahnärztlichen Versorgung teilnehmenden **Ärzte,** 4
Einrichtungen und medizinischen Versorgungszentren sind verpflichtet,
dem Versicherten auf dessen **Verlangen** nach Abschluss der Behandlung oder mindestens quartalsweise über die für ihn zu Lasten der KK erbrachten Leistungen und
deren vorläufige Kosten zu unterrichten **(Patientenquittung).** Der Auskunftsanspruch besteht auch ohne nähere Regelung in den BMV (S. 6) und verletzt nicht
Art. 12 Abs. 1 GG (BSG, SozR 4–2500, § 305 Rn. 13, 17). Maßgebend für die Angabe der Kosten sind der für den betreffenden Leistungszeitraum geltende einheitliche Bewertungsmaßstab und der letzte bekannte Punktwert (vgl. LSG NRW
SozVers 2003, 82/83, bestätigt durch BSG, SozR 4–2500, § 305 Rn. 15). Auskunft
über die endgültige Höhe der Kosten kann der Versicherte erst nach Abschluss des
Geschäftsjahres über eine Auskunft nach Abs. 1 S. 1 erhalten. Der Arzt kann den
Versicherten nicht auf diesen Auskunftsanspruch verweisen (BSG, SozR 4–2500,
§ 305 Rn. 14.) Für die periodische Patientenquittung hat der (Zahn-)Arzt Anspruch
auf Erstattung einer **Aufwandspauschale** (S. 3).

Auch **Krankenhäuser** sind nach S. 5 verpflichtet, den Versicherten auf sein 5
Verlangen innerhalb von vier Wochen nach Abschluss der Krankenhausbehandlung über die für ihn erbrachten Leistungen und die dafür von der KK zu zahlenden Entgelte zu unterrichten.

Die Auskunft nach S. 1 und S. 5 ist **schriftlich** und in einer für den Versicherten 6
verständlichen Form zu erteilen. Einzelheiten zum **Verfahren** sind im ambulanten (zahn)ärztlichen Bereich durch die KBV/KZBV, im Krankenhausbereich
durch einen Vertrag zwischen dem SpiBuKK und der Deutschen Krankenhausgesellschaft zu regeln

E. Leistungserbringer und Leistungen, Abs. 3

Die **KK** sind verpflichtet, ihre Versicherten auf **Verlangen** über die in der 7
GKV zugelassenen Leistungserbringer sowie die verordnungsfähigen Leistungen
und (seit 1. 4. 2007) Bezugsquellen zu informieren. Die Auskunft muss **umfassend** sein und sich auch auf medizinische Versorgungszentren, Leistungserbringer in der integrierten Versorgung sowie Preise, Indikationen und therapeutischen
Nutzen der verordnungsfähigen Leistungen nach dem allgemeinen Stand der
medizinischen Erkenntnisse erstrecken (zur Information der Vertragsärzte s. § 73
Abs. 8). Die **umfassende** Information der Versicherten über die in **Wahltarifen**
nach § 53 Abs. 3 zu erbringenden Leistungen und die beteiligten Leistungserbringer **vor** seiner Entscheidung über eine Teilnahme an besonderen Versorgungsformen nach §§ 63, 73b, 73c, 137f und 140a dient der Leistungstransparenz und soll
den Qualitätswettbewerb fördern.

F. Rechtsweg

8   Für Rechtsstreitigkeiten über Auskünfte ist der **Rechtsweg zu den Sozialgerichten** gegeben. Dies gilt nach Abs. 3 S. 3 iVm. § 69 S. 5 auch dann, wenn Rechte Dritter betroffen sind.

§ 305 a Beratung der Vertragsärzte

¹**Die Kassenärztlichen Vereinigungen und die Krankenkassen beraten in erforderlichen Fällen die Vertragsärzte auf der Grundlage von Übersichten über die von ihnen im Zeitraum eines Jahres oder in einem kürzeren Zeitraum erbrachten, verordneten oder veranlassten Leistungen über Fragen der Wirtschaftlichkeit.** ²**Ergänzend können die Vertragsärzte den Kassenärztlichen Vereinigungen die Daten über die von ihnen verordneten Leistungen nicht versichertenbezogen übermitteln, die Kassenärztlichen Vereinigungen können diese Daten für ihre Beratung des Vertragsarztes auswerten und auf der Grundlage dieser Daten erstellte vergleichende Übersichten den Vertragsärzten nicht arztbezogen zur Verfügung stellen.** ³**Die Vertragsärzte und die Kassenärztlichen Vereinigungen dürfen die Daten nach Satz 2 nur für im Sozialgesetzbuch bestimmte Zwecke verarbeiten und nutzen.** ⁴**Ist gesetzlich oder durch Vereinbarung nach § 130 a Abs. 8 nichts anderes bestimmt, dürfen Vertragsärzte Daten über von ihnen verordnete Arzneimittel nur solchen Stellen übermitteln, die sich verpflichten, die Daten ausschließlich als Nachweis für die in einer Kassenärztlichen Vereinigung oder einer Region mit mindestens jeweils 300 000 Einwohnern oder mit jeweils mindestens 1300 Ärzten insgesamt in Anspruch genommenen Leistungen zu verarbeiten; eine Verarbeitung dieser Daten mit regionaler Differenzierung innerhalb einer Kassenärztlichen Vereinigung, für einzelne Vertragsärzte oder Einrichtungen sowie für einzelne Apotheken ist unzulässig.** ⁵**Satz 4 gilt auch für die Übermittlung von Daten über die nach diesem Buch verordnungsfähigen Arzneimittel durch Apotheken, den Großhandel, Krankenkassen sowie deren Rechenzentren.** ⁶**Abweichend von Satz 4 dürfen Leistungserbringer und Krankenkassen Daten über verordnete Arzneimittel in vertraglichen Versorgungsformen nach den §§ 63, 73 b, 73 c, 137 f oder 140 a nutzen.**

Schrifttum: *A. Becker*, Die Steuerung der Arzneimittelversorgung im Recht der GKV, Diss. Bremen 2003; *K.-H. Mühlhausen/C. Grühn*, Markttransparenz durch Information und Beratung der Krankenkassen und ihrer Verbände, SGb 2003, 248.

A. Überblick

1   Der mit Wirkung ab 1. 1. 2000 eingefügte § 305 a verpflichtet KV und KK, **Vertragsärzte** zur Vermeidung unwirtschaftlicher Behandlung auf der Grundlage ihrer Abrechnungs-, Leistungs- und Verordnungsdaten **über Fragen der Wirtschaftlichkeit zu beraten** (zu allgemeinen Informationen und Hinweisen an Vertragsärzte s. § 73 Abs. 8). Seit 1. 4. 2007 beschränkt § 305 a die Befugnis der Vertragsärzte, Daten über ihre Arzneimittelverordnungen an Dritte zu übermitteln. Auf Vertragszahnärzte findet § 305 a keine Anwendung.

10. Kapitel. 3. Abschnitt § 305 b

B. Beratungspflicht

S. 1 beschränkt die Beratungspflicht auf Fälle, in denen **Anhaltspunkte für** 2
eine unwirtschaftliche Behandlungsweise des Vertragsarztes bestehen. Grundlage der Beratung sind die bei der zuständigen KV und den KK aufgrund anderer gesetzlicher Vorschriften erhobenen arzt- und versichertenbezogenen Daten über die vom Vertragsarzt innerhalb eines Jahres oder in einem kürzeren Zeitraum erbrachten, verordneten oder veranlassten Leistungen.

C. Verordnete Leistungen

S. 2 ermächtigt die Vertragsärzte, den KV **nicht versichertenbezogene Daten** 3
über die von ihnen verordneten Leistungen zu übermitteln, sowie die KV, diese Daten für die individuelle Beratung nach S. 1 auszuwerten und den Vertragsärzten auf Grundlage dieser Daten erstellte vergleichende, **nicht arztbezogene Überblicke** zur Verfügung zu stellen (vgl. näher *Hess*, KK, § 305 a Rn. 4). Vertragsärzte und KV dürfen diese nach S. 2 übermittelten Daten auch für **andere Zwecke des SGB** verarbeiten oder nutzen (S. 3).

D. Verordnete Arzneimittel

Die nur für Arzneimittel geltende Beschränkung der Übermittlungsbefugnis 4
nach S. 4 und 5 soll durch die **auf größere Regionen beschränkte Auswertungsmöglichkeit** der Verordnungsdaten eine arztbezogene Auswertung im Rahmen des Vertriebs von Arzneimitteln und die Entstehung von verordnungsbezogenen Prämiensystemen für Ärzte verhindern. Ausnahmen bestehen insb. für Rabattverträge nach § 130 a Abs. 8 (S. 4) und die in S. 6 genannten Versorgungsformen (vgl. BT-Drs. 16/4247, 57 zu Nr. 209).

§ 305 b Rechenschaft über die Verwendung der Mittel

Die Krankenkassen haben in ihren Mitgliederzeitschriften in hervorgehobener Weise und gebotener Ausführlichkeit jährlich über die Verwendung ihrer Mittel im Vorjahr Rechenschaft abzulegen und dort zugleich ihre Verwaltungsausgaben gesondert auch als Beitragssatzanteil auszuweisen.

Überblick

Der mit Wirkung ab 1. 1. 2004 eingefügte § 305 b regelt die **Information der** 1
Versicherten über die Mittelverwendung und die Höhe der Verwaltungsausgaben ihrer KK. Die damit verbundene Ausgabentransparenz bietet den Versicherten ua. eine Beurteilungsgrundlage für einen möglichen Kassenwechsel und fördert damit den Wettbewerb zwischen den KK. Zur ergänzenden Veröffentlichung der Vergütung der Vorstandsmitglieder vgl. § 79 Abs. 4 S. 6 und BVerfG v. 25. Februar 2008, 1 BvR 3255/07.

Die **KK** sind verpflichtet, ihre Mitglieder jährlich über die **Verwendung ihrer** 2
Mittel und gesondert über die Höhe ihrer **Verwaltungsausgaben** und deren Anteil am Beitragssatz zu informieren. Die entsprechenden Angaben sind in der Mitgliederzeitschrift der KK in hervorgehobener Weise und in der gebotenen Ausführlichkeit **zu veröffentlichen**.

§ 305 b

3   Nähere Vorgaben enthält das Gesetz nicht. Die Informationen müssen dem Versicherten aber nach **Form und Inhalt** ermöglichen, sich einen Überblick über die Ausgaben in den verschiedenen Leistungsbereichen der KK sowie die Ausgaben für die Verwaltung (Sachkosten, Personalkosten ua.) zu verschaffen und diese Daten mit früheren Rechenschaftsberichten zu vergleichen, um die **Ausgabenentwicklung** gegenüber den Vorjahren transparent zu machen.

Elftes Kapitel. Straf- und Bußgeldvorschriften

§ 306 Zusammenarbeit zur Verfolgung und Ahndung von Ordnungswidrigkeiten

¹Zur Verfolgung und Ahndung von Ordnungswidrigkeiten arbeiten die Krankenkassen insbesondere mit der Bundesagentur für Arbeit, den Behörden der Zollverwaltung, den Rentenversicherungsträgern, den Trägern der Sozialhilfe, den in § 71 des Aufenthaltsgesetzes genannten Behörden, den Finanzbehörden, den nach Landesrecht für die Verfolgung und Ahndung von Ordnungswidrigkeiten nach dem Schwarzarbeitsbekämpfungsgesetz zuständigen Behörden, den Trägern der Unfallversicherung und den für den Arbeitsschutz zuständigen Landesbehörden zusammen, wenn sich im Einzelfall konkrete Anhaltspunkte ergeben für

1. Verstöße gegen das Schwarzarbeitsbekämpfungsgesetz,
2. eine Beschäftigung oder Tätigkeit von nichtdeutschen Arbeitnehmern ohne den erforderlichen Aufenthaltstitel nach § 4 Abs. 3 des Aufenthaltsgesetzes, eine Aufenthaltsgestattung oder eine Duldung, die zur Ausübung der Beschäftigung berechtigen, oder eine Genehmigung nach § 284 Abs. 1 des Dritten Buches,
3. Verstöße gegen die Mitwirkungspflicht nach § 60 Abs. 1 Satz 1 Nr. 2 des Ersten Buches gegenüber einer Dienststelle der Bundesagentur für Arbeit, einem Träger der gesetzlichen Unfall- oder Rentenversicherung oder einem Träger der Sozialhilfe oder gegen die Meldepflicht nach § 8 a des Asylbewerberleistungsgesetzes,
4. Verstöße gegen das Arbeitnehmerüberlassungsgesetz,
5. Verstöße gegen die Vorschriften des Vierten und des Siebten Buches über die Verpflichtung zur Zahlung von Beiträgen, soweit sie im Zusammenhang mit den in den Nummern 1 bis 4 genannten Verstößen stehen,
6. Verstöße gegen Steuergesetze,
7. Verstöße gegen das Aufenthaltsgesetz.

²Sie unterrichten die für die Verfolgung und Ahndung zuständigen Behörden, die Träger der Sozialhilfe sowie die Behörden nach § 71 des Aufenthaltsgesetzes. ³Die Unterrichtung kann auch Angaben über die Tatsachen enthalten, die für die Einziehung der Beiträge zur Kranken- und Rentenversicherung erforderlich sind. ⁴Die Übermittlung von Sozialdaten, die nach den §§ 284 bis 302 von Versicherten erhoben werden, ist unzulässig.

A. Überblick

§ 306 soll die **Zusammenarbeit** der KKen mit verschiedenen anderen Stellen iRd. Verfolgung und Ahndung der Ordnungswidrigkeiten der Nr. 1 bis 7 sicherstellen. 1

Die Vorschrift ist zuletzt durch G zur Änderung des AufenthG und anderer Gesetze vom 14. 3. 2005 (BGBl. I, 721) **geändert** worden, dabei wurde S. 1 Nr. 1 redaktionell neu gefasst. Inhaltliche Änderungen erfolgten aber nicht. Vorgängervorschrift ist § 317 b RVO aF. 2

B. Regelungsinhalt

3 Eine Zusammenarbeit zwischen der KK und anderen Stellen bei der Verfolgung von Ordnungswidrigkeiten ist nach S. 1 nur zulässig, wenn im Einzelfall **konkrete Anhaltspunkte** für das tatsächliche Vorliegen dieser Ordnungswidrigkeiten bestehen. Eine bloße Vermutung reicht dafür nicht aus, erforderlich ist vielmehr eine **hinreichende Wahrscheinlichkeit**. Die Amtshilfe erstreckt sich grds. nur auf die im Einzelfall erforderliche Zusammenarbeit. Die Übermittlung von **Sozialdaten** (§§ 284–302) bleibt nach S. 4 **unzulässig**.

4 Der **Grundsatz der Zusammenarbeit von Leistungsträgern** ist kein Spezifikum des Krankenversicherungsrechts, sondern gilt nach § 86 SGB X für das gesamte Sozialrecht. Nach § 86 SGB X sind Leistungsträger des Sozialrechts rechtlich verpflichtet, sich im Hinblick auf die Leistungs- und Aufgabenerfüllung wechselseitig zu unterstützen und dabei zu kooperieren. Mit dieser Pflicht zur Zusammenarbeit ist allerdings **kein subjektives öffentliches Recht** des Bürgers verknüpft, so dass auch Folgeansprüche aus einer etwaigen Verletzung dieser Pflicht nicht in Betracht kommen (für § 86 SGB X vgl. *Steinbach*, H/N, § 86 SGB X Rn. 13). Insgesamt stellt sich § 306 daher als **gesetzliche Konkretisierung** der Pflicht zur Zusammenarbeit nach § 86 SGB X dar (so auch *Hauck*, H/N, § 306 Rn. 7).

§ 307 Bußgeldvorschriften

(1) Ordnungswidrig handelt, wer entgegen § 291a Abs. 8 Satz 1 eine dort genannte Gestattung verlangt oder mit dem Inhaber der Karte eine solche Gestattung vereinbart.

(2) Ordnungswidrig handelt, wer vorsätzlich oder leichtfertig
1. a) als Arbeitgeber entgegen § 204 Abs. 1 Satz 1, auch in Verbindung mit Absatz 2 Satz 1, oder
   b) entgegen § 204 Abs. 1 Satz 3, auch in Verbindung mit Absatz 2 Satz 1, oder § 205 Nr. 3 oder
   c) als für die Zahlstelle Verantwortlicher entgegen § 202 Satz 1
   eine Meldung nicht, nicht richtig, nicht vollständig oder nicht rechtzeitig erstattet,
2. entgegen § 206 Abs. 1 Satz 1 eine Auskunft oder eine Änderung nicht, nicht richtig, nicht vollständig oder nicht rechtzeitig erteilt oder mitteilt oder
3. entgegen § 206 Abs. 1 Satz 2 die erforderlichen Unterlagen nicht, nicht vollständig oder nicht rechtzeitig vorlegt.

(3) **Die Ordnungswidrigkeit kann in den Fällen des Absatzes 1 mit einer Geldbuße bis zu fünfzigtausend Euro, in den übrigen Fällen mit einer Geldbuße bis zu Zweitausendfünfhundert Euro geahndet werden.**

Inhaltsübersicht

	Rn
A. Überblick	1
B. Regelungsinhalt	3
I. Schutz der Daten der elektronischen Gesundheitskarte	3
II. Verstoß gegen Melde- und Auskunftspflichten	4
III. Verfahren	5

11. Kapitel **§ 307**

A. Überblick

§ 307 hat den **Zweck,** die in den Abs. 1 und 2 normierten Handlungen durch 1
Bewehrung mit einer Geldbuße zu verhindern. Die Vorschrift nimmt dabei die
Handlungen aus § 530 RVO aF. auf und regelt sie nun im Bereich des SGB.
Die Vorschrift ist zuletzt durch das GMG (§ 1 Rn. 29) **geändert** worden, neu 2
eingefügt wurde Abs. 1.

B. Ordnungswidrigkeiten

I. Schutz der Daten der elektronischen Gesundheitskarte

Abs. 1 ist durch das GMG (§ 1 Rn. 29) neu in den § 307 aufgenommen worden. 3
Die Einführung der Gesundheitskarte machte eine Regelung iRd. Bußgeldvorschriften notwendig, weil die auf der Karte abgelegten, **hochsensiblen Daten des Versicherten** (medizinische Diagnosen, Befunde, Medikamentenverordnungen, Behandlungsberichte etc.) eines **besonderen Schutzes** bedürfen. Aus diesem Grund greift die Bußgeldbewehrung des Abs. 1 schon im **Vorfeld des Datenmissbrauchs** ein und untersagt bereits die Aufforderung zur Gestattung des Datenzugriffs entgegen § 291 Abs. 8 S. 1. Ein Verstoß kann nach Abs. 3 mit einem Bußgeld bis zu 50 000 € geahndet werden.

II. Verstoß gegen Melde- und Auskunftspflichten

Abs. 2 regelt die Ordnungswidrigkeit verschiedener Melde- und Auskunfts- 4
pflichtverstöße. Gemeinsam ist allen Alternativen, dass jeweils **nicht richtiges, nicht vollständiges oder nicht rechtzeitiges Handeln sowie auch Unterlassen** tatbestandsmäßig ist. Nr. 1 lit. a) regelt dabei den Verstoß gegen die Meldepflicht des ArbGeb ggü. der KK bei der Einberufung und dem Ende des Wehr- oder Zivildienstes bzw. einer Wehrübung eines versicherungspflichtigen ArbN, nach Nr. 1 lit. b) gilt dies auch für den versicherungspflichtigen ArbN selbst, soweit er zur Meldung verpflichtet ist. Nr. 1 lit. c) ordnet die Bußgeldbewehrung für die fehlerhafte **Meldung von Versorgungsbezügen** durch den Verantwortlichen der Zahlstelle an. Die Nr. 2 und 3 regeln den Verstoß gegen die **allgemeinen Auskunfts- und Mitteilungspflichten** der Versicherten gem. § 206. Ein Verstoß gegen Abs. 2 kann nach Abs. 3 mit Geldbuße bis zu 2500 € geahndet werden.

III. Verfahren

Für die Verfolgung der in § 307 normierten Ordnungswidrigkeiten gelten die 5
Verfahrensvorschriften des **OWiG,** insbesondere die §§ 35 ff. OWiG sind hierbei von besonderer Bedeutung. Zuständig für die Verfolgung ist gem. §§ 36 Abs. 1 Nr. 1 OWiG iVm. § 112 Abs. 1 Nr. 1 SGB IV die jeweilige KK. Anders als nach § 90 Abs. 2 OWiG fließt eine Geldbuße allerdings wegen § 112 Abs. 2 und 3 SGB IV der KK zu (vgl. *Hauck,* H/N, § 307 Rn. 4).

§ 307a Strafvorschriften

(1) Mit Freiheitsstrafe bis zu einem Jahr oder mit Geldstrafe wird bestraft, wer entgegen § 291 a Abs. 4 Satz 1 auf dort genannte Daten zugreift.

(2) Handelt der Täter gegen Entgelt oder in der Absicht, sich oder einen anderen zu bereichern oder einen anderen zu schädigen, so ist die Strafe Freiheitsstrafe bis zu drei Jahren oder Geldstrafe.

(3) ¹Die Tat wird nur auf Antrag verfolgt. ²Antragsberechtigt sind der Betroffene, der Bundesbeauftragte für den Datenschutz oder die zuständige Aufsichtsbehörde.

Schrifttum: G. *Hornung,* Die digitale Identität, Baden-Baden 2005

A. Überblick

1   Der mit Wirkung ab 1. 1. 2004 eingefügte § 307 a dient dem Schutz der auf der **elektronischen Gesundheitskarte** (§ 291 a) gespeicherten oder über sie zugänglichen versichertenbezogenen Daten mit Ausnahme der Patientenquittung und des Berechtigungsnachweises für Leistungen nach der VO 1408/71. Er entspricht den in §§ 43, 44 BDSG und §§ 85, 85 a SGB X enthaltenen allgemeinen Regelungen.

B. Grundtatbestand, Abs. 1

2   § 291 a Abs. 4 S 1 beschränkt die Zugriffsbefugnis auf bestimmte **zugriffsberechtigte Personen** und die zur Versorgung des Versicherten **erforderlichen** Daten. Jede Einsichtnahme, Kopie oder Übermittlung durch andere Personen, zu anderen Zwecken oder über den erforderlichen Umfang hinaus erfüllt ohne Rücksicht auf Art und Intention des Zugriffs den **objektiven** Tatbestand des Abs. 1. Eine anschließende Verarbeitung oder Nutzung oder Nachteile für den Betroffenen sind nicht Tatbestandsvoraussetzung.

3   Der unberechtigte Zugriff muss schuldhaft erfolgt sein **(subjektive Tatbestandsvoraussetzung).** Fahrlässiges Verhalten reicht nicht aus (§ 15 StGB). Für den Ausschluss von Vorsatz oder Schuld gelten die Bestimmungen des StGB (vgl. §§ 16, 17 StGB; zur Straflosigkeit des Versuchs s. § 23 StGB, zur Anstiftung und Beihilfe §§ 26, 27 StGB).

C. Erhöhter Strafrahmen, Abs. 2

4   In den dort abschließend genannten Fällen erhöht sich der **Regelstrafrahmen** von Freiheitsstrafe bis zu einem Jahr oder Geldstrafe (Abs. 1) auf Freiheitsstrafe bis zu drei Jahren oder Geldstrafe. Die Tat ist damit auch in der schweren Form des Abs. 2 nur ein Vergehen (§ 12 Abs. 2 StGB).

5   **Entgelt** ist jede vermögenswerte Gegenleistung. Der Zugriff muss gerade im Hinblick auf das ausdrücklich oder konkludent vereinbarte Entgelt erfolgen. Ob die zu Grunde liegende Vereinbarung rechtlich wirksam ist und die Gegenleistung tatsächlich erbracht wird, ist unerheblich. Die **Bereicherungsabsicht** (Handeln zum Zweck der Bereicherung) kann sich sowohl auf eigene als auch fremde rechtswidrige oder rechtmäßige Vermögensvorteile erstrecken. Die **Schädigungsab-**

sicht (Handeln nicht zum Zweck, aber im Bewusstsein der dadurch eintretenden Schädigung) kann sich auch gegen andere Personen als den Versicherten richten und auf andere als Vermögensschäden beziehen.

D. Strafantrag, Abs. 3

Im Gegensatz zur **Strafanzeige** (Mitteilung des Verdachts einer Straftat) ist der **Strafantrag** zwingende Voraussetzung für eine Strafverfolgung durch die Staatsanwaltschaft. **Antragsberechtigt** sind nur der Betroffene, auf dessen Daten unberechtigt zugegriffen wurde, der Bundesbeauftragte für den Datenschutz und die Informationsfreiheit und die zuständigen Aufsichtsbehörden. Die Antragstellung durch den Bundesbeauftragten oder eine Aufsichtsbehörde setzt kein Einverständnis des Betroffenen voraus. 6

Die **Antragsfrist** beträgt drei Monate und beginnt mit dem Tag, an dem der Antragsberechtigte von der Tat und der Person des Täters Kenntnis erlangt (§ 77b Abs. 1, Abs. 2 S. 1 StGB). Der Antrag kann bis zum rechtskräftigen Abschluss des Strafverfahrens zurückgenommen, aber nicht erneut gestellt werden (§ 77d Abs. 1 StGB). 7

Zwölftes Kapitel. Überleitungsvorschriften aus Anlass der Herstellung der Einheit Deutschlands

§ 308 *(aufgehoben)*

§ 309 Versicherter Personenkreis

(1) Soweit Vorschriften dieses Buches
1. an die Bezugsgröße anknüpfen, gilt vom 1. Januar 2001 an die Bezugsgröße nach § 18 Abs. 1 des Vierten Buches auch in dem in Artikel 3 des Einigungsvertrages genannten Gebiet,
2. an die Beitragsbemessungsgrenze in der allgemeinen Rentenversicherung anknüpfen, gilt von dem nach Nummer 1 maßgeblichen Zeitpunkt an die Beitragsbemessungsgrenze nach § 159 des Sechsten Buches auch in dem in Artikel 3 des Einigungsvertrages genannten Gebiet.

(2) bis (4) **(weggefallen)**

(5) Zeiten der Versicherung, die in dem in Artikel 3 des Einigungsvertrages genannten Gebiet bis zum 31. Dezember 1990 in der Sozialversicherung oder in der Freiwilligen Krankheitskostenversicherung der Staatlichen ehemaligen Versicherung der Deutschen Demokratischen Republik oder in einem Sonderversorgungssystem (§ 1 Abs. 3 des Anspruchs- und Anwartschaftsüberführungsgesetzes) zurückgelegt wurden, gelten als Zeiten einer Pflichtversicherung bei einer Krankenkasse im Sinne dieses Buches. Für die Anwendung des § 5 Abs. 1 Nr. 11 gilt Satz 1 vom 1. Januar 1991 an entsprechend für Personen, die ihren Wohnsitz und ihre Versicherung im Gebiet der Bundesrepublik Deutschland nach dem Stand bis vom 2. Oktober 1990 hatten und in dem in Artikel 3 des Einigungsvertrages genannten Gebiet beschäftigt sind, wenn sie nur wegen Überschreitung der in diesem Gebiet geltenden Jahresarbeitsentgeltgrenze versicherungsfrei waren und die Jahresarbeitsentgeltgrenze nach § 6 Abs. 1 Nr. 1 nicht überschritten wird.

(6) **(weggefallen)**

Schrifttum: *H. Horst,* Die Auswirkungen des Gesundheits-Strukturgesetzes auf die neuen Bundesländer, SGb 1993, 539; *H. Nommensen,* Krankenversicherung der Rentner in den neuen Bundesländern ab 1. 1. 1992, BKK 1992, 25

Inhaltsübersicht:

	Rn.
A. Überblick	1
B. Keine eigene JAE-Grenze im Beitrittsgebiet, Abs. 1	2
C. Gleichstellung von Versicherungszeiten, Abs. 5	3

A. Überblick

1   Die Vorschrift wurde durch Anlage I Kapitel VIII Sachgebiet G Abschnitt II Nr. 1 des **Einigungsvertrages** vom 31. 8. 1990 (BGBl. II 889) in das SGB V eingefügt und enthält Sonderregelungen zum versicherten Personenkreis im Zusam-

menhang mit der **Herstellung der deutschen Einheit.** Insbesondere ordnete der Gesetzgeber den Erhalt einer im Beitrittsgebiet bestehenden Pflichtvers. (Abs. 2 aF.) bzw. frw. Versicherung (Abs. 4 aF.) sowie die Gleichstellung der im Beitrittsgebiet zurückgelegten Versicherungszeiten an (Abs. 5). Durch die fortschreitende Rechtsangleichung wurde § 309 weitgehend aufgehoben; derzeit sind lediglich noch die Abs. 1 und 5 in Kraft.

B. Keine eigene JAE-Grenze im Beitrittsgebiet, Abs. 1

In seiner urspr., ab 29. 9. 1990 geltenden Fassung sah Abs. 1 bei Anwendung 2
des § 6 Abs. 1 Nr. 1 eine eigene (niedrigere) JAE-Grenze für das **Beitrittsgebiet** vor. Zum 1. 1. 1995 wurden die Grenzen zunächst innerhalb Berlins angeglichen. Seit dem 1. 1. 2001 gilt die Bezugsgröße der alten Bundesländer für das gesamte Bundesgebiet. Dies ist verfassungsrechtl. nicht zu beanstanden (BSG, SozR 4-2500, § 309 Nr. 1; BSG, SozR 3–2500, § 308 Nr. 1).

C. Gleichstellung von Versicherungszeiten, Abs. 5

Bis zum 31. 12. 1990 zurückgelegte Zeiten der Versicherung in den staatlichen 3
Systemen der DDR oder in einem Sonderversorgungssystem gelten als Pflichtmitgliedschaften in der GKV; sind damit ua. Vorversicherungszeiten iSv. § 5 Abs. 1 Nr. 11.

S. 2 trifft eine **Sonderregelung** für die Vorversicherungszeiten der **KVdR** 4
und ist im Zusammenhang mit der Erschwerung der Zugangsvorauss. durch das GSG zu sehen. Danach galten nur noch Zeiten einer Pflichtmitgliedschaft als Vorversicherungszeit. Der Zugang zur KVdR war dadurch erschwert für Personen, die in den alten Bundesländern wohnten, aber nach dem 31. 12. 1990 einer Beschäftigung in den neuen Bundesländern nachgingen und dort allein aufgrund der bis 31. 12. 2000 in Kraft gewesenen (niedrigeren) JAE-Grenze Ost versicherungsfrei waren, ohne jedoch die JAE-Grenze West zu überschreiten. Sie sollten daher beim Zugang zur KVdR Versicherten gleichgestellt werden, die aufgrund ihrer Beschäftigung in den alten Bundesländern mit gleichem JAE versicherungspflichtig waren (vgl. BT-Drs. 13/340, 11). Da aufgrund der Entscheidung des BVerfG seit 1. 4. 2002 wieder Zeiten der frw. Vers. als Vorversicherungszeiten genügen (vgl. § 5 Rn. 49 sowie jetzt § 5 Abs. 1 Nr. 11 idF. des GKV-WSG), hat S. 2 keinen Anwendungsbereich mehr.

§ 310 Leistungen

(1) und (2) **(weggefallen)**

(3) **Die erforderlichen Untersuchungen gemäß § 30 Abs. 2 Satz 2 und Abs. 7 gelten für den Zeitraum der Jahre 1989 bis 1991 als in Anspruch genommen.**

(4) bis (11) **(weggefallen)**

§ 310 entfaltet heute auch bezüglich des noch nicht gestrichenen Abs. 3 keine 1
aktuellen Rechtswirkungen mehr. Abs. 3 fingierte die Durchführung zahnärztlicher Untersuchungen in den Jahren 1989 bis 1991 im Beitrittsgebiet zur Erfüllung der Voraussetzung für die Erlangung der im inzwischen auch weggefallenen § 30 Abs. 2 S. 2 enthaltenen Bonusregelung für Zahnersatz. Bei der Bezugnahme auf § 30 Abs. 7, der nie existierte, handelt es sich um ein Redaktionsversehen.

2   Der mittlerweile an die Stelle des § 30 Abs. 2 S. 2 (und der zwischenzeitlichen Nachfolgenorm § 30 Abs. 2 S. 3–6) getretene § 55 Abs. 1 S. 3–7 wird von § 310 Abs. 3 nicht in Bezug genommen. Dies ist folgerichtig, da sich die Bonusregelung nur auf Untersuchungen in den letzten zehn Jahren vor Beginn der Behandlung bezieht; dieser Zeitraum ist hinsichtlich der bis 1991 geltenden Fiktion aber mit Ablauf des Jahres 2001 beendet.

§ 311 Beziehungen der Krankenkasse zu den Leistungserbringern

(1) **(weggefallen)**

(2) ¹**Die im Beitrittsgebiet bestehenden ärztlich geleiteten kommunalen, staatlichen und freigemeinnützigen Gesundheitseinrichtungen einschließlich der Einrichtungen des Betriebsgesundheitswesens (Polikliniken, Ambulatorien, Arztpraxen) sowie diabetologische, nephrologische, onkologische und rheumatologische Fachambulanzen nehmen in dem Umfang, in dem sie am 31. Dezember 2003 zur vertragsärztlichen Versorgung zugelassen sind, weiterhin an der vertragsärztlichen Versorgung teil.** ²**Im übrigen gelten für die Einrichtungen nach Satz 1 die Vorschriften dieses Buches, die sich auf medizinische Versorgungszentren beziehen, entsprechend.**

(2 a) **bis** (4) **(weggefallen)**

(5) **§ 83 gilt mit der Maßgabe, dass die Verbände der Krankenkassen mit den ermächtigten Einrichtungen oder ihren Verbänden im Einvernehmen mit den kassenärztlichen Vereinigungen besondere Verträge schließen können.**

(6) **(weggefallen)**

(7) **Bei Anwendung des § 95 gilt das Erfordernis des Absatzes 2 Satz 3 dieser Vorschrift nicht**
   a) **für Ärzte, die bei Inkrafttreten dieses Gesetzes in dem in Artikel 3 des Einigungsvertrages genannten Gebiet die Facharztanerkennung besitzen,**
   b) **für Zahnärzte, die bereits zwei Jahre in dem in Artikel 3 des Einigungsvertrages genannten Gebiet zahnärztlich tätig sind.**

(8) **Die Absätze 5 und 7 gelten nicht in dem in Artikel 3 des Einigungsvertrages genannten Teil des Landes Berlin.**

(9) **bis** (11) **(weggefallen)**

A. Überblick

1   § 311 enthält noch einige durch die Deutsche Einheit veranlasste Übergangsvorschriften für die Beziehung der KKen zu den Leistungserbringern mit Sitz im Beitrittsgebiet. Dabei gelten gem. Abs. 8 die Abs. 5 und 7 nicht im ehemaligen Ostteil des Landes Berlin.

B. Bestandsschutz für zugelassene Einrichtungen, Abs. 2

2   Abs. 2 vermittelt den im Beitrittsgebiet bestehenden ärztlich geleiteten kommunalen, staatlichen und freigemeinnützigen Gesundheitseinrichtungen einschließlich der Einrichtungen des Betriebsgesundheitswesens (Polikliniken, Ambulatorien, Arztpraxen) sowie diabetologischen, nephrologischen, onkologischen und rheumatologischen Fachambulanzen Bestandsschutz bezüglich ihrer Teilnahme an der vertragsärztlichen Versorgung in dem Umfang, in dem sie am 31.12.2003 daran teilgenommen haben. Im Übrigen werden diese Einrichtungen den medizinischen Versorgungszentren (MVZ) gem. § 95 Abs. 1 S. 2 gleichgestellt.

C. Gesamtverträge mit ermächtigten Einrichtungen, Abs. 5

Abs. 5 modifiziert § 83, nach dem die KV mit den für ihren Bezirk zuständigen Landesverbänden der KKen und den Verbänden der Ersatzkassen Gesamtverträge mit Wirkung für die KKen der jeweiligen Kassenart über die vertragsärztliche Versorgung der Mitglieder mit Wohnort in ihrem Bezirk einschließlich der mitversicherten Familienangehörigen schließen. Abs. 5 ermöglicht darüber hinaus im Einvernehmen mit den kassenärztlichen Vereinigungen den Abschluss besonderer Verträge zwischen den Verbänden der KKen und den ermächtigten Einrichtungen oder ihren Verbänden im Beitrittsgebiet ohne den Ostteil Berlins (Abs. 8). 3

D. Keine Vorbereitungszeit vor Zulassung als Vertragsarzt/Vertragszahnarzt, Abs. 7

Abs. 7 befreit(e) Ärzte, die bei Inkrafttreten des SGB V im Beitrittsgebiet am 1.1.1991 (§ 308 Abs. 1 aF.) die Facharztanerkennung besaßen, und Zahnärzte, die bereits zwei Jahre im Beitrittsgebiet zahnärztlich tätig waren, bei der Zulassung als Vertrags(zahn)arzt von der nach § 85 Abs. 2 S. 3 aF. notwendigen Ableistung einer Vorbereitungszeit von einem Jahr für Kassenärzte bzw. von zwei Jahren für Kassenzahnärzte. Da Abs. 7 keine dynamische Verweisung enthält, bewirkt er keine Dispension von den heute in § 95 Abs. 2 S. 3 Nr. 1 in Bezug genommenen Zulassungsvoraussetzungen des § 95a für Vertragsärzte, so dass Abs. 7 nur noch hinsichtlich der Zahnärzte einen aktuellen Regelungsgehalt hat. Die Befreiung greift nur bei einer begehrten Zulassung im Beitrittsgebiet ohne den Ostteil Berlin (Abs. 8). 4

§§ 311a–313 *(aufgehoben)*

§ 313a Risikostrukturausgleich

Der Risikostrukturausgleich (§ 266) wird ab 2001 bis zum Ausgleichsjahr 2007 abweichend von § 313 Abs. 10 Buchstabe a und von Artikel 35 Abs. 9 des Gesundheitsstrukturgesetzes mit folgender Maßgabe durchgeführt:
1. **Die Verhältniswerte und die standardisierten Leistungsausgaben (§ 266 Abs. 2 Satz 3) sowie der Beitragsbedarf (§ 266 Abs. 2 Satz 2) sind für Versicherte in dem in Artikel 1 Abs. 1 des Einigungsvertrages genannten Gebiet getrennt zu ermitteln und zugrunde zu legen.**
2. **Für die Ermittlung des Ausgleichsbedarfssatzes (§ 266 Abs. 3) sind die Beitragsbedarfssumme und die Summe der beitragspflichtigen Einnahmen der Mitglieder aller Krankenkassen im gesamten Bundesgebiet zugrunde zu legen.**
3. **Die Verhältniswerte und die standardisierten Leistungsausgaben (§ 266 Abs. 2 Satz 3) sowie der Beitragsbedarf (§ 266 Abs. 2 Satz 2) sind für die Ver-**

§ 313 a

sicherten im Gebiet der Bundesrepublik Deutschland nach dem Stand vom 2. Oktober 1990 einschließlich des in Artikel 3 des Einigungsvertrages genannten Teils des Landes Berlin getrennt zu ermitteln und zu Grunde zu legen.
4. Die Werte nach Nummer 3 sind zusätzlich für die Versicherten aller Krankenkassen im gesamten Bundesgebiet zu ermitteln.
5. Für die Feststellung der Ausgleichsansprüche und -verpflichtungen (§ 266 Abs. 2) der Krankenkassen in dem in Nummer 1 genannten Gebiet sind die nach Nummer 1 ermittelten standardisierten Leistungsausgaben um den Unterschiedsbetrag zwischen den Werten nach Nummer 4 und nach Nummer 1, gewichtet mit dem Faktor nach Nummer 7 zu erhöhen.
6. Für die Feststellung der Ausgleichsansprüche und -verpflichtungen (§ 266 Abs. 2) der Krankenkassen in dem in Nummer 3 genannten Gebiet sind die nach Nummer 3 ermittelten standardisierten Leistungsausgaben um den Unterschiedsbetrag zwischen den Werten nach Nummer 3 und nach Nummer 4, gewichtet mit dem Faktor nach Nummer 7 zu verringern.
7. Der Gewichtungsfaktor beträgt im Jahr 2001 25 vom Hundert und erhöht sich bis zum Jahr 2007 jährlich um 12,5 Prozentpunkte.

Schrifttum: *W. Schneider/D. Schawo,* Der Einheit ein Stück näher, G+G 4/2000, 25; s. auch Schrifttum zu § 266.

1 Der RSA wurde bei seiner Einführung getrennt für die neuen Bundesländer und die alten Bundesländer einschließlich Berlin durchgeführt. Seit 1999 wird die Finanzkraftseite (vgl. § 266 Rn. 24) bundesweit einheitlich berechnet. Ab dem Jahr 2001 wurde auch die Ermittlung des Beitragsbedarfs (vgl. § 266 Rn. 23) vereinheitlicht, wobei eine stufenweise Angleichung bis zum Jahr 2007 vorgesehen wurde. Im Jahr 2007 wurde der **gesamtdeutsche RSA** vollständig umgesetzt und die Regelungen zur getrennten Berechnung und Datenerhebung mWv. 1. 1. 2008 aufgehoben. Die verbliebenen Regelungen des § 313 a bleiben notwendig, um im Korrekturverfahren (§ 266 Rn. 29) die Jahresausgleiche bis einschließlich 2007 nach dem damals gültigen Rechtsstand korrigieren zu können. Das BVerfG hat in seiner Entscheidung vom 18. 7. 2005 den gesamtdeutschen RSA für rechtmäßig erklärt (BVerfGE 113, 167/224 ff.).

[Dreizehntes Kapitel in der § 241 ab 1.1. 2009 geltenden Fassung:]

Dreizehntes Kapitel. Weitere Übergangsvorschriften

§ 314 Beitragszuschüsse für Beschäftigte

(1) Versicherungsverträge, die den Standardtarif nach § 257 Abs. 2a in der bis zum 31. Dezember 2008 geltenden Fassung zum Gegenstand haben, werden auf Antrag der Versicherten auf Versicherungsverträge nach dem Basistarif gemäß § 12 Abs. 1a des Versicherungsaufsichtsgesetzes umgestellt.

(2) ¹Zur Gewährleistung der in § 257 Abs. 2a Satz 1 Nr. 2 und 2a bis 2c in der bis zum 31. Dezember 2008 geltenden Fassung genannten Begrenzung bleiben im Hinblick auf die ab 1. Januar 2009 weiterhin im Standardtarif Versicherten alle Versicherungsunternehmen, die die nach § 257 Abs. 2 zuschussberechtigte Krankenversicherung betreiben, verpflichtet, an einem finanziellen Spitzenausgleich teilzunehmen, dessen Ausgestaltung zusammen mit den Einzelheiten des Standardtarifs zwischen der Bundesanstalt für Finanzdienstleistungsaufsicht und dem Verband der privaten Krankenversicherung mit Wirkung für die beteiligten Unternehmen zu vereinbaren ist und der eine gleichmäßige Belastung dieser Unternehmen bewirkt. ²Für in Absatz 2a Satz 1 Nr. 2c in der bis 31. Dezember 2008 geltenden Fassung genannte Personen, bei denen eine Behinderung nach § 4 Abs. 1 des Gesetzes zur Eingliederung Schwerbehinderter in Arbeit, Beruf und Gesellschaft festgestellt worden ist, wird ein fiktiver Zuschlag von 100 vom Hundert auf die Bruttoprämie angerechnet, der in den Ausgleich nach Satz 1 einbezogen wird.

Die (zum 1. 1. 2009 in Kraft tretende, Art. 46 Abs. 10 GKV-WSG) Vorschrift bezieht sich auf den **Standardtarif** gemäß § 257 Abs. 2a in der bis 31. 12. 2008 anwendbaren Fassung (§ 257 Rn. 1 f.) und regelt (in Abs. 1) dessen **Umstellbarkeit** auf den ab 1. 1. 2009 geltenden **Basistarif** (vgl. § 315 Rn. 11 ff.) einschließlich (vgl. Abs. 2) der Beibehaltung des spezifischen Instruments des PKV-internen „Spitzenausgleichs" (Rn. 3; s. auch § 257 Rn. 7). **1**

§ 314 ermöglicht sog. **Bestandsversicherten** (§ 257 Rn. 12) des Standardtarifs iSd. bis zum 31. 12. 2008 anwendbaren Fassung des § 257 Abs. 2a die auf Antrag hin erfolgende Umstellung auf den ab 1.1.2009 geltenden Basistarif (§ 315 Rn. 11 ff.). Weil der künftige Basistarif mit dem früheren Standardtarif, der zum 31. 12. 2008 geschlossen wird, nicht völlig übereinstimmt, gibt das Gesetz den Versicherten im Standardtarif ein **Wahlrecht**, ob sie in diesem Tarif bleiben oder in den Basistarif wechseln wollen (Ausschussbericht zum GKV-WSG, BT-Drs. 16/ 4247, 58). Die Bestandsversicherten sind also nicht zum Wechsel verpflichtet, sondern können **Bestandsschutz** geltend machen (*Gutzler,* jurisPK, § 314 Rn. 7, 9, 24). § 314 gilt nur für Bestandsversicherte im Sinne des § 257 Abs. 2a aF.; für diejenigen, die dem sog. modifizierten Standardtarif gemäß § 315 beigetreten sind, gilt § 314 nicht (§ 315 Rn. 1). Der Umstellungsantrag ist nicht zeitlich befristet (*Gutzler,* jurisPK, § 314 Rn. 10), dh., dass er auch noch nach dem 1. 1. 2009 gestellt werden kann. Da § 314 erst am 1. 1. 2009 in Kraft tritt (Rn. 1), kann der Antrag auch erst ab dem 1. 1. 2009 wirksam gestellt werden, weil die Antragsbefugnis vorher nicht besteht. **2**

3 Abs. 2 übernimmt die (ab 1.1.2009) gestrichene Regelung des § 257 Abs. 2 b aF. zum sog. **Spitzenausgleich** (BT-Drs. 16/4247, 58; s. dazu § 257 Rn. 7). Damit ist sichergestellt, dass Versicherte, die im Standardtarif bleiben, weiterhin (ab 1.1.2009) auf sicherer finanzieller Grundlage ihre Verischerungsleistungen beanspruchen können (§ 257 Rn. 7).

§ 315 Standardtarif für Personen ohne Versicherungsschutz

(1) ¹Personen, die weder
1. in der gesetzlichen Krankenversicherung versichert oder versicherungspflichtig sind,
2. über eine private Krankheitsvollversicherung verfügen,
3. einen Anspruch auf freie Heilfürsorge haben, beihilfeberechtigt sind oder vergleichbare Ansprüche haben,
4. Anspruch auf Leistungen nach dem Asylbewerberleistungsgesetz haben noch
5. Leistungen nach dem Dritten, Vierten, Sechsten und Siebten Kapitel des Zwölften Buches beziehen,

können bis zum 31. Dezember 2008 Versicherungsschutz im Standardtarif gemäß § 257 Abs. 2a verlangen; in den Fällen der Nummern 4 und 5 begründen Zeiten einer Unterbrechung des Leistungsbezugs von weniger als einem Monat keinen entsprechenden Anspruch. ²Der Antrag darf nicht abgelehnt werden. ³Die in § 257 Abs. 2a Nr. 2b genannten Voraussetzungen gelten für Personen nach Satz 1 nicht; Risikozuschläge dürfen für sie nicht verlangt werden. ⁴Abweichend von Satz 1 Nr. 3 können auch Personen mit Anspruch auf Beihilfe nach beamtenrechtlichen Grundsätzen, die bisher nicht über eine auf Ergänzung der Beihilfe beschränkte private Krankenversicherung verfügen und auch nicht freiwillig in der gesetzlichen Krankenversicherung versichert sind, eine die Beihilfe ergänzende Absicherung im Standardtarif gemäß § 257 Abs. 2a Nr. 2b verlangen.

(2) ¹Der Beitrag von im Standardtarif nach Absatz 1 versicherten Personen darf den durchschnittlichen Höchstbeitrag der gesetzlichen Krankenversicherung gemäß § 257 Abs. 2a Satz 1 Nr. 2 nicht überschreiten; die dort für Ehegatten oder Lebenspartner vorgesehene besondere Beitragsbegrenzung gilt für nach Absatz 1 versicherte Personen nicht. ²§ 12 Abs. 1c Satz 4 bis 6 des Versicherungsaufsichtsgesetzes in der ab 1. Januar 2009 geltenden Fassung gilt für nach Absatz 1 im Standardtarif versicherte Personen entsprechend.

(3) ¹Eine Risikoprüfung ist nur zulässig, soweit sie für Zwecke des finanziellen Spitzenausgleichs nach § 257 Abs. 2b oder für spätere Tarifwechsel erforderlich ist. ²Abweichend von § 257 Abs. 2b sind im finanziellen Spitzenausgleich des Standardtarifs für Versicherte nach Absatz 1 die Begrenzungen gemäß Absatz 2 sowie die durch das Verbot von Risikozuschlägen gemäß Absatz 1 Satz 3 auftretenden Mehraufwendungen zu berücksichtigen.

(4) Die gemäß Absatz 1 abgeschlossenen Versicherungsverträge im Standardtarif werden zum 1. Januar 2009 auf Verträge im Basistarif nach § 12 Abs. 1a des Versicherungsaufsichtsgesetzes umgestellt.

Inhaltsübersicht

		Rn
A.	Überblick	1
B.	Zugang zum modifizierten Standardtarif	2
C.	Differenzierte Anlehnung an § 257	4
D.	Wartezeiten und Vorvertraglichkeit	8
E.	Umstellung auf Basistarif	9
F.	Zugang zum Basistarif	13

A. Überblick

Die (seit 1. 7. 2007 anwendbare, Art. 46 Abs. 7 GKV-WSG) Vorschrift soll den **1** **Übergang** in den ab 1. 1. 2009 geltenden **Basistarif** ermöglichen, der ein wesentliches Element des vom GKV-WSG-Gesetzgeber verfolgten Plans ist, einen umfassenden Krankenversicherungsschutz aller Einwohner in GKV wie PKV zu schaffen (vgl. den Ausschussbericht zum GKV-WSG, BT-Drs. 16/4247, 58). § 315 schafft dazu einen sog. **modifizierten Standardtarif,** der in punktueller Anlehnung an den Standardtarif gemäß § 257a in der bis 31. 12. 2008 anwendbaren Fassung (§ 257 Rn. 1 f.) bereits vor dem 1. 1. 2009 eine dem Basistarif vergleichbare Sicherung für den Krankheitsfall schafft. Die ua. auch mit dem Basistarif angestrebte „Quasi-Bürgerversicherung" (*Schlegel,* jurisPR-SozR 4/2007, Anm. 4) wird so zeitlich vorverlagert (*Peters,* KK, § 315 Rn. 3). § 315 und § 314 haben einander ausschließende Anwendungsbereiche **(Verhältnis der Alternativität,** § 314 Rn. 2).

B. Zugang zum modifizierten Standardtarif

Abs. 1 S. 1 definiert den Personenkreis, der Zugang zum modifizierten Stan- **2** dardtarif hat. Er korrespondiert mit der **Auffang-Versicherungspflicht** in der GKV nach § 5 Abs. 1 Nr. 13 (*Peters,* KK, § 315 Rn. 2) sowie der **PKV-Versicherungspflicht** des § 193 Abs. 3 VVG idF. Gesetzes v. 23. 11. 2007 (BGBl. I, S. 2631 = § 178a Abs. 5 VVG idF. des GKV-WSG; zur regelungstechnisch komplizierten **Änderung des VVG** zum 1. 1. 2009 *Langheid,* NJW 2007, 3745/3748 f.). Die **fünf (Negativ-)Voraussetzungen** müssen kumulativ vorliegen (*Gutzler,* jurisPK, § 315 Rn. 14):

(1) Es darf keine Versicherung in der GKV bzw. keine Versicherungspflicht ge- **3** geben sein (Nr. 1), wobei nach dem ausdrücklichen Wortlaut die Möglichkeit zur freiwilligen Versicherung in der GKV gemäß § 9 nicht ausreicht, um den Zugang auszuschließen (*Gutzler,* jurisPK, § 315 Rn. 17). **(2)** Des Weiteren darf keine private Krankheitsvollversicherung vorliegen (Nr. 2), wobei ein dem § 10 entsprechender, die Angehörigen mit erfassender Versicherungsschutz – anders als in § 257 Abs. 2 – nicht verlangt wird (*Gutzler,* jurisPK, § 315 Rn. 17). **(3)** Ebenso dürfen keine Ansprüche auf freie Heilfürsorge (insb. Soldaten, Zivildienstleistende, Bundespolizisten, je nach landesrechtlicher Lage auch Polizisten in den Ländern), aus einer Beihilfeberechtigung (Beamte, Richter) oder sonstige vergleichbare Ansprüche (zB. Bundestags-, Landtags-, Europaabgeordnete) gegeben sein (Nr. 3); eine Beihilfenberechtigung kann zB. fehlen bei einer Beurlaubung aus familiären Gründen ohne Dienstbezüge (BSGE 79, 184). **(4)** Ebenso müssen Ansprüche nach dem AsylbLG (Nr. 4) ausgeschlossen sein. **(5)** Schließlich dürfen keine Leistungen nach den dort aufgeführten Kapiteln des SGB XII tatsächlich bezogen werden; Ansprüche reichen hier nicht aus (*Gutzler,* jurisPK, § 315 Rn. 30).

Wird die Antragsbefugnis ausgeübt, folgt aus ihr gemäß Abs. 1 S. 2 ein **Kontrahierungszwang** (so ausdrücklich BT-Drs. 16/4247, 58). **Risikozuschläge** für den Personenkreis des Abs. 1 S. 1 sind unzulässig (Abs. 1 S. 3 Hs. 2).

C. Differenzierte Anlehnung an § 257

4   Abs. 2 S. 2 stellt klar, dass die **Anlehnung an § 257 differenziert** ausfällt (Rn. 1). So muss § 257 Abs. 2 a S. 1 Nr. 2 b nicht erfüllt sein, dh., das PKV-Unternehmen muss sich nicht verpflichtet haben, auch versicherten Personen, die nach beamtenrechtlichen Vorschriften oder Grundsätzen bei Krankheit Anspruch auf Beihilfe haben, sowie deren berücksichtigungfähigen Angehörigen den in § 257 Abs. 2 a S. 1 Nr. 2 a genannten Standardtarif anzubieten, dessen die Beihilfe ergänzende Versicherungsleistung den Leistungen des SGB V bei Krankheit vergleichbar ist (vgl. § 257 Rn. 4) und dessen Beitrag sich aus der Anwendung des durch den Beihilfesatz nicht gedeckten Vom-Hundert-Satzes auf den dort geregelten Höchstbetrag ergibt (*Gutzler,* jurisPK, § 315 Rn. 44).

5   Die übrigen Voraussetzungen des § 257 Abs. 2 a S. 1 müssen vorliegen (arg. e contrario Abs. 1 S. 3 Hs. 1). Das bedeutet mit Blick auf **Abs. 1 S. 4** Folgendes: Da abweichend von Abs. 1 S. 1 Nr. 3 die in Abs. 1 S. 4 genannten Personen die Beihilfe ergänzende Vertragsleistungen verlangen können und § 257 Abs. 2 a in Bezug genommen wird, gilt, dass auch die bei der Beihilfe berücksichtigungsfähigen Angehörigen mitzuversichern sind (*Gutzler,* jurisPK, § 315 Rn. 64). In der Praxis werden, soweit ersichtlich, aus Vereinfachungsgründen nur modifizierte Standardtarife angeboten, die auch das Erfordernis des § 257 Abs. 2 a S. 1 Nr. 2 b erfüllen (*Gutzler,* jurisPK, § 315 Rn. 46 aE.). Nach dem Sinn der Bescheinigung iSd. § 257 Abs. 2 a S. 3, die alle drei Jahre erneuert werden muss, kommt sie bei § 315 nicht in Betracht (*Gutzler,* jurisPK, § 315 Rn. 47), denn der modifizierte Standardtarif kann nur zwischen 1. 7. 2007 und 31. 12. 2008 gewählt werden (vgl. Abs. 4, s. Rn. 10).

6   Die **Beiträge** dürfen nach Abs. 2 S. 1 Hs. 1 den durchschnittlichen Höchstbeitrag gemäß § 257 Abs. 2 a S. 1 Nr. 2 nicht überschreiten; jedoch gilt nach Abs. 2 S. 1 Hs. 2 die dort für Ehegatten und Lebenspartner vorgesehene Beitragsbegrenzung nicht. Allerdings gilt nach Abs. 2 S. 3 die (für sich betrachtete erst ab 1. 1. 2009 anwendbare) Vorschrift des § 12 Abs. 1 c S. 4–6 VAG bereits entsprechend, dh., die dort geregelte stufenweise Absenkung des Beitrags bzw. Modifizierung des Zahlungsmodus (§ 12 Abs. 1 c S. 6 VAG) bei **Hilfebedürftigkeit** iSd. § 9 Abs. 1 SGB II oder des § 19 SGB XII (*Gutzler,* jurisPK, § 315 Rn. 52).

7   Risikozuschläge sind zwar nicht zulässig (Rn. 2 aE.). Allerdings darf eine **Risikoprüfung** mit Blick auf den finanziellen Spitzenausgleich (§ 257 Rn. 7) sowie spätere Tarifwechsel erfolgen (Abs. 3 S. 1). Abs. 3 S. 2 legt fest, dass die Beitragsbegrenzungen nach Abs. 2 sowie die durch das Verbot von Risikozuschlägen auftretenden Mehraufwendungen zu berücksichtigen sind. Das führt dazu, dass letztlich ein Spitzenausgleich nur innerhalb der Gruppe der nach Abs. 1 Versicherten stattfindet, was angesichts der versammelten „ungünstigen Risiken" den Tarif aus Sicht der PKV-Unternehmen, aber auch bisher nicht privat Versicherter wenig attraktiv erscheinen lässt (*Gutzler,* jurisPK, § 315 Rn. 63). Der Beitrag wird vermutlich nahe am Höchstbeitrag der GKV liegen und könnte dennoch nicht kostendeckend sein. Die Beschränkung des Spitzenausgleichs kommt den Bestandsversicherten iSd. § 257 zugute, die nicht durch Aufnahme einer neuen Per-

sonengruppe zusätzlich belastet werden sollen (Ausschussbericht zum GKV-WSG, BT-Drs. 16/4247, 58).

D. Wartezeiten und Vorvertraglichkeit

§ 315 lässt **keine Wartezeiten** nach Beitritt bis zur Übernahme der Behandlungskosten zu (*Gutzler,* jurisPK, § 315 Rn. 49, 82; aA. *Langheid,* NJW 2007, 3745/3749). Ebensowenig ist sog. **Vorvertraglichkeit** vorgesehen (aA. *Langheid,* NJW 2007, 3745/3749), also die Irrelevanz vor Vertragsschluss begründeter Versicherungsfälle. Die gegenteilige Ansicht übersieht, dass nach dem Sinn und Zweck des § 315 Abs. 1 möglichst zügig umfassender Versicherungsschutz hergestellt werden soll. Wartezeiten und Vorvertraglichkeit entsprechen daher nicht dem Regelungszweck des § 315 Abs. 1. 8

E. Umstellung auf Basistarif

Die Versicherungsverträge gemäß Abs. 1 werden gemäß **Abs. 4** zum 1. 1. 2009 auf **Verträge im Basistarif nach § 12 Abs. 1 a VVG** umgestellt. Anders als bei § 314 (§ 314 Rn. 2) gibt es hier kein Wahlrecht. Der Gesetzgeber geht davon aus, dass der Personenkreis nach Abs. 1 über den ab 1. 1. 2009 anwendbaren Basistarif informiert wird (BT-Drs. 16/4247, 58), sich also des Charakters einer Zwischenlösung bewusst ist, so dass hier der Gedanke des Bestandsschutzes nicht greift (vgl. *Gutzler,* jurisPK, § 315 Rn. 70). 9

Vor dem Hintergrund der umfassenden, ineinandergreifenden GKV- und PKV-Versicherungspflicht (Rn. 2) ist der **Basistarif** von allen PKV-Unternehmen anzubieten (§ 12 Abs. 1 a VAG), die die **substitutive KV** betreiben, also eine KV, die den im gesetzlichen Sozialversicherungssystem vorgesehenen Kranken- und Pflegeversicherungsschutz ersetzt (§ 12 Abs. 1 VAG). Der Basistarif muss Varianten für Kinder und Jugendliche sowie Beihilfeberechtigte anbieten (§ 12 Abs. 1 a S. 2 VAG). Außerdem sind verschiedene Selbstbehaltstufen vorzusehen (§ 12 Abs. 1 a S. 3–5 VAG). Der Leistungsinhalt des Basistarifs muss den anspruchsbewehrten Leistungen des SGB V entsprechen (§ 12 Abs. 1 a S. 1 VAG), wobei **keine vollständige Übereinstimmung** erforderlich ist (§ 257 Rn. 4; *Gutzler,* jurisPK, § 315 Rn. 40 f., 75). 10

Konkretisiert werden Art, Umfang und Höhe der Leistungen nach Maßgabe der Regelungen in § 12 Abs. 1 a durch den insoweit **beliehenen PKV-Verband** (§ 12 Abs. 1 d S. 1) über den das Bundesministerium der Finanzen die Fachaufsicht ausübt (§ 12 Abs. 1 d S. 2 VAG). Der Verband ist mit „hoheitlicher Normsetzungsbefugnis" (*Wallrabenstein,* Versicherung im Sozialstaat, Habilitationsschrift, Universität Gießen, 2007, S. 225) beliehen (zur Zulässigkeit der Beleihung mit Normsetzungsbefugnis allg. *Axer,* Normsetzung der Exekutive in der Sozialversicherung, 2000, 33 ff.). So soll sichergestellt werden, dass der Basistarif „einheitlich und mit Wirkung für alle Unternehmen" (BT-Drs. 16/4247, 69), dh. brancheneinheitlich, festgelegt wird. Die Festlegung schafft **untergesetzliche Rechtsnormen eigener Art,** die mit höherrangigem Recht, namentlich mit § 12 Abs. 1 d iVm. Abs. 1 a S. 1 VAG, vereinbar sein müssen. 11

Individuelle **Risikozuschläge** sind im Basistarif unzulässig (§ 203 Abs. 1 S. 2 VVG nF. = § 178 g Abs. 1 S. 2 VVG aF.). Der Basistarif wird damit dem Versicherungsmodell der GKV angeglichen, das auf risikounabhängigen Beitragssätzen 12 beruht (§ 3 Rn. 1, 4) und eine solidarische Verteilung der Risikolast auf die Gesamtheit der Versicherten vorsieht (*Sodan*, NJW 2007, 1313/1319; *ders.*, FS für Isensee, 2007, 983/985; *ders.*, Private Krankenversicherung und Gesundheitsreform 2007, 2. Aufl. 2007, 76).

F. Zugang zum Basistarif

13 Hinsichtlich des **Zugangs zum Basistarif** ist zu unterscheiden (zum Folgenden *Sodan*, NJW 2007, 1313/1319 f.; *ders.*, FS für Isensee, 2007, 983/985 f.; *ders.*, Private Krankenversicherung und Gesundheitsreform 2007, 2. Aufl. 2007, 77 f.): Grundsätzlich besteht **Kontrahierungszwang im Basistarif** (§ 12 Abs. 1 b S. 1 VAG; BT-Drs. 16/3100, 207); zu Ausnahmen Rn. 18. Sodann ist folgendermaßen zu differenzieren:

14 Die **freiwillig in der GKV Versicherten** müssen den Basistarif gemäß § 12 Abs. 1 b S. 1 Nr. 1 VAG, § 193 Abs. 5 S. 1 Nr. 1 VVG nF. (§ 178 a Abs. 7 S. 1 Nr. 1 VVG aF.) innerhalb von sechs Monaten nach Einführung des Basistarifs bzw. von sechs Monaten nach Beginn der im SGB V vorgesehenen Wechselmöglichkeit im Rahmen ihres freiwilligen Versicherungsverhältnisses wählen.

15 Eine 6-Monats-Frist gilt grundsätzlich auch für die **bisher schon Privatversicherten:** Wenn der PKV-Vertrag vor dem 1. 1. 2009 abgeschlossen wurde, kann ein Wechsel in den Basistarif beim eigenen oder einem anderen Versicherer gemäß § 12 Abs. 1 Nr. 5, Abs. 1 b S. 2 VAG, § 193 Abs. 5 S. 2 VVG nF. (§ 178 a Abs. 5 S. 2 VVG aF.) und § 204 Abs. 1 S. 1 Nr. 1 c VVG nF. (§ 178 f Abs. 1 S. 1 Nr. 1 c VVG aF.) nur bis zum 30. 6. 2009 verlangt werden.

16 Wenn die Krankheitskostenversicherung **nach dem 31. 12. 2008** geschlossen worden ist, sehen § 12 Abs. 1 b S. 1 Nr. 4 VAG, § 193 Abs. 5 S. 1 Nr. 4 und § 204 Abs. 1 S. 1 Nr. 1 a VVG nF. (§ 178 a Abs. 7 S. 1 Nr. 4 und § 178 f Abs. 1 S. 1 Nr. 1 a VVG aF.) ein **unbefristetes Wechselrecht** in den Basistarif des eigenen oder eines anderen Versicherers vor.

17 Einen **unbefristeten Anspruch** auf Aufnahme in den Basistarif können alle Nichtversicherten (§ 12 Abs. 1 b S. 1 Nr. 2 VAG, § 193 Abs. 5 S. 1 Nr. 2 VVG nF.) und Beihilfeberechtigten (§ 12 Abs. 1 b S. 1 Nr. 2 VAG, § 193 Abs. 5 S. 1 Nr. 3 VVG nF.) geltend machen. Ein **unbefristetes Wechselrecht** besteht zudem, wenn der Versicherungsnehmer das 55. Lebensjahr vollendet hat oder hilfebedürftig nach SGB II/SGB XII (Rn. 7) ist oder einen Anspruch auf eine Rente in der GRV besitzt und diese beantragt hat bzw. ein Ruhegehalt bezieht (§ 204 Abs. 1 S. 1 Nr. 1 b VVG nF.).

18 Die Versicherer können den Abschluss eines Versicherungsvertrages jederzeit **ablehnen** (§ 12 Abs. 1 b S. 4 VAG; § 193 Abs. 5 S. 4 VVG nF.), wenn der Antragsteller dort bereits versichert war und der Versicherer den Vertrag wegen Drohung oder arglistiger Täuschung angefochten hat oder vom Vertrag wegen vorsätzlicher Verletzung der vorvertraglichen Anzeigepflicht zurückgetreten ist. Personen, die aus diesem Grund den Versicherungsschutz verloren haben, können indes bei einem anderen Versicherer einen Vertrag abschließen, für den der **Kontrahierungszwang** (Rn. 14) gilt.

19 Ob die Regelung des Basistarifs mit **Verfassungs- und Europarecht** vereinbar ist, erscheint zweifelhaft (*Sodan*, NJW 2007, 1313/1320; *ders.*, FS für Isensee, 2007, 983/989 ff.; *ders.*, Private Krankenversicherung und Gesundheitsreform, 2. Aufl. 2007; *Boetius*, VersR 2007, 431 ff.). Allerdings dürfte angesichts neuerer –

das Sozialstaatsprinzip stärker gegen die Grundrechte als Abwehrrechte in Stellung bringende (krit. *Höfling/Rixen,* RdA 2007, 360/363 ff.) – Tendenzen in der Rspr. des BVerfG und mit Blick auf eine großzügig angenommene Einschätzungsprärogative des Gesetzgebers, den verfassungsrechtlichen Einwänden kein Erfolg beschieden sein (vgl. *Rixen,* GesR 2007, 191 f.; die Linie des Gesetzgebers wird plausibilisiert von *Wallrabenstein,* Versicherung im Sozialstaat, Habilitationsschrift, Universität Gießen, 2007).

Sachverzeichnis

Die **fetten** Ziffern bezeichnen die Paragrafen, die mageren die Randnummern.
Die mit RVO versehenen Paragrafen kennzeichnen die Reichsversicherungsordnung

Abbruch von Behandlungsmaßnahmen
- bei kieferorthopädischer Behandlung **29**, 28
- bei Krankenhausbehandlung **115 a**, 5

Abrechnung
- mit den Krankenkassen **295**, 6; **301 a**, 1, 3
- Verfahren **301 a**, 3; **302**, 3; **303**, 1 f.

Abrechnungsprüfung 106 a, 1; **295**, 8
- Anspruchsprüfung **106 a**, 9
- Aufgreifkriterien **106 a**, 5
- Berufsausübungsgemeinschaften **106 a**, 7
- diagnosebezogene Prüfung **106 a**, 10
- Haftung der Vorstandsmitglieder **106 a**, 28
- Honoraränderungs- und Rückforderungsbescheid **106 a**, 14
- Indizienbeweis **106 a**, 9
- Mehrfachinanspruchnahme, unkoordinierte **106 a**, 11
- Patientenidentität in Praxisgemeinschaften **106 a**, 8
- Plausibilitätsprüfung **106 a**, 5 ff.
- Prüfrichtlinie **106 a**, 13
- Prüfvereinbarung **106 a**, 12
- Tages- und Quartalszeitprofile **106 a**, 5 f.
- Prüfungen der Krankenkassen **106 a**, 9 ff.
- Prüfungsgegenstände **106 a**, 3
- Prüfungsschwerpunkte **106 a**, 2
- Sachkosten **106 a**, 4
- sachlich-rechnerische Richtigkeit **106 a**, 3

Abrechnungsunterlagen 295, 2; **296**, 3; **297**, 4; **303**, 2

Abrechnungsverfahren 120, 6

Abschlussbehandlung 29, 27

Abweichungskompetenz
- Risikostrukturausgleich **4 a**, 1

Abwicklung der Geschäfte 146 a, 4; **152**, 11 ff.; **162**, 8; **170**, 3
- Bekanntmachungspflicht **152**, 15
- Fortbestehensfiktion **152**, 14
- Leistungsverweigerungsrecht **152**, 15
- Liquidator **152**, 12
- Vermögensübergang **152**, 16

AGnES 87, 11

aktivierende Pflege 40, 5

Aktualisierung 288, 4; **293**, 7, 9

Alleinerziehende
- Begriff **45**, 6
- Personensorgerecht **45**, 6

Allgemeine Ortskrankenkasse 1, 13; **143**, 1 ff.

- Organisation **143**, 4 ff.
allgemeine Gebrauchsgegenstände des täglichen Lebens s. *Hilfsmittel*
Altersrente aus der Alterssicherung der Landwirte 51, 4
altersspezifische Besonderheiten 139 a, 11
Altersteilzeit
- Versicherungspflicht **5**, 10

Altersvorsorgeverpflichtungen 263, 3
- Kapitalstock **259**, 12

ambulante Behandlung durch Krankenhausärzte
- Bedarf **116**, 16 ff.
- Drittschutz **116**, 24
- Ermächtigung *s. dort*
- Haftung; fehlende Ermächtigung **116**, 7
- Leistungsspektrum **116**, 2
- Schadensersatz **116**, 8
- Vergütung **116**, 6; **120**, 1 ff.
- Zulassung **116**, 9

ambulante Behandlung im Krankenhaus 116 b, 1
- Arzneimittel; Verordnung **116 b**, 13
- Bestimmung des Krankenhauses **116 b**, 5, 7
- Eignung des Krankenhauses **116 b**, 6
- Katalogleistung **116 b**, 5 ff., 9 ff.
- Konkurrentenschutz **116 b**, 8
- medizinischer Nutzen **116 b**, 11
- seltene Krankheit **116 b**, 10
- strukturierte Behandlungsprogramme **116 b**, 1, 4
- Vergütung **116 b**, 12; **120**, 1 ff.
- Zulassung durch Landesbehörden **116 b**, 5 ff.

ambulante Behandlung bei Unterversorgung 116 a, 1 ff., 5
- Drittschutz **116 a**, 8
- Ermächtigung **116 a**, 4 ff.
- Institutsermächtigung **116 a**, 3
- Vergütung **116 a**, 7

ambulantes Operieren im Krankenhaus 115 b, 1 ff.
- AOP-Vertrag **115 b**, 5 f.
- Auswahl **115 b**, 12
- Ermächtigung; Auswirkungen **115 b**, 13
- gemeinsames Budget **115 b**, 16
- Mitteilung **115 b**, 11
- stationäre Behandlung **115 b**, 2

Sachverzeichnis

Fette Zahlen = §§

- stationsersetzender Eingriff **115 b**, 3
- Sicherstellungsauftrag **115 b**, 10
- Umfang **39**, 17 f.
- Vergütung **115 b**, 14, 15
- Voraussetzungen **39**, 17 f.; **115 b**, 2
- Zielsetzung **115 b**, 1
- Zulassung des Krankenhauses **115 b**, 9 ff.

Ambulatorien 120, 3
Andrologie 121 a, 3
Anonymisierung 287, 5; **303**, 4; **303 a**, 1; **303 c**, 3; **304**, 3
Anstellung von Ärzten
- in zulassungsbeschränkten Gebieten **101**, 7; **103**, 16

Apotheke 300, 2
- Krankenhausapotheke **39**, 25; **129**, 2; **129 a**, 1

Apotheker 31, 12; **73**, 6; **129**, 1 ff.; **140 a**, 8; **140 b**, 4, 15
- Abgabe nicht verschreibungspflichtiger Arzneimittel **129**, 18
- Angabe des Apothekenabgabepreises **12**, 11
- Beitritt zum Rahmenvertrag **129**, 3, 13
- berufsrechtliche Voraussetzungen **129**, 2
- Datenübermittlung **129**, 20
- Deutscher Apothekerverband **129**, 12
- ergänzende Verträge auf Landesebene **129**, 16 f.
- Gesetzgebungskompetenz **129**, 3
- importierte Arzneimittel **129**, 11
- Kaufvertrag **129**, 5
- Pflichten des Apothekers **129**, 7 ff.
- Rahmenvertrag **129**, 1, 3, 12 ff.
- Rechtsbeziehungen zur Krankenkasse **129**, 5 f.
- Rechtsbeziehungen zum Versicherten **129**, 6
- Rechtsbeziehungen zum Vertragsarzt **129**, 4
- Retaxierung **129**, 5
- Sanktionen **129**, 15
- Schiedsstelle **129**, 21
- Teilnahme an vertraglich vereinbarten Versorgungsformen **129**, 19
- wirtschaftliche Einzelmengen **129**, 11
- Zahlung des Unternehmerrabatts **130 a**, 4

Apothekenrabatt 130, 1 ff.
- Abrechnungsverfahren **130**, 6
- Anpassung **130**, 4
- Gesetzgebungskompetenz **130**, 2
- Grundrechte **130**, 2
- keine Sonderabgabe **130**, 1
- Skonto **130**, 6
- Umfang **130**, 3
- Zahlungsfrist **130**, 6

Approbation s. *Vertragsarzt(recht)*
Arbeitgeber 147, 6
- Einheit des **147**, 5
- mehrere **147**, 8

Arbeitsaufnahme 186, 4, 5
Arbeitsentgelt
- Versicherungspflicht **5**, 8

Arbeitsgemeinschaft 219, 1 ff.; **293**, 4; **303**, 3
- Aufsicht **219**, 4
- Bildung **219**, 2
- Rechtsform **219**, 3

Arbeitskampf 192, 3
Arbeitslose 186, 8; **190**, 16
- Befreiung von der Versicherungspflicht **8**, 5
- Versicherungspflicht **5**, 15 ff.

Arbeitslosengeldempfänger
- Krankengeldberechnung **47 b**, 2

Arbeitstherapie 42, 1 ff.
Arbeitsunfähigkeit 44, 7 ff.; **276**, 13; **277**, 5
- Anspruch auf Krankengeld **46**, 4
- Arbeitsunfähigkeitsbescheinigung **44**, 13; **275**, 14; **295**, 3
- Arbeitslosengeldempfänger **44**, 12
- Beendigung **44**, 8
- Begriff **44**, 6 ff.
- Dauer des Krankengeldanspruchs **48**, 1 ff.
- dieselbe Krankheit **48**, 4 ff.
- Dreijahreszeitraum **48**, 5 ff.
- Ersatztätigkeit **44**, 10 f.
- gleichartige Tätigkeit **44**, 10
- hinzutretende Erkrankung **48**, 6
- Medizinischer Dienst der Krankenkassen, s. dort
- Mehrfachbeschäftigung **44**, 7
- Meldung **49**, 7
- Schadensersatz bei unrichtiger Feststellung **106**, 27
- Zufälligkeitsprüfung **275**, 17
- Zweifel an der Arbeitsunfähigkeit **275**, 14

Arbeitsverhältnis 162, 12 ff.
- Dienstordnungsangestellte **162**, 13 f.
- übrige Beschäftigte **162**, 15

Arbeitsversuch, missglückter 5, 4; **186**, 5
Arzneimittel 27, 33 ff.; **39**, 25; **73**, 6; **300**, 1
- Abrechnung **300**, 1
- Abrechnungsvereinbarung **300**, 6
- ambulante Anschlussbehandlung **115 c**, 1 f.
- Apothekenpflicht **31**, 18
- Arzneimittelforschung **63**, 12
- Bagatellarzneimittel **34**, 6
- Begriff **31**, 5 ff.
- Erstattungshöchstbeträge **31**, 4, 28 ff.
- Festbeträge, s. dort
- klinische Studien **35 c**, 1 f.
- Kosten-Nutzen-Bewertung **12**, 7; **31**, 28 f.; **35 b**, 1 ff.; **139 a**, 2, 12, 13; s. auch *Wirtschaftlichkeitsgebot*
- Leistungsausschluss **31**, 3, 20; **34**, 1 ff.
- Lifestyle-Präparate **34**, 8
- Me-Too-Liste **35 b**, 2; **84**, 2

Magere Zahlen = Rn.

Sachverzeichnis

- Off-Label-Use **31**, 21; **35 b**, 8
- OTC-Ausnahmeliste **34**, 2 f., 14 f.
- Packungsgröße **31**, 33; **131**, 6
- Positivliste **34**, 1
- Rabattvereinbarung **31**, 27
- Seltenheitsfall **31**, 22
- Therapiefreiheit des Arztes **129**, 10
- Übersicht über ausgeschlossene Arzneimittel **93**, 1 ff.
- unwirtschaftliche **34**, 9 f.; **93**, 2
- Verordnung **31**, 11; **116 b**, 13
- Verschreibungspflicht **31**, 19
- Vorgreiflichkeit der Zulassung **31**, 15 f.
- Zulassung **31**, 4, 13 ff.
- Zuzahlungen **31**, 4, 30 ff.

Arzneimittelvereinbarung 84, 1 ff.; **300**, 6
- Bonuszahlung **84**, 5
- Datenübermittlung **84**, 8
- Empfehlungen **84**, 12
- Haftung **84**, 7
- Normenvertrag **84**, 6
- Rahmenvorgaben **84**, 11
- Rechtsverordnung **84**, 17
- Zielvereinbarung **84**, 2, 3

Arznei- und Heilmittelbudget 84, 5
Arztbrief, elektronischer 291 a, 7
ärztliche Behandlung 27, 31; **28**, 3 ff.
- Anordnung **28**, 22
- Außenseitermethoden **28**, 18
- Behandlungsform, s. dort
- Hilfeleistung anderer Personen **28**, 19 ff.
- medizinisch notwendige Behandlung **28**, 12
- neue Behandlungsmethoden **28**, 14 ff.
- Psychotherapeutische Behandlung, s. dort
- Regeln der ärztlichen Kunst **28**, 9 f.
- Therapiefreiheit, s. dort
- Verantwortung **28**, 23
- Wirtschaftlichkeitsgebot **28**, 11

Arztregister
Approbation 95 a, 3
EU-Ärzte 95 a, 6
Sonderregelungen 95 a, 6
Voraussetzung für die Eintragung für Vertragsärzte 95 a, 1 ff.
Weiterbildung 95 a, 4 ff.

Arztvorbehalt 15, 3 ff.
- Begriff **15**, 3
- Bedeutung **15**, 5
- Reichweite **15**, 6 f.
- Verfassungsmäßigkeit **15**, 4

Auffälligkeitsprüfung 296, 1
Aufsichtsprüfung 274, 3
Auftragsdatenverarbeitung 286, 5; **294**, 4
Aufwandspauschale 305, 4
Aufzeichnungspflicht 294, 2; **295**, 1
Ausgabenentwicklung 305 b, 3
Ausgabenunterschiede, regionale

- Nichtberücksichtigung im Risikostrukturausgleich **266**, 21; **313 a**, 1

Ausgleichsbedarfssatz
- Risikopool **269**, 6
- Risikostrukturausgleich **266**, 24, 37 f.; **269**, 6

Auskunft 284, 3; **293**, 10 f.; **305**, 1 ff.
- Verfahren **305**, 3, 6

Auskunftspflicht 294, 1
- Verstoß **307**, 4

Ausnahmeindikation 28, 31; **55**, 2
- Dysgnathie **28**, 31
- Festzuschuss **28**, 39
- Gesamtbehandlung **28**, 37
- Kieferatrophie **28**, 36

Austausch 291, 7
Authentifizierungsfunktion 291 a, 13
Aut idem-Abgabe 73, 6; **129**, 8 ff.

Barrierefreiheit 2 a, 15
Basisfallgruppe 107, 31
Basisfallwert 107, 29
Baukrankenkasse 1, 13
Bedarfsplanung 99, 2
- Bedarfsplanungsrichtlinie **101**, 2
- Funktionen **99**, 5
- gerichtliche Überprüfung **99**, 10
- Gestaltungsfreiheit **99**, 6
- im Krankenhausrecht **109**, 7 ff.
- Landesausschuss der Ärzte und Krankenkassen **99**, 8; **100**, 4; **103**, 2
- Planaufstellungsverfahren **99**, 7
- Planungsbereiche **99**, 6; **103**, 2
- Rechtsgrundlagen **99**, 1
- Rechtsnatur **99**, 9
- Überversorgung, s. dort
- Unterversorgung, s. dort

Bedarfssatz
- Überschreitung **145**, 6 f.
- Schwellenwert **150**, 5

Befreiung von der Versicherungspflicht
- Antrag **8**, 15
- Arbeitslose **8**, 5
- anderweitige Versicherung **8**, 6
- Arzt im Praktikum **8**, 13
- behinderte Menschen **8**, 14
- Elternzeit **8**, 8
- Frist **8**, 16 f.
- Jahresarbeitsentgeltgrenze, Änderung **8**, 4
- Praktikant **8**, 12
- Rehabilitation **8**, 11
- Rentenantragsteller **8**, 11, 20
- Rentner **8**, 11
- Rücknahme **8**, 22
- Student **8**, 12, 21
- Teilzeit **8**, 9 f.
- Umfang **8**, 18 ff.
- Vorrang Versicherungsfreiheit **8**, 2
- Werkstudent **8**, 21
- Wiedereinsetzung **8**, 17

1357

Sachverzeichnis

Fette Zahlen = §§

Befristung 121 a, 8
Befunde 56, 1
Begleitleistungen 28, 29; **55,** 34
Begleitmaßnahmen 56, 10
Begleitperson 11, 19
Behandlung außerhalb der EG/des EWR
– kein privater Versicherungsschutz **18,** 8 ff.
– medizinisch notwendige Auslandsbehandlung **18,** 3 ff.
Behandlungsfälle 296, 3 f.
Behandlungsfehler
– Begriff **29,** 15; **66,** 1
– Unterstützung durch die Krankenkasse **66,** 3 ff.
Behandlungsformen
– ärztliche Behandlung **27,** 31; **28,** 3 ff.
– häusliche Krankenpflege und Haushaltshilfe **27,** 41
– Krankenhausbehandlung **27,** 42
– medizinische Rehabilitation und ergänzende Leistung **27,** 43
– Versorgung mit Arznei-, Verband-, Heil- und Hilfsmitteln **27,** 33 ff.
– zahnärztliche Behandlung **27,** 32
Behandlungsmethode 55, 2
– anerkannt **55,** 2
Behandlungsplan 29, 13
Behandlungsprogramme, strukturierte, s. Disease-Management-Programme
behinderte Menschen 2 a, 3; **186,** 15; **190,** 11
– Anspruch auf Kooperation der Leistungsträger **2 a,** 5
– Befreiung von der Versicherungspflicht **8,** 14
– behinderte Kinder **2 a,** 9
– Benachteiligungsverbot **2 a,** 4
– Berücksichtigung durch den G-BA **2 a,** 7; **92,** 6
– besondere Belange **2 a,** 4
– Heime **119,** 3
– Leistungsanspruch **2 a,** 6
– Rechtsschutz **2 a,** 1
– Selbsthilfe **2 a,** 7
– Versicherungspflicht **5,** 33 ff.
– Werkstätten für **119,** 3
Behindertenheime 119, 3
Behinderung 2 a, 3; **40,** 4
Beitragsbedarf 266, 21
Beitragsbemessung
– allgemein **220,** 2
– Rentenantragsteller **239,** 2 ff.
Beitragsbemessungsgrenze 1, 6
Beitragsentlastungsgesetz 28, 32
Beitragsermäßigung
– für Wehr- und Zivildienstleistende **244,** 1 ff.
Beitragserstattung 231, 1 ff.
Beitragsfreiheit

– Elterngeld **224,** 1 ff.
– Erziehungsgeld **224,** 1 ff.
– Krankengeld **224,** 1 ff.
– Mutterschaftsgeld **224,** 1 ff.
– Rentenantragsteller **225,** 1 ff.
Beitragspflicht 189, 4; **192,** 2; **223,** 2
beitragspflichtige Einnahmen
– allgemein **220,** 8; **223,** 3
– Arbeitslosengeld **232 a,** 2 ff.
– behinderte Menschen in Einrichtungen **235,** 2 ff.
– Berücksichtigung im Risikostrukturausgleich **266,** 12 ff.
– Erhebung **267,** 2
– freiwillige Mitglieder **240,** 1 ff.
– Jugendliche in Einrichtungen **235,** 2 ff.
– Künstler **234,** 2 ff.
– Kurzarbeitergeld **232 a,** 2 ff.
– Praktikanten **236,** 2 ff.
– Publizisten **234,** 2 ff.
– Rangfolge der Einnahmearten **230,** 2 ff.; **238,** 2 ff.; **238 a,** 1 ff.
– Rehabilitanden **235,** 2 ff.
– Renten **228,** 2 ff., **237,** 2 ff.
– Seeleute **233,** 2 ff.
– Studenten **236,** 2 ff.
– unständig Beschäftigte **232,** 2 ff.
– Unterhaltsgeld **232 a,** 2 ff.
– versicherungspflichtig Beschäftigte **226,** 1 ff.
– versicherungspflichtige Rückkehrer **227,** 2
– Versorgungsbezüge **229,** 2 ff.
Beitragsrecht
– Abgabenrecht (Ähnlichkeit) **220,** 2
– Beitragsbemessung **220,** 2
– Beitragsgerechtigkeit **220,** 2
– Beitragsbemessungsgrenze **220,** 9 ff.; **223,** 4 ff.
– Beitragsfinanzierung **3,** 2; **220,** 1 ff.
– Beitrags(in)äquivalenz **3,** 3
– beitragspflichtige Einnahmen **220,** 8; **223,** 3
– Beitragssatz, s. dort
– Beitragsschuldnerschaft **220,** 12 ff.
– Beitragsstreitigkeiten **220,** 15 ff.
– Beitragstragung **220,** 12
– Beitragszahlung **220,** 12 ff.; **252,** 2 ff.
– Beitragszuschuss **220,** 14
– Differenzierungsverbote **3,** 4; **220,** 18
– Familienversicherung **3,** 5
– Gesundheitsfonds **220,** 21 ff.
– Verhältnis zum Leistungsrecht **220,** 17 ff.
Beitragssatz 220, 11; **259,** 8
– allgemein **220,** 11
– allgemeiner Beitragssatz **241,** 1 ff.
– Arbeitseinkommen **248,** 2 ff.
– Arbeitslosengeld II **246,** 1 ff.
– erhöhter Beitragssatz **242,** 1 ff.
– ermäßigter Beitragssatz **243,** 1 ff.

1358

Magere Zahlen = Rn.

Sachverzeichnis

- kassenindividueller Zusatzbeitrag 242, 1 ff.
- Praktikanten 245, 1 ff.
- Rente 247, 1 ff.
- Studenten 245, 1 ff.
- Versorgungsbezüge 248, 2 ff.
- zusätzlicher Beitragssatz 241 a, 1 ff.

Beitragssatz, einheitlicher
- Einnahmerisiken 271, 10

Beitragssatzstabilität 4, 13; 57, 8; 63, 7; 71, 1; 73 a, 10; 88, 14; 137 f., 16; 140 a, 3; 140 b, 11
- Berechnung der zulässigen Veränderungsrate 71, 4
- Durchbrechung 71, 3
- Rechtsaufsicht 71, 5
- Sonderregelungen 71, 3
- verbindliche Obergrenze 71, 2
- Vorrang 71, 2

Beiträge aus geringfügiger Beschäftigung
- Weiterleitung an den Gesundheitsfonds 271, 4
- Weiterleitung an den Risikostrukturausgleich 266, 24

Beitragstragung
- allgemein 220, 12
- Einrichtungen für Jugendliche/Behinderte 251, 1 ff.
- geringfügige Beschäftigung 249 b, 1 ff.
- Mitglied 250, 1 ff.
- Reha-Träger 251, 1 ff.
- versicherungspflichtige Beschäftigung 249, 1 ff.
- Versicherungspflichtige mit Rentenbezug 249 a, 1 ff.

Beitragszahlung
- allgemein 220, 12 ff.; 252, 2 ff.
- Arbeitsentgelt 253, 1 ff.
- Rente 255, 1 ff.
- Studenten 254, 1 ff.
- Versorgungsbezüge 256, 1 ff.

Beitragszuschuss 220, 14; 257 1 ff.; 258, 1 ff.; 314, 1 ff.

Beitrittsgebiet
- Gleichstellung Versicherungszeiten 309, 3 ff.
- Jahresarbeitsentgeltgrenze 309, 2

BEL 57, 6; 88, 5, 8

Belastungserprobung und Arbeitstherapie 42, 1 ff.
- Anspruchsvoraussetzungen 42, 3
- Leistungserbringung 42, 7
- Leistungsinhalt 42, 6
- stufenweise Wiedereingliederung 42, 6
- Verfahren 42, 5
- Zuständigkeit der Krankenkasse 42, 4

Belastungsgrenze
- allgemeine 61, 8
- Angehörige und Lebenspartner 61, 20 ff.
- Befreiung kraft Gesetzes 61, 7
- Bescheinigung 61, 3, 26
- Bruttoeinnahmen zum Lebensunterhalt 61, 16 ff.
- chronisch Kranke 61, 9 ff.
- eigenverantwortliches Verhalten 61, 12 ff.
- Ermittlung 61, 16 ff.
- Erstattung 61, 20
- Evaluation der Ausnahmeregelungen 61, 28
- Hilfeleistungen 61, 24 ff.
- öffentliche Zuwendungen, zweckgebundene 61, 19
- reduzierte 61, 8 ff.
- Sozialleistungen 61, 18
- Überforderungsklausel 61, 2
- Vorsorge 61, 12 ff.
- Zusammenrechnung 61, 6

Belegarzt 121, 1
- Anerkennung 121, 8 ff.
- Anerkennungsverfahren 121, 10
- Anerkennungsvoraussetzungen 121, 8
- Begriff, Definition 121, 5 ff.
- Bereitschaftsdienst 121, 7
- in zulassungsbeschränkten Gebieten 103, 17
- Vergütungsanspruch 121, 14

Belegärztliche Leistung; Belegarztwesen 121, 1 ff.
- Bewertungsausschuss 121, 13
- Bewertungskriterien 121, 13, 14
- Förderung 121, 3 ff.; 115, 7
- Statistik 121, 4
- Vergütungsanspruch 121, 12 ff., 14
- vertragsärztliche Gesamtvergütung 121, 12

Belege 296, 2
Belegpatienten 121, 12
Belegabteilung 121, 3, 7, 8
BEMA 57, 6
Benehmen 56, 14; 88, 6

Beratung
- der Ärzte 305 a, 1 ff.

Beratungspflicht 305 a, 2
Beratungsprüfung 274, 5
Berechtigungsschein 15, 17, 20
- Auslandsreisen 15, 20
- Notbehandlung 15, 21
- Zweckmäßigkeit 15, 20

Bereicherungsabsicht 307 a, 5
Bereitschaftsdienst 121, 7

Bergleute
- Versicherungsfreiheit 6, 18

Berliner Abkommen 1, 20; 69, 7
Berufsausübungsgemeinschaft 285, 5
- in zulassungsbeschränkten Gebieten 101, 6; 103, 15; 106 a, 7

Berufsausweis, elektronischer 291 a, 11
Berufskrankheit 294 a, 2
Berufungsausschuss 97, 1 ff.

Sachverzeichnis

Fette Zahlen = §§

- Anordnung der sofortigen Vollziehung 97, 5
- Aufsicht 97, 6
- Errichtung 97, 2
- Verfahren 97, 4
- Zusammensetzung 97, 3

Besatzungsrecht 1, 14
Beschäftigung 186, 4
- Aufnahme 186, 6
- Beginn 186, 4
- Begriff 5, 5
- Beschäftigte der EG 6, 32
- unständig Beschäftigte, *s. unständige Beschäftigung*
- zur Berufsausbildung Beschäftigte 186, 17; 190, 13

Beschäftigung im Ausland
- Ausgleichsanspruch des Reeders 17, 8
- Entsendung 17, 4
- Rückgriff des Arbeitgebers 17, 7

Beschäftigungsverhältnis 186, 5; **190**, 4; **193**, 2, 5

besondere Arzneimittel 73d, 1 ff.
- Arzt für besondere Arzneimitteltherapie 73d, 6 ff., 9 ff.
- Begriff 73d, 2 ff.
- G-BA 73d, 4
- Verfahren 73d, 9 ff.
- Zweitmeinungsverfahren 73d, 1

besondere Therapierichtung 2, 4; **73**, 2
- leistungsrechtliche Besonderheiten 2, 5
- Untersuchungs- und Behandlungsmethode 135, 5, 14

besondere Versorgungsformen 63, 1
betriebliche Gesundheitsförderung 20a, 1 ff.
- Beteiligung der Schwerbehindertenvertretung 20a, 4
- Bildung von Arbeitsgemeinschaften der Krankenkassen 20a, 7
- Bonusregelung 20a, 4
- Kooperationspflicht 20a, 1, 5
- Mitbestimmung des Betriebsrates 20a, 4
- Prävention von Behinderung im Arbeitsleben 20a, 5
- Unfallversicherungsträger 20a, 5
- Verantwortung des Arbeitgebers 20a, 4
- Vorschlags- und Beschwerderecht der Beschäftigten 20a, 4
- Zusammenarbeit der Krankenkassen 20a, 6
- Zusammenhang zum betrieblichen Eingliederungsmanagement 20a, 4

betriebliches Eingliederungsmanagement 20a, 4; **65a**, 10
Betriebskrankenkasse 1, 13; **147**, 1 ff.
- Ausscheiden von Betrieben 151, 1 ff.
- Personal 147, 17 ff.
- öffentlicher Verwaltungen 156, 1 ff.

Betriebsmittel 259, 2; **260**, 1 ff.
- Anlage 260, 5
- Betriebsmittelreserve 259, 4; 260, 2
- Obergrenze 260, 3

Betriebsrat 20a, 4
Bewertungsausschuss 87, 18 ff.; **121**, 13
- Aufsicht 87, 20
- Berechnungsformel für Regelleistungsvolumen 87b, 2
- bundesweite Regelungen 85, 19
- Institut des Bewertungsausschusses 87, 19
- Mitglieder 87, 18
- Rechtscharakter der Beschlüsse 87, 18
- Trennungsfaktor 85, 23

Bezugsquellen 305, 7
bipolare Versicherungsordnung 1, 6
Bismarck 1, 12
Bonus-Programme 55, 13; **63**, 7; **65a**, 1 ff.; **73a**, 14; **137f**, 9
- Allgemeines 65a, 1
- Begriff 65a, 3
- Besondere Versorgungsformen 65a, 11
- Betriebliche Gesundheitsförderung 20a, 4; 65a, 6 ff.
- Betriebliches Eingliederungsmanagement 65a, 10
- Bonusheft 55, 17
- Bonusgewährung 55, 15
- Einsparungen und Effizienzsteigerungen 65a, 7
- Ermäßigung der Zuzahlung 65a, 4
- Gesetzgebungsgeschichte 65a, 2
- Höhe 65a, 8
- Prämie 65a, 3
- Satzungsregelung der Krankenkasse 65a, 9
- Verfahren 65a, 9
- Voraussetzungen für die Gewährung 65a, 5
- Wahltarife 65a, 11
- Zahnersatz 65a, 12

Bonus-Malus-Regelung 84, 1, 13 ff.
- Durchschnittskosten je definierter Dosiereinheit 84, 13 ff.
- Wirtschaftlichkeitsprüfung 84, 15

Brückenversorgungen 56, 17
Bruttoeinnahmen 55, 32
Budgetbereinigung 64, 7; **73a**, 11; **73b**, 5; **73b**, 18 ff.; **73c**, 6; **140d**, 4 ff.
Budgetvereinbarungen 73a, 10, 15; **140c**, 1 ff.
Bundesmantelvertrag
- Bewertungsausschuss 87, 18 ff.
- Einheitlicher Bewertungsmaßstab 87
- Inhalt 82, 6; 87, 1
- Regelungsspielraum für Gesamtverträge 82, 7
- Richtlinien G-BA als Bestandteil 92, 33
- Vertragspartner 82, 2
- Vordruckvereinbarung 87, 2

Magere Zahlen = Rn.

Sachverzeichnis

Bundesministerium der Gesundheit
- IQWiG-Auftrag **139 b**, 6, 8

Bundesverband Deutscher Privatkliniken 108 a, 9

Bundeszuschuss, *s. auch Finanzierung der GKV*
- Berücksichtigung im Gesundheitsfonds **271**, 7, 13
- Behandlungsrichtlinie **28**, 30

Bußgeldvorschriften 307, 1 ff.
- Auskunftspflicht, Verstoß **307**, 4
- Datenmissbrauch **307**, 3
- Datenschutz **307**, 3
- elektronische Gesundheitskarte **307**, 3
- Meldepflicht, Verstoß **307**, 4
- Verfahren **307**, 5

chronisch Kranke 2 a, 16
- Bedeutung des SGB IX **2 a**, 19
- besondere Belange **2 a**, 17
- Leistungsanspruch **23**, 8
- Patientenschulungsmaßnahmen **2 a**, 18; **43**, 7
- psychisch Kranke **2 a**, 18
- Rehabilitation **40**, 4
- Risikostrukturausgleich **2 a**, 18
- Selbsthilfe **2 a**, 18
- strukturierte Behandlungsprogramme **2 a**, 18
- Zuzahlungsgrenze **2 a**, 18

Darlegungspflicht 144, 5
Darlehen (Krankenkassen)
- finanzielle Hilfen **265**, 6; **265 a**, 4
- Gesamtrücklage **262**, 6
- Verbot der Darlehensaufnahme **260**, 5

Daten
- Aufbereitung **303 d**, 1, 3
- Aufbewahrungsfrist **304**, 1 ff.
- Auswertung **303 e**, 4
- Definitionen **303 a**, 4
- Formate **303 a**, 4
- regionale **303 e**, 5
- Übermittlung **295**, 12; **296**, 9; **297**, 6; **301**, 4; **301 a**, 1; **302**, 2
- Übermittlungsvereinbarung **301**, 8
- Zusammenführung **297**, 5, 7

Datenaufbereitungsstelle 303 a, 3; **303 c**, 2; **303 f**, 4

Datenmeldungen
- Risikostrukturausgleich **267**, 1 ff.; **268**, 5

Datenmissbrauch 307, 3
Datenschutz/-verwendung 63, 4, 8; **73 a**, 7; **81 a**, 2; **137 f**, 11 ff.; **140 a**, 16
Datenschutzvereinbarung 286, 1
Datentransparenz 303 a, 1; **303 b**, 1
- Arbeitsgemeinschaft **303 a**, 2; **303 b**, 3

Degression 29, 23
Dermatologe 121 a, 3

Deutsche Krankenhausgesellschaft 69, 32; **108 a**, 5 ff.
Deutsche Verbindungsstelle Krankenversicherung Ausland 219 a, 1 ff.
Diagnosesicherheit 301, 7
Diagnosis Related Groups (DRGs); **diagnosebezogene Fallgruppen 107**, 27 f.
Diagnostika 73 d, 5
Dialyseleistungen, nichtärztliche 126, 18; **295**, 9
Dienstordnungsangestellte 162, 12 ff.
- Alimentationsprinzip **162**, 13
- Angebotspflicht **162**, 14
- Dienstordnung **162**, 13
- Missverhältnis **162**, 14

Dienstvertrag 88, 1
Diplompsychologe 117, 9
Direktabrechnung 29, 2
Direktlieferant 300, 1
Disease-Management-Programme 295, 9
- Berücksichtigung im Risikostrukturausgleich **266**, 20
- Zuweisungen für Programmkosten **270**, 4

Diskriminierungsverbot 1, 39
Dispositionsbefugnis über Sozialleistungsansprüche 51, 6
Dokumentationspflicht 294, 5
Dokumente, elektronische 67, 5
Doppelversicherung 186, 12
Dreiseitiger Vertrag 115, 1 ff.
- ambulante Behandlung **115**, 11
- Belegarztwesen **115**, 7
- Ersatzvornahme **115**, 16
- Inhalt **115**, 6 ff.
- Krankenunterlagen **115**, 8
- Kündigung **115**, 13
- Missbrauch **115**, 10
- Notdienst **115**, 9
- Praxisklinik **115**, 7
- Rahmenempfehlungen **115**, 17
- Rechtsfolgen **115**, 12
- Rechtsnatur **115**, 4
- Schiedsvereinbarung **115**, 14 ff.
- Vertragsparteien **115**, 4
- vor- u. nachstationäre Behandlung **115**, 10
- Wirtschaftlichkeitsprüfung **115**, 10
- Zulässigkeit doppelter Vertragsschlüsse **115**, 5

Drittverursacher 294 a, 2
Duale Finanzierung 107, 24 ff., *s. auch Krankenhausfinanzierung*

EBM, *s. Einheitlicher Bewertungsmaßstab*
Eigenanteil 55, 21; **300**, 2
Eigenbeteiligung 29, 5, 17, 24
Eigeneinrichtungen 63, 3; **140**

1361

Sachverzeichnis

Fette Zahlen = §§

- Begriff **140**, 2
- Bestandseinrichtungen **140**, 3
- Gründung neuer Eigeneinrichtungen **140**, 4
Eigenlabor 88, 19
Eigenlaborleistungen 55, 23; **57**, 25; **88**, 2, 21
Eigenverantwortung 1, 7 ff.; **62**, 3, 12 ff.
- Aufklärung u. Beratung durch die Krankenkassen **1**, 11
- des Versicherten **2**, 2
- Maßnahmen zur Wahrnehmung **1**, 8
- Mitwirkungspflicht des Leistungsberechtigten **1**, 8
- Unterstützung durch die Krankenkassen **1**, 9 ff.
- Verantwortungsteilung **1**, 7
Einheitlicher Bewertungsmaßstab 29, 24; **73 a**, 12; **87**, 5; **88**, 5
- Auslegung **87**, 5
- betriebswirtschaftliche Berechnungsbasis **87**, 10
- Bewertungsausschuss **87**, 18 ff.
- Gestaltungsspielraum **87**, 21
- Gliederung nach Arztgruppen **87**, 10
- Grundpauschale **87**, 12
- Kalkulationsgrundlagen **87**, 6
- kontinuierliches Anpassen **87**, 7
- Leistungskomplex **87**, 17
- mengen- und fallzahlbegrenzende Maßnahmen **87**, 8
- Orientierungspunktwerte **87**, 14 ff.; **87 c**, 2
- Praxisbudget **87**, 8
- Rechtsschutz **87**, 21
- rückwirkende Änderungen **87**, 8
- Teilleistungsdokumentation **87**, 13
- Versichertenpauschale **87**, 11
- Zeitaufwand **87**, 9
- Zu- und Abschläge Orientierungspunktwerte **87**, 16; **87 a**, 2; **87 c**, 3 ff.
Einkommensgrenze 55, 27
Einmalzahlungen 47 a, 1
Einrichtungen der Behindertenhilfe
- Allgemeines **119 a**, 1
- anspruchsberechtigter Personenkreis **119**, 5
- Begriff **119**, 3
- Gesetzgebungsgeschichte **119**, 2
- Voraussetzungen **119**, 3 ff.
- Werkstätten für behinderte Menschen **119**, 3
- Zulassungsverfahren **119**, 6
Eintrittsgeld 1, 14
Einweisung 39, 23, 31
Einwohnerversicherung 5, 3, 59 ff.
Eizelle 121 a, 3
Elterngeld 192, 6
- Meldungen, s. dort

Elternzeit 192, 7
- Befreiung von der Versicherungspflicht **8**, 8
- Familienversicherung **10**, 13 ff.
Empfängnisverhütung 24 a, 1 ff.
- Beratungsanspruch **24 a**, 4
- Gesetzgebungsgeschichte **24 a**, 2
- Leistungserbringung **24 a**, 3
- Leistungsumfang **24 a**, 3 ff.
- Richtlinien **24 a**, 5
- Unterschied zu Arzneimitteln **24 a**, 7
- Verhältnis zum Schwangerschaftsabbruch **24 a**, 1
- Zuzahlung **24 a**, 6
Endokrinologie 121 a, 3
Entbindung 199 RVO, 3
- andere Einrichtungen **197 RVO**, 6
- Fehlgeburt **199 RVO**, 3 ff.
- Leistungserbringung **197 RVO**, 5
- Mehrkosten **197 RVO**, 4
- Stationär **197 RVO**, 3
- Totgeburt **199 RVO**, 3 ff.
- zugelassene Krankenhäuser **197 RVO**, 5
- Zuzahlung **197 RVO**, 7
Entbindungsgeld 192 RVO, 5
Entbindungspfleger 301 a, 1
Entgelt, tarifliches 186, 5
Entgeltersatzfunktion 44, 1 ff., 16; **45**, 1; **47**, 1
Entgeltersatzleistungen 49, 5 ff.
Entgeltfortzahlung
- cessio legis **44**, 19
- Verhältnis zum Krankengeld **44**, 19
- Verhältnis zum Freistellungsanspruch **45**, 9
Entgeltkatalog 39, 2
epidemiologisch wichtige Krankheiten 139 a, 10
Erfüllungsverhältnis 69, 5
ergänzende Leistungen zur Rehabilitation 43, 1 ff.
- Allgemeines **43**, 1
- Anspruchsumfang **43**, 5 ff.
- Funktionstraining **43**, 5
- Gesetzgebungsgeschichte **43**, 2
- Leistungserbringung **43**, 10
- Leistungsvoraussetzungen **43**, 3
- Patientenschulungsmaßnahmen für chronisch Kranke **43**, 7
- Rehabilitationssport **43**, 5
- sozialmedizinische Nachsorge **43**, 8
- Verfahren **43**, 3
- Versorgungsmanagement der Leistungserbringer **43**, 9
- weitere Leistungen zur medizinischen Rehabilitation **43**, 6
- Zuständigkeit der KK **43**, 4
Ermächtigung 29, 9; **116**, 3, 6 ff.; **117**, 1, 4; **120**, 3
- Altersgrenze **116**, 14

Magere Zahlen = Rn.

Sachverzeichnis

- Drittschutz **116**, 24
- Eignung **116**, 13
- Erteilung **116**, 12 ff.
- gerichtliche Kontrolle; Beurteilungsspielraum **116**, 23
- institutionelle/Institutsermächtigung **116**, 10; **116 a**, 3; **117**, 5
- Krankenhausärzte **100**, 5
- persönliche **116**, 3, 10; **116 a**, 3; **117**, 5
- Qualifikation **116**, 12
- Rangverhältnis; Vorrang **116**, 10, 11; **117**, 5
- Rechtsanspruch **116**, 21
- Rechtsschutz **116**, 21 ff.
- Ruhen und Beendigung **95**, 8 ff.
- Umfang **118**, 6
- Verfahren **116**, 12 ff.
- Voraussetzungen **116**, 12 ff.; **116**, 16 ff.
- Widerruf **116**, 20
- Zulassungsausschuss **116**, 15
- Zulassungsverordnungen **98**, 2
- zur Teilnahme an der vertragsärztlichen Versorgung **95**, 6 ff.
- Zustimmung **116**, 15

Ersatzkasse 168, 1 ff.
- Insolvenzfähigkeit **170**, 2

Ersatztätigkeit 44, 10 f.
Erwachsenenkieferorthopädie 28, 31
Erwerbsfähigkeit
- ärztliches Gutachten **51**, 3
- Gefährdung **51**, 2
- Minderung **51**, 2

Erwerbsminderungsrenten
- Berücksichtigung im Risikostrukturausgleich **266**, 19

evidenzbasierte Medizin 139 a, 20

Facharzt Gynäkologie, Geburtshilfe 121 a, 3

Fahrkosten
- einfacher Krankentransport **133**, 7, 11
- Fehlfahrten **60**, 11
- medizinische Rehabilitation **60**, 32
- nächst erreichbare Behandlungsmöglichkeit **60**, 10
- qualifizierter Krankentransport **60**, 16; **133**, 6, 10
- Rettungsfahrten **60**, 15
- Rücktransport aus dem Ausland **60**, 25, 27
- Transport ins Ausland **60**, 26

Fallpauschale 107, 32; **301**, 2
Familienhilfe 1, 17; **10**, 1
Familienversicherung 19, 2, 7 f.; **191**, 3; **193**, 1
- Abfindung **10**, 20
- Adoptivkind **10**, 32 ff.
- Akzessorietät **10**, 1
- Altersgrenzen **10**, 38 ff.
- Beamte **10**, 13
- Beginn **10**, 45

- Beitragsfreiheit **10**, 2
- Berücksichtigung im Risikostrukturausgleich **266**, 15
- eheähnliche Gemeinschaft **10**, 29
- Ehegatte **10**, 28
- Einkommensgrenze **10**, 17 ff.
- Elternzeit **10**, 13 ff.
- Ende **10**, 45 ff.; **191**, 2
- Enkel **10**, 33 ff.
- Feststellung **289**, 1
- Feststellungsklage **10**, 49
- Fortbestand **289**, 4
- freiwillige Weiterversicherung **9**, 12 ff.
- und geringfügige Beschäftigung **10**, 12
- Gesamteinkommen **10**, 19 ff., 43
- gestaffelte **10**, 33
- Haushalt, gemeinsamer **10**, 27, 35, 37
- hinkende Ehe **10**, 28
- Kassenwahlrecht **10**, 47; **173**, 20
- Kassenzuständigkeit **10**, 47; **173**, 20
- Kind **10**, 30 ff.
- Lebenspartner **10**, 28
- Leistungsanspruch **19**, 2, 7 f.
- Meldungen **10**, 48
- Nichtversicherte **10**, 10
- Praktikant **10**, 6
- Renten, Einkommensgrenze bei **10**, 23 ff.
- Rentenantragsteller **10**, 6
- Rentenzahlbetrag **10**, 23
- Selbständige, hauptberuflich **10**, 15
- Stammversicherter **10**, 1
- Student **10**, 9
- Systemabgrenzung GKV/PKV **10**, 42 ff.
- Versicherungsfreiheit **10**, 12 ff.
- Vorrang bei ALG II-Bezug **5**, 21; **10**, 8
- Vorrang freiwillige Versicherung **10**, 11
- Vorrang Versicherungspflicht **10**, 6 ff.

Familienwochenhilfe 1, 14
Fehlbehandlung, s. *Behandlungsfehler*
Fehlgeburt 199 RVO, 3 ff.
Fertigarzneimittel 300, 3
Festbeträge für Arzneimittel 12, 9; **31**, 4, 25 ff.; **35**, 1 ff.
- Apothekenrabatt **130**, 5
- Europarecht **35**, 2
- Festbetragsgruppenbildung **35**, 3 ff.
- Festsetzung **35**, 7 ff.
- G-BA **35**, 3 ff., 6; **35 b**, 1 ff.
- patentgeschützt **35**, 5
- Rechtsschutz **35**, 9 ff.
- Rechtsverordnung **35 a**, 1
- Sachverständige **35**, 6
- Übergangsregelung **35**, 11; **35 a**, 1
- Verfassungsrecht **35**, 2

Festbeträge für Hilfsmittel 36, 1 ff.
- Einzelfälle **36**, 2
- Hilfsmittelgruppen **36**, 6
- Kriterien für Festbetragshöhe **36**, 8
- Publikation **36**, 9
- Rechtsschutzfragen **36**, 10

Sachverzeichnis

Fette Zahlen = §§

- Stellungnahmerechte **36**, 7
- Steuerungsziele **36**, 3
- Verfassungsmäßigkeit **36**, 4
- Vereinbarkeit mit Wettbewerbsrecht **36**, 5
- Verfahrensschritte der Festsetzung **36**, 6 ff.

Festzuschuss 55; 87, 3
- befundbezogene Festzuschüsse **55**, 5
- Festzuschuss-System **55**, 3

Finanzausgleich 266, 1
- aufwendige Leistungsfälle **265**, 1 ff.
- besondere Notlagen **265 a**, 1 ff.
- Entschuldung **265 a**, 1 ff.
- Erhaltung der Wettbewerbsfähigkeit **265 a**, 1 ff.
- Risikopool **269**, 1 ff.
- Risikostrukturausgleich **266**, 1 ff.

Finanzierung der GKV
- Bundeszuschuss **221**, 1 ff.
- Finanzierungsgrundsätze **3**, 1
- Kreditfinanzierung **222**, 1 ff.
- solidarische Finanzierung **3**, 1 ff.

Finanzkraftausgleich, unvollständiger 266, 24; **270**, 2

Formalversicherung 189, 1; **190**, 14; **192**, 2

Forschungsvorhaben 287, 1, 4

Fortpflanzungsmedizin 121 a, 3

freie Arztwahl
- ambulante Behandlung im Krankenhaus **76**, 8
- Beschränkungen **76**, 5 ff.
- ermächtigte Ärzte und Einrichtungen **76**, 9 ff.
- Heimarzt **76**, 25
- Inhalt **76**, 4
- medizinische Versorgungszentren **76**, 7
- Notfallbehandlung **76**, 18 ff.
- Rechtsbeziehung zwischen Arzt und Kassenpatient **76**, 22 ff.
- Schutzrecht **76**, 3
- sonstige Einrichtungen **76**, 13 ff.
- Verfassungsmäßigkeit **76**, 4
- zugelassene Ärzte **76**, 6

Freistellungsanspruch (arbeitsrechtlicher) 45, 1, 8 ff.
- Abdingbarkeit **45**, 8
- Mitgliedschaft in der Krankenversicherung **45**, 10
- Voraussetzungen **45**, 9

Freiwillige Versicherung
- Altersgrenze **9**, 17
- Anwartschaftsrecht **44**, 18
- Ausland, Rückkehrer **9**, 18 ff.
- Beitrittsanzeige **9**, 26
- Beitrittsfrist **9**, 27 ff.
- Berufsanfänger **9**, 14
- Familienversicherung, Ausscheiden aus **9**, 12 ff.
- Leistungsanspruch **19**, 1, 4, 8
- Mitglied, ehemaliges **9**, 5 ff.
- numerus clausus der Beitrittsrechte **9**, 4
- Rentner **9**, 21 ff.
- schwerbehinderte Menschen **9**, 15 ff.
- Sozialhilfebezieher, frühere **9**, 24 ff.
- Spätaussiedler **9**, 23
- Vorversicherungszeit **9**, 7 ff., 16; **188**, 3; **189**, 2; **190**, 15
- Weiterversicherung **9**, 1, 5 ff., 12 ff.
- Wohnsitzzeit **189**, 2

Freiwilligkeit 63, 6; **73 a**, 13 ff.; **73 b**, 4, 13; **73 c**, 5; **137 f**, 8 ff.; **140 a**, 15

Freizügigkeitsrecht 1, 39

Früherkennung 28, 30; **92**, 24

Frührehabilitation 39, 26

Funktionsanalyse 28, 32

Funktionstraining 43, 5

Fusion (Krankenkassen) 171 a, 2
- Folgenbewältigungsregelung **171 a**, 14
- Haftungsfonds **171 a**, 16
- Haftungsgefüge **171 a**, 13 ff.
- Haftungsnachfolgeregelungen **171 a**, 15
- Haftungsrisiko **171 a**, 18

Gametentransfer 121 a, 3

Gebärdensprachdolmetscher 2 a, 15

Gebührenordnung 87 a, 2; **87 b**, 1
- Abweichung bei qualitätsgebundener Vergütung **136**, 6

Geburtshilfe 107, 6

Gegenbezahnung 56, 9

Gegnerfreiheit 157, 4

Geistliche 6, 26

Geldleistung 2, 6; **55**, 5

Gemeindekrankenversicherung 1, 13

gemeinsame Empfehlungen (SGB IX) 2 a, 11; **40**, 9

Gemeinsame Selbstverwaltung 1, 20; **69**, 6 ff.; **108 a**, 2

Gemeinsamer Bundesausschuss 11, 20 ff.; **35**, 3 ff., 6; **35 b**, 1 ff.; **73 d**, 4; **217 a**, 6 ff.
- Beschlussfassung **91**, 25 ff.
- Bewertungsspielraum **139 a**, 13; **139 b**, 22
- Funktion **91**, 1 ff.
- Generalauftrag **139 b**, 3, 4
- Geschäftsordnung **91**, 24
- Haftung **139 a**, 15; **139 b**, 20
- IQWiG **139 a**, 4; **139 b**, 17, 18, 19, 22
- IQWiG-Aufträge **139 b**, 3, 6, 7
- IQWiG-Empfehlungen **139 b**, 17
- Krankenhausbehandlung, s. dort
- Öffentlichkeit der Sitzungen **91**, 28
- Organisation **91**, 14 ff.
- Rechtsaufsicht **91**, 21
- Rechtsnatur **91**, 9 ff.
- Rechtsschutz **139 b**, 20, 21, 22
- Richtlinien, s. dort
- seltene Krankheit **27**, 53 ff.
- Systemversagen **27**, 51 ff.
- unparteiische Mitglieder **91**, 15 ff., 27

Magere Zahlen = Rn.

Sachverzeichnis

- Verantwortlichkeit **139a**, 13; **139b**, 18
- Weisungsfreiheit der Mitglieder **91**, 18
- **gemeinsames Budget 115b**, 16
- **Geriatrie 39**, 15
- **geringfügige Beschäftigung**
- Begriff **7**, 4
- Entgeltgeringfügigkeit **7**, 4
- mehrere Beschäftigungen **7**, 6 ff.
- Zeitgeringfügigkeit **7**, 4
- Versicherungsfreiheit **7**, 1, 3
- Übergangsregelung **7**, 10 ff.
- Zusammenrechnung **7**, 6 ff.
- **Gesamtrücklage 262**, 1 ff.
- **Gesamtvergütung 13**, 14; **85**, 1; **87a**, 3; **87c**, 5; **120**, 4
- Abzug für Integrierte Versorgung **85**, 16
- Anpassung **85**, 14; **87a**, 1, 5
- Anpassung im Jahr 2006 **85c**, 1
- Arbeitszeit **85**, 15
- Aufsicht **87a**, 7
- Behandlungsbedarf **87a**, 3; **87c**, 5
- Berechnungssysteme **85**, 8
- Bereinigung **85**, 6, 16
- Berücksichtigung von Kostenerstattungsleistungen **13**, 14
- Datenlieferung **87a**, 6
- Einzelleistungsvergütung **85**, 9; **87a**, 4
- Erstattungsansprüche **85**, 3
- Fallpauschale **85**, 11
- gesonderte Vergütung **85**, 5
- Kopfpauschale **85**, 10
- Korrektur **87a**, 4
- Mischsysteme **85**, 8
- Morbiditätsrisiko **85**, 8; **87a**, 1, 3, 5; **87c**, 5
- Praxiskosten **85**, 15
- Praxisbudget **85**, 13
- Regelleistungsvolumen **85**, 12
- Trennungsfaktor **85**, 23
- Verjährung **85**, 4
- Verrechnung mit Regressforderungen **106**, 7
- Zahlung mit befreiender Wirkung **85**, 2
- Zinsen **85**, 4
- **Gesamtverträge 83**, 1
- Inhalt **82**, 8; **83**, 7
- Knappschaft **83**, 6
- Polikliniken **83**, 6
- qualitätsgebundene Vergütung **136**, 6
- Rechtsmacht des Landesverbandes **83**, 3
- Sondervereinbarungen mit bestimmten Krankenkassen **82**, 4
- Vertragspartner **82**, 3; **83**, 2
- Wirkung für Mitgliedskassen **83**, 4
- Wohnortprinzip **83**, 5
- **geschlechtsspezifische Besonderheiten 139a**, 11
- **Gesellschaft für Telematik 291a**, 17; **291b**, 1
- Auflösung **291b**, 12

- Beirat **291b**, 3; **303b**, 1 ff.; **303f**, 3
- Gesellschafterbeschlüsse **291b**, 13
- Gesellschaftervertrag **291b**, 2
- Weisungen **291b**, 13
- **Gesetzliche Krankenversicherung 1**, 1 ff.
- Absicherung Selbstständiger **1**, 17
- Anteil versicherter Personen **1**, 17
- Beitragsfinanzierung **1**, 14
- Deckung Entgeltausfall **1**, 19
- Europäisches Gemeinschaftsrecht **1**, 36 ff.
- Finanzierung **1**, 4
- Geschichte **1**, 12 ff.
- Gesundheit **1**, 3
- Gesundheitsförderung **1**, 3
- Krankenbehandlung **1**, 3
- persönlicher Schutzumfang **1**, 16
- Prävention **1**, 3
- Reformgesetz, *s. dort*
- Rehabilitation, *s. dort*
- Solidarität **1**, 4
- Solidargemeinschaft **1**, 4
- verfassungsrechtliche Vorgaben **1**, 33, 35
- Versichertenkreis **1**, 15, 17
- **Gesundheitsakte, elektronische 68**, 1, 2
- **Gesundheitsdaten 68**, 4
- **Gesundheitsfonds 270**, 1; **271**, 1
- Anlagegrundsätze **271**, 14
- Ausgabendeckung **266**, 38; **271**, 11
- Auswirkung auf Risikostrukturausgleich **266**, 3, 35 ff., **267**, 8
- Direktzahler **271**, 5 ff.
- Einzugsstellen, Verhältnis zu den **271**, 3 ff.
- Grundpauschale **266**, 36
- Konvergenzphase **272**, 1 ff.
- Liquiditätsdarlehen **271**, 12
- Liquiditätsreserve **266**, 38; **271**, 9 ff.
- Sondervermögen **271**, 8
- Verrechnungsmöglichkeiten **271**, 6
- Verwaltungskostenerstattung **271**, 15
- Zielsetzung **271**, 2
- Zuweisungen (Risikostrukturausgleich) **266**, 35 ff.; 38; **271**, 9, 11
- Zuweisungen für DMP-Programmkosten **270**, 4, 6 ff.
- Zuweisungen für Satzungs- und Mehrleistungen **270**, 3, 6 ff.
- Zuweisungen für Verwaltungsausgaben **270**, 5 ff.
- **Gesundheitsförderung 20**, 6
- **Gesundheitskarte 307**, 3
- elektronische **67**, 1, 6; **291**, 6; **291a**, 1; **291b**, 4; **307a**, 1
- Gültigkeit **291**, 5
- **Gesundheitsgefahren, arbeitsbedingte;** *s.* Prävention arbeitsbedingter Gesundheitsgefahren
- **GOZ 28**, 49; **55**, 33
- **Grundfreiheiten 1**, 39; **13**, 32; **60**, 27; **108**, 16

1365

Sachverzeichnis

Fette Zahlen = §§

Gruppenprophylaxe 21, 1 ff., 3
– anspruchsberechtigter Personenkreis **21,** 1
– Einrichtungen **21,** 4
– Kinder mit besonders hohem Kariesrisiko **21,** 5
– Rahmenempfehlung **21,** 10
– Rahmenvereinbarungen **21,** 9
– Verpflichtung der Krankenkassen **21,** 6
– Zusammenarbeit der Leistungsträger **21,** 7 ff.

Gynäkologie 121 a, 3

Haftung (Krankenkassen) 146 a, 4; **152,** 11 ff.; **162,** 9; **170,** 3
– Anspruchsbefristung **152,** 22
– Ausfallbürge **152,** 17
– Doppelhaftung **143,** 6
– „doppelte Fusion" **152,** 21
– doppeltes Haftungsrisiko **152,** 23
– Garantiehaftung des Bundes **152,** 24
– Haftungskaskade **152,** 11
– Haftungslücke **156,** 2
– Haftungsmanagement **152,** 11
– Haftungssonderregel **152,** 20
– Haftungsverbünde **152,** 11; **171 a,** 3
– organisatorische Abwicklung **152,** 18
– Vorab-Ausgleichspflicht **152,** 16
– Vorstandsmitglieder **12,** 10

Handwerksrolle 88, 19
Härtefall 55, 20
Hauptdiagnose 301, 7
hausärztliche Versorgung 73, 2 ff.; **73 c,** 3; **294,** 1
Hausarzttarif 73 b, 6
hausarztzentrierte Versorgung 73 b, 1 ff.
Hausgewerbetreibender 1, 17
Haushaltsführung 4, 11 ff.
Haushaltshilfe 38, 1 ff.; **132,** 1 ff.
– Abgrenzung zur Grundpflege **38,** 5
– Anstellung geeigneter Kräfte **132,** 2
– Eignung des Personals **132,** 3
– Kostenerstattung **38,** 8
– Leistungserbringer **132,** 1 ff.
– Schwangerschaft **199 RVO,** 1 ff.
– Selbstbeschaffung **38,** 8
– Zulassung **132,** 4

Haushaltsplan 259, 5
– Einschätzungsprärogative **259,** 5
– Haushaltsausgleich **260,** 5

häusliche Krankenpflege, s. *Krankenpflege, häusliche*

Hebammen 301 a, 1
Hebammenhilfe
– Leistungsumfang **196 RVO,** 6
– Regelungswirkung **134 a,** 6
– Schiedsstelle **134 a,** 7 ff.
– Vertragsinhalt **134 a,** 4
– Vertragspartner **134 a,** 3

Heil- und Kostenplan 87, 4
– Unentgeltlichkeit **85,** 7

Heilberufe
– nichtärztliche **63,** 4, 9

Heilberufsausweis, elektronischer 291 a, 11

Heilmittel 27, 33 ff.; 31, 10
– Abgrenzung zu Arzneimitteln **32,** 9
– Abgrenzung zu ärztlichen Behandlungen **32,** 9
– Anspruch auf Versorgung **32,** 13 ff.
– Ausgeschlossene Heilmittel **32,** 15 ff.; **34,** 11 ff.
– Bagatellmittel **32,** 16
– Begriffsbestimmung **32,** 1, 4, 6
– Berechnung der Zuzahlung **32,** 24
– Heilmittel-Richtlinien **32,** 2, 11 ff.
– Lifestylemittel **32,** 16
– Mittel ohne nachweisbaren therapeutischen Nutzen **32,** 17
– neue Heilmittel **32,** 18; **138,** 1 ff.
– persönliche Dienstleistung **32,** 5
– Richtgrößen **84,** 16 ff.
– Richtlinien G-BA **92,** 27
– sächlich-technische Anteile **32,** 7
– verordnungsfähige Heilmittel **32,** 20
– Vorbereitungs- und Nachbereitungshandlungen **32,** 10
– Zulassung von Heilmittelerbringern **124,** 1 ff.; **125,** 1 ff.
– Zuzahlung **32,** 3, 21 ff.

Heilmittel-Richtlinien 32, 2, 11
Heil- und Kostenplan 55, 36; **56,** 10
Herstellungsanspruch, sozialrechtlicher 13, 19 ff.
Hilfskasse 1, 13
Hilfsmittel
– Abgrenzung zu Heilmitteln **33,** 4
– Abgrenzung zu Leistungen der Arbeitsförderung **33,** 43
– Abgrenzung zu Leistungen der Pflegeversicherung **33,** 38 ff.
– Abgrenzung zu Leistungen der Unfallversicherung **33,** 42
– allgemeine Gebrauchsgegenstände **33,** 25 ff.
– Änderungen des Hilfsmittels **33,** 36
– Anspruch auf Versorgung **33,** 7
– Ausbildung im Gebrauch **33,** 37
– ausgeschlossene Hilfsmittel **33,** 30 f.
– Ausgleich einer Behinderung **33,** 15
– Benennung des Leistungserbringers **33,** 55
– Betriebs- und Folgekosten **33,** 35
– Bildung **33,** 21
– Dienstleistungen, hilfsmittelnahe **33,** 37
– Erforderlichkeit im Einzelfall **33,** 9
– Ersatzbeschaffung **33,** 36
– Festbeträge, s. *Festbeträge für Hilfsmittel*
– Gebrauchsvorteile eines alternativen Mittels **33,** 33
– Geeignetheit **33,** 10

Magere Zahlen = Rn.

Sachverzeichnis

- geistige Betätigung **33**, 21
- Grundbedürfnis **33**, 16 ff.
- Hilfs- und Pflegehilfsmittelverzeichnis, *s. dort*
- Hilfsmittelverträge zwischen KK und Leistungserbringer, *s. dort*
- Immobilienanpassung **33**, 4
- Information **33**, 20
- Instandsetzung **33**, 36
- Kasuistik **33**, 18 ff.
- Körperfunktionen **33**, 15
- Körperpflege **33**, 19
- Kommunikation **33**, 20
- Kontaktlinsen **33**, 50
- leihweise Überlassung **33**, 53
- mehrfache Ausstattung **33**, 33
- Mittel mit geringem Abgabepreis **33**, 30
- Mittel mit geringem Nutzen **33**, 30
- Mobilität **33**, 23 ff.
- Nebenleistungen **33**, 34 ff.
- nichtärztliche Dialyseleistungen **126**, 18
- Notwendigkeit **33**, 10
- Preis des Hilfsmittels **33**, 57
- Sehhilfen, *s. dort*
- Sicherung des Erfolges der Krankenbehandlung **33**, 12
- technische Kontrollen **33**, 36
- Teilnahme am gesellschaftlichen Leben **33**, 22
- Verhältnis zu familiärer Selbsthilfe **33**, 10
- Verordnungsfähigkeit **33**, 6, 48
- Vorbeugung gegenüber einer drohenden Behinderung **33**, 3
- Übergangsregelung **33**, 58; **126**, 12 ff.
- Wahlrecht des Versicherten **33**, 11, 55 ff.
- Wartung **33**, 36
- Wünsche des Versicherten **33**, 11
- Zusatzteile und Zubehör **33**, 34
- Zuzahlung **33**, 59

Hilfsmittel-/Pflegehilfsmittelverzeichnis
- Aufnahmekriterien **139**, 6
- Aufnahmeverfahren **139**, 12 ff.
- ausgeschlossene Hilfsmittel **33**, 30
- Bekanntmachung **139**, 2
- Bescheid **139**, 18
- Erstellung **139**, 2
- Fortschreibungsverpflichtung **139**, 4
- Funktionstauglichkeit **139**, 7
- Gebrauchsanweisung **139**, 11
- Information von Behörden **139**, 15
- Inhalt **33**, 5; **139**, 1, 2
- Instandsetzung von Sehhilfen **33**, 30
- Irrelevanz der Nichteintragung **33**, 32
- Letztentscheidungsrecht des Spitzenverbandes Bund der Krankenkassen **139**, 5
- Medizinischer Dienst, Hilfe **139**, 17
- medizinischer Nutzen **139**, 10
- Medizinprodukterecht **139**, 14
- Mittel mit geringem Abgabepreis **33**, 30

- Mittel mit geringem Nutzen **33**, 30
- Nachweiserleichterungen **139**, 16
- Nachweisführung **139**, 13
- Neuantrag **139**, 20
- ordnungsgemäße Kennzeichnung **139**, 11
- Qualitätsanforderungen **139**, 9
- Produktänderung **139**, 20
- Rechtsschutzfragen **139**, 21
- Rücknahme der Aufnahme **139**, 19
- Sicherheit des Hilfsmittels **139**, 8
- Stellungnahmerechte **139**, 5
- Stichprobenprüfung **139**, 14
- Verfahrenshandbuch **139**, 12
- Widerruf der Aufnahme **139**, 19
- Ziele des Verzeichnisses **139**, 1

Hilfsmittelverträge
- alte Verträge **127**, 31
- Ausbildungsordnungen **126**, 8
- Ausschreibung **127**, 3 ff.
- Ausschreibungsberechtigte **127**, 4
- Bekanntmachung von Vertragsabsichten **127**, 21
- Bestandsschutz **126**, 17
- Betriebsausstattung **126**, 9
- Dienstleistungsfreiheit **127**, 7
- Dienstleistungskonzession **127**, 10
- Eignung der Vertragspartner **126**, 5 ff.; **127**, 6 ff.
- Einzelvereinbarung **127**, 22 ff.
- Empfehlungen des Spitzenverbandes Bund der Krankenkassen **126**, 11
- EN ISO 13485:2003 **126**, 9
- Festbetrag als Preishöchstgrenze **127**, 27
- Geltung des § 126 Abs. 2 bei Ausschreibungen **126**, 15 ff.
- Lose **127**, 7
- Information der Vertragsärzte **127**, 30
- Informationspflichten der Krankenkassen **127**, 29
- Inhalt von Einzelvereinbarungen **127**, 24
- Inhalt von Rahmenverträgen **127**, 20
- Kartellvergaberecht, Anwendbarkeit **127**, 9 ff.
- Kostenvoranschlag **127**, 25
- Mehrkosten bei Einzelvereinbarungen **127**, 26
- Motive und Regelungsziele **126**, 1, 3
- Nachprüfungsverfahren **127**, 12
- offenes Verfahren **127**, 11
- Pauschalen **127**, 17
- persönliche Eignungsvoraussetzungen **126**, 7, 8
- Primärrechtsschutz **127**, 12
- Rahmenvertrag **127**, 14
- Rechtsschutzfragen **127**, 13
- sachliche Eignungsvoraussetzungen **126**, 7, 9
- Schwellenwert **127**, 11
- Tatbestandswirkung **126**, 10

1367

Sachverzeichnis

Fette Zahlen = §§

- Übergangsfrist des § 126 Abs. 2 für bisherige Zulassungsinhaber **126**, 12 ff.
- verfassungskonforme Auslegung **126**, 10
- verfassungsrechtliche Zulässigkeit **126**, 3 ff.
- Vergaberecht **127**, 9 ff.
- Vertragsabsichten, Bekanntmachung **127**, 21
- Vertragsmodell statt Zulassung **126**, 1, 14; **127**, 1 ff.
- Vertragspartner von Rahmenverträgen **127**, 19
- Vertragswettbewerb **127**, 1
- Wahlfreiheit der Versicherten **126**, 2 ff., 16
- wohnortnahe Versorgung **127**, 7 ff.
- Zuschlagskriterien **127**, 6
- Zulässigkeit von Einzelvereinbarungen **127**, 23
- Zuständigkeit der Sozialgerichte **127**, 13
- Zweckmäßigkeit der Ausschreibung **127**, 3, 15 ff.

Hochschulambulanz 117, 1 ff.; **120**, 10 ff.
- Drittschutz **117**, 8
- Ermächtigung, Antrag **117**, 4
- Ermächtigung; Inhalt **117**, 1, 7
- Ermächtigung, Rechtsanspruch **117**, 5
- Ermächtigung; Umfang **117**, 1, 5
- Investitionskostenabschlag **120**, 10
- psychologische **117**, 1 ff.
- psychotherapeutische Ausbildungsstätte **117**, 1, 9 ff.
- psychologische Einrichtung **117**, 9 ff.
- psychotherapeutische Einrichtung **117**, 9 ff.
- Vergütung **120**, 8 ff., 10
- Konkurrentenklage **117**, 8, 12

Hochschulklinik 108, 3; **109**, 11 ff.
- Anerkennung **108**, 3
- Kündigung **110**, 6, 13

Höchstpreise 57, 18, 23; **88**, 9, 20
- Vereinbarungen über **57**, 26

Homöopathie, *s. besondere Therapierichtungen*

Honorarbescheid 85, 32
- Ausschlussfrist für Korrekturen **85**, 32
- Garantiefunktion der Sammelerklärung **85**, 34
- Korrektur **85**, 32
- verspätetes Einreichen von Abrechnungsunterlagen **85**, 34
- Vertrauenstatbestand **85**, 33
- Vorläufigkeitsvermerk **85**, 33

Honorarverteilung 85, 1
- Altersversorgung **85**, 25
- Aufbauphase einer Praxis **85**, 30
- Beobachtungspflicht **85**, 31
- Degressionsregelung im vertragszahnärztlichen Bereich **85**, 36
- einheitlicher Bewertungsmaßstab, Verhältnis zum **85**, 19

- Fallwert-, Fallzahl- und Punktzahlbegrenzungen **85**, 29
- Fallzuwachsbegrenzungen **85**, 29
- Gestaltungsspielraum **85**, 20
- Honorarbegrenzungsregelungen **85**, 18
- Honorartöpfe **85**, 28, 31
- Honorarverteilungsgerechtigkeit **85**, 18, 27
- Honorarverteilungmaßstab **85**, 17, 21
- Individualbudget **85**, 29 ff.
- Leistungsproportionalität **85**, 25
- Normsetzungsvertrag **85**, 21
- psychotherapeutische Leistungen **85**, 23
- Quotierung **85**, 29
- Regelleistungsvolumen **87 b**, 1 ff.
- Rückwirkung **85**, 22
- Sammelerklärung **85**, 32, 34
- Sicherstellungsfonds **85**, 30
- Stützpunktwert **85**, 31
- unterversorgte Gebiete **85**, 25
- unverzügliche Verteilung **85**, 25
- Verhinderung übermäßiger Praxisausdehnung **85**, 26
- Verteilungspunktwert, floatender **85**, 17
- Verteilungsmaßstab **120**, 4
- Verteilungspunktwert, floatender **85**, 17

Hormondiagnostik 121 a, 3
Humangenetiker 121 a, 3
Humanität 70, 2

ICD 301, 5
Implantat 28, 33
Inanspruchnahme von Leistungserbringern im Ausland 13, 30 ff.
- Behandlung außerhalb der EG/des EWR, *s. dort*
- Kollisionsnormen **13**, 36
- Residenten **13**, 39
- Sachnormen **13**, 38
- Verträge mit ausländischen Leistungserbringern **140 e**, 1 ff., *s. auch Wanderarbeitnehmerverordnung*

Indikationsgruppen 29, 6, 20
Individualprophylaxe 22, 1 ff.; **28**, 30; **55**, 14
- anspruchsberechtigter Personenkreis **22**, 1
- Fissurenversiegelung **22**, 5
- Leistungserbringer **22**, 2
- Mund- und Zahngesundheit für Mutter und Kind **196 RVO**, 5
- Richtlinien **22**, 6; **55**, 17
- Untersuchung **22**, 4

Infektionsschutzgesetz 192, 1
Informationspflicht 291 a, 8; **294 a**, 4; **299**, 6; **305 b**, 1 ff.
Informationsplattform 139 a, 16
Informationsrecht 172, 1 ff.
- Beratung **172**, 6
- Haftungsrisiken **172**, 5 ff.

Innungskrankenkasse 1, 13; **157**, 1 ff.

Magere Zahlen = Rn.

Sachverzeichnis

- Trägerinnung **157**, 2
- Ausscheiden einer Handwerksinnung **161**, 1
- **Insolvenzfähigkeit 171 b**, 1 ff.
- Ausschluss **171 b**, 4
- Bundesverband **171 b**, 5
- Eckpunktepapier **171 b**, 8 ff.
- Enthaftung **171 b**, 21
- Funktionsgewährleistungsverantwortung **171 b**, 9
- Insolvenzmasse **171 b**, 26
- Kapitalstock **171 b**, 16
- Kompetenzabgrenzung **171 b**, 25
- Rechnungslegung HGB **171 b**, 10
- Regelungslücke **171 b**, 11 ff.
- Schnittstellenprobleme **171 b**, 22
- Spitzenverband Bund der Krankenkassen **171 b**, 5
- Verhaltenspflichten von Vorständen **171 b**, 23
- Verpflichtungen **171 b**, 17 ff.
- Vorrang des Schließungsrechts **171 b**, 6
- **Institut für Wirtschaftlichkeit und Qualität im Gesundheitswesen,** s. **IQWiG**
- **integrierte Versorgungsformen 63**, 1; **73 a**, 1, 7; **73 b**, 1, 18; **137 f**, 15; **140 a**, 1 ff.; **140 b**, 1 ff.; **140 c**, 1 ff.; **140 d**, 1 ff.; **294**, 1
- Anschubfinanzierung **140 a**, 3, 8, 11; **140 d**, 1 ff.
- Begriff **140 a**, 6 ff.
- bevölkerungsbezogene Flächendeckung **140 a**, 10 f.
- interdisziplinär-fachübergreifende Versorgung **140 a**, 9
- leistungssektorenübergreifende Versorgung **140 a**, 7 ff.
- Rahmenvereinbarung **140 a**, 3
- Vergütung **140 c**, 1 ff.
- Vertragspartner **140 b**, 1 ff.
- Wettbewerbsrecht **140 b**, 14 ff.
- **International Classification of Disability, Functioning and Health (ICF), WHO 2 a**, 3
- **Internist 121 a**, 3
- **Investitionskosten 107**, 24; **120**, 5
- **IQWiG 35 b**, 1 ff.; **139 a–139 c**
- Arbeitsergebnisse **139 a**, 10; **139 b**, 16
- Arbeitsgrundsätze **139 a**, 19
- Arzneimittelbewertung **139 a**, 2
- Aufgaben **139 a**, 6, 7
- Aufträge **139 b**, 3
- Auftragsberechtigte **139 b**, 6
- Bearbeitungszeit **139 a**, 23
- Beleihung **139 a**, 15; **139 b**, 22
- Berichtspflicht **139 a**, 21
- Bindungswirkung **139 b**, 22
- BMG-Aufträge **139 b**, 9
- Empfehlungen **35 b**, 6; **139 a**, 10; **139 b**, 16
- externe Sachverständige **139 b**, 11

- Finanzierung **139 c**, 1, 2; **139 b**, 5
- Funktion **139 a**, 1, 6, 17
- Generalauftrag **139 a**, 9; **139 b**, 3, 4
- Gesundheitsinformationen **139 a**, 16
- Gesundheitsökonomie **139 a**, 13, 20
- Haftung **139 a**, 15; **139 b**, 4, 20
- Informationsplattform **139 a**, 16
- internationale Standards **139 a**, 20
- Internet **139 a**, 21
- Kompetenzen **139 a**, 18
- Kontrolle **139 b**, 18, 19
- Kosten-Nutzen-Bewertungen **35 b**, 1 ff.
- Kuratorium **139 a**, 23
- Methoden **139 a**, 8
- Offenlegungspflicht **139 b**, 12
- Publikationen **139 a**, 21
- Qualitätsstandards **139 a**, 20
- Rechtsschutz **35 b**, 9; **139 b**, 20, 21
- Sachverständige **139 a**, 22; **139 b**, 11
- Stiftung **139 a**, 4
- Stiftungsorgane **139 a**, 5
- Träger **139 a**, 4
- Unabhängigkeit **139 a**, 24 ff.; **139 b**, 12, 14, 15, 18, 19
- Verfahren **139 a**, 19, 22; **139 b**, 11
- Verfahrensermessen **139 b**, 11, 15
- Verwaltungshelfer **139 a**, 15; **139 b**, 4, 22
- Wissensbasis **139 a**, 8, 9

Jahresarbeitsentgeltgrenze 1, 18; **190**, 6
Jahresrechnung 259, 5
- Grundsätze ordnungsmäßiger Buchführung **259**, 5
- Informationsfunktion **259**, 6
Jugendhilfe 186, 13; **190**, 9

Kariesrisiko, hohes 21, 5
Kartellrecht 64, 6; **69**, 41 ff.; **73 b**, 14; **108**, 13, 16 ff.; **140 b**, 3, 16; **144**, 13; **171 a**, 8 ff.
- Anwendbarkeit des europäischen Kartellrechts **69**, 44
- Anwendbarkeit des nationalen Kartellrechts **69**, 42 ff.
Kassenärztliche Vereinigungen 1, 21; **69**, 28; **77**, 1; **115 b**, 6
- als Vertragspartner **63**, 15; **64**, 1 ff.; **73 a**, 4; **73 b**, 7, 12; **73 c**, 6; **140 a**, 3, 12; **140 b**, 2
- Amtsperiode der Vertreterversammlung **80**, 1 ff.
- Angelegenheiten von grundsätzlicher Bedeutung **79**, 6
- Aufsichtsbehörde **78**, 1
- Aufsichtsmittel **78**, 3 ff.; **79 a**, 2
- beratende Fachausschüsse **79 b**, 1; **79 c**, 1
- Beteiligungsmanagement **77 a**, 2
- Dienstleistungsgesellschaften **77 a**, 1 ff., 6 ff.
- Dienstverträge mit Vorstandsmitgliedern **79**, 3
- Disziplinarausschüsse **81**, 5

Sachverzeichnis

Fette Zahlen = §§

- Disziplinarordnung **81**, 5
- Förderung der Qualität **136**, 2
- Fusion **77**, 3
- Gebühren **81**, 4
- Genehmigungsvorbehalte **78**, 4
- Haftung der Organe **79**, 7
- Hartmannbund **77**, 2
- Haushalts- und Rechnungswesen **78**, 5; **79**, 5
- Kompetenzen **77**, 9
- Mitglieder **77**, 9
- Mitglieder, Rechte und Pflichten der **77**, 6; **81**, 3
- Niederlassungsberatung **77 a**, 7
- Öffentlich-Private Partnerschaften **77 a**, 3
- Organe **79**, 1
- Outsourcing von Aufgaben **77**, 5; **77 a**, 2
- Rechtsaufsicht **78**, 2
- rechtswidriges Verhalten **79 a**, 1
- Satzung **81**, 1
- Stellen zur Bekämpfung von Fehlverhalten im Gesundheitswesen **81 a**, 1 ff.
- Sicherstellungsauftrag **64**, 2; **73 a**, 8; **140 a**, 3, 12
- Vertreterversammlung, Aufgaben der **79**, 4
- Verwaltungskostenpauschale **81**, 4; **87 b**, 6
- Vorstand **79**, 2, 6
- Wahl der Vertreterversammlung **80**, 4
- Wahl des Vorstands **80**, 5
- Wahlgrundsätze **80**, 3
- Wahlordnung **80**, 4

Kassenwahlrecht 173; 174; 175; 187, 2
- Aufnahmepflicht der Krankenkasse **175**, 7
- Ausübung des Wahlrechts **175**, 3 ff.
- Beitragssatzerhöhung **175**, 15 ff.
- Beschäftigte bei Verbänden einer Betriebs- oder Innungskrankenkasse **174**, 3
- Beschäftigte der Seeberufsgenossenschaft **174**, 4
- Beschäftigte einer Betriebskrankenkasse **174**, 2
- Beschäftigte einer Innungskrankenkasse **174**, 2
- Betriebskrankenkasse, geöffnete **173**, 8 ff.
- Betriebskrankenkasse, ungeöffnete **173**, 7
- Beschäftigungsort, Begriff **173**, 5
- Bindung **175**, 13 ff.
- Bleiberecht **173**, 15
- Ersatz der Wahl **175**, 11 ff.
- Form **175**, 4
- Frist **175**, 5
- frühere Krankenkasse **173**, 15
- Hochschulsitz **173**, 17
- Innungskrankenkasse, geöffnete **173**, 8 ff.
- Innungskrankenkasse, ungeöffnete **173**, 7
- Kassenfusion **173**, 11; **175**, 16
- Knappschaft-Bahn-See **173**, 12 ff.; **174**, 1
- Kündigungsbestätigung **175**, 10, 25 ff.
- Mitgliedsbescheinigung **175**, 8 ff., 11, 26, 28
- Nichtversicherte **174**, 5 ff.
- Öffnungsklausel **173**, 8
- Rentner **173**, 19
- Rückkehrrecht **173**, 15
- Seekrankenkasse, Wählbarkeit **173**, 1, 4, 14
- Seeberufsgenossenschaft, Beschäftigte **174**, 4
- Sonderkündigungsrechte **175**, 15 ff.
- Studenten **173**, 17
- Verfahren **175**, 28
- Vordrucke **175**, 28
- Widerruf **175**, 6
- Wohnort, Begriff **173**, 5

Kassenwettbewerb
- Verhältnis zum Risikostrukturausgleich **266**, 4

Kennzeichen 293, 1
Kieferanomalie 28, 31
Kieferatrophie 28, 36
Kieferorthopäde 28, 27, 31; **29**, 1, 8
- kieferorthopädische Versorgung **29**, 1

Kieferorthopädische Indikationsgruppen – KIG 29, 21
Kinder
- als Schaden **196 RVO**, 3
- behinderte **2 a**, 9; **24**, 7
- Vorsorge **23**, 5 ff., 16

Kinderuntersuchung 26, 1 ff.
- Früherkennung von Kindesmisshandlungen **26**, 2

Klassifikation 56, 3
klinische Studien 137 c, 6
Knappschaft 167, 1 ff.
Knappschaftskasse 1, 13; **72**, 1, 7; **76**, 24
Kodierrichtlinien 295, 11; **301**, 7
Kollektivvertrag 1, 20; **69**, 14 ff.; **72**, 4 ff.; **73 a**, 2; **73 c**, 2; **140 a**, 1
kombiniertes Budget 73 a, 10 f.; **140 c**, 3
Kommunikation, elektronische 67, 1, 4
konzertierte Aktion im Gesundheitswesen 142, 1
Kopfprämie, s. Beitragssatz (kassenindividueller Zusatzbeitrag)
Korporatismus 69, 6; **108 a** 2
Kostenerstattung 2, 6; **13**, 2; **29**, 4; **64**, 9
- Ausdehnung des Leistungskataloges **13**, 23 ff.
- Berücksichtigung im Rahmen der Gesamtvergütung **13**, 14
- Inanspruchnahme von Leistungserbringern im Ausland, s. dort
- Kostenerstattungsprinzip **29**, 2
- nicht rechtzeitige Leistungsbringung **13**, 25 ff.
- SGB IX **2 a**, 11
- unrechtmäßige Leistungsablehnung **13**, 27 ff.

Magere Zahlen = Rn.

Sachverzeichnis

- Vergütungsanspruch des Unternehmers **13**, 27
- Verhältnis zum Sachleistungsprinzip **13**, 3 ff.
- Verhältnis zum Wahltarif **13**, 17
- Wahl der Kostenerstattung **13**, 7 ff.

Krankenbehandlung 27, 1 ff.
- Außenseitermethoden **27**, 51; **28**, 18
- Bedeutung **27**, 1 ff.
- Behandlungsformen, s. dort
- Krankheit, s. dort
- Leistungsrecht **27**, 2
- Rahmenrecht **27**, 46 ff.
- Sonderfälle **27**, 7, 44 ff.
- Systemversagen **27**, 49 ff.
- Umfang **27**, 5 ff., 65 ff.

Krankenbehandlung für nicht Versicherungspflichtige 264, 1 ff.
- Krankenversichertenkarte **264**, 4
- Vergütung **264**, 5
- Wahlrecht **264**, 3

Krankenfürsorge für Sozialrentner, Kleinrentner, Arbeits- u. Erwerbslose 1, 17

Krankengeld/-anspruch
- Abgrenzung zu Rentenleistungen **50**, 1 ff.
- andere Versicherungsgruppen **47**, 7
- Anspruchsentstehung (Zeitpunkt) **46**, 2 ff.
- Anspruchsausschluss **44**, 2, 4 ff., 10, 18, 20; **47 b**, 3
- Anspruchsinhaber **44**, 2 ff.
- Anspruchskürzung **50**, 4
- Arbeitseinkommen **47**, 7
- Arbeitsentgelt **49**, 3
- Arbeitsunfähigkeit, s. dort
- Auslandsaufenthalt **44**, 8
- ausländische Sozialversicherungsträger **49**, 6
- Beendigung des Anspruches **44**, 16; **48**, 2
- Bemessungszeitraum **47**, 6
- Berechnung **47** 1, 5 ff.; **47 b**, 2
- Dauer **48**, 1 ff.
- dieselbe Krankheit **48**, 4 ff.
- Einschränkung des Anspruchs **49**, 9
- Elternzeit **49**, 4
- Entgeltfortzahlung, s. dort
- Entgeltersatzfunktion **44**, 1 ff., 16; **45**, 1; **47**, 1
- Entgeltersatzleistungen **49**, 5 ff.
- Erhalt beitragspflichtigen Arbeitseinkommens **49**, 9
- Erstattungsanspruch **49**, 10
- flexible Arbeitszeiten **47**, 6
- Freistellung **49**, 8
- freiwillig Versicherte **44**, 18
- gesenkte Entgelt- oder Entgeltersatzleistungen **49**, 9
- Grundsatz der unbegrenzten Gewährung **48**, 2
- hinzugetretene Erkrankung **48**, 6
- Meldung der Arbeitsunfähigkeit **49**, 7
- Nettoarbeitsentgelt **47**, 2
- nichtkontinuierliche Arbeit **47**, 6
- Reduktionen **47**, 2
- Referenzmethode **47**, 2
- Regelentgelt **47**, 2, 4 ff.
- Rückforderung **294 a**, 3
- Ruhen des Anspruches **44**, 8, 19; **49**, 1 ff.
- Selbstständige **46**, 5; **47**, 7
- Übergangsregelungen **47 a**, 1 ff.
- unbegrenzte Gewährung **48**, 2 ff.
- Unterschied zum Pflegekrankengeld **45**, 6
- Verhältnis zum Entgeltfortzahlungsanspruch **44**, 16 ff., 19
- Versagung **294 a**, 3
- Voraussetzungen **44**, 6 ff.
- Wiederaufleben des Anspruchs **48**, 7; **50**, 2
- zeitliche Begrenzung **48**, 3 ff.
- Zeitpunkt der Versicherteneigenschaft **44**, 3

Krankenhaus 301, 2
- Arbeit nach anerkannten Methoden **107**, 8
- Arten **108**, 3 ff.
- Auskunft über erbrachte Leistungen **305**, 5
- Ausstattung **107**, 9, 11
- ärztliche Leitung **107**, 7
- Begriff **107**, 2, 5
- Behandlung **301**, 3
- Definitionsmerkmale **107**, 6 ff.
- Leistungserbringung **108**, 1
- Personal **107**, 10
- Unterbringung **107**, 11
- Versorgungsauftrag, s. dort
- Zulassung **108**, 1

Krankenhausapotheke 301, 1

Krankenhausbehandlung 27, 42; **39**, 1 ff.; **73**, 5
- ambulante Behandlung **39**, 8; **140 b**, 13
- ambulanter Notfalldienst **39**, 6
- ambulante Operationen **39**, 17 ff.
- Antrag **39**, 29
- Anspruchsvoraussetzungen **39**, 19 ff.
- Anspruchsinhalt **39**, 24 ff.
- apparative Mindestausstattung **39**, 6, 22; **107**, 9
- Begriff **39**, 4; **107**, 2, 5 ff.
- Beteiligung; Versicherte **39**, 34 ff.
- Diagnosezeitpunkt **39**, 23
- Effizienzgebot **39**, 1
- Einweisung **39**, 23, 31
- Entscheidungsbefugnis **39**, 23
- Erforderlichkeit **39**, 21, 32
- Formen, Abgrenzung **39**, 8 ff., 19
- Genehmigung **39**, 30
- Kostenübernahmeerklärung **39**, 33

1371

Sachverzeichnis

Fette Zahlen = §§

- Medikation **39**, 6
- nachstationär **39**, 8; **115 a**, 9 ff.
- Nebenleistung **39**, 24
- Pflegepersonal **39**, 6
- psychische Erkrankungen **39**, 7
- Qualitätsprüfungen **112**, 9
- Rehabilitation **112**, 11
- sonstige Maßnahmen **39**, 7
- soziale Betreuung **112**, 10
- Subsidiarität **39**, 21 ff.
- teilstationäre Behandlung **39**, 15 ff.
- Transparenzgebot **39**, 2
- therapeutische Hilfskraft **39**, 6
- Umfang; Ausstattung **39**, 5 ff., 24 ff.
- Verfahren **39**, 29 ff.
- Vergütung **39**, 29 ff.
- Versorgungsauftrag **39**, 25
- Verzeichnis stationärer Leistungen **39**, 27 ff.
- vollstationär **39**, 11 ff.
- vorstationär **39**, 8; **115 a**, 6 ff.
- Wahlrecht, Versicherte **39**, 34
- Wirtschaftlichkeitsgebot **39**, 2, 24, 34
- Wirtschaftlichkeitsprüfung **112**, 9
- Zuzahlung **39**, 36 ff.

Krankenhausentgelt 64, 8

Krankenhausfinanzierung
- Betriebskostenfinanzierung **107**, 25
- duale Finanzierung **107**, 24
- Fallpauschale **107**, 32
- fall- oder tagesbezogenes Entgelt **107**, 34
- Förderungsanspruch des Krankenhauses **107**, 24
- Gesetzgebungskompetenz **107**, 4
- Investitionskosten **107**, 24
- Kostentragung **107**, 24, 25
- Monistik **107**, 26
- Vergütungssystem **107**, 27 ff.; **108 a**, 7
- Vergütungsverfahren **120**, 4 ff.
- Zuschlag zur Sicherstellung der Versorgung **107**, 33

Krankenhausgesellschaften 108 a, 1 ff.
- Deutsche Krankenhausgesellschaft **108 a**, 5 ff.
- Landeskrankenhausgesellschaften **108 a**, 3 ff.
- Mitgliedschaft **108 a**, 2
- Mitgliedschaft von Verbänden **108 a**, 8 ff.
- Mitgliedschaft von Spitzenverbänden **108 a**, 9

Krankenhausplan 107, 22, *s. auch Plankrankenhaus*
- Aufnahme **108**, 6
- Auswahlentscheidung, Konkurrentenschutz **108**, 9 ff.
- Funktion **107**, 23
- Rechtsanspruch **108**, 8

Krankenkassen 4, 1
- Abrechnungsprüfungspflicht **73 b**, 17

- als Vertragspartner **63**, 10; **64**, 1 ff.; **73 a**, 4; **73 b**, 7
- Anhörung **150**, 6; **157**, 5; **159**, 4, **172**, 1 ff.
- Auflösung **152**, 2 ff.; **162**, 2
- Ausdehnung **149**, 2; **159**, 1 ff.; **175**, 22 ff.
- Barrierefreiheit **2 a**, 15
- Beteiligung an den örtlichen Servicestellen **2 a**, 13
- Bildung von Arbeitsgemeinschaften **20 a**, 7
- Bindung an das Kartellrecht, *s. Kartellrecht*
- Bindung an das Vergaberecht, *s. Vergaberecht*
- Bindung an das SGB IX **2 a**, 8, 11
- bundesunmittelbar **144**, 15; **168**, 4
- Darlehen, *s. dort*
- Errichtung **147**, 1 ff.; **149**, 1; **157**, 1 ff.; **162**, 5
- Fusion, *s. dort*
- Haftung, *s. dort*
- Kassenarten **4**, 5 ff.
- Kassenartenzugehörigkeit **171 a**, 6
- landesunmittelbar **144**, 15
- neu errichtete **187**, 1
- Rechtsbeziehungen zwischen KKen und Leistungserbringern, *s. dort*
- Satzungen **63**, 13; **73 b**, 5
- Schließung **146 a**, 1 ff.; **152**, 6 ff.; **162**, 3 ff.; **170**, 2
- unterhaltssichernde und ergänzende Leistungen **2 a**, 10
- Verbände **69**, 22 ff.
- Wechsel der, *s. Kassenwahlrecht*
- Wettbewerb **20**, 10
- Wunsch- und Wahlrecht **2 a**, 11
- Zuständigkeitserklärungen **2 a**, 11

Krankenkassenwechsel, *s. Kassenwahlrecht*

Krankenpflege, häusliche 37, 1 ff., **132 a**, 1 ff.; **27**, 41
- Anspruch auf Vertragsschluss **132 a**, 6
- Behandlungspflege **37**, 6, 12
- Eignung der Pflegekräfte **132 a**, 7 ff.
- Fortbildung **132 a**, 9
- G-BA **37**, 15
- Grundpflege **37**, 9
- hauswirtschaftliche Versorgung **37**, 6; **38**, 5
- Komapatienten **37**, 12
- Kostenerstattung **37**, 14
- Leistungserbringer **132 a**, 1 ff.
- Pflegeversicherung (Abgrenzung) **37**, 9 ff.
- Rahmenempfehlungen **132 a**, 2 ff.
- Richtlinien G-BA **92**, 29
- Schiedsverfahren **132 a**, 10 f.
- Schwangerschaft **198 RVO**, 1 ff.
- Sicherungspflege **37**, 4, 8, 12
- Sondenernährung **37**, 10
- Vermeidungspflege **37**, 4, 6
- Werkstättenverordnung **37**, 7

Magere Zahlen = Rn.

Sachverzeichnis

- Wohnungslose **37**, 13
- Zulassung **132 a**, 6

Krankentransportleistungen
- einfacher Krankentransport **133**, 7, 11
- Fahrkosten, *s. dort*
- Festbetragsmodell **133**, 4, 22 ff.
- qualifizierter Krankentransport **60**, 16; **133**, 6, 10
- Rechtsquellen **133**, 1
- Schiedsstelle **133**, 19
- Vertragsmodell **133**, 3, 9 ff.

Krankenversichertenkarte 15, 17 ff.; **291**, 1, 2; **291 a**, 2
- Datenerfassung für den Risikostrukturausgleich **267**, 5
- Gebührenregelung **15**, 22
- Missbrauch der Karte **15**, 19
- Nachweis **15**, 17 ff.
- Notbehandlung **15**, 21
- Übertragbarkeit **15**, 18
- Vertrauensschutz **15**, 19

Krankenversichertennummer 290, 1; **291 a**, 5

Krankenversicherung für Rentner 1, 17

Krankheit 11, 13; **27**, 10 ff.
- Adipositas **27**, 18
- alterstypisch **27**, 19
- anatomische Abweichungen und Entstellungen **27**, 14 ff.
- Arbeitsunfähigkeit **27**, 27
- Begrenzung des Krankengeldanspruchs **48**, 3 ff.
- Begriff **27**, 10 ff.
- Behandlungsbedürftigkeit **27**, 24 ff.
- Behandlungsfähigkeit **27**, 26
- dieselbe Krankheit **48**, 4 ff.
- hinzutretende Erkrankung **48**, 6
- Kind **45**, 4
- lebensbedrohliche Krankheiten **31**, 28 ff.
- Regelwidrigkeit des Körper- und Geisteszustandes **27**, 11 ff.
- Schönheitsoperation **27**, 20 f.
- Suchterkrankung **27**, 22
- Verhältnis von Krankheit und Behinderung **27**, 17
  s. auch Arbeitsunfähigkeit
  s. auch Pflegekrankengeld

Krebserkrankungen 25, 6 ff.
- Mammographie-Screening **25**, 10

Kredite der Krankenkassen, *s. Finanzierung der GKV*

Kreditfinanzierungsverbot 259, 9; **260**, 5

Kündigung des Versorgungsvertrages (Krankenhaus) 110, 1 ff.
- Beteiligung Dritter **110**, 1
- Begründung **110**, 5
- Form **110**, 5
- Frist **110**, 3 ff.
- Genehmigung, Landesbehörde **110**, 5, 8 ff.
- Grund **110**, 10
- Rechtsfolgen, Rechtsschutz **110**, 12 ff.
- Verfahren, Voraussetzungen **110**, 3 ff.

Künstler 1, 17; **186**, 9; **190**, 8
- Versicherungspflicht **5**, 27 ff., 54

Künstlersozialversicherung 1, 17

künstliche Befruchtung
- Altersgrenzen **27 a**, 17
- Anspruch Genehmigungserteilung **121 a**, 7 ff.
- Anspruchsinhalt und -umfang **27 a**, 18 ff.
- Anspruchsvoraussetzungen **27 a**, 4 ff.
- Bedarfsgerechtigkeit **121 a**, 5
- Begriff **27 a**, 18
- Behandlungsplan **27 a**, 30 f.
- Durchführungsgenehmigung **121 a**, 1 ff.
- Ehe **27 a**, 13 ff.
- Erforderlichkeit **27 a**, 5 ff.
- Erfolgsaussicht **27 a**, 11 ff.
- Facharzt Gynäkologie, Geburtshilfe **121 a**, 3
- Fachgebietsumgrenzung **121 a**, 4, 14
- Genehmigung **27 a**, 30 f.
- medizinische Maßnahmen **27 a**, 18 ff.
- Qualitätssicherung **121 a**, 13
- Richtlinien G-BA **121 a**, 3
- Überweisung **27 a**, 16
- Unterrichtungspflicht **27 a**, 15
- Verhältnis zur Krankenbehandlung **27 a**, 3
- Wirtschaftlichkeitsgebot **121 a**, 5

Kurzarbeitergeld/-empfänger 192, 8, *s. auch Entgeltersatzleistungen*
- Arbeitsunfähigkeit **47 b**, 5 ff.
- Krankengeldanspruch **47 b**, 4 ff.

Laborkosten 29, 16

Landesausschüsse
- Bildung und Zusammensetzung **90**, 2 ff.
- Rechtscharakter **90**, 12 ff.
- Weisungsfreiheit der Mitglieder **90**, 7 ff.

Landeskrankenhausgesellschaft 69, 32; **108 a**, 3 ff.
- Einbindung in Leistungserbringungsrecht **108 a**, 4

Landkrankenkasse 1, 13

Landesverträge 112, 1; **137**, 1, 5
- Beteiligung Spitzenorganisationen **112**, 5
- Kündigung **112**, 14
- Normenverträge **112**, 13
- Rahmenempfehlungen **112**, 15
- Rechtsfolgen **112**, 13 ff.
- Rechtsnatur **112**, 3
- Vertragsinhalt **112**, 6 ff.
- Vertragsparteien **112**, 2
- Vertragsschluss **112**, 4
- zweiseitige Verträge **112**, 1 ff.

Landesschiedsstelle 112, 4; **114**, 1 ff.

1373

Sachverzeichnis

Fette Zahlen = §§

landwirtschaftliche Krankenversicherung
- KVLG **166**, 3
- landwirtschaftliche Krankenkasse **166**, 1 ff.
- landwirtschaftliche Sozialversicherung **1**, 17
- Nichtteilnahme am Risikostrukturausgleich **266**, 5; **267**, 6

lebenslagenspezifische Besonderheiten 139 a, 11

Lebensmittel 31, 7 ff.

Leistungen bei Schwangerschaft und Mutterschaft
- Anspruch bei Entbindung in einer stationären Einrichtung **197 RVO**, 3
- Hebammenhilfe **196 RVO**, 6 ff.
- Leistungsumfang **195 RVO**, 1 ff.; **196 RVO**, 1 ff.; **197 RVO**, 1 ff.
- Leistungserbringung **134 a**, 1 ff.
- Mehrkosten bei stationärer Entbindung **197 RVO**, 4
- Mund- und Zahngesundheit **196 RVO**, 5
- Mutterschaftsrichtlinien **196 RVO**, 1, 4
- Prämienzahlung **195 RVO**, 6
- vertragsärztliche Betreuung **196 RVO**, 3
- Zuzahlung **196 RVO**, 8

Lehrkrankenhaus 117, 3

Leistungsanspruch
- Anspruchsaufbau **11**, 6 ff.
- Anspruchsinhalt **11**, 15 ff.
- Beschäftigung im Ausland, *s. dort*
- Ende **19**, 1
- Konkurrenzen **11**, 5, 31 ff.
- nachgehender **19**, 1
- persönliche Anspruchsvoraussetzungen **11**, 9 ff.
- Prüfung **292**, 2
- Ruhen des Anspruchs, *s. dort*
- sachliche Anspruchsvoraussetzungen **11**, 12 ff.
- zukünftiger **292**, 1; **295**, 7

Leistungsausgaben
- ausgleichsfähige **269**, 4 ff.
- berücksichtigungsfähige **266**, 7
- standardisierte **266**, 23, 36

Leistungsausschluss
- Missbrauch **52 a**, 2 ff.

Leistungsbeschränkung
- Selbstverschulden, *s. dort*

Leistungserbringer
- als Vertragspartner **64**, 1 ff.
- Rechtsbeziehungen zwischen Krankenkassen und Leistungserbringern, *s. dort*
- sonstige **301 a**, 1; **302**, 1
- Statusbegründung **69**, 10 ff.
- Verbände **69**, 25 ff.
- Vielfalt **2**, 7

Leistungserbringungsrecht 1, 20; **63**, 5; **73 a**, 2; **73 b**, 16; **140 b**, 10 ff.
- allgemeine Lehren **69**, 1

- Begriff **69**, 21
- Einstandspflicht **15**, 2
- Einschaltung von Hilfspersonen **15**, 2, 11 ff.
- geschichtliche Entwicklung **1**, 20
- Grundsatz der persönlichen Leistungserbringung **15**, 2, 8 ff.
- Qualitätssicherung **15**, 1
- Sachleistungsgrundsatz **15**, 1
- Verhältnis zum Leistungsrecht **69**, 36 ff.
- Wirkung **15**, 15

Leistungsfähigkeit 108, 7; **109**, 8; **121 a**, 6; **145**, 5; **146 a**, 2; **147**, 11 ff.; **150**, 5; **159**, 3; **162**, 6; **168 a**, 4; **170**, 2; **171 b**, 3; **261**, 1; **262**, 2; **265**, 2

Leistungsrecht
- besondere Therapierichtungen **2**, 4 ff.
- Grundprinzipien **2**, 1
- integrierte Versorgung **140 b**, 8 ff.
- lebensbedrohliche Erkrankung **2**, 3; **12**, 4; **31**, 23 ff.
- Qualität der Leistung **2**, 3
- Wirksamkeit der Leistung **2**, 3

Leistungstransparenz 305, 2

Leistungszeitraum 186, 8

Liquidität 259, 10

Löschung 284, 4, 10; **291 a**, 15; **292**, 4; **303 c**, 4; **303 d**, 4

Mängelregress 55, 37

Managementgesellschaften 73 b, 9; **140 b**, 4

Material- und Laborkosten 29, 16

MDK, *s. Medizinischer Dienst der Krankenkassen*

Medicare-Programm 107, 28

medizinische Rehabilitation, *s. Rehabilitation, medizinische*

Medizinisches Versorgungszentrum 72, 2; **73 b**, 9; **95**, 5, 9 ff.; **140 a**, 9; **140 b**, 4
- in zulassungsbeschränkten Gebieten **103**, 16
- Mitwirkung an der Willensbildung der Kassenärztlichen Vereinigung **77**, 8

Medizinische Vorsorgeleistungen, *s. Vorsorgeleistungen, medizinische*

Medizinischer Dienst der Krankenkassen (MDK) 294, 1
- Akteneinsichtsrecht **276**, 10
- andere Gutachterdienste **275**, 27 ff.; **281**, 5
- Anzeige einer Prüfung **275**, 10
- Arbeitsgemeinschaft **278**
- Arbeitsunfähigkeit **275**, 13 ff.; **276**, 13; **277**, 5
- Ärzte des Bundeseisenbahnvermögens **283**, 2
- Aufsicht **281**, 7
- Aufwandspauschale **275**, 10
- Ausnahmen **283**
- Auskünfte **276**, 2

Magere Zahlen = Rn.

Sachverzeichnis

- Beamte **278**, 2
- Begutachtung **275**, 5 ff.
- Behandlung im Ausland **275**, 20
- Beratungsfunktion **275**, 26
- Betretungsrecht **276**, 11 ff., 14; **275**, 11
- Betriebs- und Rechnungsführung **280**, 3
- Daten **276**, 3 ff.
- Datenauswertung **276**, 8
- Datenerhebung durch den Medizinischen Dienst der Krankenkassen **276**, 3 ff.
- Datenübermittlung durch die Krankenkassen **276**, 2
- Datenübermittlung zwischen Medizinischem Dienst und externem Gutachter **276**, 9
- Dienstherrenfähigkeit **278**, 2
- Deutsche Rentenversicherung Knappschaft-Bahn-See **281**, 4; **283**, 3
- Erbringung von Leistungen **275**, 8
- Erforderlichkeit, gutachterliche Stellungnahme **275**, 7
- Ergebnismitteilung **277**
- Ermessen zur Einschaltung des **275**, 3, 23 ff.
- externe Gutachter **279**, 9
- Fremdaufgaben **281**, 4
- geeignete Fälle **275**, 23 ff.
- gemeinsamer Medizinischer Dienst der Krankenkassen für mehrere Länder **278**, 4
- Geschäftsführer **279**, 1, 4, 6
- Haushalts- und Rechnungswesen **281**, 6
- häusliche Krankenpflege **275**, 21
- Haushaltsplan **280**, 3
- länderübergreifende Verbände **278**, 3
- Krankenhausbehandlung **275**, 9 ff.
- Leistungen zur Teilhabe **275**, 12
- Leistungserbringer **276**, 5, 7
- Medizinischer Dienst des SpiBuKK, *s. dort*
- mehrere Medizinische Dienste der Krankenkassen in einem Land **278**, 4
- Mitteilungspflichten **277**
- Nebenstellen **280**, 3
- obligatorische Begutachtung **275**, 18 ff.
- ordnungsgemäße Abrechnung **275**, 8
- Patientenzuordnung **275**, 25 ff.; **276**, 12
- Pflichtenkreis, eigener **278**, 5
- Pflegeversicherung **276**, 15; **281**, 3
- Prüfauftrag **275** 1, 3, 23 ff.
- Richtlinien **275**, 19; **279**, 4; **280**, 3
- Satzungsbeschluss **280**, 2, 4
- stationäre Einrichtung **276**, 11 ff.
- Umlagefinanzierung **281**, 2 ff.
- Unterlagen, Herausgabe an den MDK **276**, 6
- Unabhängigkeit der Ärzte **275**, 30; **281**, 7; **282**, 5
- Untersuchung **276**, 13 ff.
- Vergütung **281**, 4 ff.
- Versicherter **276**, 2, 10, 13 ff.; **277**, 4 ff.
- Verwaltungsinternum **275**, 4
- Verwaltungsrat **279**, 2 ff.; **280**
- Wettbewerb, Wettbewerbsthemen **275**, 27 ff.; **281**, 5
- Zahnersatz, Versorgung mit **275**, 22
- Zufälligkeitsprüfung **275**, 17
- Zweifel an der Arbeitsunfähigkeit **275**, 14

Medizinischer Dienst des SpiBuKK
- Aufgaben **282**, 3 ff.
- Aufsicht **282**, 5
- Bildung **282**, 1
- Dienstherrenfähigkeit **282**, 2
- Empfehlungen **282**, 4
- Rechtsform **282**, 2
- Richtlinien **282**, 4

Medizinischer Wissensstand, *s. Wissensstand, medizinischer*

Medizinprodukte 31, 9; **63**, 5

Mehrfachbeschäftigung, *s. Arbeitsunfähigkeit*

Mehrheitserfordernis 147, 13

Mehrkosten 29, 30

Mehrkostenvereinbarung 28, 41; **29**, 31; **56**, 4
- Amalgam **28**, 48
- Füllungstherapie **28**, 47
- Gebührenordnung für Zahnärzte **28**, 49
- Kieferorthopädie **28**, 44
- Schriftform **28**, 45

Meldungen, Meldepflichten 186, 6
- Arbeitslosengeld (II) **203 a**
- Auskunftspflichten der Versicherten **206 ff.**
- Datenübertragung **202**, 6
- Datenerfassungs- und Übermittlungsverordnung **198**, 3
- Einrichtungen, Träger **200**, 2 ff.
- Elterngeld **203**
- Erziehungsgeld **203**
- Gesamtbetriebe **199**, 3
- Gesamthafenbetriebe **199**, 4
- maschinell gestütztes Verfahren **201**, 8
- Mitteilungspflichten der Versicherten **206 ff.**
- Ordnungswidrigkeit **198**, 3; **202**, 7; **205**, 4
- Rentenantragstellung und Rentenbezug **201 ff.**
- Rentenversicherungsträger **201**, 4, 7
- Rentner **201**, 2 ff.; **205**
- sonstige versicherungspflichtige Personen **200**, 1 ff.
- Studentenkrankenversicherungs-Meldeverordnung **200**, 4
- Studenten **201**, 2
- unständig Beschäftigte **199**
- versicherungspflichtig Beschäftigte **199**, 1
- Versorgungsbezüge **202**; **205**
- Versorgungsempfänger **202**, 4
- Verstoß **307**, 4
- Wehrdienst **204 ff.**

1375

Sachverzeichnis

Fette Zahlen = §§

- Zahlstelle der Versorgungsbezüge **202**, 3; **205**, 4
- Zivildienst **204**

missglückter Arbeitsversuch 5, 4
Mitgliedergewinnung 29, 17; **284**, 8
Mitgliedschaft 44, 4; **45**, 2; **186**, 2
- Arbeitsunfähigkeit **44**, 4
- Austrittserklärung **190**, 2
- Ende **190**, 1
- Fortsetzung **186**, 11
- Fortbestehen **192**, 1; **193**, 3
- Freistellungsanspruch **45**, 10
- freiwillige **191**, 1, 4

Mitgliedschaftsverhältnis 9, 6ff.; **11**, 9.
Mitteilungspflicht 307, 4
Mittel 259, 1ff.
- Feststellung **259**, 5
- Liquiditätsreserve **259**, 11
- Verwaltung und Anlage **259**, 10

modifizierter Standardtarif, s. *Standardtarif, modifizierter*
Modellvorhaben 63, 1ff.; **64**, 1ff.; **65**; **73a**, 1, 3; **137f**, 15; **140a**, 1
- Befristung **63**, 14
- Leistungsmodelle **63**, 3, 10ff.
- Strukturmodelle **63**, 3ff.

Monistik, s. *Krankenhausfinanzierung*
Müttergenesungswerk 111a, 1ff.
- Anforderungsprofile für Einrichtungen **111a**, 3

Mütter und Väter, medizinische Rehabilitation für 41, 1ff.
- anspruchsberechtigter Personenkreis **41**, 3
- Anspruchsvoraussetzungen **41**, 5
- Behinderung **41**, 4
- chronische Krankheiten **41**, 4
- Einrichtungen **41**, 7
- Entscheidung durch die Krankenkasse **41**, 8
- Leistungsinhalt **41**, 7
- Medizinischer Dienst der Krankenkassen **41**, 8
- Nachrangigkeit der Krankenkasse **41**, 6
- Pflegebedürftigkeit **41**, 4
- Regeldauer **41**, 9
- Regelintervall **41**, 9
- Statistik **41**, 11
- Ziele **41**, 4
- Zuzahlung **41**, 10

Mütter und Väter, medizinische Vorsorge für 24, 1ff.
- anspruchsberechtigter Personenkreis **24**, 5
- behinderte Kinder **24**, 7
- Elternbegriff **24**, 6
- Großeltern **24**, 7
- Leistungserbringungsrecht **24**, 2
- Leistungsumfang **24**, 10
- Medizinischer Dienst der Krankenkassen **24**, 9
- Partner von Eltern **24**, 8
- persönliches Sorgerecht **24**, 6
- Pflichtleistungen **24**, 4
- Positive Vorsorgeprognose **24**, 9
- Regeldauer **24**, 11
- Regelintervall **24**, 11
- Statistik **24**, 13
- Zuständige Einrichtungen **24**, 1
- Zuzahlung **24**, 12

Mutterschaft
- Leistungen **195 RVO**, 1ff.; **196 RVO**, 1ff.; **197 RVO**, 1ff.
- Leistungserbringung **134a**, 1ff.
- Mutterschaftsgeld, s. *dort*
- Mutterschaftsrichtlinien **196 RVO**, 1, 4

Mutterschaftsgeld 192 RVO, 5; **195 RVO**, 5; **200 RVO**, 1ff.
- Anspruchsberechtigung **200 RVO**, 2
- Dauer **200 RVO**, 6
- Höhe **200 RVO**, 4
- kein Ruhen des Anspruchs **195 RVO**, 5
- Mitglied einer Krankenkasse **200 RVO**, 2
- Ruhen des Anspruchs **200 RVO**, 7

Nacherfassung, elektronische 303, 6
nachgehende Ansprüche 191, 1
Nachsorge, sozialmedizinische 132c, 1ff.
- Leistung **43**, 8
- Leistungserbringung **132c**, 1ff.
- Ermessen der Krankenkassen **132c**, 4
- Verträge **132c**, 5
- Vertragspartner der Krankenkassen **132c**, 3

nachstationäre Behandlung 115a, 9ff.
Nachtklinik 39, 15
nationalsozialistische Herrschaft 1, 13
Naturalleistungsprinzip, s. *Sachleistungsprinzip*
neue Heilmittel 32, 18; **138**, 1ff.
- Stellungnahmerechte **138**, 2
- Rechtsschutz **138**, 3
- Verfahren der Anerkennung **138**, 2

neue Untersuchungs- und Behandlungsmethoden 31, 17; **73b**, 16; **140b**, 9
- Begriff **135**, 3ff.
- Beurteilungskriterien für Richtlinienempfehlung **135**, 12ff.
- Qualitätssicherung **135**, 18ff.
- Verbot der Leistungserbringung mit Erlaubnisvorbehalt **135**, 26ff.
- Verfahren der Richtlinienempfehlung **135**, 16ff., 20ff.

nichtärztliche sozialpädiatrische Leistungen 43a, 1ff.
- Leistungserbringung **43a**, 5
- Leistungsumfang **43a**, 4
- Leistungsvoraussetzungen **43a**, 3
- Verhältnis zur Früherkennung und Frühförderung **43a**, 2

Notdienst 73b, 15; **133**, 6; **115**, 9
Notfallbehandlungen 88, 15

Magere Zahlen = Rn.

Sachverzeichnis

Notfallversorgung 291a, 7
Novizen 5, 13; 6, 31

Öffentlicher Gesundheitsdienst, Schutzimpfungen 20d, 7
Offenbarungsbefugnis 289, 3; 294, 1
Offenbarungspflicht 286, 1; 289, 3; 303, 5
offene Methode der Koordinierung 1, 39
Operationen- und Prozedurenschlüssel (OPS) 301, 5
Orientierungspunktwerte 87, 14 ff.
– erstmalige Festlegung **87 c**, 2
Originalbelege
– Übermittlung **298**, 2
– Aufbewahrungsfrist **304**, 5
Ottawa-Charta der Weltgesundheitsorganisation (WHO) 20, 4

Palliativversorgung, spezialisierte ambulante, *s. spezialisierte ambulante Palliativversorgung*
Parafiskus 274, 7
Patientenakte, elektronische 68, 1; 291a, 7
Patientenbeauftragter
– Amtsdauer **140h**, 2
– Aufgaben **140h**, 3 ff.
– Befugnisse **140h**, 3 ff.
– Institut für Qualität und Wirtschaftlichkeit im Gesundheitswesen-Auftrag **139b**, 6
Patientenbeteiligung
– Gegenstand der Beteiligung **140f**, 14
– Patientenbeteiligungsverordnung **140f**, 1
– Rahmenempfehlungen **140f**, 18
– Reisekosten **140f**, 19
– Umfang **140f**, 15
– Zweck **140f**, 1
Patientendokumentation 68, 3
Patientenfach 68, 3
Patientenorganisationen 140f
– Institut für Qualität und Wirtschaftlichkeit im Gesundheitswesen-Auftrag **139b**, 6
Patientenorientierung 139a, 3, 22
Patientenquittung 305, 4
Patientenschulungsmaßnahmen 2a, 18; 43, 7
Patientenvertreter
– Mitglieder des Gemeinsamen Bundesausschusses **91**, 13
– Mitglieder Landesausschüsse **90**, 6
persönliches Budget 2a, 12; 11, 28
Pflegebedürftigkeit 23, 9; 40, 5
Pflegeeinrichtungen 140b, 6
Pflegeklasse 39, 25
Pflegekrankengeld/-anspruch 45, 2 ff.
– Alleinerziehende **45**, 6
– Anspruchsberechtigter **45**, 2
– Anspruchsentstehung **45**, 6

– Dauer des Anspruchs **45**, 6
– Ruhen des Anspruchs **45**, 6
– unbefristeter Anspruch **45**, 7
– Unterschied zum Krankengeld **45**, 6
Pflegesatzverhandlung 108, 16; 109, 4, 9
Pflegeweiterentwicklungsgesetz 1, 32
Pflichtmitglieder 187, 2
Pharmakotherapie
– Untersuchungs- und Behandlungsmethode **135**, 5, 9 ff., 13
Pharmazentralnummer 300, 3
pharmazeutischer Großhändler
– Abrechnungsverfahren mit Apothekern und Unternehmern **130a**, 7 ff.
– Großhändlerrabatte **130a**, 1
– Rahmenvertrag **130a**, 8
– Unternehmerrabatt **130a**, 7 ff.
pharmazeutischer Unternehmer
– Antragsbefugnis zur Aufnahme in OTC-Liste **34**, 14 ff.
– Auskunft und Datenübermittlung **131**, 7
– Beitritt zum Rahmenvertrag **131**, 3
– Rabatt, *s. Unternehmerrabatt*
– Rahmenvertrag **131**, 1 ff.
– Rechtsschutz **34**, 16
– Spitzenorganisationen **131**, 2
– Verpackung des Arzneimittels **131**, 6, 8
Phytotherapie 2, 4
Plankrankenhaus 108, 4; 109, 11
– Aufnahmeprozess **108**, 6
– Auswahlentscheidung **108**, 7
– Feststellungsentscheidung **108**, 7
– Kündigung, *s. dort*
– Planaufstellungsstufe **108**, 6
– planergänzende Vereinbarung **109**, 13
– planmodifizierende Vereinbarung **109**, 12
– Planvollziehungsstufe **108**, 6, 7
– Versorgungsvertrag **109**, 11
– Vorrang **110**, 10
Plausibilitätsprüfung, *s. Abrechnungsprüfung*
Poliklinik 120, 3
Postulanten 5, 13, 54; 6, 31
Prämie 65a, 3
Pränataldiagnostik 196 RVO, 3
Prävention
– Bedeutung der Europäischen Sozialcharta **20**, 5
– Bedeutung der Ottawa-Charta der Weltgesundheitsorganisation (WHO) **20**, 4
– Eigenverantwortlichkeit der Versicherten **20**, 3
– Empfängnisverhütung **24a**, 1 ff.
– gesundheitliche Prävention **20**, 6
– Gesundheitsförderung **20**, 6
– individueller Ansatz **20**, 15
– Kosten **20**, 16
– Leistungen **20**, 12
– Leistungen bei Schwangerschaft und Mutterschaft **195 RVO**, 1 ff.

1377

Sachverzeichnis

Fette Zahlen = §§

- Leistungserbringung **20**, 13
- medizinische Vorsorgeleistungen **23**, 1 ff.
- medizinische Vorsorge für Mütter und Väter **24**, 1 ff.
- Personenkreis **20**, 9
- Prävention arbeitsbedingter Gesundheitsgefahren **20 b**, 1 ff.
- Prävention von Behinderung im Arbeitsleben **20 a**, 5
- Präventionsgesetz **20**, 2, 7
- primäre Prävention **20**, 1 ff., 6, 7, 8; **25**, 1
- primäre Prävention durch Schutzimpfungen **20 d**, 1 ff.
- prioritäre Handlungsfelder **20**, 14 ff.
- Satzungsregelungen der Krankenkassen **20**, 11
- Schwangerschaftsabbruch **24 b**, 1 ff.
- sekundäre Prävention **20**, 6, **23**, 7; **25**, 1
- Setting-Ansatz **20**, 15
- sozial bedingte Ungleichheit von Gesundheitschancen **20**, 8
- Sterilisation **24 b**, 1 ff.
- tertiäre Prävention **20**, 6; **23**, 8; **25**, 1
- Verhütung von Zahnerkrankungen **21**, 1 ff.; **22**, 1 ff.; **196 RVO**, 5
- Verwaltungskosten **20**, 17
- Zielsetzung **20**, 3

Präventionsgesetz 25, 1

Prävention arbeitsbedingter Gesundheitsgefahren
- Kooperationspflicht **20 b**, 1, 6
- Kooperationspflicht zur Bildung regionaler Arbeitsgemeinschaften **20 b**, 7
- Meldepflicht **20 b**, 4
- Prüfung eines Rehabilitationsbedarfs durch die KKen **20 b**, 5
- Unterstützung durch die Unfallversicherungsträger **20 b**, 3
- Verantwortung des Arbeitgebers **20 b**, 3

Präventives Haftungs- und Risikomanagement 172, 7

Praktikanten 5, 42 ff.; **186**, 17; **190**, 13
- Befreiung von der Versicherungspflicht **8**, 12
- Familienversicherung **10**, 6
- Nachrang **5**, 46 ff.
- Versicherungspflicht **5**, 42 ff.

Praxisgebühr
- Abrechnung **43 b**, 13 ff.
- ärztliche Versorgung **28 Abs. 4**, 65 ff.
- Ausnahmen **28 Abs. 4**, 72 ff.
- Einbehalten **43 b**, 9 ff.
- Einziehung **43 b**, 9 ff.
- Entrichtung **28 Abs. 4**, 71
- Höhe **28 Abs. 4**, 71; **61**, 14
- Inanspruchnahme eines Leistungserbringers **28 Abs. 4**, 67 ff.
- Kostenerstattung **28 Abs. 4**, 75
- Notfallbehandlung **28 Abs. 4**, 70
- Quartal **28 Abs. 4**, 69
- Regelungszusammenhang **28 Abs. 4**, 64
- Überweisung **28 Abs. 4**, 68
- Verfassungsmäßigkeit **28 Abs. 4**, 63
- Vergütungsbestandteil **43 b**, 14
- Vertreter des Vertragsarztes **28 Abs. 4**, 66
- Zahlungsermäßigung **28 Abs. 4**, 74
- zahnärztliche Versorgung **28 Abs. 4**, 65 ff.
- Zuzahlungen, *s. dort*

Praxisklinik 115, 7

Praxiskosten 57, 11

Praxiswert 103, 14

Preisvergleichsliste
- Richtlinien des Gemeinsamen Bundesausschusses **92**, 20

private Krankenversicherung 291 a, 3
- Kündigungsmöglichkeit **5**, 75
- Rückkehrmöglichkeit zur gesetzlichen Krankenversicherung **5**, 76

Prophylaxemaßnahmen 55, 12

Prothetik-Einigungsausschuss 55, 38

Prozessqualität 137, 6

Prüfung 274, 1 ff.
- Geschäfts-, Rechnungs- und Betriebsführung **274**, 1
- Haushalts- und Wirtschaftsführung **274**, 9

Prüfungsstelle 106, 22; **296**, 1; **297**, 3; **300**, 5

Prüfzeitraum 297, 4

Pseudonymisierung 287, 5; **299**, 3; **303 c**, 1, 3, 5

psychiatrische Institutsambulanz 118, 1 ff.
- Abteilungscharakter **118**, 2
- Bedarfsprüfung **118**, 4
- defensive Konkurrentenklage **118**, 7
- Drittschutz **118**, 7
- Ermächtigung **118**, 1, 4 ff., 8 ff.
- psychiatrisches Krankenhaus **118**, 1
- selbstständige psychiatrische Krankenhausabteilung **118**, 1, 8
- Teilnahmeberechtigung **118**, 1
- Vergütung **120**, 8 ff.
- Versorgungsauftrag, regionaler **118**, 8

psychisch Kranke
- Berücksichtigung bei Richtlinienerlass **92**, 6

psychologische Institutsambulanz 113, 13 ff.; **117**, 9 ff.
- Ermächtigung **117**, 9 ff.
- Fallzahlenbegrenzung **117**, 10
- Vergütung **117**, 11

psychologisches Universitätsinstitut 117, 9 ff.
- Fallzahlenbegrenzungen **117**, 10
- zugelassene Behandlungsmethoden **117**, 10

Psychotherapeut 72, 2
- ärztlicher **121 a**, 3
- Approbation **95 c**, 2

Magere Zahlen = Rn.

Sachverzeichnis

- Eintragung in das Arztregister **95 c**, 1 ff.
- Eintragung in das Arztregister **95 c**, 1 ff.
- Fachkundenachweis **95 c**, 3
- Fortbildungspflicht **95d**, 1 ff.
- Richtlinien des Gemeinsamen Bundesausschusses **92**, 28
- Teilnahme an der vertragsärztlichen Versorgung **95**, 1
- Zulassung und Ermächtigung **95**, 12

psychotherapeutische Ausbildungsstätte 117, 1, 9
- Ambulanz **117**, 9 ff.
- Behandlungsmethoden **117**, 10
- Forschung **117**, 9
- Vergütung **120**, 8 ff.

psychotherapeutische Behandlung 28, 49 ff.
- Behandlungsmethoden **28**, 55 ff.
- psychologischer Krankheitsbegriff **28**, 55
- Therapeuten **28**, 52 ff.
- Verfahrensregelungen **28**, 58 ff.

Punktmengenüberschreitung 88, 4
Punktwert 57, 7
Punktwertdegression 29, 23

Qualitätsbericht 136, 2
Qualitätsmanagement 137d, 4
Qualitätsprüfung 136, 3; **299**, 1
- Qualitätsbeurteilungs-Richtlinien **136**, 3
- Qualitätsprüfungs-Richtlinie **136**, 4
- Qualitätssicherungs-Kommissionen **136**, 4

Qualitätssicherung 15, 1; **107**, 19; **108 a**, 7; **121 a**, 13; **135**, 23 ff., 38 ff.; **137**, 1 ff.; **137f**, 7; **139 a**, 6
- ambulante Vorsorge **137d**, 6
- Dokumentation der Leistungserbringung **137**, 14
- Ergebnisqualität **137**, 6, 10
- Gemeinsamer Bundesausschuss, Kompetenz **137**, 4 ff.
- Kosten **139 c**, 2
- Maßnahmen, allgemeine **137**, 4 ff.
- Maßnahmen, zahnärztliche Versorgung **137**, 15 ff.
- Mindestmenge, Festsetzung **137**, 12
- Patientenschutz **137**, 8
- Prozessqualität **137**, 6
- Qualitätssicherungs-Kommissionen **136**, 4
- Qualitätsmessung **137**, 6 ff.
- Rechtsschutzmöglichkeiten der Krankenhäuser **137**, 14
- Rehabilitation **137d**, 3
- Richtlinien und Beschlüsse des Gemeinsamen Bundesausschusses **137**, 1 ff., 7 ff.
- sektorenübergreifender Ansatz **137**, 10
- stationäre Vorsorge **137d**, 5
- Strukturqualität **137**, 6

- Weiterbildung medizinisches Personal **137**, 11
- Wettbewerb der Krankenhäuser **137**, 14
- Wirtschaftlichkeitsgebot **137**, 8
- zusätzliche Maßnahmen **137**, 11 ff.
- Zweitmeinung bei Eingriff **137**, 13

Qualitäts- und Wirtschaftlichkeitsprüfung 107, 19; **113**, 3 ff.

Rabattverträge 106, 6; **130 a**, 10 f.; **140 a**, 14
- Beitritt des Vertragsarztes **106**, 6
- Wirtschaftlichkeitsprüfung **106**, 6

Rahmenempfehlungen 108 a, 7; **112**, 15 ff.; **115**, 17; **115 a**, 13

Rangfolge der Einnahmearten, *s. beitragspflichtige Einnahmen*

Rechenzentrum 300, 5; **301a**, 3; **302**, 4
Rechnungskürzung 301, 9; **303**, 7

Rechtsbeziehungen zwischen Krankenkassen und Leistungserbringern
- anwendbares Recht **69**, 34 ff.
- Ausgestaltungsebene **69**, 14 ff.
- Begründungsebene **69**, 10 ff.
- Beitrittsgebiet **311**, 1 ff.
- Bestandsschutz **311**, 2
- Gesamtverträge mit ermächtigten Einrichtungen **311**, 3
- kassenärztliche Zulassung **311**, 4
- Rechtsweg **69**, 46 ff.
- Typologie **69**, 4 ff.

Rechtskontrolle 144, 2, 8
Rechtsträgerabwicklung 263 a, 1
Reeder, *s. Beschäftigung im Ausland*
Reformgesetze zum Sozialgesetzbuch V 1, 21 ff.
Regelaltersrente 51, 4
Regelentgelt 47, 4
Regelleistungsvolumen 87 b, 1
- Anpassung **87 b**, 4
- Berechnungsformel **87 b**, 2
- Einzelleistungsvergütung **87 b**, 5
- Mehrleistungen **87 b**, 3
- Zuweisung an den Vertragsarzt **87 b**, 6

Regelversorgung 55, 2, 11, 33; **56**, 1; **57**, 1; **88**, 3, 13

Rehabilitand
- Befreiung von der Versicherungspflicht **8**, 11

Rehabilitation 107, 15
- ergänzende Leistungen zur Rehabilitation **43**, 1 ff.
- Frührehabilitation **39**, 26
- Rehabilitationseinrichtung **107**, 12 ff.; **301**, 9
- Wiedereingliederung, stufenweise, *s. dort*

Rehabilitation, medizinische 40, 1 ff.; **192**, 7
- aktivierende Pflege **40**, 5

1379

Sachverzeichnis

Fette Zahlen = §§

- Allgemeines **40**, 1
- ambulante **40**, 6 ff.
- Anforderungen an Leistungserbringer **40**, 12
- anspruchsbedürftiger Personenkreis **40**, 4 ff.
- Begrenzung der Zuzahlung **40**, 26
- Behinderung **40**, 4
- Belastungserprobung und Arbeitstherapie **42**, 1 ff.
- chronische Krankheit **40**, 4
- Dienste und Einrichtungen der Rehabilitation **2a**, 14; **111**, 1 ff.
- Entscheidungsfrist der Krankenkasse **40**, 19
- Entscheidungsverfahren der Krankenkasse **40**, 18 ff.
- Ermessen **40**, 21
- für Mütter und Väter, s. *Mütter und Väter, medizinische Rehabilitation für*
- Geeignetheit der Einrichtungen **40**, 13
- Geltung des SGB IX **40**, 2
- gemeinsame Empfehlungen **40**, 9
- Gesetzgebungsgeschichte **40**, 3
- Inhalt der ambulanten medizinischen Rehabilitation **40**, 8
- Inhalt der stationären medizinischen Rehabilitation **40**, 15
- Leistungserbringungsort **40**, 7, 16
- Medizinischer Dienst der Krankenkassen **40**, 20
- Pflegebedürftigkeit **40**, 5
- Regeldauer **40**, 22
- Regelintervall **40**, 23
- Rehabilitations-Richtlinien **40**, 18
- Richtlinien des Gemeinsamen Bundesausschusses **92**, 25 ff.
- stationär **40**, 14 ff.
- Statistik **40**, 28
- stufenweise Wiedereingliederung **40**, 8
- Verhältnis zur ambulanten Krankenbehandlung **40**, 6
- vorrangige Zuständigkeit der Krankenkasse **40**, 17
- Zahlungsweg für die Zuzahlung **40**, 27
- Ziele **40**, 2, 4 ff.
- Zuständigkeiten bei der Leistungserbringung **40**, 11
- Zuständigkeit der Krankenkasse **40**, 17
- Zuständigkeit des Rentenversicherungsträgers **40**, 17
- Zuständigkeit des Unfallversicherungsträgers **40**, 17
- Zuzahlung **40**, 25 ff.

Rehabilitationseinrichtungen
- Versorgungsverträge **111**, 1 ff.

Rehabilitationssport 43, 5
Reichsversicherungsordnung 1, 13
Reiseschutzimpfungen 20d, 5

Rente
- Abgrenzung zum Krankengeld/-anspruch **50**, 1 ff.
- Antrag **186**, 18; **189**, 4
- Bezug **188**, 3; **190**, 14 ff.
- Bewilligung **186**, 18
- Rentenversicherungsnummer **290**, 3; **291a**, 5

Rentner 186, 18; **190**, 14
- Befreiung von der Versicherungspflicht **8**, 11; **189**, 2
- freiwillige Versicherung **9**, 21 ff.
- Kassenwahlrecht **173**, 19
- Versicherungspflicht **5**, 48 ff.

Reproduktion 121a, 3
Reproduktionsbiologie 121a, 3
Reservefonds 1, 14
Richtgrößen 84, 1, 9 ff.
Richtlinien (Datenübertragung)
- Abrechnungsverfahren **301**, 3; **302**, 3
- Datenaustausch **294**, 3
- Datentransparenz **303e**, 2
- Kodier-Richtlinien **295**, 11; **301**, 7
- Richtlinien des Gemeinsamen Bundesausschusses, *s. dort*

Richtlinien des Gemeinsamen Bundesausschusses
- Befugnis **92**, 2 ff.
- Ersatzvornahme durch das Bundesministerium für Gesundheit **94**, 7 ff.
- Individualprophylaxe **22**, 6
- ministerielle Aufsicht **94**, 10
- Rechtsschutz **92**, 16 ff., 20
- Rechtsverbindlichkeit **92**, 7 ff.
- Rehabilitation **40**, 18
- Schutzimpfungen **20d**, 4
- Schwangerschaftsabbruch **24b**, 3
- Stand der Richtliniengebung **92**, 34
- Stellungnahmerecht betroffener Organisationen **92**, 30 ff.
- Therapiehinweise **92**, 6
- verfassungsrechtliche Legitimation **92**, 9 ff.
- Wirksamkeit **94**, 2 ff.

Risikopool 269, 1 ff.; **295**, 9
- Abschaffung **269**, 7
- Ausgleichsbedarfssatz **269**, 4 ff.
- Ausgleichszahlungen **269**, 3
- Finanzkraft **269**, 6
- Leistungsausgaben, ausgleichsfähige **269**, 4-5
- Schwellenwert **269**, 4
- Zielsetzung **269**, 2

Risikostrukturausgleich 2a, 18; **137f**, 1 ff.; **266**, 1 ff.; **295**, 9
- Abschlagszahlungen, monatliche **266**, 27
- Ausgleichsbedarfssatz **266**, 24, 37 ff.
- Ausgleichsfaktoren **266**, 11 ff.
- Ausgleichszahlung **266**, 22

Magere Zahlen = Rn.

Sachverzeichnis

- Beitragsbedarf **266**, 23
- Bewertung, europarechtliche **266**, 33
- Bewertung, verfassungsrechtliche **266**, 30 ff.
- bundesweiter **266**, 10
- Datenmeldungen **267**, 1 ff., **268**, 5
- Datenqualität **267**, 7
- Finanzkraft **266**, 24, 37
- gesamtdeutscher **313 a**, 1
- Jährlichkeitsprinzip **266**, 9
- Jahresausgleich **266**, 28
- Korrekturverfahren **266**, 29
- Leistungsausgaben, berücksichtigungsfähige **266**, 7
- Leistungsausgaben, standardisierte **266**, 23, 36
- Morbiditätsgruppen **266**, 16; **268**, 2 ff.
- Prüfrecht **266**, 26
- Stichprobe **267**, 4
- Verhältniswerte **266**, 25
- Versicherte, einbezogene **266**, 6
- Versichertengruppen **266**, 16; **267**, 3 ff.
- Weiterentwicklung **268**, 1 ff.
- Zielgenauigkeit **266**, 34; **268**, 1
- Zielsetzung **266**, 4

Röntgenleistung 28, 29
Röntgenverordnung 285, 4
Rücklage 259, 2; **261**, 1 ff.
- Anlage **261**, 6
- Auffüllung **261**, 3
- Rücklagesoll **261**, 2

Rückversicherung 265, 4
Rückzahlung 29, 27
Ruhegehaltsansprüche
- Ausschluss von Krankengeld **50**, 3

Ruhen des Anspruchs
- Aufenthalt im Ausland **16**, 3 ff.
- Nichtzahlung von Beiträgen **16**, 14 ff.
- Zuständigkeit eines anderen Trägers **16**, 8 ff.

Sachleistung 29, 6
Sachleistungsanspruch 29, 2, 12, 15; **55**, 5
Sachleistungsprinzip 2, 6; **13**, 3 ff.; **31**, 1, 30; **2**, 6; **108**, 16
Sachverständige 139 a, 22; **139 b**, 10
- ambulante Vorsorge **137 d**, 6
- Geheimhaltungsinteresse **139 b**, 14
- Institut für Qualität und Wirtschaftlichkeit im Gesundheitswesen **139 a**, 22; **139 b**, 13
- Offenlegungspflicht **139 b**, 14
- Unabhängigkeit **139 b**, 13, 14

Sachverständigenrat zur Begutachtung der Entwicklung im Gesundheitswesen 142, 1 ff.
Saisonkurzarbeitergeld 192, 8
Satzung
- Einsichtnahme **196**
- Genehmigung **195**
- notwendiger Inhalt **194**, 15 ff.

Satzungsermessen
- Bundesverbände **265 a**, 2 ff.
- Landesverbände **262**, 1; **265**, 3 ff.

Schiedsamt 57, 33, 34; **88**, 11; **89**, 1
- Aufsicht **89**, 27 ff.
- Befangenheit **89**, 12
- Behördeneigenschaft **89**, 9
- Einleitung des Verfahrens **89**, 10
- Organisation **89**, 23 ff.
- Rechtsschutz **89**, 20 ff.
- Schiedsamtsmitglieder **89**, 25 ff.
- Schiedsfähigkeit **89**, 4 ff.
- Schiedsspruch **89**, 17 ff.
- zahntechnische Versorgung **89**, 32 ff.
- Zuständigkeit **89**, 3

Schiedsstelle 300, 7
- erweiterte **114**, 7; **115**, 14
- Schiedsstellenverfahren **120**, 11

Schutzimpfungen
- Anspruch **20 d**, 1 ff., 3
- Reiseschutzimpfungen **20 d**, 5
- Satzungsregelungen der Krankenkassen **20 d**, 6
- Schutzimpfungs-Richtlinie **20 d**, 4
- Vertragsärzte **132 e**, 4
- Versorgungsverträge **132 e**, 3
- Zuständigkeit des öffentlichen Gesundheitsdienstes **20 d**, 7

Schwangerschaft 112, 12; **192**, 9
- Abbruch, s. *Schwangerschaftsabbruch*
- Leistungen **195 RVO**, 1 ff.; **196 RVO**, 1 ff.; **197 RVO**, 1 ff.
- Leistungserbringung **134 a**, 1 ff.
- Schwangerenhilfegesetz, s. *dort*
  s. auch Entbindung; Haushaltshilfe; Krankenpflege, häusliche

Schwangerenhilfegesetz 24 b, 2
Schwangerschaftsabbruch 24 b, 1 ff.
- Anspruch auf Krankengeld **24 b**, 13
- Anspruchsumfang **24 b**, 13
- Begriff **24 b**, 9
- Einrichtungen **24 b**, 12
- Gesetzgebungsgeschichte **24 b**, 5
- gesetzliche Systematik **24 b**, 4
- kriminologische Indikation **24 b**, 11
- Leistungen bei straflosem Schwangerschaftsabbruch **24 b**, 15
- Leistungen nach dem Schwangerschaftshilfegesetz **24 b**, 17
- Leistungsvoraussetzungen **24 b**, 10
- Rechtswidrigkeit **24 b**, 10 f.
- Richtlinien zum Schwangerschaftsabbruch **24 b**, 3
- Schwangerschaftshilfegesetz, s. *dort*
- Straflosigkeit **24 b**, 14

schwerbehinderte Menschen 2 a, 3
Schwerbehindertenvertretung 20 a, 4
Seeleute 6, 16 ff.; **16** 13
Sehhilfen 33, 44 ff.

1381

Sachverzeichnis

Fette Zahlen = §§

- Änderung der Sehfähigkeit **33**, 51
- Anspruchsvoraussetzungen **33**, 46
- Ausnahmen **33**, 48 ff.
- Begriffsbestimmung **33**, 45
- Ersatzbeschaffung **33**, 52
- Instandsetzung **33**, 52
- Kontaktlinsen **33**, 50
- Mehrkosten von Kontaktlinsen **33**, 50
- Minderjährige **33**, 47
- Volljährige **33**, 48

Selbsthilfe 20 c, 3
- Aufgabe des Spitzenverbandes Bund **20 c**, 4
- behinderte Menschen **2 a**, 7
- Beteiligung der Kassenärztlichen Bundesvereinigung **20 c**, 5
- Förderung **20 c**, 1 ff.
- Förderung durch Unfall- und Rentenversicherungsträger **20 c**, 12
- Gemeinschaftsförderung **20 c**, 11
- Grundsätze der Förderung **20 c**, 6
- Regionalbezug **20 c**, 10
- Selbsthilfegruppen **20 c**, 3
- Selbsthilfekontaktstellen **20 c**, 3
- Selbsthilfeorganisationen **20 c**, 3
- Umfang der Förderung **20 c**, 9
- Verzeichnis von Krankheitsbildern **20 c**, 4 ff.
- Voraussetzungen der Förderung **20 c**, 7

Selbstständige
- hauptberuflich **5**, 71 ff.
- Krankengeldanspruch **46**, 5 ff.
- Mitglied in der Künstlersozialkasse **46**, 5 ff.

Selbstverschulden
- Krankheit, *s. dort*
- medizinisch nicht indizierte Maßnahme **52**, 8 ff.
- Rechtsfolgen **52**, 6 ff.
- Straftat **52**, 3 ff.
- Vorsatz **52**, 2

Selbstverwaltung 4, 3 ff.
Selektivverträge 73 c, 2, 6; **140 a**, 1, 13; **140 b**, 15
Servicestellen 2 a, 13
Sicherstellungsauftrag 72, 1 ff.; **115 b**, 10; **140 b**, 8
- der Kassenärztlichen Vereinigungen **64**, 2; **72**, 3; **72 a**, 1 ff.; **73 a**, 8; **73 b**, 15; **140 a**, 3, 12
- Übergang auf die Krankenkassen **72 a**, 1 ff.; **73 b**, 15

Solidarität u. Eigenverantwortung 1, 1 ff., 7 ff.
- Rechtfertigungsgrund für Solidarität **1**, 5
- Solidargemeinschaft **1**, 3 ff.
- verfassungsrechtliche Vorgaben **1**, 33 ff.

Sondennahrung 300, 1
Sonderbedarfszulassung 101, 5
Sonderkennzeichen 300, 3

Sondersystem 166, 1 ff.; **167**, 2
Sonderzahlungen, tarifliche 186, 5
sozial bedingte Ungleichheit von Gesundheitschancen 20, 8
Sozialdaten vor 284, 2; **284**, 1; **285**, 2; **286**, 2; **306**, 3
sozialmedizinische Nachsorge, *s. Nachsorge, sozialmedizinische*
Sozialpädiatrie 43 a, 4
sozialpädiatrisches Zentrum 113, 13 ff.; **119**, 1 ff.; **120**, 8 ff.
- Bedarfszulassung **119**, 4
- Begriff **119**, 3
- Konkurrentenklage **119**, 7
- Leistungsumfang **119**, 8
- Subsidiarität **119**, 6
- Vergütung **120**, 8 ff.
- Wohnortnähe **119**, 5
- Zulassung **119**, 4

sozialrechtlicher Herstellungsanspruch, *s. Herstellungsanspruch, sozialrechtlicher*
Sozialstaatsprinzip 1, 5, 33
Soziotherapie 37 a, 1 ff.; **132 b**, 1 ff.
- Anspruch auf Vertragsschluss **132 b**, 5
- Bedarfsprüfung **132 b**, 4
- Eignung des Personals **132 b**, 3
- Qualitätssicherung **132 b**, 8
- Rahmenempfehlungen **132 b**, 9
- Vergütung **132 b**, 7
- Zulassung **132 b**, 6

Spermadiagnostik/-aufbereitung 121 a, 3
Sperrung von (Heil)Berufsausweisen 291 a, 13
spezialisierte ambulante Palliativversorgung (SAPV) 37 b, 1 ff.; **132 d**, 1 ff.
- Abgrenzung zur allgemeinen Palliativversorgung **37 b**, 3
- Anspruch auf Vertragsschluss **132 d**, 3
- besondere Versorgungsformen **37 b**, 2
- Eignung des Personals **132 d**, 2
- Empfehlungen **132 d**, 7
- Gemeinsamer Bundesausschuss **37 b**, 7, 11, 12
- pädiatrische SAPV **37 b**, 2
- Pflegeversicherung **37 b**, 10
- Rahmenvereinbarungen **132 d**, 4

Spitzbetrag 50, 2
Spitzenverband Bund der Krankenkassen 217 a, 1 ff.
- Aufgaben **217 f**, 1 ff.
- Ausgestaltungsspielraum **217 a**, 2
- Deutsche Verbindungsstelle Krankenversicherung Ausland **219 a**, 1 ff.
- Errichtungsbeauftragter **217 g**, 1 ff.
- Haushalts- und Rechnungslegung **217 d**, 4
- Legitimation **217 c**, 14; **271 a**, 8
- Organe **217 b**, 1 ff.
- Rechtsaufsicht **217 d**, 1 ff.

Magere Zahlen = Rn.

Sachverzeichnis

- Rechtsetzungsmacht **217a**, 4
- Satzung **217e**, 1 ff.
- Selbstverwaltung **217**a, 3
- Sitz **217e**, 2 f.
- Wahl **217c**, 1 ff.

Standardtarif, modifizierter 315, 1 ff.
- Basistarif **315**, 9 ff., 13 ff.
- Bürgerversicherung **315**, 1
- Europarecht **315**, 19
- Private Krankenversicherung-Verband (Beleihung) **315**, 11
- Verfassungsrecht **315**, 19

stationäre Behandlung 39, 8 ff.; **44**, 14 ff.; **115b**, 2
- Begriff **44**, 15
- grenzüberschreitende Behandlung **39**, 10
- Krankengeldanspruch **46**, 3
- Voraussetzungen **39**, 9

stationsersetzende Eingriffe 115b, 3
Stellen zur Bekämpfung von Fehlverhalten im Gesundheitswesen 81a, 1 ff.; **197a**
- Anfangsverdacht **81a**, 3
- Aufgaben **197a**, 12 ff.
- Berichte **197a**, 15
- Zusammenarbeit mit Staatsanwaltschaft **197a**, 14
- Zweck **197a**, 11

Sterbegeld 1, 19
Sterilisation 24b, 1 ff.
- Anspruch auf Krankengeld **24b**, 8
- Anspruchsumfang **24b**, 7
- Begriff **24b**, 6
- Zuzahlung **24b**, 7

Stichprobe 297, 2; **299**, 2; **303e**, 3
Strafantrag/-anzeige 307a, 6
strukturelles Kurzarbeitergeld 47b, 5
strukturierte Behandlungsprogramme 2a, 18; **63**, 1, 4; **73a**, 2; **137f**, 1 ff.; **137g**, 1 ff.; **139a**, 10
Strukturqualität 137, 6
Strukturverträge 73a, 1 ff.; **137f**, 15; **140a**, 1
- Hausarztmodell **73a**, 6, 14
- Praxisnetz **73a**, 7, 14 ff.

Studenten 186, 16; **190**, 12
- Befreiung von der Versicherungspflicht **8**, 12
- Einschreibung **186**, 16
- Kassenwahlrecht **173**, 17
- Meldungen, *s. dort*
- Rückmeldung **186**, 16; **190**, 12
- Versicherungspflicht **5**, 37 ff.
- Versicherungsfreiheit **6**, 23 ff.

stufenweise Wiedereingliederung, *s. Wiedereingliederung, stufenweise*
Suprakonstruktion 28, 33, 35; **55**, 1; **56**, 5, 6; **57**, 3
Systemversagen 13, 18 ff.; **39**, 31

Tagesklinik 39, 15
Teilhabe am Arbeitsleben 186, 14; **190**, 10; **192**, 7
Teilhabe behinderter Menschen 2a, 4
Teilhabeplanung 2a, 11
Teilkostenerstattung 14, 1 ff.
teilstationäre Behandlung 39, 15 ff.
- Abgrenzung **39**, 16
- Behandlungsinfrastruktur **39**, 15
- Nachtklinik **39**, 15
- Tagesklinik **39**, 15
- Voraussetzungen **39**, 15, 16
s. auch stationäre Behandlung

Telematikinfrastruktur 291a, 4, 17; **291b**, 4
- Aufbauphase **291b**, 8
- Betrieb, laufender **291b**, 8
- Dienste **291b**, 7
- Entgelte **291b**, 11
- Komponenten **291b**, 7
- Prüfkriterien **291b**, 7
- Schnittstellen **291b**, 8
- Sicherheitsprüfung **291b**, 7
- Zulassung **291b**, 7 ff.

Telematikzuschlag 291a, 19
Therapiefreiheit 28, 7 ff.
Tod des Versicherten 190, 4; **191**, 2
Totgeburt 199 RVO, 3 ff.

Übergangsgeld 186, 14
Übermittlung 295, 1
- Frist **296**, 7; **303e**, 4
- Befunde **295**, 5; **296**, 8
- Behandlungsfälle **296**, 3
- Behandlungsunterlagen **298**, 4; **301**, 2
- Originalbelege **298**, 2
- Pflicht **68**, 5
- verordnete Leistungen **296**, 6; **305a**, 3 ff.
- Versichertennummer **296**, 5

Überschuldung 171b, 13
Überversorgung 101, 1
- Feststellung einer Überversorgung **103**, 2
- Richtlinienkompetenz des Gemeinsamen Bundesausschusses **100**, 2

Ultraschalldiagnostik 121a, 3
Umlageverfahren 1, 4
Unfallversicherungsträger 20a, 5; **40**, 17
unständige Beschäftigung 186, 6, 11
- Aufgabe **186**, 7; **190**, 7
- Unterbrechung **186**, 7

Unternehmerrabatt 130a, 1 ff.
- Abrechnung **130a**, 4, 7 ff.
- Gesetzgebungskompetenz **130a**, 2
- Grundrechte **130a**, 2
- Fertigarzneimittel **130a**, 3
- Höhe **130a**, 3, 5
- patentfreie wirkstoffgleiche Arzneimittel **130a**, 5
- pharmazeutische Großhändler, *s. dort*

1383

Sachverzeichnis

Fette Zahlen = §§

- Preiserhöhungen **130 a**, 5
- Rahmenvertrag **130 a**, 8
- Rechtsweg **130 a**, 12
- Verfahren **130 a**, 6 ff.
- Zahlung **130 a**, 4

Untersuchungs- und Behandlungsmethoden
- Begriff **135**, 3 ff.
- Qualitätssicherung etablierter Untersuchungs- und Behandlungsmethoden **135**, 23 ff.

Untersuchungs- u. Behandlungsmethoden, Bewertung 137 c, 1 ff.
- Gemeinsamer Bundesausschuss, Aufgaben **137 c**, 3
- Patientenschutz **137 c**, 4
- Prüfungsumfang **137 c**, 4
- Prüfungsziel **137 c**, 4
- Qualitätssicherung **137 c**, 1 ff.
- Richtlinienerlass **137 c**, 5
- ungeeignete Behandlungsmethoden **137 c**, 4
- Verfahren **137 c**, 5
- Wirtschaftlichkeitsgrundsatz **137 c**, 4

Unterversorgung 100, 1, 2
- drohende **100**, 3
- Feststellung **100**, 4
- Förderung der vertragsärztlichen Versorgung **105**, 1, 2
- Maßnahmen zur Abwendung **100**, 5

Urologe 121 a, 3

Veränderungsrate 57, 13
- durchschnittliche **57**, 13, 20

Verband 171 a, 6 f.; **207**, 1 ff.
- Aufgaben **211**, 1 ff.; **214**, 1 ff.
- Aufsicht **208**, 2 ff.
- Bildung **207**, 2
- Bundeslandprinzip **207**, 2
- Bundesverband **212**, 1 ff. [a.F.] sowie [n.F.]
- Delegationsverfahren **212**, 13 [n.F]
- Entscheidungen **211 a**, 1 ff.
- Ersatzkassen **212**, 11 ff. [n.F]
- finanzielle Überforderung **171 a**, 7
- Fremdaufgabenwahrnehmung **207**, 9 ff.
- Gesamtrechtsnachfolge **212**, 6 [a.F.]
- Haushalts- und Rechnungswesen **208**, 4 ff.
- Kassenartprinzip **207**, 2
- kassenartspezifische Spitzenverbände **212**, 3 [a.F.]
- Landesverbände **207**, 1 ff.
- länderübergreifende Landesverbände **207**, 7
- mehrere Landesverbände **207**, 5
- Mitgliedschaft **207**, 4
- Rechtsnachfolge **212**, 8 [n.F]; **213**, 2 ff.
- Regionale Kassenverbände **218**, 1 ff.
- Satzung **210**, 1 ff.
- Selbstverwaltung **207**, 3
- Spitzenverband Bund der Krankenkassen **212**, 1 f., 5 [a.F.]; **217 a**, 1 ff.
- Umstrukturierung **212**, 10 [n.F]
- Umwandlung **212**, 2 [n.F]
- Vereinigung **207**, 6; **213**, 8
- Vermögen **208**, 4 ff.
- Verwaltungsrat **209**, 1 ff.
- Vorstand **209 a**, 1 ff.
- Zusammenschluss **207**, 12
- Zwangskörperschaften **212**, 4 [a.F.]

Verbandmittel 27, 33 ff.; **31**, 3, 10; **84**, 10
Verbindungselement 56, 18
Verblendungen 56, 19 ff.
Verbot der Doppelbegünstigung 50, 1
Verbraucher- und Patientenberatung 65 b
- Evaluation **65 b**, 9
- Fördervoraussetzungen **65 b**, 4 ff.
- Inhalt der Förderung **65 b**, 3
- Verpflichtete **65 b**, 2
- Zweck **65 b**, 1

Vereinigung (Krankenkassen)
- freiwillige **144**, 1 ff.; **150**, 1 ff.; **160**, 2; **168 a**, 3
- kassenartübergreifende **143**, 6; **144**, 6; **168 a**, 2; **171 a**, 1 ff.
- Verfahren **144**, 2 ff.; **168 a**, 5
- zwangsweise **145**, 1 ff.; **150**, 5; **160**, 4; **168 a**, 4

Verfahrensordnung des Gemeinsamen Bundesausschuss
- Mindestanforderungen **91**, 23
- Rechtsgrundlage **91**, 22

Vergaberecht 1, 39; **64**, 6; **69**, 45 ff.; **73 b**, 14; **108**, 13 ff.; **140 b**, 16
Vermögen (Krankenkassen) 259, 4; **265 a**, 4
Veröffentlichungspflicht 286, 1, 3; **303**, 5
Verordnung, ärztliche 291 a, 6
Verordnungsdaten 305 a, 4
Verordnungsdatensatz 300, 4
Verschlüsselung 295, 4; **301**, 5 ff.
Verschuldung 259, 9; **265 a**, 2 ff.
Versicherungsvermittlung 194, 17 ff.
Versichertenverzeichnis 288, 1; **289**, 2
Versicherungsberechtigung 188, 1; **192**, 10
- Beitrittserklärung **188**, 2, 3
Versicherungsfall 44, 6; **45**, 1 ff.
Versicherungsfreiheit 1, 6; **6**, 1 ff.
- absolute **6**, 37 ff.
- Beamte **6**, 21 ff.
- Bergleute **6**, 18
- EG, Beschäftigte der **6**, 32
- Ende **6**, 15
- Ersatzschulen, Lehrer an **6**, 27
- Geistliche **6**, 26
- geistliche Genossenschaft, Mitglied **6**, 30 f.
- geringfügige Beschäftigung, *s. dort*

Magere Zahlen = Rn.

Sachverzeichnis

- Hinterbliebenenrentenbezieher, beihilfeberechtigte **6**, 33
- Jahresarbeitsentgeltgrenze, *s. dort*
- Jahresarbeitsentgelt **6**, 6 ff.
- Nichtversicherte, ältere **6**, 34 ff.
- Richter **6**, 21 ff.
- Ruhegehaltbezieher **6**, 28 ff.
- Seeleute **6**, 16 ff.
- Soldaten **6**, 21 ff., 28
- Studenten **6**, 23 ff.
- Vorruhestandsgeldbezieher **6**, 3
- **versicherungsfremde Leistungen 3**, 5; **221**, 3 ff.
- **Versicherungspflicht**
- Altersgrenze **6**, 34 ff.
- Altersteilzeit **5**, 10
- Altersübergangsgeld **5**, 15
- Arbeitsentgelt **5**, 8
- Arbeitslose **5**, 15 ff.
- Auffangtatbestand **5**, 59 ff.
- Ausländer **5**, 68 ff.
- Befreiung von der **8**
- behinderte Menschen in Werkstätten/Einrichtungen **5**, 33 ff.
- Berufsausbildung **5**, 6
- Berufsausbildung, außerbetriebliche Einrichtung **5**, 12
- Berufsbildung, betriebliche **5**, 6
- Beschäftigte **5**, 4 ff.
- Eingliederungshilfe **5**, 15
- Einrichtungen der Jugendhilfe, Personen in **5**, 29 ff.
- Einwohnerversicherung **5**, 3, 59 ff.
- Feststellung **186**, 6, 9; **190**, 2
- Freistellung, Zeiten der **5**, 5
- Fremdrentner **5**, 57 ff.
- hauptberuflich Selbständige **5**, 71 ff.
- Jugendhilfe, Personen in Einrichtungen der **5**, 29 ff.
- Künstler **5**, 27 ff., 54
- Landwirte **5**, 25 ff.
- Leistungsempfänger SGB II **5**, 20 ff.
- Leistungsempfänger SGB III **5**, 16 ff.
- Meldung **186**, 10
- Nichtversicherte **5**, 60 ff.
- Praktikant, *s. dort*
- Praktikum, *s. dort*
- private Krankenversicherung, *s. dort*
- Publizisten **5**, 27 f., 54
- Rentner **5**, 48 ff.
- Selbstständige, *s. dort*
- Selbstständige Beschäftigung, *s. dort*
- Sperrzeit **5**, 18
- Studenten **5**, 37 ff.
- Teilarbeitslosengeld **5**, 16
- Teilhabe am Arbeitsleben, Teilnehmer an Maßnahmen zur **5**, 31 f.
- Unterhaltsgeld **5**, 15
- Vertriebene **5**, 57 f.

- Werkstatt für behinderte Menschen **5**, 33 ff.
- **Versorgung, vertrags(zahn)ärztliche 73**, 1 ff.; **95**, 1 ff.; **99**, 3; **140 b**, 3, *s. auch Vertrag(zahn)arzt(recht)*
- Beschäftigung von Ärzten durch Vertragsärzte **95**, 11
- Eintragung im (Zahn)Arztregister **95**, 3
- Entzug von Zulassung und Ermächtigung **95**, 9
- Ermächtigung zur Teilnahme **95**, 6 ff.
- Konkurrentenklage **95**, 7
- medizinische Versorgungszentren **95**, 5
- Psychotherapeut **95**, 12
- Rechtsfolge **95**, 4
- Ruhen und Beendigung von Zulassung und Ermächtigung **95**, 8 ff.
- Überblick **95**, 1
- Versorgungsgrad **99**, 6; **101**, 3
- Versorgungsstruktur **101**, 4
- Zulassung durch Verwaltungsakt **95**, 3
- Zulassungsvoraussetzungen **95**, 2 ff.
- **Versorgungsansprüche 162**, 10 f.
- Absicherung **162**, 10
- Anwartschaften **162**, 11
- **Versorgungsform 76**, 4
- **Versorgungsmanagement 11**, 33 ff.
- **Versorgungstransparenz 305**, 1
- **Versorgungsvertrag (Krankenhaus) 107**, 12; **108**, 5, 12 ff.; **109**, 5 ff.
- Abschluss **108**, 12 ff.; **109**, 5 ff.
- Ablehnung **109**, 5
- Anspruch auf Abschluss **107**, 23; **109**, 6
- Ausschreibungspflicht **109**, 6
- Bedarf; Auswahlkriterium **109**; 7 ff.
- Beendigung **110**, 1
- Form **109**, 5
- Geeignetheit von Krankenhäusern; Kriterien **109**, 7 ff.
- Hochschulklinik **109**, 11 ff.
- Kündigung, *s. dort*
- Plankrankenhaus **109**, 11 ff.
- Schriftform **109**, 5
- Vergaberecht **108**, 13 ff.; **109**, 6
- Vorsorgeeinrichtung **111**, 1 ff.
- Zulassung zur Versorgung **109**, 1
- **Versorgungszentren 285**, 5
- Auslegung **82**, 9
- Normenkontrolle **82**, 10
- Normsetzungsverträge **82**, 5, 9
- **Vertrags(zahn)arzt(recht)**, *s. auch Versorgung, vertrags(zahn)ärztliche*
- Approbation **28**, 26; **88**, 18; **95**, 12; **95 a**, 3; **95 a**,
- angemessene Vergütung der ärztlichen Leistungen **72**, 6; **73 a**, 11
- Arztregister, *s. dort*
- Aufhebung der Zulassung **103**, 6
- Berufungsausschuss, *s. dort*

1385

Sachverzeichnis

Fette Zahlen = §§

- Disziplinarmaßnahmen **95 b**, 3 ff.
- EU-Ärzte **95 a**, 6
- Fortbildungspflicht **95 d**, 1 ff.
- Gesamtvergütung, *s. dort*
- kollektiver Verzicht auf Zulassung **95 b**, 1 ff.
- Konkurrentenklagen **95**, 7
- Nachrückverfahren **103**, 7
- Praxisnachfolge **103**, 8, 9
- vertragsarztwidriges Verhalten **95 b**, 2
- Weiterbildung **95 a**, 4 ff.
- Wirtschaftlichkeitsprüfung, *s. dort*
- Zulassungsausschuss *s. dort*
- Zulassungsbeschränkung **100**, 6, 7; **103**, 1
- Zulassungsverzicht **29**, 11; **72 a**, 1 ff.; **103**, 8

Vertragskrankenhaus 108, 5
- Versorgungsvertrag **108**, 5
- Zulassung **108**, 12 ff.

Vertrauensschutz 29, 14

Vertrauensstelle 290, 4; **291 a**, 5; **299**, 3; **303 a**, 3; **303 c**, 2; **303 e**, 1, 4

Verwaltungsausgaben 305 b, 2

Verwaltungsrat
- Aufgaben **197**, 2 ff.
- Einsichts- und Prüfrecht **197**, 5

Verwaltungsvermögen 259, 3; **263**, 1 ff.
- Eigenbetriebe **263**, 2
- Immobilien **263**, 1
- Investitionsrückstellungen **263**, 3
- Pensionsrückstellungen **263**, 3

Verzeichnis stationärer Leistungen 39, 27 ff.

Vollerhebung 299, 2

vollstationäre Behandlung 39, 11 ff.; **115 a**, 5 ff.; **115 b**, 2, 10 ff., *s. auch stationäre Behandlung*
- Aufenthaltsdauer **39**, 12
- Behandlungsinfrastruktur **39**, 14
- Subsidiarität **39**, 21 ff.
- vorzeitiger Abbruch **39**, 12; **115 a**, 5
- wiederkehrende Leistung **39**, 13
- Zuzahlungspflicht **39**, 38

Vordrucke 295, 3

Vorrang der Leistungen zur Teilhabe 2 a, 11

Vorruhestandsgeldbezieher 5, 9; **6**, 3

Vorruhestandsgeldzahlung 50, 3

Vorsorgeeinrichtung 301, 9

Vorsorge- u. Rehabilitationseinrichtung 107, 12 ff.
- Behandlung psychiatrischer Erkrankung **107**, 21
- Behandlungsform, Qualifizierung **107**, 19
- Leitung **107**, 16
- Mischformen **107**, 18
- Rehabilitation **107**, 15
- Unterbringung, Verpflegung **107**, 17
- Versorgungsvertrag **107**, 12; **111**, 1 ff.
- Vorgängereinrichtung **107**, 13

- vor- u. nachstationäre Behandlung **115 a**, 1 ff.
- Dauer **115 a**, 10
- Einordnung **115 a**, 4
- Einweisungserfordernis **115 a**, 6, 9
- Organübertragungen **115 a**, 11
- Rahmenempfehlungen **115 a**, 13
- Vergütungsvertrag **115 a**, 12
- Vertragsarzt, Vorrang **115 a**, 7
- vollstationäre Behandlung **115 a**, 6

Vorsorgeleistungen, medizinische 23, 1 ff.
- Abgrenzung zur Krankenbehandlung **23**, 8
- ambulante Vorsorgeleistungen **23**, 11
- Ausgabenrahmen **23**, 19
- ausländische Kurorte **23**, 12
- Behandlung in einer Vorsorgeeinrichtung **23**, 14 ff.
- Ermessen der Krankenkasse **23**, 11, 16
- Kinder **23**, 5 ff., 16
- Krankheitsbegriff **23**, 4
- Leistungsumfang **23**, 10, 11, 15
- Regeldauer **23**, 16
- Regelintervall **23**, 17
- Statistik **23**, 20
- Verhütung von Krankheiten **23**, 7
- Vermeidung der Verschlimmerung **23**, 8
- Vermeidung von Pflegebedürftigkeit **23**, 9
- Vorsorgebedürftigkeit **23**, 3
- Vorsorgefähigkeit **23**, 3
- Vorsorgeprognose **23**, 3
- Zuschuss zu ambulanten Vorsorgeleistungen **23**, 13
- Zuständigkeit der Kinder- und Jugendhilfe **23**, 6
- Zuzahlung zur stationären Behandlung **23**, 18
- Zweck der Leistungen **23**, 3

Vorversicherungszeit 5, 48 ff.; **9**, 7 ff.

Wahltarif 305, 7
- Arzneimittel besonderer Therapierichtungen **53**, 19
- besondere Versorgungsformen **53**, 13 ff.
- Bonusregelungen **65 a**, 11
- Finanzierung und Aufsicht **53**, 25
- individueller Krankenanspruch **53**, 20
- Kostenerstattung **53**, 15 ff.
- Laufzeit und Mindestbindung **53**, 22 ff.
- Nichtinanspruchnahme von Leistungen **53**, 10 ff.
- Selbstbehalt **53**, 6 ff.
- Verfassungsmäßigkeit **53**, 2 ff.

Wanderarbeitnehmerverordnung 13, 31, 34 ff.
- Kollisionsnormen **13**, 35
- Sachnormen **13**, 38, *s. auch Inanspruchnahme von Leistungserbringern im Ausland*

Magere Zahlen = Rn.

Sachverzeichnis

Wegegeld 301 a, 2
Wehrdienst 193, 1, 4
– Meldungen, *s. dort*
Weiterversicherung 9, 1
Werkstätten für behinderte Menschen 119, 3
Werkstättenverordnung, *s. Krankenpflege, häusliche*
Werkstudent 6, 23 ff.
Wettbewerb 1, 39; **108,** 14; **265,** 2
Wettbewerbsordnung, solidarische 266, 4
Wettbewerbsrecht 64, 6; **69,** 19; **73 b,** 14; **140 a,** 1; **140 b,** 15 ff.
Wiedereingliederung, stufenweise 40, 8; **42,** 6; **186,** 4
– Arbeitsunfähigkeit **74,** 7, 13; *s. auch dort*
– Arbeitsverhältnis, Bezug zum **74,** 19 ff.
– Arzt **74,** 3, 6 ff.
– ärztliche Feststellungen **74,** 6 ff.
– Bescheinigung **74,** 11 ff.
– Prognose **74,** 9
– Realisierung, *s. Wiedereingliederung, stufenweise, Zusammenwirken*
– Rehabilitation **74,** 1
– Richtlinien des Gemeinsamen Bundesausschusses **74,** 2
– sozialversicherungsrechtliche Folgen **74,** 21 ff.
– teilweise Verrichtung, Fähigkeit zur **74,** 8
– Wiedereingliederungsverhältnis **74,** 17 ff.
– Zusammenwirken der Beteiligten **74,** 5, 14 ff.
Wirtschaftlichkeit 29, 18; **108,** 7; **109,** 9
– Wirtschaftlichkeitsprüfung **29,** 19
Wirtschaftlichkeitsgebot/-grundsatz 2, 8; **12,** 1; **28,** 11; **31,** 1; **39,** 2, 24, 34; **56,** 8; **70,** 1; **108,** 15; **109,** 9; **121 a,** 5; **137,** 8; **137 c,** 4
– ausreichende Leistung **12,** 7
– Beratung **106,** 3
– fachlich gebotene Qualität **70,** 2
– Gesamtbilanz **12,** 6
– Haftungsrecht **12,** 5
– Haftung des Krankenkassenvorstands **12,** 10
– individuelle Gesundheitsleistungen **12,** 5
– Kosten-Nutzen-Relation **12,** 7
– Notwendigkeit der Leistung **12,** 7
– Praxisbesonderheiten **106,** 4, 16
– Tatbestandsmerkmal **12,** 3
– unbestimmter Rechtsbegriff **12,** 4
– Verfassungsrecht **12,** 2
– Zweckmäßigkeit der Leistung **12,** 7
– Zweiklassenmedizin **12,** 5
Wirtschaftlichkeitsprüfung 106, 1; **107,** 19; **113,** 3 ff.; **284,** 6; **296,** 1; **297,**1; **298,** 1
– Anlass **113,** 7
– Anscheinsbeweis **106,** 16, 20
– Anwendungsbeobachtungsstudien **106,** 9

– Auffälligkeitsprüfung **106,** 4 ff.
– aufschiebende Wirkung **106,** 26
– Ausfallrisiko **106,** 7
– Auskunftspflicht **113,** 8
– Ausschlussfrist **106,** 25
– Beratung **106,** 3
– Bericht **113,** 9
– Beschwerdeausschuss **106,** 22
– Datengrundlage **106,** 20
– Einzelfallprüfung **106,** 18
– Ergebnis **113,** 10 ff.
– Ergebnisqualität **113,** 3
– Gegenstand **113,** 3
– Gutachterverfahren **106,** 19
– Haftung der Vorstandsmitglieder **106,** 28
– individuelle Richtgröße **106,** 5
– intellektuelle Betrachtung **106,** 15
– Kündigung, Versorgungsvertrag **113,** 11
– Leistungssparte **106,** 11
– Pflegesatzvereinbarung **113,** 10
– Praxisbesonderheiten **106,** 4, 16
– Prozessqualität **113,** 3
– Prüfer, Bestellung **113,** 4, 5
– Prüfungsauftrag **113,** 6
– Prüfungsstelle **106,** 22
– Prüfvereinbarung **106,** 23
– psychiatrische Institutsambulanz **113,** 13 ff.
– Rabattverträge **106,** 6
– Rechtsschutz **113,** 12
– Regressbescheid **106,** 24
– Richtgrößenprüfung **106,** 4 ff.
– Schätzung des Schadens **106,** 14, 24
– Sonderprüfung **113,** 14
– sonstiger Schaden **106,** 21
– sozialpädiatrisches Zentrum **113,** 13 ff.
– statistische Vergleichsprüfung **106,** 10 ff.
– Streubereich **106,** 13
– Strukturqualität **113,** 3
– Übergangszone **106,** 13
– Verfahren **113,** 6 ff.
– Verfahrensaussetzung **106,** 2
– verfeinerte Vergleichsgruppe **106,** 12
– Verhältnis zur Abrechnungsprüfung **106,** 2
– Vertikalvergleich **106,** 17
– Zahnersatz **87,** 4
– Zufälligkeitsprüfung **106,** 8 ff.
Wissensstand, medizinischer 139 a, 8
– Beachtung bei Richtlinienerlass **92,** 5
Wochengeld 1, 19
Wunsch- und Wahlrecht 2 a, 11; **40,** 25

Zahlungsweg 29, 25
zahnärztliche Versorgung 27, 32
– Behandlungsform, *s. dort*
– Beitrittsgebiet **310,** 1 ff.
– Qualitätssicherung **137,** 15
– Richtlinien des Gemeinsamen Bundesausschusses **92,** 19

1387

Sachverzeichnis

Fette Zahlen = §§

Zahnarzt 28, 25
Zahnarzthelferin 28, 28
Zahnerkrankungen
– Gruppenprophylaxe **21,** 1 ff., 3
– Individualprophylaxe **22,** 1 ff.; **196 RVO,** 5
– Verhütung von **21,** 1 ff.; **22,** 1 ff.; **196 RVO,** 5
Zahnersatz 55, 1; **88,** 1
– andersartiger **55,** 25, 35
– Bonusregelung **65 a,** 12
– Festzuschuss **87,** 3
– gleichartiger **55,** 24
– Gutachterverfahren **106,** 19
– Mehrkosten **87,** 3; **87d,** 1
Zahnheilkundegesetz 28, 26
Zahnkronen 55, 1; **88,** 1
Zahntechniker 56, 12; **57,** 14
– Innungen **56,** 13, 24; **88,** 6, 10
zeitliche Rechnungsabgrenzung 259, 7
Zeugnis (ärztliches) 44, 13; **45,** 4, 7
Zivildienst 193, 5
Zivilisationskrankheiten 25, 1
– Früherkennung **25,** 4 ff.
Zufälligkeitsprüfung 297, 1
Zuflussprinzip 186, 5
Zugriff
– autorisierter **291 a,** 11
– Befugnis **291 a,** 9; **307 a,** 2
– Protokoll **291 a,** 16
– unberechtigter **291 a,** 14; **307 a,** 3
Zulassungsausschuss (Vertragsarztrecht)
– Geschäftsführung **96,** 5
– Zulassungsbezirk **96,** 3
Zulassung von Heilmittelerbringern 124, 1 ff.; **125,** 1 ff.
– allgemeine Fortbildungsverpflichtung **125,** 15
– Anerkennung der Verträge **124,** 12
– bereichsübergreifende Praxen **124,** 3
– berufsrechtliche Anforderungen **124,** 7
– Einzelheiten der Versorgung **125,** 12
– Einzelverträge **125,** 17
– Empfehlungen des Spitzenverband Bund der Krankenkassen **124,** 13
– Entstehung der Vertragsbindung **125,** 16
– Filialbetriebe **124,** 11
– Gegenstände der Rahmenempfehlungen **125,** 4
– Höchstpreissystem **125,** 13
– Inhalt der Rahmenverträge **125,** 10 ff.
– juristische Personen **124,** 2
– Praxisausstattung **124,** 9
– Preise und deren Abrechnung **125,** 13
– Rahmenempfehlungen **125,** 2, 7
– Rahmenverträge **125,** 8
– Rechtscharakter der Rahmenverträge **125,** 8
– Rechtsschutz **124,** 16
– Tatbestandswirkung **124,** 6, 8
– verfassungskonforme Auslegung der Regelung **124,** 6
– Verfassungsmäßigkeit der Regelung **124,** 5
– Vergütungsabschlag **125,** 15
– Vertragspartner der Rahmenverträge **125,** 9
– Verwaltungsaktqualität **124,** 15
– Verwaltungsverfahren **124,** 14
– Vorrangwirkung der Heilmittel-Richtlinien **125,** 5
– Widerrufsgründe und -verfahren **124,** 15
– Zertifikatspositionen **125,** 14
– Zulässigkeitsfreie andere Einrichtungen **124,** 4
– Zuständigkeit für Zulassung **124,** 14
Zusammenarbeit der Leistungserbringer 67, 6
Zusammenarbeit, Gebot der 4, 7 ff.
Zusatzkennzeichen 301, 7
Zusatzversicherung 194, 17 ff.
Zustimmung 149, 3; **159,** 3
Zuzahlung 29, 25; **300,** 2
– Abrechnung **43 b,** 7
– allgemeine Regel über die Höhe **61,** 9 ff.
– Anspruchsinhaber **43 b,** 1
– Arten **43 b,** 3 ff.; **61,** 9 ff.; **62,** 5
– Belastungsgrenze, s. dort
– Bezugsgröße **61,** 8
– Eigenverantwortung, s. dort
– Einbehalten **43 b,** 9 ff.
– Einziehung **43 b,** 5, 8 ff.
– Empfängnisverhütung **24 a,** 6
– Entbindung **197 RVO,** 7
– Ermäßigungen **61,** 4
– Fälligkeit **43 b,** 6
– Festzuschüsse, s. dort
– häusliche Pflege **61,** 15 ff.
– Heilmittel **61,** 15 ff.
– Höhe **61**
– Krankenhausbehandlung **39,** 36 ff.
– Leistungen bei Schwangerschaft und Mutterschaft **196 RVO,** 8
– medizinische Rehabilitation **40,** 26
– medizinische Rehabilitation für Mütter und Väter **41,** 10
– medizinische Vorsorge für Mütter und Väter **24,** 12
– Quittierung, Pflicht **61,** 17 ff.
– stationäre Leistungen **61,** 12 ff.
– stationäre medizinische Vorsorge **23,** 18
– Sterilisation **24 b,** 7
– Vergütungsbestandteil **43 b,** 14
– Verrechnungspflicht des Krankenhauses **39,** 37
Zweckbindung 284, 2, 7; **285,** 1; **288,** 3; **291,** 2; **303 d,** 3; **303 f,** 3
zweiseitige Verträge 112, 1 ff.